U0915675

北京社会科学年鉴

Beijing Social Sciences Yearbook

2017

北京市社会科学界联合会　编

北京出版集团公司
北　京　出　版　社

图书在版编目（CIP）数据

北京社会科学年鉴. 2017 / 北京市社会科学界联合会编. — 北京 ：北京出版社，2017. 12
ISBN 978-7-200-13698-2

Ⅰ. ①北… Ⅱ. ①北… Ⅲ. ①社会科学—北京—2017—年鉴 Ⅳ. ①C121-54

中国版本图书馆 CIP 数据核字(2017)第 300812 号

项目统筹 陶宇辰
责任编辑 陶宇辰
责任印制 宋 超
封面设计 郭 宇

北京社会科学年鉴 2017
BEIJING SHEHUI KEXUE NIANJIAN 2017
北京市社会科学界联合会 编
*
北京出版集团公司
北 京 出 版 社 出 版
（北京北三环中路 6 号）
邮政编码：100120
网 址：www. bph. com. cn
北京出版集团公司总发行
北京京华虎彩印刷有限公司印刷
*
787 毫米×1092 毫米 16 开本 66 印张 彩插 32 页 2100 千字
2017 年 12 月第 1 版 2017 年 12 月第 1 次印刷
ISBN 978-7-200-13698-2
定价：220. 00 元
如有印装质量问题，由本社负责调换
质量监督电话：010-58572393

北京市社会科学界联合会《北京社会科学年鉴》编辑部
地 址：北京市东城区西滨河路 19 号
邮政编码：100011
联系电话：010-64527157
E-mail：sklwh@ vip. sina. com

《北京社会科学年鉴》编辑委员会名单

编辑说明

一、《北京社会科学年鉴》是一部全面系统记述首都北京哲学社会科学事业发展状况和学术动态的年度资料性文献学术工具书，由北京市社会科学界联合会主持编纂。

二、本年鉴高举中国特色社会主义伟大旗帜，以邓小平理论、“三个代表”重要思想、科学发展观为指导，贯彻落实习近平总书记系列重要讲话精神，坚持为人民服务、为社会主义服务的方向，坚持百花齐放、百家争鸣的方针，坚持吸取借鉴国内外优秀文化成果，解放思想、实事求是、与时俱进、开拓创新，客观翔实和较全面记述北京地区社会科学领域的基本情况，力求年鉴编纂的科学性、客观性、全面性。

三、本年鉴从2000年创刊起，每年出版一卷。当年的编纂出版记述上一年度首都北京哲学社会科学事业各方面的发展状况，收录的资料来自在京的党政机关、社会科学教学、研究和科研管理等机构。

四、本年鉴主旨：体现北京市社科联秉持“学者为本、学术为根、学会为基、繁荣学术、服务首都”的宗旨。努力为党和政府科学决策提供社会科学方面的参考，为社会科学工作者从事学术研究及教学提供资料和借鉴，为国内外了解首都北京社会科学领域的现状提供新的有价值的信息，努力促进首都北京哲学社会科学的繁荣发展。

五、本年鉴采用分类编辑法，包括文章和条目，行文力求规范、准确、简练、流畅。全书除文字表述外，配以彩色照片、表格，力求具体、形象、生动地反映首都北京社会科学的发展面貌。

六、本卷年鉴栏目设置为特载、学科综述、科研课题、获奖成果、学术活动、机构、大事记、附录、索引。

七、为更好发挥本年鉴的作用、增进使用便利，在编纂出版纸质版的同时编纂出版电子版（CD-ROM）。

本年鉴在资料收集、编写、出版、发行过程中，得到了有关单位领导、学者、同人的大力支持，谨在此表示衷心感谢！

《北京社会科学年鉴》编辑部

2017年10月

The Editors' Notes

October 2017

1. *Beijing Social Sciences Yearbook* is an annual academic reference book of data and documents which, in an all-round and systematic way, records the development of the undertakings of philosophy and social sciences, as well as the concerning academic events in Beijing, the capital of the People's Republic of China. It is compiled under the charge of the Beijing Federation of the Social Sciences Circles.

2. In compiling this yearbook, we have raised high the great banner of socialism with Chinese characteristics, followed the guidance of Deng Xiaoping Theory, the important thought of "Three Represents", and the Scientific Outlook on Development, implemented the spirit of a series of important talks given by General Secretary Xi Jinping, and adhered to the orientations of serving the people and serving the socialist cause, to the implementation of the policy of "letting a hundred flowers blossom and a hundred schools of thought contend", to the absorption and reference of the excellent cultural achievements both at home and abroad, and to the principles of emancipating the minds, seeking truth from facts, advancing with the times, and blazing new trails in a pioneering spirit. We have tried to record the fundamental situations of the domains of social sciences in Beijing in an objective, accurate and comparatively comprehensive way. We have also done our utmost to be as scientific-minded, objective and comprehensive as possible in compiling this yearbook.

3. This yearbook has been compiled and published once a year since its first issue in 2000. Each volume of this yearbook records the development of the undertakings of philosophy and social sciences in the previous year in Beijing. The materials contained in this yearbook have been collected from the Party and Government departments in Beijing, and from the institutions which are engaged in the teaching, research and scientific research management of social sciences in Beijing.

4. This yearbook is intended to embody the mission of "taking the scholars, their academics and their associations as the foundation, to make academics prosperous and do a good service to Beijing", which is undertaken by the Beijing Federation of the Social Sciences Circles. In this yearbook we strive to provide the Party and Government departments with references in relation to social sciences needed in their policy-making, supply the professionals of social sciences with materials and references needed for their academic research and teaching, provide new valuable information to help people both at home and abroad to learn about the current situation in the domains of social sciences in Beijing, and promote the development and prosperity of philosophy and social sciences in Beijing.

5. This yearbook is compiled by the classification method, including articles and subject entries, and trying to make the wording normative, accurate, concise and smooth. This yearbook not only presents itself in written language, but also contains color photos and diagrams, in an attempt to reflect the development of social sciences in Beijing in a concrete, vivid and lively way.

6. The standing columns in the current volume of this yearbook are Special Reprints, Survey of Various Subjects, Lists of Research Topics, Award-Winning Academic Achievements, Academic Activities, Institutions, Chronicle, Appendix and Index.

7. While *Beijing Social Sciences Yearbook* is compiled and published in paper edition, it is available in CD-ROM format simultaneously, so as to bring it into full play and make it more convenient to use.

We would like to express our heartfelt thanks to those leaders, scholars and colleagues of concerning institutions for their immense help in the course of data-collection, compilation, publication and distribution of this volume.

The Editorial Department of
Beijing Social Sciences Yearbook

（翻译：北京大学教授王逢鑫）

2016 年 9 月 27 日，为纪念中国工农红军长征胜利 80 周年，中共中央文献研究室、中国中共文献研究会在京联合举办"红军长征与中国共产党的伟大精神"学术研讨会暨中国中共文献研究会 2016 年年会

2016 年 6 月 8 日，"首都当代中国马克思主义论坛·2016"在中国人民大学举行。论坛由北京市委宣传部、北京市中国特色社会主义理论体系研究中心、北京市社会科学界联合会、北京大学、清华大学、中国人民大学、北京师范大学、《北京日报》、宣讲家网等单位共同主办，围绕十八大以来以习近平同志为总书记的党中央治国理政新理念新思想新战略进行了深入研讨

2016年5月20日，北京市委宣传部、北京市中国特色社会主义理论体系研究中心、北京市社会科学界联合会共同举办“首都理论界学习贯彻习近平总书记哲学社会科学工作座谈会重要讲话精神座谈会”

北京市中国特色社会主义理论体系研究中心紧紧围绕研究阐释习近平总书记系列重要讲话精神，积极做好中宣部以及市委宣传部交办的一系列研究课题任务，扎扎实实开展重大理论研究和宣传工作，加强党的理论创新成果的研究阐释，不断推出更多更好的理论成果

2016年4月14日，北京市人大常委会主任杜德印到通州区调研城市副中心建设情况

2016年6月24日，北京市人大常委会主任杜德印带队在海淀区调研老旧小区改造议案办理工作情况

2016年7月26日，北京市人大常委会主任杜德印带领执法检查组到颐养康复养老照料中心的服务对象、社区居民徐淑芹家中了解情况

北京市人大常委会通过市、区、乡镇三级人大代表联系机制就全民健身条例开展征求意见活动，2016年11月8日，市人大常委会主任杜德印与部分市人大代表参加市人大代表联系组全民健身立法调研座谈会

2016年12月11日，北京市委宣传部、北京市社会科学界联合会、北京市哲学社会科学规划办公室主办，首都师范大学承办的第十届北京中青年社科理论人才"百人工程"学者论坛举行，论坛主题为"文化自信与中国梦"

2016年10月19日，北京自然科学界和社会科学界联席会议高峰论坛举办，主题是"创新发展的路径与突破口：建设科技创新中心与京津冀协同发展"

2016年5月31日，《中国特色社会主义研究》杂志编辑部在北京举办"转型时期中国社会公平正义理论研究暨青年学者论坛"

2016 年 10 月 29 日，北京市社会科学界联合会和北京师范大学联合主办的“2016 学术前沿论坛”在北京师范大学举行，论坛主题为“中国梦：协调发展与全面建成小康社会”

“2016 学术前沿论坛”部分分论坛

2016年9月19—23日，北京市委宣传部、市委社会工委、市科委、市科协、市社科联、西城区委和区政府联合举办“2016北京社会科学普及周”，科普周以“在超大型城市治理中融入社会主义核心价值观”为主题，举行了“人文之光”社会科学知识竞赛、社会主义核心价值观普及讲堂、“品读经典，我谈社会主义核心价值观”主题读书沙龙和党史讲堂。同时开设了北京市“十三五”规划展、长征主题展览、“旗帜——马克思主义中国化的光辉历程”主题展览、和合家风主题展、16区社科普及成果展览等，还有丰富的社科知识猜谜、扫码赠书、社科专家咨询等形式多样的活动

2016 年，北京市社科联针对市民群众需求，不断完善周末社区大讲堂课件，增加了“十三五”规划、五大发展理念、党章党规、长征精神等方面的知识讲座，全年举办讲座 400 余场

2016 年，北京市社科联社科普及系列讲座进一步规范，社科普及基地工作有序开展。全年共资助 9 个社科普及基地开展讲座 100 场

2016 年 7 月 27 日，北京市社科联“社科普及进基层活动”走进石景山区老山街道老山东里社区，举办题为“给网络微信时代的家庭教育支招”的社科讲座并为社区群众送去《北京非物质文化遗产巡礼》等 300 余册优秀社科普及图书

2016 年 10 月 19 日，北京市社科联举办社科普及进基层活动，走进通州区永顺小学，向孩子们赠送社科普及图书并举办社科普及讲座

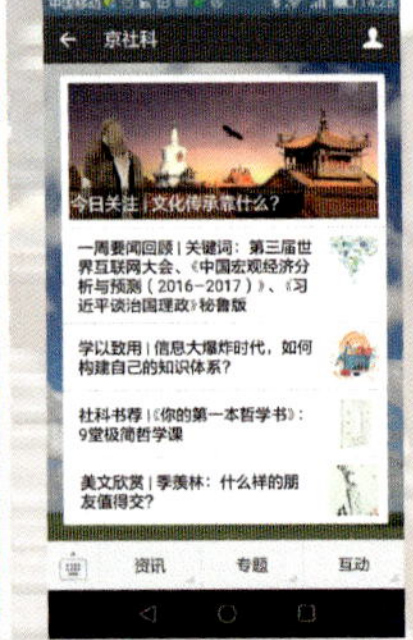

2016 年 2 月 22 日，北京市社科联人文之光网正式上线。截至年底，网站共发布图文 1700 余篇（张）、原创社科图表 40 余个。社科普及微信公众号“京社科”全年发布文章 1000 余篇，单篇阅读量最高达 3000 余人次，线上线下互动有序

2016 年 3 月 1 日，“中国社会科学院学习贯彻习近平总书记在党的新闻舆论工作座谈会上重要讲话精神专题培训班” 在京举行

2016 年 11 月 16 日，中国社会科学院主办，中国社会科学院中国边疆研究所、国家领土主权与海洋权益协同创新中心承办的“中国社会科学论坛(2016)：丝绸之路经济带与欧亚经济联盟对接”在京举行

2016 年 12 月 27 日，“中国社会科学院创新工程 2016 年度重大成果系列发布会：基础研究成果专场”在京举行

2016 年 12 月 28 日，“中国社会科学院创新工程 2016 年度重大成果系列发布会：重大理论与现实问题研究成果专场”在京举行

2016 年 3 月 19 日，国家行政学院、北京医院、清华大学共同主办的“中国老年医疗服务体系建设”研讨会在国家行政学院召开

2016 年 6 月 29 日，国家行政学院中国领导科学研究中心和北京行政学院、北京领导科学研究会在北京行政学院联合召开“践行五大发展理念与领导力建设”研讨会

2016 年 7 月 19 日，国家行政学院、国务院参事室共同举办的“深化改革 创新驱动 发展新经济研讨会”在国家行政学院召开

2016 年 12 月 15—16 日，国家行政学院经济学教研部主办的“全国行政学院系统经济学科 2016 年年会”在国家行政学院召开

部分高校、科研单位开展的科研、学术活动

北京大学

第五届吴玉章人文社会科学终身成就奖
颁奖典礼

漢學与中國 Sinology and China

中尼“一带一路”智库对话
暨尼泊尔总理奥利先生与中国人民大学师生交流会
2016 China-Nepal Think Tank Dialogue on the Belt and Road Initiative
Lecture by Prime Minister of Federal Democratic Republic of Nepal Rt. Hon. Mr. K.P. Sharma Oli
Renmin University of China

中国人民大学

第六届全国思想政治教育高端论坛（北京）
十八大以来党的理论创新学术研讨会

社会主义核心价值观协同创新
北京峰会

China - UK Joint Workshop on Public Sector Innovation
中英公共部门创新研讨会

清华－《财经》现代政府与公共治理论坛4
产业发展与国家治理高层论坛

清华大学

北京师范大学

中央民族大学

CELF
第四届中国-欧洲法律论坛
——创新风险防范机制，引领“一带一路”法律合作
The Fourth China-Europe Legal Forum
中国法学会
China Law Society (CLS)
中国-欧洲法律研究中心
China-Europe Legal Research Center

“后冷战时期东亚国际关系与秩序：变化与未来”国际学术研讨会

第六届中国法治论坛：
实施“一带一路”战略的法治保障

中国政法大学

G20与全球金融稳定
G20 and Global Financial Stability

第四届金融与计算论坛

金融市场与量化投资

中央财经大学

第十五届WTO与中国学术年会
The 15th Annual Conference on WTO and China

对外经济贸易大学

网站履行主体责任高峰论坛

2016国家文化产业创新实验区高端峰会

依法治国 文化创新
FORUM FOR
THE DEVELOPMENT AND PRACTICE
OF RULE OF LAW IN CULTURE
化法治发展与实践论坛
贯彻依法治国

中国传媒大学

中国青年政治学院

外交学院

2017语言文化比较学术研讨会
主办：首都师范大学外国语学院
语言文化学会

“中国传统文化现代转型与中华民族伟大复兴”学术研讨会

京津冀教育协同发展研究院成立
暨“协同·联动·共享：高校支持附属学校建设机制创新”专题论

首都师范大学美育研究中心
Center for Aesthetic Education CNU

首都师范大学

首都经济贸易大学

北京科技大学
当代语言科学研究中心及世界文学文化研究中心
成立仪式

钢铁人生 孳孳百年

第八届中国青年创新论坛

北京科技大学

北京工商大学、天津商业大学、河北经贸大学
经济学学科协同创新联盟”成立大会暨第一届学术研讨会
京津冀现代服务业协同发展
签约席
天津商业大学
北京工商大学
河北经贸大学

北京工商大学

生态文明评价指标研讨会

北京林业大学生态法论坛系列之五
美国水环境管理的经验和教训及其对中国的启示　主讲人：开根森教授

生态文明法律保障机制研讨会

北京林业大学

首都体育学院

中国劳动关系学院

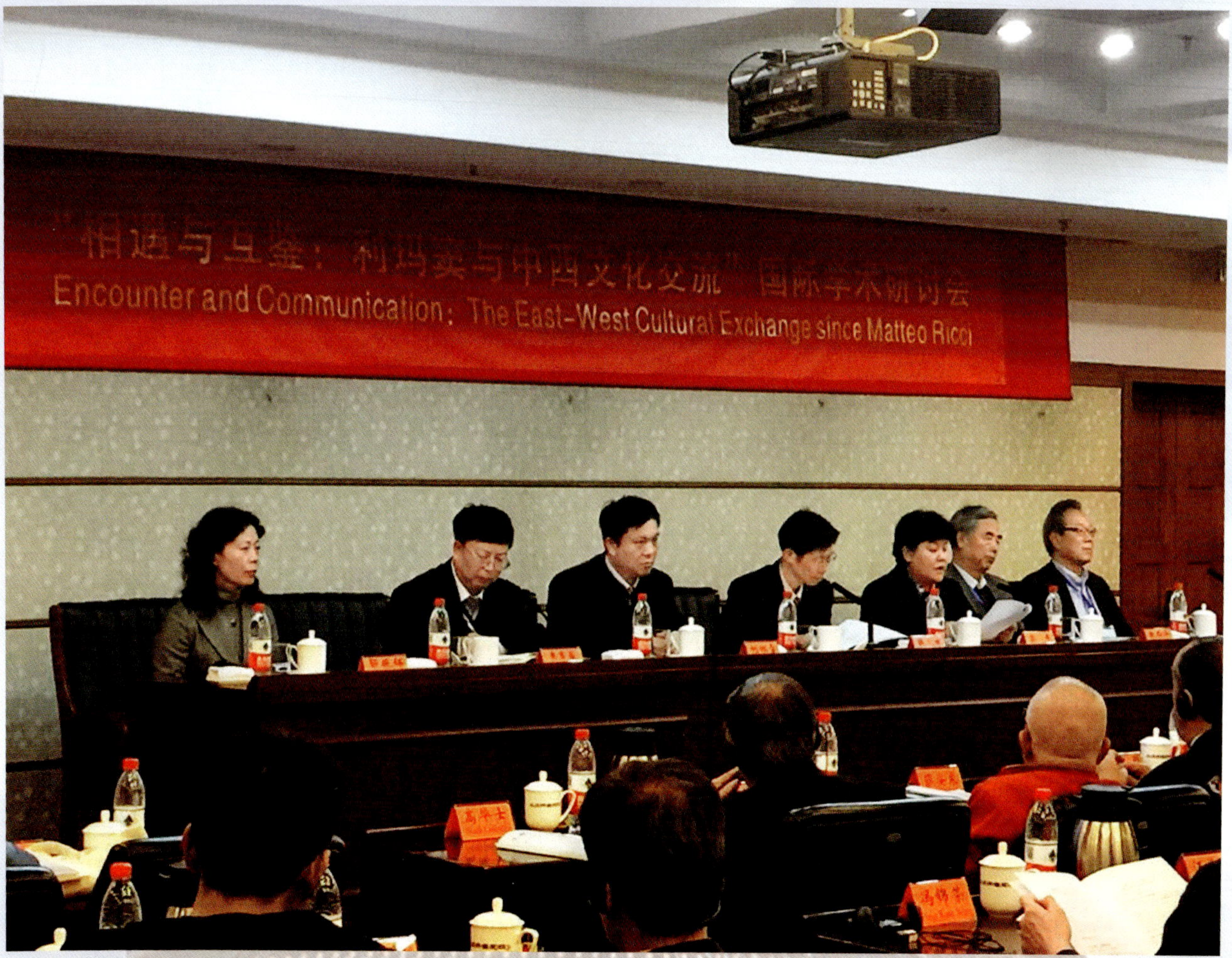
"相遇与互鉴：利玛窦与中西文化交流"国际学术研讨会
Encounter and Communication: The East-West Cultural Exchange since Matteo Ricci

2016年北京市政治学行政学学会年会
暨"治国理政新理念新思想新战略与政治学行政学前沿问题研究"学术研讨会

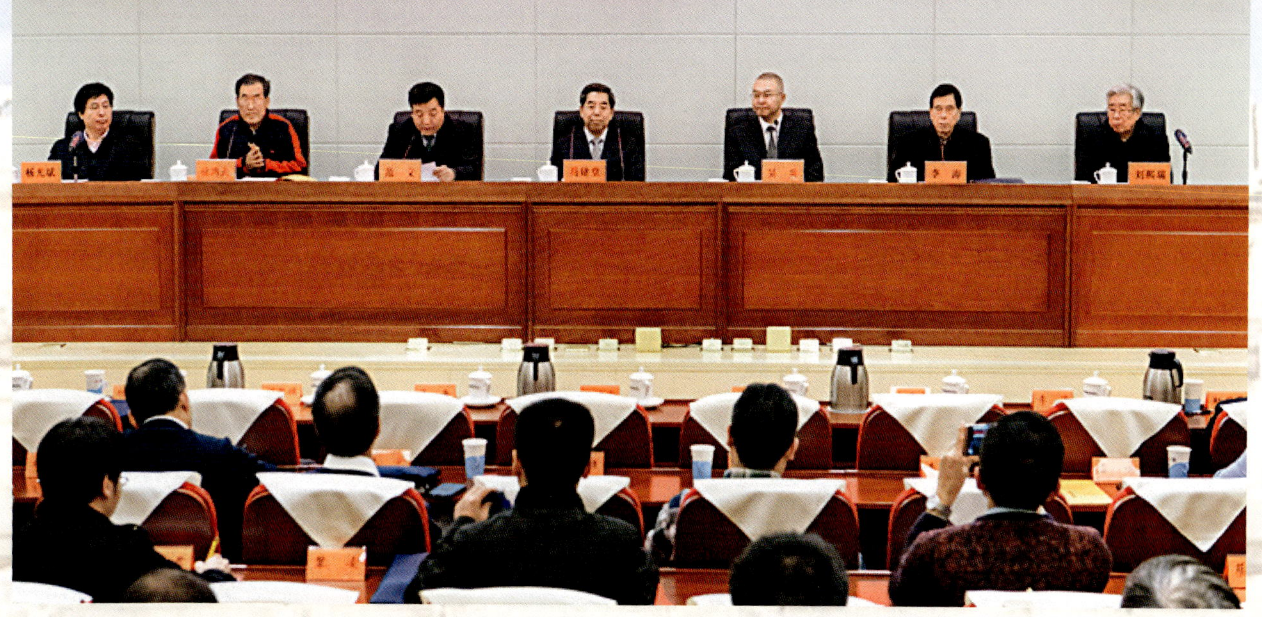

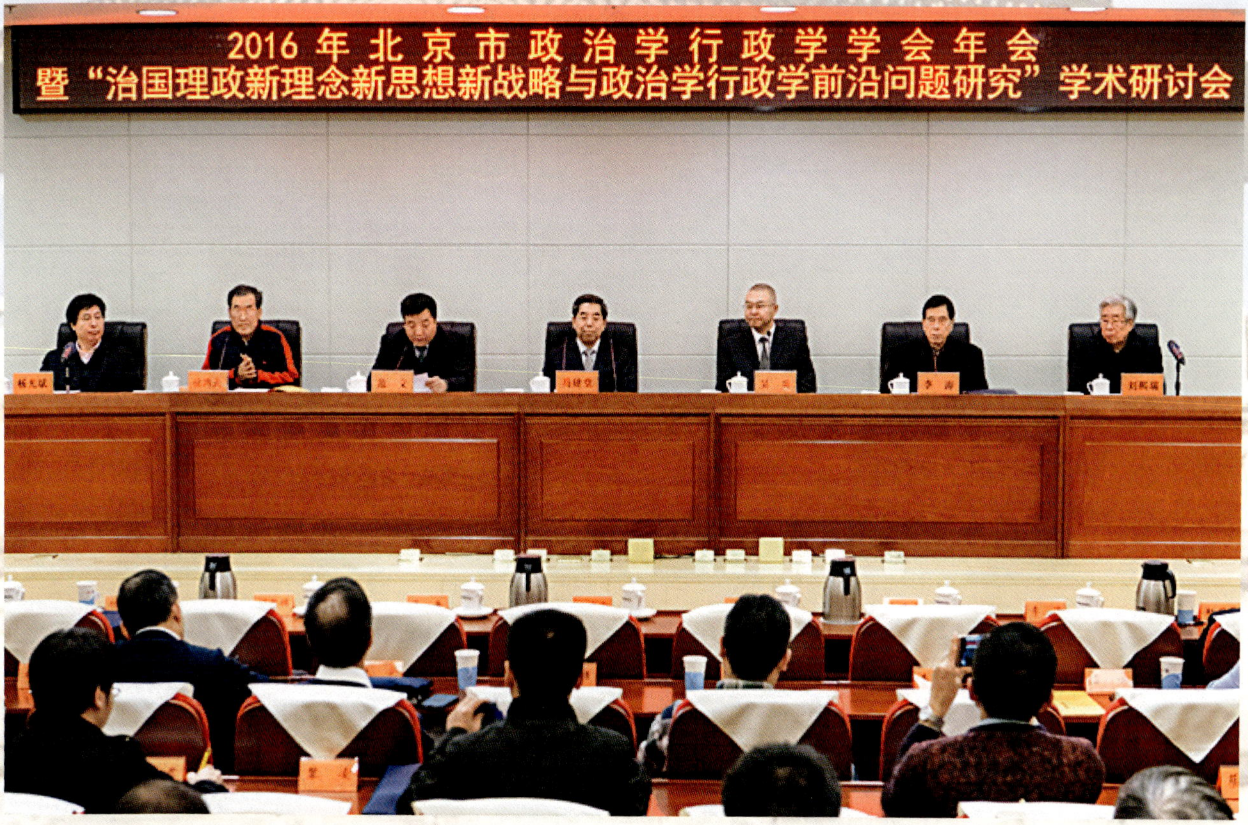

北京市委党校、北京行政学院

庆祝中国共产党成立95周年暨表彰大会

第二届"中国古村镇保护与利用"学术研讨会

华北地区社科院第三十三届科研管理联席会议

北京市社会科学院

没有共产党就没有新中国
2016年北京党史宣传月活动启动仪式
1921
2016

北京党史宣传月
北京市朝阳区街道系统庆祝建党95周年
“学党史·强党性·颂朝阳” 党史知识竞赛决赛

北京市委党史研究室

北京市档案局

北京市农业经济学会

北京市文艺学会

北京市写作学会

北京市人口学会

北京市政治学行政学学会

北京市社会科学界联合会所属学会开展各种学术调研活动

北京国际城市发展研究院

北京方迪经济发展研究院

北京市陆学艺社会学发展基金会

北京绿能煤炭经济研究基金会

北京非物质文化遗产发展基金会

北京市社会科学界联合会所属民办社科研究机构和基金会开展各种学术研讨活动

目　录

·科研课题·

哲学（含自然辩证法、逻辑学、伦理学、美学）

政治学（含思想政治工作、党建、统战）

经济学

社会学（含人口学）

法　学

历史学（含中共历史、中外史、考古）

教育学　心理学

民族学 宗教学

城市科学

语言学 文学

文化 艺术（含民俗）

管理学（含人才学、信息学）

综合（含新闻、国际关系、其他）

Contents
(Abridged)

Special Reprints

Survey of Various Subjects

（翻译：北京大学教授王逢鑫）

·特　　载·

庆祝中国共产党成立95周年大会在京隆重举行

习近平发表重要讲话强调，历史告诉我们，历史和人民选择中国共产党领导中华民族伟大复兴的事业是正确的，必须长期坚持、永不动摇；中国共产党领导中国人民开辟的中国特色社会主义道路是正确的，必须长期坚持、永不动摇；中国共产党和中国人民扎根中国大地、吸纳人类文明优秀成果、独立自主实现国家发展的战略是正确的，必须长期坚持、永不动摇。

李克强主持　张德江俞正声王岐山张高丽出席　刘云山宣读表彰决定

本报北京7月1日电　（记者徐隽）庆祝中国共产党成立95周年大会7月1日上午在北京人民大会堂隆重举行。中共中央总书记、国家主席、中央军委主席习近平在会上发表重要讲话强调，我们党已经走过了95年的历程，但我们要永远保持建党时中国共产党人的奋斗精神，永远保持对人民的赤子之心。一切向前走，都不能忘记走过的路；走得再远、走到再光辉的未来，也不能忘记走过的过去，不能忘记为什么出发。面向未来，面对挑战，全党同志一定要不忘初心、继续前进。

中共中央政治局常委李克强、张德江、俞正声、刘云山、王岐山、张高丽出席大会。

人民大会堂雄伟庄严，万人大礼堂灯火辉煌。主席台上方悬挂着“庆祝中国共产党成立95周年大会”会标。帷幕正中，由镰刀和锤头组成的中国共产党党徽在十面红旗映衬下熠熠生辉，“1921—2016”字样格外醒目。大礼堂二层眺台悬挂横幅：紧密团结在以习近平同志为总书记的党中央周围，锐意进取、开拓创新，全面推进党的建设新的伟大工程，为实现“两个一百年”奋斗目标、实现中华民族伟大复兴的中国梦而努力奋斗！

上午10时，李克强宣布庆祝大会开始，全体起立，高唱国歌。

刘云山宣读《中共中央关于表彰全国优秀共产党员、优秀党务工作者和先进基层党组织的决定》。决定指出，中共中央决定对贾立群等100名共产党员、傅企平等100名党务工作者、中国工程物理研究院党委等300个基层党组织予以表彰，分别授予“全国优秀共产党员”“全国优秀党务工作者”和“全国先进基层党组织”称号。

在欢快的乐曲声中，习近平、李克强、张德江、俞正声、刘云山、王岐山、张高丽等为全国优秀共产党员、优秀党务工作者和先进基层党组织代表颁奖。

在热烈的掌声中，习近平发表重要讲话。他首先表示，今天，我们在这里隆重集会，庆祝中国共产党成立95周年，回顾中国共产党团结带领中国人民不懈奋斗的光辉历程，展望党和人民事业发展的光明前景，表彰全国优秀共产党员、优秀党务工作者、先进基层党组织，动员全党全国各族人民更加充满信心朝着实现全面建成小康社会奋斗目标、实现中华民族伟大复兴的中国梦胜利前进。

习近平强调，中国产生了共产党，这是开天辟地的大事变。这一开天辟地的大事变，深刻改变了近代以后中华民族发展的方向和进程，深刻改变了中国人民和中华民族的前途和命运，深刻改变了世界发展的趋势和格局。在95年波澜壮阔的历史进程中，中国共产党紧紧依靠人民，跨过一道又一道沟坎，取得一个又一个胜利，为中华民族作出了伟大历史贡献。

习近平指出，中国共产党领导中国人民取得的伟大胜利，使具有5000多年文明历史的中华民族全面迈向现代化，让中华文明在现代化进程中焕发出新的蓬勃生机；使具有500年历史的社会主义主张在世界上人口最多的国家成功开辟出具有高度现实性和可行性的正确道路，让科学社会主义在21世纪焕发出新的蓬勃生机；使具有60多年历史的新中国建设取得举世瞩目的成就，中国这个世界上最大的发展中国家在短短30多年里摆脱贫困并跃升为世界第二大经济体，彻底摆脱被开除球籍的危险，创造了人类社会发展史上惊天动地的发展奇迹，使中华民族焕发出新的蓬勃生机。

习近平强调，历史告诉我们，历史和人民选择中国共产党领导中华民族伟大复兴的事业是正确的，必须长期坚持、永不动摇；中国共产党领导中国人民开辟的中国特色社会主义道路是正确的，必须长期坚持、永不动摇；中国共产党和中国人民扎根中国大地、吸纳人类文明优秀成果、独立自主实现国家发展的战略是正确的，必须长期坚持、永不动摇。

习近平指出，今天，我们回顾历史，不是为了从成功中寻求慰藉，更不是为了躺在功劳簿上、为回避今天面临的困难和问题寻找借口，而是为了总结历史经验、把握历史规律，增强开拓前进的勇气和力量。

习近平强调，党的十八大指出，坚持和发展中国特色社会主义是一项长期而艰巨的历史任务，必须准备进行具有许多新的历史特点的伟大斗争。这就告诫全党，要时刻准备应对重大挑战、抵御重大风险、克服重大阻力、解决重大矛盾，坚持和发展中国特色社会主义，坚持和巩固党的领导地位和执政地位，使我们的党、我们的国家、我们的人民永远立于不败之地。

习近平指出，面向未来，面对挑战，全党同志一定要不忘初心、继续前进，并就不忘初心、继续前进提出8个方面的要求。一是坚持不忘初心、继续前进，就要坚持马克思主义的指导地位，坚持把马克思主义基本原理同当代中国实际和时代特点紧密结合起来，推进理论创新、实践创新，不断把马克思主义中国化推向前进。二是坚持不忘初心、继续前进，就要牢记我们党从成立起就把为共产主义、社会主义而奋斗确定为自己的纲领，坚定共产主义远大理想和中国特色社会主义共同理想，不断把为崇高理想奋斗的伟大实践推向前进。三是坚持不忘初心、继续前进，就要坚持中国特色社会主义道路自信、理论自信、制度自信、文化自信，坚持党的基本路线不动摇，不断把中国特色社会主义伟大事业推向前进。四是坚持不忘初心、继续前进，就要统筹推进“五位一体”总体布局，协调推进“四个全面”战略布局，全力推进全面建成小康社会进程，不断把实现“两个一百年”奋斗目标推向前进。五是坚持不忘初心、继续前进，就要坚定不移高举改革开放旗帜，勇于全面深化改革，进一步解放思想、解放和发展社会生产力、解放和增强社会活力，不断把改革开放推向前进。六是坚持不忘初心、继续前进，就要坚信党的根基在人民、党的力量在人民，坚持一切为了人民、一切依靠人民，充分发挥广大人民群众积极性、主动性、创造性，不断把为人民造福事业推向前进。七是坚持不忘初心、继续前进，就要始终不渝走和平发展道路，始终不渝奉行互利共赢的开放战略，加强同各国的友好往来，同各国人民一道，不断把人类和平与发展的崇高事业推向前进。八是坚持不忘初心、继续前进，就要保持党的先进性和纯洁性，着力提高执政能力和领导水平，着力增强抵御风险和拒腐防变能力，不断把党的建设新的伟大工程推向前进。

习近平强调，办好中国的事情，关键在党。中国特色社会主义最本质的特征是中国共产党领导，中国特色社会主义制度的最大优势是中国共产党领导。坚持和完善党的领导，是党和国家的根本所在、命脉所在，是全国各族人民的利益所在、幸福所在。我们党作为一个有8800多万名党员、440多万个党组织的党，作为一个在有着13亿多人口的大国长期执政的党，党的建设关系重大、牵动全局。党和人民事业发展到什么阶段，党的建设就要推进到什么阶段。这是加强党的建设必须把握的基本规律。

习近平指出，先进性和纯洁性是马克思主义政党的本质属性，我们加强党的建设，就是要同一切弱化先进性、损害纯洁性的问题作斗争，祛病疗伤，激浊扬清。全党要以自我革命的政治勇气，着力解决党自身存在的突出问题，不断增强党自我净化、自我完善、自我革新、自我提高能力，经受“四大考验”、克服“四种危险”，确保党始终成为中国特色社会主义事业的坚强领导核心。

习近平强调，管党治党，必须严字当头，把严的要求贯彻全过程，做到真管真严、敢管敢严、长管长严。我们要加强和规范党内政治生活，严肃党的政治纪律和政治规矩，增强党内政治生活的政治性、时代性、原则性、战斗性，全面净化党内政治生态。我们要从中央政治局常委会、中央政治局、中央委员会抓起，从高级干部抓起，持之以恒加强作风建设，坚持和发扬党的优良传统和作风，坚持抓常、抓细、抓长，使党的作风全面好起来，确保党始终同人民同呼吸、共命运、心连心。我们要以顽强的意志品质，坚持零容忍的态度不变，做到有案必查、有腐必惩，让腐败分子在党内没有任何藏身之地。我们要坚持德才兼备、以德为先，坚持五湖四海、任人唯贤，坚持事业为上、公道正派，坚决防止和纠正选人用人上的不正之风，把党和人民需要的好干部精心培养起来、及时发现出来、合理使用起来。

习近平指出，青年是祖国的未来、民族的希望，也是我们党的未来和希望。全党要关注青年、关心青年、关爱青年，倾听青年心声，做青年朋友的知心人、青年工作的热心人、青年群众的引路人。全国广大青年要深刻了解近代以来中国人民和中华民族不懈奋斗的光荣历史和伟大历程，坚定不移跟着中国共产党走，勇做走在时代前列的奋进者、开拓者、奉献者，让青春在为祖国、为人民、为民族的奉献中焕发出绚丽光彩。

习近平强调，1949 年 3 月 23 日上午，党中央从西柏坡动身前往北京时，毛泽东同志说：“今天是进京赶考的日子。”60 多年的实践证明，我们党在这场历史性考试中取得了优异成绩。同时，这场考试还没有结束，还在继续。全党同志一定要不忘初心、继续前进，永远保持谦虚、谨慎、不骄、不躁的作风，永远保持艰苦奋斗的作风，勇于变革、勇于创新，永不僵化、永不停滞，继续在这场历史性考试中经受考验，努力向历史、向人民交出新的更加优异的答卷。

李克强在主持大会时说，全党同志要深入学习、认真领会习近平总书记重要讲话精神，不忘初心、继续前进，以先进模范为榜样和鞭策，坚定共产党人应有的理想信念，坚定不移地走中国特色社会主义道路，坚持党的基本路线，牢牢扭住发展第一要务，把对党的赤诚和忠贞融入到建设中国特色社会主义、融入到全心全意为人民服务的伟大事业中去。更加紧密地团结在以习近平同志为总书记的党中央周围，勇于担当、务实苦干、攻坚克难，促进经济社会持续健康发展，为实现“两个一百年”奋斗目标、建成富强民主文明和谐的社会主义现代化国家、实现中华民族伟大复兴的中国梦作出新的更大贡献。

大会在雄壮的《国际歌》声中结束。

中共中央、全国人大常委会、国务院、最高人民法院、最高人民检察院、全国政协、中央军委领导同志出席大会。

中央党政军群各部门和北京市主要负责同志，各民主党派中央、全国工商联负责人和无党派人士代表，老党员、老干部代表，受表彰的全国优秀共产党员、优秀党务工作者和先进基层党组织代表，在华工作的外国专家代表，首都基层党员和各界群众代表，解放军、武警部队官兵代表等约 3000 人参加大会。

（原载《人民日报》2016 年 7 月 2 日第 1 版）

纪念红军长征胜利 80 周年大会在京隆重举行
习近平发表重要讲话

李克强主持　张德江俞正声刘云山王岐山张高丽出席

新华社北京 10 月 21 日电　纪念红军长征胜利 80 周年大会 21 日上午在北京人民大会堂隆重举行。中共中央总书记、国家主席、中央军委主席习近平在会上发表重要讲话强调，历史是不断向前的，要达到理想的彼岸，就要沿着我们确定的道路不断前进。每一代人有每一代人的长征路，每一代人都要走好自己的长征路。今天，我们这一代人的长征，就是要实现“两个一百年”奋斗目标、实现中华民族伟大复兴的中国梦。长征永远在路上。不论我们的事业发展到哪一步，不论我们取得了多大成就，我们都要大力弘扬伟大长征精神，在新的长征路上继续奋勇前进。

中共中央政治局常委李克强、张德江、俞正声、刘云山、王岐山、张高丽出席大会。

人民大会堂大礼堂内气氛庄重而热烈。主席台上方悬挂着“纪念红军长征胜利80周年大会”会标，帷幕正中是中国共产党党徽和“1936—2016”字标，10面红旗分列两侧。大礼堂二层眺台悬挂标语：紧密团结在以习近平同志为总书记的党中央周围，继承和弘扬伟大长征精神，不忘初心，继续前进，走好新的长征路！

上午10时，李克强宣布纪念大会开始，全体起立，高唱国歌。

在热烈的掌声中，习近平发表重要讲话。他代表党中央、国务院和中央军委，代表全党全军全国各族人民，向领导红军创造这一历史伟业的毛泽东、周恩来、朱德同志等老一辈革命家，向在长征中浴血奋战和在各地坚持革命斗争的红军指战员，向当年支援红军长征的各族人民特别是各革命根据地人民，向所有健在的红军老战士，致以崇高的敬意。他提议全体起立，为在长征途中和在各地革命斗争中英勇牺牲的革命烈士默哀。

习近平强调，从1934年10月至1936年10月，红军第一、第二、第四方面军和第二十五军进行了伟大的长征。我们党领导红军，以非凡的智慧和大无畏的英雄气概，战胜千难万险，付出巨大牺牲，胜利完成震撼世界、彪炳史册的长征，宣告了国民党反动派消灭中国共产党和红军的图谋彻底失败，宣告了中国共产党和红军肩负着民族希望胜利实现了北上抗日的战略转移，实现了中国共产党和中国革命事业从挫折走向胜利的伟大转折，开启了中国共产党为实现民族独立、人民解放而斗争的新的伟大进军。这一惊天动地的革命壮举，是中国共产党和红军谱写的壮丽史诗，是中华民族伟大复兴历史进程中的巍峨丰碑。

习近平指出，穿越历史的沧桑巨变，回望80年前那段苦难和辉煌，我们更加深刻地认识到，长征在我们党、国家、军队发展史上具有十分伟大的意义，对中华民族历史进程具有十分深远的影响。长征是一次理想信念的伟大远征，党和红军几经挫折而不断奋起，历尽苦难而淬火成钢，归根到底在于心中的远大理想和革命信念始终坚定执着，始终闪耀着火热的光芒。长征是一次检验真理的伟大远征，真理只有在实践中才能得到检验，真理只有在实践中才能得到确立，经过长征，党和红军不是弱了，而是更强了，因为我们党找到了中国革命的正确道路，找到了指引这条道路的正确理论。长征是一次唤醒民众的伟大远征，充分展示了中国共产党性质和宗旨的力量，充分说明了中国共产党必须在人民中间生根开花，必须紧紧依靠人民来克服困难、赢得胜利。长征是一次开创新局的伟大远征，面对乱云飞渡、惊涛骇浪，我们党表现出无所畏惧的伟大实践精神，表现出浴火重生的伟大创造精神，在血与火中趟出了一条走向新生、走向胜利的革命道路。

习近平强调，“艰难困苦，玉汝于成。”长征历时之长、规模之大、行程之远、环境之险恶、战斗之惨烈，在中国历史上是绝无仅有的，在世界战争史乃至人类文明史上也是极为罕见的。红军将士上演了世界军事史上威武雄壮的战争活剧，创造了气吞山河的人间奇迹。

习近平指出，长征这一人类历史上的伟大壮举，留给我们最可宝贵的精神财富，就是中国共产党人和红军将士用生命和热血铸就的伟大长征精神。人无精神则不立，国无精神则不强。精神是一个民族赖以长久生存的灵魂，唯有精神上达到一定的高度，这个民族才能在历史的洪流中屹立不倒、奋勇向前。伟大长征精神，作为中国共产党人红色基因和精神族谱的重要组成部分，已经深深融入中华民族的血脉和灵魂，成为社会主义核心价值观的丰富滋养，成为鼓舞和激励中国人民不断攻坚克难、从胜利走向胜利的强大精神动力。

习近平强调，弘扬伟大长征精神，走好今天的长征路，必须坚定共产主义远大理想和中国特色社会主义共同理想，为崇高理想信念而矢志奋斗；必须坚定中国特色社会主义道路自信、理论自信、制度自信、文化自信，为夺取中国特色社会主义伟大事业新胜利而矢志奋斗；必须把人民放在心中最高位置，坚持一切为了人民、一切依靠人民，为人民过上更加美好生活而矢志奋斗；必须把握方向、统揽大局、统筹全局，为实现我们的总任务、总布局、总目标而矢志奋斗；必须建设同我国国际地位相称、同国家安全和发展利益相适应的巩固国防和强大军队，为维护国家安全和世界和平而矢志奋斗；必须加强党的领导，坚持全面从严治党，为推进党的建设新的伟大工程而矢志奋斗。

习近平指出，弘扬伟大长征精神，走好今天的长征路，是新的时代条件下我们面临的一个重大课题。伟大长征精神，是党和人民付出巨大代价、进行伟大斗争获得的宝贵精神财富，我们世世代代都要牢记伟大长征精神、学习伟大长征精神、弘扬伟大长征精神，使之成为我们党、我们国家、我们人民、我们军队、我们民族不断走向未来的强大精神动力。

习近平强调，长征胜利80年来，我们党团结带领全国各族人民，不断推进革命、建设、改革伟大事业，进行了一次又一次波澜壮阔的伟大长征，夺取了一个又一个举世瞩目的伟大胜利。我们这一代人，继承了前人的事业，进行着今天的奋斗，更要开辟明天的道路。蓝图已绘就，奋进正当时。前进道路上，我们要大力弘扬伟大长征精神，激励和鼓舞全党全军全国各族人民特别是青年一代发愤图强、奋发有为，继续把革命前辈开创的伟大事业推向前进，在实现“两个一百年”奋斗目标、实现中华民族伟大复兴中国梦新的长征路上续写新的篇章、创造新的辉煌。

李克强在主持大会时说，习近平总书记的重要讲话回顾了80年前红军长征这一革命壮举、壮丽史诗和巍峨丰碑，总结了长征的伟大意义和深刻精神内涵，提出了弘扬伟大长征精神、走好今天的长征路的六方面要求。要认真学习、深入领会，把伟大长征精神贯穿到各项工作中。长征对中华民族历史进程具有十分深远的影响；弘扬伟大长征精神，将更加有力地推动新时期我们党、国家、军队各项事业发展。让我们紧密团结在以习近平同志为总书记的党中央周围，坚持党的基本路线，贯彻新发展理念，勇于面对、善于战胜各种困难挑战，以更昂扬的斗志、更积极有为的举措，走好新的长征路，为实现“两个一百年”奋斗目标、建成富强民主文明和谐的社会主义现代化国家、实现中华民族伟大复兴的中国梦不懈奋斗。

大会在雄壮的《国际歌》声中结束。

在京中共中央政治局委员、中央书记处书记，全国人大常委会副委员长，国务委员，最高人民法院院长，最高人民检察院检察长，全国政协副主席，以及中央军委委员出席大会。

老红军、老同志代表，中央党政军群各部门和北京市主要负责同志，各民主党派中央、全国工商联负责人和无党派人士代表，首都各界群众代表，解放军、武警部队官兵代表等约3000人参加大会。

（原载《人民日报》2016年10月22日第1版）

中共十八届六中全会在京举行

中央政治局主持会议　中央委员会总书记习近平作重要讲话

全会听取和讨论习近平受中央政治局委托作的工作报告，审议通过《关于新形势下党内政治生活的若干准则》和《中国共产党党内监督条例》，审议通过《关于召开党的第十九次全国代表大会的决议》。习近平就《准则（讨论稿）》和《条例（讨论稿）》向全会作说明

全会充分肯定党的十八届五中全会以来中央政治局的工作。决定中国共产党第十九次全国代表大会于2017年下半年在北京召开

新华社北京10月27日电　中国共产党第十八届中央委员会第六次全体会议公报

（2016年10月27日中国共产党第十八届中央委员会第六次全体会议通过）

中国共产党第十八届中央委员会第六次全体会议，于2016年10月24日至27日在北京举行。

出席这次全会的有，中央委员197人，候补中央委员151人。中央纪律检查委员会委员和有关方面负责同志列席会议。党的十八大代表中部分基层同志和专家学者也列席会议。

全会由中央政治局主持。中央委员会总书记习近平作了重要讲话。

全会听取和讨论了习近平受中央政治局委托作的工作报告，审议通过了《关于新形势下党内政治生活的若干准则》和《中国共产党党内监督条例》，审议通过了《关于召开党的第十九次全国代表大会的决议》。习近平就《准则（讨论稿）》和《条例（讨论稿）》向全会作了说明。

全会充分肯定党的十八届五中全会以来中央政治局的工作。一致认为，面对复杂的国际国内形势，中央政治局高举中国特色社会主义伟大旗帜，坚持以马克思列宁主义、毛泽东思想、邓小平理论、“三个代表”重要思想、科学发展观为指导，全面贯彻党的十八大和十八届三中、四中、五中全会精神，深入贯彻习近平总书记系列重要讲话精神和治国理政新理念新思想新战略，把握时代大势，回应实践要求，团结带领全党全国各族人民同心协力、苦干实干，统筹推进“五位一体”总体布局和协调推进“四个全面”战略布局，开展“两学一做”学习教育，推动全面深化改革、供给侧结构性改革、国防和军队改革迈出重大步伐，党和国家各项工作取得新的重大进展。

全会高度评价全面从严治党取得的成就，认为党的十八大以来，以习近平同志为核心的党中央身体力行、率先垂范，坚定推进全面从严治党，坚持思想建党和制度治党紧密结合，集中整饬党风，严厉惩治腐败，净化党内政治生态，党内政治生活展现新气象，赢得了党心民心，为开创党和国家事业新局面提供了重要保证。

全会总结了我们党开展党内政治生活的历史经验，分析了全面从严治党面临的形势和任务，认为办好中国的事情，关键在党，关键在党要管党、从严治党。党要管党必须从党内政治生活管起，从严治党必须从党内政治生活严起。为更好进行具有许多新的历史特点的伟大斗争、推进党的建设新的伟大工程、推进中国特色社会主义伟大事业，经受“四大考验”、克服“四种危险”，有必要制定一部新形势下党内政治生活的准则。

全会强调，新形势下加强和规范党内政治生活，必须以党章为根本遵循，坚持党的政治路线、思想路线、组织路线、群众路线，着力增强党内政治生活的政治性、时代性、原则性、战斗性，着力增强党自我净化、自我完善、自我革新、自我提高能力，着力提高党的领导水平和执政水平、增强拒腐防变和抵御风险能力，着力维护党中央权威、保证党的团结统一、保持党的先进性和纯洁性，努力在全党形成又有集中又有民主、又有纪律又有自由、又有统一意志又有个人心情舒畅生动活泼的政治局面。

全会强调，新形势下加强和规范党内政治生活，重点是各级领导机关和领导干部，关键是高级干部特别是中央委员会、中央政治局、中央政治局常务委员会的组成人员。高级干部特别是中央领导层组成人员必须以身作则，模范遵守党章党规，严守党的政治纪律和政治规矩，坚持不忘初心、继续前进，坚持率先垂范、以上率下，为全党全社会作出示范。

全会提出，共产主义远大理想和中国特色社会主义共同理想，是中国共产党人的精神支柱和政治灵魂，也是保持党的团结统一的思想基础。必须把坚定理想信念作为开展党内政治生活的首要任务。全党同志必须把对马克思主义的信仰、对社会主义和共产主义的信念作为毕生追求，坚定对中国特色社会主义的道路自信、理论自信、制度自信、文化自信。领导干部特别是高级干部要以实际行动让党员和群众感受到理想信念的强大力量。全党必须毫不动摇坚持马克思主义指导思想，党的各级组织必须坚持不懈抓好理论武装，广大党员、干部特别是高级干部必须自觉抓好学习、增强党性修养。

全会提出，党在社会主义初级阶段的基本路线是党和国家的生命线、人民的幸福线，也是党内政治生活正常开展的根本保证。必须全面贯彻执行党的基本路线，把以经济建设为中心同坚持四项基本原则、坚持改革开放这两个基本点统一于中国特色社会主义伟大实践，任何时候都不能有丝毫偏离和动摇。全党必须聚精会神抓好发展这个党执政兴国的第一要务。坚持四项基本原则，根本是坚持党的领导，坚持中国特色社会主义道路、中国特色社会主义理论体系、中国特色社会主义制度、中国特色社会主义文化。必须勇于推进理论创新、实践创新、制度创新、文化创新以及其他各方面创新，坚定不移实施对外开放基本国策。必须把坚持党的思想路线贯穿于执行党的基本路线全过程，在实践中检验真理和发展真理，不断推进马克思主义中国化。考察识别干部特别是高级干部必须首先看是否坚定不移贯彻党的基本路线。党员、干部特别是高级干部在大是大非面前不能态度暧昧，不能动摇基本政治立场，不能被错误言论所左右。

全会提出，坚决维护党中央权威、保证全党令行禁止，是党和国家前途命运所系，是全国各族人民根本利益所在，也是加强和规范党内政治生活的重要目的。坚持党的领导，首先是坚持党中央的集中统一领导。一个国家、一个政党，领导核心至关重要。全党必须自觉在思想上政治上行动上同党中央保持高度一致。党的各级组织、全体党员特别是高级干部都要向党中央看齐，向党的理论和路线方针政策看齐，向党中央决策部署看齐，做到党中央提倡的坚决响应、党中央决定的坚决执行、党中央禁止的坚决不做。

全会提出，纪律严明是全党统一意志、统一行动、步调一致前进的重要保障，是党内政治生活的重要内容。必须严明党的纪律，把纪律挺在前面，用铁的纪律从严治党。坚持纪律面前一律平等，遵守纪律没有特权，执行纪律没有例外，党内决不允许存在不受纪律约束的特殊组织和特殊党员。党的各级组织和全体党员必须对党忠诚老实、光明磊落，说老实话、办老实事、做老实人，如实向党反映和报告情况，反对搞两面派、做“两面人”，反对弄虚作假、虚报浮夸，反对隐瞒实情、报喜不报忧。领导机关和领导干部不准以任何理由和名义纵容、唆使、暗示或强迫下级说假话。党内不准搞拉拉扯扯、吹吹拍拍、阿谀奉承。对领导人的宣传要实事求是，禁止吹捧。党的各级组织必须担负起执行和维护政治纪律和政治规矩的责任，坚决防止和纠正执行纪律宽松软的问题。

全会提出，我们党来自人民，失去人民拥护和支持，党就会失去根基。必须把坚持全心全意为人民服务的根本宗旨、保持党同人民群众的血肉联系作为加强和规范党内政治生活的根本要求。全党必须贯彻党的群众路线，为群众办实事、解难事，当好人民公仆。坚持问政于民、问需于民、问计于民，决不允许在群众面前自以为是、盛气凌人，决不允许当官做老爷、漠视群众疾苦，更不允许欺压群众、损害和侵占群众利益。必须坚决反对形式主义、官僚主义、享乐主义和奢靡之风。各级领导干部必须深入实际、深入基层、深入群众，多到条件艰苦、情况复杂、矛盾突出的地方解决问题，千方百计为群众排忧解难。对一切搞劳民伤财的“形象工程”和“政绩工程”的行为，要严肃问责追责，依纪依法处理。

全会提出，民主集中制是党的根本组织原则，是党内政治生活正常开展的重要制度保障。坚持集体领导制度，实行集体领导和个人分工负责相结合，是民主集中制的重要组成部分，必须始终坚持，任何组织和个人在任何情况下都不允许以任何理由违反这项制度。各级党委（党组）必须坚持集体领导制度，领导班子成员必须增强全局观念和责任意识，党委（党组）主要负责同志必须发扬民主、善于集中、敢于担责，领导班子成员必须坚决执行党组织决定。

全会提出，党内民主是党的生命，是党内政治生活积极健康的重要基础。党内决策、执行、监督等工作必须执行党章党规确定的民主原则和程序，任何党组织和个人都不得压制党内民主、破坏党内民主。中央委员会、中央政治局、中央政治局常务委员会和党的各级委员会作出重大决策部署，必须深入开展调查研究，广泛听取各方面意见和建议。必须尊重党员主体地位、保障党员民主权利，落实党员知情权、参与权、选举权、监督权，保障全体党员平等享有党章规定的党员权利、履行党章规定的党员义务，坚持党内民主平等的同志关系，任何党组织和党员不得侵害党员民主权利。畅通党员参与讨论党内事务的途径，拓宽党员表达意见渠道，营造党内民主讨论的政治氛围。党员有权向党负责地揭发、检举党的任何组织和任何党员违纪违法的事实，提倡实名举报。

全会提出，坚持正确选人用人导向，是严肃党内政治生活的组织保证。选拔任用干部必须坚持德才兼备、以德为先，坚持五湖四海、任人唯贤，坚持信念坚定、为民服务、勤政务实、敢于担当、清正廉洁的好干部标准。党的各级组织必须自觉防范和纠正用人上的不正之风和种种偏向。党的各级组织要旗帜鲜明为敢于担当的干部担当，为敢于负责的干部负责。坚决禁止跑官要官、买官卖官、拉票贿选等行为，坚决禁止向党伸手要职务、要名誉、要待遇行为，坚决禁止向党组织讨价还价、不服从组织决定的行为。任何人都不准把党的干部当作私有财产，党内不准搞人身依附关系。规范和纯洁党内同志交往，领导干部对党员不能颐指气使，党员对领导干部不能阿谀奉承。建立容错纠错机制，宽容干部在工作中特别是改革创新中的失误。

全会提出，党的组织生活是党内政治生活的重要内容和载体，是党组织对党员进行教育管理监督的重要形式。必须坚持党的组织生活各项制度，创新方式方法，增强党的组织生活活力。全体党员、干部特别是高级干部必须增强党的意识，时刻牢记自己第一身份是党员。要坚持“三会一课”制度，坚持民主生活会和组织生活会制度，坚持谈心谈话制度，坚持对党员进行民主评议。领导干部必须强化组织观念，工作中的重大问题和个人有关事项必须按规定按程序向组织请示报告。

全会提出，批评和自我批评是我们党强身治病、保持肌体健康的锐利武器，也是加强和规范党内政治生活的重要手段，必须坚持不懈把批评和自我批评这个武器用好。批评和自我批评必须坚持实事求是，讲党性不讲私情、讲真理不讲面子。党员、干部必须严于自我解剖，对发现的问题要深入剖析原因，认真整改。党的领导机关和领导干部对各种不同意见都必须听取，领导干部特别是高级干部必须带头从谏如流、敢于直言。

全会提出，监督是权力正确运行的根本保证，是加强和规范党内政治生活的重要举措。必须加强对领导干部的监督，党内不允许有不受制约的权力，也不允许有不受监督的特殊党员。要完善权力运行制约和监督机制，形成有权必有责、用权必担责、滥权必追责的制度安排。党的各级组织和领导干部必须在宪法法律范围内活动，决不能以言代法、以权压法、徇私枉法。对涉及违纪违法行为的举报，对党员反映的问题，任何党组织和领导干部都不准隐瞒不报、拖延不办。涉及所反映问题的领导干部应该回避，不准干预或插手组织调查。

全会提出，建设廉洁政治，坚决反对腐败，是加强和规范党内政治生活的重要任务。必须筑牢拒腐防变的思想防线和制度防线，着力构建不敢腐、不能腐、不想腐的体制机制。领导干部特别是高级干部必须带头践行社会主义核心价值观，讲修养、讲道德、讲诚信、讲廉耻。各级领导干部是人民公仆，没有搞特殊化的权利，要带头执行廉洁自律准则，自觉同特权思想和特权现象作斗争，注重家庭、家教、家风，教育管理好亲属和身边工作人员。禁止利用职权或影响力为家属亲友谋求特殊照顾，禁止领导干部家属亲友插手领导干部职权范围内的工作、插手人事安排。要坚持有腐必反、有贪必肃，坚持无禁区、全覆盖、零容忍，党内决不允许有腐败分子藏身之地。

全会强调，党内监督要以马克思列宁主义、毛泽东思想、邓小平理论、“三个代表”重要思想、科学发展观为指导，深入贯彻习近平总书记系列重要讲话精神，围绕统筹推进“五位一体”总体布局和协调推进“四个全面”战略布局，尊崇党章，依规治党，坚持党内监督和人民群众监督相结合，增强党在长期执政条件下自我净化、自我完善、自我革新、自我提高能力。

全会指出，党内监督没有禁区、没有例外。各级党组织应当把信任激励同严格监督结合起来，促使党的领导干部做到有权必有责、有责要担当，用权受监督、失责必追究。党内监督要贯彻民主集中制，依规依纪进行，强化自上而下的组织监督，改进自下而上的民主监督，发挥同级相互监督作用。

全会强调，党内监督的任务是确保党章党规党纪在全党有效执行，维护党的团结统一，重点解决党的领导弱化、党的建设缺失、全面从严治党不力，党的观念淡漠、组织涣散、纪律松弛，管党治党宽松软问题，保证党的组织充分履行职能、发挥核心作用，保证全体党员发挥先锋模范作用，保证党的领导干部忠诚干净担当。党内监督的主要内容是遵守党章党规和国家宪法法律，维护党中央集中统一领导，坚持民主集中制，落实全面从严治党责任，落实中央八项规定精神，坚持党的干部标准，廉洁自律、秉公用权，完成党中央和上级党组织部署的任务等情况。

全会指出，党内监督的重点对象是党的领导机关和领导干部特别是主要领导干部。要建立健全党中央统一领导，党委（党组）全面监督，纪律检查机关专责监督，党的工作部门职能监督，党的基层组织日常监督，党员民主监督的党内监督体系。

全会强调，党的中央委员会、中央政治局、中央政治局常务委员会全面领导党内监督工作。党委（党组）在党内监督中负主体责任，书记是第一责任人，党委常委会委员（党组成员）和党委委员在职责范围内履行监督职责。党的各级纪律检查委员会要履行监督执纪问责职责。党的工作部门要加强职责范围内党内监督工作。党的基层组织要监督党员切实履行义务，维护和执行党的纪律。党员要积极行使党员权利，加强对党的领导干部的民主监督。

全会强调，各级党委应当支持和保证同级人大、政府、监察机关、司法机关等对国家机关及公职人员依法进行监督，人民政协依章程进行民主监督，审计机关依法进行审计监督。要支持民主党派履行监督职能，重视民主党派和无党派人士提出的意见、批评、建议。要认真对待、自觉接受社会监督。

全会强调，加强和规范党内政治生活、加强党内监督是全党的共同任务，必须全党一起动手。各级党委（党组）要全面履行领导责任，着力解决突出问题，把加强和规范党内政治生活、加强党内监督各项任务落到实处。

全会决定，中国共产党第十九次全国代表大会于2017年下半年在北京召开。全会认为，召开党的十九大是党和国家政治生活中的一件大事，全党要全面贯彻党的十八大和十八届三中、四中、五中、六中全会精神，团结带领全国各族人民，坚定信心，奋发进取，进一步做好党和国家各项工作，特别是要切实做好思想理论准备工作、组织准备工作、经济社会发展工作、意识形态工作，切实维护社会和谐稳定，以优异成绩迎接党的十九大召开。

全会按照党章规定，决定递补中央委员会候补委员赵宪庚、咸辉为中央委员会委员。

全会审议并通过了中共中央纪律检查委员会关于王珉、吕锡文严重违纪问题的审查报告，审议并通过了中共中央军事委员会关于范长秘、牛志忠严重违纪问题的审查报告，确认中央政治局之前作出的给予王珉、吕锡文、范长秘、牛志忠开除党籍的处分。

全会号召，全党同志紧密团结在以习近平同志为核心的党中央周围，全面深入贯彻本次全会精神，牢固树立政治意识、大局意识、核心意识、看齐意识，坚定不移维护党中央权威和党中央集中统一领导，继续推进全面从严治党，共同营造风清气正的政治生态，确保党团结带领人民不断开创中国特色社会主义事业新局面。

（原载《人民日报》2016年10月28日第1版）

中共中央举行纪念朱德同志诞辰130周年座谈会 习近平发表重要讲话

李克强俞正声刘云山王岐山张高丽出席　张德江主持

本报北京11月29日电　（记者张烁）中共中央29日上午在人民大会堂举行座谈会，纪念朱德同志诞辰130周年。中共中央总书记、国家主席、中央军委主席习近平发表重要讲话强调，实现中华民族伟大复兴，是老一辈革命家和千千万万革命先辈毕生奋斗追求的目标。全党全军全国各族人民要更加紧密地团结在党中央周围，同心同德，锐意进取，顽强奋斗，继续把革命前辈开创的伟大事业推向前进，为创造更加灿烂辉煌的明天而努力奋斗。

中共中央政治局常委李克强、俞正声、刘云山、王岐山、张高丽出席座谈会，中共中央政治局常委张德江主持座谈会。

习近平在讲话中指出，朱德同志在近70年的革命生涯中，为中国革命成功、为中国人民解放事业立下了丰功伟绩，为我国社会主义革命和建设事业建立了不朽功勋，深受全党全军全国各族人民爱戴和崇敬。朱德同志在毕生奋斗中表现出来的思想品德和精神风范，是党和人民的宝贵精神财富。

习近平强调，我们纪念朱德同志，就是要学习他追求真理、不忘初心的坚定信念。对马克思主义的信仰，对社会主义和共产主义的信念，是共产党人的政治灵魂，是共产党人经受住各种考验的精神支柱。只有理想信念坚定的人，才能始终不渝、百折不挠，不论风吹雨打，不怕千难万险，坚定不移为实现既定目标而奋斗。

习近平指出，我们纪念朱德同志，就是要学习他无限忠诚、光明磊落的坚强党性。党性是党员、干部立身、立业、立言、立德的基石。决定一个人如何的是品行，决定一名党员如何的是党性。全党同志一定要牢记自己的第一身份是共产党员，任何时候都同党同心同德，对党忠诚、为党分忧、为党担责、为党尽责，竭尽全力完成党交给的职责和任务。

习近平强调，我们纪念朱德同志，就是要学习他实事求是、求真务实的思想方法。实事求是是马克思主义的精髓，是我们共产党人的重要思想方法。我们过去取得的一切成就都是靠实事求是。我们要把中国特色社会主义事业继续推向前进，还是要靠实事求是。全党同志一定要坚持解放思想、实事求是、与时俱进，随时准备坚持真理、修正错误。凡是有利于党和人民事业的，就坚决干、加油干、一刻不停歇地干；凡是不利于党和人民事业的，就坚决改、彻底改、一刻不耽误地改，不断开创事业发展新局面，不断开创马克思主义发展新境界。

习近平指出，我们纪念朱德同志，就是要学习他心系人民、艰苦朴素的公仆情怀。党同人民风雨同舟、生死与共是党战胜一切困难和风险的根本保证，同人民打成一片是我们永远保持艰苦朴素作风的重要保证。我们的工作和决策必须以人民利益为重、以人民期盼为念，做到知民情、解民忧、纾民怨、暖民心，多干让人民满意的好事实事，充分调动人民群众积极性、主动性、创造性，使我们党始终拥有不竭的力量源泉。

习近平强调，我们纪念朱德同志，就是要学习他一生学习、一生向前的奋斗精神。我们党历来重视领导干部的学习。在当前瞬息万变的形势下，不前进就是后退，不超前就会落后。全党要正确认识和妥善处理我国发展起来后不断出现的新情况新问题，不断增强我们自己的本领，既把学到的知识运用于实践，又在实践中增长解决问题的新本领，做到知行合一，增强工作的科学性、预见性、主动性，避免陷入少知而迷、不知而盲、无知而乱的困境。我们依靠学习走到今天，也必然要依靠学习走向未来。

张德江在主持座谈会时说，习近平总书记作了重要讲话，回顾了朱德同志伟大光荣的一生，高度评价了朱德同志的丰功伟绩，号召全党全军全国各族人民学习朱德同志的崇高品德和精神风范。习近平总书记的重要讲话，对于指导我们党把朱德同志等老一辈革命家所开创的事业继续推向前进，坚持走中国特色社会主义道路，具有重大的意义。各地区各部门都要认真学习领会，切实贯彻落实。让我们紧密团结在以习近平同志为核心的党中央周围，在党的十八大和十八届三中、四中、五中、六中全会精神指引下，艰苦奋斗，开拓创新，为全面建成小康社会、实现中华民族伟大复兴的中国梦而努力奋斗。

座谈会上，中央文献研究室主任冷溶，中央党史研究室主任曲青山，全国人大常委会副秘书长信春鹰，中央军委委员、中央军委政治工作部主任张阳，四川省委书记王东明先后发言。

部分中共中央政治局委员、中央书记处书记，部分全国人大常委会、国务院、全国政协领导同志，中央军委委员，中央党政军群有关部门、北京市、四川省负责同志，朱德同志亲属、生前友好、原身边工作人员和家乡代表等出席了座谈会。

（原载《人民日报》2016 年 11 月 30 日第 1 版）

纪念孙中山先生诞辰 150 周年大会在京举行
习近平发表重要讲话

李克强刘云山王岐山张高丽出席　俞正声主持

本报北京 11 月 11 日电　（记者张烁）纪念孙中山先生诞辰 150 周年大会 11 日上午在北京人民大会堂隆重举行。中共中央总书记、国家主席、中央军委主席习近平发表重要讲话强调，中国共产党人是孙中山先生革命事业最坚定的支持者、最忠诚的合作者、最忠实的继承者。我们对孙中山先生最好的纪念，就是团结一切可以团结的力量，调动一切可以调动的因素，把孙中山先生等一切革命先辈为之奋斗的伟大事业继续推向前进，把近代以来一切仁人志士为之奋斗的伟大事业继续推向前进，把近代以来中国人民和中华民族为之奋斗的伟大事业继续推向前进。

李克强、俞正声、刘云山、王岐山、张高丽出席大会。

人民大会堂大礼堂气氛庄重热烈。主席台上方悬挂着“纪念孙中山先生诞辰 150 周年大会”会标，后幕正中是孙中山先生画像和“1866－2016”字标，10 面红旗分列两侧。

上午 10 时，大会开始。全体起立，高唱国歌。

在热烈的掌声中，习近平发表重要讲话。他表示，孙中山先生是伟大的民族英雄、伟大的爱国主义者、中国民主革命的伟大先驱，一生以革命为己任，立志救国救民，为中华民族作出了彪炳史册的贡献。时代造就伟大人物，伟大人物又影响时代。孙中山先生为中国人民和中华民族作出了杰出贡献，在中国人民心中享有崇高威望，受到全体中华儿女景仰。

习近平强调，我们要学习孙中山先生热爱祖国、献身祖国的崇高风范。古今中外的历史都告诉我们，世界上没有一个民族能够亦步亦趋走别人的道路实现自己的发展振兴，也没有一种一成不变的道路可以引导所有民族实现发展振兴；一切成功发展振兴的民族，都是找到了适合自己实际的道路的民族。今天，我们要开创中华民族伟大复兴新局面，必须大力弘扬伟大的爱国主义精神，坚信中华民族有能力走出一条成功的复兴之路，增强中国特色社会主义道路自信、理论自信、制度自信、文化自信，坚定不移沿着中国特色社会主义道路守护好、建设好我们伟大的国家。

习近平指出，我们要学习孙中山先生天下为公、心系民众的博大情怀。任何一项伟大事业要成功，都必须从人民中找到根基，从人民中积聚力量，由人民共同来完成。今天，要开创中华民族伟大复兴新局面，我们党就必须始终把全心全意为人民服务作为根本宗旨，始终把人民拥护和支持作为力量源泉，坚持把人民放在心中最高位置，坚持一切为了人民、一切依靠人民，永远保持对人民的赤子之心，永远同人民站在一起，把13亿多中国人民凝聚成推动中华民族发展壮大的磅礴力量。

习近平强调，我们要学习孙中山先生追求真理、与时俱进的优秀品质。历史只会眷顾坚定者、奋进者、搏击者，而不会等待犹豫者、懈怠者、畏难者。今天，我们要开创中华民族伟大复兴新局面，就必须树立宏大历史视野，把握世界发展大势，聆听时代声音，勇于坚持真理、修正错误，不断推进理论创新、实践创新、制度创新、文化创新以及其他各方面创新，在时代前进的洪流中书写中华民族发展新篇章。

习近平指出，我们要学习孙中山先生坚韧不拔、百折不挠的奋斗精神。伟大的事业之所以伟大，不仅因为这种事业是正义的、宏大的，而且因为这种事业不是一帆风顺的。伟大的人物之所以伟大，不仅因为这样的人物为人民、为民族、为人类建立了丰功伟绩，而且因为这样的人物在艰苦磨砺中铸就了坚强意志和高尚人格。今天，我们要开创中华民族伟大复兴新局面，就必须冷静审视深刻复杂变化的国际形势，全面把握艰巨繁重的改革发展稳定任务，进行长期不懈的艰苦努力，时刻准备应对重大挑战、抵御重大风险、克服重大阻力、解决重大矛盾，不断把中华民族伟大复兴事业推向前进。

习近平强调，孙中山先生始终坚定维护国家统一和民族团结，旗帜鲜明反对一切分裂国家、分裂民族的言论和行为。维护国家主权和领土完整，绝不容忍国家分裂的历史悲剧重演，是我们对历史和人民的庄严承诺。一切分裂国家的活动都必将遭到全体中国人民坚决反对。我们绝不允许任何人、任何组织、任何政党、在任何时候、以任何形式、把任何一块中国领土从中国分裂出去。

习近平指出，孙中山先生在从事紧张的革命活动的过程中，一直思考着建设中国的问题。在旧中国的政治经济社会条件下，孙中山先生的这些宏大构想是难以实现的。今天，在中国共产党领导下，在全国各族人民顽强奋斗下，孙中山先生当年描绘的蓝图早已实现，孙中山先生致力于建设的独立、民主、富强的国家早已巍然屹立在世界东方。实践充分说明，只要道路正确、理论正确、制度正确、文化正确，只要坚定不移、坚韧不拔、坚持不懈、艰苦奋斗，朝着伟大目标持之以恒前进，我们的目标就能够达到，我们的目标也一定能够达到。

俞正声在主持大会时说，习近平总书记的重要讲话，深切缅怀了孙中山先生为民族独立、社会进步、人民幸福而不懈奋斗的光辉一生，高度评价了孙中山先生领导近代中国民族民主革命的不朽功勋，回顾总结了中国共产党继承孙中山先生遗志、领导全国各族人民英勇奋斗的艰辛历程和伟大成就，深刻阐明了全体中华儿女共同致力实现中华民族伟大复兴的历史使命，郑重重申了维护祖国统一的严正立场和坚定决心。让我们更加紧密地团结在以习近平同志为核心的中共中央周围，高举中国特色社会主义伟大旗帜，同心同德、艰苦奋斗，为实现祖国和平统一大业、实现中华民族伟大复兴的中国梦作出新的更大贡献。

在京中共中央政治局委员、中央书记处书记，全国人大常委会副委员长，国务委员，最高人民法院院长，全国政协副主席，以及中央军委委员出席大会。

中央党政军群各部门和北京市负责同志，各民主党派中央、全国工商联负责人和无党派人士代表，在京全国人大常委及部分人大代表，在京全国政协常委及部分委员，民族、宗教界和社会团体代表，部分外国驻华使节，孙中山先生亲属代表，港澳台有关人士代表及海外来宾，首都各界群众代表，解放军、武警部队官兵代表等约3000人参加大会。

纪念大会前，习近平等亲切会见了孙中山先生亲属及海外来宾代表。

（原载《人民日报》2016年11月12日第1版）

中共中央举行学习《胡锦涛文选》报告会 习近平发表重要讲话

李克强主持　张德江俞正声王岐山张高丽出席 刘云山宣读《中共中央关于学习〈胡锦涛文选〉的决定》

本报北京9月29日电　（记者姜洁）中共中央29日上午在北京举行学习《胡锦涛文选》报告会。中共中央总书记、国家主席、中央军委主席习近平在会上发表重要讲话。他强调，当前要把学习《胡锦涛文选》摆在党的思想政治建设和党员、干部理论学习培训的重要位置，通过学习加深对党的十八大以来提出的治国理政新理念新思想新战略的理解，继续开拓创新，继续奋发进取，为实现“两个一百年”奋斗目标、实现中华民族伟大复兴的中国梦而不懈奋斗。

中共中央政治局常委李克强主持报告会，中共中央政治局常委张德江、俞正声、王岐山、张高丽出席报告会。中共中央政治局常委刘云山在报告会上宣读《中共中央关于学习〈胡锦涛文选〉的决定》。

中共中央决定指出，全党同志要充分认识学习《胡锦涛文选》的重要性和必要性，潜心研读原著，把握精神实质，真正学通弄懂。全党同志和全国各族人民要紧密团结在以习近平同志为总书记的党中央周围，高举中国特色社会主义伟大旗帜，深入学习贯彻习近平总书记系列重要讲话精神，不断增强政治意识、大局意识、核心意识、看齐意识，同心同德，扎实工作，开拓进取。（《决定》全文另发）

习近平在讲话中指出，《胡锦涛文选》生动记录了以胡锦涛同志为总书记的党中央团结带领全党全国各族人民在新的起点上坚持和发展中国特色社会主义的历史进程，科学总结了我们党依靠人民战胜一系列重大挑战、推动改革开放和社会主义现代化建设取得新的重大成就的宝贵经验，集中反映了我们党坚持以马克思列宁主义、毛泽东思想、邓小平理论、“三个代表”重要思想、科学发展观为指导，坚持把马克思主义基本原理同当代中国实际和时代特征相结合创造性提出的重大理论成果。

习近平强调，党的十六大至党的十八大这10年间，以胡锦涛同志为总书记的党中央团结带领全党全国各族人民，高举中国特色社会主义伟大旗帜，坚持党的基本路线不动摇，深刻认识复杂多变的国际局势，准确把握我国发展的阶段性特征，紧紧抓住和用好我国发展的重要战略机遇期，不断深化改革开放、加快发展步伐，在前进道路上战胜一系列重大挑战，取得一系列新的历史性成就，为全面建成小康社会打下坚实基础，把中国特色社会主义推进到新的发展阶段。

习近平指出，党和人民事业发展，是承前启后、继往开来的历史过程。如同《毛泽东选集》、《邓小平文选》、《江泽民文选》一样，《胡锦涛文选》为我们总结党领导人民进行的伟大实践以及在实践中创造的成功经验，提供了一部系统性重要教材，对全党全国各族人民坚定信心沿着中国特色社会主义道路奋勇前进具有十分重要的意义。

习近平强调，科学发展观是马克思主义同当代中国实际和时代特征相结合的产物，是马克思主义关于发展的世界观和方法论的集中体现，把我们党对中国特色社会主义规律的认识提高到新的水平。按照科学发展观要求，我们党在推进中国特色社会主义建设中取得一系列理论成果。同毛泽东思想、邓小平理论、“三个代表”重要思想一样，科学发展观是我们党的指导思想的重要组成部分，必须长期坚持、认真贯彻。

习近平强调，学习《胡锦涛文选》，是当前和今后一个时期党的思想政治建设和党员、干部理论学习培训的重要任务。各级党委（党组）要切实加强对学习的组织领导，坚持学习、宣传、研究相结合，精心安排，周密部署，强化落实，确保学习取得实实在在的成效，通过学习进一步做好党和国家各项工作。

习近平指出，发展对坚持和发展中国特色社会主义具有决定性意义，我们要深刻领会科学发展观的科学内涵、精神实质、根本要求，结合新的形势，破解发展难题，厚植发展优势，不断开创我国发展新境界。全面建成小康社会、加快推进社会主义现代化，是几代中国共产党人接续奋斗的重要目标，我们要提高对全面建成小康社会的规律性认识，最大限度调动各方面积极性、主动性、创造性，确保全面建成小康社会取得决定性胜利。改革开放是当代中国最鲜明的特色，是我们党在新的历史时期最鲜明的旗帜，我们要紧扣完善和发展中国特色社会主义制度、推进国家治理体系和治理能力现代化这一总目标，以更大的政治勇气和智慧推进各方面各领域改革。办好中国的事情，关键在中国共产党，我们要牢牢把握加强党的执政能力建设和先进性建设这条主线，着力解决党内存在的各种问题，更加有效地调动全党上下的积极性、主动性、创造性，使各级党组织和全党同志切实做到对党忠诚、为党分忧、为党担责、为党尽责。

习近平强调，马克思主义发展历程、马克思主义中国化发展历程都告诉我们：世界在变化，时代在前进，实践发展永无止境，我们认识真理、不断进行理论和实践创新、不断开创事业新局面的征程也永无止境。坚持马克思主义，最重要的就是坚持马克思主义的科学原理和科学精神、创新精神，根据新的实践不断进行新的探索，使我们党的理论不断向前发展，不断为实践提供新的理论指导，保证我们党始终走在时代前列。

李克强在主持报告会时指出，习近平总书记的重要讲话，全面回顾了党的十六大至党的十八大这10年间，以胡锦涛同志为总书记的党中央带领全党全国各族人民团结奋斗取得的重大成就，和在此基础上形成的涵盖改革发展稳定、内政外交国防、治党治国治军各方面的系统科学理论，深刻阐述了科学发展观作为我们党指导思想的重要组成部分，对坚持和发展中国特色社会主义的重大指导意义，同时明确了当前和今后一个时期学习《胡锦涛文选》的要求。各地区各部门要按照党中央决定，结合做好党和国家各项工作，把学习《胡锦涛文选》放在重要位置，深刻把握科学发展观的内涵、实质、要求，切实贯彻落实新发展理念，坚持发展中国特色社会主义，坚持党的基本路线，坚持发展第一要务，促进经济保持中高速增长、迈向中高端水平，提高经济社会发展的协调性和可持续性，使发展成果更好惠及全体人民。要更加紧密地团结在以习近平同志为总书记的党中央周围，为实现“两个一百年”奋斗目标、实现中华民族伟大复兴的中国梦不懈奋斗。

在京中共中央政治局委员、中央书记处书记，全国人大常委会副委员长，国务委员，最高人民法院院长，最高人民检察院检察长，全国政协副主席以及中央军委委员出席报告会。

中央党政军群各部门和北京市主要负责同志，各民主党派中央、全国工商联主要负责人和无党派人士代表，在京中央管理的企业、金融机构和部分高校党委（党组）主要负责同志，部分理论、宣传工作者代表等参加报告会。

（原载《人民日报》2016年9月30日第1版）

习近平主持召开哲学社会科学工作座谈会强调　结合中国特色社会主义伟大实践　加快构建中国特色哲学社会科学

刘云山出席

本报北京5月17日电　（记者倪光辉）中共中央总书记、国家主席、中央军委主席习近平17日上午在京主持召开哲学社会科学工作座谈会并发表重要讲话。他强调，一个没有发达的自然科学的国家不可能走在世界前列，一个没有繁荣的哲学社会科学的国家也不可能走在世界前列。坚持和发展中国特色社会主义，哲学社会科学具有不可替代的重要地位，哲学社会科学工作者具有不可替代的重要作用。坚持和发展中国特色社会主义，必须高度重视哲学社会科学，结合中国特色社会主义伟大实践，加快构建中国特色哲学社会科学。

中共中央政治局常委、中央书记处书记刘云山出席座谈会。

座谈会上，中国社科院研究员汝信、北京大学国家发展研究院教授林毅夫、中国社科院马克思主义研究院研究员钟君、敦煌研究院研究员樊锦诗、复旦大学中国研究院教授张维为、北京师范大学文学院教授康震、中国政法大学教授马怀德、武汉大学马克思主义学院教授沈壮海、国防大学战略研究所教授金一南、中国人民大学重阳金融研究院研究员王文先后发言。他们分别介绍了哲学、经济学、科学社会主义、历史学、政治学、文学、法学、马克思主义理论、军事学等学科和领域的研究进展，并就如何推动哲学社会科学工作创新发展提出了意见和建议。

习近平认真听取大家发言，不时就有关话题同学者们深入讨论。大家发言后，习近平发表了重要讲话。他首先表示，发言的同志讲得很好，很多是真知灼见、肺腑之言，听了很受启发。他向全国广大哲学社会科学工作者致以诚挚的问候。

习近平强调，观察当代中国哲学社会科学，需要有一个宽广的视角，需要放到世界和我国发展大历史中去看。人类社会每一次重大跃进，人类文明每一次重大发展，都离不开哲学社会科学的知识变革和思想先导。现在，我国哲学社会科学学科体系不断健全，研究队伍不断壮大，研究水平和创新能力不断提高，马克思主义理论研究和建设工程取得丰硕成果。广大哲学社会科学工作者坚持以马克思主义为指导，深入研究和回答我国发展和我们党执政面临的重大理论和实践问题，推出一大批重要学术成果，为坚持和发展中国特色社会主义作出了重大贡献。

习近平指出，新形势下，我国哲学社会科学地位更加重要、任务更加繁重。历史表明，社会大变革的时代，一定是哲学社会科学大发展的时代。当代中国正经历着我国历史上最为广泛而深刻的社会变革，也正在进行着人类历史上最为宏大而独特的实践创新。这种前无古人的伟大实践，必将给理论创造、学术繁荣提供强大动力和广阔空间。这是一个需要理论而且一定能够产生理论的时代，这是一个需要思想而且一定能够产生思想的时代。一切有理想、有抱负的哲学社会科学工作者都应该立时代之潮头、通古今之变化、发思想之先声，积极为党和人民述学立论、建言献策，担负起历史赋予的光荣使命。

习近平强调，坚持以马克思主义为指导，是当代中国哲学社会科学区别于其他哲学社会科学的根本标志，必须旗帜鲜明加以坚持。我国哲学社会科学的一项重要任务就是继续推进马克思主义中国化、时代化、大众化，继续发展 21 世纪马克思主义、当代中国马克思主义。我国广大哲学社会科学工作者要自觉坚持以马克思主义为指导，自觉把中国特色社会主义理论体系贯穿研究和教学全过程，转化为清醒的理论自觉、坚定的政治信念、科学的思维方法。

习近平指出，坚持以马克思主义为指导，首先要解决真懂真信的问题，核心要解决好为什么人的问题，最终要落实到怎么用上来。我国哲学社会科学要有所作为，就必须坚持以人民为中心的研究导向。脱离了人民，哲学社会科学就不会有吸引力、感染力、影响力、生命力。我国广大哲学社会科学工作者要坚持人民是历史创造者的观点，树立为人民做学问的理想，尊重人民主体地位，聚焦人民实践创造，自觉把个人学术追求同国家和民族发展紧紧联系在一起，努力多出经得起实践、人民、历史检验的研究成果。马克思主义是随着时代、实践、科学发展而不断发展的开放的理论体系，它并没有结束真理，而是开辟了通向真理的道路。把坚持马克思主义和发展马克思主义统一起来，结合新的实践不断作出新的理论创造，这是马克思主义永葆生机活力的奥妙所在。

习近平强调，要加快构建中国特色哲学社会科学，按照立足中国、借鉴国外，挖掘历史、把握当代，关怀人类、面向未来的思路，着力构建中国特色哲学社会科学，在指导思想、学科体系、学术体系、话语体系等方面充分体现中国特色、中国风格、中国气派。

习近平指出，构建中国特色哲学社会科学，一是要体现继承性、民族性。要善于融通马克思主义的资源、中华优秀传统文化的资源、国外哲学社会科学的资源，坚持不忘本来、吸收外来、面向未来。坚定中国特色社会主义道路自信、理论自信、制度自信，说到底是要坚定文化自信，文化自信是更基本、更深沉、更持久的力量。二是要体现原创性、时代性。我们的哲学社会科学有没有中国特色，归根到底要看有没有主体性、原创性。只有以我国实际为研究起点，提出具有主体性、原创性的理论观点，构建具有自身特质的学科体系、学术体系、话语体系，我国哲学社会科学才能形成自己的特色和优势。我国哲学社会科学应该以我们正在做的事情为中心，从我国改革发展的实践中挖掘新材料、发现新问题、提出新观点、构建新理论，加强对改革开放和社会主义现代化建设实践经验的系统总结，加强对发展社会主义市场经济、民主政治、先进文化、和谐社会、生态文明以及党的执政能力建设等领域的分析研究，加强对党中央治国理政新理念新思想新战略的研究阐释，提炼出有学理性的新理论，概括出有规律性的新实践。三是要体现系统性、专业性。中国特色哲学社会科学应该涵盖历史、经济、政治、文化、社会、生态、军事、党建等各领域，囊括传统学科、新兴学科、前沿学科、交叉学科、冷门学科等诸多学科，不断推进学科体系、学术体系、话语体系建设和创新，努力构建一个全方位、全领域、全要素的哲学社会科学体系。要抓好教材体系建设，形成适应中国特色社会主义发展要求、立足国际学术前沿、门类齐全的哲学社会科学教材体系。

习近平强调，构建中国特色哲学社会科学是一个系统工程，是一项极其繁重的任务，要加强顶层设计，统筹各方面力量协同推进。

习近平指出，加强和改善党对哲学社会科学工作的领导，是繁荣发展我国哲学社会科学事业的根本保证。各级党委要把哲学社会科学工作纳入重要议事日程，加强政治领导和工作指导，一手抓繁荣发展、一手抓引导管理。各级领导干部特别是主要负责同志，既要有比较丰富的自然科学知识，又要有比较丰富的社会科学知识，以不断提高决策和领导水平。要加强中国特色新型智库建设，建立健全决策咨询制度。

习近平强调，哲学社会科学领域是知识分子密集的地方，要把这支队伍关心好、培养好、使用好，让广大哲学社会科学工作者成为先进思想的倡导者、学术研究的开拓者、社会风尚的引领者、党执政的坚定支持者。要实施以育人育才为中心的哲学社会科学整体发展战略，构筑学生、学术、学科一体的综合发展体系。要实施哲学社会科学人才工程，着力发现、培养、集聚一批有深厚马克思主义理论素养、学贯中西的思想家和理论家，一批理论功底扎实、勇于开拓创新的学科带头人，一批年富力强、锐意进取的中青年学术骨干，构建种类齐全、梯队衔接的哲学社会科学人才体系。要认真贯彻党的知识分子政策，做到政治上充分信任、思想上主动引导、工作上创造条件、生活上关心照顾。领导干部要主动同专家学者打交道、交朋友，多听取他们的意见和建议。要加强哲学社会科学优秀人才使用，让德才兼备的人才在重要岗位上发挥作用。

习近平指出，要提倡理论创新和知识创新，鼓励大胆探索，开展平等、健康、活泼和充分说理的学术争鸣，活跃学术空气。要大力弘扬优良学风，推动形成崇尚精品、严谨治学、注重诚信、讲求责任的优良学风，营造风清气正、互学互鉴、积极向上的学术生态。广大哲学社会科学工作者要立志做大学问、做真学问，严肃对待学术研究的社会效果，以深厚的学识修养赢得尊重，以高尚的人格魅力引领风气，在为祖国、为人民立德立言中成就自我、实现价值。

王沪宁、刘延东、刘奇葆、许其亮、栗战书出席座谈会。

中央和国家机关有关部门、中央军委政治工作部负责同志，各省区市和新疆生产建设兵团党委宣传部部长，马克思主义理论研究和建设工程咨询委员，有关专家学者和学生代表等参加座谈会。

（原载《人民日报》2016年5月18日第1版）

习近平在全国宗教工作会议上强调　发展中国特色社会主义宗教理论　全面提高新形势下宗教工作水平

李克强主持　张德江刘云山王岐山出席　俞正声讲话

新华社北京4月23日电　全国宗教工作会议22日至23日在北京召开。中共中央总书记、国家主席、中央军委主席习近平出席会议并发表重要讲话。他强调，新形势下，我们要坚持和发展中国特色社会主义宗教理论，全面贯彻党的宗教工作基本方针，分析我国宗教工作形势，研究我国宗教工作面临的新情况新问题，全面提高宗教工作水平，更好组织和凝聚广大信教群众同全国人民一道，为实现“两个一百年”奋斗目标、实现中华民族伟大复兴的中国梦而奋斗。

中共中央政治局常委、国务院总理李克强主持会议。中共中央政治局常委、全国人大常委会委员长张德江，中共中央政治局常委、中央书记处书记刘云山，中共中央政治局常委、中央纪委书记王岐山出席会议。中共中央政治局常委、全国政协主席俞正声作总结讲话。

习近平在讲话中指出，宗教问题始终是我们党治国理政必须处理好的重大问题，宗教工作在党和国家工作全局中具有特殊重要性，关系中国特色社会主义事业发展，关系党同人民群众的血肉联系，关系社会和谐、民族团结，关系国家安全和祖国统一。我国宗教工作形势总体是好的，党的宗教工作基本方针得到贯彻，党同宗教界的爱国统一战线不断巩固，宗教工作法治化明显加强，宗教活动总体平稳有序。实践证明，我们党关于宗教问题的理论和方针政策是正确的。

习近平强调，做好宗教工作，必须坚持党的宗教工作基本方针，要全面贯彻党的宗教信仰自由政策，依法管理宗教事务，坚持独立自主自办原则，积极引导宗教与社会主义社会相适应。党的宗教工作基本方针是我们党坚持马克思主义宗教观，从我国国情和宗教具体实际出发，汲取正反两方面经验制定出来的。实行宗教信仰自由政策，出发点和落脚点是要最大限度把广大信教和不信教群众团结起来。积极引导宗教与社会主义社会相适应，是要引导信教群众热爱祖国、热爱人民，维护祖国统一，维护中华民族大团结，服从服务于国家最高利益和中华民族整体利益；拥护中国共产党领导、拥护社会主义制度，坚持走中国特色社会主义道路；积极践行社会主义核心价值观，弘扬中华文化，努力把宗教教义同中华文化相融合；遵守国家法律法规，自觉接受国家依法管理；投身改革开放和社会主义现代化建设，为实现中华民族伟大复兴的中国梦贡献力量。

习近平强调，做好党的宗教工作，把党的宗教工作基本方针坚持好，关键是要在“导”上想得深、看得透、把得准，做到“导”之有方、“导”之有力、“导”之有效，牢牢掌握宗教工作主动权。

习近平指出，做好新形势下宗教工作，就要坚持用马克思主义立场、观点、方法认识和对待宗教，遵循宗教和宗教工作规律，深入研究和妥善处理宗教领域各种问题，结合我国宗教发展变化和宗教工作实际，不断丰富和发展中国特色社会主义宗教理论，用以更好指导我国宗教工作实践。积极引导宗教与社会主义社会相适应，一个重要的任务就是支持我国宗教坚持中国化方向。要用社会主义核心价值观来引领和教育宗教界人士和信教群众，弘扬中华民族优良传统，用团结进步、和平宽容等观念引导广大信教群众，支持各宗教在保持基本信仰、核心教义、礼仪制度的同时，深入挖掘教义教规中有利于社会和谐、时代进步、健康文明的内容，对教规教义作出符合当代中国发展进步要求、符合中华优秀传统文化的阐释。

习近平强调，要构建积极健康的宗教关系。在我国，宗教关系包括党和政府与宗教、社会与宗教、国内不同宗教、我国宗教与外国宗教、信教群众与不信教群众的关系。促进宗教关系和谐，这些关系都要处理好。处理我国宗教关系，必须牢牢把握坚持党的领导、巩固党的执政地位、强化党的执政基础这个根本，必须坚持政教分离，坚持宗教不得干预行政、司法、教育等国家职能实施，坚持政府依法对涉及国家利益和社会公共利益的宗教事务进行管理。要提高宗教工作法治化水平，用法律规范政府管理宗教事务的行为，用法律调节涉及宗教的各种社会关系。要保护广大信教群众合法权益，深入开展法治宣传教育，教育引导广大信教群众正确认识和处理国法和教规的关系，提高法治观念。

习近平指出，宗教团体是党和政府团结、联系宗教界人士和广大信教群众的桥梁和纽带，要为他们开展工作提供必要的支持和帮助，尊重和发挥他们在宗教内部事务中的作用，努力建设政治上可信、作风上民主、工作上高效的高素质领导班子。要坚持政治上靠得住、宗教上有造诣、品德上能服众、关键时起作用的标准，支持宗教界搞好人才队伍建设。要坚决抵御境外利用宗教进行渗透，防范宗教极端思想侵害。要高度重视互联网宗教问题，在互联网上大力宣传党的宗教理论和方针政策，传播正面声音。

习近平强调，新形势下，宗教工作范围广、任务重，既要全面推进，也要重点突破。要结合各宗教情况，抓住主要矛盾，解决突出问题，以做好重点工作推进全局工作。各级党委要提高处理宗教问题能力，把宗教工作纳入重要议事日程，及时研究宗教工作中的重要问题，推动落实宗教工作决策部署。要加强对党关于宗教问题的理论和方针政策的学习，加强对宗教基本知识的学习，把党关于宗教问题的理论和方针政策纳入干部教育培训计划，使各级干部尽可能多地掌握。要建立健全强有力的领导机制，做好对宗教工作的引领、规划、指导、督查。统战部门要负起牵头协调责任，宗教工作部门要担负起依法管理责任，各有关部门及工会、共青团、妇联、科协等人民团体要齐抓共管，共同做好宗教工作。要广泛宣传党关于宗教问题的理论和方针政策，宣传宗教相关法律法规，加强宗教方面宣传舆论引导。党的基层组织特别是宗教工作任务重的地方基层组织，要切实做好宗教工作，加强对信教群众的工作。共产党员要做坚定的马克思主义无神论者，严守党章规定，坚定理想信念，牢记党的宗旨，绝不能在宗教中寻找自己的价值和信念。要加强对青少年的科学世界观宣传教育，引导他们相信科学、学习科学、传播科学，树立正确的世界观、人生观、价值观。

习近平指出，在爱国主义、社会主义旗帜下，同宗教界结成统一战线，是我们党处理宗教问题的鲜明特色和政治优势。要坚持政治上团结合作、信仰上相互尊重，多接触、多谈心、多帮助，以理服人，以情感人，通过解决实际困难吸引人、团结人。

李克强在主持会议时指出，习近平总书记的重要讲话，从党和国家事业发展全局的战略高度，科学分析了宗教工作面临的形势和任务，深刻阐明了宗教工作的一系列重大理论和实践问题，并就新形势下加强和改进宗教工作作出了全面部署，具有重大指导意义，希望大家全面理解、深刻领会，深入研讨，提高思想认识。各地区各部门要充分认识宗教工作在党和国家全局工作中的特殊重要性，认真学习落实习近平总书记重要讲话精神，全面贯彻党的宗教工作基本方针，更好把握宗教自身规律，不断提高宗教工作法治化水平，增强做好宗教领域重点工作的针对性和有效性，团结引导宗教界和广大信教群众，增进社会和谐，共同为实现中华民族伟大复兴的中国梦而努力奋斗。

俞正声在总结讲话中指出，习近平总书记的重要讲话，从党和国家事业发展全局的战略高度，科学分析了宗教工作面临的形势和任务，明确提出了中国特色社会主义宗教理论，深刻阐述了宗教工作的一系列重大理论和实践问题，标志着我们党对宗教问题和宗教工作的认识达到了新的高度，是指导我们做好新形势下宗教工作的纲领性文献。学习贯彻会议精神，关键是深入学习领会习近平总书记重要讲话精神，准确把握坚持宗教工作基本方针的关键所在，深入领会讲话中关于宗教问题的新思想新观点新要求，切实把思想和行动统一到讲话精神上来。要深刻理解宗教工作的特殊重要性，更加积极主动地做好新形势下宗教工作；深刻理解宗教工作的本质是群众工作，善于用群众工作的思路和办法开展工作；深刻理解我国宗教的社会作用，最大限度发挥宗教的积极作用，最大限度抑制宗教的消极作用；深刻理解坚持我国宗教中国化方向，不断提高宗教与社会主义社会相适应的广度和深度；深刻理解构建积极健康的宗教关系，使宗教关系和谐真正能落到实处；深刻理解提高宗教工作法治化水平，依法正确处理宗教领域各种矛盾和问题。各地区各部门要切实抓好会议精神的贯彻落实，加强学习宣传，切实解决问题，落实工作责任，确保中央精神和要求落到实处。

教育部、公安部、河北省、江苏省、广东省、宁夏回族自治区负责同志作会议发言。

在京中共中央政治局委员、中央书记处书记，国务委员，最高人民法院院长，最高人民检察院检察长出席会议。

各省、自治区、直辖市和新疆生产建设兵团及副省级城市党委政府负责同志，中央和国家机关有关部门、军队有关单位负责同志参加会议。

（原载《人民日报》2016年4月24日第1版）

习近平在听取北京冬奥会冬残奥会筹办工作情况汇报时强调　绿色办奥共享办奥开放办奥廉洁办奥　办成一届精彩非凡卓越的奥运盛会

张高丽出席会议

新华社北京3月18日电　中共中央总书记、国家主席、中央军委主席习近平18日在中南海主持召开会议，专题听取北京冬奥会、冬残奥会筹办工作情况汇报。他强调，筹办好北京冬奥会、冬残奥会，意义重大，责任重大。要增强使命感、责任感，认真落实创新、协调、绿色、开放、共享的发展理念，坚持绿色办奥、共享办奥、开放办奥、廉洁办奥，高标准、高质量完成各项筹办任务，把北京冬奥会、冬残奥会办成一届精彩、非凡、卓越的奥运盛会，向祖国人民、向国际社会交上一份满意答卷。

中共中央政治局常委、国务院副总理、第24届冬奥会工作领导小组组长张高丽出席会议。

习近平十分关心北京2022年冬奥会、冬残奥会筹办工作。2015年7月31日，国际奥委会投票决定将2022年冬奥会举办权交给北京，习近平致信国际奥委会主席巴赫，感谢国际奥委会的信任和长期以来的大力支持。2015年8月20日，习近平主持召开中共中央政治局常委会会议，专题听取申办冬奥会情况汇报，研究筹办工作，提出了坚持绿色办奥、共享办奥、开放办奥、廉洁办奥的要求。2015年11月13日，习近平对做好北京冬奥会、冬残奥会筹办工作作出重要指示，强调要加强组织领导，统筹推进各项工作，确保把北京冬奥会、冬残奥会办成一届精彩、非凡、卓越的奥运盛会。

会上，中共中央政治局委员、北京市委书记郭金龙汇报了北京冬奥会、冬残奥会筹备工作总体计划和进展情况。国家体育总局局长刘鹏汇报了冰雪运动普及和发展、提高冰雪运动竞技水平有关情况。河北省委书记赵克志汇报了河北承担的北京冬奥会、冬残奥会相关工作筹备进展情况。中国残联主席张海迪汇报了发展残疾人冰雪运动、促进残疾人体育事业发展方面的情况。

听取汇报后，习近平发表了重要讲话。他指出，在北京举办一场全球瞩目的冬奥盛会，必将极大振奋民族精神，有利于凝聚海内外中华儿女为实现中华民族伟大复兴而团结奋斗，也有利于向世界进一步展示我国改革开放成就、和平发展主张。筹办北京冬奥会、冬残奥会，为推动京津冀协同发展提供了良好机遇，也为推广普及我国冰雪运动提供了良好机遇。北京冬奥会、冬残奥会筹办工作总体计划已经确定，场馆建设、基础设施建设、生态环境保护、赛事服务组织等各方面任务已经明确，关键是抓好落实。

习近平强调，场馆和基础设施建设是筹办工作的重中之重，周期长、任务重、要求高，要加快工作进度，充分考虑赛事需求和赛后利用，充分利用现有场馆设施，注重利用先进科技手段，注重实用、保护生态，坚持节约原则，不搞铺张奢华，不搞重复建设。要把推动冰雪运动普及贯穿始终，大力发展群众冰雪运动，提高冰雪运动竞技水平，加快冰雪产业发展，推动冬季群众体育运动开展，增强人民体质。要充分利用我国丰富的文化艺术资源，以体育为主题，以文化为内容，策划组织形式多样、生动活泼的文化宣传活动，广泛吸引社会各界积极参与。要广泛开展对外人文交流，讲好中国故事，传播好中国声音。要主动同国际体育组织合作，听取场馆建设、赛事组织、人才培养等方面的建议，积累办赛经验。

习近平指出，要把筹办冬奥会、冬残奥会作为推动京津冀协同发展的重要抓手，下大气力推动体制创新、机制创新、管理创新和政策创新，推动交通、环境、产业等领域协同发展先行先试，重点突破，以点带面，为全面实施京津冀协同发展战略起到引领作用。要发挥北京冬奥会、冬残奥会筹办对城市发展的促进作用，落实首都城市战略定位，进一步发挥北京对京津冀区域发展的辐射带动作用。

习近平强调，筹办北京冬奥会、冬残奥会，是一项系统工程，要加强组织领导和统筹协调，集各方之智，聚各界之力，形成做好筹办工作强大合力。领导小组要加强对筹办工作重大问题、重要事项的研究，统筹协调各部门各方面共同做好筹办工作。各有关部门要主动承担任务，把重点任务纳入国家“十三五”规划，给予大力支持，确保落实完成。北京市、河北省要主动担负起主办城市的责任，确保按时优质完成各项任务。北京冬奥组委要做好组织协调，抓好督促落实。要依靠群众、动员群众、组织群众，激发人民群众积极性、主动性、创造性，共同把筹办工作做好。要开拓选人用人视野，遴选优秀人才参与冬奥会筹办，加快培养一支专业化、国际化的人才队伍。

习近平指出，要深化改革，推进体制机制创新，完善领导小组成员单位、北京市、河北省、北京冬奥组委的合作机制，加强责任衔接和工作对接，确保各方工作同向、进展协调。要广泛吸引社会资金和社会力量参与筹办工作。要建立各项规章制度，严格预算管理，控制办奥成本，强化过程监督，让北京冬奥会、冬残奥会像冰雪一样纯洁干净。

刘延东、栗战书和有关方面负责同志出席会议。

（原载《人民日报》2016年3月19日第1版）

中共中央政治局会议研究部署规划建设北京城市副中心和进一步推动京津冀协同发展有关工作　坚持世界眼光国际标准中国特色高点定位以创造历史追求艺术的精神规划设计建设副中心

中共中央总书记习近平主持会议

新华社北京5月27日电　中共中央政治局5月27日召开会议，研究部署规划建设北京城市副中心和进一步推动京津冀协同发展有关工作。中共中央总书记习近平主持会议。

会议认为，在党中央、国务院领导下，北京、天津、河北三省市和有关部门密切配合，专家咨询委员会充分发挥作用，贯彻落实《京津冀协同发展规划纲要》，务实推进重点工作，交通、生态、产业3个重点领域率先突破取得重要进展，北京非首都功能疏解工作有力有序有效开展，京津冀良性互动取得成效，协同发展实现了良好开局。

会议指出，建设北京城市副中心，不仅是调整北京空间格局、治理大城市病、拓展发展新空间的需要，也是推动京津冀协同发展、探索人口经济密集地区优化开发模式的需要。

会议强调，要遵循城市发展规律，牢固树立并贯彻落实创新、协调、绿色、开放、共享的发展理念，坚持世界眼光、国际标准、中国特色、高点定位，以创造历史、追求艺术的精神进行北京城市副中心的规划设计建设，构建蓝绿交织、清新明亮、水城共融、多组团集约紧凑发展的生态城市布局，着力打造国际一流和谐宜居之都示范区、新型城镇化示范区、京津冀区域协同发展示范区。要坚持以人民为中心的发展思想，坚持人民城市为人民，从广大市民需要出发。要广泛应用世界先进节能环保技术、标准、材料、工艺，建成绿色城市、森林城市、海绵城市、智慧城市。要坚持统筹规划生产、生活、生态空间布局，使工作、居住、休闲、交通、教育、医疗等有机衔接、便利快捷。要充分体现中华元素、文化基因，也要借鉴其他文化特色。

会议认为，要坚持先规划后建设的原则，把握好城市定位，把每一寸土地都规划得清清楚楚后再开工建设。要划定好大的空间格局，注重开发强度管控，实现城市开发边界和生态红线“两线合一”。要提升城市形态，有更多开敞空间，体现绿色低碳智能、宜居宜业特点。要创新体制机制和政策，制定配套政策。

会议强调，规划建设北京城市副中心，疏解北京非首都功能、推动京津冀协同发展是历史性工程，必须一件一件事去做，一茬接一茬地干，发扬“工匠”精神，精心推进，不留历史遗憾。

会议还研究了其他事项。

（原载《北京日报》2016年5月28日第1版）

刘云山在宣传文化系统专题会议上强调　用习近平总书记重要讲话精神统一思想和行动　担负起加快构建中国特色哲学社会科学的历史使命

新华社北京5月19日电　宣传文化系统学习贯彻习近平总书记在哲学社会科学工作座谈会上重要讲话精神专题会议19日在京召开。中共中央政治局常委、中央书记处书记刘云山出席会议并讲话，强调要认真学习贯彻习近平总书记重要讲话精神，立足中国特色社会主义伟大实践，坚定文化自信、强化问题导向、增强创新意识，切实担负起加快构建中国特色哲学社会科学的历史使命。

会议传达学习了习近平总书记重要讲话精神，8位同志作了会议发言。大家一致认为，习近平总书记重要讲话深刻回答了事关我国哲学社会科学长远发展的一系列根本性问题，是指导哲学社会科学工作的纲领性文献，对做好整个宣传思想文化工作具有重要指导意义，要用讲话精神统一思想和行动，认清肩负责任，珍惜难得机遇，为繁荣发展哲学社会科学贡献力量。

刘云山在讲话中指出，学习贯彻习近平总书记重要讲话精神，重要的是把握好构建中国特色哲学社会科学这一战略任务，以此为重要聚焦点和着力点，更好带动哲学社会科学各方面工作。要牢牢把握以马克思主义为指导这个灵魂，深入学习钻研党的科学理论，把马克思主义立场观点方法贯穿哲学社会科学各学科各领域，切实解决好真懂真信、为什么人、怎么用的问题，确保正确的政治方向、价值取向、学术导向。要贯彻好继承性民族性、原创性时代性、系统性专业性的要求，在增强文化自信、打造中国学说、提升学术品质上下功夫，深入研究回答我国发展和我们党执政面临的重大问题，着力构建有中国特色中国风格中国气派的哲学社会科学学科体系、学术体系、话语体系。要强化质量意识、提升工作水准，深入推进马克思主义理论研究和建设工程，实施哲学社会科学创新工程，加强国家高端智库建设，发挥好重点工程项目带动作用。要以改革创新精神解决工作中存在的突出问题，完善学术评价标准、成果评价体系、推介转化机制，不断推出高质量科研成果。

刘云山强调，各级党委要高度重视哲学社会科学工作，加强政治领导和工作指导，经常研究有关问题，为构建中国特色哲学社会科学提供良好条件；党政主要负责同志要落实好一手抓繁荣发展、一手抓引导管理的责任。各级宣传文化部门和社科研究单位要强化责任担当，深入开展习近平总书记重要讲话精神的学习培训，抓紧制定贯彻落实方案。要加强人才队伍建设，大力弘扬优良学风，营造良好学术生态，充分调动哲学社会科学工作者的积极性主动性创造性。

中共中央政治局委员、中宣部部长刘奇葆主持会议，中共中央政治局委员、国务院副总理刘延东出席会议。

（原载《光明日报》2016年5月20日第3版）

·学科综述·

概　述

本栏目包含2016年度北京地区哲学社会科学15个学科的综述文章56篇，研究北京的综述文章7篇。综述作者均为首都哲学社会科学界重要学术机构的知名学者、学科带头人及有较高学术水平的研究人员。这些学科综述文章较为客观地记述并分析了本年度相关研究领域的重点研究方向、科研项目、学术活动、学术观点和学术成果，还收录了北京日报2017年2月27日刊载的文章《站在时代的潮头，筑造历史性工程——以习近平同志为核心的党中央谋划指导京津冀协同发展三周年纪实》，光明日报载《2016年度中国十大学术热点》和北京日报载《2016年理论学术研究观点要览》、《2016年理论视野中的十大热点》等文章。

马克思主义

马克思主义经典著作研究

彭萍萍

2016年学术界对于马克思主义经典著作的研究持续深入发展，学术交流频繁，取得了重要研究成果。5月28—30日，由中国社会科学院马克思主义研究院主办的“全国马克思主义青年学者论坛”在苏州召开；9月29—30日，由中国社会科学院马克思主义研究院、中国社会科学院马克思主义研究学部、国防科学技术大学共同主办的第九届全国马克思主义院长论坛在湖南长沙国防科技大学举行；10月22—23日，由中国马克思恩格斯研究会、中央编译局马克思主义研究部和福建省委党校联合主办的第十三届全国马克思主义论坛暨中国马克思恩格斯研究会年会在福建福州举行。

2016年首都学术界关于马克思主义经典著作的研究状况概述如下：

一、马克思主义经典著作研究

1. 关于《资本论》

关于《资本论》的创作史，有学者按照发表的时间顺序依次介绍了《资本论》第1卷法文版、俄文版、英文版、德文第3版、德文第4版的修改情况，概括了上述各个版本的版本价值和理论意义。[①]

关于《资本论》德文版，有学者介绍《马克思恩格斯全集》中文第2版第42卷收入马克思《资本论》第1卷德文第1版的中文译本，指出这次收入是根据1867年德国迈斯纳出版社出版的德文第1版的原文，并参考《马克思恩格斯全集》历史考证版第2部分第5卷内容，进行了修订。《资本论》第1卷德文第1版包含《序言》、6章正文、《第1册注释的增补》以及《第1章第1节附录价值形式》。学者认为，《资本论》这一版次的理论体系具有重要的科学价值，为以后各版的结构打下了基础。其特有的科学价值，主要表现在两个方面：（1）虽然第1版中的某些论述在以后的版本中没有保留下来，但这些论述无论从理论内容还是从方法论来看，都具有一定的价值，是马克思理论的重要组成部分；（2）要想深入了解《资本论》以后各版本中的理论结构和理论内容的不断演变和完善过程，也必须以这个最初版本为基础。②

关于《资本论》法文版，有学者介绍《马克思恩格斯全集》中文第2版第43卷收入《资本论》第1卷法文版的中文译本。《资本论》第1卷法文版是由法国莫里斯·拉沙特尔出版社从1872年9月至1875年11月出版，是根据其德文第2版（1872—1873年）翻译的，但由于马克思亲自对译文进行修订，同时对德文版也进行了修订，所以法文版《资本论》并不完全是德文第2版的翻版。从框架结构上看，马克思对全书的篇章结构做了新的划分，如《资本论》第1卷德文第1版（1867年）全卷只分6章。德文第2版（1872—1873年）改为7篇25章（这种篇章结构一直保持到《资本论》通行版本第4版）。法文版进一步改为8篇33章，另外马克思对篇、章、节的名称也做了不少改动，在正文的论述中也做了许多有重要理论意义的修改和补充。这种变动在一定程度上反映了马克思研究方法和叙述方法的发展过程，反映了马克思理论研究的新进展、新成果。③

还有学者独辟蹊径，在传统的将《资本论》理解为历史唯物主义在经济领域的应用与证明之外，认为从马克思思想发展过程中的生产逻辑与资本逻辑的区分入手，强调以资本逻辑为根本范畴来重新展现《资本论》自身的哲学思想，以新的理论来呈现《资本论》的内在逻辑。学者认为，资本逻辑体现为一个抽象化、形式化与结构化的过程，从而将资本主义社会结构化为一个不断更新的总体。对于马克思来说，他一方面需要揭示这一逻辑的展开环节，另一方面需要对这一逻辑的总体进程及其在各个环节上的表现进行批判。对于马克思哲学的新的探索，需要同时在这两个方面展开，并从资本逻辑与生产逻辑的统一中进行历史性的分析。这要求我们，必须重新将《资本论》中的一些经济学范畴重新上升到哲学的高度，成为重新探讨马克思哲学的基本范畴，并通过这些范畴建构新的解释框架。④

在此基础上，有学者认为，对分工的讨论实际上与马克思哲学总体构架的变迁直接相关联。学者指出，对于分工的传统研究建立在生产逻辑的基础上，关注的是分工与生产力的发展、分工与异化之间的关系，而没有顾及马克思哲学思想发展过程中从生产逻辑到资本逻辑的转变以及分工问题的视角变换所呈现出来的哲学意义。在《资本论》中，随着资本逻辑对生产逻辑的统摄，分工的形式化意义以及分工与资本微观权力建构的关系才得以呈现出来。所以，重新回到思想史的语境中，特别是通过重新理解资本逻辑视野中的分工理论，对于理解《资本论》的哲学，是非常重要的。⑤

2. 关于《德意志意识形态》

2016年恰逢《德意志意识形态》写作时间170周年。该著作是马克思唯物史观走向成熟的标志，在历史唯物主义的形成史上占有举足轻重的地位。

由于《德意志意识形态》是一个未完成的文本，这种文本的“未完成性”为学者们的研究提供了很好的平台。学者们指出，近年来关于《形态》的研究多集中在第一卷关于费尔巴哈的文本考证和重组上，先后涌现出了多重版本，如梁赞诺夫版、阿多拉茨基版、巴加图利亚版、广松涉版等，国内学者都对《形态》的文本重组和理论解读提出了自己的见解。有学者指出，《形态》确立起了“现实的人”的理论前提，第一次阐述了生产力与生产关系、经济基础与上层建筑的矛盾关系，就理论的现实性而言，比《关于费尔巴哈的提纲》更进了一步，完成了由哲学批判向资本批判的转变，但如何衡量这种转变完成之后的资本批判也是一大难题。⑥

有学者强调，如何对《费尔巴哈》手稿进行合理地编排不仅是自梁赞诺夫以来《德意志意识形态》文献学研究的焦点，也一直是原文以外其他文种进行编译的难点。1949年以后，中国在对《费尔巴哈》章的编译上有3个译本具有象征意义。一是1960年出版的中文《马克思恩格斯全集》第3卷版；二是1988年出版的《费尔巴哈》章单行本版；三是1995年出版的《马克思恩格斯选集》第1卷第2版。其中，1988年的《费尔巴哈》章单行本版，是现有中央编译局的各个译本中与原始手稿最为接近的版本。但学者也同时指出，由于采取了不分栏编译的方针，1972年以前的版本都存在着无法弥补的缺陷，之后出版的新 MEGA 的试刊版和先行版以及广松涉版《德意志意识形态》，由于采取了左右两栏的编辑办法，克服了新德文版《德意志意识形态》的缺陷。2016 年，刊登《费尔巴哈》的新 MEGA 第 I 部分第 5 卷将正式付梓出版。同时，有学者建议中央编译局编译一个以新 MEGA 为底本的汉译本：（1）采取将文本分成左右两栏进行编译的方针；（2）恢复文本中原有的页码信息和手稿状态信息；（3）适当地增加"题注"的内容。⑦

除了版本的问题，有学者还提出要重新认识《形态》的思想主题，认为根据马克思本人在 1859 年《〈政治经济学批判〉序言》中的回忆，马克思恩格斯之所以撰写《形态》，主要有两个目的：一是批判青年黑格尔派的思想，由于他本人在思想上曾经属于青年黑格尔派，故也是对"从前的哲学信仰清算"；二是经过 1844 年巴黎时期的经济学研究，自己的唯物史观业已成熟，需要将这一新世界观公布于众。马克思恩格斯在《形态》中所完成的哲学革命，其实就是确立了对历史解释的"外部原则"，实现了从"唯心"向"唯物"的转变。⑧

还有学者指出，一直以来，对马克思的共产主义思想的研究主要集中在科学社会主义的进路中。虽然它凸显了马克思解放全人类的共产主义政治使命，但这种解读是片面的，它丢掉了共产主义的哲学基础。事实上，马克思的共产主义正是他进行哲学探索的必然结论，是建立在他的健全的哲学原则的基础上的。对此，学者指出可以在《德意志意识形态》的第一章《费尔巴哈》中得到具体的佐证。⑨

还有学者通过分析《关于费尔巴哈的提纲》的基本内容与结构，指出其中马克思的核心哲学思想是用劳动实践解释自然界、人类社会和人本身的历史发展的唯物史观，此外包含了作为这一历史观理论前提的从实践活动看世界的唯物主义世界观以及运用这一历史观对人的本质及其历史发展机制、对各种思想理论的产生、对社会发展及其规律和历史发展的价值取向等问题的说明，还包含了马克思对他的哲学思想与唯心主义、旧唯物主义哲学的本质区别的揭示。这些思想都体现出了明显的系统性。认识这种系统性对于深入理解马克思的哲学思想具有重要意义。⑩

3. 关于《政治经济学批判》导言

有学者指出，在《导言》第 3 节，马克思提出了"第二条道路"作为"抽象的规定在思维行程中导致具体的再现"的方法，亦即"抽象上升到具体的方法"，是建立政治经济学体系的"科学上正确的方法"。阐明了政治经济学"结构"三个层面的涵义。第一层面对象的结构与第二层面思维的结构之间，是政治经济学中作为对象的客体同作为思维的主体之间的关系；第二层面思维的结构与第三层面形式的结构之间，是"思想总体"的内在规定与外在呈现形式之间的关系。马克思提出了《政治经济学批判》著作的"五篇结构计划"。在《导言》第 4 节，马克思提出了一个更为恢宏的经济社会的整体结构，与《德意志意识形态》手稿对社会整体结构首次唯物史观意义上的表达以及《〈政治经济学批判〉序言》对唯物史观的经典表述相比较，它留有多方面值得思考的问题。⑪

4. 关于《共产党宣言》的研究

有学者指出，人们之所以重视《共产党宣言》，是因为它具有极强的理论预见力。作为一部至今仍被人反复阅读的经典，《共产党宣言》的魅力就在于，资本主义的固有危机不断把它重新带回人们的视野中，并从中发现有关资本主义的新的惊人预见。马克思当年提出的问题，即资本主义的前途与命运问题，依旧摆在当代人面前："如何克服全球化表面上的坚不可摧与内在的虚弱之间的悖论，依旧是新的 21 世纪的最重要挑战。"

另外，《共产党宣言》在创作上有三点值得中国读者学习：（1）结构明晰，让人一目了然地明白《共产党宣言》究竟要说什么；（2）修辞准确、有力。在《共产党宣言》中，马克思进行了大量修辞，成功传达出了自己的革命意图，让人过目难忘；（3）富于韵律感。《共产党宣言》的德文原文富于德语特色的韵律美，朗读起来极具音乐感。即便是翻译成英文乃至中文，这种音乐感依旧能够得到很好的保存。⑫

二、马克思主义经典作家思想研究的新进展

1. 关于社会形态划分法的研究

社会形态概念是反映社会发展各个大的阶段或各种社会类型的结构和特点的概念。人们可以根据实践的需要，从不同角度、根据不同标准、运用不同方法划分社会发展大的阶段或社会类型，当前学术界对社会形态的划分主要有三种方法，即五种社会形态划分法、三种社会形态划分法和技术社会形态划分法。

有学者指出，要全面理解马克思主义的社会形态划分理论，应该从五种社会形态划分法、三种社会形态划分法、五种社会形态划分法和三种社会形态划分法的关系、技术社会形态划分法及其与经济的社会形态的关系四个方面入手，指出五种社会形态划分法和三种社会形态划分法都是马克思提出来的，二者在说明历史发展过程的作用上是互补的，而不是互相矛盾、互相排斥的，所以不能用一种划分法取代另一种划分法。

对于技术社会形态这一概念，有学者指出它是以生产力和技术发展水平以及与此相适应的产业结构为标准划分的社会形态。这一概念虽然是原来的历史唯物主义体系中所没有的新概念，但它在马克思、恩格斯的著作中是有充分的理论渊源的。有学者进一步指出，技术社会形态划分法和技术社会形态序列的划分，从一个侧面反映了人类历史发展的过程。无论从人类发展的历史来看，还是从现代科学技术发展的实际情况来看，在历史唯物主义体系中补充技术社会形态这个概念和技术社会形态划分法的条件都已经成熟。[13]

2. 关于历史和历史虚无主义

有学者通过分析“随同人，我们进入了历史”、从原始群到原始公社、私有制和阶级的产生与氏族制度的解体不同阶段原始社会的发展，指出马克思、恩格斯关于原始社会的理论也有一个形成和发展的过程。他们在1848年发表的《共产党宣言》中曾说：“至今一切社会的历史都是阶级斗争的历史。”从《共产党宣言》1883年德文版序言开始，恩格斯对它进行了修改。在1888年英文版序言中，这一思想被表述为“人类的全部历史（从土地公有的原始氏族社会解体以来）都是阶级斗争的历史”。马克思、恩格斯关于原始社会的理论，揭示了原始时代历史发展的基本轮廓和主要线索，进一步论证和丰富、发展了他们创立的唯物主义历史观。[14]

有学者指出，马克思于19世纪70年代末、80年代初所作的巨幅世界历史（主要是欧洲史）笔记，中文版译名为《历史学笔记》，是马克思晚年花费许多心血的笔记体作品代表。他在以编年史为线索的《历史学笔记》中，对封建制如何从奴隶制基础上产生、发展，资本主义如何从封建制母体中孕育出来的历史过程及其必然性进行了研究，体现了马克思世界史观的理论视野。马克思在摘录中尤其重视对社会形态演进中重大史实发生、发展过程的研究，其中蕴含着大量关于唯物史观的实证材料与具体历史细节，昭示了整体时空观和世界史观的理论升华。学者指出，《历史学笔记》作为马克思晚年历史研究的代表作，是对唯物史观的深入阐发、世界史观的集中表述，以及对民族国家形成史、近代国际关系体系理论的系统推进。[15]

虚无主义是影响近代俄国历史发展的一股重要的思想潮流。苏维埃政权建立后，虚无主义集中以历史虚无主义的形式表现出来，否定历史文化传统和党的领导，宣扬超阶级、庸俗的道德价值观，崇尚未来主义的创作手法。列宁对俄国历史虚无主义产生和泛滥的社会根源、哲学根源、政治根源以及方法论根源进行了深刻的分析和批判，指出历史虚无主义在俄国革命胜利后得以在文化、道德、艺术领域里呈现出新的表现形式并在一定程度上受到人们的吹捧，绝不是偶然的，而是与整个社会发展的大背景分不开的。在处于急剧变革的社会主义革命和建设时代，由于人们在哲学党性立场上的不坚定、政治认识上的偏差以及对待新旧文化方法论上所犯的错误等原因，必然会给历史虚无主义在社会中的传播留下思想的空地。列宁对俄国历史虚无主义现象的批判和本质揭露，有助于我们今天更好地认识和应对我国日益盛行的历史虚无主义思潮。[16]

3. 关于国家学说

针对一些研究者就恩格斯国家起源理论和马克思有关国家起源的思想观点的关系，提出了诸多否定性观点，指责恩格斯背离马克思的主张，有学者指出，恩格斯的国家起源思想与马克思的国家起源思想密切相关，其中，并不存在所谓的恩格斯把马克思假设的“两种生产”变成确定性的理论。三种起源模式理论深化了历史唯物主义关于国家起源理论的研究，并且恩格斯并非主张国家具有双重起源。学者指出，恩格斯晚年在面临繁重的工作情况下仍然耗费心血研究国家起源理论，既是为了执行亡友马克思的遗愿，也是为了回击资产阶级对马克思主义国家学说的污蔑，而最根本的原因是指导现实革命运动的需要。[17]

还有学者指出，马克思恩格斯总结巴黎公社历史经验，从历史观、政治观、社会观、价值观等多视角深刻揭示了国家权力的本质及其演变的规律性，发现了未来新社会国家政权的雏形，找到了被打碎的旧国家机器的替代物，并将这种新型无产阶级专政的国家政权定位为社会公仆，以此同一切旧国家政权从本质上划清了界限。认为作为社会公仆的工人政府必然是全心全意为人民谋福祉的服务型政府、对人民高度负责的责任制政府、努力减轻人民负担的廉洁政府、维护社会公平正义的法治政府。防止国家由社会公仆变为社会主人是一场思想上和制度上的深刻革命，必然遇到种种阻力和困难。只有经过长期斗争，经过把人和环境都加以改造的历史过程，才能使作为社会公仆的人民政府不可撼动地屹立于世界。[18]

4. 关于党的建设思想

有学者指出，制定和贯彻切实可行的策略，是工人阶级政党的重要任务。马克思和恩格斯在指导共产主义者同盟、国际工人协会以及各国工人阶级政党的实践中，深刻阐述了关于工人阶级政党的策略思想，指出党的策略的目的在于明确自己的立场、战斗计划和手段，党的策略的原则是坚定性与灵活性的有机统一，党的策略的立场是始终代表整个运动的利益，党的策略的正确与否必须在党领导的斗争实践中加以检验，党的策略的中心内容是团结群众、武装群众、组织群众，为实现党在一定时期的中心任务奠定团结奋斗的思想基础。马克思和恩格斯关于工人阶级政党的策略思想，为工人阶级开展斗争提供了策略支持，成为马克思主义理论体系的重要组成部分。[19]

关于保持无产阶级政党的纯洁性，有学者指出马克思恩格斯书信中包含着丰富内容，具体可分为四个层次：（1）永远牢记党的阶级性质是保持党的纯洁性的根本基础；（2）旗帜鲜明地反对资产阶级普世价值观是保持党的纯洁性的核心内容；（3）用好批评和自我批评这个有力武器是保持党的纯洁性的主要方式；（4）对敌斗争要“以牙还牙”，是保持党的纯洁性的意志显现。这一论述在当前我们在继续推进党的建设新的伟大工程背景下，仍然具有重要的指导意义。[20]

党内批评作为马克思主义政党建设的重要内容，是无产阶级政党区别于其他一切政党的显著标志。有学者指出，列宁从俄国社会民主工党的实际出发，在继承和发展马克思恩格斯党内民主思想的基础上，创造性地提出党内批评思想，包括：（1）列宁继承无产阶级政党是特殊政党的观点，提出党内批评是无产阶级政党的特殊标志，必须通过公开的批评与自我批评实现自我完善；（2）列宁继承无产阶级政党的组织形式应该是完全民主的观点，提出党内批评是检验党内民主最重要的试金石，必须充分利用党内批评来壮大自己的队伍；（3）继承斗争与团结相统一是无产阶级政党的有效策略的观点，提出党内批评是党内斗争的有效形式，必须始终坚持马克思主义的原则和立场。在党内批评的实践方面，列宁强调在党纲的原则范围内、在不破坏组织的行动一致的前提下党内应有自由的党内批评，并容许党内少数反对派的存在；在党内批评的制度建设方面，列宁也为党内批评的开展提供了以“争论专页”为代表的制度保障。列宁党内批评思想有力地指导了党内批评在无产阶级政党内的广泛实践，为列宁时期党内民主的实现奠定了良好的基础。[21]

5. 关于阶级和阶级斗争

无产阶级是马克思恩格斯的核心概念，也是一个容易引起混淆的概念。有学者指出，要理解无产阶级，我们首先应该“回到马克思”，根据马克思的文本来分析这个概念。学者通过对《神圣家族》、《1844 年经济学哲学手稿》中的异化理论进行分析的基础上，从异化和私有财产之间的关系出发，对无产阶级概念进行了界定。指出，马克思在《神圣家族》中是在私有财产、无产阶级和财富三者之间的辩证关系中解释无产阶级，认为无产阶级作为私有财产的否定方面本身就包含着消灭它本身，它要想真正担负起“具有世界历史意义的”任务——消灭私有制，前提是让自己由特殊的阶级上升为一个普遍的阶级。这种普遍性包含政治、经济两个层面，为这个阶级的革命提供了潜在可能性，要使这种可能性转变为必然性，无产阶级必须具有自觉的阶级意识，即无产阶级意识到“无产阶级究竟是什么”的答案就是消灭私有制。[22]

关于阶级斗争，有学者指出，阶级斗争理论是马克思主义科学世界观的重要组成部分。马克思、恩格斯和列宁的著作中有大量关于阶级和阶级斗争的论述。马克思在 1852 年 3 月 5 日致约瑟夫·魏德迈的信中，用三句话简明概括了自己对阶级和阶级斗争理论的新贡献。列宁在《国家与革命》第 2 章第 3 节中，对马克思的论断作了阐述和发挥。学者认为，1852 年前，马克思已经证明：（1）阶级的存在仅仅同生产发展的一定历史阶段相联系；（2）阶级斗争必然导致无产阶级专政；（3）这个专政不过是达到消灭一切阶级和进入无阶级社会的过渡。1852 年后，马克思和恩格斯进一步丰富和发展了他们的阶级斗争理论。列宁依据领导无产阶级专政第一年的实践经验，阐明了“只有承认阶级斗争、同时又承认无产阶级专政的人才是马克思主义者”。在此基础之上，学者强调，深入理解马克思主义阶级斗争理论的实质、建构中国化马克思主义话语体系、反对历史虚无主义等错误思潮，都具有重要意义。[23]

6. 关于中国问题的研究

学者们指出，中国是马克思和恩格斯在理论研究和革命实践中长期关注的东方国家。利用各种渠道了解中国历史和现状，联系中国经济和政治的演变阐述科学理论与革命实践问题，这是马克思和恩格斯从青年直至晚年从未间断的一项工作。

有学者指出，在马克思恩格斯看来，19 世纪中叶的中国问题与世界面临的资本主义危机以及无产阶级革命问题是紧密联系在一起的。关于中国历史，马克思恩格斯认为，中国古代文明曾经极大地推动了世界文明的进程，甚至改变了西方人的生活方式。关于近代中国何以落伍，马恩认为直接原因是英国等西方列强的入侵，然而，从根本上说，是因为中国没有跟上时代潮流。关于中国革命，马克思恩格斯对当时已经爆发的太平天国运动给予很高评价，并认为中国人民的觉悟会随着革命斗争的发展而不断提高。马克思恩格斯还运用“世界历史”分析方法，预见到太平洋经济中心时代的到来，主张把中国放在这种世界格局转变中来看待。马克思恩格斯还预见到，中国将对世界文明进程产生新的重大影响。[24]

还有学者指出，马克思恩格斯对中国的总看法，其中包括研究中国问题的立场、观点和方法，也包括关于中国的历史、19 世纪国情、社会性质、中外关系、未来走向的分析论述。他们对中国问题的研究和论述，从一开始就同创立无产阶级新世界观的重要使命紧密相连。他们是把中国问题放在世界历史的大背景和人类解放的大目标下加以分析的。他们在中国历史的转折关头对中国问题进行的跟踪研究和集中阐述，指出了中国在近代世界剧烈动荡和变化中面临的困境和出路，揭露了西方列强的侵略罪行和西方媒体的骗局，维护了中华民族的尊严。[25]

有学者还统计指出，《马克思恩格斯全集》中文第一版 50 卷中，直接提及中国的地方有 800 多处。对于这些内容学界早有认识，并整理出《马克思恩格斯论中国》。学者介绍《马克思恩格斯论中国》的版本情况，指出迄今共有 5 个中文版本，即莫斯科外国工人出版社出版的 1937 年版，由延安解放社出版的 1938 年版，由人民出版社出版的 1957 年版、1997 年版、2015 年版。学者着重指出，马克思恩格斯中国观所蕴含的一系列观点和方法对我们今天研究中国及其与世界的关系乃至人类社会的一系列相关问题都有重要的指导意义或启示价值：（1）在研究当代中国和世界问题时，要坚持人民主体立场和“世界历史”观点；（2）要始终把中国发展放在整个世界格局中来看待，学会用系统的、辩证的、历史的观点分析和解决问题；（3）要学会从经济结构演变规律的高度看待经济发展的质量问题，不能满足于经济总量较高而忽视经济质量的提升；（4）要善于主动学习世界各国人民所创造的文明成果，反对狭隘民族主义；（5）要时刻警惕西方资本主义国家对中国以及新兴经济国家发展的干扰和破坏，努力构建人类命运共同体；（6）要善于运用新闻媒体扩大我们的话语权，促进世界的公平正义。[26]

7. 关于无产阶级专政

无产阶级专政思想是列宁在当今最具争议的思想之一。有学者指出，列宁关于无产阶级专政的思想随着革命实践的不断变化而发展。概括起来看，在他的思想里，无产阶级专政实际上是布尔什维克领袖利用手中的政权对整个社会的强行改造，在一定意义上，整个社会都是专政的对象。这和马克思恩格斯理论中社会主义革命的意识形态先行性有关，也和列宁对社会主义的理解有关。列宁的无产阶级专政思想是俄罗斯国情的产物，要结合对俄罗斯国情的具体分析，结合俄罗斯和整个人类的历史发展来认识和评价列宁的有关思想。[27]

还有学者指出，这一思想是列宁在俄国革命和建设实践中，继承、丰富和发展了马克思主义阶级斗争学说和无产阶级专政理论而逐渐形成的。学者指出，无产阶级专政不是阶级斗争的结束，而是阶级斗争在新形势下的继续。列宁从所有制的角度来谈无产阶级专政，认为无产阶级专政首先表现在确立社会主义公有制；从民主与专政的辩证关系上，无产阶级专政是新型民主与新型专政的国家；从无产阶级与其先锋队的关系上，专政就是领导，无产阶级专政是无产阶级对劳动群众（和整个社会）的领导，而无产阶级的领导一定要通过自己的先锋队——共产党来实现。学者认为，列宁的无产阶级专政思想对于正确认识我国的阶级斗争和人民民主专政（其实质是无产阶级专政）具有重大理论及现实意义。[28]

8. 关于帝国主义论

2016 年是列宁《帝国主义是资本主义的最高阶段》一书发表 100 周年。值此之际，有学者再次对此部著作进行解读，指出列宁在其中依据唯物史观和唯物辩证法的基本原理，在占有大量历史和现实资料基础上，揭示了资本主义发展到帝国主义阶段的垄断性、金融寡头、资本输出、国家垄断同盟形成、分割世界领土及其导致的腐朽性、寄生性、垂死性等基本特征。[29]

有学者指出，1916 年列宁集中研究帝国主义问题，完成了一系列专题著作和论文，其中最著名的是

《帝国主义是资本主义的最高阶段》。《帝国主义和社会主义运动中的分裂》对《帝国主义是资本主义的最高阶段》以及列宁同时期研究成果，进行了高度概括。学术界把列宁的这些著述统称列宁帝国主义论。学习列宁帝国主义论，就要把握“垄断代替自由竞争，是帝国主义的根本经济特征，是帝国主义的实质”这一精髓。学者进一步指出，新的时代背景下，列宁所指明的帝国主义实质没有根本改变，列宁关于资本主义发展趋势的论断依然有生命力，列宁关于帝国主义是现代战争根源的论断依然具有现实意义。作为马克思主义的重要组成部分，列宁帝国主义论是科学指南，而不是空洞的教条，要运用其基本理论和基本观点来分析资本主义的发展，透过现象看本质，但不宜简单照搬列宁的个别论断和提法，来解释和回答现实问题。同时，学者也指出，由于主客观条件的限制，其一些个别论断和提法也还有待于进一步深入研究。[30]

针对现实中的资本主义发展和社会主义实践以及两大制度间的关系较之列宁的论断出现的巨大差异引起的质疑和争论，有学者指出当代马克思主义者必须在资本批判的历史唯物主义高度上，通过对列宁帝国主义论生成机理的揭示，与时俱进地澄明在资本全球化时代传承帝国主义论精髓要义所应具有的理论和实践自觉。学者认为，帝国主义论的生成机理在于资本批判原理在具体境遇下的科学推论。列宁根据资本主义国家内部“资本积累”与“贫困积累”的实质性对立以及这种对立随资本输出不断蔓延到非资本主义国家形成帝国主义模式这一事实，提出了“帝国主义是垂死的资本主义”和“无产阶级社会革命的前夜”等核心论断。但列宁在当时历史境遇下得出的帝国主义论以及由此而来的社会主义实践原则，后来已完全不能适用于现实历史进程中的社会主义实践要求。这与没有及时形成与“社会主义诞生条件分离”相匹配的理论和实践自觉有着根本关联。学者进一步指出，列宁理论遭遇现实困境带来如下启示：（1）绝不能教条地而非发展地认知列宁帝国主义论的精髓实质；（2）必须承认列宁所预判的作为资本主义最高和最后阶段的帝国主义在危机中得到不断发展的基本事实，并揭示其文明化程度得以不断提升的根源和实质；（3）必须充分揭示东方落后国家虽然爆发了如列宁所预设的社会主义革命，但在实践中却遭遇了严重挫折并由此引起认知紊乱的历史根源；（4）必须充分认清当下全球化、市场化、资本化时代资本主义与社会主义的相互关系以及由此而来的当代马克思主义理论者的历史使命。[31]

针对有人认为列宁的帝国主义理论已经过时的观点，有学者指出，当前资本主义发生了很大的变化，这些变化在形态上虽各有不同但都表明金融资本对世界的经济统治程度在不断加深。正是在这个意义上，列宁对于世界经济体系的本质特征和运行机制的基本判断依然有效。（1）列宁关于帝国主义经济基础和资本主义新阶段本质特征的垄断的判断依然正确；（2）作为帝国主义时代资本主义典型特征的资本输出，在第二次世界大战后更加重要；（3）列宁论述的经济全球化趋势日益增强；（4）金融资本统治下的资本主义腐朽性有增无减。由此，列宁判断了资本主义的未来，认为当前我们仍然处于列宁所说的金融统治的帝国主义时代，世界各国都更深地陷入金融资本编织的罗网中，并呈现如下特点：（1）帝国主义的政治压迫不再具有直接性，这使反帝斗争失去了集中明确的对象；（2）金融资本主要是通过世界市场来进行统治，由此具有更大的迷惑性和欺骗性；（3）金融资本运用多种控制手段，从更高层次上推行扩张。金融资本在进行资本输出的同时也进行价值观输出。这都使我们面临严峻的挑战。因而从这个意义上说，“无产阶级的社会革命”不是逐渐消逝的过去，而是不断拉开序幕的未来。[32]

三、研究马克思主义经典著作的方法问题

2016年5月17日，习近平在哲学社会科学工作座谈会上的讲话虽然面向的是整个哲学社会科学界，但其中对马克思主义的学习与研究也提出了明确的要求，这些都是我们研究马克思主义经典著作必须遵循的指导：（1）要有正确的世界观、方法论，解决真懂真信的问题，更好识别各种唯心主义观点、更好抵御各种历史虚无主义谬论；（2）要下大力气、下苦功夫。对马克思主义的学习和研究，不能采取浅尝辄止、蜻蜓点水的态度；（3）要坚持人民是历史创造者的观点，树立为人民做学问的理想，自觉把个人学术追求同国家和民族发展紧紧联系在一起，努力多出经得起实践、人民、历史检验的研究成果；（4）对待马克思主义，不能采取教条主义的态度，也不能采取实用主义的态度。既不能不顾历史条件和现实情况变化，拘泥于马克思主义经典作家在特定历史条件下、针对具体情况做出的某些个别论断和具体行动纲领，也不能因为马克思主义经典作家没有说过的就不能说，要有马克思主义态度。

为贯彻落实“5·17”讲话精神，有学者也指出，系统学习和研读经典著作有助于廓清马克思主义基础理论研究中出现的那些重大的争论，以及存在过的误读和曲解。学习和研读经典文本也是把握复杂的重大现实问题必不可少的条件、手段和途径。对中国特色社会主义所具有的“世界历史意义”的理解和阐发，必须借助对经典文本的深刻理解和当代全球化态势的准确把握。如果说马克思主义哲学是我们党的看家本领，那么更进一步可以认为，经典文本是研究马克思主义哲学的看家本领。㉙

注：

①张仲朴：《〈资本论〉第一卷法文版及其他版本——〈资本论〉创作史研究之六》，《马克思主义与现实》，2016年第3期。

②张仲朴：《〈马克思恩格斯全集〉中文第2版第42卷前言》，《马克思主义与现实》，2016年第5期。

③李其庆：《〈马克思恩格斯全集〉中文第2版第43卷前言》，《马克思主义与现实》，2016年第3期。

④仰海峰：《重读〈资本论〉：理论构架的新探索》，《贵州师范大学学报》（社会科学版），2016年第6期。

⑤仰海峰：《资本逻辑与分工理论——以〈资本论〉为基础的哲学探讨》，《马克思主义理论学科研究》，2016年第2期。

⑥李弦、王让新：《马克思文本学研究方法的兴起、意蕴及其应用》，《理论月刊》，2016年第9期。

⑦韩立新：《〈德意志意识形态〉之〈费尔巴哈〉章编译上的根本问题——写在新MEGAI/5〈德意志意识形态〉卷正式出版之前》，《清华大学学报》（哲学社会科学版），2016年第6期。

⑧韩立新：《站在时代高度研究〈德意志意识形态〉》，《光明日报》，2016年8月17日。

⑨陈永盛：《马克思的共产主义理论的哲学基础——基于〈德意志意识形态〉的〈费尔巴哈〉章的考察》，《学习论坛》，2016年第11期。

⑩安启念、张蝶：《马克思哲学思想的系统性问题——再读〈关于费尔巴哈的提纲〉》，《学习与探索》，2016年第1期。

⑪顾海良：《马克思政治经济学方法和结构的科学探索及当代意义——马克思〈政治经济学批判〉导言》读解（下）》，《马克思主义理论学科研究》，2016年第1期。

⑫张亮：《永在探索〈共产党宣言〉的途中》，《光明日报》，2016年7月19日。

⑬赵家祥：《全面把握马克思主义的社会形态划分理论》，《中国延安干部学院学报》，2016年第3期。

⑭沙健孙：《马克思恩格斯关于原始社会历史的理论及其启示》，《思想理论教育导刊》，2016年第7期。

⑮李百玲：《社会发展的历史走向与细节——〈历史学笔记〉中的唯物史观个案》，《马克思主义与现实》，2016年第4期。

⑯姚元军、冯颜利：《列宁反对历史虚无主义的思想及其启示》，《理论月刊》，2016年第2期。

⑰刘娜娜：《恩格斯晚年国家起源理论再研究》，《思想理论教育导刊》，2016年第3期。

⑱陈明凡：《马克思社会公仆思想及其现实意义——读〈法兰西内战〉之体会》，《马克思主义研究》，2016年第6期。

⑲房广顺、符豪：《马克思和恩格斯关于工人阶级政党的策略思想》，《当代世界与社会主义》，2016年第6期。

⑳徐瑾：《从马克思恩格斯书信看其党的纯洁性思想》，《马克思主义研究》，2016年第8期。

㉑柳礼泉、戴晓慧：《论列宁党内批评思想及其当代价值》，《马克思主义研究》，2016年第1期。

㉒田毅松：《“究竟什么是无产阶级”：反驳与论证——基于异化论的无产阶级概念分析》，《马克思主义与现实》，2016年第1期。

㉓田心铭：《马克思对阶级和阶级斗争理论的新贡献——〈马克思致约瑟夫·魏德迈（1852年3月5日）〉和列宁〈国家与革命〉第2章第3节研读》，《马克思主义理论学科研究》，2016年第4期。

㉔韦建桦：《马克思和恩格斯怎样看待中国——答青年朋友问》，《理论参考》，2016年第8期。

㉕杨金海：《马克思恩格斯对中国的总看法》，《北京日报》，2016年10月31日。

㉖杨金海：《马克思恩格斯的中国观及其当代意义——兼论新版〈马克思恩格斯论中国〉版本由来》，《马克思主义理论学科研究》，2016年第2期。

㉗安启念：《关于列宁无产阶级专政思想的几个问题》，《马克思主义与现实》，2016年第5期。

㉘高圣洁、蔡亚志：《论列宁的无产阶级专政思想及其当代价值》，《马克思主义研究》，2016年第3期。

㉙郝贵生：《列宁帝国主义论的当代启示》，《马克思主义研究》，2016 年第 8 期。

㉚李景治：《列宁帝国主义论与当代资本主义的发展》，《社会主义研究》，2016 年第 3 期。

㉛邱卫东、胡博成：《列宁帝国主义论的时代困境：历史根源及当代启示》，《当代世界与社会主义》，2016 年第 3 期。

㉜陈人江：《帝国主义本质再审视》，《马克思主义研究》，2016 年第 8 期。

㉝聂锦芳：《文本研读是马哲研究的看家本领》，《光明日报》，2016 年 6 月 24 日。

（作者：彭萍萍，中共中央编译局编审）

马克思主义中国化

毛　胜　唐洲雁

2016 年，首都理论界、学术界继续深入开展马克思主义中国化与中国化马克思主义的研究，在毛泽东思想、中国特色社会主义理论体系以及两者关系等领域，取得了一批新成果。特别是围绕习近平总书记系列讲话精神和治国理政新理念新思想新战略及其对中国特色社会主义理论体系的丰富和发展，进行了较为深入的探讨，提出了许多有价值的观点，使本学科呈现出扎扎实实向前发展的良好态势。限于篇幅，仅对一年来首都学者在这几个方面研究的新进展作一个简要综述。

一、关于毛泽东思想

1. 关于《毛泽东年谱（1949—1976）》的研究

《毛泽东年谱（1949—1976）》的出版，为进一步研究毛泽东思想生平提供了丰富资料。首都学者 2016 年运用《年谱》提供的资料，取得了不少新的研究成果。比如有学者通过《年谱》分析毛泽东对战争与和平的思考与应对，指出：20 世纪 50 年代，毛泽东对战争与和平的基本判断是：世界战争大体上十年到十五年打不起来，争取十五年不打仗是可能的；新的世界大战可能会推迟三四十年甚至根本打不起来。进入 60 年代以后，中国周边环境日趋险恶，毛泽东对战争的威胁保持了高度警惕，并做了相应的战略谋划和应对准备，提出了要争取和平，但不怕战争，要准备打仗，从物质上和精神上两方面做好准备等应对战争的战略思想。进入 70 年代以后，毛泽东对战争与和平的估计有了新的变化。虽然他仍坚持认为这个世界还不太平，战争难以避免，但他判断：大的战争一时打不起来。毛泽东对待和平与战争的基本态度有三条：第一，我们需要和平，不要战争；第二，我们需要和平，但我们不惧怕战争；第三，对战争要有准备，准备没坏处。①

有学者通过研究《年谱》，考察了“以农业为基础、以工业为主导”方针的逐步形成和最终确立，认为毛泽东在总结“大跃进”经验教训的基础上，1959 年下半年到 1960 年初逐步提出了“以农业为基础”和“以工业为主导”的思想。1960 年初，“以农业为基础、以工业为主导”的完整表述，出现在国务院部委报告中。1961 年初，党的八届九中全会明确提出“以农业为基础”的方针，但全党认识程度和贯彻力度还不够。在全面贯彻国民经济调整方针的关键时刻，1962 年 9 月，党的八届十中全会最终将“以农业为基础、以工业为主导”确立为“发展国民经济的总方针”。这是在探索社会主义建设道路过程中提出的独创性观点，是对马克思主义政治经济学的创造性发展。②

还有学者通过《年谱》梳理了晚年毛泽东对老干部的态度，指出：当“文革”中出现打倒一切、全面夺权的错误思潮后，老干部挨整的情况引起毛泽东的警觉，他开始思考如何评价、保护和使用老干部的问题。九大前夕，出于恢复正常秩序的考虑，他安排一些老同志分管经济、军事、外交战略这些大事、实事。1971 年林彪事件后，他主导解放了一大批老干部，进而在中央领导层形成了四批人，看起来是照顾了各个方面、各种倾向，但这种结构是不稳定的。1974 年下半年以后，经过反复比较，毛泽东对抓得起、稳得住的老同志更为倚重。把他们摆在党政军的什么位置，对全局的稳定会起到什么影响，对工作的展开能发挥什么作用，毛泽东时常掂量，胸中大体有数。他生前最后的人事安排，没有让大权、实权旁落“四人帮”，才有了他身后发生的根本性的重大变化。③

2. 关于毛泽东与红军长征的研究

2016 年是红军长征胜利 80 周年，首都学者在既往研究的基础上，就毛泽东对长征胜利的贡献进行了进一步分析和总结。有学者深入研究了遵义会议是否确立了毛泽东领导地位的问题，认为可以从“遵义会议”和“遵义会议时期”两个概念，即从遵义会议本身和从遵义会议的酝酿、召开及其决议的最后通过乃至下发、传达与贯彻这一完整的历史过程进行考察。遵义会议本身虽然并没有推举毛泽东“在党内负总责”，也没有让他成为“最后在军事指挥上下决心的负责者”，但是，在贯彻和运用遵义会议精神的过程中，在领导各路红军粉碎国民党军的围追堵截并取得长征胜利的英勇斗争中，在克服左倾教条主义和右倾分裂主义挑战、维护全党与全军团结统一的过程中，在创建新的革命根据地的艰辛探索中，在完成党的政治路线的转变并最终促成全国抗日民族统一战线的伟大历程中，毛泽东都发挥了无可替代的领导作用。遵义会议确立了毛泽东在党和红军的领导地位，不仅是这段历史亲历者的共识，也是基本的历史事实。④

有学者认为，中央红军到达陕北、结束长征之际，正值陕北苏区根据地遭受错误肃反之时。毛泽东获悉真情后，有方法、有步骤地破解了陕北危局。他的基本处理方针是：决不能再重演过去因错杀王佐、袁文才而丢掉井冈山根据地的悲痛教训，故必须立即停止肃反，挽救刘志丹等，从而挽救陕北根据地；决不能再出现于红四方面军分裂的惨痛教训，故必须认真处理同红四方面军属下的红 25 军关系，从而团结一致，共同对敌，保卫和扩展陕北根据地。毛泽东处理和化解危局的雄才大略，更加深刻地论证了“陕北救了中央，也是中央救了陕北”的双赢局面的过程和结果，从而使我们对这一重大历史事件有了更加全面、更加真切、更加系统的认识。⑤

3. 关于毛泽东经济思想研究

有学者指出，毛泽东十分重视社会主义政治经济学的理论研究。经济学研究应该有哲学家的头脑，从哲学高度来研究经济学问题，是毛泽东经济思想最大的特点。毛泽东特别重视矛盾分析方法，他指出，“当作一门科学，应该从分析矛盾出发，否则就不能成其为科学”；“研究社会主义社会的经济问题，要以生产力和生产关系的平衡和不平衡、生产关系和上层建筑的平衡和不平衡，作为纲”，等等。⑥

有学者强调，毛泽东对社会主义政治经济学的探索，继承和发展了马克思主义经典作家关于公有制、按劳分配、有计划发展等关于未来社会主义经济的基本理论；肯定和吸收了苏联社会主义政治经济学的正确方面，同时又对其中一些不科学、不正确的方面进行了批判性分析；并在此基础上，根据中国的实际，提出了一系列创新性观点，开启了中国特色社会主义政治经济学发展的历史征程，为中国特色社会主义政治经济学的发展开辟了道路。⑦

有学者指出，毛泽东在领导社会主义建设中虽然有过失误，但从总体上说，他坚持唯物史观的基本原理，重视社会生产力的发展，并取得了在我国建立起独立的比较完整的工业体系和国民经济体系，以“两弹一星”为标志的科学技术的伟大成就。在毛泽东发展经济的思想中，争取较高的发展速度、重视科学技术和自力更生为主，可以说是它的三个基本立足点。⑧

还有学者认为，《论十大关系》是在确立社会主义基本制度的历史转折时期马克思主义中国化的重要文献，也是中国社会主义建设道路最初探索过程中中国特色社会主义政治经济学的经典文献；是马克思主义中国化的“第二次结合”的最初成果；是对中国特色社会主义政治经济学的总体关系的初步研究；是对中国特色社会主义政治经济学的开拓性探索。作为中国社会主义建设道路问题探索的首创之作，《论十大关系》所阐释的基本理论问题，对中国特色社会主义政治经济学的形成，以及对当今中国特色社会主义政治经济学新篇章的写就，具有重要的理论意义和科学价值。⑨

4. 其他专题研究

首都学者 2016 年对毛泽东思想的研究，不仅关注上述专题，而且开动脑筋，拓宽思路，就若干问题进行深入探讨，充分体现了理论研究中的学术自觉和宽阔视野。比如，有学者指出，从认识历程看，新中国建立后毛泽东对马克思主义原理比较集中地关注和言说的波峰主要是 1958 年冬至 1960 年、中苏论战高峰期及 20 世纪 70 年代上半期。从内容结构看，毛泽东关注和言说的马克思主义原理、原典主要集中于唯物辩证法、社会主义经济建设原则、阶级斗争与无产阶级专政方面。毛泽东始终坚持马克思主义基本原理与中国实际相结合，却出现了两种不同的效果，其症结在于是否真正做到了实事求是，不带理论的有色眼镜看现实、剪裁现实。⑩

有学者结合实际，分析了毛泽东对国家治理的探索，认为毛泽东在从马克思到列宁探索的基础上，形成了独创性的社会主义国家治理思想和实践，包括：建设强有力的人民民主专政国家，实现人民真正的联合；现阶段社会主义国家既要承认和利用资本主义因素，又要引导和限制；通过发展经济民主和政治民主，走群众路线，防止国家异化变质；社会主义国家要掌握意识形态和文化领导权，等等。[11]

有学者专题研究了毛泽东对儒学与孔教的认识，指出：毛泽东认为孔子是中国历史上的伟大人物，儒家学说是中国传统文化的主体，但他反对将孔夫子变成孔圣人、将儒家学说作为统治工具，反对各种形式的孔教活动。正因为毛泽东既有扎实的传统文化底蕴，又有批判继承文化遗产的科学态度，所以他可以在马克思主义的指导下，把“马克思”和“孔夫子”结合起来，实现马克思主义的中国化。[12]

还有学者指出，否定毛泽东，是历史虚无主义思潮的核心。毛泽东研究中历史虚无主义，主要表现在否定毛泽东的历史功绩，取消毛泽东思想的指导地位，妖魔化毛泽东的民族英雄形象。它们采取断章取义、以偏概全、张冠李戴等方法来评价毛泽东，得出的结论经不起历史检验。这种政治思潮的危害，在于否定四项基本原则，妄图使中国走上西方道路。反对毛泽东研究中的历史虚无主义，是意识形态领域的卫国战争。正确处理两类不同性质的矛盾，综合运用法律制裁、行政审查、纪律处分、思想教育、学术批判、舆论监督等方法，治理意识形态领域的乱象。[13]

二、关于邓小平理论、“三个代表”重要思想、科学发展观

1. 关于邓小平理论研究

有学者指出，“社会主义主体”思想是邓小平从哲学认识论和方法论的高度回答困扰人们的姓“资”姓“社”问题而提出的，是“中国特色”的集中表达，主要体现在所有制结构、分配制度、政党制度、文化政策、国家结构形式等方面。围绕“社会主义主体”思想的论争主要表现在：经济领域姓“公”与姓“私”、姓“社”与姓“资”、共同富裕与两极分化的论战；政治方面中国共产党领导的多党合作制与多党制、“一国两制”论引发关于国家性质的交锋；文化阵地上马克思主义与反马克思主义的斗争。“社会主义主体”思想是马克思主义在当代中国实现综合创新的典范，是改革开放以来取得举世瞩目成就的思想源泉，为中国特色的哲学社会科学话语体系增添了新内容。[14]

有学者认为，在邓小平的“小康社会”思想中，小康社会是“中国化的现代化”的一个初步目标，与西方的现代化概念不同，它代表着不同的现代化水平，采用人均国民生产总值为其发展目标确定一个具体的标准，具有鲜明的中国特色。“小康”不只是经济指标，而是整个社会的全面协调发展，包括人民生活、社会、政治、文化等多方面的内容。小康社会不仅指国内社会发展，还包括“对人类的贡献更大一些”，在增加国内经济收入的同时，增加对外援助，增强世界和平力量。小康社会姓“社”，要坚持对外开放和四项基本原则，以公有制经济为主体，实行社会主义的分配制度，最终实现共同富裕。[15]

有学者强调邓小平在1975年整顿中表现出了政治家无私无畏的责任担当和深谋远虑的战略思维，值得全党干部很好地学习和研究。他当时强调，要着眼于全局，要求全党讲大局，务必把国民经济搞上去；着眼于当前，着眼于现实，要求用最快的速度、最坚决的措施，迅速扭转形势，改变面貌；着眼于长远，提出了今后25年的发展远景，其关键是教育部门要后继有人，科学研究工作要后继有人；要放眼世界，国际形势变了，就要用新的战略概念来代替过时的、不符合现实的概念，将毛泽东“三个世界”划分的思想，作为制定世界战略的出发点。[16]

有学者指出，“文革”结束后，邓小平准确把握中国宗教的实际情况，积极推动宗教领域的拨乱反正。他不仅重申中国共产党关于宗教问题的基本观点和基本政策，明确处理宗教问题的基本原则，而且根据改革开放的新形势，对宗教工作提出了新要求。邓小平关于宗教领域拨乱反正的论述，是总结历史经验教训，着眼于“建设有中国特色的社会主义”这个大局展开的，可视为中国特色社会主义宗教理论的历史起点。[17]

有学者深入研究邓小平党的纪律建设思想，强调其主要包括纪律建设的范围、目的、本质和体系四个方面，主要表现为纪律建设要处理好的四种关系：纪律与法律的关系、理想与纪律的关系、纪律与自由的关系、具体纪律之间的关系。[18]

还有学者专题研究了邓小平对美外交思想，认为邓小平从战略高度考量，致力于发展中美两国人民友好关系；在改革开放的同时，学习和借鉴美国的先进技术和经验，积极推动中美在各个领域的合作共赢；同时他坚持立场与原则，正确处理中美关系的关键问题——台湾问题，坚决反对美国干涉中国内政和主权，在中美外交困难时期顶住压力，打破了美国等西方国家的制裁。邓小平的这些思想和策略，在坚决维护了国家利益的同时，积极推动了中美关系向前发展。[19]

2. 关于“三个代表”重要思想研究

有学者以国有企业改革为视角，分析了江泽民对社会主义市场经济体制的探索，指出：国企改革是我国经济体制改革的中心环节，自20世纪90年代初起，江泽民努力探索公有制同市场经济相结合的途径、形式等，领导发起了国企改革的攻坚战，初步建立起社会主义市场经济体制。在领导改革的过程中，江泽民积极把握驾驭经济社会发展全局的主动权，努力搞好社会主义市场经济的微观基础。同时他明确了现代企业制度的概念，确立了公有制与市场经济有机结合的重要途径。他还致力于推动理论创新和制度创新，扫清国企改革攻坚战的思想和行动障碍。此外他还强调要加强党对国有企业的领导，实现党的建设思想的与时俱进。[20]

有学者专题研究了江泽民“人才资源是第一资源”的思想，认为江泽民2001年8月提出人才资源是第一资源的思想，是全面审视与准确把握国际竞争态势特别是其日益表现为人才竞争的必然结果；是深刻分析与准确把握世纪之交我国经济社会发展的阶段性特征对人才和人才工作提出的新的更高要求的必然结果；是清醒认识与准确把握我国人才和人才工作与经济社会发展需要不适应不协调状况的必然结果。人才资源是第一资源思想，是对人才这一战略资源在经济发展和社会进步中基础性、决定性地位的科学概括，是江泽民人才思想的重要内容，是对中国共产党人才思想创新的突出贡献与亮点，标志着我们党对人才重要性的认识达到了一个新高度。这一思想对树立科学的人才观，树立人才资源优先开发、人才投资是效益最大的投资的理念，促进人才工作；对正确理解人才强国战略、创新驱动战略等重要举措，协调推进“四个全面”战略布局、实现中华民族伟大复兴的中国梦，具有重要意义。[21]

3. 关于科学发展观研究

2016年9月20日，中共中央文献编辑委员会编辑的《胡锦涛文选》第一卷、第二卷、第三卷，由人民出版社出版发行。《胡锦涛文选》全面展示了科学发展观孕育、形成、发展的历史过程，是学习贯彻科学发展观的最好教材。9月29日，习近平在学习《胡锦涛文选》报告会上强调：“《胡锦涛文选》生动记录了以胡锦涛同志为总书记的党中央团结带领全党全国各族人民在新的起点上坚持和发展中国特色社会主义的历史进程，科学总结了我们党依靠人民战胜一系列重大挑战、推动改革开放和社会主义现代化建设取得新的重大成就的宝贵经验，集中反映了我们党坚持以马克思列宁主义、毛泽东思想、邓小平理论、‘三个代表’重要思想、科学发展观为指导，坚持把马克思主义基本原理同当代中国实际和时代特征相结合创造性提出的重大理论成果。”[22]有学者根据习近平的讲话，对重大理论成果进行了概括，主要包括：加快转变经济发展方式，是关系我国发展全局的战略抉择，是顺利实现社会主义现代化必须迈过去的一道坎；人民民主是社会主义的生命，是我们党始终高扬的光辉旗帜。没有民主就没有社会主义，就没有社会主义现代化；社会主义核心价值体系是兴国之魂，建设社会主义文化强国是实现社会主义现代化的必然要求；积极构建社会主义和谐社会，着力保障和改善民生，提高人民物质文化生活水平；大力推进生态文明建设，推动形成人与自然和谐发展的现代化建设新格局，实现中华民族永续发展；胡锦涛国防和军队建设思想，是科学发展观的重要组成部分，开辟了党的军事指导理论创新发展新境界；全面准确贯彻“一国两制”“港人治港”“澳人治澳”、高度自治的方针，全面贯彻两岸关系和平发展重要思想；始终不渝走和平发展道路，坚定奉行独立自主的和平外交政策，推动建设持久和平、共同繁荣的和谐世界；大力加强党的执政能力建设、先进性和纯洁性建设，全面提高党的建设科学化水平。[23]

首都理论界、学术界能够自觉地认真学习《胡锦涛文选》，进一步开展科学发展观的研究。有学者指出，要充分认识科学发展观的历史地位和指导意义，强调：总结党的十六大后全面建设小康社会十年的奋斗历程，最重要的就是形成和贯彻了科学发展观。科学发展观是马克思主义同当代中国实际和时代特征相结合的产物，是马克思主义关于发展的世界观和方法论的集中体现，对新形势下实现什么样的发展、怎样发展等重大问题做出了新的科学回答，把我们对中国特色社会主义规律的认识提高到新的水平，开辟了当代中国马克思主义发展新境界。科学发展观是党必须长期坚持的指导思想，是同马克思列宁主义、毛泽东思想、邓小平理论、“三个代表”重要思想既一脉相承又与时俱进的科学理论，是指导党和国家全部工作的强大思想武器。[24]

有学者专题研究了积极构建社会主义和谐社会的

问题，指出：胡锦涛对构建社会主义和谐社会问题做出一系列重要论述，提出了许多重大理论观点，并将构建社会主义和谐社会确立为我们党的重大战略思想。要重点把握科学发展是构建社会主义和谐社会的核心要义，正确认识和处理人民内部矛盾是构建社会主义和谐社会的重要前提，维护和实现社会公平正义是构建社会主义和谐社会的基本要求，加强思想道德建设是构建社会主义和谐社会的重要任务，坚持党的领导是构建社会主义和谐社会的根本保证等内容，努力加强和谐社会建设。[25]

有学者学习《胡锦涛文选》中关于党的建设的篇章和重要论述，围绕以改革创新精神全面推进党的建设新的伟大工程进行了分析，强调：改革创新是解放和发展社会生产力的必由之路，也是增强党的创造力凝聚力战斗力的必由之路；以改革创新精神加强党的建设，很重要的是抓好党的先进性建设和执政能力建设，提高党的建设科学化水平；以改革创新精神加强党的建设，集中体现了以胡锦涛同志为总书记的党中央在党的建设上的新创造。[26]

还有学者从坚持和发展中国特色社会主义的视角，指出：《胡锦涛文选》中的著作，形成于中国特色社会主义事业承上启下的关键时期，紧扣时代发展的脉搏，紧密联系改革开放和社会主义现代化建设的实际，回答了实践中提出的新问题，蕴含着一系列具有独创性的理论成果，涵盖了科学发展观各方面的重要内容。认真学习《胡锦涛文选》，不仅可以使我们系统了解科学发展观的思想体系，还可以使我们深刻认识到中国共产党人坚持与时俱进，不断探索中国特色社会主义规律，不断推进马克思主义中国化进程的历史轨迹。[27]

三、关于习近平总书记系列重要讲话精神和治国理政新理念新思想新战略

1. 关于习近平总书记著作及论述摘编研究

近年来，习近平总书记的一系列著作相继出版，为学习和研究习近平总书记系列重要讲话精神和治国理政新理念新思想新战略提供了丰富资料。

2016 年 1 月，中央纪律检查委员会、中央文献研究室编辑的《习近平关于严明党的纪律和规矩论述摘编》，由中央文献出版社、中国方正出版社出版。书中收入 200 段相关论述，共分 7 个专题：加强纪律建设是全面从严治党的治本之策；严明党的纪律，首要的就是严明政治纪律；严明党的组织纪律，增强组织纪律性；创新党内法规制度，把各项纪律和规矩立起来；使纪律真正成为带电的高压线；抓住领导干部这个“关键少数”；落实管党治党责任，强化监督执纪问责。有学者指出，这些重要论述明确回答了当前反腐倡廉建设和作风建设中普遍关心的许多重大问题，集中反映了新形势下坚持全面从严治党的一系列新举措新要求，创新发展了党的建设特别是全面加强纪律建设的思想理论，对于我们深刻认识加强党的纪律建设的极端重要性，准确把握纪律建设的基本要求，牢固树立党章党规党纪意识，推动《中国共产党廉洁自律准则》和《中国共产党纪律处分条例》的贯彻执行，具有十分重要的意义。[28]

2016 年 2 月，中央文献研究室编辑的《习近平关于科技创新论述摘编》，由中央文献出版社出版。书中收入 189 段相关论述，共分 8 个专题：创新是引领发展的第一动力；实施创新驱动发展战略，推进以科技创新为核心的全面创新；科技创新是提高社会生产力和综合国力的战略支撑；坚定不移走中国特色自主创新道路；加快科技体制改革步伐；牢牢把握科技进步大方向；牢牢把握产业革命大趋势；牢牢把握集聚人才大举措。有学者指出，这些重要论述围绕实施创新驱动发展战略、加快推进以科技创新为核心的全面创新，提出了一系列新思想新论断新要求，对于我们适应和引领我国经济发展新常态，加快形成以创新为主要引领和支撑的经济体系和发展模式，实现“两个一百年”奋斗目标，实现中华民族伟大复兴的中国梦，具有十分重要的指导意义。[29]

2016 年 6 月，中央文献研究室编辑的《习近平关于全面建成小康社会论述摘编》，由中央文献出版社出版。书中收入 332 段相关论述，共分 7 个专题：全面建成小康社会是实现中华民族伟大复兴中国梦的关键一步；主动把握和积极引领经济发展新常态，坚持用新发展理念引领和推动经济发展；坚持从国情出发设计和发展国家政治制度，使各方面制度更加成熟更加定型；推进社会主义文化强国建设，显著提高国民素质和社会文明程度；保障和改善民生，维护国家安全和社会稳定；建设美丽中国，为人民创造良好生产生活环境；提高党领导发展的能力和水平，确保全面建成小康社会各项任务落到实处。有学者指出，这些重要论述对全面建成小康社会理论和实践中的重大问题都做了明确回答。认真学习贯彻这些重要论述，对于按照“五位一体”总体布局和“四个全面”战略布局，深刻认识全面建成小康社会的重大意义，准确把握全面建成小康社会的基本要求和重点任务，用新的发展理念引领和推动经济社会发展，夺取全面建成小康社会决胜阶段的伟大胜利，实现“两个一百年”奋斗目标、实现中华民族伟大复兴的中国梦，具有十分重要的指导意义。[30]

2016 年 12 月，中央文献研究室编辑的《习近平关于全面从严治党论述摘编》，由中央文献出版社出版。书中收入 371 段相关论述，共分 10 个专题：全面从严治党，确保党始终成为中国特色社会主义事业的坚强领导核心；党要管党首先要从党内政治生活管起，从严治党首先要从党内政治生活严起；坚定理想信念，补足精神之钙；牢固树立“四个意识”，坚决维护党中央权威；坚持把纪律挺在前面，严明政治纪律和政治规矩；从严治吏，培养选拔党和人民需要的好干部；作风建设永远在路上；以零容忍态度惩治腐败；加强党内监督，发挥巡视利剑作用；落实全面从严治党主体责任。有学者指出，这些重要论述深刻回答了新形势下管党治党的一系列重大理论和现实问题，深化了我们对共产党执政规律、社会主义建设规律、人类社会发展规律特别是共产党执政规律的认识，开拓了马克思主义党建理论新境界，为继续推进全面从严治党、推进党的建设新的伟大工程提供了强大思想武器和科学行动指南。[31]

此外，中央宣传部在《习近平总书记系列重要讲话读本》的基础上，组织编写了《习近平总书记系列重要讲话读本（2016 年版）》，2016 年 4 月由学习出版社、人民出版社出版。书中围绕实现中华民族伟大复兴的中国梦、坚持和发展中国特色社会主义，围绕协调推进全面建成小康社会、全面深化改革、全面依法治国、全面从严治党“四个全面”战略布局，围绕牢固树立创新、协调、绿色、开放、共享的发展理念，统筹推进经济、政治、文化、社会、生态文明五位一体建设，围绕加强国防和军队建设，推动构建以合作共赢为核心的新型国际关系，学习掌握科学的思想方法和工作方法等十六个专题，全面准确深入阐释了以习近平同志为总书记的党中央治国理政新理念新思想新战略。有学者指出，《读本》全面准确地阐述了习近平总书记系列重要讲话的重大意义、科学内涵、基本观点、精神实质和实践要求，阐述了党中央治国理政新理念新思想新战略。要认真学习习近平总书记系列重要讲话的原文、原著，同时通过学习《读本》，进一步加深对系列重要讲话精神的理解和掌握，更加自觉地把思想和行动统一到系列重要讲话精神上来。[32]

2. 关于习近平坚持和发展中国特色社会主义思想研究

有学者指出，坚持和发展中国特色社会主义是习近平总书记系列重要讲话、重要思想、治国理政新理念新思想新战略、“四个全面”战略布局和五大发展理念的核心要义，也可以说是以上五个不同层次不同范畴的五个圆的共同的圆心。中国特色社会主义道路主要体现在经济领域，主要体现着中国特色社会主义的经济基础；中国特色社会主义理论体系体现在中国特色社会主义的文化领域，是中国特色社会主义的行动指南；中国特色社会主义制度主要体现在中国特色社会主义政治领域，是中国特色社会主义的可靠保障；坚持以人民为中心的发展思想是中国特色社会主义的灵魂本质；坚持中国共产党的领导是中国特色社会主义的根本选择。[33]

有学者认为，习近平系统深入地阐述了坚定中国特色社会主义道路自信的原因、重要内涵和原则要求，形成了一系列关于坚定道路自信的论述。习近平认为，坚定道路自信的根本原因在于，中国特色社会主义道路不是照抄照搬和主观臆想的产物，而是中国共产党和人民长期实践取得的根本成就，是中国社会发展的必然选择，是发展中国、稳定中国的必由之路。坚定道路自信，就是要坚定不移走中国特色社会主义道路不动摇、与时俱进拓展中国道路。他还强调，坚定道路自信，要做好应对具有新的历史特点的伟大斗争的准备。[34]

还有学者强调，2014 年习近平总书记提出了三个重大问题：全面建成小康社会之后路该怎么走？如何跳出“历史周期律”、实现长期执政？如何实现党和国家长治久安？全面建成小康社会之后要继续沿着中国特色社会主义道路前行，要沿着第二个一百年的奋斗目标前行，要沿着全面建成小康社会的发展逻辑前行。跳出“历史周期律”、实现长期执政，就必须深刻把握执政规律，全面从严治党；必须遵循人心向背规律，使党始终能够得到最广大人民群众的支持；必须确保党不能有自己的特殊利益。实现党和国家长治久安就要全面深化改革、全面依法治国、全面从严治党，推动经济社会持续健康发展；就要不断推进人民民主，使民主深深扎根于人民群众生产之中、生活之中；就要推进国家治理体系和治理能力现代化，使国家长治久安有制度体系的保障。[35]

3. 关于习近平治国理政思想研究

有学者认为，国家治理现代化是习近平依据我国的现实情况，在总结我国治国理政实践经验和借鉴西方国家社会治理的基本经验的基础上，形成的能够表达中国话语、彰显中国风格、体现中国特色的蕴含着丰富而深刻中国智慧的理论成果。习近平的国家治理思想是对新中国成立以来中国共产党所肩负的历史任务的总体概括，也是对21世纪以来新的历史条件下中国共产党进行全面深化改革所做的顶层设计的精辟概括，更是对中国特色社会主义发展实践的标识性概括。习近平国家治理思想的中国特色主要表现在，它是马克思主义国家理论与当代中国社会发展实际相结合的产物，它秉承了以毛泽东为代表的党的第一代中央领导集体的现代化思维方式，它以人民性与国家性的统一为基础，寻求实现国家治理现代化的途径。[36]

有学者指出，人民主体地位是习近平治国理政思想的核心理念。人民主体地位理念以马克思主义唯物史观作为理论基础，中国传统民本思想是其文化渊源。人民主体地位是中国化马克思主义理论一以贯之的核心理念，在习近平治国理政的理论与实践中具体体现为权力主体、价值主体、实践主体、评判主体四个维度。人民主体地位理念对坚持和发展中国特色社会主义、夯实党的执政根基、实现“两个一百年”奋斗目标和中华民族伟大复兴的中国梦具有重要意义。[37]

有学者指出，习近平“治国理政新思想”是党的十八届五中全会的新提法，是对“习近平总书记系列重要讲话精神”的进一步深化和提升，具有历史基础、现实基础、理论基础和政治基础，进而从历史新起点、时代性课题、哲学思维、核心理念、根本主题、奋斗目标、基本思路、战略布局、治国理政的品格九个方面详细阐述了习近平治国理政思想。[38]

还有学者认为，习近平治国理政新思想作为21世纪的中国马克思主义，不仅具有丰富的思想内涵，而且具有鲜明的理论品格，体现了鲜明的中国性、时代性、世界性、创新性、实践性、科学性、战略性、系统性、整体性、灵活性、人民性、务实性、辩证性、底线性、制度性和开放性。[39]

4. 关于习近平国际关系思想研究

有学者指出，习近平提出的命运共同体思想是对世界和中国发展变化的深刻认识，是主观上的思想解放，是中国对国际战略的一种富有远见的顶层设计。命运共同体内涵丰富，包含平等互信的新型权力观、合作共赢的共同利益观、包容互鉴的文明观，是具有前瞻性的新的战略理念，它以构建周边、地区和发展国家命运共同体为基础，倡导各种形式和层次的国际合作，把硬措施与软理念结合起来，推动命运共同体建设。要科学辩证地把握习近平命运共同体思想，命运共同体是复杂的、矛盾的，构建命运共同体是一个长期的过程。[40]

还有学者认为，习近平对我国积极参与全球经济治理问题进行了深入思考和谋划，主要包括：关于我国积极参与全球经济治理的必要性和紧迫性，强调我们要抓住全球经济治理体制变革正处在历史转折点上的重要机遇，推动全球经济治理体制向着更加公正合理方向发展；关于我国积极参与全球经济治理的价值取向，明确提出共商共建共享的全球经济治理理念，不断向国际社会传递正能量；关于我国积极参与全球经济治理的策略选择，强调要提高我国在全球经济治理中的制度性话语权；关于我国积极参与全球经济治理的身份定位，强调坚持我国的发展中国家国际定位，做全球经济治理的积极参与者和建设性的贡献者。这些重要论述为我国积极主动参与全球经济治理指明了方向，有力推动了我国在推进全球经济治理体制机制变革方面取得重要突破和新的进展。[41]

5. 其他专题研究

首都学者2016年还围绕习近平总书记的若干重要讲话，进行了深入学习和研究。比如，有学者认为，习近平在毛泽东等中国共产党人持续探索的基础上，以马克思主义的立场、观点、方法，结合时代发展要求和客观具体实际，对中国古代知行观作了进一步的创造性转化和创新性发展。这具体表现在：内涵着眼于思想自觉和行动自觉相统一，使思想自觉转化为行动自觉；外延扩展至广泛的治国理政实践；认识和实践主体侧重于党员干部、青年学子。习近平对中国古代知行观的“两创”实践，为我们进一步做好中国优秀传统文化的创造性转化和创新性发展提供了借鉴和参考：坚持马克思主义的立场、观点和方法，是做好“两创”的前提；培养文化自信，加强对中国传统文化的学习与认知，是做好“两创”的基础；完善价值表达，实现话语转换，处理好内容与形式的关系，是做好“两创”的关键。[42]

有学者指出，习近平总书记的新媒体观体现出鲜明的时代特色。其主要观点有：强调新媒体在治国理政中的重要地位，把媒体融合上升为国家战略，强调利用新技术占领信息制高点，鼓励理念、体制机制变革，重视网络强国战略的构建与国际话语权的掌控。

综观习近平的新媒体观，可以看到以先进技术为支撑，发展新媒体人才优势，实施理念、手段、内容、体制创新是扶持和促进新媒体发展的三个切入点。[43]

还有学者从中华民族命运共同体、中华民族多元一体、中华文化等三个方面，梳理与阐述习近平总书记提出的一系列关于中华民族的新思想、新观点、新论述，指出：习近平总书记关于中华民族的新论述继承和发展了中国共产党的中华民族观，充实和丰富了党的民族工作思想，成为中国特色解决民族问题的道路、理论和制度的重要组成部分，为中华民族理论注入了全新的时代内涵，使中国共产党的中华民族观为全国各族人民“口耳相邮、共知共鉴、共享共爱”，为凝聚各族人民的共识提供了重要的理论依据，也为做好新形势下的民族工作提供了重要的思想指引。[44]

纵观2016年首都学者关于马克思主义中国化与中国化马克思主义的研究，无论是宏观问题的广泛探讨，还是具体问题的深入分析，均有相当的进展，很多成果提出了独到的新观点。当然，学无止境，已有的成绩只能是我们继续前进的基础，而不能成为我们骄傲的资本。更何况，研究中还存在一些问题，比如有的文章显然是跟风之作，选题大而化之，论述空洞乏力。我们期待首都学者2017年继续努力，在毛泽东思想和中国特色社会主义理论体系，特别是习近平总书记系列讲话精神和治国理政新理念新思想新战略研究中取得更大的成绩。

注：

①陈扬勇：《新中国成立后毛泽东对战争与和平的思考与应对——读〈毛泽东年谱（1949—1976）〉》，《党的文献》，2016年第4期。

②戚义明：《“以农业为基础、以工业为主导”方针的逐步形成和最终确立——基于〈毛泽东年谱（1949—1976）〉的考察》，《毛泽东研究》，2016年第4期。

③陈晋：《晚年毛泽东眼里的老干部——读〈毛泽东年谱（1949—1976）〉札记》，《党的文献》，2016年第4期。

④蒋建农：《遵义会议确立毛泽东领导地位问题研究》，《党的文献》，2016年第1期。

⑤尹韵公：《毛泽东与陕北危局之破解》，《毛泽东研究》，2016年第6期。

⑥周新城：《毛泽东经济思想的若干问题探讨——学习〈毛泽东读社会主义政治经济学批注和谈话〉》，《当代经济研究》，2016年第3—4期。

⑦张宇：《毛泽东对中国特色社会主义政治经济学的探索》，《高校马克思主义理论研究》，2016年第2期。

⑧梁柱：《毛泽东发展经济思想的三个基本立足点》，《中国浦东干部学院学报》，2016年第6期。

⑨顾海良：《〈论十大关系〉与中国特色社会主义政治经济学的发展》，《教学与研究》，2016年第4期。

⑩杨凤城：《新中国建立后毛泽东的马克思主义观述论》，《社会科学战线》，2016年第7期。

⑪江宇：《国家治理的中国道路：毛泽东的探索》，《马克思主义研究》，2016年第7期。

⑫毛胜：《毛泽东对儒学与孔教的认识》，《毛泽东研究》，2016年第4期。

⑬刘仓：《毛泽东研究中的历史虚无主义思潮评析》，《马克思主义研究》，2016年第5期。

⑭刘锋：《“中国特色”的集中表达——邓小平“社会主义主体”思想的当代价值》，《毛泽东思想研究》，2016年第2期。

⑮王爱云：《邓小平论述中的小康社会特质》，《邓小平研究》，2016年第1期。

⑯张爱茹：《邓小平1975年领导全面整顿时的战略思维》，《邓小平研究》，2016年第2期。

⑰毛胜：《邓小平与宗教领域的拨乱反正》，《重庆社会主义学院学报》，2016年第4期。

⑱石伟：《邓小平的纪律思想四论》，《科学社会主义》，2016年第3期。

⑲张海：《从〈邓小平年谱〉看邓小平对美外交思想》，《党的文献》，2016年第2期。

⑳石建国：《国企改革：江泽民探索社会主义与市场经济相结合的微观历史》，《党的文献》，2016年第4期。

㉑徐永军：《江泽民“人才资源是第一资源”思想的提出及其意义》，《党的文献》，2016年第2期。

㉒习近平：《在学习〈胡锦涛文选〉报告会上的讲话》，《人民日报》，2016年9月30日。

㉓钟言、闻实：《马克思主义中国化的重大成果——深入学习〈胡锦涛文选〉》，《人民日报》，2016年10月2日。

㉔冷溶：《充分认识科学发展观的历史地位和指导意义——认真学习〈胡锦涛文选〉》，《人民日报》，2016年9月23日。

㉕王伟光：《积极构建社会主义和谐社会——学习〈胡锦涛文选〉》，《人民日报》，2016 年 9 月 28 日。

㉖何毅亭：《以改革创新精神全面推进党的建设新的伟大工程——认真学习〈胡锦涛文选〉》，《光明日报》，2016 年 9 月 29 日。

㉗张宏志：《中国特色社会主义征程的理论华章——学习〈胡锦涛文选〉》，《求是》，2016 年第 20 期。

㉘闻言：《全面从严治党，重在加强纪律建设——学习〈习近平关于严明党的纪律和规矩论述摘编〉》，《人民日报》，2016 年 1 月 15 日。

㉙中共科学技术部党组、中共中央文献研究室：《创新引领发展，科技赢得未来——学习〈习近平关于科技创新论述摘编〉》，《人民日报》，2016 年 2 月 18 日。

㉚闻言：《夺取全面建成小康社会伟大胜利的行动指南——学习〈习近平关于全面建成小康社会论述摘编〉》，《人民日报》，2016 年 6 月 8 日。

㉛闻言：《推进全面从严治党的强大思想武器——学习〈习近平关于全面从严治党论述摘编〉》，《人民日报》，2016 年 12 月 20 日。

㉜冷溶：《实现中华民族伟大复兴的科学理论指导和行动指南》，《人民日报》，2016 年 5 月 6 日。

㉝李慎明：《习近平总书记系列重要讲话的核心要义是坚持和发展中国特色社会主义》，《世界社会主义研究》，2016 年第 1 期。

㉞刘志明：《坚定不移走中国特色社会主义道路——学习和理解习近平关于坚定道路自信的论述》，《党的文献》，2016 年第 3 期。

㉟辛向阳：《从习近平的“三问”看中国特色社会主义的发展》，《中国特色社会主义研究》，2016 年第 1 期。

㊱张雷声：《习近平国家治理思想的中国智慧》，《教学与研究》，2016 年第 11 期。

㊲肖贵清、田桥：《人民主体地位：习近平治国理政思想的核心理念》，《思想理论教育》，2016 年第 12 期。

㊳韩庆祥：《论习近平治国理政思想》，《中共福建省委党校学报》，2016 年第 1 期。

㊴杜飞进：《关于 21 世纪的中国马克思主义——论习近平治国理政新思想的理论品格》，《邓小平研究》，2016 年第 3 期。

㊵陶文昭：《科学理解习近平命运共同体思想》，《中国特色社会主义研究》，2016 年第 2 期。

㊶王德蓉：《十八大以来习近平对我国积极参与全球经济治理的战略谋划》，《党的文献》，2016 年第 5 期。

㊷王艺霖：《习近平对中国传统文化的创造性转化和创新性发展——以知行关系为例》，《党的文献》，2016 年第 1 期。

㊸黄楚新、王丹、任芳言：《试论习近平的新媒体观》，《新闻与传播研究》，2016 年第 3 期。

㊹李臻、金炳镐：《习近平总书记关于中华民族的新论述初探》，《中央民族大学学报》（哲学社会科学版），2016 年第 1 期。

（作者：毛胜，中共中央文献研究室副研究员；唐洲雁，中共中央文献研究室研究员）

科学社会主义

李瑞琴

2016 年北京市科学社会主义研究，突出了党的十八大以来科学社会主义关于中国特色社会主义理论与实践的创新和发展。以习近平总书记为核心的党中央提出的一系列治国理政的新思想新观点，丰富了科学社会主义的理论和实践，有力推动了中国特色社会主义事业。中国智慧和中国方案对于当代复杂多变、风云变幻的世界治理体系，也给予了重要贡献。由此，上述构成了本年度科学社会主义研究的重点。此外，科学社会主义经典作家基本理论、基本原则、基本方法的研究，依然是学界重点关注的永恒热点。对于科学社会主义之外的各种社会主义流派的研究与阐释，学界也有重点着墨。还有一个学界的重点关注，列宁《帝国主义论》创作 100 周年、迎接十月社会主义革命 100 周年，也具有很强的理论和现实意义。

一、科学社会主义基本原理与实践研究

从 16 世纪欧洲资本主义的新发展造成劳资两大

阶级对立以来，世界上就开始出现两大运动：即工人反对资本主义剥削与压迫的自发工人运动和先进知识分子揭露资本主义罪恶、向往社会主义、共产主义的思想启蒙运动。学界从社会主义发展史的角度对科学社会主义基本原理与实践进行了研究和关注。

1. 马克思主义科学社会主义理论在实践中的发展

有学者总结，世界社会主义运动包括建党、夺取政权和进行社会主义建设三部曲。从全球大视野来看，近170年来世界社会主义运动有过五次大发展：即19世纪中叶的第一次大发展，19世纪60—70年代的第二次大发展，19世纪末到20世纪初的第三次大发展，1917年十月革命胜利后的第四次大发展和第二次世界大战后的第五次大发展。世界社会主义这五次大发展之后都有过五次大挫折。这表明世界上只要存在资本主义的基本矛盾就必然有世界社会主义运动的兴起。世界社会主义运动是波浪起伏、新潮迭涌、迂回曲折、逐步前进。只要我们善于重新总结历史经验教训，真正向前发展科学社会主义，切实清除乌托邦社会主义、共产主义的历史影响，彻底纠“左”、坚决防右，就必能促进世界社会主义运动顺利发展。只要中国特色社会主义全面建设成功就必能大力推进世界社会主义。21世纪一定还会出现世界社会主义运动的第六次大发展。①

另有学者指出，马克思恩格斯为如何科学认识社会主义奠定了方法论原则，形成了很多重要观点：对社会主义的认识是基于历史事实；社会主义是不断变化和改革的社会；对社会主义的认识重在把握起点和方向；共产主义理想的实现需要依靠物质的力量；共产主义的实现是一个长期复杂的过程等。这些重要观点为我们进一步科学认识社会主义提供了方法论的指导意义。②在《社会主义从空想到科学的发展》中，恩格斯通过对科学社会主义理论视域的考察，回答了科学社会主义之科学性何以必要、何以可能、何以体现等问题，从而完整定义了科学社会主义之“科学性”内核。以“科学性”克服空想社会主义的“空想性”，是科学社会主义出场的思想前提；作为理论基础的唯物史观和剩余价值学说的科学性，是科学社会主义之科学性的可能性根基；对社会主义取代资本主义的必然性和现实性的揭示，是科学社会主义之科学性的集中体现。③

科学社会主义从空想到科学的历程，既证明了社会主义发展的艰难与曲折，更证明了其科学性、实践性和必然性。

2. 历史唯物主义视域下的科学社会主义

有许多学者从唯物史观出发，考察科学社会主义的理想与现实的辩证关系。从社会存在与社会意识的发展运动中，挖掘和阐明科学社会主义理论的当代性和当代意义。

有学者指出，马克思主义经典作家早在《共产党宣言》时期，就阐明了世界历史的统一性和整体性。这在当代全球化深入发展的今天，有着特别的现实意义和指导意义。在历史唯物主义体系中，世界历史和世界市场理论是马克思对资本主义生产方式确立以后人类社会及其运动规律的把握：它们在哲学上表现为一种时空辩证法，反映了人类生产实践过程中时间与空间的辩证关系；在政治经济学上表现为资本积累的一般规律，反映了资本主义生产方式运行的历史进程和空间范围；在科学社会主义理论上表现为社会存在的积极状态，反映了人类社会终将面临世界市场的危机及世界历史的持续。而中国特色社会主义既是促进世界市场危机、推动世界历史进程的一个重要基础，又是其趋势运动中的一个合理环节，它是历史唯物主义体系的重要组成部分。④

马克思社会历史理论包含着多重的内在张力。基于共产主义理想世界与资本主义现存秩序的内在张力这一批判的解释框架，马克思在哲学—经济学批判中深刻地展示了历史观点与阶级观点、形式自由与实质自由、民族观点与阶级观点的内在张力、矛盾和冲突。马克思关于资本批判、世界历史理论与自由个性理论的内在贯通，就展示在这一系列的深刻的内在张力结构中。这是马克思社会历史理论始终充满思想魅力和革命生机的基本原因之一。马克思社会历史理论的多重的内在张力这一理论特性，集中而鲜明地体现在《共产党宣言》这一标志着科学社会主义诞生的经典文本中。⑤

有学者特别强调，无论是对资本主义社会的历史唯物主义考察还是致力于发现剩余价值的政治经济学批判，马克思都聚焦在“资本”这一关键词上，对资本逻辑的分析与批判构成了科学社会主义科学性的理论基础。马克思在《资本论》及其手稿中反复论证资本的历史性、暂时性，反对古典经济学把资本看作永恒的，从中为超越资本逻辑提供可能性。只有超越资本逻辑，才能实现科学社会主义的理想，否则我们只能生活在由资本逻辑限定的框架之中。发展中国特色社会主义不是要取消资本，而是要在充分利用资本文明面的基础上，限制资本、引导资本、驯服资本，在利用资本与限制资本之间保持合理的张力。[⑥]

有学者针对当前中国特色社会主义发展的现实状况，探讨了科学社会主义诞生初期的《法兰西内战》中包含的基本理论。作者指出，1871 年巴黎公社的政治体制是以消灭阶级为基础的政治形式，而消灭阶级不仅需要消灭私有制，而且需要消灭劳动者的分工，因此巴黎公社政治体制是对经济基础高度挑剔的政治体制，并不是无产阶级专政的普遍有效形式。在《法兰西内战》中，马克思只肯定了巴黎公社政治体制的历史意义，并没有有意识地探讨其现实有效性问题，这种评价是时代性和策略性的产物：当时科学社会主义尚处于理论探讨阶段，还无暇顾及后一问题；《法兰西内战》作为政治宣言的性质促使马克思有意识地回避了巴黎公社的错误，以免不合时宜地责备正在流血牺牲的战士。人们在反思现实中的社会主义政治体制的弊端时往往会滋生照搬巴黎公社政治体制的教条主义倾向。这种倾向在我国改革开放以来已经有明显的好转，但仍然存在，对巴黎公社政治体制的借鉴有待进一步科学化。[⑦]对于马克思主义经典作家在特定时代和条件下，做出的一些特定结论，从发展变化了的实际出发，认真加以研究和考察，是科学社会主义发展的时代任务。

另有学者谈到，恩格斯晚年革命策略是一个包括其前提、内涵和方法论在内的统一的有机整体。其中，前提指的是以科学社会主义为内核的无产阶级革命原则；内涵指的是以暴力策略为基础的暴力策略与和平策略并举的思想；方法论是指融辩证思维逻辑与客观历史逻辑为一体的历史唯物主义。运用由前提、内涵和方法论构成的恩格斯晚年革命策略视野来审视中国特色社会主义，可以发现，后者是对前者的有中国特色的坚持与发展，是有中国特色的社会主义。这一认识，有助于我们进一步加深对恩格斯晚年革命策略的理解，有助于我们继续坚定地沿着中国特色社会主义道路前进。[⑧]

当前，我国正处在具有新的历史特点的新形势下，新特点，新压力、新挑战为科学社会主义研究提供了前所未有的机遇，也提出了特别重大的任务。而坚持以马克思主义的立场、观点和方法，指导解决前进中遇到的问题，是推进中国特色社会主义事业的关键也是根本。

二、中国特色社会主义与科学社会主义一脉相承之本质联系

科学社会主义是马克思和恩格斯创立的，在被中国共产党借鉴和应用吸收之后，与中国特色社会主义理论融合在一起。中国特色社会主义理论从中国国情出发，随着社会实践和国情的变化而不断发展和持续完善，形成自成体系的社会主义思想。中国特色社会主义理论体系的创立是对世界社会主义运动前途和命运的探索，是针对中国国情以指导中国社会主义的发展。学者们在新形势下着重阐述了中国特色社会主义与科学社会主义一脉相承的本质关系。

1. 中国特色社会主义是马克思主义中国化的最新成果

科学社会主义，从广义上说，就是马克思主义；从狭义上说，是马克思主义的组成部分。中国共产党认为，中国特色社会主义是马克思主义中国化的最新成果。照此看来，不论在广义还是在狭义上，以“科学社会主义与中国特色社会主义”为题似有割裂二者联系之嫌，但这恰恰突出了它们之间一脉相承的品质，突出中国共产党的理论贡献，突出中国特色社会主义对科学社会主义的新发展。[⑨]

有学者针对当前中国特色社会主义事业发展中出现的一些现象指出，认清与把握社会主义基本原则首先要注意科学社会主义定义的提出。马克思、恩格斯在《共产党宣言》中系统阐述了科学社会主义的基本原则，这是理解和把握科学社会主义基本原则的前提和依据。中国共产党继承和发展了马克思恩格斯关于社会主义基本原则的思想，建立了中国特色社会主义社会。正确认识社会主义基本制度与具体制度，牢牢把握社会主义基本原则，是认识社会主义问题的关键。[⑩]

还有学者着重指出，中国特色社会主义说到底是社会主义，习近平在2013年的“一五”讲话中指出：“中国特色社会主义是社会主义而不是其他什么主义，科学社会主义基本原则不能丢，丢了就不是社会主义。”所以，要弄清楚中国特色社会主义的长期性及其前进方向，首先要弄清楚社会主义的长期性及其前进方向问题。同样，对中国特色社会主义的认识并不是一步到位的，而是随着实践的发展逐步清晰、不断丰富、日趋完善的，对中国特色社会主义长期性的认识离不开对社会主义初级阶段的认识，其前进的方向、最终目标是共产主义。同时，党在领导中国特色社会主义事业中要把握好最高纲领与最低纲领的关系。[11]

人类社会对社会主义的追求与实践已经超过百年。中国的社会主义实践已有 60 多年的历史，特别是改革开放以来，成功地走出一条中国特色社会主义道路。对中国特色社会主义的实践进行政治经济学思考，发现中国已经初步创建出社会主义的一种新形态，可以把它概括为民生社会主义。之所以以“民生”命名，是因为“民生”是中国特色社会主义实践的主线，而且它越来越清晰，成为中国特色社会主义的灵魂。当然，这种新形态仍然面临着走向成熟和定型的很多新的挑战与考验，但它的实现已经具备理论抽象的实践条件。[12]

一些学者谈道，科学社会主义经典作家从基本科学原则出发，立足于欧洲资本主义现实社会以及经济文化落后国家的初步实践经验，对未来理想社会进行了科学理论构建。中国梦构想与科学社会主义社会理想在理论上具有契合性，它符合科学社会主义社会理想实现的理论逻辑。当代中国正处于科学社会主义理想社会思想的实践轨道中，探索实现中华民族伟大复兴的中国梦描绘和呈现出当代中国发展转型变迁的未来美好图景。[13]“中国特色社会主义”是人类社会发展的一个确定的历史阶段，是马克思科学社会主义理论，尤其是关于社会主义商品经济理论与我国文化精髓的深度融合及其在我国社会发展现阶段的一种生动体现。所有这一切，马克思的《资本论》都为我们提供了基本的理论基础和方法论指导。从根本上说，“中国特色社会主义”就是作为科学社会主义的《资本论》中国化的丰硕成果。[14]

2. 中国特色社会主义成功崛起的历史条件

关于中国特色社会主义在当代世界的发展和影响，已经被许多国家所认可和赞赏。但是，国内外也有质疑之声，视而不见当代中国发展的客观事实。学者们对此进行了有针对性地阐释和研究，澄清了一些不实之词之影响。

有学者指出，改革开放以来，国际国内对中国特色社会主义产生了许多不同的认识。实际上，“中国特色社会主义是社会主义而不是其他什么主义，科学社会主义基本原则不能丢，丢了就不是社会主义”。中国特色社会主义的基础是科学社会主义，既坚持了科学社会主义的基本原则，又根据中国的具体国情和时代特点，赋予了鲜明的中国特色。中国特色社会主义不能被看作某种“独立形态的社会主义”“全新的社会主义”，更不是走上了资本主义。[15]

有学者研究指出，中国特色社会主义成功崛起的世界环境，是资本的全球扩张、经济全球化、西方发展成为社会国家的阶段，但它不是西方社会资本主义的分版。它大胆抓住世界剧变的历史条件，坚持科学社会主义理论逻辑，植根中国大地、代表人民利益、适应中国发展和世界发展要求，开拓了东方社会主义发展道路，是和现代资本主义在发展逻辑、制度本质、文明源流和发展战略上有根本区别的独立的社会形态。必须突破西方中心论史观，用中国人的世界观方法论，对这个历史创举进行学理总结与阐明，构建东方社会主义新理论，推进科学社会主义学说。[16]

科学社会主义时代化是科学社会主义实践过程中的重大历史命题。邓小平理论是将科学社会主义的普遍真理同具体的社会时代相结合的典范，既是科学社会主义时代化的逻辑使然，也是科学社会主义中国化的实践结晶，实现了科学社会主义的继承、发展和创新。邓小平理论探索性地回答了什么是社会主义和怎样建设社会主义这个历史命题，创造性地提出了历史时代主题论、社会主义本质论、社会主义阶段论、社会主义发展观、社会主义改革观等一系列具有科学社会主义时代化意义的思想和科学社会主义中国化意义的论断，彰显着建构现时代科学理论范式的基本遵循和理论气质，在科学社会主义发展史上具有不可替代的地位和作用。从科学社会主义时代化的价值意蕴视角来看，邓小平理论是理解和把握中国特色社会主义实践的一把钥匙，是实现中华民族伟大复兴的一块基石，是第三世界实现发展进步的一盏明灯。[17]

科学社会主义的研究方法基于唯物辩证法，主要是从实际出发、实事求是、解放思想、开拓创新等。传统的研究方法虽仍被广泛采用，但随时代的发展已稍显不足。因此，要借鉴现代博弈论的方法和理念，运用博弈理论研究科学社会主义的理论与现实，对于正确处理国内外的矛盾与争端有着重要意义，有利于我国构建社会主义和谐社会，有利于在对外合作竞争中达到互利共赢等。[18]

有学者进行了深刻而历史的总结，人类社会发展道路在一定程度上取决于人类对人类社会认识的程度。道德说、上帝说和空想社会主义都是人类对人类社会认识的努力，但都深陷历史迷雾。启蒙运动企图祛除封建神权王权专制的蒙蔽建立理性正义王国，但是囿于个体性思想层面的启蒙，建成的王国却成了“一幅讽刺画”。只有科学社会主义对人类社会发展规律的正确认识才是真正的启蒙，因为科学社会主义的立足点是“人类社会或社会化的人类”，并坚信个人的解放只有通过整个社会的解放才能真正实现，能够最终完成启蒙的使命。中国特色社会主义道路就是以作为人类社会启蒙的科学社会主义为理论逻辑，肩负人类社会未来发展道路的探索实践，任重而道远。[19]

三、党的十八大以来对科学社会主义理论的创新和发展

中国共产党是敢于担当的马克思主义政党，自诞生之日起就自觉把对国家、对民族、对人民的责任扛在肩上，担负起争取民族独立和人民解放、实现国家富强和人类幸福的历史使命。20世纪以来，科学社会主义由理想变成现实，从一国实践发展为多国实践，开辟了人类社会最伟大的进程。党的十八大以来，以习近平总书记为核心的党中央，站在时代的前沿，立足于中国新的实际的时代要求，统筹国内国外两个大局，着力推进中国特色社会主义事业，创新和发展了科学社会主义理论，提出了许多新思想、新观点。学者们重点研究了习近平总书记在新形势下提出的治国理政思想。

1. 关于“科学社会主义理论逻辑和中国社会发展历史逻辑的辩证统一”的研究

习近平同志指出：中国特色社会主义，是科学社会主义理论逻辑和中国社会发展历史逻辑的辩证统一，是根植于中国大地、反映中国人民意愿、适应中国和时代发展进步要求的科学社会主义。学者围绕着“两个逻辑”的辩证统一之深刻内涵，进行了多方阐释和研究。

有学者研究指出，“两个逻辑”辩证统一的论断，是党站在新的历史起点上，对“什么是中国特色社会主义”做出的新的历史性回答。这一论断把对中国特色社会主义的理解从描述性认识上升到本质性认识，为中国特色社会主义话语体系建构提供了核心观点和理论原点；把马克思主义同中国实际相结合的水平，从方法论层面提升到本体论层面。按照中国社会发展的历史阶段划分，认识“两个逻辑”辩证统一有五个维度：中华民族5000多年文明史，贯穿着“天下为公、世界大同”的梦想，与科学社会主义揭示的人类社会理想高度契合；近代以来170多年的斗争史，得出深刻的历史警示“落后就要挨打、发展才能自强”，与科学社会主义揭示的人类社会发展规律高度契合；中国共产党90多年的奋斗史，充分证明了“得民心者得天下”的政权得失逻辑，与科学社会主义揭示的人民群众是历史的创造者高度契合；新中国60多年的发展史，充分实践了“兼容并包、兼收并蓄”的中国文化智慧，与科学社会主义具体问题具体分析的根本方法高度契合；改革开放30多年的探索史，既坚持了科学社会主义关于社会主义改革开放的思想，又继承了我国历史上改易更化的思想。[20]

科学社会主义的理论逻辑是其“通过批判旧世界发现新世界”的方法论原则的展开，它的基本内容是对资本主义内在矛盾的批判而体现的对空想社会主义的超越。因其源于对欧洲资本主义批评的特殊性，决定了其理论逻辑与中国社会发展历史逻辑相结合的必要性；因其蕴含的世界观的普遍性及其所批判的资本主义矛盾发展的普遍性，决定了其与中国社会发展历史逻辑相结合的可能性。中国革命和中国特色社会主义道路的选择，便是两个逻辑统一的实现和推进。正因为中国特色社会主义是这两个逻辑的统一，因而具有世界意义。[21]

2. 习近平治国理政思想对科学社会主义新发展的重大意义

学者们从时代发展高度和科学社会主义历史发展的宏观视角，从以下三个主要方面阐明了习近平治国理政思想在科学社会主义发展史上的重要地位和重大意义。习近平总书记一是创造性地回答“怎样治理社会主义社会”的历史课题，继续推进马克思主义中国化进程；二是以一系列新理念新思想新战略深化对“三大规律”的认识，继续发展21世纪当代中国马克思主义；三是在21世纪指导推动中国特色社会主义为世界社会主义作出重要贡献，对于21世纪世界社会主义的新发展具有重要理论与实践意义。[22]

习近平治国理政新理念新思想新战略紧紧围绕坚持和发展中国特色社会主义，在新的历史起点上进一步丰富了社会主义的内涵，主要体现为：不忘初心，始终坚持科学社会主义基本原则；勇于探索，不断丰富中国特色社会主义新内涵；直面现实，在实践中寻找破解时代难题的新方略。[23]从科学社会主义创立以来，无产阶级政党将社会发展规律认识的深化同社会改造的实践结合起来，在实践中检验和推进对社会发展科学性的认识。“创新、协调、绿色、开放、共享”五大发展理念既是以中国特色社会主义的实践为基础，也是以整个社会主义运动以及当代现代化进程为基础提炼的发展观念，是中国共产党对社会发展规律认识不断深化的必然产物。它既是马克思主义社会发展科学方法论的时代升华，也是对人类文明成果特别是当代社会发展思想借鉴的成果。认识这一点，对于我们增强理论自信，对于把握五大发展理念的科学性和增强贯彻这一理论的自觉性很有裨益。[24]

在创新、协调、绿色、开放、共享五大发展理念中，创新发展起着关键作用。创新发展不是离开社会制度的悬空式发展。科技创新是社会主义从空想变为科学的一个重要前提，科学社会主义是人类历史上辉煌的思想创造和实践创新，中国特色社会主义为创新发展提供了广阔空间。中国的创新发展始终体现着科学社会主义的底蕴，扎根于中国特色社会主义。[25]

还有学者研究指出，无论是对传统社会主义模式还是西方资本主义制度而言，中国特色社会主义都有着自身内在的现实优越性。它在坚持和发展马克思主义的同时，体现出对东方社会发展路径的积极探索；在立足于本国社会主义建设实际的同时，实现了对苏联模式社会主义弊端的超越；在坚持世界文明发展统一性和多样性的同时，表现出对人类社会发展模式的创新。可以说，在当代中国，坚持中国特色社会主义就是真正坚持马克思主义，发展中国特色社会主义就是真正发展科学社会主义。[26]

3. 新形势下中国特色社会主义的“中国特色”之深化研究

党的十八大以来，习近平总书记在每个重大场合都始终强调坚持和发展中国特色社会主义的重要性，并对社会主义的“中国特色”进行了较为充分的阐述和解读。

有学者指出，习近平对社会主义“中国特色”的解读遵循了独立自主探索中国道路的基本精神，遵循了科学社会主义基本原则。习近平总书记根据新形势对社会主义“中国特色”创造性地提出了一系列新的论断：中国特色社会主义“特就特在”道路、理论体系和制度的统一上；改革开放是当代中国最鲜明的特色；党的领导是中国特色社会主义的最本质特征；中国的社会主义根植于中国传统文化基因。习近平对社会主义“中国特色”的解读，标志着党对社会主义“中国特色”的认识达到了一个新高度，有利于正确认识当代中国的马克思主义，有利于树立道路自信、制度自信、理论自信和文化自信，有利于把握全面建成小康社会、全面深化改革、全面依法治国和全面从严治党的正确方向，有利于指导构建与中国大国地位匹配的话语体系、讲好中国故事、传播好中国声音。[27]

习近平总书记站在治国理政的新高度对中国道路思想进行了新的理论阐释，体现了新一届中央领导集体坚定的道路自信、理论自信和制度自信。中国道路作为实现中华民族伟大复兴“中国梦”的根本路径，它的开创和发展是科学社会主义理论逻辑和中国社会发展历史逻辑的辩证统一。中国道路坚持和发展了促进生产力发展的原则、坚持和发展了生产资料公有制的原则、坚持和发展了马克思主义意识形态居于统治地位的原则、坚持和发展了人的自由全面发展的原则，这也是社会主义的最高价值目标。[28]

还有学者认为，辨析中国道路的社会主义性质，重点在于辨析：把中国特色社会主义叫作“中国特色资本主义”，在认识论上混淆了社会主义资本主义关系的不同层次，将社会主义国家利用资本主义的某些有用东西作为发展生产力的方法，错误地看作是实行资本主义制度；因此，把我国列入“国家资本主义”行列，是由于概念混乱，把国家对经济的干预，一概误认为就是实行“国家资本主义”。在自由资本主义时代，马克思恩格斯的科学社会主义也曾设想过，经济文化较不发达国家将在西欧先进国家胜利的无产阶级革命的示范和帮助下，跨越资本主义充分发展阶段而进入社会主义；在帝国主义和无产阶级革命时代，当和平与发展成为时代主题时，中国特色社会主义一脉相承地接力推进了科学社会主义的这个设想。中国特色社会主义就是中国特色的科学社会主义。[29]

习近平同志紧紧围绕“坚持和发展中国特色社会主义”的主题，对中国特色社会主义的历史渊源进行了立体式探究，对中国特色社会主义的本质属性做出了回应式界定，对中国特色社会主义的显著特征做出了联系式明确，对中国特色社会主义的发展战略进行了创新式制定，对中国特色社会主义的作用影响给予了扩展式断定，有助于人们正确认识和深入理解中国特色社会主义，从而更加坚定中国特色社会主义的道路自信、制度自信、理论自信和文化自信，进一步增强实现中国特色社会主义事业伟大胜利的坚强决心和必胜信心。[30]

中国特色社会主义事业，中国改革开放事业越是到了深水区、攻坚克难阶段，越是要在坚持和创新两个维度，解决好科学社会主义理论与实践的关系问题。

四、科学社会主义与其他各种社会主义流派

科学社会主义理论的发展，世界社会主义运动的推进，从来都是在与各种社会主义流派的斗争中、较量中进行的。我们坚持和发展科学社会主义，必须正本清源，不忘初心，保持理论的纯洁性、坚定性。这

也是学者们在科学社会主义视域下，始终关注各社会主义流派发展演变的关键所在。

1. 民主社会主义和拉美社会主义研究

有学者指出，2007 年美国次贷危机之后，对民主社会主义经济危机相关理论的研究日益引起经济学界的高度关注。民主社会主义经济危机相关理论认为要消除经济危机产生的制度根源，必须走一条既非资本主义，亦非共产主义的“第三条道路”，然而，当各国社会民主党将这种理论付诸实践以后，不但没有解决资本主义引发经济危机的旧矛盾，还引发了许多新的矛盾和危机。民主社会主义是工人运动中的一种改良主义思潮，由于它打着社会主义的旗号反对科学社会主义，打着走“中间道路”的幌子实质上是维护资本主义制度，因此，其经济危机相关理论具有极大的欺骗性和迷惑性。[31]

进入新世纪以来，拉美“21 世纪社会主义”的理论和实践探索引起国际学界极大关注。“社群社会主义”是拉美“21 世纪社会主义”的重要代表，是玻利维亚左翼执政党“争取社会主义运动”党的重要思想主张，也是其重要的实践探索，其核心价值理念是所谓“美好生活”。“社群社会主义”思想既源于本国印第安传统文明和价值观，也吸收了拉美地区各种反新自由主义思想，还受到科学社会主义思想以及古巴和委内瑞拉等国家社会主义思想的引导，其主要特征是对全球化和西方模式的批判、替代新自由主义模式、反对资本主义特别是反对无限制的资本扩张、鲜明的民族主义和本土主义以及积极的实践探索。“社群社会主义”的基本原则是实现社会正义，建立以“共识”为基础的参与式民主，构建“生产型发展模式”，尊重传统价值和思想，重建多民族国家，实现拉美及发展中国家的团结，反对帝国主义和新殖民主义。鉴于难以克服的历史局限性，“社群社会主义”有重大理论缺陷，实践前景具有较大不确定性。但从长远看，其社会和民众基础较深厚，仍有新的成长空间，其影响力不可低估。[32]

拉美社会主义是近年来社会主义流派的重要亮点，对于世界社会主义运动从低潮中奋起，发挥了其显著地域特色的作用和影响。尤其是对于新自由主义的泛滥起到了阻碍作用。拉美各国探索社会主义的发展路径虽与科学社会主义有一定距离，其对于社会主义的探索仍应纳入研究视野。

2. 一些观点和争鸣

关于苏联演变的本质原因，随着苏东剧变远去，一些历史问题也愈益清晰。由于苏东剧变在科学社会主义和国际共产主义运动中的特殊地位，对其的研究持续关注。如，有文章评论，近年来，周新城先生反复宣扬“三七开”的论调，不断为苏联模式及其历史的失败辩护，其主要观点和逻辑似是而非。苏联模式是具体体制，不是基本原则，并不代表社会主义本身。苏联模式存在重大弊病且日益僵化，偏离科学社会主义，最终成为经济社会发展的严重体制障碍。“三七开”的评价既不符合苏联模式的整体实际，也无法解释其迅速、全面走向崩溃的历史命运。评价苏联模式的成败得失，应当以人为本，坚持具体的实践标准，而不是抽象的制度标准。苏联剧变的主因和根源在于苏联模式的失败，而不是所谓的高层叛变。“以苏为鉴”是社会主义事业发展的必然要求。[33]

关于苏东剧变的本质原因，我国政界和学界早有定论，苏共败亡、苏联解体，关键在于以戈尔巴乔夫为首的苏共领导集体推行了一条人道的民主的社会主义改革路线，把苏联社会主义引向了资本主义复辟的不归路。因此，上述观点批驳周新城先生的关于社会主义基本制度和具体实现体制的观点，似误入了歧途，使本来已经明晰的历史过程复杂化了。

有学者的研究文章恰好回答了上述问题。文章指出，戈尔巴乔夫执政时期，苏共以“人道的民主的社会主义”作为改革的指导思想，极力推行“民主化”“公开性”“多元化”，整个社会偏离科学社会主义的正确轨道，苏共逐渐丧失了意识形态合法性地位。从根本上看，苏联的“改革”放弃了马克思主义在意识形态领域的根本指导地位，削弱甚至放弃苏共的领导地位，“西化”倾向蔓延；舆论宣传失控，历史虚无主义盛行，反动宣传泛滥；腐败问题加剧社会不良风气，民众对国家的认同危机逐步加深，西方“和平演变”不战而胜。这些严重偏差是导致苏共垮台苏联解体的重要原因，教训极其深刻。[34]

五、列宁“帝国主义论”和十月社会主义革命研究

2016 年是列宁《帝国主义是资本主义的最高阶段》一文创作 100 周年。许多学者将其与 2017 年十月革命 100 周年结合起来进行研究和纪念。国内有不少研究机构召开全国性及国际研讨会，庄严纪念列宁帝国主义论发表 100 周年，迎接十月革命 100 周年到来。

1. 列宁帝国主义论与十月革命研究

学者们指出，20 世纪初资本主义发展到帝国主义阶段，列宁高度概括了帝国主义时代特征以及帝国主义发展的不平衡性，揭示垄断是世界大战最深厚的根源。一战的爆发证明了列宁帝国主义论的科学性和正确性，并进一步证明了列宁关于“帝国主义是无产阶级社会革命的前夜”论断的准确性。在布尔什维克党的领导下，俄国爆发了十月社会主义革命并取得了成功。[35]

在列宁看来，推动“过渡历史时期”开始的“最强大的动力”就是垄断资本主义社会的“矛盾的尖锐化”。这种矛盾的尖锐化是由在垄断资本主义统治下发生的“生产的社会化”促成的。因此，“帝国主义是无产阶级社会革命的前夜。”十月革命开创了人类历史的新纪元。整个世界发展的进程进入了由社会主义取代资本主义的历史阶段。

列宁的帝国主义论揭示了帝国主义产生、发展和必然灭亡的必然规律，体现了无产阶级进行社会主义革命、推翻帝国主义统治的理论逻辑和历史逻辑，不仅为俄国十月革命提供了理论指导，而且仍然是我们今天认识当代资本主义的新特点和新变化的理论指导。[36]如果没有列宁对帝国主义时代各种矛盾和问题的科学把握，就没有“十月革命”这个标示人类发展新方向的伟大事件的发生。[37]

2016 年 7 月 5 日，中国社科院世界社会主义研究中心、红旗文稿杂志社在北京联合举办“纪念列宁《帝国主义是资本主义的最高阶段》创作 100 周年中俄学术研讨会”；2016 年 10 月 29 日，中国列宁思想研究会年会以“列宁时代观、国家观、社会主义改革观与当代”为主题在北京举行。与会学者认为，作为马克思主义的忠实继承者，列宁思想改变了世界历史的格局，推进了马克思主义的发展，为人类历史的进步和发展贡献了智慧。2016 年是列宁创作《帝国主义论》100 周年，2017 年将是列宁领导的十月革命百年纪念，在这一时期深入展开对列宁思想的研究，具有重要的历史和时代意义。[38]

2. 关于十月革命的研究

我国学界对十月革命的研究长期处于世界领先地位，能够不断结合新的时代特点，挖掘、拓展十月革命的当代价值和意义，极大丰富了列宁开创的十月革命道路理论。1991 年苏联解体，世界社会主义运动横遭波折，马克思主义的敌人趁机攻击十月革命有“原罪”，是与社会发展进程没有必然联系的“偶发事件”，是布尔什维克搞的“政变”。我国学者承担起了捍卫马克思主义、列宁主义的时代责任，发表了大量研究成果。

第一，深刻阐明十月革命对人类历史、世界社会主义运动、中华民族伟大复兴的深远意义。

列宁从俄国实际出发，根据新情况提出新观点、得出新结论，丰富和发展了马克思主义，把马克思主义推进到一个新的、列宁主义阶段，并指引俄国人民夺取了十月革命的胜利。这是人类历史上第一次成功的无产阶级革命，使社会主义从一种崇高的信仰、理想变成现实的社会主义制度。十月革命的道路，从根本上说是全人类发展共同的光明大道。

1917 年俄国十月革命对 20 世纪的世界历史进程产生了重大影响。十月革命深刻影响了早期资本主义世界体系的裂变和战后世界体系重组的走向，加速了民族解放运动的兴起和殖民体系的瓦解，为 20 世纪的冷战格局奠定了制度和意识形态基础。在十月革命的影响下，欧洲一些国家发生了无产阶级革命风暴，出现了 20 世纪第一次世界社会主义高潮。十月革命不仅冲击了帝国主义的中心，而且也打击了其后方，促进了亚洲民族解放运动的高涨。十月革命的胜利给中国人民和世界各个被压迫国家的人民带来了希望，鼓舞了他们争取自由独立的信心。中国人民不是通过书本，而是通过十月革命的实践，找到了观察世界和掌握自己命运的思想武器。[39]

100 年来，对十月革命是好得很还是糟得很的争论从来就没有止息过。当社会主义运动处于兴盛之时，连法西斯希特勒也要把自己称之为社会主义。社会主义运动处于低潮时，极少数别有用心的人便对十月革命进行诬蔑、造谣、攻击。但历史事实和科学真理不会因骂声高低多寡而改变。[40]真理的光芒不能泯灭，十月革命的伟大历史意义永载史册。

第二，深刻阐明十月革命于中国特色社会主义的影响和昭示。

中国是十月革命结出的最好果实。这一果实的结成不是偶然的，中国付出了主观努力，在革命、发展和建设方面进行了创新。以十月革命为起点，中国革命者了解和认识了社会主义和共产主义，为中国革命开启了新的方向。

中国特色社会主义继承、发展了十月革命道路，并在一系列重大理论和制度上实现了创新，对世界社会主义做出了杰出贡献。中国创建了人民代表大会制度、共产党领导的多党合作与政治协商制度、民族区域自治制度和基层群众自治制度等中国特色社会主义基本政治制度；开辟了中国特色社会主义经济建设道路，坚持以经济建设为中心，解放和发展社会生产力，建立健全以公有制为主体、多种经济共同发展的基本经济制度，建立完善社会主义市场经济体制，坚持用新的发展理念引领和推动经济发展；开辟了中国特色社会主义政治建设道路，积极稳妥推进政治体制改革，大力加强执政党建设，全面依法治国，实现国家治理的制度化，完善社会主义民主制度，广泛发扬人民民主。[41]

中国特色社会主义与十月社会主义革命一脉相承。十月革命丰富了科学社会主义理论，开创了苏联社会主义道路，也积累了宝贵的经验教训，最终凝聚成为历史的共识与时代的坐标。由此，它也实际构成中国特色社会主义道路、理论和制度话语建构的镜鉴，并化为中国共产党解决现实难题、塑造政党形象、协调党际关系和消解虚无主义的政治功能表达。[42]

注：

①高放：《世界社会主义500年历史大视野小总结》，《中国浦东干部学院学报》，2016年第4期。

②蒋茜：《马克思恩格斯关于如何科学认识社会主义的思想启示》，《科学社会主义》，2016年第3期。

③张娅：《恩格斯对科学社会主义之科学性的完整定义——基于〈社会主义从空想到科学的发展〉的文本考察》，《山东社会科学》，2016年第7期。

④吴耀国：《世界历史和世界市场的时空维度——基于历史唯物主义体系的全景化透视》，《武汉大学学报》，2016年第1期。

⑤刘敬东、邱德宇：《〈共产党宣言〉：多重的内在张力——马克思社会历史理论的一个考察》，《哲学研究》，2016年第12期。

⑥陈飞：《资本逻辑批判与科学社会主义》，《兰州学刊》，2016年第6期。

⑦彭才栋：《以消灭阶级为基础的政治形式——正确理解巴黎公社政治体制的意义》，《政治学研究》，2016年第6期。

⑧杨志臣、孙明增：《前提、内涵和方法论：恩格斯晚年革命策略视野下的中国特色社会主义——马克思恩格斯"跨越"思想研究》，《甘肃理论学刊》，2016年第2期。

⑨刘海涛：《科学社会主义与中国特色社会主义》，《唯实》，2016年第3期。

⑩周新城：《必须牢牢把握社会主义的基本原则》，《中共石家庄市委党校学报》，2016年第7期。

⑪朱佳木：《关于中国特色社会主义道路的长期性及其前进方向问题》，《毛泽东邓小平理论研究》，2016年第6期。

⑫文魁：《民生社会主义论纲——中国特色社会主义实践的政治经济学思考》，《管理学刊》，2016年第6期。

⑬张万杰：《中国梦：科学社会主义的社会理想在当代中国的实践》，《探求》，2016年第4期。

⑭屈炳祥：《论〈资本论〉与"中国特色社会主义"之缘》，《当代经济研究》，2016年第4期。

⑮周新城：《怎样理解中国特色社会主义》，《世界社会主义研究》，2016年第2期。

⑯奚广庆：《中国特色社会主义的崛起与西方中心论史观的崩破——兼论东方社会主义道路的开拓》，《当代世界社会主义问题》，2016年第3期。

⑰岳鹏、景耀强：《邓小平理论是科学社会主义时代化的杰出典范》，《邓小平研究》，2016年第3期。

⑱吴亚杰、高丽强：《博弈论视域下对科学社会主义研究方法的思考》，《传承》，2016年第7期。

⑲尉迟光斌：《道路自信的理论逻辑：作为人类社会启蒙的科学社会主义》，《南华大学学报》(社会科学版)，2016年第2期。

⑳李志勇：《"两个逻辑"辩证统一的科学内涵初探》，《探索》，2016年第3期。

㉑陈锡喜：《论科学社会主义理论逻辑及其与中国社会发展历史逻辑的统一》，《思想理论教育》，2016年第4期。

㉒姜辉：《习近平治国理政思想对科学社会主义新发展的重大意义》，《中共杭州市委党校学报》，2016年第3期。

㉓刘斌：《习近平治国理政新理念新思想新战略对中国特色社会主义新发展的三重解读》，《广西社会主义学院学报》，2016年第6期。

㉔孙力、蒋瑛：《科学社会主义对发展理念的贡献》，《思想理论教育》，2016年第9期。

㉕辛向阳：《创新发展的科学社会主义底蕴》，《红旗文稿》，2016年第5期。

㉖张文涛、竟辉：《中国特色社会主义现实优越性的再认识》，《理论导刊》，2016年第2期。

㉗肖泳冰、夏春涛：《习近平对社会主义"中国特色"的深刻解读及其重大意义》，《中州学刊》，2016年第9期。

㉘程永峰：《科学社会主义视域下中国道路思想探析》，《山西高等学校社会科学学报》，2016 年第 8 期。

㉙徐崇温：《关于中国道路的社会主义性质辨析》，《中共宁波市委党校学报》，2016 年第 4 期。

㉚刘景尧：《习近平对中国特色社会主义的理论贡献及影响论析》，《毛泽东思想研究》，2016 年第 6 期。

㉛裴小革：《民主社会主义经济危机相关理论历史局限评析》，《马克思主义研究》，2016 年第 5 期。

㉜袁东振：《拉美"21 世纪社会主义"的理论与实践特性——以玻利维亚为例》，《拉丁美洲研究》，2016 年第 2 期。

㉝林建辉：《关于苏联模式及其评价的追问与思考——与周新城先生商榷》，《学术界》，2016 年第6 期。

㉞汤德森、赵珺湖：《戈尔巴乔夫时期苏共意识形态的严重偏差及深刻教训》，《马克思主义研究》，2016 年第 11 期。

㉟徐蓝：《100 年后重读列宁〈帝国主义是资本主义的最高阶段〉的启示》，《红旗文稿》，2016 年第 13 期。

㊱朱炳元：《列宁〈帝国主义论〉：方法论、核心意蕴与当代价值》，《毛泽东邓小平理论研究》，2016 年第 6 期。

㊲姜迎春：《列宁〈帝国主义论〉的当代价值》，《光明日报》，2016 年 6 月 8 日。

㊳王海锋：《列宁思想研究会年会(2016)在京举行》，中国社会科学网，2016 年 10 月 29 日。

㊴于沛：《十月革命的历史意义不容否定》，《人民日报》，2016 年 6 月 13 日。

㊵李慎明：《十月革命距离愈远愈使人们认识其道路的正确》，《前线》，2016 年第 9 期。

㊶李景治：《中国特色社会主义是十月革命道路的继承、发展和创新》，《江西师范大学学报》(哲学社会科学版)，2017 年第 1 期。

㊷许冲：《十月革命与中国特色社会主义话语的建构——基于十一届三中全会以来党的重要文献的考察》《科学社会主义》，2016 年第 3 期。

（作者：李瑞琴，中国社会科学院研究员）

国外马克思主义

黄继锋　袁海琴

2016 年度在国外马克思主义研究领域，北京地区学者无论是在流派和人物研究方面，还是在热点问题研究方面，都取得显著的成果。

一、流派研究

在国外马克思主义流派研究方面，2016 年最"火热"的当属对有机马克思主义的研究，《国外社会科学》2016 年第 1 期刊发了一组专题性文章对此展开讨论。对其他思潮流派的研究也取得新的进展。

（一）*有机马克思主义研究*。杨富斌在《有机马克思主义的出场及意义》一文中指出，有机马克思主义的出场是中美马克思主义学者共同合作的理论结晶，它既不是西方马克思主义学派中的另一新派别，也不是西方马克思学中的新派别，而是一种独特的、颇具中国特色的、新形式的马克思主义中国化。它是打通"中西马"的有益尝试，把中国传统哲学智慧、怀特海的有机哲学和马克思的人与自然和谐统一和社会有机体思想有机地融合在一起，形成一种马克思主义研究的新视域：是对当代资本主义根本性质和目的的深刻批判；是针对全球化时代资本主义生产方式和现代性的种种弊端而提出的建设性替代选择，旨在建设以全人类和地球的共同福祉为目标的生态文明；以这种新的社会形态取代当代资本主义工业文明的社会形态，以阶级分析方法来看当今全球化市场经济和资本逻辑；也是对中国特色社会主义的有益补充和发展，是中外学者从新的视域丰富和发展马克思主义的尝试。作为一个方兴未艾的学说，其理论体系和观点还有待随着实践的发展和研究的深化进一步完善。[①]

宋林泽和丁凯对有机马克思主义的生态文明思想进行了评析。他们认为，有机马克思主义主张马克思主义与怀特海思想的联姻，是国外马克思研究的新成果，它把"现代性"看作生态危机的根源，并倡导一种后现代的、有机整体的价值观。他们通过分析发现：一方面，有机马克思主义所谓的"超越论"，其实质并不是真的超越了马克思主义，而是建立在对历史唯物主义、实践唯物主义以及马克思主义哲学革命本质的误解之上；另一方面，有机马克思主义在生态文明建设方面所提出的一些思考与主张对于当下继续坚持和发展马克思主义、建设生态文明仍具有一定启示意义。[②]

杜梅和甘冲专门研究了菲利普·克莱顿的有机马克思主义理论。他们认为，菲利普·克莱顿将怀特海过程哲学、马克思主义以及中国传统思想融合在一起创立了有机马克思主义理论，以求为化解人类面临的生态危机提供新的理论框架。这一理论将资本主义以及现代性视为生态危机的主要原因，其目标是实现人类整体、人类以外的其他物种以及地球生态系统的共同福祉。由于产生于西方文化背景和学术传统，克莱顿有机马克思主义的一些观点和结论具有一定局限性。但是，他对资本主义的批判、对生态危机原因的分析、对中国传统文化的推崇、对中国特色社会主义的肯定和期待，以及对建设生态文明的若干建议和思考，无疑都将对中国以及全球生态文明建设的理论与实践产生重要影响。[③]

冯颜利分别就“为什么要加强有机马克思主义研究”和“深化有机马克思主义研究要注意的问题”发表看法。他指出，有机马克思主义一方面有利于我们进一步认清资本主义制度和新自由主义发展理念的本质，有利于我们进一步增强中国特色社会主义的道路自信、理论自信和制度自信，有利于我们提升软实力，在对外交往中增强话语权；另一方面，作为发展中的一个国外马克思主义研究新流派，我们不能把有机马克思主义不完善的观点当成自己的观点，不能过分夸大有机马克思主义的意义与价值，更不能用有机马克思主义指导中国的生态文明建设。[④]

（二）有机马克思主义与生态马克思主义的比较研究。崔赞梅和唐庆指出，生态学马克思主义揭示了生态问题的根源在于资本主义制度及其生产方式，这对正确认识生态危机具有重要的历史意义，但它也存在着明显局限，尤其对资本主义经济危机已转变为生态危机的判断，忽视了资本主义的基本矛盾。面对21世纪日益严重的生态灾难，人类和自然呼唤一种有机整体思维方式的出场，这种有机整体的思维方式催生了有机马克思主义。有机马克思主义以有机哲学为基础，对资本主义的哲学基础及价值观、资本主义制度及其现代经济理性、资本主义的合法性及其统治下的旧的国际秩序都进行了深刻的批判，并且探讨了解决生态问题的可能性、现实性与前景。[⑤]宋林泽对两者的自然观进行了比较，认为有机马克思主义通过批判“现代性”来探寻生态危机的根源，主张以诺斯·怀特海哲学为基础并建立一种有机整体的自然观。生态学马克思主义从马克思的“人化自然”思想出发，在批判近代人类中心主义的同时，对生态中心主义所主张的自然观也提出了否定，它主张建立一种新的人类中心主义自然观。二者在理论基础、哲学立场、思维方式上存在根本不同，对这两种自然观的比较研究不仅可以加深我们对人与自然关系的理解，还可以明确马克思主义自然观的发展方向。[⑥]

（三）生态马克思主义研究。郇庆治在《生态马克思主义与生态文明制度创新》一文中指出，生态马克思主义研究的价值或贡献在于，它提醒我们，生态环境问题在很大程度上是资本主义的社会关系和社会自然关系不断扩张与深化的结果，因而克服生态环境问题的真正出路，就在于逐渐消除资本主义的社会关系和社会自然关系。这对于我国的生态文明建设的启迪意义在于：我们需要始终坚持生态文明及其建设的社会主义目标和方向；需要时刻保持对当今世界主导秩序与框架的审慎态度和超越精神。就此而言，当代中国的社会主义生态文明建设有着巨大的潜能，而这方面的潜能显然尚未得到从理论精英到实践创新者的足够重视。[⑦]郭祖炎在《生态马克思主义对资本主义生态危机根源的文化批判》中指出，资本主义生态危机的根源是多方面的，它不仅包含着政治制度和经济制度的根源，而且蕴含着文化价值观方面的缘由。对后者，生态马克思主义从自由主义、利己主义以及消费主义价值观的流变中揭示了资本主义生态危机的文化价值观根源。[⑧]

（四）其他流派和思潮研究。李西祥在《实践与解放：从马克思到“后马克思主义”》一文中探讨了后马克思主义解放理论。指出马克思主义哲学的人类解放理论，是基于社会总体实践而提出的革命的解放理论；后马克思主义质疑人类社会实践的总体性，质疑人类历史发展的客观性，他们所提出的解构经典马克思主义的解放观的政治谋划，最终只是一种可望而不可即的政治乌托邦。[⑨]黄小寒和董济杰探讨了南斯拉夫“实践派”理论。指出其实践观不是纯粹的“学术”讨论，而是与特定的社会历史和社会主义实践的对话，也要接受未来的社会历史和社会主义实践的检验。[⑩]

二、热点问题研究

2016 年延续了近些年对国外马克思主义平等、正义理论的研究热度，对意识形态、空间理论等其他热点问题也在持续关注和研究中。

（一）平等正义理论研究。张晓萌的两篇论文对科恩的平等观进行评析。《捍卫社会主义平等》一文认为，科恩通过批判自由主义形式平等和建构社会主义平等理论，强调社会主义的优越性体现在能够实现实质平等之上。这种为马克思主义奠定政治哲学基础的塑造，使得马克思主义兼具历史的和价值的维度，激发了人们对社会主义未来的憧憬。《平等的边界：G. A. 科恩与罗尔斯关于平等的论战》指出，科恩通过批判罗尔斯的“差别原则”没有实现实质上的平等和真正的自由，而且指出这种平等有违正义原则，同时通过对罗尔斯的“基本结构”进行分析，提出制度规则与行为逻辑之间的关系，将个体正义与社会正义相关联，最终提出社会主义较之资本主义的优越性体现于更加平等之上，社会主义的实质平等作为一种积极的价值观念值得人们期待。[11]

张剑在《左翼思想家的政治哲学沉思》一文中指出，朗西埃美学政治的核心思想是智识平等与政治平等，这构成其激进平等的政治论说。该文通过巴迪欧、齐泽克对朗西埃激进平等思想的评论，在三者思想的比较中彰显这些左翼理论家各自独特的理论特质，并指出他们共同的理论诉求是通过对当代资本主义的激进批判，为当代政治哲学的发展打开一种新的可能性。[12]宋建丽、孔明安在《激进平等与后民主时代的政治》一文中认为，在朗西埃看来，后民主时代“民主政治”的实质是以一种“治安秩序的单一化治理”取代了“平等与否”的政治争议，从而产生了理论视角和日常生活视角之间的“认识论断裂”。该文认为，朗西埃的激进平等策略是对晚期资本主义自由民主体制的深刻批判，是对民主政治中的冲突与斗争的正视，有助于我们理解当今资本主义社会政治的本质。然而，由于朗西埃脱离对工人阶级现存状况的实际改变而空谈根据工人阶级的想象重新改造社会，因此，他所说的激进平等及后民主时代的政治解放图景只是一种“话语政治”。[13]

段忠桥在《“向下拉平异议”是平等主义无法克服的难题吗？——简析当代西方平等主义者的三种回应》一文中，通过分析当代西方平等主义者对德里克·帕菲特提出的“向下拉平异议”的三种回应（托马斯·克里斯蒂诺、约翰·布鲁姆、劳瑞·特姆金分别做出的回应）指出，虽然“向下拉平异议”提出不少需要平等主义者进一步澄清和阐释的问题，但说它是平等主义无法克服的难题却多少有些夸大其词。[14]

贺翠香剖析了霍耐特建立在社会自由基础上的正义论思想，并以他的《自由的权利：民主生活的社会基础》为文本，指出他准确地抓住了现代西方社会的病理学特征，建构了一种宏大的、以互惠承认为基础的正义论叙事，该著作也是继哈贝马斯之后以“相互承认”为核心概念的新一代批判理论体系完成的标志。贺翠香认为，这种正义论虽然显得理想而不那么“激进”，但确实给身处新自由主义浪潮中的西方左翼以某种希望。但其社会自由概念和正义论构思也存在着是否可以把现代西方社会的自由困境完全归罪于“社会自由”的不足、预先存在的相互承认结构是否就一定是公平公正的，以及“承认”概念本身还面临着含义模糊、具有本体论色彩等问题。[15]

卫知唤和秦子忠分别对阿马蒂亚·森的正义理论做了研究。卫知唤认为，阿玛蒂亚·森基于对罗尔斯“全球正义”理论的批评，指出了罗尔斯正义理论的内部张力及其背后的契约主义理论的内在缺陷。提出了以中立的旁观者为核心、以公共理性为依托、具有“开放的中立性”的全球正义理论。阿玛蒂亚·森虽然没有提出一套完整理论来替代罗尔斯的全球正义理论，但他在这一领域的研究工作仍然可以被视为对罗尔斯的重要补充。秦子忠认为，阿马蒂亚·森的正义理论有三个关键的部分或问题——以可行能力而非益品或效用作为评价不正义的信息基础，而这涉及评价空间的选取问题；因为基本的可行能力的严重缺失（或不平等）是不正义的，正义的要求应当旨在消除这种不正义，而这涉及正义原则的形式问题；无论最终选取哪种正义原则，都应当对之进行辩护，而这涉及公共理性的界定问题。[16]

（二）意识形态理论研究。张秀琴和孔伟在《福柯的意识形态论：“话语—权力”及其“身体—主体”》中，从意识形态论的角度关注福柯《疯癫与文明》等系列著述的核心思想，论证其意识形态论视域，即一种基于“话语—权力”论和“身体—主体”论的潜在理论视域。该文认为福柯意识形态论的两个核心论点是“话语—权力是意识形态的运作”和“身体—主体是意识形态运作的效果”，并为两个论点提供了文献依据和理论论证。[17]

杨生平和刘龙伏在《论利科对马克思主义意识形

态理论的批判》一文中指出，利科根据马克斯·韦伯关于社会行为与社会关系的契约论，总结了意识形态的五种特征，认为马克思主义意识形态理论的贡献是将意识形态与阶级统治联系起来，其不足在于未能准确说明阶级意识形态的起源与内容。利科通过对以马克思主义为代表的种种社会科学理论与方法的批判，认为解释学特殊“处境”问题决定社会历史理论不可能是科学式的，只能是解释学式的，其中永恒地伴随着意识形态和意识形态批判。该文认为，尽管利科揭示了意识形态与历史发展、群体意识与政治权利的关系，但由于他不懂得历史规律的客观内涵，对马克思主义意识形态理论又缺乏深度研究，因而其理论存在明显的抽象历史观与意识形态泛化论错误。[18]

（三）空间理论问题研究。崔丽华在《寻求政治解放的新可能性——论大卫·哈维空间正义理论》一文中指出，大卫·哈维在空间本身包含着政治属性的理论预设基础上，强调社会差异，提出了不均衡地理发展所带来的人员、资金、信息等在全球规模上的高度流动，生产、技术、资本在全球空间的重新布局等等，这也深深地改变着今天世界政治的走向，从而产生了“新帝国主义”，他的终极目的是要建立一种没有掠夺、剥削的正义的资本主义。[19]张梧在《空间理论的理论空间》一文中认为，空间理论不仅凸显了历史唯物主义的横向维度，而且深化了资本逻辑批判理论，避免了历史规律的先验化和资本逻辑的绝对化等片面认识，因此为发展21世纪马克思主义提供了新的理论空间，但是，当空间理论从对空间的历史唯物主义分析转入对历史唯物主义的空间化解释之后，空间理论也就陷入了把空间本体化的误区。[20]

三、代表人物思想研究

在对代表人物研究方面，既有对经典西方马克思主义代表人物的深度分析，也有对近些年来比较活跃的西方马克思主义学者的研究。

（一）阿尔都塞思想研究。本年度有多篇文章分析和重释阿尔都塞的思想。夏莹的文章指出，在阿尔都塞的研究中，尚存在着诸多需要进一步澄清的理论问题。她通过对阿尔都塞的再思考，重新阐发了阿尔都塞的理论体系；通过对 surdétermination 一词的重译，进一步指出阿尔都塞是以非确定的主导思想保卫马克思思想的合法性，其理论体系为整个当代哲学带来颠覆性的阐释倾向。她认为，阿尔都塞着意于提出一种“断裂”，为理论实践和现实的政治运行敞开一个可能性的空间。从这一意义上说，对阿尔都塞的判定需要跳出（后）结构主义的解释框架。断裂以及由断裂迸发出的能动性，构筑出了开放的、处于永久发展中的历史性，这是阿尔都塞所肯定的历史性原则。唯物辩证法中的辩证法向度也只有在这一原则基础上才能得到理解。[21]安启念则批判阿尔都塞马克思哲学思想“认识论断裂说”，认为阿尔都塞因为没有弄懂马克思的劳动实践概念，因而看不到马克思“人的类本质”概念包含的革命性内容，误以为它是马克思尚未超出费尔巴哈抽象人道主义的证明。实际上这表明阿尔都塞和他所批判的把马克思变为抽象人道主义者的人一样，都把早期马克思和成熟马克思对立了起来。这种对立是不存在的。阿尔都塞把人道主义和科学理性二者割裂开来，是真正的“倒退”，本想捍卫马克思，反倒因误解马克思而危害了马克思主义哲学。[22]顾伟伟的两篇文章考察了阿尔都塞的唯物辩证法“理论”。他指出，阿尔都塞将还原马克思对唯心辩证法进行“颠倒”的全部语境及理论实质确立为探究唯物辩证法的“理论”的哲学任务，并认为马克思在《〈政治经济学批判〉导言》中已经起草了唯物辩证法的理论，后来列宁的《哲学笔记》和毛泽东的《矛盾论》以成熟著作的形式完成了对唯物辩证法的“特殊性”问题的解答。他的另一篇文章在“现实性”语境中考察了阿尔都塞的唯物辩证法，认为阿尔都塞对现实的理解是独特的，其中既有实践活动也有理论活动，并强调实践中对辩证法的承认并不一定能够在理论上对辩证法获得认识、掌握和应用。[23]

（二）哈贝马斯思想研究。杨生平和李鹏在《论哈贝马斯对伽达默尔解释学的批判》一文中指出，哈贝马斯根据对语言、日常交往行为与认识过程关系的分析，认为伽达默尔提出以“效果历史”理论为核心的解释学普遍适用的观点是一种错误要求，哈贝马斯在哲学解释学异军突起时主动捍卫解释学方法论意义并完成解释学向批判解释学转型，有着重要的理论与实践意义，但又过分强调带有明显理想性的自由交往理论建构。[24]郗戈的文章剖析了马克思与哈贝马斯现代性思想的差异，认为差异主要源于二者在现代性诊断模式上的分野，即从资本逻辑出发的“总体性视野”与从合理化逻辑出发的“领域分化视野”的差异，而这必然导致马克思与哈贝马斯在现代性治疗方式上产生更大的差异，即哈贝马斯的现代性治疗方案的核心是社会诸种合理性领域的重新规划与协调，而马克思的现代性治疗方案的关键是对资本主义总体性存在的内在超越。这其中所凸显的一系列当代社会发展的现代性问题，也构成了马克思主义当代发展的理论生长点。[25]薛方圆在《人与自然关系的重新审视——以哈贝马斯主体间性理论为解读视角》一文中认为，在人类中心主义和生态中心主义均未能走出主客二分的理论困境下，哈贝马斯在其著名的交往行为理论中所着重强调的主体间性思想，为人与自然之间的价值定位问题提供了新的致思路向。[26]

（三）马尔库塞“巴黎手稿”解读研究。张秀琴认为，马尔库塞早期以其《历史唯物主义的基础》（1932）首次认定了马克思巴黎手稿之于历史唯物主义的重要性，以及异化劳动概念在马克思关于人的本质观中的重要意义，日后成就了整个西方马克思主义人本主义一派对于巴黎手稿的基本解读格局；后期以其《自然与革命》（1972）中对巴黎手稿的再解读，引入了一种介于人本主义马克思主义和海德格尔主义马克思主义之间的解读范式，即以存在主义化的“自然”概念的引入和“感受”异化批判为视角，将历史唯物主义重建工作由异化劳动引向异化感受领域。马尔库塞的解读贡献，在巴黎手稿的历史地位确认及其基本内容认定等方面，不仅肇始了整个人本主义西方马克思主义对马克思巴黎手稿的基本判断，而且还试图伴随着20世纪中后期西方学界对于巴黎手稿的持续讨论，尝试着将精神分析学的和存在主义的方法引入这一论证。时至今日，我们在国际语境中探讨马克思的巴黎手稿的相关议题，无不受马尔库塞所开创的这一解读先河的影响。[27]

（四）阿多诺道德哲学研究。罗松涛在《个体生命的优先性——论阿多诺非同一性道德哲学的主题》一文中，结合阿多诺《最低限度的道德：对被损害生活的反思》《道德哲学的问题》和《否定的辩证法》等著作，着重探讨了其非同一性道德哲学的主题：个体生命相对于道德法则的优先性。文章认为，阿多诺在其非同一性哲学的视域中，试图以解决客体与主体、特殊与一般、个体与社会之间对立关系的否定的辩证法（“非唯心主义的辩证法”）来赋予个体生命以优先性。这种基于个体生命的非同一性道德哲学是一种否定主义，它强调作为一种私人伦理学的道德哲学只能是一种通向正确生活的“否定的指南”。[28]

（五）詹姆逊《重读〈资本论〉》研究。宋希仁和靳海山在《作为内在辩证法实践的〈资本论〉》中认为，在根据当前的现实重温马克思著作和思想方面，当代美国马克思主义理论家、文学评论家弗雷德里克·詹姆逊的新著《重读〈资本论〉》富含新意，让世人深思惊醒。《重读〈资本论〉》着重分析了资本主义的全球扩张并没有消解其内在的历史性危机，透视了资本主义系统的功能障碍，展开了导致资本主义系统自我瓦解的机制的全景式扫描。从全球资本主义历史变化中，詹姆逊基于马克思的辩证法哲学再现了《资本论》经典文本的当代价值。[29]

（六）塞耶斯功利主义批判思想研究。塞耶斯是英国新黑格尔主义的马克思主义的主要代表，近年来，国内学界对其著述多有译介，但直击功利主义的人性论批判这一核心问题并展开参与式研究得不多。陈慧平在《塞耶斯从马克思主义人性论角度对功利主义的批判》一文基于她在英国肯特大学访学期间与塞耶斯进行的相关讨论，对这一问题进行了研究。她指出，塞耶斯从人性与历史的辩证互动入手，并受马克思的历史唯物主义人性论启发，对功利主义从哲学基础、实践方式、预期目的方面提出了深刻的批判，从而间接地回应了一些人对历史唯物主义的质疑。即，从哲学基础上，塞耶斯认为人性是历史的产物，坚决反对隐藏在功利主义中的抽象人性论；从实践方式上，强调人性与历史处于相互作用的过程中，客观实践是社会与个体的存在方式，功利主义的“功利”原则有其弊端；从预期目的上，他提出历史与人性都是开放的，对功利主义的狭隘目的论持反思态度。[30]

注：

①杨富斌：《有机马克思主义的出场及意义》，《东北师大学报》（哲学社会科学版），2016年第2期。

②宋林泽、丁凯，《超越还是误解？——有机马克思主义的生态文明思想评析》，《江淮论坛》，2016年第6期。

③杜梅、甘冲：《菲利普·克莱顿有机马克思主义理论研究》，《国外社会科学》，2016年第1期。

④冯颜利：《为什么要加强有机马克思主义研究》，《国外社会科学》，2016年第1期。冯颜利：《深化有机马克思主义研究要注意的若干问题》，《社会科学家》，2016年第9期。

⑤崔赞梅、唐庆：《从生态学马克思主义到有机马克思主义——资本主义替代选择研究的推进》，《国外社会科学》，2016年第1期。

⑥宋林泽：《有机马克思主义自然观与生态学马克思主义自然观之比较》，《武汉科技大学学报》（社会科学版），2016年第6期。

⑦郇庆治：《生态马克思主义与生态文明制度创新》，《南京工业大学学报》（社会科学版），2016年

第1期。

⑧郭祖炎：《生态马克思主义对资本主义生态危机根源的文化批判—— 一种基于文化价值观的理论视角》，《创新》，2016年第6期。

⑨李西祥：《实践与解放：从马克思到“后马克思主义”——马克思主义哲学视域中的“后马克思主义”批判》，《福建论坛》（人文社会科学版），2016年第7期。

⑩黄小寒、董济杰：《一种朝向未来的实践观——南斯拉夫“实践派”社会批判理论哲学基础述评》，《苏州大学学报》（哲学社会科学版），2016年第2期。

⑪张晓萌：《捍卫社会主义平等——G. A. 科恩的政治哲学辩护》，《理论学刊》，2016年第3期。张晓萌：《平等的边界：G. A. 科恩与罗尔斯关于平等的论战》，《山东社会科学》，2016年第5期。

⑫张剑：《左翼思想家的政治哲学沉思——以巴迪欧、齐泽克对朗西埃思想的评价为蓝本》，《理论探讨》，2016年第4期。

⑬宋建丽、孔明安：《激进平等与后民主时代的政治——朗西埃的政治哲学思想解读》，《马克思主义与当代思潮》，2016年第6期。

⑭段忠桥：《“向下拉平异议”是平等主义无法克服的难题吗？——简析当代西方平等主义者的三种回应》，《天津社会科学》，2016年第6期。

⑮贺翠香：《论霍耐特的社会自由概念及其正义论构思》，《哲学研究》，2016第4期。

⑯卫知唤：《从封闭的中立性到开放的中立性：阿玛蒂亚·森对罗尔斯全球正义理论的批判与超越》，《国外理论动态》，2016年第8期。秦子忠：《以可行能力看待不正义：论阿马蒂亚·森的正义理论》，《上海交通大学学报》，2016年第3期。

⑰张秀琴、孔伟：《福柯的意识形态论：“话语—权力”及其“身体—主体”》，《国外理论动态》，2016年第7期。

⑱杨生平、刘龙伏：《论利科对马克思主义意识形态理论的批判》，《江汉论坛》，2016年第12期。

⑲崔丽华：《寻求政治解放的新可能性——论大卫·哈维空间正义理论》，《教学与研究》，2016年第5期。

⑳张梧：《空间理论的理论空间》，《理论视野》，2016年第11期。

㉑夏莹：《关于阿尔都塞的四个常识性判断的再考察》，《广西大学学报》（哲学社会科学版），2016年第3期。

㉒安启念：《阿尔都塞马克思哲学思想“认识论断裂说”批判》，《北京大学学报》（哲学社会科学版），2016年第1期。

㉓顾伟伟：《阿尔都塞：“现实性”语境中的唯物辩证法》，《哲学动态》，2016年第11期。顾伟伟：《马克思〈政治经济学批判导言〉语境中的唯物辩证法——对阿尔都塞的唯物辩证法“理论”的考察》，《湖北社会科学》，2016年第10期。

㉔杨生平、李鹏：《论哈贝马斯对伽达默尔解释学的批判》，《哲学动态》，2016年第5期。

㉕郗戈：《现代性问题的诊断与治疗：马克思与哈贝马斯的思想对话》，《山东社会科学》，2016年第8期。

㉖薛方圆：《人与自然关系的重新审视——以哈贝马斯主体间性理论为解读视角》，《长治学院学报》，2016年第4期。

㉗张秀琴：《马尔库塞对马克思“巴黎手稿”解读的贡献》，《北京大学大学报》（哲学社会科学版），2016年第2期。

㉘罗松涛：《个体生命的优先性——论阿多诺非同一性道德哲学的主题》，《哲学研究》，2016年第7期。

㉙宋希仁、靳海山：《作为内在辩证法实践的〈资本论〉——读弗雷德里克·詹姆逊的〈重读“资本论”有感〉》，《马克思主义与现实》，2016年第6期。

㉚陈慧平：《塞耶斯从马克思主义人性论角度对功利主义的批判》，《马克思主义研究》，2016年第3期。

（作者：黄继锋，中国人民大学教授；
袁海琴，中国人民大学博士生）

哲　学

马克思主义哲学

王　东　王晓红

2016 年，马克思主义哲学研究主题是：立足中国、面向时代的 21 世纪马克思主义理论创新、哲学创新。主要探讨了以下六个重大问题：习近平“5·17 重要讲话”提出哲学社会科学创新的理论纲领；创新理论的哲学探索；社会主义 500 年；文本研究深化拓展；价值观新探索；文化观新进展。

一、习近平“5·17 重要讲话”提出哲学社会科学创新的理论纲领

2016 年 5 月 17 日，习近平在北京主持召开哲学社会科学工作座谈会并发表重要讲话，这为我国哲学社会科学的创新和发展提供了思想指南、理论纲领和基本路径。

王伟光认为，习近平总书记在哲学社会科学工作座谈会上的重要讲话，站在人类历史规律的高度，站在中国特色社会主义发展大局的高度，站在国家文化安全战略的高度，科学论述了哲学社会科学的地位和作用，高度肯定了哲学社会科学对于坚持和发展中国特色社会主义的极端重要性。讲话鲜明指出，坚持以马克思主义指导我国哲学社会科学工作，是构建中国特色哲学社会科学必须解决好的首要问题，必须牢牢把握坚持以马克思主义指导的灵魂和方向。习近平总书记关于哲学社会科学的重要讲话，提出了关于哲学社会科学的一系列新理念新思想新战略，是我国哲学社会科学发展进程中具有里程碑意义的标志性大事。①

陈先达指出，习近平同志在哲学社会科学工作座谈会上的重要讲话，提出了“两个不可替代”的重要论断：哲学社会科学具有不可替代的重要地位，哲学社会科学工作者具有不可替代的重要作用。这“两个不可替代”是不可分的。哲学社会科学是治国理政的重要思想资源和重要手段，哲学社会科学工作者都应立时代之潮头、通古今之变化、发思想之先声，积极为党和人民述学立论、建言献策，在为祖国和人民立德立言中实现自己的价值。他还指出，在哲学社会科学中坚持以马克思主义为指导，最根本的是各门学科研究者自己坚持运用马克思主义的立场、观点、方法从事本学科的研究。马克思主义理论工作者的重大责任，是以自己创造性研究新成果和全体哲学社会科学工作者一起共同坚持马克思主义，改变马克思主义在有的领域中被边缘化、空泛化、标签化，在一些学科中“失语”、教材中“失踪”、论坛上“失声”的不正常现象。②

杨金海认为，习近平总书记在哲学社会科学工作座谈会上的重要讲话，对进一步繁荣发展我国哲学社会科学提出了明确要求，其中特别强调要坚持以马克思主义为指导，构建有中国特色的哲学社会科学体系。这是对我国哲学社会科学工作者提出的殷切希望。落实好这个总要求，要求我们坚定马克思主义理论自觉和理论自信，掌握运用马克思主义基本理论分析问题的方法，在回答时代问题中坚持和发展马克思主义。③

孙熙国指出，构建中国特色哲学社会科学话语体系需要处理好五大关系：第一是一与多的关系，就是要解决好马克思主义对哲学社会科学的指导问题，解决好“为了谁”的问题。第二是古与今的关系，就是要解决马克思主义时代化的发展问题。第三是中与西的关系，就是要解决哲学社会科学的中国化问题，构建自己的话语体系。第四是内与外的关系，就是要解决马克思主义大众化问题。第五是理与事的关系，就是要解决创新问题。④

二、创新理论的哲学探索

创新是民族进步之魂，是我们当下最重要的时代课题。学者们围绕着“五大发展理念”“‘四个全面’战略布局”等创新理论，进行了深入的哲学探索，为实现马克思主义哲学创新、马克思主义中国化和中国特色社会主义建设提供了必要的理论基础、哲学基础。

在2016年清明节到来前夕，中共中央党校、中国社会科学院、中央编译局、北京大学、中国人民大学等单位的近60位专家学者齐聚北大燕园，举行了黄枬森哲学思想研讨会暨“北大《哲学创新论》六书”出版座谈会。教育部人文社会科学研究重点基地、北京大学中国特色社会主义理论体系研究中心主任杨河教授主持会议。北京大学党委书记朱善璐出席会议并发表了讲话。他说，黄枬森不愧是马克思主义哲学创新在北大乃至全国学术界的领军人物和一面旗帜。直至生命最后一息，他还希望以哲学科学的理论创新，为中国共产党带领中华民族实现伟大复兴做一块铺路石子。他毕生的理论贡献、道德文章，其中包括最后留下的“《哲学创新论》六书”，不愧是发扬北大精神、不辱北大使命的一个典范。王东向大家介绍了黄枬森先生晚年的心路历程与最后拼搏，“北大《哲学创新论》六书”的创作缘起、理论内容及重要意义。黄先生不仅为马克思主义哲学传承创新、鞠躬尽瘁70年，为马克思主义哲学创新进行了最后斗争，堪称是晚年升华、精神长青。2011年，人民出版社出版了由黄先生领衔主编的“马克思主义哲学创新四部全书”。同年，黄先生带领大家承担了教育部重大委托项目“马克思主义哲学基础理论与重大现实问题研究”，最终成果凝聚为2015年由吉林人民出版社出版的“北大《哲学创新论》六书”。其主要代表作是由黄枬森为第一作者、王东为第二作者的《哲学创新论》，其副标题为《马克思哲学观与当代新问题》。丰子义高度评价了黄枬森先生的治学之道与精神品格。陈先达发来短信，表示深切怀念对于马克思主义哲学做出重大学术贡献的黄枬森先生，并热情祝贺“北大《哲学创新论》六书”的出版。陈志尚、赵光武、赵家祥、聂锦芳、徐春等北大学者，还有黄枬森女儿黄萱等人，追思黄先生的道德文章，缅怀先生的治学精神，生动再现哲人智慧与坚定信仰，感人至深，风范长存。李景源、郝立新、安启念等著名学者对《哲学创新论——马克思哲学观与当代新问题》一书进行了理论评析，认为该书是改革开放新时期马克思主义哲学创新取得的一项重要新成果，其中提出的问题、解决的问题、遗留的问题都有重要的启迪意义。许全兴、杨金海、袁吉富等专家学者，则专门评析了《哲学创新的北大学派——李大钊、冯定、张岱年、黄枬森列传》一书，认为该书立意新颖，开创新风，对于北大传统作了新的开掘，为当代中国马克思主义哲学家树碑立传，很有意义。在会上，与会者还就“北大《哲学创新论》六书”提出的学术问题、哲学问题展开了不同意见的学术争鸣，对于今后深入研究富有启迪意义。⑤

2016年4月28日上午，哲学创新的“北大学派”学术座谈会于中国特色社会主义理论研究中心举行，北京大学哲学系教授王东主持会议。冯定先生的儿子冯贝叶、冯宋彻与冯方回先生，张岱年先生的儿子张尊超先生、儿媳刘黄女士，黄枬森先生的女儿黄丹、黄萱女士，中央党校崔自铎教授，北大哲学系聂锦芳教授，以及中央编译局马克思主义经典著作研究中心主任杨金海教授、中央党校社会发展研究中心主任庞元正教授、北京市委党校袁吉富教授等黄枬森先生的众多学生齐聚燕园，围绕王东教授“哲学创新六书”之一的《哲学创新的北大学派——李大钊、冯定、张岱年、黄枬森列传》（以下简称《哲学创新的北大学派》），讨论北京大学在马克思主义传播和研究中的历史传统以及哲学创新的若干重要问题。

冯贝叶、冯宋彻先生在发言中指出，当前需要进一步挖掘冯定先生的思想研究。张尊超先生和刘黄女士叙述了张岱年先生关于文化综合创新、中西哲学比较研究的思想。黄萱女士指出，《哲学创新的北大学派》一书通过丰富的资料、翔实的考证，使我们看到了时代的同路人，看到了传承者的历史与未来。崔自铎、杨金海、庞元正、袁吉富、聂锦芳等教授认为，《哲学创新的北大学派》既阐明了四位先生构成“北大学派”的共同血脉、哲学范式，也充分展示了大师的独特创新、个性风采，再现了中国马克思主义哲学创新的百年风云。“北大学派”不仅以国家民族的问题为重心，而且形成了自己的哲学创新历史，对创新中国的发展起了巨大作用。该书立意新颖、开创新风，对于北大传统作了新的开掘，为当代中国马克思主义哲学家树碑立传很有意义。李宏伟、赵玉兰、李百玲、刘乃勇等年轻学者表示，参与这样的座谈会是非同寻常的，不仅可以进一步学习先辈们的理论贡献、道德文章，同时增强了马克思主义哲学创新研究和实践的历史传承的使命感和荣誉感。与会者还就哲学创新的特点、北大精神等学术问题展开学术争鸣，对于今后深入研究富有重大启迪意义。⑥

韩庆祥认为，习近平治国理政思想有其存在的历史基础、现实基础、理论基础和政治基础。治国理政要有哲学自觉，需要接受马克思主义哲学智慧的滋养，要用战略辩证法。坚持以人民为中心的发展思想，坚持把促进人的全面发展作为“十三五”规划的核心理念，把坚持人民主体地位摆在发展的指导原则之首，充分彰显了习近平总书记经济思想的民本情怀。把人民的期待变成我们的行动，把人民的希望变成生活的现实，让人民群众有幸福感、获得感，这是习近平总书记致力于经济发展的价值取向和根本目的所在。⑦

郭建宁提出，要用新理念引领新发展，“五大发展理念”是对科学发展观的承继和提升，其核心线索就是以人民为中心的发展思想：以人民为中心是历史唯物主义的基本原理；人民至上是全面建成小康社会的必然要求；人民是中国特色社会主义的主体；中国梦归根结底是人民的梦；下一步改革的最大公约数、最大目标就是让改革发展的成果惠及全体人民、由人民共享；人民对美好生活的向往就是我们的奋斗目标。要开辟21世纪马克思主义发展的新境界：一要融通马克思主义、中国文化、西方哲学社会科学三大资源；二要以人民为中心的研究导向和以问题为中心的研究范式；三要推进理论创新。⑧

郝立新提出，当代中国马克思主义为中国特色社会主义实践提供指导性的基本理念或哲学基础；中国道路不仅体现了中国特色的社会发展实践，而且体现了中国特色的社会发展理念；五大发展理念中的每一个发展理念都蕴含了30多年来中国经验、中国实践、中国理论的成果。五大发展理念具有五个突出特点：凸显了战略意识、破题意识、整体意识、公共意识、底线意识。⑨

李德顺考察了“人民主体”理念，指出当代中国确立的“依法治国”原则，是坚持人民主体地位的必然结论和必要政治形态。但由于对“人民主体”概念理解的缺失，现实中产生了种种疑问和歧义。应从哲学、历史和文化的角度恢复“人民”概念的本义，明确人民作为社会生活的实际承担者和现代文明的最高价值主体的意义，明确人民既是民主的主体，也是法治的主体，“法治中国”的建设，人民不能缺席，不能被分解和虚化。⑩

徐春探讨了绿色发展问题，指出生态文明建设应将“三生共赢”，也就是生活水平提高、生产力发展与生态环境改善作为其追求目标，并以此为准则处理好“生活、生产、生态共赢”与“政府、企业、公众共赢”之间的关系，创建生态文明建设领域的社会运行新机制。这需要综合运用各种社会力量，以社会共同治理的思路有效预防和化解由环境问题引起的社会冲突，尤其要强化对环境社会风险的评估和预警，推动环境治理良性发展。⑪

三、社会主义500年

2016年是托马斯·莫尔的《乌托邦》出版500年，也是社会主义诞生500年。学者们围绕着人类社会发展规律、社会主义思想及实践、中国特色社会主义的历史渊源和发展道路等问题，阐发了众多富有新意的观点。

王东认为，借助于经济全球化时代资本主义普遍危机的时代本质趋势，当代世界社会主义已经走出最低谷，正在探索适应新时代、新国情的多样化新道路。在这股社会主义复苏的回暖潮流中，国际上有五个潮头特别值得重视，分别为：面对全球生态危机的生态社会主义思潮；面对两极分化危机的正义社会主义呼声；拉美21世纪社会主义新发展道路探索；俄罗斯和独联体国家对社会主义复兴的呼唤；越南对社会主义革新道路的探索。⑫

丰子义探讨了现代性问题，指出面对日益暴露的现代性危机，西方众多学派和学者都从不同角度给予了批判性的检视，进而提出了相应的解救“方案”。这些“方案”的主要特点是从文化观念中来寻求摆脱现代性危机的出路。与此相反，马克思对于现代性问题的思考突出的是根基性批判、现实的批判以及现代性的内在超越，从现实中寻找其出路。今天谈论现代性建构，应当注意这样一些原则性的问题：一是要立足于当代中国的发展实践，二是对新型现代性应有清醒的认识，三是对现代性的共性与个性的关系应有合理的把握，四是要正确对待目前现代性发展过程中的矛盾与冲突。⑬

吴向东指出，自莫尔发表《乌托邦》以来，社会主义已有五百年历史，从空想社会主义到马克思的科学社会主义，以及马克思之后的社会主义理论和实践史、价值观与社会主义之间的关系始终是一个重要的主题。价值观是社会主义的本质维度，不同时期社会主义价值观的历史演变呈现出一种从抽象到具体、从革命到建设的内在逻辑。社会主义价值观的历史变化，还蕴涵着社会主义核心价值观建设的基本逻辑，即对资本主义价值观的批判与超越，对优秀传统文化的继承与发展，对实践问题与境遇的解答与回应。其中，对实践问题与境遇的解答与回应是社会主义核心价值观建设逻辑中的主线和总纲。⑭

四、文本研究深化拓展

2016年是《德意志意识形态》（以下简称《形态》）创作170周年，《帝国主义论》发表100周年。

学术界以此为契机，开展了一系列研讨活动，深化拓展了马克思主义哲学经典文本研究，阐释了有启发意义的新观点。

安启念指出，马克思的唯物史观是劳动实践思想和我们所熟悉的历史唯物主义基本原理的有机结合，《德意志意识形态》中有对它的完整表述。《关于费尔巴哈的提纲》中马克思的核心哲学思想是用劳动实践解释自然界、人类社会和人本身的历史发展的唯物史观。⑮

聂锦芳考察了马克思登上德国思想论坛的“亮相之作”——博士论文，认为马克思质疑和推翻了以往原子论研究中贬抑伊壁鸠鲁贡献的流行见解，“用显微镜去发现”和辨析了他与作为其思想先驱的德漠克利特在思维方式上的重大差异。聂锦芳还探讨了马克思早期文献《伊壁鸠鲁哲学》中的幸福观、“哲人”思想，以及“原子论”对马克思哲学思想起源的影响。⑯

韩立新梳理了新中国成立后《形态》之《费尔巴哈章》编译上的3个具有象征意义的译本：一是1960年出版的中文《马克思恩格斯全集》第3卷；二是1988年出版的《费尔巴哈》章单行本版；三是1995年出版的《马克思恩格斯选集》第1卷第2版。其中，1988年《费尔巴哈》章单行本版是现有中央编译局的各个译本中与原始手稿最为接近的版本。⑰

鲁克俭提出了一个基于MEGA2的《关于费尔巴哈的提纲》文本研究路线图，包括《关于费尔巴哈的提纲》文本研究的方法论和“两步骤原则”。“两步骤”即《关于费尔巴哈的提纲》文本研究的地基清理和《关于费尔巴哈的提纲》的文本解读。⑱

仰海峰指出，《资本论》研究的传统模式不能真正呈现其本身的哲学意义，应从马克思思想发展过程中的生产逻辑与资本逻辑的区分入手，以资本逻辑为根本范畴来重新展现《资本论》自身的哲学思想，以新的理论来呈现《资本论》的内在逻辑。他还以《1844年经济学哲学手稿》、《德意志意识形态》、《哲学的贫困》、《1861—1863年经济学手稿》和《资本论》等五个文本为基础，根据马克思思想发展过程中的双重逻辑，即生产逻辑与资本逻辑的联系与区分，对马克思分工理论的哲学意义进行新的探讨。⑲

2016年12月22—23日，在《形态》撰写170周年之际，“《德意志意识形态》与马克思主义哲学的当代发展”研讨会暨“中国马克思主义哲学史学会2016年年会”在南京召开，来自全国各地90余所高校和研究机构的180余名学者参加，就有关问题展开了深入讨论。《形态》的文献与文本研究近年来日益成为学界关注的焦点话题。梁树发指出，经典著作的文本研究和翻译不只是一种文字工作，还需要运用辩证思维进行理论思考，更应当结合中国的现实语境，开展具有中国特色的科学的“马克思学”研究。张异宾回顾了中国马克思主义哲学史学科的形成与发展历程，认为在当前中国语境下深入开展马克思主义经典著作的文献与文本学研究，不仅具有重要的学术意义，更具有重要的现实价值。顾锦屏系统地介绍了《形态》在国内外的编译工作和出版情况，并对即将由MEGA2出版的《形态》的内容与结构作了介绍。魏小萍借助MEGA2版的研究思路分析了唯物史观的形成过程，强调马克思和恩格斯的任务是研究历史发展过程的一般性特征。聂锦芳以《1844年经济学哲学手稿》的写作顺序和“我的交往”部分遗失的手稿为论题，主张要从马克思的思想变化和论证逻辑等方面进一步深化对《形态》思想的研究。孙承叔强调人类社会共同体的根基地位，提出人类社会才是经济市民社会和政治上层建筑的根本基础，把物质生产当作唯一基础缺乏对人类社会的整体思考。⑳

为纪念列宁的《帝国主义论》写作100周年，积极推进我国列宁思想研究，由中国马克思主义哲学史学会、列宁思想研究会、教育部人文社会科学重点研究基地——北京大学中国特色社会主义理论体系研究中心联合主办的列宁思想研究会年会（2016）于2016年10月29日在北京大学举行。本次会议主题为“列宁时代观、国家观、社会主义改革观与当代”，来自中国社会科学院、中共中央党史研究室、中国人民大学、中共中央党校、中共中央编译局、武汉大学、南京师范大学、中山大学、华中师范大学等单位的专家学者100多人与会。开幕式由列宁思想研究会会长、北京大学哲学系王东教授主持。与会学者围绕“《帝国主义论》中的时代观”“从《国家与革命》到‘列宁遗嘱’中的国家观”“列宁新经济政策道路及其社会主义观”“‘列宁遗嘱’中的国家观与政治体制改革构想”“列宁主义思想实质、哲学基础及其当代历史命运”等议题展开了深入讨论。与会学者一致认为，列宁思想改变了世界历史的格局，推进了马克思主义的发展，为人类历史的进步和发展贡献了智慧。重读列宁《帝国主义论》、《国家与革命》等经典著作，特别是研究其晚年开创的新经济政策，实现政治、经济、文化一体化系统改革的构想，对于今天中国正在开展的改革事业，意义重大。列宁的《帝国主义论》继承发展了马克思的《资本论》，其中的个别观点、提法可能过时，但其基本精神和所蕴含的方法论原则仍然是鲜活的。在当前，对于列宁思想的研究，要看到列宁对当时世界历史变迁、社会主义发展乃至人类社会发展的价值和意义，既要研究列宁在不同历史时期的思想，又要研究列宁时代错综复杂的国际关系，既要比较研究列宁与马克思恩格斯以及同时代人之间关系，又要研究对列宁关于中国问题的分析，要用实践的、科学的、全面的、发展的观点研究列宁思想。会议期间还将宣读和讨论通过《列宁思想研究会章程》、就学会开展学术活动、迎接“十月革命百年”展开讨论。[21]

程恩富、谢长安提出，一百年前，列宁敏锐地觉察到资本主义经济金融化的到来。当代垄断资本主义经济金融化根源在于资本追逐剩余价值和利润的本性，其基本特征有：金融部门成为调节和控制市场经济的核心；发达国家操控国际金融#输出知识产权，与发展中国家形成特殊的“二元经济结构”；金融危机成为资本主义危机的主要形态；金融资本可以利用高科技手段发动掠夺财富的金融战争；少数金融寡头和金融家族及其组织控制本国乃至世界经济命脉。经济金融化导致资本主义国家贫富差距不断扩大、经济泡沫化严重、国际局势动荡不已等，经济金融化表明当今资本主义垄断性、寄生性或腐朽性更大。中国处于金融资本推动的全球化中，应采取一系列金融和经济改革发展的务实措施，最大限度地降低金融全球化对自身发展所造成的负面影响。[22]

杨金海系统梳理了列宁著作在中国的百年传播。其过程从时间看，历经四个阶段，即早期、新民主主义时期、新中国成立后的30年以及改革开放以后；从内容看，则经历了从翻译片段到翻译全文、从自发翻译到自觉传播、从秘密出版到公开发行、从在少数知识分子中流传到在全国范围内广泛传播、从译为汉语到译为多种民族语文、从纸质文献到电视片和网络版等的过程；可谓艰难曲折、成就巨大。列宁著作及其思想在中国的传播不仅深刻影响了中国政治经济的发展，也深刻影响了中国现代文化形成和发展。[23]

此外，2016年11月30日，我国著名马克思主义理论家、哲学家，中国马克思主义哲学史和马克思主义发展史学科开拓者之一，中国马克思主义哲学史学会原会长，中国人民大学荣誉一级教授、博士生导师庄福龄先生逝世，享年88岁。庄先生在其60多年的学术生涯中，马克思主义中国化一直是研究的核心问题，马克思主义史研究则是为研究收集的基础材料。庄先生的代表作品有八卷本的《马克思主义哲学史》、四卷本的《马克思主义史》、三卷本的《毛泽东哲学思想史》，另外还有《马克思主义哲学史纲要》《马克思主义哲学史辞典》等。据了解，庄老先后主编和撰写了800多万字的著作，在中国人民大学培养出了近百名专业人才和博士，成了马克思主义领域的学术骨干。[24]

五、价值观新探索

价值观问题仍然是目前我国理论界激烈争辩的热点和焦点问题。学者们主要围绕着社会主义核心价值观、贫富两极分化和社会正义等问题展开了深入探讨。

韩震指出，在文化之中，核心价值观是最深沉、最本质的东西，它决定着文化的性质与方向。第一，民族复兴之路需要思想文化的指引：用社会主义核心价值观推动物质文明和精神文明协调发展。第二，社会发展需要精神力量的推动：用社会主义核心价值观为中国特色社会主义事业提供精神动力和道德滋养。第三，国家认同需要共同理想的引导：在全社会培育和践行社会主义核心价值观。第四，文化软实力需要思想和价值的话语力量：用社会主义核心价值观讲好中国故事。[25]

李德顺认为，从价值论的角度看，同西方传统哲学相比，我们中国传统哲学有自己的特点，它是一套伦理政治哲学，也就是价值哲学和价值思维方式。而西方哲学则主要是存在论和认识论，或者叫真理论的哲学。价值思维是我们中国传统文化的特点和优势之一。所以我说，从价值哲学的角度来看，我们应该有自己的文化自信。[26]

段忠桥对陈学明教授在《论政治经济学在马克思主义中的地位》一文中关于当今中国贫富两极分化问题的两个见解提出质疑：指出他的第一个见解，即对贫富两极分化问题不能做政治哲学批判，而只能做政治经济学批判，既与马克思恩格斯的思想相悖，也不利于马克思主义研究在中国的发展；指出他的第二个见解，即当今中国的贫富两极分化主要是由于“强资本”对“弱劳动”的剥削造成的，因而要限制私营经济的发展，既不符合中国的实际情况，也不利于贫富两极分化的消除。他还从分配正义的视角考察了收入分配问题。[27]

六、文化观新进展

中华优秀传统文化是中华民族的精神命脉，也是我们在世界文化激荡中站稳脚跟的坚实根基。文化问题成为新时期重要的理论生长点。学者们主要围绕中华传统文化的当代价值、中华文化的主体性、时代精神、民族精神、文化创新、文化自信等问题展开深入探索，取得新的研究成果。

陈先达认为，文化自信不是一个简单的文化口号。不懂中国历史，尤其是不懂近百年中国的奋斗史，不懂中国共产党的革命和建设历史，就难以理解文化自信的丰富历史内涵；不懂得马克思主义传入的重要意义，不懂得中国传统文化的创造性转化和创新性发展，不懂得红色文化和社会主义先进文化的创立是中国文化在当代的发展，就不懂得文化中的传统与当代的辩证关系。固守传统和抛弃传统，都是中华民族文化的断流。文化自信既是基于我们民族苦难和奋斗史的文化自觉与自豪，又是我们民族寻找自身伟大复兴之路的文化史的历史展示。这是一种既热爱自己的民族文化又海纳百川的包容精神，既积极奋进又不卑不亢的文化精神。我们要在文化自信的基础上，建设文化大国、文化强国。[28]

许全兴指出，中国精神是民族精神和时代精神的统一。长期以来，我们注重了民族精神的研究与宣传，忽视了时代精神的研究与宣传。要从社会主义初级阶段这一实际出发，从完成社会主义现代化的历史任务和面向世界、面向现代化、面向未来的高度，重视对时代精神的研究与宣传，尤其是对自由精神的研究与宣传。时代精神要民族化，民族精神要时代化。“毛泽东精神”是中国共产党精神和现代中国精神的集中体现，是民族精神与时代精神的统一，是集体精神与个体精神的统一，是中国魂，要进一步重视“毛泽东精神”的学习、研究和宣传。[29]

郭湛指出，“中国问题”的核心就是中华文明的现代复兴。中华文明的理念是这一文明的核心观念。中华文明复兴的一个重要条件，是中华文明理念在继承传统文明理念和立足当代现实基础上的重建。这一重建过程的高级形态，就是将一切可能的内外冲突、矛盾、对立、差异等等化作自我激励、自我挑战、自我超越的文明动力，也就是立足历史创建当代新中国的过程，即华夏“中世期”的展开；就世界意义来说，这也是人类命运共同体的创建过程。中华文明理念系统是丰富的、发展的，可从语词、概念、理念、信念和事实这五个阶梯的层层递进、循环往复的过程加以考察。在和平、发展与合作过程中赢得大自在，是中华文明复兴的理想境界和历史使命。[30]

值得一提的是，由杨耕主编，北京师范大学出版社2016年出版的《当代中国马克思主义哲学研究丛书》，汇集了当代中国马克思主义哲学研究的代表性论著。这些论著从不同的视角，以不同的方法探索了马克思主义哲学领域的基础理论问题以及热点难点问题，集中体现了改革开放以来我国学者马克思主义哲学研究的水平，对于梳理当代中国马克思主义哲学研究的历史脉络，把握当代中国马克思主义哲学研究的理论观点，推进马克思主义哲学研究具有重要的意义。其中，北京学者成果，比重最大，在入选的18部代表作中，占据7部：陈先达教授的《走向历史的深处：马克思历史观研究》、陈志良教授的《思维的建构和反思：重新理解马克思主义认识论》、王东教授的《哲学创新的源头活水：辩证法科学体系的列宁构想》、丰子义教授的《现代化的理论基础：马克思现代社会发展理论研究》、杨耕教授的《重建中的反思：重新理解历史唯物主义》、张曙光教授的《人的世界与世界的人：马克思的思想历程追踪》、韩庆祥教授的《现实逻辑中的人：马克思的人学理论》。作者们的这些代表作从不同的理论视角呈现出马克思主义哲学不同的理论内容，体现出作者对马克思主义哲学独特而深刻的体认。丛书不仅为当前的马克思主义哲学研究提供了丰富的理论参照，更为未来的研究廓清了理论新方向。

综上可知，北京的马克思主义哲学界在理论创新上取得了丰硕的成果，丰富和发展了马克思主义哲学，对当前中国特色社会主义建设起到重大的推动作用。

注：

①王伟光：《学习贯彻落实习近平总书记关于哲学社会科学重要讲话精神，加快构建中国特色哲学社会科学》，《中国社会科学》，2016年第12期；《加快构建中国特色哲学社会科学的纲领性文献——学习习近平总书记在哲学社会科学工作座谈会上的重要讲话体会》，《光明日报》，2016年5月20日。

②陈先达：《在为祖国和人民立德立言中实现价值》，《人民日报》，2016年5月30日；《谈坚持用马克思主义指导哲学社会科学发展》，《理论导报》，2016年第7期。

③杨金海：《用马克思主义指导哲学社会科学发展的方法论思考——学习习近平总书记在哲学社会科

学工作座谈会上讲话精神的几点体会》，《思想理论教育》，2016年第7期。

④孙熙国：《努力构建哲学社会科学话语体系》，《解放日报》，2016年8月4日。

⑤《黄枬森哲学思想研讨会暨“北大〈哲学创新论〉六书”出版座谈会举行》，中国特色社会主义理论体系研究中心网页，2016年4月7日。

⑥侯春兰：《“哲学创新的北大学派”学术座谈会举行》，北京大学主页，2016年4月29日。

⑦韩庆祥：《习近平治国理政思想的四大基础》，《中国特色社会主义理论》，2016年第2期；《新时期治国理政的哲学基础：战略辩证法》，《光明日报》，2016年1月13日；《习近平以人民为中心的政治经济学说》，《人民论坛》，2016年第1期。

⑧郭建宁：《用新理念引领新发展　不断开辟二十一世纪马克思主义发展新境界》，《党政视野》，2016年第8、9期。

⑨郝立新：《当代中国的新发展观》，《中国高等教育》，2016年第1期；《“五大发展理念”——当代中国的新发展观》，《党政视野》，2016年第8、9期。

⑩李德顺、王金霞：《论当代中国的“人民主体”理念》，《哲学研究》，2016年第6期。

⑪徐春：《“三生共赢”社会共治：创建生态文明建设新机制》，《社会科学战线》，2016年第11期。

⑫王东：《世界社会主义回暖潮流中的“五个潮头”》，《人民论坛》，2016年第2期(下)。

⑬丰子义：《现代性：危机中的重建》，《当代中国价值观研究》，2016年第2期。

⑭吴向东：《价值观与社会主义——纪念莫尔〈乌托邦〉发表500周年》，《北京师范大学学报》，2016年第6期。

⑮安启念：《从〈德意志意识形态〉看马克思的唯物史观思想——纪念〈德意志意识形态〉创作170周年》，《天津社会科学》，2016年第6期；安启念、张蝶：《马克思哲学思想的系统性问题——再读〈关于费尔巴哈的提纲〉》，《学习与探索》，2016年第1期。

⑯聂锦芳：《“Idealismus不是幻想，而是真理”——马克思“博士论文”解读》，《北京行政学院学报》，2016年第3期；《世界本原、感性知觉与人的思维——马克思〈关于伊壁鸠鲁哲学的笔记〉片段解读》，《世界哲学》，2016年第3期；《“哲人”：在凡人与上帝之间——马克思早期文献〈伊壁鸠鲁哲学〉解读》，《山东社会科学》，2016年第9期。

⑰韩立新：《〈德意志意识形态〉之〈费尔巴哈〉章编译上的根本问题——写在新MEGA Ⅰ/5〈德意志意识形态〉卷正式出版之前》，《清华大学学报》，2016年第6期；《光明日报》，2016年8月17日。

⑱鲁克俭：《基于MEGA2的〈关于费尔巴哈的提纲〉文本研究：一个路线图》，《创新》，2016年第1期。

⑲仰海峰：《重读〈资本论〉：理论构架的新探索》，《贵州师范大学学报》，2016年第6期；《资本逻辑与分工理论——以〈资本论〉为基础的哲学探讨》，《马克思主义理论学科研究》，2016年第2期；《〈资本论〉与〈政治经济学批判大纲〉的逻辑差异》，《哲学研究》，2016年第8期；《马克思资本逻辑场域中的主体问题》，《中国社会科学》，2016年第3期；《使用价值：一个被忽视的哲学范畴》，《山东社会科学》，2016年第2期。

⑳姜宇：《“〈德意志意识形态〉与马克思主义哲学的当代发展”研讨会暨“中国马克思主义哲学史学会2016年年会”综述》，《哲学动态》，2017年第2期。

㉑王海锋：《列宁思想研究会年会(2016)在京举行》，中国社会科学网，2016年10月29日。

㉒程恩富、谢长安：《当代垄断资本主义经济金融化的本质、特征、影响及中国对策——纪念列宁〈帝国主义是资本主义的最高阶段〉100周年》，《社会科学辑刊》，2016年第6期。

㉓杨金海、高晓惠：《列宁著作在中国的百年传播》，《高校马克思主义理论研究》，2016年第1期。

㉔郑海鸥、马骏：《中国人民大学教授庄福龄——倾毕生精力　觅马哲真谛》，人民日报，2016年6月13日；陈骊骊、降瑞峰：《追忆庄福龄教授为马克思主义中国化不懈注解60余载》，人民网，2016年12月2日。

㉕韩震：《用社会主义核心价值观凝心聚力》，《光明日报》，2016年9月30日；《论社会主义核心价值观的凝心聚力作用》，《中国高校社会科学》，2016年第5期。

㉖李德顺：《人们的价值观念及其文艺表达》，《中国艺术报》，2016年9月12日；《立足“实然”讲好“应然”——构建当代中国价值观念的阅读札记(四则)》，《党政干部学刊》，2016年第1期。

㉗段忠桥：《关于当今中国贫富两极分化的两个问题——与陈学明教授商榷》，《江海学刊》，2016年第4期；《从分配正义看收入差距问题》，《人民日

报》，2016年2月2日。

㉘陈先达：《文化自信中的传统与当代》，《光明日报》，2016年11月23日；《传统文化创造性转化不能陷入误区》，《北京日报》，2016年3月28日。

㉙许全兴：《重视时代精神的研究与宣传》，《毛泽东邓小平理论研究》，2016年第6期；《毛泽东研究》，2016年第4期。

㉚郭湛：《中华文明复兴：当代中国问题的核心》，《理论视野》，2016年第9期；郭湛、刘克苏：《走向现代复兴的中华文明》，《延边大学学报》，2016年第7期。

（作者：王东，北京大学教授；
王晓红，中央民族大学讲师）

中国哲学

王威威

2016年，北京地区的中国哲学研究取得了比较丰硕的研究成果，形成了若干研究热点，国际交流活动更加频繁，现从学术会议与活动、学术著作和学术论文三方面具体展现这一发展状况。

一、学术会议与活动

2016年在北京举办的中国哲学类学术会议并不多，座谈会、系列讲座成为重要的学术交流形式。

2016年3月21日，由中国人民大学国学院主办的“荀子研究专题座谈会”在人民大学召开。台湾政治大学刘又铭教授和台湾大学佐藤将之教授分别做了题为“新荀学”和“荀子与韩非子师生关系新论”的报告，来自北京多所院校的学者围绕两位教授的报告进行了激烈讨论。

2016年11月19日，由中国人民大学国学院主办的“法家学说及其历史影响”国际学术研讨会在人民大学召开。来自多个国家和地区的40多位学者围绕商鞅思想、韩非子思想、法家思想的源流、法家思想的历史影响及现代命运等问题发表论文并进行了充分的交流。

2016年12月9日，由华夏老子学研究联合会、中国道教协会等机构主办的“理解与运用：老子及道家和道教的生活之道”学术研讨会暨“华夏老子学研究联合会”成立大会在北京邮电会议中心举行。华夏老子学研究联合会首任会长王中江教授在开幕式上阐明了该会促进老子学及道家、道教学术研究和社会传播，融通儒道乃至整个古代思想资源，探索传统思想复兴新进路的宗旨及目标。与会学者提交了近80篇论文，探讨了老子及道家、道教研究中的重要问题及其对当下个人的身心修养和社会建设的独特意义。

2016年12月24日，由中国人民大学哲学院主办的“中国哲学的转型与创新暨纪念石峻教授诞辰100周年学术研讨会”在人民大学召开。来自中国人民大学、北京大学等单位的50多位学者参加会议，主要围绕石峻教授的学术业绩和中国哲学的现代转型与创新两个主题进行了研讨。

2016年5月10日，中国人民大学哲学院邀请纽约州立大学杜楷廷（David Elstein）教授做了题为“孟子人性论的当代诠释：中西之比较”的讲座。杜楷廷教授比较了现代中美对孟子人性论的诠释，认为其差异源于哲学方法论的不同，前者的先验方法难以避免主观偏见与普遍性疑惑，后者的经验主义方法未能提供行动的动机。

2016年10月20日，由北京大学哲学系、北京大学道家研究中心主办的第十届严复学术讲座邀请美国达特茅斯学院艾兰（Sarah Allan）教授做了题为“从战国竹简看孔子与禅让传说的兴起”的学术报告。艾兰教授依据今年的出土文献剖析了孔子死后被尊为圣人和禅让传说在公元前五世纪广为流传这两个事件之间的关系。

2016年12月20日至23日，中国人民大学哲学院开办了“比较哲学视野中的中国哲学”系列讲座，由香港中文大学黄勇教授主讲。讲座主题分别是“如何在西方哲学语境中研究中国哲学：中国哲学研究的一个独特方法介绍”，“为什么要有道德：二程的回答”，“对美德伦理学自我中心的批评：朱子新儒家的回应”，“对恶人的同感：我们可以向王阳明学习什么”。黄勇教授指出，在西方哲学语境中研究中国哲学应熟悉西方哲学家所关注的问题，关于这些问题的不同观点，以及这些观点所面临的问题，进而发掘中国哲学家关于这些问题是否有新的、更好的观点。

二、学术著作

2016 年北京地区学者又出版了若干新著，研究对象主要集中于儒家经学，从哲学角度对经学文献进行研究，阐发经学中的义理，梳理经学义理化过程是主要的研究思路。此外，学者们依旧关注当代中国哲学的研究范式问题。

宋志明的《中国古代哲学通史》分为“总论”“奠基期”“展开期”“高峰期”四个部分。“总论”概述了中国哲学的含义、基本问题、主要内容和精神韵味。“奠基期”“展开期”和“高峰期”分别概述了各个时期的语境、文本、话题、学派等，并分述了道家的天道学、儒家的人道学、墨家的人天学、名家与名辩思潮以及法家的治道学，董仲舒、王充的天人学，王弼、裴頠、郭象的玄学以及佛教和道教哲学，周敦颐、二程、朱熹、陆九渊、王阳明、张载、王夫之的哲学以及清初的朴学。该书立足于中国古代哲学的基本问题，清晰地呈现出古代哲人的问题意识及其哲学的发展脉络。①

王文东的《天之道与人之礼——〈春秋〉经传主体思想》一书的宗旨是在融合春秋古学诸说的基础上诠释《春秋》经传的核心思想。该书以《春秋》经论、《春秋》传论、《春秋》学论为开端，并对古今关于《春秋》之名、实、作者、性质，《春秋》三传的修撰、性质以及《春秋》学主要论题的不同观点进行了总结分析。该书的主体部分依照天道、礼义、德行、治道四大论题提炼出春秋三传中的五十个主题，并分别对三传中与这些主题相关的思想进行了讨论。最后从经之差别、思想价值及主旨的差异、评史论事的道德观、解释经义的方法等方面对三传进行了综合论析。②

刘丰的《北宋礼学研究》是以哲学思想分析为主，结合经学文献、社会政治和礼仪制度的综合研究。该书将宋代礼学分为礼图、经世和义理三派，从整体上考察了《周礼》与北宋儒学发展的关系。书中对王安石的《周官新义》进行了专门研究，探讨了《周官新义》与熙宁新法的关系，《周官新义》的经学成就，宋代学者关于《周官新义》的争论及其思想史意义。此外，该书集中讨论了理学与传统礼学的关系，礼学的义理化、天理化过程，以及礼在天理论这一叙述模式中的地位和意义，突出了二程、张载、吕大临等在礼学义理化过程中的贡献。③

姜海军的《二程经学思想研究》将文献学、思想史、哲学史的研究方法应用于经学研究中，从二程经学的背景、渊源，二程的《四书》学、《春秋》学、《诗经》学、三《礼》学、《尚书》学、《孝经》学，二程经学诠释的思想与方法，二程经学的价值与影响等方面进行梳理、分析和归纳。书中提出二程的宋学范式以汉学瓦解、社会政治秩序重建的需要为背景，以原始儒家、汉唐经学范式为基础，汲取了佛老在宇宙本体、心性论方面的思想精髓，在诠释思想和方法上既不拘泥于文本本身，亦不离开经文谈论天道性命，实现了对儒释道三家理论和经典诠释学的整合，从而形成了理学化的经学体系。④

王健的《观念与历史的际会：朱熹中庸思想研究》围绕“道统”对人类生活乃至历史的意义展开讨论。该书指出，朱熹将“人心道心，精一允执”确立为吾族文化精神传承的统绪，并依此对《中庸》进行诠释与阐发，目的在于回答“大公至正”的社会如何可能的问题。朱熹将“天道”观念运用于对人和历史的解说，以人的天赋善性作为合“情”讲“理”的社会形态之可能性的依据，以主政者学为君子作为实现有“道”理想的首要前提。⑤

陈明的《王船山〈尚书引义〉之德性论与治道思想》以思想史的设问为导向，将学术史的问题和哲学史的分析方法相结合，考察了王船山在认识论，人性论，心性论与治心工夫，身心关系论与复礼之学，政治秩序与治道原则，民本思想与政治正当性问题以及制度论等方面的新论述。该书认为船山将义理学与经史学加以会通，将君子成德修己的为学工夫和治国平天下的“政治作为”加以区别，并将政治课题作为儒学的核心关注，从而完成了对儒学的改造。⑥

林光华的《魏晋玄学“言意之辨”研究》从哲学角度围绕“言意之辨”展开讨论，提出“言意之辨”的核心是“言不尽意”，“言不尽意”的实质是“言不尽道”，并从思维方式的层面对“言不尽意”的原因进行了解答，对诗歌语言的特点进行了分析。该书采取“溯源”与“新诠”相结合的研究方法，从老子、庄子、《周易》对道、无、言、象、意及其相互关系的看法开始分析，进而考察魏晋玄学语境下的言意问题，并用现代哲学话语对“言不尽意”所涉及的诗歌思维方式进行了表述。⑦

三、学术论文

2016 年北京地区学者所发表的论文中有大量值得关注的成果。中国哲学研究所面临的困境、未来的发展方向、传统哲学的现代转型成为学者们重点讨论的问题；各期儒学仍然是重要的研究领域，梳理特定思想观念产生、发展脉络的论文较多；道家哲学的研究成果非常丰富，道家的生成论、政治哲学、道德哲学成为备受关注的问题；简帛文献仍然是研究热点，其中关于上博简《恒先》的研究成果比较集中。

（一）中国哲学通论

叶秀山对于中国哲学的特点进行了概括，对中国哲学发展的历史进行了梳理和反思。他认为哲学的主要作用在于对“历史”和“目标”进行理性审视。中国哲学传统侧重于“存在论”而比较缺乏“知识论”，试图在时间的“绵延”中保持持续的“存在”，又常从“历史”中寻求“存在”的根据并对未来做出许诺，从欧洲哲学视角来看，这种哲学之思并未彻底超出“感性时空条件”。中国哲学难以建构出“现实”的“理念世界”，但亦可以此来规范和引导“现实世界”。⑧

洪汉鼎从诠释学的角度探讨了中国哲学研究中的“古今”与“中西”之争。他认为历史需要在重构中生发出新意，古今之间生命的沟通和融合是经典诠释的真理。五四时期的中西之争实际上是古今之争，而现今学习西方的目的是创立世界化的学说，中国的哲学应该是“有中国特色的世界哲学”。借鉴西方哲学发展中国哲学并非简单地按照西方模式建构中国哲学，对古代经典的诠释并非是强迫古代思想现代化，从诠释学的观点看，中外和古今的学习都是学习“共相”，从观念的进展看，都是融合的过程。⑨

韩星探讨了如何在中国传统经典诠释的基础上推进中国哲学史研究的问题。他认为应以经学为中国哲学建构的主体，以子学、玄学、道学、佛学为辅助，借鉴西方哲学话语来诠释和表述传统思想，使中国哲学史兼具西方哲学的外貌和中国传统思想的实质，从而实现经学模式向哲学模式的非断裂性转换，推动中国哲学史研究的发展和完善。⑩

姚新中、陆宽宽剖析了当代中国哲学的困境，提出当代中国哲学的学科发展历程使其在结构上蕴含着难以化解的矛盾，表现为“传统中国哲学”和“当代中国哲学”难以贯通，“本土哲学”与外来哲学形似实非，哲学的内容与形式难以协调。他们认为，以真实的生活为旨归，打通哲学各二级学科及哲学与科学之间的阻隔，平衡史论、古今、中西、形质等问题，并立足于中国哲学的可能生长点，方能化解这些矛盾并创建出兼具中国意象和世界视野的当代中国“大哲学”。⑪

（二）先秦儒学

赵法生对《论语·述而》篇“五十以学《易》”章进行了考辨。他认为“五十以学易”章是孔子晚年赞《易》后所言，“五十”是虚拟的时间，与七十岁左右言说此语的实际时间并不矛盾，它体现了孔子的反省精神和对于下学上达的不懈追求，而帛书《易传》和郭店楚简等文献为此说提供了史料依据和理解孔子此言的思想背景。⑫

何益鑫以《论语·八佾》“子谓《韶》《武》章”为中心探讨了孔子“乐德合一”的思想。他认为“美”和“善”首先是孔子在观乐中切身感受到的“乐”本身所具有的“美”和“善”。孔子以“德”言乐，不是外在地把道德要求加于艺术之上，而是在艺术境界的展开中领会道德精神，使道德精神场景化、时空化、形象化，因而，“乐德合一”是艺术精神与道德精神的内在统一。⑬

刘悦笛以孟子、告子、荀子为中心考察了原典儒学“自然—使然”的人性架构。他认为，告子持纯生物学的立场，荀子倾向于后天培育，孟子介于二者之间，试图在先天与后天之间搭建桥梁。在先天与后天、本能与培育、自然与使然的张力之间确定人性的基本结构是原典儒学带来的当代启示；既承认人性的自然依据，又接受后天儒化的人性观具有重要的“全球性”价值。⑭

梁涛考察了荀子人性论的历时性发展。《富国》《荣辱》两篇提出了“情性－知性”说，将情感欲望与材性知能均称为“性”，认为顺从情性会导致争夺、混乱，含有情恶的观点，又认为知性可以抉择判断、制作礼义，将知性看作善的来源。之后荀子在《正名》《性恶》中通过对性的两重定义，将性主要限定为情性，同时用“伪”来概括能知和所知，一定程度上消解了前期思想中的矛盾。⑮

赵法生从荀子的政治思想与道德思想的内在关联出发探讨了其学派归属问题。他认为，荀学中“治人”与“治法”的矛盾是法家政制与儒家道德矛盾的外化，荀子试图通过“治人”将儒家道德植入“治法”之上，但他的礼义过度政治化、外在化和形式化，导致礼变为类似于法的强制性规范，结果是法家的“治法”扭曲了儒家的“治人”，因此，荀子是受儒家影响的法家即“儒法”。⑯

孙伟对荀子与亚里士多德的德福观进行了比较。荀子以“荣”“辱”两个概念为基点，提出应首要关注个人的道德修养，外在的荣誉、地位居于次要地位，但同时认为荣誉等外在物质幸福一定能在德性修养的前提下，通过自身的努力而获得。亚里士多德也强调通过个体的道德修养来获得幸福，要实现幸福也需要个人充分地利用外在机遇。[17]

（三）道家哲学

罗安宪对老子哲学中“自然”“无为”“道”之间的关系进行了讨论。他提出“自然”是人与物共有的概念，“无为”是人独有的概念。在老子哲学中，“道”是第一层次，“自然”是第二层次，“无为”是第三层次，人要通过“无为”而达到“自然”，通过“自然”而接近道。老子思想的逻辑是由“自然”以明道，因“自然”以循道，明“自然”以守道。[18]

王威威将老子的无为政治与诺奇克“最低限度的国家”进行了比较研究。老子将百姓的自然作为君主行使权力的界限；诺奇克以个人权利作为约束国家权力的边界。老子认为无为之君可辅助百姓自然；诺奇克认为国家可以保护个人权利。他们的思路有一致性，但是老子思想中自然状态下的百姓并没有权利意识，而诺奇克的“最低限度的国家”正是因为保护个人权利的需要而产生的。[19]

周耿探讨了先秦道家万物生成论的基本模式及其理论意义。他将老子的万物生成论概括为“道生、物形”论，认为老子后学多以“气”解释“物”，形成了各种道、气生物论，《太一生水》以水为最初的“物”，构建了“道（太一）生、水辅”论，但仍与道、气生物论有联系。“道生、物形”模式的揭出有助于理解道家生成论的实质，亦可彰显政治思想、人性论与生成论之间的内在逻辑。[20]

王中江对早期道家统治术的演变进行了梳理，提出早期道家统治术有一个从老子“道政”到黄老学“法治”的转变过程。具体来看，“道生之”变成了“道生法”；“无为”“柔弱”的“道政”变为通过客观化的、非人格的制度来治理；“反智用道”被改造为“弃智用法”；以道的无名为中心的“无名主义”转变为“循名”和“正名”；赤子之心被趋利避害的自然人情所取代；“小国寡民”转变为强大国家的设计。[21]

郑开围绕老庄哲学中“德”的含义对若干问题进行了深入探究。他认为在老庄哲学中，“德”具有万物殊性之“性”和万物玄同意义上的最根本的“性”即“性之性”两层含义。老庄通过宇宙论模式阐发道物关系，同时也展现出通过“性”把握“物”的新思维，隐含了心性论的思考。而作为价值判断语词的“德”，可以理解为超越规范伦理的原初伦理，甚至可以解释为道德形而上学（或德性伦理学）。[22]

陈霞对道家道德哲学的根基及其特征进行了讨论。不同于以情、利、动机为道德根基的思想，老子的“孔德之容，惟道是从”是以“道”为“德”的根基。“道”这一根基不依赖于天命和鬼神，具有超验性、形式性、包容性、非强制性、普适性、实践性等特征。“唯道是从”作为形式性原则，它不规定具体的德目，而是防止具体的规范僭越其有效性的限度，从而避免善的暴政。[23]

孟庆楠对先秦诸子的自然状态学说进行了比较研究。他认为，老子及黄老道家的“自然”是无为政治的结果，并非现代政治哲学语境中的“自然状态”，但先秦诸子也关注政治国家产生前的人群状态。《商君书》《庄子》描述了朴素、无争的自然状态，墨子、荀子、韩非子则认为自然状态中人与人相互伤害、充满纷争。诸子对自然状态产生的原因认识不同，并据此提出了不同的治理方式。[24]

（四）简帛研究

王中江辨析了《恒先》中“恒”的意义并梳理出“恒”在中国古代哲学和思想中的脉络。他立足于《恒先》文本中“恒”的用法和意义，将《恒先》的“恒”及生成论置于道家宇宙观和谱系中加以观察和比较，并参照先秦思想中“恒”这一概念本身的演变，提出“恒”可以同“先”分开来读，它同于“道”“一”“太一”，是指称恒常物、恒久实体的名词，是指称宇宙和万物终极根源的概念。[25]

白奚对《恒先》中的“恒先无有”这一命题进行了释读。他指出，在“恒先无有”中，“恒”才是表示终极意义的最高哲学概念，相当于“道”“太极”“太一”，而“先”只表示“之先”。“恒先无有”所表达的思想是：“恒”为最高的、最初的存在，在“恒”之“先”一无所有。“恒先无有”通过对“有”的否定突出了“恒”的“无”的本质，以此来确立“恒”作为哲学最高概念的性质和地位。[26]

白奚、岳贤雷对《恒先》中的“或”概念进行了研究，提出“或”不应释为“域”，而应如字读为“或”。先秦两汉的时空理论均为宇宙对举、时空统一，将“或”读为“域”并释为“空间”不符合这样的时空观念。“或”是“有”和“无”、确定性和不确定性的统一，是“恒”的代名词，表示宇宙的初始状态和宇宙万物生成的起点，“或”进一步分化为“气”，万物的生成由此逐步展开。[27]

曹峰围绕《恒先》中的“气是自生，恒莫生气”、“气是自生自作”展开讨论，提出《恒先》上半部分的宇宙生成论为下半部分的政治哲学服务，宇宙生成论中的“气是自生”为统治者的“无为”和百姓的“自为”提供了合理性依据。此外，他概括出他生（创生）、相生和自生三种道家宇宙生成论模式，并梳理出自生观念从《老子》《庄子》到严遵、王充、郑玄、《列子》直至郭象的发生和演变的线索。[28]

曹峰对清华简《汤在啻门》中与“气”相关的内容进行了解读。《汤在啻门》中有“气”与生命关系的论述，“气”通过“五味”的烹饪、调和与摄入维持人的生命，通过在十月怀胎中的作用形成生命，“气”的盈虚导致生命的盛衰。《汤在啻门》有着显著的术数色彩，但最终目的是强调治气以养生、养生以治国的重要性，其思想很可能对后世强调养生以治国的道家、道教产生影响。[29]

任蜜林在先秦道家的思想脉络中对《凡物流形》以“一”为核心的哲学思想进行了探讨。《凡物流形》中的“一”生出万物并在万物产生后支配万物，具有宇宙论和本体论的双重意义。《凡物流形》中又有以“一”为基础的工夫理论和政治思想，通过“仰视俯揆”和“于身稽之”的修养功夫可以得“一”，在“一”指导下“心能胜心”，就可达到非常高妙的境界，而统治者只有“执一”，国家才能得治。[30]

王觅泉对简帛《五行》中“形”、“形于内”、“不形于内”的意义进行了辨析。通过考察《五行》和其他早期儒家文献，他提出“形”包括决策、行动的过程，态度，面部表情，拥有改变世界力量的魅力等，“形”以不费力的、自然的方式发生，而不是在认知的控制之下。“形于内”指美德具有极深的程度，“不形于内”也源于内在美德，但美德的程度不够深，无法多维而自然地表现。[31]

（五）易学哲学

王晓毅对何晏、王弼易学的“时义”观进行了比较，提出何晏、王弼贵无哲学的内涵不同是二人易学思想差异的深层原因。王弼将事物变化的动因归于自然之性，“时义”反映的是事物自身发展变化的规律，因而用社会人事来解易；何晏徘徊于象数与义理、自然本性论与宇宙气化论之间，因而留下了“自言不解《易》九事”的困惑。[32]

蒋丽梅以王弼对《观》卦的注释为核心，分析了“观”卦注释史上儒道进路的异同，讨论了王弼“观”的概念在认知上的特点、其理想境界的达成及其作为思维方法的运用。王弼通过“观我生”将“观”由个体认知扩展为对本体的探究；在“观妙”的过程中个体以本体为参照审视其存在的状态，突破“自我观之”而走向“以道观之”；“观感化物”则将儒家教化与无为之治相结合。[33]

王鑫通过对王弼《周易注》文本形式与解《易》实践的研究揭示出王弼易学对费直“以《十翼》解《易》”宗旨的继承与发展。王弼“析传合经”是将费易“以传证经”精神贯彻到了文本实践中；“得意忘言”的解《易》方法并非“尽黜象数”，通过分析象数体例来阐明易理是王弼解《易》的重要特点；王弼对象数体例的使用以《十翼》为限，即以源自《十翼》的象数体例去生发《易》理。[34]

张学智探讨了王夫之对《既济》卦和《未济》卦的阐发所包含的哲学义理和时代关切，认为王夫之的阐发与他总结明亡教训，纠正当时学弊，为未来文化奠立健动、崇实的基调有关。他总结出王夫之对《既济》卦的阐发所包含的三个维度：通过对一阴一阳卦爻间隔整齐和卦辞“初吉终乱”的分析指出安于表面的平静而丧失对小人的警惕酿成了明末的乱局；分析老子废弃道德的话语，借以批评放松道德而导致的国破家亡；对阴所代表的不利因素须及时遏止，并以正克邪而自昌。[35]王夫之对《未济》卦的阐发包含四个维度：“乾坤并建”与对本体论思维方法的强调；以本体论思维为基础对《序卦传》、程颐及象数解易的方向进行批判；对《未济》何以可做终卦的解释体现了崇尚健动、生生以及事物多样性的哲学思想；扬阳抑阴，主张对阴柔所代表的小人加以裁抑。[36]

周广友从“贞天地”“立人极”“通天人”三个方面来阐释王夫之《周易外传》中的圣人观。“贞天地”分为“择阴阳之粹精”和“肖阴阳之德”两方面，“立人极”体现在圣人的德才和作为中，二者的思维方式为“本天论人”和“以人论天”，其理论基础在于“通天人”。王夫之的圣人观综合了先儒的看法，突出了圣人养民佑民和治理社会的“作为”，是对重内圣、轻外王思潮的修正。[37]

（六）宋明理学及近现代哲学

陈来梳理了宋明儒学中“万物一体”论的发展脉络，概括出不同时期“万物一体”思想的特征。

他指出，宋儒特别是程明道及其继承者思想中的仁作为万物一体的概念，主要显现在主观方面，但是为从客观方面把握万物一体之仁奠定了基础。王阳明的“万物一体”不仅是境界上应然如此，心体上本然如此，就存有的状态说也是实然如此，从而突破了“万物一体”的主观义，使万物一体之仁实体化。[38]

张学智对宋明理学中的超越性因素及其表现形式进行了讨论。他认为，宋明理学从周敦颐、张载、邵雍的重天道到程颢的重人道，从程颐、朱熹的天人不二、体用一源，到陆九渊、王阳明的立基于心、以心贯通天人，最后到刘宗周的返回天道、以天立极，完成了对终极对象的体认、诠释和修正。宋明理学超越性的突出特点是修养功夫落实于社会实践中，对终极价值的肯定和关怀扎根于现实生活中。[39]

李存山梳理了周敦颐《太极图说》的创作、流传及其在宋明理学中确立地位的过程。他认为，“太极图”是儒、道共有的哲学架构，道教用其讲“逆则成丹”，周敦颐则推衍出儒家的价值。二程主张“先识仁”，若讲“天道”则从“天地设位”或“天地储精”讲起即可，而不必讲“无极而太极”，故不传《太极图说》。侯仲良、胡宏则在《太极图说》流传中起到了重要作用。朱熹确立了《太极图说》在理学中的开山地位，并由此综合周敦颐、张载、二程的思想，形成了其思想体系。[40]

陈来从仁学本体论的角度，叙述并分析了中国近代儒家哲学的代表性形态。他指出，熊十力以心为宇宙实体，马一浮以心本论释仁，梁漱溟将精神、生命本性作为本体，这些哲学体系都属于心本实体论，而未能达到仁的本体论或宇宙论，其原因在于他们的思想受到认为哲学总是以心或物为中心的观点的限制。[41]

王卡提出当代新道家的代表人物当首推金岳霖，他着重论述了金岳霖的形上学和人生观。金岳霖提出了“道是式—能”的命题，所论之“道”融汇了儒释道和西学的精髓，是一种独创的本体论。金岳霖还借用和改造周敦颐《太极图说》的名词和思想，提出了宇宙生成演化论。金岳霖从“天人合一”说推出素朴、英雄和圣人三种人生观，认为西方社会需要用圣人观来救治英雄观，东方社会则需要更多的英雄观。[42]

胡军以金岳霖、冯契为例评析了“所与是客观的呈现”说。金岳霖认为正常的感觉内容即“所与”能够使主体直接达到客观存在的外物，即“所与是客观的呈现”。冯契认同金岳霖的观点，认为金岳霖的知识论克服了主观唯心主义的缺陷，是对认识论研究的贡献。二人均忽视了主体感觉器官感知外物的生理机制，没有认识到正常的感觉内容也是外物与主体的感觉机制共同作用的结果，感觉内容和外物并不同一。[43]

注：

①宋志明：《中国古代哲学通史》，中国青年出版社，2016年版。

②王文东：《天之道与人之礼——〈春秋〉经传主体思想》，人民出版社，2016年版。

③刘丰：《北宋礼学研究》，中国社会科学出版社，2016年版。

④姜海军：《二程经学思想研究》，北京师范大学出版社，2016年版。

⑤王健：《观念与历史的际会：朱熹中庸思想研究》，华东师范大学出版社，2016年版。

⑥陈明：《王船山〈尚书引义〉之德性论与治道思想》，中国社会科学出版社，2016年版。

⑦林光华：《魏晋玄学“言意之辨”研究》，社会科学文献出版社，2016年版。

⑧叶秀山：《对于中国哲学之过去和将来的思考》，《江苏行政学院学报》，2016年第1期。

⑨洪汉鼎：《横跨中外 通达古今——诠释学与中国传统哲学现代转型的反思》，《文史哲》，2016年第2期。

⑩韩星：《中国传统经典诠释与中国哲学史研究——以儒家为中心的考察》，《现代哲学》，2016年第6期。

⑪姚新中、陆宽宽：《当代中国哲学的结构困境》，《哲学研究》，2016年第3期。

⑫赵法生：《〈论语·述而〉篇“五十以学〈易〉”章考辨》，《社会科学论坛》，2016年第12期。

⑬何益鑫：《孔子的“乐德合一”——〈论语〉“子谓〈韶〉、〈武〉章”疏义》，《孔子研究》，2016年第4期。

⑭刘悦笛：《原典儒学人性论：“自然—使然”架构——以告子、孟子与荀子之辩为考察中心》，《南京社会科学》，2016年第8期。

⑮梁涛：《荀子人性论的历时性发展——论〈富国〉、〈荣辱〉的情性—知性说》，《哲学研究》，2016年第11期。

⑯赵法生：《荀子的政制设计与学派归属》，《哲学研究》，2016年第5期。

⑰孙伟：《荀子德福观的再分析——基于与亚里士多德的比较》，《武汉大学学报》（人文科学版），2016年第5期。

⑱罗安宪：《论老子哲学中的“自然”》，《学术月刊》，2016年第10期。

⑲王威威：《老子的无为政治与诺奇克“最低限度的国家”之比较》，《苏州大学学报》（哲学社会科学版），2016年第1期。

⑳周耿：《“道生、物形”论：先秦道家万物生成论的基本模式及其理论意义》，《国学学刊》，2016年第4期。

㉑王中江：《早期道家“统治术”的转变（上）》，《哲学动态》，2016年第2期；王中江：《早期道家“统治术”的转变（下）》，《哲学动态》，2016年第3期。

㉒郑开：《试论老庄哲学中的“德”：几个问题的新思考》，《湖南大学学报》（社会科学版），2016年第4期。

㉓陈霞：《孔德之容，唯道是从——论道家道德哲学的根基及其特征》，《哲学研究》，2016年第3期。

㉔孟庆楠：《自然与治道——先秦诸子自然状态学说的比较研究》，《云南大学学报》（社会科学版），2016年第1期。

㉕王中江：《终极根源概念及其谱系：上博简〈恒先〉的“恒”探微》，《哲学研究》，2016年第1期。

㉖白奚：《宇宙万物的始基：“恒”还是“恒先”？——“恒先无有”释读之我见》，《中国哲学史》，2016年第2期。

㉗白奚、岳贤雷：《“或”还是“域”——上博简〈恒先〉“或”概念与宇宙万物生成的起点》，《哲学动态》，2016年第12期。

㉘曹峰：《“自生”观念的发生与演变：以〈恒先〉为契机》，《中国哲学史》，2016年第2期。

㉙曹峰：《清华简〈汤在啻门〉与“气”相关内容研究》，《哲学研究》，2016年第12期。

㉚任蜜林：《先秦道家视野下的〈凡物流形〉哲学研究》，《云南大学学报》（社会科学版），2016年第4期。

㉛WANG Miquan 王觅泉：The Meaning of Xing 形 and Moral Transformation in Wuxing，Frontiers of Philosophy in china，2016，11（2）。

㉜王晓毅：《何晏、王弼易学“时义”观差异及其原因》，《周易研究》，2016年第6期。

㉝蒋丽梅：《王弼〈观〉卦释义研究》，《杭州师范大学学报》（社会科学版），2016年第2期。

㉞王鑫：《王弼易学新证》，《中国哲学史》，2016年第4期。

㉟张学智：《王夫之〈既济〉卦阐发的三个思想维度》，《哲学动态》，2016年第5期。

㊱张学智：《王夫之〈未济〉卦阐发的几个思想维度》，《中国哲学史》，2016年第1期。

㊲周广友：《王夫之〈周易外传〉中的圣人观释要》，《中国哲学史》，2016年第1期。

㊳陈来：《仁学视野中的“万物一体”论（上）》，《河北学刊》，2016年第3期；陈来：《仁学视野中的“万物一体”论（下）》，《河北学刊》，2016年第4期。

㊴张学智：《宋明理学中的终极关怀问题》，《中国社会科学》，2016年第9期。

㊵李存山：《〈太极图说〉与朱子理学》，《中共宁波市委党校学报》，2016年第1期。

㊶陈来：《中国近现代哲学的心本实体论》，《船山学刊》，2016年第3期。

㊷王卡：《金岳霖的形上学与人生观》，《湖南大学学报》（社会科学版），2016年第4期。

㊸胡军：《“所与是客观的呈现”说评析——以金岳霖、冯契为例》，《华东师范大学学报》（哲学社会科学版），2016年第3期。

（作者：王威威，华北电力大学教授）

西方哲学

杜丽燕

一、学术活动

2016 年 3 月 31 日，北京大学外国哲学研究所举行史陶森伯格（Stolzenberg）教授讲座。题目是“费希特与康德”。史陶森伯格教授是当代富有影响力的国际一流学者，他撰写、主编专著 17 部、发表大量学术论文。曾任国际费希特协会主席，现任哥廷根科学院哲学—历史所的通讯院士、国际康德哲学协会主席成员；《莱布尼茨全集》学术协调委员会主席，是全球康德专家学者编撰的鸿篇巨制《康德辞典》的主编之一；《康德研究》《黑格尔研究》重要编委；魏玛经典基金会创立者与成员、西门子基金会委员。

2016 年 4 月 22 日，北京师范大学哲学院举办学术研讨会，会议由林斯基（Bernard Linsky）教授、江怡教授、李红教授、王静博士做主题发言。林斯基教授为美国斯坦福大学哲学博士，自 1997 年任加拿大 Alberta 大学哲学系教授至今，是国际知名语言哲学专家，曾担任哲学系主任多年。

2016 年 4 月 23 日，由清华大学人文学院哲学系中欧哲学与文化研究中心、道德与宗教研究院中法哲学与道德文化研究中心联合主办法兰西思想系列讲座第一期。巴黎八大哲学系名誉教授阿兰 · 布洛萨针就“福柯与异托邦”的主题进行了报告。哲学系夏莹副教授主持、中国社会科学院哲学研究所汤明杰博士翻译。

在报告中，阿兰教授指出“异托邦”概念在福柯整个思想体系中的关键性地位，强调其“小分量博取大立意”。同时，“异托邦”的概念支撑了“空间问题也是政治问题”这一观点，也为读者自身提供了批判性的维度，读者应该成为异托邦概念的使用者。阿兰教授从异质性角度出发，将福柯如何用“异托邦”概念切入了政治、并对现实进行批判的理路进行了梳理。整场报告论证十分清晰。

2016 年 9 月 1 日下午，加拿大英属哥伦比亚大学哲学系教授约翰 · 比蒂（John Beatty）莅临北京师范大学哲学学院，举办了题为“What are narratives good for?”的学术讲座。讲座由李建会教授主持，来自北京师范大学哲学学院的研究生和校外的部分师生聆听了讲座，并与约翰 · 比蒂教授展开了深入的沟通和探讨。

在谈及叙事式的论述时，约翰．比蒂教授效仿叙事专家和文学理论家的方式，强调故事的元素，并且认为，这些元素是用历史的方式描述自然科学。约翰 · 比蒂教授通过两个叙事式的例子（恺撒的历史和兰花花瓣的形成）来说明使用这种历史性的叙述方式记录自然科学的意义在于：它呈现出偶然性或者说它说明了偶然的结果。他用“分叉树”论述了他的观点。一方面，一个事件的发生是偶然的，意味着它不是必要的，不是一定会发生，它有其他的可能性，这是一个机会的问题；另一方面，一个事件的发生取决于另一事件的发生，而另一事件的发生就是必要的，它属于自然的历史，而事件的结果取决于转折点。约翰．比蒂教授通过这样的一个路径论述了“叙述”的意义。

在提问环节，现场的老师和同学针对异托邦概念究竟在解构还是建构？福柯与德勒兹、德里达之间的理论关联为何等问题进行了提问。讨论十分热烈。哲学系、中文系、历史系及马克思主义学院、社会科学学院的部分同学到场聆听了本场讲座。

2016 年 10 月 10—15 日，美国哲学家兼逻辑学家谢尔（Gila Sher）教授，于 10 月 6—17 日在北京大学哲学系做 5 次系列讲演。谢尔是美国哥伦比亚大学哲学博士、美国加州大学圣迭戈分校哲学教授、国际著名哲学杂志《综合》主编、美国《哲学杂志》咨询主编，发表了很多有影响力的论著，牛津大学出版社新近出版她的《认知摩擦力》一书（2016）。该书被认为提供了“一种雄心勃勃的新世界观，一种开拓性的关于知识、真理和逻辑的整全理论，是对永恒哲学问题的新回答”。五次演讲的题目分别是：“真理理论新的一致性”“逻辑学基础概述”“知识的后蒯因模式”“基础整体论——一个新认识论模式”“真理和超验—说谎者悖论的逆转”。

2016 年 10 月 25 日，阿姆斯特丹大学教授斯托克霍夫（Martin Stokhof）在北京大学哲学系做演讲，题目是“没到哲学终结的份上：维特根斯坦和自然主义”。斯托克霍夫是世界知名的语言哲学家、逻辑学家、维特根斯坦专家，现为荷兰阿姆斯特丹大学哲学系教授。曾担任阿姆斯特丹大学逻辑、语言与计算研究所（ILLC）所长（1998—2004），Linguistics and Philosophy 编委（1991—2011），荷兰科学基金（NWO）人文科学委员会主席（2004—2010）。2006年被选为荷兰皇家科学院院士，现任欧洲科学基金（ERC）人文科学常务委员会成员。

斯托克霍夫在演讲中指出，自然主义对许多人文学科提出挑战，对哲学的压力格外突出。这一点在维特根斯坦元哲学的辨认中尤其明显。虽然人们并没有公开地讨论这一问题，但是，与科学主义相对的自然主义的特殊形式，在那些讨论中经常占有很大的比重。自然主义这一强势的形式对哲学构成一种特殊的挑战。斯托克霍夫表示，他将探索维特根斯坦后期著作，在某种程度上为应对这一挑战提供了一种可能性。

2016年12月18日，北京市社科院哲学所举办召开了“2016年中外人文精神论坛”。来自北京大学，北京市委党校（北京行政学院），中国社会科学院，中国政法大学，中央财经大学，北京市青年政治学院，华北电力大学，人民出版社和北京社科院等单位的30余位专家学者参加了此次会议。大会邀请了北京市社科院前副院长周航，北京市委党校（北京行政学院）校务委员会委员袁吉富教授和中国政法大学人文学院院长文兵教授作了致辞和报告，各位领导充分肯定了哲学所主办《中外人文精神研究》一刊的意义，并希望哲学所能够继续高水平的办好此刊。袁吉富教授分析了目前中国“人文精神”的四种紧张关系，文兵教授则细致地分析了“人文精神”的语文学和哲学含义，引起了热烈的反响。

二、自然法研究

近年来，随着政治哲学研究逐渐升温，自然法也受到国内西方哲学研究界的关注。自然法是一个很大的题目，其内容几乎纵贯整个西方哲学史。因此，对于自然状态和自然法的研究也显现出极大的历史跨度。

龚群、何小嫄的《斯多亚派的自然法伦理观念》①刊登在《武汉大学学报》之《价值论与伦理学研究》栏目下。栏目主持人江畅教授在“主持人语”中的一段话颇为到位。江畅教授指出，自然法是西方哲学、法学、政治学等多学科的重要概念。这个概念最早是由斯多亚学派提出、并加以明确阐释。斯多亚学派把自然理解为自然界与人类相统一的世界，而自然的法则就是自然法。对于斯多亚学派来说，自然的实质在于理性，因而自然法即理性法。他们强调依自然而生活就是指依理性而生活。斯多亚学派的这种观点强调人与自然的统一性。

龚群教授的《斯多亚学派的自然伦理观念》一文指出，在斯多亚派哲学中，“自然”（physis）是一个核心概念。“自然”这一概念，既包含着对于物理世界的理解，对于神、对于人性以及人类的理解，也包含着对人的道德世界的理解。博登海默说：“芝诺及其追随者把‘自然’的概念作为他们哲学体系的核心。所谓自然，按他们的理解，就是统治原则，它遍及整个宇宙，并被他们按泛神论的态度视之为神。这种统治原则在本质上具有理性。”斯多亚派的“自然”概念所表达的内容，既是描述性的也是规范性的；它既包含着这个世界以及万物是什么，也包含着它们应当是什么的规定性。就其描述性意义而言，“自然”这一概念可以指称宇宙、神、宙斯和命运，以及其他许多名称所代表的东西。

在斯多亚派哲学中，自然是一个核心概念，自然这一概念不仅包括对物质世界的理解，也包括对人的世界的理解。自然与理性相等同意味着人必须遵循着必然性，即命运。而遵循理性也就是依自然而生活。合乎自然的生活也就是德性的生活。宇宙与自然秩序中包含着自然法，自然法是永恒不变和普遍适用的理性法。自然法是宇宙与人类的共同法，在这一自然法中，包含着正义。自然法超越习俗或成文法，遵循自然法即为遵循正义。

何为博士的《论西塞罗的哲学立场与自然法》②指出，西塞罗那段著名的自然法表述并非首先出现在《论法律》中，而是出现在《论共和国》中。《论共和国》卷3中对自然法的简单勾勒成为《论法律》卷1的主题，后者为前者作了详细的阐述和补充。西塞罗指出：真正的法律（vera lex）乃是正确的理性（recta ratio），与自然（naturae）相吻合，适用于所有的人。自然法以稳定、恒常，以命令的方式召唤履行义务，以禁止的方式阻止犯罪行为，但它不会徒然地对好人行命令和禁止，以命令和禁止感召坏人。企图改变自然法是亵渎，取消它的某个方面是不被允许的，完全废止它是不可能的。无论是经由元老院（senatum）还是人民（populum），我们都不可能摆脱这种法律的束缚。无须寻找说明者和阐释者，也不会在罗马是一种法律，在雅典是另一种法律，现在是一种法律，将来是另一种法律，对于所有的民族，所有的时代，它是唯一的法律，永恒的，不变的法律

(《论共和国》3. 33)。何为博士认为,“真正的法律”具有明显的“自然”特性,完全不同于那些基于“有利”(utilitas)而制定的“本民族的法律”(gentis suae leges)(《论共和国》3. 20-21)。

周伟驰教授的《阿奎那自然法的现代争论》③一文,对阿奎那自然法思想做了清晰的介绍。作者指出,阿奎那《神学大全》I-IIq. 90-108堪称“法论”,尤其q. 90-97论及法的定义、永恒法、自然法和人法。就影响力来说,它仅次于证明上帝的五种方法(神学大全I q. 2)。关于自然法,除了在I-II q. 94做了集中讨论,阿奎那还在II-II q. 57a. 2简短地讨论了自然正义和实定正义(ius naturale et ius positivum),对后世的自然法和自然权利思想影响深远。《神学大全》I-II q. 90按亚里士多德四因说论述了法的几大要素。他说,“法”(lex)由“拘束”(ligare)一词而来,人们受法的拘束而不得不采取某种行径,背后有理性起作用。他给出的“法”的定义是:“它不外乎是为了公共的善,由照管共同体的人所立并予以公布的理性的法令。

从基督教神学出发,阿奎那把“法”分为四种:永恒法、自然法、人法和神法,此外还提到“罪的法律”。“上帝对于创造物的合理领导,就是像宇宙的君王那样具有法律的性质……这种法律我们称之为永恒法。”永恒法就是上帝心中关于受造界的观念、理念或蓝图。其他的法都是上帝心中蓝图的实施,是它的衍生物和落实。自然法,是人类理性对永恒法的分有,是永恒法在人类理性上的烙印。人法又称人定法、实定法或实证法。“人类的推理也必须从自然法的箴规出发,仿佛从某些普通的、不言自明的原理出发似的,达到其他比较特殊的安排。这种靠推理的力量得出的特殊安排就叫做人法”(I-II, q. 91a. 3)。人法是从自然法来的,违反自然法的人法是不合法的(q. 95a. 2)。人法从其如何来自自然法的方式看,可以分为万民法(ius gentium)和市民法(ius civile)。万民法是从自然法直接推出来的结论(因此它具有不变性),人天生是社会动物,这些结论自然就成了支配买卖和社交等社会活动的标准。市民法则是任何城市根据其特殊需要规定的法律,它们是从自然法产生的作为个别应用的标准(就如建筑师从房屋的一般概念出发设计出一所具体的房屋的特殊图样),具有特殊性。

阿奎那强调人法的“公共利益”(福利),与他对政治制度的讨论有密切的联系。神法指上帝直接干预和指导人的生活,这是通过《圣经》中所颁布的新旧诫命办到的。为什么在自然法和人为法之外,还要有神法呢?托马斯说出了四个原因。第一,人除了自然的目的外,还注定要追求超自然的福祉,即与神相见,而这超过了人的自然能力,因此需要神法;第二,人类的理性判断常常出错,法律常常互相矛盾,而上帝是不会出错的,神法能使人确知何事应做,何事不应做;第三,人法只能够管到人的外在的行为,而神法却能够管到人内心的意念,成就人的美德;最后,人法要照顾到人性的各种层面,为公共利益而不得不容忍某些小恶,因此无法杜绝一切恶行,而神法却可防止各种各样的罪恶(I-II, q. 91a. 4)。在《神学大全》I-II q. 91a. 6阿奎那还提到了“罪的法律”(或“欲火之法律”, lex fomitis)。这个名称来自保罗《罗马书》7:23所说:“但我觉得肢体中另有个律和我心中的律交战,把我掳去叫我附从那肢体中犯罪的律。”阿奎那说,人在未堕落之前能按自然法即按理性行事,但堕落以后,就离理性越来越远,越来越受感官嗜欲冲动支配,它们也就有了法律的意义。

自然法具体有些什么内容呢?阿奎那说出了自然法的首要指令和次要指令。首要指令就是“行善避恶”。分开来说,人的自然法包括三个内容。第一,万物都有一种天然的保存自我、避免毁灭的倾向,人也不例外;第二,动物要通过性关系来繁衍后代并抚养后代,人也不例外;第三,与其他动物不同,人先天地具有认识上帝的倾向,以及过社群生活的倾向。阿奎那区分了思辨理性和实践理性,思辨理性认识的是自然法的普遍原理,而实践理性应付的是自然法的具体语境,处理的是个别的、偶然的例子。比如,思辨理性告诉我们“有债必还”,这是一个普遍的自然法原则,这是“道不变”。但是,如果偿还的债被用来跟我的祖国作战,那就可以暂时不还。阿奎那一个非常重要的思想是自然法是不变的,具有普遍必然性。

龚群教授的《洛克的自然权利说》④指出,自然权利说在17—18世纪的政治哲学中起着重要的作用,它也是洛克政治哲学的基石和核心。随着洛克前期关于自然法理论的八篇论文在20世纪的发表,重新激发了人们对于自然法与自然权利学说在洛克理论中作用的认识,尤其是在他最重要的政治哲学著作《政府论》下篇中的重要作用。詹姆斯·汉森(James O. Hancey)指出,“洛克的自然法理论基本上是自然法传统观念的继续，这一观念是通过中世纪的经院哲学和文艺复兴而将古典的自然法延续过来"。洛克的自然权利说蕴于他的自然法理论。洛克的自然权利说既是有着明显的阿奎那自然法理论的印记，但同时也有着他那个时代的重大转折特征。这一印记主要体现在洛克的自然权利说是在上帝的名义之下提出的。

洛克反复强调内在具有自然权利的自然法是上帝赋予人类的。首先，在洛克看来，地球上的人类是亚当的子孙，人类从本源上看就来自于人帝。其次，"人类来自于上帝"这一本体论的事实，决定了人与人之间的自然平等这一人类道德的基础。这里需要指出的是，洛克谈到了霍布斯所提出的在身心两方面的自然平等。但是，依洛克之见，理解自然平等的前提在于人来自于上帝。因此，洛克赞同胡克尔所说的，认为"人类基于自然的平等是既明显又不容置疑的，因而把它作为人类互爱义务的基础，并在这个基础上建立人们之间应有的种种义务，从而引申出正义和仁爱的重要准则"。洛克认为，既然人人平等，我要求在本性上与我相同的人爱我，也就负有自然的义务对他人充分具有相应的爱心。自然的义务或自然的道德要求教人向善和互爱，这既体现了阿奎那对自然法则的道德的理解，同时也体现了基督教的伦理要求。并且，人人平等不仅是人类一切道德的基础与前提，而且也是人类能够依据自然法行动的前提。洛克说："根据自然，没有人享有高于别人的地位或对于别人享有管辖权，所以任何人在执行自然法的时候所能做的事情，人人都必须有权去做。"自然法是对于任何一个人类个体而言的、具有平等权利拥有的法则。在洛克看来，这种自然的平等是不容置疑的。

王晨博士的《从道德法则到自然法权——试析康德〈道德形而上学〉中的法权推导》[5]，从霍布斯与康德的对比出发，探讨康德的《道德形而上学》一书如何从道德法则推导出法权。作者认为，在霍布斯看来，自然法必须以自然权利为基础，但在康德的立场上，这种意义上的自然法必定是假言命令。如何在自然法学说中容纳自然权利，同时又不使自然法沦为假言命令，《道德形而上学》对此做出了尝试。康德拒绝霍布斯关于不存在客观目的的断言，并在论证人性作为客观目的的基础上奠定了道德法则的基础，但如何从道德法则推导法权，这却成为一个难题。通过分析胡弗兰德和早期费希特法权推导的失败尝试可以看出，直接从道德法则发展法权论的方案不可能成功，为此《道德形而上学》选择了另一条道路，即在道德法则的运用维度中区分理性的法权立法和伦理立法，从而完成了从道德法则到法权的推导。

此外，王科文先生有《试比较霍布斯与洛克自然状态理论》[6]、郑戈先生的《自然法古今之变》[7]、石碧球先生的《在同意和自然法之间》[8]、刘敏博士的《上帝面前的平等——洛克论自然法与平等》[9]、黄瑞成教授的《施特劳斯〈哲学与律法〉中的自然法问题》等，均是探讨哲学史不同的阶段、不同的代表人物相关的自然法思想。

对于自然法问题的关注，显然与持续多年的政治哲学热不无关系。总体看来，相关的讨论还是比较薄弱的。问题如下：1. 系统梳理和探讨相对较少；2. 借助于他人视角讨论问题的较多，其中尤其以借助施特劳斯观点讨论自然法的论文不在少数；3. 问题意识相对较弱。

三、笛卡尔哲学研究

笛卡尔哲学研究始终不温不火，这种状况持续有将近20年，至今并没有太大改观。在数量并不可观的作品中，还是能够筛选出一些不错的作品。这些作品至少能够反映出目前笛卡尔研究的最高水平。

杨大春教授的《理解笛卡尔心灵哲学的三个维度》[10]，主要阐释笛卡尔心灵哲学及其对英美哲学的影响。作者认为，作为现代哲学之父，笛卡尔在其心灵哲学中既延续又突破了柏拉图和亚里士多德所代表的古代灵魂哲学。康德的心智哲学和黑格尔的精神哲学是对笛卡尔心灵哲学的不同形式的展开，它们分别对后来的英美分析哲学和德法现象学产生了重大的影响。问题的关键在于依据整个哲学史背景来把握笛卡尔的心灵概念与灵魂、精神和心智三个概念的复杂关系。

作者指出，按照斯宾诺莎的转述，笛卡尔在《第一哲学沉思集》附录中是这样定义心灵的："思想直接寓于其中的实体被称为心灵（mens）。笔者在这里说的是心灵而不是灵魂（anima），因为灵魂这个词是有歧义的，通常被用来指一个有形体的东西"（Spinoza，p128）。可是，该定义的法文版用心灵（esprit）来翻译mens，不仅没有提到与mens不同的anima（灵魂），而且整个表述也与上面的转述有所不同："思想直接寓于其中的实体在这里被称为心灵（esprit）。然而这个词是有歧义的，因为人们有时也认为它是风和非常精致的液体；可是我不知道有什么更恰当的名称"（Descartes，1979，p260）。王太庆先生在其《谈谈方法》中译本中附有笛卡尔的定义，其表述接近于斯宾诺莎的转述。（参见笛卡尔，2000年，第86页）值得注意的是译者在心灵后面所加的译注："anima 法译当作 me，原指生命的主体，虽然也用来指思想的主体，但在一般人的心目中常常被看成鬼魂之类，所以笛卡尔不想用这个字。但是他所用的 mens 这个词被译成法语 esprit 也有歧义，所以法译者将'我在这里……有形体的东西'一句改为'我在这里就叫它 Esprit。尽管如此，这个名称却是有歧义的，因为人们有时也用它来指一种非常精致的液体；可是我不知道有什么更恰当的名称。'"（笛卡尔，2000年，第86页）王先生的这个注释简洁地说明了心灵定义有两个版本。需要注意的是，译文中漏掉了"风"（vent，实指气息）。其实，"风"的重要性不逊于"非常精致的液体"。他就《谈谈方法》本身也有一个类似注释，同时点明了心灵（esprit，mens）与形体（corps）的相对。

笛卡尔更愿意使用心灵（mens，esprit）这个术语，并且要避开灵魂（anima，me）概念吗？斯宾诺莎在《笛卡尔哲学原理》中认定笛卡尔只关注心灵，除了前面提到的转述外，该书根本没有在任何地方提及灵魂问题。如果说笛卡尔的基本立场要求他从关注神性走向关注人性、从本体论转向认识论的话，他理应采取这种姿态。但问题并不那么简单，因为人性在笛卡尔那里毕竟还受制于神性，认识论也还需要以本体论为其支撑。

笛卡尔追求思想自由，但克制言论自由和行动自由，承认"除了我们自己的思想以外，没有一样事情可以完全由我们做主"。（笛卡尔，2000年，第21页）在自由沉思中，不管被自己怀疑还是受到妖魔欺骗，"我是"（Je suis，或"我在"：J'exist）始终具有确定性。"我"是什么呢？亚里士多德说人是"理性动物"。笛卡尔对此并不认同，因为把"什么是理性"和"什么是动物"放在一起追问，不符合清楚分明的原则。在他眼里，人之为人是理性或心灵，其身体则像动物、植物和尘土一样归属物体之列。人是"理性动物"意味着心身统一，但他以"我是一个心灵"和"我有一个身体"来强调心身二分。真正说来，"我"不应该像曾经被认为的那样是由脸、手、胳膊、骨头和肌肉组成的一架机器，而应该是一个具有各种属性的心灵。那么"我"作为心灵有哪些属性呢？他写道："我曾经认为我吃饭、我走路、我感觉、我思维，并且我把所有这些行动都与心灵联系起来；但是我还没有留心思考一下这个心灵究竟是什么；或者说，假如我留心了，那我就曾想象它是某种极其稀薄而精细的东西，就像一阵风，一股火焰，或者一缕非常纤细的气，它钻进并且扩散到我的那些较为粗浊的部分里。"笛卡尔试图通过某些排除步骤来确立心灵的本质属性，因此直接就亚里士多德的《论灵魂》展开了分析和批判。

亚里士多德把灵魂区别为营养灵魂（anima vegetativa）、感觉灵魂（anima sensitiva）和理智灵魂（anima spiritulae）三个部分。植物只具有第一种灵魂，动物具有前两种灵魂，人则具有全部三种灵魂。真正不能和躯体分离的是营养灵魂和感觉灵魂，理智灵魂"也许能够分离存在，因为它们根本就不是躯体的现实性"；尽管如此，"灵魂作为躯体的现实性和舵手作为船舶的现实性是否意义相同，还不十分清楚"。笛卡尔认定心灵与身体的关系类似于舵手与他驾驶的船的关系，从而完全认可了心灵与身体的二分。不过，此笛卡尔不再论证心灵不灭，而只考虑其本性。神性在笛卡尔那里只具有背景地位，人性则占据了哲学的中心舞台。心灵的本性比物质的本性更容易认识，因为物质的观念只是客观地存在于心灵中，而心灵自身的观念不仅客观地而且形式地存在于心灵中。

陈勇博士的《"我思"与"我在"何者为先？对笛卡尔哲学第一原则的再认识》[11]指出，笛卡尔在《第一哲学沉思录》的"第二沉思"中论证了"我存在"这个命题是必然为真的，这个论证在研究文献中被称为"我思论证"或"我在论证"。作者表明，他试图从默会知识与显明知识的角度把这个论证重构为"我在论证"，以期重新审视"我思"与"我在"的关系。笛卡尔在《第一哲学沉思录》的"第二沉思"中宣称找到了人类知识的确定无疑的根基："我存在"（ego existo；ego sum），他的这个论证通常被研究者称为"我思论证"：我思故我在（cogito ergo sum）。我思原则将主体性带入了哲学，在这个意义上笛卡尔哲学被公认为近代哲学的开端。研究者们基本都承认笛卡尔发现了某种意义上的哲学第一原则，但关于它的具体内容却存在着分歧：我思？我思故我在？亦或两者都不是？当我们检视笛卡尔的哲学文本时，会发现他在不同地方关于哲学第一原则有着不同的表述。而当我们将《第一哲学沉思录》当作他最成熟和最完整的哲学文本时，会发现对"第二沉思"中所谓的"我思论证"不同的研究者有着不同的理解。最主流的解释有两种：一种是将它解释为"我思故我在"，也就是说笛卡尔是将"我思"作为前提，而

"我在"是从它得出来的推论；另外一种则认为笛卡尔并没有进行任何推理，"我在"本身就是确定无疑的，根本无需"我思"这个前提。作者表示赞同第二种解释，但并不赞同持这种解释的研究者的论证思路。

首先不仅"我在"无需"我思"这个前提，而且"我思"根本不能成为一个确定无疑的前提；其次"我思"需要以"我在"作为前提，也就是说不是"我思故我在"，而是"我在故我思"。需要说明的是，这种解释与将"我思"作为笛卡尔哲学第一原则的观点并没有冲突，而是更清晰地阐明了"我在"与"我思"之间的真正关系。

施璇博士的《如何理解笛卡尔的"Morale par Provision"?》[12]指出，笛卡尔在《谈谈方法》一书的第三部分中提出了一套道德准则，即 morale par provision。最近，一些笛卡尔哲学的研究者们对这一概念提出了三种不同的解读。第一种解读是传统且主流的解读，主张将 morale par provision 理解为"临时的道德"，它是笛卡尔为了保障自己或他人在贯彻"普遍的方法"的第一步"怀疑的方法"或"方法论怀疑"时所采取的一种权宜之计。第二种解读是将 morale par provision 理解为"先决的道德"，强调这种道德的先决性与无条件性。第三种对 morale par provision 的解读是将之理解为"完美道德的一阶近似"。笛卡尔在《谈谈方法》一书中所做的"建筑的比喻"十分清楚地表明了他提出 morale par provision 的用意及其真正的含义，他将 morale par provision 比作为了实施房子重建计划而预先准备的临时的房子。因此，Morale par provision 其实是笛卡尔为了保障自己或他人在贯彻"普遍的方法"的第一条准则时仍能够不影响日常生活所采纳的一种策略。在这个意义来说，将 morale par provision 译作"临时的道德"是合适的，换句话说，三种解读中的第一种解读有其合理的依据。《谈谈方法》是 moralepar provision 的出处，因此它无疑是对这一表述进行解释所要依据的最重要的文本。另外两种解读尽管有其合理的地方且具有创新性，但是，只要它们无法强力地否定《谈谈方法》的文本证据，那么它们就无法真正地驳倒第一种解读。此外，关于 morale par provision 的另外两种解读的支持理由与证据也并非无懈可击。

另外，王辉的《从福柯的"笛卡尔时刻"到笛卡尔的"作为伦理的方法"——以笛卡尔的〈谈谈方法〉为例试析两种"方法"》[13]、李孟的《经验之路：培根与笛卡尔论现代科学的方法与哲学基础》[14]、施璇的《以伦理实践为目标指向的普遍方法——论笛卡尔〈谈谈方法〉中的伦理思想》[15]等，均为探讨笛卡尔哲学不错的作品。

四、列维纳斯哲学研究

孙向晨教授的《列维纳斯关于"家园"的生存论分析——基于《总体与无限》的第Ⅱ部分》[16]指出，列维纳斯的哲学以"面对他者之脸"著称，但其生存论的分析却是围绕"家园"展开的。"家园"的居所一方面是脱离开"源始环境"，让"我"与自身在一起的"场所"；另一方面"家园"又是面对"他者"的最初处境，"家园"的女性特质与劳动本性使列维纳斯式的生存论分析别开生面。列维纳斯关于"家园"的生存论分析是对海德格尔关于"此在""无家可归"的批驳。人们在重视列维纳斯所刻画的"他者"的同时，却常常遗忘了他所描摹的温暖"家园"。

列维纳斯对于"家园"的生存论分析有着无可替代的重要性，是其生存论的重要特征：一方面，"家园"是逃避"存在自身"的庇护所，是从混沌的"源始环境"（The elemental）中分离出来的主要环节，是"我"（TheI）与自身在一起的"场所"，是列维纳斯显示生存世界之经济性的所在；另一方面，"家园"又是面对他者的最初处境，家园的女性特质与劳动本性在此上演，这使列维纳斯的生存论分析独树一帜，有别于海德格尔的分析，却与女性主义和马克思主义有所交集。事实上，列维纳斯如此看重"家园"，是对海德格尔断言"此在""不在家"（not - at - home）的批判性回应。列维纳斯显然对海德格尔基于"焦虑"的"此在"生存论分析表示不满。列维纳斯说："在《存在与时间》中，除了用具系统之外，家园并不显现。但是，如果没有从处境中的抽离，没有重新聚集，没有家外的管制——如果没有在家，操心'为自身之故'的特征能实现出来吗"？作者表示，他之所以着眼于列维纳斯对于"家园"的相关论述，旨在于凸显列维纳斯在哲学史上一个相当重要而独特的面向。

郭菁教授的《莱布尼茨与列维纳斯的他者思想比较》[17]认为，莱布尼茨和列维纳斯指出了两条通向他者的道路。莱布尼茨强调知识，列维纳斯强调责任。具体体现在利他的前提、效果、动因、方法、程度等五个方面。神学背景、哲学基础和社会时代的不同导致他们选择了不同的道路，但是两条道路也是可调和的。两条道路都以独立的他者为前提，反对从自我中心的视角看待他者，倡导把他者作为他者来对待。以此为前提，可以建立起众多他者的超越性共在关系，其中责任和知识相辅相成，责任不仅构成了知识的前提，知识也促使“我”担负起回应他者的责任，成为“为他”的存在。

陶渝苏的《列维纳斯后期反现象学的再次探险》[18]指出，伊曼努尔·列维纳斯是最早将现象学译介到法国的哲学家之一，现象学也由此成为当代法国哲学的一个极为重要的理论资源。毫无疑问，列维纳斯本人从胡塞尔和海德格尔那里受益良多。然而，他后来发现存在论与现象学的一个本质特征就是压制他者，形成一种极权主义的总体性和同一性，因而它们是造成占有性的自我中心主义，甚至最终导致战争的罪魁祸首。于是，他踏上了反对存在论与现象学的道路。但是，由于他深受现象学的滋养，在其前期的思想表述中不自觉地使用了存在论与现象学的诸多词语和方法，所以遭到了以德里达为代表的哲学家批评。正是这些批评，促使列维纳斯后期思想发生了明显转折，他再次开始了逃离现象学的探险历程。这一探险在当代法国哲学史上具有重大意义，它深刻影响了当代法国哲学的研究旨趣和基本特征。

作者的结论是：列维纳斯的哲学目标就是要摆脱存在论与现象学的束缚，以建构面向他者的伦理学。他强调，“别于存在”的他者只能与有限中的溢出和过剩——无限，逃离同时性的真正历时性，没有“所说”内容而只有一种废黜主体地位、彻底开放自我的伦理宣称——“言说”相关联。无论列维纳斯反对存在论与现象学的再度探险是否完全成功，它都深刻地影响了法国乃至整个欧陆后现代哲学的研究旨趣和基本特征。后现代主义批判同一性哲学，反对逻各斯中心主义、基础主义和本质主义的理论资源无疑来源于列维纳斯。德里达关于意义“延异”和解构的伦理面向的思想，及其对海德格尔在场形而上学的批判，明显受到了列维纳斯哲学的启发。利奥塔的差异理论及其对所谓“元叙事”的怀疑，鲍曼的爱抚伦理学及其对回归“为了他者”道德的呼吁，均受到了列维纳斯思想的深刻影响。甚至最近20年来声名鹊起的几乎所有激进理论都直接或间接地与列维纳斯的名字相联系。毋庸置疑的是，列维纳斯已成为当代法国最伟大的哲学家之一。

林华敏教授的《超越性、神圣性与实践性—列维纳斯伦理内涵的三重解读及其当代意义》[19]指出，列维纳斯主张，在存在与认知的同一性中，西方哲学精神传统带着对他者的暴力，这种暴力遮蔽了真正的伦理。在这个背景下，他以一种超越的他者伦理来克服总体性暴力。他者伦理探求自我与他人、内在性与外在性、有限与无限、同一与差异之间不可化约的关系。这种关系超越于存在论和认识论，朝向神圣与崇高，最后在实践中实现。超越性、圣洁性、实践性在面向他人的伦理责任中高度统一。在技术工具与理性规则充斥的当今社会，我们需要重拾伦理的本质，回归其超越性、圣洁性与实践性，以此恢复伦理在人类生活中的真正地位与尊严。

此外，读者可参阅石德金的《“他者的悖谬”：利奥塔对列维纳斯责任伦理的解读》[20]，林华敏、王超的《列维纳斯的好客伦理及其对构建和平世界的启示》[21]，叶秀山先生的《海德格尔、列维纳斯及其他——思想札记》[22]等论文。

目前的列维纳斯研究，关注他伦理思想是一个明显的特征。但是，列维纳斯哲学不仅仅是伦理学，而且主要不是伦理学，对于列维纳斯形而上学等问题的探讨，似乎很少进入国内的列维纳斯研究的视野。这不能不说是一个遗憾。不过毕竟有不少人开始关注列维纳斯研究了，这是一个不小的进步。

注：

①《武汉大学学报》(哲学社会科学版)，2016年第6期。

②《时代法学》，2016年第4期。

③《世界宗教研究》，2016年第4期。

④《道德与文明》，2016年第6期。

⑤《西南政法大学学报》，2016年第4期。

⑥《政法论坛》，2016年第3期。

⑦《社会》，2016年第6期。

⑧《人文杂志》，2016年第1期。

⑨《法制与社会》，2016年第1期。

⑩《哲学研究》，2016年第2期。

⑪《上海交通大学学报》(哲学社会科学版)，2016年第6期。

⑫《复旦学报》(社会科学版)，2016年第6期。

⑬《浙江社会科学》，2016年第8期。

⑭《云南大学学报》，2015年第5期。

⑮《世界哲学》，2016年第5期。

⑯《同济大学学报》(社会科学版)，2016年第6期。

⑰《北方论丛》，2016年第5期。

⑱《武汉大学学报》(人文社科版)，2016 年第 4 期。

⑲《东南大学学报》(哲学社会科学版)，2016 年第 5 期。

⑳《深圳大学学报》(人文社会科学版)，2016 年第 4 期。

㉑《伦理学研究》，2016 年第 1 期。

㉒《世界哲学》，2016 年第 3 期。

(作者：杜丽燕，北京市社会科学院研究员)

科学技术哲学（自然辩证法）

张正清　张成岗

一、学会活动

2016 年 5 月 30 日至 6 月 2 日在中国科协第九次全国代表大会与全国科技创新大会、两院院士大会一同在北京召开，是建国以来层次最高、规模最大、范围最广的科技盛会。根据中国科协的要求，中国自然辩证法研究会于 2016 年 6 月 13 日以通讯形式召开第七届理事会第五次扩大会议，学习、领会中国科协第九次全国代表大会精神。①

2016 年 10 月 15 日，北京自然辩证法研究会和北京化工大学马克思主义学院在北京化工大学联合举办了主题为“自然辩证法概论课教学改革”的教学研讨会，讨论在教育部研究生思想政治理论课的新调整方案实施后，自然辩证法概论课教学改革应该采取何种对策，以便进一步提高教学质量。②

2016 年 10 月 28 日，中国自然辩证法研究会七届十一次常务理事会在北京友谊宾馆召开。会议考核了二级机构 2015—2016 年度工作业绩，42 个二级机构考核合格，建议 2 个专业委员会自主改进工作。会议听取了尚智丛秘书长关于七届六次理事会暨 2016 年学术年会筹备工作的汇报，一致通过了七届六次理事会和 2016 年学术年会的日程、议程等会议安排。下半时段召开常务理事党员会议，并经研究决定，成立中国自然辩证法研究会功能性党委。③

2016 年 10 月 29 日至 30 日，中国自然辩证法研究会七届六次理事会暨 2016 年学术年会在北京友谊宾馆召开。会议传达了中国科协党组关于印发《中国科协关于加强科技社团党建工作的若干意见》的通知精神以及尚勇书记等同志在中国科协学会党建工作会议上的讲话精神，听取和审议了吴启迪理事长所做的工作报告，表决通过了《中国自然辩证法研究会学术奖励条例》和学术奖励委员会组成人员名单，增选了部分理事和常务理事。④

二、科学哲学

2016 年，北京地区的科学哲学研究较为关注科学中的经验问题，对知识的正当性、认知的有效性问题尤为关注。科学实践哲学和认知科学哲学是研究这个问题的主要论域。同样，具体科学学科中对于理论正当性的讨论切入知识与经验的重要角度。从科学人文视角来从外部进行反思与批判，成为新的学术增长点。

关于科学实践问题与地方性知识的讨论，学者们尝试引入更多的比较维度来讨论。卢卫红、刘兵认为中国现代科学发展有着与西方不同的社会和文化语境，并基于对上海市某物理实验室的人类学考察，围绕科学仪器的选择与使用，展示科学实践特别是实验室实践的地方性特征。考察表明，科学研究起源于机会而非问题，而“机会”是由不同的因素构成的。⑤

刘大椿、赵俊海认为建构主义的经验主义建构方式是近 40 年来深刻影响科学哲学发展的一个潮流，主要有新实验主义、科学实践解释学、新经验主义和科学知识社会学四条路径，均具有建构主义的哲学特质，并迥异于传统经验主义科学哲学，由此引发的哲学变革，包括从理论优位转换为实践优位、对实验活动的重新定位以及知识地方性的上位等。不过，科学进步、科学的基础性和本质性、科学的现象和规律等问题需要进一步讨论。⑥

田松认为地方性知识可以理解为与作为普遍性知识的科学相对应的概念。从时间维度考察，地方性知识常常是稳定的，历史越久，越具稳定性；科学知识则内在地具有不稳定的特征。地方性知识根植于历史、传统和本地生态环境，而科学知识是指向未来的，脱域的，在当下并不具有超越时间和空间的永恒的普遍性，而是被认为在未来可能会达到的一种状态。因而，科学知识的普遍性并非实然，而是应然；

是一种信念，或者一种幻觉。[⑦]

在认知科学哲学，心灵问题与计算机科学的关系得到了学界关注。李建会、夏永红认为延展心灵论题在近20年的争论中经历了三次发展浪潮。第一次浪潮基于功能对等性原则，第二次浪潮基于互补性原则或整合主义，第三次浪潮则基于非个人主义和动态系统视野。但第三波延展认知在强调社会——文化环境时，淡化了对物质环境的原初关切。延展心灵研究的新发展，首先要澄清物质文化在认知系统中的能动作用，其次要界定一种新的认知概念。[⑧]

吴彤以科学实践哲学作为视角，结合科学实验哲学的材料和观点，可以讨论物理学实验与一般实验室研究中各类角色的作用，特别涉及：物理学实验研究中有何角色发挥作用，物理学实验对象的本体论问题，特别是物理学实验中的“自然物/人工物”的关系，物理学实验的认识论问题，实验和实验室可产生“事物知识”。因此，一切科学实验中的对象，都不是纯粹的自然物，物理学在把天然世界改变为人工世界的过程中，发挥重大作用和影响。[⑨]

刘佳男、孟建伟指出普特南实在论演进的整体谋划在于深入实践的实际过程，强调任何思想均无法超越人所固有的视角。其以承认人类理智的有限性与处理问题的开放性为根本出发点，以阐述由人居于世而产生的缠结现象为主要特点，以反对任何形而上学与还原论等本质主义为理论标的。他从关注现实出发，将实在论建构为参与世界的活动，构筑了一幅从多元主义科学实在论到自由主义自然实在论的理论图景。[⑩]

樊小龙、袁江洋指出判决性实验是理解实验在理论构建和检验过程中作用的关键。通过重新检视牛顿三棱镜实验指出：牛顿最初是在培根意义上提出其“判决性实验”，重在说明其在牛顿个人内心的多种理解进路之间的“内部判决”作用；该实验在牛顿和胡克等的光色理论之间做出了有效判决，确立了牛顿的日光异质理论；该实验并不直接判决光的微粒说与波动说，以实验判决形而上学假说是不当的，只能导致对判决性实验概念的否定。[⑪]

生物学与物理学是今年特殊科学哲学讨论的重点。李建会指出在探讨进化论时，进化即进步的观念似乎不言而喻，然而遇到了一些挑战。他们或认为进步观念是主观的人类中心主义思想，或从事实说明，生物进化事件具有偶发性和不可预测性。国内许多学者接受古尔德的思想，反对进化等同于进步，甚至认为把“evolution”译为“进化”是错的。但古尔德反进步论的论证都是有问题的；生物进化的事实说明，虽然有时会退化，但总的趋势上，进化即进步。[⑫]

王巍指出生物学哲学界对生物学中是否有定律主要有三种反应：（1）生物学没有定律，如贝蒂、布兰顿与伍德沃德等；（2）生物学有定律，但我们需要改变对定律的理解，如米切尔等；（3）生物学有定律，主要是其他情况均同定律或抽象（数学）定律，如索伯等。他比较赞同索伯：大致区分律则科学与历史科学，生物学更偏向历史科学，但当中也有科学定律。只有结合定律与历史，才能理解生物的进化。[⑬]

肖显静认为“自我平衡属性簇理论（HPC）”通过属性簇以及自我平衡机制来弱化传统的物种本质主义，但它不能解释物种的个体多态性和同一性难题，且与生物学的分类理论不一致。关系本质主义虽然与多种物种概念相符合，但它不能回答物种分类难题，不能算作真正的本质主义。物种本质主义应该走向内在生物本质主义（INBE），因为与生物形态、生理等相关的普遍性需要内在结构解释，有机体的子类需要通过内在属性区分。[⑭]

从历史维度来讨论今天的经验论与建构论，可以获得新启示。李醒民回顾了王星拱的科学论，认为其在主攻和讲授化学的同时，也对科学论颇感兴趣，并有比较系统的研究，几个重要方面包括：科学及其心理根据，科学的本性，科学的价值。[⑮]

郝苑、孟建伟认为在尼采的视角主义和福柯的主体解释学等欧陆哲学的影响下，历史认识论结合观念史、思想史和文化史的历史语境，考察了科学客观性的概念的历史建构过程，加深了人们对科学实践的复杂性的认识，并为科学哲学在新世纪的发展提供了诸多有价值的启示。[⑯]

吴国盛指出当代中国的科学传播有科普、科技传播和科学传播三种模式。中国科协主导的科普是主流和正统，拥有国家主义、功利主义、科学主义三重特征，近年来有边缘化趋势。科技传播的研究者主要是传播学家，主要关注传播手段和效率，与科普理念没有冲突。科学传播的倡导者主要是科学史家和科学哲学家，挑战主流和正统科普的意识形态，以北大科学传播中心为标志，形成了中国科学传播的批判学派。三者仍处在剧烈的互动和融合过程之中。[⑰]

三、技术哲学与工程哲学

2016年，北京地区的技术哲学重点关注了大数据技术给社会与科学带来的巨大变革。大数据所带来的思维与社会结构上的新挑战是学者们重点讨论的内容。对于技术本身的变革逻辑以及人与技术的本质关系，也是技术治理所涉及的问题。工程哲学的研究既关注到了方法论层面的问题，也涉及了具体的工程建设中的技术哲学问题。

大数据技术是学术热点问题，其带来的机遇与挑战得到广泛的讨论。段伟文认为，基于大数据社会实在的构建呈现为表征性、语义性和能动性等维度，基于大数据的社会物理学试图成为表征社会实在的“社会之镜”和“上帝之眼”，基于大数据的智能分析则将人细分为“算法分格”并转向“管控社会”。应该通过数据化社会实在的语义性构建赋予表征性社会实在以有价值的意义。为打破算法黑箱，基于大数据社会实在的构建应通过能动性构建让主体的能动性得以凸显，使基于大数据的社会实在成为个人和社会自我调适的智能化手段。[18]

董春雨指出基于以大量、多样和快速为特征的大数据归纳，可以实现传统经验归纳无法替代和完成的工作，导致了一种极端的数据主义观点，以为人们已经不用再寻找现象背后的原因，不再需要科学的理论或模型。我们要厘清大数据方法的意义及其与现实世界的关系，厘清相关性与因果性的关系等，以便理性地看待大数据带来的挑战。[19]

尚智丛、闫奎铭认为在哲学范畴内，“人与机器”是探讨人的本质及其与外在物的关系问题。亚里士多德以人的目的性说明人与机器的同一关系。18世纪以来的机械论哲学试图以“普遍数学”原理在理论上阐述“人是机器”，但未能彻底说明心灵作为一种实体与物质实体的同一关系。大数据时代出现了人机合一的趋势，实质仍是建立在人的目的性基础上，作为物质实体的机器与人身的融合。[20]

工程中的方法、管理与风险都是今年工程哲学讨论的热点。殷瑞钰、傅志寰、李伯聪指出工程方法论研究是工程哲学和方法论研究的薄弱环节。他们考察了科学技术工程三元论、工程演化论、工程本体论和工程方法论的关系，分析了工程方法论的性质、特征、研究对象和研究内容。工程方法论不同于具体的工程方法，而是以具体工程方法为研究对象的二阶性和多视野的理论研究，应该特别注意研究行业性、类型性的工程方法论问题。[21]

王伯鲁认为工程风险是风险社会的主要根源，也是当今人类面临的严峻挑战。从哲学视角剖析工程活动中的多重矛盾，揭示工程风险的基本结构及其认识论特征，概述工程风险的预防策略以及社会应对机制等问题，有助于全面深入地认识工程风险问题，进而形成工程哲学的风险范畴，推进工程哲学研究的深化。[22]

李俊峰、王大洲梳理了我国在“九五”计划中实施的大型科学工程LAMOST巡天望远镜从概念设计到工程的立项审批和施工建设，至最终完成的历史发展脉络，回顾了工程在演化过程中经历的困难以及取得的令人瞩目的成绩。据此认为，大科学工程是基于科学又为了科学的工程，是基于研究的创新性工程，是资产专用性奇高的工程，是以科学家为核心力量的工程，是扎根于国际合作的工程。[23]

技术的发展逻辑与控制逻辑也是技术哲学中长盛不衰的话题。敬狄、王伯鲁认为，奥特加·加塞特分析“信念”体系在人类生活和社会文化中的具体作用方式，指出技术进步信念是现代社会中影响最为深刻的信念之一。他深入反思技术进步信念给现代人类生活带来的危机，认为人们对于技术进步的信仰根源于对人的本质和人类现实生活的错误认识，有必要修正人们对“技术进步是确定无疑的”信念。[24]

胡志强、白惠仁认为与尼采的时代相比，如今我们更能感觉到技术官僚的统治与无政府主义之间的对立，以及科学技术与道德关怀的对立、商业与艺术的对立。科学技术已渗透到现代生活的各个层面，与公共生活和个人生活都密不可分，现代社会越来越依赖专家提供关键信息以做出决策。[25]

四、科学社会学与科技政策

2015年，北京地区的科学社会学与科技政策对科研评价体系与科研奖励制度做了大量研究，并从科技服务与平台创新的角度对现阶段中国科技发展的道路进行了探索。科学共同体的内部继承与发展也得到了学者们的讨论。另外，科技的风险研究得到了越来越多的关注。

科研评价与奖励制度是国家科技制度与政策的核心内容。刘益东认为同行评议和文献计量法因不能合理评价问世不久的成果而存在根本缺陷，而提出开放式评价这一方案。利用网上规范展示、规范查新、颠覆性错误同行把关、突破性成果难以假冒、好问题与巧思路难得易懂、前沿地图定位一目了然等特点，使学术领域的外行评价成为可能，为深化科技体制改革与创新驱动战略提供新思路。[26]

孟宪飞、李正风采用行动者网络理论分析框架，考察了国家科技奖励的评审过程，报奖人和报奖单位等奖励诉求方，奖励评审组织方、国家科技奖励评审专家之间存在广泛的网络联结，其联结的紧密度不仅通过人类行动者的互动，还包括非人类活动者的积极参与。网络联结间的张力体现了双方的利益互动，评审过程中的违规行为部分反映了我国科技奖励体系的特点，对科技奖励体系的改进要系统考虑人类行动者和非人类行动者的交互作用。[27]

李真真等指出随着公共 R&D 投入的提高，政府越来越多地运用政策工具介入对科学和技术的管理，科技政策正以其日益强大的力量塑造科学知识生产方式。以科技评价体系为例分析了这个形塑过程，首先探讨我国科技评价体系化的初始状态，解读我国科技评价的政府规制，剖析我国科技评价的特点，着重分析科技评价政策如何规定了我们的创新行为，及这种规定性对创新行为和结果所产生的影响，进而对如何塑造政策的问题进行反思。[28]

李伯聪以语义分析的方法指出"medicine"和"医"的含义颇为复杂，并由此讨论了诺贝尔医学奖的评奖标准问题。从科学社会学的角度讨论了有关屠呦呦获得诺贝尔奖过程中的优先权问题。简要回顾和分析了围绕屠呦呦走向获得诺奖的漫长过程中出现的重重"雾霾"。优先权问题和科学奖励问题是科学社会学中的两个重要问题，而假借"集体主义"之名否认个人的优先权则是优先权之争的"畸变形式"。[29]

李建军、王添指出中国科学家发表的有关人类胚胎基因编辑研究的成果在世界科学界引发了前所未有的伦理关注，国际科学界很快对此做出预警性反应，并通过国际会议和联合声明等形式划定相关的研究底线，禁止用于生殖目的的人类胚胎基因编辑研究，探讨负责任地开展人类胚胎编辑研究的规制框架。[30]

陶蕊、胡维佳以欧盟框架计划评估体系的发展历程为主线，梳理了欧盟框架计划的主要评估活动类型、评估方法与模式、评估体系演变规律等。基于对欧盟框架计划评估体系的回顾和梳理，总结出欧盟框架计划在制度建设、技术方法、评估能力等方面的特点和经验，为我国设计完善国家科技计划的评估体系提出参考建议。[31]

徐治立、霍宇同指出贝尔纳运用社会互动论思想，从历史的角度考察了科学的运行模式，特别强调在科学界与政府以契约方式管理科学事务的同时，群众作为科学活动的最终委托主体，其对科学的民主参与是科学健康发展和造福人类的根本保障。他还对国家宏观科学活动的组织管理模式进行多维探讨，其规划与自由有机结合、向人民开放、不拘形式的合作和内部民主等社会主义科学观。[32]

科技服务与平台建设是科技创新的基石，是学者们研究创新的重要论域。郭兴华、李正风指出产生于中国政府指令型 NIS 重塑时期的科技中介，在中国政府导引型 NIS、政府协调型 NIS 时期功能不断完善、角色不断演变，成为一个重要的政策概念。他们考察了我国科技中介在中国 NIS 演进的不同阶段的角色及其变化，进而从创新驱动发展战略出发，基于科技服务链与创新链融合、开放式创新及服务创新的新趋向，思考我国科技中介的发展方向。[33]

刘烨、肖广岭等指出省际区域公共科技服务平台的布局问题直接影响我国省际公共科技资源配置的合理性和服务的有效性。运用因子分析，对我国七大产业的省际公共科技服务平台布局的实证研究发现：创新资源供给水平和创新资源需求强度是影响省际区域公共科技服务平台布局的关键因子，后一因子是平台布局中应当加强的环节；省际区域平台布局存在较大的产业差异性，应在不同省际区域布局不同种类的公共科技服务平台。[34]

科学共同体的建设是科学发展的基础，知识沟通机制与人才培养是研究的重点。丁大尉、胡志强认为开放获取知识共享机制的本质是构建全球范围内开放共享的知识获取平台，目的在于打破科学信息的商业垄断。科学信息的商业垄断是知识资本化的产物，但区别于市场模型下科学知识合理的保密行为。开放获取知识获取范式中的开放性要求也不完全等同于传统的公有性规范，两者存在价值判断、实现路径、制度保证以及约束对象等差异。[35]

王永伟、徐善衍、刘立指出教育部与中国科协联合推动科普硕士培养已近三年，各试点单位分别探索出多种培养路径，形成上海模式、广州模式等特色培养方式，但其中也存在一些有待完善之处，主要集中在培养目标和培养方向、招生和就业、校馆合作、科普硕士培养模式和知识结构方面。建议树立大科普理念，明确人才培养方向；理顺关系、打通招生就业之路；在互利共赢中深化校馆合作；构建当代中国特质的科普硕士培养模式。[36]

科技风险的社会化以及科技决策中的社会风险得到了学者们关注。张成岗、黄晓伟认为传统社会构建基于权威和个体信任，现代社会的构建在很大程度上是确立专家系统信任的过程，信任品性为社会发展提供了动力支撑，风险使人类步入了后信任社会。风险研究呈现出新动向，表现在：由专家诠释风险转向风险感知构建的公众参与；由单向风险沟通机制转向风险沟通的多元互动机制；由外在的风险管理转向内生的风险治理模式。[37]

朱凤青、周程指出社会风险的科学界定提出了以一种专业化的方式并通过专家的权威，客观地确定风险的可能性。在科学促成并界定的风险与对这些风险的公共批判中，风险的含义一直存在着关于风险的客观性、风险的维度、风险的量化、风险的统计单位的争论。风险的社会文化的途径把风险讨论放置在一个社会建构的框架内，把风险看作社会化的过程，否认了绝对风险标准的可能性。[38]

五、学术活动与国际交流

2015 年，北京地区科学哲学界的学术活动对热门议题保持着敏感度，针对科技界的新问题，积极组织了研讨会和论坛。并且会议的模式愈发国际化，关注到了国际上热点的学术问题以及亟待解决的现实问题。学术交流的各大品牌已经形成，正在向着常态化、精品化发展。在邀请知名学者来华交流的同时，中国学者，尤其是青年学者也正在国际会议上崭露头角。

在学术会议方面，针对人工智能、大数据等热点问题进行跨学科的讨论。2016 年 1 月，在北京大学举行了“推进生态文明建设与环境保护新常态暨环境与健康伦理自觉高层论坛”。由中国自然辩证法研究会环境哲学专业委员会与中国伦理学会环境伦理学专业委员会，联合生态文明智库主办。[39]

2016 年 3 月 18 日，“跨学科视野下的‘基因编辑技术’学术研讨会”在中国社会科学院召开，由中国自然辩证法研究会保卫科学精神工作委员会、科学技术与公共政策专业委员会、生物学哲学专业委员会以及中国社科院哲学所科技哲学研究室联合主办。会议分为基因编辑技术的内涵及哲学分析、伦理问题分析、法律应对和社会规制及推动等四个部分。[40]

2016 年 4 月 2 日，第三届北京分析哲学国际会议于清华大学召开，邀请美国北卡罗来纳大学 Laurie Paul 教授，做了题为“心理因果”的主旨报告。[41]

2016 年 8 月 16 日，由北京大学科学传播中心主办的“什么是科学”学术研讨会在北京大学英杰中心召开，来自全国著名高校和科研院所从事科学传播等相关专业的著名专家学者出席会议。[42]

2016 年 8 月 17 日，北京林业大学马克思主义学院、北京林业大学人文社会科学学院、中美后现代发展研究院和美国过程研究中心共同举办“美国有机马克思主义生态文明思想研究”学术研讨会。[43]

2016 年 11 月 5 日至 6 日，“科技非对称赶超的战略与方法”研讨会暨第七届全国科技方法论学术讨论会在北京大学举行。本届会议由中国自然辩证法研究会、中国自然辩证法研究会科技方法论专业委员会、中国发展战略学研究会创新战略专业委员会、北京大学科学与社会研究中心联合主办。[44]

2016 年 11 月 19 日至 20 日，第十二届东亚科学技术与社会网络学术会议在清华大学召开。一百多名国内外专家学者就科学技术的国际交流与转移、环境问题和可持续发展、科学技术政策与创新、科学技术与社会等议题展开讨论。[45]

在学术交流方面，各大高校继续充当着学术交流的重镇，在扩大交流议题范围的同时，加强了基础知识的教学环节，以及新学术增长点的拓展环节。

2016 年 3 月 28 日至 4 月 1 日，北卡罗来纳大学 Laurie Paul 教授在中国人民大学讲授了因果性课程。[46]

2016 年 4 月 22 日，美国科罗拉多矿业学院教授 Carl Mitcham 在北京大学作了“气候变迁作为一个哲学问题”的主题报告。[47]

2016 年 5 月 7 日至 8 日，美国匹兹堡大学 Edouard Machery 教授在清华大学讲授海外短期讲学课程“哲学在其正确边界：实验哲学的重要性”。[48]

2016 年 5 月 16 日，美国匹兹堡大学 Edouard Machery 教授在北京师范大学作了“道德真的在演化吗?”的主题报告。[49]

2016 年 9 月 1 日，加拿大英属哥伦比亚大学哲学系 John Beatty 教授在北京师范大学举办了题为“What are narratives good for?”的讲座，他通过两种叙事的例子及强调叙述的目的和重点等相关的部分来说明使用这种历史性的叙述方式记录自然科学的意义，即它呈现出偶然性或者说它说明了偶然的结果。[50]

2016 年 9 月 7 日至 11 日，英国卡迪夫大学 Robert Evans 讲授了“柯林斯与科学社会学”的海外课程，各讲主题包括：SSK 的起源，引力波物理学成为大科学，对 STS 本质的反思，引力波的探测，有选择的现代主义与科学的价值。[51]

2016 年 12 月 5 日至 8 日，阿姆斯特丹自由大学 Bart Bossink 教授在清华大学讲授海外课程“Researching the Eco - sustainable Innovation System”。[52]

2016 年 12 月 6 日至 8 日，清华大学张成岗教授参加了在联合国在墨西哥举办的“技术的指数式变迁、自动化及其对可持续发展的政策意义”论坛。

注：

①中国自然辩证法研究会秘书处：中国自然辩证法研究会《工作通讯》，2016 年第 6 期。

②中国自然辩证法研究会秘书处：中国自然辩证法研究会《工作通讯》，2016 年第 12 期。

③中国自然辩证法研究会秘书处：中国自然辩证法研究会《工作通讯》，2016 年第 11 期。

④中国自然辩证法研究会秘书处：中国自然辩证法研究会《工作通讯》，2016 年第 11 期。

⑤卢卫红、刘兵：《科学仪器与科学实践的地方性——基于上海市某物理实验室的人类学考察》，《自然辩证法研究》，2016 年第 7 期。

⑥刘大椿、赵俊海：《科学哲学的经验主义新建构》，《中国社会科学》，2016 年第 8 期。

⑦田松：《在历史中稳定的生活——从时间维度重述地方性与普遍性》，《自然辩证法研究》，2016 年第 7 期。

⑧李建会、夏永红：《延展心灵的三次浪潮》，《科学技术哲学研究》，2016 年第 1 期。

⑨吴彤：《科学实践哲学视野中的物理学哲学问题——以物理学实验涉及的问题为例》，《自然辩证法研究》，2016 年第 5 期。

⑩刘佳男、孟建伟：《普特南实在论思想转换的动因分析》，《自然辩证法研究》，2016 年第 4 期。

⑪樊小龙、袁江洋：《牛顿“判决性实验”判决了什么?》，《自然辩证法通讯》，2016 年第 2 期。

⑫李建会：《进化不是进步吗？——古尔德的反进化性进步观批判》，《自然辩证法研究》，2016 年第 1 期。

⑬王巍：《生物学中的科学定律》，《自然辩证法研究》，2016 年第 6 期。

⑭肖显静：《“新物种本质主义”的合理性分析》，《哲学研究》，2016 年第 3 期。

⑮李醒民：《王星拱的科学论》，《自然辩证法通讯》，2016 年第 1 期。

⑯郝苑、孟建伟：《科学客观性的历史建构——科学哲学视域中的历史认识论》，《北京行政学院学报》，2016 年第 6 期。

⑰吴国盛：《当代中国的科学传播》，《自然辩证法通讯》，2016 年第 2 期。

⑱段伟文：《大数据与社会实在的三维构建》，《理论探索》，2016 年第 1 期。

⑲董春雨、薛永红：《从经验归纳到数据归纳：特征、机制与意义》，《自然辩证法研究》，2016 年第 5 期。

⑳尚智丛、闫奎铭：《“人与机器”的哲学认识及面向大数据技术的思考》，《自然辩证法研究》，2016 年第 2 期。

㉑殷瑞钰、傅志寰、李伯聪：《工程哲学新进展——工程方法论研究》，《工程研究——跨学科视野中的工程》，2016 年第 5 期。

㉒王伯鲁：《工程风险问题探析》，《科学技术哲学研究》，2016 年第 6 期。

㉓李俊峰、王大洲：《LAMOST 工程的立项、建设与运行》，《工程研究——跨学科视野中的工程》，2016 年第 1 期。

㉔敬狄、王伯鲁：《奥特加：对技术进步信念的存在主义反思》，《长沙理工大学学报》（社会科学版），2016 年第 6 期。

㉕胡志强、白惠仁：《科学政策的政治哲学——评〈科学、真理与民主〉》，《科学与社会》，2016 年第 1 期。

㉖刘益东：《外行评价何以可能——基于开放式评价的分析》，《河南大学学报》（社会科学版），2016 年第 5 期。

㉗孟宪飞、李正风：《基于 ANT 视角的国家科技奖励评审过程研究》，《科学学研究》，2016 年第 10 期。

㉘李真真、李焱、杜鹏：《塑造科学：政策语境下的科技创新》，《科学与社会》，2016 年第 2 期。

㉙李伯聪：《科学社会学视野中的屠呦呦获诺奖》，《自然辩证法通讯》，2016 年第 1 期。

㉚李建军、王添：《人类胚胎基因编辑研究引发的伦理关注和规制策略》，《自然辩证法研究》，2016 年第 11 期。

㉛陶蕊、胡维佳：《欧盟框架计划评估体系研究与启示》，《科学学研究》，2016 年第 5 期。

㉜徐治立、霍宇同：《论贝尔纳科学治理思想及其现实意义》，《自然辩证法通讯》，2016 年第 2 期。

㉝郭兴华、李正风：《中国 NIS 演进视域下科技中介的角色及走向》，《自然辩证法通讯》，2016 年第 3 期。

㉞刘烨、肖广岭、岳素芳、卢凡、赫运涛：《省际区域公共科技服务平台布局初探》，《科学学研究》，2016 年第 5 期。

㉟丁大尉、胡志强：《网络环境下的开放获取知

识共享机制：基于科学社会学视角的分析》，《科学学研究》，2016 年第 10 期。

㊱王永伟、徐善衍、刘立：《“科普硕士”培养现状与对策分析》，《科技管理研究》，2016 年第 22 期。

㊲张成岗、黄晓伟：《“后信任社会”视域下的风险治理研究嬗变及趋向》，《自然辩证法通讯》，2016 年第 6 期。

㊳朱凤青、周程：《社会风险的科学界定及其局限性》，《自然辩证法研究》，2016 年第 5 期。

㊴中国自然辩证法研究会秘书处：中国自然辩证法研究会《工作通讯》，2017 年第 2 期。

㊵中国自然辩证法研究会秘书处：中国自然辩证法研究会《工作通讯》，2016 年第 4 期。

㊶中国自然辩证法研究会秘书处：中国自然辩证法研究会《工作通讯》，2017 年第 2 期。

㊷中国自然辩证法研究会秘书处：中国自然辩证法研究会《工作通讯》，2016 年第 8 期。

㊸中国自然辩证法研究会秘书处：中国自然辩证法研究会《工作通讯》，2017 年第 2 期。

㊹中国自然辩证法研究会秘书处：中国自然辩证法研究会《工作通讯》，2017 年第 1 期。

㊺中国自然辩证法研究会秘书处：中国自然辩证法研究会《工作通讯》，2017 年第 2 期。

㊻中国自然辩证法研究会秘书处：中国自然辩证法研究会《工作通讯》，2017 年第 2 期。

㊼中国自然辩证法研究会秘书处：中国自然辩证法研究会《工作通讯》，2017 年第 2 期。

㊽中国自然辩证法研究会秘书处：中国自然辩证法研究会《工作通讯》，2017 年第 2 期。

㊾中国自然辩证法研究会秘书处：中国自然辩证法研究会《工作通讯》，2017 年第 2 期。

㊿中国自然辩证法研究会秘书处：中国自然辩证法研究会《工作通讯》，2016 年第 9 期。

51中国自然辩证法研究会秘书处：中国自然辩证法研究会《工作通讯》，2017 年第 2 期。

52中国自然辩证法研究会秘书处：中国自然辩证法研究会《工作通讯》，2017 年第 2 期。

（作者：张正清，清华大学博士生；张成岗，清华大学教授）

伦 理 学

葛晨虹 陈伟功 乔 珂

一、学术活动概况

2016 年 3 月 19 日，罗国杰伦理思想研讨暨《罗国杰文集》出版发布会在中国人民大学举行，来自全国各地的百余名各界代表共聚一堂，缅怀罗国杰教授的崇高道德风范和精神品格，学习、探讨和阐扬罗国杰教授的伦理思想与道德建设理论。会议由中国人民大学伦理学与道德建设研究中心、哲学院、中国人民大学出版社主办，中国伦理学会、道德与文明杂志社协办。中宣部原常务副部长徐惟诚，中央文明办专职副主任、中宣部副秘书长、理论局局长、中央马克思主义建设工程办主任夏伟东，中国人民大学校长刘伟，教育部社科司副司长徐青森，中国伦理学会会长万俊人等出席发布会并致辞。中国人民大学党委副书记吴付来主持开幕式。中国社科院党组成员、当代中国研究所所长荆惠民，东南大学原党委书记郭广银，中国社会科学院陈瑛研究员，湖南师范大学唐凯麟教授，北京师范大学李春秋教授，中国人民大学陈先达教授、宋希仁教授、马博宣教授、刘大椿教授、安启念教授，以及来自各高校、科研院所、相关部门、出版机构、新闻媒体等相关单位的代表和罗国杰教授家属代表参加发布会。

2016 年 3 月 19 日，“尧舜禹文化与当代社会核心价值研讨会”在京举行，会议由中国伦理学会与山西省委宣传部、《光明日报》社、中国先秦史学会主办。中央宣传部副部长王世明作重要讲话。河南省原省委书记、中央马克思主义建设工程咨询委员会主任徐光春，《光明日报》总编辑何东平，全国人大教科文卫副主席、民盟中央副主席张平、中国伦理学会会长万俊人，以及来自清华大学、北京大学、中国社科院、中国伦理学会等机构和高校的 40 余名知名专家、学者出席研讨会。研讨会从中国传统文化角度探讨了社会主义核心价值观的文化基因。

2016 年 4 月 17—21 日，“第 24 次韩中伦理学国际学术大会”在韩国的韩国学中央研究院举行，大会由韩国伦理学会和中国伦理学会共同主办。本次学术大会的主题是“现代社会的伦理问题与道德教育”，来自中韩两国的伦理学者100余人参会。会议探究了东西方伦理思想、文化与道德教育、道德教育的理论与方法以及社会生活诸领域的伦理等问题。

2016年7月13日，由上海社科院、中国伦理学会等单位主办、中国人民大学伦理学与道德建设研究中心等单位协办的“第六届国际企业、经济学和伦理学学会（ISBEE）世界大会”在上海开幕，来自30多个国家和地区的500余名专家学者和企业高管出席大会。大会主题为“企业和经济发展中的伦理、创新与福祉”，这是ISBEE自成立以来首次在中国举办的世界大会。ISBEE是世界范围内第一个专门致力于企业、经济学和伦理学研究的专业学会，也是该领域最有影响力的国际学会。

2016年9月19日，以“用先进典型引领核心价值”为主题第十二届中国公民道德论坛在北京中国职工之家报告厅举行。中共中央政治局委员、中央书记处书记、中宣部部长刘奇葆出席论坛并讲话，强调要深入学习贯彻习近平总书记系列重要讲话精神，着眼培育和践行社会主义核心价值观，广泛发现和树立各类先进典型，推动形成群星灿烂与七星共明的先进群体格局，着力构筑中国精神、中国价值、中国力量。中国伦理学会副会长李建华、王小锡，常务理事卫建国、葛晨虹，常务副秘书长王海滨应邀参加了论坛。

2016年10月15—16日，“第十次全国应用伦理学研讨会暨国际学术论坛”在贵阳举行，论坛由中国社会科学院应用伦理研究中心和贵州师范大学历史与政治学院共同主办。来自中国社科院及各高校、日本伦理研究所的专家学者及《道德与文明》《中国人民大学学报》《贵州社会科学》《学术交流》等刊的编审专家80余人参加了会议。研讨会就“寻求共同价值：应用伦理学的视野”展开了讨论。

2016年10月21—23日，以五大发展理念与城市发展为主题的“伦理视域下的城市发展”第六届全国学术研讨会在北京召开。会议由中国伦理学会、北京伦理学会主办，北京建筑文化研究基地、北京建筑大学文法学院和马克思主义学院承办，中国马克思主义研究基金会为支持单位。来自国内外高校和科研机构的150余名专家学者出席研讨会，北京市社科规划办主任崔新建教授、北京建筑大学校长张爱林教授、中国伦理学常务副秘书长王海滨研究员、北京伦理学会会长葛晨虹教授到会致辞。会议由北京建筑文化研究基地负责人高春花教授主持。

2016年12月3—4日，由中国伦理学会、中共运城市委、运城市人民政府与山西师范大学共同主办，清华大学、中国人民大学伦理学基地等单位协办的“2016中国伦理学大会”在山西省运城市举行，来自全国各地高校、研究机构等单位及企业界的600多位代表参会。中国伦理学会会长万俊人教授，中共运城市副书记、市长陈振亮同志，中共山西省委宣传部副部长杨茂林同志分别在开幕式上致辞和讲话。大会期间，还举行了“2015年度中国伦理学十本好书”、“德孝文化、慈善文化和关公文化与当代社会核心价值”专题征文获奖作品颁奖仪式。

二、主要出版著作

2016年，北京伦理学研究取得了众多学术成果，其中专著、编著、译著等有上百部出版，以下为其中代表性成果：

（一）专著

《非物质经济、文化与物质文明》（卢风著，中国社会科学出版社）、《公共权力的伦理道德维度》（孙英著，辽宁人民出版社）、《何为正义》（陈宜中著，中央编译出版社）、《环境正义论批判》（苑银合著，法律出版社）、《匠人精神》（王振华著，北京时代华文出版社）、《论德性养成》（刘芳著，中央编译出版社）、《论人性》（张宽政著，中国书籍出版社）、《人的价值学》（罗范懿著，人民出版社）、《人性的哲学探讨》（周国平著，生活·读书·新知三联书店）、《人性约束与政治法律制度设计》（于喜繁、于海明、丛娟著，现代出版社）、《社会转型下的耻感伦理研究》（章越松著，中国社会科学出版社）、《社会转型期我国家庭伦理变化及道德建设研究》（路丙辉著，人民出版社）、《生态正义研究》（田启波著，中国社会科学出版社）、《伪善的道德形而上学形态》（王强著，中国社会科学出版社）、《唯物史观新视阈下中西价值观比较》（卢双喜著，中国社会科学出版社）、《文化与伦理》（袁祖杜著，人民出版社）、《西方德性思想史》（江畅著，人民出版社）、《西方经济伦理的实证研究》（沈昊驹著，中国社会科学出版社）、《新乡土伦理》（王露璐著，人民出版社）、《行政伦理概论》（张震著，科学出版社）、《养老视阈下的中国传统孝道教育研究》（卢明霞著，中国社会科学院出版社）、《英美新马克思主义伦理思想》（向玉乔著，中国人民大学出版社）、《职业素养》（许琼林著，清华大学出版社）、《职业尊严》（吴玲著，北京理工大学出版社)、《中国传统家训文化多维考察》(詹昌平著，九州出版社)、《追问正义》(龚群著，北京大学出版社)、《中国道德文化的传统理念和现代践行研究》(李建华等著，经济科学出版社)。

(二) 编著

《百家家训》(黄祖绪编，中国文史出版社)、《道德资本》(黄国其编，现代出版社)、《工程伦理》(李正风、丛杭青、王前编，清华大学出版社)、《经济伦理与分配正义》(何建华编，中共中央党校出版社)、《伦理与文明》(贾英健编，社会科学文献出版社)、《历代孝行类编》(骆明编，光明日报出版社)、《美国人文主义》(张源编，北京师范大学出版社)、《人生仪规》(张俊良编，吉林人民出版社)、《生态文明理论与实践研究》(陈金清编，人民出版社)、《探究与实践》(高建华编，高等教育出版社)、《〈孝经 曾子论孝〉读本》(韩星编，中国人民大学出版社)、《应用伦理学教程》(甘绍平、余涌编，企业管理出版社)、《职业基本素养》(刘兰明编，高等教育出版社)、《中国传统修身经典选读》(甘生统编，经济科学出版社)、《专业技术人员网络道德建设》(何滨编，国家行政学院出版社)等。

(三) 译著

《道德博弈》([美]扎克著，黄延峰译，中信出版社)、《道德的法律强制》([英]德富林著，马腾译，中国法制出版社)、《道德勇气》([美]基德尔著，邵世恒、吕威、蔡紫薇译，北京时代华文书局)、《关于良心的问题》([英]马斯特斯著，晓燕译，团结出版社)、《关于爱国》([美]维罗里著，潘亚玲译，上海人民出版社)、《理与人》([英]德里克·帕菲特著，王新生译，上海译文出版社)、《伦理学中的非认知主义》([美]马克·施洛德著，张婉译，华夏出版社)、《美德伦理学》([新西兰]赫斯特豪斯著，李义天译，译林出版社)、《人生五大问题》([法]莫诺阿著，傅雷译，生活·读书·新知三联书店)、《生态民主》([美]莫里森著，刘仁胜、张甲秀、李艳君译，中国环境出版社)、《享乐主义宣言》([法]米歇尔·翁弗雷著，刘成富、王奕涵、段星冬译，社会科学文献出版社)、《幸福的科学》([美]亨利·史密斯·威廉姆斯著，余卓桓译，中国人民大学出版社)、《幸福乌托邦》([英]威廉·戴维斯著，常莹、郭丹杰译，新华出版社)、《尊严》([美]唐娜·希克斯著，叶继英译，中国人民大学出版社)等。

三、学术研究概述

2016年，北京伦理学界取得了许多科研成果，其中既有对传统学术问题的深入研究，也有对时代提出的新问题的探讨。

(一) 基本问题

1. 研究方法

研究方法对一门学科具有重要意义。有学者认为，哲学本质上是一种对世界和人生意义的根本性问题的理性反思活动，其目的是追求对这些根本性问题的确定性认识，而实现这一目的的最好方法应当是逻辑和经验的研究方法。如果哲学、伦理学研究只需“本原之思”，无须接受经验事实包括道德体验事实的检验，那这样的研究所通达的“天理”将可能是一种无法通过任何方法验证其真假的“玄理”，因为它排斥经验事实的检验。①有学者认为，现代道德哲学研究脱离道德生活，这个困境的产生与现代道德哲学所采用的主流研究方法有密切关系。罗尔斯构建的建构主义方法和罗蒂提出的解构主义方法是现代道德哲学主流研究方法的两个典型代表。建构主义凭空构造的理论目标和建构程序决定了道德哲学研究对道德生活的背离，普通人不能从道德哲学家那里找到解决道德实践问题的“标准答案”。解构主义的不断“重新描述”最终导致“自由”和“不遭受侮辱”成为仅有的道德追求，其他一切道德概念都被偶然性消解了。因此，要解决现代道德哲学的研究困境，必须对其使用的方法展开批判。②在伦理学研究方法创新方面，马尔库塞很有代表性。马尔库塞一生致力融合马克思主义、存在主义和弗洛伊德主义，开启社会道德批判之维，分析发达工业社会景观下人存在的意义，无论是对生命本真的找寻、工具理性的控诉，抑或单向度社会的批判，无不饱含着深刻的人本主义动机。否定性、个体性和新感性是其新人本主义伦理学着意标举的特征。③

2. 道德应该

道德讲应该、讲责任，它的前提条件是意志自由。有学者认为正是自由使人存在于可能性中而永远面临自主决断，因而自由构成了一切伦理价值与伦理法则的基础。④康德对“应该”进行了深刻研究，有学者认为，康德实践哲学是一种“应该”哲学，即与人“必须做又不必然做”有关的哲学，这样的哲学是基于他对“人”本身的理解。康德不仅把存在者分为不同类型，且把作为存在者之一的人的性质也分为不同层级；由此，人就其自身而言就是由感性与理性构成的、充满内部张力的矛盾统一体。人的这种本质，即使"应该"对人来说得以可能，也使"应该"对人来说成为"必须"。[⑤]如何实现道德应该，这是个实践问题。有学者认为，道德是人立身处世与集体生存发展之"应该"和"实然"的统一体，只有作为道德本体依据之应该通过确立明确的道德目标及其规范，并落实为具体的道德行动，才能实现道德之"应该"自身的逻辑回归，否则，所谓道德之"应该"将是没有意义且不能成立。[⑥]

3. 情感与能力

道德情感是道德理论中不可忽视的问题。有学者认为，情感问题也是现当代中国突出社会问题之一。道德情感核心是"仁爱"。道德情感包含荣辱感、义务感、责任感、使命感、公正感等态度。这些道德态度融合一起构成人的良心，良心是道德情感的重要标志。[⑦]现实生活中，道德冷漠严重侵蚀人们的道德情感。有学者指出，道德冷漠是指道德感、道德经验或道德判断的缺失或匮乏，一旦弥漫成社会化道德心态和道德氛围，就可能带来道德危机。道德冷漠与道德能力的缺失有密切关联，为提升主体的道德能力，需确立主体的道德信念、培养主体的道德情感和构建主体的道德人格；需从社会维度实现社会规范和人际关联的道德重建、道德规范和伦理秩序的法制重建以及道德理想和道德信念的文化重建。[⑧]创建可持续再生产合作性社会关系的社会体系，提供免于恐惧地见义勇为的日常生活世界，是克服紧急救助中道德冷漠现象的根本途径。[⑨]

有学者认为，"道德能力"本质上是一种以认知、推理和判断为核心特征的理性能力，是理性能动性在道德实践中的发挥和运用。受罗尔斯等康德主义者的影响，这种理解在当代英美道德—政治哲学中占据支配地位，也似乎能够获得经验证据的证明。然而有学者提出，重新理解"道德能力"概念，有助于重新认识情感能力在人类"道德能力"构成中所占据的地位。[⑩]有学者赞同伦理能力是指主体在实践境域中认知、认同并践行伦理同一性之能力这种界定，认为这是道德主体性的重要表征。[⑪]道德情感与道德能力的养成离不开道德激励，有学者对道德激励进行了研究，认为它既是一个伦理学基础理论问题，也是社会道德建设的重要实践课题。

4. 主体性困境

主体性原则在近代思想启蒙和解放运动中起了重要作用，但随着主体性原则的过度张扬，它开始走向了自由和解放的反面，陷入"困境"，如何既保留主体性的积极方面，又不至让主体性原则过度张扬，走向抽象和独断，从而吞噬个体，成为摆在理论界的一个问题。有学者提出，应批判抽象主体的虚假性，为个人主体进行论证。同时，要把主体分为认知主体和价值主体，主张消解认知主体的绝对性维度，捍卫个人作为价值主体的地位。[⑫]有学者认为，有关"存在"的追问构成本体论哲学，而本体正是主体。哲学史主要是发现并确立主体的历史，这一过程在黑格尔哲学中得以完成。不过无论主体性原则的确立具有何种解放意义，康德却最早发现这一原则面临着双重困境：自我关系的困境与现代性的困境。这种困境所具有的二律背反性质，使许多著名思想家走上了限制主体性的"倒退"道路，只有马克思等少数哲学家在坚持主体性原则的基础上力图从主体性原则内部克服现代性危机。在这方面，马克思的方法远优于席勒，并为后来哈贝马斯的交往理性理论奠定了基础。[⑬]具体到伦理道德领域，伦理作为"群道"，其核心是主体交互性的实现，即不仅"我"作为主体被实现，而且"他者"同样也作为主体被实现。但在现实中却往往相反，他者往往被当作客体、工具甚至被征服的对象。追求和谐群道的伦理走向了一种"主体性困境"。有学者提出，从伦理思想史的角度来分析，伦理的"主体性困境"可以通过功利主义和德性主义两种典型方式来加以解决。前者强调在节制欲望下利己与利他的平衡，后者强调高于利己本能的美德养成的应然。尽管二者的解决之道并非完美，但正是这种伦理的张力激励着思想家们不断探索以解决人性的两难。[⑭]

（二）道德建设与道德治理

1. 家庭伦理

中国社会正发生重大变迁，家庭遭遇了严峻的伦理挑战，家庭实体性地位的消解将对中国文明的现在和未来产生深远影响。有学者指出，现代中国家庭正遭遇两股解构力量：外部传统的伦理文化支持系统趋于消解，家庭发生裂变；家庭成员在公民认同中潜在蜕变，从内部瓦解家庭的精神同一性。[⑮]家庭形态上转变演化，可归为"双螺旋"结构。其一，在从传统向现代转变过程中，家庭伦理既有作为自然伦理形态面临解体的一面，又具有作为现代社会客观伦理开端的另一面，家庭伦理在二者相互交织之中获得现代发展。其二，在现代社会伦理秩序的重建中，家庭作为重建中枢，一方面，面对民主多元化的现实不断调整家庭伦理关系趋向公平民主；另一方面，在新型家庭关系中培育的新公民在走向社会时也实现了对社会伦理的再造。因而家庭成为现代社会伦理秩序生成的起始点与重建的枢机。[16]随着历史的进步，人们对婚姻和家庭伦理道德关系的产生和发展也逐渐完善起来。马克思的婚姻家庭伦理思想不仅改变着人们的思维方式、婚姻家庭、道德观点，而且影响着婚姻和家庭伦理的理论、步骤、更新的概念和发展历史。在我们的国家，迫切需要一定的知识基础，导向婚姻、家庭、伦理问题的解决。[17]

2. 道德治理

道德治理是一种具有独特运行机制的国家治理方式。有学者认为，道德治理目标的层级性和道德治理手段的多样性，决定着道德治理的初级阶段应以外在道德规范的治理为主，主要从外部对伦理关系中的主体进行治理；中级阶段应注重从外在道德规范的治理走向内在道德自觉的治理转化，从而保证道德治理的时效性与针对性；高级阶段应侧重培植内部调节机制，真正使治理主体具有自觉意识和内在约束，使道德治理从社会主体的内在道德自觉走向外在道德行为，促进主体的全面发展与日臻完善。[18]有学者指出，从道德的源发动力和历史进程来看，“抑恶”是道德治理之所以必要的逻辑基础，“扬善”是道德治理之所以可能的逻辑保证，“奖善惩恶”是道德治理之所以可行的逻辑依据。在必要、可能及可行的逻辑推演中，道德治理既是道德发展进步的逻辑要求，也是道德发展进步的历史要求。[19]还有学者认为，基于道德治理在国家治理中的作用，其对社会关系的调节，可以通过推动社会秩序形成、促进社会力量整合和导向社会思想统一等三个视角来认识。第一方面，道德治理是将社会关系的矛盾、冲突乃至对立转化为秩序、完善与和谐的过程；第二方面，道德治理促使社会关系汇聚成一个有机系统，从而激发社会的整体性力量，实现社会系统功能的最优整合；第三方面，道德治理承担着引领社会主流思想，在价值取向多元的背景下保持价值导向一元的功能。[20]

3. 核心价值观

有学者认为，从道德基础来看，社会主义核心价值观有其深厚的道德根基；从道德价值来看，社会主义核心价值观蕴含着丰富的道德内涵及道德价值。首先，从理论观念角度看，社会主义核心价值观有利于提高道德判断力、调节道德关系、规范道德行为。其次，从实践观念角度看，社会主义核心价值观的道德价值主要表现为：培养道德信念、提升文化品质、构建道德理想。[21]有学者认为，社会主义道德原则和道德规范是社会主义核心价值观的道德基础，而社会主义核心价值观是社会主义道德规范的价值引导。社会主义核心价值观贯穿着集体主义道德原则，集体主义道德原则是社会主义核心价值观的最大公约数。社会主义核心价值观的“三个倡导”不仅以社会主义荣辱观为基本道德内涵，而且也蕴含着社会公德、职业道德、家庭美德“三德”的道德规范。[22]核心价值观具有道德的“质”。作为社会意识，它是道德自觉，规定社会主义的价值本质和发展趋势，从根本上影响国家软实力，为实现中华民族伟大复兴奠定精神基础，引领市场经济的健康发展，帮助人们树立了崇高的理想信念。中国传统道德可以成为社会主义核心价值观的重要资源。[23][24]

（三）马克思主义伦理思想

1. 道德哲学

学者们对马克思的道德哲学进行了研究，对其性质、特征等进行了讨论。有学者指出，马克思看来，道德来源于人的本质、人的自由，而不是神的意旨或者抽象的私人利益。在阶级社会中，道德异化是一种普遍存在的现象，在不同的时代或者社会中，道德或者沦为神学的奴仆，或者成为某种经济或政治制度的附庸，由某种特殊的经济关系所决定的宗教价值、经济价值或政治价值披上道德“善”的外衣，使“道德”成为束缚人的自由、解放和全面发展工具和手段。只有对自我异化和劳动异化积极地扬弃之后，才能复归道德的本质，在人类社会中实现道德观念和标准与其价值目标的真正合一。[25]有学者指出马克思道德哲学的三个基本特征：第一，它不是对个体提出道德要求，而是对社会制度提出道德要求；第二，它以人的幸福和自我实现等“善”作为伦理价值基础；第三，它以正义社会制度的实现作为实现“善”的实践路径。认为马克思的道德哲学有别于传统的各种规范伦理学理论，更倾向于一种制度伦理。[26]学者们对“制度伦理”的观点可以分为三种：制度与伦理的同质化、异质化与侧重化。这种分析方式从概念到概念，有利于澄清语词的用法与内涵，属于“概念分析”的思维方式，有可能陷入宏大叙事的学理探讨中。而制度伦理概念的提出，其本意应当是着眼于对具体问题的研究与解决。因此可对制度伦理进行“生存分析”，即研究具体制度与具体伦理环境的相融性，进而研究两者生成的适用于特定公民社会的特定“制度伦理"，探寻它如何成为公民的生活方式，如何构成公民的生活世界。[27]

2. 西方马克思主义

有学者指出：西方马克思主义的伦理思想呈现出明显的对马克思主义伦理思想和现实道德层面逐渐增强关注和研究的发展过程；西方马克思主义伦理思想呈现出了从继承和借鉴马克思的批判传统对资本主义给予道德批判到积极发掘马克思主义的伦理思想和注重从伦理层面上建构未来社会主义社会的变化过程；再次，西方马克思主义伦理思想的发展呈现了从政治革命、社会批判到生态建构的发展过程。[28]有学者对西方马克思主义的应用伦理进行讨论，认为其以对"科学技术合理性"问题的追问为逻辑起点，围绕科学技术与哲学、科学技术与生态、科学技术与消费关系的探讨，形成了系统的科技伦理、生态伦理和消费伦理。他们不同于一般应用伦理探讨现实问题应遵循的道德规范，而是立足于人的自由和解放这一本体论角度探讨上述问题，主要表现为一种伦理价值观，其应用伦理是其社会批判理论的内在组成部分。[29]

3. 马克思的正义观

马克思主义道德哲学关注正义。正义在马克思主义著作中有丰富的文本依据；考察逻辑方法，正义是马克思惯用的从抽象到具体方法的老道运用；哲学精神，道德、正义与马克思主义的实践精神是三维兼容的。马克思与恩格斯并不是冷酷无情的理论家，而是兼具缜密思维的理论家和崇高道义情怀的伟大革命家。[30]有学者认为，反对贫困是正义基本要求，也是马克思建构理论的重要主题。马克思反贫困理论从财富均衡、财富正道、财富品质、财富梦想等方面体现出丰富的经济伦理特质，它需要通过中国化的创新和发展，实现在当代中国的价值作用。[31]资本主义道德话语体现的是非正义的文化霸权，有学者指出，资本主义利用道德话语权"矮化"中国形象，是当代国际竞争一种新方式。马克思恩格斯以历史唯物主义批判和揭示了资本主义人性、人权、自由、平等、博爱等核心道德话语与实质，资本主义道德话语的特征是阶级性、规范性和虚假性。打破资产阶级道德话语霸权的前提是批判资本主义道德话语霸权，目标是创立中国特色社会主义道德话语权，增强综合国力是提升中国特色社会主义道德话语权的根本路径。[32]

（四）中国伦理思想

1. 文化传承

学者们从文化的传承中对中国伦理进行了研究。有学者认为，中国文化是中国伦理的根基和母体，中国伦理是中国文化的核心与灵魂。当代学术界解释伦理与中国伦理的方法、路径主要有三种类型：西方哲学反思型、马克思主义的意识形态论和中国式的文化—道德观。用中国话语研究并解释中国文化与伦理，不仅是民族文化自信心增强的表现，也体现出更多的真理性与合理性。文化—道德观的解释路径与方法的优势在于：使伦理与中国伦理更加接近生活，更加接近实践，更加强调人民群众作为文化主体的积极性与创造性。[33]有学者认为，中华伦理文明之所以能够成为世界史上连续性文明的典范，原因是多方面的，其中的根本原因在于，损益性的文明路径和旧邦新命的国性基质，中华美德的涵育与陶铸，中华道统的建构、拱立与护卫以及"道并行而不相悖"的会通意识和包容精神，它们共同支撑并促进着中华伦理文明的传承与发展。[34]有学者还研究了民国时期中国文化的特点，认为自由主义西化派伦理思潮、现代新儒家伦理思潮和马克思主义伦理思潮都具有认同传统优秀伦理文化的"本根"情怀，但在处理与传统伦理文化的关系问题上选择了不同的文化路径，即自由主义西化派的"有限认同"、现代新儒家的"返本开新"、马克思主义者的"批判继承"。结合三大伦理思潮处理与传统伦理文化关系的优长缺失，在处理现代道德建构与继承优秀传统伦理思想资源的关系时，应加强"本根"教育，培育责任意识，坚持在继承中发展、在发展中继承，在多元文化交流中坚持中国伦理文化的"主体性"地位。[35]

2.《中庸》的道德哲学

有学者从总体上把《中庸》的道德哲学分为三个部分：道德本体论、道德修养论、道德境界论。认为道德本体论阐释了形上依据与本体源泉，道德修养论讲明了主体功夫与道德锤炼，道德境界论诠释了价值追寻与理想目标，三论虽各有偏重，但密切联系，浑然一体。[36]有学者对《中庸》的核心范畴"诚"进行了讨论，认为道德工夫思想以作为天道的"诚"为其形上基础，阐明了道德工夫的可能性和必要性，提出了"自诚明"和"自明诚"两条相反相成的工夫路径，提出了立志向道、循序渐进、安身求道、注重内容和实质的道德工夫原则以及学、问、思、辩、行的具体方法。这种道德工夫思想对现代社会的道德建设具有重要启示。[37]有学者认为，从"天命之谓性"到"诚者，天之道"，为人的存在寻找到了形而上的本体依据，把人与天归并在"诚"的意义之下。由至诚之天道而通贯于效法天地精神的人道，人生的道德实践活动便有了神圣的意味和某种超越性，而这种特殊的超越正是儒家思想的最大特点，它既有宗教终极性的祈向，但又不离人伦日用的凡俗境况。[38]有学者认为，《中庸》主张天道性命相贯通，其生生哲学的主要根源固然是儒家心性论的传统，但另一方面也无疑地继承了原始农业文明天地一体的洞见。[39]

3. 孟子人格学说

有学者认为，孟子将恻隐之心这种无中介的直接情感因素作为道德行动的内在动力，同时也是人格生成的发端；经由知言养气的工夫论，孟子阐发了人格生成的过程，而以“集义”为中介的养气则为人格的生成提供内在支撑。从不忍人之心这种内在情感出发，通过“由仁义行”的天性之自发性，最终将内在德性充分展现于外在形体之中，使作为躯体之自然的形色完全内化为人的天性，即由“践形”达至圣人人格，认为，孟子性善论的证成离不开作为生活背景的“伦理处境”。[40][41]有学者基于孟子的这种道德思维与道德论证方式而对其道德哲学的性质进行了讨论，认为学界多从孟子严辨义利立场出发，将其定位为一种严格的义务论。这种义务论不是从功利后果，而是从道德原则本身来判定行为的道德性，义务与功利在此被截然二分。将义务与功利相对立，其实是西方二分思维的惯性使然。通过对《孟子》中道德两难问题的分析，可以发现，孟子道德哲学是一种从义务的形式性到功利的实质性的一体流贯。[42]

4. 荀子人性学说

有学者认为，其前期的人性论思想特点是提出了情性—知性说，将情感欲望与材性知能都称为性。一方面认为顺从情性或情感欲望会导致争夺、混乱，因而蕴含有情恶的观点；另一方面又认为人的知性可以做出抉择判断，制作礼义，“知者为之分”，实际是将知性看作善的来源。后期荀子通过对性的两重定义，将性主要限定为情性，同时又提出伪的概念，以概括能知和所知，一定程度上消解了前期思想中的矛盾。[43]有学者认为，荀子人性学说有三个层次：性朴是荀子对人性的基本认定；性恶是荀子人性学说的独特贡献；人性向善是荀子对儒家基本立场的坚守。[44]在荀子看来，人的道德认识与对物的认识一样，都可以通过逻辑性的“推类”方法来超越经验性认识的不足，以达到对事物的抽象把握。但伦理、道德之“推类”并非纯粹演绎逻辑中的必然性推理，它因其随机性和情境性具有或然性。荀子提出，道德之“推类”准确与否取决于三个条件：道德认识主体是否能做到“类之不悖”，同类才能相推；道德认识主体能否做到“心不悖”，即道德认识主体是否能克服个体的主观性，做到不“蔽于一曲而阇于大理”；道德认识主体须承认道德认识发展过程中存在“类不可必推”的非逻辑性。荀子提出使用“虚壹而静”的直觉方法来弥补这一逻辑上的不足。[45]

（五）外国伦理思想

1. 情感主义

当代西方情感主义伦理思想是近30年成长起来的社会道德思潮，汇聚了当代西方反理论主义、社群主义等多种批判性思潮，从道德情感主义的进路回应规范伦理重建和启蒙筹划问题，拒斥传统道德哲学。当代西方情感主义在理论上注重经验描述方法，在价值观上主张“关怀/关心”地行动优先于抽象的道德规则，对“他者”的责任意识优先于对“个体”的权利意识。[46]有学者对“同感”进行了研究，认为它是我们认识和理解他人的方式之一，是同情、爱或怜悯的基础。同感在本质上是情感共鸣，它能够激发我们的道德情感，从动机上引发利他主义道德行为。同感是道德感知的基础，也是对他人担负道德责任的必要前提。[47]情感主义伦理学突出情感的动机力量，而当前的道德情绪研究能够对此充分证实。道德情绪指的是在对自己或他人进行道德评价时产生的一种复合情绪，能够影响道德行为的产生和改变。自豪、内疚、移情和钦佩等道德情绪不仅能激发个体的亲社会行为，而且与反社会行为呈显著负相关。羞耻和愤怒等道德情绪容易引发个体的不良行为或反社会行为。[48]情感主义的标准是道德感，理性主义的标准则是理性。[49]

2. 康德与黑格尔的比较

对康德与黑格尔的比较研究一直是学者关注的问题。有学者认为，国内学界20世纪80年代提出的问题“要康德还是要黑格尔”只在表面上得到了思考，然后就进入一个对西方最新思潮“追新赶后”的时期，直到21世纪，这一问题才重新提到了面前。在对康德和黑格尔的哲学做整体比较中，可看出三大优势，即在康德哲学方面：巨大的包容性和开放性、人本主义的伦理视角、保守主义的超验理想；在黑格尔哲学方面：历史和逻辑相一致的现实感、作为自由逻辑的三统一辩证法、以广阔的文化视野对人类精神的内在发展的全面洞察。他们各自的优势就是对方的劣势。[50]有学者认为，黑格尔对康德哲学的批判是理解黑格尔哲学的入处。黑格尔对康德哲学的批判根本目标是批判康德哲学的主观主义二元论，因为这种二元论反映了现代世界和人的分裂。黑格尔把康德哲学称为“主观观念论”，把自己的哲学称为“绝对观念论”。“绝对观念论”的目的就是要从根本上克服现代性造成的种种二元分裂。[51]有学者认为霍克海默站在黑格尔辩证哲学的立场上对康德知识论的二元论与形式主义进行批判；但同时他也发现黑格尔哲学中存在着一个永恒本质，它把现实的总体性当作一种精神内在发展的产物并最终导致了绝对性，这造成黑格尔体系的封闭性并成为一种形而上学。[52]有学者运用哈贝马斯商谈伦理学，认为康德的形式伦理学强调义务的纯粹性，义务论关注正义原则，排除一切经验质料，只剩下意志对一般法则的普遍遵从。黑格尔反对正义的抽象普遍性，以伦理理念的自身运动来实现正义与具体的善的结合。商谈伦理学继承黑格尔的志向反对抽象的正义，同时在确保正义优先性的前提下把正义和善结合起来。[53]

3. 列维纳斯的他者责任伦理

列维纳斯的伦理思想以其独创性而引起了学者们的关注。有学者认为，列维纳斯提出，为摆脱唯我论，必须面向他者，主动地为他者负责。从自我走向他者，不仅是对传统自我与他者之间关系的超越，而且也是对传统哲学的超越。[54]他者伦理探求自我与他人、内在性与外在性、有限与无限、同一与差异之间不可化约的关系。超越性、圣洁性、实践性在面向他人的伦理责任中高度统一。[55]通过对人与人之间原初关系的考察，列维纳斯构建了一种以绝对责任和爱为基础的好客伦理。有学者认为，这种好客伦理为人与人之间的和平奠定基础。好客伦理告诉我们：新的世界政治秩序的基础应该是伦理，责任与爱是个体、民族、国家之间差异而和平地共处的基础。[56]也有学者对列维纳斯提出了质疑，既然他者是外在于修辞与语言的，那么在没有将他者纳入存在话语的前提下，列维纳斯如何能够提出绝对他者的伦理概念。对此，利奥塔确立了一种独特的规范性陈述逻辑。利奥塔认为，列维纳斯只是试图通过这种独特的陈述方式来暗示一种与“他者”的不对称关系，进而确立对他者的绝对责任。[57]

注：

①陈真：《分析进路的伦理学研究方法之辩护》，《哲学动态》，2016 年第 7 期。

②胡娟：《现代道德哲学主流研究方法及其困境》，《东南大学学报》(哲学社会科学版)，2016 年第 6 期。

③石小娇：《马尔库塞对新人本主义伦理学的贡献》，《道德与文明》，2016 年第 6 期。

④黄裕生：《论自由与伦理价值》，《清华大学学报》(哲学社会科学版)，2016 年第 3 期。

⑤张志平：《康德实践哲学中的“应该”问题及其类型学分析》，《复旦学报》(社会科学版)，2016 年第 2 期。

⑥王小锡：《论道德之应该的逻辑回归》，《道德与文明》，2016 年第 3 期。

⑦江畅、张媛媛：《试论当代中国道德情感体系构建》，《道德与文明》，2016 年第 1 期。

⑧陈伟宏：《道德冷漠与道德能力的构建》，《道德与文明》，2016 年第 5 期。

⑨高兆明、王嘉：《紧急救助中的“道德冷漠”研究》，《哲学研究》，2016 年第 11 期。

⑩张曦：《道德能力与情感的首要性》，《哲学研究》，2016 年第 5 期。

⑪卞桂平：《略论“伦理能力”：意涵、问题与培育》，《河南师范大学学报》(哲学社会科学版)，2016 年第 1 期。

⑫程慕青：《化解“主体性原则”困境的一种新尝试——〈“主体性”的当代哲学视域〉评介》，《理论观察》，2016 年第 3 期。

⑬赵凯荣：《马克思哲学与主体性困境》，《马克思主义哲学研究》，2016 年第 1 期。

⑭朱武振：《伦理的“主体性困境”探析》，《湖北大学学报》(哲学社会科学版)，2016 年第 5 期。

⑮许敏：《现代中国家庭的伦理失依》，《伦理学研究》，2016 年第 6 期。

⑯王强、于海燕：《论家庭伦理的现代形态及其逻辑结构》，《道德与文明》，2016 年第 4 期。

⑰朱靖：《浅谈马克思主义家庭伦理思想对社会的现实意义》，《山西财经大学学报》，2016 年 S1 期。

⑱王乐：《试论道德治理的三个阶段》，《伦理学研究》，2016 年第 5 期。

⑲王艳：《道德治理：道德发展进步的历史逻辑》，《道德与文明》，2016 年第 1 期。

⑳张溢木：《道德治理：调节社会关系的三个视角》，《江西师范大学学报》(哲学社会科学版)，2016 年第 4 期。

㉑刘志山、王杰：《社会主义核心价值观的道德

之维》，《伦理学研究》，2016 年第 6 期。

㉒贾金玲：《社会主义核心价值观的道德蕴涵》，《道德与文明》，2016 年第 1 期。

㉓张卫明：《社会主义核心价值观的道德属性及其价值意蕴》，《道德与文明》，2016 年第 6 期。

㉔贾新奇、金银润：《中国传统道德与社会主义核心价值观的融会》，《陕西师范大学学报》（哲学社会科学版），2016 年第 2 期。

㉕赵清文：《“作为道德的道德”——马克思对道德本质的理解及对道德异化的批判》，《北方工业大学学报》，2016 年第 4 期。

㉖赵永刚：《善与正义的统一——作为制度伦理的马克思道德哲学》，《马克思主义与现实》，2016 年第 4 期。

㉗陈伟功：《论“制度伦理”的四种思维方式》，《齐鲁学刊》，2016 年第 6 期。

㉘聂文军：《简论西方马克思主义伦理思想的主要特征与意义》，《伦理学研究》，2016 年第 1 期。

㉙王雨辰：《论西方马克思主义应用伦理及其基本特点》，《道德与文明》，2016 年第 2 期。

㉚武铁传：《马克思主义兼容道德、正义的三个理由》，《道德与文明》，2016 年第 6 期。

㉛阮瑶、张瑞敏：《马克思反贫困理论的经济伦理特质及其在当代中国的价值实现》，《北京师范大学学报》（社会科学版），2016 年第 1 期。

㉜谭培文：《马克思、恩格斯对资本主义道德话语权的批判与启示》，《伦理学研究》，2016 年第 6 期。

㉝肖群忠：《论中国伦理的文化根基与诠释路径》，《新疆师范大学学报》（哲学社会科学版），2016 年第 5 期。

㉞王泽应：《中华伦理文明绵延发展原因论》，《道德与文明》，2016 年第 2 期。

㉟杨海秀：《民国时期三大伦理思潮“本根”意识之比较及其现代启示》，《广西社会科学》，2016 年第 2 期。

㊱任仕阳、杨明：《道德哲学：〈中庸〉思想的核心维度》，《船山学刊》，2016 年第 4 期。

㊲朱俊林：《敬畏与慎独：〈中庸〉的道德工夫思想及其现代启示》，《伦理学研究》，2016 年第 5 期。

㊳景海峰：《从〈中庸〉所言“诚”看儒家人文精神的宗教性》，《社会科学战线》，2016 年第 2 期。

㊴杨儒宾：《〈中庸〉的“参赞”工夫论》，《湖南大学学报》（社会科学版），2016 年第 1 期。

㊵陈志伟：《孟子的道德行动与人格生成》，《华东师范大学学报》（哲学社会科学版），2016 年第 2 期。

㊶王玉彬：《处境与心境——孟子之“见”的伦理意蕴》，《道德与文明》，2016 年第 6 期。

㊷陈永杰：《义务论还是功利论？——从道德两难考察孟子道德哲学的性质》，《河北学刊》，2016 年第 3 期。

㊸梁涛：《荀子人性论的历时性发展——论〈富国〉、〈荣辱〉的情性—知性说》，《哲学研究》，2016 年第 11 期。

㊹王军：《性朴、性恶与向善：荀子人性学说的三个层次》，《现代哲学》，2016 年第 1 期。

㊺陈默：《论荀子以“类”为核心的道德认识方法》，《道德与文明》，2016 年第 5 期。

㊻方德志：《移情的启蒙：当代西方情感主义伦理思想述评》，《道德与文明》，2016 年第 3 期。

㊼张浩军：《同感与道德》，《哲学动态》，2016 年第 6 期。

㊽王云强：《情感主义伦理学的心理学印证——道德情绪的表征及其对道德行为的影响机理》，《南京师大学报》（社会科学版），2016 年第 6 期。

㊾孟繁英：《道德判断：情感抑或理性——亚当·斯密的公正的旁观者理论评介》，《兰州学刊》，2016 年第 12 期。

㊿邓晓芒：《重审“要康德，还是要黑格尔”问题》，《华中科技大学学报》（社会科学版），2016 年第 1 期。

51张汝伦：《从黑格尔的康德批判看黑格尔哲学》，《哲学动态》，2016 年第 5 期。

52蒋颖：《在康德与黑格尔之间——论霍克海默对德国观念论的扬弃》，《求是学刊》，2016 年第 4 期。

53甘培聪：《在康德与黑格尔之间——哈贝马斯商谈伦理学对正义与善的整合》，《社科纵横》，2016 年第 12 期。

54吴先伍：《从“自我”到“他者”——他者伦理的中心转移》，《兰州学刊》，2016 年第 3 期。

55林华敏：《超越性、神圣性与实践性——列维纳斯伦理内涵的三重解读及其当代意义》，《东南大学学报》（哲学社会科学版），2016 年第 5 期。

56林华敏、王超：《列维纳斯的好客伦理及其对构建和平世界的启示》,《伦理学研究》,2016 年第1 期。

㊲石德金:《"他者的悖谬":利奥塔对列维纳斯责任伦理的解读》,《深圳大学学报》(人文社会科学版),2016 年第 4 期。

(作者:葛晨虹,中国人民大学教授;
陈伟功,北京第二外国语学院讲师;
乔珂,中国人民大学硕士生)

美　　学

孙　焘

本综述旨在以北京地区学术机构为基本单位,梳理美学研究成果,包括学术会议与活动、学者的论文与著作,并对本年度的发展情况做归纳总结。

一、北京大学

(一)研修班和读书班

7 月 11 日至 16 日,由北京大学美学与美育研究中心、首都师范大学美学研究所共同主办的第一期"中国美学暑期高级研修班"在香山饭店举办。研修班由王德胜、顾春芳教授主持,张世英、叶朗、朱良志、陈嘉映、周宪、彭锋、高建平、刘成纪、顾春芳等专家为研修班专场讲授了《从四个层面谈中华美学精神》《无蔽的真理—海德格尔的美学思想》《二十四诗品与中国美学》《石涛、八大山人的艺术哲学》《审美现代性的反思》《意象与"之间"—从艺术本体论看中国美学》《美和艺术在中国早期国家形成中的作用》《美学与当代生活》《中国电影与中国美学》等。来自全国各地高校及科研机构的 37 位年轻教师和学者参加了本期研修活动。

8 月 24 日至 28 日,"北京大学美学与艺术学暑假读书班(第四期)"在北京大学美学与美育中心举行,由彭锋教授主持,张颖博士领读巴黎第七大学哲学与汉学教授朱利安的《大象无形》,20 名博士生参加了读书会,大家就朱利安对中国绘画的独特解读和对中国画论的深刻阐释进行了热烈讨论。《大象无形:或论绘画之非客体》通过对中国美学与画论的探讨,还原对"非—客体"的思考,在科学和哲学之外,探寻到一条切近本体之思的进路。该书已于 2017 年 6 月由河南大学出版社出版。

(二)"美学散步文化沙龙"系列活动

本年度,北京大学美学与美育研究中心主办的"美学散步文化沙龙"系列活动包括:(1)小型研讨会"中国电影与人文精神"(4 月 18 日),著名编剧芦苇与来自首都几所高校和科研机构的学者、北大学生探讨中国电影与人文精神、价值观等,围绕"什么是好的电影"展开讨论;(2)北京大学中文系李零教授主讲"图说瑞兽与中国艺术中的狮虎形象"(5 月 7 日),从中国的"瑞兽"和西方的"fantastic animal"说起,展示了中国的羽人、四灵(龙、凤、龟、麟)、四象(青龙、白虎、朱雀、玄武)和西方的斯芬克斯、拉玛苏、狮怪、格里芬、独角兽等多种图像,并由此展开文化和美学观念的比较;(3)首都师范大学哲学系特聘教授陈嘉映主讲"人生价值的追求"(5 月 14 日),指出价值是坐落在特定的生活形式之中,一种生活的价值有可能超出特定的生活形式,这依赖的是理解、交流、学习;(4)北京大学历史学系朱孝远教授主讲"古代希腊英雄主义的精神意蕴"(5 月 15 日),从英雄主义的艺术表现、个性表现和人性表现三方面进行介绍,概述了《荷马史诗》及其悖论、希腊神话中关于悲剧命运的隐喻、希腊女性之美、希腊英雄奥德修斯的圆满结局等问题;(5)中央美术学院潘公凯教授主讲"笔墨范例作为人格理想的表征系统"(5 月 29 日),讨论了中国画的笔墨发展,笔墨的意义结构和形式语言,笔墨作为人格理想的表征系统,对人格理想的欣赏、追慕、塑造,和群体性人格理想作为自我塑造价值导向的未来学意义等问题;(6)上海戏剧学院叶长海教授主讲的"月落重生灯再红——从昆曲复兴到汤学热潮"(6 月 11 日),对汤显祖与《牡丹亭》研究提出了自己的见解,同时指出,我国传统戏曲的低沉局面,或者说"危机",恰好激发了戏曲研究者们作为戏曲保护人的紧迫感,促使研究者们思考得更加开阔,研究得更加深入。

(三)学者的个人成果

朱良志:(1)《论〈诗家一指〉的"实境"说》[①],虞集的"实境"说是《二十四诗品》乃至《诗家一指》的核心理论,其中所包含的超越终极价值的追寻、超越本体现象分别的思想，将传统审美境界理论提升到一个新的高度。(2)《传统文人画的人文价值》[2]指出，文人画又称“士夫画”，是具有“文人气”（或“士夫气”）的画。文人画既可表达人们所“思”，又可以克服知识理性的障碍。文人画是一种超越形式的绘画，程式化、非视觉性、非时间性是它所崇奉的几个重要原则。

彭锋：《艺术学通论》（专著）[3]，对艺术学理论的系统和问题做出全面勾勒和初步研究，期望建立一个完整的艺术学理论的知识体系。全书分学科、问题和门类三个部分，共33章：在学科部分，梳理与艺术研究有关的各分支学科的历史和现状，如艺术哲学、艺术心理学、艺术社会学、艺术形态学等。在问题部分，选择与艺术研究有关的基本问题和热点问题，如艺术的定义、艺术创造、艺术解释、艺术风格等进行研究，梳理问题的历史并尝试提出自己的解答。在门类部分，分析和介绍有关艺术门类，如绘画、雕塑、建筑、音乐、舞蹈、戏剧等的理论研究，突显不同艺术门类研究所共有的问题。

《重回在场：哲学、美学与艺术理论》（专著）[4]，收录作者近10年来发表的论文24篇，分哲学理论与哲学史、美学理论与当代美学、艺术问题、环境美学与日常生活审美化四个部分。收录的文章都是从中国哲学、美学和艺术实践的角度，对当代西方哲学、美学和艺术实践逃离在场的反拨。著者认为，此时此地有效的在场经验，是生命的基本组成部分。审美和艺术是在场经验的确证，因而是对生命力的解放和彰显。

彭锋的论文：(1)《从“艺术”到“艺术界”——艺术的赋魅与祛魅》[5]，分析了不同时代对艺术的不同理解，指出现代艺术概念的确立过程也即艺术的赋魅过程，艺术家和艺术品由平常人和寻常物嬗变为膜拜的对象。到了20世纪，从艺术实践到艺术理论，全面展开了艺术的祛魅。或许我们可以设想艺术还会迎来复魅的时代。(2)《艺术边界的失与得》[6]，指出真正消解艺术边界的不是艺术家，而是工程师。在信息领域，艺术与非艺术之间的边界彻底模糊。或许我们可以从艺术家的角度来重新发现艺术边界。有鉴于此，针对艺术家研究的人类学，有可能取代针对艺术品研究的批评学。(3)《李渔的戏剧理论：一种温和的道德主义》（Li Yu’s Theory of Drama：A Moderate Moralism）[7]，根据分析美学的研究成果区分了四种艺术与道德的关系：绝对自律主义主张艺术与道德完全无关；绝对道德主义主张艺术受道德制约；温和审美主义主张艺术与道德可以有关也可以无关，但是道德价值与审美价值之间不会相互影响；温和的道德主义主张艺术与道德可以有关也可以无关，但是道德价值与审美价值之间会发生相互影响。文章通过对李渔的戏剧理论的分析，认为他属于温和的道德主义。这在根本上源于李渔对戏剧本体的认识。

二、中国人民大学

（一）会议与讲座

人大哲学60年美学系列讲座“实用主义与文化”（5月23日至27日），主讲人：理查德·舒斯特曼。本系列讲座从实用主义的源头出发，梳理爱默生、皮尔斯、詹姆斯及艾伦·洛克的思想，并集中以杜威的《艺术即经验》，舒斯特曼的《实用主义美学》《表面与深度》及相关英文文献，对杜威、罗蒂、古德曼、马格利斯、舒斯特曼的实用主义美学思想进行分析，最后以丹托的《寻常物的嬗变》及布尔迪厄的《区隔》为主，引介对实用主义美学的当代讨论。

学术讨论会：“笔墨语言的现代性进程：从黄宾虹到姜宝林”（9月25日），议题包括：笔墨语言的现代性进程及其世界意义；姜宝林的笔墨语言发展与黄宾虹、李可染、潘天寿、陆俨少和石鲁的关系；姜宝林对笔墨语言的传承和发展及其与书法的关系；姜宝林笔墨语言的现代观念转换及其世界性价值；笔墨语言的现代性进程与西方现代书写性抽象艺术。

人大哲学60年“艺术史与美学”系列讲座第二期“18世纪的眼睛：金农《月华图》的视觉语境”（10月11日），主讲人为中央美术学院副教授黄小峰，中国人民大学哲学院余开亮担任评议人。本讲座以清代“扬州八怪”之首金农的《月华图》为中心，讨论18世纪的画家如何在本土传统和来自欧洲的新知识的双重启示下，探寻新的绘画方式。

（二）学者个人成果

牛宏宝教授的《美学概论（第四版）》[8]，章节内容为：“什么是美学”“审美活动的发生和发展”“美感经验与美”“美感经验的形态”“作为‘存在性境域的显现’的审美活动”“作为显现的符号形式”“作为意义生成事件的艺术活动”，其中包括巫术直观与世界的象征化、身体劳作与“手艺”、审美活动的结构（显现·赋形·诗性言说）、作为意义生成事件的艺术品的接受等内容。该著作系“新编21世纪中国语言文学系列教材、普通高等教育‘十一五’国家级规划教材、北京高等教育精品教材”。

中国人民大学美学研究所所长张法教授发表的论文：

(1)《生活（life）概念：历史沉浮之因缘与当代崛起之追问》[9]，生活（life）概念在当下具有普遍的重要性，它在中国古代与气的生命宇宙相关而占据文化的重要地位，但这一地位在现代中国随着气的生命宇宙转向物质宇宙而消失。在西方，古今的变化方向则相反。在中西思想的复杂互动中，生活（life）概念在当代中国的普遍性出现，在运用上具有了意义上的困难。

(2)《凤风同字体现的中国思维特点与美学特色》[10]，甲骨文中的凤风同字，透出了上古时代中国型的思维特点和美学特色，这就是中国型的“和”的思想。

(3)《舞在中国远古仪式之初的地位及其演进》[11]，在中国远古诗乐舞合一的仪式中，舞具有核心地位：“舞为乐主”，体现为巫王亲舞和动物舞容。舞的核心地位在古文字中体现为舞—巫—無的一体。舜的韶舞开始了舞的转折。夏禹夏启时代舞开始朝三个方向分离，最后演进为远古晚期的“乐主于舞”。

(4)《“和”的观念在中国远古的起源与特点》[12]，中国文化的“和”的观念从农业生产之“禾”产生出来，又因农业实践而关联的天上日月星的运行之和，进行形成天人之间的互动之和，整体性、时间性、互动性是其主要特点。

(5)《审美经验：从世界美学的背景看西方美学的特质》[13]，自20世纪末和新世纪以来，西方美学在生态型美学、生活美学、身体美学的带动下开始了一次新的美学转型，特征是把艺术与自然、社会同等看待，同时也促使西方美学中已经被多次重新思考和争论的基本概念，如美、美感、艺术等再次受到关注。

(6)《形与神：中国美学的独特内容和境界》[14]，形神是中国美学的独特范畴。其要义是把文艺作品看成是一个生命体。形神在文字起源上就包含了一物的自身特性和与天地之间的关联，演进为文化概念时则按中国文化中的生命体来进行言说，演进到美学的审美对象理论，展开为神骨肉以及由之扩展到多方面的灵活结构。由此，审美与个人的独特性、与时代的精神性、与天地的普遍性才真正地关联起来而显出无穷的意味。

(7)《从斤到斧到戉：中国之美的起源及特色（上）》[15]，对于中国美学来说，从工具讲起的美和艺术的起源模式无法在中国展开。中国文化和审美起源是从石片型的斤开始，由斤而斧而戉而钺，显示了自己的特色和辉煌。《王戉与天戉：中国之美的起源及特色（下）》[16]，戉成为王权的象征，成为远古审美观念的核心，是与巫王的观天行动关联在一起的：地上王戉建立的同时，是天上的天戉的建立。中国远古天上世界的建立，是以包括极星和北斗为一体北辰为中心而形成的北辰、恒显星区、出没星区的整体。

(8)《琴—性—禁：中国远古琴瑟在音乐与文化中交织演进》[17]，梳理“琴瑟”的演变史：远古之琴由狩猎之弓与采集之匏演进而来，伏羲时代的匏琴与天道对应，颛顼时成为仪式中心。夏商周以青铜乐器为重，琴瑟被边缘化。春秋开始的文化转型中，整个音乐体系向享乐定位转变，琴瑟一方面走向深情的郑卫之音－赵女文化，另一方面走向高尚的哲学深意－士人品格。至两汉，琴与其他乐器分离，独自升腾上音乐和文化的高位。

(9)《铃—庸—钟演进的政治和文化关联》[18]，青铜乐钟的演进，从陶寺（尧舜时代）和二里头（夏初）的铜铃，到殷商的编庸和大镛，再到西周的编钟，钟进而演进为甬钟－纽钟－镈钟的体系。青铜乐器如是的演进关联到中国型政治演进和中国型文化演进的规律。

(10)《青铜乐钟：音乐重组、演进历程、文化意蕴》[19]，青铜乐钟的演进，配合着政治体制和观念体系的演进，即配合远古仪式中心从社坛到祖庙、春秋以后由祖庙到宫殿的演进。

三、北京师范大学

（一）学术会议与讲座

(1) 京师美学论坛·第一届青年美学论坛学术研讨会（8月27—28日）东北师大举行，来自北京大学、北京师范大学、武汉大学、中国人民大学、中央美术学院等高校的青年教师和博士候选人共20余人参加了此次会议。其中西方美学的议题有：古希腊哲学、德国古典哲学（康德、黑格尔）、现象学美学、法兰克福学派美学，还有“艺术创造转化与美学转向”与“美术设计中的逻辑前提”中国美学方面的讨论涵盖了哲学（《周易》中的形象问题、《论语》中的情感问题）、艺术（天主教艺术在华的本土化、唐寅绘画的色空观）和文学（文质观的发展、两汉咏物赋中的物）等。除学者发言和互评外，论坛还特邀数位来自北京大学、北京师范大学、中央美术学院等院校的教授和专家对论文进行了有针对性的评议和总体性的指导。

（2）2016年11月12日，“当前美学理论与实践问题”学术研讨会暨2016年北京美学会年会在北京师范大学隆重召开。此次会议由北京美学会主办，北京师范大学哲学院、北京师范大学美学与美育中心承办，汇聚了来自30余所科研机构、高校、出版社和文化基金会的北京美学界专家学者共计50余人，主要讨论议题分为三个部分：（1）美学的关怀——本体、观念、现状、研究，（2）艺术的启迪——音乐、舞蹈、设计、戏曲、绘画，（3）视域的拓展——科学、礼制、美育、基金。

（3）“美学与家国：中国美学高层论坛”（12月17日），由中华美学学会中国美学专业委员会、北京师范大学美学与美育研究中心及哲学学院联合主办。会议旨在推动中国美学研究的范式变革，并在更宏阔的历史和时代背景下为美学寻找新的定位。吴向东、刘成纪、严春友、黄文杰、赵汀阳、张法、陈望衡、王柯平、王杰、章启群、牛宏宝、陈剑澜、、徐碧辉、韩德民、胡继华等来自全国10余所高校的近百位学者、青年教师、学生以及美学艺术爱好者参加了此次论坛。

（4）讲座：3月20日—4月2日期间，邀请德国Jürgen Stolzenberg教授与俄罗斯Dr. Nina A Dmitrieva教授作系列主题为“传统与现代——德国哲学专题”的系列讲座。11月9日，邀请耶拿大学哲学院Andrea Esser教授作题为“康德的审美判断与杜尚的‘精确的绘画’”的讲座。12月12日，哈勒大学副教授Ulrich Seeberg（尤里奇·席尔伯格）应朱会晖副教授邀请，做了题为“美与道德——从康德论夜莺之歌说起”的讲座。

（二）学者个人成果

2016年，北京师范大学美学学科的学术研究主要集中于中国美学史、艺术史和德国古典美学方面，共出版著作2部，发表论文30篇。

周黄正蜜的德文专著 *Der Sensus Communis bei Kant. Zwischen Erkenntnis, Moralität und Schönheit*（《康德共通感概念——真善美之际》），处理了两个在康德哲学的研究传统中一直被忽视、但最近却受到越来越多关注和重视的议题——与理性相对的感性和与主体性相对的主体间性。通过对包括遗稿和课堂笔记在内的康德全集的彻底搜索和系统整理，“共通感”首次被定义在两个含义层面上——普通的高级认识能力和普遍性情感，二者又分别有认知、实践和审美的三个维度——普通知性、普通实践理性和普通的审美判断力以及理论的智性愉悦、作为实践的智性愉悦的道德感和审美愉悦。在国际和国内康德学界，共通感的问题是近现代哲学思潮中从政治学、道德哲学、美学方面都受到诸多关注、但一直缺乏系统性、彻底性研究的一个概念，此书填补了一项空白并被国际著名出版社纳入康德学界权威丛书。

严春友教授的《忧郁的青春》，由中国社会科学出版社出版。

论文方面，刘成纪教授发表学术论文16篇，其中CSSCI期刊论文7篇，其他8篇。论文被《新华文摘》《中国社会科学文摘》，以及人民大学复印资料《美学》《文艺理论》等转载、复印7篇次。其中具有代表性的有《中华美学精神在中国文化中的位置》[20]《中国美学与传统国家政治》[21]《王莽时代的礼仪建筑与国家重造》[22]《论中国先秦哲学的技术认知与“大匠”观念》[23]《陶铜审美之变与早期中国国家的形成》[24]《中国社会早期“乐”概念的三大问题》[25]《什么是艺术观念史》[26]《中国艺术史研究亟待回归中国历史本身》[27]等。这些论文主题大致分为三个方面：一是对中国美学和中华美学精神特性的理论界定，二是研究中国传统艺术中的哲学观念问题，三是关于艺术史研究方法论的探讨。

黄文杰副教授发表学术论文7篇，主题集中于神学美学理论和魏晋美学，代表性的有《郭象独化论的美学意蕴》[28]，严春友教授发表论文4篇，代表性的有《真理如何“自行显现”》[29]，朱会晖副教授发表论文1篇，《对康德的相容论内涵的再思考》[30]。

本年度，由刘成纪教授参撰的《中国艺术批评通史》（7卷本）获第六届中国优秀出版物奖图书奖。周黄正蜜博士获批北京社科基金青年项目“《判断力批判》和费希特哲学”。

四、中国社会科学院

高建平研究员出版专著《当代中国文论热点研究》[31]，该书共22章，包括：新中国建构文学理论的话语资源（1）关于“胡风文艺思想”的讨论与批判，（2）“黑八论”批判及反思，（3）“文化大革命”时期的文学理论——“样板戏”与“三突出”的历史教训，（4）关于文学艺术批评标准的讨论，（5）人性、人道主义问题大讨论，（6）“形象思维”说的发展、终结与变容，（7）文学主体性的超越与局限，（8）“古代文论的现代转换”：渊源、争论、泛化与变异，（9）文艺与意识形态，（10）文学人类学及其在中国的发展，（11）科学方法论在文学研究领域的历险，(12) 新时期文艺与政治、经济关系的重组与文论范式的转型，(13) 文学本体论研究的理论思考，(14)"后"语境中的文学理论研究，(15) 文化研究对文学研究的挑战，(16) 新媒介的出现及对文学理论的挑战，(17) 马克思主义文艺理论研究的当代发展，(18) 新中国文艺政策的建构、演变和发展，(19) 中国当代美学的发展与文学理论研究，(20) 60 年外国文学理论的译介与中国文学理论的建构，(21) 60 年代文学理论教学与教材建设，(22) 台湾当代文学思潮略论。

刘悦笛研究员关于"生活美学"和当代艺术的论文：《从日常生活"革命"到日常生活"实践"——从情境主义国际失败看"生活美学"未来》[32]《作为"看见世界"与"假扮成真"的电影——再论走向新的"电影本体论"》[33]《从艺术的"审美定义"到"非审美"的反驳——论分析美学的"比尔兹利—迪基之争"》[34]《当今文艺理论：复兴于"生活美学"——兼驳文艺理论新一轮"危机论"》[35]《当代"艺术表现论"的革新——以"分析美学"为考察中心》[36]《"大众艺术"与"混合艺术"本体论——三论艺术本体论的最新拓展》[37]。

五、首都师范大学

（一）学术机构和管理

(1) 10 月，首都师范大学美育指导委员会正式设立。作为学校领导开展各类美育工作的常设性机构，首都师范大学美育指导委员会负责对全校美育教育教学改革、科学研究及社会服务等进行总体规划、宏观指导和全面统筹。委员会主任由学校党委书记郑萼担任，党委副书记缪劲翔、副校长孟繁华为副主任，社科处长兼美育研究中心主任王德胜为秘书长，尹少淳、史红、叶培贵、孙士聪、杨生平、李刚、欧阳启名、俞劼、高平、韩振刚等为委员。

(2) 11 月 26 日，首都师范大学美育研究中心成立。该中心为学校实体性教学科研机构，兼具人才培养与科学研究组织功能、智库功能以及社会服务功能。中心立足学校教育教学综合改革与人才培养具体目标，具体负责制定和落实学校美育教学与科研发展规划，通过整合校内外优质资源，组织开展相关教学方案设计、课程教学及艺术实践，并承担相关政策咨询与社会服务工作，力争建设成为教育部、北京市重要美育基地。王德胜教授为中心主任，中心专家委员会主任由著名美学家、教育部艺术教育委员会主任、北京大学资深教授叶朗，著名美学家、教育部社科委人文学部召集人、山东大学终身教授曾繁仁共同担任，万丽君、杜军、王一川、罗斌、胡智锋、张法、丁方、傅谨、周星、朱良志、朱培尔、张立萍、于海、冯英等 14 位在美育理论、美术、音乐舞蹈、书法和戏曲等领域的专家学者受聘为专家委员会委员。

（二）学术项目、教材

本年度首都师范大学三项美学课题结项：

(1) 黄应全教授主持的北京市教委重点项目暨北京市哲学社科规划一般项目《当代西方美学"艺术"定义史研究》，该课题以全面了解西方当代美学对"艺术"概念的思考及其历程为目标，以本质主义和反本质主义艺术观为主线，系统阐述了当代西方关于"艺术"的各种定义。该课题成果有助于准确深入地了解 20 世纪西方美学的真实面貌，促进中国学者对艺术概念的理性思考，并助益艺术实践的开展。

(2) 孙士聪副教授主持的北京市哲学社科规划项目《马克思主义文化领导权理论及其对当代大众文化的启示》，该课题研究强调，社会主义与大众文化关系的实质，可归结为马克思主义文化领导权问题。课题以"文化领导权"为原点，以梳理马克思主义文化领导权理论为经，以反思社会主义大众文化话语实践为纬，在社会主义与大众文化的契合关系问题下，形成了"问题—理论—实践"这一基本研究框架。

(3) 史红教授主持的北京市教委专项课题《北京学校美育创新实践活动》，该项目主要形成了三方面成果：通过专项调研、问卷调查等方式，考察了北京中小学艺术教育现状，形成《2016 年北京中小学艺术教育白皮书》；通过采访主管学校艺术教育的北京市领导及指导北京市学校艺术社团的艺术家和老师等，辑录《北京中小学艺术教育蓝皮书》；通过收集有关艺术教育特色校的老师的案例，编辑《2016 年北京中小学艺术教育创新实践案例》，即将出版。

本年度首都师范大学在研美学课题包括：王德胜教授主持的教育部人文社会科学重点研究基地重大项目《文艺美学"元问题"与文艺美学学科体系建设研究》；孙士聪副教授参与的国家社科基金重大项目《西方美育思想史研究》子课题《二十世纪前期西方美育思想史研究》；邹华教授主持的国家社科基金重点项目《中国古代审美意识生成机制研究》；邹华教授主持的北京市哲学社会科学规划重点项目《中国当代美学审美问题》；李圣传主持的国家社科基金青年

项目《黄药眠年谱整理及其文艺思想研究》；史红教授主持的北京市教委专项课题《北京中小学艺术教育创新实践》；俞劼副教授主持的北京市教委委托项目《北京中小学艺术教育评测标准研究》。

2016年下半年，首都师范大学美育研究中心采取面向校内单位公开招标、校外专家匿名评审的方式，开展2016年度美育研究课题申报立项工作，《法兰克福学派美育思想研究》《高校美育质量测度与实施对策研究》《中国传统美学观对当代艺术教育的审美启示与传承实践研究》《京西法海寺壁画色彩的数字化保护研究》《首都师范大学师范生美育育人策略探析》等5个项目获得批准。

教材编写：依托首都师范大学美育研究中心，组织校内相关力量集中开展了《大学美育读本》《20世纪中国美学读本》《20世纪西方美学读本》等高校教材编写工作，将分别由高等教育出版社、安徽教育出版社出版。

（三）学者论文

王德胜的文章《重建美学与生活的关系》[38]，邹华的论文《新时期文艺理论对西方现代美学的引进与移植》[39]《周来祥学案》[40]《美学本体论重构的两个维度》[41]，黄应全的论文《超越旁观式戏剧，建立绝对投入式戏剧——安托南·阿尔托残酷戏剧观的一种美学解释》[42]《克罗齐后期美学的若干变化》[43]，孙士聪的论文《文学场与文学的在场》[44]《福柯在中国》[45]《〈文学笔记〉的阿多诺》[46]《文化研究“失语症”问题》[47]《美学生态位》[48]《以美育人 以美化民》[49]等。

小结

本年度，北京市各学术单位的美学研究继续在多方向开拓，繁荣发展，较为突出的成果和事件包括：

1. 西方美学的深耕，如北京大学“美学与艺术学暑假读书班”的重要文本细读、人民大学“实用主义与文化”系列讲座、周黄正蜜博士出版康德研究德文专著等。

2. 中国美学的研究，如朱良志教授的画论研究、张法教授对中国美学观念源头的追溯、刘成纪教授对中国美学与历史政治关系的研究等。

3. 美学与艺术学原理研究，如彭锋教授的专著《艺术学通论》和《重回在场：哲学、美学与艺术理论》及相关论文、牛宏宝教授的《美学概论（第四版）》、高建平研究员的《当代中国文论热点研究》等。

4. 美育研究，以首都师范大学设立美育研究中心、美育指导委员会为代表性事件，从组织管理到课题项目都为未来发展打下了基础。

5. 校际学术合作活动，如北京大学美学与美育研究中心、首都师范大学美学研究所共同主办的“中国美学暑期高级研修班”（第一期）。

注：

①朱良志：《论〈诗家一指〉的“实境”说》，《北京大学学报》（哲学社会科学版），2016年第4期。

②朱良志：《传统文人画的人文价值》，《光明日报》，2016年5月26日。

③彭锋：《艺术学通论》，北京大学出版社，2016年版。

④彭锋：《重回在场：哲学、美学与艺术理论》（专著），中国文联出版社，2016年版。

⑤彭锋：《从“艺术”到“艺术界”——艺术的赋魅与祛魅》，《文艺研究》，2016年第5期。

⑥彭锋：《艺术边界的失与得》，《北京大学学报》（哲学社会科学版），2016年第6期。

⑦彭锋：《李渔的戏剧理论：一种温和的道德主义》（*Li Yu's Theory of Drama: A Moderate Moralism*），《东西方哲学》（*Philosophy East and West*），2016年第1期。

⑧牛宏宝：《美学概论》（第四版），中国人民大学出版社，2016年版。

⑨张法：《生活（life）概念：历史沉浮之因缘与当代崛起之追问》，《社会科学战线》，2016年第1期。

⑩张法：《凤风同字体现的中国思维特点与美学特色》，《社会科学辑刊》，2016年第1期。

⑪张法：《舞在中国远古仪式之初的地位及其演进》，《北京舞蹈学院学报》，2016年第2期。

⑫张法：《“和”的观念在中国远古的起源与特点》，《甘肃社会科学》，2016年第3期。

⑬张法：《审美经验：从世界美学的背景看西方美学的特质》，《文艺争鸣》，2016年第4期。

⑭张法：《形与神：中国美学的独特内容和境界》，《民族艺术研究》，2016年第4期。

⑮张法：《从斤到斧到戉：中国之美的起源及特色（上）》，《探索与争鸣》，2016年第4期。

⑯张法：《从斤到斧到戉：中国之美的起源及特色（下）》，《探索与争鸣》，2016年第5期。

⑰张法：《琴—性—禁：中国远古琴瑟在音乐与文化中交织演进》，《学术月刊》，2016年第8期。

⑱张法：《铃—庸—钟演进的政治和文化关联》，

《中国文艺评论》，2016年第9期。

⑲张法：《青铜乐钟：音乐重组、演进历程、文化意蕴》，《山东社会科学》，2016年第12期。

⑳刘成纪：《中华美学精神在中国文化中的位置》，《文学评论》，2016年第3期。

㉑刘成纪：《中国美学与传统国家政治》，《文学遗产》，2016年第5期。

㉒刘成纪：《王莽时代的礼仪建筑与国家重造》，《杭州师范大学学报》，2016年第6期。

㉓刘成纪：《论中国先秦哲学的技术认知与“大匠”观念》，《江苏行政学院学报》，2016年第4期。

㉔刘成纪：《陶铜审美之变与早期中国国家的形成》，《郑州大学学报》，2016年第4期。

㉕刘成纪：《中国社会早期“乐”概念的三大问题》，《河北学刊》，2016年第4期。

㉖刘成纪：《什么是艺术观念史》，《中国美术报》，2016年5月30日。

㉗刘成纪：《中国艺术史研究亟待回归中国历史本身》，《光明日报》，2016年11月10日。

㉘黄文杰：《郭象独化论的美学意蕴》，《当代中国价值观研究》，2016年第4期。

㉙严春友：《真理如何“自行显现”》，《社会科学论坛》，2016年第7期。

㉚朱会晖：《对康德的相容论内涵的再思考》，《世界哲学》，2016年第2期。

㉛高建平：《当代中国文论热点研究》，中国社会科学出版社，2016年版。

㉜刘悦笛：《从日常生活“革命”到日常生活“实践”——从情境主义国际失败看“生活美学”未来》，《文艺理论研究》，2016年第5期。

㉝刘悦笛：《作为“看见世界”与“假扮成真”的电影——再论走向新的“电影本体论”》，《电影艺术》，2016年第7期。

㉞刘悦笛：《从艺术的“审美定义”到“非审美”的反驳——论分析美学的“比尔兹利—迪基之争”》，《湖北大学学报(哲学社会科学版)》，2016年第3期。

㉟刘悦笛：《当今文艺理论：复兴于“生活美学”——兼驳文艺理论新一轮“危机论”》，《文艺争鸣》，2016年第5期。

㊱刘悦笛：《当代“艺术表现论”的革新——以“分析美学”为考察中心》，《艺术百家》，2016年第3期。

㊲刘悦笛：《“大众艺术”与“混合艺术”本体论——三论艺术本体论的最新拓展》，《艺术探索》，2016年第4期。

㊳王德胜：《重建美学与生活的关系》，《光明日报》，2016年9月29日。

㊴邹华：《新时期文艺理论对西方现代美学的引进与移植》，《学术月刊》，2016年第11期。

㊵邹华：《周来祥学案》，《上海文化》，2016年第10期。

㊶邹华：《美学本体论重构的两个维度》，《西北师大学报》(社会科学版)，2016年第6期。

㊷黄应全：《超越旁观式戏剧，建立绝对投入式戏剧——安托南·阿尔托残酷戏剧观的一种美学解释》，《文艺研究》，2016年第11期。

㊸黄应全：《克罗齐后期美学的若干变化》，《首都师范大学学报》(社会科学版)，2016年第4期。

㊹孙士聪：《文学场与文学的在场》，《学术研究》，2016年第11期。

㊺孙士聪：《福柯在中国》，《纪念福柯逝世30周年研讨会论文集》，河南大学出版社，2016年版。

㊻孙士聪：《〈文学笔记〉的阿多诺》，《学术界》，2016第3期。

㊼孙士聪：《文化研究“失语症”问题》，《上海大学学报》(社会科学版)，2016第2期。

㊽孙士聪：《美学生态位》，《北方工业大学学报》，2016年第6期。

㊾孙士聪：《以美育人　以美化民》，《云梦学刊》，2016年第2期。

（作者：孙焘，中国戏曲学院讲师）

逻辑学

胡宏扬　郭佳宏

2016年北京地区逻辑学学科的发展概况，我们将分成三部分来进行综述：一是学术活动，二是研究成果，三是教学探讨。研究成果的文献主要来自中国知网（CNKI）收录的北京学者所著的中文文章，论文选取的重点是中国人民大学书报资料中心《复印报刊资料》中《逻辑学》收录的内容。

一、学术活动

2016年北京地区逻辑学界的学术活动相当活跃，主要表现在以下几个方面：

1. 举办第一届“京津冀逻辑论坛”

2016年6月19日，由中国社会科学院哲学研究所逻辑室、南开大学哲学院逻辑学教研室、河北大学政法学院逻辑教研室共同发起“第一届京津冀逻辑论坛”，其主题为“京津冀协同发展背景下三地逻辑教学与研究的回顾与展望”。论坛分为开幕式、学术报告、自由讨论三个部分。会议分别由北京大学哲学系刘壮虎教授就“不定主体的认知谓词逻辑”、清华大学哲学系王路教授就“再论逻辑的观念”、中国人民大学哲学院的余俊伟副教授就“模态逻辑的几点思考”、北京师范大学的琚凤魁副教授就“做另外一些事”等作了学术报告。会议增进了京津冀逻辑学界的相互了解，并进行了深入的交流，取得了非常良好的效果。

2. 举办“语言与逻辑”研讨会

2016年7月11—14日，北京大学哲学系举办了“语言与逻辑”的研讨会。会议的初衷是聚集一批有跨学科视野的中青年学者进行自由且深入的讨论，希望能打破学科的界限，了解不同领域对语言相关课题的研究方法、前沿问题，探索未来的新方向和合作的可能。北京大学哲学系的周北海老师作了“逻辑、语言与认知：从日常概念的视角看”的主题报告；北京师范大学的琚凤魁老师做了“Two Issues in Deontic Logic from the Perspective of Linguistics”的主题报告；北京大学的王彦晶老师作了“超越‘知道如是’的新一代知识逻辑”的主题报告；北京大学叶闯老师做了“语言哲学：问题与性质”的主题报告。此次会议获得圆满成功，在自由发问、深入讨论的友好氛围中，加强了各学科之间的交流与合作。

3. 举办“青年学者逻辑论坛”

2016年7月28日，清华大学举办了“北京市逻辑学会青年论坛”。由赫尔辛基大学的Jouko Vaananen教授做报告，报告的内容为数理逻辑相关内容的一般性介绍，针对的对象是哲学工作者和逻辑学工作者。北京市逻辑学界的工作者纷纷发言，并进行了激烈的讨论。

2016年10月28日，荷兰阿姆斯特丹大学逻辑、语言与计算研究所，美国斯坦福大学哲学系Johan van Benthem教授（院士）在北京师范大学作了题为“Deontic Logic and Changing Preferences ”的学术报告。

2016年11月7日北京市逻辑学会青年学者逻辑论坛于北京师范大学举行，会议邀请到了阳明大学心智哲学研究所的王文方教授作了题为“语义悖论”的报告，在场的学者进行了激烈的讨论和交流。

4. 举办“学术前沿论坛”

2016年12月25日，北京市社会科学界联合会2016年学术前沿论坛逻辑学分论坛在北京师范大学顺利召开。本次论坛的主题为“逻辑学前沿研究及其交叉应用”，此次论坛邀请了众多来自逻辑学和语言学的专家学者，进行学术报告，交流了最新的成果。本次论坛旨在介绍逻辑学和语言学及认知科学的最新研究成果，也为学科之间的交流和互动提供了良好的平台。

5. 举办“高校逻辑教学与思维素质培养研讨会”

2016年10月22日，高校逻辑教学与思维素质研讨会在北京师范大学举行，会议围绕高校逻辑教学进行，中国社会科学院的刘培育研究员作了“加强逻辑知识普及，提高国民思维素质”的报告，中国政法大学的王洪教授就“中国政法大学逻辑教学情况”进行了介绍，中国公安大学的吴燕副教授作了“试论逻辑教学的动机与激励机制”的报告，华中科技大学的张瑛副教授作了“批判性思维教学与反思”的报告，中国人民大学的杨武金教授就“批判性思维的技巧与方法”进行了介绍，北京大学的陈波教授作了“逻辑导论教学与悖论慕课”的报告，会议中各高校逻辑教师进行了热烈的讨论，促进了各高校之间逻辑教学的交流与合作。

6. 开展科普活动，重视逻辑的社会功能

2016年12月16日北京师范大学经济与工商管理学院举办了主题为“管理类联考逻辑考试冲刺辅导”的活动。本次活动邀请到了玉明教育的王浩老师讲解了关于MBA逻辑考试的相关知识，同时强调普通逻辑对MBA考试潜移默化的影响。

二、研究成果

2016年，逻辑学的各个研究领域都有一批新的成果问世，主要表现在以下四个方面：

1. 数理逻辑

王建芳在《当代西方论证结构研究的新进展——弗里曼论证模型研究》中提出，弗里曼模型是美国学者弗里曼近年提出的一种新的刻画论证宏观结构的模型。该模型以主张者和挑战者构成的基本辩证情境为着眼点，通过对“标准方案”和图尔敏模型的嫁接、整合与改造，展现出一个由前提、结论、模态词、反驳和反－反驳要素构成的基本架构。弗里曼模型弥补了标准方案和图尔敏模型各自具有的一些缺陷，标志着论证宏观结构研究的新进展。但弗里曼对反驳、反－反驳等要素的认识和刻画还存在一定困难和问题。探讨弗里曼模型在证据分析中的作用具有重要意义。这同时也表明，作为非形式逻辑领域的一个重要话题，论证宏观结构研究需进一步加强。①

同时，王建芳又对弗里曼模型与图尔敏模型进行了比较，在《基于论辩的论证结构研究—弗里曼模型与图尔敏模型的比较》一文中指出，作为论证结构研究的现代经典与最新发展，图尔敏模型与弗里曼模型之间存在一定的差异：图尔敏模型展现了一个由主张、数据、保证、支援、模态限定词、例外六要素构成的论证模式，而弗里曼模型展现了由前提、结论、模态词、反驳和反－反驳五要素构成的论证模式。从论证核心层面看，图尔敏模型的重点在于数据、保证、支援三重区分，而弗里曼模型回归到前提与结论刻画模式。从论证的论辩层面看，二者对Rebuttal、对模态限定词以及是否包含反－反驳要素方面的认识均有所不同。②

高坤在《连续统问题与薄实在论》中认为，哥德尔对连续统问题的独立性的柏拉图主义回应作为一种“厚实在论”招致麦蒂（Penelope Maddy）的一个批评。作为一种可能的替代，麦蒂提出了所谓的“薄实在论”。文中试图论证麦蒂对厚实在论的批评并不像表面上看来那么有力，而薄实在论作为一种本体论立场涉嫌一种自相矛盾，并且后者也不能像厚实在论那样赋予连续统问题以客观意义。最后作者提出，薄实在论试图避免厚实在论的困难，特别是集合论方法的可靠性问题，但由以上的分析可以看出，它既无法在保证自身一致性的前提下做到这一点，也无法像厚实在论那样赋予连续统问题以客观意义，因而它对于厚实在论的优越性很值得怀疑。③

陈磊等人在《Stone代数中可定义的集合》一文中研究了Stone代数的可定义子集，介绍了偏序结构中的伪极小值的概念，并证明了Stone代数理论的完成是伪O－极小的。我们还给出了Stone代数的分解定理。文章最后，作者提出了两个问题：什么样的格序群是一个O－极小的格序群？什么样的格序环是一个O－极小的格结构？它是格闭域吗？④

2. 哲学逻辑与逻辑哲学

陈波在《词项的指示性使用和谓述性使用——反驳严格指示词和非严格指示词的区分》中表明，在区分自然语言中词项（包括专名、摹状词、自然种类词等）的指示性使用和谓述性使用的基础上，可以对克里普克关于严格指示词和非严格指示词的区分提出系统性反驳。这一反驳基于：（1）在不同的语境中，大多数词项都有指示性使用和谓述性使用，不论它们是做句子的主词还是谓词；（2）对于专名和自然种类词来说，其指示性使用是第一位的，其谓述性使用寄生于前者；（3）对于限定摹状词来说，其谓述性使用是第一位的，其指示性使用寄生于前者；（4）指示性使用和谓述性使用的区分是语义的而非语用的等六个断言。根据这一事实以及其他理由，可以推知：克里普克关于严格指示词和非严格指示词的区分是失败的。⑤

夏年喜在《指示词逻辑——从卡普兰的LD到勒杜列斯库的LI》一文中认为，指示词（也称索引词）是最典型的语境敏感性语词。对指示词的研究是语言学、哲学、逻辑学等学科共同关注的问题。本文仅就逻辑学视域下的研究展开讨论。文章将从蒙塔古所做的形式化研究成果入手，厘清从卡普兰的指示词逻辑LD到勒杜列斯库的索引词逻辑LI的发展进程，在比较中揭示它们的各自特点，分析这一逻辑传统的哲学意义，并探寻这一逻辑传统的发展趋势。勒杜列斯库的索引词逻辑相较于卡普兰的指示词逻辑能解释更多的含有索引词的有效论证，但其所能解释的有效论证仍然是有限的。这意味着我们需要考虑语境间更为复杂的关系，使之与我们的会话实践相符。这种相符的程度将是评价一个索引词逻辑系统好坏的重要标准，也是我们将来工作的契机。[⑥]

余俊伟在《本质主义与模态逻辑》中指出，谈论事物的方式决定了模态逻辑承诺了本质主义，回避本质妨碍了量化模态逻辑的发展。文章提出了必然的一种本质主义解释。这种解释为亚里士多德的混合模态三段论提供了一个漂亮的语义模型。作者认为，混合模态三段论的语义解释与亚里士多德的语法相匹配，这一结果为亚里士多德所持的个体有本质这种观点提供了比较令人信服的证据。逻辑研究与哲学探索在此再次紧密关联。[⑦]

琚凤魁在 *To Do Something Else* 一文中提出了两个道义逻辑，他认为这两个道义逻辑都贯穿了一个古老的想法，关于动作的规范性概念能够通过做动作的后果定义出来。这两个道义逻辑基于两个特殊的命题动态逻辑，它们把动作解释成状态序列的集合，它们都有一个过程模态。这两个道义逻辑的不同之处在于，它们对于“不做某个动作”这个概念的形式化方式不同。这两个道义逻辑都有一个命题常元，这个常元的直观意思是，这是一个坏的状态。规范性概念能够通过这个过程模态和这个命题常元定义出来。[⑧]

孔红在《规范冲突问题及其非单调逻辑研究》中指出，在规范领域存在两种重要的推理：规范推理和规范适用推理。规范推理是在规范命题集上定义的、从规范推出规范的推理。规范适用推理是将一般性的规范适用于具体情境得出结论的推理。法律规范冲突是指在规范适用层面出现的法律结果不相容、规范的可适用性互相排斥的情况。规范冲突只能在规范适用层面得到解决。标准道义系统是关于规范推理的逻辑，它不容忍规范冲突，在标准道义逻辑中，规范冲突会引发推理崩溃。为了应对规范冲突问题，人们提出了各种容忍规范冲突的道义逻辑，但大都属于关于规范推理而非关于规范适用推理的理论。霍尔蒂的非单调道义逻辑能非常自然地同时刻画规范推理和规范适用推理，并在规范适用层面解决规范冲突问题，是容忍规范冲突的各种理论中最具发展前途的一个。[⑨]

刘靖贤、陈波共同撰写的《现代逻辑视域下实质真理论研究》认为，真是实质性质，说一个语句是真的意味着说出比这个语句本身更多的内容。实质真理论借鉴弗雷格的含义确定指称原则以及塔斯基关于对象语言和元语言的区分，避免了多元真理论在统一性和多样性、局部性和全局性之间的纠结。实质真理论包括建构真理论和分层真理论。建构真理论由三个论题构成：根据社会历史因果描述论确定名称的指称；把语境原则与组合性原则结合起来确定语句的意义；实质真理论建立在有经验内容的语义知识的基础上。分层真理论亦由三个论题构成：理论和模型之间的关系是理论和理论之间的关系；理论与理论之间的关系呈现出等级层次；理论与实在通过多种方式关联起来，实质真理论表现为实用真理、迂回真理和实验真理。[⑩]

王恩旭、丁崇明共同撰写的《“部分—整体”转喻中语义冲突的形式化描写》提出，作为人类一般的认知方式，转喻越来越引起学者们的关注。但转喻的基本问题——语义冲突问题，却一直没有得到妥善的解决。在分析了传统解决方案种种缺欠后，作者认为，在一个表达式中，只要谓词不变，论元的指称对象、性质也不会变。所以会造成语义上的变化，是显著性的原因。一个表达式要凸显哪些类、不凸显哪些类，不取决于表达式自身而是它的搭配对象，不同的搭配对象凸显了表达式的不同方面。为了细致地描述汉语转喻中的这一变化，作者采用了代数上常用的包含运算的方法；为了增强这一方法的科学性和可操作性，又对该方法做了一些修订和完善。[⑪]

许春梅在《超模态逻辑 K［T_ m，K_ n］》一文中，试图从逻辑的角度来探讨语境依赖现象，一类特殊的语言语境依赖现象，即模态命题语言中模态算子在复合句中因位置不同而意义不同的这类现象。主要工作是从语义学方面对 D. M. Gabbay 关于超模态逻辑理论进行扩充。首先，通过泛关系语义学和 D. M. Gabbay 的“模转换”概念建立起了与 Gabbay 相同的超模态逻辑语义学。在这基础上，定义了模转换范式，并证明了范式的存在定理，使得所有超模态逻辑的讨论都转换为对其范式的讨论。其次，对 K、T 两种模态算子，在任意框架上进行一般性的推广，得到一类超模态逻辑类 K［T_ m，K_ n］。最后，作者提出在可能语义的基础上，通过引入“模转换”函数，从而建立超模态语义学，但从本质上看我们所熟悉的模态逻辑是 0 - 语境依赖的（或者称无语境依赖），而超模态逻辑恰恰是语境依赖的，虽然每个模态算子的解释仍然是标准的，但是它在公式中所出现的位置不同，其意义也不同。[⑫]

唐芳芳在 *Generalized Sheffer - stroke Based Analytic Modal Axiomatic System for GL* 一文中指出，基于广义谢弗竖这种新算子，本文构造了模态逻辑 GL 的模态表列和分析性模态公理系统。广义谢弗竖是一种 n 元算子，为模态逻辑的表达式提供一种新记法，使分析性模态公理系统的陈述直接明了。由于谢弗竖是一种新算子，基于它的模态表列规则与通常的基于模态词和连结词的表列规则有所不同。分析性模态公理系统中的内定理证明很简单。因为分析性模态公理系统与模态表列之间存在某种对应关系，所以 GL 的分析性模态公理系统的完全性由 GL 的模态表列的完全性结果易证。GL 的模态系统的完全性证明比较特殊，无法直接应用证明模态逻辑完全性的一般方法——典范模型方法，需要用一种过滤的方法挑出一些可能世界构造有穷模型。[13]

刘新文在《逻辑谜题的逻辑》一文中指出，美国逻辑学家斯穆里安的逻辑谜题系列著作是普及现代数理逻辑知识的著名作品。本文首先介绍了斯穆里安本人提出的一套“亚瑟与伯纳德谜题”的解答方法，然后从模态命题逻辑角度提出了一种一般解答方案并举例说明了该方案。作者认为所有这些谜题大致可以划分为两大类：第一类与真、信念、撒谎等概念有关，第二类处理的是自指、循环和哥德尔不完全性定理。[14]

王欣在《“什么……什么句”的逻辑语法特征与推演》一文中指出，针对温宾利命名的“什么……什么句”，本文首先简要讨论了该句式与驴子句和关系结构的不同之处，然后从逻辑语法的角度综合分析了该句式的句法、语义和语用特征，提出其中成对出现的疑问词是不连续的全称量词，该句式是汉语表达充要条件的一种句法手段，充分条件意义和必要条件意义都是其默认含义，由语法系统自动计算得出，可在特定语境中被撤销。最后运用以不连续兰贝克演算为核心的逻辑范畴语法，推导两类“什么……什么句”。[15]

成力杰在《绿蓝悖论新解——基于假说投射标准问题的探讨》中指出，绿蓝悖论又称古德曼悖论，是由美国科学哲学家古德曼（N. Goodman）于 1954 年在《事实、虚构与预测》一文中提出来的。悖论出现的关键在于引入了谓词“绿蓝”（grue），定义如下：它适用于所有在 t 之前被检验的事物，如果它们是绿的；但也适用于其他事物，如果它们是蓝的。绿蓝悖论是一种非常重要的归纳悖论，被称为“新归纳之谜”。绿蓝悖论的实质是“可投射”问题，明确区分假说“投射性”的标准对悖论的解决至关重要：它既不能依靠句法理由或背景经验，也不能求助于谓词的牢靠性，而应基于一种隐含的独立于时间的具有相同层次的类属性传递。通过对“绿蓝”假说中颜色和时间关系的探讨以及对颜色使用者心中谓词层次的区分，可投射难题的区分标准清晰可见，绿蓝悖论也就迎刃而解。[16]

3. 认知逻辑、语言逻辑和归纳逻辑

刘奋荣在《社会网络结构与主体认知变化的逻辑探讨》一文中首先介绍了逻辑学研究的一个前沿领域，即对社会网络信息流的新特点和新规律的研究。接着，文章对社会网络的结构展开逻辑分析，并阐明结构的不同对信息传播和主体认知产生直接的影响。在此基础上，作者在动态认知逻辑模型中引入社会网络框架，给出新的模型和语言，并对社会网络中信息内容本身、信息的发送者和接收者三者之间的关系进行刻画和描述。然而，在社会网络的信息流研究中仍然有很多重要的理论问题亟须解决。譬如，信息的可靠程度如何影响主体的信念修正？这个问题涉及对社会网络的关系结构、不同主体影响力的研究。关系结构会影响信息的传播通道，主体的影响力不同则可能形成不同层次社会网络，影响信息的流动速度。利用模态逻辑的现有技术和社会网络的研究成果，对这些课题展开研究，将对我们认识社会网络中信息流的逻辑规律具有重要的理论意义。[17]

郭佳宏、张朝霞共同撰写的《一种描述主体信息变化的交流图及其逻辑初探》中提出，交流图及其逻辑是其中的一项典型代表。我们考察研究帕奎特和派瑞克关于交流图逻辑的主要思想和技术，涉及拓扑逻辑和基于历史的模型等内容；采用其中的部分结果尝试解释若干有重大历史影响的问题。最后还指出了交流图逻辑的几个可能的进一步应用。不过，在研究时需要注意两个重要问题。第一个问题是，主体可能只想让他的“网站”中的一部分知识被其他主体获取，这可通过在框架中把主体 j 的知识限定成想让其他主体获取的公式而得，通过限制后，如果主体 i 和 j 有直接链接边，i 也只能通过那部分可获取的信息进行认知更新；第二个问题是，交流图中的主体可能并不知道交流图的真实结构，为避免这一问题，研究加密协议时需要确保交流图中不存在主体不想要的链接边。这也是交流图未来研究的方向之一。[18]

王彦晶在“Knowing Your Ability”一文中提出，我们试图通过把“S 知道如何做 F”还原为“以一种具体的方式 w 论证 S 知道它有能力做 F”，连接起理智主义能力和反理智主义者能力对“知道如何”（knowledge - how）的解释。更准确地说，“S 有着某一确定能力”被进一步地形式化为一个命题，即 S 能够在某种先决条件下，通过某种方法的具体方式 w，使得某一确定目标得以发生。当我们拥有了对我们自身能力的知识，相应地我们能够规划我们未来的行动。而仅仅拥有能力而不知道这种能力，没有这些行动将是不可能的。而这一点准确描述了知道如何的知识和能力之间的关键差别。我们部分形式化的解释都避免了大多数对理智主义能力和反理智主义者能力的解释的反对意见。并且提供了如何知道知识的多级学习过程，这一点揭示各种各样的微妙差别。[19]

范杰在 *Removing Your Ignorance by Announcing Group Ignorance: A Group Announcement Logic for Ignorance* 中提出，一个基于无知的群组宣告逻辑，该逻辑是带有宣告算子的无知逻辑加上一个基于无知的群组宣告算子的扩展，用以表达群组中的每个主体宣告他们各自的无知后什么东西为真。我们对比这一逻辑和文献中相关逻辑的相对表达力，并研究该逻辑的框架可定义性问题。另外，我们也提出一个公理化系统并证明它的完全性。[20]

范杰在另一篇文章“Quantification in logics of contingency”中，做了下述工作：在这项工作中，我们定义带有任意宣告的偶然逻辑。在偶然逻辑中，初始模态词偶然性意味着一个命题可能是真的，也可能是假的，所以如果它是非偶然的，则它必然为真或必然为假。对于这个逻辑，可以添加动态算子来描述（非）偶然性的变化。和任意公开宣告逻辑等的动态认知逻辑类似，我们的逻辑有公开宣告的算子和任意公开宣告算子。然而，我们的初始模态词是更为合适的“公开宣告是否”的概念，而不是通常的“公开宣告”。我们对比该逻辑和它的片段与相关的动态认知逻辑之间的表达力。我们进一步提出一个公理化系统，通过修改任意公开宣告逻辑的完全性证明方法，证明了该系统的完全性。我们也证明了，它的各个扩充系统相对于相应的框架类是完全的。[21]

何树男、郭佳宏在 *Dynamic Epistemic Logic with Topological Semantics* 一文中指出，动态认知逻辑是现代模态逻辑的一个重要分支，一般而言，动态认知逻辑是基于关系语义的。本文基于拓扑语义对动态认知逻辑进行了研究。指出了基于关系语义的动态认知逻辑和基于拓扑语义的动态认知逻辑具有相似性。文中还对基于关系语义的动态认知逻辑和基于拓扑语义的动态认知逻辑进行比较，拓扑语义动态认知逻辑可以被视为关系语义动态认知逻辑的一个扩展。[22]

贾青在《证明网络与语言处理》中认为：证明网络是证明的一种图像处理方式。在范畴语法中，由于证明网络具有便于给出语言句法分析这一特点，因此可以说证明网络是范畴语法中“句法分析即推导”这一口号的最佳体现方式之一。为了对证明网络有一个全面的了解，对其大体内容以及在语言处理上的优势做了概述。最终说明使用证明网络就能对自然语言中的辖域歧义问题进行处理，即分别给出歧义语句的不同理解，所以证明网络不但从形式化的角度，而且从句法的角度来看都是有意义的，在自然语言处理中也有着一定的应用。近年来，证明网络被更多地应用到自然语言的语句处理上去以便解决自然语言语句处理中的问题。另外，证明网络所体现出的各种代数性质问题也值得进一步研究和挖掘，以便于我们能够更为全面和抽象地把握证明网络这一证明的图像表示方式。[23]

邹崇理在《语言构造机制的逻辑语义学研究》中指出，自然语言的计算机信息处理要求电脑对人脑构造或理解语言的机制进行模拟，这种模拟首先需要逻辑语义学对语言构造机制的先期研究。简言之，语言构造机制显示出两个特征：1. 有穷多的词条作为出发点；2. 依据有穷多规则去构造和理解无穷多的语句。多年来，逻辑语义学各分支不同程度地描述了语言构造机制的两个特征，但对其中特征 1 的刻画却不充分，而语言学对此却有不俗的表现。于是逻辑语义学和语言学形成互补局面，“互补”产生了组合范畴语法 CCG。文章揭示了 CCG 对语言构造机制两个特征的兼容并举，从而展示逻辑语义学在理论上对电脑模拟人脑构造语言机制工作的指导作用。[24]

［荷兰］约翰·范本特姆、刘新文、马明辉等共同撰写的《逻辑和认识论 —范本特姆教授访谈录》一文以访谈录的形式构成，主要从范本特姆教授对逻辑的一般性看法开始，然后转到刘新文想要在这次访谈中突出的主题上来，即当前逻辑与认识论的相互关系，范本特姆教授表示这正是目前感兴趣的问题之一。谈话过程中，范本特姆教授表示：“模态逻辑只是更为庞大的逻辑领域中的一支，而且我不是说它在逻辑与哲学的交界地拥有垄断权 ”。结束这次访谈之前，几位作者谈了谈与主题相关但稍微宽泛的一些话题，范本特姆教授提出了两个感兴趣的话题：一个是主体性视角下的计算概念，第二个主题是逻辑和概率的交界地，二者都是我们理解主体性的主要数学方法。[25]

4. 逻辑学史

刘新文在《金岳霖论题——一个逻辑的形而上学问题》一文中指出，金岳霖于 1927 年发表的论文“Prolegomena”阐述了哲学基础，尤其是逻辑基础这一问题。他从形而上学的实用主义立场就逻辑的起点问题提出并论证了自己的基本见解（“金岳霖论题”）——“相信逻辑是很便利的，至少比不相信逻辑更便利”，从而在中国开逻辑基础问题研究之先河。文章研究金岳霖论题的提出及其遇到的“逻辑中心困境”、思想来源以及在金岳霖哲学体系中的地位，力图为理解金岳霖的逻辑观念、逻辑理论从而哲学体系提供了一个恰当的起点。[26]

张燚、郭佳宏共同撰写的《“盖梯尔问题”研究中的方法论反思》认为，理论上，哲学家强调逻辑在哲学研究中的基础作用。现代逻辑提供了一套澄清哲学问题的精细的技术工具和方法，但这些方法和工具并未在哲学研究的实践中得到广泛运用，整个‘盖梯尔问题’的研究史就是一个佐证。这反映出当代哲学研究的方法和方法论需要反思。中国传统正名逻辑在发展中实质上将哲学问题的讨论归结到语言分析和澄清层面，又将语言澄清方法归结为训诂方法，因此训诂在方法论上就具有一般意义。这与西方逻辑提供的形式化方法相比，具有整体性和动态的优势，更能深刻地揭示一个哲学问题的本质所在。所以当今国内哲学研究应当重视这一方法，逻辑学家们也要对其进行挖掘。[27]

刘畅在《胡塞尔的逻辑学观念与逻辑学的一种可能性》一文中认为，胡塞尔早年的思考都集中在数学、逻辑和语言方面。在胡塞尔生前出版的著作当中，《逻辑研究》（1900）和《形式逻辑与先验逻辑》（1929）较为完整地勾勒出了胡塞尔的逻辑学观念。在后来出版的《经验与判断》中，胡塞尔又系统地阐明了先验逻辑的理论，与《形式逻辑和先验逻辑》相互呼应，为我们的概念——逻辑知识的经验起源进行了谱系学澄清。然而最终不论是胡塞尔对形式逻辑最高形态的构想，还是先验逻辑对形式逻辑奠基的设想，都未能成功或完全实现。但胡塞尔在逻辑学方面的思考却揭示了逻辑学的这样一种可能性：作为理念科学的逻辑学。从这样一门逻辑学出发，世界与逻辑的关系将颠倒过来，是世界合乎逻辑而非逻辑迁就于世界，逻辑的范围是思想的范围。[28]

左玉河在《名学、辨学与论理学》中提出，清末逻辑学译本与中国现代逻辑学科之形成，中国近代意义上的逻辑学，是从西方移植而来的。在晚清西学东渐的大潮推动下，清末民初翻译来的西方逻辑学译本主要有两类：一是从英文直接翻译而来的译本，多将 Logic 译为辨学、名学、理则学；二是从日文翻译而来的日本学者编著的译本，多将 Logic 翻译为论理学。这些以“名学”“辨学”“理则学”“论理学”为译名的西方逻辑学译本的翻译出版，标志着中国现代逻辑学开始发轫并成形。在译介西方传统逻辑已有成果的基础上，中国学者博采众长，编译出各种逻辑学讲义，以适合中国读者及清末新式学堂教学之用。随着晚清新式学堂的普遍建立，逻辑学以“论理学”或“名学”的名义，在新学制中占有一席之地，列入师范学校及高等学堂日常教学设置中。新式学堂课程日益完善，从西方移植来的逻辑学，亦随之在中国逐渐成长为一门独立的现代新学科。[29]

三、逻辑教学

逻辑学的专家学者将自己对逻辑学的认识看法与逻辑学的实践教学结合起来，并依据具体教学实践发表了自己的科研论文。

蔡曙山、殷岳共同撰写的《论批判性思维的临界性》一文指出，批判性思维（critical thinking）是一个英文外来词，在这个词中，critical 除了具有“批判性的”意义外，还有一个更重要的意义—“临界性的”，但却被中文作者和中文文献所忽略。批判性思维的临界性首先表现为思维过程自身的临界性。一方面，人类思维具有自指性；另一方面，人的思维过程是多维度、多通道的，演绎与非演绎、分析与综合、逻辑与心理、语言与修辞、语言与逻辑、语言与心理，这些都是思维过程的不同侧面，是不可分割的，批判性思维也是这种临界性的反映。除此之外，批判性思维还具有元思维或高阶思维的特征，具有多学科和多领域交叉的特征。批判性思维的这些特征可在语言学（语用学）、逻辑学（假言推理、三段论、溯因推理）、决策理论（博弈论、期望效用理论、前景理论、双系统加工理论）中获得证明。[30]

王路在《走向科学的逻辑观》一文中认为，逻辑观应体现科学性，但是在他看来，逻辑有两个方面，一个是逻辑的理论，另一个是逻辑的观念。没有逻辑的观念，逻辑理论就根本发展不起来。亚里士多德逻辑的落后只是体现在它的理论方面，换句话说，它在逻辑的技术上比较落后。就逻辑观而言，它与现代逻辑差不多。强调一种逻辑观，也就为逻辑划出一个圈子。强调逻辑观，因为它是搞好逻辑教学和研究的必要条件。在作者看来，它甚至是我们正确认识逻辑教学和研究的必要条件。最后，作者提出批判性思维论比吸收论更差。这里的区别是，不管怎么说，吸收论者毕竟是在逻辑前面加上“普通”二字，因而终归还是离不开逻辑的。相比之下，批判性思维论者既然连“逻辑”这个名称也没有，因而最终也就可以不要逻辑。[31]

注：①《哲学动态》，2016 年第 6 期。

②《逻辑学研究》，2016 年第 4 期。

③《逻辑学研究》，2016 年第 2 期 。

④*Archive for Mathematical Logic*，(*2016*) *55*：*749 - 757*

⑤《学术月刊》，2016 年第 11 期。

⑥《哲学动态》，2016 年第 2 期。

⑦《哲学动态》，2016 年第 1 期。

⑧*Proceedings of the 13th International Conference of Deontic Logic and Normative Systems*, pp. 109—122, 2016, College Publications.

⑨《湖北大学学报》（哲学社会科学版），2016 年第 2 期。

⑩《中国高校社会科学》，2016 年第 4 期。

⑪《逻辑学研究》，2016 第 2 期。

⑫《逻辑学研究》，2016 年第 1 期。

⑬《逻辑学研究》，2016 年第 2 期。

⑭《西部学刊》，2016 年第 1 期。

⑮《逻辑学研究》，2016 年第 1 期。

⑯《逻辑学研究》，2016 年第 4 期。

⑰《哲学研究》，2016 年第 1 期。

⑱《学术研究》，2016 年第 12 期。

⑲*The Philosophical Forum* 47 (3 - 4)：415—424

⑳*Studies in Logic*, *Vol.* 9, No. 4 (2016)：4—33

㉑*Journal of Applied Non - Classical Logics* 2016 Vol. 26, No. 1, 81—102

㉒*The 2016 3rd International Conference on Systems and Informatics* (ICSAI 2016)

㉓《重庆理工大学学报》（社会科学），2016 年第 9 期。

㉔《安徽大学学报》（哲学社会科学版），2016 年第 5 期。

㉕《哲学分析》，2016 年第 7 卷第 6 期。

㉖《清华大学学报》（ 哲学社会科学版），2016 年第 1 期。

㉗《甘肃社会科学》，2016 年第 5 期。

㉘ *China Academic Journal Electronic Publishing House* 2016 年。

㉙《社会科学研究》，2016 年第 6 期 。

㉚《湖北大学学报》（哲学社会科学版），2016 年第 4 期。

㉛《社会科学报》，2016 年第 8 期。

（作者：胡宏扬，北京师范大学博士生；
郭佳宏，北京师范大学副教授）

宗 教 学

黄夏年

2016 年的宗教学研究，一改以往的平静，在几个宗教研究的领域内发生了激烈的论战，有的激烈论战在网上引起极大的反响，也有的引起公共媒体的刊登，这是近 20 年来我国宗教学界研究少有的学术争论，并且引起了很多人的关注，甚至扩及海外学术界的发声，反映了近年来我国宗教学研究的进步与学者的自觉，应是我国学术界的一种提高的表现。下面就有关学术研究的情况做一简单的论述。

一、宗教学研究

2016 年 4 月，习近平主席发表重要讲话，强调在新形势下，要坚持和发展中国特色社会主义宗教理论，全面贯彻党的宗教工作基本方针，分析我国宗教工作形势，研究我国宗教工作面临的新情况新问题，为实现“两个一百年”奋斗目标、实现中华民族伟大复兴的中国梦而奋斗。积极引导宗教与社会主义社会相适应，一个重要任务就是深刻理解坚持我国宗教中国化方向，不断提高宗教与社会主义社会相适应广度和深度；要用社会主义核心价值观来引领教育宗教界人士和信教群众，弘扬中华民族优良传统，用团结进步、和平宽容等观念引导广大信教群众，支持各宗教在保持基本信仰、核心教义、礼仪制度的同时，深入挖掘教义教规中有利于社会和谐、时代进步、健康文明的内容，对教规教义做出符合当代中国发展进步要求、符合中华优秀传统文化的阐释。我国宗教坚持中国化方向是要发扬宗教界形成的优良传统，主要有：爱国与爱教高度统一；爱神与爱人相结合；各教各派共生共荣、互尊互学；政主教辅、教不干政；与时俱进、文化兴教；开放包纳、文明交流；民族主体、天下情怀。用社会主义核心价值观来引领和教育宗教界人士和信教群众，是我国宗教坚持中国化方向的当代体现。社会主义核心价值观体现了当代中国社会主义的自由观、平等观、民主观、法治观等，融合吸收了中华文化中的仁爱、尊民、贵和、诚信、敬业等思想精华，为中国特色社会主义事业提供了源源不断的精神动力和道德滋养，引领着我国宗教的中国化方向。

2016 年《世界宗教研究》第 1 期刊出卓新平的文章《论积极引导宗教的现实意义》，从习近平主席论对宗教积极引导的系列讲话、对宗教积极引导的政治意义和认知意义这三个方面来展开讨论，其中说道："至于'信徒能不能入党'的问题，我们则应该从马克思主义经典作家的相关论述和我党在统战工作中的成功实践来重新思考和制定策略。这些问题包括：一是列宁关于信徒和司祭可以入党的观点如何理解？列宁说'不禁止基督教徒和信奉上帝的人加入我们的党'（《列宁专题文集论辩证唯物主义和历史唯物主义》，人民出版社 2009 年版，第 222 页），列宁为此还强调了信徒入党必须坚持服从党纲，而党内则应该尊重其宗教信念这两大原则（《列宁专题文集论无产阶级政党》，人民出版社 2009 年版，第 178 页）。二是周恩来总理关于从信徒到党员之转变的论述如何看待？在建国初期，周总理曾说，'如维吾尔族人，觉得共产党好，有的要求加入共产党，但他的宗教信仰一时又不愿放弃，我们便可以允许他加入，在政治上鼓励他进步，在思想上帮助他改造，否则会影响他前进。'（《周恩来统一战线文选》，人民出版社 1984 年版，第 164 页）这充分体现出周总理在政治上的智慧和策略上的通融。三是对当前其他国家绝大多数共产党吸纳信徒入党的做法应如何评价？四是当前我们党和政府对宗教领袖和宗教团体负责人实际管理的现状该如何说明？五是当前我们政府对宗教团体和宗教负责人政治安排和经济援助的实情是否需要改变及如何改变？在此我们应该如何坚持'政教分离'？其实，如果可将政治信仰与宗教信仰相区分，允许一部分宗教界的领袖人物和精英分子入党，实际上会有助于我们党和政府加强对宗教在政治上和社会上的管理。有些人担心宗教人士入党会改变党的性质、让宗教掌控了党的组织领导，这种说法也太轻看了我们党的执政能力、把我们党想得太脆弱了，在此我们完全有必要展示我们党的道路自信、理论自信和组织自信。在现实工作中，我们党和政府对宗教的有效管理能力是不言而喻的。我们这种政治、社会意义上对宗教的关怀和包容，实质上会积极促进我国宗教界的爱党爱国情怀，不至于使其爱心和向心变成'苦恋'、防止其希望变为失望。这种以理服人、以情动人是我党统战工作的精髓之一，更是我们今天在复杂的国内外社会环境中所特别需要的。"

这里涉及的"信徒能不能入党"的问题，事涉共产党的根本原则，故而引起了争论。朱维群在 2016 年 6 月 21 日的《环球时报》撰文《为什么"宗教信徒入党"行不通》，①明确提出反对意见。他认为"将'信徒可以入党'和'党员不能信教'二者同时施行于中国共产党，在逻辑上是无法说通的，在工作上是无法操作的。因为在吸收宗教信徒加入党组织的那一刻，问题就变成了党内允许宗教信徒合法存在，变成了党员可以信教，'党员不能信教'原则已遭否定。……唯心主义世界观、有神论在党内合法存在，由此必然导致辩证唯物主义作为党的指导思想的哲学基础的地位丧失，党在组织上高度集中统一的优势动摇，党的宗教工作从无神论者对有神论者的工作，至少一部分变成有神论者之间的事情"。"坚持党的行动指南，坚持对党员的'共产主义觉悟'的要求，其中就包含了'党员不能信教'，当然也包含了'信徒不能入党'。无论是'党员可以信教'还是'信徒可以入党'，其结果都是把对超自然力量的崇拜引入党内，允许党内有背离马克思主义世界观的党员，允许党内形成不同神灵崇拜的群体（在当前中国至少有 5 个之多），因此也都是同党章精神相违背的"。"脱离当时俄国社会民主党所处的具体环境，置列宁关于同一切利用宗教愚弄工人的行为进行斗争的大量言论于不顾，将其丰富的思想简单归纳为'信徒可以入党'，不仅无助人们正确了解列宁的观点，而且可能造成列宁在自相矛盾的印象。列宁这一观点所体现出的将政治上的坚定性与策略上的灵活性紧密结合的思考方式，对于我们做好今天的宗教工作仍然具有启示意义。但是，将其作为一百多年后中国共产党在建设中国特色社会主义条件下思想和组织建设的一般性原则，则是有违科学研究态度的"。"长期以来，我们党促进宗教界的爱党爱国情怀的提升，最大限度地发挥宗教的积极作用，抑制其消极作用，是靠党的政治纲领和各项工作方针正确，靠党卓有成效地领导包括宗教界在内的爱国统一战线共同奋斗，靠党真心实意地保护宗教信仰自由，不断提高依法管理宗教事务的水平，而不是靠混淆两种世界观的界限、放弃科学世界观的基础地位以迎合、取悦宗教”。

2016 年《世界宗教研究》第 5 期又发表了陈村富《简论马克思主义与宗教：兼议宣传无神论与信徒能否入党的两场争论》，作者认为《环球时报》发表的文章都被装进 5 个错误论断所编织的框架之中：(1) 无神论是马克思主义的基础和前提；(2) 马克思主义无神论是中国特色社会主义宗教理论的世界观基础；(3) 坚持无神论是做好宗教工作的前提性条件；(4) 党的宗教工作是无神论者做有神论者的工作；(5) 信徒可以入党“那就是宗教合法进入党内，唯心主义世界观、有神论在党内合法存在”。这样，被无限吹胀大的无神论取代了马克思主义哲学的地位，必须诉诸马克思主义与宗教，社会主义社会中政党、国家、宗教三者之间关系的基本理论。反对者孙百林在 2017 年第 1 期《科学与无神论》发表《混乱的逻辑必然得出荒谬的结论——对一篇关于“宗教徒可以入党”论文逻辑错误的分析》，认为马克思主义无神论是系统的理论学说，是马克思主义这一具有伟大历史生命力的科学思想体系的一部分，当然可以用来指导我们的宗教工作和无神论宣传工作，当然属于基石和思想武器范畴，当然也是中国特色社会主义宗教理论的世界观基础部分。作为执政党的中国共产党是无神论政党，其统战、宗教部门是坚持无神论的机构，而宗教信徒和宗教界人士是有神论者，说党的宗教工作是“无神论者做有神论者的工作”，从世界观的角度来看，完全符合实际情况。马克思主义包含马克思主义无神论，坚持无神论固然不等于坚持马克思主义的全部，但是如果闭口不讲马克思主义无神论，就谈不到马克思主义，因此说无神论是马克思主义的基础和前提，并无不妥。

总之，这场学术的争论，实际上涉及我国执政党的基本观点，无神论者怎样与非无神论者相处，怎样去做无神论的宣传工作等一系列问题。宗教是信仰，由于历史悠久，文化性强，群众性多，是很复杂和很敏感的问题，“信徒入党”的问题在这个时候被提出来，并加以讨论或争论，有着深刻的思想背景。

此外，张桥贵、孙浩然的《边疆宗教治理研究》[②]认为，面临边疆宗教偏离发展轨道、宗教渗透频发、极端主义蔓延等严峻形势，必须推动单一宗教管理模式向多元宗教治理模式转化。在快速变迁的现代社会，边疆宗教只有适应边疆、植根边疆、融入边疆、服务边疆，才能最终与边疆社会协调发展。张明锋的《我国宗教活动场所产权制度设计的学术建议》[③]提出，我们在进行制度设计时，要坚持政教分离、法治和人权保护的原则，以“归属明确、管理科学、监督有力、救济通畅”为目标，通过加强宗教财产立法、建立宗教财产归属与管理使用制度、设立宗教事务协调委员会、完善救济途径、落实税收优惠待遇、学习借鉴其他国家的先进经验等措施，以便设计出既符合国情又具有可操作性的宗教活动场所产权制度。

二、佛教研究

2016 年 10 月 29—30 日，江苏无锡惠山寺召开了“第二届佛教义学研讨会暨印顺法师佛学思想研讨会”，组织者宣称“纪念印顺法师为中国佛教所做的贡献，缅怀佛门先贤深入经藏、阐扬佛法的丰功，同时也对法师的人间佛教思想予以探讨、反思和抉择，并对新时代佛教的发展建言献策，期许新时代佛教护国佑民，造福世界”。学者周贵华的主题发言《在信仰与学术之间——对释印顺佛教思想的再反思》，认为印顺持人本的立场和经验历史的立场来研究佛教，在中国佛教中首倡“大乘非佛说”，将大乘经作为佛亲说之教的地位予以消解，从而将大乘佛法完全归之于阿含佛法为中心的佛法的展开与流变、异化。印顺法师认定诸佛成就在人间，在天上是虚构。换言之，释迦牟尼佛才是真正的、活生生、实实在在的佛，天上的报身佛反倒是假的。佛在人间成和在天上成性质不同，在天上成就意味一切都是超越人间的，而在人间就不一样，要受人间的各种因缘条件的限制，只是人中的圣者而已，不具天神的一切性质。印顺法师对诸佛都出于人间的理解，是偏颇的。所以在佛陀观上，他并没有回到佛陀本怀。印顺法师认为佛性内在于人性里，也就是说即使成佛，也超越不了人道，仍在人道内，不能真正解脱生死轮回。在这个意义上，就没有了圣道，只有世间俗道，与佛教的意趣正相违背。特别是其“人间佛教”中的即人成佛的成佛之道，就整体而言，在大小乘经典中都无据，更是一种虚构。因为大乘经非佛所亲说，整个大乘道实际变得无据，而被瓦解了。这是后人构造出来的宗教思想系统，这对整个大乘佛教的圣教量性构成了破坏，从而对大乘佛教的合法性构成了一种严峻挑战。印顺法师思想中显露出信仰、学术、求真之间的矛盾，这使他作为佛教信仰者一方面认为大乘经非佛亲说，另一方面又认为大乘经中的大乘道又是真正的成佛之道，前者反映了其学术立场，后者则体现出其信仰的维度。印顺法师建构出自己的成佛之道——即人成佛的“人本大乘法”，也就是其“人间佛教”说。但这按照佛教本位看，提供了一个凡夫妄造圣道的恶劣先例。在这个意义上，印顺版的“人间佛教”思想就是一种相似佛教。印顺法师的佛教思想是对佛教予以矮化和俗化的一个典型，他自认为是护教的努力，却成为坏教的因缘，所以印顺法师是“大乘的失道者”“大乘佛教乃至全体佛教的坏道者”“佛教圣道中的‘狮子虫’”。

周贵华对印顺法师的否定，受到了一部分教内外人士反对，认为他的这样做法是“无异于对一代大德开棺鞭尸”。印顺法师曾经求学和执教过的闽南佛学院，便有历届校友两百余人联署，要求周贵华就辱骂一代高僧公开道歉，并要求闽院解聘周贵华，更有性急的法师以公开信形式投书国宗局、社科院和中佛协，要求相关部门表态处理。此事至今仍余绪未完，不仅在我国内地佛教界争论激烈，而且还波及台湾佛教界，网上双方围绕印顺法师的争论还在继续，各执一是。

无锡的“义学研讨”事件，被人们称为“倒印事件”。周贵华主要从教理上去挖掘了印顺法师的研究理路，以此来证明印顺法师的佛教研究的“漏洞”与“不足”，其中心思想还在于“大乘非佛说”。中国是大乘佛教国家，否定大乘不是佛说，这就是否定了中国大乘佛教不是佛教，矮化的大乘佛教。就这个理路上讲就是要清除印顺法师的学术影响，确定中国佛教是大乘佛教的地位。周贵华等人又认为，印顺说的人间佛教是人本的人间佛教，是在人间成佛的佛教，不是在天上成佛的人间佛教，将佛教的神圣性给破坏了。这些看法实际上涉及了佛教研究的两个方面，一个是以何等的角度来看待大乘佛教，从历史唯物主义的角度来看，大乘佛教是印度佛教史上运动的结果，佛教发展到大乘的时代是发展了佛陀的说教，虽然大乘佛教不是佛所亲说，但是佛的精神最终被后人传承下来。从宗教信仰的角度来看，对佛的信仰是不能够有任何怀疑的，大乘佛教就是佛的亲说，虽然大乘佛教的时代佛已经圆寂，但是在佛陀生前说法里面，一直包含了大乘的精神，所以大乘就是佛说。人间佛教也是这样。

此外，方广锠《谈汉文佛教文献数字化总库建设》，[④]认为“现在应该从大文化的角度，给大藏经赋予一种新的功能——备查性。汉文佛教文献数字化总库将承担起佛教文献之义理性、备查性功能，从而让新编的大藏经在回归其传统的义理性、信仰性功能的同时，更加突出其在古代世界实际发挥的信仰性功能。”罗世平《天堂法像——洛阳天堂大佛与唐代弥勒大佛样新识》[⑤]，认为武周时期流行起来的善跏趺坐弥勒大像，其肇始当为垂拱四年（688）于洛阳天堂营建的夹纻大像。天堂大像造成之后，有力推动了洛阳、长安乃至各州郡雕造弥勒大像的风气。唐朝朝野雕造弥勒大佛的背后，是武则天以谶纬符应为特点的治世理念和皇权意志，弥勒造像遗存的分布表明，洛阳是弥勒法像样式的发布地，弥勒大佛样体现了武周时期独特的政治、宗教景观。孙桂彬的《理论与现实：从杖打透视佛教律学本土化》[⑥]认为，从戒律学观点来看，印度律典不赞成杖打的随意施用，对特殊条件的开许有着严格要求。而佛教界亦有对杖打的批评声音。杖打进入汉传佛教，是律学本土化的表现，其背后有多重原因，我们应辩证对待。既不能盲目否定杖打的教化价值，也应防止其被滥用误用。

三、道教与民间宗教研究

马西沙《清代康、雍、乾三朝对民间宗教的政策及其后果》[⑦]强调清康熙时代对待民间宗教政策与康熙时代的其他政策基本一致，即全面实施与民休息的政策，造成了一种宽松的历史环境。面对蓬勃兴起的民间宗教运动，雍正王朝实行了比康熙时代严峻的禁断措施。但总体上说是宽严兼济，并有区别对待的政策。乾隆时代当局对民间宗教采取了残酷镇压的政策，造成了严重后果。乾隆中叶以后，在要求变革现实的苦难的人群面前，一切民间宗教内部的各种政治势力都面临着抉择，然后由人民来决定他们的命运兴衰。王皓月的《佛经三分结构及其对道教〈灵宝经〉的影响》[⑧]提出，东晋道安提出佛经具有序分、正宗分、流通分的三分结构，并用三分科经的方法进行佛经的科判。虽然其最初遇到质疑，但最终被后世佛经的注疏广泛采用。而道教《灵宝经》文章结构最初并不统一，有的是序经仪结构，有的是语录结构，与佛经的三分结构并不相同。到了刘宋初期，以陆修静为首的天师道道士借鉴了佛经的结构，改编了东晋末葛巢甫创作的《灵宝经》。自此以后，道经的创作也普遍采用佛经的三分结构，而且道经的注疏也吸收了佛教三分科经的方法。胡锐的《重考平冈治——以文本批评和田野考察为中心》,[9]以对《道藏》、方志、题铭等相关历史文献的文本批评为基础,结合田野考察获得的新证据,认为平冈治的“迁移说”并不成立,杜光庭的“新津说”似为孤证,平冈治的治地一直在今夹江南安乡。俞黎媛的《莆田先天教现状初探》[10]指出,经过建国初期的“极左”冲击,莆田地区的先天教依然顽强蛰伏,并延续至今。现在,莆田地区的先天教有30多佛堂,基本上以女性的斋姑为主,仅个别佛堂还保留一些先天教的经典文献。面对社会文明程度的不断提高,女性就业和生存平台的多样化,弃婴渐少,先天教人才凋零后继乏人,关门的斋堂在在有之,其式微没落之势不言而喻。加上正统佛教的竞争,年轻的斋姑进入佛学院后纷纷皈依三宝,空门化是自称“佛堂”的先天教不可抗拒的未来。黄永锋、林銮生的《灶神信仰的家庭伦理观及其当代启示》[11]说,灶神信仰的功能亦几经变化,最终以鉴察善恶为其主要功能,并以此为基础建构起以孝道为核心、妇道为主要内容的家庭伦理观;当前传统家庭概念悄然解构,信仰缺失,灶神作为家神,其家庭伦理观可以为重构家庭概念提供一些切实可行的借鉴,有利于传承传统文化和安放个体身心。

此外,陈进国《存神过化与修行动力学——以近现代济度宗教团体为例》[12]认为,中国近现代民间教派(道门、教门)思潮是一种以复兴或传承传统文化为主导的宗教本土运动,具有典型的“家族相似性”和“济度宗教”(salvationist religions)的精神气质。从修行人类学的视角观之,道门或教门之有效存续和持续成长的弘道动力,主要来自于一种以“救劫”、“济度”(济世度人)为主导的修行传统。中国宗教谱系自身的传播方式,并非仅仅是西方式的“传教模式”,而是带有“存神过化”(道化)特征的“修行模式”,遵循“礼不往教”的“化育”的原则。济度宗教反复提撕“道化”(道降庶民)的范畴,充分反映了它们对于“正统化”的文化诉求和“文明化”的价值想象。范正义的《企业家与民间信仰的“标准化”——以闽南地区为例》[13],强调了大小传统互动中的反向过程,即民间在利用大传统资源来发展自己的同时,也不自觉地掉入了国家主流意识的控制中,其发展只能在国家政权提供的发展框架中进行。因此,当前民间信仰的标准化既是民间的一种生存智慧,也是特定政治生态环境的产物。

四、基督宗教研究

葛承雍的《洛阳唐代景教经幢表现的母爱主题》[14]认为,唐大和三年(829)洛阳景教经幢是粟特移民后裔刻勒者为其母亲“安国”安氏夫人所建造的,经幢题刻将“母爱”提到一个主题,将神性“圣爱”与人伦“母爱”结合。经幢上镌刻有景教《宣元至本经》,但祭母的大悲悯揭示了世俗爱的伦理道德,整个经幢没有表现宗教忏悔心理,而集中表现的是教徒祭母时“母爱”情怀,甚至大秦寺寺主亲自参加教徒母亲的移坟仪式,既有利于信仰的凝聚力,也易为当地百姓所认同,与中国人孝顺伦理与儒家“仁爱”理论有着相通性。这说明景教在“不拜祖先”信仰原则上采取了敬父爱母的迂回策略,赢得了民众的认可。特别是景教入华后将基督教十诫中第五条“当孝敬父母”提前到第三愿,其伦理优先顺序发生变化,适时极力宣喻与自己教义相符的人道思想,开辟了新的获救型文化路径。王永杰的《卜弥格〈中国地图册〉中的基督宗教史料》[15]认为,明清之际来华耶稣会士卜弥格的《中国地图册》手稿中,存有关于中国基督宗教传播的丰富史料,描述基督宗教在华传播的5种历史遗物,包括江西庐陵的铁十字架、陕西的《大秦景教流行中国碑》、泉州的3块十字架碑,尤其是厘清卜弥格及艾儒略、张赓等人及现代学者对庐陵铁十字架的误读;结合当时的其他文献,探讨图上所记明末清初天主教传华史事迹;利用意大利地理学家里乔利1661年出版著作所保存的卜弥格中国城市及耶稣会住院纬度表,并参照卫匡国《中国新地图集》等著,探讨卜弥格地图集中标注的各地耶稣会士住院。康志杰的《十八世纪北京耶稣会士开办钱庄研究》,[16]以18世纪北京耶稣会士开办钱庄为研究对象,重点梳理耶稣会士开办钱庄的基本情况,同时对其复杂原因进行剖析。钱庄折射出清前中期天主教在中国的诸多特点,耶稣会内部不同派系之间的复杂关系,耶稣会与中国社会的关系等。但钱庄所获取的经济效益与传教会接受“外援”、“内助”的模式完全不同,来自各个渠道的经济资助,对于远离欧洲大本营的远东传教士来说常常是一个变数,而寻求经济发展的新渠道,让传教经费滚动发展,这样的教会才能在经济上完成自身造血功能的转型,因此,鸦片战争之后进入中国的西方传教士继续把“借贷”业务作为扩大传教经费的一种手段。透过这一事件可以发现,财富是宗教发展的杠杆,通过追寻财富而拓展传教事业,应该是北京耶稣会士开办钱庄的主旨和关键。曾志辉的《巴黎外方传教会“科学传教”与西南边疆研究的近代转型》[17]指出，至 1946 年，共有 741 名传教士派往中国西南五省，创建全部 17 个教区，牧养至少 27 万信徒，在区域与人数上，基本形成“独享”教务格局。与此同时，传教士对清末民国西南边疆的自然地貌、风土人情与山地民族进行了调查研究，形成影像视频、口述采访、游记实录与民族志作品等类别多样的西南研究资料。其中，正式发表的著述至少 174 部/篇。正是这种传播“福音”与调查研究并举的“科学传教”（La Science Missionnaire）及其衍生的研究成果，主观上推动了民国时期西南边疆天主教教务的长足发展，乃至执全国之牛耳，客观上形成了与学院派西南学研究迥异却交织并行的传教士西南学研究。这类研究，从知识借鉴与学派传承两方面，影响着近代西南边疆研究的史料来源与学术脉络，启迪、引导乃至推动西南边疆研究从传统走向近代的学术转型。曹南来、林黎君的《经济全球化背景下的华人移民基督教：欧洲的案例》[18]指出，现阶段欧洲华人移民基督教的最大特色是依托于华人家庭与华人商城的社会经济纽带的放射性发展模式，而这与中国经济全球化进程的不断加速是分不开的。

五、伊斯兰教研究

2016 年 6 月 2 日国务院新闻办公室发表了《新疆的宗教信仰自由状况》白皮书，从六个方面对新疆的宗教信仰自由状况做了全面的介绍。指出新疆作为中国的一个省级行政区，坚持宗教独立自主自办的原则；在坚持宗教独立自主自办原则的同时，新疆还在相互尊重、平等友好的基础上，积极与世界各国宗教组织进行交往交流，开展宗教学术文化交流。新疆宗教界代表多次参加国际学术交流会和研讨会，教职人员和宗教院校学生多次在国际上举办的《古兰经》诵读比赛中获奖，展示了新疆宗教界深厚的文化和学术底蕴。积极开展“请进来”“走出去”。邀请沙特阿拉伯、土耳其等国宗教人士、华人华侨到新疆和内地考察。外国宗教组织和团体也多次应邀到新疆进行友好访问。积极倡导宗教团体和宗教人士把宗教中的爱国、和平、团结、中道、宽容、善行等思想贯穿到解经讲经活动中，弘扬中华文化劝人向善、教人立德、慈悲为怀等理念，引导信教公民确立正信正行、抵制宗教极端。借鉴国际社会在防范宗教极端思想渗透、“去极端化”、打击网络恐怖主义等方面的经验，积极参加反恐多边合作机制，开展不同文明对话，挤压宗教极端思想生存空间等等。新疆是“一带一路”中的“一路”的重要地段，并且一直延伸到欧洲腹地，同时沿途的国家与中国有上千年的宗教文化交流历史。章远的《“一带一路”愿景下跨欧亚大陆的反极端主义中欧合作——一种可能性的分析》[19]认为，“中国与欧洲如果能构建维护共同利益的反极端主义合作，在宗教层面发展认同领域，促成兼顾传统安全和非传统安全复合利益共同体建设，那么‘一带一路’将对世界的广泛安全有极大贡献和裨益。中欧反极端主义合作的价值在于增进中国与欧洲之间的宗教互信，减少误读，通过宗教合作抑制宗教恐怖主义，帮助西方理解中国的民族宗教政策，促进中欧之间文化交融，以宗教意义上的命运共同体抵御极端主义蔓延”。

王雪梅的《关于西北门宦中“二十五辈圣裔”的考证》[20]指出，西北穆斯林中被称为“二十五辈圣裔”的就是阿帕克和卓。其尊号是 1682 年才形成的，赫达耶·统拉西是他的本名，他在内地集中传教的 1671—1672 年，当时这个尊号还没有形成，所以内地穆斯林知道他的本名和经名，不知道阿帕克这个尊号。吴云贵的《回望伊斯兰历史长河中的“赛来非耶”》[21]认为，伊斯兰教历史上，即使是力主改革的派别、思潮和运动，也大都采取正本清源、托古改制、复归早年历史传统的路径和方式，而自称为“赛来非耶”的派别和运动可谓这方面的典型代表。但不同时空条件下，“赛来非耶”思想倾向互有差异，并非一个同质的宗教思潮或运动。深入研究“赛来非耶”现象，有助于人们深化对传统伊斯兰宗教思想的理解和认知。李维建的《当代非洲苏非主义——挑战与出路》[22]认为，非洲苏非长老权威的减损，不是因为新苏非主义的原因，而是深受现代性冲击的结果。所以说，在当代非洲苏非主义进入新阶段时，教团长老的权威不完全源自宗教神秘主义，而是比以前更加依赖其他因素，比如政治权威与经济方面的成功等。非洲苏非主义要目视远方，视野要更开阔，一方面要内部改革，另一方面，苏非的问题要在苏非之外寻找解决办法，就是走新苏非主义之路，甚至超越新苏非主义。仇王军的《从尊重孔子到今世完人：明清时期穆斯林知识分子的孔子观》[23]指出，明清时期，受儒家文化影响的穆斯林知识分子在用汉语阐释伊斯兰教思想的过程中形成了自己的孔子观。一些穆斯林知识分子尊重孔子，但对有关太宰嚭和孔子的对话内容作了取舍和发挥，认为孔子听闻的“西方圣人”是至圣穆罕默德；一些穆斯林知识分子把孔子纳入圣人之列，但在至圣穆罕默德之下；马德新认为东土圣人言人道，西土圣人言天道，各有自己的职责；唐晋徽提出孔子是今世完人、穆罕默德是后世完人的思想。对待孔子的态度，反映了明清时期穆斯林知识分子在宗教信仰和社会现实之间努力寻求一个合理关系的思想历程。丁慧倩《札付、官府、清真寺：从札付看明朝政府对清真寺的管理》[24]一文，从明代遗留下来的清真寺札付等文献入手，认为明朝建立之后，面对元朝遗留的大量回族人以及由西北边疆内附的穆斯林，通过在两京敕建（赐）清真寺或给予清真寺敕封，并由礼部颁发札付的方式，表明自己对为国效力的回回人的肯定态度，而清真寺之敕建与礼部札付之颁行为各地清真寺谋求生存与发展的空间提供了可资利用的制度资源，各地清真寺援引两京敕建（赐）清真寺的管理方式获得官方认可，在地方社会中合法存在。毛思敏、董修元的《明清回儒译著中的四元素说》[25]说明，清回儒通过苏非和凯拉姆两种途径了解到希腊化自然哲学中的四元素说，因而在他们所译述的四行说中同时包含凯拉姆学家所记述的逍遥派版本和经过苏非改造的新柏拉图主义版本，其中苏非版本占据中心位置。由于其本土化倾向，王岱舆、马注、伍遵契、刘智等前期回儒不约而同地选择置换或省略四元素说中较具异质性的四种基本性质理论。而在晚清，为因应不同的历史语境，马复初、马联元在译解《天方性理》时依据经典原文重新复原了被前辈回儒省略的四性质说，从而完成四元素说通过伊斯兰哲学文本传入中国的历程。二马有意识的保留了刘智等人借以系统化提纯苏非思想的理学逻辑框架，他们的译解活动实质上也开启了一个反向传播回儒成就的过程。

六、结语

2016 年的宗教研究是充满了火药味的年代，尤以“党员能否入教”和批评印顺的佛教研究为其特点。学术研究的批评与争论就是进步，许多问题就是在争论之中而愈辩愈明的，而且有了争论一改过去的沉闷气氛，有助于学术研究的推进。

纵观这一年的宗教学研究，年轻学者的进步非常突出。一些博士生都写出了高水平的论文，他们的视角也非常独特，特别是在党和政府推动的宗教中国化的指导思想下，对外来宗教中国化的研究进入了一个新的阶段，在伊斯兰教和基督宗教的研究方面效果明显，其研究明显地超过了传统宗教的研究。例如对古代清真寺与政府管理的关系，以及传教士在中国建立钱庄的研究，都有很重要的现实意义。但是也应指出，一些研究论文也存在着概念不清和考察不细的情况，如有的研究佛像的文章所用的基础资料，已有人考证过属于不可靠的资料，所以今后的宗教研究仍然是在基础上要夯实，然后才是观点的建立。

注：

①另外还有朱晓明：《对无神论，既要坚持更要积极宣传》，《环球时报》，2016 年 9 月 12 日。朱维群：《“党员不能信教”原则不可动摇》，《环球时报》，2014 年 11 月 14 日。朱维群：《无神论宣传过头了吗?》，《环球时报》，2016 年 9 月 8 日。三篇可供参考。

②2016 年《世界宗教研究》第 3 期。

③2016 年《世界宗教研究》第 3 期。

④2016 年《世界宗教研究》第 1 期。

⑤2016 年《世界宗教研究》第 2 期。

⑥2016 年《世界宗教研究》第 3 期。

⑦2016 年《世界宗教研究》第 5 期。

⑧2016 年《世界宗教研究》第 5 期。

⑨2016 年《世界宗教研究》第 4 期。

⑩2016 年《世界宗教研究》第 2 期。

⑪2016 年《世界宗教研究》第 3 期。

⑫2016 年《世界宗教研究》第 6 期。

⑬2016 年《世界宗教研究》第 5 期。

⑭2016 年《世界宗教研究》第 3 期。

⑮2016 年《世界宗教研究》第 3 期。

⑯2016 年《世界宗教研究》第 4 期。

⑰2016 年《世界宗教研究》第 6 期。

⑱2016 年《世界宗教研究》第 4 期。

⑲2016 年《世界宗教研究》第 1 期。

⑳2016 年《世界宗教研究》第 2 期。

㉑2016 年《世界宗教研究》第 4 期。

㉒2016 年《世界宗教研究》第 3 期。

㉓2016 年《世界宗教研究》第 5 期。

㉔2016 年《世界宗教研究》第 5 期。

㉕2016 年《世界宗教研究》第 6 期。

（作者：黄夏年，中国社会科学院研究员）

经　济　学

理论经济学

卫兴华　武　志

2016 年是"十三五"规划的开局之年，也是全面深化改革的关键之年。习近平总书记提出了构建中国特色社会主义政治经济学、五大发展新理念、供给侧结构性改革等系列要求和战略举措。学界对诸多经济理论问题展开了广泛而深入的研究和讨论，取得了有益的成果。本文就以下六个重要理论热点问题的研究和不同观点，进行了梳理和综述。

一、构建中国特色社会主义政治经济学问题

习近平同志 2016 年 7 月 8 日在主持经济形势专家座谈会上强调提出，"坚持和发展中国特色社会主义政治经济学，要以马克思主义政治经济学为指导，总结和提炼我国改革开放和社会主义现代化建设的伟大实践经验"，"加强对规律性认识的总结，不断完善中国特色社会主义政治经济学理论体系，推进充分体现中国特色、中国风格、中国气派的经济学科建设。"[①]学界围绕构建中国特色社会主义政治经济学进行了广泛而深入的讨论。

（一）中国特色社会主义政治经济学的研究对象和研究任务问题

逄锦聚认为研究对象是中国社会主义初级阶段的生产方式及相适应的生产关系和交换关系。要联系上层建筑、人与环境关系，研究生产力和生产关系的相互关系及其在社会再生产中的规律性。社会主义政治经济学的任务是揭示社会主义经济运动规律，为完善社会主义经济制度、促进生产力发展、满足人民群众日益增长的物质文化需要、实现人的全面发展、实现共同富裕提供理论指导。[②]

张宇认为研究对象是中国特色社会主义经济形态。包括改革开放以后确立的中国特色社会主义生产关系或经济制度，以及在此基础上形成的经济发展战略、理念、政策和道路。研究任务是揭示中国特色社会主义经济产生、发展和运动的规律。把中国经验上升为系统化的学说，提炼普遍性原则，为丰富和发展科学社会主义和马克思主义贡献中国智慧。[③]

洪银兴提出中国特色社会主义政治经济学理论体系的突破要把生产力纳入研究对象，社会主义初级阶段必须把对生产力的研究放在重要位置，构建解放、发展和保护生产力的系统化经济学说。[④]

卫兴华强调研究对象既要系统研究生产关系，也要研究怎样更好更快地发展生产力，但是不研究生产力的技术层面，而是研究生产力的社会层面，如五大发展新理念等，也要研究怎样推动生产力诸要素更好地发挥其功能。研究任务是把生产力与发展中国特色社会主义生产关系的发展与完善统一起来。[⑤]

刘伟提出在理论和实践的互动中推动中国特色社会主义政治经济学的新发展。基本原则是坚持解放和发展生产力，核心命题是坚持社会主义市场经济改革方向，主要任务是充分调动各方面的积极性，实现共同富裕是调动积极性的根本利益原则，根本目标是防止落入中等收入陷阱。[⑥]

（二）中国特色社会主义政治经济学的重大原则、体系结构和内容问题

关于中国特色社会主义政治经济学应坚持的重大原则。杨莘认为有四个原则：坚持马列方向，借鉴西学精华，立足国情，服务改革发展。[⑦]

张雷声认为要坚持以人民为中心，解放和发展生产力，公有制为主体和共同富裕，社会主义市场经济改革方向，对外开放五大原则。[⑧]

程恩富强调要坚持八个原则：科技领先型的持续原则，民生导向型的生产原则，公有主体型的产权原则，劳动主体型的分配原则，国家主导型的市场原则，绩效优先型的速度原则，结构协调型的平衡原则，自力主导型的开放原则。[⑨]

刘月、宋屹、党建伟认为包括：人民主体原则，解放和发展生产力原则，发展社会主义市场经济原则，公有制为主体、多种所有制经济共同发展原则，

共同富裕原则和对外开放原则。[10]

关于体系结构和基本内容。张卓元认为，社会主义市场经济论是中国特色社会主义政治经济学的主要支柱，社会主义与市场经济的结合、公有制与市场经济的结合是发展社会主义市场经济的核心，以此为主线，形成逻辑严密、结构有序的理论体系。[11]

逄锦聚认为按社会主要矛盾，把发展经济、满足人民需要作主线。发展经济强调经济建设为中心，满足需要是社会主义经济发展的出发点和落脚点。虽然中国特色社会主义并不完善，使得中国特色社会主义政治经济学不可能成熟，但一个社会的经济发展状况和成熟是相对的，任何社会的发展都有阶段性，根据对目前特定阶段的研究和在此基础上对未来经济社会的进一步预测，建立相对合理的体系结构是完全可以的。具体包括：经济制度和发展阶段，经济运行，经济发展，世界经济与开放问题。[12]

黄泰岩提出，以初级阶段理论为背景，以社会主义基本经济制度和社会主义市场经济体制为基础和条件，以发展为逻辑主线，以五大发展理念为主要架构，构建中国特色社会主义经济学新体系。包括：构建经济转型的新理论，构建新型工业化、信息化、城镇化、农业现代化同步发展的新理论和构建发展中国家创新驱动经济发展新理论。[13]具体包括十个方面内容：发展理念，发展目标，发展目的，发展速度，发展转型，发展动力，发展道路，发展资源，发展环境和发展制度。[14]

（三）中国特色社会主义政治经济学的发展创新问题

程恩富认为，我国政治经济学能不断推出原创性研究成果，主要原因在于：一是中国特色社会主义经济实践提供了理论原创的不竭源泉；二是三类经济思想资源奠定了理论原创的深厚基础。包括：马克思主义及其中国化的经济思想资源，中华优秀传统文化的经济思想资源和各种国外经济思想资源；三是道路自信、理论自信、制度自信和文化自信激发了研究者锐意原创的科学精神。[15]

洪银兴提出创新内容包括：一是研究对象把生产力纳入重点研究；二是目标任务是发展社会生产力、共同富裕和人的全面发展；三是经济制度理论包括基本经济制度、分配制度和社会主义市场经济；四是经济发展理论包括现代化道路、科学发展观、开放型经济和转变经济发展方式等内容。[16]并提出要处理好几方面的关系：公有制为主体和混合所有制的关系，强市场和强政府的协同关系，按劳分配为主体和要素按贡献分配的关系，解放生产力和发展生产力的关系，需求侧和供给侧的关系。[17]

张宇认为，中国特色社会主义政治经济学需要深入研究的问题包括：基本经济制度中公有制与私有制关系，收入分配中资本和劳动、财产和非财产之间收入不断扩大问题，经济运行中社会主义与市场经济、政府与市场的关系，收入分配中资本和劳动收入差距扩大问题，经济全球化与对外开放，以人民为中心思想的理论、政策与落实机制。[18]

逄锦聚认为，丰富和推进中国特色社会主义政治经济学发展的着力点，一是要以改革开放和现代化建设提出的重大理论和实践问题为导向，加强重大问题专题研究。二是加强学科体系、理论体系与话语体系的构建。一方面，对中国特色社会主义经济建设的实践经验进行系统总结，揭示规律性，形成系统的经济学说，另一方面，充分吸收理论界的研究成果，吸收中华民族优秀传统文化中的经济思想，吸收国外经济学的科学成果。[19]

二、供给侧结构性改革问题

习近平总书记于2016年8月在青海考察时强调，要把推进供给侧结构性改革作为当前和今后一个时期经济发展和经济工作的主线。12月16日中央经济工作会议强调提出，以新发展理念为指导、以供给侧结构性改革为主线的政策体系，引导经济朝着更高质量、更有效率、更加公平、更可持续的方向发展。[20]学术界围绕供给侧结构性改革的理论和政策展开深入研究与讨论。

（一）供给侧结构性改革的理论指导、基本内容

关于供给侧结构性改革是不是西方供给学派的观点。盛洪把供给侧结构性改革直接等同于西方的供给学派的观点，并把供给学派的政策主张同凯恩斯的需求侧管理截然对立，主张中国经济改革和经济学都应该回到供给学派，从“供给创造需求”的萨伊定律中找解决办法。[21]

方福前认为供给侧改革和萨伊定律不是一回事。整个古典经济学都是强调供给，萨伊定律不是供给改革的命题，而是用“供给会创造它自身的需求”来否定资本主义不会出现普遍生产过剩，供给侧结构性改革重点是提高供给体系质量和效率，增强经济持续增长动力，推动我国社会生产力水平实现整体跃升。[22]

陈宗胜认为，供给侧结构性改革跟西方供给学派有本质不同。一是基本内容不同，供给学派是从批判

凯恩斯主义的政府干预转而信奉萨伊定律，主张市场调节。我国是从生产领域加强优质供给；二是背景不同，西方供给学派是针对发达国家面临的问题，而供给侧是针对转型和发展中的中国；三是解决的问题不同，西方供给学派解决滞涨，而我国是扩大有效供给能力，更好满足广大人民群众的物质文化需求；四是思路不同，西方供给学派是把滞涨归于政府对需求不当干预，我国是正确处理政府与市场关系，用改革的办法推进结构调整，充分释放生产要素的潜力。[23]

文建东、宋斌也分析了供给侧结构性改革与供给学派的区别。一是采取的手段与目标不同。供给学派强调减税、压低工人福利等降成本对生产和供给的刺激作用，而供给侧结构性改革强调供给和需求的相互协调，强调改善供给结构和提升供给质量；二是面临的经济环境不同。供给学派是为了解决滞涨危机，而中国经济面临的是产能过剩，也并未出现通货膨胀；三是所处的经济体及经济发展阶段不同。供给学派针对的是发达的成熟经济体，市场机制较为成熟，是调节产业结构和供求结构的主要手段。而中国处于经济转型中，市场机制尚不完善，供求结构及产业结构需要国家制定战略性的产业政策来实现。[24]

邱海平认为要用马克思主义政治经济学来分析和指导，反对新自由主义解读，强调必须始终重视生产在社会经济发展过程中的决定性作用，重新认识生产同分配、流通和消费之间的关系。[25]

其实，习近平同志早在 2016 年 5 月就明确指出："我要讲清楚，我们讲的供给侧结构性改革，同西方经济学的供给学派不是一回事，不能把供给侧结构性改革看成是西方供给学派的翻版，更要防止有些人用他们的解释来宣扬新自由主义，借机制造负面舆论。"[26]

（二）供给侧结构性改革中供给侧和需求侧的协同

黄铁苗认为，从三驾马车到供给侧改革的转变是当前我国经济发展的客观需要，供给侧改革的关键在于提高供给质量和效率，实质就是遵循社会生产按比例发展规律，生产某种商品的社会劳动量必须与社会对这种商品的需求量相适应。积极促进供给侧改革是高度重视遵循供求规律，实现经济良性循环的必然选择。[27]

卫兴华认为不能把供给侧结构性改革与需求侧管理即三驾马车拉动经济对立起来，不能误认为供给侧结构性改革是取代需求管理，而是要使供给侧结构与变化了的需求侧结构相匹配，要提高供给体系的质量和效率，以满足消费水平提高了的国内外需求。在供求结构性失衡的情况下，需要发挥政府弥补市场失灵和支持市场功能的作用。[28]

金碚认为要科学把握供给和需求。同一类经济行为往往都具有供需的双重含义，要使需求管理和供给侧结构性改革协调。如需求管理中的投资，对短期来说是需求，表现为支出购买生产要素，而对长期来说是供给，决定生产能力和技术状况。无论需求侧还是供给侧，都要运用投资手段，不过前者是着眼于短期目标，应对经济波动，后者着眼于长期目标，实现结构转型。[29]

邱海平认为把供给和需求割裂开来是错误的，供给侧结构性改革必须把供给侧的改革与需求侧的改革结合起来全面理解，在强调供给侧结构性改革的同时，必须进一步重视需求侧的作用和需求侧的改革，其中，投资体制的改革和收入分配的改革有十分重要的意义。[30]

简新华、余江认为，供求关系是市场经济基本的经济关系，不只要分析供求的现状表现及其直接原因，更要从生产力与生产关系、基本经济制度的角度分析供求关系状况的深层次原因，特别是制度根源。不能片面强调需求管理或者供给管理的重要性，更要重视相关制度变革和创新。[31]

（三）供给侧结构性改革的基本内容

有些学者强调体制改革。吴敬琏认为，供给侧结构性改革应是体制改革，现在却被误解为"供给侧的结构调整"。采用行政力量调结构无法取得预期效果。而体制改革最重要的就是推进市场化改革。[32]

洪银兴认为，供给侧结构性问题的深层次原因是体制机制，推进供给侧结构性改革不仅应全面落实"三去一降一补"任务，还应注重完善体制机制。一是建立促进有效供给能力不断提升的长效机制。注重科技创新，结构调整和优化，精细化管理；二是补齐提高全要素生产率的短板。深化生产要素价格形成机制，推进人才发展体制机制改革；三是完善激发企业活力的有效激励机制。[33]

贾康认为，供给侧结构性改革的核心内涵是有效制度供给。以进一步深化改革解放生产力来统领全局，在市场化、全球化、民主法治化取向下，推进经济社会转轨升级。[34]现在我国供给侧改革的主要攻坚对象是"全要素生产率"，也就是科技创新和管理制度。科技创新需要制度环境的配合，制度高于技术，制度供给是中国供给侧改革的龙头。[35]

查显友认为，供给侧改革应着眼于体制机制建设。一是完善社会主义法治体系，加强市场监管，维护市场经济秩序；二是发挥产业规划的导向作用和财政政策、货币政策的引领及调控作用，引导企业合理投资；三是完善体制机制，鼓励创新，发挥技术创新在产业升级中的核心作用；四是简政放权，发挥市场的决定性作用；五是加强信息体系建设，减少中间环节、降低流通成本，打造物美价廉的有效供给；六是发挥社会政策托底作用，共享改革发展成果，维护社会和谐稳定。[36]

（四）关于供给侧结构性改革的其他意见

有些学者强调不能忽视总需求管理。易纲指出，在供给侧结构性改革的同时，要做好总需求管理。供给侧结构性改革产生多大使经济向下的压力，就需要在需求侧补齐，补齐的上限不超过经济增长的潜在增长率。[37]处理好供给侧结构性改革与总需求管理之间的关系。一是在当前和今后一个时期矛盾的主要方面是供给侧结构性改革；二是总需求的管理处于辅助的地位，是作为配合的政策；三是总需求的管理虽然是一个总量管理，但应当强调有针对性和精准发力。[38]

林毅夫提出供给侧结构性改革应该在适度增加总需求的前提下进行，他强调扩大总需求必须以投资为主，有效的投资是补短板。只要投资用来提高劳动生产率、满足国内消费者的购买需求，或者是降低交易费用、补足基础设施瓶颈的，就不会造成产能过剩。[39]

针对推进供给侧结构性改革是搞新“计划经济”的观点，人民日报刊发权威人士的解读文章，指出供给侧结构性改革是社会主义市场经济在新形势下的完善和深化，绝不是要回到计划经济。在供给侧结构性改革中要更好地发挥政府作用，最重要的是明确政府的权力边界，切实履行好宏观调控、市场监管、公共服务、社会管理、保护环境等基本职责。[40]

李锦认为国企改革与供给侧改革有紧密的内在逻辑联系，互为条件、互为结果。推进供给侧改革必须深化国企改革，而国有企业改革也要服务于和服从于供给侧改革。新供给形成阶段与国企改革的“创新一批”相对应，供给扩张阶段与国企改革的“发展一批”相对应，供给成熟阶段与国企改革的“重组一批”相对应，供给老化阶段与国企改革的“清理退出一批”相对应。[41]

三、社会主义市场经济问题

（一）深化对社会主义市场经济理论的认识

张宇强调社会主义市场经济具有明确的制度属性和实践要求，社会主义市场经济的改革方向包括两方面内容：一是发挥市场在资源配置中的决定性作用；二是坚持完善中国特色社会主义经济制度。市场机制不可能脱离特定的社会历史环境孤立存在，而是与某种特殊的社会制度结合在一起。在不同的历史发展阶段和不同的社会制度下，市场机制具有不同的规定性，市场的性质、地位和作用也很不相同。[42]

李建平认为应从三个层次上认识和把握社会主义市场经济体系，商品运动规律；资本运动的规律作为市场经济的一般规律；市场经济规律同社会主义经济运动规律相互依存，共同作用。[43]

周建明提出，市场经济有两重性，在发挥好市场经济积极作用的同时，处理好市场经济在经济、收入分配、意识形态和党政干部领域的负面影响。[44]

李成勋提出现代西方市场经济与社会主义市场经济的共同点和不同点。共同点：一是市场在资源配置中起决定性作用；二是企业是市场主体；三是具有竞争性和开放性；四是接受政府干预；五是受法制约束。其基础性区别：一是所有制不同；二是所依据的规律不同。前者受剩余价值规律和无政府状态规律支配，后者遵循社会主义基本经济规律和国民经济有计划按比例规律；三是两者所依据的政府性质不同。[45]

卫兴华、田超伟认为，邓小平的市场经济思想有个曲折的发展过程，其发展的历史演变经历了三个阶段，即从计划经济为主，市场经济为辅，到计划与市场内在统一，再到全面实行社会主义市场经济。有的学者把邓小平 1979 年 11 月 26 日与外宾的谈话中所讲的社会主义市场经济等同于现在所实行的社会主义市场经济，这是一种误解。[46]

（二）关于公有制与市场经济的有机结合

周新城强调社会主义市场经济的发展应以邓小平理论为指导，市场经济、计划经济属于运行机制的范畴，从属并服务于基本经济制度。市场经济作为经济运行机制不能独立存在和运转，市场经济同某种社会基本制度结合具有特殊性。在社会主义市场经济体制的建立和完善过程中，要排除各种错误思潮特别是新自由主义把市场经济地位抬高到第一位的错误观点的干扰。[47]

刘伟认为，社会主义政治经济学的核心命题是坚持社会主义市场经济改革方向，根本点在于统一社会主义基本制度与市场经济。改革的特点是所有制改革与市场机制的统一而不是割裂。[48]

张宇论证了社会主义市场经济体制中公有制和市场经济的有机结合，认为发展社会主义市场经济的主要内容包括两个方面：一是计划与市场或政府与市场的关系，二是公有制与市场经济的结合。前者属于资源配置方式或经济运行机制的问题，是表层问题；后者属于所有制或基本经济制度的问题，是深层问题。二者既相互联系又相互区别，共同构成了社会主义市场经济的有机整体。[49]论述了资本主义市场经济的弊端和社会主义市场经济的制度优势，并提出把制度优势与市场经济优势更好结合的世界意义。[50]

杨春学论述了社会主义与市场经济的相容性，认为市场有比资源配置更广泛的内容。在资本主义经济中，市场中性的背后是资本对劳动的统治权。资本组织生产本身的权力和对国家的制度安排和政策施加影响的区别，是市场经济的社会主义形态和资本主义形态之间的本质区别。[51]

（三）关于社会主义市场经济中政府与市场的关系

刘国光指出，在以公有制为主体的社会主义市场经济中，市场作用这只看不见的手和政府作用这只看得见的手都要用好，核心的问题是在资源配置上两者都要用好。在资源配置上，市场主要通过价值规律的运行和价格机制的运作来实现，而政府作用主要通过有计划按比例规律的运行和宏观计划调节机制的运作来实现。在资源配置的调节中如何分工要按照资源配置的微观层次和宏观层次，划分市场与政府或计划的功能。[52]

洪银兴提出强政府和强市场的协同是社会主义市场经济运行特征。市场对资源配置起决定性作用同政府更好发挥作用作为有机整体运行，是社会主义市场经济运行方式的成功创造，既解决了经济运行的活力和效率，又实现社会主义的发展目标。政府更好发挥作用主要体现在两个方面：一是需要明确政府和市场的作用边界。政府作用除一般功能外，还体现在：主导市场体系和市场机制建设和完善，配置公共资源和推动发展；二是政府作用机制要有效衔接市场机制。[53]

杨瑞龙认为计划与市场都是经济调节手段，不能用西方主流经济学解读我国的政府与市场关系。政府特别是地方政府在中国市场化进程中具有特殊作用，更好地发挥政府作用需要一个运行良好的市场机制，发挥政府在制度层面、改革层面及宏观调控、中观层面、微观层面的积极作用。提出政府调控经济的政策目标与手段选择。[54]

周新城强调在发挥市场在资源配置中决定性作用的同时，要清醒的认识市场本身有弱点和不足之处。必须把市场决定性和更好发挥政府作用结合，不能完全迷信西方的市场经济万能论的新自由主义主张。[55]

四、关于对五大发展新理念的认识

习近平同志2016年1月在重庆调研时强调，“创新、协调、绿色、开放、共享的发展理念，是在深刻总结国内外发展经验教训、分析国内外发展大势的基础上形成的，凝聚着对经济社会发展规律的深入思考，体现了‘十三五’乃至更长时期我国的发展思路、发展方向、发展着力点。”[56]

（一）五大发展新理念的背景、基本内容和内在联系

关于新发展理念的提出背景。程恩富强调对新发展理念的认识要在新常态的背景下进行分析才能准确把握其内涵和关键节点。创新，就是要在比较优势和竞争优势之外，发展出自主知识产权优势；协调，就是理顺各领域各方面发展关系，而不是仅关注GDP；绿色，就是要建设生态制度体系；开放，应借鉴德日等国的经验，坚持有序开放、双向开放；共享，是以人民为中心，调整分配，实现共同富裕。[57]

程美东认为，五大发展理念有很强的问题意识。创新，针对GDP总量很大，但科技含量不足；协调，针对经济发展总体平稳，但行业之间，区域之间，城乡之间等不协调；绿色，经济发展持续加速，但环境、生态恶化；开放，针对一些领域创新不足，不能走出去；共享，针对经济发展了，但贫富差距日益增大。[58]

侯为民认为，五大发展理念提出是对经济社会发展的客观规律的认识深化，是对新的发展条件和制约因素的科学回应，是中国道路内在逻辑的历史呈现。五大发展理念具有重要的战略意义和实践价值，为全面深化改革的破题创造了条件，丰富了中国道路的理论内涵，增强了中国特色社会主义在国际社会的话语权。[59]

顾海良强调创新是新发展理念的首位和引领发展的第一动力，协调是持续健康发展的内在要求，绿色是永续发展的必要条件，开放是国家繁荣发展的必由之路，共享是中国特色社会主义的本质要求。它是涵盖科学技术、经济运行、经济体制及经济制度的总体创新理念。[60]

曲青山强调把五大发展理念作为一个整体和系统来看待。创新是解决好发展动力问题，协调是解决好发展不平衡问题，绿色是解决好人与自然和谐问题，开放是解决好发展内外联动问题，共享是解决好社会公平正义问题。[61]

刘志彪认为，把握五大发展理念之间的关系，共享和其他四个发展理念是目的和手段的关系，发展的目的是为了人民，通过创新、协调、绿色、开放实现发展方式的转变，是实现共享发展的有效手段和途径。[62]

秦宣认为五大发展理念反映了我们党对社会主义建设规律的新认识，必须准确把握它们的辩证关系。创新发展是动力，协调发展是方法，绿色发展是方向，开放发展是战略，共享发展是归宿。[63]

（二）五大发展新理念的重要意义

顾海良认为，新发展理念是对马克思主义关于社会主义生产目的、基本经济规律和人的自由全面发展思想的继承，[64]新发展理念是“术语的革命”，是关于发展实践的理论提炼和总结，是当代中国马克思主义政治经济学的学术话语体系建设的重要成果。[65]

吴宣恭认为，五大发展理念集发展方向、发展方式、发展条件、发展维度、发展路径、发展目标为一体，高度概括和综合了社会主义基本经济规律多维度加深扩展的内涵，极大丰富了马克思主义的科学发展观，对我国经济的持续健康发展起到重大指导作用。[66]

郭建宁强调新发展理念对破解发展难题、增强发展动力、培育发展优势的重大指导意义。发展动力上，强调创新是引领发展的第一动力；在发展内容上，强调协调是可持续发展的必然要求；在发展条件上，强调绿色是中华民族永续发展的基础和前提；在发展的外部环境上，强调开放是中国发展的必然选择；在发展目标上，强调共享是中国特色社会主义的本质要求。坚持以人民为中心的发展思想。[67]

胡鞍钢等认为我国跨越“中等收入陷阱”面临五大挑战：全要素生产率挑战、城镇化挑战、生态环境挑战、被动依附型挑战和不平等挑战，而实行五大发展理念就是应对五大挑战的战略指引，是实现跨越中等收入陷阱的基本途径。[68]

尹汉宁认为新发展理念体现了社会主义政治经济学的重大原则，体现了以人为本的价值取向，有利于解放思想、转变观念，有利于更好的解放和发展生产力，有利于发挥比较优势和后发优势，有利于发挥有效市场和有为政府的有机结合。[69]

冒佩华、王宝珠认为，新发展理念不仅是影响中国未来经济发展的深刻变革，而且为发展中国家和发达国家的发展道路选择指点迷津，对中国参与和引领世界经济发展具有重要意义。[70]

五、关于收入分配问题

（一）关于收入差距扩大的原因与认识

关于收入差距扩大的原因。刘伟、蔡志洲研究了新世纪以来我国居民收入分配的变化，认为收入差距扩大的原因包括：一是发展性原因，二元性经济的经济结构；二是增长性原因，经济增长过程中不同要素对于经济增长贡献不同；三是体制变迁性原因，市场经济体制转型过程中，不同领域市场化的进展及完善程度不同；四是收入结构性原因，收入来源的多元化。[71]

邱海平认为资本性收入增长速度大大超过劳动收入增长速度，是收入分配差距不断扩大的重要原因。强调应认识和处理好共同富裕与经济增长、所有制结构、市场经济的关系。[72]

陆万军、张彬斌探讨了中国收入分配差距的制度性原因。在初次分配领域，由于相关制度改革不彻底，部分制度阻碍了市场竞争机制和要素流动对行业和地区差距的调节功能，违背了机会均等原则，恶化了收入分配；在再分配领域，税收制度的累退性和转移支付制度的地区和部门分割影响了再分配效率，导致再分配政策无法有效调节收入差距。[73]

如何认识当前收入差距。赵振华认为，一是当前我国收入差距是在城乡居民收入都有大幅度提高的基础上产生的相对差距；二是收入差距总体上虽然过大，但未出现两极分化；三是当前收入差距是历史形成的，缩小收入差距需要一个历史过程；四是收入差距呈现继续下降趋势。[74]

袁恩桢认为，一是市场经济本身就是一种差别经济，在社会主义市场经济中居民收入差距是一种客观存在；二是对待收入差别政策重心是在扶低，而不是限高，应尽快消灭贫困，壮大中等收入阶层；三是解决收入差距的根本出路是发展。[75]

（二）关于如何缩小收入差距问题

刘长庚、张磊提出在社会核心价值观引领下优化权利配置。以普遍的参与权实现起点公正，以共享的收入权实现过程公正，以充分的保障权实现结果公正，用法治化维护和保障“三权”配置。[76]

祝艳提出收入分配制度改革的路径：一是强化政

府调控力度。完善政府转移支付制度，推进财税体制改革，规范收入分配行为；二是深化体制与制度改革。坚持居民收入增长和经济增长同步、劳动报酬提高和劳动生产率提高同步，促进农民增收；三是完善社会保障体系。完善现有社会保障制度，加快农村社会保障体系建设等。[77]

陆万军、张彬斌认为，提高再分配力度并不能解决当前收入分配格局下的收入差距，过度依赖再分配手段还会同长期增长目标相冲突。通过制度改革，初次分配深化市场化方向的改革，促进机会均等和制度公正，实现公平与效率的有效统一；再分配中通过改革税收体制和转移支付制度提高再分配效率，进一步降低收入差距，实现结果公平。[78]

孙华臣探讨了如何缩小城乡收入差距的有效路径，包括推动城乡要素平等交换、合理配置，基本公共服务均等化，新型城镇化，农业现代化，城乡一体化，户籍制度改革，农村土地制度改革等。[79]

盘和林从个人税收的公平和效率平衡角度认为：一是构建居民收入的基础性数据库，解决高收入群体应征未征、低收入群体应免未免问题；二是动态调整个税起征点，实现精准税负；三是发挥初次分配和再分配在收入分配中的协同效应。[80]

（三）关于扩大中等收入群体问题

李春玲认为中等收入标准准确界定有绝对标准和相对标准两种模式，绝对标准模式以世界银行贫困线为参照，相对标准模式以收入中位数来确定。[81]

迟福林认为扩大中等收入群体的关键，是创新体制机制。一是建立劳动者报酬的保障；二是以基本公共服务均等化加大再分配力度；三是与收入分配改革同步，加快财税体制改革；四是尽快改革征地制度，提高农民在土地增值收益中的分配比例；五是加快以现代职业教育为重点的教育结构改革，推动从一般性到技能型劳动力的转型。[82]

郑功成认为阻碍扩大中等收入群体有四个因素：低端产业占比大和高素质劳动者占比偏小；收入分配中劳动者报酬总体偏低；社会保障制度不健全；房价过高和户籍壁垒。认为扩大中等收入的途径包括：一是通过技术创新和制度变革促进产业升级和经济结构优化；二是深化收入分配体制改革，让劳动者报酬稳步提升；三是健全社会保障体系，增强城乡居民抗风险能力和安全感；四是促进城乡居民的资产和财产积累。[83]

陈华、张敏提出扩大中等收入群体的着力点：一是发展经济提供物质保障。包括：大力发展第三产业尤其是新兴服务业，推动中小企业发展解决就业，经济发展带动消费发展；二是完善改革。包括：通过税收制度改革减轻税负负担，完善收入分配与再分配制度；三是推进城镇化建设。包括：改革户籍制度，加快城镇基础设施建设，整合利用城乡资源；四是发展教育和技能培训，储备人才；五是提升社会福利水平，加强社会保障。[84]

六、关于跨越中等收入陷阱问题

（一）对中等收入陷阱的成因认识

关于是否存在“中等收入陷阱”。胡鞍钢提出2008年美国次贷危机演变为国际金融危机，“中等收入陷阱”是由这种外部冲击与中等收入国家内部因素共同作用的结果，不能忽视以美国为首的西方大国溢出的负外部性。“中等收入陷阱”对西方国家是真命题，但对中国是伪命题，中国一些沿海省市已经率先跨越陷阱进入高收入阶段。[85]

王文指出低收入、中等收入、高收入经济体都可能陷入增长陷阱，相比之下中等收入国家的增长困境反而是最小。中国面临的问题，并不是能否跨越中等收入阶段，而是能否保持长期可持续增长，从而实现“两个一百年”的宏伟目标。[86]

关于落入中等收入陷阱的原因。程恩富认为“中等收入陷阱”只是缺乏规模经济、经济大幅波动或基本停滞、陷入增长困境等现象描述，真正原因是新自由主义泛滥的恶果。[87]

刘伟认为中等收入陷阱产生的背景是经济发展进入中等收入阶段后，供给与需求两方面条件发生根本变化，表现为供给侧成本大幅上升和需求侧系统性疲软。而深层原因在于发展理念的偏差，发展方式转变滞后、经济制度创新滞后和法制秩序滞后。[88]

江时学总结了拉美和东南亚的经验教训，归因于：缺乏稳定的政府，民主法治不健全；收入分配不公导致社会凝聚力的缺失；过度依赖比较优势；资本积累能力弱，过度依赖外资；宏观调控时大量使用行政干预手段，经济手段和法律手段相对较弱；等等。[89]

蔡洪滨认为陷入中等收入陷阱的主因是经济达到中等收入水平后增长动力慢慢丧失，根源在于能否实现公平和效率的相互促进。[90]

赵江林认为，收入陷阱问题实际上是经济增长出现了问题，各类“经济资源”创造新价值的能力在下降。一国从中等收入阶段向高收入阶段跨越，表面上是一个数量指标，实际上是一个质量指标，是经济增长的"发动机"的全新更换，形成以创新为主的经济增长方式并建立起相应的制度。[91]

海闻认为，所谓经济发展后分配不公，收入差距过大，资源扩张型的发展模式不可持续，需要有新的增长动力，只是"中等收入陷阱"的现象或结果，而非原因。他认为真正的原因是经济发展到中等收入阶段后产业结构调整的滞后。[92]

（二）如何实现跨越中等收入陷阱

刘伟认为跨越中等收入陷阱关键在于转变发展方式，从主要依靠要素投入量扩大转变为效率提升，贯彻落实五大发展新理念。需要全面深化改革来创造制度条件，包括：一是全面深化经济体制改革；二是全面推动依法治国。[93]

蔡昉提出关键是改革，一是推进供给侧结构性改革，提高潜在增长率；二是加快收入分配制度改革，提高共享发展水平，保持社会稳定；三是打破既得利益格局对改革的阻挠，保持中国产业和企业的国际竞争力。[94]

郑新立认为推动三项重大改革释放巨大发展潜力，实现跨越中等收入陷阱的目标。包括：城乡一体化；完善投资体制改革，增加公共产品；科技体制改革，实现创新驱动发展。[95]

郑秉文强调跨越中等收入陷阱的途径是通过供给侧结构性改革，提高全要素生产率，实现效率驱动，市场经济制度内涵的提升和社会转型。同时需要提供政策保障，包括：宏观经济政策要稳，微观经济政策要活，社会政策要兜底，改革政策要落实。[96]

林毅夫认为通过扩大国内需求可以实现跨越。一是从供给侧来看，产业升级的空间很大；二是投资基础设施；三是改善环境和环保方面的投资可以获得很高的社会回报；四是城镇化建设。这些补短板措施，短期可以创造需求，增加就业。[97]

迟福林认为扩大中等收入群体是实现跨越中等收入陷阱的重要条件。到2020年中国有条件形成6亿规模的中等收入群体，一是人口城镇化是重要载体；二是服务业主导的产业结构提供广阔的就业空间；三是创新创业促使一部分就业人群成为中等收入人群。[98]

王文认为，在全球化经济中，各个经济体均面临着克服增长陷阱的全球难题，任何一个国家要想跨越"增长陷阱"都需要考虑全球因素。强调只有建立更加公正合理的国际经济秩序，才能找到可持续增长之路。[99]

注：

①《坚定信心增强定力　坚定不移推进供给侧结构性改革》，《人民日报》，2016年7月9日。

②逄锦聚：《中国特色社会主义政治经济学论纲》，《政治经济学评论》，2016年第5期。

③张宇：《不断完善中国特色社会主义政治经济学理论体系》，《人民日报》，2016年8月29日。

④洪银兴：《构建中国特色社会主义政治经济学的几个问题》，《光明日报》，2016年8月31日。

⑤卫兴华：《创新政治经济学研究对象》，《人民日报》，2016年12月21日。

⑥刘伟：《在马克思主义与中国实践的结合中发展中国特色社会主义政治经济学》，《政治经济学评论》，2016年第4期。

⑦杨莘：《中国特色社会主义政治经济学应坚持的四个原则》，《国家治理》，2016年第42期。

⑧张雷声：《把握好中国特色社会主义政治经济学重大原则》，《人民日报》，2016年2月29日。

⑨程恩富：《要坚持中国特色社会主义政治经济学的八个重大原则》，《经济纵横》，2016年第3期。

⑩刘月、宋屹、党建伟：《科学认识中国特色社会主义政治经济学的重大原则》，《光明日报》，2016年4月17日。

⑪张卓元：《实现社会主义与市场经济有机结合——构建中国特色社会主义政治经济学的主线》，《人民日报》，2016年11月21日。

⑫逄锦聚：《中国特色社会主义政治经济学论纲》，《政治经济学评论》，2016年第5期。

⑬黄泰岩：《新发展理念催生新发展理论》，《人民日报》，2016年4月18日。

⑭黄泰岩：《中国特色社会主义经济学的研究对象、主线和框架》，《马克思主义与现实》，2016年第5期。

⑮程恩富：《我国政治经济学能产生丰富原创性成果》，《人民日报》，2016年10月10日。

⑯洪银兴：《中国特色社会主义政治经济学的创新发展》，《红旗文稿》，2016年第7期。

⑰洪银兴：《十八大以来需要进一步研究的几个政治经济学重大理论问题》，《南京大学学报》（哲学·人文科学·社会科学），2016年第2期。

⑱张宇：《中国特色社会主义政治经济学需要深入研究的若干问题》，《政治经济学评论》，2016年第4期。

⑲逄锦聚：《发展中国特色社会主义政治经济学的着力点》，《光明日报》，2016 年 9 月 14 日。

⑳《中央经济工作会议在北京举行》，《人民日报》，2016 年 12 月 17 日。

㉑盛洪：《供给侧结构性改革应该改什么?》，2016 年 3 月 10 日，FT 中文网，http：//www.ftchinese.com/story/001066554。

㉒方福前：《关于供给改革的几个理论问题》，《光明日报》，2016 年 1 月 27 日。

㉓陈宗胜：《供给侧结构性改革的理论特色》，《人民日报》，2016 年 11 月 21 日。

㉔文建东、宋斌：《供给侧结构性改革：经济发展的必然选择》，《新疆师范大学学报》（哲学社会科学版），2016 年第 3 期。

㉕邱海平：《马克思主义政治经济学对于供给侧结构性改革的现实指导意义》，《红旗文稿》，2016 年第 2 期。

㉖习近平：《在省部级主要领导干部学习贯彻党的十八届五中全会精神专题研讨班上的讲话》，《人民日报》，2016 年 5 月 10 日。

㉗黄铁苗：《遵循经济规律提高供给体系的效率》，《光明日报》，2016 年 4 月 12 日。

㉘卫兴华：《澄清供给侧结构性改革的几个认识误区》，《人民日报》，2016 年 4 月 20 日。

㉙金碚：《科学把握供给侧结构性改革的深刻内涵》，《人民日报》，2016 年 3 月 7 日。

㉚邱海平：《马克思主义政治经济学对于供给侧结构性改革的现实指导意义》，《红旗文稿》，2016 年第 2 期。

㉛简新华、余江：《运用马克思主义政治经济学认识供给侧结构性改革》，《经济日报》，2016 年 1 月 11 日。

㉜《中国经济 50 人论坛：各路资深要员畅谈经济改革》，新浪财经，2016 年 2 月 19 日，http：//finance.sina.com.cn/money/forex/hbfx/2016 年 2 月 19 日，doc－ifxprupc9491728.shtml。

㉝洪银兴：《供给侧结构性改革须完善体制机制》，《人民日报》，2016 年 10 月 31 日。

㉞贾康：《从“新供给”研究的视角看供给侧结构性改革》，《光明日报》，2016 年 1 月 6 日。

㉟贾康：《以制度供给为龙头　释放供给体系要素潜力》，《中国证券报》，2016 年 3 月 30 日。

㊱查显友：《中国须从供给侧寻找改革突破》，《参考消息》，2016 年 4 月 6 日。

㊲易纲：《关于在推进供给侧结构性改革的同时，做好总需求管理》，《企业家日报》，2016 年 3 月 18 日。

㊳易纲：《适度管好总需求　守住三条底线》，《中国经贸导刊》，2016 年第 7 期。

㊴林毅夫：《经济增长需要有效投资》，《经济日报》，2016 年 1 月 4 日。

㊵权威人士：《七问供给侧结构性改革》，《人民日报》，2016 年 1 月 4 日。

㊶李锦：《正确认识国企改革与供给侧改革的内在逻辑》，《现代国企研究》，2016 年第 13 期。

㊷张宇：《在实践中不断深化对社会主义市场经济的认识》，《经济导刊》，2016 年第 12 期。

㊸李建平：《认识和掌握社会主义市场经济三个层次的规律》，《经济研究》，2016 年第 3 期。

㊹周建明：《认识和解决好市场经济在社会主义社会中的两重性问题》，《毛泽东邓小平理论研究》，2016 年第 4 期。

㊺李成勋：《两种市场经济异同辨析》，《毛泽东邓小平理论研究》，2016 年第 11 期。

㊻卫兴华、田超伟：《准确把握邓小平市场经济思想发展的曲折过程》，《马克思主义理论学科研究》，2016 年第 4 期。

㊼周新城：《关于社会主义市场经济的几个理论问题》，《政治经济学评论》，2016 年第 4 期。

㊽刘伟：《在马克思主义与中国实践的结合中发展中国特色社会主义政治经济学》，《政治经济学评论》，2016 年第 4 期。

㊾张宇：《论公有制与市场经济的有机结合》，《经济研究》，2016 年第 6 期。

㊿张宇：《为人类对更好社会制度的探索提供中国方案——社会主义市场经济的世界意义》，《光明日报》，2016 年 11 月 30 日。

(51)杨春学：《社会主义政治经济学的“中国特色”问题》，《经济研究》，2016 年第 8 期。

(52)刘国光：《政府和市场关系的核心是资源配置问题》，《中华魂》，2016 年第 2 期。

(53)洪银兴：《以创新的理论构建中国特色社会主义政治经济学的理论体系》，《经济研究》，2016 年第 4 期。

(54)杨瑞龙：《中国特色社会主义政治经济学逻辑下政府与市场之间的关系》，《政治经济学评论》，

2016年第4期。

(55)周新城：《关于社会主义市场经济的几个理论问题——在市场经济问题上马克思主义与新自由主义的原则分歧》，《当代经济研究》，2016年第7期。

(56)《落实创新协调绿色开放共享发展理念　确保如期实现全面建成小康社会目标》，《人民日报》，2016年1月7日。

(57)程恩富：《论新常态下的五大发展理念》，《南京财经大学学报》，2016年第1期。

(58)程美东：《五大发展理念引领当代中国未来发展》，《光明日报》，2016年3月15日。

(59)侯为民：《五大发展理念的历史逻辑与实践价值》，《桂海论丛》，2016年第3期。

(60)顾海良：《新发展理念的马克思主义政治经济学探讨》，《马克思主义与现实》，2016年第1期。

(61)曲青山：《辩证法：实施五大发展理念的指导》，《光明日报》，2016年4月6日。

(62)《人民梦想成真　国家活力无限——全国政协委员和专家学者热议共享发展理念》，《人民日报》，2015年12月23日。

(63)秦宣：《五大发展理念的辩证关系》，《光明日报》，2016年2月4日。

(64)顾海良：《新发展理念的马克思主义政治经济学探讨》，《马克思主义与现实》，2016年第1期。

(65)顾海良：《新发展理念与当代中国马克思主义"系统化的经济学说"的发展》，《经济学家》，2016年第3期。

(66)吴宣恭：《五大发展理念是社会主义基本经济规律内涵的深化拓宽和高度概括》，《马克思主义研究》，2016年第8期。

(67)郭建宁：《续写中国特色社会主义新篇章的内涵和基础》，《人民日报》，2016年5月18日。

(68)胡鞍钢等：《中国跨越中等收入陷阱：基于五大发展理念视角》，《清华大学学报》(哲学社会科学版)，2016年第5期。

(69)尹汉宁：《以多维视角认识把握五大发展理念》，《人民日报》，2016年1月12日。

(70)冒佩华、王宝珠：《新发展理念的思想渊源与世界意义》，《光明日报》，2016年12月14日。

(71)刘伟、蔡志洲：《新世纪以来我国居民收入分配的变化》，《北京大学学报》(哲学社会科学版)，2016年第5期。

(72)邱海平：《共同富裕的科学内涵与实现途径》，《政治经济学评论》，2016年第4期。

(73)陆万军、张彬斌：《不公平抑或不均等？——中国收入分配问题的制度成因及治理》，《东南学术》，2016年第6期。

(74)赵振华：《如何认识当前我国居民的收入差距》，《光明日报》，2016年3月29日。

(75)袁恩桢：《社会主义市场经济分配结构递进改革的内容与几个基本认识》，《毛泽东邓小平理论研究》，2016年第4期。

(76)刘长庚、张磊：《以社会主义核心价值观引领收入分配制度改革》，《湖南商学院学报》，2016年第3期。

(77)祝艳：《全面推进收入分配制度改革的路径选择》，《经济研究导刊》，2016年第3期。

(78)陆万军、张彬斌：《不公平抑或不均等？——中国收入分配问题的制度成因及治理》，《东南学术》，2016年第6期。

(79)孙华臣：《优化城乡收入分配格局的有效路径》，《光明日报》，2016年4月13日。

(80)盘和林：《找准收入分配公平与效率的平衡点》，《光明日报》，2016年11月21日。

(81)李春玲：《中等收入标准需要准确界定》，《人民日报》，2016年12月7日。

(82)迟福林：《"扩中"重在制度创新》，《人民日报》，2016年9月22日。

(83)郑功成：《扩大中等收入群体的要点和路径》，《光明日报》，2016年6月29日。

(84)陈华、张敏：《扩大中等收入群体的着力点:》，《光明日报》，2016年8月17日。

(85)胡鞍钢：《"中等收入陷阱"对中国是伪命题》，《参考消息》，2016年3月18日。

(86)王文：《破解"增长陷阱"须改革国际秩序》，《参考消息》，2016年4月13日。

(87)程恩富：《论新常态下的五大发展理念》，《南京财经大学学报》，2016年第1期。

(88)刘伟：《在马克思主义与中国实践的结合中发展中国特色社会主义政治经济学》，《政治经济学评论》，2016年第4期。

(89)江时学：《阿根廷百年兴衰的前车之鉴》，《参考消息》，2016年3月28日。

(90)蔡洪滨：《中国历史性跨越谨防阶层固化》，《参考消息》，2016年3月24日。

(91)赵江林：《亚太国家跨越"陷阱"的成败得失》，

《参考消息》，2016 年 3 月 30 日。

⑨②海闻：《创新和教育是中国转型升级关键》，《参考消息》，2016 年 4 月 5 日。

⑨③刘伟：《在马克思主义与中国实践的结合中发展中国特色社会主义政治经济学》，《政治经济学评论》，2016 年第 4 期。

⑨④蔡昉：《跨越"中等收入陷阱"唯有改革》，《参考消息》，2016 年 3 月 14 日。

⑨⑤郑新立：《三项改革释放巨大发展潜力》，《人民日报》，2016 年 6 月 12 日。

⑨⑥郑秉文：《供给侧改革是跨越"中等收入陷阱"法宝》，《参考消息》，2016 年 3 月 21 日。

⑨⑦林毅夫：《中国跻身高收入国家有独特优势》，《参考消息》，2016 年 3 月 25 日。

⑨⑧迟福林：《"扩中"重在制度创新》，《人民日报》，2016 年 9 月 22 日。

⑨⑨王文：《破解"增长陷阱"须改革国际秩序》，《参考消息》，2016 年 4 月 13 日。

（作者：卫兴华，中国人民大学教授；
武志，中国人民大学博士生）

宏观经济学

陈享光　黄泽清

2016 年，学界对新常态下宏观经济波动、宏观经济增长的效率及影响因素、宏观政策转型与财政政策调整、货币政策的挑战与优化、国民收入分配的宏观调节等问题进行了深入研究，并取得了丰硕的研究成果。

一、新常态下的宏观经济波动问题研究

林建浩与王美今[①]进行了新常态下经济波动的强度与驱动因素识别的分析，他们利用能够反映经济系统时变性的 TVP - SV - VAR 模型探究了我国 2012 年以来经济增长的波动强度和驱动因素并得出三点结论。第一，从 1995 年开始，我国经济增长的波动从 20 世纪 80 年代的大起大落转入大稳健的阶段。第二，经济增长和通货膨胀的波动主要归因于供给冲击和需求冲击，政府在综合运用财政和货币政策时需要关注通货膨胀效应。第三，我国经济的增速换挡是潜在增长率下降和外部负向需求冲击长期叠加的结果。他们认为，2012 年以来我国经济增速下滑主要来源于供给面的影响，因此实行以调结构和促改革为主的微刺激政策在方向上具有合理性。

谭海鸣等[②]将房地产价格波动、人口老龄化、人口迁移以及金融杠杆约束等因素纳入库兹涅茨"长周期"理论，综合城市阶层体系理论构建了中国"长周期"可计算一般均衡（CGE）模型。他们通过分析日本 40 年来人口与经济的关系，将上述理论模型转为实证模型，预测了中国 2015—2050 年人口老龄化和人口迁移对于经济周期、房地产价格的影响并探讨了杠杆率与经济增长的关系。他们发现，由于人口老龄化的影响，我国 2021—2025 年的经济增长率将下行，因此必须提高总和生育率，提升人口迁移率，并且关注金融杠杆率，在风险可控的范围内不宜过度压制杠杆率的自然上升。

刘树成[③]通过投资统计数据发现 2016 年以来我国民间固定资产投资严重下滑。他认为导致民间投资下滑的原因是多方面的，而投资盈利预期不振、盈利前景迷茫则是民间投资下滑最为关键的原因。为了营造良好的投资环境条件，他指出要在四个方面进行努力，即政策环境、资金环境、法律环境以及宏观运行环境，其中营造有利于形成企业盈利预期的宏观经济运行环境是改变投资增速下滑的充要条件。

陈冬等[④]利用我国 2003—2013 年在 A 股上市的 4236 家股国有上市公司的年度财务数据分析了我国国企避税与经济周期之间的关系。研究发现，第一，在目前的经济下行期，国企避税程度有所减少，且地方国企比中央国企的这种逆经济周期支持效应更为显著。第二，强化国企避税"逆经济周期支持效应"的因素包括国企经营业绩、地方国企纳税占地区企业所得税收入比重、政府干预程度以及地区税收任务。他们认为，在当前经济下行的背景下政府的调控政策应充分考虑逆周期纳税行为对宏观经济波动的影响，准确把握逆周期的调控力度和调节的灵活性，推动经济平衡增长。

刘伟[⑤]认为新常态下，我国经济失衡的根本原因在于结构性矛盾。调整结构与效率有关，而效率又与创新有关，市场创新的主题是企业和劳动者，而供给

侧结构性改革恰恰就是通过提高生产者和劳动者的效率和积极性，使得竞争力和劳动生产率不断提升，从而推动产业结构升级。因此，供给侧结构性改革在推动结构升级以缓解结构性矛盾方面意义重大。由于供给侧结构性改革的政策作用不像需求管理那样直接作用于消费者，而是作用于生产者和劳动者，因此政策着力点方面也会有所调整，更强调对企业创新的支持等。他指出，在新常态下引入供给侧结构性改革必须以全面深化改革为基础。

中国人民大学宏观经济分析与预测课题组[⑥]认为中国宏观经济不存在“硬着陆”的状况，但依然面临着四大方面的问题。第一，供给侧的着力点仍未找到；第二，稳增长政策并没有真正缓解宏观经济面临的问题；第三，出现了宏观经济摆脱持续探底的三大障碍，即短期与中期产出的负向强化机制、“消费—投资”困局以及“脱实向虚”的深化；第四，当前宏观经济尚未出现持续复苏的基础。课题组认为尽管中国经济出现了触底的迹象，但是持续触底的本质仍未改变。在传统经济增长的动力源加速弱化以及中国“衰退式泡沫”逐渐加剧的情况下，经济风险进一步上升，宏观经济的结构性改革非常紧迫。

二、宏观经济增长效率及影响因素问题研究

傅元海等[⑦]分析了产业结构变迁与经济增长效率提高之间的关系。他们利用1996—2012年中国区域面板数据对制造业结构的合理化和高度化进行了测算，并通过GMM估计来分析其对经济增长效率的作用。他们研究发现，制造业结构的高度化并不利于经济增长效率的提高，而制造业合理化水平的提升则会促进经济增长效率的提高，而且不同方法测度变量的估计结果具有高度一致性。他们认为，尽管中国制造业不断升级却一直处于全球价值链低端的事实正是制造业结构高度化会抑制经济增长效率提升的现实反映。因此，为了发挥制造业结构优化提高经济增长效率的作用，他们认为政府应加大对中高端产业中技术创新的投入和技术引进力度，消除高端产业的低附加值，实现经济持续增长。

韩其恒等[⑧]基于“资源重新配置型”的分析框架，研究了30多年来中国经济增长的动力，通过对金融约束和制度质量这两个因素的考察来分析其在经济发展的不同阶段是如何影响中国经济的，用以解释“中国经济增长之谜”。他们发现，在短期，金融约束是中国经济结构的变迁和经济增长的关键因素，它影响了要素在不同效率部门之间的转移速度。在长期，制度质量是影响我国经济增长的决定性因素，它不仅是我国完成要素从低效率部门向高效率部门转移之后唯一可以依赖的经济增长动力，而且是我国跨越“中等收入陷阱”的关键因素，因此他们认为，未来中国长期增长的动力只能来自不断放宽的制度质量约束。

李平[⑨]利用以生产前沿面为基础的数据包络分析（DEA）和随机前沿分析（SFA）从微观层面测度了厂商的全要素生产率指数，他发现，技术进步和技术效率的提升都能有效推动TFP增长，同时，在宏观层面，结构转换也能推动TFP提升。具体的，影响技术进步的因素包括R&D经费投入、人力资本积累以及适应技术创新的体制机制等；影响技术效率的因素包括企业内部管理组织模式、企业员工素质、信息通信技术的运用以及企业地理位置和产业配套情况等；影响结构转换的因素包括市场竞争选择机制、适当的行业准入和规制、对新兴产业的有效培育以及成熟的金融体系等。

姚洋和邹静娴[⑩]在生命周期假说及两期世代交叠（OLG）模型下，利用76个发展中国家和40个发达国家1980—2011年的数据解释了一国经济增长率越高则输出资本越多的“配置之谜”。他们发现，根据OLG模型，在两个国家之间，增长率更高的国家倾向于有更高的经常账户余额，但二者并不存在稳定的正相关关系。为了解释发达国家实证结果偏离的现象，他们在生命周期假说的框架下增加了金融市场效率及贸易伙伴国增长率两个影响因素，发现只有在控制贸易伙伴国平均增长率的情况下经济增长和经常账户余额才存在正向关系。他们指出，与金融系统相比，增长率差异是造成全球失衡更为本质的原因。

伍山林[⑪]在二元经济结构和增长源核算框架的基础上度量了农业劳动力流动对中国经济增长的贡献。他认为，第一，由于会产生漏测或者过测的情况，因此在测量农业劳动力流动对经济增长的贡献时一般不建议采用劳动再配置效应经典公式。据此，他将Massell型增长核算模式嵌入到非农部门将劳动的制度异质性后得到了具有比较优势的近似测算公式。第二，他认为1985—2011年中国农业劳动力流动对经济增长的贡献是递减的，并且其与经济增长具有相似的波动特征。第三，他指出在改革开放以来，非农部门劳动制度异质性的固化及农村教育的放缓抑制了农业劳动力流动对经济增长的贡献程度，因此，有必要建立统一的劳动力市场以及促进农村劳动力教育的政策来延续“中国奇迹”。

郭家堂和骆品亮[12]从互联网技术、互联网平台、互联网思维和网络效应 4 个维度分析了互联网对全要素生产率增长的作用，并通过 2002—2014 年中国省级面板数据对互联网与全要素生产率的关系进行了实证分析。他们发现，第一，从总体上讲，互联网对技术进步推动型的中国全要素生产率有着显著的促进作用，但对技术效率有着抑制作用。第二，互联网对全要素生产率的促进作用呈现出非线性特征，存在两个门槛值。第三，索洛的“计算机对生产率无效”论断存在误判，没有意识到计算机构成的世界网络。因此，他们建议我国要加强普惠互联网建设、加快产业层面“互联网+”战略的落地。

刘金全和龙威[13]运用我国 1993 年第一季度至 2015 年第四季度的经济数据，通过门限回归模型分析了我国金融发展与经济增长间的非线性关系，得出了金融发展与经济增长之间的收入门限效应。他们认为，第一，当金融发展低于门限值时，金融发展会显著促进经济增长，反之则不显著。第二，收入增长对于金融发展和经济增长的关系具有重要影响。第三，当金融发展低于门限值时，投资以及政府支出对经济增长的作用较强，反之则较弱。因此，他们建议要控制金融发展速度，加强金融监管、保持收入水平适度增长以及关注金融发展与经济增长的非线性关系。

陈雨露等[14]运用世界 68 个经济体 1981—2012 年的面板数据对金融周期、金融波动与经济增长和金融稳定之间的关系进行了经验研究。计量结果表明，第一，金融周期各期与经济增长的关系并不完全一致，其中高涨期与衰退期和经济增长具有负相关关系，而正常期则是正相关关系。第二，金融周期中，高涨期与衰退期容易爆发金融危机，而正常期出现金融危机的概率较低。因此，不论金融周期过热还是过冷，都将出现金融体系的不稳定。第三，在影响金融体系稳定方面，金融衰退要大于金融高涨。第四，金融波动不仅会降低一国的经济增长，还会增加金融危机发生的概率。

三、宏观政策转型与财政政策调整问题研究

马文涛[15]等将政府行政性干预纳入到动态随机一般均衡（DSGE）模型，分析了我国宏观政策转型和通货膨胀预期的关联性。他们认为，1998 年后我国宏观经济政策的转型一方面体现在货币集权和财政分权的确立，另一方面体现在对通胀、产出与汇率的调整上，反通胀的灵活性加大，行政性干预影响经济的主要渠道转为基于微观预算软约束的“逆向选择效应”，对通胀预期形成挑战。据此，他们给出了四点建议：一是关注有效通胀预期管理，二是注重政策前瞻性，明确反通胀立场，三是进一步明晰政府和市场的边界，四是稳健推进金融市场改革。

卞志村和杨源源[16]在综合李嘉图居民和非李嘉图居民的基础上，构建了新凯恩斯主义的动态随机一般均衡（DSGE）模型，分析了不同的财政政策工具对宏观经济的影响作用。他们发现，首先，政府投资性支出对消费、就业的挤出效应较大，造成债务负担和通货膨胀。因此需要减少政府的投资刺激政策，加快财政支出重点为医疗、社保、养老的服务型政府的建设。其次，消费减税有利于缓解债务压力，资本减税会挤出就业，劳动减税可提高就业。因此他们认为应主要对消费进行结构性减税，对资本减税为辅。最后，在当前经济新常态的背景下，政府应深入推行 PPP 合作模式，财政政策需向结构性减税政策调整，同时加强供给侧的结构性调控。

严成樑和徐翔[17]讨论了生产性财政支出对结构转型的影响，他们首先将生产性和福利性财政支出引入结构转型框架，构建了一个包括家庭、农业、非农业以及政府部门在内的动态随机一般均衡（DSGE）模型，推导出了生产性财政支出的规模和结构与结构性转型之间存在倒 U 型关系。其次，他们运用我国的省级面板数据对生产性支出与结构转型的关系进行了计量分析，发现生产性支出主要通过基建支出促进结构转型，而福利性支出会抑制结构转型。因此，他们认为，第一，生产性财政支出规模并不是越高越好。第二，东部地区需减少基建支出，西部地区则需增加基建支出。第三，东西部地区科教支出均应增加。

吕炜等[18]将资本密集度差异、纵向产业关联以及有限竞争金融市场纳入动态随机一般均衡（DSGE）模型，比较分析了投资性和保障性财政支出的扩张对于杠杆率的影响。他们发现，对于投资性支出，上游国有企业杠杆率上升，下游民营企业杠杆率先降后升；而对于保障性支出，下游民营企业杠杆率大幅上升，上游国有企业杠杆率温和上涨。因此，他们认为合理调整政府支出结构对财政政策的影响是十分重要的，投资性支出虽然在短期会刺激需求，稳定经济，但是在长期会使国有企业面临高杠杆率的问题，建议现阶段通过以保障性支出为核心的财政政策去协调“去杠杆”和“稳增长”之间的关系。

郭长林[19]在分析费雪方程组的基础上，将生产性政府支出引入动态随机一般均衡（DSGE）模型探究财政政策扩张对于通货膨胀作用的理论机制，并利用中国1998年第一季度到2013年第四季度的季度数据对我国财政政策扩张对通货膨胀的影响进行经验研究。他发现，首先，生产性财政政策会同时通过总供给和总需求来影响通货膨胀，在达到一定程度后，总供给将发挥主要作用并抑制通货膨胀。因此，扩张性财政政策并不一定会抬升通货膨胀。其次，财政政策实施时需要提前向公众释放信号以便合理引导预期。最后，货币政策需要配合财政政策，减少其对经济局部方面的不利影响。

郭长林[20]分析了财政政策扩张对产能利用率的影响作用，他将纵向产业结构纳入到动态随机一般均衡（DSGE）模型中分析发现，财政政策扩张会提升上游企业的价格，从而提升产能利用率，而下游企业由于价格上升会降低其产能利用率。他进一步运用我国1998年第一季度到2014年第四季度的数据，通过贝叶斯方法对模型参数进行实证估计验证了纵向产业关联的这种传导机制。他认为，财政政策是影响我国产能利用率下降的重要原因，建议积极减少上游部门过剩的产能，同时激活下游产业，通过扩大下游企业的有效产能来从根本上解决上游企业产能过剩的问题。

申广军等[21]分析了减税对于中国经济的潜在影响，他们利用“全国税收调查”的数据以及增值税转型改革全面推行的政策冲击实证研究了减税对企业行为、绩效以及宏观经济的影响。他们研究发现，减税不仅可以在短期内提升总需求，还可以在长期改善总供给的质量。其次，减税对于国有企业以及东部地区企业的影响更大，会显著提升它们利用资本和劳动的效率。因此，他们认为减税是“供给侧结构性改革”的强力推手，短期是通过刺激企业投资，长期是通过提高企业的生产效率来提振经济质量。

吕冰洋等[22]认为在市场经济中需要处理好两大关系，一个是政府间的财政关系，一个是政府与市场的关系，在我国，研究这两大关系的核心问题是分税及税率问题。他们利用我国的宏观数据分析分税与税率之间的关系后发现，第一，税收弹性分成和差异化税率是两个重要的典型事实：地方政府实际面临的税收分成比例不同，企业面临的实际税率也有很大差异。第二，税收分成会影响税率：市县级政府企业所得税和增值税分成比例的增加会使得企业逃税减少，导致实际税率上升。

丁志帆[23]将预期因素引入动态一般均衡（DSGE）模型讨论了预期到的和未预期到的财政政策冲击对宏观经济的影响，并利用1999年第1季度到2014年第4季度的数据对模型的部分结构参数进行估计。他发现，第一，未预期到的冲击会影响经济主体的消费、投资、劳动选择等，而预期到的冲击则不会直接影响经济基本面。第二，在冲击实现之后，未预期到的和预期到的消费性和生产性支出冲击下的经济均衡的表现趋于一致。第三，税收冲击中，未预期到的消费税对经济有正向影响；预期与未预期到的劳动税均对经济持正向影响；预期到的资本所得税对经济有正向影响，冲击实现后，预期到的与未预期到的冲击对经济均衡的影响趋于一致。

陈小亮和马啸[24]在分析美国和日本治理“债务—通缩”的经验中发现，单独使用货币政策或财政政策去治理“债务—通缩”会使得政策空间持续缩小，导致政策难以持续。他们构建了一个包括高债务和通缩特征的动态随机一般均衡（DSGE）模型，并利用我国2000年第一季度到2014年第四季度的数据对模型进行参数校准。他们认为治理“债务—通缩”的政策的核心机理是财政、货币政策的“双宽松”。一方面，货币政策可利用“再通胀”效应为财政政策创造新的空间；另一方面，财政政策会减轻货币政策的宽松程度，从而为其节省空间。因此，在当前高债务和通缩并存的情况下，中国应加强两种政策的协调。

四、货币政策的挑战与优化问题研究

潘敏[25]考察了经济新常态下我国货币政策目标体系面临的新挑战。在货币政策目标体系方面，新常态对其提出的新要求包括最终目标、中介目标以及操作目标等。最终目标的多元化会给货币政策工具的组合与调控模式的选择带来困难。中介目标和操作目标需要从数量型转换为价格型目标，但在经济发展新常态下需要兼顾两种目标。在创新货币政策工具方面，短期定向结构性货币政策工具面临三大问题，一是政策工具与政策目标之间的期限匹配问题，二是发挥政策工具的市场调节功能问题，三是政策工具的组合搭配问题。在转变货币调控方式上，需要着重关注选择与我国国情相适应的利率调控模式。

马鑫媛和赵天奕[26]构建了一个包括家庭、厂商、金融体系、中央银行在内的四部门动态随机一般均衡（DSGE）模型，并将非正规金融与正规金融纳入到该模型比较分析货币政策的有效性。他们发现，在非正规金融存在的条件下，价格型货币政策工具对产出和资本积累的影响要大于数量型货币政策工具。两种货币政策工具对通货膨胀的影响差异不大，但价格型货币政策工具的影响时间较短。相对比较而言，价格型工具对非正规金融的影响程度较深，数量型工具对正规金融的影响程度较深，因此在调控非正规金融时应更多考虑价格型货币政策工具。

张成思和党超[27]在基于含有通胀预期的前瞻性货币政策反应函数的基础上，利用2001年第一季度至2014年第四季度居民和专家两组通胀预期调研数据分析了通胀预期对货币政策的影响。他们实证发现人民银行对于居民预期和专家预期均会做出反应，但对专家预期反应更强。中国人民银行对预期信息采取相机抉择的方式，即当通胀预期上升时，采取紧缩的货币政策，包括升息、减少货币供给量等。反之，当通胀预期下降时，采取宽松的货币政策，包括降息、增加货币供给量等。他们进一步指出，由于我国央行对居民通胀预期的反应不足，因此建议央行加强与居民的信息沟通，稳定长期通胀预期水平。

陈诗一和王祥[28]将房地产市场部门和带有金融摩擦的银行部门纳入动态随机一般均衡（DSGE）模型分析房地产价格波动与货币政策传导之间的关系。他们发现，在企业借贷成本普遍较高的经济体中，积极的货币政策会通过四个渠道提高劳动力成本，增加银行贷款意愿从而抬升房价，降低经济福利，具体包括直接效应、替代效应、金融加速器效应以及风险承担效应。他们指出，虽然央行的货币政策会对房价做出系统性调整，降低通货膨胀，提升社会福利，但是这种政策的效果会随着改革的深入带来的社会融资成本的降低而下降。因此，他们认为降低社会融资成本对于抑制房价意义重大，同时在金融深化改革的背景下，央行应更加关注通胀波动而不是房价的波动。

彭俞超和方意[29]将负外部性产业和垄断竞争银行部门引入动态随机一般均衡（DSGE）模型分析了两类数量型和两类价格型货币政策对产业结构升级和经济稳定的作用。他们基于贝叶斯估计对模型进行数值模拟，发现：第一，结构性货币政策对于产业结构升级和经济稳定具有有效的促进作用；第二，在结构性货币政策中，非对称的结构性货币政策比对称的结构性货币政策更加有效。因此，实施非对称的结构性货币政策，同时关注产业的外部性将有助于金融支持产业结构调整和转型升级，进而维持经济稳定。

王曦等[30]构建了一个包括代表性家庭、最终品厂商、中间品厂商以及货币当局在内的动态随机一般均衡（DSGE）模型分析了预期和未预期到的货币政策冲击对通货膨胀的影响。他们通过实证研究表明：第一，公众对货币政策预期的态度较为短视。第二，与未区分的货币政策相比，区分了预期和未预期的货币政策的模型在解释力上更为有效。第三，两种货币政策对于管控通货膨胀的作用效果均较为明显，且预期到的货币政策效果更为显著。基于此，他们建议央行应通过公众预期机制来管控通货膨胀，同时，货币政策操作应较为平稳，不宜大起大落。

李宏瑾等[31]在新凯恩斯一般均衡模型的基础上采用状态空间模型，通过刻画产出缺口、利率缺口以及通胀之间的关系对中国的自然利率进行了估算，并分析了其与货币政策之间的关系。他们认为，自然利率和利率缺口是实体经济和通货膨胀的先行指标，是经济运行的指示器。同时，自然利率也是制定货币政策的重要依据，它可以作为价格型货币政策的实际利率锚，根据产出和通胀缺口对经济进行调控，实现产出和物价稳定的货币政策目标。因此，他们认为应加强对于中国自然利率估算的研究并将其作为货币政策的重要参考，从而探索出适合我国国情的利率操作规则。

邓静远和王文甫[32]将指数平滑跃迁函数纳入到STVAR模型，得到了能够刻画30年来中国经济高速发展特征的ESTSVAR模型，并运用该模型分析了货币政策对产出和物价水平的脉冲效应。他们发现，利率、汇率以及货币政策对经济具有显著的非对称性。首先，在产出方面，当经济增速较慢时，货币政策以及利率汇率对产出均有明显的非对称性，而当经济高速发展时，仅有利率对产出具有明显的非对称性。其次，在物价方面，低增长时，利率对物价影响较小；高增长时，利率对物价影响较大。

范志勇和杨丹丹[33]梳理了“新共识”货币政策框架的理论背景、基本原则以及其在反通胀方面的成功经验，并在分析其存在忽视金融市场等公认缺陷的基础上对“新共识”货币政策框架进行了客观的批判。他们指出，“新共识”货币政策框架在金融危机期间具有三个层面的问题。一是宏观经济学理论存在缺陷；二是政策实践与经济发展阶段脱节；三是货币政策操作过程中存在技术性困难。对于第一个问题，在宏观经济学的相关理论取得突破性进展之前尚无法给出实质性的改进；对于第二个问题，需要认识到货币政策理论应随着经济发展阶段不断做出调整，以更好地服务于经济发展；对于第三个问题，我们应当在借鉴“新共识”货币政策框架的基础上去解决货币政策操作过程中的困难。

五、国民收入分配及调节问题研究

倪红福等[34]将增值税抵扣机制引入投入产出价格模型，利用2012年中国投入产出表以及中国家庭追踪调查数据（CFPS）研究了“营改增”对居民税负和收入分配的作用。他们发现，第一，在税收征管能力较弱的情形下，“营改增”会在一定程度上降低企业成本，从而减轻企业负担。第二，当税收征管能力加强时，如果增值税税率没有下降，部分企业的成本将会上升，企业负担加重。第三，“营改增”降低全国居民的税收负担。第四，“营改增”之前，增值税和营业税都恶化了收入分配，且前者的恶化程度远大于后者，而“营改增”之后，居民收入分配的状况得到了改善。因此，他们建议，在长期，随着税收征管能力的提升，国家应适当减少增值税的税率，同时实施个人所得税改革，发挥个人所得税对收入分配的调节作用。

邵红伟和靳涛[35]首先利用世界银行WDI数据库中149个国家和地区1981—2013年的面板数据，通过混合回归、固定效应、差分GMM和系统GMM等多种方法对库兹涅茨倒U曲线进行了实证检验。面板数据结果显示，模型中大多数系数符号符合预期，从多角度验证了库兹涅茨的倒U型曲线，且人均收入水平、产业结构、城市化三个角度共同刻画了倒U曲线拐点的经济特征，第一个可以反映制度性收入差距的演变，后两个则反映了结构性收入差距的演变。从我国收入分配演变的状况坎，我国大致在2011年以后进入倒U曲线的拐点区，收入差距会在维持一段时期的稳定后逐渐缩小。为了逐渐缩小收入差距，他们建议加快结构转变和制度完善，从而逐步消除结构性收入差距和制度性收入差距。

简泽等[36]将不同市场结构下的工资决定理论结合起来，考察了市场不完善所造成的产品市场和劳动力市场的不完全竞争以及企业在产品和劳动力市场上的不同势力对中国工业部门工资决定机制和劳动收入份额的影响。在中国工业部门，产品市场是不完全竞争的，且劳动力市场具有企业议价能力高、劳动者议价能力低的特征。在企业外部产品市场和劳动力市场不完全竞争的联合市场结构下，拥有市场势力的企业会获得产品的垄断租金，且由于劳动者的低议价能力造成了大量垄断租金成为企业利润的现象。劳动者在劳动力市场上的弱势地位，联合市场结构也是降低劳动收入份额的重要原因。因此，应加强产品市场的竞争，以降低产品市场上的垄断租金，同时调节劳动力市场的结构，以改善垄断租金在劳动与资本间的分配。

王湘红和汪根松[37]利用中国健康与营养调查（CHNS）数据库中2000—2009年的数据探究了我国最低工资政策对工人收入及收入分配结构的影响。他们发现，第一，从整体上讲，最低工资政策对于工人收入分配的影响并不显著，但对低收入群体有一定的积极作用。第二，最低工资政策并不会显著影响稍高于最低工资水平的工人收入状况。第三，最低工资政策对于工资水平是上一期最低收入的1.5～2.5倍的人来说具有显著的负相作用。

宁光杰等[38]利用相关数据分析了我国居民财产性收入对收入差距的影响。他们认为，第一，我国财产性收入增长速度较快且具有很强的城乡、阶级差异性。第二，财产性收入占比虽小但对收入不平等的贡献率较高，已接近10%。第三，租金收入和金融投资收入是我国财产性收入的主要来源，也是推动收入差距扩大的主要因素。第四，城乡、地区差异，教育水平以及风险偏好都会对财产性收入差距产生影响，且解释力合计超过20%。他们认为，要缩小财产性收入差距需要对低收入者提供政策性支持，一是提高低收入者的教育水平，二是完善保障性住房制度，三是推动保险行业的发展，四是完善资本市场。

胡秋阳[39]运用投入产出理论，在Solow（1958）的产业结构效应和产业内部效应双因素模型之中引入了最终需求产品结构和最终产品价值链结构对产业结构的影响，从而建立了三因素模型，分析了我国产业结构对于劳动报酬份额的影响。他认为，第一，产业内部效应对劳动报酬份额的下降影响最为显著，其次是产业结构效应。第二，在产业结构效应中，价值链结构的影响要大于需求结构的影响。第三，产业结构效应的特征在前后期变动较大，前期为结构升级型特征，后期呈现了逆结构升级的特征。

吴卫星等[40]从家庭财务杠杆的角度，即基于家庭资产负债表的分析，在估计出家庭资产收益率的同时，描述了家庭负债成本的特征，同时实证分析了家庭资产负债状况对于不同家庭财富差距的影响。他们发现，家庭总资产对家庭经营差异率具有显著的正向影响，家庭负债的杠杆会加剧家庭净资产收益率之间的差异，因此家庭负债会扩大家庭财富分布不均的情形。同时，他们建议关注因信息不对称问题而导致的财富差距扩大的现象，政府在进行经济金融改革时应加强经济中信息的充分性，降低因市场失灵造成的扩大家庭财富差距的现象。

注：

①林建浩、王美今：《新常态下经济波动的强度与驱动因素识别研究》，《经济研究》，2016 年第 5 期。

②谭海鸣、姚余栋、郭树强、宁辰：《老龄化、人口迁移、金融杠杆与经济长周期》，《经济研究》，2016 年第 2 期。

③刘树成：《民间投资增速严重下滑与宏观经济波动》，《中国工业经济》，2016 年第 11 期。

④陈冬、孔墨奇、王红建：《投我以桃，报之以李：经济周期与国企避税》，《管理世界》，2016 年第 5 期。

⑤刘伟：《经济新常态与供给侧结构性改革》，《管理世界》，2016 年第 7 期。

⑥中国人民大学宏观经济分析与预测课题组：《供给侧结构性改革下的中国宏观经济》，《经济理论与经济管理》，2016 年第 8 期。

⑦傅元海、叶祥松、王展祥：《制造业结构变迁与经济增长效率提高》，《经济研究》，2016 年第 8 期。

⑧韩其恒、李俊青、刘鹏飞：《要素重新配置型的中国经济增长》，《管理世界》，2016 年第 1 期。

⑨李平：《提升全要素生产率的路径及影响因素——增长核算与前沿面分解视角的梳理分析》，《管理世界》，2016 年第 9 期。

⑩姚洋、邹静娴：《经济增长差异、生命周期假说和"配置之谜"》，《经济研究》，2016 年第 3 期。

⑪伍山林：《农业劳动力流动对中国经济增长的贡献》，《经济研究》，2016 年第 2 期。

⑫郭家堂、骆品亮：《互联网对中国全要素生产率有促进作用吗?》，《管理世界》，2016 年第 10 期。

⑬刘金全、龙威：《我国金融发展对经济增长的非线性影响机制研究》，《当代经济研究》，2016 年第 3 期。

⑭陈雨露、马勇、阮卓阳：《金融周期和金融波动如何影响经济增长与金融稳定》，《金融研究》，2016 年第 2 期。

⑮马文涛、冯根福、李成、魏福成：《宏观政策转型、行政性干预调整与通胀预期管理》，《经济研究》，2016 年第 4 期。

⑯卞志村、杨源源：《结构性财政调控与新常态下财政工具选择》，《经济研究》，2016 年第 3 期。

⑰严成樑、徐翔：《生产性财政支出与结构转型》，《金融研究》，2016 年第 9 期。

⑱吕炜、高帅雄、周潮：《投资建设性支出 还是保障性支出——去杠杆背景下的财政政策实施研究》，《中国工业经济》，2016 年第 8 期。

⑲郭长林：《被遗忘的总供给：财政政策扩张一定会导致通货膨胀吗》，《经济研究》，2016 年第 2 期。

⑳郭长林：《财政政策扩张、纵向产业结构与中国产能利用率》，《管理世界》，2016 年第 10 期。

㉑申广军、陈斌开、杨汝岱：《减税能否提振中国经济？——基于中国增值税改革的实证研究》，《经济研究》，2016 年第 11 期。

㉒吕冰洋、马光荣、毛捷：《分税与税率：从政府到企业》，《经济研究》，2016 年第 7 期。

㉓丁志帆：《预期到的与未预期到的财政政策冲击及其宏观影响》，《经济理论与经济管理》，2016 年第 6 期。

㉔陈小亮、马啸：《"债务—通缩"风险与货币政策财政政策协调》，《经济研究》，2016 年第 8 期。

㉕潘敏：《经济发展新常态下完善我国货币政策体系面临的挑战》，《金融研究》，2016 年第 2 期。

㉖马鑫媛、赵天奕：《非正规金融与正规金融双重结构下货币政策工具比较研究》，《金融研究》，2016 年第 2 期。

㉗张成思、党超：《谁的通胀预期影响了货币政策》，《金融研究》，2016 年第 10 期。

㉘陈诗一、王祥：《融资成本、房地产价格波动与货币政策传导》，《金融研究》，2016 年第 3 期。

㉙彭俞超、方意：《结构性货币政策、产业结构升级与经济稳定》，《经济研究》，2016 年第 7 期。

㉚王曦、王茜、陈中飞：《货币政策预期与通货膨胀管理——基于消息冲击的 DSGE 分析》，《经济研究》，2016 年第 2 期。

㉛李宏瑾、苏乃芳、洪浩：《价格型货币政策调控中的实际利率锚》，《经济研究》，2016 年第 1 期。

㉜邓静远、王文甫：《中国货币政策非对称效应研究——基于ESTSVAR模型的估计》，《经济理论与经济管理》，2016年第7期。

㉝范志勇、杨丹丹：《“新共识”货币政策框架的形成、内涵和实践原则：基于中国视角的批判》，《教学与研究》，2016年第4期。

㉞倪红福、龚六堂、王茜萌：《“营改增”的价格效应和收入分配效应》，《中国工业经济》，2016年第12期。

㉟邵红伟、靳涛：《收入分配的库兹涅茨倒U曲线——跨国横截面和面板数据的再实证》，《中国工业经济》，2016年第4期。

㊱简泽、黎德福、沈筠彬、吕大国：《不完全竞争的收入分配效应研究——一个融合产品—劳动力市场的视角》，《中国工业经济》，2016年第1期。

㊲王湘红、汪根松：《最低工资对中国工人收入及分配的影响——基于CHNS数据的经验研究》，《经济理论与经济管理》，2016年第5期。

㊳宁光杰、雒蕾、齐伟：《我国转型期居民财产性收入不平等成因分析》，《经济研究》，2016年第4期。

㊴胡秋阳：《产业分工与劳动报酬份额》，《经济研究》，2016年第2期。

㊵吴卫星、邵旭方、陶利斌：《家庭财富不平等会自我放大吗？——基于家庭财务杠杆的分析》，《管理世界》，2016年第9期。

（作者：陈享光，中国人民大学教授；
黄泽清，中国人民大学博士生）

微观经济学

陈享光　郭　祎

2016年经济学界对于微观经济学的研究主要集中在公司治理、国有企业效率、企业债务与风险、劳动就业与劳动市场、劳动收入份额与工资差异、房地产泡沫等问题上，并在这些问题的研究上取得了新的进展。

一、公司治理问题的研究

刘少波和马超[①]通过构建博弈模型分析了不同类型的经理对于大股东掏空行为及公司价值的影响，并利用中国上市公司的数据进行了实证检验。研究表明，大股东掏空程度同经理的独立性呈负相关关系，独立型经理能够有效抑制大股东掏空，依附型经理有一定的抑制作用，但会与大股东合谋掏空，一体型经理则会激励大股东掏空；随着经理独立性的提高，经理的非正常在职消费程度会降低；经理的独立性与公司价值呈现正相关关系。经理人的独立性是一种有效的公司治理机制，能够抑制大股东掏空，提升公司价值。

田利辉等[②]以中国上市公司为样本，分析了控制权现金流权分离与控股股东侵占中小股东利益的关系。研究表明，家族股东两权分离便于利益侵占，政府股东两权分离有助于减少利益侵占。研究认为，家族控股的公司会存在严重的经理人代理成本，中国应鼓励国资委以资本控股公司的形式进行控股运作，实现两权分离。

窦欢和陆正飞[③]利用2007—2012年我国上市公司数据，考察了存放在集团财务公司的关联存款的影响因素及经济后果。研究表明，第一大股东的持股比例与关联存款占现金的比重呈现U型关系；与关联存款占比低的上市公司相比，关联存款占现金比重高的上市公司现金持有价值显著更低。研究认为，控股股东有占有上市公司现金资源的动机，会导致上市公司效率损失。

叶青等[④]将2013年官员独董辞职潮作为一项自然实验，考察了离退休官员到上市公司担任独立董事的“政商旋转门”现象。研究表明，官员独董辞职导致公司市值在公告日前后5天下跌超过2%，且随着官员政治级别提高，市场负面反应越大；公司既有的国企背景或高管政治关系，都不足以抵消官员独董辞职带来的负面影响；官员独董的价值部分来源于给公司带来的税收优惠和财政补贴，官员独董的表现不优于一般独董。研究认为，官员独董的价值来自于资源获取和寻租功能，而非更好地监督和咨询。

邵新建等[⑤]将2013年官员独董被迫辞职事件作为切入点，利用事件研究法测度了官员独董对于上市公司的价值。研究表明，官员独董在其任职的约50%的公司中并没有创造显著的正向价值；政府对企业征收税费越少，产权保护力度越大，官员越廉洁，则官员独董的价值越小；行业受到的政府管制越多，官员独董的价值越大；公司处于独董的关系覆盖范围，则获益更多；官员独董获得的薪酬激励越大，为企业带来的资源越多；国有企业相比于民营企业能够为官员独董提供更有效的运作平台。

赖黎等[6]利用2007—2014年上市公司数据，实证检验了军队背景高管的融资偏好及其对企业经营业绩的影响。研究表明，管理者的从军经历提高了公司的负债和贷款水平，降低了现金持有，公司经营业绩更差；管理者从军经历对于融资和经营业绩的影响在非国有企业中更显著。研究认为，军队背景的高管偏好高风险，会对企业经营业绩带来负面影响。

王甄和胡军[7]关注了在企业控制权问题上存在的“国进民退”的争论，将终极控制人发生变动的上市公司作为样本，考察了控制权变动对于公司绩效的影响。研究表明，国有企业转向民营和民营企业转向国有都能够显著提高公司的绩效，但国有转国有和民营转民营并不能明显提高公司绩效；民营企业转国有对于公司绩效的提高是由于大股东对于公司资产侵占的减弱，国有企业转民营对于公司绩效的提高则是隧道效应减弱和经理人代理问题降低两方面共同作用的结果。研究认为，不同所有制结构在治理问题上各有优缺点，产权性质的改变能够发挥积极作用。

刘银国等[8]以2006—2014年国有企业为样本，实证研究了不同公司治理模式下的股利政策、自由现金流和在职消费的关系。研究表明，自由现金流与企业管理层在职消费显著正相关，现金股利能够抑制管理层在职消费行为，但会增加在职消费行为的不确定性。企业的监督和激励机制均能有效抑制在职消费，有效的公司治理能够加强分红对于在职消费的抑制效果。

刘白璐和吕长江[9]以2004年以后上市的家族企业为样本，分析了家族企业家族所有权配置方式对于公司业绩的影响。研究表明，家族持股对于公司业绩有显著影响，家族利益同公司业绩正相关；家族所有权的配置集中度同公司业绩呈U型关系，且单人持股的家族企业业绩相对于多人持股的家族企业更好；家族企业传承过程中冲突越多的企业业绩越差。家族企业需要在家族整体和家族成员合理配置家族所有权，避免内部冲突的不利影响。

王茂斌和孔东民[10]利用十八大之后的反腐新政作为外生政策冲击，研究了反腐败和微观企业行为之间的关系。研究表明，十八大之后，高腐败地区上市公司的现金持有市场价值明显增加，此类上市公司的高管薪酬业绩敏感性也显著提高，财务报表质量明显提升，盈余管理情况显著减少；高腐败地区上市公司在十八大之后会计质量的改善主要集中于非国有企业，高管薪酬敏感性提高主要集中于国有企业。研究认为，反腐败有助于改善公司治理，增进股东价值。

钟覃琳等[11]将十八大之后的反腐行动作为外生冲击，利用2012—2013年上市公司数据，考察了反腐败对于企业绩效的影响。研究表明，十八大对腐败严重的企业带来了积极的市场反应；反腐败能提高企业绩效，在政府干预严重的区域这种绩效更加显著；反腐败通过加快资产周转率、缩短经营周期、优化投资效率、提高生产效率这些中介渠道，最终作用于企业绩效。

二、国有企业效率问题的研究

张天华和张少华[12]关注了国有企业相对于非国有企业享受的偏向性政策，选取了与国有企业性质相近的非国有企业，通过反事实分析测算了偏向性政策造成的要素配置扭曲，并估算了扭曲带来的效率损失。研究表明，偏向性政策会通过产出扭曲和大型企业两种渠道影响资源配置，造成国有企业过度配置资本和劳动；偏向性政策会导致国有企业盲目扩张，造成产能过剩；由于国有企业数量的减少和单个国有企业效率损失下降，偏向性政策所造成的效率损失显著下降；非国有资本占比达到50%以上，国有企业效率损失会显著下降，但非国有资本继续增加，对于国有企业效率损失影响不大。应消除国有企业的偏向性政策。

盛丹和刘灿雷[13]利用2000—2007年中国工业企业数据，以国资委的成立作为准自然实验，考察了外部监管对于国有企业绩效的影响。研究表明，外部监管提高了国有企业生产利润，通过扩大国有企业生产规模、减少管理费用以及提高资本和全要素生产率，改善了国有企业经营绩效；外部监管提高了改制对于企业利润、管理费用、劳动、资本和全要素生产率的积极作用，改善了国有企业改制成效；外部监管对于国企经营绩效的改善主要在上游行业，对于国有企业改制成效的影响主要在中下游行业。研究认为，外部监管对于国企改革起到了积极作用，为更好发挥国企改制的作用，还需引入市场竞争机制。

金宇超等[14]关注了反腐带来的国企政治环境变

化，以非金融类上市公司为样本，分析了国企高管避免政治风险动机和晋升动机对于企业投资的影响。研究表明，国企高管避免政治风险的“不作为”会加剧企业投资不足，追求晋升的“急于表现”会加剧企业投资过度；避免政治风险和追求晋升都会削弱企业捕捉投资机会的能力；反腐之后相同程度的投资不足对于企业价值的损害更大，避免政治风险和追求晋升导致了反腐整体上对于国有企业投资效率的提升不明显。

余明桂[15]关注了国有企业是否需要民营化的争论，以国资委修订央企负责人业绩考核办法为自然实验，研究了业绩考核对于央企创新水平的影响。研究表明，在考核办法修订之后，相对于不受修订影响的民营企业，央企创新水平有了显著提高，创新对于企业价值的边际贡献也显著提高。研究认为，即使不进行民营化改革，通过改变高管激励机制也可以提高国有企业效率。

林菀娟等[16]利用上市公司2002—2011年的面板数据，分析了股权分置改革对不同行业国有控股比例的影响及国有控股比例与企业绩效之间的因果关系。研究表明，股权分置改革之后，非国家战略行业公司国有股权的下降幅度要显著高于战略行业公司；国有控股比例下降使非战略行业公司的盈利能力和市场评价指标有显著提高。

江轩宇[17]利用2004—2012年国有控股上市公司数据，研究了国有企业金字塔层级与国有企业创新之间的关系。研究表明，地方国有企业的金字塔层级与企业创新显著正相关；金字塔层级促进企业创新的作用在非地方国有企业不存在；减轻政策负担、增加创新资源、缓解薪酬管制、提升创新意愿是地方国有企业金字塔层级促进企业创新的重要途径；政府在地区层面的放权程度及股权分置改革，与地方国有企业金字塔层级在促进企业创新方面存在互补作用。

三、企业债务与风险问题的研究

钟宁桦等[18]关注了当前我国经济去杠杆问题，利用规模以上工业企业数据，对于我国企业债务的结构性问题进行了分析。研究表明，1998—2013年，样本企业整体出现了显著的去杠杆趋势，平均负债率从65%降低到51%，但大型、国有、上市的企业出现了加杠杆趋势；私营企业负债率的变化同经营性风险的上升、有形资产比例的下降、盈利能力的提高是相一致的，但国有企业负债率的变化受到了更多非市场因素的影响；资金的供给并不完全遵循利润原则，国有企业和私营企业获得贷款的可能性差异越来越大，给予僵尸国有企业的贷款在2008年后更加严重。研究认为，在去杠杆问题上，应保证有基本面支撑的私营企业获得充足的资金，尽快停止对于低效的国有企业持续输血，纠正银行体系配置资金的低效，削弱非市场化的力量。

罗来军等[19]利用中国工业企业数据，研究了企业债务的研发效应、生产率效应和规模效应。研究表明，企业债务对于研发投入、全要素生产率和企业规模均存在显著的非线性U形关系，总体上呈现出负向作用；当企业债务比率小于25.5%时，企业债务显著妨碍研发投入，超过之后则转向显著促进研发投入；企业债务在70%以内对于全要素生产率和企业规模的作用为负。研究认为，中国企业债务水平会对中国经济发展带来非常严重的负面影响。

罗党论等[20]以上市公司为样本，研究了地方官员变更带来的政策环境变化对于企业面临的市场风险的影响。研究表明，官员变更会显著增加企业当年面临的风险；异地调任的官员会加大政策不确定性，加剧企业风险；新任官员同省级官员的同乡关系能够减弱不确定性，减小企业风险；管制型行业受到政策不确定性影响程度并没有显著加大；市场化进程较慢的地区，政策不确定性会加剧企业风险；国有企业和民营企业面临的风险受政策不确定性影响程度没有显著差异；省党代会召开对于企业面临的市场风险会产生重要影响。

毛其淋和许家云[21]利用中国工业企业数据，评估了政府补贴对于企业风险承担的因果效应。研究表明，政府补贴并未明显提高企业风险承担水平；只有适度的补贴能够提高企业风险承担水平，高额度政府补贴则倾向于降低企业风险承担水平；“寻补贴”投资和研发激励的弱化是高额度补贴降低企业风险承担水平的重要渠道。

郑世林等[22]利用倍差法考察了房地产限购政策对于上市公司违约风险的影响。研究表明，限购政策使上市公司违约风险平均下降约25.5%；城市限购越严格，公司违约风险下降幅度越大；限购政策能够在一定程度上降低限购城市违约风险沿产业链的扩散，主要降低了一、二线城市公司违约风险；限购政策难以化解房地产供给侧土地一级市场由地方政府控制所导致的公司违约风险。作者认为，深化土地一级市场改革是未来降低实体经济运行风险的重要途径。

鲍宗客[23]关注了中国企业面临的巨大生存风险，

追踪了2000年以后进入市场的企业生存状况，分析了创新活动对于企业生存风险的抑制效应。研究表明，创新活动大约能够释放12%的生存风险，增加企业0.84年生存时间；创新强度对于企业生存风险的影响并不平稳；企业内部的差异化特征会改变创新活动抑制生存风险的效果，大规模和高生产率的企业进行创新活动能产生更明显的生存增量效应，创新活动有助于缓解老企业对生存风险的集聚，但具有融资限制的企业反而不适合进行创新。

四、劳动就业与劳动力市场问题研究

陈璐等[24]利用中国健康与营养调查数据，实证检验了女性照料老年对于其劳动就业的影响。研究表明，女性对于老年的照料活动同女性的劳动参与率和提前退休决策存在内生关系；每周提供20小时以上高强度照料会造成女性劳动参与率显著下降7.31%；对于仍然劳动的女性，照料活动会减少每周劳动时间2.8～4.8小时，减少每月劳动收入7.21%；对于45～49岁的城镇女性，照料老年并没有显著提升提前退休的概率；与无照料责任的女性相比，照料责任会对与父母同住女性的劳动参与率产生更大的负面影响。

吴伟平等[25]关注了房价上涨同女性劳动参与率降低的关系，利用中国健康与营养调查纵列数据及城市房价数据，检验了房价对于女性劳动参与决策的影响。研究表明，房价上涨1%会导致女性劳动参与率平均下降0.08个百分点；房价上涨对于有房家庭女性劳动参与率的负向影响达0.1个百分点，而对于无房家庭，房价上涨推升了女性劳动参与率0.15个百分点；随着个体年龄的增长，房价对于女性劳动参与率的负效应先变弱后变强；房价对于女性劳动参与率的负效应随个体受教育年限的上升而下降；房价对于已婚女性劳动参与率的富弹性高于未婚女性；房价对于有儿子家庭的女性劳动参与率负弹性低于无儿子女性。

王靖雯和魏思琦[26]利用中国综合社会调查2010年和2012年数据，考察了2011年出台的婚姻法司法解释三对于女性劳动供给的影响。研究表明，婚姻法司法解释三的出台使女性劳动参与率提高了2.9%；城市女性基本通过参与非农就业来增加劳动供给，农村女性通过增加农业劳动来获取经济收入；司法解释三对于拥有房产的女性没有显著影响，对于没有房产的女性劳动供给影响显著，房产是司法解释三影响女性劳动供给的可能传导途径。研究认为，我国婚姻法相关规定加剧了女性弱势地位。

李雅楠[27]利用2001年和2010年中国城市劳动力市场调查数据，估计了我国劳动力市场劳动供给弹性。研究表明，2001年以来，我国劳动力市场工作时间弹性和劳动参与弹性均为正，但均出现明显下降的趋势；在工作时间弹性和劳动参与弹性上，女性劳动力高于男性劳动力，本地劳动力高于外地劳动力，高中、大学及以上教育程度劳动力弹性较高，30～39岁年龄段工作时间弹性较高，30～39以及40～49岁年龄段劳动参与弹性较大，50～59岁女性劳动参与弹性有上升趋势。

陈刚[28]利用2002年和2007年中国家庭收入调查数据，分析了流动人口进入对于本地劳动力就业概率和工资收入的影响。研究表明，流动人口进入没有对本地劳动力就业带来明显冲击，但显著提高了本地劳动力的工资收入；城市流动人口占比每提高10%，本地劳动力月工资收入将增加约3.19个百分点；本地低教育水平组劳动力由于流动人口进入获得了更高的工资增幅；流动人口进入显著提高了本地劳动力从事高技能职业的概率。

五、劳动收入份额与工资差异问题研究

胡秋阳[29]基于产业分工的视角，对索罗提出的产业结构效应和产业内部效应影响劳动报酬份额的双因素模型进行了扩展，提出了包括最终需求结构效应、价值链结构效应和产业内部效应的三因素模型，利用我国1997年、2002年和2007年投入产出数据，对我国产业分工对于劳动报酬份额的影响进行了研究。研究表明，相对于产业结构效应，产业内部效应的影响突出；在产业结构效应上，最终需求结构效应相对于价值链结构效应影响较大；产业结构效应在前期表现出结构升级型特征，在后期表现出逆结构升级特征。研究认为，如果产业结构升级发展到从第二产业向第三产业转移的阶段，则会缓解劳动报酬份额下降。

贾珅和申广军[30]关注了近年来我国劳动收入份额的下降，通过扩展委托代理模型分析了企业风险对于劳动收入份额下降的影响，并利用中国工业企业数据进行了实证检验。研究表明，企业风险降低会提升劳动者的生产激励，造成产出水平和工资水平都有所提高，但产出增长更快，因而劳动收入份额下降；企业风险同劳动收入份额正相关，1998—2007年，工业企业风险下降能够解释15%～25%的劳动收入份额下降。研究认为，劳动收入份额在一定程度上是阶段性现象，企业风险变化引起的劳动收入份额变动可看做是合理的变动，随着企业风险的提高，劳动收入份额会有上升动力。

简泽等[31]关注了劳动报酬偏离劳动在生产中贡献的问题，基于联合产品市场和劳动力市场的不完全竞争市场结构，利用中国工业企业数据，分析了劳动报酬对于劳动贡献偏离的原因。研究表明，在中国工业部门大部分产业中，产品市场是不完全竞争的，劳动力市场具有讨价还价的特性，企业处于支配地位；在产品市场和劳动市场的这种联合市场结构下，产品市场不完全竞争形成的垄断租金大部分转化为企业利润，造成了劳动报酬相对于劳动贡献的偏离；国家干预造成的垄断构成了产品市场不完全竞争的重要原因，资本深化和劳动者技能偏低削弱了劳动者讨价还价的能力。研究认为，推动产品市场的竞争和提高劳动者讨价还价的能力是促进收入公正分配的关键。

赵颖[32]利用中国综合社会调查2010年数据，测度并分析了劳动者语言能力对于劳动者收入的影响。研究表明，劳动者语言能力对收入的影响程度约为11.62%～15.60%，中东部地区以及平均收入组以上更加明显，英语能力的影响高于普通话，表达能力的影响高于听力能力；较好的语言能力有助于劳动者节约搜寻工作的时间，且具有较强的外部性。

王湘红等[33]利用中国综合社会调查2003年和2006年数据，分析了性别进入不同行业的概率差异以及由此带来的工资差异。研究表明，在收入最高和收入最低的行业中，女性都存在进入优势；男女工资差异主要来自于行业内部因素，行业间能够解释的工资差异占比较小；工资水平越高的行业，性别歧视越小；女性收入受到性别歧视的程度随着时间不断加大。

陈国强和罗楚亮[34]利用中国工业企业数据，研究了我国工业企业性别平均劳动生产率差距和性别工资差距。研究表明，在我国工业企业中，性别平均劳动生产率差距大于性别工资差距，男性平均劳动生产率比女性高72.2%，男性平均工资比女性高12.6%；在高技术公司中，性别平均生产率差距与性别工资差距是一致的，在低技术公司中，性别平均生产率差距大于性别工资差距；在民营企业和外资企业中，女性就业占比较大的轻工业企业性别平均劳动生产率差距和性别工资差距都要高于女性就业比重较小的重工业。研究认为，要认识到市场经济条件下性别工资差距具有一定程度的合理性，体现了性别平均劳动生产率的差距。

毛雪峰等[35]利用中国综合社会调查2010年数据，研究了工会组织对于劳动力市场性别工资差异的影响。研究表明，工会对于工资的显著影响在于提高女性工资，改善性别工资差异，其作用在私营企业表现得尤为明显；工会对于性别工资差异的作用主要在于减少歧视，工会部门的歧视水平是非工会部门的30%左右，在私营企业中进一步低至13%，但歧视并没有完全消除。

六、房地产泡沫问题研究

况伟大[36]在住房消费性和投资性需求的基础上构建了基于租售比的住房泡沫模型，通过泡沫租售比和无泡沫租售比测度中国城市住房泡沫。分析表明，北京、上海等16个城市存在住房泡沫，其中深圳、天津等8个城市存在严重住房泡沫；房价上涨预期容易催生东部和一线城市住房泡沫；利率政策对抑制中西部和二三线城市住房泡沫更加有效；过度住房开发、房贷、土地成本和建造成本、土地财政等因素会助长住房泡沫，居民收入上涨、开发贷款、股票市场回报等因素会抑制住房泡沫。

汤韵和梁若冰[37]关注了我国大中城市住宅价格不断上涨的情况以及各级政府不断出台的限购政策，采用双重差分法考察了限购对于城市住宅市场和婚姻市场的影响。研究表明，限购政策对于离婚有显著促进作用，离婚所导致的房价上涨约占限购导致房价上涨的10%，高离婚率对于限购政策的影响主要在沿海一、二线城市，而对于内陆限购城市影响不显著。

徐舒和陈珣[38]通过一个序贯决策模型分析了收入差距与住房价格之间的内在联系，利用县级和省级数据对于收入差距和住房价格的关系进行了验证。研究指出，在收入差距扩大的情况下，厂商的利润最大化行为会将低收入家庭排除出住房市场，并造成目标市场上高收入家庭比重上升，从而推升房价。实证结果表明，收入差距每上升一个标准差，相对住房单位面积价格上升0.07～0.09个标准差，绝对住房单位面积价格上升34～47元；在住房市场竞争越弱的省份，收入差距对于住房价格的推动作用越强。研究认为，收入分配改革不仅能促进社会公平，还能抑制房价上涨。

张川川等[39]通过构建住房市场的局部均衡模型，分析了收入不平等同房地产收入比和住房空置率的关系，并利用城市住户调查数据进行了经验研究。研究表明，基尼系数每增加1个百分点，房价收入比和住房空置率分别提高 0.026 个单位和 0.143 个百分点；2002—2009 年，基尼系数的上升至少解释了房价收入比和住房空置率增幅的 6% 和 11%；发展资本市场和住房租赁市场有助于减弱收入不平等对于房价收入比和住房空置率的影响。研究认为，缩小收入差距对于防止房价泡沫风险有重要意义。

张川川[40]利用城市住户调查数据，考察了我国城市收入不平等对于低收入家庭住房可及性的影响。研究表明，城市收入不平等程度越高，低收入家庭住房成本负担越重，居住环境越拥挤，住房质量越差；住房产品的差异化程度越高，收入不平等对低收入家庭住房可及性的负面影响越小。研究认为，城市收入不平等是导致中低收入家庭住房条件恶化的重要原因。

普賁喆和郑风田[41]基于中国家庭收入调查数据，分析了高房价对于城镇居民创业行为的影响。研究表明，高水平房价能够提高中国城镇居民的创业概率，房价增长率对创业没有显著影响；房贷负担会降低城镇居民创新概率；高房价刺激的多为自雇型创业，对老板型创业促进作用不明显。研究认为，不能高估高房价对于创业活动的激励作用，应着重考虑其他制度性因素来鼓励大众创业。

注：

①刘少波、马超：《经理人异质性与大股东掏空抑制》，《经济研究》，2016 年第 4 期。

②田利晖、叶瑶、张伟：《两权分离与上市公司长期回报：利益侵占还是简政释权》，《世界经济》，2016 年第 7 期。

③窦欢、陆正飞：《大股东控制、关联存款与现金持有价值》，《管理世界》，2016 年第 5 期。

④叶青、赵良玉、刘思辰：《独立董事"政商旋转门"之考察：一项基于自然实验的研究》，《经济研究》，2016 年第 6 期。

⑤邵新建、洪俊杰、陈可桢等：《离职官员独董是否能为企业创造价值》，《世界经济》，2016 年第 9 期。

⑥赖黎、巩亚林、马永强：《管理者从军经历、融资偏好与经营业绩》，《管理世界》，2016 年第 8 期。

⑦王甄、胡军：《控制权转让、产权性质与公司绩效》，《经济研究》，2016 年第 4 期。

⑧刘银国、焦健、于志军：《国有企业分红、自由现金流与在职消费——基于公司治理机制的考察》，《经济学动态》，2016 年第 4 期。

⑨刘白璐、吕长江：《中国家族企业家族所有权配置效应研究》，《经济研究》，2016 年第 11 期。

⑩王茂斌、孔东民：《反腐败与中国公司治理优化：一个准自然实验》，《金融研究》，2016 年第 8 期。

⑪钟覃琳、陆正飞、袁淳：《反腐败、企业绩效及其渠道效应——基于中共十八大的反腐建设的研究》，《金融研究》，2016 年第 9 期。

⑫张天华、张少华：《偏向性政策、资源配置与国有企业效率》，《经济研究》，2016 年第 2 期。

⑬盛丹、刘灿雷：《外部监管能够改善国企经营绩效与改制成效吗?》，《经济研究》，2016 年第 10 期。

⑭金宇超、靳庆鲁、宣扬：《"不作为"或"急于表现"：企业投资中的政治动机》，《经济研究》，2016 年第 10 期。

⑮余明桂、钟慧洁、范蕊：《业绩考核制度可以促进央企创新吗?》，《经济研究》，2016 年第 12 期。

⑯林莞娟、王辉、韩涛：《股权分置改革对国有控股比例以及企业绩效影响的研究》，《金融研究》，2016 年第 1 期。

⑰江轩宇：《政府放权与国有企业创新——基于地方国企金字塔结构视角的研究》，《管理世界》，2016 年第 9 期。

⑱钟宁桦、刘志阔、何嘉鑫等：《我国企业债务的结构性问题》，《经济研究》，2016 年第 7 期。

⑲罗来军、李军林、王雨剑等：《企业债务的经济效应检验》，《经济理论与经济管理》，2016 年第 8 期。

⑳罗党论、廖俊平、王珏：《地方官员变更与企业风险——基于中国上市公司的经验证据》，《经济研究》，2016 年第 5 期。

㉑毛其淋、许家云：《政府补贴、异质性与企业风险承担》，《经济学：季刊》，2016 年第 3 期。

㉒郑世林、韩高峰、石光：《房地产限购对公司违约风险的影响》，《世界经济》，2016 年第 10 期。

㉓鲍宗客：《创新行为与中国企业生存风险：一个经验研究》，《财贸经济》，2016 年第 2 期。

㉔陈璐、范红丽、赵娜等：《家庭老年照料对女性劳动就业的影响研究》，《经济研究》，2016 年第 3 期。

㉕吴伟平、章元、刘乃全：《房价与女性劳动参与决策——来自 CHNS 数据的证据》，《经济学动

态》，2016 年第 11 期。

㉖王靖雯、魏思琦：《“婚姻法司法解释三”对女性劳动力供给的影响》，《经济学动态》，2016 年第 7 期。

㉗李雅楠：《中国城市劳动供给弹性估计》，《经济学动态》，2016 年第 11 期。

㉘陈刚：《流动人口进入对本地劳动力市场的影响》，《经济学动态》，2016 年第 12 期。

㉙胡秋阳：《产业分工与劳动报酬份额》，《经济研究》，2016 年第 2 期。

㉚贾坤、申广军：《企业风险与劳动收入份额：来自中国工业部门的证据》，《经济研究》，2016 年第 5 期。

㉛简泽、黎德福、沈筠彬等：《不完全竞争的收入分配效应研究——一个融合产品—劳动力市场的视角》，《中国工业经济》，2016 年第 1 期。

㉜赵颖：《语言能力对劳动者收入贡献的测度分析》，《经济学动态》，2016 年第 1 期。

㉝王湘红、曾耀、孙文凯：《行业分割对性别工资差异的影响——基于 CGSS 数据的实证分析》，《经济学动态》，2016 年第 1 期。

㉞陈国强、罗楚亮：《劳动生产率与工资决定的性别差距——来自我国工业企业数据的经验研究》，《经济学动态》，2016 年第 8 期。

㉟毛学峰、刘靖、张车伟：《中国的工会可以降低性别工资差异吗》，《经济学动态》，2016 年第 5 期。

㊱况伟大：《租售比与中国城市住房泡沫》，《经济理论与经济管理》，2016 年第 2 期。

㊲汤韵、梁若冰：《限购为何无法控制房价——来自婚姻市场的解释》，《经济学动态》，2016 年第 11 期。

㊳徐舒、陈珣：《收入差距会推高住房价格吗?》，《经济学》，2016 年第 2 期。

㊴张川川、贾珅、杨汝岱：《“鬼城”下的蜗居：收入不平等与房地产泡沫》，《世界经济》，2016 年第 2 期。

㊵张川川：《收入不平等和城市低收入家庭的住房可及性》，《金融研究》，2016 年第 1 期。

㊶普黄喆、郑风田：《高房价与城镇居民创业——基于 CHIP 微观数据的实证分析》，《经济理论与经济管理》，2016 年第 3 期。

（作者：陈享光，中国人民大学教授；
郭祎，中国人民大学博士生）

国际经济学

卫兴华　赵海虹

一、全球经济缓慢复苏和呈现分化

学界认为，2016 年全球经济仍处在深度调整期，经济增长总体乏力，贸易保护主义抬头，地缘政治冲突风险因素仍在继续累积。

李向阳认为，世界经济继续呈现出低增长和低贸易的态势。美日欧三大经济体的增速均低于上年度；俄罗斯、巴西等资源出口型新兴经济体继续负增长；总体上说，亚洲新兴经济体仍是全球经济增速最快的区域，但也比上年度略有放慢。全球贸易增速低于经济增速的格局没有改变。[1]

黄卫平认为，世界经济仍然面临“失衡”和“再平衡”的问题，美国继续主导世界新经济秩序，欧盟一体化进程中内部不平衡，新兴经济体面临增长瓶颈，世界大宗商品价格下跌严重。[2]

陈文玲认为，世界经济总体处于发展底部，短期内经济复苏的可能性不大。具体表现为世界经济与世界贸易双双进入底部或处在低迷状态；发达国家中美国经济增速下滑、对世界经济增长贡献率下降，英国脱欧、德意志银行濒临破产以及难民潮等问题使得欧元区经济复苏也比较艰难；新兴经济体对世界经济增长贡献率提高，但经济增速也在整体下滑，并且内部分化明显，其中印度、印度尼西亚、孟加拉、缅甸、越南和菲律宾国家的表现尤为突出。[3]

郭言认为，世界经济仍处于危机后的深度调整阶段，增长预期不断下调。发达经济体增长持续低迷，私人投资增长放缓，消费需求疲弱，缺乏强劲复苏动力；新兴经济体增长缓中趋稳，但分化态势加剧，部分经济体经济结构单一、财政赤字偏高等结构性问题未得到根本改善。世界经济持续低迷令全球主要经济体宏观政策手段捉襟见肘，政策实施效果减弱，仅靠宽松货币政策不足以恢复经济活力，财政政策应发挥更重要的作用。[④]

易纲提出，世界经济正逐步走出低谷，回到稳定和复苏的轨道，但仍面临一些不确定性因素，主要包括：推动世界经济增长的主要引擎先后进入换挡期，上一轮科技进步对经济增长的拉动作用有所减弱；人口增长率下降、老龄化严重造成需求不振，导致经济增长动力不足；地缘政治风险加大，保护主义和内顾倾向抬头，经济全球化出现波折，国际贸易和投资持续低迷；全球金融监管改革仍在进展，但高杠杆、高泡沫等风险仍在积聚，货币政策负面外溢效应明显增强，金融市场持续动荡。[⑤]

二、“一带一路”的战略意义与实施举措

“一带一路”沿线已经成为我国对外投资合作的热点地区。如何深化“一带一路”的战略意义与完善实施举措，成为学者热议的重点。

王洛林认为，建设“一带一路”要坚持如下原则，“对接”沿线国家战略，使彼此战略衔接；中国出资对方出力或技术，实现“共建”而非包揽；投资基础设施，实现“互联互通”；“互利共赢”，对双方都要有好处。[⑥]

陈伟光、王燕认为，关系治理与规制治理共同构建了“一带一路”全球治理新模式。关系治理形式非正式、非强制，内容模糊灵活，目标长期、全局，价值取向包容，从而有利于中国与沿线国家达成利益共享、命运共同的认知。规则治理则为“一带一路”基础设施建设、贸易与投资便利化等提供制度约束。最终需以“关系”驱动“原则”，通过关系规范模式与制度规则，打造新型的跨区域合作机制。[⑦]

盛斌、黎峰认为，“一带一路”的实施有利于促进外需增长、缓解成本压力、推动经济转型和促进区域合作。但是，面对国内区域间的利益协调、沿线国家的反应与合作意愿、区域大国的竞争与博弈以及西方国家的掣肘与阻挠，建设“一带一路”并非坦途。因此，应该更好地统筹协调国内利益，对沿线国家开展全面的风险评估，推广复制国内现已成熟的发展模式，主动对接沿线国家的区域发展倡议。[⑧]

于津平、顾威认为，“一带一路”建设中存在着重要的潜在利益，体现在中国与“一带一路”沿线国家开放理念接近，世界经济增长和中国对外贸易增长重心向“一带一路”沿线国家的转移，“一带一路”沿线国家也是中国企业走出去的主要目的地，其基础设施需求与中国供给优势匹配。但同时也面临高风险，存在诸如基础设施投资回报率不确定性，严重的贸易保护主义，大国博弈的制约等问题。因此，“一带一路”建设需立足互利共赢、稳步推进。[⑨]

孙瑾、杨英俊研究发现，中国与“一带一路”沿线国家的贸易成本呈现大幅下降的趋势，尤以伊朗、哈萨克斯坦和乌兹别克斯坦为最。这与铁路密度、电话线路密度和互联网使用情况等基础设施的发展相关，即基础设施的改进会降低贸易成本，从而印证了中国推行“一带一路”的必要性。沿线国家与中国的实际 GDP 差额、两国的地理距离与贸易成本呈正相关，而沿线国家的贸易开放度、贸易互补性与贸易成本呈负相关。[⑩]

贾根良认为，“进口高端商品、出口低端商品”是我国经济结构的根本性缺陷。为“一带一路”国家提供战略性市场空间，需要对价值链高端国内市场实施保护，实现向“进口低端商品、出口高端商品”的转变。[⑪]

夏先良研究发现，“一带一路”开局之年的贸易合作初步显现出地区、国别方面的效果，而战略及政策推动面上的效果则不够明显。折射出“一带一路”战略及政策与现实要求存在差距，国际政治安全环境问题和战争频发影响战略实施。还有外交不够到位等问题。目前投资合作效果良好。未来的“一带一路”战略实施，不仅会推动以中国为中心的新世界经济体系，还会推动现有国际经济秩序变革。[⑫]

三、英国“脱欧”影响

2016 年 6 月 24 日英国脱欧公投结果出炉，51.9%的选票支持英国退出欧盟，投票率近75%。金融市场对此反应剧烈，全球股市暴跌，欧洲银行股持续下跌，美国、德国等债券收益率下降，受避险资金推动，日元、美元、瑞郎显著升值，英镑、欧元大幅贬值。学界对英国“脱欧”的影响展开了多角度讨论。

高波认为，英国“脱欧”短期会使英国资产遭到抛售、风险溢价上升，投资者信心、消费者信心和商业信心都会受到影响。长期会失去欧盟单一市场，英国的投资吸引力将逐渐丧失。英国脱欧引发的客户流失、股票交易下滑、投资管理锐减将使伦敦全球资本首要门户的地位受到严重影响，进而影响到伦敦国际金融中心及资金避风港的地位。[⑬]

金瑞庭、李大伟认为，“脱欧”会对欧盟和全球经济带来巨大负面冲击。“脱欧”会重创欧盟经济，可能引发英镑危机，威胁伦敦金融中心地位，或将引

发新一轮金融危机。“脱欧”还导致欧盟一体化进程倒退，激化难民危机等问题。因此，我国应支持欧盟在兼顾成员国利益前提下进行结构性改革，警惕分离主义和民粹主义对全球经济的潜在风险。[14]

任琳认为，英国脱欧影响了全球治理，表现在货币领域治理难度提升，欧元走弱，美元的中心地位进一步巩固；贸易领域治理规则碎片化，提高了经贸活动的门槛，增加了企业海外融资的难度；发展领域亟须重视全球治理与国内治理的关系，克服收入不平等和社会分化；安全领域需理性看待全球性安全问题，打造互利共赢的全球治理命运共同体。另外，英国脱欧还影响到了国际政治经济格局，其中欧盟影响力下降，国家与国家之间关系更趋多元化。[15]

许安拓认为，英国“脱欧”将加速国际地缘战略格局的重建。英国脱欧从政治经济上削弱了美国借英国控制欧盟的影响力，英国地位下降，俄罗斯成为脱欧的最大赢家，会强化与欧盟的关系，分化各国。[16]

陈卫东等认为，英国金融业受“脱欧”影响打击最大。欧盟地位被削弱，美国在国际事务中的主导地位被强化。但对我国直接经济影响有限。另外给“一带一路”建设和人民币国际化还带来了发展机遇，可以加强与中东欧铁路运输、公路运输的合作，借机大力发展伦敦离岸人民币等业务。[17]

冯仲平认为，英国“脱欧”既反映出民粹主义、极端主义势力的兴起及对西方国家政治生态带来的变化，也对英国政治、经济、国际地位以及欧盟发展前景带来了深远影响。对中国而言，未来的中英经贸合作会更加增强，“一带一路”为中欧关系的发展注入了新动力。[18]

四、G20 杭州峰会

G20 峰会是一个国际经济合作论坛，于 1999 年 12 月 16 日在德国柏林成立，属于布雷顿森林体系框架内非正式对话的一种机制，由原 8 国集团以及其余 12 个重要经济体组成。2016 年 9 月，G20 峰会在中国杭州举行。杭州峰会以“构建创新、活力、联动、包容的世界经济”为主题，20 国集团成员、8 个嘉宾国领导人以及 7 个国际组织负责人与会。峰会发表了《二十国集团领导人杭州峰会公报》和 28 份具体成果文件。

卢阳提出，G20 参与全球经济治理具体表现为，在全球经济治理价值上，提出可持续经济活动的核心价值观；在全球治理规则上，基于责任的强劲、可持续和平衡的增长框架、三驾马车机制、新多边合作模式，主要特点为非正式性和灵活性；在全球治理主体上，G20 成员国、G20 非成员国、国际组织、民间社会、私人部门、工会以及学术界等共同参与；在全球治理对象上，刺激经济复苏、避免全球金融危机，推动国际金融体系改革，讨论全球性问题，能源、气候、粮食安全等；在全球治理结果上，制定全球经济复苏计划，抑制金融危机，改革国际货币基金组织和世界银行，推动能源治理、粮食安全、气候变化等。最终 G20 参与全球经济治理，达到了抑制金融危机和确保世界经济复苏，推动国际金融体系改革等成效。[19]

甄炳禧提出，G20 正面临从危机向长效治理机制，从周期性政策向结构性政策两大改革转型。破解 G20 转型难题，需要加强机制化建设，提高 G20 功效，发挥正式国际组织的辅助作用，议题设置适应长效治理形势，加强中美机制建设方面的协调。杭州峰会成为 G20 转型新起点，表现为提出“构建创新、活力、联动、包容的世界经济”主题，为世界经济增长和 G20 转型提供新动力；第一次将发展问题置于全球宏观政策框架的突出位置，第一次围绕落实 2030 年可持续发展议程制定行动计划，第一次制定结构性改革优先领域、指导原则和指标体系；提高新兴市场和发展中国家的代表性和发言权，凸显全球经济治理结构的平衡性；强调提高治理行动的有效性。[20]

朱杰进认为，G20 论坛型国际机制的性质决定了其灵活性高、主权成本低、行动速度快等优势，但也导致它在执行力和监督机制方面存在不足，从而出现了 G20 危机应对能力较强、长效治理欠缺的局面。因此，G20 长效机制的转型在机制架构上，可以采取“G20 +”的机制治理架构，发挥正式国际机制在执行力方面的优势；在议程设置上，可以引入联合国 2030 年可持续发展议程，从而为 G20 设立一个新的中长期目标，为 G20 成为全球经济长效治理机制带来“政治合法性”，为 G20 增强执行力提供机构支撑。[21]

韩冰认为，2016 年 G20 杭州峰会投资议题提出的工作重点是“加强国际投资政策合作与协调”，其动因为，国际投资与经济增长仍未恢复到正轨，国际投资体系呈碎片化发展，巨型区域协定对全球投资治理存在一定的负面效应，国际投资争端解决机制问题凸显，短期内达成统一的多边投资协定动力不足，中国是全球投资治理的重要利益攸关方。贸易部长会议批准的《G20 全球投资指导原则》有助于缓解当前国际投资合作面临的碎片化困境，弥补当前国际投资治理领域缺乏全球性政策指引的空白。[22]

盛斌认为，G20 杭州峰会国际贸易和投资议题的成果表现为，提高了贸易与投资在 G20 中的地位，使之成为与金融和货币、财政和债务议题相并列的“三驾马车”；为加强贸易投资合作勾画了具体行动路线，“支持多边贸易体制”是基础，“全球贸易增长战略”是统领，“促进全球投资政策合作与协调”是创新，“促进包容协调的全球价值链”是特色；奠定了 G20 开展贸易投资合作的组织与运行机制。从而 G20 在促进全球贸易增长，支持多边贸易体制，促进全球投资政策合作与协调以及促进包容协调的全球价值链等方面都起到了重要作用。[23]

胡鞍钢提出，G20 杭州峰会通过的《二十国集团落实 2030 年可持续发展议程行动计划》给世界包容性发展提供了有利条件和新的机遇。如果世界各国能够如期落实 2030 年可持续发展议程，到 2030 年，中国将进入极高人类发展水平组，意味着极高人类发展水平组的总人口将再增加十几亿。而印度到 2030 年进入高人类发展水平组，将使得中人类发展水平组的总人口占世界总人口的比重减少十几个百分点。届时，世界近三分之二的人口将进入高人类发展水平组或极高人类发展水平组，这会是人类发展史上的奇迹，并将引领发展中国家实现更好发展。[24]

五、人民币加入特别提款权（SDR）货币篮子与人民币国际化

2016 年 10 月 1 日，IMF 发表声明宣布人民币加入 SDR 货币篮子正式生效，对 SDR 货币篮子的币种和权重相应进行了调整，正式扩大至美元、欧元、人民币、日元、英镑 5 种货币。同时，SDR 汇率和利率也进行了相应调整，人民币汇率和 3 个月国债利率分别进入 SDR 汇率和利率的计算。

肖立晟提出，人民币进入 SDR 后的“后 SDR 时代”，我国应在短期内以此为契机，加快推进人民币国际化，积极参与国际货币事务及构建多边协调机制。还可以提高 SDR 吸引力，建立可以自由买卖的 SDR 私人市场。[25]

涂永红、涂凌秋认为，进入 SDR 并不意味着人民币国际化大功告成，相反是人民币国际化的新开始。进入 SDR 后，跨境资本流动将呈现“人民币流出入”加“外汇流出入”，流动性风险加剧；人民币汇率波动幅度扩大，外汇风险提高。因此，进入 SDR 在提升人民币国际知名度的同时，需扩大其在大宗商品计价结算和国际金融市场交易的规模。[26]

陆磊、李宏瑾提出，人民币纳入 SDR，意味着货币国际化和储备货币地位的提高，从而承担了更大的对外风险敞口和国际经济责任。因此应该在国际责任与能力权益匹配的原则下，推动 IMF 份额和决策机制改革，利用 20 国集团等国际合作框架，发挥亚投行等新型国际金融组织作用，促进国际货币体系改革和全球治理体系的完善。[27]

郑联盛认为，人民币加入 SDR 短期有利于提升人民币的国际影响力和公信力，中长期有利于促进人民币国际化，享受 SDR 超主权货币的权益，成为国际货币体系新的名义锚。人民币加入 SDR 的实质成本在于由利率市场化，汇率市场化，以及资本项目自由化和金融市场开放可能引致的风险。人民币进入 SDR 后，还凸显出自由使用货币标准、金融要素价格市场化、金融市场开放等问题。为此，应循序渐进、风险可控地推动人民币入篮的后续改革。[28]

易宪容、张榉成提出，人民币纳入 SDR，就是 IMF 给人民币作为国际货币信用背书，提升了人民币在贸易结算、跨境交易、投资结算中的地位，同时中国也要开始承担国际市场大国的地位，推动国内金融改革。但人民币纳入 SDR 的短期影响不应高估，也不会由于境外人民币需求增大引起汇率重新回到单边升值轨道。[29]

六、美联储加息与人民币汇率

继 2015 年 12 月 16 日美联储加息 25 个基点后，2016 年 12 月 15 日，美联储宣布再次加息 25 个基点到 0.5% ~0.75% 的水平。美联储加息使全球货币环境收紧，美元走强，新兴经济体货币普遍对美元贬值。

谭小芬认为，美联储加息将伴随明显的外溢效应，给我国经济金融带来诸多负面影响。加息导致我国短期资本外流压力加大。境内外利差、汇差缩窄，经济增速低迷，这些国内压力加上美国外部加息，导致人民币贬值压力增大。但由于我国外债占比不高，经济基本面不差，外汇储备充足，美联储加息对我国的负面影响有限且可控。[30]

陈卫东认为，美联储加息对美国有利有弊。利表现在影响收入再分配，有利于债权人、储蓄者或固定收入者，对长期投资和经济增长有一定促进作用。弊表现在将增加美国政府的偿债成本，增加美元升值压力，抑制美国出口。美联储加息会进一步抑制其他发达国家经济复苏的力度，欧元区、日本、加拿大和澳大利亚经济疲软导致货币政策继续维持极度宽松，会加大国际外汇市场的投机性和波动性。对依赖美元主导外部融资的新兴市场国家，加息带来利息负担压力。[31]

李若愚认为，美联储加息会影响我国的货币政策。面对我国资本流动性增强，汇率稳定性趋弱，维持我国货币政策独立性的难度提升。另外，为“稳增长”和防止通货紧缩恶化，需要进一步降息。“经常项目下顺差和资本项目下逆差”使外汇占款减少，为保证货币供应量，需要下调存款准备金。而降息和降准又会进一步加速资本外流和贬值。[32]

刘前进提出，在不加强资本管制的情况下，人民银行不可能同时做到汇率稳定和保持货币政策独立性。同时，还面临保持货币政策稳健和资本有限管制下资本快速流出的矛盾。所以，人民银行必须谨慎平衡汇率政策和货币政策。[33]

2016 年春节以来，人民币对美元汇率中间价初步形成了“收盘汇率 + 一篮子货币汇率变化”的形成机制。做市商的人民币兑美元汇率中间价报价是由两个组成部分直接相加而成的，一是银行间外汇市场前日 16 时 30 分的收盘汇率，主要反映市场供求情况；二是为保持人民币对一篮子货币汇率稳定，人民币对美元双边汇率应调整的幅度，主要是反映一篮子货币汇率变化。由此，以市场供求为基础、参考一篮子货币进行调节的特征更加清晰，人民币汇率预期总体稳定。

涂永红、倪昊寅认为，尽管 2016 年短期看来人民币呈现整体贬值、波动幅度增加，但与主要国际货币和新兴市场国家货币相比，仍趋于稳定。从长期上看，中国经济基本面相对较好，贸易结构改善，经济软实力提高，境外机构投资者对人民币需求高涨，决定了人民币长期升值和坚挺。[34]

余永定、肖立晟提出，通过干预外汇市场的“预期管理”并不能导致汇率的自主稳定。当前汇率决定机制中引入的“一篮子货币”有利于稳定汇率预期，但仍未解决汇率的自主稳定或外汇市场出清问题，人民币汇率仍然缺乏灵活性。因此，主张人民币汇率应尽快实现可自由浮动。为防止过度超调，可以引入人民币盯住宽幅一篮子货币的过渡措施，从而最大限度地避免干预外汇市场并减少外汇储备的损耗。[35]

周宇主张汇率政策目的在于出口而非人民币国际化。因此人民银行在美元升值背景下，会采取容忍人民币适度贬值的政策。该政策会对人民币国际化产生不利影响，也会给香港以外的离岸人民币市场、离岸人民币负债业务、跨境贸易人民币结算业务和人民币国际支付业务带来机遇。[36]

陈卫东、王有鑫认为，人民币贬值背景下，我国跨境资本存在一定程度的资本外流，且外流速度加快。从中长期看，跨境资本流动规模会明显增加，在币种上人民币占比将上升，以投机为主的短期跨境资本流动会加速，主体上个人跨境资本流动将增长。随着资本跨境流动创新渠道和产品的逐渐增加，人民币在跨境资本流动中的地位将会上升。[37]

七、中国对外直接投资新变化

中国 2016 年对外直接投资实现历史性突破，投资额首次跨过万亿元大关。2016 年，中国境内投资者全年共对全球 164 个国家和地区的 7961 家境外企业进行了非金融类直接投资，累计实现投资 11299.2 亿元人民币，同比增长 44.1%。反映出国际市场环境变化条件下境内市场主体主动增持境外资产的需求高涨。

金芳研究发现，中国国际直接投资地位失衡，表现为对外直接投资流量排名居前但对外直接投资存量靠后，对外直接投资规模提升但对外直接投资收益率低，非金融类对外直接投资存量占比远高于金融类对外直接投资存量占比，对外直接投资主体中，国有企业占比过高且地位相对落后。[38]

毛其淋、许家云结合我国制造业企业的数据，研究发现对外直接投资可以显著提高企业加成率，并且相比中低收入国家，投资高收入国家更能提高企业加成率。另外，研发加工型和多样化型企业对外直接投资也会相对较大的影响企业加成率。[39]

褚竹君等结合我国工业企业的对外直接投资数据，提出了不同的观点。发现对外直接投资当期会显著降低企业加成率，我国工业企业的对外直接投资具有显著的正向加成率滞后效应。中国对金砖国家、“一带一路”沿线国家和非洲国家等新兴市场的投资效果，具有非常显著的正向滞后效应。另外，技术研发和生产加工型企业对外直接投资也具有显著的正向滞后效应，商务贸易、资源开发和多种目的型企业对外直接投资则有负向滞后效应。[40]

杨娇辉等认为，中国对外直接投资的区位分布在表面上呈现制度风险偏好的特征，实质上仍然具备强烈的制度风险规避动机。中国对外直接投资区位分布“制度风险偏好”的主要原因是为了追求较高的投资收益率，即更偏好分布到经济发展水平较低、自然资源丰富的经济体，但这种偏好却与较差的制度质量相连。因此，在对外直接投资中，要权衡投资收益和制度风险损失，避免过度承担制度风险。[41]

吴先明、黄春桃研究发现，中国企业对外直接投资中，无论对发达国家的逆向投资还是对发展中国家的顺向投资，都有强烈的市场寻求动因和自然资源寻求动因。顺向投资中效率寻求动因表现明显，逆向投资中战略资产寻求动因缺乏统计显著性。东道国的制度品质对市场寻求型投资，在逆向投资中有较强吸引力，在顺向投资中有反向影响。文化距离对战略资产寻求型投资在逆向投资中有吸引力，对市场寻求型投资在顺向投资中有负面影响。[42]

刘海云、毛海欧研究发现，制造业对外直接投资对出口增加值有规模效应与结构效应影响。规模效应上，我国制造业水平对外直接投资和垂直对外直接投资对出口增加值均起到了促进作用，且垂直对外直接投资促进作用更大，水平对外直接投资促进作用更长久，说明我国对发达国家下游生产环节布局型对外直接投资有较强的互补效应。结构效应上，水平对外直接投资提高了生产性服务业增加值占比，优化了制造业出口增加值结构。垂直对外直接投资尤其提高了高端性生产性服务业占比。因此，应该针对不同行业和不同类型的对外直接投资制定差异化的政策，重视制造业对外直接投资的出口增加值效应。[43]

八、中国对外贸易新变化及转型升级

2016 年，我国货物贸易出口 13.84 万亿元，下降 2%，呈现出了逐季度回稳的态势。贸易结构也有所优化。民营企业继续保持出口份额第一的位置。机电产品和传统劳动密集型产品仍是出口的主力，但机电、传统劳动密集型产品整体出口有所下降。

林岗等研究发现，我国出口贸易结构已经发生了深刻变化，附加值较低的劳动密集型低端制造业产品出口在全部出口中所占的比重下降，而附加值较高的资本密集型高端制造业产品的比重正在逐步提高。目前我国出口贸易中，典型资本、技术密集型产品已成为主要支撑。虽然劳动密集型产品对我国出口贸易仍然重要，但其比重却大幅下滑。并且还指出，近年来我国出口形势不好，原因并不是我们的竞争力出了问题，而主要是 2008 年世界经济危机引发的全球需求疲软所致。[44]

邢斐等认为，我国由“为出口而进口”的传统贸易格局转换为“出口中间产品和最终产品”的新贸易格局，都应同时实施研发补贴和出口补贴政策。研发补贴可以通过促进技术升级推进我国贸易结构转型，出口补贴间接地引致上游产业技术升级从而带动我国贸易结构的转型。坚持创新驱动在我国贸易结构转型中起着关键作用。[45]

顾雪松等研究发现，中国向东道国的对外直接投资对出口具有创造效应，而非替代效应。中国—东道国的产业结构差异对出口有负向影响。[46]

黄先海等研究发现，我国出口企业低加成率是较低生产率水平下“最优出口产品质量选择”的阶段性现象。我国出口企业普遍处于“低加成率陷阱”区间，约四分之一企业已经跨越了“低加成率陷阱”，而劳动密集型产业更多处在“低加成率陷阱”区间。东部企业“质量升级”意愿较强。[47]

注：

①《疲弱！世界经济寻求增长动力》，《人民日报》，2016 年 12 月 23 日。

②黄卫平：《全面深化改革与世界经济》，《江淮论坛》，2016 年第 2 期。

③陈文玲：《2016 年世界经济形势分析及 2017 年预期和建议》，《中国流通经济》，2016 年第 12 期。

④郭言：《调整变化继续　机遇挑战并存》，《经济日报》，2016 年 12 月 28 日。

⑤易纲：《完善全球金融治理　促进世界经济增长》，《人民日报》，2016 年 10 月 25 日。

⑥王洛林：《关于“一带一路”的若干问题》，《国际商务研究》，2016 年第 4 期。

⑦陈伟光、王燕：《共建“一带一路”：基于关系治理与规则治理的分析框架》，《世界经济与政治》，2016 年第 6 期。

⑧盛斌、黎峰：《“一带一路”倡议的国际政治经济分析》，《南开学报》(哲学社会科学版)，2016 年第 1 期。

⑨于津平、顾威：《“一带一路”建设的利益、风险与策略》，《南开学报》(哲学社会科学版)，2016 年第 1 期。

⑩孙瑾、杨英俊：《中国与“一带一路”主要国家贸易成本的测度与影响因素研究》，《国际贸易问题》，2016 年第 5 期。

⑪贾根良：《“一带一路”和“亚投行”的“阿喀琉斯之踵”及其破解——基于新李斯特理论视角》，《当代经济研究》，2016 年第 2 期。

⑫夏先良：《“一带一路”战略与新的世界经济体系》，《人民论坛 · 学术前沿》，2016 年第 9 期。

⑬高波：《英国脱欧对英国及欧洲金融市场影响》，《中国银行业》，2016 年第 5 期。

⑭金瑞庭、李大伟：《英国“脱欧”对欧盟及全球经济的影响及我国对策》，《中国发展观察》，2016 年第 12 期。

⑮任琳：《英国脱欧对全球治理及国际政治经济格局的影响》，《国际经济评论》，2016 年第 6 期。

⑯许安拓：《英国脱欧对全球经济的可能影响》，《人民论坛》，2016 年第 20 期。

⑰陈卫东、钟红、王家强等：《英国脱欧将对世界政治与经济格局带来深远影响》，《国际金融》，2016 年第 7 期。

⑱冯仲平：《英国脱欧及其对中国的影响》，《现代国际关系》，2016 年第 7 期。

⑲卢阳：《全球经济治理背景的 G20 实际融入》，《改革》，2016 年第 7 期。

⑳甄炳禧：《G20 转型面临的难题及破解之策》，《国际问题研究》，2016 年第 4 期。

㉑朱杰进：《G20 长效机制转型的难题与可能方案》，《当代世界》，2016 年第 8 期。

㉒韩冰：《二十国集团在国际投资领域的合作与前景展望》，《国际经济评论》，2016 年第 4 期。

㉓盛斌：《G20 杭州峰会：开启全球贸易投资合作新时代》，《国际贸易》，2016 年第 9 期。

㉔胡鞍钢：《世界包容性发展迎来新契机》，《人民日报》，2016 年 11 月 4 日。

㉕肖立晟：《人民币加入 SDR 货币篮子的影响及我国的未来行动策略》，《经济纵横》，2016 年第 2 期。

㉖涂永红、涂凌秋：《加入 SDR 对人民币国际化意味着什么》，《理论视野》，2016 年第 2 期。

㉗陆磊、李宏瑾：《纳入 SDR 后的人民币国际化与国际货币体系改革：基于货币功能和储备货币供求的视角》，《国际经济评论》，2016 年第 3 期。

㉘郑联盛：《人民币加入 SDR 货币篮子及其对金融改革的影响》，《金融评论》，2016 年第 1 期。

㉙易宪容、张桦成：《人民币纳入 SDR 对中国经济的影响与冲击——基于一般性的金融理论分析》，《江海学刊》，2016 年第 2 期。

㉚谭小芬：《美联储加息对中国经济金融的负面影响及其应对》，《新视野》，2016 年第 1 期。

㉛陈卫东、王家强：《美联储加息的外溢效应》，《中国金融》，2016 年第 1 期。

㉜李若愚：《美联储加息对我国货币政策的影响分析》，《清华金融评论》，2016 年第 2 期。

㉝刘前进：《美联储加息背景下我国的货币政策“三元悖论”》，《武汉金融》，2016 年第 11 期。

㉞涂永红、倪昊寅：《如何看待新汇率形成机制下的人民币贬值》，《理论视野》，2016 年第 11 期。

㉟余永定、肖立晟：《论人民币汇率形成机制改革的推进方向》，《国际金融研究》，2016 年第 11 期。

㊱周宇：《论汇率贬值对人民币国际化的影响——基于主要国际货币比较的分析》，《世界经济研究》，2016 年第 4 期。

㊲陈卫东、王有鑫：《人民币贬值背景下中国跨境资本流动：渠道、规模、趋势及风险防范》，《国际金融研究》，2016 年第 4 期。

㊳金芳：《中国国际直接投资地位上升中的失衡特征及其纠正》，《世界经济研究》，2016 年第 2 期。

㊴毛其淋、许家云：《中国对外直接投资如何影响了企业加成率：事实与机制》，《世界经济》，2016 年第 6 期。

㊵诸竹君、黄先海、宋学印：《中国企业对外直接投资促进了加成率提升吗》，《数量经济技术经济研究》，2016 年第 6 期。

㊶杨娇辉、王伟、谭娜：《破解中国对外直接投资区位分布的“制度风险偏好”之谜》，《世界经济》，2016 年第 11 期。

㊷吴先明、黄春桃：《中国企业对外直接投资的动因：逆向投资与顺向投资的比较研究》，《中国工业经济》，2016 年第 1 期。

㊸刘海云、毛海欧：《制造业 OFDI 对出口增加值的影响》，《中国工业经济》，2016 年第 7 期。

㊹林岗、王裕雄、吴崇宇等：《关于我国未来经济增长基本条件的三个问题》，《政治经济学评论》，2016 年第 3 期。

㊺邢斐、王书颖、何欢浪：《从出口扩张到对外贸易“换挡”：基于贸易结构转型的贸易与研发政策选择》，《经济研究》，2016 年第 4 期。

㊻顾雪松、韩立岩、周伊敏：《产业结构差异与对外直接投资的出口效应——“中国—东道国”视角的理论与实证》，《经济研究》，2016 年第 4 期。

㊼黄先海、诸竹君、宋学印：《中国出口企业阶段性低加成率陷阱》，《世界经济》，2016 年第 3 期。

（作者：卫兴华，中国人民大学教授；
赵海虹，中国人民大学博士生）

宏观经济管理与政策

方　芳　王　君

2016 年是“十三五”规划的开局之年，经过了 2015 年供给侧改革的不断推进，我国经济下行压力依然较大，呈 L 形走势。从整体经济来看，“一带一路”继续推进了对外合作，进一步打开了我国的国际化道路；“去产能、去库存、去杠杆、降成本、补短板”任务均取得阶段性进展；环保政策落地领域不断扩大，环保法律体系随着“土十条”的颁布得以基本完成；国企改革不断取得新进展，重组合并力度加大，改革重心不断上移；社会保障覆盖范围不断扩大，养老保险、医疗保险制度不断改革，二孩政策全面放开；暴涨的房价逐渐回落；全国精准扶贫力度不断加大，为全面建设成小康社会不断努力。

一、继续推进“一带一路”的战略

“一带一路”的理念和倡议是我国主动应对全球经济增长格局变化，扩大和深化对外开放程度的重大战略决策，是我国对国际合作和全球治理新模式的积极探索，这一战略构想已从顶层设计转到了具体推进和务实合作阶段，然而，我国“一带一路”建设进程面临着机遇和挑战。

1. “一带一路”助推国际合作

赵可金[①]认为“一带一路”沿线各国和地区在很多方面有着共同的利益诉求，构成了“一带一路”发展的基础。他强调“一带一路”是一条通往“人类命运共同体”之路。“一带一路”不仅是特定历史发展阶段中国道路的一种实现形式，也是中国道路在欧亚非和南太平洋地区范围内打造利益共同体、命运共同体和责任共同体的伟大实验。此外，它比较看重的是通过推动更大范围、更高水平、更深层次的大开放、大交流、大融合，走出一条互尊互信之路，一条合作共赢之路，一条文明互鉴之路。

袁佳[②]对沿线国家的基础设施投资需求进行了预测，结果表明 2016—2020 年间，包括中国在内的沿线国家对基础设施投资需求额年均约为 1.6 万亿 ~2 万亿元，因此，多层次的全方位融资体系是构建“一带一路”的重要一环。所以说，助推“一带一路”国际合作，基础设施投资建设是关键性的一步。

倪中新[③]在运用 TVP - VAR - DMA 模型预测我国钢铁需求量的基础上，分析“一带一路”战略对我国过剩钢铁产能的影响，研究结果表明：“一带一路”战略对化解我国过剩的钢铁产能具有显著正向的作用。郭孟珂[④]提到，“一带一路”作为国家战略层面的发展纲领，为我国的基础设施产业链、交通运输行业与物流领域、能源领域、金融领域等四大领域提供了巨大的发展空间，为相关领域企业实现“走出去”的战略目标提供了助力、还为四大领域的发展带来了重要机遇。

可以看出，由于沿线各国在不同领域具有各自的比较优势，各国之间拥有巨大的互补性，所以说，“一带一路”助推了国际合作的空间。

2. “一带一路”战略面临的风险

“一带一路”沿线国家数量众多，各国在政治、经济、文化和宗教上存在较大差异性，地缘政治错综复杂，对此，学者们提出“一带一路”战略也面临着不同的风险。

张晓磊、张二震[⑤]提到了“一带一路”沿线的恐怖活动频发，对投资、贸易等商业活动造成的负面影响。而良好的政治环境是经济稳定发展的重要前提，社会冲突会减弱对中国企业的吸引力，所以，这对于“一带一路”的建设提出了不小的挑战。

白力[⑥]认为，对于经济全球化的今天，特别是在金融领域，其中仍存在诸多问题：一方面，各国宏观政策特别是汇率政策的协调、国际金融危机的救助、国际金融监管合作、打击跨国金融犯罪等问题，随着金融全球化进程的加快而变得日益突出；另一方面，布雷顿森林体系崩溃以后，在产业层面、区域层面和全球层面涌现出数量众多、定位不同的旨在部分实现全球金融治理目标的国际机构和治理平台，全球金融治理体系表现出了明显的碎片化特征。因此，“一带一路”连线式发展也意味着风险同担。

二、供给侧改革下的结构性调整

2016 年年初，中央经济工作会议对推进供给侧结构性改革进行了全面部署，明确了去产能、去库存、去杠杆、降成本、补短板五大任务。随着“三去一补一降”的实施，众多学者也对“三去一补一降”产生的原因、过程及应对策略进行了一系列的研究。

1. 去产能

刘冰[⑦]对“去产能”概念做了科学界定，他认为“去产能”是供给侧结构性改革的关键，要有效“去产能”需要对其涉及的关键问题进行科学辨识。只有正确选择“去产能”的有效模式，才能提高政策的有效性，构建防范过剩产能反复出现的长效机制。

张林[⑧]则是强调了我国产能过剩各种因素的交互影响作用。他提到我国产能过剩问题是多年来中国产业发展面临的久治未愈的“痼疾”。特别是近年来，由于经济周期、市场失灵、体制扭曲、结构失衡、需求疲软等多种因素共同作用，我国产能过剩问题呈现出日益加剧和蔓延的趋势，已从阶段性、结构性产能过剩演化成持续性、全面性产能过剩。因此，中国式产能过剩的治理，应该在市场经济条件和供给侧结构性改革大背景下，加强政府调控和市场调节相结合，从减少政府干预、完善市场机制、重构地方官员政绩考核与晋升选拔制度、调整产业政策、国有企业混合所有制改革、扩大国内需求以及支持企业对外投资等多个维度着手。

邹蕴涵[⑨]从提高产能利用率、优化激励机制视角分析我国产能过剩的解决办法。邹蕴涵考察了我国多个行业的产能，认为：我国存在产能利用率明显不足的现象。提出为化解过剩产能，应拓宽思路、优化激励机制、加快破产清算案件审理、加大财政支持力度；以此严控新增产能，抓好资产处置和人员安置两大关键问题。

聂辉华、江艇、张雨潇、方明月[⑩]主要是强调了政府的“守夜人”功能：几位学者统计了我国2005—2013年工业部门僵尸企业比例，大约占7.5%。僵尸企业存在的主要原因包括：政府干预过多、政策运用不恰当以及银行信贷歧视等。因此，为去除僵尸企业，应减少政府对企业的干预，尤其是慎用产业政策；完善对国企的考核指标，加快国企分类改革步伐；加强对银行体系的监管；鼓励企业兼并重组和改制分流，加快建立和完善社会保障网。除此之外，白让让[⑪]还提出结合供给侧改革，加速低效国有企业退出政策。

2. 去库存

目前，房地产去库存问题已成为我国供给侧改革的重要目标之一，而作为国民经济的支柱产业，房地产行业的稳定运行对于完成“十三五”经济目标、保障供给侧结构性改革顺利进行至关重要。但是我国房地产行业面临长期系统性下行压力，总量过剩、区域分化的结构性矛盾凸显，去库存任务迫在眉睫。库存产生的原因，学者们的意见主要是：

（1）成立[⑫]对此的看法是，中国房地产业已经进入了供给老化阶段，过去多年来房地产开发投资和建设的持续高速增长使得市场供应大幅增加，而房地产市场供求关系的逆转使得库存出清的速度远低于供应增长的速度，从而造成房地产库存不断升高。（2）李洪建[⑬]基于供给角度审视存在的问题：一是银行为防范风险主动收缩影响在建住房修建；二是刺激农业转移人口尤其是农民工住房需求难；三是城市新区”空置率居高不下；四是车位出售情况不佳，去库存难。基于居民购房需求角度分析：一是整体经济环境影响居民的购房能力；二是居民对房价未来走势的预期，决定居民选择投资房产还是选择其他投资方式；三是各类促进居民购房的政策措施影响居民购房的时机。（3）黄雯[⑭]等则是通过对房地产行业存在的潜在风险进行了分析，得出：房地产行业面临短期结构性泡沫膨胀与长期系统性下跌冲击可能的风险，而且房地产市场结构性矛盾凸显，结构性分化加大去库存难度，区域失衡叠加资金“虹吸效应”也增大了房地产市场去库存压力。

董裕平[⑮]主要是研究了去库存的措施，他认为应有序引导城镇化和农民工市民化，通过改革完善住房市场制度来支持城镇化和农民工市民化；加快建立我国现代住房金融制度，确保房地产市场长期健康发展。而张晓兰[⑯]则偏重于经验借鉴，她提出：无论是中央政府还是地方政府在化解库存的过程中，应充分吸取美日等发达国家的经验教训，并结合我国去库存的潜在风险点，注意平衡长、短期政策的关系，采取行之有效的政策措施。

3. 去杠杆

马勇、田拓等[⑰]基于91个国家1983—2012年的面板数据，采用系统GMM估计方法和二元面板离散选择模型对金融杠杆、经济增长与金融稳定之间的关系进行了实证分析：去杠杆化对经济增长具有显著的负效应，同时，伴随着去杠杆化进程，金融危机的发生概率会明显增加；金融杠杆波动与经济增长和金融稳定均显著负相关，表明金融杠杆波动程度的加大不仅会危害经济增长，同时还会对金融体系的稳定性产生负面影响。这表明，一方面是金融杠杆的宏观管理的必要性，另一方面是当发生危机后，“被动去杠杆化”的过程中应采取循序渐进的策略，以保证金融稳定性。

毛振华[⑱]强调了我国债务率结构的不合理性。截至2015年底，我国社会的总债务率为273%，与世界上其他主要经济体相比尚不算高。但从结构上看，政府和居民部门债务率都在40%左右，金融部门债务率约为13%，都相对较低；而企业部门的债务率却高达180%。盛松成、刘西[19]同样也认为我国非金融企业的高杠杆率已经较为严重。究其原因，主要是由扭曲的收支结构引起的——此类企业部门是我国国内唯一的净支出部门，居民、政府、金融机构部门均为收支净盈余部门。在稳增长背景下，企业去杠杆要取得实际效果，只有从根本上改变这种收支结构。因此，两位学者提出首先应促使支出意愿高的经济主体增加收入占比，支出意愿低的主体减少收入占比；其次，应促使高收入主体增加消费性、权益性支出；最后，应强化财税的收入再分配功能以及总需求的刺激功能。

李志辉、王近、李源[20]研究了去杠杆率对金融机构的影响。他们从理论层面阐释了银行信贷、资产价格与企业债务负担之间的作用机制，并采用有向无环图分析方法、脉冲响应分析和预测方差分解技术进行了实证分析，发现企业债务水平不断上升并达到担保约束后，外部融资成本会相应上升，并压低资产价格，促使内生的担保约束进一步束紧，银行信贷也随之紧缩。根据预测误差方差分解得出结论：与杠杆率相比，债务负担比率对银行信贷和资产价格的波动具有更高的解释比例，这表明债务负担比率在衡量企业债务负担上更具有效性。因此，应尝试不同行业或地域内企业部门债务负担比率的计算与监测，这不仅有助于优化信贷结构，降低系统性风险，而且能够为我国分阶段、有步骤地实现企业去杠杆提供政策依据。

王军辉[21]研究了去杠杆率的路径选择，他认为“债转股”的有效运行，为市场化、法制化解决我国企业高杠杆率问题提供了良好的顶层设计，能够有效地防范和降低金融风险，促进经济转型升级发展。

4. 降成本

孙继伟、朱红林[22]认为在当前经济下行压力较大的情况下，企业的省钱能力与赚钱能力同样重要。企业只有大力削减不必要支出，堵漏洞、减浪费才能应对经济低迷、提高生存能力。

徐田江[23]通过实际调研陕西省20户大中型企业，剖析出企业制度性成本的主要内容，并进一步总结了其成本特征。根据企业成本内容及特征，徐田江认为当前降低企业成本的关键是降低企业制度性成本，同时也是供给侧结构性改革的关键环节。因此，进一步加大“放管服”力度，加强降成本的顶层设计，加快生产要素价格改革，以切实减轻企业税费负担。

洪银兴[24]则从全方位考察，认为三去一降一补是相互影响，相辅相成，即为提高全要素生产力中的“降成本”要辅以其他任务的同时进行。

于国安[25]认为，降低企业成本是推进供给侧结构性改革、适应和引领经济发展新常态的重要举措，也是激发市场主体活力、增强经济发展韧性与后劲的关键一环。从政策层面，可通过强化政策激励引导，减轻企业税费负担、降低财务支出成本，以此帮助企业卸下“包袱”、轻装上阵，促进实体经济平稳健康发展。

5. 补短板

李佐军[26]认为，我国“补短板”的主要内容是生态建设、精准扶贫、培育发展新产业、基础设施建设、人力资本投资、农村发展等方面，而重点在于补好生态和农村贫困短板。李毅中[27]则把重点放在高科技发展这部分。他认为战略性新兴产业GDP占比、技术改造提升“人控机器”水平、发展“互联网+制造业”、打造“中国智造”等是我国技术发展的“短板”，均有待于进一步提高。

周松方[28]强调了银行体系中的“短板”，他认为对于银行体系来说，银行信用风险防控是银行体系中的短板。并提出，为强化银行信用风险防控体系需开展四方面创新：创新开发信息系统，补监管手段短板；探索困难企业帮扶和“两链”风险化解方法，补风险化解机制的短板；创新管控过度授信，补信贷文化的短板；创新推动打击逃废债，补信用环境建设的短板。

何礼[29]认为，制约经济效率的短板是我国不完善的体制机制。原先存在的体制机制存在适应新情况差、灵活度不高的现象。因此为补齐这部分，可以实施以下方案：一是大力推动大众创业、万众创新；二是完善农村要素流动机制，提升城乡资源配置效率；三是完善教育医疗管理机制，提升公共服务资源配置效率等改进措施。

三、加大环境保护力度

1. 节能减排

根据“十三五”相关政策可以看出，节能减排仍是我国基本国策，节能环保产业也将逐步成为国民经济新的支柱型产业。因此，当前对于节能减排的研究主要集中于碳减排、污减排对经济发展、城市化等方面的影响。

孙华臣、孙丰凯[30]采用中国1998—2013年的省级面板数据，检验了城乡收入差距对碳排放的影响。证明泰尔指数、城乡居民收入比显示城乡收入差距扩大导致二氧化碳排放量的不断增加——由于工业化进程的传统城镇化以及城乡分割下的城乡消费差异构成城乡收入差距影响碳排放的内在逻辑；工具变量估计、分位数回归证明固定效应模型回归的结果是稳健的。

周县华、范庆泉[31]建立了分别包含碳强度目标约束和总量目标约束的多行业一般均衡模型，评估了中国现阶段实施的基于重点行业碳强度减排目标的政策对宏观经济的影响效果。认为随着中国碳强度减排任务的不断加重，当前政策的就业红利将不复存在，同时政策机制蕴含的资源错配、各行业边际减排成本不相等的问题则愈加严重，实施碳交易减排政策的时机逐渐成熟，政府应及时推出碳交易政策代替现行的减排政策。

林美顺[32]运用联立方程的广义矩系统估计方法，考察了1985—2013年中国城市化、碳排放与经济增长之间的相互影响机制，证明城市化率与碳强度成正比；过快的第二产业比重降速与清洁能源比重增速是减排成本快速上升的根本原因。

2. 政府环保政策的实施

2016年“土十条”颁布、环保税、排污权改革等各层面的立法工作逐步实施，这对环保产业及企业的发展都至关重要。

江河[33]认为，我国在长期以来，由于政府、金融等外部环境对环保企业支持不足以及环保企业自身存在的一些问题，导致环保企业融资难的问题一直存在。因此，解决环保企业的融资问题是发展我国环保产业的首要问题。政府部门应设立政策性环保产业投资基金，这能够发挥市场的作用，撬动更多的社会资本投资绿色产业，并建议在数量上，基金规模应与公共融资风险相适应；在结构上，主要支持特定发展阶段的环保产业；在属性上，兼顾政府公共职能与市场逐利需求对企业污染控制的影响。

王明远[34]认为，以新环保法为重要内容的环境法治是一个涉及整个社会各个方面的综合工程，也是一个系统工程。当务之急是（1）牢固树立绿色发展理念，进一步提高对环境保护和生态文明的认识；（2）依法落实各级党委和政府在环境保护方面的政治与法律责任；（3）进一步完善环境保护相关法律、法规与政策，提高环境执法和司法能力，健全生态环境监测体系，解决人民群众反映强烈的突出环境问题。

四、继续推进国企改革

国企改革是中国经济改革的重要切入点，有利于提高国有经济竞争力，与国有资本保值增值，以及中国供给侧改革的战略性调整，并直接影响国有经济在整个国民经济中的战略性布局。

1. 国企改革突破口

党印、鲁桐[35]认为，我国已经历了三次国企改革：1979年的改革坚持放权让利；1992年的改革推行股份制，建立了现代企业制度；2003年的改革成立国资委，建立了出资人制度，对国有企业进行战略重组。因此，通过经营层面、股权层面，直至国有资本层面改革的层层深化，国企改革重心不断上移，且更多立足于宏观。当下的国企改革作为现代企业制度和出资人制度建设的延续，主要有三大亮点，一是分类推进国有企业改革，二是组建国有资本投资、运营公司，三是加强和改进党对国有企业的领导。

桂浩明[36]指出，混合所有制改革作为我国基本经济制度的重要实现形式，在国企改革中促进国企与民企融合。同时，通过资本市场实现的混合所有制改革，对于完善现代企业制度，加强现代股份制企业优势，深化国企改革意义非凡。因此，推进混合所有制改革是我国国企改革的重要突破口。

2. 国企改革的影响

邓娜[37]认为国有企业改革可以在一定条件下提升企业业绩，并且通过实证分析，验证了国有企业改革中激励制度与企业业绩提升之间的关系。她指出，建立合适的国有企业内部激励制度是国企改革的重要组成部分，有效的激励制度应该包含企业对经营管理者的约束和经营管理者对各级员工的约束。只有两个方面都进行约束才可能提升企业的经营业绩，只有强化多种激励措施的有效结合，国有企业改革的作用才能够体现。

李汝平[38]认为国有企业改革可以通过企业整合和并购的方式，加快去产能化的步伐。同时在国企改革中，可以通过上下游产业链接模式和内部重组升级等模式来优化产能，调整结构，促进煤炭、钢铁、有色金属等产业的转型升级。

3. 混合所有制改革

张兆国[39]认为，国有企业混合所有制改革应以国有企业资本结构作为切入点。他指出，资本结构本质上反映的是企业产权关系，而混合所有制本质上反映的是企业资本的组织形式。这也就意味着，混合所有制是资本结构的一种外在表现形式。国有企业改革很重要的一点就是明确产权主体，建立多元化投资主体的产权平衡机制，因此混合所有制和资本结构选择之间有密切的相关关系，而把国有企业资本结构作为国有企业混合所有制改革的切入点也就无可厚非。而随着改革的不断发展和深化，产权的改革也就显得越来越重要。同时需要说明的是，资本结构作为混合所有制改革的切入点，并不意味着仅仅依靠改善资本结构就能够成功，这其中也需要法律、制度等宏观因素的保障，只有在多方面的共同努力下，才能够使国有企业的混合所有制改革起到应有的作用。

五、进一步完善社会保障体系

在近30多年来的改革与发展中，我国的社会保障体系已经逐步完善，现在是以政府主导，具有责任分担、社会化、多层次化的特征。经过“十二五”期间渐进的试验与改革，我国社会保障体系将在接下来的“十三五”期间必定要步入成熟、定型发展的新阶段，即全面建成中国特色的社会保障体系。

1. 养老保险问题

焦娜[40]使用中国健康和养老追踪基线调查2011—2013年的纵列数据，借鉴断点差分方法的思想，验证评估了新农保对农村家庭代际支持的影响。结果发现：新农保挤出了农村子女对父母提供的时间和服务支持，同时挤入了参保老人对孙子或者孙女的隔代抚育。并且提出，随着社会养老保障向纵深推广，老年人对社会正式照料的需求日益增加，长期护理服务和保险产业在我国农村地区存在广阔的发展空间。新农保不仅提高了农村老年群体的生活独立性，且通过隔代抚育的挤入作用维持了家庭养老的存续性，在当前的养老体系中发挥了重要的补充作用。

邹铁钉[41]主要是研究我国养老保险的动态一致性问题，并构建了一个动态时间一致性模型，利用中国数据对养老保险体系的动态时间一致性做了经验检验和动态预测。得出：一项养老改革只有在能够同时增进社会福利和个人投资收益率时，才符合动态时间一致性原则；现收现付制向基金制转轨是不符合动态时间一致性原则的；而1994年之后，将统筹比率控制在0.6~0.75之间，则有利于提高养老保险体系的动态时间一致性。

此外，张梦云、曹玉瑾[42]通过对智利、瑞典、美国的养老保险问题研究，提出可借鉴意见，认为是建立多层次的三支柱结构，保证三支柱协同健康发展，以实现养老保险多目标的策略；放宽养老金投资限制，引入市场化运作，以提升养老金回报率；提高投保人的参与度，发挥投保人主观能动性；与其他改革共同推进、协同改革。

郑秉文[43]提到，作为养老保障制度的第三支柱，延税型商业养老保险应被称为“个人养老账户（IPA）”。个税优惠政策有利于促进个人养老账户制度的建立和普及，并可以运用税收优惠政策撬动商业养老保险制度的发展。

2. 医疗保障问题

我国自2009—2015年，各级财政医疗卫生支出累计达到56400多亿元，年均增幅达到20.8%。尽管财政医保对医保服务起到了良好的支撑作用，但是却给财政支出带来较大压力。由于现行医保缺乏精算平衡原则，在运行中出现了福利化、失衡化和难以持续等问题。

对此，赵正堂、吴江平[44]认为解决上述问题的关键在于以精算平衡原则重构我国财政支持下的医疗保险制度体系，确定保险运营的基本要求和理念，并通过政府补贴进行基本服务均等化水平的提升和保障。沈世勇、李全伦[45]则基于制度演化的视角，提出为了实现更加可持续的医疗保障制度，必须同时满足财务可持续与政策可持续，即在数量平衡中嵌入权利、目标、需求等内容，实现“质、量”平衡的统一。

周钦、田森、潘杰[46]研究了均等化补偿制度对医疗保险的影响。学者们主要是评估了覆盖2.5亿城镇人口的城镇居民基本医疗保险参保个人受益的公平性，得出，均等化补偿制度下的基本医疗保险将造成低收入参保人受益的劣势，且由于低收入人群健康水平更差，这样的制度设计将加剧健康的不公平。

金双华、于洁[47]利用洛伦兹曲线和基尼系数，以辽宁省为例，测算医疗保险对不同收入阶层的影响，并探讨通过个人账户调整建立的门诊统筹对收入分配的影响。研究表明，总体上城镇基本医疗保险缩小了收入差距，具有正的再分配效应；低收入阶层对医疗保险的支出和收入的变化更为敏感；在收入总量不变的前提下，门诊统筹实现了收入阶层之间的再分配，有利于医疗保险的公平。因此，有针对性地调整部分医疗保险政策对于缩小收入差距具有重要影响。

六、理性看待房价暴涨问题

2016年，随着楼市政策的不断实施，我国房价出现了加大的波动：调控之前即存在一线城市房价过高的现象；在政策落地过程中，特别是上半年，出现部分一线城市房价暴涨，二、三线城市房价受投资影响同样出现房价上涨的过热情况，随后“9·30新政”的落地，起到了降温过热房价的作用，到年底，房价的上涨趋势逐渐趋向平稳。对于此番房价暴涨产生的原因以及所带来的影响，不同学者做了不同的解释。

1. 影响房价暴涨的因素

张延、张静[48]认为理论上城镇化率的提高将推动房价的上涨，因此，在城镇化加速阶段，房价的上涨速度也将加快。所以，两位学者利用面板数据进行IV－2SLS回归得出，城镇化率与房价具有显著的正相关关系；土地成交价款与房价显著正相关；房屋空置面积与房价显著负相关。此外还得出，中国的房价具有一定的区位差别；中部地区和东部地区的房价水平存在显著的地区差异；东北地区商品房的房价收入弹性显著低于东部地区的房价收入弹性。

孙伟增、郑思齐[49]则认为，居民对房价的预期对于房价下一期的变动具有显著的正向作用，根据其2013年“中国城镇居民房价预期与购房行为专项调查”的实证检验，所研究城市内居民对房价的预期水平每提高1个百分点，下一期房价增长率相应提高1.04%。

2. 房价暴涨的影响

根据祝丹、赵昕东[50]研究可以看出房价总体波动对居民消费的影响虽为正向但持续时间较短；房价上涨与下跌对居民消费存在随时间变化的非对称性影响。金融危机前房价上涨会抑制居民消费，房价下跌短期内对居民消费则具有一定的正向影响；但金融危机后房价上涨冲击对居民消费产生了持续3个季度正向影响，房价下跌冲击对居民消费主要表现为负向影响，且房价下跌比上涨的影响程度更大。这种结果意味着房价上涨的正向财富效应越来越明显，同时房价下跌对居民消费的抑制影响也有所加大。

王策、周博[51]指出收入、房价的不确定性及其交互效应（客观因素）以及居民对于不确定性的敏感程度（主观因素）是预防性储蓄的来源。同时，由于一个地区的房价会对周围地区产生涟漪效应，利用空间计量模型实证分析表明，以交互效应为表现形式的房价波动能显著推高城镇居民的预防性储蓄，房价波动产生的涟漪效应使城镇居民的预防性储蓄动机在原有基础上增强52%左右。

此外，刘行、建蕾、梁娟[52]认为，房价波动通过影响企业资产、运行成本等影响企业的多样化发展，并造成社会福利下降。房价的上升在一定程度上提高了企业抵押资产的价值，为规避风险以及追求利润最大化，非房地产企业往往会将提高的融资资源投入到高利润行业，如房地产行业。

沈悦、戴士伟、陈锟[53]将测度系统性风险的主流方法——CoVaR模型进行拓展，通过构建GARCH－Copula－CoVaR模型，实证研究了房价过度波动的系统性风险溢出效应。通过研究发现，房价过度波动的系统性风险溢出效应明显，但对不同经济层面的风险溢出效应存在差异，其中对金融机构的风险溢出效应最为显著；经济环境变化对房价过度波动影响显著，其中宏观经济环境和制度条件的变化是引起房价过度波动的原动力，对房价过度波动起决定性作用。为此，提出在宏观调控政策实施中应尽量保持政策的连续性，避免频繁救市或过度打压房价，既要防范房价过度波动所引发的系统性风险向金融体系和实体经济传导，也应为稳定房价创造良好的宏微观经济环境和制度条件。

七、落实精准扶贫战略

2016年是中国全面建成小康社会决胜阶段的开局之年，而解决我国贫困人口直接决定了全面建成小康社会的成败。自2013年11月，习近平总书记首次提出“实事求是、因地制宜、分类指导、精准扶贫”，与以往扶贫不同，此次政府精准扶贫注重政府主导总体规划，动员社会参与；不再是仅以财政支持，而是鼓励与支持贫困地区通过自身发展摆脱贫困。

1. 政策支撑

国家政策支撑是精准扶贫的支柱，起到了主导作用。政府颁布的政策支撑主要是集中于对贫困地区的技术支撑、生态支撑等方面。

李金祥[54]指出技术政策支撑是精准扶贫的动力。科学技术是第一生产力，这一理念在促进农业发展中同样适用。农业科技扶贫是扶贫工作的重要内容，是贫困农牧民增产增收的重要手段，同样也是贫困地区良性可持续发展的重要途径。加强科技创新应用、创新科技扶贫手段、强化科教兴农战略不但有助于扶贫工作，更加有利于农业的现代化、智能化发展。

郑瑞强、王英[55]认为贫困地区的结构性特征并不是一成不变的，随着精准扶贫工作的进行，政府政策应时刻增进精准扶贫推进需要系统的思维；促进农村产权制度的改革深化，提高贫困人口资产性收益；强化贫困人口的动态管理，创新扶贫脱贫区域正向退出机制；厘清财政扶贫思路，促进财政金融政策联动；实施精准扶贫开发监测评估，重塑脱贫人口生计空间。

2. 金融帮扶

徐太平[56]认为，农村信用社是金融扶贫工作的主力军，但现阶段我国区域经济发展不平衡，农村信用社的信贷扶贫工作并没有发挥主力军的作用。一方面当农村经济发展不到一定程度时，并不需要贷款支持，致使资金投入缺乏动力；另一方面，由于信息不对称性使风险加大，监管机构缺失，加大了农民贷款风险。

耶赫[57]认为，农业银行作为服务“三农”发展的支柱性银行，即使在不同的历史发展阶段，始终承担着重要的扶贫使命，利用农行近年来服务金融扶贫的经验，在扶贫工作的新时期、新要求、新特点的背景下，提高认识，完善银行服务功能、风险防控功能。

王一捷[58]提出选择适合不同贫困地区的信贷模式，可以更加高效的实现金融扶贫工作。现如今信贷扶贫的主要模式有无抵押担保的扶贫小额信贷模式、以专项扶贫资金提供抵押担保的信贷模式、以农民财产权利提供抵押担保的信贷模式等。但现有的模型并不一定适合以后的发展情况，因此，建立有效信贷扶贫范式、提高信贷针对性、完善农村产权制度、建立完善的监管评估机制将是信贷扶贫的必经之路。

李春根、王雯[59]对于我国精准扶贫问题未来的展望，指出了深入推进扶贫工作需要坚持的新思路和新路径，即坚持创新扶贫开发机制，加强跨区域、跨主体的利益协调，坚持绿色扶贫理念，开拓扶贫思路和视野，从而实现改革成果的全民共享。

2016年经济形势总体上是较为复杂，“一带一路”的推进使中国面临更多的挑战与机遇；供给侧改革下的结构性调整继续深化，以确保我国经济转型得以顺利实施；在保障经济发展的同时，加强法律对环境保护的支持力度；继续深化国企改革，使企业逐渐脱离政府，自力更生，使政府逐渐回到“守夜人”的位置；加强社会保障，提高社会整体社会福利；加大精准扶贫力度，帮助贫困地区有能力自主脱贫。总之，2016年作为“十三五”开局之年，起到了良好开端的作用，并在彻底贯彻五大发展理念的基础上，为全面建设成小康社会打下坚实基础。

注：

①赵可金：《通向人类命运共同体的“一带一路”》，《当代世界》，2016年第6期。

②袁佳：《“一带一路”基础设施资金需求与投融资模式探究》，《国际贸易》，2016年第5期。

③倪中新、卢星、薛文骏：《“一带一路”战略能够化解我国过剩的钢铁产能吗——基于时变参数向量自回归模型平均的预测》，《国际贸易问题》，2016年第3期。

④郭孟珂：《“一带一路”战略下四大领域发展机遇研究》，《现代管理科学》，2016年第6期。

⑤张晓磊、张二震：《“一带一路”战略的恐怖活动风险及中国对策》，《国际贸易》，2016年第3期。

⑥白力：《“一带一路”的全球金融治理意义及挑战》，《商业经济研究》，2016年第18期。

⑦刘冰：《抓住“去产能”的关键问题》，《宏观经济管理》，2016年第7期。

⑧张林：《中国式产能过剩问题研究综述》，《经济学动态》，2016年第9期。

⑨邹蕴涵：《我国主要工业品产能过剩研究》，《宏观经济管理》，2016年第6期。

⑩聂辉华、江艇、张雨潇、方明月：《我国僵尸企业的现状、原因与对策》，《宏观经济管理》，2016年第9期。

⑪白让让：《供给侧结构性改革下国有中小企业退出与“去产能”问题研究》，《经济学动态》，2016年第7期。

⑫成立：《基于新供给主义理论的房地产市场改革路径抉择》，《现代管理科学》，2016年第8期。

⑬李洪建：《三四线房企去库存压力大》，《中国金融》，2016年第19期。

⑭黄雯、万丽梅、范晓婷：《积极稳妥去库存防范房地产风险》，《中国财政》，2016年第16期。

⑮董裕平：《加快建立现代住房金融制度》，《中国金融》，2016年第16期。

⑯张晓兰：《美日房地产泡沫与去库存的启示》《宏观经济管理》，2016年第6期。

⑰马勇、田拓、阮卓阳、朱军军：《金融杠杆、经济增长与金融稳定》，《金融研究》，2016年第6期。

⑱毛振华：《去杠杆与金融风险防范》，《中国金融》，2016年第10期。

⑲盛松成、刘西：《国民收支分配结构与企业去杠杆》，《中国金融》，2016年第17期。

⑳李志辉、王近、李源：《银行信贷、资产价格与债务负担》，《国际金融研究》，2016年第9期。

㉑王军辉：《去杠杆与保险资金运用》，《中国金

融》，2016 年第 21 期。

㉒孙继伟、朱红林：《企业“过冬”的好经验》，《企业管理》，2016 年第 6 期。

㉓徐田江：《着力降低企业制度性成本——基于陕西大中型企业的调查》，《企业管理》，2016 年第 9 期。

㉔洪银兴：《准确认识供给侧结构性改革的目标和任务》，《中国工业经济》，2016 年第 6 期。

㉕于国安：《创新财税政策措施支持企业降成本增活力》，《中国财政》，2016 年第 13 期。

㉖李佐军：《改善供给管理："去产能"与"补短板"》，《中国经济报告》，2016 年第 6 期。

㉗李毅中：《补短板促进新旧动能转换》，《中国经贸导刊》，2016 年第 10 期。

㉘周松方：《补短板筑牢风控防线》，《中国农村金融》，2016 年第 7 期。

㉙何礼：《以制度创新加快提效率补短板》，《中国经贸导刊》，2016 年第 16 期。

㉚孙华臣、孙丰凯：《城乡收入差距对碳排放影响的经验证据——兼论“公平”何以提升“效率”》，《宏观经济研究》，2016 年第 1 期。

㉛周县华、范庆泉：《碳强度减排目标的实现机制与行业减排路径的优化设计》，《世界经济》，2016 年第 7 期。

㉜林美顺：《中国城市化阶段的碳减排、经济成本与减排策略》，《数量经济技术经济研究》，2016 年第 3 期。

㉝江河：《关于设立政策性环保产业投资基金的思考》，《环境保护》，2016 第 21 期。

㉞王明远：《环境法治踏上新征途》，《人民论坛》，2016 第 34 期。

㉟党印、鲁桐：《新一轮国企改革的亮点》，《中国金融》，2016 年第 7 期。

㊱桂浩明：《资本市场在混改中的作用》，《中国金融》，2016 年第 7 期。

㊲邓娜：《企业激励机制与经营绩效的实证检验》，《企业管理》，2016 年第 12 期。

㊳李汝平、魏晓燕、魏晓丽：《商业银行支持国企“混改”的战略重点及政策建议》，《农村金融研究》，2016 年第 2 期。

㊴张兆国、陈华东、郑宝红：《资本结构视角下国企混合所有制改革中几个问题的思考》，《宏观经济研究》，2016 年第 1 期。

㊵焦娜：《社会养老保险会改变我国农村家庭的代际支持吗?》，《人口研究》，2016 年第 4 期。

㊶邹铁钉：《养老保险体制改革的动态时间一致性研究》，《数量经济技术经济研究》，2016 年第 1 期。

㊷张梦云、曹玉瑾：《推进我国养老保险制度改革》，《宏观经济研究》，2016 年第 4 期。

㊸郑秉文：《第三支柱商业养老保险顶层设计：税收的作用及其深远意义》，《中国人民大学学报》，2016 年第 1 期。

㊹赵正堂、吴江平：《以精算平衡原则推进财政支持下的医疗保险制度改革》，《财政研究》，2016 年第 10 期。

㊺沈世勇、李全伦：《医保基金收支平衡制度的演化机理分析——从数量平衡到质量提升》，《财政研究》，2016 年第 4 期。

㊻周钦、田森、潘杰：《均等下的不公——城镇居民基本医疗保险受益公平性的理论与实证研究》，《经济研究》，2016 年第 6 期。

㊼金双华、于洁：《医疗保险制度对不同收入阶层的影响——基于辽宁省城镇居民的分析》，《经济与管理研究》，2016 年第 2 期。

㊽张延、张静：《城镇化对房价的影响：理论与实证分析》，《财政研究》，2016 年第 6 期。

㊾孙伟增、郑思齐：《居民对房价的预期如何影响房价变动》，《统计研究》，2016 年第 5 期。

㊿祝丹、赵昕东：《房价的“涨”与“跌”对居民消费的非对称性影响研究——基于中国省际面板数据的实证检验》，《宏观经济研究》，2016 年第 4 期。

(51)王策、周博：《房价上涨、涟漪效应与预防性储蓄》，《经济学动态》，2016 年第 8 期。

(52)刘行、建蕾、梁娟：《房价波动、抵押资产价值与企业风险承担》，《金融研究》，2016 年第 3 期。

(53)沈悦、戴士伟、陈锟：《房价过度波动的系统性风险溢出效应测度——基于 GARCH - Copula - CoVaR 模型》，《中央财经大学学报》，2016 第 3 期。

(54)李金祥：《创新农业科技驱动精准扶贫农业经济问题》，《农业经济问题》，2016 第 6 期。

(55)郑瑞强、王英：《精准扶贫政策初探》，《财政研究》，2016 第 2 期。

(56)徐太平：《农信社扶贫的问题》，《中国金融》，2016 第 21 期。

(57)耶赫：《银行做好金融扶贫工作的经验与建

议——以农业银行为例》,《农村金融研究》,2016年第4期。

㊳王一捷:《信贷扶贫模式与建议》,《中国金融》,2016年第18期。

㊴李春根、王雯:《基于五大发展理念的新时期扶贫工作探讨》,《财贸经济》,2016第10期。

(作者:方芳,中国人民大学教授;
王君,中国人民大学博士生)

法　学

法 理 学

冯玉军　孟祥菡

2016年,全国法学理论界对大量理论与实践问题展开了广泛而深入的探讨和研究,北京地区法理学者本着务实、创新的探索精神,对法治中国与法治评估、党规与国法的关系、立法、司法与指导性案例制度、中国近现代法理学的发展、中国传统法律文化、一般法律理论、法学思想述评等都有深入的讨论,取得了众多研究成果,发表了一大批研究论著。

一、重要学术研讨会

本年度,北京地区召开了一系列学术研讨会,主要有:2016年3月18日,由中国社会科学院法学研究所、社会科学文献出版社联合主办的"2016年《法治蓝皮书》《地方法治蓝皮书》《四川法治蓝皮书》发布暨中国法治发展与展望研讨会"在北京举行。与会专家总结了2015年中国法治发展的现状和面临的挑战,分析了中国法治发展的热点和难点问题,展望了2016年中国法治发展形势,并正式发布了《法治蓝皮书(2016)》《地方法治蓝皮书(2016)》《四川法治蓝皮书(2016)》。

2016年3月1日,中国法学会法治研究基地建设发展座谈会在京召开。中国人民大学法治评估中心成为首批"中国法学会法治研究基地"。4月10日,由中国人民大学法学院、国家发展与战略研究院、中国法学会法律评估中心联合主办的"中国法治评估报告2015"成果发布会暨中国法学会法治研究基地挂牌仪式在中国人民大学举行。

2016年3月27日,中国行为法学会和中南大学共同编纂的《中国法治实施报告(2015)》发布会暨"'四个全面'战略布局下的法治实施"专题研讨会在中国科技会堂举行。报告共分五编:总报告,七大部门法实施报告,四大法治实施专题报告,两部涉外法治运行报告,十大典型事件名家评析。与会代表还就法治理论创新、国家治理与法治实施、国家发展战略、微观法治、宪法法律实施、"互联网+"时代的法治新动向、司法体制改革、金融法治建设、政务公开、生育政策调整等论题做了精彩发言。

2016年4月26日,"法治中国建设高端论坛暨北师大法学院建院十周年座谈会"在北京师范大学隆重举行。各位专家学者从中国法治建设新常态、国家海洋权益维护、法治常识与法治立场、刑法修正中的犯罪化问题、依法治国的民事领域问题等不同角度发表真知灼见。

2016年7月17日,中央马克思主义理论研究和建设工程重大项目兼国家社科基金重大项目"全面推进依法治国重大现实问题研究"课题组全体会议暨全面依法治国重大问题学术研讨会在京举行。

2016年8月27日,由中国社会科学院法学研究所主办的"法治中国建设的回顾与前瞻"理论研讨会在法学所成功举行。会议共分四个单元:法治中国建设的成就与经验,法治中国建设的新思想新理论,法治中国建设面临的机遇和挑战,深化法制改革、加快法治中国建设。与会代表围绕上述主题进行了深入、热烈的研讨,取得许多共识,也在一些问题上展开了争鸣。

2016年11月5日,中国法学会法治评估研究方阵成立大会暨法治评估指标与方式研讨会在北京京仪大酒店举行。法治评估研究方阵的成立,将有利于整合中国法理学研究会与高校科研单位在法治评估研究方面的优势资源，形成协同创新的机制与力量，共同致力于我国法治评估理论与实践问题的研究，打造我国法治评估研究的高端智库。

2016年11月5—6日，第十届东亚法哲学大会暨中国法理学研究会2016年年会在北京京仪大酒店隆重召开。本次会议的主题为“全球化背景下的国家治理与制度建构”，由中国法学会法理学研究会、国家“2011计划”司法文明协同创新中心、东亚法哲学会和中国政法大学共同举办。与会学者分别围绕“东亚法治及其模式”“国家治理的地方与域外经验”“中国法律的历史转型”“中国传统与法律文化”“司法哲学与司法文明”“法律逻辑与法律方法”“人权理念及其制度安排”“自然法哲学及其挑战”“宗教、伦理与法治”“全球化与东亚法制的变迁”等进行深入讨论。

2016年11月24日，由中国法学会与英国英中协会主办，中国法学学术交流中心承办，“一带一路”法律服务合作联盟协办的“中英法治圆桌会议”在北京隆重开幕。会议主题为“一带一路”与中英法治合作。与会的专家学者围绕“一带一路”倡议对世界经济的意义及影响、“一带一路”建设与中英法律服务合作等议题进行热烈而深入的探讨，重点对中英经贸政策以及“一带一路”沿线法律制度、法律风险、纠纷解决等共同关心的问题进行广泛交流。

2016年12月3日，中国法学会董必武法学思想（中国特色社会主义法治理论）研究会2016年年会在北京瑞安宾馆举办。本届年会的主题为“以中国特色社会主义法治理论引领法学研究”。与会专家先后围绕“十八大以来党在法治领域的理论创新”、“中国特色社会主义法治理论的形成”、“董必武法学思想与中国特色社会主义法治实践”等问题发表观点。

二、重要学术著作

除了发表诸多学术论文外，北京地区的学者出版的著述主要有：吕世伦著《吕世伦法学论丛》，朱景文主编《中国人民大学中国法律发展报告（2015）中国法治评估指标》，冯玉军主编《完善和发展中国特色社会主义法律体系的理论与实践研究》，张文显著《司法的实践理性》《法治中国的理论建构》，徐爱国著《法学的圣殿——西方法律思想与法学流派》，舒国滢著《在法律的边缘》《中国特色马克思主义法学理论研究》，李林著《中国的法治道路》《中国法治发展报告（2016）》，王晨光著《法学教育的宗旨》，胡云腾著《司法改革》，王利明著《迈向法治——从法律体系到法治体系》（第2版），江必新著《法治与经济社会发展——〈十三五规划建议〉之法治研读》，雷磊著《规范、逻辑与法律论证》，张功著《法学研究的理论与方法》，张琪、胡兴东、（德）布斯特、高尚、刘岩著《中国司法先例与案例指导制度研究》，田禾、吕艳滨、栗燕杰著《实证法学——法治指数与国情调研（2015）》，鲁楠著《全球化视野下的法律与发展》，黄进编著《法治天下——黄进教授访谈录》，舒国滢主编《法学方法论论丛》（第3卷），李林、（芬）尤拉·柳库恩主编《法治发展与司法改革——中国与芬兰的比较》，高鸿钧主编《中国比较法学——比较法治文化》，高鸿钧、于兴中主编《清华法治论衡——法律与正义》。

译著主要有［德］乌尔里希·克卢格著、雷磊译《法律逻辑》；［美］亚历山大·M·毕克尔著、徐斌译《同意的道德性》；［美］罗伯特·C·埃里克森著、苏力译《无需法律的秩序》；［美］弗里德里克·肖尔著、雷磊译《像法律人那样思考——法律推理新论》；［德］古斯塔夫·拉德布鲁赫著、舒国滢译《法律智慧警句集》。

三、研究热点与创新

综观本年度，北京法理学界探讨和研究的重点与热点主要集中在以下八个方面：

（一）*法治中国与法治评估*

有学者指出，“法治中国”命题是对新中国法治实践集大成的概括。它的理论逻辑以中国法治的实践（问题）为前提和中心，首先是一种历史与实践统一的逻辑，隐藏着“实现主权结构与治权结构双重法治化”的线索；其次是一种道义与实践统一的逻辑，“法治中国”要实现的治理格局必然具有明确的价值目标，包含着特定的价值意象，是一种经过法律治理而呈现的现代“价值中国”，寄托着国人对正派国家与良序社会的道义期望。同时，法治中国命题在理论上也面临局限与挑战：包括双重代表制下的半契约主权结构内部如何有效实现问责、如何避免例外政治；多元价值带来的法治实用主义诱惑；实践的多元引发法治整合能力的下降。建立一个以宪法解释为核心的合宪性控制机制是妥善应对挑战的重要思路。①

有学者认为，借助亚里士多德的“四因说”，以法治理论的基本内容为视域，可以建构一个相对合理、完备的法治理论体系。就动力因而言，“人治”到“法治”的转化是基于对人性的不信任，直接动因在于防止统治者的恣意。就质料因而言，“恶法”的性质争论远未结束，但追求“良法”是共同愿望，不存在追随“恶法”去作恶的义务。就形式因而言，“形式法治”侧重规范逻辑，“实质法治”侧重道德价值，前者离开后者会变成空洞的形骸，后者离开前者会变成失体的幽灵。就目的因而言，法治既是“治民”又是“治吏”，在“法律—官吏—公民”的现代法治结构中，由于官吏身份的特殊性，“治吏”更是法治的核心目的所在。②

有学者指出，法治中国何以可能？这个问题太大了，不知怎么回答。但这个问题的提出本身，反映了中国社会或许是中国法学界的一种有理由也有正当性的社会期待，只是在这些期待的背后，有一系列非常可疑甚至不太现实的假定。先从这些假定开始探讨，即便是回避问题，也算一种回答。③

有学者对中国法治的发展阶段和模式特征进行了研究，认为改革开放以来，中国法治的各个领域都取得了长足的进步。回顾与市场经济相适应的民主法制建设的不平凡历程，揭示法制改革的现实成就及其面临的困境，总结法律发展的经验教训，在国际比较法学的研究中具有突出的样本意义。纵览中国法制改革的历史阶段及其标志性成就，可以总结出如下八个中国法治建设的模式特征及正反两方面经验：中国共产党领导下各机关部门分工负责的协商型法治，自上而下推进的权力主导型法治，中国传统法律文化、苏联法律文化和西方法律文化交织于一体的混合型法治，“一国两制三法系四法域”的开放型法治，强调理性主义目标规划的建构型法治，先易后难小步快跑的渐进型法治，注重实践不断试验和总结经验的学习型法治，追求公平正义与社会和谐的意识形态法治。④

有学者探讨了法治政府建设中的软法治理，指出依法行政、建设法治政府是依法治国、建设社会主义法治国家的重要组成部分。建设中国特色社会主义法治体系、建设社会主义法治国家离不开软法之治。完备的法律规范体系既要包含硬法也要包含软法，高效的法治实施体系的建立要求硬法软法协调共治，形成完善的党内法规体系也要求大力发展软法理论。在顶层方案设计、具体执法裁量、行政程序规范等方面，软法为法治政府建设提供了重要规范依据；在行政执法、政府区域合作等领域，软法为法治政府建设提供了重要工作机制。这些都对推动法治政府建设起了重要作用。⑤

有学者认为法学主流理论观察法律都从法与道德的关系入手，从而用规范应然来识别法律。然而，实然与应然之外，尚有法规范与法规范的实现这一重要的法学教义。自罗豪才教授将软法概念引入中国之后，软法治理已经成为我国法治实践的重要组成部分。然而，仔细观察学界对软法的定义，有两点含混之处亟须澄清：一是混淆了法规范的效力与约束力，二是未能区分出法律的常规性与强制性。该文认为软法的核心特征在于常规性，软法是规范性与常规性的辩证结合。这种辩证关系体现在，规范性处于流变之中，在新旧规范性转换过程中，始终有一个常规性维度，这一维度对于国家对内和对外治理都具有重要的理论意义。⑥

有学者从四个方面对习近平总书记在全国宗教工作会议上重要讲话的精神意旨进行了阐述。《讲话》内容博大精深，视野宏阔，其关于宗教法治的新论断、新思想是全面依法治国战略布局的重要环节，体现了习近平法治思想的新发展。

有学者对如何科学地进行法治评估予以阐释，指出如何解决好法治的普遍性与特殊性之间的关系，是法治评估是否科学、能否成功的关键。中国法治评估必须立足于中国特色社会主义法治实践，中国法治指标体系的设计必须建立在中国特色社会主义制度的基础上。我国法治指标体系应包括五个基本方面：法律规范体系、法治实施体系、法治监督体系、法治保障体系和党内法规体系。⑦

有学者指出建设科学的法治建设指标体系是党的十八届三中、四中全会提出的重要任务。我国法治评估指标体系的建立必须立足中国法治建设的实际，体现法治评估的国际经验与中国实践的结合，国家法律体系和党内法规体系的结合，国家治理体系和治理能力的结合，法治体系与治理效果的结合。⑧

有学者对法治考核予以研究，认为法治考核是一种截然不同于传统考核体制的新模式，两者在考核功能、考核对象、考核主体、考核方式方面都存在很大的差别。与类似锦标赛体制的传统政府考核体制相比，法治考核可以实现多元协同的导向功能，实现不同地区、层级和部门的差别化考核，弥补客观统计指标的不足。⑨

有学者认为中国法治体系的评估，应该兼具基本原理和本土特色，解决中国自己的问题。监督体系直接制约着法治体系的效果。中国法治监督指标体系由文件监督、执法监督和审判监督三个二级指标和十一个三级指标所构成，数据采集通过调查问卷的方式，区分社会公众、法学专家和法律执业者三类群体进行不同调查，计算规则采取权重均等的均值计算法。评估结果表现为两种：一是百分制的得分，二是好评、中评和差评的比例。评估发现：中国法治监督体系居于中等水平，内部监督和人大监督的效果最差，舆论监督的效果最好。未来应该针对监督体系的薄弱环节加强建设。[10]

（二）党规与国法关系的思考

有学者思考了党法与国法的关系，认为中国法治理念和模式在同时吸收立法法治国、司法法治国和行政法治国的理念和制度的基础上，构建多元一体的政党法治国，一种基于党国互动体制的混合法治模式。在复兴古典礼法互动的传统上，重建政法传统中的政治与法律、政党与国家、党法与国法的内在互动，从而在历史断裂之中重新建构起中华法治秩序的内在连续性。就政党法治国的建设而言，执政党最起码要成为遵纪守法的先锋模范，在依法治国中起到率先垂范的作用，要善于学习运用现代法治技术来解决棘手的政治法律问题。[11]

有学者指出长期以来中华法系一直都是一个紧密结合“政”与“法”的体系，缺一不可理解。从整体的视野来观察如今中国的正义体系，我们立刻可以看到，在上述方面今天的正义体系仍然和传统的中华法系带有一定的连续性。社会的非正式调解系统仍然在正义体系整体中起着巨大以及不可或缺的作用；民、刑事两大系统仍然相互交搭、互动；“政”与“法”也仍然同样并存、互补、互动和相互作用。[12]

有学者研究了当代中国政法体制的形成及意义，指出政法体制是党领导依法治国的制度和工作机制的重要组成部分，也是建设中国特色社会主义法治国家，实现国家治理体系和治理能力现代化的重要基石。当代中国的政法体制是在历史的演进中逐渐形成的，它主要包括两个方面：在条块关系中，以块块管理为主的同级党委领导体制；在央地关系中，党内分级归口管理和中央集中统一领导体制。研究中国的政法体制，仅用具有普适意义的现代西方概念来理解还不够，还需要运用本土概念深描中国的法律经验事实。这样才有可能反思和建构“关于中国”的社会主义法治理论。[13]

有学者认为在面对党内法规和国家法的协调时，有两个问题亟须认真对待。一个是，认识到党内法规上的“人”不同于国家法上的“人”。有些“人”在我国政治生活中更是扮演着不可替代的重要角色，对这些“人”在国家法上规不规定、如何规定，必然是坚持和完善中国特色社会主义法治体系时需要考虑的。另一个是，在我国政治生活中，党的职能部门和国家机构部门存在十分不均衡的联结和关系。党内法规对由党的职能部门具体负责的工作就必须规定得比较细致，对由被指导政府部门具体负责的工作就应当从简从略，对由党和政府其他部门牵头负责的工作就可以相对原则化些。[14]

有学者指出不仅绝对权力导致绝对腐败，相对权力同样导致相对腐败。绝对权力的腐败是专制下的腐败，相对权力的腐败是法治下的腐败，即法治堕落为官僚主义。官僚主义有两种类型：一种是“韦伯式的官僚主义”，即执法和司法官员的行为僵化；另一种是“阿伦特式的官僚主义”，即执法和司法官员的冷漠无情。拒斥和批判这种以法治为名的官僚主义，正是从古至今中国政治伦理的关键所在。不同于西方法治视野下的“腐败”重在“徇情枉法”，中国传统政治伦理中的腐败在于“以权谋私”。相比于不守法律的绝对权力和绝对腐败，被法律腐化的相对权力和相对腐败，是“无药可救”的腐败。如何避免堕落为“僵化冷漠”的官僚主义，是法治建设中最应当警惕的危险和问题。[15]

（三）立法理论与实践

有学者认为公开是民主政治的重要属性。它不仅体现在行政公开、审判公开、检察公开上，同时体现在立法公开上。这与立法的人民性、我国立法机关即人民代表大会的性质直接相关。虽然立法是有立法权的国家机关的专有活动，任何其他国家机关、社会组织和公民个人都无权立法，但这并不意味着人民群众是立法的局外人，相反，立法公开是立法的基本原则。公开原则应在立法的起草、审议、通过和法律公布的全过程得到体现。[16]

有学者对习近平立法思想予以述论，指出党的十八大以来，在全面依法治国的战略布局之下，习近平立法思想逐渐形成，对完善以宪法为核心的中国特色社会主义法律体系和科学民主立法起到了重要指引作用。这个思想包括四个方面的内容：树立宪法权威、完善宪法监督体制机制是基本前提；完善立法体制是基本要求，要求加强党对立法工作的领导、发挥人大在立法工作中的主导作用、加强和改进政府立法制度建设、实现立法和改革相衔接、赋予设区的市地方立法权等；深入推进科学立法、民主立法是基本途径；加强重点领域立法是基本内容，要求推进公民权利保障法治化，完善社会主义市场经济、民主政治、先进文化、民生与社会治理、生态文明法律制度等。新常态之下的立法工作，唯有坚持以习近平立法思想为指导，深入推进立法理论和实践创新，切实提高立法质量，才能为建设法治中国奠定坚实的基础。[17]

有学者指出较大的市立法是我国地方立法的重要组成部分，研究较大的市立法有助于中国特色社会主义法律体系的完善。但是迄今为止关于“较大的市”产生的历史背景，诸如 1994 年以后国务院未再批准较大的市、党中央全面深化改革决定重提较大的市立法等问题，始终缺少理论结合实践的探讨。该文旨在就“较大的市立法”的产生、发展/停滞、重启/扩大的内在原因与现实进程，予以深入分析。[18]

有学者对我国立法法的若干疑难问题予以诠释，指出我国立法法修改后半年多的实施过程中所反映出的诸多问题，亟须理论回应。立法法赋予设区的市以地方立法权并不违背我国宪法第 100 条，可视作法律对宪法的续造。法律实施中应严格限定设区的市的立法事项范围，除对《立法法》第 72 条和第 82 条的“等”作“等内”理解外，“城乡建设与管理”亦存在相对明晰的逻辑边界和规范内涵。按照修订前立法法第 63 条规定所确定的 49 个较大的市的既有立法，在此次立法法修订中限缩立法事项范围后仍可做出修改，无须担心“越位修法”。立法法与行政处罚法在设区的市政府规章的罚款设定权上并无本质冲突，全国人大常委会在其中扮演了重要角色。[19]

有学者思考了信访立法的相关问题，指出十八大以来，制定信访法的条件开始趋向成熟。信访制度改革和信访立法应合理配置资源、明确信访机构权限、提高其救济能力，加强案件督办，解决责任主体不作为等问题。信访最大的积弊在于未严格区分与正常司法、行政执法等程序以及中央政府与地方及基层治理的关系，导致信访向司法僭越、行政救济失效。为了解决这一问题，必须严格处理好各种机制之间的关系。[20]

有学者探讨了《宗教事务条例》修订的问题。2005 年 3 月 1 日起正式施行的《宗教事务条例》（以下简称《条例》）填补了宗教事务引导与治理在国家层面的立法空白，是改革开放以来党的宗教政策在制度方面的总结，并成为 10 年来保障宗教信仰自由、维护民族团结与社会稳定的重要法规。然而宗教格局和社会现实的改变使得宗教事务规范方面的不完善逐渐暴露，规范与规范、规范与现实的冲突和矛盾显现。《条例》实施 10 年以来，以之为核心的政策法规体系主要由两个方面组成：一是国家宗教事务局及相关部委制定的规章政策；二是地方各级政府（主要为省级）依据《条例》制定的省级宗教事务条例。从体例结构和内容两个方面总结地方性规范的亮点和缺陷，在各地的宗教事务实践当中发现一些符合当地需求的新的举措或者对旧有体系进行突破性的尝试，对于其中符合社会发展潮流和广大人民意愿、在实践中又确实收效良好的新举措进行探究，有助于总结宗教立法的不足。借鉴现有立法成果提出对《条例》修订的建议，有助于坚持科学立法，保障宗教信仰自由。[21]

（四）司法与指导性案例制度

有学者研究了契约司法，认为基层法院秉持客观中立的立场解决纠纷当然重要，但通过自愿协商就案件争议焦点达成协议的契约式司法，也可以成为颇有助益的制度调整。契约司法不仅能提高基层司法的效率和认可度，增强社会亲和力，而且能有效地消融争议焦点层面上的当事人“司法战场”扩大化与法官“司法战场”收缩化的“谁对谁错”的棘手难题。契约司法值得展望，这意味着基层审判有时需要容忍甚至发展法官与当事人之间平等互动关系的“相互性”概念，而不是一味地固守法官纯粹理性、威权、管束的“单向性”原则。从具体操作来看，如果契约司法可行，那么其提示着法官需要发挥灵动的修辞技艺和展现友善的法庭态度。就理论角度而言，契约司法的探索，能使人们反思司法职业人与社会外行人的社会权力关系，深化对司法原理的认识。[22]

有学者指出法律解释学是关于法律解释现象的系统理论认知和学科知识体系。法律解释学的内容架构涉及法律解释原理、法律解释技术和法律解释制度三个部分。对法律解释原理的探究，需要基于法律解释的操作定义，对“什么是法律解释”这一问题作全面深入的追问。法律解释技术是在操作意义上具体回答在法律实践尤其是个案裁判中如何解释适用法律的问题，涉及法律解释方法的获得，以及运用解释方法提出、择定和展示解释主张的操作。法律解释制度则要联系中国现状在体制上反思和回答谁有权解释法律及解释的权威性问题。对法律解释学的研究，应该内嵌或关联于由认识论发展、法学学科演进、法治发展以及司法裁判证成等组合而成的一个完整的理论和实践场景之中。[23]

有学者研究了审判责任制，指出审判责任制改革不仅要解决审判主体不清的问题，还要解决审判责任不明、审判责任追究机制不当不力等问题。审判责任是审判者对自己的过错审判行为承担不利的后果。《最高人民法院关于完善人民法院司法责任制的若干意见》在审判责任制改革的原则规定中提到“主观过错与客观行为相结合”，把错误裁判行为所造成的“严重后果”视为裁判责任承担的必要条件。法院的司法审判责任是一个广泛的概念，对审判责任制中所说的“责任”做这样的锁定，而不是用来指涉个案审判中所有违法违规行为的责任，其认为是正确的。[24]

有学者研究了司法公正的评价标准，认为司法公正的评价有四种类型：一是设立具体制度，二是评估案件质量，三是通过问卷调查，四是进行认知实验。这些类型既有客观标准，又涉及主观感受。特别是准确把握民众对司法公正的感受，有助于深化认识司法公正与社会公正的关系，也有助于当前司法改革的进行。[25]

有学者探讨了中国司法公开的不均衡现象，指出中国的司法公开涉及四类国家机构：法院、检察院、公安机关和司法行政机关，公开的领域是审判、检务、警务和狱务。法院的审判公开性程度做得最好，已经接近“较好”的层次。我国四类司法机构的公开性程度，存在着明显的不均衡现象。法院系统的司法公开经验，值得其他三家政法机构学习。[26]

有学者研究了涉诉信访治理的正当化与法治化，认为涉诉信访治理是法律、行政、经济等调整机制与程序、绩效等正当性基础相互作用的过程。1978 年以来的“绩效合法性下的综合调整”化解了大量涉诉信访，但法律调整与非法律调整的混同日益无法适应实践需要。20 世纪 90 年代之后，涉诉信访法律调整机制不断健全，程序正当性逐渐确立，但受国家治理整体格局、信访体制、司法政策等影响，涉诉信访治理具有明显的绩效导向，调整效果不佳，相关政策反复调适。从目前来看，“程序正当性下的法律调整”过于理想化，十八大以来的涉诉信访改革方案可以解读并进一步整合为“程序正当性下的综合调整”，通过法律程序和程序惯例释放并统摄各种正当性资源和调整机制的作用，形成一种可持续发展的常规治理结构。[27]

有学者认为最高法院的巡回法庭是中国司法改革的“试验田”和探索者，是司法领域法治改革的新生事物。巡回法庭执法办案已有了初步实践，其在工作中积极创新司法改革措施，构建科学高效的审判权运行机制，落实法官司法责任制，建立主审法官会议制度，集体讨论重大、疑难、复杂案件，在保证司法公正和法律适用标准统一方面做出了不懈的努力，初步实现了预期目的。但是，该制度实行的时间还不长，实践中出现一些问题是不可避免的，这就需要我们在总结经验的基础上继续探索完善巡回法庭运行机制的途径。[28]

有学者研究了指导性案例，认为案例和指导性案例在法律实践和社会生活中具有重要意义，它们在统一法律适用标准和执法尺度，规范司法行为、限制司法专横、防治司法腐败等方面都发挥着重要作用，但不可忽视的是目前案例及指导性案例仍然面临着条文化倾向、指导性案例数量不足、实践需要与理论供给的矛盾。为解决以上问题，根据目前的体制和实践，笔者建议从两方面入手：改进、完善案例的生成，以及实现案例供给的多样化、体系化。[29]

有学者探讨了指导性案例的效力，认为关于最高人民法院指导性案例“应当参照”的效力问题，“事实上的拘束力说”隐晦地揭示出对“同案同判”作为司法之基本原理和内在结构的探索和领悟，其困难是不能揭示指导性案例效力的规范性根据。“准法律权威说”提供了此种规范性根据的一种说明，却由于太重视案例指导制度与现行体制的衔接性，而错失或遮蔽了其司法改革的真义。指导性案例“应当参照”的效力具有重大认知价值，其实践价值甚少。只有从“认知理解”层次澄清“同案同判”是司法的构成性特征，司法先例具有天然正当的法源地位，才能从政策工具层次推动案例指导制度改革的进步。[30]

（五）中国近现代法理学的发展

有学者指出旧法律理论和法律意识形态不死亡，一个全新的法学就不会诞生。其中，需要死亡的，首当中国法理学。法理学各成分元素有机结合构成和谐体系时，才是逻辑自洽的法理学；如果各元素缺乏内在融合的属性，那么法理学则是一座“沙质的城堡”。从学术的角度来说，配得上“法理学”名称的，必须得有思辨和论证。即使是法理学承担了政治宣讲的功能，也应该从学理上论证出政治决策的正当合理性。法理学的主观性和个性多样化导致了理论统一的不可能性。中国法理学统一运动是违反法理学自身规律的。其还对政治法理学者与明星法理学者予以批判，对法教义学与社科法学之争予以评述。[31]

有学者对中国近代法政转型与东亚命运共同体予以研究，认为“法政速成科”的设立不仅表明传统的东亚中华世界主导的天下体系解体、中日千年文化格局开始向日本倾斜，而且，意味着地中海文明－大西洋文明所建构的现代世界体系统治全球，法律文明秩序取替过往的农业－伦理文明。在此，中日双方调动了各自的历史记忆，围绕着国家建构及其法政体系，追求以富强为基础，而以文明立国和以政治立国，讲述了一个大转型时代东亚意识、种族意识和世界意识纠结下的法律叙事。[32]

有学者讨论了中国现代法学学术的开端，认为现代法学在中国的诞生，是建立在清末民初四五十年的法科教育基础上的。但是，法律教育并不等于法学研究，清末一系列的学堂和民初的法政专门学校，都是以实务为倾向，着力于培养政治人才和司法官吏，无法也不可能担负起寄养现代法学学术的重任。处身 20 世纪的世界学术格局中，中国现代法学的诞生须立于两个基础之上，一是要有现代的大学或者学术研究机关，一是要有中国的受过西方法学学术训练的学者以法学为业研治学术。1917 年的北大改革，为法学的诞生提供了一个研究的环境；20 世纪 20 年代一批留学生的回国任教，为法学的诞生提供了智识基础。也就是在这段时期，现代法学在中国才落地生根。[33]

有学者对汉语法学的内在理路与外在场景予以阐释。汉语法学的产生与发展，是中国传统法学和以日本法学、欧美法学、苏联法学为主的西方法学在中国共同作用的结果，它汲取传统中国法学的精华，又对于西方舶来的现代法学持开放包容的心态，力争在古今中西的交汇点谋求法学的创造性转换。汉语法学以历史主义为旗帜，站在文化中国的立场，在文化、理论、技术三个层面上研究中国问题，以期为现代中国的转型和国家现代化的底定提供法学上的思考。[34]

有学者从日韩的经验教训出发，思考了我国法学教育改革的现状与宏观制度设计。中国新一轮法学教育改革在即，如何确定改革的指导思想和具体路径是需要在理论上做出回答的迫切问题。在这个问题上，日本和韩国近年来所进行的法学教育改革能为我国提供诸多的借鉴经验，不管是正面的移植成果还是负面的教训。在参考日韩法学教育改革成功与失败的经验之上，结合中国的现实情况做出法学教育改革的顶层设计，对于中国新一轮的法学教育改革具有重要意义。[35]

（六）中国传统法律文化

有学者研究了当今瑶山的审判习惯法，指出神判是以非人的神灵为后盾的解决氏族成员的争端和纠纷的一种裁决方法。2008 年 2 月 13 日，金秀瑶族自治县六巷乡六巷村和田屯发生了一起烧香诅咒的堵路纠纷，为我们了解当今瑶族的神判习惯法提供了生动的实例。按照习惯法，神判运用的对象较为广泛，神判通常是其他纠纷解决方式无效后的选择。习惯法对神判的时间、地点、参加人、具体过程等神判的程序有一定的规范，同时当今的神判习惯法就效力时间、效力空间、效力对象、效力表现等方面也进行了规范。在当代中国某些地区，神判习惯法的存在仍有其历史、文化、心理等方面的基础，我们需要在全面推进依法治国过程中逐步予以消除。[36]

有学者从地方法规规章的角度观察了乡村治理。我国的地方性法规、民族自治地方自治条例和单行条例、经济特区法规、地方政府规章对村规民约、乡规民约进行了规范。地方法规规章关于村规民约、乡规民约的规范涉及乡村治理的政治、经济、社会、文化诸领域，包括村民自治、农村治安、农村自然资源保护与利用、农村环境保护、农村公共事务、农民权益保护、农村纠纷解决等方面，较为全面的调整乡村社会关系，维护乡村社会秩序，促进乡村经济社会发展和农民生活水平提高。[37]

有学者对“家”作为法学的一个基本范畴予以阐释，法律是对人群生活普遍看重的生活意义的选择和设定。构成中国人重要的生活意义的不是个体，而是家庭。通常的误解是，个体与家庭是一种非此即彼的对立关系，实则不然，二者之间是一种辩证性关联。并由此形成两种个体，一种是离家出走的个体，一种是重新回归家庭的个体。西方的契约合意理论建立在第一种个体之上，而中国的小康社会则以第二种个体为基础。如果说从自然走向自由是现代精神的表达，那么，从自然之家走向的不应是否定“家”的个人主义，而是否定之否定的自由之家。[38]

有学者探讨了大国及其疆域的政制构成，至少自西周开始，历史中国就已疆域辽阔，也因此逐步演化出维系和拓展大国治理的中央与地方关系。分封诸侯的西周封建制，可谓构建大国最早的制度努力，也为秦汉以后历代王朝的郡县制变革设定了基本原则并奠定了基础。为防止国家分裂，加强中央集权，历史中国长期坚持的另一基本制度，是在行政区划上高度关注各地的自然地理。这一制度有着浓厚的地缘政治考量。在中原农耕区域与周边游牧民族既冲突又融合的历史进程中，历代王朝还采取了各种措施，并逐渐形成和建立了一些促成民族融合的重要制度。从大历史的视角来看，这构成了另一种形式的中央与地方关系。[39]

有学者指出父子和兄弟关系一纵一横构成了历史中国农耕村落秩序（齐家）的支架，但这两种关系的再生产都必须依赖男女关系，一种最具创造力也最具颠覆力的关系。“男女有别”因此成为保证村落秩序稳定的核心制度原则。制度实践包括为严防生物乱伦和近亲结婚以确保繁衍健康后代的外婚制和同姓不婚制，也包括为稳定和确保村落家族社区秩序确立的“从一而终”和“授受不亲”的制度，力求杜绝各种潜在的文化乱伦。[40]

有学者认为任何社会的实践也总是丰富多彩，与正式制度、制度逻辑、意识形态一定有所背离。历史中国的“齐家”是宪制问题，有关基层社会组织和秩序。新中国建立以来中国农村的历史变迁表明，这一直是新中国的重要宪制问题之一。以社会科学的研究进路拒绝了近代那种强调“内圣外王”的新儒家传统，一种思辨的道德哲学政治哲学传统。拒绝的根本理由是社会实践，而不是个人的好恶。因为若恪守儒家的经典解说，从格物致知修身开始，那么“齐家”就只是传统士人/政治家修行奋斗与他投身的社会政治实践的一个关键连接，是志士仁人通过社会实践追求实现个人抱负的出发点。“齐家”并不是“治国”的简单铺垫，这两个领域既不直接相连，也不当然重叠；因此，有可能且应当坚持在历史中国农耕村落语境中理解“齐家”的制度设计和运作，理解和展示它的独具一格，自成一类。[41]

有学者从“正义体系”的整体来重新思考中国古今的非正式（民间）正义体系和正式（国家）正义体系，特别强调民事正义体系和刑事正义体系的相互依赖、交搭和互动。然后，将其与“世界正义工程”（WJP）的“法治指数”所采用的框架相对比，借此论证古今“中华法系”与现代西方法律的异同，以及中国的调解体系与西方的非诉讼纠纷解决机制（ADR）的差异。中华法系今天不仅在中国也在其他主要的东亚文明国家起到重大的作用，应该破除一些影响较大的盲点和误区，探索一条超越中西、古今二元对立分析框架的道路。[42]

有学者指出民间法研究，不但在司法的微观意义上具有帮助法官进行法律续造，补充法律漏洞的价值，而且在宏观的文化——价值意义上，它是缔造法治和宪制的重要事实基础和文化根据。不同的民间法无论在文化意义上、规则意义上还是主体意义上的交流，都能够为共和奠定多元文化竞争共存、多元规范交流协作、多元主体对话互利的共和格局。民间法对全球共和的基本作用是保障完全不同的文化前提和规范（秩序）基础，实现国际秩序的动态重构和高层提升，最终使全球置于“宪制的共和”这种动态的、高层次的秩序状态下。[43]

（七）一般法律理论

有学者对权力与权利的关系予以辨析，指出一般认为权力指的仅仅是公权力，而法治的使命则在于限制公权力、保护私权利。这种观点值得商榷。笔者认为：权利是被认为正当的权力；被关进制度笼子里的应是现实存在的一切权力，而不仅仅是公权力；在这个基础上来认识权力和权利，才能准确、全面地理解“将权力关进制度的笼子里”的命题，为更好地贯彻“四个全面”、建设法治中国服务。[44]

有学者研究了法律规范冲突的逻辑性质，认为法律规范之间的冲突是不是逻辑矛盾的问题是法律逻辑的前提性难题之一。凯尔森对这一问题的观点经过两次转变，最终采纳了否定说。但作为否定说主要支柱的效力论据误解了逻辑的性质及其适用的领域，弱化“效力”概念的做法只是转移或掩盖了问题，只有在区分规范的两种观念基础上彻底脱离“效力”概念才能走出困境。逻辑法则适用于法律规范间的冲突有其认知必要性与实践必要性。在此理论准备之下，肯定说能够证明，规范冲突可以被直接呈现或还原为逻辑矛盾的两种基本形式，即道义内部矛盾（反对性矛盾）与道义外部矛盾（对立性矛盾）。逻辑只适用于语义学规范的领域，但基于实践理性的假定，它对于规范创设者的行为同样会发生约束。[45]

有学者对法律规范的逻辑推断难题及其出路予以探讨，指出“约根森困境”提出了没有真值的法律规范（规范语句）能否进行逻辑推断的难题。面对这一困境，既有的研究大体持三种立场：法学中的规范逻辑怀疑论主张，在法律规范领域不存在逻辑关系；法律真值主义立场通过各种方式将真值同样归于法律规范来解决困境；法律非真值主义立场承认法律规范不具有真值，但却试图说明真值并非逻辑推断的必要前提。通过区分规范的三种观念可以证明，逻辑推断只与语义学规范有关。逻辑与任何具体的逻辑值无关。在理性主义认识论的假定之下，逻辑适用于思维域中的道义理想世界。从一般法律规范到个别法律规范的逻辑推断之所以可能，是因为前者在语义上蕴含着后者，这使得作为前提之一般法律规范的逻辑值可以传递给作为结论之个别法律规范。逻辑推断对于司法裁判具有理性拘束与评价的作用。[46]

有学者对法律平等予以历史的审视，指出法律是维系社会稳定的一种纽带。在古代，法律可以维持和强化人类之间不平等的关系；在现代社会，法律又可以矫正社会中的不平等。古代社会，常态是人与人之间的不平等，主奴与贵贱的不平等被认为合乎自然。在此前提下，法律确认和强化了人与人之间不平等的关系，不同的社会地位决定了不同的法律权利和义务。现代社会，人人平等成为普遍的观念。文明国家在宪法和法律的层面确立了法律平等的原则。法律的规定只是一般的原则，法律平等要在现实生活中贯彻实现，则需要在法律上处于不利地位当事人通过司法诉讼的途径换得实质意义上的平等。[47]

（八）法学思想述评

有学者对亚当·斯密的法律思想进行了述评，《法理学讲义》是亚当·斯密于1752—1764年在格拉斯哥大学担任道德哲学教授期间两个不同年份的随堂讲稿记录的汇编。按照今天的知识分类标准，授课内容涵盖了哲学、神学、法学、政治学和经济学等广泛内容。在这部巨著中，斯密将抽象的人性问题置于具体的历史发展进程当中予以研究，系统总结和评述了经由格老秀斯、普芬道夫、洛克并被休谟等苏格兰启蒙学者不断发展了的自然权利学说，由此创立了一种关于国家与社会的崭新理解范式。因此，更深入地研读《法理学讲义》无疑有助于抓住斯密法律思想的内核，了解其重要观点的由来。与此同时，该书还补充并夯实了《国富论》的有关论证，它让我们看到，斯密始终将其关于国民财富的性质和原因的研究置于社会和政治发展这一更为宽泛的理论框架之中。[48]

有学者对乌尔里希·克卢格的《法律逻辑》予以介评，该书是那个时代的经典，对于今天的法律人也深具启发意义。其从《法律逻辑》一书出发，为理解逻辑对于法律究竟能发挥什么样的作用，逻辑方法是否等于形式主义，法律逻辑是什么，它的限界何在等问题提供了可能的视角。[49]

有学者认为在英美法理学传统中，作为英国学说和制度上的革新之父，边沁始终占据着一个至关重要的地位。边沁秉承西方功利主义哲学传统，倡导“最大幸福”原理或者“功利”原理，将之适用于法理学，尤其是立法领域。这一原理构成了边沁整个思想体系的基石，在此基础上，边沁不仅对法律及立法进行了类型化的实证分析，而且还提出了制度变革的具体建议，为英美分析法理学乃至法律的经济分析奠定了理论与方法的基础。边沁的法理学思想，无论从理论上，还是在实践中，对英美法理学的传统与现代均产生了深远影响。[50]

有学者研究了工具主义法治观，指出2014年《中共中央关于全面推进依法治国若干重大问题的决定》赋予良法善治在法治实践中的结构性地位，因此需要在理论上确立良法善治在法治观建构中的价值处境。法治观是关于法治实践的全备理论构想，包含价值立场、方法论主张、道德证成和政治意义四个方面。工具主义法治观主张法治是国家通过法律这一工具性手段的治理而促进共同体成员实现共同善的制度性实践。工具主义法治观在价值立场上主张法律具有工具性价值，是实现共同善之制度性手段；在方法论主张上坚持教义性立场，把法律之治化约为规则之治；在道德证成意义上，主张法律的价值或规则治理的道德意义来自于共同善；在政治意义上体现为良法善治。基于这四个方面而重构的工具主义法治观能够克服法律工具主义长久以来所面对的批判和担忧，为法治实践提供新的理论定位和价值解析，从而为良法善治在国家现代化治理中的实现提供理论依据。[51]

注：

①王旭：《“法治中国”命题的理论逻辑及其展开》，《中国法学》，2016年第1期。

②金若山、吕世伦：《法治理论体系建构刍议——以基本内容为视域》，《求是学刊》，2016年第1期。

③苏力：《“法治中国何以可能”背后：伪假定VS真命题》，《探索与争鸣》，2016年第10期。

④冯玉军：《中国法治的发展阶段和模式特征》，《浙江大学学报》（人文社会科学版），2016年第4期。

⑤罗豪才、周强：《法治政府建设中的软法治理》，《江海学刊》，2016年第1期。

⑥张龑：《软法与常态化的国家治理》，《中外法学》，2016年第2期。

⑦朱景文：《如何开展科学的法治评估》，《中国党政干部论坛》，2016年第1期。

⑧朱景文：《中国法治建设的成效如何衡量》，《人民论坛》，2016年第30期。

⑨孟涛：《以法治考核改变锦标赛体制》，《中国党政干部论坛》，2016年第1期。

⑩孟涛：《中国法治监督体系的评估研究》，《宏观质量研究》，2016年第2期。

⑪强世功：《从行政法治国到政党法治国——党法和国法关系的法理学思考》，《中国法律评论》，2016年第3期。

⑫黄宗智：《中国正义体系中的“政”与“法”》，《开放时代》，2016年第6期。

⑬侯猛：《当代中国政法体制的形成及意义》，《法学研究》，2016年第6期。

⑭屠凯：《党内法规与国家法律共处中的两个问题》，《中国法律评论》，2016年第3期。

⑮凌斌：《论相对权力与相对腐败》，《桂海论丛》，2016年第2期。

⑯朱景文：《把公开原则贯穿于立法过程》，《中国司法》，2016年第4期。

⑰冯玉军：《完善以宪法为核心的中国特色社会主义法律体系——习近平立法思想述论》，《法学杂志》，2016年第5期。

⑱冯玉军、刘雁鹏：《较大的市立法：历史演变及其动因分析》，《甘肃政法学院学报》，2016年第2期。

⑲郑毅：《对我国〈立法法〉修改后若干疑难问题的诠释与回应》，《政治与法律》，2016年第1期。

⑳范愉：《有关信访立法的思考》，《理论视野》，2016年第8期。

㉑冯玉军、徐经纬：《〈宗教事务条例〉修订的体例、结构和实践问题》，《北京联合大学学报》（人文社会科学版），2016年第3期。

㉒刘星：《契约司法：一种可能的基层审判制度塑造》，《法学家》，2016年第3期。

㉓张志铭：《〈法律解释学〉的内容框架与写作场景》，《国家检察官学院学报》，2016年第1期。

㉔张志铭：《审判责任制需要解决的问题》，《民主与法制》，2016年第39期。

㉕侯猛：《如何评价司法公正：从客观标准到主观感知》，《法律适用》，2016年第6期。

㉖孟涛：《中国司法公开的不均衡现象》，《人民法治》，2016年第11期。

㉗彭小龙：《涉诉信访治理的正当性与法治化——1978—2015年实践探索的分析》，《法学研究》，2016年第5期。

㉘张杰：《最高人民法院巡回法庭的设置理念、运行效果及问题探析—以海南乐东黎族自治县万冲村宅基地纠纷案为例》，《苏州大学学报》（哲学社会科学版），2016年第1期。

㉙张骐：《推进案例研究 实现案例指导的跃升——目前案例指导制度所面临的问题及解决》，《法律适用》，2016年第13期。

㉚泮伟江：《论指导性案例的效力》，《清华法学》，2016年第1期。

㉛徐爱国：《论中国法理学的“死亡”》，《中国法律评论》，2016年第2期。

㉜许章润：《情非得已 势所必然——从“法政速成科”看中国近代法政转型与东亚命运共同体的文明论》，《社会科学论坛》，2016年第1期。

㉝刘猛：《论中国现代法学学术之开端》，《华东政法大学学报》，2016年第1期。

㉞刘猛：《汉语法学的内在理路与外在场景》，《清华法学》，2016年第3期。

㉟王晨光：《法学教育改革现状与宏观制度设计——日韩经验教训反思与中国改革刍议》，《法学》，2016年第8期。

㊱高其才：《当今瑶山的神判习惯法——以广西金秀六巷和田一起烧香诅咒堵路纠纷为考察对象》，《法制与社会发展》，2016年第1期。

㊲高其才：《通过村规民约的乡村治理——从地方法规规章角度的观察》，《政法论丛》，2016年第2期。

㊳张龑：《何为我们看重的生活意义——家作为法学的一个基本范畴》，《清华法学》，2016年第1期。

㊴苏力：《大国及其疆域的政制构成》，《法学家》，2016年第1期。

㊵苏力：《齐家：男女有别》，《政法论坛》，2016年第4期。

㊶苏力：《齐家：父慈子孝与长幼有序》，2016年第2期。

㊷黄宗智：《中国古今的民、刑事正义体系——全球视野下的中华法系》，《法学家》，2016年第1期。

㊸谢晖：《论民间法作为宪制的共和基础》，《法治研究》，2016年第1期。

㊹孙国华、孟强：《权力与权利辨析》，《法学杂志》，2016年第7期。

㊺雷磊：《法律规范冲突的逻辑性质》，《法律科学》，2016年第6期。

㊻雷磊：《走出“约根森困境”？——法律规范的逻辑推断难题及其可能出路》，《法制与社会发展》，

2016 年第 2 期。

㊼徐爱国:《法律平等的历史审视》,《民主与科学》, 2016 年第 1 期。

㊽冯玉军:《亚当·斯密法律思想述评——以〈法理学讲义〉为中心》,《中外法学》, 2016 年第 5 期。

㊾雷磊:《什么是法律逻辑——乌尔里希·克卢格〈法律逻辑〉介评》,《政法论坛》, 2016 年第 1 期。

㊿明辉:《功利与变革:边沁法理学思想评述》,《中共浙江省委党校学报》, 2016 年第 1 期。

51郑玉双:《实现共同善的良法善治:工具主义法治观新探》,《环球法律评论》, 2016 年第 3 期。

(作者:冯玉军,中国人民大学教授;
孟祥菡,中国人民大学博士生)

宪法学

胡锦光　杨　凡

2016 年北京地区宪法学研究的特色突出表现在学界对于中国问题的关注,以及对于实践问题的回应两个方面。前者如外国宪法学研究的锐减,而诸如国家所有、土地制度、“法治中国”、党的执政等问题的研究有所加强;后者如纯粹学理研究的缩减,而诸如公民权利的现实困境、宪法的进一步部门法化、基本法实施等。总的来说更接地气,也更为有力。

一、法史

有学者回望了 1946 年的“旧政协”,认为在 1946 年政治协商会议中,各民主党派组成的第三方力量发挥了重要的作用,影响着国共两党之间的平衡,推动政治民主化与联合政府的实现,从而充分表达出自身关于中国宪制建构模式的思想主张;而其主张则反映于《和平建国纲领》与宪法草案修改原则之中,并尝试以英美宪制经验提供中间道路的发展模式;但受制于实践能力,其思想无法转化为现实。①

而作为宪法的一项基本原则, 1954 年宪法第 78 条确立的审判独立原则为新中国司法体制奠定了合宪性基础,体现鲜明的中国宪法传统与特色;而在司法改革成为法治“热门话题”的今日,认真回顾 1954 年宪法“审判独立原则”的形成过程,有助于我们准确把握审判独立原则的现代价值,从历史的正当性与合法性中寻求实现审判独立的内在动力。②

另外,该学者也对中国宪法学研究进行了历史的回眸:自 1982 年宪法颁布以来,中国宪法学在社会变革进程中,为推动民主与法治的发展做出了重要贡献;在宪法学的本土性、实践性与学术性等问题上,学术界坚持学术理念,强调中国意识与问题意识,面向中国的宪法问题,努力形成学术共同体的学术话语;而在未来的法治国家建设中,宪法学研究更应立足于中国实际,更加关注现实问题,推进宪法学的中国化进程。③

更有学者回望了宪法运动的三次全球化,并指出其所面临的当代危机。其论以为,当代世界宪法危机需要放置在 18 世纪以降的三波宪法运动背景下予以审视:美国宪法霸权的衰落过程,是新自由主义经济宪法模式主导的后果,加之多元主义文化政治的解构,罗斯福新政原则已经无法作为权利诉求的衡量标准从而对宪法政治进行整合;政治议题与经济议题在宪法层面的断裂,不仅在美国国内形成了宪法危机,也同时在全球层面带来困境;经济议题的优先、普通法式的私法治理,最后都有可能酝酿出严重的宪法危机;冷战后建立的以司法治理为中心的全能宪法模式遭遇愈益严峻的挑战,特别是,超国家社会系统的运作已经超逸出民族国家宪法控制力量的范围;而三波宪法运动与三波法律全球化运动的内在联系说明,在当下亟须宪法作为政治和法律系统结构耦合机制的重新设计,亟须重申宪法和公法维度的重要性,来回应全球法律发展面临的深刻危机,中国与世界宪法秩序存在的内在张力,更是有待化解的法权扭结。④

二、权利

有学者论证了宪法上的尊严理论及其体系化。认为尊严是当代世界各国宪法文本及实践中的核心概念,但在理论体系上,它也面临实证化程度不一、概念模糊和价值冲突等挑战,完成尊严理论自身的体系化是应对这些挑战的关键;尽管由于宪法实践及其环境的差异,各国将尊严实证化的程度不同,仍然可以“宪法保护尊严的方式”为标准将之提炼为尊严理论的形式体系,并从其核心意义出发建构一个融贯的内容体系;而这样一个抽象的双重体系,需要通过宪法解释实现保障范围具体化与价值判断理性化两个核心目标；具体到中国宪法上的尊严条款，在形式上体现为“内部统摄与外部相互构成的规范地位”，规范含义上则体现为一种对君子人格的追求与国家伦理的拟人化塑造。⑤

有学者表示，在我国宪法框架内，“计划生育”是作为生育权限制的制度形式，其对于人口的调控应该适应于经济发展与社会发展计划；计划生育吻合于比较视野中的“生育控制”概念，生育权的自由与社会面向阐释了生育控制的必要性与制度底线；我国计划生育制度三十年是经济主义思路的政策化法律化体现，佐证这一思路目的正当性的经济背景与社会环境正在成为历史；并需通过计划生育制度宪法条款的全面实施来完成计划生育制度转型，即由人口调控的经济主义目的单轨制转型至兼顾社会发展中社会主体权利实现的双轨制，是未来计划生育制度调整的宪法正道。⑥

而对平等权和信息自由的探讨也进入到了实践热点的层面。前者如说，社会和学术界普遍期待以法律手段解决年龄歧视，但这一主张存在众多问题；年龄歧视的性质与其说是身份性歧视，不如说是市场中的信息筛选规则；从平等保护的角度看，生命周期理论提示我们，老龄人并没有受到不公平对待，因为公平必须以整个生命周期而非某个年龄片段行比较；同时，老龄人作为一个整体也并非就业市场上的弱势群体；从手段目的合理性的角度看，以法律手段反对年龄歧视可能只会对少部分老龄精英具有正面作用，对于处于弱势地位的某些老龄人来说，反而可能具有负面作用；我国则不应当将年龄歧视纳入法律反歧视的范围。⑦

后者如说全球互联网治理的核心问题是主权概念是否适用于网络空间；而从互联网诞生以来，两种观念一直相互对立：一种认为互联网是不受主权管治的独立空间；另一种认为互联网治理仍从属于主权；尽管前者是一直在国际社会流行的观念，但对根域名治理史的梳理显示，主权国家一直未离开互联网，因为单一主权国家一直实际控制着根域名治理权，且采取了以特定公司为授权主体进行治理的私有化模式；在此模式于近年来受到国际上的质疑后，根域名控制权争夺已进入传统国际法和国际政治范围内；未来互联网治理取决于两种互联网观念的相互调和，在于平衡个人信息自由和公共安全秩序。⑧

三、宪制

（一）立法制度

有学者对我国立法法修改后的若干疑难问题做出了诠释和回应。其说以为，立法法赋予设区的市以地方立法权并不违背我国宪法第100条，可视作法律对宪法的续造；法律实施中应严格限定设区的市的立法事项范围，除对立法法第72条和第82条的“等”作“等内”理解外，“城乡建设与管理”亦存在相对明晰的逻辑边界和规范内涵；按照修订前立法法第63条规定所确定的49个较大的市的既有立法，在此次立法法修订中限缩立法事项范围后仍可做出修改，无须担心“越位修法”；立法法与行政处罚法在设区的市政府规章的罚款设定权上并无本质冲突，全国人大常委会在其中扮演了重要角色。⑨

还有学者探讨了京津冀人大协同立法的路径。认为京津冀人大立法工作应当从确定从立法规划到地方性法规的立、改、废、释，再到立法的交叉备案与立法后评估，开展区域协同；在区域协同立法过程中，要充分挖掘现有立法体制下的互动合作空间，同时考虑制约当前协同发展的政治、经济、社会、文化因素与法律制度，改革相应的财政与行政管理制度，积极消除区域内相关利益主体的认知差异，积极动员、促进广泛的公众参与，为实现京津冀协同发展提供有力的制度保障。⑩

还有学者讨论了所谓的“实质立法观”。认为立法的合法性问题是立法学领域内一个恒久的历史命题；它分别以形式立法观与实质立法观两种立法观念来影响国家立法；而立法观念与民主水平的差异，导致各国在立法的思想渊源、立法形式以及法学理论等方面均存在差异；在强调“科学立法、民主立法”的当下，我国立法应当顺应民主、人本的法治潮流，逐步从形式立法观转向实质立法观，进一步推动国家立法同人权保障、民间规范以及立法方法论的衔接。⑪

具象观察尚有《大众媒体、公共事件和立法供给研究》，文章通过系统收集2003年至2013年的公共事件发现，媒体报道引起立法议程回应性变动的机制通常有两种，即媒体主动设置某一议题，建构公众的认知，聚合和引领民意，立法议程加以回应，以及媒体作为沟通商谈渠道，借助对某一突发事件深入、持续性报道，挖掘和整合已有观点，推动舆论聚合形成“共识”；引起立法议程回应性变动的公共事件常发生于与公民利益密切相关领域、事件关涉各方在价值判断、治理目标和治理方案等方面能够在较短时间达成“合意”；与此相对，回应性的立法以行政法、环境法以及刑法领域居首；行政立法主体回应频率最高；回应性立法以创制方式为主；这一现象带来三点启示，第一，应当重视媒体信息和公众舆论给立法决策过程带来的新约束，在立法议程设置环节构建制度化的公众参与渠道；第二，应当采取一种综合全面的视角看待立法质量提升这一目标，对行政立法质量应施以足够重视；第三，全国人大及其常委会作为国家立法机关应当逐步增强自身的立法能力以有效回应民意。⑫

（二）司法制度

有学者讨论了中央与地方双重视角下的司法权属性，认为本轮司法改革中的重要措施之一的省以下法检人、财、物的省级统筹，其理论基础是“司法权属于中央事权”的论断；但司法权并不完全符合中央事权的特征，司法机关审理的绝大多数案件具有地方性，现行宪法体制亦认可司法权的地方性特征，人财物的省级统筹也表明司法权中央化在实践中的难度；那么在承认司法权兼具央地双重属性的基础上通过制度改革破除各种对司法的不当干扰是实现司法公正的基本路径。⑬

或探讨跨行政区划人民法院的设立。认为设立跨行政区划人民法院是当前我国司法改革的一项重要内容，须从宪法视角加以考量，以保证司法改革在宪法框架内进行；人民代表大会产生人民法院是我国宪法所确立的司法机关组织的基本方式；无论是设立类似于地方法院的跨区法院，还是设立专门法院性质的跨区法院，都需对各种类型人民法院的组织和职权定位进行宪法解释学构建；从宪法实施的角度看，我国宪法将组织人民法院的任务委托给立法者具体实施；设立跨行政区划人民法院需立法机关根据宪法，对现行法院组织法进行修改和完善。⑭

还有论行政公益诉讼的宪法基础者。认为我国行政诉讼法要求原告与被诉行政行为之间存在利害关系，奉行的是主观诉讼原则；行政诉讼承担着对民主的捍卫功能和实践功能，但是在主观诉讼原则之下，公民无法通过司法途径参与公共事务管理并维护公共利益，行政诉讼制度的民主根基被削弱；不断膨胀的行政权几乎垄断了对公共利益的解释和维护，法院无法通过司法权对其进行有效制约；利害关系要件和过于狭窄的受案范围导致为数众多的行政违法行为无法接受司法审查，延缓了行政法治的进程；权利的发展变化导致公民与行政行为的利害关系弱化，对权利救济制度提出新的要求，传统行政诉讼模式因此遭遇合宪性危机；行政公益诉讼制度是对传统行政诉讼模式的有益补充，我国初步建立了行政公益诉讼的制度框架，但仍然需要在试点的基础上不断探索该制度的完善之道。⑮

（三）经济制度及国家所有

有学者对我国宪法中的经济制度进行了重新审视，认为我国宪法的经济制度规定，经常被批评变动过于频繁、内容相当特殊和欠缺规范性，但全球多数以上国家的宪法规定了经济制度，且我国宪法的此类规定或是在比较法意义上远非特例，或是体现着社会主义性质，或是具有重要的历史性贡献，其内部并非充斥政策性条款，也不能笼统地说变动过于频繁；而在当前的时代背景下，经济制度规定将趋于稳定，并能通过宪法解释来增强与宪政、自由等理念的结合，愈益展现出规范性。因此，应当更加客观地看待我国宪法的经济制度规定，相信其变动较多和非规范性的问题将会逐渐得到克服，所谓特殊性亦将获得公允评价。⑯

有学者认为，我国宪法规定了作为公有制形式之一的国家所有制，却并没有确立其具体的法律实现机制；而为满足发展市场经济的现实需要，物权法以国家所有权概念为基础，初步建立了国家所有制的物权实现机制；然而，参照私有制、私人所有权模式而从国家所有制导出国家所有权的法学原理并未真正形成；建立在国家所有权概念基础上的物权实现机制，既表现出与国家所有制的疏离，又受宪法国家所有制规范的牵引而犹豫踟蹰，难以全面满足市场经济的实际需要；而物权实现机制的尴尬处境，又直接或间接地反映了两组要素之间的张力：旨在消灭剥削的社会主义理论—公有制—宪法规范—国家所有制—历史；重在发展生产力的社会主义理论—市场经济—物权法规范—国家所有权—现实和未来；这些张力所固有及由其所引发的制度矛盾和社会问题，需要通过全面深化改革和全面推进依法治国予以解决，当然也需要学术研究提供相关智识支持。⑰

而1993年修宪后，基于中共中央对于国企境况的论断，国有经济主导力量定位的基本内涵持续发生了积极的变迁；那么在近年来国有经济显著发展的背景下，应将国有经济制度与社会保障制度衔接，通过上缴国有资本收益更多用于民生事业等措施，突出主导力量定位中促进民生改善的首重和首要内涵，落实全民所有的宗旨和避免“与民争利”问题；而结合另一重要内涵，整体上，主导力量定位与社会主义本质形成完整对应，能在对公有制的体现这一根本意义上实现变迁后的回归。⑱

（四）土地制度

有学者在原旨主义视角下，挖掘“八二”宪法第10条的生成背景、内在逻辑和制度意涵。认为出于改革开放以后便利国家建设取得土地、限制农地流失的现实需要，该条款承继和巩固了20世纪50年代成形的城乡二元土地所有制结构和“农地非农化的国家征地原则”，并试图以合理用地作为证成和规范该制度的价值尺度；而30多年的改革与修宪给宪法土地条款注入了市场、法治和人权，特别是非国有财产平等保护等规范意蕴，但现行制度的种种现实弊病也日益突显，因此，需要重新思考该条款，清理其遗产；而原旨主义立场回顾但不固执历史，要求人们超脱一时一地的具体土地制度安排，去把握宪法条文背后的实践理性、价值平衡等鲜活而深层的宪法原理，指导并推动中国土地制度进一步改革。[19]

有学者将八二宪法的城市土地国有条款置于历史与现实语境下，对其做一再解释。

通过定义城市土地，认为该条款对八二宪法生效时既存的城市土地和之后形成的城市土地的不同影响，并在此基础上提出当下被广泛接受的“征地悖论”难以成立；进而认为无须通过质疑城市土地国有条款的正当性，要求将之废除或重新解释来解决土地城市化与征地公共利益前提之间的紧张关系；而中国征地法律改革的真正难点在于农村集体土地用途管制与征地公共利益前提之间的矛盾。[20]

或就土地发展权和土地增值收益分配，提出了中国的问题，引介了英国的经验。如说土地发展权归公还是归私，土地增值收益如何公平分配，是当下中国土地管理制度改革的重点和难点；学界目前流行的土地发展权国有论和私有论均错判英国经验，无法全面解释和证成正在开展的改革实践；以1942年《厄斯瓦特报告》为中心深入考察英国经验，可以发现中国现行土地管理制度是英国曾经考虑但最终放弃的方案；为进一步引领和推动改革，应摒弃土地发展权私有论和国有论的无谓争论，正视我国发展权国有的制度现实，更新对其正当性基础的认识；同时在理念和制度上将土地发展权与土地增值收益脱钩，让集体和农民在一次和二次分配中都能获得增值收益，更加公平地实现地利共享。[21]

还有学者阐明了宪法第10条第3款和第13条第3款的含义及其修宪原意，归纳出征收征用的六项宪法原则，并审视了土地管理法、物权法、城市房地产管理法、国有土地上房屋征收与补偿条例、土地储备管理办法等法律、行政法规和规章，发现这些法律法规中存在违反宪法有关法律保留、公共利益、征用补偿等原则的情况；并论证了“有偿提前收回”在性质上属于征收，“建设用地”、“临时使用土地”打破了公共利益与非公共利益的区分，并以此为例指出在立法中存在忽视与宪法保持一致的情况。[22]

（五）部门法与宪制

有学者梳理了宪法与民法关系在中国的演变，认为宪法与民法具有不同的调整对象与功能，但在价值体系与规范体系上民法受宪法的制约，成为宪法的“具体法”；其论乃以学术文献为基础，梳理了宪法与民法关系的历史演变，力求为宪法与民法关系的合理解释提供学理基础，倡导通过学术对话寻求学术共识。[23]

有学者认为，构想中的民法典具有一定的政治性，其有关“根据宪法，制定本法”的立法依据条款即隐含了一种“政治教义宪法学”式的幽思，并由于中国迄今未能对于宪法和民法的基础性价值原理究竟应当为何做出深入讨论和根本决定，其存在徒具象征意义，更优的替代性或补强性方案是设立合宪性解释基准条款；另外，民法典也被赋予了发挥宪法性功能的雄心，但该功能只具有限定性的内容，可理解为一种“准宪法性”的社会建构功能，尽管其不应被刻意夸大，但毕竟有助于宪法国家统合功能的实现，并可奠立宪法秩序的基础；而在民法典中写入公法性条款可理解为“民法的宪法化”，后者从比较法的角度来看，实际上是宪法与民法之间在规范上对向互化、彼此交融的一种规范现象。[24]

或论作为宪法实施法的民法。认为人权概念的匮乏与宪法实施理论的缺位是私法发达的障碍；而民法之于宪法的任务这一重要命题在过往的讨论中未得到充分注意，致使民法与宪法关系之争长久不衰，难以形成定论；对市民社会概念的过分依赖阻碍了宪法高于民法的认识，私权的宪法基础被遮蔽；形式法治的核心要素授权与规范效力理论被严重忽略，民法之于基本权利的形成任务视而不见，法院实施基本权利具体化，其内涵的空间难以拓展；设若不在人权保护与宪法实施双重脉络下解读民法，孤立的私法概念将成为民法的方法论陷阱。[25]

有学者则认为，国家刑罚权的控制也是宪法学课题，有必要将刑法学理置于宪法教义学的观察之下；刑事政策与刑法体系的区隔（“李斯特鸿沟”）具有宪法意义；刑事政策并非外在于实证法，其应该以宪法为实质来源；刑事政策的宪法化有助于消除刑事政策的模糊性，缓和其对实证法体系的冲击，加强其批判立法的功能；应该构建具有宪法关联性、以基本权利为核心的法益概念，使其兼具解释和批判立法的功能；刑罚制度的政策性调整应当接受比例原则的审查；基于此，有关刑法修正案（九）中扰乱国家机关工作秩序罪的设立、严重贪污受贿犯罪可适用终身监禁等争议问题的刑法学分析，可以得到宪法教义学的补强与回应；即两个学科共同承担着对刑法体系的合宪性调控任务。[26]

四、宪治

（一）法治中国

多篇论述聚焦“法治中国”。如认为“法治中国”命题是对新中国法治实践集大成的概括；它的理论逻辑以中国法治的实践为前提和中心，首先是一种历史与实践统一的逻辑，隐藏着“实现主权结构与治权结构双重法治化”的线索；其次是一种道义与实践统一的逻辑，“法治中国”要实现的治理格局必然具有明确的价值目标，包含着特定的价值意象，是一种经过法律治理而呈现的现代“价值中国”，寄托着国人对正派国家与良序社会的道义期望；同时，法治中国命题在理论上也面临局限与挑战：包括双重代表制下的半契约主权结构内部如何有效实现问责、如何避免例外政治；多元价值带来的法治实用主义诱惑；实践的多元引发法治整合能力的下降；而建立一个以宪法解释为核心的合宪性控制机制则是妥善应对挑战的重要思路。[27]

甚至还有一个法治的世界结构和中国语境的问题。如说世界联系日趋紧密，我们已不可能完全以一己之视角来审视中国法治，其理念、制度都不可避免地被世界所评价、所指引，这是中国法治无可摆脱的“世界结构”；但是，作为一种文明秩序，“法治”不可避免地带有“地方性”；即使西方法治意旨已经部分地浸润在我们的观念和制度之中，但中国法治依然顽强地表现出它独特的品格和谱系；因此，“世界结构”和“中国语境”是两个必不可少的维度，其两相联系不过是让我们在思考中国法治的时候有一个更为整体性的关怀，而不致陷于单一范式的想象和移情。[28]

而法治中国下的国家责任更是一项不可忽视的制度焦点，因为人权、法治和正义理论的发展，党全面深化改革的重大举措，必然推动国家责任体系拓宽、深化；因此，健全完善包括国家赔偿、国家补偿、国家救助和社会保障为主要内容的国家责任体系，加强不同国家责任制度的衔接应对，对于进一步贯彻落实尊重和保障人权宪法原则，建设社会主义法治国家，推动国家治理体系与治理能力现代化，最大限度地实现社会公平正义，具有十分深远的理论和现实意义。[29]

（二）政党法治

亦有多篇论作关注政党法治，如说适应“行为——法律”的对应性要求，形成了治理政党行为的专门法律群，即政党法；政党法的基本规范方法有四种：区分政党行为的种类，用适当的政党法架构对应政党行为的不同种类，用细目化的实体规范细化政党的权利与义务，用充分的程序规范确定政党行为的方式、步骤和提示政党法所主张的价值取向；我们应借鉴世界优秀的政党法治成果，建构我国的政党法；我国政党分类的特色导致我国政党行为应划分为四类，四类政党行为都应由政党法治理；我国宜构建由“选举法 + 议决规则 + 宪法 + 政党基本”构成的政党法的发达架构；我国政党法还应该明确政党的权利义务，规定大量的程序规范以指引政党的领导行为、合作行为、执政行为和参政行为。[30]

或论依规治党与依法治国的关系，认为依规治党与依法治国的关系问题在当前语境下关乎法治中国道路的前途；而回答这一问题，重点是要正确认识党在法治中国建设中的地位，正确理解依规治党缘何成为依法治国的关键，努力探索依规治党和依法治国如何进行对接；现实中存在着不同的法治发展道路，而政党主导下的法治模式本质上由法治的政治性所决定，它要求后发法治国家在法治秩序建构中存在权威作为动力机制和保障装置；在保障权威的前提下实现权威守法，首先需从执政党内部严格依规治党做起，因此依规治党是依法治国的关键；然而，依规治党并不等同于依法治国，实现二者对接，要不断提高依规治党的法治化水平，以及不断提高依规治党与依法治国的系统兼容性和机制协调性。[31]

更有中国共产党的宪法观念史述事。如其所论，作为执政党，中国共产党的宪法观念对中国的宪法制度具有决定性影响力；而自成立以来，中国共产党对宪法概念的理解发生了一些显著变化；在延安时期，中国共产党接受了苏联版本的事实论宪法概念；在制定新宪法的过程中，中国共产党开始对事实论的宪法概念进行了反思，认为宪法不仅仅是对民主事实的确认，也是对未来的规范和指引。在新的社会背景下，中国共产党对宪法概念的理解也在不断发展演变；迄今，意志论和规范论的宪法概念已经逐渐成为中国共产党话语体系中的主流概念；与此相应，主流的政治话语体系也更加强调全面实施宪法，发挥宪法的规范功能。[32]

还有学者探讨了宪法宣誓与执政伦理的关系，认为已有的对宪法宣誓的研究，要么从比较法视角入手，侧重其与国际接轨的意义；要么从具体的宣誓程序着眼，侧重其制度设计的完善；而若将宪法宣誓看作普法意义上的社会动员，探讨它与人民主权的内在关联，以及它对激活和更新执政党之政治伦理的意义，则会得出下述认识：第一，宪法宣誓制度包含着政治过程、法律过程和社会动员过程三个维度，政治过程是动因，法律过程是形式，社会动员过程是本质，因而它不是向宣誓者施加责任的法律机制，而是示范某种特定情感的社会仪式；第二，宪法宣誓既包含“向宪法宣誓”，也包含“通过宪法来宣誓”，宪法宣誓的聆听者不再只是宪法，而更多的是借由宪法而在场的“人民”；宣誓者既是向结构化的人民宣誓，也是通过已结构化的人民向“人民本身”宣誓；第三，宪法宣誓的主体不仅代表其个人，而且也代表执政党向人民重申自身的政治伦理；第四，执政党政治伦理的激活必须直面宪法、历史和社会生活内在的多重复杂性。[33]

（三）宪法实施

作为一项概念史的考察，中国语境下的“宪法实施”其来自有。如其所论，“宪法实施”是一个具有中国特色的宪法学基本范畴；从概念的源流与演变来看，民国时期的宪法学说和苏联国家法学说是两个重要的理论渊源；回顾近代以来的宪法学说史，“宪法实施”概念整体上体现了一种变法思维，即通过实施宪法来建立新的法律和政治秩序；受此观念影响，宪法实施也是一个具有高度政治性的概念，宪法实施更多的是依靠政治化的方式；即通过政治动员提高民众的宪法观念，进而实施宪法；这种“宪法实施”概念不仅可以追溯到民国时期的宪法理论，同时与社会主义新宪法秩序的建构也有暗合之处。[34]

甚至有学者主张我国应设立虚实结合的宪法监督体制：我国“八二”宪法确立的宪法监督体制为其后的宪法实施问题埋下了伏笔；具有实效性的违宪审查制度付之阙如，有着深远的复杂的社会政治背景，也与我国宪法学对宪法体制研究的不足有关；设立专门委员会性质的宪法委员会方案既无法克服现有宪法监督体制的弊端，自身也面临着诸多问题，其可行性存在疑问；在全国人大及其常委会之外设立专门的宪法监督机构，又面临着两大疑难问题：一是与人民代表大会制度的融通问题，即全国人大之外的体制力量为何能够审查或者监督全国人大及其常委会的行为；二是与执政党的关系问题，即在违宪审查或宪法监督中如何坚持和体现党的领导；而同时设立人民宪法监督委员会和人民宪法院的虚实结合的宪法监督体制则能较好地解决上述两个问题，较好地在违宪审查中坚持和体现党的领导，符合“党领导人民制定宪法法律，党领导人民实施宪法法律”的精神。[35]

还有学者认为，宪法上“国事活动”必须受到宪法上的监督。如其所论，我国宪法文本上的“国事活动”条款旨在确认与规范国家主席开展元首外交的实践；“国事活动”在法律规范中的使用习惯以及规范元首外交的修宪意图，表明“国事活动”条款扩展了国家主席在外交领域的职权，并赋予其行使该职权的自主性；“进行国事活动”与“接受外国使节”具有相似的逻辑关系，共同延伸国家主席“代表中华人民共和国”的规范内涵，体现“国事活动”职权的象征性和程序授权性特征；国家主席作为“国事活动”条款的规范主体，根据其宪法地位和其他宪法职权，亦难以从“国事活动”条款解释出国家主席在外交领域实权化的结论；“国事活动”作为概括性条款，具体内涵应通过国家立法和宪法解释不断阐明；国家主席和其他国家机关均应遵守“国事活动”条款的规范约束，并完善相应的制约与监督机制。[36]

（四）宪法解释

研究表明，我国目前采用的是立法机关解释宪法的体制，当宪法条文在具体化为法律后，如果出现了空白或有争议，全国人大常委会可以选择制定新法律、修改旧法律、解释法律、解释宪法等多种途径弥补，其中宪法解释的空间相对较小；而当下所能做的宪法解释大致有修宪前作为铺垫的宪法解释、制定规范性法律文件时做出的宪法解释以及作为填补立法空白的宪法解释。[37]

而观察发现，我国法院尽管不以宪法作为直接的裁判依据，但法院对个案正义的追求还是为合宪性解释提供了相当大的存在空间；立法具有一般性，难以顾及社会生活的诸多特殊之处，因此难免在适用时发生个案裁判不公的问题；法院出于个案正义的考虑，会在裁判中对法律进行文义转换，或者放弃对法律的通常解释而选择一种不常见的解释方案，这个过程实质上就是合宪性解释的过程；最高人民法院虽然不赞成司法裁判直接援引宪法，但裁判过程中对法律文义的转换或者解释方案的选择，在客观上需要法院以宪法作为论证依据，诉诸宪法毕竟要优于诉诸公平正义的抽象观念；而通过将个案正义的判断问题，转换为法律在适用过程中是否与宪法相冲突的问题，合宪性解释既能为司法造法提供宪法上的正当依据，也能对其予以宪法上的控制，有助于裁判的规范化；另外，合宪性解释还能弥补我国合宪性审查体制的制度性缺漏。㊳

或认为宪法的法律性即宪法的规范性，下含三个子命题：宪法是法律；宪法是根本法；宪法是最高的法律。三个命题涉及两个方面——宪法效力的理由和权威来源，在权力话语体系中可以转化为两个问题：宪法是什么性质的权力关于自己的论述？它为什么高于现行的权力，成为现行权力的缔造性（构建性）和限制性力量而不是作为现行权力的构成部分与之相连？论作第一部分阐释了三个命题的内涵与渊源；第二部分进入凯尔森的纯粹法学体系探寻基础规范对宪法效力的解释，发现基础规范仅仅在形式逻辑上预定了宪法的效力，并未证立宪法效力的根据；第三部分转向民制宪权，试图在制宪权理论中寻找两个问题的答案；为此，作者提出了最后的人民集会的假定，想象人民在最后一次集会上对未来的政治存在形式做出怎样的抉择，以此作为从直接的人民主权过渡到代表制民主，从社会契约过渡到神圣宪法的逻辑驿站；总之，作者主张基础规范与制宪权理论相结合。㊴

（五）特区宪治

有学者认为，对峙是香港政治精神构造的根本特征，是理解香港政治的关鍵。而对峙又不仅仅指对峙的现象，还包括对峙的结构；既指向恶性对峙的现象，也涵盖合法的和正常的对峙现象；“一国两制"是大智慧，但两制对峙给国家发展注入了新的动力，同时内含若干二律背反，造成香港管治很多难题；香港内部政治的活力源于对峙的精神结构，但香港对国家安全的潜在威胁和香港社会内部的政治危机也恰恰依托于对峙的精神结构；在对峙结构中，我们不必奢求那种融为一体、亲密无间的和谐，在维持国家统一和安全的前提下但求异质合作；港人要珍惜“一国两制”之大福，不要滥用对峙结构、滥用“说不”的自由和权力。㊵

或曰香港政治体制应当表述为“行政长官制”。如说香港政治体制表述为“行政长官制”符合宪法学关于政治体制的表达习惯，具有科学性、合理性，能够准确、严谨地反映香港特区各种权力之间的关系；“行政长官制”吸收了“总统制”、“议会内阁制”、“总督制”的一些特点，也与“市长议会制”有相似性，但又不同于这些政治体制。“行政长官制”与“三权分立”不是一个层面的范畴；而由于中西方宪法学在政治体制语境上存在差异，容易形成政治体制与“三权分立”之间关系的不同观点；“行政长官制”实际上是一种“弱行政长官制”，“行政长官制”是“一国两制”背景下具有中国特色的一种地方政治体制。㊶

或研究发现，全国人大常委会四次解释香港基本法的启动程序，两次是由香港特别行政区行政长官请求国务院提请全国人大常委会释法，一次是委员长会议提请，一次是终审法院提请；特首请求释法在程序上有瑕疵，有基本法的执行权不等于有实施权；其请求释法超出了对中央“负责”的范围，在立法法上也难以成立；委员长会议提请释法在立法法上缺乏依据；香港全国人大代表则没有释法提出权；香港特别行政区终审法院提请的第四次释法符合《基本法》规定的程序。㊷

（六）域外宪治

有学者观察后发现，自俄罗斯 1996 年加入《欧洲人权公约》以来，俄罗斯公民起诉俄罗斯联邦的案件一直居高不下：一方面，俄罗斯当局按照公约规定努力执行欧洲人权法院的判决；另一方面，各职能部门对俄罗斯欧洲人权法院判决的执行乃至整个人权公约在俄罗斯的适用置疑不断，对一些敏感案件更是指责其具有政治倾向性，对俄罗斯适用不同标准等。尤其是欧洲人权法院判决俄罗斯向尤科斯石油公司股东赔偿巨款之后，俄罗斯当局终于在“忍无可忍”的情况下修订《宪法法院法》，规定俄宪法法院有权决定是否执行欧洲人权法院的判决；这一具有划时代意义的立法终结了欧洲人权法院的判决在俄罗斯无障碍适用的“黄金时代”，“人权高于主权”原则在俄罗斯的理论与司法实践也进入了一个新的历史阶段。㊸

有学者认为，美国宪法内涵了基本权利体系演化的巨大潜力，通过以权利为中心的宪法技术发展，实现了普通法原则与革命原则的有机结合，从而使美国达到了国家能力建设的历史高度；而新自由主义和身份/承认政治的特殊联姻，对战后美国的“新政”宪法秩序形成了巨大冲击；而当代美国宪法不仅面临来自内部矛盾的撕裂，其传统依托的“威斯特伐利亚”宪法框架也在全球化潮流中遭遇冲击；全球社会正在经历的深刻结构变迁，预示着美国宪法模式全球化的内在危机；在私法化、全球化与治理化趋势的多重挑战下，美国宪法已经陷入去政治化和泛政治化的双重困境之中；美国宪法的当代困境具有普遍代表性，而这需要我们重新思考18世纪的宪法革命遗产，从中寻找新的历史进步动力。㊹

有学者提出，作为一种司法克制方法，宪法回避是一种制定法解释规则，只适用于对联邦国会法律的解释，用以避免法院与国会之间的冲突；而制定法词语模糊是宪法回避发动的前提，宪法至上和联邦主义是其理论基础，民主是其价值信奉，立法至上是其自我认知；通过假定国会意图良善，宪法回避的目的是防止陷“国会”于“不义”，保全法律；在“抵制规范”理论下，宪法回避的重心从国会意图转向了宪法价值，限制国会在宪法权力边界内行事；而现有成果误将宪法回避认定为宪法解释方法，且多与合宪推定、符合宪法的解释相混淆，严重模糊了该理论的本来面目，不利于我国宪法理论对域外知识的吸收；其论一是澄清国内学界对宪法回避的重大误解，二是阐明宪法回避与合宪推定、符合宪法的解释的区别，三是探索实施宪法的方法论空间。㊺

注：

①杨蓉：《论1946年政协会议中第三方力量的宪制主张与实践》，《法学评论》，2016年第2期。

②韩大元：《论1954年宪法上的审判独立原则》，《中国法学》，2016年第5期。

③韩大元：《中国宪法学研究三十年(1985—2015)》，《法制与社会发展》(双月刊)，2016年第1期。

④余成峰：《宪法运动的三次全球化及其当代危机》，《清华法学》，2016年第5期。

⑤王旭：《宪法上的尊严理论及其体系化》，《法学研究》，2016年第1期。

⑥秦奥蕾：《生育权、“计划生育”的宪法规定与合宪性转型》，《政法论坛》，2016年第5期。

⑦丁晓东：《重新理解年龄区分：以法律手段应对年龄歧视的误区》，《法学家》，2016年第4期。

⑧刘晗：《域名系统、网络主权与互联网治理——历史反思及其当代启示》，《中外法学》，2016年第2期。

⑨郑毅：《对我国〈立法法〉修改后若干疑难问题的诠释与回应》，《政治与法律》，2016年第1期。

⑩焦洪昌、席志文：《京津冀人大协同立法的路径》，《法学》，2016年第3期。

⑪张婷婷：《论实质立法观及其中国适用》，《政治与法律》，2016年第10期。

⑫张欣：《大众媒体、公共事件和立法供给研究——以2003—2013年公共事件为例》，《法学评论》(双月刊)，2016年第5期。

⑬姚国建：《中央与地方双重视角下的司法权属性》，《法学评论》(双月刊)，2016年第5期。

⑭翟国强：《跨行政区划人民法院如何设立？——一个宪法解释学的视角》，《法商研究》，2016年第5期。

⑮朱学磊：《论行政公益诉讼的宪法基础——以传统行政诉讼模式的合宪性危机为线索》，《现代法学》，2016年第6期。

⑯李响：《我国宪法经济制度规定的重新审视》，《法学家》，2016年第2期。

⑰谢海定：《国家所有的法律表达及其解释》，《中国法学》，2016年第2期。

⑱李响：《论国有经济的主导力量定位——〈宪法〉第7条的规范诠释》，《现代法学》，2016年第4期。

⑲彭錞：《八二宪法土地条款：一个原旨主义的解释》，《法学研究》，2016年第3期。

⑳彭錞：《“征地悖论”成立吗？——八二宪法城市土地国有条款再解释》，《法制与社会发展》(双月刊)，2016年第2期。

㉑彭錞：《土地发展权与土地增值收益分配——中国问题与英国经验》，《中外法学》，2016年第6期。

㉒王磊：《论我国土地征收征用中的违宪问题》，《法学评论》(双月刊)，2016年第5期。

㉓韩大元：《宪法与民法关系在中国的演变——一种学说史的梳理》，《清华大学》，2016年第6期。

㉔林来梵：《民法典编纂的宪法学透析》，《法学研究》，2016年第4期。

㉕郑贤君：《作为宪法实施法的民法——兼议龙卫球教授所谓的“民法典制定的宪法陷阱”》，《法学评论》(双月刊)，2016年第1期。

㉖张翔：《刑法体系的合宪性调控——以“李斯特鸿沟”为视角》，《法学研究》，2016年第4期。

㉗王旭：《“法治中国”命题的理论逻辑及其展

开》，《中国法学》，2016 年第 1 期。

㉘张劲：《法治的“世界结构”和“中国语境”》，《政法论坛》，2016 年第 6 期。

㉙陶凯元：《法治中国背景下的国家责任论纲》，《中国法学》，2016 年第 6 期。

㉚蒋劲松：《政党的国法治理》，《法学》，2016 年第 1 期。

㉛王若磊：《依规治党与依法治国的关系》，《法学研究》，2016 年第 6 期。

㉜翟国强：《中国共产党的宪法观念史：超越事实论的变迁》，《法学评论》（双月刊），2016 年第 1 期。

㉝张国旺：《宪法宣誓、人民主权与执政党的政治伦理》，《环球法律评论》，2016 年第 6 期。

㉞翟国强：《中国语境下的“宪法实施”：一项概念史的考察》，《中国法学》，2016 年第 2 期。

㉟夏引业：《我国应设立虚实结合的宪法监督体制》，《政治与法律》，2016 年第 2 期。

㊱孙如意：《宪法上“国事活动”的涵义与监督》，《政治与法律》，2016 年第 10 期。

㊲马岭：《我国宪法解释的范围兼与〈宪法解释程序法（专家建议稿）〉第 6 条商榷》，《法学评论》（双月刊），2016 年第 3 期。

㊳杜强强：《合宪性解释在我国法院的实践》，《法学研究》，2016 年第 6 期。

㊴陈端洪：《宪法的法律性阐释及证立》，《清华法学》，2016 年第 3 期。

㊵陈端洪：《理解香港政治》，《中外法学》，2016 年第 5 期。

㊶王磊：《香港政治体制应当表述为“行政长官制”》，《政治与法律》，2016 年第 12 期。

㊷马岭：《提请解释香港基本法主体的合理范围》，《法学》，2016 年第 4 期。

㊸王志华：《俄罗斯与欧洲人权法院二十年主权与人权的博弈》，《中外法学》，2016 年第 6 期。

㊹余成峰：《美国宪法的力量和弱点——社会系统理论的观察视角》，《比较法研究》，2016 年第 5 期。

㊺郑贤君：《美国宪法回避理论探源：一个方法论启示》，《清华法学》，2016 年第 5 期。

（作者：胡锦光，中国人民大学教授；
杨凡，天津理工大学副教授）

行政法学

胡锦光　董　妍

2016 年我国行政法治进一步发展，北京行政法学者的研究领域十分宽广，涉及行政法基本理论、行政主体、行政行为等；从研究方法上看，呈现出基本理论与实证研究并重的特点，个案成为诸多学者研究的切入点。

一、行政法基本理论

在行政法学基本理论部分，行政法的原则仍然是学者们研究的一个热点。关于行政组织法定原则，有学者对美国的制度进行了研究，指出：美国独立革命超越了普通法传统，提出了行政组织法定原则，但并非基于依法行政的需要，而是防止政治腐败。立法对于行政组织的设置享有细密的规范权力，排除了组织法事项的“行政保留”，但是宪法确立的总统领导责任构成了对国会宽泛的组织设置权限的制约。法院在裁判中不只维护了宪法的分权原则，案例法也成为美国行政组织法的重要渊源。我国行政组织法学研究同样需要某种宪政视野和思路。[①]有学者对行政廉洁原则的适用做出了阐述，认为行政廉洁应当确立为行政法的基本原则，并且在法律制定和行政过程中取得优先适用的效力。适用行政廉洁原则的基础制度，是管理公私利益冲突、控制自由裁量权和维护公务伦理。行政廉洁原则在立法中的适用，应当注重于法律制定中的法律起点确定、原则性规则设立、标准和流程标准的设定、公法与私法分离的法律体系构建。行政廉洁原则在行政过程的适用，应当从现实出发有效解决施政方式、行政决策、职权分解和例外管理等方面的预防腐败问题。[②]

在行政法学体系构建问题上，北京大学的沈岿教授认为，新行政法研究观点纷呈，但其进路大致上可归为“内生增长论”和“结构转换论”。在其背后，又隐藏着传统行政法中占支配地位的监控者角色和被主流传统排挤但现下再露头角的管理者角色。前者以驯化、控制行政权为目的，以法官适法对行政进行形式合法性判断为导向，以法解释学/法教义学为基本方法；后者以高效实现行政目标和任务为目的，以政策形成、规则制定、制度设计为导向，以法政策学/社科法学为基本方法。在行政法学体系化方面，因为受抽象化、教义化任务的影响，关注行政目标和任务实现的管理者角色，可以适当融入拓展的监控者角色之中，但也存在限度。③

关于行政程序法典的讨论，有学者对欧洲制定行政法典的情况进行了讨论，指出欧盟迈向统一行政程序法典的脚步正在加快。这既是对欧盟“行政国家”和“规制国家”兴起所带来行政控权挑战的反应，更是为了改善欧盟现存行政程序法的碎片化现状。在此背景下，欧盟的统一行政立法运动近年来取得了长足发展，但仍面临合法性、必要性和有用性三个方面的争议与挑战。2009年成立的“欧盟行政法研究网络”集结百余位专家学者，于2014年推出《欧盟行政程序模范规则》，这是迄今为止欧盟行政程序统一立法运动的最大成果。其独特的设计思路、功能定位和内容结构，正是为了回应和解决相关争议，弥补现行法律的碎片化缺陷，加强对欧盟行政权力的程序性控制。无论最终前景如何，这场立法运动已经给欧盟的行政法治发展带来助益，也能够为中国行政程序法典化运动提供可资借鉴的比较法智识资源。④

在基本概念问题上，有学者对于不确定概念的具体化进行了研究，指出不确定法律概念源自法律对于一般性属性的需要。要适用一般性的法律，就有必要将不确定法律概念面向案件具体化。具体化的过程因经验性概念和价值性概念而有所不同，但因不确定法律概念中可能存在着盖然性判断部分，无论是经验性概念还是价值性概念，均无法转化为纯粹的事实问题或法律问题。不确定法律概念的具体化是一个价值补充和经验证明的过程。因不确定法律概念仍为法律概念，很多仍可用经验事实来证明，故而，司法应原则上对其全面审查；对于具体化中的价值判断，只要处于法律授权的范围之内，司法就应当给予一定程度的尊重。⑤对于该问题，还有学者指出行政法学通说基于传统的价值导向思考，主张行政机关对不确定法律概念的解释适用应受全面的司法审查，例外时才享有“判断余地”；且“判断余地”与行政裁量有质的区别。这一观点虽然价值正确但融贯性不足，且不符合法律实践规律。法理学汲取语言哲学、道德分析哲学的营养所展开的研究表明，价值导向思考所立足的唯一正确答案预设是一个不能证成的本体论虚构。不确定法律概念的不确定性出现且仅出现于语言规则的尽头（临界案件）；在语言规则的尽头，行政机关应在法律框架内追加价值判断（履行个别情况考虑义务），来决定是否将该概念适用于个案事实。不确定法律概念与行政裁量的二元论和一元论都包含着部分真理，而在整体上以偏概全。⑥

关于法律规范之间抵触的标准问题，有学者提出法与法之间的“抵触”是法律冲突的一种表现。然而，法律规范之间的抵触标准至今还未有定论。《立法法》将纵向法律冲突称作“抵触”，把横向法律冲突称作“不一致”，难道纵向法规之间就不会发生“不一致”、横向法规之间就不会发生“抵触”？但如果承认“抵触”就是严重的“不一致”，那么《立法法》的“抵触”立论又会顷刻倒塌。这一矛盾一直困扰着我们。本文围绕法律规范之间的抵触标准，从立法、司法和学理等方面系统梳理了“抵触”的各种含义，探讨了“抵触”与“不一致”、“抵触”与“法律冲突”之间的逻辑关系，最终以“纵横说”、“效力说”和“程度说”为基础，通过对《立法法》中“不一致”的广义理解，首次提出“抵触是纵向法规之间的不一致，并且是导致无效的不一致”观点，试图化解目前立法、司法与学理之间的不协调。⑦

学者对于案例指导制度的研究仍旧方兴未艾。有学者对案例指导制度的行政法意义进行了剖析，认为指导性案例的“裁判要点”是最高人民法院从原裁判中提炼出来的一般规范。从内容上看，迄今发布的指导性案例（行政），其“裁判要点”有：①制定法规定的强调性重申；②解释立场的明确；③解释基准的订立；④法律漏洞的填补四类。这四类“裁判要点”都承载着最高人民法院推动行政法治的政策性意图。从功能上看，迄今发布的指导性案例（行政）基本上为各级人民法院所遵从，并对行政实务发生了一定程度的导向作用。但是，案例指导制度本身有其固有的射程，同时，指导性案例（行政）在概念选用、法律论证上亟须加强，其政策性考量也可以更为周全。⑧

二、行政组织法

对于行政组织法，2016年学者的研究不多，而且都集中在具体制度上。在官员任职“回避”制度上，有学者指出：县级党政主要领导的任职回避是中国县域治理背景中一项重要的制度安排。这项制度被赋予抑制地方主官腐败、锻炼干部等多种功能期待。

但在实践中，这些制度设计的功能预期并未得到有效兑现，而在制度层面，地方主官异地化所带来的一系列问题日益凸显，亟待制度重构的系统性回应。应当从中央—地方关系合理化以及地方治理基本原则的角度，反思长期以来地方主官异地任职制度，构建与完善以利益回避为基础的任职回避制度，推动地方治理人—事关系的合法化、合理化以及有效化。⑨

三、行政行为法

（一）行政行为基本理论

合理行政是行政法的六大基本原则之一，而如何界定行政行为“明显不当”，有学者指出，2014 年行政诉讼法修改增加了“明显不当”这一审查根据，法院对行政裁量合理性的审查由此得到立法确认。行政诉讼法总则维持了合法性审查的表述，体现了“实质合法”的观念，在此意义上，行政行为明显不当也属于违法。为维护司法审查根据之间的和谐，明显不当根据的适用范围最好限于针对行政行为处理方式问题的裁量；滥用职权根据则回归原位，限于行政机关违背法律目的、恶意行使权力的情形。行政行为是否“不当”，应当依据法定考虑因素、行政法原则、执法指南等相对客观的标准作出判断，执法者不能放弃其根据具体情境做出裁量的义务。裁量不当是否“明显”，应当以一个通情达理、了解情况的人为标准来判断，要注意给行政机关以充足的裁量空间。法院在承担起监督行政职责的同时，也要对行政裁量予以应有的尊让。⑩

自由裁量是行政机关的重要权力，有学者就说明理由问题进行了阐述，指出在行政机关行使裁量权时，不说明裁量理由，就无法让人知晓为何在裁量权的范围内作出该决定。根据行政法治原理，应当将说明裁量理由设定为法定义务，以论证裁量决定合乎法律。公开裁量决定的判断和选择过程，这既有助于抑制行政机关的恣意，也有助于说服行政相对人，也便于私人寻求救济和司法实施审查。裁量理由与裁量决定应当具有同时性和一体性。没有说明或者说明不充分时，因行政机关没有按照要求说明裁量理由，为尊重行政机关的首次判断权起见，法院应撤销裁量决定；如果行政机关在事后以其他理由替换原先已说明的理由，在没有改变主要理由时，法院则可基于诉讼经济原则一并审查，一次性解决纠纷。⑪

行政行为违法性继承问题也是学术界一直讨论的一个理论问题，有学者就其中国图景进行了阐述，认为尽管并未直接使用“违法性继承”这一概念，我国法院在关联行政行为的司法审查中必然触及先行行为的合法性这一难题。在相关个案中，不同法院依据不同论理展现了不尽相同的立场。这揭示了不同法院对法安定性与实质正义价值的不同权重和对于行政行为公定力、先行行为可争讼性等问题的差异性理解。也表明了行政行为违法性继承中国图景的独特性和复杂性。这一问题的有效解决，既有赖于立法对于复杂行政过程的明晰化和规范化，又有赖于法院对于先行行为是否存在救济空间、对后续行为予以实质审查的法益与限度、行政效率与阶段性利益保护等问题的审慎判断。制度变革的启示，则包括行政行为效力制度的完善、导向一体的行政程序变革和主客观均衡的现代诉讼制度等。⑫

（二）行政执法

行政执法是行政行为中一个核心问题，有学者指出，行政执法案例指导制度是行政系统内部形成的规范和约束行政执法行为的规则体系。该制度以经验理性和专业权威为依托，本质在于确立规则，并通过赋予规则的拘束力来运行。从法理上看，该制度内在的吸收了判例的精神、惯例制度合理内核，与司法案例指导制度相契合。从功能上看，其具有规范裁量权、填补立法空白等多元化价值。从现实来看，行政执法案例指导制度的运行面临着与法治理论存在张力、行政执法部门缺欠提交案件积极性、与其他机关关系协调难、执法人员能力不够以及制度运行成本较高等挑战。行政执法案例指导制度的良性运行，有赖于宏观上实现规则化，微观上建构合理的制度内核，并理顺与外部的关系。⑬

（三）道路交通事故认定的行政责任

道路交通事故现代生活中常见的问题，有学者对于该问题的认定和标准从行政法角度进行了研究，指出针对道路交通事故责任认定是否可诉这一问题，法院和公安机关进行了长期的角力。这一问题的实质在于，应由谁承担涉及专业判断的过错认定职责，而产生这一问题的深层次原因却在于，道路交通安全法确立的完全开放的专家证言模式无法一蹴而就，法官不愿意采纳专家证言并承受审判风险，因此会尽量依赖警察的责任认定。未来，应当改革道路交通事故责任认定制度，采取可控的开放模式，这样既对现有机制震动不大，又能有序推进制度的改革。⑭在此基础上，该学者对于交通事故处理规范的标准化问题进行了阐述，认为尽管道路交通事故情境各异，案件形态多样，但还是可以从纷繁复杂、千差万别之中找寻到一定规律，并进行处理规范的标准化。日本在此领域实践的利弊得失值得分析探讨。标准化不能仅止于责任认定，应当延伸到保险赔付和民事赔偿，彼此的标准化之关联性应该清晰可见，又便于操作，和解、调解乃至裁判才有坚实的基础。[15]

（四）风险社会治理

对于风险社会的控制以及各种领域中的规制问题是学者们研究的又一个重点。

关于风险社会的问题，有学者指出，公民参与行政是现代社会对行政活动本质认识深化与社会复杂变迁的产物，也是人实现自我解放的需要。然而，由于其受到市民社会和政治国家双重固有逻辑的影响，在复杂的制度变迁过程中也存在很多风险，给公共利益和私人利益都带来一定的损害。有效地防范公民参与行政的风险，需要在理论上建立公共领域的协商民主逻辑作为其前提，并在此基础上具体建构包括法律保留、正当程序、透明度和问责制为核心的规则体系，避免“劣质的参与”，真正实现合法行政与良好行政的双重现代性目标。[16]还有学者对风险行政的组织法构造进行了研究，指出基于现代社会的风险规制要求，传统的行政组织应做出一定变革。为确保风险规制的中立性、独立性、科学性、透明性和参与性，在安全形势严峻、科技人员的独立性或可信赖性不高时，风险行政的组织框架设计应以风险评估与风险管理的分离为原则。风险评估机关应是具有专业性和多元性的合议制咨询机关；风险管理机关应以产业振兴与安全规制的职能分离为前提，并设置科学问题审议咨询、事故调查、议事协调等方面的辅助机构，以在规制过程中不断创造知识，赢得风险规制的组织正当性和可接受性。[17]

有学者指出，生物技术的法律治理是世界性难题。在产品主义路径指引下，美国各联邦机构分别根据可适用的联邦法律，对转基因生物及产品实施严格管理，有效维护了食品安全和环境安全，为美国生物技术产业发展去除了监管障碍。联邦法院一般尊重联邦行政机构的专业性权威，通过适用联邦法律及时解决转基因纠纷，在维系产品主义治理路径方面具有积极的防御作用。美国国会亦审时度势，试图通过立法维系统一的转基因食品管理体系。基于科学的基础和法律的框架，美国的联邦法律体系可构成治理生物技术的有效机制，其基础要素包括科学的立法、专业的执法、公平的司法以及对科学问题和法律问题的专业化处置。这些经验或可有助于中国突破当前的转基因治理困境和僵局。[18]

食品安全问题，一直是一个热门话题，2016 年，北京部分学者也就该问题进行了讨论。有学者对于食品安全企业标准备案的定位和走向进行了探讨，指出，食品安全法（2015）鼓励企业制定严于食品安全国家标准或地方标准的企业标准，且应当报省级卫生行政部门备案。该法对备案的性质和内容未作明确规定，已经在学界和实务界引起分歧。结合食品安全企业标准的制度史，以及修法前食品安全企业标准备案的两难境地，新法中的食品安全企业标准备案应该定位为对“更严型标准”的备案，且应进行必要的比对审查，审查要点在于文本规范性、内容完整性和标准更严性。当下的食品安全企业标准备案制是传统上“政府包干”到“适当放松加审查把关”的制度演变的残余，该制度在未来应考虑废除。[19]

对于北京摇号政策的正当性问题，有学者提出了质疑，认为消费权是我国消费者权益保护法赋予消费者的一项重要权利，具有国际人权公约和《联合国保护消费者准则》等国际法渊源，有助于人们获得基本生活资料、得享科技进步成果和维护个人尊严。唯有尊重消费权作为基本人权、作为个人参与市场交易的经济权利、作为个人参与社会和文化活动的社会权利之属性，方能使作为自然的人、经济的人和社会的人的消费者所应享有的权益得到充分保护。作为一项法定权利，消费权理应得到法律的充分保护，而不应被任何人或组织非法限制或剥夺。但是在北京市摇号购车政策下，人们针对小客车的消费权已成为概率下的权利。该政策在根本上侵犯了消费者的自主选择权，涉及广泛的社会歧视，损及消费者尊严，违背了代内伦理和代际伦理，引发了权力腐败和法律纠纷。政府可依法限制城市道路的使用，并对城市交通实施科学的综合治理，但无权限制人们对汽车的消费。摇号购车政策显属无法定依据的违法行政行为，为现代社会所不能容忍。[20]

对于住房保障问题，有学者指出，为全体国民平等提供基本的住房保障是国家的公共职能之一。受制度内生机理失衡与治理机制缺陷耦合的影响，当前城镇居民住房保障制度在成本负担、制度衔接和实践效果等方面均缺失正当性。为此，应通过确立城镇居民用地配额制度这一起点公平、联通城乡、惠益全民的新型住房保障制度对现行城镇居民住房保障体系进行重构。以需求侧补偿和全民覆盖为特征的城镇居民用地配额制度是土地发展利益全民共享的实践载体，通过其项下的配额分类和折算制度可实现城市化进程中城乡住房保障机制的有效衔接。[21]

有学者就技术移民的规制问题进行了探讨，指出技术移民法的核心制度主要由技术移民政策、技术移民主管部门、技术移民的评估、技术移民的权利与义务，以及技术移民的相关法律制度组成。我国应当稳步坚持并完善“以我为主、按需引进、突出重点、讲求实效”的技术移民总政策，以构筑我国好客的新型移民国家的完整制度为总方向；不以大规模使用“国籍”与“永久居留权”作为吸引国际技术移民的手段，而是以欢迎并善待远方来的客人为总态度，努力在国家需要的岗位上创设有国际竞争力的吸引国际人才的局部环境；通过编制引进国外人才的职业（专业）名录这种现代“招贤榜”的方式为我国建立和完善技术移民评估制度提供基础；加强使用法律法规对技术移民的权利与义务进行规定，适时开展对双重国籍问题的研究，完善驱逐出境的规定，尽快制定我国的技术移民法，努力为我国的社会经济发展争取更加有利的国外智力资源。[22]

（五）网络行政责任

关于网络交易平台的行政责任问题，有学者指出，近年来，立法有强化网络交易平台对其用户内容行政责任的趋势，透过监管部门的解释，这些立法被进一步理解为要求网络交易平台普遍性地主动监控用户交易。这种规则违背了网络交易平台的本质，既无法实现整饬市场秩序的目标，又大幅增加了企业运营成本，还影响了法律的确定性，从而抑制了互联网的创新能力。与此同时，广泛借助平台企业私人审查用户内容，还会导致突破比例原则约束、缺乏正当程序保护、合法性约束淡化、对监管部门难以问责等问题。[23]同样是网络问题，有学者对于网络谣言的规制也作出了研究，指出网络谣言本质上是公民发表言论的一种形式，因此对网络谣言进行规制的同时也要避免对公民的言论自由进行过度限制。行政规制是网络谣言治理中最常用的手段，但目前的行政规制仍然存在谣言范围缺乏界定，部分规制手段合法性存疑、程序性制约不足，第三方规制行为难以救济，信息公开范围有限难以预防谣言传播等问题。对此，应当以言论自由为中心界定网络谣言的范围；对“删帖、封号”进行法律授权并使其遵守行政程序；实现第三方规制行为的事后审查；切实推进信息公开并适当扩大公开范围。[24]还有学者就网络基础设施及建设立法的问题进行了研究，指出关键基础设施保护已成为各国网络安全治理和立法的核心议题。域外立法以美国为代表，重点是私营关键基础设施保护和网络安全信息共享。现行制度框架包括五个方面：建立政府和行业的协作机制；制订国家级保护计划；设立信息共享和分析中心；认定关键设施、评估漏洞风险和确定优先防护措施；制订网络安全框架。借鉴域外法治经验，针对我国关键基础设施立法提出如下建议：一是从国家安全高度把握关键基础设施的界定和立法的体系化；二是坚持国内外经验相结合，将网络安全分为“系统安全”和“内容安全”，处理好关键基础设施保护和信息安全等级保护的关系；三是区分一般信息系统和关键基础设施、区分公共部门和私营部门来设计监管框架；四是坚持安全与发展并重，构建政府和企业的协作机制，完善网络安全信息共享和企业责任豁免；五是规定法律的域外效力和针对网络攻击的反制措施，为国际规则制定留有空间。[25]

（六）其他

政府信息公开制度依旧是一个研究的热点，有学者梳理了瑞典信息公开原则的诞生与演进，指出，瑞典的信息公开原则诞生于“自由年代”，针对的是“自由年代”的秘密议会政治。该原则在250年前的诞生一方面要归因于竞争性政治的发展，另一方面则归因于启蒙运动时代的出版与言论自由的思想。瑞典立法的支持者还转介了中国的经验，不过存在着相当程度的误读。瑞典的信息公开原则自始就与出版自由结合在一起，二者共同构成了瑞典社会“公共领域”的基础规范框架。信息公开原则的巩固和演进也与“公共领域”的发展和壮大息息相关，这种关联性也有助于理解瑞典信息公开立法采取最大化模式的原因：即不仅强调信息公开对于权力的监督作用，还强调信息公开是有效民主的重要保障。这两个方面的要求在瑞典的信息公开制度中得到了充分的体现。[26]

还有学者研究了权利导向立法中的权力导向风险，指出慈善法的出台不仅让我们对中国慈善事业的光明未来满怀信心，也让我们对进一步完善法律法规，从而促进慈善事业的快速发展怀有更高的期待。尽管慈善法的立法本意是大力鼓励慈善事业，保障慈善参与者的权利，但由于受到我国历史与现实的约束，慈善法的一些重要制度在现实中很可能会受到公权力的侵蚀，从“权利法”的立法本意偏离至“权力”导向的轨道。本文希望在充分揭示这一问题及其本质的同时，推动慈善领域的去权力化进程，倡导公权力对慈善活动由全面管控转变为事后监管，放松其他不必要的限制，助力于中国慈善事业的进一步繁荣。[27]

有学者就行政决策的多元困局及其立法应对做出了阐述，指出当前我国行政决策实践中存在多元困局，它们既有理性困局，也有利益困局，还有价值困局，我国政府对此已经采取了一种立法应对的治理进路。这一立法应对应当从宏观着眼展现理论追求，从中观建构制度功能，从微观回应具体问题，形成一种整体性的治理策略。在理论层面，它应将行政决策过程构建为以“多元化合法性模式”为内核的“法律过程”，以补充行政决策主体的权威。在机制层面，它应建立一种由决策机关、党委、人大和政协多元主体相互协调的动态化应对机制，旨在对具体个案中的价值问题予以考量、取舍和平衡；在制度层面，它的规则设计应紧紧围绕影响决策机关对相对方说服效果的诸多要素逐步展开，以提高说服相对方的实效。[28]

四、行政救济法

政府信息公开诉讼的数量正在逐年递增，滥诉的问题也随之出现。有学者从个案入手，对该问题进行了阐述，指出“陆红霞诉南通市发展和改革委员会政府信息公开答复案”经《最高人民法院公报》登载，已经成为具有重要参照或借鉴效应的示范案例。该案裁判的可取之处有：申明知情权和诉权有滥用的可能和限制的必要；宣告解决滥诉问题乃审判权应有职能；提出认定滥用需要考虑的事实因素；以及综合判断申请和诉讼目的明显背离立法宗旨。但是，其在主动取证和审查原告行为、部分事实认定考虑因素的裁判说理、对本案不作实体审理、驳回起诉并宣告当事人未来类似情形将严格审查“三需要”等方面有可商榷之处。更好的司法应对或许是：行政认定和处理先行，司法审查在后；充分展示司法对事实相关因素的可信认定；驳回诉讼请求并宣告未来严格审查“适当目的”。而整体的制度推进是更需要进一步努力的。[29]

2016年于艳茹案件引起的广泛地关注，有学者就该案件当中涉及的问题进行了剖析，认为中国的学位授予是坚持单一的学术标准，还是坚持学术标准与品行标准的双标准制，存有模糊认识。高校和学生因违纪处分被剥夺学位资格引发的诉讼纷争日益增多，在避讼心理的支配下，一些高校开始在大学章程、学位授予办法中取消学位授予的品行标准。从学位制度的评价功能看，非学术性标准是学位授予的重要组成部分，而且是世界各国的通行做法，中国的学位授予制度应当坚持学术标准和品行标准的双标准制。高等学校应当坚定不移地坚持人才培养的双标准制、坚持学位授予是学术标准和品行标准的双标准制。学位条例的修订，更要做好顶层设计，明确确立学位授予的双标准制，规定学位撤销的双标准制和双时段制。学位授予的双标准制应当是大学章程中“规定动作”，而教育行政部门对于大学章程的审查重点，应当是章程是否坚持人才培养和学位授予的双标准制。[30]

注：

①步超：《论美国宪法中的行政组织法定原则》，《中外法学》，2016年第2期。

②于安：《论行政廉洁原则的适用》，《中国法学》，2016年第1期。

③沈岿：《监控者与管理者可否合一：行政法学体系转型的基础问题》，《中国法学》，2016年第1期。

④彭錞：《迈向欧盟统一行政程序法典：背景、争议与进程》，《环球法律评论》，2016年第3期。

⑤王贵松：《行政法上不确定法律概念的具体化》，《政治与法律》，2016年第1期。

⑥王天华：《行政法上的不确定法律概念》，《中国法学》，2016年第3期。

⑦胡建淼：《法律规范之间抵触标准研究》，《中国法学》，2016年第3期。

⑧王天华：《案例指导制度的行政法意义》，《清华法学》，2016年第4期。

⑨胡萧力：《从“地域回避”到“利益回避”国家治理中地方主官异地任职制度检讨》，《中外法学》，2016年第3期。

⑩何海波：《论行政行为“明显不当”》，《法学研究》，2016年第3期。

⑪王贵松：《论行政裁量理由的说明》，《现代法学》，2016年第5期。

⑫成协中：《行政行为违法性继承的中国图景》，《中国法学》，2016年第3期。

⑬胡斌：《行政执法案例指导制度的法理与构建》，《政治与法律》，2016年第9期。

⑭余凌云：《道路交通事故责任认定研究》，《法学研究》，2016年第6期。

⑮余凌云：《论道路交通事故处理规范的标准化——以日本的实践为借鉴》，《政治与法律》，2016

年第 5 期。

⑯王旭：《公民参与行政的风险及法律规制》，《中国社会科学》，2016 年第 6 期。

⑰王贵松：《风险行政的组织法构造》，《法商研究》，2016 年第 6 期。

⑱刘银良：《美国生物技术的法律治理研究》，《中外法学》，2016 年第 2 期。

⑲沈岿：《食品安全企业标准备案的定位与走向》，《现代法学》，2016 年第 4 期。

⑳刘银良：《概率下的消费权——北京市摇号购车政策的正当性疑问》，《法学》，2016 年第 6 期。

㉑邓海峰：《城市化进程中城镇居民住房保障法律制度重构》，《法商研究》，2016 年第 4 期。

㉒王世洲：《我国技术移民法核心制度的建立与完善》，《中外法学》，2016 年第 6 期。

㉓赵鹏：《私人审查的界限——论网络交易平台对用户内容的行政责任》，《清华法学》，2016 年第 6 期。

㉔韩春晖：《行政决策的多元困局及其立法应对》，《政法论坛》，2016 年第 3 期。

㉕刘金瑞：《我国网络关键基础设施立法的基本思路和制度建构》，《环球法律评论》，2016 年第 5 期。

㉖毕洪海：《瑞典信息公开原则的诞生与演进》，《环球法律评论》，2016 年第 3 期。

㉗高西庆、杨海璇：《权利导向立法中的权力导向风险——〈慈善法〉的新视角》，《清华法学》，2016 年第 6 期。

㉘韩春晖：《行政决策的多元困局及其立法应对》，《政法论坛》，2016 年第 3 期。

㉙沈岿：《信息公开申请和诉讼滥用的司法应对——评"陆红霞诉南通市发改委案"》，《法制与社会发展》，2016 年第 5 期。

㉚于志刚：《学位授予的学术标准与品行标准——以因违纪处分剥夺学位资格的诉讼纷争为切入点》，《政法论坛》，2016 年第 5 期。

（作者：胡锦光：中国人民大学教授；
董妍：天津科技大学副教授）

刑　法　学

韩玉胜　史丹如　张学永

2016 年度，我国刑法学界的专家不断将对刑法理论和刑事司法实践的研究推向深入，尤其是北京地区的刑事法学者及实务专家立足首都、放眼全球，为我国的刑事法学理论研究和刑事司法实践的进步做出了突出的贡献。众多学者对犯罪论、刑罚论、刑法解释等刑法基础理论进行了深入研究，另有学者对刑法分则的相关罪名进行了深入探讨，除了聚焦刑法修正案（九）有关罪名的适用问题之外，还对收受贿赂犯罪、财产犯罪、网络犯罪、绑架罪等进行了系统研究。此外，围绕着社区矫正法（征求意见稿）、互联网法治、中国刑法国际视野的融入等为主题的研讨会和学术论坛交流活动的开展，刑事法学的研究进一步不断地深入，并为我国的刑事立法和司法实践提供持续的推动力。

一、重要论著

本年度内，众多刑法学者继续著书立说，出版了多部具有影响力的专著和译著，其中比较重要的代表性论著包括：梁根林主编《当代刑法思潮论坛（共 3 卷：刑法体系与犯罪构造；刑法教义与价值判断；刑事政策与刑法变迁）》（北京大学出版社），刘仁文著《死刑改革与国家治理》（社会科学文献出版社），徐爱国著《西方刑法思想史》（中国民主法制出版社），赵秉志著《当代刑法问题新思考》（中国法制出版社），黎宏著《刑法总论问题思考（第二版）》（中国人民大学出版社），［日］平野龙一著、黎宏译《刑法的基础》（中国政法大学出版社）等。另外，还有数百篇刑法学相关领域的学术论文发表。

二、研究的热点与创新

（一）刑法基础理论相关研究

本年度内，关于犯罪论体系的探讨进一步深入，这其中既有国外相关学者的学术观点的译介，也有国内优秀学者的理论阐释。

关于犯罪论体系模式的构建，有学者认为，大陆法系和英美法系的犯罪论体系形成了二分制、三分制和四分制三种模式，美国《模范刑法典》的犯罪论体系是不同于普通法二分制犯罪论体系的三分制，其和大陆法系三阶层的犯罪论体系具有异曲同工之处。从体系性、逻辑性及实用性等多个角度比较，三阶层的犯罪论体系都比我国当前的四要件的体系具有优越性，因此建议我国也应采用三阶层的犯罪论体系。[①]

有学者对日本近代刑法学上的“新派”和“旧派”思想之争进行了梳理。其认为，日本刑法学说史上的“新派”和“旧派”之争，是持续至今的结果无价值论和行为无价值论之争的原点或前史，梳理清楚日本刑法学派之争的历史脉络，对于全面把握日本刑法学的理论图景和认清日本刑法学的发展现状具有重要的价值和意义。日本刑法学中的“新派”和“旧派”思想具有很大的不同，在刑罚论方面，“旧派”对应报应刑论，“新派”对应目的刑论（特别是社会防卫论和教育刑论）；在犯罪论方面，“旧派”秉持客观主义的立场，而“新派”则持主观主义的立场。总体来看，由于新派理论的冲击，旧派理论趋于折衷，主流理论表现出明显的国家主义和权威主义的特征。其后发生在“旧派”内部的违法性本质即结果无价值论和行为无价值论之争，是对“新派”和“旧派”之争的继承和扬弃。[②]

有学者认为，相较于我国刑法学界关于犯罪论体系的四要件和三阶层之争及形式解释论和实质解释论的对立而言，结果无价值论和二元行为无价值论之间的争论和对立对于刑法学理论发展的影响最具深度与广度。虽然结果无价值论和行为无价值论之争主要起源于德国并滥觞于德国、日本，但是引入我国之后两派的论争又具有新的发展并呈现出一些新的特点，除了传统的理论争点之外，又有新见解的提出。在伦理学上，表现为行为功利主义和规则功利主义之争；在刑罚论方面，是报应刑论和一般预防论的对立。但在争论的过程中，双方也达成了若干理论共识，比如，法益保护应当是刑法的首要任务，不法论的核心应着眼于法益侵害，脱离了法益侵害的规范违反不应成为不法的基础；对犯罪行为的认定必须遵循罪刑法定原则的制约，犯罪类型是不法和责任的完整呈现。预观未来，双方应该是止于宏观理念和立场上的争论，而更关注具体可操作性、技术性的问题，比如不法与责任的划分、错误论、共犯论等。[③]

关于违法性阶段的正当化事由，《德国刑法典》第32条明确规定了正当防卫。对于正当防卫行为，被防卫人应当予以忍受，被防卫人如果又实施了反击行为，则其反击行为不能被认定为正当防卫。从与他国的比较看，德国刑法对正当防卫行为的容忍度较高，对正当防卫权的限制较为宽和，因而使得正当防卫权显得有些过于“凌厉”。因此，其正当防卫的正当化根据一直是刑法学者们激烈讨论的对象。个人法益的保护是正当防卫正当化的一个重要根据，但还不足以完全支撑正当防卫权的凌厉性。“法维护”原则可以从另一个角度为正当防卫权提供理论支撑，个人保护和法维护二者共同构成了正当防卫的正当化根据。[④]

对于正当防卫的司法适用，有学者旗帜鲜明地提出了当前我国司法实践认定正当防卫时存在的问题：当前我国的司法实践中对于正当防卫的认定存在不应有的“道德洁癖”，即司法者不恰当地限缩了正当防卫成立的范围，倾向于将享有正当防卫权的主体限定为对侵害行为的发生没有任何道德瑕疵的完全无辜者；其进而认为，对于自招侵害的行为人，不能完全剥夺其正当防卫的权利。[⑤]此外，该学者对正当防卫限度的判断，也提出了自己独到的见解：基于刑法条文合宪性解释的尝试，对于正当防卫限度的判断，应遵循比例原则的指导，符合必要性和适当性的要求，并大体上放弃法益衡量原则。[⑥]

对于刑法理论中备受青睐的法益衡量原理，另有学者进行了批判性的探讨。该学者认为，法益衡量原则作为违法性阻却的一般原理，无论是实体层面还是方法论层面均存在重大缺陷。法益衡量原理的上述缺陷和结果无价值论者混淆了法益衡量和利益衡量的不同原理有关。法益衡量仅关注具体的、涉案主体的法益，而忽视了更为重要的作为法治国基础的制度法益，违反了立法判断优先的原则，缺少对裁判者和解释者的主观局限的制约。基于上述原因，违法性阻却原理应采“利益衡量说”，并将超越个人法益的制度利益作为利益衡量时考量的核心，且利益衡量应彰显法治国的核心价值，并不允许对法治国的基础利益相对化。[⑦]

生命权益是人最基本的权益，是其他一切权益存在的根基和保障，因此生命冲突时的杀人问题是刑法学必须面对的问题。对此问题，有学者认为，生命冲突时的杀人问题必须接受刑法的调整，而不是不受法律规制的“法外空间”。基于宪法的平等原则，当面临生命利益的冲突时，不允许仅仅以生命的数量和质量为标准进行简单的比较衡量，而应考虑双方生命冲突的起因，重点考虑生命的值得保护性。当生命冲突的紧急状态为其中的一方行为所引起时，则引起者生命的值得保护性不同程度的降低，因此，防御性紧急避险的杀人行为可能被正当化，而基于期待可能性的欠缺，实施攻击性紧急避险的杀人行为者可能被免责。[8]

另外，对于被害人因受骗而同意的问题，有学者认为：一般而言，在被害人同意时由于欠缺了法益的“要保护性”而可以阻却犯罪的成立。但是，在被害人因受骗而同意的场合中，判断同意是否有效时应原则遵循“法益关系错误说”，一般而言不存在法益关系错误时应认定同意有效，但也应注意存在一些特定的例外情形。[9]

还有学者对日本学者平野龙一教授的“机能主义刑法观”进行了介绍，并认为该内容应该包括法益保护机能和人权保障机能；在对刑事责任本质的认定方面，根据学说是采用了“柔软的决定论”而非完全的自由意思论或道义责任论。[10]

由于法条竞合与想象竞合容易混淆，有学者认为必须对两者进行区分。区分标准又分为形式标准和实质标准。形式标准是，仅通过构成要件的解释而无须具体案件事实的连接即可肯定两个法条之间的交叉或包容关系的是法条竞合。实质标准分为两个，其一为法益的同一性，如果一个行为侵害了两个以上犯罪所保护的法益时，应成立想象竞合而不是法条竞合；其二为不法的包容性，即一个行为同时触犯了两个罪名且两个罪名都可以充分并全面地评价行为的不法内容时是法条竞合，反之则为想象竞合。[11]

由于行为的实施通常会涉及社会的多个方面，因此，以法律体系的全方位视角考察一个行为，会发现该行为可能将会涉及多个部门法，可能承担多种部门法上的责任，比如民事责任、行政责任和刑事责任等，这些不同部门法上的责任如何具体适用，是司法实践中的一个重大且引人困惑的问题。有学者认为，应当对作为行为后果的民事责任、行政责任和刑事责任进行区分，从而为多种法律责任的承担提供理论依据。其进一步认为，在行政责任和刑事并存的场合，应采用“并合说”而不是“吸收说”，即可以同时追究行为人的行政责任和刑事责任，并不构成重复处罚的问题。但是在同时适用行政处罚和刑事处罚时，应注意同种性质的处罚尽量避免适用，即使适用也应考虑折抵问题。而对于民刑交叉的案件，是“先刑后民”还是“先民后刑”，理论上存在不同的见解，虽然我国实践中基本采用“先刑后民”的处理方式，但是该种方式对于被害一方的私权保护极为不利。[12]

对于刑法立法问题，有学者认为：当前我国处于转型时期，刑法立法工作也应与时俱进，及时调整。具体来说，刑事立法工作调整和转变体现在以下几个方面：通过转变法益观，前置法益保护的门槛，拓展刑法调整的新领域，使刑法更为积极地介入社会生活的调整。刑法调整人们社会生活的积极性和刑法的谦抑性并不矛盾，从立法技术的角度应保持刑事立法的多元化，制定轻犯罪法，在治安管理处罚法与刑法之间形成严密的无缝衔接机制，可以在严密法网的同时降低刑罚的严厉性，并建立刑罚和保安处分并行的刑法治理体系。[13]

在刑法解释方面，有学者主张功能主义的刑法解释论。功能主义的刑法解释论受功能主义刑法体系即目的理性体系的影响，将刑事政策纳入刑法体系内考量，跨越了“李斯特鸿沟”。功能主义的刑法解释方法注重解释的合目的性，呈现出实质性、回应性以及后果取向性的特征，有助于当下所倡导的能动司法的实现，也有助于刑法体系的自我演进及其与当下风险社会背景的适应与协调。[14]

（二）刑法修正案（九）相关深入研究

本年度以来，对于刑法修正案（九）的深入持续研究是理论界的一个重点和热点问题。有学者认为，学好用好刑法修正案（九），需要贯彻创新、协调、绿色、开放、共享等五大发展理念，此次修正是刑法积极介入社会生活、回应社会关切的结果，新增的罪名能够应对不断涌现的新的危害社会的行为，更好地促进社会发展。[15]

有学者认为，最近两次刑法的修正显示出刑法对社会生活介入的深度和广度都得到拓展，调整的力度也得到增强。这或许受到了一些传统观念的批判，但是，上述批判未能顺应时代的发展，未能有效地回应当下中国社会的现实需求。积极主义刑法立法观的确立是顺应时代发展的结果，刑法的谦抑性并不否定对一些新型的危害社会的行为适度犯罪化，刑罚关口的前移也是当下中国社会转型时期的现实需要。刑事立法应当保持刑罚的宽缓，并建立轻罪的处理程序，注重犯罪人的改造和复归社会，另外，刑事立法还应注意与非理性的公众呼吁保持距离。[16]

有学者对刑法修正案（九）之后出台的《关于办理贪污贿赂刑事案件适用法律若干问题的解释》（以下简称《解释》）给予了高度评价。该学者认为，《解释》为贪污贿赂犯罪的法律适用提供了统一明确具有操作性的标准，是对立法意图的正确解读，为法治反腐奠定了坚实的基础。[17]另有学者对《解释》的内容也予以肯定，认为刑法最新修正后对贪污贿赂犯罪的司法适用提出了新的问题，亟待司法解释予以明确，而《解释》的出台无疑为司法实践明确了可操作性的标准，包括定罪标准和量刑标准。对于贪污贿赂犯罪来说，数额标准的确立并非易事，标准过高不利于打击贪污贿赂犯罪，标准过低则又造成量刑的不合理。总体而言，《解释》确定的标准是合理的。[18]

有学者对《解释》中涉及的受贿罪的情节进行专门论述。该学者认为，《解释》对受贿罪情节的明确有助于司法实践准确把握数额和情节的关系，可以更为妥当地对相关当事人定罪量刑，更好地贯彻罪刑法定原则，同时实现违纪违法行为和犯罪行为判断标准的无缝衔接。应当注意的是，对于相关犯罪的处理应当严格遵循不得重复评价的原则，不能将同一个情节同时作为定罪与量刑的情节进行重复评价，也不能将犯罪后的表现回溯性地作为定罪的情节予以评价。[19]

刑法在经过本次修正以后，随着相关司法解释的出台，贪污贿赂犯罪的法律适用也成为一个突出的问题。对于修正后的刑法及相关司法解释的适用问题及其溯及力问题，有学者认为，总体上适用从旧兼从轻原则；但是在具体案件的判断上，尤其是当刑法修正和相关司法解释调整时间同步且内容竞合的情况下，溯及力问题相当复杂，必须明确和细化溯及力的判断规则，才能正确适用法律，对当事人妥当的定罪量刑。[20]

刑法修正案（九）新增的对有影响力的人行贿罪，有学者对该罪的构成要件进行了深入研究。该学者认为，由于行为对象的特殊性，本罪侵犯的客体也和普通行贿罪有明显区别。具体而言，本罪侵犯的客体包括直接客体和间接客体，直接客体为作为群体社会价值的清正廉洁，间接客体则为公权力的公正性。作为本罪行为对象的“近亲属”应采用民法上的人员范围来认定，对于该犯罪的完成形态，应以贿赂的实际交付或受贿人控制贿赂为既遂的标准，贿赂为债权的，应以受贿人实际控制或享有特定债权为既遂标准。[21]

刑法修正案（九）对介绍贿赂罪进行的修改，有学者认为，介绍贿赂罪是为了规制为行贿和犯罪行为牵线搭桥，但行为人本身又不是直接行贿人和受贿人的情形而制定的。其目的本是为了防止处罚的漏洞，但在司法实践中本罪却成为了一些本应作为受贿罪共犯的行为人的避风港，使得一些社会危害性较为严重的行为没有得到应有的妥当的处罚。刑法修正案（九）虽然对本罪的刑罚增加了并处罚金刑的规定，但是该项修改并不足以打击此类犯罪，存在重罪轻判、处罚力度不够协调的问题，因此，应取消介绍贿赂罪，对介绍贿赂的行为人以受贿罪的共犯处理。[22]

刑法修正案（九）新增了虐待被监护、被看护人罪，有学者对该罪的司法认定进行了研究，重点剖析了该罪的客观要素。该学者认为，对该罪的司法认定应重点关注如下几个要素：其一是行为人对被害人负有监护和看护义务，其二是行为人具有虐待行为，其三是行为人虐待行为达到了“情节恶劣”的程度，其四是行为对象是被监管、看护的老年人、未成年人和病患或残障人员。[23]

另外，关于刑法修正案（九）对危险驾驶罪的修改，有学者认为，危险驾驶罪所规制的行为应当是典型性的具有危害公共交通安全的抽象危险行为。但是并非所有的具有侵害或威胁公共交通安全法益的行为都应作为危险驾驶罪处理。对于不具有典型性的行为，不能形式的判断其抽象危险，而应具体根据行为事实判断其行为是否具有侵害法益的抽象危险。[24]

（三）其他个罪研究

刑法分则个罪研究一如既往也是刑法学者本年度研究的重要内容。除了针对上述刑法修正案（九）中修正的有关个罪深入探讨之外，还有专家学者分别对寻衅滋事罪、合同诈骗、电信网络诈骗和盗窃罪等财产犯罪、家暴犯罪、言论自由相关方面的犯罪等进行了深入研究。

对于财产性利益可否成为盗窃罪、抢夺罪等财产性犯罪的对象，有学者进行了比较研究。在理论界和实务界，对于非法获取财产刑利益的行为如何定性，一直是一个存在较大争议的问题。无论是从法律解释的角度，还是从法益保护必要性即是否需要填补处罚漏洞的角度，关于财产性利益是否可以成为盗窃罪等财产性犯罪的对象这一问题，都存在着肯定说和否定说的观点。对此问题，德国刑法理论采“狭义的物的价值说”的标准，即区分获取财产性利益的载体与实现财产性利益之间是否需要同时实施其他行为的不同情形，当无须实施其他行为时，非法取得财产性利益的行为可以成立相关财产性犯罪，反之，则需结合实现财产性利益时所实施的其他行为（主要是欺诈行为）综合判断。[25]

关于电信网络诈骗犯罪问题，也有不同学者均进行了关注。有学者认为，随着“两高一部”《关于办理电信网络诈骗等刑事案件适用法律若干问题的意见》（以下简称《意见》）的出台，我国加大了打击电信网络诈骗犯罪的力度，尤其是重视的其上下游的关联犯罪进行了全面惩治，有利于从根本上规制此类犯罪。[26]另有学者也认为，《意见》出台后构建了更为严密科学的规制电信网络诈骗犯罪的罪名体系，正确处理了相关罪名的罪数关系，形成了精准打击相关犯罪的合力。[27]

“快播案”的审理在本年度也引起了很多专业人员和普通公众的广泛关注，其律师辩护的内容也引发了相关的讨论。有学者认为，“快播案”的一审判决定罪准确，量刑适当，是一个妥当的判决。无论是从客观行为，还是行为人的主观牟利目的，一审判决的认定都没有问题，应当适用传播淫秽物品牟利罪对有关人员定罪量刑。[28]另有学者认为，互联网不是法外之地，刑法应当对互联网空间发生的行为进行规制，应正确理解技术中立原则，对相关犯罪行为不能以技术中立原则辩护。刑法修正案（九）之后，快播案相关主体可构成拒不履行网络安全管理义务罪，也可构成传播淫秽物品谋利罪，属两罪的想象竞合，应依法律相关规定处理。[29]

有学者对巨额财产来源不明罪中的实行行为进行了深入研究。该学者认为，巨额财产来源不明罪的实行行为是不作为，即有义务说明巨额财产来源而不说明。如果说明了来源并查证属实的，按其来源的不同而进行不同的处理，可能成立一般违法行为或其他犯罪而不成立巨额财产来源不明罪。非国家工作人员（教唆）可以成立本罪的共犯，且巨额财产来源不明罪判决生效以后不能推翻或撤销，而是根据情况分别处理，构成其他犯罪的，另行定罪处罚。[30]

有学者对组织、领导传销活动罪进行了研究并认为，该罪中的传销不是经营性的传销而是指诈骗型传销，因此，该罪与诈骗罪存在法条竞合关系，诈骗罪为普通法条而组织、领导传销活动罪为特殊法条。曾经被作为非法经营罪处理的经营型传销已经被司法解释作非犯罪化处理，因此，组织、领导传销活动罪的成立范围被很大程度的压缩。[31]

言论自由作为一种宪法权利，当然应当受到刑法的保护，而和言论自由有关的刑事犯罪，显然和每一个公民都有密切的关系。有学者对言论自由和相关刑事犯罪进行了系统研究，该学者认为，言论自由虽是一种宪法权利，但是其行使却应遵守法律的规则，超过言论自由的边界就可能构成违法甚至刑事犯罪。正确界定言论自由的边界，有利于达成言论自由和刑事犯罪二者之间的平衡。[32]

三、重要学术交流活动

1. 2016 年 3 月 5 日，以“承继共犯论的新展开”为主题的学术讲座在中国人民大学举行。本次讲座谢望原教授主持、山口厚教授作了主题演讲，参与本次讲座的嘉宾还有北京大学法学院、清华大学、中国人民大学等多位教授等。

2. 2016 年 6 月 19 日，由中国人民大学法学院、国家检察官学院、中国航天科工集团第二研究院、中国人民大学刑事法律科学研究中心发起的中国人民大学反腐败法治研究中心在北京成立，成立大会暨法治反腐文化建设研讨会也同时在中国人民大学隆重举行。来自中央纪委、最高人民检察院、最高人民法院、公安部及各地方纪检、司法机关等实务部门的代表，北京大学、清华大学、中国人民大学、中国人民公安大学等高校的专家学者参加了本次会议。

3. 2016 年 11 月 20 日上午，德国哥廷根大学刑法、刑事诉讼法、比较法、国际刑法教授 Kai Ambos（Prof. Dr. Dr. h. c. Kai Ambos）在中国人民大学作了主题为“德国刑法学的未来”的学术演讲。

4. 2016 年 11 月 27 日，由中国人民大学刑事法律科学研究中心和北京师范大学刑事法律科学研究院共同主办的“中国刑法的国际视野”学术研讨会暨高铭暄先生获早稻田大学名誉博士学位庆祝会，在中国人民大学隆重举行。

5. 2016 年 12 月 16 日，《社区矫正法（征求意见稿）》专家研讨会暨中国法学会立法专家咨询会在北京召开。中国法学会、中国刑法学研究会、中国犯罪学研究会、北京师范大学刑事法律科学研究院社及中国人民公安大学法学院等学术机构和高校的多位专家学者参加会议并发表意见。

6. 2016 年 12 月 17—18 日，由中国人民大学刑事法律科学研究中心、中国犯罪学会、腾讯研究院犯罪研究中心联合举办的“2016 互联网刑事法制高峰论坛”在北京成功举办。来自中国人民大学、北京大学、清华大学、中国政法大学、澳门科技大学法学院、澳门城市大学法学院的近百位学者，来自全国人大常委会、最高人民法院、最高人民检察院、公安部以及各级公安、司法机关和来自互联网行业的专家，共计三百多位代表参加了会议。

注：

①江溯：《论美国〈模范刑法典〉的犯罪论体系》，《比较法研究》，2016年第3期。

②付立庆：《近代日本的刑法学派之争及其特色》，《法学杂志》，2016年第8期。

③陈璇：《结果无价值论与二元论之争的共识、误区与发展方向》，《中外法学》，2016年第3期。

④[德]约翰内斯·卡帕斯：《德国正当防卫权的"法维护"原则》，《人民检察》，2016年第10期。

⑤陈璇：《克服正当防卫判断中的"道德洁癖"》，《清华法学》，2016年第2期。

⑥陈璇：《正当防卫与比例原则——刑法条文合宪性解释的尝试》，《环球法律评论》，2016年第6期。

⑦劳东燕：《法益衡量原理的教义学检讨》，《中外法学》，2016年第2期。

⑧陈璇：《生命冲突、紧急避险与责任阻却》，《法学研究》，2016年第5期。

⑨付立庆：《被害人受骗而同意的法律效果》，《法学研究》，2016年第2期。

⑩黎宏：《日本的机能主义刑法观》，《人民检察》，2016年第7期。

⑪张明楷：《法条竞合与想象竞合的区分》，《法学研究》，2016年第1期。

⑫ 黎宏：《民事责任、行政责任与刑事责任适用之司法困惑与解决》，《人民检察》，2016年第2期。

⑬周光权：《转型时期刑法立法的思路与方法》，《中国社会科学》，2016年第3期。

⑭劳东燕：《能动司法与功能主义的刑法解释论》，《法学家》，2016年第6期。

⑮周光权：《学好用好〈刑法修正案（九）〉贯彻五大发展理念》，《人民检察》，2016年第1期。

⑯周光权：《积极刑法立法观在中国的确立》，《法学研究》，2016年第4期。

⑰周光权：《准确实现立法意图 为法治反腐奠定基础》，《人民法院报》，2016年4月19日。

⑱陈兴良：《贪污受贿罪数额的合理调整》，《人民法院报》，2016年4月19日。

⑲周光权：《论受贿罪的情节——基于最新司法解释的分析》，《中国检察官》，2016年第11期。

⑳黄京平：《修正后刑法及相关司法解释的溯及力判断规则》，《中国检察官》，2016年第7期。

㉑谢望原：《对有影响力的人行贿罪构成要件辨析》，《人民检察》，2016年第5期。

㉒周光权：《修改介绍贿赂罪，并源头上遏制腐败》，《检察日报》，2016年3月8日。

㉓谢望原：《虐待被监护、被看护人罪的客观要素与司法认定》，《法学杂志》，2016年第10期。

㉔黎宏、杨宁：《危险驾驶罪若干问题研究》，《人民检察》，2016年第9期。

㉕王莹：《论财产性利益可否成为盗窃罪行为对象——"介入行为标准"说之提倡》，《政法论坛》，2016年第4期。

㉖梁根林：《全面惩处电信网络诈骗关联犯罪》，《人民法院报》，2016年12月25日。

㉗周光权：《准确实现立法意图 为法治反腐奠定基础》，《人民法院报》，2016年12月23日。

㉘张明楷：《快播案定罪量刑的简要分析》，《人民法院报》，2016年9月14日。

㉙陈兴良：《在技术与法律之间：评快播案一审判决》，《人民法院报》，2016年9月14日。

㉚张明楷：《论巨额财产不明罪的实行行为》，《人民检察》，2016年第7期。

㉛陈兴良：《组织、领导传销活动罪：性质与界限》，《政法论坛》，2016年第2期。

㉜张明楷：《言论自由与刑事犯罪》，《清华法学》，2016年第1期。

（作者：韩玉胜，中国人民大学教授；
史丹如，中国人民公安大学副教授；
张学永，中国人民公安大学讲师）

民商法学

林 嘉 姚 辉 王 琦

2016 年，北京地区的民商法学研究蓬勃发展，百家争鸣。民商法学者对基础理论以及民法典编纂、民法总则制定等热点问题展开深入研究，取得了一系列丰硕的学术成果。此外，以民商法学基本理论、法律适用等为主题的学术交流、研讨活动，也推动着北京地区乃至全国的民商法学的发展与创新。

一、重要学术活动

2016 年 5 月 7—8 日，中国法学会商法学研究会 2016 年年会在北京召开，本届年会由对外经济贸易大学法学院承办。年会围绕民法典编纂与商事立法独立性、公司与企业法的具体法制建设、国际化背景下的商法新问题和金融法治的国际化四个主题展开探讨，取得圆满成功。

2016 年 6 月 7 日，中国法学会民法典编纂项目领导小组工作会议在中国人民大学召开。会议传达了法学会党组会议决定，就民法典分则的五编分别设立专项课题组，并就相关问题进行讨论。

2016 年 9 月 24 日，中国社会科学院法学研究所主办的“民法典编纂与商法规范表达”学术研讨会在北京顺利举行。与会人员结合《民法总则草案》，就“民法典编纂与商法体系建构”、“主体制度中的民商关系”、“民法典编纂中的商法参与和民法典编纂后的商法发展”等问题展开广泛而深入的讨论。

2016 年 11 月 10 日，由中国民法学研究会与北京市不动产法研究会联合主办的“民法典合同编不动产合同制度研讨会”在中央财经大学学术会堂举行。本次会议就未来我国民法典中不动产合同制度进行了热烈、深入的研讨。

2016 年 12 月 17 日，中国法学会“民法典研究方阵”在北京举办成立仪式，并同时召开中国法学会民法典研究方阵“民法典合同编立法研讨高端论坛”。与会学者围绕合同法总则修订建议条文、合同法分则修订建议条文、合同法分则拟新增合同类型的建议条文三大主题展开研讨，取得了圆满成功。

二、重要学术著作

2016 年，各位学者在深入研究相关热点、前沿问题的过程中，著书立说，出版了一批重要的学术著作，主要有：王利明著《我国民法典重大疑难问题之研究（第二版）》（中国人民大学出版社），王利明著《法律解释学（第二版）》（中国人民大学出版社），杨立新著《东亚侵权法示范法》（北京大学出版社），杨立新主编《继承法修订入典之重点问题》（中国法制出版社），程啸、尹飞、常鹏翱著《不动产登记暂行条例及其实施细则的理解与适用》（法律出版社），费安玲主编《罗马法与学说汇纂》（中国政法大学出版社），李永军主编《中国民法典总则编草案建议稿及理由》（中国政法大学出版社），王洪亮著《债法总论》（北京大学出版社），常鹏翱著《物权法的基础与进阶》（中国社会科学出版社），崔建远《合同法（第六版）》（法律出版社），龙卫球、王文杰主编《民法典编纂与创制发展》（中国法制出版社），等等。

三、研究动态及学术观点

（一）民法学

1. 民法典编纂

2016 年，北京地区的民法学者对民法典编纂的体例结构、民法典与其他部门法的关系、民法典的时代精神和具体内容等有关问题进行深入研讨，产生了一系列优秀研究成果。

首先，对于民法典编纂体例和结构，有学者认为，民商合一既无必要也无可能，民商分立也并不可取，民商立法体例的理性选择应该是民法法典化与商法单行法并行的折中体例。[①]有学者认为，应当坚持“民商合一”制，民法典应当充分反映市场化改革的本质要求，为商事法律制度提供精神的支撑和制度的基础，编纂一部反映市场经济要求的商事品格的民法典。[②]有学者认为，民法典编纂，如无足够充分且正当的理由，应当坚持民商合一的传统。在此立法体例之下，混合型规范需要受到足够重视。[③]有学者认为，若将知识产权法编入民法典，会处处受制于民法典的内在要求，不利于知识产权法的发展，应当继续维持现状。[④]

其次，对于民法与其他部门法的关系，有学者认为，需要构建以宪法精神为基础的民法体系，明确民法典编纂的宪法依据。[⑤]有学者认为，民法典的编纂需要关注与民事诉讼法的对接、协调与统合。[⑥]有学者认为，应在民法典中重置雇佣制度。雇佣合同制度与理论的提升，对于劳动合同制度与理论，对于其他劳务类合同，如承揽合同、委任合同，皆有促进作用。[⑦]

再次，对于民法典的时代精神，有学者认为，民法典的编纂是当代中国全面推进依法治国、实现国家治理体系和治理能力现代化进程中的重要环节。[⑧]有学者认为，在当前编纂民法典的过程中，应当彻底清理苏联民法糟粕，用正确的、科学的指导思想指导民法立法。[⑨]有学者认为，我国民法典应当充分反映互联网时代特征，强化对人格权的保护、有效规范网络交易、保障个人的信息权利、丰富权利公示方法、预防网络侵权行为。[⑩]

最后，对于民法典的具体内容，有学者认为，民法典"总则部分"的主体应规定自然人、两户、法人、非法人团体。[⑪]有学者认为，可撤销的法律行为这一范畴中所对应的各种意思表示瑕疵类型，各有其特殊性，不应该设立统一的法律规则。[⑫]有学者认为，在中国民法典编纂中，对于可撤销的法律行为，应该抛弃传统的带有普遍性的诉讼撤销模式，将自主撤销确定为原则，只有在有特别的利益需要强化国家的保护和干预的时候，才设立诉讼撤销模式。[⑬]

2. 民法总则

2016年6月27日，十二届全国人大常委会第二十一次会议在北京举行。会议首次审议了全国人大常委会委员长会议提请的《中华人民共和国民法总则(草案)》议案的说明，掀起了民法学者对民法总则研究的高潮。

首先，对于民法总则的制定，有学者认为，民法总则的制定，基本确立了民法典的体系安排，对于妥当协调民法总则与民法典分则的关系具有重要意义。[⑭]有学者认为，民法总则制定应该放弃民商合一的理想化追求，循"民法典+商法通则+单行商事法"范式构建统一私法体系。[⑮]有学者认为，我国民法体系是以法律关系为核心构建的，体现为以权利—义务—责任为主线，我国民法上请求权的功能与德国民法上请求权的功能不同。[⑯]有学者认为，民法总则草案基本上体现了民法的时代精神和中国特色，但尚有进一步修改完善的余地。[⑰]

其次，对于民事主体制度，有学者认为，独立承担责任是法人的根本性特征，中国的法人概念可以适应中国社会经济建设的需要，无须重构。[⑱]有学者指出，试图在民法总则里构建一个不同于法人的"其他组织"主体制度并不可取。应将合伙企业、个人独资企业等独立性的"其他组织"纳入法人的范畴，以解决它们的民事主体地位归属问题。[⑲]有学者认为，民法总则（草案）第二章规定的自然人民事主体制度，与民法通则的规定相比虽有进步，但也存在需要进一步改进的缺陷。[⑳]

再次，对于民事权利和民事责任，有学者认为，我国以意思表示为中心概念，经由多层次的抽象化过程而建构民法（私法）总则，是适宜的、恰当的，但仍缺少对一些重要事项的规定。[㉑]对民事权利的内容与行使加以限制及规定权利的私力救济成为各国的普遍做法，我国民法总则（草案）未对此等内容予以规定，是立法上的重要缺漏，应予弥补。[㉒]有学者认为，民法总则（草案）第五章规定了"民事权利"，在立法技术层面上基本符合"提取公因式"和"规范性"的要求，但仍有待完善。[㉓]有学者认为，民法总则应全面承认各种民事责任，将精神损害赔偿责任纳入违约责任之中，并对责任竞合制度加以完善。[㉔]我国民事法律体系中欠缺救助者对被救助者损害赔偿责任减轻的规定，应当借鉴国外好撒马利亚人责任豁免的基本规则，将救助者的侵权责任限制在故意和重大过失，且一般过失不承担责任。[㉕]

复次，对于法律行为，有学者认为，民法总则（草案）纠正了民法通则对法律行为性质的错误定性，但其根据法律行为是否具有相对人而分别规定不同的解释原则并不合理，应直接以合同法所规定的合同解释规则予以替换。[㉖]有学者认为，我国民法总则应将代理、行为能力的规定纳入法律行为之中，且于法律行为规则中规定法律行为的效力。[㉗]我国未来民法总则应当在现行民事立法的基础上，丰富法律行为效力的类型；不再规定法律行为的一般生效要件；不再将无权处分合同认定为效力待定的合同；整合认定法律行为绝对无效的规则，以求进一步完善法律行为的效力制度。[㉘]

又次，对于其他制度，有学者认为，出于建构未来民法典完善的期间制度的考虑，我国民法总则应当增设或有期间制度。[㉙]有学者认为，交易安全保护不可能成为民事主体的行为规范，而环境资源保护则被公序良俗原则所包含，故这两者均不应成为民法的基本原则。[㉚]有学者认为，民法总则应构建以未成年人的亲权保护、丧失亲权保护的未成年人与丧失或者部分丧失民事行为能力的成年人的监护保护，以及身心障碍人的照管保护，即"亲权+监护+照管"三位一体的监护制度，保护好被监护人的合法权益。[㉛]有学者指出，关于遗体的法律属性并未形成一致见解。在法教义学体系中，遗体应当被评价为民法中的“物”。民法总则应在立法上对此予以明确。[32]

3. 人格权法

2016 年，随着民法总则的制定，北京学者除继续对人格权法是否独立成编进行讨论之外，还对人格权的性质、具体人格权等问题进行研究。

关于人格权法立法，有学者认为，人格权之独立成编不具有立法上的科学性和可行性，难以克服保护范围有限和缺乏裁判规范的立法技术障碍。[33]有学者认为，人格权不能依权利人的意思、行为而取得或处分，不适用民法总则编的相关规定。人格权单独设编会违反民法典总则与分则的逻辑关系。[34]有学者认为，人格权法与侵权法在民法典中分别具有不同的功能，人格权法独立成编不会弱化侵权法的功能。[35]有学者认为，将人格权放在总则的自然人部分加以规定，无法满足对人格权作出全面规定的制度要求，在立法技术层面也存在诸多弊端。[36]

关于人格权的性质，有学者认为，人格权的民法表达应当体现人格权的固有性、专属性以及排除妨碍性特征。人格利益的商业化利用与人格权无关，人格权的民法表达不应介入与自然人的人格利益有关的所有问题。[37]有学者指出，人格权已经具有了防御性请求权、精神性的自我决定权和财产性的人格商业化利用权等积极的意思力成分，真正成为了主观权利。[38]

关于具体人格权，有学者认为，具体人格权是一种绝对性权利，必须具备归属性、排他性和典型社会公开性三项属性，其具体构造应当采用高度明确、适度限定的构造标准。[39]有学者认为，信息权是新兴的人格权，具有具体人格权的法律地位。信息权的权利人享有信息专有权、信息支配权、信息维护权和被遗忘权。[40]

4. 物权法

2016 年，结合民法典编纂和土地“三权分置”改革的背景以及物权法司法解释一的出台，北京学者对于物权法的研究集中在不动产登记制度、农村土地“三权分置”改革以及住宅建设用地使用权自动续期等热点问题上。

（1）物权法总论

关于不动产登记，有学者认为，为了避免制度资源的浪费，使预告登记制度获得再生，有必要调整其适用领域，进行制度整合和创新，把租赁权、优先购买权等也纳入其中。[41]有学者认为，可登记的财产权是多元化的，除了不动产物权，与不动产物权有法律关联的债权或其他财产权均可登记。[42]有学者认为，不动产登记无确权效力。[43]

关于动产物权变动，有学者认为，交付是特殊动产物权变动的构成要件并具有公示效力。物权法对特殊动产物权变动采登记对抗主义，但没有赋予登记以绝对公信力，实践中应结合登记和占有状况综合考察其权属状态。[44]

此外，有学者认为，从法律要件事实的角度，可以将我国物权法上的物权推定规范区分为三类：不动产登记簿的权利推定规范，占有的权利推定规范和不可反驳的物权推定规范。[45]有学者认为，能够引起物权发生变动的法律文书，应仅指分家析产等案件中的形成判决以及强制执行中的裁定。[46]

（2）所有权

关于国家所有权，有学者认为，宪法中的国家所有和私法中的国家所有权具有法秩序的一致性，后者是前者所具有的国家内容实现义务功能的展开方式之一，同时要受到前者的约束。[47]学者认为，建立在国家所有权概念基础上的物权实现机制，既表现出与国家所有制的疏离，又受宪法国家所有制规范的牵引而犹豫脚橱，难以全面满足市场经济的实际需要。[48]

关于无权处分，有学者认为，物权法第 106 条规定的“无处分权人”，是看似有处分权而实际无处分权的人，其范围不同于《合同法》第 51 条规定的“无处分权的人”。[49]

（3）用益物权

关于土地承包经营权，有学者认为，以土地承包经营权或土地经营权设定抵押均属“承包土地的经营权抵押”，且均超出物权法允许抵押的财产范围。[50]有学者认为，集体所有权人为“农民集体”，“农民集体”投资设立“集体经济组织”。“农民集体”并非、也不需要以土地所有权进行投资，而只需以各种用益物权进行投资。[51]有学者在进行相关问题的调研时发现，我国相关立法并不能对“三权分置”提供有力的支持和制度保障。[52]

关于建设用地使用权，有学者认为，70 年的住宅建设用地使用权期间届满，经过自动续期，该权利成为永久性用益物权。[53]有学者认为，住宅建设用地使用权的期间不足 70 年的，应当自动续期至 70 年，权利人对取得该权利时与 70 年期间所差的出让金差额应当予以补交，政府不得在此外再收取其他费用。[54]

关于宅基地使用权和地役权，有学者认为，农民住房财产权由房屋所有权和宅基地使用权构成，现行法明确禁止宅基地使用权抵押，在很大程度上制约了这项财产金融价值的充分体现。[55]有学者认为，我国有必要将仅以土地为供役、需役的对象（客体）而设立地役权的现行规定，变革和转换为将供役、需役的对象（客体）扩张及于土地上的建筑物等定着物的不动产役权制度。[56]

（4）担保物权

有学者认为，抵押权随同债权的转让而转移时，应办理抵押权转移登记，该登记是抵押权转移的生效要件，不登记的，抵押权不随同转移。[57]有学者认为，应当将物权法第191条的适用范围限制在动产抵押物。针对不动产抵押物的转让规则，可通过物权的定义规则以及“法无禁止即自由”的自由转让规则重新构造。[58]有学者认为，当多个动产抵押权竞存、一般动产抵押权与浮动抵押权竞存、动产抵押权与质权竞存时，不区分“善意恶意”，统一按照公示的先后顺序决定优先顺位。[59]

（5）占有

有学者结合学理与判例，列陈占有保护请求权的适用前提与法律效果，厘清占有保护与损害赔偿的适用关系，并分析物权法第245条与其他规范的体系关联。[60]有学者从比较法的视角对善意占有人和恶意占有人的概念及范围进行厘定，并以此为基础，围绕善意占有人孳息规则和恶意占有人孳息规则的相关问题展开论述，并提出我国无权占有人孳息规则完善的基本设想和建议。[61]

5. 债权法

（1）债法总论

有学者认为，“自然之债”可以定义为不能通过诉讼而获得满足的债，可以用自然之债理论对最高法院关于民间借贷司法解释的相关规定进行解读。[62]有学者认为，应借鉴瑞士民法中的物上之债理论，尤其是参照意定物上之债，改进我国的预告登记制度，将其适用范围扩及法律允许当事人约定与物权相关的债。[63]

（2）合同法

合同法总论。有学者认为，履行不能制度与风险负担规则应为一般原则与特殊规则的关系，现行法的二元结构应予维持，同时应为因不可抗力导致合同目的落空的合同解除程序设置特殊规则。[64]有学者认为，预约合同应当被认为是与本约相独立的合同，不履行或不适当履行预约合同，亦应当承担相应的违约责任。由于违反预约合同，受损方丧失的是订立本约的机会，故其可获得的赔偿应当限于预约合同之信赖利益。[65]有学者认为，合同违法无效后，我国合同法第58条第1句所规定的“相互返还”和“损害赔偿”的法律后果，会产生帮助甚至鼓励当事人背信的效果。应综合考虑多种因素，对合同违法无效后是否支持当事人的返还请求及损害赔偿请求加以衡量。[66]有学者认为，行政审批与合同效力之间没有必然的逻辑关系。未来民法典应当将合同的效力真正绝缘于行政审批。[67]有学者认为，在构成不安抗辩权的情形下，债权人只能主张暂时中止履行，若需解除合同并主张违约责任，则应以债务人合理期间内未提供充分担保及未恢复债务履行能力为条件。[68]

合同法分论。有学者认为，合同法第174条为不完全法条与准用性法条，其实质是类推适用；该条表明立法者明确承认法律漏洞的存在，并明确授予民事法官宽泛的司法造法的权力。[69]有学者认为，保证合同从属于主债权债务合同，保证合同亦因此被称之为从属保证。但基于契约自由原则，保证合同的从属性可因当事人之间的例外安排而破除，形成所谓的独立保证。[70]有学者认为，承租人擅自处分租赁物并不当然导致出租人的合同目的无法实现，不应一概赋予出租人解除合同的权利，而是需要结合多种因素确定。[71]

6. 侵权责任法

（1）侵权责任法总论

关于侵权责任法的立法体例，有学者认为，我国侵权责任法以“总则＋分则”的模式构建了一个完整的体系。其中，侵权责任法分则的体系又是以特殊的归责原则为主线，辅之以特殊的责任主体而构建起来。[72]

关于侵权责任法总论的具体制度，有学者认为，侵权责任法第20条将“损失难以确定”作为获利赔偿请求权的适用前提，实际上是赋予了受害人在实际损失赔偿请求权与获利赔偿请求权之间做出选择的权利。[73]有学者认为，应对侵权责任法第24条的适用范围进行限制，需对“行为人”与“对损害的发生”进行限缩解释。对其解释应结合侵权责任法的功能及公平的目的，并妥善处理与其他具体规则的关系。[74]

（2）侵权责任法分论

关于网络侵权，有学者认为，网络民事纠纷可以区分为工具性和虚拟性两类，分别适用一般侵权救济和违反保护他人法律的侵权救济。[75]有学者认为，网络侵权法领域的“应知”应涵盖过失和故意两种过错形态。对于网络服务提供者的“过失”，应以“采取合理、有效的侵权预防措施”的注意义务来定义，而不必考察其对网络用户侵权行为的实际知晓情况。[76]有学者指出，网络时代的易复制性使著作权备受侵犯，著作权人多在实践中寻求网络服务提供者承担责任。但是，网络服务提供者都不适宜承担连带责任。[77]有学者认为，消费者通过网络交易平台接受服务造成损害，由服务者承担侵权责任，网络交易平台提供者承担相应责任。[78]

关于环境侵权，有学者认为，我国未来民法典分则侵权责任编应该增加破坏生态侵权责任的规定。新增的破坏生态侵权责任应适用无过错责任原则与因果关系举证责任倒置规则。[79]有学者认为，我国应借鉴法国经验，研究制定《生态损害综合预防与救济法》，同时将侵权责任法第八章进行生态化改造后编入未来的民法典。[80]有学者认为，在确定环境分别侵权行为的责任时，需要区别不同侵权行为人对受害人造成损失的原因力大小，以此作为分担责任的法理基础。[81]有学者认为，环境侵权所保护的物质性人格权和环境权益，都能够纳入赔礼道歉的适用范围，因此，赔礼道歉可以作为环境侵权责任承担方式。[82]

7. 婚姻家庭继承法

（1）婚姻法

关于夫妻财产制度，有学者认为，夫妻内部的财产关系应适用婚姻法规定，夫妻财产与第三人的关系适用物权法规定。当夫妻财产的物权变动与物权公示产生分离时，未经登记不得对抗善意第三人。[83]有学者认为，夫妻财产制的构造应致力于财产分配的公正与创造婚姻家庭的幸福。[84]

关于离婚制度，有学者认为，我国应借鉴意大利的分居制度，构建作为离婚前置程序的分居制度，作为离婚的缓冲器以降低我国离婚率。[85]有学者认为，应重新对离婚救济制度进行界定及重构，建立离婚扶养金给付规则和明确扶养金给付数额的判断标准。[86]

关于亲子关系，有学者指出，我国应在婚姻家庭法中单独设立亲子关系章，全面、系统、具体地规范父母责任。[87]

（2）继承法

有学者认为，应当将土地承包经营权可以继承作为制度选择方案，但须以土地承包费重估与交纳制度和土地承包经营权补偿与收回请求权制度作为配套措施。[88]有学者指出，遗嘱信托具有独特的制度功能，并对我国遗嘱信托制度的关键点和理论构成进行梳理完善。[89]有学者认为，我国应在继承法中规定归扣制度。在现行法中，可以依据继承法第 13 条的规定，并结合遗产归扣的理论，对法定继承中涉及分家析产的案件进行公平的裁判。[90]

（二）商法学

1. 商法总论

有学者认为，商法的“法典化”是一种可行的立法思路。[91]有学者认为，我国民法注重民事代理而忽视商事代理。在民法典编纂之时，应预留商事代理的规范空间，对商事代理做出特别规定。[92]有学者认为，尽快制定我国商事通则能够尽可能地在民法与商法之间建立通畅的互补关系，完善我国的私法法治体系。[93]有学者认为，若想充分理解商法的“独立性”特征，不仅应当从体系维度加以分析，更需从历史维度加以阐释。[94]有学者认为，商事制度的改革不仅要去除不当的法律管制，还要去除附加的政府管制。[95]

2. 公司法

关于公司资本制度，有学者认为，资本三原则在两大法系公司立法上存在形式化的差异，实则只是规制程度上的不同。法定资本制的含义不仅仅指向资本的形成阶段，而应该适用于资本形成、维持与不变的所有环节。[96]

关于股东权利，有学者认为，一味突出保护股东优先购买权，会极大增加企业并购的交易成本，损害公司作为一种法人形态本身所具有的便利企业资产转让的特别价值。[97]有学者认为，在现行法上，公司登记中的股东登记，绝无承载股权“权利外观”功能的能力，难以构造股权善意取得制度来化解其利益冲突。[98]有学者认为，公司法应当明确行使评估权时的比例分配原则，原则上不对少数股权进行折价。[99]有学者认为，应基于未成年人持股的法律性质从效力认定、信息披露、股东权利行使、股东义务和责任承担等方面对其进行特别的制度设计和法律规制。[100]

关于公司决议，有学者认为，应该用决议不成立制度统合决议不存在制度和未形成有效决议制度，对可撤销公司决议的补正事由应更丰富，还应淳化公司决议无效的事由。[101]有学者认为，我国公司法虽然规定了股东会决议瑕疵诉讼制度，但对个别股东在股东会决议中的意思表示瑕疵，还须依据民法通则相关规定与原理对股东意思表示的效力进行认定，股东意思表示未生效将影响整个股东会决议的效力。[102]

3. 证券法

有学者认为，要推动证券法治逻辑与制度的现代化，确立证券法的基本法地位是基础，针对证券品种、监管和市场层次进行差异化的制度设计是基本路径，建立健全完善的资本市场法律体系是保障。[103]有学者认为，法律应当对利用大宗交易进行非法减持的行为予以严格规制。[104]有学者认为，违规大规模增减持股票行为在相关条件成就时完全可能构成内幕交易并引发相应责任。[105]有学者认为，场外配资杠杆率高、进入门槛低易助长不必要的投机，造成金融系统性风险，应接受监管和限制。[106]有学者认为，以金融法中的“三足定理”为理论指导，可以将对高频交易的法律监管分为风险监管、行为监管与竞争监管三大类别。[107]有学者认为，当前法律对操纵证券市场行为的认定标准缺乏精准性，有必要结合具体的行为类型进一步优化认定标准。[108]

4. 破产法

有学者认为，破产程序统一用广义的“连带债务”概括多数人债务，以期贯彻连带债务制度的担保功能，使债权人充分受偿。[109]有学者认为，破产重整制度是解决大规模侵权纠纷的一剂良方。[110]有学者认为，我国可借鉴意大利改革破产和解制度的成功之处，允许和解与重整的相互转化，增强和解程序的灵活性，完善和解协议的审查与专家证明制度。[111]有学者认为，破产法必须回应互联网经济发展对传统规则的挑战。“互联网+”的发展趋势要求法院进行破产程序的司法技术革新，以降低破产程序的成本。[112]有学者认为，对“僵尸企业”的处置需要我国企业破产法中重整制度的有效运行。[113]

5. 保险法

有学者认为，投保人解除保险合同的权利，并非其作为合同当事人的固有权利，而仅是法律赋予投保人免受合同约束的一种专属权利。[114]有学者认为，当保险合同订立者与合同利益享有者相分离时，寿险合同解除权的行使与合同效力维持利益的冲突得以显现。此时，应对投保人的法定解除权设置必要的限制。[115]有学者认为，投保人在保险合同项下的权利，仅以保险合同约定属于投保人者为限。[116]

6. 信托法

有学者认为，信托行为作为信托设立时的法律行为，其成立生效若能以法律行为理论作为基础，不仅逻辑统一，而且也有利于与其他民商法制度的协同。[117]有学者认为，农村土地以信托方式流转时，信托的委托人和受益人都是农户，因而农村土地流转信托属于自益型信托。[118]有学者认为，信托财产与受托人固有财产的分离是实现信托财产独立性的关键，因为除消极信托外，在信托存续期间，受托人控制和管理着信托财产。[119]公司与信托作为信义关系都负有信义义务，但其结构的差异使两者的义务内涵存在很多不同，信托受托人不宜类推适用公司法董事的竞业义务弥补竞业义务的缺失。[120]

注：

①赵旭东：《民法典的编纂与商事立法》，《中国法学》，2016 年第 4 期。

②柳经纬：《编纂一部商事品格的民法典》，《比较法研究》，2016 年第 1 期。

③王轶、关淑芳：《民法商法关系论——以民法典编纂为背景》，《社会科学战线》，2016 年第 4 期。

④崔建远：《知识产权法之于民法典》，《交大法学》，2016 年第 1 期。

⑤韩大元：《民法典编纂要体现宪法精神》，《国家检察官学院学报》，2016 年第 6 期。

⑥张卫平：《民法典与民事诉讼法的连接与统合——从民事诉讼法视角看民法典的编纂》，《法学研究》，2016 年第 1 期。

⑦郑尚元：《民法典制定中民事雇佣合同与劳动合同之功能与定位》，《法学家》，2016 年第 6 期。

⑧石佳友：《治理体系的完善与民法典的时代精神》，《法学研究》，2016 年第 1 期。

⑨杨立新：《编纂民法典必须肃清苏联民法的影响》，《法制与社会发展》，2016 年第 2 期。

⑩王利明：《编纂一部网络时代的民法典》，《暨南学报》(哲学社会科学版)，2016 年第 7 期。

⑪李永军：《我国未来民法典中主体制度的设计思考》，《法学论坛》，2016 年第 2 期。

⑫薛军：《论意思表示错误的撤销权存续期间——以中国民法典编纂为背景的分析》，《比较法研究》，2016 年第 3 期。

⑬薛军：《论可撤销法律行为撤销权行使的方法——以中国民法典编纂为背景的分析》，《法学家》，2016 年第 6 期。

⑭王利明：《关于制定民法总则的几点思考》，《法学家》，2016 年第 5 期。

⑮李建伟：《民法总则设置商法规范的限度及其理论解释》，《中国法学》，2016 年第 4 期。

⑯魏振瀛：《我们需要什么样的民法总则——与

德国民法比较》，《北方法学》，2016 年第 3 期。

⑰梁慧星：《〈中华人民共和国民法总则（草案）〉：解读、评论和修改建议》，《华东政法大学学报》，2016 年第 5 期。

⑱梁上上：《中国的法人概念无需重构》，《现代法学》，2016 年第 1 期。

⑲柳经纬：《"其他组织"及其主体地位问题——以民法总则的制定为视角》，《法制与社会发展》，2016 年第 4 期。

⑳杨立新：《〈民法总则（草案）〉自然人制度规定的进展与改进》，《法治研究》，2016 年第 5 期。

㉑陈华彬：《论我国〈民法总则（草案）〉的构造、创新与完善》，《比较法研究》，2016 年第 5 期。

㉒陈华彬：《论民事权利的内容与行使的限制——兼议我国〈民法总则（草案）〉相关规定的完善》，《法学杂志》，2016 年第 11 期。

㉓李永军：《民法总则民事权利章评述》，《法学家》，2016 年第 5 期。

㉔崔建远：《民法总则应如何设计民事责任制度》，《法学杂志》，2016 年第 11 期。

㉕杨立新、王毅纯：《我国地方立法规定好撒马利亚人法的可行性——兼论我国民法典对好撒马利亚人法规则的完善》，《法学杂志》，2016 年第 9 期。

㉖尹田：《〈民法总则（草案）〉中法律行为制度的创新点之评价》，《法学杂志》，2016 年第 11 期。

㉗陈华彬：《论我国民法总则法律行为制度的构建——兼议〈民法总则草案〉（征求意见稿）的相关规定》，《政治与法律》，2016 年第 7 期。

㉘王轶：《民法总则法律行为效力制度立法建议》，《比较法研究》，2016 年第 2 期。

㉙王轶：《民法总则之期间立法研究》，《法学家》，2016 年第 5 期。

㉚尹田：《民法基本原则与调整对象立法研究》，《法学家》，2016 年第 5 期。

㉛杨立新：《〈民法总则〉制定与我国监护制度之完善》，《法学家》，2016 年第 1 期。

㉜申卫星：《论遗体在民法教义学体系中的地位——兼谈民法总则相关条文的立法建议》，《法学家》，2016 年第 6 期。

㉝尹田：《论人格权独立成编的技术障碍》，《政法论丛》，2016 年第 1 期。

㉞梁慧星：《中国民法典中不能设置人格权编》，《中州学刊》，2016 年第 2 期。

㉟王利明：《人格权的积极确权模式探讨——兼论人格权法与侵权法之关系》，《法学家》，2016 年第 2 期。

㊱王利明：《人文关怀与人格权独立成编》，《重庆大学学报》（社会科学版），2016 年第 1 期。

㊲邹海林：《再论人格权的民法表达》，《比较法研究》，2016 年第 4 期。

㊳刘召成：《民事权利的双重属性：人格权权利地位的法理证成》，《政治与法律》，2016 年第 3 期。

㊴刘召成：《论具体人格权的生成》，《法学》，2016 年第 3 期。

㊵王丽莎：《信息权的独立人格权地位及内容》，《国家检察官学院学报》，2016 年第 3 期。

㊶常鹏翱：《预告登记制度的死亡与再生》，《法学家》，2016 年第 3 期。

㊷常鹏翱：《论可登记财产权的多元化》，《现代法学》，2016 年第 6 期。

㊸尹田：《物权登记的效力及其法律适用——对〈物权法司法解释一〉相关规定的解析》，《法律适用》，2016 年第 5 期。

㊹景光强：《特殊动产物权变动解释论——重新审视〈物权法〉第 24 条》，《法律适用》，2016 年第 6 期。

㊺王雷：《论物权推定规范》，《比较法研究》，2016 年第 6 期。

㊻吴光荣：《也谈依法律文书发生的物权变动——兼评〈物权法司法解释一〉第 7 条》，《法律适用》，2016 年第 5 期。

㊼朱虎：《国家所有和国家所有权——以乌木所有权归属为中心》，《华东政法大学学报》，2016 年第 1 期。

㊽谢海定：《国家所有的法律表达及其解释》，《中国法学》，2016 年第 2 期。

㊾沈丹丹：《〈物权法〉第 106 条"无处分权人"的理解与认定问题》，《法律适用》，2016 年第 12 期。

㊿高圣平：《承包土地的经营权抵押规则之构建——兼评重庆城乡统筹综合配套改革试点模式》，《法商研究》，2016 年第 1 期。

51于飞：《"农民集体"与"集体经济组织"：谁为集体所有权人？——风险界定视角下两者关系的再辨析》，《财经法学》，2016 年第 1 期。

52孙宪忠：《推进农地三权分置经营模式的立法研究》，《中国社会科学》，2016 年第 7 期。

(53)杨立新：《70年期满自动续期后的住宅建设用地使用权》，《东方法学》，2016年第4期。

(54)杨立新：《住宅建设用地使用权期满自动续期的核心价值》，《山东大学学报》(哲学社会科学版)，2016年第4期。

(55)高圣平：《农民住房财产权抵押规则的重构》，《政治与法律》，2016年第1期。

(56)陈华彬：《从地役权到不动产役权——以我国不动产役权的构建为视角》，《法学评论》，2016年第3期。

(57)程啸：《主债权的转让与不动产抵押权转移登记——"湖南绿兴源糖业有限公司、丁兴耀等借款合同纠纷申请再审案"评释》，《财经法学》，2016年第5期。

(58)袁鹏：《不动产抵押物转让规则新诠》，《法学评论》，2016年第3期。

(59)龙俊：《动产抵押对抗规则研究》，《法学家》，2016年第3期。

(60)吴香香：《〈物权法〉第245条评注》，《法学家》，2016年第4期。

(61)辜江南：《无权占有人孳息规则探析》，《中国政法大学学报》，2016年第2期。

(62)李永军：《以自然之债理论对最高法院关于民间借贷司法解释的解读》，《中国政法大学学报》，2016年第1期。

(63)常鹏翱：《物上之债的构造、价值和借鉴》，《环球法律评论》，2016年第1期。

(64)于韫珩：《论合同法风险分配制度的体系建构——以风险负担规则为中心》，《政治与法律》，2016年第4期。

(65)焦清扬：《预约合同的法律构造与效力认定》，《社会科学》，2016年第9期。

(66)许德风：《论合同违法无效后的获益返还——兼议背信行为的法律规制》，《清华法学》，2016年第2期。

(67)马新彦：《论民法对合同行政审批的立法态度》，《中国法学》，2016年第6期。

(68)王利明：《预期违约与不安抗辩权》，《华东政法大学学报》，2016年第6期。

(69)易军：《买卖合同之规定准用于其他有偿合同》，《法学研究》，2016年第1期。

(70)高圣平：《论独立保证的典型化与类型化》，《武汉大学学报》(哲学社会科学版)，2016年第1期。

(71)王叶刚：《融资租赁承租人擅自处分租赁物时出租人法定解除权反思》，《法学》，2016年第8期。

(72)王利明：《论我国侵权责任法分则的体系及其完善》，《清华法学》，2016年第1期。

(73)王叶刚：《论人格权擅自商业化利用中的获利赔偿请求权》，《法学评论》，2016年第1期。

(74)窦海阳：《侵权法中公平分担损失规则的司法适用》，《法商研究》，2016年第5期。

(75)梅夏英：《数据的法律属性及其民法定位》，《中国社会科学》，2016年第9期。

(76)冯术杰：《论网络服务提供者间接侵权责任的过错形态》，《中国法学》，2016年第4期。

(77)王晋：《不作为的网络服务提供者著作权侵权承担补充责任的提出》，《学术探索》，2016年第12期。

(78)杨立新：《网络交易平台提供服务的损害赔偿责任及规则》，《法学论坛》，2016年第6期。

(79)张新宝、汪榆森：《污染环境与破坏生态侵权责任的再法典化思考》，《比较法研究》，2016年第5期。

(80)竺效：《论生态损害综合预防与救济的立法路径——以法国民法典侵权责任条款修改法案为借鉴》，《比较法研究》，2016年第3期。

(81)陶盈：《环境分别侵权行为的法律适用》，《国家检察官学院学报》，2016年第5期。

(82)唐芒花：《赔礼道歉在环境侵权责任纠纷中的适用》，《学术论坛》，2016年第8期。

(83)杨晓琰：《物权对抗力规则在夫妻财产制度中的适用》，《科技与法律》，2016年第3期。

(84)赵玉：《司法视域下夫妻财产制的价值转向》，《中国法学》，2016年第1期。

(85)罗冠男：《从意大利离婚法的修改看我国分居制度的构建》，《法学杂志》，2016年第1期。

(86)龙翼飞、侯方：《离婚救济制度的辨析与重构》，《法律适用》，2016年第2期。

(87)夏吟兰：《比较法视野下的"父母责任"》，《北方法学》，2016年第1期。

(88)陈甦：《土地承包经营权继承机制及其阐释辨证》，《清华法学》，2016年第3期。

(89)赵廉慧：《我国遗嘱继承制度背景下的遗嘱信托法律制度探析》，《法学杂志》，2016年第8期。

(90)龙翼飞、窦冬辰：《遗产归扣制度在我国的适用》，《法律适用》，2016年第5期。

⑨1夏小雄：《民法典编纂背景下商事规范的“法典化”表达》，《法学》，2016 年第 12 期。

⑨2蒋大兴、王首杰：《论民法总则对商事代理的调整——比较法与规范分析的逻辑》，《广东社会科学》，2016 年第 1 期。

⑨3刘凯湘：《剪不断，理还乱：民法典制定中民法与商法关系的再思考》，《环球法律评论》，2016 年第 6 期。

⑨4夏小雄：《商法“独立性”特征之再辨析——基于历史视角的考察》，《北方法学》，2016 年第 5 期。

⑨5蒋大兴：《徒增的商事成本——法律及管制如何影响企业设立（行为）?》，《法学家》，2016 年第 1 期。

⑨6李建伟：《公司资本的核心概念疏证》，《北方法学》，2016 年第 1 期。

⑨7彭冰：《股东优先购买权与间接收购的利益衡量——上海外滩地王案分析》，《清华法学》，2016 年第 1 期。

⑨8张双根：《股权善意取得之质疑——基于解释论的分析》，《法学家》，2016 年第 1 期。

⑨9楼秋然：《评估权中的少数股权折价问题研究》，《政治与法律》，2016 年第 2 期。

⑩0赵旭东：《未成年人股东与股权的法律性质与法律规制》，《中国青年社会科学》，2016 年第 3 期。

⑩1王雷：《公司决议行为瑕疵制度的解释与完善——兼评公司法司法解释四（征求意见稿）第 4—9 条规定》，《清华法学》，2016 年第 5 期。

⑩2赵心泽：《股东会决议效力的判断标准与判断原则》，《政法论坛》，2016 年第 1 期。

⑩3徐聪：《论转轨背景下证券法治逻辑与制度的现代化——兼评〈证券法（修订草案）〉“一读稿”》，《法学评论》，2016 年第 2 期。

⑩4郑佳宁：《证券市场大宗交易减持行为的规制疏失与校正》，《北京社会科学》，2016 年第 11 期。

⑩5陈洁：《违规大规模增减持股票行为的定性及惩处机制的完善》，《法学》，2016 年第 9 期。

⑩6缪因知：《证券交易场外配资清理整顿活动之反思》，《法学》，2016 年第 1 期。

⑩7邢会强：《证券期货市场高频交易的法律监管框架研究》，《中国法学》，2016 年第 5 期。

⑩8郑佳宁：《操纵证券市场行为法律认定标准的实证研究与再审视》，《政法论丛》，2016 年第 5 期。

⑩9许德风：《破产中的连带债务》，《法学》，2016 年第 12 期。

⑪0张钦昱：《大规模侵权纠纷之破产重整解决路径》，《法学杂志》，2016 年第 8 期。

⑪1陶乾、张世君：《意大利破产和解制度的发展及经验借鉴》，《社会科学战线》，2016 年第 10 期。

⑪2贺丹：《互联网经济发展与破产法变革趋势》，《法学杂志》，2016 年第 2 期。

⑪3张艳丽：《破产重整制度有效运行的问题与出路》，《法学杂志》，2016 年第 6 期。

⑪4邹海林：《投保人法律地位的若干问题探讨》，《法律适用》，2016 年第 9 期。

⑪5朱晓婷：《人寿保险合同解除权行使中的利益平衡》，《北京航空航天大学学报》（社会科学版），第 6 期。

⑪6邹海林：《投保人法律地位的若干问题探讨》，《法律适用》，2016 年第 9 期。

⑪7金锦萍：《论法律行为视角下的信托行为》，《中外法学》，2016 年第 1 期。

⑪8徐海燕、冯建生：《农村土地经营权信托流转的法律构造》，《法学论坛》，2016 年第 5 期。

⑪9楼建波：《信托财产分别管理与信托财产独立性的关系——兼论〈信托法〉第 29 条的理解和适用》，《广东社会科学》，2016 年第 4 期。

⑫0姜雪莲：《信托受托人的忠实义务》，《中外法学》，2016 年第 1 期。

（作者：林嘉，中国人民大学教授；
姚辉，中国人民大学教授；
王琦，中国人民大学研究生）

诉讼法学

陈卫东 汤维建 刘计划 段君尚 陈爱飞

一、刑事诉讼法学

2016年，北京刑事诉讼法学界持续关注刑事诉讼法的贯彻实施情况，围绕完善刑事诉讼制度、全面深化司法改革问题展开研究，学术界百家争鸣，成果丰硕。

（一）研究概况

本年度出版的专著主要有：陈卫东主编《刑事证据问题研究》，中国人民大学出版社；陈瑞华《刑事诉讼的前沿问题（第五版）》，中国人民大学出版社；程华、樊学勇《刑事诉讼法学专题研究》，中国政法大学出版社；程绍燕《刑事听证研究》，中国人民公安大学出版社；韩红兴《审判中心主义视野下刑事诉讼制度改革研究》，法律出版社；倪润《刑事诉讼疑难问题研究》，中国政法大学出版社；时延安、刘计划主编《大案聚焦：前行的中国刑事法制》，中国言实出版社；吴宏耀、郭烁主编《行进中的中国刑事诉讼》，人民日报出版社；杨宇冠《完善人权司法保障制度研究》，中国人民公安大学出版社；易延友《证据法的体系与精神——以英美法为特别参照》，北京大学出版社；汪海燕《刑事诉讼法律移植研究》，中国政法大学出版社，等等。

本年度的学术活动主要有：1月9日，由中国人民大学诉讼制度与司法改革研究中心主办的“刑事诉讼法实施三周年回顾与展望”研讨会在京举行，与会专家学者就2012年刑事诉讼法实施的总体状况进行了讨论分析。3月19日，尚权律师事务所在京举办了“新刑诉法实施三周年研讨会暨尚权2015年度新刑诉法实施调研报告发布会”。5月27日，由中国法学会和清华大学联合举办，由中国法学会研究部、法律信息部和清华大学法学院承办的第十四期中国法学创新讲坛在京举行，参会学者围绕“公正与真相：现代刑事诉讼的核心价值观”进行了深入交流。8月13日，由中国刑事诉讼法学研究会主办、辽宁大学法学院承办的中国刑事诉讼法学研究会2016年年会在辽宁沈阳开幕，会议代表围绕“推进以审判为中心的刑事诉讼制度改革”主题进行了热烈研讨。8月25日，《世界各国刑事诉讼法》出版座谈会在最高人民检察院召开，该项目是我国首次对外国刑事诉讼法典进行比较全面、系统和综合性的翻译的重大出版工程。9月11日，由尚权律师事务所和中国政法大学刑事法律援助研究中心联合主办的“死刑复核收回十周年研讨会暨尚权死刑复核实证调研项目启动会”在京召开，与会代表共同探讨了死刑复核的未来发展之路。10月15日，“2011计划”司法文明协同创新中心、中国政法大学刑事法律研究中心主办的“完善刑事庭审的证人出庭制度研讨会”在京顺利召开，专家学者围绕庭审实质化与证人出庭作证的试点工作展开研讨。10月17日，“中国检察学研究会未成年人检察专业委员会成立大会暨构建中国特色未成年人检察制度体系研讨会”在北京举行，与会专家对未成年人检察制度建设及理论研究的建议等问题进行了热烈的交流。10月22日，“2011计划”司法文明协同创新中心、中国政法大学证据科学研究院在京举办了首届“证据法学青年学术论坛”，与会学者对我国业已确立的证据排除规则几年来的运行状况进行了深入研讨。11月5日，由中国行为法学会司法行为研究会和北京市高级人民法院、北京市法学会审判与法治发展研究会、北京市法学会刑法学研究会共同举办的“以审判为中心的刑事诉讼制度改革研讨会”在京举行，与会人员围绕以审判为中心与刑事诉讼、庭审实质化改革、案件繁简分流机制等议题展开了深入交流和研讨。11月26日，中国政法大学诉讼法学研究院主办的“美国认罪答辩中司法人员的角色”专题座谈会在京举行，来自中美两国的专家学者就美国辩诉交易进行了学术交流和深入讨论。

（二）热点与创新

1.“以审判为中心”的诉讼制度改革

（1）“以审判为中心”的含义与要求

有学者认为，“以审判为中心”是基于特定历史背景和司法规律提出的重大命题，实质是对侦查、起诉、审判职能之间关系的反思与重构，意在建立科学合理的刑事诉讼构造。[①]有学者提出，“以审判为中心”的核心要义在于，强调法官在定罪科刑方面的唯一性和权威性，以及审判特别是庭审在刑事诉讼中的核心地位。[②]有学者认为“以审判为中心”的内涵存在模糊空间，以审判为中心就是要解决庭审不具有决定性的问题，发挥庭审的实质性作用。[3]也有学者澄清了一些认识误区，认为以审判为中心是就公诉案件而言，不是证明标准的统一，强调的是诉讼职能的定位，与“分工负责，互相配合、互相制约”原则并行不悖。[4]

（2）如何实现庭审实质化

有观点认为，我国法院近年来对庭审实质化所做的改革没有从根本上摆脱“新间接审理主义”的困扰，改革必须确立真正的直接和言词的审理方式。[5]有学者从全案移送制度出发，提出在庭前审查与庭前准备环节应主要依托控方卷宗材料来展开，法庭审判阶段控方卷宗笔录仅能在有限范围内发挥作用。[6]有学者提出，完善举证、质证和认证规则，充实法庭调查和辩论程序，以保证庭审在查明事实、认定证据、保护诉权、公正裁判中发挥决定性作用。[7]有学者从庭前会议制度的功能定位来观察，认为庭前会议仅能讨论附带争点，可以对程序性问题做出实质性处理且对后续审判程序具有约束力，以保障审判活动顺利、连贯地进行。[8]

（3）“以审判为中心”与证据裁判原则

有学者认为，证据的认定是审判中心主义的核心环节，应当探讨建立科学的卷宗制度。[9]也有学者认为，法庭质证是庭审的中心活动，质证是庭审实质化的体现，是对审判前收集的证据的检验，是刑事被告人的合法权利，也是实现司法公正审判的重要保障。有关部门应当制定庭审质证规则，司法人员应当重视质证工作，提高质证的参与和应对能力。[10]

（4）“以审判为中心”与刑事辩护制度

推进以审判为中心的诉讼制度改革，在完善公检法之间的关系的同时，也要重视对当事人权利的保障。[11]有学者提出，为实现控辩平等，应当依法限制侦查权和检察权的行使，加强辩方权利保障，确立以被告人为主体的辩护权利保障体系。[12]有学者认为，以审判为中心的诉讼制度实质上是充分保障犯罪嫌疑人、被告人及其辩护律师辩护权的诉讼制度，应当落实控方的举证责任，正确理解律师向犯罪嫌疑人、被告人核实证据的权利；充分保障辩方对控方证人、鉴定人、侦查人员质证的权利；科学设立交叉询问规则，重点适用于被告人不认罪的案件，加强对控辩双方交叉询问技能的培训。[13]还有学者提出，应当建构以法官为中心的辩护律师权利救济模式和约束性律师辩护制度，完善律师辩护保障体系。[14]

2. 认罪认罚从宽制度

（1）“认罪认罚从宽”的含义

有学者认为，“认罪”是指犯罪嫌疑人、被告人如实供述了被指控的行为事实，并在后续的协商过程中达成了承认罪行指控的协议；“认罚”即愿意受罚，是指犯罪嫌疑人、被告人在认罪的基础上自愿接受所认之罪在实体法上带来的刑罚后果，同时也应当包含对诉讼程序简化的认可。[15]也有学者从三个角度理解其内涵：一是“认罪认罚”，有罪供述与悔罪态度是适用该程序的前提，口供的重要性在这个前提上得到凸显；二是“从宽处理”，认罪认罚的利益性会促使犯罪嫌疑人、被告人利害权衡之后寻求法秩序下的协作而非对抗；三是司法改革的效率取向，诉讼协作关系使庭审时间得到压缩，从而在政治、司法和社会诸方面取得司法机关预期的效果。[16]

（2）认罪认罚从宽制度与“以审判为中心”

有学者认为，以审判为中心的诉讼制度与认罪认罚从宽制度实质上是刑事诉讼中对办案机关及办案人员办理案件的应然要求与实然需要的关系。任何被追诉人在刑事诉讼中都有获得公正审判的诉讼权利，但被追诉人根据自己的案情有权自愿放弃，选择采用简化的诉讼程序和方式对其审判，并在法定范围内获得“好处”。[17]还有学者提出，刑事审判程序繁简分流是推进以审判为中心的诉讼制度改革的重要配套机制，应当完善被告人认罪自愿性的保障机制，不能放松公正审判的标准。[18]

（3）认罪认罚从宽制度与刑事案件速裁程序

在为期两年的刑事案件速裁程序试点的基础上，认罪认罚从宽制度试点工作在部分地区展开。有学者认为，在刑事速裁程序试点过程中，刑事诉讼效率明显提高，呈现出一些制度创新，但也存在适用范围相对较窄、庭审功能弱化等现实，甚至与我国现行的简易程序、轻案快办、刑事和解等程序交叉的问题。[19]因此，有学者提出，在全面推行认罪认罚从宽制度改革的过程中，有可能面临“认罪”与“认罚”的同步性、认罪认罚的自愿性、控辩协商的幅度、未决羁押制度的制约、法庭审理的对象、被害人赔偿问题的处理等一系列新的难题，有必要总结刑事速裁程序的试点经验和教训，提出相应改革思路。[20]有观点认为，应当构建有效的审前分流机制，实现对审判案件总量的控制；进一步分化审判程序，引入协商程序，改进速裁程序；引入程序激励机制。[21]还有学者认为，应当以被追诉者认罪认罚为前提构建程序分流机制，在审判前程序中应侧重于通过起诉便宜主义强化程序分流功能，在审判程序中则需依据案件轻重程度不同，构建多元化的简易速裁程序。[22]

（4）认罪认罚从宽制度改革

有学者提出，建立公安司法机关与被追诉人协商制度，从宽处理不受被害人意见的约束；将可能判处徒刑以上刑罚的认罪认罚案件纳入法律援助范围，设立认罪认罚案件的上诉审查程序。[23]有学者认为，控辩协商是认罪认罚从宽制度的一个关键环节，它借鉴于美国的辩诉交易，植根于我国的协商文化，是合作型刑事诉讼模式的一种表现形式。在我国，控辩协商只适用于事实清楚、证据确实充分案件中的量刑协商。[24]在证明标准上，有论者认为，在被告人认罪认罚的案件中，实体条件与心证条件不得予以缩减或降低，但对于程序条件可以做出与被告人不认罪案件不同的要求，从而实现认罪认罚案件中证明标准的科学运用。[25]还有学者认为，认罪认罚从宽不能动摇“事实清楚，证据确实、充分”的证明标准，可以吸收辩诉交易制度的合理内核，但要审慎对待，紧密结合我国的国情。[26]

3. 司法改革

（1）司法权管理体制改革

司法管理体制改革的出发点是去除司法的地方化，改变目前全国各级法院、检察院依附于地方党委、政府所形成的司法地方保护主义。为适应法官、检察官员额制改革的要求，有学者提出应当改革诉讼程序机制和办案模式，法官的职责范围是在争议整理的基础上查明争议重点、做出实体判决，其他工作都应由辅助人员完成。[27]有学者认为法官、检察官的员额比例过低，应当区分不同地区、类型、级别的法院，确定不同的员额比例，强化配套制度的建设，扩大司法辅助人员队伍。[28]

（2）司法权运行机制改革

司法责任制被称为司法改革的“牛鼻子”。有学者认为，应当从责任承担形式、责任追究主体和责任追究程序三个方面进行构建和完善。[29]在改革和完善法官责任制时，应当适时修改法官法，严格区分司法问责制与行政问责制，改变“重实体、轻程序”的惯性思维。[30]此外，还有学者提出，应当明确我国检察指令权的适用条件、界限及其效力。[31]在错案责任方面，有学者提出，从单纯凭错案追究责任到符合主客观相统一条件时才追究错案责任，体现了人类对司法规律认识的深化和司法的文明进步；错案责任追究与豁免相辅相成，分别体现对司法权的控制与保障。[32]

（3）人权保障

本轮司法改革在人权保障上的成就体现在预防和纠正冤假错案、遏制刑讯逼供、非法证据排除规制的适用等方面。有观点认为，正确刑事司法理念的缺失、“运动式”执法和法律设计的体制与机制失灵、排斥不同意见等是导致冤假错案形成的主要因素。[33]对于刑事冤案，有学者提出，应当专门设立在审理法院、当事人及其他参与人、审理方式、审理内容、裁判依据等方面既不同于一审程序也不同于二审程序的特别再审程序。[34]为切实防范冤假错案，有论者强调应当推进严格司法，建立健全事实认定符合客观真相、办案结果符合实体公正、办案过程符合程序公正的法律制度。[35]针对非法证据排除的问题，有学者认为应当确立“毒树之果”规则，杜绝举证责任倒置，逐步实现从证据分类型规则向权利分类型规则的转变。[36]

4. 其他

有学者从我国现行刑事诉讼法的基本结构出发，提出目前各编的构造体例以及第1编总则的关键条款与以审判为中心的诉讼理念背道而驰，制约了程序正义的实现。[37]在侦查程序方面，有学者认为应当建立取证指引制度以实现侦查行为规范化，革除“侦查中心主义”积弊。[38]在强制措施方面，有学者提出，应当对指定居所监视居住的适用对象进行规范解释，明晰执行指定居所监视居住的执行地点与执行主体的含义以规范司法适用。[39]在侦诉关系方面，有学者认为，与“侦诉一体化”相比，在我国既有的警检分立基础上构建“检察引导侦查”机制是更为合理的选择，应当明确其适用的案件范围、引导侦查的主体、时间和具体方式。[40]关于侦查监督，有学者提出，侦查监督方式的选择应遵循司法规律，比如通过合理配置侦查权与侦查监督权、增强侦查权运行的诉讼程序性、打破侦查活动运行的封闭性等司法方式完善侦查监督，使其更契合侦查权的内在特性。[41]在特殊程序方面，对于涉案财物，有学者认为有必要建立独立于公检法之外的统一的涉案财物管理中心，将涉案财物管理的部分职权从侦查权、检察权、审判权中剥离出来。[42]

二、民事诉讼法学

自2015年新民事诉讼法司法解释颁布后，学术界和实务界一直都对新民事诉讼法司法解释的理解与适用给予重大关注，并对其在实际适用中的问题进行理论和实证上的进一步研究和探索。2016年是我国民事诉讼法发展的一个重要节点，很多新呈现的问题得以发现与解决。本次综述所引用的论著均为北京地区学者的代表性研究成果，以小见大，简单描绘2016年我国民事诉讼法学研究之图景。

（一）研究概况

本年度召开的主要学术会议有：5月21日，由中国行为法学会主办、中国行为法学会司法行为研究会和北京市高级人民法院承办的北京法治论坛暨审判资源配置与审判权运行机制研讨会在京召开。来自最高人民法院、中国行为法学会司法行为研究会、高校专家学者以及北京市三级法院的法官80余人参加了研讨会。会议围绕固定模式审判团队运行机制，司法改革背景下院庭长职责问题，审委会、法官会议运行机制等主题进行了主旨发言、专家点评和交流研讨，观点纷呈。6月9日，由“2011计划”司法文明协同创新中心主办，中国政法大学青年教师学术创新团队召集，中国政法大学民商经济法学院承办的“刑民交叉案件诉讼理论与实务问题研讨会”，在北邮科技大厦召开。会议过程中，刑民各领域的学者与专家们在刑民交叉案件涉及的实体和程序问题上提出了启发性的观点并进行了精彩的评议。本次会议针对刑民交叉案件中亟待解决的诉讼理论与实务问题，为学者与实务部门提供了交流的平台，与会人员在九个问题的讨论中进行了有意义、有深度的跨界交流。11月19日，由中国民事诉讼法学研究会主办、北京大学法学院承办的“第六届紫荆民事诉讼青年沙龙”在北京大学法学院凯原楼报告厅成功举办。与会代表，围绕“诉的变更制度之自我价值及其与诉讼标的理论之牵连”和“确认之诉讼标的限缩研究”展开了热烈研讨。11月30日，第八次全国法院民事商事审判工作会议在北京召开，本次会议针对新情况、新问题，在法律与司法解释尚未明确规定的情况下，就民事审判中的热点难点问题提出处理意见，对于及时满足民事审判实践需求，切实统一裁判思路、标准和尺度，有效化解各类矛盾纠纷，具有重要指导意义。此外，本年度还出版齐树洁主编《台湾地区民事诉讼制度》；齐树洁主编《外国ADR制度新发展》；毕玉谦等著《民事诉讼电子证据规则研究》等专著。

（二）热点与创新

1. 民事诉讼法基础理论

（1）民事诉讼法与民法典

当前我国正推动民法典的编撰工作，2017年3月15日全国人大第5次会议表决通过了民法总则，将于10月1日起施行。民法典编纂过程是一个极其复杂的过程，也一定是一个全民参与的过程，需要全社会的广泛关注、广泛参与，需要形成最广泛的社会共识和法律共识。有学者认为，法官群体作为中国特色社会主义法律体系的司法者，民法典编撰需要广大法官的参与和支持，为其提供智识与力量。[43]民法典的编纂不仅涉及实体法内容，也将涉及民事诉讼法的内容。有学者认为，民法典的编纂必须注意民事诉讼法的发展、完善过程，不能将陈旧的、即将过时的民事诉讼法规范纳入民法典之中。同时关注与民事诉讼法的对接、协调与统合，并从民事诉讼法发展、完善的角度思考民法典的相应规制，以便引导和支持民事诉讼法的修改和完善。[44]

（2）诉讼标的论与诉讼实施权

有学者认为，应当对实务上诉讼标的的使用方法及其在具体程序场景中的含义进行整理与辨析，并围绕相关民诉法规范条文展开解释论作业，建构一种可为理论界与实务界所用的、用以限制裁量权滥用的“相对的诉讼标的”理论框架。[45]关于诉讼实施权的基本范畴，有学者认为，诉讼实施权配置现象无法完全通过民事权利配置理论得以阐释，亟需从程序法的角度探析诉讼实施权非常态配置的基本原理诉讼实施权非常态配置与传统民事诉讼制度之间的协调机制应当成为诉讼实施权配置理论构建不可或缺的内容。[46]

（3）证明责任理论

证明责任在民事诉讼证明制度中居于十分重要的地位。关于证明标准问题，新民事诉讼法司法解释颁布后，高度可能性成为民事诉讼中一般性的证明标准。有学者认为，“高度可能性”的使用使我国民事诉讼证明标准的内涵变得较为模糊，有必要将其界定为明确且有说服力的明显优势标准。[47]

2. 民事诉讼重要制度

我国民事诉讼制度应该有所发展，实现民事诉讼制度的现代化，是不用质疑的命题。但如何实现发展，如何实现民事诉讼现代化却是我们必须认真面对且必须回答的问题。有学者认为，民事诉讼制度的发展，民事诉讼的现代化必须要解决民事诉讼的体制或模式问题，应当实现民事诉讼体制或模式的转型。[48]

（1）立案登记制

立案登记制改革功能的全面发挥，既促进又依赖于诉讼制度的变革。有学者认为，为适应立案登记者改革的需要，应当明确登记立案的基本条件，并为当事人提供便于掌握的诉讼文书格式，同时法院应在该案判决前确认原告的起诉是否具备实体判决要件，以便法院为该案做出合法的实体判决。对于实体判决要件欠缺的起诉，则应当驳回起诉，结束诉讼程序。[49]为了更好地落实立案登记制，有论者提出，应当更多地丰富和发展诉权理论、诉之利益理论，将审判流程科学地加以区分，科学地调配法官员额和法官助理，力争司法效率与司法公正的统一。[50]

（2）诉讼保障制度——诉前保全与送达

我国民事诉讼法虽然确立了诉前保全制度，但是实践中申请保全却存在一定困难，这是困扰知识产权权利人和利害关系人的一个顽疾，亦导致我国立法、司法和理论研究之间产生一定割裂。有学者认为，只有将解决“申请难”作为立案登记制改革的重要一环，在增加诉讼供给和完善司法救助的背景下，通过坚持优势盖然性标准，才能从根本上完善我国的诉前保全制度。[51]在送达方面，有学者以“粗疏送达”为研究样本，透视中国民事司法缺陷，并提出为了改革“粗疏送达”，除了提升司法在宏观资源分配格局中的位次之外，还应通过对现行制度作合理化改革，提高司法资源的使用效率，并在此基础上加强审判监督，逐渐实现“有限责任－精密司法”的新制度均衡。[52]

（3）第三人撤销之诉

学界多认为作为一种特殊的事后救济程序，第三人撤销之诉是为了遏制虚假诉讼和恶意诉讼。有学者认为，为了解决理论与立法、司法的割裂局面，应当在第三人撤销之诉的法律解释中摒弃个人偏好之争，使其真正回归法的立场。[53]还有学者从民诉法解释第296条和第297条规定出发，对第三人撤销之诉的撤销对象进行了界定，其认为撤销对象应当包括判决、裁定的主文，调解书中当事人处理民事权利义务的结果等。[54]

（4）环境公益诉讼

环境公益诉讼在司法实践中面临一系列难题，有学者建议，应当通过完善立法、细化审理规程的方式，统筹考虑检察机关提起公益诉讼试点以及生态环境损害赔偿制度试点的突出问题和成功经验，适时通过立法完善推动形成环保部门统一监督管理、各部门分工负责、企业承担社会责任、公众提升环保意识、社会积极参与的多元共治环境治理格局。[55]也有学者探讨了利益交错中的环境公益诉讼原理。其认为，只有妥善处理好国家利益、公共利益、私人利益之间的关系，才能从解释论上利用现有的法律规范构建符合基本原理且行之有效的环境公益诉讼制度。[56]

（5）专家辅助人制度

在专家辅助人制度方面，有学者认为，应当通过明确专家辅助人意见的二元法律属性，规范法院对专家辅助人参与诉讼申请的审查，制定专家辅助人的主体资格标准，完善专家辅助人的权利义务设定以及严格规范法院裁判文书的制作来达到充分实现专家辅助人制度价值之目的。[57]还有论者建议，应相应地配套出台有助于规范专家辅助人出庭行为的程序规则，比如专家辅助人出庭宣誓制度、专家辅助人故意提供虚假意见责任追究制度、专家辅助人出庭不良记录与黑名单制度等等。[58]

（6）电子证据

在证据领域，电子数据是一种特殊的新类型证据，如何界定其属性，目前在法理上争议较大。有学者认为，基于集中审理的考量，应当为此建构相应的电子数据证据庭前准备的基本程序与规则体系。[59]还有学者对电子证据规则提出建设性意见，其认为，立法者在制定和司法者在适用电子证据规则时，一方面应当遵循现代诉讼证明的“经”，主要是“实现真实”和遵循“证据裁判原则”等；另一方面应当适用相应的新规则，对其证据能力有无和证明力大小的质证和判断须运用相应的新方法。[60]

（7）司法责任制

司法责任制主要是解决司法权、司法监督权、司法行政领导权不分的状况，落实审判权、检察权由人民法院、人民检察院独立行使的规定。有学者认为，对司法责任制的解读不能断章取义，我国司法责任制的核心是权责主体一致，必须明确区分国家的责任与法官的个人责任。[61]还有学者从司法责任制的角度，对审判团队的制度功能及改革路径提出意见，其认为，司法责任制下的审判团队应当按照司法规律和责任落实的要求明确各类人员职责定位，厘清审判长与法官、法官与审判辅助人员、法官助理与书记员的关系。审判团队建设应当与审判辅助人员制度改革、内设机构改革、法官业绩考评制度改革等统筹推进。[62]

3. 民事诉讼程序

（1）民事庭前会议

2012年民事诉讼法及相关司法解释确立了庭前会议制度，标志着具有实质意义的审前准备程序已经形成。有学者认为，正确处理庭前会议与庭审的关系，坚持庭前会议与庭审一体化的程序设计，规范庭前会议的程序运作，明晰庭前会议中法官与当事人的作用分担，明确庭前会议的效力，有利于充分发挥庭前会议的功能。[63]

（2）民事庭审程序优质化改革

庭审改革作为我国民事诉讼改革、民事审判方式改革的内容，一直占据主导和核心地位。在新一轮司法改革的背景下，民事庭审方式究竟如何改革以适应司法改革的需要，或者现代司法改革对庭审方式的改革、民事庭审程序的改革提出了什么样的要求、标准或价值期待，还在探寻。有学者认为，我国的民事庭审方式改革目前进入到了庭审优质化改革的更高阶段，为此有必要在庭审改革上实现若干转变，并建立程序分流机制、具体诉答机制、审判预备机制、争点整理机制、平等保障机制、法庭对审机制以及裁判说理机制等，此外还要建立若干配套制度。[64]

（3）民事指令再审

关于指令再审，2015 年最高人民法院《关于民事审判监督程序严格依法适用指令再审和发回重审若干问题的规定》提高了再审立案的标准，对应予再审的案件也大大限缩了指令再审的适用范围，以提审为主要处理方式。有论者认为，如果案件被指令再审，将影响原承办法官的绩效考核，所以上级法院指令再审时应当更为慎重，并明确是基于何种原因指令再审，由于申请人自身原因引起的再审不应形成对原承办法官的不良评价。[65]还有学者认为，有必要从提升原审裁判质量、建立指令再审前的沟通机制与审后反馈机制，发挥指令再审的实质功能等方面对现行指令再审制度进行改革。[66]

4. 多元化纠纷解决机制

（1）催生“多元化纠纷解决法”

多元化纠纷解决机制的构建是我国依法治国大格局中的必要一环，其重要性和价值性不言而喻，并且在我国构建这样一个机制和系统的条件已经基本成熟，目前亟待解决的问题是立法供给。2016 年 6 月 29 日，最高人民法院发布了《最高人民法院关于人民法院进一步深化多元化纠纷解决机制改革的意见》（以下简称《意见》），《意见》为构筑和打造国家多元化纠纷解决机制法治化框架提供了重要依据，具有时代意义。有学者认为，多元化纠纷解决机制改革拓展了司法改革的覆盖范围，指引了司法改革的新型领域，明确了司法供给侧改革的重点所在，同时启迪着更深层次的改革诉求，同时有助于完善社会治理体系，提高社会治理能力，构建公正合理的法治化秩序。[67]该学者进一步提出，应当广泛调研，总结各地方多元化纠纷解决机制改革的成功经验，推动多元化纠纷解决机制的立法进程，尽快催生“多元化纠纷解决法”的问世，将多元化纠纷解决机制纳入法治化、制度化和程序化轨道运行。[68]

（2）在线纠纷解决机制（ODR）

在互联网时代，纠纷解决方式因科技而转型，但这种转型并非简单地将现代技术应用到传统纠纷解决模式中，而是以互联网思维与技术为基础重新构建一种新的在线纠纷解决机制（ODR）。在线纠纷解决是多元化纠纷解决机制的重要组成部分，有学者认为，当前 ODR 呈现出五大发展趋势：一是在线纠纷解决平台的统一化与多元化；二是更加亲民以及更加便捷的解纷服务；三是更具普遍性的解纷规则；四是在线纠纷解决类型的多样化；五是更具共享性的解纷资源。[69]鉴于 ODR 还处于发展初期，有学者认为，有必要加大对 ODR 的引导、规范、监管、投入，实现 ODR 与我国矛盾纠纷多元化解机制的有效衔接，重点实现观念、制度、机制、保障的衔接。[70]

（3）行业调解

当前我国行业调解面临诸多困境，例如，行业调解的中立性遭遇质疑和挑战，行业调解功能弱化，行业调解程序化不足等。为此，有学者认为，应当从加强行业协会的规范性建设、提升行业调解协议的法律效力、完善行业调解程序设计等方面实现制度突破，以求进一步完善行业调解机制。[71]

5. 强制执行程序

（1）“执行难”问题

我们“执行难”一直是执行程序中的难点问题，长期制约人民法院工作发展，严重损害胜诉当事人合法权益，严重影响司法公信力。有学者认为，解决“执行难”问题应当注意三个“基本”：一是基本遏制被执行人规避执行、抗拒执行和外界干预执行三类现象；二是基本消除消极执行、选择性执行、乱执行三类情形；三是厘清“执行难”与“执行不能”的界限。[72]还有学者提出，应当多措并举，一方面，法院应当对确认被执行人存在失信行为的情况及时予以公布；另一方面，法院执行部门针对有能力却拒不履行的被执行人需进一步完善以限制高消费的方法间接强制履行的制度。[73]

（2）执行力

关于执行力对诉的利益的阻却问题，有学者以公证债权文书为中心对执行力对诉的利益的阻却进行了分析，提出公证债权文书确定不能进入或者已经退出强制执行程序的，债权人具备针对公证债权提起给付之诉的利益，但不得再围绕着公证债权文书的执行力提起确认之诉。[74]在执行力主观范围的扩张方面，有论者提出，执行力主观范围的扩张包括执行债权人主观范围的扩张和执行债务人主观范围的扩张两大基本类型，二者的正当性基础存在差别，值得加以精细化分析。[75]

6. 其他

还有学者对优化司法职权配置等问题进行了论述，在优化司法职权配置方面，有学者认为，优化司法职权配置应当从司法权的外部边界和内部界分两方面来思考，首先是可诉性问题，而后是司法系统内上下级法院之间的职权配置与法院内部的司法权限配置。[76]

2016年是民事诉讼法与民事诉讼法司法解释适用的新阶段，在其理解与适用过程中，司法实践中产生了一系列问题，学界与实务界在不断地对原有问题与新产生的问题进行研究与思考，并取得了部分研究成果。虽然当前我国民事诉讼法的理论与实务还面临许多问题，但它依然在砥砺中前行，中国民事诉讼法的发展任重道远。

注：

①陈卫东：《以审判为中心：当代中国刑事司法改革的基点》，《法学家》，2016年第4期。

②卞建林：《扎实推进以审判为中心的刑事诉讼制度改革》，《中国司法》，2016年第11期。

③张建伟：《以审判为中心的认识误区与实践难点》，《国家检察官学院学报》，2016年第1期。

④陈卫东：《以审判为中心：解读、实现与展望》，《当代法学》，2016年第4期。

⑤陈瑞华：《新间接审理主义"庭审中心主义改革"的主要障碍》，《中外法学》，2016年第4期。

⑥孙远：《全案移送背景下控方卷宗笔录在审判阶段的使用》，《法学研究》，2016年第6期。

⑦熊秋红：《刑事庭审实质化与审判方式改革》，《比较法研究》，2016年第5期。

⑧魏晓娜：《庭前会议制度之功能"缺省"与"溢出"——以审判为中心的考察》，《苏州大学学报》（哲学社会科学版），2016年第1期。

⑨陈卫东：《以审判为中心要强化证据的认证》，《证据科学》，2016年第3期。

⑩杨宇冠、刘曹祯：《以审判为中心的诉讼制度改革与质证制度之完善》，《法律适用》，2016年第1期。

⑪王敏远：《司法改革背景下的三机关相互关系问题探讨》，《法制与社会发展》，2016年第2期。

⑫张保生：《审判中心与控辩平等》，《法制与社会发展》，2016年第3期。

⑬顾永忠：《以审判为中心背景下的刑事辩护突出问题研究》，《中国法学》，2016年第2期。

⑭陈卫东、亢晶晶：《我国律师辩护保障体系的完善——以审判中心主义为视角》，《中国人民大学学报》，2016年第3期。

⑮陈卫东：《认罪认罚从宽制度研究》，《中国法学》，2016年第2期。

⑯张建伟：《认罪认罚从宽处理：内涵解读与技术分析》，《法律适用》，2016年第11期。

⑰顾永忠：《关于"完善认罪认罚从宽制度"的几个理论问题》，《当代法学》，2016年第6期。

⑱刘静坤：《刑事审判程序繁简分流与公正审判》，《法律适用》，2016年第6期。

⑲樊崇义：《刑事速裁程序：从"经验"到"理性"的转型》，《法律适用》，2016年第4期。

⑳陈瑞华：《"认罪认罚从宽"改革的理论反思——基于刑事速裁程序运行经验的考察》，《当代法学》，2016年第4期。

㉑魏晓娜：《完善认罪认罚从宽制度：中国语境下的关键词展开》，《法学研究》，2016年第4期。

㉒熊秋红：《认罪认罚从宽的理论审视与制度完善》，《法学》，2016年第10期。

㉓陈光中、马康：《认罪认罚从宽制度若干重要问题探讨》，《法学》，2016年第8期。

㉔朱孝清：《认罪认罚从宽制度的几个问题》，《法治研究》，2016年第5期。

㉕孙远：《论认罪认罚案件的证明标准》，《法律适用》，2016年第11期。

㉖樊崇义、李思远：《认罪认罚从宽程序中的三个问题》，《人民检察》，2016年第8期。

㉗陈卫东：《当前司法改革的特点与难点》，《湖南社会科学》，2016年第2期。

㉘陈永生、白冰：《法官、检察官员额制改革的限度》，《比较法研究》，2016年第2期。

㉙陈光中、王迎龙：《司法责任制若干问题之探讨》，《中国政法大学学报》，2016年第2期。

㉚熊秋红：《中国语境下的法官责任制》，《人民

法治》，2016 年第 6 期。

㉛杜磊：《论检察指令权的实体规制》，《中国法学》，2016 年第 1 期。

㉜朱孝清：《错案责任追究与豁免》，《中国法学》，2016 年第 2 期。

㉝孙谦：《如何有效地防止和避免冤假错案》，《人民法院报》，2016 年 10 月 30 日。

㉞顾永忠：《关于刑事冤案再审程序的几个问题——以刑事冤案应当专设再审程序为研究重点》，《法学杂志》，2016 年第 1 期。

㉟沈德咏：《论严格司法》，《政法论坛》，2016 年第 4 期。

㊱易延友：《非法证据排除规则的中国范式——基于 1459 个刑事案例的分析》，《中国社会科学》，2016 年第 1 期。

㊲刘计划：《刑事诉讼法总则检讨——基于以审判为中心的分析》，《政法论坛》，2016 年第 6 期。

㊳陈卫东：《"以审判为中心"与审前程序改革》，《法学》，2016 年第 12 期。

㊴程雷：《指定居所监视居住实施问题的解释论分析》，《中国法学》，2016 年第 3 期。

㊵张小玲：《审判中心背景下审前侦诉关系之重塑》，《政法论坛》，2016 年第 3 期。

㊶樊崇义、刘辰：《侦查权属性与侦查监督展望》，《人民检察》，2016 年第 1 期。

㊷李玉华：《论独立统一涉案财物管理中心的建立》，《法制与社会发展》，2016 年第 3 期。

㊸倪寿明：《为民法典编纂贡献智慧和力量》，《人民司法 · 应用》，2016 年第 25 期。

㊹张卫平：《民法典与民事诉讼法的连接与统合——从民事诉讼法视角看民法典的编纂》，《法学研究》，2016 年第 1 期。

㊺陈杭平：《诉讼标的理论的新范式——"相对化"与我国民事审判实务》，《法学研究》，2016 年第 4 期。

㊻黄忠顺：《诉讼实施权配置的基本范畴研究》，《政法论坛》，2016 年第 3 期。

㊼阎巍：《对我国民事诉讼证明标准的再审视》，《人民司法 · 应用》，2016 年第 31 期。

㊽张卫平：《诉讼体制或模式转型的现实与前景分析》，《当代法学》，2016 年第 3 期

㊾钮杨、冀宗儒：《立案登记制下我国民事诉讼制度的再探讨》，《法律适用》，2016 年第 4 期。

㊿耿宝建：《立案登记制改革的应对和完善——兼谈诉权、诉之利益与诉讼要件审查》，《人民法院 · 应用》，2016 年第 25 期。

51任重：《我国诉前行为保全申请的实践难题：成因与出路》，《环球法律评论》，2016 年第 4 期。

52陈杭平：《"粗疏送达"：透视中国民事司法缺陷的一个样本》，《法制与社会发展》，2016 年第 6 期。

53任重：《回归法的立场：第三人撤销之诉的体系思考》，《中外法学》，2016 年第 1 期。

54刘君博：《第三人撤销之诉撤销对象研究——以〈民事诉讼法解释〉第 296、297 条为中心》，《北方法学》，2016 年第 3 期。

55孙茜：《我国环境公益诉讼制度的司法实践与反思》，《法律适用》，2016 年第 7 期。

56肖建国：《利益交错中的环境公益诉讼原理》，《中国人民大学学报》，2016 年第 2 期。

57徐胜萍、张雪花：《论民事诉讼专家辅助人制度的完善》，《海南大学学报》（人文社会科学版），2016 年第 3 期。

58毕玉谦：《辨识与解析：民事诉讼专家辅助人制度定位的经纬范畴》，《比较法研究》，2016 年第 2 期。

59毕玉谦：《论民事诉讼中电子数据证据庭前准备的基本建构》，《法律适用》，2016 年第 2 期。

60邵明：《持经达变：电子证据的"常道"与"变通"》，《人民论坛》，2016 年第 9 期。

61傅郁林：《解读司法责任制不可断章取义》，《人民论坛》，2016 年第 24 期。

62马渊杰：《司法责任制下审判团队的制度功能及改革路径》，《法律适用》，2016 年第 11 期。

63熊跃敏、张润：《民事庭前会议：规范解读、法理分析与实证考察》，《现代法学》，2016 年第 6 期。

64汤维建：《民事庭审程序优质化改革的理论与实践》，《贵州民族大学学报》（哲学社会科学版），2016 年第 3 期。

65武建华：《民事纠纷案件再审的审查标准》，《人民司法 · 应用》，2016 年第 13 期。

66齐树洁、陈爱飞：《民事指令再审制度的反思与重构——以 X 市中院 2009—2013 年的数据为考察样本》，《河南财经政法大学学报》，2016 年第 4 期。

67汤维建：《多元化纠纷解决机制改革的时代意

义及其要点》，《人民法院报》，2016年6月30日。

㊳汤维建：《关于制定“多元化纠纷解决法”的建议与构想》，《团结》，2016年第5期。

㊴龙飞：《中国在线纠纷解决机制的发展现状及未来前景》，《法律适用》，2016年第10期。

㊵程琥：《在线纠纷解决机制与我国矛盾纠纷多元化解机制的衔接》。《法律适用》，2016年第2期。

㊶熊跃敏、周杨：《我国行业调解的困境及其突破》，《政法论丛》，2016年第3期。

㊷倪寿明：《向执行难宣战》，《人民司法·应用》，2016年第13期。

㊸王亚新：《让“老赖”处处碰壁，无处遁形》，《人民论坛》，2016年第11期。

㊹黄忠顺：《论执行力对诉的利益的阻却——以公证债权文书为中心的分析》，《法学论坛》，2016年第4期。

㊺肖建国、刘文勇：《论执行力主观范围的扩张及其正当性基础》，《法学论坛》，2016年第4期。

㊻傅郁林：《司法权的外部边界与内部配置》，《法制与社会发展》，2016年第2期。

（作者：陈卫东、汤维建、刘计划，中国人民大学教授；段君尚、陈爱飞，中国人民大学博士生）

经济法学

朱大旗　吴宏伟　胡延玲

一、2016年中国经济法立法之简要梳理

（一）颁布或修正的法律

1.《中华人民共和国对外贸易法》（2016年修正）已由第十二届全国人民代表大会常务委员会第二十四次会议于2016年11月7日做出的《关于修改〈中华人民共和国对外贸易法〉等十二部法律的决定》予以修正。

2.《中华人民共和国电影产业促进法》已由中华人民共和国第十二届全国人民代表大会常务委员会第二十四次会议于2016年11月7日通过，自2017年3月1日起施行。

3.《中华人民共和国环境保护税法》已由中华人民共和国第十二届全国人民代表大会常务委员会第二十五次会议于2016年12月25日通过，自2018年1月1日起施行。

（二）颁布或修正的行政法规

1.《机动车交通事故责任强制保险条例》（2016年修订）根据2016年2月6日《国务院关于修改部分行政法规的决定》第三次修订。

2.《中华人民共和国烟草专卖法实施条例》（2016年修正）根据2016年2月6日《国务院关于修改部分行政法规的决定》修正。

3.《农业保险条例》（2016年修订）根据2016年2月6日《国务院关于修改部分行政法规的决定》修订。

4.《期货交易管理条例》（2016年修订）根据2016年2月6日《国务院关于修改部分行政法规的决定》第三次修订。

5.《证券交易所风险基金管理暂行办法》（2016年修订）根据2016年2月6日《国务院关于修改部分行政法规的决定》第二次修订。

6.《中华人民共和国外资保险公司管理条例》（2016年修订）根据2016年2月6日《国务院关于修改部分行政法规的决定》第二次修订。

7.《中华人民共和国税收征收管理法实施细则》（2016年修订）根据2016年2月6日《国务院关于修改部分行政法规的决定》第三次修订。

8.《中华人民共和国进出口关税条例》（2016年修订）根据2016年2月6日《国务院关于修改部分行政法规的决定》第三次修订。

9.《中华人民共和国增值税暂行条例》（2016年修订）根据2016年2月6日《国务院关于修改部分行政法规的决定》修订。

10.《证券公司风险处置条例》（2016年修订）根据2016年2月6日《国务院关于修改部分行政法规的决定》修订。

（三）发布的国务院规范性文件

1.《国务院关于做好全面推开营改增试点工作的通知》（国发明电〔2016〕1号）于2016年4月29日发布，2016年5月1日实施。

2.《国务院关于国有资产管理与体制改革情况的报告》于 2016 年 6 月 30 日在第十二届全国人民代表大会常务委员会第二十一次会议上做出。

3.《国务院关于实行中央对地方增值税定额返还的通知》（国发〔2016〕71 号）于 2016 年 12 月 11 日发布并实施。

4.《国务院关于深化财政转移支付制度改革情况的报告》于 2016 年 12 月 23 日在第十二届全国人民代表大会常务委员会第二十五次会议上做出。

5.《国务院关于 2015 年度中央预算执行和其他财政收支审计查出问题整改情况的报告》于 2016 年 12 月 23 日在第十二届全国人民代表大会常务委员会第二十五次会议做出。

二、学术研讨活动（按会议时间排序）

（一）北京市经济法学会 2016 年年会

2016 年 4 月 24 日，北京市经济法学会 2016 年年会在北京大学举行。本届年会为期一天，主题为“京津冀协同发展中的法律问题研究”。年会开幕式由北京市经济法学会会长、中国人民大学法学院徐孟洲教授主持，北京市法学会专职副会长杜石平，中国经济法学研究会副会长兼秘书长、北京大学法学院院长张守文教授，中国经济法学研究会副会长、中国政法大学副校长时建中教授，中国人民大学法学院副院长杨东教授以及北京市经济法学会副会长、清华大学法学院张晨颖副教授分别在开幕式上致辞。

大会主题发言共分为三个阶段。第一阶段由朱大旗、刘继峰教授主持，发言内容涉及京津冀协同发展战略研究、我国“虚拟法人”治理结构与金融风险特点和京津冀协同发展中的规划衔接问题，薛克鹏和邓峰教授对发言内容进行了评议；第二阶段由刘兰芳、王宗玉两人主持，发言题目包括信用监管是事中事后监管的重要基础、政策性文件与地方经济立法之间的关系辨析、以信托机制驱动京津冀农业产业协同发展的法律构造以及区域协同执法，叶珊和姚海放进行了点评；第三阶段由时新中、邹明宇主持，发言内容有社会共治视角下提高风险交流的制度与政策建议、PPP 模式下使用者付费公共产品定价的法律重构、京津冀交通一体化建设与 PPP 融资法律问题分析、京津冀一体化背景下送达协作机制研究，王斐民和吴长军进行了点评。

新当选为北京市经济法学会秘书长的中国人民大学法学院孟雁北副教授主持了本届年会的闭幕式，北京市经济法学会副会长、北京大学法学院肖江平副教授和清华大学法学院张晨颖副教授在闭幕式上分别致辞。来自首都北京的经济法学界、工商界、司法界、企业界代表共计 150 余人参加了本届年会。

（二）第十一届中国经济法治论坛

2016 年 6 月 18—19 日，第十一届中国经济法治论坛在河北经贸大学举办。校党委书记董兆伟出席并致辞，校党委常委、副校长柴振国主持开幕式。

此次论坛由中国人民大学经济法研究中心与河北经贸大学法学院联合主办，河北省经济法学研究会、河北省地方法治建设研究中心以及河北省社会治理德治与法治协同创新中心联合承办。中国人民大学刘文华教授，中国经济法研究会副会长、中国人民大学史际春教授，中国经济法研究会副会长、中国政法大学副校长时建中教授，中国商业法研究会会长、北京大学刘瑞复教授，河北省法学会党组书记、常务副会长王奎连，河北省政法委副秘书长刘永志，河北省公安厅副厅长张存信，河北省检察院副检察长何秉群出席会议并讲话。来自中国人民大学、北京大学、中国政法大学、华东政法大学、中南财经政法大学、南京大学、兰州大学、郑州大学等全国知名高校的 80 余名专家学者参加了此次论坛。

本次论坛以“面向十三五的中国经济法学”为主题，与会者围绕“十三五”经济法的新发展、宏观调控法律制度、反不正当竞争法、市场规制法、互联网影响下行业发展的法律规制、中国税收法治现代化等一系列学界核心经济法学议题展开讨论。

（三）第二届中国财税法治 30 人论坛

2016 年 7 月 8 日，第二届（2016）“中国财税法治 30 人论坛”在中国政法大学科研楼学术讲堂隆重举行，论坛主题为“环保税立法和税收征管法修订”。本届论坛由中国财税法学研究会主办，中国政法大学财税法研究中心承办。中国法学会研究部副主任彭伶女士，全国人大常委会预算工委法案室蔡巧萍处长，中国财税法学会会长、北京大学刘剑文教授，中国政法大学党委副书记、纪委书记胡明教授出席了开幕式，并先后致辞，中国财税法学研究会副会长、中国政法大学财税法研究中心主任施正文教授主持论坛。来自全国人大预算工委、国家税务总局财产和行为税司、中国法学会、中国税务学会、北京大学、中国人民大学、中国政法大学、中国社会科学院等单位的 100 余位专家学者与会，就论坛主题进行了广泛交流和深入探讨。

论坛第一阶段的主题为“环保税立法”，由中国财税法学会会长、北京大学刘剑文教授和全国政协委员、常州大学法学院院长曹义孙教授主持。第二阶段议题为“其他税收立法和税制改革”，由华南理工大学法学院张富强教授、首都经济贸易大学法学院周序中教授主持。第三阶段议题至第五阶段的议题均为“税收征管法修订”，第三阶段由中国人民大学法学院朱大旗教授、华东政法大学陈少英教授主持。第四阶段由中国人民大学法学院徐孟洲教授、中国政法大学民商经济法学院财税金融法研究所所长吴日焕教授主持。第五阶段由中央财经大学税收教育研究所所长贾绍华主持。会议最后，中国政法大学财税法研究中心主任施正文教授对本次论坛进行了总结。

（四）中国财税法学研究会2016年年会

2016年9月24—25日，中国财税法学研究会2016年年会在西南政法大学召开。来自北京大学、中国人民大学、中国政法大学、中国社会科学院、中央财经大学、武汉大学、西南政法大学、重庆大学、厦门大学、华东政法大学、中山大学等数十所高校以及全国人大常委会、国家税务总局等国家机关和实务部门的200多位专家学者与会，分别就“全面‘营改增背景下的财税法治建设”、“领域法学与财税法学研究范式转型”两大主题展开深入的学术探讨。

9月24日上午，中国法学会党组成员、副会长、全国人大法律委员会副主任张鸣起，西南政法大学校长付子堂，重庆市法学会秘书长陈忠东，中国财税法学研究会会长刘剑文出席开幕式，并先后致辞。

本次学术研讨会紧扣十八届三中、四中、五中全会精神和习近平总书记系列重要讲话精神，主题集中鲜明，内容安排丰富，学术讨论热烈。

（五）中国经济法学研究会2016年年会暨第二十四届全国经济法理论研讨会

2016年10月15—16日，“中国经济法学研究会2016年年会暨第二十四届全国经济法理论研讨会”在上海交通大学召开。本次会议主题是“规划、发展与经济法”。会议由中国经济法学研究会主办，上海交通大学凯原法学院承办，上海市法学会经济法学研究会、上海市法学会竞争法研究会协办。

除大会交流之外，设置了经济法总论、财税法、金融法、竞争法和其他领域共五个组进行分组讨论。中国经济法学研究会副会长、中山大学法学院程信和教授进行了大会总结发言。他的发言由三个部分组成：回顾与升华，思考与期待和小诗助兴。在“回顾与升华”中，程教授总结了2016年经济法年会的概况。在“思考与期待”中，程教授提出了经济法学界应当攻关的两项难题：一是经济法学的理论短板，即对范畴和原理的构建、塑造；二是经济法的制度欠缺，即某些制度的具体设计，如发展规划法，投资法，互联网业法等。程教授号召青年学者坚定决心，奋发向上，发扬工匠精神进行精细化研究，不断开拓中国特色社会主义经济法学的新境界。

最后，张守文副会长兼秘书长致闭幕词。

（六）中国银行法学研究会2016年年会

2016年11月12日，由中国银行法学研究会主办，中国民生银行协办的“金融创新与金融法治——中国银行法学研究会2016年年会”在北京辽宁大厦举行。论坛由中国银行法学研究会副会长岳彩申主持。中国法学会党组成员、副会长王其江、中国银行法学研究会会长王卫国、最高人民检察院公诉厅厅级检察员聂建华出席年会并讲话。

中国法学会党组成员、副会长王其江代表中国法学会致辞，他首先对中国银行法学研究会在学术理论建设上所作贡献和领域内的影响力做出了充分肯定。他指出，从2008年银行法学会成立以来，在中国人民银行和中国银行业监督管理委员会的领导下，中国银行法学会汇集了理论界和实务界的优秀人才，广泛参与到中国金融法制事业，学会专家积极参与到金融立法和修改法律的过程中，为解决金融法制化进程中出现的实际问题发挥了重要的作用。他希望银行法学研究会紧密结合当前金融工作的实际深化研究，为银行金融法治实践提供更多更有效的智力支撑，并能够以实践为导向，围绕银行面临的新问题，适应国家的发展和金融的重点难点问题。

银行法学研究会王卫国会长做了年度工作报告，在报告中回顾了研究会成立过程，并从“参加中国法学会举办的各项活动”“参与银行业法制建设”“成果评奖和出版”“各专业委员会积极开展的学术活动”“开展对外交流”“加强研究会组织队伍建设”等十个方面做了学会年度总结。研究会还在年会期间召开理事会，就银行法学研究会第三届理事会候选人名单进行了表决。选举结束后，副会长刘少军教授宣读了2015年度优秀论文获奖名单。中国银行业监督管理委员会法规部主任刘福寿、中国人民银行条法司副司长刘向民、中国建设银行副行长黄毅、中国民生银行副行长代表吕琦等来自金融监管部门、司法审判单位、相关行政主管部门的主要负责人、商业银行等金融机构的从业者、高校教授共大约330人参加了本次年会。

（七）北京市法学会金融与财税法学研究会2016年年会暨第六届首都金融财税法论坛

2016年11月19日，北京市法学会金融与财税法学研究会2016年年会暨第六届首都金融财税法论坛在北京联合大学应用文理学院召开。论坛贯彻党的十八届六中全会精神，紧紧聚焦当前的金融财税改革法制保障、“一带一路”建设、人民币加入SDR、G20杭州峰会、京津冀协同发展等财税及金融改革中的热点问题。

论坛以学术研讨为纽带，邀请京津冀高校、研究部门等理论界和律师事务所等实务界的专家、学者，共同为我国未来的金融财税改革建言献策。

三、经济法学术研究的基本情况

（一）关于经济法立法模式及理论发展

有学者认为，国家力推的法治体系建设离不开立法统合，统合立法与分散立法存在相容性。从法制变迁、功能实现和学术积累的维度看，经济法的立法统合有其必要性。基于立法形式、立法内容和立法时机方面的不同取舍，经济法的统合立法具有多种可能性。把握上述必要性和可能性需要历史素养和系统眼光，只有通过立法统合不断提升经济法的立法质量，才能为整体的经济法治提供有力保障。①

有学者认为，基于时空背景和研究主题的特殊性，中国经济法理论已形成其鲜明的独特性。经由“时点考察”和“理论类型研究”可以发现，中国经济法理论在时间维度上已经开启了理论分期的“新阶段”，在研究对象维度上正在发生理论类型的“新变化”，因而存在着不同于既往的“新发展”。要有效促进中国经济法理论的“新发展”，尚需在研究路径上处理好“既有理论”与“新型理论”的关系，推进立法论与解释论、功能分析与结构分析、问题定位与制度创新的有机结合。②

有学者认为，经济法学的发展理论的提炼，对于丰富经济法理论，推进发展法学乃至整体发展理论的研究，指导发展问题的有效解决，都有重要意义。构建经济法学的发展理论，涉及范畴论、方法论和价值论等多个维度，而无论是有关发展理念与发展目标、发展主体与发展权利、发展能力与发展手段等基本范畴的分析，还是对结构—功能分析等重要方法的探讨，都会融入价值分析，从而使经济法学的发展理论可以融为一体，这更有助于解释和解决改革、法治与发展领域的复杂问题。③

有的学者认为，经济法理论是伴随着争论成长的，之所以存在这些争论主要有4个原因：一是法学理论本身就存在问题，许多理论误解没有厘清；二是法学研究缺少法哲学基础，没有把价值追求作为法学的灵魂和学科独立的前提；三是理论应主要来源于对实践的总结，许多重要的经济法现象并没有引起学者们的关注；四是经济法的实践还不够充分，要建立完善的经济法理论体系还需要充分发挥理性思维。并认为，法学分类的标准只应有两个：一是独立的价值追求，二是体现这一追求的法律规范；纯粹研究法律部门的分类基本上不具有法学意义。经济法的价值追求是整体经济利益，经济法的核心主体应是经济监管主体，这已为世界各国的法律实践所证实，我国经济监管主体的独立性正在逐步形成。④

有的学者认为，新中国经济法学作为一门新兴的法学学科，在创立之初得不到学界一部分人的认可，是不足为奇的；经济法学科内部在一些问题上产生不同的学术观点，至今还没有取得共识，也是正常的。经济法与经济法学既有联系，又有区别，不应混淆。经济法律关系不是经济法的调整对象。经济法在调整宏观调控关系的同时，还调整市场监管关系。涉外经济法，属于国内法体系中的经济法的范围。竞争法的调整对象，是竞争监管关系。财政法与税收法的关系，是包含关系。预算法不是财政法体系的一个独立的法的部门。金融法中的中央银行法，是宏观调控法的组成部分。新时期的经济法学理论研究，仍然任重而道远。⑤

有的学者阐述了“依法治国，建设社会主义法治国家”的主要法律和政策依据；法治国家，是指依靠法治理或管理国家；依法治国应该正确认识什么是法；要正确认识什么是法，必须明确马克思主义法学关于法的概念和特征；实行依法治国应该正确认识经济法的概念、地位和体系，充分发挥经济法的重大作用；实行依法治国需要制定《经济法纲要》。⑥

（二）关于宏观调控法的研究

1. 关于预算法的研究

有学者认为，司法预算属于财政法学与司法制度研究的交叉领域，司法预算的设置应当同时满足财政法治的理念与司法规律的需求。目前我国司法预算内嵌于行政预算中，这样的预算体系设置使政府掌握了司法财权进而诱发司法权地方化之弊端。为了使司法财权与司法事权相匹配，同时使司法权去地方化，我国应当以公共预算的概念代替目前使用的广义政府预算概念，使司法预算与行政预算在公共预算这一上位概念之下相对独立，同时将司法预算设置为中央与省级两个层级，司法经费的支出应满足司法事权之需求，且经费的保障应向基层人民法院适当倾斜。⑦

2. 关于税法的研究

有的学者以党的十八大以来有关财税改革与财税法治的八个重要政策文件为样本，展现在“全面深化改革”和“全面推进依法治国”的大背景下中央高层是如何高度重视财税改革和财税法治。通过梳理近10年我国财税法学界所提出的“理财治国观”“公共财产法理论”“财政控权理论”“分配正义理论”“税收法定理论”“领域法学理论”等理论主张与中央这些重要政策文件的契合点，进而分析我国新一轮财税体制改革的政策演进及其内含的这些财税法理论的关联性，强调坚持问题导向，理论联系实际，着力发挥财税法理论对财税改革实践的引领、推动和保障作用。⑧

有学者认为，税收法定原则的基本要义是纳税人同意，核心精神是纳税人权利保障，通过用民主力量和法律形式约束征税权，旨在实现私人财产权与国家财政权、个人利益与公共利益的协调共赢。税收法定原则的内涵包括税收要素的明确法定以及税收程序的明确法定，且后者的法定性和明确性要求稍低于前者。就外延而论，税收法定原则仅具税收法治的形式意义，税收公平原则和税收效率原则才具有税收法治的实质意义，它们共同构成完整的税收法治和税收正义。新立法法的税收法定条款有较大进步，但仍未涵盖税收法定原则的全部内容。无论是税制改革中整体性的税种设计，还是局部性的税收调控，均应回归法治轨道。⑨

有学者认为，税收法定原则的价值追求主要包括立法民主、财产权保障、经济自由三个基本维度。就立法民主而言，法律保留原则需要关切到税收立法的特性，正确处理好税收法定与授权立法之间的关系；在财产权保障方面，需要辩证地看待减税与税收法定的关系，并重新认识税法领域的类推适用问题；为了保障纳税人的经济自由，落实税收法定原则，必须严格遵循法不溯及既往原则，加强税收规范性文件的制定和管理。现代法治国家没有纯粹的民主，也没有不受民主约束的专业理性，落实我国的税收法定原则，必须结合自身经济发展和税制改革的客观现实，在民主与专业的平衡中循序渐进。⑩

税收事先裁定在我国税收征收管理法修订草案（征求意见稿）中的亮相备受关注。有学者认为，根据国际通行概念，税收事先裁定是指由税务机关向纳税人提供的，就一系列特定事实如何解释和适用税法所作出的自身受其约束的书面报告。在我国税收立法语境下，应当将税收事先裁定制度的本质理解为是一项为纳税人提供的以税法解释为中心的个性化纳税服务。化解我国税收事先裁定制度本土化争议的关键，是要在立法中坚持以纳税人为本的原则，致力于保障税法适用确定性最大化的制度设计。只有综合考虑域外经验和本土现状，始得构建符合我国国情及和谐征纳关系要求的税收事先裁定制度。⑪

有学者认为，美国税收征管程序和税务纠纷解决机制中贯穿着对纳税人权利的保护。了解美国的纳税人权利保护制度，对我国加强税务立法、建设服务型税务机关和完善税务纠纷解决机制可以起到学习借鉴的作用。⑫

有学者认为，我国股权及不动产公益性捐赠的有关税收问题，散见于为数众多的税收法律、法规、规章、规范性文件中，内容非常凌乱、复杂。按照这些规定，单位和个人将不动产无偿赠予其他单位和个人，主要涉及的税费有企业所得税、个人所得税、营业税、城市维护建设税、教育费附加、土地增值税和印花税；单位和个人捐赠股权主要涉及企业所得税、个人所得税和印花税。股权及不动产的受赠人主要涉及的税费是企业所得税、个人所得税、印花税及契税。“税不起”是我国股权捐赠无法绕开的议题。⑬

随着税收法治进程的提速，如何在环境保护税法、房地产税法、资源税法等地方税立法中配置中央与地方之间的立法权，是一个重大且紧迫的命题。有学者认为，为满足市场统一和税制统一的要求，我国仍应将主要的地方税立法权集中于中央。只有在须考虑各地特殊性时，全国人大及其常委会才可谨慎授予省级人大及其常委会以对税率、税目、税收优惠等一些税收要素的调整权。我国在设计地方税立法的纵向授权机制时，一方面，应在主体上明确，地方人民政府不得成为被授权机关，否则将违背“不得越级授权”的原理及立法法。另一方面，应加强过程和结果监控，包括遵循授权的必要性、有限性和明确性原则，不得转授权；确保地方人大及其常委会有能力主导税收立法权，综合运用公众的民意、专家的智慧和行政部门的经验；建构严密的立法监督体系等。⑭

有学者认为，随着税制改革的深化和税收法治建设的进步，以促进经济和社会发展为导向的税收立法日显重要。在新的历史时期，“发展导向型”的税收立法应融入协调、永续和共享等发展理念，并通过税种和课税要素的变动实现制度调整，以更充分地保障各类主体的经济发展权，这对于解决以往“收入导向型”税收立法带来的诸多问题、促进“发展法学”和税法学研究的深化、实现税收法治的现代化，都具有重要意义。[15]

3. 关于金融法的研究

有的学者认为，目前中国农村发展面临的重大现实困境是农村金融资源供给严重不足和农地资源配置的不合理。解决问题的肯綮在于确立一种有效的融资体制机制，一方面将社会资金引入农村，另一方面通过调动农村内部资源尤其是最重要的农地资源以改善农村金融服务。引鉴土地银行制度，通过农地存贷、农地抵押贷款和土地债券发行等农地金融业务的开展可有效耦合农地和资金两大资源，促进农地流转融资，并引导社会资金进入农村发展农业、服务“三农”。本文通过对土地银行这一外生性制度的引入和本土化建构进行研判探讨，以期求解我国农村资金匮乏和农地资源利用不充分之困局。[16]

有学者认为，互联网和金融是世界新经济革命的核心引擎，二者统合为互联网金融。这一新事物使得建立在传统市场经济架构和商业模式上的法律体系也在进行一场变革。这一变革将会涉及所有的部门法，涉及的范围之广、内容之深将是前所未有的。因此，我国应从三个层面推进互联网金融立法，互联网金融的规则体系要适时跟进，我国应该成立国家互联网金融发展监管委员会。[17]

有学者认为，随着我国证券法修改内容和未来开放的资本市场制度体系的确定，商业银行法的修改与完善不得不提上日程，这既是传统严格管制的货币市场开放的需要，也是商业银行法适应国家改革要求和与新证券法相适应的需要，也是建立未来完整系统的开放性的金融法治体系和监管体系的需要。我国现行的商业银行法是改革开放初期仅针对国有商业银行设计的，已经严重不适应目前社会的要求。并且，我国银行业中除中央银行外不仅包括商业银行，还包括合作银行、政策性银行、村镇银行和信用合作社，以及大量的准银行和类银行性银行业金融机构。这些银行业金融机构的组织制度、业务制度和监管制度都已经相对成熟，我国各级立法机关制定的相关法规制度也都已基本成型。但是，它们与我国未来货币市场制度体系存在矛盾，各法规之间也存在着重叠和矛盾，必须对其进行体系性整合，并在此基础上构建与未来证券法和保险法相对应的“银行业法”。[18]

有学者认为，随着中国境内银行卡清算市场全面开放和互联网金融的迅猛发展，我国银行卡清算市场面临的新问题不断涌现。一方面，国内第三方支付机构大举介入，在提升全社会支付效率、扩大金融普惠性的同时，也因为行业发展不规范，给整个支付体系带来了新的风险与不安全因素；另一方面，老牌的国际银行卡组织凭借其已有的大量双标卡持卡人以及境外受理网络的优势，不断挤占民族资本卡组织的市场份额，甚至对国家金融安全构成威胁。面临新的挑战，我国银行卡清算市场需要进一步完善顶层设计。[19]

有学者认为，界定金融消费者最基本的考量应该是解决互联网金融市场中信息不对称问题，为金融交易中处于优势地位的金融经营者施加义务，而为处于弱势地位的金融消费者增加权利。信息不对称理论、社会分层理论、“双峰”理论是P2P网络借贷金融消费者保护的理论依据。P2P网贷行业特殊性亟需加强消费者保护，金融消费者的消费者安全权更为广泛，公平交易权遭遇严峻挑战，受教育权亟待增强。当前我国P2P网贷消费者保护立法缺失，行业存在监管套利，金融消费者纠纷解决机制不畅。我国应当确立向金融消费者倾斜、适度保护的基本原则，制定针对P2P网络借贷的专门监管立法，制定专门的金融消费者权益保护法，建立互联网金融消费争议处理制度，加强P2P网络借贷监管协调机制和理念建设。[20]

有学者认为，银监会等部门联合发布的《网络借贷信息中介机构业务活动管理暂行办法》标志着P2P行业从野蛮发展步入规范发展的新时代，虽然这一办法未提及风险保障金制度，但留下了创新的空间。无论从法学抑或经济学的视角考察，风险保障金制度都有其建立的合理性和必要性。必须对风险保障金制度进行本土化创新，在上述办法的基础上，通过引入地方金融办和行业协会的监督和管理，确保风险保障金与平台自有资金彻底的隔离，从投资者保护的角度入手，探索建立P2P平台风险保障金制度的配套体系。[21]

有学者认为，高频交易在我国证券市场上已经初露端倪，因其负外部性较大，亟须制定相应的监管规则予以克服。以金融法中的“三足定理”为理论指导，可以将对高频交易的法律监管分为风险监管、行为监管与竞争监管三大类别。这三类监管又以信息监管为基础，于是这四类监管共同构成了一个具有普适性的高频交易监管框架。对于高频交易，我国的监管政策选择应该是予以适当的限制或抑制。此外，对高频交易的法律监管还要树立“以快对快”的监管理念，因此，我国对高频交易的监管规则应不断及时修订，从而跟上市场之变化。[22]

有学者认为，在金融法领域，中国应制定一部法典化的金融服务法。这既有国外相关先例可以借鉴，又具有一定的立法规模基础，应早日提上议事日程。在“互联网+”时代，法典化的金融服务法的编纂变得更加经济、可行。法典的编纂不是法律形式发展的顶点和终结，法典化后的金融服务法应有健全的修订机制相配合。[23]

4. 关于地方宏观调控

有学者认为，我国采行单一制下的五级政权体系，地方在其权限内，可以并且应当通过规划、产业政策、预算、地方权限内的税费调整、政府债务和投资、劳动和社会保障措施等，对本地方经济进行整体、间接的调控。法治具有地方性，鉴于政府在经济社会发展中的主导作用以及宏观调控的自由裁量、相机抉择特征，地方宏观调控是地方法治的集中体现和关键所在。问责制框架下动态的用权和控权，是地方宏观调控法治化的路径和模式所在。[24]

（三）关于市场规制法的研究

1. 关于反不正当竞争与反垄断法的研究

产业政策与竞争政策是现代市场经济国家协调经济社会发展、参与并调节市场的重要手段。有学者认为，反垄断法目标下的竞争政策的作用是维护、弘扬市场机制，无法统筹协调产业发展。就竞争而言，产业政策的目的或作用是规避从自由竞争结构到合理竞争结构的不必要代价，缩短其过程，并且产业政策对经济和产业的调控具有竞争政策所不具有的全局性、主导性。在此意义上，产业政策高于竞争政策，竞争政策应当服从产业政策。在当代市场经济条件下，特别在我国，产业政策也包含、包容着竞争政策，与竞争政策并非截然对立；产业政策应立足于市场，力求不扭曲或破坏竞争机制，在法制层面接受竞争政策之兼容性审查。垄断与竞争都是市场配置资源的方式。银行卡清算产业具有自然垄断性、标准化竞争等特征，未来其产业政策应兼顾产业发展、国际竞争与国家安全、消费者福利、经济社会整体利益；银行卡清算产业寡头垄断的市场结构符合这一要求，具有合理性，银行卡清算产业的法律规制也应在这一前提下展开。[25]

有学者认为，在市场交易中，一方较另一方在经济上占优势地位是普遍存在的现象。如果法律禁止滥用相对优势地位，至少需要对“相对优势地位”和“滥用相对优势地位”作出法律解释。世界各国禁止滥用相对优势地位的立法主要有反垄断法、民法以及针对个别行业的行政规制。鉴于“相对优势地位”和“滥用相对优势地位”存在很多不确定因素，期待一部法律包括反不正当竞争法进行全面规制的难度比较大。[26]

有学者认为，标准必要专利（SEP）是专利技术与行业标准相结合的产物，具有社会公共利益的属性，比一般专利更容易产生排除、限制竞争的效果。因此，涉及SEP的经营者集中案件更复杂，执法机关不仅需要关注相关技术市场的界定，还要考察SEP持有人对竞争可能产生的不利影响。考虑涉及SEP的经营者集中救济时，行为性救济一般优先于结构性救济，SEP持有人还应受到FRAND承诺和不得滥用禁令救济的约束。涉及SEP的经营者集中案件是知识产权与反垄断交叉领域的热点问题，应当引起学术界和实务界的高度关注。[27]

有学者认为，一份具有里程碑意义的文件竞争政策在经济政策体系中的地位及其与其他经济政策之间的关系，不仅是一个理论问题，而且是一个实践问题；不仅是政策层面的问题，而且是政策实施层面的问题。自我国反垄断法于2007年8月30日颁布之日起，竞争政策不再是一个学术术语，而是一个法律概念。如同任何一个其他法律概念一样，竞争政策本身就是一个制度体系。[28]

有学者认为，第三方支付平台企业采取免费策略是否构成掠夺性定价行为，理论界存在着较大争议。如果依照单边市场规制理论，第三方支付平台企业非中性的定价机制与反垄断法所规制的掠夺性定价之间存在着悖论。以“结构—行为”为分析框架，依据双边市场理论对第三支付平台企业掠夺性定价进行反垄断法分析，通过对市场结构和企业市场力量的考察发现，在第三方支付市场中已经形成了寡头垄断的竞争格局，存在着对掠夺方有利的市场结构；在判断第三方支付平台企业是否存在低于成本定价的行为时，可以通过比较两边市场的总成本和总价格来认定；具有市场势力的第三方支付平台企业具备提高价格的能力，可以通过只提高交易费而不增加注册费的方式来弥补掠夺期间受到的损失；同时，由于一体化的经营模式，不同产品市场之间的交叉补贴也是第三方支付企业能够持续低价并收回损失的一个重要渠道。[29]

有学者认为，供给侧结构改革旨在使市场发挥决定性作用、明晰政府的权力边界。作为市场机制内生要求的竞争政策，其目标与供给侧结构改革的目标具有一致性。在当下深化改革和经济下行时期，实现竞争政策需要保障竞争执法的常态化、实施公平竞争审查制度以及大力规制行政垄断。另外，妥善协调竞争政策和产业政策之间的关系也是推进改革的重要保障。[30]

有学者认为，政府制定的政策措施必须促进和保障公平竞争，但目前我国政府对经济的不合理干预经常排除、限制竞争。公平竞争审查制度，从"竞争影响合理性"这一维度规范政府行为，推进依法治国；通过将政府职能限定为"建立所有企业自由、公平竞争的制度环境"，对接国际经贸规则新趋势；通过排除竞争损害，发挥最大化竞争机制的作用，促进经济发展和创新。与此同时，在公平竞争审查制度的实施过程中，需要处理好与反垄断法的关系，实现制度的法治化，审视政策制定机关自审的能力、动力和责任，发挥国务院反垄断委员会、竞争执法机构和国务院法制办的作用，确定更精细的审查标准，并引入第三方评估。[31]

2. 关于政府与市场关系的研究

有学者认为，废除国资委并非国企改革的妥当道路。国资委代表对国企的一种"集权监管模式"，其诞生本身即是历史进步。作为履行出资人职责的机构，国资委所行使的法定权利并未超越公司法及公司治理的一般原则。而且，国企的绩效向好、风控水平提升，也证明了国资委的管控成功。国资委今天所面临的问题，一部分是立法不当或执法不当所致，但不意味着应废除国资委。是否撤销国资委以及由谁来承担国资委的功能，还涉及公共规制绩效的综合评价问题。未来的国企改革要准确定位国资委的法律角色与地位，准确定位国企作为"公共企业"的性质，让国企"作为人民的企业形式"，实现由民众分享国企改革红利的梦想。废除国资委，也许是一种理想主义者在当下的空想。即便这种空想最终基于某种原因得以实现，也可能只是国企改革"重新走了一遍歪路"。[32]

3. 关于破产法的研究

最高人民法院审委会专职委员杜万华强调，"依法处置'僵尸企业'和开展破产案件审理是供给侧结构性改革的客观需要，对于提升市场主体竞争力和建立社会主义市场主体退出机制具有重要意义，是人民法院积极贯彻党的十八届五中全会和中央经济工作会议精神的重要举措。今后一个时期，运用破产法律程序依法处置'僵尸企业'和破产案件审理，将是人民法院的一项重要工作任务"。

有的学者认为，在中国除了僵尸企业外，还存在很多需要退出市场包括借助破产法退出市场的企业。在识别、处置僵尸企业时，应当将那些因市场经济法制不完善而未正常退出市场的企业，如被吊销营业执照或发生其他解散原因而不依法清算的企业、发生破产原因但不提出破产申请或提出申请不被受理而未通过破产程序退出市场的债务困境企业，与僵尸企业相互区别。该学者明确了僵尸企业的概念与特征，分析了僵尸企业的特殊社会危害性，指出僵尸企业与其他应退市企业如破产企业的法律区别，并对如何解决僵尸企业问题、如何健全完善与破产法实施相关的社会配套制度提出了建议。[33]

有的学者研究建筑业企业破产重整需要特别关注依附于建筑资质的"壳价值"如何保留、挂靠经营关系如何处理、在建工程如何处置等特殊问题。在重整模式的选择上，司法实践中创新尝试"分离式处置"的重整模式，旨在满足建筑业企业资质保留的需要，但这种类似于反向出售式重整的模式在法理评价上却不无争议。该学者结合企业破产法关于重整计划约束效力条款的规定进行分析，论证了"分离式处置"模式的必要性与合理性，但也认为此类模式仍有待法律或司法解释进一步的确认。[34]

（四）其他法律制度的研究

有学者认为，在各类经济活动中，定价权的分配与行使始终是至为重要的问题。尽管定价权通常属于市场主体的经济自由权，但当其行使影响到公共利益时，则需要受到多重的法律规制，甚至于在极少数情况下要由政府直接行使。无论是市场主体还是政府，其定价权的行使皆应具有合理性和合法性，且不得滥用，如此才能既有利于促进公平交易，又能够切实保障公共利益，最终实现对定价权分配与行使进行法律规制的基本目标。[35]

有学者认为，企业排污与大气污染具有共生性，在治理大气污染时，须消减企业的排放量。根据科斯定理，在产权理念之下建立大气污染物排放权交易制度是大气污染社会化治理的一条可行路径。大气污染物排放权交易制度的建立就是要在总量控制的前提之下，通过排放配额分配、排放权交易市场、排放权初始定价、市场调控监管、风险应急管控等项机制，实现排放权的市场化交易，达到大气污染防治社会化治理的效果。[36]

有学者认为，中国已开启绿色公司债券的实践，但作为一个新兴市场，既存在缺失有力的优惠政策助力市场发展的不足，也面临传统公司债券制度难以匹配绿色债券规范要求的挑战。为此，需要调和公司债券的监管机制和改进公司债券规则，做好“促绿”优惠与“洗绿”制裁的制度平衡，才能构建一个健康的与国际接轨的中国绿色公司债券市场。[37]

注：

①张守文：《经济法的立法统合：需要与可能》，《现代法学》，2016年第3期。

②张守文：《中国经济法理论的新发展》，《政治与法律》，2016年第12期。

③张守文：《经济法学的发展理论初探》，《财经法学》，2016年第4期。

④刘少军：《论整体经济利益与经济法主体》，《晋阳学刊》，2016年第2期。

⑤杨紫烜：《经济法学发展中的理论问题研究》，《财经法学》，2016年第4期。

⑥杨紫烜：《关于依法治国与经济法的若干问题》，《南华大学学报》（社会科学版），2016年第1期。

⑦朱大旗、李帅：《法治视野下的司法预算模式建构》，《中国社会科学》，2016年第10期。

⑧刘剑文：《财税改革的政策演进及其内含之财税法理论——基于党的十八大以来中央重要政策文件的分析》，《法学杂志》，2016年第7期。

⑨刘剑文、耿颖：《税收法定原则的核心价值与定位探究》，《郑州大学学报》（哲学社会科学版），2016年第1期。

⑩徐阳光：《民主与专业的平衡：税收法定原则的中国进路》，《中国人民大学学报》，2016年第3期。

⑪朱大旗、姜姿含：《税收事先裁定制度的理论基础与本土构建》，《法学家》，2016年第6期。

⑫朱大旗、张牧君：《美国纳税人权利保护制度及启示》，《税务研究》，2016年第3期。

⑬朱大旗：《完善股权与不动产公益性捐赠税收优惠制度》，《中国民政》，2016年第4期。

⑭刘剑文：《地方税立法的纵向授权机制设计》，《北京大学学报》（哲学社会科学版），2016年第5期。

⑮张守文：《论“发展导向型”的税收立法》，《法学杂志》，2016年第7期。

⑯朱大旗、李蕊：《论我国土地银行制度的构建》，《法学杂志》，2016年第7期。

⑰李曙光：《论互联网金融中的法律问题》，《法学杂志》，2016年第2期。

⑱刘少军：《商业银行法改为“银行业法”的总体构想》，《中国政法大学学报》，2016年第6期。

⑲史际春：《银行卡清算市场规制策略》，《中国金融》，2016年第19期。

⑳黄勇、徐会志：《论P2P网络借贷金融消费者权益保护》，《河北法学》，2016年第9期。

㉑杨东：《P2P网贷风险保障金制度研究》，《广东社会科学》，2016年第6期。

㉒邢会强：《证券期货市场高频交易的法律监管框架研究》，《中国法学》，2016年第5期。

㉓邢会强：《论金融法的法典化》，《首都师范大学学报》（社会科学版），2016年第1期。

㉔史际春：《地方法治与地方宏观调控》，《广东社会科学》，2016年第5期。

㉕史际春、徐瑞阳：《产业政策视野下的垄断与竞争问题——以银行卡清算产业的法律规制为例》，《政治与法律》，2016年第4期。

㉖王晓晔：《论滥用“相对优势地位”的法律规制》，《现代法学》，2016年第5期。

㉗王晓晔：《涉及标准必要专利的经营者集中控制》，《华东政法大学学报》，2016年第6期。

㉘时建中：《全面推进实施竞争政策　促进我国经济转型发展》，《中国价格监管与反垄断》，2016年第1期。

㉙黄勇、杨利华：《第三方支付平台企业掠夺性定价的反垄断法分析》，《河北法学》，2016年第4期。

㉚黄勇：《供给侧结构性改革中的竞争政策》，《价格理论与实践》，2016年第1期。

㉛黄勇、吴白丁、张占江：《竞争政策视野下公平竞争审查制度的实施》，《价格理论与实践》，2016年第4期。

㉜蒋大兴：《废除国资委？——一种理想主义者的“空想”》，《清华法学》，2016年第6期。

㉝王欣新：《僵尸企业治理与破产法的实施》，

《人民司法·应用》，2016 年第 13 期。

㉞徐阳光、叶希希：《论建筑业企业破产重整的特性与模式选择——兼评"分离式处置"模式》，《法律适用》，2016 年第 3 期。

㉟张守文：《定价权分配与行使的法律规制》，《法学》，2016 年第 10 期。

㊱于钧泓、高桂林：《大气污染物排放权交易制度的法律构建——基于法律经济分析视角》，《中国物价》，2016 年第 3 期。

㊲洪艳蓉：《中国绿色公司债券的制度挑战与改进》，《证券市场导报》，2016 年第 9 期。

［作者：朱大旗、吴宏伟，中国人民大学教授；胡延玲，中国矿业大学（北京）副教授］

环境资源法学

周　珂　罗晨煜

2016 年北京市环境资源法学研究的主要内容：生态文明体制发展、环境法实施评估、环境单行法研究、环境行政研究、环境司法研究等五个部分，紧扣"边缘"与"前沿"两个主题，重点是明晰环境法学的学科地位、其与传统法学的关系及其理论范式的特征。当前持续的环境危机是环境法学进一步发展的直接动因，当代人文社科发展是环境法学前进的知识背景。相较于传统法学的发展，它起步于传统法学研究的边缘和前沿问题体现了现代环境的独立价值。

一、生态文明体制发展

中共中央、国务院印发的《生态文明体制改革总体方案》《中共中央关于全面深化改革若干重大问题的决定》和《中共中央关于全面推进依法治国若干重大问题的决定》，全面深入地阐述了生态文明法治建设对促进生态文明建设的意义和作用。随着中国特色社会主义法律体系的形成，我国已经初步形成了由绿色转型发展与国土空间规划、资源利用、环境保护领域的法律为核心，涉及宪法和宪法相关法、民法商法、行政法、经济法、社会法、刑法、诉讼与非诉讼程序法等七个法律部门，由法律、行政法规、地方性法规等多个层次的法律法规以及其中所规定的民事、行政、刑事以及经济、社会等方面的法律制度规范所构成的体系。[①]但是对于生态文明法律制度体系的审视和反思，还具有进一步发展的空间。

一种思路认为与全面推进依法治国和生态文明建设的要求相比，我国现行的有关生态文明的法律和制度体系仍然存在一系列重大问题。总体来看，主要有三个方面的问题：环境立法的"空白"问题，相关立法对环境保护的"损害"问题，环境法律制度之间的"内耗"问题。生态文明建设的一些重要领域和管理制度还存在明显的立法空白，法律制度设计上尚有重大缺陷：重行政管制，轻市场调节、社会管理；重规划、评价和审批，轻过程和后果的管理监督，需要逐步制定相关法律加以弥补。在我国民法商法、经济法、行政法的相关法律中，尚未建立形成有关有利于生态文明建设和持续发展的理念、原则与机制，尚未建立形成完整的自然资源和环境资源产权法律制度体系和民事法律责任体系，生态文明有关法律特别是环境保护方面的法律受其他领域立法的冲击，实际法律效力"严重减损"。有关生态文明的法律及其制度之间部门化和碎片化特点突出，交叉重叠非常普遍，法律之间和法律制度之间"内耗"严重，法律冲突并不鲜见。

另一种思路认为生态文明制度实施需要推进党政同责。党政同责是生态文明建设的关键落实手段。评价考核适用于哪些党政机关，如何针对党政机关区别设计评价考核指标，评价考核的结果如何运用等，也是落实生态文明党政同责的相当重要的内容。中共中央和国务院联合发布生态文明建设党政同责评价考核办法，十八届三中全会文件等党的文件和环境保护法等国家法律成为实行党政同责的依据。在角色定位方面，党政同责作为一个保障手段比较稳妥；在指导思想方面，明确党政系统对生态文明建设的主导作用，强化党政领导干部的生态文明责任意识，健全党政领导干部的追责体制和机制；在考核对象方面，把党政系统以及相关领导作为考核对象予以明确；在评价考核指标方面，要区别设计党政两个系统的考核指标体系；在评价考核原则方面，坚持党统领生态文明建设和党政考核并重的原则。地方党政系统的评价考核应分为年度、中期和离任评价考核，评价考核结果要能引起党委特别是组织和纪检监察机关的重视。既应对成绩突出的地区和领导干部给予表彰奖励，也要建立生态补偿、区域限批等损害责任追究制度，健全党政领导干部任内考核责任制和终身责任制。[②]

还有学者认为生态文明制度改革具有积极的经验。首先，生态文明体制改革必须有序发挥地方党委、人大、政府、政协、司法机关、社会组织、市场、企业和个人的共治作用，调动各方的积极性。为落实环境保护的党政同责，一些地方按照《党政领导干部生态环境损害责任追究办法（试行）》，建立了党政领导生态文明建设一岗双责制度、领导干部离任生态环境审计制度以及自然资源环境损害的严肃问责和终身追责制度。其次，生态文明体制改革必须重视建立科学的综合规划和民主决策机制，平衡好环境保护与经济社会发展的关系，使环境保护的社会性与自然性实现最大程度的契合。再次，生态文明体制改革必须重视产业升级、优化、改造和共进的支撑作用。最后，生态文明体制改革必须出实招、重实效。

二、环保法实施评估

2014 年 4 月 24 日新修订的环境保护法（以下简称新环保法）自 2015 年 1 月 1 日施行以来，至今已一年有余。这部法律的实施效果如何，在法律实施中存在哪些问题和挑战等，是社会各界十分关注的问题。主要参与评估的单位有中国政法大学、中国人民大学法学院、苏州大学王健法学院、山东大学法学院、北京理工大学法学院和北京农学院文法学院。这次对新环保法的评估研究，既不在于评价其立法质量，也不在于评价其是否体现了公平、正义、自由、安全和秩序等价值，而主要定位在该法实施一年中是否被真正执行和遵守，主要的环境管理制度和措施是否真正发挥了立法所期待的作用和效果，在实施中存在什么问题，应该怎样改进。

通过评估，可以得出如下主要结论：第一多层次、多途径的广泛宣传和培训，提高了全社会的环保法律意识，为新环保法的实施提供了社会和群众基础。第二大量配套规定和标准的相继出台以及“土政策”的清理增强了新环保法的可实施性。第三严格执法，督政问责，促进了环境污染治理和经济发展转型。第四措施到位，追责严厉，遏制了严重环境违法行为，初步恢复了环境法治秩序。第五企业环保意识在提高，经营趋规范，遵守环保法越来越有自觉性。

通过评估分析，也发现了新环保法实施中的一些问题和障碍。一是“保护优先”和“预防为主”的原则尚未成为各地处理经济发展与环境保护关系的指导原则，政府对环境质量负责尚无具体的追责程序规范。二是环境执法力量不足、执法能力不强影响环保制度和措施的全面、充分执行和遵守，环保执法力量、执法技术和手段、执法经费的“倒金字塔”现状使得基层环保部门很难承担繁重的执法任务。三是配套法规和规章出台缓慢，影响相关法律制度的实施。四是政府不同部门之间在环境保护监督管理方面缺乏良好的协调配合，影响了一些环境管理制度和措施的实施效果。五是缺乏对不同经济发展程度地区、不同规模企业的区分和有针对性的执法措施，一些欠发达地区和中小型企业守法意识和守法能力仍然不高。六是公众参与环境保护的途径和方式不足，其在环境保护方面的知情权、参与权、表达权、监督权尚无足够保障；环境公益诉讼的对象和范围过小，起诉主体资格限制仍然过严，导致环境公益诉讼案件太少，不能充分发挥其制度功能和作用。[③]

三、环境单行法研究

随着新环境保护法的实施和发展，奠定了环境法体系建设的基础，形成了中国特色的环境法制框架，为单行法的出台和完善提供了制度支撑。但是环境单行法也存在各种法制与实施问题。

（一）大气污染防治法研究

大气污染一直深受社会关注，是治理的重点。针对大气污染防治我国已经出台了若干法律法规，取得了一定的治理效果，但是在一些领域还存在着严重的问题。

针对农村大气污染防治问题，有学者认为我国农村大气环境情况经过有关分析显示其污染程度严重，因此加强我国农村大气污染的防治十分必要。但目前我国农村大气环境治理在法律规定上存在不足，影响大气污染治理的推进。完善我国农村大气污染防治法律机制，要从建立区域大气污染协调共治机制、加强农村大气污染防治执法力度、建立产业转移承接法律机制、健全农村环境治理专项资金制度、完善农村大气污染治理公众参与机制等方面入手。[④]

灰霾治理已成为北京市及周边区域当前阶段大气污染防治的重中之重。有学者认为在法律制度层面，一方面要根据治霾的需要，逐步完善相关法律制度，另一方面要推动法律制度的有效实施，使环境法律制度本身所具有的制度价值得以充分地发挥。以环境保护法为牵头法的污染防治法规体系确立了环境影响评价制度、“三同时”制度、环境保护许可制度、排污收费制度、环境应急处理制度、环境标准制度等法律制度，为环境管理提供制度层面的依据。在这其中，作为典型的事前预防性制度的环境影响评价制度，本应被赋予更高程度的重视。在治霾手段和责任主体方面，行政机关的关键作用不可忽视。命令－控制型手段长期以来为我国环境管理所青睐并发挥了重要作用，同时也导致了一些众所周知的问题。于是，市场手段的作用被逐渐认识，并越来越多地被认为是应对行政手段所致弊端的重要出路。同时以整体主义的协同观念，而不是各领域各方面画地为牢的本位主义观念，在法律的完善及其实施层面不断努力。在这一过程中，功利主义的急于求成必不可取。好在我们可以汲取流域治理的失败教训，同时也可以基于目前区域治理和协同发展的基础，从上述制度和方法层面进一步完善灰霾治理的法律基础，并推进有效实施。⑤

在京津冀地区产生的雾霾呈现出区域复合型的特征，有学者提出了国家建立跨行政区域的重点区域环境污染和生态破坏联合防治协调机制。国家已经出台了一些法律法规，《关于推进大气污染联防联控工作改善区域空气质量的指导意见》的出台为大气污染防治领域属地管理与区域协作的有效结合提供了政策方面的保障。《重点区域大气污染防治“十二五”规划》则进一步明确了建立区域大气污染联防联控机制的具体要求。而大气“国十条”的公布，宣告了我国在大气污染防治问题上正在走一条属地管理与区域协作相结合、总量控制与质量改善相统一的大气污染防治道路。《能源行业加强大气污染防治工作方案》为加强能源总量控制、保障清洁能源供应、转变能源发展方式奠定了制度基石。环境保护法关于联合防治协调机制的规定是对大气污染联防联控的最新方向性指引。而大气污染防治法的即将修订则为大气污染联防联控的未来立法指明了方向。

清洁空气具有不可替代的生态价值，京津冀应以保护清洁空气的生态价值为根本目的，相应体现在指导思想上，即以大气环境保护优先的理念来指导大气污染联防联控工作，并以此为立法、执法和司法的指导思想，保障清洁空气生态、社会以及经济效益的充分发挥，实现大气环境保护的可持续发展。第一法律要明晰公权力主体的权利和义务，使社会资源配置达到最优。第二法律供给要与社会对法律的有效需求相一致。第三大气污染联防联控具体制度的构建应是为了节约治理成本、优化治理效果。第四当交易成本过高、阻碍交易时，授权给最珍视大气环境的人。⑥

（二）排污许可制度研究

所谓排污许可制度，是指国家规定的行政主管部门根据排污企业的申请，经过依法审查，允许其按照排污许可证所载明的排污种类、浓度、数量、排放时间、排放路线等要求排放污染物，对排污企业的排污行为进行有效约束的管理制度。

一种研究思路是以《控制污染物排放许可制实施方案》的性质、意义、核心内容等问题进行分析。2016年11月10日，国务院办公厅印发《控制污染物排放许可制实施方案》（以下简称《实施方案》）。控制污染物排放许可制是依法规范企事业单位排污行为的基础性环境管理制度，环境保护部门通过对企事业单位发放排污许可证并依证监管实施排污许可制。当前我国实施控制污染物排放许可制，还有以下重大意义。解决排污许可制度的定位问题，明确和落实企事业单位治污责任，为环境保护部门实施监管创造有利条件，是落实中央改革环境治理基础制度的重要决策。

《实施方案》对排污许可制的核心内容加以明确，解决了长期以来实施排污许可制度所面临的理念障碍和制度障碍。其核心内容主要有以下几点。制定排污许可的管理名录，规范排污许可证的核发，合理确定许可的内容，分步实现排污许可的全覆盖，严格落实企业事业单位环保责任，环保主管部门如何实施监督管理，如何为实施排污许可证制营造有利的社会环境，如何做好实施排污许可制的各项准备工作。⑦

另一种思路认为环境影响评价制度与排污许可证制度作为两项重要的环境管理制度，需要相互衔接，协同发挥作用。具有污染物排放的建设项目进行环境影响评价应当以建设单位取得排污许可为前提，环境影响评价的结论和建议的环境保护措施应当以许可的排放量为基础，排污许可证的发放应当以所在区域的环境质量目标和环境影响评价的结论和建议以及环评审批要求为依据。⑧

环境影响评价作为预防性的制度，应当考虑总量控制制度下对建设项目的排放许可。项目建设单位应当在环境影响评价前向环保部门申请建设项目排放许可，环境影响评价报告应根据建设项目的排放许可进行评价，做出评价结论，提出环保措施建议。建设项目竣工环境保护验收应当根据环境影响评价报告及其审批要求进行验收，对符合要求、验收合格的，发放排污许可证。建设项目在通过竣工环境保护验收且取得排污许可证之后，方可排放污染物。

（三）野生动物保护法研究

野生动物保护法正在修订，各方面围绕立法目的如何确定，野生动物是否需要普遍保护，重点保护哪些野生动物，要不要利用野生动物，是否禁止驯养、人工繁育和放归野生动物，如何明确企业、产业协会、公众、社会组织和监管部门的角色，如何完善野生动物损害的救助制度，如何维护生物多样性和生态平衡等热点问题，展开了热烈的讨论。

生态文明的核心问题，是人类社会与自然界的关系。严格限制对野生动物的开发利用，是现阶段生态文明建设的题中应有之义。新修订的野生动物保护法，把现行法的“合理利用”改为“规范利用”，限制利用和保护的思路初显。有学者认为这是一个重大进步，但这一进步目前还局限在国家重点保护野生动物方面。现行野生动物保护法许可对野生动物资源的合理利用，初衷是为了保护野生动物，维护生态平衡，但是在现实中反而鼓励了野生动物产业的不断发展和野生动物制品需求的不断增长。这种现象，应当引起各界人士的反思。[⑨]我们应当平等看待人与野生动物关系，限制对野生动物的开发利用，是人类文明进步的必然要求和趋势。然后，根据野生动物不同的资源状况，应当采取不准进行任何商业利用的绝对禁止型、规范商业利用的严格限制型两种方式。地球上的生态平衡离不开野生动物，我们要绿水青山，也要鸟语花香。

关于野生动物保护的范围，专家基本都持不应只保护“三有”野生动物的观点。有观点认为，不能人为地定义什么是值得保护的野生动物，对于生态系统的平衡而言，每一物种均有其价值，野生动物的保护需要脱离人类中心主义，因此，所定义的“野生动物”应当包括陆生及水生两栖类、爬行类等在内的所有野生动物。有专家指出，保护野生动物的生物链非常关键，野生动物保护范围应扩至一切有助于维护生物多样性和促进生态系统健康稳定的野生动物，包括哺乳类、鸟类、爬行类和昆虫等野生动物。但也有专家指出，目前国家重点野生动物保护的范围不明确且过小，但也不宜过大，应从全面保护向重点保护和加强利用管理的角度来推进野生动物保护工作。还有专家认为，国家重点保护、地方重点保护和“三有”动物的分类在现实中存在重叠，不科学。现行的“三有”动物的判断标准——“有益、有重要经济和科学价值”没有突出生态、科学和社会价值，也不科学。

在野生动物个人消费法律责任上有专家认为，既应规定违法食用野生动物及其制品的责任，也应考虑装饰品的消费责任；有必要明确“公序良俗”的含义，以明确守法与违法的边界。有专家指出，行政机关的作为不符合法律要求的，如不公开相关的规定、标准、产业等信息等，应当规定行政法律责任。[⑩]有专家指出，个人持有野生动物，法律难以有效处罚；现有的一些罚款标准过低，不利于打击违法行为；连续违法行为的法律责任缺乏规定。立法建议把野生动物的保护情况纳入生态环境保护绩效考核，以强化政府的责任意识。在全国和省级人大环资委下成立专家委员会，指导野生动物保护执法检查工作。增加规定，对不依法行政的部门及其责任人规定行政法律责任。

（四）核安全法立法研究

核电是安全、清洁的能源，核电发展的历史已经证明了这一点。核电危险是很小的，但不等于零。为了能源结构改革，大力发展核能发展，必须在安全利用核能上得到法律的保障。2016 年起草历时三年多的核安全法草案终于提交全国人大常委会一审。这不仅对中国核能发展蓝图下保障核安全具有重要作用，而且对填补中国核法律的空白具有里程碑意义。[⑪]

有学者提出了这样一个命题：公众需要一部怎样的核安全法？首先，核安全立法应当以公众环境权益保护为本位。由于核安全的保护对象是国民生命健康和财产安全，因此核安全法不仅是一部行政管理法，更是一部公众环境权益维护法，必须通过法律授权公众享有相关权利。其次，核安全立法应当建立政府、企业与公众间的核风险交流和利益补偿机制。核安全的核心是防止核与辐射事故风险，提高公众对核风险的认知度和可接受度。最后，核安全立法应当明确规定核损害赔偿制度。核安全法草案在明确各主体安全义务的同时，却没有对核损害赔偿做出明确规定，是一个重大缺陷。核损害赔偿制度涉及责任承担机制、责任主体的资金来源、政府与营运人以及保险人的关系、赔偿顺位与国家责任等诸多公众权益保障的内容，核安全立法理应作出规定，以回应公众关切。

四、环境行政研究

（一）环境督察体制研究

中央环境保护督察对环境质量的改善发挥了立竿见影的效果。通过中央环境保护督察和地方省级环境保护督察，一些问题得到及时解决。但所发现的很多问题，出现在生态文明体制改革已三年的时间，而且具有一定的普遍性，解决难度很大，说明生态文明建设和体制改革措施的推进正在进入深水区和攻坚期。

面对环境保护的严峻问题，有学者指出面对环保督察发现的问题有待进一步督察解决。[12]生态文明建设和体制改革措施，只有落地并得到地方的积极响应，才能充分发挥预期的作用。一是中共中央办公厅和国务院办公厅可针对负有环境保护和资源保护职责的部门，尽快启动督察工作，由在地方曾经担任过省级党委书记或者行政首长的人担任督察组组长和副组长，从地方和综合的角度审视这些职能部门是否科学、到位地履行好了自己对全国工作的指导、协调、监督和服务职责。二是开展督察回头看工作。中央环境保护督察组看到的很多现象是地方“应急”后的虚相，不完全是真相。建议督察结束后，中央环境保护督察组应当开展环境保护督察回头看等工作，既可以防止一些地方当面一套、背后一套，也可以杜绝地方的侥幸心理。三是中央深改组可派人参加所有督察组的工作，在实践中去验证生态文明改革措施的实在性和实效性。不结合实际的，就进一步改革；作用发挥不好的，就健全体制、制度和机制。

还有学者认为，环境督察应当把督政和督地方党委相结合。所谓“督政”，是指上一级政府的环保部门依法对下级人民政府及其相关部门履行环境保护职责情况开展监督检查，提出处理意见建议，并督促其整改落实。面对目前数量仍然还很庞大的违法违规企业，环保部门“督企”不免会心余力绌，所以还需继续坚持环境保护部约谈等“督政”的监察方式，大力发挥地方党委、地方政府对于环境保护的区域监管或者监督作用，落实“党政同责、一岗双责、失职追责”的要求，实现从单一的“督企业”“督政府”向既“督党委”也“督政府”转变，环境监管和监察工作会达到事半功倍之效。

（二）环境执法体制研究

完善国家环境治理体系，提高治理能力，是完善国家治理体系的重要组成部分，是实现全面深化改革目标的重要内容，是生态环境保护的客观要求，是加快生态文明制度建设的需要。回顾过去近 40 年改革开放以来我国环境与发展的历程，期间我国经济社会发展取得了举世瞩目的成就，但生态环境也付出了很大的代价，环保工作取得诸多进展、成绩，但也面临很多问题、困难和挑战。

有学者认为党的十八届三中全会以来，中共中央、国务院出台了一系列有关生态文明建设的制度性文件，有利于构筑生态文明治理体系的制度框架。第一构建环境治理体系的立法基础。做好生态文明建设相关立法的顶层设计，统筹相关立法修改工作，探索区域性、流域性立法的可行性，提高地方立法和司法的能力。第二推动综合、高效、协调的资源环境大部门制改革。中央部委大部门制重组的核心是根据党的十八届三中全会决定及党中央、国务院相关部署，根据污染防治、生态保护，自然资源管理等领域的所有权和监管权相分离、开发与保护相分离的原则，进一步减少职能交 叉，降低行政协调成本，实现权力制衡上的协调一致，提高体制横向运行效率；同步建立既有利于落实地方政府生态环境保护的主体责任，又便于国家部门统一执法监管，中央和地方事权清晰的纵向管理体制。第三提高企业的治理能力。以推动 PPP 和第三方治理模式为抓手、引导市场力量的参与。第四补足社会治理的短版。一是生态环境信息要公开透明，二是完善社会公众与组织参与生态环境保护决策机制，三是为环保社会组织的发展创造良好制度环境，四是充分发挥大众传媒的作用。[13]

环境督察制度的设立进一步完善了生态文明制度体系，同时也促进地方政府走绿色发展道路。建设环境督察制度一方面在顶层制度设计上需要协调党内法规与法律制度，完善统一“监企”与“督政”制度。同时厘清环境督察制度的权责分配，该制度包含的权力架构体系对落实环境督察制度具有深刻的意义。加强党政领导干部的环境职责，顺应生态文明体制改革的要求，落实国家绿色发展理念。加快环境保护督察制度建设，完善环境督察顶层设计。党内政策需要法律制度引导，统一完善“监企”与“督政”制度，完善环境督察职责体制。[14]

长期以来，我国环保管理体制具有比较强的地方性和分散性，人员由地方任命，财政也来源于地方。这一体制在实践中容易导致地方保护主义，对地方政府及其相关部门的监督责任难以落实，也不利于统筹解决跨区域、跨流域环境问题。“十三五”规划《建议》提出，实行省以下环保机构监测监察执法垂直管理制度。有学者认为这是对环保管理体制的一项重大改革，有利于加大环境治理力度，以提高环境质量为核心实行最严格的环境保护制度，形成政府、企业、公众共同参与的环境治理体系。有利于提高政府监管效能。环保垂直管理能够更好约束地方政府行为。有利于保证市场有效运作。有利于加大追责力度。有利于调动公众积极性，扭转环境恶化。[15]

面对新环境保护法实施中遇到了些障碍，有学者认为打击环境违法，特别是涉及环境犯罪方面，我们现行的法律实施存在着一些问题，特别是行政执法机关和司法机关相关程序上的衔接问题，这需要从顶层设计上解决。在制度建设上，有好多解决办法，比如设立环保公安分局、环保检察机关。从目前来说，环境保护法没有这方面详细的规定，也没有形成顺畅的衔接机制。还有学者认为联合督办这种形式，应该是解决环境违法问题的一个重要机制，因为环境问题不是一个国家机关能够解决的。政府不是哪一个部门对环境负责，而是所有政府部门都应该对破坏环境的行为进行监督和纠正，还包括其他国家机关的介入，因为环境问题不是某一个人某一个地区某一个部门的事情，所以，联合督办这个机制应该常态化。[16]

（三）环境处罚措施研究

新环保法尝试以新的行政处罚形式进行革新，其中按日计罚和行政拘留是新环保法中最具代表性的环保重罚措施。期望以此解决环境行政处罚力度不足导致了“环境违法成本低、守法成本高”的问题。有学者针对这两项代表性措施进行了实证研究。研究表明，按日计罚措施是新环保法新增的一项执法措施，对于增加企业违法成本，将环境成本内部化具有重要意义。实施按日计罚的根本目的是督促企业尽快改正违法行为，如遇拒不改正违法行为则应进一步采取更为严厉的关停措施。新法实施一年来，对违法、犯罪案件的移送措施适用频繁，依法采用行政拘留手段打击严重的环境违法行为成效显著。对环境违法行为依法适用行政拘留，对涉嫌犯罪的案件及时移送司法部门，是打击环境违法行为最严厉的措施，也是惩治环境违法犯罪的有力保障。[17]但是，对违法、犯罪案件移送措施的适用，并非环保部门可以独立完成的，还需要公安机关的配合。因此，对违法、犯罪案件移送措施的适用需要环境行政处罚与环境刑事犯罪惩处的无缝衔接，需要环境保护部门与公安机关在明确职责分工基础上开展深度合作，建立联合机制。

五、环境司法研究

（一）环境公益诉讼

环境公益诉讼主体范围和起诉对象在中国立法中争议很大。社会存在一种疑问一旦环境公益诉讼主体放开，会导致滥诉，使人民法院应接不暇；环境公益诉讼过多会导致行政机构和企业疲于应付，影响政府部门工作效率和企业效益，影响社会安定；中国法制不够发达，有关社会组织诉讼能力参差不齐，许多社会组织提起公益诉讼的能力不足；公益诉讼是西方国家的产物，一旦放开会产生难以预料的政治后果。但这种担忧属空穴来风，杞人忧天。一起诉讼的提起，必须有明确的被告，必须有相应的证据。如果缺乏基本的起诉条件，在立案阶段将难以立案，根本进入不了诉讼程序，也就不可能发生滥诉和法院应接不暇的问题。设立公益诉讼制度的目的是为了鼓励公众参与，让公众去监督不履行环境保护法定职责的行政机构和违法排污或者破坏环境的企事业单位，以弥补公权力监督不充分、不到位的问题。环境公益诉讼作为公众有序参与环境保护的一种途径和方法，有必要成为中国的一个重要环境保护法律制度，而且对公益诉讼的主体放宽范围打消一些不必忧虑。[18]

现行民事诉讼法第55条虽然确立了民事公益诉讼制度，并将民事公益诉讼的原告主体确定为“法律规定的机关和有关组织”，但未明确“法律规定的机关”和“法律规定的有关组织”的具体范围。2015年7月，全国人大常委会授权最高人民检察院开展检察机关提起公益诉讼试点，开启了环境公益诉讼的新篇章。检察机关提起环境公益诉讼既有法理基础，也符合现实需要。有学者认为检察机关在参与环境公益诉讼时，需要妥当处理公益诉权与行政权和社会监督权之间的关系。环境行政权在维护环境公共利益上具有主导性，应避免检察监督权与环境行政权失衡。由于社会公众在提起环境公益诉讼上的“最终启动者”地位，还应防范检察机关过度干涉社会公众的诉权。为此，需要对检察机关提起环境公益诉讼在诉讼对象选择、诉讼范围划分、诉讼顺序安排、诉讼权利限制、与刑事公诉衔接配合等方面进行不同于普通民事诉讼与一般公益诉讼的设计安排。[19]

对环境公益诉讼进一步研究，有学者从行政权与司法权关系理论的角度进行分析，探索我国环境公益诉讼的发展方向。由于环境公共利益的特殊属性，环境民事公益诉讼面临着科技性、民主性和道德风险等诸多潜在挑战。为了应对这些挑战，我国环境民事公益诉讼制度突出强化了司法权，并要求行政权与司法权配合，这容易使司法权突破其职权范围，从而损害行政权和司法权之间的合理分工与权力平衡。从行政法治发展的一般经验来看，在“夜警国家模式”到“福利国家模式”再到“风险社会模式”的过程中，行政权不断扩张以实现对公共利益的充分保护，而司法权则关注对行政权的有效控制，确保其不偏离维护公共利益的轨道，即大体上遵循“相互尊重专长”和“行政权优先”等原则。现代环境公共事务十分复杂，需要以环境行政为主要应对手段，环境公共利益的保护须充分发挥行政权的专业性和司法权的监督作用，同时避免司法权对行政权造成不当干涉。在我国的司法实践中，需要进一步完善环境行政执法，并将环境行政公益诉讼作为环境公益诉讼制度的主要发展方向。[20]

（二）环境损害赔偿研究

2011 年“康菲油污案”引出的环境公益索赔问题，至今仍在持续发酵，实践中已经 出现了国家机关、环保公益组织、自然人等主体提起的令人眼花缭乱甚至“杂乱无章”的索赔和求偿案件。在“生态环境损害赔偿制度改革试点方案”所拟授予地方政府生态损害索赔 权的改革背景下，以及全国人大常委会授权检察机关提起公益诉讼试点所启动的检察院诉前 督促和公益诉讼实践的深入，作为生态（环境）本身损害这类环境公益维护制度的“主心骨”的生态损害索赔主体机制的构建，将在一定程度上影响到生态损害综合预防与补救法律制 度的建立与成败。有学者提出我国未来应建立“以环保行政机关为基本求偿主体”、“以检察机关为主要监督主体”、“以公众为督促主体”的三位一体的生态损害求偿主体结构，并将这三类主体 融于“国家索赔优先、社会组织索赔为补充、检察机关润滑其中”的生态损害公益索赔机制中。[21]

在污染行为与损害后果之间的因果关系以及损害大小等关键问题上，受害人起诉后，办案法官往往受制于专业技术问题难以做出判断，造成案件久拖不决甚至错案。有学者提出为保证环境损害司法鉴定有序进行，必须对环境损害司法鉴定实行统一登记和规范管理，包括制定发展规划、明确鉴定范围、组织审核登记、实施监督管理、规范专家评审等。与此同时应当加快完善环境污染人身损害司法鉴定制度，包括从事环境污染人身损害司法鉴定所依据的法律法规以及卫生技术规范。对群体规模的因环境污染导致的人身健康损害问题 ，建议制定既符合公害特点，又简便易行、方便审判的司法鉴定制度和赔偿标准。[22]

注：

①孙佑海：《当前生态文明立法领域存在的几个问题》，《中国生态文明》，2016 年第 3 期。

②常纪文：《生态文明建设评价考核的党政同责问题》，《中国环境管理》，2016 年第 8 期。

③王灿发：《新〈环境保护法〉实施情况评估研究》，《中国高校社会科学》，2016 年第 4 期。

④于钧泓、高桂林：《完善我国农村大气污染防治的法律思考》，《环境保护》，2016 年第 5 期。

⑤于文轩：《灰霾治理的环境法制之维》，《世界环境》，2016 年第 6 期。

⑥任凤珍、高桂林、蒋北辰：《京津冀大气污染法律联防联控的实施困境及对策》，《石家庄经济学院学报》，2016 年第 2 期。

⑦孙佑海：《实现排污许可全覆盖：〈控制污染物排放许可制实施方案〉的思考》，《环境保护》，2016 年第 23 期。

⑧王灿发：《加强排污许可证与环评制度的衔接势在必行》，《环境影响评价》，2016 年第 2 期。

⑨周珂、李越：《野生动物保护：从“合理利用”到“规范利用”》，《光明日报》，2016 年 12 月 31 日。

⑩常纪文、吴平、王克颖、尹立霞：《〈野生动物保护法〉修改的热点问题与建议》，《中国环境管理》，2016 年第 1 期。

⑪汪劲：《核安全法当重公众权益》，《人民日报》，2016 年 11 月 14 日。

⑫常纪文：《环保督察发现的问题需要再督察》，《经济参考报》，2016 年 12 月 6 日。

⑬解振华：《环境保护治理体制改革建议》，《中国机构改革与管理》，2016 年第 10 期。

⑭周珂、罗晨煜：《论环境督察制度创新与建设》，《环境保护》，2016 年第 7 期。

⑮周珂：《省以下环保垂直管理意义深远》，《人民日报》，2016 年 1 月 20 日。

⑯曹明德、郑华：《环保法落地生根需问责制度走出纸面》，《法治日报》，2016 年 3 月 22 日。

⑰竺效：《环保重罚措施对法律实施的影响》，《中国高校社会科学》，2016 年第 4 期。

⑱王灿发：《环境公益诉讼是公众有序参与环境保护的一种途径》，《中国建材报》，2016 年 2 月 19 日。

⑲李艳芳、吴凯杰：《论检察机关在环境公益诉讼中的角色与定位》，《中国人民大学学报》，2016 年第 2 期。

⑳王明远：《论我国环境公益诉讼的发展方向：基于行政权与司法权关系理论的分析》，《中国法学》，2016 年第 1 期。

㉑竺效：《生态损害公益索赔主体机制的构建》，《法学》，2016 年第 3 期。

㉒孙佑海：《环境损害司法鉴定：如何依法有序发展》，《环境保护》，2016 年第 26 期。

（作者：周珂，中国人民大学教授；
罗晨煜，中国人民大学博士生）

国际法学

张文亮

2016 年，北京国际法学的发展紧跟当今国际形势，分析研究当今国际法发展的重大问题，回应国家与社会的重大关切。通过相关会议的举办以及有关领域的深入研究，北京国际法学在 2016 年取得了若干重要成果。相关的会议主要围绕"国际法的时代机遇与挑战"，"和平发展与国际政治"以及"国际法的有关研究与教学之反思"等基本问题。学者们的研究主要涉及"一带一路"战略的推进，TPP 协定的时代评判，国际投资仲裁的新发展以及南海仲裁案的再反思等时代热点问题。此外，相关研究亦充分关注传统国际法的基本问题，在国际刑法、国际组织法、国际民事诉讼及国际商事仲裁等领域均有新的研究和进展。

有关国际法的会议

2016 年 12 月 3 日，北京国际法学会 2016 年学术年会在北方工业大学举行，会议的主题是"变化中的国际关系和国际法：中国的机遇与挑战"。研讨会分设"国际公法""国际经济法""国际私法"三个分会场，与会学者分别就国际争端解决、海洋法、环境保护、国际贸易投资、金融监管、"一带一路"建设、涉外法律适用等国际法领域的重大议题进行了主题发言和评议研讨，有关政府负责人以及国际法学者展开了有效、深入的沟通和交流。

2016 年 12 月 10 日至 11 日，由中国社会科学院主办、中国社会科学院国际法研究所承办、最高人民法院"一带一路"司法研究基地协办的中国社会科学论坛暨第十三届国际法论坛："和平发展与国际法治"在北京成功举行。中国社会科学院副院长、学部委员李培林研究员强调应随着时代发展不断完善国际法体系；国际规则的创制需要广泛的国际参与，特别是广大发展中国家的参与；国际法与国内法有着密不可分的联系，国际法的诸多原则来源于国内法，而国际法的发展又反过来影响国内法；应该共同推动国际关系法治化，在国际关系中遵守国际法和公认的国际关系基本原则，用统一适用的规则来明是非、促和平、谋发展。中国外交部条约法律司徐宏司长作了以"中国外交法律工作在推进国际法治领域的实践与进展"为主题的主旨发言，指出中国在迎来国际法发展历史机遇的同时，在运用国际法维护和拓展国家利益、提升国际规则影响力等方面也面临着新的挑战和任务。他呼吁国际法实务界和学术界密切合作，抓住机遇，迎接挑战，提高运用和发展国际法规则的能力，在法律外交领域传递中国声音，增强中国的国际法软实力。

2016 年 12 月 16 日，国际法系在展览馆路校区系会议室举办了第一届"国际法研究与教学"青年论坛。其中，浙江工商大学国际法系主任宋杰教授担任主讲嘉宾，其从新时期国际法研究与教学的观念转变切入主题。在当前的时代背景下，我国的利益遍及全球，我们对国际法的研究和教学不能再持保守态度，而应该以开放的眼光看待"创造性介入"，应该主动地参与国际事务，并积极扩大管辖权。为此，我们应该以新的观念看待国际法的立法、司法活动，改革国内相关立法，为实现国家利益创造合法性路径。

"一带一路"战略的推进

"一带一路"作为国际经贸交往与合作的构想，必然与国际法发生密切关系，继而成为国际法学界研究的对象。随着"一带一路"战略的推进，有关国际法的研究亦应随之深入。有的学者据此指出，从国际法角度研究"一带一路"应致力于四个目的的实现，即（1）助力"一带一路"建设；（2）促进对国际法的深入研究；（3）推动中国国际法理论体系构建；（4）带动国际法交叉学科发展。要从国际法角度开展"一带一路"研究，我们可借助两条基本路径：一条是现实主义与理想主义相结合的路径，另一条是国际法作为一个过程的路径。从具体的领域来说，从国际法的视角研究"一带一路"主要涉及六个重点领域：国际法基本原则、海洋秩序、国际经济法、保护中国海外利益、提供国际公共产品和网络法。随着“一带一路”的持续推进，有关研究的维度和广度将会不断深入。[①]

TPP 协定的时代评判

由美国等 12 个国家于 2016 年 2 月签署的《跨太平洋伙伴关系协定》（即“TPP 协定”），是迄今为止包含议题最多、篇幅最长、覆盖区域最广、涉及领域最宽、规范标准最高、内容篇幅最长的区域贸易协定的自由贸易协定。该协定有 30 章正文以及众多附件，这构成了规则最为复杂的自由贸易协定。它的缔结既与 WTO 多哈回合谈判长期陷入僵局的背景有关，又是美国在经济领域实施“重返亚太战略”的结果，在很大程度上代表了国际经济规则的未来走向，必将对我国产生重要影响，我国学者在该领域的研究尤为重要。

有的学者指出，TPP 协定议题众多、篇幅冗长、内容复杂，但有一定的规律可循。正文、附件、换文等均是该协定不可分割的组成部分，是协定内容的不同表现形式。协定调整的不同议题之间存在交叉和互补的关系。以负面清单为特色的义务例外、嵌入式例外，与一般例外共同构成了权利义务界定的新模式。而对统一争端解决机制的适用或排除，则反映着缔约方对约束力不同的规则的不同态度。TPP 协定以众多国际条约为基础并进一步加以强化，这体现了共同而有差别的市场开放态势。因此，TPP 协定既是对现有国际协定的传承，也是对现有国际协定的发展。它既承担着规则创新的职责，更担负着开放市场的重任。由 12 个缔约方达成一项自由贸易协定，在规模上和运作方式上都不同于以前的自由贸易协定，如若生效实施必然对国际贸易投资规则产生重要的影响，对以碎片化为特征的国际投资规则起到整合的作用。TPP 协定的实施也将对世界贸易组织的功能和运行产生不可忽视的影响，进而影响其他国际机构或场合。横跨太平洋的、由不同发展水平的国家组成的新的自由贸易区，还将影响着区外的国家和地区的贸易和投资发展。[②]

有学者进一步研究指出，TPP 协定的面世推动了全球经贸规则的新一轮博弈。在争端解决领域，新生的 TPP 常规争端机制实现了若干突破与创新：其既弥合了现行 WTO 争端机制的不足，也推动了当前区域贸易争端解决机制的纵深发展，更为当下中国方兴未艾的自贸区建设提供了有益借鉴。在区域经济一体化浪潮席卷全球的当下，自贸区的数量正不断激增，各类区域贸易争端解决机制将继续涌现，与 WTO 多边争端解决机制相伴相生，且竞争，且发展。无论是 TPP 协定还是中国现行的任何自贸协定，对此都十分明了，否则不会一致做出管辖权排他选择的明文规定。就当前实践而言，WTO 争端解决机制无疑是最成功的，以高达 500 件的受案记录独占鳌头，其他国际争端裁决机构——包括正在兴起中的种种区域争端解决机制，都难以望其项背。中国自贸协定下的常规争端解决机制就面临着这样的现实。无论为推动自身的自贸区建设，还是为维护 WTO 多边贸易体制的完善和发展，TPP 协定提供了最佳参照，中国的关注必须从规则起步。[③]

在多边贸易协定与区域贸易协定重叠共生的国际法碎片化状态下，同为多协定成员国的国家在国际经贸争端解决中面临管辖权积极冲突的态势。2015 年《跨太平洋伙伴关系协议》作为完全独立于 WTO 之外的“超 WTO”区域安排，其与 WTO 之间不存在上位法与下位法、一般法与特别法的关系结构。TPP 协定第 28.4 条所确立的场所选择条款，以解决双边或区域性自由贸易协定（RTA）与 TPP 的管辖权积极冲突为目标，将争端解决场所的选择权授予起诉方，被选定的场所将排除其他场所的争端解决管辖权。此外，场所选择条款在理解与适用中存在若干问题，如其与“挑选法院”的差异、与条约法的冲突与弥合、与国际民事诉讼解决管辖权冲突的其他方法的适用顺位问题，还尚未被充分证立。[④]

国际投资法的发展

随着国际投资的不断发展以及双边投资协定的大量签订，国际投资环境发生着重大变化，有关的国际投资问题成为当今各国国际经贸合作的重要现象，若干学者对此展开了深入的论述。有学者专门探讨了国际投资规则中议程设置能力，认为作为全球的经济大国，美国在国际投资规则制定的各个层面，无论是双边投资协定还是区域贸易安排或自由贸易协定谈判，都引领着国际投资规则的形成，以图重塑国际贸易、国际投资的新格局，这一切都归因于美国在该领域的议程设置能力。作为快速发展的国际投资大国和负责任的国际社会成员，我国需要广泛参与国际投资规则的制定，为完善国际投资规则体系和促进公平的国际经济秩序的形成做出自己的贡献。这一切都有赖于我们学会在国际投资规则形成过程中的议程设置能力。我国应继续自主设置国际投资规则的议程，在这方面，美国——我们在今后相当长时间内的博弈对象——的经验，值得我们学习和借鉴。从国际经济规则能否使主导制定规则的国家受益的角度而言，有两种规则：一是使所有参与经济全球化的国家受益的国际规则，源于国际经济规则所拥有的正外部性，即规则的统一促进了商品与生产要素的跨国流动，提高了国际分工的水平，优化了全球资源配置，从而实现了全球福利的改善。这一点对所有有关国家都是适用的。二是仅使规则的制定者或主导者从中获得巨大的额外经济收益的国际经济规则。这是源于国际经济规则的非中立性，换句话说，只有少数国家能够从中获益。现实中，并非所有国家都有能力主导国际经济规则的制定过程，只有大国才有能力这样做。⑤

有学者认为，作为投资纠纷解决的基本途径，国际投资仲裁因其裁决的不一致现象频繁而饱受批评，而在特定情形下，适用既判力原则是一条确保前后裁决一致的有效途径。在既判力原则的适用标准上，传统的三重因素一致标准乃为两大法系所公认。然而，倘若投资仲裁庭对这一标准作机械解释，既判力原则将面临无法得到适用的僵局，进而无法避免后诉仲裁庭对前诉仲裁庭已裁断的同一请求或同一争点作重复裁断。通过对当事人、诉因以及请求这三重因素中的每一重因素作实质分析，适当软化三重因素一致性的要求，可避免诸多不合理的实践推论，从而达到平衡正当程序考量与满足既判力原则适用的双重目的。⑥

南海仲裁案及其他南海问题

2013年1月22日，菲律宾依据1982年《联合国海洋法公约》第十五部分附件七对中国就有关南海“海洋管辖权”争端提起强制仲裁；在该仲裁案中，中国拒绝接受和参与有关的仲裁程序。对于该案，我国学者持有不同的立场和观点；该案裁决公布之后，有关的研究不断深入。有学者认为，南海仲裁案仲裁庭单独处理案件管辖权问题是对《联合国海洋法公约》附件七仲裁实践的延续，是它在中国拒绝参与的情况下对待中国反对其管辖权意见的最明智选择。这种程序对仲裁庭本身和菲中两国具有潜在重要影响。仲裁庭对菲律宾的某些诉求享有管辖权的裁决延续了案件实体问题程序。中国的一个适当选择可能是参与这个程序，菲律宾的一个正确选择应该是与中国谈判达成一个共赢的解决方案，单方面或者与中国共同申请终止仲裁程序。南海仲裁案仲裁庭单独处理管辖权问题是它对待中国反对管辖权意见的最明智选择。通过这种程序，仲裁庭将能够首先单独回答菲律宾提出的仲裁事项全部或者部分地主要是有关南沙某些岛礁的主权问题及其相关的海洋划界问题还是对南海的海洋权利主张问题，以在它作为《联合国海洋法公约》争端解决机制的捍卫者本身、菲律宾和中国的各自利益之间达成适当平衡。仲裁庭关于管辖权和可接受性裁决解决了它继续进行实体问题程序的法律障碍，也提供了菲中双方重新考虑其政策的契机。⑦

在菲律宾就南中国海问题提出国际仲裁的背景下，美国国务院在2014年12月5日公布的《海洋疆界》第143期中，对南中国海中中国提出的“断续线”做出了三种解释，并就每一种解释与国际法是否吻合做出评论。有学者针对该评论指出，《海洋疆界》在论证与推理上回避了一些突出的问题，在事实方面存在着一般性（但没有根据的）假设，在与《联合国海洋法公约》（以下简称《公约》）规则是否违背的分析上存在着明显的问题。“断续线”作为针对南海岛礁的主权的基础——对此《海洋疆界》没有特别表示意见，但它暗示了可以接受这一解释所代表的立场；在接受这一解释进一步的条件是只要中国国内法在此基础上反映《公约》的相关规定，就可以被视为符合国际法。“断续线”的这种含义是可以被接受的。不过《海洋疆界》明显回避了“群岛”的问题，而只是以《公约》第121条来讨论南海岛礁。“断续线”作为国境线——对此《海洋疆界》持批评态度。但是批评者没有分清国境线与海洋边界的区别，所以，一旦这种解释成立，就出现批评者所依赖的《公约》第74和83条无法适用于本案的结果；另一方面，一旦“断续线”被视为海洋边界，就产生了中国政府在《公约》第298条下于2006年提交的声明可以排除强制解决争端条款的结果。“断续线”作为历史性权利的基础——对此《海洋疆界》持批评态度。但是，该批评不针对历史性主权/所有权的问题且其焦点在于历史性权利与《公约》相关制度的冲突，但是，历史性权利恰好是《公约》尚未规范的问题。更主要的是，南海争端自始就是领土主权与海洋权益兼顾的争端，这是批评者所引用的既往案例失去相关性的原因。⑧

2015年5月以来，日本与菲律宾在南海水域进行联合军事演习的事件引起新一轮南海问题的话语焦点。南海岛礁的主权归属和南海水域法律地位的问题由此提出。有鉴于此，有学者认为应结合历史与现实在国际法的语境下阐明中国对南海岛礁及其附近海域拥有主权。九段线内的岛、礁、沙所产生的专属经济区及大陆架水域是中国拥有“主权性历史权利”，对专属经济区和大陆架以外的、九段线内其他相关海域拥有“非主权性的历史性权利”，同时其他国家在中国不反对的前提下享有这一海域内的航行、飞越、铺设海底电缆和管道等自由。中国拥有南海诸岛的主权及其相关海域的历史性权利，有着充分的历史、法理和事实依据。南海九段线正是中国人民千百年来在南海开发经营、有效管辖乃至抗击外来殖民侵略等主权行为的集中体现和反映。国际法应发挥规范和调整国家与国家之间关系的作用，在保护这一无可争辩的历史性权利的同时，和平解决相关国家的争端。中国对南海的历史性权利并不是要把南海变成自己的内水或领海，使得其他国家无法在该水域自由航行或飞越，相反，中国不但遵守《公约》和国际法的规定，而且一直在保障周边国家在这一水域所享有的自由。日菲联合军演倒是某些周边国家滥用《公约》的规定，不断人为制造紧张局势，意在分割、控制南海，这些行为与举动不但侵犯了我国所享有的历史性权利，更是妨碍南海的航行与飞越自由，也使南海问题的解决变得更加错综复杂。南海有关争议若要得到有效解决，并不是通过军事演习等方式，而是应该尊重历史事实，尊重国际法，尊重当事国之间的直接对话协商的途径，尊重中国与东盟共同维护南海和平稳定的努力。亚洲文明源远流长，历史性主张与该地区的相关性尤其密切。⑨

其他问题

学者的研究也触及诸多其他领域，比如国际组织法、国际刑法、国际劳工保护以及外国判决的承认和执行等问题。在外国判决的承认和执行领域，海牙《民商事管辖权和外国判决的承认与执行公约》的制定已近20年，各国对诸多问题的争执使公约的制定至今未能完成。有学者指出，公约多个草案虽将公约的适用对象定位于民事和商事关系，但又不断扩大被公约排除适用的民商事项范围，将这些事项交由其他相关公约调整，这无疑会破坏公约的完整性和全面性，增加各国加入海牙程序性公约的困难，严重影响公约的适用效力。新近的公约草案舍弃了直接管辖权的设置，不仅又一次破坏了公约的完整性，而且未能消除各国管辖权的冲突，也使公约缺失了在承认和执行外国判决时判断管辖权正当性的明确标准。在拒绝承认和执行外国判决的理由方面，公约草案有必要重视并修正审查管辖权正当性与判决终局性和可执行力的依据的不一致，这种不一致将导致管辖权效力和判决效力之间的不和谐。⑩

国际性仲裁协议的准据法确定关系到仲裁协议的有效性，因而在国际商事仲裁实践中具有重要意义。确定国际性仲裁协议准据法的方法主要有二：其一是适用双方当事人所明示或默示地选择的、适用于仲裁协议本身的法律体系，其二是在无法律选择的情形下适用仲裁地国家的法律体系。此外，主合同的准据法、申请执行仲裁协议所在地国家的法律体系、与仲裁协议有最密切联系的国家的法律体系或仲裁程序本身的准据法也可能成为仲裁协议准据法。为了从仲裁协议的形式有效性、当事人缔结仲裁协议的能力和争议的可仲裁性等不同方面来判断仲裁协议是否有效，与仲裁协议的有效性有关的“准据法分裂”经常被作为确定仲裁协议准据法的一种辅助手段来使用。最近几十年来，在国际性仲裁协议准据法的确定问题上出现了一个尽可能使仲裁协议有效的发展趋势，具体表现在辅助性地适用“有利于有效性”原则和辅助性地适用能够使仲裁协议有效的国际法原则或规则，借以实现国际性仲裁协议的可执行性的最大化。⑪

多年来，国际法学者研究的国际组织多限于协定性的政府间组织，而未能包含实践中大量存在的其他形式的国际多边合作的制度形态，不足以涵盖国际组织法研究的对象和范围。有学者据此将国际组织定义为“适用于国家间多边合作的、依据国际法运作的制度性安排”，从而将不属于协定性政府间组织的其他多边合作的组织形态纳入研究之中。同时，国际组织法的研究应从传统的机构法、程序法视角跳出来，关注国际机构法和一般国际法、程序法和实体法之间的互动关系。国际社会尚不存在一部普遍适用于所有国际组织的统一的国际组织法法典，国际组织法大量地表现为各个国际组织的多样化的法律秩序；但是各国际组织中存在着共同的法律问题，需要就其一般性法律原则、规则和制度进行基础性研究，推动形成适用于各国际组织的普遍性法律规范和法理基础。⑫

国际组织法虽然久被视为国际法的一个分支，但由于国际组织的多样性、异质性，国内外学界对何谓国际组织法的诠释始终众说纷呈，莫衷一是。国际社会不存在一个普适于所有国际组织的统一法典，实践中主要表现为各个国际组织特有的法律秩序。所谓国际组织法实际上是规范国际组织创立和运作的原则、规则、章程和制度的总称，应该从规范意义和学科意义两个层面来理解，既包括每一个组织各具特色的具体的法律规范，也包括所有国际组织共同面对的法律问题、法律规则和制度。对国际组织法的不同理解引发出不同的研究方法和理论。国际组织法由国际法性质的规范与内部法性质的规范共同组成，具有多样性分类和有别于国际法其他分支的学科体系。其实践既构成国际法不可或缺的一部分，同时也对国际法的发展产生多方面影响。⑬

学者在一些重要的其他领域的研究也日益凸显，比如在酷刑公约的适用、军政要人的刑事责任以及跨国劳动法的兴起等。中国立法机关在 1988 年批准了《禁止酷刑公约》，中国法律也严禁刑讯逼供，但酷刑现象仍然存在。其成因的一个重要方面就是《公约》的一些规定在中国未能得到有效和充分的实施，如立法上缺乏酷刑的完整定义、缺乏独立的调查机制、酷刑受害者的申诉权缺乏保障，以及存在有罪不罚现象等。与此同时，酷刑现象的一个深层次原因则在于刑事司法体制的弊端，如公、检、法一体化体制、缺乏独立的司法等。为了有效防止酷刑，中国应充分地实施《公约》和深化司法改革。⑭70 年前，第二次世界大战中取得胜利的同盟国开启了东京审判，以追究日本“军政要人”的个人刑事责任。所谓军政要人的刑事责任，其实是由其下属人员的犯罪行为引起的。因为是国家或军队的高官，其领导地位本身要求其对下级要进行管束。如果下级违反战争法规，军队将领或高官在知情情况下没有予以制止或惩治，就要因此而承担该下级军人所犯罪行的刑事责任。这就是军政要人刑事责任理论的基本要义。时至今日，通过实践，军政要人的刑事责任已发展成为国际刑法中的重要原则。东京审判确立的军政要人刑事责任，为国际刑法的发展做出了贡献。⑮

传统上劳动法主要是一个国内性质的法律部门，劳动法背后隐含的运行架构是主权国家。全球化条件下，传统劳动法制度不敷所用，越来越多的劳工保护问题发生在传统劳动法法域之外，或者发生在主权国家管辖外的机构和场所。在此背景下，跨国劳动法的研究兴起，并应以积极的姿态回应全球化条件下的劳工保护和社会正义问题。跨国劳动法的生成和滋长，恰恰是在主权国家管辖之外，或在传统的劳动法领域之外，抑或在传统的劳工保护机构和体制之外。跨国劳动法并非是简单地将国内劳动法或者国际劳动法的适用范围扩展到跨国空间，而是在跨国领域之中建立自成一体的劳工保护实体规则、程序规则和机构制度。跨国劳动法的研究，一方面拓展了劳动法学科的研究领域、强化了话语权，另外一方面也要求加强劳动法学科的国际面向，加强劳动法与国际公法、国际组织法、国际经济法、对外关系法、国际关系等学科的交叉合作与研究。⑯

注：

①李鸣：《国际法与“一带一路”研究》，《法学杂志》，2016 年第 1 期。

②韩立余：《TPP 协定的规则体系：议题与结构分析》，《求索》，2016 年第 9 期。

③龚红柳：《TPP 协定下的常规争端解决机制：文本评析与启示》，《国家行政学院学报》，2016 年第 1 期。

④张建：《TPP 协定中的场所选择条款及其价值取向——以 TPP 协定第28．4 条为中心的探讨》，《上海商学院学报》，2016 年第 1 期。

⑤孔庆江：《美国如何设置国际投资规则的议程?》，《中国政法大学学报》，2016 年第 4 期。

⑥傅攀峰：《国际投资仲裁中既判力原则的适用标准——从形式主义走向实质主义》，《比较法研究》，2016 年第 4 期。

⑦余民才：《南海仲裁案仲裁庭管辖权程序与菲中两国的政策选择》，《亚太安全与海洋研究》，2016 年第 4 期。

⑧贾兵兵：《驳美国国务院〈海洋疆界〉第 143 期有关南海历史性权利论述的谬误》，《法学评论》，2016 年第 4 期。

⑨王立君：《南海诸岛的主权归属及其水域的法律属性》，《政治与法律》，2016 年第 1 期。

⑩沈涓：《再论〈海牙民商事管辖权和外国判决的承认与执行公约〉草案及中国的考量》，《国际法研究》，2016 年第 6 期。

⑪陈卫佐：《国际性仲裁协议的准据法确定——以仲裁协议的有效性为中心》，《比较法研究》，2016 年第 2 期。

⑫饶戈平：《本体、对象与范围——国际组织法学科基本问题之探讨》，《国际法研究》，2016 年第 1 期。

⑬饶戈平：《走出国际组织法的迷思——试论何谓国际组织法》，《北京大学学报》（哲学社会科学版），2016 年第 6 期。

⑭龚刃韧：《〈禁止酷刑公约〉在中国的实施问题》，《中外法学》，2016 年第 4 期。

⑮朱文奇:《东京审判与追究日本军政要人刑事责任》,《国际法研究》, 2016 年第 4 期。

⑯陈一峰:《跨国劳动法的兴起:概念、方法与展望》,《中外法学》, 2016 年第 5 期。

(作者:张文亮,中国人民大学讲师)

法律史学

赵晓耕　王云霞　时　晨　胡姗辰

中国法律史学研究综述

一、重要学术会议

(一)中国法律史学会 2016 年年会

2016 年 9 月 24 日,中国法律史学会 2016 年年会暨“法制转型与政治文明研讨会”在天津开幕。此次大会由天津财经大学法学院承办,协办单位为清华大学法学院凯原中国法治与义理研究中心。来自全国 106 家单位的 180 余名专家学者参会。

大会开幕式由华东政法大学王立民教授主持。天津财经大学党委书记、研究员张玲致欢迎辞。中国法律史学会会长、中国社会科学院法学研究所研究员吴玉章代表中国法律史学会回顾了学会一年来的工作。随后,中国法律史学会执行会长、天津财经大学近现代法研究中心主任侯欣一教授代表承办方对会议主题进行了说明,并对广大会员的支持表示感谢。他特别提到年届九十的北京大学法学院教授蒲坚教授对会议的惦记和对代表的关爱。开幕式上还宣布了中国法律史学会廖凯原优秀学术成果奖获奖名单。开幕式后,武汉大学法学院教授陈晓枫、华东政法大学李秀清教授、南京大学法学院张仁善教授、清华大学凯原中国法治与义理研究中心廖凯原教授分别就政体变迁、中西文化交流、日本殖民中国时期的法律制度、中华文化的根本等主题进行了大会发言。中国人民大学赵晓耕教授、西北政法大学王健教授、汪世荣教授、清华大学凯原中国法治与义理研究中心张少瑜教授分别就上述发言进行了精彩点评。

24 日下午与会专家学者在分会场围绕四个主题进行了分组研讨,这些主题包括中国法治与义理研究、传统中国法制转型与政治文明、近代中国法制转型与政治文明、近代中国法制转型与社会进步和域外影响等方面。分组讨论在天津财经大学举行。共有 31 位代表围绕主题进行了分组报告,14 位评议人对分组报告进行了评议。25 日上午,大会进入总结阶段,由沈阳师范大学法律文化研究中心主任霍存福教授主持。之后,由侯欣一教授主持闭幕式,杭州师范大学教授范忠信教授对本次大会进行学术总结,吴玉章教授致闭幕词。

(二)“铭刻文献所见古代法律和社会”学术研讨会

2016 年 9 月 24—25 日,由中国政法大学法律古籍整理研究所、中国法律史学会法律古籍整理专业委员会主办的“铭刻文献所见古代法律和社会”学术研讨会在京召开。来自中国社会科学院历史研究所、河北社会科学院、北京大学、中国人民大学和海外香港中文大学、台湾朝阳科技大学、德国明斯特大学、日本九州大学、日本大谷大学等高校和科研机构的四十余位学者参加了此次会议。在会议开幕式上,中国政法大学法律古籍整理研究所所长李雪梅教授期望通过此次会议,促进历史学和法律史、法律文献研究者的沟通与合作。

会议共举办十场专题研讨。第一场围绕西周金文和早期碑志,由中国社会科学院历史研究所阿风研究员主持。华东政法大学王沛的《琱生诸器与西周宗族内部诉讼》、华东政法大学黄海的《曶鼎铭“五夫”案的重新复原》、中国人民大学南玉泉的《再论东汉正卫弹的性质》、西安碑林博物馆王庆卫的《新出郑译墓志所见隋代的乐治与国家》,分别展示了复原西周宗族司法场景、裁判执行,东汉基层社会组织样态,隋代乐治与国家政治关系等方面的重要作用。第二场唐代碑志和高句丽碑志专题由河北社会科学院孙继民研究员主持。第三场侧重于唐宋经济与法律的关系,由华东政法大学王沛副教授主持。西北政法大学陈玺、南开大学段知壮、河北社会科学院孙继民先后发表了《唐代钱法渊源考》《唐代寺院经济与〈道僧格〉中的“不得私蓄”条》《〈宋人佚简〉所见南宋舒州酒务则例》论文。第四场的主题是五代屏盗碑和宋代公文碑,由西北政法大学陈玺教授主持。第五、六场为金元碑志专题,分别由中国人民大学刘后滨教授和首都师范大学张萍教授主持。第七场明代碑志专题由北京大学党宝海副教授主持。第八场简牍文献专场由日本大谷大学井黑忍准教授主持。华东政法大学王捷、姚远与中国人民大学石洋分别就《何为“刑书”——清华简“子产”篇读记》《东汉内郡县法官法吏复原研究》《浅析荆州高台 M46 出土记钱木牍的史料价值》三篇论文进行主题发言。

中国社会科学院历史研究所黄正建研究员作会议学术总结。香港中文大学历史系邱澎生教授从史源学视野下铭刻文献与其他史料的印证和互动的重要意义进行了阐述。

（三）“近代中国的法律思想与文化”学术研讨会暨中国法律思想史专业委员会2016年年会

2016年10月22日，由中国法律史学会的中国法律思想史专业委员会主办，四川大学法学院法律史学科、四川大学近代法文化研究所承办的“近代中国的法律思想与文化”学术研讨会暨中国法律思想史专业委员会2016年年会，在成都召开。年会主题为“近代中国的法律思想与文化”，分为“近代法律文化与中西传统”“近代法律思想的传统源流”“近代法律思想与法制转型”“近代法学人物与法政观念”四个专题。来自中国人民大学、山东大学、中国政法大学、华中科技大学、中南财经政法大学、华东政法大学、南开大学、厦门大学等20余所高校的50多位专家学者，以及商务印书馆、法律出版社、中央电视台等出版与媒体机构参与了本次研讨会。会议开幕式由四川大学法学院刘昕杰教授主持，四川大学法学院里赞教授等致辞。第一场主题讨论“近代法律文化与中西传统”由中国政法大学法律史研究院王宏治教授主持，山东大学法学院武树臣教授等分别就“中国近代法律文化的历史地位”“从法治的三个维度看东西法治的差异”“社会法学在民国的传播和变异”作主题发言。第二场主题讨论“近代法律思想的传统源流”由华中科技大学法学院李力教授主持，南开大学法学院岳纯之教授等分别就“论《刑统赋疏》及其法史价值”“唐法六典的形成及在五代至明初诸朝中继受适用问题研究”“明代清初奴仆与旧主之法律关系——法律改革的又一种进程”“亲情与公义的共赢：中国传统家族法视野下的隐亲、告亲与救亲”作了主题发言。第三场主题讨论“近代法律思想与法制转型”由四川大学法学院王有粮老师主持，郑州大学法学院梁凤荣教授等先后就“新税引入与中国税收法律体系之近代化”“从《大清律例》与《钦定大清刑律》目录看近代立法思路的转换”“走出帝制：历史先声与在场记录——《民国政制史》导读”“公法与公理的另类解读——从万国公法到伍廷芳的外交实践”作了主题发言。第四场主题讨论“近代法学人物与法政观念”由梁凤荣教授主持，福建师范大学法学院田振洪副教授等分别就“末代帝师陈宝琛的法律观初探”“钱穆先生法政思想刍议”“试比较董康与居正法律思想中的司法改良路径选择”“薛福成变法自强思想述评”作了主题发言。闭幕式由中国法律思想史专业委员会秘书长、山东大学法学院马建红副教授主持。

（四）中国法学会董必武法学思想（中国特色社会主义法治理论）研究会2016年年会

2016年12月3日，中国法学会董必武法学思想（中国特色社会主义法治理论）研究会2016年年会在北京举行。本届年会主题为“以中国特色社会主义法治理论引领法学研究”。中国法学会党组书记、常务副会长、研究会会长陈冀平出席开幕式，并作主题发言。学术研讨部分分为主旨演讲和学术报告两个环节。主旨演讲环节先后有公丕祥教授、张文显教授等围绕“十八大以来党在法治领域的理论创新”等问题作了发言。闭幕式由武汉大学教授，研究会副会长周叶中教授主持。西南政法大学教授，研究会副会长付子堂致闭幕词。

（五）第十届“全国法律文化博士论坛”

由中国法律史学会主办、中南财经政法大学法学院和法律文化研究院承办的“第十届全国法律文化博士论坛”学术研讨会，于11月26日在武汉举行。围绕“比较法视野下的中西民事法律文化传统”展开学术交流。第一单元由中国人民大学法学院赵晓耕教授主持。涉及律令结构下唐代与日本古代婚姻成立要件；宋代“违制”范围、刑罚规制及变化原因；明清律典和法律考试与试判规则问题；清代涉疑案件的处理问题。华中科技大学法学院李力教授和中山大学法学院徐忠明教授进行点评。第二单元由徐忠明教授主持。涉及“王阳明《传习录》的自然法思想寻隐”；法制史研究应当“法”“史”结合；清末婚改和建国婚改两个时间节点谈彩礼返还规则合理性等问题；中国政法大学张中秋教授、中南财经政法大学屈永华教授、陈子远博士进行了点评。第三单元以“比较法视野下的中西民事法律传统”为主题，涉及“晚清实业立法评述”；民国商标法近似判例认定标准等论题。赵晓耕教授，苏州大学汪雄涛副教授做了点评。第四部分由中南财经政法大学法学院陈景良教授、李力教授主持。涉及《近代中国社会对西方自由主义人权观的撷取和批判》等观点。中国社会科学院法学所吴玉章研究员和中南财经政法大学法学院郑祝君教授进行了点评。

（六）第六届张晋藩法律史学基金会颁奖典礼

2016 年 5 月 8 日第六届张晋藩法律史学基金会获奖征文颁奖仪式在中国政法大学科研楼举行。本次共评选出 16 篇获奖论文。中国政法大学终身教授、法律史学研究院名誉院长张晋藩先生向获奖者颁发了荣誉证书，并与获奖者亲切合影留念。来自清华大学法学院的一等奖获得者、博士研究生谢晶同学，代表获奖者发表获奖感言。随后，张晋藩先生作了题为《为往圣继绝学》的总结发言，勉励年轻学子为法律史学的繁荣发展添砖加瓦。

二、重要学术著作简介

在法律史学专著方面，北京法律史学诸位同仁本年度取得了非常丰硕的成果。

《近代中国的法律与政治》[①]为中国社会科学院近代史研究所法律史研究群于 2015 年 7 月举办的“第一届近代法律史论坛暨纪念瞿同祖先生诞辰 105 周年学术研讨会”的成果结集，以“近代中国的法律与政治”为主题，探讨以下议题：传统法律及其近代变革、体制变革与司法建设、革命政权的司法与政制、人物与法律变革、中外法律互动等等。本书不仅充分展示了近代法律史研究的前沿成果，也为法律史研究扩展了新领域，提供了新思路与新方法。

张希坡的《中国近现代法制史研究：张希坡自选文集》[②]是作者近 50 年来（1963—2013 年）主要文章的选编，定名为《中国近现代法制史研究》。主体部分包括研究中国近代法制史的 9 篇文章和研究革命根据地法制史的 54 篇文章；后面以《中国共产党开创了社会主义中华法系的新纪元》等两篇文章，作为本文集的“代总结”，根据大量的史实创造性地提出了社会主义中华法系这一新的命题。

李贵连、李启成所著《中华法史三千年——法律思想简史》[③]以历朝历代的法律思想为线索，以中国历史上各个不同阶层、社会集团、学派及其代表人物的法律理论和观点为研究对象，突出春秋战国、明清之际、鸦片战争以后的近现代等重要转型期的法律思想。论述精炼，文风简洁，阐述系统，思考深入。

赵晓耕著有《传统司法的智慧——历代名案解析》[④]一书，该书案例多选自正史，间或采自类书、诗歌选集和古代判例集，近代案例。除却史书、档案外，还特意选取了当时报刊的相关报道，以使内容充实，富有真实感，增加可读性。书中一些近代案例经过各种戏曲、小说的反复演绎难免失实，但作者力求独辟蹊径，还原案件的真实面貌。

陈新宇、陈煜著有《中国近代法律史讲义》[⑤]，该书介绍从 1901 年到 1949 年中国近代法律制度与思想的变迁。主要以近代法律部门为体例，围绕重大的法制变革、重要的法律文本、代表性法律人等问题展开考证与讨论，反思晚清以降法治建设的利弊与得失，总结其特质与规律，为当代法治建设提供经验与借鉴。

李鸣的《中国民族法制史纲》[⑥]是一部较为系统、全面、深入地研究中国民族法制的专著。《中国民族法制史纲》以基本的法律文献为依据，细致描绘不同历史阶段、不同立法主体民族法制的社会背景、历史进程、法制构建及实施效果，揭示其中的一般原理和内在规律。在总结经验、吸取教训的基础上归纳出中国民族法制的主要经验，并就其进一步发展、完善提出系统思考和前瞻性预测。

三、本年度学科研究重点问题

2016 年北京地区中国法制史学科研究的热点问题，总结起来，主要有以下几个方面：

（一）关于先秦法律史及法律思想史的研究

有学者对于大义灭亲进行了深入挖掘和探讨。[⑦]也有学者关注到孔子在文化上继承并超越了周公的制礼作乐，提出仁政思想的治国原则。儒家仁政思想的实行途径就是在“礼乐”中达到的“仁道”和在人间实现的“仁政”，而仁政的实行必须是仁者和良法的结合。[⑧]在这一话题上也有学者认为早期儒生错失了道法理论初创和勃兴，到战国中期黄老之学倾盈天下时，不重“法”的儒学已被边缘化了。最终，具有礼法合流色彩的荀子提供了以礼统法的新模式。经历韩非的过激尝试，荀子模式最终在董仲舒那里获得了落实，至此先秦礼法之争方告终结。[⑨]也有学者关注到与其对立的法家。并从多角度展开了探索和解读。[⑩]

（二）关于明清法制史研究

明清法制史的研究一直是热点，有学者将“中人”的作用理解为在交易中将交易双方联系起来，这种“人为制造”的“熟人”关系，使中国传统社会所强调的道德观念可以用来维护契约关系，使契约相对方抽象的契约关系在人际关系网络中变得具体化，使交易各方在契约关系中获得安全可靠的确信。中人普遍存在于契约中的现象，实际上是中国文化在具体制度上的体现，展现了中国文化塑造的传统中国人在“私法”行为上的旨趣与秩序。[11]有学者关注到《大清律例》含有近两千道条例，其中涉及回民犯罪的共计15道。其中又以确立回民结伙3人以上持械犯罪原则的一道条例最重要，其余都是围绕着回民团伙犯罪展开的。自20世纪初以来，一些海内外学者认定清律对回民的歧视是导致回汉矛盾激化的重要原因之一。考其立法目的，仍不过是一种“应急手段”而已，并非基于种族、宗教立场上的身份歧视；此与欧洲人的种族歧视完全不同。[12]有学者关注到，西方传教士明末来华传教，将西方近代科技知识远播中国，加强了中外文化交流，促进了实学的兴起。清初批判心学、崇尚实学的思想家已将视线投向了政治、经济、法律等实际问题。就法律观而言，在任法与任吏的关系上坚持二者并重。[13]

（三）关于近代法制史的研究

关于中国近代法制史的研究，仍然是本年度的核心。有学者指出权利义务理论是中国现代法理学的理论内核。从学术思想史的角度看，在19世纪60年代，汉语文献中就已经出现了现代意义上的权利概念。在19世纪末20世纪初，梁启超阐述的权利义务理论奠定了百年中国权利义务理论的叙事框架，堪称中国现代法理学的先声。[14]清末礼法之争也是学者们关注的一个重点，有学者从人物入手，指出晚清修律礼法论争的背后，有着固有法与外来法、日本法与德国法、东方与西方之间微妙紧张的复杂关系。晚清修律是中国与世界的双向互动而不是单维度的移植继受，对其观察应该站在全球史的高度视野。[15]有学者指出总统的荣典权在民初的宪法争衡中占据了一个独特、但又经常被人忽视的位置。辛亥革命之后碎片化的政治状态，使得荣典制度成为袁世凯政府进行“精英吸纳”以推进国家重建的工具。袁世凯时代暧昧的荣典实践，折射出民国建国根基的脆弱性。[16]近代中国的公务员惩戒体制在一定程度上取法德国，设立独立的委员会掌理公务员惩戒事宜，并且惩戒委员会日趋司法化。任何改革公务员惩戒制度，将其进一步司法化、“理性化”的尝试，在理论上难免会与既有的制度背景脱节，在实务上也未见得能够奏效。[17]该学者还关注到国会两院制是近代中国宪法史上一个重要、但却容易被忽视的问题。而由两院的对立所造成的国会运作失灵，还给总统权力的扩张制造了可乘之机，甚至可能造成政体形式由议会制转向总统制。近代中国国会体制经历了辛亥革命之初参议院一院制、民国北京政府前十年对称式两院制、1923年《中华民国宪法》下的非对称式两院制、南京国民政府训政时期的立法院一院制与1946年《中华民国宪法》下的“一个半议院”体制等多个阶段。在中西结合的五权宪法下，设计出类似阿克曼所谓“一个半议院”的模式；在单一制国家结构基础上，通过“一个半议院”模式兼容联邦制的因子，是非常有益的尝试。[18]

（四）关于法律文化的研究

本年度有学者对更加具有开放性的议题进行了探讨。如有学者指出，“天下”观念意蕴丰富，乃是中国古代思想世界中最具概括力和表现力的观念之一。它塑造了中国人的世界观，尤其国家、文明诸观念，支配了中国人对于世界与道德文明秩序的想象。[19]另有学者关注传统中国的司法文明具有丰富的内涵，其司法模式先后经历了天罚神判、贵族司法、官僚司法以及清末向职业司法的转变；其司法制度具有成文化、法典化和体制化、程序化的特点；其司法方法是整体观下的演绎与归纳；其司法思维逻辑是法、理、情的统一。这些都充分体现了传统中国司法的文明性。[20]

有学者对于羞辱性刑罚进行探讨，认为羞辱性刑罚或耻辱刑是中国刑罚史上的常见刑罚之一类，其用刑方式的特殊性和惩罚效果的公示性决定了其独特的历史意义和价值。从尧舜时代的象刑，到秦汉时代的髡刑，直到清代的刺字、枷号之类以羞辱为主要内涵的刑罚，历时4000余年，源远流长，有着深厚的历史根基。虽然以现代人权标准来看，耻辱刑有着损害人格尊严和人道的属性，有其封建色彩，但其所包含的报惩和防阻犯罪、宽宥或赦免轻罪、节省司法成本、平民愤、恢复和谐等一般文明价值亦无可否认。因为这些价值与民主法治并无根本冲突，故今日中外均出现了某种羞辱性刑罚复兴的趋势。不分青红皂白地全盘否定耻辱性刑罚的价值是不理性的。[21]

（五）关于史料所见的法律制度之研究

本年度，在史料的收集整理以及分析探讨方面学界也取得了长足的进步。有学者关注“违令有罪则入律”是唐代律令关系的基本原理，唐律除了设置专条处罚相应的违令行为外，还单辟一条“违令罪”作为兜底条款。律疏的作者对唐令进行了扩大解释。此外，基于“违令罪”的法律原理，其所涉部分《封爵令》《内外命妇职员令》的唐令复原亦可再作审思。[22]另有学者关注到志书和碑刻中的法律问题。[23]

通过对于爰书的研究，有学者指出，中国古代审案官员司法调查成制于秦汉，秦汉爰书的相关记载可以成为现代法官调查权研究的溯源之本。爰书内容全面反映了秦汉审案官员司法调查以被告人口供、控告人陈述为中心、注重对被告人品格证据的调查以及详查细勘获取客观性证据等特点。这些特点经后世演进、改良，形成彰显中华法系特色的司法制度。至今，古代司法调查权的某些特点仍明典于律文或暗行于实践。通过对古代审案官员司法调查权的研究，可发掘现今法官调查权存在问题之成因，亦能为完善法官调查权提供制度之借鉴。[24]

外国法律史学研究综述

一、主要学术会议

北京法律史学界举办或参与的外国法制史学科学术交流活动主要包括：

（一）全国外国法制史研究会第29届年会

9月16—18日，全国外国法制史研究会第29届年会在大庆召开。本次年会由大庆师范学院法学院和华东政法大学法律文明史研究院共同承办。来自全国高校、科研院所、出版社、杂志社和法律实务部门的100余名专家学者出席了本次年会，围绕“民法典编纂的域外经验借鉴”这一主题，进行了六场专题研讨，分别为“民法典编纂：世界与中国”“民法典与历史”“民法典与政治”“民法典与科学”“法系融合语境中的民法典”及“民法典编纂在中国”。北京大学、中国社会科学院法学研究所等北京地区高校、研究所等有关单位派代表参会。

（二）西方法律思想史研究会2016年年会

7月15日，中国法律史学会西方法律思想史研究会2016年年会暨“海洋文明：西方法律思想的奠基与展开”学术研讨会在中国海洋大学召开。会议围绕“西法史的历史与理论”“希腊罗马与中世纪专题”“格劳秀斯与海洋法专题”“英美法律思想专题”等四个分议题展开研讨，结合国际海洋法领域的现有焦点问题对于西方海洋自由观进行了深入的探析和批判。中国人民大学、北京大学等来自全国40多所知名高校和科研机构的近80名专家学者参加了会议。

（三）比较法学研究会2016年会

7月3—4日，由中国法学会比较法学研究会主办，吉林省法学会、长春理工大学法学院承办的比较法学研究会2016年会于吉林省长春市举行。本次年会的主题是“司法制度比较研究”，分为“司法改革与司法民主”“违宪审查与司法治理”和“司法判例与法治实践”等三个单元进行专题研讨，吸引了来自全国科研院所和法律实务部门的近百位专家学者出席，清华大学、中国社科院等北京地区科研单位均有代表参会。

（四）外国法与比较法研究国际学术研讨会

9月17—18日，以“全球化视野下的比较法律制度和比较法律文化”为主题的“外国法与比较法研究国际学术研讨会”在北京第二外国语学院国际法学院成功举办。本次学术研讨会共邀请到了来自美国、英国、法国、奥地利、俄罗斯等国家和北京大学、中国政法大学、北京外国语大学等高校和实务部门近50位学者和律师参会。与会学者以比较法视角，就国际法和知识产权法、外国法律制度与比较法原理、中西方传统法律文化、反恐与人权保护等多方面问题进行深入探讨。

（五）“法制改革与法治发展：比较的视角”国际研讨会

11月4—5日，由中国社会科学院法学研究所主办的中国社会科学论坛（2016年·法治）在北京成功举行。本届论坛的主题是“法制改革与法治发展：比较的视角”，以“法治模式与法治文化”“法制改革与法治发展”“法治传统与法治变迁”“法制改革与法治展望”等议题展开研讨。来自德国、俄罗斯、澳大利亚、意大利、日本、墨西哥等15个国家的法学家以及来自最高人民法院、中国社会科学院、中国人民大学、中国政法大学等研究机构和实务部门的70余位专家学者出席了本次研讨会。

（六）“青年比较法论坛”系列研讨会

6月18日，“青年比较法论坛（2016·北京）：比较法视野中的司法治理”在北京航空航天大学举行。本次论坛由中国法学会比较法研究会主办、北航法学院法理学与法史学研究中心承办，分为“司法治理的兴起及其经验比较”“司法治理的中国语境及其启示”“圆桌会议：普通法与司法治理”三个单元展开研讨。来自中国社会科学院、北京大学、清华大学、中国人民大学、中国政法大学等单位的近50名学者出席了本次论坛。

12月3—4日，“青年比较法论坛（2016·上海）暨多元文明的法治文化转型”研讨会在上海师范大学哲学与法政学院召开。论坛以“多元文明的法治文化转型”为主题，分为“法治文化的中西之变”和“法治文化的多样呈现”两个主题单元，和一场圆桌会议“《宪法的碎片》和法治文化的普遍逻辑”。来自全国各主要高校、科研院所、出版社的80余位专家学者与会。清华大学、中国政法大学、中央民族大学等北京高校、研究所均有代表参会。

二、重要学术著作

（一）教材类

本年度有两部颇受欢迎的《外国法制史》教材再度修订出版。由林榕年、叶秋华主编的《外国法制史》（第四版）（21世纪高等院校法学系列精品教材），[25]在既往版本的基础上，密切关注有关国家近年来法律制度的重大变化和最新学术研究成果，在新增若干案例、事例和阅读材料的同时，适当压缩了各章的篇幅，使重点更加突出、线索更加清晰。何勤华主编的《外国法制史》（第六版）[26]教材第六版的修订进一步适应读者和教学规律的需要：一方面，“古代法与中世纪法按照法系，近代以后法按照国家，从汉穆拉比法典一直讲到欧盟法”；另一方面，增配大量插图并采用二维码技术设计了延伸阅读内容。

（二）史料类

清华大学出版社于本年度出版了一套由高全喜教授主编的“现代民主国法政文献编译丛书”，对丰富和拓展外国法制史研究的视野和史料具有重要意义。《英国革命时期法政文献选编》汇编了16—18世纪英国国家大转型时期参与探讨国家前途命运的重要法政文献，意图揭示出这一重大历史转变背后的思想文化根源。[27]《美国建国时期法政文献选编》汇集了美国独立以前殖民地的权利与地位、联邦政府之成立、建国初期财政与联邦主义、司法权与司法审查以及权利法案等方面内容的相关文献史料。[28]《法国革命时期法政文献选编》选取了法国大革命及随后的复辟时期法国朝野左、中、右三派思想家围绕着国家与革命的种种论辩文献，希望完整呈现法国革命前后的政治思想谱系。[29]《德国魏玛时期国家法政文献选编》选取这一国家宪制辩论登峰造极的时期富有德国特色的国家理论和国家法学论辩文献，以期提供大国崛起史中的一段法政思想教训。[30]《俄国19、20世纪之交法政文献选编》由自由主义、激进主义、保守主义三部分构成，主要包括斯托雷平、米留科夫、卢威、得·特卡乔夫、谢尔盖·涅恰耶夫、维克多·切尔诺夫等人的讲话、论著或文集。[31]《日本明治前期法政史料选编》主要内容则包括：五条誓文、政体书、废藩置县诏书、太政官职制、爱国公党之本誓等。[32]

此外，北京大学出版社出版的《美国宪制政府》源于1907年美国总统伍德罗·威尔逊在哥伦比亚大学开设的一系列讲座，讲述了关于宪法和国家基本架构的知识，对美国政体原则加以全新解释，是理解和研究美国宪政理论、制度与实践之历史发展的有益素材。[33]

（三）译著类

在大陆法领域，德国法学家孟文理的《罗马法史》简明扼要地介绍了罗马法的产生、发展以及被西欧各国所继受的过程。该书按照时间顺序重点介绍了《十二表法》时期的罗马法、共和国时期的罗马法和古典时期的罗马法，并概括介绍了罗马法在后古典时期至优士丁尼法的发展、优士丁尼法以及西欧各国对优士丁尼法的继受。[34]蒂堡的《论制定一部德意志统一民法典之必要性》最初发表于1814年，提出了应集德意志各邦国的共同智慧，制定一部德意志民族自己的统一民法典的观点，并系统论述统一的民法典在法学教育、研究、司法实践及经济生活等方面的积极意义，是德国乃至欧洲法学史上的名篇，在欧陆法律史研究中具有重要意义。[35]《欧洲法律史：从古希腊到〈里斯本条约〉》通过一部欧洲整体社会变迁史，透视整个欧洲世界的价值理念生成旅途，为现代社会诸多问题的提供思考途径。[36]

在英美法领域，《英格兰普通法史》对普通法的分类、名称、起源、形成、发展、延续、扩张以及影响进行了梳理，讲述了普通法发展的脉络，总结了普通法的特点。[37]《二十世纪美国法律史》从不同的学科角度对20世纪美国的法律制度进行了梳理和阐释，涵盖了过去100年中美国法律所触及的各个社会层面。[38]《民主的奇迹：美国宪法制定的127天》具体阐释了美国制宪会议上不同主张的激辩及相互妥协，还原了1787年美国宪法的制定过程。[39]《言论的边界：美国宪法第一修正案简史》将言论自由及其边界的变迁娓娓道来，向读者展示了一幅美国人民为言论自由不懈斗争的历史画卷；[40]《创设行政宪制：被遗忘的美国行政法百年史（1787—1887）》则记述了1787年至1887年间的美国百年行政法史，讨论这段时间美国联邦党人和联邦政府如何在实践中探索并逐渐假设起一套基本的行政及其法律制度。[41]

法律文化、法学思想史和比较法领域，《法权感的产生》从自然、历史与心理角度，分析了法权在个体中产生以及一般化的问题。[42]《最后的乌托邦：历史中的人权》一书则对“人权”的起源做出了透彻的解释，阐明了人权观念如何登上历史舞台这一问题，并对人权在今天所面临的困境和不确定的未来做出了有益的追问。[43]《跨国视角下的检察官》以比较的视角探索了美国、德国、英国、荷兰、意大利、北欧等国家和地区检察制度的基本状况与最新发展，展现了检察制度的多样性，并围绕世界各国面临的普遍和前沿问题进行探讨。[44]

（四）专著类

刑法史领域，马克昌主编的《近代西方刑法学说史》勾勒了西方自启蒙运动开始到二战之后刑法思想发展轨迹。[45]刘春园的《西方刑法思想的起源与进化：以西方文学罪罚观为视角》以文学作品为脚本，采用历史考察与比较分析的方法，对西方文学与刑法思想的发展脉络进行梳理，探索“罪”与“罚”之内涵在刑法思想与文学中的多元化价值诉求，揭示西方刑法思想在世俗社会维持和发展的过程。[46]王晓辉《死刑的终结：英国废除死刑问题的历史考察》则选取英国及曾沦为其殖民地的香港为对象，从政治、经济、文化、宗教、法律等多角度对其废除死刑运动的进程及动因予以解读，并理性地分析其影响和意义。[47]

民法史领域，顾祝轩《民法概念史·债权》追踪了以德、法两国为代表的欧洲大陆法系民法典的编纂形成及历史演变过程，分析在古典罗马法时期、中世纪、早期近代及近代等不同历史阶段，人们如何认识并适用“债权”这一概念。[48]陈晓敏著《大陆法系所有权模式历史变迁研究》，以从人到物和从物到人两个视角为主线研究大陆法系所有权模式的历史变迁，认为现代所有权建立的标志就是放弃中世纪从物的视角出发的所有权模式，选择从主体视角建构绝对所有权模式。[49]张明安著《法国人格权法（上）》以编年史式的方式对人格权的产生、发展和确立过程做出了立体式的、大跨度的、全方位的阐述。[50]

王海军于本年度相继出版了三部俄罗斯司法史相关著作：《从传统走向近代：帝俄时代司法制度及其变迁研究》全面研究了从传统到帝俄时代的司法制度。[51]《近代俄国司法改革史》以近代俄国为背景集中讨论其司法改革历程。在呈现近代俄国司法改革及司法制度基本面貌的同时，亦侧面展示了同时代俄罗斯的政治、文化和法制。[52]《苏维埃政权下的俄罗斯司法》则考察和阐释了1917年俄国十月革命后的俄罗斯司法在苏维埃政权下开展的改革，苏维埃国家的法院制度、检察制度、诉讼制度、刑罚制度等设计和运行状况等问题。[53]

法学史及法律思想史领域，何勤华教授《西方法学史论纲》依次对古代希腊、罗马、中世纪欧洲法学的风貌，以及法、德、英、美、日等主要西方国家法学的形成与发展做了翔实的介绍和评述。[54]徐爱国教授的《法学的圣殿：西方法律思想与法学流派》依历史脉络，对西方法律发展过程中出现的不同法学流派之核心观点进行了阐释，梳理了西方法律思想和理论的发展脉络。[55]

此外，汪庆红著《古代中国与英国权力控制模式比较研究》，对古代中国的监察与英国的制衡两种权力控制模式的演变过程、组织体制、运作机制、运行效能等内容展开比较分析。[56]蒋军洲所著《慈善捐赠的世界图景：以罗马法、英美法、伊斯兰法为中心》则分析了现代慈善法形成的不同历史渊源及他们对当代相关制度影响。[57]

（五）文集类

何勤华主编《外国法制史研究（第18卷—2015年）：〈大宪章〉800年》是2015年第28届外国法制史年会“《大宪章》与近代宪法”的会议论文集，其中论文涉及《大宪章》的诞生及其原因、其历史演变及其命运，《大宪章》与普通法和英国王权、公民自由和个人权利以及英国宪法性法律以及政治制度的关系，《大宪章》对欧洲、美国以及世界其他国家宪法的影响等。[58]

三、研究热点问题

（一）罗马法研究

本年度北京地区有关论文成果对罗马法的研究广泛涉及罗马公法、私法及其形式等各方面。有学者对《十二表法》、盖尤斯和优士丁尼《法学阶梯》中体现出的对滥诉和滥用程序的预防与制裁制度，及其对后世拉丁法族国家相关立法的影响进行研究。[59]有学者对罗马法遗嘱意思表示限制性规则进行探究，提出罗马法中的遗嘱建构于有限度自由的理念之上，限制的目的旨在强化法律对权利保护更具有效率。[60]还有学者对罗马法中的形式主义进行研究，通过历史考察，揭示出民法上的要式制度和形式主义法学论题之间的关系。[61]

（二）欧陆法律史研究

本年度北京地区对欧陆法制的关注集中于其民法典编撰历史进程方面。如有关法国和德国法律史的研究，通过总结其民法典制定、发展和实施的经验，为我国民法典的制定提供借鉴。[62]有学者的研究涉及《法国民法典》之渊源、主要内容，[63]有学者关注《法国民法典》在世界范围内传播的方式、条件和效果，[64]有的学者考察了德国19世纪“学说汇纂”体系的形成和发展过程，[65]有学者分析了德国1814年有关法典编撰的论战以及历史法学派的形成过程，[66]有学者阐释了《德国民法典》的基本结构、主要内容及与议会的关系。[67]

与民法典之制定及其内容相关理论的探讨也是本年度的热门研究主题。有学者考察了物权合同理论自罗马法滥觞而经注释法续拍、评论法学派之阐释和发展，至萨维尼得以正式确立的过程。[68]还有学者对格劳秀斯通过《私法导论》到《战争与和平法》两部论著提出的有关不当得利的学说与规则进行研究。[69]

本年度北京地区对德国法制史的研究还涉及对一些重要法律文本以及法律改革等多方面。有学者对1356年“金玺诏书”进行专门研究，包括其制定、文本的内容与结构、对于神圣罗马帝国的意义以及内容所涉及的选举制度。[70]有学者对1495年的“帝国改革”对神圣罗马帝国和平秩序建立的意义及其制度困境进行反思。[71]对于法国法制史的研究还涉及文化遗产法领域，有学者通过历史考察，分析了法国文化遗产保护范围的逐步扩大过程。[72]还有学者考察分析了世界上第一个宪法法院出现在奥匈帝国的原因。[73]

英美法律史研究

本年度北京地区对英美法的研究以司法过程中当事人的权利救济为重点。如有学者对普通法上的控诉状产生原因、过程及其在英国现代法制发展中的作用进行研究。[74]有学者对米兰达判决的演变历程与法理争议进行解读，探寻美国联邦最高法院造法性解释的利弊得失。[75]

（三）西方法律思想史研究

有学者重新解读了孟德斯鸠《论法的精神》中的“法”及其“精神”。[76]有学者通过研究两次世界大战之间法国自然法的发展认为，1920—1940年之间法国自然法学衰落的原因在于法国民族主义的兴起，假定存在普世性理想法的自然法学和各群体特殊性和自主性的民族主义在理论上无法调和的主张。[77]有学者对法律上“平等”原则与价值的历史渊源、发展与在现代法制中的确立进行了考察和梳理。[78]还有学者分析了欧洲法律史学派的欧洲宪政主义观，认为为了实现对欧洲整体的文明文化的认知，欧洲法律史学派选择了一种比较欧洲整体社会历史变迁的方式。[79]

注：

①中国社会科学院近代史研究所法律史研究群：《近代中国的法律与政治》，社会科学文献出版社，2016年版。

②张希坡：《中国近现代法制史研究：张希坡自选文集》，中共党史出版社，2016年版。

③李贵连、李启成：《中华法史三千年——法律思想简史》，民主法制出版社，2016年版。

④赵晓耕：《传统司法的智慧——历代名案解析》，清华大学出版社，2016年版。

⑤陈新宇、陈煜：《中国近代法律史讲义》，九州出版社，2016年版。

⑥李鸣：《中国民族法史纲》，民族出版社，2016年版。

⑦张国钧：《大义灭亲之疑和亲属容隐之立——先秦儒家对伦理和法律关系两难的解决》，《政法论坛》，2016年第4期。

⑧邵方：《儒家思想与礼乐文明》，《政法论坛》，2016年第6期。

⑨李平：《先秦礼法之争新诠——以情景中的儒家学说演化为线索》，《清华法学》，2016年第4期。

⑩喻中：《法家模式评析》，《政法论丛》，2016年第4期；《讲法治的法理学家：胡适对先秦法家的理解》，《比较法研究》，2016年第5期；《法家三期论》，《法学评论》，2016年第3期。

⑪王帅一：《明清时代的“中人”与契约秩序》，《政法论坛》，2016年第2期。

⑫苏亦工：《清律回民相关条例及其影响》，《政法论坛》，2016年第3期。

⑬张晋藩：《明末清初的实学与进步的法律观》，《法制与社会发展》，2016年第2期。

⑭喻中：《论梁启超对权利义务理论的贡献》，《法商研究》，2016年第1期。

⑮陈新宇：《礼法论争的冈田朝太郎与赫善心——全球史视野下的晚清修律》，《华东政法大学学报》，2016年第4期。

⑯章勇乐：《国体、精英吸纳与荣典制度——以民国袁世凯时代为例》，《华东政法大学学报》，2016年第1期。

⑰聂鑫：《民国时期公务员惩戒委员会体制研究》，《法学研究》，2016年第3期。

⑱聂鑫：《近代中国宪法史上的两院制问题》，《环球法律评论》，2016年第6期。

⑲梁治平：《“天下”的观念：从古代到现代》，《清华法学》，2016年第5期。

⑳张中秋：《传统中国司法文明及其借鉴》，《法制与社会发展》，2016年第4期。

㉑范依畴：《羞辱性刑罚：传统价值及其现代复兴》，《政法论坛》，2016年第2期。

㉒赵晶：《从“违令罪”看唐代律令关系》，《政法论坛》，2016 年第 4 期。

㉓吴玉章：《志书中的法律建设——以部分省级志书为考察对象》，《政法论坛》，2016 年第 6 期；李雪梅：《古代法律规范的层级性结构——以水利碑刻勘非制定法的性质》，《华东政法大学学报》，2016 年第 4 期。

㉔林铁军：《古代审案官员司法调查权溯源——以秦汉爰书为背景》，《政法论丛》，2016 年第 1 期。

㉕林榕年、叶秋华主编：《外国法制史（第四版）》（21 世纪高等院校法学系列精品教材），中国人民大学出版社，2016 年版。

㉖何勤华：《外国法制史》（第六版），法律出版社，2016 年版。

㉗毕竞悦、姚中秋、泮伟江主编：《英国革命时期法政文献选编》，毕竞悦、姚中秋等编译，清华大学出版社，2016 年版。

㉘柯岚、毕竞悦主编：《美国建国时期法政文献选编》，柯岚、毕竞悦等编译，清华大学出版社，2016 年版。

㉙施展主编：《法国革命时期法政文献选编》，王新连等编译，清华大学出版社，2016 年版。

㉚黄卉主编：《德国魏玛时期国家法政文献选编》，黄卉、晏韬等编译，清华大学出版社，2016 年版。

㉛郭春生主编：《俄国 19、20 世纪之交法政文献选编》，粟瑞雪等编译，陈金鹏等译校，清华大学出版社，2016 年版。

㉜张允起主编：《日本明治前期法政史料选编》，张允起等编译，清华大学出版社，2016 年版。

㉝[美]伍德罗·威尔逊著：《美国宪制政府》，宦盛奎译，北京大学出版社，2016 年版。

㉞[德]孟文理著：《罗马法史》，迟颖、周梅译，商务印书馆出版社，2016 年版。

㉟[德]安东·弗里德里希·尤斯图斯·蒂堡著：《论制定一部德意志统一民法典之必要性》，傅广宇译，商务印书馆出版社，2016 年版。

㊱[德]乌维·维瑟尔（Uwe Wesel）著：《欧洲法律史：从古希腊到〈里斯本条约〉》，刘国良译，中央编译出版社，2016 年版。

㊲[英]马修·黑尔著，[美]查尔斯·M. 格雷编：《英格兰普通法史》，史大晓译，北京大学出版社，2006 年版。

㊳[美]劳伦斯·弗里德曼：《二十世纪美国法律史》，北京大学出版社，2016 年版。

㊴[美]凯瑟琳·德林克·鲍恩著：《民主的奇迹：美国宪法制定的 127 天》，郑明萱译，新星出版社，2016 年版。

㊵[美]安东尼·刘易斯著：《言论的边界：美国宪法第一修正案简史》，徐爽译，法律出版社，2016 年版。

㊶[美]杰里·L. 马肖著：《创设行政宪制：被遗忘的美国行政法百年史（1787—1887）》，宋华琳、张力译，宋华琳、李鸻校，中国政法大学出版社，2016 年版。

㊷鲁道夫·冯·耶林著：《法权感的产生》，王洪亮译，商务印书馆，2016 年版。

㊸[美]塞缪尔·莫恩著：《最后的乌托邦：历史中的人权》，汪少卿、陶力行译，商务印书馆，2016 年版。

㊹[美]艾瑞克·卢拉、玛丽安·L. 韦德著：《跨国视角下的检察官》，杨先德译，王新环审校，法律出版社，2016 年版。

㊺马克昌：《西方近代刑法学说史》，中国人民公安大学出版社，2016 年版。

㊻刘春园：《西方刑法思想的起源与进化：以西方文学罪罚观为视角》，中国人民大学出版社，2016 年版。

㊼王晓辉：《死刑的终结：英国废除死刑问题的历史考察》，中央民族大学出版社，2016 年版。

㊽顾祝轩：《民法概念史·债权》，法律出版社，2016 年版。

㊾陈晓敏：《大陆法系所有权模式历史变迁研究》，中国社会科学文献出版社，2016 年版。

㊿张明安：《法国人格权法》（上），清华大学出版社，2016 年版。

51王海军：《从传统走向近代：帝俄时代司法制度及其变迁研究》，法律出版社，2016 年版。

52王海军：《近代俄国司法改革史》，法律出版社，2016 年版。

53王海军：《苏维埃政权下的俄罗斯司法》，法律出版社，2016 年版。

54何勤华：《西方法学史论纲》，商务印书馆，2016 年版。

55徐爱国：《法学的圣殿：西方法律思想与法学流派》，中国法制出版社，2006 年版。

㊽汪庆红：《古代中国与英国权力控制模式比较研究》，法律出版社，2016 年版。

㊾蒋军洲：《慈善捐赠的世界图景：以罗马法、英美法、伊斯兰法为中心》，法律出版社，2016 年版。

㊿何勤华：《外国法制史研究（第 18 卷·2015 年）：〈大宪章〉800 年》，法律出版社，2016 年版。

⑤⑨徐国栋：《罗马民事诉讼法对滥诉和滥用程序的预防和制裁——兼论拉丁法族主要国家（地区）的这些方面》，《中外法学》，2016 年第 4 期。

⑥⓪费安玲：《罗马法中遗嘱意思表示限制性规则之探究》，《中国政法大学学报》，2016 年第 3 期。

⑥①唐晓晴：《论法律行为的形式——罗马的传统与近现代民法的演变》，《法学家》，2016 年第 3 期。

⑥②耿林：《论法国民法典的演变与发展》，《比较法研究》，2016 年第 4 期。

⑥③高仰光：《〈法国民法典〉：搭起一个前所未有的规范体系》，《中国人大》，2016 年 9 月 20 日。

⑥④高仰光、张永：《法国民法典，世界的民法典》，《中国人大》，2016 年 12 月 26 日。

⑥⑤舒国滢：《19 世纪德国‘学说汇纂’体系的形成与发展——基于欧陆近代法学知识谱系的考察》，《中外法学》，2016 年第 1 期。

⑥⑥舒国滢：《德国 1814 年法典编撰论战与历史法学派的形成》，《清华法学》，2016 年第 1 期。

⑥⑦陈卫佐：《德国民法典的基本结构、主要内容及与议会的关系》，《中国人大》，2016 年 8 月 20 日。

⑥⑧柯伟才：《物权合同的发现：从尤里安到萨维尼》，《比较法研究》，2016 年第 6 期。

⑥⑨苏彦新：《论格劳秀斯的不当得利学说与规则》，《比较法研究》，2016 年第 6 期。

⑦⓪王银宏：《1356 年〈金玺诏书〉与德意志国王选举制度》，《史学月刊》，2016 年第 7 期。

⑦①王银宏：《1495 年“帝国改革”“与神圣罗马帝国和平秩序建构之制度困境的反思”》，《比较法研究》，2016 年第 4 期。

⑦②彭峰：《法国文化遗产法的历史与现实：兼论对中国的借鉴意义》，《中国政法大学学报》，2016 年第 1 期。

⑦③王银宏：《追寻最早的“宪法法院”——奥匈帝国时期的帝国法院及其宪法审查传统》，《中国政法大学学报》，2006 年第 5 期。

⑦④张传玺：《私人喊冤及国家应对：英国普通法上的控诉状》，《历史研究》，2016 年第 6 期。

⑦⑤刘磊：《米兰达规则五十周年的纪念与反思》，《比较法研究》，2016 年第 6 期。

⑦⑥马剑银：《孟德斯鸠语境中的“法”及其“精神”——重读〈论法的精神〉》，《清华法学》，2006 年第 6 期。

⑦⑦朱明哲：《面对民族主义的自然法学：两战之间法国自然法学的衰弱》，《中外法学》，2016 年第 5 期。

⑦⑧徐爱国：《法律平等的历史审视》，《民主与科学》，2016 年第 1 期。

⑦⑨刘国良、李浩、李科蕾：《欧洲法律史学派的欧洲宪政主义观——以乌维·维瑟尔的〈欧洲法律史〉为脉络》，《国外理论动态》，2016 年第 9 期。

（作者：赵晓耕、王云霞，中国人民大学教授；时晨、胡姗辰，中国人民大学博士生）

政 治 学

政 治 学

王续添 高亚林

2016 年北京地区政治学研究成果丰硕。在基础理论领域，政治学学科建设问题日益引起学者们的注意，随着民粹主义的蔓延，民主理论成为热点话题，国家理论与治理理论也得到深入探讨；在中国政治和比较政治学领域，学者们关注了中国政治发展，同时也关注国外理论的进展；在政治思想史领域，对古今中外的政治思想、政治制度的研究也有新的突破。

一、政治学基础理论

1. 政治学学科建设

中国当代政治学的学科发展已经走过了百年历程，亦经历了无数的曲折和转型。面对中国的崛起和新时代的挑战，国内学者开始思考中国政治学学科的定位和使命。2016 年北京地区多场学术会议就中国政治学学科建设问题进行了研讨，也有很多学者就中国政治学的发展问题提出自己的看法。

2016 年中国人民大学和清华大学都举办了相关会议、论坛，集中讨论了中国政治学学科发展的问题。在中国政治学发展过程中，“文化自觉”的地位和作用不容忽视。对自己的文化有自知之明，充分认识其发展历程和未来形势，自我反省和创建，才能明确自己的位置，做到自主适应，取长补短，促进自身的发展。2016 年 12 月 17—18 日，由中国人民大学国际关系学院政治学系、中国人民大学中外政治思想文化研究所共同主办的“人大政治学论坛 2016”以“文化自觉与中国政治学建构”为主题，讨论了政治学建构中文化自觉的问题，重申文化自觉在政治学研究中的重要地位和价值。同年 4 月 25 日清华大学政治学系和《探索与争鸣》杂志社在清华大学举办了“中国与世界的双向政治理解”高峰论坛暨“清华大学政治学系成立 90 周年”学术研讨会。与会学者就“走向成熟的中国政治学”这一议题，深入探讨了政治学对中国自身和世界的认知，提出政治概念的本土化与本土经验的概念化的重要性，并就中国崛起与全球治理的挑战问题进行了思考和展望。

很多学者也纷纷著述，探讨中国政治学学科发展问题。有学者认为西方政治学对于现存世界秩序欠缺批判能力，中国道路对政治学和西方国家世界观带来挑战，国际国内形势的发展变化都在呼唤中国政治学担负起新时代的重任，“巨变时代”呼唤“中国政治学”。[①]中国政治学研究不断本土化是一个客观的趋势，实现政治学研究本土化最终目的应该是建构中国式的政治学学科话语体系，但这首先要做好清理地基的工作，即真正廓清政治学的基本概念和基本范畴，如自由、平等、民主等，在此基础上才能构造诸范畴之间的逻辑关系，关注和说明当代中国的重大现实政治问题，辩证地吸收和借鉴西方政治学的有益成果。[②]在 2016 年，有学者对 2015 年政治学研究进行了年度回顾和梳理，将研究领域总结为三：当代中国特色社会主义政治话语体系研究、西方政治思想研究、当代中国政治发展与政治实践；实证研究方法的运用进一步科学化、合理化。[③]

在方法论方面，有学者认为当代中国政治学需要一次新的方法论变革，转变研究范式、创新研究方法。从注重运用现有的中西方理论说明中国现实，转向关注中国实践、创新中国理论；从注重文本研究转向注重实证性研究、经验性研究，更多地采取现场观察法、比较研究法和典型调查法来研究当代中国的政治实践与政治发展，以期对当代中国社会发展与进步做出更大贡献。[④]

2. 国家理论

国家作为现代政治生活的一个基本现实，一直存在于政治学研究的范围之内，2016 年政治学对国家的研究主要集中在国家观、民族国家的形成、现代国家建构等方面。

国家观决定着我们对国家的认识和态度。有学者指出以官僚制、强国家、合法性为基石的韦伯主义国家观是政治学经典的国家理论。但韦伯主义国家观不过是基于欧洲绝对主义国家史的“地方经验性知识”。二战后，亨廷顿的“普力夺社会”、米格代尔提出“社会中的国家”等，这些研究都是对基于欧洲早发经验的韦伯式国家观的大大拓展和完善，是后发国家的历史和实践对于政治学理论的补充。[⑤]

民族国家的形成过程是国家理论研究的重要内容。《现代民族—国家结构与中国民族—国家的现代形成》一文指出安德森重视现代民族—国家形成的物质—文化条件，霍布斯鲍姆则相当重视政治观念和制度的作用，但二者的理论都是以资本主义为支撑。一个统一的民族—国家，从渊源上追溯，最终都是若干或许多族类或原型民族同质化的结果。民族—国家具备六个基本结构：即政治结构、公共教育和考试结构、经济结构、语言结构、观念结构、文明结构，这些基本结构为一个民族—国家营造了主体结构。中国这个自发成长起来的民族—国家，具备了上述结构，但它在内在结构的许多方面缺乏现代合理性的洗礼，中国现代民族—国家的转型还处于发展过程中，其最终的完成不是中国作为单一民族—国家的构建，而是某种新的国际关系和世界体系的形成。[⑥]

现代国家建构是当今政治学面临的重要问题。有学者认为现代国家建构的动力主要来自于工业与市场合力构成的经济力量。只有在工业革命、市场经济与宪政国家的关联机制中，才能充分了解现代国家据以成型的复合动力机制。[7]我们应正确看待民主主义、历史书写和国家建构的关系问题，历史书写对于中国民族问题有着重要影响，历史书写通常带有民族主义取向，导致“历史”演化成民族主义观念的竞技场，破坏社会团结与国家凝聚力。因此，历史研究关键在看待历史的世界观，要树立更为开放、更为包容的历史观念，让历史书写在国家建构中发挥正确的作用。[8]有学者探讨了民主与国家能力的关系问题，普遍流行的观点是“国家能力优先”，面对“民主化之后国家能力会降低吗”这一理论和实证问题，采用类型学的方法，对所有的“第三波民主化国家/地区”进行实证性分析。最后得出，在国家汲取能力和行政能力方面，第三波民主化国家大多数有所提升，但在强制能力方面，更多的国家会下降。比较国家能力的短期改变和长期改变，并没有发现它们之间有显著的不同。[9]

3. 民主理论

民主理论研究取得的成果主要体现在四个方面。中西方民主的发展与问题，以及对民主的反思是政治学长久不衰的研究内容；随民粹主义问题的突出与蔓延，学界对民粹主义的研究也大量增多；协商民主研究在协商主体、内容与方式等方面，进一步取得了丰硕的研究成果；代表理论研究也取得新的成果。

第一，中国和西方的民主化及其问题以及对民主的反思可广泛见于对民主的研究中。有学者指出我国从“治民民主”向“民治民主”发展转型的总体趋势是不可逆转的。“治民民主”的主要特征是官主民主，官主动而民被动，路径自上而下；“民治民主”的主要特征是民主民主，民主动而官被动，路径自下而上。[10]冷战后，苏联东欧国家民主化、北非中东国家“阿拉伯之春”、美国政治极化代表了民主所面临的三种不同类型的问题与危机：民主与民主化、民主化与民主巩固、民主体制与现代治理。民主巩固需要国家建构先于民主体制建构，“强政府与有效治理”成为全球性趋势。[11]现代西方民主制通过国家与社会两分、把民主限定为选举民主、分权和任期制，成为一种被嵌入到自由主义基本政治框架中的民主。自由主义所要求的平等并不是人们在实际生活中的平等，自由主义在相当程度上掩盖了西方民主和一般意义上的民主的真相。[12]今天流行的自由主义民主概念是经过改造后的民主概念，将民主框定在自由主义框架之内，改造合法性概念并论证只有以竞争性选举为核心的自由民主政体才具有合法性这“三步走”而建构起来的。其实，民主条件比民主形式更重要，且要尊重国家建设的“时间性”逻辑。[13]在对民主的反思中，对民主主义而非民主制度的质疑才是真正的质疑，如果人是平等的命题不成立，民主制度的合理性便不能得到解释。一方面，民主主义是良知、怜悯、人道主义与和谐社会的思想基石，另一方面，如果承认人们在利益面前的平等，它便同时具有了坚实的逻辑基础与现实的政治意义。面对精英阶层在实际分配中的通吃全赢问题，反思和重申民主主义就具有重要意义。[14]

第二，民粹主义的蔓延已成为当今资本主义世界突出的社会政治问题，英国公投脱欧，特朗普当选总统，一般被看作政治民粹化的表现。民粹主义的产生原因和发展前景成为学界集中讨论的问题，同时，我们应该慎重看待“民粹主义”这一概念。

关于民粹主义产生的原因，有学者分析了现代民主政治的特征和机理，指出在议程的设定、政治的极化、社会的分裂、代表政治等方面存在的问题，都可以是民粹主义产生的原因。[15]右翼民粹主义的崛起也有着深刻的原因和文化根源，而最重要的原因是全球化进程中出现了两个新问题：一是民族国家内部出现了新的两极分化和社会撕裂，二是世界经济政治秩序正在经历深刻的变动和重组。根本原因在于精英体制失灵，国内国际治理失当。文化根源在于西方民众对精英体制存疑，对文化价值的维护存在危机意识。右翼民粹主义的危险主要表现在三个方面：挑动极端民族主义，导致全球化退潮；冲击西方民主制度，导致民主劣质化；促使政策极端化，加大了发生国际冲突的风险。[16]

关于民粹主义的前景，有学者介绍了当今资本主义世界存在的三大民粹主义政治力量：欧洲新右翼民粹主义、美国右翼民粹主义以及欧洲、美国和拉丁美洲的新左翼民粹主义。认为一些进步的民粹主义运动有着促进既有制度变革的积极意义，但作为一种思想和政治方式，民粹主义充斥着狭隘、简单化的诉求，尤其是右翼民粹主义的政治诉求本质上是与民主的多元主义原则相背离的，带有逆历史潮流的倾向，因而难以成为解决资本主义既有危机的现实之道。[17]

但是，也有学者指出我们应该理智看待“民粹主义”概念的滥用问题，在美国，“民粹主义”已经成为西方精英掩饰政治真相的工具，是对民众的污名化。面对政治思想的诸多概念，我们应该理智思考和重述。[18]

第三，20 世纪 80 年代以来，世界范围内的民主理论呈现出一种“协商民主转向”的趋势。协商民主的中国实践在国家制度层面、政府政策层面、基层社会治理层面都有开展。政策协商的主体、范围、程序和效力等都是应该注意的问题，中国协商民主对于改进政府与民众的关系、“密切联系群众”是有帮助的。不过，从完整的过程来看，没有选举民主作为制度保障，协商民主作为民主的实现方式，其实际效用也不敢高估。[19]立法协商是人民民主权利实现的重要路径，是科学立法、民主立法的一种保障和方式。我国立法协商还在探索的过程中，在理论层面，从中国话语权的角度对立法协商的民主内涵、价值的挖掘不够深入；从制度构建上，具体实施方面，欠缺国家层面的制度细化。立法协商的理论研究、制度建设和实践探索都任重道远。[20]有学者指出，“社会组织协商”是 2015 年 2 月中共中央印发的《关于加强社会主义协商民主建设的意见》中的一个新提法，目前学术界对这一问题的研究还相对缺乏。我国的社会组织在公共议题协商、内部公共事务协商和参与其他渠道协商等三个方面都进行了有益的探索；但在协商能力、制度化程度、参与机制和成果转化渠道等方面还存在着进一步改进的空间。[21]推进社会组织参与协商民主建设的主要着力点为：优化社会组织的组织结构；区分层级，在中央、地方、基层三个层面深入推进；重点加强社会组织之间的协商；建立健全配套保障机制；鼓励和支持社会组织积极参与全球协商治理。[22]增强协商实效性是社会主义协商民主建设的一个重要课题，且是一个系统工程，明确工作思路是基础，完善和创新协商的机制和程序是关键，而不断提高协商参与者的协商能力，也具有不可忽视的重要意义。[23]

协商民主并非其他民主形式的简单替代，协商民主与其他此前实践的民主形式一起构成了我国民主发展的有机结构，是我国民主政治建设的丰富和发展。[24]当然，协商民主也存在局限性。先协商，再投票，才是合适的机制。协商民主理论的缺陷（即一个民主模式被赋予太多民主功能）是整个民主模式研究的缺陷所在。[25]

第四，有学者提出代表理论的建构论转向是最近二十年来民主研究领域最重要的进展之一。民主社会与民主政治之间存在矛盾，即现实中的民主社会是纷繁多样和去实体化的，但同时民主政治又需要一个虚拟的代表人格来实现政治上的统一，因此，政治代表必然带有某种建构性和虚拟性。代表的危机恰恰是民主本身的必然后果。[26]

4. 治理理论

政治学界关于治理理论的讨论广泛而深入。不仅包括国家治理的类型、衡量标准以及对协同治理的探讨，而且包括中国国家治理的目的、保障以及参政党在国家治理中的地位和作用等内容。

追溯治理的发端及其演进发展的过程是研究治理理论的一个重要途径。有学者在此基础上梳理国家治理的类型和转型：统治型、管制型、管理型、治理型，并分析它们在主体、权源、对象、手段、运作方面的不同，有助于我们对国家治理的全面认识。[27]国家治理体系现代化的衡量标准是价值标准和评估标准的双维统一。价值标准规定了国家治理体系现代化的社会主义方向，核心是实现党的领导、人民当家做主和依法治国的有机统一；评估标准是制度化、规范化、程序化，是国家治理体系现代化的主要任务。[28]还有学者指出 20 世纪 90 年代以来，世界各国开始探索政府与企业、社会组织、公民之间跨部门协同的机制与模式，以解决政府、市场及第三部门单部门失灵的难题。结合我国现状，从主体构成、运行机制和适用范围三个方面分析了协同治理，并对我国推进协同治理的实践提出建议。[29]

中国治理现代化不同于西方“善治”理论的关键是立足本土治理实践，侧重指向结果的程序改进，始终以增进人民福利为依归。[30]经济社会的发展、国家的成长和人的全面发展是国家治理体系和治理能力现代化的实现必不可少的重要前提和必要保障。[31]当代中国，参政党是中国特色政治制度运作的主体之一。明确参政党在推进国家治理现代化进程中的定位、作用、路径、方式及其存在的问题等，也是推进国家治理现代化不可忽视的内容。[32]

5. 国外理论引介

21 世纪初的“威权韧性”之争以来，美国对中国民主的研究进入了一个新阶段。最近十年，大部分美国学者对中国民主的看法趋于审慎，将宏大叙事拆解为对不同群体和事件的深描，对中国的领导干部、知识群体和基层社会的民主观念进行研究，以期剖析中国民主话语是如何生产和传播的。对中国民主的研究也提出了两个问题：第一，如何在东方文明推行民主，这又产生了怎样的社会后果？第二，以社会经济绩效替代程序民主的话语，是否意味着一种新的民主理论？[33]

二、中国政治

1. 理论工具与分析路径

有研究指出认清政治传播中政治、媒介、资本三种要素及其逻辑，对于我们从理论上深化对政治传播的认识具有学术价值和现实意义。“政治宣传”以追求权力控制的“政治逻辑”为指导；“政治沟通”以追求事物真相的“媒介逻辑”为指导；“政治营销”以追求经济利益的“资本逻辑”为指导；三种逻辑在现代政治传播中交织博弈。政治、媒介资本化所造成的政治传播“景观化”是把“双刃剑”，它既可以成为加强民众与国家、政党、政府情感联系的新纽带，但也可能使政治传播过程成为一个完全脱离公共事务，创造经济利益、培养虚假意识的过程。[34]

统计方法在政治学研究中的应用逐渐凸显，有学者以政治支持为例，采用广义倾向值匹配的统计方法，对新媒体时代中国网民的公共舆论倾向及其影响因素进行探索性的实证研究。当今中国的政治支持，受到不同媒体渠道所承载的信息本身的倾向性、网民的既有政治倾向——政治意识形态立场及其政治认知的影响。新媒体时代公共舆论的形成机制正在发生改变，党的宣传策略亟须与时俱进的调整。[35]

2. 宏观研究与基本制度

宏观统筹国家建构、中央与地方关系、国家与社会的关系是国家治理中必然面临的课题；人民代表大会制度等基本制度的运作是国家治理的制度支撑；对港澳台和边疆问题的研究有助于国家统一和国家安全建设。

我国国家治理中，中央与地方关系、国家与社会的关系问题一直占据着重要位置。有学者认为梳理历史中国全国性治理的政治制度架构，助于我们理解广义上的中央与地方关系。至少自西周开始，历史中国就已疆域辽阔，西周封建制可谓构建大国最早的制度努力。地缘政治与行政区划、边陲治理和民族地区融合等都对国家统一建设具有重要意义。其实没有任何制度仅凭其本身就足以提供国家的长治久安，除制度外，还需要经济、社会、文化条件的支撑，包括政治统治者审慎、明智地且与时俱进地应对各种重大治理问题。[36]国家与社会之间存在距离，有学者通过了解微观个体的现有结构如人、财、物和职能等是如何与国家联系起来的，对中国国家和社会的距离进行测量。研究发现社会组织具有“两栖性”，表明国家和社会的相互渗透，使得国家和社会的距离更难以分辨。通过减少国家的直接干预，还原国家和社会之间的理性距离，或许是解决社会组织“两栖性”的根本之道。[37]

人民代表大会制度是我国根本政治制度，很多学者致力于人民代表大会制度的完善与发展问题研究。有研究表明代表联系群众制度，是规范和推动代表联系群众活动的制度保障，北京市完善和实施代表联系群众制度的做法和经验对代表联系群众制度建设具有经验借鉴的意义。[38]人大代表资格审查制度的内容主要有三个方面，即组织制度、职责制度和代表资格审查程序。代表资格审查制度也存在很多问题，要通过调整国家立法思路、处理好法律之间的协调和衔接、规范代表资格审查委员会的组织设置并调整其职责来完善代表资格审查制度。[39]

有学者认为批示制度的地位和作用应该得到正确的认识，不该将其误认为是“人治”的标志。赋予批示权力的正式制度、作为制度赋予的决策权的度量、多种因素影响下的权力行使状况，是理解批示现象的三个关键要素。批示的本质是政治系统中意见综合与利益协调的环节。推动普遍的批示存档和完善的定期公开制度，有助于将批示从操作层面上纳入国家治理体系的框架之中，并使之成为推动国家治理现代化的必要工具。[40]

台、港、澳问题在政治学界一直备受关注。有学者指出，通过台湾2016年大选，大陆方面应实事求是地认清楚台湾民意的两面性：既赞成两岸关系和平发展，又希望和平发展建立在双方对等尊严的“事实两国”基础上。认清台湾民意，是制定正确政策的出发点。[41]近年来，两岸关系发展并不顺畅，横亘在两岸之间交流和互动的深层次障碍依然存在，如隔阂、不解、猜忌、怨恨以及长期形成和扩大的文化差异等。实现民族和解和两岸统一仍是我们面临的挑战。因此，正视历史，化解历史积怨，构建两岸之间坦诚互谅与和解的伦理政治逻辑就非常重要。两岸是蜕变的伦理共同体和分离的记忆共同体，双方应坦诚面对胜利和失败的历史记忆，互谅对方的荣耀传递和创伤转移，最终走向民族和解。[42]港澳政治体制的总体特点有三：行政主导；立法与行政既相互制约又相互配合，且重在配合；司法独立。港澳政治体制是在保留其原有政治制度有益传统的基础上，吸取西方政治体制中的有益经验而创造的一种新型地方政权组织形式。[43]

边疆问题也不容忽视。有学者认为“东突”问题是历史形成的沉疴，又受到国内外双重因素的影响。“东突”分裂主义的恐怖主义蜕变、“东突”恐怖主义活动意识形态化、“东突”问题与宗教极端化思潮纠结等现状，使其成为影响新疆稳定与发展的重大问题。[44]解决好新疆自身问题，加紧对新疆的规划和治理，实现新疆稳定和长治久安，有助于我们彻底消除“东突”问题。

3. 政党政治与统一战线

政党政治是现代政治的主要运行形式，政党决定着绝大多数国家内政外交的发展方向。有学者认为党员“破法”无不始于“破纪”。因此要加强以规治党，细化党章、党内法规对党组织和党员的纪律要求，明确规定违反党章就要依规给予相应的党纪处分，为广大党员开列一份“负面清单”，以治标促治本。[45]

政协界别概念需要破题性研究，政协界别设置必须坚持政协特殊的组成原则，其设置和调整须符合政协界别的功能，要适应社会主义协商民主的新格局。[46]政协提案工作是伴随着人民政协的成立、发展而产生发展的。政协提案工作的历史发展启示我们，要注重观念创新、机制创新、协商时效性、以公共政策为重，凸显其应有的功能和作用。[47]政党协商和政协协商是两个高度关联的、具有明显中国特色的协商民主实践形式，二者相互促进且可协调发展。[48]

4. 社会治理与政策

信访问题、乡村治理问题、农民工阶层问题都是社会治理和政策研究的主要内容，对于社会和谐发展具有重要意义。

信访问题是当前中国最突出的社会问题之一。有研究指出信访是诞生于革命时代的服务于革命需要的制度安排，其基础是与革命动员及运动式治理相契合的革命伦理。这种以人民民主理论、群众路线和人民内部矛盾理论为具体内容的革命伦理，对新政权建设发挥过一定的作用。但是，随着现代国家体制的建设，这种革命伦理已经不能适应复杂的社会关系，而要改革，就必须对信访制度的理论基础进行彻底的反思。[49]从科学社会学的角度看，信访问题复杂难解的原因在于它涉及如何处理国家与社会的关系这一根本性问题，即如何处理国家与社会的关系，从而实现社会治理的秩序化。应把信访问题与政治秩序的形成和巩固相结合。[50]

在社会的发展与变革中，乡村的处境也受到学界关注。有研究表明强势的发展主义改变了村庄的社会结构和阶层形态。河北宋村就是土地精英阶层化问题的典型范例。在遭遇土地商品化后，宋村的土地精英阶层形成，治理形式也由先前的“无为之治”转变为“分条治理”，逐渐形成利益依附型村庄。但是，土地精英阶层的“生存状况同样由市场决定”，土地精英阶层难以抑制的原因就在于权力和资本固有的“选择性亲和关系”。权力和资本的结合日益消蚀着村庄共同体的利益和长远的发展机会，应重视审查土地精英阶层。[51]乡村治理的手段有很多，村规民约就是基层治理的重要手段。村规民约与村民自治、农村治安、农村自然资源保护与利用、农村环境保护、农村公共事务、农民权益保护、农村纠纷解决等有着密切的关系。要坚持村民自治原则，坚持乡村治理法治化，在国家法律法规范围内，以维护农民的法律权益为目标，建立和完善相应的法律制度，促进乡村经济社会发展和提高农民生活水平。[52]

农民工阶层面对的政治现实问题有很多。有学者指出农民工阶层已发生结构性变化，要赋予农民工阶层以平等的政治经济社会权利，并推进农民工政治参与的法治化与制度化。[53]

三、比较政治

1. 研究路径与方法论

有学者指出，在西方比较政治学学科的影响下，中国比较政治学经历了一个启蒙、发展、走向学术自觉的进程，中国比较政治学本土化意识有所增强。中国比较政治学现已关注亚洲工业化国家的发展历程，探求政治发展的脉络及规律，并尝试建立科学的政治体系的评估体系；中国独特的工业化、现代化以及社会发展、社会转型的经历，使我们初步具备了独立思考和客观观察、研究世界的基础。中国比较政治学正在从西方学徒到自主创新的道路上迈进。[54]

质性研究和量化研究是社会科学研究中两套不同的研究方法，二者只是在“术”的层面的分野，而并不存在认识论意义上的本质性差异，并非截然对立。从实证主义和阐释主义这两种基本的认识论着手来看，实证主义研究可以使用质性研究方法和量化研究方法，而阐释主义研究则只使用质性研究方法。质性研究受到量化研究的冲击，阐释主义指导下的质性研究被边缘化。质性研究方法的推进需要实证主义与阐释主义的共同发展，加强对阐释主义的关注。[55]

政治学实验方法在兴起过程中经历了肯定、质疑与争论。实验方法解决了部分传统定量分析的不足，但也在应用目标、应用过程、应用结果等方面面临困惑。客观认知该方法的不足和优势，有效和其他研究工具融合，不断提高自身解释力的同时，亦与其他研究方法沟通完善，这对于实验方法的未来发展和推广至关重要。[56]

2. 政党政治

民粹主义政党的兴起引起了很多学者和政治家的担忧。有学者从选民基础、纲领吸引力、组织能力等方面，对比德国选择党和海盗党的兴衰，得出二者命运差异的原因。无论兴衰，民粹主义政党就是“民粹主义时代精神的结果”，是政党追随选民意志、又不断煽动和塑造选民意志的结果。[57]

有学者系统梳理一党独大制的理论文献，一党独大制是多党制的一种普遍现象。对一党独大概念的认识虽各有不同，但都承认是在多党竞争的情况下，一党长期连续执政，存在竞争与选举，独大党因为各方面的优势使其有很大可能当选。西方的研究从政党的历史起源、一国经济社会结构等因素、政党的战略选择和政党内部组织等路径，解释了政党适应性强弱的原因。[58]

非典型性政党是指那些要素不全，但又达到法律规定的政团组织注册要求，以政党形式存在、活动并发挥着作用的政治组织。没有注册的可称为“类政党”，注册的可称为“准政党”。中国的“无党派人士”和“工商联”的政治角色和活动方式就像“类政党”和“准政党”的类型。在目前复杂的政党政治发展中，提出“类政党”和“准政党”的概念对世界政党政治复杂现象的研究和对中国政党政治发展前景的研究，都具有重要意义。[59]

3. 国别研究

俄罗斯民主政治一直吸引着政治学界的密切关注。有学者指出传统苏联政治模式的弊端、俄罗斯悠久的专制主义政治传统、俄罗斯社会政治经济转型的需要、以及俄罗斯领导人个人的性格等原因，使得俄罗斯既不是传统的社会主义政治体制，也不是西方国家的代议民主体制，又不同于中国的政治体制。应充分肯定俄罗斯的政治转型，每个国家的政治发展，既要遵循人类社会普遍的政治价值和政治规律，又要尊重本国的历史文化传统。[60]

政治动荡和经济危机造成大规模移民和少数族裔融合，引起了学界的关注。有学者翻译了马格达莱纳·莱辛斯卡关于欧洲抵制移民的论文，文中指出，欧洲主流政党的政治领导人采取了防御性的行动，导致了一种对移民猜疑和敌对的氛围，而且使得限制移民和移民权利的政策合法化。这些领导人还将“多元文化主义”视为一种失败。作者认为欧洲一直经历着自由化和严格管控移民的循环。目前的转变是暂时性的，这是一次周期性的政治意识转变，当境况改变时，它就会逆转甚或消失。[61]

四、政治哲学与思想史

1. 古典与近代西方政治思想

有学者指出，审慎在古典政治学中就是一种重要德性，亚里士多德、柏拉图、阿伦特等人都有关于审慎的论述。政治审慎具有实践性、向善性的价值关怀和哲学导向。政治审慎并不能因其总是要考虑变化的具体情境而被简化为应用性的政治技艺，要以哲学为导向，结合具体情境与普遍性原则。这样，政治学作为一种智慧的能力和伦理意义才能充分体现出来。[62]

马基雅维利从历史的、现实的客观情况出发，认为历史的发展是人们面对现实情况采取必然手段的结果，充满着“必然性”的因素，罗马就是这样发展而来的典范例证。在马基雅维利那里，政治变成超越伦理善恶的“中立领域”，冷酷地估价何者有利于国家生存并扩张帝国。[63]

2. 现当代西方政治思想

20 世纪 60 年代末 70 年代初，新保守主义从自由主义阵营中分裂出来，并于 80 年代初在西方国家形成与新自由主义相区别的政治思潮。从历史传统和历史变迁的角度来梳理保守主义思想的形成及发展演变，可看出新保守主义兼有自由主义和保守主义的思想成分。本质上说，它是维护私有制和资本主义制度，反对公有制和社会主义的。在充分借鉴新保守主义的合理成分的同时，也应清楚地认识到新保守主义的局限性。[64]

自由、平等、正义一直是政治哲学长久不衰的话题。关于自由，有学者认为人们经常将权威与自由对立，认为权威是对自由的削弱，在托克维尔那里我们可以重新认识权威与自由的关系。法国大革命后，以宗教为背景的权威统治体系的消失并不意味着自由的实现，事实上完全相反，人们将陷入新形式的、可能更深重的奴役之中。自由与权威互相契合、互为前提，权威的反面不是自由而是专制。[65]把米塞斯想象的自由秩序与康有为想象的大同秩序进行比较与对照，可以看到，米塞斯建构的自由秩序原理是一种关于大同世界的憧憬，具有明显的乌托邦性质。[66]关于平等，有研究讨论了“向下拉平异议”问题，帕菲特的“向下拉平异议”被视为平等主义无法克服的难题。[67]包括三个推论：（1）平等主义者认为不平等是坏的，由于向上拉平是不可能的，因而他们必定要求向下拉平；（2）向下拉平只会使处境更好的人生活更差，而不会使任何人的生活更好，因而，没人能从向下拉平中受益；（3）不使人受益的事情绝不是好的。对这三个推论的回应：（1）正确理解的平等主义原则并不蕴含向下拉平；（2）影响个人的不仅有福利还有平等，所以，向下拉平总会导致平等方面的改善；（3）不使人受益的事情并非绝不是好的。因此，向下拉平异议说不上是平等主义者无法克服的难题。关于正义，有学者指出，长久以来，政治哲学家们围绕正义是源于个人情感，还是源于超验理性争执不休。应从多元主义视角来看待，破除现有哲学各层次中情感、理性与意志的研究壁垒，通过分析同情对于社会人格及社会理性的作用机制，明晰个人情感与社会正义之间的内在联系，探索出“同情—正义”的社会交往进路。[68]现有的各种分配正义理论都道出人类社会所认可的某些价值，但在实施层面却存在这样或那样的问题。帕累托改进是一种可操作的分配正义原则，它在不损害其他价值的前提下增进一项或多项价值。它着眼于对社会的局部改良，目标是渐进地增进人类价值体系中的每种价值。[69]

英国宪政一直在政治学中占据重要地位，有研究介绍了福蒂斯丘的英国宪政理论，福蒂斯丘的宪政理论以“政治的与国王的政体”为核心概念，认为王国、君主和议会是一个有机的整体，国王既有权威又受到构成性规范的约束，议会和咨议会也有宪政地位。这种宪政理论充分展现了英国宪政近千年的连续性，也为英国现代宪政的发展提供了理论指南。[70]

中国学者也对西方政治有着理性的认识，如对“合法性”概念的重述和对“福山热”的思考。有学者指出，在“无选举授权就没有合法性”已经是很多中国人的一种集体无意识的政治表达时，需要对合法性概念的滥用并对其进行重述。通过介绍韦伯意指政权的合法律性和有效性、李普塞特将选举式民主纳入合法性理论、亨廷顿提出不能进行有效治理（统治）的政府不具有合法性且不道德，以及罗尔斯和新马克思主义者哈贝马斯在20世纪70年代初相继出版的研究西方政治合法性的著作，指出不能依据那些为西方定制的理论而评判中国政治的合法性。合法性是一个包含了合法律性、有效性、人民性和正义性的概念体系，而且有效性是所有合法性理论流派的最大公约数。[71]中国近几年的“福山热”值得我们思考，有学者考诸福山20年来的思想轨迹，指出福山自由民主的理论核心没有变，变的只是论述的方式、对象和态度。福山直接用西方现代国家构建以及能力理论框架，来与现今中国强国家能力的现实效用相互套用，忽视了中西政治逻辑上的时空错位，失之偏颇。[72]

3. 古代中国政治思想

有学者认为“无”是老子哲学中基本而重要的范畴，应该全面考察老子哲学中“无”的全部意蕴。这一概念所指并非“空无”，而是包含作为未知世界的“无”、作为整合的“无”、作为“有”的对立面的“无”。老子对“无”的这种理解对我们提供了可借鉴的思路。[73]

三纲五常作为帝制中国时代中国文明最持久一贯的核心价值观，是旨在维持一种尊卑上下各安其分、稳定有序的社会关系秩序，是国家与儒教或政与教互动整合的必然结果。未来要对自身文化价值观有创新性发展，建构一种新的现代中国文明秩序。[74]今文经学在中国古代政教关系中所起的特殊作用亦是学界久议不绝的话题，有学者从儒学汉宋今古之辩出发，逐次梳理常州今文经学的经世观念，章学诚以周公—孔子、文史关系之辩述说政治理想，龚自珍、康有为对“三世”“三统”说的再解释，试图阐发其中的幽微洞见，为中国当代政治文明寻求新的出路。[75]

对于武装力量，既要其提供以国防安全为主要内容的公共产品，又要防止扩张性暴力组织威胁到政治社会的稳定。从传统文武关系的社会面向和政治面向来看，从政权更替的暴力逻辑、中央与地方关系、文武关系的非制度化几个方面，可以分析文武关系与政治变迁的宏观关系。追求最大限度地控制军队，是中国传统文武关系的共同核心特征。[76]

4. 近现代中国政治思想

在现代国家观形成过程中，严复的国家观在思想史上占有重要地位。有学者指出严复反对将国家与王朝混为一谈，强调国家主权意识，探寻建立现代国家观念。严复从政治与历史的关系入手，将国家理解为自然演化的有机体，提出对国家的类型与本质看法，指出国家的本质是集团利益的体现，国家通过政府进行政治管理，实现御外治内的目的，并提出当下最好的政制是以众治寡的立宪之制。[77]

在制度设计和制度变迁中，《大同书》与《周礼政要》的地位不容忽视。有学者认为二者分别代表了以近代文明为依托的政治观念制度全盘设计和中国特色本位“损益变法”两种改革思路。前者倡导“公政府”的大同之治。后者则提出了革新吏治、裁汰冗官、设立议院、立商部、废科举、兴学堂等一系列具体建议。脱胎于传统核心经典的两种国家治理框架方案给我们提供了有益的思想借鉴。[78]

儒学在中国政治思想中占有不可动摇的地位。有学者认为以性善论为儒家人性论的主流，并不符合历史事实。关于人性善恶与民主、专制的关系，严格说来，从人性是善还是恶，推不出人类应建立什么具体的制度，无论是民主还是专制的制度。[79]还有学者指出现代儒学的浮现是值得关注的现象。传统儒学从一家独尊转变为一家之言，使重建儒学的部分人士总是心怀一种重光儒家独尊的意念，这与现代处境相悖。应该正视现代变迁大势，确立一个退出和一个进入的策略：一个退出，就是退出它熟络运作千年的国家权力领域，放弃那种光复儒家意识形态地位的尝试，承诺儒家就是一家之言；一个进入，就是以一家之言进入诸家、诸派自由言说的社会领域，以自己言说的思想洞察力、逻辑严谨性、观照周全性，体现其具有的文化高位性、资源丰厚性和效用保障性。[80]

注：

①朱云汉：《“巨变时代”呼唤“中国政治学”》，《北京日报》，2016 年 1 月 25 日。

②李良栋：《政治学研究本土化的途径》，《延安大学学报》(社会科学版)，2016 年第 2 期。

③王炳权：《政治学研究年度梳理》，《人民论坛》，2016 年第 14 期。

④房宁：《谈谈当代中国政治学方法论问题》，《政治学研究》，2016 年第 1 期。

⑤曾毅：《超越韦伯主义国家观》，《教学与研究》，2016 年第 7 期。

⑥韩水法：《现代民族——国家结构与中国民族——国家的现代形成》，《天津社会科学》，2016 年第 5 期。

⑦任剑涛：《工业、市场与现代国家》，《思想战线》，2016 年第 3 期。

⑧关凯：《历史书写中的民族主义与国家建构》，《新疆师范大学学报》(哲学社会科学版)，2016 年第 2 期。

⑨刘瑜：《民主化后国家能力的变化——对“第三波”民主化国家/地区的类型学分析(1974—2014)》，《学海》，2016 年第 2 期。

⑩袁达毅：《“治民”到“民治”：国家治理民主的发展转型》，《长白学刊》，2016 年第 5 期。

⑪雷少华：《民主、民主化与美国民主的困境》，《国际政治研究》，2016 年第 2 期。

⑫唐士其：《被嵌入的民主》，《国际政治研究》，2016 年第 1 期。

⑬曾毅、杨光斌：《西方民主话语权构建及实践困境》，《社会科学文摘》，2016 年第 6 期。

⑭许振洲：《反思民主主义》，《国际政治研究》，2016 年第 1 期。

⑮段德敏：《英美极化政治中的民主与民粹》，《探索与争鸣》，2016 年第 10 期。

⑯周穗明：《21 世纪民粹主义的崛起与威胁》，《国外理论动态》，2016 年第 10 期。

⑰林德山：《影响西方国家政治走向的重要变数》，《人民日报》，2016 年 12 月 18 日。

⑱杨光斌：《滥用“民粹主义”已成为西方掩饰政治真相的手段》，《北京日报》，2016 年 12 月 12 日。

⑲燕继荣、李修科：《政策协商原则及实施保障》，《学海》，2016 年第 2 期。

⑳杨积堂：《立法协商的民主源起与制度构建》，《北京联合大学学报》(人文社会科学版)，2016 年第 4 期。

㉑谈火生、苏鹏辉：《我国社会组织协商的现状、问题与对策》，《教学与研究》，2016 年第 5 期。

㉒康晓强：《社会组织：我国协商民主建设的新生长点》，《理论视野》，2016 年第 5 期。

㉓吴先宁：《协商实效性研究》，《中央社会主义学院学报》，2016 年第 4 期。

㉔朱芳芳、陈家刚：《协商民主：替代性选择？——基于地方官员问卷调查结果的分析》，《马克思主义与现实》，2016 年第 4 期。

㉕刘玲斐、张长东：《协商民主理论及其局限——对话马克·沃伦教授》，《国外理论动态》，2016 年第 1 期。

㉖聂智琪：《代表性危机与民主的未来》，《读书》，2016 年第 8 期。

㉗许耀桐：《治理与国家治理的演进发展》，《中共福建省委党校学报》，2016 年第 9 期。

㉘袁红、孙秀民：《国家治理体系现代化的双维标准》，《中共天津市委党校学报》，2016 年第 5 期。

㉙徐嫣、宋世明：《协同治理理论在中国的具体适用研究》，《天津社会科学》，2016 年第 2 期。

㉚洪大用、邵占鹏：《中国治理现代化始终以增进人民福利为依归》，《学习与探索》，2016 年第 2 期。

㉛刘方亮、师泽生：《试论实现国家治理体系和治理能力现代化的条件》，《学习与探索》，2016年第2期。

㉜孙瑞华：《国家治理现代化视阈中的参政党》，《中央社会主义学院学报》，2016年第4期。

㉝黄晨：《近年美国学界中国民主研究评析——文献、脉络与方法》，《国外社会科学》，2016年第1期。

㉞荆学民、祖昊：《政治传播中政治、媒介、资本的三种逻辑及其博弈》，《社会科学战线》，2016年第9期。

㉟马德勇、王丽娜：《公共舆论倾向如何形成？——对网民政治支持的实证分析》，《探索》，2016年第6期。

㊱苏力：《大国及其疆域的政制构成》，《法学家》，2016年第1期。

㊲龙宁丽：《国家与社会之间的结构距离及其测量——基于对全国性经济社团的实证分析》，《马克思主义与现实》，2016年第2期。

㊳袁达毅：《完善人大代表联系群众制度的实践与思考——以北京市为例》，《武陵学刊》，2016年第4期。

㊴袁达毅：《人大代表资格审查制度研究》，《新视野》，2016年第2期。

㊵孟庆国、陈思丞：《中国政治运行的批示：定义、性质与制度约束》，《政治学研究》，2016年第5期。

㊶黄嘉树：《2016年台湾"大选"与两岸关系》，《台湾研究》，2016年第1期。

㊷王续添：《坦诚、互谅、和解：两岸之间的伦理政治学》，《教学与研究》，2016年第3期。

㊸王英津：《比较视野中的港澳政治体制：特色与评价》，《学海》，2016年第1期。

㊹许建英：《"东突"问题的历史与现状述论》，《新疆师范大学学报》(哲学社会科学版)，2016年第6期。

㊺周淑真：《以治标促治本——党规党纪的制度创新》，《武汉大学学报》(人文科学版)，2016年第1期。

㊻郑言惠：《谈谈有关政协界别的一些问题》，《中国政协理论研究》，2016年第3期。

㊼吴先宁：《政协提案工作的历史发展及其启示》，《中国政协理论研究》，2016年第4期。

㊽李金河、王江燕：《政党协商与政协协商的相互促进和协调发展研究》，《中共浙江省委党校学报》，2016年第6期。

㊾于建嵘：《革命伦理与信访制度现代转型的困境》，《学术交流》，2016年第11期。

㊿冯仕政：《老问题、新视野：信访研究回顾与再出发》，《学海》，2016年第2期。

[illegible]localhost51张明皓、简小鹰：《土地精英的阶层化与村庄政治——基于河北省宋村沙场调查》，《北京社会科学》，2016年第9期。

52高其才：《通过村规民约的乡村治理——从地方法规规章角度的观察》，《政法论丛》，2016年第2期。

53周庆智：《农民工阶层的政治权利与中国政治发展》，《华中师范大学学报》(人文社会科学版)，2016年第1期。

54徐海燕：《中国比较政治学：从西方学徒到自主创新》，《社会科学战线》，2016年第11期。

55张汉：《质性研究与量化研究是截然对立的吗？——社会科学研究中的本体论和认识论辨析》，《国外理论动态》，2016年第5期。

56臧雷振：《争论中的政治学实验方法及其发展前景》，《社会科学》，2016年第11期。

57项佐涛、龙萌瑶：《民粹主义政党兴衰探因——以德国选择党和海盗党为例》，《当代世界与社会主义》，2016年第5期。

58胡荣荣：《一党独大制及其适应性：西方研究述评》，《中共宁波市委党校学报》，2016年第1期。

59金安平：《简论政党政治中的"类政党"与"准政党"现象》，《北京行政学院学报》，2016年第2期。

60俞可平：《俄罗斯民主：中国学者的视角》，《国际政治研究》，2016年第2期。

61马格达莱纳·莱辛斯卡：《移民与多元文化主义：欧洲的抵制》，宋阳旨译，《国外理论动态》，2016年第1期。

62陈华文：《政治审慎：重申作为一种智慧的政治学》，《中国人民大学学报》，2016年第4期。

63张广生：《新君主与新共和：马基雅维利的"新政治科学"》，《政治思想史》，2016年第1期。

64施雪华：《论新保守主义政治思想的渊源、发展与影响》，《文史哲》，2016年第2期。

65段德敏：《托克维尔论自由与权威》，《学术月刊》，2016年第10期。

⑥喻中：《大同世界的憧憬：米塞斯建构的自由秩序原理》，《贵州社会科学》，2016年第11期。

⑥段忠桥：《“向下拉平异议”是平等主义无法克服的难题吗？——简析当代西方平等主义者的三种回应》，《天津社会科学》，2016年第6期。

⑥徐丹丹：《“同情——正义”理论刍议》，《江淮论坛》，2016年第5期。

⑥姚洋：《作为一种分配正义原则的帕累托改进》，《学术月刊》，2016年第10期。

⑦李筠：《福蒂斯丘论英国宪政》，《政治思想史》，2016年第1期。

⑦杨光斌：《合法性概念的滥用与重述》，《政治学研究》，2016年第2期。

⑦高全喜：《我们真正理解福山吗？——中国语境下“福山热”的冷思考》，《探索与争鸣》，2016年第6期。

⑦唐士其：《老子哲学中“无”的三重含义——一个比较哲学的考察》，《哲学研究》，2016年第11期。

⑦林存光：《如何认识和理解三纲五常的历史含义》，《政治思想史》，2016年第4期。

⑦张广生：《返本开新：近世今文经与儒家政教》，中国政法大学出版社，2016年版。

⑦李月军：《试论中国传统文武关系与政治变迁》，《甘肃行政学院学报》，2016年第4期。

⑦张春林：《严复的国家思想解析——以〈政治讲义〉文本为主的考察》，《兰州学刊》，2016年第1期。

⑦袁刚、王水涣：《传统国家治理观念框架的近代转型与困境——以〈大同书〉和〈周礼政要〉产生的语境为例》，《学术界》，2016年第4期。

⑦方朝晖：《人性善恶与民主、专制关系的再认识》，《文史哲》，2016年第1期。

⑧任剑涛：《现代儒学的浮现：从独享政治权威到竞争文化资源》，《政治学研究》，2016年第1期。

（作者：王续添，中国人民大学教授；
高亚林，中国人民大学博士生）

社　会　学

社　会　学

奂平清　田知弘

北京社会学者积极回应中国社会变迁与发展过程中的重大理论与现实问题，在建设中国特色社会学理论与方法体系，在城乡发展、社会分层与流动、社会矛盾与社会建设、社会政策与社会工作、婚姻家庭、环境社会学、教育社会学、经济与组织社会学、法律社会学、网络社会学和健康社会学等具体研究领域都取得了重要成果。

一、社会学理论与方法

社会学者积极回应社会发展与社会建设的理论和现实需要，在社会学理论和话语体系建设等方面取得了丰富的成果，研究也更具反思性和创新性。

有学者从中国社会学的历史担当入手，强调中国社会学“问题导向”的风格，认为在我国当前社会发展面临的重大问题中，社会学应关注和研究中等收入陷阱、社会结构转型、创新驱动、社会公正和创新社会治理等重大议题，并形成解决中国问题的中国理论。[①]有学者认为，中国社会学要植根于本土资源，从中国传统思想中提炼基本概念，从而架起沟通中西的桥梁，建立起自己的话语体系。[②]有分析指出，中国社会学需要走出“民族”和“文化”等特殊性范畴，从“文明”的视角来从事社会学的本土化研究，使中国的本土经验具有更大的理论潜力，为丰富世界社会学的理论宝库做出更大贡献。[③]

在《社会学研究》创刊30年之际，有学者指出，该刊创刊以来在对西方社会学理论成果的考察和研究、对中国早期社会学家思想的考察和研究、对重大理论问题展开的探索和论辩等方面，对于中国社会学理论的发展做出了重要的贡献。[④]

有学者从发展社会学的视角，刻画了中国经济和社会发展的特点，描述了“进化”与“超越进化”在经验层次上的区别，在概念层次上阐述了传统性、现代性与后现代性，连续性与非连续性，普遍性与特殊性，时空压缩与时空延伸的结合和统一，并探讨了中国在“十二五”时期之所以能够实现“超越进化的发展”的原因和机理。⑤有学者分析了“十二五”期间我国社会发展和社会建设应对和解决的三大难题，即超大规模的城镇化、社会不平等和维护社会秩序，并分析了社会学在关注和解决城乡均衡发展及农民工的城市融入、聚焦社会结构优化和探索社会治理创新等难题中的贡献。⑥

中国社会学本土化发展离不开对本土社会学前辈思想的考察和继承。有学者在分析社会运行理论时空观念的基础上，比较了社会运行理论时空观与结构化理论时空观的异同。社会运行理论的时空观包括时空定位与时空建构两个方面，社会运行理论的时空观在立论出发点、侧重点、研究路径与理论逻辑四个方面明显区别于结构化理论的时空观，这些思想观点值得进一步阐释和扩展。⑦有学者通过对费孝通历次大瑶山调查的回顾，分析了费孝通民族研究的理论自觉历程，认为这种理论自觉对今天我们的民族研究仍有重要的指导和启迪意义。⑧有学者从对费孝通“差序格局”概念的最初语境的探讨入手，认为差序格局是中国的基础性社会结构，自我主义是差序格局背后的思维结构。在传统社会中，稳定的礼俗与熟悉关系约束着自我主义的动力边界，但随着传统礼治秩序的瓦解，自我主义的动力边界缺乏有效制约，致使基础性社会秩序的维持成为“问题”。因此，在社会建设的语境下，讨论自我主义及其对社会秩序的影响具有重要的意义。⑨

在对西方社会学理论的理解与诠释方面，也一直是社会学的重要研究领域。有学者对集体记忆理论的梳理认为，长期以来学者们对哈布瓦赫记忆理论的引用和讨论，停留于“现在中心观”和“社会框架论”的简单概括。事实上，该理论并没有忽视“过去”在建构集体记忆中的作用，而是将“过去”与“现在”的重要性进行排序，在多数情况下将“现在”置于优先位置，但对过去的习俗及传统也给予了充分的关注，并注意到了集体记忆变迁/转换中的历史连续性问题。⑩有学者比较了帕森斯、米尔斯社会学研究进路，揭示了二者差异背后隐含着的研究者对现代性问题的不同态度以及政治立场上的深刻分歧。⑪有学者重估了米尔斯的社会学遗产，指出了其从内外两个面向揭示美国文明自 19 世纪末以来转型及危机的“智识匠人”的志业，并讨论了米尔斯的社会学研究对中国的启发意义。⑫

在社会学研究方法方面，有学者对中国社会学恢复重建以来三十余年的社会调查研究的发展做了回顾，认为在社会调查的复兴阶段（1979—1989 年），统计调查得到了广泛普及，有明显的经世致用取向，但也存在缺乏规范性、科学性、学科建设不足的情况；在成长阶段（1990—1999 年），社会调查的规范化、学术化、专业化程度明显提升；在繁荣阶段（2000 年以来），一系列全国范围内的纵贯学术调查问世，使得社会变迁、社会发展的科学化研究成为可能，为社会研究提供了前所未有、高品质的公共学术资源，有效推进了社会调查研究方法的创新。⑬针对目前对大数据的盲目崇拜及其“一切皆可量化”的理论假设，有学者指出，在量化过程中不可避免地会出现剪裁现实生活、忽视社会情境、抹杀主体建构、取消生活意义等情况，这种“原罪”并不能由于数据规模的无限增大而被消除。大数据并不能取代各种非量化的人文社会研究，大数据只有对其“原罪”进行深刻反思，才有资格在人文社会研究中保留一席之地。⑭有学者探讨了社会调查研究的具体过程与时代背景之间的关系，认为在当前的时代背景下，研究中介被借助的可能性越来越大、社会缺乏诚信、研究对象对于“被调查”的警惕越来越高，我们需要更好地思考、选择调查方法的问题。⑮有学者全面回顾和总结了“定县调查”这一首次运用现代社会调查方法对中国一个县域社会进行实地调查的历史及意义，肯定了其对推动现代社会调查方法与本土实际相结合，推进社会学研究中国化的意义。⑯

二、城乡发展研究

在快速转型的过程中，城乡发展一直都是社会学研究的热点。有学者提出，“后乡土性”是理解当下中国乡村的形态、问题和未来方向的一种理论框架，是分析和解释当前乡村出现空巢社会、兼业生计、自治与建设并行以及文化多元化的现实形态、特征、性质、成因及其应对的一种客观中性和建设性的分析框架。⑰对于社会关注的农村衰落问题，有分析认为，农村的相对衰落是客观而普遍存在的，其主要原因是工业化和城市化所引起的农村人口流失。对农村衰落，要有科学理性认识，农村衰落能够带来生态环境效益，农村衰落不会危及粮食安全，对农村衰落带来的深远影响要有预判。“三农”问题的核心是农民问题，政府应该帮扶农民，并致力于培育经过工业化和城市化洗礼的新型农民。[18]

对于日益普遍的“资本下乡”问题，有分析认为，资本下乡过程最难克服的问题是由工商资本的“外来性”所导致的“外来”资本与乡土社会互动不畅，从而展现出一个“外来”资本与乡土社会长期互动和形塑的过程。[19]有学者认为，在工商企业资本下乡的过程中，地方政府依托弹性土地政策和财政专项资金，积极鼓励和引导企业，双方合作完成了对村庄的“经营”和“再造”，这是“经营城市”模式在农村的延伸。资本下乡后大力推动“农民上楼”和“土地流转”，构造了新的村庄治理结构，会对村庄社会产生深远影响。[20]

在对城镇化模式的讨论中，有学者讨论了“就地城镇化”模式，即农村就地改造和农民在世代居住的乡村完成生产方式、生活方式的城镇化、现代化的转型。就地城镇化的动力因素包括产业培育和就业结构的转变、土地的资本化、地方精英的资源整合作用、交通机动化的影响以及农民返乡意愿等。就地城镇化有三种典型模式：大城市近郊乡村的城镇化、地方精英带动的村庄城镇化和外部资源注入的乡村城镇化。[21]有学者在对费孝通始终根据经济社会发展的阶段性特征提出中国城镇化道路主张的理论自觉分析的基础上，指出费孝通晚年的多元城市化思想，尤其是其对发展大城市意义的重视，对当前中国新型城镇化道路有重要指导意义。[22]有学者指出，城乡一体化经济发展的本质体现在各种机会的增加和配置上，改革开放以来，国家的一些政策与市场阻碍了城乡在经济发展机会上走向一体化的进程。当前城乡经济发展机会的一体化，不仅仅在于城乡产业布局的调整，更在于改革城乡经济制度和社会管理服务制度。[23]

三、社会分层与流动

对于如何理解各种对当代中国社会阶级或阶层结构变化进行描述的文献，有学者指出，很难找到充分的依据来对这些不同描述的“真实性”“正确性”做出终极判决。因此我们可以将这些文献视为其作者在不同社会分层话语系统的引导和约束下对当代中国的社会分层状况所做的一种话语建构，从而去把握引导和约束这些文献作者将它们建构出来的那些话语系统，以此来对它们各自的价值和局限达到一种相对而言比较恰当的理解。[24]有学者指出，“阶级”是对社会不平等、社会矛盾与冲突进行分析的概念工具。现代阶级理论是适应新的社会分化和社会形态多样化的产物，超出了生产资料所有制和敌对阶级的范畴。阶级是社会权力的基本形式，社会是不同阶级之间争夺对资源和机会的控制权的场域。如果拭去附在阶级概念上的种种曲解和误解，“阶级”概念仍然是分析权力、利益、社会不平等以及相应社会矛盾与冲突的强有力的概念工具。[25]

有学者比较了社会学与经济学取向下中等收入群体与中间阶层的概念定义，指出这两种取向的概念定义和分类模式各有所长，各自的关注点和研究目的有所不同，两种概念定义和划分方法都有其意义，其有效性取决于研究的目的，以及当时的社会现实环境和特征。[26]有学者对改革开放以来不同时期精英代际流动的分析发现，虽然父辈的优势地位对子代的精英地位获得有着显著正效应，但体制精英和市场精英的代际流动仍然遵循着两条相互隔离的轨迹，2003 年之后体制精英的子女成为市场精英的几率比之前有所上升。这表明虽然精英地位获得的影响因素多元化给社会流动提供了一定的开放性，但未来代际再生产的趋势很可能会强化并且由体制精英占据主导。这种代际流动的格局及趋势反映了中国自市场转型以来政治经济生态的变迁。[27]

有学者对社会成员在分割的劳动力市场中的工作组织流动模式及其变迁的分析发现，劳动力市场分割结构的基础在于不同劳动部门社会资源分配权力的差异，这种差异进一步导致不同劳动部门的“吸引力”和“排斥力”的差异，从而影响人们的组织流动。[28]在中国市场转型过程中，由于分配社会资源的权力形式发生转变，劳动力市场分割结构也随之改变，这种改变又推动了人们的工作组织流动。有学者考察了地区和行业双重分割对居民收入分配状况及分化的影响及机制，认为行业垄断是造成当前收入分配矛盾的关键问题。[29]

四、社会问题、社会建设与社会治理

对于社会矛盾的影响因素，有学者分析认为，社会矛盾相关方（抗争方、统治方、中间方）的力量对比结构对社会矛盾的加重与否有着重要影响。[30]持续加重的通货膨胀、日益增高的失业率，不断加重的税收等现实经济因素，会直接加重社会矛盾冲突，容易催生社会骚乱。因此，必须采取有效对策及时化解或缓解这三个因素，应当高度重视粮食、黄金的战略储备问题，想方设法实现充分就业，实施大面积减税的政策。[31]除了物质利益因素外，非物质利益因素也具有缓解社会矛盾或加重社会矛盾的双重效应。[32]在现代社会，妥协越来越成为一种解决和缓解社会矛盾的制度化安排。妥协尤其是制度化妥协对于现代社会有着不可或缺的维系和推动作用，有助于减小社会矛盾和社会冲突加剧的可能性，推动社会的顺利转型。我们应充分用好妥协方式，最大限度地发挥其解决社会矛盾的积极作用。[33]有学者认为，在全面深化改革的新时期，无论是增量改革还是存量改革都急需利益让渡的配合。在利益固化的背景下实现利益让渡，需要人们能够理性对话，促成不同利益群体对利益让渡的必然性形成统一的认识，达成一些基本的社会合作共识。社会合作式的让渡方式，包括“资源共享”式利益让渡、“削峰填谷”式利益让渡和“协商妥协”式利益让渡。[34]

有学者指出，探索中国社会的治理之道，必须考虑中国日益复杂的社会情境，要实事求是地认识中国政治、经济与文化的特点，客观科学地制定中国社会的治理策略，完善适合中国复杂社会的民主治理形式，要秉持兼容并包、合作共进的治理理念，坚持底线思维，构建民生为本的治理体系，在坚持社会治理主体性基础上吸收古今中外一切先进治理经验，将其创造性地转化为中国社会治理的可行策略。[35]有分析指出，社会治理和社会治理现代化的合法性不能仅仅停留在意识形态阶段，最为根本的是要解决当下社会领域的各种现实问题，必须通过生活实践本身来确立其现实合法性，这就要求社会治理和社会治理现代化必须从政治叙事转向生活实践。这种转向的关键路径是区别与顶层设计和底层设计有别的中间设计，建设以“善治”为导向的治理机制。[36]

关于网络社会与社会治理的关系，有学者分析了网络社会的时空扩张和时空矛盾，提出要因地制宜地开展符合社会时空变迁实际的社会治理。[37]有学者在考察大数据给社会研究带来的机遇和挑战的基础上，展望了大数据在未来社会治理中的前景。[38]

五、社会政策、社会保障与社会工作

关于社会政策学科的发展，有分析指出，社会政策包括其他传统学科的相关概念与理论，同时也需在此基础上发展出一套相对独立而又综合的理论框架和研究方法，社会政策教学与研究必须被放置于广阔的社会科学领域，从经济学、政治学和社会学及其对应实践领域来探讨理论基础与学科边界问题。[39]有学者从政策范式的基本维度——问题本质的界定、理念框架、基本政策工具等方面，对社会政策中欧洲的社会质量范式、以美国的资产建设为代表的财税福利范式以及源自第三世界经验的社会发展范式做了比较研究，以期对中国社会政策的发展有所助益。[40]

有学者指出，社会治理是社会政策的本质属性，社会政策的社会治理功能包括治理性的政策制定、实施和社会问题的解决等方面。只有在社会政策制定、实施环节增强其治理性，吸收政策对象的有效参与，才能有效发挥社会政策的社会治理功能。我国在走向经济发展新常态的进程中，要制定积极的社会政策，积极实施社会政策，使社会政策发挥应有的社会效果。[41]有学者认为，经济发展新常态下中央提出宏观政策要稳、微观政策要活、社会政策要托底的总体思路。社会政策是一项整体的系统工程，各项政策或制度互相掣肘，需要顶层设计全盘考虑，摒弃碎片化倾向，更多关注制度衔接、制度漏洞及整体制度体系的设计与发展。[42]

有学者指出，在经济与社会变迁过程中，我国的儿童照顾体制变迁表现出计划体制时期集体照顾模式的式微、照顾共同体的弱化以及照顾关系结构的单一化等儿童照顾危机。以家庭补偿取向的儿童福利政策发挥了基础性的儿童保障功能，但并未能有效地回应儿童照顾体制变迁的问题，当前迫切需要以社会照顾为基础，重构儿童福利的规范和政策框架，包括对儿童照顾权利的制度承认、困境儿童照顾体系的系统化和专业化、推动完善工作—家庭平衡的政策以及建立整合性的儿童津贴政策等。[43]

关于贫困与扶贫政策，有学者指出，农村贫困包括个体性贫困问题和特困地区的连片贫困问题两种基本现实形态与生成机制，要有效地推进农村精准扶贫，需要建立和完善常设性扶贫精准机制和针对性精准扶贫机制，常设性扶贫机制就是将慈善、社会救助与社会保障体系制度化，针对性扶贫机制主要是针对农村连片贫困问题的性质和成因，形成能促进区域均衡与平等发展的宏观、中观与微观相统一的扶贫政策和制度体系。[44]有学者认为，精准扶贫方略的实施标志着我国进入扶贫攻坚的决胜阶段。精准扶贫为社会工作介入并发挥作用提供了难得的机遇和发展空间。当前，要针对一个时期以来行政动员式反贫困存在的缺陷，科学地界定社会工作助力精准扶贫的功能（角色）定位，检视既往社会工作介入反贫困的经验与不足，探讨提升社会工作助力精准扶贫的整体效能的系统方案。[45]有学者认为，社会工作参与精准扶贫，要与作为服务对象的贫困群体及作为扶贫开发主要系统

的政府部门合作，社会工作参与扶贫开发、精准扶贫需要制度上的创新，也需要社会工作加强自身能力建设。[46]

关于社会工作专业化发展等问题，有学者指出，理论与实务的关系一直是影响社会工作发展的核心问题，如何认识和分析处于变迁背景下的社会工作，需要从新的视角审视。从西方社会工作发展历史看，社会工作的现代性与专业属性在当代的后现代主义思潮影响下面临的转向、变化和挑战。发展社会工作始终要处理好理论与实务的关系，要通过认识社会工作专业化的路径来理解专业实务的内在特质，分清一般助人实务和专业助人实务的本质差异，从而在结合中国社会的文化、制度和政治—经济环境的前提下，促进社会工作专业化和整合实务的发展。[47]有学者对社会工作与社会治理关系的分析认为，社会工作与社会治理具有高度契合性，社会工作的服务型治理的特点反映了共建共享社会治理的要求，社会工作要在社会治理舆论环境建构、促成各方理性参与和发展自身能力方面为促进共建共享社会治理格局做出贡献，而社会工作的精细化服务也是共建共享社会治理格局所要求的。[48]

六、家庭、婚姻及性别研究

在改革与社会快速转型过程中，家庭、婚姻的变迁及面临的挑战成为社会学关注的重要议题。在家庭研究范式方面，有学者主张采用家庭策略的分析视角，将宏观的社会变迁过程与微观的家庭成员的行为及方式联系起来，考量家庭对社会转型的能动反映。如从社会、文化、民族、全球的视角，可以重新审视家庭、家族、亲属网络在快速变迁的当代社会中所呈现的特征，并可以将家庭策略为核心的主题，置于区域研究与全球社会、多元文化与民族发展等框架中展开讨论。[49]有学者将家庭研究与流动研究相结合，基于中国家庭追踪调查，分析了当今中国农村劳动力家庭外出—留守安排的类型分布，描述了丈夫单方外出、妻子单方外出、夫妻同地外出、异地外出及其子女外出或留守安排的分布，并结合三种外出决策情境探讨了夫妻特征和家庭结构等因素与夫妻外出安排的关系。[50]

有学者通过对现阶段城市多元化代际居住安排的考察，发现中国的代际关系主体双方，一方面想寻求个体的自由，另一方面又受孝道文化中关于家庭责任的一整套生活逻辑以及与养老、抚育相关的社会制度的制约。多数代际关系主体在结构和个体之间努力寻求一种平衡，选择形式各异的代际居住形式，形成了转型期特有的流变的家庭代际关系。[51]有学者分析了中国城市家庭代际关系的五种潜在类别：亲密且互惠型、亲密有距型、实用主义型、情感型和疏离型。发现其中超过一半的个案属于亲密且互惠型，说明了城市家庭代际凝聚力依然强大；但实用主义型和疏离型代际关系的出现，说明中国城市中出现了不建立在情感基础上的代际关系，家庭代际关系呈现多样化趋势。[52]

关于社会各层面性别不平等问题，有学者利用“北京市科技工作者状况调查”数据，以高校科研人员为分析对象，以社会网络为分析视角，从网络欠缺和网络回报欠缺分析了造成科研产出性别差异的网络机制。[53]有学者探讨了性别文化观念如何影响人们的互联网的使用偏好和使用方式，从而成为导致网络空间性别不平等的再生产的重要原因和机制。[54]

七、环境社会学

在环境问题日益突出的趋势下，对相关环境问题的理论与实证分析，成为社会学研究重要领域。有学者指出，在中央持续地、切实地推进生态文明建设的条件下，中国环境治理正在出现新趋势、新特点，已经迈入了复合型环境治理的新阶段，即面向整体环境的、依托整体环境的、为了整体环境的综合治理和社会变革阶段。在环境认知更加清晰、环境政策设计更加完善的基础上，中国环境治理道路日趋彰显其中国特色。[55]

有分析指出，环境知识是公众环境关心与行为研究的重要变量，对于考察环境教育成效也具有重要意义。在对公众环境知识的测量上，2003 年和 2010 年中国综合社会调查（CGSS）数据的中国版环境知识量表（CEKS）具有良好的内容效度，各测量项目的内部一致性水平较高且稳定，并具有建构效度和预测效度，可以作为研究中国公众环境知识的一个基础性工具。[56]

有学者对经济发展和环境污染对公众环保行为的影响的分析发现，中国公众的环保行为需要从私人领域和公共领域两个维度考察，两者的影响因素存在差别。在个人层面，与经济发展有关的收入和教育变量，以及个人环保知识和环境污染感知变量都对个人的环境保护行为有正面影响；在宏观层面，经济发展和环境污染交织作用对公众环保行为产生影响。经济发展对个人环保行为有促进作用，而环境污染变量对个人环保行为的影响则受到经济发展水平的调节。[57]

有研究发现，大众媒介对城乡居民环境行为具有较为明显的影响，大众媒介通过信息传播和社会动员两种机制作用于居民的环境行为。[58]

关于环境污染是否导致移民的问题，有学者根据相关调查数据分析发现，以雾霾为标志的空气污染问题频发，确实引发了居民担忧，部分居民也因此萌生了迁出意向，但居民雾霾迁出意向的分异却不能完全为环境因素所解释；雾霾迁出意向较少受到社会经济地位因素影响；适应雾霾的不同行为模式对雾霾迁出意向具有不同影响；从绩效期待理论来看，对政府治霾的信心可以显著抑制雾霾迁出意向。[59]

八、教育社会学

有学者指出，以往的教育社会学研究问题在话语实践与解说体系上呈现出混乱，这种混乱导致了学科界限不清，陷入了无休止的归属争论。因此，要根据教育社会学的交叉性学科特征，从研究问题入手，依古典、现代和当代三组问题丛，从问题脉络中厘清教育社会学的话语实践与解说体系，通过对教育与社会之关系的研究，为社会学和教育学提供知识基础和实践依据。[60]

有学者根据相关调查数据探讨了影响大学生申请入党和被党接纳的影响因素，发现提出入党申请的大学生和最终被党接纳的大学生符合传统的选拔标准（学业成绩优异、社团活动积极、担任学生干部、人际关系密切），无论是申请者还是入党者，与其他学生相比，在自尊程度、上进心和事业心等方面都没有明显的个性心理特征。此外，申请入党的大学生在政治理念、实用主义倾向和服从性方面有一定的特征，但这些特征基本不会影响到他们能否入党。分析还发现，高校背景已替代家庭背景，成为影响大学生申请和入党的重要因素。[61]

有学者对家庭背景影响儿童学业成就的路径和机制的分析发现，家庭通过其社会经济资源为儿童提供有差异的教育机会，进而影响儿童的学业表现；家长的教育参与和行为支持，培养儿童的学习态度和学习习惯，对其学业成就产生影响。家庭背景对儿童学业成就的影响路径和机制具有显著的城乡差别，家庭社会经济地位对城市学生成绩的影响大于对农村学生的影响，农村学生的学业成就更多地依赖于自身的学习行为。[62]

九、经济与组织社会学

对于如何更好地理解当前中国正在进行的“市场转型”过程，有学者认为，“市场转型”并不是一个仅仅发生在前社会主义计划经济体制国家中的事情，而是一个在全世界几乎所有曾经建立了现代国家干预主义体制的国家中普遍发生的事情。从全球视野来看，无论是社会主义计划经济体制的产生，还是社会主义计划经济体制已经或尚在进行的体制改革，都是历次全球社会大转型的一个有机组成部分，而不是一种仅仅孤立地发生在这些体制内部、由这些体制内部的因素所引起的历史事件。[63]

有学者对北方乡镇某农产品市场为案例，用“市场链”概念，分析了厂商、中间商和农民等市场主体及其互动对市场结构的影响，分析了现代市场机制与传统社区组织制度的相互融入，强调地方社会制度和社会关系在市场的组织、资源动员与协调、降低市场风险等方面所起的关键作用。[64]有研究者用问卷调查数据分析了“老字号”企业品牌创新的特征及其影响因素，发现“老字号”企业品牌创新能力较弱，呈现重视品牌推广和品牌形象、忽视品牌管理的问题；地域、行业和产权对“老字号”企业品牌创新影响显著；“老字号”企业品牌创新存在显著的马太效应，越具有竞争优势的企业，越倾向于品牌创新。[65]

关于制度与组织信任研究，有学者对组织系统信任问题的研究发现，在控制个体社会经济特征和个体层面人际信任后，组织内部制度对“个体—组织层面”的系统信任度仍有重要影响。此外，制度安排、参与、认知、评价等方面对组织系统信任也有差异性影响。[66]有学者对组织人力资本激励机制的研究认为，不同组织形式之间的重要差异在于人力资本的剩余控制权分布不同，这种差异内含一个假设即对于人力资本的不同激励方向，可能带来不同的产品组合。这一理论分析视角强调组织选择有必要考虑组织形式与激励方向之间的匹配性。[67]有学者通过对政府组织与社会组织各自行动空间和特征以及二者重塑边界可能性的探讨，认为在国家占主导地位的制度环境中，政府让渡出一定的权力和行动空间对社会组织的发展将会产生一定的积极影响。[68]

十、法律社会学

有学者在对近十年来中国本土法律社会学实证研究进行评述的基础上，对新的发展方向做了分析，认为要理解法律意识的变迁与形塑，尚需结合定性与定量两大方向的研究成果；在研究司法系统与法律职业的过程中，需关注行政干预与政治介入的区别，探究治理逻辑与法理逻辑的张力，提炼系统框架以整合现有的分散的研究成果；要扩展边界、立足实证、由破到立、打造团队、加强合作，将法律社会学建设成为具有活力的研究领域，以回应司法改革不断深入的现实需求。[69]

有学者对当代中国纠纷解决机制转型的分析认为，路径选择的转型是从“抑讼”向“励讼”，边界划定的转型是从“全息”到“片段”，关系区分的转型是从“差异化”转向“均等化”。这一转型过程受到社会变迁、国家治理理念转变、东西方文化碰撞等因素的影响。[70]有学者以信访和诉讼为例，讨论了国家在应对社会矛盾的过程中所呈现出的大众主义与法制理性两种政策导向的“双轨制”特征，以及这种双轨模式如何影响基层民众在纠纷解决方面的策略选择，认为正式制度之外的基层信访巩固了行动者对于行政权威的认知，排斥了作为权益救济途径的诉讼与正式规则制度的作用空间，使“权利”“法治”等沦为策略性的说辞而非切实可行的维权武器。这不仅可能造成政府公信的流失，也阻碍了现代、理性、公正的纠纷解决机制的确立。[71]有学者对市场纠纷治理中的政府介入的案例分析认为，政府介入交易纠纷的过程，涉及经济风险向政治风险转化以及政府对风险转化的回应两方面；法律的完备性、政府与市场主体的关联性、政府之于社会的可退出性，是影响风险转化的三个结构性要素；面对风险转化，政府感知到的潜在政治风险强度越大，越容易介入交易纠纷。[72]

十一、网络社会学

随着网络技术的发展和互联网应用的日益普及，网络社会学研究显得日益重要和迫切。有学者对于网络社会发展趋势及其分析范式作了深入探讨，认为大数据和云计算等数字技术使得网络社会表现出理性化趋势的同时，还应当看到其中蕴含着另一种数字技术无法分析的感性化趋势。传统社会的感性思维方式、行为方式和生活方式，以其稳定的惯性和广阔的包容性在网络社会中扩张和融合。因此，应当注意网络社会发展变化的感性分析，避免单纯理性分析的片面性。[73]有分析认为，早期网络社会互动的匿名性和缺场性等“虚拟空间”特征，随着新网络社会互动技术的兴起、新软件巨头的出现以及政治经济力量的介入，使得互联网空间正在经历社会互动的去匿名性、缺场行动的常态化和意义化，原有的虚拟空间正在被再生产为具有经济、政治现实意义的社会—网络空间，纯粹互联网空间的运作逻辑也被社会重新定义、整合和例行化。社会理论需要回应这一转变，重构理解网络社会的理论图式。[74]

关于互联网时代的数字鸿沟的变迁及其机制，有分析认为，互联网基础设施的发展使接入鸿沟缩小、应用覆盖性增强，也触发了互联网红利差异。接入鸿沟缩小带来的是连通性的增强和平台的发展，这使人们有机会把以往投入的各类资产在互联网上转化为有差别的、组合性的互联网资本并从中受益，其中转化规模差异和转化率差异等因素最终导致红利差异。[75]

有学者对新媒体与群体事件关系的实证分析发现，新媒体信息获取越便捷，新媒体的信任程度越高，个体对群体性事件的参与程度越高；社会态度是新媒体影响个体群体性事件参与的重要中介因素，新媒体的信任程度越高，个体的社会态度越倾向于负向消极，群体性事件的参与程度越高。在新媒体时代，如何增强民众对政府媒体的信任，从而改变民众的社会态度是增强群体性事件治理的重要方向。[76]

十二、健康社会学

医疗与健康研究，也成为社会学研究的热点领域。有学者对城乡医疗服务利用不平等问题的实证研究发现，我国城乡居民存在着严重的医疗服务利用不平等，农村居民处于不利地位。城乡居民的“能力”差异可解释绝大部分的医疗服务利用差异，医疗资源可及性、医疗保险政策和教育水平也是导致差异的重要影响因素。[77]有研究认为，当前我国医疗服务不公平的主要原因是医疗资源供给不足、医疗资源配置效率低和价值取向存在问题。[78]有研究发现，我国城市老年人健康水平存在较为显著的性别差异，男性老年人健康水平高于女性老年人，差异的根源在于传统性别角色规范。[79]有分析认为，退休作为一种社会生活事件性应激源，是导致个体健康状况，包括身体健康状况和精神健康水平降低的重要因素之一。[80]有学者对农村抗生素滥用问题的分析指出，在乡村熟人社会环境中，医生往往会迎合农民多开药的要求，因为乡村医患关系受制于两种社会角色的互换：在提供医疗服务时，乡村医生是农民患者的守护人，但为了维持乡村医疗机构较好运营，乡村医生必须得到患者的肯定，因而乡村医生也是被农民患者保护的对象。这种以庇护角色互换为根基的医患关系，是农村抗生素滥用问题的主要成因。[81]

注：

①李培林：《中国社会学的历史担当》，《社会学研究》，2016 年第 5 期。

②李存山、景天魁：《架设中国传统与社会学融通的桥梁》，《江南大学学报》，2016 年第 3 期。

③杨春宇：《文明取向：社会学本土化的普遍性之维》，《社会学评论》，2016 年第 6 期。

④谢立中：《〈社会学研究〉与当代中国社会学理论研究》，《社会学研究》，2016 年第 6 期。

⑤景天魁：《超越进化的发展——"十二五"时期中国经济和社会发展回眸与思考》，《社会学研究》，2016 年第 2 期。

⑥李强、杨艳文：《"十二五"期间我国社会发展、社会建设与社会学研究的创新之路》，《社会学研究》，2016 年第 2 期。

⑦刘少杰、邵占鹏：《社会运行理论的时空观》，《社会学评论》，2016 年第 2 期。

⑧奂平清：《大瑶山调查与费孝通民族研究的理论自觉》，《西北师大学报》，2016 年第 3 期。

⑨王建民：《自我主义与社会秩序——关于"差序格局"的再思考》，《社会学评论》，2016 年第 6 期。

⑩刘亚秋：《哈布瓦赫集体记忆理论中的社会观》，《学术研究》，2016 年第 1 期。

⑪赵立玮：《社会学的想象与想象的社会学帕森斯、米尔斯社会学研究进路比较论要》，《社会》，2016 年第 6 期。

⑫闻翔：《以"匠人精神"，写"社会学的诗"米尔斯的社会学遗产之重估》，《社会》，2016 年第 6 期。

⑬李炜：《与时俱进：社会学恢复重建以来调查研究的发展》，《社会学研究》，2016 年第 6 期。

⑭潘绥铭：《生活是如何被篡改为数据的？——大数据套用到研究人类的"原罪"》，《新视野》，2016 年第 3 期。

⑮黄盈盈：《大时代与小田野——社会变迁背景下红灯区研究进入方式的"变"与"不变"（1999—2015）》，《开放时代》，2016 年第 3 期。

⑯洪大用、黄家亮等：《定县调查的社会学意义》，《社会建设》，2016 年第 5 期。

⑰陆益龙：《后乡土性：理解乡村社会变迁的一个理论框架》，《人文杂志》，2016 年第 11 期。

⑱宋迎昌：《城市化大潮下的农村真的衰落了吗?》，《城市与环境研究》，2016 年第 3 期。

⑲徐宗阳：《资本下乡的社会基础——基于华北地区一个公司型农场的经验研究》，《社会学研究》，2016 年第 5 期。

⑳焦长权、周飞舟：《"资本下乡"与村庄的再造》，《中国社会科学》，2016 年第 1 期。

㉑李强等：《就地城镇化模式研究》，《江苏行政学院学报》，2016 年第 1 期。

㉒奂平清：《小城镇依然是大问题吗？——费孝通城乡社会学理论自觉的启示》，《江苏社会科学》，2016 年第 5 期。

㉓王春光：《论城乡经济发展机会的一体化》，《中共中央党校学报》，2016 年第 1 期。

㉔谢立中：《当代中国的阶级或阶层结构：两种不同话语系统的"真实性"辨析》，《山东社会科学》，2016 年第 3 期。

㉕李路路、杨娜：《社会变迁与阶级分析：理论与现实》，《社会学评论》，2016 年第 1 期。

㉖李春玲：《中等收入群体与中间阶层的概念定义——社会学与经济学取向的比较》，《国家行政学院学报》，2016 年第 6 期。

㉗吕鹏、范晓光：《中国精英地位代际再生产的双轨路径（1978—2010）》，《社会学研究》，2016 年第 5 期。

㉘李路路等：《市场转型、劳动力市场分割与工作组织流动》，《中国社会科学》，2016 年第 9 期。

㉙齐亚强、梁童心：《地区差异还是行业差异？——双重劳动力市场分割与收入不平等》，《社会学研究》，2016 年第 1 期。

㉚吴忠民：《社会力量对比结构对社会矛盾的影响》，《人文杂志》，2016 年第 3 期。

㉛吴忠民：《直接加重社会矛盾冲突的经济因素分析》，《马克思主义与现实》，2016 年第 6 期。

㉜吴忠民：《非物质利益因素对社会矛盾加重与否的影响分析》，《当代世界与社会主义》，2016 年第 1 期。

㉝吴忠民：《现代化进程中的妥协与社会矛盾》，《中国人民大学学报》，2016 年第 6 期。

㉞王道勇：《全面深化改革时期的利益让渡与社会合作》，《中国特色社会主义研究》，2016 年第 5 期。

㉟景天魁、高和荣：《探索复杂社会的治理之道——中国社会治理的情境、逻辑与策略》，《人民论坛·学术前沿》，2016 年第 1 期。

㊱赵孟营：《社会治理现代化：从政治叙事转向

生活实践》,《西北师大学报》,2016年第4期。

㊲刘少杰:《网络社会的时空扩展、时空矛盾与社会治理》,《社会科学战线》,2016年第11期。

㊳冯仕政:《大数据时代的社会治理与社会研究:现状、问题与前景》,《大数据》,2016年第2期。

㊴郭瑜:《社会政策学科解析:经济学、政治学和社会学的维度与视角》,《社会建设》,2016年第1期。

㊵郑文换:《当代社会政策的三大范式:社会质量、财税福利和社会发展》,《社会工作》,2016年第3期。

㊶王思斌:《略论社会政策的社会治理功能》,《社会政策研究》,2016年第1期。

㊷李越美:《经济发展新常态下社会政策如何托底?》,《东岳论丛》,2016年第4期。

㊸邓锁:《从家庭补偿到社会照顾:儿童福利政策的发展路径分析》,《社会建设》,2016年第2期。

㊹陆益龙:《农村的个体贫困、连片贫困与精准扶贫》,《甘肃社会科学》,2016年第4期。

㊺李迎生、徐向文:《社会工作助力精准扶贫:功能定位与实践探索》,《学海》,2016年第4期。

㊻王思斌:《精准扶贫的社会工作参与——兼论实践型精准扶贫》,《社会工作》,2016年第3期。

㊼熊跃根:《后现代主义与社会工作干预:理论和实务的再思考》,《社会科学研究》,2016年第5期。

㊽王思斌:《社会工作在构建共建共享社会治理格局中的作用》,《国家行政学院学报》,2016年第1期。

㊾麻国庆:《家庭策略研究与社会转型》,《思想战线》,2016年第3期。

㊿李代、张春泥:《外出还是留守?——农村夫妻外出安排的经验研究》,《社会学研究》,2016年第5期。

51石金群:《转型期家庭代际关系流变:机制、逻辑与张力》,《社会学研究》,2016年第6期。

52马春华:《中国城市家庭亲子关系结构及社会阶层的影响》,《社会发展研究》,2016年第3期。

53朱依娜、何光喜:《学术产出的性别差异:一个社会网络分析的视角》,《社会》,2016年第4期。

54庄家炽、刘爱玉等:《网络空间性别不平等的再生产》,《社会》,2016年第5期。

55洪大用:《复合型环境治理的中国道路》,《中共中央党校学报》,2016年第3期。

56洪大用、范叶超:《公众环境知识测量:一个本土量表的提出与检验》,《中国人民大学学报》,2016年第4期。

57王玉君、韩冬临:《经济发展、环境污染与公众环保行为——基于中国CGSS2013数据的多层分析》,《中国人民大学学报》,2016年第2期。

58张萍、晋英杰:《大众媒介对我国城乡居民环保行为的影响——基于2013年中国综合社会调查数据》,《中国人民大学学报》,2016年第4期。

59洪大用、范叶超等:《地位差异、适应性与绩效期待——空气污染诱致的居民迁出意向分异研究》,《社会学研究》,2016年第3期。

60钱民辉:《从研究问题看教育社会学的话语实践与解说体系》,《清华大学教育研究》,2016年第6期。

61谢桂华、张阳阳:《向党靠拢,被党接纳:大学生入党问题研究》,《社会》,2016年第3期。

62李忠路、邱泽奇:《家庭背景如何影响儿童学业成就?——义务教育阶段家庭社会经济地位影响差异分析》,《社会学研究》,2016年第4期。

63谢立中:《迈向对当代中国市场化转型过程的全球化分析——一个初步论纲》,《求实》,2016年第2期。

64艾云:《农产品"市场链":一个经济社会学的分析》,《社会发展研究》,2016年第1期。

65尉建文、黄莉:《"老字号"企业品牌创新及其影响因素》,《广西师范学院学报》,2016年第1期。

66刘爱玉、田志鹏:《企业制度安排与员工组织系统信任研究》,《社会发展研究》,2016年第1期。

67向静林、邱泽奇:《激励方向与组织选择——一个人力资本控制权的分析框架》,《社会发展研究》,2016年第2期。

68梁晨:《试探与博弈:权力让渡过程中的社会组织行动空间与边界——以A市某社会组织为例》,《社会发展研究》,2016年第4期。

69郭星华、郑日强:《中国法律社会学研究的进程与展望(2006—2015)》,《社会学评论》,2016年第2期。

70郭星华:《当代中国纠纷解决机制的转型》,《中国人民大学学报》,2016年第5期。

71马原:《大众主义传统与法制理性:国家处理社会矛盾的"双轨制"》,《社会学评论》,2016年第

3 期。

⑫向静林：《市场纠纷与政府介入——一个风险转化的解释框架》，《社会学研究》，2016 年第 4 期。

⑬刘少杰：《网络社会的感性化趋势》，《天津社会科学》，2016 年第 3 期。

⑭陈氚：《网络社会中的空间融合——虚拟空间的现实化与再生产》，《天津社会科学》，2016 年第 3 期。

⑮邱泽奇等：《从数字鸿沟到红利差异——互联网资本的视角》，《中国社会科学》，2016 年第 10 期。

⑯尉建文、黄莉：《新媒体如何影响群体性事件？——中介机制与实证检验》，《北京师范大学学报》，2016 年第 6 期。

⑰熊跃根、黄静：《我国城乡医疗服务利用的不平等研究》，《人口学刊》，2016 年第 6 期。

⑱王文娟：《我国新医改背景下的医疗服务公平研究》，《中国人民大学学报》，2016 年第 2 期。

⑲熊跃根、杨雪：《我国城市老年人健康水平的性别差异研究》，《江苏行政学院学报》，2016 年第 4 期。

⑳王存同、臧鹏运：《退休影响健康吗？——一种社会学实证研究的视角》，《人口与发展》，2016 年第 1 期。

㉑景军、黄鹏程：《医患关系对农村抗生素滥用的作用：以五个乡村诊所为例》，《贵州民族大学学报》，2016 年第 3 期。

（作者：奂平清，中国人民大学副教授；
田知弘，中国人民大学硕士生）

民 族 学

民 族 学

杨圣敏 祁进玉 郭 跃

2016 年民族学、人类学研究在学科建设、基本理论与研究方法等方面得到进一步发展，其分支学科的学科教学与科学研究方面也取得了显著的进步。近年来，我国的民族学与人类学学科发展呈现出如下趋势：一是各分支学科呈现出较强的学科交叉、跨学科研究，新兴交叉学科研究领域取得丰硕的成果；二是民族学、人类学学科整合研究趋势得到加强；三是在应用性研究方面得到进一步重视。

在全球化背景下，我国民族学人类学研究中进一步加强对我国及周边国家和地区的政治、经济、文化、宗教以及跨境民族研究及其认同变迁的研究；更多关注西部少数民族地区的文化生态、环境与社区发展，注重特色民族村寨的建设；重点研究全球化背景下的多民族国家的族际关系与社会和谐，促进中国“一带一路”战略的文化交流与互动；充分关注城市少数民族的发展与权益保障，关注长三角和珠三角流域的少数民族人口流动与社会适应、城市化与弱势群体权益保护等议题。

在民族学、人类学学科建设与专业设置等方面，新兴的跨专业、跨学科、交叉的分支学科的教学与研究得到充分重视，国内很多高校纷纷设立民族学、人类学学科，并加大对民族学人类学学科建设的研究经费支持。此外，各院校纷纷加大了对世界民族问题和海外民族志研究领域的科研经费投入和人才引进，重视对周边国家与世界民族研究的跨学科整合研究与学术交流，并在相关研究领域取得了初步的进展。

本研究重点从民族学、人类学学科建设和基本理论与方法研究，全球化与民族主义、民族理论与民族政策研究，民族与族群问题，民族地区发展与建设，少数民族社会历史文化、民族宗教研究，主要分支民族学、人类学学科发展的最新动向，世界民族研究，重要学术会议、学科学术交流活动等八个方面分别加以概述。

一、民族学、人类学学科建设、基本理论与方法研究

杨圣敏就民族学学科的发展和进步提出了四点看法。首先，针对民族学、人类学和社会学三个学科在研究对象、方法、理论等方面是相近甚至基本相同的，提出在全球学科开放是大趋势下，应该更多地促进合作，尤其是民族学与人类学都以不同人群为考察对象，都以田野调查为基本研究方法，研究领域也基本相同，研究理论是相同的一套。实际上，民族学、人类学和社会学在西方国家经过一百多年各自的独立发展，现在已逐渐走向互相的渗透与联合，民族学/人类学与社会学学科将日益走向联合而不是更清楚的分界。其次，在理论导向和问题导向两类研究取向中，应该更侧重问题导向的应用研究。因为理论的检验和创新都需要在这种研究中才可能实现，问题是人们探索科学的动力，任何学科都在回答着人们实践中的一个个问题，解决这些新问题才会有理论创新。第三，要更多借鉴其他学科的理论和方法，每个人的研究更加专门和集中，是产出更有深度的成果之路。要集中一点做长时间的研究和调查，民族学研究最重要的是深描人的本性，通过研究的那个点、那个人群，长期地深入地去了解他们，深描人的本性，通过对人的本性和行为规律的了解，去理解和检验那些理论，看哪些理论是符合人性规律的，哪些理论需要修正或推倒。这样的研究才可能深入，才可能对社会中一些大的问题有准确一些的解释。最后，中国学界应该在对中国社会的研究中创新理论和方法，并在国际学界竖起自己的旗帜。后现代思潮对传统人类学民族学研究的有力批判，可以帮助我们进一步认清西方传统的民族学理论方法之局限。在国际民族学界普遍开展的反思中，对中国民族学来说这显然是一个时机，以马克思主义理论为指导，结合中国实际，探讨中国经验，总结中国学界的研究，创建中国人类学、民族学学派。①

基于民族学人类学的既有理论，有学者通过分析人类学理论的特征、类型和功能，探讨人类学理论建构的方法。根据理论的普遍性、抽象性、逻辑性和验证性的特征，对理论进行了不同角度的分类，指出从理论的形态来划分，人类学理论可分为宏观理论、中观理论和微观理论；从理论的科学性来划分，可分为成熟理论、未充分验证的理论和未验证的理论三类。理论的功能有多种，主要有认识的功能、解释的功能、预测的功能和指导的功能。理论与概念不同，概念是理论的构成要素。理论的建构通常有逻辑演绎法、归纳探索法、由果究因探索法和联想探索法。只有在理论和方法上进行创新，才有可能构建真正具有中国特色的人类学理论和方法。②

自费孝通辞世之后，中国人类学民族学界似乎进入了一个没有大师引领的时代，学科发展出现了严重的理论危机。从费孝通的“差序格局”理论到李培林的“社会结构转型”理论，不但标志着“结构—功能论”正在从古典研究范式发展成为新古典研究范式，而且导致人类学民族学的研究范式出现了重大转变。有学者通过观察中国的城市化、工业化、市场化与思考中国经济社会结构转型，提出了“伞式社会”和“蜂窝式社会”两个新概念，进一步夯实了“社会结构转型”研究范式。人类学民族学正在形成的新型研究范式——“社会结构转型”，既有本土特色又与西方学术接轨，有利于更好地叙述中国故事，形成中国特色的理论和学派，道路自信、理论自信是中国学者应有的追求。③

从人类发展的视角来看，有学者指出民族研究出现过三个范式危机，其一是“民族单义性”的范式危机，指出民族是多义的。近代有一个从民族国家思潮转变为“多民族共和”政体的过程，此乃当今中国国体的基本性质之一。其二是“民族问题化”的范式危机。从人类发展的视角，“民族”是世界文化多样性的载体和文化单元，在这个意义上，民族无问题，民族文化无问题，问题在民族之外，这是理解“民族”的基本原则。其三是“去民族”的范式危机，重要的不是“去民族”，而是要让民族“去问题”，避免让民族成为冲突甚至战争的牺牲品。通过阐释民族研究的三个范式危机，在学理上澄清上述危机，思考对民族研究和民族实践的合适研究范式，为民族研究及民族政策的制定提出基本的学理依据。④

随着“一带一路”的提出和实践，无疑是中国在遭遇文化转型之后的一种直面应对，他因此脱离一种“自说自话”的中国意识的时代，而走向融入世界文化转型之中的道路选择。世界意义上的文化转型体现在文化价值的重新塑造与选择，人口的流动性、迁移性以及散居性的增加，文化意义上的个体觉知远远超过于其他的觉知。作为他者存在的异文化的自我觉醒，以及一种文化的融合与分离的趋势的共同成长上，民族学的民族研究处理不好，其所造就的可能是相对一个国家而言的一个“危险的边疆”，那么人类

学的人类研究处理不好，那将造就的是一个直面人类命运共同体的一个“危险的世界”。[5]

中华民族多元一体理论是当代中国民族学人类学的重要理论。有学者提出费孝通在大瑶山体质人类学视角下，从体质、文化、语言等方面研究特定民族，以这次调查及对民族的认识为基础，在思考中华民族“多”与“一”的关系过程中，逐步认识到必须要从历史的视角、从整体研究和微型研究的结合中探讨中国各民族和中华民族的形成以及各民族交往融合等问题，提出了“中华民族多元一体格局”这一重要理论。费孝通对大瑶山的历次调查，深刻地反映出其民族研究的理论自觉的历程。[6]

二、全球化与民族主义、民族理论研究、民族政策研究

历史上的丝绸之路是一个涵盖多民族的地区，各民族对丝绸之路的形成和发展都发挥了重要作用，做出了历史性贡献。有学者提出东西方通过丝绸之路在经济、科学技术方面密切交流，推动了沿线社会的发展，有助于世界文明的进步。丝绸之路各民族在文化上互相学习、渗透、吸收，在语言和文字上相互交流、借鉴，出现了很多翻译作品和双语人才。丝绸之路是各民族互相吸收、交融的典型地区，总的趋势是民族逐渐减少，各民族共同点越来越多。丝绸之路的巨大贡献是通过和平交往，对沿线各国、各民族都带来福祉。当前，中国提出建“一带一路”的倡议，借用丝绸之路的历史经验，推动横跨亚洲、非洲和欧洲的地区发展合作框架，符合历史发展规律，顺应国内外的民心民意。[7]

民族主义是民族学人类学研究的热点。有学者以西尼萨·马里瑟维奇的民族主义观点为研究对象，认为其民族主义是一种特殊意识形态，在其发展过程中，强制的集中官僚化、意识形态的离心与嵌入，前两者围绕微型团结中心的运转等三个历史进程，起着决定性作用。国家在意识形态普及与政治社会化方面竭尽所能，使民族主义嵌入社会机体，“家庭”赋予民族主义演变的结构性力量。因此，家庭、社会与国家之间长期互动，民族国家与民族主义得以高唱胜利之歌。这一诠释对民族国家建设具有重要启示意义。[8]

20世纪50年代的中国民族识别工作，其理论奠基工程早在20世纪初期就已经在着手进行，民族识别这一过程一定程度上受到前苏联民族理论以及斯大林“民族”定义的影响。有学者历史地分析了国外学界对中国民族的分类方法，指出从19世纪末的亚历山大·霍斯到克拉克与巴斯顿等人对中国西南民族的三分法，到20世纪初期的戴维斯分类法，依稀可见西方学者关于“民族分类”的学术话语及学术影响力。20世纪前期，苏联与英法等国学者对于中国少数民族的研究及其语言学的分类方法对早期中国本土的知识精英们产生了一定的学术影响。[9]

发展理论在20世纪后期逐渐兴起，其目的主要在于解答什么是发展，如何实现发展以及发展的手段与方法等问题，其中的现代化理论以现代化为上述问题的主要答案，也即对发展问题的现代主义式回答。有学者提出将发展理论应用于我国民族发展研究正当其时，但其中也存在西方理论与中国实际的调适问题。以现代化理论为例，需要以现代性惯性思维、现代主义的唯现代论以及两者共同影响下的“现代化框架”思维定式等三个角度，对现代化理论可能施加给中国民族发展问题研究者的影响加以分析，从而解析出这种理论在中国民族发展实践中的适用性空间。在民族发展研究方面，要始终防止执着于任何一种现代化理论流派的“思维依赖症”的出现。[10]

民族区域自治是中国特色社会主义的一项基本政治制度，是中国解决民族问题的基本政策。有学者专以民族区域自治制度在西藏的实践为研究对象，指出民族区域自治制度是西藏社会全面、协调、可持续发展的政治制度保证，是西藏各族人民享受政治、经济、社会、文化等各项权利的可靠保障。民族区域自治具有中国特色，体现了中国民族关系发展的深度和广度，是中国处理民族问题的正确选择和成功典范，具有许多鲜明特点。实行民族区域自治，有利于国家统一、民族团结、经济社会发展繁荣以及人民生活水平的不断提高，具有强大的生命力。[11]

三、民族与族群问题研究

“跨境民族”这一概念近些年在中国大陆开始流行，一些人认为居住在国境线两侧的一些具有共同族源和相同语言文化的群体属于“跨境民族”，希望通过唤起“跨境民族”成员的认同意识和感情纽带，推动跨境交流和经贸往来，进一步促进我国沿边境地区的社会经济发展。但是，有学者提出从现代政治话语体系来看，这一概念存在诸多问题，而且引发境外邻国政府和学术界的高度警惕，并从“民族”和“族群”这两个核心概念的讨论入手，对“跨境民族”这一概念进行了分析并指出其可能引发的负面影响。[12]

民族身份是一个社会成员区分自身类属的重要身份标志。在族际通婚家庭中，子女的民族身份选择原本只是一个简单的“二选一”的问题，但由于受到宗教传统、国家政策、社会网络以及个人感情倾向等多方面因素的影响，这一“简单”的选择却呈现出了极为复杂的内涵。有学者以宁夏石嘴山市兴民村回汉通婚家庭为研究个案，分析并阐释影响当地回汉族际通婚家庭子女作出民族身份选择时受到宗教和传统文化的规约、国家和地方民族政策的引导、社区网络的牵引和个人感情的影响，并在此基础上提出我国目前的族群认同理论在一定程度上应该超脱“原生论”和“工具论”的框范，形成自己的理解。⑬

节日认同是民族文化认同的重要组成部分，也是形成民族文化认同的重要途径。有学者以拉萨穆斯林斋月及开斋节期间的实地调研为基础，探讨拉萨穆斯林节日认同状况。开斋节作为伊斯兰教周期性和仪式性的集体节日活动，是拉萨穆斯林族群认同的集中体现和具体实践，折射出拉萨穆斯林强烈的伊斯兰教宗教文化认同与地域认同并存的特点。⑭

不同年龄段群体在民族认同、文化认同方面展现出不同的特点。有研究者以517名摩梭中学生为被试，调查摩梭人对中华民族、摩梭人、纳西族及蒙古族的民族认同状况。结果表明：摩梭人对中华民族与摩梭人具有较高的认同感；摩梭人对蒙古族和纳西族的认同感较低；摩梭人对中华民族与对本民族的认同具有较高的一致性，对外族的接纳度影响他们对中华民族的认同；摩梭人的民族认同与对外族的包容性较高，说明摩梭人的民族认同属于温和的民族认同。⑮

少数民族流动人口在流入地的融入问题一直是民族学界关注的焦点。有学者依据2015年长三角穆斯林流动人口的调查数据，运用探索性因子分析法探讨我国穆斯林流动人口社会融入的代际变化以及多重因素的影响。研究发现，新生代穆斯林流动人口的社会融入程度比老一代并无明显的改善，而且还面临着更为复杂的影响结构，“内卷化”问题日益突出。个人资本和社会资本对穆斯林流动人口社会融入的影响不仅存在着代际变迁，在不同层次的影响也存在着程度和方向上的差异。政策制度因素对穆斯林流动人口社会融入的影响作用具有代际传递的特征，这主要体现在心理融入层次。还发现，我国穆斯林流动人口社会融入的各个层次并非整体推进，经济收入的提高并没有带来必然的社会融入。⑯

解决群际冲突世界范围内一直是一个难题，并成为社会各界人士共同探讨的议题，通过改变人们的内隐理论改善群际关系被证明是一种有效的方式。有学者通过向被试呈现不同版本的虚构的科学材料，改变被试的群体内隐理论。结果发现，阅读了虚构的科学材料后被试的内隐理论发生了改变。因阅读了材料而具有增长观的被试的群际交流意愿水平更高、对持有以和平方式解决群际冲突态度的人数的估计也更高，但没有表现出对以和平方式解决群际冲突态度的改善，这一结果对改善族际关系、进行民族团结教育具有一定的启发意义。⑰

四、民族地区发展与和谐社会建设

在国家政策指引下，大量特色民族村寨得到进一步发展。有学者关注曾经默默无为，现在已成为著名民族特色旅游村的——狮墩畲族村，并以该村近十年巨变为研究对象，探究像狮墩这样的少数民族“示范村”的发展机制，进而理解少数民族村落发展过程中资本再生产的内在逻辑。狮墩畲族村主要凭借其文化资本（畲族文化）和社会资本（宗族网络）在2006年被评为社会主义新农村试点村，自此不断引入各种项目，积累各种象征资本（如荣誉称号），再引入新的项目，实现资本的再生产。⑱

云南省普洱市孟连县芒旧新寨，至今保留着哈尼族阿卡人传统的“措卡”治理制度。有学者根据研究指出此制度具有三层权威：第一层是“尊”和“尊祃”之表征权威，第二层是由铁匠所代表的农耕生产物质文化权威和由祭师所代表的天人合一精神文化权威，第三层是实体行政权威，由寨老和民选出来的头人及“措卡”成员来承担具体的行政事务。它采取的是民主共生与平权分工的治理方式。“措卡”治理主要依靠当地的一套传统治理文化来运行。“措卡”治理制度，为民族地区的政治建设提供了一个鲜活的案例。⑲

目前新疆各民族分区聚居集中程度很高，相互嵌入不足，这是导致新疆社会稳定问题的重要原因之一。有学者提出，在新疆城镇化进程中，应通过一系列措施促进各民族互嵌式社会结构的建设，同时也要转变对口援疆模式，引导更多新疆各民族群众到内地就业居住，融入当地社会，形成相互嵌入式的社会结构。⑳

改革开放后，川西地区农村人陆续外出打工，被空闲土地吸引着生活在山区的凉山彝族，他们中的一部分开始成规模地迁入川西农村。生存环境的不同导致其习惯的传统生计方式、生活方式相应发生变化，进而深深地影响着其传统观念意识和社会结构。有学者指出在这一变迁过程中，消费主义渗透并改变着他们所熟悉的生活方式的作用，引导着他们应对更具市场特色的现代生活。彝族社会的既有结构受到诸种外力尤其是市场经济力量的吸引而遭到系统侵蚀，可是传统观念也在被同样的外力系统排斥，从而得以强化。在此过程中，来自凉山的彝族移民既非情愿但又会积极构建在外力冲击下于内部再生成的张力空间．就个体而言，积极构建自我矛盾体的行为可谓在传统与现代经验驱使下对市场社会的一种应对。[21]

五、少数民族社会历史文化、民族宗教研究

西南边疆僻处中国疆域一隅，与内地交流甚少，兼以少数民族错落其间，社会、文化形态各异，长期以来，国人将西南地区视为“异域”。有学者根据历史文献资料，重现了国人认识西南、重视西南的两个阶段。20世纪30年代开始，国人前往西南，因接触日多，逐渐对西南的认识发生深刻转变；抗战时期，随着国民政府被迫内迁，西南地区一跃成为抗战建国的民族复兴根据地。因此，国人眼中的西南不仅地理距离大幅拉近，并且心理隔膜逐渐消除，真正成为抗战“腹地”，西南大规模开发的序幕就此拉开。[22]

新中国是56个民族共同奋斗、共同建设的，各少数民族在新中国建设中做出了巨大贡献。有学者以藏族为例，指出1935年5月至1936年10月，中国工农红军长征经过藏区时由于严格执行党的各项民族政策，赢得了藏族人民的信任和拥护。藏族的普通群众和很多开明的上层人士从人力、物力及道义上采取各种方式支援红军，为红军取得长征胜利做出了巨大贡献，论述了该地藏族人民充任翻译、向导，搭起红军胜利的桥梁；成立地方武装，维护秩序、平定叛乱、配合红军作战；支援粮食、发展经济，解决红军生死存亡的头等大事；藏民参军，为红军补充优秀兵力；救护伤员、保护红军；运送物资、铺路搭桥等其他支援红军的活动。[23]

社会调查在中国已经有了近100年的历史，羌族地区的社会历史调查出现也早。有学者根据不同时代的资料，指出不同研究中茂县呈现出了不同的镜像。在茂县的社会调查中，由于各种原因，羌族的传统文化并未得以全面呈现，因而作为传统文化拥有者的、同时又应该是发展的主体的羌族未能体现出其能动性。21世纪的今天，当发展理念开始改变时，更应该坚持少数民族区域自治，倡导以少数民族文化为基础的“绿色”的、可持续的、内发式发展。[24]

江西泰和东塘村遗存的富有显著传统特征的民间习俗，是建立在一种共同的血脉基础之上，且具有强调血脉的稳固性、纯洁性和延续性的特征。族人通过实践，将此类习俗纳入到以祖先为中心的神圣世界的构筑过程当中，同时贯穿于日常生活之中并作为自己行动的准则，这是其在现实世界运行的主要逻辑。这也是在现代市场经济以及现代国家等各种推压力的猛烈冲击之下，村庄依然保持着一幅顽强姿态的一个重要原因。[25]

藏传佛教的发展经历了不同的历史时期。有学者回顾了藏传佛教与苯教之间的关系，指出乾隆年间，大小金川土司势力强大，经常侵扰邻近土司，使得各土司之间攻伐不断。清政府在调解震慑无效的情况下，先后两次对大小金川地区发动了战争。战争结束后，乾隆皇帝对该地实施了一系列的善后措施。其中，在宗教改革方面，清政府采取的是“废苯兴黄”的政策，主要是在该地推行藏传佛教格鲁派，禁止苯教继续传播。[26]

宗教生活不仅是一种个人信仰，还是一种社会活动，塑造社会结构。有学者指出，在族群共同体原生性社会认同的表达与维系方面，土族的萨满信仰遗俗“孛”通过界定和限制特定群体或个人的仪式性行为，构建“神圣”与“世俗”的二元边界来确保宗教内部合法性传统的有效性和权威性，这也是民间宗教践行的社会功能之一。此外，“孛”作为特定群体的民俗事项与族群文化的象征性符号，也是族群历史记忆与民间宗教信仰体系有效传承的场域。[27]

六、分支民族学、人类学学科发展

1. 社会人类学研究

人口流动是社会发展的风向标和温度计，随着世界一体化，人口流动越来越频繁。有学者根据2013年全国流动人口动态监测数据以及其他资料，对新世纪新阶段我国少数民族流动人口的基本状况、流动特点和发展趋势进行了分析。指出少数民族人口流动背后受到“土地倒逼机制”和城乡收入差距的双重影响，更多的少数民族人口会参与社会流动，社会关系也正由机械联系向有机联系过渡。但少数民族的人口流动并没有改变我国少数民族人口分布基本格局，仅倾向于流入到距离出生地较近的发达地区。少数民族流动人口虽然受到住房条件差、工作时间长、医疗报销少等方面的困扰，但在经济驱动和家庭团聚的需要中积极参与流动。随着农民工市民化政策的实施，越来越多的少数民族流动人口会在城市定居生活。[28]

婚姻是社会组织中的最小单位，随着人口流动和社会发展，少数民族地区婚姻家庭呈现出不同的特点。有的学者通过对云南小凉山彝族嘉日家支在通婚范围、婚姻自主权、婚后生活方式和离婚等方面的情况的发展，认为受传统文化和伦理道德的影响，家支外婚、等级内婚以及包办婚姻仍普遍存在于小凉山地区的城镇及广大农村。但近三十年来，随着小凉山彝族社会与外界的联系越来越紧密，新的社会文化及婚姻观念正影响着新一代的彝族青年，彝族传统文化在现代社会中逐渐实现自我调适并发挥积极的作用。[29]

台湾原住民运动的兴起，与深耕于原住民地区的宗教势力关系密切，而肇始于民国时期的宗教管理思想和宗教管理制度，则形塑了台湾光复以来的政教关系。由于政与教所欲争夺的都是人，而对人心的争夺，其实就是应该、如何以及怎样进行“社会关怀”的问题。以台湾的族际政治过程观察，基督教与原住民的政治互动关系始终围绕着这种“社会关怀”展开，隐藏在背后的则是台湾基督教的世俗化与政治化的权衡。[30]

在具有现代技术意义的自来水引入许多民族村落前，水井是人们日常生活的重要设施，也是民间社会生活信息交流的重要平台之一，体现出乡村生活的共享性和集体意识。在侗族社会，水井承载着社会文化的物质、制度与精神意义，水井的修建与维护反映了“共同体”守望相助的意涵。随着自来水逐渐进入乡村社会，水井渐被废弃，村落日常生活方式也发生了变化，并改变了当地的生态环境，同时还将“集体”分割为“个体”，自我与个人主义漫延，导致有的传统文化被逐渐消解。知识与话语、技术与伦理，在水井的物象与变迁中形成了一定的张力，博弈的结果是乡土文化渐行渐远。

2. 历史人类学研究

我国各个少数民族都有自己的历史。有学者通过梳理维吾尔族的历史，指出公元552年突厥汗国建立以后，就在蒙古草原上逐渐形成了以阿史那氏族为核心的突厥族。受突厥汗国统治的回纥部落与突厥政权为敌近二百年，回纥不是突厥族的成员。公元744年回纥在唐朝支持下灭亡了突厥汗国之后，回纥汗国境内的诸部落逐渐团聚形成了回纥族，此后突厥族就逐渐消散了。回纥与突厥是不同的两个古代民族。当代世界约三十个突厥语族民族与古代的突厥在文化、体质特征上已有本质的区别，它们不是一个民族。土耳其在历史上与维吾尔族没有联系，它们从来不是同一个民族。[31]

宗教建筑的发展和变化体现了该地区民族关系和文化的发展走向。有学者以开封地区回族清真寺的发展及相关传说为研究对象，根据《家庙街清真寺重修大殿捲棚大门功德碑记》，证明清真寺的修建年代不晚于道光二十九年，重新考证了清真寺居民来源和职业构成。同时，广为流传的武状元白成龙的故事反映了清代乾隆至同治时期家庙街当地回汉关系的曲折变化，折射出此次历时23年之久的修寺经过，主要是受到了咸同西北回民起义的影响，导致家庙街地方回汉矛盾激化，并最终影响了清真寺的重修进程。[32]

微观器物发展史在很大程度上，可以说明即使边疆地区，国家政策对民族社会文化的发展方向起着重要乃至决定性的作用。有学者以不同时期的西双版纳傣族糯稻种植为研究对象，探讨其变迁轨迹和原因。糯稻种植的式微，不仅使西双版纳傣族社会文化日益碎片化，也使其历史发展轨迹发生极大改变，由此而逐渐走向“现代性”；通过“物”的视角，在述及“糯”的社会生命史之同时，探讨传统与现代、民族与国家、边疆与中心的关系。[33]

3. 语言人类学研究

中国许多少数民族在语言类型上存在显著差异，给各族之间的交流和合作带来障碍。为改善这种状况，国家在积极推动边疆地区的“双语教育”。为了解少数民族地区学校和民间的语言学习发展趋势，以便国家做出更合理的规划，有学者提出“族群文化区隔”这一概念，并根据多民族聚居区各族人口比例这一指标提出多种实用性语言组合的“生活语区”与“学习与就业语区”的概念，进而以新疆维吾尔自治区及其下属的喀什地区为例说明了这一组概念的实际应用，可为在每个具体地区和基层学校因地制宜地推行双语教育提供有益的参考。[34]

7世纪以来，西方社会对于色彩的研究大致存在两种视角：一是自然科学，二是社会科学，而歌德所挑起的牛顿色彩论的批判正是这两种视角的对立的反映，其后，在社会科学中随着认知语言学及认知人类学的发展，色彩语汇经沃尔夫、康克林、博林及凯诸人的研究的叠加，大致建立了基础色彩语汇BCT档案。然而，在语言的实际运用中，如雅克布森的功能论所揭示的那样，即便是同一语言，但在不同的社会场景中，其使用的词汇也存在着差异，实际的色彩词汇的使用中，呈现出了复杂的样态，既不能以神圣——世俗的二元论分出不同的用法，也不能以冷暖色调完成色彩的分类。有学者以羌语为研究对象，指出在神圣的空间及时间中，羌语的色彩词汇“白、黑、红”与“白、黑、黄”与博林及凯的BCT一致，在世俗的时间及空间中也呈现出“白、黑、黄”构造。由于羌族文化中民俗信仰尚未能形成独立的制度化宗教，因而圣俗的交叉，使得“黄”也进入了神圣的空间与时间中。[35]

生活环境和宗教文化影响会影响词汇概念结构。有学者采用自由分类法探查蒙古族基本颜色词的概念结构，并比较城市、农村、牧区蒙古族的颜色词概念结构的异同。结果表明，生活环境和宗教文化影响蒙古族的基本颜色词概念结构。

4. 法人类学研究

自20世纪以来，法学与民族学俨然培育成为科学意义上的经世致用之学。然而，在当代语境下，民族法学却未能沿袭其母体学科的成长路径，而处于相对不利的劣势地位。有学者指出这种学科建构上的不利情形主要体现在以下几个层面：基础理论研究愈发薄弱，功利性研究倾向有所凸显；学科研究方法发育滞后，研究进路具有单一化取向；学科价值与特性广受争议，其独立性地位岌岌可危。为了凸显民族法学的学科价值，唯有深度关怀民族法学基础理论，整合民族法学既有研究方法，明晰民族法学之“综合法”属性，才能破解民族法学学科发展难题之道。[36]

民族法学理论上属于法学学科门类，事实上从属于民族学学科却从事法学职业。民族法学和法学在法学价值上有融合和契合，但不能等同或替代，原因在于法价值理念有冲突矛盾。有学者指出民族法学研究方法既来源于又高于法学研究方法，作为“客观存在”具有充分的理论根据。民族法学研究方法理念创新需要突破传统的研究方法，探析理念创新的理论根据，将其引导到价值衡量分析的学术轨道上来，在理论和实践上具有可行性，重点集中突出核心价值和价值功能。[37]

民族多元化通常伴随着文化碰撞与民族冲突，多民族国家始终面临着通过制度化手段协调民族关系的任务。有学者指出20世纪以来一些多民族国家探索出少数人权利保障、民族联邦制、协和式民主等三种调整民族关系的制度化策略，其中尤以少数人权利保障最具有代表性。少数人权利保障策略蕴含了通过保障少数民族权利构建和谐民族关系的认识，在正当性与操作性方面已有较为成熟的理论证成与制度实践，但仍面临一些挑战。研究民族关系的制度化调整策略，强调少数人权利保障在协调民族关系中的价值，有助于厘清与构建我国的民族关系调整策略。[38]

5. 教育人类学研究

少数民族随迁子女作为一个特殊群体，具有自己独特的民族文化背景和民族心理特点。他们离开故乡，进入陌生的内地学校，这使他们在传承民族文化方面面临诸多新情况。有学者基于此提出为了民族自身的发展与民族文化的有效传承，必须发挥家庭在民族文化传承中基础性作用，加强家庭自身建设。本文总结了帮助少数民族随迁子女更好的传承民族文化的可行性对策，希望帮助其更好的发挥家庭在文化传承中的作用。[39]

双语教育是我国民族地区具有民族特色的教育模式，对于完善我国民族教育体系具有重要意义。有学者基于在青海藏蒙少数民族聚居区与混杂居地区的实地调查与研究案例，初步探讨青海藏蒙地区双语教育实践中“双语教育的文化选择”“开放—融入式教育”“民汉混编班”等基于本土的相关实践经验在我国民族教育事业发展中所起的促进作用，进而深入思考现行的双语教育政策及其实践在推动我国民族地区经济社会发展及提升整体公民素质等方面发挥的多维效能。在实地调查基础上依照各民族所处的语言文化区域特点并结合各个学校的实际情况，初步探讨如何在青海省藏蒙地区有效构建双语教育教学模式。[40]

有学者根据少数民族学生在北京就读的生活情况，对在京藏族学生的基本情况及一些议题方面的思想状况开展了问卷调查，问卷涉及被访者的个人基本信息、学习经历、语言能力、校园生活和社会交往，以及对“内地班”、大学环境、家乡发展和汉族民众的印象等信息。同时，了解了藏族学生对所在校园环境的评价、对自己家乡社会经济发展的看法，以及他们的语言学习和使用状况。[41]

6. 生态人类学研究

壮族神话记录了壮族先民如何协调人与自然、动物的关系，以及他们对宇宙天地、人类起源等重大问题的探讨。有学者通过对壮族神话中对这些问题的条缕分析，发现在壮族先民的思维意识中，始终秉承人类与自然和谐相处的生存准则。这种观念对于当前人类对自然过度开发带来的危机，以及建设“绿色发展”为核心的生态文明，具有重要的现实意义与理论指导价值。[42]

藏族传统文化与青稞品种资源利用之间有着密切的关系。有学者从传统耕作制度、饮食习惯、宗教文化、医药保健等方面来看，藏族传统文化与青稞资源之间有着历史渊源。20世纪90年代以前藏族聚集区具有较为丰富的青稞遗传资源，但20世纪90年代以后，青稞种植面积明显减少。影响青稞生产和品种资源下降的原因，是在过去30年中，藏族传统青稞文化已发生了深刻变化，由此导致青稞生产的下降和青稞传统品种资源的大量丧失。青稞的生产和品种资源保护，不仅是藏区粮食安全的重要保障，而且对藏族文化的传承和发展具有促进和保护作用。[43]

西双版纳傣泐所营造的居住空间体现为“家屋—村寨—勐”逐层向外扩展的层级结构。每一层级在家神、寨神和勐神的分别荫庇下，构筑起内向、封闭、洁净、有序和安全的内部空间。这种内外分隔的空间秩序构成了傣泐社会运转的基本空间图式，是傣泐人观和宇宙观的重要反映。[44]

7. 艺术人类学研究

唐卡是藏传佛教艺术中的重要代表作品。有学者主张从人类学整体观的视角将唐卡视为具有藏传佛教信仰的文化创造者和传承者在特定场景中的艺术实践；从文化相对论视角在社会文化背景中记录唐卡的地方性知识谱系，从中去理解唐卡的独特价值，并从深度访谈、体验式参与观察、客位与主位的互动、场景化事件、质性分析与定量统计结合等五个方面对人类学方法运用于唐卡研究进行了具体探讨。[45]

影视人类学是近年来受到较多关注的人类学分支学科。有学者以学术访谈形式回顾杨光海导演我国民族志经典电影《丽江纳西族的文化艺术》《永宁纳西族的阿注婚姻》的历程，旨在祛除缠绕中国民族志电影经典——“民纪片”（全称“中国少数民族社会历史科学纪录影片”）的西方中心主义魅影，还原影片制作过程的本来面目——兄弟民族相处之道，彰显其对电影人类学理论与方法的启发价值。[46]

还有学者以十年时间跨度内拍摄的有关云南花腰傣族群的三部系列影片为中心，将人类学纪录片的叙述类型分为从“事件”到“故事”到“场景”三个层级，分析影视作为一种表达手段与传统文本载体相比较的优劣，看出时间的厚重感是影视手段的另一显著优势。[47]

8. 应用人类学及其他

现实生活中，人们寻医治病并非只满足于生理上的痊愈，而是追求一种生理与心理的完整意义上的平安。有学者基于对中尼边境樟木口岸夏尔巴人的田野调查，围绕夏尔巴人跨境医疗行为展开讨论。夏尔巴人跨境医疗行为不仅体现了边民的理性选择，反映出引导和制约跨境医疗行为的社会制度问题，跨境医疗更内嵌于夏尔巴人跨境的社会关系网络与其他多种跨境活动中，蕴含着长期传统惯习延续下的文化认同，并受民族医疗中宗教信仰观念的引导。[48]

随着国家对非物质文化遗产的重视，少数民族非物质文化遗产研究日益受到关注。成吉思汗祭奠已历经八个世纪，是自成吉思汗去世以来形成的蒙古族祭祀文化现象，是国家级非物质文化遗产。鄂尔多斯地区的达尔扈特群体一直传承着这一宝贵的文化遗产。随着旅游业的发展和社会文化变迁，在几百年传承的过程中，成吉思汗祭奠不断融进新的元素，发生了一系列的变化。达尔扈特这一群体的思想意识也在发生变化。有研究者指出剧烈的社会文化变迁容易引起文化失调，进而给传承人群的生活带来困扰，产生文化震动和非物质文化遗产传承困境。如果不尽早保护达尔扈特这一非物质文化遗产传承人群，延续了八百年的成吉思汗祭奠将面临后继乏人的传承危机。[49]

七、世界民族研究

在加拿大，尤其是魁北克语境中，土著民族的发展与地方经济发展联系在一起。近年来对北方地区资源的开发利用从不同程度影响着土著民族的教育、生活、文化和社会发展。有学者以“北方计划”为例，重点考察了计划中促进土著民族真正参与到经济开发当中，把自身的现代化过程融入经济开发的过程中。同时指出，土著民族也需要在经济开发过程中积极参与教育培训，更好地参与经济开发和分享经济成果，寻找适合自身的发展路径，在保护民族文化的同时，融入魁北克经济和加拿大经济。[50]

在印度，当代社会的发展与传统文化之间的对接时有矛盾。有学者以独立后印度禁屠牛令争议视为观察印度国家建构和政治走向的一个窗口，检视了母牛崇敬在印度历史中从宗教观念上升到国家法律的过程，其中，禁屠牛条款进入独立印度的宪法直接联系着护牛议题在反殖民主义动员中的历史。在细究争论中的宗教、经济和文化政治各方面理据后发现，不得不面对的是印度国家和民主的属性之争的问题：在这里，印度教民族主义对世俗民族主义提出的最大挑战，是对多元包容原则的挑战。[51]

埃塞俄比亚是非洲具有典型意义的多民族、多元文化的国家，其民族关系十分复杂且处于持续变化过程中。有学者聚焦于埃塞俄比亚“民族联邦制”，认为埃国现行的民族治理模式——“民族联邦制”具有鲜明特点：是一种富于埃革阵政党色彩和社会主义理念、立足于宪法和法律基础，重视议会内部、联邦政府和民族自治地方之间的“分权”与“制衡”的“联邦制架构下的民族区域自治”。[52]

中东地区是当前世界民族问题的热点地区，该地区的库尔德问题是最典型的民族问题，其中土耳其的库尔德问题又最具代表性。有学者通过分析土耳其的库尔德人在寻求民族身份的道路上面临的诸多困境，土耳其库尔德人的民族认同背后复杂的历史、社会和政治原因，这一认同对土耳其的历史、社会和政治结构的建构，试图在全球化背景下能更好地理解中东库尔德问题的复杂性和长期性，有助于对现代多民族国家的少数族群认同危机的研究。[53]

东南亚与我国山水相连，关系密切，同时作为海上丝绸之路的核心辐射区，从我国华南、西南到东南亚的环南中国海区域经过历史上复杂的族群交流和社会交往，形成了“你中有我，我中有你”的文化格局。有学者关注在环南中国海区域社会发生的人文交流及其时空过程，指出这种交流不仅形塑了区域的文化生态，同时还具有社会整合的功能。网络化的跨区域社会体系构成了讨论环南中国海区域社会整体性的方法论基础。跨区域社会体系是跨越了家族、社区、民族、国家与跨国家区域等不同层次的社会单位，是全球社会的重要组成部分，为解读“人类命运共同体”和“一带一路”战略提供了新的研究路径。[54]

八、重要学术会议、学术交流活动

1. 2016 年 1 月 30 日，中国世界民族学会在京召开了以“当前世界民族热点问题”为主题的专题会议。中国世界民族学会主办，国家民族事务委员会政策研究室、中国社会科学院民族学与人类学研究所、《世界民族》杂志编辑部协办。来自北京、上海、天津、新疆等地高校和科研机构的 70 余位学者参加了本次会议。本次参会学者的发言主要围绕“伊斯兰国”对国际政治秩序的冲击、“一带一路”沿线国家民族问题以及世界民族学科建设与发展三大主题进行。

2. 2016 年 10 月 11 日，由中国社会科学院主办，中国藏学研究中心、国家民委民族问题研究中心、中央民族大学协办，中国社会科学院国际合作局、中国社会科学院科研局、中国社会科学院民族学与人类学研究所、中央民族大学中国民族理论与政策研究院、中国民族研究团体联合会、中国民族理论学会承办的“中国民族理论的继承、发展与创新——纪念牙含章先生诞辰 100 周年学术研讨会”在中央民族大学举行。会议设置了牙含章百年诞辰纪念论坛、民族理论论坛和藏学论坛三个分论坛，与会的学者们在三个分论坛中围绕会议主题进行了广泛和深入的交流。

3. 费孝通教授的江村调查在中国社会学和人类学史上有着非常重要的意义，2016 年是费孝通教授江村调查 80 周年，以学术交流与研讨的方式纪念“江村调查”这一历史性事件具有重要而特殊的意义。10 月 22 日至 23 日，由北京大学社会学系与南京大学社会学院、中共吴江区委宣传部主办，光明日报特别支持的费孝通教授“江村调查”八十周年学术纪念会在“江村”所在地——苏州市吴江区七都镇的群学书院成功举办。来自北京大学、南京大学等全国近 40 所高校和中国社会科学院，以及英国伦敦政治经济学院、日本神户大学、韩国首尔大学及中国台湾“中央研究院”的 150 多位学者参加纪念会，大会还邀请了费孝通教授的亲属出席。

4. 2016 年 11 月 6 日至 8 日，中国民族学会 2016 年学术年会，在双江拉祜族佤族布朗族傣族自治县隆重召开，本次会议以“一带一路视野下民族文化国家”为主题，中国民族学会主办，云南民族大学、滇西科技师范学院、双江自治县联合承办，来自国内外的近 300 名专家学者参加学术年会。大会共收到论文 122 篇，较多论文主题聚焦于“一带一路”视野下的民族、宗教以及文化多样性等议题。此外，文化遗产与旅游开发，以及民族地区的教育问题也是本次会议讨论的热点话题。

5. 2016 年 12 月 11 日，“2016 年首届生态民族学论坛”在中央民族大学召开。本次会议主要议题有：生态文明及其内涵、生物多样性与环境保护、文化多样性与社会变迁、全球变暖、气候变化与雾霾、生态移民研究、草地和林地保护、环境保护的地方性知识、景观、圣地与朝圣等。学术研讨会从不同学术领域、不同年龄层、不同地域视角，对“生态民族学”主题进行学术讨论，本次学术研讨会为我国生态与民族学的有机结合提供了原则与方案，为解决生态问题提供理论与实践相结合的建议与措施。

注：

①杨圣敏：《民族学如何进步——对学科发展道路的几点看法》，《中央民族大学学报》（哲学社会科学版），2016第6期。

②何星亮：《文化人类学理论的类型及其构建方法》，《中南民族大学学报》（人文社会科学版），2016第2期。

③张继焦：《人类学民族学研究范式的转变：从"差序格局"到"社会结构转型"》，《西北师范大学学报》（社会科学版），2016年第3期。

④张小军：《"民族"研究的范式危机——从人类发展视角的思考》，《清华大学学报》（社会科学版），2016年第1期。

⑤赵旭东：《"一带一路"遭遇文化转型——兼论人类学在走向世界之中的优势发展地位》，《广西师范学院学报》（哲学社会科学版），2016年第3期。

⑥奂平清：《大瑶山调查与费孝通民族研究的理论自觉》，《西北师大学报》（社会科学版），2016年第3期。

⑦史金波：《丝绸之路上的少数民族》，《历史教学》，2016年第6期。

⑧青觉、谭刚：《隐喻、习俗与民族主义的传播路径——西尼萨·马里瑟维奇对民族主义的新诠释》，《北方民族大学学报》（哲学社会科学版），2016年第1期。

⑨祁进玉：《中国的民族识别与民族分类学体系化初探》，《中央民族大学学报》（哲学社会科学版），2016年第4期。

⑩麦麦提、马东亮：《发展理论的适用性与中国民族发展研究：以现代化理论为例》，《黑龙江民族丛刊》，2016年第5期。

⑪冯智：《西藏民族区域自治的成功实践及其历史启示》，《当代中国史研究》，2016年第2期。

⑫马戎：《如何认识"跨境民族"》，《开放时代》，2016年第6期。

⑬廖惟春：《族际通婚与民族身份选择——宁夏石嘴山市兴民村回汉通婚家庭的田野考察》，《宁夏社会科学》，2016年第2期。

⑭杨晓纯：《节日认同：拉萨穆斯林族群认同的实践——基于开斋节的分析》，《回族研究》，2016年第2期。

⑮王娟、张积家、肖二平等：《摩梭中学生的民族认同及其影响因素》，《华南师范大学学报》（社会科学版），2016年第1期。

⑯袁年兴、许宪隆、王迪：《穆斯林流动人口社会融入的代际比较研究——以长三角地区的调查数据为例》，《中南民族大学学报》（人文社会科学版），2016年第2期。

⑰高兵、李雪瑶：《民族团结教育的深化：内隐理论对群际交流影响的启示》，《民族教育研究》，2016年第6期。

⑱雷李洪：《资本再生产视角下的民族村落发展——以闽东狮墩畲族村的发展为例》，《宁德师范学院学报》（哲学社会科学版），2016年第2期。

⑲张小军、李茜：《哈尼族阿卡人的"措卡"治理制度——普洱市孟连县芒旧新寨个案研究》，《民族研究》，2016年第2期。

⑳李俊清、卢小平：《城镇化与新疆各民族互嵌式社会结构建设》，《国家行政学院学报》，2016年第2期。

㉑季涛：《积极构建自我矛盾体：川西农村凉山彝族移民的生计变迁与社会流变》，《云南民族大学学报》（哲学社会科学版），2016年第3期。

㉒马俊恩：《20世纪三四十年代国人关于西南边疆认识的嬗变》，《天府新论》，2016年第2期。

㉓格桑卓玛、沈红宇、张小敏等：《藏族群众对红军长征胜利的贡献》，《中国藏学》，2016年第3期。

㉔张曦：《社会调查的镜像——上世纪90年代以前的羌族聚居区茂县》，《阿坝师范学院学报》，2016年第2期。

㉕赵旭东、罗士泂：《血脉纯洁与化为实践的宗族——以江西泰和一村落的民族志调查为基础》，《江苏社会科学》，2016年第1期。

㉖赵熙敏：《关于阿坝嘉绒地区苯教改宗问题研究》，《中国藏学》，2016年第1期。

㉗祁进玉：《文化与宗教的多元认同——以土族民间信仰的萨满教遗俗"孛"为例》，《世界宗教文化》，2016年第3期。

㉘肖锐：《当前我国少数民族流动人口的境况及变化趋势研究》，《中南民族大学学报》（人文社会科学版），2016年第2期。

㉙全海燕：《坚守与流变：云南小凉山彝族婚姻变迁考察——以嘉日家支为例》，《民族论坛》，2016年第12期。

㉚陈建樾：《分离还是分立：台湾原住民地区的

政教关系初探》，《中南民族大学学报》(人文社会科学版)，2016 年第 4 期。

㉛杨圣敏：《历史上维吾尔族与突厥及土耳其的关系》，《西北民族研究》，2016 年第 3 期。

㉜巴晓峰：《试论清代中后期开封地方回汉关系——以家庙街清真寺和武状元白成龙故事为例》，《回族研究》，2016 年第 3 期。

㉝杨筑慧：《西双版纳傣族糯稻种植的历史变迁》，《广西民族研究》，2016 年第 2 期。

㉞马戎：《中国民族地区的语言区域与语言应用模式论》，《语言战略研究》，2016 年第 1 期。

㉟张曦：《色彩与认知——以羌族的色彩词汇为例》，《青海民族研究》，2016 年第 2 期。

㊱高鹏怀、廉睿：《主流抑或边缘——民族法学学科处境的解析与重构》，《乐山师范学院学报》，2016 年第 3 期。

㊲胡利明：《论民族法学研究方法的理念创新》，《创新》，2016 年第 4 期。

㊳陆平辉、杜博：《民族关系的制度化调整策略分析：详论少数人权利保障策略》，《中南民族大学学报》(人文社会科学版)，2016 年第 6 期。

㊴古丽排日、阿卜杜热西提：《家庭教育与少数民族随迁子女民族文化传承问题》，《亚太教育》，2016 年第 12 期。

㊵张海云、祁进玉：《青海藏蒙地区双语教育政策与实践的理论思考》，《民族教育研究》，2016 年第 2 期。

㊶马戎：《藏族学生对校园环境和家乡建设的评价——我国藏区青年学生思想状况调查研究报告之二》，《西北民族研究》，2016 年第 3 期。

㊷汪立珍、梁凤娥：《壮族神话中的生态思想探析》，《贺州学院学报》，2016 年第 2 期。

㊸才吉卓玛、薛达元：《青海藏族传统文化对青稞品种资源利用的影响》，《贵州社会科学》，2016 年第 2 期。

㊹艾菊红：《西双版纳傣泐的居住空间结构及其认知逻辑》，《民族研究》，2016 年第 1 期。

㊺刘冬梅：《关注唐卡的活态传承——有关人类学视角和方法运用于唐卡研究的探讨》，《青海社会科学》，2016 年第 2 期。

㊻江鲍：《电影人类学在中国的开创—杨光海导演〈丽江纳西族的文化艺术〉》，《民间文化论坛》，2016 年第 4 期。

㊼乔昊：《花腰傣三部曲与影视人类学的时间厚度》，《民间文化论坛》，2016 年第 4 期。

㊽王思亓：《理性选择与文化逻辑：夏尔巴人跨境医疗行为的人类学解读》，《广西民族研究》，2016 年第 6 期。

㊾色音：《论蒙古族非物质文化遗产传承人群的历史贡献与当下使命——以鄂尔多斯地区达尔扈特群体为例》，《石河子大学学报》(哲学社会科学版)，2016 年第 3 期。

㊿李洪峰：《"北方计划"下的加拿大魁北克土著民族发展》，《民族学刊》，2016 年第 1 期。

51吴晓黎：《解析印度禁屠牛令争议——有关宗教情感、经济理性与文化政治》，《世界民族》，2016 年第 5 期。

52施琳：《应对民族多样性的"非洲思路——多维度"视域下的埃塞俄比亚民族治理模式》，《黑龙江民族丛刊》，2016 年第 3 期。

53张瑞华：《土耳其库尔德人的"民族认同"路径探析》，《世界民族》，2016 年第 3 期。

54麻国庆：《跨区域社会体系：以环南中国海区域为中心的丝绸之路研究》，《民族研究》，2016 年第 3 期。

(作者：杨圣敏、祁进玉，中央民族大学教授；郭跃，中央民族大学博士生)

教育学

教育学

劳凯声　沈永辉　黄　冬　韩丽瑶　王　阔

一、学科性质与研究方法论

1. 教育学的学科性质

作为教育学发展的基础，关于教育学的学科性质的研究可谓是在争论中逐渐清晰。2016 年，研究者们主要围绕以下几个问题展开讨论：

教育学的科学化与人文精神。研究者认为教育科学化是提高教育学学科价值和学术地位的迫切需要和根本路径，突破教育研究科学化限度的根本路径在于建构实践导向的教育研究范式，构建更加开放、弹性的教育科研评价机制。[①]与科学化的观点不同，部分研究者则关注了教育学科的人文精神。有研究者认为教育研究应该提倡人性的教育学立场，[②]也有学者认为教育学学者应该回归人文精神，[③]还有的则认为应该重启教育研究的古典传统，重新聚焦于唤醒生命个体成长的自觉意识，激发研究者自身的生命意识和自觉意识，拓展教育学的文化气象。[④]面对人文精神与科学化的争论，有研究者提出了综合性的"大教育学"的概念，认为应该基于实践分别建立科学教育学、社会教育学和人文教育学。[⑤]

教育的价值取向。关于教育的价值取向问题，有研究者倾向于教育为国家服务的理念，研究了教育中国家主义思想的生产，认为国家主义教育学培育以"国家"之名的新"精神联系"，引导"国家至上"的价值意向，并总结了国家主义教育的具体策略。[⑥]但是，也有研究者关注了教育对于个体生命的价值，认为教育能否促进并实现人的生命发展和幸福生存应该作为教育尺度的基本标准。[⑦]还有研究者提出生命（化）教育（学）的核心思想是教育要朝向、适宜和成全个体生命的身体、心智和灵魂。[⑧]

教育学的西方话语与本土建构。关于教育学的西方话语与中国本土建构，研究者通过跨文化比较认为中国教育学应立足实用的传统，广泛汲取他国教育学传统的资源，重视本土教育知识或理论的建构。[⑨]因此，研究者应从面向传统、批判引入、创造运用、深入本土实践等方面着手重建教育学。[⑩]具体来看，有研究者从"意义—通感"入手，重释儒家思想，丰富深化教育理论的文化、历史意识。[⑪]此外，还有研究者从创生"中国气派"的教育学、探索完善的教育研究实践出发，提出在"活的教育"中创生"活的教育学"的基本策略。[⑫]

2. 教育研究的方法论

关于教育研究方法，2016 年研究者们少于分析具体的研究方法，而是集中于在方法论层面上进行分析，并且基本突出了教育研究方法的实践取向。

宏观层面，研究者从教育研究中的问题与主义之争开始，具体分析了教育研究中的学科取向和问题取向的分立，认为教育研究的合理性应是立足问题建构主义，立足主义解决问题，从教育观和方法论两个层面，建设关照教育问题的"主义"。并强调研究方法的价值在于它能否有效研究具体的教育问题，教育研究应根据问题选择方法，而非拿着方法套问题。[⑬]微观层面，研究者关注教育研究的论证问题，并认为有说服力的论证是提高教育思想可信性的有效途径。研究者指出教育学知识主要由事实陈述和价值陈述组成，不同陈述采用不同论证方式。事实陈述主要采用证据－推论方式论证，价值陈述可采用公理推论、反思平衡、概念分析等方式论证。[⑭]

二、研究热点

1. "互联网＋"教育

首先，关于"互联网＋"教育的内涵，研究者们提出了不尽相同的观点。研究者们将"互联网＋教育"定义为一种新型教育形态，认为它是推动教育进步、效率提升和组织变革、增强教育创新力和生产力的具有战略性和全局性的教育变革。[⑮]其次，关于"互联网＋"教育带来的变革，研究者们也从不同的视角进行了思考。有研究者提出，以互联网为代表的新一代信息技术在教育领域的跨界融合，既可以实现传统教育所关注的规模，又可以实现优质教育所关注的个性化，从而解决教育中“规模和质量”无法同时兼顾的永恒矛盾。[16]还有研究者着眼于学校层面，提出用互联网思维建设未来学校，将会打破封闭的办学体系，突破校园的界限，任何可以实现高质量学习的地方都是学校。[17]

2. 教育扶贫

首先，在教育扶贫的基本理论方面，有研究者提出“扶教育之贫”和“依靠教育扶贫”，明确了教育在扶贫中兼有的目标和手段双重属性，继而对教育扶贫的双重内涵均进行了深入剖析。[18]其次，在教育扶贫的政策研究方面，研究者认为由于对致贫原因的不同认识，教育扶贫政策形成了个体主义、结构主义和关系主义三种取向。[19]最后，在教育扶贫的具体机制研究方面，有研究者提出完善精准扶贫机制，发挥学科、人才和智力、文化、信息等方面的优势，做到分工明确、责任清晰、任务落实、评价科学、特色鲜明、持续发展，走出一条教育扶贫带动智力扶贫—科技扶贫—健康扶贫—生态扶贫—产业扶贫的新路子。[20]还有研究者从教育与精准扶贫关系的视角，提出教育支持精准扶贫精准脱贫，就是要采取特殊措施、精准发力。[21]

3. 民办教育促进法（修正案）下的民办教育

针对民办教育促进法修订，研究者认为修法要在法制轨道上运行，坚持教育公益性原则。[22]随着民办教育促进法（修正案）出台，研究者对其内容进行了全面的分析与评价，认为新民办教育促进法适应教育发展实践、对接现有法律体系，以实行非营利性和营利性民办学校分类管理为核心，将健全公益为本、两类并行的“一本双轨”基础性制度，建立师生普惠、区别对待的“共同有区别”长效机制，拓展非禁即入、开放合作的“共建共享”发展空间，有力促进民办教育健康发展。[23]针对新法中关于营利与非营利的分类管理，有研究者认为“非营利”就是禁止将其赚得的任何利润分配给其他组织和个人，所有的剩余利润必须保留并被用于支持非营利组织所提供的各项服务。[24]同时，还有研究者认为应该立足当前我国民办教育“合理回报”的国情基础，允许民办教育领域的市场作用，认可市场公益性存在。[25]针对新法的贯彻问题，研究者建议要正确区分营利性和非营利性民办学校，消除落实中的误区，加强地方政府政策创新，发挥各界智慧，解决现实问题，促进民办学校健康、稳定、可持续发展。[26]

三、学前教育

2016年北京地区学前教育研究者一方面在宏观层面上从资金投入、政策支持等方面关注学前教育管理，尤其是农村地区学前教育保障；另一方面在微观层面上紧扣学前教育整体质量，利用实证研究展现当前学前教育质量现状并力图提升。

1. 学前教育管理

研究者们一方面反思目前我国学前教育管理存在的问题，一方面积极立足国内体制，寻求国际经验，以期提高我国学前教育管理效果。关于目前我国学前教育管理存在的问题，研究者们认为存在管理机制不健全、行政化、运行方式单一[27]，具体表现为对于公办幼儿园教育资源投入不足，对于民办幼儿园扶持政策未有效落实。[28]针对目前学前教育管理存在的问题，研究者们关注学前教育经费投入的国际经验。研究者认为国际学前教育投入的途径包括明确政府投入基本责任，建立成本分担机制，并通过单项列支、合理规模等制度，确立了以国家项目为主渠道、向弱势群体倾斜的经费分配格局等。[29]此外，还有研究者提出向办园主体和幼儿园教师赋权，建立“院—园—政府”联动机制等措施突破现行管理体制的桎梏，以达到保障教育质量的目的。[30]

2. 农村学前教育保障

作为促进教育公平的重要环节，研究者重点关注了农村地区学前教育的保障问题。研究者指出目前我国县域内已有的学前教育公共服务资源并未发挥出其应有的价值和效能，进而影响学前教育公共服务资源的进一步扩大和发展。[31]因此，针对农村学前教育状况，有研究者建议稳步推进学前教育基本免费制度，重点保障贫困地区和弱势儿童的学前教育需求。[32]也有研究者认为建议强化对各级政府的评估和统筹，着力发展公益普惠幼儿园，坚持分层质量管理，创新农村幼儿园发展机制，提高保教队伍整体素质。[33]

3. 学前教育质量及评价

关于学前教育质量，有研究者通过实证分析的方式发现师幼比对幼儿园集体教学质量具有显著影响。研究者认为随着在场师幼比的提高，幼儿的学习结果与参与度、教师对个体幼儿的关注度和评价的准确度均有所提高。[34]而针对学前教育质量评价，研究者关注教师对于“关注采纳模式”学前教育评价的实施情况，通过调查，研究者发现多数教师处于“机械化”水平，部分教师的实施水平趋于“常规化”和

"精致化"，极少数教师能够达到"更新"水平。[35]对此研究者通过对美国"学前教育项目质量评价"经验的借鉴，从多主体参与的开放式评价、以过程质量为主的综合型评价以及运用观察和访谈相结合的多样化评价方法三个方面提出相关建议。[36]

四、义务教育

2016年，是《中华人民共和国义务教育法》颁布实施30年，在30年中，我国提前完成了义务教育的全面普及，并向高中阶段发展，大量高素质劳动者的涌现为我国的可持续发展注入了生机与活力，更使中国在发展中国家中教育普及的标杆地位和榜样力量愈发凸显。2016年，北京义务教育的研究者主要关注义务教育均衡发展与义务教育质量问题。

1. 义务教育的均衡发展方面

义务教育福利是为保障公民接受义务教育权利而提供的公共服务[37]。因此，均衡发展是其公共性的重要体现。围绕均衡发展，研究者一方面关注义务教育均衡发展的现状，一方面积极探索有益对策。

关于义务教育均衡发展的现状，研究者认为随着城镇化的进程，我国义务教育的差距呈现出先大后小的轨迹，目前也已形成均衡发展的框架，但是，在城市与农村之间仍存在差距。[38]其中，有研究者指出农村学校基础设施出现浪费，城镇教育资源变得紧张等问题[39]。针对发展中的不足，研究者从体制完善、教师培育等方面提出建议。体制完善方面，研究者认为应该加强省级统筹，提高中央和省级政府对农村义务教育经费的负担比重，加强薄弱地区教育经费转移支付，关注效率评估科学性，提高监督和管理水平，实现义务教育资源均衡配置[40]。此外，还有研究者在资源的精准投放、学校行动者的赋权提能、生态资源的有效利用等具体策略上提出相关建议；[41]教师培育方面，研究者认为教育的均衡发展关键在于打造高素质的教师队伍，形成差异化特色。[42]

2. 义务教育的质量监测方面

义务教育质量监测是提高教育质量、促进教育发展的有效手段。研究者认为国家义务教育质量监测应作为素质教育的"指挥棒"与"体检仪"引领义务教育发展方向和监控发展中存在的问题，要对义务教育发展的每一阶段进行跟踪监测，责任到人。[43]针对义务教育质量监测的具体操作，研究者建议完善质量监测范畴，研制学科学业质量标准，着力解决监测中发现的问题，完善监测报告。[44]关于目前我国义务教育质量的监测效果，有研究者通过调查分析发现，我国义务教育督导绩效接近优秀水平，但不同区域、不同城乡、不同层级和不同类型的义务教育仍然存在着差异[45]。因此，研究者建议实施的义务教育应建立科学化的监测方式，及时发现教育问题；提高教育督导的针对性和有效性，加强宏观管理和科学决策；开展全面监测，逐步实现有质量的教育公平[46]。

五、高中教育

关于我国高中教育的发展水平，研究者们认为目前我国各地高中阶段教育普及水平差异较大，到2015年有18个省份达到普及水平，其余省份处于基本普及和未普及阶段。[47]针对京津冀地区的高中教育发展，有学者认为在"十三五"期间，三地政府应该协同攻关，通过加强统筹、优化结构、完善配套等多个方面推动实施免费高中阶段教育。[48]因此，围绕普及高中教育、提高办学水平等核心问题，2016年研究者们一方面关注高考改革背景下的高中教育，另一方面关注高中教育的特色办学。同时，还有部分研究者从社会与高中教育的关系为切入点研究高中教育机会的获得及其影响。

1. 高考改革与高中教育

在当下中国的话语中探讨高中阶段的教育教学离不开"高考"的制度设置，因此，许多研究都以高考改革为背景。作为首批综合改革试点省份的浙江省和上海市相继发布了实施方案，打破了传统的文理分科，提出了"3+3"的选考科目，并且探索实行"专业+学校"的平行志愿填报模式。研究者认为新模式在考生价值判断方式上实现了高考志愿从"总分匹配"向"专业导向"的转变，扩大了学生的自主选择权、促进了高中系列课程改革。[49]因此，研究者们从完善高中学业水平考试、推进高职院校分类考试、增加考试机会等方面提出建议完善选择性高考制度改革；[50]针对高考改革背景下的高中教学组织形式，研究者们提出以增加"选择性"为改革基本逻辑，凸显"全面育人"的价值取向。[51]也有学者以"走班制"为切入点，认为应该增强"走班制"价值认同，超越"走班制"文化阻力，改进学校管理体制，推动学生核心素养发展。[52]

2. 高中办学模式研究

2016年研究者们主要围绕特色办学、普职融通、学校评价以及高中与大学教育的衔接问题展开了对高中办学模式的探讨。

在特色办学的实践中，有研究者认为部分普通高中陷入了"普遍滞后""偏差频现"以及"效能不高”等现实困境。[53]因此，部分研究者认为普通高中实现特色发展，亟待以制度创新为突破，把握正式制度创新和非正式制度优化两个重点，重构特色发展运行机制，形成全面系统的制度保障体系；[54]关于普职融通的问题，研究者们认为普职融通促进高中教育综合化发展已成为国际趋势[55]，并提供了日本高中教育体制弹性化[56]和美国职业教育与普通教育并行共进的经验；[57]关于学校评价问题，有研究者认为普通高中并不需要排名式的评价方式，政府应构建更加多元合理的评价体系，学校则应该以实力和特色赢得社会的信赖。[58]也有研究者对学校评价政策进行了系统梳理，认为普通高中评价政策存在管办评合一、评价主体单一、评价标准不明确等问题并提出相关建议；[59]此外，还有研究者关注了高中教育与大学的衔接机制问题。他们认为目前高中与大学的衔接存在诸如覆盖范围有限、侧重于课程的衔接、配套制度设计不完善和衔接的功利化等问题。因此，高中与大学需要更宽范围、更广角度的衔接，需要更多机构的参与和配合。[60]

3. 高中教育机会获得及其影响研究

关于高中教育机会获得的研究，研究者们一方面关注流动人口的高中教育机会问题，一方面关注高中阶段开除学生学籍的教育法律问题。

流动人口的高中教育机会问题。基于 2013 年河南省农民工监测数据的分析，研究者们研究发现，母亲外出务工不利于子女，特别是儿子获得高中入学机会，父亲外出务工反而能促进子女获得高中入学机会。[61]还有研究者利用 2013 年“流动人口社会融合调查”数据和个案访谈资料发现，家庭中的文化资本对随迁子女的受教育机会影响最大，其次是社会资本和经济资本。[62]关于高中教育机会的影响，研究者们关注其对于未来就业的影响。研究者通过对大学毕业生就业调查 2010 年、2013 年的数据分析发现，毕业于省重点高中的大学毕业生比其他大学毕业生起薪水平高出了约 17%，这一效应主要是通过重点高中的学生取得了更高的高考成绩并上了更好的大学和专业而发生作用的。[63]

对于能否开除学生学籍这一问题，研究者认为现行普通高中关于开除学籍的规定处于无法可依的状态。在实践中，对高中生违纪处分的依据是各省市教育行政规范性文件和校纪校规。这些规范因缺乏国家层面上位法的支持，开除学籍条款或具有相似特征的按自动退学处理条款均充满了随意性，其合法性和合理性值得怀疑。是否或能否开除学籍，应当受“法律保留”原则的限制，由国家教育法律重新加以定义。在无国家教育立法依据的情形下，以开除学籍或按自动退学处理的处分应当慎重。[64]

六、高等教育研究

2016 年，在高等教育研究领域，围绕实践经验和理论反思研究者展开相关研究。实践经验的研究主要集中在对《国家中长期教育改革和发展规划纲要（2010—2020 年）》（《教育规划纲要》）于高等教育领域的实施效果进行评估，总结高等教育治理现代化过程中的经验与问题；理论反思层面，研究者关注高等教育内外部关系的梳理以及对高等教育研究本身进行反思。

1. 《国家中长期教育改革和发展规划纲要（2010—2020 年）》（《教育规划纲要》）实施效果研究

按照《教育规划纲要》中提出的“对实施情况进行监测评估和跟踪检查”的要求，教育部统一部署了对教育各领域改革进展情况进行第三方评估的工作。在高等教育领域，主要包括：

高等教育“创优”工程项目。研究者认为五年来“985 工程”“211 工程”“高校哲学社会科学繁荣计划”等创优工程项目取得了一定突破，但在资源统筹、项目设置等方面存在不足。因此，研究者建议从资源统筹、合理评价、精准投入三个方面提出了若干建议。[65]此外，“双一流”建设的提出也从一个角度为高等教育“创优”工程提供了参考。有学者认为“双一流”建设旨在克服“985”工程的诸多矛盾[66]，为高校建设提供了新机遇[67]，并认为双一流建设的基础是一流本科教育[68]，核心是处理教学和科研关系，关键是推进学科专业课程一体化建设。[69]

高等教育创新创业教育改革计划。研究者对于“双创”教育予以肯定的同时，提出了相关建议。有研究者认为创新创业教育学科建设需要结合中国国情走一条“专业式”与“广谱式”双轨并进、“问题导向”与“学科导向”兼顾、“政府驱动”与“高校需求”互动的特殊道路。[70]也有研究者从学期制度、学分制以及教育评价等方面提出了整体系统改革思路。[71]

高校内部质量保障体系。研究者认为随着“本科教学质量与教学改革工程”持续推进，以“自我评估为核心”的高校教学质量保障体系在部分高校已经初具形态。但是，研究者也指出目前我国高校内部质量保障体系建设的系统性、整体性、科学性不足，尚未形成一套科学完整、操作性强的思路。[72]为此，有研究者提出建立和完善高等教育内部质量保障体系，必须着眼于质量保障的系统性、刚性和常态性。[73]

2. 建立现代大学制度，推进高等教育治理现代化

建立现代大学制度，推进高等教育治理能力现代化是当前我国面临的现实任务。对于高等学校治理、现代大学制度建立，研究者主要从问题分析、经验借鉴以及措施建议三个层面进行研究。

关于高等教育治理目前存在的问题，研究者认为目前我国高等教育治理由于没有切实可行的逻辑与针对性，造成高等教育的“治理失灵”。[74]也有研究者以“差序格局”为视角，认为我国高等教育治理的诸多矛盾，其本质是关系秩序与法治之间的矛盾；[75]关于高等教育治理的经验借鉴，研究者一方面从西方发达国家寻求经验，认为法国高等教育契约管理增强了政府的宏观调控能力，增强了大学整体的统筹和控制力，保障了大学自治的实现。[76]另一方面，研究者考察了民国初期的高校，从民国初期大学治理架构围绕组织功能实现设计，以学术为中心，教授有对学术事务的决定权等方面得到启示；[77]关于高等教育治理现代化的措施与建议，研究者认为我国高等教育的发展，需要在建立现代大学制度、提升人才培养质量、建设高水平师资队伍等方面做出积极探索，推进大学治理体系和治理能力的现代化。[78]

3. 高等教育内外部关系研究

研究者认为高等教育规律本质上是一种特殊的关系规律，因此认为高等教育内外部关系规律的提法是科学的，它暗合了教育既是一种“自成系统”的存在，又是一种在相互关联中“互成系统”的存在。[79]

目前看来，高等教育供给侧改革是高等教育外部关系研究的热点。研究者认为在高等教育后大众化阶段，我国高等教育的矛盾主要在于供给制约。[80]为此，研究者认为高等教育供给侧结构性改革应该通过调整与优化要素配置，在理念、机制、资源、技术等层面全面推动我国高等教育的改革与创新，最终建立起能够引领时代发展与进步的高等教育体系。[81]

高等教育教学、课程建设是高等教育内部关系重要的内容。宏观层面，研究者认为学科建设时需要处理好包括院系谋划和学校顶层设计等关系；[82]微观层面，研究者认为教学大纲、教学活动和教学评价是提升高等教育质量，打造一流教学的三个核心环节。[83]针对学生评教，研究者认为须实现主导权力学术化、评价方案设计科学化及评价实施专业化，持续建设优良的教学文化氛围。[84]

高等教育与社会个体的关系探讨。研究者一方面关注社会结构对个体高等教育机会获得的影响，一方面关注高等教育对于社会流动的影响。[85]关于社会结构对高等教育机会获得的影响，研究者证实了家庭背景对大学生学术性投入具有显著的预测效应，并通过期望价值对大学生学术性投入产生间接影响。关于高等教育对社会流动的影响，研究者发现没有充足证据证明教育扩招促进了代际流动。同时，指出劳动力市场并非完全遵循绩效原则制约了社会整体代际流动，因此发挥教育扩招促进代际流动的功能还需要在完善劳动力市场建设，促进就业机会均等方面做出努力。[86]

4. 高等教育研究反思

对于高等教育研究反思，研究者一方面通过建构学科评价科学指数对学科发展进行评价，一方面采用元研究的方式对现有研究进行梳理。

关于学科评价指数的建构与应用，研究者系统设计了高等教育研究指数，并指出指数因评估对象的不同而呈现出不同的模式，高校的研究力量在三维坐标中呈现出“线性模式”，而学者则呈现出非线性的“团簇模式”。[87]关于高等教育的元研究，研究者认为高等教育学的研究缺乏批判性研究的基础，并指出高等教育学应当建立起批判研究的基础，发展出自己的批判话语和研究范式，而高等教育学学者应致力于批判性研究的本土化和创造“实践的理论”，以免陷入过于知识化的误区。[88]

七、职业教育

我国职业教育培训人员的数量与规模在世界上首屈一指，而近年来，在“面向市场、服务发展、促进就业”的办学方向的指引下，在“工学结合、知行合一、德技并修”的“工匠精神”的感召下，大量高素质的技能型人才不断涌现，职业教育的发展更是进入了“快车道”。2016 年，北京职业教育的研究者将研究焦点主要聚集于以下四个方面：

1. 优质教育资源的扩大

关于优质的职业教育资源的扩大，研究者们主要从高等职业教育与区域经济的互动、职业教育资源的合理配置以及“互联网 +”三个层面进行探索。针对高等职业教育与区域经济的互动，研究者认为高等职业教育与区域经济发展的有效互动使得双方都得以迅速发展。但是目前还存在着人才供需的机制性矛盾。因此，研究者建议明确培养目标，统筹规划，完善学位制度，进行“双师型”师资队伍建设以及深

入推进校企合作等方面下功夫，使高等职业教育与区域经济协调发展；[89]针对职业教育资源的合理配置，研究者关注了职业教育的“城乡失衡”，认为应在城乡联动、院校联动、校地联动的同时，构筑多元、统筹的办学管理体制和教育投入机制，并对职业教育的教师人事制度进行改革，进一步完善准入制度以及人力资源的共享、统筹、配置制度；[90]此外，还有研究者引入“互联网 + 职业教育”的概念，把需求与反馈结合的招生决策机制、产教深度融合的人才培养体系与网络众创空间支持的职业生涯发展等结合起来，创新职业教育。[91]

2. 校企合作提升办学活力

对于办学活力的提升，有研究者认为校企合作乃是其必由之路。[92]研究者致力于对这一制度追本溯源，通过对历史时期阶段的梳理，概括出在新的历史时期，该制度的跨界治理、政府介入、地方自治等属性均有所增强的新特征；[93]有的研究者则运用交易费用的分析方法，从交易不确定性、交易频率及资产专用性三个维度分析校企合作办学的交易费用，建议通过推进职业教育集团化办学、明晰企业主体产权、构建职业教育法律体系等来平衡企业参与的制度供给，优化现代职业教育治理的组织结构；[94]还有学者从策略变迁的角度进行研究，主张提升技能需求与技能供给的对接效率，构建技能需求与技能供给有效对接的组织保障，完善技能需求与技能供给有效对接的制度保障，降低技能需求与技能供给有效对接的经济成本[95]。

3. 职业教育质量保障方面

在提升职业教育质量方面，有研究者聚焦于“中国制造 2025”背景下职业教育的供给侧改革，分析了新形势下职业教育的基本特征，并从多角度提出了其所面临的挑战，进而提升职业教育的深度、宽度和质量，构建三位一体质量保障机制等对策体系。[96]也有研究者则建议通过标准量化[97]和去行政化[98]来提升职业教育吸引力。

此外，还有研究者关注了新型职业农民与农民工的职业教育。有研究者致力于研究新型职业农民的培养，认为在面向他们开展职业教育与培训时，应该将“职业价值观教育”、“职业规划教育”摆在优先位置，创新方式方法，并且通过立法、财政等手段营造友好的工作环境，保障其相关权利的实现[99]；有研究者通过农民工职业教育培训的问卷调查发现农民工职业教育培训体系中存在的种种问题[100]。针对存在的问题，研究者从引导、教学以及运行三个方面来探讨农民工高等职业教育机制，从农民工转型角度探索我国产业结构转型升级的智力保障和城镇化建设的客观需求。[101]

八、课程研究

课程研究的理论方面，有研究者认为当代课程研究范式的发展趋向主要表现为研究范式的多元化和综合化、量的研究与质的研究的互补和融合、超越现代主义与后现代主义课程研究范式之争。[102]在实践层面，随着基于核心素养培养的学校教育已成为国际共识，研究者认为系统研究并建构基于学生核心素养培养的基础教育课程标准，已成为我国基础教育改革的当务之急。[103]与此同时，研究者们还提出当前我国中小学正在全面进入内涵发展、质量提升的历史新时期，课程建设问题逐渐受到重视，越来越多的学校开始将学校发展寄托在课程身上，并致力于学校的课程建设。[104]

1. 基于学生核心素养的课程标准

有研究者从我国教育改革的全局出发，将课程标准建设视为推进教育改革的重要一环，提出深化基于核心素养的教育改革，将核心素养融入课程标准是基础，要重新梳理课程标准的基本框架、理清核心素养与各学科素养的关系、建立基于核心素养的学业质量标准。[105]在具体学科方面，研究者主要关注了核心素养与数学学科课程建设。有研究者通过对中国、美国、英国、澳大利亚、芬兰和新加坡六国最新的小学和初中数学课程标准进行比较研究，发现我国义务教育数学课程标准十分重视数学推理，较为重视问题解决，但在表达、联系和问题解决类的认知要求方面较为薄弱。[106]针对数学学科，还有研究者认为义务教育数学课程标准继承了如注重数学理性主义、强调数学认识价值等优秀传统的同时，但还存在着如对文化价值、文化浸润学习关注不够等问题，需要进一步保持数学价值观不同方面间的平衡，促进不同数学教育价值观、数学教学观念的融合。[107]

2. 校本课程与网络课程的开发

关于校本课程的开发，研究者认为校本课程的优势在于其本土味，本土味是解决本土教育问题的重要途径，有助于教育生活化，催化有意义学习，影响文化化人，调节国家课程与地方文化的互动进而促进知识学习。[108]针对校本课程建设的困境，有研究者指出了目前校本课程创新主体缺失积极性、课程资源缺乏统整性、课程开发形式化等问题。[109]因此，研究者建议强化校本课程开发的组织领导、顶层设计、机制支持、平台建设和监督管理，形成校本课程开发的支持系统。[110]

关于网络课程的开发，研究者认为中小学生的专题教育网络课程具有模块化、情景化、游戏化和趣味性等特点。同时，研究者提出专题教育网络课程的四种建设模式，分别是自建模式、共建模式、委托开发模式和购买模式。[111]

九、德育研究

学生德育在新的发展阶段取得了一定成果，逐步以增强德育主体自主性、培养更有情感温度的公民、终身德育为目标[112]。德育研究一方面从理论深度上积极反思社会转型期德育危机，在价值立场指导下重构德育制度，为思想品德教育提供理论支撑；另一方面把握时代脉搏，从思想深度上追寻传统文化的德育价值，从社会更迭中紧握互联网下的德育创新。

1. 德育理论研究

社会变迁中德育在公众价值认同危机和教育功利困境中进退两难，因此应该力图实现社会和解，在个体观念和社会制度两方面进行切实理性的改革以突破当前德育发展困境。[113]

在宏观管理和制度层面可以以系统科学理论为指导，构建和健全学校、社会、家庭三元联动的大德育工作体系。[114]同时在德育制度设计时要辨析其德性立场与权利立场，秉承“权利优先”为前提、以德性为导向，[115]突破设计目标的单维取向和设计主体的理性自负。[116]学校德育创新也可以将非连续性教育思想应用于德育实践，注重“顿悟”、“挫折转机”和“内在唤醒”。[117]也可以借助核心素养理念解学校德育之困。[118]在微观思想品德教育教学中以思想政治教育整体视域为突破口，形成贯通国民教育诸学段的学生思想政治教育理论体系、实践体系和学科体系。[119]加强思想政治教育风格研究，开展以思想政治教育共同体为研究主体，以实践性知识为核心，建构由本体性知识、实践性知识和条件性知识构成的思想政治教育风格的理论体系。[120]最终构建以阶段性、生活性、人本性和社会性为特征的终身德育体系。[121]

2. 传统文化与德育

德育既不可离开民族的文化土壤，又需要继承民族的文化营养。优秀传统文化具有夯实家国至上的道德原则、引导民本和谐的道德理想、耦合循循善诱的道德氛围、激发世代依存的道德情感等时代价值。[122]基于此要把握以修身养性为我国德育之根本，在亲近经典中感受自我和谐；明确人性完善的非时段性特征，建构终身德育体系。[123]从古代儒家思想中汲取精华，立足自身、由己达人；立足一处、着眼统一；立足理论、格物致知；立足校园、影响社会。[124]以王阳明“致良知”思想为方法论关注社会目标与个人目标的融合，提升德育的有效性。[125]

3. 互联网视域下的德育创新

学生德育工作在自媒体空间面临新的挑战与机遇，总体思路是培养及提高相关德育工作者网络方面的素质，开辟新型的思想教育渠道、建立网上德育阵地，[126]也要认识到网络主体的交往关系是认识和把握自媒体生态的新视角。基于互动模式的不同，科层交往场域、熟人交往场域和陌生人关系场域构成了自媒体网络生态中的三类典型场域。[127]利用这三类典型场域，基于网络社群平台来开展学生生活园区德育工作，其思路为建设网络德育队伍，做好典型案例分析，关注网络社群舆情，建立分析引导机制，营造健康园区环境，对接虚拟与现实，开发网络社群新功能，全方位开展德育；其途径为完善生活园德育工作制度、组建生活园区德育工作队伍、研究生活园区网络德育典型案例、培养园区网络社群平台意见领袖。[128]

4. 多维视角下校园欺凌的反思与破解

2016年，由于典型校园欺凌事件的持续发酵，校园欺凌问题研究也成为学校德育研究的重要方面。研究者们关注校园欺凌的成因，积极提出相关治理策略。

校园欺凌的原因分析。研究者们从家庭和学校文化分析入手，认为家庭中“和”与“忍”的文化对欺凌行为的无意识强化与确认导致欺凌频发[129]，而学校中人文关怀的匮乏使欺凌陷入“泥沼”[130]，青少年由于长期不受学校重视而形成欺凌个性是欺凌者群体产生的机理；[131]从心理学角度看，校园欺凌的发生与社会各界的认知偏差及中小学生不良的社会心理与个性特征有较大关系；[132]从社会学视角看，转型期的社会失范为欺凌事件的出现提供了“温床”[133]，尤为体现在农村留守儿童较多的寄宿制学校中。[134]有研究者指出留守儿童由于父母缺位所造成的安全感降低、青春期同伴依恋的归属感均与留守儿童间校园欺凌的发生有相关性。[135]

校园欺凌的治理。校园欺凌治理的立法与制度完善方面，研究者们积极寻求国际经验，重点关注了美国反校园欺凌法案[136]以及菲律宾的《教育部儿童保护政策》；[137]校园治理方面，研究者建议学校要构建包容性教育[138]，创建安全积极的校园环境；[139]家庭教育方面，研究者认为要明确家长教育责任，重视对学生优良品质和健全个性的培育与引导。[140]社会方面，研究者着眼于社会文化的改善，认为应该增进良性人际互动，建立不良行为矫正教育制度，完善社工服务，构建支持网络。[141]

十、教师教育

2016年教师教育研究呈现以下三方面特征：一是在理念上强调教师教育主体性，从外在“教师专业发展”转向教师内在生发的“学为人师”；二是在培养模式上对传统教师教育进行反思并融合大数据及互联网特色积极创新教师培养；三是从全球化国际视野中关注教师教育新动态。

1. 教师专业化成长

在信息化和价值多元化的社会中，教师的专业化成长需要对教师资格给予高度关注，在教师成长中日益注重教师主体性、卓越教师的培养路径以及教师专业精神的构建等。

教师资格制度对于规范教师行业具有至关重要的意义，但目前我国的教师资格制度还没有与教师教育融为一体，因此教师资格制度的进一步发展可以经历新任教师培训、教师资格强化培训、新型教师教育三个阶段。[142]

教师成长过程中专业化培训中教师主体性意识与地位得到认可。教师学习的日常性及教师知识的内生性逐渐替代“教师专业发展”，信息技术支持下共享学习资源、在线学习共同体、学习活动等有利于教师学习的实现。[143]此外确立终身学习理念，制订切实有效的成长计划；开展校本教研主题活动，坚守专业成长的课堂主阵地；充分发挥“教育技术”的助推作用，可以更好为教师学习插上“智慧”的翅膀。[144]

“卓越教师”的价值引领体现了教师专业发展新走向，但目前羁绊教师从熟手到卓越的专业成长的两个突出原因：一是教学被窄化为单一的以分数为旨归的认知过程而致教师教学意义感匮乏，二是原子式的学习使得教师难以进行反思性实践，难以突破专业成长困局。[145]“情境卷入式学习共同体”探索了卓越教师成长新路径——从注重以“工作问题导向，学理向操作渐进”的新教师培养，“学习观察学生为重，实践智慧增长”的成熟教师培养和“工作学习与研究并进，综合修养升华”的优秀教师培养。[146]此外，有益于卓越教师形成的教师专业精神的养成基于教师在育人过程中对人·生命的意识敏感，落实于教师自主研究意识的养成与训练。[147]

2. 教师培养的反思与创新

教师培养与社会创新发展要一脉相承，当前教师培养的“顶层设计”即强调多元主体共同参与、协作和管理的教师教育治理模式正在发展阶段[148]，而对于目前教师培养的反思与创新也随之日益增进。

对于教师培养方式的反思集中于教师教育的理念以及教学中。目前教师培养由“知识获取”转为“学为人师”[149]，教师教育的理想也由“技术标准”转为“道德信仰”[150]。为了应对这样的转变，教师教育课程要从旁观者认识论转向到杜威所谓的经验认识论，将知与行、理论与实践统一起来，[151]关注师德教育、优秀传统文化、信息技术整合等内容；[152]教师教育者自身作为教师的教师、研究者、指导者、守门人和课程开发者也要通过加强职前培养、开展自我研究、创建研究共同体来完善教师教育教学，[153]形成示范、融通、交互、创新的教学能力。[154]

教师教育在不断的反思中也在锐意创新，首先在教师培养取向中关注师范生实践反思能力[155]，强化教师专业学术教育与专业实践教育的统一[156]。其次明确“全面提升乡村教师能力素质”将成为相当长一段时间内教师教育的总体目标，[157]农村小学全科教师的供给侧改革也在促进这一目标的实现。[158]最后在大数据时代下，借助互联网思维重构并发展教师教育实验中心建设。[159]另外有研究者提出要建立基于社会化网络的MOOC支持教师教育模式来促进互联网下教师教育的转型。[160]

3. 国际视野下教师教育新动态

2016年教师教育研究者们将目光放眼全球，有研究者总结发现国际教师教育研究以职前、教学、科学领域教师为重要研究对象，以教师知识、教师专业发展、教师学习、教师信念、效能感、认同等为重要研究主题，师生关系、文化情境、教师实践等构成其重要研究视角。[161]

美国在确立教师教育目的中强调努力造就大量民主型教师；[162]在教师教育方法上构建“教师巡课”和“临床模拟”的新模式；在教师准入制度中推行教师教育认证新一轮改革。[163]芬兰研究取向型教师培养成为其教师教育最大的特色，目标是培养教师的教学思维，以研究方法的学习为根基，[164]这也为我国培养“学思结合”“知行合一”的研究型教师提供启示。[165]实践取向的英国教师教育形成了独特的职前教师教育质量保证体系，但也要重视决定性的内部质量保证措施，从质量保证走向质量文化。[166]加拿大卓越教师培养计划的推行以实现优质教学为根本目标，以教师教育一体化为基本路径，已形成既有模式和特色。[167]

十一、学术会议

1. 基础教育

1月14日，由北京师范大学与美国新媒体联盟（NMC）联合主办、北京师范大学智慧学习研究院承办的“首届中美智慧教育大会”在北京师范大学开幕。本次大会联席主席、智慧学习研究院院长黄荣怀教授在大会上正式发布了《2016新媒体联盟中国基础教育技术展望－地平线项目区域报告》。同时，在大会论坛上，来自中美两国的数十位教育专家和学校代表围绕“信息技术支持的十大创新教学模式”等主题展开了热烈的讨论，并与来自国内外的其他领域知名专家、一线教师、企业代表展开了深度交流与互动。[168]

10月13—14日，“中国教育学会小学教育专业委员会2016年度学术年会暨第三届小学教育国际研讨会”在北京举行。来自全国近20余个省市自治区的800余名专家学者参与了交流和研讨。与会代表围绕“为了每一个孩子健康快乐成长——聚焦教师队伍建设创新”的主题，达成如下共识：今天的教师正面临接轨国际视野、面向未来学校、应对教育变革的挑战；为培养学生核心素养，教师应具备知识、情感、能力方面的核心素养；要把握关键因素，通过统筹规划、升级培养培训方式等，让每一位教师在学校自由生长。[169]

12月17—18日，北京师范大学中国基础教育质量监测协同创新中心在北京师范大学京师学堂召开了“第二届中国基础教育质量监测与评价学术年会暨博士生论坛”，该会议采用特邀报告、分会场报告和博士生论坛等形式，围绕教育政策、监测技术、学科测评及区域教育质量监测四大主题，探讨了教育质量监测与评价的众多最新研究成果。[170]

2. 高等教育

4月15日，中共中央政治常委、国务院总理李克强在京召开高等教育改革创新座谈会，并作重要讲话。53所在京的部属、市属、民办高校和有关部门负责人参加会议。李克强强调，当前要抓紧出台促进一流学科建设的具体措施，在政策和资金上给予精准支持。要加快推进高等教育领域“放、管、服”改革。结合高校特点，简除烦苛，给学校更大办学自主权。[171]

6月12日，由北京教育科学研究院高等教育科学研究所为牵头单位，联合“首都高等教育重点研究机构”联盟成员单位，开展了以“首都高等教育综合改革与‘十三五’发展”为主题的研讨会，会议专家针对在“十三五”期间，如何进一步深化高等教育综合改革，推进首都高等教育健康发展等话题展开讨论。[172]

11月5日，北京教育科学研究院高等教育科学研究所和北京教育音像报刊总社联合承办了第三届北京教育论坛“‘双一流’建设与高等教育创新发展”分论坛，多名相关专家学者出席会议并作专题报告。[173]

3. 其他

8月22日上午，世界比较教育学会联合会（World Council of Comparative Education Societies，简称WCCES）第十六届大会在北京师范大学开幕，来自70多个国家和地区的1000余名专家和学者参与本届盛会。大会核心主题为“教育中的辩证法：比较的视野”，在此主题下，各国学者将就教育领域的全球化与本土化、数量与质量、市场化与公益事业、传统与现代、多样化与标准化、公平与效率、集权与分权、自治与问责、精英教育与大众教育、教师中心与学生中心、女性主义与男性主义、成人教育与终身学习、比较教育的理论与方法论等问题进行探讨。[174]

11月6日，由北京师范大学高等教育研究所主办的第三届大学发展与筹融资学术论坛在北京师范大学举行。与会专家针对目前高校经费紧张的现状，结合国际一流大学筹融资案例和经验，从慈善法的颁布给高校筹资事业带来的机遇、民间资本进入教育领域对策研究、高校基金会发展、高校在校生捐赠意识培养、公益信托机制的建立、高校会计制度及审计制度的创新和完善、捐赠激励机制的建立及筹投资相关法律问题的完善等角度展开深入讨论。[175]

11月17—18日，“互联网＋”时代的游戏化学习与教育创新大会暨中国教育技术协会教育游戏专业委员会2016年会在北京顺义区仁和中学成功举办。本次大会由中国教育技术协会教育游戏专业委员会主办、北京大学教育学院和北京市顺义区教育委员会承办。大会以“‘互联网＋’时代的游戏化学习理论研究与实践应用”为主题，与会代表围绕着“教育游戏理论与创新”“游戏化学习与智慧教育”“游戏化学习与学校教学”等多个主题进行了演讲，共同探讨了游戏化学习的理论、实践以及如何运用游戏化学习进行教育创新。[176]

注：

①范涌峰、宋乃庆：《教育研究科学化：限度与突破》，《教育研究》，2016年第1期。

②彭亮、徐文彬：《孩子为何更加难教——人性教育学立场的重思与确立》，《教育研究》，2016年第6期。

③张乐：《教育学学者人文精神的遮蔽与回归》，《中国教育学刊》，2016年第12期。

④刘铁芳、刘向辉：《重启教育研究的古典传统》，《国家教育行政学院学报》，2016年第5期。

⑤毛金德：《我们需要什么样的教育学》，《教育学报》，2016年第1期。

⑥刘磊明：《从输入到生产：教育中国家主义思想的起承转合》，《清华大学教育研究》，2016年第3期。

⑦刘云生：《教育尺度：意涵与关系》，《教育研究》，2016年第5期。

⑧张荣伟：《个体生命的存在形式及其教育学意义》，《教育研究》，2016年第4期。

⑨程亮：《多元的传统与交互的生成——教育学知识建构的跨文化比较》，《教育研究》，2016年第5期。

⑩李阳杰：《“重省”中国教育学“中国性”危机》，《中国教育学刊》，2016年第1期。

⑪于述胜、向辉：《“意义—通感”的教化哲学——儒家教育思想要义新释》，《教育学报》，2016年第6期。

⑫满忠坤：《教育学“无语”与“活的教育学”之超越》，《中国教育学刊》，2016年第3期。

⑬张海波、杨兆山：《“问题”与“主义”：论教育研究前提的合理性》，《国家教育行政学院学报》，2016年第2期。

⑭马凤岐：《教育学的论证问题》，《教育研究》，2016年第3期。

⑮秦虹、张武升：《“互联网+教育”的本质特点与发展趋向》，《教育研究》，2016年第6期。

⑯余胜泉、王阿习：《“互联网+教育”的变革路径》，《中国电化教育》，2016年第10期。

⑰曹培杰：《未来学校的变革路径——“互联网+教育”的定位与持续发展》，《教育研究》，2016年第10期。

⑱刘军豪、许锋华：《教育扶贫：从“扶教育之贫”到“依靠教育扶贫”》，《中国人民大学教育学刊》，2016年第2期。

⑲孟照海：《教育扶贫政策的理论依据及实现条件——国际经验与本土思考》，《教育研究》，2016年第11期。

⑳曾天山：《以新理念新机制精准提升教育扶贫成效——以教育部滇西扶贫实践为例》，《教育研究》，2016年第12期。

㉑王嘉毅、封清云、张金：《教育与精准扶贫精准脱贫》，《教育研究》，2016年第7期。

㉒李连宁：《〈中华人民共和国民办教育促进法〉修订要为民办教育发展提供法律保障》，《教育与职业》，2016年第5期。

㉓周海涛、景安磊：《民办教育将获得多重正效—聚焦新〈民办教育促进法〉》，《中国教育学刊》，2016年第12期。

㉔魏建国：《“非营利”内涵的立法界定及其对民办教育发展的意义》，《华中师范大学学报》，2017年第1期。

㉕周朝成：《促进民办教育的可持续发展—谈〈民办教育促进法〉修订中的分类管理问题》，《复旦教育论坛》，2016年第3期。

㉖徐绪卿：《贯彻落实〈民办教育促进法〉新法的若干思考》，《复旦教育论坛》，2016年第4期。

㉗蒋宗珍、刘小红、张家琼：《学前教育发展中的管理机制桎梏与突破——基于K区学前教育发展状况的调查》，《中国教育学刊》，2016年第7期。

㉘冯婉桢、吴建涛：《政府和市场在学前教育资源配置中的角色错配与调整研究——基于教育资源配置效率的分析》，《教育科学》，2016年第4期。

㉙夏婧、庞丽娟：《国际学前教育投入的有效路径选择》，《首都师范大学学报》(社会科学版)，2016年第2期。

㉚蒋宗珍、刘小红、张家琼：《学前教育发展中的管理机制桎梏与突破——基于K区学前教育发展状况的调查》，《中国教育学刊》，2016年第7期。

㉛李琳、张霞：《农村学前教育普及中管理体制及其管理模式的地区适宜性决策——以四地农村个案调查为例》，《教育学报》，2016年第5期。

㉜庞丽娟、孙美红、王红蕾：《建立我国面向贫困地区和弱势儿童的学前教育基本免费制度的思考与建议》，《教育研究》，2016年第10期。

㉝裘指挥、张丽、胡新宁：《农村地区构建学前教育公共服务体系的成效、问题与对策——基于中部

地区N市的调研》，《教育研究》，2016年第6期。

㉞李相禹、刘焱：《师幼比对幼儿园集体教学质量影响的实证分析》，《学前教育研究》，2016年第5期。

㉟于开莲、崔龙超：《基于“关注为本采纳模式”的学前教育评价改革实施水平研究》，《首都师范大学学报(社会科学版)》，2016年第4期。

㊱霍力岩、房阳洋、孙蔷蔷：《美国学前教育项目质量评价：内容、特点与启示》，《教育理论与实践》，2016年第13期。

㊲郑霁鹏：《义务教育福利供给中的社会责任》，《当代教育科学》，2016年第23期。

㊳宗晓华、陈静漪.：《集权改革、城镇化与义务教育投入的城乡差距——基于刘易斯二元经济结构模型的分析》，《清华大学教育研究》，2016年第37期。

㊴李鹏、朱德全：《义务教育学校标准化建设：进程、问题与反思——基于2010—2014年全国义务教育办学条件数据的测度分析》，《清华大学教育研究》，2016年第37期。

㊵张亚丽、徐辉：《我国义务教育资源配置效率初探》，《教育评论》，2016年第6期。

㊶刘信阳：《由外源及内发：义务教育均衡发展路径选择》，《当代教育科学》，2016年第4期。

㊷胡娇：《义务教育均衡发展关键在于教师发展——基于教育供给侧改革的研究》，《中国教育学刊》，2016年第10期。

㊸李勉、刘春晖：《国家义务教育质量监测：素质教育实施的制度突破口》，《中国教育学刊》，2016年第12期。

㊹原克学：《基于区域义务教育阶段数学学科教学质量监测的分析与思考——以A县2015年数学教学质量监测工作为例》，《教育理论与实践》，2016年第17期。

㊺李鹏、朱德全：《公平与发展：中国义务教育督导绩效的实证研究》，《教育学报》，2016年第2期。

㊻檀慧玲、刘艳：《国家义务教育质量监测：实现有质量的教育公平的有效途径》，《中国教育学刊,》，2016年第1期。

㊼苏丽锋、孙志军：《我国高中阶段教育普及水平研究——基于人口变动、经济发展和国际比较的视角》，《华中师范大学学报》(人文社会科学版)，2016年第3期。

㊽高兵、唐一鹏：《实施免费高中阶段教育：京津冀区域教育发展的战略选择》，《首都师范大学学报》(社会科学版)，2016年第3期。

㊾王存宽、吕慈仙、杨桂珍：《从“总分匹配”到“专业导向”——高考志愿模式的转变对高校专业建设的驱动作用分析》，《教育研究》，2016年第6期。

㊿柳博：《选择性：高考制度改革的机遇与挑战》，《教育研究》，2016年第6期。

51张紫屏：《论高考改革形势下高中教学转型》，《课程·教材·教法》，2016年第4期。

52王润：《新高考改革背景下高中实施走班制的问题审视与路径超越》，《中国教育学刊》，2016年第12期。

53杨润勇：《我国普通高中“特色发展政策”执行困境的制度分析》，《当代教育科学》，2016年第12期。

54杨润勇：《推动普通高中特色发展的制度保障体系研究》，《教育研究》，2016年第11期。

55黄晓玲：《新时期我国高中阶段普职融通的理性审思——兼论高中教育综合化发展趋势》，《河北师范大学学报》(教育科学版)，2016年第1期。

56李润华：《综合高中：日本高中普职融通模式研究》，《外国中小学教育》，2016年第3期。

57王辉、王运敏：《奥巴马政府“升级版”中等职业教育构想及其推进举措》，《教育研究》，2016年第1期。

58王骥、王悦：《对当前高中排名现象的批评和反思》，《中国教育学刊》，2016年第3期。

59李文静、徐赟：《改革开放以来我国普通高中学校评价政策的回顾与分析》，《现代教育管理》，2016年第3期。

60陈国华：《高中与大学衔接的现状反思与改进路径》，《当代教育科学》，2016年第6期。

61李德洗、杨奇明、赵宝：《父母外出务工与子女高中教育机会获得》，《调研世界》，2016年第11期。

62邵岑：《教育分流、劳动力市场转型与城乡教育差异(1978—2008)》，《中国青年研究》，2016年第11期。

63吴斌珍、赵心妤、钟笑寒：《重点高中带来的工资溢价：来自大学生就业调查的证据》，《世界经济》，2016年第2期。

64戴国立、马和民：《普通高中开除学籍的乱象与法律规制》，《中国教育学刊》，2016 年第 10 期。

⑥⑤李国强：《高等教育"创优"工程项目的喜与忧——基于〈高等教育第三方评估报告〉的分析》，《中国高教研究》，2016 年第 3 期。

⑥⑥康宁、张其龙、苏慧斌：《"985 工程"转型与"双一流方案"诞生的历史逻辑》，《清华大学教育研究》，2016 年第 5 期。

⑥⑦王钱永、任丽清：《"双一流"建设视角下地方高校区域创新能力建设》，《中国高教研究》，2016 年第 10 期。

⑥⑧钟秉林、方芳：《一流本科教育是"双一流"建设的重要内涵》，《中国大学教学》，2016 年第 4 期。

⑥⑨周光礼：《"双一流"建设中的学术突破——论大学学科、专业、课程一体化建设》，《教育研究》，2016 年第 5 期。

⑦⓪王占仁：《中国高校创新创业教育的学科化特征与发展取向研究》，《教育研究》，2016 年第 3 期。

⑦①薛成龙、卢彩晨、李端淼：《"十二五"期间高校创新创业教育的回顾与思考——基于〈高等教育第三方评估报告〉的分析》，《中国高教研究》，2016 年第 2 期。

⑦②李国强：《高校内部质量保障体系建设的成效、问题与展望》，《中国高教研究》。2016 年第 2 期。

⑦③刘振天：《系统 · 刚性 · 常态：高等教育内部质量保障体系建设三个关键词》，《中国高教研究》，2016 年第 9 期。

⑦④李海龙：《反思与治理我国高等教育的治理逻辑》，《清华大学教育研究》，2016 年第 5 期。

⑦⑤左崇良：《高等教育治理的社会学分析——基于差序格局的视角》，《国家教育行政学院学报》，2016 年第 12 期。

⑦⑥马陆亭、陈浩：《法国高等教育契约管理模式探究》，《新疆师范大学学报》（哲学社会科学版），2016 年第 2 期。

⑦⑦王文杰：《简析民国初期（1912 - 1927）大学内部治理》，《北京联合大学学报》（人文社会科学版），2016 年第 4 期。

⑦⑧曹国永：《深化高等教育综合改革应着力解决的几个问题》，《国家教育行政学院学报》，2016 年第 1 期。

⑦⑨李枭鹰：《高等教育内外部关系规律的元研究》，《中国高教研究》，2016 年第 11 期。

⑧⓪朱玉成：《政府职能转变视角下的高等教育供给侧改革》，《高等教育研究》，2016 年第 8 期。

⑧①金保华、刘晓洁：《高等教育供给侧结构性改革的理论逻辑与实践路径》，《教育与经济》，2016 年第 6 期。

⑧②张德祥：《高校一流学科建设的关系审视》，《教育研究》，2016 年第 8 期。

⑧③郭文革：《高等教育质量控制的三个环节：教学大纲、教学活动和教学评价》，《中国高教研究》，2016 年第 11 期。

⑧④林光彬、洪煜：《学生评教的行政化与学术化论析》，《教育研究》，2016 年第 8 期。

⑧⑤周菲、余秀兰：《家庭背景对大学生学术性投入的影响及其作用机制》，《教育研究》，2016 年第 2 期。

⑧⑥杨中超：《教育扩招促进了代际流动?》，《社会》，2016 年第 6 期。

⑧⑦武建鑫：《高等教育研究指数的建构与运用——基于文学计量学的实证分析》，《中国高教研究》，2016 年第 7 期。

⑧⑧王旭辉：《高等教育研究反思：批判方法论的视角》，《中国高教研究》，2016 年第 9 期。

⑧⑨何剑波、王珍：《高等职业教育与区域经济协同发展问题研究》，《成人教育》，2016 年第 36 期。

⑨⓪卢连伟、赵志群：《职业教育发展城乡失衡与统筹协调研究》，《继续教育研究》，2016 年第 12 期。

⑨①闫广芬、张栋科：《"互联网 + 职业教育"体系架构与创新应用》，《中国电化教育》，2016 年第 8 期。

⑨②闫飞龙：《高等职业教育混合所有制改革的理论探索》，《国家教育行政学院学报》，2016 年第 1 期。

⑨③周晶、吕明献：《我国职业教育校企合作正式制度建设的沿革与评析》，《教育学术月刊》，2016 年第 6 期。

⑨④肖凤翔、李亚昕：《论企业参与现代职业教育治理的制度供给路径——基于交易费用的分析方法》，《教育研究》，2016 年第 8 期。

⑨⑤潘海生、高常水：《企业参与职业教育策略变迁机理及政策启示》，《教育研究》，2016 年第 8 期。

⑨⑥沈言锦：《"中国制造 2025"背景下的职业教育供给侧改革研究》，《成人教育》，2016 年第 11 期。

⑨⑦傅建东、和震：《基于量化标准的职业教育吸引力研究》，《国家教育行政学院学报》，2016 年第

7期。

(98)杜睿云：《高等职业教育改革：现实问题与重构路径》，《成人教育》，2016年第36期。

(99)张慧霞、王东等：《论基于新生代农民工特征的职业教育与培训》，《成人教育》，2016年第36期。

(100)贾建锋、闫佳祺、JIAJian－feng等：《城镇化进程中农民工职业教育培训“提质增效”的路径与对策》，《成人教育》，2016年第36期。

(101)章永刚：《农民工高等职业教育机制与路径探索》，《成人教育》，2016年第36期。

(102)王攀峰、石鸥：《试论当代西方课程研究的基本范式及其发展趋向》，《首都师范大学学报》，2016年第5期。

(103)何玉海：《基于核心素养培养的基础教育课程标准建设》，《课程·教材·教法》，2016年第9期。

(104)王本陆、汪明：《学校课程建设的三大趋向》，《天津师范大学学报》，2016年第2期。

(105)姜宇、辛涛、刘霞：《基于核心素养的教育改革实践途径与策略》，《中国教育学刊》，2016年第6期。

(106)康玥媛、曹一鸣：《小学、初中数学认知要求的国际比较——基于中、美、英、澳、芬、新六国课程标准的研究》，《教育科学研究》，2016年第1期。

(107)唐恒均、佘伟忠、张维忠.：《什么样的数学和数学教育是重要的——基于义务教育数学课程标准的分析》，《课程·教材·教法》，2016年第10期。

(108)李臣之、王虹：《校本课程开发的本土味：逻辑、空间与限制》，《课程·教材·教法》，2016年第1期。

(109)尹超：《需求—资源—未来：小学校本课程创新的出发点》，《中小学管理》，2016年第6期。

(110)索桂芳：《基于区域的校本课程开发推进策略研究》，《课程·教材·教法》，2016年第4期。

(111)潘丽芳：《云服务背景下专题教育网络课程建设的探索与实践》，《中国电化教育》，2016年第11期。

(112)邓达：《培养更有情感温度的公民》，《人民教育》，2016年第23期。

(113)张伟：《德育为何？德育何为——社会变迁视野下的德育危机及其走向研究》，《湖南师范大学教育科学学报》，2016年第1期。

(114)彭忠祥：《基于系统理论的学校大德育工作体系建构》，《中国教育学刊》，2016年1期。

(115)傅淳华、杜时忠：《德性与权利：德育制度设计的价值立场探析》，《国家教育行政学院学报》，2016年第2期。

(116)傅淳华、杜时忠：《论德育制度设计的限度——基于对德育制度设计德性立场的分析》，《教育学报》，2016年第4期。

(117)冯文全、高静：《论非连续性教育思想与学校德育创新——兼论中国传统蒙学中的非连续性教育思想》，《教育研究》，2016年第8期。

(118)王淑芳：《以核心素养理念解学校德育之困》，《人民教育》，2016年第14期。

(119)吴林龙：《思想政治教育学科理论建设的生长点——论学生思想政治教育整体视域的形成》，《思想教育研究》，2016年第2期。

(120)孙艳秋：《思想政治教育风格研究的意义与前路》，《思想教育研究》，2016年第8期。

(121)刘爱玲：《现代西方终身德育三种理论模式及其特征分析——基于社会建构主义的视角》，《教育理论与实践》，2016年第25期。

(122)胡琦：《中华优秀传统文化的德育价值及实现策略》，《中国高等教育》，2016年第17期。

(123)姜希玉：《修身养性：我国德育之根》，《中国教育学刊》，2016年第11期。

(124)何英：《古典儒家思想与现代德育建设》，《中国党政干部论坛》，2016年第11期。

(125)叶南客、肖伟华：《论中国传统文化对社会主义核心价值观教育现实困境的开解——基于王阳明“致良知”中德育方法论思想的考察》，《思想教育研究》，2016年第4期。

(126)窦爱玲：《高职院校网络德育研究》，《教育与职业》，2016年第4期。

(127)张瑜：《论自媒体空间交往生态的德育价值》，《高等教育研究》，2016年第9期。

(128)刘国军：《基于网络社群平台的大学生活园区德育工作》，《教育与职业》，2016年第1期。

(129)苏春景、徐淑慧、杨虎民：《家庭教育视角下中小学校园欺凌成因及对策分析》，《中国教育学刊》，2016年第11期。

(130)罗怡、刘长海：《校园欺凌行为动因的匮乏视角及其启示》，《教育科学研究》，2016年第2期。

(131)蔡连玉：《“逃离文化”视角下校园欺凌治理研究》，《中国教育学刊》，2016年第11期。

(132)章恩友、陈胜：《中小学校园欺凌现象的心理学思考》，《中国教育学刊》，2016 年第 11 期。

⑬③魏叶美、范国睿：《社会学理论视域下的校园欺凌现象分析》，《教育科学研究》，2016 年第 2 期。

⑬④吴方文、宋映泉、黄晓婷：《校园欺凌：让农村寄宿生更“受伤”——基于 17841 名农村寄宿制学校学生的实证研究》，《中小学管理》，2016 年第 8 期。

⑬⑤王玉香：《农村留守青少年校园欺凌问题的质性研究》，《中国青年研究》，2016 年第 12 期。

⑬⑥马焕灵、杨婕：《美国校园欺凌立法：理念、路径与内容》，《比较教育研究》，2016 年第 11 期。

⑬⑦张素雅、马早明：《菲律宾预防校园欺凌政策内容分析——基于〈教育部儿童保护政策〉的解读》，《比较教育研究》，2016 年第 11 期。

⑬⑧蔡连玉：《“逃离文化”视角下校园欺凌治理研究》，《中国教育学刊》，2016 年第 11 期。

⑬⑨吴方文、宋映泉、黄晓婷：《校园欺凌：让农村寄宿生更“受伤”——基于 17841 名农村寄宿制学校学生的实证研究》，《中小学管理》，2016 年第 8 期。

⑭⓪苏春景、徐淑慧、杨虎民：《家庭教育视角下中小学校园欺凌成因及对策分析》，《中国教育学刊》，2016 年第 11 期。

⑭①杨岭、毕宪顺：《中小学校园欺凌的社会防治策略》，《中国教育学刊》，2016 年第 11 期。

⑭②汤丰林：《教师职业：从“资格”到“合格”的距离到底有多远?》，《中小学管理》，2016 年第 2 期。

⑭③陈莉、刘颖：《从教师培训到教师学习：技术支持教师专业成长的途径与策略》，《中国电化教育》，2016 年第 4 期。

⑭④曹德新：《浅谈教育技术背景下教师的专业化成长》，《中国教育学刊》，2016 年第 1 期。

⑭⑤董江华：《从熟练到卓越：教师专业成长的案例研究——意象比较的视角》，《教育学术月刊》，2016 年第 2 期。

⑭⑥李云星、李一杉、穆树航：《国际教师教育研究的分布特征、研究前沿与知识基础——基于 2000—2015 年 SSCI 教师教育专业期刊的文献计量分析》，《教师教育研究》，2016 年第 5 期。

⑭⑦王坤：《论教师专业精神的养成》，《当代教育科学》，2016 年第 1 期。

⑭⑧杨跃：《教师教育治理研究：价值、内容与方法》，《教师教育研究》，2016 年第 6 期。

⑭⑨张倩、李子建：《论教师的养成——以“学为人师”为视角》，《教育学报》，2016 年第 6 期。

⑮⓪薛晓阳：《教师教育的理想：技术标准亦或道德信仰》，《教师教育研究》，2016 年第 6 期。

⑮①邓素文：《从旁观者认识论到经验认识论：教师教育课程的认识论转向》，《教师教育研究》，2016 年第 1 期。

⑮②朱旭东：《我国教师队伍建设政策对教师教育提出哪些挑战?》，《中小学管理》，2016 年第 2 期。

⑮③李芒、李岩：《教师教育者五大角色探析》，《教师教育研究》，2016 年第 4 期。

⑮④刘鹂：《论教师教育者教学能力要素、结构与特征》，《课程·教材·教法》，2016 年第 9 期。

⑮⑤徐美：《加强师范生实践反思能力的培养》，《中国教育学刊》，2016 年第 1 期。

⑮⑥李学农：《教师教育实践取向辨》，《教育学报》，2016 年第 1 期。

⑮⑦朱旭东：《我国教师队伍建设政策对教师教育提出哪些挑战?》，《中小学管理》，2016 年第 2 期。

⑮⑧肖其勇、郑华：《农村小学全科教师培养供给侧改革研究》，《中国教育学刊》，2016 年第 12 期。

⑮⑨曾群芳、胡瑜、杨刚：《互联网思维影响下教师教育实验中心的建设》，《现代教育技术》，2016 年第 8 期。

⑯⓪方海光、罗金萍、陈俊达：《基于绩效技术和社会化的 MOOC 支持教师教育研究》，《电化教育研究》，2016 年第 2 期。

⑯①李云星、李一杉、穆树航：《国际教师教育研究的分布特征、研究前沿与知识基础——基于 2000—2015 年 SSCI 教师教育专业期刊的文献计量分析》，《教师教育研究》，2016 年第 5 期。

⑯②龙宝新：《民主参与视野中的当代美国教师教育目的研究》，《比较教育研究》，2016 年第 1 期。

⑯③邓涛：《美国教师教育认证改革：机构重建和标准再构》，《教师教育研究》，2016 年第 1 期。

⑯④张晓光：《研究取向的中小学教师职前教育探析——以芬兰为例》，《教育研究》，2016 年第 10 期。

⑯⑤王宏丽：《中小学教师教育教学的问题意识与研究态度》，《教育》，2016 年第 12 期。

⑯⑥朱剑：《英国职前教师教育质量管理体系：从质量保证走向质量文化》，《教师教育研究》，2016 年第 6 期。

⑯⑦谢晓宇：《加拿大卓越教师培养计划：目标与路径》，《全球教育展望》，2016 年第 10 期。

⑯⑧北京师范大学智慧学习研究院：《首届中美智

慧教育大会在北京师范大学举行》,《教育学报》,2016 年第 1 期。

⑯谢凡、陈锁明:《聚焦教师核心素养勾勒"未来教师"新形象》,《中小学管理》,2016 年第 11 期。

⑰朱娅梅、刘姣:《监测引领教育健康发展》,《教育测量与评价》,2017 年第 1 期。

⑱中新社:《中国发展观察》,2016 年第 8 期。

⑲韩亚菲、王晓燕:《首都高等教育"十三五"改革发展战略思考》,《北京教育》,2016 年第 9 期。

⑳杨楠、刘永武:《推进世界一流大学和一流学科建设实现高等教育创新发展》,《北京教育》,2017 年第 1 期。

⑭北京师范大学教育学部:《第十六届世界比较教育大会在京召开》,《教育学报》,2016 年第 5 期。

⑮北京师范大学高等教育研究所:《第三届大学发展与筹融资学术论坛召开》,《教育学报》,2016 年第 6 期。

⑯《"互联网 +"时代的游戏化学习与教育创新大会》,《现代教育技术》,2016 年第 12 期。

(作者:劳凯声,首都师范大学教授;
沈永辉、黄冬,首都师范大学博士生;
韩丽瑶、王阔,首都师范大学硕士生)

心 理 学

许 燕 欧阳林依

2016 年心理学在各个领域的研究颇丰。研究者们关注社会热点和前沿问题,在前人研究的基础上不断创新,致力于心理学理论研究的同时,与社会实践相结合,推动了心理学由理论价值向应用价值的转换。

一、学术会议

2016 年 4 月 25—27 日,由北京师范大学心理学院主办,应用实验心理北京市重点实验室和中科博爱(北京)心理医学研究院承办,中国心理学会、中国社会心理学会、中国心理卫生协会和中国教育学会协办的华人应用心理学大会在京召开,会议主旨为"植基于生活与社会需要的应用心理学",会议内容涵盖临床与咨询心理学、中小学心理健康教育、用户体验、职业心理健康、人力资源管理与心理测评、职业生涯发展以及综合专题七部分。会议邀请了实务界的优秀代表与会交流,搭建学术界与实务界之间的连接桥梁,促进双方的对话与交流,进一步推动了华人心理学事业的产学研用一体化发展。

2016 年 5 月 21—22 日由北京师范大学心理学院主办,深圳市瀚翔生物医疗电子股份有限公司及奥地利 SCHUHFRIED 公司协办的"第三届计算机化心理评估及训练学术交流会"在北京师范大学召开,本次交流会邀请了新加坡运动心理学家 Nathanael Ong(拉夫堡大学体育与运动心理学硕士),北京师范大学心理学院陈海平老师,同济大学附属上海市养志康复医院(上海市阳光康复中心)心身医学科朱逸溪主任,西安交通大学管理学院邓明明博士为大家分享心理评估产品的应用经验与心得。奥地利 SCHUHFRIED 公司的产品专家 FritzMayr 结合实际操作详细地介绍了 VTS 心理测试系统、Cogniplus 认知能力训练系统、BFB 生物反馈系统三种产品。会议期间,学员使用平板电脑实时互动操作心理测试及认知能力训练程序,不仅直观地了解了产品的结构和功能,也对产品的实际应用有了更深入的认识。

2016 年 11 月 26 日,在北京师范大学的曾宪梓教学楼,北京市社会科学界联合会和北京师范大学主办,北京市社会心理学会承办了主题为"道德建设和社会发展"学术前沿论坛。该论坛有 5 个主题报告:中国社会科学院社会学所王俊秀研究员的"社会预期与社会发展:社会心态研究的视角";中央财经大学社会与心理学院辛自强教授的"由心而治:社区心理建设的理念与思路";北京大学心理与认知科学学院侯玉波教授的"阶层认同与网络暴力";中国科学院心理研究所李纾研究员的"以小搏大:行为决策助推社会发展";北京师范大学心理学院金盛华教授的"找回中国人丢失的幸福感"。论坛以社会心理学当前研究的前沿问题为切入点,折射社会现实。与会专家从他们研究视角出发,介绍了社会心理学怎么走,指出了独到的研究方式,从心理学理论对社会现实问题的解释,加深了人们对于心理学在道德建设与社会发展中重要性的理解。

二、学术研究

（一）人格与社会心理学

人格与社会心理学的研究是心理学和社会学跨学科相结合的研究领域，关注社会热点问题，与社会现实联系最为紧密。

1. 中国人人格

中国人的人格一直是学者们密切关注的话题，有研究以邓小平等29位中外杰出人物为研究对象，以他们的32本传记为编码材料，以《论语管理素质编码手册》为工具，针对中外杰出人物儒家心理资产和债务的结构与发展，进行了一系列实证研究。结果发现，在中外杰出人物的儒家心理资产结构中，明、语、功、友、劳、政和变的品质为七种关键品质；恶见、疑、瞋、慢、痴和贪的品质为六种核心品质。前者与道家智慧存在神秘的对应关系，后者与佛家智慧存在神秘的对应关系。基于该系列研究，修正了西方心理学家提出的人格五因素理论，提出了具有中国文化特色的人格理论——中国人格模型，提出了具有中国文化特色的动机理论——关键需要理论。①

有研究探究中学生外倾性、自尊、积极应对和生活满意度之间的关系。结果发现外倾性既通过直接路径，也通过自尊、积极应对的中介作用和自尊－积极应对的链式中介作用等间接路径影响个体的生活满意度。②

2. 道德与亲社会行为

道德与人们的生活密切相关。有研究采用大数据研究方法，对爬取动车事故发生后40天内的94562条相关微博进行情感分析，以探讨网民对人祸的道德情绪特点，同时对不同群体情绪表达差异进行探讨。结果发现网民对于动车事故主要表达的道德情绪有：愤怒、鄙视、厌恶、同情和爱。对于愤怒、厌恶和鄙视，男性普遍有更高的表达倾向和表达强度，而女性更倾向于表达爱和同情且强度更高；对于爱和同情，团体VIP用户组表达的可能性和强度都高于其他用户；个体VIP用户比非VIP用户更可能表达愤怒、鄙视和厌恶，而团体VIP用户表达这类情绪的强度最小。虚拟网络中人们道德情绪特点依然符合道德基础理论；不同群体在表达道德情绪时的差异性是对道德基础理论相关研究的补充。③

有研究采用总体家庭功能量表、青少年人格五因素问卷、道德认同问卷和道德推脱问卷对青少年进行调查。结果表明，家庭功能对青少年道德推脱具有显著的负向预测作用；在家庭功能对青少年道德推脱的负向预测关系中，责任心起部分中介作用；家庭功能通过责任心对道德推脱的间接影响随着道德认同水平的增加而减弱。④

有研究考察在女大学生中特质与状态共情对个体自我中心特质与利他行为之间的关系。结果发现，高共情状态/特质的被试其自我中心会降低利他行为/倾向，而低共情状态或特质的被试无此倾向。⑤

3. 自尊

自尊是社会心理学领域的经典核心概念之一。有研究考察高自尊威胁后个体防御和消极情绪的特点，并分别考察自尊水平和自我价值权变性对自尊威胁后防御和消极情绪的不同调节作用。结果表明，高自尊威胁后被试表现出了较高的防御和消极情绪。自尊水平能够在自尊威胁和消极情绪之间起调节作用，高自尊被试在高威胁后表现出了较高的消极情绪，而在低威胁后消极情绪较低；对于低自尊被试，无论自尊威胁程度如何，他们都表现出了较高的消极情绪。自我价值权变性能够在自尊威胁和防御之间起调节作用。⑥

有研究考察了儿童群体的自尊，探究父母教养方式对小学高年级儿童自尊影响的独特贡献及儿童气质类型在其中的调节效应。结果发现，父母教养方式对儿童自尊的影响既存在共性也存在不同，且这种影响受到儿童气质类型的调节。⑦

另外有研究将自尊作为中介变量，探索青少年师生关系和内化问题的关系。结果发现，自尊在师生关系对内化问题的影响中起重要作用，对于内化问题的干预可以通过改善师生关系，提高青少年自尊，进而有效改善内化问题。⑧

4. 幸福感

有不少的研究聚焦于人们的幸福体验。一项研究关注到社会经济地位和社会计量地位对年轻人和老年人主观幸福感作用的年龄差异。结果发现，年轻人的主观幸福感更容易受到社会经济地位比较的影响，而老年人的主观幸福感更容易受到社会计量地位比较的影响。⑨

有研究关注到青少年群体的幸福感。考察青少年的总体家庭功能、同伴依恋和亲社会行为对其主观幸福感的序列中介作用。结果发现，总体家庭功能、同伴依恋、亲社会行为、生活满意度、积极情感两两间显著正相关，而与消极情感均显著负相关；在控制年龄、性别、家庭社会经济地位、社会赞许性后，总体家庭功能既能直接显著预测主观幸福感，也能分别通过同伴依恋、亲社会行为，及两者的链式关系间接作用于主观幸福感。[10]有研究考察了初中生偶像崇拜在性别和年级上的差异，及其与生活目标和主观幸福感的关系，并探究了性别在其中的调节作用。发现女生的偶像崇拜水平显著高于男生的，且偶像崇拜高水平组中女生人数显著多于男生，偶像崇拜低水平组中则相反；外在生活目标能够正向预测初中生的偶像崇拜水平，其中性别起调节作用，外在生活目标对女生偶像崇拜水平的影响大于男生。性别对偶像崇拜影响初中生主观幸福感上也具有调节作用，即偶像崇拜水平负向预测初中女生的主观幸福感，对男生的主观幸福感则影响不显著。[11]

有研究探讨安全感和自我控制在羞怯与生活满意度之间的中介作用。结果发现，羞怯与安全感、自我控制以及生活满意度三者之间均呈显著负相关，安全感、自我控制和生活满意度三者两两之间呈显著正相关；安全感和自我控制在羞怯与生活满意度之间起到部分中介作用。羞怯通过安全感和自我控制的部分中介作用影响个体的生活满意度。[12]

5. 社会支持

有研究在实验室对106对新婚夫妻在问题解决和社会支持任务中的行为进行录像，并采用爱荷华家庭互动编码体系（IFIRS中文版）对行为编码，探索不同的话题提出者以及情境效应对夫妻互动行为的影响。结果从总体上看，妻子比丈夫有更多消极行为，丈夫比妻子有更少的积极卷入行为。丈夫在自己提出的问题解决话题中有更多的积极情绪、更多的积极卷入；而在对方的社会支持情境中有更多的积极情绪。妻子都是在对方的话题比在自己的话题中有更多积极情绪，更多积极卷入行为。[13]

一项追踪研究，测查杭州市某区2188名初中生三年间生活满意度、社会支持和自尊的变化情况，并用多层线性模型（HLM）分析社会支持、自尊对生活满意度发展的预测作用。结果发现，生活满意度呈先上升后下降的发展趋势，社会支持中的父母支持呈先稳定后下降趋势、教师支持和同伴支持保持不变，自尊呈先稳定后下降趋势。社会支持和自尊对生活满意度的发展均起积极的促进作用。[14]

有研究探讨青少年社会支持与情绪调节策略使用频率及焦虑水平间的关系。结果发现，情绪调节策略在社会支持和青少年焦虑之间起中介作用：社会支持水平的提高促进重新评价策略的使用和抑制表达抑制策略的使用，进而有助于降低个体的焦虑水平。[15]

6. 人际关系

有研究采用质性研究的方式，探讨未参加丧葬仪式的丧亲者哀伤反应的普遍性与特殊性，考察丧葬仪式对于丧亲者哀伤修复的功能。结果发现，丧亲者的哀伤反应体现在情绪、认知、行为、生理四个方面。未参加丧葬仪式不利于丧亲者的哀伤平复，丧亲者表现出强烈的遗憾与自责；他们的哀伤反应具有普遍性与独特性。[16]

有研究探究名字性别倾向（男性化，中性化，女性化）及其与个体性别的符合度对人际吸引力的影响，以及性别角色评价的中介作用。结果发现，名字性别倾向通过知觉者的性别角色评价影响个体的人际吸引力，拥有中性名的个体被认为兼具较高男性和女性特质，因此人际吸引力较高。[17]

（二）临床与心理咨询

随着社会加速发展，个体工作与生活的压力不断加剧，心理健康问题越来越突出。心理咨询是解决个体心理健康问题的有效手段之一。

1. 心理健康

有研究使用元分析的方法探讨了情绪智力与心理健康的关系（包括心理健康症状学指标、感知到的压力、应对方式、社会适应及主观幸福感），结果发现，情绪智力与积极心理健康变量的联系强于与消极心理健康变量的联系，且存在较长时期的稳定性。[18]

有研究探讨此刻觉察（Present Awareness，PA）冥想的镇疼效果，并与专注式冥想（Focused Attention，FA）进行比较。结果发现PA组在冰水期的疼痛、痛苦改善程度显著优于FA组和EDU组；在恢复期同样优于FA组和EDU组，恢复期痛苦改善程度上，FA组也优于EDU组。说明了短期PA的有效性。[19]

2. 问题行为

有研究以情绪安全感理论为依据考察父母冲突与青少年自伤的关系，并在此基础上提出一个有调节的中介模型，探讨情绪不安全感的中介作用以及情绪调节自我效能感的调节作用。结果发现，在所有青少年被试中有自伤行为的比例占41.49%，青少年的自伤水平在年级、学校类型和是否为独生子女有关；父母冲突能显著地正向预测青少年的自伤水平，情绪不安全感在两者之间起部分中介作用；控制消极情绪自我效能感对情绪不安全感的中介作用有显著的负向调节作用，只有当控制消极情绪自我效能感很低时，情绪不安全感在父母冲突和青少年自伤水平的中介作用才是显著的。[20]

3. 心理咨询

有研究探索团体心理咨询与治疗师的胜任力模型，用行为事件访谈法对13位团体心理咨询与治疗师进行访谈。结果表明，基准性胜任特征的存在表明团体心理咨询与治疗师具有共同的胜任特征，如专业知识、变化觉察、把握环境、判断力等；鉴别性胜任特征则反映了不同水平的团体心理咨询与治疗师在胜任特征上的差异，如专业知识、洞察力、观察力、分析性思维等。[21]

有研究探索即时文字网络心理咨询中社会临场感的呈现形式、因缺乏社会临场感引发的问题及特有的咨询策略。结果发现，社会临场感是影响即时文字网络心理咨询效果的重要因素。[22]

4. 创伤后应激障碍与创伤后成长

一项追踪研究，通过建立交叉滞后模型，考察中学生社会支持、主动反刍与创伤后成长的相互作用关系。结果发现，震后3.5～5.5年间，社会支持对主动反刍和PTG的跨时间点预测作用不显著；主动反刍对PTG具有显著的跨时间点正向预测作用，但对社会支持的跨时间点预测作用不显著；震后3.5年的PTG对震后4.5年的主动反刍具有显著的跨时间点正向预测作用，但震后4.5年的PTG对震后5.5年的主动反刍的跨时间点预测作用不显著；震后3.5年和4.5年的PTG分别对震后4.5年和5.5年的社会支持的跨时间预测作用均不显著。[23]

有研究考察创伤暴露程度、主观害怕程度、社会支持与创伤后应激障碍（PTSD）之间的纵向关系。逐步回归分析的结果发现，创伤暴露程度对地震半年后的PTSD具有显著的正向预测作用，对震后一年半的PTSD没有显著的预测作用；无论是震后半年还是一年半，主观害怕都可以加剧PTSD、社会支持都可以缓解PTSD。主观害怕程度对震后一年半的PTSD的正向预测作用随着社会支持水平的增加而降低。[24]

还有研究考察雅安地震后青少年的情绪调节策略、社会支持与创伤后应激障碍（PTSD）和创伤后成长（PTG）之间的关系。结果发现，创伤暴露程度对PTSD和PTG具有显著的正向预测作用。青少年的认知重评策略可以显著地负向预测PTSD、正向预测PTG，表达抑制策略仅对PTSD有显著的正向预测作用、对PTG的预测作用不显著；社会支持可以显著地调节表达抑制策略对PTSD和PTG的作用，表现为表达抑制对PTSD的正向预测作用随着社会支持的增加而降低，并可随着社会支持的增加而对PTG发挥促进作用。[25]

（三）发展与教育心理学

发展与教育心理学主要研究个体心理的发生与发展，以及教育在促进个体心理发展变化中的作用，是个体毕生发展研究的重要领域。

1. 亲子关系

有研究探讨亲子关系与自我分化的关系，以及同伴关系、恋爱关系在亲子关系与自我分化关系中的调节作用。结果发现，同伴关系在父子关系与自我分化关系中起调节作用；恋爱关系在母子关系与自我分化关系中起调节作用。[26]

同时，有研究检验了不同依恋类型对青少年消极情感的独特效应、同伴依恋在亲子依恋与消极情感中的中介作用以及二者对消极情感的交互作用。结果发现，青少年的消极情感水平总体上呈现从初一到高二逐渐上升的趋势，且女生得分显著高于男生；同伴与父子依恋对消极情感的独特效应显著，但母子依恋的独特效应不显著，且同伴依恋在消极情感中的独特效应显著高于父子与母子依恋；同伴依恋部分中介父子依恋与消极情感、完全中介母子依恋与消极情感的联系，同时，父子与母子依恋又调节同伴依恋对消极情感的影响，表现为同伴依恋对消极情感的预测在高亲子依恋个体中更显著。[27]

有研究考察母子依恋和祖孙依恋的安全性，同时评估了幼儿的社会—情绪性的发展状况。结果发现：在祖辈参与共同养育的背景下，大多数幼儿可以形成安全型的母子依恋和祖孙依恋，母子依恋的安全性高于祖孙依恋；母子依恋和祖孙依恋存在着中等强度的相关，36%幼儿的母子依恋和祖孙依恋的安全性水平不一致；与祖孙依恋的安全性相比，母子依恋的安全性对幼儿的社会—情绪性发展的各领域具有更大的相对预测力，支持主导性假说；拥有高安全性母子依恋和祖孙依恋的幼儿，其外显行为域和内隐行为域的得分显著低于其他3组，高安全性母子依恋或祖孙依恋不能补偿对方的低安全性依恋的消极影响。在失调域上，母子依恋和祖孙依恋的安全性存在着交互效应。[28]

2. 家庭影响

父母教养方式、环境等都会影响孩子的心理发展。有研究考察父亲教育参与是否具有独立于母亲教育参与的独特贡献，以及父亲教育参与作用的发挥是否依赖于母亲教育参与的程度。结果发现，父亲教育参与对幼儿消极适应问题的缓解具有独立于母亲教育参与的独特贡献；在母亲教育参与水平较高时，父亲教育参与对幼儿社会适应的促进作用最大。[29]

有研究基于成对数据分析的行动者—对象互依性模型（APIM），探讨青少年家庭中父母婚姻满意度与协同教养之间的关系，检验其中的父母差异及婚姻满意度相似性对协同教养的影响。结果表明父母婚姻满意度与协同教养之间，既存在外溢效应，也存在交叉效应。婚姻满意度与协同教养间的外溢效应与交叉效应，在父亲与母亲之间不存在差异。父母婚姻满意度相似性越高，母亲协同教养的冲突行为越少，但父母婚姻满意度的相似性对父亲的协同教养行为没有显著影响。[30]

有研究关注于家庭环境对学前儿童的影响，探讨学前儿童的家庭环境特征对其情绪行为问题的影响及作用机制。结果显示，学前儿童的家庭环境对其情绪行为问题有显著的负向预测作用；学前儿童的乐观和心理韧性在其家庭环境与情绪行为问题关系中存在多重中介效应，总中介效果量为50.00%，其中通过乐观这一中介路径的中介效应量最大。[31]

有研究考察情感虐待与儿童抑郁症状之间的关系，以及情绪调节策略（包括认知重评和表达抑制）在其中的中介作用。结果发现，情感虐待通过减少儿童的认知重评策略和增加表达抑制策略两种途径，间接增加其抑郁症状。[32]

有研究对随机选取的559名中学生进行调查，并运用结构方程模型探讨了家庭环境影响阅读能力的内在机制。结果发现，家庭环境通过阅读投入的完全中介作用影响阅读兴趣；阅读兴趣通过阅读投入的完全中介作用影响阅读成绩；家庭环境对阅读能力的影响是通过阅读投入和阅读兴趣的循环互动作用实现的。[33]

3. 社会氛围

有研究检验不良示范性规范对初中生环保行为的影响是否受其自我控制的调节。结果表明，不良示范性规范显著降低初中生的环保意愿及环保行为；特质性和状态性自我控制水平越高，初中生的环保意愿就越高，其环保行为也越多；更重要的是，自我控制并不能有效抵御不良示范性规范对初中生环保意愿和环保行为的消极影响。[34]

4. 创造性

有研究考察母亲养育压力对幼儿创造性人格的影响，以及教养方式在其中的中介作用。发现幼儿创造性人格得分处于中等水平，与幼儿年龄、家庭社会经济地位显著正相关；母亲的养育压力、专制教养方式与幼儿创造性人格显著负相关，母亲的权威教养方式与幼儿创造性人格显著正相关；控制幼儿年龄与家庭社会经济地位影响后，母亲的权威教养方式在其养育压力对幼儿创造性人格的影响中起到部分中介作用。[35]

师生关系对学生的创造性发展也会有一定的影响。有研究采用测验法和问卷法考察师生关系与小学生创造性思维的关系，同时探析创新自我效能感的中介作用，以及该作用是否受到开放性人格的调节。结果发现，师生关系对小学生创造性思维、创新效能感均有显著的正向预测作用；创新效能感在师生关系与小学生创造性思维总分、流畅性和独特性得分之间起完全中介作用；开放性可以调节创新效能感对小学生创造性思维的作用，开放性高时效能感的中介效应显著，而开放性低时该效应不显著。[36]

5. 流动儿童与留守儿童

有研究探究了对立违抗（ODD）症状流动儿童的症状严重程度及影响因素，并进一步探讨了ODD症状流动儿童在家庭中所受情感虐待、躯体虐待，对其情绪和行为方面的ODD症状的影响，以及亲子关系（包括亲密度和冲突性）在其中起的作用。研究结果发现：ODD症状流动儿童比北京儿童受到更严重的虐待，亲子关系亲密度更差，冲突性更高；虐待和亲密度显著负相关，虐待和冲突性显著正相关，躯体虐待、冲突性均和行为方面ODD症状显著正相关；躯体虐待能直接预测ODD症状流动儿童的行为方面ODD症状，但无法直接预测其情绪方面ODD症状；在躯体虐待对ODD症状的影响中，冲突性起着显著的中介作用，亲密度则显著调节了躯体虐待对流动儿童情绪方面ODD症状的影响。[37]

另外有研究也探究了父母情绪调节困难对流动儿童对立违抗症状的影响，并探讨了亲子冲突解决方式和儿童情绪调节（情绪调节与情绪消极和不稳）在其中所起的作用。结果发现ODD症状流动儿童的父母情绪调节、亲子冲突解决方式、儿童情绪调节显著差于对照组儿童。总体上来说，父母情绪调节困难、亲子冲突解决方式和儿童ODD症状之间两两相关显著，而儿童情绪调节与这几个变量相关不显著。父母情绪调节困难能显著正向预测流动儿童ODD症状，并进一步通过亲子冲突解决方式对流动儿童ODD症状产生影响；儿童情绪调节（儿童情绪调节与儿童情绪消极和不稳）仅在父母情绪调节困难对儿童ODD症状的直接影响中起着显著的调节作用。在对有ODD症状的流动儿童进行干预时，不仅要培养儿童自身的情绪调节能力，也应提升父母的情绪调节能力并改善亲子冲突解决方式。[38]

有研究探讨流动儿童心理韧性、社会认同及文化适应的关系。经过分析发现女生、未转学、家庭收入高、父母教育程度高、公立学校的流动儿童文化适应更好；流动儿童的心理韧性能够直接预测其文化适应；流动儿童的心理韧性可以分别通过老家总认同和城市总认同间接影响文化适应，也可以通过老家总认同和城市总认同的整合更好地间接影响文化适应。[39]

（四）组织行为与人力资源

现代社会中人力资源是最宝贵的资源，有效地开发和科学地管理人才对组织的发展至关重要。因此，组织行为与人力资源的相关研究成为心理学研究的热点领域之一。

1. 工作—家庭关系

有研究考察国企员工工作—家庭平衡与工作投入、工作满意度之间的关系，同时探索人格特质在其中起到的调节效应。结果发现，对于国企员工来说，工作—家庭平衡可以很好地预测其工作满意度以及工作投入，神经质、宜人性以及尽责性特质在其中起到了一定的调节作用。[40]

2. 团队与组织行为

有研究以自我决定理论对外部动机的分类为基础，探讨3种不同内化程度的外部动机——外在动机、内射动机和认同动机与内部动机的关系及外部动机内化程度与自主支持的关系。结果表明控制性、非内化的外部动机，即外在动机和内射动机削弱员工的内部动机；自主性、内化的外部动机，即认同动机不会削弱员工的内部动机，而是促进和保护内部动机；自主支持环境促进员工外部动机内化的程度（即认同动机的增加）。[41]

群体决策是重要的社会现象和行为。有研究通过分析自信度和个体决策以及决策调整行为的关系，研究了个体自信度的交流对双人决策的影响。实验结果表明，个体的自信度与选择的正确率高度正相关；双人决策过程是个体根据对方的自信度和选择来不断调整自己的选择最终达成一致的过程，并通过交互过程提高双人决策的正确率。群体决策不是通过分享自信度进行的贝叶斯优化整合过程，也不是由更自信的个体完全主导的过程。[42]

另外有研究使用认知信息加工理论（CIP）开展课程干预，考察干预对于学生自我效能感和决策困难的影响。结果发现，干预显著地提高了被试的专业决策自我效能感，减少了一部分专业决策困难。并且，学生的元认知在干预之后变得更积极。[43]

3. 消费心理

有研究基于所属领域（经济与社会）与风险程度（高与低）两个维度，分析了借钱、消费、捐赠、选举等主题对经济人信念影响信任的调节作用。结果发现，对经济人信念的直接学习和间接激活都只破坏了消费主题下的信任，经济人信念对经济领域中风险程度较低的主题下的信任有破坏作用。[44]

有研究探究消费者的权力感对冲动购买的影响。结果发现，权力感影响人们对不同类型产品的冲动购买意愿，其机制在于高（低）权力感的人面对实用品（享乐品）有更高的信息加工流畅性；进一步，当高权力感的人具有享乐目标时，他们反而在享乐品上表现出更高的冲动购买意愿。[45]

另外，还有研究考察幸福感与人们消费行为的关系，比如不同的购买类型（即体验购买、实物购买），同时考察物质主义水平对二者关系的影响。结果显示，体验购买消费者的幸福感程度显著高于实物购买，且这种关系不受消费者物质主义水平的调节。相比于实物购买，体验购买给消费者带来更高的幸福感。[46]

（五）情绪、认知和脑神经科学

1. 情绪

有研究探讨了负性情绪对大学生多目标追踪能力的影响以及其影响机制。负性情绪可能干扰了被试目标导向的注意系统，使得个体更易受刺激驱动的注意系统影响，并且在追踪过程中影响被试中央执行系统的抑制和转移功能。[47]

同时也有研究探讨了积极情绪的作用。研究探究欲求（高动机强度）、愉悦（低动机强度）和中性情绪影响类比推理的差异及脑机制。结果发现情绪对类比推理的影响主要发生在类比映射阶段。不同趋近动机强度的积极情绪均会降低推理质量，延长推理的反应时，部分支持情绪的动机维度模型。[48]

有研究采用事件相关电位（ERP）技术和Flanker任务，探讨由甜点和风景图片分别诱发的高、低趋近积极情绪对注意的早期和晚期加工的影响。结果发现，高趋近积极情绪窄化了早期注意加工范围，增强了对干扰的抑制能力；而低趋近积极情绪下个体调用了更多的注意资源用以加工周边刺激。[49]

有研究对大学生的依恋、情绪调节策略、元情绪及心理弹性进行测查，考察依恋与心理弹性间关系的内在机制。结果显示，情绪调节策略和元情绪能够解释依恋与心理弹性间关系的内在机制。[50]

有研究考察背景颜色对中性面孔情绪识别的影响及时间特征。结果发现：背景颜色主效应显著，相较于冷色调，暖色调背景下中性面孔愉快感知百分比更高，愉快程度评定分数也更高。颜色和时间的交互作用不存在显著差异。表明背景颜色影响个体对中性面孔图片的情绪识别，且该效应在不同时间进程下均存在。[51]

2. 知觉与注意

有研究探讨汉字识别整体或局部优先的问题。结果发现，无论字号大小，部件位置错误条件的反应时均显著短于部件内容错误。小号字在部件位置和内容错误条件的首次注视时间差异不显著。大号字在部件位置错误条件的首次注视时间显著长于部件内容错误。部件位置错误条件总注视时间均显著短于部件内容错误。即汉字识别中整体和局部加工存在不同的时间进程。[52]

疼痛的威胁警示与趋近救助冲突近来受到研究者的关注。有研究结合点探测范式与眼动技术，探讨共情在疼痛功能冲突中所扮演的角色。结果表明，被试存在疼痛面孔注意偏向，被试的共情水平可能作为一个调节变量影响其在注意维持阶段对疼痛威胁的知觉。[53]

有研究采用多身份追踪范式，探讨了表情因素作为身份特征对多身份追踪中分组效应的影响。结果说明多身份追踪中存在基于表情特征的分组效应，负性表情的分组知觉高于正性表情。[54]

3. 记忆

有研究探讨学习困难儿童的事件性前瞻记忆(EBPM)内部认知加工过程与正常儿童的差异。结果发现，学习困难儿童的EBPM缺陷是由其内部的前瞻成分损伤引起的，即由于注意资源匮乏或无法将注意资源准确分配到目标事件上，导致其EBPM受损。[55]

有研究考察认知内容特异性对高考试焦虑者工作记忆容量的影响。结果显示，认知内容特异性（考试高相关刺激）在低压力测验情境下会损害高考试焦虑者的工作记忆容量。[56]

有研究观察了TrkB受体阻断剂ANA－12的慢性内侧前额叶皮质（medial prefrontal cortex，mPFC）注射对大鼠旷场行为、Morris水迷宫空间学习和逆反学习的影响。结果表明，mPFC的慢性BDNF阻断显著降低了大鼠在逆反学习测试中的逃离潜伏期和运动距离即增强了大鼠的逆反学习能力，但不影响其旷场行为和水迷宫空间学习能力。同时，慢性阻断mPFC-TrkB受体也并未导致大鼠海马BDNF蛋白含量的显著改变。对于大鼠的Morris水迷宫空间学习和逆反学习，mPFC-BDNF主要在逆反学习调节中发挥重要作用。[57]

4. 言语与汉字

读词者是指能够流畅地进行字词识别和解码，却难以很好地理解文本内容的学生。有研究以840名小学一到六年级学生为研究对象，对其进行阅读速度、阅读理解、语素意识（包括同音语素意识、同形语素意识和复合语素意识）、汉字识别、口语词汇、工作记忆、一般智力等测查。结果发现，一年级汉语儿童读词者的检出率为0.7%，二年级之后的检出率在6.5%～10.1%之间；在语言特异性认知因素上，控制了年龄和智力后，与其他学生相比，读词者在汉字识别任务上表现较好，在语素意识各个任务及口语词汇上表现较差；年龄和智力是造成读词者比率增加的一般因素；同音语素意识和口语词汇是造成读词者比率增加的语言特异性认知因素。[58]

有研究通过一年的追踪研究，系统考察了汉语儿童同音、同形和复合三类语素意识与词汇知识的双向关系。结果发现，汉语儿童语素意识与词汇知识存在双向关系，且不同类型的语素意识与词汇知识的关系随年级的升高呈现规律性的变化。[59]

有研究采用眼动追踪实验技术，考查了核心名词生命性取向对汉语主、宾关系从句加工难度调节效应。结果显示，核心名词生命性格局对汉语主、宾关系从句的加工难度有着显著调节作用，具体表现为：当主、从句中的核心名词为生命性－非生命性格局时，在主句核心名词、核心动词位置，宾语关系从句加工较为容易；当主、从句中的核心名词为非生命性—生命性格局时，在上述位置，两种关系从句加工难度差异不显著；汉语主、宾关系从句加工中核心名词生命性效应主要发生在语义信息提取、论元关系建构阶段，体现出汉语语言的特异性。[60]

有研究采用自我教学（self-teaching）研究范式，通过操纵汉字类型、出现次数和测试时间，考察儿童的字形学习效果。结果发现，儿童在故事朗读中的字形学习受汉字结构和部件熟悉性的影响，表现为独体字有稳定的再认优势，熟悉部件能促进合体字短期的再认和回忆，这对今后的理论研究和教学实践都具有一定启示意义。[61]

（六）心理统计与测评

1. 测量方法

有研究探索极端环境下作业人员这一特殊职业群体的心理枯竭特征与结构，进行量表编制。结果发现，极端环境下作业人员心理枯竭量表与预期的理论结构一致，信效度指标良好，可作为极端或特殊环境下作业人员心理枯竭研究的测评工具。[62]

有研究采用项目间多维项目反应理论模型（between-item MIRT model）和项目内（within-item MIRT model）多维 two-tier model，以 4～5 岁儿童认知能力测验为例，在 IRT 框架下探讨了如何进行追踪数据的测量不变性分析。结果发现，本文对追踪数据的测量不变性分析方法合理有效；该测验在两个时间点上满足部分测量不变性要求，测验的潜在结构稳定；方位题的区分度和难度参数都发生变化；儿童在 4～5 岁期间认知能力总体呈快速发展趋势，能力增长显著。[63]

有研究编制成人依恋内部工作模型问卷，初步检验其信效度。通过项目分析、探索性和验证性因素分析检验其心理测量学指标。依恋内部工作模型问卷共包含 22 个题项，包含自我模型和他人模型两个高阶因子，自我模型分为一般自我和人际自我，他人模型分为他人善意、他人可得和他人支持。结果发现，依恋内部工作模型问卷具有良好的信效度，可以对成人依恋的内部工作模型进行测量。[64]

2. 统计方法

随着人们对测验反馈结果精细化的需求逐渐提高，具有认知诊断功能的测量方法逐渐受到人们的关注。有研究为探究 MIRTMs 潜在的认知诊断功能，以补偿模型为视角，聚焦于分别属于 MIRTMs 的多维两参数 logistic 模型（M2PLM）和属于 CDMs 的线性 logistic 模型（LLM）。结果表明 CC－M2PLM 可用于分析诊断测验数据，且认知诊断功能与直接使用 LLM 的效果相当。[65]

有研究将全功能极大似然估计方法（FFMLE）与利用充分性结果估计方法（ECSE）的误差校正思路融入 Method A（新方法分别记为 FFMLE-Method A 和 ECSE-Method A），从理论上对能力估计误差进行校正，进而克服 Method A 的标定缺陷。模拟研究的结果表明：在大多数实验条件下，两种新方法较 Method A 总体上可以改进标定精度，且在测验长度为 10 的短测验上的改进幅度最大；当 CAT 测验长度较短或中等（10 或 20 题）时，两种新方法的表现与性能最优的 MEM 已非常接近。当测验长度较长（30 题）时，ECSE-Method A 的总体表现最好、优于 MEM；样本量越大，各种方法的标定精度越高。[66]

注：

①李庆安：《基于中国文化的人格与动机理论——中国人格模型与关键需要理论》，《心理科学》，2016 年第 2 期。

②牟晓红、刘儒德、庄鸿娟、王佳、刘颖：《中学生外倾性对生活满意度的影响：自尊、积极应对的链式中介作用》，《中国临床心理学杂志》，2016 年第 2 期。

③叶勇豪、许燕、朱一杰、梁炯潜、兰天、于淼：《网民对“人祸”事件的道德情绪特点——基于微博大数据研究》，《心理学报》，2016 年第 3 期。

④赵欢欢、克燕南、张和云、许燕、程琪：《家庭功能对青少年道德推脱的影响：责任心与道德认同的作用》，《心理科学》，2016 年第 4 期。

⑤林沐雨、王凝、钱铭怡、赵晨颖、徐凯文、官锐圆：《女大学生中共情对自我中心和利他行为关系的调节作用》，《心理科学》，2016 年第 4 期。

⑥胡心怡、陈英和：《高自尊威胁后防御和消极情绪的特点：自尊和自我价值权变性的不同调节作用》，《心理学探新》，2016 年第 2 期。

⑦贾高鼎、曾明、王爱平、杨子京：《父母教养方式对儿童自尊的独特贡献：儿童气质的调节》，《中国临床心理学杂志》，2016 年第 3 期。

⑧唐淼、闫煜蕾、王建平：《师生关系和青少年内化问题：自尊的中介作用》，《中国临床心理学杂志》，2016 年第 6 期。

⑨黄婷婷、刘莉倩、王大华、张文海：《经济地位和计量地位：社会地位比较对主观幸福感的影响及其年龄差异》，《心理学报》，2016 年第 9 期。

⑩王娟、邹泓、侯珂、汤玉龙、王明珠、王英芊：《青少年家庭功能对其主观幸福感的影响：同伴依恋和亲社会行为的序列中介效应》，《心理科学》，2016 年第 6 期。

⑪时嘉惠、张梦圆、杨莹、冯姬、寇彧：《初中生偶像崇拜及其与生活目标和主观幸福感的关系：性别的调节作用》，《心理发展与教育》，2016 年第 6 期。

⑫高峰强、任跃强、徐洁、韩磊：《羞怯与生活满意度：安全感与自我控制的多重中介效应》，《中国临床心理学杂志》，2016 年第 3 期。

⑬琚晓燕、方晓义、李晓敏：《话题提出者、情

境效应对夫妻互动行为的影响》,《中国临床心理学杂志》,2016年第2期。

⑭李白璐、边玉芳:《初中生生活满意度的发展趋势及社会支持、自尊的影响:一项3年追踪研究》,《中国临床心理学杂志》,2016年第5期。

⑮邢怡伦、王建平、尉玮、闫煜蕾:《社会支持对青少年焦虑的影响:情绪调节策略的中介作用》,《中国临床心理学杂志》,2016年第6期。

⑯郑怡然、柳葳、石林:《丧葬仪式对丧亲者哀伤反应的影响》,《中国临床心理学杂志》,2016年第4期。

⑰包寒吴霜、陈俊霖、林俊利、刘力:《名字与性别的人际吸引机制:性别角色评价的中介作用》,《中国临床心理学杂志》,2016年第4期。

⑱罗榛、金灿灿:《中国背景下情绪智力与心理健康关系的元分析》,《心理发展与教育》,2016年第5期。

⑲齐臻臻、刘兴华:《此刻觉察冥想方案的有效性:来自冷压任务的证据》,《中国临床心理学杂志》,2016年第3期。

⑳王玉龙、覃雅兰、肖璨、蔺秀云:《父母冲突与青少年自伤的关系:一个有调节的中介模型》,《心理发展与教育》,2016年第3期。

㉑肖丁宜、樊富珉、杨芊、邵瑾、贾烜:《团体心理咨询与治疗师胜任特征初探》,《心理科学》,2016年第1期。

㉒安芹、贾晓明:《即时文字网络心理咨询的社会临场感研究》,《中国临床心理学杂志》,2016年第1期。

㉓伍新春、周宵、陈杰灵、曾旻、田雨馨:《社会支持、主动反刍与创伤后成长的关系:基于汶川地震后青少年的追踪研究》,《心理科学》,2016年第3期。

㉔伍新春、周宵、毋梦薇、陈杰灵、赵献梓:《创伤暴露程度、主观害怕程度对儿童创伤后应激障碍影响的追踪研究:社会支持的调节作用》,《心理发展与教育》,2016年第5期。

㉕周宵、伍新春、曾旻、田雨馨:《青少年的情绪调节策略对创伤后应激障碍和创伤后成长的影响:社会支持的调节作用》,《心理学报》,2016年第8期。

㉖曹娟、安芹:《亲子关系与自我分化的关系:同伴关系、恋爱关系的调节作用》,《中国临床心理学杂志》,2016年第5期。

㉗王英芊、邹泓、侯珂、王明珠、汤玉龙、潘斌:《亲子依恋、同伴依恋与青少年消极情感的关系:有调节的中介模型》,《心理发展与教育》,2016年第2期。

㉘邢淑芬、梁熙、岳建宏、王争艳:《祖辈共同养育背景下多重依恋关系及对幼儿社会-情绪性发展的影响》,《心理学报》,2016年第5期。

㉙李晓巍:《父亲教育参与对幼儿社会适应的影响》,《中国临床心理学杂志》,2016年第5期。

㉚刘畅、伍新春、邹盛奇:《父母婚姻满意度及其相似性对协同教养的影响:基于成对数据的分析》,《心理发展与教育》,2016年第1期。

㉛邢艳艳、许燕、王馨蕊、张和云、于肖楠、赵欢欢:《家庭环境对学前儿童情绪行为问题的影响:乐观和心理韧性的链式中介模型》,《心理学探新》,2016年第2期。

㉜陈丽华、郭海英、朱倩、卜钰、林丹华:《情感虐待与儿童抑郁症状:情绪调节策略的中介作用》,《中国临床心理学杂志》,2016年第6期。

㉝温红博、梁凯丽、刘先伟:《家庭环境对中学生阅读能力的影响:阅读投入、阅读兴趣的中介作用》,《心理学报》,2016年第3期。

㉞傅鑫媛、方秀英、寇彧:《自我控制可以抵御不良示范性规范对初中生环保行为的影响吗?》,《心理发展与教育》,2016年第1期。

㉟舒曾、贺琼、李晓敏、张晶、张月寒、方晓义:《母亲养育压力对幼儿创造性人格的影响:教养方式的中介作用》,《心理发展与教育》,2016年第3期。

㊱师保国、王黎静、徐丽、刘霞:《师生关系对小学生创造性的作用:一个有调节的中介模型》,《心理发展与教育》,2016年第2期。

㊲黎燕斌、蔺秀云、侯香凝、方晓义、刘娅军:《虐待与流动儿童对立违抗症状的关系:亲密度和冲突性的作用》,《心理发展与教育》,2016年第1期。

㊳黎燕斌、侯香凝、蔺秀云、王中会、方晓义、李俊红:《父母情绪调节困难对流动儿童对立违抗症状的影响:亲子冲突解决方式和儿童情绪调节的作用》,《心理发展与教育》,2016年第2期。

㊴王中会、蔺秀云、黎燕斌:《流动儿童心理韧性对文化适应的影响:社会认同的中介作用》,《心理发展与教育》,2016年第6期。

㊵于悦、周明洁、郭昫澄、贺琼、张建新:《国企员工工作—家庭平衡对工作投入及满意度的影响:

人格的调节作用》,《中国临床心理学杂志》, 2016 年第 3 期。

㊶张剑、宋亚辉、刘肖:《削弱效应是否存在:工作场所中内外动机的关系》,《心理学报》, 2016 年第 1 期。

㊷余柳涛、鲍建樟、陈清华、王大辉:《个体自信度对双人决策的影响》,《心理学报》, 2016 年第 8 期。

㊸窦泽南、左雅靓、王祯、乔志宏:《帮助中国高中生进行专业决策的课程干预研究》(英文),《中国临床心理学杂志》, 2016 年第 6 期。

㊹刘国芳、辛自强、林崇德:《经济人信念对信任的影响:信任主题的调节作用》,《心理科学》, 2016 年第 1 期。

㊺靳菲、朱华伟:《消费者的权力感与冲动购买》,《心理学报》, 2016 年第 7 期。

㊻曾陶然、徐凤、蒋奖:《消费者的购买类型与幸福感的关系》,《中国临床心理学杂志》, 2016 年第 2 期。

㊼苏晶、段东园、张学民:《负性情绪刺激对大学生多目标追踪能力的影响》,《心理发展与教育》, 2016 年第 5 期。

㊽杜雪松、王爱平:《不同趋近动机强度的积极情绪对类比推理的影响——来自 ERP 的证据》,《心理学探新》, 2016 年第 5 期。

㊾刘芳、丁锦红、张钦:《高、低趋近积极情绪对不同注意加工阶段的影响》,《心理学报》, 2016 年第 7 期。

㊿李彩娜、董竹、焦思、邹泓:《大学生依恋与心理弹性——情绪调节与元情绪的多重中介》,《心理科学》, 2016 年第 1 期。

(51)顾子贝、杨昭宁、代亚男、谭旭运、王晓明:《背景颜色对中性面孔情绪识别的影响:隐喻的视角》,《心理科学》, 2016 年第 3 期。

(52)常玉林、王丹烁、周蔚:《字形判断过程中的整体与局部优先效应:来自反应时和眼动指标的证据》,《心理科学》, 2016 年第 5 期。

(53)颜志强、王福兴、苏彦捷:《疼痛面孔注意加工中共情的作用——来自眼动的证据》,《心理科学》, 2016 年第 3 期。

(54)雷寰宇、魏柳青、吕创、张学民、闫晓倩:《多身份追踪中基于表情特征的分组效应》,《心理学报》, 2016 年第 2 期。

(55)张红霞、陈小莹、王栋、马靓、周仁来:《学习困难儿童的事件性前瞻记忆:多项式加工树状模型的应用》,《中国临床心理学杂志》, 2016 年第 5 期。

(56)张小聪、董云英、周仁来:《认知内容特异性对高考试焦虑者工作记忆容量的影响》,《中国临床心理学杂志》, 2016 年第 6 期。

(57)王琼、王玮文、李曼、杜伟、邵枫:《阻断内侧前额叶皮质 TrkB 受体对大鼠认知和海马 BDNF 表达的影响》,《心理学报》, 2016 年第 5 期。

(58)李利平、伍新春、周宁宁、程亚华、阮氏芳:《汉语儿童读词者的认知特征及其影响因素》,《心理学报》, 2016 年第 10 期。

(59)赵英、程亚华、伍新春、阮氏芳:《汉语儿童语素意识与词汇知识的双向关系:一项追踪研究》,《心理学报》, 2016 年第 11 期。

(60)何文广、陈宝国:《汉语主、宾关系从句加工难度及其核心名词生命性效应》,《心理科学》, 2016 年第 1 期。

(61)李宜逊、肖林清、张洁、李虹、刘翔平:《汉字结构特点和出现次数在儿童字形学习中的作用》,《心理科学》, 2016 年第 5 期。

(62)李亚南、高红梅、许燕、王芳、叶勇豪:《极端环境下作业人员心理枯竭量表的编制》,《中国临床心理学杂志》, 2016 年第 3 期。

(63)欧阳湘子、田伟、辛涛、詹沛达:《IRT 框架下追踪数据的测量不变性分析——以 4 至 5 岁儿童认知能力测验为例》,《心理科学》, 2016 年第 3 期。

(64)王斐、苗冬青、许燕:《成人依恋内部工作模型问卷编制和信效度初探》,《中国临床心理学杂志》, 2016 年第 2 期。

(65)詹沛达、陈平、边玉芳:《使用验证性补偿多维 IRT 模型进行认知诊断评估》,《心理学报》, 2016 年第 10 期。

(66)陈平:《两种新的计算机化自适应测验在线标定方法》,《心理学报》, 2016 年第 9 期。

(作者:许燕,北京师范大学教授;
欧阳林依,北京师范大学硕士生)

历 史 学

史学理论及史学史

汪高鑫　程源源

2016年，北京地区史学工作者积极推进史学理论与史学史的研究工作，在继续开展对于传统论题深入研究的同时，也结合时代发展的需要对一些新问题作出了认真思考，在该研究领域取得了丰硕的成果。

一、马克思主义史学理论研究

首先，唯物史观与历史学研究。2016年9月，由中国社会科学院举办的“第二届唯物史观与马克思主义史学理论论坛”在京举行。来自中国社会科学院、北京大学、中国人民大学、中央党校等高校和研究机构的百余名学者参加了此次论坛，主要围绕唯物史观引领史学话语权建设等相关议题展开了讨论。第一，对于历史虚无主义的批判。与会专家认为，批判历史虚无主义，是我国史学发展必须解决的首要问题。有学者认为，历史虚无主义主要体现在“三化”：一是把历史唯物主义、马克思主义史学理论“边缘化”，二是在史学研究中“去政治化”，三是在史学研究中“去意识形态化”。这种错误思潮实际上是一种逆历史而动的唯心主义历史观。[①]有学者认为，挑战同时也是机遇，历史虚无主义的出现也为创新中国特色马克思理论话语提供了大好机遇，广大学者要积极迎接挑战。[②]第二，坚持历史唯物主义在历史研究中的指导地位。历史唯物主义是科学的历史观，是史学研究的利器。坚持以历史唯物主义为指导，是我国历史学最鲜明的特色。有学者指出，马克思主义唯物史观进入中国，在中国史学从传统走向现代的历程中，引发了最为根本、最为深刻、影响最为久远的史学革命。可以说，从20世纪以来直到现在，中国马克思主义史学研究所取得的众多成就，始终离不开唯物史观的指导。学者们要把马克思主义历史观运用于史学研究，提出历史问题，分析历史问题，认识历史问题。[③]第三，学习贯彻习近平总书记在哲学社会科学工作座谈会上重要讲话精神，努力推进以马克思主义为指导的中国特色史学建设。对如何推进以唯物史观引领史学话语体系的建立，与会学者纷纷阐述了自己的观点。有学者从史学研究本身着眼，认为史学研究要有时代高度和宽广视野，要有宏达的历史观和强烈的现实关怀，要坚持正确的方向。不少学者关注史学工作者的重要作用，其中包括学习总结老一辈马克思主义史学家的经验、思想和理论，这是当今史学工作者的研究基础。当今史学工作者的时代任务，是从历史的角度研究和阐释好中国特色社会主义在中华大地上形成发展的历史必然，从优秀的传统文化中吸取治国理念和历史经验。[④]

其次，对马克思主义史学品格与理论内涵的探讨。马克思主义史学之所以有生命力，持续影响着历史学的研究，这是由马克思主义史学品格和理论内涵所决定的。有学者对中国马克思主义史学品格总结为求真和致用两个方面：求真是科学性的体现，以求真为目的，探寻历史的真相，体现了历史研究的科学属性；致用性也就是现实性，注重发挥史学的经世致用功能，强调史学为现实服务，体现了历史研究的实用属性。这两个方面构成了中国马克思主义史学的双重品格。认为当代史学在求真的根本性目的之外，还要发挥资治鉴今的致用功能，这是现实社会和国家的需求，旨在为人们提供准确的历史知识、合理的历史解释，进而指导人们的现实生活。[⑤]有学者探讨了马克思的大唯物史观之史学价值，认为马克思把历史认为是人的形成史、解放史，把自然界以及文化和历史传统等因素纳入史学研究的视野，对于我们深入理解社会的发展以及人的发展至关重要；同时把劳动实践活动作为历史的基础，深刻揭示了人的主动性、能动性和创造性在历史中的作用，可以科学地回答人的创造性与历史发展客观规律性的相互关系这一史学研究的重大问题，为史学研究提供新角度，指明了新方向。[⑥]学者们对以往马克思史学研究中一些问题也进行了正本清源。马克思在其理论生涯中对历史问题展开了多方面的探讨，留下了丰富的理论遗产，在以往的研究中通常冠之以“唯物史观”或“历史唯物主义”之名。然而，当深入经典作家的文本中进行仔细研读时，有学者发现“唯物史观”和“历史唯物主义”是恩格斯在阐述马克思对“唯心史观”和“从前的一切唯物主义”的变革时提出的两个概念，重在揭示马克思研究历史的理论性质。除此之外，马克思还针对具体的历史问题写就了大量的文本，它们体现出马克思研究历史得到的理论内涵。因此，只有将理论性质和理论内涵两方面结合起来，才能建构起马克思叙述历史的话语体系。[⑦]历史考据作为史学研究中的重要方法，长期以来被人为地与马克思主义对立起来，似乎马克思主义就是反对历史考据。[⑧]有学者认识到了这一情况，指出马克思主义创始人以严谨的风格、缜密的方法创立了他们的学说，是重视考据和善于考据的典范，从事马克思主义史学理论研究必须具备丰富的历史知识并善于历史考据。对一些学术界长期存在的理解偏差，如阶级斗争是推动历史前进的根本动力的观点，有学者分析是由于我们对马克思、恩格斯著作中的阶级斗争论述做了断章取义的理解，而通过对马克思、恩格斯关于历史前进动力问题的全面梳理，可以纠正我们的错误认识，这对于马克思主义史学理论建设具有重要意义。[⑨]

再次，马克思主义理论与史学新分支学科。史学的发展不断涌现出新的分支学科，在这些新的学术领域，对马克思主义理论的发扬既是对该学科发展方向的引导，也是对马克思主义理论的丰富和发展。环境史作为一门独立发展的史学分支学科，首先要解决的是环境的社会历史性问题。马克思在《1844 年经济哲学手稿》中重新阐释了“对象性关系”概念，为这一问题提供了最初的理论基石。人类的“对象化”活动使得自然完成了“人化”的过程，从而演变成具有社会历史意义的自然，为环境史的诞生和环境史作为一门学科的成立提供了根本前提。要正确认识环境问题的社会历史性，开展环境史学研究，就应当在“对象性”关系视域中审视人与自然的关系，同时坚持环境问题的社会历史性和环境史中的人类主体性，将环境问题与经济问题、政治问题、技术问题、文化问题等联系起来考察。[⑩]马克思世界历史理论近年来随着全球化的加深成为研究热点，对其中分歧较大的三个问题：马克思主义世界历史理论的基本内涵和实质、与唯物史观的关系、与全球化的关系，学者们进行了探讨。有学者从梳理马克思提出世界历史理论的史学背景展开分析，系统阐述了理论的基本内涵和实质。认为从史学角度而言，如果将全球化理论与马克思的世界历史理论“画等号”，则有失偏差。[⑪]

二、史学理论的热点问题

首先，学科概念与学科研究。从学科概念层面来说，“历史”“史学”“史学史”是史学史学科基本概念，需要对它们做出准确的理解。有学者对此三个概念加以界定，认为“历史”是“人类社会演进的客观过程”；“史学”是“记述和研究历史演进以展示未来的学科”；“史学史”就是“史学的学科史”。指出以往人们常常将史学史理解为专门史，忽视了其学科自身的理论建设。[⑫]有学者从中外比较视野下对史学理论与历史理论这两个历史学基本概念进行了辨析，认为二者之间有联系又有所不同，详细梳理二者在学理上的联系和区别，有助于我们在实际运用中准确地使用有关的概念和术语，从而提升学术品格。[⑬]从学科研究层面来说，有学者认为，中国史学史的研究需要放开视野，不能将考察空间局限在现在中国领域的范围之内，需要在东亚的视野下进行中国传统史学发展史的研究，再加上关于中西史学交流及史学比较的探索。[⑭]有学者认为，突破传统史学史研究中由于学科的特殊性而产生的就史书论史书的狭隘视野，从更深广的文化视野探求重要史学著作产生的时代背景、社会环境，反过来考察这些史著所产生的社会文化影响，这种从文化视角研究史学史的新趋向，有利于学科进一步发展。[⑮]有学者从史学史学科具有评论以往历史学发展状况的内在功能，研究对象复杂多样，认为中国史学史的研究要取得较深层次的开拓创新，应当具备相当的学术穿透力，才能完成史学史学科对中国历史学发展中的偏差予以纠正的任务。而中国史学史的学术穿透力，主要表现在对一般历史问题的探索中提出其他史学专业未能达到的新思路、新论断。[⑯]

其次，史学与社会政治。习近平主席在“五一七”重要讲话上，提出构建中国特色哲学社会科学的宏伟目标，这对包括史学在内的哲学社会科学提出了新的时代要求。在由中国社科院当代中国研究所和中华人民共和国国史学会联合举办的“中国改革开放的历史经验”为主题的第十六届国史学术年会上，有学者提出要认真总结改革开放历史经验，深入贯彻习近平总书记系列重要讲话精神，坚持中国特色社会主义文化发展道路。[⑰]有学者认为，当代中国历史学应该充分发扬“通古今之变”的优良史学传统，以阐述中国特色社会主义为重点，重新对中华民族5000多年的发展史作出新的符合时代要求和价值标准的阐释和解读，编撰出具有中国特色与世界视野的中国通史著作，形成当代中国历史学的学术话语体系。[18]史学作为社会意识形态的一部分，连接着一个国家的过去、现在与未来。有学者总结了二十四史里的民族史撰述的内容和成果，从历代民族政策、统一多民族国家的发展、历史文化认同意识三个方面系统阐述了民族史与社会的紧密联系，对增强民族凝聚力、制定正确的民族政策和树立正确的民族观念都有积极意义。[19]有学者考察了新史学与社会政治的关系，认为新史学前后经历了初始形态、学院派形态、社会化形态和政治化形态四个阶段，新史学的发展对中国史学乃至学术体制产生了深刻影响，同时新史学的发展又始终服务于现实政治，这与中国学人对学术独立和民族独立的强烈诉求分不开，对捍卫民族主体性进行了卓越有效的努力。[20]有学者梳理了中国民族史的建立，指出在晚清到民国时期，民族史学以救亡图存、维护国家统一为基本宗旨，坚决回击各种歪曲各民族分裂的言论，并通过中国民族史的研究与撰述加强了中华民族认同。[21]

再次，史家修养与历史研究。中国古代史学在长期史学实践过程中，形成了丰富的史家修养理论。《学习与探索》2016年第10期开辟了对“中国古代史家修养论研究”的专题讨论。有学者概括古代史家修养论形成过程，指出先秦秦汉为滥觞时期，所提出的直书不隐的“良史”论、论载历史的使命感为以后史家修养理论的初步总结打下基础；南朝刘勰《文心雕龙·史传》作为中国古代史学理论第一个专篇，提出了“素心”以“析理居正”的史家修养思想，对中国古代史家修养理论做出了初步总结；唐初以三篇帝王诏令、《隋书·经籍志》和《晋书》为代表，对史家修养与史官选择问题进行了深入论述，推进了南朝以来史家修养理论的发展；唐代史学理论家刘知幾在讨论“自古以来文士多史才少”问题时，提出了史家需具才、学、识“三长”的理论，所撰中国古代第一部史学理论专著《史通》对此作了系统阐述，标志着中国古代史家修养理论的形成。[22]有学者总结明清时期史家修养论的发展状况，指出明清时期一方面沿袭了前代史家修养论的内涵，将史家“三长”论和“心术”说进行了批判性继承和发展；另一方面丰富了才、学、识思想的内涵，将“心术”说与天人关系相联系，提出了“二善”说和“史德”说，体现出重视史家道德修养的特点。明清史家修养论的总结，受到了这一时期理学和心学嬗变的学术思潮和经世致用思想的深刻影响。[23]有学者考察了侯外庐先生在史家修养论上的论述，指出侯外庐先生认为史学工作者在理论上和品质上的修养极其重要，应该具有“严肃认真的态度，实事求是的科学方法”、科学上的诚实态度、自省的精神品质等。[24]

最后，对史学发展道路的思考。过去一年来，面对新的时代形势和要求，对史学发展道路的思考成为学者讨论的一个热点议题。第一，关于“新史学”的讨论。20世纪是中国史学从传统迈向近代的重要时期，“新史学”的产生和发展是其中的重要内容。有学者尝试从“新史学”的产生来寻找答案，以梁启超在1901年的《中国史叙论》和1902年的《新史学》中提出的“新史学”思想，对比他晚期的《中国历史研究法补编》和《中国历史研究法》中对“新史学”的论述，来探讨“新史学”对于当时史学界以及后来史学学科的建立所产生的作用。[25]有学者研究了梁启超新史学中对“西欧中心论”和“正统论”的批判，以及对进化论史观的改造和发展，认为他是试图构建反映中国在世界历史发展进程中地位和作用的世界历史体系，他对世界历史发展动力的辩证认识之现代性和先进性可与新历史观相媲美。[26]有学者从现代统计知识和观念的传入着眼，认为它们对新史学的形成有重要作用，当时已有人在具体历史问题研究方面尝试使用统计分析法，成为新史学有机的组成部分。[27]第二，对于清华学派贡献的阐述。20世纪上半叶的中国史坛，一批学者顺应“社会科学治史”的国际史学潮流，以社会经济史为研究中心，形成了“社会科学派”，其中代表者即清华学人。他们积极倡导“社会科学治史”的学术理念，一直秉持通才培养、自由开放的育人理念，并与美国学界保持密切联系，在当时引领时代学术潮流。[28]有学者总结了清华学派的主要特点，一是扩展了史学研究领域，如王国维和陈寅恪的研究范围包括社会制度史、戏曲史、文化史、种族史等等，远远超过治政治史的传统；二是研究方法的多样化，如王国维躬行“取外来之观念与固有之材料互相参证”，而陈寅恪则运用了历史比较语言学的方法，打破了传统史学主要依靠考据法的单一性。清华学派中西融会、古今贯通的治学态度，对当下史坛各种观念方法相互冲突竞争的局面有借鉴意义。[29]第三，对20世纪中国史学发展道路的思考。有学者指出，对20世纪中国史学的反思、总结，具有重要的学术价值和现实意义。一是要形成对 20 世纪史学“三大干流”（新史学流派、新历史考证学派、马克思主义史学流派）平行发展和相互影响的总体研究思路，取代以往“两大干流”的认识；二是要进一步探究新历史考证学的发展渊源；三是总结马克思主义史学经历的曲折。[30]

三、中外史学思想的探索与交融

首先，中国史学思想探索的新进展。一是经史关系论。经学作为中国古代统治意识形态，与史学有着千丝万缕的联系，从社会经学思潮的角度阐发对史学思维的影响是其中一个方面。有学者分析了汉代经学大家董仲舒对史家班固的史学和史学思想的影响，指出董仲舒的天人感应论影响了班固的天人观念，德主刑辅思想影响了班固的礼法观念，大一统思想影响了班固史书的撰述体裁。[31]有学者对唐代疑古惑经思潮的变化进行了探讨，认为前中期疑古惑经思潮的代表人物刘知幾，主要以史学的视角来质疑经书记载的内容，同时并不否定经学思想本身；后期疑古惑经思潮代表新《春秋》学派，则是站在经学的立场上对《春秋》“三传”进行批评、质疑，重视分辨经史之别，注重褒贬义理，其经学思想对当时和以后的史学发展都有重要影响。[32]有学者认为，在朱子学的影响下，元代史学将王道德治作为考察历史盛衰的标准，强调以“仁政”为德治之本，以伦理纲常为推行王道德保障，从而形成了天理纲常支配历史盛衰的逻辑关系。[33]学者们还对经学家的历史观进行了探讨。有学者对汉唐时期易学家以史解《易》的特点进行了分析，指出易学家以史解《易》征引的史实蕴涵了历史兴衰教训和历史变革思想，在一定程度上与《周易》义理相通；而以史解《易》的运用，其意义在于丰富了治《易》的方法，扩展了史学的历史观念，促进易学与史学的双向互动，对“参政史事”易学的勃兴打下坚实基础。[34]有学者认为章太炎作为经学家，用《易》学和《春秋》学表述了一套完整的历史观。他肯定历史的具体的连续性，积极鼓励追求价值自足和自立，促进现实秩序的批判性创造，这些对当代中国也是极富启发意义的。[35]二是史论与史学批评。有学者对中国史学上关于“论”的几次变化作了系统的阐述，指出南朝萧统所编《文选》中“史论”目，是较早提出“史论”这一概念者；宋代“史论”范围扩大，同时又提出“论史”的概念并加以运用；清人浦起龙注释《史通》，明确地区分“史论”与“论史”之别，进而提出“论论史”的概念。[36]有学者对唐修《周书》的史论进行辨析，指出《周书》的史论在指陈北周历史形势、运用比较的方法评价政治得失、从“时”的观点评价历史人物、关注学术发展及其社会价值等方面都有突出特点，同时也存在历史的个人的局限性。[37]有学者对史学批评领域的相关概念，如历史与史学、史论与史评、历史评论与史学批评等作出深入辨析，并对史学批评的研究范畴和方法作出论述。[38]肯定史学批评的驱动力主要表现在：在史学批评的思想基础上推动新的历史著作面世；在史学批评中人们对于概念的积累、深化和运用，进了史学理论的发展；史学批评对前人的著作还有拾遗补阙、纠正谬误的价值；史学批评又是联系史学成果与社会的桥梁，发挥史学的社会功能起着积极的引导作用。[39]

其次，西方历史哲学的反思。一是对历史学有关概念的重新思考。有学者指出柯林武德在他的《历史观念》一书中提出了其历史哲学的两大支柱——“一切历史都是史学史”和“一切历史都是思想史”，这两个命题结合起来，论证了思想史和史学史的同一，表明了历史的主体性和思想性。结合当下史学理论发展的趋势，“一切历史都是史学史”这一命题蕴含的思想资源和认识论价值，有助于我们更好地理解当代史学理论界对历史编纂和学术史的重视。[40]人类历史的偶然性和必然性的关系问题，是西方史学理论的核心问题之一。有学者考察了伯里的历史偶然性观念，指出他以历史偶然性为切入点，探讨历史偶然事件与因果规律之间的关系，以揭示历史思想与自然思想之不同，这对思考史学理论研究的不同路数和局限性有重要参考价值。[41]二是对当代史学研究的反思。有学者认为，20 世纪 90 年代后出现的受现代化道路反思的思潮影响，“反现代性的现代性”历史解释模式对近代时期的人物评价标准和史学研究范式的转向都产生了深刻影响。[42]有学者认为，自 20 世纪 90 年代以来，“跨国转向”成为国际史学界强大的潮流。跨国史将民族国家历史置于跨国和全球语境中进行考察，极大地改变了各国各自书写历史的研究面貌，开辟了许多被传统的民族国家史漏掉的领域。因此，有必要从跨国史的视角重新书写 20 世纪世界史，包括增加非国家行为体的经历，突出跨国力量对各国发展和人类历史的影响，将国际人权保障、教育与文化交流、大众文化传播、消除传染性疾病、跨国环境合作以及国际体育等“低端”事务写入国际关系史。[43]

三是对历史客观性问题的探讨。有学者认为，后—后现代史学理论的逐渐形成，对西方史学理论发展史上有关历史客观性问题的回顾与考察，是可以为当前的学术发展提供启示的。[44]有学者考察了20世纪30年代美国史学理论发展史上的历史知识客观性论争，主要分析了曼德尔鲍姆对历史相对主义的批判，指出他运用经验主义传统的概念和术语分析历史知识的性质，尝试为历史知识的客观性奠定新的基础。[45]有学者从英美分析派历史哲学关于历史知识性质的核心议题——“历史解释”和“历史叙述”的论争入手，指出在“历史解释”上，分析派的历史哲学在这一论争中不再使用欧洲大陆历史主义传统中将自然与历史分成两派的做法，而是使用了经验主义传统的“历史方法”，在“历史叙述”上，分析派历史哲学认为历史叙述的本质还是一种历史解释。[46]

最后，中外史学比较与碰撞交融。有学者从古史比较的视角对中国与希腊的文明进行考察，指出希腊古代史学的重要特征之一是大量演说词用于历史著作之中，而这在中国史书中则较为罕见。这是由于不同民族的发展道路和政治文化传统对上古时期的史学内涵和编纂形式都会产生重大影响。[47]有学者研究了波斯、罗马与秦汉帝国中央集权和地方自治，指出传统国家中，所谓中央集权，在实际政治运作中，更多地表现为地方自治。所谓的中央集权，就波斯而言，在总督一级基本被消解。就秦汉帝国而言，很大程度上停留在中央政府对地方官员的任命以及必要时进行的干预上。[48]有学者对中西方文明比较这一论题做出新的阐述，指出按照孟德斯鸠、黑格尔、马克思和韦伯等人的论述，东西方自古以来便经历了不同历史道路，而非像晚近以来有些国外学者所主张的那样，直到很晚才由于偶然因素出现了大分流。实际上，权力制衡，精神自由，财产所有制形式，个人与共同体的关系，官僚制度的效率和廉洁，城市和地方基于权利而非血缘的自治，农业和工业的规模经营以及中产阶级的存在，实体法和程序法的独立发展，等等，都长期和必然地决定了古代中国的历史进程，从根本上导致中西历史的差异性。[49]

在当代学术全球化的趋势下，中西方学术间的碰撞与交融是一种常态。对美国汉学界兴起的“新清史”研究热潮，有学者表达了不同的观点，指出清朝不仅是“大一统”传统的继承者，更是其最后乃至最极致的发扬者。清朝的疆域代表着“大一统”的价值，远远超越了民族主义，无论是汉民族主义，还是满民族主义，都是清代历史留给我们的重要遗产。[50]有学者就学术话语权问题做了讨论，指出在西方话语权的冲击下，中国古代历史学家在长期历史撰述实践中产生的历史意识和历史撰述原则逐渐失去合法性。从创建一种反传统的新史学，到唯物史观理论指导地位的确立，中国历史学家在运用西方史学理论和方法撰写历史和研究历史的同时，也逐渐意识到中国历史的特殊性有时并不能纳入西方理论的普遍性框架之中。[51]与此同时，中西史学的交融也出现了可喜的现象，比如数字人文方面的合作即是如此。众所周知，当前是一个数字化时代，史学的大数据和数据库的建设离不开全球范围内的合作。2016年5月，北京大学图书馆联合哈佛大学“中国历代人物传记资料库（CBDB）”项目和北京大学“数字人文建设与发展研究课题组”共同举办首届北京大学“数字人文论坛”，该论坛对全球视野下的数字人文概念、实践和反思进行了全景式扫描，对数字人文在历史学中的运用进行了深入探讨，提出了四个高校图书馆数字人文可具体实践的方面：分类汇总整理并展示来自全球的数字人文数据库、工具软件或平台；开展数字人文数据集建设；新增数字人文咨询；成立数字人文相关部门。[52]

四、历史书写问题的探讨

首先，对史书编纂体例的探究。本年度关于史书编纂体例问题的探讨，主要集中于《史记》一书。有学者肯定了《史记》历史书写对于现代历史编纂的意义，认为《史记》中时间维度、人物活动维度、典章制度和社会情状维度等多维视角的运用，不但体现了《史记》历史编纂所取得的重要成就，也对20世纪史家的历史编纂有着深远的影响。[53]对《史记》中把“本纪”列在其他四种体裁之前的安排作出分析，认为这突出地体现了司马迁深邃的历史哲学和强烈的信史精神。对“本纪”的功能，认为是“包举大端”，提纲挈领记述政治、经济、军事、民族、文化各项大事，构成了全书的主干，其余篇章，或表，或书，或世家，或列传，都与本纪相配合，显示出华夏民族自文明初始至其当代历史演进的大趋势。认为本纪所载内容，既重在凸显政治设施的得失，彰明其盛衰兴坏之理，又以艺术性手法，刻画处于历史变局中心的君主独特的性格、襟怀。指出本纪的另一项重要史学功能，是反映出西汉时期“大一统”局面的发展和巩固，反映出封建中央集权政治结构的等级制特征，这也是后代修史者“递相祖述，能出其范围”的深刻原因。[54]并对《史记》中人物传记编纂成就做出论述，指出书中对具体历史人物过人的谋略、坚毅的努力所做的成功刻画，使后人还能从中获得极宝贵的智慧启示。[55]有学者通过对《史记》记载秦史时提到的"秦记"的含义进行考察，通过句式的对比分析，说明"秦记"并不是特指某种秦国国家史书，而是司马迁对他所见秦国几种历史记录的一个统称。[56]还有学者对比汉代宗室属籍档案和《史记》中篇目，指出《史记》中《五宗世家》《外戚世家》依据的史料来源应该是宗室属籍档案，说明了档案道德形态影响了史书编纂的面貌。[57]一些学者还对丛书、志书的编纂进行了分析。有学者分析了《四库全书》的编纂背景，指出这部书的编纂是清初以来崇道、重道的必然结果，是朝廷为了解决朝野、南北学术思想对立而进行的政治举措。而随着《四库全书》纂修完成并颁行全国，清学成为当时普遍的学术范式，赢得了江南儒士大夫对清廷的文化认同。[58]有学者考察了地方志书"三宝体"的因革演变，指出"三宝体"在改革开放后演变为"新三宝体"，以《涉县志(1991—2011)》为例，按地、人、事分述，记地并不完全局限于地，将事平分其中，记事完整，各门类依逻辑编排，又显紧凑，这种纂修实践值得总结借鉴。[59]

其次，对史料学的研究。一是新史料的发现和应用。有学者以新出楚竹书"语"类文献为对象，通过探求"语"类文献的构造与执笔意图，认为对于去除附着于其上的"再回忆"与"再创造"等因素的影响有积极的作用。指出"语"类文献的史学价值可以归纳为对先秦文献史料"真""伪"的审慎认知、对春秋战国史学著述发展的具体了解、对先秦学术思想面貌的整体把握，以及对其记述的先秦史事的批判认识等四个方面的内容。[60]有学者从清华简《程寤》篇看"文王受命"问题，认为流行的司马迁所述的"虞芮质成"说实不如《程寤》的"大姒之梦"说更近乎历史的本真。指出这个观念有一个发展变化过程，在大姒之梦以前，文王受命是指接受商王之命，其后则是取商王朝之命而代之，只是到了周公时期其内涵才扩而大之，成为文王接受天赐予的统治天下的大命。清华简《程寤》篇对于说明"文王受命"问题十分重要，此篇以述史为主的写法和一些用词之例，表明它当成书于西周晚期或春秋时期的史官之手，这对于研究《逸周书》的成书时代也有重要参考价值。[61]

二是新史学分支学科引发的史料学革新。形象史学自20世纪即得到学界关注，同时在"一带一路"战略发展背景下，从形象史学角度推动丝绸之路研究是史学工作应有之义。2016年7月由中国社会科学院学部主席团主办，中国社会科学院历史研究所、《社会科学战线》杂志社联合承办的"2016·中国社会科学论坛：形象史学与丝路文献国际学术研讨会"在吉林省长春市召开，北京地区学者积极参与其中。有学者对图像在中国早期文明记忆中与巫、史的关系，以及其从"穷神变，测幽微"到"成教化，助人伦"的功能演化过程进行了梳理。学者们还具体考察了扇面书画艺术的历史沿革和特色，明代藩王墓出土金银首饰的造型、纹样及设计构思，以及明代男子簪花习俗的使用范围和盛行程度等问题。[62]有学者讨论了影像史学的兴起对史料载体、史料采编和史料保存等方面的进步意义，同时也标志着史料学进一步扩大到了影像领域，从而使史料学进入了一个全新的发展阶段。[63]

再次对笔记史料的研究。有学者研究了宋人史料笔记，认为它既继承了唐人史料笔记的传统，也受时代的影响而显示出自身的特色，反映在撰述旨趣方面的主要表现是：以古训的名义而记述新的"前言往行"、学术史思想的萌生和发展、重视笔记撰述的"事无纤巨，善恶足为鉴诫"的惩劝作用和补史官所阙的历史意识，显示出宋人史料笔记撰述旨趣的多样性和撰述内容的丰富性，也从一个方面反映出史料笔记之兴于唐而盛于宋的发展趋势。[64]有学者认为历史笔记主要记述有历史价值的个人见闻，从理论上说，属于"个人的书面历史记忆"，其繁荣发展与科举士大夫阶层的兴起密不可分，反映了士人社会自觉参与本朝历史记忆的建构，积极争取历史书写的权力。[65]

最后，对近现代史的书写。从历史书写这一视角审视中国近现代历史的发展历程，对深化中国近现代史的认知大有裨益。《史学史研究》在2016年第1期上刊出了一组主题为"民国时期的中国近代史书写"的文章。学者们从近代著名史家身上找寻近代史书写的发展与求索。有学者研究了蒋廷黻的《中国近代史》产生的国内外背景，指出现代化是其近代史书写的骨骼，并将对中国出路的思考寄托到历史之中，这种阐释化的近代史是现代化建设时代的先声。[66]有学者详细梳理了吕思勉丰富的近代史著述，对吕著的价值作了充分肯定，认为其著具有贯通古今的史识和别具一格的书写特色。[67]有学者挖掘了钱穆在中国近代史书写中所体现的“学术精神”：“以文化为基准的民族意识”“文化保守史观”“以儒学为宗的文化意识”，他的学术与教育事业本身就是中国近代史书写的一部分。[68]有学者研究了李剑农的《中国近百年政治史》，认为该著包含着更多的是文化关怀，将中国近代政治变化置于中西文化冲突与交流的广阔视野中，进而发掘政治变化背后的深层思想内涵。这种把思想文化的深度解读和社会心理学引入政治史的尝试，为学术发展提供了可资借鉴的范本。[69]

注：

①王伟光：《以唯物史观为指导，加快构建中国特色马克思主义史学理论和史学学科创新体系》，《世界社会主义研究》，2016 年第 1 期。

②朱佳木：《在同历史虚无主义的斗争中推进中国特色马克思主义史学理论话语体系的建设》，《马克思主义研究》，2016 年第 11 期。

③④宗敏、张君荣：《建设无愧于时代的中国特色历史学》，《中国社会科学报》，2016 年 9 月 14 日。

⑤左玉河：《求真与致用：中国马克思主义史学的双重品格》，《中共党史研究》，2016 年第 5 期。

⑥安启念：《马克思的大唯物史观及其史学价值》，《理论探索》，2016 年第 1 期。

⑦王莅：《从“唯物史观”“历史唯物主义”到“历史理论”——马克思叙述历史话语体系的命名问题》，《学习与探索》，2016 年第 6 期。

⑧谢保成：《马克思主义与历史考据》，《淮阴师范学院学报》(哲学社会科学版)，2016 年第 2 期。

⑨严立贤：《唯物史观关于生产力和阶级斗争在历史前进中的作用的理论及其意义》，《新视野》，2016 年第 6 期。

⑩房小捷：《马克思“人与自然对象性关系”概念对环境史研究的意义》，《史学理论研究》，2016 年第 4 期。

⑪赵波：《马克思世界历史理论的再认识——基于史学视角的一个考察》，《西部学刊》，2016 年第 6 期。

⑫谢保成：《〈增订中国史学史〉(4 卷本)导言》，商务印书馆，2016 年版。

⑬瞿林东：《再谈史学理论与历史理论》，《学习与探索》，2016 年第 12 期。

⑭乔治忠：《论中国史学史研究的东亚视域》，《史学理论研究》，2016 年第 2 期。

⑮邹兆辰：《史学史研究为什么要转换视角——评陈其泰先生从文化视角研究史学》，《淮阴师范学院学报》(哲学社会科学版)，2016 年第 5 期。

⑯乔治忠：《试论中国史学史研究的学术穿透力》，《淮阴师范学院学报》，2016 年第 1 期。

⑰张星星：《深入研究和科学总结改革开放的历史经验——第十六届国史学术年会总结》，《当代中国史研究》，2016 年第 6 期。

⑱曹守亮：《当代中国历史学的历史使命与时代担当》，《岭南学刊》，2016 年第 5 期。

⑲汪高鑫：《〈二十四史的民族史撰述研究〉第 3—5 章》，黄山书社，2016 年版。

⑳刘超：《西学东渐与新史学“三变”——兼论新史学的国际流变及中国学人的民族主体性诉求》，《清华大学学报》(哲学社会科学版)，2016 年第 5 期。

㉑史金波、关志国：《中国近现代民族史学史刍议》，《云南社会科学》，2016 年第 1 期。

㉒汪高鑫：《从“素心”说到“三长”论：晋唐间史家修养论的形成》，《学习与探索》，2016 年第 10 期。

㉓郭蔚然：《从“二善”说到“史德”论：明清时期史家修养论的总结》，《学习与探索》，2016 年第 10 期。

㉔瞿林东：《怎样看待历史研究的主体——侯外庐谈史学工作者的自我修养》，《中国史研究动态》，2016 年第 6 期。

㉕胡静静：《从〈中国历史研究法补编〉说到“新史学”》，《临沂大学学报》，2016 年第 2 期。

㉖曹小文：《新史学：20 世纪前后中国人心中的世界史——试论梁启超的世界史观》，《学术研究》，2016 年第 2 期。

㉗黄兴涛、李章鹏：《现代统计知识和观念的传入与清末新史学》，《史学史研究》，2016 年第 3 期。

㉘仲伟民、张铭雨：《20 世纪上半叶中国历史学的社会科学化——以清华学人为中心的考察》，《北京师范大学学报》(社会科学版)，2016 年第 2 期。

㉙李伯重：《缅怀先贤，慎终追远——追思走在史学“国际前沿”的“清华学派”》，《清华大学学报》(哲学社会科学版)，2016 年第 6 期。

㉚陈其泰、屈宁：《关于 20 世纪中国史学发展道路的对话》，《北京行政学院学报》，2016 年第 4 期。

㉛汪高鑫：《董仲舒与班固史学》，《衡水学院学报》，2016 年第 2 期。

㉜汪高鑫、马新月：《唐代疑古惑经思潮探研》，《河南师范大学学报》(哲学社会科学版)，2016 年第

4 期。

㉝周少川、罗彧：《论朱子学对元代史学的影响》，《历史文献研究》，第 37 辑。

㉞张涛、任利伟：《汉唐时期的以史解〈易〉》，《史学史研究》，2016 年第 1 期。

㉟江湄：《历史的无意义与意义——论章太炎〈易〉学、〈春秋〉学中的历史观》，《史学理论研究》，2016 年第 4 期。

㊱瞿林东：《史论 · 论史 · 论论史——中国史学上"论"之指向的几次变化及其启示意义》，《求是学刊》，2016 年第 4 期。

㊲朱露川：《唐修〈周书〉史论辨析》，《学习与探索》，2016 年第 12 期。

㊳瞿林东：《中国古代史学批评纵横》（增订本）卷下《中国古代史学批评杂述》，重庆出版社 2016 年版。

㊴瞿林东：《史学批评怎样促进史学发展》，《人文杂志》，2016 年第 10 期。

㊵王利红、王丰收：《试论柯林武德的"一切历史都是史学史"》，《史学理论研究》，2016 年第 4 期。

㊶易宁、王羽飞：《J. B. 伯里的历史偶然性观念》，《史学史研究》，2016 年第 4 期。

㊷刘黎、魏万磊：《"反现代性的现代性"与历史叙说模式的转向》，《广西社会科学》，2016 年第 4 期。

㊸王立新：《跨国史的兴起与 20 世纪世界史的重新书写》，《世界历史》，2016 年第 2 期。

㊹董立河：《西方史学理论史上的历史客观性问题》，《社会科学文摘》，2016 年第 3 期。

㊺顾晓伟：《试析曼德尔鲍姆对历史相对主义的驳论——基于历史知识客观性问题》，《历史研究》，2016 年第 2 期。

㊻顾晓伟：《战后英美史学理论界关于"历史解释"与"历史叙述"的论争——以曼德尔鲍姆的批判为线索》，《世界历史》，2016 年第 4 期。

㊼杨共乐：《古代希腊史学特征刍议——比较视野下的思考》，《史学理论研究》，2016 年第 3 期。

㊽晏绍祥：《与距离斗争：波斯、罗马与秦汉帝国的中央集权和地方自治》，《史学理论研究》，2016 年第 3 期。

㊾徐浩：《相似还是相异？——近现代国外有关中西方文明的历史比较》，《史学理论研究》，2016 年第 3 期。

㊿张志强：《超越民族主义："多元一体"的清代中国——对"新清史"的回应》，《文化纵横》，2016 年第 2 期。

51张旭鹏：《在普遍性与特殊性之间：西方话语冲击下的中国史学理论》，《天津社会科学》，2016 年第 3 期。

52朱本军、聂华：《跨界与融合：全球视野下的数字人文——首届北京大学"数字人文论坛"会议综述》，《大学图书馆学报》，2016 年第 5 期。

53陈其泰：《多维历史视野与"立体式"著史》，《史学集刊》，2016 年第 3 期。

54陈其泰：《〈史记〉"本纪"史学功能析论》，《社会科学战线》，2016 年第 8 期。

55陈其泰：《展现民族智慧——〈史记〉人物传记编纂成就析论之三》，《东岳论丛》，2016 年第 4 期。

56吕壮、向燕南：《有关"秦记"的几个问题》，《史学史研究》，2016 年第 4 期。

57曲柄睿：《汉代宗室属籍档案与〈史记 · 五宗〉〈外戚〉两世家的编纂》，《档案学研究》，2016 年第 5 期。

58姜海军：《清中期南北学术的分立、一统与〈四库全书〉的编纂》，《史学史研究》，2016 年第 2 期。

59牛润珍、樊春楼：《志体因创与"新三宝体"的纂修实践——以〈涉县志（1991—2011）〉为例》。

60杨博：《试论新出"语"类文献的史学价值——借鉴史料批判研究模式的讨论》，《图书馆理论与实践》，2016 年第 2 期。

61晁福林：《从清华简〈程寤〉篇看"文王受命"问题》，《北京师范大学学报》（社会科学版），2016 年第 5 期。

62张梦晗：《形象史学与丝路文献国际学术研讨会综述》，《中国史研究动态》，2016 年第 6 期。

63林硕：《论影像史学引发的史料学革新》，《学术探索》，2016 年第 12 期。

64瞿林东：《宋人史料笔记撰述的旨趣》，《天津社会科学》，2016 年第 4 期。

65江湄：《宋代笔记、历史记忆与士人社会的历史意识》，《天津社会科学》，2016 年第 4 期。

66尹媛萍：《蒋廷黻与中国近代史书写》，《史学史研究》，2016 年第 1 期。

67赵庆云：《吕思勉的中国近代书写》，《史学史研究》，2016 年第 1 期。

⑱刘巍：《钱穆在中国近代史书写中所体现的学术精神》，《史学史研究》，2016年第1期。

⑲左玉河：《中国近代政治史的文化审视》，《史学史研究》，2016年第1期。

（作者：汪高鑫，北京师范大学教授；程源源，北京师范大学博士生）

中国古代史

仝卫敏　孙　虎

2016年，北京地区中国古代史学界延续既往的创新与钻研实力，在诸多领域取得丰硕成果，现将本年度研究情况综述如下。

一、主要学术交流活动

2016年度北京中国古代史学界组织发起了多次重要学术会议。6月25—26日，由北京师范大学历史学院、首都师范大学历史学院、中国史研究杂志社等联合主办的"第五届中国传统经济再评价暨农商社会/富民社会"学术研讨会在京隆重召开。与会学者从"理论探索""国家权力""地域行业"以及"社会群体"等四个方面，就中国传统经济中的非经济因素，农商社会，富民社会，秦至清传统社会的性质等论题进行了深入研讨。11月19日，首都师范大学历史学院唐宋史研究中心主办的"唐宋历史的变革与分期"学术研讨会如期召开，会议围绕唐宋历史的变革、两宋历史的发展等议题进行了深入讨论。11月19—20日，由北京大学国际汉学家研修基地举办的"马可波罗与10—14世纪的丝绸之路"国际学术研讨会在北京大学举行。来自海外8个国家的30余位学者参会。他们围绕马可波罗、丝绸之路及中外关系等主题，展开广泛而深入的对话。12月17日，由北京市社会科学界联合会与北京市历史学会联合主办的2016·学术前沿论坛历史专场——"中华优秀传统文化的继承与发展"学术研讨会在北京师范大学成功举办。来自中国人民大学、中国政法大学、中央民族大学等机构的诸多学者出席本次研讨会，并就相关问题进行了讨论交流。

二、出土材料的整理与研究

先秦史领域，清华简依然得到持续关注。有学者考察了《程寤篇》中关于"文王受命"的记载，认为该篇所载大姒之梦而文王受命的说法，比"虞芮质成说"更为可靠。"文王受命"的观念有一个发展变化的过程，在太姒之梦以前，文王受命是指接受商王之命，其后则是取商而代之，到了周公时期其内涵才扩而大之，成为文王接受天赐予的统治天下的大命。清华简《程寤篇》以述史为主的写法和一些用词之例，都表明它成书于西周晚期或春秋时期的史官之手。[①]《系年》篇由于关涉周初若干史事及年代，自面世以来一直为世所重。有学者对其中的"周亡王九年"再加辨析，认为所谓"周亡王九年"应理解为携王被晋文侯杀后，周王朝有九年无王，平王是在无王九年后方立。《系年》所述两周之际的史事其立场与史观与《纪年》有别，不承认携王在位时平王先已被立为王；此外，综合《纪年》《系年》所述，幽王卒时平王已立，携王被杀后，平王复由晋文侯立于京师（应即宗周）方正式登基。公元前770年为平王元年的传统说法似可不必更改。[②]还有学者对《殷高宗问于三寿》篇所反映的忧患意识予以深入解读，指出这种忧患意识在战国诸子中普遍存在，与当时的社会舆论形成共鸣；该篇首段表达出对家国命运的深切担忧，后半段则提出九种概念来应对上述危机。[③]清华简第六册有郑史三篇，其中《郑武夫人规孺子》篇涉及春秋初年郑国的重要史事，有学者通过考证篇中所述郑武公初死至小祥前后的丧礼用语及礼制，认为该篇突出反映了郑武公去世后武夫人、大臣及庄公三方的权力斗争。[④]

此外，近年来始为学界所知的一件商末有铭青铜器亦引发新的讨论，有学者认为此尊的器主应名为"鱼"，"鱼由"的"由"读为"迪"，在铭中意即引导。因鱼系乐官，在此次典礼中指挥乐舞之事，故云"鱼迪"。铭文中的另一名乐官，可能是鱼的副手，与鱼共同受到王的赏赐。由于二人的族氏不同，因此器主只能是鱼。[⑤]

秦汉史领域，2015年入选全国十大考古新发现的西汉海昏侯墓，引起学界广泛关注。有学者缕析了有关西汉海昏这一地名来历的几种说法，认为该地名与西周青铜器柞伯鼎铭文中的地名"昏"有关，并援引相关史料从名称、铭文中涉及的地理位置、资源的争夺和地形地貌等多方面的因素加以论证。[6]还有学者对海昏侯墓出土大量黄金的原因进行深入分析，从已出土的汉墓情况来看，埋藏黄金数量非常有限；海昏侯墓多金与刘贺本人的特殊经历有关，且是特例。[7]

近年以来随着国家“一带一路”战略的逐步推行，关于丝绸之路及古代西域史的研究进一步升温。吐鲁番文书在被发现之后，不少流散海外，有学者专门对日本散藏吐鲁番文献及其相关内容进行了梳理论述。[8]还有学者利用不同时期出土的高昌（吐鲁番）文书，并结合历史地理信息学的方法来研究丝绸之路，一方面需要把古代文献、文书的记录还原到考古遗址当中，从而说明这些古代高昌城镇在丝绸之路上的作用；另一方面通过做更详细的现场调查，使遗址位置与 Google Earth 显示位置相勘合，以便能更准确地说明这些遗址上的文物、文书的价值。[9]一些学者专注于吐鲁番文书中所记载的社会经济材料的比较研究，如有人通过对吐鲁番文书中对于唐代西州（即今新疆吐鲁番市）马价的宝贵记载做了梳理与研究，不但考索出唐代西州的马价及其变化，而且将之与中原以及敦煌的马价记载进行比较，不但加深了唐代马匹研究，而且对于全面理解唐代西州在全国的重要地位提供了新视角。[10]中央民族大学民族博物馆新入藏吐鲁番文书中有目前可见的惟一一件唐代官方貌阅文书，有学者对其内容加以分析，《入乡巡貌事》文书系交河县令亲自入乡核实户籍，其中所列举貌阅名单，均直接涉及赋役征免事项。文书还提出要严惩“将小替代”“虚挂籍账”等作弊行为。该文书对认识唐代的貌阅制度以及官府、民众之间围绕貌阅展开的种种博弈提供了具体而真切的证据。[11]

三、传统研究领域的新进展

在传统研究领域的各个断代方面，北京地区的古史学者们也取得诸多突破。

1. 政治史研究

先秦秦汉史领域，有学者结合新近发现的甲骨如黄组征人方卜辞、周公庙“宁风”卜甲以及金文如应公鼎等材料，进一步论证了西周王朝建立初期在政体、祀典、名号制度等方面对殷商旧制的继承。西周中期以后，周文化的特色以及礼制才逐步凸显并成为主流。这种变革，固然与周人自身的文化勃兴有关，但也不排除文明不断演进的结果。此外，克商后周王朝及内外服诸侯任用大批服务于商王朝的史官，史官家族对殷周文化制度的延续亦产生深远影响，战国以后，这种影响才日渐消弭。[12]还有学者对战国至秦王朝的置郡问题做了细致的梳理和辨析，指出战国时期秦国所置能确定的郡有 22 个，存疑者 10 郡；秦统一后，实行普遍的郡县制，分天下作 36 郡。秦祚岁短，但所设郡并非一成不变，而是时有增减，前后设置过 50 个郡，但总数大体维持在 36 个左右。[13]也有学者对二十等爵确立后秦汉爵制分层的发展情况进行深入缕析，认为二十等爵是在卿大夫士爵序列上进一步叠加侯爵，糅合了内爵、外爵两套系统。秦及汉初，在重爵取向下，“侯卿大夫士”分层更为发达，徭役与爵制关系密切；而随着爵—秩体制下重官取向的发展，附丽于爵制中的权益要素逐渐脱离，而外爵性质的列侯、关内侯功能突出。[14]

魏晋南北朝史领域，有学者对曹操起兵陈留的若干史迹加以考辨，指出曹操离京出逃后曾返乡募兵，并遭到地方官吏缉捕。当时张邈是反卓战争的组织发起者，其辖区聚集的州郡联军是关东诸侯阵营中最强大的军事集团。曹操起兵陈留的重要原因即在于借助陈留太守张邈的势力，此时袁绍并未给他实际支援。[15]还有学者从新出的东魏张瓊父子墓志入手，重新审视侯景反叛东魏这一重大史事，认为张氏父子及侯景的个人命运均于高欢集团的结构及其自身所处的位置密切相关。东魏北齐之际，始终存在的“河南——河北”政治格局，深刻影响了上述政局走向及其结果。[16]另有学者以北魏《文成帝南巡碑》碑阴题名材料为线索，对道武帝初登王位至孝文帝迁洛之前这一时段内的官僚组织形式进行详细梳理，指出由侍臣、内职与外臣所组成的圈层构造是北魏前期最根本的官僚组织形式。作为起源于内陆亚洲阿尔泰语族群的北朝政权，北魏前期官制中仍保留有浓厚的北族色彩。[17]

隋唐史领域，有学者对唐代科举制中“书判拔萃科”的设置与变革进行全面考察，并就其对士人的释褐和迁转影响进行深入探讨。[18]还有学者以 1986 年出土的史诃耽墓志为核心史料，系统研究了作为吏职之一的唐代中书省翻书译语直官的任官、待遇、迁转等制度设置，并比较了其与普通中书省直官的差别。[19]

宋辽金元史领域，有学者将王安石变法中青苗法施行的政治因素与学术因素结合起来重新思考，从探讨青苗法在《周礼·泉府》“国服之息”概念的学术分歧的角度，来分析此条变法的政治派别与学术争论的关系，进而显现出政治史与学术史的相互渗透影响。[20]还有学者关注宋代的乡村基层管理组织“管”制，认为废乡设管在北宋时期得到了具体施行，其乡村管理体系总体上已从前代的乡里制演进为乡管制，后来随着乡都制的推行，以致在以南宋文献为主的存世资料中，乡管制的历史痕迹大多被覆盖了。[21]辽代的四时捺钵一直是重要的研究课题，有学者从捺钵制度中的四楼问题入手，考定辽太祖所建四楼实为建筑物，并非北族语中的某项名物，四楼在辽太祖时期发挥了重要作用，是北族王朝行国政治的鲜明体现，并进而探讨了行国政治主题之下的国家政治中心问题。[22]金史方向，有学者集中论述了金熙宗朝实行的“南北选”制度，发现南、北两选之间一直以黄河旧道为别，而其作为金朝“二元政治生态”的内外分化差别性统治体现之一，引发黄河南、北汉地民众在国家认同上出现相应分歧，并深刻影响金源一朝的政治地理格局。[23]元灭南宋后，在淮、江以南前南宋地区普遍推行镇戍制度，有学者撰文重点考察了元江西行省所辖13翼镇戍军万户府的设置沿革、万户府长官、下辖千户所及军人构成等情况，认为江西行省镇戍军呈重心在北、以北制南的布防态势，这种“重北轻南、守内虚外”的布防格局，则应与元朝统治的特殊性密切相关。[24]还有学者结合多种史料论述了高丽忠烈王入质元朝及其随行人员在元朝的活动，指出他们在高丽王室与元朝公主政治联姻过程以及高丽元宗被废、忠宣王与公主感情不和等问题的处理中都发挥了很大作用。[25]

明清史研究领域，有学者深入分析了明代文献中关于中琉关系以及钓鱼岛问题的记述，指出由于当时倭寇的侵扰，使得中国与琉球之间建立了密切关系，而现今中琉官私文书的记载则形成了钓鱼岛归属于中国的完整证据链，而在明代钓鱼岛列屿从航标到界标名称的确定，标志着中国海疆界定、海权确立和有效管辖的确定。[26]还有学者针对顾诚先生所提出的“明代疆土管理分行政、军事两大系统”的著名论断，着重探讨明代边疆卫所的行政区划，发现明代沿海卫所的屯田多分散在各府州县，规模难匹州县田地，卫所管理权限较弱，所以其仍宜视为非实土卫所，而非实土卫所或准实土卫所，明代军事政区宜视为民事政区的辅助而非并列系统。[27]传统的清朝政治史研究领域，有学者则对清入关前“黑营”与“汉兵”做了考辨，发现“黑营”其实是出兵行走之营，所属披甲从各牛录抽调，与由辽东汉人组成的“汉兵”并不相同。[28]近年来海外新清史研究的发展理路引起国内学界的反思，有学者注意到国外学者对于明朝或明帝国（1368—1644）的历史定位前后经历过显著的变化，即在新清史学派的影响下由将明清两朝统一看作一个整体转而变为将清朝与明朝割裂来看，即强调清朝的独特性——内亚性。而结合国内外关于明朝的研究成果来看，所谓清帝国的“内亚性”表征在明帝国身上亦有清晰的反映，因而新清史的上述观点极大地忽视了元明清三朝的统治在保持内亚因素上的连贯性和相似性，所以明、清两个朝代都具有内亚性特点，并非清朝独有。[29]还有学者则指出新清史学者们对“内陆亚洲”概念和理论的借鉴极具启发意义，但他们将满洲特性泛化为以游牧文化为核心的内亚特性，有违以往内亚史学者之本意，而且其偏向强调清朝与内亚政权的延续性，将“内陆亚洲”从一个文化概念演绎为一种与“中国”对立的政治概念，逻辑上存在偏差，也不符合历史实际。[30]

2. 经济史研究

秦汉魏晋南北朝史领域，有学者考辨了从西汉到魏晋南北朝时期官方记载户籍等相关信息的黄簿与黄籍，认为湖南沅陵虎溪山汉墓出土的“黄簿”原名并非黄簿，其性质亦非户籍，而是沅陵侯国的上计簿。长沙走马楼黄簿同样不属于户籍，但两者存在一定的差异。受崇黄观念的影响，西晋时期，一些重要的文书以黄纸作为书写材料；政府以简牍书写重要文书时，亦将非黄色的简牍染成黄色，而户籍只是此类文书的组成部分之一。《晋令》中的黄籍是指户籍以外的其他户口文书，东晋初年对户籍制度进行了根本性的改变，一般户口文书的内容和功能为户籍文书所吸收。此后直到南朝，黄籍与户籍形成较为固定的对应关系。[31]

隋唐史领域，有学者对唐德宗时期实施财税新举措的缘由、内容与结局进行深入分析，认为这些新举措虽然暂时遭到失败，却代表了从唐到宋的财税征收制度变革的趋势，最终成为国家规范的制度。因为随着人口和财富向商业贸易发达的城市集中，政府财税征收原则、方式和对象必然随之调整和改变。[32]还有学者依据“《天圣令》中较集中的丁匠资料”，考察了“公共工程建设中丁匠役作种类”，揭示出唐代“大多数一定规模的公共工程中，丁匠作为普通劳动力而服役，服役匠人与丁夫共同承担正役、杂徭”，而且还对一些丁匠承担的“色役”做了探讨。[33]还有学者依据敦煌文献中的记载，对唐代安史之乱后出现的“不济户”进行了考述研究，认为其是李唐重建徭役差配制度的产物，较为真切地反映了中唐以后社会贫富强弱两极分化的现象，反映出唐代中后期户等制度的重要变化，体现了由唐入宋户等制度演变的大趋势。[34]

宋元明清史方向，有学者考察了南宋的荒政，指出中国古代的荒政发展到宋代，进入一个承前启后的"整合清算"阶段，就救荒制度而言，北宋集汉唐以来之大成，使之固定化、规范化、有序化。[35]还有学者比较了宋代与明代的税收来源以及财政供养人员规模，认为虽然明代田赋税的绝对数额高出宋代许多，但宋代人口以及田亩的平均税额却高于明代，而且宋代征收的工商税额也高于明代；而从国家财政供养人员的规模来看，明朝是"大政府"，宋朝是"小政府"，明代财政收入又远逊于宋代，这是明代财政在晚期捉襟见肘的真实写照，从而合理地解释了"明代亡于财政崩溃"的历史事实。[36]还有学者在明清时代背景及全球的环境下重新审视明清之际东江镇军人的海上贸易活动，认为其贸易活动只是明代长城内外以明军为中介的走私贸易中的一部分，东江事件具有体现时代特征的、全球贸易史的意义。[37]另有学者研究了清代西北地区市场体系的形成过程，认为清前期在官方贸易主导之下，西北地区逐渐形成统一、规范的市场体系，到了乾隆之后，伴随官方贸易逐渐减弱，商人力量加强，这种市场体系更加稳固。西北五省经济上的一体性进一步地促成了地区行政体系的整合。[38]还有学者专注于清朝中后期的财政问题，对比嘉庆、道光年间的两淮盐政与盐税，指出经过陶澍与陆建瀛的两次改革，两淮盐区最终走上了以市场为主导、以利益为驱动的票盐之路，取得了成功。[39]继而又分析了咸丰、同治时期的国家财政转型，认为这一时期清廷因为"内外交困，军务倥偬"，国家财政指导思想也由"量入为出"的理念转为"量出为入"。[40]

3. 思想文化史研究

先秦秦汉史领域，有学者结合大量青铜器铭文及传世文献，系统缕析了周代"德"观念的来源、发展演变，以及周代社会观念的变化。指出"德"起源于"上帝降德"与"祖考之德"，其中前者仅限于达致文王武王，而后者则主要指一般周人祖考的精神素质、品行操守以及功勋，子孙通过"帅型祖考之德"加以效法和模仿。这一观念在周代最为普遍，影响也最为持久，开启了由关注天德转而注重人德的路径，也为个体修德即"内得于己"开辟了可由之径。[41]还有学者通过对《山海经》中"帝"观念的全面考索，认为成书较早的《山经》里只称"帝"或"天帝"，上古先民往往在高山山巅处燔柴祭祀之；而成书约在春秋战国时期的《海经》《荒经》则多言复合称谓的群帝，如黄帝、帝喾、帝俊、帝尧等。结合甲骨卜辞及传世文献，可以看出：上古时代"帝"观念，最初只是将天神尊奉为单称的"帝"，到了古史的传说时代，部落联盟首领去世后成为天神，被尊为"帝"，开始有黄帝、炎帝等复名的帝。殷商时代延续单称帝的传统，只将帝视为天神；而传说中的复名的帝到了周代则被载入文献。《山海经》中的黄帝只是《大荒南经》所说的"群帝"之一，远未被定于一尊，经过漫长时间的组合，到了春秋战国时代才出现了传承有绪的五帝系统。[42]

隋唐史领域，有学者对唐代史学家刘知幾所著《史通》一书从史学思想领域切入，认为《史通》反映了关于史学自身构成的思想，即史学渊源流别、史学社会功用、史书编撰要求、史学主体修养、史学批评原则等五个方面，这在中国史学史上是前无古人的，在世界史学史上也罕与其匹。[43]

宋辽夏金元史方向，有学者对中国古代天文分野学说及其在宋代之后的衍变做了系统地分析，指出天文分野学说自宋代以后随着"传统政治文化陷入全面崩溃"而不断被质疑，已日趋走向末路，并最终在明末清初西方的天文、地理以及测绘学知识传入中国后被终结。[44]台北故宫博物馆藏的刘贯道《元世祖出猎图》引起学人瞩目，有学者先从书画流传史的角度对改图的历史流传过程进行了考索[45]，接着通过对图中的"马负文豹"这一图像展开历史文化溯源，指出这种艺术形象具有非常典型的游猎文化特征，在内亚草原范围内有着相当的普遍性和共通性。[46]

明清史领域，有学者研究了编纂《四库全书》的四库馆臣对西学的立场，指出四库馆臣继承了康熙时期对西学的基本政策，其观念仍是"西学中源"观，而这一观念又被乾嘉士人承袭并坚守，从而使其思想与社会基础愈加稳固。[47]

4. 社会史研究

先秦秦汉史方面，有学者通过对《史记》《汉书》及《后汉书》等史书所记载的秦国及秦代灾异、符应现象进行史源学的考察，指出尽管不认同秦的暴戾，但在司马迁的叙述中，秦自作西畤祭祀上帝开始，便已有取周而僭越之端倪，最终兼并天下，实是灾异符应所反映的天命所助。《史记》还通过设立《秦本纪》《秦始皇本纪》，将战国灾异系之于秦等做法，认可了秦在历史上的合理地位；而刘向、班固等史家则通过密集排列灾异的方法，对秦的灾异进行新的编撰与解释，以此强化秦因暴政致灾、因而亡国的观点，最终达到黜秦尊汉的目的。[48]

明清史方向，有学者先就江南区域史与全球史研究以及历史人类学的关系做了宏观的分析，认为必须把江南区域史研究与全球性问题联系起来，才能把江南区域史的研究与更大空间的历史过程联系在一起，从而在不同的区域历史过程中发现尺度不一的历史关联，以充满弹性的方式来对待“全球性”或者“区域性”。[49]继而从区域社会史与区域文化史的角度对“岭南”这一概念及其变化发展做了分析，认为“岭南”这个概念的意义在历史上是被不断建构、不断变化的，而这个过程的背后，是帝国扩展、区域开发、地方文化发展、我者与他者的互动，以及观念的变化。[50]

5. 民族史研究

欧洲著名突厥史专家路易·巴赞曾提出古代突厥使用“六十纪年周期”的纪年法，有学者对此提出质疑，认为这种纪年方法根本不存在，并“根据出土回鹘资料中的历法要素”，复原了回鹘社会在不同历史时段所使用过的三种纪年方法：1. “行肖法”；2. “干肖法”；3. “干肖纳音法”。[51]还有学者利用唐代汉文、古藏文文献及相关史料，分析了吐蕃王朝的行国政治，认为吐蕃政权是逐水草无常所的，其政府官员扈从赞普及其大拂庐，组成一个移动迁徙的中央政府，常年在夏季草场和冬季草场之间迁徙游牧。[52]近年来契丹文的释读为宋辽金时期的民族史研究开辟了新领域，有学者在前人研究基础上对契丹大字乣一词的读音与含义加以研究，指出辽代的乣可特指从部族中选集的军户组织及其军兵。[53]蒙古祖先传说是学术研究的重点之一，有学者细致考察了多种文献中所记载的蒙古祖先蒙难叙事，并以此来全面地认知并复原13—14 世纪蒙古人群体中所保持的关于祖先起源的历史记忆。也有学者分析了蒙古文和藏文史料中所记载的“五色四藩”概念，认为这个概念出现在十六世纪后半叶，与藏传佛教第二次传入蒙古有关，而其广泛地流行则反映了蒙藏文化的交流和交融。[54]该学者还依据理藩院满文题本，研究了康熙初年清朝对归降喀尔喀人实行设旗编佐的问题，从而具体呈现一个扎萨克旗的成立过程，并分析扎萨克旗制度对统治蒙古的意义。另一位学者则比较了土尔扈特在沙俄政府威胁下所颁布的《敦啰布喇什法典》与其他蒙古法典的内容，总结了该法典不同于其他蒙古法典的显著特点。[55]

四、北京地方史研究

元大都（即今北京）又称汗八里，既是元朝政治、经济、文化的中心，也是当时中外文化交流的中心，著名旅行家马可·波罗在其巨著《马可波罗行记》中对元大都的许多方面都有浓墨重彩的详细描写，有学者详细梳理了这些记述，并将之与同期其他中外史籍关于北京的记述进行比较，揭示了《马可波罗行记》一书中的“汗八里”观对其他文献产生的巨大历史影响及其文献价值。[56]还有学者选取表现明代北京城市皇家、官宦和市井生活的四幅院体绘画作为切入点，通过对图像的解析研究，来展现和挖掘明代北京城市的空间格局和结构的成因，显现权力、伦理与城市空间之间的潜在关系。[57]本年度清代北京史研究成果颇丰，有学者对古代北京“城属”这一地理名称的出现及其范围等问题进行了研究，进而讨论了“城属”与中央直管的利弊，认为将京师附近区域设立为“中央直管区”的做法，并非解决都城治理难题的灵丹妙药[58]。此外，还有一些学者对北京的文物古迹进行了研究，如有学者依据清代档案和其他文献对清高宗两次敕修白云观、清仁宗发旨稽查白云观道士两次历史事件进行了研究。[59]又如有学者对清代北京天坛满文匾额的设置、更换以及其含义进行了考索。[60]随着城市史研究的推进，一些城市建筑景观学的学者开始注重清代北京建筑景观的研究，分别对清代北京内城亲王府的空间分布[61]、清代北京西郊八旗粮仓丰益仓的建设与布局[62]以及清代北京城区至西北郊道路景观[63]进行专题探索，丰富了北京城市史的研究。

注：

①晁福林：《从清华简〈程寤〉篇看“文王受命”问题》，《北京师范大学学报》（社会科学版），2016 年第 5 期。

②朱凤瀚：《清华简〈系年〉“周亡王九年”再议》，《吉林大学社会科学学报》，2016 年第 4 期。

③李均明：《清华简〈殷高宗问于三寿〉所反映的忧患意识》，《中国史研究》，2016 年第 1 期。

④李守奎：《〈郑武夫人规孺子〉中的丧礼用语与相关的礼制问题》，《中国史研究》，2016 年第 1 期。

⑤李学勤：《鱼尊铭文简释》，《中原文化研究》，2016 年第 4 期。

⑥王泽文：《试说“海昏”》，《中国史研究》，2016 年第 4 期。

⑦刘瑞：《海昏侯刘贺墓中多黄金的原因探析》，《唐都学刊》，2016 年第 3 期。

⑧荣新江：《日本散藏吐鲁番文献知见录》，《浙江大学学报》（人文社会科学版），2016 年第 4 期。

⑨荣新江：《从吐鲁番出土文书看古代高昌的地理信息》，《陕西师范大学学报》（哲学社会科学版），2016 年第 1 期。

⑩孟宪实：《唐西州马价考》，《新疆师范大学学报》（哲学社会科学版），2016 年第 3 期。

⑪张荣强、张慧芬：《新疆吐鲁番新出唐代貌阅文书》，《文物》，2016 年第 6 期。

⑫刘源：《周承殷制的新证据及其启示》，《历史研究》，2016 年第 2 期。

⑬周群：《秦代置郡考述》，《中国史研究》，2016 年第 4 期。

⑭孙闻博：《二十等爵爵确立与秦汉爵制分层的发展》，《中国人民大学学报》，2016 年第 1 期。

⑮宋杰：《曹操陈留起兵史迹考辨》，《史学月刊》，2016 年第 2 期。

⑯廖基添：《论魏齐之际“河南——河北”政治格局的演变——从东魏张瓊父子墓志说起》，《文史》，2016 年第 3 辑。

⑰黄桢：《北魏前期的官制结构：侍臣、内职与外臣》，《民族研究》，2016 年第 3 期。

⑱金滢坤：《唐代书判拔萃科的设置、沿革及其影响》，《厦门大学学报》（哲学社会科学版），2016 年第 5 期。

⑲李锦绣：《唐代的翻书译语直官：从史诃耽墓志谈起》，《晋阳学刊》，2016 年第 5 期。

⑳俞菁慧、雷博：《北宋熙宁青苗借贷及其经义论辩——以王安石〈周礼〉学为线索》，《历史研究》，2016 年第 2 期。

㉑包伟民：《宋代乡村“管”制再释》，《中国史研究》，2016 年第 3 期。

㉒陈晓伟：《捺钵与行国政治中心论——辽初“四楼”问题真相发覆》，《历史研究》，2016 年第 6 期。

㉓赵宇：《金朝前期的“南北选”问题——兼论金代汉地统治方略及北族政治文化之赓衍》，《中国社会科学》，2016 年第 4 期。

㉔刘晓：《元江西行省镇戍军万户府考》，《首都师范大学学报》（社会科学版），2016 年第 5 期。

㉕乌云高娃：《高丽忠烈王及其随行人员在元朝的活动》，《中国史研究》，2016 年第 3 期。

㉖万明：《明代历史叙事中的中琉关系与钓鱼岛》，《历史研究》，2016 年第 3 期。

㉗李新峰：《论明代沿海卫所的行政区划》，《中国史研究》，2016 年第 2 期。

㉘张建：《清入关前“黑营”与“汉兵”考辨》，《中国史研究》，2016 年第 4 期。

㉙钟焓：《简析明帝国的内亚性：以与清朝的类比为中心》，《中国史研究动态》，2016 年第 5 期。

㉚刘文鹏：《内陆亚洲视野下的“新清史”研究》，《历史研究》，2016 年第 4 期。

㉛韩树峰：《汉晋时期的黄簿与黄籍》，《史学月刊》，2016 年第 9 期。

㉜宁欣：《唐德宗财税新举措析论》，《历史研究》，2016 年第 4 期。

㉝牛来颖：《唐律令时代公共工程建设的劳役与征派——以〈天圣令〉为中心》，《江西社会科学》，2016 年第 9 期。

㉞赵贞：《唐代差科簿所见“不济户”略考》，《云南社会科学》，2016 年第 5 期。

㉟李华瑞：《再论南宋荒政的发展》，《浙江学刊》，2016 年第 1 期。

㊱李华瑞：《宋、明税源与财政供养人员规模比较》，《中国经济史研究》，2016 年第 1 期。

㊲赵世瑜、杜洪涛：《重观东江：明清易代时期的北方军人与海上贸易》，《中国史研究》，2016 年第 3 期。

㊳张萍：《官方贸易主导下清代西北地区市场体系的形成》，《清史研究》，2016 年第 4 期。

㊴倪玉平：《清朝嘉道时期的两淮盐政与盐税》，《盐业史研究》，2016 年第 4 期。

㊵倪玉平：《从“国家财政”到“财政国家”——试论清朝咸、同时期的财政转型》，《社会科学辑刊》，2016 年第 6 期。

㊶罗新慧：《“帅型祖考”和“内得于己”：周代“德”观念的演化》，《历史研究》，2016 年第 3 期。

㊷晁福林：《〈山海经〉与上古时代的“帝”观念》，《中国史研究》，2016 年第 2 期。

㊸瞿林东：《论刘知幾〈史通〉关于史学构成的思想》，《苏州大学学报》（哲学社会科学版），2016 年第 3 期。

㊹邱靖嘉：《天文分野说之终结——基于传统政治文化嬗变及西学东渐思潮的考察》，《历史研究》，

2016年第6期。

㊺陈晓伟：《〈元世祖出猎图〉流传考略》，《中国国家博物馆馆刊》，2016年第6期。

㊻陈晓伟：《“马负文豹”与草原游猎图像探析》，《故宫博物院院刊》，2016年第6期。

㊼陈晓华：《四库馆臣的西学观及其理路》，《哲学研究》，2016年第5期。

㊽杨继承：《秦的灾异与符应：历史记录与史家建构》，《文史》，2016年第6期。

㊾赵世瑜：《在中国研究：全球史、江南区域史与历史人类学》，《档案与争鸣》，2016年第4期。

㊿赵世瑜：《“岭南”的建构及其意义》，《四川大学学报（哲学社会科学版）》，2016年第5期。

[51]邓文宽：《一种不曾存在过的历史纪年法——〈古突厥社会的历史纪年〉献疑》，《敦煌研究》，2016年第2期。

[52]陈晓伟：《论吐蕃王朝的行国政治——兼论“国都逻些说”》，《中国藏学》，2016年第3期。

[53]苏航：《乣音义新探》，《中国边疆史地研究》，2016年第4期。

[54]乌云毕力格、孔令伟：《论“五色四藩”的来源及其内涵》，《民族研究》，2016年第2期。

[55]达力扎布：《〈敦啰布喇什法典〉浅析》，《青海民族研究》，2016年第4期。

[56]欧阳哲生：《马可波罗眼中的元大都》，《中国高校社会科学》，2016年第1期。

[57]梁雯、崔笑声：《明代北京城市空间的图像学分析》，《教学档案》，2016年第4期。

[58]胡恒：《清代北京的“城属”与中央直管区》，《开发研究》，2016年第2期。

[59]林巧薇：《清乾嘉时期北京白云观事考论》，《世界宗教研究》，2016年第4期。

[60]袁理：《清代北京天坛匾额及其满文考》，《满语研究》，2016年第2期。

[61]李春青、邱凡：《清代北京内城亲王府空间分布研究》，《北京建筑大学学报》，2016年第1期。

[62]赵寰熹：《清代北京西郊八旗粮仓丰益仓的建设与布局初探》，《农业考古》，2016年第3期。

[63]赵寰熹：《清代北京城区至西北郊道路景观初探》，《北方民族大学学报》（哲学社会科学版），2016年第5期。

（作者：仝卫敏，北京师范大学副研究馆员；孙虎，北京师范大学博士生）

中国近现代史

王　纯　张　皓

本年度的研究，在诸多领域均有拓展。除却“周年纪念”带动的热点外，研究也朝着更加细化、更加注重学科间交流的方向发展。

一、政治

关于政治史的研究分为四个专题：晚清政治、民国政治、共产党政治和国民党政治。

1. 晚清政治

晚清政治，新旧更替，既有延续，又有变革。黄兴涛、朱浒主编的《清帝逊位与民国肇建》，[①]深入发掘清末转型进程中“变”与“不变”的各种面相。王开玺的《晚清政治史：数千年未有之变局》（上下卷），[②]揭示了不同政治集团的抉择。马忠文的《荣禄与晚清政局》，[③]通过荣禄展现清末政局。清末变革中的顽固守旧因素一直阻碍着中国近代化的发展。孙燕京在《清末立宪中少壮亲贵的政治心态》中就指出了这些少壮亲贵私欲横流[④]。孔祥吉在《张之洞与清末立宪别论》中提出，张之洞是敦促慈禧推行立宪的重要人物。侯宜杰则认为张之洞始终持的是消极保守的态度。[⑤]

对于一些细致问题，也有学者进行探讨。比如王开玺的《圆明园收藏及流失海外文物数量别论》[⑥]与《清代的中西交通及其特点与作用》。[⑦]

2. 民国政治

一般认为辛亥革命有诸多妥协，人事系统尤为显著。李在全认为在司法等强调专业性的领域，在承续的面相之下，隐性的“革命”悄然发生。[⑧]

1913年宋教仁遇刺事件，赵秉钧被误认为主谋。尚小明指出赵秉钧被“误”为宋案主谋，是由袁世凯、国民党、当时舆论及后来研究者多方扭曲、误解而成的，[⑨]洪述祖为“刺宋案”的唯一主谋。[⑩]

3. 共产党政治

2016 年是红军长征胜利 80 周年。2016 年 10 月 25 日，由中共中央党史研究室、中国中共党史学会和中国中共党史人物研究会联合举办的“党史界纪念红军长征胜利 80 周年研讨会”在北京举行。伴随着学术会议的召开，一大批学术成果涌现出来。比如曲青山的《伟大长征精神与中华民族伟大复兴》，[11]欧阳淞的《永恒的生命之歌——关于红军长征胜利八十周年的思考》，[12]黄少群的《长征中红一与红四方面军由分到合历史必然性探讨》，[13]于化民的《长征早期叙事的鲜活画面与生命张力——以 1942 年版〈红军长征记〉为中心的文本解读》等[14]。此外，李东朗探讨了红军长征与中国共产党的成长，[15]长征过程中党对军队绝对领导体制的确立，[16]遵义会议与党的政治路线的转变。[17]王新生对红军长征中最高军事指挥体制的演变进行了考察。[18]除了学术论文，一些著作也纷纷问世，如《红军长征纪实丛书》[19]《中国工农红军长征史料丛书》[20]《长征绘本丛书》等[21]。这些成果全方位、多角度地展现了长征的历史。

关于共产党发展的专著陆续出版。由中共中央党史研究室编著的《中国共产党的九十年》[22]分新民主主义革命时期、社会主义革命和建设时期、改革开放和社会主义现代化建设新时期三部分展现党的历史。金冲及的《生死关头：中国共产党的道路抉择》，[23]揭示了党的诞生、成长、壮大及关键时刻的道路抉择。于化民等著的《裂变与重构：人民共和国的创世纪》，[24]围绕建立巩固人民政权、推进土地改革等问题，做了深入细致的研讨。

此外，还有一些学术论文。于化民的《苏维埃革命：从宣传口号到行动纲领——以中共早期武装暴动和政权建设为中心的解析》，[25]李东朗的《新民主主义革命时期的中共党章（上篇）（下篇）》，[26]孙艳玲的《与民主革命时期中共党史有关的俄罗斯档案现状介绍》，[27]程凯的《一九四九年前后“各界人民代表会议”的确立与演变》[28]等。

4. 国民党政治

2016 年是孙中山先生诞辰 150 周年，北京、台湾等地举行了隆重的学术纪念活动，一批学术成果涌现。尚明轩的《孙中山图文全传》，[29]图文并茂，展现了孙中山的一生。欧阳哲生的《近代国家观念之兴起——以孙中山国家观为中心的探讨》，[30]考察了孙中山的国家观。左玉河分析了孙中山民生主义思想中的民粹主义倾向。[31]郭双林研究了孙中山对现代科学做出的重要贡献。[32]曾业英提出孙中山、黄兴从未“营救”过刀安仁。[33]这些成果丰满了孙中山的形象，加深了对孙中山思想的全面认知。

2016 年也是西安事变爆发 80 周年。曾景忠分析了西安事变发生后奉系旧部和东北籍人士的反应。[34]郑大华考察了“西安事变”和平解决后“民族复兴节”的设立和纪念活动。[35]

国民党党内派系斗争的研究一直没有中断。金以林的《国民党高层的派系政治》（修订本），[36]展现了国民党高层错综复杂的争权活动。汪朝光的《和与战的抉择》，[37]分析了战后国民党东北决策的由来、制定、实施、影响及其利弊得失。还有杜丽红的《南京国民政府初期北平工潮与国民党的蜕变》，从具体事件出发看党内权利角逐[38]。

二、经济

关于近代经济史的研究，晚清时期和新中国成立初期的经济是学界关注的热点。研究成果更多地和经济学科联系，用数据说话，直观且细化。

1. 晚清经济

侯中军以江南制造局为例，研究了近代中国早期的企业社会责任。[39]常旭基于《中国旧海关史料》，考察了 1863—1931 年煤油埠际运销和区域消费的情况。[40]赵留彦、隋福民研究了 1871—1936 年上海股市的收益率与通货膨胀率之间的关系。[41]还有王大任的《退出的近代性——近代以来东北棉花种植业的兴衰》。[42]

2. 新中国成立后的经济情况

刘亚娟考察了建国初期上海国营鱼市场经纪人制度的改革情况。[43]曲韵就新中国成立初期封锁禁运对私营进出口业的影响进行了分析。[44]张会芳研究了新中国成立初期无锡农村的租佃状况与减租实践。[45]赵学通对 20 世纪 50 年代经济体制变革中的“混合所有制”进行了探讨。[46]黄英伟、张晋华基于生产队收益分配数据，利用分层线性模型（HLM），计算了生产队层次对农户收入的影响。[47]韩朝华分析了计划经济时期中国创办国有农场的原因与成效。[48]董志凯考察了 1978—2015 年经济转型中企业投融资方式的变迁。[49]这些成果多元、细致，丰富了新中国成立后不同时期的经济发展情况。

除却这两个时期的研究，也有一些其他成果。比如刘克祥的《20 世纪三四十年代的租佃结构变化与佃农贫农雇农化》。[50]

三、思想文化与社会生活

清末至民国时期，涌现出大批著名人物，关于他们的思想研究一直备受关注。2016 年出版了欧阳哲生的《傅斯年一生志业研究》，[51]闻黎明的《西南联大·闻一多——走向现代化的中国知识分子》[52]等。还有彭春凌的《康有为、李炳宪交往和思想关系论考——兼及民初孔教运动跨越中韩之传播与取向问题》，[53]罗志田的《文化翻身：梁漱溟的憧憬与困窘》，[54]韩爱叶的《胡绳理性主义思想研究——在马克思主义立场上捍卫理性与自由》[55]等学术论文。

民族观念与大学教育也是近代思想文化的重要内容。郑大华的《中国近代民族复兴思潮研究——以抗战时期知识界为中心（1931—1945）》[56]关注了抗战时期知识界的民族复兴观。朱汉国的《转型中的困境——民国时期的乡村教育》，[57]总结了民国时期乡村教育发展的特点及教训。郑师渠探讨了中国知识界在五卅和三一八运动中的作用。[58]张静以抗战前浙江大学为例，研究了 20 世纪 30 年代国立大学面临的困境及其与国民政府的关系。[59]

共产党的思想文化建设也有了新进展。延安时期，毛泽东与萧军的文艺观点不同。萧军追求"为艺术而艺术"；毛泽东希望萧军为工农兵写作。张皓、王纯分析了延安文艺座谈会前二人的交往，及毛泽东关于党的文艺政策的考虑。[60]张皓还对抗战时期毛泽东萧军关于鲁迅的看法与争论进行了考察。[61]此外，还有周家彬的《从"平民主义"到"革命民众政权"》，[62]于化民的《国民革命语境中的中共政权口号及其阶级意蕴——兼与〈从"平民主义"到"革命民众政权"〉一文商榷》[63]等。

近来学界趋于从社会生活方面研究近代国家的转型。如郭莹，唐仕春主编的《社会文化与近代中国社会转型》，[64]收录了"社会文化与近代中国社会转型"国际学术研讨会的论文，从多方面展现了近代社会生活。罗敏主编《民国时期的法律、社会与军事》，[65]从多个视角展现民国的变革。

四、外交

中外关系研究方面，中苏、中日、中英、中美关系研究均有诸多成果问世。

1. 中苏关系

沈志华主编的《中苏关系史纲：1917—1991 年中苏关系若干问题再探讨》（第三版），[66]论述了苏联与中国革命、中苏同盟建立、中苏分裂与对抗等重大事件。张毅对中苏互不侵犯条约的谈判与 1932—1937 年的中苏关系进行了考察，认为中苏各自的对日政策，极大程度上决定了两国互不侵犯条约谈判和两国关系发展的走向。[67]李学通对战时矿产品对苏易货偿债具体办理经过进行了考证。[68]张皓、董莹对全中国解放进程中的国际因素，特别是苏美因素进行了分析。[69]

2. 中日关系

抗日战争是中日关系研究的重点。《抗日战争研究》2016 年第 1—2 期邀请了多位学者参与笔谈，探讨如何推进抗日战争的研究。如侯中军的《国民政府对日本情报的破译（1938 年 1—6 月）——基于孔祥熙档案的分析》，[70]齐小林的《装备、技术、战术及作战效能：百团大战中的八路军》，[71]周祖文的《抗战时期平津存银问题：中日英三方的角力》[72]等。此外，黄道炫分析了七七事变后日本的战争逻辑，批评了"抗战打早了"的说法。[73]他还对抗日战争时期中共干部的培养[74]及山西八路军的抗战进行了分析[75]。赵诺对抗战初中共党组织在太行山区的战略活动进行了梳理[76]。吴敏超探讨了抗日战争时期华侨捐款的具体面相。[77]张皓、朴泓燕考察了七七事变过程中张自忠的表现。张自忠并未"有亏损操守之处"。[78]张皓还分析了英国政府对七七事变的应对[79]以及民国报刊在新四军研究中的史料特质与价值。[80]

关于抗日战争的资料汇编也出版很多。比如人民教育出版社出版的《日本侵华殖民教育史料》，[81]国家图书馆编纂的《二战日军暴行报刊资料汇编》[82]等。

除抗日战争外，还有颜丽媛的《清末日僧在华传教权的条约之争》，[83]郭宁的《寻求主导：日本与承认中华民国问题（1912—1913）》，[84]冯琳的《对日和约问题上的蒋美分歧及蒋之因应》。[85]

3. 中英关系

太平洋战争爆发后，中国为推动与美英的军事合作，采取积极的战略导向。姜涛对这个问题进行了研究。美英两方无论是出于其本国的战略构想，还是针对中国军事力量得出的判断，都不支持中国的积极战略。[86]侯中军对英国与中日"二十一条"的交涉进行了分析，围绕着第五号要求，英国为维护自身利益不断与日本斡旋。[87]

4. 中美关系

二战结束后，驻华美军自行在中国境内处置战犯，极大地侵害了中国主权，引发中美司法管辖权之争。刘萍就这一问题的具体情况进行了考察。[88]崔志海在《柔克义与美国第一次庚款兴学》中，分析了柔克义与美国第一次庚款兴学的关系，指出庚款兴学主要是美国政府的主动行为。[89]

除了这四个方面，还有一些学术成果。比如侯中军的专著《企业、外交与近代化：近代中国的准条约》，梳理了“准条约”这个外交与经济交错的特殊产物在近代的发展历程[90]。

五、民族史

关于民族史的研究，西藏问题是重中之重。而对于西藏问题的研究，又涉及了中国与英国、印度等国关系。

“宗主权”是 1928 至 1949 年国民政府同英国政府关于西藏地位争论的焦点。张皓撰文指出，宗主权和主权有着本质区别，国民政府强调中国拥有的是主权，英国政府则声称“西藏在中国宗主权下实行自治”。[91]他还分析了 1929 至 1930 年中英两国政府围绕尼藏冲突展开的较量。[92]此外，还有《印度政府与 1949 年之噶厦驱逐国民政府驻藏官员事件》[93]《1949—1952 年苏联对中国西藏和平解放的态度》[94]及《1888—1947 年英国攫取的侵藏权益及其危害》。[95]

除了这些外交问题，还有一些具体的事件。比如张子新、喜饶尼玛探讨了国民政府时期“堪准洛松”的任职及政治活动，以及职能转变的原因。[96]张皓考察了夏扎的政治态度及其与十三世达赖喇嘛关系的演变。[97]

六、史学理论与史学史

关于近代史的研究，学者之间的交流合作日益突出。《两岸新编中国近代史》于 2016 年 6 月由社会科学文献出版社出版发行。该书是两岸近代史学界第一次合作撰写的中国近代史，论述了中国近代史上政治、军事、经济等领域的一系列重大问题。[98]广东人民出版社还推出了当代学人精品系列《茅海建卷》《杨天石卷》。此外，还有王也扬、赵庆云的《当代中国近代史理论研究》，[99]罗志田的《北伐前后清华与北大的史学》，[100]马勇的《老辈史家对近代中国历史叙事的调整》。[101]

注：

①黄兴涛、朱浒：《清帝逊位与民国肇建》，社会科学文献出版社，2016 年版。

②王开玺：《晚清政治史：数千年未有之变局》，东方出版社，2016 年版。

③马忠文：《荣禄与晚清政局》，社会科学文献出版社，2016 年版。

④孙燕京：《清末立宪中少壮亲贵的政治心态》，《史学月刊》，2016 年第 7 期。

⑤侯宜杰：《张之洞对立宪的态度——与孔祥吉先生商榷》，《近代史研究》，2016 年第 6 期。

⑥王开玺：《圆明园收藏及流失海外文物数量别论》，《北京师范大学学报》(社会科学版)，2016 年第 4 期。

⑦王开玺：《清代的中西交通及其特点与作用》，《晋阳学刊》，2016 年第 6 期。

⑧李在全：《民国初年司法官群体的分流与重组——兼论辛亥鼎革后的人事嬗变》，《近代史研究》，2016 年第 5 期。

⑨尚小明：《疑心生暗鬼——赵秉钧如何被“误”为宋案主谋》，《近代史研究》，2016 年第 2 期。

⑩尚小明：《洪述祖——“刺宋案”唯一主谋》，《史学集刊》，2016 年第 1 期。

⑪曲青山：《伟大长征精神与中华民族伟大复兴》，《中共党史研究》，2016 年第 10 期。

⑫欧阳淞：《永恒的生命之歌——关于红军长征胜利八十周年的思考》，《中共党史研究》，2016 年第 10 期。

⑬黄少群：《长征中红一与红四方面军由分到合历史必然性探讨》，《军事历史研究》，2016 年第 2 期。

⑭于化民：《长征早期叙事的鲜活画面与生命张力——以 1942 年版〈红军长征记〉为中心的文本解读》，《军事历史研究》，2016 年第 3 期。

⑮李东朗：《长征与中国共产党的建设》，《军事历史研究》，2016 年第 5 期。

⑯李东朗：《长征与党对军队绝对领导体制的确立》，《理论视野》，2016 年第 11 期。

⑰李东朗：《遵义会议与党的政治路线的转变——纪念长征胜利 80 周年》，《中国浦东干部学院学报》，2016 年第 4 期。

⑱王新生：《红军长征中最高军事指挥体制的演变》，《中共党史研究》，2016 年第 10 期。

⑲中共中央党史研究室：《红军长征纪实丛书》，中共党史出版社，2016 年版。

⑳《中国工农红军长征史料丛书》，解放军出版社，2016 年版。

㉑《长征绘本丛书》，解放军出版社，2016 年版。

㉒中共中央党史研究室编著：《中国共产党的九十年》，中共党史出版社、党建读物出版社，2016 年版。

㉓金冲及：《生死关头：中国共产党的道路抉择》，生活 · 读书 · 新知三联书店，2016 年版。

㉔于化民等著：《裂变与重构：人民共和国的创世纪》，社会科学文献出版社，2016年版。

㉕于化民：《苏维埃革命：从宣传口号到行动纲领——以中共早期武装暴动和政权建设为中心的解析》，《近代史研究》，2016年第1期。

㉖李东朗：《新民主主义革命时期的中共党章(上篇)(下篇)》，《党史博览》，2016年第7期。

㉗孙艳玲：《与民主革命时期中共党史有关的俄罗斯档案现状介绍》，《中共党史研究》，2016年第12期。

㉘程凯：《一九四九年前后"各界人民代表会议"的确立与演变》，《中共党史研究》，2016年第11期。

㉙尚明轩：《孙中山图文全传》，新星出版社，2016年版。

㉚欧阳哲生：《近代国家观念之兴起——以孙中山国家观为中心的探讨》，《探索与争鸣》，2016年第5期。

㉛左玉河：《孙中山民生主义思想中的民粹主义倾向》，《教学与研究》，2016年第10期。

㉜郭双林：《孙中山与中国现代科学的奠基》，《史学月刊》，2016年第11期。

㉝曾业英：《孙中山、黄兴"营救"过刀安仁吗？——兼评曹成章著〈民主革命先驱刀安仁〉》，《近代史研究》，2016年第1期。

㉞曾景忠：《西安事变发生后奉系旧部和东北籍人士的反应》，《学问》，2016年第6期。

㉟郑大华：《抗战时期"民族复兴节"的设立与纪念》，《河北学刊》，2016年第4期。

㊱金以林：《国民党高层的派系政治》，社会科学文献出版社，2016年版。

㊲汪朝光：《和与战的抉择》，中国人民大学出版社，2016年版。

㊳杜丽红：《南京国民政府初期北平工潮与国民党的蜕变》，《近代史研究》，2016年第5期。

㊴侯中军：《试论江南制造局与近代中国早期的企业社会责任》，《广东社会科学》，2016年第2期。

㊵常旭：《中国近代煤油埠际运销与区域消费(1863—1931)》，《中国经济史研究》，2016年第6期。

㊶赵留彦、隋福民：《股票收益与通货膨胀：近代中国的长期视角》，《中国经济史研究》，2016年第1期。

㊷王大任：《退出的近代性——近代以来东北棉花种植业的兴衰》，《中国经济史研究》，2016年第1期。

㊸刘亚娟：《新旧之间：建国初期上海国营鱼市场经纪人制度的改革》，《史林》，2016年第2期。

㊹曲韵：《新中国成立初期封锁禁运对私营进出口业的影响分析(1950—1952)》，《中国经济史研究》，2016年第6期。

㊺张会芳：《新中国成立初期无锡农村的租佃状况与减租实践》，《近代史研究》，2016年第6期。

㊻赵学通：《经济体制变革中的"混合所有制"——20世纪50年代私营工业企业"公私合营"再探讨》，《中国经济史研究》，2016年第6期。

㊼黄英伟、张晋华：《人民公社时期生产队差异与农户收入：基于分层线性模型分析》，《中国经济史研究》，2016年第3期。

㊽韩朝华：《新中国国营农场的缘起及其制度特点》，《中国经济史研究》，2016年第1期。

㊾董志凯：《由"拨改贷"到"债转股"——经济转型中企业投融资方式的变迁(1978—2015)》，《中国经济史研究》，2016年第3期。

㊿刘克祥：《20世纪三四十年代的租佃结构变化与佃农贫农雇农化》，《中国经济史研究》，2016年第5期。

51欧阳哲生：《傅斯年一生志业研究》，北京大学出版社，2016年版。

52闻黎明：《西南联大·闻一多——走向现代化的中国知识分子》，人民出版社，2016年版。

53彭春凌：《康有为、李炳宪交往和思想关系论考——兼及民初孔教运动跨越中韩之传播与取向问题》，《近代史研究》，2016年第3期。

54罗志田：《文化翻身：梁漱溟的憧憬与困窘》，《近代史研究》，2016年第6期。

55韩爱叶：《胡绳理性主义思想研究——在马克思主义立场上捍卫理性与自由》，《理论月刊》，2016年第3期。

56郑大华：《中国近代民族复兴思潮研究——以抗战时期知识界为中心(1931—1945)》，社会科学文献出版社，2016年版。

57朱汉国等著：《转型中的困境——民国时期的乡村教育》，北京师范大学出版社，2016年版。

58郑师渠：《从"五卅"到"三一八"的中国知识界——以北京、上海为中心》，《历史研究》，2016年第5期。

(59)张静：《国立大学与国民政府——以抗战爆发前浙江大学校长更迭为主线的考察》，《抗日战争研究》，2016 年第 4 期。

(60)张皓、王纯：《延安文艺运动中的方向性问题和座谈会的召开——对毛泽东与萧军交往之再探讨》，《中国浦东干部学院学报》，2016 年第 2 期。

(61)张皓：《抗战时期毛泽东萧军关于鲁迅的看法与争论》，《北京师范大学学报》(社会科学版)，2016 年第 4 期。

(62)周家彬：《从“平民主义”到“革命民众政权”》，《中共党史研究》，2016 年第 6 期。

(63)于化民：《国民革命语境中的中共政权口号及其阶级意蕴——兼与〈从“平民主义”到“革命民众政权”〉一文商榷》，《中共党史研究》，2016 年第 11 期。

(64)郭莹、唐仕春：《社会文化与近代中国社会转型》，中国社会科学出版社，2016 年版。

(65)罗敏：《民国时期的法律、社会与军事》，社会科学文献出版社，2016 年版。

(66)沈志华：《中苏关系史纲：1917—1991 年中苏关系若干问题再探讨》，社会科学文献出版社，2016 年版。

(67)张毅：《中苏互不侵犯条约谈判与 1932—1937 年的中苏关系》，《近代史研究》，2016 年第 2 期。

(68)李学通：《抗战时期中苏易货矿品出口探微》，《民国档案》，2016 年第 4 期。

(69)张皓、董莹：《全中国解放进程中的国际因素述略(1949—1950)》，《中共党史研究》，2016 年第 8 期。

(70)侯中军：《国民政府对日本情报的破译(1938 年 1—6 月)——基于孔祥熙档案的分析》，《抗日战争研究》，2016 年第 3 期。

(71)齐小林：《装备、技术、战术及作战效能：百团大战中的八路军》，《抗日战争研究》，2016 年第 2 期。

(72)周祖文：《抗战时期平津存银问题：中日英三方的角力》，《抗日战争研究》，2016 年第 2 期。

(73)黄道炫：《日本战车及其战争逻辑》，《近代史研究》，2016 年第 5 期。

(74)黄道炫：《抗战时期中共干部的养成》，《近代史研究》，2016 年第 4 期。

(75)黄道炫：《抗战初期在山西的八路军——以阎锡山档案为中心的探讨》，《中共历史与理论研究》，2016 年第 2 辑。

(76)赵诺：《抗战初中共党组织在太行山区的“战略展开”》，《抗日战争研究》，2016 年第 2 期。

(77)吴敏超：《抗日战争与华侨社会的演变——以新西兰华侨捐款风波为中心的探讨》，《抗日战争研究》，2016 年第 1 期。

(78)张皓、朴泓燕：《再论七七事变期间的张自忠——以日伪资料为中心》，《中国高校社会科学》，2016 年第 2 期。

(79)张皓：《无力遏制日本独霸步伐：英国政府对七七事变的应对》，《社会科学》，2016 年第 2 期。

(80)董莹、张皓：《民国报刊在新四军研究中的史料特质与价值》，《军事历史》，2016 年第 3 期。

(81)曲铁华：《日本侵华殖民教育史料》，人民教育出版社，2016 年版。

(82)《二战日军暴行报刊资料汇编》，国家图书馆出版社，2016 年版。

(83)颜丽媛：《清末日僧在华传教权的条约之争》，《清史研究》，2016 年第 1 期。

(84)郭宁：《寻求主导：日本与承认中华民国问题(1912—1913)》，《抗日战争研究》，2016 年第 3 期。

(85)冯琳：《对日和约问题上的蒋美分歧及蒋之因应》，《抗日战争研究》，2016 年第 1 期。

(86)姜涛：《太平洋战争爆发之初国民政府对美英军事合作的构想及交涉》，《抗日战争研究》，2016 年第 3 期。

(87)侯中军：《英国与中日“二十一条”交涉》，《历史研究》，2016 年第 6 期。

(88)刘萍：《战后美军在华处置战犯问题初探》，《民国档案》，2016 年第 3 期。

(89)崔志海：《柔克义与美国第一次庚款兴学》，《史学月刊》，2016 年第 1 期。

(90)侯中军：《企业、外交与近代化：近代中国的准条约》，中国社会科学出版社，2016 年版。

(91)张皓：《“宗主权”：国民政府和英国政府关于西藏地位争论焦点》，《福建师范大学学报》(哲学社会科学版)，2016 年第 1 期。

(92)张皓：《1929 至 1930 年中英两国政府围绕尼藏冲突展开的较量》，《晋阳学刊》，2016 年第 3 期。

(93)张皓：《印度政府与 1949 年之噶厦驱逐国民政府驻藏官员事件》，《南亚研究》，2016 年第 2 期。

(94)张皓：《1949—1952 年苏联对中国西藏和平解放的态度》，《当代中国史研究》，2016 年第 2 期。

(95)张皓、叶维维：《1888—1947 年英国攫取的侵藏权益及其危害》,《东北史地》,2016年第1期。

㊻张子新、喜饶尼玛:《国民政府时期的西藏驻京代表"堪准洛松"》,《中国边疆史地研究》,2016年第4期。

㊼张皓:《夏扎的政治态度及其与十三世达赖喇嘛关系的演变》,《青海民族研究》,2016年第1期。

㊽《两岸新编中国近代史》,社会科学文献出版社,2016年版。

㊾王也扬、赵庆云:《当代中国近代史理论研究》,中国社会科学出版社,2016年版。

⑩罗志田:《北伐前后清华与北大的史学》,《清华大学学报(哲学社会科学版)》,2016年第6期。

⑩马勇:《老辈史家对近代中国历史叙事的调整》,《兰州学刊》,2016年第3期。

(作者:王纯,中国人民大学附属中学教师;张皓,北京师范大学教授)

中国共产党历史

王炳林　张亚东

2016年是中国共产党成立95周年,中国工农红军长征胜利80周年,朱德同志诞辰130周年,刘华清同志诞辰100周年,北京地区中共党史研究呈现出活跃态势,研究内容更为广泛,研究成果更为丰富,举办了各种规模的座谈会、纪念会和学术研讨会,推动了中共党史研究的继续发展。

一、重要学术活动和学术著作

(一)主要学术活动

1. 庆祝中国共产党成立95周年大会

2016年7月1日,庆祝中国共产党成立95周年大会在北京人民大会堂举行。中共中央总书记、国家主席、中央军委主席习近平在会上发表重要讲话。习近平指出:中国产生了共产党,是一个开天辟地的大事变,深刻改变了近代以后中华民族发展的方向和进程,深刻改变了中国人民和中华民族的前途和命运,深刻改变了世界发展的趋势和格局。历史告诉我们,历史和人民选择中国共产党领导中华民族伟大复兴的事业是正确的,必须长期坚持、永不动摇;中国共产党领导中国人民开辟的中国特色社会主义道路是正确的,必须长期坚持、永不动摇;中国共产党和中国人民扎根中国大地、吸纳人类文明优秀成果、独立自主实现国家发展的战略是正确的,必须长期坚持、永不动摇。习近平强调,我们党已经走过了95年的历程,但我们要永远保持建党时中国共产党人的奋斗精神,永远保持对人民的赤子之心。一切向前走,都不能忘记走过的路;走得再远、走到再光辉的未来,也不能忘记走过的过去,不能忘记为什么出发。习近平指出,面向未来,面对挑战,全党同志一定要不忘初心、继续前进,永远保持谦虚、谨慎、不骄、不躁的作风,永远保持艰苦奋斗的作风,勇于变革、勇于创新,永不僵化、永不停滞,在这场历史性考试中经受考验,努力向历史、向人民交出新的更加优异的答卷。中共中央政治局常委李克强、张德江、俞正声、刘云山、王岐山、张高丽出席大会,大会由李克强主持。

2. 纪念刘华清同志诞辰100周年座谈会

2016年9月28日,中共中央在人民大会堂举行座谈会,纪念刘华清同志诞辰100周年。中共中央总书记、国家主席、中央军委主席习近平出席座谈会并发表重要讲话。习近平在讲话中回顾了刘华清同志的一生,强调刘华清同志作为党的第三代中央领导集体的成员,参与党、国家、军队的一系列重大决策,为坚持和发展中国特色社会主义做出了贡献,党和人民将永远铭记。习近平指出,我们纪念刘华清同志,就是要学习他恪守信仰、不忘初心的不懈追求,学习他一心向党、始终忠诚的坚强党性,学习他勇于开拓、锐意改革的创新精神,学习他矢志强军、献身国防的使命担当,学习他求真务实、真抓实干的优良作风,学习他洁身修德、清廉自律的高尚情操。习近平强调,我们要发扬光荣传统、传承红色基因,不忘初心、继续前进,努力在坚持和发展中国特色社会主义伟大进程中创造无愧于时代、无愧于人民、无愧于先辈的业绩。这是我们对老一辈革命家最好的纪念。中共中央政治局常委刘云山出席了座谈会。

3. 学习《胡锦涛文选》报告会

2016年9月29日,中共中央在北京举行学习《胡锦涛文选》报告会。中共中央总书记、国家主席、中央军委主席习近平在会上发表重要讲话。习近平指出，《胡锦涛文选》生动记录了以胡锦涛同志为总书记的党中央团结带领全党全国各族人民在新的起点上坚持和发展中国特色社会主义的历史进程，科学总结了我们党依靠人民战胜一系列重大挑战、推动改革开放和社会主义现代化建设取得新的重大成就的宝贵经验，集中反映了我们党坚持以马克思列宁主义、毛泽东思想、邓小平理论、"三个代表"重要思想、科学发展观为指导，坚持把马克思主义基本原理同当代中国实际和时代特征相结合创造性提出的重大理论成果。习近平强调，当前要把学习《胡锦涛文选》摆在党的思想政治建设和党员、干部理论学习培训的重要位置，通过学习加深对党的十八大以来提出的治国理政新理念新思想新战略的理解，继续开拓创新，继续奋发进取，为实现"两个一百年"奋斗目标、实现中华民族伟大复兴的中国梦而不懈奋斗。报告会由中共中央政治局常委李克强主持，中共中央政治局常委张德江、俞正声、王岐山、张高丽出席了报告会。

4. 纪念红军长征胜利 80 周年大会

2016 年 10 月 21 日，纪念红军长征胜利 80 周年大会在北京人民大会堂举行。中共中央总书记、国家主席、中央军委主席习近平在会上发表重要讲话。习近平指出，长征是一次理想信念的伟大远征，是一次检验真理的伟大远征，是一次唤醒民众的伟大远征，也是一次开创新局的伟大远征，在我们党、国家、军队发展史上具有十分伟大的意义，对中华民族历史进程具有十分深远的影响。长征留给我们最可宝贵的精神财富，就是中国共产党人和红军将士用生命和热血铸就的伟大长征精神。习近平强调，历史是不断向前的，要达到理想的彼岸，就要沿着我们确定的道路不断前进。每一代人有每一代人的长征路，每一代人都要走好自己的长征路。今天，我们这一代人的长征，就是要实现"两个一百年"奋斗目标、实现中华民族伟大复兴的中国梦。长征永远在路上。不论我们的事业发展到哪一步，不论我们取得了多大成就，我们都要大力弘扬伟大长征精神，在新的长征路上继续奋勇前进。中共中央政治局常委李克强、张德江、俞正声、刘云山、王岐山、张高丽出席大会，大会由李克强主持。

5. 纪念朱德同志诞辰 130 周年座谈会

2016 年 11 月 29 日，中共中央在人民大会堂举行座谈会，纪念朱德同志诞辰 130 周年。中共中央总书记、国家主席、中央军委主席习近平出席座谈会并发表重要讲话。习近平指出，朱德同志在近 70 年的革命生涯中，为中国革命成功、为中国人民解放事业立下了丰功伟绩，为我国社会主义革命和建设事业建立了不朽功勋，深受全党全军全国各族人民爱戴和崇敬。朱德同志在毕生奋斗中表现出来的思想品德和精神风范，是党和人民的宝贵精神财富。习近平强调，我们纪念朱德同志，就是要学习他追求真理、不忘初心的坚定信念，学习他无限忠诚、光明磊落的坚强党性，学习他实事求是、求真务实的思想方法，学习他心系人民、艰苦朴素的公仆情怀，学习他一生学习、一生向前的奋斗精神。习近平强调，实现中华民族伟大复兴，是老一辈革命家和千千万万革命先辈毕生奋斗追求的目标。全党全军全国各族人民要更加紧密地团结在党中央周围，同心同德，锐意进取，顽强奋斗，继续把革命前辈开创的伟大事业推向前进，为创造更加灿烂辉煌的明天而努力奋斗。中共中央政治局常委李克强、俞正声、刘云山、王岐山、张高丽出席了座谈会，座谈会由中共中央政治局常委张德江主持。

6. 党史界庆祝中国共产党成立 95 周年研讨会

2016 年 7 月 5 日，由中共中央党史研究室、中国中共党史学会、中国中共党史人物研究会联合举办的"党史界庆祝中国共产党成立 95 周年研讨会"在北京召开。中央党史研究室各部门负责人、研究人员代表以及新闻媒体记者共约 80 人参加研讨会。研讨会主题是围绕学习习近平总书记在庆祝中国共产党成立 95 周年大会上的重要讲话，聚焦党史研究的热点问题，批驳历史虚无主义的各种错误观点。中央党史研究室主任曲青山，中国中共党史学会会长、中国中共党史人物研究会会长欧阳淞等分别作主旨发言。与会专家学者一致认为，习近平总书记在庆祝中国共产党成立 95 周年大会上的重要讲话，对全党在新的历史起点上统筹推进"五位一体"总体布局、协调推进"四个全面"战略布局，做好党和国家的各项工作，具有重要的指导意义。①

7. 党史界纪念中国工农红军长征胜利 80 周年研讨会

2016 年 10 月 25 日，中共中央党史研究室、中国中共党史学会、中国中共党史人物研究会在北京联合举办"党史界纪念中国工农红军长征胜利 80 周年研讨会"。研讨会围绕学习贯彻习近平总书记在纪念红军长征胜利 80 周年大会上的重要讲话精神，以"红军长征与信仰的力量”为主题，聚焦社会上关注的热点问题和澄清历史虚无主义问题，有针对性地进行了研讨。中共中央党史研究室主任曲青山，中国中共党史学会会长、中国中共党史人物研究会会长欧阳淞等分别作主旨发言。来自中央党校、中央文献研究室、中国社会科学院、军事科学院、北京各高校的专家学者及长征经过地党史部门的代表作了发言。与会专家学者一致表示，习近平总书记在纪念红军长征胜利80周年大会上的重要讲话，提出了弘扬伟大长征精神、走好今天的长征路的六个方面要求，我们要大力弘扬伟大长征精神，继续把革命前辈开创的伟大事业推向前进。[②]

8. 北京市党史系统纪念中国共产党成立95周年座谈会暨学术研讨会

2016年6月25日，由北京市委党史研究室、北京市委前线杂志社、北京市社会科学界联合会、北京党史学会联合举办的“北京市党史系统纪念中国共产党成立95周年座谈会暨学术研讨会”召开，来自北京地区党史系统、党校、高校及机关团体的领导、专家70余人参加会议。与会领导、专家从不同角度回顾了中国共产党95年的奋斗历程和取得的丰功伟绩，缅怀了老一辈无产阶级革命家的奋斗精神高尚品德，并围绕党史话题广泛交流，从不同角度做了学术探讨。[③]

（二）重要学术著作

1.《中国共产党的九十年》出版

经中共中央批准，中共中央党史研究室编著的《中国共产党的九十年》，由中共党史出版社、党建读物出版社出版发行。全书分为新民主主义革命时期、社会主义革命和建设时期、改革开放和社会主义现代化建设新时期三册，共60余万字。本书随文插图400余幅，图文并茂、准确生动地展现了中国共产党90余年的奋斗历程、光辉业绩和取得的伟大成就。这部权威通史类党史著作的出版，是党史学界取得的重大研究成果，也为广大党员、干部、群众和青少年学习党史提供了一部重要的党史教科书。

2.《胡锦涛文选》出版

中共中央文献编辑委员会编辑的《胡锦涛文选》，由人民出版社出版发行。全书共三卷，收录了胡锦涛同志在1988年6月至2012年11月这段时间内，特别是党的十六大到党的十八大期间具有代表性、独创性的重要著作，共有报告、讲话、谈话、文章、信件、批示等242篇，很大一部分是第一次公开发表。本书集中反映了中国共产党坚持把马克思主义基本原理同当代中国实际和时代特征相结合创造性提出的重大理论成果，全面展示了科学发展观孕育、形成、发展的历史过程，是学习这一时期党的历史的最好教材。

3.《红军长征纪实丛书》出版

中共中央党史研究室编纂的《红军长征纪实丛书》，由中共党史出版社出版。本书收录了红军长征亲历者的回忆录、口述史料、长征日记等文献资料，共计1600余万字，分为正编和副编，再按不同专题具体分为10卷。其中正编有《红一方面军卷》《红二方面军卷》《红四方面军卷》《红二十五军卷》，《沿途亲历者忆长征卷》《日记卷》；副编有《中国工农红军北上抗日先遣队卷》《南方三年游击战争卷》《西路军卷》《国民党军围追堵截卷》。本书是红军长征研究的重要文献资料，也可作为系统了解红军长征历史的纪实性图书阅读。

4.《统一战线问题与民族问题》增订再版

李维汉同志的文集《统一战线问题与民族问题》，由中共党史出版社增订再版。本书1982年曾在人民出版社出版，收录了李维汉在全国解放后关于统一战线问题和民族问题的42篇著作。此次再版，在1982年42篇文章的基础上，增补了15篇，其中有多篇是李维汉在解放前的重要著作。李维汉同志关于统战工作、民族工作的理论，对于做好新形势下的统战工作、民族工作具有重要的指导作用，也为中共统战工作研究、民族工作研究提供了重要文献资料。

5.《中国共产党北京历史大事记（2013—2015)》出版

北京市委党史研究室组织编写《中国共产党北京历史大事记（2013—2015)》，由中共党史出版社出版。全书共计约16万字，重点收录了2013年1月1日至2015年12月31日，党和国家领导人在北京的重大调研活动、市委市政府的重要决策部署与重大活动、市委市政府及其工作部门出台的重要文件、反映全市经济社会发展的相关数据等。作为《中国共产党北京历史大事记（2001—2012)》的续编，本书是了解中国共产党在北京地区各项工作发展进步的重要资料。

6.《中共党史学与马克思主义中国化研究》出版

著名党史专家张静如撰写的《中共党史学与马克思主义中国化研究》由人民出版社出版。本书以中国共产党与马克思主义中国化的相互促进为中心，诠释了中共党史研究与马克思主义中国化的相互关系，考察梳理了马克思主义中国化的历史发展进程。本书内容涵盖中共党史学的学科学术发展、马克思主义中国化的历史发展、中国共产党思想史、中国共产党领袖人物及重要事件等诸多领域，是中共党史学与马克思主义中国化研究的重要成果。

7.《共产国际与中国共产党关系探源》出版

黄修荣、黄黎撰写的《共产国际与中国共产党关系探源》由人民出版社出版。本书充分利用作者黄修荣主编的 21 卷《共产国际、联共（布）与中国革命档案资料丛书》等国内外的珍贵档案文献资料，从共产国际的建立和中国共产党的诞生起一直写到 1943 年共产国际解散为止，观点鲜明，立论公允，全面评价了共产国际在中国革命进程中的功过是非。

二、重要学术观点

（一）红军长征专题研究

2016 年是中国工农红军长征胜利 80 周年，红军长征研究取得了丰硕的成果。

有学者从中国共产党整个发展历程中研究了长征，认为长征是促使中共逐渐走向成熟的关键。首先，在长征中，中共展示了自我纠错的勇气和能力，并促成了第一代中央领导集体的形成，开创了中国革命的新局面。其次，在长征过程中，中共坚决反对张国焘企图分裂党的行为，坚持了党指挥枪的原则并强化了党内的团结。再次，长征挑战了人类意志和生命的极限，铸就了不畏艰难一往无前的奋斗精神，显示出红军的英雄本色，凸显了中国共产党是中华民族的脊梁。总之，经过长征的考验和磨炼的中共逐渐走向了成熟，于民族危难之际努力促成了国共第二次合作，共赴抗日战场，并担当起带领中华民族走向伟大复兴的历史重任。④

有学者研究指出，红军取得长征胜利，根本原因是红军是党领导的人民军队，是来自人民、依靠人民、为了人民的军队。正是因为紧紧地和中国人民站在一起，红军形成了坚定的信念、自觉的行动、顽强的作战能力、严格的纪律、平等的官兵关系等优秀特质。红军每到一地，都开展广泛的宣传，并以实际行动感召群众，维护群众的利益，由此，红军获得了长征沿途群众的理解、同情和支持。群众为他们筹集粮食、衣物，并踊跃参军。在长征中，红军还从中日民族矛盾出发，高举北上抗日的旗帜，和人民群众一起，迫使蒋介石放弃“攘外必先安内”的政策，停止内战，共同抗日，保存和发展了自己的力量。⑤

有学者对红军长征里程问题进行了考证和分析。认为在《中国共产党中央委员会为日本帝国主义并吞华北及蒋介石出卖华北出卖中国宣言》中，中共首次对外公开使用“二万五千里”。根据红军将士的日记并佐以其他资料统计可知，红一方面军行程约 18095 里，红二方面军约 12927 里，红四方面军约 10000 里，各路红军中走得最远的是红五军团。如果将长征背后的若干“小长征”计入，各路红军的长征里程总和可达“六万五千里”。所以，关于长征里程问题，既要在党史军史研究中实事求是地做实每一个数字，又要把“二万五千里”作为一个品牌，作为长征精神的一个标志来宣传。⑥

有学者考察了红军长征中最高军事指挥体制的演变过程。指出在中央苏区第四次反“围剿”前，红一方面军形成了符合军事斗争实际的最高军事指挥体制。但随着中共临时中央、李德先后进入中央苏区，“左”倾教条主义错误方针的全面贯彻，原先的最高军事指挥体制也遭到破坏，形成了个人专断为特点的最高军事指挥体制。这既是中央苏区第五次反“围剿”的失败的重要原因，也是中央红军长征初期受到严重挫折的原因。在红军长征期间，由于摆脱国民党军重兵包围、克服“左”倾教条主义的军事指挥错误和张国焘右倾分裂主义错误、统一指挥三大主力红军需要，中共和红军不断调整、完善原有的最高军事指挥体制，终于在三军大会师之际，形成了以毛泽东为中革军委主席、上下关系理顺并符合新的军事斗争形势的最高军事指挥体制。⑦

有学者提出，红二方面军在红军长征中完成了探路、策应和后卫的重要任务。认为在历时两年的红军长征中，红二方面军在任弼时、贺龙等的正确领导下，在红军长征中充分发挥“启先声、承策应、担后卫”的作用。红二方面军恢复和发展了湘鄂川黔革命根据地，有力策应了中央机关和红一方面军的战略转移，保全和壮大了红军队伍，胜利完成由湘鄂川黔边到陕北的伟大长征，力促三大主力红军会师，为红军长征和中国革命事业做出了突出贡献。⑧

（二）党史人物专题研究

1. 关于毛泽东的相关研究

有学者认为，探讨遵义会议是否确立了毛泽东领导地位的问题，要注意区别“遵义会议”和“遵义会议时期”两个概念。指出遵义会议本身虽然并没有推举毛泽东“在党内负总责”，也没有让他成为“最后在军事指挥上下决心的负责者”，但在贯彻和运用遵义会议精神的过程中，在领导各路红军粉碎国民党军的围追堵截并取得长征胜利的英勇斗争中，在克服“左”倾教条主义和右倾分裂主义挑战、维护全党与全军团结统一的过程中，在创建新的革命根据地的艰辛探索中，在完成党的政治路线的转变并最终促成全国抗日民族统一战线的伟大历程中，毛泽东都发挥了无可替代的领导作用。因此，遵义会议确立了毛泽东在党和红军的领导地位，不仅是这段历史亲历者的共识，也是基本的历史事实。[9]

有学者提出，毛泽东1948年从检讨纠正土地改革等工作中的错误倾向入手，对党的政策和策略问题进行了深入探索。毛泽东首先为开展土地改革制定了一系列的具体政策和策略。随后，他又对政策和经验的关系以及政策界限问题展开探讨，并在此基础上，推动党内深入开展政策检讨。通过总结这段工作，毛泽东提出了“政策和策略是党的生命”的重要论断，并完整地提出新民主主义革命的总路线和总政策，这就为中国革命取得最终胜利、顺利建立新中国政权提供了可靠保障。[10]

有学者关注了新中国成立后毛泽东对自己著述的评价问题，指出毛泽东在主持编辑四卷《毛泽东选集》时，回顾并评点了过去的著述：诸如，“是血的著作”“是些历史事实的记录”“对已发表过的东西，完全满意的很少”“《实践论》是比较满意的”“经过反复修改，才把意思表达得比较准确”“《毛选》第五卷没有写什么，不如第四卷”，等等。毛泽东对自己著述的评价，既是梳理过去的思想心路，揭示理论创新和实践之间的深刻关联，又是对现实需求的一种政治回应，传达出对社会主义革命和建设实践进行理论总结和理论创新的强烈愿望。[11]

2. 关于邓小平、陈云的相关研究

有学者认为将邓小平现代化发展战略思想与“四个全面”战略布局相结合，是一个视阈宽广、内容丰富的题目。指出，可以研究中国共产党关于中国现代化发展战略思想的历史传承关系，从思想史的角度考察“四个全面”战略布局的历史和思想渊源；研究邓小平关于中国现代化发展战略思想及其历史地位，结合新的实践研究他为中国特色社会主义确定的基本思路和基本原则；研究“四个全面”战略布局对坚持和发展中国特色社会主义、实现“两个一百年”奋斗目标的重要意义及其理论特点。[12]

有学者对改革开放初期邓小平的党建思想进行了研究。在邓小平看来，这一时期党风问题突出表现在纪律松弛和领导干部特殊化现象。党风关系党的群众基础和执政基础，关系社会风气的好坏，关系中国现代化建设的兴衰成败，是党的执政能力的重要表现。所以，端正党风要常抓不懈，要恢复和发扬党的历史上的优良传统和作风，高级领导干部应该以身作则，同时，解决党风问题还要靠制度和法制。[13]

有学者研究发现，早在20世纪70年代陈云就提出了研究、利用和警惕资本主义的思想。认为，陈云提出要深入研究资本主义金融、货币领域的新情况和资本主义经济危机的规律，充分利用资本主义国家的原料、资金、技术以及商品交易所，同时要高度警惕资本家的投机行为和资本主义腐朽思想作风的侵蚀。这一思想对当前正在全面推进的中国特色社会主义实践也具有重要借鉴和启示。[14]

有学者指出，陈云的党建思想对全面从严治党有着积极的现实意义。始终坚守对马克思主义、共产主义的信仰不动摇，强调党的利益高于一切。主张要充分发扬民主，允许在党内讲不同意见；反复提醒全党不要只是向群众要东西，还要注意帮助群众解决问题；强调反对以权谋私，提倡不怕得罪人的精神，并要求领导干部做出榜样；主张在党纪面前必须一视同仁，涉及领导干部的违纪案件再难办也要办。深入研究和宣传陈云党建思想，有利于为切实贯彻以习近平同志为总书记的党中央关于全面从严治党的战略部署提供智力支持。[15]

（三）新中国外交专题研究

有学者对中国与瑞士建交的历程进行了考察，认为中瑞关系的提升始于1950年瑞士承认新中国。经过四次建交谈判，两国于9月建立外交关系。20世纪50年代中期，中瑞把各自驻对方的公使馆升格为大使馆，两国关系进一步发展。瑞士对其经济、政治和文化利益的综合考虑，对中国形势的客观评估以及中立外交的传统等，是瑞士承认并与新中国建交的原因。中瑞建交，不仅促进了双边关系的发展，也拓宽了各自的外交舞台。[16]

有学者关注了新中国的夫人外交，指出这项工作始于1950年，但直到20世纪50年代末才开始有所起色。鉴于夫人外交在宣传、国际统战和搜集外交信息等方面的作用，外事系统于60年代初实现夫人外交的制度化和经常化运作。同时，这项工作的重心由社会主义国家转向中间地带国家，以此配合反帝反修斗争。夫人外交的制度化和经常化运作正值中国外交急剧“左”转时期，显示新中国外交具备超越革命意识形态属性的现实主义张力，折射出新中国外交政策的灵活性。[17]

有学者提出，中美两国出于战略接近的需要，于20世纪60年代末70年代初共同开辟了以高层、秘密为特征的沟通渠道。通过巴基斯坦、罗马尼亚首脑的信息传递和在巴黎、纽约举行的秘密会晤，中美两国传递了改善关系的确切信息，完成了基辛格访华、黑格访华、尼克松访华的实际安排，经受住了南亚危机的初步检验，推动中美关系开始走向正常化。与新中国成立以来的其他中美沟通渠道相比，这个秘密渠道之所以能够成功运转，源于国际背景的变化、国内政治的影响和信息传递者的选择等多重因素。在秘密渠道的中美互动中，中国展示了高超的外交艺术。[18]

（四）党史学科建设专题研究

有学者认为，在中共党史研究中要重视三个方面的思考，即历史思考、现实思考、理论思考。历史思考，是在空间和时间的双重坐标中，对复杂的历史进行全面系统的思考，实现对历史真实的准确把握；现实思考，是站在现实的立场上去重新回望历史，从现实的要求去重新思考历史，从而发现历史崭新的一面，发掘历史新的意义和价值；理论思考，是把党史中蕴含的马克思主义理论的新发展、新成就升华出来，形成新的理论、新的概念、新的范畴、新的观点，并转化为党的指导思想。这三个思考不是分别孤立进行的，也不是递次进行的，虽然在某种情况下某一方面可能突出一些，但总体上是相互联系、相辅相成、三位一体地进行的。[19]

有学者对新媒体时代历史信息的传播问题进行了研究。认为，新媒体中最容易引起传播的历史信息主要有：对历史事件或历史人物的评价和认识有重大分歧的历史信息；“碎片化”且颠覆人们固有认知的历史信息；跟人们现实生活联系紧密的历史信息。历史信息传播具有内容的选择性和身份的多元化的特点，但是在传播过程中存在着历史虚无主义的倾向。应对这一问题，需要多管齐下构建历史信息传播的良好网络生态：要构筑互联网安全和信息化的强大法治防火墙；要适应新媒体发展变化，主动作为，精准发力；要旗帜鲜明地反对历史虚无主义；要高度重视历史信息的来源和真实性，传播准确可靠的历史信息；要加强中国革命、建设和改革历史的宣传教育工作等。[20]

有学者提出，重视利用数据来记载历史和论证观点，并逐步做到对数据的科学化处理，是中共党史研究的一个优良传统。大数据时代，中共党史研究在迎来巨大机遇的同时，也会在资料利用和存储思维习惯、叙事方式、历史表达话语权等方面，遭受大数据洪流的冲击。面对挑战，中共党史研究应坚持以唯物史观为指导，加快信息化步伐，完善既有研究范式和革新研究方法，使党史研究在迈向科学化和现代化的征程中能够做到胸中有“数”。[21]

有学者指出，高校是美国当代中国研究的发源地，曾长期是当代中国研究的主阵地，并为美国政府提供决策咨询。自新世纪以来，美国的当代中国研究又呈现出了新的态势：首先，智库逐渐成为当代中国研究的主阵地，高校的研究相对萎缩，其决策咨询功能亦正在为智库所取代。高校与智库的当代中国研究进入了深度关联的阶段。其次，美国智库采取了多种措施以强化其研究对于中国的影响。针对这一新态势，中国方面既要汲取美国智库的经验，推动中国特色新型智库建设，也要积极应对其日益增强的对华影响力。[22]

注：

①中共中央党史研究室科研管理部学术处：《党史界庆祝中国共产党成立九十五周年研讨会综述》，《中共党史研究》，2016年第7期。

②中共中央党史研究室科研管理部学术处：《党史界纪念中国工农红军长征胜利八十周年研讨会综述》，《中共党史研究》，2016年第10期。

③冯雪利：《北京市党史系统纪念中国共产党成立95周年座谈会暨学术研讨会召开》，《前线》，2016年第7期。

④陈伙成：《历经磨难担大任，开创革命新局面——中国共产党在长征中走向成熟》，《党的文献》，2016年第5期。

⑤齐德学：《“紧紧地和中国人民站在一起”：红军长征胜利之本》，《党的文献》，2016年第5期。

⑥刘波：《关于红军长征里程问题的考辨》，《北京党史》，2016年第6期。

⑦王新生：《红军长征中最高军事指挥体制的演变》，《中共党史研究》，2016年第10期。

⑧杨慈安、符长元、向凤毛等：《论红二方面军对长征的历史贡献》，《中共党史研究》，2016年第10期。

⑨蒋建农：《遵义会议确立毛泽东领导地位问题研究》，《党的文献》，2016年第1期。

⑩吕臻：《“政策和策略是党的生命”——毛泽东1948年对相关问题的探索论析》，《党的文献》，2016

年第3期。

⑪陈晋：《文章千古事，得失寸心知——怎样看新中国成立后毛泽东对自己著述的评价?》，《中共党史研究》，2016年第7期。

⑫杨胜群：《关于邓小平现代化发展战略思想与“四个全面”战略布局研究的几点认识》，《党的文献》，2016年第1期。

⑬刘智峰：《改革开放初期邓小平关于端正党风的思想》，《北京党史》，2016年第2期。

⑭吕薇洲：《20世纪70年代陈云关于研究、利用和警惕资本主义的思想及其当代价值》，《党的文献》，2016年第1期。

⑮朱佳木：《陈云党建思想对全面从严治党的现实意义》，《党的文献》，2016年第5期。

⑯姚百慧：《从公使到大使：中瑞外交关系的建立与发展》，《当代中国史研究》，2016年第5期。

⑰蒋华杰：《革命外交的张力：关于新中国夫人外交的历史考察(1950—1965)》，《中共党史研究》，2016年第5期。

⑱茅文婷：《尼克松访华前中美秘密渠道考察》，《中共党史研究》，2016年第6期。

⑲孙英：《中共党史研究中的历史思考、现实思考、理论思考》，《中共党史研究》，2016年第2期。

⑳储著武：《新媒体时代历史信息的传播问题——兼论反对新媒体空间存在的历史虚无主义倾向》，《党的文献》，2016年第2期。

㉑王冠中：《大数据时代的中共党史研究：挑战与变革》，《中国社会科学评价》，2016年第3期。

㉒韦磊：《新世纪以来美国当代中国研究的新态势》，《当代中国史研究》，2016年第2期。

（作者：王炳林，北京师范大学教授；
张亚东，北京师范大学博士生）

世界上古中古史

刘林海

2016年9月17—18日，中国世界古代史2016年年会在中国人民大学召开，会议主题为“古代世界的生成和成长”；12月24日，北京师范大学历史学院召开“古代世界的宗教与教派”学术讨论会。

一、史学理论与外国史学史

刘家和指出，回应挑战是学术研究创新的关键和不断创新发展的推动力量；挑战包括外部和内在的自我挑战两方面，通过不断、严格质疑、追问自己实现挑战；学术研究最重要的是发现问题并找到解决问题的办法。知识结构的调整和学术工作基础的改善是关键支撑；对黑格尔“以史为鉴”论断的辨析是回应挑战问题的一个范例。[①]

张顺洪指出，“世界历史学”是揭示人类社会发展规律的科学。它既传递知识，又有助于认识和把握历史规律等，是综合国力的体现。要撰写公正的、真正的“世界历史”，应运用唯物史观立场和方法，避免任何形式的“中心论”，克服阶级和民族的局限性。世界历史学发展需要扩大教学和科研队伍。[②]孟广林指出，“传统世界史”与“新世界史”之分在近代出现，在当代分野。“传统世界史”虽有“条块分割”和“西方中心”论等缺陷，但“新世界史”也没有完全摆脱传统世界史缺陷的窠臼，不可能取代后者的主体地位。应以唯物史观为指导，将二者有机整合，形成扬长避短、优势互补的新格局，开辟世界史研究的正确路向；建构世界史领域的“中国学派”，既是当代中国日益崛起对学术发展的客观要求，也是这一学科不断成长的必然趋势。必须以唯物史观为指导，突破“西方中心”论藩篱，批判借鉴西方理论，建构既有国际视野又有本土特色的“中国学派”。[③]

朱孝远指出，从知识型世界史到研究型世界史的转变是当今社会的需要。研究型世界史的特征是学术性、有用性、前沿性和鲜明的中国特色，中国世界史学者要以高质量的论著走向世界，在国际世界史高端学术平台上发挥引领作用；要推动我国世界史研究从知识型向研究型迈进，必须增强“命题意识”，根据社会需要开辟新领域。注重将中国世史研究推向世界一流的发现和发明，注重有用性，强化其垂训功能，体现前沿性。[④]董欣洁指出，在全球化时代建设中国世界史理论体系，要重视马克思世界历史理论的价值及其应用。据此可以构建一种包括双主线、多支线在内的世界史编撰线索体系。世界历史就是在双主线与多支线所体现出的各种动力交互推动下演进的。⑤

钱乘旦指出，多样性是人类文明最本质也是最重要属性。近代以后，西方优势与霸权扩张使文明多样性受到挑战。世界现代化进程深入发展使文明多样性再次焕发新生。为人类共同繁荣做出贡献是各种文明不可推卸的共同责任。他还梳理了现代化研究的理论与实践，指出学术研究要不避“冷”。⑥齐世荣指出，研究国际关系史必须以史料为基础，兼采官府文书与私家记载，综合利用；要注意政治、经济、意识形态等多种因素，作综合研究。⑦

于沛指出，学习和研究历史是为了开辟未来。⑧赵文洪指出，中国史学要为人民服务，为人民服务与求真并不冲突，以求真服务于中国人民。⑨张宏毅指出，近年来，西方学术观点的涌入对马克思主义唯物史观形成冲击，造成一些误解和曲解。但是，唯物史观科学揭示了世界历史发展的规律，是中国进行世界史研究的“元理论”。⑩吴英指出，世界体系理论为整体上认识现代资本主义提供了新的视角和方法。虽然遭到各方批评，但沃勒斯坦做出了有力回应，并对资本主义意识形态的形成与影响进行了系统考察，进一步展示了该理论的方法论内涵及其启示意义。⑪张瑾指出，在科学技术飞速发展的今天，深入研究马克思、恩格斯的科学思想，对于中国可持续发展和构建科技创新型国家具有指导性意义。⑫房小捷从环境史角度分析了马克思“人与自然对象性关系”的命题，阐述了其对环境史研究的意义。⑬

夏继果指出，互动和比较是全球史的重要研究方法。互动研究和比较研究应该并重并有机地结合起来，形成互动—比较研究。在这些研究的基础上，对人类历史的发展形成一些有意义的“建构”。⑭俞金尧指出，全球史研究要处理好反对西方中心论与“去”资本主义的关系；要在世界历史发展的“纵”“横”关系结构内，吸收全球史研究成果；要认识全球史的核心概念“互动”的局限性。⑮俞金尧、洪庆明指出，世界各地趋向于使用统一的时间体系的过程是全球史的一个重要维度。时间的标准化既是全球化进程的产物，也是推动全球化向纵深发展的重要因素。全球时间标准化是一个必然的进程，但不纯粹是一个自然的历史过程。时间又具有政治性，以格列高利历和格林威治本初子午线为基础的全球通用时间体系，体现了英美等西方国家在当时世界上所处的霸权地位。⑯

王希指出，公共史学是美国史学研究的一个新兴领域。史学界围绕史学的功能、史学的“公共性”、史学与公民建设以及公共史学与传统专业史学关系等展开了辩论。这些辩论既是历史解释权归属的政治冲突，也暴露了美国专业史学界面临的多重“危机”。⑰邓京力指出，微观史学的发展展现出抵制简单真理与解构宏大叙事的创新力，也触发了历史学碎化的争议，似乎造成了与宏观历史之间某种不可逾越的矛盾与隔阂，但真正成功的微观史研究总可以与宏观历史建立本质性关联，并发掘出新的通道和路径。⑱王立新指出，作为新的史学分支，跨国史开辟了民族国家史漏掉的新领域；它在跨国和全球语境中考察民族国家，关注跨国力量和外来因素对本国历史的影响，不但极大改变了各国“国史”研究的面貌，而且改变了人们对现代历史的理解；有必要从跨国史的视角重新书写20世纪世界史。⑲王晴佳指出，当代史学突破了近代西方建立的知识架构，后现代主义的很多观念已经被内化于历史研究中，马克思主义的生命力在于对现代社会和现代性的批判，跨文化研究是一个较好切入点，全球史研究需要实践性研究。⑳刘黎、魏万磊指出，“反现代性的现代性”历史解释模式对人物评价标准以及范式转向影响深刻，带来学科的交叉研究，影响着历史学的叙说模式。㉑王晴佳指出，西方史学逐渐成为当今世界范围历史写作的一个普遍范式，促成西方史学完成其近代转型的因素有：文艺复兴催生的博古学研究，17世纪以来研究方法的改进，历史哲学的出现，现代史学基本写作模式的形成。㉒

顾晓伟指出，贝克尔和比尔德等历史学家用实用主义精神来改造克罗齐的历史哲学，并批判兰克式的客观主义史学，以建立新史学。针对这种思潮，曼德尔鲍姆深入欧洲历史主义的传统，批判历史相对主义，尝试用经验主义传统为历史知识的客观性奠定新的基础。这场学术论争体现了美国史学理论发展的自身特征；在“历史解释”上，分析的历史哲学摒弃批判的历史哲学的“历史认识”路径，聚焦于经验主义传统的“历史方法”。其对“历史叙述”的讨论仍聚焦在“历史解释”的框架内，历史叙述本质上还是一种历史解释。㉓

李光迪、蒋重跃指出，文化之间的可公度性问题源于库恩的科学革命的观点。旅美学者朱新民在此基础上强调文化的“偶然性”，侧重不可公度性。实际上，古代中国的“小同异”“道理稽”及黑格尔的“个体性”概念等，都有可公度与不可公度相统一的性质，两者互为条件，互为限度。文化的不可公度性问题并非自在之物的随意描述，而是有关现象界的理论问题，普遍性是解决问题的根本出路。[24]易宁、王羽飞指出，J. B. 伯里以历史偶然性为切入点，探讨历史偶然事件与因果规律的关系，揭示历史思想与自然科学思想不同。他用“历史综合”的路数讨论历史偶然性问题，没有也不可能证明其假说，但对于思考史学理论研究的不同路数及其局限性，具有重要参考价值。[25]张旭鹏指出，近代以来，西方历史理论引入使中国史学与西方理论处于紧张之中，史家产生了普遍性与特殊性矛盾的焦虑感。对此，中国历史学家应客观看待，不能顾此失彼；后现代主义虽然有助于匡正现代主义之弊，但也导致历史研究的碎片化和虚无主义，都是不可取的。当代中国仍需要现代性的启蒙精神。[26]

杨共乐指出，从中希古代史学比较的视角来看，希腊古代史学还有一些新的值得关注的特征。[27]武晓阳指出，实地考察所得、同时代人的史料以及前辈学者研究是斯特拉波《地理学》的主要史料来源。斯特拉波提出了颇有特点的史料考信方法。[28]吕厚量指出，罗纳德·塞姆对西塞罗的道德品质与历史地位的负面评价，根源在于其政治批判史观。该史观在塞姆的后期史学创作中逐渐弱化，但仍在其学术转向中影响重大，是其思想演变的重要线索。[29]冯定雄、徐进伟指出，实践证明，美国战略学家勒特韦克提出的罗马帝国“大战略”理论虽然存在不足，但却对深化及拓宽古典史学的研究具有重要意义。[30]董立河指出，据刘家和先生的观点，自殷、周之际至司马迁作《史记》是中国古典史学的形成时期，分为“以史为鉴”、“以史为法”和“以史立言”三个阶段，分别以《尚书》《春秋》和《史记》为代表。中国古典史学中的“求真”问题在西方史学中同样存在，并有不少相同之处。[31]

李隆国指出，从文艺复兴时期开始，“民族大迁徙”成为一个专门术语，用来解释罗马帝国晚期北方族群逐渐进入罗马帝国境内定居，并建立起自己的政府的历史进程。“自东向西迁徙”和“自北向南迁徙”是逐渐形成的两大理论解释框架。二战以后，族群迁徙理论逐渐让位于族群生成（凝聚）理论，后者又被族群认同研究取而代之。[32]荆腾指出，恩格斯对“德国农民战争”的解释并非单纯的宏观经济路径，而是以人为着眼点，综合考察各社会阶层的生活处境和生活方式。这也是其史学根本意义之所在。[33]

孟广林、裴沛指出，《大宪章》都彰显了那个时代固有的封建性。其主体部分意在恢复贵族、教会的传统特权，其中对城市特权的承诺及其模糊表述为后世解读提供了空间。它一定程度上限制了王权，但又不断遭到王权的践踏。17 世纪初，《大宪章》才被赋予了“自由”“权利”“法治”等“现代性”思想内核。西方史学界不断质疑“辉格诠释模式”对它的阐扬。[34]钱乘旦、梁跃天指出，19 世纪中叶，《大宪章》进入中国人的视野，并延续了英国学界的“历史事件”和“历史寓言”两种解释模式。《大宪章》的历史意义是由历史制造出来的。[35]汪鹏指出，杰拉尔德的《威尔士巡游记》和《威尔士风物志》是中古威尔士和凯尔特文化研究领域最重要的基础文献，也是 12 世纪文艺复兴在英格兰的重要成果。[36]张文涛指出，托马斯·莫尔的《乌托邦》对后世影响长久，在社会主义学说史上至今仍有重要价值。[37]姜启舟指出，英国大型地方史丛书《维多利亚郡史》的纂修群体经历了从业余史家到职业史家的转变，与英国现当代史学整体发展进程及英国地方史的成长进度密切相关。[38]

姜南指出，“天赋权利”是近代以来西方动物伦理的理论前提，“天地生生之德”是中国古代儒家动物伦理的理论前提。西方动物伦理发展很快，中国进展不大，要向西方学习。双方需要合作。[39]

王大庆指出，日知先生将历史比较研究方法充分运用到了整个中外历史研究的实践当中，取得了丰硕成果，开辟了一片新的研究领域。《首都师范大学学报》刊登“纪念齐世荣先生逝世一周年”专题，徐蓝、赵军秀、梁占军、李华瑞撰文纪念；[40]《经济社会史评论》刊登“深切怀念齐世荣先生”专题，金冲及、刘家和、张椿年、钱乘旦、徐蓝撰文纪念。[41]

二、世界上古史

于殿利的专著《人性的启蒙时代：古代美索不达米亚的艺术与思想》出版。该书共 8 章，从在艺术和思想的角度，展示古代美索不达米亚地区在人性的启蒙中的作用和地位，诠释“人类文明史，归根结底就是人性成长史”的学术理念。该书图文并茂，其中的四百多幅插图绝大多数系作者自己拍摄。该书第四章“君颜：世间一切 尽写脸上”角度新颖，从视觉艺术的角度，分析了雕塑艺术品中的各种面部形象，探讨其与政治的关系。[42]刘健指出，苏美尔文明具有原生性、开放性和多元性、继承性等特征，其各种文明要素构成了古代两河流域文明的主体，深刻影响了巴比伦和亚述等文明。有些文明要素留存至今，成为西方文明、中东文明的内在构成元素。[43]国洪更指出，《汉穆拉比法典》不仅在古代两河流域影响深远，而且在当今的亚述学研究中扮演着重要角色；虽然亚述帝国的邮驿制度不很完善，但却为国王管理控制地域广阔的帝国创造了条件，是国王加强统治的一种重要工具。[44]

颜海英指出，学术界对古埃及黄道十二宫图像的看法不一，有人认为是真实的“星图”，主流观点则认为只是古埃及人宗教信仰的反映。古代信仰与天文观测密切关系，古代知识具有综合性特点；要充分认识古埃及“仪式文化”的特点，要结合考古和图像资料，以观念与仪式互动的视角，重新解读《来世之书》；《金字塔铭文》及复活仪式的核心是奥赛里斯象征的国王。复活仪式不仅局限于丧葬活动，也是新王国神庙日常礼拜中的重要仪式，具有普遍适用性，体现了古埃及人的宗教观念等。[45]郭子林指出，以特殊的文字为载体、以多神崇拜为背景的神圣王权观念，是古埃及人文化观念的核心，可以解释古埃及人的政治、经济和文化活动；从史料来看，专制王权在新王国时代达到巅峰，其主要原因在于以国王为首的统治阶级采取了一系列措施，实现了专制王权具体内容的制度化；古埃及的宗教广泛渗透到社会生活中，与政治、经济、文化等紧密糅合在一起。宗教仪式蕴含利益关系：宗教或世俗目的，国王追求永生，彰显王权神圣性，体现阶层关系，进行物质再分配。[46]

晏绍祥认为，黑暗时代的共同体虽继承了迈锡尼时代的某些特征，但其社会与政治组织特征与之迥然不同。荷马笔下的原始城邦应当发端自黑暗时代的新式共同体。他还从比较的角度分析了波斯、罗马和秦汉时期中国的中央集权和地方自治，梳理了其在三个政权中的具体表现异同及造成差异的原因；介绍了古代希腊对贿赂的防范与治理情况；还评述了新出版的《剑桥希腊罗马政治思想史》以及由朱龙华翻译的哈蒙德的《希腊史》。[47]李立华认为，提秀斯的古典形象与原始形象存在较大区别，是古典作家改造的结果，是解决民主政治困境的一种路径，反映出雅典王权观念的改变。雅典王权观念的改变是雅典国际、国内环境综合影响的产物。[48]吕厚量认为，公元前4世纪中叶之前，古希腊对波斯宫廷宴饮场景是以希腊哲学家会饮为模板的正面理想化建构。在东方主义世界观影响下，后世希腊史家则不断对其丑化与批判，使之成为西方殖民主义世界观的元素。[49]

李渊指出，古希腊人与先秦华夏人均将自身之外的人视为“他者”。在两者对自我与他者的区分中，血缘、文化、政治相互联系，发挥着各自的影响，但三者的具体作用不同。差异与希腊、华夏的内外关系及三因素的特性有关。不同族群观念对各自历史影响深远。[50]武晓阳指出，亚历山大通过采用东方礼仪、联姻、兴建新城、严惩不法行为等加强对被征服的东方地区的管理，维持该地的稳定。[51]吴涛指出，亚德里亚堡战役对晚期罗马帝国影响重大，但哥特人入侵并未彻底毁灭罗马帝国。[52]

三、世界中古史

马克垚《困学苦思集——马克垚自选集》出版。该书分西欧土建社会、古代社会比较研究、世界史体系探索三辑，计22篇文章，附有作者著作目录。自序“学海无涯苦作舟”梳理了作者的治学历程、兴趣和感悟。[53]

钱乘旦总主编的6卷本《英国通史》陆续出版。该丛书上自远古，下其英国脱欧公投，从政治、经济、社会生活及文化等方面全面展示英国的历史，集中反映了中国学界英国史研究的成果。其中第二卷封建时代由孟广林和黄春高执笔，叙述了从诺曼征服到玫瑰战争时期的英国史。[54]汪鹏指出，英格兰王室的纹章起源于诺曼征服，在安茹王朝时期得到初步确立和快速的发展，最终于百年战争后期基本定型。纹章直接反映了英格兰王权的政治心态和诉求，是研究欧洲中世纪政治社会史的有益窗口。[55]王向鹏、孟广林指出，爱德华一世朝骑兵役征募制的变化是基于现实需要，是对传统加以改造的自然结果。付酬军役与非封建军役相结合，显著提高了服役骑兵的数量，在中古晚期英国军制转型过程中起到了承上启下的作用。[56]卢兆瑜指出，英格兰国王爱德华三世在1337年发布的《和平宣言》表明，世俗君主已经拥有十字军东征的发动权，可以以十字军东征作为战争理由向对手宣战。[57]张炜指出，都铎王朝后期的玛丽一世与伊丽莎白一世加冕礼都既保留了中世纪及都铎王朝前期国王加冕礼的传统要素，又根据其性别及所处时代的具体情形而所有变动，从中可以看出这一时期的王权与绝对君主制的显著差异。[58]刘城指出，修正史学将玛丽一世塑造成天主教护教者，但却忽略了根本性的重要问题——主权国家的君主责任。玛丽女王的统治是将一己的宗教信仰强加给整个社会，将家族私利凌驾于共同体利益之上。[59]

黄艳红指出，中世纪法国的空间组织呈现多元化形态。宗教空间、封建空间和王国空间都经历了由人际关系向地域关系的过渡，各种权力也经历了地域化过程，边界意识和空间管理实践也随之发展。观念意识、历史记忆、生产和生活方式的演变、权势者的政治—社会行在其中扮演了重要角色，实施或象征权力的特定地点成为上述空间构建的中心。[60]

侯树栋指出，中古德意志政治进程作为一个“问题”由来已久。学界的基本着眼点在帝国政治、诸侯领地政府与王权之间的关系。以往的解释把帝国政治和诸侯领地政府作为德意志国家“正常”发展的主要障碍。其实，中古德意志可谓多“国”并存，既是帝国，也是王国，还是诸侯领地政府组成的松散联合体。多重国家形态显示的是一种多元权力结构并存的格局。它们之间有矛盾冲突，但又协调一致。王权无论如何软弱，10世纪后德意志都作为一个政治共同体始终存在并为统治集团所认同。[61]朱孝远、周施廷指出，德国没有经历深度罗马化，在中世纪延续了千年的政治分裂；其帝国模式有家族统治的特点，人民常在关键时刻起着中流砥柱的作用。这些要素一直影响着德国历史的发展，其经验教训值得重视。[62]

徐浩指出，中世纪早期西欧有完全所有权的私有土地可以继承和买卖等，但所有权和占有权分离的保有地的权利很不确定。十二世纪以来，自由保有地的买卖不再受到限制。中世纪中晚期存在活跃的农民土地市场；中世纪西欧市场治理是封建法律制度的重要组成部分。法兰克王国的市场属于国家所有，封建化促使加洛林王朝将市场作为一种特恩权授予教俗贵族。诺曼征服后，批准市场成为国王的特权。中世纪中晚期，英国市场的治理既包括国家层级的特许权和法令，也包括国王、城市和教俗贵族等市场所有者行使的征税权和司法权。[63]王超华指出，中世纪英格兰的仆从具有独立的法律地位。仆从作为当事人，为自己的行为承担法律责任。主仆之间并没有法律上的依附关系，本质上是一种契约关系。仆从是“工资劳动者”。[64]赵文洪指出，中世纪英格兰公地共同体对穷人社会救助制度，是欧洲公地共同体伟大的创举，是人类文明的宝贵财富和遗产，值得珍视和研究。[65]

刘程指出，北欧地理环境和传统贸易孕育了远程贸易萌芽。中世纪盛期，远程贸易由初级形式向常态化过渡并形成以香槟集市为中心的贸易网络。城市经济的兴起及城市之间的贸易使远程贸易中心逐渐转移到佛兰德诸城。汉萨商人的转运贸易加深了北海—波罗的海沿岸各国间的联系，最终形成了近代的北欧贸易区；“汉萨”“汉萨同盟”和“行会”之间内在关联密切，它们皆与商业活动有关；波兰学者将考古发现与文献记载相结合，对中古但泽的农作物进行研究，具有重要的学术价值。[66]赵运华指出，中世纪马蹄铁极好地保护了马蹄，马首次应用到了西欧的农业生产中，从而促进了西欧社会的发展。[67]

王倩指出，16世纪前后，德国的森林资源商品化。商品化激化了各阶层的矛盾，带来了农村经济制度的变化，还导致财产权的调整。邦国政府加强了对森林的控制，森林转变成为一种产业。森林资源商品化展示了德国农村商品经济发展的独特模式，破除了相关的简单论断。[68]冯正好指出，中世纪西欧落后的农业生产状况客观上加速了中世纪西欧庄园经济和农奴制的瓦解，促进了西欧从中世纪走向近代社会。[69]施诚指出，早期近代是世界历史上第一次全球商品大流通的时代。早期近代世界贸易的商品繁多。西欧国家率先建立早期近代世界贸易网络并占据主动和优势地位，贸易天平不断向西方倾斜。[70]

许若潇指出，12世纪文艺复兴为大学产生创造了重要条件，牛津大学是其中代表。牛津大学是由学者组成的行会，特权涵盖范围广泛，具有流动性与国际性、特权性以及风气自由等特点，影响了后世大学的模式和理念。[71]周施廷指出，但丁、彼特拉克、伊拉斯谟、马基雅维里的四篇《君主论》，彰显出人文主义政治思想的发展。从但丁至马基雅维里的政治学是连续发展的，但又有变化，逐渐走向近代。[72]李桂芝指出，中世纪欧洲的厌女主义可以追溯至古希腊罗马和犹太教传统，更多受到基督教神学思想和现实发展的影响。厌女成为欧洲中世纪常态特征，压迫、从属成为描述妇女地位的标准化术语。由于基督教会在欧洲社会不同时期实力不同，厌女主义的表现和影响也有所不同。[73]李宇恒指出，托马斯·莫尔批判性继承了意大利人文主义政治思想，提出了人民国家体制的设想，超越了意大利传统，开启了人文主义政治学的新篇章。[74]李慧宏指出，薄伽丘将爱情视为人的天性，歌颂尘世幸福和欢乐，女性有权追求爱情自由。其背后隐藏着传统的男权主义思想。[75]张炜指出，印刷术的出现改变了教育和知识传播的媒介，促成了人文主义思潮的兴起。[76]

朱孝远出版《文化兴国的欧洲经验》。该书共分4章，分别探讨欧洲的文化特性、推动现代欧洲兴起的文化、现代国家的要素及英国和德意志文明、文明中心转移。[77]

苏圣捷指出，圣伯纳德的《新骑士颂》旨在坚定圣殿骑士团的信念。他把世俗征战和属灵修行结合在一起，提出骑士战死殉道的观念。其思想深深地影响了后世骑士精神的形成。[78]姜启舟、赵辉兵指出，西欧“双剑论”的基础是教皇格拉西乌斯一世“教权与俗权”分工理论。中古盛期教俗之争时，该理论被用来提升教皇权威。14 世纪以后，“双剑论”饱受批判，最终在宗教改革中走向式微。[79]孙剑指出，中世纪英格兰的教士要有一定的经济来源（头衔），才能作为圣职候选人并进而有资格在教会中谋得教职。这些“头衔”折射出教会和教士群体与世俗社会的紧密经济社会关系，也暗示了教会内部的不稳定因素以及世俗社会对于教会的态度转变。[80]

刘林海指出，宗教改革时期的济贫改革超越了基督教的教派界限，具有普遍性，为近代欧洲福利制度的发展创造了有利条件。学术界对济贫改革的断裂、连续和后现代政治理论等模式的解读存在一些误区。在对济贫改革的解读中，作为主角之一的宗教应该始终在场。[81]周施廷指出，宗教改革时期，德国部分地区出现修女逃离修道院现象。修女还俗并不只是一个单纯的宗教现象，而是与其时修道院内外发生的剧烈社会变化有关。[82]

张绪山指出：在欧亚大陆流传甚广“宝石谷传说”是欧亚交流史的重要内容。该传说来自希腊化世界而后流传于欧亚大陆，在南梁时传入中国，后来增添了新元素。它有不同的版本，其中流入中国的汉文典籍里面有记载。[83]果美侠指出，康乾年间西洋宫廷画家经历了从兼职画师到专职画师的变化。天主教会在向清宫选派画家时，既注重传教使命，也注重专业绘画技能。此举促进了清代宫廷绘画及其他艺术的发展，推动了中西方文化的交流。[84]刘林海指出，英国传教士麦都思主张用“上帝”和“神”翻译圣经中的 God 和 Spirit，认为中国宗教具有自然神学特征。其观点深受宋明理学影响，对认识中国基督教和中国传统文化有积极意义。他利用中国文化元素阐释基督教神学的探索是近代中国基督教神学实践的重要组成部分。[85]孙立新指出，德国“同善会”传教士卫礼贤彻底抛弃了欧洲中心主义和西方文化优越论，致力于研究孔子及其学说，并积极向西方社会传播。卫礼贤对孔子和孔子学说的深刻认识和高度评价在 20 世纪初西方“文化霸权主义”依然盛行的时代殊属难得，对于当今时代也十分重要。[86]

注：

①邹兆辰：《再谈挑战——访刘家和教授》，《中国史研究动态》，2016 年第 3 期。

②张顺洪：《世界历史学的意义》，《社会科学战线》，2016 年第 1 期。

③孟广林：《世界史研究的视域与路向》，《社会科学战线》，2016 年第 1 期；《建构世界史研究“中国学派”》，《中国社会科学报》，2016 年 4 月 14 日。

④朱孝远：《研究型世界史的要素和展望》，《社会科学战线》，2016 年第 1 期；《推动我国世界史研究从知识型向研究型迈进》，《光明日报》，2016 年 11 月 19 日。

⑤董欣洁：《构建双主线、多支线的中国世界史编撰线索体系——全球化时代马克思世界历史理论的应用》，《史学集刊》，2016 年第 4 期。

⑥钱乘旦：《文明的多样性与现代化的未来》，《北京大学学报》(哲学社会科学版)，2016 年第 1 期；《现代化研究的理论与实践》，《光明日报》，2016 年 7 月 6 日；《学术研究要不避“冷”》，《光明日报》，2016 年 8 月 27 日。

⑦齐世荣：《关于开展国际关系史研究的两点意见》，《历史教学》，2016 年第 2 期。

⑧于沛：《学习和研究历史是为了开辟未来》，《毛泽东研究》，2016 年第 1 期。

⑨赵文洪：《为人民研究史学》，《中国社会科学报》，2016 年 4 月 18 日。

⑩张宏毅：《在正本清源中深化世界史研究》，《人民日报》，2016 年 1 月 19 日。

⑪吴英：《世界体系理论方法论的启示意义》，《文史哲》，2016 年第 5 期。

⑫张瑾：《对马克思、恩格斯科学技术观的再认识》，《青海师范大学学报》(哲学社会科学版)，2016 年第 1 期。

⑬房小捷：《马克思“人与自然对象性关系”概念对环境史研究的意义》，《史学理论研究》，2016 年第 4 期。

⑭夏继果：《全球史研究：互动、比较、建构》，《史学理论研究》，2016 年第 3 期。

⑮俞金尧：《全球史理论和方法评析》，《史学理论研究》，2016 年第 1 期。

⑯俞金尧、洪庆明：《全球化进程中的时间标准化》，《中国社会科学》，2016 年第 7 期。

⑰王希：《谁拥有历史——美国公共史学的起源、

发展与挑战》,《历史研究》,2010 年第 3 期。

⑱邓京力:《微观史学的理论视野》,《天津社会科学》,2016 年第 1 期。

⑲王立新:《跨国史的兴起与 20 世纪世界史的重新书写》,《世界历史》,2016 年第 2 期。

⑳林漫、邓京力:《跨文化视角、马克思主义与当代史学主要趋势——对话王晴佳教授》,《史学理论研究》,2016 年第 2 期。

㉑刘黎、魏万磊:《“反现代性的现代性”与历史叙说模式的转向》,《广西社会科学》,2016 年第 4 期。

㉒王晴佳:《西方史学如何完成其近代转型?——四个方面的考察》,《北京大学学报》(哲学社会科学版),2016 年第 4 期。

㉓顾晓伟:《试析曼德尔鲍姆对历史相对主义的驳论——基于历史知识客观性问题》,《历史研究》,2016 年第 2 期;《战后英美史学理论界关于“历史解释”与“历史叙述”的论争——以曼德尔鲍姆的批判为线索》,《世界历史》,2016 年第 4 期。

㉔李光迪、蒋重跃:《怎样回应文化的不可公度性问题》,《山西大学学报》(哲学社会科学版),2016 第 3 期。

㉕易宁、王羽飞:《J. B. 伯里的历史偶然性观念》,《史学史研究》,2016 年第 4 期。

㉖张旭鹏:《在普遍性与特殊性之间:西方话语冲击下的中国史学理论》,《天津社会科学》,2016 年第 3 期;《当下仍需要现代性的启蒙精神》,《中国社会科学报》,2016 年 3 月 22 日。

㉗杨共乐:《古代希腊史学特征刍议——比较视野下的思考》,《史学理论研究》,2016 年第 3 期。

㉘武晓阳:《斯特拉波〈地理学〉的史料考信方法》,《史学史研究》,2016 年第 1 期。

㉙吕厚量:《论罗纳德·塞姆〈罗马革命〉中的西塞罗形象》,《史学理论研究》,2016 年第 3 期。

㉚冯定雄、徐进伟:《西方古典学术界对罗马帝国“大战略”理论的争论》,《古代文明》,2016 第 3 期。

㉛董立河:《中国古典史学中的“求真”问题》,《史学史研究》,2016 年第 4 期。

㉜李隆国:《“民族大迁徙”:一个术语的由来与发展》,《经济社会史评论》,2016 年第 3 期。

㉝荆腾:《恩格斯的〈德国农民战争〉及其史学意义》,《世界历史》,2016 年第 6 期。

㉞孟广林、裴沛:《〈大宪章〉的历史底蕴及其对英国封建君主政治的影响》,《史学史研究》,2016 年第 2 期。

㉟钱乘旦、梁跃天:《〈大宪章〉在中国》,《史学集刊》,2016 年第 3 期。

㊱汪鹏:《杰拉尔德及其威尔士历史文本》,《史学史研究》,2016 年第 3 期。

㊲张文涛:《〈乌托邦〉思想的当代价值》,《史学理论研究》,2016 年第 4 期。

㊳姜启舟:《〈维多利亚郡史〉的纂修群体研究》,《史学理论研究》,2016 年第 1 期。

㊴姜南:《近现代西方与古代中国动物伦理比较及启示》,《天津师范大学学报》(社会科学版),2016 年第 3 期。

㊵《首都师范大学学报》(社会科学版),2016 年第 6 期。

㊶《经济社会史评论》,2016 年第 2 期。

㊷于殿利:《人性的启蒙时代:古代美索不达米亚的艺术与思想》,故宫出版社,2016 年版。

㊸刘健:《苏美尔文明基本特征探析》,《外国问题研究》,2016 年第 2 期。

㊹国洪更:《〈汉穆拉比法典〉的编纂、流布及其现代价值》,《光明日报》,2016 年 10 月 8 日;《亚述帝国邮驿制度辨析》,《安徽史学》,2016 年第 3 期。

㊺颜海英:《古埃及黄道十二宫图像探源》,《东北师大学报》(哲学社会科学版),2016 年第 3 期;《〈来世之书〉中的复活仪式》,《外国问题研究》,2016 年第 2 期;黄庆娇、颜海英:《〈金字塔铭文〉与古埃及复活仪式》,《古代文明》,2016 年第 4 期。

㊻郭子林:《古埃及文明根本特征探析》,《外国问题研究》,2016 年第 2 期;《古埃及新王国时期专制王权的制度化探析》,《杭州师范大学学报》(社会科学版),2016 年第 2 期;《古埃及宗教仪式蕴含利益关系》,《中国社会科学报》,2016 年 10 月 10 日。

㊼晏绍祥:《从迈锡尼世界到荷马时代:希腊城邦的兴起》,《外国问题研究》,2016 年第 2 期;《与距离斗争:波斯、罗马与秦汉帝国的中央集权和地方自治》,《史学理论研究》,2016 年第 3 期;《古希腊城邦政治中的贿赂与防范》,《光明日报》,2016 年 3 月 26 日;《古典世界的政治与政治思考——评〈剑桥希腊罗马政治思想史〉》,《中国社会科学评价》,2016 年第 4 期;《哈蒙德与他的〈希腊史〉》,《光明日报》,2016 年 8 月 27 日。

㊽李立华:《从提秀斯崇拜透视古典时代雅典的

王权观念》，《史学月刊》，2016 年第 2 期。

㊾吕厚量：《从贤哲会饮到饕餮盛宴——古希腊历史叙述中波斯宫廷宴饮场景的变迁》，《古代文明》，2016 年第 4 期。

㊿李渊：《古希腊人与先秦华夏人异族观念之异同》，《古代文明》，2016 年第 1 期。

51武晓阳：《亚历山大东方治理措施探析》，《廊坊师范学院学报》（社会科学版），2016 年第 1 期。

52吴涛：《亚德里亚堡战役新解读》，《衡阳师范学院学报》，2016 年第 1 期。

53马克垚：《困学苦思集——马克垚自选集》，首都师范大学出版社，2016 年版。

54孟广林、黄春高：《英国通史：从诺曼征服到玫瑰战争》（第二卷：封建时代），江苏人民出版社，2016 年版。

55汪鹏：《英格兰王室纹章的起源与内涵——从诺曼征服到百年战争》，《科学 · 经济 · 社会》，2016 年第 4 期。

56王向鹏、孟广林：《论爱德华一世朝英国骑兵役征募制之破立——以威尔士战争征召令状为例》，《河北学刊》，2016 年第 6 期。

57卢兆瑜：《14 世纪初期基督教世界政治的变化——以 1337 年〈和平宣言〉的解读为中心》，《世界历史》，2016 年第 5 期。

58张炜：《英格兰都铎王朝后期的国王加冕礼与王权》，《历史教学》，2016 年第 2 期。

59刘城：《君主的责任：英格兰女王玛丽一世的统治》，《历史研究》，2016 年第 6 期。

60黄艳红：《中世纪法国的空间与边界》，《世界历史》，2016 年第 3 期。

61侯树栋：《对中古德意志政治道路“问题”的思考》，《北京师范大学学报》（社会科学版），2016 年第 1 期。

62朱孝远、周施廷：《德国的兴衰与沉浮：从历史到未来》，《学术前沿》，2016 年第 1 期。

63徐浩：《中世纪西欧土地市场研究》，《史学集刊》，2016 年第 4 期；《论中世纪西欧市场治理的法制化进程》，《经济社会史评论》，2016 年第 4 期。

64王超华：《中世纪英格兰仆从的法律地位探析》，《世界历史》，2016 年第 4 期。

65赵文洪：《中世纪英国公地共同体与穷人》，《安徽史学》，2016 年第 1 期。

66刘程：《中世纪盛期北欧远程贸易变革与区域性贸易网络探究》，《宁夏大学学报》（人文社会科学版），2016 年第 3 期；《中世纪欧洲“汉萨”等概念辨析》，《经济社会史评论》，2016 年第 2 期；《欧洲考古—文献比照分析路径的实践与功用——以中古但泽农作物研究为例》，《理论月刊》，2016 年第 11 期。

67赵运华：《从马蹄铁演变看中世纪西欧农业技术的发展》，《农业考古》，2016 年第 1 期。

68王倩：《森林资源的商品化与 16 世纪德国农村的变迁》，《世界历史》，2016 年第 2 期。

69冯正好：《论中世纪西欧的农业》，《农业考古》，2016 年第 4 期。

70施诚：《早期近代世界贸易的主要商品及财富流向》，《史学集刊》，2016 年第 2 期。

71许若潇：《中世纪英国大学的产生与演变——以牛津大学为例》，《西部学刊》，2016 年第 9 期。

72周施廷：《重新认识文艺复兴时期的四篇〈君主论〉》，《云南民族大学学报》（哲学社会科学版），2016 年第 2 期。

73李桂芝：《中世纪欧洲厌女主义的发展及其影响》，《史学理论研究》，2016 年第 4 期。

74李宇恒：《对意大利人文主义传统的继承和超越》，《云南民族大学学报》（ 哲学社会科学版），2016 年第 2 期。

75李慧宏：《论〈十日谈〉女性形象塑造与薄伽丘的爱情观》，《吕梁学院学报》，2016 年第 4 期。

76张炜：《印刷术促成人文主义思潮兴起》，《中国社会科学报》，2016 年 2 月 2 日。

77朱孝远：《文化兴国的欧洲经验》，江苏人民出版社，2016 年版。

78苏圣捷：《圣伯纳德的骑士殉道观初探——以〈新骑士颂〉为例》，《史林》，2016 年第 5 期。

79姜启舟、赵辉兵：《试论中古西欧“双剑论”的流播与诠释》，《政治思想史》，2016 年第 1 期。

80孙剑：《中世纪晚期英格兰圣职候选人的“头衔”探析——以赫里福德主教区为例》，《世界历史》，2016 年第 2 期。

81刘林海：《欧洲宗教改革时期的济贫改革再探》，《社会科学》，2016 年第 10 期。

82周施廷：《新教改革与修女还俗——以明斯特贝格的修女乌苏拉为例》，《史学集刊》，2016 年第 2 期。

83张绪山：《“宝石谷传说”在欧亚大陆的流传》，《世界历史》，2016 年第 3 期。

㉞果美侠：《论 17—18 世纪天主教会对清宫西洋画家的选派》，《故宫博物院院刊》，2016 年第 3 期。

㉟刘林海：《麦都思神学思想初探》，《北京师范大学学报》（社会科学版），2016 年第 4 期。

㊱孙立新：《卫礼贤对孔子学说的跨文化阐释及其当代意义》，《复旦学报》（社会科学版），2016 年第 6 期。

（作者：刘林海，北京师范大学教授）

世界近现代史

郭家宏　李　阳

一、美国史

王华从经济、观念、社会文化和政治等方面论述了传统夏威夷社会如何孕育出现代性要素，指出 1819 年之前的 30 余年，是夏威夷王国孕育社会大变革的时期。在外来资本力量的强势冲击下，夏威夷社会发生悄然改变：经济上发展起以对外贸易为中心的初级商品经济，社会观念、文化和风俗习惯发生向西方价值表现的转向，政治上创建起具有欧洲近代特征的中央集权的封建君主专制，萌生了具有一定现代特征的国家和主权意识，现代性初步孕育滋生。夏威夷社会的结构性变革已迫在眉睫。[①]黄安年认为开展北美铁路华工基础性研究，无论是对美国还是中国学者来说都是责无旁贷。指出了扩展广东侨乡北美铁路华工基础性研究工程所包含的内容，重点阐述了两者之间的关联。[②]金海指出，二战前后，美国保守主义权势集团在塑造中国形象方面发挥了决定性的作用。中国被他们塑造成为一个需要美国指导和帮助的蛮荒之地，蒋介石政府则被描绘为西方文明影响中国的最好媒介。他们通过在美国社会塑造的中国形象操纵民间舆论，极大地影响了杜鲁门政府对华政策的选择。[③]牛可分析了美国地区研究的社会科学史背景，指出“跨学科”和“全世界覆盖”是地区研究运动中深具共识的目标和标号词语，而“跨文化理解”和“文化相对主义”则是地区研究的文化旨向。[④]翟韬分析 20 世纪 50 年代，美国政府在香港开展的声势浩大的以东南亚华人，尤其是受过教育、有知识的人群为主要对象，以思想性强的时政杂志和一批反共小说书籍为媒介的宣传活动，并从比较的视野，指出美国对第三世界国家宣传手段和策略上的独特性。[⑤]杨尚荣和张建华认为 1956 年匈牙利难民问题的产生为美国对苏东国家发动大规模的心理战提供了条件，即利用难民的宣传价值，与苏联争夺东欧民众的人心。美国对匈牙利难民的接纳，影响到以后其对难民法的修改，反映了冷战背景下美国的难民政策与国家利益密切相关。[⑥]王立新引入荣誉和信誉分析范畴，考察了冷战时期美国对外军事干预的动机和后果，指出冷战时期美国干预行动的最直接目标是维护美国作为“自由世界领袖”的信誉，而不是追求直接、有形的安全和经济利益，但作者也毫不质疑美国外交政策的根本目标是追求国家利益。[⑦]安然分析美国保守主义的内涵与风格，指出保守主义的内涵决定风格，风格则维系着内涵以及保守主义的存在也有条件限制。[⑧]姜胤安和王皖强以“社交性”为工具，以杂志为线索考察美国“新保守主义”兴起的源头，指出“纽约知识分子”内部从创立之初以来派别分野，而随着各派别依托杂志对越战以及新左派的争论使派别分野日渐清晰，“新保守主义”在此过程中兴起。[⑨]

二、英国史

杜平指出从 17 世纪中叶至 19 世纪前期，英国的护航经历了商船自愿基础上的护航和强制性的护航两个发展阶段。他指出护航在保护英国海上贸易方面发挥过积极作用，但随着英国海上贸易扩张，其缺陷日益暴露。[⑩]郝茜茜指出在 18 世纪英国由农业社会向工业社会转变的历史时期，英国中产阶级在经历社会政治经济的巨大变革中，政治上逐渐形成政治参与者和社会管理者的自我意识，消费上则展现出对文雅体面生活方式的追求。[⑪]吕富渊指出 19 世纪伦敦街头商贩通过发挥重要的经济社会功能和其他手段得以巩固其脆弱的生存权，但其对城市社会造成的一些负面影响也给城市管理当局带来监管压力。[⑫]严玉芳和梅雪芹指出对新鲜空气的诉求是 19 世纪英国城市发展过程中的一项重要环境诉求，由房屋通风滞后、对空气与健康关系的新认知以及瘴气致病理论等因素而引发。引发 19 世纪英国城市对新鲜空气诉求的因素并分析了三种诉求方式，有助于揭示 19 世纪英国人空气认知观念的演变历程，丰富空气污染史、公共卫生史的相关研究。[13]王广坤指出19世纪全科医生群体的出现和其进行的一系列医疗改革实践破除了传统的内科医生、外科医生、药剂师三等级秩序并逐渐占据医疗服务的主导地位，最终导致一套极具英国特色的医疗服务体系建立起来。[14]易宁和王羽飞论述了伯里对历史偶然性的认识，并指出伯里没有把个体性知识和普遍性知识建构为历史思想本质的原因。[15]

三、法国史

高毅指出，中国新文化运动的激进性与大国启蒙运动的激进性密切相关，在学习法国启蒙和法国革命的基础上，中国应该高度重视法国革命后的政治文化革新工程。[16]黄艳红从学术表达和历史认知的角度，对围绕“自然疆界”的话语言说进行分析，阐述这一概念在三个世纪中的演变，尤其是其在文化阶层中产生和流传的过程。[17]范晶指出19世纪前期，随着法国复辟王朝的建立，英国摄政时期推崇的丹蒂风尚经由流亡贵族之手逐渐传播至法国。它与法国本土源远流长的风雅观念结合，最终孕育出法国丹蒂群体。她勾勒这一群体在19世纪的嬗变，探讨它作为“贵族之影”的性质与意义。[18]郭华榕通过分析19世纪法国的“尼古拉·沙文”和沙文主义现象，指出虚拟历史具有实际的价值与真实的作用。[19]倪玉珍指出，法国大革命引发的政治、社会和道德危机促成孔德倡导的“社会科学”的诞生。孔德的思想是在吸纳了保守派、自由派及圣西门的思想之后的创新成果。[20]张丽和姜芃论述了战后以来，在世界普遍政治、经济发展趋势和法国政治传统影响之下，法国社会福利制度发展轨迹以及深受法国社会政治和经济结构影响的法国社会运动对法国社会保障制度改革的影响。[21]

四、德国史

王倩指出，16世纪德国森林资源的商品化不仅带来农村社会结构的巨变，还导致森林资源所有权的变化，加之邦国政府对森林政策调整说明，商品经济在德国农村发展的复杂性和独特性，破除了城市商品经济进入农村、迅速瓦解旧有封建制度体制的简单论断。[22]

五、苏俄及东欧史

杨尚荣指出亚历山大三世在19世纪末抛弃了自由主义改革的现代化模式，选择了的保守主义发展模式，使政府加强其权威和对社会的控制，并通过一系列经济改革措施使俄国于19世纪80年代末完成了工业革命，90年代出现了“工业高涨。”[23]刘宇从大战略视角论述了苏俄外交布局与嬗变，指出苏俄时期的外交经历了从带有浓厚的革命理想主义色彩到回归传统，朝着传统主义与民族主义方向演化的过程。苏俄的国际角色定位、战略性利益、外交战略手段等要素减少了意识形态的影响，较为妥善地处理了革命理想与现实国家利益及外交传统的平衡，这对提高苏俄外交地位，改善生存与发展环境发挥了重要作用。[24]梁强指出1943年苏联成立的专门负责外交政策规划的三个委员会与苏联驻美国、日本大使馆一起对战后苏联收复失地、地缘扩张、严惩战败国和国际新格局等问题上的规划，在战后世界秩序与国际体制的确立中也得到了较大体现。[25]张盛发以《关于个人崇拜及其后果的报告》为研究对象，分析了其在当时的苏联党内和社会引发的讨论、批评和质疑，指出在20世纪50年代表面上高度一致的苏联社会，在斯大林问题上也无法形成共识。[26]他还指出从1956年3月起，面对那些对《关于个人崇拜及其后果的报告》持反对、批评等态度的党员和党组织，苏共中央采取开除出党或批评、教育的方式和加强意识形态工作的方式坚决回击反党反苏攻击。[27]张丹指出新切尔卡斯克事件不是“流氓刑事犯罪分子组织的土匪行动”，而是“工人自发性请愿运动”，该事件后政府掩盖自己经济政策的失败，加大对社会的管控力度使民心与政权渐行渐远。[28]张建华分析了萨维茨基和古米廖夫等欧亚主义者的“欧亚联盟”思想以及纳扎尔巴耶夫在其影响下提出的“欧亚经济联盟”和“光明之路”发展战略。[29]张建华分析当代俄罗斯的激进主义，指出当代“政治激进主义”含义已发生巨变，脱去了“左倾变革”和“合法革命”的含义。俄国历史上的每一次社会变革中保守主义与激进主义都并存。[30]

岳秀坤在回顾马赫诺运动历史过程的基础上，梳理了1920年至今，对马赫诺运动的研究和阐述，指出了原始文献的匮乏、无政府主义与布尔什维克的意识形态分歧是长期以来对马赫诺运动研究聚讼纷纭的重要原因。[31]刘凡认为在公有制思想的主导下，农业集体 化问题就是改变“财产所有权”的问题，把财产所有权从个体农民手中转移到合作社手里。在个体农民占优势的国家实行财产所有权的转变本身就是一场深刻的社会变革，东欧的 农业集体化对东欧的社会稳定产生了深远的影响。[32]马细谱梳理了东欧各国战后四十多年间艰苦探索社会主义道路的曲折历程，指出东欧社会主义始终都在“民族道路”与“苏联模式”的选择与摩擦中前进。[33]王晓菊探寻波俄边界演变的历史脉络并分析了波兰人口数次迁移的前因后果。波苏边界的屡次变动同乌克兰、白俄罗斯的命运紧密交织，并伴随着波兰人口的大规模迁移，给错综复杂的波俄关系带来极其深刻的影响。[34]

六、亚非拉史

一是日本史。大城洋介依据琉球原始史料，着重考察了日本吞并琉球时期琉球人的对华请愿和救国运动。琉球救国运动的请愿书，主要以朝贡册 封关系的“藩属国”理论为依据，请求中国武力介入。然而，这种希望借中 国武力介入而实现复国的救国运动，在甲午战争中国战败后遭受巨大挫折，没有取得成效。[35]唐利国指出，吉田松阴最终确立的知识主体性虽然是兵学主体性，但是是一种在“日本近世兵学”意义上的主体性，其接受了儒学影响，并非单纯的军事学意义上的兵学主体性。[36]唐利国认为吉田松阴的兵学观深受儒学影响，其兵学对策论始终没有摆脱“大义名分”和“时势利害”两个反面，使得吉田松阴的激进主义呈现出鲜明的两面性。[37]他参照身份制意识、政治制度的变革和个人精神的解放三个衡量思想近代化程度的标准，分析吉田松阴的思想，指出作为日本近代化先驱的吉田松阴，在其思想中有浓厚的非近代性的保守一面，而他本人思想上的两面性也预示了近代日本发展道路的两面性。[38]陈伟指出作为近代日本政党内阁的首度尝试——宪政党内阁虽然开辟了日本政治史上一个重要的历史阶段，但是其内部出现的一系列负面问题和以山县有朋为代表的势力对宪政党组阁和施政的掣肘导致宪政党分裂和宪政党内阁瓦解。[39]冯昭奎指出，在马汉“海权论”思想以及海军科技的进步共同作用下，“大舰巨炮主义”成为日本军令和战术的主流直到太平洋战争结束后才宣告结束。[40]史桂芳指出九一八事变后，日本新闻媒体发表的大量歪曲事实，富于煽动性的报道是九一八事变后日本国内战争狂热形成的最直接原因。她认为当时的日本主流媒体对战争狂热负有不可推卸的责任。[41]史桂芳指出侵华战争期间，日本政府以掌控舆论等方式将不明真相的日本国民卷入战争体制，纳入支持侵略战争轨道。在评价日本战争责任时，我们不否认日本国民是战争受害者，但在某种程度上他们也是“加害者”。[42]曾景忠指出，太平洋战争爆发以来，昭和天皇已有结束战争之意，而日本国内主战派和主和派的对立，导致决策投降过程迟缓，但是最终天皇在日本决策投降的过程中起到了决定性作用。[43]张艳茹分析了太平洋战争期间，日本先后四次制定的《今后应采取的战争指导大纲》的内容，指出日本战略目标及战术的调整及变化。[44]赵玲燕论述了盟军最高统帅部未经授权释放日本甲级战犯嫌疑人的史实以及由此引发的日本战犯上诉的历史闹剧。[45]步平考察近代以来日本教科书曲折发展的历史过程，指出中日韩历史共同研究可为东亚历史问题的解决提供新思路，扩展历史教育的新领域。[46]

二是东亚史。达力扎布分析《敦啰布喇什法典》制定的原因与目的，总结了该法典不同于其他蒙古法典的显著特点——通过立法巩固大众的宗教信仰、整顿吏治、搞好与周边民族关系。[47]王帆、张雨和王佳鑫指出从朝鲜使臣对“三山五园”的记述，可见其对清朝统治者态度由偏见走向审视与吸纳，但既定的历史书写模式：追忆大明，摒嫌清朝对中朝关系还是产生了一定影响。[48]金东吉和朴多晶指出关于1950年中国出兵朝鲜的原因并非由于美军对中国安全造成威胁，中国对出兵经历了由消极到积极的转变过程，这是由是否有利于巩固新中国政权和具备战胜条件等问题决定的。[49]

三是南亚史。梁志明和刘志强梳理了越南社会历史发展演变的脉络和轨迹。指出在中越两国关系发展的历史长河中，和平友好交往是发展的主流，但时而又伴有波折，道路并不平坦。对越南历史发展以及历史上中越之间的关系等问题作系统的研讨和客观的解读，以史为鉴，认真地总结历史经验，对于弘扬两国深厚的历史情谊，增强文化的认同感，培育有利于双边友好关系发展的“历史记忆”十分重要。[50]张皓指出，印度政府策划噶厦驱逐国民政府驻藏官员的实质是企图制造西藏“独立”和“缓冲区”，反对中华人民共和国政府恢复治藏主权。[51]雷昌伟指出萨菲王朝政治体制中国王、部落和乌里玛之间的相互利用、斗争和力量平衡塑造了萨菲王朝以来伊朗政权结构和政治治理的历史进程。[52]袁剑梳理了长期以来国际社会对中亚的认知，指出在新环境下，中国需要对中亚建立新认知。[53]马细谱分析新奥斯曼主义的内容并指出土耳其欲凭借这一政策建立以土耳其为核心的“一体化走廊”，以推广自己的经济发展和民主经验模式。[54]昝涛分析“土耳其梦”的提出背景、内涵及引发的争论，他指出“土耳其梦”既是土耳其政治家的一种吸引眼球的宣传，也是土耳其经历了十年发展后自信心日益增强的表现。中国要找准“土耳其梦”与“一带一路”战略倡议的对接点以便推进双方合作。[55]杭聪指出，第二次世界大战后，英美以资本为纽带在英属撒哈拉以南非洲结成经济伙伴关系，双方共同的、互补的经济诉求构成双方合作的基础，双方在垄断世界经济资源方 面享有共同诉求。战后英美两国英属撒哈拉以南非洲的经济伙伴关系既有合作、互补又有冲突、竞争，而英美垄断资本间的密切合作是构成双方争而不破的局面的深层原因。[56]潘华琼分析了马格里布移民问题形成的原因、现状以及移民对马格里布国家影响的双重性。指出，鉴于马格里布移民问题的复杂性，迫切需要各利益攸关方展开多层次、多方位的合作，制定超越国家的区域性和全球性治理方案。[57]王文仙通过梳理《申报》的新闻报道，从另一视角解读 1910 年墨西哥革命和“基督战争”。[58]

七、国际关系史

第二次世界大战历史。徐蓝认为法西斯国家发动二战的根源为帝国主义，内在动力则为极端民族主义。她分析两次世界大战之间存在一定的因果关系，还指出从动机看二战的性质是帝国主义的，而从二战的最终目的来看则是一场反法西斯的正义战争。[59]王道指出“格利尔号事件”使得美德两国之间有限的海军对峙很快演变为全面军事冲突，加速了美国遏制以德日为首的轴心国势力的国家大战略的推行。[60]俞金尧指出，从全球视野以及 20 世纪世界整体性特征来看，第二次世界大战始于 1931 年九一八事变以后的中国抗日战争。[61]

邵建国和姜瑛以内田良平各个时期的行动、意见书为研究对象，阐明了其在日俄开战前的战争策动经历了强硬、绥靖与备战并行、再度强硬、媾和时期主张与俄和谈四个阶段。[62]成振海指出犹太复国主义者在巴黎和会前后的活动及主张虽然对犹太复国主义运动的发展产生了积极影响，但也为后来的阿犹冲突埋下隐患。[63]

姚百慧指出瑞士对自身政治、经济和文化利益的综合考量，对中国形势的客观评估和中立外交的传统等是瑞士承认并与新中国建交的原因。[64]姚百惠以台湾地区档案为基础，深入分析了面对中法建交，台法交涉的具体过程，总结出台湾对法交涉的两个特点：坚持原则性，尽可能地保持灵活立场和重视个人“外交”作用，指出台湾对法交涉失败的根本原因在于台法在对方“外交”中的权重完全不同。[65]

翟韬指出，冷战初期，美国在香港动员和策划大陆赴港流亡知识分子创作的大量反共文学作品，不仅有反共宣传的作用也反映了美国的反共意识形态和宗教观念，但由于这些作品的“反共意识形态拟人化”特点，使其对大陆和东南亚华人宣传效果有限。[66]翟韬指出，美国制定的以“华夷之辨”为核心的对华宣传政策目的是为国民党政权赢得东南亚华人华侨和世界舆论的支持，实质是把民族身份认同问题整合进冷战意识形态。[67]姚百慧指出 1958 年杜勒斯与戴高乐会谈，由于美法战略地位差异及美国内政外交情况致使会谈总的基调分歧大于一致，成为美法矛盾向尖锐化发展的重要起点。[68]

吴伟和王游指出戈尔巴乔夫政府在德国统一中发挥的特殊作用以及由于苏联国力式微，德国统一以及加入北约将给苏联带来的冲击。[69]

八、其他史

邓超分析了比利时建国以来至今的社会主义运动史，指出革命与改良是其两种策略，现在的比利时正处于新型革命酝酿之中，社会主义者能否抓住时机，促成改革关系到比利时社会主义者的前景。[70]郭华榕从君权神授、血统世袭、选举产生、政变夺权和国际冲突五个方面，论述了法国、德国、俄国、奥地利、波兰等君主权力的继承与获取，指出谋求君位继承权维护或丧失国家利益。[71]刘林海指出对济贫改革的断裂、连续和后现代政治理论等模式的解读有助于深化对济贫改革的认识，但也不应将宗教因素排除在认识之外。在对济贫改革的解读中，宗教动机应该始终在场。[72]周海建指出意阿战争在中国引发大量关注，并且激发国人就是否支持国联、结交谁为“与国”等问题上的讨论根源于中国的未来走向问题，这些讨论促使中国人重新定义国联对于中国的作用与意义并反思中国政府的国际政策和对日外交。[73]

施诚指出，全球主要航路的开辟和陆上贸易共同构成早期近代世界贸易网络的形成。而黑奴贸易，香料、饮料、烟草，日常用品和贵金属则是早期近代世界贸易的主要商品，他通过分析早期近代世界财富的流向，指出当时世界贸易的水平不断向西欧倾斜。[74]

高旭和梅雪芹指出，16—19 世纪间美洲词汇不断进入英语词汇系统，不仅推动英语语言发展，其所反映的美洲自然世界及社会文化也有助于推动世界各地之间的交往、交流。[75]

九、史学理论与外国史学史

张顺洪不仅分析了世界历史学的意义，还指出了我国发展世界历史学的方法及措施。[76]孙立新通过论述卫礼贤对孔子和孔子学说的深刻认识和高度评价，指出人类的未来应寄希望于东西方文化的交流与融合。[77]刘林海指出，麦都思在其圣经翻译工作中利用中国文化元素阐释基督教神学，在深受宋明理学影响之下对“神”和“上帝”的内涵进行分析，这种做法对认识中国基督教和中国传统文化有积极的意义。[78]姜启舟以《维多利亚郡史》纂修群体的研究为个案，指出其纂修群体由业余史家转变为职业史家，并以此分析19世纪末以来的英国地方史学发展历程。[79]王立新论述20世纪90年代以来兴起的跨国史内涵及其对民族国家史学的影响，指出跨国史研究不仅改变了各国“国史”研究面貌，还开辟了许多被传统民族国家史漏掉的新领域。他认为有必要从跨国史的视角重新书写20世纪历史，增加非国家行为体的经历，将更多跨国力量所代表的内容写入国际关系史。[80]

邓超在梳理1830—1920年间世界社会主义运动中心三次变迁的脉络的基础上，对比了英、法、德、俄四国社会主义运动的兴衰趋势与这些国家在世界经济体系中的角色变动之间的关系，指出世界社会主义运动中心的变迁是资本主义世界经济体系扩张所直接导致的结果。[81]米夏埃尔·诺特和孙立新通过引入“作为记忆场域的海洋”这一概念指出此研究范式与现代民族主义的历史建构截然不同，未来的历史研究有必要从国际比较角度研究国家和区域的海洋历史，加强国际的和跨学科的合作，并将各民族“分割的记忆”作为未来历史研究的重要对象，以此更好地理解不同文化之间的差异和冲突。[82]

徐浩引述孟德斯鸠、黑格尔、马克思和韦伯等人在权力制衡、精神自由、财产所有制形式和城市治理等方面论述，指出东西方自古以来就在不同的历史道路上行进，并非直到很晚才由于偶然因素出现大分流。[83]

安然指出，《沉默道钉的足迹》一书突破“小历史”的局限，以“大历史”的宽阔视角为支撑，由专业历史学者与非专业史学爱好者共同书写，发挥史学技术手段多元化和社会功能多元化的功能为公众史学的发展显示了一条可取的发展道路。[84]顾晓伟分析了英美分析派历史哲学家对“历史解释”和“历史叙述”的讨论，辨析了“历史解释”转向“历史叙述”的复杂过程。[85]他还剖析了曼德尔鲍姆从历史哲学方法论的立场来批判历史相对主义并运用经验主义传统的概念和术语论证历史知识的性质，体现了美国史学理论发展的特征。[86]俞金尧和洪庆明指出，时间的标准化趋势不可阻挡，全球时间统一不纯粹是一个自然过程，由于时间的政治性，使其充满竞争与霸权。[87]

注：

①王华：《现代性与夏威夷传统社会变革——对卡梅哈梅哈一世时代的历史考察》，《史学月刊》，2016年第9期。

②黄安年：《美国铁路华工和广东侨乡基础性工程研究》，《云梦学刊》，2016年第6期。

③金海：《美国保守主义权势集团对杜鲁门政府对华政策的影响》，《历史教学》，2016年第20期。

④牛可：《美国地区研究创生期的思想史》，《国际政治研究》，2016年第6期。

⑤翟韬：《“冷战纸弹”：美国宣传机构在香港主办中文书刊研究》，《史学集刊》，2016年第1期。

⑥杨尚荣、张建华：《冷战背景下美国对匈牙利难民的介入与接纳(1956—1957)》，《辽宁大学学报》(哲学社会科学版)，2016年第2期。

⑦王立新：《世界领导地位的荣耀和负担：信誉焦虑与冷战时期美国的对外军事干预》，《中国社会科学》，2016年第2期。

⑧安然：《美国保守主义的内涵与风格》，《求是学刊》，2016年第3期。

⑨姜胤安、王皖强：《从知识分子的“社交性”看“新保守主义”的兴起》，《政治思想史》，2016年第4期。

⑩杜平：《17世纪中叶至19世纪早期英国的商业护航》，《历史教学》，2016年第22期。

⑪郝茜茜：《18世纪英国中产阶级的自我意识》，《郑州航空工业管理学院学报》(社会科学版)，2016年第5期。

⑫吕富渊：《19世纪伦敦街头商贩群体的生存权问题》，《武陵学刊》，2016年第2期。

⑬严玉芳、梅雪芹：《19世纪英国城市的新鲜空气诉求》，《世界历史》，2016年第1期。

⑭王广坤：《19世纪英国全科医生群体的崛起及影响》，《世界历史》，2016年第4期。

⑮易宁、王羽飞：《J. B. 伯里的历史偶然性观念》，《史学史研究》，2016年第4期。

⑯高毅：《略论新文化运动的法兰西风格》，《安徽师范大学学报》（人文社会科学版），2016 年第 3 期。

⑰黄艳红：《近代法国莱茵河“自然疆界”话语的流变（1450—1792）》，《历史研究》，2016 年第 4 期。

⑱范晶：《从冷漠纨绔到悲情英雄——十九世纪法国丹蒂及其文化想象》，《法国研究》，2016 年第 2 期。

⑲郭华榕：《虚拟历史的重要作用——法兰西虚拟的民族英雄“沙文”》，《四川师范大学学报》（社会科学版），2016 年第 3 期。

⑳倪玉珍：《法国大革命与“社会科学”的诞生——19 世纪上半叶法国思想家重建社会的努力》，《社会科学》，2016 年第 10 期。

㉑张丽、姜芃：《法国近百年来的社会运动与社会保障制度》，《贵州社会科学》，2016 年第 8 期。

㉒王倩：《森林资源的商品化与 16 世纪德国农村的变迁》，《世界历史》，2016 年第 2 期。

㉓杨尚荣：《亚历山大三世与俄国的现代化》，《河西学院学报》，2016 年第 1 期。

㉔刘宇：《大战略视角下苏俄外交布局与嬗变》，《俄罗斯学刊》，2016 年第 6 期。

㉕梁强：《从苏联外交部门档案看第二次世界大战中苏联对战后世界秩序的规划》，《俄罗斯学刊》，2016 年第 1 期。

㉖张盛发：《60 年前苏联国内对赫鲁晓夫秘密报告的反应——写在苏共 20 大召开 60 周年之际》，《俄罗斯学刊》，2016 年第 5 期。

㉗张盛发：《苏共中央对传达赫鲁晓夫秘密报告后所出现问题的应对和处理——写在苏共 20 大召开 60 周年之际》，《俄罗斯学刊》，2016 年第 6 期。

㉘张丹：《新切尔卡斯克事件的定性及其对苏联历史的影响》，《俄罗斯学刊》，2016 年第 5 期。

㉙张建华：《从“图兰东方”到“欧亚经济联盟—光明之路”——萨维茨基的欧亚主义思想及其在当代哈萨克斯坦国家进程中的战略意义》，《黑龙江社会科学》，2016 年第 2 期。

㉚张建华：《再寻路标：当代俄罗斯的政治激进主义》，《人民日报·学术前沿》，2016 年第 6 期。

㉛岳秀坤：《争议中的乌克兰马赫诺运动》，《学术研究》，2016 年第 2 期。

㉜刘凡：《东欧农业集体化与东欧国家社会稳定问题浅议》，《俄罗斯学刊》，2016 年第 6 期。

㉝马细谱：《东欧各国社会主义道路的曲折历程》，《中国延安干部学院学报》，2016 年第 1 期。

㉞王晓菊：《波苏边界划分与波兰人口迁移》，《俄罗斯学刊》，2016 年第 5 期。

㉟［日］大城洋介：《日本吞并琉球时期琉球人的救国行动》，《长春师范大学学报》，2016 年第 7 期。

㊱唐利国：《兵学与儒学之间——论吉田松阴兵学主体性的确立》，《浙江学刊》，2016 年第 5 期。

㊲唐利国：《吉田松阴的兵学与激进主义——论吉田松阴安政五年与六年的政治策划》，《洛阳师范学院学报》，2016 年第 9 期。

㊳唐利国：《两面性的日本近代化先驱——论吉田松阴思想的非近代性》，《世界历史》，2016 年第 4 期。

㊴陈伟：《近代日本宪政党内阁研究》，《日本问题研究》，2016 年第 3 期。

㊵冯昭奎：《战前日本海军的“大舰巨炮主义”及其终结》，《历史研究》，2016 年第 4 期。

㊶史桂芳：《九一八事变后日本国内的新闻报道与战争狂热》，《学术交流》，2016 年第 9 期。

㊷史桂芳：《日本国内战争狂热的变现及成因分析——从一个新的角度反思历史》，《安徽史学》，2016 年第 1 期。

㊸曾景忠：《昭和天皇与日本败降》，《军事历史研究》，2016 年第 2 期。

㊹张艳茹：《太平洋战争期间日本的战争指导大纲》，《军事历史研究》，2016 年第 5 期。

㊺赵玲燕：《日本甲级战犯嫌疑人的释放与日本战犯上诉》，《兰台世界》，2016 年第 24 期。

㊻步平：《日本教科书问题的历史考察与思考》，《课程·教材·教法》，2016 年第 11 期。

㊼达力扎布：《〈敦啰布喇什法典〉浅析》，《青海民族研究》，2016 年第 4 期。

㊽王帆、张雨、王佳鑫：《朝鲜使臣对清代“三山五园”的记述——以畅春园、圆明园为中心》，《学问》，2016 年第 5 期。

㊾［韩］金东吉、［韩］朴多晶：《朝鲜战争初期中国出兵朝鲜决策及变化原因探析》，《史学集刊》，2016 年第 4 期。

㊿梁志明、刘志强：《关于越南历史发展轨迹与特征的几点思考》，《东南亚研究》，2016 年第 5 期。

(51)张皓：《印度政府与 1949 年至噶厦驱逐国民政府驻藏官员事件》，《南亚研究》，2016 年第 2 期。

(52)雷昌伟：《论萨菲王朝政治体制中的国王、部落和乌里玛》,《史学集刊》,2016 年第 1 期。

(53)袁剑:《“一带一路”知识视野下的“中亚认知”——关于边疆、周边与外域认知空间关联性的思考》,《北方民族大学学报》(哲学社会科学版),2016 年第 2 期。

(54)马细谱:《新奥斯曼主义与土耳其的战略布局》,《人民日报·学术前沿》,2016 年 3 月。

(55)昝涛:《历史视野下的“土耳其梦”——兼谈“一带一路”下的中土合作》,《西亚非洲》,2016 年第 2 期。

(56)杭聪:《战后英美在英属撒哈拉以南非洲的经济伙伴关系(1945—1964)——基于英国政策的考察》,《世界历史》,2016 年第 6 期。

(57)潘华琼:《试论马格里布移民问题及其治理》,《西亚非洲》,2016 年第 1 期。

(58)王文仙:《从〈申报〉解读墨西哥政治发展进程(1910—1940)》,《甘肃社会科学》,2016 年第 6 期。

(59)徐蓝:《试论第二次世界大战的起源——谨以此文纪念齐世荣先生逝世一周年》,《首都师范大学学报》(社会科学版),2016 年第 6 期。

(60)王道:《美德海军不宣而战的诱因——“格利尔号事件”评析》,《山西大学学报》(社会科学版),2016 年第 4 期。

(61)俞金尧:《中国抗日与二战的开始》,《安徽师范大学学报》(人文社会科学版),2016 年第 3 期。

(62)邵建国、姜瑛:《日俄战争前黑龙会首领内田良平的开战策动》,《日本问题研究》,2016 年第 1 期。

(63)成振海:《巴黎和会与犹太复国主义运动(1918—1920)》,《唐山师范学院学报》,2016 年第 6 期。

(64)姚百慧:《从公使到大使:中瑞外交关系的建立与发展》,《当代中国史研究》,2016 年第 5 期。

(65)姚百惠:《中法建交与台法交涉——基于台湾档案的考察》,《中共党史研究》,2016 年第 1 期。

(66)翟韬:《“文学冷战”:大陆赴港“流亡者”与 20 世纪 50 年代美国反共宣传》,《世界历史》,2016 年第 5 期。

(67)翟韬:《冷战语境下的新“华夷之辨”——美国对华宣传与两岸政权形象的塑造》,《史学月刊》,2016 年第 2 期。

(68)姚百慧:《1958 年杜勒斯—戴高乐会谈与美法关系》,《世界历史》,2016 年第 4 期。

(69)吴伟、王游:《苏联与德国统一》,《历史教学》,2016 年第 14 期。

(70)邓超:《比利时社会主义运动:从“棉花起义”到“制服革命”》,《当代世界与社会主义》,2016 年第 2 期。

(71)郭华榕:《君主权力的继承与获取——欧洲政治历史的一种要害》,《云南民族大学学报》(哲学社会科学版),2016 年第 2 期。

(72)刘林海:《欧洲宗教改革时期的济贫改革再探》,《社会科学》,2016 年第 10 期。

(73)周海建:《旁观者的政治:中国知识阶层对意阿战争的反应与回想》,《武汉大学学报》(人文科学版),2016 年第 1 期。

(74)施诚:《早期近代世界贸易的主要商品及财富流向》,《史学集刊》,2016 年第 2 期。

(75)高旭、梅雪芹:《词汇中的自然与文化——16—19 世纪英语中的美洲外来词及其作用新探》,《学术研究》,2016 年第 8 期。

(76)张顺洪:《世界历史学的意义》,《社会科学战线》,2016 年第 1 期。

(77)孙立新:《卫礼贤对孔子学说的跨文化阐释及其当代意义》,《复旦学报》(社会科学版),2016 年第 6 期。

(78)刘林海:《麦都思神学思想初探》,《北京师范大学学报》(社会科学版),2016 年第 4 期。

(79)姜启舟:《〈维多利亚郡史〉的纂修群体研究》,《史学理论研究》,2016 年第 1 期。

(80)王立新:《跨国史的兴起于 20 世纪世界史的重新书写》,《世界历史》,2016 年第 2 期。

(81)邓超:《论社会主义运动兴衰的体系根源》,《史学理论研究》,2016 年第 3 期。

(82)[德]米夏埃尔·诺特、孙立新:《作为记忆场域的海洋》,《中国海洋大学学报》(社会科学版),2016 年第 1 期。

(83)徐浩:《相似还是相异?——近现代国外有关中西方文明的历史比较》,《史学理论研究》,2016 年第 3 期。

(84)安然:《公众史学领域的一枚闪亮“道钉”——评黄安年、李炬著〈沉默道钉的足迹〉》,《内蒙古师范大学学报》(哲学社会科学版),2016 年第 1 期。

(85)顾晓伟:《战后英美史学理论界关于“历史解释”与“历史叙述”的论争——以曼德尔鲍姆的批判为线索》,《世界历史》,2016 年第 4 期。

⑧⑥顾晓伟:《试析曼德尔鲍姆对历史相对主义的驳论——基于历史知识客观性问题》,《历史研究》,2016 年第 2 期。

⑧⑦俞金尧、洪庆明:《全球化进程中的时间标准化》,《中国社会科学》,2016 年第 7 期。

(作者:郭家宏,北京师范大学教授;
李阳,北京师范大学硕士生)

考 古 学

考 古 学

张天宇 高崇文

2016 年,北京地区各科研单位及高校陆续发表了一系列新的考古资料和研究成果,在众多研究领域均取得了重要进展。现综述如下:

一、重要学术活动

2017 年 4 月 12 日,由中国文物报社和中国考古学会主办的 2016 年度“全国十大考古新发现”评选结果揭晓,入选项目是:1. 宁夏青铜峡鸽子山遗址;2. 贵州贵安新区牛坡洞洞穴遗址;3. 湖北天门石家河遗址;4. 福建永春苦寨坑原始青瓷窑址;5. 陕西凤翔雍山血池秦汉祭祀遗址;6. 北京通州汉代路县故城遗址;7. 浙江慈溪上林湖后司岙唐五代秘色瓷窑址;8. 上海青浦青龙镇遗址;9. 山西河津固镇宋金瓷窑址;10. 湖南桂阳桐木岭矿冶遗址。[①]

2017 年 1 月 10 日,由中国社会科学院考古研究所主办的“中国社会科学院考古学论坛·2016 年中国考古新发现”在中国社会科学院近代史研究所学术报告厅举行,会议评选出了贵州贵安新区牛坡洞遗址、辽宁朝阳市半拉山红山文化墓地、湖北天门市石家河新石器时代遗址、陕西神木县石峁遗址皇城台遗迹、新疆尼勒克县吉仁台沟口青铜时代聚落遗址、河南洛阳市西朱村曹魏大墓等六项考古新发现。此外还评选出入围的七项考古新发现,并专门设置了国外考古新发现项目——乌兹别克斯坦明铁佩古城遗址。会议听取了上述重要遗址、墓地的发现情况,与会专家学者展开了深入讨论,研究了上述遗址的重要学术意义。[②]

二、综合研究

刘庆柱、韩国河在分析了中原历史文化的演进格局之后,认为中原历史文化是中国古代文明形成与早期发展时期的社会主导文化。由于中原地区地理环境的区位特点,使文明起源与形成时期的多元文化汇聚于此,最终使华夏文明形成于此、早期国家出现并发展于此,进而使王国时代的夏商王朝诞生、定都于此,并一直延续至中古时代。都城是国家的政治、文化、经济中心,中原历史文化自然地成为三代至唐宋时代的“社会主导文化”与“国家主体文化”。北宋之后,政治中心北移,中原地区形成的文化基因得以传承,形成世界上唯一五千年延续不断的文明,这充分反映了中国历史上不同地区、不同族属所建立的不同王朝对“古代中国”文化的认同,这也就是对国家、对中华民族文化的认同。[③]

高崇文通过对文献和考古材料的梳理,总结出匈奴民族的发展过程及其中反映的南北文化交融的情况。从原始社会开始,中国北部高原的人群就与中原文化有了交流,经夏商周时期进一步扩大,特别是秦汉王朝对北部的经营,加快了南北文化的融合进程,对多元一统的汉文化的形成发挥了重要的作用。[④]

李新伟对“最初的中国”进行了阐述,通过分析公元前第四千纪中国各主要文化区之间的远距离上层交流,提出中国统一多民族国家的雏形在这一时期已经初步形成。[⑤]韩建业对比研究了中原和江汉地区文明化进程的差异,发现中原地区重贵轻富而江汉地区富贵并重、中原和江汉地区虽都流行祖先崇拜但江汉更加淫祀鬼神,中原地区的武备比江汉地区发达,认为中原生计较为艰苦,文化颇多波折,故能长存忧患，自强不息，而江汉生活较为优裕，文化发展平稳，难免耽于安乐，少思进取，这可能是中原之兴与江汉之衰的主要原因。[⑥]胡进驻分析了中国古代高级贵族陵墓区规划制度，提出自新石器时代晚期以降，中国古代高级贵族墓地的规划，以昭穆制度为最基本的墓穴排列原则，包括一祖一昭一穆三墓制、一祖二昭二穆五墓制、一祖三昭三穆七墓制诸种形式。在夫妻并列墓组中，夫墓处西右、妻墓处东左是主流的排位方式。[⑦]董琦探讨了以考古来重建古史的考古学的“中国梦”，认为自中国考古学诞生之日起，考古学的“中国梦”就迈出了坚实而可信的步伐，同时也提出以地层学和类型学为主要方法的考古学，探索中国古史时有其局限性，不能将考古资料与古史传说强行对应。[⑧]

三、石器时代考古发现与研究

2014—2015年，北京大学考古文博学院和郑州市文物考古研究院对河南登封方家沟遗址进行了两次发掘，发现大量石制品和动物化石及原地埋藏的遗迹现象。石制品类型包括备料、石核、石片、工具等，整体面貌属于华北常见的石片石器工业。古人类在自然沟内短期活动形成的遗迹（G1）蕴含了空间利用方式的信息，对进一步研究嵩山东麓MIS3阶段人类活动与行为特点具有重要意义。[⑨]2012—2016年，中国社会科学院考古研究所华南一队、海南省博物馆通过对海南陵水乔山、莲子湾以及三亚英墩遗址进行的发掘，在海南东南沿海地区初步建立起“英墩文化遗存”→“莲子湾文化遗存”→“桥山文化遗存”的基本年代框架。[⑩]

王幼平对江西万年县吊桶环遗址出土的石骨制品、用火和居住活动等遗迹遗物的分析，讨论了晚更新世人类在岩厦内活动的历史，认为华南热带—亚热带季风气候的自然区位与更新世全球性气候变迁的双重影响所铸就的生存环境，是促成吊桶环遗址及华南地区晚更新世人群行为复杂化发展特殊模式的重要原因，为认识华南地区晚更新世人类的“行为现代性”或“复杂化”进程提供了重要的新证据。[⑪]曲彤丽等对郑州老奶奶庙遗址出土的动物遗存进行了研究，分辨出动物遗存主要由马科和原始牛构成，认为人类很可能把猎物整体搬运到遗址上进行屠宰，动物骨骼中的骨髓与油脂被充分提取，成为人类饮食的重要构成，反映了狩猎采集者最大化地获得食物的生计策略。马科动物和原始牛的死亡年龄结构显示人类以获取成年个体为主，暗示了人类狩猎能力和集体协作行为的发展。文章为进一步认识中原地区晚更新世人类升级方式与文化发展提供了依据。[⑫]马志坤等通过对西辽河地区小河西文化、兴隆湾文化、赵宝沟文化和红山文化12件磨盘和磨棒表层残留物进行了淀粉粒分析，提出粟类植物从早于8500年前的小河西文化就已经开始被驯化，也为此前提出的粟的驯化过程及其漫长的“假说”提供了新的支持证据。[⑬]张弛、洪晓纯对距今5000年以前中国沿海地区的考古学文化进行了讨论，指出中国东部地区有稳定利用海洋资源证据的海洋适应性文化是从7000年前开始的，有两种文化的类型，一种分布在中国北部沿海地区的胶东半岛和辽东半岛地区，另一种分布于福建、台湾、广东和广西的东南沿海地区。[⑭]

四、夏商周时期的考古发现与研究

2007年10—12月，中国社会科学院考古研究所安阳工作队在殷墟新安庄西地进行了发掘，发现了建筑基址、灰坑、沟渠、水井、祭祀坑和墓葬，遗物包括陶器、铜器、玉器和陶范。这次的发掘揭露了一座比较完整的殷代族邑，三条沟渠对研究殷墟的布局与水系至关重要，铸铜工匠墓的发掘也为我们了解殷墟工匠的特征有所帮助。[⑮]2013年，社科院考古所丰镐队在西安市长安区大原村东南进行大面积考古钻探时发现两座中型土坑竖穴墓，均被严重盗扰，年代为西周中期或稍晚。这两座西周墓葬是迄今为止鄠邬岭以南区域发现较大的两座墓葬，为研究西周盗墓史和丰京遗址聚落布局提供了新的资料。[⑯]

唐际根等学者利用殷墟文化分期的新成果，通过路网和水网将宫庙、陵区、作坊、居民点等遗迹联系起来，讨论了殷墟的布局问题，总结出了洹北商城和殷墟纵横分布的路网水网的特征及其与都邑布局的联系，对重新认识安阳地区的商代遗址有启发意义。[⑰]

对周原遗址的研究是本年度夏商周考古研究的一个热点。孙庆伟通过分析周原凤雏三号建筑基址的形制及有关设施，并结合文献记载，认为此建筑是西周时期居住在周原地区殷遗民所建的亳社。对该建筑性质的判断可以将它与著名的凤雏一号基址、凤雏甲骨、微氏家族铜器窖藏等重要遗存有机地联系起来，不仅可以证明今凤雏村一带在西周时期是殷遗民的居邑，为深入研究周原遗址的聚落形态提供了重要契机，而且可以证明周原遗址就是西周都邑“周”地所在。[⑱]宋江宁讨论了凤雏三号基址和过去发现的凤雏甲组建筑、云塘－齐镇建筑群、召陈建筑群，从建筑组合的类型学分析、三大建筑群在周原聚落变迁中的位置、专业知识的学习与创新等角度出发，认为凤雏甲组建筑的始建年代应为西周早期，指出以凤雏建筑群为代表的周人早期大型建筑基址应是对商代建筑形式的模仿与学习，西周中期的召陈建筑群体现出明显的周文化特征，西周晚期的云塘—齐镇建筑群及春秋时期的凤翔雍城秦马家庄宗庙建筑则延续了周人风格。宋江宁推测凤雏建筑群的设计者的族属为商人，而其使用者的身份为周王或其在周原的代理人。[19]雷兴山对齐家制玦作坊出土的陶器和石器上的刻辞与刻划符号进行了研究，认为其中的几种属于族徽，并对刻辞含义进行了考释。同时提出加强出土文字相关考古背景研究，可获取更多的聚落与社会信息，因此文章重点结合考古背景，以这些族徽为文字证据，探讨周原遗址西周时期的聚落形制与社会结构等问题。[20]马赛对周原遗址经过发掘的三处手工业作坊遗址的生产状况进行了分析，通过对云塘制骨作坊兴衰过程的考察、对齐家制玦作坊生产原料变化和李家铸铜遗址产品种类变化的分析，认为这三处手工业作坊遗址均在西周晚期偏早阶段发生了某种类型的变化。这一变化与遗址中其他类型的遗迹、遗物表现出的变化（如青铜器窖藏所反映的贵族家族的变化等）相吻合，说明周原社会有可能在西周晚期偏早阶段经历过一次重要的变动。[21]

刘绪对偃师商城西亳说的认识过程以时间年代为重点进行了学术史的梳理，并指出偃师商城西亳说存在的问题，如商文化第1段遗存太少，与汤都亳不相匹配，对小城与G2的关系理解有误，分期与推理不能吻合等，这些缺陷都是偃师商城西亳说需要克服的。[22]冯峰对周代的“醴壶”进行了探讨，他从铭文、文献、器物形制等方面对“醴壶”的特征进行了说明，并由此分析了兽首半环形耳圆壶和方壶的时代、纹饰、组合的特点，认为周代的兽首半环形耳圆壶和方壶分别为“醴壶”和“酒壶”。[23]张天宇认为，一墓多族徽是商代晚期和西周早期铜器墓中常见的一种现象，可将一墓多族徽作为晚商时期非商文化分布区的商周分界界标，商文化墓葬及墓地的族徽构成较为“单纯”，而西周时期非商文化多族徽墓葬的族徽构成呈现“多而杂”的特征；西周早期多族徽墓葬的分布地域远大于商代晚期的多族徽墓葬，这一现象应是与周初分封紧密联系的。[24]

五、汉唐时期的考古发现与研究

江西南昌海昏侯墓是近年来最为重要的考古发现之一，2016年海昏侯墓的部分出土文物于首都博物馆进行了公开展出，引起了极大轰动。围绕着这一发现，学界也展开了较多的研究。信立祥从墓葬制度、墓园形制、出土文物等角度探讨了海昏侯墓的价值及意义。[25]白云翔分析了海昏侯墓的墓园建筑、祭祀设施、祔葬墓、陪葬坑、封土、墓室、棺椁、装敛用具和随葬品，认为该墓属于列侯墓，具有“王气”，大量珍贵物品的随葬则体现了刘贺作为废帝的心结。[26]刘瑞结合文献和相关发现，对海昏侯墓墓园进行了分析，认为海昏侯墓墓园的相关发现第一次清晰揭示了汉代列侯墓园的结构。[27]王意乐等对墓内出土的孔子衣镜进行了讨论，认为孔子形象的出现是当时独尊儒术的社会思想的体现，但更多的是刘贺作为废帝长期被监视居住、内心惶恐不已的个人倾向的提现。[28]

陈春婷对汉代“凤鸟立龟”的艺术造型进行了研究，认为这一形象在汉代的出现，与汉代流行的四灵观念、阴阳五行与五德终始说、谶纬等思想观念有关，是汉代思想和文化观念在物质资料载体上的一种反映。[29]魏坚、任冠通过对楼兰LE古城的规制和夯筑方式的分析，并对比周边及居延地区同时期古城，认为楼兰LE古城城墙的修建年代应该是西汉晚期，上层墙体可能是西晋时期的，西汉元凤四年更楼兰为鄯善时，LE古城所在区域已有不同等级的城址，但没有汉朝修筑的城墙。[30]2011年起社科院考古所对汉魏洛阳故城北魏宫城太极殿遗址进行了勘探和发掘，揭露出主殿台基东半部、太极东堂台基及周边遗迹。出土遗物有砖、瓦、瓦当、铺地石板和铜钱等。通过发掘明确了太极殿的建筑结构与时代演变。[31]沈丽华将邺城地区的东魏北齐墓葬分为元魏皇宗陵区、高齐皇宗陵区和中下层官吏及平民墓葬区三大区域，其范围基本都在以邺城宫城为核心的5～15千米范围内，认为墓群中“家族葬”明显，或依长幼尊卑自南向北顺序排列，或分为南北两排以南为尊。还提出东魏北齐陵墓制度既继承了秦汉传统又有所创新，并直接影响了隋唐及以后的陵墓制度。[32]倪润安在分析李和墓、临潼税关墓和唐李寿墓的形制及壁画后，提出隋唐时期，关中京畿地区墓葬的形制和壁画内容有普遍流行的模式，该模式随王朝革新礼制，特别是因“开皇礼”“贞观礼”“开元礼”等几次礼制修订而发生重要变化，墓葬制度深受政治的礼制诉求影响。[33]中国社会科学院考古研究所汉长安城工作队、西安市文物保护考古研究院公布了2012在西安大白杨村发掘的粮仓资料，从仓内出土遗物推测这批粮仓的时代为唐代，结合文献记载，认为可能与唐代的太仓有关，这批资料对研究唐代太仓位置、粮食储存及供应、漕运及唐长安城的布局都有重要价值。[34]

六、宋元明清时期的考古发现与研究

中国社会科学院考古研究所汉魏洛阳城队报道了2006年发掘的白马寺西院唐宋时期窑址的材料，指出窑址的始建年代在唐中期以后，宋代有所扩建，废弃年代约在金代晚期。这些窑址应是专门烧制白马寺所需的建筑材料，为了解古代白马寺的兴废提供了新的考古材料。[35]韩建华结合考古材料与文献考证了北宋西京洛阳宫、皇城的城门、城墙，讨论了上述建筑布局在北宋早晚期之间的变化。北宋洛阳城承袭隋唐之旧，以隋唐大内和东西隔城为宫城，隋唐玄武城纳入皇宫，形成皇城包围宫城的布局；宋太宗以后，洛阳城开始式微，宋徽宗时期宫城向南北扩张，宫城内出现了复合型宫殿建筑群。[36]刘未在梳理文献记载和考古发现后提出南宋太庙于绍兴五年创建后至南宋末年断续拓建，其主要建筑包括正殿、别庙、祭器库、册宝殿、四祖庙、斋殿及棂星门、神门等，故址范围东临中山南路、北至察院前巷、西南均抵太庙巷[37]。毕广德、魏坚对契丹早期墓葬进行了系统研究，提出契丹早期葬俗经历了由树葬向土葬的转变，认为树葬习俗反映了契丹的崇拜山岳思想，火葬脱胎于其直系祖先宇文部，骨灰埋葬则可能受到突厥人的影响，而最终由骨灰葬转变成尸骨葬，应是受到汉族人葬俗的影响。[38]中国社会科学院考古研究所内蒙古第二工作队、内蒙古文物考古研究所公布了内蒙古巴林左旗辽祖陵一号陪葬墓的相关资料，该墓为大型砖筑类屋式墓，由墓道、墓门、前室、前甬道、中室、左耳室、右耳室、后甬道和后室组成。虽经多次盗扰，仍发现部分等级较高的随葬品和墓志残片等。墓葬年代为辽代早期偏晚。墓主很可能是辽太祖第三子耶律李胡。[39]汪盈、董新林结合这一新发现，对辽祖陵内的龟趺山建筑基址进行了讨论，该基址由台基、踏道和碑楼等组成，碑楼建筑是一座面阔三间、进深三间、四周有围廊的木构建筑，认为该基址是辽祖陵内一处重要祭祀性建筑，应即为“辽太祖纪功碑楼”。其建筑形制富有特色，为研究辽代建筑以及中国古代帝陵建筑提供了实例，也为认识辽代山地遗址的营造情况提供了重要资料。[40]

安阳工作队公布了2009年和2011年在王裕口南地和豫北纱厂发掘的三座明墓。王裕口M155是斜坡墓道长方形砖室墓，墓主为明代汝源端僖王朱厚焆夫妇。豫北纱厂M33、M34为斜坡墓道土圹墓，是明代汉中守备副使张士隆的家族墓。这三座明墓的发现为研究安阳地区明代藩王和官吏的葬制、葬俗及家族史等提供了重要的实物资料。[41]2014年，故宫博物院内西南部南大库区域揭露出一处瓷器残片埋藏坑及周边建筑的原始地面。埋藏坑的形成年代在清末光绪至宣统间，出土瓷器残片标本数万片，其年代自明洪武时期至清光绪时期，根据装饰工艺可初步分为20类，这些发现为探讨明清时期宫廷用瓷管理制度、清代内务府御用物品管理制度等问题提供了可资参考的实物资料，也为整体考察明清宫城遗址内各时期的建筑布局和功能提供了考古学依据。[42]

“丹东一号”清代沉船是2016年水下考古的重要发现之一，经过2013—2015年三个年度的工作，大致搞清了沉船的结构，并提取了出水文物180多件，其中带“致远”字样的瓷盘、加特林机枪及方形舷窗等文物，可以证明该舰就是1895年中日甲午海战中沉没的致远舰。[43]

七、中外文化交流考古

多位学者撰文探讨了倒钩阔叶铜矛及其反映的塞伊玛—图尔宾诺文化在中国的传播问题。刘翔、刘瑞撰文介绍了辽宁朝阳县文管所收藏的阔叶铜矛，指出该矛呈宽柳叶形，中脊与矛柄交界处呈“山”字形，经检测为铜锡合金，形制及合金成分与俄罗斯乌拉尔及额尔齐斯河中游地区分布的铜矛形制接近，朝阳铜矛当是在上述地区铸造之后传入中国的。[44]贺达炘、刘霞和胡保华分别介绍了南阳市博物馆及陕西历史博物馆收藏的几件倒钩铜矛，指出上述铜矛均呈阔叶形，与俄罗斯阿尔泰地区的塞伊玛铜矛近似，是青铜时代中西文化交流的实物见证。[45]林梅村讨论了甘肃省博物馆、中国国家博物馆及朝阳文管所的三件阔叶铜矛，指出前两件铜矛是中国工匠模仿塞伊玛－图尔宾诺铜矛制作的，后一件铜矛则属于典型的塞伊玛－图尔宾诺铜矛，很可能是直接从阿尔泰地区传入西辽河流域的，这一发现表明夏家店下层文化的冶金术很可能是受前者影响而产生的。[46]

仝涛通过研究青藏高原历史时期的考古发现，指出在青藏高原的北部和西部均有丝绸之路，经由这些通道的文化交流促进了青藏高原文明化进程，促使藏族逐渐融入了以汉族为中心的中华民族多元一体格局，藏文明也逐渐形成了与中原文明的互动交织结构，并成为中华文明不可分割的一部分。[47]

葛承雍介绍了中国国家博物馆2012年新入藏的一具北朝石椁，并对其形制与图像加以分析，指出石椁外壁的线刻内容包括神禽异兽、仙人、畏兽、墓主夫妇、拜火祭司、胡汉乐舞、车马出行等，应是对粟特人祆教大会场景的表现。这具石椁反映了北朝外来宗教在中国的传播以及中外文化的交融，具有很高的历史、文化和艺术价值。[48]

海上丝绸之路的研究亦是中西文化交流考古研究的热点方向。丁雨、秦大树对肯尼亚乌瓜纳遗址出土的299件中国瓷器进行了整理和介绍。这些瓷片时代涵盖了从南宋至清代，产地涉及浙江龙泉、江西景德镇、福建、广东等地。统计之后发现，元代至明早期、明代晚期是中国瓷器输入东非的高潮阶段，典型种类分别为龙泉青瓷和景德镇青花瓷；这两个时期的中国政府均大体奉行对外开放的贸易政策，上述两个窑口的瓷器生产兴盛，促进了中国瓷器输入东非。[49]刘未对中国东南沿海及东南亚地区31处宋元时期沉船资料进行了分析，依据器物组合面貌异同，将所出贸易陶瓷分为7期，指出宋元时期参与贸易活动的广东、福建、江西、浙江诸省窑场在空间分布上存在着明显的阶段性变动：北宋晚期以广州西村窑和潮州笔架山窑为主体，南宋时期福建窑场全面发展，景德镇窑也达到兴盛，南宋晚期至元代，浦城、莆田、连江窑逐渐占据市场主体，元代中晚期龙泉窑臻于鼎盛，景德镇窑卵白釉、青花瓷重占外销瓷一席之地。[50]

注：

①李佳霖：《2016年度全国十大考古新发现揭晓》，《中国文物报》，2017年4月13日。

②李韵：《“2016六大考古新发现”揭晓》，《光明日报》，2017年1月11日。

③刘庆柱、韩国河：《中原历史文化演进的考古学观察》，《考古学报》，2016年第3期。

④高崇文：《试论匈奴民族的发展与南北文化的交融》，《古代文明》(第10卷)，上海古籍出版社，2016年。

⑤李新伟：《“最初的中国”之考古学认定》，《考古》，2016年第3期。

⑥韩建业：《中原和江汉地区文明化进程比较》，《江汉考古》，2016年第6期。

⑦胡进驻：《中国古代高级贵族陵墓区规划制度浅探》，《华夏考古》，2016年第1期。

⑧董琦：《考古学的“中国梦”》，《古代文明》(第10卷)，上海古籍出版社，2016年。

⑨北京大学考古文博学院、郑州市文物考古研究院：《河南登封方家沟遗址发掘简报》，《人类学学报》，2017年第1期(2016年9月于中国知网优先出版)。

⑩中国社会科学院考古研究所华南一队、海南省博物馆(海南省文物考古研究所)：《海南东南部沿海地区新石器时代遗存》，《考古》，2016年第7期。

⑪王幼平：《华南晚更新世晚期人类行为复杂化的个案——江西万年吊桶环遗址的发现》，《人类学学报》，2016年第3期。

⑫北京大学考古文博学院、郑州市文物考古研究院、首都师范大学历史学院：《郑州地区晚更新世中期人类的生计方式——老奶奶庙遗址动物遗存研究》，《人类学学报》，2017年第2期(2016年12月于中国知网优先出版)。

⑬马志坤、杨晓燕、张弛、孙永刚、贾鑫：《西辽河地区全新世早中期粟类植物利用》，《中国科学：地球科学》，2016年第7期。

⑭张弛、洪晓纯：《中国沿海的早期海洋适应性文化》，《南方文物》，2016年第3期。

⑮中国社会科学院考古研究所安阳工作队：《河南安阳市殷墟新安庄西地2007年商代遗存发掘简报》，《考古》，2016年第2期。

⑯中国社会科学院考古研究所丰镐队：《西安市长安区大原村西周墓葬发掘简报》，《南方文物》，2016年第4期。

⑰唐际根、岳洪彬、何毓灵、牛世山、岳占伟、荆志淳：《洹北商城与殷墟的路网水网》，《考古学报》，2016年第3期。

⑱孙庆伟：《凤雏三号建筑基址与周代的亳社》，《中国国家博物馆馆刊》，2016年第3期。

⑲宋江宁：《对周原遗址凤雏建筑群的新认识》，《中国国家博物馆馆刊》，2016年第3期。

⑳雷兴山：《论周原齐家制玦作坊的族徽与社会结构》，《古代文明》(第10卷)，上海古籍出版社，2016年版。

㉑马赛：《从手工业作坊看周原遗址西周晚期的变化》，《中国国家博物馆馆刊》，2016年第3期。

㉒刘绪：《漫谈偃师商城西亳说的认识过程——以始建年代为重点》，《古代文明》(第10卷)，上海古籍出版社，2016年版。

㉓冯峰：《说“醴壶”》，《古代文明》（第10卷），上海古籍出版社，2016年版。

㉔张天宇：《一墓多族徽与商周分界》，《江汉考古》，2016年第6期。

㉕信立祥：《西汉废帝、海昏侯刘贺墓考古发掘的价值及意义略论》，《南方文物》，2016年第3期。

㉖白云翔：《西汉王侯陵墓考古视野下海昏侯刘贺墓的观察》，《南方文物》，2016年第3期。

㉗刘瑞：《海昏侯刘贺墓墓园制度初探》，《南方文物》，2016年第3期。

㉘王意乐：《海昏侯刘贺墓出土孔子衣镜》，《南方文物》，2016年第3期。

㉙陈春婷：《“凤鸟立龟”造型在汉代的出现及其原因初探》，《华夏考古》，2016年第3期。

㉚魏坚、任冠：《楼兰LE古城建置考》，《文物》，2016年第4期。

㉛中国社会科学院考古研究所洛阳汉魏故城队：《河南洛阳市汉魏故城太极殿遗址的发掘》，《考古》，2016年第7期。

㉜沈丽华：《邺城地区东魏北齐墓群布局研究》，《考古》，2016年第3期。

㉝倪润安：《唐李寿墓壁画的“贞观探索”》，《文物》，2016年第11期。

㉞中国社会科学院考古研究所汉长安城工作队、西安市文物保护考古研究院：《西安市未央区大白杨唐代粮仓的钻探与发掘》，《考古》，2016年第1期。

㉟中国社会科学院考古研究所洛阳汉魏城队：《河南洛阳市白马寺西院唐宋时期窑址的发掘》，《考古》，2016年第4期。

㊱韩建华：《试论北宋西京洛阳宫城、皇城的布局及其演变》，《考古》，2016年第11期。

㊲刘未：《南宋太庙庙址考》，《江汉考古》，2016年第2期。

㊳毕广德、魏坚：《契丹早期墓葬研究》，《考古学报》，2016年第2期。

㊴中国社会科学院考古研究所内蒙古第二工作队、内蒙古文物考古研究所：《内蒙古巴林左旗辽祖陵一号陪葬墓》，《考古》，2016年第10期。

㊵汪盈、董新林：《从考古新发现看辽祖陵龟趺山基址的形制与营造》，《考古》，2016年第10期。

㊶中国社会科学院考古研究所安阳工作队：《河南安阳市明代墓葬发掘简报》，《考古》，2016年第5期。

㊷故宫博物院考古研究所：《故宫南大库瓷片埋藏坑发掘简报》，《故宫博物院院刊》，2016年第4期。

㊸国家文物局水下文化遗产保护中心、辽宁省文物考古研究所：《辽宁“丹东一号”清代沉船》，《考古》，2016年第7期。

㊹刘翔、刘瑞：《辽宁朝阳县文管所藏塞伊玛—图尔宾诺铜矛调查及相关研究》，《考古与文物》，2016年第2期。

㊺刘霞、胡保华：《南阳市博物馆收藏的三件倒钩阔叶铜矛》，《江汉考古》，2016年第3期；贺达炘：《陕西历史博物馆收藏的一件塞伊玛—图尔宾诺铜矛》，《考古与文物》，2016年第2期。

㊻林梅村：《塞伊玛—图尔宾诺文化在中国》，《考古与文物》，2016年第2期。

㊼仝涛：《考古发现填补青藏高原丝路缺环》，《中国社会科学报》，2016年8月25日。

㊽葛承雍：《北朝粟特人大会中祆教色彩的新图像——中国国家博物馆藏北朝石堂解析》，《文物》，2016年第1期。

㊾丁雨、秦大树：《肯尼亚乌瓜纳遗址出土的中国瓷器》，《考古与文物》，2016年第6期。

㊿刘未：《中国东南沿海及东南亚地区沉船所见宋元贸易陶瓷》，《考古与文物》，2016年第6期。

（作者：张天宇，北京大学博士生；
高崇文，北京大学教授）

语　言　学

中国语言学

余德江　杨海潮　王春茵　张　婷　鲁方昕　陈保亚

一、古汉语

汉语语音史的研究主要集中在对古代韵书的研究。张民权[①②]结合近代官话语音史研究《蒙古字韵》，对其编撰性质、声韵系统、韵类与韵字编排等一系列问题进行了系统考察，指出《蒙古字韵》在反映以《广韵》音系为代表的中古音系向近代汉语音系发展过程中具有重要的文献价值；冯蒸[③]系统梳理了各家对《中原音韵》元音音位数量、类型和音值的不同看法，根据四条确定元音数量与分布的构拟原则，提出《中原音韵》元音音位系统有7个单元音音位和3个前响复元音音位。除了对不同历史平面的语音文献进行系统性的基础研究外，学者们还对音义关系、语音演变等问题进行了讨论。刘子瑜等[④]对唐诗中具有“平上义同”以及“平上义别又义同兼备”的两类字群的音义关系和用法作了论析，并对这两类字群从中古前期到唐代再到现代的发展变化情况进行了梳理；黄易青[⑤]研究章太炎《成均图》交纽转中的盍泰之转，从多种文献和语音学原理出发，指出这是盍部字唇音尾（-p）弱化消失流入泰部去声（收-?），并根据确定前《诗经》时代古音关系的材料、方法和原则，举例阐释盍演变入泰，有的再变入队；缉演变入队、至。

汉语词汇史的研究以个别字词的释读和演变研究为主。黄易青[⑥]对《左传》、《国语》、《毛诗》中的虚词“实”进行研究，指出其最主要的用法是作指示代词，强调它前面出现的主语，逐渐演变为系词、副词，与之类似，先秦汉语中“维/惟/唯”“伊”“繄”在语法和词源上都与“实”相关，其演变是上古汉语方言分化的结果；李润生[⑦]梳理“逗”字与相关诸字的字际关系和它们的词义系统，并探讨《启颜录》中“豆”字的意义及其来源，指出“逗”的本义是“止”，其假借义“投合、接合”义的本字是“鬬”，“诳逗”（引申为“逗趣”）义的本字是“ ”，《启颜录》中“豆”字当为“有趣”义，通作“逗”，本字为“ ”。值得注意的是，新材料的使用为汉语词汇史研究打开了新的视角。例如李守奎[⑧]根据清华简等材料，首次释出楚文字中的“规”字，结合汉画像石中“规”的形状对甲骨文、秦文字、楚文字中来源不同的“规”作了比较全面的梳理，从“规”的起源探讨了“规”与“支”、“枝”等字之间的同源关系及分化过程，对“规”字的构型理据与相关字际关系进行合理的阐释；又如张美兰[⑨]以外国人学习汉语的教科书《官话指南》及其沪语粤语改写本为例，分析六种不同文本中常用词汇的地域差异，揭示常用词的历时演变在共时层面的不平衡对应分布。

汉语语法史研究主要集中在特定语法格式和语法标记的研究。句式研究方面，宋亚云[⑩]使用判断动结式的三条综合标准，以东汉高诱《淮南子注》为研究对象，结合东汉时期其他文献，对其中部分动词连用结构 V_1V_2式进行了详细调查，发现其中26例可视为动结式，15例可视为动趋式，为汉语动结式正式产生于东汉这一结论提供了更有力的证据；张赪[⑪]考察明代三部小说《水浒传》、《西游记》、《金瓶梅》中各类动词重叠式（V—V、VV、V了—V、V了V）在现实句和非现实句中的使用情况，指出动词重叠式现实性表达的演变及存在的地域分布差异，说明了现实性和非现实性这对范畴对汉语语法历史演变发生了作用；赵林晓、杨荣祥、吴福祥[⑫]对近代汉语“VOV得C”重动句的类别、来源及历时演变进行研究，根据补语“C”的语义指向和句式表示的语法意义，重新给“VOV得C”式重动句进行分类并详细讨论了各类型的来源与产生时代、产生途径和后续发展，指出该句式的产生是跨小句语法化的结果，句式的语法化程度不断增强。语法标记研究方面，胡敕瑞[⑬]通过系统考察将然、选择与意愿的关系，论证上古汉语的将来时标记（“将”“且”“其”等）和选择问标记（“将”“且”“其”“宁”“意”“抑”等）均自成系统且具有内部联系，都与意愿义有关，符合类型学的一般规律；张美兰等[14]对比满汉合璧《清文指要》（百章）以及相关汉文译本共8种材料中部分虚词的使用，探讨《清文指要》（百章）汉文译本对译过程中满文虚词形态特点脱落的现象，提供了满语与汉语接触、融合、最终被汉语代替以致衰落的历程中具有说服力的细节描写。除具体语法格式、语法标记问题的研究外，姚振武[15]定义了语法形式的“综合性”并以此为角度综合考察上古汉语，探讨上古汉语语法形式的综合性及其对上古汉语语法发展的影响，并从人类语言的起源说明这种综合性的理论依据。

二、方言

汉语方言语音研究主要集中在对韵、韵尾的研究。儿化韵方面，张慧丽、陈保亚[16]从河南儿化韵的方言差异对结构因素在语音演变中的作用进行了研究，基于河南各个方言点儿化韵的演变情况，分析了基本韵母系统和变韵系统、变韵系统之间、以及变韵系统自身的自组织等结构性因素对语音系统演变的影响，认为变韵系统之间协同演变、变韵系统与基本韵母主元音的同构格局表现了系统演变的自组织性。高晓红[17]认为山东方言儿化除了卷舌韵母之外，少数方言还存在平舌韵母，章丘、博山等方言不仅有平舌儿化，定陶、微山等方言平舌儿化与卷舌儿化共存，但共存的状态不同。韵尾方面，王莉宁[18]对古入声的韵尾分调现象进行了比较全面的整理和描写，归纳了入声字韵尾分调的演变类型及其地理分布，并对其音变条件和机制进行分析，认为入声韵尾分调的实质是入声韵尾的弱化、消失对声调演变产生了影响。元音方面，麦耘[19]对汉语方言中的舌叶元音和兼舌叶元音进行了研究，认为从共时来看舌叶元音与舌面元音、舌尖元音是非连续的范畴，另一方面，它们又可以相互交叉、重叠，甚至舌面、舌叶、舌尖三者可以联合发音，作者还认为舌叶元音与卷舌元音是连续分布的。李姣雷、赵日新[20]对湘语蟹摄果遇摄字元音推链进行了分析，认为湘方言中并不存在蟹摄果遇摄的元音推链现象，而果假摄元音的高化，是一种自主的后高化演变。曾南逸[21]以泉腔韵书《汇音妙悟》为主要参照描写了泉州方言的三个音韵现象，论证了“生”韵舒声（＊－əŋ）字的韵母、“生”韵入声（－＊ək）字的韵母、“嗟”（＊－ia/＊－iaʔ）、“京”（＊－ĩã）二韵的部分字今泉州音的表现是扩散式音变中断造成的“断阶”，此外，文章还对共同闽语9个韵母的音值进行了构拟。声母方面，盛益民等[22]对中古端组声母塞擦化的蕴含共性做了研究，认为汉语方言中古端组声母拼齐齿呼、撮口呼韵母时存在两条蕴含共性，一是如果拼齐齿呼、撮口呼的端组不送气字发生了塞擦化，那么端组送气字也发生塞擦化；二是如果端组字在－i、－y介音前发生了塞擦化，那么也在单韵母i、y前发生塞擦化。声调方面，沈明等[23]对安徽宣城（雁翅）方言的两字组连读变调进行了研究。音系方面，有学者进行了基于田野调查的音系研究，包括江苏高淳（古柏）方言[24]、粤北连州沙坊话[25]、广西资源土话[26]等。

语法方面，项开喜[27]对枞阳方言“把”作为给予义动词的用法进行了研究，重点考察了“把”的语法标记功能和处置式“把”字句独特的语用价值及其句法表现，认为枞阳方言中的“把”是给予义动词，同时兼有多种语法功能。金小栋等[28]在描写“连”多功能模式的基础上，探讨其诸多功能之间的内在联系和演化脉络，并初步还原了“连”语义演变的路径。刘笑甜[29]对山西榆次方言中的“地的”连用的语法功能和语义特征进行了研究，认为“地的”在榆次方言中是一个凝固程度较高的助词词组，整体功能大体相当于普通话中的助词“的”。代词方面，宗守云等[30]对河北涿怀方言的两个反身代词“一个儿”和“个人儿”进行了研究，认为这两个反身代词与强化词同形，与人称词可分，与身体词异源；指出这两个反身代词存在着主客观分工，“一个儿”倾向于客观陈述，“个人儿”倾向于主观表达并且有词汇化和语法化现象。

除了对方言现象的具体研究外，有学者对方言分区问题进行了再思考。李蓝[31]梳理了前人关于方言分区的观点和争论，论述了《官话方言的分区》在方言分区史上的地位及其“逻辑”问题，探讨了“分区标准”及分区条件的数量问题。陈保亚等[32]指出共享创新法和词源统计法是亲属语言（方言）谱系分类中最常见的两种方法；基于对语言接触的调查研究，发现核心词比语音、语法特征更为稳定，不易在语言或方言间扩散；因此，基于严格语音对应的100核心同源词比例的严式词源统计法更适合亲属语言（方言）的谱系分类。项梦冰[33]以26个汉语方言点古全浊声母的今读为样本，用NTSYS（数值分类和多元分析系统）进行聚类分析和主坐标分析，得出的结论为：1. 聚类分析结果不一定能直接作为一种合理的分类；2. 古全浊声母演变的特定方式跟大方言之间不存在一对一的关系；3. 汉语方言基本特征库建设的困难主要在于转写特征时如何保证足够的专家干预以及设计特征时如何把表面相似现象分开。

三、语音学

2016 年的语音学方面的会议主要有两次，即中国语言学会语音学分会的第十二届中国语音学学术会议（内蒙古大学，通辽，7 月）和第 49 届汉藏语言暨语言学国际会议的声调声学研究专题（暨南大学，广州，11 月），重要的出版物则有《语言学论丛》第 54 辑和《中国语音学报》第 6 辑等。

声调研究是研究的热点，尤其集中在声调感知研究，例如孔江平[34]、刘文、张锐锋[35]、刘掌才、石锋[36][37]等。有的研究还兼及声调关系中可能反映出来的语言演化现象，例如唐志强、刘俐李[38]、杨海潮[39]，而刘凤鸣、陈默[40]、杨姝怡、山田玲子[41]、邓丹、林雨菁[42]等则分别研究了韩语、日语、欧洲语言母语者学习汉语时的声调表现。

韵律方面的研究中，王蕴佳等[43]分析了普通话语调中焦点音高和句末音高的稳定性，冯胜利[44]认为北京话是以音节节律为单位实现轻重且直接影响词法和句法的重音语言，陈玉东、任倩楠[45]从音高、时长和音强三方面对比分析了汉语不同句型的语气确定程度。崔叶子、王韫佳[46]、王璐、王韫佳[47]表明北京话的押韵条件并不严格要求尾韵押韵字的韵腹和韵尾都要相同。押韵材料是构拟上古汉语的两大重要依据之一，因此弄清楚押韵的性质就有重要的意义。

语音学研究可以为语言演化研究提供一些相对客观的依据，例如，孔江平、李永宏[48]提出音位结构功能负担的计算方法和音位负担量范畴理论，计算了汉语方言的对立类型负担量、音位系统负担量和音位的平均负担量的分布。

另有一些研究，例如，吴西愉[49]、艾则孜·阿不力米提、孔江平[50]、林悠然[51]等的研究，不仅选题有趣，而且对研究语言与年龄、病理、音乐、情感等因素的关系有一定参考价值。

对跨境、境外语言的语音研究成为一个热点，例如，《当代语言学》2016 年第 2 期发表了多篇研究跨境语言、周边国家语言的论文，其中，刘岩、刘希瑞[52]研究了孟高棉族语言老挝克木仂话，而 S. F. Sandrine、董婷婷、王瑞[53]则研究了非洲喀麦隆 Ghomala 语。

四、现代汉语

现代汉语句法语义部分的研究主要集中在对一些经典问题的反思以及重新解释上，这些问题包括：汉语中名词与动词的关系[54][55]、汉语中话题与主语的关系[56]、“不”与“没”的区分[57]、三音节词的构成规律[58]、汉语的主观性[59]、完成体“了”的功能[60]。此外，一个值得注意的现象是，生成词库理论[61][62]、语义类型学[63]以及互动语言学[64]正逐步成为学界研究的热点。

单位问题是语言研究中最为基础和核心的问题，确定单位以及组合单位的规则是语法研究的前提。认知语法学派，尤其是构式语法，抛弃了传统的结构主义以及生成学派推崇的从形式层面划分单位的方法，而从功能的角度将语言的单位定义为构式，这在事实上放弃了词法与句法的层次。陈保亚、田祥胜[65]从隐喻的基本概念入手，通过分析汉语中儿化音的形成与发展，说明了隐喻对于语言中规则与不规则现象的产生所起的作用。同时，作者也指出了语言中存在大量不能用原型效应解释的结构，在这些结构中，范畴内的所有成员几乎都有着平等的地位，这类现象不需要专门的学习与记忆，具有平行且周遍的特点，属于规则的隐喻，这与原型效应可以解释的不平衡的结构是有根本区别的。因此，作者认为，认知语法在构建体系时存在着过分关注语言中不规则现象而忽视规则现象的缺陷，即便使用了构式这一跨越形式层次的单位，但还是需要使用形式标准给构式划分层级。最后，文章再次表达了区分生成式规则语素组、理解式规则语素组以及不规则语素组三者在语法研究中的重要性。

“这”/“那”与“这个”/“那个”是汉语中最主要的四个指示词，先前的研究并不在意区分单音节的“这”与双音节的“这个”，认为这两者的功能是相同的，但事实上这两者无论在分布上还是用法上都存在着一定的差异。方梅[66]描写了这两类的分布，发现在指代功能上，单音节的“这”与“那”不仅在主宾语的位置上受限制，也在“把”字句与“被”字句中使用受限。不过，单音节的“这”与“那”虚化程度更高，可以用作关联标记，如“他这［*这个］心里头就够难受的了”，同时，“这”还有指当下时间以及方式的功能，这些情况都不能用双音节的“这个”或“那个”替代。除去分布上的差异，这两类词在语用上也有使用倾向的差异：单音节指示词通常在篇章中被用来指代新引入的谈论对象，而双音节形式则在表达指别时更受青睐。

“他的老师当得好”的句法分析是现代汉语研究的一个经典问题。虽然“他”与“老师”之间使用表达领属关系的“的”来连接，但这两者并不是领属关系。在这类结构的生成问题上，此前的一些研究给出了多种基础形式以及移位规则，但这些分析都存在一定的问题。胡建华[67]摒弃了原先形式研究中各种复杂的推导过程，采用非移位的方法对这类结构进行分析，将其认定为受事主语句。这类结构所具备的基本特征是受事处于主语而不处于话题位置，同时主语需要是非题元位置，主语位置上两个名词性成分之间的关系，需要通过二者的显著性差异来判断，显著性高的名词性成分优先与动词的题元角色进行关联，而如果两者在显著性上是相同的，则离动词近的名词性成分通常优先与动词的题元角色关联。此处的显著性是一项综合性的标准，包括了生命度、指称性、人称等一系列具体的指标，类似于功能学派中的“可别度”。在“他的老师当得好”的例子中，“老师”可以被解读成“当”的宾语，此时的“老师”是无定的，在显著性上弱于“他”，因此前面的“他”可以优先成为动词的外部题元，而通过题元关联条件，“老师”的题元角色与动词的内部题元角色相匹配，被认定为受事。

在几乎所有的人类语言中，句法层面的主语、语用层面的话题、语义层面的施事都存在着相当的对应关系，但是在不同语言中，这种对应会有程度上的差别。鉴于汉语不在形态层面区分话题与主语，因此，主语与话题是否对应，以及如何区分是有争议的。先前大多数的研究都认为汉语是话题优先型的语言，汉语中话题比主语更加凸显，有更高的语法化程度，而其中部分研究的观点更为强势，即认为汉语只有语用上的话题，没有句法上的主语。刘丹青[68]对汉语中的主语与话题现象作了系统地考察，认为汉语中的主语概念并不能完全由话题来代替，借助于话题 - 主语类型学研究的成果，以及对于在形态上区分了主语与话题的日语、韩语等语言的考察，作者确定了几条具备操作性的判定主语与话题的标准，包括信息地位（是否焦点）、话题标记能否出现、能否重读、与日韩等语言的话题标记还是主格标记对应、在一些罗曼语言有无对应的去话题化操作。在这些标准下，至少有七种情况的主语不是话题：主语为对比焦点、主语为信息焦点、主语出现于整句焦点句、主语受焦点敏感算子约束、无定主语句、新信息主语句和最小量化主语句。虽然汉语中存在许多隐形话题与主语重合的情况，但不能否认，汉语中也存在着与主语不同的话题的句法位置，这两者在谓词前既共生又竞争，不能一概而论。

语义演变是目前研究的一个重要方面。董秀芳[69]揭示了“不如”从上古汉语中从表示比较的动词发展为表示选择的动词，并进一步发展为表示建议的副词的过程，在此基础上结合近代汉语中的“还是”、上古汉语中的“其”以及山东方言中的“胜”等勾勒出从比较、选择到建议的语义演变路径，并认为其背后的机制是构式中部分成分因语境明确而隐含，从而造成另外的部分突显，因此带来了构式意义的变化。

疑问范畴与否定范畴在大多数的人类语言中都有交叉的部分，汉语也不例外。袁毓林、刘彬[70]探讨了汉语疑问代词“什么”的否定用法以及其从疑问到否定的形成机制。“什么”用作否定时，是语用层面的否定（元语言否定），即对某种事物（性状、行为、观点等）的合理性的否定，而不是语义层面具体信息的否定。这种否定功能的形成，基于语言使用者的“疑善信恶”的心理，即“什么”句通常表示说话人因反常的现象而心生疑惑，而后“疑善信恶”的心理使得说话人倾向于相信某种消极负面的可能性，最终使得“什么”涌现出否定的意义。

五、民族语

在理论方法方面，陈保亚等[71]讨论了谱系分类中常用的词源统计法和共享创新法的优劣；戴庆厦[72]等继续在跨境语言研究方面继续展开理论探索和具体描写，已经积累了景颇语 - 克钦语、泰语 - 傣语等诸多个案；孔江平等[73]倡议开展语言生态研究，对生态语言学的研究现状和前景做了较为全面的介绍；戴庆厦[74]、陈保亚[75]、黄行等结合语言战略，对汉语国际化、语言保护等问题做了一些理论探讨，其中陈保亚较为系统地阐释了“语势”理论；江荻等[76]尝试在斯瓦迪士、陈保亚等的基础上进一步探索核心词的问题，使用了心理实验的办法；黄成龙[77][78]系统地介绍了 2013 年、2015 年国外汉藏语研究动态等。总的来看，关于语言保护和语言战略方面的理论研究有待深化；核心词心理实验、语言生态研究、音位功能负担量计算等新方法需要进一步落实到更多的具体语言研究中，以期检验理论、厘清理论边界、深化理论。

在民族与研究的历史文献材料方面，《华夷译语》系列资料的搜集、整理、校勘以及研究继续深入，西夏文资料的整理和研究也进一步推进。[79][80][81] 总的来说，重视历史上的对音材料，对推进语言研究起到了很大的作用，目前还需要加强的是在语言学研究中使用对音材料的方法论研究，一些学者注意到了这方面的问题[82]。利用文献材料和亲属语言对比材料，在西夏语研究方面也取得了一定的进展，主要体现在西夏语的声母构拟[83]、西夏语的语源关系[84]、一些语音语法现象的解释等方面。[85][86][87]

在具体的民族语描写方面，有学者对藏缅语的基数词[88]、定中结构[89]、方式范畴[90]、空间范畴[91]、某些特殊语法形式[92][93] 等进行了描写；有学者对侗台语的人称[94]等作了描写；有学者关注“格”的问题[95][96][97]等。整体上在描写过程中结合类型学、形态句法、词汇化和语法化等理论视角。从历时角度探讨语音演变的主要有汪锋[98]、瞿霭堂[99]、覃远雄[100]、陈国庆[101]等。其中汪锋比较清晰地讨论了白语否定变韵的性质和来源。

在语言接触方面，理论拓展有限，具体描写较少。吴福祥等[102]介绍了语法复制理论等的来源和内涵。汪锋[103]结合语言学的证据展开茶马古道的研究，认为语言上的关联是文化圈形成的最好证据，同源词体现发生学上的自源关联，借词反映接触传播上的联系。从茶马古道发源的核心地区里分布的藏缅语与汉语的比较，可以发现与茶马古道的演化密切相关的语言证据，在此基础上，根据历史语言学中的年代测定的一些方法，能理清茶马古道网络演化中的一些时间层次。这是把语言研究和古道研究结合的一个比较好的范例。

在学术专著方面，孙宏开《藏缅语族羌语支研究》、戴庆厦《戴庆厦文集》（第六卷）、瞿霭堂、劲松《汉藏语言研究新论》等出版；江荻主编的“中国民族语言语法标注文本丛书”出版。

注：

①张民权：《〈蒙古字韵〉编撰与近代官话语音史问题》，《山西大学学报》，2016 年第 2 期。

②田迪、张民权：《〈蒙古字韵〉韵类与韵字编排问题》，《汉语学报》，2016 年第 3 期。

③冯蒸：《〈中原音韵〉有 7 个单元音音位和 3 个前响复元音音位说——兼论构拟〈中原音韵〉元音音位数量与分布的方法论原则》，《首都师范大学学报》，2016 年第 1 期。

④刘子瑜、刘宋川：《唐诗一字平上两读而义同以及义别义同兼备问题研究》，《长江学术》，2016 年第 2 期。

⑤黄易青：《〈成均图〉交纽转的文献证明和语音学原理——盇泰之转及其推阐兼论古去声及谐声的多源性》，《古汉语研究》，2016 年第 3 期。

⑥黄易青：《先秦虚词“实”“维”“伊”“繄”的用法及其词源关系》，《北京师范大学学报》，2016 年第 2 期。

⑦李润生：《也谈〈启颜录〉中的“豆”字》，《语言研究》，2016 年第 2 期。

⑧李守奎：《释楚简中的“规”——兼说“支”亦“规”之表意初文》，《复旦学报》，2016 年第 2 期。

⑨张美兰：《常用词的历时演变在共时层面的不平衡对应分布——以〈官话指南〉及其沪语粤语改写本为例》，《清华大学学报》，2016 年第 2 期。

⑩宋亚云：《高诱〈淮南子注〉中的动结式研究》，《广西师范学院学报》，2016 年第 4 期。

⑪张赪：《动词重叠式的现实性句法特征演变》，《清华大学学报》，2016 年第 3 期。

⑫赵林晓、杨荣祥、吴福祥：《近代汉语“VOV得 C”重动句的类别、来源及历时演变》，《中国语文》，2016 年第 4 期。

⑬胡敕瑞：《将然、选择与意愿——上古汉语将来时与选择问标记的来源》，《古汉语研究》，2016 年第 2 期。

⑭张美兰、綦晋：《从〈清文指要〉满汉文本用词的变化看满文特征的消失》，《中国语言》，2016 年第 5 期。

⑮姚振武：《试论上古汉语语法的综合性》，《古汉语研究》，2016 年第 1 期。

⑯张慧丽、陈保亚：《从河南儿化韵的方言差异看结构因素在语音演变中的作用》，《语言研究》，2016 年第 3 期。

⑰高晓红：《山东方言的儿化韵母》，《语言学论丛》，2016 年第 53 辑。

⑱王莉宁：《汉语方言古入声的韵尾分调》，《汉语学报》，2016 年第 1 期。

⑲麦耘：《汉语方言中的舌叶元音和兼舌叶元音》，《方言》，2016 年第 2 期。

⑳李姣雷、赵日新：《湘语蟹假果遇摄字元音推链之反思》，《方言》，2016 年第 2 期。

㉑曾南逸：《泉州方言的三个断阶现象——兼及共同闽语 * - iai、* ian、* iat 在共同闽语中的音值》，《语言学论丛》，2016 年第 53 辑。

㉒盛益民、黄河、贾泽林：《汉语方言中古端组

声母塞擦化的蕴含共性及解释》，《语言研究》，2016年第1期。

㉓沈明、崔允慧：《安徽宣城(雁翅)方言两字组连读变调》，《方言》，2016年第2期。

㉔谢留文：《江苏高淳(古柏)方言同音字汇》，《方言》，2016年第3期。

㉕邹晓玲：《粤北连州沙坊话音系》，《方言》，2016年第4期。

㉖覃远雄：《广西资源土话音系》，《方言》，2016年第3期。

㉗项开喜：《安徽枞阳方言的“把”字句》，《方言》，2016年第3期。

㉘金小栋、吴福祥：《汉语方言多功能虚词“连”的语义演变》，《方言》，2016年第4期。

㉙刘笑甜：《榆次方言中的“地的”连用》，《现代语文》(语言研究版)，2016年第6期。

㉚宗守云、唐正大：《河北涿怀方言的两个反身代词“一个儿”和“个人儿”》，《语文研究》，2016年第2期。

㉛李蓝：《方言分区中的一些问题的再思考》，《语文研究》，2016年第1期。

㉜陈保亚、覃俊珺：《严式词源统计法与共享创新法——语言(方言)谱系分类的方法分析》，《云南民族大学学报》(哲学社会科学版)，2016年第2期。

㉝项梦冰：《古全浊声母今读的聚类分析和主坐标分析》，《云南民族大学学报》(哲学社会科学版)，2016年第3期。

㉞孔江平：《夏河藏语音调的声学研究》，第49届汉藏语言暨语言学国际会议(2016年11月，暨南大学，广州)，会议论文。

㉟刘文、张锐锋：《鱼粮苗语低平调和低降调的声学感知研究》，《语言学论丛》第五十四辑，商务印书馆，2016年版。

㊱刘掌才、石锋：《汉语普通话基础原因的听感格局再探》，哈斯其木格、王海波编：《第十二届全国语音学学术会议论文集》，2016年。

㊲刘掌才、石锋：《普通话元音/y/和/? /的听感边界初探》，李爱军主编：《中国语音学报》第6辑，中国社会科学出版社，2016年版。

㊳唐志强、刘俐李：《哈密汉语方言单子调及双字调的声学研究》，《语言学论丛》第54辑，商务印书馆，2016年版。

㊴杨海潮：《大理(下鸡邑)白语声调的声学实验研究》，第49届汉藏语言暨语言学国际会议(2016年11月，暨南大学，广州)，会议论文。

㊵凤鸣、陈默：《汉语作为第二语言的韵律边界声学特征的研究》，《华文教学与研究》，2016年第3期。

㊶杨姝怡、山田玲子：《以日语母语者为对象的汉语四声知觉训练的效果》，哈斯其木格、王海波编：《第十二届全国语音学学术会议论文集》，2016年。

㊷邓丹、林雨菁：《声调感知训练对声调产出的影响研究》，哈斯其木格、王海波编：《第十二届全国语音学学术会议论文集》，2016年。

㊸王蕴佳、东孝拓、丁多永：《焦点和句末音高的恒定、变异及其相关问题》，《语言学论丛》第54辑，商务印书馆，2016年版。

㊹冯胜利：《北京话是一个重音语言》，《语言科学》，2016年第5期。

㊺陈玉东、任倩楠：《带“呢”句子的韵律特征分析》，《中国语文》，2016年第1期。

㊻崔叶子、王韫佳：《晚清以来北京歌谣出韵现象初探》，哈斯其木格、王海波编：《第十二届全国语音学学术会议论文集》，2016年。

㊼王璐、王韫佳：《北京话人辰辙和中东辙的押韵意识》，哈斯其木格、王海波编：《第十二届全国语音学学术会议论文集》，2016年。

㊽孔江平、李永宏：《基于语言结构功能的音位负担计算方法》，《方言》，2016年第1期。

㊾吴西愉：《变声期的嗓音声学研究》，《语言学论丛》第54辑，商务印书馆，2016年版。

㊿艾则孜·阿不力米提、孔江平：《维吾尔十二木卡姆的语音和嗓音声学初探》，哈斯其木格、王海波编：《第十二届全国语音学学术会议论文集》，2016年。

51林悠然：《发嗲话语的调音特征分析》，《语言学论丛》第54辑，商务印书馆，2016年版。

52刘岩、刘希瑞：《老挝克木仂话四音格词韵律的实验语音学研究》，《当代语言学》，2016年第2期。

53S. F. Sandrine、董婷婷、王瑞：《Ghomala语的声调》，哈斯其木格、王海波编：《第十二届全国语音学学术会议论文集》，2016年。

54沈家煊、许立群：《从“流水句”的特性看先秦“名而动”结构》，《语言教学与研究》，2016年第6期。

55沈家煊：《从唐诗的对偶看汉语的词类和语

法》，《当代修辞学》，2016 年第 3 期。

(56)刘丹青：《汉语中的非话题主语》，《中国语文》，2016 年第 3 期。

(57)侯瑞芬：《再析“不”“没”的对立与中和》，《中国语文》，2016 年第 3 期。

(58)孟凯：《三音词语的韵律—结构—语义界面调适——兼论汉语词法的界面关系》，《中国语文》，2016 年第 3 期。

(59)董秀芳：《主观性表达在汉语中的凸显性及其表现特征》，《语言科学》，2016 年第 6 期。

(60)陈前瑞、胡亚：《词尾和句尾“了”的多功能模式》，《语言教学与研究》，2016 年第 4 期。

(61)宋作艳：《功用义对名词词义与构词的影响——兼论功用义的语言价值与语言学价值》，《中国语文》，2016 年第 1 期。

(62)周韧：《汉语三音节名名复合词的物性结构探讨》，《语言教学与研究》，2016 年第 6 期。

(63)张定：《“追逐”动词语义图》，《当代语言学》，2016 年第 1 期。

(64)乐耀：《从互动交际的视角看让步类同语式评价立场的表达》，《中国语文》，2016 年第 1 期。

(65)陈保亚、田祥胜 2016：《认知语法的盲点——从不同民族语言的隐喻规则说起》，《贵州民族大学学报(哲学社会科学版)》，2016 年第 2 期。

(66)方梅：《单音指示词与双音指示词的功能差异——“这”与“这个”、“那”与“那个”》，《世界汉语教学》，2016 年第 2 期。

(67)胡建华：《“他的老师当得好”与论元的选择——语法中的显著性和局部性》，《世界汉语教学》，2016 年第 4 期。

(68)刘丹青：《汉语中的非话题主语》，《中国语文》，2016 年第 3 期。

(69)董秀芳：《从比较选择到建议：兼论成分隐含在语义演变中的作用》，《云南民族大学学报》(哲学社会科学版)，2016 年第 3 期。

(70)袁毓林、刘彬：《“什么”句否定意义的形成与识解机制》，《世界汉语教学》，2016 年第 3 期。

(71)陈保亚、覃俊珺：《严式词源统计法与共享创新法——语言(方言)谱系分类的方法分析》，《云南民族大学学报》(哲学社会科学版)，2016 年第 2 期。

(72)戴庆厦：《导语：我国跨境语言学研究》，《当代语言学》，2016 年第 2 期。

(73)孔江平、王茂林、黄国文等：《语言生态研究的意义、现状及方法》，《暨南学报》(哲学社会科学版)，2016 年第 6 期。

(74)戴庆厦：《语言保护的再认识》，《黔南民族师范学院学报》，2016 年第 3 期。

(75)陈保亚：《语势：汉语国际化的语言条件——语言接触中的通用语形成过程分析》，《语言战略研究》，2016 年第 2 期。

(76)江荻、尹巧云：《中国不同族群对核心词认知的实验》，《语言文字应用》，2016 年第 1 期。

(77)黄成龙：《 2013 年国外藏缅语研究前沿动态》，《西藏民族大学学报》(哲学社会科学版)，2016 年第 3 期。

(78)黄成龙：《2015 年港台和境外藏缅语研究前沿》，《西北民族大学学报》(哲学社会科学版)，2016 年第 3 期。

(79)Guillaume，Jacques、聂鸿音：《〈党项语历史音韵和形态论纲〉述评》，《当代语言学》，2016 年第 4 期。

(80)孙伯君：《12 世纪河西方音中的党项式汉语成分》，《中国语文》，2016 年第 1 期。

(81)孙伯君、王龙：《西夏文“十二钱”卜卦书〈掷卦本〉考释》，《北方民族大学学报》，2016 年第 1 期。

(82)孙伯君：《12 世纪河西方音中的党项式汉语成分》，《中国语文》，2016 年第 1 期。

(83)孙宏开：《西夏语声母系统拟测》，《语言科学》，2016 年第 1 期。

(84)孙宏开：《西夏与羌——兼论西夏语在羌语支中的历史地位》，《阿坝师范高等专科学校学报》，2016 年第 2 期。

(85)孙伯君：《西夏语“ * ·ja”的用法及与之相关的惯用型》，《宁夏社会科学》，2016 年第 1 期。

(86)孙伯君：《西夏语声调问题再探》，《语言科学》，2016 年第 1 期。

(87)黄行：《论中国民族语言认同》，《语言战略研究》，2016 年第 1 期。

(88)戴庆厦、彭茹：《藏缅语的基数词——兼与汉语比较》，《青海民族研究》，2016 年第 2 期。

(89)闻静：《藏缅语族定中结构的双标记类型及其演变》，《民族语文》，2016 年第 4 期。

(90)戴庆厦、闻静：《景颇语方式范畴的句法形式及其类型学特征》，《语言研究》，2016 年第 3 期。

(91)李云兵：《论苗语空间范畴的认知》，《民族语文》，2016 年第 3 期。

(92)张军：《傈僳语 ma33 的多功能性与语法化》，《民族语文》，2016 年第 4 期。

(93)李一如、黄树先：《黔东苗语 tiu33 的语法分析——兼与 lie11 对比》，《语言研究》，2016 年第 3 期。

(94)洪波、曾惠娟、郭鑫：《台语第一人称称谓系统及其类型意义》，《民族语文》，2016 年第 4 期。

(95)力提甫·托乎提：《论维吾尔语的连词短语》，《民族语文》，2016 年第 1 期。

(96)杨永龙、张竞婷：《青海民和甘沟话的格标记系统》，《民族语文》，2016 年第 5 期。

(97)杨将领：《独龙语的向格标记 - le31》，《民族语文》，2016 年第 5 期。

(98)汪锋、龚希劼：《白语方言中否定变韵的性质和来源》，《民族语文》，2016 年第 5 期。

(99)瞿霭堂、劲松：《藏语语法的范畴化》，《民族语文》，2016 年第 6 期。

(100)覃远雄：《桂南平话古晓匣母字今读零声母的解释》，《民族语文》，2016 年第 6 期。

(101)陈国庆：《孟高棉语 * Cl - 、 * Cr - 类复辅音声母》，《民族语文》，2016 年第 3 期。

(102)吴福祥：《复制、型变及语言区域》，《民族语文》，2016 年第 2 期。

(103)汪锋：《从汉藏语言比较看茶马古道的演化——以汉、白、彝语比较为基础》，《思想战线》，2016 年第 6 期。

（作者：余德江、杨海潮、王春茵、张婷、鲁方昕，北京大学博士生；
陈保亚，北京大学教授）

英语语言学

王逢鑫

语言价值理论是索绪尔语言学思想的核心基础之一，但语言学界对这一理论的思想来源异见纷呈。夏登山、蓝纯认为，经济学是索绪尔语言价值理论的主要来源之一，其《普通语言学教程》曾多处引述经济学的相关概念，但其语言价值理论与 Walras 等边际学派经济学家的效用价值理论相去甚远。从经济学领域的价值和索绪尔的语言价值这两个概念的内涵及索绪尔对经济学的相关评述来看，他的语言价值理论与古典经济学的劳动价值理论更加接近。①

乔姆斯基继承了笛卡尔的语言天赋观念，但坚持语言和心智的统一。生成学派的语言官能假说曾遭多方学者的质疑，但是批评者没有解释清楚或回避了人的语言能力从何而来的问题。丁彧藻、陈保亚认为神经生物学的进展表明人脑中存在模块化而又互相连接的语言神经网络，支持了语言官能假说，但这不意味着人的大脑中天生具有“关于规则系统的潜在知识”。②

陆俭明从事实与理论两方面说明构式理论有用但不能包打天下。从外在语言方面来看，语言的变异是常态，语言变异被频繁使用并泛化，就会逐渐固化为新的语法构式。从内在语言方面来看，“构式源于认知”，这可以从“由内到外运作”的假设和“由外到内运作”的假设说明。构式理论需与语块理论相结合才能发挥更好的作用。③

隐喻研究历史悠久，各隐喻理论流派层出不穷。“构式”概念的引入有助于厘清隐喻研究的发展过程，揭示各流派之间的潜在联系。何中清在构式视角下探讨隐喻研究的发展，并在此基础上讨论当前隐喻研究中存在的问题。研究表明：各隐喻理论流派在隐喻定义和阐述中均对隐喻的意义或形式有所侧重，这在一定程度上反映隐喻的构式特征。隐喻流派之间并非完全割裂，而是存在一定的传承，整个隐喻研究的发展过程表现为一个连续体。④

李琳以概念隐喻理论为基础，以企业年报中 CEO 风险话语为语料，采用结构方程建模方法，考察 CEO 风险话语中的概念隐喻及其对 CEO 风险认知的预测力。研究发现：CEO 风险话语中使用 11 种概念隐喻，其中，“战争隐喻”“身体或疾病隐喻”“天气或地理名词隐喻”“建筑或房屋隐喻”“物体、设备或材料隐喻”“测量隐喻”和“食物隐喻”对 CEO 风险认知有一定的预测力。李琳进一步验证隐喻与 CEO 风险认知相关，从而影响企业决策的假设，对商务话语研究和商务英语教学有一定的启示作用。⑤

概念性隐喻中的词义发展辐射状延伸是词义范畴

延伸的主要手段，其中的情感因素是映射中的加工对象。徐宏颖、彭宣维认为：跟语言相关的情感意义与概念/经验意义并不是同一语言现象，它们具有本质的不同。作者通过分析英语动词 TAKE 的词义延伸特征，尝试建立一种情感意义模型。研究发现：1）概念特征与情感特征在隐喻映射中并行发展，后者附着于前者之上，两者共同形成词项意义的辐射模型；2）积极—消极与褒扬—贬抑属于两个不同情感特征维度，二者虽存在交叉关系，但并不一一对应；3）这些情感语义特征具有强度上的差别。这一个案研究有待走向深入与系统，从而为语言教学、语文辞书修订以及翻译提供深度支持。[6]

新格赖斯语用学是一个重要的当代语用学派别，他们坚持格赖斯提出的合作原则及其准则，为推动语用学的发展做出了不可磨灭的贡献。姜望琪认为这种理论也存在一些不足，例如过分强调了他们的数量原则与信息量原则之间的对立，霍恩等级的覆盖面太窄等。[7]

胡旭辉从历时与共时两个层面阐述了句法、语用界面研究的大致范围。在历时的层面上，句法、语用界面研究可以解释某些句法结构意义变化以及触发“重新分析”的内在动因；在共时层面，语用和句法的界面研究又可以分为两类：句法与语用分工研究、句法与语用互动研究。[8]

在讨论以往误解研究的基础上，唐耀彩将社会认知语用学用于研究误解。社会认知语用学兼顾说者和听者，从新的理论视角解释语言交际。唐耀彩试图说明误解源于交际过程中听者理解时凸显的内容不同于说者表达时凸显的内容，同时，说者通常有机会采取一定的补救策略应对听者的误解并消除该误解。[9]

何伟、张存玉在系统功能视角下重新界定了时态，并基于此探讨了时态的意义系统。研究提出，时态涉及人际意义、经验意义、逻辑意义与语篇意义。时态的人际意义是指说话者与受话者互动的时间信息交换，交换的信息涉及说话者以话语发出时间为参照将过程定位在现在、过去还是将来。经验意义则指说话者对物质过程、心理过程、关系过程、存在过程、行为过程、言语过程的时间定位。逻辑意义即在小句与小句复合体两大层次建构的时间关系，分为同时、先时与后时。语篇意义则是在语篇层次建构的时间关系，分为线性时间序列关系与同步时间序列关系。[10]

语言接触必然产生语言竞争。语言竞争存在于语言结构及语言应用的诸多方面，它可以激发语言活力，也会触发各种语言矛盾和社会矛盾。李宇明从语言结构、社会功能、使用者年龄、地理分布等四个维度观察语言竞争，发现：1）最易形成语言矛盾的是外来词的译借方式、文字形体（字母表）及注音字母形体；2）当前中国的语言竞争最激烈也是语言矛盾最集中的领域是教育，其次是大众传媒和家庭；3）40 岁以下是语言活跃期，也是语言竞争的活跃期；4）近百年来，第一语言的全球地理分布基本没有变化，但第二语言的全球地理分布却发生了天翻地覆的变化，这表明近百年来语言竞争的主要领域在第二语言层面。[11]

外语人才是国家语言能力的构成要素。弄清我国用人单位的外语人才需求有助于制定人才培养政策，为高校改革教学方案提供指导。戴曼纯根据以往提出的问题，设计出围绕外语人才需求的调查问卷，向 55 个政府机构、企业及其他机构抽样调查。调查发现：1）英语是我国普遍开设的外语，在 13 种最常用的外语中依然是需求最旺盛的语种；2）用人单位最需要的外语有 21 种；3）精通外语、兼备其他专业知识技能的高端外语人才远未能满足社会需求。因此，语言政策制定部门和高校需认真考虑国家利益及社会需求，制定新的政策，改革现有外语教学体系，为国家语言能力建设培养更多语种、更高水平的外语人才。[12]

文秋芳采用英语通用语视角，重新阐述语言与文化关系，将文化分为语言文化（以语言为载体）和非语言文化（不以语言为载体）；并从产出“过程”出发，提出语言文化可分为主题、语篇、情境和语言本体等四个维度；同时，依据母语者对四个维度语言文化知识意识程度的高低这一操作标准，将语言文化的可分性置于从强到弱的连续统上。据此，文秋芳反对语言文化绝对“可分”与“不可分”的对立观点。[13]

文秋芳、林琳选取应用语言学领域具有代表性的两份期刊 TESOL Quarterly 和《外语教学与研究》（简称 TQ 和《外研》），对 2001—2015 年 520 篇实证文章（TQ265 篇、《外研》255 篇）中量化法、质化法和混合法使用的宏观趋势进行对比，重点考察三个时段（2001—2005、2006—2010、2011—2015）量化法和质化法的使用差异。结果显示：TQ 呈现的总体趋势是质化法（50.19%）、量化法（32.83%）、混合法（16.98%），《外研》是量化法（79.61%）、混合法

(12.94%)、质化法(7.45%);三个时段,TQ中量化法与质化法使用的差异趋于稳定,《外研》中的差异愈加明显。[14]

"产出导向法"始于产出,止于产出,特别重视对学生产出结果的有效评价。文秋芳认为我国大学英语班级大、教师工作负担重,对每个产出任务给予及时、有效的评价是教师面临的极大挑战。为应对这一挑战,"产出导向法"提出了"师生合作评价"的新设想,以组织、平衡教师评价与其他评价方式。"师生合作评价"包括课前、课内和课后3个阶段。课前,教师根据单元教学目标选择并评阅典型样本。课内,学生先独立思考,再进行对子/小组交流,然后在教师引领下进行大班讨论,教师适时给出课前准备的评阅意见。课后,在教师课内专业指导的基础上,学生采用自评或同伴互评对"师生合作评价"加以补充。[15]

周燕、张洁以个案研究的方法聚焦于国内某所重点大学的四位青年外语教师,对他们的学术生活进行了细致的描述和深刻的反思,深入探讨了高校青年外语教师学术发展中的"可能性"和"承诺"问题。研究指出:在中国的语境下,把马克斯·韦伯的"以学术为业"作为所有高校外语教师的发展期待和终生承诺是有待商榷的。我们呼唤改进当前的教师评价体系,把"以学术为乐"作为教师发展的前景和归宿。这不仅是从"学术规约"到"学术发展"的话语转变,更是教师从"双面人"到"完整人"的身份转变。[16]

韩宝成、曲鑫对英、美两国较有影响的CELTA、TKT、ELTeach和我国香港地区的LPATE、大陆地区的中学教师资格考试(英语)五项英语教师资格证书进行了考察,并就语言能力要求、考试总体设计及考试方式进行了比较。总体而言:1)英美两国和我国香港地区的四项证书语言能力要求明确,考试内容与英语教学工作密切相关;2)CELTA、TKT和ELTeach更加关注英语教师专业发展需求;3)我国中学教师资格考试(英语)在语言能力要求、考试内容相关性、考试任务代表性和考题类型多样性方面尚有改进余地。根据比较结果,作者提出有必要研制我国英语教师语言能力标准,科学界定英语教师核心专业能力及设计我国英语教师资格证书,开发英语教师专业能力培训课程,进而提升英语教师专业水平。[17]

文秋芳、张伶俐对两所高校163名英语和德语专业大学生思辨倾向跟踪三年、调查四次(入学初和一、二、三年级期末)。研究结果总体样本数据表明:外语专业大学生思辨倾向均分在4分以上,为积极、正向;第一次与第二次调查结果相比,呈明显下降趋势,第二、三、四次结果之间无显著差异。作者采用刺激性回忆的方法对18名受试进行了深度跟踪访谈,其中英语与德语的受试人数各半,他们的思辨技能水平均匀分布在高、中、低三个分数段。访谈数据表明,第一次与第二次量化数据呈现的下降趋势未能体现其内在的真实性与复杂性,更不能说明变化的原因。本次质性数据对此进行了很好的补充。这进一步证明量化研究一定要与质性研究有机结合。[18]

一般认为,英语课堂上要做的主要事情无外乎是讲解语言知识和指导学生进行语言操练。但是,这一论断掩盖了很多似是而非的问题。语言知识和技能的学习可以发生在课外,也可以发生在课内。即使是课内的学习,也不应该局限于讲解和操练。程晓堂认为可以由学生在课外完成的学习活动尽量不要在课堂上去做;课堂教学活动应该充分发挥教师和周围学习者的作用;应尽量开展互动式课堂教学活动。[19]

"慕课""小微课""反转课堂"等教学新模式,为高等教育的改革和发展带来了空前的活力与挑战。随着"互联网+"时代的到来,大学英语怎么改、写作课程怎么教的问题,引起了学术界和一线教师的思考。清华大学写作团队的经验表明,大学英语基础阶段的写作训练,首先还是要落实在语言准确这一点上。为了达到这个目的,杨永林、丁韬首先通过海量真实学生文本的分析,提取出三大类18个子类的大学生常见错误类型。其次,通过英语学习百科资源的建立,实现了主题化、靶向性反馈信息的提供。再次,通过错误类型库、百科资源库与信息技术的结合,开发出了具有智能推送、智能纠错、智能评价三大功能的教学平台(i Smart-TRP,3.1版本)。教学实践表明,新版的i Smart-TRP系统有三个方面的优点:提高了教学实效性;提供了教师发展空间;提升了学生写作兴趣。[20]

作为学术论文的重要组成部分,摘要备受学者的关注,但我国学界关于中外学者国际期刊论文摘要的对比研究相对较少。刘永厚、张颖选取语言学领域5种国际权威期刊上中国大陆学者和英语母语学者论文的摘要各50篇自建语料库,从语步结构、时态、语态三方面对摘要展开对比分析,探究两类摘要写作的异同。研究发现:两类摘要的语步结构完整性存在显著性差异，英语母语学者的语步结构完整性更胜一筹；两类摘要的时态使用都是一般现在时占比最大，其次是一般过去时，但不同语步中的时态使用有所不同；两类摘要的语态使用中主动语态的使用频率均高于被动语态。[21]

范琳、王珍对1996—2015年20年间我国23种外语类、汉语和对外汉语类期刊发表的二语词汇推理相关论文进行了统计分析，探究国内二语词汇推理研究的发展状况和趋势。分析结果表明：1）二语词汇推理研究数量总体呈波浪式增长趋势；2）词汇推理研究领域日益拓展，研究视角呈多样化发展；3）词汇推理加工与相关变量关系得到较多关注；4）跨语言词汇推理加工研究和词汇推理策略训练及其效果研究有待发展。[22]

李琳以功能语言学评价系统为理论框架，以企业风险话语为语料，采用语料库方法提取CEO使用的评价标记语，建立结构方程模型，考察不同类别的评价标记语是否能够反映企业CEO的风险认知。结果发现：企业风险话语中出现6类评价标记语（情感标记语、判别标记语、鉴赏标记语、扩展标记语、公告标记语和否认标记语），CEO使用这些评价标记语表达对风险可怕性、风险可能性、风险可控性和风险可见性的认知。6类评价标记语全部进入模型，能够在很大程度上反映CEO风险认知，从而证明结构方程模型是考察话语指标与某一社会、经济现象（问题）之间因果关系的有效方法，可以应用到未来商务话语研究中。[23]

王立非、宿玉荣以国际学术期刊论文为语料，对2004—2014年国外商务英语演讲研究现状进行考察。研究发现：1）国外商务英语演讲研究成果较少，跨学科特点明显，主要受到语言学、管理学和传播学的关注，三个学科的关注度和研究成果不平衡；2）商务演讲研究热点包括营销演讲、演讲技巧、商业企划书、学生与企业人员演讲能力培训等话题；3）实证研究占主导地位，多采用定量研究方法，包括实验研究、问卷调查、统计分析等。[24]

史兴松、单晓晖对2010—2014年SSCI期刊发表的跨文化交际论文进行调研，在定量统计及内容分析后指出，该领域国际主流研究主题和方法呈现以下特点：1）研究所涉学科范围广泛，与现实密切相关的主题，如跨文化教育和留学、跨文化沟通动态及跨文化适应和移民等，格外受关注；2）期刊类型、研究主题和研究方法之间存在关联性；3）实证研究是国际跨文化交际主流研究法，其中定性法所占比重最大，其次是混合法，定量法也愈发受重视；4）研究者普遍对检验环节不够重视，尤其缺少数据搜集前的效度检验以及解决概念对等和效度对等的策略。[25]

毛泽东诗词的翻译是文化交流的重要活动。当前的国际文化新环境，给我们提供了或许能传译毛泽东诗词中更多文化信息的新机会。周流溪认为我们应该把毛泽东的七言律绝翻译成诗行有固定长度而又遵守英诗传统节律的作品（比如六音步、12—13音节）、并且贯彻原作一韵到底的用韵方式，以求尽量如实地向国际读者展示汉语近体诗的独特魅力。这是一种追求汉英特色更完美合璧的译诗创新。应该相信，国际英语读者会逐渐接受这种方式的译文。[26]

王克非、王颖冲从文化翻译观入手，探讨中国特色文化词汇的翻译，指出中国特色文化词汇的翻译难点就在于"空缺"现象，将中国特色文化词汇的翻译分为"完全空缺"和"不完全空缺"两类，并针对性地提出相应的翻译策略：1）完全空缺时，音译直译优先，初次出现辅以释义；2）部分空缺时，文本和超文本因素决定了翻译策略的多样化。[27]

随着全球化进程的深入以及中国对外开放的进一步扩展，"向世界说明中国"的需求也日益迫切。司显柱认为开展关于中国对外英语新闻翻译和传播效果研究，为中国对外英语新闻翻译及对外传播工作提供方向性和策略性指导，不仅具有重要的学术价值，也具有紧迫的现实意义。[28]

贾洪伟回顾了1988年以来符号学翻译研究的成果，指出近30年来符号学翻译研究存在利用符号学理论和方法分析翻译文本的"脚注式研究"这一不足，提出转换新的视角，建立与语言符号学并立的分支学科——翻译符号学的必要性。在厘定翻译符号学基础上，文章从符号学基础、翻译学基础和翻译与符号学联姻基础三个层面，阐述建立翻译符号学的理论基础、翻译思想基础及可能吸取的教训，构拟翻译符号学的理论框架，提出建立翻译符号学的四大要务：1）建立与健全翻译符号学和语言符号学紧密相关的资料库；2）确定研究范围、对象和目标，厘定学科术语，建构学科框架；3）壮大学科团队，扩大国内外影响力；4）创建专业刊物，促进行内交流。[29]

现有语料库翻译学研究，多数限于描述译文的词汇运用，少量涉及句法特征，对译文语篇特征的关注较少。许家金、徐秀玲借助在线文本分析工具 Coh - Metrix，对比了汉译英翻译英语和原创英语中的 25 项语篇衔接特征，发现英语翻译翻译中有多项语法和词汇衔接特征与原创英语存在显著差异，呈现出衔接显化的特点。其中语法衔接突出表现为多用各类连词。词汇衔接方面，以语篇中句间实词重复现象为典型特征。英语译文的语法衔接显化，大致可从汉语重意合，英语重形合得到解释。而词汇衔接显化，可能与汉语源语特征以及英语译文中多用高频词和泛义词有关。[30]

注：

①夏登山、蓝纯：《索绪尔语言价值理论源考》，《外语教学与研究》，2016 年第 3 期。

②丁彧蘩、陈保亚：《语言官能的神经基础及其属性》，《外语研究》，2016 年第 3 期。

③陆俭明：《对构式理论的三点思考》，《外国语》，2016 年第 2 期。

④何中清：《隐喻研究的构式视角》，《外语学刊》，2016 年第 2 期。

⑤李琳：《英美 CEO 风险话语的隐喻建模研究》，《外语学刊》，2016 年第 3 期。

⑥徐宏颖、彭宣维：《隐喻映射与情感意义——以英语动词 TAKE 为例的个案研究》，《外语学刊》，2016 年第 4 期。

⑦姜望琪：《新格赖斯语用学的成就与失误》，《天津外国语大学学报》，2016 年第 1 期。

⑧胡旭辉：《句法、语用界面研究的现状及反思》，《天津外国语大学学报》，2016 年第 1 期。

⑨唐耀彩：《社会认知语用学视角下的误解研究》，《天津外国语大学学报》，2016 年第 1 期。

⑩何伟、张存玉：《系统功能视角下时态的意义系统》，《中国外语》，2016 年第 1 期。

⑪李宇明：《语言竞争试说》，《外语教学与研究》，2016 年第 2 期。

⑫戴曼纯：《我国外语人才需求抽样调查》，《外语教学与研究》，2016 年第 4 期。

⑬文秋芳：《在英语通用语背景下重新认识语言与文化的关系》，《外语教学理论与实践》，2016 年第 2 期。

⑭文秋芳、林琳：《2001—2015 年应用语言学研究方法的使用趋势》，《现代外语》，2016 年第 6 期。

⑮文秋芳：《"师生合作评价"："产出导向法"创设的新评价形式》，《外语界》，2016 年第 5 期。

⑯周燕、张洁：《高校青年外语教师学术发展：基于个案的研究与反思》，《山东外语教学》，2016 年第 3 期。

⑰韩宝成、曲鑫：《中外英语教师资格证书比较研究》，《外语教学》，2016 年第 6 期。

⑱文秋芳、张伶俐：《外语专业大学生思辨倾向变化的跟踪研究》，《外语电化教学》，2016 年第 1 期。

⑲程晓堂：《英语课堂上究竟应该做什么?》，《山东外语教学》，2016 年第 1 期。

⑳杨永林、丁韬：《互联网 + 时代，英语写作怎么教?》，《外语研究》，2016 年第 1 期。

㉑刘永厚、张颖：《中外学者国际期刊英语学术论文摘要写作的对比研究》，《外语界》，2016 年第 5 期。

㉒范琳、王珍：《我国二语词汇推理研究 20 年：统计分析与展望》，《外语界》，2016 年第 5 期。

㉓李琳：《基于语料库的商务话语评价建模研究》，《外语教学与研究》，2016 年第 3 期。

㉔王立非、宿玉荣：《国外商务英语演讲研究进展考察及启示(2004—2014)》，《外语教学理论与实践》，2016 年第 2 期。

㉕史兴松、单晓晖：《近五年 SSCI 期刊跨文化交际研究方法探析》，《外语教学与研究》，2016 年第 4 期。

㉖周流溪：《探索毛泽东诗词翻译的汉英合璧新路》，《当代外语研究》，2016 年第 4 期。

㉗王克非、王颖冲：《论中国特色文化词汇的翻译》，《外语与外语教学》，2016 年第 6 期。

㉘司显柱：《论我国对外英语新闻翻译及传播效果研究》，《外国语文》，2016 年第 3 期。

㉙贾洪伟：《建立翻译符号学的可能性》，《山东外语教学》，2016 年第 3 期。

㉚许家金、徐秀玲：《基于可比语料库的翻译英语衔接显化研究》，《外语与外语教学》，2016 年第 6 期。

（作者：王逢鑫，北京大学教授）

外国语言学（英语除外）

鲍　红

一、语言学与语篇学

陈勇综述了俄罗斯符号学成型期文化学方向的研究。文化研究是俄罗斯符号学研究成型时期学者们广泛涉足的主要领域，也是俄罗斯符号学研究承前启后的主要方向。这一时期俄罗斯符号学学者的文化研究以弗洛连斯基、E. 特鲁别斯科伊、弗雷坚别尔格、维诺库尔、维果茨基、博加特廖夫、吉韦列戈尔、雅沃尔斯基、埃尔别尔格、戈尔恩费利德、卢里耶等的理论探索为典型代表，这些研究为俄罗斯文化符号学和文学符号学的形成和发展奠定了坚实的基础。[①]赵爱国探讨了当前俄语“观念”研究中的几个理论问题。观念研究的实质是思维或心智的语言化研究。研究表明，当前俄语观念研究在学理上源自对语言的逻辑分析，其方法论意义集中体现为以“说话的人”为晶核的“人类中心论”，其价值取向呈现为文化认知和语言认知两种不同的哲学维度，其分析方法则受到价值取向的规约而分别采用“关键词分析法”及“联想分析法”和“认知阐释法”等，以在意义层面上实现其内涵与外延的语义完型。[②]赵洁和李玉萍立足于最新语料，观察和分析后苏联时期俄语语言系统的变化，包括俄语词汇领域的重大变化，以及语音系统、正字法、语法领域和构词领域的积极过程。从语言变化的内部因素和外部因素相结合的角度出发，运用社会语言学、文化语言学和文化学的观点和方法，将俄语的动态发展置于普通文化进程中进行研究，将当代俄语各子系统的发展变化与俄罗斯社会的文化进程结合起来，进行较为全面的描写和阐释。不只是对语言系统的结构要素进行研究，而且注重言语层面的分析，关注话语、文体及修辞特点，不仅通过大众传媒语言看俄语的变化和发展，而且关注后苏联时期大众传媒语言文体的特点变化，如出现言语口语化、后现代主义风格、隐喻化、对话化等趋势。[③]赵国栋全面评价了《俄语文化语义学》一书。语言中表达情感、价值和生活取向的词汇语义内容复杂，具有丰富的民族文化内涵。俄罗斯学者 Анна Николаевна Гладкова 运用自然语义元语言的理论框架，借助语料库检索信息，用该工具语言对俄语中这些词汇的语义进行阐释，并将其与英语、汉语中对应词汇的语义进行对比，进而揭示出这些词汇语义中的文化信息，探究这些信息与更高层次的具有鲜明民族性的文化价值思想之间的联系。这一研究成果不仅加深了我们对俄罗斯文化中的情感价值和生活取向的认识，而且对文化语义研究具有较强的理论指导价值和实践借鉴意义。[④]李锡奎在借鉴国内外语篇语言学相关研究理论基础上，结合俄语教学实践、外语教学法、教育心理学以及应用语言学等领域研究成果，从理论阐释、调查研究、应用策略三大方面探究了语篇衔接与连贯理论、超句子统一体理论等在俄语写作、阅读等教学实践中的运用现状，剖析了语篇相关理论对俄语教学相关环节的作用机制及应用策略。其研究结论对于高校俄语课堂教学具有一定的指导作用，对于相关理论研究具有一定的参考价值。[⑤]李玮和李颖尝试在俄罗斯语篇语法学和欧美系统功能语言学对主位概念理解的基础上，讨论大于句子的语言单位“超主位”的概念，并尝试将超主位分为三种类型：超主位为段落的主题句、超主位为段落的启句的主位、超主位为段落之中各小句主位的抽象结果之和。正确找出超句体的超主位有助于我们分析更大的语言单位片段中的超主位超述位推动模式，更进一步了解语篇中的信息流动规律。[⑥]对话主义是巴赫金语言哲学思想的核心理论，而政论语体实现感染功能的主要途径之一是语篇的对话性。刘柏威在对话理论视角下分析普京演讲，将其分为外在的对话性和内在的对话性，区分为四种话语模式，同时分析得出，这种对话性不仅存在于文本的含义层面，也渗透在文本的整个结构中，话语是为他人而建构的，对话理论为语篇分析提供了主要的理论基础。[⑦]卢婷婷从论题和研究特点出发，考察了俄罗斯政治语言学的现状。作为一门独立学科，俄罗斯政治语言学已经形成自己的学科体系和研究流派。当前，俄罗斯政治语言学主要关注政治隐喻、政治概念分析、政治操纵、传统结构分析、苏联政治话语和政治体裁研究等论题，坚持描写方法为主，研究范围广泛。[⑧]

二、语义学

蔡晖以标准语和俚语的对比为基础，研究词义衍生过程中题元范畴变化。当今语义学的发展倾向于从语义中探寻词汇的搭配特征，词义决定其搭配关系，词义的变化势必引起题元范畴的变化，反之亦然。考察题元范畴变化规律性的同时，可以证实隐喻引申也有规律可循。标准语和俚语在隐喻引申过程中主体题元的变化存在着有规律的区别，前者表现为人与世界的相互转换，后者则为世界到人的单向转换；相互的转化模式背后隐藏着本质的区别。作者还具体分析了俄语词义结构的使役关系类型。使役关系是普遍存在的语言功能—语义范畴，它反映着相互作用的客观事物之间的因果关系。从使役关系的题元性质和动词的分类范畴出发，观照使役关系的具体类型，有助于提高词义描写的精度，修正以往过于笼统的词义描写方式。[⑨]李勤和关雅文从哲学、语言学、认知科学的角度阐释不同的意义观，然后从研究单位、研究对象、研究方法出发，按时间段划分出俄罗斯语义学的8个发展阶段，总结每个阶段的语义研究特点、主要思想及代表人物，在此基础上从宏观和微观两个角度探讨俄语语义学发展的总趋势。[⑩]王洪明综述了莫斯科语义学派释义理论的核心思想，指出它主要包括语义元语言的选择、释义内容的多层次描写、配价的确定原则以及意义的整合一体描写原则等，可以广泛应用于词义描写、同义词辨析等，为语言学习和教学提供内在的理据，并揭示了这一理论在汉语词汇语义描写与研究中体现的价值。[⑪]张红使用莫斯科语义学派语义元语言释文、支配模式表格平行对比展示удивляться1，удивляться2与“惊讶1”和“惊讶2（道，说）”的语义—句法关系。认为удивляться导出引语时表达的言语行为意义“惊讶道（说）”，事实上已经成为该动词的独立义项。该动词包含“情感状态”和“言说”两种语义成分，这两个义项，分别对应汉语的心理感受形容词“惊讶1”和情感言语动词“惊讶2（道、说）”。[⑫]王志坚从语法形式分析方法出发，探究俄语被动句在小说中的语义审美功能。文学文本的分析和研究往往是以作者、文本、文学理论和批评为出发点，而语言学分析方法，特别是语法形式分析方法来研究文学作品拓展了文学研究视野。俄语被动句其独特的语义内涵和附加意义，对俄语文学文本的研究具有一定的审美价值，有助于文学文本的解读和欣赏。[⑬]俄罗斯当代著名语言学家阿普列相深入研究了词位的意义问题，提出了分析性注释的理论。该理论认为，词位意义可以划分出陈说、预设、情态框架、观察框架和动因5个不同的层面。王钢从历时的视角，对分析性注释的形成所经历的动态发展过程进行介绍，以期为汉语词汇语义研究提供借鉴。[⑭]胡应祥研究俄语中言语类和心理类抽象名词的语义配价问题。谓词和谓词性名词都具有语义配价，而谓词性抽象名词，其语义具有模糊概括的性质，其语义配价与具体名词有所不同。言语类和心理类抽象名词具有原生的主题——内容配价，其配价主要通过前置词短语表达。而以上两类名词与不同前置词短语搭配时，体现出了不同的语义特征。[⑮]李侠对比分析了语义角色范畴。语义角色从诞生之初就遭遇界定不明、数量不清等争议问题，但这并未影响其在语言学及自然语言信息处理中的广泛应用。不同学者划分语义角色的标准不同，得出的类型和数量也因而有异，但我们却总能在各种体系间找到“能指”有别，但“所指”相同的语义角色范畴。比较分析Апресян，Падучева等俄罗斯学者与国内学者的主要语义角色，从中阐释名学者在角色范畴划分方面的异同，意在探索语义角色范畴划分的正确途径和方法，为其在语言学理论和自然语言信息处理中的应用提供借鉴。[⑯]人们评价事物的标准之一就是功利标准，它是从“有益的/有害的”角度考察主体对客体的价值态度，反映某一客体就实现一定目标的适合性或有用性。曾婷根据功利评价级差，将俄语功利评价词分成四种语义类型，它们具有各自的语义—语法特征和客体类型。在言语交际中，俄语功利评价词具有表达建议、意愿、威胁、警告等语用功能，其言后影响是让受话人赞同说话人的评价内容，进而赞同说话人的观点并采取对说话人有利的行为。[⑰]杨利芳以“羞愧”在俄语的概念称名词стыд为研究对象，主要从词源、词典释义、搭配语义、同义词群及熟语语义等方面对俄罗斯心智中的核心概念之一“羞愧”进行分析。在俄语世界图景中“羞愧”概念最初与“寒冷”有关，随着词义的发展才被用于表示人内心的羞愧感和社会外在的评价意义“羞耻、耻辱”。羞愧是一种被否定的情感，有程度的差异和真假之分；人们应尽量避免产生羞愧的情景；羞愧有外在的生理表现，常与液体、火、红色和活的生物等实体产生联想。[⑱]白旭运用观念场理论和观念分析法，分析观念авось的语言表征，阐释其民族文化特点和认知特点，并为其构建观念场。核心词авось及其语义要素、同义词、反义词以及派生词作为基本特征，构成观念场的中心场段；以格言区域、评价区域和社会文化区域组成的阐释场作为混合特征，构成观念场的外围场段。观念судьба，счастье与观念场“авось”形成交叉区域，是该观念场不可缺少的结构项。[19]

三、语法学

周海燕综合分析俄语中无动词句的两大类型——动态句和静态句存在的理论基础、形成源泉以及结构—语义和修辞特色。认为无动句是结构—语义均完整的完全句，因其结构构成、语义内容和修辞特色在简单句体系中处于边缘位置，而且它是一个正在形成的类型，它具有开放性，其包括的句子类型也会逐渐扩大。在现代俄语中，无人称句以其简洁的表达手段、丰富的表情功能以及高频率的使用和独特的交际特色在简单句体系中占有特殊的地位，已成为表情句法学所研究的最重要的表达手段之一。[20]俄语词汇日益丰富的同时，俄语构词系统也在不断进行着更新。借词不仅积极扩充俄语词汇构成，而且参与俄语构词进程也很活跃。王清和姜艳红对俄语各种结构及语义类型的借词的构词能力进行了详细描写，对影响借词构词能产性的语言内外在因素进行了系统分析。姜艳红还纵观英语词在俄语词汇系统中的发展历程。俄语语言发展的历史进程中曾多次大规模借入英语词汇，它们极大地丰富了俄语的词汇构成。英语借词在不同的历史时期对俄语的发展变化产生了重要的影响，特别是 20 世纪末期以来它们对俄语的影响成为俄语词汇变化发展的一个鲜明特征，引发了中外语言研究者的普遍关注。[21]袁琳和姜宏对比分析韩礼德与邦达尔科的语境观。以韩礼德为代表的西方系统功能语言学和以邦达尔科为代表的俄罗斯功能语法同属于功能主义语言学，都认为对语言的理解不能脱离语境，都从语言内和语言外两个角度分别阐释语境，对语境的研究都具有人本中心主义倾向。同时，两者的语境观又各具特色，在引入语境概念的出发点、对语境的研究内容、对语境类型的划分和各类型之间的关系方面持有不同的见解。[22]态范畴是俄语语法学的一个重要问题，它在语义、句法、词法层面具有一整套范畴意义和形式表达手段。张勃诺论述了俄语态范畴与被动态动词，主要讨论的问题集中在态范畴的形态对立关系和标记性，以及被动态动词的范围和使用特点上。被动态动词具有书卷语色彩，且由于本身的被动属性，在与不同的结构搭配时受到了许多条件的约束。[23]俄语学界对被动结构的研究由来已久，其研究视角多为动词态的词法形式、句法结构以及主客体关系等。田秀坤和朱云萍尝试以及物动词所体现的事物不同变化过程（引发的自然过程、引发的技术过程和人为过程）为出发点，阐释俄语被动结构和准被动结构中述谓类型、语义主体以及聚合关系的不同，从而进一步明确反身动词的准被动意义和使用情况。[24]钟晓雯和王红厂借鉴俄罗斯功能语法理论，对俄语中丰富多样的比较结构进行了深入分析和细致描写，加深了人们对俄语比较范畴的认识，并对俄语作为第二语言的教学具有一定的参考价值。[25]宋丹丹分析研究俄语构式语法中的“V－V”构式。该构式在俄语交际中使用频率较高，且其意义不能从其组合动词中完全推测得出。结构上具有框式化、能产性特征；其基本意义为说话者对过去发生的重复性或持续性动作/场景的客观描述；而变体意义是结果肯定时的激动义和结果否定时的失望、惊讶义。受其构式制约，该构式对其填充词汇“V”具有压制作用，具体表现在“体、时、语义”等方面。[26]张扬以 В. А. Белошапкова 俄语“三项式”理论为基础，对具有丰富的情态意义、是说话人表达主观态度的重要手段的俄语插入语中的插入词、插入词组、插入句从形式、语义、交际三个方面进行了全面阐释，进一步揭示插入语蕴含的主观情态意义。[27]

四、俄汉语对比研究

俄语属于典型的重音语言，汉语属于典型的声调语言，俄汉两种语言在重音方面有着诸多本质区别。徐来娣以俄、汉语音学理论为依托，以对比语音学为研究视角，采用先进的声学实验方法，试图在整理声学实验数据和分析语图的基础上，进行俄汉语流重音对比研究，发现俄汉语流重音在声学特征方面的主要异同点，从而探索中国学生在俄语语流重音习得中典型偏误发生的最根本原因及规律，最终寻求纠正和预防这些偏误的有效策略。提出了一系列具有独创性质的新概念，如“语流重音”、“语流重音层级体系”、“语流重音变体”“重音位”、俄语“非重读音节链”、汉语“重读音节链”、俄语“相对平稳音节链”、汉语“波浪起伏调”等，尤其是语流重音层级体系理论构想的推出，对于俄语和汉语重音研究、俄汉重音对比研究以及普通语音学意义上的重音研究，具有重要的理论创新意义。[28]毛志文以结构诗学为理论基础，将结构诗学的一些理论和学术观点用于俄诗汉译的具体实践之中，使得我们在诗歌翻译的过程中能够避免误译的发生，提高译文的质量。同时从理论层面上提出译文是建立在五大层次基础之上的新的统一整体，并且在这五个层次上尽可能地再现原文。这不仅丰富了我国诗歌翻译的理论，为诗歌翻译研究提供了一个新的视角，而且对于翻译通论的研究也有较高的借鉴意义。[29]张红以俄汉心理动词为研究对象，以莫斯科语义学派《意思〈＝〉文本》转换模式的理论和方法为依据，包括理论和实证两部分。理论部分对汉语心理动词研究的历史与现状进行梳理，介绍各家学者在心理动词研究方面的主要观点和研究成果；联系汉语心理动词研究中的相关问题，系统介绍俄语心理动词的语义描写原则。情感动词是心理动词的一个重要类别，在实证研究中，选取几组俄汉情感动词进行语义—句法对比描写；词条撰写也是研究的重点，对所选词条在元语言释文、支配模式、词汇函数等方面进行平行对照描写，呈现俄汉语相应词汇单位在上述几方面的异同，从而为俄汉语词义与句法的整合研究提供实证。[30]拒绝言语行为在俄汉语言中广为运用，是语用学研究的主要内容之一，对于化解面子威胁、维系交际双方的和谐关系具有十分重要的意义。基于此，刘星和周民权以言语行为理论和礼貌原则为支撑，多角度探讨拒绝言语行为的语用特征，对比分析俄汉语拒绝言语行为在表达方式和交际策略方面的异同，有助于深化对该语言行为的认识和了解，同时希冀为不同语言之间的跨文化交际提供一定的借鉴和参考。周民权还进行了俄汉社会性别定型的语用机制对比研究。从语用价值完全对应、部分对应或者互不对应等3个互为依托、相得益彰的层面进行对比分析，较为充分地挖掘俄汉两种语言定型的使用异同，从中探究隐藏在这些异同现象背后的不尽相同的民族特点、历史渊源、社会习俗、文化理念、思维方式、语言表达习惯等诸多特点。[31]祝晶以俄语和汉语中比较范畴的语义系统为研究对象，主要从语义结构和语义类型两个方面对俄汉比较范畴的语义系统进行对比分析，试图找出它们之间的异同，以求充实比较范畴的研究成果，指导日常的比较实践。[32]

五、翻译理论与实践

朱玉富以中国传统经典文化、中国古代哲学、现代传播学、汉语、俄语语言学、汉俄翻译理论以及有关文化软实力的理论为理论基础，采用“独立创新”“借船出海”“力求译文精准和美妙”的翻译策略，研究了中国当代国情文化与俄罗斯文化交流的俄译及其翻译、中国当代百科文化知识的俄译与研究以及中国当代的人生格言及感悟的俄译与研究，弘扬了中国经典文化和先哲们的智慧，探讨了中国经典文化在俄罗斯的传播与翻译及汉译俄理论和实践、翻译技巧和艺术。[33]莱蒙托夫的翻译实践贯穿于他短暂的写作生涯，他一生直接或间接共翻译或引用了约8位外国作家的作品，有对应原作的约二十几首，还有一部分无法确定原始文本但却被标注为译作。赵艳秋通过考察翻译文本发现，作为译者的莱蒙托夫始终保持着诗人的独立性，在适当遵循同时代诗歌传统和翻译传统的原则下，诗人通过译中有作、译作合一、以作代译的三种翻译形态与原作竞争，实现了自身对域外文学或文化的接受，滋养和丰富了同时代文学创作思潮。[34]于鑫以政治文献为例，探究了汉语成语俄译时的翻译补偿问题。认为成语的翻译补偿有四种类型：对语义的补偿、对修辞效果的补偿、对认知语境的补偿和对熟语性的补偿，具体手段有增译、概括、词语换用、直译、形象转换、注释、成语套用等。在翻译实践中，译者需根据“需求原则”灵活运用翻译补偿策略，使译文和原文达到最大程度的功能对等。[35]贾英伦研究词的语用意义与文学翻译修辞。在文学翻译中，语言形式和语言艺术功能问题尤为重要。文学语言的艺术功能往往不包含在某个词或词组的逻辑事物意义，而是包含在词的某种修辞意义和词语的组合形式，即词的语用意义中。这就决定了在翻译文学作品时，不仅要再现语言的逻辑事物意义，更要再现语言的美学功能。也正是在这种情况下，十分尖锐地提出了文学翻译是“前景化”修辞的命题。[36]丛亚平论述了翻译思维与翻译教学的关系。翻译思维是双语转换过程中进行的多维度、多层次的思维活动，可根据不同的研究角度分成不同的思维组合体。在翻译教学过程的每个环节中都有相对应的思维参与，直接影响着学生翻译的精确性和文本的翻译质量。因此，只有在翻译教学中注重学生翻译思维的培养，才能卓有成效地提高学生的翻译能力。[37]胡谷明着重探讨了中华文化经典的俄译问题，认为在翻译经典时最重要的是使译文做到“信”和“达”，而要做到这一点，不仅要尊重俄语的语言习惯，而且要保留承载中华民族文化特色的词汇，对独特文化载体词尽量采用直译加注的方法，采取异化的翻译策略，用类似单位进行翻译。既要保留中国文化元素，又要让俄罗斯人能看懂和明白中国的文化。[38]杨仕章强调文化素的特性与价值是影响文化素翻译的两个核心变量。在文化素的特性方面，文本提出并分析了文化素的独立性/非独立性之特性及其对各个层级文化素的翻译的影响。在文化素的价值方面，文本文化素作为宏观文化素，其交换价值或比较价值决定具体的翻译行为能否发生，而其他微观文化素在文化系统中的价值以及文本中的价值

（表现为各种功能）决定它们的翻译方法。[39]关秀娟指出全译上下文语境推进机制的运行具有语形学理据，受语符组合性管约。词形关系管约推进，根据各词语的形态译者可分辨同形词，判断词语间的相互关系。词序结构管约推进原语和译语中某些搭配使用的词语排序存异，译文表达时，可借助换译调整名名、形名、动名、数名等搭配语的顺序。句间衔接管约推进，双语转换时某些句间衔接需做同指替代重置、照应代词还原、省略成分浮现、重现词汇加确等处理。[40]廖红英运用话语语言学的实义切分理论，总结俄语词序的研究成果、俄译汉中俄语词序问题处理的基本原则和主要方法。俄语词序在文本中可以强调语句的交际意图或交际目的，强调语句的语义信息重点，还在话语的连贯性中起重要作用。因此，在俄译汉时，处理俄语词序的基本原则应该是信息对等原则，即在翻译时尽可能将原文的主位译为主位，将原文的述位译为述位，使译文保留原文的交际意图和语义重点，并在连贯性上与原文保持一致。[41]姜雅明讨论了中央文献词语文化特色的俄译问题。中央文献外译，其译文从内容到形式都需要既保持中国语言文化特色，又容易被外国读者理解和接受。其中，具有中国文化特色的词语翻译是重点也是难点。中央文献中概念性词语的翻译应注重把握中国特色社会主义理论的实质与内涵；抽象性词语的翻译重在化“抽象”为“具体”、改革新词、亲民词语的翻译关键在“达意”和“传神”；成语及四字词组的翻译重点在“意合”而非“形合”，灵活运用各种翻译手段和技巧。[42]童丹以《北风行》的俄译本为例探寻诗歌翻译的对话性。“对话理论”是贯穿巴赫金思想的灵魂，强调对话中自我与他者的交往、共在。从对话性角度审视翻译活动，挖掘其对话本质，可以清晰地梳理译者面临的各种对话关系，冷静全面地描述翻译这项复杂活动的进程，有助于发现其中蕴藏的隐性规律，不断扬长避短，提高翻译质量。[43]汉语名量词与中心语的搭配使用并非程式化地不可更改，相反，是灵活多变且不断发展的。名量词与中心语搭配所引起的语义冲突是认知语言学中隐喻机制的必要条件，而俄罗斯语义学及其发展，在世界语言学中占重要地位。易礼群以名量词“星”与中心语名词“灯火”搭配的语义冲突为例，采用认知语言学的相关理论，总结汉语名量词隐喻功能的成因和特点，分析其工作机制在俄译时认知层面的传达，以期为汉俄文化的交流和理解找到一个新窗口，为认知语言学隐喻理论的发展提供新的材料和佐证。[44]黄忠廉、杨荣广和刘毅针对中国文化外译数量多、接受差、投资多、收效少等窘境，取“外译 + 互联网”模式，视互联网为智能翻译和翻译辅助工具，以文化外译为核心，优化整合各类资源，基于国内外互联网及其大数据加工，以促进国内做好文化外译的顶层设计，宏观思考文化外译的客体在外译领域、外译层次、外译民族文化等方面优先规划的序列问题，旨在实现中国文化外译设计的最优化。[45]刘淼和邵青基于契诃夫小说平行语料库的设计与建构，着重探讨了俄汉文学翻译语料库的创建问题。指出俄汉文学翻译语料库是一个以俄语经典文学作品及其中文译本为语料的双语平行语料库。创建本语料库的主要环节包括语料文本的选择与加工、语句属性的确定与标注、搜索功能的支持与扩展以及用户体验的设计与维护。创建本语料库的重要思想之一是用互联网平台进行语料库的存储与运行，使大众用户能够充分利用互联网平台完成数据共享与研究交流。[46]

注：

①陈勇：《俄罗斯符号学成型期文化学方向的研究》，《中国俄语教学》，2016 年第 3 期。

②赵爱国：《当前俄语“观念”研究中的几个理论问题》，《中国俄语教学》，2016 年第 3 期。

③赵洁、李玉萍：《后苏联时期俄语研究》，哈尔滨：黑龙江大学出版社，2016 年版。

④赵国栋：《〈俄语文化语义学：情感、价值和生活取向〉评介》，《中国俄语教学》，2016 年第 4 期。

⑤李锡奎：《俄语语篇理论及其应用研究》，北京：对外经济贸易大学出版社，2016 年版。

⑥李玮、李颖：《语篇语法学和功能语法学视角下的“超主位”概念探讨》，《中国俄语教学》，2016 年第 4 期。

⑦刘柏威：《为他人建构的话语——普京演讲的对话性》，《中国俄语教学》，2016 年第 4 期。

⑧卢婷婷：《俄罗斯政治语言学的主要论题及其特点》，《外语学刊》，2016 年第 5 期。

⑨蔡晖：《词义衍生过程中的题元范畴变化——以标准语和俚语的对比为基础》，《中国俄语教学》，2016 年第 4 期；《俄语词义结构中的使役关系类型》，《外语学刊》，2016 年第 4 期。

⑩李勤、关雅文：《俄罗斯语义学的历史经纬》，《外语学刊》，2016 年第 2 期。

⑪王洪明：《莫斯科语义学派的释义理论及应用》，《中国俄语教学》，2016 年第 1 期。

⑫张红：《情感动词的语义迁移》，《中国俄语教学》，2016 年第 3 期。

⑬王志坚：《俄语被动句在小说中的语义审美功能——从语法形式分析方法出发》，《中国俄语教学》，2016 年第 2 期。

⑭王钢：《论阿普列相的词位分析性注释》，《中国俄语教学》，2016 年第 2 期。

⑮胡应祥：《俄语中言语类和心理类抽象名词的语义配价研究》，《中国俄语教学》，2016 年第 2 期。

⑯李侠：《语义角色范畴对比分析》，《中国俄语教学》，2016 年第 4 期。

⑰曾婷：《俄语功利评价词研究》，《中国俄语教学》，2016 年第 2 期。

⑱杨利芳：《俄语 стыд 的概念分析》，《中国俄语教学》，2016 年第 1 期。

⑲白旭：《俄语语言世界图景中的观念场“авось”》，《中国俄语教学》，2016 年第 4 期。

⑳周海燕：《现代俄语无动词句研究》，北京大学出版社，2016 年版。

㉑王清、姜艳红：《俄语各类借词的构词能力分析》，《中国俄语教学》，2016 年第 2 期；姜艳红：《纵观英语词在俄语词汇系统中的发展历程》，《中国俄语教学》，2016 年第 4 期。

㉒袁琳、姜宏：《韩礼德与邦达尔科的语境观对比分析》，《中国俄语教学》，2016 年第 3 期。

㉓张勃诺：《试论俄语态范畴与被动态动词》，《中国俄语教学》，2016 年第 2 期。

㉔田秀坤、朱云萍：《俄语反身动词的准被动意义及准被动结构》，《中国俄语教学》，2016 年第 4 期。

㉕钟晓雯、王红厂：《俄语比较结构研究》，《中国俄语教学》，2016 年第 1 期。

㉖宋丹丹：《俄语“V－V”构式探析》，《中国俄语教学》，2016 年第 3 期。

㉗张扬：《俄语插入语浅析》，《中国俄语教学》，2016 年第 3 期。

㉘徐来娣：《俄汉语流重音声学实验对比及应用研究》，南京大学出版社，2016 年版；《俄汉语流重音声学实验对比研究》，《中国俄语教学》，2016 年第 2 期。

㉙毛志文：《结构诗学视角下的俄汉诗歌翻译研究》，中国社会科学出版社，2016 年版。

㉚张红：《俄汉心理动词语义—句法对比描写》，科学出版社，2016 年版。

㉛刘星、周民权：《俄汉拒绝言语行为的语用对比研究》，《中国俄语教学》，2016 年第 2 期；周民权：《俄汉社会性别定型的语用价值对比研究》，《中国俄语教学》，2016 年第 4 期。

㉜祝晶：《俄汉比较范畴的语义系统对比研究》，《中国俄语教学》，2016 年第 1 期。

㉝朱玉富：《金声玉振——中国经典文化俄译与翻译研究》，黑龙江大学出版社，2016 年版。

㉞赵艳秋：《借镜观看——论俄国诗人莱蒙托夫翻译实践的三种形态》，《中国俄语教学》，2016 年第 1 期。

㉟于鑫：《汉语成语俄译时的翻译补偿——以政治文献为例》，《中国俄语教学》，2016 年第 1 期。

㊱贾英伦：《词的语用意义与文学翻译修辞》，《中国俄语教学》，2016 年第 1 期。

㊲丛亚平：《论翻译思维与翻译教学》，《中国俄语教学》，2016 年第 3 期。

㊳胡谷明：《论中华文化经典俄译的几个问题》，《中国俄语教学》，2016 年第 3 期。

㊴杨仕章：《文化素翻译之学理探究》，《中国俄语教学》，2016 年第 3 期。

㊵关秀娟：《全译上下文语境推进机制的语形学理据》，《中国俄语教学》，2016 年第 3 期。

㊶廖红英：《俄语词序与俄译汉》，《中国俄语教学》，2016 年第 2 期。

㊷姜雅明：《中央文献词语文化特色的俄译问题》，《中国俄语教学》，2016 年第 2 期。

㊸童丹：《诗歌翻译的对话性探微——以〈北风行〉的俄译本为例》，《外语学刊》，2016 年第 5 期。

㊹易礼群：《汉语名量词隐喻功能及其俄译意义——以名量词“星”与中心语名词“灯火”搭配的语义冲突为例》，《中国俄语教学》，2016 年第 4 期。

㊺黄忠廉、杨荣广、刘毅：《“中国文化＋互联网”外译客体优先规划论》，《中国俄语教学》，2016 年第 4 期。

㊻刘淼、邵青：《俄汉文学翻译语料库的创建——基于契诃夫小说平行语料库的设计与建构》，《外语学刊》，2016 年第 1 期。

（作者：鲍红，北京大学副教授）

文 学

文 艺 学

吴子林 李晓波

一、学术活动概况

2016 年 7 月，由中国社会科学院文学研究所理论室与中国人民大学文学院、国际东西方研究学会（IAES）、中国文学网联合举办的“全球化语境中的差异与对话”国际研讨会暨第五届国际东西方研究论坛在中国社会科学院文学研究所召开。中国社会科学院、中国人民大学、复旦大学、北京语言大学、山东大学以及南非科学院、加拿大布鲁克大学、美国加州州立科技大学等单位的中外学者围绕全球化问题所带来的不同民族、文化和价值间的差异与对话，进行了深入的研讨与交流。

2016 年 10 月，由北京师范大学文艺学研究中心、福建省作家协会、福建师范大学文学院、龙岩市委宣传部联合主办，闽南师范大学文学院、龙岩学院文学与传媒学院协办，连城县委、县政府承办的“文化诗学与童庆炳先生学术思想研讨会”在福建省连城县举办。旨在进一步总结童庆炳先生的学术思想及其对中国当代文艺理论的贡献，充分讨论文化诗学的理论与实践在文艺学领域所取得的成就。与会的专家学者围绕着“文化诗学理论空间的拓展”“文化诗学的现实性问题”“文化诗学与行为结构、文学活动的关系问题”“文化诗学与马克思主义文论、中国古代文论、西方文论的关系”等研究热点展开深入讨论。

2016 年 11 月，中国文学艺术界联合会第十次全国代表大会、中国作家协会第九次全国代表大会在北京人民大会堂开幕，习近平总书记出席大会并发表重要讲话。讲话中指出，文运同国运相牵，文脉同国脉相连，希望广大文艺工作者要坚定文化自信，用文艺振奋民族精神；坚持服务人民，用积极的文艺歌颂人民；勇于创新创造，用精湛的艺术推动文化创新发展；坚守艺术理想，用高尚的文艺引领社会风尚，努力筑就中华民族伟大复兴时代的文艺高峰。

2016 年 12 月，由中华美学学会中国美学专业委员会、北京师范大学哲学学院、北京师范大学美学与美育研究中心共同主办的“美学与家国：中国美学高层论坛”在北京师范大学京师学堂举行。本次论坛旨在推动美学研究范式的变革，使美学从关注一般意义上的自由、艺术和人生问题，向国家制度、时空经验等宏大命题展开，在更宏阔的历史和时代背景下为美学寻找新定位。与会的专家学者以一讲一评的方式充分交流，从问题本身出发，充分讨论，碰撞出许多具有重要理论意义和思想意义的火花。

2016 年 12 月，由首都师范大学文学院主办、美国太平洋大学太平洋学院和《现代传播》编辑部协办的“新媒体的社会影响与挑战”国际学术研讨会在北京金龙潭酒店举行。来自国内外传播学、文化研究领域的 60 多名学者参加，围绕着“新媒体究竟如何影响了我们的生活?”“新媒体对文化带来了什么样的冲击?”“新媒体给国家治理带来了什么样机遇与挑战?”等议题展开了深入讨论。

二、主要出版著作

1. 专著

程正民《跨文化研究与巴赫金诗学》（中国大百科全书出版社）全面介绍了巴赫金的整体诗学思想，指出诗学研究不能只属于某个方面，提倡通过体裁诗学、历史诗学、社会学诗学等不同的诗学导向来研究文学现象，最终形成一种诗学的整体，从而达到诗学研究中的内容研究和形式研究相结合，历时研究和共时研究相融合，外部研究和内部研究相贯通的理想境界。

浦震元《中国艺术批评模式初探》（北京大学出版社）立足于中国古代文论与美学的现代价值转型研究语境下的新发展，在对中国文化与艺术思想进行微观考辨与整体把握的基础上，指出中国传统艺术批评存在深度模式与潜体系，它以中国古代天人合一的大宇宙生命和谐理论为哲学根基，特别是以“人与天调，然后天地之美生”这一重要理论认识为基础，在象、气、道逐层升华而又融通合一的多层次批评中，体现中华民族深层人生境界及大宇宙生命整体性特征的东方艺术批评模式。

王一川《艺术公赏力：艺术公共性研究》（北京大学出版社）对艺术公赏力命题首次作了全面而系统的阐述，对艺术公共性建构、艺术公赏力传统、艺术公赏力的重心位移、艺术公赏力的动力等问题做了历时性论述，指出在当前艺术纯审美与泛审美相互渗透、艺术分赏条件下尤其需要倡导艺术公赏力，促使公民在艺术观赏中实现自身的文化认同，提升公民的艺术素养。艺术公赏力作为新的研究范式将研究焦点移置于公众的艺术接受与艺术提升，对探究当前的艺术与美学问题具有重要的理论意义和现实价值。

吴子林《童庆炳评传》（黄山书社）评述了著名文艺理论家童庆炳的学术生涯、教育思想，重点研究了童庆炳在“审美诗学”“心理诗学”“文体诗学”“比较诗学”“文化诗学”诸领域的理论建树和思想发展轨迹，以及在中学、大学教材建设方面的贡献。本书写作六、七年，四易其稿，是目前系统研究童庆炳学术思想的第一部专著。

吴子林《文学问题——后理论时代的文学景观》（海峡文艺出版社）以“后理论时代”作为论述的语境，立足于当下的文学文化现象，对文学语言、文学与政治、文学与信仰、作家主体性等问题进行理论剖析，旨在厘清文学的意义和价值，建构文学的主体性，以中国传统的治学方法打通西方理论，重建“诚”的、有信仰的文学理论。

过常宝《先秦文体与话语方式研究》（中华书局）以先秦文献为研究对象，着眼于不同的话语方式与文体之间的关系，注重历史考证与文献辨析，综合利用了文化学与文体学的研究方法，对宗教文献、政教文献、史职文献、诸子文献等文献产生的文化行为进行细致深入地考察，力求再现作为规范性话语形式存在的文献典籍背后所依存的文化机制。

陶东风《当代中国的文化研究：约1990—2010》（中国社会科学出版社）是国内第一部介绍、梳理和反思当代中国文化研究发展历程的著作，不但对当代中国文化研究出现的社会—文化语境与学术—知识背景做了深入分析，而且把当代中国的文化研究划分为大众文化研究、族性与身份研究、女性主义与性别研究、消费主义与身体文化研究、媒介文化研究、城市空间研究六个议题进行了逐一分析，具有很强的涵盖面和系统性。

赵勇《法兰克福学派内外：知识分子与大众文化》（北京大学出版社）是作者10多年来对法兰克福学派研究的专题论文集。本书中西结合，资料翔实，视野开阔，逻辑清晰。本书以知识分子与大众文化为问题框架对法兰克福学派及其成员阿多诺、马尔库塞等人进行拓展性思考，探究法兰克福学派理论在中国的影响研究以及法兰克福学派视角下的平行研究。

季广茂《反启蒙与现代西方思想进程》（高等教育出版社）对反启蒙与启蒙的关系，反启蒙的起源、流变、蕴含、结果及其与西方现代思想进程之间的关系做了较为深入和系统的研究。反启蒙是伴随启蒙运动而产生的、与西方现当代思想史同步发展的重要思想潮流，表面看来与启蒙主义背道而驰的反启蒙，实际却是对启蒙主义的深化和延续。它不仅是西方现当代思想形成的肇因、源泉和动力，而且构成了西方现当代思想的重要内容，是理解西方现当代思想史的不可或缺的坐标。

陈太胜《声音、翻译和新旧之争》（湖南人民出版社）以胡适、郭沫若、闻一多等众多诗人为例，从不同的角度对新诗的翻译、文类的文体状况（声音）、新旧之争三个问题做了探讨，并试图指出探讨中国现代新诗的影响必须将其放置在中西方诗学汇聚的中国现代文学这一现实场域之中方才是合理的，同时也应考虑到个体在其中的创造性作用。

贾奋然《文体观念与文化意蕴》（中国社会科学出版社）是作者关于中国古代文体学与美学研究的论文结集，对文体史与文体学史、文体理论与文化意蕴、审美形式与美学理论之关系进行了深入细致地探讨。作者通过“文化诗学”之研究方法，将中国古代的文体形式与文体理论置于社会历史、文化的关联域中进行研究，探讨文体和文体观念生成的文化和美学机制，阐释其中所蕴含的美学意蕴和文化意蕴，深入发掘中国古代文体和文体学的民族特色。

胡疆锋《中国当代青年亚文化：表征与透视》（中国电影出版社）立足于新媒介和“自媒体”的民众化转向语境下，对中国当代青年亚文化进行分析，指出中国当代青年亚文化表现出“蔓成长”的态势，具有“微抵抗”的特征，作为一种前途未知的新兴文化，中国当代青年亚文化有待长期而深入地民族志式研究。

谷曙光《贯通与驾驭：宋代文体学述论》（人民文学出版社）是研究宋代文体学的专著，内容涉及两宋时期的文体形态、文体流变、文体系统和文体理论等。作者通过将文体文献研究和文体理论研究相结合，兼顾历史考察和理论分析，有意识地把文体研究与文学史研究结合起来，眼光开阔、思辨敏锐，高屋建瓴，具有很高的学术价值。

2. 编著

王岳川主编的《中国当代美学家文论家评传》丛书（十卷），是一部系统介绍中国20世纪的美学大家和文论大家的文化丛书，包括《朱光潜评传》（肖学周）、《宗白华评传》（云慧霞）、《杨晦评传》（詹冬华）、《季羡林评传》（王岳川）、《王元化评传》（王丽丽）、《李泽厚评传》（时胜勋）、《蒋孔阳评传》（时胜勋 胡淼森）、《钱中文评传》（刘方喜 李世涛）、《胡经之评传》（李健）、《童庆炳评传》（吴子林）。该丛书选取了十位中国当代著名美学家和文论家，以"评"的方面对其学术成果和贡献进行客观的评价，在"传"的方面钩沉其学术经历和人生趣事，呈现出浓郁的生活气息；力求为中国当代"文化输出"做一些推动性工作，打破多年来在中西方文化交流中，中国对西方思想家了解较多，而西方对中国当代思想家却知之甚少的局面，同时更多的读者领略和认识这些跨世纪美学大家的审美风采，从而推动新世纪中国当代美学文艺学研究的国际化。

"青年学者文库·文学批评系列"是中国言实出版社推出的一套学术集。包括李云雷的《新视野下的文化与世界》、曾攀的《跨文化视野下的晚清小说叙事：以上海及晚近中国现代性的展开为中心》、张慧瑜的《风吹影动：中国影视文化评论》、徐刚的《影像的踪迹：当代电影的文化政治阐释》、刘岩的《历史·记忆·生产：东北老工业基地文化研究》、鲁太光的《重建当代中国文学想象》、胡少卿的《驶向开阔的世界：当代文学与文化论集》、刘涛的《访落集：文学史"通三统"二编》、吴子林的《批评档案：文学症候的多重阐释》、霍俊明的《萤火时代的闪电：诗歌观察笔记或反省书》，旨在打造绿色的文艺批评生态环境，从多个角度对当下文学文化现象以及文学作品进行评论，推动和引导文学批评健康有序发展。

高建平《当代中国文论热点研究》（中国社会科学出版社）以宏观的总体概括和分阶段具体探讨相结合，在综合分析、推理演绎大量文献资料的基础上，以"序"的方式勾勒整个当代中国文艺理论研究的演进脉络，再以分章的方式论述不同时期的各自特点，对新中国成立以来文艺理论思潮中的热点问题和学人论说进行了针对性的深入研究。

吴子林《教育，整个生命投入的事业——童庆炳教育思想文萃》（华东师范大学出版社）分别从"教育改革新思维""教学的艺术""学习的智慧""学为人师，行为世范""审美人生"五个方面，精选了作为教育家的文艺理论家童庆炳的25篇文章，并附录了童庆炳主笔的"高中语文必修课程设计思路与框架"，比较全面而立体地呈现了童庆炳的文学审美教育思想和教学实践。

三、学术研究概况

2016年度北京地区文艺学研究在马克思主义文论、文学基础理论、古代文论、新媒介与网络文学研究、美学研究和西方文论等方面，做了许多富于前沿性的探究，无论是深入历史语境，还是回归当下现实，都取得了一定的进展与突破，呈现出异常丰富的理论景观。这些研究大多在批判性反思以往理论研究、批评实践的基础上，或立足理论文本，或正视文学现实，剖析了诸多理论范畴与命题，提出了接地气、有新意的许多见地，自觉汇入到了中国特色的文艺理论体系话语的创构。

（一）马克思主义文论

努力构建中国的马克思主义文艺理论，打造蕴涵中国特色和中国文化特质的理论话语，一直是马克思主义文论研究的重点。这一方面需要对马克思主义经典理论著作及其思想的发展史予以深入的研究，另一方面则需要结合中国实际，结合本民族特点，将马克思主义理论予以"本土化"，创造属于自己的意义系统，成为中国学术思想体系的有机组成部分。

1. 马克思主义理论解读

张永清从人们往往忽视的"外部"问题入手，重新梳理了马克思主义批评理论研究的整体形态，呼吁加强研究马克思主义批评的"前史形态"和"初始形态"，指出当前问题意识的缺乏，是构建马克思主义批评理论"中国形态"的症结所在。[①]

魏小萍指出，马克思早期的批判观念是在与各派思想家、国民经济学家的论辩中形成雏形的：马克思通过对产生贫富分化的现实分析，推翻了资产阶级民主派对经济体制自由与平等理念的论证；马克思透过现象分析本质，揭露出交换主体客体化，劳动力的商品化，劳动投入与获得工资之间的差距，成为剩余价值的来源；形式上的平等，蕴含着实际行为的不平等，这是资本主义"理念与现实悖论的根源"。[②]

汪民安爬梳了从马克思的商品价值论到商品拜物教的推演过程，他认为马克思的商品价值理论——商品包含交换价值和使用价值，发展到鲍德里亚的商品三重价值论，即商品符号价值的发现，是马克思主义理论在当代的重要发展。商品消费的符号化，表征着人们通过凸显蕴含在商品中的符号价值来确定自己的社会等级地位，商品的使用价值越低，其符号价值反而越高。商品凝结着人类无差别的劳动，人试图通过商品的生产和交换为自身谋取利益，商品因此取得了“绝对主宰”地位，以利益为导向的商品崇拜由此形成。“商品拜物教”的存在摧毁了区域性的封闭性，重构了世界市场，也改变了西方自身的历史关系。[③]

2. 西方马克思主义辨析

张秀琴高度评价了马尔库塞对“巴黎手稿”解读的贡献，她指出马尔库塞在早期对“巴黎手稿”的解读中认定了巴黎手稿作为历史唯物主义的新基础，确认了异化和劳动概念在整个马克思主义思想中的核心地位，奠定了西方马克思主义解读的人文主义转向；后期以介于黑格尔主义和海德格尔主义之间的存在主义的马克思主义的解读范式，将“感受”异化和“自然”概念作为巴黎手稿的“革命属性”和“解放旨趣”而引入，作为解读巴黎手稿的主题。马尔库塞的解读夯实了西方人本主义马克思主义对巴黎手稿的基调，完成了从实体主体化的“人本化”到人的“存在着化”的过渡，也从根本上驱除了黑格尔形而上学的残余。[④]

安启念认为，阿尔都塞所谓马克思主义哲学思想的“认识论断裂”，即从断裂前的费尔巴哈式的人道历史唯心主义者，到断裂后建立科学的历史唯物主义和辩证哲学观，这一论断并不符合事实；不同于费尔巴哈对抽象的人的崇拜，将人类的本质概括为“理性、意志、爱”，马克思在使用“人的本质”“类”等费尔巴哈术语时赋予了完全不同的理论思想，劳动实践在马克思的历史唯物主义中占有重要地位，是马克思构建科学世界观的基础。[⑤]

毋庸讳言，在文艺理论界与批评界，马克思主义文论“本土化”的工作多止于呐喊、誓师的空谈，真正有中国问题和中国视角，自觉运用马克思主义理论深度阐释文艺，富于建设性地解决所面对难题的学术成果并不多见。

（二）文学基础理论

文学可以定义吗？如何定义？杜书瀛认为，坚持文学不可定义的相对性和坚持文学本质主义的绝对性一样，都会使得文学进入僵化；文学在历史的发展过程中，虽然有不同的表现形式，但是文学的本质并非不可认识的、不可掌握的，它有客观的自身规定性；在杜书瀛看来，“文学是以语言文字为基本媒介而进行的人类审美情志之创造、传达和接受”[⑥]。

1. 中国文论的建构

如何发展中国文论？高建平认为在全球化语境下，首先由区域分离所形成的文化多样性是既成事实，在“和而不同”的倡导下，交流双方首先需要从“主体”与“他者”的被动“喊话”状态，转向为“我”与“你”个体之间的独立自主对话；其次，应理性地对待学术评价标准，学术研究应重在多样性的解决问题，而并非屈从于“普世化”的固定的评价标准。最后，要有“文化自信”，不同文化之间并无先进落后之分，走出去“我们来谈谈”才是避免“自言自语”的最佳策略。[⑦]

金惠敏从全球化的发展视角提出“对话即差异”的命题，指出反全球化的差异化也是一种对话；将差异纳入对话的理论探讨范围，进行深入的分析和研究是寻求一种新理论走出困境的第一步。作为后现代话语指向的“差异”，表现为以批判的态度拒绝理性和普遍性的同化；而“运动政治”中高举“差异”，则是以获得认同为目的。诉之于理论层面，则任何对差异的言说即是将差异纳入对话。差异对话并不意味着主张同化放弃差异，而是将差异放入对话的语境；作为理论性话语差异，也是对话存在的本体。全球化的推动使得差异性话语的存在渐趋边缘地带，进展艰难，而将差异转入对话则是改变困境的一种缓和策略。[⑧]

2. 诗学与批评的反思

李春青对“审美诗学”和“文化诗学”的理论背景和理论话语作了发展脉络的梳理，指出审美诗学以“审美”为中心，是个体的审美经验对构成文本的基本要素进行解读，审美诗学赋予审美因素以某种超越性和神圣性，是资产阶级精英文学脱离现实扰攘的审美乌托邦；文化诗学与理论的“后现代性”相关联，是在审美诗学基础上的理论延伸和文学反思，它关注文本背后审美活动与社会文化的关联和互动问题，是对元理论话语的反问和审诘，旨在揭示文学观念、文本形式、审美趣味等现象形成过程中起作用的社会环境因素，进而对这些审美现象所表征的政治性、意识形态性予以阐释。文化诗学在对审美诗学反思的过程中，汲取了审美诗学的理论建构方法，进行政治意识、社会因素理论话语的深度挖掘。审美诗学与文化诗学在中国的发展与西方相比出现的错位现象是中国社会现实的需要和诉求。⑨

时胜勋指出，文学批评的现实性困境体现为三个方面：学院批评的不作为；文学批评的边缘化；社会批评鱼龙混杂，难当重任。要改变这种状况，首先学院派批评要从“故纸堆”里抬起头来，回应当前面对的现实问题，在保持学院批评的独立性同时，结合现实的有效性问题，回应社会的期待；作为批评团体的各流派、社会批评媒介也应该明确作为批评者的主体意识，提高理论素养的同时坚持批评伦理，建构批评话语重塑文学批评的新形象。⑩

（三）古代文论研究

古代文论是建构中国文学理论及其批评话语体系的主要理论资源之一。返回到具体的历史语境，考察、解读、阐发古代文论中的重要范畴或命题，是让古代文论焕发勃勃生机、融入当代文艺理论之中的重要途径。

1.《文心雕龙》理论研究

姚爱斌发现，刘勰《文心雕龙》赋予了“骨”不同的内涵，研究者的不同选择和偏重，直接影响了对“风骨”内涵的理解。具言之，就内在的精神气韵而言，“骨”外在于整体结构；就外在肌肤而言，“骨”则处于内在的结构，用刘勰的话说，“必以情志为神明，事义为骨髓，辞采为肌肤”。此外，“骨”还喻指文章的根本特性和优秀品质，如“极文章之骨髓者”；还有与人物品评相似的用法，如“陈琳之《檄豫州》，壮有骨鲠”。总的说来，《风骨》篇因自身的复杂性和模糊性存在，存在许多易迷失方向的“岔口”，对其内涵的层层辨析和审慎选择，是走出“迷宫”的唯一途径。⑪

《文心雕龙》作为一部“体大虑周”的理论著作，陶礼天将其批评模式概括为经典批评模式、文体批评模式、才性批评模式和知音批评模式，其中经典批评模式在《文心雕龙》中奠定了思想立场，是刘勰立论的根据。经典批评模式蕴含在《文心雕龙》前五篇，即是以“五经”为标准进行批评，主要体现为“宗经”的合理性、“五经皆文”正当性、“五经”在政治伦理教化的价值性、文学发展变化的合法性原则以及文学批评的准则性五个方面，它从基础上解决了“关于文本论、文源论和文变论”等重大问题。⑫

2. 理论术语的反思

蒋寅对“格调”作了返本探源的考察，指出“格调”一词在唐宋指意格与声调，意高则格高；至明代论诗，“格调”已不再是中性概念，作为复合词的出现，它独立于情感表现之外，有特定的风格取向，其具体内容则包括“气派之雄、称说之繁、文辞之古及相应的声调和修辞”。清代沈德潜以“宗旨、体裁、音节、神韵”为诗学核心，融入了王渔洋的“神韵”，在内容方面突出伦理性要求，秉持儒家的折中观念，兼容并包，弥补了明代“格调”派在音律上的荏弱，而在美学的高度论述阐释诗学原理问题。⑬

党圣元从多层面论析了“体认”功夫论的内涵，指出“体认”是中国文学批评实践与传统思想内涵演化而成的重要文论范畴，是一种自我领悟、升华的认知过程；不同于西方逻辑推理性的思辨认知，“体认”重了悟而不重论证，表现在文学创作中，不仅要体贴人情，更要体贴物理，“体物得神”，传神自如地表达对象；在文学接受、鉴赏中，“体认”要求读者“披文入情”，设身处地进入作品提供的艺术情境，揣摩、体悟以消除与对象之间的边界，达到精神交融；在读书之法上，“体认”则体现为“涵泳”，沉浸其中，身临其境，与物同游。以“体认”为特征的中国审美，是向内的一种返身性，是功夫之学，是客体与主体相统一。⑭

胡应麟的“格以代降”是否属于复古主义者的退化论？王明辉持否定观点。他认为“格”在此意指诗歌外部体式和思想内容构成的一种整体诗学风格，“格以代降”应理解为诗歌的品级随着朝代更迭每况愈下。这一观点是胡应麟在总结明代复古诗论的基础上提炼出的总结性观点，与中国古代诗歌的“兴寄”传统有关；也是面对诗歌发展历程中“古雅”风貌渐失、“诗言志”的纯粹性不断受到冲击的一种真实描绘和恳切批评。他对传统诗教精神的提倡，“则是主流诗学话语的掌控者或追随者对于自身的精神追求、权力地位和审美趣味的坚持与捍卫。”⑮

3. 古代文论的当代阐释

古代文论的转化有三种途径，一种是用西方的理论话语策略构建系统的中国文学概念和命题；第二种是立足中国传统语境，运用现代话语阐释，旨在焕发其活力；第三种学术路数，则是直接阐发中国古代文学研究的概念与命题所蕴含的深厚而丰富的传统意义，揭示其普适性和共同性内涵。如何在用现代术语诠释的同时保持原意，并融入世界文化体系呢？

郭英德指出，首先，外来观念是用来参考验证的材料，而不是观念先行的指导；其次，在古今中外的对接中，体察和明晰中国古代文学中独特的心理内涵和哲学价值观，建构蕴含中国价值的文学研究理论与方法，体现出中华文化的学术话语和叙述方式。[16]

张晶指出，古代文论的阐释是在当下现实性思维基础上的综合与重构，而不是对历史的某种修补；在某一主题下的文献综合，或某种理论视角下的重构，要求研究者具备一定的知识储备和甄别选择能力，才能发现文本的价值空间；此外，研究主体和客体文本的主体间性也为理解、阐释提供了张力。在尊重古代文论文本的基础上，从文化学、哲学等视角诠释其文本构成要素，有助于拓展古代文论的研究空间。[17]

（四）新媒介与网络文学

1. 新媒介研究

李昕揆指出，“生态范式”研究和“审美范式”研究作为中国媒介研究的主要范式，有着不同的研究领域和学术架构。“生态范式”从媒介本身着眼，偏重经验性和操作性实证性，以探究媒介的生存环境为目的，尽管在规避美国经验学派的忽视整体的趋向，却仍然难逃其弊端；“审美范式”关注媒介 的“感性后果”与“价值维度”，重视阐发媒介技术的美学意味和感性内涵，增强媒介的人文关怀和价值建构。两种范式的对立统一关系构成了中国媒介生态学的完整结构，两种范式的沟通与整合是发展“中国媒介生态学”的新路径。[18]

肖永亮认为数字艺术作为一门不同于传统艺术批评体系的新兴艺术，应有属于自己的独立批评体系：首先，数字艺术不同于传统的艺术，如油画或雕塑，作品完成后将固定地呈现自身；数字艺术则通过互联网和数据操作，在不同的终端将呈现出不同的美学样式，变化无常而逾越了固定批评话语的适用范围；其次，传统艺术的批评鉴赏要求鉴赏主体具备相应的理论知识与文化积淀；数字艺术则依赖电脑技术的合成加工、技术的处理，因而对数字艺术的鉴赏，在依赖审美的同时要求批评主体能从特效技术入手进行美学的分析和批判。新的艺术话语批评体系应用于实践检验的过程中，需要不断演化创新，进而内化为艺术史的发展范畴。[19]

2. 网络文学理论探析

马季描述了网络文艺的发展状况，指出网络文学发展是政府、资金、市场共同推进的成果，网络文学以“读者的阅读喜好”为取向，呈现出“故事设置更随意”的特点，促使都市言情和幻想类题材成为网络文学作品的主要类型。网络文艺发展呈现出旺盛的生命力，表现在大批新型文学网站陆续加入、相应的理论研究和批评体系建构也初见成效。而网络文学的文化价值，以及网络文学的发展前景则成为值得思考的问题。[20]

许苗苗从网络文学的历史穿越类小说入手探索网络文学作品如何实现内在规范。网络文学面对的内在规范主要体现在文学网站的体制监管、专家意见和产业需求。回归当下网络环境，作为热门题材之一的历史穿越小说，为规避专家或学者对可能出现的历史知识错误的指责，“架空历史”的创作便成为常态，在满足读者阅读趋向之际也不免面临着丧失人文情怀和文学独立精神的指责。而在网络文学内部，以交流为功能的帖子从简单的挑错到理性评论的出现，体现着网络文学内部自我修正的倾向和自觉的价值追求，助力于网络文学的自我完善和发展。[21]

网络文学在繁荣发展的同时也面临着重重危机，网络文学创作的类型化、网络理论的落后、批评的模式化，以及网络文学产业化随之而来的版权问题、艺术性问题等都已成为当前影响网络文学发展的阻力。陈定家认为导致批评难以推进的一个原因为“小荷初露的新媒介批评理论一时还难以被纳入当代文学理论的框架”。研究者在呼唤“全新的眼光”“全新的政策”和“全新的方法”的同时，更要立足于当前的社会现实、文化现实，从亟待解决的问题着手。[22]

（五）美学研究

美学的研究呈现出多维度、多层面、不同进度的发展境况。无论是对于审美理论的研究，还是对于西方现代美学思想的探索，以及对于中华美学精神的建构，都有所推进。

1. 美学问题反思

张炯质疑了单一的文学艺术“劳动起源说”，指出文学艺术的起源应是多种因素综合，是主客体相统一的产物：原始生活的劳动中创造人本身、繁衍种族的性生活中产生审美萌芽、战争中形成对英勇和威猛崇拜，此三项作为原始生活中不可缺少的部分，同时也是审美意识形成的重要来源。审美意识是产生文学艺术的前提，没有审美意识就难以产生艺术；人的本质力量对象化促使人类在历史实践过程中，按照人类的需要来认识客体的同时改造客体。而最初艺术品的创造，往往是不自觉的，在感觉到美后，人类进一步自觉起来，产生对于美的需求和创造。在主观能动性的支配下创造出超越使用价值、不同于自然的艺术美。艺术的产生与人类的审美意识相互促进，艺术美的创造培养人们的审美需求，而需求又推进艺术美的创造。㉓

艺术作品有没有统一的本体存在？艺术的本体论在“心”还是在“物”？高建平认为，不同的艺术有不同的本体形式，艺术本体既不能从物性上找，也不能从主观的心上找，关键是将“物”与“心”结合起来；“艺术是一个事件”，是心身一体的活动，既具有精神性，又具有物质性和可操作性，是内外一致的活动，艺术的本体就是在“心”与“物”之间的实践上。㉔

关于克罗齐美学中存在“一种克罗齐美学还是多种克罗齐美学”的疑问，西方学术界一直存有分歧，黄应全对克罗齐美学进行了回溯，认为克罗齐美学是一以贯之的，并无内在矛盾。不同于前期强调艺术的自主性、直觉性和无功利性，后期的克罗齐美学认识到心灵活动的循环往复、螺旋上升发展过程，在此基础上主张艺术的自主性并非绝对的自主性它同时还具有依存性，是一种循环发展模式，也是对早期观点的补充和丰富，与此同时，主张艺术的抒情性和普遍性，论述真正的艺术是诗性的、直觉的而非技艺或教化。㉕

2. 中华美学精神

刘成纪分析了中华美学精神在中国文化中的位置，指出中华美学精神的宽度和深度体现在先民对其所处的时间和空间，从外感形式到内在生命本质的审美体认中，以所在为感知，构造出有规律节奏的诗性生活意味；而对礼仪为代表之美的崇尚，则构成了中华美学精神在中国文化中的高度。㉖

袁济喜对汉末魏晋以“清”为美的风尚进行了探源，他认为尚清作为一种美学现象与文艺心理，和特定年代的社会环境有密切关联。汉末魏晋时期，政局风谲云诡，“清”作为一种天地之正气，人格之表征，成为东汉士大夫精神追求；至汉末的党锢之争，清浊的对立更演变为意识形态斗争，而不愿涉足政治斗争的士人则将清议之风抽象化，用于品评、思辨及审美范畴，将尚清的文化观念由外向而转为内敛，促使尚清意识成为文艺美学的重要概念。汉末魏晋之际，清浊之概念被用于构建新的文学批评观念，“清谈与思辨的思想影响到文学艺术的走向，构成六朝文艺与美学不同于隋唐之后的亮点。”㉗

在当前开放性的大众传媒时代，王一川借助不同美学家的理论分析指出，中国文化心灵在其本性上是艺术的，而这种艺术本性同时在不同的艺术类型之间实现贯通。在此意义上，中国艺术精神是中国文化特有的艺术性积淀，而这种中国式艺术心灵会在艺术中获得超越具体的象征形式。中国艺术公心是中国艺术精神与当前公共性时代相结合的产物，是中国艺术在文化与艺术之间、不同艺术类型之间、人的心灵与艺术之间、艺术与异质文化之间具备的公共性品格。因此，在当今时代全球多元发展对话环境中，中国艺术应当为全球文化公共性建设做出独特的艺术贡献。㉘

（六）西方文论

（1）关键词、命题考辨

本年度西方文论研究集中在对关键词、命题的考辨，以及对西方文化反思。

钱翰梳理了福柯的“谱系学”概念，发现福柯对西方近代以来的形而上学历史观作了强烈的批判，拒绝承认其对历史做出的连续性和继承性归纳，强调历史的过程是充满断裂和偶然性变迁的；在此基础上提出的谱系学概念，并不是说明某种概念或话语是如何继承和衍变过来的，而是强调其“如何在源头出现的”，在此意义上的“谱系学”类似于“出生学”或“出身学”，它致力挖掘事件如何在历史中发生，进而分析其背后的意义。然而，福柯的谱系学概念在向中国引介过程中出现概念的混乱。我们对于福柯谱系学的研讨，应在所提供的语境中把握其概念和学理内涵，强调谱系学对事件发生的考察与源头考察之间的叙述断裂。㉙

赵勇考察了阿多诺“奥斯维辛之后”命题的由来，指出不能在产生暴力野蛮的文化基础上进行文化重建，是阿多诺反思文化批评的起点；在阿多诺看来，文化已经丧失独立作用退化为意识形态，文化批评与文化相勾结，卷入体制内成为宣传工具。因此，必须通过辩证法、否定性和内在批评去改造文化批评；在此基础上，文化批评才能成为批评家手中戳穿现实的利器。㉚

（2）文化研究

孟登迎在梳理文化研究思潮进入中国学界的路径特征之后指出，推进文化研究，首先要对中国的政治文化生态环境有所认知，坚持知识分子介入社会和改造社会的立场，强化知识分子的社会批判意识，发挥文化研究在社会政治运动结构中的独特效用。致力于破解意识形态表象，揭露被遮蔽或欺瞒的非主流文化形态和阶层诉求，释放其内在活力与博弈能力，呈现当代社会文化的内在结构性矛盾，深入真正的社会生活层面，探讨意义呈现背后的形态进行政治经济学因素。[31]

孙士聪以阿多诺文化工业理论遭遇中国经验为例，对本土文化研究的“失语症”论断提出质疑。首先，文化工业理论遭遇中国经验本身便属于本土文化研究的重要内容，而对理论作为批判性武器的过分倚重则遮蔽了对其“有效限度”的反思，导致文化工业理论与本土文化经验的错位；其次，本土的文化研究植根于特定的“文化实践”与“文化土壤”，面对客观对象展开的激烈讨论往往缄默不言，都是文化理论以及文化实践在本土的具体呈现。“失语症”的诊断虽是源自中国本土文化研究的自我回顾与反思，然而若拘泥于削足适履地套用西方理论、或掩耳盗铃式地证明自身本土研究的合法性都无助于本土实践、文化研究的发展。[32]

注：

①张永清：《时代境遇中的马克思主义批评理论》，《文学评论》，2016 年第 5 期。

②魏小萍：《马克思早期批判思路的形成路径——自由与平等、公平与正义：理念与现实的悖论》，《中国人民大学学报》（哲学社会科学版），2016 年第 3 期。

③汪民安：《商品价值论和商品拜物教》，《外国文学评论》，2016 年第 4 期。

④张秀琴：《马尔库塞对马克思“巴黎手稿”解读的贡献》，《北京大学学报》（哲学社会科学版），2016 年第 2 期。

⑤安启念：《阿尔都塞马克思哲学思想“认识论断裂说”批判》，《北京大学学报》（哲学社会科学版），2016 年第 1 期。

⑥杜书瀛：《文学可以定义吗？如何定义？——兼论南帆、陶东风文学理论教材的功过是非》，《文艺争鸣》，2016 年第 6 期。

⑦高建平：《在交流对话中发展中国文论》，《探索与争鸣》，2016 年第 11 期。

⑧金惠敏：《差异即对话：一份研究纲领》，《中国比较文学》，2016 年第 4 期。

⑨李春青：《论文化诗学与审美诗学的差异与关联》，《北京师范大学学报》（社会科学版），2016 年第 5 期。

⑩时胜勋：《文学批评的现实性诉求及其困境》，《文艺评论》，2016 年第 1 期。

⑪姚爱斌：《生命之“骨”的特殊位置与刘勰“风骨”论的特殊内涵》，《文艺理论研究》，2016 年第 1 期。

⑫陶礼天：《论〈文心雕龙〉的经典批评模式》，《安庆师范学院学报》（社会科学版），2016 年第 5 期。

⑬蒋寅：《“正宗”的气象和蕴含——沈德潜新格调诗学的理论品位》，《文艺研究》，2016 年第 10 期。

⑭党圣元：《中国传统文学批评中的“体认”功夫论》，《学术研究》，2016 年第 10 期。

⑮王明辉：《胡应麟“格以代降”说的诗学意义与文化意义》，《文艺理论研究》，2016 年第 2 期。

⑯郭英德：《中国古代文学研究的文化担当》，《文学遗产》，2016 年第 5 期。

⑰张晶：《中国古代文论阐释的多元向度与价值判断》，《甘肃社会科学》，2016 年第 1 期。

⑱李昕揆：《中国媒介生态学的两种范式及未来趋向》，《中国文化研究》，2016 年第 3 期。

⑲肖永亮：《数字艺术应有独有的批评体系》，《中国文艺评论》，2016 年第 6 期。

⑳马季：《网络文艺的主流化与新格局》，《中国文艺评论》，2016 年第 6 期。

㉑许苗苗：《从“穿越”到“穿越指南”：网络文学如何实现内在规范》，《探索与争鸣》，2016 年第 3 期。

㉒陈定家：《网络文学理论与批评现存问题及其应对策略》，《阅江学刊》，2016 年第 6 期。

㉓张炯：《文学艺术起源新探》，《文学评论》，2016 年第 3 期。

㉔高建平：《艺术作品的“本体”在哪里?》，《当代文坛》，2016 年第 2 期。

㉕黄应全：《克罗齐后期美学的若干变化》，《首都师范大学学报》（社会科学版），2016 年第 4 期。

㉖刘成纪：《中华美学精神在中国文化中的位置》，《文学评论》，2016 年第 3 期。

㉗袁济喜：《汉末魏晋以“清”为美探源》，《中国人民大学学报》，2016 年第 1 期。

㉘王一川：《论中国艺术公心——中国艺术精神问题新探》，《艺术百家》，2016 年第 1 期。

㉙钱翰：《福柯的谱系学究竟何指》，《学术研究》，2016 年第 3 期。

㉚赵勇：《文化批评的破与立——兼谈阿多诺“奥斯威辛之后”命题的由来》，《北京师范大学学报》（社会科学版），2016 年第 1 期。

㉛孟登迎：《“文化研究”的英国传统、美国来路与中国实践——兼析“文化研究”进入大陆学术思想界的历程》，《文艺理论与批评》，2016 年第 1 期。

㉜孙士聪：《文化研究“失语症”问题——当阿多诺文化工业理论遭遇中国经验》，《上海大学学报》（社会科学版），2016 年第 2 期。

（作者：吴子林，中国社会科学院研究员；李晓波，中国社会科学院硕士生）

先秦两汉文学

罗姝鸥　常　森

2016 年度，北京地区先秦两汉文学研究的成果主要集中在以下几方面：一、新出土文献研究；二、作家作品研究；三、文学史研究；四、学术思想史以及文化史研究；五、文本研究。

一、新出土文献研究

常森指出，上海博物馆藏竹书《诗论》，记录了孔子论诗以及《诗经》的材料。它虽然出于孔子后学之手，但主要是孔子本人的学术建构，对研究孔子来说，其重要性约略跟《论语》相类。以往学界关注《诗论》，焦点在《诗经》学及一般诗学方面，常森将它纳入更加宽广的学术视野即儒家心性学说的历史生成中来观照。通过对《诗论》的“眚（性）”“心”“命”等范畴进行细致论析，揭示出在儒家范围内，众所周知的“诗言情”“诗言志”等观念原本拥有更深刻的思想基础，可概之为“诗言眚（性）”，而且《诗论》的意义远远超出了《诗经》学或者一般诗学。除了在一般诗学或《诗经》学上备受关注的范畴“志”“情”“意”等等，《诗论》还拥有一系列十分重要的范畴，譬如“心”“眚（性）”以及“天”“命”。这几个不太受重视的范畴在孕育七十子及其后学的心性学说体系上，发挥了更为关键的作用。不过，关于孔子的文献仍有缺失，我们现在知道的，还远未达到孔子思想的“边界”。[①]

学界一般认为清华简《芮良夫毖》系芮良夫进献天子的规谏之作。高中华、姚小鸥《论清华简〈芮良夫毖〉的文本性质》一文指出，这种误解源于学者对该诗《小序》中“厥辟”一词的误训，而往深层次上探寻，则是受《毛诗序》“美刺”说的影响。该文考证，《芮良夫毖》诗之《小序》中“厥辟”、“御事”并称与《尚书》屡见之“邦君”、“御事”相类，乃古人惯例。“厥辟”并非如整理者所言，指“周厉王”，“当指诸侯无疑”。“毖”当训为“诰教”。简 24“朕惟冲人”中之“冲人”，读为“童人”，乃谦称，在传世文献及简帛文献中多为王朝统治者自谦的称呼，表明芮良夫身份非同寻常，当为周王朝执政卿士。“《芮良夫毖》绝非上献天子之谏诗，而是诰教之诗歌。”[②]另外，《芮良夫毖》“隹啻为王”一句，“隹啻”二字，整理者读为“惟帝”，曹方向改读为“谁適”，谓“谁適为王”意为“谁能一个人称王”，这种释义得到了广泛认同。高中华、姚小鸥《周代政治伦理与〈芮良夫毖〉“谁適为王”释义》却认为，曹氏“释字正确，释义则有可商”。“谁適为王”之“適”当读为“是”，“谁”为介词宾语、前置，“是”为结构助词，表宾语前置，且示强调。“谁是为王”即“为谁王”，联系其上文“民之残矣”，及《芮良夫毖》诗篇内容，当释义为“民人残灭，我等为谁而王耶”，表现了重民之意。这与周人执政理念中的“保民”思想是相通的。而曹氏解读背后所反映的“得众则得国，失众则失国”思想，逻辑上将得出“得众”只是“得国”之途径的结论，与周人的政治伦理不符。这样的歧见，广泛存在于战国学者对前代经典的解读上。[③]

邢文《北大简〈老子〉辨伪》一文指出《北京大学藏西汉竹书［贰］》所刊《老子》系伪书，姚小鸥结合秦汉简册制度，逐一对照邢文的指责，认为邢文所提出的证据都不能成立。北大汉简《老子》简 52 中第二个“得”字位于该简残断之处，系经由整理者拼复，邢文以此为据判断北大汉简《老子》系伪书，并指整理者“二次作伪”，姚小鸥认为这是“一个错误的学术判断”，整理者不过是对简 52 的拼接出了问题。另外，姚文指出，邢文忽视了北大汉简《老子》文字书体“体势略向左下方倾斜”的特点，以简 2“無”字书写“左倾”等特点判断其为伪作，也不注脚。[④]

二、作家作品研究

常森《屈原及楚辞学论考》一书，共 52.3 万字。

该书第一章论析屈原的生平及时代，在这一框架中，澄清了一系列许多重大问题。比如不少学者视屈子为法家，将屈子“造为宪令”视为变法之举。常森指出，这种误读遮蔽了屈子的真实特质，遮蔽了那个时代的一大块历史真相。屈子推行法度其实意味着效法尧、舜、禹、汤、文、武等先王，其取向完全符同于“祖述尧舜，宪章文武”的儒家。与常见的人物生平研究不同，该书第一章还有一个核心关注，即揭明屈作的现实触媒。作者认为，对屈原辞作的一系列曲解或误读都基于不明了其现实触媒，只有弄清楚各篇作于何时、因应何事，才可以解决很多悬而未决的难题，廓清一系列错误的认知。比方说，揭示了《哀郢》乃屈子被顷襄放逐第九个年头的作品，就可以知道它与白起拔郢根本没有关系。该书第二章剖释屈子人生追求模式，第三章考察屈作历史视野，第四章探究屈子天命观及其自我解构。这些问题很少有学者予以专门深入的研究，却是屈子的灵魂，屈子屈作几乎所有问题，都必须以把握这些要素为前提，才能有效解决。屈子的人生追求模式实际上是儒家“修齐治平”模式的缩微版。具体到现实生活中，它是一个动态的系统，诗人常怀抱与实践向上的追求，求之不得，则回归并持守修身这个基点。这一模式可以说是屈子全部传世作品的根基。屈子历史视野是他建构人生追求模式的基础，也是他回应现实、结撰作品的源头活水。若没有一个关怀尧、舜、禹、汤、周文、周武、伯夷、彭咸等人的历史视野，屈子建构的人生模式将失去支撑，而《离骚》《天问》诸作的核心情结也无由产生。只有回归屈子的历史视野，才能有效地解决一系列核心问题，包括学术史上的很多重大争议。在天命观方面，本来屈子坚信有一个温暖的终极性的皇天俯瞰着苍茫的人间世，他佑助有德，惩治服非善用非义者。这种观念起初是屈子人生追求的终极保证，而且屈子坚信它是现世所有道德问题的最终解决之道。被顷襄放逐以后，屈子对天命信仰的肯定性的反思逐渐转变成了否定性的反思，他最终否弃了这种天命观。这是屈子漫长流放生涯中发生的精神巨变。光明的天空由此变得一派昏暗，他只靠自己的意志和力量踽踽独行。而意味深长的是，对于这种天命观，屈子前期的姿态同于孔子，后期的姿态则与郭店简文《穷达以时》以及《荀子》所代表的理智传统一致。作者认为，屈原的人生追求模式，他在作品中建构的历史视野，他对天命观的认同、持守以及后来的解构，这些要素构成了他人生与艺术的核心，它们缩合为一，并关联着其他方方面面。在考查了屈子人生追求模式、历史视野、天命观跟儒学的叠合，并以第六章集中论析了屈子对儒典与儒学的接受以后，屈子“儒家的精神”得到了全方位的确证。该书第六、七章有点相似，前者证明《招魂》为屈子所作，后者证明《远游》非屈子所作。这两章并非只是解决这两篇作品的归属问题，而是要基于单个作品，来诠释屈子精神及艺术的特质，揭明下面的事实：即将《招魂》从屈作范围内排除，或者将《远游》硬拉到屈作范围内，暗含着对这两篇辞作以及它们所关涉思想、文化、文学史的多重误解。作者强调，屈原在中国历史以及思想、文化、文学各专门史上的意义和地位，是时候重新书写了。⑤

关于《招魂》之作者，汉代就有屈原、宋玉两种不同的判定，以后各有分化和推进；加上对所招对象的认知不同，情形愈显得复杂。其间最基本的历史轨迹是，作者问题，宋玉说超出屈原说，所招对象问题，招王说超出招屈说。常森着力呈现了自己对《招魂》作者、主旨本身的认知，他基于文本所叙被招者之行为和特征，确定篇中之招魂术乃“施之生人”者，而被招对象只能是屈原，不可能是怀、襄或其他楚王。基于文本所设定的结局背离其所述招魂目的、代言说迂曲而空洞，并参证《大招》“为招之术”，确认《招魂》之招屈子不可能是宋玉代言。基于文本采取第一人称之叙事视角，证明《招魂》乃屈子自作自招。最后揭橥了《招魂》本意——屈子人生抉择的象征，以此证成全文的主旨。⑥

鲁洪生、姜国申辨析了《周易·蛊》卦的主旨——除弊治乱，指出，“《蛊》卦将‘蛊乱’分为两种，一为父辈所留，一为母辈所留。父辈所留之‘蛊乱’多为社会政治方面之问题，母辈所留之‘蛊乱’多为家族内部之问题。站在君王方面考虑，治理‘蛊乱’须抓‘大’（父蛊）放‘小’（母蛊），注重民心向背。上九爻辞‘不事王侯，高尚其事’，《帛书》句末多一‘凶’字，故上九爻应解读为：不侍奉王侯，自以为行事高尚，很危险”。⑦

《诗序》的作者，有孔子、子夏毛公合作、国史、卫宏、诗人自制诸说，卫宏作《诗序》一说影响尤大。傅刚《〈毛诗序〉作者略说》一文，细致地搜辑对比了相关经史材料，发现卫宏和国史之说皆不可信。《毛诗》虽晚出，亦在汉武帝时，诗必有序而后可授受，若在卫宏之前无序，经师如何向学生讲授？后人信《毛序》出于卫宏，“这是因为自宋儒疑

《序》以后，世人对《序》所解《诗》之义表示怀疑，遂不信子夏之说，亦不信毛公之说，卫宏是《序》作者中时代最晚出者，又有《后汉书》作证，故宁信晚出，而不愿信其来有自。”而宋人以为《诗序》为国史所作，则显然是受《诗大序》影响。而从历来文献看，《诗序》作者国史说的确最早，但这种说法仍有很多疑惑之处无法解释。另外，对于前人所说的续序，也应该具体看待，有些被认为是续序的，其实在《毛传》中已有相应的文字，所以不一定都是出于后人所增。[8]

李炳海对《天问》进行了研究，指出，“《天问》‘吴获迄古’四句诗，叙述的事是吴国初创期的历史，不存在错简和文字讹误。战国时期的南岳衡山，具体方位在桐柏山，山名由山的形状而来。太伯、仲雍由岐山迁移到汉水东部衡山一带，在那里建立根据地，然后开土拓疆，进入吴地。句吴之称，统辖广大之义。吴、楚春秋时期的战争，有其历史渊源，并非是偶然事件起决定性作用。江汉诸姬的有些成员，当是伴随太伯南下而迁移到楚地，并非西周王朝所册封。《天问》对吴国所做的叙事，体现出屈原对吴文化的认同及亲和力”。[9]李炳海指出，“《天问》中的‘中央共牧’四句诗，是以炎帝、蚩尤之战为背景，其中提到的蜂蛾，指的是坚固锐利的金属兵器。采薇女被鹿搭救的故事，与伯夷、叔齐传说无关。采薇女是伏在鹿背上向北迁移，这个情节可以在《天问》中找到内证。炎帝、蚩尤交战的地区称为涿鹿、独鹿，鹿传说与地名存在密切关联。《天问》‘弟有噬犬’四句诗，反映的是晋国的宫廷内乱，兄指赵盾，弟指赵穿，叙述赵盾的逃亡及其被以弑君恶名的经过。这四句诗与秦人及赵国的历史故实没有关联。《逸周书·尝麦解》《公羊传》是解读以上诗句的重要依托，这两部文献的生成与传播情况表明，屈原有可能接触到它们，并且加以利用。”[10]李炳海还说，先秦散文中多次提到姑射山，其地理位置并非集中在一处，而是分散在多个方位；“有的在鲁南，有的在山西临汾，有的在东北沿海，还有的远在西海。以往对姑射山所作研究，在很大程度上走入学术误区，相继出现《山海经》错简说，以海中列姑射山解释《逍遥游》的姑射山，对《逍遥游》的姑射山割裂分释。上述做法均不可取。先秦时期‘姑’字往往表达‘大’之义，‘射’取其挺拔之义。以姑射山相称的山，取其广大高耸之义。即使后代出现的姑射、姑射山，其山体样态亦是绵延广大，挺拔崔巍。姑射山作为山名，其具体含义经历了由虚入实的过程，兼有专名和通称属性”。[11]

关于《青青陵上柏》的创作年代，孙明君《〈青青陵上柏〉中的宫阙》一文结合现存史料和当代考古成果，就诗中提及的“两宫”与“双阙”进行了考证，证明无论是东汉洛阳还是曹魏洛阳，都存在“两宫”与“双阙”，而“李善提出《青青陵上柏》产生于东汉之后，千百年来质疑者甚少，其说几乎可以成为定论。在这样的情况下，如果要推翻成说，需要充足的理由”。故而作者认为，“既然《青青陵上柏》中说‘两宫遥相望’，两宫之间应该有较远的距离，今人考证东汉洛阳南宫与北宫相距一里，正好符合遥望的说法。《元河南志》等文献和当代考古发现足以证明东汉洛阳宫城的确存在着‘阙’。宫城之‘阙’必是‘双阙’。依据以上材料，我们倾向于认为《青青陵上柏》写作于东汉时期”。[12]

三、文学史研究

关于儒学传承，主要有“说经之儒”和“著述之儒”之分，这两者形成了我们传统的经学研究范围。这种认识忽略了一类以“序次”为主、对早期儒家学术进行整理传承的“记纂之儒”。记纂之儒不对经典本身进行传注阐发，也谈不上在著述上有新义创作，而是通过整理、序次儒家文献以发挥知识传承的稳定性，继而成为一个时代共有的修养。这就涉及儒学传承体系中的杂记类文献。杂记文献的功能在于，它作为一种公共知识具备文化构建力，与当时各种文体和文献的生成有密切的关系。李翠叶、尚雪峰《“孔子遗说”的记纂与儒家杂记类文献的文体功能》一文，强调将杂记文献放到知识传承的谱系中进行研究。文章梳理了周末至魏晋，儒家杂记类文献的文体功能变化现象。西周末年，六艺失官守而有赖师教，“记”从官方文献知识转为记录圣言的经学之记，七十子单篇散记，以笔记的形式，作为学习资料流传下来，构成了以后诸多文章和学术思想的基本材料。到秦汉时期，以刘向《说苑》为代表，对前代知识材料进行了重新整理，通过编、述、序、次的组合与重构来构建新时代下的义理，并促成了儒学成为汉代社会的思想基础。至魏晋时期，儒学记纂主要是文人通过读书笔记集录而成，大多是关于儒学礼制类杂记文献的学习笔记，而有关于孔子遗说的儒家杂记类文献逐渐没落，这与当时新的博物知识体系的转向有关。[13]

作为文体的“赋”字，其意义的生成经历了一个复杂的过程。马银琴在《从赋税之“赋”到登高能“赋”：追寻赋体发生的制度性本源》一文中，梳理了从赋税之“赋”到“登高能赋”这一过程中“赋”字内涵的演变，通过讨论“赋”由一种制度性的言说方式发展为文之一体的演变过程，揭示了赋体发生的制度性本源。文章指出：“一方面，以‘贡赋’为主要义项，‘赋’字从一开始就是具有制度性的内涵；另一方面，‘王命使赋’的赋政活动，又使‘赋’具有了作为言说方式的‘直陈其事’的意义。从‘瞍赋’到‘赋诗断章’，‘赋’一直在‘直陈’的意义上作为一种制度性的言说方式被频繁使用。最后经过“登高能赋”阶段的发展，‘赋’在直陈的制度性言说方式之外，又兼有了属文造辞的创作之义，并最终演化为指代其语言成果的文体概念。通过屈原与荀子的创作实践的推动，作为文体之一的赋终于开启了它在中国文学史上的发展之路。”[14]此外，“文学自觉”由日本学者铃木虎雄首倡，经由鲁迅引述，成为汉魏六朝文学研究绕不开的命题。然而，相比“文学的自觉”，似乎“文的自觉”这一命题更符合中国文学发展的历史。马银琴《“文”名的确立与“文的自觉”》一文，追溯了先唐时期“文学”的观念演变过程及“文”的内涵转变过程，通过分析翔实的材料，指出在中国文学史上，的确存在一个“文的自觉”的过程：“在西汉以前，‘文’是礼乐、制度、经学的附属物，尚不具备本体意义上的独立地位。西汉末、东汉初，以‘文’名的确立、‘文人’群体的出现为标志，中国文学才揭开了‘文的自觉’的历史序幕。在这个历史过程中，王充是第一位明确讨论‘文’与‘文人’独特价值与意义的人。他对‘文’与‘文人’存在价值、意义、历史及其功能的全方位论述，对于推动‘文的自觉’发挥了举足轻重的作用。东汉初年的王充等人，在积极肯定‘文’的社会价值时，对‘文’的精诚由中、情辞相称特征的强调与推崇，强化了自先秦以来文质并重的文化基因与性格，为‘文以载道’的中国文学传统的形成奠定了基础。”[15]

关于“采诗夜诵”究竟作何种解释，一向是众说纷纭。蔡丹君《西汉甘泉祭祀仪式的文学影响：从“采诗夜诵”到甘泉诸赋》一文由考辨“采诗夜诵”的内涵入手，探析了甘泉祭祀及“甘泉文学”的形成过程和特征。文章指出，“‘采诗夜诵’进入到甘泉祭祀等祭祀活动中，主要是为了作为天人媒介，在祭祀四时、太一的过程中辅助实现天人感应，宣扬神迹”。甘泉祭仪为体现中央集权，改变了过去郊祀的方位和格局，这影响到了《大人赋》《甘泉赋》等以甘泉、甘泉祭祀为主题的赋作的谋篇布局。这些赋作都有在方位上突出太一或是太一所在之北方的特点。而确立于汉武帝全盛时期的甘泉祭祀，为此后两汉赋家常常提及，因而在赋中形成了重视表达神秘与彰显权威的“甘泉文学”传统及相关历史记忆。[16]

自王国维《宋元戏剧史》，戏剧史界便以现存剧本作为戏剧史发展的关键标志。而《公莫舞》的文献名原为《公莫巾舞歌行》，最早著录于《宋书·乐志》，因不解此文献的性质与解读方法，历来各本皆无句读。20世纪50年代以来，杨公骥对《公莫舞》的校点和研究使人们将《公莫舞》与戏剧联系起来，也使得研究汉代戏剧形态有了剧本依据。姚小鸥、王克家《〈公莫舞〉与中国早期戏剧形态研究方法辨析：〈公莫巾舞歌行〉的文献解读与汉代戏剧形态》一文，以杨公骥所校本《公莫舞》为主，比照赵逵夫所校本、逯钦立所校《巾舞歌诗》本，从《公莫舞》乐舞程式与汉代戏剧舞台定制、历史地理学方法与《公莫舞》的内容、汉魏乐府歌诗曲唱文本与《巾舞歌辞》校勘方法异同三个方面，解读了《公莫舞》研究的方法。文章分析了杨本“角色标识字的析出”的重要性。杨本《巾舞歌辞》第5部分明确析出了“母”“子”等角色标识字，角色标识字的析出，证明了《巾舞歌辞》是具有完备剧本形态的戏剧科仪本。文章又考辨了“相头巾”与“转南”的内涵，指出：“‘相’是《公莫舞》演出中伴奏的一种打击乐，又称为‘节’，‘击节’一词即由其生发”，“‘头巾’即‘投巾’。‘头’‘投’相通”，“‘巾’是‘巾舞’的代表性道具，‘投巾’是‘巾舞’中的标志性舞蹈动作。‘相’与‘头巾’及其他舞台动作之间的关联，类乎近代戏曲表演中边鼓与舞台表演的关联。这一关联反应了《公莫舞》的戏剧程式化水平，它与文献内在规律的高度契合从一个侧面证明了《公莫舞》的戏剧特质”。而“转南”正如杨公骥所解，指演员转过身面朝南方，因为古代舞台是有定制的，“台口向北，观众席坐北朝南”。文中由“洛道五丈汲水”引发对杨本与赵本的比对，指出了赵本存在的错漏，进而又解析了“以分清‘辞’、‘声’的方法对《巾舞歌辞》进行校点”这种解读方法的问题，指出逯钦立先生及其追随者的解读方法不可行。[17]

四、学术思想史以及文化史研究

殷商和西周时期，以礼乐为中心的有关文献和知识只在巫史职业内部传承。到了春秋时期，一些贵族大夫掌握了各类礼乐知识，他们以“信而有征”的话语方式，批评社会、讨论礼乐制度，被称为“博物君子”。过常宝在《“观”与“问”：春秋知识传播的两个途径》一文中指出，西周辟雍和春秋泮宫虽然有礼乐之教，但惠及人员有限，“观”和“问”是春秋贵族获得礼乐知识的两个重要途径。“观”主要指“观礼”，另外也包括由“观礼”发展而来的“观乐”、“观书”。“观礼”作为一种礼教仪式，形成于西周的助祭制度、辟雍演示。春秋时“观礼”制度松懈，通常被用来招待来聘者，这就使得贵族可以通过观礼、观乐、观诗，来学习礼乐知识、体验礼教精神。同样，王侯大夫不再满足于“临事有瞽史之导”，而主动“问礼”于巫史。周王朝衰颓，礼乐人员和文献典籍星散各地，为贵族“问礼”创造了条件。礼乐知识在世俗社会的传播，促进了私学的发展。而孔子的礼乐知识就主要来自于“观”与“问”，其教学也主要采用“观”与“问”两种方式。“观”与“问”对于春秋时期知识传播、文化转型有重要意义。[18]

诗、书、礼、乐是西周王官教育中最核心的课程体系，也是最早得到王权认可的经典体系。但从《论语》《礼记》《国语》等文献的记载中可以发现，至晚到春秋后期乃至战国前期，《书》学仍游离于部分贵族教育体系之外。程苏东认为，诗礼乐为辟雍、泮宫两级学校普遍教授的政治、社交仪式性课程，而《书》是天子辟雍中课试贵族子弟的书面“文本”。由于受物质载体限制，《书》并不在诸侯泮宫科目之列，相应地，各国故志、令、世、训典等文献取代了《书》，承担了国家历史教育的基本功能。[19]程苏东在《经学研究中的“信”与“疑”》一文中讨论了“六艺”经典化过程中，在儒学化阶段建立的多元化阐释传统，强调了孔子及其弟子在“赋义”过程中的主观创造性，“对于经典的‘述’，也就是不同程度的‘赋义’事实上成为孔子以及战国、秦汉时期一批儒士表达个人理念及构建个人学说体系最重要的方式”；他指出，“承认‘儒学化’阶段多元化的阐释向度，正是当代经学研究的重要出发点”。[20]

“孔子删诗”是《诗经》学史上一大公案。李颖、姚小鸥《二重证据视野下的孔子删诗问题》一文，试图通过重新解读传世文献、利用出土文献，来解决这一问题。文章反驳了学术史上否定“孔子删诗”说一派的两大证据支撑，论证了文献中的“诗三百”之“三百”非实指其数，仅是极言其多的一个“成语”；而《国语》所载《商颂》12篇可证两周之际所存诗篇数目远非今比，并不像孔颖达所说的那样，“书传所引之诗，见在者多，亡逸者少，则孔子所录，不容十分去九”。另外，一般认为，孔子整理《诗经》在其晚年，然据《孔子世家》，孔子47岁时已开始修订诗书；近年公布的出土文献，尤其是“清华简”中《诗经》类文献，促使人们对历史上“逸诗”问题重新考虑。刘向整理《荀子》时，去“中秘书”300余篇之重者而留存今本32篇，这无论是从方法上还是数量上，都与孔子删诗相类。这些都表明，“《史记》所载‘孔子删诗’之说必有所据”。[22]

“依法治国”思想是现代文明的基本价值，在中国传统文明中，“依法治国”的价值观已有体现。方铭《“教而不诛”与原始儒家的法治精神》一文，对中国传统文化中的依法治国思想进行了梳理，认为，“‘教而不诛’‘诛而不怒’是上古圣贤为我们留下的宝贵法制文化遗产，更是我们传统法治文化的基石，也是为孔子及原始儒家所忠实继承的法治原则”。文章通过大量的文献引证，指出在原始儒家的思想体系中，比“法”更接近现代“法”的概念的是“礼”，而强调“礼”的重要性，即在突出神农“教”的意义。文章通过细致的论证，指出法家与纵横家为了功名利禄而变易主张与时俱进的思想与作为，对社会发展与社会正义的负面影响深重，与现代法治精神相去甚远。最后，作者指出，“自戊戌变法以来，中国人民一致在致力于建设一个法治国家。依法治国是现代文明的基本价值，也是体现中国传统文明的价值观。法律体现全体国民的意志，适用于全体国民，有些法学家强调法律的阶级性，这明显是违背法律的普遍性原则的，也是与今天依法治国的基本精神背道而驰的”。[22]

在传统目录学常识中，《汉书·艺文志》通常被看作是与《隋书·经籍志》同一类型的史志目录。徐建委《〈汉志〉与早期书籍形态之变迁》一文却认为这是对《汉志》的误读，“《汉志》乃是刘向、刘歆父子所校‘新书’目录，而非未央宫原藏旧书目录。”徐氏结合《汉志》《刘向传》《别录》佚文、阮孝绪《七录序》等文献，从校书对象、校书形式、校书目的、《汉志》成文情况、单章文献群的“归化”问题，及六艺、诸子略综合归束的整理性质等六个方面，分析了刘向整理中秘书的情形，指出，

"《汉志》数目的实质，有两点尤为关键：其一，它记录了西汉末年有哪些文献的文本形式发生了革命性的变化，而非西汉末年曾有哪些书流传。其二，《汉志》更近于一部"类目"，而非"书目"，即它虽然不是当时所有文献的记录，却可以反映当时世传文献的主体类型。[23]

赵明正《汉乐府研究的滥觞——班固〈汉书〉汉乐府研究述评》一文认为，汉乐府研究的历史可以追溯到汉代，汉乐府在其形成的过程中，就已经孕育着学术研究的因素了。文章指出，"班固是汉乐府研究史上开风气之先的大家，《汉书》'礼乐志'篇、'艺文志'篇和'诗赋略'是现存著录和研究汉乐府的最早文献，不仅具有文献价值，也确立了官修乐志的文本传统。但没有辑录各地歌诗则是其弊，这种阙载民间乐府的删选标准是'取可施于礼义'，其学术渊源可以上溯到孔子的诗学理想。《汉志·诗赋略》的分类义例和排序原则体现了政教观念，贯彻了儒家的诗学理想。班固以儒家经学观念作为诗歌的阐释原则，较多地注意政教功能的价值取向而忽略了诗歌本身的艺术性。'感于哀乐，缘事而发'的提法昭示了'言志'的淡化和抒情的抬头，孕育着感事诗学的滥觞。总之，班固对汉乐府的文献著录、分类义例、排序原则、阐释原则及对其社会功用和艺术特色的评述，是汉乐府研究的滥觞，也为汉乐府两千年的研究史奠定了基调。"[24]

中国学者对传世文献及相关记载一般持信任的态度，而近年部分西方汉学家则认为，中国上古文献因为写本没有保存下来，所以汉代以后经过整理的传世文献不可以作为先秦时期的可信材料看待。傅刚《中国上古时期文献写、抄特征及其文献学意义》一文指出，这是由于"中西方学者对中国古代学术史及教育史特点的理解不同而造成的"，西方汉学家是根据西方写本的概念、研究经验及研究模式，来研究中国上古文献。文章辨析了中国古代写本、抄本的概念，梳理了中国上古时期学术传承状况，以及先秦文献与中国学术传统方法、规则的关系，指出："因书写工具、载体的不同，先秦两汉时期的文献写、抄，与课本时代的写、抄本不是同一个概念。中国自有文献以来，就比较注重对文献的保管和整理，又因教学和文化交流等方面的需要，所以即使在先秦两汉时期，文献也具有稳定性特征。先秦两汉时期建立了比较科学的整理文献的原则和方法，成为中国古代学术传统的重要内容。否定这一点，也就否定了中国文化的源头，同时也将动摇中国古代文献研究的学术基础，其后果是滋生对中国传统文化的怀疑，进而对中国历史文化产生虚无主义态度。"[25]

五、文本研究

《孟子》七篇成书较早，保存完整，是离七十子时期最近的儒家文献之一，其使用的素材不仅是当时知识背景的反映，也部分显示了七十子之后孔门学术在社会上的流传情况。徐建委《〈孟子〉尧舜故事与〈尚书·尧典〉的流变》一文从孟子的圣人系谱入手，通过对《孟子》中尧舜故事的考察，发现孟子时代《尧典》与西汉时代有很大不同，其文字信息要多于今文本，内部结构、叙事顺序也不同。他指出："《孟子》引述的舜故事多数与伏生本《尧典》相关，且战国、秦汉时代文献引述的舜故事，也多在伏生本《尧典》叙事时限之内，故战国时代若存在一篇《尧典》的话，它要么不为多数学者所知，要么混杂在伏生本《尧典》之中。《孟子》的引述间接指向的那个《尧典》当是一个很主流的本子。这说明，在战国中期，齐鲁地区《尧典》的主流版本与伏生本《尧典》不同。今本的顺序，从西汉司马迁的祖述及刘向的校书分析，至迟在战国晚期已经出现了，而且是邹鲁儒生的主流版本。"[26]

一个文本需要经过几个环节，才能最终呈现为可以流传的物质形态呢？程苏东《写钞本时代异质性文本的发现与研究》一文充分考虑了写钞本时代文本生成的复杂性，细致辨析了文本生成过程中的四个角色——"作者""述者""钞者""写手"："作者"是文本的生成者，"写手"是文本的传播者，而"述者"与"钞者"则可兼具文本的生成与传播两种功能。并以三种《月令》与《史记·五帝本纪》为个案，剖析了《礼记·月令》及《史记·五帝本纪》文本的异质性特征。文章指出："辨别此四种角色对于文本所拥有的不同权利，特别是钞者如何整合多元文本来源，生成具有'异质性'的衍生型文本，对于我们了解写钞本时代文本的生成过程及其深层结构、甚至文学性因素具有重要的启示意义"。作者尝试提出一种新的文本研究范式："正面认识'钞者'在异质性文本生成过程中的创造性，在方法论层面探索建立'钞者研究'的范式，是推进写钞本时代文本研究走向深入的关键"。[27]

《春秋繁露》中所收与"五行"相关的九篇文本里，除《五行相生》《五行相胜》基本可定为董仲舒所作，及《五行变救》尚难考订外，关于其他六篇的真伪问题，历来众说纷纭。程苏东《〈春秋繁露〉“五行”诸篇形成过程新证》以文本研究的方法，结合思想史分析，发现其他六篇“都不同程度地与《管子·四时》《淮南子·时则训》、董仲舒《孝经解》以及时代晚于董氏的刘向《洪范五行传论》等存在互见关系”。文章通过比读，提出，“《春秋繁露》‘五行’诸篇包括董子原作、后人续作及二次续作三个层面，展现了后儒将董子‘五行’生胜思想与秦汉时月令思想、《洪范》五行学乃至《孝经》学思想进行融合，构建新的‘五行’学体系的尝试。这些衍生文本来源驳杂，常无法消除多源论述逻辑之间的抵牾，显露出了‘文本嫁接’的痕迹，其文本生成方式在早期著述传统中具有代表性”。[28]

六、其他

除了上述各方面，徐建委还讨论了古典文学与文献研究的文本转型问题，[29]鲁洪生研究了民国时期的赋、比、兴研究情况，[30]踪凡评介了康熙雍正年间的七种赋总集，[31]谭家健介绍了楚辞汉赋域外仿作的情况，[32]于雪棠介绍了英美学者《庄子》文本研究，[33]等等。

注：

①常森：《上博〈诗论〉“眚”“心”“命”等范畴论析》，《饶宗颐国学院院刊》，2016年第3期。

②高中华、姚小鸥：《论清华简〈芮良夫毖〉的文本性质》，《中州学刊》，2016年第1期。

③高中华、姚小鸥：《周代政治伦理与〈芮良夫毖〉“谁適为王”释义》，《文艺评论》，2016年第9期。

④姚小鸥：《由拼接与书法看真伪——与邢文先生商榷》，《光明日报·国学》（第016版），2016年12月12日。

⑤常森：《屈原及楚辞学论考》，北京大学出版社，2016年版。

⑥常森：《〈招魂〉，屈原而非宋玉营构的奇诡世界》，《宋玉及其辞赋研究：第二届宋玉国际学术研讨会论文集》，学苑出版社，2016年版。

⑦鲁洪生、姜国申：《振民育德　拯弊治乱——〈周易·蛊〉卦主旨辨析》，《船山学刊》，2016年第6期。

⑧傅刚：《〈毛诗序〉作者略说》，《北京大学学报》（哲学社会科学版），2016年第3期。

⑨李炳海：《〈天问〉对吴国初创期的历史叙事及价值》，《苏州大学学报》（哲学社会科学版），2016年第3期。

⑩李炳海：《〈天问〉叙事与炎帝、蚩尤之战及晋国内乱》，《山西大学学报》（哲学社会科学版），2016年第1期。

⑪李炳海：《姑射山名称的学术误区及其含义考释》，《河北学刊》，2016年第2期。

⑫孙明君：《〈青青陵上柏〉中的宫阙》，《光明日报·文学遗产》（第007版），2016年3月24日。

⑬李翠叶、尚雪峰：《“孔子遗说”的记纂与儒家杂记类文献的文体功能》，《孔子研究》，2016年第3期。

⑭马银琴：《从赋税之“赋”到登高能“赋”——追寻赋体发生的制度性本源》，《清华大学学报》（哲学社会科学版），2016年第2期。

⑮马银琴：《“文”名的确立与“文的自觉”》，《中原文化研究》，2016年第5期。

⑯蔡丹君：《西汉甘泉祭祀仪式的文学影响——从“采诗夜诵”到甘泉诸赋》，《文学评论》，2016年第2期。

⑰姚小鸥、王克家：《〈公莫舞〉与中国早期戏剧形态研究方法辨析——〈公莫巾舞歌行〉的文献解读与汉代戏剧形态》，《玉溪师范学院学报》，2016年第2期。

⑱过常宝：《“观”与“问”：春秋知识传播的两个途径》，《中国高校社会科学》，2016年第4期。

⑲程苏东：《仪式与文本：周代官学之“诗礼乐”教与“书”教考异》，《上海大学学报》（社会科学版），2016年第11期。

⑳程苏东：《经学研究中的“信”与“疑”》，《复旦学报》（社会科学版），2016年第1期。

㉑李颖、姚小鸥：《二重证据视野下的孔子删诗问题》，《北方论丛》，2016年第4期。

㉒方铭：《“教而不诛”与原始儒家的法治精神》，《西北师大学报》（社会科学版），2016年第5期。

㉓徐建委：《〈汉志〉与早期书籍形态之变迁》，《复旦学报》（社会科学版），2016年第1期。

㉔赵明正：《汉乐府研究的滥觞——班固〈汉书〉汉乐府研究述评》，《兰州学刊》，2016年第12期。

㉕傅刚：《中国上古时期文献写、抄特征及其文献学意义》，《中国高校社会科学》，2016年第4期。

㉖徐建委：《〈孟子〉尧舜故事与〈尚书·尧典〉的流变》，《上海大学学报》（社会科学版），2016年第11期。

㉗程苏东：《写钞本时代异质性文本的发现与研究》，《北京大学学报》(哲学社会科学版)，2016年第3期。

㉘程苏东：《〈春秋繁露〉“五行”诸篇形成过程新证》，《史学月刊》，2016年第7期。

㉙徐建委：《古典文学与文献研究的文本转型》，《中国社会科学报》，2016年7月25日。

㉚鲁洪生：《民国时期的赋、比、兴研究》，《文学遗产》，2016年第5期。

㉛踪凡：《康熙雍正年间赋总集叙录》，《辽东学院学报》(社会科学版)，2016年第12期。

㉜谭家健：《楚辞汉赋域外仿作拾零》，《云梦学刊》，2016年第11期。

㉝于雪棠：《英美学者〈庄子〉文本研究简述》，《中国社会科学报》，2016年7月19日。

（作者：罗姝鸥，北京大学博士生；
常森，北京大学教授）

魏晋南北朝隋唐五代文学

马自力　王朋飞　李　伟

2016年1月23日，前唐代文学会会长傅璇琮先生仙逝，社会各界深切悼念，北京地区学者如袁行霈[①]、葛晓音[②]、袁济喜[③]、吴相洲[④]等都撰文以致哀思。这些追悼性文章记述了傅先生治学和言传身教的事迹，是今后研究当代学术史的重要史料。

6月28日，哈佛大学宇文所安、田晓菲教授在中国社会科学院联袂进行学术演讲：宇文所安的演讲主题是“用诗思考：杜甫对‘秩序’的思索”，作者从《解闷十二首》入手，探幽索隐，展现杜甫用诗歌进行观察和思考的情状，表达诗人的家国情怀；田晓菲的演讲主题是“金陵帝王州：南朝宫廷诗歌里的皇权再现与帝国想象”，由宫廷诗人如何通过诗歌构建王城和皇权，重新理解和评估宫廷诗歌的价值和地位。[⑤]11月25—27日，“中国古代小说学术研讨会”在京召开，来自全国的60余位专家学者参加了该会议，集中讨论了“古代小说的源头及人物、故事来源研究”“古代小说的年代、作者、版本研究”“古代小说思想文化意蕴研究”等五个问题，对中国古代小说研究产生了积极的影响。

另外，由首都师范大学詹福瑞主持的“历代唐诗选本整理与研究”国家社科基金重大项目以及由中国社科院许继起主持的“汉魏两晋乐府曲名研究”、清华大学谢思炜主持的“魏晋南北朝至唐代诗歌词语演变研究”等国家社科基金一般项目在本年度立项，这些立项展现了魏晋南北朝隋唐五代文学值得开拓的领域和新的研究思路及方法。

在上述学术氛围下，北京地区的魏晋南北朝隋唐五代文学研究呈现出新的特点：一、学者的反思文章增多，文化责任感增强，对文学研究方法论的大量探讨显示学者创新之思；二、古代文论和古代文学的理论研究稳步发展；三、诗歌研究仍是研究重点，其他文体研究则比较薄弱；四、白居易、杜甫、韩愈的研究仍是核心，但学者已对魏晋南北朝及隋代的作家作品研究比较重视；五、文学与其他学科的交叉研究方兴未艾，新的思路和方法逐步呈现；六、古代文学文献研究和整体观照重视方法论的探讨，富有启示意义。

一、学者的文化使命探讨与文学研究方法论思考

人类的进步是在反思中进行的，古代文学的研究同样如此。在追寻“中国梦”的大背景下，这样的反思更有意义，更能激发学者的文化使命感。创新是进步的灵魂，在古代文学研究中主要体现为方法论的更新。

1. 学者的反思

在追寻“中国梦”的背景下，本年度学者的反思文章颇为深刻。范子烨认为个人、群体、民族乃至国家的精神特质在于对经典的阅读与吸收的过程中，他结合近年来关于文学经典的论争这样一个热点问题，评析了詹福瑞的《论经典》一书，呼吁建立文化信仰和审美追求。[⑥]左东岭回顾了中国过去二十年学术史研究取得的成就和存在的缺陷，以古代文学研究为中心，提出我们需要具备“宗旨”明确、评价允当与预测学术增长点内涵的学术史。[⑦]

就中古文学而言，吴相洲回顾20世纪以来唐诗研究受西方文化影响而学人很少自主设计唐诗研究之路的现状，提出应立足唐诗实际，探索中国唐诗研究之路，使唐诗活动描述更加清晰，唐诗创作经验总结

更加具体。[8]钱志熙则从唐诗经典认识的历史和他个人近年来对唐诗的研究两个层面出发，提出要充分重视古代唐诗学者观点、结合唐人创作实际对唐代一些重要诗学范畴重新展开研究。[9]

2. 学者的文化使命探讨

建设中国特色社会主义强国离不开弘扬优秀传统文化，人文学者所肩负的文化使命尤其重要，本年度此方面文章很多。袁行霈先生认为从事传统文化研究的学者应把实现中华民族的伟大复兴作为我们的社会责任，把继承、弘扬、创新传统文化作为我们的学术责任。[10]康震认为古代文学研究者应当坚定学术理想，弘扬中国古代文学的精神传统，传承创新中国古代文学的学科体系、话语体系，为增强中华民族的文学自信、文化自信和价值观自信贡献中国文学应有的智慧。[11]

3. 古代文学研究方法论思考

理论指导实践，方法引领研究，古代文学研究的创新一方面即体现在方法论的更新。从整体上说，蒋寅认为文献整理是文学研究的重要基础。[12]葛晓音联系自己的研究专题“日本雅乐与隋唐乐舞”谈如何把握本专业和其他专业的相关学科之间的关系问题，对跨学科研究这种方法做了探讨；[13]在古代文论方面，李春青主张通过主体视角即作者身份角度考察文学思想的研究路向，主体视角具体而言即乌托邦、意识形态和趣味。[14]在党圣元[15]的主持下，就“中国古代文论研究阐释学重构”这一论域，韩经太[16]和张晶[17]进行了讨论；在文体学研究上，谷曙光将文体系统、文体族群概念和从关键词出发的维度引入了中国古代文体学研究中，有助于理解中国古代文体的复杂性、多元性和贯通性，对文体学研究的深化有积极的推动作用；[18]在散文研究方面，郭英德主张回归古代散文所依存的学术世界和文化世界，在宏观、整体的视野下重新审视丰富多彩的古代散文现象。[19]

二、古代文论与古代文学的理论研究

魏晋南北朝隋唐五代是古代文论和古代文学的理论较为丰富的时段，对这一时段的研究向来是学界重点。

1. 古代文论研究

在古代文论范畴探析方面：党圣元认为传统文学批评中的“体认”工夫论之变迁，影响诗文、小说、戏曲、绘画、书法，涉及主体的审美心胸，又涉及客体的特征，既指示文学创作与文学批评鉴赏之终极目的又标示主客一体的审美境界。认为中国古代的以“体”论文及“象喻”批评等，体现了中华文化天人合一的宇宙观、人文观、生命观、价值观等，对于中华美学精神的当代建设有积极意义。[20]袁济喜基于近年来多从范畴与观念的角度探讨“清”的现状，从现实情境与历史维度出发探讨了汉末魏晋以“清”为美的文化心理及蕴含的人文思想；[21]张晶探讨了中国诗学的“触遇”范畴，提出艺术媒介不仅作用于艺术创作的外在物化阶段，同时贯穿内在构思和外在传达的整体联结，诗人在触物感兴之时，就已是用内在的艺术媒介来感知和把握“物色”，从而获得以语言构形而获得的审美意象。[22]

在《文心雕龙》研究方面，张海明从学界对《文心雕龙》“风骨”含义的争议出发，立足《风骨篇》文本，认为刘勰提倡风骨的动机乃在弥补“言以文远”说的缺憾，而风骨则与作者情志互为表里。被视为作家才力在文中的一种特殊表现形式。[23]陶礼天则从文学批评的立场出发，认为《文心雕龙》建立起了以合理性、正当性、价值性、合法性和准确性为原则和方法的经典批评模式。[24]

2. 古代文学的理论研究

在古代文学的理论研究方面，本年度辨析文学概念的文章较多。郭英德辨析了“文评传书”的内涵与外延，认为其包含“文评”和“专书”两个概念所反映事物的本质属性的整体组合，指就论评狭义之“文”而编写的图书，包括问世之始原本就是单行文献的图书和后人为前人重新编撰的图书；[25]张晶和王成功辨析了“述事诗”及其意境观照，认为述事诗的意境体现于在语言形象上塑造了生意盎然的“现量”世界、在生动活泼事件的基础上构建的情感世界、诗人超越情感而体悟到的人生终极的哲理世界，三重世界的相互融合形成了独具中国气质的诗歌格调；[26]刘跃进讨论了“建安风骨”的历史内涵及其意义，认为建安文学令人瞩目的原因在于让世人看到了文学之存在要求作者抒发真情实感、表达善良愿望、展现美好希望的生命力和价值。[27]

关于传统诗学的讨论，本年度有韩经太和李鹏飞的专著。韩经太的《杏园陇人诗思》从文化诗学的角度对中国诗学传统与诗学生态尤其是中国诗学与诗性文化的“宏观性”问题做出体悟与探析，借此考察中国诗学的哲思内核与审美形式；[28]李鹏飞的《中古诗歌用典美学研究》则以用典视角为切入点，探究用典引史入诗的形式功能发展史，深入探究中古诗歌的用典技术，是对中国古代诗歌的全新探索，对当下文艺理论研究和中古诗歌研究有重要意义。[29]

三、以诗歌为中心的各体文学研究

中国古代非常重视“体”的观念，文体众多却各有其用，完善各体文学研究是文学史研究的趋势。就本年度而言，诗歌研究依旧丰富，其他文体研究相对薄弱。

1. 丰富多彩的诗歌研究

20世纪末以来，学界又开始重视中国古代诗歌体式的研究，如何利用学界近百年的古代诗学与诗史研究成果，从更深层面探讨中国古代诗歌体式的产生、定型、演变的过程和原因，分析各诗体之间的关系，是当前面对和思考的问题。在杜晓勤的主持下，赵敏俐、钱志熙和杜晓勤分别对先秦两汉诗歌、汉魏六朝乐府、五言诗律化和唐诗体式进行了专题研究或学术反思。赵敏俐抓住上古时诗乐难分的历史特点，从唱歌的角度研究了中国早期诗体的形成；钱志熙从20世纪上半叶的乐府诗研究史来评述王运熙先生的乐府研究的方法和成果，指出王先生的研究方法值得今天进行乐府诗和诗歌体式研究者学习和借鉴；杜晓勤通过对研究现状的分析和反思，介绍了自己在史实考证、诗体术语涵义辨析、唐人诗体观念、别集诗体分类等方面的思考和探索。[30]此外，赵敏俐分析了五言诗体的音步组合原理，认为中国诗歌的格律化过程是从最初仅重视音步节奏的配合到重视语言的协调再到平仄协调的自然发展过程；[31]杜晓勤对五言诗律化过程中的重要环节大同句律的产生及其原因作了深入考察；[32]李飞跃对中国古典诗歌平仄律的本质和功能做了深入探究。[33]

对诗歌体裁、内容的考察是诗歌研究的另一个重点。张一南对唐代的七言排律做了研究，认为唐代七言排律是七言歌行分化的结果，七言排律之所以处于弱势的一个重要原因在于其缺乏独立的功能。[34]石云涛对唐诗内容的研究很有启发意义，他分别研究了唐诗中流寓和出入长安的外域人、唐诗中长安与边塞和域外的交通以及河湟的失陷与收复在唐诗中的体现，其诗歌研究带有鲜明的域外色彩，视野更加开阔，思路富有启示性。[35]

杜晓勤和冷成金对诗歌精神风貌的探索也值得注意。杜晓勤认为用“盛唐之音”来指称诗人精神风貌和文化心理只是一种共时的静态描述，难以揭示盛唐诗坛风貌的复杂性和历时性变化，故而引入了盛唐悲鸣这一开天诗坛风貌的另一考察维度。[36]冷成金依据唐诗中表现出的悲剧意识和精神指向等特征，将其分为生存真相的暴露与弥合、在悲剧真相中深情地追询、在对人生与历史的深沉体认中进行质疑、在虚空与绝望中导向价值的崛立、历史悲剧意识的兴起与价值建构等审美类型。[37]

2. 其他文体研究

在散文研究方面：郭英德辨析了散文的概念、研究的层次和特点以及文献组成，使散文研究的范围、方向更加明确。[38]谢琰通过分析《宋景文公笔记》的字学好尚与文章观念，兼及唐宋散文发展中的语言革新问题，认为宋祁的文章观念及创作成就虽不足主导唐宋散文发展大势，却为散文语言的健康发展留下了珍贵的参照与提醒；[39]在变文及宝卷研究方面：左汉林在探讨唐代佛教歌词发展所经历复杂过程和演唱方式独特性的基础上，认为宝卷的结构和内容与唐代变文十分相似，推测唐代佛曲的音乐风格应与唐代教坊曲有很大差异，与真正的民间音乐接近。[40]

四、作家作品研究

本年度的作家研究对象较多，不过重点仍是白居易、杜甫、韩愈；作品研究数量不多，但《文选》《玉台新咏》《世说新语》等都有涉及。

1. 以白、韩、杜为重点的作家研究

本年度的白居易研究由陈才智包揽，他对白居易的研究涉及方方面面。他先是从方法论上建议从各个角度做好白居易研究，并给自己定了两个方向：一是实地实证研究，一是跨越时间界限研究白居易对当代的影响。继而探讨了白居易与藏书之关系，然后从白居易的《花非花》说起，讨论诗人与香道、香道与诗情、诗艺与香韵的不解之缘，又以白居易的《琵琶行》为例探究了古典诗歌的阅读和理解问题。最后谈及白居易对后世的影响，先是从咏梅诗的视角谈苏轼对白居易的受容与超越，而后谈元代西域诗人对白居易的接受，再谈王渔洋对白居易的取舍避就之道，最后落实到白居易的当代价值，即知足保和的人生观念、闲静适世的志趣选择以及和光同尘的哲学思想。[41]

韩愈研究以刘宁为代表。她先从韩愈担任国学学官的经历出发，谈韩愈提倡师道的现实用心与历史意义，继而比较韩愈和柳宗元古文取法前代艺术的方式，认为韩愈善于“师其人”，柳宗元善于“明其理”，因而为韩柳文章带来极为不同的风貌，最后从历史长河出发考察了韩愈对儒学复兴的贡献。[42]谷曙光则以《黄氏日抄》中的《读韩文》为中心讨论黄震对韩愈的研究，认为黄震是被忽略的宋代韩愈研究者，是韩愈的异代知音。[43]

以葛晓音和曾祥波为主的杜甫研究稳步进行。葛晓音对杜甫的五言诗进行了深入研究，她先从叙述节奏出发讨论了杜甫的五言古诗，认为杜甫解决了使中长篇五古恢复汉魏古调的问题，形成了“诗中有文”的特色，是唐代五古继陈子昂后的一大转关；然后她通过分析杜甫 30 余篇五绝讨论了杜甫的五言绝句，认为杜甫既有合乎传统之作亦有创新之处，对后人探索五绝的表现潜力具有筚路蓝缕之功。[44]曾祥波则以鲁訔谱对赵子栎、蔡兴宗谱的承袭为主要线索，对现存五种宋人“杜甫年谱”做出平议，有助于对唐宋时期“杜甫传谱”的基本格局以及杜甫、杜诗某些问题有新的认识。继而他认为只有充分认识高崇兰编次本在杜集编次流变中的枢纽地位，才能厘清宋代以来杜集编次谱系。[45]曾祥波另有《杜诗考释》一书，秉持研究理路上以洪业为师法、诗义阐释上以宋注为源头、版本源流上以编次为核心的原则，上编讨论杜集传谱问题，下编选释杜诗，将杜诗研究推向深入。[46]另外，徐公持辨析了杜甫与汉魏六朝诗人的关系，[47]谷曙光和俞凡则将天宝六载作为杜诗嬗变的节点，兼论杜甫与李林甫的关系。[48]

其他作家研究方面：徐公持的《曹植年谱考证》一书，利用相关史料，按照年代对曹植的生平事迹做了详细、充分的考证，对研究曹植及相关问题具有重要的文献参考价值。[49]袁济喜和迟文颖通过对嵇康四言诗的探究，认为嵇康依据自己的人生哲学与人格精神，对传统的《诗经》风雅精神与玄学思想做了天然的融合，在中国诗歌史上具有重要地位。[50]孙明君认为杨素具有廊庙山林合一的人格结构，同时在诗文中形成了廊庙文学与山林文学兼之的文学范式。[51]邓小军结合元好问的诗歌证明了薛收撰《隋故征君文中子碣铭》之信实。[52]杜晓勤认为唐太宗对齐梁诗风的态度及艺术实践对唐初诗人合理地改造齐梁诗、形成唐诗新品格有重要的意义。[53]

2. 作品研究

刘跃进以《文选》所收班彪、班昭作品为研究对象，具体论析班彪《北征赋》的背景、《王命论》的思想，并以《东征赋》为例分析班昭的思想与创作对班彪的继承及对班氏家族的贡献。[54]傅刚通过《玉台新咏》赵氏覆宋本、明通行本与唐写本《玉台新咏》残卷对校研究，论证赵氏覆宋本与唐写本多合，最合于徐陵原貌。[55]袁济喜和杨康根据葛洪的《抱朴子》看魏晋士人的个体价值观，认为葛洪圆融宏大的个体价值观是魏晋“人的自觉”时代一个有力展示。[56]范子烨通过对《世说》中与人物品藻有密切关系的五则进行还原形态的阐释和探析，展示了晋人品藻的言语之美及其文化特质，揭示了魏晋士林的特殊风尚和魏晋士人的个性特征。[57]

五、文学与其他学科的交叉研究

文学与其他学科的交叉研究自兴起以来便方兴未艾，本年度北京学者在此领域多有创获。

1. 乐府学研究

乐府学研究是文学与音乐的交叉研究，近几年一直是文学交叉研究的重头戏。吴相洲在名称、音乐、著作、套语、构件和程式等的对比下讨论了乐府与戏曲的关系，使乐府的内涵外延以及研究的空间更为明确。[58]葛晓音通过对南北朝隋时传入日本的九种伎乐中“吴公”的表演内容考辨，认为该曲以东晋吹笛名家桓伊歌《怨诗》以进谏的历史故事为本事，说明日本伎乐中包含中华文化的事实。[59]许继起则考察了魏晋南北朝时的音乐机构清商乐署及清商乐官的设立、建置、功能、规模以及在历代的沿革和变迁，对梳理清商乐类在这一时期的承继、传播、流变与影响有重要的意义。[60]

2. 国学视野下的古代文学研究

在国学尤其是经学视野下考察古代文学是学科交叉研究的一个新维度。袁济喜和诸葛忆兵主编的《国学视野下之古代文学研究》一书以国学为视野，打通文史哲内部壁垒，注意学科交互性，展示了人民大学国学院对国学研究的思考，虽是专题论文集，但对当下的学术研究提供了新的思路，其方法论意义十分重要。[61]在此视野下，袁济喜和徐晓、李小青从南朝皇侃的经学成果《论语义疏》入手讨论南朝文学观念之特质以及南朝文学思想之构建，是文学与经学交叉研究的有力实践。[62]

3. 文学与其他学科的交叉研究

袁济喜从文史交汇的角度考察了南朝史学与文学兼擅的萧子显，认为其史学家和文学家的角色身份与知识结构必然会影响其文学批评活动，从而呈现出文史交汇之特质。[63]石云涛则从胡麻这种作物的引种出发，讨论其对中国文化的影响，认为其不但有许多神奇的传说，还经常引起诗人的歌咏，成为古代诗歌常见意象，可看作是文学与生物学交叉研究的一种尝试。[64]

六、古代文学文献研究与宏观观照

古代文学的研究以文献研究为基础，做好文献研究是提高研究水准的前提。而古代文学研究不仅需要基础研究也需要宏观观照，因此文学史的梳理或讨论就显得十分必要。

1. 文学文献研究

本年度既有文学文献的研究亦有相关的思考，这些思考富有启示意义，这些研究有助于推动文学文献研究的深入。刘跃进站在历史的高度，在梳理中国早期文献传播的历史进程和对比中西历史观念的基础上，探讨了文本细读、文献考订、理论思索三者并重的从事钞本时代文献研究的基本途径。[65]吴光兴通过辨析“集部”成立与命名的目录学背景，探讨两汉以下文集编集的历史惯例之形成与魏晋之际以“集”名书之举措，系统论述了文集体制之建构与中国文学观念史、中国文学史的关系。[66]本年度另有傅刚和郭英德的两本专著：傅刚以文献清理和考订为基础，考察了汉魏六朝时期文学现象产生的原因和特征、文体在汉魏六朝文学写作和批评中的作用、《文选》与《文选》学、《玉台新咏》的编纂等问题。[67]郭英德主编的《中国古代散文研究文献论丛》一书分为“研究视野”“文献整理”“文献考辨”“义蕴发微”四个板块，力图回归古代散文所依存的学术世界和文化世界，深入发掘和整理文本文献与研究文献的宝藏，为建立古代散文研究自足的话语体系和理论体系迈出坚实的脚步。[68]

2. 古代文学的宏观观照

党圣元对中国文学的宏观观照体现在方法论上，他根据当下中国文学史书写在理论观念和方法论方面遇到的瓶颈，认为文学史本体问题关系到文学史的内部结构，并制约着文学史研究的维度，在相当程度上还决定着文学史书写的模式、框架选择，是文学史研究与书写成为可能的必备条件之一。[69]蔡丹君则以曹道衡先生的文学史研究为例，提倡文学史撰写应具有多样化体例和不同写法。[70]本年末，王淑梅主编的《中国文学简史》出版，该书包含中国古代文学、现代文学和当代文学的博杂内容，以简洁精炼的笔触勾勒出中国文学史清晰的发展脉络，对各个时段的代表作家、文体进行深入分析，同时突出对文学经典作品的解读，使作品和文学史互证，可视作本年度古代文学研究的总结。[71]

注：

①袁行霈：《痛失傅璇琮先生》，《光明日报》，2016年1月26日。

②葛晓音：《傅璇琮：学术和人生的启迪者》，《人民政协报》，2016年5月12日。

③袁济喜：《传道授业一代宗师——追怀傅璇琮先生》，《人民政协报》，2016年2月22日。

④吴相洲：《我与傅璇琮先生的学术情缘》，见中国唐代文学学会等编《唐代文学研究年鉴(2016)》，广西师范大学出版社，2016年版。

⑤李芳：《宇文所安、田晓菲教授学术演讲述要》，《文学遗产》，2016年第5期。

⑥范子烨：《关于人类文学经典的沉思录》，《博览群书》，2016年第2期。

⑦左东岭：《我们需要什么样的学术史——以中国古代文学研究为中心》，《文史哲》，2016年第1期。

⑧吴相洲：《唐诗研究需要新思维》，《陕西师范大学学报》，2016年第4期。

⑨钱志熙：《关于唐诗学的一些浅见》，《学术月刊》，2016年第10期。

⑩袁行霈：《学者的社会责任与学术责任》，《光明日报》，2016年9月27日。

⑪康震：《弘扬传统，创新话语，贡献智慧——中国古代文学研究的文化担当与时代使命》，《文学评论》，2016年第6期。

⑫蒋寅：《文献整理是文学研究的重要基础》，《学术界》，2016年第7期。

⑬葛晓音：《跨学科研究的探索和实践——以日本雅乐和隋唐乐舞研究为例》，《文史知识》，2016年第10期。

⑭李春青：《谈谈中国文学思想史研究的视角问题》，《创作与评论》，2016年第12期。

⑮党圣元：《中国古代文论研究阐释学重构》，《甘肃社会科学》，2016年第1期。

⑯韩经太：《论“名句”呈现“境界”——中国诗学阐释学重构的一种模型》，《甘肃社会科学》，2016年第1期。

⑰张晶：《中国古代文论阐释的多元向度与价值判断》，《甘肃社会科学》，2016年第1期。

⑱谷曙光：《文体系统与文体族群——中国古代文体学研究的新维度》，《中国社会科学报》，2016年5月16日；谷曙光：《关键词：解读古代文体的新维度》，《光明日报》，2016年6月13日。

⑲郭英德：《回归中国古代散文的世界》，《人民日报》，2016年12月6日。

⑳党圣元：《中国传统文学批评中的“体认”功夫论》，《学术研究》，2016年第10期；党圣元：《体貌

与文相》，《贵州社会科学》，2016 年第 12 期。

㉑袁济喜：《汉末魏晋以“清”为美探源》，《中国人民大学学报》，2016 年第 1 期。

㉒张晶：《触遇：中国诗学感兴论的核心要素》，《复旦学报》，2016 年第 6 期。

㉓张海明：《〈文心雕龙·风骨篇〉释疑》，《解放军艺术学院学报》，2016 年第 2 期。

㉔陶礼天：《论〈文心雕龙〉的经典批评模式》，《安庆师范学院学报》，2016 年第 5 期。

㉕郭英德：《名定则实辨——论“文评专书”的内涵与外延》，《北京师范大学学报》，2016 年第 5 期。

㉖张晶，王成功：《述事亦有意境——中国古代“述事诗”辨析及其意境观照》，《学习与探索》，2016 年第 10 期。

㉗刘跃进：《“建安风骨”的历史内涵及其意义》，《杜甫研究学刊》，2016 年第 3 期。

㉘韩经太著：《杏园陇人诗思》，复旦大学出版社，2016 年版。

㉙李鹏飞著：《中古诗歌用典美学研究》，武汉大学出版社，2016 年版。

㉚赵敏俐：《论歌唱与中国早期诗体发展之关系》；钱志熙：《王运熙在汉魏六朝乐府研究方面的贡献》；杜晓勤：《五言诗律化进程与唐诗体式研究的思考与探索》；以上均见《北京大学学报》2016 年第 1 期。

㉛赵敏俐：《论五言诗体的音步组合原理》，《岭南学报》，2016 年第 2 期。

㉜杜晓勤：《大同句律形成过程及与五言诗单句韵律结构变化之关系》，《岭南学报》，2016 年第 2 期。

㉝李飞跃：《中国古典诗歌平仄律的本质与功能》，《北京大学学报》，2016 年第 3 期。

㉞张一南：《唐代的七言排律》，《西南民族大学学报》，2016 年第 7 期。

㉟石云涛：《唐诗中流寓和出入长安之外域人》，《社会科学战线》，2016 年第 12 期；石云涛：《唐诗中长安与边塞和域外的交通》，《中国文化研究》，2016 年第 3 期；石云涛：《河湟的失陷与收复在唐诗中的反响》，《石河子大学学报》，2016 年第 2 期。

㊱杜晓勤：《从“盛唐之音”到盛世悲鸣——开天诗坛风貌的另一考察维度》，《文学评论》，2016 年第 3 期。

㊲冷成金：《唐诗悲剧意识审美类型论要》，《山东社会科学》，2016 年第 5 期。

㊳郭英德：《中国古代散文研究断想》，《工会博览》，2016 年第 29 期。

㊴谢琰：《〈宋景文公笔记〉的字学好尚与文章观念——兼论唐宋散文发展中的语言革新问题》，《文学遗产》，2016 年第 6 期。

㊵左汉林：《唐代佛曲及其与变文及宝卷的关系》，《中国语言文学研究》，2016 年第 1 期。

㊶陈才智：《从各个角度做好白居易研究》，《光明日报》，2016 年 4 月 16 日；陈才智：《白居易与藏书》，《人民政协报》，2016 年 10 月 10 日；陈才智：《香韵与诗情的不解之缘——从〈花非花〉说起》，《文学与文化》，2016 年第 4 期；陈才智：《古典诗歌的阅读与理解——以白居易的〈琵琶行〉为例》，《杜甫研究学刊》，2016 年第 2 期；陈才智：《苏东坡对白香山的受容与超越——咏梅诗的视角》，《中国苏轼研究》，2016 年第 1 期；陈才智：《白居易对元代西域诗人的影响》，《民族文学研究》，2016 年第 2 期；陈才智：《王渔洋之于白香山——取舍避就之道》，《文学遗产》，2016 年第 3 期；陈才智：《白居易其人其诗的当代价值》，《河南科技大学学报》，2016 年第 2 期。

㊷刘宁：《从国学经历看韩愈提倡师道的现实用心与历史意义》，《河南社会科学》，2016 年第 5 期；刘宁：《“师其人”与“明其理”：韩柳古文取法前代艺术的方式》，《杭州师范大学学报》，2016 年第 4 期；刘宁：《韩愈对儒学复兴的贡献》，《文史知识》，2016 年第 1 期。

㊸谷曙光：《论季宋学者黄震的韩愈研究——以黄震〈黄氏日抄〉之〈读韩文〉为中心》，《河南社会科学》，2016 年第 5 期。

㊹葛晓音：《从五古的叙述节奏看杜甫“诗中有文”的创变》，《岭南学报》，2016 年第 2 期；葛晓音：《杜甫五绝别论》，《人文中国学报》，2016 年第 1 期。

㊺曾祥波：《现存五种宋人“杜甫年谱”平议——以鲁訔谱对赵子栎谱、蔡兴宗谱的承袭为主要线索》，《文学遗产》，2016 年第 4 期；曾祥波：《论宋代以降杜集编次的谱系——以高崇兰编刘辰翁评点〈集千家注杜工部诗集〉为中心》，《国学学刊》，2016 年第 1 期。

㊻曾祥波：《杜诗考释》，上海古籍出版社，2016 年版。

㊼徐公持：《转益多师：杜甫与汉魏六朝诗人》，

《文学遗产》，2016 年第 4 期。

㊽谷曙光，俞凡：《天宝六载：杜诗嬗变的关节点(上)》，《杜甫研究学刊》，2016 年第 4 期。

㊾徐公持著：《曹植年谱考证》，社会科学文献出版社，2016 年版。

㊿袁济喜，迟文颍：《风雅与玄思的天合——嵇康四言诗融汇问题新探》，《安徽师范大学学报》，2016 年第 3 期。

51孙明君：《杨素与廊庙山林兼之的文学范式》，《文学评论》，2016 年第 2 期。

52邓小军：《元好问诗述沁州出土隋薛收撰〈文中子墓志〉》，《学术交流》，2016 年第 1 期。

53杜晓勤：《唐太宗与齐梁诗风之关系》，《陕西师范大学学报》，2016 年第 4 期。

54刘跃进：《〈文选〉中班彪、班昭父女创作》，《中国文化》，2016 年第 2 期。

55傅刚：《据唐写本〈玉台新咏〉残卷论赵氏覆宋本合于徐陵原貌》，《中国典籍与文化》，2016 年第 3 期。

56袁济喜，杨康：《从葛洪〈抱朴子〉看魏晋士人的个体价值观》，《中国高校社会科学》，2016 年第 3 期。

57范子烨：《“偏言”之美：〈世说新语〉人物品藻个案探析》，《山西大学学报》，2016 年第 2 期。

58吴相洲：《乐府与戏曲》，《曲学》第四卷，上海古籍出版社，2016 年版。

59葛晓音：《日本伎乐“吴公”本事与汉魏乐府》，《北京大学学报》，2016 年第 1 期。

60继起：《魏晋南北朝清商乐署考论》，《中南民族大学学报》，2016 年第 6 期。

61袁济喜，诸葛忆兵主编：《国学视野下之古代文学研究》，中国社会科学出版社，2016 年版。

62袁济喜，徐晓：《从皇侃〈论语义疏〉看南朝文学观念之特质》，《国学学刊》，2016 年第 3 期；袁济喜，李小青：《皇侃〈论语义疏〉与南朝文学思想构建》，《郑州大学学报》，2016 年第 1 期。

63袁济喜：《从文史交汇看南朝萧子显文学批评之特质》，《江海学刊》，2016 年第 2 期。

64石云涛：《论胡麻的引种与文化意蕴》，《中国高校社会科学》，2016 年第 2 期。

65刘跃进：《有关唐前文献研究的几个理论问题》，《深圳大学学报》，2016 年第 6 期。

66吴光兴：《以“集”名书与汉晋时期文集体制之建构》，《文学遗产》，2016 年第 1 期。

67傅刚著：《汉魏六朝文学与文献论稿》，商务印书馆，2016 年版。

68郭英德主编：《中国古代散文研究文献论丛》，商务印书馆，2016 年版。

69党圣元：《论文学史本体》，《甘肃社会科学》，2016 年第 5 期。

70蔡丹君：《探赜文学史多样体例》，《中国社会科学报》，2016 年 6 月 23 日。

71王淑梅主编：《中国文学简史》，北京师范大学出版社，2016 年版。

（作者：马自力，首都师范大学教授；
王朋飞，首都师范大学博士；
李伟，北京科技大学编审）

宋元明清文学

孙大海　李鹏飞

一、诗词文的研究

本年度的诗词文研究领域，出现了一些宏观的理论观点。比如，朱万曙很看重“空间维度”在文学史研究中的意义。他认为，从空间维度出发研究中国文学史，可以将视野延展到各民族文学，从而建立起“中华文学”的大格局；可以将同一时期或时间活动于不同空间的文学家和发生的文学活动予以平行观照；可以将考察诸多对文学史的发展有意义的个体化的文学空间；可以比较不同空间文学品质的差异，从而改变以往仅仅按照“时间维度”考察和叙述文学史的模式，挖掘出文学史发展的丰富性和其中的生命趣味。[①]朱万曙对小玲珑山馆的考察，即为一次有益尝试。清代扬州马曰琯、马曰璐兄弟的小玲珑山馆是一个典型的文学空间。这里经常举行雅集活动，具有集群性、高雅性、平民性等特点。作为私人空间，主人马曰琯“独坐”其间，将其生命体验转换为文学书写。这个空间的文学集群之间有着深厚的情感交流，体现出生命的体温。通过对这一文学空间的挖掘，可以发现蕴含其中的各种文学史的“意味”。[②]

廖可斌以明代文学思潮史为例，探讨了文学思潮史的写法。他认为文学思潮史重点关注的是文学活动、文学风尚及文学与外部社会环境的互动关系。研究明代文学思潮史，既要遵循文学思潮史研究的一般要求，也要根据其自身特点，选择有利的观察角度，设置合理的体系框架，采取相应的叙述策略；应着重考察文学社团的兴替及其文学观念的高度自觉，政治、理学、科举等与文学的互动关系，以及地域文化、商品经济和市镇繁荣对文学的影响。文学思潮史研究的最佳境界，是逻辑与历史的统一。[③]廖可斌还以诗学为中心，考察了明代文学与清代文学的关系。他指出，明代文学与清代文学之间，不只存在断裂与对立，而是一种相因相革的关系。清代诗歌领域的各种诗学理论和创作风尚，都以明代诗学为先导。清代诗歌创作取得一定成就，是借鉴明代诗学实践的教训，并在此基础上调整追求目标和创作策略的结果。明代文学和清代文学各有特点，不宜厚此薄彼。我们有必要对以往评价明清文学的观念和标准进行反思。[④]

本年度宋诗研究中，陆游较受关注。周剑之考察了陆游记梦诗的叙事实践。古代诗歌的记梦传统，以鲜明的叙事性成为整个古典诗歌叙事传统中的重要分支。将陆游记梦诗置于古代诗歌记梦传统中重新审视，可以清楚看到陆游的贡献。陆游记梦诗在叙事性质、叙事模式、叙事技巧等方面都有出色的实践，丰富了古代诗歌对梦境的呈现，代表着古代记梦诗的最高成就，并展示了古代诗歌叙事传统的一个重要侧面。[⑤]张剑则探讨了陆游饮酒与其人其诗之关系。陆游的饮酒诗疏于观照他人，而致力于自我形象和情感的建构，显示出他是一位主观性很强、自我关注度很高的诗人，像李白一样；但他的诗歌创作在时代心理和艺术表现方式上与李白有所不同，显示出宋人独得的审美趣味。[⑥]

被认为陈起编刊的数十种清代宋人小集辑本至今仍广泛地运用于江湖诗派研究之中，这些宋人小集的内容尚存在许多疑点，与江湖诗集之间的关系也未能确定。王媛通过分析宋代文献和《永乐大典》残卷的记载，认为《中兴江湖集》《前贤小集拾遗》属于体例严谨统一的总集，而《江湖后集》《江湖续集》属于以小集形式汇编而成的丛刊。曾经曹寅、郎廷极、吴允嘉等人递藏，现藏于台湾“中央”图书馆的一部宋刊本宋人小集，无论小集名称还是作者题名方式都与《江湖后集》《江湖续集》入编小集非常吻合，应该是从江湖诗集中散出的零册。从宋刊本衍生的数十种清钞本宋人小集辑本，虽然主体内容相似，但所收小集的种类和家数或增或损，有的属于江湖诗集，有的是书商故意造伪，有的是后人对江湖诗集缺乏认知而编入，使用这些小集进行研究应该非常谨慎。[⑦]

清诗方面，白一瑾对清初文学社团“燕台七子”在京活动时间及成员进行了考察，认为“燕台七子”的人员构成，随时间推移而有所变化。周茂源曾作为这一文学团体尚未成型之时的重要成员在京城活动。直到顺治十二年以后，陈祚明入京，周茂源则外放而离开京城，“燕台七子”成员才最终得以确定。[⑧]同时，白一瑾还重点梳理了施闰章在京城诗坛的文学活动及其文学史意义。施闰章在入清以后，多次入京，每次都带来人脉关系和文学影响力的极大拓展，并先后成为顺治时代京城文学团体“燕台七子”、康熙时代京城文学团体“海内八家”的重要成员。晚年应博学鸿词科后，施闰章还参与了以冯溥为代表的高官文人整饬诗坛、以儒家诗教论建立清初庙堂诗学的活动。[⑨]此外，白一瑾还对王士禛宗宋倾向的发展轨迹进行了深入考察，理清了王士禛“中岁越三唐而事两宋”的起始时间，辨明了所谓“两宋”的支系流派。[⑩]

《黔诗纪略》是晚清著名诗人、学者莫友芝编纂的一部明代贵州地方性诗歌总集，对其成书过程的研究多据莫绳孙在《黔诗纪略》中的《题记》，缺乏对《题记》失误的辨正和《黔诗纪略》成书细节的考索。张剑根据莫友芝传世之各种文献及莫绳孙等人记载，很大程度上复原了《黔诗纪略》的编纂过程。[⑪]此外，张剑还考察了清代科举文人年龄的官年与实年之别。其研究对清代人物生卒年的考订和清代科举文化史的研究皆有裨益。[⑫]

本年度散文研究也是成果斐然，有关宋文的研究尤其突出。谢琰指出，《宋景文公笔记》体现了宋祁在学术方面的字学好尚，以及以用字为本位的文章观念，即强调用字的准确性，崇尚以故为新、复古还雅的语言效果。这种文章观念及相关创作实践，烛照出唐宋散文语言革新的复杂生态：韩愈既强调用字复古，又重视造句创新，奠定了散文语言发展的健康基调；中唐至北宋诸家各有所长；欧阳修更重视造句，遂为语言革新之路确立了最终方向，这是他和宋祁的根本分歧。宋祁的文章观念与创作成就，虽不足以主导唐宋散文发展之大势，但为散文语言的健康发展留下了珍贵的参照与提醒。[13]

诸葛忆兵的研究重心为宋代时文。他指出，宋代应策时文最早出现在制科考试中。熙宁以后，士人逐渐将更多的学习热情转移到策问的写作上。殿试制策，考核士人两个方面的能力：对现实政治弊病的了解和应对方案，综合分析、归纳等逻辑思考能力和语言表达能力。宋代士人进入仕途后，热衷于变革，时而大胆批评朝政，直抒己见，这与应策考试的训练有一定的关系。从格式角度考察，应策时文事实上是由多篇政论文组成，与平常一题一议的政论文不同。应策时文受题目、时间、地点的限定，又有考试录取的现实目的，绝大多数应策时文不可能提供深刻的见解，空疏肤浅是应策时文的通病。[14]诸葛忆兵还探讨了宋代时文的传播状况。宋代印刷术日益发展，为时文的刊行提供了越来越多的技术支持。书肆商贩便看中时文的商业价值，开始大量刊印销售此类作品选集。南宋之后，朝廷开始整顿与时文刊印贩卖的一系列问题。朝廷禁止将时文贩卖到境外，试图将刊印权力收归官方所有，由太学、国子监校定，统一出版发行。宋代时文传播影响着宋人的思维方式和创作方式，从科举与文学互动的角度，能够更加深刻地理解时文传播的独特意义和价值。[15]

周剑之探讨了宋代骈文的“应用观”。以骈文为“应用”的观念，在宋人的视野中得到了凸显，成为宋人对骈文的基本定位。伴随着“应用观”的成型，“应用”文章与其他文章的分野变得鲜明，“应用”多用骈体，而其他文章多用散体，由此形成骈散分途的格局。对于“应用”的骈文，宋人存在着“有用”和“无用”这样两极分化的评价，构筑了宋代骈文多维度的价值体系。“应用”是宋人对骈文的重要定位，也是宋代骈文研究的一个关键词。以“应用观”为基础，才能有效实现宋代骈文的深入探究。[16]周剑之还指出，启文是宋代士人在古文运动取得成功后依然保持骈体写作的一种应用文体，几乎覆盖士人生活的各个方面。宋代启文的应用语境，是以科举制度和职官选任制度为基础所形成新型士人关系网络。这种新型的士人关系网络直接影响了宋代启文的发展方向及语体选择。宋代启文以应酬为核心功能，礼仪性得到充分强化，并展现着士人阶层所特有的文学才能。同时，宋代启文也深度参与着士人关系网络的建构。启文与士人关系网络之间的微妙互动，折射着中国古代特有的文学风貌与人文关怀。[17]

明代散文方面，王润英按照书序文作者和书籍编著者的主体间关系，将王世贞三百多篇书序文分为三类，进而发现：针对三种不同的主体间关系，王世贞在具体写作过程中运用了不同的书写策略，在一致与不一致的对话中，同书籍编著者达成主体间的谐融，从而完成了一篇篇书序文。由此可知，虽然书序文可以作为独立的文本呈现，但是因为主体间性的存在与作用，它并不能完全脱离其所序书籍文本。因此，在书序文研究中只有引入主体间性的思考，才能真正把握此种文体的内涵与价值。[18]

不同于诗歌、散文研究的繁荣局面，本年度关于词的研究十分沉寂，并未出现值得称道、引述的成果，殊为遗憾。

二、小说的研究

本年度的小说理论研究方面，《北京大学学报》(哲学社会科学版) 的“古代小说前沿问题丛谈”进行到第十期。本期以中国古代小说的当代性诸方面为论题，这也是丛谈的一个开放性小结。历史上，小说地位卑下，明中后期开始逐渐兴盛小说评点，也许可以称之为小说研究的史前时期，尽管我们不能低估其理论价值，但从总体上说，小说评点还是以鉴赏为中心的零散批评。更重要的是，这种批评与当时的小说创作一样，仍然被主流的正统文学所忽视或排斥。从这样的角度看，古代小说进入文学史，并在整个文学体系中确立了自己的地位，是学术史上的一个重要事件，而考察这一过程，正如潘建国在《中国文学史中小说章节的变迁及其意义》一文中指出的那样，不仅可以了解古代小说的学术史和教育史，同时，也能窥见中国文学史体系和文学史观嬗变之轨迹。[19]古代小说不只是一种单纯的文学遗产，它还以各种方式参与着当代精神文明的建构，对现当代小说创作的影响就是其中一个突出的方面，对此，学界有所研究，李鹏飞的《论中国古代小说对现当代小说的影响》一文，着眼于“故事新编”或翻案小说、“新笔记小说”这两种特殊的现象，实际上分别涉及了题材、文体两方面的影响，具有举一反三的启发性。[20]无论是从学术史角度而言，还是从对现当代文学的影响来看，《红楼梦》在古代小说中都可谓首屈一指。因此，刘勇强的《作为小说标准的〈红楼梦〉》试图探讨这一标准的内涵及其形成过程与实际影响。虽然文中提出了一些对《红楼梦》作为小说标准的异议，但丝毫不意味着对这部小说无可替代的崇高价值的怀疑或否定。

相反，刘勇强的致力方向，正是希望通过对相关问题的反思，更清晰地把握《红楼梦》的经典意义。[21]

侯忠义谈到，古代小说与戏曲的改编，是小说交流史、传播史、发展史的一个重要特点和内容。小说与戏曲虽属不同艺术门类，但同属叙事文体，关系密切，在传播过程中，彼此借鉴，互相改编，使同一题材内容的故事，以小说、戏曲不同形式获得了广泛的发展，促进了彼此的繁荣。这是中国小说发展史上的特征之一。[22]李鹏飞则提出了明清通俗小说中"戏曲嵌入式结构"这一理论概念。所谓小说的"戏曲嵌入式结构"，是指在小说情节或叙事层面嵌入戏曲的故事内容、戏文片段或其他戏曲因素，跟小说自身的情节、叙事或主题形成复杂的关联，同时造成特殊的美学效果。"戏曲嵌入式结构"既是小说的叙事技巧，也是小说的叙事结构。这一结构在中外小说史上屡见不鲜，明清通俗小说比较普遍地运用过这种结构，成为小说史上的重要现象，值得进行深入探讨。[23]

专书研究方面，《儒林外史》研究持续升温，出现了诸多有价值的论文。郑志良、叶楚炎在考察《儒林外史》人物、本事方面，做出了突出的贡献。郑志良考证出蘧公孙的人物原型是李本宣，赵雪斋的人物原型是姚莹，并以两人为中心，考察他们周边的人物原型，指出蘧公孙祖父蘧祐的人物原型是李本宣祖父李天祐，蘧公孙父亲蘧景玉的人物原型是李本宣的父亲李弘永；而与赵雪斋交往密切的胡三公子，其人物原型是王材振。[24]叶楚炎考证认为，匡超人的原型人物应是汪思迴[25]，杨执中的人物原型应是王藻[26]。通过对这些人物原型的考察，我们可以加深对《儒林外史》艺术构思及艺术创作上的理解。

关于《儒林外史》原貌问题的讨论又重新成为一个学术热点。李鹏飞考察了《儒林外史》第五十六回的主题思想、行文风格、写作艺术以及跟全书其他各回的关联，并结合新发现的《〈儒林外史〉题辞》进行了深入分析，断定《儒林外史》第五十六回并非他人窜入，而是出自吴敬梓本人之手。[27]李汉秋《〈儒林外史〉萧云仙故事考说》一文也根据萧云仙原型人物李畝的相关材料，认定萧云仙故事为吴敬梓所作，而非他人窜入。[28]此外，李远达还结合新发现的李畝在桌子山之战和署理大通卫前后的诸多史料，以及《提督杨凯传》，对萧云仙、汤镇台本事进行了补证。[29]

井玉贵着眼于文本内容研究，对《儒林外史》中的文化现象进行了深入剖析。他指出，明清时期的现实生活与小说作品中，出现了一批精于举业的女子，《儒林外史》中的八股才女鲁小姐并非独异的存在，而是产生在深厚的现实土壤之中的。此外，《儒林外史》中的杜慎卿、武书所曾参加的诗赋考试，可能是基层考试中的观风试或经古场，由此可见在八股取士制度畅行于世的年代里，诗赋依然被视为展现士子才情的利器。另外，他还择取虞博士生平中的三个片段，结合相关历史文化资料，揭示虞博士人格境界的现实针砭意义之所在。[30]张国风则梳理了中国文化史上雅文化与俗文化的发展、演变过程，进而指出，雅俗之辨是《儒林外史》中隐性的价值评价体系。[31]

本年度《红楼梦》研究，依旧热度不减。文献方面，刘世德对《红楼梦》皙本中贾义、袁氏、方春三个独异的人名作了介绍和分析，并指出其致误的缘由。[32]沈治钧对甲戌本缩微胶卷进行了细致校读，客观评价了其文献价值[33]，并认定其中附条非甲戌本原貌所有[34]。蔡芷瑜通过校勘日本伊藤漱平旧藏程本《红楼梦》，得出三点推论：一是程甲本在印刷过程中存有"再修订"的改进情形；二是伊藤本的纸店钤印与之前于程本中所见不同，当时印刷所用的纸料可能不止一家；三是从附笺批阅文字来看，当时虽已有程本《红楼梦》在市场中流传，但批阅者亦见不同抄本《红楼梦》。[35]

曹立波、曹明进一步探讨《红楼梦》后四十回的作者问题。认为后四十回中应有曹雪芹残稿，又有疑似程高补笔的成分。带有曹雪芹残稿特征的文字主要集中在第八十四回至第一百十二回；而不符合前八十回伏线的情节多集中在全书后几回。程伟元和高鹗虽非续书人，但作为一百廿回《红楼梦》的整理和刊行者，也可能修补某些章回。[36]李小龙则探讨了《红楼梦》曾有的多种书名与作品成书之间的联系，并指出这些书名在《红楼梦》成书的不同阶段，体现了作者不同的叙事策略。[37]段江丽通过分析早期脂批对阐释语境的关注和认识，强调了其不可忽视的阐释学意义。[38]

文本研究中，曹立波将宝玉生日、芒种节、黛玉葬花、宝钗扑蝶、湘云醉酒、妙玉传帖等情节联系起来观察，认为作者有意以芒种节为契机，串联起金玉良缘和怡红快绿两条线索，包括钗、黛之主线和湘、妙之副线的关系链。这体现了《红楼梦》婚恋叙事中巧妙的艺术构思。[39]《红楼梦》文本中的戏曲元素也较受研究者关注，朱萍、麻永玲指出，《红楼梦》第五十四回写元宵夜贾府家乐"新样"演出

《寻梦》《下书》。《寻梦》演出时减少伴奏乐器，《下书》演出时被冷处理。这样的“新样”演出方式，可为演剧史料拾遗。[40]李玫则结合《长生殿》折子戏在清代的传播状况，探究了《红楼梦》中王熙凤、贾元春点《长生殿》折子戏的独特意义。[41]侯会的专著《物欲〈红楼梦〉：清朝贵族生活》还对《红楼梦》中的经济、物质内容进行了全面、细致的解读。[42]

《红楼梦》传播、接受研究中，杜志军从文学消费的角度阐释了晚清上海欢场流行的红楼游戏与“《红楼梦》热”之间的内在关联。[43]英国来华传教士汉学家艾约瑟在评价第一个以单行本发行的《红楼梦》英译本时，批评《红楼梦》是一部缺乏道德良知的“淫书”。王燕结合评论者的观点和立场，尝试揭示其批评表象背后的态度与观念，以及这种批评形成的历史语境与文化机制。[44]胡晴以加拿大多伦多大学图书馆藏中英文《红楼梦》研究书籍为研究对象，探讨了多大图书馆藏书的眼光和标准以及西方学者研究的倾向和走向等。[45]

《红楼梦》其他研究中，王霜梅揭示了《红楼梦》句法和现代汉语句法组合上的差异，即实词和实词组合差异，实词和虚词组合差异，构形重叠，组合语序问题，特殊句式等。[46]彭利芝的研究目光聚焦到了《红楼梦》续书《红楼梦影》中的隐园：作为明清小说中虚构的一座园林，隐园有迹可循。作者顾太清参照自身熟悉的京西园林以及个人生活行迹，发挥其艺术想象，塑造了这处特色鲜明的隐园。隐园体现了顾太清独特的审美旨趣与人生理想，具有浓郁的北京地域特色。[47]

《聊斋志异》的研究中，赵伯陶注意到《聊斋志异》对《左传》的借鉴关系，并从词语的一般性借鉴、字词用法或相关句式的借鉴、词语释义校勘三个问题展开讨论，在很大程度上揭示了《聊斋志异》的创作特点。[48]张庆民则根据纪昀对《聊斋志异》之批评，《四库全书》收录典籍原则，《四库全书》子部小说家类收录典籍标准，以及《四库全书总目》对《聊斋志异》之评价，解析了《四库全书》子部小说家类不收录《聊斋志异》的原因。[49]

李小龙对小说命名问题展开了一系列研究。他指出在《西游记》研究史上，丘处机《长春真人西游记》一书的存在主要与《西游记》作者的探讨联系在一起，人们几乎忽略了二书相似的命名。不过，《长春真人西游记》长期未为人所知，所以虽然二名相近，但似并无因袭关系。梳理唐僧西天取经故事的源流，第一次以“西游记”为名的是元人吴昌龄的《西游记》杂剧。从《西游记》杂剧现存孤本中可以看到将此剧与《西厢记》联系在一起的文献记录，可以推测，《西游记》一名实为吴昌龄仿拟《西厢记》而成，然后，取经故事也被纳入到这个命名之中，直到最后《西游记》小说使这一命名成为取经故事的总名。[50]袁枚的《子不语》从袁氏自刻本到清末刊本均标名为《新齐谐》，但从民国至今却均以《子不语》为名。据袁枚序云因元人有同名之书而改，但文献资料至今无确切依据。据袁枚之诗推测，他或曾欲以《续夷坚志》名其书，晚年仓促刊行时因元好问有《续夷坚志》一书而再改为《新齐谐》。上举三种书名均袭用了古代神怪的典故，当与《聊斋志异》高珩序有关。事实上，“子不语”一名并未被袁枚完全摒弃，它在袁氏自刻本的版心中仍被保留着。而后世的接受重新为此书选择了“子不语”之名，是因为这个命名既新颖别致、辨识度高，也符合袁枚为文的风格；既以“语”为体制性后缀与此书文体相适应，也更能概括此书的主要特色。[51]

傅承洲就《西游补》的作者与成书年代问题进行了讨论。他认为，明刊本《西游补》署名“静啸斋主人”，静啸斋是董斯张的室名别号，《西游补》的作者当为董斯张。《西游补》最早刻本有嶷如居士序，作于“辛巳中秋”，即明崇祯十四年（1641 年）。《西游补》的最后成书在崇祯十三年（1640 年）。清末一些文人在没有看到明崇祯刻本的情况下，想当然地认为《西游补》是董说在清初创作的。有学者用索隐的方法将《西游补》中的人物和情节比附南明清初的人物和事件，来证明《西游补》作于明清鼎革之后。但这些比附没有文献材料的支持。作者将该书命名为《西游补》，并在书名下方注明“入三调芭蕉扇后”，依作者之意，应该叫补书。作为《西游记》的补书，显然受《西游记》三调芭蕉扇故事影响。《西游记》中孙悟空借芭蕉扇和《西游补》中孙悟空寻找驱山铎都是故事的主要线索。[52]

小说新文献方面，潘建国发现了清初章回小说《莽男儿》二十四回（残失第 5—11 回）。这是目前所知东亚“老獭稚”故事母题存世时间最早的小说文本。它在叙述獭精之子董蟒儿成长史的基础上，扩展演绎了蟒儿与盐徒结盟、起义、征战以及跨海平定浡泥国叛乱的英雄故事，其超人与盐徒的独特人物组合、长江水系与浡泥岛国虚实相间的地理空间设置，都在明清小说史上显得颇为独树一帜。此外，《莽男儿》小说还与清初《獭镜缘》《绣衣郎》传奇存在亲密的文本承继关系，潘建国倾向于认为《绣衣郎》传奇乃据《莽男儿》小说改编而成，这为古代小说戏曲相互改编研究，增添了一个新的学术个案。[53]

三、戏曲的研究

本年度，第一届戏曲研究青年学者读书会悄然启动。《文学遗产》也开辟了"古典戏曲研究笔谈"专栏，出现了多篇带有理论反思意义的文章。李玫《古代戏曲研究风尚变迁得失谈》一文认为，二十世纪上半叶的中国古代戏曲研究，研究者因个人经历及学术兴趣不同有不同的研究重点，有不同的学术眼光，但主要还是延续国学的传统，承继传统曲学的研究方法。从 20 世纪 50 年代开始，普遍使用社会历史方法使得古代戏曲研究多元、自主的情形被破坏。与之相伴随的，是否定传统学术方法，忽视对基本文献的发掘考察，摈弃资料考据，形成崇尚空论的风气。如今二十多年过去，古代戏曲研究纠偏的目标已达到，学术研究走上正轨。近一二十年来，古代戏曲研究注重文献的整理发掘，注重史料考据，从各个角度较为系统深入地研究古代戏曲已蔚然成风。不过近些年来，在研究选题上的偏向也较为明显，即立足于古代戏曲作品内容及其精神内涵的深入研究相对较少。[54]廖可斌认为，古典戏曲研究要取得新的突破，出路可能主要在继续对已往涉及的相关领域和问题进行深入研究的同时，运用新的材料，即瞄准新的研究对象，实现研究重心的转移。具体说来，就是向后、向下、向外。所谓"向后"，即研究重心由宋代至清初戏曲，转移到清中叶至民国初戏曲；所谓"向下"，即研究重心由文人创作的杂剧、传奇，转移到民间戏曲（花部戏、地方戏、说唱）；所谓"向外"，即由就戏曲研究戏曲，转移到更关注戏曲与外部社会文化环境和大众生活的关系。而要实现这样的转移，关键还在于我们要对研究观念进行新的反思和变革。当然，这种研究重心的转移，也将带来研究方法上一定程度的调整。[55]吴新苗立足于戏曲文学（文本）的多样性特点，也指出了戏曲研究中三个亟待推进的方向。一是戏曲史上的经典文学作品及其演出本、改编本研究。二是戏曲史上经典作品的文学研究。这里指的是那些在文学史上很少被提及，但在戏曲史上却是经典之作的戏曲研究，大量民间戏曲文学都属于此类。三是戏曲史上仪式类戏曲文学研究。中国戏曲不仅是文人自娱之作、民间娱乐的大众艺术，也应用于祭祀、仪典等各种场合，后一类可总称为仪式类戏曲。[56]为调和、沟通"案头"与"场上"两种较为独立的研究路径，谷曙光还专门提出了"梨园文献"的概念。与梨园文献相关的"活态综合研究法"，也不失为调整当下戏曲研究策略的一种新的尝试。[57]

具体研究中，朱万曙对清代宫廷大戏十分关注。他指出，清代宫廷大戏，因为被视为为最高统治者服务的作品，还没有得到深入研究和客观评价。这些大戏是前代叙事文学的"蓄水池"，汇聚了诸多的前代小说、戏曲。它们虽然不免"颂圣"、表达忠君思想，但因为编撰者也是文人，故其中仍然潜隐和寄寓了关注社会问题、扬善惩恶的文人情怀。它们大多由前代长篇小说改编，较好地实现了从小说到戏曲的文本转换。编撰者注重宫调、用韵、曲律等要求，实践了他们的曲学主张。故无论是戏曲史、小说史还是清代文学史的研究，都应该重视这些宫廷大戏。[58]个案研究中，朱万曙注意到四十回本小说《三遂平妖传》在清代有两个戏曲改编本，一是康熙年间顾彩改编的《如意册》，一是宫廷大戏《如意宝册》。对于这两个改编本，学界向未给予注意和论述。朱万曙比较、梳理了两个戏曲改编本和小说的关系，认为顾彩本与宫廷大戏属于完全不同的改编本。[59]顾彩本在情节上更加遵依小说，而宫廷大戏"改编"的意味更为明显。《如意宝册》不仅表达了平'妖'来叛、忠君勤勉的宫廷意识，同时也体现出吏治思想和惩恶扬善的文人情怀。[60]

吴新苗细致解读了乾隆五十年吴长元所著《燕兰小谱》，该书记载了魏长生等 64 位乾隆末年京师剧坛当红男旦，反映出其时戏曲文化的新变。这种戏曲文化发展嬗变，首先表现为舞台上魏长生以"美艳妖冶"的演剧风格开一代风气，男旦艺术成为时尚；与此同时，男旦艺人大量涌现，开启此后一百多年男旦繁荣的局面；最后，男旦繁荣与明清狎优风气相激荡，伶人侑酒迅速职业化，成为嘉庆时期私寓制兴起的基础。《燕兰小谱》所反映的舞台上下的新变，与晚清乃至民国戏曲文化的发展有着密切关联，是认识男旦艺术、私寓文化、捧角文化等重要的切入口。[61]吴新苗也对梨园私寓文化进行了深入阐述。梨园私寓制，是诞生于北京的一种戏曲文化现象，是晚清戏曲发展兴盛、社会上层狎优风气盛行的产物。名伶（主要是旦角）创建私寓，招收子弟学戏，并从事侑酒服务，从而使私寓制与晚清社会文化诸多方面产生密切联系，并对戏曲本身发展产生深远影响。私寓制大致形成于嘉庆初年，发展成熟于嘉道之际，繁荣期一直延续到光绪中后叶。一百多年的时间里，其在伶人培养、训练方面形成了自己的特色，开创出晚清剧场的独特观演模式，形成包括伶人品评、私寓谱录、伶人传记和掌故丛谈等各类形式宣传鼓吹艺人的著作，显示出独特的梨园文化景观。[62]

杜桂萍从精神映照与戏曲追求的角度，分析了蒋士铨《临川梦》对汤显祖"临川四梦"的接受状况。她认为，《临川梦》创作缘起于作者去词人化的心态焦虑，力求平定视汤显祖为"词人"的众声喧哗。蒋士铨将《牡丹亭》定位为一部"自写情怀"之作，并以"情正"的理念阐释汤显祖的"情至"理想，对杜丽娘、柳梦梅形象并不认可。同样主张"情"，但蒋士铨所禀赋的风教思想和道德激情没能使他成为汤显祖的真正知音者，以《临川梦》表达对汤显祖的膜拜其实可以理解为作家自我成长的一个历程。[63]

李建军的专著《并世双星：汤显祖与莎士比亚》对汤显祖与莎士比亚进行了比较研究。作者认为，文运取决于时代，莎士比亚幸逢其时。而在平庸时代创造文学奇迹的汤显祖，则更显非凡。同时，文学之美，首在语言，汉语之韵致不可移译。李建军对杜丽娘与朱丽叶这两个相似的人物形象也进行了比较，指出二者一为象征，一为现实，一为悲喜剧，一为悲剧。这种差异与两位剧作家的文化背景、写作风格、精神向度都有关系。[64]

四、小结

综合来看，本年度宋元明清文学的研究不乏亮点，比如诸葛忆兵、周剑之在宋代散文研究领域的开拓，《儒林外史》研究各个维度的深入，以及戏曲研究方法与策略的反思等。但也有一些问题需要注意。前几年一直比较薄弱的词学研究，本年度愈显沉寂。这固然与北京地区学者研究领域的覆盖面、侧重点有关，但也在很大程度上反映了当前词学研究的困境。诗文、小说、戏曲领域中，新文献的发现、考证更能显示出"成果性"，甚至可以导致新的研究热潮的出现。但与这种"热"相对的，是文学理论研究与文学史宏观研究的"冷清"。文献的发掘、整理对于文学研究是十分必要的，但如何从文献材料上升到文学史、文学理论的研究，也是值得学界认真思考的问题。而文学史研究长期以来所形成的碎片化、本位化、模式化、平庸化困境也已经引起学界的反思，需要有意识地加以突破。

注：

①朱万曙：《空间维度与中华文学史的研究》，《民族文学研究》，2016 年第 4 期。

②朱万曙：《小玲珑山馆：一个"有意味"的文学空间》，《中国人民大学学报》，2016 年第 6 期。

③廖可斌：《文学思潮史的写法——以明代文学思潮史为例》，《北京大学学报》（哲学社会科学版），2016 年第 5 期。

④廖可斌：《关于明代文学与清代文学的关系——以诗学为中心的考察》，《文学评论》，2016 年第 5 期。

⑤周剑之：《论陆游记梦诗的叙事实践——兼论古代诗歌记梦传统的叙事特质》，《文学遗产》，2016 年第 5 期。

⑥张剑：《放翁之醉——陆游饮酒与其人其诗之关系》，《江海学刊》，2016 年第 4 期。

⑦王媛：《江湖诗集考》，《文史》，2016 年第 3 辑。

⑧白一瑾：《"燕台七子"在京活动时间及成员考辨》，《社科纵横》，2016 年第 10 期。

⑨白一瑾：《从"燕台七子"到"海内八家"——施闰章在京城的文学活动及其意义》，《苏州大学学报》（哲学社会科学版），2016 年第 6 期。

⑩白一瑾：《王渔洋宗宋论》，《文艺评论》，2016 年第 12 期。

⑪张剑：《〈黔诗纪略〉编纂过程考述》，《华南师范大学学报》（社会科学版），2016 年第 6 期。

⑫张剑：《清代科举文人官年现象及其规律》，《华南师范大学学报》（社会科学版），2017 年第 4 期。

⑬谢琰：《〈宋景文公笔记〉的字学好尚与文章观念——兼论唐宋散文发展中的语言革新问题》，《文学遗产》，2016 年第 6 期。

⑭诸葛忆兵：《宋代应策时文概论》，《复旦学报（社会科学版）》，2016 年第 4 期。

⑮诸葛忆兵：《论宋代时文之传播》，《西南大学学报》（社会科学版），2017 年第 2 期。

⑯周剑之：《宋代骈文"应用观"的成型与演进》，《华东师范大学学报》（哲学社会科学版），2017 年第 2 期。

⑰周剑之：《新型士人关系网络中的宋代启文》，《北京师范大学学报》（社会科学版），2016 年第 6 期。

⑱王润英：《论王世贞书序文的书写策略》，《文学遗产》，2016 年第 6 期。

⑲潘建国：《中国文学史中小说章节的变迁及其意义》，《北京大学学报》（哲学社会科学版），2016年第3期。

⑳李鹏飞：《论中国古代小说对现当代小说的影响》，《北京大学学报》（哲学社会科学版），2016年第3期。

㉑刘勇强：《作为小说标准的〈红楼梦〉》，《北京大学学报》（哲学社会科学版），2016年第3期。

㉒侯忠义：《古代小说与戏曲的该编问题》，《内江师范学院学报》，2017年第5期。

㉓李鹏飞：《论明清通俗小说的"戏曲嵌入式结构"》，《文艺理论研究》，2016年第4期。

㉔郑志良：《〈儒林外史〉的人物原型及其意义——以蘧公孙、赵雪斋为中心》，《中国文化研究》，2017年春之卷。

㉕叶楚炎：《匡超人本事考论》，《明清小说研究》，2016年第3期。

㉖叶楚炎：《杨执中原型人物考论》，《中国文化研究》，2017年春之卷。

㉗李鹏飞：《〈儒林外史〉第五十六回为吴敬梓所作新证》，《中国文化研究》，2017年春之卷。

㉘李汉秋：《〈儒林外史〉萧云仙故事考说》，《文学遗产》，2016年第5期。

㉙李远达：《文人"兵"梦的实与虚——〈儒林外史〉萧云仙、汤镇台本事补证》，《中国文化研究》，2017年春之卷。

㉚井玉贵：《读〈儒林外史〉札记三则》，《明清小说研究》，2016年第3期。

㉛张国风：《雅俗之辨与〈儒林外史〉的隐性评价体系》，《河北学刊》，2016年第5期。

㉜刘世德：《贾义·袁氏·方春——〈红楼梦〉皙本研究之一》，《红楼梦学刊》，2017年第3辑。

㉝沈治钧：《甲戌本缩微胶卷校读记》，《红楼梦学刊》，2017年第2辑。

㉞沈治钧：《由缩微胶卷看甲戌本附条》，《红楼梦学刊》，2016年第5辑。

㉟蔡芷瑜：《日本伊藤漱平旧藏程本〈红楼梦〉考》，《红楼梦学刊》，2017年第2辑。

㊱曹立波、曹明：《〈红楼梦〉后四十回中的雪芹残稿和程高补笔》，《红楼梦学刊》，2016年第5辑。

㊲李小龙：《〈红楼梦〉异名的叙事策略及多重内涵》，《红楼梦学刊》，2016年第5辑。

㊳段江丽：《〈红楼梦〉早期脂批的阐释学意义——以阐释语境为中心》，《红楼梦学刊》，2016年第5辑。

㊴曹立波：《生日与〈红楼梦〉婚恋故事的艺术构思》，《红楼梦学刊》，2016年第6辑。

㊵朱萍、麻永玲：《〈红楼梦〉中家乐"新样"演出〈寻梦〉〈下书〉考论》，《红楼梦学刊》，2016年第5辑。

㊶李玫：《〈红楼梦〉中王熙凤、贾元春点〈长生殿〉折子戏意义探究》，《红楼梦学刊》，2016年第4辑。

㊷侯会：《物欲〈红楼梦〉：清朝贵族生活》，中华书局，2016年版。

㊸杜志军：《作为消费品的〈红楼梦〉——以晚清上海的"〈红楼梦〉热"为中心》，《明清小说研究》，2016年第3期。

㊹王燕：《十九世纪西方人眼中的"淫书"〈红楼梦〉——以艾约瑟〈红楼梦〉书评为中心》，《红楼梦学刊》，2016年第4辑。

㊺胡晴：《加拿大多伦多大学图书馆藏〈红楼梦〉研究资料——以中英文〈红楼梦〉研究书籍为主》，《红楼梦学刊》，2016年第5辑。

㊻王霜梅：《〈红楼梦〉句法与现代汉语句法组合差异性初探》，《红楼梦学刊》，2017年第1辑。

㊼彭利芝：《真山真水寄生涯——〈红楼梦影〉隐园管见》，《红楼梦学刊》，2016年第5辑。

㊽赵伯陶：《〈聊斋志异〉借鉴〈左传〉三题》，《蒲松龄研究》，2016年第4期。

㊾张庆民：《关于〈四库全书〉不收〈聊斋志异〉问题》，《蒲松龄研究》，2016年第3期。

㊿李小龙：《〈西游记〉命名的来源——兼谈〈西游记〉杂剧的作者》，《北京师范大学学报》（社会科学版），2016年第6期。

(51)李小龙：《〈子不语〉的作者命名与时代选择》，《北京社会科学》，2017年第6期。

(52)傅承洲：《关于〈西游补〉的几个问题》，《河北学刊》，2016年第6期。

(53)潘建国：《新见清初章回小说〈莽男儿〉考论——兼谈其与〈獭镜缘〉〈绣衣郎〉传奇之关系》，《文学遗产》，2017年第1期。

(54)李玫：《古代戏曲研究风尚变迁得失谈》，《文学遗产》，2016年第6期。

(55)廖可斌：《向后、向下、向外——关于古典戏曲研究的重心转移》，《文学遗产》，2016年第6期。

⑯吴新苗:《戏曲文学(文本)多样性与戏曲研究》,《文学遗产》,2016 年第 6 期。

⑰谷曙光:《戏曲研究:立足于鲜活的“梨园文献”再出发》,《文学遗产》,2016 年第 6 期。

⑱朱万曙:《论清代宫廷大戏》,《文学评论》,2017 年第 3 期。

⑲朱万曙:《〈三遂平妖传〉的两个清代戏曲改编本》,《文学遗产》,2016 年第 6 期。

⑳朱万曙:《论清宫大戏〈如意宝册〉》,《中国文化研究》,2016 年秋之卷。

㉑吴新苗:《从“识艳之书”〈燕兰小谱〉看清代戏曲文化的新变》,《云南艺术学院学报》,2017 年第 1 期。

㉒吴新苗:《私寓制与晚清梨园文化》,《中国戏曲学院学报》,2017 年第 1 期。

㉓杜桂萍:《从“临川四梦”到〈临川梦〉——汤显祖与蒋士铨的精神映照和戏曲追求》,《文学遗产》,2016 年第 4 期。

㉔李建军:《并世双星:汤显祖与莎士比亚》,二十一世纪出版社,2016 年版。

(作者:孙大海,北京大学硕士生;
李鹏飞,北京大学副教授)

中国现代文学

秦雅萌

2016 年的中国现代文学研究在稳步发展中多有创新。延续此前学界关注的研究重点与热点,研究者在文学史研究、作家作品研究、思潮流派研究等方面取得了丰硕的成果,在时段上多以新文化运动前后与 20 世纪 40 年代的文学为聚焦点,在重新解读与阐释经典作品方面亦值得关注,而鲁迅研究作为学科的研究重点,同样表现出了新的动向。本年度的中国现代文学研究在问题和方法上进行了多种自觉而有益的尝试,追求一种整体性与结构性并重的学科视野。

中国现代文学的发生学研究是学科研究注重的领域。本年度,对这一过渡时段的文学文化现象研究多有斩获。林纾成为学者观察晚清与现代文学文化的窗口。陈平原以教育史上的林纾作为考察对象,从早期北大教员的角度讨论林纾与京师大学堂及北京大学的历史渊源、个人恩怨以及冲突的历史必然性,并借此凸显现代中国文化、思想及教育的艰难转型。[①]同样关注林纾与现代文学与文化转型之关系的,是李今对于林纾翻译的研究,通过辨析三部以“孝”为主题的林译小说对原作小说类型和主题的改写,认为林纾标榜西洋人物之“孝”的背后,乃是其“业儒”身份、“不类而类”的翻译策略及其匡时卫道意图对其翻译行为的操控;结合林纾的翻译和创作,李今重审了林纾卫道的历史因缘、思想理路及其功过,重新认识五四新文化不仅是一次思想革命,更是一场旨在“改革家庭”的社会改良运动的性质特征。[②]此外,研究者还关注到晚清科幻小说这一具体的小说类型,以问世于日俄战争期间的中国最早的科幻小说《月球殖民地小说》为例,研究者认为,小说通过主人公无法被现代科技治愈的身心癫狂控诉殖民主义暴行,讽喻了“科学”作为现代“神迹”的面相及其无效性。同时,小说代表着黄种人崛起的梦想,呼应了“中日同种”的论调,殖民主义的“文明—野蛮”话语在晚清的科学幻想中被消解。尽管小说作为对凡尔纳探月故事的反写并不属成功之作,但却翻新了中国传统“愁人对月”的意象,也成为后世文学中“狂人”形象系列的一个特殊的起点。[③]马勤勤则从晚清新兴的报刊媒介出发,选取最能体现刊物编纂方针和主旨政策的发刊词,研究了女报与中国女性小说创作发生的某些关键性的结点。[④]

“五四”新文学与文学革命一直以来都是中国现代文学研究的重点,2016 年的中国现代文学研究则表现出了新的研究视角和方法。王中忱通过考察“美术革命”与“文学革命”的交集及其意义,将 1919 年《新青年》杂志开辟以“美术革命”为题的栏目这一事件,与对上海美术专科学校的后期印象派运动、蔡元培的美育论等具体案例的分析相勾连,从“美术革命”与“文学革命”不断交集的过程中探索了构筑现代视觉装置与“写实”方法的多种可能性。[⑤]陈尔杰围绕五四落潮后以北大法科学生为主的知识青年在《评论之评论》上展开的“革命的文学”讨论,指出透过这一与郑振铎等所提倡的“血和泪的文学”有所关联的讨论,可以考察当时青年对于运动挫折的精神反应和反思模式，包括他们对于思想观念如何不停留为纸上空谈而转化为现实行动的关注。[6]这一思考不再局限于学术界研究“五四”新文化运动时对其中领导人物观念价值的集中关注，而是将焦点转向当时一般青年的真实思想状况，弥补了文学史线性描述中的盲点。姜涛从“社会改造”这一新文化运动中不可或缺的面向入手，将“新村”“工读互助”“小组织试验”、平民教育、社会调查为代表的诸多社会讨论与实践纳入文学讨论的视野，解读早期新文学的形态、气质、观念、工作方式及伦理意涵的生成，建构一个整体性的研究视域，突破了惯常讨论“五四”新文学的“思想启蒙”与“工具革新”的叙述框架，真正把握了“五四”新文学的历史独特性和纵深的历史走向。[7]

对于中国现代文学文献史料的重视，反映了近些年中国现代文学研究提倡“以史料说话”、“回到历史现场”的严谨学风，中国现代文学史料学也逐渐成为一门广受重视的学科分支。朱金顺的论文从六个方面细致总结了新文学考据需要注意的问题。[8]在具体作家作品的史料发现与研究方面，常楠根据北京鲁迅博物馆胡风文库中胡风早年创作的剧本手稿《虎列拉之影》，研究了胡风 20 世纪 20 年代的戏剧活动和创作表现手法。[9]解志熙从穆时英投靠汪伪时的亮相文章等史料出发，以确凿的文献和细致的考辨，解释了作家蜕变为汉奸的过程及其走向妥协的思想逻辑，[10]同样也构成了 40 年代沦陷区作家研究的典型个案。在沈从文研究方面，李斌研究了长期以来被忽视与遮蔽的沈从文与民盟的关系问题，从新发现的民盟盟员王康所作的《沈从文批判》等文献出发，梳理了沈从文自 1944 年以来与民盟盟员的关系，及其与新中国成立后沈从文的思想、心态、文学史地位的关系。[11]40 年代沈从文的文献考辨工作引起了研究者的关注，孟庆澍重新整理了 1946 年后沈从文的三则史料，并以此为据分析了这一时期沈从文的写作状态与思想变化。[12]作为现代文学的经典作家，沈从文的作品选本是其作品得以保存和流传的重要形态，不仅是作者的作品集，而且蕴含着选者乃至一个时代的文学观念、审美标准和欣赏趋势。赵月华从小说选本的视角出发，分别从“审美错位”“思想错位”“代表作错位”三个方面探究了沈从文小说的选本错位现象，并提出这种错位构成了沈从文作品经典化的重要环节。[13]在郭沫若研究方面，李怡认为，郭沫若被视为现代“民族复兴”思想的重要代表，其思想包含着他独特的对历史和现实的深刻思考，指向一个“文化创造”的宏阔目标。郭沫若追溯历史的同时，也对中国文化在后来的沦落有着深刻的批判和反省。[14]李斌重新探究了郭沫若思想中来自尼采的影响，认为尼采关于超人和生命的学说对郭沫若具有长期而深远的影响，是其思想发展的重要底色。[15]

2016 年是鲁迅先生诞辰 135 周年，逝世 80 周年，也是北京鲁迅博物馆建馆 60 周年。北京鲁迅博物馆于 2016 年 9 月 19—21 日召开“鲁迅文化遗产与当代中国”国际学术研讨会。来自国家文物局、上海鲁迅纪念馆、北京大学、中国人民大学、北京师范大学、浙江大学、陕西师范大学等高校机构的鲁迅研究专家及学者 80 余人参会。同时，还有来自澳大利亚、日本、尼泊尔等地的海外学者参会。国家文物局副局长关强指出，学习鲁迅、缅怀鲁迅对当代中国乃至世界仍具有重要的现实意义。北京鲁迅博物馆常务副馆长黄乔生介绍了鲁迅博物馆的历史、馆藏和科研成果，强调学术立馆的方针。[16]与会者就鲁迅的思想、文学创作、艺术收藏，鲁迅与新文化运动，鲁迅与当代文化，鲁迅与金石学、美术学，鲁迅的海外影响以及鲁迅的研究史等多方面的问题展开了充分的切磋讨论。[17]

作为讨论现代中国文学与文化的关键性人物，鲁迅承载了各类思想，也背负着种种误读。孙郁的著作《鲁迅遗风录》，展示了鲁迅传播史上丰富的人与事，囊括了鲁迅生前亲友的回忆与怀念文章，弟子的追忆之作，以及学者的研究论著和政治人物的评点等多类不同表述，试图在源头上还原一个被误读的鲁迅。[18]在鲁迅的传播史中，青少年中的鲁迅宣传问题吸引了研究者的目光。温立三勾勒出新文学的三个阶段中，鲁迅在中国青少年中的宣传与影响。[19]张勇弥补了现代文学研究界对于创造社出版部历史价值的认识不足，将后期创造社与鲁迅关于“革命文学”的论争纳入研究视野，认为这场论争一则影响到创造社自身的发展方向，创造社出版部的出现为后期创造社成员参与中国现代文学的发展提供了平台；二则折射出鲁迅创作思想意识的转变乃至中国现代文学在 20 世纪 20 年代末的变化。[20]孙郁梳理了各个时段鲁迅文学批评的理论资源，并结合鲁迅自身的写作经验与编辑出版经验，指出文学批评史上鲁迅文学批评的开放性维度与穿越性力量。[21]张洁宇则独具新意地提出了鲁迅生命观与文学观的两个重要支点，认为“活”与“行”共同支起了鲁迅“为人生”的文学理想。[22]黄锐杰采用文学社会学的方法，通过考察《祝福》中的祭祀与《故乡》中的祭祀的关联性，借助“立嗣权”概念，呈现了鲁迅小说中乡土伦理的复杂面貌。[23]

在鲁迅的文学创作与思想历程中，翻译占据了重要位置。在鲁迅的翻译研究方面，葛涛研究了鲁迅从德文翻译的俄国作家果戈理《死魂灵》第一卷的手稿，细致划分了其中存在的多类修改情况，还原了鲁迅翻译《死魂灵》的大致过程和翻译思路，认为其中体现出鲁迅认真的翻译态度和多元的翻译方法，如使用带有鲜明中国色彩的词语，注重词语与句子的“直译”，辅之“意译”，注重忠实于原作的同时追求字句的“易解”。[24]李松睿同样将《死魂灵》的鲁迅译本作为分析案例，从具体的译文中归纳鲁迅在遣词造句上的特点，指出鲁迅在翻译《死魂灵》时采用的特殊句式“是聪明，聪明，第三个聪明”，直接生发于评论家对鲁迅创作与生活方式的评价，并继而分析了鲁迅翻译语言的陌生化倾向，以及鲁迅在长期的写作生涯中逐渐形成的个性化的表达方式，[25]这一研究跳出了研究界处理鲁迅翻译问题时的惯性思维和固化结论，还原了鲁迅的翻译语言的复杂面貌。

20 世纪 80 年代初王得后的《〈两地书〉研究》开辟了鲁迅研究的新课题，本年度，研究者将《两地书》的手稿本与出版本相对照，从仔细的校读中发现，鲁迅对于《两地书》书稿的出版态度极为谨慎。对于鲁迅修改《两地书》过程的研究，生动地反映出鲁迅的思想与写作的侧面，以至鲁迅对事物与形势的观察与判断。[26]关注鲁迅文艺生涯中的美术活动，也成为近年来多位学者关注的热点。董炳月考察“美术日本”对鲁迅美术活动的推动作用，具体分析了鲁迅对于日本浮世绘的收藏与认知，并分析了鲁迅如何将浮世绘作为其版画运动的一种资源，以此考察了鲁迅文艺观、审美观的复杂性。[27]李禧从鲁迅引进珂勒惠支木刻作品出发，分析了木刻版画这一新兴的艺术形式的独立艺术价值和不可低估的社会影响力，及其与中国革命文艺的内在关联性。[28]

在鲁迅与周作人研究方面，王芳以西方博物学的视野，讨论了从“进化论”到“法布耳”，鲁迅与周作人的写作内容、思想与文体选择所受到的影响。[29]裴春芳厘清了 1927 年前后五四新文学群体在散文这一文类上的分裂状态，并重点论述了周作人与鲁迅所代表的不同方向与不同抉择乃是因对五四遗产的不同接受方式而决定的。[30]袁一丹对沦陷时期周作人启蒙姿态的调整格外关注，认为 20 世纪 40 年代周作人重新回到新“国民”的立场上，既是其晚清经验的复活，也为“国民”的概念涂上了一层暧昧的政治保护色。[31]中国现代文学的域外语境同样成为研究周氏兄弟的重要资源，小林基起、商金林认为日本中国文学研究会刊《中国文学》月报中对“周氏兄弟”的评介尤为值得学界关注。[32]

20 世纪 40 年代文学成为近些年新见迭出的研究领域。冷霜将废名作于 1949 年的长文《一个中国人民读了新民主主义论后欢喜的话》作为理解废名建国前后思想转变的一个关键性文本，指出其中既表达了对毛泽东《新民主主义论》的接受，也表现出论辩与“劝谏”的意图。前者与废名在抗战时期避居故乡黄梅以“性善”观念和佛教唯识观念为基础形成的“民族精神”的思想形成耦合；后者则反映出废名对“新民主主义文化”中的“科学”与“反封建”等思想的不安和文化保守主义的认识立场。[33]这一研究则不仅挑战了废名研究中的重点与难点，也通过废名这一有深度的个案，提供了理解知识分子思考中国现代进程和社会政治理念的方法。刘卓尝试讨论丁玲在整风之后所写的报告文学中所呈现的“新的写作作风”，指出“新的写作作风”的出现与当时延安对于新闻报道、报告文学所偏重的客观性写作形式相关，更与作家思想意识的转变、文艺生产过程的改造紧密相关。[34]何吉贤结合抗日战争的历史条件，具体分析了“抗战演剧”这一特殊的演剧实践与总体“游击战略”的内在关系，为考察现代中国演剧的特殊性提供了思考的参证。[35]李松睿针对 40 年代中国的作家们不约而同地倡导在小说创作中加强对地方性特征的描绘与表现的文学史现象，探讨了文艺理论家为何在此时倡导作家描绘地方性事物，小说形式在纳入大量地方性内容后发生了哪些改变，地方性特征在这一时期的小说中发挥何种功能等问题。[36]地方性问题可谓 20 世纪 40 年代中国文学与社会中最为核心的问题之一，这一研究回应的问题是，在差异化的政治语境和文化逻辑之下，地方性书写如何经过不同的机制，转化为以民族性、普遍性或现实性为具体内涵的“我乡我土”。因此，这一研究不仅打开了经典作家作品再解读的空间，也进一步推进了对于 20 世纪 40 年代文学史景观的具体认知。[37]

赵树理因其在左翼文学谱系中的中心位置及其另类的乡土文学写作，成为近年现当代文学研究界重点关注的作家。2016 年，正值赵树理诞辰 110 周年之际，中国艺术研究院召开了赵树理研讨会。李松睿以赵树理的文学语言特点为切入点，分析了地方色彩对于20世纪40年代解放区文学的意义与功能，认为地方色彩与解放区知识分子改造问题相关，并联系着作品的地方性与全国性层面的思考。[38]贺桂梅在重新解读赵树理50年代发表的小说《三里湾》时，突出赵树理文学与乡土中国的紧密关系，更重要的是，作者提出对这一文本所带动的作家创作、文学体制、历史语境、文化传统、社会构想、政治实践等不同层次的意义实践过程作出历史化的阐释，可谓在方法论意义上展示出一种立体地解读文学文本的思路。[39]贺桂梅的专著《赵树理文学与乡土中国现代性》尝试从反思中国现代性问题这一角度出发，重新解读赵树理的重要文学与戏剧作品，将其创作实践放在当代中国文学发展的整体历史格局，特别是乡土中国现代化的独特道路与社会主义实践的复杂关系中，并由此出发，反思当代中国农村的现代化实践，重新估价赵树理的意义和价值。[40]这一重要研究成果，带有思考如何将左翼文学实践转化为当下的有效资源的抱负。[41]

2016年秋季，北京大学人文社会科学研究院先后举办了“游离与独在：木山英雄学术思想座谈会”与“钱理群教授新著《岁月沧桑》研讨会”，召集北京大学、中国社科院、鲁迅博物馆、北京师范大学、南开大学等高校和研究机构的学者参与研讨。木山英雄作为日本著名的中国文学研究专家、一桥大学名誉教授，其新著《人歌人哭大旗前——毛泽东时代的旧体诗》以传记资料、历史回忆录证诗的方法对现代中国的几位重要文人、政治家的旧体诗展开论述，体察诗人们的精神苦闷、心理变动，并通过这种体察来理解几十年来革命中国的历史经验教训。[42]同样采用个案研究方式的是钱理群的新著《岁月沧桑》[43]，此书完成了钱理群教授“二十世纪中国知识分子精神史三部曲”的写作计划，并深入分析了沈从文、梁漱溟、赵树理、废名、王瑶、郭小川与邵燕祥等作家学者在20世纪50—70年代的生命历程与精神际遇，具有很高的学术价值与启示，表现出贯通“中国现代文学”与“中国当代文学”的趋势。

在专著出版方面，还有如下著作值得关注：作为中国现代文学史的经典教材，《中国现代文学三十年》[44]从1987年初版至今，印刷50余次，印数过百万，无疑是中国现代文学研究领域影响最大的学科教材与研究著作。2016年，该书的作者吸收了学界近年来的研究成果，根据教学的需要适当调整了内容的写法，改正了一些字句表述和史料运用上的错漏。该书的问世、修订、传播及反应，亦能从一个侧面看到一门学科的变迁。[45]陈平原的专著《作为学科的文学史——文学教育的方法、途径及境界（增订本）》，试图在思想史、学术史与教育史的夹缝中，思考文学史的生存处境及发展前景。[46]本书是现代文学史研究领域以及文学教育领域一部具有重要意义的著作，集中地呈现了作者对中国近现代乃至当代文学史学科的历史反思性，反映出作者思考何为“理想的文学教育”以及人文学学科走向何方的历史动因及其现实“情怀”。[47]同样考察文学教育的是李斌的专著《民国时期中学国文教科书研究》[48]，本书系统考察了1912年至1949年间各类中学国文教科书的编辑、出版、使用与接受情况，在资料的发现、搜集、整理与考辨方面做出了重要工作，并借鉴“课程社会学”的方法，尝试更新中学国文教科书的研究思路。[49]费冬梅的著作《沙龙：一种新都市文化与文学生产（1917—1937）》则择取现代文坛上较有代表性的几个“沙龙”，借助空间的考察研究现代中国某几类知识分子的精神文化史，同时，从知识分子的视野来观察“沙龙”这一特定的都市空间如何在中国兴起、发展和衰落，以及它对都会文学、影射小说、中国现代散文乃至中国现代文学的发展所起到的作用，[50]以小见大，视野开阔，眼光独到而富于新意。

综上，2016年的中国现代文学研究发展稳健，成果可观，在文学史研究、作家作品研究以及史料文献研究等方面均有建树，并在研究视野与方法上进行了多元尝试，注重文献资料的考辨，重建历史现场，突破文学史内部的研究视野，使文学与大历史互相激活，表现出对中国现当代历史进程的整体性思考，具有进一步开拓与创新的可能性。

注：

①陈平原：《古文传授的现代命运——教育史上的林纾》，《文学评论》，2016年第1期。陈平原：《林纾与北京大学的离合悲欢》，《文艺争鸣》，2016年第1期。

②李今：《以洋孝子孝女故事匡时卫道——林译“孝友镜”系列研究兼及五四“铲伦常”论争》，《文学评论》，2016年第1期。

③贾立元：《晚清科幻小说中的殖民叙事——以〈月球殖民地小说〉为例》，《文学评论》，2016年第5期。

④马勤勤：《女报与近代中国女性小说创作的发生——以发刊词和征文广告为中心》，《中国现代文

学研究丛刊》，2016 年第 5 期。

⑤王中忱：《视觉装置与“写实”方法的现代构筑——“美术革命”与“文学革命”的交集及其意义》，《文学评论》，2016 年第 4 期。

⑥陈尔杰：《五四落潮期青年思想状况的历史侧影——〈评论之评论〉与“革命的文学”讨论》，《中国现代文学研究丛刊》，2016 年第 11 期。

⑦姜涛：《“社会改造”与“五四”新文学——作为一个整体的研究视域》，《文学评论》，2016 年第 4 期。

⑧朱金顺：《新文学考据杂谈》，《中国现代文学研究丛刊》，2016 年第 9 期。

⑨常楠：《胡风剧本〈虎列拉之影〉手稿的再发现——兼谈胡风早年的戏剧活动》，《中国现代文学研究丛刊》，2016 年第 1 期。

⑩解志熙：《“穆时英的最后”——关于他的附逆或牺牲问题之考辨》，《文学评论》，2016 年第 3 期。

⑪李斌：《沈从文与民盟》，《文学评论》，2016 年第 2 期。

⑫孟庆澍：《沈从文史料三则》，《鲁迅研究月刊》，2016 年第 6 期。

⑬赵月华：《选本视角下沈从文小说的接受“错位”》，《中国现代文学研究丛刊》，2016 年第 9 期。

⑭李怡：《复兴什么，为什么复兴？——郭沫若的民族复兴思想一瞥》，《中国现代文学研究丛刊》，2016 年第 4 期。

⑮李斌：《郭沫若思想中的尼采资源新探》，《中国现代文学研究丛刊》，2016 年第 4 期。

⑯黄乔生：《北京鲁迅博物馆的学术道路——“鲁迅遗产与当代中国”国际学术研讨会开幕辞》，《鲁迅研究月刊》，2016 年第 10 期。

⑰赵焕亭：《“鲁迅遗产与当代中国”国际学术研讨会综述》，《鲁迅研究月刊》，2016 年第 10 期。

⑱孙郁：《鲁迅遗风录》，江苏凤凰文艺出版社，2016 年版。

⑲温立三：《民国时期的鲁迅传播与青少年中的鲁迅宣传》，《鲁迅研究月刊》，2016 年第 12 期。

⑳张勇：《创造社出版部历史价值重估——从后期创造社与鲁迅关于“革命文学”论争谈起》，《鲁迅研究月刊》，2016 年第 7 期。

㉑孙郁：《文学批评史中的鲁迅遗产》，《文学评论》，2016 年第 2 期。

㉒张洁宇：《“活”与“行”——鲁迅生命观与文学观的互动》，《中国现代文学研究丛刊》，2016 年第 9 期。

㉓黄锐杰：《祭祀、立嗣权与乡土社会的伦理危机——重释祥林嫂之死》，《中国现代文学研究丛刊》，2016 年第 8 期。

㉔葛涛：《“凡是翻译，必须兼顾着两面”——鲁迅在〈死魂灵〉第一卷译稿上的修改情况研究》，《鲁迅研究月刊》，2016 年第 1 期。

㉕李松睿：《“是聪明，聪明，第三个聪明”——试论鲁迅的翻译语言》，《鲁迅研究月刊》，2016 年第 1 期。

㉖叶淑穗、孙曰修：《〈两地书〉手稿本与出版本校读记》，《鲁迅研究月刊》，2016 年第 3 期。

㉗董炳月：《浮世绘之于鲁迅》，《鲁迅研究月刊》，2016 年第 6 期。

㉘李禧：《试论鲁迅的“新兴木刻”与珂勒惠支版画的革命情愫》，《鲁迅研究月刊》，2016 年第 12 期。

㉙王芳：《进化论与法布耳：周氏兄弟 1920 年代写作中的博物学视野》，《中国现代文学研究丛刊》，2016 年第 1 期。

㉚裴春芳：《“隐士派”还是“酝酿者”：论小品散文初期的分化》，《中国现代文学研究丛刊》，2016 年第 1 期。

㉛袁一丹：《“国民”的隐现——沦陷后期周作人的反启蒙姿态》，《华东师范大学学报》（哲学社会科学版），2016 年第 2 期。

㉜小林基起、商金林：《日本〈中国文学〉月报中的“周氏兄弟”》，《中国现代文学研究丛刊》，2016 年第 11 期。

㉝冷霜：《建国前后废名思想的转变——以〈一个中国人民读了新民主主义论后欢喜的话〉为中心的考察》，《文学评论》，2016 年第 1 期。

㉞刘卓：《“新的写作作风”——探讨丁玲整风之后的报告文学写作》，《中国现代文学研究丛刊》，2016 年第 1 期。

㉟何吉贤：《“抗战演剧”背景下的独幕剧及其“适用性”》，《中国现代文学研究丛刊》，2016 年第 10 期。

㊱李松睿：《书写“我乡我土”——地方性与 20 世纪 40 年代中国小说》，上海人民出版社，2016 年版。

㊲路杨：《从“我乡我土”到“异地异路”——1940 年代文学与“地方性”的再问题化》，《文艺理论与批

评》，2016年第5期。

㊳李松睿：《地方色彩与解放区文学——以赵树理的文学语言为中心》，《文学评论》，2016年第1期。

㊴贺桂梅：《村庄里的中国：赵树理与〈三里湾〉》，《文学评论》，《文学评论》，2016年第1期。

㊵贺桂梅：《赵树理文学与乡土中国现代性》，北岳文艺出版社，2016年版。

㊶罗雅琳：《"另类"的左翼及其当代转化——贺桂梅的赵树理研究读解》，《文艺理论与批评》，2017年第1期。

㊷木山英雄：《人歌人哭大旗前——毛泽东时代的旧体诗》，生活·读书·新知三联书店，2016年版。

㊸钱理群：《岁月沧桑》，东方出版中心，2016年版。

㊹钱理群、温儒敏、吴福辉：《中国现代文学三十年》(修订本)，北京大学出版社，2016年版。

㊺温儒敏：《〈中国现代文学三十年〉出版往事》，《中华读书报》，2016年6月29日。

㊻陈平原：《〈作为学科的文学史〉增订版序》，《文艺争鸣》，2016年第4期。

㊼吴晓东：《文学史家的"通识"与"情怀"——评〈作为学科的文学史〉》，《文艺争鸣》，2016年第10期。

㊽李斌：《民国时期中学国文教科书研究》，北京大学出版社，2016年版。

㊾李浴洋：《在持重中创新：中国现代文学研究的品格与使命——2016年中国现代文学研究著作述评》，《中国图书评论》，2017年第1期。

㊿费冬梅：《沙龙：一种新都市文化与文学生产(1917—1937)》，北京大学出版社，2016年版。

(作者：秦雅萌，北京大学博士生)

中国当代文学

邵燕君　杨梦皎　金恩惠

1. 20世纪50—70年代文学研究

2016年的50—70年代文学研究总体呈现较为稳固的态势，即以经典作家、经典作品解读作为打开红色历史的钥匙，有意与现代性问题相衔接，注重与现实相观照，具备"面史"的大视野和"向民"的关怀意识。与此同时，2016年又处于红军长征胜利80周年、柳青诞辰100周年这两个重要的时间节点上，亦使得"红色经典"与"红色作家"的讨论得到再次激活。

2016年10月，《文汇报》组织张江、程光炜、刘玉凯、李云雷和殷实等文艺界人士就"红色经典"的文化内涵展开对话。[1]程光炜指出，红色经典是将民间文艺资源、西方文艺资源等多种文化元素进行融合的产物，是一种历史的必然选择。刘玉凯看重红色经典在寻找文学史新架构过程中所发挥的积极作用，李云雷则从中国革命文化的维度去理解红色经典，殷实认为革命的"红色基因"是中华文明自我更新的决定性要素，是我们需要坚定持守的历史精神主线。

在柳青诞辰100周年之际，李云雷呼吁人们汲取以人民为中心的柳青精神，深入生活、胸怀理想、精益求精，不断开拓中国文学未来发展的可能性。[2]除此以外，赵树理作品以其丰厚的艺术和现实内涵，如一株常青树伫立在中国文坛，召唤着研究者的持续开掘。贺桂梅对《三里湾》进行了再解读，[3]她抓住小说去中心人物的以三里湾为主体的叙事视角、书写合作化等乡村生活改造的叙事内容，认为《三里湾》构造出一种"村庄"、"中国"、"社会主义"相勾连的现代社会主体形态，并试图在这当中探索个体与社会、传统与现代的共生关系。对这部作品的阅读，可以成为反思整个现代社会与文学体制的契机所在。

50—70年代的中国文学，始终处于现代性框架和民族国家文艺政策调整的大环境之中，关于该方面的讨论也仍在继续。其中，旷新年站在"文化大革命"发动50周年、"文化大革命"结束和新时期开始40周年的时间延长线上，从1976年开题，系统梳理了60年代到90年代近30年的文艺波动。他的论述包含了许多新的尝试，例如通过经济数据分析、顾准与毛泽东难题的对照，从反思列宁模式的角度重新定义了“文化大革命”的性质。旷新年将伤痕文学开始的新时期文学做以贯通性处理，他认为“整个新时期文学延续了伤痕文学的历史预设和思维逻辑……它们分享了共同的历史记忆，构建了相同的叙事与价值。”[④]并在此过程中重述“伤痕文学”的起源（陈若曦的《尹县长》）、“革命形式主义”发生背景和它所启动的“知识神话”“文明神话”“人性论”等议题，将新启蒙和“告别革命”的思想观念祛魅化，还原出“革命”与“改革”间千丝万缕的联系。

相比于旷新年对50—70年代知识的重新叙述，段惜、陶东风则着重进行知识的再整理，在《论20世纪60年代初的文艺思想与政策调整》一文中，他们将这一时期的思想政策归纳为四个向度：“即从战争时期的文艺思想调整为和平时期的文艺思想，从‘大跃进’时期假大空的文艺思想调整为建设时期实事求是的文艺思想，从新中国成立初所接受的苏联的文艺思想调整为具有中国自身特色的文艺思想，从单一的外部的文艺思想调整为既有外部又有内部的文艺思想。”[⑤]

徐刚延续他一贯的“中国视野”，探讨了革命进入城市之际，与城市意识形态发生的冲突，并结合20世纪60年代话剧《年轻的一代》、《千万不要忘记》，进一步思考了革命之后无产阶级价值选择的问题。[⑥]

2. 20世纪八九十年代文学研究

2016年，当代文学界学养深厚的老一辈学者洪子诚更多地将研究视野转移到了八九十年代，他实际上启动了关于该阶段文学史的另一种研究路向：不预设某种人道主义/启蒙主义或新启蒙主义/建构主义/知识考古的立场，通过扎实的作家作品研读，给予阅读对象在整个历史周期中的恰当位置和周正评价——但又不同于纯粹的叙述，而是从中自然流淌出一个学者不远不近的关怀。

洪子诚以学理性视角重审《晚霞消失的时候》，并仔细核实了《晚霞》是否为“手抄本小说”、“手抄本小说”的说法是否严谨的问题。他强调，“要将文学史出版、传播方式的‘手抄本现象’，和文本意义上的‘手抄本’加以区分”。[⑦]同时，洪子诚也对《晚霞消失的时候》在“思考历史和人生的专注和激情”、正反面人物重叠后“无意中超越意识形态规范”等方面的积极探索给予了较高的评价。

《绿化树》是洪子诚进行抽丝剥茧式细读的又一部经典作品。他先从张贤亮被打为“右派”的《大风歌》入手，见微知著地谈到了当代文学的“影射”问题：“在‘当代’，一个时期被批判为影射的作品，大多以自然景物或历史人物、事件为题材。”而《绿化树》最大的历史贡献是提供了那个年代的“真实细节”：“在‘新时期’文学众多苦难英雄的知识者形象中，他补充了这样的自得，然而矫情、猥琐的图像”，[⑧]也即是“强悍而孱弱”的人格形象。洪子诚还援引法国批评家托多罗夫有关历史叙事四种角色的理论，结合作家生平，探明了《绿化树》在20世纪80年代文学不同苦难叙述形态中的独异性，即是：“苦难经历者事后如何获得最大限度的补偿”，这种驱动力在作者极力反对删去光明结尾（英译本）时显露无遗。

在80年代的研究史上，绕不开的是以“人文精神大讨论”为中心的一系列思想解放运动。贺桂梅就如何继承“80年代”的思想遗产提出了自己的见解，[⑨]她认为新启蒙并不能涵盖80年代文化，应该运用具有批判本体论色彩的“启蒙”视角来重新实践“启蒙”，历史地去理解该时期的知识如何塑造为“真理”的过程。

关于80年代文化和文学现象，贺桂梅明确提出，让后续研究具备连续而非断裂的历史视野[⑩]是它的研究目的，她通过对90年代以来的文学史的体制化历程的回顾，反思了文学史成为传统的过程。[⑪]

对于90年代以来的文学，龚自强在细读王蒙的《文学：失却轰动效应以后》的基础上，指出90年代以来文学发生“缩小”，日益失去与时代的联系，成了一部分人的“心灵联系之物”，而在他看来，这又是文学更加专注于自身的良性发展的表现。[⑫]

3. 新世纪文学研究

2016年，既是鲁迅逝世80周年，又是杨绛、陈忠实先生去世的一年。于是，怀旧与纪念成为新世纪文学的重要话题。商金林从鲁迅《中国小说史略》影响日本文坛，改变以往对古代的偏重，开始兼顾现代文学谈起，详细分析了日本中国文学研究界对周氏兄弟的仰慕，以及从鲁迅逝世起发生的割裂。[⑬]关于陈忠实《白鹿原》，陈晓明提出，它所达到的现实主义文学的高度，是基于中国现实主义传统和陈忠实个人的创作实践的“厚积突发”，并肯定了在90年代初期，中国社会面临转型的时刻，小说在中国文化传统价值的回归上所作出的贡献；[⑭]李建军在小说文本的角度，称《白鹿原》采取了与历史发生密切关联的“最老实”的方式，在小说叙事日益缺乏历史感的当代，写出了真实的历史和人物。[15]对于《白鹿原》的改编作品，白烨指出，它常见的弊病，在于过分突出田小娥的形象，导致色情内容遮蔽故事主线，在此基础上，肯定了2013年的北京人艺话剧《白鹿原》和陕西人艺版《白鹿原》还原原作的精神。[16]

乡村，依然是新世纪文学反思现代性的主要叙事空间。李春雨回顾了沈从文到废名的京派文学代表作家，指出京派文学产生于文化认同而非地缘性。[17]乡村叙事在新的视角中不断得到了新的突破。熊修雨从叙述视角的角度，分析了格非《江南三部曲》中的女性形象，她们怀着对乌托邦的憧憬而登场，却被迫含泪退场，在叙事策略上既回归了传统叙事，又延续了作者一贯的“历史个人化”风格。[18]徐刚把重点放在小说与现实的关系上，细读余华的《第七天》和马原的《纠缠》《荒唐》，指出了作者情感带入导致的现实与虚构的距离，并通过薛忆沩的《空巢》和宁肯的《三个三重奏》，提出了理想范例。[19]赵树理以其现实性成为热点话题，龚自强指出，赵树理的出现是呼应特殊时代需求的自然现象，作品表征着以意识形态为动力的文学时代的整体样貌。[20]贺桂梅明确了赵树理作品的内在稳定性，指出赵树理的纠结之处在于“普及”与“提高”。陈晓明从城市文学的角度，提出相较于成熟的乡土叙事，都市叙事发展缓慢的问题，并以王宏图的小说为例，认为他刻画的与传统发生断裂的知识分子形象，以及如实反映的市场经济和消费主义风气，都扩展了中国城市的文学书写经验。[21]

王安忆《匿名》、贾平凹《极花》、格非《望春风》等著名作家的新作陆续得到出版，丰富着2016年的文坛。与此同时，“70后”作家以其鲜明的叙事特点，成为新世纪文学的中坚力量。田耳、朱山坡、光盘，以兼具“野性”与“传统性”的作品，继东西、鬼子、李冯，成为“广西后三剑客”；[22]张清华结合对于李云雷、谢有顺、贺桂梅、张莉、张定浩等“70后”批评家的分析，认为在相对自由的政治环境之下，研究者们未能形成“历史共同体”，取而代之的是“经验的碎片化”。他们拥有远超前代的教育背景和鲜明的个性特点。[23]在创作上，结合周伦佑、沈浩波等诗人的具体诗作，提出“70后”诗人试图通过“知识分子”和“民间”的对立，解决他们事实上的平稳出身所带来的“面孔的模糊性”。[24]

关于“80后”作家，杨庆祥以张悦然新作《茧》为例，指出作品在继承现代文学的经典母题“父与子”模式的同时，通过“父与女”的转化模式，渐趋深入地关注到了历史和社会问题。[25]2016年2月召开的“批评的初心”座谈会，则从批评的层面，展现了站立于文学史内外的“80后”，对于媒介与文学、时代与文学的关系的成熟思考与丰富成果。[26]

2016年的新诗研究，在15年新诗诞生百年之际的基础上作以进一步的展开。洪子诚总结道，新诗在过去的一百年当中长期面临难以普及化、大众化的生存危机，因此对近年媒介发展、平台多样化带来的新诗发展前景表示了期待。[27]张清华从胡适《尝试集》切入，提出大学是中国新诗诞生的摇篮，并结合北师大和北大的诗人呈现出的不同特点，对诗歌发展史进行了回顾。[28]杨庆祥将“朦胧诗”之后的新诗潮命名为“第三代诗歌”，并指出当今时代，不再需要直接为政治服务的诗歌，它脱去了过去的“叛徒”形象，变成了“手工劳动者”一般的形象，虽然不能在其间做出价值评判，但是有必要对于如何继续发展其“新”继续开展讨论。[29]张桃洲则在重读北岛的《回答》的基础上，提出了建立“去符号化”、“去政治化”的“新诗话语”的必要性。[30]

洪子诚首先明确了苏俄文学与中国当代文学之间的紧密关系，这是因政治和历史原因而联结起的、在文学史上罕见的例子，并从相关性的角度对两国文学进行了概述。[31]从史料整理与研究的角度他指出，当代文学研究长期缺乏世界视角，在文学与世界的关系越来越密切的当代，亟须作为“世界的同时代人”的研究视角，思考如何成就“世界文学”的问题。[32]

陶东风、汪民安、赵勇等对美国学者戴维·哈维进行的关于城市空间的访谈中，将19世纪巴黎城市架构与北京进行了类比，把现代化的城市置于历史语境之中，进行了有关其背后的资本、阶级等问题的思考。[33]

张泉则把目光转向了沦陷区，以沦陷区的代表性女作家梅娘为例，探讨东亚殖民地场域中的文本的国际化问题。[34]

曹文轩获得2016年国际安徒生奖，标志着中国文学在儿童文学领域中获得了国际认可和广泛关注。王泉根在回顾百年以来的中国儿童文学后，总结了中国儿童文学注重写实，西方儿童文学注重虚构的特点，以此为基础为中国新世纪儿童文学提出了将现实型和幻想型相结合的“曹文轩模式”的建议。[35]张颐武认为曹文轩获奖，既是中国新文学长期积累的成果，也是中国故事的世界性开始被全球认可的重要表征。[36]

4. 大众文化研究与网络文学研究

随着网络文学改编日渐活跃，网络文学的版权问题备受重视。2016 年，由网络小说改编的电视剧《锦绣未央》热播，原作小说涉及抄袭超过 200 部作品的侵权问题随之引发争议。紧接着，改编成电视剧的网络小说《三生三世十里桃花》的抄袭问题也浮出水面，让网络文学基于网络的超前性及其潜在问题成为研究热点。

龚自强从媒介变迁的视角切入，认为互联网的特性使文学呈现出了“杂”的特征，并将互联网时代的文学命名为“杂文学”。他探讨了它与纯文学“背道而驰”的“叛逆性”，这一特性是互联网娱乐化、商业化倾向的显现，需要警惕；而在纯文学式微成为国际趋势的当下，网络文学在延续个人化开拓及文学整体探索的意义上，又值得期待。[37]

张颐武从网络边界的模糊性及其导致的主权意识的缺乏切入，指出网络的普及给全球化带来了新的“混杂性”，提出网络主权的确立是网络安全的前提。[38]关于文化生产，张颐武以网络文学的旺盛的原创优势为例，结合人们对优质文化的认识局限在经典、传统领域的问题，指出经受过文化市场考验的大众文化的扶持和发掘应得到更深入的，多领域的展开。[39]

赵勇从通俗文学生产的角度，将网络文学的类型化写作套路，和《知音》等通俗类杂志的读者和生产者的默认“程式”进行类比，对类型化的通俗文学写作随着大众文化发展而普及的现状进行了概述，并指出，在大众文化高度发展的时代，通俗文学影响力加大属自然现象，而纯文学以其固有的价值，仍能为他们的文学创作提供可贵的借鉴。[40]

陈晓明认为对日常生活进行审美化，进行“感性”分享，是西方和中国文学，打破精英与大众的界限，开始呈现“现代性”上所具有的共性。并提出，文学的感性分享实现了文学的“民主化”，在取消传统的经典的标准的同时引发了文学的“多元化”，也对网络文学反映的过分强调感性经验的现象表示了忧虑。[41]

邵燕君结合福柯“异托邦”理论，进一步分析了中国网络文学以“爽”为中心的快感模式。相对于传统文学的“寓教于乐”思维定式，网络文学的“爽”文学观是异质的存在，不同于“娱乐至死”的“恶托邦”，它是基于网络的民主性而产生的，是区别于精英化的传统文学的、“参与性”的呈现。它允许非精英化的粉丝在非现实主义的虚构世界做主，在得到足够的快感的同时打破了粉丝和学者的距离，使兼具粉丝的热情和学者的冷静的“学者粉”的出现成为可能，亦成为网络文学“草根性”和“民主性”的反证。正是因为如此，它成为网络文学区别于传统文学的“异托邦”，它颠倒传统文学的“正统秩序”，不断提供新的思考空间。[42]

关于中国网络文学的发展状况，邵燕君指出目前它构成了“世界奇观”，成为中国文化“软实力”的一部分。究其原因，首先是因为没有能够在印刷文学生产机制当中建立成熟的商业机制的类型文学，在网络当中爆发式地成长；其次是因为 ACG 文化的“反哺”，文字成了受到 ACG 文化的影响而成长的年轻一代表现自己的兴趣爱好的最简单的方式。[43]并结合 2006 年的网文《琅琊榜》时隔 10 年，到 2016 年才被主流影视界接受，指出了网络文学的影视改编不及时，中国影视产业链没能与其超前性配套相协调的问题。与此同时，通过回顾《琅琊榜》引发的火爆效应，提出了《琅琊榜》带动小圈子化的“腐女文化”进入主流文化的典范性意义，并结合人物形象的分析，提出长期被来自西方的审美观念压抑的中国传统审美自信开始恢复。[44]

5. 当代文学史与文学批评研究

2016 年中国当代文学批评研究的热度，毫不亚于对任一时段文学现象的关注，这既反映着批评家们试图以文学批评的方式参与当代文学与当代中国变革的雄心，也体现着他们在艺术上的钻研和自省意识。当然，也与批评活动本身发生的变化有关。

因此，研究者大多都自觉地跳出个人研究的圈子，去审视当前批评活动和批评学人的整体状况，“长时段”和“现实感”并重。如李云雷观察到“五四”之后的批评空间不断开阔又渐趋收紧的现象，呼吁重新汲取 20 世纪中国新文学的历史经验，“在文学批评与当代社会之间建立起一种有机的连接”。[45]时胜勋则大胆立言，称新世纪以来的文学批评已经成为表扬学，他提出对当代文学批评加强规范性和当下性的现实性诉求，[46]尤其强调这种诉求是针对大学、研究机构、网络、市场、民间各类批评媒介的。

这类为批评者所共同倡议的现实性诉求，在党中央对文艺工作进行关怀和指示后，得到了进一步的聚焦和强化。2016 年 11 月，习近平《在中国文联十大、在中国作协九大开幕式上的讲话》公开发表，对文艺工作予以高度评价："文艺的作用不可替代，文艺工作者大有可为"，这既是对创作者的要求，也对批评家吹响了号角。

另一方面，文学批评研究也始终扎扎实实地耕耘自身，关于文学批评研究和文学批评本身的系统性、专业性要求并未得到松懈。这种严谨态度被青年学者徐刚表述为："寻找一种'有思想的学术'，进而成全一种'有学术的思想'"，[47]他的立场能代表大部分学院派学者的研究观念，即将思想分量和学术规范作为批评"现实感"与历史关怀的重要尺度，后者要从前者中来。

这一批评路径往往能打开一些新的研究角度。如程光炜就独辟蹊径地从历史地理学的角度，总结了中国当代文学批评的空间特征。他认为，当代中国小说的"八五转折"使得文学批评的重镇从北京转移到了上海。所谓"上海批评圈"，是"以'两刊'（《上海文学》《收获》）和'两校'（复旦、华东师大）为核心……新潮批评家是吴亮、程德培、蔡翔、李劼、王晓明、陈思和、南帆，'文化热'中成为显学的新批评、结构主义语言学、叙事学、文化人类学等理论，则是他们主要的批评武器"。[48]通过对"上海批评圈"生态的工笔描绘，程光炜在事实上补充了被以往批评史中忽略的许多知识细节。

2016 年 10 月，张江在 2014 年提出的"强制阐释论"专题研讨会在上海举行，这同时是批评界对场外征用、主观预设、非逻辑证明、认识路径混乱等"强制阐释"的批评乱象加以再一次的深刻反省。在此之前的 4 月份，白烨就已经系统梳理过近年有关该论题的各类论争。[49]

2016 年批评界的另一大重要事件当属《我的批评观》《网络时代的文学引渡》《以文学为志业——"80"学人三人谈》这三部作品在北京举行主题为"我的批评观"的首发沙龙。谢冕、洪子诚、曹文轩、孙郁、程光炜等嘉宾和李敬泽、陈晓明、孟繁华、戴锦华、施战军、臧棣、贺桂梅、李云雷、丛治辰、邵燕君、杨庆祥、金理、黄平等作者齐聚一堂，在平实而深情的叙述中展开各自批评观的对话。杨庆祥谈到了他对"批评的初心"的理解："是中国当代批评界的'光荣与梦想'，建构了中国当代文学批评的谱系和景观，又带有人的体温和生命的痕迹。"[50]

6. 海外文学及海外华人文学研究

在 2016 年的海外文学及海外华人文学研究中，崔艳秋系统分析了影响美国文学界接受中国当代文学作品的各个要素，呼吁"译介应打破对精英文学的固守，在趣味性、思想性、艺术性之间找到与美国大众读者的契合点"。[51]

顾彬在河南师范大学外国语学院发表演讲，较为离散地谈到一些中国现当代文学的异域传播问题。[52]他指出，中国现当代文学在德国有着良好的接受状况，反过来则不然，呈现出一种明显的不平衡。尤其是在 70 年代，毛泽东思想在巴黎和纽约影响甚大，使得当时的德语文学都带有浓厚的政治化色彩。顾彬还介绍了 40 年代捷克的布鲁斯克及其学生的研究工作。

注：

①张江、程光炜、刘玉凯、李云雷、殷实：《"红色经典"蕴含的文化基因深植我们的血液之中》，《文汇报》，2016 年 10 月 21 日。

②李云雷：《"柳青精神"及启示》，《文艺报》，2016 年 7 月 8 日。

③贺桂梅：《村庄里的中国：赵树理与〈三里湾〉》，《文学评论》，2016 年第 1 期。

④旷新年：《1976：伤痕文学的发生》，《文艺争鸣》，2016 年第 3 期。

⑤段恺、陶东风：《论 20 世纪 60 年代初的文艺思想与政策调整》，《山西大学学报》，2016 年第 5 期。

⑥徐刚：《革命伦理与城市日常生活的焦虑——以〈千万不要忘记〉和〈年青的一代〉为中心》，《文艺争鸣》，2016 年第 9 期。

⑦洪子诚：《读作品记：〈晚霞消失的时候〉》，《中华读书报》，2016 年 3 月 30 日。

⑧洪子诚：《〈绿化树〉：前辈，强悍然而孱弱》，《文艺争鸣》，2016 年第 7 期。

⑨贺桂梅：《如何继承 80 年代的思想遗产》，《文艺报》，2016 年 9 月 30 日。

⑩贺桂梅：《反思 80 年代，重构批判话语的活力》，《文艺理论与批评》，2016 年第 5 期。

⑪贺桂梅：《文学史传统与大学文学教育》，《文艺争鸣》，2016 年第 10 期。

⑫龚自强：《现代以来文学与时代关系之考察——由王蒙〈文学：失却轰动效应以后〉想开去》，《山西师大学报》(社会科学版)，2016 年第 2 期。

⑬小林基起，商金林：《日本〈中国文学〉月报中的“周氏兄弟”》，《中国现代文学研究丛刊》，2016年第11期。

⑭陈晓明：《陈忠实：现实主义的完成》，《文艺报》，2016年5月6日。

⑮李建军：《〈白鹿原〉的美学价值和艺术旨趣》，《人民日报》，2016年11月8日。

⑯白烨：《一次瑕不掩瑜的改编》，《中国文艺评论》，2016年第5期。

⑰李春雨：《文化认同与京派文学的审美张力》，《北京联合大学学报》(人文社会科学版)，2016年第3期。

⑱熊修雨：《女性、历史与乌托邦—论格非“江南三部曲”中的女性书写》，《中国文学研究》，2016年第2期。

⑲徐刚：《小说如何切入现实：近期几部长篇小说的阅读札记》，《南方文坛》，2016年第1期。

⑳龚自强：《文学与意识形态的纠葛——论赵树理的文学世界》，《河北师范大学学报》(哲学社会科学版)，2016年第3期。

㉑陈晓明：《城市里的“断魂人”—略论王宏图的城市书写》，《当代作家批评》，2016年第2期。

㉒“广西后三剑客”：《田耳、朱山坡、光盘作品研讨会纪要》，《南方文坛》，2016年第1期。

㉓张清华：《尚待完成的批评变革——关于70后批评家的批评实践》，张清华、孟繁华，《文艺争鸣》，2016年第2期。

㉔张清华：《第三代以后历史如何延续——关于70后诗歌的一个粗略扫描》，张清华、孟繁华，《文艺争鸣》，2016年第5期。

㉕杨庆祥：《罪与爱与一切历史的幽灵又重现了——由张悦然的〈茧〉再谈“80后”一代》，《南方文坛》，2016年第6期。

㉖批评的初心——《我的批评观》《网络时代的文学引渡》《以文学为志业》《北京首发沙龙纪要》，《南方文坛》，2016年第2期。

㉗洪子诚：《没了“危机”，新诗将会怎样?》，《文艺争鸣》，2016年第1期。

㉘张清华：《百年新诗与“师大诗群”的前世今生》，《文艺争鸣》，2016年8期。

㉙杨庆祥：《“第三代诗歌”：命名与建构》，《东吴学术》，2016年第1期。

㉚张桃洲：《重读北岛的〈回答〉》，《廊坊师范学院学报》(社会科学版)，2016年第3期。

㉛洪子诚：《相关性问题：当代文学与俄苏文学》，《中国现代文学研究丛刊》，2016年第2期。

㉜洪子诚：《当代文学中的“世界文学”》，《文艺争鸣》，2016年第8期。

㉝《城市空间、资本运作与日常生活中的政治》，陶东风等与戴维·哈维的对话，《学术研究》，2016年第10期。

㉞张泉：《东亚殖民语境中北方代表女作家的生成——简论北京时期的梅娘》，《沈阳师范大学学报》(社会科学版)，2016年第5期。

㉟王泉根：《“曹文轩模式”与中西儿童文学的两种形态》，《中国现代文学研究丛刊》，2016年第9期。

㊱张颐武：《中国文学的“全球能见度”》，《中关村》，2016年第5期。

㊲龚自强：《新媒体语境下的当下文学：变动、危机及前景》，《东吴学术》，2016年第3期。

㊳张颐武：《全球化时代如何捍卫网络主权》，《人民论坛》，2016年第4期。

㊴张颐武：《文化供给要让大众文化唱主角》，《人民论坛》，2016年第30期。

㊵赵勇：《通俗文学写作与文化生产的一些思考——应曾子涵同学关于大众文化生产问询的回信》，《中国图书评论》，2016年第7期。

㊶陈晓明：《感性分享与审美的民主化》，《文艺争鸣》，2016年第12期。

㊷邵燕君：《从乌托邦到异托邦——网络文学“爽文学观”对精英文学观的“他者化”》，《中国现代文学研究丛刊》，2016年第8期。

㊸李敬泽，邵燕君，陈晓明：《网络时代的文学》，《中国现代文学研究丛刊》，2016年第8期。

㊹邵燕君：《再见“美丰仪”与“腐女文化”的逆袭——一场静悄悄发生的性别革命》，《南方文坛》，2016年第2期。

㊺李云雷：《青年批评家面临的时代问题》，《文艺报》，2016年3月21日。

㊻时胜勋：《文学批评的现实性诉求及其困境》，《文艺评论》，2016年第2期。

㊼徐刚：《批评的“历史感”与现实关怀》《南方文坛》，2016年第1期。

㊽程光炜：《小说探索浪潮中的批评家》，《文艺争鸣》，2016年第10期。

㊾白烨：《“强制阐释论”在文论界引起热议》，

《光明日报》，2016 年 4 月 11 日。

㊿陈晓明、张艳玲等：《批评的初心——〈我的批评观〉〈网络时代的文学引渡》〉〈以文学为志业〉北京首发沙龙纪要》，《南方文坛》，2016 年第 2 期。

(51)崔艳秋：《开启大众读者的心门：对中国文学在美国走出困境的思考》，《中国比较文学》，2016 年第 2 期。

(52)顾彬：《全球视野下的中国文学与翻译》，《国际汉语学报》第 6 卷第 2 辑，2016 年第 11 期。

（作者：邵燕君，北京大学教授；
杨梦皎，北京大学硕士生；
金恩惠，北京大学硕士生）

东方文学

魏丽明　阎鼓润

2016 年无疑是东方文学学科建设史上具有里程碑意义的一年。

5 月 20 日，北京大学东方学学科建立七十周年庆祝大会隆重举行。70 年来，北大东方学学科在人才培养、学术研究领域取得了丰硕的成果。改革开放以来，北大东方学学科相关专业的教学科研人员累计获得国内外奖项 100 多项，出版专著百余部、词典辞书数十部、译著百余种。北京大学东方学学科已经发展成为具有北京大学特色和国际水准的学科。

7 月 26 日，“一带一路”国家诗歌经典翻译研讨会在北京大学中国诗歌研究院召开。北京大学外国语学院牵头组织的“一带一路”国家诗歌经典文库项目于 2016 年 1 月正式启动，旨在翻译、收集、整理和编辑“一带一路”沿线 65 个国家的诗歌经典作品，形成由 70 ~ 80 本编译诗集构成的“一带一路”国家诗歌经典文库，弥补中国外国文学界在外国诗歌翻译与研究方面的不足，从而带动与“一带一路”国家的深层次交流。

10 月 15—16 日，“东北亚民间叙事文学国际学术研讨会暨第十四届亚细亚民间叙事文学学会年会”在中央民族大学召开，与会学者围绕着“英雄的奇异诞生”这一主题，从民俗学、神话学、语言与文化关系及中日韩三国的民间叙事传统、民间文学建设等方面展开讨论。

2016 年 6 月 27 日—7 月 8 日，北京大学东方文学研究中心、外国语学院共同举办了主题为“东方文学研究：民族性与世界性”的暑期学校。来自北京大学、北京语言大学、东北师范大学、广东外语外贸大学、广西民族大学、暨南大学、解放军外国语学院、兰州交通大学、山东大学、云南民族大学、中国传媒大学、中央民族大学等 42 所高校近百名学员参加了暑期学校的学习活动。①

2016 年 9 月，国家社科基金重大招标项目成果《中国外国文学研究的学术历程》（12 卷本）问世，其中包括《亚非诸国文学研究的学术历程》（孟昭毅等著）、②《印度文学研究的学术历程》（郁龙余、黄蓉著）③和《日本文学研究的学术历程》（王向远著）。④正如该丛书主编陈建华在导言中所说的，这套丛书和北京大学同时中标的《新中国 60 年外国文学研究》（申丹、王邦维总主编）⑤“各有侧重，分别以国别和类型形成互补”。⑥东方文学相关的三卷著作探讨了亚非各国文学研究的方法论问题，考察了重要的亚非各国文学的研究状况，勾勒出亚非文学研究从业者的研究成果，整理归纳了亚非文学研究领域的重要文献资料。《重庆日报》记者申晓佳在相关报道写道：“专家认为，该书充分展示了中国外国文学研究取得的成绩，也客观指出了研究中存在的问题，对于今后中国外国文学研究的健康发展，具有重要的理论价值和现实意义。”⑦

一、综合类

王邦维主编的《东方文学研究集刊 · 第八集》⑧出版，分为作家作品研究、比较文学研究、文化研究、波斯文学专栏四部分，收录了“楼陀罗吒对梵语诗学发展的理论贡献”“阿拉伯现代诗歌与神话”等论文。张玉安主编的《东方研究：2012—2014》⑨涵盖了北京大学东方学研究学者 2012—2014 年间代表性的研究成果，分为东方历史与文化研究、东方宗教与艺术研究、东方语言与文学研究三大部分。侯传文、王汝良等编著的《东方诺贝尔文学研究：从泰戈尔到莫言》⑩一书对自 1913 年至今获得诺贝尔文学奖的东方作家展开群体研究，认为他们是近百年东方文学的代表，也是东方文化走向复兴的重要标志。黎跃进主编的《外国文学作品选读——东方卷》[11]是高等教育出版社出版的《外国文学史》（东方卷）的配套教材，每篇包括三部分："引言"对作家及其代表作的特点予以言简意赅的说明；"译本"介绍所推荐的汉语译本；正文既有编选者对作品完整内容的概述，又精选作品的关键情节、场景、人物行为和心理活动的文本章节穿插其中。陈岗龙主编的《〈三国演义〉在东方》[12]一书出版，全书分上中下三卷，阐释了《三国演义》翻译和移植到东方国家的具体途径和过程，探究了《三国演义》对相关国家民族文学和传统文化所产生的影响，并总结和揭示了同质文化之间、同质文化与异质文化之间相互交流的一些规律性现象。

刘建军在《关于"东方文学"几个深度问题的思考》[13]一文中梳理了自改革开放以来中国的东方学和东方文学研究和教学的成就，也对东方的指称、东方文学的范畴和东方文学的研究视角等方面进行了反思。在《"一带一路"与中国的"东方学"》[14]一文中，王向远指出"一带一路"为中国"东方学"学术发展提供了前所未有的契机，同时"东方学"可以为"一带一路"培养专业人才并提供学术理论的支持，为国际合作模式找到历史渊源与文化根据。陈明的论文《古代东方文学的图像传统初探》[15]拓宽了东方文学研究的新领域，将包括艺术史传统、叙事石雕和壁画以及插图本等数量庞大的图像史料纳入研究范畴。

二、比较文学

曹顺庆主编的《比较文学：东方与西方》[16]是一本英文学术研究论文集，主要讨论东西方文学现象及文学理论问题，涉及文学经典、流行文化、理论批评等话题。刘安武再版的著作《印度文学和中国文学比较文学》[17]一书收录了"观音的前天和昨天——观音来东土的前后""人神之恋""中国的重史轻文与印度的重文轻史""普列姆昌德和鲁迅的小说创作""印度和中国文学传统的某些异同"等论文。王向远主持的国家社科基金项目"中日古代文论范畴关联考论"取得一系列阶段性成果：《"理"与"理窟"——中日古代文论中的"理"范畴关联考论》[18]从中日范畴关联的角度对日本古代文论的"理"及"理窟"范畴加以考辨分析；《姿清风正——日本古代"风/体/姿""风姿/风体/风情"论及与中国文论之关联》[19]一文认为日本人对汉语的"风""体""姿""情"（心）的理解与运用中强调"姿清""风正"，由此不断强化对和歌、连歌、俳谐、能乐等民族文学样式的把握、理解与阐释；《修辞立"诚"——日本古代文论"诚"范畴及与中国之"诚"关联考论》[20]提出日本之"诚"虽受中国之"诚"的影响，但日本的"诚"主要是作为文论与美学的范畴而存在；《中日古代文论中的"情""人情"范畴关联考论》[21]认为日本对"情"采取了顺其自然的态度，具有"人情主义"倾向；中国对"情"的抑制时松时紧，但总体上具有"抑情主义"倾向。

此外，今年学界有关"一带一路"沿线国家比较文学研究的成果颇丰。赵建国的《〈卡里来和笛木乃〉与〈伊索寓言〉比较研究》[22]分析印度文学、阿拉伯文学与希腊之间文学交流的例证，提出印度与希腊之间关于文学题材相互取予的论证。魏李萍的论文《古代印度鹦鹉故事在土耳其的翻译传播和本土化》[23]梳理了古代印度《鹦鹉故事》先传入波斯，进而传入土耳其，土耳其是该书跨地区、跨文化传播过程中具备独特文化价值的重要一环。在《"鲁拜""柔巴依"与中国新诗的比较研究》[24]中，成湘丽认为与"鲁拜"翻译的中亚文化渊源不同，新疆"柔巴依"的当代创作一直体现着明显的时代症候。

三、东亚文学研究

单援朝的专著《漂洋过海的日本文学：伪满殖民地文学文化研究》[25]在实证考察的基础上，力图勾勒出寄生在中国国土上的这一特殊时期的日本文学的概貌。周海林的《创造社与日本文学：关于早期成员的研究》[26]以早期创造社主要成员郭沫若、成仿吾、郁达夫、张资平等四人与日本的关系为轴心，从他们留学日本为起点，延绵至二战期间，从各个角度展开他们在生活上、文化上、文学上、政治上等与日本之关系的分析与批评。魏大海主编的《日本文学研究：东京·上海·广州——漂泊的身体与文本》[27]收录了"四元素与植物织就的生死物语""从八代集看古代日本人'都'的意识""川端康成与莫言的文学"等论文。

王志松的《日本现代文学与文学类型》[28]打破雅俗二元对立的文学史观，从语言的性质和文体的变迁等角度考察了文学类型与现代小说之间的复杂关系。郭雪妮在《帝京欲望与帝国恐惧——日本古代文学中的长安书写》[29]一文中认为古代日本对长安的书写素来与东亚政治格局的变动相关，同时又是古代日本国家意识确立与文化身份想象的产物。王秋菊等人的《日本作家的沈阳体验与文学创作》[30]以安部公房的

《野兽们奔向故乡》为例分析了在日本近现代文学史上以中国沈阳为舞台或背景创作的日本文学。谭建川的《遥远的异域：日本文学作品中的“重庆”》[31]认为日本人通过对重庆这一遥远异域的描写和记述，思考与确认自我与他者的关系，并进一步阐释国家、民族、文化的差异与对立。

古代文学方面，刘金举的《作为“国家认同”工具而被经典化的〈源氏物语〉与“物哀”》[32]梳理了伴随着《源氏物语》传播的“物哀”观念的发展史。王向远的论文《浮世之草 好色有道——井原西鹤“好色物”的审美构造》[33]走进町人社会文化与日本的佛教文化、审美文化内部，从西鹤的“浮世”、日本文学“好色”的文化与审美传统、“好色物”与“色道”的关系入手，试图解读西鹤作品蕴含的真义。

日本现（近）当代文学方面，马英萍的论文《台湾“雾社事件”的日本文学书写》[34]从战后日本对台湾殖民侵略的历史认知分析此类文学，认为其表现出从维护殖民主义话语到反省和批判殖民主义话语、从片面地叙述历史到重述历史语境、从独语到对话的发展态势。王奕红的《中上健次的“路地”文学与反歧视书写》[35]评点了浅野丽的《丧的领域：中上健次作品研究》，从学术目标的创新、高度的理论自觉、具体研讨文本的选取特色，以“死者”为轴线的分析技巧等角度对论著进行了评析。高华鑫的《诗、伦理与文明批评》[36]评论了夏目漱石的《虞美人草》，指出通过提倡文化、强调人的内在修养来补救现代化进程的弊端是当时一种普遍存在的思路，从中可以窥见后发现代化国家所面临的某种困境。熊鹰的《“日本人”的发现与再现》[37]以森鸥外的小说《花子》为例，指出其中的人物描写不仅仅是文学表现或“视觉观察”，而是德国医学、卫生学、解剖学和体质人类学等学科对日本人的身体结构及种族特征所做的知识探寻的结果。在《罪恶、灭亡与延续——论武田泰淳的〈蝮蛇的后裔〉》[38]一文中，史军认为形成于战争期间的“灭亡与延续”思想是解读小说的关键所在，也是武田泰淳作品的核心。

朝韩文学领域，李娟的论文《朝鲜古代汉文小说的文体生成及其文化叙事研究》[39]通过对朝鲜古代汉文小说文体生成的历史性回顾与阐释，梳理了符合历史原貌的朝鲜汉文小说的文体观念和小说文体流变样态，勾勒其整体发展和类型演变的进程。王成的《韩国古典诗学批评研究》[40]一书分为批评方法论和批评鉴赏论两部分，包括韩国古典诗学创作概况、韩国古典诗学的意象批评、韩国古典诗学的比较批评、韩国古典诗学的摘句批评等内容。王克平在《吴明济〈朝鲜诗选〉中的中国文化因子》[41]一文中分析了明代文人吴明济编辑的韩国古代汉诗选集《朝鲜诗选》，揭示了中国文化与韩国古代汉诗的密切关系，展现国家关系、文学体式、作者素养等对作家创作的综合作用。方香玉的《论梁启超与鲁迅对韩国文学的影响》[42]关注了中国启蒙思想对韩国爱国启蒙运动的影响。柴红梅等人的论文《都市空间中的现代性体验：20 世纪二三十年代韩国作家的上海书写》[43]分析了 20 世纪 20—30 年代，韩国作家有关上海的较为独特的上海现代性体验。李晓娜的《文化独立危机下民族文学的民族担当——以韩国文学的民族主义为例》[44]研究了韩国民族文学民族担当的由来、内涵和策略，弥补研究方面的缺憾，为民族文学和民族文化的时代发展提供有益的参考。在《现实主义论在 20 世纪七八十年代韩国左派民族文学论中的功能》[45]一文中，李大可指出现实主义论在早期具有构建民族文学论的民众性、脱冷战意识形态性及《创作与批评》阵营身份三个主要功能，但在 80 年代走向分化和激进化。在《2015 年韩国文坛概况》[46]一文中，薛舟回顾了韩国人在申京淑剽窃事件之后对出版界的利益输送和话语权问题进行的深切反省，指出 20 世纪七八十年代出生的作家逐步成为韩国文学中坚力量的趋势。

蒙古文学方面，宾·仁钦田艳秋的《蒙古民间文学中的本子故事体裁》[47]概述了本子故事的起源发展，将《水浒传》的蒙文译著片段连同内蒙古琵杰胡尔奇说唱片段进行对比，展示书面文学作品如何反哺口头文学传统。

四、南亚文学研究

姜景奎的《印度文学论》[48]共分八章，内容包括吠陀文学、史诗往世书文学、中世纪宗教文学、梵语戏剧、苏尔达斯、杜勒西达斯、伯勒萨德、泰戈尔。刘建的《论〈吉檀迦利〉：印度文学文化论集》[49]分四个模块，一是文学篇，主要围绕对泰戈尔文学内容的研究；二是文化篇，从科学技术、绘画艺术和建筑艺术几个方面对印度文明作了介绍；三是序跋篇，集作者多年对与印度、泰戈尔等有关图书所撰的序跋；四是杂篇。

泰戈尔研究方面，巢巍在《简析 1924 年泰戈尔访华前后中国学者的批评》[50]一文中认为这场文艺论战是由当时的诸多因素综合促成的，诚然有其积极、合理的一面，然而总体说来是有目的性的、缺乏理性的。杭玫的《一个艺术家的宗教观》分析了泰戈尔的《人生的亲证》一书，[51]认为这部作品受到印度古代唯心主义哲学吠檀多宇宙观的影响，同时以现代美学观为基石，拥有一种带有诗性的艺术化的宗教观。

本年度学者们的研究更多涉及了其他印度作家。陈泽华的《失落的伊甸园——印度作家戈维德·米谢尔及其长篇小说〈大宅院〉》[52]总结这部作品的中心思想，认为其主旨是反映社会转型过程中人们在思想上发生的巨大变化，表达了作者对印度传统文化和价值观念的怀念与向往。王靖的论文《曼奴·彭达莉小说〈班迪〉的女性叙事策略》[53]关注印度现代印地语女性作家曼奴·彭达莉，认为作者将自己对女性的关注和深刻的认识蕴藏在表层化的儿童视角中，既关注了离异家庭中儿童的遭遇，又对印度知识女性群体表现出了极大的人文关怀。黄怡婷的论文《游移：基兰·德赛笔下的印度人》[54]指出，德赛的代表作《继承失落的人》是印度人在当下迷茫心态的反映，也折射出作者对整个印度社会在“游移”中走向融合的期待。廖波的论文《略论宗教对印地语文学的影响》[55]指出，印度宗教和宗教文学对印地语文学有着深刻的影响，但在西方文学的影响下，印地语文学从近代到现代再到当代，受宗教和宗教文学的影响呈现不断减弱的趋势。

五、东南亚文学

本年度越南文学研究偏重于古代文学，胡巧玲的论文《从文化圈视野看中越〈金云翘传〉的重复与变异》[56]从文化传播学派的“文化圈”视野重释中越文化交往的著名例证《金云翘传》，认为其体现了世界文学的动态关系。谭家健在《越南南北朝至阮朝之骈文》[57]中通过文本和作家介绍，系统综述了这一文学形式的发展变化。朱洁在《越南汉文小说与中国古代小说传统》[58]中对比分析了越南汉文小说和中国古代小说传统，从中看到中国文化在越南的巨大影响；她的另一篇论文《儒家妇德观念的流播与渗透——以越南汉文小说为考察中心》[59]考察越南汉文小说的贤德女性书写，从中可以看出越南女性深受儒家女性道德的影响。庞希云等人的论文《越南汉文小说对中国文学文化的“化”与“借”》[60]通过分析作品之间不同的拟效模式，认为越南汉文小说把中国文学文化的某些因子以某种被分解的形态介入其本土民族文学文化当中，在与本土文化的融合中生成新的变异体。老挝文学方面，李小元的论文《论马哈西拉·维拉冯在老挝语言学和文学史上的地位和贡献》[61]对这位老挝著名的文学家、语言学家的生平和学术成果做了评述。

菲律宾文学领域，郑友洋的论文《西班牙殖民时期骑士文学在菲律宾的传播》[62]分析了西班牙殖民时期的骑士文学。这类文学在内容上围绕骑士英雄的冒险与爱情展开，在形式上则经历了由韵文体向散文体的演变。受到外来文明的深刻影响，西班牙殖民时期骑士文学一直占据菲律宾文学的主流地位。

新加坡文学领域，梁卿的《新加坡儿童文学中的文化心态》[63]一文指出新加坡儿童文学从诞生之日起就与儿童教育有着天然的血缘关系，几乎所有与新加坡人经验有关的主题都可在新加坡儿童文学中找到，这些主题传递着一种强烈的“生存忧患”和构建国家认同的决心。

六、西亚北非文学

梁工主编的《圣经文学研究》在2016年出版了两辑。[64]春季出版的第十二辑分为“马克思主义与圣经研究”“保罗新观”“《新约》研究”“圣经与翻译”“作为文学的圣经”“圣经与世界文学”以及书评几个部分。其中既有研究诗歌的《论情感为诗歌的底色：以描述体诗〈雅歌〉4：1－7为例》，也有从文学语言学入手的论文《对圣经中“献祭”的广义修辞学解析》，既有对文本的分析，如《水井边的女人：评圣经中的利百加》，也有从比较文学方面切入的《论古希腊悲剧对〈马太福音〉的影响》，还有对撒哈拉以南非洲文学中的圣经文学的关注，如《论索因卡剧作中的圣经原型形象》。

秋季出版的第十三辑分为“唯物论圣经阅读”“专题论述”“圣经与翻译”“圣经与神话”“圣经与文学”“圣经与伦理”几个部分。其中从神话学角度入手的研究论文有《作为多维资源载体的伊甸园神话》《约瑟与法老故事的文化解析》，还包括《俄罗斯文学对圣经中浪子寓言原型的阐释》《盛开于阎连科小说世界的圣经之“花”》等切入视野独特的论文。

希伯来文学领域，对《圣经》的研究仍占据主要地位。张若一的论文《“以马内利的兆头”——希伯来圣经异象的形式特征、建构类型及拯救意义》[65]以希伯来圣经的玛索拉文本为依据，对异象这一类典型场景的形式特征进行系统归纳，并在此基础上分析异象的建构类型及其背后蕴含的拯救意义，力图展示凝聚在异象这类典型场景中的文学特质与神学、历史内涵。在《“文本/共处”的诠释方法：从希伯来传统及中国经典解读耶稣》[66]一文中，李炽昌提出“文本/共处”这一新的释经概念，以及圣经经文形成过程中的四个书写策略，分析圣经群体如何面对处境中的文本。在《史诗的碰撞——“希伯来史诗”与〈荷马史诗〉之比较》[67]一文中，赵雯芊把《圣经·旧约》中的《创世纪》《出埃及记》《利未记》《民数记》《申命记》《约书亚记》《士师记》《撒母耳记》《列王记》统一视为希伯来民族的史诗，并在此基础上与《荷马史诗》进行对比，发掘两大史诗的英雄人物、神人观念、叙事风格、异质文化之间的异同，寻求古老文明背后的现实意义。值得一提的是，2016年出现了崭新的研究方向，伊爱莲和关蕊的论文《认知彼此：意第绪语作家和中国人》[68]关注了来华犹太作家创作的意第绪语作品，他们试图把中国历史、儒释道三教、中国诗歌呈现给犹太读者，个别作家还留下了对生活在中国的犹太人的记录。

伊朗文学领域，吴笛的论文《海亚姆〈鲁拜集〉的生成与传播》[69]通过对菲茨杰拉德英文译本的考证性研究，探讨其翻译策略对于《鲁拜集》这部经典在中国的传播所具有的独特意义，作者认为《鲁拜集》在英语世界的经典重生以及在中文世界的广泛译介和传播为民族文学的发展提供了可资借鉴的重要资源。

阿拉伯文学有两部重要著作出版。邹兰芳的《阿拉伯传记文学研究》[70]以一位中国学者的视角，廓清了阿拉伯传记/自传文学产生、发展、嬗变的历史轨迹和大致形态，探讨了此文类在阿拉伯文学史中，尤其在现当代历史文化语境下的总体表征和叙事风格，分析了阿拉伯传记文学与西方传记文学的异同以及产生差异的文化、政治、宗教、语言等因素，折射出阿拉伯民族个性特征和伊斯兰文化特色，丰富了传记文学在国内的研究维度和视野。谢杨的《纳吉布·马哈福兹研究》[71]分为八章，综合运用了阿拉伯文学与社会学、哲学、史学相结合的研究方法，系统总结了马哈福兹不同创作阶段的思想艺术特征，对各种文本进行了全面深入的解读。

马哈福兹研究领域，吴晓琴的论文《马哈福兹的梦叙事创作特色》[72]以《痊愈期间的梦》为例分析其鲜明的自传性特征和苏非主义色彩，凸显出梦叙事自由、凝缩、移置、拼接、怪诞、奇幻等艺术特色。马吉德的《阿拉伯语语用含义与言语行为研究》[73]以纳吉布·马哈福兹小说《始与末》为例，用语用学理论分析阿拉伯语会话含义与言语行为的独特之处。

此外，胡园园的论文《阿西娅·杰巴尔的北非女性文化身份书写》[74]以杰巴尔不同时期的几部作品为例，分析被西方女性主义误读的、作为新世界代表的穆斯林女性身份，在殖民话语和男性话语双重压迫下涅槃新生的女性声音，以及后殖民自传式的穆斯林女性集体身份书写。史月的论文《离散群体视角下的阿拉伯战争文学书写》[75]分析了《太阳下的人们》及《贝鲁特75》，认为以现实为依据书写由战争引起的离散群体的去向，其创作虽受时代背景制约，但却超越了这种背景，是研究阿拉伯世界战争文学的重要作品。刘东宁的《一部揭露转型中沙特社会现实的力作》[76]点评了阿卜杜胡·哈勒《天堂喷出的火焰》，认为在宗教生态影响下，沙特社会中人们的性意识和性行为普遍受到压抑，而社会贫富差距的拉大进一步扭曲了人性，导致社会传统道德价值观念的沦落和宗教意识的淡薄。崔林杰的《沙特中篇小说〈欢痛〉的审美救赎分析》[77]和《沙特中篇小说〈欢痛〉的创作心理蕴含分析》[78]分析了玛哈·穆罕默德·费萨尔的作品《欢痛》，拓宽了中国阿拉伯文学研究的视角。在《论20世纪叙利亚诗歌流变与代表诗人》[79]一文中，邱婧总结了20世纪叙利亚诗人创作的特点，并指出20世纪的叙利亚诗歌完成了从代言、隐喻到现代性的诗歌流变。

此外，邹兰芳在论文《现代阿拉伯自传及小说体自传》[80]中指出自传是阿拉伯小说的先声，现代阿拉伯小说体自传十分繁茂，究其原因可归为文类本身、社会文化和语言三大因素。尤梅在《深刻的追寻自省与悲伤的反乌托邦》[81]中对2015年阿拉伯文学进行了总结，在“阿拉伯之春”五周年之际，相较革命初期，曾经激昂澎湃的革命并未取得令人振奋的成就。呐喊式、歌颂式、记录式的快速写作，阿拉伯作家们对革命有了更为冷静而深刻的整体思考：从黯然阴郁的悲伤基调，到振聋发聩的愤怒诘问，再到先知先觉的警世之言，均旨在唤醒阿拉伯人一厢情愿的虚幻美梦，敲响不自强便灭亡的警钟。宗笑飞的论文《被忽略的一环——安达卢斯俚谣》[82]分析了阿拉伯人入侵伊比利亚半岛后，安达卢斯地区崭新的文学形式，包括阿拉伯悬诗的变体彩诗，和东西混血儿俚谣，后者不再延用古典阿拉伯语，而是安达卢斯阿拉伯语和拉丁方言杂糅的产物，因此从某种意义上，这是近代西方民间文学的最早表征之一。

学界对土耳其文学的关注仍主要停留在帕慕克研究上。张阳的论文《以城为镜——论〈伊斯坦布尔：一座城市的记忆〉的叙事艺术及文化身份意识》[83]认为帕慕克虚实交错的叙事手法升华了土耳其民族精神的"呼愁"，这正是现代土耳其人在肯定与否定中矛盾而割裂的文化身份的象征。在《别样的坚守——帕慕克和欧美文学》[84]一文中，徐冰对帕慕克与欧美文学关系以及他对东西方关系理解的议题展开探索，发现无论是在小说创作实践还是理论方面，帕慕克已然将地域和意识形态领域的东、西方中心进行了解构。而张虎在《帕慕克研究三十年述评》[85]一文中从"文化杂合与文化冲突""苏非神秘主义与后现代主义""呼愁、英译与跨学科研究"三个层面对学界研究加以梳理与述评，并指出今后研究可以拓展的新方向。

对中亚东干文学的研究仍在继续。杨建军在《中亚东干文学研究的独特贡献——评常文昌〈世界华语文学的"新大陆"：东干文学论纲〉》[86]一文中评价并推介了这本重要的文学研究专著，肯定其开创性的意义。在《雅斯尔·十娃子——中亚东干族文化的奠基者》[87]一文中，林涛等作者介绍了这位吉尔吉斯共和国著名的诗人、作家、语言学家、翻译学家、文艺学家、社会活动家的生平与作品。

七、撒哈拉以南非洲文学研究

邵凌的专著《库切作品与后现代文化景观》[88]力图将南非内外殖民的国史和20世纪后半叶发生在欧美国家的后现代文化思潮结合起来，从创伤书写、身体叙事、残疾书写、生态言说、政治观、历史观、极端化不可靠叙事、女性视角、自传写作和对现实主义的态度转变等重要命题，来观照库切的创作，探讨后现代文化语境对库切创作的影响，以及库切小说的意义与美学特征。

非洲整体文学方面，高文惠的论文《论黑非洲英语文学中的传统主义创作》[89]分析了黑非洲传统主义创作存在的不同创作取向：传统主义创作的支持者认为传统主义创作是一种有效的文化反抗策略，而反对者的意见则主要集中在三个方面——取悦于欧洲读者的殖民心态、对现实的逃避主义和种族中心主义。欧拉碧伊·巴巴洛拉·亚伊和李光辉合作的论文《反思非洲口头文学翻译的几个门槛》[90]源于两位作者对非洲口头文学尤其是口头诗歌的外文译文质量的失望，这种状况意味着将非洲口头诗歌这一全球文化交流的一员和文化多样性的代表排除在外，在简要考察当今的非洲文学景观和批判地分析非洲口头诗歌的英文译文后，作者借鉴该领域的非洲历史经验，提出非洲口头诗歌在目标语言和文化中应当以口头形式呈现。黄晖的《非洲文学研究在中国》[91]通过文献研究和数据分析，梳理了非洲文学研究在中国的发展演变轨迹，认为现有的成果更关注诺贝尔文学奖得主作家，缺乏对文学趋势的整体把控。另外，中国艺术研究院马克思主义文艺理论研究所举办了"马克思主义与非洲文学"专题研讨会，[92]会上崔柯和蒋晖等人分别作了主题发言，其中蒋晖的论文《论非洲现代文学是天然的左翼文学》着重讨论了非洲现代文学的左翼倾向，通过大量清晰的例证来阐释非洲文学如何体现马克思主义精神。

非洲区域文学方面，汪琳等人的论文《津巴布韦文学及其在中国的译介》[93]对绍纳语文学、恩德贝莱语文学和英语文学加以介绍，并重点评述了津巴布韦英语文学的发展，指出中国对津巴布韦文学的译介存在译介数量少、译介缺失、作家及作品名翻译未形成统一标准、专门研究性论文缺乏等特点。齐林东的《喀麦隆英语文学简论》[94]结合喀麦隆英语文学发展的实际，按照诗歌、小说、戏剧等不同文学样式分类介绍，着重谈及一些代表作家的作品，简要而系统地论述喀麦隆英语文学的发展状况。汪琳、王璐月的《肯尼亚文学及其在中国的译介》[95]介绍了英语、斯瓦希里语、康巴语、吉库尤语和罗语等五种语言的文学，并重点分析了英语文学及其在国内缺失与失衡的研究状况。戴明姝的《种族时期的南非英语文学研究》[96]以特定时期为背景，对南非英语文学的基础概况及其发展等因素进行系统性的研究。

作家文学仍集中在索因卡和库切研究领域。陈梦的几篇论文涉及了索因卡戏剧的各个方面：《论索因卡剧作中的圣经原型形象》[97]分析了戏剧中的耶稣、先知、替罪羊、受难者等圣经原型形象与约鲁巴民族的神话故事、民间传说、现实生活的关系；《论索因卡戏剧创作中的非洲传统元素》[98]总结了戏剧中的奥贡神、祭祀仪式、循环轮回观、鼓乐歌舞、挽歌谚语、面具雕塑等非洲传统；《论索因卡对欧里庇得斯〈酒神的伴侣〉的人物改编》[99]认为这种改编鲜明地体现了索因卡的伦理道德观念和非洲文化认同，实现了古希腊经典戏剧的现代性跨越和本土化移植，赋予了欧里庇得斯剧本极高的新价值；《索因卡与西方传统戏剧》[100]则指出索因卡的戏剧理论和创作实践都明显地受到西方戏剧艺术的深刻影响，对西方传统戏剧艺术的吸收与借鉴是其戏剧创作的突出特色；《索因卡戏剧在中国》[101]对国内的索因卡研究加以综述，指出国内研究多关注索因卡戏剧作品中独特的戏剧艺术、后殖民主义特征以及非、欧双重融合的文化特质，而译介与研究仍存在很大的发展空间。

库切研究领域，吴莉莉的《艰苦的写作者》[102]评论了阿特维尔的新作《J. M. 库切和他的写作生涯：与时间面对面》，认为该书揭示库切不确定的多向探索型写作方式以及隐藏于叙事背后的自传性。史菊鸿的《从苏珊的“实体”问题看库切的主体观》[103]分析库切小说《福》中女主角苏珊对“实体”问题的追问，厘清库切对主体概念的思考轨迹：他虽然对跳出主体－客体相互否定的主体概念范式的困难程度有充分认识，但依然执着坚持对他者负责是自我主体性的根本体现。而《沉默与言说：库切小说〈福〉与后殖民批判》[104]通过解读库切的小说文本阐释斯皮瓦克对于后殖民理性的批判，力图阐明《福》的主旨在于探讨知识分子、历史书写者和作家如何才能承担起政治和伦理的社会责任。

齐林东的《非洲文坛的杰出领袖——费迪南·奥约诺》[105]介绍了这位喀麦隆著名作家、政治家、外交家的生平及作品。师杰的《欧风来袭，拥抱还是抵制?》[106]分析了《拉维瑙之歌》中的非洲文化窘境，认为诗中拉维瑙和丈夫奥考的争论其实就是乌干达年轻一代内心的争论，而作者本人选择反对西方渗透、捍卫阿乔利传统和风俗的立场。

2016 年东方文学研究学界出现了一些新的趋势：作家方面，对诺贝尔文学奖得主和其他热门作家的关注逐渐减弱，对新生代作家、女性作家及传统的“边缘”作家关注增多；作品方面，文本研究与历史背景结合得更为紧密，传统的文本解读与社会文化相结合，更多地勾连作者的线性创作历史；地区方面，对“一带一路”沿线国家文学的研究日趋强化，既是对国家政策与世界文学动态的回应，也为东方文学研究拓展了学术空间，最难能可贵的是学界对撒哈拉以南非洲文学的关注和相关研究成果都呈明显增长的趋势。当然，本年度东方文学研究中仍然存在一些不足，比如区域侧重呈不平衡的态势、偏重具体作家作品研究、忽略文论及文学史研究等。

注：

①《国外文学》，2017 年第 1 期。

②重庆出版社，2016 年版。

③重庆出版社，2016 年版。

④重庆出版社，2016 年版

⑤北京大学出版社，2015 年版。

⑥重庆出版社，2016 年版。

⑦《重庆日报》，2016 年 10 月 15 日。

⑧社会科学文献出版社，2016 年版。

⑨阳光出版社，2016 年版。

⑩中国社会科学出版社，2016 年版。

⑪高等教育出版社，2016 年版。

⑫北京大学出版社，2016 年版。

⑬《东北师大学报》（哲学社会科学版），2016 年第 6 期。

⑭《广西师范学院学报》（哲学社会科学版），2016 年第 5 期。

⑮《国外文学》，2016 年第 1 期。

⑯四川大学出版社，2016 年版。

⑰中国大百科全书出版社，2016 年版。

⑱《社会科学研究》，2016 年第 2 期。

⑲《人文杂志》，2016 年第 4 期。

⑳《山东社会科学》，2016 年第 4 期。

㉑《西南民族大学学报》（人文社科版），2016 年第 4 期。

㉒《福建广播电视大学学报》，2016 年第 5 期。

㉓《西北民族大学学报》（哲学社会科学版），2016 年第 3 期。

㉔《中国比较文学》，2016 年第 3 期。

㉕社会科学文献出版社，2016 年版。

㉖上海社会科学院出版社，2016 年版。

㉗青岛出版社，2016 年版。

㉘《东北亚外语研究》，2016 年第 2 期。

㉙《东北亚外语研究》，2016 年第 1 期。

㉚《东北亚外语研究》，2016 年第 1 期。

㉛《外国语文》，2016 年第 4 期。

㉜《外国文学评论》，2016 年第 3 期。

㉝《东北亚外语研究》，2016 年第 3 期。

㉞《厦门大学学报》（哲学社会科学版），2016 年第 6 期。

㉟《当代外国文学》，2016 年第 4 期。

㊱《外国文学评论》，2016 年第 4 期。

㊲《外国文学评论》，2016 年第 3 期。

㊳《外国文学评论》，2016 年第 3 期。

㊴中国社会科学出版社，2016 年版。

㊵中央编译出版社，2016 年版。

㊶《延边大学学报》（社会科学版），2016 年第

2 期。

㊷《学术交流》，2016 年第 8 期。

㊸《东北亚外语研究》，2016 年第 1 期。

㊹《贵州民族研究》，2016 年第 4 期。

㊺《山东师范大学学报》(人文社会科学版)，2016 年第 3 期。

㊻《外国文学动态研究》，2016 年第 6 期。

㊼《民族文学研究》，2016 年第 4 期。

㊽中国大百科全书出版社，2016 年版。

㊾中国大百科全书出版社，2016 年版。

㊿《史学集刊》，2016 年第 2 期。

51《戏剧之家》，2016 年第 10 期。

52《语文学刊》(外语教育教学)，2016 年第 4 期。

53《河北经贸大学学报》(综合版)，2016 年第 4 期。

54《国外文学》，2016 年第 4 期。

55《解放军外国语学院学报》，2016 年第 2 期。

56《玉林师范学院学报》，2016 年第 4 期。

57《职大学报》，2016 年第 5 期。

58《江西社会科学》，2016 年第 2 期。

59《地方文化研究》，2016 年第 3 期。

60《广西社会科学》，2016 年第 2 期。

61《东南亚纵横》，2016 年第 5 期。

62《东南亚南亚研究》，2016 年第 1 期。

63《广西社会科学》，2016 年第 8 期。

64人民文学出版社，2016 年版。

65《国外文学》，2016 年第 3 期。

66《宗教学研究》，2016 年第 4 期。

67《河南工程学院学报》(社会科学版)，2016 年第 3 期。

68《学海》，2016 年第 3 期。

69《外国文学研究》，2016 年第 5 期。

70中国社会科学出版社，2016 年版。

71宁夏人民出版社，2016 年版。

72《外国文学动态研究》，2016 年第 1 期。

73《安徽文学》(下半月)，2016 年第 2 期。

74《当代外国文学》，2016 年第 3 期。

75《西北民族大学学报》(哲学社会科学版)，2016 年第 4 期。

76《外国文学动态研究》，2016 年第 3 期。

77《教育教学论坛》，2016 年第 11 期。

78《兰州教育学院学报》，2016 年第 1 期。

79《广东外语外贸大学学报》，2016 年第 3 期。

80《荆楚理工学院学报》，2016 年第 3 期。

81《外国文学动态研究》，2016 年第 6 期。

82《东吴学术》，2016 年第 5 期。

83《解放军艺术学院学报》，2016 年第 2 期。

84《东吴学术》，2016 年第 5 期。

85《山东外语教学》，2016 年第 3 期。

86《中国比较文学》，2016 年第 3 期。

87《中国穆斯林》，2016 年第 4 期。

88高等教育出版社，2016 年版。

89《山东社会科学》，2016 年第 4 期。

90《国际社会科学杂志》(中文版)，2016 年第 4 期。

91《外国文学研究》，2016 年第 5 期。

92《文艺理论与批评》，2016 年第 2 期。

93《红河学院学报》，2016 年第 3 期。

94《天津外国语大学学报》，2016 年第 6 期。

95《齐齐哈尔大学学报》(哲学社会科学版)，2016 年第 4 期。

96《教育现代化》，2016 年第 7 期。

97《圣经文学研究》(2016)，第一辑。

98《湘潭大学学报》(哲学社会科学版)，2016 年第 6 期。

99《外国文学研究》，2016 年第 4 期。

100《求索》，2016 年第 8 期。

101《学术研究》，2016 年第 3 期。

102《外国文学动态研究》，2016 年第 3 期。

103《外国文学评论》，2016 年第 4 期。

104《外国语文》，2016 年第 2 期。

105《世界文化》，2016 年第 8 期。

106《名作欣赏》，2016 年第 17 期。

(作者：魏丽明，北京大学教授；阎鼓润，北京大学硕士)

西方文学（不含英美）

黄彩云　喻天舒

2016年北京学者的西方文学研究主要有以下三个特点：一是对现当代文学及文论表现出了强烈的学术兴趣，其中20世纪的两大文学批评家德里达和罗兰·巴特尤其受到研究者的关注；二是对西方文学史上的经典作家，如歌德、卡夫卡等人的作品，研究热度仍然不衰，且取得了相当的学术成果；三是对“世界文学”这一概念的讨论与探究，进展引人关注。下文我们拟分西方古典文学研究、德语文学研究、法语文学研究、西班牙语文学研究、意大利语文学研究、文学理论研究六个方面，就笔者掌握的资料，对2016年北京学者的西方文学研究状况，进行一番综述。

一、西方古典文学研究

《荷马史诗》堪称西方文学史上的开山之作，而《左传》则在中国早期的文学传统中占有重要的地位。陈娴的文章[①]通过具体的文本分析，在跨文化的视域下，一方面考察了植根于中西两种不同文化语境的《荷马史诗》和《左传》这两部作品对英雄人物的同样成功的塑造，另一方面，也探讨了滥觞于“蓝色文明”“掠夺文明”的《荷马史诗》与源自于“黄色文明”“农耕文明”的《左传》所刻画的英雄人物在性格上的明显差异。

古希腊诗人索福克勒斯创作的悲剧《俄狄浦斯王》是西方戏剧史上的一大经典之作，自古及今，学者和思想家就这一文本的阐释意义繁多。孔德猛的文章[②]基于赫西俄德的“五代史神话”理论，把俄狄浦斯视为从英雄时代过渡到黑铁时代的人类自然哲学家的化身，从“成人”和“称义”的不可公度性视角，分析了俄狄浦斯悲剧形成的真正原因。文章的判断是，理性与命运之间存在着不可调和的矛盾，俄狄浦斯仅凭理性不能自救。

与索福克勒斯的《俄狄浦斯王》《安提戈涅》这样具有浓重命运色彩的家族悲剧相比，欧里庇得斯在其悲剧《美狄亚》中塑造出来的同名女主人公的复仇女性形象，具有更多的个性悲剧特点。郭雨祺的文章[③]将欧作中的美狄亚与古罗马诗人奥维德的《变形记》中的普洛克涅和阿尔泰亚的形象联系起来，从命运意象、女性意识和生死观念诸方面，对同样有着杀子复仇经历的三位女性复仇形象加以分析，并据此考察了希腊神话和悲剧中命运因素的迁延变化。文章认为，命运这把达摩克利斯之剑是希腊悲剧的精华之一，而正是命运因素的弱化，预示了希腊悲剧的衰落。

“Carpe diem”（抓住时日）是古罗马诗人贺拉斯抒情诗歌中的一个著名主题，就这一主题是否具有“及时行乐”的伊壁鸠鲁主义哲学意蕴，古典学界历来就存在着肯定之与否定之这两种争议。时霄的文章[④]对争论双方的主要论点进行了归纳，并结合具体文本，探讨了贺拉斯诗歌本身哲学意涵的多样性与复杂性，指出诗人涉及这一主题的作品同时具有“当下性”与“变通性”的灵活特点，而这又与作者所推崇的库兰尼派哲人阿斯提普斯的影响相关。

二、德语文学研究

陈敏的文章[⑤]从媒介文化理论的视角出发，以诺瓦利斯的浪漫小说断片《奥夫特尔丁根》为例，探讨了浪漫小说媒介对梦与主体意识的建构。文章对《奥夫特尔丁根》借用梦的“图像语言”，诗意地刻画主人公灵魂发展历程的小说媒介特点进行了细致的分析，并由此进一步指出，诞生于18世纪下半叶的现代德语小说，尤其是致力于刻画个体内心世界的浪漫小说，乃是德国现代个体自我意识觉醒的催化剂。

元杂剧《赵氏孤儿》18世纪传入欧洲后，在当时的欧洲知识界产生了广泛影响。邓深的文章[⑥]从维兰德小说《金镜》对《赵氏孤儿》“救孤者品德高尚”的主题化用与“救孤者向孤儿隐瞒其真实身份”的情节设计启发两方面，分析了“赵孤”题材在《金镜》“梯方成长故事”这一节中与传统的“君主镜鉴”和“修养小说”这两种文学体裁的具体糅合过程，以此考察了《金镜》对《赵氏孤儿》的接受方式。

徐畅的文章[⑦]解读了19世纪法裔德国作家阿达贝特·冯·沙米索的童话小说《彼得·施莱米尔的奇异故事》中“丧失影子”这一核心母题。文章结合沙米本人特殊的身份背景与个人经历，通过具体的文本分析指出，小说主人公施莱米尔的影子不应被泛泛地理解为一般意义上的“祖国”，而应被具体地理解为德意志民族主义兴起这个特定历史背景下的国族身份认同。

谷裕的文章[⑧]从阐释《浮士德》中“古典的瓦尔普吉斯之夜”这一场景入手，探究了老年歌德对古希腊的复杂态度。文章指出，老年歌德一方面在理念上继续坚持古典理想，另一方面则在文学创作中吸纳新知识，试图消解古典的理想化图像，恢复古希腊的多元和动态，凸显其原始生命力。“古典的瓦尔普吉斯之夜”显示出的是歌德超越于民族主义和政治角逐之上的古典理想。

赵蕾莲的文章[⑨]从考察歌德和谐观的渊源、解读其中的整体论与对立观的内涵、分析他的作品中和谐的三大类别和多层次含义三方面，对被誉为“欧洲文艺复兴以来最后一位通才”的歌德的“和谐观”进行了较为全面的探究，肯定了其博大精深、包罗万象、意义深远的和谐观对西方文化精髓的兼收并蓄。

生活于18世纪末19世纪初的德国作家克莱斯特因其作品展现出的与同时代的启蒙传统截然相悖的矛盾、残酷、无解的人物生存状态，被后世的学者赋予了“现代派先驱”的地位。丁君君的文章[⑩]以克莱斯特的短篇小说《养子》为个案，解读了作家经由小说中的家庭悲剧所体现出来的“邪恶美学”的恶之两层面：自然意义上的恶与文化意义上的“恶”。文章认为，相较于前者，作者所表现的文化意义上的恶是更彻底的，因为这种恶已不再是道德框架下的“善的缺失”，而是伦理教化失败之后的疯狂和爆发。丁君君的另一篇文章[⑪]讨论的是与克莱斯特大致同期的德国“黑色浪漫派”作家霍夫曼的小说中的“恶”之主题。通过对出现于霍夫曼《沙人》《鬼怪》等作品中的“机械”“魔鬼”形象的分析，文章认为，在自己的小说中，霍夫曼借由一种独特的黑暗美学，呈现出的是受困于内心的黑暗冲动、想象和现实的暧昧不明、身体和机械的彼此填补中的19世纪初的西方人的心理图景。这种图景已经不再沉浸在古典主义的完美理想中，而是为未来的断裂变异敞开了门户。

黄峰的文章[⑫]则从创伤批评理论的视角对霍夫曼的书信体小说《沙人》中的“创伤体验”与“创伤叙事”展开分析。文中借用弗洛伊德对儿童心理的分析、凯西·卡鲁斯的创伤批评理论以及法国学者哈布瓦赫在《论集体记忆》中对记忆的社会属性的探讨，详细解读了小说主人公的“创伤体验”以及后续的自杀行为。文章认为，从《沙人》这一展示、反思、超越创伤体验的文学创作看来，霍夫曼无疑是一位杰出的创伤叙事作家。

19世纪末20世纪初的欧洲处于历史断裂期，这一时期各种思想纷纷登场，将欧洲卷入了巨大的论争漩涡。张明娟的文章[⑬]将德国现实主义小说家托马斯·曼的《魔山》作为考察这一时期欧洲文化的窗口，通过分析《魔山》中的主人公汉斯到了魔山之后遇到的各路人物以及他们的思想，认为托马斯·曼的《魔山》通过独特的时间叙事使得传统与现代、理性与非理性、宗教与人文、东方与西方之间相遇并交锋，呈现了那个时代的思想图景与精神样态。文章最后指出，托马斯·曼的小说呼应了斯宾格勒的“西方的没落”的悲情感慨，对欧洲文明中的理性、启蒙、基督教等传统进行了质疑与反思，同时又对东方思想表现出了渴望与怀疑并存的态度。

斯特凡·格奥尔格是19世纪末20世纪初德国的著名诗人，他于1892年出版的诗集《阿尔嘎巴》中的一首诗《我的花园不需要空气不需要热》在德国被视为其“唯美主义的纲领诗”。杨宏芹的文章[⑭]将这首诗与法国唯美主义文学经典文本进行比较，并结合“为艺术而艺术”的唯美主义核心理念在19世纪欧洲的演变以及德国本土哲学家康德、希勒的审美理想对诗人的影响，对这首诗进行了文本细读。文章认为，作为一个德国现代诗人，格奥尔格以自己独特的艺术实践，展示了唯美主义思潮这一“世界性”的因素从英国、法国传到德国诗坛以后所发生的美学变化与突破。

曾经久遭冷遇的德国早期浪漫派作家恩斯特·奥古斯特·克格曼以笔名博纳文图拉发表的小说《守夜》因其强烈的破界与反叛精神而在现当代受到人们的关注。贾涵斐的文章[⑮]重点分析了蕴含于这部小说之中的道德解放与美学反叛的内涵。文章认为，小说不仅意图以黑暗、疯狂的时代诊断反映“时代的浅薄”，而且还是一部人类学意义上的作品，是对着眼于进步的时代话语的秘密反抗。而通过匿名写作的方式，作者不但得以规避被主流话语问责的可能，还可以对主流话语进行讽刺、颠覆。贾涵斐的另一篇文章[⑯]对奥地利经典诗人里尔克的“物诗”中的视觉图像的内外关联进行了考察。文章通过解读《秋》《豹》《玫瑰心》《圣光中的佛》等里尔克的代表作品，着重分析了里尔克带有时代印记的中期诗作的渐趋成形的“世界内在空间”，认为其中不仅涉及内外之间的张力，而且能在想象的无限领域中，打破传统的二元对立模式，消除界限，以俾内外融合。

奥地利小说家弗兰兹·卡夫卡堪称20世纪最有

影响力的德语小说家。2016 年西方文学研究者普遍对他展现出了浓厚的兴趣。田俊武的文章[17]从宗教伦理学与文学伦理学的视阈解读了卡夫卡的小说，认为卡夫卡挥之不去的犹太教伦理情结，以及所受到的克尔凯郭尔宗教伦理哲学的影响，使其成为大地上的异乡人，也使他在自己一生的文学创作中时时思考人和上帝的关系。正是这种与周围的人和环境格格不入的悖论生存境况，让卡夫卡比其他同时代的西方人，对犯了伦理原罪和弃绝上帝之后的现代西方人在伦理和灵魂上无家可归的孤独感、恐惧感和绝望感有深切和更独特的感受，在其作品中对人类失去的精神家园的渴求和寻找上也显得更加急迫。

任卫东、孙纯合著的文章[18]也从卡夫人本人与犹太教关系的角度切入，考察卡夫卡小说《判决》《失踪的人》《审判》《城堡》等作品中的陌异性形象建构与宗教母题的联系。文章指出，卡夫卡通过对宗教语言、主题与思想的借鉴和加工，以及文学文本与宗教文本之间的互文性，创立了一个意义迷宫，而这种“卡夫卡式”的陌异形象，既展现了现代社会笨重而深刻的权力和暴力机制，也将以罪与罚的原则为基础的宗教秩序形象化，从而赋予了卡夫卡的文学创作以深厚的弥赛亚气质。

申丹的文章[19]对卡夫卡的小说名篇《判决》中关于朋友的思考、父子互动、结尾这三部分的文本进行了非常详细的解读，从叙事学的角度分析了体现在《判决》中的双重叙事运动，即情节冲突或者说父子冲突及其背后所隐藏的更为深刻的冲突——个人与社会的冲突。文章认为，《判决》之所以被视为西方现代派文学的代表作，也正是因其通过个人与社会的冲突表达了现代西方社会中人的生存困境，演绎了现代西方社会对个体的压抑和扭曲。

王雯鹤的文章[20]以卡夫卡的短篇小说《乡村医生》为研究对象，细致地分析了作为乡村医生的主人公在梦中的“反思之旅”的四个阶段——觉醒、反思、屈服、流浪，探寻了小说末尾乡村医生永恒流浪的深层次原因，认为这部小说展现了现代人的生存困境——失去信仰，彼此疏离，迷惘孤独。而主人公对自己生活意义的怀疑又暗示了人物对西方世界以“理性”为主旨的社会秩序的信仰的动摇。

三、法语文学研究

《罗兰之歌》是法国中世纪最重要的英雄史诗，刘一南的文章[21]聚焦于《罗兰之歌》将法兰克人的对手撒拉逊人（穆斯林）塑造为“偶像崇拜者”这一做法所显示的西方人对伊斯兰教的深度误读。文章指出，这些误读一方面生动地体现了当时大多数欧洲人对伊斯兰教和穆斯林的无知和敌意，另一方面也曲折地反映了当时欧洲基督教会内部关于圣像问题的神学论争。文章最后总结道，史诗将撒拉逊人塑造为“偶像崇拜者”的潜在动机与目的，是用文学手法来证明基督教骑士对穆斯林发动暴力征伐的必要性与合法性。

19 世纪法国作家维利耶·德·里尔·亚当的短篇小说《神秘交感》是西方奇幻文学中的一个经典名篇。谈方的文章[22]分析了小说中的暗示与通感两大象征主义表现手法以及“黑大衣”“鸟的恐怖叫声”等丰富的象征符号，认为《神秘交感》就是维利耶以短篇小说的形式对波德莱尔在《应和》一诗中阐发的象征主义诗歌理念进行实践的产物。

法国著名剧作家让·热内生前是法国当代文坛中的一位重要人物，其代表作《阳台》被公认为是荒诞派戏剧的杰作。2016 年适逢热内逝世 30 周年，《阳台》再次在中国上演。程小牧的文章[23]在介绍让·热内的生平、作品、叙述风格、形象及其作为存在主义者的特点的同时，阐释了让·热内经典作品的戏剧角色、情节、结构与台词等所具有的荒诞主义特征。文章还对《阳台》展开了相对深入的分析，认为《阳台》中“戏中戏”的游戏、“镜子里的床”等充满象征意味的细节，探讨的是戏剧的本质乃至生命的谜题，展现了热内关于“元戏剧”的思考。

亨利·米肖是二十世纪法国文坛上举足轻重的一位诗人。王佳玘的文章[24]通过解读诗人创作于二战期间的诗集《考验驱魔》中短暂出场的“喝师”这一形象，揭开了“喝师”之名所代表的身份、“喝师”口中的迷宫隐喻、“喝师”口中的斯芬克斯象征、“喝师”之叹隐含的双重面相这四大谜团的面纱。文章认为，“喝师”身上兼具东方哲学的意蕴和西方神秘主义的色彩，既诠释了人类对时间和认知之谜的探索，又代表着诗人本人对内在精神空间宁静与外在生存空间抗争的不懈追求的双重面相。

杨林玉的文章[25]考察了法国诺贝尔文学奖获得者莫迪亚诺的小说代表作《暗店街》中的记忆重构与主体弥散问题。文章认为，失忆的小说主人公寻找过去身份的经历是一个自我更新、朝向未来的过程，也是一个个体重新建立自己与社会的联系、重塑其主体性的过程。而《暗店街》中“海滩人”式的主人公形象最终昭示的，却是作为主体的人的消失——作为现代西方文学人物谱系中一类“集大成”的反叛者，小说主人公以执着寻找的姿态反身消解了自身的角色定位。

刘海清的文章[26]讨论的是莫迪亚诺小说中的诗性叙事。文章认为，莫迪亚诺的小说创作对二战阴影下人类生存的困境和命运加以意象化叙事的诗性言说，演绎与诠释了记忆、身份、寻根等存在命题，完成了对人类多面向生存镜像的剖析与反思，以多维度的诗性叙事与艺术想象探索了质询历史的有效路径。文章最后指出，莫迪亚诺这种融诗思史为一体的寓言式写作深入触及人类对自我价值的探求和反思，体现了睿智悲悯的人文关怀意识。

20 世纪 90 年代，“新虚构”派文学继“新小说”派登上法国文坛，虽只存在了十年左右，但其风格特点却已广泛融入到今天的法国文学创作之中。车琳的文章[27]结合昆德拉的小说作品，阐述了法国当代“新虚构”流派的文学主张和创作特征。文章认为，米兰·昆德拉在小说中重视虚构和想象，将梦境、奇幻和神话元素越来越多地融入叙事策略中，具有明显的“新虚构”文学色彩。文章进而指出，时至今日，具有鲜明后现代小说美学特征的“新虚构”写作，已成为许多当代作家创作中的一种不谋而合的选择。

“黑维纳斯”是波德莱尔在《恶之花》中以其黑白混血情妇让娜·杜瓦尔为原型塑造的经典文学形象。穆杨的文章[28]借用斯蒂芬·格林布拉特提出的“主体形塑”理论，对这一文学形象的“历史形塑”进行了梳理。文章认为，西方批评界对“黑维纳斯”形象的理解先后经历了“致命女性”原型、波德莱尔多维度的他者和具有自主意识的女性主体等几个阶段的变化。正是不同话语不断围绕“黑维纳斯”的身体意义所进行的对话、商讨和争论，塑造了一个承载着复杂历史信息的含混意象。而形塑的新变化也揭示了当代话语重构边缘主体、重书庶民历史、质疑经典，瓦解真理的转向。

践行了德里达的文学行动特征的《割礼忏悔》，是德里达所作的一部有关身世、秘密、悼亡、祈祷的奇特作品，既有深刻的哲学维度，又富含文学的感性。魏柯玲的文章[29]通过文本细读，从割礼与盟约、自传体裁、忏悔对象和秘密书写几个方面对该作品巨大的模糊性进行了辨析。文章认为，德里达在作品中从割礼的主题出发，展开了对神学和奥古斯丁忏悔录的沉思，既有对信仰、传统、体裁、叙事等的不断叩问和解构，又在互文性中融入极度人化的经验，引出忏悔对象的不确定性，并最终指向文学根本的不可读性和异质性，并由此凸显了文学作为“行动”的“述行性”。

耿幼壮的文章[30]通过详析德里达对于诗人策兰一首诗歌的解读，从德里达关于这首诗的关键词“灰烬”“见证”的分析入手，探讨了德里达关于文学是一个秘密的思想。文章认为，在德里达看来，虽然文学这个秘密永远不能被展露，永远不能被言说，但这一秘密之敞开的不可能性却使它具有了一种永远处于开放之中的可能性。

德里达和拉康关于艾伦·坡《被窃的信》的争论是 20 世纪理论场域的一次重大事件。马元龙的文章[31]梳理了这次争论中双方的主要观点和分歧，并进而指出，德里达对拉康的指控并非是同一立场上两种主张的斗争，而是两个不同立场之间的斗争。通过这场论争，人们对主体的命运和能指的本质在对立的两极上这个问题，获得了远比从前深刻的认识。

秦海鹰的文章[32]聚焦于新批评之争这一法国批评史上长达三年之久且影响深远的思想论战。文章在对这一论战的导火索、主要过程、新批评与传统批评的主要分歧点等加以回顾之后了，进一步指出，介于巴特与皮卡尔之间的这次争论，实质上是两种批评观和文学观的对峙，双方对“客观”“历史”“事实”“回归文本”“尊重作品”“真理”（真实）等概念有着完全不同的理解。而秦文则对巴特捍卫写作之真，或主体之真的做法给予了肯定。

秦宵的文章[33]关注的是《罗兰·巴尔特自述》这部作品对传统自传的颠覆。文章认为，《罗兰·巴尔特自述》集中体现了巴尔特的断片美学和文学追求，体现了其独特的自我认知、自我书写方式。如果说传统自传处处体现的是叙述者对记忆的重构和自我认知雄心的话，巴尔特《自述》体现的则是对过往的搁置和对自我形象的消解。

四、西班牙语文学研究

《熙德之歌》是卡斯蒂利亚地区的民族史诗，也是用西班牙语创作的第一部伟大的文学作品，历来是西语学者们研究的重要内容。赵振江等人的文章[34]基于对这部史诗的历史版本的梳理以及与法国史诗《罗兰之歌》等的比较，认为《熙德之歌》既有其作为一般史诗的共性，也有其自身的原创性，随后从多个角度对这篇史诗的进行了非常具体的文本分析。文章最后阐述了《熙德之歌》对嗣后文学作品的影响和启发，强调《熙德之歌》是“一部最伟大的西班牙语文学典范”。

圣经人物拉撒路是20世纪西班牙语诗界特别看重和认同的一个形象。范晔的文章[35]以西班牙“五零一代”杰出代表何塞·安赫尔·巴伦特的诗作《拉撒路》为切入点，研讨了面对民族帝国神话和信仰废墟时代的诗人的神秘主义诗学意象所蕴含的个性特点和时代历史深度，揭示了隐身在这些悬虚诗行之后的政治和伦理维度。

墨西哥著名文学家富恩特斯是拉美“文学爆炸”的一名主将。赵赤勇的文章[36]分析了他的自传体小说《狄安娜，孤寂的女猎手》中的虚构写作特征，认为富恩特斯开创了一种新的小说体裁，即“把真实的自传素材纳入虚构的小说框架内，显示出一种既不同于典型的虚构小说，又与传统的自传体小说有本质区别的新类型”。

彭超的文章[37]从寓言、权力与魔术三个维度解读了美洲西语诺贝尔文学奖获得者加西亚·马尔克斯的短篇小说《我只想来这儿打电话》。文章认为，小说的荒诞感与真实感并存，事件的偶然性与戏剧性同在，既从一个侧面展现出现代人精神的孤独感与自闭性，又深刻表达了马尔克斯对时代政治的批评与反思。

五、意大利语文学研究

薄伽丘的《十日谈》是文艺复兴时期的欧洲文学经典。李慧宏的文章[38]通过将书中女性群体按照她们在故事中所扮演的角色类型、身份地位以及她们在故事情节发展过程中所表现出的性格特征、语言动作、行为方式等进行梳理，结合时代背景，总结出了书中所蕴含的薄伽丘的爱情观：爱情是人的天性，追求爱情自由、享受尘世幸福是女性的权利。同时文章也注意到了在强调女性意识背后，《十日谈》所隐藏的传统男权主义思想。

洛伦佐·瓦拉是15世纪意大利重要的人文主义思想家，涉及西方女性人物形象批评的《论快乐》是他的代表作之一。李婧敬的文章[39]围绕《论快乐》中讨论的三位女性形象，检讨了瓦拉“以人为本”“以快乐为人生至善”的观念。文章认为，在文艺复兴时期女性地位还明显低于男性的社会现实下，瓦拉虽未在理论层面上系统地提出男女平等的观念，但至少在捍卫“人生快乐”的过程中，将女性与男性同等对待，这是推动社会进步的不可或缺的文化力量。

王军的文章[40]对其翻译的意大利文艺复兴时期的史诗杰作《疯狂的罗兰》进行了介绍，在阐明该诗作为欧洲古典文化的结晶和中世纪骑士文学百科全书的历史意义的同时，特别肯定了这部以宗教战争为背景的作品所采用的一种极具现代感的立体式叙事手段，以及史诗中处处展示出的文艺复兴时期爱情至上、追求现世快乐的价值取向。翻译者还在文章中记录了自己关于翻译《疯狂的罗兰》的几点思考。

六、文学理论研究

姚梦泽的文章[41]将歌德提出的“世界文学”概念作为一个历史事件来考量，通过考察18世纪下半叶到19世纪初的德意志状况，阐释了歌德的世界文学观与其德意志民族身份的双向建构问题。文章认为，歌德并非民族主义者，而是一个精英主义者，他观察到大众趣味的低下，因此对已然借着市场和读者降世的世界文学频发警醒之语，并对由精英文学家们的团结和交流创造出来的世界文学抱有期许。

杨俊杰的文章[42]梳理了奥尔马赫关于歌德所说的“世界文学”的两大观点：其一是指向将来的世界文学危机意识；其二是指向现在的“综合的世界文学语文学”构想。文章指出，奥尔巴赫认为，就世界文学现在的丰富状况而言，每位研究者都应当致力于发展一种综合的世界文学语文学，从丰富庞杂的世界文学总体中找到一种富有启示意义的统一性。

刘丽的文章[43]以时代变迁为中心线索，介绍了德语学界对“世界文学”理念的思考，梳理了该理念从19世纪初开始在德语历史语境中的发生和衍变过程，并辨析了德语学者对建构全球化时代世界文学理论的思考。文章总结道，歌德的“世界文学”理念历经百余年发展，已形成了一套丰富多元的话语系统。

李昕揆的文章[44]对法国汉学家谢阁兰的“他者”理论进行了阐释。文章指出，谢阁兰的“他者”理论是一种“行动”的理论，在注意到多异的衰减之后，谢阁兰将其“他者理论”与“中国题材”相结合，为西方世界提供了一幅生动的“中国幻象”。与此同时，文章也反思了谢阁兰由过于强调“他者”之“差异性”“多样性”而走向反对民主、进步、科学、平等、民族交流的道路的问题。

龚兆华的文章[45]整理和讨论了20世纪法国重要的语言学家本维尼斯特在手稿《波德莱尔》中关于诗歌语言与日常语言之间关系的论述，提炼出本维尼斯特对符意学和语义学的加以区分的主要观点，并进而指出，对诗歌语言的分析乃是本维尼斯特构建其“元语义学”的一种尝试。

陈永国的文章[46]集中讨论了身份与身份认同问题

在文学中的表现，以及女性主义、后殖民主义、文化研究等当代文学批评从文学作品中的身份认同、身份危机、身份建构和身份叙事等问题出发对包含于其中的政治问题的探讨。文章认为，由于人物身份本身与社会、文化、民族、种族等重大问题不可分割，与人的精神生活和物质生活不可分割，因此文学必然具有政治性。

时晓的文章[47]梳理了西方文化史上记忆理论的流变，尤其详细介绍了德国学者阿斯曼夫妇的文化记忆理论的内涵。文章认为，阿斯曼夫妇将记忆理论与文学、文化、历史学等学科交叉起来，研究它们之间的联系，使作为文学理论和文化理论学科交叉产物的文化记忆理论，影响和推进了其他人文学科的发展。

非自然叙事是当代西方叙事学研究的前沿，是以反模仿为理论基础，阐释叙事中偏离现实世界认知框架的叙事。尚广辉的文章[48]从非自然叙事的界定、非自然叙事的表现形式、非自然叙事的阐释三方面对西方非自然叙事的研究现状与趋势做了简要概述。并为深入探索非自然叙事的理论研究批判实践提出了若干建议。

孙士聪的文章[49]分析了阿多诺关于“奥斯维辛之后”的诗学的主要特征，并将阿多诺的《文学笔记》的批评维度引入时下的网络文学论域。文章认为，“奥斯维辛之后”的文学世界无限敞开，阿多诺的批评仍将是人们反思如何直面文学世界时的重要理论资源。

陈众议的文章[50]对20世纪以来文学理论、文学批评与文学创作实践渐行渐远的态势进行了批判，探究了文化消费主义对经典的破坏与颠覆。文章认为，在文化消费主义的影响下，大多数文艺作品追随时流，市场价值取代了国家意识，经典边际模糊，去中心化的广场狂欢上场。文章据此呼吁，民族文学的主流需要国家意识、民族意识。

注：

①陈娴：《跨文明视域下〈荷马史诗〉与〈左传〉的英雄品格对读》，《江汉论坛》，2016年第7期。

②孔德猛：《从〈俄狄浦斯王〉看理性与命运的冲突——以俄狄浦斯能否自救为视角》，《外语教学》，2016年第5期。

③郭雨祺：《从女性复仇形象看希腊神话悲剧中命运因素的变化》，《广西教育学院学报》，2016年第3期。

④时霄：《贺拉斯的“惜醉今朝”及其哲学意涵》，《国外文学》，2016年第4期。

⑤陈敏：《浪漫小说媒介对梦与主体意识的建构——以诺瓦利斯的〈奥夫特尔丁根〉为例》，《外国文学》，2016年第4期。

⑥邓深：《“君主镜鉴”还是“修养小说”？——从体裁史角度看维兰德小说〈金镜〉对〈赵氏孤儿〉的接受》，《外国文学》，2016年第1期。

⑦徐畅：《勿忘坚固物——施莱米尔的影子与德意志民族主义的兴起》，《外国文学》，2016年第5期。

⑧谷裕：《〈浮士德〉“古典的瓦尔普吉斯之夜”解读——兼论老年歌德与古希腊》，《外国文学评论》，2016年第1期。

⑨赵蕾莲：《论歌德的和谐观》，《德国研究》，2016年第4期。

⑩丁君君：《恶魔与想象——论霍夫曼小说中的文学之“恶”》，《德语人文研究》，2016年第2期。

⑪丁君君：《替代与悖逆——〈养子〉中的邪恶美学》，《外国文学》，2016年第1期。

⑫黄峰：《论〈沙人〉的“创伤体验”与“创伤叙事”》，《人文杂志》，2016年第5期。

⑬张明娟：《从〈魔山〉看世纪之交欧洲思想图景与精神样态》，《文化学刊》，2016年第11期。

⑭杨宏芹：《格奥尔格的“唯美主义的纲领诗”——解读〈我的花园不需要空气不需要热〉》，《外国文学》，2016年第5期。

⑮贾涵斐：《对“人”的颠覆与美学自由——论德国作家博纳文图拉〈守夜〉中的破界》，《外国文学》，2016年第5期。

⑯贾涵斐：《视觉图像中的内外关联——论里尔克的“物诗”》，《外国语文》，2016年第5期。

⑰田俊武：《论宗教伦理学与文学伦理学视域下的卡夫卡小说》，《外国文学研究》，2016年第4期。

⑱任卫东、孙纯：《卡夫卡小说中的陌异性与宗教母题》，《外国文学》，2016年第4期。

⑲申丹：《情节冲突背后隐藏的冲突：卡夫卡〈判决〉中的双重叙事运动》，《外国文学评论》，2016年第1期。

⑳王雯鹤：《流浪的灵魂——从卡夫卡的〈乡村医生〉看现代人的生存困境》，《长春理工大学学报》（社会科学版），2016年第4期。

㉑刘一南：《论〈罗兰之歌〉对伊斯兰教的深度误读——以关于“偶像崇拜”的情节为例证》，《安徽大

学学报》(哲学社会科学版)，2016 年第 21 期。

㉒谈方：《从象征主义视角解读维利耶·德·里尔·亚当的奇幻小说〈神秘交感〉》，《法国研究》，2016 年第 1 期。

㉓程小牧：《让·热内、〈阳台〉与“元戏剧”》，《中国文艺评论》，2016 年第 8 期。

㉔王佳玘：《“喝师”之谜：亨利？米肖的双重面相》，《法国研究》，2016 年第 3 期。

㉕杨林玉：《记忆的重构与主体的弥散——莫迪亚诺〈暗店街〉解读》，《名作欣赏》，2016 年第 27 期。

㉖刘海清：《论莫迪亚诺小说的诗性叙事》，《当代外国文学》，2016 第 3 期。

㉗车琳：《法国当代“新虚构”小说——兼论昆德拉小说中的“新虚构”色彩》，《外国文学》，2016 年第 3 期。

㉘穆杨：《波德莱尔“黑维纳斯”的历史形塑》，《外国文学研究》，2016 年第 4 期。

㉙魏柯玲：《〈割礼忏悔〉与德里达的文学行动》，《外国文学》，2016 年第 3 期。

㉚耿幼壮：《如何展露一个文学的秘密？——以德里达读策兰的一首诗歌为例》，《外国文学研究》，2016 年第 2 期。

㉛马元龙：《关于〈被窃的信〉：德里达对拉康》，《中国人民大学学报》，2016 年第 5 期。

㉜秦海鹰：《罗兰·巴特与法国新批评之争》，《中国文艺评论》，2016 年第 11 期。

㉝秦宵：《〈罗兰·巴尔特自述〉：“反自传”的自写实践》，《法国研究》，2016 第 3 期。

㉞赵振江、程弋洋：《试论西班牙英雄史诗〈熙德之歌〉》，《江苏师范大学学报》(哲学社会科学版)，2016 年第 5 期。

㉟范晔：《流亡即创造——巴伦特的〈拉撒路〉绎读》，《国外文学》，2016 年第 2 期。

㊱赵赤勇：《浅析卡洛斯·富恩特斯〈狄安娜，孤寂的女猎手〉自传体小说与虚构写作》，《解放军艺术学院学报》，2016 年第 2 期。

㊲彭超：《寓言、权力与魔术——读马尔克斯短篇小说〈我只想来这儿打电话〉》，《河北民族师范学院学报》，2016 年第 2 期。

㊳李慧宏：《论〈十日谈〉女性形象塑造与薄伽丘的爱情观》，《吕梁学院学报》，2016 年第 4 期。

㊴李婧敬：《洛伦佐·瓦拉作品〈论快乐〉对女性形象的解读》，《外国文学》，2016 年第 6 期。

㊵王军：《意大利文艺复兴的史诗杰作——〈疯狂的罗兰〉》，《外国文学》，2016 年第 6 期。

㊶姚孟泽：《论歌德的“世界”及其世界文学》，《中国比较文学》，2016 年第 1 期。

㊷杨俊杰：《奥尔巴赫与歌德“世界文学”》，《中国比较文学》，2016 年第 1 期。

㊸刘丽：《德语语境中的“世界文学”理念及其嬗变》，《中国比较文学》，2016 年第 1 期。

㊹李昕揆：《法国汉学家谢阁兰的“他者”理论》，《东岳论丛》，2016 年第 8 期。

㊺龚兆华：《本维尼斯特论诗歌语言与日常语言之别》，《当代修辞学》，2016 年第 6 期。

㊻陈永国：《身份认同与文学的政治》，《清华大学学报》(哲学社会科学版)，2016 年第 6 期。

㊼时晓：《当代德国记忆理论流变》，《上海理工大学学报》(社会科学版)，2016 年第 2 期。

㊽尚广辉：《西方叙事研究新视野：非自然叙事》，《外国文学动态研究》，2016 年第 5 期。

㊾孙士聪：《〈文学笔记〉的阿多诺——“奥斯维辛之后”的诗学与网络文学》，《学术界》，2016 年第 2 期。

㊿陈众议：《武器的批判——马克思主义文艺观刍议(一)》，《外国文学动态》，2016 年第 3 期。

(作者：黄彩云，北京大学硕士生；
喻天舒，北京大学教授)

英语文学

丁林棚

2016 年北京市英语文学研究界硕果累累，在文学批评和文学理论方面成绩斐然，主要表现在以下几个方面，一、对英国主流文学和经典文学的研究力度进一步加大，研究热情高涨，尤其集中在莎士比亚、19 世纪文学学等方向；二、美国文学研究的范围囊括了从早期殖民地文学到印第安文学、当代后现代主义文学、女性主义文学等各方面，研究力度大大加强，可谓成果累累。三、在加拿大文学等其他英语国别文学方面也取得了重大进展，表现出开阔的研究视野和多元的研究思路；四、在文学理论方面，北京学者的建树颇丰，不仅涉及传统文论，还在后现代主义文论、文学和文化研究方面取得了显著的成果。本文拟对本年度的代表性学术成果进行总结，希冀能反映出近期的学术走向，起到抛砖引玉的作用。

一、英国文学研究

《一位医生的信仰》是英国17世纪博识家托马斯·布朗爵士的代表作。丁宏为[①]探讨了作品中个体思考者的精神空间并归纳出其相关性意义。文章指出，《一位医生的信仰》在宗教神学方面的争议较多，解读各异，但如果扩展到与上述学界兴趣点相关联的文化和思想传统领域，尤其从今人角度细绎英国人文思想环节，则对于布朗的关注就增加了一分意义。例如，该书在西方现代化早期阶段把个人的内部空间变大了，把跨越横向竖向各种界线的无个性变成了个性，也使我们能从另一个邻近的刻面对布朗整体思维的观察，具体体现在布朗这类思想家既属新兴自然科学又保有宗教情怀这个佯谬状况之上。无论在内容或形式上，或可说他通过“野花”而表达出来的信仰不仅是个人主观世界的告示，也代表了浪漫主义等现代文思出现很早之前西方文人曾对危及精神生态的政治、科学及教派等因素的防御。或也间接缓冲了自然科学对自然生态的侵扰。

华兹华斯关于教育的论述散见于各种文体和场合，其诗歌教化功用的观点早已被学界和大众接受，但他对教育实践的直接或间接介入受到的关注却相对较少且焦点分散。徐红霞[②]以华兹华斯长诗《远游》为切入点，从两个角度讨论诗人对19世纪英国国民教育的干预和影响：一是华兹华斯在创作《远游》前后对国民教育问题的思考，具体表现为他在《远游》第九卷中借漫游者之口呼吁政府建立国民教育体系。例如，诗中漫游者勾勒了一幅理想的教育图景：教育是国家对民众应尽的职责，政府应通过立法保证社会最底层民众的子女接受最基础的教育，内容包括文化知识和宗教道德，目的是开启民智并维护社会稳定。二是华兹华斯诗作在维多利亚时代国民英语教育中的地位，突出体现在《远游》第一卷被选编为英语读本，供政府资助的师资生学习使用。《远游》的创作和使用一方面体现了英国国民教育的曲折发展史，另一方面则反映了诗人教育理想和英国教育实践之间的张力。随着国民教育体系的发展以及华兹华斯读本的出现，英国基础教育的进步帮助巩固了华兹华斯作为经典作家的地位，为后人进一步理解其作品和思想奠定了文化和社会基础。

在19世纪名著《傲慢与偏见》中，“傲慢”与“偏见”的根源何在，一直是批评界关注的焦点，王春霞[③]从英国18世纪的经济状况出发，探讨了两者的关系。论文指出，英国18世纪日益增长的社会财富促进了消费在中上层阶层的盛行，而消费方式常跟等级差别相关，这使原来基于血统、家世的阶层划分日益受到挑战。面对消费带来的潜在威胁，那些有着“谱系家庭”称谓的上层阶级采取不同的应对策略。在《傲慢与偏见》中，拥有罗辛斯庄园的凯瑟琳夫人和拥有彭伯利庄园的达西就代表贵族阶层所采取的不同应对策略。小说以伊丽莎白为代言人，对由“炫耀性消费”维护声望的罗辛斯庄园及其产生的影响进行的批判和对由社会文化资本维护声望的彭伯利庄园的赞赏，显示了奥斯丁对所处社会日益货币化的趋势做出的回应。“出身与财富”是凯瑟琳夫人“傲慢”的资本，社会文化、审美、责任和道德力量是达西“傲慢”的资本。是否认可独立于出身和财富的个人品质是达西和凯瑟琳夫人的最大不同点，但却是达西和伊丽莎白的共同点，这也是“傲慢”与“偏见”能够消融的原因之一。事实上，达西是奥斯丁的理想贵族典范，是她参与“谱系家庭”话语重构的产物，在某种程度上，预见了维多利亚时期城市与乡村的文化霸权之争。

狄更斯小说是19世纪英国批判现实主义的代表，但也有精英文化论者曾对狄氏的艺术手法提出质疑，认为不仅其笔下人物多为平面机械的“扁平人物”，缺少真实人物的多面性和心理深度，且小说情节散乱。而狄更斯后期小说《我们共同的朋友》则人物形象丰满、情节巧妙连贯、手法日趋娴熟。狄更斯是否因为追求更为成熟的写作风格，而放弃了“工业社会批判”这一写作主旨？闵晓萌[④]以《朋友》为例，分析了狄更斯小说力求展现小说对19世纪城市戏剧文化的吸纳和转化过程。论文指出，小说家既适度借鉴城市戏剧的故事脉络和人物设计，又对人物和情节进行了填充润色和重组联延；在追求更高的艺术水准的同时，一如既往地将“工业社会批判”这一时代命题贯穿于小说始终。文章通过分析小说中对城市戏剧文化的借鉴和转化过程发现，小说家既参照诺尔斯的两部戏剧，建构和发展了叙事主线，也模仿童话剧中“慈善代理人”一角，塑造了小说中的核心人物。狄更斯在对戏剧的改写过程中，克服了人物平面化和情节散漫化的倾向，实现了小说艺术性的升华；同时，他也将批判工业社会的锋芒寓于情节结构和人物形象中，回应了工业文明中“人情的断裂”和“人的异化”两大命题。

《千万别让我走》是“英国文学移民三杰”之一的石黑一雄2005年出版的作品。小说对克隆技术的担忧引起了批评界的广泛关注。李丹玲[5]通过探讨石黑一雄《千万别让我走》中道德冷漠的社会生产指出，由于合法权威体系对暴行的授权，个体进入代理状态，悬置自我道德判断，忽略自我道德责任，被动执行权威下达的非道德命令，并将道德关怀转向上级权威而非受害者；权威体系也通过赏罚制度钝化个体的道德判断，助长其道德冷漠。由于精细的社会分工，作为中间人的大多数施暴者难以看到自身行为的远距离后果，并用技术责任代替道德责任，最终在道德上掉以轻心。由于受害者的身心被隔绝，他们的“脸”被抹去，普通人带着道德冷漠的眼光看待受害者，施暴者则将受害者当作没有“脸”的身体，因此能够忠实地履行邪恶职责而保证自我良知不受损害。

莎士比亚首先应被当作一位艺术家，但是他同时也应被视为一位历史学家，或一位历史主义者。他不仅写出了一些历史剧，更重要的是，他的悲剧和喜剧也可以被视为某种形式的历史剧。虽然从今天的观点来看，他的戏剧叙述并非总是忠实于真实的历史记载，但是它们确实是“文本化”或“戏剧化”的历史叙述。莎士比亚所扮演的历史主义者的角色并未得到认可，至少在中国的语境中是如此。王宁[6]特别撰文，论述了学界对作为历史主义者的莎士比亚的认识，并以一些喜剧为例进行了解读。他指出，莎士比亚的主要剧作中的人物大都是历史上的王公贵族人士。例如，在《哈姆雷特》中，关于丹麦王子复仇的故事在形成固定的文学形式前，很长一段时间内只是在民间口头流传的一个故事。如果将这个口头故事梗概与莎士比亚剧中的情节作一番比较就不难看出，其中至少有三点相同或相似。第一是装疯这一举措，第二是居住在英格兰，第三则是哈姆雷特的死以及故事的悲剧性结局。莎士比亚对文学和戏剧创作的贡献并不在于其对这一故事描写的原创性，而更在于他根据现有的情节进行全新的再现，并且赋予它以全新的历史和时代精神特征——文艺复兴时期新崛起的资产阶级人文主义。论文最后认为，今天阅读莎士比亚的作品，不仅要将其当作文学作品来阅读，同时也要将其当作一种审美化和戏剧化的历史文献来阅读，这一理解使人们可成为世界公民、世界主义者，而非仅仅是某个单一语言社群的公民。

卡洛尔·安·达菲是当代英国诗坛的重要成员。作为出生于苏格兰，长于英格兰的诗人，这种独特经历决定家乡是达菲诗歌中的一个重要话题。目前学者将研究重点主要集中在达菲诗学技巧、语言特色、美学、身份政治以及女性身份建构等方面，对于其诗歌中体现的身份困境的研究较少。吴晓梅[7]通过对其家乡诗歌的细读，结合时代背景即文化移位，阐释达菲如何在诗歌中构建家乡——从美好幻想到难以回归，最终建立心灵家园的过程。论文首先借用荷尔德林的“诗意地栖居”概念，援引海德格尔对栖居和作诗关系的本质思考，指出对达菲来说，这种栖居不是住所的占有而是心灵所属之地“达到人之栖居本质那里”。诗歌强调当代英国文化差异以及这种差异对于身份认同的影响。这种文化移位，是在自己的国家和文化中作为一种局外人，在完整的主体中处于一种疏离状态。身处局外，而这已经超出局外人的定义，这已成为达菲诗歌中表达主体性的一个美学原则。达菲诗中的局外人，更多指涉身份困惑。这是一种布莱希特式的感觉，即身份，已不仅仅是自然归属的内在情感，而是政治和社会进程中的结果。达菲诗歌中的文化移位是一种认同问题，不是简单的国籍和文化认同。达菲在诗歌中向读者披露的不是自我发现的结果，而是自我发现的过程。在现代社会这种无根性、身份认同缺失的大环境下，达菲对于家乡的寻找也经历了幻想和彷徨阶段。达菲最终通过想象建构了自己的家乡，寻觅到了心中的家园，也解决了文化身份的困惑。

作为当代英语小说界的新兴文类，“生命虚构叙事”兼具传记写实与小说虚构的双重特点。作品多以历史名人为对象，用小说笔法重写或改写人物生平。学界在论述这一文类形式特征时倾向于把它视为后现代历史小说或“新维多利亚文学”，但这两种文类定性均未涉及文类形式与读者关系的探究，王丽亚[8]故而撰文指出，“生命虚构叙事”的文类特征不仅取决于某个文本单独显现的“后现代”或“历史纪实”属性，还取决于由多文本叙事方式构成的这一文本的独特性。这种独特性使得读者对于任何一个文本的阅读阐释受制于读者对某个“前文本”已知经验，促使读者将当前的叙事文本与“前文本”进行“对照阅读”。文章以三个与奈保尔有关的文本为例子，阐述“生命虚构叙事”由不同作者构建的多文本关系，揭示这一文类对意义多样性阅读立场的期待。例如，小说《遗言》讲述了青年传记作家哈利与一位名叫阿扎姆的英国作家围绕写作真实性问题发生的冲突。虽然作品始终没有提及“奈保尔”，但故事中那位虚构作家阿扎姆的生平事迹，包括生活细节都有着明显的相似性，以至于评论界认为这部小说是以奈保尔传《世事如斯》进行的二度写作。《遗言》把传记《世事如斯》作为自己的“前文本”通过挪用部分内容，使得两个文本在内容上出现一致性。这个时候，读者很可能将虚构看作纪实。“生命虚构叙事”在传记写实与虚构叙事之间的越界特点使得这一文类拥有独特的阅读期待。然而当“生命虚构叙事”以单个文本出现，但同时以多个“前文本”作为作者期待时，这种结构特点对读者的期待显然不仅仅是对某一个文本、某一种文类的认识，而是一种跨文类、跨文本的阅读期待。

二、美国文学研究

查尔斯·布朗是美国哥特文学的开创者之一，近年来逐渐受到学界关注，西方批评家们视之为重视道德说教的传统作家，对布朗作品的研究大多集中在《维兰德》、《埃德加·亨特利》这些代表作上。李宛霖[9]撰文以布朗的长篇小说《亚瑟·默文》为例分析作者如何利用一种道德判断上的不确定性，培养公众理性阅读、沉着应对社会变故的能力，从而使之成为推动民族文学以及新的美国社会发展的中坚力量。论文指出，我们从模糊性这一形式特点，而不是传统的人物、情节、场景这些叙事要素出发，探讨布朗的这部作品有利于加深我们对布朗多重文学身份之间关系的理解。论文着重分析了作者如何通过制造主人公道德品质上的模糊性引导读者理性地阅读与思考，并利用小说世界与现实世界之间的平行关系，鼓励读者将这种思维习惯有效地运用到社会生活中。这样一来，布朗便将自己进行道德教化、发展民族文学与培养优秀公民的目标有机结合在一起，而他对模糊性的巧妙运用，也在一定程度上丰富了美国的哥特文学传统。

伊迪丝·华顿的作品常常因其帝国情感和“帝国主义美学”引起批评界的注意。更有人断言，华顿的“帝国情感”从根本上影响到了她的社会和政治观点。潘志明[10]认为，尽管华顿的作品中的人物活动往往有着帝国扩张和殖民活动的时代背景，但就其想象性小说作品而言，华顿并非一位帝国主义小说家。即使在那些与帝国和殖民有着各种关联的作品中，帝国实践和殖民活动也仅仅是缺场的历史背景或场外情节。实际上，华顿作品不仅是不写帝国和殖民的去帝国文本，而且还可能隐含着对帝国主义和殖民主义的批判。例如，论文发现，《纯真年代》之所以是一个去帝国文本，原因在于华顿把与帝国实践相关的内容排斥在了文本之外，使之成为作品中缺场的历史背景。但是，华顿为什么坚持不写帝国和殖民呢？她对帝国和殖民到底持何种态度？如果透过文章的去帝国表象，看到帝国和殖民在国际化中所发挥的作用，就会发现华顿对国际化的态度其实也隐含着她对帝国和殖民的质疑和批判。她认识到国际化其实就是美国化。

潘志明[11]在另外一篇论文中对伊迪丝·华顿的“种族主义”指责进行了研究。论文发现，20世纪80年代以来，研究者一再指责华顿是一位种族主义作家，但这种说法站不住脚。第一，华顿熟悉并推崇的达尔文进化论，特别是达尔文有关人类种族起源的论述并不支持种族主义达尔文坚持人类种族同源论。而这种认识反对的正是以人类种族多源论为理论基础的种族主义观念。一些侧面证据可以证明，她应当是达尔文的人类种族同源论的支持者。第二，批评者往往以《欢乐之家》中的白人种族至上主义和反犹主义观念为文本依据批评华顿的种族观念。事实上小说中的种族主义观念应该是华顿试图通过人物刻画和情节安排所要质疑和对抗的对象。《欢乐之家》中使用全知视角叙事，使作者通过这一视角呈现作品人物的感想和见闻。如果把人物视角从全知视角叙事中分离出来，就会发现，研究者批评的种族观念其实与华顿无关，反映的仅仅是作品人物的种族主义观念。

托马斯·品钦的小说《拍卖第49批》是美国当代文学中的经典作品，对它的解读可谓精彩纷呈，对其后现代主义风格和主题的研究更是层出不穷。李荣睿[12]考察了小说女主人公俄狄帕建立内心秩序把握现实的思维模式，试图揭示其中所隐含的双重空间幻象以及由此折射出的该小说对现代主义向内转写作策略的反思。文章结合战后美国社会的郊区化所导致的城市衰败，以及城市种族和阶级的空间隔离问题，探讨了俄狄帕的思维方式反映的中产阶级郊区的意识形态，揭示其如何导致对特里斯特罗代表的城市底层边缘群体的误读。品钦在《拍卖第49批》里通过对现代主义传统的反思，揭示出现实并不是单一的现实，而是处于不同空间中的不同层面的现实，这恰恰就是麦克黑尔所论述的后现代本体论的问题。例如，《拍卖第 49 批》的中心情节即第五章俄狄帕在夜晚的旧金山城里游荡，在此过程里俄狄帕希望用抽象的同一来赋予现实世界一个有意义的秩序，认为特里斯特罗的符号可以实现这种超越的可能，如同电路图和地图一样，这些符号能将现实统一起来。但是当越来越多的特里斯特罗符号出现时，俄狄帕追寻的秩序感和意义变得越来越模糊不确定，她所期待的启示和意义的显明一直没有发生。

菲茨杰拉德是美国著名的诺贝尔文学奖得主，学界大多关注于其小说的历史、美国物质主义等方面。郭棲庆和蒋桂红[13]撰文指出，小说中的疾病既是审美理性的外在艺术化，也是作家情感表达和理性认识的工具。这篇文章通过分析小说《夜色温柔》中的酗酒、自恋以及精神分裂等时代病症，关注病志、医嘱和病人日记 3 种主要文体形式，阐释了个人、疾病与社会三者之间的内在联系。论文指出，小说家把个人痛苦与自我表达需求、疾病与身份、写作与治愈等相联系，揭示了疾病的道德、政治及女性政治的隐喻性，同时也表达了他对人类未来精神出路的人文关怀。菲茨杰拉德的疾病叙事小说中的病志、医嘱体和病人日记这三种文体形式为读者提供了一种逼真的阅读体验，而这些都是服务于作家的创作目。菲氏化身为医生，以医生的口吻和眼光对读者进行医疗知识的启蒙，提供经验和教训。进到文学领域的疾病不单指疾病本身和单纯的病状，而是被赋予了社会意义，形成各种意味深长的隐喻。作家在作品中融入了他对疾病的认知和体验，通过揭示个人、疾病与社会之间的三角关系来表达对人类生存危机的忧患，揭示了现代人的精神痛苦和异化，体现了一个具有前瞻性作家真挚的人文关怀。这可能是菲茨杰拉德的作品得以流传至今的原因，也是他对医学事业做出的特殊贡献。

保罗·奥斯特常常被视为当代美国最勇于创新的实验小说家，这主要是因为他擅长使用元小说、拼贴、戏仿、零碎化等后现代叙事技巧。他的小说《纽约三部曲》自 1986 年发表以来受到了大量关注，焦点集中在对其后现代主题和技巧的挖掘和从不同理论视角探讨小说后现代特征方面，而对于小说中城市文化主题，研究却并不多见。尹星[14]的论文探讨了保罗·奥斯特小说中想象与现实、历史与记忆、理性与欲望相交织的后现代都城，通过梳理异化迷失感主导的城市境遇、流动身份的偶然性和随机性、语言符号的混沌与重建、城市人之间的怪感体验、都市漫步者的空间实践等小说主题，并总结了奥斯特如何书写后现代城市面临的困境及其城市人的生活经验。奥斯特笔下的纽约是一座“玻璃城”，其典型特征是易碎性。后现代城市既索然无味又错综复杂，人只能在寻求身份中丧失自我。后现代城市的发展已经到了非个性化的程度，只能不断用语言去构造或重构，而每一次语言重构都会使它离现实更远，最终，城市本身也变成了语言，毕竟后现代的一切发明，包括孤独、破碎、身份的丧失，归根结底都是语言的发明。

美国是一个始终在旅行的国家，对于美国人民来说，行旅或迁徙的叙事更有其历史和现实的原型。运动作为母题在美国文化中尤为突出，美国是一个被殖民主义的探险家、冒险家、一波一波的移民和避难者发现和定居的国家，西进运动等则是其行旅文化的一次历史表征。田俊武[15]认为，“行旅”是美国文学的本体叙事范式之一。这种行旅叙事直接受到以希腊罗马神话、圣经和流浪汉小说为代表的欧洲行旅文学的影响，深深扎根于美国民族“行旅情结”的集体无意识之中，兼容并包美国文学中的“美国梦”“成长”“求索”等基本的主题叙事，形成具有美国特色的“西行”“欧行”“大海旅行”“大河旅行”和“大路旅行”等叙事模式。这种叙事范式从 18 世纪末美国文学的正式诞生起一直延续到当下的世纪构成美国文学的叙事主体。小说以《愤怒的葡萄》《斯坦贝克携犬横越美国》《有个天天向前走的孩子》《皮袜子故事集》《在路上》等作品为例，分别论述了美国文学中的旅行、大路、空间方向等主题，指出“行旅”的本体含义的丰富性。美国文学，受美国独特的历史、现实和地域特征的影响，自始至终呈现出一种“行旅叙事”的本体特征。

早在 1903 年，美国著名黑人作家杜波依斯就曾在其著作《黑人的灵魂》里宣称，美国“20 世纪的问题是肤色界限问题”。然而，一个多世纪之后的今天，种族问题仍是美国社会不可回避的话题。2015 年，黑人作家塔纳西斯·科茨抨击美国种族歧视的作品《在世界与我之间》荣膺美国国家图书奖最佳非虚构作品奖项，又一次将美国种族话题推到舆论中心。作品叙述了身为黑人的切身感受，强调美国种族歧视历史长久、根深蒂固。金莉[16]撰文探讨了这部作品的主题，论文指出，在《在世界与我之间》中，科茨强调种族不是一种纯生理的概念，也不是因为某些人有着同样的肤色或同样的身体特征，而是因为同样在美国梦的重压下遭受压迫而被结合在一起的，他们是在美国梦的重压下被所创作所使用的语言、行为、食物、音乐、文学、哲学结合在一起的。所以将黑人世界与白人世界割裂开来的不是黑人内在的特质，而是因坚持给黑人命名而为黑人带来的真正伤害。

金莉[17]在另一篇论文中对北美社会的另一个重要的社会问题进行了关注——印第安人在白人文化中的构建地位。白人女性作家玛丽·罗兰森自《关于玛丽·罗兰森夫人被俘以及被释的叙事》1682 年发表以来，这种多出自女性之笔的囚掳叙事便成为风靡一时的畅销文学体裁，对北美殖民地的意识形态建构起到了重要作用。它迎合了白人定居者渴望成为这片陌生而且神秘的土地的主人的愿望，也在某种程度上成为美国领土扩张的文本辩护与文明的白人殖民者与嗜血的印第安野蛮人想像的二元对立话语的助推者，在很长的一段时期内是美国历史、文化和文学的共同话语特点。金莉以玛丽·罗兰森的《关于玛丽·罗兰森夫人被俘以及被释的叙事》为基础，论述了小说中的印第安、女性身份等问题。但细读文本，可以看出这种发端于早期北美父权清教社会的女性文体也造成了白人女性的文化越界，两种异族文化的碰撞打破了白人女性经验的界限，不仅因此产生了一种新的文学体裁，也带来了她们对于女性身份、新大陆神话和印第安人的重新认识，故而这种文化越界又在一定程度上解构了这种文本形式所建构的白人殖民者意识形态，为我们重新审视美国早期历史和文化提供了珍贵借鉴。罗兰森的叙事同时存在着两种声音。一方面，她的正统清教理念使得她相信印第安人是野蛮和残忍的异教徒，印第安人对于其家园的袭击也使她目睹了印第安人的血腥暴行。在她的叙事文本中，她时常把他们称为魔鬼、野兽和未开化的野蛮人。而另一方面她的叙事中也有关于印第安人的同情心和人情味的描绘。

三、加拿大英语文学研究

玛格丽特·阿特伍德是加拿大著名的作家，其作品享誉全球，丁林棚[18]对她的作品进行了持续的研究，并有多篇著述发表。首先，他撰文对《使女的故事》中的空间与权力关系进行了解读。论文指出，作家在小说中用文学想象和叙事阐释了权力和空间的关系。空间被塑造成权力政治运作的场所，权力不仅渗透到了公共空间，而且侵入了家庭空间、个人空间，使建筑学和空间紧密结合在一起，从而达到对主体的惩戒，实现对福柯身体的驯服。通过对个体和生活空间的渗透，权力实现了被监控者对权力和行为规范的内在化，空间的琐碎化成为视觉监视的有效形式，是对福柯权力原则的创造性应用，同时也体现了权力关系网络的相互性和反抗的无所不在。在第二篇论文中，丁林棚[19]解读了小说《强盗新娘》中的民族身份叙事。论文认为，作家通过女性的身份叙事凸显了加拿大民族性的变迁和构建，以象征和隐喻的手段呈现出后殖民文化语境下加拿大人身份的多元性和居间性，并把身份构建比作叙事的想象和构建过程。小说通过对西尼亚身份的叙事把民族身份喻作想象的叙事，强调了多元文化语境下民族身份的动态构建，同时把后现代主义叙事技巧与民族身份叙事相结合，体现民族性的想象构建。论文特别对身份的叙事构建、身份的流变、混杂等主题进行了细读，结合文化、后殖民理论进行解读，指出了阿特伍德小说中的社会情愫和人文关怀。丁林棚[20]在第三篇论文中则以跨学科的视角，对《可以吃的女人》中的精神病症做出了剖析。论文指出，小说展现了主体分化所面临的种种精神症状，这是小说主人公的自我异化加焦虑的体现。文章从拉康的精神分析理论出发，把小说中的三个主要人物解读为拉康的他者—小他者—大他者的原型叙事。通过他者的语言，小说描绘了现代社会中主体的分裂、异化景象。主人公的自我焦虑体现了她对想象界的渴望，希冀通过回归实在界从而实现与母体的融合，这样就可以避免自我的分化，保证自我的完整和统一。但主体形成的要求就是进入象征界，因此女主人公危机的解决也必然是要回归代表象征界的社会体系。该文通过对《可以吃的女人》的精神分析，探讨小说在临床症状、医学哲学方面给我们的启示。丁林棚[21]还出版了关于阿特伍德小说的一本专著《自我、社会与人文——玛格丽特·阿特伍德小说的文化解读》，从文化研究的视角对阿特伍德的几部重要作品进行了解读，探讨了小说中体现的作者对社会、主体精神状况和人类生存状况等方面的思想，阐发了阿特伍德对于文学的社会和文化职能及其人文表达之间的内在关系的思索。专著从个体精神、社会存在和人类状况三个层面的展开立体剖析，主要以法国哲学思想为基础，并结合加拿大的社会和文化现实，解读了阿特伍德小说中的社会和人文关怀，涉及民族与国家、权力结构、精神分析、社会和意识形态、科技人文、后人类主义等主题。通过阐述写作和社会关系及作家责任的论述，丁林棚阐释了阿特伍德作品中的伦理和社会责任，并指出，阿特伍德不仅对人性的本质表示极大关怀，而且对于加拿大的民族/国家身份、人类的精神状况，乃至环境伦理、生态危机以及后人类未来社会表示关注，通过对现实中社会、政治问题文化危机的揭露，阿特伍德展望了未来的乌托邦理想，对人性和文化做出深刻的思索，这些体现出作者对文学社会功能的思索和执行。

四、爱尔兰文学研究

爱尔兰文学是英语文学研究的一个重要领域。爱尔兰文坛对当代爱尔兰文学"当下性"的论争敦促我们关注20世纪90年代后期以来爱尔兰文学的发展走势和热点话题。龚璇[22]从"移民与跨国写作""个体记忆与民族创伤""小说艺术"三个方面讨论了当代爱尔兰作家的题材选择、创作观念和创作手法，认为新世纪以来的爱尔兰小说体现出一种源于人道主义关怀、超越民族主义形式的世界主义理想。论文指出，"移民主题"文学对爱尔兰的认识与刻画是随其多元化程度的加深而加深的，伊斯特维斯—萨把移民主题文学的发展描述为这样一个过程：从简单呈现爱尔兰的"多元文化主义"，表现"文化共存而不是文化交流"，过渡到积极参与文化间的交流，表现真正的差异并让各种差异发挥其效用比起爱尔兰现代文学对个体记忆和民族创伤的书写，新世纪的历史创伤书写并不以"政治反叛性"见长。这类书写的新锐性已被新世纪的官方话语吸收，过人之处在于将"声音"借给"被侮辱者与被损害者"的方式，人们赞美其"史诗般"的技艺、"移情式"的体验和"坚强"的文字，也赞美其"老派的"看待人生苦难与不幸的人道主义精神。

五、文学理论研究

英国马克思主义批评家特里·伊格尔顿的文论深受欧陆及本国诸多批评家和理论家的影响，他是继雷蒙·威廉斯之后欧洲的头号马克思主义文学批评家，在中西方学界声望卓著。他的著作以植根本土、旁采欧陆为主要特色，F. R. 利维斯的细绎式批评和威廉斯的左翼文化理论，对他的行文立论的基本方法产生了重要影响，而西方马克思主义和后结构主义为他提供了重要的思想灵感。然而，还有一个重要的影响源头，由于十分隐蔽而为研究者所忽略。此人便是他的同时代人、英国马克思主义历史学家佩里·安德森。赵国新[23]认为，安德森对于17世纪的英国革命以及近代英国资本主义独特性的论述，在一定程度上塑造了他的英国文学批评史观，为他考察文学研究与现实政治之间的内在关系提供了重要的社会和历史参考框架。伊格尔顿对近代英国文学批评中暗含的文化保守主义的发掘和剖析，主要得益于安德森对现代英国社会盛行的政治保守主义的精彩解释。论文还指出，二者的相关著述也有助于解释18、19世纪英国小说中一个常被忽略的现象：与同时代的欧陆长篇小说相比，英国小说一直在回护本国的贵族阶级，它们从未像欧陆主要国家的长篇小说那样，激烈批判乃至彻底否定本国贵族阶级的思想和统治。

欧文·白璧德是美国新人文主义的代表人物，曾对20世纪初中国文化特别是学衡派产生深远影响。关于白璧德文学批评的思想核心与价值，学术界多年来评价各异。然而，对白璧德主要作品中的文学批评思想做一梳理，即可发现其文学批评的重点在于人文主义思想指导下对文学与人生关系的探讨，实质是对文学"伦理性"的解读与批评。把握这一点，不仅对白璧德文学批评的理解至关重要，还能启发我们更深刻地思考文学与人生的关系。黄淳[24]就文学与人生如何关联这一问题对白璧德文学批评进行探讨，指出这个问题是白璧德文学批评的真正特色。论文指出，教育是其核心理念之一。他的第一本书《文学与美国大学》开篇即对美国高等教育做了一个整体评价，激烈地抨击教育制度、政策和思想等方面的诸多弊端。及至《论创造力及其他文章》，教育几乎成为批评工作的终极目标。白璧德认为，教育的任务就是吸收古往今来最好的思想，将学识变成文化，塑造性格与意志，实现个体的提升。为了完成这个任务，学院和大学必须对科目加以选择，而上上之选莫过于古典文学因其最具备人文主义价值，最能形成维系全人类的精神纽带。其次，白璧德伦理批评的核心也正是基于对人的认识。每个人的内心都存在高上自我与低下自我的二元对立。人之所以为人，就必须通过内在制约，以高上自我控制低下自我，否则，个体只能沦为私欲的奴隶，整个社会也必将礼崩乐坏。白璧德的主张虽然忽视文本，可强调文学的伦理关怀，也是自古希腊以来一条重要的文艺批评线索。

理论从实践中来，再回到实践中去；批判的武器不能代替武器的批判。但在文艺场域，理论脱离实践或无视实践的事却时常发生，尤以20世纪为甚。随着形式主义或形而上学的兴起（或谓复兴），文学理论，甚至文学批评与文学实践（创作）渐行渐远，大有自话自说的态势。近来，这种情况固然有所改变，但惯性使然，许多问题和讹误依然存在。陈众议[25]撰文对这一现象进行了探讨。他指出，西方文论和文学批评对某些经典的疏离或拥抱、解构或重构，其实当非无意，是因为它多少顺应了跨国资本的需要，即全球文化消费主义。论文结论指出，大多数文艺作品在或模仿或反映的过程中往往有意无意地追随了时流，这其中市场价值取代国家意识的例子比比皆是，如郭敬明、村上春树、阿特伍德、波拉尼奥、赛阿达维等等。一些作家的市场化取向更加明确，其畅销元素则恰似"全球化"背景下的好莱坞和NBA。需要强调的是，既然国家尚未消灭，民族文学的主流势必需要国家意识、民族意识。因此，批评的批评、武器的批判不仅必要，而且亟待加强，林林总总的现代主义和后现代主义理论不能代替残酷而纷杂的社会实践和实际。

艾瑞克·奥尔巴赫是20世纪欧美语文学文学批评的代表人物，其历史形象诗学对文学理论界产生了重要影响。陶家俊[26]分析了奥尔巴赫的思想渊源，重点剖析了其历史形象诗学观及方法论基础，指出《论摹仿》对欧洲文学史的宏大叙事重构。论文认为，奥尔巴赫的历史形象诗学观打通文学文本阐释、文学史建构、诗学阐发与文化史反思。在方法论上，奥尔巴赫有机融合维科的历史透视论与基督教释经学中保罗诠释派的形象论；在诗学上颠覆了柏拉图和亚里士多德奠定的古典诗学摹仿论和风格论，而文化史上从欧洲文学现实观的裂变中发现欧洲文化精神中不绝如缕的民主精神。奥尔巴赫的历史形象诗学以欧洲精神历史为主脉，志在彰显欧洲历史和文化的总体性精神。

"9·11"事件之后，面对国际政治中犹太族裔的流散问题，美国学者朱迪斯·巴特勒提出了定义"人"的伦理难题和文化批判的责任问题。在她看来，没有"他者"违背人类惯性思维的偶然性，必然导致人类主体的霸权。在回归并质疑人的自我命名的问题上，巴特勒通过卡夫卡的动物寓言展现那些无法归类的生物体在人类族群边界所面临的政治伦理困境，并用"非—人"为它们正名。它们与人在概念上保持着某种亲缘关系，但又绝非符合人的规范。王楠[27]认为，巴特勒借助卡夫卡，打开了"人"这个概念的外延，质疑启蒙理性的主体，在"理论之后"重构"非—人"的生命政治和伦理意义，深度诠释了"理论中的文学性"的问题。例如，论文分析卡夫卡的小说之后发现，弗兰兹·卡夫卡对动物主题的关切为巴特勒诠释"非—人"的世界提供了一个重要的文学注脚。卡夫卡的文学世界中活着一群无法归类的"非—人"，恐怖的、杂交的、不协调的生命：猿进化成人，人退化为虫，狗变成了哲学家，等等。然而，它们与人在概念上保持着某种亲缘关系，但又绝非符合人的规范。这种"似人非人"的居间境遇与巴特勒对"人"的质疑不谋而合。在回归并质疑人的自我命名的问题上，巴特勒通过卡夫卡的动物寓言展现这个"难题"的政治伦理困境，卡夫卡作品中充满断裂的书写的不可能性促发了巴特勒书写卡夫卡的行动成为可能。巴特勒从列维纳斯的他者、德里达的动物问题以及阿多诺的道德哲学那里汲取了哲思。这三者聚集在巴特勒身上，巴特勒用"非—人"的差异路线，透过文学这个虚构的场域，在政治伦理和文学批评的责任之间，用介入的方式思考叙述的自我和阅读的"他者"之间美学和伦理指向的问题。

注：

①《"言语的野花"——远观托马斯·布朗爵士的〈一位医生的信仰〉》，《外国文学》，2016年第1期。

②《华兹华斯的〈远游〉与十九世纪英国国民教育》，《外国文学评论》，2016年第4期。

③《从消费文化视角解读〈傲慢与偏见〉》，《山东社会科学》，2016年第5期。

④《舞台灯火下的狄更斯小说艺术——城市戏剧文化和〈我们共同的朋友〉》，《外国文学》，2016年第9期。

⑤《〈千万别让我走〉中道德冷漠的社会生产》，《外国文学评论》，2016年第3期。

⑥《作为历史主义者的莎士比亚——兼论莎士比亚历史剧对我们的启示》，《外国文学研究》，2016年第6期。

⑦《"原籍何处?"——解读卡洛尔·安·达菲诗歌中的"家乡"》，《当代外国文学》，2016年第1期。

⑧《"生命虚构叙事"多文本结构及其阐释意义——兼论与奈保尔有关的三个文本》，《外语研究》，2016年第3期。

⑨《从文学文本到社会文本——〈亚瑟·默文〉中的模糊性与理性阅读》，《国外文学》，2016年第4期。

⑩《伊迪丝·华顿的去帝国文本》，《国外文学》，2016年第1期。

⑪《伊迪丝·华顿是种族主义作家吗？——以〈欢乐之家〉为例》，《外国文学评论》，2016年第

3 期。

⑫《〈拍卖第 49 批〉中内心秩序的空间幻象》，《外国文学》，2016 年第 5 期。

⑬《弗·司各特·菲茨杰拉德小说中的疾病叙事研究——以〈夜色温柔〉为例》，《外国语文》，2016 年第 10 期。

⑭《保罗·奥斯特的〈玻璃城〉：后现代城市的经验》，《当代外国文学》，2016 年第 4 期。

⑮《论行旅作为美国文学的本体叙事范式》，《外国文学》，2016 年第 5 期。

⑯《恒久的种族话题——评塔纳西斯·科茨的〈在世界与我之间〉》，《外国文学》，2016 年第 9 期。

⑰《从玛丽·罗兰森的印第安囚掳叙事看北美殖民地白人女性文化越界》，《外语与外语教学》，2016 年第 1 期。

⑱《阿特伍德〈使女的故事〉中的日常生活空间与权力政治》，《福建师范大学学报》，2016 年第 4 期。

⑲《阿特伍德的〈强盗新娘〉中的民族身份叙事》，《山东外语教学》，2016 年第 6 期。

⑳《病态的主体：对〈可以吃的女人〉的精神分析》，《医学争鸣》，2016 年第 5 期。

㉑《自我、社会与人文——玛格丽特·阿特伍德小说的文化解读》，北京大学出版社，2016 年版。

㉒《新世纪以来的爱尔兰小说》，《当代外国文学》，2016 年第 3 期。

㉓《英国文学批评中的文化保守主义探源：特里·伊格尔顿与佩里·安德森》，《浙江工商大学学报》，2016 年第 6 期。

㉔《白璧德文学批评谈》，《文化学刊》，2016 年第 1 期。

㉕《武器的批判——马克思主义文艺观刍议》，《外国文学动态研究》，2016 年第 3 期。

㉖《欧洲古典诗学的现代重构——论艾瑞克·奥尔巴赫的历史形象诗学观》，《外国文学》，2016 年第 7 期。

㉗《“非一人”的伦理难题：巴特勒与卡夫卡》，《国外文学》，2016 年第 4 期。

（作者：丁林棚，北京大学副教授）

俄罗斯文学

赵桂莲　刘　旭

2016 年俄罗斯文学研究成果有 130 余篇（部），总体而言，各时期的研究都较为零散，不过其中一些具有补白意义的研究值得肯定，这种情况在各个时期都有所体现。较为集中的研究是文论方面，主要表现在对俄罗斯符号学的研究上。

1. 古典文学研究

王永[①]从 17 世纪末的图案诗追溯到当代俄罗斯的视觉诗歌，发现其中的美学特征体现在：17 世纪的图案诗将诗歌内容或主题化为具体的图像，体现出的是具象美学；白银时代的未来派诗歌具有立体未来主义和原始主义美学特征；当代的视觉诗呈现出的是后现代主义美学特征。王加兴、崔璐[②]从浪漫主义的神话边疆、爱国主义的铁血疆场、动荡世界的精神家园、世界主义大家庭四个层面以时间为脉络解读了俄罗斯文学中的克里米亚文本的内涵，认为克里米亚文本与传统的莫斯科文本、彼得堡文本形成鲜明对比，同时也从一个侧面反映了整个俄罗斯从诞生、发展、扩张、防御、衰落、重建的历史变迁。朱建刚[③]的研究是对普希金学认识上的补白，聚焦鲜为人知的 19 世纪中期文学评论家卡特科夫的《普希金》一文。作者认为，该文的意义在于：（1）对普希金本身的研究，卡特科夫对诗人民族意义的论定及其世界级诗人的定位值得关注；（2）该文涉及到的文学创作原则值得关注。彭甄[④]从主人公形象评定和小说创作理念评价两个层面入手，既分析了别林斯基文学评论《当代英雄》中体现的评论者的社会观念和文学理念，也对莱蒙托夫小说本身的创作理念和文学价值有了新的认识。赵艳秋[⑤]研究莱蒙托夫翻译实践的文章颇具新意，作者认为，译作的译中有作、译作合一、以作代译这三种翻译形态实现了译者对域外文学或文化的接受，同时滋养和丰富了同时代的俄国文学创作思潮。侯丹[⑥]认为果戈理塑造的女性形象同样带有他一贯的矛盾性，他将地狱与天堂两种相互对立的寓意附着于女性身上，由此塑造出了带有天使与魔鬼两种极端色彩的女性形象。曾思艺[⑦]对 19 世纪纯艺术派诗人波隆斯基诗歌的研究在一定程度上填补了我国该领域研究的空白。研究者特别指出，诗人的创作具有突出的现代性，由此使诗人成为俄国现代主义诗歌的先驱之一。王立业[8]的文章回顾了屠格涅夫研究在新中国六十年里的起起落落，在肯定成绩的同时指出，若干僵化定论有待打破，俄罗斯学界的研究成果有待引进，中小体裁作品有必要深入研究，美学特征有待进一步发掘，其诗歌与戏剧研究亟待发展，此外，比较研究留有很大空间。李暖[9]关注了相对而言关注较少的屠格涅夫的神秘故事，认为这类故事在一定程度上呈现了作家精神危机时期的心灵景观。刁科梅[10]以东正教长老制切入展开的陀思妥耶夫斯思想研究对于深刻认识作家的思想轨迹具有重要意义：长老制是作家早期接受空想社会主义思想的原动力，是其晚期根基派思想实践的推动力。张虎[11]以女性主义为交汇点剖析了诺贝尔奖获得者门罗的创作与契诃夫创作的继承关系及其异同：二者的女性世界是交融为一体的，具体内容包括对传统主妇的嘲弄，对女性渴望知识的肯定，对男子沙文主义、话语或肢体暴力的指责，质疑宗教，描绘人心灵的异化，但显著差异却在于二者着墨的重点有天壤之别，前者是独立刚强、有知识、富于冒险与反抗精神的简·爱式人物，后者的女性人物以软弱、无知、依附于男性、卖弄风骚的“第二性”为主，而这一点是历史现实的客观写照，植根于契诃夫时期俄罗斯妇女和门罗时期加拿大妇女迥异的处境。这两类形象对立最深层的原因在于二者在“客观化”这一总原则下各自构建的不同诗学形态及其行使的不同功能，具体来说，契诃夫的主题思想是讥讽庸俗，而门罗着重沉思的是人生。

2. 白银时代文学研究

姜磊[12]以梅列日科夫斯基第三约言基督教思想为基础剖析了被公认为叛教者的罗马皇帝尤里安在作家小说中却表现为圣徒的原因。武晓霞[13]围绕“寻神运动”和“造神运动”剖析了梅列日科夫斯基眼中的高尔基和高尔基眼中的梅氏，梅氏的高尔基批评呈现出了后者世界观探索的复杂问题及其宗教精神，对于深入认知高尔基具有重要意义。魏超群、赵晓彬[14]从异化角度对施虐狂和受虐狂、崇生和趋死、上帝和人、男人和女人等对立形象的分析对于进一步认识高尔基创作的深广内涵起到了重要作用。李莎[15]通过分析茨维塔耶娃组诗《致勃洛克》中的语义、隐喻、潜文本等，得出女诗人将勃洛克形象神圣化的结论。管海莹[16]的研究表明，节奏诗学是别雷创作个性中的第一要素，它起源于作家的音乐认知，形成于作家的诗歌创作，在其小说创作中逐步发展并日臻成熟，并进而沿用至作家的理论作品中。刘文飞[17]从巴别尔的生平经历、作品构成、小说风格、文学史意义等诸个角度展开全面分析，认为作家的生活与创作构成了关于一个时代具有狂欢化色彩的文学记录。该研究者另一篇研究该作家的文章[18]认为作家创作的世界意义取决于其中呈现的复杂的文化混成、鲜明的艺术个性和诡异的身份悖论。李瑞莲、王加兴[19]从互文性角度研究了高尔基的《底层》以及以其为蓝本的当代剧本《小底层》，认为新剧对高尔基传统又有继承又有更新。杨玉波[20]的研究呈现了一个有趣的范例：一方面，以陌生化理论为指导研读理论提出者什克洛夫斯基的小说，另一方面，发现该理论在具体艺术实践中达成的效果。王晓宇的文章[21]独辟蹊径，把文学文本与同名的圣像以及其中蕴含的圣像文本结合起来展开互文性研究，深入挖掘出了普拉东诺夫小说独特的内涵。李延龄[22]的文章强调了中国俄罗斯侨民文学的重要性，认为其主要价值就体现在它折射了俄罗斯的一个时代。

3. 苏联文学及苏联解体后文学研究

张艺[23]从体裁、结构、叙事、文学魅力四个角度剖析了茨普金《巴登夏日》独特的艺术风貌。袁顺芝[24]以文学伦理学为指导重新认识了《静静的顿河》中呈现的伦理道德问题：身份的伦理悖论、情感的伦理困境、性格的伦理矛盾和人性的伦理选择。陈光兵[25]认为，从符号学角度分析，重复原则对于《大师与玛格丽特》的文本建构及其生成意义发挥了一定程度的作用，在小说中重复主要表现为身份重复、空间重复和疯狂反行为的重复。汪磊[26]的文本细读揭示了勃洛克本人以及他笔下的主题和形象与《日瓦戈医生》构成的互文关系，该研究成果对于从一个全新视角揭示两位作家的创作内涵具有启示意义。汪介之[27]细致考察了《日瓦戈医生》被弃用的标题，比如“男孩和女孩”“不再有死亡”“伦瓦河”“蜡烛已点燃”等，认为这些标题均从特定侧面表征出作家艺术构思中的某一侧重，它们彼此关联，共同显示出作品的丰富意蕴，因此考察并解析这些标题有助于全面准确地把握小说的深广内涵。王树福[28]追溯总结了苏联剧作家万比洛夫数部剧作在中国舞台的阐释转换，得出以下结论：转换与当代中国的社会文化态势、中俄文化交流关系、文学总体态势以及时代主流话语等因素密切相关，总体经历了一个从遮蔽到发现再到认同的发展历程，与此同时该转换与当代俄罗斯戏剧在中国的译介、接受和传播遥相呼应。当代俄罗斯作家瓦尔拉莫夫[29]的观点在当今时代尤其值得关注：评价苏维埃经典时，当代的俄罗斯土壤派和自由派往往都具有政治意图，而真正合理的解读方式应该是返回文本，返回特定的历史语境。张建华的专著《新时期俄罗斯小说研究（1985—2015）》（高等教育出版社2016年3月）分为五个部分（现实主义小说、后现代主义小说、女性小说、通俗小说、合成小说）全面研究了最近三十年俄罗斯小说的特点和演变，内容丰富，资料翔实，作者的观点鲜明，充分体现了“中国声音”。苏捷伊金娜[30]对“年轻作家”的定义是“四十岁一代”和“三十岁一代”，但二者对苏联的感受和认识存在很大不同，前者是“潜行者”，试图从苏联国家的历史中带出自己的以及一些重要的东西，思考并理解其中的意义，而后者却好比年轻的历史学家，不会带着忧伤之情面对苏联历史问题，他们搁置历史，抛却个人动机，更乐于从事关于全人类命运的新主题创作，此外，他们的创作中出现了“当代人在苏联”的主题或“穿越者”形象。张凌燕、凌建侯[31]在彼特鲁舍夫斯卡娅的创作中看到了巴洛克文学风格的当代体现：悲观怀疑的时代心态、对精神的内向性追求、真幻相间的叙事风格、悖谬手法的强大张力。潘月琴[32]的研究表明，荒诞在彼特鲁舍夫斯卡娅的戏剧中具有内容及形式双重体现，是其戏剧诗学的重要特征之一。张栋[33]以诺贝尔奖得主阿列克谢耶维奇的创作为例进行的研究表明，俄罗斯文献文学发生了变革，作者既非媒介，亦非他人言语的记录者，而是对自己作品进行加工创作的真正作家。张变革[34]的文章也在探讨该作家创作中呈现出的作者声音，即“知识分子话语”：俄国知识分子的双重角色一方面表现在其饱含人道主义激情的救世情怀中，另一方面，其对乌托邦的迷恋导致了极权主义的产生。李正荣[35]同样以该作家为研究对象的文章属于考据学范畴，文章以小见大，从作家出生地考、诺奖颁奖词考和作家五部作品的文本问题考据三个方面展开论述，认为作家的出生地同时具有“地缘政治”的隐喻性，颁奖词中的关键词都有俄罗斯的文化-语言背景，而其五部作品的所谓“多声部写作”其实是“选择性的多声部剪裁”。齐昕[36]的研究价值主要体现在通过对一部小说的分析让中国读者得以接近相对陌生的当代俄罗斯教会及神职人员的世界。张建华[37]指出，深入理解索尔仁尼琴创作的历史价值应关注其创作肇始其中的后斯大林时代的新“文学场”，在这个“文学场”里对文学的“身份”有新的理解，对艺术审美本质有新的认知，其语境是“新启蒙意识”发生的新语境。赵海霞、许传华[38]在索尔仁尼琴文学奖的授奖章程、评奖机制和授奖对象中发现的是作家本人的民族认知和民族身份认同，认为该奖项是认识作家道德意识的一面镜子。捷克学者[39]研究的是20—21世纪之交俄罗斯文学的经典化过程，这种经典性潜质具体体现为四种诗学或美学现象或意向：纪实主义、平行世界幻想作品、对异者的掌控和地缘诗学策略以及政治行为主义，而出现此种现象的宗旨在于创新，在于确定文学作品的性质。张英、刘玉宝[40]的研究发现，由男女两位作家合作完成的社会性别书写实验表现了俄罗斯传统社会性别观念与当代社会性别观念之间的对立与冲突，在一定程度上颠覆了俄罗斯经典文学中的传统女性形象，拓展了俄罗斯文学女性形象的寓意和内涵，同时为社会性别语言学和性别心理学的研究提供了文学语料。薛冉冉[41]研究苏联解体后俄罗斯作家创作中存在的“生存焦虑”时指出，这种焦虑产生的深层原因是社会公共空间中对话者的缺席、家庭私密空间中家人身份的缺失等。侯玮红[42]以民族自我认知为切入点分析了同一时期俄罗斯文学的精神探索以及不少作家对重建主流意识形态的渴求。该作者另一篇文章[43]的研究成果让我们看到了文学在俄罗斯举足轻重的地位，它在苏联解体中扮演过极其重要的作用。张建华[44]的研究虽属同类研究，但更具学理性，认为21世纪俄罗斯“文学场”的一个核心要素是“世纪末焦虑”，是世界文学视域下的文学和作家的身份认同危机，而这种危机引发了小说叙事伦理的重构，首先体现为政治伦理的式微，小说言说对市场伦理、读者伦理的依附，其次是小说后现代叙事伦理的恣肆，最后是性别伦理的兴起，其四是审美伦理的高扬。潘月琴[45]认为，索罗金在戏剧作品中描画层次内涵丰富的世界图景时秉持了既荒诞不经又耐人寻味的游戏精神和策略，该特点与西方后现代派艺术的影响和俄罗斯经典文学传统皆有密切关系。

借由利哈乔夫院士诞辰110周年之际，《俄罗斯文艺》2016年第3期发表了一组学术文章[46]，总结该伟大学者的学术贡献。弗谢·巴格诺指出，唯有利哈乔夫是一位能够在其发展的全部时期在广泛的世界语境中研究俄罗斯文学、部分地还有俄罗斯民间创作、更为广泛地还有俄罗斯文化包括绘画和建筑的人，不仅如此，他还成功地创建了自己的比较文艺学学派，而这一学派必定有其未来。孙玉华认为研究利哈乔夫的意义主要体现在两个方面：推广和学习其人文知识的整合性研究方法；借鉴该方法挖掘中国文学遗产中的宝贵财富，开展中俄文艺学研究的对话与交流，通过文学对比研究揭示两个民族对全人类文化发展的贡献，促进两国人文领域的合作。刘宏总结的利哈乔夫的最大学术贡献在于：提出语文学学科连接其他学科的功能；通过古代俄罗斯文学语料证明俄语的独特性和多样性特征；进一步丰富文化观念及文化观念域的概念和内涵，研究俄罗斯文化观念域与俄罗斯文学及俄语三者之间相互影响的共变关系。吴晓都[47]的研究表明，利哈乔夫的学术思想既坚守俄罗斯人文学科的优秀传统，又不失与时俱进的创新精神，把历史主义的学科传统和现代人文前沿观念有机融合起来，以文史兼容的方法推进文艺思想研究的发展。

4. 文论研究

吴晓都[48]从文艺人民性的基本内涵及其思想来源、马克思和恩格斯的人民文艺观、俄国进步文艺对列宁文艺人民性思想的贡献、列宁提出文艺人民性思想的历史语境以及人民的审美情趣五个方面总结了列宁文论思想的核心及文艺人民性思想的产生资源。李懿[49]在梳理艾亨鲍姆、维诺格拉多夫、巴赫金对故事体概念界定的基础上分析了故事体小说的基本叙述要素和叙述模式，对于深入认识这种“俄罗斯文学范畴内特有的文学样式”具有一定的价值。赵爱国[50]对百年来俄罗斯符号学研究范式嬗变的总结是：嬗变是随着社会发展、思想进步、时代前行和国际大背景的变化而螺旋式发展起来的；同一发展阶段内的范式交织在学理上有较强的互补性；不同发展阶段的范式交替在学理上有内在的传承性；跨发展阶段的范式之间在学理上同样有内在的关联性；某一发展阶段的非主流范式在另一发展阶段可能发展成为一种甚至几种主流范式。对于俄罗斯百年符号学研究的“历史意义”，作者认为，其主要是在本民族思想文化和语言学传统的土壤上发展起来的；它经历的研究范式比西方的种类更丰富；在每一阶段都有领先于世界的研究范式；它是第一个以研究“说话的人”“交际的人”为主要对象的符号学范式。陈勇[51]则逐个分析了俄罗斯符号学成型期各理论家的文化研究侧重，认为这些研究为俄罗斯文化符号学和文学符号学的形成和发展奠定了坚实基础。张良林、洪庆福、马伟林[52]以符号学为观照对象的俄国形式主义研究的结论是：二者之间存在本质联系，具体而言，形式主义归纳法分析所获得的科学研究的抽象性、共时性和确定性体现了符号学的科学化精神。杨旭[53]研究的对象是迄今为止极少被关注的白银时代宗教哲学家布尔加科夫的文艺批评观，认为神学家和哲学家的双重身份使其文艺批评宗教色彩浓重，评价视角聚焦于文学作品与宗教体验之间的联系，与此同时，他善于发掘潜藏于各个作品和不同人物背后的内在联系，即存在于作者心中的无意识“宗教集体”的影子，由此与荣格的集体无意识思想有些类似。朱涛[54]在与巴赫金的比较中分析了同样被关注不多的文论家穆卡若夫斯基的文艺理论，认为二者在诸多问题上存在高度一致，但同时在理念上存在本质差异，总体而言，穆氏未能摆脱结构主义框架的束缚，在不少问题的论述上呈现出一定的自相矛盾之处。江飞[55]详细梳理了雅各布森文化符号学的隐喻和转喻两种基本模式的产生脉络和具体内容，认为该理论家成功地把作为传统修辞格的隐喻和转喻提升为人类一切文化符号运作机制的基本模式，对英法现代文学和社会文化的研究产生了影响。刘宇红、赵富春[56]对洛特曼本人阐释不多而研究者也较少关注的元修辞学进行系统分析之后认为，研究该现象不仅可以拓展洛特曼修辞学的理论内涵，探讨从修辞到元修辞的逻辑必然和内在规律，而且可以把作为语言现象的元修辞现象与修辞理解过程中的元修辞策略进行理论上的整合，既可以证明元修辞使用现象的心理现实性，也可以为元修辞策略的合理性找到语言实例上的支持。李薇[57]立足洛特曼游戏说的研究表明，其差异美学通过揭示系统与主体的矛盾冲突恢复历史的偶然性和个体的差异性，洛特曼主张特殊性不能被普遍性取代，以此凸显主体的生成意义，彰显对话辩证法的理论效应。李纯、王永祥[58]比较研究了法国文论家巴尔特与洛特曼的文本观，发现二者的相同之处是都反对将文本置于一个封闭空间，反对追求意义的同一性和终结性，而差异在于前者强调作者的死亡与读者的诞生，从而解放了阅读，而后者则从作者编码与读者解码之间的关系入手构建其文本观。郑季文[59]比较符号学家乌斯宾斯基和日本文论家柄谷行人的结论是：二者的思想都体现出了结构主义，前者在分析西欧中世纪造型艺术的视点结构中发现了其中隐藏的“颠倒”现象，后者在分析日本现代文学起源时同样发现了隐藏其中的“颠倒”成分，无论是前者的外部视点还是后者的内部视点，都会陷入“颠倒”之中，本质上都是二元对立的观点。

注：

①《俄罗斯视觉诗的美学特征》，《俄罗斯文艺》，2016年第1期。

②《俄罗斯文学中的克里米亚文本初探》，《俄罗斯文艺》，2016年第2期。

③《普希金研究中一种被忽略的声音——略论卡特科夫的〈普希金〉》，《俄罗斯文艺》，2016年第4期。

④《别林斯基批评话语中的〈当代英雄〉》，《俄罗斯文艺》，2016年第1期。

⑤《借镜观看——论俄国诗人莱蒙托夫翻译实践的三种形态》，《中国俄语教学》，2016年第1期。

⑥《天堂与地狱的使者——谈果戈理的双重女性观》，《外国文学》，2016年第3期。

⑦《轮波隆斯基抒情诗的艺术特色》，《俄罗斯文艺》，2016年第1期。

⑧《屠格涅夫小说在中国的百年研读》，《解放军外国语学院学报》，2016年第6期。

⑨《屠格涅夫"神秘故事"中的心灵景观》，《名作欣赏》，2016年第6期。

⑩《俄罗斯东正教长老制对陀思妥耶夫斯基思想的影响研究》，《俄罗斯文艺》，2016年第3期。

⑪《门罗与契诃夫——以女性书写为中心》，《俄罗斯文艺》，2016年第2期。

⑫《尤里安：背负"叛教者"恶名的"圣徒"——兼论梅列日科夫斯基的"第三约"思想》，《俄罗斯文艺》，2016年第1期。

⑬《论梅列日科夫斯基批评视野中的高尔基》，《俄罗斯文艺》，2016年第4期。

⑭《高尔基自传体三部曲中的异化主题》，《俄罗斯文艺》，2016年第4期。

⑮《愿以你的名为圣：茨维塔耶娃〈致勃洛克〉组诗中的赞名诗学》，《俄罗斯文艺》，2016年第4期。

⑯《轮别雷创作中的节奏诗学》，《俄罗斯文艺》，2016年第2期。

⑰《巴别尔的生活与创作》，《中国俄语教学》，2016年第1期。

⑱《瑰丽奇崛　韵味悠长——巴别尔创作之世界意义》，《人民日报·国际副刊》，2016年11月27日。

⑲《"边缘人"：被放逐的局外人》，《俄罗斯文艺》，2016年第4期。

⑳《丝绸之路的文学想象：什克洛夫斯基的历史传记小说〈马可·波罗〉》，《俄罗斯文艺》，2016年第1期。

㉑《文学文本与圣像文本的互文性研究——以普拉东诺夫战争短篇〈怜悯逝者〉为例》，《中国俄语教学》，2016年第2期。

㉒《中国俄罗斯侨民文学与苏维埃文学的比较研究》，《俄罗斯文艺》，2016年第1期。

㉓《〈巴登夏日〉：作家主体与传主生命汇织叙事流图景探析》，《俄罗斯文艺》，2016年第1期。

㉔《〈静静的顿河〉的文学伦理学分析》，《俄罗斯文艺》，2016年第2期。

㉕《符号学视域下"重复"的意义研究——以〈大师与玛格丽特〉为例》，《俄罗斯文艺》，2016年第3期

㉖《〈日瓦戈医生〉与勃洛克文本的对话》，《外国文学》，2016年第3期。

㉗《从〈日瓦戈医生〉的弃用标题看作品的丰富意蕴》，《外国文学》，2016年第3期。

㉘《万比洛夫在中国的舞台阐释》，《俄罗斯文艺》，2016年第3期。

㉙《超越街垒？——土壤派和自由派视域下的苏维埃经典》，《俄罗斯文艺》，2016年第4期。

㉚《潜行者与年轻的历史学家——论苏联文学对当代俄罗斯年轻作家的影响》，《俄罗斯文艺》，2016年第4期。

㉛《巴洛克风格的当代活力——以彼特鲁舍夫斯卡娅的短篇小说集〈东斯拉夫人之歌〉为例》，《俄罗斯文艺》，2016年第1期。

㉜《"荒诞"在彼特鲁舍夫斯卡娅戏剧中的双重体现》，《俄罗斯文艺》，2016年第2期。

㉝《作者的声音：俄罗斯文献文学中的"变革"——以阿列克谢耶维奇〈切尔诺贝利的祈祷：未来纪事〉为例》，《俄罗斯文艺》，2016年第2期。

㉞《以情感唤醒理性：阿列克谢耶维奇创作中的知识分子话语》，《俄罗斯文艺》，2016年第2期。

㉟《斯维特兰娜·阿丽克西耶维奇诸事考》，《俄罗斯文艺》，2016年第2期。

㊱《〈弥尼、提客勒、乌法珥新〉中的当代俄罗斯宗教世界》，《俄罗斯文艺》，2016年第3期。

㊲《"文学场"与索尔仁尼琴文学创作的历史价值》，《外国文学》，2016年第3期。

㊳《"索尔仁尼琴文学奖"与索尔仁尼琴的民族身份认同》，《俄罗斯文艺》，2016年第3期。

㊴托马斯·格兰茨：《20世纪末21世纪初俄罗斯文学的经典化进程》，《俄罗斯文艺》，2016年第4期。

㊵《当代俄罗斯大众文学作家的性别书写——以〈他 & 她/她 & 他〉为例》，《俄罗斯文艺》，2016年第1期。

㊶《后苏联小说中的生存焦虑》，《外国文学》，2016年第5期。

㊷《民族自我认知与当代俄罗斯文学》，《光明日报》，2016年12月3日。

㊸《文学在苏联解体中的作用再反思》，《社会科学家》，2016年第12期。

㊹《身份认同危机与21世纪俄罗斯小说叙事伦理、文体的重构》，《外国文学研究》，2016年第3期。

㊺《索罗金戏剧中的“世界图景”与游戏策略》，《外国文学动态研究》，2016年第1期。

㊻弗谢·巴格诺：《利哈乔夫的遗产及俄罗斯文学的国际关系研究》；孙玉华：《利哈乔夫：丰硕成果与学术价值》；刘宏：《利哈乔夫：俄语与文化观念研究》；

㊼《兼容史论与文论的人文审视——德·利哈乔夫文艺思想论要》，《外国文学研究》，2016年第2期。

㊽《人民性：列宁文论思想的核心与俄国文艺思想资源》，《学习与探索》，2016年第9期。

㊾《俄国文学叙述样式：故事体研究》，《中国俄语教学》，2016年第4期。

㊿《俄罗斯符号学研究范式的百年嬗变》，《俄罗斯文艺》，2016年第4期。

51《俄罗斯符号学成型期文化学方向的研究》，《中国俄语教学》，2016年第3期。

52《符号学视野观照下的俄国形式主义》，《俄罗斯文艺》，2016年第1期。

53《谢·布尔加科夫的文艺批评观》，《俄罗斯文艺》，2016年第3期。

54《扬·穆卡若夫斯基与米·巴赫金：结构·对话·人》，《俄罗斯文艺》，2016年第1期。

55《隐喻与转喻：雅各布森文化符号学的两种基本模式》，《俄罗斯文艺》，2016年第2期。

56《元修辞学：洛特曼修辞学的逻辑延伸》，《俄罗斯文艺》，2016年第2期。

57《洛特曼游戏说：从逻辑回到历史》，《俄罗斯文艺》，2016年第4期。

58《巴尔特与洛特曼文本观的对比研究》，《俄罗斯文艺》，2016年第2期。

59《乌斯宾斯基与柄谷行人对“颠倒”的发现》，《俄罗斯文艺》，2016年第3期。

（作者：赵桂莲，北京大学教授；
刘旭，北京大学博士生）

管　理　学

工商管理学

高　杰　邓荣霖

一、企业管理

2016年，北京学者围绕创新管理、公司治理、组织管理方面研究取得了新进展，现综述如下：

（一）创新管理

关于创新管理。有的学者应用扎根理论的研究方法，发现网络能力形成的主要因素包括知识资源、网络位置、网络权力和组织间信任。同时对网络能力形成机理进行实证检验，结果显示知识资源不仅直接对网络能力形成产生影响，而且可以通过网络中心性和网络权力间接影响网络能力的形成；网络中心性直接影响网络能力的形成，网络权力与网络能力之间的倒U形关系通过验证，只有适度的网络权力才能促进企业网络能力的提升；除了在结构洞之外，组织间信任在知识资源、网络位置和网络权力影响网络能力过程中充当了重要调节作用；在网络中心性与网络能力之间，网络权力还具有部分中介效应。[①]有的学者提出，融合创新基于对众多社会、经济、环境问题的整体性、交互性和复杂性的认识，强调创新目标、创新主体和创新受益者、跨学科方法的融合，综合技术创新、组织创新、社会过程创新、金融创新、制度创新等领域，采用差异化策略将个体行为转变为集体行动，遵循社会化学习、社会资本形成和集体行动路线图，避免在解决纷繁复杂的社会、经济和环境问题时顾此失彼的现象，是对创新模式的反思和再创新。[②]有的学者通过研究发现，地方国有企业的金字塔层级与企业创新显著正相关，表明政府放权有助于提高企业的创新能力，减轻政策负担、增加创新资源，缓解薪酬管制、提升创新意愿，是其促进企业创新的重要途径；且政府在地区层面的放权程度及股权分置改革，与地方国有企业金字塔层级在促进企业创新方面存在互补的作用。[③]

（二）公司治理

关于公司治理。有的学者发现，CEO（首席执行官）与董事间的“老乡”关系会显著提高公司违规倾向，同时降低违规后被稽查出的概率，这种影响在控制了可能的内生性后依然显著。还发现人们之间信任程度和风险偏好会显著增强“老乡”关系对公司违规的影响，而较高的股权集中度则会显著地减弱“老乡”关系的影响。[④]有的学者提出，无论是企业内部的交易还是外部交易，都有必要将业务交易关系与治理交易关系进行分开处理；业务交易关系主要关注的是交易内容和相应交易产生的价值的分配，治理交易关系主要关注的是利益主体和相应利益主体的剩余价值的分配。业务交易关系和治理交易关系的清楚区分，不仅能够帮助企业合理划分其商业边界，还有助于推动企业的商业模式创新。[⑤]有的学者认为，高效的高管团队应该具备 3 个特点：异质性和由此带来的互补；适当的权力差距；融洽的工作关系。并基于中国上市公司的数据，分析了董事长和总经理之间的异质性、权力差距和融洽关系与组织绩效之间的关系。结果表明，二者之间的异质性、权力差距和融洽关系都与组织绩效呈现正相关。不仅提供了一个关于高管团队结构和过程的综合模型，扩展和丰富了高阶梯队理论，对管理实践也有重要启示。[⑥]

有的学者提出，利益相关者可以通过游说策略、隐形代理人策略、动员集体行动策略、路径策略 4 种非正式方式参与公司治理；同时，利益相关者会根据焦点企业特征和自身群体特征对参与策略进行权变决策。通过横向国际比较，得到了一系列概括性发现：第一，在我国的公司治理实践中，虽然没有正式的制度安排，但利益相关者仍然可以参与到公司治理中。这种参与呈现出非正式的特征。

第二，参与公司治理的利益相关者会根据自身特征和焦点企业特征对参与策略进行权变选择。这 4 种策略可以单独或结合使用，或隐性或显性地影响公司治理的活动和结构。第三，公司治理制度的演进并不能保证不存在制度的缺陷，企业实践的发展会催生出新的治理问题，完美的治理模式并不存在。我国的治理情境和西方不同，制度安排应该有中国特色。[⑦]

（三）组织管理

关于组织管理。21 世纪初，组织行为学的国际研究表现出关注个体与群体行为，忽视组织因素影响，即“小组织”、“大行为”的研究特点。为了反映我国组织行为学领域的研究现状与关注重点，有的学者通过内容分析中的关键词分析法，以《南开管理评论》等 5 种发表组织行为学研究领域成果的权威期刊为基础，再以 2007—2012 年间刊载的 409 篇组织行为学实证研究文献为对象，进行关键词分析，发现我国组织行为学研究表现为“大行为”、“大组织”特征。[⑧]有的学者提出，真诚型领导行为对团队创造力有显著的积极影响；反馈寻求氛围对真诚型领导行为与团队创造力之间的积极关系起中介作用；团队中的地位冲突会削弱真诚型领导行为与反馈寻求氛围之间的正向关系，即当团队中的地位冲突水平较低时真诚型领导行为对反馈寻求氛围的积极影响更大，当团队中的地位冲突水平较高时这种积极影响会被削弱。[⑨]有的学者通过研究发现，辱虐管理对心理痛苦有显著的正向作用，对工作绩效有显著的负向作用；心理痛苦中介了辱虐管理和工作绩效之间的关系；心理资本调节了辱虐管理对心理痛苦的作用，心理资本越高，辱虐管理对心理痛苦的正向影响越弱。另外，心理资本也调节了辱虐管理通过心理痛苦对工作绩效的间接影响，心理资本越高，心理痛苦的中介作用越弱。[⑩]

二、会计与财务管理

2016 年，北京地区的专家学者主要围绕行为财务与盈余管理、内部控制与审计、资本市场、会计理论等问题进行了深入的研究和探讨。

关于行为财务与盈余管理。有的学者提出，市场化程度的提高能够降低非理性行为对营运资金管理的不良影响程度。市场化程度不仅能够反向调节代表性原则偏误对短期借款水平的影响，还能够降低投资羊群效应对应收账款管理质量的消极作用。[11]有学者通过研究发现，当董秘拥有财务经历时，企业的盈余信息含量更高；当财务背景的董秘专业素质较高以及学历更高时，其发挥的作用更大；财务背景的董秘吸引了较多的分析师跟踪，增加了分析师预测的准确性，降低了分析师预测分歧度，以及提升了信息披露质量。[12]有的学者基于中国 A 股上市公司 2003—2013 年的样本，研究发现公司战略对盈余管理有显著影响，相对于战略保守的公司，战略激进的公司盈余管理程度更高；在经济上升期，战略对盈余管理的影响较强；在经济下降期，战略对盈余管理的影响则较弱。[13]有的学者提出，管理层控制权与真实盈余管理之间存在显著的正相关关系；企业生命周期对管理层控制权与真实盈余管理的关系发挥显著的调节作用。[14]

关于内部控制与审计。有的学者通过研究发现，跟踪的分析师越多，公司越倾向于进行审计意见购买；当跟踪的分析师中存在明星分析师时，公司的审计意见购买倾向会更加明显。[15]有的学者认为，我国上市公司披露的内部控制缺陷具有一定信息含量，内部控制缺陷与内部控制目标的实现存在负相关关系，且该相关关系会受到公司规模和上市年限的影响。[16]与未受处罚的事务所相比，事务所遭受证监会行政处罚后，其接受新客户的能力下降，且更有可能接受财务报表质量较差的客户。虽然会计师事务所试图通过更名修复受损的声誉，但这种带有投机色彩的方法无法有效地改善其接受新客户的能力。[17]有的学者提出，审计师流动导致的审计风格转变是影响财务报告可比性的重要因素，而且其影响程度在老客户与新客户上存在显著的差异。[18]

关于资本市场。有的学者提出，我国商业银行的内部资本市场总体上是有效的；银根紧缩时期银行内部资本市场效率会有所下降；与国有股份制商业银行相比，其他股份制商业银行在从事内部资本跨地区配置活动时更加重视分部的盈利能力，其资源配置效率更高。[19]有的学者研究了证券投资基金与股票、债券、居民存款等金融市场和服务之间的因果联系以及证券投资基金发展对货币政策在资本市场的传导机制的影响效果，发现股票与证券投资基金存在紧密的因果互动关系，但它们与其他变量之间还没形成有效联动，表明当前中国金融体系发展还不完善，市场还处于分割状态。[20]有的学者提出，拟上市公司媒体公关费用越高，被曝光的负面新闻越少，公司媒体公关严重影响了媒体客观独立的职业操守，并且干扰了资本市场的上市秩序，影响资本市场资源的有效配置。[21]

关于会计理论。“十三五”期间会计改革和发展的重点任务主要包括：（1）切实加强会计法制建设；（2）不断完善会计标准建设；（3）深入实施会计人才战略；（4）大力发展会计服务市场，充分发挥注册会计师行业的作用；（5）开展会计理论建设，繁荣会计理论研究；（6）进一步健全完善会计管理体制和机制。[22]2016 年 8 月在桂林市举办了“中国会计学会金融会计专业委员会 2016 年学术年会”，年会的主题是“国际趋同背景下的金融会计与金融监管规则”，研讨内容涵盖国际趋同背景下银行业、保险业、证券业、信托业、基金行业、期货行业等领域的金融创新及其对现代金融会计规则的挑战和冲击，以及工商企业的风险管理策略及其相关会计问题。[23]有的学者提出，未来会计信息将朝着使资本配置更具效率和效果的方向发展，并在预测、决策、调节方面均表现出重要性，进而成为推动经济稳定性和可持续性的力量。[24]

三、技术经济与管理

技术经济理论与方法创新、产业经济和企业经济、区域经济与循环经济、低碳经济和绿色发展是 2016 年北京地区专家学者在技术经济与管理领域较为关注的热点问题。

关于技术经济理论与方法创新。有的学者以动态可计算一般均衡模型为基础，2010 年投入产出表延长表为基准数据，对“十三五”期间我国经济——能源——环境系统相关变量进行了预测，结果显示：“十三五”期间我国经济将实现新常态下的稳定适宜增长，GDP 增速保持在 6.5% 左右，产业结构进一步优化，第三产业比重明显上升，第二产业明显下降。[25]有的学者从四个方面梳理、研究了马克思的经济发展理论：（1）马克思的发展观；（2）马克思认为推动经济发展的是生产端、是实体经济；（3）马克思以第二种含义的社会必要劳动时间、社会总资本再生产中两大部类结构的匹配为枢纽，研究了产能过剩、结构调整问题；（4）马克思论述了货币的本质，以及从金属货币到纸币、到虚拟资本的演化过程。[26]银监会在 2010 年颁布的《流动资金贷款管理暂行办法》中提出商业银行流动资金贷款需求测算公式，有的学者研究了银监会测算公式存在的问题，提出了从静态时点和动态新增两个角度进行流动资金需求量测算的新方法。[27]

关于产业经济和企业经济。产业间的耦合是不同产业发展到特定阶段的必然结果，产业链越长，耦合的概率和深度也就越大。在耦合的不同阶段，不同产业

主体的地位和作用不尽相同，但毫无疑问的是，信息技术产业和汽车产业的耦合是必然的趋势。[28]有的学者提出，基础建设类支出和税收政策对产业结构高级化和合理化均存在负向空间效应，不利于我国产业结构的升级；科技支出和金融业发展对产业结构高级化和合理化均存在正向空间效应，有助于我国产业结构的升级。特别的，国有化程度对产业结构高级化和合理化具有显著的正向空间溢出效应；基础建设类支出对产业结构高级化和合理化具有负向的空间溢出效应。[29]有的学者通过计算、分析供应商的企业生态位宽度和企业生态位重叠度对商业生态系统的稳定性进行了实证研究，发现商业生态系统中供应商之间企业生态位的分离、部分重叠、完全重叠的状况并存。整车生产企业作为商业生态系统的构建者与领导者，可通过有效的策略调整供应商之间企业生态位的宽度和重叠度来促进供应商之间的竞争与合作，保持商业生态系统的稳定与发展。[30]

关于区域经济与循环经济。有的学者运用物质流分析方法，分析了京津冀地区2005—2012年间的物质代谢规模、强度、效率，发现：（1）京津冀物质代谢规模呈上升趋势，河北省物质代谢规模明显大于北京和天津；（2）河北和天津物质代谢强度呈上升趋势，北京市物质代谢强度呈下降趋势，且整体上低于河北和天津；（3）京津冀物质生产力2012年相比2005年分别提高了114.63%、74.38%和14.28%，环境效率分别提高了175.48%、86.65%、7.21%。[31]有的学者研究发现，2004—2014年中部地区的创新力量呈现出上升的趋势，同时中部地区城市之间在创新力量上的差异性也在逐渐缩小。并通过对创新力量综合分数进行空间集群分析发现，虽然最近10年中部地区的各种区域创新力量逐渐发展，但是对创新力量的空间溢出效应并不明显。[32]有的学者经过测算发现，1991—2013年中国人均生态足迹提高了144%，且处于生态赤字持续增加的状态。导致生态足迹和生态赤字持续增加的直接原因是CO_2排放量的快速增长。[33]有的学者提出，在再生资源驱动下，原生资源消费量与资源需求总量呈脱钩趋势，且再生资源的乘数效应呈近似指数型增长，这将大幅提升资源可持续利用能力，减少蓄积原生资源消费量。[34]

关于低碳经济和绿色发展。有的学者提出，中国特色“低碳经济”的直接目的就是在保证一定量经济增速的前提下，减少碳排放量，以通过优化产业结构、提高能源使用效率的方式来达到低碳发展的目的。并根据计量模型的预测，构建出我国基于经济总量、能耗量以及碳排量的总量控制优化模型，提出2018年最优的产出（产业结构调整）方案。[35]有的学者测量了2007—2013年我国36个工业行业的节能减排效率，研究发现：我国战略性新兴产业、高新技术产业节能减排效率普遍较高，资源、资本、劳动密集型行业节能减排效率普遍较低；企业自主创新对高效率行业作用更明显，国外技术引进对低效率行业影响更突出，国内创新溢出对各行业效率的影响力度基本一致；环境规制、行业企业规模等也是影响节能减排效率的因素之一。[36]有的学者对京津冀雾霾综合治理对策进行了研究，提出要：（1）健全大气污染合作治理法律法规，推动区域联防联控；（2）调整产业结构，优化产业布局，深度推进工业节能减排；（3）调整能源结构，构建清洁能源体系；（4）强化机动车尾气减排和建筑扬尘减排；（5）实施环境质量目标下的污染物总量减排和多污染物协同控制；（6）加强环保科技创新引领，完善雾霾综合治理技术经济政策；（7）建立跨区域环境监督机制，推动公众参与机制。[37]

四、旅游管理

旅游智库、旅游统计与大数据、全域旅游、跨境旅游与生态旅游是2016年北京地区专家学者在旅游管理领域较为关注的热点问题。

关于旅游智库。有的学者提出，大国旅游智库是以服务于国家发展和人民群众福祉为宗旨，以旅游公共政策为研究对象，以独立思想和专业能力影响政府决策为手段，以推动世界旅游强国治理体系和治理能力现代化为重点，能够吸引一大批跨行业、跨部门、跨学科的国内外优秀学者源源不断加入的现代新型旅游智库群落。它需要具备六个基本要素：独立思想、专业能力、特色风格、激励机制、人才流动体制、学术群落。[38]有的学者认为，中国旅游智库建设正面临着最好的时代机遇。一方面，国家高度重视智库建设；另一方面，从旅游业实践来说，也有太多的问题需要我们加以系统地回答，旅游智库具有广阔的作为空间。[39]有的学者提出，各国智库一般通过四种方式影响公共政策：一是提出政策主张，探求和产生新的政策思想、政策意见，并长期坚持、倡导，以期使之

转化为政策、法规；二是评估政策效果，对各种既有政策、方案及其实施效果做出论证和评价，并提出调整和完善建议；三是启迪社会民众，通过撰写文章、出版论著、发表评论、开展研讨等方式对公众加以引导；四是聚集培养人才，通过智库人员和政府官员的角色转换（所谓“旋转门”），强化智库对政府决策的影响力。[40]

关于旅游统计与大数据。有的学者提出，旅游统计的科学性应体现为相关旅游统计概念的一致性和可操作性，体现为旅游统计方法及指标设置的合理性，体现为旅游统计研究与实践的规范性。[41]有的学者认为，20世纪90年代主要设立的立足传统旅游的抽样统计方法如今的代表性有所减弱，如以人口基数而不是游客产出分配样本数量的方式，必然拉低东部出游力较高地区之于全国游客出游率的应有的影响；规模越来越大的近郊休闲旅游不但容易被客源地住户调查遗漏，而且更加难以被目的地主要基于景区和住宿设施的抽样调查所囊括；政府旅游消费难以通过住户调查获得；高收入人群因难以纳入住户调查样本而无法获得其出游率及花费情况等，这些问题需要逐步通过优化统计调查方法，特别是结合手机位置数据和银联刷卡数据，通过大数据挖掘予以完善。[42]有的学者提出，我国旅游统计工作存在的问题有：（1）旅游统计制度尚不完善，部门之间缺少必要协调；（2）旅游统计指标体系不健全，可比性不强；（3）地方旅游统计工作规范性不足，存在数据不实问题；（4）旅游统计结果与真实情况存在差距，应用价值打折扣；（5）旅游统计方法创新不足，分析缺乏深度；（6）旅游统计数据可得性差，数据发布渠道分散。[43]

关于全域旅游。有的学者认为，全域旅游下的旅游空间经济系统观是以旅游消费为平台，以旅游流在客源地与目的地的空间流动为纽带，布局旅游开发和要素配置，促进我国旅游产业从封闭的点线空间，向开放的、以目的地为依托的板块旅游空间体系转变。[44]有的学者提出，发展全域旅游不能简单停留在旅游人次的增长上，旅游空间的扩大上，旅游要素的简单整合上，在旅游业内是旅游质量的全面提升，进而是国人生活品质、生态环境和文明程度全面提升；从更高层次看，是在改革进入深水区后，通过旅游业优势地区的先行先试，打破限制市场潜力的各种制约，探索新的体制机制的重大举措。[45]有的学者提出，全域旅游发展战略是资源优化的需要，是服务优化的需要，有平台优化的支撑，是管理优化和利益优化的必然，发展的重点有：休闲化发展、网络化发展、平台化发展和二元化发展。[46]

关于跨境旅游与生态旅游。有的学者认为，在国家大力实施“一带一路”战略、自由贸易区战略和进一步加快沿边开放的背景中，推动与毗邻国家游客往来便利化，实现旅游服务贸易自由化，成为落实“一带一路”战略以及经略周边，发挥旅游外交作用的重要内容。长期以来，沿边开放城市的对外开放工作主要围绕货物往来而开展，以此为出发点签署的双边口岸、交通运输协议以及公安、边防、外交、交通、海关、口岸管理、检验检疫等部门围绕边境城市和口岸建构的制度性因素，在促进游客往来便利化方面存在很大缺陷，可以说是制约与毗邻国家游客往来的最主要因素。[47]有的学者以西方经典的计划行为理论为基础，创新性地将人口特征变量引入计划行为理论模型，采用全国性大规模调查数据，对计划行为理论模型在中国情境下居民出境旅游目的地选择行为研究的适用性进行检验的基础上，重点对人口特征在行为意向与行为关系中所起的调节作用进行实证检验。[48]有的学者提出，生态旅游产业的特征，除了兼具旅游业和生态产业的一般特征之外，还主要体现在生态性、体验性和可持续性三个方面。首先，生态性是生态旅游产业生态效率的基础标准，它主要表现在生态旅游产业所依托的生态系统的完整性及其物质能量循环的平衡上。其次，体验性体现在为旅游者提供的深度体验质量，它是生态旅游产业的运营目标。最后，可持续性集中体现了生态旅游产业生态效率的最终结果，即通过对生态系统的保护性利用，使当地社区得到可持续发展，并为当地居民提供就业机会和收入，提高整体生计水平。[49]

注：

①宋晶、孙永磊：《合作创新网络能力的形成机理研究——影响因素探索和实证分析》，《管理评论》，2016年第3期。

②章文光：《融合创新及其对中国创新驱动发展的意义》，《管理世界》，2016年第6期。

③江轩宇：《政府放权与国有企业创新——基于地方国企金字塔结构视角的研究》，《管理世界》，2016年第9期。

④陆瑶、胡江燕：《CEO与董事间“老乡”关系对公司违规行为的影响研究》，《南开管理评论》，2016年第2期。

⑤魏炜、林桂平、朱武祥：《从治理交易关系与

业务交易关系探讨企业边界及相关命题——一个多案例研究的发现》，《管理评论》，2016 年第 4 期。

⑥张建君、张闫龙：《董事长—总经理的异质性、权力差距和融洽关系与组织绩效》，《管理世界》，2016 年第 1 期。

⑦赵晶、王明：《利益相关者、非正式参与和公司治理——基于雷士照明的案例研究》，《管理世界》，2016 年第 4 期。

⑧张剑、张玉、高超、李精精：《“大组织”对“大行为”：基于关键词分析的我国组织行为学研究现状》，《管理评论》，2016 年第 2 期。

⑨李燃、王辉、赵佳卉：《真诚型领导行为对团队创造力的影响》，《管理科学》，2016 年第 5 期。

⑩李育辉、王桢、黄灿炜、万罗蒙：《辱虐管理对员工心理痛苦和工作绩效的影响：一个被调节的中介模型》，《管理评论》，2016 年第 2 期。

⑪房小兵、胡思玥：《行为财务与建筑企业营运资金管理：影响机理分析》，《会计研究》，2016 年第 3 期。

⑫姜付秀、石贝贝、马云飙：《董秘财务经历与盈余信息含量》，《管理世界》，2016 年第 9 期。

⑬孙健、王百强、曹丰、刘向强：《公司战略影响盈余管理吗》，《管理世界》，2016 年第 3 期。

⑭陈沉、李哲、王磊：《管理层控制权、企业生命周期与真实盈余管理》，《管理科学》，2016 年第 4 期。

⑮翟胜宝、张雯、曹源、朴仁玉：《分析师跟踪与审计意见购买》，《会计研究》，2016 年第 6 期。

⑯谢凡、曹健、陈莹、李颖：《内部控制缺陷披露的经济后果分析——基于上市公司内部控制强制实施的视角》，《会计研究》，2016 年第 9 期。

⑰李晓慧、曹强、孙龙渊：《审计声誉毁损与客户组合变动——基于 1999—2014 年证监会行政处罚的经验证据》，《会计研究》，2016 年第 4 期。

⑱曹强、胡南薇、陈乐乐：《审计师流动与财务报告可比性——基于中国会计师事务所合并的经验证据》，《会计研究》，2016 年第 10 期。

⑲王峰娟、王储、张中琳：《商业银行跨区域资本配置与内部资本市场效率——基于 2007—2013 年 A 股上市银行分部数据的研究》，《会计研究》，2016 年第 3 期。

⑳黄国平、李捷、程寨华：《证券投资基金、资本市场及货币政策传导机制》，《管理科学》，2016 年第 3 期。

㉑王木之、李丹：《资本市场中的媒体公关：来自我国企业 IPO 的经验证据》，《管理世界》，2016 年第 7 期。

㉒赵鸣骥：《“十三五”时期会计改革任务与会计理论研究》，《会计研究》，2016 年第 10 期。

㉓周华、杨小平、王莹、李帆：《国际趋同背景下的金融会计与金融监管规则——中国会计学会金融会计专业委员会 2016 年学术年会综述》，《会计研究》，2016 年第 10 期。

㉔曾雪云：《预期会计的理论基础与前景——未来现金流视角》，《会计研究》，2016 年第 7 期。

㉕郑宇花、迟远英、李佳霖、宋宇：《“十三五”期间我国经济—能源—环境系统变量发展预测》，《工业技术经济》，2016 年第 1 期。

㉖李义平：《马克思的经济发展理论：一个分析现实经济问题的理论框架》，《中国工业经济》，2016 年第 11 期。

㉗张金昌、杨国丽、周亚平：《流动资金需求测算方法研究》，《中国工业经济》，2016 年第 5 期。

㉘董志学、林秀峰：《信息技术产业与汽车工业耦合发展评价研究》，《工业技术经济》，2016 年第 6 期。

㉙胡颖、田新民：《供给侧改革对产业结构升级的空间效应研究——基于空间面板杜宾模型》，《工业技术经济》，2016 年第 7 期。

㉚顾力刚、蓝莹、谢莉：《企业生态位视角的商业生态系统稳定性研究》，《工业技术经济》，2016 年第 5 期。

㉛戴铁军、赵迪：《基于物质流分析的京津冀区域物质代谢研究》，《工业技术经济》，2016 年第 4 期。

㉜宋映铉、李顺成：《中部地区区域创新力量的时空变化研究》，《工业技术经济》，2016 年第 9 期。

㉝史丹、王俊杰：《基于生态足迹的中国生态压力与生态效率测度与评价》，《中国工业经济》，2016 年第 5 期。

㉞顾一帆、吴玉锋、穆献中、左铁镛：《原生资源与再生资源的耦合配置》，《中国工业经济》，2016 年第 5 期。

㉟朱思斯：《中国特色“低碳经济”优化模型研究》，《工业技术经济》，2016 年第 12 期。

㊱蔡宁、丛雅静、姚懿珈：《基于行业数据的新

型工业节能减排效率与技术创新研究》，《工业技术经济》，2016 年第 8 期。

㊲李云燕、王立华、王静、马靖宇：《京津冀地区雾霾成因与综合治理对策研究》，《工业技术经济》，2016 年第 7 期。

㊳韩元军：《大国旅游智库与变革的中国》，《旅游学刊》，2016 年第 1 期。

㊴戴斌：《一流智库必须有一流的学术思想》，《旅游学刊》，2016 年第 1 期。

㊵宋瑞：《以智库建设推动中国旅游创新发展》，《旅游学刊》，2016 年第 2 期。

㊶李享、吴泰岳、王梓利、卢慧娟：《旅游统计科学性与测算的可比性》，《旅游学刊》，2016 年第 4 期。

㊷马仪亮：《旅游统计只与科学有关》，《旅游学刊》，2016 年第 4 期。

㊸张辉、范容廷、赫玉玮：《中国旅游统计问题与改革方向》，《旅游学刊》，2016 年第 4 期。

㊹郭毓洁、陈怡宁：《全域旅游的旅游空间经济视角》，《旅游学刊》，2016 年第 9 期。

㊺戴学锋：《全域旅游：实现旅游引领全面深化改革的重要手段》，《旅游学刊》，2016 年第 9 期。

㊻厉新建、马蕾、陈丽嘉：《全域旅游发展：逻辑与重点》，《旅游学刊》，2016 年第 9 期。

㊼张金山、曾博伟、孙梦阳：《跨境游客往来便利化的制度分析及对策研究》，《旅游学刊》，2016 年第 2 期。

㊽宋慧林、吕兴洋、蒋依依：《人口特征对居民出境旅游目的地选择的影响——一个基于 TPB 模型的实证分析》，《旅游学刊》，2016 年第 2 期。

㊾张玉钧：《提高生态旅游产业效率的边缘性思考》，《旅游学刊》，2016 年第 9 期。

（作者：高杰，神华管理学院助理研究员；
邓荣霖，中国人民大学教授）

公共行政学

孙彩红

2016 年是“十三五”规划开局之年，中央政府推出了重大改革战略，其中包括持续推进简政放权改革、供给侧结构性改革、深化政府公共服务改革、促进互联网 + 政府改革等。这些成为北京行政学界研究的一些重点或热点问题。通过检索行政学类核心期刊，包括中国行政管理和重点省市行政学报、部分政治学核心期刊、北京重要报纸，以及出版的主要著作等研究成果，北京地区在 2016 年度行政学研究中的主要领域包括权力清单和行政审批制度改革、公务员制度、政府的供给侧结构性改革、购买公共服务、互联网 + 服务等问题。本综述重点围绕这些主要研究领域，对一些重要研究成果和观点进行述评。

一、主要学术活动和学术著作

学术研讨活动基本上是对某学科关注的重要现实问题及其前沿理论的讨论与争鸣，学术著作是对某些领域进行较为全面研究的成果，二者能够在一定程度上反映一个学科研究的基本状况。把本年度北京公共行政学领域的一些重要学术活动和主要专著给予简述。

（一）重要学术研讨活动

本年度公共行政学领域的重要学术研讨活动，选择有代表性的按时间顺序简述如下：

3 月 6 日，国家行政学院经济学部主办了“供给侧结构性改革”研讨会，来自国家相关部委和重要科研机构专家学者，围绕此议题发表看法。这对于中央政府要深入推进的供给侧结构性改革战略实施具有实践意义。

5 月 23—27 日，中国行政体制改革研究会主办了“大数据时代政府治理创新”研讨会。来自国家部委、地方政府、学术机构、大数据企业和产业联盟负责人参会。这些交流和讨论对打破政府信息孤岛和构建大数据时代多元共治的治理体系具有现实价值。

6 月 14—16 日，中国人民大学公共管理学院主办了第八届中美公共管理国际学术研讨会，主题是“公共治理转型与公共价值：过程、机制与效果”。与会专家学者围绕公共治理转型的理论与路径、网络工具、政策创新、治理的公共价值等论题展开研讨，对政府治理转型具有参考意义。

9 月 20—23 日，中国人力资源和社会保障部主办、中国行政管理学会等协办的“国际行政科学学会暨国际行政院校联合会2016年联合大会”召开，主题是“可持续治理能力建设”。多个国家和地区政府部门、科研机构和高校参会，在可持续治理的战略愿景、法律机构与组织、人力财力资源等方面提出了很多具有战略性、前瞻性观点及意见。

10月20—21日，北京大学国家治理协同创新中心主办“治理创新：理论与实践”国际研讨会。中外专家学者围绕着治理创新的思维与战略、经验与政策、全球与中国比较等论题进行了充分讨论。一些重要观点对当前政府治理改革实践具有一定启示意义。

10月28—29日，清华大学电子政务研究中心举行“大数据与公共服务”国际研讨会，来自国际组织和中国政府机构、学术机构专家学者与会。其中对于公共服务模式创新和服务绩效评估的讨论，有着实践价值。

（二）主要研究性学术著作

本年度北京地区公共行政学研究著作，主要涉及政府公共服务改革、互联网与政府治理、行政体制改革等一些主题的研究。

1. 购买公共服务及相关问题研究

有些学者对政府购买公共服务进行比较全面的研究。通过对全国六省一些地市比较研究，形成中国政府向社会组织购买公共服务发展状况诸多方面的研究报告，对完善购买公共服务的主体结构、制度安排、运行环节等进行了理论分析。[①]有些学者是对政府与社会资本合作模式的购买服务类型进行专门研究。比如，根据国外研究来提供中国PPP立法的相关数据和理论支持。[②]还有些学者从事业单位改革角度，提出推动事业单位分类改革，是增大政府购买公共服务力度的重要趋势和选择之一。[③]

2. 互联网与政府治理关系的相关研究

互联网和大数据迅猛发展为政府改革带来挑战和机遇，这一主题成为研究的热点。有学者主要围绕大数据、数据开放、权力清单、政务服务、网络舆情等“互联网+”背景下政府治理的前沿和热点问题，探索思维变革和模式创新的新思想和新路径。[④]有的则从评估政府网站绩效的角度，基于大数据技术为提升“互联网+”时代的政府服务能力提出对策建议。[⑤]还有的是从个案研究视角，从对地方政府的影响与挑战出发，以北京市朝阳区“智慧朝阳”建设为例，分析了面对大数据的影响与挑战、我国地方政府治理的基本情况和发展趋势。[⑥]

3. 行政体制改革这一主题研究

行政体制改革作为行政学领域的一个重点和基础性问题，是本年度专著的一个研究领域。代表性的《中国行政体制改革报告（2016）》[⑦]，该书以“政府自身建设与改革”为主题和重点，既有总体评述，又有专题研究，还有地方实践案例，对中国政府改革面临的问题以及发展趋势的预测，具有一定权威性和前瞻性，可为我国行政体制改革理论研究和实践深化提供重要参考。还有学者对行政体制的审批制度改革进行专门研究。比如，有的通过深度访谈、问卷调查和案例比较方法，对当前行政审批制度改革的总体成效进行评价，提出了深化行政审批制度改革的重点方向。[⑧]

二、本年度研究的重要领域与主要观点

本年度北京地区行政学研究中，结合政府的重大改革举措，有的是新热点问题，有的是延续去年的研究重点。下面把几个主要领域及其研究的主要观点进行简述。

（一）权力清单和行政审批制度改革

2016年5月，国务院召开全国推进简政放权放管结合优化服务改革电视电话会议，强调深化“放管服”改革是推进政府管理改革的重要内容。推进简政放权改革的权力清单和行政审批制度改革的研究，也成为在去年研究基础上继续深化的一个重点领域。

1. 权力清单制度和审批改革存在的问题分析

权力清单制度是十八届三中全会以来简政放权改革一个重要部分。在省级政府推进权力清单基础上，2016年权力清单开始在县级政府扩展实施。但是，权力清单制度实施仍存在一些不可忽视的问题。比如在许多地方具有普遍性的问题是，“存在着过度以任务为导向、过度以简权为目的、梳理口径及权限划分不一致、责任主体及职责边界不清晰、动态调整与约束机制不完善等问题”[⑨]。这些导致权力清单难以发挥其在简政放权改革中的实际功能。有些学者总结了行政审批制度改革存在的突出问题，“行政审批制度改革注重数量忽视质量，类型化不足，法治化程度有待提高，程序不够完善”[⑩]，可见，简政放权越来越触及部门核心利益，改革难度逐渐增大。《行政管理改革》2016年第7期上有一组文章（刘承礼、沈荣华、张定安等）分别探讨了行政审批制度改革中仍存在的一些突出问题：从企业角度看，认为政府的放权是选择性放权、缺乏协同性和统一标准的放权、部门利益阻碍了放权；从政府角度看，放权不彻底导致下

级政府的自主权得不到保证、放权不配套加重下级负担、事中事后监管跟不上。下一步深化推进行政审批制度改革，必须着重解决这些现实问题。

2. 与行政审批制度改革相关的机构改革研究

一方面是直接的机构改革，许多地方设立行政审批局。比如，银川设立了行政审批服务局，实现了审批方式的质变，以政府审批代替了过去的部门审批，“多部门审批、多环节流转、多头跑路的状况明显改观，行政审批效率显著提高，制度性交易成本明显降低。”⑪另一方面，清理规范和改革中介机构是行政审批制度改革的一个重要内容，因为权力下放涉及向社会和市场主体放权问题。对于如何规范中介服务机构，有些学者提出了一些建议，“科学分类、提高中介服务改革的针对性；加大审查力度、有效规范中介服务清单；加强行业标准化建设；加强对中介机构的严格监管、规范中介提供服务的行为和流程等。”⑫还有学者从法律角度突出审批权的行使要划清职权与机构设置，完善组织法、行政程序法是实现简政放权的根本。⑬

3. 审批制度改革的监管与规制的研究

对于加强放权改革之后的监管问题，也是一个主要研究内容。有些学者从比较宏观层面探讨监管转型，比如，“强化对监管的立法控制，加强监管体系建设，理清部门监管职责，引入多元力量参与”⑭，这些监管举措可以促使监管的法治化、专业化、精细化和协同化。有些学者是从微观层面探讨适度规制问题。在简政放权过程中，如何保持在公共卫生、环境污染或生产安全等领域中的合理规制成为挑战。有学者以药品的准入规制为例，提出“努力实现社会性规制的内容、目标、工具的三点均衡，实现安全与创新双赢的良性循环”⑮。

（二）公务员及相关制度研究

1. 对公务员的主观观念领域的研究

这个领域主要涉及公务员就某些问题的看法、观点或评价的一些研究。有些学者对公务员评价公民政治参与方式的研究，结果表明公务员的能力认知、情感认知、公共服务动机影响着对公民参与态度的差异。因此，“加强公务员与公民的互动，以改善公务员对公民政治参与能力的认知，加强组织环境建设，并通过多方面教育提高公务员的公共服务动机，培育和激励公务员对于公民政治参与的积极态度”⑯。这种从公务员主体出发分析和研究公民政治参与的问题，也是对公民政治参与研究的补充。有些学者研究了公务员价值观与工作满意度之间的关系，发现二者之间有显著的正相关关系，工作价值观与公共服务动机有显著的正相关关系。为此提出，“在对我国公务员管理过程中，应该对其工作价值观、社会价值取向和公共服务供给意识给予更多的关注”⑰。

2. 公务员管理制度的研究

研究公务员分类管理。有些学者针对我国公务员职位分类的实践探索与发展过程中存在的问题，提出要细化法规体系、横向打通跨类交流障碍、构建独立的专业技术类公务员薪酬激励体制等建议。⑱有的是对公务员的职务与职级并行制度进行了研究，尤其是针对基层公务员群体，要调整职级的功能定位，完善职级晋升考核办法，增加职级的等级数量。

研究公务员工资制度。针对我国公务员工资水平决策机制存在的困境，借鉴发达国家经验，提出“基于人力资源管理、财务管理、行政办公等三大标杆职位族，建立我国公务员和企业相当人员工资调查比较的全新思路”⑲。不过，难于获得较大范围内公务员工资构成的真实数据，这种思路的现实基础还是比较薄弱。另有观点认为，公务员的工资管理体制核心问题是中央与地方的权限划分，“把一定的工资管理权交给地方实行分级管理已是大势所趋”⑳。但是，该研究中对这种改革的后果估计不足，这种改革有可能会拉大各地本来已在不断扩大的工资水平。

3. 对国外公务员制度的研究

有些学者比较分析了东亚三国公务员考核制度的共性与差别，得出对中国公务员制度的借鉴之处，“注重考核方式方法和流程的创新，完善制度设计和考核指标体系设计，考核结果的记录和运用要落到实处”㉑。有些学者对美国政府的公务员考核体系，从考核内容、主体、周期、方法、结果应用等方面进行了总结分析。㉒但在一系列考核环节中，哪些对中国公务员考核制度体系的实践最有参考价值，制度基点在哪里，这些深入分析比较欠缺。

（三）政府的供给侧结构性改革研究

2016年是推进供给侧结构性改革的攻坚之年。供给侧结构性改革是“十三五”时期的关键改革任务之一，这些改革的实施对政府治理能力提出了重大现实挑战。这一主题也成为学术界研究的一个热点问题。

1. 对供给侧结构性改革的宏观路线分析。

有些学者建议，一方面要做好“加减乘除”四则运算，另一方面要实施好“五大政策支柱”，“转变以投资需求为核心的经济增长方式，优化供给结构和解决结构性过剩问题，发挥创新拉动发展的乘数效应，避免金融、能源等一系列风险”[23]。基本达成共识的一些观点是，供给侧结构性改革，“核心是坚持市场化的改革方向，主攻方向是提高供给质量，破解经济转型的结构性矛盾和重大结构失衡，把握好去产能中政府与市场的关系”[24]。

2. 对供给侧结构性改革具体政策的探讨。

从长期看，推动经济增长的因素都是供给侧的因素，包括科学技术、人力物质资本、产业结构、经济体制等。但是，在短期和长期应该如何协调使用需求管理和供给管理手段？有学者提出，短期内的需求管理还需要适度降低政府税率，特别是降低企业的税率；适度增加政府支出，实行适度宽松的货币政策。[25]在产业政策的选择上，有些研究指出需要秉承差异发展的原则，构建以我国为主、开放共赢的国际产业生态体系，优化创新资源配置，加大竞争前关键共性技术供给，超前布局一批前沿关键技术，推动制造业的数字化、网络化、智能化转型。

3. 供给侧结构性改革的制度创新路径。

有观点认为，供给侧结构性改革需要制度创新，包括产业规划引导制度、PPP 制度等。[26]供给侧改革的实质还是政府与市场关系的再调整，由此判断，进一步改革的逻辑路径是，“以市场需求为改革的基本准则，减少政府供给端的约束行为，实现供给约束的市场化运作”[27]。供给侧改革还应摆脱一些认识误区。有观点认为，结构性改革应由市场主导。从政府主体所不具备的条件来看，“结构调整的主体，应该是企业而非政府；而且在产业结构调整上，大力发展第三产业，也不应由政府主导和拔苗助长”[28]。这一点考虑了一个地方的产业结构还受制于发展阶段和分工范围的时空条件影响。

（四）对政府提供服务及其改革的研究

政府提供公共服务是其重要职能之一。2016 年度政府服务领域的研究，一个新的关注点是互联网 + 政府服务，另一个关注点是政府购买公共服务的继续探讨。

1. “互联网 + ”政府服务的研究

“互联网 + ”作为一种新的经济形态，对当前生产生活方式产生着很大影响。互联网和信息技术迅猛发展，使得对大数据的研究更加关注。这种“互联网 + ”引入政府改革领域，行政学界基本达成共识的观点是，要求政府主动运用新技术提升治理能力和水平，尤其是深化政务服务的改革。

大数据与政府治理关系也成为行政学界的一个热点问题，包括政府要应对的一些挑战。比如有学者研究了大数据对政府权力运行要求和挑战，“行政权力运行系统要突破碎片化的部门执法格局，消除不同部门之间的隐性壁垒，加强行政权力运行系统的整合与协力”[29]。对于大数据的开放和共享，还需要保障条件尤其是数据安全保障。对此有些学者认为，政务大数据开放与共享，需要技术、法律与资源三个层面的基本条件，“应建立全面开放、协同共享、平等对待、知识产权保护和隐私保护等基本准则，以公共价值为基本取向”建立开放与共享机制。[30]“互联网 + ”政务的推进，需要政府树立融合、创新、服务、开放、法治思维，搭建政务服务和数据共享交换平台、强化社会信用和保障体系。

2. 政府购买公共服务的研究

各地方政府以不同形式推进购买公共服务的实践，尤其是 2013 年国务院印发了指导性文件之后，全国普遍推开。对近几年购买公共服务的问题，行政学界有不同角度的研究。

对购买公共服务的影响因素与障碍的探讨。有的是在总结国外研究的基础上，分析中国购买公共服务的影响因素。有的重点针对当前购买公共服务过程中如何保障质量的难点问题，提出要解决好“购买公共服务的决策、主体选择、购买方式与合同管理”[31]等三个环节的问题。对于政府购买公共服务存在的障碍，有些观点是从政府与社会的关系分析的，“政府的信任程度和资源配置的结构性因素，购买服务的法规政策和社会组织承接服务的制度性因素阻碍了政府购买服务的深入发展”[32]。但是，对于如何在政府实践中克服这些障碍，还研究得不够深入。

分析地方政府购买公共服务的制度条件。有的从总体上提出，“建立购买公共服务各方主体的权责关系制度、购买公共服务的决策制度、健全对服务提供者的公开选择和过程监管制度，以及对公共服务结果的评估制度”[33]，促进政府购买公共服务的规范化、制度化和法治化。有的是在购买公共服务的具体环节涉及制度探讨。比如，对于购买环节上的定价制度。至于如何实现科学的定价，还需要具体的微观制度设计。

对具体养老公共服务供给的研究。有学者针对市场化购买养老服务存在的问题和政府供给错位，提出了数字化社区网格养老模式，“以社区网格为单位，在政府统筹下精准投入多元养老资源，借助于互联网+社区+养老的信息化方式，实现养老服务的精细化管理与无缝隙服务”[34]。还有些学者对购买养老服务的养老机构公办民营问题进行探讨，以此推进配套保障体系构建。“政府购买服务定价不应直接套用市场决定价格机制中的做法，应考虑服务的社会性、居民需求等因素，还应根据服务类型的不同予以区分”[35]。

（五）国外的政府改革领域及其体制研究

1. 对发达国家公共服务改革的研究

一是对英国开放政府的研究。英国政府前几年颁布了《开放公共服务白皮书》。有观点认为，这一改革“受传统中央集权主义的影响，白皮书所构建的话语体系在执行层面仍未跳出混合国家的中央集权主义治理模式的矛盾与困境”[36]。公共服务的改革过程应关注执行过程中可能遭遇到的制度惰性障碍，还要积极构建中央与地方政府的对话协商机制。另有观点认为，英国这个改革白皮书，从理念上对我国公共服务改革的借鉴意义在于，“应进一步发挥市场主导作用，转变政府职能，包括政府由公共服务生产者转变为购买者，完善信息公开、多元协商、民主问责等配套制度”[37]。

二是对美国公共服务改革的研究。代表性观点是提出要吸取美国公共服务市场化的教训，“政府非核心职能可市场化，核心职能不可市场化；公共服务市场存在供给方缺陷与需求方缺陷，公共服务市场化并不必然提高经济性、效率性与效能性；应针对性地确定公共服务市场化的制度安排”[38]。还有学者对于西方国家公共服务供给中的地方政府协作进行了研究，“这种地方府际协作的做法还是要根据国家的政治制度、经济情况、文化背景来选择不同的形式”[39]。

2. 对政府具体管理领域的研究

对美国政府绩效管理研究，比如有些学者专门分析了美国绩效管理特征，美国绩效管理机制属于立法主导下的多主体协同推进模式，其特色包括规范化、精致化、透明化和社会监督，这是美国绩效管理得以持续推进的制度保障。为解决中国绩效管理存在行政主导和“一把手工程”为代表的人治化问题，应特别关注三个问题解决，“绩效管理立法，绩效管理主管部门的选择，绩效管理的协同推进与框架统一”[40]。有的是对美国监管机构的研究，提出对中国大部制改革的启示。有的学者分析了美国保障房供给机制变迁，提出了PPP合作模式的一些可鉴性应用。

3. 对国外政府体制的研究

对国外中央与地方权力划分的研究。有些学者对六个国家中央与地方事权的划分进行分析，提出对中国的启示，在合理确定政府与市场、政府与社会关系基础上，依据公共事务内在属性、走法治化途径、优化公共资源配置。还有些学者对法国的应急管理体制进行研究。其中指出，法国应急管理具有分权与集权相结合的特点，尤其在权责关系上具有优势，“纵向职责是上下分工，横向分责是分类与综合管理结合，管理责任是属地管理为主、上级与下级共同分担，救援实施是技术主导、行政负最终责任。”[41]这些权责体系与实施对中国应急管理体系完善有参考意义。

除了上述研究成果较多和比较集中的领域，本年度对政府大部制改革、危机管理、事业单位改革、公民参与问题也有一些研究成果。公民参与的研究，行政学界基本达成共识的是公民参与对政府治理具有重要功能。但是对公民参与的风险问题却研究较少，代表性观点认为，需要有效防范公民参与风险，“在理论上建立公共领域的协商民主逻辑作为其前提，并在此基础上具体建构包括法律保留、正当程序、透明度和问责制为核心的规则体系，避免‘劣质的参与’，真正实现合法行政与良好行政的双重现代性目标”[42]。还有对公共行政的理论反思，针对公共行政面临的现实危机，提出重建公共行政的道德秩序，为公共行政重新注入公民性、平等性、责任性以及理性的道德内核。[43]这对于行政伦理领域的研究具有理论意义。

三、对本年度研究的简要评价

（一）本年度行政学研究的进展之处和主要体现

第一，紧密联系改革现实。能够抓住一些关键的现实问题，结合中国政府的重大改革实践进行研究，比如对简政放权和行政审批制度、政府购买公共服务、大数据发展与政府治理等领域的研究都是重要体现。

第二，研究方法的进展。在研究方法上，有更多的实证研究和一些问卷调查研究等方法。例如，前面提到的对行政审批制度改革评价的研究、对简政放权改革的总体评估、对公务员如何评价公民政治参与方式的研究，都运用了实证研究方法，包括调查问卷方法。还有，对公共服务满意度分析，也采用了调查问卷和实证分析方法，通过汇总、整理社会公众对公共服务满意度的反馈信息，分析公共服务的质量问题并提出政策建议[44]。

（二）本年度研究的一些不足还需进一步加强

第一，研究质量有待进一步提升。例如，对行政审批制度改革、权力清单制度、简政放权改革中的问题研究比较多，不少研究成果是重复性的；但是，对于如何从深层次解决这些问题，提出对政府简政放权和行政审批制度改革具有实践价值的研究成果还不多见。这是针对政府改革领域一些重大现实问题研究需要补充的短板。这些问题说明了在研究质量上要进一步提高，多出一些对政府改革实践有现实借鉴价值的成果。

第二，研究内容有待进一步拓展。比如，对公务员的管理制度研究，关于重点的监督、惩戒制度研究还比较少，与中央政府加强权力监督和反腐败的改革举措连接不够紧密。还有，2016 年地方政府按照中央改革战略部署，大力开展精准扶贫，这成为地方政府一项重要职能。但是，北京地区行政学界对此研究的还很少。这也从一个侧面说明，今后在行政学研究中要进一步聚焦重大现实问题。此外，与全国其他地区相比，他们研究较多的公共政策和绩效评估、地方政府治理、新型城镇化与政府治理等主题，在北京地区的研究中是比较少的。

第三，对国外政府领域的研究还需要更加全面深入。从本年度对国外政府领域的研究观察，仍然主要集中在英、美、法等几大发达国家，而对于和我国面临问题具有较多相似性的国家，如印度、俄罗斯等金砖国家的研究，成果还是较少见。这也是今后行政学研究需要进一步扩展的地方。

注：

①王浦劬等著：《政府向社会力量购买公共服务发展研究》，北京大学出版社，2016 年版。

②傅宏宇、张秀著：《政府与社会资本合作法律问题国别研究》，中国法制出版社，2016 年版。

③施昌奎等著：《政府购买服务与事业单位改革研究》，中国经济出版社，2016 年版。

④翟云著：《智慧治理："互联网 + "时代的政府治理创新》，国家行政学院出版社，2016 年版。

⑤杨道玲等著：《政府网站绩效评估：提升互联网 + 时代的政务服务效能》，社会科学文献出版社，2016 年版。

⑥董伟、聂清凯：《大数据时代地方政府治理：以北京市朝阳区为例》，人民日报出版社，2016 年版。

⑦魏礼群主编：《中国行政体制报告（2016）》，社会科学文献出版社，2016 年版。

⑧龙海波等著：《行政审批改革红利与绩效评价》，中国发展出版社，2016 年版。

⑨郑俊田等：《地方政府权力清单制度体系建设的实践与完善》，《中国行政管理》，2016 年第 2 期。

⑩马怀德：《行政审批制度改革的成效、问题与建议》，《国家行政学院学报》，2016 年第 3 期。

⑪宋世明、刘小康等：《推进简政放权改革》，《行政管理改革》，2016 年第 11 期。

⑫中国行政管理学会：《行政审批中介服务改革：问题与建议》，《中国行政管理》，2016 年第 8 期。

⑬应松年：《简政放权的法治之路》，《行政管理改革》，. 2016 年第 1 期。

⑭赖先进：《政府监管体系和能力现代化建设的若干思考》，《中共福建省委党校学报》，2016 年第 6 期。

⑮薛澜等：《简政放权环境下的社会性规制探析》，《中共中央党校学报》，2016 年第 4 期。

⑯王浦劬等：《试析公务员对于公民政治参与的态度》，《政治学研究》，2016 年第 1 期。

⑰刘昕等：《我国公务员的工作价值观对工作满意度的影响》，《中国行政管理》，2016 年第 12 期。

⑱萧鸣政等：《我国公务员职位分类与管理》，《中国行政管理》，2016 年第 9 期。

⑲刘昕、董克用：《公务员工资水平调查比较制度》，《公共管理学报》，2016 年第 1 期。

⑳何宪：《公务员工资管理体制问题研究》，《行政管理改革》，2016 年第 3 期。

㉑袁娟等：《新加坡、日本、韩国公务员考核制度比较研究》，《中国行政管理》，2016 年第 1 期。

㉒方振邦等：《美国联邦政府高级公务员绩效考核体系及借鉴》，《国家行政学院学报》，2016 年第 2 期。

㉓胡鞍钢等：《供给侧结构性改革——适应和引领中国经济新常态》，《清华大学学报》，2016 年第 2 期。

㉔尚前名、王仁贵：《"供给侧结构性改革"如何攻坚》，《瞭望》，2016 第 51 期。

㉕李翀：《论供给侧改革的理论依据和政策选择》，《经济社会体制比较》，2016 年第 1 期。

㉖杨宏山：《供给侧改革的根本在于制度创新》，《人民论坛》，2016 年 3 月刊。

㉗姜士伟：《供给侧改革行动逻辑的行政学解

读》,《新华文摘》,2016 年第 16 期。

㉘王东京:《结构改革中的两个认识偏差》,《北京日报》,2016 年 8 月 22 日第 13 版。

㉙王万华:《大数据时代与行政权力运行机制转型》,《国家行政学院学报》,2016 年第 2 期。

㉚翁列恩等:《政务大数据的开放与共享》,《经济社会体制比较》,2016 年第 2 期。

㉛董杨、句华:《政府购买公共服务质量保障问题研究》,《中国行政管理》,2016 年第 5 期。

㉜陈书洁、张汝立:《政府购买服务发展的障碍》,《北京师范大学学报》,2016 年第 6 期。

㉝孙彩红:《政府购买公共服务的条件与制度建构》,《新视野》,2016 年第 6 期。

㉞汪波:《需求—供给视角下北京社区养老研究》,《北京社会科学》,2016 年第 9 期。

㉟崔军等:《政府购买服务定价的核心推定与策略安排》,《行政管理改革》,2016 年第 8 期。

㊱宋雄伟:《话语构建与路径依赖:英国大社会公共服务及对中国的启示》,《中国行政管理》,2016 年第 3 期。

㊲王楠、杨银付:《英国“开放公共服务”改革框架及启示》,《中国行政管理》,2016 年第 3 期。

㊳宋世明:《美国政府公共服务市场化的基本经验教训》,《国家行政学院学报》,2016 年第 4 期。

㊴林民望:《国外公共服务府际协作供给研究》,《北京社会科学》,2016 年第 7 期。

㊵周志忍等:《政府绩效管理的推进机制:中美比较的启示》,《中国行政管理》,2016 年第 4 期。

㊶张磊、龚维斌:《法国应急管理的权责关系》,《行政管理改革》,2016 年第 1 期。

㊷王旭:《公民参与行政的风险及法律规制》,《中国社会科学》,2016 年第 6 期。

㊸张成福等:《重建公共行政的道德秩序》,《中国人民大学学报》,2016 年第 4 期。

㊹季丹等:《公共服务质量第三方评价研究》,《中国行政管理》,2016 年第 1 期。

(作者:孙彩红,中国社会科学院副研究员)

新闻传播学

新闻传播学

郭庆光　赵　准

现代媒介技术的迅猛发展正推动新一轮传媒业生态的巨变。2016 年的新闻传播学研究在继续探讨往年部分热点话题的同时,进一步拓宽了学科的研究视野、提升了问题的研究层次。研究者对本学科在当今新闻传播格局下的现状与未来有了更为深入的思考,涌现出一批较为扎实的理论成果和具有现实意义的应用研究。

一、新闻理论研究

2016 年 2 月 19 日,中共中央总书记、国家主席、中央军委主席习近平在北京主持召开党的新闻舆论工作座谈会并发表重要讲话。习近平新闻舆论思想研究是本年度马克思主义新闻观的研究热点。有研究者总结了习近平关于马克思主义新闻观的“两个要点、一个行动原则”。两个要点是坚持党性原则、尊重新闻传播规律,而落实下来,使两者统一的行动原则是“以人民为中心的工作导向”,做到新闻工作“党性和人民性相统一”而不是对立,“不断解决好‘为了谁、依靠谁、我是谁’这个根本问题”。[①]有研究者结合近年来习近平就新闻宣传和舆论工作发表的重要意见,对习近平新闻宣传舆论观的形成背景及理论创新进行了阐述。研究者认为,习近平的新闻宣传舆论观是当前我国新闻宣传和舆论工作的理论指南,是对中国共产党新闻宣传和舆论工作的新认识,也是马克思主义新闻观中国化的新发展。[②]新闻改革研究在这一年热度不减。有研究者对中国新闻改革动力机制研究范式之一的“政经博弈说”进行了理论探究,解读了国家与市场关系的研究传统，并对这一范式的继承与演变做出了理论上的厘清。研究者认为，国家—市场关系作为中国新闻改革的主流解释范式，随改革实践的发展呈现出多样性的特点。“政经博弈说”的观点是对中国社会改革进程认知差异的具体体现，这一观点在新环境下面临互联网技术影响、国家力量分化、用户力量中心化等方面的挑战。③

新闻伦理与法治研究方面，有研究者考察了大众媒体在运用儿童影像放大风险的过程中存在的新闻伦理问题，主要聚焦在儿童标签化处理、过度化呈现和虚假新闻等方面。④有研究者从版权有待界定的基本问题，面临调整的基本制度和遇到障碍的制度实践三方面反思微信空间版权的正当性。研究者认为，有关微信空间版权正当性的质疑可以通过对既有理论和制度的调适予以回应。⑤

新闻生产方面，新技术与新工具的不断涌现带来了新闻生产方式的变革。在探讨新闻发展的走向时，有研究者认为，个性化新闻、机器新闻写作、传感器新闻、临场化新闻、分布式新闻是新闻发展的五种新模式。⑥有研究者结合案例对虚拟现实（virtual reality）技术在新闻生产领域的应用现状、前景及对传统新闻业的冲击三方面进行探讨。研究者认为，作为一种全新的新闻叙事模式，目前影响虚拟现实新闻发展的最主要因素是“虚拟现实”中的“现实”究竟是不是真实的。⑦另有研究者分析梳理了五种常见的基于地理信息的数据报道类型：运用结构化地图的数据新闻、标识地理坐标的数据新闻、展示地理关系网络的数据新闻、描绘运动轨迹与趋势的数据新闻、透视热度区域的数据新闻，总结了运用地理信息制作数据新闻的报道特征和原则。⑧

二、新闻史研究

中国新闻史研究方面，视角多元。有研究者从传播功能的视角考察先秦时期“史官记事”、“官方文书通讯”、“采风”和“乡校议政”四种公共传播活动，认为这一时期的社会传播活动主要承担“辅佐政事”及“延揽民意”的功能。同时，研究者反思了中国新闻传播事业诞生的时间问题。研究者认为，新闻事业的诞生应以新闻传播活动的诞生，而非“纸质媒介”的诞生为标志。⑨民国时期新闻史方面，有研究者将传播技术和新闻观念相结合，以上海《申报》《时报》和天津《大公报》为研究对象，从民初新闻业务实践的角度出发，考察新技术背景下新闻观念与传播技术的互动。研究者认为，报业技术的进步推动了新闻传播观念的发展；电报技术的发展和电话的使用提高了新闻时效性和全面性的发展；印刷、照相和传真术的提升推进了新闻客观和真实性的发展；现代化交通工具和邮政系统的有效利用促进了新闻时效性的发展。传播技术对我国新闻专业理念的形成起到了推动作用。⑩

外国新闻史研究方面，有研究者对詹姆斯·凯瑞（James William Cary）的新闻史观进行了研究梳理，分析了其在新闻史观上的立场及变化。研究者认为，凯瑞在对美国新闻史进行反思的基础上提出了新闻文化史的研究思路，重视新闻文本的研究。但这一想法因缺乏操作路径受到批评。为回应质疑，凯瑞提出新闻实践史的研究思路，将新闻史定位为回归实践，回归新闻本身，并强调人的实践主体性。研究者认为，这两种研究设想更像理论假想，存在宏观与微观、意识形态与乌托邦之间的矛盾。⑪

三、新闻传播教育研究

加强马克思主义新闻观教育，有研究者提出五大着力点：讲清楚马克思的形象和马克思主义的立场、观点、方法；讲清楚新闻与政治的关系；讲清楚中国共产党的新闻思想；讲清楚中国国情与问题意识；讲清楚全球传播与文化自信。⑫

媒体环境和传播格局的改变，要求新闻从业者的知识和技能做出相应调整。有研究者通过中美数据新闻人才培养模式的比较分析，从正确认识数据新闻的人才需求、开发网络共享平台、教育资源整合等维度对我国数据新闻人才培养进行反思并提出应对策略。⑬研究者认为，培养具有数据素养的新闻从业者符合当前新闻传播事业的发展趋势，但必要的职业精神和专业素养依然是新闻教育的核心和培养新闻人才的根本。基于当今全球化的时代背景和跨文化交流的趋势，有研究者从教育理念（逻辑起点）、培养目标（战略定位）、培养模式（实施路径）三个层面探讨当前新闻传播全英文专业课程建设存在的问题，对全球化时代新闻传播全英文教育理念与范式革新进行思考。⑭有研究者从全媒介与全球化背景下的培养理念创新，专业实践与创业引导下的培养思维创新，中国特色结合国际视野的培养路径创新三方面探讨新闻传播人才的培养。⑮

有研究者考察了我国新闻传播学专业学生的就业情况，认为虽然就业方向多元，就业前景相对乐观，但仍存在主流媒体就业率偏低，就业满意度不高等诸多问题。研究者认为，可以从重构人才培养体系、加强就业指导、强化通识教育、改善办学条件、加强实习基地建设等方面提高就业质量。[16]有研究者回顾20世纪初中国新闻教育开端，分析这一时期中国新闻教育的特征与路径，探究新闻教育的观念与传统。[17]

四、传播学研究

传播学理论研究方面，有研究者从游戏的古典主义理论出发，在传播研究的脉络中寻找数字媒体时代"游戏研究"的多种理论路径和核心议题。[18]有研究者在对社会网络分析与健康传播结合的历史脉络进行梳理的基础上，提出了"结构与功能分析"这一健康传播的社会网络分析框架。研究者认为，社会网络的结构分析关注的是行动者之间的关系和网络结构，功能分析意在阐明网络结构对健康信息扩散与行动者行为改变的影响。研究者还从树立关系意识、评估意见领袖、培养健康文化三方面探讨了社会网络如何应用于健康传播实践问题。[19]

传播学历史与方法方面，有研究者回顾20世纪以来中国传播学的发展历程，总结了中国传播研究的利弊得失。研究者认为，20世纪中国传播学发展的焦点问题是：主客方变动中的理论旅行，传播研究的本土化问题，传播研究的去政治化与再政治化。研究者同时探讨未来中国传播研究面临的两大战略性命题：确立立足中国、面向世界的传播理论，突破"唯方法"的思想怪圈。[20]有研究者以知识社会学的方法，考察了拉斯韦尔对宣传的定义。研究者认为，拉斯韦尔的宣传研究受到了新政治学、行为主义政治学及意识形态因素的影响，拉斯韦尔修订宣传定义的背后实则是发现了制约宣传的新因素。[21]本年度传播方法研究聚焦定性比较分析方法（Qualitative Comparative Analysis 简称QCA）在新闻传播学研究的应用。有研究者介绍了QCA的研究逻辑、适用情景和分析步骤等方面，并展望了这一研究方法在新闻传播研究中的四个适用方向：新媒体事件和集体行动研究、组织传播视野下的案例研究、跨国语境下的新闻传播比较研究、其他案例诱导的传播问题研究。[22]

国际传播研究方面，有研究者认为，如何提升"中国故事"的传播效果已成为我国媒体在当今国际传播能力建设中亟待解决的问题。"策略性叙事"能够有效提升国际传播的话语感召力和舆论影响力，并在国际体系叙事、国家叙事和议程叙事三方面，针对特定议题构建叙事框架，影响国际社会对这些议题的态度和认知。研究者认为，我国媒体应构建起具有中国特色的策略性叙事话语体系，增强国际传播的道义感号召及整体传播能力。[23]国际传播如何呼应并实现国家在战略层面的诉求，有研究者认为，中国的全球性政治和经济象征身份可以分别定位于"国际政治合作者"与"世界经济贡献者"作为国家层面的国际整体标识。[24]另有研究者通过对美国《华盛顿邮报》和CNN两家媒体相关报道进行文本和内容分析，总结当前"中国梦"对外传播的现状及不足，分别从宏观理论政策、媒体建设支持和智库资源建设三方面提出战略传播建议。[25]

五、广播电视研究

广播电视研究方面，有研究以"传播偏向论"为理论视角，从宏观层面审视中国电视事业的发展历程。研究者认为，传统电视的线性传播模式决定其是一种主要以"时间"为资源的媒介，这一资源因新传播技术的出现而日益消解，电视传播逻辑经历着由"时间"向"空间"思维的转变，电视的内涵与外延也在发生改变。[26]有研究者采用新社会史（new social history）的研究方法，对中央电视台《新闻调查》栏目1996—2006年的新闻生产机制进行分析，对电视新闻调查报道在中国形成的独特样态进行阐释性和批判性探讨，并以此为切口审视中国电视新闻改革的总体路径与走向。[27]近年来中国网络视频产业步入多元发展、激烈竞争的阶段，有研究者分析了中国网络视频产业发展历程，现状，和面临的挑战，认为中国视听新媒体发展在变动不居的状态中，呈现出融合化、移动化、社交化、多平台传播的特征。[28]

本年度多篇文章聚焦纪录片研究。有研究者对新中国成立以来的中国纪实影像国际影响力进行梳理，分析了不同历史阶段中国纪实影像对外传播的国家形象，总结了中国纪实影像对外传播中国形象的历史沿革和发展趋势。[29]有研究者对具有新闻属性的"互动纪录报道"进行分析，从其概念内涵、新闻属性、叙事结构及社会功能进行研究，认为互动式纪录报道形式及其带来的新闻实践有三个明显特征：多重的媒体形式与平台融合；连续的"叙事流"；优质的用户体验。[30]

六、新媒体研究

随着传播技术的更迭演进，面对新媒体发展的诸多变化，学者们对新媒体研究的基本概念和经典问题进行再定义与再研究。有研究者依据新媒体概念的演变过程，新媒体相对稳定的基本特征，新媒体概念使用的不同情境和具体指向这三条线索，对新媒体进行阶段性概念界定。[31]有研究者从学术发展和现实需求两方面分析了新媒体研究的起源，总结了当前新媒体研究面临的三点困境，并依照“认识—视角—方法”的路径提出重构新媒体研究框架的设想。[32]有研究者通过从主权到网络主权的概念探析，认为网络主权是一个存在于国际关系流动中的多元概念。[33]还有研究者关注网络意见领袖在不同网络社区间的迁移行为。研究基于扎根理论，归纳出迁移态度、主观规范、迁移控制感知三方面影响迁移意向的12个主要因素，其中技术驱动、舆论关注、信息红利、圈群认同、可用性感知是影响意见领袖向未来新社区迁移的重要变量。[34]

作为新媒体的重要发展趋势研究，社会化媒体是学界关注的热点。有研究者以北京地区的高校大学生为例，分析社交媒体使用对大学生拖延行为的影响机制。研究发现，社交媒体的依赖和使用对拖延行为有显著的正向影响，拖延行为与性别、教育程度之间存在显著相关关系。并在此基础上探讨了社交媒体的异化与反向驯化现象，人的媒介化和媒介的人性化。[35]还有研究者从危机情境与危机策略的研究视角出发，探讨如何建立适合社会化媒体语境的危机传播机制。[36]

七、传媒经济研究

传媒改革与媒体融合是传媒经济研究的热点话题。有研究者指出，我国传媒业尤其是传统报业和电视行业存在产能过剩的危机。[37]面对传统媒体如何走出日渐式微的困局这一问题，有研究者认为，传媒影响力再造需要选择适合自身的接入端并突破社会传播的“最后一公里”，关系赋权是互联网时代传媒影响力构建的一种新范式。[38]关于媒体融合的研究中，有研究者认为，平台融合是媒体融合转型的核心，建设生态级媒体平台是打造新型主流媒体的基本路径。[39]我国主流媒体集团在国家的媒体融合战略中地位重要，有研究者认为，主流媒体集团应以创新型产品为构建基础，建设具有海量用户入口和大数据处理能力的用户平台，通过用户数据采集，分析与应用提升媒体服务的精准度，并以此实现主流媒体商业模式的创新。[40]

近年来，影视行业成为传媒经济的重要板块。有研究者把实物期权定价法引入影视剧项目评估，将影视剧项目投资过程转化为一个前后关联的“复合期权”，并依据影视剧项目投资特点构建价值评估模型。[41]有研究者基于市场信号理论，以2006—2014年间在中国国内市场上上映且票房排名前40的360部影片为例，通过相关性分析和结构方程模型等统计方法，对国际生产方式与票房之间的关系做出定量分析。研究发现，国际合作生产与票房绩效之间具有显著的正相关关系，但生产方式并非直接扮演市场信号的角色。同时，外国研究证明的获奖这个变量在中国市场的验证结果为无效信号，说明外国文献中的信号模型并不完全适用于中国市场。[42]此外，众筹模式为传媒产业带来了新的商业形式。有研究者基于技术接受模型和感知分析理论，以《十万个冷笑话》电影版权筹项组为实证对象，对传媒众筹项目支持者支持意向的影响因素及其影响路径进行定量分析，并以此构建了传媒众筹支持意向模型，对传媒众筹实践提出建议。[43]

注：

①陈力丹：《坚持党性原则，尊重新闻规律——学习习近平总书记重要讲话的体会》，《中国记者》，2016年第3期。

②郑保卫：《习近平新闻宣传舆论观的形成背景及理论创新》，《现代传播》，2016年第4期。

③王斌、王雅贤：《“政经博弈说”及其发展：中国新闻改革中国家—市场关系的理论考察》，《国际新闻界》，2016年第9期。

④周敏、王阳、何谦：《风险传播图景中的童年：儿童影像的建构、再现政治与传播伦理》，《国际新闻界》，2016年第12期。

⑤朱洪军：《冲突与调适：微信空间版权正当性的反思》，《国际新闻界》，2016年第12期。

⑥彭兰：《智媒化：未来媒体浪潮——新媒体发展趋势报告》，《国际新闻界》，2016年第11期。

⑦常江：《虚拟现实新闻：范式革命与观念困境》，《中国出版》，2016年第10期。

⑧方洁、胡杨：《地理数据叙事：数据新闻报道的新趋势》，《新闻与写作》，2016年第1期。

⑨赵云泽、丁琢、孟雅、李师贤：《辅佐政事与延揽民意：先秦时期社会传播活动的功能考察》，《国际新闻界》，2016年第6期。

⑩王润泽、余玉：《技术与观念的互动：民初传播技术进步与新闻业务发展》，《国际新闻界》，2016年第3期。

⑪方晨、李金泳、蔡博方：《忽略的维度：詹姆斯·凯瑞的新闻历史观及其批判》，《国际新闻界》，2016年第2期。

⑫胡钰：《马克思主义新闻观教育的着力点》，《现代传播》，2016年第7期。

⑬许向东：《对中美数据新闻人才培养模式的比较和思考》，《国际新闻界》，2016年第10期。

⑭陈虹、秦静：《全球化时代新闻传播全英文教育的理念与范式革新——从英语教学到跨文化传播》，《现代传播》，2016年第9期。

⑮高晓虹、赵希婧：《新时期新闻传播教育的理念与方法创新——以中国传媒大学新闻传播教育为例》，《新闻与写作》，2016年第1期。

⑯胡正荣、冷爽：《新闻传播学类学生就业现状及难点》，《新闻战线》，2016年第11期。

⑰涂凌波：《实用主义影响下学理与术业之并重：再论20世纪初中国新闻教育观念》，《现代传播》，2016年第3期。

⑱周逵：《作为传播的游戏：游戏研究的历史源流、理论路径与核心议题》，《现代传播》，2016年第7期。

⑲刘双庆、涂光晋：《社会网络分析视野下的健康传播》，《现代传播》，2016年第4期。

⑳李彬、刘海龙：《20世纪以来中国传播学发展历程回顾》，《现代传播》，2016年第1期。

㉑郑保卫、叶俊：《从宣传研究到传播研究：对拉斯韦尔宣传定义的知识社会学考察》，《国际新闻界》，2016年第2期。

㉒毛湛文：《定性比较分析（QCA）与新闻传播学研究》，《国际新闻界》，2016年第4期。

㉓史安斌、廖鲽尔：《国际传播能力提升的路径重构研究》，《现代传播》，2016年第10期。

㉔任孟山：《中国国际传播的全球政治与经济象征身份建构》，《现代传播》，2016年第9期。

㉕段鹏：《论"中国梦"的对外传播战略——基于对〈华盛顿邮报〉和CNN有关"中国梦"报道的内容分析研究》，《现代传播》，2016年第8期。

㉖周勇、何天平、刘柏煊：《由"时间"向"空间"的转向：技术视野下中国电视传播逻辑的嬗变》，《国际新闻界》，2016年第11期。

㉗常江、文家宝：《中国语境下的电视新闻调查性报道：基于对〈新闻调查〉（1996—2006）的个案考察》，《国际新闻界》，2016年第3期。

㉘王晓红、谢妍；《中国网络视频产业：历史、现状及挑战》，《现代传播》，2016年第6期。

㉙何苏六、程潇爽：《映像中国：纪实影像对外传播的国家形象研究》，《现代传播》，2016年第12期。

㉚赵如涵：《互动纪录：融媒体环境中的新闻报道的新理念与新实践》，《现代传播》，2016年第7期。

㉛彭兰：《"新媒体"概念界定的三条线索》，《新闻与传播研究》，2016年第3期。

㉜谢新洲、李冰：《新媒体研究的困境与发展》，《新闻与写作》，2016年第2期。

㉝胡泳、车乐格尔：《"网络主权"辨析》，《新闻与传播研究》，2016年第1期。

㉞沈阳、杨艳妮：《中国网络意见领袖社区迁移影响因素及路径分析》，《国际新闻界》，2016年第2期。

㉟李彪、杜显涵：《反向驯化：社交媒体使用与依赖对拖延行为影响机制研究——以北京地区高校大学生为例》，《国际新闻界》，2016年第3期。

㊱王宇琦、陈昌凤：《社会化媒体时代政府的危机传播与形象塑造：以天津港"8·12"特别重大火灾爆炸事故为例》，《新闻与传播研究》，2016年第7期。

㊲崔保国：《传统媒体的深层危机是产能过剩》，《新闻与写作》，2016年第7期。

㊳喻国明：《关系赋权范式下的传媒影响力再造》，《新闻与写作》，2016年第7期。

㊴宋建武、陈璐颖：《建设区域性生态级媒体平台——打造新型主流媒体的路径探索》，《新闻与写作》，2016年第1期。

㊵宋建武、陈璐颖：《如何打造新型主流媒体——我国主流媒体集团的融合转型之路》，《新闻与写作》，2016年第9期。

㊶张辉锋、王田：《影视剧项目投资价值的实物期权评估模型》，《国际新闻界》，2016年第10期。

㊷丁汉青、曹璞、崔巍：《电影生产方式与票房间关系的实证研究》，《国际新闻界》，2016年第1期。

㊸韩晓宁、易新航、任甜甜、王军：《基于技术接受模型的传媒众筹支持意向影响因素研究》，《国际新闻界》，2016年第2期。

（作者：郭庆光，中国人民大学教授；
赵准，中国人民大学博士生）

军　事　学

军　事　学

答瑞礼

2016年是"十三五"开局之年，是朱德同志诞辰130周年、建军89周年，也是长征胜利80周年、海军成立68周年、空军成立67周年、战略导弹部队成立50周年。回顾2016年伊始开启的国防和军队改革大幕，正迈入一个新的重要里程碑。2016年是深化国防和军队改革向纵深推进的一年，是部队全面建设和军事斗争准备适应新体制、实现新发展的一年，是全军深入开展改革强军主题教育活动的一年，是以强军兴军新常态迎接建军90周年和党的十九大胜利召开的一年。军事学在军事理论创新和实践创新的互动中又有了新的进展。

一、2016年是军队建设阔步前行的一年

被誉为"军改元年"的2016年，发生了太多的变化，大格局革旧维新，小环境新象勃勃。

（一）2016年国防和军队建设十大重要亮点

解放军报报编辑部在《2016十大国防新闻》一文中指出其十大亮点：一是中央军委印发《关于深化国防和军队改革的意见》；二是中央军委部署军队和武警部队全面停止有偿服务工作；三是首个全民国家安全教育日全国各地开展国家安全教育；四是中央军委颁发《军队建设发展"十三五"规划纲要》；五是海军三大舰队在南海举行实兵对抗演习；六是全国双拥模范城（县）命名暨双拥模范单位和个人表彰大会在京举行；七是《中华人民共和国国防交通法》公布；八是歼－20战机首次亮相珠海航展；九是中央军委印发《加强实战化军事训练暂行规定》；十是中央军委军队规模结构和力量编成改革工作会议举行。[①]

（二）2016年 中国军队"大杀器"公开亮相

张礼军、李伟在《中国军队大步前行的2016年哪些"大杀器"公开亮相》一文中认为，2016年，是中国军队大步前行的一年，也是中国军队武器装备硕果累累的一年：歼－20公开亮相、运－20入列空军、AG－600"蛟龙"大型水上飞机成功下线，飞行器领域捷报频传；辽宁舰搭载的歼－15战斗机开始具有对空对海打击能力，说明航母已经形成战斗力；多种高精尖地面装备亮相中国航展和俄罗斯"国际军事比赛－2016"，显示出我国武器装备的研发水平和先进理念。[②]

（三）全军政治理论研究优秀成果显著

经军委领导批准，军委政治工作部组织开展了第四届全军政治理论研究优秀成果奖评选活动。在军委机关各部门和各大单位评选推荐基础上，经过全军评审委员会集中评审、全军政工网集中公示，共评出399项优秀成果，其中特别奖5项、一等奖40项、二等奖119项、三等奖235项。日前，军委政治工作部发出通知，对获奖成果予以公布。[③]

（四）第七届中国人民解放军新闻奖评选揭晓

白天明、孙阳在《第七届中国人民解放军新闻奖评选日前揭晓》一文中指出，中央和军队24家新闻单位报送的101件作品获奖，其中《改革强军 奋楫中流》等2件作品获特别奖，《我们的队伍向太阳》等25件作品获一等奖，《一名士兵的三点七五公里"长征"》等33件作品获二等奖，《请祖国放心：海拔4810，有我！》等41件作品获三等奖。获奖作品汇聚了全军性重大工作以及国防和军队建设取得的重大成就，体现了军事新闻宣传工作助推强军兴军实践的新成绩、新进展和新探索[④]

（五）解放军报社荣获"2016—2017中国报业版权工作先进单位"

宋明亮、赵振学在《首届中国报业版权大会在京召开》一文中指出，"首届中国报业版权大会"2016年6月9日在北京召开。解放军报社应邀出席会议，并荣获"2016—2017中国报业版权工作先进单位"。[⑤]

（六）数字解读2016年国防军队建设

倪光辉、苏银成、江山、卢晓琳在《转型重塑我们有士气（数字解读2016·国防军队建设）》一文中指出，聚焦打赢，转型重塑，蹄疾步稳，人民军队正昂首迈向世界一流军队的新征程。从“4”到“15”——军队组织形态日益现代化。新成立的陆军领导机构、火箭军、战略支援部队和军委机关15个部门相继亮相，标志着我国军队组织形态日益现代化。从“7”到“5”——能打胜仗成为主攻方向。七大军区调整为五大战区，中央军委联勤保障部队成立，能打胜仗成为部队的主攻方向。从单一到联合——实战化训练剑指打赢。一年来，剑指打赢的实战化联合演练从未停歇。攥指成拳聚合力。改革，剑指打赢；打赢，必须联合。从“0”到“10”——军队反腐首次实现派驻监督。依法治军是我们党建军治军的基本方略。从习主席首次鲜明提出“依法治军、从严治军是强军之基”，到党的十八届四中全会把依法治军、从严治军纳入依法治国总体布局，上升为党和国家的意志，军队法治建设按下“快进键”、进入“快车道”。从“230万”到“200万”——军人转身助力军队转型。2016年军队裁减30万进入正式实施阶段，一批批官兵面临转身，或异地换防，或脱下戎装，踏上了新的征程。[6]

（七）2016年中国军队放了这10个“大招”

张军社在《看！2016年中国军队放了这10个“大招”》一文中认为，一支强大的军队，不仅在于战时舞剑卫疆，也在于和平时期的自我超越。在朝着强军目标奋进的伟大征程中，看军队一年来这些大事，我们必对未来国家安全信心百倍！大招一：“脖子以上”改革。大招二：军队和武警部队全面停止有偿服务。大招三：运-20大型运输机列装。大招四：陆军举行“跨越-2016·朱日和”系列实兵对抗演习。大招五：郭伯雄被判刑，剥夺上将军衔。大招六：我空军航空兵赴南海常态化战斗巡航。大招七：海军三大舰队开展实兵对抗演习。大招八：中俄“海上联合—2016”军事演习。大招九：歼-20战机首次公开亮相。大招十：辽宁舰编队赴西太平洋海域开展远海训练。[7]

（八）2016年，中国越来越成为世界的“和平之锚”

夏一东在《胸怀天下 筑梦强军》一文中认为，2016年的世界安全形势令人困惑和沮丧，混乱的局面愈演愈烈。仅在朝鲜半岛，朝鲜进行了第五次核试验，而韩国则执意要部署“萨德”反导系统，地区安全局势进一步恶化。美国的霸权焦躁症使其在处理大国关系上越来越缺少耐心，动作越来越冒险，给国际安全增添了许多阴影。2016年，中国越来越成为世界的“和平之锚”，无论是所谓的“南海仲裁案”，或是日本的鼓噪帮腔，或是滑稽的“南海巡视”，中国始终坚持和平发展战略，维持亚太地区总体繁荣稳定的基本判断不变，坚守战略底线，维护地区安全，从容淡定稳阵脚。[8]

二、军事理论创新发展研究新进展

实践是理论创新的基础，理论创新是实践创新的先导，创新理论的指导势必推动实践的创新，同时理论本身也在实践创新中得以检验、修正与发展。在日新月异的今天，军事理论创新发展尤其重要。改革强军是开创性事业，理论创新越彻底，改革之路就越通畅。

（一）党的军事指导理论创新发展最新成果

王志强在《建设一支世界一流的人民军队》一文中认为，党的十八大以来，习近平总书记国防和军队建设重要论述，内涵丰富，思想深邃，是一个逻辑严整、开放发展的科学理论体系。一是提出对当今世界和当代中国时与势的重大判断，明确了强军兴军的战略基点。二是提出党在新形势下的强军目标，明确了新的历史条件下我们党建军治军的总方略。三是提出与时俱进创新军事战略指导，领导制定新形势下军事战略方针，明确了统揽军事力量建设和运用的总纲。四是提出“更加注重聚焦实战、更加注重创新驱动、更加注重体系建设、更加注重集约高效、更加注重军民融合”，明确了军队建设发展的战略指导。五是提出新形势下政治建军方略，明确了军队建设发展的正确政治方向。六是提出新形势下备战打仗战略思想，明确了强军关军的核心任务。七是提出新形势下改革强军战略，明确了强军兴军的根本出路。八是提出新形势下依法治军的基本方略，明确了强军兴军的法治保障。九是提出新形势下全面加强军队党的建设，明确了强军兴军的思想和组织保证。十是提出新形势下推进军民融合深度发展战略，明确了兴国强军的重大举措。十一是丰富发展了党的军事辩证法思想，明确了观察处理军事问题的科学世界观方法论。这些重要论述，既相互联系又相互支撑，构成了习近平总书记强军兴军思想体系的基本框架和基本内容。[9]

（二）把创新摆在军队建设发展全局的重要位置

李宣良、孙彦新、王经国在《把创新摆在军队建设发展全局的重要位置》一文中认为，创新能力是一支军队的核心竞争力，也是生成和提高战斗力的加速器。习主席的重要讲话主题重大、立意高远，以重点突破带动和推进全面创新，必须全面实施创新驱动发展战略，坚持战斗力标准，下大气力抓理论创新、抓科技创新、抓科学管理、抓人才集聚、抓实践创新，不断开创强军兴军新局面。⑩

（三）军事科研创新的重大意义

陈志良、陈晓宇在《军事科研创新的重大意义研究》一文中认为，创新是一个民族进步的灵魂，一个国家发展的不竭动力，一个政党永葆青春的法宝。对于军队而言，军事科研创新是军队增强战斗力，不断提高国防实力，捍卫国家主权与地位的基石。无论从新军事变革、国际地位，还是从民族自豪感、社会经济生活等方面进行分析，军事科研创新都具有重要的意义。⑪

（四）推动改革强军要有新思维

叶宏志在《推动改革强军要有新思维》一文中认为，改革强军是开创性事业，观念转变越彻底，改革之路就越通畅；思维创新越深入，改革成效就越明显。当前，必须来一次“头脑风暴”，敢于打破传统的思维模式，以新思维迎接新挑战、落实新任务。⑫

（五）“仗怎么打”：问计作战概念创新

孙英德、赵猛在《“仗怎么打”：问计作战概念创新》一文中认为，作战概念，是对未来如何作战的描述，正日益成为军队建设与作战的重要抓手。一流的军队设计战争，关键在深刻领悟信息化战争特点规律的基础上，主动设计作战概念，进而推动战法创新，从根本上解决“仗怎么打”的问题。作战概念是理论的过渡态，最终价值在于指导牵引实践。一是向条令转化。作战概念形成理论并转化为条令，才能发挥价值。二是向作战计划转化。作战计划是作战概念的具体化，对比较成熟的作战概念，应科学而富有逻辑地将其与指挥官的直觉、想象力结合起来，转化为具体作战计划，完善作战计划体系。三是向实践转化。概念是实践的指南。应以作战概念为牵引，规划设计武器装备发展、组织结构优化、军事训练转变、作战人才培养等“路线图”，为构建新型现代军事体系服务。⑬

（六）军事竞争新制高点

朱启超在《军事竞争新制高点》一文中认为，20世纪下半叶以来，人类活动的领域进一步向太空和网络空间伸展，军事大国和强国开始将制天权和制信息权的争夺视为军事竞争新的制高点。国家利益在网络空间空前拓展。各国经济发展、科技创新以及社会价值观塑造将对网络空间产生越来越强的依赖，国家利益正以前所未有的速度在网络空间扩展，网络安全是国家安全的重要屏障。计算机体系结构本身的缺陷和网络空间的开放性，使得网络病毒和系统漏洞难以根除，为黑客攻击、网络犯罪、网络恐怖主义开了方便之门，使得网络安全威胁日益成为全球性挑战。网络战争是没有硝烟的崭新战争，网络战是人类自有战争行为以来的最新行动样式，它一般不以直接杀伤对手的生命为目标。⑭

（七）全面实施创新驱动发展战略　推动国防和军队建设实现新跨越

李宣良、孙彦新、王经国在《习近平：全面实施创新驱动发展战略 推动国防和军队建设实现新跨越》一文中指出，把创新摆在我军建设发展全局的重要位置，实现新跨越要把握下列基本点：一是创新是引领发展的第一动力，必须摆在突出位置。创新能力是一支军队的核心竞争力，也是生成和提高战斗力的加速器。二是科学的军事理论就是战斗力，一支强大的军队必须有科学理论作指导。三是我军必须高度重视战略前沿技术发展，要抓紧搞好创新性成果转化运用，把创新成果转化为实实在在的战斗力。四是军队能不能打仗、打胜仗，科学管理起着关键作用。要更新管理理念、完善管理体系、优化管理流程，推动我军向质量效能型转变，实现集约高效发展。五是人才是创新的核心要素，加紧集聚大批高端人才是推动我军改革创新的当务之急。六是推进军队改革创新需要全军官兵共同努力。各级要激励大家争当创新的推动者和实践者，使谋划创新、推动创新、落实创新成为全军的自觉行动。七是要把军队创新纳入国家创新体系，大力开展军民协同创新，探索建立有利于国防科技创新的体制机制，推进军民融合深度发展。⑮

（八）战争新形态要求全面军事创新

韩旭东在《战争新形态要求全面军事创新》一文中认为，当今，我们所处的时代正是战争从传统战争向新形态战争转变时期。军事创新是发展新型军事力量，打赢新形态战争的必由之路。⑯

三、长征胜利80周年研究新进展

80年过去，长征精神仍旧不会过时，赐予一代又一代人深刻的灵魂洗礼。一代人有一代人的长征。今天，攻克建设世界一流军队的高地，需要我们这一代军人“走好自己的长征路”。当好红军传人，弘扬长征精神，理论研究形成了如下新认识。

（一）不朽丰碑——纪念中国工农红军长征胜利80周年

长征胜利80周年主题展览开幕式在京举行。张涛在《百名驻华大使武官参观“长征胜利80周年主题展”》一文中认为，10月10日上午10时，正在中国人民革命军事博物馆举行的“英雄史诗 不朽丰碑——纪念中国工农红军长征胜利80周年主题展览”迎来91个国家的163位驻华使节和武官。在展厅营造的长征历史之烟波云海中，驻华使节和武官们震撼地表示，二万五千里的长征壮举，超越了国度与意识形态界限，是人类不断超越自我、追求真理精神的体现，值得世人铭记。[17]红军长征是老一辈革命家用血肉之躯谱写的、令人心灵震撼、精神升华、激情奋进、永不言败的光辉历史，世界奇迹。长征留下的敢于胜利的革命英雄主义精神、坚定信念的乐观主义精神、不屈不挠的拼搏精神、大无畏的牺牲精神所汇成的红军精神，是中国乃至世界宝贵的精神遗产。10月21日，纪念红军长征胜利80周年大会在北京人民大会堂隆重举行。中共中央总书记、国家主席、中央军委主席习近平在大会上发表重要讲话，并与23日参观了“英雄史诗 不朽丰碑——纪念中国工农红军长征胜利80周年主题展览”。[18]

（二）什么是长征精神

黄玥在《长征精神与世界反法西斯斗争长征精神，习近平最重视什么?》一文中认为，回顾昨天的长征路，是为了走好今天的长征路，开辟明天的长征路。长征，留给我们最宝贵的精神财富，是中国共产党人和红军将士用生命和鲜血铸就的伟大长征精神。什么是伟大的长征精神？“就是把全国人民和中华民族的根本利益看得高于一切，坚定革命的理想和信念，坚信正义事业必然胜利的精神；就是为了救国救民，不怕任何艰难险阻，不惜付出一切牺牲的精神；就是坚持独立自主、实事求是，一切从实际出发的精神；就是顾全大局、严守纪律、紧密团结的精神；就是紧紧依靠人民群众，同人民群众生死相依、患难与共、艰苦奋斗的精神。”习近平总书记高度凝练地总结了长征精神五个方面的深刻内涵。这五个方面是辩证统一的整体。坚定的革命理想信念，既是长征精神的组成，也是长征精神的基础，更是长征精神的灵魂。[19]

徐焰在《仰望不朽的精神丰碑》一文中认为，长征离80年后的今天是如此遥远，但我们仍然可以通过回顾长征，同前辈们做跨时空的思想沟通，把伟大的长征精神永远继承下来。1. 中华民族自豪的伟大历史篇章。万里长征同万里长城并列，都是中国人创造的震惊世界的奇迹，也是中华民族坚韧不拔、顽强奋斗的意志象征。2. 初心不改，入党誓词化作实实在在的奋斗动力。回顾整个中国革命战争史，长征正是一个转折点，经历了无穷苦难的共产党人通过千锤百炼，随后迎来了抗日战争和解放战争的胜利辉煌。3. 长征精神将永远激励追逐梦想的人们。今天我们继承长征精神，不忘前辈们的初心和奋斗初衷，就要继承他们为振兴中华和实现人类最美好理想而不惜奉献一切的精神。[20]

长征精神中有许多永恒的精神品质。公方彬在《谈习近平长征讲话核心：从哪里来，到哪里去》一文中认为，长征精神中有许多永恒的精神品质，只要将其与时代对接，总能焕发出巨大的活力生命力，这是中国共产党的财富，也是中华民族的财富，甚至是人类的财富。习近平强调：“今天的长征同当年的红军长征相比，同改革开放以来我们已经走过的新长征之路相比，虽然在环境、条件、任务、力量等方面有一些差异甚至有很大不同，但都是具有开创性、艰巨性、复杂性的事业。”[21]

（三）长征壮歌今犹在

金一南在《长征壮歌今犹在——读〈马背上的共和国〉》一文中认为，当下，举国上下都在庆祝中国工农红军长征胜利80周年。从城市到乡村，不断有人沿着红军的足迹上路，叩问往昔风雨。重走长征路的人，是想触摸那个传之久远的东方神话。走到终点后，他们发现，那是一条绵长的精神矿脉，是一座定格在历史天空令人景仰崇敬的精神高峰与信仰高地。习主席在参观纪念长征胜利80周年专题展览时强调，现在，时代变了，条件变了，我们共产党人为之奋斗的理想和事业没有变。我们要铭记红军丰功伟绩，弘扬伟大长征精神。历史是最好的教科书。长征精神是整个民族、整个人类的精神，时至今日，仍给后人追忆、启示与激励。当历史之光投射在写历史的人身上，它照亮的不是过去，而是现在和未来。[22]

（四）生死抉择中的引领与追随

肖冬松在《生死抉择中的引领与追随》一文中认为，成功实践造就杰出领袖，杰出领袖和党的领导集体带领广大军民进一步推进成功实践，这就是中国革命波浪式前进发展的辩证法。一是从建党到开始长征，中国共产党在13年艰苦卓绝的奋斗中始终没有形成成熟、稳定的领导集体。二是真正的领袖不是自封的，而是在长期实践中自然形成的。三是杰出领袖能够认清本质、洞察先机、带领军民走向胜利和辉煌，绝不是由于上苍和运气的眷顾，而是用先进的理论、路线、战略和策略引领实践的结果。四是长征是气吞山河的英雄交响，只有广大红军官兵忠诚追随、奋力高歌，才能奏出惊天地、泣鬼神的壮丽乐章。实现党在新形势下的强军目标，是一次新的长征，需要全军官兵坚持党对军队绝对领导，坚决维护和贯彻军委主席负责制，不断推进强军兴军的伟大实践。[23]

（五）长征的伟大意义

罗援在《关于长征精神的对话》一文中认为，长征的意义在于，1. 它向世界宣布红军是英雄好汉，是解救民族危亡的中流砥柱；2. 在斗争中独立自主地选出了自己的英明领袖；3. 在11个省2万万人当中宣传了只有红军的道路才是解放他们的道路；4. 锤炼出一支不可战胜的力量。新中国成立后，开国元帅10个中有9个经历过长征；10个大将中有9个参加过长征，90%以上的开国将帅参加过长征。这就是我军的定海神针。[24]

（六）今天的改革同样是一场决定前途命运的“长征”

解辛平在《做改革强军征途上的“纤夫”》一文中认为，今年，是红军长征胜利80周年。今天的改革，同样是一场决定前途命运的“长征”。今天的改革，同样需要坚如钢、硬如铁的执行力。世界新军事变革千帆竞渡、百舸争流，这是一场输不起的战争。大洋彼岸，美军保持着这样的清醒和忧患：“到任何时候，我们也不能宣布美国军队已经实现转型了。”与此同时，宣布武装力量“新面貌”改革完成的俄罗斯军队，又紧锣密鼓地开始了新一轮改革。一支军队要想从胜利走向胜利，必须从改革走向改革。中国军队，这支经历过长征血火考验的人民军队，必将在改革这条新的长征路上取得新的伟大胜利！[25]

（七）走好新的长征路

杜尚泽、朱磊在《回访习近平总书记宁夏考察：“社会主义是干出来的”》一文中认为，今年是红军长征胜利80周年，全党全国人民要记住这一句：走好新的长征路。“我们要继承和弘扬好伟大的长征精神。有了这样的精神，没有什么克服不了的困难。我们要走新的长征路，长征永远在路上。当年的长征，是中国共产党带领人民夺取政权的长征，我们现在是改革开放新时期实现‘两个一百年’奋斗目标的新长征，这是接续进行的。我们这一代人要走好我们这一代的长征路。”[26]

四、实现强军目标建设世界一流军队研究新进展

习主席国防和军队建设重要论述，是我们实现强军目标、建设世界一流军队的根本指导。世界一流军队必须要有一流的军事理论、一流的武器装备、一流的人员素质、一流的编制体制、一流的作战指挥等。我们对这方面的认识，正在不断深化和拓展。

（一）实现强军目标建设一流军队的思想法宝

解辛平在《实现强军目标建设一流军队的思想法宝》一文中认为，“国家大柄，莫重于兵。”在伟大复兴的航道上，有风雨也见彩虹，历平流也涉险滩。作为国之重器、利器的人民军队，必须向着建设强国军队、世界一流军队目标迈进。习主席国防和军队建设重要论述，是我们建设强国军队、世界一流军队的根本指导。[27]

（二）奋力实现强军目标 建设世界一流军队

毕京京在《奋力实现强军目标 建设世界一流军队——深入学习贯彻习近平同志国防和军队建设重要论述》一文中认为，习近平总书记明确要求把国防和军队建设放在实现中华民族伟大复兴这个大目标下来认识和推进，提出了与中国梦相适应的强军目标以及建设世界一流军队的目标指向。实现强军目标、建设世界一流军队，不可能一帆风顺，必然会遇到困难、阻力和风险。各级领导干部必须勇于担当、善于担当。我们要时刻想着国家安危和当代革命军人的历史责任，以革故鼎新、披荆斩棘的魄力能力，不畏艰难、不惧阻力的意志品质，中流击水、勇涉险滩的大智大勇，冲破思想观念束缚，克服部门利益掣肘，攻克体制机制痼疾，进一步解放和发展战斗力，进一步解放和增强军队活力，力争在中国特色强军之路上取得重大突破和进展。[28]

（三）世界一流军队的科学内涵

钧正平在《由大向强的中国，需要一支什么样的军队》一文中认为，一流军队的内涵，不仅体现在对当前危机的有效管控，更体现在对觊觎之敌的有力慑止。所谓世界一流军队，通俗地讲就是：剑锋所指，所向披靡；剑鸣匣中，令敌胆寒。顾名思义，世界一流军队必须要有一流的军事理论、一流的武器装备、一流的人员素质、一流的编制体制、一流的作战指挥等。但不同的时代有不同的参照系，不同的历史阶段有不同的建设标准，不同的国家有不同的国情军情，我们要建设的世界一流军队应有独特内涵。从世界战争史来看，强国军队、一流军队总是按照自己的思路和套路来探索战争实践，提出一种理论打一场战争，打一场战争更新一种理论。当前，以信息化为核心的世界新军事革命正深入推进，深刻地改变着战争形态和作战样式。我们建设世界一流军队，就是要站在时代前沿、军事前沿、技术前沿，实现从跟跑到并跑、领跑的跃升。[29]

（四）一流军队如何设计战争？

王景在《一流军队如何设计战争？武器装备来说话！》一文中认为，战争形态已演变为体系间的对抗、系统间的较量，平台作战、体系支撑，战术行动、战略保障，已经成为现代战争的显著特点。如果还拘执于脱离团队称雄、脱离体系制胜的旧思维抓备战、搞建设，必将在未来战场上吃败仗。武器装备是体系力量的重要组成部分和基本载体，我军正在解决先进武器装备少这一重要短板。加快补齐这些短板，必须铸牢“设计武器装备就是设计未来战争”的理念，将作战部门和任务部队置于装备发展链条的“顶端”，以作战需求为牵引，瞄准急需，立足前沿，便于升级，使研发的武器装备与未来战场深度对接。硬件过硬后，还需加强软件建设，构建纵横贯通、上下连接，涵盖各个作战单元、不同作战要素的“信息流”，使各作战力量由“形聚”向“能聚”转变，从而实现三军“动如风发、出若一人”。[30]

（五）中国建设世界一流空军首先要提升空天战略打击能力

王明亮在《中国建设世界一流空军首先要提升空天战略打击能力》一文中认为，当今的中国，正处在中华民族伟大复兴的关键发展阶段，着眼实现中华民族伟大复兴的中国梦，奋力建设世界一流空军是时代的宏大命题。当下的世界，正经历前所未有的大变局。中国在变 世界格局在变 技术在变。三个“变”，对建设世界一流空军提出三个战略需求。第一，以高制高，实行空天战略防卫，维护国家空天安全。第二，以高制低，提供空天战略支撑，跨域维护国家陆海安全。第三，以高拓远，实施空天战略拓展，广域保障国家权益“走出去”。当前建设世界一流空军，必须把握三个属性特征，对整个力量形态进行创新塑造。第一，建设现代空军，就是要建设紧跟世界空天军事变革前沿的空军。第二，建设大国空军，就是要建设为大国主权、安全和发展提供坚强力量支撑的空军。第三，建设战略空军，就是要建设具备战略打击、空天防御和战略投送核心能力的空军。综合而言，世界一流空军，就是由一流装备、一流网络、一流人员、一流管理、一流文化组成的新型空军。中国人，中国军队，中国空军，从来就不需要主权以外的海洋和天空，但需要他国对我们在海洋和天空的主权给予尊重，需要所有国家对世界公共海洋和天空给予尊重，不接受任何国家对人类共有地理资产的独占。建设世界一流空军，就是要建立这样的眼界、胸怀和姿态。[31]

五、政治建军研究新进展

善举纲者万事遂，善谋势者机可期。面对意识形态领域复杂形势，面对艰巨繁重的军事斗争准备任务，面对深化国防和军队改革这场大考，思想政治建设只能加强不能削弱，只能前进不能停滞，只能积极作为不能被动应付。沿着这一思路，政治建军研究有如下新的进展。

（一）党在强军兴军进程中政治建军的科学指南

颜晓东在《军队政治工作指导理论创新发展的崭新篇章——深入学习贯彻习主席关于军队政治工作重要论述》一文中认为，习主席关于军队政治工作重要论述是在实现中国梦强军梦这个大的时代背景下提出来的，凝结着我们党建军治军的宝贵经验，赋予我军政治工作新的时代内涵和历史重任，具有深远的战略考量和鲜明的时代特色，是新形势下加强我军政治工作的根本遵循和行动指南。一是洞察时代变化做出的深远谋划。对政治工作找准时代方位、应对时代挑战、担当时代责任做出一系列新判断、新部署，为确保国防和军队建设正确政治方向立起了指引航标。二是引领政治建军的思想旗帜。始终把政治建军摆在首位，贯彻落实到军队建设各领域全过程。三是破解问题积弊的关键锁钥。习主席在古田全军政治工作会议上严肃指出“10个方面”突出问题，旗帜鲜明地抨击沉疴流弊，一针见血地剖析原因教训，为军队不良政治生态画了像，发出了从严纠风治弊、重整行装再出发的动员令。[32]

（二）在强军兴军实践中推动政治工作创新发展

颜晓东在《军队政治工作指导理论创新发展的崭新篇章——深入学习贯彻习主席关于军队政治工作重要论述》一文中认为，习主席关于军队政治工作重要论述，意蕴深厚，思想深邃，内涵丰富，涵盖军队政治工作的总体要求、指导原则、重点任务、实践路径等各个方面，形成了科学的思想体系，极大丰富发展了党的军事指导理论，开辟了军队政治工作指导理论与时俱进、创新发展的新境界。一是深刻把握政治工作的地位作用。二是深刻把握政治工作的时代主题。三是深刻把握党对军队的绝对领导。四是深刻把握确立战斗力这个唯一的根本的标准。五是深刻把握打造能够担当强军重任的高素质军事人才。六是深刻把握推进政治工作固本开新。[33]

（三）围绕政治工作时代主题发挥生命线作用

吴昌德在《谈谈我军政治工作的生命线作用》一文中认为，在新一轮军改中，思想政治建设必须发挥好我军政治工作的生命线作用。具体落实需要把握下列几点：一是保证党对军队绝对领导。二是保证部队战斗力的提高。三是保证我军性质宗旨永不变色。四是保证军队高度团结统一。五是能够有效瓦解敌军。[34]赵周贤、徐志栋在《围绕政治工作时代主题发挥生命线作用》一文中认为，必须进一步深化对新的历史条件下政治工作生命线作用的认识。当前最紧要的是把理想信念、党性原则、战斗力标准、政治工作威信在全军牢固立起来，持续不断培养有灵魂有本事有血性有品德的新一代革命军人，与时俱进不断推动军队政治工作改革创新。“不日新者必日退。”军队政治工作只有紧紧围绕时代主题不断改革创新，增强时代性感召力，才能永葆生命线生机活力。[35]

（四）政治工作要打造思维“升级版”

胡世军在《让网络成为政治工作倍增器》一文中认为，政治工作要赢得主动、赢得优势，首要的是更新思维理念，打造思维“升级版”，使其跟上网络时代的节奏和步伐。树牢用户主导思维，尊重官兵主体地位，遵循平等交流原则，摒弃我高你低、我讲你听、我打你通的传统模式，围绕官兵需求设计开展政治工作。树牢精准服务思维。通过对官兵用网习惯、网上活动的数据分析，研判现实思想动态，奔着现实问题和“活思想”，提供个性化服务，实现由“漫灌”向“滴灌”转变，使政治工作瞄准靶心更精准、对症下药更精确。树牢扁平传播思维，拓展政治工作对象正面，压缩信息流转垂直面，减少传播层次，通过将军与士兵“直接对话”、机关与基层“无缝对接”，在互动中准确掌握官兵关注的热点、倾诉的重点、思想的疑点，有的放矢做好思想引导和解疑释惑工作。确保使命任务拓展到哪里，网络就延伸到哪里，政治工作就跟进渗透到哪里。面对互联网这个争心夺志的主战场，创新开展网络政治工作，必须像打仗一样开展网上舆论斗争，主动亮剑，善于发声，变中有守，牢牢掌握话语权，营造网络空间的“碧水蓝天”。[36]

（五）聚焦“主战”推动政治机关转型

黄集骧在《聚焦“主战”推动政治机关转型》一文中认为，习主席指出，战区要以主要精力研究打仗、指挥作战，尽快从大军区体制运行模式转变过来。政治机关必须积极适应新的体制和“主战”职能，坚持以习主席训令为指导，围绕“绝对忠诚、善谋打仗、指挥高效、敢打必胜”目标，以改革精神审视、牵引和加强政治机关建设，努力实现功能定位、工作内容、运行模式、方法手段等全面转型，让政治工作生命线焕发更强生命力。一是围绕政治统领这个根本，强化把关定向功能。二是围绕聚焦打仗这个核心，强化导向牵引功能。三是围绕联合制胜这个关键，强化协调凝聚功能。四是围绕平战一体这个常态，强化跟进服务功能。五是围绕建用适度分离这个特征，强化组织保证功能。六是围绕人才队伍这个支撑，强化选拔培养功能。[37]

（六）锻造服务保证强军的利剑

夏国东、黄超、尹航在《锻造服务保证强军的利剑——全军和武警部队扎实开展正风肃纪反腐工作述评》一文中认为，党的十八大以来，全军和武警部队真正把纪律规矩立起来、用起来、严起来，有力维护了部队纯洁巩固。各级党委始终把纪律规矩摆在首位，坚决维护和贯彻军委主席负责制，引导党员干部提纯党性，强化政治意识、大局意识、核心意识和看齐意识。以新理念、新标准、新风貌更好履职尽责，坚定不移把军队正风反腐推向前进，为实现强军目标提供坚强纪律支持和政治保证。[38]

（七）让网络成为政治工作倍增器

胡世军在《让网络成为政治工作倍增器》一文中认为，信息网络的纷繁多彩，既给政治工作带来全面挑战和深刻变革，也开辟了新的广阔空间。我们必须，给生命线加载“数据链”，让“最大变量”变成“最大正能量”。紧跟时代，抢占信息网络制高点。把办网用网能力作为政治工作考评的重要指标，确保大家成为网络政治工作的“行家里手”。信息网络体系是打赢的有力支撑，必须基于网络把政治工作触角延伸到军事活动各领域，渗透到遂行任务各环节，发挥网络的“倍增器”作用，不断提升政治工作备战打仗贡献率。建立军情兵情“大数据”。构建政治工作大数据，除丰富传统的政治实力、官兵数质量等数据库外，更重要的是针对作战对手、作战环境，建设战时政治工作数据库，实现政治工作态势实时显示、指令实时发送和部队信息实时反馈。全面采集录入各级各类军事动态、军事思想、作战理论信息等，进行数字化、在线化整合关联，实现官兵在线可查、按需取用。[39]

（八）深刻把握贯彻政治建军方略的要求

缪文江在《深刻把握贯彻政治建军方略的要求》一文中认为，习主席政治建军方略，是一个完整的思想体系、系统的实践工程。对于基层而言，贯彻这一重大方略，就是要按照习主席“五个着力抓好”的要求，重点抓好以下几个关键方面：肃清流毒要彻底。理论武装要扎实。思想引领要到位。制度落实要严格。红色基因要传承。[40]

（九）4G时代，政治工作不走新路便难有“活路”

解放军报评论员在《贴近时代 走近官兵 撬动心灵——五谈推动新形势下政治工作创新发展》一文中认为，“2G思维”适应不了“4G时代”，政治工作不走新路，便难有“活路”。官兵人在网上、心在网上、情在网上，政治工作就应该在网上“安营扎寨”，参与进去，深入进去，运用起来，把键盘当棋盘，把网线当热线，网上“五同”，网下“一心”，真心走进“朋友圈”，贴心成为“自己人”，努力从“你是你，我是我”变为“你中有我，我中有你”。心中的“代沟”不破除，就无法跨越时代性的“鸿沟”。“不解决桥和船的问题，过河就是一句空话”。为什么一些官兵“不怕在风雨里站岗，就怕在空调房里听课”，根子就在于政治工作缺乏“真”和“实”。不真不诚，不能动人；不实不新，不能化人。[41]

六、改革强军战略研究新进展

（一）改革强军的科学指南

张仕波在《凝心聚力推进改革强军的科学指南和行动纲领—— 学习习近平主席在中央军委改革工作会议上的重要讲话》一文中认为，习主席的重要讲话，是党的军事指导理论创新的重大成果和马克思主义纲领性文献，思想深刻、内涵丰富、意蕴深远。我们要深入学习领悟，切实把握基本精神和精髓要义。习主席的重要讲话，是改革决策部署之魂，是理解改革总体方案的“金钥匙”。我们要进一步增强政治意识、大局意识、号令意识，坚定改革必成的信心决心，强化改革强军的历史自觉和使命担当，以绝对忠诚的品格坚决贯彻落实好习主席和中央军委深化改革的决策部署。[42]

（二）推进全面实施改革强军战略

刘继贤在《全面实施改革强军战略的认识与实践》一文中认为，当前，我国进入由大向强发展的关键阶段，国防和军队建设处在新的历史起点上。应对国际形势深刻复杂变化，坚持和发展中国特色社会主义，协调推进“四个全面”战略布局，贯彻落实强军目标和军事战略方针，履行好军队使命任务，都要求必须以更大的智慧和勇气深化国防和军队改革，推进全面实施改革强军战略的发展。[43]

（三）谋划军队建设发展全局的战略指导

肖天亮在《谋划军队建设发展全局的战略指导》一文中认为，习主席针对“十三五”时期军队建设发展需要把握的问题，鲜明提出了“五个更加注重”战略指导，即：更加注重聚焦实战、更加注重创新驱动、更加注重体系建设、更加注重集约高效、更加注重军民融合。这是探索新形势下军队建设规律的思想结晶，将对我军建设发展产生重大而深远的影响，极大地加速我军实现强军目标、建设世界一流军队的步伐。深刻领悟“五个更加注重”的指导意义。党的十八届五中全会提出了“创新、协调、绿色、开放、共享”的“五大发展理念”，这是习主席治国理政的深远战略谋划。“五个更加注重”与“五大发展理念”思想相通、原理一致，是对我军建设总体思路和发展模式的新思考新论断，对迎接世界新军事革命挑战，实现我军历史性跨越，具有重大而深远的意义。[44]

（四）“五个更加注重”是国防和军队改革强化执行力的根本方法和科学路径

解辛平在《做改革强军征途上的“纤夫”》一文中认为，习主席站在时代发展和战略全局的高度，明确提出“五个更加注重”。这是在新起点上开创强军兴军新局面的宏观指引和基本遵循，也是当前国防和军队改革强化执行力的根本方法和科学路径。——更加注重聚焦实战。必须坚持用战斗力标准衡量和检验改革成效，以作战需求牵引改革深入推进，彻底纠正同实战要求不符的一切思想和行为。——更加注重创新驱动。要把创新摆在我军建设发展全局的重要位置，抓紧抢占未来军事竞争战略制高点，深入实施创新驱动发展战略，从而带动和推进改革全局。——更加注重体系建设。改革的坐标，要在信息时代的大背景中标定。牢固确立信息主导、体系建设的思想，在改革中成体系筹划和推进军事力量建设，使国防和军队改革驶入信息化时代的“高铁”。——更加注重集约高效。要精准谋划、精准规划、精准部署、精准落实、精准检验，加快推进以效能为核心的军事管理革命，提高改革的精准度，使改革出质效、出战斗力。——更加注重军民融合。要努力构建统一领导、军地协调、顺畅高效的组织管理体系，国家主导、需求牵引、市场运作相统一的工作运行体系，系统完备、衔接配套、有效激励的政策制度体系，形成全要素、多领域、高效益的军民融合深度发展格局。善举纲者万事遂，善谋势者机可期。“五个更加注重”相互贯通、内在联系，立起了实现强军目标的方向标，提供了破解发展难题的金钥匙。[45]

（五）改革强军主题教育要点

军委政治工作部在《改革强军主题教育要点》一文中认为，改革强军主题教育要点有如下内容：一是全面实施改革强军战略的重大意义。二是深化国防和军队改革的根本引领。三是深化国防和军队改革的指导原则。四是深化国防和军队改革的目标任务。五、深化国防和军队改革的战略举措。六是深化国防和军队改革的科学方法。七是深化国防和军队改革的组织实施。八是贯彻新形势下政治建军的要求。九是抓住治权这个关键，深入推进依法治军、从严治军。十是优化规模结构和力量编成，推动我军由数量规模型向质量效能型转变。十一是充分发挥创新驱动发展作用，培育战斗力新的增长点。十二是开发管理用好军事人力资源，推动人才发展体制改革和政策创新。十三是推进跨军地重大改革任务，推指挥的动经济建设和国防建设融合发展。十四是从向党看齐、听党高度坚决拥护支持改革。十五是主动来一场思想革命和头脑风暴。十六是自觉从改革大局出发正确对待利益关系调整。十七是加紧转变职能、转变作风、转变工作方式。十八是锻造铁一般信仰、铁一般信念、铁一般纪律、铁一般担当。十九是领导干部要做改革的促进派和实干家。[46]

（六）深化国防和军队改革重要的政治定位

章传家在《新的伟大斗争在军事领域的激越华章》一文中认为，习近平主席在中央军委改革工作会议上的重要讲话中深刻指出：“我们正在进行具有许多新的历史特点的伟大斗争，深化国防和军队改革就是这场斗争的重要方面。”这个论断，是对深化国防和军队改革的一个非常重要的政治定位。其一，深化国防和军队改革，同破除思想观念束缚紧密联系在一起。其二，深化国防和军队改革，同斩除利益固化藩篱紧密联系在一起。其三，深化国防和军队改革，同铲除陈规陋习羁绊紧密联系在一起。其四，深化国防和军队改革，同排除邪音杂音干扰紧密联系在一起。其五，深化国防和军队改革，同肃除消极腐败因素紧密联系在一起。深化国防和军队改革是前所未有的时代大考，极具革命性、极具挑战性、极具韧耐性。新形势下，我们必须立起与新的伟大斗争相契合的政治境界，高标准完成好这个使命担当。以非凡的政治勇气展开改革。以高度的政治清醒把脉改革。以坚毅的政治定力推进改革，以卓越的政治智慧运筹改革，以赤诚的政治情怀献身改革。[47]

（七）解读我军大改革三步骤

楼耀亮在《解读我军大改革三步骤：今年将改革武警部队》一文中认为，三个必然要求催生本轮改革：一是应对世界前所未有大变局，维护国家安全。“我们面对的‘大棋局’对军队改革提出了必然要求，不改不行。”二是国家层面，党中央提出新的国家发展战略，尤其是“四个全面”战略布局，“国家战略的发展对军队改革提出了必然要求，不改不行。”三是习主席对国防和军队建设作出一系列重要论述，特别是提出强军目标战略思想，并制定了新形势下军事战略方针，“这对军队改革提出了必然要求，不改不行。”这轮改革怎么改？《意见》给出了明确的时间表和步骤——“2015 年，重点组织实施领导管理体制、联合作战指挥体制改革；2016 年，组织实施军队规模结构和作战力量体系、院校、武警部队改革，基本完成阶段性 改革任务；2017 年至 2020 年，对相关领域改革做进一步调整、优化和完善，持续推进各领域改革。政策制度和军民融合深度发展改革，成熟一项推进一项。”本轮改革是体系设计，从《意见》给出的时间表和步骤来看，自上而下，是本轮改革最显著的特点。[48]

（八）“中国军队 2020”：改革要改成什么样？

卜金宝、任旭在《“中国军队 2020”：改革要改成什么样?》一文中通过对朱和平委员谈全面深化军队改革专访后，解析“中国军队 2020”四个要点：一是要完成机械化建设任务，信息化建设取得重大进展，能够打赢在信息化条件下的局部战争，建设具有中国特色的能够有效履行使命的中国军事力量体系。二是军队改革的路径：政治、行政、技术全面推进。政治建军、改革强军和依法治军，这是一个整体。只有这些很好地结合起来，我们才能够最终完成强军目标。三是精简 30 万”。四是深化军队改革：我军不管怎么改，必须坚持“三个确保”：确保党对军队的绝对领导，确保人民军队的性质不变，确保我军的光荣传统不丢。[49]

（九）战区与大军区的七个不同

杨清刚、覃照平、赵国涛在《中部战区司令员韩卫：详解战区与大军区的七个不同》一文中认为，遵照主席要求和“军委管总、战区主战、军种主建”这样一个总的原则，战区与大军区主要有以下这样一些不同：第一是体制不同。大军区是以陆军为主体的编制体制，战区则是集多军种编成的联合作战指挥体制。第二是职能不同。以往的大军区担负着“战”和“建”这样一个双重职能，作为战区主要担负战略方向联合作战指挥职能，“战”的职能更加突出。第三是任务不同。大军区担负局地的作战训练教育管理等任务，战区主要担负联合作战指挥任务。第四是权限不同。大军区主要指挥区域内的陆军部队，战区则是中央军委派出的战略方向指挥机构。第五是要求不同。大军区担负的战和建的任务比较广泛，战区则要求要一门心思、聚精会神、专司主营作战和指挥问题。第六是指挥不同。过去大军区接受军委和总部指挥，战区则直接接受中央军委指挥，听令于军委来指挥战区部队的作战行动。第七是训练不同。过去大军区要按照军事训练大纲负责从兵一直到师旅团部队的训练。我们理解战区则主要负责战役指挥机构和按照实战化、实案化要求检验联合体系的作战能力。战区的战役指挥训练要特别强调增加训练的频度、强度和力度。[50]

（十）改革完善我军荣誉制度

王学军在《改革完善我军荣誉制度》一文中认为，军人荣誉制度，是国家和军队围绕军人荣誉的设置、实施、培育、管理和保障所制定的一系列政策、法令、章程的规范体系，是影响和改变军队战斗力和凝聚力的重要因素。要建立体现军事职业特点、增强军人职业荣誉感自豪感的政策制度体系，以更好凝聚军心、稳定部队、鼓舞士气。要注重吸收我国古代和近代军人荣誉制度中修身精武、精忠报国、舍生取义的武德思想，借鉴世界各国军人荣誉制度的有益做法，紧贴军队改革的现实要求，努力使我军荣誉制度的具体规定与新的体制编制相一致；紧贴我军信息化建设的历史趋向，为荣誉制度创新发展插上信息网络翅膀；紧贴我军依法治军、从严治军的实践标准，着力解决好各类痼症顽疾和老大难问题。[51]

（十一）改革强军：军队媒体应交出合格答卷

贾永在《改革强军：军队媒体如何交出合格答卷——学习习主席视察解放军报社的重要讲话》一文中认为，学习贯彻习主席视察军报的重要讲话精神，首要的是牢牢把握姓党为党的政治灵魂，关键的是牢牢把握强军为本的核心使命，重要的是牢牢把握创新为要的强大动力。一是军报姓党，军队媒体姓党。军队新闻工作者只有牢牢把握姓党为党的政治灵魂，让党的声音成为时代最强音，才能写出合格的答卷。二是围绕中心，服务大局。军队新闻工作者只有肩负起强军为本的核心使命，把强军宣传化作强军力量，才能写出合格的答卷。三是应势而变，顺势而为。军队新闻工作者只有掌握创新为要的强大动力，紧紧跟上时代发展步伐，才能写出合格的答卷。[52]

（十二）“世纪军改”须牢记军队规模结构和力量编成7个方面的改革

徐卫东、金虎、二楚在《关于军队规模结构和力量编成改革，这7个问题你应该知道!》一文中强调指出，“世纪军改”须牢记军队规模结构和力量编成7个方面的改革：一是军队规模结构和力量编成改革是关键一步，是必须迈过的一道关口；二是要充分认识到这是新形势下军队不可避免的重大变革；三是部队编成向充实、合成、多能、灵活方向发展；四是注重以结构功能优化牵引规模调整；五是打造以精锐作战力量为主体的联合作战力量体系；六是坚持需求牵引、创新驱动；七是干部会人尽其才，才尽其用。[53]

（十三）2016年是中国“史上最牛军改年”

夏一东在《胸怀天下 筑梦强军》一文中认为，2016年，是中国军队的改革年。去年岁尾，习近平主席宣布军改启动，改革便迅速地展开起来。2015年12月31日，成立陆军领导机构、火箭军、战略支援部队，2016年1月，军委机关调整组建，由总部制改为多部门制，由过去的四总部化身为15个职能部门。2月，运行已久的大军区制被打破，五大战区崭新亮相。9月，成立联勤保障部队，组建一个联勤保障基地和5个联勤保障中心，向现代联勤保障体制迈进……一项项重大举措，决心大、范围广、行动快。因此，2016年，被称为中国“史上最牛军改年”。[54]

七、依法治军从严治军研究新成果

依法治军、从严治军，是稳定的根本保证。要坚持依法开展工作，努力实现从单纯依靠行政命令的做法向依法行政的根本性转变，从单纯靠习惯和经验开展工作的方式向依靠法规和制度开展工作的根本性转变，从突击式、运动式抓工作的方式向按条令条例办事的根本性转变。对依法治军、从严治军理论研究形成如下新认识。

（一）全面贯彻落实习主席依法治军重要思想

孙强在《全面贯彻落实习主席依法治军重要思想》一文中认为，习主席关于加强依法治军从严治军系列重要论述，为深入推进依法治军明确了方向，提供了遵循。要构建完善的中国特色军事法治体系，按照法治要求转变治军方式；要强化执行力，维护法规制度权威性；要抓好领导干部这个"关键少数"，把权力运行制约和监督体系搞严实。[55]

（二）深化国防和军队改革的重要法律遵循

经习近平主席批准中央军委印发《关于深化国防和军队改革期间加强军事法规制度建设的意见》对贯彻军委改革部署要求，抓紧推进中国特色军事法规制度体系建设作出全面部署。一是坚持立法同改革相衔接，为强军兴军提供有力保障。二是抓紧制定改革急需、备战急用的军事法规制度，采取有力措施推动急需急用的法规制度尽快出台。三是要适应新体制新职能新使命，全面清理现有军事法规制度，形成工作方案，抓紧组织实施，2020 年年底前基本完成清理工作。四是适应军队领导指挥体制改革要求，按照军委管总、战区主战、军种主建的总原则，调整规范立法权限，必须严格遵循规定的立法权限和统一的法规体系建设要求，维护军事法规制度的严肃性和权威性，维护军事法规体系的统一性、科学性、规范性。五是各级要把军事法规制度建设作为党委工程、主官工程，坚持党委负总责、主官是第一责任人，党委要加强组织领导，抓紧推进落实；机关部门要明确责任分工，加强协调保障；法制工作部门要发挥职能作用，加强督促检查。[56]

（三）国防交通法带来哪些新变化？

张放、裴贤在《国防交通法带来哪些新变化?》一文中认为，自 2017 年 1 月 1 日开始施行的国防交通法，是党的十八大以来第一部国防立法，对于规范国防交通活动、提升战略投送能力、维护国家安全和发展利益，具有现实意义和重要作用。这部国防法规的颁布施行，带来许多新变化，主要是：一是政府相关部门——谋融合的事，方向更明了。国防交通法的出台为国防交通建设中如何推进军民深度融合指明了道路。二是军事代表机构——搞协调的事，腰杆更硬了。国防交通法要求国防交通专业保障队伍建设规划，必须有利于平战快速转换，保障国防活动顺利进行。三是公民和组织——干国防的事，支持更多了。国防交通法促进了经济社会发展的‘棋局’与未来战场的‘战局’有机融合。四是动员之声：全面提升国防交通法执行力。实现国防交通建设从“有法可依”到“有法必依”的根本转变，就必须全面提高法的执行力。只有全社会都树立起国防交通法治观念，自觉投入到国防交通工作中，才能最大程度上发挥法律的效力。[57]

（四）变革的本质是变法

菅琳在《军队转型，绝非是换臂章胸标那么简单》一文中认为：“变革的本质是变法，法治跟不上，改革难以行稳致远。要发挥法治的引导、推动、规范和保障作用，按照立法与改革相衔接的推进策略，强化法治思维和法治信仰，及时做好法规制度立改废释工作，缩短新法旧法之间的“过渡期”，确保各项建设和工作有法可依、有章可循。[58]

（五）建设法治军队的原则与路径探析

丛文胜在《建设法治军队的原则与路径探析》一文中认为，建设法治军队，必须将依法治军、从严治军作为我们党建军治军的基本方略，必须将建设法治军队与依法治国方略同步推进，必须始终坚持党对军队的绝对领导，必须将从严治军作为建设法治军队的实现路径，必须以提高军队战斗力为标准，必须把反对腐败、完善监督机制作为重要任务。[59]

（六）中国反恐立法的积极转向及其特殊性

张屹在《中国反恐立法的积极转向及其特殊性》一文中认为，2016 年 1 月 1 日，《中华人民共和国反恐怖主义法》出台并开始实施。其中第七章“国际合作”部分规定，中国各反恐相关部门包括武警、公安、国安等部门可以派员到海外执行反恐任务，这一规定无疑对于中国积极参与国际反恐体系是一大进步和积极转向。随着“东突”恐怖组织与国际恐怖势力不断合流，中国积极介入国际反恐合作机制，并派员到境外国家执行反恐任务，势在必行。[60]

（七）构建中国特色军事法治监督体系

郭向军在《构建中国特色军事法治监督体系》一文中认为，军事法治监督制度体系是确保中国特色军事法治监督体系建立完善的基础。要保证权力正确行使，必须把权力关进制度的笼子里，坚持用制度管权、管事、管人。必须从军队实际出发，健全和完善军队党内监督、层级监督、专门监督、群众监督、社会监督等互联互动、有力有效、多位一体的军事法治监督制度体系。加强军事法治监督，首要的就是对重点领域和重点人员进行专门监督，依法治官治权，培育领导干部自觉接受法治监督的意识。[61]

八、军民融合研究新进展

把军民融合上升为国家战略，事关国家安全和发展战略全局，事关全面建成小康社会大局。对此，理论界对军民融合研究也有了新的进展。

（一）在新的历史起点上推进军民融合深度发展的行动纲领和必由之路。

马占魁 在《一项兴国强军富民的国家战略——谈军民融合深度发展》一文中认为，习主席关于军民融合发展战略的思想，是一个完整的思想体系，包含了战略意义、战略目标、战略原则、战略任务和战略举措等要素，是我们在新的历史起点上推进军民融合深度发展的强大思想武器和行动纲领。

把军民融合发展上升为国家战略，是我们长期探索经济建设和国防建设协调发展规律的重大成果，是从国家安全和发展战略全局出发做出的重大决策。这两个“重大”，从历史和现实的维度指明了把军民融合上升为国家战略的意义所在。此次中央政治局审议通过的《关于经济建设和国防建设融合发展的意见》强调，把军民融合发展上升为国家战略，是在全面建成小康社会进程中实现富国和强军相统一的必由之路。[62]

（二）军民融合深度发展战略的创新发展

郭瑞鹏在《军民融合深度发展战略》一文中认为，2015年两会，在解放军代表团的谈话里习近平明确挃出，将军民融合上升为国家的战略。2016年的两会，他在解放军代表团的谈话中再次强调，要把军队的重心纳入到国家的重心体系之中，大力推进军民的协同创新，建立有利于军民科技协同创新的体制和机制，推进军民融合的深度拓展。[63]

（三）军民融合顶层设计出炉八大举措“含金量”十足

于祥明在《军民融合顶层设计出炉 八大举措或重塑经济增长格局》一文中认为，2016年6月21日，中共中央、国务院、中央军委印发《关于经济建设和国防建设融合发展的意见》，着眼国家安全和发展战略全局，明确了新形势下军民融合发展的总体思路、重点任务、政策措施，是统筹推进经济建设和国防建设的纲领性文件。其中，推进军工企业专业化重组、扩大引入社会资本、推进混合所有制改革、推进低空空域改革等八大举措，“含金量”十足，有利于促进军民融合发展战略落地。[64]

（四）军民融合深度发展进入新阶段

金昊在《习近平任主任！中央军民融合发展委员会准备做什么?》一文中认为，军民融合物联网专业委员会成立，为物联网技术的军事运用增添“助推器”。2017年1月22日，中央军民融合发展委员会成立，由习近平任主任。中央军民融合发展委员会是中央层面军民融合发展重大问题的决策和议事协调机构，统一领导军民融合深度发展，标志军民融合深度发展进入新阶段。对于未来的中国，军民融合将为国民经济开源节流，将使军队装备如虎添翼，同时也为国企改革摸索道路。[65]

（五）军民融合深度发展呈现自主创新成果

叶雨婷在《如何让尖端军事科技走近你我》一文认为，2016年9月24—26日，西安迎来一场以“军民融合促进发展、科技创新改变未来”为主题的中国科协年会军民融合科技创新展览会。这是中国科协年会首次举办军民融合科技创新展览会。本次展会中，中国核工业、中国航空、中国航天、中国兵器、中国船舶等十大军工集团，国防领域高等院校、科研院所、重点实验室及国内近300家军民融合领域高科技企业参展。场馆里，观众可以了解到信息系统、无人化平台、模拟与仿真、卫星资源利用、网络与信息安全、智能科技、新材料、新能源等8个领域的军民融合成果、优秀民参军企业产品，参展项目达400余项，包括长征系列火箭、华龙一号、北斗导航等展现我国近年来自主创新成果的重点项目。[66]

（六）军民融合体系应有三方面的支撑

叶雨婷在《如何让尖端军事科技走近你我》一文认为，未来我们国家军民融合体系应至少有三方面的支撑。一是建立完善的从科研、技术、产品研制到装备使用保障链条的军民高度统筹、高度协调的机制。二是要进一步深化国防科技体制和教育体制，特别是国防科技工业的科研体系体制的改革，要通过改革评价体系，考核标准，形成资源共享、延续发展的格局。三是除了政府的宏观引导，军队的需求之外，还要充分应用市场规律，发挥金融证券对优质资源和优秀的创新成果、人才激励作用以及人才流向的作用。[67]

（七）未来军民融合发展将呈现六大趋势

马倩、张天南在《未来军民融合发展将呈现六大趋势》一文中认为，未来军民融合发展将呈现六大趋势：一是军民融合方式推进颠覆性技术创新的世界大势，将对我国国防科技高新技术发展产生深刻影响；二是“军转民”转型升级，将在实现军工经济民用效应产业化、规模化和释放国防储能的实践中确立新的生长点；三是“民参军”在国家一系列政策制度的强力推动下，将逐步进入大发展时期；四是国防科技工业将进入全面改革改组时期；五是军民协调创新作为军民融合的主要推手，将大大增强国防军工的发展动力；六是党和国家破除利益藩篱的决心和行动，将有效化解制约包括国防军工在内的军民融合发展的利益格局。[68]

（八）信息技术：撬动军民融合深度发展的源动力

于川信在《信息技术：撬动军民融合深度发展的源动力》一文中认为，纵观人类社会发展史，我们不难发现，正是科学技术推动了“军”“民”从分离走向融合。进入信息时代后，融合的程度不断加深。最初的融合主要集中在武器装备生产、军队人才培养、军队保障和国防动员四大领域，而且只是初步融合。随着信息社会的不断发展，融合正逐步走向深化。一是融合范围更广；二是融合层次更高；三是融合程度更深。信息技术加速军民跨界融合，实现军民融合国家战略，在多方同心协力基础上，更需要紧紧抓住信息技术这个贯穿军民融合深度发展始终的源动力。一是加强信息基础设施的融合。二是加强信息资源的融合。三是加强信息技术的融合。[69]

（九）以军民融合发展战略提升打赢新型人民战争能力

韩志凯在《以军民融合发展战略提升打赢新型人民战争能力》一文中认为，在当前我国由大向强迈进的重要关口，特别需要发挥好军民融合的制度、力量、技术等优势，着眼应对多样化安全威胁，重塑新型人民战争力量体系、创新人民战争战略战术，全面提高打赢新型人民战争能力。军民融合发展战略赋予人民战争新内涵。军民融合发展战略重塑人民战争力量。军民融合发展战略孕育人民战争制胜机理。[70]

九、现代战争和未来战争研究新进展

军人的职责是“能打仗、打胜仗”，这就需要加强对现代战争和未来战争的研究，在不断探索和把握战争规律中获取制胜之道。

（一）现代战争进入“秒杀时代”

王洪福在《现代战争进入“秒杀时代”战略空军正劈空而来》一文中认为，纵观近五百年的世界军事史，就有形空间而言，人类已经相继走过了航海时代、航空时代，即将走进航天时代。航海时代，制海权是军事争夺的焦点；航空时代，制空权是军事争夺的焦点；未来的航天时代，制天权必是军事争夺的焦点。就无形空间而言，人类也相继走进了电磁空间战场和信息空间战场，制电磁权和制信息权的争夺日趋激烈。在临近空间高超音速武器支撑下，一小时或两小时打遍全球，不再是梦想。当前，现代战争已进入“秒杀时代”，打造一支具有信息、航空、航天综合特征的战略空军，日益成为战略家案头一道紧迫课题。[71]

（二）未来战争具有“大数据”的基本特征

孙欣宇在《让作战数据“说话”》一文中认为，“人机大战”引起社会各界高度关注，“人机大战”背后，预示着未来数字化的战例、训练、演习数据将成为提高战斗力的重要依据，智能化的大数据技术将成为军事行动的重要依托。目前，我军拥有的作战数据资源越来越多，如何在海量的作战数据中挖掘战斗力，成为亟待解决的重要问题。让作战数据“说话”，不是从海量数据中选择性抽取，而是尽可能洞察所有相关数据从而把握全局；让作战数据“说话”，不是寻求单个数据的极致精确，而是尽可能聚集所有同类数据从而掌握趋势；让作战数据“说话”，不是将数据简单归类，而是尽可能融合所有可用数据从而理出关联。数据不会“说话”，“说话”的是运用数据的方法，让我们在正确使用作战数据中，找到更为理性、更有价值的答案。[72]

（三）赢得和平就要勇敢面对战争

罗援在《赢得和平，就要勇敢面对战争》一文中认为，让战争远离人类，是爱好和平的人们的美好愿望。但作为一名军人，守望和维护和平，就必须勇敢地面对战争，以自己的流血牺牲铺设和平的道路。军人的职责是“能打仗、打胜仗”，不敢“亮剑”的军人绝对不是好军人。[73]

（四）网络战如何拒敌于国门之外

陈森在《网络战如何拒敌于国门之外》一文中认为，信息时代，网络安全对国家安全牵一发而动全身。网络安全的本质在于攻防两端能力较量，目前依赖防火墙、入侵检测技术和反病毒软件等静态的、孤立的、被动式防御难以有效应对有组织的高强度网络攻击。构筑网络空间安全防线，需要革除落伍思想，打赢防御理念上的反击战。新“三十六计”之移动目标防御，通过构建动态网络增加攻击难度。新“三十六计”之蜜罐诱骗防御，通过消耗攻击者的资源减少网络攻击威胁；新“三十六计”之联动协同防御，整合多种防御技术“拒敌于国门之外”；新“三十六计”之最优策略防御，在网络安全风险和投入之间寻求一种均衡；新“三十六计”之入侵容忍防御，打造网络空间安全“最后一道防线”。[74]

（五）未来战争智胜之要

赖燕茹 石海明在《未来战争智胜之要》一文中

认为，在战争领域，军事系统也必将经历一个从“物质系统”“能量系统”“信息系统”向未来的“智慧体”演进的过程。未来的军事系统作为“智慧体”，必将更加智能，其自组织性、自我演化性及“人在回路”特性将进一步凸显。智能战：未来战争形态。应对未来这样的战争，我们需要更新观念，特别是要摒弃传统机械论在军事领域的影响。在未来军事系统进入“智慧体”时代后，我们研究战争需要新视野、新思维、新范式，要真正超越牛顿机械论及奠基其上的有机论，树立“智慧体”时代的复杂系统思维，要注重运用整体观、联系观、演化观等参悟未来“智能战”。[75]

（六）太空新战场，游戏规则谁来主宰

仲晶在《太空新战场，游戏规则谁来主宰》一文中认为，未来天基卫星自身也会组网，并与地面网络形成“天地一体网”。全球任何地点的作战力量和手段都能通过“天地一体网”连接起来，形成一体化作战力量体系。太空领域与其他领域军事斗争相比，呈现出更强的隐蔽性。太空行动的隐蔽性，主要体现在干扰源隐蔽、位置隐蔽和功能隐蔽等。太空力量是战斗力倍增器。当太空力量介入并渗透到其他领域，将催化战斗力迅速增强。太空力量渗透于陆、海、空、电、网之中，有利于选择最优目标、运用最合适手段、在最佳时间和地点达成最佳作战效果，从而形成战斗力倍增效应。[76]

（七）光战争正在叩响“战场之门”

王圣良在《光战争正在叩响“战场之门”——从战争能量演变看战争形态进化》一文中认为，智能、光能、电能逐渐取代动能、化学能、机械能，日益成为现代战场的新锐支撑能量——从战争能量演变看战争形态进化，光战争正在叩响“战场之门”。智能：光战争的“大脑”，光能：光战争的“拳头”，电能：光战争的“心脏”。电能与以往的体能、热能、化学能、机械能和信息能等都有着质的不同。从能量释放的角度看，战争形态的时代性转变是能量质的改变。未来战争中的动能、化学能、机械能的主体地位将被智能、光能、电能所取代，战争由传统的拼体能、拼钢铁、拼石油，转变为拼芯片、拼知识、拼电力。新的战争能量必然催生新机理武器系统和新战争形态。放眼未来，以激光武器为核心的电能武器系统是将智能、光能、电能最大化释放的武器系统，而以电能武器系统为主战装备，并基于智能自主系统运行的光战争，将可能成为未来战争的主要形态。[77]

十、世界军事发展新趋势研究新进展

当前，世界新军事革命加速发展，各主要国家加紧推进军事转型、重塑军事力量体系，这将对国际政治军事格局产生重大影响。

（一）21世纪世界军事发展新趋势

肖裕声在《21世纪世界军事发展新趋势》一文中认为，进入21世纪以来，世界主要大国围绕加速推进国防和军队信息化，以军事战略、军事技术、作战理论、力量建设、组织结构和军事管理创新为基本内容，以重塑军事体系为主要目标，出现了一系列新的发展趋势，其速度之快、范围之广、程度之深、影响之大，为第二次世界大战结束以来所罕见。回顾本世纪这10多年大国军事发展的特点，对于我国建设巩固的国防与强大的军队具有一定的借鉴和启示。一是应对强权战争，必须未雨绸缪。二是扬长避短，形成非对称优势。三是准备多种应对措施反制“威慑。”四是太空：打赢未来战争的制高点。[78]

（二）2016年，中国越来越成为世界的“和平之锚”

夏一东《胸怀天下 筑梦强军》一文中认为，2016年的世界安全形势令人困惑和沮丧，混乱的局面愈演愈烈。仅在朝鲜半岛，朝鲜进行了第五次核试验，而韩国则执意要部署“萨德”反导系统，地区安全局势进一步恶化。美国的霸权焦躁症使其在处理大国关系上越来越缺少耐心，动作越来越冒险，给国际安全增添了许多阴影。2016年，中国越来越成为世界的“和平之锚”，无论是所谓的“南海仲裁案”，或者是日本的鼓噪帮腔，或者是滑稽的“南海巡视”，中国始终坚持和平发展战略，维持亚太地区总体繁荣稳定的基本判断不变，坚守战略底线，维护地区安全，从容淡定稳阵脚。[79]

（三）政治、经济与军事技术决定战争形态是战争形态发展新趋势

夏一东在《政治、经济与军事技术决定战争形态：战争形态发展新趋势》一文中认为，战争形态是指在相当长的一个历史时期里战争所表现出来的形状和稳定的运动状态。政治的性质、经济的状况和军事技术的水平决定着战争形态的发展变化。近年来，随着科学技术的突飞猛进、国际政治博弈的加剧、世界经济的跌宕起伏、宗教文化裂痕的扩展，使当代战争形态呈现许多新的特点。信息主导作用日趋加强，信息技术广泛运用于军事领域，直接推动了武器装备的飞跃式发展，甚至强制性地改变着世界军队建设发展

方向。新型作战样式将不断涌现，如无人作战、太空卫星战、网络攻防战等。战争主体向多元化方向发展，在互联网环境中，各种行为主体也可以更方便地传播理念、招募人员、筹措资金、下达指令。非对称现象越来越突出，无论对强者还是对弱者而言，非对称作战都将是未来的重要选择。战争整体时间将拉长，由于大国间的政治权力斗争往往具有结构性、根本性和深远性，因而由其产生的武装冲突往往会久拖不决。[80]

（四）精干化 一体化 小型化 无人化 信息化是军队组织形态发展新趋势

李银祥在《精干化 一体化 小型化 无人化 信息化：军队组织形态发展新趋势》一文中认为，军队组织形态是军队组成结构和行为方式的表现形式，决定军队能量的大小及其在适当的时间和空间内释放能量的形态、规模、途径、速度、烈度与效果。军事革命推动军队组织形态的根本性改变，新军队组织形态的形成往往又是军事革命追求的目标和最终的“物化成果”。精干高效组织成为建设主流，一体化联合部队闪耀多维战场，小型基本作战单元被着力发展，信息主导控制将取代传统指挥方式。[81]

（五）新科技催生新领域使其将成为未来战争的重要战场

卢勇在《新科技催生新领域：新领域将成为未来战争的重要战场》一文中认为，人类军事发展史表明，每一次科学技术的进步无不催生新的作战领域。当今时代，伴随着网络、太空、人工智能、生物技术等科技的蓬勃发展，新一轮世界军事革命的浪潮已惊涛拍岸，全新的作战领域以及相伴而生的战争模式也呼之欲出。网络领域将成为世界各国军力角逐的新空间。太空领域将成为争夺战略全局优势的新制高点。心理领域将成为未来战争中夺取主动权的关键场域。极地（地球的北极和南极地区）领域将从“冰点”变为战略博弈的“热点”。[82]

（六）颠覆性技术改变战争规则：军事技术发展新趋势

王志军在《颠覆性技术改变战争规则：军事技术发展新趋势》一文中认为，在军事技术领域，战略前沿技术正酝酿重大突破，颠覆性技术研发持续取得重大进展。军事技术的发展将大幅提升武器装备作战效能，引发作战样式深刻变化。新一代军用信息技术将大幅提升战场信息处理能力。新型主战装备和高自主无人平台技术将使未来战争趋向隐形化、无人化。信息化。战场上，主战装备依然是作战能力的核心。高效毁伤与定向能技术将使火力打击方式发生重大变革。新材料、新能源和先进制造技术将助力武器装备性能跃升。[83]

（七）世界军事科技发展趋势及重要影响

孔诤、高跃群在《世界军事科技发展趋势及重要影响》一文中认为，世界军事科技发展趋势及重要影响的表现：一是当今世界，军事科技正加速向信息化和智能化复合发展，对国家军事实力、综合国力以及国家安全和战略主动权产生重要影响。二是人工智能的关键支撑技术取得重大突破，正在成为可实施精确打击的主战装备和支援力量。三是谁牵住了科技创新这个牛鼻子，谁就能占领先机、赢得优势。四是军事科技推动战争进入新形态，战争时空观随之出现革命性变化。五是虽然技术因素的重要性逐步上升，但人仍然是战争制胜的决定因素。军事科技发展日新月异，对人的综合素质提出前所未有的高要求，人与技术装备高度一体化，重视技术和装备因素其实就是重视人的因素。[84]

（八）国外军事网络科学研究新进展

曾宪钊在《国外军事网络科学研究新进展》一文中认为，目前一些外军正在加速准备网络战，军事网络科学研究和应用正在推动新世纪的军事网络变革。在简要介绍了国外军事网络科学研究的代表性论著的同时，还从有组织、持久的情报、监视和侦察项目，网络战态势感知，动态社会网络分析方法在军事训练中的应用，国家基础设施和军事指挥控制网络的级联故障，自适应网络，量子网络等6个方面介绍了国外研究和应用军事网络科学的新成果。[85]

注：

①解放军报编辑部：《2016十大国防新闻》，《解放军报》，2016年12月28日。

②张礼军、李伟：《中国军队大步前行的2016年哪些“大杀器”公开亮相》，《中国青年报》，2017年1月2日。

③中央军委政治工作部：《公布第四届全军政治理论研究优秀成果》，《解放军报》，2017年4月28日。

④白天明、孙阳：《第七届中国人民解放军新闻奖评选日前揭晓》，《中国军网》，2016年5月19日。

⑤宋明亮、赵振学：《解放军报》，2016年6月9日。

⑥倪光辉、苏银成、江山、卢晓琳：《转型重塑

我们有士气(数字解读2016·国防军队建设)》,《人民日报》,2016年12月26日。

⑦张军社:《看!2016年中国军队放了这10个“大招”》,《人民网》,2017年1月11日。

⑧夏一东:《胸怀天下　筑梦强军》,《解放军报》,2016年12月23日。

⑨王志强:《建设一支世界一流的人民军队》,《求是》,2016年第20期。

⑩李宣良、孙彦新、王经国在《把创新摆在军队建设发展全局的重要位置》,《新华网》,2016年3月13日。

⑪陈志良、陈晓宇:《军事科研创新的重大意义研究》,《教育》,2016年第11期。

⑫叶宏志:《推动改革强军要有新思维》,《解放军报》,2016年11月30日。

⑬孙英德、赵猛:《“仗怎么打”:问计作战概念创新》,《解放军报》,2016年11月12日。

⑭朱启超;《军事竞争新制高点》,《政工学刊》,2016年第6期。

⑮李宣良、孙彦新、王经国在《习近平:全面实施创新驱动发展战略　推动国防和军队建设实现新跨越》,《新华网》,2016年3月13日。

⑯韩旭东:《战争新形态要求全面军事创新》,《中国军视网》,2016年8月1日。

⑰张涛:《百名驻华大使武官参观“长征胜利80周年主题展”》,《中国军网》,2016年10月10日。

⑱张贺:《纪念长征胜利80周年重点出版物推出》,《人民日报》,2016年10月19日。

⑲黄玥:《长征精神与世界反法西斯斗争长征精神,习近平最重视什么?》,《新华网》,2016年10月21日。

⑳徐焰:《仰望不朽的精神丰碑》,《解放军报》,2016年8月3日。

㉑公方彬:《谈习近平长征讲话核心:从哪里来,到哪里去》,《光明日报》,2016年11月2日。

㉒金一南:《长征壮歌今犹在——读〈马背上的共和国〉》,《光明日报》,2016年11月2日。

㉓肖冬松:《生死抉择中的引领与追随》,《解放军报》,2016年8月24日。

㉔罗援:《再怎么绕也绕不过毛泽东——罗援谈长征精神》,《中国将军政要网》,2016年10月29日。

㉕解辛平:《做改革强军征途上的“纤夫”》,《解放军报》,2016年4月12日。

㉖杜尚泽、朱磊在《回访习近平总书记宁夏考察:“社会主义是干出来的”》,《人民日报》,2016年7月24日。

㉗解辛平:《实现强军目标建设一流军队的思想法宝》,《解放军报》,2016年5月17日。

㉘毕京京:《奋力实现强军目标　建设世界一流军队——深入学习贯彻习近平同志国防和军队建设重要论述》,《人民日报》,2016年9月23日。

㉙钧正平:《由大向强的中国,需要一支什么样的军队》,《中国青年网》,2016年7月11日。

㉚王景:《一流军队如何设计战争?武器装备来说话!》,《解放军报》,2016年3月24日。

㉛王明亮:《中国建设世界一流空军首先要提升空天战略打击能力》,《中国青年报》,2016年6月13日。

㉜颜晓东:《军队政治工作指导理论创新发展的崭新篇章——深入学习贯彻习主席关于军队政治工作重要论述》,《解放军报》,2016年8月9日。

㉝颜晓东:《军队政治工作指导理论创新发展的崭新篇章——深入学习贯彻习主席关于军队政治工作重要论述》,《解放军报》,2016年8月9日。

㉞吴昌德:《谈谈我军政治工作的生命线作用》,《学习时报》,2016年4月7日。

㉟赵周贤、徐志栋:《围绕政治工作时代主题发挥生命线作用》,《解放军报》,2016年10月28日。

㊱胡世军:《让网络成为政治工作倍增器》,《解放军报》,2016年11月10日。

㊲黄集骧:《聚焦“主战”推动政治机关转型》,《中国军网》,2016年3月16日。

㊳夏国东　本报记者　黄超　尹航:《锻造服务保证强军的利剑——全军和武警部队扎实开展正风肃纪反腐工作述评》,《解放军报》,2016年4月11日。

㊴胡世军:《让网络成为政治工作倍增器》,《解放军报》,2016年11月10日。

㊵缪文江:《深刻把握贯彻政治建军方略的要求》,《解放军报》,2016年11月2日。

㊶解放军报评论员:《贴近时代　走近官兵　撬动心灵——五谈推动新形势下政治工作创新发展》,《解放军报》,2016年5月13日。

㊷张仕波:《凝心聚力推进改革强军的科学指南和行动纲领——学习习近平主席在中央军委改革工作会议上的重要讲话》,《求是》,2016年1月1日。

㊸刘继贤：《全面实施改革强军战略的认识与实践》，《前线》，2016 年第 8 期。

㊹肖天亮：《谋划军队建设发展全局的战略指导》，《解放军报》，2016 年 5 月 25 日。

㊺解辛平：《做改革强军征途上的“纤夫”》，《解放军报》，2016 年 4 月 12 日。

㊻军委政治工作部：《改革强军主题教育要点》，《解放军报》，2016 年 4 月 5 日。

㊼章传家：《新的伟大斗争在军事领域的激越华章》，《光明日报》，2016 年 2 月 17 日。

㊽楼耀亮：《解读我军大改革三步骤：今年将改革武警部队》，《环球时报》，2016 年 1 月 2 日。

㊾卜金宝、任旭：《“中国军队 2020”：改革要改成什么样?》，《中国军网》，2016 年 3 月 11 日。

㊿杨清刚、覃照平、赵国涛：《中部战区司令员韩卫：详解战区与大军区的七个不同》，《解放军报》，2016 年 3 月 7 日。

51王学军：《改革完善我军荣誉制度》，《光明日报》，2016 年 4 月 13 日。

52贾永：《改革强军：军队媒体如何交出合格答卷——学习习主席视察解放军报社的重要讲话》，《军事记者》，2016 年第 2 期。

53徐卫东、金虎、二楚：《关于军队规模结构和力量编成改革，这 7 个问题你应该知道!》，《中华人民共和国国防部网》，2016 年 12 月 4 日。

54夏一东：《胸怀天下筑梦强军》，《解放军报》，2016 年 12 月 23 日。

55孙强：《全面贯彻落实习主席依法治军重要思想》，《国防》，2016 年第 7 期。

56中央军委印发《关于深化国防和军队改革期间加强军事法规制度建设的意见》，《中国青年报》，2016 年 6 月 2 日。

57张放、裴贤：《国防交通法带来哪些新变化?》，《中国国防报》，2017 年 2 月 22 日。

58菅琳：《军队转型，绝非是换臂章胸标那么简单》，《解放军报》，2016 年 12 月 26 日。

59丛文胜：《建设法治军队的原则与路径探析》《南京政治学院学报》，2016 年 12 月 29 日。

60张屹：《中国反恐立法的积极转向及其特殊性》，《四川警察学院学报》，2016 年第 3 期。

61郭向军：《构建中国特色军事法治监督体系》，《中国社会科学报》，2016 年 8 月 18 日。

62马占魁：《一项兴国强军富民的国家战略——谈军民融合深度发展》，《光明日报》，2016 年 6 月 15 日。

63郭瑞鹏：《军民融合深度发展战略》，《领导科学论坛》，2016 年第 10 期。

64于祥明：《军民融合顶层设计出炉　八大举措或重塑经济增长格局》，《新华网》，2016 年 7 月 22 日。

65金昊：《习近平任主任！中央军民融合发展委员会准备做什么?》，《凤凰军事》，2017 年 1 月 23 日。

66叶雨婷：《如何让尖端军事科技走近你我》，《中国青年报》，2016 年 9 月 27 日。

67叶雨婷：《如何让尖端军事科技走近你我》，《中国青年报》，2016 年 9 月 27 日。

68马倩、张天南：《未来军民融合发展将呈现六大趋势》，《解放军报》，2016 年 12 月 2 日。

69于川信：《信息技术：撬动军民融合深度发展的源动力》，《解放军报》，2016 年 11 月 17 日。

70韩志凯：《以军民融合发展战略提升打赢新型人民战争能力》，《解放军报》，2016 年 8 月 12 日。

71王洪福：《现代战争进入“秒杀时代”战略空军正劈空而来》，《解放军报》，2017 年 1 月 6 日。

72孙欣宇：《让作战数据“说话”》，《中国国防报》，2016 年 4 月 21 日。

73罗援：《赢得和平，就要勇敢面对战争》，《解放军报》，2017 年 2 月 6 日。

74陈森：《网络战如何拒敌于国门之外?》，《解放军报》，2016 年 8 月 11 日。

75赖燕茹、石海明：《未来战争智胜之要》，《光明日报》，2016 年 11 月 30 日。

76仲晶：《太空新战场，游戏规则谁来主宰》，《解放军报》，2017 年 2 月 3 日。

77王圣良：《光战争正在叩响“战场之门”——从战争能量演变看战争形态进化》，《解放军报》，2017 年 1 月 10 日。

78肖裕声：《21 世纪世界军事发展新趋势》，《新华网》，2016 年 3 月 7 日。

79夏一东：《胸怀天下　筑梦强军》，《解放军报》，2016 年 12 月 23 日。

80夏一东：《政治、经济与军事技术决定战争形态：战争形态发展新趋势》，《人民日报》，2016 年 3 月 20 日。

81李银祥：《精干化　一体化　小型化　无人化　信息化：军队组织形态发展新趋势》，《人民日报》，2016 年 3 月 20 日。

㉜卢勇：《新科技催生新领域：新领域将成为未来战争的重要战场》，《人民日报》，2016 年 3 月 20 日。

㉝王志军：《颠覆性技术改变战争规则：军事技术发展新趋势》，《人民日报》，2016 年 3 月 20 日。

㉞孔诤、高跃群：《世界军事科技发展趋势及重要影响》，《求是》，2017 年 2 月 28 日。

㉟曾宪钊：《国外军事网络科学研究新进展》，《指挥与控制学报》，2016 年第 2 期。

（作者：咎瑞礼，国防大学研究员）

北京研究

北京经济

孟　斌　郭海珍

2016 年，在党中央、国务院和市委、市政府的坚强领导下，牢固树立创新、协调、绿色、开放、共享的发展理念，围绕首都城市战略定位，大力推动功能疏解、京津冀协同发展，加快建设国际一流的和谐宜居之都，扎实推进供给侧结构性改革，经济社会保持平稳健康发展，实现了“十三五”良好开局。总体上看，2016 年北京市经济运行平稳，稳重有进。围绕“北京经济”，学者们展开一系列学术研究，取得了丰硕的科研成果。

一、重要学术会议简介

1. 2016 年中国新经济峰会

2016 年政府工作报告首次写入“新经济”一词，引起各界关注和热议。“培育壮大新动能，加快发展新经济”成为经济发展风向标。在“十三五”规划的开局之年，全面建成小康社会处于决胜阶段的形势下，国内顶级两大思想智库——清华大学、北京大学所属机构首次联合主办新经济峰会，新华社媒体联合主办，北京时间独家新媒体主办，在此背景下，这是史上首次以新经济为主题的高端峰会，涵盖所有战略性新兴产业和高增长产业。

2. 数学媒体研究年会——文化创意产业研究新视野

2016 年 8 月 25—26 日，由北京师范大学艺术与传媒学院数字媒体系、北京师范大学数字创意媒体研究中心和现代传播杂志社联合主办、全球传媒学刊杂志社协办的国际学术研讨会“数字媒体研究年会——文化创意产业研究新视野”在北京师范大学京师学堂隆重举行。在两天的会议中，来自传播学、社会学、心理学、计算机科学等领域的 40 多名国内外优秀学者出席了本次会议，深入探讨数字内容、文化创意产业、文化政策、网络游戏、动漫、数字文化等主题的前沿学术问题。在分论坛“创意产业”中，清华大学张铮副教授基于对我国中部某市文化产业园区的调研数据，分析了数字文化产业小微企业的发展需求与困境。北京师范大学何威副教授以近年来对中国动漫企业园区的实地调研访谈为基础，展示了中国动漫产业的行业价值链，并提炼出当前最具代表性的 12 种商业模式，分析其核心竞争力、业务组合和盈利方法。

3. “产业政策问题”研讨会

2016 年 10 月 30 日，由北京交通大学经济管理学院、中国工业经济学会竞争政策专业委员会、《中国工业经济》编辑部、首都经济贸易大学中国产业经济研究院、辽宁产业组织与技术创新研究中心联合发起的“产业政策问题”研讨会在北京交通大学召开。来自各高校和研究院所的 30 余位学者及 100 余位博士、硕士研究生参加了本次研讨会。赵坚教授作题为“产业政策之争，重要的是采用什么样的产业政策”的主题报告。赵坚教授认为，政府应采用以企业能力构建为导向的竞争型产业政策，实行竞争型产业政策，重要的是创造公平的竞争环境，而不是保护垄断。江飞涛副研究员提出，“对我国各层次的产业政策要进行调查才能有发言权”。顾昕教授提出，“要限制政府乱为的行为，约束行政力量"。

4. 产业安全与发展论坛

2016 年 5 月 28 日，第三届产业安全与发展论坛在北京交通大学召开。来自中国社会科学院、中央党校、中国人民大学、南开大学、中央财经大学等单位的国内专家学者在本次论坛发表了精彩演讲。主要内容包括国家经济安全、新经济发展、产业结构与产业转移、城市建设与区域经济、国际贸易与技术进步、环境保护与可持续发展等领域的理论和实践研究，覆盖科技创新服务业、高端服务业、文化产业、汽车产业、基础产业、绿色产业等热点产业。关注的问题有，如何在新形势下维护产业安全、实现产业发展，如何选择重点产业进行保护与发展，影响产业安全与发展的因素有哪些，产业安全的研究方法以及国外经验教训。

5. 北大经济国富论坛

2016 年 12 月 3 日，第六届"北大经济国富论坛"在北京大学举行，经济学界专家学者、政府部门代表、产业界人士及北大师生 500 余人参加了论坛。论坛紧紧围绕"变革、协同、共赢：全球治理体系变革与中国经济"的主题展开讨论，取得了丰硕的成果。北京大学经济学院院长孙祁祥教授认为中国宏观管理的重点从传统的需求方转向供给方，经济增长出现了阶段性企稳回升的态势，"一带一路"倡议在沿线国家顺利推进，中国的国家影响力迅速提升，在全球治理体系中的地位愈发重要和醒目。中国科学院地理科学与资源研究所所长助理刘卫东研究员认为，新常态应倡导多元化发展模式，找到经济增长的新动力，在全球谋划资源配置和利益，走多元化发展的道路。中国人民大学校长刘伟教授就"需求管理和供给管理的关系问题"发表了主题演讲，认为需求管理要适度，同时要深化供给侧结构性改革。

二、重要学术论著简介

1. 北京文化创意产业发展论著

文化创意产业是文化、科技和经济深度融合的产物，被认为是 21 世纪特别具有发展前景的朝阳产业。北京市文化创意产业历经十年的高速发展，已经成为区域的经济支柱、全国的发展高地。《文创时代：北京市文化创意产业的发展与创新（2006—2015）》（蓝色智慧研究院，中国经济出版社）①一书将研究的时间线定位于 2006—2015 年，客观审视这十年北京市文化创意产业的发展情况和特点，探析十年间文化创意产业各细分领域的发展优劣，创新地提出首都城区发展模式，并对当前和未来的北京文化创意产业的发展做出明确的判断。

《近十年北京市文化创意产业政策实施情况绩效评估研究报告》（祁述裕，清华大学出版社）②以绩效评估理论为基础，根据政策过程模型，构建了文化创意产业政策绩效评估框架体系，对近十年北京市文化创意产业政策实施情况进行了系统研究，就进一步完善政策、健全体制、理顺机制、改进工作，从产业发展政策需求重点领域和产业政策制定执行保障两方面针对目前的产业政策体系提出了建议。

《北京文化创意产业发展报告（2016）》（郭万超、张京成，社会科学文献出版社）③重点跟踪研究北京文化创意产业发展态势，以整体运行、区域动态、要素市场、行业发展影响等为基本内容，综合研究 2015 年及"十二五"时期北京文化创意产业的发展状况，梳理区县及国家文创实验区的产业现状与发展经验，对部分行业发展进行深入研究，并从人才、资本等要素市场深入探讨北京文化创意产业的发展规律。

《城市文化创意产业发展研究——以北京为例》（赵继敏，科学出版社）④一书可分为四部分，第一部分介绍了文化创意空间的相关理论，第二部分跟随时间线叙述了北京文化创意产业的历史演变并分析了北京文化创意产业的发展趋势，第三部分分别研究了北京美术产业、动画产业、相声产业、广告业、工业设计产业、出版业等文化创意产业发展的一系列相关问题。最后审视了北京文化创意产业发展的集聚区政策并提出了关于北京文化创意空间发展政策的三点主张。

《创意城市蓝皮书：北京文化创意产业发展报告（2016）》（郭万超、张京成，社会科学文献出版社）⑤重点跟踪研究北京文化创意产业发展态势，以整体运行、区域动态、要素市场、行业发展影响等为基本内容，综合研究 2015 年及"十二五"时期北京文化创意产业的发展状况，梳理区县及国家文创实验区的产业现状与发展经验，对部分行业发展进行深入研究，并从人才、资本等要素市场深入探讨北京文化创意产业的发展规律。

《京津冀协同发展视阈下生态文化创新发展研究》（郑文堂、马宁、华玉武，中国农业出版社）⑥研究了生态文化相关的基础理论及中国传统生态文化思想、西方生态文化思想和马克思主义生态观，介绍了国内和国外生态文化区域建设的基本经验，国内部分包括沿海生态文化建设，山区生态文化建设，古都生态文化建设，国外部分包括北美、欧洲和东亚地区生态文化建设经验。重点分析了京津冀协同发展视域下生态文化建设的具体路径，包括京津冀协同发展的战略构想及其对生态文化建设的要求，生态文化协同发展的理念创新、制度创新、组织创新、模式创新，以及高校在生态文化建设中的地位和作用。为“十三五”时期京津冀地区生态文化创新发展提供了理论支持。

《老北京特色街市》（沈健，知识产权出版社）[⑦]从街市文化的角度，探究了老北京城街市的诞生、发展和湮灭的历史过程，总结出一些规律、经验和教训；该书也对正处在城镇化的加速进程之中的中国，如何造城，造一座怎样的城，如何让城市充满生命力，提供了另一种视角，也为城镇化过程中如何规划街道提供一种新的思路。

2. 其他产业发展论著

《北京产业安全与发展研究报告（2015）》（北京产业安全与发展研究基地，社会科学文献出版社）[⑧]以北京市国民经济和社会发展“十三五”规划为指导，紧密围绕北京市产业安全与发展中的现实问题进行理论和实证分析。本书从产业的横向分布视角对北京市产业安全与发展问题进行了全面深入的探讨，包括我国物流产业安全指数设计与实证、北京市会展经济发展存在的问题及对策研究、北京市电子信息产业升级研究、北京市顺义空港城现代服务业发展对策研究、京津冀地区金融发展与产业升级研究、GVC下京津冀制造业升级路径研究。

在京津冀协同发展战略背景下，《生产性服务业集聚与空间结构演变——以北京市为例》（张晓涛，经济科学出版社）[⑨]立足于北京市生产性服务业各行业的不同特性、产业转移和变迁的动因以及大都市产业演变的规律，分析北京市在生产性服务业发展过程中的集聚动因与机制，为北京高端服务业发展和城市规划布局提供政策参考依据。

《北京体育产业发展报告（2015—2016）》（钟秉枢、陈杰、杨铁黎，社会科学文献出版社）[⑩]分析了北京市体育产业发展总态势，又分别对北京市体育竞赛表演业、体育健身休闲业、体育用品业、体育产业集聚区、体育培训服务业、体育中介服务业、职业体育等发展情况进行了全面梳理，为业界全方位呈现出北京体育产业的基本价值形态、赢利模式、发展规律和发展战略。

《北京时尚产业发展研究》（关冠军、贠天祥、张芳芳，中国商务出版社）[⑪]对时尚产业发展涉及的基本概念、基本理论、国际经验借鉴等进行了系统分析，对北京时尚产业发展的现状和未来发展战略进行了分析，提出和呼吁共建北京时尚产业生态圈，及共建北京时尚的六大体系，即资源体系、流通体系、流行体系、消费体系、政策体系和支撑体系。

《北京服装产业发展研究报告（2005—2014）》（首都服饰文化与服装产业研究基地、北京服装纺织行业协会，中国纺织出版社）[⑫]对国内外服装产业发展进行了回顾、总结及评价，从行业地位、产业布局、企业规模及结构、从业人数等角度介绍了北京市服装产业的总体发展状况。紧接着分析了服装产业发展的重点和亮点及典型品牌案例。最后从国家战略、城市定位、产品自身、环境等层面分析了产业的发展趋势。

《北京旅游发展报告》（北京旅游学会，社会科学文献出版社）[⑬]立足于北京旅游发展，对北京旅游研究成果进行了汇集。全书由主报告、旅游经济运行篇、旅游市场发展篇、旅游社会服务篇、旅游行业管理篇、旅游企业运营篇六部分组成。全面介绍并分析了北京市旅游发展状况。

3. 农村经济及农业发展论著

《产业融合发展：转型中的北京农业》（《北京农业产业融合发展研究》课题组，中国农业科学技术出版社）[⑭]共分为3个部分，第一部分梳理了北京都市型现代农业从农业产业化建设到农业功能拓展、产业融合发展的实践过程，分析了产业融合发展现状，提炼了产业集聚、产业链延伸、多功能拓展、技术渗透4种典型融合模式及其具体表现。第二部分选取了北京市产业融合发展特征鲜明、成效突出的企业、园区、合作社、区域和乡村，归纳总结其产业融合发展的经验和取得的成就。第三部分探讨了农业产业融合理论。

《北京市农产品流通产业发展研究》（王绍飞，中国农业大学出版社）[⑮]从农产品流通的角度向我们展示了北京市农业发展的部分现状。本书通过描述北京市农产品流通产业的演变和基本构成，说明主要农产品的流通产业状况和发展方向；针对农产品物流业、农产品加工业、农产品流通信息业和农产品流通的其他相关产业，分析农产品流通相关产业状况和发展方向；分析北京市农产品流通中的农产品质量安全状况，探讨改善农产品质量安全途径；分析北京市农产品消费的特点，探讨农产品消费对农产品流通产业发展的影响；分析北京市农产品生产的特点，探讨农产品生产对农产品流通产业发展的影响；依据北京市社会经济环境的变化，探讨农产品流通中的新型产业建设；分析改进北京市农产品流通的途径，提出促进农产品流通产业发展的政策建议。

沟域经济是京郊山区农民智慧的结晶，是北京各级政府部门联动的成果，也是社会各界参与的尝试，是北京城乡互动的探索。《北京沟域主导产业多样化发展与适度规模经营研究》（刘瑞涵、赵建梅，中国农业出版社）[16]应用经济学供求理论与规模经济理论、营销学差异化目标市场选择原则及消费者购买行为等理论，基于北京山区沟域资源禀赋特征，从供给的角度分析北京沟域主导产业多样化发展与经营规模选择的适宜条件与原则，立足于营销管理的消费者行为理论，采用二元选择模型，结合实地调研和计量模型，分析终端消费者对沟域经济不同经营规模或多样化程度的需求特征及忠诚度，进而探讨北京发展沟域产业时，在产业的“规模经济”和“多样化”中选择适宜平衡点的对策。

4. 京津冀协同发展论著

为了深入贯彻落实习近平总书记视察北京重要讲话精神和《京津冀协同发展规划纲要》，谋划和推进北京“十三五”时期的科学发展，自 2015 年起至今一年多的时间里，前线杂志围绕京津冀协同发展、疏解北京非首都功能和谋划“十三五”等重大战略部署，约请各界专家学者及部分领导撰写了大量文章，汇编成《推动京津冀协同发展的理论和实践：谋划“十三五”，推动京津冀协同发展》（中共北京市委前线杂志社，赵弘，北京人民出版社）[17]汇集了北京科研院所和高校各专家和学者关于推动京津冀协同发展的论文和报告。这些文章从北京工作的实际出发，针对相关问题从不同角度进行了研究探讨和总结，提出了很多有价值的意见建议，起到了决策参考作用。

《京津冀区域发展报告（2016)》（李国平，科学出版社）[18]介绍了京津冀协同发展取得的主要成效，京津冀协同发展存在的突出问题，北京、天津、河北的社会发展、人口、资源与环境发展，京津冀区域人口的现状特征与问题等。在第三章具体讨论了北京的经济发展、社会发展、人口、资源与环境发展和北京空间发展格局等问题。

《京津冀协同发展背景下的首都经济结构调整路线图》（刘瑞，经济管理出版社）[19]以京津冀协同发展为背景，分别对北京首都经济的八个形态，即服务经济、总部经济、知识经济、“绿色”经济、临空经济、园区经济、临轨经济、临港经济进行了分析，并给出每个经济形态的发展思路或路线图。

《京津冀协同发展背景下的功能疏解与产业协同：基于首都核心区的视角》（郑新业、魏楚，科学出版社）[20]旨在以北京市为对象，基于京津冀一体化的前提，对北京市调整疏解非首都功能与实现产业协同发展的思路与路径进行研究。即站在区域统筹与协调发展的高度，厘清和明确北京市核心功能与非核心功能，构建城市功能、产业发展和人口的理论框架。本书从国际都市圈的发展历程入手，总结归纳出主要首都城市的功能分布与产业发展的一般特征，提炼其对北京首都功能定位与产业协同发展的借鉴意义。

《首席专家论京津冀协同发展的战略重点》（文魁，祝尔娟，首都经济贸易大学出版社）[21]分别从理论借鉴、现状目标和战略重点等内容出发，围绕“京津冀的功能定位”“国外首都圈的理论与实践”“京津冀协同发展现状综合分析”和“京津冀的战略重点”四个内容，由研究京津冀问题的首席专家论述了京津冀协同发展中的理论问题、发展现状、目标定位和深入推进中的战略重点问题。

《京津冀协同发展：现实与路径》（纪良纲，许永兵，人民出版社）[22]以《京津冀协同发展规划纲要》为指导，对京津冀协同发展相关问题进行了全面系统的研究。各篇章分别为从总体战略、产业分工协作、流通一体化、公共服务均等化和生态协同治理等方面阐述了京津冀协同发展的现状、存在的问题，同时提出了推进京津冀协同发展的政策建议。

《坚持四个全面战略布局推动京津冀协同发展》（曹保刚，中国经济出版社）[23]共五个篇章，分别分析了从生态环境、人才建设、政策差距等方面探讨了京津冀协同发展面临的问题及对策；从城镇化发展、城乡差异、文化发展等方面探究全面建设小康社会的路径；从财税改革、农村养老、中小企业转型等方面深入分析了全面深化改革的难点；从重大行政决策程序、立法商谈体系、行政执法方式变革等方面为全面依法治国建言献策；从群众路线考察、党内协商民主等角度重点研究全面从严治党的意义。为京津冀协同发展提供了不同的理论视角。

三、北京经济研究

1. 产业研究

第一，产业结构、产业关联、产业发展等相关问题研究。韩永宝等选取北京市1978—2014年三次产业的相关指标数据，对产业结构与就业结构的演变进行分析，指出随着产业结构调整，北京市产业结构趋于合理，但就业结构的调整滞后于产业结构的变动。[24]焦新颖等总结北京都市区各地域单元产业结构演进空间分异的规律及特征，并进一步探讨其形成机制。研究表明：北京都市区产业结构演进在空间上呈现出显著的中心—外围格局，不同圈层表现出明显的梯度特征，不同区县产业演进表现出明显的空间分异，由中心向外围，各区县主导产业的服务性和产业级别逐渐降低。[25]李茂利用北京市12个年度的投入产出表构造产业关联网络模型，展示了北京市稀疏化的产业关联网络布局，并认为地区经济外向型水平提升使得北京产业关联网络中的环向连接数量降低，导致了网络连接的稀疏化问题。[26]邢李志等通过构建基于共引网络理论的产业需求竞争网络，从产品和服务的供给角度来分析北京产业系统中产业资源的分配规律，进而对战略新兴产业结构升级的合理性和科学性做出新的解释和分析。[27]

第二，现代服务业。周孝等以北京生产性服务业集聚为切入点，探讨可推进京津冀区域协同发展进程的有效途径。认为推动生产性服务业的集聚式发展是实现京津冀区域协同发展的有效举措。[28]寇静等认为北京生产性服务业发展效率低、结构不合理、过度集中在城六区的原因在于城市定位不明、政府主导运作和政府管控不力等，全力推进生产性服务业的升级与疏解，需要明确城市定位体系、建立多元主体治理结构、发展特色市场、制定产业升级与疏解清单、严控增量和疏解存量、拓展融资渠道、推广“互联网+”运作模式等。[29]沈蕾等从现代服务业产业融合的动因出发，研究了不同因素对北京现代服务业产业融合的促进程度，发现技术进步对北京现代服务业产业融合的促进作用最大，而在服务业的开放程度以及与制造业的融合方面还有待进一步提升。[30]养老服务业作为现代服务业的重要组成部分，在当前养老服务需求激增的情况下，其在北京市服务业中的地位也越来越重要。在当前供给侧改革的大趋势下，龚晓菊等通过对北京市养老服务业发展现状的梳理，分析其存在的短板，结合供给侧结构性改革的要求，针对性地提出北京市养老服务业优化发展的建议。[31]

第三，商业。张珣等以北京市六环内为研究区域，对北京市商业网点的时空特征进行研究，得出结论：自1960年以来北京市商业网点取得了突飞猛进的发展，在总体上随时间变化呈明显上升态势，商业网点在空间上呈现出协调均衡化发展的趋势，其空间格局基本形成于20世纪80年代。[32]

第四，流通业。流通业是国民经济运行的基础性产业。李丽总结了“十二五”时期北京市流通服务业的发展现状，认为北京市流通服务业取得长足发展，在促进生产、引导消费、增加就业、推动经济结构调整与转变经济发展方式等方面发挥了十分重要的作用。同时提出了其存在的主要问题，如电子商务发展缺乏法规约束，空间布局与首都功能新定位的要求不一致，批发市场布局不适应城市功能定位，实体流通业态发展乏力，以智慧物流为代表的现代物流产业发展不足，中小物流企业规模小、效率低，流通服务业高端人才缺乏等。并给出具有针对性的推动北京市流通服务业发展的七大建议。[33]

第五，文化创意产业。方燕等通过对文化创意产业发展水平的相关指标进行研究，得出结论：随着北京市各区文化创意产业的蓬勃发展，逐渐形成了以中心城区为核心，以城市功能拓展区为主体、辐射带动远郊区文化创意产业发展的发展态势。北京文化创意产业的发展要坚持各区协同发展，京津冀三地共同发展的路线，顺应时代发展要求，不断实施文化创新、科技创新，建设成为全国先进模范的文化之都。[34]李明或在统筹研究分析的基础上，把16区县归纳为传统特色文化区、文化科技融合区、文化创意产业综合提升区、文化创意产业潜力挖掘区和生态文化发展区5个功能区。以便于各区县因地制宜充分发挥资源和产业特色优势，推动北京市文化创意产业整体水平提升。[35]张京成认为北京市应当高度重视和发挥消费对文化创意产业的拉动作用，把扩大文化消费需求和提高文化消费结构层次作为重点，引导、扶持和促进居民文化消费，尤其是要发挥好文化创意产业作为消费型产业的特质，通过强劲增长的文化消费刺激文化企业提高资源配置效率，引导文化创意产业升级增值、提质增效，反过来又促进文化消费的进一步增长，形成文化创意产业的大市场。[36]

第六，制造业发展研究。京津冀协同发展上升为国家重大战略决策，这一决策的核心任务即是有序疏解北京非首都功能，其中北京工业的疏解和提升发展对于北京构建高精尖经济结构和提升核心竞争力具有重要作用。张杰等在文献综述和世界大都市制造业转型提升经验借鉴的基础上，针对首都功能疏解，分类测算了2013年北京市规模以上制造业行业中类发展情况，进行了中类行业分类指标相关性分析和权重系数测算，并最终提出了北京市制造业疏解思路与提升路径的政策建议。[37]

第七，农村、农业发展研究。彭建等从农业经济、生态及社会三方面筛选相关指标，定量评价2001、2011年北京都市农业综合功能，结果表明2001－2011年北京都市农业整体呈现综合功能减弱而多功能性增强的变化特征。[38]唐林楠等以北京13个区县为研究对象，分析乡村经济发展、农产品生产、社会保障、生态服务及旅游休闲五项功能的时空分异特征，并探讨其未来的功能定位。[39]张颖等对北京市休闲农业园区的空间分布特征进行了分析，结果表明北京的休闲农业园区发展已经达到了集聚程度，与交通、客源市场等因素有密切关系。[40]刘艳军等对北京市大兴区10个乡镇的都市农业发展进行了地区间比较分析，最后根据各类地区的农业发展特征结合大兴区整体发展提出了相应的对策建议。[41]穆松林针对北京山区发展的问题与机遇，基于沟域经济的内涵和发展特点，通过构建重点发展区域——沟域的评价指标体系与分析模型，甄别出重点沟域作为沟域经济发展的增长极，梳理和归纳不同类型沟域经济的发展路径，以期为优化北京山区人地关系、加速科学发展提供借鉴和启示。[42]

2. 经济增长影响因素研究

魏浩针对进口贸易对北京市经济增长的促进作用进行了实证分析，结果表明，不管是从宏观视角，还是从行业视角，进口贸易对北京市经济增长的促进作用都是正效应；从行业视角来看，进口贸易对劳动密集型行业、资本密集型行业经济增长的促进作用都是显著的正效应。[43]郑瑞芳认为“十一五”以来新常态下北京市的经济运行总体平稳，经济结构不断优化；产业升级稳步推进，质量效益明显提升；科技投入产出相好，创新驱动成效显著。[44]韩文琰通过金融资源空间布局、金融与其他产业的关联性以及金融对经济增长的DEA效率分析北京金融对经济的整体支持情况与各区县支持情况，发现北京金融业发展的波动性、金融业与其他产业的较低关联性及各区县金融资源空间布局的不平衡性不利于新常态经济增长。[45]何小锋等研究了资产结构对北京市经济增长的影响，结果表明现金资产、实体资产、资产现金化和资产实体化对GDP增长有较强的正向影响；证券资产和资产证券化对GDP增长影响不显著；资产信贷化（贷款增加额）对GDP增长有一定的负向影响。[46]

3. 经济发展水平及可持续协调发展研究

戴铁军等通过构建基于物质流分析的价值核算体系，对2005—2013年北京市绿色GDP进行核算。最后得出结论，北京市绿色GDP和现行GDP同步增长，绿色GDP占现行GDP的比例平均为91.06%。[47]王朝华认为要实现北京市经济社会的可持续发展需要城乡关系的协调发展，并提出北京城乡关系协调发展的目标、总体思路以及对策建议。[48]

4. 经济发展对策研究

李云燕等认为循环经济是经济发展新常态下转变增长方式、实现可持续发展的必然选择。并对2011—2015年北京市循环经济发展水平进行量化评价，仿真并解析了北京市未来五年的循环经济发展趋势；结合北京市循环发展现状与未来趋势，从产业协同发展、资源环境供给侧改革、生产者责任延伸、税收激励机制、信息公开五个方面，提出深入推进循环经济发展的对策建议。[49]

注：

①蓝色智慧研究院：《文创时代：北京市文化创意产业的发展与创新(2006—2015)》，中国经济出版社，2016年版。

②祁述裕：《近十年北京市文化创意产业政策实施情况绩效评估研究报告》，清华大学出版社，2016年版。

③郭万超、张京成：《北京文化创意产业发展报告(2016)》，社会科学文献出版社，2016年版。

④赵继敏：《城市文化创意产业发展研究——以北京为例》，科学出版社，2016年版。

⑤郭万超、张京成：《创意城市蓝皮书：北京文化创意产业发展报告(2016)》，社会科学文献出版社，2016年版。

⑥郑文堂、马宁、华玉武：《京津冀协同发展视阈下生态文化创新发展研究》，中国农业出版社，2016年版。

⑦沈健：《老北京特色街市》，知识产权出版社，2016年版。

⑧北京产业安全与发展研究基地：《北京产业安全与发展研究报告(2015)》，社会科学文献出版社，2016年版。

⑨张晓涛：《生产性服务业集聚与空间结构演

变——以北京市为例》，经济科学出版社，2016年版。

⑩钟秉枢、陈杰、杨铁黎：《北京体育产业发展报告（2015—2016）》，社会科学文献出版社，2016年版。

⑪关冠军、贠天祥、张芳芳：《北京时尚产业发展研究》，中国商务出版社，2016年版。

⑫首都服饰文化与服装产业研究基地、北京服装纺织行业协会：《北京服装产业发展研究报告（2005—2014）》，中国纺织出版社，2016年版。

⑬北京旅游学会：《北京旅游发展报告》，社会科学文献出版社，2016年版。

⑭《北京农业产业融合发展研究》课题组：《产业融合发展：转型中的北京农业》，中国农业科学技术出版社，2016年版。

⑮王绍飞：《北京市农产品流通产业发展研究》，中国农业大学出版社，2016年版。

⑯刘瑞涵、赵建梅：《北京沟域主导产业多样化发展与适度规模经营研究》，中国农业出版社，2016年版。

⑰赵弘、中共北京市委前线杂志社：《推动京津冀协同发展的理论和实践：谋划“十三五”，推动京津冀协同发展》，中共北京市委前线杂志社，2016年版。

⑱李国平：《京津冀区域发展报告（2016）》，科学出版社，2016年版。

⑲刘瑞：《京津冀协同发展背景下的首都经济结构调整路线图》，经济管理出版社，2016年版。

⑳郑新业、魏楚：《京津冀协同发展背景下的功能疏解与产业协同：基于首都核心区的视角》，科学出版社，2016年版。

㉑文魁、祝尔娟：《首席专家论京津冀协同发展的战略重点》，首都经济贸易大学出版社，2016年版。

㉒纪良纲、许永兵：《京津冀协同发展：现实与路径》，人民出版社，2016年版。

㉓曹保刚：《坚持四个全面战略布局推动京津冀协同发展》，中国经济出版社，2016年版。

㉔韩永宝：《北京市产业结构与就业结构的动态演变分析》，《区域经济》，2016年第3期。

㉕焦新颖、喻忠磊、高啸峰、张宁：《基于空间分异视角的大都市区产业结构演进——以北京为例》，《经济地理》，2016年第8期。

㉖李茂：《产业关联网络演变与影响机制研究——基于北京市12个年度投入产出表的分析》，《产经评论》，2016年第6期。

㉗邢李志、文献、董现垒、关峻：《基于共引网络理论的产业需求竞争网络》，《北京理工大学学报（社会科学版）》，2016年第4期。

㉘周孝、冯中越：《北京生产性服务业集聚与京津冀区域协同发展》，《经济与管理研究》，2016年第2期。

㉙寇静、朱晓青：《北京生产性服务业的升级与疏解》，《新视野》，2016年第1期。

㉚沈蕾、段鹏：《北京现代服务业产业融合的动力机制分析》，《中国职业技术教育》，2016年第13期。

㉛龚晓菊、冯华玮：《供给侧视角下北京市养老服务业发展的路径选择》，《经济研究参考》，2016年第38期。

㉜张珣、陈路雨、赵霞、于重重、刘静文：《1960—2008年北京商业网点的时空特征分析》，《区域经济》，2016年第12期。

㉝李丽：《“十二五”时期北京市流通服务业发展现状及存在问题》，《中国流通经济》，2016年第2期。

㉞方燕、冯雨菲：《北京市文化创意产业的竞争力评价》，《新闻与写作》，2016年第1期。

㉟李明彧：《基于主成分分析的北京市文化创意产业发展水平及功能分区研究》，《生态经济》，2016年第3期。

㊱张京成：《融合创新促进文化消费浅谈》，《北京联合大学学报》（人文社会科学版），2016年第4期。

㊲张杰、徐艳阳、张玉春：《特大城市制造业发展测算与疏解思路》，《经济与管理研究》，2016年第7期。

㊳彭建、赵士权、田璐、刘焱序、刘志聪：《北京都市农业多功能性动态》，《中国农业资源与区划》，2016年第5期。

㊴唐林楠、潘瑜春、刘玉、唐秀美：《北京市乡村地域多功能时空分异研究》，《北京大学学报（自然科学版）》，2016年第2期。

㊵张颖、陈奕捷、王道龙：《北京市休闲农业园区空间分布特征研究》，《中国农业资源与区划》，2016年第12期。

㊶刘艳军、姜帆、刘冲、刘彦泉、王欢：《基于乡镇单元视角的都市型现代农业发展区域比较——以北京市大兴区为例》，《中国农业资源与区划》，2016年第4期。

㊷穆松林：《北京山区生态经济发展区域选择及模式——以沟域为视角》，《生态经济》，2016年第7期。

㊸魏浩：《进口贸易与经济增长——基于北京市的实证分析》，《经济与管理研究》，2016年第7期。

㊹郑瑞芳：《新常态下北京经济提质增效升级指标体系研究》，《调研世界》，2016年第6期。

㊺韩文琰：《新常态下北京经济增长的金融支持问题研究》，《区域金融研究》，2016年第8期。

㊻何小锋、景宝锋、谢逸翔、窦尔翔：《区域资产结构与经济增长——以北京市为例》，《改革与战略》，2016年第1期。

㊼戴铁军、张沛：《基于物质流分析的北京市绿色GDP核算》，《生态经济》，2016年第8期。

㊽王朝华：《北京城乡关系协调发展的目标和对策选择》，《农业经济》，2016年第9期。

㊾李云燕、殷晨曦：《建立科学评价体系，推进循环经济发展》，《环境保护》，2016年第17期。

（作者：孟斌，北京联合大学教授；郭海珍，首都师范大学研究生）

北京历史与文化

张　勃　宋凯丽

北京历史与文化研究历来是北京研究的重要内容，2016年，专家学者们对此进行了多角度、广范围的研究与探讨，并取得了丰硕的研究成果。现将本年度的学术交流情况与研究情况综述如下：

一、重要学术会议

1. “档案与北京历史文化研究”学术前沿论坛

2016年6月14日，由北京市社科联资助、北京市档案局（馆）主办、市档案学会档案资源开发利用学术委员会承办的“2016学术前沿论坛·档案与北京历史文化研究”在北京市档案馆举办。在本次会议上，有专家介绍中国人民大学人文北京研究中心“北京记忆”网站建设情况，以及北京市档案馆合作项目“京张铁路”的进展情况；有专家讲述市水务系统实地调查北京5大水系水文化遗产方面的情况，并阐述了人类在治水、管水、用水、乐水等方面的价值观、自然观和实践观，档案与水文化遗产的关系以及水文化与城市发展的关系等；有学者以档案资料为依据，挖掘了20世纪50年代新中国建筑及其景观对北京城市空间和城市文化的影响。有专家认为在保护好北京“金名片”、延续城市文脉方面，档案工作有其独特的资源优势和应尽的职责任务。档案部门有必要创新档案信息资源的整合和开发利用工作，共同构建相对完备的信息资源体系，深度挖掘档案资源价值，为首都经济社会发展提供优质的信息支撑。

2. 京津冀文脉传承与协同发展——第十八次北京学学术年会

2016年6月24—25日，由北京学研究基地、首都博物馆主办，北京联合大学北京学研究所、北京联合大学应用文理学院承办，北京联合大学学报编辑部、北京史研究会和北京地理学会协办的“京津冀文脉传承与协同发展——第十八次北京学学术年会”在北京联合大学应用文理学院召开。推动京津冀协同发展，是党中央、国务院做出的重大决策部署，是重大国家战略。如何推动京津冀协同发展，是一个前所未有的攻坚克难过程，也是一项庞大的系统工程，需要从政治、经济、社会、文化、生态等各方面进行综合研究。京津冀地缘相接、人缘相亲，地域一体、文化一脉，历史渊源深厚，厘清三地历史文脉的形成和发展线索，探求历史文脉对于京津冀协同发展、三地历史文脉的传承都具有重要意义。来自京津冀三地50多家单位的130余名专家学者，就京津冀文脉传承与协同发展的概念与体现、历史研究与现代实践、发展策略等，展开了跨学科、多层面的广泛交流。其会议成果将为京津冀三地政府部门的协同发展提供辅助决策。此外，会议特别设置了研究生专场，为推动京津冀协同发展的积极探索注入更多年轻的力量。

3. 2016首都创新与协同发展国际论坛

2016年10月18—20日，由北京市科学技术委员会支持、北京科学技术开发交流中心主办，俄罗斯联邦总统研究院协办的“首都创新与协同发展国际论坛”在北京召开。来自北京大学、复旦大学、南开大学、北京市社科院、首都经贸大学、河北经贸大学等高校，以及俄罗斯、韩国等地的众多专家学者，就城市发展规律与首都发展路径、城市间跨区域融合、首都功能定位与城市副中心发展、城市科技创新驱动力研究等议题进行了广泛而深入的讨论。论坛从国际化视角出发，首次将京津冀、大莫斯科两大首都城市群研究置于同一平台，创新性地对“京津冀协同发展战略”与“大莫斯科发展战略”进行深入研讨，对于中俄两国互相借鉴对方的既有发展经验，使京津冀发展研究提升层次，推动中俄两国城市群健康发展，具有积极意义。

4. “三山五园历史文化遗产价值与功能”学术研讨会

2016年10月29日，由北京联合大学、中共海淀区委宣传部联合主办，北京联合大学三山五园研究院、北京联合大学应用文理学院和海淀区文化发展促进中心具体承办的“三山五园历史文化遗产价值与功能”学术研讨会在京举行。本次研讨会共计收到论文70余篇，来自天津大学、中国人民大学、中国文化遗产研究所等国内外的高等院校、科研机构以及文化产业等领域的百余位专家学者，围绕三山五园历史文化的价值及其传播、香山静宜园与西山文化带遗产和保护、三山五园的文化经济功能与产业化利用等问题展开热烈的讨论，对三山五园历史文化遗产的价值与功能的认知、历史文脉的梳理及其传播具有积极的推进作用。

三山五园研究院成立于2013年，是由中共海淀区委宣传部、北京联合大学共同发起，致力开展三山五园文化研究、文化传播和文化产业发展的专门研究机构，以海淀区丰富的高校科研院所专家资源、企业家资源为保障，同时充分发挥北京联合大学的多学科交叉优势和组织优势，组织实施三山五园历史文化建设工作。

二、学术研究

1. 北京历史研究

北京历史研究向来是学界的热点，2016年度北京历史方面的资料整理和研究成果仍十分丰富。

在资料整理方面，新华出版社的《北京档案史料》①收录了民国时期北京（北平）大、中、小学校学则一组、北平市社会局1936年6月至1937年11月统计资料简报、1946年12月至1947年9月北平市政府施政报告、1947年华北解放区农村经济调查（上）、1963—1964年北京市物价管理工作史料、清代北京的银钱及其比价变动等内容。于德源编的《北京隋唐五代历史资料汇编》②，将隋唐五代资料内容主要按政治、经济、行政区划和建置、文化、民族、宗教、城市建设和规模、坊市，分为章、节、目，所引书目除《隋书》《新唐书》《旧唐书》《新五代史》《旧五代史》《唐会要》《唐大诏令集》及《资治通鉴》外，还搜罗了《全唐诗》《全唐文》《文馆词林》等。李德生、苑焕乔《烟画老北京360行》，共集得烟画560帧，分为上下两部，上部中的图画是清代末年日本和英美烟草公司在华出品发行的香烟画片，其中绝大部分出自清代著名民俗画家吴友如之手，生动地描绘了彼时中国民间市井百业的生存和平民生活的状况，在摄影术尚未介入的情况下，这些作品具有特殊的图史作用。下部书的图画多见于民国时期，即20世纪二三十年代国内烟草公司设计出品。本书采用一图、一诗、一注的形式编就，集得清末民初及近代诗人所作《竹枝词》《歌谣》等，计560首，这些作品均以通俗易懂的口语描述了市廛生活，也是难得一睹的集成，具有较强的资料价值。③

在研究成果方面，本年度出现了几部有分量的著作。王岗《北京文化通史（元代、明代卷）》，是北京文化通史的断代史研究成果。该书从大文化的角度对元明时期的北京文化发展演变史加以梳理，指出在元代的大都，多元文化、民族冲突与融合、市民文化的兴起等方面的内容，都是值得关注的文化现象；而明代的北京，在再次成为全国政治和文化中心之后，表现出与元代差异极大的都城文化特色，如农耕文化的兴起等，从而展现出了一个与元大都完全不同的都市文化。④阎崇年《古都北京》从北京的自然环境和“北京人”为代表的史前文明说起，记述了北京城的历史发展脉络，尤其是作为元、明、清三朝帝都的辉煌历程。全书既有对北京作为皇城的历史文化遗迹的详细描述，也有对坊巷市俗、岁时节令等市民生活的记录，全面阐述了北京的发展历史及古都文化内涵。⑤

吴雅山《当代北京地安门史话》集中展示了近代以来，特别是新中国成立后，地安门及地安门地区的风云变化，对地安门的前世今生、失去了地安门的地安门、地安门在特殊年代那些事、老字号使地安门重现生机以及南锣鼓巷成为北京文化名片等方面做了梳理。⑥于永昌《当代北京胡同史话》从北京胡同的形成和文化内涵、新中国成立后北京胡同的变化、改革开放后对胡同的拆建以及精心规划对胡同修缮开发四个方面系统研究了当代北京胡同，深度挖掘出蕴藏于胡同中的建筑文化、民俗文化、名人文化、商业文化等文化内涵，在叙述胡同变化的过程中概括出近年北京胡同规划修缮的有力措施。[7]王都伟主编《北京西城史话》对中轴线以西的北京传统城区、社会发展状况、西城文化等进行了研究。[8]他主编的《北京西城老字号谱系丛书》则从字号沿革、核心品牌、创新思考和专家视角等不同层面，系统梳理了餐饮小吃类、服装鞋帽类、文化类等西城老字号资源回顾老字号走过的艰苦历程，总结其历经百年风雨而不衰的宝贵经验，阐释其当代价值。[9]

本年度也有一些重要的著作得以再版。2008 年，刘小萌出版《清代北京旗人社会》一书，该书把握了北京古都发展历来就是一个多民族杂居共处的地区这一特点，在综合利用满汉文档案、契书、碑文、家谱、笔记、曲词、小说、舆图、绘画、口述史料的基础上，对北京旗人社会的面貌、特征、变化，作了较为系统深入的考察；对旗民关系（核心是满汉关系）的发展，也作了多角度分析，对于北京史研究、清朝史研究、满族史研究和八旗史研究等均具有价值。2016 年，该书出版了修订版。[10]漕运是古代社会极为重要的经济制度，是历代朝廷尤其是唐宋以后最为重视的国家事务之一，对历史上的政治、经济、军事、社会和文化都有深远的影响。2004 年出版的于德源《北京漕运和仓场》，对自东汉至清末的北京地区的运河和漕运、仓储的管理进行了考察，是首部区域性的漕运通史。2016 年再版。[11]

著述之外，还有多篇对北京历史进行较为深入研究的论文。唐晓峰对历史上北京城与水的关系进行了深入解读，指出北京城依水而建，依水而兴，水脉与文脉关系密切，并提出以水定城，保护水脉和文脉，寻找新水源等观点和建议。[12]王岗对北京城市模式的历史变迁过程进行了总结[13]，孙冬虎认为政治中心是北京近千年来最核心的城市功能和最突出的城市色彩，强调政治因素对于北京城市的根本影响，也会继续左右城市发展的未来运行轨迹。[14]靳宝对辽南京和金中都的修缮与营建进行了深入研究，并分析了其中蕴藏的中原文化情结及其对都城建设的作用和影响。[15]吴文涛则着重对金中都的历史地位和作用进行了研究与评价，认为，金中都在城市建设、经济发展、文化教育、民族融合等方面，显现出城市功能的日趋成熟和完备，它开辟了元明清都城建设的先河，使城市性质和气魄有了彻底改变，为元代大一统王朝的形成及在此建都奠定了坚实的基础。[16]程尔奇梳理了明清时期北京皇城的变与不变，认为明清两朝的皇城，虽然规制不断变化，但体现的核心政治伦理并未发生明显变化，包括皇权至上和尊卑有序的观念，宗法礼制与纲常思想，天人合一与阴阳五行哲学。[17]刘仲华则主要运用实录资料，呈现了顺治朝至乾隆朝对于北京中轴线上主要建筑的修缮与建设，并将其视为清代统治者强化封建政治礼制的过程。[18]此外，刘仲华还梳理了密云、延庆撤县设区的历史过程，认为这不仅是北京行政建置沿革历史上的重大变化，对于当前北京经济社会发展具有重要的现实意义。[19]贾长宝系统梳理了 1915—1930 年间北京皇城城墙的拆毁历程，指出皇墙的被毁，与北京城近代化转型过程中当局的市政建设理念存在密切关系，即将“保存遗迹的愿望作为对帝国遗迹的炫耀，必须让位于市民公共利益的需要”。[20]赵娜从现代民俗学与社会学结合的视角，对清末至民国时期政府、企业与民众三者互动下的北京市民自来水接受历程进行研究，发现市民卫生观念的演进、大众传媒的使用，以及民俗传统的利用，在这一进程中起到了重要的积极作用。[21]鞠熙则从公园创设的角度探讨近代北京公共空间的转型，认为让禁苑成为公园，实质上反映了现代城市观念与几乎所有的传统生活方式的对立，公园因而未能真正成为底层民众的公共空间。[22]李扬以六国饭店为例，同样对近代北京公共空间的演变进行了探讨。[23]

另外，孙勐考释了北京密云大唐庄出土的辽代墓志，对于研究辽南京（或称燕京）地区的社会文化、风俗，以及补充和辨析辽代历史均具有较高的史料价值。[24]

京津冀一体化是当前的一项国家重大战略，李长莉[25]认为“京津冀一体化”有历史渊源，京津冀区域的政治、经济、文化等资源流动与配置变动促使社会流动与文化生态形成互动效应，蒋介石所办军校加速了人才流动，构成了近代政治军事人才关系网络，并提出保定及京津冀区域文化生态变化对中国近代社会产生深远影响。

2. 北京文化研究

本年度北京文化研究集中在宗教文化和民俗文化上。在宗教文化研究方面，张蕾蕾《近代北京佛教社会生活史研究——以馆藏民国档案为中心的考察》以近代北京佛教为研究对象，结合民国时期北京政治、经济、社会发展的总体情况，对近代北京佛教的寺院法统与住持传承制度、僧尼实际生活方式、寺院经济状况、佛教与政府社会间的互动关系等做了全方位、深层次的描述；从中揭示了近代北京佛教追求革新与固守传统间的真实情景，对深化北京佛教研究具有重要意义。[26]佟洵主编的《北京民族宗教史话》以图文并茂的形式，通过丰富的历史资料和生动的人物故事，清晰地勾画出各时期各民族、各宗教在北京的活动及发展脉络，对人们了解北京民族宗教的历史有所帮助，对进一步做好今天的民族和宗教工作，促进民族团结、宗教和睦具有重要的现实意义。[27]张帆、田雪《北京寺庙观堂》以影像为主要表现手段，配以简明的文字说明，对当代北京的寺庙观堂进行了整理，展示了北京寺庙观堂文化演进的历程、历史作用及其文化特点，在影像记录的同时，就其历史文化价值体现、保护与发展中所面临的问题等方面进行分析研究。[28]韩觉贤论述了北京藏传佛教寺院雍和宫四大扎仓的修学教育体制，认为雍和宫修学教育具有鲜明的藏传佛教寺院教育特色，为维护祖国统一和民族团结、弘扬藏传佛教、培养人才以及繁荣藏蒙文化等起过积极作用。[29]

在民俗文化研究方面，刘铁梁主编《中国民俗文化志·大兴区卷》在概述大兴区民俗文化背景、特征的基础上，描述了南海子、红星集体农庄、从荒村到黄村、青云店的文昌阁、风河七十二连营、正月十五散灯花、大兴西瓜节、礼贤庙会等方面的内容，是标志性文化统领下的民俗志书写的又一重要成果。[30]沈健《老北京特色街市》梳理了老北京八十多条主要街市的由来、形成、发展及这些街市形成中的鲜为人知的故事，对于了解北京城市文化和民俗具有积极作用。[31]段柄仁主编《北京四合院志》，收录了北京地区形制完整的九百二十三座四合院的有关资料，介绍了四合院的位置概况、建筑形制、历史变迁、人物故事和现今状况，其中还包括七百余幅院落平面图、四十余幅街道示意图、清代北京地区院落图、现代卫星影像图和政区图，以及四千余幅四合院的图片资料，并在研究四合院的生活习俗、礼俗、节俗等的基础上，提出对四合院保护与利用的有用措施，是关于北京四合院的权威著述。[32]

著述之外，还有一些学术论文。如王瑞玲、李艳婷梳理了北京西南地区的民间故事，并对其资源价值进行概括，认为可以通过四种具体途径作用于地方经济文化建设。[33]肖婷重点考述元代以来北京“女儿节”节俗，认为从祛邪趋避等民俗信仰逐渐转变为具有聚合家庭情感、娱乐意义的活动，对协调家庭关系与社会关系有一定的的积极意义。[34]邓苗梳理了当代北京饮食文化发展的三个阶段，并将其发展特点概括为时代性、多元性和开放性。[35]

另外，李嘉珊认为今天北京不仅仅是“北京的北京”“中国的北京”，更应该是“世界的北京”，在各项利好政策的推动下，要逐步发挥在文化交流与文化贸易领域的引领作用，真正实现北京文化从“走出去”到“走进去”，从“走进去”到“融进去”。[36]龚健提出规划建设北京城市副中心，不仅要强调文化传承，同时要围绕历史文化资源的保护及开发利用，加强规划、策划，推动文化产业资源整合与发展，实现社会效益和经济效益相统一。[37]

3. 北京文脉传承及文化遗产保护与利用研究

文脉传承是本年度北京文化研究方面的一个热词，而无论从实践层面还是从学术层面，文化遗产的保护与利用都是当前的热点问题。

傅华强调北京文脉对于北京历史文化名城保护的重要性，指出文脉反映城市建设者、管理者特别是一代代市民共有的生活态度、价值趣味和审美追求，准确把握文脉的内涵、研究传承方式，对于北京这座历史文化名城而言具有极其重要的意义。[38]王建伟对“历史文脉”进行了概念辨析，认为历史文脉可以理解为一座城市地域环境、人文氛围、建筑景观的有机结合与互动，是城市特质的重要组成部分，是城市彼此区分的重要标志，既包括显性要素（物质性要素），也包括隐性要素（精神性要素）。北京历史文脉主要落实在展现古都风韵与城市性格的城市景观与物质建筑方面，同时也包括特有的非物质性的京味文化，它是北京提升国际文化竞争力的重要资本和载体。文章还阐述了提升北京历史文脉传承工作的基本思路。[39]高大伟认为，传承好、弘扬好城市特色风貌，才能留住城市历史文化之“美”，才能留住乡愁。他在总结德国城市风貌保护经验的基础上主张保护北京古都风貌时，要加强对优秀传统文化的重视和保护，要把凝结着中华民族传统文化的文物、古建筑保护好、管理好，让历史说话，让文物说话。[40]

在北京历史文化名城保护方面，晏晨对北京历史文化名城保护工作进行了较为系统的梳理，并在此基础上提出当前仍面临保护体制机制有待完善、传统文化商业开发气息过于浓重等现实问题和挑战，认为当前需要明确下阶段保护工作的重点，更好地推进保护工作开展。[41]李建平以北京城、“什刹海”“白塔寺”等地的乡愁为引，深入探讨了北京历史文化名城保护中的问题与对策，强调历史文化名城保护对于乡愁的重要性，认为文化传承与保护的核心是社会利益高于经济利益。[42]

在历史文化街区保护方面，包路芳总结了北京不同时期的历史街区改造经验，认为北京历史街区保护经历了保护古老风貌让位城市经济建设、以拆危扩建“安居优先”，再到整体保护和更新并重，进而既要保护各种物质文化遗产和街巷肌理的整体风貌，又要延续历史街区的社会结构和生命活力，建构政府、居民、市场三方合力的共同治理新机制，走出了一条旧城新容的自我更新之路。而民生为本始终是其中的主线，其内涵和外延也在不断变化。[43]黄仲山对北京历史文化街区保护中的措施进行反思，认为北京历史文化街区保护过程中存在着人文关怀和人文精神建构缺失的问题，提出在改造过程中要将历史底蕴与人文精神结合起来，这样才能真正体现历史文化名城保护的要义。[44]刘剑刚认为，要从根本上改变北京历史文化街区保护举步维艰的局面，北京历史文化街区保护应加强顶层设计，从城市发展战略、保护政策、保护法规、管理体制等方面着手，建立起一套适合北京历史文化街区特点的行之有效的保护机制，这是加强和改善北京历史街区保护的必由之路。[45]周颖、李德臣从商业模式下历史文化保护的发展现状入手，针对北京历史文化保护街区存在的实践问题，从政府、社会、企业协同的角度提出了历史文化街区的商业保护策略和建议，以构建多元主体协同的历史文化商业保护机制。[46]

戴林琳以北京旧城南锣鼓巷为例，提出历史街区不仅是培育和发展文化创意产业的基地，同时也往往成为城市体验旅游与休闲旅游目的地的观点，认为旅游与创意相结合是历史街区重新焕发活力、获得新生的有效途径。[47]周尚意等重视历史文化街区作为记忆空间承载了更多集体记忆的作用，以北京西四北头条至八条历史文化保护区为案例研究区域，分析了权威性和非权威性记忆空间、集体和个人记忆空间的表达和传承，以及这两种空间对历史文化街区保护方案制定的参考意义和局限，提出在历史文化保护区记忆活化的过程中，要打通权威记忆素材和个体记忆素材之间的界线，这样才能为个体记忆上升为集体记忆铺平道路。[48]李嘉文、甘振坤描述了前门东区重要的历史价值与现存问题，并从建筑质量、公共空间和基础设施等角度，详细剖析了当前必须解决的矛盾，提出需要分类整治、动态保护、加强公共空间营造、加强基础设施建设及提倡居民参与的措施。[49]贾蓉对大栅栏历史文化街区的再生发展模式进行了解读，[50]敬晓博对阜内大街历史文化保护区公共空间更新策略做了一定探索。[51]

在古村镇与传统民居保护方面，张勃梳理了古村落保护兴起的原因、价值以及保护的正当性，提出需要通过修复与提升两大途径来进行传统村落保护。[52]尹均科梳理了北京古村落的形态类型和分布状况，阐释了影响北京古村落发展的主要因素在于地理环境、移民政策、大规模屯田、长城修筑和驻军、社会的安定与动乱，并就古村落保护提出建议，认为应当保护的村落包括：确认历史悠久的村落；称作某城的村落；古代交通大道上的村落；有些名称特殊的村落；有重要物产的村落；一些重要文物古迹区和风景旅游区的村落；作为北京市地理标志的村落。[53]岳升阳在梳理北京村落物质文化遗产的存在类型与保护对策的基础上，提出面对古村落保护的新形势，应尽快界定部门职责，加强政府部门之间的协同机制，建立基于网络的协调合作机制，在网络化管理中促进部门协调。[54]朱永杰、韩光辉以北京目前正式公布的 43 片历史文化保护街区中的 9 处古村镇为例，探讨了古村镇保护中存在的问题，并认为北京的古村镇保护需要根据现实情况，在采取小规模、渐进式、微循环保护模式的基础上适宜选择社区引导模式或文化旅游产业引导模式。[55]李自典在描述长辛店古镇文化遗产保护现状的基础上，提出具体的保护与发展策略建议。[56]她对快速城镇化进程中三山五园周边村落文化保护也提出了建议，并认为搬迁未久的时候，是挽救保护原有村落文化的难得的机会。[57]李青淼总结了北京市域范围内九组数十处样本地区的传统民居特点，并将其归纳为圈层分异、地貌分异、流域分异三大空间分异规律，强调在整个市域范围内对传统民居进行维护、修复时应注意到地方性问题。[58]

在非物质文化遗产及其保护传承方面，北京市文联、北京民协组织编纂的第四批《非物质文化遗产丛书》，是本年度重要的成果。本批丛书涉及民俗、民间文学、传统技艺、传统舞蹈、曲艺等方面的非物质文化遗产项目，包括《厂甸庙会》《元宵节 · 九曲黄河阵灯俗》《圆明园传说》《京西民谣》《小靳花范葫芦》《京西太平鼓》《太平歌词》等，丛书本着“尊重历史、深入浅出”的原则，从艺术门类的源流、发展脉络与现状、代表人物、艺术特点等方面对非遗项目做了翔实的介绍，图书还辅以大量珍贵的图片资料，包括曲谱、手记、老照片等，大大增强了图书的可读性和学术价值。[59]论文方面的成果则有：黄仲山关注近年来北京非物质文化遗产的传播，认为出现了许多新亮点，主要表现在非遗文化视野不断扩展，文化触角向社会各角落延伸，文化传播方式与传播思路不断创新，但也存在保护管理部门沟通欠缺、文化品牌建设尚待突破等问题，并提出要在文化传播实践中进一步打开思路、与时俱进的观点。[60]

在地名文化保护方面，周岫认为，老地名的消失大多伴随它所承载的地名文化、历史和故事一同消失，现代地名保护现状堪忧，需通过地名立法，强化地名文化建设。[61]张钧凡、赵琪阐释了历史地名保护的必要性及意义，描述了历史地名保护遇到的问题，认为北京历史地名必须积极予以保护，并就其保护提出四种有效途径，即法规规范，地名规划，地名管理，建立旧城分级保护名录等。[62]

《北京市国民经济和社会发展第十三个五年规划纲要》中提出，要着力建设全国文化中心，保护好历史文化名城金名片，构建整体保护格局，推进区域文化遗产连片、成线保护利用，挖掘区域文化遗产整体价值，制定实施北部长城文化带、东部运河文化带、西部西山文化带保护利用规划。三个文化带是新提出的遗产保护概念，引发了学者的思考和研究。汤羽扬基于区域协同发展理论，提出了以北京长城遗产及其赋存的山川地貌为核心价值体系，与其他遗产资源、景观资源等相互渗透、协同合作构成"北京长城文化带"的组成部分，期望能够以此促进北京北部生态涵养发展功能区的建设发展，并为北京长城文化带范围内文化遗产研究奠定基础。[63]岳升阳界定了"西山文化带"中西山的地理范围，并对其形成过程和文化价值进行阐述，指出：（1）西山文化带是古代北京都城文化的体现，许多文化遗产具有京师文化的特质；（2）承载了古代北京文化中心的部分职能；（3）是世界级的旅游目的地，也是北京和周边地区的休闲中心；（4）是北京文化遗产带的枢纽和节点。文章探讨了西山文化带保护与利用中的问题和未来发展措施。[64]陈名杰提出要强化目标导向、空间梳理、文脉梳理、文化创新、统筹协调，以新发展理念引领西山文化带传承与创新。[65]在西山文化带的重要组成部分三山五园的研究方面，陈静、李娜以遥感影像为信息源，分析了"三山五园"地区景观的构成、多样性等，探讨其景观格局和特征，并在此基础上提出四条改善建议。[66]

此外，王长松等学者阐述了北京水文化遗产发展与北京城市的历史地位变化之间的密切联系，指出北京物质类水文化遗产空间分布以河流为主体，时间上清代最多，明代与元代次之，水资源的变化使水文化遗产功能也发生了转变或消失，亟须进行高效的保护和管理。[67]陈名杰则总结了海淀区在历史文化资源的保护、传承、再造与传播等方面所做的工作与取得的成绩。[68]

注：

①吕和顺主编：《北京档案史料》，新华出版社，2016年版。

②于德源编：《北京隋唐五代历史资料汇编》，北京燕山出版社，2016年版。

③李德生、苑焕乔：《烟画老北京360行》，北京大学出版社，2016年版。

④王岗：《北京文化通史》，中国社会科学出版社，2016年版。

⑤阎崇年：《古都北京》，朝华出版社，2016年版。

⑥吴雅山：《当代北京地安门史话》，当代中国出版社，2016年版。

⑦于永昌：《当代北京胡同史话》，当代中国出版社，2016年版。

⑧王都伟主编：《北京西城史话》，北京联合出版公司，2016年版。

⑨王都伟主编：《北京西城老字号谱系丛书》，北京联合出版公司，2016年版。

⑩刘小萌：《清代北京旗人社会(修订版)》，中国社会科学出版社，2016年版。

⑪于德源：《北京漕运和仓场》，北京日报出版社、中国人民大学出版社，2016年版。

⑫唐晓峰：《历史上北京的城与水》，《北京人大》，2016年第4期。

⑬王岗：《北京城市模式变迁述略》，《北京史学论丛(2015)》，群言出版社，2016年版。

⑭孙冬虎：《政治塑造北京：改朝换代之下的城市命运》，《北京史学论丛(2015)》，群言出版社，2016年版。

⑮靳宝：《辽南京与金中都的中原文化情结》，《北京史学论丛(2015)》，群言出版社，2016年版。

⑯吴文涛：《历史为什么选择金中都——简论金中都的历史地位及作用》，《北京史学论丛(2015)》，群言出版社，2016年版。

⑰程尔奇：《明清北京皇城的历史演变及文化意蕴》，《北京史学论丛（2015）》，群言出版社，2016年版。

⑱刘仲华：《清代中轴线主要建筑的修缮与定型》，《北京史学论丛（2015）》，群言出版社，2016年版。

⑲刘仲华：《密云延庆撤县设区的历史变迁与现实意义》，《前线》，2016年第1期。

⑳贾长宝：《民国前期北京皇城城墙拆毁研究（1915—1930）》，《近代史研究》，2016年第1期。

㉑赵娜：《清末至民国时期北京市民自来水接受文化小史》，《民间文化论坛》，2016年第5期。

㉒鞠熙：《民初北京公园理念与传统公共空间转型——以1914—1915年北京城市改造为例》，《北京师范大学学报》，2016年第4期。

㉓李扬：《从六国饭店看近代北京公共空间之演变》，《北京史学论丛（2015）》，群言出版社，2016年版。

㉔孙勐：《北京密云大唐庄出土辽代墓志考释》，《中国国家博物馆馆刊》，2016年第2期。

㉕李长莉：《京津冀区域：近代社会文化生态考察》，《历史教学》，2016年第10期。

㉖张蕾蕾：《近代北京佛教社会生活史研究——以馆藏民国档案为中心的考察》，宗教文化出版社，2016年版。

㉗佟洵主编：《北京民族宗教史话》，宗教文化出版社，2016年版。

㉘张帆、田雪：《北京寺庙观堂》，北京大学出版社，2016年版。

㉙韩觉贤：《北京雍和宫的修学教育及其历史作用》，《西藏民族大学学报》，2016年第1期。

㉚刘铁梁主编：《中国民俗文化志·大兴区卷》，北京出版社，2016年版。

㉛沈健：《老北京特色街市》，知识产权出版社，2016年版。

㉜段柄仁主编：《北京四合院志》，北京出版社，2016年版。

㉝王瑞玲、李艳婷：《北京西南地区民间故事的资源价值及开发利用》，《北京农业职业学院学报》，2016年第4期。

㉞肖婷：《北京女儿节考》，《佳木斯职业学院学报》，2016年第2期。

㉟邓苗：《当代北京饮食文化的传承与发展》，《民间文化论坛》，2016年第2期。

㊱李嘉珊：《北京文化走出去的理论探索与实践创新》，《人民论坛》，2016年4月。

㊲龚健：《通州文化该如何传承提升》，《投资北京》，2016年第9期。

㊳傅华：《北京文脉的内涵及其传承》，《前线》，2016年第8期。

㊴王建伟：《北京都市空间中的历史文脉传承》，《北京史学论丛（2015）》，群言出版社，2016年版。

㊵高大伟：《山水乡愁，诗意传承——德国城市风貌保护对北京历史文化传承的启示》，《北京学研究2015》，中国社会科学出版社，2016年版。

㊶晏晨：《得失之间——北京历史文化名城保护的实践与反思》，《群言》，2016年第8期。

㊷李建平：《北京城的乡愁》，《北京学研究2015》，中国社会科学出版社，2016年版。

㊸包路芳：《民生视野下北京历史街区的保护与改造》，《中国党政干部论坛》，2016年第11期。

㊹黄仲山：《反思北京历史文化街区保护中的人文建构》，《中华文化论坛》，2016年第2期。

㊺刘剑刚：《北京历史文化街区保护机制建设初探》，《北京学研究2015》，中国社会科学出版社，2016年版。

㊻周颖、李德臣：《历史文化街区商业保护策略探讨——以北京历史文化街区为例》，《人民论坛》，2016年第26期。

㊼戴林琳、江南：《历史街区文化创意产业游客满意度研究——以北京旧城南锣鼓巷为例》，《扬州大学学报》，2016年第2期。

㊽周尚意、成志芬、夏侯明健：《记忆空间表达及其传承研究——以北京西四北头条至八条历史文化保护区为例》，《现代城市研究》，2016年第8期。

㊾李嘉文、甘振坤：《前门东区历史与文化保护传承策略研究》，《建筑与文化》，2016年第3期。

㊿贾蓉：《北京大栅栏历史文化街区再生发展模式》，《北京规划建设》，2016年第1期。

51敬晓博：《北京阜内大街历史文化保护区公共空间更新研究》，《建筑与文化》，2016年第12期。

52张勃：《传统村落：为什么保护？怎样保护？——关于当前保护传统村落正当性和方法的思考》，《北京史学论丛2015》，群言出版社，2016年版。

53尹均科：《关于古村落研究和保护问题的几点

思考》，《北京史学论丛(2015)》，群言出版社，2016年版。

⑭岳升阳：《扩展保护范围，加强协调机制》，《北京史学论丛(2015)》，群言出版社，2016年版。

⑮朱永杰、韩光辉：《北京古村镇保护模式初探》，《北京史学论丛(2015)》，群言出版社，2016年版。

⑯李自典：《长辛店古镇历史文化遗产的保护与发展策略研究》，《北京史学论丛(2015)》，群言出版社，2016年版。

⑰李自典：《快速城镇化进程中三山五园周边村落文化保护策略研究——以六郎庄为例》，《北京学研究2015》，中国社会科学出版社，2016年版。

⑱李青淼：《北京市域传统民居空间分异规律与区划研究》，《北京学研究2015》，中国社会科学出版社，2016年版。

⑲ 北京市文联、北京民协组织编纂：《非物质文化遗产丛书》，北京美术摄影出版社2016年版。其中《太平歌词》由北京民协与北京曲艺家协会共同组织编纂。

⑳黄仲山：《北京非物质文化遗产传播的亮点与问题分析》，《城市观察》，2016年第3期。

㉑周頔：《留住老地名留住我们的文化记忆》，《中国地名》，2016年第3期。

㉒张钧凡、赵琪：《挖掘城市历史传承城市文脉——浅析北京历史地名保护的几种途径》，《中国地名》，2016年第1期。

㉓汤羽扬、刘昭祎、张曼：《区域协同发展框架下的北京长城文化带建构初探》，《北京建筑大学学报》，2016年第3期。

㉔岳升阳：《以西山文化带展示中国多元文化》，《北京观察》，2016年第7期。

㉕陈名杰：《西山文化带文化传承与创新对策建议》，《前线》，2016年第11期。

㉖陈静、李娜：《北京三山五园地区景观格局研究与分析》，《北京联合大学学报》，2016年第1期。

㉗王长松、李舒涵、王亚男：《北京水文化遗产的时空分布特征研究》，《城市发展研究》，2016年第10期。

㉘陈名杰：《传承发展文化遗产打造海淀区历史文化创新体系》，《遗产与保护研究》，2016年第1期。

（作者：张勃，北京联合大学研究员；
宋凯丽，北京联合大学硕士生）

北京国家文化中心建设

金元浦　王林生

2016年是“十三五”发展规划的开局之年，围绕“创新、协调、绿色、开放、共享”的发展理念，北京在文化建设方面积极落实参与建设“一带一路”实施方案，认真贯彻《京津冀协同发展规划纲要》，坚持首都城市战略定位，着力推进供给侧结构性改革和有序疏解非首都功能，强化创新驱动，培育北京文化发展的环境，促进文化经济提质增效。总体而言，北京在文化领域的创新实践为人文北京研究提供了坚实的现实基础，有助于丰富和拓展人文北京的内涵和外延。根据主题的不同，北京地区的学者就文化发展与北京建设的相关问题进行了大量的讨论，在过去一年中其关注的重点大致体现在以下几个方面。

一、“一带一路”战略中的文化机遇

“一带一路”是丝绸之路经济带和21世纪海上丝绸之路的简称，作为国家首倡和推动的国家战略，“一带一路”旨在世界多极化、经济全球化和文化多样化的时代背景下，推动沿线国家的合作与发展。2015年公布的《推动共建丝绸之路经济带和21世纪海上丝绸之路的愿景与行动》、2016年习近平总书记就推进“一带一路”建设提出8项要求、2017年举办的“一带一路”国际合作高峰论坛等，均推动了“一带一路”的实施。北京作为首都城市，需要充分发挥首都城市的文化优势，融入“一带一路”发展规划中。

第一，立足定位，探索北京融入“一带一路”战略中的方向。城市定位关系到城市的发展战略，北京的最新城市定位为全国政治中心、文化中心、国际交往中心、科技创新中心，这四个中心与“一带一路”建设存在着较为明显的互动关系。在实践层面，

2016—2017 年，北京“一带一路”高峰论坛、21 世纪“一带一路”与商业文化论坛、“一带一路”知识产权高级别会议等在北京举办，在扩大北京国际交往中心的地位的同时，带动了相关会展产业的发展。在理论研究层面，范玉刚从战略的角度探讨了“一带一路”中的文化维度及其区域文化空间塑造，认为应通过文化先行讲好中国故事，夯实沿线各国互利多赢的心理基础。[①]熊澄宇则认为，“一带一路”战略的关键在于政策沟通、设施联通、贸易畅通、资金融通、民心相通，北京在这个层面要发挥文化引领的优势。[②]中国人民大学“一带一路”建设进展课题组从一种较为宏观的层面提出，应坚持规划引领的重要性，认为有序推进，布局立体框架，北京、天津、河北在全力推进京津冀协同发展的同时，应主动响应“一带一路”倡议、环渤海地区合作发展大格局，推动国际产能和装备制造合作，完善与亚洲基础设施投资银行、丝路基金等平台的对接机制。[③]与以上观点的出发点不同，其他论者从较为微观的层面进行了探讨。刘波认为，北京融入“一带一路”战略，应着力于国际枢纽型中心建设，重点强化国际航空港地位，加强与中亚、东南亚、西亚等地区的互联互通，支撑北京国际交往中心建设。[④]刘薇、李冉等则关注北京作为科技创新中心在融入“一带一路”中的作用，指出“一带一路”沿线国家面临着基础设施建设、经济转型升级的任务，北京的科技优势能够为强化北京在国际交往中的地位。[⑤]可以说，“一带一路”战略的实施，给重新思考与审视北京的城市定位问题提供了一个新的角度和契机，而某种程度上，北京的城市定位也规定了北京融入“一带一路”战略的角色选择。

第二，打造平台，加快建设北京与“一带一路”沿线国家文化交流的载体。文化交流是“一带一路”战略的重要推手和内容，加快打造北京与“一带一路”沿线国家的文化交流平台，是北京发挥首都核心职能的重要路径。范周指出，“一带一路”破解了传统思维“带”“路”的观念，“互联网 +”为“一带一路”的文化交流提供了前所未有的便捷。[⑥]祁述裕则从建立“一带一路”的文化产业合作体系重要性的高度，强调“一带一路”战略中文化产品和文化服务载体的重要性。[⑦]在此合作体系之下，金元浦认为可以充分发挥旅游产业对资源的平台聚合能力，在“一带一路”战略中先联先通，将展览、旅游、演艺等形式作为产业链上的一环进行布局。[⑧]各类平台筹划的目的在于推动文化的交流与发展，与以上论者的视角不同，张建平、樊子嫣等认为“一带一路”国家贸易投资便利化水平参差不齐，因此交流平台和贸易投资环境的打造至关重要。[⑨]在所有文化平台的探讨中，黑德昆视角独特，指出宗教在“一带一路”文化交流中的积极作用，[⑩]认为北京应延续历史传统，利用全国文化中心的优越地位，打造新的宗教交流模式与机制，利用宗教实现“民心相通”。可见，平台建设是一个涉及历史传统、资源禀赋、行业基础、技术条件等多方面要素的系统性工程，密切关系到“一带一路”战略的顺利推进。

第三，产业驱动，推进北京融入“一带一路”整体发展战略。在新的定位下，产业优势是驱动北京融入“一带一路”发展战略的保障。于国庆则重点关注了在新的城市定位下北京应竭力协调的产业关系，认为北京融入“一带一路”的过程中，要协调处理企业、资本输出、产业转移间的协调互动关系，携手其他省市，积极对接国内国外两个市场。[⑪]出版产业是推进“一带一路”的重要力量，北京作为出版行业的重要基地具有较大的产业优势。北京出版集团以版权贸易为抓手借助展会向“一带一路”沿线国家销售中国的优秀童书，[⑫]北京语言大学出版社立足于专业特色，探索“内容 + 互联网”思维下的立体营销，开展多形式与多层面的国际合作。[⑬]当然，出版仅是整个产业驱动中的一部分，许多以科技为支撑的互联网新兴行业也积极融入“一带一路”发展战略中，期待分享“一带一路”中潜在的万亿元蛋糕。因此，从这个意义上说，北京融入“一带一路”的发展战略，既需要发挥优势产业的驱动效应，也需要找准“一带一路”沿线国家的发展节点，进行有针对性的突破。

二、京津冀一体化和城市副中心建设中的文化使命

京津冀一体化是一项国家战略，在这一整体战略中，从整体上疏解北京非首都功能，加快产业转移，带动天津、河北经济社会全面发展，是这一战略顺利实施的保障。2016 年，北京市印发《关于推进京冀两地文化协同发展的工作意见》，明确北京与河北文化协同发展的重点区域和重点领域，与河北、天津签订《京津冀三地文化人才交流与合作框架协议》《京津冀动漫游戏产业一带一路国际合作平台框架协议》等，协调三地的各种文化资源，推动三地文化交流与合作。北京的周边区域是承接北京产业转移的重要载

体，通州城市副中心是京津冀一体化过程中重点发展的重要区域。在京津冀一体化和新区建设实践中，文化及其相关产业既是内容又是手段，某种程度上可以说，文化在京津冀一体化和新区建设中将肩负着重要的使命。

第一，京津冀一体化是一个涉及文化多层面要素的系统性工程。文化有着较为复杂的内涵和外延，在推进京津冀一体化的过程中文化的不同要素形态发挥着不同的功能。其一，文化认同促进京津冀协同发展。京津冀三地地缘相近、文化相通，在推进京津冀一体化的过程中能够达成可以普遍接受的文化认同。有论者认为，文化是最先进的区域经济指导思想，也是推动京津冀区域协调发展的基础，文化认同有助于劳动力市场一体化的形成。[14]其二，产业协同推动京津冀一体化。产业协同是通过充分发挥各自优势，从而实现产业协调发展的策略。京津冀各自的文化优势和资源禀赋不同，张晓星、赫鹏飞认为在统一市场的前提下加快产业对接，以深化项目合作为着力点，才能充分释放消费活力，促进要素的流动。[15]李冰燕、刘新霞认为，文化产业的整合优化不仅需要在项目上深化合作，而且要统一规划、统一开发，尤其要加快文化产业的市场开放步伐。[16]在所有的产业中，陈静芳等特别关注影视产业基地建设，认为北京与河北、天津在影视产业的发展上可以优势互补，有利于产业集群的形成和生产效率的提升。[17]其三，文化遗产保护的协同发展。文化遗产的保护与利用是京津冀一体化进程中的重要内容，京津冀文化同源共生，“一艺传三地”“同根不同枝”“联结三地的传承人”等，体现了京津冀三地文化遗产的自然联系。[18]京津冀三地的文化一脉，决定了文化遗产的保护利用应在统一的规划体系下进行。徐辉指出，建立区域文化遗产整体保护体系、建设国家文化精神空间、建立区域文化保护与弘扬协同机制是京津冀文化遗产保护可以选择探索的路径线索。[19]在文化遗产的利用层面，文化遗产多与旅游结合在一起，促进京津冀历史文化遗产的保护利用与旅游产业协调发展时，任云兰指出首要之处应是统一思想，将京津冀视为一个不可分割的整体，通过切实加强组织领导和统一规划、健全工作机制、多方筹措资金、加强监管和人才培训，推进一体化发展战略。[20]在推进京津冀非物质文化遗产实施的过程中，2016 年京津冀三地签订《京津冀文化文物单位文化创意产品开发合作框架协议》，推进文物的创意性开发利用。2016 年 6 月，北京举办第二届京津冀非物质文化遗产联展，以“非遗与现代生活”为主题，通过展览展示、专场演出、“新皇会”展演等三个部分，增强观众的参与性和互动性。可以说，京津冀一体化需要顶层设计，统筹规划，《京津冀协同发展规划纲要》的出台与实施，推进了京津冀三地文化资源和相关产业的互联、互通、互享，有助于形成合力共生的发展格局。

第二，文化是促进通州城市副中心建设的重要内容。通州城市副中心建设是疏解非首都功能的重要路径，随着通州城市副中心建设的推进，人们的关注点已经从通州城市副中心建设的意义转移到如何利用文化提升城市发展的品质和塑造优美的城市形象上来。文化是城市副中心着力发展与提升的内容，这主要是因为城市功能的改变决定了通州未来将重点发展文化与科技行业。其一，文化通州城市副中心的发展目标。王昊、朱里莹等认为，通州首先应摈弃过去那种依赖工业与房地产，产业边际效益低、区域内部产城错位的发展模式，[21]通过促进通州的产城融合与职住平衡，带动商务、文化功能的聚集，建设宜居宜业新通州。[22]有论者则从更为微观的角度，阐释了通州CBD 建中的文化因素，指出运河文化是通州文化的核心，围绕这一核心大力发展具有特色的通州文化创意产业是城市副中心的发展方向。[23]其二，公共文化服务是推动通州城市副中心建设的重要基础。文化通州是城市副中心的建设方向，以公共文化服务提升通州的文化品质是副中心建设的重要议题。龚建指出，提升城市副中心的文化品质，需要从城市实体空间和城市文化的整体性上进行规划设计，其对象既包括传统的实体要素与空间形态，也包括无形的城市社会文化空间中的积极因素，是一个需要综合考虑人文发展要素的系统性工程。[24]在这一文化整体的系统性利用与保护中，公共文化服务和文化遗产是重要的内容之一。陈晨指出，提升具有“通州味”的文化圈是建设核心竞争力的迫切需要，围绕这一目标，整合公共文化资源，强化公共文化服务，构建通州“文化 +”公共文化格局是城市副中心文化建设的重要基础。[25]其三，历史文化遗产传承与创新是通州城市副中心文化建设的重要内容。通州历史文化悠久，为配合城市副中心建设而进行的考古将通州的历史上推至战国时期，极大丰富了城市副中心的文化内涵。[26]此外，在通州的文化遗产中，运河文化是不容忽视的。陈喜波、邓辉指出通州漕运码头是体现通州城市形象的重要物质载体，也是北京地区重要的运河文化遗产，在城市副中心建设中应着力保护。[27]张妙弟也指出通州的运河文化遗产在城市副中心建设中的重要性，认为要强化整体性保护的力度，形成统一有效的工作机制。[28]因此，在通州城市副中心建设中，破除文化部门与其他部门间的行政壁垒，是加快整合通州文化资源，推动通州文化建设的重要保障。

三、创意城市与特色小镇的文化建设

创意城市是现代城市发展的目标和方向之一，它的实践是受到城市资源消耗、工业遗产利用和文化时代的崛起等多种因素所共同推动的。北京的创意城市实践已取得较大成就，2016 年 6 月，第二届联合国教科文组织创意城市北京峰会的召开，已经充分显示出北京创意城市建设已得到国际社会的认可。为了积极培育城市创意氛围，激发人们的创意兴趣，2016 年 5 月，北京举办首届文化创意创新创业大赛，大赛突出文化创新与创意，聚焦小微文创企业，通过大赛整合资源，搭建文化领域新的创新创业平台。在创意引领城市发展的潮流中，特色小镇作为新型城镇化的重要形式凸显出来，成为文化创意的重要实践。

第一，创意城市应将文化多样性内化为自身发展的价值理念。从整体来说，创意城市是当代城市转型发展的方向，是城市的一种高级形态，北京在城市发展的过程中极为重视文化及相关业态的多样性和创新发展。在创意城市的发展过程中，保持文化的多样性以及激发城市的文化多样性活力，是创意城市包括的必然性内涵。王林生认为创意城市应充分注重文化多样性的保护与培育，文化多样性不仅是对城市文化发展状况的真实描述，也是测度城市创意程度的重要标准。[29]意娜从文化政策的角度阐释了文化多样性与联合国推动发展中国家文化创意产业发展的关系，认为文化多样性是创意城市发展的政策基础。[30]与以上论者不同，金元浦、兰德利在认同文化多样性的同时，也指出控制文化多样性的必要性，即要将文化多样性限制在一个范围内，多样性一旦突破这一临界点，就会造成城市的冲突。[31]可以说，文化多样性在创意城市发展的过程中应该辩证地予以认识，文化多样性是指导城市发展的理念和城市发展的重要方向。文化多样性注重创新，文化艺术与科技、经济的融合催生出了一些业态。祁述裕称之为艺术产业的“新常态”，这一新常态为重构艺术研究体系、加强智库建设、对行业发展的指导等提出了新的要求。[32]而胡娜则针对互联网原创内容的爆发性增长，分析了互联网原创内容与传统原创内容在形式层面的差异，以及这种差异渗透的文化的地方性和多元性。文化的多元是城市发展的不争事实，但在“全球化”的语境中，这种传统性和地方性是北京建设创意城市面临着重大而严峻的挑战。李建盛指出，在当代城市建设中应着力在全球化语境中加强保持和培育适宜文化多样性发展的氛围，在传承和弘扬传统文化的过程中，彰显出文化的地方性和差异性。[33]

第二，创意城市注重文化创意产业的驱动效应。创意城市需要产业的支撑，没有产业支撑的城市终究缺乏向前发展的动力。2016 年北京文化创意产业规模以上文化企业实现收入 13964.3 亿元，增长 7.3%，九大行业中软件网络及计算机服务、广告会展、艺术品交易和设计服务四个领域拉动作用明显。中国北京国际文化创意产业博览会至今已举办 11 届，2016 年北京文博会期间，共签署文化创意产业的产品交易、艺术品交易、银企合作等协议总金额 958.33 亿元人民币，展示北京和全国其他省市文化创意产业发展的新面貌、新趋势。

在文化创意产业研究领域，魏鹏举等考察了“十三五”时期的文化经济形势，认为文化产业仍处于大有作为发展机遇期，文化财政和社会资本的参与力度会持续加大，文化消费将蓄势待发，文化贸易对城市软实力的提升带动作用将进一步彰显。[34]熊澄宇则观察到小微文化企业在推动文化产业发展，保持文化多样性、催生创意创新过程中的巨大作用，提出积极制定满足小微文化产业企业的成长需求的刚性政策措施，构建培育此类企业的成长环境。[35]在对文化创意产业的讨论中，还有一些论者关注了产业发展中存在的问题。金元浦认为，当前文化创意产业呈现出多种文化业态，以互联网为代表的高科技与文化的高度融合，打开了创意、创新、创造的新局面，但是文化、美学与伦理的缺失是制约文化创意产业发展面临的突出问题。[36]陈少峰则关注了互联网文化产业规模小、同质化、过度投资、对传统文化的冲击等问题，提出互联网文化企业应树立互联网思维，重视内在积累和线下线上的结合的发展方式，积极开拓文化市场。[37]与以上两位论者不同，周秀玲、陈传宾等在研究中通过考察产业效率发现北京的文化创意产业整体效率尽管发展良好，但行业产业效率发展不平衡、投入产出不均衡等问题依然突出。[38]张亚敏、崔瑜则重点关注了文化创意产业中的小微企业，指出小微企业遍布的行业、类型多种多样，没有规范的成长路径，很难应对瞬息万变的市场经济环境。[39]可以说，文化创意产业随着产业的跨界融合的逐步深入，推动了产业和城市的发展，但是在跨界融合中出现了许多亟待解决的问题，也使得文化创意产业本身面临着一个进行自我调整的挑战。

第三，创意城市强调创意空间的打造。创意空间是创意城市的重要组成部分，城市之所以能被称之为创意城市，不仅在于城市本身有强大的产业支撑，而且更为重要的是城市本身就是一个开放的空间体。这一空间蕴含着丰富的文化记忆与表征，王谦在都市现代化的视野中，结合空间变迁与当时政治、文化背景密切关系，分析了北京作为帝都到国都再到故都的城市身份转变过程中，文化传统对城市空间变迁的影响。[40]在城市的变迁中，城市空间承载着文化的记忆，周尚意、成志芬、夏侯明健等以北京西四北头条至八条历史文化保护区为例，用地理学的方法阐释了权威性和非权威性记忆空间、集体和个人记忆空间的表达和传承间的关系，认为权威性记忆空间的传承具有优势，而非权威性记忆空间的传承更带有创造性活力。[41]所谓非权威性的空间，与人们普遍的日常生活、工作密切相关，而这些空间在当下已成为历史的印记，成为以保护性利用为目的的文化遗产。

对这些空间遗产的创意性利用，不仅涉及传统文化保护与传承的问题，也关切到旧城更新与复兴的重大问题。空间的改造与利用是城市在快速城市化和现代化进程中必然遇到的话题，边兰春梳理了北京城市更新不同阶段的主要特征，对北京城市形成期、转化期、生长期的公共空间演进机制和影响进行了阐释，提出北京未来公共空间的营造应从政治、经济转向社会与人文因素进行转向，公共空间的功能与形态应从单一走向复合，从分散走向系统，打造统一与多元的公共空间系统。[42]与边春兰较为宏观性的研究不同，其他论者以具体的个案分析了作为城市节点的创意空间。王林生以北京前门大街为例，分析了文化商务在前门大街兴衰中所扮演的角色，并指出在街区更新中前门大街存在的定位不清晰、商业活动乏力等问题。[43]魏秦、郑瑞瑞、卢紫荷等以北京大栅栏与白塔寺历史地段为例，分析了城市历史街区的再生路径，指出城市更新不能仅仅注重旧房拆除新建，而应更多关注社会的安定及人民的安居乐业。[44]戴林琳、江南以南锣鼓巷为例，对历史街区文化创意产业的游客满意度进行了调查，指出保护传统街区景观风貌、挖掘梳理街区历史文脉、提升旅游服务品质等是提升游客满意度的关键。[45]李秀珺、晁军在研究中与以上论者以历史街区为分析对象的选题不同，他们选取北京市77文化创意园区和外文文化创意园两个案例，从室外步行空间与情感，企业文化与情感，材料、色彩、细部、设施与情感等三个方面，阐释了园区的室外空间情感设计的方式。[46]空间是构成创意城市的重要载体，所选案例的差异凸显出城市空间创意性生成的广泛性和复杂性，而这种广泛性和复杂性也丰富了创意城市本身的多样性实践。

第四，创意城市注重基础性文化设施建设。创意城市建设需要更多的民众参与到文化活动中，这就对基础性公共服务设施的健全与普及提出了较高的要求。2016年北京市全面推动“1+3”公共文化政策落实，提升了公共文化服务的均等化水平。在互联网与文化融合发展的时代，互联网在公共文化服务领域的作用也逐渐发挥。继2010年北京市发布《北京“祥云工程”行动计划》后，2016年北京市又发布《大数据和云计算发展行动计划（2016—2020年）》，建设全国大数据和云计算创新中心、应用中心和产业高地。为积极推进大数据、云计划和云平台对公共文化服务的支持力度，“智慧海淀”“文化朝阳”等云平台相继上线使用，为市民提供图书、视频、音频、场地、票务等免费资源，推进了公共文化服务的精准化、智能化，构建公共文化服务的生态链，丰富了市民的创意生活。与此同时，北京发行集团推出的北新云网平台、乐视云开启“直播+”云生态、百度云服务等也在各自相关领域提供了多彩的文化内容，丰富了创意城市的实践。

第五，以文化创意推进特色小镇建设。特色小镇建设是“十三五”时期的重要内容，具有加快推动经济社会转型、推进城镇化建设、改善城乡居民人居环境等作用。2016年7月，住建部、国家发改委、财政部联合下发的《关于开展特色小镇培育工作的通知》提出，到2020年，将培育1000个左右特色小镇，从总体上提高城镇的发展质量和水平。2016年10月，经国家认定的首批特色小镇数量为127个，其中北京3个，分别为房山区长沟镇、昌平区小汤山镇、密云区古北口镇。从文化发展的整体布局来说，特色小镇是创意城市的重要补充，它是城镇践行文化创意的重要实践。北京打造的特色小镇以功能性为主，即围绕重点镇或者城镇的特色产业功能、以多项即将落地的重大项目、通过将中心城区产业转移至郊区三种类型打造特色小镇。[47]在特色小镇的打造中，既需要产业支撑，也应彰显历史文化特色。曾江、慈锋等认为，建设特色小镇应坚持经济、政治、文化、社会和生态五位一体的发展理念，协调好要素调节、结构调节、文化传承等诸多功能，能较好地解决当前城镇化面临的诸多发展不协调问题。王国华指出，特色小镇应注重文化创意的应用，这不仅是为了培育特色产业以发展小镇经济，还是为了能不断地提高自我的生活品质。[48]需要指出的是，北京发展特色小镇，在推进城镇化进程提高小镇承载力的同时，还能够更好地与非首都功能的疏解相对接，积极承载转移项目，打造出一批具有产业功能的大学镇、总部镇、高端产业镇。

四、供给侧结构性改革与文化新业态发展研究

供给侧结构性改革是全面深化改革的关键性环节，是新形势下促进供需结构再平衡的必然选择。围绕文化供给侧结构性改革，诸多媒体和组织进行了专题讨论。中国传媒大学文化发展研究院、“元浦说文”、《前线》杂志等推出了一系列文章，深入剖析了文化领域供给与需求两侧的协同发展关系。主要的讨论集中在以下两个方面。

第一，文化产业供给与需求的协同性研究。文化领域需要进行供给侧结构性改革，这不仅是落实供给侧结构性改革整体战略的需要，也是文化发展自身的需要。邱方明认为，文化的特有属性是供给侧改革的必然要求，文化供给侧改革就不是简单去库存、补短板的问题，而是通过高品质的文化产品提高人民素养、影响大众审美、引导文化需求。[49]既然推进文化领域的结构性改革具有某种发展的必要性，而这种必要性主要表现为内容产业原创能力差、内容产业在文化产业中所占的比重不高、自主知识产权拥有量不高等方面，[50]即文化产品的供需失衡是制约文化产业发展的重要因素。

供需失衡的矛盾制约着文化产业的发展，那么如何破解这一矛盾，如何推进结构性改革呢？祁述裕指出，提质增效是文化产业供给侧结构性改革的核心，实现文化产业的供需平衡需要提升品质、确立品牌和创新商业模式。[51]金巍在剖析文化产业结构性改革中注重创新，认为坚持供给侧改革和创新这一核心就要通过改革进行顶层设计，通过创新在文化产业深层次、全要素落实创新驱动发展战略，文化产业不仅需要技术创新，更需要全要素创新。[52]范周认为，推进文化产业的结构性改革则要通过有效供给带动新需求、杜绝低俗供给、减少低端供给、淘汰过剩供给、清理僵尸供给、盘活呆滞供给，培育新的经济增长点。[53]如果说，供给侧结构性改革只是手段，那么，供给侧结构性改革的目的是尽可能地满足需求侧的文化需求。

满足公众对高品质文化的需求是供给侧与需求侧共同的价值追求。2016 年北京第四届北京惠民文化消费季向消费者发放 1000 万元惠民文化消费电子券，以政府补贴大众文化消费的方式促进了文化消费的增长。高宏存认为让百姓有更多的文化获得感，是推进文化产业发展、全面构建现代公共文化服务体系的应有之义。[54]陈冬指出，推进文化产业的结构性改革，应以人民为中心推动首都文化发展，坚持以人民为中心的工作导向，强化精品意识，提高文化要素资源配置效率，生产提供更多优质文化产品和服务，以有效供给和高效供给来对接文化需求、引领文化需求。[55]孟景伟以海淀区为例，认为推进供给侧结构性改革，海淀区应通过抓原始创新源头、构建现代产业体系，把握“双创”新趋势、涵养新经济、拓展新空间，面向创新需求构建新机制、增强人民群众的获得感。[56]可以说，实现需求侧与供给侧的精准耦合，增强供给与需求的协调统一，才破解了供给与需求的错位问题。

第二，文化新业态增进产业发展的新动力。文化产业的供给侧结构改革的任务为“去产能、去库存、去杠杆、降成本、补短板”，实现这五大任务需要调整和优化文化产业的产业结构，培育新的经济增长点，从而实现文化产业的创新发展。这种创新是一种内生型增长的发展模式，所谓内生型增长强调技术创新、知识创新，与文化创新以及文化产业创新具有内在的统一性，在这一视野下文化产业的发展注重创新、创意的作用，重视文化自身特点和长效机制的形成。[57]文化业态的创新是内生型增长的业态体现，文化新业态的涌现在于互联网与文化产业的创新融合。周文彰指出，互联网时代的生活交往、工作方式、商业模式、企业形态、文化传播、社会管理、国家治理等都发生了巨大变化，这就要求文化产业须以互联网思维的方式来思考文化发展的问题。[58]互联网思维以重视、适应、利用互联网为思维指向，以收集、积累、分析数据，用数据“说话”为思维特点。[59]互联网思维已经成为当代文化创意产业发展必须遵循的重要准则。

在互联网思维的参与和指导下，“互联网 +”由理念进入实践，金元浦认为，在新的实践条件下，“互联网+”是以技术创新为主的跨越边界的产业融合，“文化+”则是在相关事业和产业经济中注入文化元素，在与“互联网+”的相互融合中展开无限的创造性。[60]在所有的文化新业态中，“网红经济”“二次元经济”“众筹经济”“直播经济”“虚拟经济”等发展迅速。但是，需要指出的是这些新业态的发展与“90后”文化消费群体的成长有密切的关系。张颐武认为，从文化潮流的角度看，“90后”已经成为当下文化产业新兴主体，在文化领域的影响力将会为中国带来许多新的“增长极”。[61]“90后”群体参与下的文化新业态的迅猛增长，带动了新兴文化行业消费，但由于发展过快，凸显出制度监管的滞后，尤其是在直播、网红经济领域涉黄等不良内容泛滥。针对这种现象，国家自2016年12月1日起施行《互联网直播服务管理规定》，对网络直播平台的管理责任、服务范围、安全保障机制等提出具体要求。2016年北京属地的文化执法等部门加大对互联网直播行业的管理，对行业中存在违法问题的直播平台立案处理40余起，依法关闭了涉嫌传播淫秽色情信息、未按要求落实安全保护技术措施的网络直播平台2家，治理取得初步成效。

总体来看，文化新业态在毁誉的争论中前行，这是事物发展的必然，然而文化新业态在产业发展中表现出来的活力和创造力意味着文化将在供给侧结构性改革的过程中发挥越来越大的作用，在推进创意城市和特色小镇的建设中扮演越来重要的角色，在促进京津冀一体化和城市副中心建设中承担着越来越重的责任，在实施“一带一路”战略中肩负越来越多的使命，而这也必将为文化研究、文化与北京关系的研究提出了越来越多的命题。

注：

①范玉刚：《“一带一路”战略的文化维度及其区域文化空间塑造》，《人文杂志》，2016年第3期。

②熊澄宇：《文化在“一带一路”中至关重要》，《中国文化报》，2016年5月21日。

③中国人民大学“一带一路”建设进展课题组：《坚持规划引领　有序务实推进“一带一路”建设进展报告》，《中国发展观察》，2016年第Z1期。

④刘波：《“一带一路”背景下北京国际航空枢纽建设研究》，《城市观察》，2017年第1期。

⑤刘薇、李冉：《北京与“一带一路”国家的投资贸易合作分析》，《中国国情国力》，2016年第5期。

⑥范周：《“一带一路”战略中的文化建设与交流若干思考》，《大陆桥视野》，2016年第11期。

⑦李万祥：《建立“一带一路”文化产业合作体系——访国家行政学院社会和文化教研部主任祁述裕》，《光明日报》，2016年9月22日。

⑧金元浦：《一带一路背景下的中意文化交流》，《创意世界》，2016年第11期。

⑨张建平、樊子嫣：《“一带一路”国家贸易投资便利化状况及相关措施需求》，《国家行政学院学报》，2016年第1期。

⑩黑德昆：《发挥北京在“一带一路”宗教文化交流中的积极作用》，《中国宗教》，2016年第8期。

⑪于国庆：《北京对接“一带一路”的定位和路径》，《投资北京》，2016年第11期。

⑫雷宇洁：《北京出版集团　版权输出向“一带一路”地区延伸》，《国际出版周报》，2017年4月17日。

⑬张健：《“一带一路”战略下北京语言大学出版社“走出去”的实践探索》，《科技与出版》，2016年第10期。

⑭冯洁：《文化认同对京津冀地区劳动力市场一体化的影响分析》，《中国市场》，2016年第35期。

⑮张晓星、赫鹏飞：《京津冀文化产业协同发展研究》，《人民论坛》，2016年第11期。

⑯李冰燕、刘新霞：《京津冀一体化视角下文化产业整合优化发展》，《当代经济》，2016年第16期。

⑰陈静芳、陈淼、刘媛媛：《京津冀文化协同发展背景下影视基地产业集群建设必要性研究》，《视听》，2016年第12期。

⑱黄仲山：《京津冀一体化语境下非物质文化遗产历史传承与协同保护》，《中华文化论坛》，2017年第1期。

⑲徐辉：《京津冀文化遗产保护与弘扬的若干线索》，《北京规划建设》，2016年第4期。

⑳任云兰：《整合历史文化遗产资源　促进京津冀旅游产业协同发展》，《城市发展研究》，2016年第12期。

㉑王昊、朱里莹等：《副中心建设背景下通州产业发展机制分析与政策启示》，《城市发展研究》，2016年第11期。

㉒路林、何闽：《从新城到副中心：京城格局变迁实录》，《北京规划建设》，2016年第5期。

㉓蒋静芳：《新常态下北京通州CBD新区发展研

究》，《企业导报》，2016 年第 19 期。

㉔龚建：《通州文化该如何传承提升》，《投资北京》，2016 年第 9 期。

㉕陈晨：《创建首都公共文化服务示范区　助推北京城市副中心文化建设新格局》，《赤子》，2016 年第 19 期。

㉖京文：《考古新发现丰富北京城市副中心文化内涵》，《中国文物报》，2016 年 11 月 25 日。

㉗陈喜波、邓辉：《明清北京通州城漕运码头与运河漕运之关系》，《中国历史地理论丛》，2016 年第 2 期。

㉘张妙弟：《运河文化带的建设与保护》，《北京观察》，2016 年第 7 期。

㉙王林生：《文化多样性：创意城市的价值理念、测度与启示》，《福建论坛》，2016 年第 12 期。

㉚意娜：《发展与保护：重塑文化政策——联合国推动发展中国家文化创意产业发展之考辨》，《山东大学学报》，2016 年第 6 期。

㉛金元浦、查尔斯·兰德利：《中外城市创意经济发展的路径选择——金元浦对话查尔斯·兰德利（一）》，《北京联合大学学报》，2016 年第 3 期。

㉜祁述裕：《艺术产业“新常态”与艺术研究转型》，《中国文艺评论》，2016 年第 10 期。

㉝李建盛：《全球化语境中的文化多样性与保护问题》，《甘肃社会科学》，2016 年第 4 期。

㉞魏鹏举、戴俊骋　孔少华：《“十三五”语境下中国文化经济发展研判》，《北京联合大学学报》，2016 年第 2 期。

㉟张铮、熊澄宇：《小微文化企业对我国文化产业发展作用及其培育环境的再认识》，《同济大学学报》，2016 年第 1 期。

㊱金元浦：《我国当前文化创意产业发展的新形态、新趋势与新问题》，《中国人民大学学报》，2016 年第 4 期。

㊲陈少峰：《互联网文化产业的挑战与对策》，《北京联合大学学报》，2016 年第 2 期。

㊳陈传宾、周秀玲、孟磊：《基于 DEA 模型的北京文化创意产业效率分析》，《北京信息科技大学学报》，2016 年第 6 期。

㊴张亚敏、崔瑜：《文化根植性下小微企业发展模式研究——以北京文化创意产业为例》，《商场现代化》，2016 年第 24 期。

㊵王谦：《帝都，国都，故都——近代北京的空间政治与文化表征（1898—1937）》，《北京社会科学》，2016 年第 6 期。

㊶周尚意、成志芬、夏侯明健：《记忆空间表达及其传承研究——以北京西四北头条至八条历史文化保护区为例》，《现代城市研究》，2016 年第 8 期。

㊷边兰春：《统一与多元——北京城市更新中的公共空间演进》，《世界建筑》，2016 年第 4 期。

㊸王林生：《文化商务融合推动街区的复兴与更新——以北京前门大街为例》，《城市观察》，2016 年第 4 期。

㊹魏秦、郑瑞瑞、卢紫荷：《城市历史街区的再生路径——以北京大栅栏与白塔寺历史地段的更新计划为例》，《公共艺术》，2016 年第 1 期。

㊺戴林琳、江南：《历史街区文化创意产业游客满意度研究——以北京旧城南锣鼓巷为例》，《扬州大学学报》，2016 年第 2 期。

㊻李秀珺、晁军：《北京城区印刷厂改造园区室外空间情感化设计——以 77 文化创意园区和外文文化创意园为例》，《建筑技艺》，2016 年第 3 期。

㊼洪鸿：《北京特色小镇建设将突出功能定位——访北京市农委村镇建设处处长郭子华》，《中国企业报》，2016 年 12 月 20 日。

㊽王国华：《略论文化创意小镇的建设理念与方法》，《北京联合大学学报》，2016 年第 4 期。

㊾邱方明：《文化领域也要进行供给侧结构性改革》，《前线》，2016 年第 2 期。

㊿宋朝丽：《供给侧改革视角下文化产业发展内生动力机制探究》，《东岳论丛》，2016 年第 10 期。

(51)祁述裕：《文化产业供给侧改革的核心是提质增效——学习习近平总书记在哲学社会科学工作座谈会上的重要讲话》，来源中国共产党新闻网，网址 http：//theory. people. com. cn/n1/2016/0622/c148980－28469146. html

(52)金巍：《文化产业供给侧，该聚焦什么?》，《华夏时报》，2016 年 1 月 25 日。

(53)范周：《关于文化产业供给侧结构性改革的几点思考》，《人文天下》，2016 年第 12 期。

(54)高宏存：《让百姓有更多的文化获得感》，《光明日报》，2016 年 11 月 23 日。

(55)陈冬：《以人民为中心推动首都文化发展》，《前线》，2016 年第 11 期。

(56)孟景伟：《推进供给侧结构性改革的海淀探索》，《前线》，2016 年第 12 期。

(57)魏鹏举、孔少华：《内生增长视野下的文化产业创新发展思路分析》，《同济大学学报》（社会科学版），2016 年第 3 期。

(58)周文彰：《互联网思维与文化产业》，《前线》，2016 年第 5 期。

(59)周文彰：《简论互联网思维》，《北京联合大学学报》，2016 年第 2 期。

(60)金元浦：《“互联网＋”催生“文化＋”产业新形态》，《人民论坛》，2016 年第 18 期。

(61)张颐武：《文化的新变——“90 后”与“现场感”》，《前线》，2016 年第 12 期。

（作者：金元浦，中国人民大学教授；
王林生，北京市社会科学院副研究员）

北京环境建设

陈　剑　毛雪峰

一、重要的学术观点

2016 年 10 月中下旬，华北地区遭遇第三轮重度污染，北京市气象台第五次发布重污染黄色预警，社会各界展开新一轮的治霾行动和讨论。荷兰艺术家丹·罗斯加德设计的名为“无霾之洞”的雾霾净化塔在朝阳区 798 艺术区内进行调试和测试。在全国，像雾霾净化塔这样的治霾“神器”不在少数，西安市出现“除霾塔”，郑州市用雾炮车消霾，浙江大学特聘教授俞绍才提出“喷水治霾”的方法。对以上方法，有专家持否定态度，清华大学何继江教授认为，“治霾‘神器’可以尝试一下，但治标不治本，只能起到实验的作用”。他认为，北京市的 PM2.5 浓度往往在凌晨达到最高，最直接的原因就是外地柴油车过境，为此他提出尽快淘汰燃油车的建议。

降低 PM2.5 是 2016 年度两会中重点讨论的问题之一，针对北京地区 PM2.5 浓度逐年加重的趋势，中科院生态环境研究中心城市生态格局与模拟研究组提出，稳定气象条件下，北京的 PM2.5 浓度从 1973 年到 2013 年呈显著增加趋势，而风速则相对稳定，表明人类活动增强是 PM2.5 污染加剧的主要因素；城市化指标例如人口和机动车数量都和 PM2.5 浓度显著正相关，PM2.5 浓度在 2004 年以后随着能源消耗和机动车数量的迅速增加而显著上升并快于 2004 年以前，表明城市化进程对 PM2.5 污染影响显著。针对这个问题，新华社 2016 年 1 月 15 日刊文称，经环保部组织的专家论证，北京市 PM2.5 源解析表明，本地污染贡献中，燃煤占比 22.4%，仅次于机动车位居第二。在采暖季，“重污染”发生时，PM2.5 浓度迅速爬升，约 60% 源于燃煤。就燃煤污染问题，清华大学建筑节能研究中心主任江亿认为，可通过安装空气源热泵等方式减少污染。

如何减少大气污染，是学术界关注的重要话题。清华大学环境学院贺克斌院士认为，解决大气污染，抓住“排放”是关键，包括改善空气质量的减排，比如落实“大气十条”、单双号限行等超常规手段的临时措施。他认为，重视生产端上的减排很必要，同时也要注重消费端的减排，每一人都是实现“80%”目标中的一分子，应树立起绿色生活方式，降低能源消耗，为生产端减排腾挪出更大的调整空间。中国环境科学研究院柴发合研究员持相同观点。他认为，近年来，华北地区频繁在秋冬季节遭遇重污染天气，既有客观上不利气候条件的影响，也与较高的污染排放有关。他认为，九月、十月是华北地区秋冬季节的交替时刻，北方的冷空气南下与南方的暖湿气团北上相遇，容易形成静稳、高湿、逆温层较低的气象条件，不利于污染物扩散。

就减排话题，北京市政协十二届四次会议上，与会委员建议，通过“低碳积分”、商业车险免费延期等鼓励市民减少机动车出行。此外，鼓励发展电动汽车是北京市减排的重要举措之一。2016 年 4 月，北京市发布《关于推广应用纯电动客车财政补助政策（修订）》，围绕电动汽车产业发展问题，不同领域的专家有不同的看法。陈清泉院士认为，当前在政府层面，很多部门都是按照条条框框的方式进行管理，不符合行业发展规律，也不利于创新，部门之间应当改变管理理念，相互融合，他认为应当借鉴美国政府对电动汽车产业的管理经验，学习硅谷“合作、精深、包容、开放”的跨界融合精神，有好的顶层设计、创新和管理，产业才能走上良好的发展之路。钟志华院士从电动车的安全角度提出问题，他认为，当前无论是国内还是全球范围内，电动汽车产业是一个颠覆性的技术和颠覆性的产业，“前期的积累比较少”，有些安全问题是正常的，他认为电动汽车的安全标准可以从三个方面提高完善：一是政策法规，在标准的制定上要在保持与国际接轨的同时，结合自身的具体问题做一些创新；二是技术层面，应放弃和减少对当前短期利益的追求，对安全有更多的投入，多应用新材料、新结构、新工艺、新装备；三是使用方面要系统考虑。

2016年7月，科学网刊登《北京实现存量垃圾工程绿化应用》一文。文章认为，废弃物资源化利用是建设节约型和环境友好型城市的迫切需求。目前北京市现有1700万亩林地土壤有机质仅占0.5%～0.8%，亟待培肥，而发达国家则一般为3%～5%或以上。全市林地土壤改良的有机肥需求量十分巨大。通过加大城市污泥与园林废弃物的协同利用，长期监测混合堆肥产品的功效性和安全性，可为首都造林绿化、矿区生态修复、沙地治理等改善林地质量、提高土壤生产潜力提供安全的生物活性产品。

2016年9月，北京市政府常务会审议通过《北京市农村污水处理和再生水利用项目实施暂行办法》。针对农村污水处理存在的问题，清华大学环境学院教授王凯军认为，未来污水处理的主战场在农村，资金是核心问题。他认为，农村污水治理出现的问题是制度上的问题，制度的主体是政府。对于量大、面广的技术，不能完全依靠市场竞争，一定要借助政府的推广政策和制度，借助组织的力量。针对农村环境污染问题，中国科学院院士陶澍认为，目前，人们关注的重点是城市大气污染和居民健康问题，控制措施也主要针对城市排放源。相比之下，农村固体燃料使用导致的污染排放、对区域大气和农村室内空气的污染以及对农村居民健康的危害尚未受到应有的关注。他认为室内固体燃料燃烧不仅直接影响室内空气和居民健康，也是区域室外大气污染的重要来源。

环境保护是一个系统工程，牵涉到不同领域不同方面。围绕这个大话题，不同领域的专家从各自的研究角度提出观点和看法。北京交通大学王元丰教授从土木建筑角度提出观点，他认为，目前我国土木工程设计中的公式还太简单，土木工程相关的建筑和基础设施在建设和运营过程中消耗了大量的能源和资源，并产生严重的环境污染。他认为土木工程相关行业的节能减排和保护环境行动，不但对消除雾霾、保护环境的可持续发展有重要影响，也将对世界的应对气候变化、减少资源消耗和保护环境非常重要。北京燃气集团工程师马亚从燃气综合能源利用角度提出观点，他认为，目前北京市对于天然气分布式能源鼓励政策比较少，虽然能源利用效率高，但没有转化成相应的经济成果。他建议在发展天然气能源方面，北京市出台一些相应的鼓励政策，例如补贴或者手续的绿色通道，提高北京市天然气利用效率。北京林业大学教授袁东来从碳排放角度分析问题并提出观点，他认为，解决碳的泛滥和治理温室气体的问题，应思考如何变废为宝，通过不同维度的整体论证变废为宝，给多余的二氧化碳找到出路，把工业排放的二氧化碳变为农作物生长原料，而不是简单地减少或者掩埋它们。他认为，应广泛运用碳捕集技术，发展富碳农业，平衡碳的泛滥，达到碳的循环利用，将二氧化碳由有害气体物质变为一种资源和能源。

二、论坛和研讨会

2016年1月22日，北京环境保护科学研究院等单位举办“京津冀区域散煤燃烧污染控制与管理技术交流会”。会议围绕燃煤散烧调查、污染源清单编制、民用煤标准、炉具等方面进行分析。与会专家在对2015年末重污染天气频发原因进行剖析后认为，除受极端不利气象条件影响外，冬季大气污染防治措施力度不够、针对性不强也是重要原因。有专家基于各地大气污染物排放数据分析以及华北环境保护督查中心煤质调研结果提出，治理散煤利用问题是冬季大气污染防治的关键，是见效最快、但是实施起来最困难的措施。

2016年6月7日，北京市环保局等单位举办“典型行业源排放清单和排污许可量核算方法研究”国际合作项目中期研讨会。来自意大利以及北京市环保局等相关领域的专家出席研讨会。会议对典型行业VOCs排放核算方法及VOCs排放因子的选定进行讨论。与会专家围绕电子制造、涂料制造、汽车制造、干洗、餐饮五个典型行业不同的VOCs排放核算方法进行交流，探讨中意双方VOCs排放量核算方法及排放因子选取方式的差异性及适用性。

2016年9月24日，北京市科学技术协会、北京自然辩证法研究会等单位举办“第七届北京市城市发展战略论坛”。论坛主题是“科学技术、创新驱动与城市发展”。与会专家围绕北京城市定位、产业规划等问题进行研讨。有专家认为，北京作为首都政治性城市，优势在于可以调动全国的资源，但政府主导的城市建设造成了民众参与度较低；从建设宜居城市来看，北京的历史文化条件造成了诸多城市建设问题，需要反思和改革。有专家提出，北京市所面临的问题是产业规划没有整体的思路，导致“摊大饼”的模式，应该明确主导产业，把握北京的高精尖产业，更好的定位北京未来的发展方向。也有专家提出，北京市未来的发展趋势应该去泡沫化、去工业化以及去异化消费。

2016 年 10 月 26 日，北京城市管理科技协会等单位共同举办“京津冀一体化背景下的社会化绿色城市发展”论坛。论坛主题是“京津冀一体化 + 社会化绿色城市发展”。国务院发展研究中心、清华大学等专业机构的专家以及北京环卫集团、北京燃气集团、京津冀地区相关部门与会者参加论坛。论坛围绕京津冀一体化绿色发展中的政府职责及国家战略、公共服务领域企业发展中的探索与实践、新商业模式的搭建及 PPP 理论实践等专题进行研讨。

2016 年 10 月 28 日，北京生态学学会举办“生态学前沿报告会第 9 期”。与会专家德国生物多样性研究中的 Carsten Meyer 博士提出，物种出现记录的数据在全球地域和物种分类上仍不完整，面临数据空白区的存在、空间尺度不够、样本偏差及数据可信度不高的问题。他认为，在研究中不能等待高质量数据的出现，可以考虑建构能广泛使用的模型来进行分析。在模型构建中，模型的发现概率（detectability）不是最重要的，而应该重视社会—经济驱动的数据激活这一因素。

2016 年 12 月 20 日，北京市科协、天津市科协、北京减灾协会等单位共同举办“第二届京津冀互联网气象减灾创新论坛”。会议围绕精细化气象格点预报、基于公众需求的气象新媒体发展、下一代国家预警信息发布系统建设等问题，探讨在“互联网 +”时代下，如何推动气象与科技的融入式发展，探讨和研究气象服务、气象防灾减灾工作创新发展理念的新方式和新前景。与会专家认为，在“互联网 + 气象 + 减灾”时代下，气象信息传播、应用及需求正发生着深刻的变革，应深入研究将移动互联、大数据、云计算等信息化技术与气象科技高度融合，研究如何借力社会力量实现气象信息服务行业互利共赢，树立开放合作观念，掌握新技术，通过气象、减灾服务理念、方式、内容创新迎接气象发展新机遇。

三、研究课题

“扬尘颗粒物分析测试技术研究及应用”研究课题，由北京市环境科学院承担，获 2016 中国分析测试协会科学技术奖三等奖。该课题开展了施工扬尘排放因子测试和控制措施评估，建立了北京市施工工地扬尘收费方法和依据；研发了道路扬尘颗粒物排放量快速估算方法，建立了 2012—2015 年北京市道路扬尘排放清单；开展了风蚀扬尘排放因子测试技术研究。该成果在 *Atmospheric Environment*、*Environmental Engineering Science* 和《环境科学》等杂志上发表论文 30 余篇，获得发明专利 3 项，实用新型专利 10 余项，出版《扬尘污染控制》著作一部。

“北京市典型流域遥感与水文信息提取与分析”研究课题，“北京市典型流域生态健康调查与评估”项目重要组成部分，北京市环境保护监测中心承担。该课题完成了生态系统组成与变化分析、植被覆盖度反演分析、景观破碎度调查、水土流失调查、农业用地状况和自然河道水系解译以及重点水文断面的水文指数计算。对“北京市典型流域生态健康调查与评估”项目的完成具有重要的支撑作用。

“北京市农业领域温室气体排放清单”，北京市发展和改革委员会课题。该课题针对大兴、怀柔、通州、密云、延庆等各个区县的农业主管部门、养殖场、种植园取得的畜禽养殖及农用地参数数据进行研究。针对北京市和不同区县主要畜禽群体结构、生产特性参数、动物粪便产生量、动物粪便管理方式以及不同土壤类型、不同种植制度条件下的耕层土壤碳、主要农作物播种面积和产量、耕种方式因素开展调研。课题构建了精确的本地化排放因子，研究成果对于科学合理确定减排目标，提出温室气体减排措施和方案具有重要的促进作用。

“燕山地区生态现状评估和生态承载力研究”课题，北京市环境科学院承担。该课题基于现场调查和资料收集工作，基本摸清了燕山地区生态环境本底；通过生态功能重要性及敏感性评价识别出了燕山地区内的重要生态区，分析了生态空间格局及其优化策略；基于水资源、土地资源、大气环境容量和水环境容量综合评估了燕山地区的生态承载能力。针对燕山存在的突出环境问题，提出了燕山生态文明建设的对策建议。该研究的生态承载力研究部分对于燕山地区加强生态文明建设具有指导意义。

“大气污染防治政策体系规划研究”。该课题以北京市清洁空气行动计划为依据，开展北京市燃烧源、工业源、移动源、扬尘源等大气污染防治重点领域相关政策的调查和研究，剖析现行政策体系存在的问题与不足，在调研国内外相关政策经验的基础上，构建了北京市大气污染防治重点政策体系建设思路，对重点领域典型政策进行了初步设计，提出了政策体系框架。

“典型行业大气氨排放因子研究”。该课题针对北京市养殖行业和农田化肥施用领域开展了氨排放因子本地化研究，并调研了全市主要氨排放源的活动水平，测算了全市的氨排放量，为下一步开展氨排放控制研究提供了基础数据。

“门头沟区生态保护红线区生态监管技术集成与示范”，北京市科学技术委员会课题。课题内容：开展典型区域监测、生态功能评估、生态资产核算、关键生态修复、生态环境数据库建设、数据管理系统建设、生态监管系统建设等研究，尝试建立基于生态监测与评估的环境精细化管理示范平台。课题拟定百花山、灵山和门城湖三个典型区域进行野外调研，进行了植被群落样方调查、植被光合速率测定、植被冠层分析、土壤样品取样、土壤含水量测定等工作。为建立门头沟生态保护红线区生态监管示范平台提供数据支持与技术保障。

四、政策建议

针对京津冀地区生态建设和环境保护问题，北京林业大学教授林震提出以下建议：一是重视生态政绩观念同心。京津冀三地树立生态共同体、利益共同体和命运共同体相互统一的理念，将绿色理念落实在政策中，用政策推动绿色发展的协同，搭建有利于产业协同与互动的管理平台、政策平台。建议明确京津冀生态环境保护的近、中、远期目标。各层级行政管理部门应树立生态政绩观和生态效益观，以问题为导向，分层次、分步骤地推进生态建设和环境保护。二是重视生态规划目标同向。在交通一体化和产业协同发展中以生态文明为导向，以地区生态承载力和环境容量为依据进行布局和调整。以《京津冀协同发展规划纲要》为指导，共同研究编制京津冀生态环境协同建设的中长期发展规划，统一生态环境保护目标、统一生态环境保护标准、统一划定生态红线，明确生态环境布局，配套产业政策和生态补偿政策。三是重视绿色产业标准的统一。建议联合国家有关部门协商制定统一的绿色产业规划，形成京津冀绿色产业的共同目标。提高新增产业门槛，明确产业发展负面清单，拒绝高耗能、高耗水、高污染项目。在农业方面，制订生态农业的指导意见，推广山区沟域经济模式和生态休闲农业模式，提升绿色食品标准。在张承水源涵养区，有效减少耗水农业。四是重视联防联治行动同步。以区域大气污染防治和水生态系统修复为重要突破口，健全生态环境保护机制、环境预警和应急机制，建立体现源头严防、过程严管、事后严惩的系统完整的生态文明制度体系。

北京植物病理学会杨旺、沈瑞祥等提出加强古树名木保护的建议：一是加强古树名木保护的的宣传力度，提高社会对保护古树名木重要意义的认识，以及依法、科学保护管理的重要性。二是发现古树名木严重受损或极度衰弱时，应组织有关专家进行会诊，查明树木毁坏或衰弱的原因，并及时采取保健措施；对违反《北京市古树名木管理保护条例》者应严肃处理，并追究有关领导的责任；三是对古树名木采取各种保健措施要慎重，事前进行科学论证，事后检查效果。四是对古树名木建立系统翔实的档案，定期进行体检，详细记录树木的生长和健康状况、病虫害危害、保健措施等。五是严格执行《北京市古树名木保护管理条例》，依法保护古树名木。同时建议北京市各区县成立执法监察大队，逐渐走向依法治林、依法保护古树名木的道路。

中科院老科协吴汉基提出缓解北京交通拥堵问题的建议，主要包括以下几点：一是建设四通八达、高效立体、蜘蛛网式的交通网路结构；二是利用航拍和地面视频监视器，获得全市不同日子、不同时间、不同地区和道路的车流量分布及变化图，通过座谈、分析、调研找出拥堵的平面分布及随时间的变化，以及造成拥堵的关键地段和瓶颈及引起拥堵的主要因素，根据造成拥堵的不同原因采取措施。三是对于车多、车流量大的情况采取措施，主要有：错开上下班时间，允许私人拼车上、下班，提高四环路以内的停车费，在五环路主要路口的公交站、轻轨站和地铁站设大型停车场，市区内大小公交巴士和出租车逐步从燃油改为电动车，尽量消除单车道线，加重醉驾、酒驾和疲劳驾驶的处罚力度等。

北京生产力学会副理事长朱越生提出北京能源结构调整应多元化的建议，具体措施为：一是大力度提高煤炭清洁技术的升级推广；二是利用晋蒙两地煤电、风电资源优势，加快西电东输通道建设，多元化提高清洁能源供应水准，对北京供电能耗合理规划来源，有步骤实施多元化能源结构的调整；三是结合疏解非首都功能，调节城市生态功能布局。梳理能源供应范畴，减少能源以及物流、人流的集聚和长距离的移动，设置城市区域间最小生态安全距离和屏障；四是调整功能产业布局与规划中的重复性，实现错位发展，合理布置能源供应渠道。

就北京市内步行道、自行车道被挤占问题，中国铁道科学研究院卢耀荣、张畲研究员提出清退路侧停车位、鼓励骑自行车的建议：一是修改补充《北京市机动车停车条例》，设置永久停车位；二是将修建立体停车库纳入《北京市机动车停车条例》，以区、县政府负责，分片包干；三是加强监管，政策导向，使更多车辆进入地下停车场停放；四是腾出被挤占的非机动车道，优先修建自行车专用道，沿线绿化，装高清摄像头，加大违法停车惩罚力度；五是建立全市通存通取自行车租借网点，倡导建立骑自行车健身俱乐部等。

针对正在运营的轨道交通对北京文物建筑的影响问题，北京市科协等单位举办“轨道交通运营振动与北京文物建筑保护”决策咨询沙龙，与会专家提出如下建议：一是对地下直径线运行列车振动进行再次监测和评价，重点核查直径线列车运行振动的影响是否控制在设计的安全允许值之内，是否满足国家标准允许值要求（0.15mm/s）。二是建议放弃建大北京站、通市内铁路的理念，对直径线的功能进行重新定位。三是对距离轨道交通30米之内的国家重点文物保护单位，建议组织相关部门开展长期的振动监测，开展对具体文物材料、文物构件防振控制指标的试验研究，为形成有针对性的保护方案提供参考。四是在建设工程项目立项审批时充分考虑北京作为文化中心，具有诸多古建筑遗存的特点，注重项目在环保上的不可行性意见，对于防止轨道交通运营等工业振动灾害等问题，进一步加强在标准制定、检测程式、减轻措施、加固方法等方面研究的投入。

（作者：陈剑，中国经济体制改革研究会副会长、研究员；
毛雪峰，北京改革和发展研究会秘书长、经济师）

北京科技创新

陈　剑　毛雪峰

一、有关科技创新的重要观点

2016年9月，国务院印发北京加强全国科技创新中心建设总方案（国发〔2016〕52号），文件提到，要“不断加强北京全国科技创新中心建设，使北京成为全球科技创新引领者、高端经济增长极、创新人才首选地、文化创新先行区和生态建设示范城”。围绕科技创新话题，学术界不同领域的专家结合自己的研究领域，提出观点和看法。

中国农业大学李建军教授认为，北京建设全国科技创新中心的战略规划可以从政策、资本和风险三个层面（即PCR向度）去着手推进，中心建设特别要植根于区域市场和民生需求，以加快科技成果的转化，尊重杰出创新人才的自由探索精神，创建包容性的创新文化氛围等。中国自然辩证法研究会喻佑斌教授认为，开放创新是城市创新文化的基础，应鼓励开创先例的全新尝试，鼓励对现有运行的优化和改善，鼓励更新换代式的变革。

清华大学校长邱勇教授从教育角度提出观点。他认为，建设全国科技创新中心，高校要自觉承担使命，必须在创新文化、创新人才、创新知识方面走在前列。他认为应注意以下几点：努力培育创新文化，倡导追求真理、严谨求实的科学精神，营造学术自由、开放包容的文化氛围；大力培养创新人才，促进科技与教育的深度结合，积极推进知识创新，加强基础研究、强化原始创新；开展跨学科、面向未来的科学研究，推动学科交叉融合，培育新的学科增长点，提高原始创新重大成果供给能力。

中国工程院院士曹雪涛从人才建设方面提出观点。他认为，应坚持“文化上宽容、形式上宽松、创新上自由，孵育上厚养”这几项原则，并着重从四个方面入手完善相关的体制机制：一是构建有利于青年科学家成长的文化氛围和社会环境；二是完善有利于青年科学家成长的科技资助体系；三是健全有利于青年科学家成长的评价激励机制；四是改进有利于青年科学家成长的人才培养模式。针对此话题，北京工业大学张恒力副教授提出，在走向人才的职业化方向过程中，培养工程人才应注重工程伦理学教育，建议自然辩证法课程教学有必要将工程伦理学纳入教学发展计划之中。

北京市科委主任闫傲霜从政策层面提出促进创新

的观点。她认为，大环境需要政府营造，营造“让资本为智力打工的氛围”。具体到企业的发展，需要做好两方面：一是大企业开放生产条件和渠道，帮助小企业发展技术，将产品通过大企业的渠道销售到市场；二是企业内部要开展创新活动，重视员工的创意，激发创新活力。生物芯片北京国家工程研究中心主任程京院士持相同观点，他认为，在创新过程中，对于一些高新技术推广的时候遇到了瓶颈，需要政府在政策上充分研究和支持，否则技术有了却没法推广，创新的主体就会逐渐失去热情。此外，除了创新驱动，还应该考虑什么来驱动创新的问题。

针对科技创新，民间企业家也有不同看法。北京碧水源科技股份有限公司董事长文剑平认为，技术的创新要满足行业的发展需求，更要鼓励民营企业的创新，要充分发挥科技创新在全面创新中的引导作用和在供给侧结构性改革中的基础关键作用。站在企业的角度来说，既需要创新的人，也需要扶持创新的人。扶持创新的人需要提供有利于创新的机制和制度，创新的人需要告诉扶持创新的人自己需要的是什么。他认为，有两个方面需要重视：一是企业是创新的主体，需要进一步的细化、规范化；二是政府如何为企业创新创造市场。

2016年11月16日，第三届世界互联网在赛大浙江省乌镇举办，国家主席习近平在开幕式上发表“集思广益增进共识加强合作，让互联网更好造福人类”的讲话。如何更好地利用互联网技术，促进北京科技创新，也成为学术界关注的重要话题。《科研》杂志2016年第12期发表署名张盘的文章《“互联网+”与科技创新驱动》。文章认为，“互联网+”提供了创新驱动的新模式，从而解决了当前创新驱动中的一系列深层次矛盾。“互联网+”利用互联网平台、信息通信技术把互联网和包括传统行业在内的各行各业结合起来，在新领域创造一种新生态，有利于促进科技创新、工程创新、产业创新和制度创新，将对创新驱动发展起到重要的推动作用。

中国科学院院士郑建华从互联网安全的角度提出观点。他认为，互联网已经由以笔记本、台式机等为代表的个人电脑时代转向移动互联网，这将给网络安全带来巨大挑战。当前中国信息化进程和世界完全同步，在移动互联安全技术、大数据安全技术、基于生物特征的安全技术等领域孕育着新的有重大内涵的突破，其应用背景和学科价值都很明显。他提出，国内科研者应多关注国家需求，面向实际应用开展研究，为网络安全服务。

与上述观点相近，北京工业大学副校长邓中瀚院士提出“物联网安全”观点。他认为，随着物联网时代的来临，接入互联网的设备也呈现爆发式增长。由于网络世界与现实物理世界深度融合，网络世界的安全威胁也将更深地影响到现实世界。他提出，应加强顶层设计，推动产学研合作，加快标准研究，自主研发有针对性的低成本解决方案，最终帮助物联网设备实现“为了安全而设计”。

科技成果转化问题一直是阻碍科技创新进步的难点问题，也一直是学术界关注的热点话题。12月2日，《中国科技网》发表题为“新政频出，高校科研成果转化是烫山芋还是硬骨头”的文章。文章认为，高校成果转化率低已成为困扰创新驱动的突出难题，同时也表明问题卡在成果转移转化的后阶段。文章分析提出，当前高校科技成果转移转化主要有直接实施、成果转让、实施许可和合作转化四种模式。此外以实施许可与合作转化为基准的技术入股、产学研合作、科技园或创业中心孵化，包括政府牵线的多形态利益联动转化等，也是当前成果转化的主要模式。但这些模式主体间利益涉及多重法律关系，成为科技成果转化的一大薄弱环节，因此也导致成果转移转化不顺畅。

针对上述科技转化存在的问题，学术界有不同的看法。中国科学院院士童庆禧认为，当前中国科技成果的转化效率比较低，究其原因，最主要是体制机制的问题，同样也与关键技术的提升、工艺流程的完善以及产业化的目标等有关系。因此，他建议应该靠完善市场机制和成果转化的资金链。否则，很多科技成果在经过评审得到国际先进或国际领先的评价后束之高阁。中关村天合科技成果转化促进中心主任朱希铎认为，当前科技成果数量转化效率极低的重要原因，是因为成果的“碎片化”和“界面式”现象，因此需要加强成果的集成转化能力，需要发挥中介组织成果集成与资源匹配的能力，克服产业化过程中遇到的新问题。《促进科技成果转化法》修订专家组尹锋林认为，科技成果转化过程中的主要障碍是由于知识产权保护不到位，知识产权的维权成本过高，诉讼周期长，赔偿额度不高等。此外，科技成果处置权、单位成果转化队伍不足、科研人员创业能力不足等也制约了成果转化。对此，中科智能技术孵化中心胡坤认为，现有的科研管理体制对科技成果产业化的限制，急需建立高素质的成果转化队伍。

针对科技创新政策环境话题，北京市科委网站刊载《北京市“十三五”时期科技创新政策环境优化的对策建议》一文，文章认为，当前科技创新政策环境建设存在以下问题：一是在法治环境建设方面，与《中华人民共和国促进科技成果转化法》等上位法衔接配套的地方法规制定工作有待进一步推进；二是在中关村先行先试方面，推进试点改革的顶层、系统设计不足；三是在激发人才创新方面，科研人员等创新主体创新动力、活力不足，高端创新创业人才国际化程度不够，大众创业万众创新的环境仍待进一步完善；四是健全市场导向机制方面，激励创新的需求性和普惠性政策有待进一步完善，科技政策有待进一步向创新政策转变；五是在创新治理体系建设方面，当前科技创新治理仍然以管理为主，市场力量和社会组织力量作用仍待进一步发挥，政府引导、市场主导、社会多方参与的创新治理体系仍待进一步完善。针对以上问题，文章提出以下政策建议：强化法制思维和法治方式，优化科技立法体系；加快政策先行先试，打造中关村改革升级版；秉承人才优先理念，建设全球创新人才自由港；健全市场导向机制，发挥市场配置资源决定性作用；加快政府职能转变，大力推动科技创新治理现代化；建立合作共享机制，探索大区域的创新政策体系。

近年来，大数据与科技创新越来越受到重视。就大数据相关话题，相关领域的专家提出不同观点。中国工程院院士邬贺铨认为，大数据不能追求以大盖全，而应当追求数据精准并强调规律。中科院院士吴宏鑫认为，要把生产、制造业从低端走向高端，就必须要把信息技术和制造业结合起来。建设大数据体系实现制造业数字化网络化智能化。李国杰院士认为，发展大数据不能无止境地追求“更大、更多、更快”，要走低成本、低能耗、惠及大众、公正法治的良性发展道路，应先抓老百姓最需要的大数据应用，因地制宜发展大数据。就大数据问题，中科院院士梅宏提出与上述不同的观点，他认为，大数据概念持续升温，很多地方一窝蜂搞“大数据”，已处于过热状态。不少地方、行业搞的大数据，只是单一数据的简单叠加不是真正的大数据。大数据不可能是解决一切问题的法宝，更不应该成为各行各业的马甲。真正的大数据应体现在多源数据的融合，不仅仅是数据的“海量”。

二、重要论坛和研讨会

6月17日，北京市科学技术委员会、中国农业科学院生物技术研究所共同举办“农业生物技术百人讲坛·2016暨第九届国际生物技术与农业峰会”。峰会主题：前沿生物技术的创新与突破。会议围绕基因技术与农业科技创新、食品与酶制剂的前沿创新突破等进行研讨。与会专家认为，当前农业生物前沿技术站在历史转折点，DNA重组技术取得新的重大突破，我国对符合农业发展形势的生物技术需要系统分析、科学探讨和及时部署。

2016年9月19日，北京市朝阳区、中国传媒大学共同举办“首届国家文化产业创新实验区高端峰会”。峰会主题是“新常态、新机遇、新模式”。峰会围绕创新如何推动北京经济转型升级发展等问题进行研讨。与会专家认为，实验区应特别突出“国家级”顶层设计、“文化产业”主题和“创新实验”关键。应做好以下几点：一是围绕首都“四个中心”战略定位、“一带一路”、京津冀协同发展等重大战略，系统谋划国家文化产业创新实验区的建设发展；二是加强政策创新集成，积极争取国家层面出台的鼓励政策在实验区先行先试、率先落地；三是构建多元化、分众式的服务体系，探索政府支持、社会参与、市场化运作的公共服务供给模式；四是依托实验区国际化资源丰富的优势，加强国际文化交流与合作；五是加强高端人才的培养和引进，人才引领文化产业创新、升级发展。

2016年10月25日，北京生物技术和新医药产业促进中心等单位举办“第二十届北京国际生物医药产业发展论坛”。论坛主题：打造创新生态，共享健康未来。论坛围绕生物医药产业和科技创新、前沿转化等开展讨论。与会专家提出三个观点：第一，科技发展战略是促进生物医药产业发展的必由之路，科技创新是推动医药产业发展的根本动力；第二，重大新药创制、科技重大专项推进生物医药创新的部署，加快了区域经济发展和产业转型升级；第三，新药重大专项“十三五”发展应做到“五个坚持”，即坚持聚焦发展战略，坚持长远的需求，坚持提高能力，坚持管理改革和机制创新双轮驱动，坚持改革开放。

2016年11月23日，中关村科技园区管理委员会等单位举办“科技创新中心国际论坛2016”。论坛主题：创新创业、体制改革、协同发展。美国、德国、日本等国内外300多位专家学者、政府官员与会。与会专家分别以新常态下的创新驱动、实施创新驱动发展战略等议题进行研讨。围绕大数据发展、创新发展与能力建设、促进科技创新中心建设的思路与实现路径等问题与会专家分别作报告。有专家强调，北京应该从创意、人才培养机制、管理模式、创新生产方式、市场意识、创新融资等方面，构建创新服务体系。

2016年11月26日，北京市卫生计生委、北京市科委共同举办“第七届重大疾病防治科技创新高峰论坛”。论坛主题：融合创新、健康惠民。论坛包含六个学术分论坛，参会人员包括来自北京地区各大医疗机构的专家及科技骨干等600余人。与会专家围绕疗效比较研究中研究热点与发展趋势、药物临床试验的挑战与机遇、前沿科学研究、临床样本库与数据库发展战略等问题展开研讨。

2016年12月15日，北京数字科普协会举办“大数据应用与发展沙龙”。与会专家围绕“云计算＋大数据＋人工智能”三位一体发展战略、时空智能以及大数据理论与实务、征信创新实践等话题展开研讨。有专家就摩拜单车引出大数据相关问题，认为科学教育应该把重点放在四个方面：第一，顶尖基础科学的重大成果；第二，战略先导科技的重大发展；第三，高端装备制造的重大项目；第四，国计民生要求的重大进展。

三、重要研究课题

《北京地区生物医药研发服务模式研究》，北京市科委课题。课题对北京地区生物医药领域研发服务模式进行了研究，对服务模式分类、利润来源、驱动因素及优势、劣势等进行了比较分析。课题研究表明：北京地区生物医药研发服务在国际研发服务中的地位和作用逐渐提升，模式仍以传统为主，同时也探索更加高级的模式，然而新型服务模式并不普遍，需要研发服务机构进一步提升创新能力。课题分析了北京地区生物医药领域研发服务的模式及其演化过程，对各类服务模式进行比较研究，并据此提出北京地区生物医药研发服务的发展建议。

《北京科技社团作用发挥若干问题的研究》，北京市科学技术协会学委托，北京自然辩证法研究会承担。课题重点对北京科技社团发展的整体现状、所取得的成就、存在的问题以及相关政策建议等进行了深入的研究和探讨。围绕课题总体目标设置四个子课题研究：《北京科技社团作用发挥取得的成就》《北京科技社团作用发挥存在的主要问题》《促进北京科技社团作用发挥的政策建议》以及《国内外科技社团创新发展研究报告》。

《中关村科技与文化融合创新案例研究》，中关村管委会课题，北京数字科普协会承担。课题对展览展示业、设计服务业、视听新媒体业、数字出版业、动漫游戏业中的科技与文化融合的案例做了调查、研究和分析，总结了中关村在科技与文化融合方面取得的成果以及面临的问题，提出了中关村科技文化融合创新的五条建议：“加强部门沟通、加大扶持力度和扶持文化科技产业联盟、构建科技与文化融合创新发展的关键技术平台让中小企业受益、加强知识产权保护、完善复合型人才培养体系”。

《中关村科技改变生活案例研究》，2016年中关村战略规划与政策研究专项课题。课题针对与生活紧密结合的人工智能、虚拟现实和智能家居等新兴技术为主要调研领域，选取有代表性的科技改变生活的典型企业和科研机构进行调研、个性剖析，梳理出中关村科技型企业的发展模式、技术路径和未来的发展方向，结合中关村科技创新核心区功能，提出中关村促进科技改变生活的建议和对策，指出科学的安全性与公共服务能力之间的平衡，降低新技术应用的风险，对中关村科技改变生活的对策具有重要例证作用。

《易制种强优势杂交小麦新品种创制与应用》课题，北京市科委支持，北京市农林科学院等单位承担。该课题综合利用杂交育种、分子育种和花培育种技术，创制出10份优异光温敏不育系和12份恢复系，制种产量水平达到250kg/亩以上；创制出10个适合北部冬麦区的杂交小麦新组合，研制了父本去除机，降低人工投入15%，基本实现规模化机械化制种，制定了“二系杂交小麦种子生产技术规程”和二系杂交小麦种子质量企业标准。课题对提升首都种业的科技含量和产业发展水平，打造“种业之都”具有重要意义。

四、重要项目

“首都科技创新发展指数”。首都科技发展战略研究院与北京市科学技术委员会共同发布。该指数旨在连续监测首都科技创新发展状况，跟踪首都科技发展新动态，总体评价首都科技创新发展的变化和特征，为首都科技创新“画像”。它是一个“动态监测指标”，主要目的是“看过去、察当前、谋未来”，主要手段是“大数据、新数据、解数据”，通过一个较长维度的历史数据和当期数据全面翔实地了解首都科技创新发展的趋势和当前的水平，从中分析问题，总结规律，谋划和指导未来科技创新发展。

北京生命科学与健康协同创新联合体。联合体以中关村生命科学园为区域载体，由园区内北京生命科学研究所、北京蛋白质组研究中心、北京市药品检验所等15家机构共同发起。协同创新联合体联合政府支持资金和社会资本，支持形成创新成果富集的专利池，整合京内外乃至全球生命科学与健康领域的创新资源，聚焦感染及天然免疫、衰老及相关疾病、癌症与精准医学、系统生物学与合成生物学等七大研究方向，提出“三步走”的发展目标。

《北京市石墨烯科技创新专项（2016年—2025年）》。石墨烯是北京未来科技领域最重要的战略布局之一，该项目提出北京石墨烯材料制备、应用技术及产业发展方向和目标，在石墨烯创新平台建设、石墨烯薄膜、粉体规模化绿色化制备及石墨烯材料应用技术、装备与检测等方面布局重点工作任务。项目专家委员会分为薄膜与器件组、粉体与应用组、特种复合材料组、装备与检测组等4个专业组，并由各分组专家组长等形成总体组专家。

《北京市智能网联驾驶技术创新工程（2016年—2025年）》，项目提出北京市智能网联驾驶技术研发、示范应用及产业发展目标，在关键技术研发和应用、测试验证体系建立、示范运营、试验环境建设及产业培育等五个方面组织重点工作任务。专家委员会由清华大学教授等23名专家组成，分为整车组、感知组、通信及信息组、标准及验证组等4个专业组，并设总体组统筹推进专家组工作。

五、政策建议

就北京建设全国科技创新中心话题，国务院发展研究中心吕薇提出以下建议：积极提高中关村国家自主创新示范区的国际化水平；大力建设全国的科技成果孵化基地和技术转移中心，增强对京津冀和全国的辐射带动作用；利用疏解核心区非首都功能的机遇，统筹规划，吸引更多中央所属院所的成果转化基地落户；促进中央机构融入地方经济发展，鼓励中央院所与北京市机构的合作等。

就京津冀协同发展过程中科技创新的政策协调问题，北京生产力学会李哲研究员认为存在以下问题：一是已有政策缺乏协调；二是试点政策亟待推广；三是新政策需要共同编制。针对以上存在的问题，他提出三地科技创新政策协同的建议：一是加快已有政策的协调衔接，主要包括三地联合设立研发资金、鼓励三地科研机构联合研发、协调人才流动政策推进三地联合办学与交叉任职、共同培育企业家与技能型人才队伍等；二是在京津冀地区优先推广中关村试点政策，使6项中关村先行先试政策在京津冀尽快落地，对于其他4项先行先试政策，建议进行专题论证后积极争取有关政策也在京津冀试点。三是建立新政策的协同研究制定机制，编制三地科技创新协同发展规划，以此为基础在重点政策制定方面建立衔接机制，规划确定的重大任务和政策措施要在本地区规划和其他政策文件中细化落实。

就科技创新、科技成果转化等问题，北京市政府专家咨询委员会委员毛大庆提出如下建议：一是政府在关注高精尖的科技成果的同时，更多关注和鼓励有条件有资源的服务良好的众创空间、逐渐市场化机制下的加速器和加速平台，搭载众多著名投资机构的前沿性项目，集中进行投后的运行管理，加速企业成长；二是关注聚集北京市优势，做精做强做专业创业服务和科技服务的生态体系，细分孵化器、加速器、联合办公等科技服务平台的不同作用，形成鲜明的北京特色，形成拥有中国最好水平的中小企业服务群，成为北京市在全国的核心竞争力；三是北京市的创新人才引进要建立在国际视野上，需要好的创业的服务平台；四是利用好众创空间能力，引导高校和研究所里的小型科技成果项目走向市场；五是加强科普，让中学生走进众创空间，了解创业是什么。

针对北京中小型服务业企业的科技创新，《北京中小型服务业企业创新调查分析报告》提出如下建议：一要加快互联网等信息化基础设施的建设。北京应在全国率先引领新一代移动互联网的规划和实施，使互联网的发展更加广泛而深入，激发数量更多、内容多样的需求，为中小型服务业企业开展创新创业活动提供商机和技术保障。二要营造更加和谐的创新环境。北京应加快治理城市突出问题的步伐，借助大数据、物联网等新兴技术解决交通道路的规划，通过鼓励民间资本进入等方式提高教育、医疗等稀缺资源的配置效率。三要加大政策和公共服务的宣传力度。借助中小型服务业企业所熟悉的微信、微博等新兴互联网媒体进行传播，增强政策的实施效果；同时在制定政策时要从企业的角度出发，考虑企业享受政策的时间成本，避免申请程序复杂繁琐，增加政策的吸引力。

围绕上述话题，北京科学学研究中心的穆智蕊提出以下四点建议：一要消除服务业小微企业人才引进过程中的制度障碍。二要在全社会营造创新的氛围，鼓励小微企业通过创新做精做强。三要为“众创、众筹、众包、众扶”等网络平台的建设和发展提供更多便利条件。四要在政策的落实环节加大力度，打通连接政策的需求方、小微企业、供给方和政府之间的通道。

针对近年来北京市科技服务业发展的现状、特点和问题，北京市科学学研究中心发表题为《北京市科技服务业发展现状与对策研究》一文，文章认为，北京市科技服务业发展存在的主要问题有：市场化程度有待提高、专业化水平还需提升、外部政策环境不尽完善、内部管理体制急需优化、统计指标体系建设有待加快等。针对这些问题，文章提出以下建议：有序放开市场准入，充分发挥市场机制；落实各项优惠政策，完善科技服务业发展环境；提高专业化服务程度，支持企业做大做强；加强规划布局，完善管理体制；完善统计制度建设，加强科技服务业的跟踪与调查等。

（作者：陈剑，中国经济体制改革研究会副会长、研究员；
毛雪峰，北京改革和发展研究会秘书长、经济师）

北京城市建设和管理

孟　斌　高丽萍

2016年是我国“十三·五”规划的开局之年，北京正处于实现首都新定位、全面实现京津冀协同发展、全面建成高质量小康社会的关键时期。为了更好地贯彻习近平总书记视察北京时重要讲话精神，加快落实新时期首都四个中心的战略定位，越来越多的学者对北京市城市建设和管理问题的研究更加深入，研究成果层出不穷。

一、重要学术会议简介

1. 首期“北京城市管理沙龙”

为了深入探索超大型城市首都北京城市发展的新特点，由北京城市学院城市发展研究所、城市管理与科技杂志社和北京城市管理学会共同发起的首期“北京城市管理系列沙龙”于2016年4月24日在北京城市学院举办。沙龙以“超大型城市基层管理工作面临的矛盾和问题”为主题，特别邀请了全国市长研修学院教授王忠平、北京大学政府管理学院教授万鹏飞、清华大学公共管理学院教授王有强、住建部政策研究中心研究员翟宝辉和北京市社会科学院管理所所长施昌奎等城市管理领域权威专家到会，来自政府、学院、政策研究室及基层一线的专家及城市管理者共50余人参加本次活动，与会专家、学者及一线管理人员结合西城区和田村路街道的具体实践展开了热烈研讨，分享并贡献了自己在城市管理领域的经验和智慧——共绘蓝图凝睿智，同描美景聚精英。

2. 海绵城市建设研讨会

为了更好地贯彻习总书记的讲话精神和国务院的指导意见，同时也为了配合北京市行政副中心的建设，2016年5月26日，北京市召开了“海绵城市建设研讨会”。会议由北京市建设工程物资协会管道分会、防水分会、北京市建筑设计研究院有限公司、北京市园林科学研究院、北京市水科学技术研究院主办，来自规划设计单位，以及建筑施工、建设物资等企业的近300位代表出席了这次跨界研讨会。研讨会上，北京市建设设计研究院总工程师郑克白宣讲了北京市《雨水控制与利用工程图集》。该图集作为《雨水控制与利用工程设计规范（DB11/685－2013）》的配套图集，对于贯彻落实“海绵城市”建设理念，科学指导北京市新建、改扩建等建设工程中雨水控制与利用工程建设具有重要意义。多位专家分也别围绕“基于海绵城市建设理念下的立体绿化实践”、“海绵城市建设中的雨水资源综合利用”、与“塑料模块试验荷载的确定方法”等课题进行了阐述。

3. 2016北京智慧园林高峰论坛

为了贯彻落实“互联网＋”行动计划，推进智慧园林相关领域技术发展，探析智慧园林的发展前景和前沿技术，8月27日，2016年北京智慧园林高峰论坛在北京林业大学举行。论坛由北京市园林绿化局、中国风景园林学会、中国科技产业促进会新型智慧城市研究院共同主办，旨在贯彻落实“互联网＋”行动计划，探析创新2.0时代智慧园林的发展前景和前沿技术以及智慧城市的生态人文内涵。中国工程院汪懋华院士、北京市园林绿化局副局长高大伟、北京市城市管理行政执法局科技信息中心主任宋刚分别做了《新一代信息科技推动智慧园林创新发展》《打开人与自然对话的窗口：北京智慧园林发展》、《以山水城市营造推动创新2.0时代中国特色新型智慧城市建设》的主旨报告。

4. 第七届北京城市发展战略论坛

2016年9月24日，由北京市科学技术协会主办，北京自然辩证法研究会、北京工业大学马克思主义学院共同承办的“第七届北京市城市发展战略论坛暨北京自然辩证法第八届三次理事会”在北京工业大学成功召开。论坛由北京自然辩证法研究会副理事长、北京工业大学马克思主义学院院长李东松教授主持，共有15位专家学者围绕“科学技术、创新驱动与城市发展”和“大众创业、万众创新与人才培养”两个主题进行讨论。

5. 首届新型智慧城市发展高峰论坛

2016年10月20—21日，“2016首届中国新型智慧城市发展高峰论坛”在北京举行。本届论坛共设三个分论坛：“一号一窗一网建设”、“融合创新与PPP合作”和“智慧城市惠民服务”。参加论坛的有中国信息协会领导，相关部门、城市和领域的领导、专家、企业家及新闻界人士共600余人。在20日的开幕式上，国家发改委高技术产业司副巡视员王娜在主旨发言中指出，新型智慧城市建设要以“创新、协调、绿色、开放、共享”五大发展理念为指引，“以人为本”，以“惠民”为核心、出发点和落脚点。在随后的主旨发言环节，与会专家以“‘以互联网+’为动力助推新型智慧城市建设”和“智慧城市重在提升城市品质”等为题进一步进行了交流。此外，宜昌市、淮安市、咸阳市等城市代表分享了各自城市在建设新型智慧城市过程中的经验；一些企业也分享了企业在智慧城市建设中的优秀解决方案及案例。21日，三个分论坛对相关议题进行了开放的互动讨论和交流，与会代表一致认为推进新型智慧城市建设，是党中央、国务院立足于我国信息化和新型城镇化发展实际而作出的重大决策，是落实新型工业化、信息化、城镇化、农业现代化、绿色化同步发展的积极实践，是“让亿万人民在共享互联网发展成果上有更多获得感”的重要抓手。

6. 2016“宽带中国”城市发展市长论坛

12月16日，由工业和信息化部、国家发展与改革委员会指导，新华网主办，宽带发展联盟联合主办的2016“宽带中国”城市发展市长论坛暨“宽带中国”示范城市建设成果展在北京举行。来自工信系统、发改委系统、经信委系统代表，117个“宽带中国”示范城市中近百家城市，500多位行业精英代表参与了论坛活动。工业和信息化部总工程师张峰表示，宽带网络作为新时期经济社会发展的战略性公共基础设施，正加速向经济社会各个领域全面渗透，成为提高经济运行效率、转变经济发展方式的关键支撑，成为发展新经济、培育新动能的重要引擎，成为推进城市治理能力和治理体系现代化的有力手段。

二、重要学术论著简介

1. 科技创新论著

为了深入破解北京市绿色发展面临的现实和亟须解决的问题，“城市绿色发展科技战略研究北京市重点实验室”围绕北京市绿色发展问题完成了《2014—2015城市绿色发展科技战略研究报告》[①]的撰写（北京师范大学出版社出版）。报告共包含6部分内容，系统地论述了城市雾霾、垃圾处理、污水处理、绿色建筑、绿色能源和绿色产业等6个方面的问题和解决思路。有助于推动各地充分借助大城市解决环境问题的经验和教训，逐渐缓解和根治因传统粗放式发展导致的污染之痛，进一步发挥科技创新对首都乃至对国家绿色发展的重大作用。

《北京市西城区城市创新发展报告》（连玉明，当代中国出版社）[②]回顾了西城区功能街区发展模式的理论创新和实践探索，重点剖析了10个功能街区以及统筹街、区发展的“7+2”领导和管理体制；报告指出作为城市功能的一种基础单元形态，功能街区直接反映城市功能布局和集中体现发展战略，理应成为创新发展的实验区和承载地；报告也揭示了在实现区域发展转型和管理转型目标下，创新功能街区发展模式的重要战略意义，为推进特大城市中心城区落实新发展理念，实现转型发展、品质提升提供了思路。

2. 健康城市论著

“十三五”时期，在联合国可持续发展目标、健康中国战略的背景下，北京健康城市发展面临着京津冀协同发展、老龄人口增长、公共卫生风险、慢性病、卫生资源不均、生育政策调整、“互联网 ”时代到来等方面的巨大挑战。2011年至今，虽然北京健康城市发展取得了突出的成绩，但仍然存在许多问题。《健康城市蓝皮书：北京健康城市建设研究报告(2016)》（王鸿春，社会科学文献出版社）[③]分别从总报告、健康环境、健康社会、健康服务、健康人群和国外借鉴等内容，通过翔实的数据分析，针对健康北京建设过程中存在的一些城市病治理问题展开调查研究，以重点突出问题，分析问题原因并提出具有针对性的对策建议。

3. 智慧城市论著

自 2009 年初 IBM 提出了“智慧地球”发展理念以来，“智慧城市”在全球的发展方兴未艾。《智慧城市发展指数统计评价研究——北京市十二五时期智慧城市发展指数测算与评估分析》（杨京英、童腾飞，经济科学出版社）[④]构建了智慧城市发展指数（Smart City Development Index，简称 SCDI），对北京市智慧城市发展水平进行了测算和评价。阐述了智慧城市发展指数（SCDI）的理论框架、指标体系、统计模型和分析方法；收录了“十二五”时期北京市智慧城市发展指数统计测评总报告以及 2011—2015 年五年的年度统计评价报告；介绍了国内外相关研究成果，为研究机构、大专院校等制定政策、学术研究和信息采集与分析提供参考。

4. 城乡一体化论著

2015 年，北京市将疏解非首都功能作为落实首都城市战略定位、推动京津冀协同发展的关键环节和重中之重。疏控并举，通过多种方式引导人随功能走，人随产业走。实现了城乡经济社会稳步发展，城乡一体化“十二五”规划目标基本完成。《城乡一体化蓝皮书：中国城乡一体化发展报告（北京卷）（2015—2016）》（张宝秀、黄序，社会科学文献出版社）[⑤]对“十二五”时期北京城乡一体化发展进行了评估与回顾，对存在的问题，如何在“十三五”期间运用新的发展理念加以解决进行了研究。

《北京市城乡发展一体化研究》（郭光磊，中国言实出版社）[⑥]对北京市城乡发展一体化综合性社会演进过程，即空间规划布局一体化、产业发展一体化、基础设施建设一体化、社会事业和社会保障一体化、生态环境保护和建设一体化、资源配置一体化、社会管理一体化等内容进行了深入研究，不仅对北京城乡发展一体化起到推动作用，而且对其他城市城乡发展也具有重要参考价值。

5. 城市空间结构论著

20 世纪中叶以来，借助阿朗索构建的单中心城市模型，国外出现了丰富的量化描述城市空间结构的文献。大多数研究采用人口密度、就业密度或地产价格，以距离为自变量，估算出密度梯度或价格梯度解释城市空间结构的特征与演化。然而大多数文献以西方大都市为研究视角，发展中国家的案例研究较少。20 世纪 90 年代末期才有学者从人口密度角度应用负指数方程描述国内大城市的空间结构。《北京城市发展与空间结构演化》（于伟、宋金平、韩会然，科学出版社）[⑦]采用人口密度函数、特征价格模型、非参数估计等方法，借助人口数据和地产价格数据，以首都北京为研究对象，重点探讨了 2000 年以来城市空间结构的演化特征与趋势。并从人口郊区化、私人汽车与交通的快速发展、土地有偿使用制度、规划的引导等方面剖析了驱动城市空间演化的机制。理论上有助于丰富中国特大城市空间结构特征及其演化的研究，实践上为北京城市功能疏解提供指引，增强城市发展的可持续性。

三、北京城市建设研究

1. 智慧城市建设

冯长春和魏陶然回顾了全球开展智慧城市实践的相关文献及案例，从探讨智慧城市的内涵入手，分析其建设模式，探析了可能的发展趋势，提出在未来的智慧城市建设中，相关政府部门应积极与企业、学界深入合作，充分利用市场资源，创新开发模式和产品模式，积极推进建立技术更新，助力智慧城市的发展。[⑧]于小飞等认为智慧环保是促进智慧城市建设发展的有效途径，并从政策、标准和技术等三个方面为节能减排、改善生态环境提出相应的对策和建议，推动智慧城市的建设。[⑨]高凡石以“物联网技术”为出发点，分析了物联网技术与智慧城市建设的关系，认为物联网作为关键和核心的途径与技术手段，对智慧城市建设具有非常显著的影响。在今后的智慧城市建设中，一方面要做好城市建设规划；另一方面，要大力推进物联网产业的技术创新与应用，不断扩展物联网技术应用领域，将物联网技术融入智慧城市建设的方方面面。[⑩]张瑜和孙宇从绩效角度出发，提出从三个方面促进智慧城市的发展：突出城市特色，选择绩效标杆；绩效管理需要多元参与，尤其是需要市民参与；绩效管理是基于数据实现反馈闭环的持续过程。[⑪]张伯旭，刘晓娟等从数据要素出发，详细阐述和分析了智慧城市建设过程中的数据开放的重要性，认为数据的开放、共享和利用有利于智慧城市的经济发展与社会管理，指出通过数据开放为前沿，解决当前北京城市发展的重点难点问题入手，深入推进数据共享和开放，努力营造北京信息化创新发展的新生态，全面打造新型智慧城市。[⑫⑬]

2. 文化中心城市建设

何芬认为，北京建设文化中心对内示范带动全国文化发展，对外成为我国进行国际文化交流的桥头堡和争取世界文化话语权，并从历史文化名城的保护、文化创意产业、文化名片和首都文化的辐射作用等四个方面阐述缩小北京市与以国际影响力著称的文化城市之间的差距。[14]邱运华认为“北京文化”与“全国文化中心”属于两个不同层面的概念，建设文化中心城市应该廓清这两个概念，他提出研究“全国文化中心”问题需要探索新的方法论，建立相应模型，为中国特色的文化中心建设提供自己的理论模型基础。[15]

在建设北京文化中心的同时，也有学者认为北京城市副中心的建设也要做好文化遗产的保护与传承。赵夏认为通州有着悠久的历史，丰富的水资源，尤其因为通惠河、北运河的开凿自金元以后与京师关系甚为密切，成为“畿东重镇”，形成了独具特色的地域文化，并遗留下了极为丰富的文化遗产资源。因此，在“北京城市副中心”新的规划设计开启之际，在新的建设大规模到来之前，相关科研机构以及文物考古、文化管理相关部门应该争取时间，在已有工作基础之上开展系统深入的调查研究，一方面提供高质量的学术成果，充分地阐释通州的文脉特点、文化价值以及代表性元素，为当前规划和设计工作提供支撑；另一方面，要对一些重点区域、代表性遗产资源给出保护利用的对策建议，争取在城市规划、未来发展中能够有所体现。[16]

陈晨则从京津冀协同发展的角度阐述推动建设北京城市副中心文化建设的重要意义。他认为，通州创建首都公共文化服务示范区的建设有助于落实国家和北京市重大战略发展布局，适应北京城市副中心建设战略转型，引领“京津冀”文化协同发展共建格局以及提升“通州味”文化圈建设核心竞争力。并提出四条建议：强化示范区创建的顶层设计，着力解决制约通州公共文化服务体系科学发展的矛盾问题；整合公共文化资源，全面提升通州公共文化资源的使用效率；借力“供给侧”改革实践，助推通州“文化+”公共文化格局的构建；打造“通州味”文化形态整体品牌，充分发挥“精神视窗”的引领作用。[17]

3. 科技中心城市建设

实施创新驱动发展战略是建设创新型国家、增强综合国力、提高国家核心竞争力的必然选择，也是应对经济发展新常态的治本之策。自习近平总书记在2014年2月考察北京工作时提北京的全国科技创新中心以后，北京市科技创新研究就引起了许多学者的关注。苏保祥通过对金融业近年来的行业发展特点及趋势分析认为，金融支持国家科技创新中心建设取得明显成效，提出“着力增强金融服务国家科技创新中心建设能力”的措施：强化正向引导，完善支持科创企业发展政策体系；推进资本市场建设，拓宽科创企业直接融资渠道；推动金融创新，加快发展科创企业间接融资；加大资源统筹，增强科技金融的协同效应；夯实科技金融服务基础，改善科创企业投融资环境。[18]李美桂，赵兰香等从产业知识基础视角研究北京科技创新中心建设，提出两类产业知识基础——解析型知识基础和综合型知识基础影响科技创新中心建设的框架。认为，北京的产业知识基础存量值与资源基础和制度环境极不相称，不能对北京科技创新建设起到支撑作用，因此，应提高产业知识基础水平，尤其是关注以激进型创新为主的解析型知识基础。[19]张大蒙简析了“精明专业化”政策，指出北京科技创新中心的现状，提出相应的政策启示，并以中关村科技创新为例，发现中关村园区的发展需要增加服务性的创新政策，进而才能增加创新活力和发挥地方专有优势。[20]

为了聚焦北京的城市战略定位，打造具有全球影响力的科技创新中心，罗辉认为一要完善创新生态环境；二要盘活“双创”的主力军；三要打造京津冀协同创新创业圈，拓展发展空间。李哲认为要从以下五个方面着手：第一，完善科技创新人员管理与评价，落实创新人员激励政策；第二，打造新的创新链；第三，打造跨界平台，推动创新管理；第四，将政策落实到京津冀全地区；第五，提升创新文化的认识。周程则从人才引进力度方面分析，认为我国对留学人员吸引力还需提高，并努力拓宽渠道提升获取研发信息情报的能力。[21]孙若丹，董洁等认为，北京进入全球科技创新网络路径要从以下几点入手：确保国家制度创新；发挥宏观调控的优势，制定科技战略和优惠政策；完善吸引人才和留住人才体制；扩大关键企业的成果产出力。[22]

4. 生态城市建设

陈南雁认为北京低碳城市建设是经济转型和建设生态文明的契机，从低碳城市建设的角度提出了建设生态城市的措施。首先，必须因地制宜，根据北京市未来发展战略定位，来推进低碳城市的建设。[23]其次，要从技术层面入手，推广节能技术，应用低碳、可再生能源，并对其进行循环再利用，形成低碳产业，从而推动生态文明的发展。[24]最后，个人要形成低碳观念，将生态文明建设与北京精神、中国梦、民生幸福、和谐社会、科学发展观等宏观目标结合起来，在完善的法规、组织框架和监督机制下更好的实现低碳城市的建设。[25]赵家圆建议在设计和规划生态城市的过程中，要对城市建设的节能以及环保等因素加以综合地考虑，将原有的生产生活方式进一步转变，始终坚持生态优先的原则，对产业结构的优化给予高度的重视。[26]

城市环境绿化是现在城市生态建设中不可缺少的组成部分，在城市改善当中有着重要的作用，越来越引起人们的高度重视。韩秀丽从认为，生态城市的建设要从三个角度入手，首先要搞好绿化，以人为核心，创建城市与森林相融合的“天人合一”的优雅居住环境；其次，确立可持续发展的绿色消费观念；大力发展绿色交通。[27]北京城市快速路发展具有速度快，规模大的特点，周丽琴以北京城区互通立交绿地为研究对象，通过实地调查访问的方法，对北京市环路绿化植物景观做出了评价，并提出了相应的建议。[28]尹卫国则以北京世园会设计理念为出发点，认为，生态城市建设，一是尊重自然、融入自然；二是生态至上、天人合一；三是天降甘露、视雨为宝。[29]

5. 通州副中心城的建设

吴晨认为，集中力量建设北京城市副中心，就要明确战略定位，实现国际领先；传承地域文化，形成地方特色；敢于突破创新，引领未来发展。[30]李亚兰从基本公共服务的角度，阐述了提升副中心建设的途径，她认为副中心建设和发展中应更加突出“绿色、宜居、人文、智慧”，更加注重“交通便捷、功能完备、职住合一”，不断完善与副中心相匹配的基本公共服务是工作的重中之重。并从教育、卫生、文化和体育等方面，提出了较具体的建议和意见。[31]北京市也针对存在的交通拥堵、大气污染、水污染等短板，特别是交通基础设施类建设项目，在项目储备、项目规划、道路和管线规划等项目前期工作中存在薄弱环节，往往影响建设进度。为解决这些问题，加快公共服务类基础设施项目建设，北京市已研究制定“交通十条”，大力优化公路、城市道路、停车设施以及与之相关的市政管网等交通基础设施类建设项目审批流程。[32]

四、北京城市管理研究

1. 城市功能疏解研究

有序疏解非首都功能，制定疏解政策，是落实首都城市战略定位的先导和突破口，也是京津冀一体化发展的关键环节和重中之重，有利于首都城市功能的结构优化，不仅可以为北京新的国际化功能腾挪空间，也为广大人民群众提供了更为优质的生活服务空间，还为吸引高素质、国际化人才创造有利的条件。疏解北京非首都功能的同时，也将带动北京城市的现代化治理水平的提升。

北京市政协经济委员会联合调研组对北京产业疏解配套政策解读后，从五个方面提出建议：在疏解政策配套性、协同性方面，迫切需要加强市级层面统筹协调；在疏解企业土地征收、转让和再开发政策方面，迫切需要分类指导与制度创新；在人员安置和人才保障政策方面，迫切需要加强人员分流政策引导和承接地人才培养；在资金政策方面，迫切需要开辟多元化融资渠道；在税收政策方面，迫切需要调动疏解企业和承接地政府的积极性。[33]张星星提出疏解北京非首都功能应该坚持“一个大局、两个原则、三个主体”的思路，同时提出四条疏解政策，为北京非首都功能的疏解提出政策建议。他认为，疏解非首都功能重点在于产业的疏解，而产业的疏解应该要更多的做增量文章，而不是一味地将北京的高消耗产业和一些低端服务业迁出。[34]张长认为，疏解北京“非首都功能”必须要以“首都功能”实现和城市正常运转作为前提条件，着眼于京津冀这一大区域，从京津冀协同发展中去找寻出路，因此，疏解北京“非首都功能”的落脚点不应仅停留在疏解“非首都功能”产业，而是应当着力增强周边区域的承载力和竞争力，搭建好周边城市的产业平台，并依靠法律手段，辅之以经济手段，而不应当以行政手段为主导。[35]

“人随功能走，人随产业走”是疏解非首都功能的主要措施，把不符合首都功能定位的产业有序转移出京，从而带动人口疏解，有利于解决北京“大城市病”，推动京津冀协同发展。但在疏解过程中也面临一些无法忽视的困境，处理不当可能会消解人口疏解的积极作用，还会带来一系列复杂的社会问题。杜艳莉和胡燕从三点解析了人口疏解过程中的策略，她们认为，疏解境内人口，应该“输出京内优质资源，强化市区二级平台联动”“区分城市运行保障功能，及时调整人口调控措施”“完善疏解成效评价体系，提升社会风险防控能力”。[36]

2. 精细化管理研究

随着城市化进程的加快，城市运行管理中表现出的问题越来越凸显。如何有效利用物联网等高新科技手段，以全新的管理理念和管理模式提升城市精细化管理水平，成为城市管理者面临的重大课题。自《北京技术创新行动计划》之“城市精细化管理与应急保障”专项实施两年来，近 140 个项目以应用为导向，开展关键技术研发与核心产品研制和推广应用，为提升城市出行运输效率、保障“城市生命线”系统安全、形成应急救援能力提供了科技支撑。[37]杜明义和刘扬等以北京市西城区城市运行物联网检测平台为例，分析了物联网技术在精细化城市管理中的重要作用。他们认为，建立和完善城市日常运行管理体系和应急处置机制对面临突发事件进行预防和应急处理已成为政府公共管理的要务之一。而科学、准确、有效的信息是影响应急处置的关键，“物联网”技术的发展为政府城市运行管理工作的信息处理提供了有效途径。[38]

近年来，首都城市化基础设施建设、生态文明建设、交通道路建设、城乡环境建设等发生了喜人变化，但是也出现了相应的“城市病”，成为制约首都发展的瓶颈。周霆钧认为只有全面加强首都城市精细化管理，北京“城市病”才能得到有效治理。[39]施昌奎认为，应该用市场化的方法，用“标准治市”理念，构筑北京“人口、产业、产品和服务”四张“标准大网”，尤其是构筑服务型政府的服务质量监管标准网，强化精细化管理，提升服务质量，提升城市精细化管理水平。[40]

杨梅认为，精细化管理是一种概念，一种思想，也是一种文化，是社会分工细化、生产生活标准提高对现代管理的必然要求。其作为一种管理理念和管理技术，通过规则的系统化和精细化，运用程序化、标准化、数据化和信息化的手段，组织管理各单元精确、高效、协同和持续运行。她从北京旧城胡同道路定线的实证研究出发，从依法规划、传承历史、专业协同和以人为本的角度，抓住胡同这一基本脉搏，总结出，胡同道路定线要严格遵守上位规划、延续传统空间肌理、多种专业相互协调和尊重基本产权物权等四条原则，为旧城保护工作提供了研究思路。[41]

3. 养老研究

随着中国老龄化人口持续上升，中国家庭逐渐步入“四二一”结构，加上中国老龄化社会呈现老年人口基数大、增速快、高龄化、失能化、空巢化的特点，养老问题异常严峻，已成为当代中国社会治理的焦点，引起政府和各界学者的关注。

“十三五”期间，北京对于养老的各方面支持政策将从单纯的资金补贴向更多元化的方向扩围。2016年，9月1日，《北京市“十三五”时期老龄事业发展规划》经市政府常务会审议通过，北京首次在民政五年规划中提出将全面放开养老服务市场，支持各类市场主体参与养老服务。根据规划，北京支持社会资本进入养老服务业的范围，将全方位“开疆拓土”，其中包含很多新领域，如鼓励中央在京机关招待所、度假村转型养老机构；依托京津冀区域内的产业园区，统筹建设集老年产品研发、生产、物流配送、展览展销等一体化的养老产业园区等。[42]

对北京养老机构数字进行调查，据数据统计和部分养老机构的访谈资料，尹德挺等从入住规模、年龄结构、健康状况、入住的经济压力以及空间分布等方面对北京市机构养老老年人的基本情况进行了简要分析，发现，不管是政府办养老机构还是社会办养老机构，入住老年人皆是以身体状况半自理和不自理为主，这也说明老年人在身体健康状况下降、家人又照顾不了的情况下，选择入住养老机构会在一定程度上成为其刚性需求。[43]邵希言和赵仲杰以北京城区独生子女家庭为研究对象，认为分析了其家庭养老存在的风险及其原因，提出了以政府财政为主的，以居家养老为基础、社区养老为辅助、机构养老为补充的“家庭一社会”结合型的养老服务体系风险规避对策，以期为相关政策出台提供参考。[44]张璋和王钰婷等在“以房养老”的研究中，发现北京市民参加“以房养老”的情绪并不高涨，在数据整理分析的基础上，他们提出传统观念与养老院基础实施是影响市民参与“以房养老”的关键因素，并提出了相应的解决措施。[45]

北京作为经济发达而人口老龄化严重的地区，确定了“9064”养老服务模式并且根据不同年龄阶段实施不同的惠老政策以及采取的“九养”政策都促进了居家养老服务的快速发展。而且，伴随着人口老龄化的发展，中国传统的家庭养老功能逐渐弱化，以居家为基础、社区为依托的居家养老模式适应了中国社会经济的发展，成为社会化养老的必然选择。[46]但是，北京市居家养老服务是以社区为依托，现阶段社区养老照料中心是居家服务的载体，在建设与运营过程中还存在一些问题，它的发展还不成熟，居家养老服务功能供给尚不充分。郭淑婷认为，应推动居家养老服务分权化、多元化发展，并保证服务供给人才的多元化，除此之外，她还提出在互联网金融高度发达的时代，应该充分利用网络的便利性和快捷性，以社区为信息服务平台，建立规范完善的多种求助和服务形式的信息系统。如养老服务热线、紧急救援系统、数字网络系统等。张航空则提出了优化居家养老服务制度的展望：完善居家养老服务政策设计；强化居家养老服务专业人员队伍；加强各个部门之间协调与合作；了解老年人的真正需求；厘清政府职责与市场边界。[47]

京津冀协同发展已经上升到国家战略层面。中共中央政治局审议通过《京津冀协同发展规划纲要》，明确了京津冀协同发展战略的核心是有序疏解北京非首都功能。部分学者以京津冀协同发展为契机，分析河北承接北京养老服务的可行性探讨承接养老服务面临的问题，并提出可行性的政策建议。李晓丽和李建霞认为，河北紧邻北京地区，是环首都的紧密层圈区域，极其适合北京纾解非首都功能，在纾解北京养老群体和发展京冀两地养老产业融合上优势明显，另外，河北正处在产业转型时期，河北环京的城市应紧抓京津冀协同发展机遇，充分发挥毗邻北京的区位优势和得天独厚的生态优势，打造集养老、医护、健身、教育、娱乐、旅游于一体的承接北京养老产业绿色基地。[48]

注：

①城市绿色发展科技战略研究北京市重点实验室：《2014—2015 城市绿色发展科技战略研究报告》，北京师范大学出版社，2016 年版。

②连玉明：《北京市西城区城市创新发展报告》，当代中国出版社，2015 年版。

③王鸿春：《健康城市蓝皮书：北京健康城市建设研究报告(2016)》，社会科学文献出版社，2016 年版。

④杨京英、童腾飞：《智慧城市发展指数统计评价研究——北京市十二五时期智慧城市发展指数测算与评估分析》，经济科学出版社，2016 年版。

⑤张宝秀、黄序：《城乡一体化蓝皮书：中国城乡一体化发展报告(北京卷)(2015—2016)》，社会科学文献出版社，2016 年版。

⑥郭光磊：《北京市城乡发展一体化研究》，中国言实出版社，2016 年版。

⑦于伟、宋金平、韩会然：《北京城市发展与空间结构演化》，科学出版社，2016 年版。

⑧冯长春、魏陶然：《智慧城市建设模式与发展趋势探析》，《现代管理科学》，2016 年第 10 期。

⑨于小飞、罗梓超、范漪萍：《基于智慧城市框架下的智慧环保——以北京智慧城市建设为例》，《城市管理与科技》，2016 年第 3 期。

⑩高凡石：《物联网技术对智慧城市建设影响研究》，《电视技术》，2016 年第 7 期。

⑪张瑜、孙宇：《以绩效观推进智慧城市建设试点的健康发展》，《电子务》，2016 年第 3 期。

⑫张伯旭：《“十三五”：北京智慧城市建设机遇期》，《中国建设信息化》，2016 年第 11 期。

⑬刘晓娟、黄海晶、张晓梅、宰冰欣：《智慧城市建设中的数据开放、共享与利用》，《电子政务》，2016 年第 3 期。

⑭何芬：《推动北京建设国际文化中心城市的思考》，《中国国情国力》，2016 年第 2 期。

⑮邱运华：观念与方法：《“全国文化中心”作为一个命题》，《北京联合大学学报》(人文社会科学版)，2016 年第 2 期。

⑯赵夏：《北京城市副中心建设中做好通州文化遗产保护与文脉传承工作的重要性》，《中国文物报》，2016 年 7 月 29 日。

⑰陈晨：《创建首都公共文化服务示范区助推北京城市副中心文化建设新格局》，《赤子》，2016 年第 19 期。

⑱投资北京编辑部：《科技创新中心的新蓝图》，《投资北京》，2016 年第 12 期。

⑲李美桂、赵兰香、张大蒙：《基于产业知识基础的北京科技创新中心建设研究》，《科学学研究》，2016 年第 12 期。

⑳张大蒙：《北京科技创新中心建设浅析“精明专业化”政策的启示》，《科技创新导报》，2015 年第 29 期。

㉑邓骞：《北京全力建设全国科技创新中心》，《科技智囊》，2016 年第 11 期。

㉒任洪忠：《北京如何建设科技创新中心》，《光明日报》，2016 年 2 月 26 日。

㉓陈南雁：《北京低碳城市建设是经济转型的契机》，《农村经济与科技》，2016 年第 8 期。

㉔陈南雁：《北京低碳城市建设从技术层面推动生态文明发展》，《农村经济与科技》，2016 年第 4 期。

㉕陈南雁：《北京低碳城市建设实践应从精神和制度层面上推动生态文明发展》，《农村经济与科技》，2016 年第 6 期。

㉖赵家圆：《城市建设中生态城市规划设计思路构建》，《才智》，2016 年第 14 期。

㉗韩秀丽：《生态城市——绿色北京的建设发展》，《科教文汇(中旬刊)》，2016 年第 9 期。

㉘周丽琴：《浅谈城市快速路绿化植物景观建设——以北京为例》，《建筑与文化》，2016 年第

2期。

㉙尹卫国：《用北京世园会的设计理念建设生态城市》，《中国绿色时报》，2016年10月20日。

㉚吴晨：《副中心建设中的战略眼光与创新精神》，《北京观察》，2016年第8期。

㉛李亚兰：《提升副中心基本公共服务短板》，《北京观察》，2016年第4期。

㉜《北京副中心投资审批试点“一会三函”》，《领导决策信息》，2016年第39期。

㉝北京市政协经济委员会联合调研组：《对北京产业疏解配套政策若干问题的建议》，《前线》，2016年第12期。

㉞张星星：《北京非首都功能的疏解思路及政策研究》，《商》，2016年第22期。

㉟张长：《疏解北京“非首都功能”的再思考》，《城市》，2016年第8期。

㊱杜艳莉、胡燕：《特大城市人口疏解过程中面临的困境及应对策略——以北京市为例》，《城市发展研究》，2016年第11期。

㊲刘晓军：《精细化管理让北京交通更智能》，《科技日报》，2016年7月22日。

㊳杜明义、刘扬、靖常峰：《物联网技术在精细化城市管理中的应用——以北京市西城区城市运行物联网监测平台为例》，《北京建筑大学学报》，2016年第3期。

㊴周霆钧：《精细化管理与治理“城市病”》，《城市开发》，2016年第4期。

㊵施昌奎：《北京要用“标准治市”理念提升城市精细化管理水平》：《城市管理与科技》，2016年第1期。

㊶杨梅：《基于精细化管理的旧城胡同道路定线思路初探》，《北京规划建设》，2016年第3期。

㊷蒋梦惟：《北京养老服务市场将全面放开》，《北京商报》，2016年9月1日。

㊸尹德挺、高亚惠、耿月红：《北京养老机构数字调查》，《北京观察》，2016年第5期。

㊹邵希言、赵仲杰：《北京城区首批独生子女家庭养老风险及规避对策研究》，《中国人口·资源与环境》，2016年第S1期。

㊺张璋、王钰婷、邓成洋、邓淇文：《北京市民“以房养老”影响因素分析》，《中国集体经济》，2016年第4期。

㊻郭淑婷：《福利多元主义视角下北京居家养老服务模式分析》，《劳动保障世界》，2016年第17期。

㊼张航空：《大城市居家养老服务制度的成效与展望——以北京的实践为例》，《现代经济探讨》，2016年第4期。

㊽李晓丽、李建霞：《京津冀协同发展背景下河北承接北京养老服务的可行性分析》，《商》，2016年第18期。

（作者：孟斌，北京联合大学教授；
高丽萍，首都师范大学硕士生）

2016年北京社科基金项目成果综述

肖　龙

2016年，在市委的坚强领导和市委宣传部的精心指导下，市社科规划办认真学习贯彻习近平总书记系列重要讲话特别是在全国哲学社会科学工作座谈会上的重要讲话精神，深入学习贯彻党的十八大和十八届三中、四中、五中、六中全会精神，全面落实中央和市委各项工作部署，按照市委宣传部对社科规划工作提出的“服务党的理论创新成果研究阐释、服务首都发展和京津冀协同发展、服务首都意识形态领域的斗争、服务首都社科理论人才队伍建设”新要求，形成了“规划体现引导性、选题体现前瞻性、评审体现公正性、研究体现学理性、管理体现科学性、转化体现服务性”的总体工作思路，进一步增强遵循和把握社科研究规律和社科管理规律的意识，强化重视研究质量和决策咨询服务成效的工作导向，着力在精准化服务、精细化管理上下功夫，推动各方面工作不断创新发展，实现了“十三五”规划的良好开局。

一、2016年结项项目基本情况

2016年，共有232项北京社科基金项目完成研究任务，通过鉴定审核办理了结项手续。其中，优秀等级的75项，占结项总数的32.4%；良好等级的91项，占结项总数的39.2%；合格等级的52项，占结项总数的22.4%；符合条件免于鉴定的14项，占结项总数的6%。

从已结项项目的类别看，有重大项目6项、特别委托项目1项、重点项目27项、一般项目132项、青年项目66项。

从最终成果形式看，以研究报告和专著形式结项的占绝大多数。其中，以研究报告形式结项的项目有175个，占75.4%；以专著形式结项的项目有38个，占16.4%；以论文集形式结项的项目有19个，占8.2%。

从学科分布看，结项数量最多的为经济·管理学科74项，占结项总数的近1/3，研究内容主要涉及京津冀协同发展、经济发展与环境保护互动机制、产业结构优化、科技金融平台构建、文化创意产业与旅游业融合发展、互联网治理、高端服务业发展、突发公共事件应急管理、水资源保护、食品质量安全等；科社·党建·政治学学科27项，研究内容主要涉及中国梦的宣传与对外传播、全球语境中核心价值体系建设、中国化马克思主义世界历史定位、党的执政理念与执政方式变化发展、国家认同感培育、新形势下党的群众工作、新兴媒体推动马克思主义大众化效果、互联网突发事件和网络舆情引导等；法学学科25项，研究内容主要涉及法治政府建设、生态文明建设法律保障、互联网虚拟社会法律治理、法律援助体系建设、居民环境法律意识、农村征地补偿法律制度、旅游立法、青少年犯罪心理等；社会学学科21项，研究内容主要涉及人口规模调控、社会管理体制机制创新、城乡一体化发展、社会心态管理与风险预警、农民工随迁子女城市社会融入、“失独”家庭生存状况等；综合学科19项，研究内容主要涉及城乡结合部公共服务、特色文化资源整合传播、大学生健康人格教育、服务业清洁生产、大气污染监控预警、民营医院发展等；教育学学科18项，研究内容主要涉及人口变动对教育需求的影响、教育质量监测与评价、社会教育资源共享及云服务建设、流动儿童社会教育支持机制、幼儿园课程改革等；语言·文学·艺术学科14项，研究内容主要涉及文化产业园区“创意软环境”构建、电影产业发展与技术创新、微电影创作与传播、北京舞蹈群落、京剧的现代文本重构等；城市学学科13项，研究内容主要涉及历史文化遗迹保护、健康城市建设、智慧社区建设、社区善治、建筑装饰产业可持续发展等；历史学学科11项，研究内容主要涉及北京民族与宗教史、北京地名遗产整理与保护、城市历史色彩环境保护与发展、疾疫与社会变迁、元大都文化等；哲学学科10项，研究内容主要涉及生态文明与非物质经济、人的尊严与生命伦理、公民诚信价值观培育、西方正义伦理思想等。

从应用转化来看，2016年已结项目的成果形式丰富、整体质量较高，或注重学术观点和科研方法创新，积极提出新思路、新观点、新论断，或聚焦重点、难点、热点问题，积极以学术研究助力经济社会发展。这些项目共形成专著47部、研究报告186份、论文集19部。有28项成果获得各级各类奖项，有33项成果获得领导批示或被相关实际部门参考采纳。此外，还出版专著50余部，发表论文800余篇。

2016年，为进一步提升北京社科基金项目成果的决策影响力和社会影响力，市社科规划办搭建平台、主动服务，采取多样化形式，全方位、多角度地开展研究成果宣传推介工作。深挖《成果要报》潜力，努力打通专家学者服务社会、服务决策的“最后一公里”，全年共编发《成果要报》31期，获得省部级以上领导批示16期21人次，其中关于京津冀协同发展的研究成果得到中央领导两次批示，关于京郊农村留守儿童问题和法治政府建设的建议得到市委主要领导批示；与社会媒体的合作更加广泛、紧密，向《人民论坛》《北京日报·理论周刊》《前线》等报刊推介北京社科基金项目成果30余篇；编发《北京社科规划》内刊6期，积极推介北京社科基金项目优秀成果。

2016年，有14项北京社科基金项目研究成果获北京市第十四届哲学社会科学优秀成果奖。其中，清华大学刘敬东教授的研究成果《理性、自由与实践批判：两个世界的内在张力与历史理念的动力结构》（项目编号09BaZX037）、中共北京市委党校高寿仙教授的研究成果《北京人口史》（该成果为北京社科基金项目“北京人口发展史研究”的成果之一，项目负责人为中共北京市委党校侯亚非教授，项目编号06CcLS023）、市委社会工委宋贵伦的研究成果《北京社会建设概论》（项目编号11SHA003）、北京交通大学宋守信教授的研究成果《北京地铁脆弱性及应急管理研究报告》（项目编号12JGB022）获一等奖；北京联合大学梁怡教授的研究成果《国外马克思主义中国化研究评析》（项目编号06AeKD003）、中共北京市委党校刘汉峰讲师的研究成果《党内基层民主的实践探索与路径创新——以北京市为例》（项目编号09AaKD082）、北京市社会科学院谭日辉研究员的研究成果《管理创新与政策选择：政府培育扶持社区社会组织的研究》（项目编号 12SHC020）、北京工商大学李朝鲜教授的研究成果《北京文化创意产业集群效应研究》（项目编号 12JGB122）、对外经济贸易大学周念利教授的研究成果《中国服务业改革对制造业微观生产效率的影响测度及异质性考察——基于服务中间投入的视角》（项目编号 14JGB064）、首都经济贸易大学祝尔娟教授的研究成果《北京建设世界城市与京津冀一体化发展》（项目编号 10BaZH213）、北京信息科技大学曲立教授的研究成果《知识服务业精益运营模式研究》（项目编号 10BaJG411）、首都经济贸易大学马慧教授的研究成果《低碳经济治理体系及以云质量管理认证提升资源效率的研究》（项目编号 11JGB077）、中共北京市委党校张玲副教授的研究成果《政务微博在创新社会管理中的运用》（项目编号 11JGB082）、首都师范大学吴明娣教授的研究成果《百年京作——20 世纪北京传统工艺美术的传承与保护（上、下）》（项目编号 10BaWY077）获二等奖。此外，还有 5 项北京社科基金项目研究成果获北京市第十二届优秀调查研究成果奖。其中，中共北京市委党校尹德挺副教授的研究成果《优化首都人口分布的五点建议》（该成果为北京社科基金项目“北京人口规模调控决策研究”的阶段成果，项目负责人为中共北京市委党校袁吉富教授，项目编号 14ZDA25）、北京化工大学康越副教授的研究成果《北京市老旧社区养老问题研究》（项目编号 12SHB003）获一等奖；北京大学王红漫教授的研究成果《北京城乡一体化居民医疗保障制度研究》（项目编号 11JGA001）、北京农学院李瑞芬教授的研究成果《北京新型农民合作社联合社运行机制研究》（项目编号 14JGA016）获二等奖；中共北京市委党校王雪梅副教授的研究成果《首都流动人口聚居区：新社会生态与社会治理创新》（项目编号 09AbSH058）获优秀奖。

二、2016 年结项项目成果概述

总体来看，2016 年度结项的项目均能坚持正确政治导向，用马克思主义的立场、观点和方法开展研究工作。广大课题组以服务好中央重大战略部署为时代使命，以服务好首都发展重大问题为历史使命，深入研究和回答北京经济、政治、文化、社会和生态文明建设中面临的重大理论与实践问题，推出一批研究质量过硬、学术价值较高、创新意识较强、转化应用较实的优秀成果，为推动首都科学发展做出重要贡献，展现了首都哲学社会科学研究的时代风貌。主要体现在：

（一）深入开展马克思主义中国化理论研究，巩固马克思主义在意识形态领域指导地位

清华大学陈明凡副教授承担的“中国化马克思主义世界历史定位研究”，提出了马克思主义发展史上三次具有里程碑意义的伟大飞跃，阐释了马克思主义在一些东方国家成功实践的关键是同本国实际相结合并形成理论创新成果，指出了中国道路在成功破解后发国家社会主义建设中遇到的历史性难题方面具有的世界历史意义，由此论证了中国化马克思主义在马克思主义发展史上的重要地位，有助于深化对马克思主义中国化内涵和历史意义的认识；中国人民大学齐鹏飞教授承担的“中共党史 90 年关于实现和维护国家统一的理论与实践及其基本经验研究”，对中国共产党在以“革命、建设、改革”为主题的三个“三十年”中关于解决国家统一问题的理论、实践和经验，尤其是关于“国家统一”的理念、战略和政策的演进、调整与嬗变进行了全面总结，通过对历史发展脉络、发展规律和发展经验的全程式、全景式研究，展现了中国共产党代表人民的利益和意志，不断进行马克思主义中国化理论创新与实践创新，努力实现和维护国家统一的历史进程；北京师范大学吴玉军教授承担的“现代性语境下国家认同感的培育问题研究”（项目信誉保证单位为中共北京市委讲师团），考察了社会主义核心价值观与国家认同的关系，论述了社会主义核心价值体系在增强民众政治认同感、文化认同感、民族认同感方面的作用，提出应通过提升人民福祉、保障民主权利、增强意识形态吸引力以提升民众的政治认同感，挖掘中华优秀传统文化意蕴以提升民众的文化认同感，强调中华民族和国家整体利益以提升民众的民族认同感，在深化社会主义核心价值体系理论研究、探索国家认同感培育方法和国家文化软实力提升路径方面具有积极意义；首都师范大学孙士聪副教授承担的“马克思主义文化领导权理论及其对当代大众文化的启示”，以马克思主义文化领导权理论为基本线索，历史性梳理了马克思主义经典作家以及葛兰西主义、文化马克思主义、晚期马克思主义、后马克思主义等国外马克思主义理论家在文化领导权问题上的理论阐释，勾勒出马克思主义文化领导权的“知识图谱”，并结合中国当代文化具体实践探究了马克思主义文化领导权在新时代、新语境中的“恰切性”，对于深化对社会主义文化领导权建设与实践的认识和思考，解决现实社会相关问题具有积极意

义等。

（二）积极围绕重大理论问题进行深入研究，不断提出新思想、新观点、新论断

清华大学卢风教授承担的“生态文明与非物质经济”，论证了以独断理性主义为核心理念，激励“大量生产、大量消费、大量排放”的资本主义工业文明是不可持续的，生态文明是人类文明的必由之路，指出生态文明的经济应是稳态的、生态化的物质经济和不断增长的、生态化的非物质经济，实现物质经济生态化和非物质经济扩大化，必能解决环境保护、节能减排与经济增长之间的冲突，为从宏观层面解决节能减排与经济增长之间矛盾，发展健康的非物质经济，卓有成效地建设生态文明提供了可借鉴的思路；北京师范大学赵春明教授承担的“贸易强国战略与‘中国梦’的实现——基于要素内涵式演进的分析视角”，通过深入研究我国人力资本要素内涵式演进的开放经济静态效应和动态效应，以及开放经济对我国人力资本要素内涵式演进的就业效应和收入效应，揭示了人力资本要素内涵式演进与国际经济竞争新优势培育的作用机理，评价和测度了我国国际经济竞争优势的变化与趋势，提出了我国国际经济竞争新优势培育的系列对策与措施，其成果《低碳经济环境下中国对外贸易发展方式转变研究》先后获得第 18 届安子介国际贸易研究优秀著作二等奖和商务部全国商务发展研究成果二等奖，取得了良好的社会效益和广泛的社会影响；外交学院徐英副教授承担的“机构新闻翻译情境下国家身份建构的功能与认知研究”，以系统功能语言学为基本框架，借鉴批评话语分析和深度阐释学方法建构了一个将语境分析、文本分析和认知解释相结合的“功能 + 认知”的翻译意识形态分析模式，并依据该模式通过个案研究呈现和解释了机构新闻翻译实践中意识形态的翻译改写以及国家身份的解构与建构情况，对于机构新闻译者正确分辨各类意识形态性质与意义，把握意识形态翻译转换，平衡国家身份解构与建构工作具有重要意义；首都师范大学苏尚锋副教授承担的“中国梦的教育学内涵及其价值实现”，将中国梦与教育活动的人类学事实、教育改革发展的政策经验事实、国家想象与教育发展构想结合在一起，重点阐述了教育在社会系统中的独特社会功能、教育的人类学起源与指向未来的时间结构、教育与国民性塑造等方面与中国梦的关联性内涵，形成了较为系统的理论阐述，对丰富教育学的时代内涵具有积极意义；北京航空航天大学谢惠媛副教授承担的“国家治理行为的道德合理性与有效性博弈问题研究”，从内在结构、行为条件、特征、问题实质等角度分析了国家治理过程中存在道德合理性与有效性博弈问题的行为，对行为的必要性与正当性、责任及主体性情感体验等进行了深入剖析，问题意识突出、研究方法合理，为增进党群干群关系、促进社会和谐、夯实国家治理道德基础提供了理论依据；中国人民大学张晓萌副教授承担的“社会主义平等观——全球语境中核心价值体系建设”，关注当代国外马克思主义热点前沿理论问题，以西方主流的研究视角为参照，运用多种方法构建社会主义平等理论，深入分析了社会主义和资本主义的当代走向与未来趋势等。

（三）密切关注首都发展重大现实问题，有效发挥思想库、智囊团作用

中共北京市委党校袁吉富教授承担的“北京人口规模调控决策研究”，对北京市人口基本特点和变动规律进行了深入分析，提出了人口空间布局优化和人口疏解的思路以及控制人口过快增长的相关建议，其阶段性成果入选北京社科基金项目《成果要报》3 期，得到市委市政府主要领导批示 4 人次；北京第二外国语学院厉新建教授承担的“北京建设世界级旅游城市的战略研究”，深入分析了北京旅游发展中存在的问题以及北京与世界一流旅游城市间的差距，提出了北京建设世界旅游城市的休闲化战略思路和便利化行动计划方案，以及北京建设世界旅游城市的产品创新和营销创新战略要点，其阶段性成果《建设世界一流旅游城市要处理好的七个关系》被北京社科基金项目《成果要报》采纳并得到市政府主要领导批示；中国人民大学吴晶妹教授承担的“首都全面深化社会信用体系建设研究”，以三维信用理论为支撑，全面总结了北京市在制度和机制建设、政务诚信建设、商务诚信建设、社会诚信建设、司法公信建设等方面取得的成就与存在的问题，并以西城区社会信用体系建设为案例进行分析，在充分借鉴国内外实践的基础上提出了北京市进一步深入推动社会信用体系建设的政策建议，其成果中关于加强公共信用信息与数据管理及使用的相关内容得到省部级领导批示；对外经济贸易大学方黎明副教授承担的“北京城市社区养老服务中照护人力资源开发研究”，在对北京市老年人丧失生活自理能力状况和对照护人员需求状况进行估算的基础上，分析了北京市养老照护人员供给中存在的问题，提出应探索建立多渠道的照护人员职业、薪酬福

利保障机制，建立照护管理制度，进一步发挥政府和社区自治组织在照护人力资源开发中的能动作用，为解决社区养老照护人员素质不高、人员不稳定和服务碎片化等问题提供了思路，其阶段性成果《多管齐下，提升北京养老护理人员素质》得到分管副市长批示；中国地质大学王玲教授承担的“南水北调引水进京后北京市地下水修复的生态补偿机制研究”，从地下水与表生生态之间关系出发，探讨了地下水生态价值的定义、内涵和外延，分析了政府主导地下水生态补偿机制的优势，提出了符合北京特点的复合型多层次地下水生态补偿模式，并对补偿机制中的补偿主体、补偿对象、补偿标准、资金来源和补偿方式等进行了详细分析，其阶段性成果《关于建立政府主导的北京市地下水生态补偿机制》得到北京市水务局采纳，在地下水保护与修复相关工作中发挥了参考借鉴作用；北京林业大学秦涛副教授承担的“北京市公益林保险运行机制与实施效果评价”，在全面剖析北京市公益林保险发展过程中面临困境与问题的基础上，对北京市公益林保险现有运行模式进行了适用性分析，基于模型和数据对北京市公益林综合险费率水平进行了测算，明确了北京市公益林保险运行模式与补贴政策的改进方向和途径，探索性提出了保费补贴政策、经营模式、产品设计等方面的政策建议，其成果中关于公益林保险运行模式的相关内容被北京市园林绿化局采纳，为制定《北京市森林保险试点实施方案》发挥了积极作用等。

（四）积极回应重点难点热点问题，着力提出解决问题的思路与办法

中国人民大学郭静副教授承担的“北京市流动人口基本公共卫生服务可及性分析及服务模式研究”，深入分析了北京市流动人口基本公共卫生服务中存在的问题及影响因素，尤其是基于供需双方视角研究了流动人口基本公共卫生服务的可及性和服务模式，提出应由供需双方共同发力，通过改进流动人口健康宣教方式、建立服务反馈机制、进一步完善服务模式等方式，不断提高流动人口基本公共卫生服务的可及性水平；北京交通大学张娜副教授承担的“双重属性视阈下北京市文化创意产业安全问题研究”，构建了北京市文化创意产业安全评价模型，提出了社会效益和经济效益兼顾、对外依存度低的文化产业发展原则，具有理论创新性和实践价值；中央财经大学方舒副教授承担的“社会工作介入社区矫正的北京经验研究”，在全面分析社会工作介入社区矫正的现状、经验与困难的基础上，提出可通过拓宽多方协调的社会工作参与渠道、推进社会工作专业机构参与机制创新、健全社区矫正社会工作职业制度建设、以社区矫正立法推动社会工作参与协同法制化等途径，探索构建社会工作参与社区矫正的本土化长效机制；对外经济贸易大学郭红玉教授承担的“构建支持北京大气污染治理的绿色金融体系研究”，借鉴国际绿色金融体系建设经验，提出了构建支持北京市大气污染治理的绿色金融体系及完善北京碳交易市场的对策建议；华北电力大学王怡副教授承担的“北京市二氧化碳减排潜力分析研究”，采用 DEA、LMDI、LEAP 等模型以及情景预测和结构方程等方法，从宏观和微观两个层面，对北京市二氧化碳排放进行了深入研究，为北京市节能减排政策的制定提供了理论依据；中央财经大学王天梅教授承担的“首都社会稳定视角下的互联网治理对策研究”，紧扣互联网时代北京所面临的日益复杂的网络安全挑战和多元化的社会稳定难题，通过探讨“网络群体性事件”“从众行为”“微博文本的情感负载”“网络群体的极化特征”等典型事件的根源及其影响，提出了建立虚拟社会和现实社会双向统筹的网络社会治理对策；中国地质大学（北京）刘海燕教授承担的“北京市居民心理安全特点及发展变化规律追踪研究”，开发了心理安全感的标准化量表，研究了北京城镇居民心理安全感的现状和变化趋势，提出了有效调控和化解心理安全社会风险的对策建议；华北电力大学曹治国副教授承担的“北京市分布式能源政策与立法研究——以紧急状态下北京市能源安全保障为视角”，以分布式能源主要利用方式为主线，对国内外分布式能源政策立法进行分析，为完善北京市分布式能源政策立法提供了借鉴；北京市社会科学院罗瑞芳副研究员承担的“京郊集体建设用地流转收益分配制度研究——基于机制设计理论”，通过考察北京郊区集体建设用地流转的主要模式及其中国家、集体和个人之间形成的分配机制，提出应构建集体建设用地流转入市的一级市场，理清集体建设用地之上的土地产权关系以及土地流转相关主体之间的权利和权力关系，以股权联营方式实现对京郊集体建设用地的乡镇统筹；北京农学院何忠伟教授承担的“低碳经济背景下北京乡村旅游转型升级研究”，通过对北京乡村旅游发展现状、低碳发展水平及其市场需求等实证分析，提出的培育旅游潜力、拓展乡村旅游思路具有借鉴作用，为北京低碳乡村旅游的提档升级提供了较好的理论基础和技术保障等。

（五）彰显北京地域特色，大力挖掘和展示北京深厚的历史文化底蕴

北京市政协赵文芝承担的“北京民族与宗教史探源”，从山顶洞人的原始宗教信仰开始，叙述了先秦至明清时期，不同民族不同宗教在北京地区的传入、发展和社会影响，对重大历史事件和人物进行了科学客观的分析、研究和评价，其成果共35万字，包含了240余幅珍贵照片，清晰勾画出各时期各民族、各宗教在北京的活动和发展脉络，对于普及民族和宗教知识，促进民族团结、宗教和谐具有重要现实意义；首都师范大学马保春教授承担的“北京前都时代地名遗产的整理与研究”，搜集、整理了大量甲骨文、金文、陶文、兵器刻辞、货币、玺印、封泥、简牍等传世或考古出土古文字资料中的北京地名和与北京有关的涉京古地名，在此基础上绘制了相关地名表和地名分布地图，解析和研究了北京前都时代古地名的构成及其文化内涵，探索了古地名所反映的文化背景以及地名群之间的内在联系，为北京历史时期地名文化遗产研究提供了新的思路和线索，同时也有助于扩展、充实和延伸北京建设国际一流的和谐宜居之都的文化内涵；北京市社会科学院傅秋爽研究员承担的“元大都文化——北京世界城市建设的一个历史参照”，通过对元大都文化发展过程中的文化特征、内外部环境、多重因素影响、人才政策、文化人才聚集成长规律、文化影响力和传播力等进行梳理研究，揭示了多元文化对城市发展的影响、新文化理念对城市文化面貌的改变、继承传统与创新的关系以及新媒介、新渠道、新方式对文化传播的影响；首都师范大学王毓蔺副教授承担的“明北京营建物料采办研究”，从皇木采办、砖瓦琉璃烧办、石料采办三个主要方面，详细论述了明代为营建北京城而采办有关物料的地域、时间、方式、经费以及运输过程和路线等，并从宏观视角对这一系列大型物料采办活动的历史社会影响、建筑史背景以及景观演变过程进行了审视，是对明代北京营建物料采办的一次系统全面的整理和研究，为明代北京城市史以及中国古代都市形态史等相关领域研究提供了资料和借鉴；清华大学杜异教授承担的“北京城市历史色彩环境保护与发展研究”，以照片、测绘和文字记录相结合的方式对北京历史保护区典型历史建筑及历史环境的色彩标本进行了采集，清晰呈现了每一个建筑的色相、彩度和明度，形成了北京典型历史建筑色彩图谱，为北京城市历史色彩保护提供了详实数据，同时也为北京城市历史建筑和历史环境的保护与发展提供了参考依据；北京联合大学成志芬助理研究员承担的“空间表达视角下北京历史文化遗迹的保护对策”，选取传统四合院、全聚德老店、什刹海等典型历史文化遗迹，分析了北京历史文化遗迹空间表达文化的能指和所指的内容与特征，对北京历史文化遗迹空间表达文化的被了解和认同情况、了解和认同的来源、保护状况等进行了分析，在此基础上探讨了北京历史文化遗迹空间表达文化的未来保护对策和传承途径，对正确解读北京历史文化遗迹，加强北京历史文化遗迹、历史建筑的宣传与保护具有参考借鉴价值；北京联合大学冯小波教授承担的“北京旧石器时代文化研究”，引进法国旧石器时代考古精细分类体系，对北京地区旧石器时代遗存进行了系统归纳整理，创新性地对北京地区旧石器时代文化进行了分类，揭示了古人类石器技术演化的脉络等。

此外，广大专家学者发扬崇尚精品、严谨治学的精神，以深厚的学识、创新的态度、科学的方法不断提高研究质量，推动内容创新，在基础理论研究方面推出具有原创性、开拓性和思想内涵的高水平成果，体现了北京社科基金项目的学术积淀与理论创新。如中国人民大学贾根良教授承担的“‘新经济思想史’研究”，梳理了经济民族主义的发展历史，剖析了李斯特生产力发展理论的内涵，引入“创造解释学”方法发展了“新经济思想史”研究方法论，并以此为基础分析了近代以来中日发展不同际遇的原因，成果视野开阔、论证严谨、观点新颖，对推动学科发展和丰富相关领域学术研究具有重要作用；首都师范大学金滢坤教授承担的“唐五代童蒙教育研究”，围绕社会阶层变迁和选举制度变革考察了家学、乡学、村学、里学、社学、书院等各类私学承担童蒙教育角色的转变，探讨了唐五代科举考试对童蒙教育的影响，梳理了唐五代蒙书的内容变化、成书背景、编撰体例、编撰目的，概括了蒙书编撰与唐五代社会变迁的内在联系以及其时代特点和历史贡献，对于弘扬中华优秀传统文化、推进国学经典传播、提升少儿教育水平具有积极意义；北京交通大学叶起昌教授承担的“网络文本的社会符号学研究”，以超链接文本为研究对象，从哲学的“语言转向”、话语的“图像转向”、二十世纪与图像相关技术和网络的发展等方面，梳理出网络话语的发展脉络，并提出“以图做事”的核心概念，具有创新性和理论价值等。

（作者：肖龙，北京市社科规划办成果处副处长）

附：

站在时代的潮头，筑造历史性工程
——以习近平同志为核心的党中央谋划指导京津冀协同发展三周年纪实

天安门广场向南40多千米处，已经封顶的北京新机场主航站楼主体结构，犹如一只金凤凰展翅高飞。

俯瞰京津冀，一幅以密布环绕的高铁、城际铁路、市域铁路、高速公路为骨架，呈多节点、网格状的交通网蓝图正徐徐铺开，犹如一颗巨钻熠熠生辉。

这里是极具发展潜力的城市群：京畿重地，濒临渤海，携揽“三北”，面积21.6万平方千米，承载1亿多人口，是拉动中国经济发展的重要引擎。

这里是区域发展难啃的硬骨头：既有大城市病的困扰，又有区域发展差距悬殊的困惑，资源环境超载矛盾严重，老大难问题亟待破题。

迎难而上，探寻突破路径，这是一种厚重的历史担当；

放眼长远，功成不必在我，这是一份博大的胸襟气魄。

2014年2月，习近平总书记到北京市考察工作。2月26日，习近平总书记召开座谈会，在讲话中提出了京津冀协同发展的重大国家战略。

3年来，以习近平同志为核心的党中央高度重视京津冀协同发展战略，高瞻远瞩顶层设计，稳扎稳打全面实施，京津冀这方热土日新月异，正在书写中国区域发展的当代传奇，筑造着引领时代新发展的历史性工程。

1. 着眼全局发展的战略举措

——大思路、大布局：走出一条内涵集约发展的新路子，促进区域协调发展，形成新的增长极

“京津冀协同发展意义重大，对这个问题的认识要上升到国家战略层面。”——2014年2月26日，习近平总书记在北京主持召开座谈会，专题听取京津冀协同发展工作汇报。

北京，这座世界名城，拥有3000多年的建城史和860多年的建都史。

时光步入21世纪，这座有着2000多万人口的超级城市，一个以首都为核心的庞大城市群，如何谱写新的发展辉煌？

这是历史的追问，这是时代的课题。

2014年2月25日，北京市规划展览馆迎来一位特殊的参观者——中共中央总书记、国家主席、中央军委主席习近平。

约1小时25分的考察中，习近平总书记观看了介绍北京建城史、建都史和北京城市变化情况的专题片，认真了解北京地理环境、规划布局、功能定位、发展变化等情况。在考察过程中，习近平总书记详细询问百姓居住环境、空气质量、生活状况等。

习近平总书记提出的问题切中要害，立足当前，着眼长远。

第二天，习近平总书记在北京主持召开座谈会，专题听取京津冀协同发展工作汇报，强调实现京津冀协同发展，是一个重大国家战略，要坚持优势互补、互利共赢、扎实推进，加快走出一条科学持续的协同发展路子来。

一个着眼中国未来发展大格局的战略谋划呼之欲出。

京津冀，涵盖北京、天津两大直辖市和河北省11个地级市，人口超过1亿，GDP占全国的1/10以上。三地本应依靠政治、经济、文化等一系列资源共享，可以实现一加二大于三的效果，然而现实并非如此：

一面是发达的中心，一面是落后的腹地。京津两地过于肥胖，大城市病突出，周边中小城市过于瘦弱，特别是河北发展与两地呈现“断崖式”差距，河北人均GDP是京津两市的40%左右，人均收入是两地的一半，教育投入只及北京的1/3。

一面是问题交织，一面是难以独善其身。资源环境承载超限，三地水资源短缺，地下水超采问题突出，三省市年均超采量占全国的1/3。雾霾频发，大气污染成为全国最突出的区域。

这既是全国诸多城市群存在症候的一个缩影，也是区域不均衡发展的一个缩影。实现京津冀协同发展，正是新形势下引领新发展、打造新增长极的迫切需要。

“区域协同发展，是中国经济发展长期追求的一个目标，问题尚没有根本解决。”京津冀协同发展专家咨询委员会委员、国务院发展研究中心副主任张军扩说，通过京津冀协同发展，可以实现重点突破，引领经济发展新常态，释放新的增长动力，给全国带来可复制可推广的经验。

大战略需要理清大逻辑。

习近平总书记一直十分关心京津冀协同发展问题。2013 年 5 月，他在天津调研时提出，要谱写新时期社会主义现代化的京津“双城记”。2013 年 8 月，他在北戴河主持研究河北发展问题时，又提出要推动京津冀协同发展。

此后，习近平总书记多次就京津冀协同发展做出重要指示，强调解决好北京发展问题，必须纳入京津冀和环渤海经济区的战略空间加以考量，以打通发展的大动脉，更有力地彰显北京优势，更广泛地激活北京要素资源，同时天津、河北要实现更好发展也需要连同北京发展一起来考虑。

深思熟虑下，京津冀协同发展的构想在总书记心中越来越清晰。在 2014 年 2 月 26 日的会议上，他强调指出，大家一定要增强推进京津冀协同发展的自觉性、主动性、创造性，增强通过全面深化改革形成新的体制机制的勇气，继续研究、明确思路、制定方案、加快推进。

此后，京津冀协同发展领导小组成立，统筹指导推进京津冀协同发展工作。

2014 年以来，京津冀协同发展领导小组指导其办公室会同 30 多个部门、三省市和京津冀协同发展专家咨询委员会，多次深入调查研究，反复修改完善，先后 7 轮征求各方意见，形成《京津冀协同发展规划纲要》稿。

“规划科学是最大的效益，规划失误是最大的浪费，规划折腾是最大的忌讳”“着力加大对协同发展的推动，自觉打破自家‘一亩三分地’的思维定式，抱成团朝着顶层设计的目标一起做”……习近平总书记对这项战略规划设计多次提出明确要求。

2015 年，习近平总书记先后主持召开中央财经领导小组会议和中央政治局会议，审议研究规划纲要并发表重要讲话，进一步明确这项战略的目标、思路和方法。

高瞻远瞩，从长计议。习近平总书记强调指出，要走出一条内涵集约发展的新路子，探索出一种人口经济密集地区优化开发的模式，促进区域协调发展，形成新增长极。

龙衮九章，但挈一领。

2015 年 4 月，习近平总书记主持召开中共中央政治局会议审议通过规划纲要，确定了“功能互补、区域联动、轴向集聚、节点支撑”的布局思路，明确了以“一核、双城、三轴、四区、多节点”为骨架，设定了区域功能整体定位和三地功能定位。

顶层设计，为这项战略实施提供了形成强大合力的行动指南，京津冀地区迎来了一个千载难逢的发展窗口期，协同发展由此进入全面实施、加快推进的新阶段。

“思路要明确，坚持改革先行，有序配套推出改革举措”；

“要坚持协同发展、重点突破、深化改革、有序推进”；

“要把筹办北京冬奥会、冬残奥会作为推动京津冀协同发展的重要抓手”；

……

3 年来，一次次考察，一个个会议，一系列重要讲话、指示，习近平总书记时刻挂念着京津冀协同发展战略的实施情况，在不同时段和关键节点给予重要指导。

春华秋实，三年有成。

京津冀协同发展规划体系基本形成。作为全国首个跨省市的五年规划，京津冀国民经济和社会发展“十三五”规划于 2016 年发布实施。京津冀空间规划编制完成，并相继出台京津冀交通、生态、产业等 12 个专项规划和一系列政策意见，形成目标一致、层次明确、互相衔接的协同发展规划体系，将推动三地实现“一张图”规划、“一盘棋”建设、“一体化”发展。

疏解北京非首都功能有序推进，重点领域率先突破取得重要进展。北京城市副中心加快建设，交通一体化格局加快构建，生态环境保护深入推进，产业升级转移稳步推进，三地产业互动和经济要素进入快速融合通道，协同发展实现良好开局。

协同，既是区域发展的必由路径，更是响当当的生产力——

在中国经济下行压力较大的情况下，2016 年京津冀交出了一份可观的成绩单：北京经济增速达到 6.7%，服务业占地区生产总值比重达到 80.3%；天津经济增速达 9%，继续位居全国前列；河北省经济增速 6.8%，产业实现“健身增效”。

推动京津冀协同发展，是以习近平同志为核心的党中央在新的时代条件下做出的重大决策部署。这对于统筹推进“五位一体”总体布局和协调推进“四个全面”战略部署，实现“两个一百年”奋斗目标和中华民族伟大复兴的中国梦，具有重大现实意义和深远历史意义。

2. 夯基垒台构筑“四梁八柱”

——新进展，新成效：疏解北京非首都功能有序推进，重点领域率先突破取得重要进展，京津冀大地焕发蓬勃生机

“规划建设北京城市副中心，疏解北京非首都功能、推动京津冀协同发展是历史性工程”——2016年5月27日，习近平总书记主持召开中共中央政治局会议。

通州区潞城镇，占地约6平方千米的北京城市副中心行政办公区建设工地日夜忙碌。

站在建设指挥部楼顶眺望，一批办公大楼主体结构已经封顶。2017年年底前，北京市级各大机关及部分市属行政部门率先启动搬迁。

有序疏解北京非首都功能、优化提升首都核心功能、解决北京大城市病问题是京津冀协同发展的首要任务。而建设北京城市副中心更是这项首要任务中的关键一招，是一项标志性工作。

正如习近平总书记去年主持召开中央政治局会议时所指出的，建设北京城市副中心，不仅是调整北京空间格局、治理大城市病、拓展发展新空间的需要，也是推动京津冀协同发展、探索人口经济密集地区优化开发模式的需要。建设北京城市副中心是千年大计、国家大事。

3年来，北京市深入贯彻落实习近平总书记重要指示精神，把“最先进理念、最高标准、最好质量”的要求体现在城市副中心规划建设的各个环节。

前不久，北京面向国内外50家高水平顶尖团队发出意向邀请，目前副中心总体城市设计和6个重点地区详细城市设计已通过专家评审，副中心建设正在加快推进，安排的350项重大工程项目中已有106个项目开工。

2017年2月24日，习近平总书记亲临北京城市副中心建设工地考察，详细了解建设理念、工程进程、群众搬迁安置等方面的情况，对建设取得的进展表示肯定，并进一步提出了明确要求。

千年古都，迎来了一个崭新发展的机遇期，步入了一个重大变革的大考期。

3年来，各个方面针对大城市病对症下药，牢牢牵住北京非首都功能疏解这个“牛鼻子”，北京“瘦身健体”逐渐显现成效。

把好产业人口关，疏解引导政策加紧出台实施——

有舍才有得。北京市2014年出台全国首个新增产业的禁止和限制目录，又在次年进行了修订，受到禁限的行业占全部国民经济行业分类的比例提高至55%，城六区受到禁限的行业提升至79%，不予办理的工商登记业务累计达1.64万件。

疏解示范项目稳妥有序推进——

昔日摊位达到1.3万个、日人流量高峰达到7万人次的北京动物园服装批发市场已焕然展新颜，完成疏解和产业升级面积24.3万平方米，疏解人口1.5万人。

3年来，北京推动一批区域性批发市场、一般性制造业企业、学校、医院等有序疏解，加快让“孔雀”振翅而飞。累计调整疏解商品交易市场370余家，从业人员21.8万人；累计退出一般性制造业企业1341家，今年还将疏解退出500家；北京城市学院、北京建筑大学、北京工商大学新校区加快建设，天坛医院丰台院区、同仁医院亦庄院区二期进展顺利……

人口调控成效初显——

人口多、车辆堵，首都常被誉为“首堵”。目前，北京市机动车已超过560万辆，首尾相连可绕地球大半个赤道。治理大城市病，要学大禹治水之法，“光堵不疏不行”。

北京市常住人口已达2172.9万人，按照规划要求，到2020年力争控制在2300万人以内，其中城六区争取到2020年下降15个百分点。3年来，北京坚持制定年度人口调控目标，推动全市常住人口连续两年保持增量和增速双下降，2016年上半年城六区常住人口实现了由增到减的拐点。

在规划纲要出台之前，按照习近平总书记的指示精神，京津冀协同发展领导小组在2014年第一次会议上就提出，对符合目标、现实急需、具备条件的交通、生态、产业三个重点领域要先行启动，作为最直接、最有效、最实在的抓手。

交通是协同发展的“先行官”。

习近平总书记2014年2月在考察北京时就明确指出，要把解决交通拥堵问题放在城市发展的重要位置，加快形成安全、便捷、高效、绿色、经济的综合

交通体系。

“我们当初提出轨道上的京津冀的思路，突出以轨道交通为主，打造京津冀主要城市间一小时交通圈。”京津冀协同发展专家咨询委员会委员、中国铁路经济规划研究院副院长林仲洪说。

如今，“轨道上的京津冀”已经从一个时髦词汇逐渐呈现出现实模样。2016年11月，京津冀地区城际铁路网规划获得批复，以京津、京保石、京唐秦三大通道为主轴，到2030年基本形成“四纵四横一环”城际铁路网。

天津至保定缩短至1小时，北京至天津滨海新区缩短至1小时……京津冀1小时交通圈和半小时通勤圈初步形成，异地上班正成为现实。一批高速公路“断头路”、国省干道“瓶颈路段”正在打通或扩容。河北356条公交线路已与京津实现互联互通。新机场飞行区、航站楼及配套设施项目加快建设，截至2016年底完成投资230多亿元……

生态环境保护，是推进协同发展的重要基础，更是广受瞩目的民生工程。

“环境治理是一个系统工程，必须作为重大民生实事紧紧抓在手上”“着力扩大环境容量生态空间，加强生态环境保护合作”……习近平总书记对京津冀生态环保问题高度关注。

“蓝天难现”“繁星无影”“雾霾红警”……大气污染一直是近年来京津冀地区的“顽症”。据环保部门统计，京津冀三省市每年散煤消耗近4000万吨，是冬季大气污染的重要来源。

3年来，以电代煤、以气代煤等工作加紧推进。目前，北京、天津、保定、廊坊主城区实现散煤“清零”，京津冀区域PM2.5平均浓度2016年比2013年下降约33%，但大气污染防治工作依然任重道远。

“清水”和“绿化”两项工作也齐头并进。

三地推进水环境污染综合整治，由于多年网箱养鱼造成严重水体污染的河北潘家口水库、大黑汀水库，目前已经全面启动集中清理工作。京津风沙源治理和太行山绿化、“三北”防护林、沿海防护林等重点生态工程持续推进，三地完成造林1753.8万亩。

产业一体化是有序疏解北京非首都功能、推动京津冀协同发展的实体内容和关键支撑。

与长三角、珠三角相比，京津冀地区尚没有形成相互衔接的产业发展链条。北京一些科技企业定制电脑面板等，苦于周边地区缺少类似产业配套，不得不舍近求远，将订单发到深圳等地。

在京津冀协同发展战略启动之初，习近平总书记就强调，要着力加快推进产业对接协作，理顺三地产业发展链条，形成区域间产业合理分布和上下游联动机制，对接产业规划，不搞同构性、同质化发展。

3年来，三地联合推动产业升级实现“1+1+1>3”的效果，努力打造立足区域、服务全国、辐射全球的优势产业集聚区。一批重大产业项目加快实施——

在沧州，北京现代汽车沧州第四工厂2016年10月竣工投产，整车设计年产能30万辆，发动机设计年产能20万台；

在曹妃甸，总投资439亿元的首钢京唐公司二期项目已于2015年开工建设，这将使首钢成为国内年生产能力最大的单体钢厂；

在天津，天津滨海—中关村科技管委会于去年底揭牌，已新增注册企业35家；

……

3年来，河北引进京津资金11041亿元，占全省同期引进省外资金的一半以上；天津引进京冀项目4856个、资金5226.74亿元，分别占全市引进外省份项目和资金的35.6%和44%。仅2016年，北京企业在津冀两地的投资认缴额分别增长26%和100%……

优化区域产业布局，聚焦京津冀“三轴一带”，正犹如一柄威风凛凛的“方天戟”。

3. 在改革创新中打开新空间

——破题闯关，汇聚动力：重塑体制机制提供制度保障，试点示范构建全新格局，营造万物生长的良好环境

“要加快破除体制机制障碍，推动要素市场一体化，构建京津冀协同发展的体制机制，加快公共服务一体化改革。”——2015年4月30日，习近平总书记主持召开中共中央政治局会议。

京津冀协同发展中迈出的每一步、实施的每一个细节，都需要在现实中接受考验。

如何使京津冀协同发展建立起科学长效的机制，真正实现1+1>2、1+2>3的效果？习近平总书记时刻牵挂于心，反复强调构建体制机制的重要性。

习近平总书记在2014年2月26日的重要讲话中对京津冀协同发展提出7点要求，其中关键之处就是要下决心破除限制生产要素自由流动和优化配置的各种体制机制障碍。

“如果说长三角和珠三角的崛起主要靠对外开放来启动，那么京津冀协同发展更多瞄准区域内资源的

协同优化，向改革创新要效益，承担起经济人口密集地区优化开发模式的使命。”京津冀协同发展专家咨询委员会副组长、中国工程院院士邬贺铨说。

以改革创新为指引，重构新体制机制。通过3年的探索和实践，一批突破体制机制障碍的重大改革举措稳步落地，区域发展示范效应逐渐凸显。

以创新驱动为理念，搭建协同发展新平台——

中关村是创新的代名词。如今，这一创新的火种已在幽燕大地呈现燎原之势。

目前，中关村企业累计在津冀设立分公司2709家，设立子公司3032家，创新资源辐射外溢不断提速。目前三省市已建设众创空间200余家、国家级科技企业孵化器15家，签署了一系列合作创新的协议。

以重构新机制为抓手，推动市场要素优化配置——

税收分享在企业疏解搬迁过程中直接影响着地方政府的积极性，也是最难突破的领域之一。

2015年6月，财政部、国家税务总局发布《京津冀协同发展产业转移对接企业税收收入分享办法》，从顶层设计上扫除了因地区间税收利益博弈带来的障碍。

在中关村海淀园秦皇岛分园，两地利益采用“442”分配方式，入驻企业产生的税收由海淀、秦皇岛两地政府各得40%，另外20%共同设立产业发展基金，进一步培育新兴产业。

打破旧藩篱，迎来新天地。

在各地各部门的努力下，国家食药监总局于2016年7月批复同意京冀协同发展医药产业转移的监管措施，在沧州的“北京沧州生物医药产业园”可以由北京市食药监局异地监管和审批，在全国开了先河。目前，这家产业园已经吸引60多家北京等地的医药企业落户，总投资超过200亿元。

打造试点示范，复制推广创新经验——

3年来，京津冀不断破除体制机制束缚，勇于探索区域协同发展新路，已经有诸多经验为其他地区乃至全国所借鉴。

过去，由于通关流程的相对封闭和独立，企业经常需要在属地和口岸之间奔波。2014年7月1日，京津冀海关区域通关一体化率先在北京海关、天津海关启动，随后，石家庄海关加入，区域通关一体化模式逐步拓展至京津冀、长江经济带、广东地区。

兴（隆口）延（庆）高速作为全国首个公开招标的PPP项目开工建设；北京服务业扩大开放综合试点推出136项措施；引滦入津横向生态补偿、区域碳排放权交易、亚太经合组织绿色供应链等试点深入开展……

随着一批先行先试的改革示范项目和举措不断落地生根、开花结果，京津冀三地变化犹如春潮涌动。

北京通州、天津武清、河北廊坊，从地图上看是京津冀协同发展中的“金三角”，简称“通武廊”。

一个好汉三个帮。3年来，“通武廊”三地密切合作，甘当改革创新协同的“试验田”。三地签署了人才合作框架协议，推出了人才绿卡、鼓励企事业单位间科研人员双向兼职等10多项先行先试政策；还将设立“通武廊”协同发展办公室，在交通、生态、产业协作、跨界监测等方面统筹发展。

教育资源不断打通，滨海新区设立了“北京班”；医疗机构合作机制不断完善，津冀43家核心医院牵头组建了包含476家合作医院在内的43个区域医疗联合体，三地医疗机构临床检验结果互认试点工作全面启动；精准扶贫精准脱贫政策措施加快落实……

3年来，一系列改革创新带来了人们看得见的实惠，老百姓有了更多的获得感。

积跬步以至千里。一个幽燕大地协同发展的光荣梦想，正逐步走来，变成现实……

4. 御风前行驶向光明彼岸

——跨越时空，砥砺奋进：一张蓝图干到底，为区域协同发展探出崭新路径，打造中国发展新的支撑带

“方法要明确，放眼长远、从长计议，稳扎稳打、步步为营，锲而不舍、久久为功。”——2015年2月10日，习近平总书记主持召开中央财经领导小组第九次会议。

2017年2月17日下午3点钟，中国工程院218会议室，京津冀协同发展专家咨询委员会第75次全体会议正在这里召开，对这项战略实施的下一步重大议题进行研究讨论……

专家咨询委员会的16位委员包括中国工程院、中国科学院等多位院士和涵盖国内目前顶尖级的交通、产业、生态、规划等专家，可谓是京津冀协同发展的“智囊团”。

由中央批准成立的专家咨询委员会，开展咨询规模层次之高、涉及面之广，在国内尚属首次。“京津冀协同发展已进入到攻坚阶段，委员会需要进一步加深理解习近平总书记重要讲话精神，深入调研，主动

做好咨询工作。”邬贺铨说。

正如习近平总书记2016年5月27日在主持召开中共中央政治局会议时所强调的，规划建设北京城市副中心，疏解北京非首都功能、推动京津冀协同发展是历史性工程，必须一件一件事去做，一茬接一茬地干，发扬“工匠”精神，精心推进，不留历史遗憾。

3年来，京津冀协同发展取得了阶段性成效，实现了良好开局，但更加繁重的任务依然在路上……

打造“以首都为核心的世界级城市群”——这正是京津冀整体四大定位中的首要目标。

综观以美国纽约、美国芝加哥、法国巴黎、英国伦敦、日本东京、中国上海为中心的世界六大城市群，京津冀要跃居为新的世界级城市群，还需要在北京非首都功能有效疏解等重点领域上不断突破发展。

从京津冀经济体量上看，目前三地GDP超过1万亿美元，要达到世界级城市群，经济总量未来要对标2万亿美元，这可能还需要较长时间的奋斗。

更重要的是，一个地区经济总量的真正提升，是要依靠改革创新，从结构调整、提高劳动生产率中来，形成一个分工有序、体系健全，部分产业具有全球较强竞争力的产业体系。

据测算，多年来北京中关村的科技成果4%在本地转化，百分之八九十在珠三角、长三角转化，原因在于京津冀大地上创新后续发展的产业和环境尚没有及时跟上。

“进一步改革创新，着力解决京津冀统一要素市场发展滞后的问题，消除市场显性和隐性壁垒，已是众望所归。”专家咨询委员会委员、中国社科院数量经济与技术经济研究所所长李平说。

打破“一亩三分地”思维定式，抱团式发展方能迎来新生机——

协同发展，并不是一场简单的“迎来送往”，而是产业升级和提升公共服务水平同时进行，需要政治、经济、文化、民生、生态等多个方面推进，才能打造我国经济新增长极的样本。

资源环境瓶颈制约，是三地共同之痛。治理环境、清洁水、大气污染防治等一批重点工程尤其需要加强顶层设计，三地紧密沟通，联防联治。

面对前行中的困难，既要寻求最大公约数，积极稳妥推进；更要着眼长远，协调好短期和长期利益，更加坚定不移地推进。

“推进这项战略继续破浪前行，必须大力发挥市场在资源配置中的决定性作用，但这需要各方通过规划、基础设施、政策、公共服务来引导，优化行政资源配置，打破行政性垄断和市场壁垒。”张军扩说。

凡是过去，皆为序章。

推进京津冀协同发展犹如一场新长征，夺取新的胜利，还有不少“雪山”“草地”需要跨越，也有不少“娄山关”“腊子口”需要征服。

2017年，是实现京津冀协同发展战略近期目标的关键之年。领导小组办公室会同有关方面已在倒排任务书、时间表——

以疏解北京非首都功能为重点，持续加大交通、生态、产业三个重点领域率先突破力度，推动京津冀协同发展取得明显阶段性成效……

“2017年是实现京津冀协同发展战略近期目标的决胜之年。”北京市市长蔡奇说，将抓好一批专项规划、重大政策、重点项目和合作协议的落地实施，确保非首都功能疏解取得明显进展。

天津市委书记李鸿忠表示，京津冀协同发展战略给天津发展带来了百年不遇的历史机遇，得之如宝，失之不再。“贯彻落实这项战略犹如天津市21世纪的平津战役，我们要打好、打响、打赢这场新的平津战役。”

河北省委书记赵克志说，这一重大战略给河北带来的积极影响和推动作用，是历史性和转折性的。“我们将进一步解放思想，优化营商环境，加快缩小河北与京津发展水平的落差。”

其疾如风，其徐如林。京津冀协同发展战略正步入新的发展征程——

在北京市规划展览馆里，《不朽之城》和《古都巨变》两部影片交替放映，在四楼“京津冀协同发展”展区则驻足了不少参观者，询问这项战略引发的新变化。

规划展览馆不远处，天安门广场上的正阳门静静矗立——

这一古老城门历经沧桑变化，今天它又将见证北京这座千年古都的华丽转身，京津冀大地正在深度协同对接，描绘出壮丽的发展画卷……

装点此关山，今朝更好看。

近期目标——2017年，有效疏解北京非首都功能取得明显进展，一批重大项目得以实施；

中期目标——2020年，北京大城市病等突出问题得到缓解，区域一体化交通网络基本形成，生态环境质量得到有效改善，产业联动发展取得重大进展；

远期目标——2030年，首都核心功能更加优化，京津冀区域一体化格局基本形成，区域经济结构更加合理，生态环境质量总体良好，公共服务水平趋于均衡……

届时，一个新崛起的世界级城市群可期可观，也将带动华北地区成为一个有强大竞争力的区域中心，成为中国经济发展的强力支撑带。

使命，是对未来的美好向往，更是对历史的郑重承诺。

如同习近平总书记所指出的，疏解北京非首都功能、推进京津冀协同发展，是一个巨大的系统工程。方法要明确，放眼长远、从长计议，稳扎稳打、步步为营，锲而不舍、久久为功。

肩负着新的历史使命，京津冀协同发展这一伟大的国家战略，必将书写出璀璨夺目的新篇章！

（原载《北京日报》2017年2月27日第1、2版）

2016年度中国十大学术热点

《光明日报》理论部　《学术月刊》编辑部　中国人民大学书报资料中心

热点1　中国特色哲学社会科学的构建

入选理由：习近平总书记在全国哲学社会科学工作座谈会上指出，要按照立足中国、借鉴国外，挖掘历史、把握当代，关怀人类、面向未来的思路，着力构建中国特色哲学社会科学，在指导思想、学科体系、学术体系、话语体系等方面充分体现中国特色、中国风格、中国气派。围绕这一重要讲话精神，学界从各种角度进行了深入思考和探索，主要集中在以下方面：（1）中国特色哲学社会科学何谓，重点研究中国特色哲学社会科学的内涵、特点，关注“特”之所在。（2）中国特色哲学社会科学何为，重点研究构建中国特色哲学社会科学的根本任务。（3）中国特色哲学社会科学何以构建，重点研究在实践层面由谁建构、如何构建等问题。

【专家点评】我国现代学术意义上的哲学社会科学是从西方传入的。“五四”以后，中国学术界开始逐渐认识到构建中国哲学社会科学的重要性。金岳霖在20世纪30年代曾提出中国哲学是指“哲学在中国”还是“中国的哲学”的问题，就已经触及这个方面。冯契在20世纪末曾指出中国哲学社会科学必须参与世界性百家争鸣，意味着中国哲学社会科学应该在世界范围内表现出独具特色的“一家”。应当说，目前对这一课题的研究还是初步的，大量论著主要是阐发构建中国特色哲学社会科学的理论意义和实践需求。不过，也有不少论著提出了需要进一步深入研究的问题。这大体有三个方面：（1）在主题内容上，如何因事而建。即如何围绕我们正在进行的中国特色社会主义伟大事业来构建中国特色哲学社会科学的主题内容。（2）在思想资源上，如何因史而建。即如何继承发扬传统人文学术来构建中国特色哲学社会科学。（3）在传扬形式上，如何因新而建。即围绕如何应用新媒体的传播形式来构建中国特色哲学社会科学。相信这些问题将会在下一阶段的研究中得以展开和深化。

（点评人：华东师范大学教授陈卫平）

热点2　新发展理念研究

入选理由：党的十八届五中全会提出了坚持“创新发展、协调发展、绿色发展、开放发展、共享发展”的新发展理念。新发展理念是对实现什么样的发展、怎样发展、发展为了谁、发展依靠谁等一系列重大问题的新突破、新发展，是中国共产党发展理论的升华和系统化，也是我国未来经济社会发展遵循的重要理念。2016年，围绕新发展理念的学术研究主要在以下几个方面展开：（1）围绕“十三五”时期中国发展的环境、条件、任务的新变化，结合改革开放历史进程，分析新发展理念对中国共产党发展观的理论创新意义，在全面建成小康社会新阶段的实践指导意义。（2）多维度分析五大发展理念之间的辩证关系，通过论证其概念的创新性、内容的完整性、逻辑的自洽性，指出新发展理念是一个有机理论体系，是科学的理论指导和行动指南。（3）分别研究五大发展理念，对其内涵、外延进行阐释解读，分析其中蕴含的辩证唯物主义和历史唯物主义的理论和实践内涵。4.研究如何在新发展理念指导下推动“十三五”时期发展目标的实现，有针对性地研究新发展理念对经济运行规律的新认识，以及如何运用新发展理念指导当前中国经济发展和供给侧结构性改革。

【专家点评】从理论层面看，新发展理念是当代中国马克思主义政治经济学的重要理论成果，是对我们党关于发展理论的极大丰富和发展，是中国特色社会主义理论体系的重要组成部分，有着丰富的思想内涵，需要理论界进行更为系统的研究。从实践层面看，新发展理念集中反映了我们党对经济社会发展规律认识的深化，也是针对我国发展中的突出矛盾和问题提出来的，新发展理念将根本改变中国发展全局。从逻辑层面看，新发展理念的辩证逻辑要求我们处理好国内发展与全球发展的关系、当前发展与长远发展的关系等，它的人民逻辑要求坚持以人民为中心的发展思想，把增进人民福祉、促进人的全面发展作为发展的出发点和落脚点；它的科学逻辑要求我们要以科学的精神、科学的立场、科学的手段推进发展。

（点评人：中国社会科学院研究员辛向阳）

热点 3　南海问题与中国海洋战略

入选理由：南海问题的实质是围绕南海岛礁主权以及海洋管辖权的海洋争端。2016 年，学术界对于这一涉及中国核心利益的议题有着较高的关注度。相关研究主要在以下方面展开：（1）从国际政治、国际法等学科视角入手，对南海仲裁案、航行自由、岛礁主权、海洋管辖权等进行研究。（2）对中国海洋安全、海洋战略进行研究。例如，在中国积极构建对外开放新格局背景下，探讨如何捍卫国家领土主权和海洋权益；集中探讨 21 世纪海上丝绸之路沿线国家的双边关系、国内政治与安全形势等。（3）关于南海问题的国际关系史研究。涉及中国、美国、日本、菲律宾等国的南海政策立场、外交战略选择、国家间关系走向，重点关注美国亚太再平衡战略的实施与南海局势复杂化之间的关系、南海问题的地缘政治意义等。（4）研究南海资源合作开发，探讨建立合作共赢的地区新秩序。（5）研究和平解决南海争端的政策手段、外交途径和法律方法等。下一步，学术界会更加关注中国海洋战略的定位与实施、东亚地区秩序的重建及其对南海问题的影响、中国外交与国际海洋法的关系以及南海问题与海上丝绸之路建设等问题。

【专家点评】在推进海上丝绸之路建设和全面实施中国海洋战略的进程中，南海因其特殊战略地位被学术界持续关注。但由于长期以来对海洋权益的忽视，研究仍处于起步阶段，尚未对南海问题的彻底解决提出有价值的建议和相关理论成果；尚未对中国海洋战略的内容进行全面阐释。当前的研究主要集中在：对有关南海问题的历史进行了较为深入的挖掘，为南海岛礁的主权归属提供重要证据；围绕南海问题的国际博弈提出了相应的对策建议；对中国海洋战略与海上丝绸之路的关系进行了理论分析；为妥善化解南海问题而对中国周边外交进行战略性调整的研究比较深入。有待深化之处在于：（1）关于南海问题与相关国际法的关系的研究；（2）关于中国海洋战略的具体内容的研究；（3）关于南海问题如何从治标到治本的研究，以及南海问题的处理与东亚地区秩序的构建和（海洋）地区治理的研究。学术界未来应围绕上述几个方面展开深入研究。

（点评人：上海社会科学院研究员胡键）

热点 4　农村土地“三权分置”法律制度建构

入选理由：农村土地“三权分置”是指在现有立法已经承认的农民集体土地所有权、农民家庭土地承包经营权的基础上，新设土地经营权。这一改革，有利于实现农业规模化经营运作，并能适应当前城镇化背景下农村人口流动的现实需要。2016 年，法学界针对农村土地“三权分置”的研究主要集中在以下几个方面：（1）农村土地“三权分置”政策的法理解释、合宪性解释等。（2）农村土地所有权、土地承包经营权和土地经营权各自的法律性质、功能、分离的制度设计，如属于物权还是债权、存续期限等。（3）土地承包权、土地经营权分置后，具体实现中的相关法律问题，如继承、抵押、信托等涉及的法律效力、具体实现等。（4）农村土地“三权分置”后农民权益保护的相关法律问题。（5）“三权分置”对农业发展、农村经济等方面可能的影响。在现实变革的推动下，法学理论要为立法修改做好充分准备。

【专家点评】自经济学界提出农地“三权分置”思想，并经 2014 年中央一号文件正式形成政策导向以来，围绕“三权分置”在法律上如何进行表达，法学界展开了充分研究，并在一定程度上影响了政策的进一步发展。如经济学界普遍认为，以产权经济学的权利约束理论为基础，将土地承包经营权分解为土地承包权和土地经营权，符合经济逻辑，主张在此观点指导下开展法律修改。但法学界主导意见认为，上述观点不符合法律逻辑，我国权利分解理论以“母子结构”为基础，即土地承包经营权是土地所有权之上设定的权利负担，前者是后者的子权利；土地经营权是土地承包经营权之上的权利负担，前者是后者的子权利。如此理解，一是维系了目前的既有农地产权结构；二是符合法理地说明了在适度规模经营之下，经营主体所取得的只是土地承包经营权之上的子权利；三是便于修改法律，减少制度变迁成本。这一观点直接影响到中央“三权分置”意见的出台。此外，法学界还围绕土地经营权的权利性质展开了讨论，形成了物权说和债权说两大对立观点；就“三权分置”之后的体系效应展开了大辩论。

（点评人：中国人民大学教授高圣平）

热点5　唯物史观视域中的现代性问题

入选理由：现代性问题是21世纪的一个时代问题。2016年，运用马克思主义唯物史观，吸收借鉴国内外有关现代性的理论成果，我国学术界深刻揭示了现代性的中国内涵与时代表达，切实推动马克思主义哲学理论不断创新。（1）对马克思哲学蕴含的丰富现代性思想的探讨，主要围绕马克思唯物史观视域中的现代性思想的具体表征、价值意义及发展路径等问题展开。（2）对马克思与其他哲学家有关现代性思想的比较研究，主要是将马克思与黑格尔、马尔库塞、吉登斯、科西克、韦伯等人的现代性思想进行比较，彰显了以唯物史观为理论根基对现代性进行批判的现实价值和理论意义。（3）唯物史观视域中中国现代性问题的探索及理论构建，这方面的研究成果是2016年学术界有关现代性的探讨中最多也最具特色的。相较10年前有关现代性的讨论热潮，中国道路、中国问题的研讨从缺席到成为主流，彰显了时代的进步、哲学的发展。（4）对多元视野中的现代性反思与时代性探索。一些学者将研究视域转向思想史和实践史的探索，力图在新的视域中展开问题的分析；一些学者认为研究现代性问题离不开对空间问题的把握，思考现代性问题不能忽视城市和空间地理变迁问题；等等。

【专家点评】人们对现代性问题实际感受的加深，与学界对现代性问题探讨的不断拓展和深化是成正比关系的。价值的失范、空间的压缩与延展、主体的焦虑、自然与社会环境受到伤害及由此带来的缺失等，超越了哲学的二级学科界限，甚至跨越更大的学科藩篱引起学人广泛和深入的关注。在多种立场和视角中，基于唯物史观的考察明显处于核心地位。唯物史观给当下中国的现代性关注提供了一种最现实的和本质的立场。不难发现，这种理论关注不见得总是带有“现代性”的字眼，对准的却是十足的现代性问题。随着研究的深化，聚焦具有中国特殊性的现代性关注应该会进一步增强。

（点评人：山东大学教授刘森林）

热点6　鲁迅遗产再审视：纪念鲁迅诞辰135周年暨逝世80周年

入选理由：鲁迅是现当代中国文化研究中不能绕过的存在，他的作品中蕴含的批判思想及爱国情怀深深影响了几代文人学士。2016年是鲁迅诞辰135周年暨逝世80周年，学界对于鲁迅的研究集中在以下方面：（1）鲁迅的作品研究。其中涉及作品的写作时间、写作方法，较为注重鲁迅作品的细读与重释。（2）从大的文化学、心理学、艺术学、语言学等视角，全面、深入挖掘鲁迅作品所传达出的个性情感、文化心态、人格意识、趣味重点等，使鲁迅研究呈现出更为客观、全面、立体的特点。（3）鲁迅作品给后世带来的影响。分析其作品传达出的深刻含义及鲁迅思想对现当代文学研究做出的贡献。（4）鲁迅藏品研究。涉及鲁迅遗留下的手稿、书稿、藏书、拓片、画像、木刻、印章、艺术品等。（5）海外对于鲁迅的研究以及比较研究。除延续上述几个热点外，还有几点颇值得关注：（1）鲁迅与世界文学的多重关系；（2）国内学者对于海外鲁迅研究的分析与考证。（3）鲁迅作品中改造国民性的基本立场对于培养现代社会合格公民的作用；（4）鲁迅“拿来主义”等理念对于中华文化建设的作用。

【专家点评】鲁迅从来没有离开过我们，更一直在启迪和引领我们。譬如他固然猛烈抨击旧中国的一切旧传统与旧礼教，但从对汉语的纯熟运用，对传统文化的精深研究，以及对古代典籍的辑佚兴趣等方面，都可见他对传统文化有深彻的理解和发自内心的喜爱。而另一方面，他固然深切爱自己的国家和人民，但又受到东邻日本长久以来风行的国民性研究的影响，从不吝指出国人性格中缺点的一面。他似乎一直在破坏、在荡涤，但那都指向一切旧俗旧制与旧人心，目的恰恰在成就一种新的气象，包括一种独立的人格、一段真实的人生和一个合理的人世。为此，他不逃逸、看开、自我消化，而是选择由深入地咀嚼而最终勇敢地克服。这些都是鲁迅留给我们的遗产，它不仅没有过时，至今仍具有切时的针对性，足以提示我们向其精神回归，接续他的精神前行。

（点评人：复旦大学教授汪涌豪）

热点7　红军长征胜利的历史诠释

入选理由：1936年，中国工农红军在国民党军队“围剿”和“追剿”的巨大危难下胜利完成了长征，实现了中国共产党和中国革命事业从挫折走向胜利的伟大转折。对于这一改变了中国共产党和红军命运的具有重大战略意义的历史事件，学术界多年来始终坚持学理探析和史实追索的不懈努力，不断推进研究的扩展和深化。2016年，历史学者们对红军长征史研究展开了多维度探究和辨析，对于中国走好新的长征路具有重要的启示作用：（1）深度揭示红军长征胜利原因的根源，从理论层面对该问题进行了跨学科的有益尝试。（2）系统阐释中国共产党在遵义会议以后关于发展战略问题的斗争与探索，昭示了党对军队绝对领导和正确发展战略是红军团结凝聚力量、提高战斗力的根本保障，也进一步阐明红军长征的过程也是党和红军发展战略形成与确立的过程。（3）全面考量了长征对中国共产党的锻造与宣传作用，追索了长征期间中国共产党的建设历程，学术化还原了中国共产党实现思想、组织和精神上转折性跨越的历史真相。（4）细致考察了中国工农红军在长征路上与国民党势力的博弈与较量。学者通过探寻多方面的史料，高度还原红军长征的历史现场，动态观察了红军与国民党势力的较量与互动，对于全面准确认知中国共产党这段浴火重生的转折史有重要的史学价值。

【专家点评】2016 年，史学界围绕长征形成了一个不小的研究热潮，关于长征这一热点的研究也达到了比较高的水准。这主要有两方面的原因：（1）近年越来越多的年轻研究者加入中共党史的研究队伍，党史研究自身也在不断更新观念，向学术化方向迅速发展，长征研究水准的提高，是建立在党史研究整体提升的基础之上的。（2）一些学术刊物做了精心的组织工作，比如多家刊物在一年多以前就专门邀请专家出面组稿，然后在 2016 年集中推出，这促进了相关研究的深入开展。

（点评人：中国社会科学院研究员黄道炫）

热点 8　供给侧结构性改革与中国经济持续增长的新动力

入选理由：2015 年，习近平总书记在中央财经工作领导小组会议上提出了“供给侧结构性改革”，指出“在适度扩大总需求的同时，着力加强供给侧结构性改革，着力提高供给体系质量和效率，增强经济持续增长动力”。供给侧结构性改革的提出，是党和国家领导人结合需求和供给这两个侧面，阐明中国政府促进经济增长的整体思路。2016 年，学界对供给侧结构性改革的战略部署做出了积极响应，相关研究主要从以下几方面展开：（1）供给侧结构性改革思路的解题与论证。学界在经济发展新常态的现实背景下，一方面结合当前中国经济增长和经济社会发展的客观实际，分析提出供给侧结构性改革命题的必要性和重大战略意义；另一方面从不同视角为供给侧结构性改革提供理论依据；从演化增长理论的视角探讨供给侧演化、需求侧演化及其共同演化等。（2）如何进行供给侧结构性改革。一方面对供给侧结构性改革的整体框架做了精深探讨，分析供给侧结构性改革的原则、要点、政策手段等，对创新与体制改革在供给侧结构性改革中的重要性作了深入研究；另一方面，对各个产业、各个地区如何推进供给侧结构性改革作了深入细致的探讨，分析总结了各产业、各地区的供给侧的现状，有针对性地提出供给侧结构性改革的实施方案。

【专家点评】供给侧结构性改革不但是 2016 年我国经济工作和学术研究的热点，还将是今后几年我国学界、企业界和政府持续关注的热点之一。这是由于中国经济经过 30 多年的高速增长以后，进入了新的发展阶段，体制和经济发展方式进入了新的转换期，主导经济发展速度、质量和可持续性的力量已经由需求侧为主转向供给侧为主。供给侧结构性改革的目标主要是优化经济结构，构建中国经济持续发展的新动力，不断提高中国经济的竞争力。而要实现这个目标，关键是要通过进一步市场化改革和政府体制改革来调动个人和企业的投资、生产、创新的积极性，真正发挥市场机制在资源配置中的决定性作用，同时恰当地、更好地发挥政府的作用。

（点评人：中国人民大学教授方福前）

热点 9　世界一流大学和一流学科建设研究

入选理由：2015 年 11 月，国务院发布《统筹推进世界一流大学和一流学科建设总体方案》，这是继“211 工程”“985 工程”等重点建设项目实施以来，党中央、国务院在新的历史时期，为提升我国教育发展水平、增强国家核心竞争力、奠定长远发展基础，做出的重大战略决策。2016 年，众多学者针对“两个一流”建设问题的讨论主要集中在以下几个方面：（1）评估当前我国大学和学科发展在世界范围内的水平和质量，客观认识当前我国高校及学科发展现状，反思当前学科评价存在的问题。（2）全面反思“211 工程”“985 工程”等的实施效果。（3）廓清诸如一流大学、一流学科等概念的内涵、要素和边界，探讨中国特色和世界标准之间的关系问题。（4）探讨“两个一流”建设必须重视本科教育和通识教育，并建立完善的质量保障体系。（5）借鉴传统高等教育强国和新兴发展中国家建设经验，汲取适合中国国情的政策，为中国特色“两个一流”建设提供世界经验和发展方向。

【专家点评】高等教育是事关国家建设全局和中华民族根本命运的重大战略组成部分。2016 年，学界针对高等教育的研究重点集中在对“两个一流”建设的战略任务及实施路径的分析上。创新型国家战略带来了社会经济快速转型的历史任务，使高等教育面临新格局下的诸多新问题和新机遇，这强化了构筑质量新底线、推进人才新观念的重大实践，推出了教育现代化领先于国家现代化实现的具体时间表，其顶层设计思路与实际发展路径成为国家现代化建设成败的关键。目前的研究坚持以国际一流水准为目标、以学科交流为基础、以社会服务绩效为杠杆、以综合改革为动力，加快建成一批世界一流大学和一流学科。未来需要注意如下问题：避免简单的政策解读，重点研究如何落实我国国家现代化的根本大计；着重研究我国高校“办出特色、争创一流”的核心问题，理清国际一流大学与学科的多样化丰富内涵。

（点评人：厦门大学教授史秋衡）

热点10　中国社会学的历史转向与经典回归

入选理由：历史维度在社会学中占据核心地位，缺失这个维度，我们不仅无法解释很多今天发生的社会现象，也无法构建起一门独立的、切合中国社会的社会学学科体系。近年来，我国社会学领域的一些中青年学者认识到了我国社会学的这一缺憾和需要，从不同方向转入对历史因素的重视和研究，产生了一系列学术成果。目前有关这方面的研究情况大致如下：（1）对中国历史上的知识构成与社会秩序逻辑的关系进行阐释。如对历史上的双轨治理体制、官僚人事制度、丧服制度、乡村建设、“伦”的思想渊源及运行传统等的研究，确立我国历史上知识与社会的内在关联以及此种关联所产生的影响，并形成了解读中国人与中国社会基本特质及相应运行方式的新途径。（2）梳理中国社会学史，深入细致地研究中国社会学史上的重大命题，如对“社会”“近世”“差序格局”等概念进行发生学的分析，考察其学术渊源与发展脉络，并与西方的相应理论进行比较与对话，以期建构更富有解释力和本土特色的社会学理论体系。（3）对中外重要社会学家的思想历程及其经典著作进行再研究，探讨其在学术思路上的变动机制和遭遇的诸种困境，以及这些机制和困境在他们对于国家和社会的理解上的具体映照，以期激发当下社会学学者的想象力。

【专家点评】社会学的历史转向与经典回归似乎应该是一个小众学术现象，但其对我国社会学的影响却广泛而深远。这是因为：（1）历史转向不是作为社会学分支学科意义上的，而是把历史感、经验感引入到社会学思维之中，丰富和深化社会学的自我理解和社会现实理解。（2）这一转向的目的不是简单地回归传统或依附西方，而是重构一种完整的中西古今的坐标系来理解今天中国社会。（3）对社会学和社会理论本身的历史或者说知识社会学研究，一方面是为了把握前人洞察社会的问题意识、视角和方法以及结论，另一方面也是从他们的研究中来重建当时的社会状况以及知识分子的思想世界，并开展比较，拓展我们的想象力。（4）这一转向有助于重建总体性社会科学，突破现有的学科局限，突破现有的要么制度主义要么文化主义的研究路向，把制度与文化、结构和民情等因素结合起来。（5）这一转向和回归的努力客观上必然产生构建基于中国历史和经验的社会学学科的效果。

（点评人：上海大学教授肖瑛）

2016年理论学术研究观点要览（上）

马克思主义哲学篇

共产主义含义再论证

理直气壮拒斥“渺茫论”

避开共产主义理想谈论马克思主义，就不可能是真正的马克思主义者。学者们认为，共产主义包括三种不同的含义。作为社会形态的共产主义，是指社会主义社会发展的高级阶段，是需要多少代人努力才能建设成的。我们距离这个目标还很遥远，但并不意味着遥遥无期，绝不能因为实现过程漫长就认为共产主义是虚无缥缈的海市蜃楼。作为成分的共产主义因素，可以存在于社会主义现实中。共产主义高级阶段不是在某个早晨一觉醒来就会出现的，它有个不断积累的过程，是一种具有连续性的运动过程，是一个共产主义因素在社会主义过程中不断增长的过程。作为理想目标的共产主义，是马克思主义的本质和共产党人奋斗的最高纲领。实现共产主义必须行动起来，在实践中为其不懈奋斗。共产主义必胜，但不会速胜；实现共产主义是长期的过程，但绝不是虚无缥缈。

坚定不移坚持马克思主义的指导

旗帜鲜明回击反马克思主义思潮

坚持党的指导思想，必须旗帜鲜明地驳斥各种反马克思主义的错误言论。有学者认为，“马克思主义过时论”的荒谬性在于用单一时间标准评判马克思主义的时效性。“马克思主义无用论”给马克思主义贴上“革命理论”和“阶级斗争学说”标签，把马克思主义分割为“革命理论”与“建设理论”，以“革命理论”不能指导社会主义建设为借口而否定马克思主义，是国内外某种舆论误导中国共产党改旗易帜的骗局。马克思主义既是革命理论，也是建设理论，是革命理论和建设理论的有机结合和统一。有学者指出，所谓的“指导思想多元论”实质反映出对人类思想发展史的无知。古今中外，任何一个国家的指导思想都是一元的、排他的，都由统治阶级思想独占。从来没有哪个国家的统治阶级放弃过指导思想这一阵地，也从来没有与被统治阶级分享过指导思想的先例。对此，我们一定要保持高度警惕。

意识形态实质是思想支配权问题

也是国家权力的道义基础问题

意识形态问题的实质是实现阶级统治所必需的思想支配权问题，也是国家权力的道义基础问题，因而事关政权的兴衰存亡。有学者研究认为，我国当今面临的意识形态的斗争，聚焦在中国特色社会主义制度，焦点是共产党的领导。我们必须理直气壮地坚持中国共产党在国家中的领导地位，否定中国共产党领导的任何命题，不管有多少伪装，归根到底都是站不住的伪命题。有研究者提出，教育系统是意识形态工作的重要基础、前沿阵地、独特战线，也是敌对势力渗透的首选目标。因此，教育战线的意识形态工作，不允许发生颠覆性问题。把握教育战线意识形态工作，要增强意识形态工作的主动性、坚定性、自觉性，坚定不移地走中国特色社会主义教育发展道路，坚持社会主义的办学方向，坚持中国共产党的领导，培养和造就全面发展的社会主义合格建设者和可靠接班人。

（作者李建国为中国社会科学院马克思主义研究院副研究员）

经济学篇

“林张之争”掀起产业政策讨论

两大流派辨析产业发展方向

林毅夫与张维迎之争，被一些学者称为是中国产业政策的一次交锋。争论集中在产业政策上，两位学者的分歧在于政府是否应该介入具有潜在比较优势的产业。林毅夫认为，产业政策能否成功最终的关键在于政府是不是够聪明，是否有足够的能力为全人民的福祉着想。政府发挥作用的方式只要是对的，其实能给予个人更大的自由。张维迎对产业政策进行了批判，他认为计划经济证明政府是最差的协调者，协调失灵严重的市场一定是因为企业家精神受到体制和政策的打压。在市场当中政府最重要的职责是保护个人的权利和自由。

加深加快推进国企改革

做强做优做大国有企业

党的十八大以来，习近平总书记多次就国企改革发表重要讲话，指出国有企业是壮大国家综合实力、保障人民共同利益的重要力量，必须理直气壮做强做优做大，不断增强活力、影响力、抗风险能力，实现国有资产保值增值。有的学者认为，这一要求是在顶层设计阶段过去、改革实施阶段到来时提出的，是对国有企业改革的再一次动员。有的学者认为，对于我们这样一个发展中的社会主义大国，要推进国家现代化、实现国家发展战略、确保国家经济利益和经济安全，有效调控宏观经济，不断增强国家科技创新能力、产业创新能力和中国制造的国际竞争力，必须坚定不移依靠和充分发挥国有企业的重要作用。

实施创新驱动发展战略

推进经济增长动力转换

坚持深入实施创新驱动发展战略，推进“大众创业、万众创新”，要依靠改革创新加快新动能成长和传统动能改造提升。有专家指出，创新应是全方位的，包括制度、理论、技术、模式等创新。经济增长首先依靠技术创新提高效率，推动产业转型升级，其次依靠体制机制创新推进改革，包括国企、财税、金融体制、土地制度、户籍改革等，都应加大推进力度。其次，要推动全社会力量进行创新、创业。社会创新的主体是企业，包括国有和民营企业，要激发它们的创新动力，特别是国有企业要起模范带头作用；个人是创业的主体，要改革科研、教育体制，解决当前应试教育和科研体制的弊端和问题，培养创新型人才。企业、政府、科研机构三者应协同努力，共同打造公共创新平台，在社会上形成整体创新合力，给那些有创新能力但资金缺乏的个人提供更多的帮助。科技成果转化应用需要多层次资本市场的支持，所以要通过金融创新支持科研成果转化。还应鼓励跨国创新合作，特别是重大技术研发要积极开展国际合作。

（作者孙咏梅为中国人民大学中国经济改革与发展研究院副教授）

政治学篇

民主危机源于财富分配不平等

民主不是包治百病的万能灵药

政治理论的发展和创新源于对政治现实的反思，英国脱欧、特朗普当选美国总统、意大利修宪公投等事件引起了全世界的高度关注。有研究者认为当前民主的危机来源于社会财富的严重分配不平等，这种财富分配的不平等不仅存在于美国也存在于中国和世界其他地方。有学者认为民主是关乎多数人的政治，多数人如果分别处于对立或异质化结构中，冲突必然发生。这也就是说只有在同质化的国家，民主才能带来和平与稳定。同质化的国家有三个要素：国家认同、共享信念和社会平等。

民主的理想和现实之间总是存在差距。有研究者指出，现实中民主质量不高或表现差劲，主要的原因不在于该国民众政治冷漠，而在于该国作为强势集团的政治精英们存在明显缺陷，如背叛、不守规则、缺乏协商精神等。当然，在讨论民主的缺陷时也要注意：第一，民主与其说是一个一蹴而就的目标，不如说是一个曲折渐变的过程；第二，民主本来就有低标准和高标准之分；第三，民主从来就不是包治百病的万应灵药。

运用大数据技术实现智慧治理

数据决策促进国家治理现代化

关于如何推进国家治理体系和治理能力现代化这一主题，过去一年的研究相对分散，既有宏观研究，又有微观研究；既有理论研究，又有地方实践研究；既有政府治理研究，又有社会治理研究。有研究者指出，要完善国家治理现代化的基本制度安排，政府一个非常重要的作用就是为市场和社会机制的运行提供良性发展的制度环境。一是要建立社会机制运行的基本法律体系，也就是要求确定各类社会机制的地位和职能的法律法规；二是保证社会良性发展的另一重要因素，维持相对稳定的社会主流价值体系；三是社会组织的运行机制方面还有很多基本制度需明晰。

有研究者指出，推进国家治理体系和治理能力现代化需要运用现代信息技术尤其是大数据处理技术。运用大数据技术对数据进行挖掘和分析，以此实现智慧治理、数据决策、风险预警、智慧城市、智慧公安、舆情监测等。研究者指出国家治理现代化需要建立的“精准治理体系”、“智慧决策体系”和“阳光权力平台”在大数据条件下，将逐渐成为现实。

反腐力度成效有目共睹

反腐制度建设紧锣密鼓

政治学研究认为反腐败最为根本的是建立专业的反腐败制度体系并确保其有效运行。有研究者在反思为什么腐败这么严重，甚至导致一个地方的政治生态都被破坏时指出，当前反腐败资源、力量分散在各个部门，没有整合，更没有形成集中统一、权威高效的反腐败体制。

2016年中国反腐败进入顶层制度建设阶段，一个十分具有突破性的改革尝试是中央决定建立国家监察委员会和地方各级监察委员会，并首先在北京市、山西省、浙江省开展试点工作，从体制机制、制度建设上先行先试、探索实践，为在全国推开积累经验。研究者普遍认为国家监察委员会的设置有助于强化监督职能，形成独立、统一的监督力量。不过，国家监察委员会尚处于改革试点阶段，其推进与成效有待进一步观察。

（作者张宁为中国人民公安大学讲师、北京大学国家治理协同创新中心副研究员）

社会学篇

小康社会已成中外社会研究名词

西方理论难释中国社会发展成果

社会学众多研究表明，中国改革开放以来几十年的社会发展，是在“小康社会”的逐步建构与推进中进行的。现在，小康社会以及与此相关的社会发展理论，已经成为中国社会学人贡献给世界的一个具有东方文化特征的社会学名词。以这个名词为核心建构起来的话语体系，相继形成了中国式学科体系和东方学学科体系。还有研究发现，与中国经济产生的韧性相一致，中国社会在发展中产生的韧性，使西方形成的有关理论，既难以解释中国社会顽强发展取得的重大成就，也难以诊断中国社会可能面临的具体问题，更难以借助其所谓的研究发现提出建设社会的政策性建议。中国的社会发展理论，需要在继承历史的同时，进一步因循小康社会建设的整个过程而系统总结，并在制度创新、科技创新、文化创新过程中，完善理论创新。

正确理解社会治理

良性互动共享发展

从专政到统治、再到社会管理、最后发展到社会治理，是中国国家治理体系与治理能力现代化的客观结果。正因为这样，不能将社会治理理解为是社会管理的升级版，也不能简单理解为是“治理社会”，而应理解为是中国从农业社会转变为工业社会，再转变为后工业社会的具体国情的实践需要，是“依靠社会力量进行的治理”。

有学者认为，现代社会越是分化，不同利益主体就越明晰，社会团结的需求就越强烈。为达到社会整合的目的，就需要在社会治理中建立健全“社会安全阀”，为日常可能发生的社会矛盾设计“出气口”或“发泄口”，减轻利益冲突压力，化解积怨式社会情绪，把问题解决在萌芽阶段。社会治理的目标是求得社会的良性互动与发展。短期来看，治理的主要内容在于维权和维稳。长期来看，治理的目标是各个群体之间的共享发展，是建立流畅的社会流动机制，是使社会个体通过自我奋斗而实现自己的“中国梦”。

大力推进户籍制度改革

用城镇化解决就业问题

户籍在基本公共服务中仍然起非常重要的资源配置作用。为实现共享发展，中国城镇化需要大力推进户籍制度改革。有学者认为，2016 年户籍制度改革与城镇化问题研究的逻辑，主要围绕两个向度展开：其一是以户籍制度改革逐步促进流动人口的市民化——重点是通过对农民工的市民化，固化城镇化的既有成果，通过拉动内需而促进经济社会的发展。其二是以常住人口对基本公共服务的分享而促进流动人口的市民化，重点是破除户籍蕴含的资源配置功能，通过强化其人口信息登记能力而减弱身份歧视作用。

当前主要的城镇化任务，聚焦于农村籍大学生、军转复员人员、已经长期生活于城镇的农民工和“90后农民工”等四类人员身上。在后工业化过程中，第三产业的发展提升了每年在城镇新增加的就业人数。从最近几年表现的态势看，GDP 每增加一个百分点，新增加的城镇就业人数会接近 200 万。

传统社区结构不断地瓦解

小区建设要重视邻里关系

有研究发现，快速的经济转型已使中国从单位社会过渡到市场社会。原来以单位为基本结构所形成的城市集体大院与居委会空间布局，也随之转变为由市场购买力分化而形成的楼宇物业空间群落。在同一地域或者在同一胡同，不同的小区解构了“社区”的传统内涵。基于情感的、面对面的、具有相对持久情感联系的、具有亲缘特征的生活共同体已不复存在。现代性打乱了传统，但却没有建构起新的秩序。这就迫切需要通过社区建设来强化社会内部人文关系，从而提升整合水平。有些人将社区建设简单理解为养老、医疗、就业、物业管理或超市建设等，还有人将社区建设理解为 15 分钟服务圈的建设。显然，物质意义的小区建设易于被基层所理解，但却难以收拢多元化居民的心理。近期某些社会学研究重点开始从对“居委会意义的社区建设”转入到基层社会关系的重建。

（作者张翼为中国社会科学院社会发展战略研究院研究员）

伦理学篇

马克思主义伦理学研究薄弱

学科建设理论探索任重道远

马克思主义伦理学是新中国伦理学发展的源头和最初形态，是伦理学理论体系和学科体系的重要组成部分。但近十几年，在中西方伦理思想史以及各种应用伦理学研究的繁荣中，马克思主义伦理学的研究无论从研究状况、研究队伍和研究成果来看，都呈现薄弱的形态。作为中国特色伦理学事业不可或缺的重要组成部分，在新的历史阶段大力推进马克思主义伦理学研究有着特别重要的理论价值和现实意义。有学者认为，马克思主义伦理学在发展道路上面临如下问题：一是缺乏对马克思主义经典文本高质量的阐释和解读；二是高校马克思主义伦理学研究人才奇缺；三是具有中国特色的当代马克思主义伦理学学科体系尚未建立。对此，有学者提出，要深入钻研马克思主义伦理学的世界观、价值观和方法论并用于实践；要回归经典，深挖经典文本原意，构建自己的学科话语体系；要关注社会现实，勇于理论担当。马克思主义伦理学的学科建设和理论研究工作在当前形势下亟须加强和推进。

工匠精神内容丰富

培育弘扬刻不容缓

在中西方历史和文化中，都蕴藏着“工匠精神”的丰富遗产。学界从定义、形成以及意义等方面对工匠精神进行了全面研究。有学者认为，工匠精神的主要内容包括：高度认同、敬业乐业的精神，专注专一、全情投入的精神，精益求精、追求卓越的精神。尽管手工业时代早已成为过去，但手工劳动在当代社会生产体系和社会生活中仍然存在，并起着不可替代的辅助作用。特别是随着现代工业的人性化和个性化发展，机器生产正在重复手工业时代的某些特征，从而为工匠精神的存在和发展开辟了广阔前景。培育和弘扬工匠精神，不仅有利于我国制造业的转型升级，而且在全社会范围内具有引领价值，有利于形成尊重劳动、尊重普通劳动者的风尚，有利于增强工人阶级的存在感和影响力，也有利于克服在社会中弥漫的浮躁风气，形成理性平和的社会心态。

“家国”思想大有活力

“天下”概念超越中国

中国传统文化将个人放在家庭、国家乃至天下的共同体中，个人并不是独立存在的，而是被包融在各种伦理关系中。这种家国天下思维，一方面提醒我们要重视家规家训等家庭伦理道德，另一方面告诫我们，世界秩序的建构在当下民族国家的时代，仍然有思考的必要性。有学者从政治伦理的角度挖掘“天下”在当前世界现实中的价值并对未来世界展开了预言式的构想，指出，天下固然是中国古代的一个概念，却不是一个关于中国的特殊概念，它所指向的问题超越了中国，是一个关于世界的普遍问题。天下指的是一个具有世界性的世界。如果把天下理解为一个动态生成过程，则意味着世界的世界化。在人类尚未做到“以世界为世界”的时候，作为世界之世界尚未存在的时候，真正的世界史必以世界秩序为开端去叙述人类共同生活。世界秩序是以世界共同利益为准的世界主权秩序，是世界为所有国家建立的游戏规则。

环境悬崖引人深思

解决问题更显迫切

“环境悬崖”的提出，既为环境哲学和伦理学研究打开了新视野，更为社会全面转型开启了可能性。学界一致认为，若想要实现可持续地生存发展，就必须建立起正确的人与自然的共生观，处理好当代人与后代人、地球生命和自然环境的共生关系，彻底改变人类社会无限度、无节制的生存与发展模式，探索和创建起有限度、有节制的生存发展新模式。而在操作上，要看到谈判行动机制在解决环境问题上的巨大作用。因为环境悬崖涉及不同的伦理主体，因此必须进行麦金太尔之问，以批判地拷问在问题解决中的公正平衡。此外，还要确定什么是合于时代条件的义之框架，在此框架下，如何达到有效的分合，以差等而统筹的方式解决公共而共同的环境危机问题。

（作者郭清香为中国人民大学伦理学与道德建设研究中心副教授）

2016年理论学术研究观点要览（下）

党史学篇

《中国共产党的九十年》出版

著史的下限是一个史学突破

有学者认为，2016年中共党史研究最突出的研究成果是由中共中央党史研究室历时近6年编写的《中国共产党的九十年》出版。该书记述了中国共产党从1921年成立至2012年十八大召开90多年的历史，准确生动地展现了中国共产党90多年的奋斗历程、光荣传统、优良作风、宝贵经验和伟大成就。《中国共产党的九十年》是迄今为止国内公开出版的权威读物中，全面系统反映中国共产党历史时间跨度最长、内容最为系统完整的一部党史基本著作。

有学者认为，把著史的下限画到最近，这在史学上是一个创新。《中国共产党的九十年》的出版，给我们党的“红色家谱”库增添了一部目前历史跨度最长、研究成果最新，集政治性、思想性、学术性、可读性为一体的党史著作。其令人瞩目的特点，就在于它的下限划得很近，一直写到党的十八大。这本书的写作成功说明，把党史研究和编撰的下限延长到最近，便于把历史与现实紧密联系起来思考，完整地了解事物演变的过程，对我们认识事物发展的客观规律大有益处，这种方法不是不可以成立的。

长征精神是永远的传家宝

再创民族辉煌的精神图腾

2016年是长征胜利80周年，围绕长征所进行的研究成为本年度的最大热点。

有学者梳理了中国共产党人对长征精神的概括凝练过程，认为长征精神的内涵包括：矢志不渝的革命理想与为之拼搏的坚定信念，顽强奋斗、百折不挠；实事求是、战略创新；顾全大局、团结统一；争取群众、依靠群众；勇于担当、力行实践。关于长征精神的意义，有学者指出，长征精神是我军永远的传家宝。

有学者认为，80年前红军两万五千里长征是一部惊心动魄、可歌可泣的英雄史诗。这次举世无双的军事远征，不仅为挽救党和红军、为中国革命的胜利奠定了坚实基础，更锤炼熔铸出伟大的长征精神，为中国革命和建设创造了不朽的精神财富。这种长征精神虽然已经过去了80年，但长征精神对今天走好“民族复兴”的新长征仍然具有十分重要的现实意义。

有学者认为，长征精神集中体现了党和红军的优良传统和作风，是中国共产党人世界观、人生观和价值观的全面展示。在中华民族精神史册上，长征更导引出一幅幅荡气回肠的壮丽画卷。中华民族的历程从某种意义上说就是一部长征史。而两万五千里征程展示的意志和力量，生动体现了以爱国主义为核心的民族精神，成为中华民族的精神路标，仍然是再创民族辉煌的精神图腾。

考察苏维埃革命从宣传口号到行动纲领的演变

分析土地革命时县苏维埃主席鲜明的时代特点

苏维埃是土地革命战争时期党史研究的一个重要内容。有学者以中共早期武装暴动和政权建设为中心，考察了苏维埃革命从宣传口号到行动纲领的演变过程。认为中国苏维埃运动的兴起，与国共合作破裂和大革命失败有着历史的因果关系。国民党新军阀突如其来的叛变，阻断了中国资产阶级民主革命正常的逻辑进程。作为对这一重大事变的应对，中共独立做出了武装反抗国民党的决策，而暴动后采取苏维埃的政权形式，则是遵循了共产国际和斯大林的指示。在中共领导的一系列工农武装暴动中，产生了历史上最早的一批县级苏维埃政权。

有学者分析了土地革命时期县苏维埃政府主席的相关问题，县苏维埃主席不仅有着较为独特的社会结构和成分要素，而且其任用程序与工作职责，也体现着革命性的转折。他们的工作方式，是真正把群众生活和革命战争联系起来，把革命的工作方法问题和革命的工作任务联系起来，由此构成了县苏维埃主席鲜明的时代特点。

抗战时期形成了动态的干部养成路径

在职干部教育是全部教育工作的首位

本年度关于抗日战争时期的党史研究呈现出稳定发展的态势。

有学者分析了抗战时期中共干部的养成问题，认为抗战时期中共干部的养成是一个系统工程，教育、培训、考核、批评与自我批评等多管齐下、交相作用，内的自觉是基础，外的规训是手段，形成动态而非静态、固化而不僵化的干部养成路径。

有学者认为，抗日战争时期，我党高度重视干部教育，把干部的培养教育作为根据地建设和争取抗战胜利的重大战略决策，并把在职干部教育放在全部教育工作的第一位。此期间的在职干部教育取得了很大的成功，它在极其艰苦的环境下，教育、培养了20多万各种类型的革命干部，其规模之大是中国干部教育史上所罕见的。健全的组织系统是教育成功的可靠保证、灵活的教学辅导是教育成功的必备条件、适时的督导检查是教育成功的必要环节、在职干部的自身努力是教育成功的关键，这一时期积累的宝贵经验值得我们去探究。

（作者韦磊为北京市委党校党史党建教研部副教授）

文化学篇

文化自信强化民族精神新标识

为实现“中国梦”提供不竭动力

有学者指出，文化自信源于中华优秀传统文化，积淀着中华民族最深层的精神追求，代表着中华民族独特的精神标识。文化自信是一切自信的源泉，具有鲜明的民族特色和价值体系，它立足于对现实世界与人生的思考，探讨宇宙、社会和人生的规律，塑造了中国人独特的精神世界。近代欧洲的崛起创立和塑造了富有代表性和先进性的文化，文化自信就是在新历史条件下为提升国家的整体竞争力、促进和发展社会主义现代化文化而提出的“中国方案”。

有学者指出，“中国梦”的核心是文化自信，而文化自信的关键在于认清中国与世界关系的重塑，这一关系就在于文化软实力已成为国际竞争的重要内容。尤其在“一带一路”的推进中，以文化交往、交流与交融为核心的文化先行是推动文化“走出去”的重要支撑。因此，增强文化自信需善于打造既有自身鲜明特色又能为世界普遍接受的话语体系，通过各种方式向世界讲好中国故事，呈现中国风貌，传递中国价值。

“互联网+”理念催生文化新业态

文化产业供给侧也需结构性改革

有论者认为，“互联网+”理念的提出与实践，意味着互联网已成为社会经济发展最基本的生产力和基础性设施。“互联网+”是对互联网信息技术与当代社会经济发展关系的重新界定与认识，是信息化促进工业化的升级版，它的提出意味着互联网已成为社会经济发展最基础性的生产力，代表着社会经济发展到一个新阶段。“互联网+”催生出许多新的文化业态，体现出文化从技术基础形态到文化内容产业、数字传播、体验营销的转变，彰显出行业的跨界与融合已成为互联网文化产业的重要发展趋势。

有论者认为，“互联网+”推动了互联网多媒体技术、智能终端技术与产业的融合发展，提升了产业的发展质量，促进了产业的升级，但文化领域存在“去产能、去库存、补短板”的问题，成为推进文化供给侧结构性改革的背景。互联网掀起的消费革命成为供给侧结构调整和升级的契机，通过互联网这一全新平台，产生的新的消费倒逼产业转型。

文化创意助力特色小城镇建设

城镇特色产业应注重科技支撑

有学者认为，加快小城镇发展，是我国推进新型城镇化的重要内容，文化创意在推进新型城镇化的过程中将发挥重要作用。小城镇建设的文化特征在于特色，即应避免“千城一面”的窘境，着力展示出小城镇个性独特的文化魅力。创意产业是未来城镇特色化建设的主要途径和运作模式，但创意与特色小城镇的结合，目的在于不断地提高自我生活品质，因此在产业开发中需要妥善处理好小城镇建设发展和历史文化遗产保护之间的相互关系，处理好区域文化产业与公共文化服务之间的关系，处理好市场化开发与文化传承之间的相互关系。

有学者指出，创意城镇的建设存在资源驱动模式、创意驱动模式、市场驱动模式、消费驱动模式和资本驱动模式。在城镇特色产业链的打造中，应注重科技创意的重要支撑作用。互联网“去中心化”和“去中介化”的趋势，极大地推进了城镇文化资源的转化利用。垂直在线旅游、城镇电子商务、互联网众创平台、智慧城镇等业态体现了互联网平台对各类文化要素的集聚与优化配置，提升了城镇化的水平。

文化乱象吁求产业伦理新秩序

体系完善和法规建设仍是重点

有学者指出，以互联网为核心的产业格局在逐步形成的过程中，一些发展乱象如“百度魏则西事件”“快播涉黄案”等也频频曝出。当前，我国文化创意产业发展中存在的基本伦理冲突是神圣性与世俗性的冲突，这一基本冲突在文化产品的生产和服务领域表现为公共性与个体性的冲突、公义与私利的冲突，在文化产品的消费领域表现为理性与欲望的冲突、节制欲望与享乐主义的冲突。

有学者认为，中国文化创意产业的乱象频出与快速的社会转型存在密切关系。由于市场经济体系不成熟，一种新的符合现代文化产业发展的主导性道德规范体系尚未形成。以往的发展过程重视科技对社会发展的驱动效应，却相对忽略科技的负面影响，导致技术伦理在整个市场经济体系构建中处于被漠视的边缘。同时，法规体系尚不完善，制度建设相对滞后，造成无法可依。虽然2016年出台了《电影产业促进法》《网络表演经营活动管理办法》等法律法规，但文化领域的法规数量就蓬勃发展的整个产业而言仍显不足。

（作者王林生为北京社会科学院文化研究所副研究员、金元浦为中国人民大学文学院教授）

法学篇

行政立法要超越部门利益

有效武器是厉行立法问责

有学者认为，国务院发文强调防止立法成为“要照顾”“争优惠”的“政策洼地”，就是要给立法工作计划的实施提前预警，革除部门利益法制化的潜规则，遏制“立法走私”、“立法谋私”甚至“立法腐败”现象。法律法规是立法部门提供给社会的特殊公共产品，这种公共产品必须具有广泛的民主性和公意性，否则就可能蜕变为服务于少数利益集团的“私人产品”。因而，每一部法律法规都应当接受是否存在部门利益法制化的拷问。

有学者认为，遏制部门利益法制化，最有效武器乃是厉行立法问责，向搞部门利益保护的部门亮出问责之剑。要像雷厉风行的行政问责和司法问责一样，高度重视立法问责，加大立法领域的立法问责力度，对于出现明显的部门或地方利益保护倾向的法律法规（含草案），要问责有关承担起草和审议的部门（包括立法起草部门和立法审议决策部门等），追究相关部门立法失职的法律责任。

重塑法官与律师新型关系

折射国家的法治文明水平

有学者认为，依法切实保障律师诉讼权利，是国家法治文明的重要标志。依法确保律师参与诉讼活动的各项权利，也是人民法院的重要职责和法定义务。今年最高人民法院发布《关于依法切实保障律师诉讼权利的规定》，该规定明确，要依法保障律师知情权、阅卷权、出庭权、辩护权等八大诉讼权利，进一步推动了法官与律师新型关系的形成。

有学者认为，律师执业权利的保障程度，关系到当事人合法权益能否得到有效维护，关系到律师作用能否得到有效发挥，也关系到司法制度能否得到完善和发展。从一定意义上讲，律师业的发达程度、律师权利的保障水平都堪称一个国家法治文明的晴雨表，折射出一个国家的法治文明水平。律师权利的保障也在相当程度上维系着司法个案的司法公正，律师权利得不到保障也将影响当事人的合法权益，乃至影响司法机关对案件审理的公正性。

迫切需要一部成熟科学的民法典

编纂民法典需大力弘扬工匠精神

近年来，法学界和社会各方面对编纂民法典的呼声高涨，编纂民法典已经具备了较好的主客观条件。编纂民法典不仅是实现国家治理体系和治理能力现代化的重大举措，也是维护最广大人民根本利益的客观需要，更是形成完备的社会主义市场经济制度体系的必然要求。

有学者认为，210 年前，主持制定法国民法典的拿破仑曾自信十足地向全世界宣称："我的光荣并不在于赢得了 40 场战役，因为滑铁卢一役就使得这些胜利黯然失色。但是我的民法典却不会被遗忘，它将永世长存。"此言不虚，法国民法典的确深刻影响了欧洲乃至全世界的民法典编纂。时至今日，民法典的科学化程度，依然是衡量现代国家法治成熟与否的重要标志之一。在大力发展市场经济和全面推进依法治国的今日中国，迫切需要一部成熟科学的民法典。

有学者认为，在民法典编纂已经拉开序幕的新形势下，亟须立法者切实担当起编纂民法典的历史使命，大力弘扬精雕细琢、精益求精的工匠精神，用工匠精神反复打磨民法总则草案、民法典草案，努力编纂出一部体例科学、结构严谨、规范合理、具有中国特色、体现时代精神的民法典。

"设在百姓家门口的最高人民法院"

是最高司法机关在基层的普法驿站

有学者认为，设立巡回法庭，彰显了司法为民和诉讼便民利民的服务理念。近年来，随着案件纠纷特别是最高人民法院直接受理案件数量持续增加，当事人申诉、上访的诉讼成本很高、代价很大。巡回法庭作为最高人民法院的派出机构，被老百姓誉为"设在百姓家门口的最高人民法院"，能够让基层的老百姓、当事人和律师有更多机会、更便捷的渠道得到最高人民法院的司法服务，节约他们到最高人民法院打官司及申诉、上访的成本，极大地方便了群众打官司。

有学者认为，巡回法庭也是司法改革的"试验田"和"排头兵"，堪称最高人民法院的"司法触角"。巡回法庭可以充分发挥自身优势，积极探索创新，为全国法院总结、创造可复制和可推广的经验。巡回法庭，也是最高司法机关在基层的普法驿站，是进行法治宣传和普法释法的权威平台。党的十八届四中全会提出要实行国家机关"谁执法谁普法"的"普法责任制"，建立法官等法律工作者"以案释法制度"。法庭是进行法治教育和法制宣传的最直观的讲堂。巡回法庭在巡回区域内开庭审案，能够直接向群众展示国家最高审判机关的形象，增进了社会对司法过程的了解，发挥司法教育和普法宣传的作用。

（作者刘武俊为司法部《中国司法》杂志总编、研究员）

新闻传播学篇

坚持人民性与党性统一

指引党的新闻舆论工作

有学者认为，从历史的维度看，"党性和人民性相统一"从中国共产党革命时期开始就成为新闻舆论工作的基本原则；从理论的维度看，它是中国共产党在马克思主义基本原理与中国革命、建设、改革实践相结合过程中提出的基本规律；从实践的维度看，它是在新时期做好中国新闻舆论工作的基本指引。

有学者认为，三方面原因导致出现割裂甚至对立二者关系的错误认知：脱离了一定的社会关系或者将西方发达国家中的党性与人民性的关系简单地移植到中国；缺少历史的科学分析，陷入各种各样的误区；离开联系、发展、全面的观点，在二者关系问题上产生片面性。

有学者进一步指出，新闻舆论工作坚持党性和人民性相统一，就是要把体现党的主张和反映人民心声统一起来，把党的理论和路线方针政策变成人民群众的自觉行动，及时把人民群众创造的经验和面临的实际情况反映出来，丰富人民精神世界，增强人民精神力量。

加强互联网的治理

建设网络良好生态

有学者指出，要建设网络良好生态，需建立健全政府的互联网舆情工作机制，使网上网下形成的"同心圆"不断壮大。政府要建立网络信息发布机制、责任追究制度，加强信息的公开透明，确保公众的知情权，形成统一规范的网络问政流程和监督反馈机制。同时，政府还要学会通过网络走群众路线，积极回应网民关切、解疑释惑，与之形成良好互动。

有学者指出，网上斗争是一种新的舆论斗争形态，必须讲究战略战术，提高政治鉴别力。对于网络信息舆论：一要看该观点思潮所代表的阶层和利益群体；二要看其国际国内动因；三要看其政治社会影响；四要看其理论事实依据。

还有学者提出，掌握网络治理的主动权，关键在于认清大趋势，从维护国家主权的高度认识和把握网络安全问题；要充分认识网络安全面临的形势和风险；树立大视野，努力掌握互联网全球治理主动权。

重新回归本土话语实践

构建中国特色的新闻学

部分学者呼吁中国特色的新闻学应该注重一些重要概念的考察，尤其是概念使用史的重建，以给本学科做好“打桩”的工作。由此一些频率较高的新闻传播学核心概念或语汇被重新推敲审视，甚至基于其在现实中的话语实践进行概念的重塑。

有学者指出，“党报姓党”具有深刻的历史底蕴，它早在20世纪80年代末就被提出。党的新闻舆论工作因党而生，为党而立，是党的整个事业的一部分，必须接受党的领导，必须坚持党性原则。这是“党媒姓党”的理论根基，决定了党和政府主办的媒体是党和政府的宣传阵地，必须姓党，彰显出“党媒姓党”的理论科学性。

“新闻传播”转向“公共传播”

面向社会培养公共传播人才

伴随网络媒体尤其是移动互联网的日益普及，高校新闻传播教育面临着需求不足的新挑战。是继续为传统媒体培养职业记者，还是为正在兴起的大传播业输送人才？

有学者指出，伴随着网络化关系社会的兴起，新闻传播教育的整体范式需要从面向“新闻传播”转向“公共传播”，运用传播学的学科体系来重构新闻学的理论、研究及教学，面向社会培养公共传播人才，而非只是面向机构培养职业新闻人才。

有学者提出，中国新闻传播教育已有近百年的历史，国内当前共有681所大学开设新闻与传播类专业，中国新闻传播教育界亟须一本体系完备的教育年鉴，为此倡导出版《中国新闻传播教育年鉴》，以为卓越新闻人才的培养提供历史经验与教训的借鉴。

（作者黄春平为深圳大学传播学院副院长、教授）

（原载《北京日报》2016年12月26日第18、19版）

2016年理论视野中的十大热点

2016年，世界政治经济形势发生了深刻变化，国内外重大事件和社会热点接连不断。这里仅从我国理论学术界关注的诸多热点中，选取十个方面略作梳理和概述，借以管窥当今中国社会乃至世界发展变化之一貌。

“十三五”：规划蓝图付诸实践，中国发展行稳致远

2016年是“十三五”规划的开局之年，3月中国进入“两会时间”，“十三五”规划纲要获得批准。“十三五”更加成为一种鲜明的时代标识。

学者认为，“十三五”时期是中国跨越“中等收入陷阱”向更高发展阶段迈进的艰难跃升时期，将是迎来全面建成小康社会这“第一个百年目标”的最后冲刺，也是跋涉在民族复兴之路上的社会主义中国的关键一程。“十三五”影响的绝不仅仅是中国，过去是美国打喷嚏全球经济就感冒，现在中国作为世界第二大经济体在世界经济发展中地位和影响愈发凸显，“十三五”时期中国经济发展也关乎世界经济的走向，将左右世界经济能否复苏向前。

学者认为，实现“十三五”时期发展目标，破解发展难题，厚植发展优势，必须牢固树立创新、协调、绿色、开放、共享的发展理念。这五大发展理念深刻揭示了我国“十三五”乃至更长一个时期经济社会“转型发展”基本特征，揭示了我国改革与发展实践互促共进的演进规律，深刻揭示了实现更高质量、更有效率、更加公平、更可持续发展的必由之路；同时作为具有时代价值和世界意义的新理念，既是对我国发展问题的科学回答，也是应对人类发展全球性困境的“中国智慧”。

学者指出，推进供给侧结构性改革，是“十三五”时期的发展主线，是适应和引领经济发展新常态的重大创新。供给侧结构性改革既强调供给，又关注需求；既突出发展生产力，又注重完善生产关系；既发挥市场在资源配置中的决定性作用，又更好发挥政府作用。推进供给侧结构性改革，要通过简政放权等改革更好发挥政府作用，通过要素价格等改革发挥市场在资源配置中的决定性作用，通过深化改革使国有企业做到生产能多能少、员工能进能出、企业能生能死，通过创新驱动加快新旧动能转换。于12月14日至16日召开的中央经济工作会议，深入总结了2016年经济工作，指出我国经济运行保持在合理区间，质量和效益获得提高，经济结构继续优化，在经济增长、结构升级、消费、新经济、创新、就业、增收减贫、生态环保、"走出去"、全球治理等方面呈现诸多亮点，这标志着"十三五"时期开局呈现良好态势。

文化自信：高规格座谈会清晰展现文化强国的中国逻辑

党的十八大以来，习近平总书记主持召开了一系列高规格座谈会，继2014年10月15日主持召开文艺工作座谈会以后，于2016年上半年又主持召开了三次高规格座谈会，分别是：2月19日党的新闻舆论工作座谈会、4月19日网络安全和信息化工作座谈会、5月17日哲学社会科学工作座谈会，并发表了重要讲话。

学者指出，党的十八大以来习近平总书记主持召开一系列高规格座谈会并发表重要讲话，体现了党中央对加强和改进宣传思想文化工作和理论研究工作的高度重视。从这些重要讲话中可以看出，习近平总书记在强调中国特色社会主义道路自信、理论自信、制度自信的同时，也一再强调文化自信问题，明确提出文化自信是更基础、更广泛、更深厚的自信。文化自信来自丰厚的传统文化资源和强大的文化创造力，来自创造文化新辉煌的强大物质基础、精神积累与制度保障，来自高度的文化自觉。中华文化是中国道路的历史来源、精神支撑和高点优势。对中华文化的自觉和自信，根本上有助于增强和丰富对中国道路的自觉和自信。建设社会主义文化强国，必须坚持以马克思主义为指导，以人民为中心，以优秀传统文化为滋养，以创新为动力，以开放为取向，以人才为根本，坚持文化内容建设与文化体制改革并重。

学者认为，习近平总书记在一系列座谈会上所发表的重要讲话，深刻回答了当今时代中国思想理论领域面临的一系列重大理论和现实问题，清晰展现了文化强国的中国逻辑，确立了社会主义文化强国建设的思想引领和理论支撑。比如，在党的新闻舆论工作座谈会的讲话中，习近平总书记用五个"事关"来阐明党的新闻舆论工作的极端重要性，所提出新闻舆论工作的"职责使命论"，为新形势下党的新闻舆论工作指明了方向，提供了根本遵循。

学者认为，习近平总书记在哲学社会科学座谈会提出的"构建中国特色哲学社会科学"重大任务，对思想理论界具有重大现实指导意义。要开辟21世纪马克思主义发展新境界，首先需要解决习近平总书记指出的马克思主义"在一些学科中'失语'、教材中'失踪'、论坛上'失声'"问题。出现这个问题的原因是多方面的，但根本原因是自信心的不足，归根结底是文化自信心出了问题，因此要从根本上解决这个问题，必须深入推进马克思主义中国化、时代化、大众化。在中国特色社会主义的现实实践和理论语境之中，这不仅仅是一个转变理论表达方式的问题，而且是学术研究的目的、立场和方法问题。要大胆地破除西方迷思，树立中国自信和中国主体意识，坚持从中国出发、从实践出发、从问题出发，把自己的工作与国家的命运紧密联系起来，着力构建中国话语体系和学术体系，打造融通中外的新概念新范畴新表述，为中国特色社会主义伟大实践提供坚强有力的理论支撑。

北京城市副中心：京津冀协同发展的重要聚焦

5月27日，中共中央政治局召开会议，研究部署规划建设北京城市副中心和进一步推动京津冀协同发展有关工作。

学者认为，要把京津冀协同发展放在经济新常态的大逻辑下认识，把区域发展政策与宏观调控政策有机结合，把空间维度与时间维度有机结合。京津冀地区处于从都市圈向城市群的过渡阶段，应优化区域城市体系结构，完善城市群差序化格局。"北京城市副中心"概念的提出，已经超出了"北京城市建设"的本身，是一种人口经济密集地区优化开发模式的探索，可以视为京津冀协同发展中的一个重要突破。通州是京津冀协同发展的前沿地区，在建设城市副中心的过程中要统筹人口资源环境的关系，从更高层面实现城镇化，为更多的城市副中心建设提供借鉴，产生强大的示范效应与标杆作用。

学者认为，建设北京城市副中心，首先，应落实五大发展理念，以创新的体制机制和政策为先导，先规划后实施，实现低碳智能、宜居宜业的城市发展目标。其次，要避免"摊大饼"的做法，注重城市文化特色和生态环境，建设既有中华文化特色，又能吸收借鉴其他文化特色的国际化都市群，创造城市发展的历史。再次，要注意避免与北京其他区域建设的失衡。

不忘初心、继续前进：新长征路上中国共产党人的庄严宣誓

7月1日，庆祝中国共产党成立95周年大会在人民大会堂隆重举行，习近平总书记发表了重要讲话，多次强调"不忘初心、继续前进"，这是新的伟大长征路上中国共产党人的庄严宣誓。

学者认为，习近平总书记"七一"重要讲话是21世纪中国共产党人的政治宣言，是引领党和人民全面推进中国特色社会主义伟大事业、全面推进具有许多新的历史特点的伟大斗争、全面推进党的建设新的伟大工程的纲领性文献。这篇政治宣言为8800多万党员注入了"不忘初心、继续前进"的强大正能量。

学者认为，习近平总书记在讲话中赋予"不忘初心、继续前进"以丰富的思想内涵，深刻阐明了我们党是从哪里来的，是干什么的，为什么出发；我们党在95年的奋斗历程中是如何不忘初心，干了什么，又是如何一路走来的；面向未来、面对挑战，我们党如何坚持不忘初心，还要干什么，要到何处去。可以说，这八个字既是这次大会的主题，又是这次讲话的灵魂，贯穿了党的过去、现在和未来，连接起了中国共产党、中华民族和中国人民，贯通到了全面建成小康社会、实现中华民族伟大复兴的中国梦、中国特色社会主义的共同理想和共产主义的远大理想。历史是最好的教科书，是最好的营养剂，也是最好的清醒剂。我们党要在新的历史起点上把握自己、把握时代，要跳出"其兴也勃焉，其亡也忽焉"的历史周期律，必须"不忘初心"，牢记"江山就是人民，人民就是江山"。

优化政治生态：新的顶层设计和制度安排开启全面从严治党新征程

10月24日至27日，党的十八届六中全会在京召开。会议提出"以习近平同志为核心的党中央"，审议通过《关于新形势下党内政治生活的若干准则》和《中国共产党党内监督条例》。

学者指出，六中全会就新形势下全面从严治党、营造风清气正的党内政治生态提出了全面要求，并做出了明确的顶层设计和制度安排，开启了全面从严治党新征程。该准则和条例把全面从严治党提升到一个新的历史高度，是新形势下坚持思想建党和制度治党相结合、推进全面从严治党的新的制度安排。

学者认为，当前全面从严治党应突出净化优化党内政治生态这一重点，不断营造风清气正的党内政治生态，要以思想建党为根本，以制度治党为保障，以从严治吏为重点，以党的作风建设为主题，以严肃党内政治生活为基础，以严明纪律为治本之策，以抓基层为固本之举，以反腐倡廉为关键，使管党治党走向严、紧、硬。六中全会后中共中央办公厅印发了《关于在北京市、山西省、浙江省开展国家监察体制改革试点方案》，对构建不敢腐、不能腐、不想腐的有效机制具有重大现实意义。开展国家监察体制改革试点，符合我国宪法精神和原则，是实现依法治国与依规治党有效衔接的重要措施，是中国特色反腐败体制改革的重大创新。可以预见，一个在党的领导下，以党的纪检和国家监察为主导，以相关执法、司法机关为配合的反腐倡廉建设的新格局必将形成。

学者指出，全会正式提出"以习近平同志为核心的党中央"，这是党的政治生活中一件具有里程碑意义的大事，体现了共同意志与共同心愿的高度一致，表明新形势下党的思想成果、政治成果、实践成果、制度成果的高度统一。历史证明，严守政治纪律和政治规矩是营造良好政治生态的源头。党内出现的某些政治生态问题，是破坏政治纪律和政治规矩带来的结果。政治纪律和政治规矩被破坏，纪律底线被突破，将引发政治生态环境进一步恶化。因此，要牢固树立政治意识、大局意识、核心意识、看齐意识，在任何时候任何情况，政治纪律和政治规矩这根弦都不能松。

G20峰会：中国理念助力世界经济发展

9月4日至5日，二十国领导人第十一次峰会（简称"G20峰会"）在杭州举行，习近平主席主持会议并致开幕词。会议以"构建创新、活力、联动、包容的世界经济"为主题，达成《二十国集团全球贸易增长战略》《二十国集团全球投资指导原则》等30项协议。

学者认为，自2008年全球金融危机以来，世界经济增长乏力，一些经济体甚至出现了经济倒退。反观中国，虽受到内外环境影响，经济有所下行，但依然保持了稳定的中高速增长。2016年是中国全面参与全球经济治理年，预计全年对世界经济增长贡献率将超30%，中国作为世界经济"稳定器"和"发动机"的作用更加凸显。此次G20峰会搭建了一个平台，向世界经济发展和全球治理贡献了中国智慧，让中国智慧可以助力世界经济发展。习近平主席的讲话向充满不确定性的世界注入了信心。“真诚”“务实”“包容”“鼓舞人心”成为各界评价这次演讲使用最多的词汇。

学者认为，经济复苏和增长始终是G20的主要命题。在全球经济复苏乏力、去全球化浪潮迭起、成员国经济分化明显、国际金融市场波动剧烈的大背景下，G20峰会能开出什么样的“药方”，既考验着G20的功能和发展前景，也考验着中国的主场外交能力。作为全球经济治理的主要平台，此次G20峰会达成的若干协议，从三个维度对此做出了回答：第一次将G20的短期议程延伸到了长期议程和深层治理层面，为G20平台创新奠定了基础；立章建制，为世界经济的复苏提供了顶层设计；提供中国方案，分享中国经验，宣示了中国外交和经济理念。这些成就所凝聚成的“杭州共识”，为世界经济的复苏、为中国与世界的深度融合，拟就了一份清晰的“收获清单”。G20峰会上提出的中国方案得到国际社会广泛认可和响应。

三权分置：新一轮农村土地制度改革全面拉开帷幕

10月30日，中共中央办公厅、国务院办公厅印发的《关于完善农村土地所有权承包权经营权分置办法的意见》正式提出：中国将继续深化农村土地制度改革，实行所有权、承包权、经营权“三权分置”。这预示着新一轮农村土地制度改革全面拉开帷幕。

学者认为，新形势下深化农村改革的主线仍然是处理好农民与土地的关系。随着工业化、城镇化深入推进，土地承包权主体和经营权主体发生事实分离，这个重大变化对土地制度设计提出了新要求。“三权分置”顺应了广大农民特别是大量进城务工农民保留土地承包权，流转土地经营权的意愿和继续务农的家庭以及下乡的工商资本实现农地适度规模经营的要求。

学者认为，“三权分置”的根本是落实集体所有权，基础是稳定农户承包权，通过开展承包地“确实权，颁铁证”，真正让农民吃上“定心丸”。“三权分置”的关键是放活土地经营权，要鼓励探索创新，尊重农民选择，发展土地流转、土地托管、土地入股等多种形式的农业适度规模经营。农村集体产权制度改革是继农村家庭联产承包责任制之后的重大制度创新，管长远、管根本、管全局。推进这项改革，有利于形成创新发展的农村产权制度，有利于巩固和完善农村基本经营制度，有利于推进农业的供给侧结构性改革，有利于优化土地资源配置，有利于发展现代农业，有利于增进农民财产权益，让广大农民群众共享改革发展成果。

网络空间命运共同体：迈向“平等尊重、创新发展、开放共享、安全有序”

11月16日至18日，第三届世界互联网大会在浙江乌镇举办。大会的主题是“创新驱动造福人类——携手共建网络空间命运共同体”。此次大会旨在搭建中国与世界互联互通的国际平台和国际互联网共享共治的中国平台，让各国在争议中求共识、在共识中谋合作、在合作中创共赢。

学者认为，习近平主席提出推动网络空间实现“平等尊重、创新发展、开放共享、安全有序”的“四项目标”，为构建网络空间命运共同体提供了导航仪，指明了新方向。其一，平等尊重是基本要求。协调网络空间冲突，制约网络霸权国家，避免其对具有压倒性优势的技术、标准、规则与话语权的滥用，就必须尊重网络主权，促进国际互联网法治，推进多边、民主、透明的国际互联网治理体系变革，增强各利益相关主体的平等互信与合作。其二，创新发展是关键内容。互联网的特质在于分享，分享的根本在于创新。要以观念更新、思想解放和规则革新，推动技术与应用的全球分享。尤其是要打破核心技术和标准的垄断，不能仅由个别国家把控别国供应链的命门，在互联网核心技术、标准与产品上通过多方竞争，促进透明，形成均衡，维护安全。其三，开放共享是应有之义。技术创新驱动实践发展，分享经济、网络出行、普惠金融、智慧医疗、人工智能、电子商务，大力推动“互联网+”，开放的互联网带来无限可能，让全世界越来越多的人凝聚成声息相通、利益共享的命运共同体。其四，安全有序是根本支撑。应充分重视和认真解决网络空间存在的军事化可能，直面信息泄露、网络窃密、网络诈骗等网络犯罪的泛滥。各国尤其是发展中国家应联合起来，共同应对网络攻击、网络监听、网络监控以及网络恐怖主义等全球公害，维护国内网络空间的空气清朗，维护国际网络空间的和平稳定。

学者指出，在2015年第二届世界互联网大会上，习近平主席提出了全球互联网发展治理的“四项原则”“五点主张”，得到国际社会积极响应，并日益成为互联网蓬勃发展的基石；而今年提出的网络空间“四项目标”，更明确坚持以人类共同福祉为根本的理念，是构建网络空间命运共同体的基本遵循，标志着国际网络空间治理新格局正在加速形成。“网络空间命运共同体”这一蕴含着当今互联网时代人类利益攸关、命运相通特征的倡议和方案，充盈着对人类共同命运与人类福祉的深切关怀，彰显了中国方案的智慧与担当。

聂树斌案改判：中国法治进程中具有标杆意义的事件

12月2日，最高人民法院第二巡回法庭对原审被告人聂树斌故意杀人、强奸妇女再审案公开宣判，宣告撤销原审判决，改判聂树斌无罪。聂树斌案引发了社会各界的普遍关注和深入思考。

学者认为，聂树斌案是我国法治进程中具有标杆意义的重大事件，注定要在共和国法治史上留下一个沉重的注脚。正义虽然迟到了，但终究没有缺席。最后的判决无论是程序还是实体都给出了公正的结果。案件得以再审并纠错，主要有四个方面原因：其一，十八大以来党中央推进全面依法治国战略部署，高度重视冤假错案的纠正和防范。其二，社会普遍且持续的关注。其三，人们司法观念的进步，其中既有对冤错案件认识的不断提升，更有对纠错价值、疑罪从无观念的重新认识。其四，本轮司法改革所带来的契机，如异地复查方式的采用、最高人民法院巡回法庭的设置、律师的全面介入并充分阅卷等，这些程序方面的特殊做法，可以成为刑事再审程序完善的重要依据。

有学者提出，聂树斌案改判并不意味着聂案已经全部了结，更严肃的追问和更深入的反思才刚刚开始。在全面推进依法治国的背景下，要进一步探讨造成冤错案件的原因，不能简单地把冤错案件归结为当时的历史条件。如何推进完善刑事案件纠错机制，完善审判监督程序和证明标准体系，如何从司法规律出发贯彻落实刑事诉讼制度，从根本上消除冤错案件发生的土壤，这些工作都任重而道远。聂树斌案的教训是深刻的。比如，必须强化人权保障理念、程序公正理念、证据裁判理念、互相制约原则和有错必纠理念等。习近平总书记提出要“努力让人民群众从每一个司法案件中都感受到公平正义”。人们更加期待，司法机关能够坚守证据裁判、疑罪从无等法律原则，健全完善冤假错案防范、纠正机制，让正义不再“迟到”。

欧美上演“反转剧”：“反全球化”思潮蔓延，经济自由与政治民主矛盾凸显

进入2016年，西方政治舞台上演了一系列“反转剧”：6月英国退欧公投结果出炉，选择退出欧盟；11月特朗普赢得美国总统大选；12月意大利修宪公投失败……西方社会这些政治事件的结果，令很多人深感错愕、大跌眼镜。这从一个侧面也深刻反映了21世纪世界政治的新趋势。

学者指出，最近几年世界各地反全球化的民粹主义思潮兴起，其根本原因在于：经济全球化发展到一定阶段，将加剧各国内部利益结构的不平衡性，财富在全球范围内的自由流动，造成社会财富再分配的更加困难，富者越富、贫者越贫的现象有增无减。这致使后者把目前西方出现的各种弊端归咎于外部竞争，把自己的收入和生活水平下降直接归咎于外来移民。由此在西方引发反全球化、反区域一体化，以及新纳粹主义、新种族主义和新国家主义等极端思潮蔓延。

学者认为，这些事件暴露了西式民主的弊端。西方民主已经沦为一种民主形式掩盖下的“金权政治”“财团政治”“寡头政治”，资本自由和大众平等之间的矛盾更加突出，经济自由与政治民主的矛盾愈发尖锐。民主制度在西方国家失灵，是因为阶层的固化甚至割裂导致其政策调整丧失了灵活性，只能是僵硬地对立、对峙。西方国家缓解国内矛盾的方法相继失灵，解决国际矛盾的机制日益受到质疑。以至于连“历史终结论”的提出者弗朗西斯·福山也感叹：西方自由民主可能并非人类历史进化的终结。

学者认为，在这些标志性事件的背后，都活跃着民粹主义的影子，西方已然陷入自冷战结束25年以来从未遇到过的乱局。今年国际形势的乱局给世界带来了不确定性和不稳定性，意味着国际形势可能发生体制性、结构性、根本性变化：其一，乱局暴露了一些深层次问题。政治层面趋向保守主义，经济层面趋向贸易保护主义，社会层面趋向民粹主义、民族主义和本土主义。而这背后凸显的是精英与大众的矛盾、贫富阶层的分化、本地人与外来移民的冲突，甚至精英内部也出现了分裂。其二，全球化速度明显放缓，同时出现“逆全球化”现象。其三，大国战略竞争加剧，对中间地带争夺有所激化。中美关系的走向也牵动着各方神经。在这种新形势下，中国应积极参与全球治理体系建设，更好地保障和改善民生、更好地促进社会公平正义、积极构建人类命运共同体，为有效应对国际民粹主义“病变”贡献中国智慧、提供中国方案。

策划：本刊编辑部

执笔：谭一鸣、马君俊、李庆英

（原载《北京日报》2016年12月26日第17版）

· 科研课题 ·

概 述

本栏目记述2016年度4个国家级社会科学研究课题指南、招标选题，13个国家级和部级（北京地区）及7个北京市级单位在人文社会科学方面的申报公告、申报通知和已通过评审获准立项的课题，这些课题涉及20多个学科及众多研究领域，包括重大项目、重点项目、一般项目、青年项目、资助项目等；记述北京地区部分高校、科研单位承担的国家级、省部级社会科学研究项目及部分院校校级社会科学研究项目等内容，以及这些课题的项目名称、承担部门、负责人、项目分类、类别、预期成果形式及计划完成时间等内容。这些信息反映了北京社会科学研究的概貌及2016年度社会科学研究的重点和特点。

国家社会科学基金项目 2016年度课题指南

说明

一、申报国家社科基金项目的指导思想是，全面贯彻落实党的十八大和十八届三中、四中、五中全会精神，高举中国特色社会主义伟大旗帜，以邓小平理论、"三个代表"重要思想、科学发展观为指导，深入贯彻习近平总书记系列重要讲话精神，坚持解放思想、实事求是、与时俱进、求真务实，坚持以重大现实问题为主攻方向，坚持基础研究和应用研究并重，构建哲学社会科学创新体系，发挥国家社科基金示范引导作用，推动哲学社会科学为党和国家工作大局服务、为社会主义文化大发展大繁荣服务。

二、《国家社科基金项目2016年度课题指南》围绕习近平总书记系列重要讲话和十八届五中全会精神，在相关学科中拟定了一批重要选题，申请人可根据自己的研究专长选择申报。

三、申报国家社科基金项目，基础研究要力求具有原创性、开拓性和较高的学术思想价值，应用研究要具有现实性、针对性和较强的决策参考价值，着力推出体现国家水准的研究成果。

四、课题申请人须具备下列条件：遵守中华人民共和国宪法和法律；具有独立开展研究和组织开展研究的能力，能够承担实质性研究工作；具有副高级以上（含）专业技术职称（职务），或者具有博士学位。不具有副高级以上（含）专业技术职称（职务）或者博士学位的，可以申请青年项目，但必须有两名具有正高级专业技术职称（职务）的同行专家书面推荐。青年项目申请人和课题组成员的年龄均不超过35周岁（1981年3月1日后出生）。课题组成员或推荐人须征得本人同意并签字确认，否则视为违规申报。申请人可以根据研究的实际需要，吸收境外研究人员作为课题组成员参与申请。全日制在读研究生不能申请，具备申报条件的在职博士生（博士后）从所在工作单位申请。

五、课题申请单位须符合以下条件：在相关领域具有较雄厚的学术资源和研究实力；设有科研管理职能部门；能够提供开展研究的必要条件并承诺信誉保证。以兼职人员身份从所兼职单位申报国家社科基金项目的，兼职单位须审核兼职人员正式聘用关系的真实性，承担项目管理职责并承诺信誉保证。

六、课题申报范围涉及 23 个学科，须按照《国家社科基金项目申报数据代码表》填写《国家社科基金项目申请书》（以下简称《申请书》）。跨学科研究课题要以“靠近优先”原则，选择一个为主学科申报。教育学、艺术学和军事学等三个单列学科的申报分别由全国教育科学规划办、全国艺术科学规划办、全军社科规划办另行组织。

七、《国家社科基金项目 2016 年度课题指南》条目分范围性条目和具体题目两类。范围性条目只规定研究范围和方向，申请人要据此自行设计具体题目，没有明确的研究对象和问题指向的申请不予受理和立项；依据具体题目申报的选题，应选择不同的研究角度、方法和侧重点，题目的文字表述可做适当修改。只要符合《课题指南》的指导思想和基本要求，各学科均鼓励申请人根据研究兴趣和学术积累申报自选课题（包括重点课题）。自选课题与按《课题指南》申报的选题在评审程序、评审标准、立项指标、资助强度等方面同样对待。无论是按《课题指南》拟定的选题还是自选课题，课题名称的表述应科学、严谨、规范、简明，一般不加副标题。

八、2016 年度国家社科基金项目继续实行限额申报，限额指标另行下达。各地社科规划办、在京委托管理机构和申请单位要着力提高申报质量，适当控制申报数量，特别是要减少同类选题重复申报。

九、申报课题的资助额度为：重点项目 35 万元，一般项目和青年项目 20 万元。申请人应按照《国家社科基金管理办法》和《国家社科基金项目经费管理办法》（均可从我办网站下载）的要求，根据实际需要编制科学合理的经费预算。

十、国家社科基金项目的完成时限，基础理论研究一般为 3 ~5 年，应用对策研究一般为 2 ~3 年。

十一、为避免一题多报、交叉申请和重复立项，确保申请人有足够的时间和精力从事课题研究，2016 年度国家社科基金项目申请作如下限定：（1）课题负责人同年度只能申报一个国家社科基金项目，且不能作为课题组成员参与其他国家社科基金项目的申请；课题组成员同年度最多参与两个国家社科基金项目申请；在研国家级项目的课题组成员最多参与一个国家社科基金项目申请。（2）在研的国家社科基金项目、国家自然科学基金项目及其他国家级科研项目的负责人不能申请新的国家社科基金项目（结项证书标注日期在 2016 年 3 月 1 日之前的可以申请）。（3）申请国家自然科学基金项目及其他国家级科研项目的负责人同年度不能申请国家社科基金项目，其课题组成员也不能作为负责人以内容相同或相近选题申请国家社科基金项目。（4）申请教育部人文社会科学研究一般项目的负责人同年度不能申请国家社科基金项目。（5）凡在内容上与在研或已结项的各级各类项目有较大关联的申请课题，须在《申请书》中详细说明所申请项目与已承担项目的联系和区别，否则视为重复申请；不得以内容基本相同或相近的同一成果申请多家基金项目结项。（6）凡以博士学位论文或博士后出站报告为基础申报国家社科基金项目，须在《申请书》中注明所申请项目与学位论文（出站报告）的联系和区别，申请鉴定结项时提交学位论文（出站报告）原件。（7）不得以已出版的内容基本相同的研究成果申请国家社科基金项目。（8）凡以国家社科基金项目名义发表阶段性成果或最终成果，不得同时标注多家基金项目资助字样。

十二、申报课题须按照《国家社科基金项目申请书》和《国家社会科学基金项目课题论证活页》（以下简称《活页》）要求，如实填写材料，并保证没有知识产权争议。凡存在弄虚作假、抄袭剽窃等行为的，一经发现查实，取消三年申报资格；如获立项即予撤项并通报批评。为保证申报评审的公正性和严肃性，评审会议召开前申报单位或个人不得以任何名义走访、咨询学科评审组专家或邀请学科评审组专家进行申报辅导。凡行贿评审专家者，一经查实将予通报批评；如获立项即予撤项，五年内不得申报国家社科基金项目。凡在国家社科基金项目申报和评审中发现严重违规违纪行为的，除按规定进行处理外，均列入不良科研信用记录。

十三、申报课题全部实行同行专家通讯初评，初评采用《活页》匿名方式，《活页》论证字数不超过七千字，要按《活页》中规定的方式列出前期相关研究成果。

十四、课题负责人在项目执行期间要遵守相关承诺，履行约定义务，按期完成研究任务；获准立项的《申请书》视为具有约束力的资助合同文本。最终成果实行匿名通讯鉴定，鉴定等级予以公布。除特殊情况外，最终研究成果须先鉴定、后出版，擅自出版者视为自行终止资助协议。

十五、项目申报材料从我办网站下载，或向受理单位索取。《申请书》经所在单位审查盖章后，报送本省（区、市）社科规划办或在京委托管理机构。

十六、各地社科规划办、在京委托管理机构和基层科研管理部门要加强对申报工作的组织和指导，严格审核申报资格、前期研究成果的真实性、课题组的研究实力和必备条件等，签署明确意见。

十七、各省（区、市）社科规划办受理当地的课题申报，新疆生产建设兵团社科规划办受理兵团的课题申报，中国社会科学院科研局受理本院的课题申报，中央党校科研部受理中央国家机关及在京直属单位的课题申报，教育部社科司受理中央各部委所属在京普通高等院校的课题申报，全军社科规划办受理军队系统（含地方军队院校）的课题申报。全国社科规划办不直接受理个人申报。

十八、各地社科规划办、在京委托管理机构和基层科研管理部门要按规定做好申报数据录入、打印报表、纸本《申请书》与《活页》及电子版《申请书》（WORD 文件格式）的汇总报送等工作。各地社科规划办、在京委托管理机构要按申报单位和申请人分类汇总后，将电子版《申请书》统一刻录成光盘，随同纸质版申请材料一同报送我办。

十九、课题申报时间为 2015 年 12 月 15 日至 2016 年 3 月 1 日。各省（区、市）和新疆生产建设兵团社科规划办、在京委托管理机构须于 2016 年 3 月 5 日前，将汇总并认真校对后的《申请书》中“数据表”数据发至我办邮箱（npopss@vip.163.com），并确保电子数据和《申请书》中“数据表”一致；3 月 10 日前将纸质版《申请书》和《活页》、电子版《申请书》光盘、统计表报送至我办，逾期不予受理。

马克思主义·科学社会主义

1. 马克思主义经典文本阐释及其当代价值研究
2. 马克思主义整体性研究
3. 马克思主义基本原理在当代中国的运用与发展研究
4. 马克思主义阶级理论及其正确运用研究
5. 近百年来马克思主义发展史中若干重大问题研究
6. 马克思主义理论教育的内容与方法研究
7. 马克思恩格斯同时代理论家的思想研究
8. 十月革命的历史地位与深远意义研究
9. 列宁的《帝国主义论》与当代资本主义研究
10. 列宁社会主义意识形态建设思想及其当代发展研究
11. 列宁同时代理论家的思想研究
12. 马克思主义中国化的学术思想史研究
13. 中国化马克思主义基本观点源流研究
14. 马克思主义中国化范畴发展史研究
15. 毛泽东思想与马克思主义中国化研究
16. 邓小平理论与马克思主义中国化研究
17. “三个代表”重要思想与马克思主义中国化研究
18. 科学发展观与马克思主义中国化研究
19. 习近平总书记系列重要讲话与马克思主义中国化研究
20. 习近平总书记系列重要讲话的理论贡献和主要特点研究
21. 习近平总书记“四个全面”战略思想研究
22. 习近平总书记治国理政思想研究
23. 习近平总书记关于建设社会主义文化强国思想研究
24. 习近平总书记群众观研究
25. 习近平总书记思想方法和工作方法研究
26. 坚持以人民为中心的工作导向研究
27. 十八大以来中国特色社会主义理论和实践创新研究
28. “创新、协调、绿色、开放、共享”五大发展理念研究
29. 中国特色社会主义理论体系的内在逻辑结构研究
30. 中国特色社会主义政治发展道路研究
31. 历史唯物主义与中国特色社会主义规律研究
32. 中国特色社会主义的国际影响与世界意义研究
33. 中国特色社会主义理论体系与当代人类文明成果的关系研究
34. 中国特色社会主义制度与国家治理现代化研究
35. 中国特色社会主义理论体系的方法论研究
36. 中国特色社会主义话语体系构建与海外传播研究
37. 中国特色社会主义妇女理论与实践研究

38. 全面深化改革进程中的社会矛盾研究

39. 社会主义核心价值观传播研究

40. 中国传统优秀文化与社会主义核心价值观的内在关联研究

41. 红色文化与培育社会主义核心价值观研究

42. 网民素养与社会主义核心价值观认同研究

43. 文化强国与社会诚信体系建设研究

44. 资源环境国情和生态价值观教育研究

45. 通过法律和政策向社会传导正确价值取向研究

46. 新形势下加强马克思主义唯物论和无神论教育研究

47. “互联网+”条件下的马克思主义理论教育研究

48. 自媒体时代社会主义意识形态建设研究

49. 全球化背景下我国意识形态安全研究

50. 有效维护网络意识形态安全研究

51. 社会思潮跟踪分析和有效引导对策研究

52. 中国共产党意识形态建设的历史经验研究

53. 中国共产党成立以来社会舆论与意识形态领导权建设研究

54. 新形势下宣传思想工作的特点与规律研究

55. 大数据时代与思想政治教育创新研究

56. 我国工人阶级在新的历史时期领导地位问题研究

57. 实现共同富裕目标的理论和对策研究

58. 科学认识经济发展新常态的基本特征和运行规律研究

59. 中国特色社会主义文化发展道路研究

60. 中国文化软实力与国际影响力研究

61. 文化事业与文化产业全面协调可持续发展研究

62. 中华传统文化的创造性转化和创新性发展研究

63. 中国精神及其教育研究

64. 生态文明建设的体制机制及制度创新研究

65. 公民环境道德养成与我国生态文明建设互动机制研究

66. 科学社会主义与国际共产主义运动学科建设研究

67. 21 世纪世界社会主义运动新发展研究

68. 当代世界社会主义发展新态势研究

69. 当代中国价值观的国际传播研究

70. 中外治理现代化的制度性比较研究

71. 当代俄罗斯马克思主义研究现状研究

72. 当代资本主义的新变化及历史走向研究

73. 国外学者对中国特色社会主义的研究

74. 国外社会主义思潮新动向研究

75. 当代国外马克思主义新发展研究

76. 资本主义世界体系发展变迁新特点研究

77. 国外毛泽东思想研究

78. 当代中国同世界关系的历史性变化及其应对研究

79. 国外左翼学者对当代资本主义新发展的研究

80. 21 世纪社会党国际的政策调整研究

81. 发达国家共产党的新走向研究

82. 国外新社会运动发展现状研究

83. 反法西斯战争与世界社会主义运动研究

84. 世界社会主义五百年发展历程和规律研究

85. 空想社会主义历史价值研究

党史·党建

1. 习近平总书记关于党史、国史重要论述研究

2. 中国共产党的奋斗史与中华民族伟大复兴的中国梦研究

3. 中国共产党推进马克思主义中国化、时代化、大众化的历程与经验研究

4. 中国共产党历史的分时期综合性研究及相互关系研究

5. 中国共产党的重大决策、重大事件、重要会议、重要人物研究（分专题）

6. 老一辈革命家生平和思想研究

7. 中国共产党创建发展革命根据地、实行局部执政历程与经验研究

8. 中国共产党革命传统、革命精神研究

9. 新文化运动与中国共产党创建发展史研究

10. 中国共产党与共产国际、联共（布）关系问题研究

11. 中国共产党对待传统文化的历史经验教训研究

12. 中国工农红军长征史研究

13. 中国共产党在全民族抗战中的中流砥柱作用研究

14. 中国共产党领导的中国人民抗日战争史研究

15. 西方文献、日本文献中的中共抗战研究

16. 中国人民抗日战争胜利后历史和人民选择中国共产党领导的历程及其必然性研究

17. 人民解放战争中第二条战线的出现及其成因研究

18. 中国共产党领导中国新民主主义革命取得成功的历史规律性和历史必然性研究

19. 新中国成立以来党领导社会主义现代化建设的历史经验研究

20. 新中国成立以来党领导教科文卫和社会福利事业的历史经验研究（分专题）

21. 新中国成立以来党处理民族、宗教关系的历史经验研究

22. 新中国成立以来党处理阶级阶层关系的历史经验研究

23. 新中国成立以来党的社会治理思想与实践研究

24. 新中国成立以来党推进统一战线工作的历史经验研究

25. 新中国成立以来党处理中央和地方关系的历史经验研究

26. 新中国成立以来党推进国防和军队现代化建设的历史经验研究

27. 新中国成立以来党维护国家主权和领土完整的历史经验研究

28. 新中国成立以来党处理同周边国家关系的历史经验研究

29. 新中国成立以来党处理同大国关系的历史经验研究

30. 新中国成立以来党在国际上处理和发展党际关系的历史经验研究

31. 中国共产党探索中国特色社会主义法治道路的历程与经验研究

32. 中国共产党深刻总结“文化大革命”历史教训研究

33. 党领导的改革开放史研究

34. 中国共产党领导下的妇女解放运动研究

35. 中国特色社会主义道路形成发展研究

36. 中国特色社会主义理论体系形成发展研究

37. 中国特色社会主义制度形成发展研究

38. 中国特色社会主义总体布局形成发展研究

39. 改革开放以来中国共产党治国理政的宏观战略与国际视野研究

40. 中国共产党探索中国特色社会主义法治道路的理论与实践研究

41. 中国共产党推进国家治理体系和治理能力现代化的理论与实践研究

42. 中国共产党对台方略研究

43. 中国共产党治藏方略研究

44. 中国共产党治疆方略研究

45. 中国共产党“一国两制”构想在香港、澳门实施研究

46. 中国共产党维护国家安全的理论和实践研究

47. 中国共产党领导意识形态工作的历史和经验研究

48. 改革开放前后两个历史时期研究

49. 中国共产党坚持从严治党的历史和经验研究

50. 改革开放以来中国共产党历史文献和当代文献编纂与利用研究

51. 改革开放以来党和国家领导人年谱传记编写和利用研究

52. 改革开放以来地方史志的编写利用研究

53. 中国共产党历史资料的收集、整理与研究（分专题）

54. 海外中国共产党历史资料的收集、整理与研究（分国别、地区）

55. 中国共产党红色遗产的传承、保护和利用研究

56. 马克思主义历史观、方法论与中国共产党历史、中华人民共和国历史研究

57. 对围绕中国共产党历史的错误史观、错误思潮和错误论点的评析

58. 海外对中国共产党历史、中华人民共和国历史研究评析

59. 马克思主义经典作家党建学说研究

60. 习近平总书记关于全面从严治党思想研究

61. 习近平总书记关于推进反腐倡廉建设思想研究

62. 党的纪律检查体制改革研究

63. 提高军队党的建设科学化水平研究

64. “三严三实”的科学内涵及实践意义研究

65. 党内运用批评与自我批评思想研究

66. 中国共产党党内政治生态建设研究

67. 中国共产党选人用人制度研究

68. 增强党员意识研究

69. 党的作风建设制度化规范化常态化长效化研究

70. 党的群团工作研究

71. 党内法规制度体系与国家法律法规关系研究

72. 健全以民主集中制为核心的党内制度体系研究

73. 党内提案制度研究

74. 反腐败体制机制创新研究

75. 党风廉政建设党委主体责任和纪委监督责任研究

76.《中国共产党巡视工作条例》落实研究

77.《中国共产党廉洁自律准则》落实研究

78.《中国共产党纪律处分条例》落实研究

79. 完善对各级党委主要负责人行使权力监督机制研究

80. 创新基层党建工作和夯实党执政的组织基础研究

81. 非公有制经济组织中的党组织作用研究

82. 新形势下党政机关、国有企业、社区、科研院所、高等院校党组织建设研究（分专题）

83. 依规治党与以德治党研究

84. 坚持党的领导与国家治理体系和治理能力现代化研究

85. 中国共产党提高运用法治思维和法治方式能力研究

86. 完善政绩考核评价体系和奖惩机制研究

87. 执政党的意识形态建设规律研究

88. 网络信息化条件下巩固党在意识形态领域的主导权研究

89. 国际视野下党的执政能力建设研究

90. 政党比较的科学方法研究

91. 加强和改进党对全面推进依法治国的领导研究

92. 当前反腐败斗争的新形势新特点研究

93. 新的历史条件下思想建党和制度治党研究

94. 中国共产党历次整顿工作作风的基本经验研究

95. 中国共产党早期社会建设思想研究

96. 党的建设基本理论和学科建设研究

哲学

1. 马克思主义哲学观研究

2. 马克思主义哲学方法论研究

3. 马克思主义哲学中国化时代化大众化研究

4. 马克思主义政治哲学研究

5. 马克思主义文化观研究

6. 马克思主义价值观研究

7. 马克思主义正义观研究

8. 马克思主义利益思想与当代中国利益格局研究

9. 马克思主义社会形态理论与经济发展新常态研究

10. 马克思主义哲学与公共领域问题研究

11. 马克思主义意识形态领域理论与实践问题研究

12. 马克思主义哲学经典文本、文献研究

13. 马克思主义哲学文本的汉译及其传播研究

14. 马克思主义哲学发展形态史研究

15. 马克思主义发展史与问题史研究

16. 马克思主义哲学与中国传统哲学关系研究

17. 中国马克思主义哲学史研究

18. 历史变迁与马克思主义哲学发展研究

19. 中西方马克思主义哲学比较研究

20. 国外马克思主义哲学研究

21. 世界科学技术发展与马克思主义哲学发展关系研究

22. 习近平总书记治国理政哲学方法论研究

23. 中国特色社会主义哲学基础研究

24. 中国道路的哲学研究

25. “四个全面”战略布局的哲学基础研究

26. 当代中国转型与哲学发展研究

27. 当代中国发展的现实逻辑与哲学发展研究

28. 建构当代中国社会发展新秩序的哲学研究

29. 建设中国哲学社会科学话语体系的哲学研究

30. 文明多样性与新型中国文明研究

31. 发展哲学基本理论研究

32. 中国共产党人学哲学、用哲学的历史经验研究

33. 中国哲学文献的整理和研究

34. 出土文献与中国哲学研究新进展

35. 中国哲学基本理论研究

36. 中国经典解释学研究

37. 中国传统哲学家思想研究

38. 中国传统哲学价值观研究

39. 中国生态哲学思想研究

40. 中国古代哲学与经学关系研究

41. 中国哲学特点与中华民族精神研究

42. 中国传统哲学的当代价值研究

43. 中西哲学比较研究

44. 治国理政的中国哲学智慧研究

45. 外国重要哲学家著作编译研究

46. 外国哲学史（断代、国别）研究

47. 当代国外哲学思潮、流派研究（含东、西方）

48. 当代国外哲学前沿问题研究

49. 国外部门哲学研究（含经济哲学、政治哲学、价值哲学、社会哲学、宗教哲学）

50. 国外哲学家的中国文化观研究

51. 国外对中国哲学的研究

52. 中西方哲学对话与文明互鉴研究

53. 伦理学基础理论研究

54. 马克思主义伦理学前沿问题研究

55. 中国伦理思想史研究

56. 中华传统美德研究

57. 当代中国社会道德风尚研究

58. 国外伦理思想史研究

59. 中外伦理思想比较研究

60. 应用伦理学前沿问题研究

61. 政治伦理研究

62. 现代国家治理体系和治理能力的伦理学研究

63. 当代中国慈善伦理研究

64. 数理逻辑与计算机、语言关系研究

65. 语言逻辑研究

66. 辨证思维与逻辑认知研究

67. 逻辑、名辩与因明研究

68. 日常思维的逻辑研究

69. 美学基础理论研究

70. 中国美学思想史研究

71. 传统美学精神的当代价值研究

72. 当代西方美学前沿问题研究

73. 中外审美类型研究

74. 科学哲学、技术哲学基础理论研究

75. 马克思主义技术观研究

76. 科技哲学中的方法论研究

77. 科学技术前沿问题的哲学研究

78. 认知科学哲学问题研究

79. 科学与文化关系研究

80. 当代科技伦理重大理论与实践研究

81. 经济新常态下的科技与社会发展问题研究

82. 当代国外科技哲学研究

83. 绿色发展与生态文明制度建设研究

84. 战略哲学基本理论与方法研究

85. 中外战略哲学思想史研究

86. 当代中外战略思想比较研究

理论经济

1. 当代马克思主义经济学的理论创新与发展研究

2. 马克思主义经济学的当代化研究

3. 中国经济模式的经济学理论研究

4. 中国经济学的逻辑体系与话语体系研究

5. 实现全面建成小康社会新的目标要求的路径研究

6. 实现全面建成小康社会目标与经济体制改革目标关系研究

7. “四个全面”战略布局研究

8. “五位一体”总体布局研究

9. 我国发展环境的基本特征研究

10. 适应新常态、把握新常态、引领新常态研究

11. 新常态下我国经济结构优化研究

12. 新常态下我国经济发展方式转变研究

13. 新常态下我国经济发展动力转换研究

14. 经济新常态及宏观经济政策的选择研究

15. 新常态下我国宏观调控方式创新研究

16. 新常态下中国潜在经济增速研究

17. 新常态下企业创新与企业家精神研究

18. 新常态下欠发达地区“五化同步”发展模式研究

19. 我国经济发展新常态对两岸经济合作的影响及其对策研究

20. 推进“一带一路”建设问题研究

21. 丝绸之路经济带建设与区域经济一体化的研究

22. 丝绸之路经济带“核心区”建设新思路研究

23. “一带一路”经济带建设与国内外产业的转移研究

24. 中国宏观经济分析与预测研究

25. 创新和完善宏观调控方式研究

26. 宏观综合调控目标的体制、方式研究

27. 调结构与稳增长关系的研究

28. 经济增长动力从人口红利向改革红利转变的研究

29. 中国经济增长的动力机制研究及中长期增长前景分析

30. 中国潜在经济增长率的测算及其增长要素分析

31. 确立和完善发展理念的问题研究

32. 创新发展与绿色发展的结合研究

33. 实施创新驱动发展战略研究
34. 发展分享经济研究
35. 包容性发展理论研究
36. 运用法治思维和法制方式推动发展问题研究
37. 创新驱动经济增长的制度基础与经济政策选择研究
38. 发展规划对经济发展的指导力和约束力研究
39. 深化经济体制改革的顶层设计与改革红利研究
40. 基于国家治理视角的我国财政体制改革研究
41. 加快金融体制改革研究
42. 加大结构性改革力度研究
43. 资源配置中市场作用研究
44. 市场交易中的社会信任机制与声誉问题研究
45. 要素市场体系的完善与金融体制的改革研究
46. 经济体制改革中政府与市场的关系研究
47. 社会主义市场经济条件下市场秩序的道德基础问题研究
48. 负面清单制度在公平市场准入中的作用及其机制研究
49. 发展混合所有制对社会主义基本经济制度的影响研究
50. 混合所有制经济中产权界定与保护研究
51. 深化国有企业改革的现实困难和可行路径研究
52. 鼓励民营企业依法进入更多领域问题研究
53. 优化企业发展环境问题研究
54. 个人、企业在国家创新体系中地位和作用研究
55. 收入分配格局调整与消费需求增长关系研究
56. 市场主导型环境资源政策研究
57. 产业结构调整中市场作用与产业政策作用协调研究
58. 过剩产能的市场性退出与政策性退出比较研究
59. 危机的淘汰机制与我国的产业升级研究
60. 社会经济学视角下的产业梯度转移研究
61. 发达国家产业空心化的经验教训研究
62. 从技术模仿到技术集成创新再到技术自主创新研究
63. 工业化初期、中期、后期阶段转型研究
64. 中国服务业发展与制造业增长之间的关系研究
65. 区域协调发展体制机制研究
66. 区域创新体系建设研究
67. 京津冀协同发展研究
68. 现代化新型首都圈研究
69. 历史上京津冀市场联系研究
70. 长江经济带建设研究
71. 沿海沿江沿线经济带为主的纵向横向经济轴带研究
72. 世界级城市群建设研究
73. 城市群形态演化规律研究
74. 培育若干带动领域发展增长极问题研究
75. 国家价值链重构对中西部地区的影响研究
76. 人口经济密集地区优化开发模式研究
77. 大城市辐射带动力及其实现机制研究
78. 世界经济格局新变化下两岸经济合作的战略调整研究
79. 协同推进新型工业化、信息化、城镇化、农业现代化和绿色化研究
80. 新型城镇化背景下经济发展与社会发展协调研究
81. 推进以人为核心的新型城镇化问题研究
82. 新型城镇化过程中城乡户籍制度同步改革问题研究
83. 健全城乡发展一体化体制机制研究
84. 全面建成小康社会进程中的反贫困研究
85. 推进农业现代化问题研究
86. 新型城镇化与土地制度改革问题研究
87. 土地所有制与国家、集体、个人利益机制的协调研究
88. 深化农村土地制度改革问题研究
89. 新中国农地制度沿革与变迁趋势研究
90. 建立更加公平更可持续的社会保障制度问题研究
91. 建设健康中国问题研究
92. 促进人口均衡发展问题研究
93. 促进就业和创业问题研究
94. 高等教育结构调整与大学生就业、创业关系的经济学研究
95. 教育公平背景下发展精英教育的经济学研究
96. 我国现阶段体制性隐性失业与改革释放劳动力红利研究
97. 中国“刘易斯拐点”的判断与农村剩余劳动力转移问题研究

98. 计划生育政策调整对中国经济发展的效应研究

99. 人口老龄化对未来中国经济社会的影响测度与制度设计研究

100. 少数民族地区差别化人口政策与全国人口总政策的协调发展研究

101. 构建对外开放新体系问题研究

102. 发展更高层次的开放型经济研究

103. 人民币国际化的策略研究

104. 对外开放倒逼改革的机理和效应研究

105. 促进内陆地区特别是中西部地区对外开放研究

106. 我国应对世界多极化、经济全球化趋势的策略研究

107. 我国应对 TPP、TTIP 与 RCEP 的策略研究

108. 积极参与全球经济治理和公共产品供给研究

109. 推进基础设施互联互通和国际大通道建设研究

110. 国际金融危机的新特征及我国的应对策略研究

111. 网络化与全球经济治理研究

112. 世界经济再平衡对中国经济的影响问题研究

113. 世界经济周期性波动的新特征及我国的应对策略研究

114. 生态安全问题研究

115. 绿色产业发展在“十三五”规划中的定位与作用分析

116. 推动绿色发展生产方式和生活方式问题研究

117. 文化产业与绿色产业的关系研究

118. 绿色发展中国际合作的重要性研究

119. 欠发达地区绿色发展研究

120. 推动低碳循环发展问题研究

121. 拓展蓝色经济空间研究

122. 旅游城市资源诅咒与转型研究

123. 我国积极参与全球经济治理的经济学理论基础研究

124. 我国积极倡导构建广泛的利益共同体的经济学理论基础研究

125. 我国加快对外贸易优化升级的经济学理论基础研究

126. 我国全面实行准入前国民待遇加附清单管理制度的经济学理论基础研究

127. 低碳经济与循环经济理论研究

128. 网络经济发展的经济学理论基础研究

129. 空间经济学研究

130. 西方经济学发展新动态、新趋势研究

131. 经济研究的数学化趋势、问题与经济研究方法论体系的研究

132. 经济史计量研究

133. 当代资本主义世界经济体系的变革和调整趋势研究

134. 近代金融市场发展

135. 经济（思想）史学教育在中国经济学教育中的地位研究

应用经济

1. 创新宏观调控方式研究

2. 相机调控、精准调控措施研究

3. 供给侧结构性改革研究

4. 应对经济下行中的风险研究

5. 我国近期通缩问题研究

6. 利用大数据提高宏观经济预测和决策能力研究

7. 完善税收制度促进经济转型研究

8. 税制改革中公共决策机制研究

9. 政府预算执行与经济波动研究

10. 实施跨年度预算平衡机制和中期财政规划管理研究

11. 深化市场配置要素改革研究

12. 全面放开竞争性领域商品和服务价格研究

13. 提升全要素生产率对策研究

14. 加强技术和知识产权交易平台建设研究

15. 政府和社会资本合作（PPP）模式面临问题和对策研究

16. 建立风险识别和预警机制研究

17. 地方政府在我国市场化进程中的特殊作用研究

18. 增强国有经济活力、控制力、影响力、抗风险能力研究

19. 健全国有资本合理流动机制研究

20. 引入非国有资本参与国有企业改革研究

21. 以管资本为主、加强国有资产监管研究

22. 国有企业分类改革的理论研究及其方案设计

23. 完善国有企业负责人选聘机制和薪酬制度

研究

24. 国有企业经理人的最优激励机制设计问题研究

25. 混合所有制与员工持股制度研究

26. 货币政策传导机制研究

27. 政策性金融促进稳增长研究

28. 推进汇率和利率市场化研究

29. 金融市场基准利率体系建设研究

30. 金融业双向开放研究

31. 利率市场化的策略研究

32. 深化人民币汇率形成机制研究

33. 人民币汇率风险管理工具创新研究

34. 银行的产权结构与资金的配置效率研究

35. 促进新兴金融业态健康发展研究

36. 构建金融业综合统计制度框架研究

37. 普惠金融的政策体系研究

38. 发展绿色金融研究

39. 新常态下金融服务实体经济方式创新研究

40. 防范系统性区域性金融风险的途径与措施研究

41. 跨境资本流动监测与风险防范研究

42. 互联网金融监管创新研究

43. 互联网金融发展的新趋势及其影响

44. 互联网金融与传统金融模式的冲突与融合研究

45. 互联网、企业间网络与社会资本问题研究

46. 我国金融错配问题研究

47. 完善股市基础性制度研究

48. 推进高收益债券及股债相结合的融资方式研究

49. 探索建立保险资产交易机制研究

50. 新常态下产业政策方向、作用机制调整研究

51. 新常态下财政政策促进产业升级研究

52. 产业发展链条研究

53. 构建产业新体系问题研究

54. 现行产业政策与产能过剩关系研究

55. 提高我国产业在全球价值链中的地位研究

56. 共建境外产业集聚区研究

57. 我国生产要素成本上涨与劳动密集型产业国际转移研究

58. 营造资本和技术密集型产业新优势研究

59. 提高我国制造业竞争力的战略研究

60. 中国制造业与服务业协调发展研究

61. 生态经济与战略性新兴产业发展研究

62. 战略性新兴产业的监管问题研究

63. 发展骨干文化企业和创意文化产业研究

64. 加快生产性服务业发展促进产业升级研究

65. 增加公共服务供给、创新公共服务提供方式研究

66. 营改增对服务产业转型升级影响研究

67. 科技服务业功能及供给研究

68. 城镇出租车市场新业态研究

69. 国家创新体系中个人、企业和政府作用的协调研究

70. “大众创业、万众创新”支撑平台建设研究

71. 民营企业自主创新研究

72. 小微企业发展支持政策体系研究

73. 降低企业税费负担的对策研究

74. “互联网+”背景下零售企业发展问题研究

75. 完善营商环境研究

76. 全球价值链与对外投资结构研究

77. 推进我国自贸区战略与形成高水平对外开放格局研究

78. 我国对外贸易增速下降的原因研究

79. 我国生产要素价格上涨与出口贸易增速下降关系研究

80. 增强对外投资和扩大出口结合度研究

81. 亚太自由贸易区建设研究

82. 区域全面经济伙伴关系协定谈判研究

83. TPP 对我国的影响及对策研究

84. 世界主要经济体政策溢出效应研究

85. 主要货币汇率非对称变动对我国进出口贸易结构的影响研究

86. 建立便利跨境电子商务等新型贸易方式的体制研究

87. “一带一路”建设的多边协调机制研究

88. “一带一路”建设与金融国际化的研究

89. “一带一路”战略与风险防范机制研究

90. “一带一路”战略与国际产能合作研究

91. 以互利共赢方式深化两岸经济合作研究

92. 国际货币体系和国际金融监管改革研究

93. 新形势下人民币国际化问题研究

94. 人民币加入特别提款权研究

95. 人民币汇率市场化背景下资本项目开放问题研究

96. 人民币离岸市场构建与人民币国际化分阶段

实施途径的研究

97. 我国应对税基侵蚀与利润转移问题研究

98. 近 30 年来股市危机国际比较研究

99. 绿色企业标准制定的意义与内容研究

100. 建立绿色低碳循环发展产业体系研究

101. 新能源环境效应与定价问题研究

102. 重点生态功能区实行产业准入负面清单研究

103. 山江湖一体化区域治理模式研究

104. 主体功能区生态补偿机制研究

105. 塑造区域协调发展新格局研究

106. 振兴东北体制机制创新研究

107. 推动西部地区经济发展转型研究

108. 城镇化规模标准及城镇化标准的规范化研究

109. 加快培育中小城市和特色小城镇问题研究

110. 新型城镇化的融资体系研究

111. 新型城镇化背景下地方政府债务风险管理研究

112. 推进农业标准化和信息化问题研究

113. 改革农产品价格形成机制研究

114. 农产品价格市场形成机制与保护价协调的研究

115. 农业现代流通体系研究

116. 农地改革背景下多种农业经营方式产权制度界定与流转研究

117. 新形势下粮食安全问题研究

118. 农产品质量安全全过程监管体系研究

119. 农村承包地“三权分置”内涵与实现形式研究

120. 农村宅基地转让制度改革研究

121. 农村环境污染整治对策研究

122. 完善农村集体土地所有权、承包权、经营权分置产权关系的制度研究

123. 土地产权制度改革与农民生产行为研究

124. 互联网时代农户借贷模式转型研究

125. 农民工返乡创业就业问题研究

126. 农民工举家进城落户对我国经济发展的影响研究

127. 农民工工资形成机制的变革对经济结构演进的影响机制研究

128. 结构性失业的监测和对策研究

129. 女性就业率、就业质量及发展趋势研究

130. 新常态下居民财富分配与收入分配研究

131. 缩小收入分配差距研究

132. 我国跨越中等收入陷阱对策研究

133. 新常态下劳动工资合理增长机制研究

134. 人口老龄化对财政风险影响研究

135. 消费结构升级趋势与产业结构调整研究

136. 现行标准下农村人口实现脱贫研究

统计学

1. 国民经济核算体系的开发与应用研究

2. 国民财富的统计测度研究

3. 中国历代 GDP 估算研究

4. 海洋经济核算理论与方法研究

5. 中国经济周期国际联动规律的统计研究

6. 产业升级的就业效应研究

7. 共享改革发展成果的统计测度研究

8. 我国收入差距代际传递的统计测度研究

9. 我国扶贫效果测度研究

10. 我国社会与人口核算的统计方法与应用研究

11. 我国公共服务供给的统计测度研究

12. 民生满意度评价体系研究

13. 信用等级评价标准构建及实证研究

14. 知识产权测度方法及应用研究

15. 大数据背景下的价格指数理论、方法与应用研究

16. 新常态下社会经济发展的综合评价

17. 生态环境的监测与评价研究

18. 循环经济预警系统及模型研究

19. 贝叶斯空间分层模型研究

20. 交互效应面板模型及应用研究

21. 半参数模型及其应用研究

22. 文本数据挖掘统计方法及应用研究

23. 非结构化数据的统计方法及其在社会经济中的应用研究

24. 二孩政策下人口增长模型及对社会经济的影响研究

25. 基于大数据的金融、经济及民生中关键问题的统计方法研究

26. 大数据背景下统计调查与预测方法的创新与发展研究

27. 利用大数据提高统计工作质量与效率的创新方法研究

28. 大数据背景下综合绩效统计评价的理论方法及应用研究

29. 统计方法在教育、科技等领域的应用研究

30. 统计方法在中国法制建设中的应用研究

31. 统计方法在心理测量中的应用研究

政治学

1. 习近平总书记关于社会主义政治建设讲话精神研究

2. 习近平总书记关于丰富“一国两制”实践和推进祖国统一论述研究

3. 十八大以来治国理政新理念、新思想、新战略研究

4. “四个全面”战略布局中的社会主义政治建设研究

5. 中国特色社会主义公平正义理论研究

6. 中国特色政治学话语体系构建研究

7. 持续推进简政放权研究

8. 建立事权和支出责任相适应的制度研究

9. 总体国家安全观研究

10. 实施国家安全战略与健全公共安全体系研究

11. “一带一路”战略与政府职能转变的关系研究

12. 全面建成小康社会的政治优势和实现途径研究

13. 坚持人民主体地位与人民民主制度建设研究

14. 积极营造风清气正的政治生态的途径研究

15. 坚持共享发展与实现社会公平正义的政治途径研究

16. 提升中国特色新型智库能力的路径研究

17. 全面从严治党与党内民主建设的辩证关系研究

18. 全面依法治国与提升党的治国理政能力的关系研究

19. 依规治党与建设反腐倡廉长效机制研究

20. 创新党的群众工作体制机制和方式方法研究

21. 社会组织中党的建设和功能强化研究

22. 推进人民代表履职能力建设研究

23. 完善人民代表与人民群众的联系制度研究

24. 人民政协性质定位研究

25. 积极稳妥推进人民政协协商民主建设研究

26. 协商民主与参政党关系研究

27. 新形势下执政党建设与参政党建设及其相互关系研究

28. 我国基层协商民主的制度化法治化研究

29. 新时期统一战线的理论与实践研究

30. 中国特色社会主义制度下政府与市场关系研究

31. 持续简政放权与激发市场活力和社会创造力研究

32. 健全依法行政体制机制与法治政府建设研究

33. 信访法治化制度化建设研究

34. 创新型政府的职能与体制机制研究

35. 政府责任清单制度和究责机制研究

36. 政府权力清单制度跟踪研究

37. 我国政府治理质量和效能实证研究

38. 中央与地方事权划分与区域协调发展关系研究

39. 地方政府简政放权改革研究

40. 地方政府治理绩效评估体系和评估指标研究

41. 地方政府治理制度创新路径研究

42. 实施经济社会协调发展的政治途径和机制研究

43. 中国传统国家治理制度的现代意义研究

44. 发展中国家治理方式和绩效比较分析

45. 促进区域协调发展和治理的政府协同机制研究

46. 城乡协调发展的治理体制机制创新研究

47. 城乡协调发展的基本公共服务均等化实现机制研究

48. 政府向社会力量购买公共服务的风险识别与防范研究

49. 健全优先使用创新产品、绿色产品的政府采购政策研究

50. 完善应急治理中的政府与社会组织的协同机制研究

51. 中国特色社会主义群团组织发展道路研究

52. 群团组织与社会主义民主政治建设的关系研究

53. 群团组织创新社会治理和维护社会稳定的实施机制研究

54. 群团组织培育和践行社会主义核心价值观的实施途径研究

55. 规范与协调我国劳资关系的组织机构和实施机制研究

56. 新时期我国妇女参政发展状况及其趋势研究

57. 推进社会治理精细化的体制机制创新研究

58. 构建全民共建共享的社会治理格局的路径研究

59. 建立健全社会治理的协商沟通机制研究

60. 提升我国基层群众自治的有效性途径研究

61. 新型城镇化背景下不同社区治理比较研究

62. 发挥乡规民约在农村治理中的积极作用研究

63. 农村土地多种形式适度规模经营背景下的农村治理体制改革研究

64. 加快推进户籍制度改革与居民居住证制度研究

65. 推进形成城乡基本公共服务均等化的体制机制研究

66. 明确农村基层民主治理组织结构和职能定位及相互关系研究

67. 深化农村行政执法体制改革研究

68. 边疆民族地区社会建设和治理机制研究

69. 边疆民族地区公共服务体系优化研究

70. 边疆民族地区社会矛盾化解机制研究

71. 绿色发展与政府产业政策研究

72. 环境治理与政府监测监察执法体制机制改革研究

73. 建立健全政府、企业、公众共治的环境治理体系研究

74. 完善流域生态治理体制机制研究

75. 政府信息化建设与信息服务研究

76. 建立覆盖城乡的基本医疗卫生制度研究

77. 推进人才发展体制改革和政策创新研究

78. 全球治理与国家治理改革关系研究

79. 提升我国在全球经济治理中的制度性话语权研究

80. 自由贸易区政府治理模式探索

81. 涉藏国际话语权研究

82. 政治传播与意识形态安全研究

83. 新媒体条件下政治传播与释放社会正能量研究

84. 增强公民国家意识、法治意识和社会责任意识的政治途径研究

85. 我国公民政治价值观实证调查研究

86. 经济发展新常态背景下的社会稳定维护机制研究

87. 深化社会组织管理体制机制改革研究

88. 建立健全事业单位法人治理结构研究

89. 积极参与应对全球气候变化谈判研究

90. 完善对外援助方式研究

91. 维护国际公共安全研究

92. 参与维护全球网络安全研究

93. 香港特别行政区政党政治与政治发展研究

94. 深化内地和港澳合作发展的公共政策研究

95. 澳门社团政治与协商治理机制研究

96. 台湾岛内选举政治对于两岸关系的影响分析

97. 我国侨民海外权益保障机制研究

98. 欧洲福利国家理论和制度的政治学研究

99. 推动国际反腐败合作研究

100. 转型国家治理腐败经验比较研究

101. 实施军民融合发展战略的体制机制和公共政策研究

102. 政治学新兴学科发展研究

法学

1. 马克思主义法治观研究

2. 马克思主义法学理论前沿问题研究

3. 习近平总书记全面依法治国思想研究

4. 中国特色社会主义法律体系研究

5. 中国特色社会主义法治理论体系研究

6. 中国特色社会主义市场经济法治体系研究

7. “两个一百年”奋斗目标与法治中国建设目标问题研究

8. 加快建设法治经济和法治社会研究

9. 社会主义核心价值观与法治文化建设研究

10. 推进社会主义司法文明研究

11. 加强重点领域立法与完善中国特色社会主义法律体系问题研究

12. 包容性法治国家研究

13. 推进社会治理法治化问题研究

14. 社会风险法律防控体制研究

15. 互联网法治问题研究

16. 实现政府活动全面纳入法治轨道研究

17. 依法执政实施方式和实现途径问题研究

18. 依规从严治党与依法从严治党相结合的机制研究

19. 坚持和完善党对法治的领导问题研究

20. 国家法治、地方法治、社会法治协调发展问题研究

21. 我国地方法治建设与区域协调体制研究

22. 社会主义法治示范区问题研究

23. 少数民族自治区域的社会治理法治化研究

24. 推进县域治理法治化研究

25. 司法实践中政治与法治关系研究

26. 不成文规则、规矩、惯例、习惯问题研究

27. 社会转型时期法学阶级分析方法的发展研究
28. 博弈论与法律制度设计研究
29. 法治与反腐倡廉长效机制建设研究
30. “四个全面”与中国人权发展战略问题研究
31. 依法治军与完善中国特色军事法治体系研究
32. 法律职业伦理问题研究
33. 完善国家统一法律职业资格制度研究
34. 法律政策性别平等评估机制的理论与实践研究
35. 宪法文化史研究
36. 权利本位论的学术史研究
37. 法律仪式的文化渊源研究
38. 新中国刑法史研究
39. 法律史视野下的中国民法法典化问题及对策研究
40. 中国古代律学成就研究
41. 中国古代法治元素与法治现代化研究
42. 清末国际法传播与中国国家建设研究
43. 近代中国行政诉讼法制的生成研究
44. 州县司法档案整理中的问题研究
45. 罗马法的社会文化法律史研究
46. 依宪执政基本理论问题研究
47. 完善宪法实施与宪法监督制度问题研究
48. 立法体制改革问题研究
49. 加快重点领域立法、坚持立改废释并举研究
50. 国家治理现代化过程中法院功能的实证研究
51. 民法典编纂中的宪法问题研究
52. 宪法解释学的体系与方法研究
53. 信访制度的法治化问题研究
54. 人权发展与国家责任研究
55. 民族区域自治与国家观念研究
56. 中国特色反腐败国家立法问题研究
57. 中华人民共和国行政程序法研究
58. 行政决策程序与责任研究
59. 政府权力与责任清单制度研究
60. 市场监管法律体系改革与创新研究
61. 行政执法体制机制改革问题研究
62. 区域合作与区域行政协议研究
63. PPP 模式运行中法律问题与对策研究
64. 新行政诉讼法实施问题研究
65. 行政协议效力研究
66. 行政许可撤回、撤销与注销研究
67. 违法行政行为撤销与信赖利益保护关系研究
68. 社会治安防控体系建设研究
69. 网络空间中的言论自由与法律规制研究
70. 律师职业行为规范体系建构研究
71. 民法典各编的完善与发展研究
72. 营商环境法治化研究
73. 政府补贴法律规制研究
74. 产权保护法制化问题研究
75. 市场作用约束的法律制度研究
76. 混合所有制的法律形式与法律机制研究
77. 资本认缴制与交易安全研究
78. 资本市场风险的法律控制
79. 国有垄断企业市场化改革中的法律问题研究
80. 经济法责任的类型化研究
81. 我国价格法的修订研究
82. 社会保险经办机构的性质与定位研究
83. 商业保险与社会保险冲突的法律协调机制研究
84. 公益性国有企业法律制度研究
85. 困境企业再生的法律机制研究
86. 我国商事惯例的理论与实践研究
87. 我国事业单位法人制度研究
88. 农村土地法律制度研究
89. 互联网环境下民事权益保护研究
90. 互联网金融的准入与监管研究
91. 电子商务与大数据交易法律的研究
92. 反不正当竞争法实施与改革研究
93. 知识产权法与民法典关系研究
94. “中国制造 2025”知识产权战略实施问题研究
95. 知识产权案例指导制度研究
96. 标准必要专利与反垄断法研究
97. 专利贸易相关法律的研究
98. 公共安全视野下的个人信息保护研究
99. 生育制度改革与婚姻家庭法的完善
100. 民法典制定中婚姻家庭关系研究
101. 留守儿童、老人权益保障研究
102. 退休与休假制度研究
103. 继承制度完善研究
104. 中国慈善组织发展的法制环境研究
105. 中国扶贫工作法治化的体制与机制研究
106. 分享经济中的劳动关系治理研究
107. 出租车市场的规制与竞争研究
108. 西方民商法前沿问题研究

109. 刑法立法科学化研究
110. 自由刑制度改革研究
111. 行政处罚与刑罚关系研究
112. 规范量刑研究
113. 网络安全的刑法保障研究
114. 中国刑法修正中的犯罪化与非犯罪化研究
115. 非法经营罪研究
116. 环境行政执法与刑事司法衔接机制研究
117. 特赦制度化、规范化问题研究
118. 有组织犯罪的相关问题研究
119. 终身监禁制度研究
120. 非拘禁刑法措施最低限度标准研究
121. 当代中国死刑制度改革研究
122. 国际追赃追逃问题研究
123. 反恐的国内法与国际法协调问题研究
124. 司法责任与保障机制研究
125. 专业法院、专门法庭设置的相关问题研究
126. 法官遴选、晋升与惩戒机制研究
127. 完善刑罚执行制度研究
128. 刑事诉讼控辩机制研究
129. 中国刑事诉讼证明标准重构的层次性与可操作性研究
130. 民事诉讼重复起诉规制问题研究
131. 民事诉讼瑕疵行为及其处置研究
132. 庭审质证规则相关问题研究
133. 人民陪审员制度改革研究
134. 法官认定案件事实的心理制约因素研究
135. 既判力制度研究
136. 审判权与执行权关系研究
137. “另案处理”问题研究
138. 认罪认罚处理机制研究
139. 要件事实审判方法研究
140. 刑事司法与公民基本权利问题研究
141. 指定监视居住存在的问题及其对策研究
142. 农村法律服务现状调查与法律服务体系构建研究
143. 民族地区基层法官队伍现状研究
144. 国际或区际司法协助法制建设研究
145. 法治中国建设中的国际法治思维研究
146. 全球治理变革与国际法治建设问题研究
147. 全球治理下国际私法的功能定位研究
148. 国际条约法的最新发展研究
149. “一带一路”战略中投资便利法律制度研究
150. “一带一路”战略下国际工程承包法律问题研究
151. “一带一路”沿线国家国别国际私法研究
152. “一带一路”战略实施中的司法协助研究
153. 中国—东盟区域经济一体化法治建设研究
154. 中日韩自贸区法律问题研究
155. 中美投资协定相关法律问题
156. 亚洲基础设施投资银行相关法律问题研究
157. 北极航道利用的国际法问题研究
158. 南海仲裁对策措施研究
159. 应对 TPP 与 TTIP 对策措施研究
160. 人民币加入特别提款权的法律问题及对策研究
161. 应对全球气候变化的国际法问题研究
162. 中国外交法制建设研究
163. 国际追逃追赃法律问题研究
164. 全球化背景下国际人道法的趋势与挑战研究
165.《涉外民事关系法律适用法》实施问题研究

社会学

1. 马克思主义社会学理论研究
2. 新时期中国社会阶层结构变迁趋势研究
3. 新时期社会组织发展战略研究
4. 中国现阶段社会矛盾演化趋势研究
5. 社会体制改革创新研究
6. 社会事业开放创新研究
7. 创新社会治理体制研究
8. 经济发展模式对城市社会治理模式的影响研究
9. 城乡要素平等交换、合理配置和基本公共服务均等化研究
10. 住房制度改革研究
11. 公众创业意识与行为研究
12. 提高社会横向和纵向流动性研究
13. 财政的社会过程与高科技产业发展研究
14. 改善二次分配促进社会公平研究
15. 统一社会信用代码制度和相关实名登记制度研究
16. 政府职能转型、官员任期规则与公共品提供研究
17. 我国政府购买公共服务制度实践中的政社关系研究
18. 城乡公共产品均等化供给的内容、步骤、目

标模式研究

19. 新时期生态文明建设的路径、手段研究
20. “城市病”防范与治理研究
21. 健全环境信息公布制度研究
22. 我国城市化发展与生态环境安全耦合协调度评价研究
23. 实现政府治理和社会调节、居民自治良性互动研究
24. 新型城镇化行政管理体制创新研究
25. 社会性别视角下的社会治理研究
26. 公共性与城市基层社会治理研究
27. 城市空间规划与居民健康增进研究
28. 城乡社区建设内容体系的结构与功能研究
29. 城乡社区建设中信息化与社会资源公平配置研究
30. 社区建设中的“三社联动”体制与机制创新研究
31. 市民化与农民工的社区认同研究
32. 社会资本理论视野下的社区空间研究
33. 社区社会资本与老龄健康研究
34. 青年社会组织与社区粘性发展路径及政策研究
35. 大城市生人社会的熟人社区建设研究
36. 少数民族地区城乡关系问题研究
37. 来华国际移民的移民体系和融入适应研究
38. 中国社会工作发展模式研究
39. 中国社会工作职业制度体系研究
40. 社会工作本土化的理论与实践研究
41. 政府购买社会工作服务的成效与问题研究
42. 社会工作介入特殊群体的途径和模式研究
43. 社会工作介入灾害应急服务机制研究
44. 志愿者人才队伍建设问题研究
45. 我国精神卫生服务质量评价指标体系研究
46. 渐进式延迟退休年龄政策研究
47. 建设多层次养老服务体系研究
48. 职业年金、企业年金、商业养老保险研究
49. 人口老龄化问题研究
50. 特大城市社会养老的公共政策创新研究
51. 高龄、失能老人的“智慧社区”养老模式研究
52. 农民工回流与农村养老问题研究
53. 社会养老保险对农村养老模式的影响研究
54. 农民工养老保障制度并轨研究
55. 老龄化背景下妇女生存发展状况研究
56. 婚姻挤压问题研究
57. 优化人力资本配置研究
58. 着力解决结构性就业矛盾研究
59. 我国劳动力迁移体系研究
60. 就业失业统计指标体系研究
61. 劳动者就业质量评价研究
62. 新社会群体的工作质量研究
63. 技术进步、职业变迁与大学生就业问题研究
64. 经济新常态与劳务移民就业问题研究
65. 企业组织制度和权威关系结构研究
66. 当前农村改革政策系统性、整体性、协同性研究
67. 基层政府行为与当前农村改革政策推进模式研究
68. 农民工市民化的制度设计研究
69. 征地补偿与社会冲突问题研究
70. 农地“三权分置”与农村基层权力结构变迁研究
71. 农地确权、流转与新型农业经营主体培育研究
72. 推进农村土地流转中农民意愿及政策创新研究
73. 中国农村“三留守”问题研究
74. 农村低保政策改革研究
75. 传统村落文化保护与美丽乡村建设研究
76. 解决区域性整体贫困研究
77. 贫困退出机制的评估研究
78. 精准扶贫与农村社区发展研究
79. 生态文明建设与贫困地区可持续发展研究
80. 资源型城市贫困问题研究
81. 微信群的社会功能研究
82. 虚拟社会结构研究
83. 大数据分析平台下社会矛盾预警研究
84. 互联网对社会的变革性影响研究
85. 金融社会学理论和方法研究
86. 金融资产“社会化”趋势及其影响研究
87. 发展消费驱动型经济的社会学研究
88. 中国“汽车社会”实证研究
89. 疾病、健康与休闲的社会学分析
90. 中国城乡社会底层心态研究
91. 群体危机后的心理重建与修复研究
92. 中国民间社会史研究

93. 历史社会学实证研究
94. 社会变迁中的空间记忆与文化传承研究
95. 社会变迁与生活价值观研究
96. 文化产品公共性的社会学分析
97. 家庭功能变迁与我国家庭政策重构研究
98. 后人口转变时期的家庭政策比较研究
99. 儿童福利的国际比较研究
100. 构建儿童安全保护体系研究
101. 城乡统筹视阈下中国禁毒政策研究
102. 乡村社会变迁与女性犯罪研究
103. 行为习惯、地区差异与女性健康维护的技术路径研究

人口学

1. 新时期我国人口发展战略目标研究
2. 中国人口负增长研究
3. 全面实施一对夫妇可生育两个孩子政策研究
4. 完善人口发展战略研究
5. 建立国家人口基础信息库研究
6. 支持“全面两孩”政策实施的社会政策研究
7. “全面两孩”政策实施效果及影响因素研究
8. “全面两孩”政策后中国生育率变动趋势研究
9. “全面两孩”政策实施后妇女生育水平及其决定因素研究
10. “全面两孩”政策与我国女性就业参与问题研究
11. 新生儿出生缺陷预防与我国人口素质提升问题研究
12. 我国的生育成本及其影响因素研究
13. 二孩生育意愿及影响因素研究
14. 低生育水平下的计划生育研究
15. 家庭生育决策研究
16. 代际利益模式转变对生育的影响
17. 中国死亡数据质量与死亡水平研究
18. 婴儿死亡率研究
19. 我国流动人口市民化的体制和机制研究
20. 流动人口的社会融合研究
21. 中国人口空间变动与城镇化问题研究
22. 区域人口迁移流动及其影响研究
23. “十三五”规划的实施对人口流动和再分布的影响研究
24. 深化户籍制度改革背景下居住证实施模式与效果研究
25. 人口空间流动与区域均衡发展研究
26. 性别失衡社会的重大问题与应对研究
27. 老龄社会进程与我国养老服务体系研究
28. “十三五”期间养老需求与养老产业发展的对策研究
29. 世界各国人口结构老龄化对策的比较
30. 城乡空巢老人家庭支持与社会支持的平衡机制研究
31. 我国社会化养老服务体系建设研究
32. 人口老龄化背景下养老模式变化趋势研究
33. 我国家庭结构演变与家庭发展问题研究
34. 中国人口的婚姻模式演变研究
35. 我国劳动力老化与经济增长问题研究
36. 渐进式延迟退休年龄政策对我国劳动力市场的影响机制研究
37. 我国劳动力人口素质和结构变化对生产率的影响研究
38. 人口和经济新常态对妇女就业的影响研究
39. 社会经济转型背景下人口健康问题的演化研究
40. 老龄化、生育政策调整对房地产行业的影响研究
41. 中国人口转变与跨越中等收入陷阱研究
42. 人口与资源、环境可持续发展研究
43. 人口发展新形势与经济增长关系研究
44. 新常态下的中国人口均衡发展研究
45. 中国城乡发展差异与提升人口素质的战略研究
46. 计划生育服务管理改革研究
47. 奖励扶助制度改革研究
48. 中国计划生育历程回顾与评价
49. 我国民族人口发展研究
50. 少数民族人口迁移与流动特征研究
51. 我国人口变动对国防人力资源开发影响研究
52. 马克思主义人口观研究
53. 当代中国人口理论变化及其政策影响研究
54. 人口行为理论与实证研究
55. 人口普查的新理论和新方法研究

民族问题研究

1. 马克思主义民族理论研究
2. 中国特色民族团结理论与实践研究
3. 中华民族共同体精神研究
4. 民族区域自治演变研究
5. 新时期民族政策和宗教政策研究

6. 现阶段我国边疆民族地区稳定研究

7. 全面建成小康社会与各民族人民共享发展研究

8. 全面依法治国与贯彻落实民族区域自治法研究

9. 东南沿海民族地区率先全面建成小康社会可行性研究

10. 人口较少民族率先全面建成小康社会可行性研究

11. “兴边富民”与“一带一路”建设研究

12. 西部地区加快发展与协调发展的关系研究

13. 民族地区绿色发展与生态保护研究

14. 少数民族地区“精准扶贫、精准脱贫”研究

15. 少数民族地区基本民生保障研究

16. 少数民族就业培训与创业扶持研究

17. 民族团结进步示范区建设研究

18. “依法治藏、富民兴藏、长期建藏”理论研究

19. 草原文化与“中蒙俄经济走廊”建设研究

20. 陆路边境地区构建“口岸文化”研究

21. 民族地区主体功能区规划和建设研究

22. 少数民族特需用品创新发展研究

23. 少数民族传统医药创新发展研究

24. 民族地区特色优势产业现状与发展调查研究

25. 城镇化中的少数民族流动人口管理研究

26. 少数民族传统生态价值观及其现代意义研究

27. 民族地区生态移民村与“美丽宜居乡村”研究

28. 命名“少数民族特色村寨”永续发展调查研究

29. “一带一路”建设与少数民族地区文化优势研究

30. 边疆地区双向开放的“民心相通”研究

31. 少数民族地区培育新型文化业态研究

32. 中国少数民族史（志）研究

33. 少数民族文字珍善本的搜集、整理和研究

34. 当代西方马克思主义对民族问题的理论观点研究

35. 欧洲“难民危机”与极右翼势力问题研究

36. 西方国家多元文化主义政策及其当代困境（地区、国别）

国际问题研究

1. 马克思主义国际关系理论研究

2. “三个世界划分”理论的当代意义研究

3. 习近平总书记关于走和平发展道路思想研究

4. 习近平总书记外交理念研究

5. 习近平总书记“人类命运共同体”战略思想研究

6. 全球化背景下的大国外交研究

7. 全球化背景下国家、地区、世界三者关系的研究

8. 经济全球化之后的世界秩序研究

9. 双边、多边、区域次区域开放合作研究

10. 西方主导下的国际规制和体系研究

11. 联合国在全球治理中的作用和地位

12. 中国实现“两个一百年”的国际战略环境研究

13. 中国外交的基本理论与政策研究

14. 国际关系理论中的话语体系研究

15. “颜色革命”战略与对策研究

16. 美国的全球及主要大国战略研究

17. 全球网络安全研究

18. 国际能源供给的稳定性研究

19. 全球财富占有与贫富差距现状及其发展趋势研究

20. 美元和欧元两大货币体系研究

21. 国际金融体系改革研究

22. 各主要国家马克思主义和左翼思潮研究

23. 各主要国家共产党现状及发展趋势研究

24. 西方国家在金融危机之后的制度反思研究

25. 极端势力的兴起原因及其冲击后果研究

26. 国际太空竞争与竞争规制研究

27. 跨国人口迁移的动因及其影响研究

28. 构建世界经济体系研究

29. “一带一路”建设的机遇与风险评估研究

30. 华人经济在中国“一带一路”建设中的助推作用研究

31. 领海冲突与维权国际典型案例的比较研究

32. 周边国家的发展资源现状及其对资源需求的演化方向研究

33. 周边国家依靠外部生产要素的现状及其演化的方向研究

34. 国际海洋开发利用的典型案例研究

35. 强化中国与周边国家经济纽带的策略研究

36. 我国实施自由贸易区战略研究

37. 中国东盟自由贸易区建设问题研究

38. 中国东北亚次区域合作战略与对策研究

39. 亚洲区域经济一体化与跨区域合作研究

40. 人民币在周边国家结算研究

41. 美元在周边国家使用状况及对经济影响的调查研究

42. 周边国家金融现状及发展趋势研究

43. 发挥亚洲基础设施投资银行作用研究

44. 周边国家贫富差距现状及发展趋势研究

45. 中国与周边国家构筑利益共同体研究

46. 我国与周边国家人文交流的现状及作用研究

47. 按照亲、诚、惠、容的理念塑造周边环境研究

48. 中国与周边国家的团结合作研究

49. 中国与周边国家的互联互通建设研究

50. 中国与周边国家的安全合作框架研究

51. 西亚“阿富汗－伊拉克－伊朗”走廊的形成与未来影响研究

52. 缅甸现状与前景研究

53. 周边国家环境保护现状及对我国环境影响的研究

54. G7 与 20 国集团研究

55. 丝绸之路经济带建设同欧亚经济联盟对接合作研究

56. 欧盟的全球治理观研究

57. 欧盟的新安全战略研究

58. 欧盟的东向战略与中国“一带一路”的结构性对比研究

59. 欧盟内部对“一带一路”不同态度的研究

60. 德国在欧盟内地位和作用变化的研究

61. “后危机时代“欧盟的发展前景及其对中欧关系的影响研究

62. 中欧在国际金融体系改革中的合作研究

63. 中欧在非洲事务中的合作研究

64. 欧洲难民危机后欧洲一体化前景研究

65. 美国和欧盟的国家创新机制研究

66. 美欧关于信息化推动经济社会变革的思考与理论研究

67. 美欧关于推动信息化治理网络犯罪的举措研究

68. 美国的全球治理观研究

69. 美国“塑造战略”的经验教训研究

70. 美联储对境外美元的管理机制研究

71. 美国向世界提供公共产品的过程研究

72. 美国国内政治潜流对美国未来政治生态的影响研究

73. 美国利用网络、媒体操纵舆论的典型案例研究

74. 美国大片及其意识形态研究

75. 第五纵队研究

76. 发达国家环保举措研究

77. 发达国家拓展新发展空间的典型案例研究

78. 发达国家领土整治的经验教训研究

79. 发达国家社会保障及养老制度研究

80. 发达国家绿色经济政策研究

81. 发达国家对外非政府组织的现状及其功能研究

82. 发达国家对外援助的现状及其功能研究

83. 发达国家的宗教组织现状及其对外功能研究

84. 中国与发达国家构筑利益共同体研究

85. 大国取得国际规则制定权的典型案例研究

86. 国际自由贸易区建设发展经验研究

87. 区域经济一体化的经验与教训研究

88. 古巴社会主义模式“更新”研究

89. 亚洲社会主义国家命运共同体研究

90. 中俄两国软实力比较研究

91. 推动中俄全面战略协作伙伴关系深入向前发展研究

92. 中亚国家划界问题对中国的影响

93. 中印领土争端问题研究

94. 国际战略格局变化与中印关系

95. 中国参加极地开发的理论及实践研究

96. 中国与非洲国家建立利益共同体研究

97. 中国“走出去”战略在非洲面临的风险及对策研究

98. 拉美国家依靠外部市场要素的现状及其发展趋势

99. 中国与拉美国家构筑利益共同体研究

100. 中国与拉丁美洲经贸关系研究

101. 拉美加勒比共同体、中拉论坛与中拉合作的前景

102. 古美关系与美拉关系的发展及其对中国的影响

103. 拉美一体化进展、面临的挑战与前景

104. 推动金砖国家在国际事务中发挥积极和建设性作用研究

105. 金砖国家社会制度创新成果跟踪研究

106. 中国与金砖国家构筑利益共同体研究

107. 金砖国家银行作用研究

108. 中国与金砖国家参与全球治理的路径研究

109. 新兴经济体国家发展需求与现有国际秩序潜在冲突研究

110. 新兴经济体国家依靠外部生产要素的现状及其演化的研究

111. 有利于新兴经济体发展的国际规制研究

112. 新兴经济体长期增长问题研究

113. 中国与新兴市场国家的团结合作研究

114. 中国“走出去”战略在金砖国家的现状

115. 新兴经济体与世界格局研究

116. 新兴经济体之间的协调机制及应对研究

117. 国际有影响的环保组织研究

118. 中外环保理念对比研究

119. 中国国家安全战略研究

120. 经济全球化背景下的中国产业安全研究

121. 中国石油、粮食、水等资源安全问题研究

122. 中国开拓“两洋”出海大通道战略问题研究

123. 中国海外投资的国家战略规划与风险防范研究

124. 世界大国中亚战略对我丝绸之路经济带的影响研究

125. 境外非政府组织在我国的现状及作用研究

126. 美国“亚太再平衡”战略对中国地缘政治的影响

127. 世界宗教格局变化的前景及中国应对的战略与策略

128. 中国与不同国家在全球治理加强合作的必要性和可行性研究

129. “伊斯兰国”崛起与国际反恐新形势

130. 伊斯兰世界与西方的文化差异与矛盾研究

131. WTO 与 TPP 及 TTIP 规则及对我国影响研究

中国历史

1. 唯物史观与中国历史社会形态研究

2. 唯物史观与近代中国社会进程基本线索研究

3. 唯物史观与现代史学建构研究

4. 历代国家治理制度研究

5. 历代社会危机与政府应对研究

6. 历代奖惩制度研究

7. 历代官场贪腐与反贪腐研究

8. 历史时期我国西部地区边疆治理与国家安全研究

9. 中国传统文化核心价值研究

10. 传统天下观的形成与演化过程研究

11. 历史时代民族英烈宣传与社会价值观形成的历史经验研究

12. 民族融合与中华民族的形成研究

13. “丝绸之路”与华夏文明传播研究

14. 历史时期“丝绸之路”经济贸易与文化交流研究

15. 历代政府治理环境的措施及其经验教训研究

16. 历史时期移民与民族融合、社会治乱研究

17. 古代长江流域与黄河流域的政治经济文化关系研究

18. 中国畜牧业史研究

19. 中国传统商帮兴起发展与地域特色文化演进研究

20. 商周社会形态研究

21. 秦以降官民祭祀礼仪研究

22. 秦简所见地方行政制度研究

23. 汉唐地方史志资料的整理与研究

24. 安史之乱对唐代仕宦阶层的影响研究

25. 敦煌吐鲁番文书研究

26. 北族王朝地方政务运行机制研究

27. 四至九世纪的皇权与军事制度的变革研究

28. 辽宋夏金元时期中国文化的融合与发展研究

29. 宋元明古籍公文纸本文献整理与研究

30. 明朝嘉靖年间“倭乱”再研究

31. 明朝万历年间援朝战争研究

32. 明清到民国时期中国与南部、西南领邦关系研究

33. 明清时代中国西南部地区的开发与改土归流研究

34. 明清时期民族融合和国家认同研究

35. 青藏高原古代社会经济研究

36. 历史上中国、日本、琉球关系研究

37. 明清以来海洋管理研究

38. 清代海洋灾害及社会救助研究

39. 明清与民国时期我国城镇发展与区域经济、文化演进关系研究

40. 清代与民国时期西藏与中央政府关系研究

41. 晚清民国时期经学史、学术史研究

42. 民国时期南海档案史料的整理与研究

43. 近现代中日关系的历史症结与历史观研究

44. 近代以来有关民族复兴的思想主张研究

45. “大分流”大辩论与国际史学发展新潮流研究

46. 20 世纪中国民族政策的演变

47. 近代选举制度及其运作研究

48. 近现代中国乡村治理的历史演变研究

49. 近代中国农村土地占有研究

50. 近代中国股票研究

51. 近代以来大宗档案文献资料的整理与研究

52. 近代中国内政与外交互动关系研究

53. 近代中国的民族国家认同研究

54. 近代以来京津冀一体化历史进程研究

55. 近代水资源与城市环境研究

56. 近代中国社会环境的历史变迁研究

57. 近代中国的重要概念与观念研究

58. 民国时期中国知识界关于社会主义道路的研究

59. 清末民国时期的中国历史教科书与中华民族认同研究

60. 新式印刷业与近代知识空间的拓展研究

61. 民国时期社会史大论战研究

62. 中国现代化进程与传统文化的扬弃研究

63. 世界反法西斯战争东方主战场研究

64. 抗战时期重大事件、重要党派、重要人物研究

65. 抗战时期局部抗战和全国性抗战关系研究

66. 抗战时期正面战场与敌后战场战略配合作用研究

67. 抗日民族统一战线史研究

68. 抗战时期的投降与反投降斗争研究

69. 抗战时期中国文化教育问题研究

70. 抗战时期中国国际地位变迁研究

71. 南京大屠杀微观史研究

72. 抗日战争胜利后的接收问题研究

73. 中国与二战后世界秩序构建研究

74. 抗日战争资料收集、整理与研究

75. 台湾光复后的台湾问题研究

76. “台独”势力形成研究

77. 毛泽东与中国共产党建国方略的形成与实践研究

78. 20 世纪 50 年代国家工业化战略与工业基地建设研究

79. 改革开放前后两个历史时期的经济发展关系研究

80. 新中国农垦史研究

81. “三线建设”研究

82. 当代中国国防尖端科技与国民经济良性互动的历史经验研究

83. 中国协商民主制度历史发展研究

84. 集体化时代的农村社会与新农村建设研究

85. 新中国历史教科书研究

86. 改革开放以来城市发展与社会变迁研究

87. 历史虚无主义本质及其表现形式研究

世界历史

1. 西方史学的重大理论问题研究

2. 古代帝国史研究

3. 世界古代中世纪史专题研究

4. 非洲史研究

5. 拉美史研究

6. 环地中海地区史研究

7. 国别史研究（侧重周边国家与研究基础薄弱的国家）

8. 世界历史进程中的农民战争研究

9. 帝国主义文化侵略的历史研究

10. 中国人民抗日战争在世界反法西斯战争中的地位作用研究

11. 抗日战争时期国际关系研究

12. 日本资本主义的发展与对外扩张研究

13. 日本侵华外文史料编译与研究

14. 对西方“颜色革命”的历史考察

15. 20 世纪世界各国共产党史研究

16. 世界历史上的爱国主义精神研究

17. 陆、海丝绸之路与中外经济文化交流

18. 科技进步与历史变革研究

考古学

1. 旧石器时代人类技术与生存模式研究

2. 旧、新石器时代过渡遗存研究

3. 史前聚落研究

4. 史前至夏商周时期考古学文化研究

5. 夏商周时期城址研究

6. 秦汉至明清时期城镇的考古学研究

7. 汉代之前的中外文化交流

8. 古代丝绸之路（陆路、海路）的考古学研究

9. 古代手工业的工艺技术研究

10. 古代宗教遗存的考古学研究

11. 科技考古相关问题研究

12. 中华民族形成与发展的考古学研究
13. 外国考古学研究
14. 考古学理论与考古学史研究
15. 国内、外遗址保护与利用的案例研究
16. 申遗及国家考古公园备选遗址的价值研究
17. 重要考古遗址发掘资料的整理与研究

宗教学

1. 马克思主义经典作家无神论思想研究
2. 马克思主义宗教观当代发展研究
3. 习近平总书记关于宗教工作系列论述研究
4. 中国特色社会主义宗教理论体系研究
5. 积极引导宗教与当代中国社会相适应方法研究
6. 我国宗教坚持中国化方向的理论与实践研究
7. 宗教工作法治化研究
8. 宗教与国家认同问题研究
9. 国法与教规关系问题研究
10. 宗教在当代中国社会的定位及作用研究
11. 无神论思想、理论及其宣传研究
12. 中外无神论及宗教批评历史研究
13. 当代中国政教关系研究
14. 我国历代政府对宗教事务管理研究
15. 宗教与文化发展战略研究
16. 宗教学学科史及理论创新研究
17. 世界宗教与当代社会关系研究
18. 世界宗教未来发展趋势研究
19. 宗教因素对当前我国周边国家外交影响研究
20. 中国宗教“走出去”的理论与实践研究
21. 中国本土宗教与外来宗教关系研究
22. 中国宗教信仰传统的现代性问题研究
23. 少数民族宗教与儒释道关系研究
24. 中国少数民族地区多元信仰研究
25. 古今中国宗教产权关系研究
26. “一带一路”沿线国家宗教状况研究
27. “一带一路”与中外宗教对话研究
28. 中国宗教生态思想研究
29. 中国传统宗教与中医治疗关系研究
30. 宗教心性修养与现代养生文化关系研究
31. 中国古代宗教科技史料的收集整理研究
32. 宗教比较与对话发展研究
33. 中外文化传播与宗教关系研究
34. 边疆宗教治理研究
35. 城镇化与宗教发展研究
36. 港澳台及海外华人宗教发展走向研究
37. 儒家思想宗教因素的发展演变研究
38. “世界佛教论坛”的国内外影响研究
39. 佛教发展的历史与现状研究
40. 中外古典汉文佛学经典整理与研究
41. 梵藏汉大乘佛教经论原典整理与研究
42. 藏传佛教汉地传播研究
43. 藏传佛教国际影响的未来走向研究
44. 丝绸之路与佛教传播研究
45. 国内外道教发展现状研究
46. 国外道教经典译介及道教学术发展研究
47. 道教与民俗研究
48. 民间道教文献的收集整理研究
49. 道教音乐与科仪研究
50. 中国当代社会民间信仰状况研究
51. 基督教“中国化”理解研究
52. 基督教与国际关系研究
53. 基督教历史、思想及文献研究
54. 丝绸之路与基督教传播发展及中外文化交流研究
55. 中国基督教资料库及数字化建设研究
56. 伊斯兰教国际影响研究
57. “一带一路”战略与周边地区伊斯兰教发展研究
58. 中国伊斯兰教历史与未来发展研究
59. 伊斯兰教经典整理及诠释研究
60. 新兴宗教与当代社会关系研究

中国文学

1. 习近平总书记在文艺工作座谈会上重要讲话精神研究
2. 马克思主义文学理论中国化研究
3. 中国特色社会主义文论话语体系研究
4. 中华美学精神与文学发展研究
5. 继承中国优秀传统文论遗产研究
6. 批判借鉴外国文艺理论研究
7. 文学理论与文学批评关系研究
8. 网络文学的促进和管理方式研究
9. 当代中国美育话语体系构建研究
10. 经典作家作品研究
11. 中国古代文学与当代核心价值观建设研究
12. 中国古代文学与当代文化发展研究
13. 中西文学史观的历史考察与比较研究
14. 中国古代文学经典化问题研究

15. 中国文学史中重要文学现象研究
16. 中国古代文学文献研究
17. 中国共产党文学传统及经典文学作品研究
18. 中国当代文学创作的历史意识与历史观研究
19. 现当代文学重大理论问题研究
20. 现当代文学与中国现当代史关系研究
21. 现当代文学艺术创新与继承优秀传统文化研究
22. 现当代文学研究中的历史虚无主义现象批判研究
23. 现当代文学实践的评论研究
24. 现当代文学的资料整理与研究
25. 中国当代古代文学研究中的虚无主义现象批判研究
26. 中国女性文学场域的多样化策略与发展前景研究
27. 马克思、恩格斯与比较文学研究
28. 近十年比较文学研究的新问题、新方法研究
29. 20 世纪主要文学理论流派中的比较文学资源研究
30. 文化研究对比较文学的影响
31. 比较文学中的民族性问题研究
32. 西方优秀经典的中国影响研究
33. 中国跨境民族文学现状与发展研究
34. 20 世纪少数民族文学推动各民族进步作用研究
35. 当代中国少数民族文学批评话语及本土理论研究
36. “一带一路”各民族口传文学资料库建设研究
37. 中国人口较少民族文学资料（含传承人）整理与研究
38. 民族电影与国家文化战略研究
39. 电影与历史书写研究
40. 电影与民族性格的塑造研究
41. 电影评论的类型和功能研究
42. 20 世纪 50—70 年代中国电影的美学意义研究

外国文学

1. 外国文学经典作家作品研究
2. 外国文学理论流派思潮及重要批评家研究
3. 国别、语种或区域文学史、断代史研究
4. 文学体裁或类型研究
5. 文学与市场关系研究
6. 中外文学关系研究
7. 文学翻译研究
8. 比较诗学与文学批评方法研究
9. 中国文论外译研究

语言学

1. 中国语言资源保护的理论与实践研究
2. “一带一路”沿线国家语言政策与规划研究
3. 中国境内语言类型特征及语言普遍现象研究（汉语、各少数民族语言）
4. 汉语意合语法和形式语法比较研究
5. 类型学背景下的汉语词类新探索
6. 语法、语义、韵律的互动研究
7. 结合语法词汇发展特点的汉语语音研究
8. 语言接触与地点方言演变研究
9. 汉语方言特征研究（区、片、边界点等）
10. 汉语方言多功能虚词的语义与语用研究
11. 分省方言地图集
12. 分语种少数民族语言地图集
13. 阿尔泰语系三大语族亲缘、接触关系历史研究
14. 汉藏历史比较语言学研究
15. 稀有历史文献资料的发掘整理及相关语言历史研究
16. 汉字与汉语关系研究
17. 汉字构形理论与应用研究
18. 汉语国际教育的发展对策研究
19. 汉语作为第二语言习得的理论与应用研究
20. 汉语能力标准的评估和测试研究
21. 自然语境下汉语理解的认知过程和神经机制研究
22. 儿童语言发展的心理学与神经语言学研究
23. 信息化时代的新型外语课堂教学模式有效性探讨研究
24. 新型对外汉语教学词典范式研究
25. 我国外语能力标准和评估研究
26. 少数民族地区中小学外语教学理论与方法研究
27. 双语对比与翻译转换研究

新闻学与传播学

1. 习近平总书记对外传播思想研究
2. 中国梦话语体系的修辞和全球传播效果研究
3. “讲好中国故事”的传播理论分析与诠释
4. “十三五”时期新闻传播新格局研究

5.“十三五”时期新闻出版人才队伍建设研究

6.“四个全面”战略布局的全方位传播研究

7.“一带一路”背景下中国对东盟地区的战略传播研究

8.“一带一路”对外传播话语体系构建与战略实施研究

9.“一带一路”背景下的政治传播研究

10. 加强国际传播能力建设研究

11. 中华文化对外传播的话语体系研究

12. 新媒体时代我国的国家形象传播与塑造研究

13. 中国传播学话语体系构建研究

14. 新常态下新闻传播的新理念、新思路与新举措研究

15. 话语权与全球治理、世界秩序的关系研究

16. 中国新闻法治道路研究

17. 互联网时代国家传播治理体系的创新研究

18. 大数据时代新闻业的发展形态与发展趋势研究

19. 大数据背景下智能媒体发展研究

20. 大数据背景下的突发事件传播机制与效果研究

21. 大数据时代电视新闻节目的发展与转型研究

22. 大数据与个人信息隐私安全研究

23.“互联网+”时代传媒产业转型研究

24.“互联网+”时代新闻言论生态转型及发展研究

25.“互联网+”时代公益传播机制研究

26. 增强网络内容建设工程研究

27. 互联网信息法律体系研究

28. 网络社会公民道德治理研究

29. 国家互联网治理中的身份认证与管理体系研究

30. 网络媒体伦理规范研究

31. 基于移动互联网的信息传播路径与扩散模式研究

32. 中国互联网广告监管制度研究

33. 国际互联网治理的理念、模式及其借鉴研究

34. 移动互联网时代的全民阅读研究

35. 社交媒体时代媒介文化的变迁研究

36. 移动传播的现状、前景及其影响和对策研究

37. 新媒体与传播法制建设研究

38. 新媒体传播与风险治理研究

39. 新媒体时代两岸文化交流机制创新研究

40. 新媒体语境下的少数民族新闻传播研究

41. 新兴媒体传播形态变迁研究

42.“两微一端”（微博、微信、新闻客户端）传播研究

43. 媒体融合背景下新闻传播理论的创新和发展研究

44. 媒体融合背景下新型主流媒体建构研究

45. 媒体融合时代的电视核心竞争力研究

46. 虚拟社群的共创行为研究

47. 新闻舆论监督与依法治国研究

48. 大众传媒与公共外交研究

49. 依法治国环境下的媒介素养研究

50. 党报在移动智能终端上话语主导的有效性研究

51. 健全社会舆情引导机制研究

52. 舆情生态治理下的政务新媒体传播路径及效果研究

53. 社会化媒体视角下的促进公众舆论正向引导机制研究

54. 新生代网民的政治参与与话语表达研究

55. 社区传播与社区治理研究

56. 舆论学基础理论研究

57. 科学传播研究

58. 政治传播与青年政治认同研究

59. 中国全球传播效果测量评估工具建设研究

60. 加强和改善对台宣传报道研究

61. 基于民族认同感的两岸媒体抗日集体记忆话语研究

62. 海外华文传媒与“一带一路”建设研究

63. 涉藏国际舆论现状和走势研究

64. 国际资本与新闻话语权的关系研究

65.“颜色革命”与西方新闻干预主义的关系研究

66. 美国新闻价值观与新闻标准霸权研究

67. 欧美主要互联网企业发展形态及对国际政治影响研究

68. 日本涉华报道与舆情研究

69. 近代以来日本对华“舆情调查”研究

70.“今日俄罗斯”对我国国际传播的启示与借鉴研究

71. 全媒体语境下恐怖主义信息的传播及其应对研究

72. 社交媒体在各国社会运动中的运用状况研究

73. 人文社会科学期刊的融合发展研究

74. 传统媒体和新兴媒体融合发展中的版权问题研究

75. 中国出版人口述历史研究及数据库建设

76. 数字出版与传播的基础理论研究

77. 数字出版的国家顶层宏观设计与企业微观机制对接研究

78. 我国数据新闻现状、趋势及新闻教育改革研究

79. 跨媒体传播语境下新闻学的本土框架和创新研究

80. 新闻教育应对媒体转型挑战研究

81. 青少年网络安全与媒介素养中的性别分析

82. 提高全社会媒体素养的路径和方法研究

83. 当代媒介公益与慈善传播研究

84. 传媒与文化产业互动关系研究

85. 民营影视产业发展研究

86. 社会主义文艺与大众文化传播研究

87. 新媒体生态下中国文化的国际传播与效果评估研究

88. 新形势下的乡村文化传播体系研究

89. 媒介变迁中的礼文化传播及其认同建构

90. 网络新媒体与少数民族地区文化传承研究

91. 中国纪录片工作者的民族志研究

92. 地方电视台全媒体转型路径与策略研究

93. 中国播音史研究

94. 建国以来我国主导新闻观念变迁研究

95. 中国新闻思想的近代嬗演研究

96. 革命文化传播史研究

图书馆·情报与文献学

1. 世界图书馆发展史视野下的中国经验研究

2. 教育模式变革条件下图书情报教育发展研究

3. 网络环境下基于用户认知的图书情报学科知识交流机制研究

4. 中国图书馆服务创新新常态研究

5. 基于众创的图书馆智慧服务模式研究

6. 我国基层公共图书馆社会化管理与服务研究

7. 新型城镇化进程中公共信息服务保障问题研究

8. 京津冀协同发展背景下的公共图书馆区域协同发展研究

9. 我国欠发达地区图书馆事业现状调查及对策研究

10. 图书馆空间再造研究

11. 新信息环境下图书馆服务面临的挑战与对策研究

12. 图书馆和信息机构数据服务理论与方法研究

13. 村镇与街道公共图书馆建设模式研究

14. 互联网线上线下融合的公共文化服务模式研究

15. 公共图书馆残疾人服务标准研究

16. 图书馆数字人文研究

17. 城市图书馆可持续发展研究

18. 数字时代阅读行为与阅读推广研究

19. 图书馆公众影响力建构与品牌建设研究

20. 图书馆大数据服务的能力与机制研究

21. 大数据环境下图书馆资源整合与揭示研究

22. 大数据环境下图书馆创新服务与管理研究

23. “互联网+”背景下数字图书馆发展与创新研究

24. “互联网+”时代跨界资源整合与图书馆业务创新研究

25. “互联网+”思维下的图书馆服务创新研究

26. 公共文化服务绩效评价及对策研究

27. 数字时代图书馆资源与服务绩效研究

28. 人文社会科学学术专著评价机制与模式研究

29. 图书开放获取的障碍与政策机制

30. 面向知识服务的图书馆资源发现平台构建研究

31. 图书馆特色资源的开发与数字化集成研究

32. 图书馆参与数字出版的角色与模式研究

33. 图书馆与开放数据研究

34. 面向学术出版变革的图书馆学术资源建设研究

35. 大数据环境下健康信息服务平台研究

36. 互联网信息资源保存与保护研究

37. 数字知识库的利用与评价研究

38. 基于文献的知识挖掘与发现研究

39. 古籍数字化国家战略研究

40. 中国古籍传统修复技艺的知识保存与传承研究

41. 地方旧志所载舆图整理与研究

42. 乡贤文献整理与研究

43. 外国出版物中的中国形象研究

44. 抗战时期古籍抢救保护史料整理和研究

45. 国家安全战略中的信息资源建设研究

46. “一带一路”沿线国家信息化水平综合评价研究

47. “一带一路”战略的信息资源支撑及开发策略研究

48. 大数据环境下情报科学发展研究

49. 大数据环境下情报工程学方法体系研究

50. 智库决策研究的信息保障协同创新机制研究

51. 图书情报机构的智库功能与能力研究

52. 智库产品的质量评价与控制研究

53. 创新驱动战略的情报保障研究

54. 开放教育资源利用中的知识产权问题研究

55. 高效、动态、智能化的竞争情报分析关键技术与方法研究

56. “互联网+”背景下新创企业风险识别及竞争情报预警体系研究

57. 我国数据资源产业发展政策研究

58. 公共信用大数据归集与分类管理研究

59. 政府数据开放和利用的保障机制研究

60. 科学数据开放政策分析与评价研究

61. 数据融合和数据管理的理论与方法研究

62. 开放数据环境下的引文分析

63. 大数据环境下数据资产问题研究

64. 大数据环境下突发事件多源情报融合研究

65. 群体性事件情境下微信舆情监测与预警研究

66. 应急管理信息化问题研究

67. 网络舆情对政府决策的影响研究

68. 突发事件管控中的跨部门信息交互与智能保障研究

69. 基于权益保障的行业信息服务安全机制研究

70. 工业4.0推进中的行业信息服务融合研究

71. “互联网+”环境下自获取信息服务趋势研究

72. 社会信任对网络公共信息服务的影响机制研究

73. 国家科技管理信息系统及其创新服务体系构建研究

74. 中国信息资源法律体系建设研究

75. 新媒体时代的公民信息权利研究

76. 社会化媒体环境下信息行为研究

77. 开放环境中的信息资源组织与管理研究

78. 大数据环境下的公共信息资源深度开发与利用研究

79. 学科分类体系的动态更新与集成映射研究

80. 大数据环境下跨语言学术文献知识挖掘及智能检索研究

81. 大数据环境下科技领域词汇语义挖掘及演化研究

82. 网络社区的知识聚合机制与服务研究

83. 基于语义识别的新型引文分析方法研究

84. 基于形式概念分析的社会化标注系统语义发现与语义映射研究

85. 基于语义的学术出版研究

86. 知识网络的社会化结构演变及其作用研究

87. 大数据环境下知识的自组织机制研究

88. 专利情报挖掘与企业技术创新研究

89. 移动互联网环境技术协同创新关键要素研究

90. 科研信用评价体系建设研究

91. 人文社会科学学术期刊出版质量评价研究

92. 中国学者发表国际论文的学术影响研究

93. 民国时期档案学思想研究

94. 档案工作中的跨界合作研究

95. 档案管理众包模式的价值与实施

96. 信息文化背景下档案文献编纂工作转型研究

97. 少数民族档案文献遗产资源建设研究

98. 我国少数民族档案文献遗产保护机制研究

99. 丝绸之路档案文献遗产目录数据库建设研究

100. 声像档案资源有效利用和综合保护体系研究

101. 信息化环境下企业档案管理标准与流程再造研究

102. 社交媒体档案的归档与管理标准体系研究

103. 非结构化电子文件管理研究

104. “互联网+”环境下的电子文件信息安全风险评估与控制研究

105. 国家电子文件长期保存合作机制研究

106. 基于用户体验的数字档案馆服务研究

107. 数字档案馆顶层架构与需求研究

108. 云计算环境下数字档案馆建设可信需求研究

109. 档案APP开发与应用研究

110. 档案信息资源集中与分布式共享整合模式研究

111. 国有企业改革背景下的档案资源优化配置研究

112. 非物质文化遗产信息采集及建档保存策略研究

体育学

1. 习近平总书记体育观与我国体育事业发展研究
2. “十三五”时期全面深化体育改革目标及措施研究
3. “四个全面”战略布局与体育改革研究
4. 新常态下我国体育产业发展对策研究
5. “一带一路”战略与亚欧体育文化交流研究
6. 体育本体论研究
7. 大数据与体育赛事转播研究
8. 全民健身大数据研究
9. 中国公民体育意识培育研究
10. 体育法理论与实践研究
11. 公民体育权利研究
12. 国家体育治理研究
13. 妇女体育研究
14. 京津冀体育协同发展研究
15. 体育伦理与道德研究
16. 赛风赛纪与反腐败研究
17. 康体融合促进大众体质健康理论与方法研究
18. 体育与人全面发展研究
19. 体育社会需求研究
20. 体育术语规范化研究
21. 体育与流动人口社会融合的研究
22. 体育与对外人文交流研究
23. 武术和民族传统体育的国际化研究
24. 中国奥林匹克史研究
25. 中国足球改革与发展研究
26. 体育与人口老龄化研究
27. 社会建设与社区体育发展研究
28. 社会体育组织的培育与建设研究
29. 《奥林匹克 2020 议程》与中国体育改革研究
30. “互联网 +”体育研究
31. 我国体育国际影响力研究
32. 少数民族体育史研究
33. 我国群众体育发展的转型研究
34. 中外学校体育比较研究
35. 体育信息化与大数据研究
36. 大中型体育场馆的公共服务研究
37. 公共体育服务的第三方评估研究
38. 养老产业中的体育服务研究
39. 全民健身公共服务标准研究
40. 全民健身志愿服务研究
41. 城乡公共体育服务研究
42. 国外公共体育服务研究
43. 政府购买公共体育服务及绩效评估研究
44. 中华体育精神研究
45. 马拉松赛事与城市文化建设研究
46. 民间民俗体育项目的文化价值研究
47. 体育与农村文化建设研究
48. 少数民族体育文化遗产的挖掘与整理研究
49. 我国体育非物质文化遗产保护与发展研究
50. 竞技体育与群众体育、学校体育融合发展研究
51. 竞技体育后备人才培养研究
52. 竞技体育功能与价值研究
53. 体育新媒体研究
54. 体育生态文明研究
55. 体育标准化研究
56. 体育智能化服务研究
57. 体育投融资研究
58. 体育消费需求研究
59. 体育产业跨界融合研究
60. 体育产业发展与政府职能
61. 体育产业统计与监测研究
62. 体育产业与区域经济发展研究
63. 体育产业财政税收政策研究
64. 体育产业风险管理研究
65. 我国体育产业结构升级优化研究
66. 我国体育产业园区研究
67. 我国体育产业链关系研究
68. 体育主管部门在发展体育产业、规范体育市场中的职能研究
69. 体育类上市公司现状及发展对策研究
70. 体育与文化、旅游等产业融合研究
71. 我国体育旅游业的发展战略研究
72. 我国体育用品国际竞争力研究
73. 国外体育产业发展动态研究
74. 我国冬季运动项目发展战略研究
75. 2022 年冬奥会与京津冀经济社会发展研究
76. 2022 年冬奥会场馆建设与赛后利用研究
77. 2022 年冬奥会奥林匹克教育研究
78. 2022 年冬奥会与我国冰雪运动发展研究
79. 冰雪运动项目后备人才培养研究
80. 冰雪运动产业发展研究
81. 青少年体育中学校、社区、体育组织联动机

制研究

82. 青少年体育健康促进研究

83. 体育与青少年心理健康研究

84. 幼儿体育研究

85. 校园足球研究

86. 学校体育风险管理研究

87. 中国学校体育教育制度研究

88. 地方体育志研究

89. 传统武术现代化研究

90. 国家治理与体育组织建设研究

91. 全国单项运动协会改革研究

92. 职业体育俱乐部社会责任研究

93. 国际职业体育发展与我国比较研究

94. 自发性群众体育组织孵化与培育研究

95. 全国性体育赛事改革与监管研究

96. 国际体育赛事版权研究

97. 体育改革与发展中的法律问题研究

98. 体育著作权保护研究

99. 互联网时代体育传播规律与特点研究

100. 体育赛事电视转播与互联网转播研究

101. 2022 年举办亚运会的改革与创新研究

102. 休闲体育研究

103. 体育科研科学道德与学风建设研究

104. 学校体育发展史研究

105. 中华体育口述史研究

106. 中外体育法比较研究

107. 中外体育思想史研究

108. 欧美体育史研究

管理学

1. “十三五”时期产业结构调整与生产效率变动问题研究

2. “十三五”时期制造业国际分工变化新趋势研究

3. “十三五”时期新的出口主导产业培育研究

4. “十三五”时期中国企业战略管理变革研究

5. “十三五”时期支持灵活就业的政策研究

6. “一带一路”战略与国际产能合作研究

7. 宏观调控中区间调控与定向调控的关系研究

8. 推动生产方式向柔性、智能、精细转变研究

9. “互联网 +”战略下中国工业与服务业融合发展研究

10. 城市“大众创新、万众创业”的布局形态与促进机制研究

11. 鼓励企业开展基础性前沿性创新研究的措施研究

12. 构建普惠性创新支持政策体系研究

13. 商业模式创新研究

14. 构建新型制造体系研究

15. 中国制造业雁阵式扩散研究

16. 我国制造业向外转移问题研究

17. 《中国制造 2025》实施中的企业管理创新研究

18. 我国企业创新与制造业的国际标准竞争研究

19. 要素市场反垄断问题研究

20. 劳动力成本上涨对我国制造业的影响研究

21. 发挥财政资金撬动功能研究

22. 理顺中央和地方收入划分研究

23. 居住证制度改革研究

24. 以增加知识价值为导向的分配政策研究

25. 市场经济中公私部门关系研究

26. 推广新型孵化模式研究

27. 现代供应链管理变革研究

28. 国家价值链空间重构研究

29. 节点城市的要素聚集功能研究

30. 大型城市群产业布局优化与节能减排效应研究

31. 产业政策与反垄断政策的协调研究

32. 更好发挥国家产业投资引导基金作用研究

33. 网运分离的利弊分析

34. 垄断行业产业组织政策研究

35. 创新国有经济管理体制机制研究

36. 我国引入双重股权结构制度的理论与实践研究

37. 企业财务数据质量智能评价方法研究

38. 企业会计核算云端化问题研究

39. 国家强制性企业支出与宏观经济增长的关系研究

40. 上市企业通过定向增发并购非上市企业的实际效果研究

41. 垄断行业中央企业改革研究

42. 降低实体企业成本研究

43. 完善企业研发费用加计扣除政策研究

44. 我国企业营销管理变革研究

45. 我国企业人力资源管理变革研究

46. 智能时代重大财务会计问题研究

47. 优化管理要素配置研究

48. 加强安全生产基础能力建设研究
49. 增加有效投资研究
50. 国家信贷政策调整对企业的影响研究
51. 提高金融服务实体经济效率研究
52. 搭建国际产能和装备制造合作金融服务平台研究
53. 健全符合我国国情和国际标准的金融监管规则研究
54. 以可控方式和节奏主动释放金融风险研究
55. 有差异的银行体系构建研究
56. 创新公共基础设施投融资体制研究
57. 深化创业板、新三板改革研究
58. 建立保险资产交易机制研究
59. 科学合理的城市化格局研究
60. 工业用地管理研究
61. 培育若干带动区域协同发展的新增长极研究
62. 现代城镇体系研究
63. 长江经济带数据基础及应用平台建设
64. 国家级城市新区的布局与定位研究
65. 中西部欠发达省份推进工业化进程研究
66. 京津冀创新共同体建设研究
67. 京津冀医疗卫生联动协作研究
68. 环京津贫困带治理对策研究
69. 疏解北京非首都功能的路径与机制研究
70. 我国老城改造与重组研究
71. 跨行政区划经济协同发展研究
72. 跨行政区划协同发展收益分配体制机制研究
73. 边境和跨境经济发展区管理体制研究
74. 推动生产性服务业向专业化和价值链高端延伸研究
75. 推动生活性服务业向精细和高品质转变研究
76. 现代服务业品牌发展模式与管理研究
77. 加强对新就业形态的支持研究
78. 人力资本提升与新型城镇化研究
79. 新型技术工人培养模式研究
80. 跨国企业培育研究
81. 完善境外投资管理研究
82. 农产品流通效率研究
83. 提高传统优势产品竞争力研究
84. 大宗商品境外生产基地建设研究
85. 完善对外贸易布局研究
86. 健全服务贸易促进体系研究
87. 国际贸易投资规则的变化研究
88. 提高边境经济合作区发展水平研究
89. 提高跨境经济合作区发展水平研究
90. 构建海外利益保护体系研究
91. 放宽跨国公司资金境外运作限制研究
92. 我国积极参与网络、深海、极地、空天领域国际规则制定研究
93. 我国深度融入全球物流链研究
94. 支持香港强化全球离岸人民币业务枢纽地位研究
95. 科学合理的生态安全格局、自然岸线格局研究
96. 环保机构监测监察执法垂直管理制度研究
97. 提高节能、节水、节地、节材、节矿标准研究
98. 推进生产系统和生活系统循环链接研究
99. 优化开发区域率先实现碳排放峰值目标路径研究
100. 低碳（生态）城市产业结构调整适应性机理研究
101. 公共资源保护和治理体制机制改革优化研究
102. 实行森林分类经营管理的体制机制创新研究
103. 跨界交叉环境执法研究
104. 全球大宗矿产运行周期中的中国因素研究
105. 深化资源领域改革与矿产资源收益分配机制研究
106. 完善能源安全储备制度研究
107. 红色稀土价值核算与保护
108. 开放自然垄断行业的竞争性业务研究
109. 食品安全战略与完善国家食品监管体制研究
110. 健全财政转移支付同农业转移人口市民化挂钩机制研究
111. 农村新型合作组织的扶贫效应及相关政策研究
112. 城镇公共服务向农村的延伸研究
113. 增强农村发展内生动力研究
114. 基于移动互联网络的组织文化创新研究
115. 政府综合财务报告编制研究
116. 差异化政绩考核体系研究
117. 科学有效管理和规范干部行为的体制机制研究

118. 推动政府职能从研发管理向创新服务转变研究

119. 我国海关管理体制机制改革研究

120. 社会组织在商业贿赂治理中的作用

121. 大数据战略与公共治理创新研究

122. 网络治理中的政府部门和层级协同问题研究

123. 网络治理与网络组织管理研究

124. “互联网+”公共服务供给创新研究

125. “互联网+”公共决策科学化民主化研究

126. 智慧城市建设与治理研究

127. 现代医院管理制度研究

128. 公立医院综合改革研究

129. 全面实施城乡居民大病保险制度研究

130. 鼓励社会力量兴办健康服务业研究

131. 中国参与国际大科学计划的路径研究

132. 互联网时代大科学工程管理方式的变革研究

133. 文化产业结构优化升级研究

134. 深化教育体制改革研究

135. 中国创建一流大学问题研究

136. 提高科研人员成果转化收益分享比例研究

137. 财政性科研经费管理和使用研究

138. 加快城乡义务教育公办学校标准化建设研究

139. 加强乡村教师队伍建设研究

140. 建设现代职业教育体系研究

141. 语言经济与我国的语言产业战略研究

142. 分层管理理论与应用研究

143. 会计经济学的构建及发展研究

144. 转型背景下智慧旅游发展研究

145. 新常态背景下边界旅游产品开发研究

146. 非物质文化遗产协同创新保护研究

147. 世界文化景观遗产适应性管理研究

148. 旅游目的地规划建设与管理研究

149. 公共文化服务供给创新与基层社会治理

150. 中国特色现代军事力量体系研究

151. 军队现代化建设重大问题研究

152. 建立国防科技协同创新机制研究

153. 优化军队规模结构研究

154. 我国裁军需要解决的现实问题研究

155. 军民融合的组织管理体系、政策体系、运作体系研究

（全国哲学社会科学规划办公室供稿）

2016 年度国家社会科学基金项目立项课题（北京地区）

一、马列·科社

重点项目

项目名称	负责人	工作单位	预期成果	完成时间
习近平总书记关于建设社会主义文化强国思想研究	冯鹏志	中共中央党校文史教研部	专著、其他	2017. 12
经济发展新常态下坚持绿色发展理念研究	陈天林	中共中央党校	专著、论文（集）	2018. 08

一般项目

项目名称	负责人	工作单位	预期成果	完成时间
《资本论》语境中马克思的社会公正观及其当代价值研究	童　萍	中共北京市委党校	专著	2019. 12
我国生态文明建设中的公众参与机制研究	李　劲	中共北京市委党校	专著	2019. 02

续表

项目名称	负责人	工作单位	预期成果	完成时间
阶层分化背景下的城市社区治理现代化研究	李晓壮	北京市社会科学院	研究报告	2019.06
我国生态文明建设制度创新研究	李宏伟	中共中央党校马克思主义学院	专著	2019.07
俄罗斯新社会主义思想研究	陈爱茹	中国社会科学院马克思主义研究院	专著	2019.12
南欧激进左翼政党新发展及其对社会主义运动的影响研究	于海青	中国社会科学院马克思主义研究院	专著、研究报告	2019.12
新世纪英美马克思主义前沿问题研究	江　洋	中央编译局	专著	2019.08
社会主义核心价值观与国家治理现代化内在逻辑研究	孙　英	中央民族大学马克思主义学院	研究报告、论文（集）	2019.12
引导青年理性爱国与实现中国梦研究	王永浩	中国社会科学院马克思主义研究院	专著	2019.06
马克思恩格斯对错误社会思潮的分析批判及其当代价值研究	李晓光	北京科技大学马克思主义学院	专著、其他	2019.12

青年项目

项目名称	负责人	工作单位	预期成果	完成时间
《资本论》及其当代价值研究	庄忠正	中国人民大学马克思主义学院	专著	2019.12
历史唯物主义的文化批判思想研究	秦慧源	首都师范大学马克思主义学院	专著	2019.08
毛泽东思想的当代价值研究	江大伟	北京理工大学马克思主义学院	论文（集）、研究报告	2019.06
习近平总书记关于“党的领导是中国特色社会主义最本质特征”重要思想研究	何海根	中共中央党校科学社会主义教研部	研究报告	2018.12
中国共产党的网络意识形态领导权研究	刘亚琼	中央财经大学马克思主义学院	论文（集）、研究报告	2019.09
以核心价值观构建当代中国人的精神世界研究	张苗苗	中国人民大学马克思主义学院	专著、其他	2019.09
宗教极端主义思潮影响下某些大学生群体思想状态及其解决办法研究	李松洁	中央民族大学	论文（集）	2018.12
创新创业人才培养视阈中高校学生综合素质评价机制创新研究	王宇航	对外经济贸易大学	专著、研究报告	2019.06

二、党史·党建

重点项目

项目名称	负责人	工作单位	预期成果	完成时间
党的建设基本理论研究	杨德山	中国人民大学	专著	2020.12
完善中国县处级党政领导干部考核评价体系和奖惩机制研究	胡月星	国家行政学院	专著、研究报告	2018.12
中国共产党老一辈革命家党性修养研究	李庆刚	中共中央党校中共党史教研部	专著	2019.12
中共党史研究中的历史虚无主义评析	卢　毅	中共中央党校中共党史教研部	专著	2019.06

一般项目

项目名称	负责人	工作单位	预期成果	完成时间
新世纪以来美国学者有关中国共产党研究的评析	刘晓云	北京联合大学	研究报告、论文（集）	2019.06
中共党史学学科发展史研究	耿化敏	中国人民大学马克思主义学院	专著	2019.10
新中国成立以来党维护国家海洋权益的历史经验研究	王巧荣	中国社会科学院当代中国研究所	专著、研究报告	2018.12
中国共产党治疆方略研究	黄建华	北京航空航天大学思想政治理论学院	专著	2018.12
全面从严治党背景下地方领导班子换届选举中“贿选”规避研究	姜卫平	中国社会科学院办公厅	研究报告	2018.12
中国共产党纪律检查领导体制改革问题研究	颜杰峰	中央民族大学马克思主义学院	专著、研究报告	2019.10
中国共产党绿色发展观研究	冯留建	北京师范大学马克思主义学院	专著	2018.12

青年项目

项目名称	负责人	工作单位	预期成果	完成时间
中国知识界对社会主义认知的研究（从九一八事变到全面抗战爆发）	王　毅	中共中央党校中共党史教研部	专著	2019.06
关于共产国际对中国革命历史功过问题的再研究	卢　刚	中国矿业大学（北京）	专著	2019.06
中国共产党纪律检查工作基础理论与学科建设研究	王希鹏	中央纪委中国纪检监察学院	专著、研究报告	2018.12
组织失范情况下党员教育管理研究	张玉宝	中共北京市委党校	研究报告	2018.06

三、哲学

重点项目

项目名称	负责人	工作单位	预期成果	完成时间
国外马克思主义哲学基础理论问题研究	仰海峰	北京大学哲学系	论文（集）、专著	2019.12
伦理视阈中的国家治理研究	朱辉宇	中共中央党校哲学教研部	专著	2019.12
现代社会技术化问题研究	王伯鲁	中国人民大学哲学院	研究报告	2019.12
柏拉图《蒂迈欧篇》翻译与研究	宋继杰	清华大学哲学系	专著、译著	2019.12
转型期中国伦理基础变迁及其重建研究	晏　辉	北京师范大学哲学学院	专著	2019.05
马克思主义伦理思想史	张　霄	中国人民大学哲学院伦理学教研室	专著、论文（集）	2018.12

一般项目

项目名称	负责人	工作单位	预期成果	完成时间
马克思主义正义观研究	林进平	中央编译局	专著	2018.06
《国家与革命》的汉译传播与当代价值研究	何建华	中共中央党校哲学教研部	专著	2019.06

续表

项目名称	负责人	工作单位	预期成果	完成时间
马克思—恩格斯思想关系的文本学研究	刘秀萍	北京交通大学	专著、研究报告	2021.02
城乡空间正义研究	王　欢	中华女子学院	专著	2019.06
阿多诺“否定的辩证法”新探	陈慧平	中国社会科学院马克思主义研究院	研究报告、专著	2019.02
量子测量问题研究	高　山	中国科学院自然科学史研究所	论文（集）、研究报告	2019.12
绿色发展视野中的生态文明智库建设和评价研究	杨发庭	中国社会科学院中国社会科学评价中心	专著、研究报告	2019.06
中华比较哲学史论	张耀南	中共北京市委党校	专著	2021.06
先秦秦汉“性”字词义及其与人性论关系研究	方朝晖	清华大学人文学院	论文（集）	2019.12
中国经学解释的思想与方法研究	姜海军	北京师范大学历史学院	专著	2018.06
治国理政的中国哲学智慧研究	林存光	中国政法大学政治与公共管理学院政治学系	专著	2019.12
亚里士多德《论灵魂》译注和研究	田书峰	北京师范大学哲学学院	译著、论文（集）	2019.05
当代文化哲学的基本理论模式研究	欧阳谦	中国人民大学哲学院	专著、论文（集）	2018.12
逻辑基础问题研究	刘新文	中国社会科学院哲学研究所	专著	2019.12
郭象哲学的美学意蕴研究	余开亮	中国人民大学	专著	2020.12

青年项目

项目名称	负责人	工作单位	预期成果	完成时间
《1857—1858年经济学手稿》哲学思想研究	杨洪源	中国社会科学院哲学研究所	专著	2018.12
卢卡奇对黑格尔哲学的研究与批判	都　岩	中共中央党校	专著	2019.12
唯物史观中的社会心理范畴相关前沿问题研究	李厚羿	首都经济贸易大学马克思主义学院	专著、其他	2019.09
“医学化”理论及其对中国当代医学困境的哲学阐释	唐文佩	北京大学	专著	2019.03
儒家女性伦理研究	王　堃	北京大学哲学系	专著、论文（集）	2019.08
皮科·米兰多拉的主体性与自由理论研究	吴功青	中国人民大学哲学院	专著	2019.09
中国传统忧患思想及其现代价值研究	王　乐	中共中央党校哲学教研部	专著	2019.12
人类生殖系统基因编辑的伦理学研究	张　迪	北京协和医学院	论文（集）、研究报告	2019.05

四、经济理论

重点项目

项目名称	负责人	工作单位	预期成果	完成时间
新的历史条件下马克思政治经济学的建构研究	李　翀	北京师范大学经济与工商管理学院	专著	2019.06
日本东亚同文书院对华经济调查研究	周建波	北京大学经济学院	译著、研究报告	2019.12

一般项目

项目名称	负责人	工作单位	预期成果	完成时间
基于现代演化经济学的“中国经验”及其可持续性问题研究	刘业进	首都经济贸易大学城市经济与公共管理学院	专著	2020.07
政府支持农民合作社发展的效能边界与支持方式优化研究	许建明	清华大学公共管理学院	论文（集）、研究报告	2019.06
协同推进新型工业化、信息化、城镇化、农业现代化和绿色化的政策研究	张平淡	北京师范大学经济与工商管理学院	研究报告	2018.09
新常态下我国经济发展动力转换研究	严成樑	中央财经大学	论文（集）、研究报告	2018.12
市场结构、企业进入和非平衡增长中的产业结构升级研究	于　泽	中国人民大学经济学院	专著	2019.06
信任水平对中国外贸出口的影响及对策研究	曲如晓	北京师范大学经济与工商管理学院	研究报告	2018.03
从当代世界经济体系的新变化透视“一带一路”的历史定位研究	王生升	清华大学	专著、研究报告	2019.08
多维贫困视角下金融扶贫机制与模式研究	郭利华	中央民族大学经济学院	研究报告	2018.06
我国农民工贫困识别及精准扶贫策略研究	孙咏梅	中国人民大学经济学院	专著、研究报告	2019.09
基于人口迁移网络的城市人口预测及城市化格局优化研究	劳　昕	清华大学公共管理学院	论文（集）、研究报告	2019.06
新常态下京津冀山区生态经济发展空间格局、协同效应及发展模式研究	穆松林	北京市社会科学院	专著、研究报告	2019.09

青年项目

项目名称	负责人	工作单位	预期成果	完成时间
马克思不平等、消费不足和经济危机理论的现代化研究	贺大兴	北京大学	专著	2020.12
国家治理与现代税收制度构建研究	张景华	中国社会科学院财经战略研究院	专著、研究报告	2019.12
中国居民消费结构转变对经济波动的影响研究	俞　剑	中央财经大学	论文（集）	2018.08
供给侧结构性改革下中国收入分配结构调整与资源配置效率改善研究	许　明	北京大学经济学院	论文（集）	2018.12
供给侧价格粘性与货币政策传导机制阻滞研究	李　雪	首都经济贸易大学金融学院	研究报告	2019.06
大众创业对中国经济发展的影响研究	朱承亮	中国社会科学院数量经济与技术经济研究所	专著、研究报告	2018.06
新常态下我国经济增长转型与结构变迁研究	陆明涛	首都经济贸易大学	研究报告	2018.12
排放权力与巴黎气候大会之后的中国气候战略研究	谢来辉	中国社会科学院亚太与全球战略研究院	研究报告	2019.12
新能源产业技术效率、环境效应与定价机制研究	陈星星	中国社会科学院数量经济与技术经济研究所	研究报告	2019.06
非主流宏观动态学视角的收入分配、内生需求与供给侧协同研究	刘　盾	北京交通大学经济管理学院	专著	2018.12

续表

项目名称	负责人	工作单位	预期成果	完成时间
基于代际效应和提振效应的工业 4.0 对中国制造业发展质量的影响机理研究	李春梅	首都经济贸易大学经济学院	研究报告	2018.12
新 SDR 框架下人民币参与国际货币博弈与全球资产配置问题研究	赵　然	首都经济贸易大学金融学院	研究报告	2019.06
"一带一路"战略下中国低端制造业产能输出可行性研究	马光明	中央财经大学国际经济与贸易学院	论文（集）、研究报告	2019.10
人口老龄化背景下人力资本影响贸易模式的作用机制研究	黄　灿	首都经济贸易大学经济学院	专著	2018.12
延迟退休对我国劳动力市场的影响及其作用机制研究	刘晓光	中国人民大学国家发展与战略研究院	专著、论文（集）	2019.09

五、应用经济

重点项目

项目名称	负责人	工作单位	预期成果	完成时间
科技服务业促进创新创业的功能、机理及有效供给研究	冯　华	北京交通大学	论文（集）、研究报告	2018.06
基于收入和财产视角下的社会保障再分配效应研究	王亚柯	对外经济贸易大学保险学院	论文（集）	2019.06
国有企业分类改革的理论逻辑与实施路径研究	徐丹丹	北京工商大学经济学院	研究报告	2019.06
"互联网＋"背景下的中国制造业转型升级研究	李晓华	中国社会科学院工业经济研究所	专著、研究报告	2019.10
城镇化进程中农户土地退出及其实现机制研究	刘同山	中国社会科学院农村发展研究所	专著、研究报告	2018.12
农户环境行为对农业面源污染的影响及防控策略研究	王瑞梅	中国农业大学	专著、研究报告	2019.07
劳动力转移、土地流转对我国农业生产和农民收入的影响研究	杜　鑫	中国社会科学院农村发展研究所	论文（集）、研究报告	2019.06
国内贸易活动的基础理论与方法创新研究	王晓东	中国人民大学	专著	2019.12
加快我国从商品出口大国迈向流通企业"走出去"强国战略转变及实现路径研究	祝合良	首都经济贸易大学经济学院	专著	2019.06

一般项目

项目名称	负责人	工作单位	预期成果	完成时间
供给侧结构性改革视角下农业全要素生产率增长可持续动力分析与国际比较研究	高　芸	中国农科院农业经济与发展研究所	专著、研究报告	2018.05
中国劳动力市场供给扭曲与结构性改革研究	任　韬	首都经济贸易大学统计学院	研究报告	2019.06
新型城镇化投融资模式创新及政策研究	禹　湘	中国社会科学院城市发展与环境研究所	专著、研究报告	2018.10

续表

项目名称	负责人	工作单位	预期成果	完成时间
新常态下我国煤炭行业去过剩产能及政策选择问题研究	汪文生	中国矿业大学（北京）	研究报告、专著	2019.06
能源互联网环境效应研究	杨淑霞	华北电力大学	研究报告、论文（集）	2019.08
碳排放总量调控、结构调整与增长调速的相容模式及调谐机制研究	马建平	中华女子学院	论文（集）、研究报告	2019.06
我国中药产业链纵向整合研究	李　祺	北京中医药大学	研究报告	2018.12
互联网驱动的产业融合：测度、形成机理与政策监管研究	黄　浩	中国社会科学院财经战略研究院	专著	2019.06
玉米“三量齐增”与供给侧结构性改革政策研究	郑　适	中国人民大学农业与农村发展学院	论文（集）、研究报告	2019.06
农消对接型特色农产品流通机制研究	卢　奇	北京工商大学经济学院	研究报告	2019.06
全球价值链重构视角下我国外贸增速下滑问题研究	李计广	对外经济贸易大学	论文（集）	2019.06
基于LEE—CARTER模型的企业职工基本养老保险的财政风险预警指标研究	杨再贵	中央财经大学	论文（集）	2021.07
供给侧结构性改革与政府债务政策选择研究	李旭章	中共中央党校经济学教研部	专著、研究报告	2018.12
我国科学技术的财政投入分析研究	陈文学	中国社会科学院人事教育局	专著	2018.06
人民币汇率市场化背景下资本项目开放问题研究	欧阳远芬	中央财经大学中国公共财政与政策研究院	论文（集）	2019.07
大数据时代中国金融供给侧结构性改革理论与对策研究	史晓琳	中国社会科学院社会科学文献出版社	专著、研究报告	2018.06
人口老龄化背景下中国基本养老保险制度的财政风险研究	徐景峰	中央财经大学精算研究院	论文（集） 专著	2019.12

青年项目

项目名称	负责人	工作单位	预期成果	完成时间
“资本—技能互补”视角下驱动力转换的内生路径与政策保障体系研究	马红旗	中国农业大学	论文（集）、研究报告	2018.12
我国经济安全底线设定及实施策略研究	戴　臻	对外经济贸易大学	研究报告	2018.12
信息通信技术进步对中国劳动力市场的影响研究	李雅楠	中国社会科学院人口与劳动经济研究所	研究报告	2019.06
优化人力资本配置研究	周灵灵	中国社会科学院人口与劳动经济研究所	研究报告	2018.12
中国城市行政管理体制改革研究	王　垚	中国社会科学院中国边疆研究所	专著、其他	2018.12
基于空间计量经济模型的我国城市环境监管策略互动机制及监管不力对策研究	马　本	中国人民大学国家发展与战略研究院	论文（集）、研究报告	2018.12
全球价值链下中国制造业升级的影响因素与动力研究	王　林	北京联合大学	论文（集）、研究报告	2019.06

续表

项目名称	负责人	工作单位	预期成果	完成时间
比较优势演变作用下我国产业参与国际分工及价值链地位提升研究	姚　博	北京大学国家发展研究院	研究报告	2019.04
行政审批改革与产能过剩的制度成因研究	刘　诚	中国社会科学院财经战略研究院	研究报告、论文（集）	2018.12
新环境保护法下企业环境责任与财务绩效关系研究	刘剑蕾	首都经济贸易大学金融学院	研究报告	2019.06
农业供给侧结构性改革中农户农地休耕补偿机制研究	穆向丽	农业部管理干部学院	研究报告	2018.12
农业支持政策对新型农业经营主体种粮行为的影响研究	张瑞娟	中国社会科学院农村发展研究所	专著、论文（集）	2018.12
创新公共服务提供方式背景下旅游公共营销协同创新机制及其绩效评价研究	宋慧林	中国旅游研究院	研究报告、专著	2019.12
防范地方政府债务风险的跨期预算平衡机制构建研究	卢　真	中央财经大学	研究报告	2018.12
央地关系视角下的新兴金融业态监管体制研究	郭　峰	北京大学国家发展研究院互联网金融研究中心	专著	2018.12
基于农户福利、公司成本和政府补贴效率的指数农业保险与损失补偿型农业保险比较研究	叶　涛	北京师范大学地表过程与资源生态实验室	论文（集）、研究报告	2018.12

六、统计学

一般项目

项目名称	负责人	工作单位	预期成果	完成时间
共享改革发展成果的理论、测度方法与实现路径研究	阮　敬	首都经济贸易大学研究生部	专著	2019.06
京津冀协同发展视角下智慧城市发展水平测度及其影响因素空间计量研究	杨京英	北京石油化工学院	研究报告	2018.12
基于异质性半参数面板模型的精准扶贫效果的测度研究与应用	刘　强	首都经济贸易大学统计学院	研究报告	2019.06
大数据背景下地区主要经济统计指标预测预判方法体系研究	唐晓彬	对外经济贸易大学	研究报告	2019.09

青年项目

项目名称	负责人	工作单位	预期成果	完成时间
长江经济带沿江饮用水水源环境风险评估与管理研究	孙宏亮	环境保护部环境规划院	研究报告	2018.12
新常态下创新驱动发展的统计研究	刘思明	对外经济贸易大学	研究报告	2018.12
收入差距的代际传递机制及在民族地区的实证研究	苏宇楠	中央民族大学理学院	论文（集）、研究报告	2019.12
利用大数据预测季度 GDP 走势的方法体系研究	何　强	国家统计局统计科学研究所	研究报告	2018.12

七、政治学

重点项目

项目名称	负责人	工作单位	预期成果	完成时间
我国网络社会治理能力建设研究	熊光清	对外经济贸易大学国际关系学院	论文（集）	2019. 06

一般项目

项目名称	负责人	工作单位	预期成果	完成时间
新媒体条件下中国公民政治价值观实证调查研究	沈明明	北京大学政府管理学院	论文（集）、研究报告	2018. 06
基于移动互联网的政党政治传播形态及其影响与对策研究	程玉红	北京邮电大学	研究报告、专著	2018. 06
地方立法中的公民参与机制研究	孙　龙	中国人民大学国际关系学院	专著、论文（集）	2019. 09
民族地区新社会阶层政治参与研究	管前程	中央民族大学马克思主义学院	专著	2018. 12
中国地方政府创新的路径与机制研究	杨宏山	中国人民大学公共管理学院	论文（集）、译著	2019. 12
政府购买居家养老服务的成本效益评估指标研究	谢晓霞	北京航空航天大学	专著、研究报告	2019. 12
跨域合作治理中的府际关系研究	邢　华	中央财经大学	专著、研究报告	2019. 12
不同产权结构类型的城市社区治理模式研究	陈建国	华北电力大学	论文（集）、研究报告	2019. 10

青年项目

项目名称	负责人	工作单位	预期成果	完成时间
爱国主义理论研究	黄　璇	中国政法大学政治与公共管理学院	专著	2019. 07
以“国家治理”为范式的中国特色政治学话语体系构建研究	曾　毅	中共中央党校党的建设教研部	研究报告	2019. 12
新形势下提高我国基层干部民主协商素养的对策研究	杨守涛	中共北京市委党校	专著	2018. 06
转型期我国地方政府创新扩散机制研究	余　茜	中共北京市委党校	专著	2019. 12
大数据条件下基层社会管理精细化的创新路径研究	郑　寰	中共中央党校党的建设教研部	专著、研究报告	2018. 12
运用乡规民约推动农村社会协同共治研究	黄　晗	首都师范大学政法学院	研究报告	2019. 06
当前地市级官员晋升的超区域比较研究	乔　梁	中国人民大学国际关系学院	专著	2020. 05
城市民族社区治理能力评估和提升路径研究	车　峰	中央民族大学管理学院	研究报告、其他	2018. 12
以法治思维与方式推进互联网治理研究	于雯雯	北京市社会科学院	研究报告	2018. 12

八、法学

重点项目

项目名称	负责人	工作单位	预期成果	完成时间
法律理学研究	胡水君	中国社会科学院法学研究所	专著、研究报告	2021.06
非公经济组织腐败犯罪统计调查与合作预防模式研究	张远煌	北京师范大学刑事法律科学研究院	专著、研究报告	2019.03
独立统一涉案财物管理中心建立的论证与设计研究	李玉华	中国人民公安大学法学院	研究报告	2019.08
电子诉讼立法研究	贺　荣	最高人民法院	研究报告	2019.10
中国引领国际经贸规则研究	韩立余	中国人民大学	论文（集）	2019.09

一般项目

项目名称	负责人	工作单位	预期成果	完成时间
县域法治与县域善治研究	杨玉圣	中国政法大学法学院	研究报告	2019.06
完善国家统一法律职业资格制度研究	丁相顺	中国人民大学	专著、研究报告	2018.09
美国宪法在中国的翻译与传播研究	胡晓进	中国政法大学法学教育研究与评估中心	专著、论文（集）	2020.06
大数据时代电子文件的证据规则与管理法制建设研究	刘品新	中国人民大学	专著、其他	2020.09
依宪治国视角下的经济宪法条款之解释与适用研究	黄　卉	北京航空航天大学法学院	专著	2019.03
政府规范生命科学研究活动的行政法治问题研究	赵　鹏	中国政法大学法治政府研究院	论文（集）、研究报告	2018.06
实证视角下中国刑罚执行制度完善研究	赵国玲	北京大学法学院	专著	2019.12
特赦制度化、法制化问题研究	阴建峰	北京师范大学刑事法律科学研究院	专著、研究报告	2019.06
我国境外追赃法律制度完善研究	王俊梅	北京建筑大学	研究报告	2018.12
认罪认罚处理机制研究	祁建建	中国社会科学院法学研究所	专著、研究报告	2018.12
既判力在我国制度化问题研究	林剑锋	中央财经大学法学院	专著、研究报告	2019.06
民事诉讼重复起诉规制问题研究	许尚豪	中国人民大学	专著	2019.12
药品安全视角下的网上药房政府规制问题研究	赵晓佩	首都医科大学	专著	2020.12
德国民法术语在中国的继受与发展研究	王　强	中国政法大学外国语学院	专著、论文（集）	2019.05
作为特殊类型法定之债的牺牲责任研究	周友军	北京航空航天大学法学院	专著	2019.06
公司资本制度改革实效评估与再改革研究	陈群峰	中央民族大学法学院	专著	2019.12
经济法定位与经济法责任属性和类型研究	赵红梅	中国政法大学民商经济法学院	专著	2020.12
患者隐私权法律保护研究	龚赛红	中国社会科学院研究生院	专著	2017.12
防治腐败的财税法机制创新研究	王文婷	中共中央党校	专著	2019.06

续表

项目名称	负责人	工作单位	预期成果	完成时间
社会变迁中财税法规范生成机制研究	汤洁茵	中国青年政治学院法学院	专著	2019.06
网络版权内容过滤措施研究	崔国斌	清华大学法学院	论文（集）	2018.04
复合功能型环境税的法律构造研究	何锦前	首都经济贸易大学法学院	专著	2018.12
能源效率推进法律机制研究	于文轩	中国政法大学民商经济法学院	研究报告	2019.06
融资类信托系统性风险法律治理研究	赵　磊	中国社会科学院中国社会科学杂志社	专著、研究报告	2018.06
知识产权制度对高校教师科研行为的影响研究	刘　燕	中央财经大学	专著	2019.06
国际法视阈下的“主权宣示”行为及其对领土争端解决的意义研究	李　毅	北京师范大学	专著	2018.10
外空安全国际规则新发展及中国话语权实现研究	王国语	北京理工大学	专著、研究报告	2018.05
国际投资协定例外条款的法律问题研究	张智勇	北京大学法学院	专著	2020.12
《巴黎协定》对中国低碳发展的法律和政策影响及对策研究	郭锦鹏	首都经济贸易大学法学院	专著	2019.07
美国对华337调查案例及对策研究	孙　娜	对外经济贸易大学	论文（集）、研究报告	2018.12

青年项目

项目名称	负责人	工作单位	预期成果	完成时间
纯粹法理论的实践性问题研究	王银宏	中国政法大学	专著	2019.12
法治“德礼”重建与“礼法合治”传统治理资源的创造性发展研究	范依畴	中央民族大学法学院	专著、研究报告	2019.06
网络空间中的言论自由与法律规制研究	李佳伦	北京大学法学院	论文（集）、研究报告	2019.12
大数据交易信息安全的刑法保护研究	田　刚	中央民族大学法学院	研究报告	2018.03
参与刑讯人员民事侵权责任问题研究	郭　烁	北京交通大学法学院	研究报告	2019.05
完善我国城市地下空间利用的法律研究	汪　洋	清华大学	研究报告、其他	2019.03
审判中心主义视角下刑事涉案财物处理机制研究	李　扬	中央民族大学法学院	专著	2018.12
刑事对物之诉研究	高　洁	首都经济贸易大学法学院	专著	2019.06
民法典侵权责任编分则体系完善研究	孟　强	北京理工大学法学院	专著	2018.09
新形势下个人生活信息的法律保护研究	陶　盈	首都经济贸易大学法学院	研究报告	2019.06
互联网市场价格违法行为规制研究	张钦昱	中国政法大学民商经济法学院	专著、其他	2018.06
法理与现实冲突下农地“三权分置”的权利体系构建研究	李伟伟	农业部农业贸易促进中心	研究报告	2019.12
标准必要专利反垄断规制研究	谭　袁	中国青年政治学院法学院	专著	2018.12
民法典编纂背景下夫妻财产制研究	贺　剑	北京大学法学院	专著	2021.06
程序法视角下南海仲裁的困境和出路研究	张小奕	国家海洋局海洋发展战略研究所	研究报告	2018.07

九、社会学

重点项目

项目名称	负责人	工作单位	预期成果	完成时间
大规模棚户区改造与新型社区共同体建设研究	李国庆	中国社会科学院城市发展与环境研究所	专著	2018.12
我国政府购买公共服务制度实践中的政社关系研究	张汝立	北京师范大学中国社会管理研究院	专著、研究报告	2019.06
互助养老研究	景　军	清华大学	研究报告、其他	2019.03
适应经济新常态的本土发展型社会福利理论与制度建设研究	李迎生	中国人民大学社会与人口学院	论文（集）、研究报告	2018.12

一般项目

项目名称	负责人	工作单位	预期成果	完成时间
20世纪前期中国社会学实践的演变机制研究	田　耕	北京大学社会学系	专著、译著	2019.06
新时期中国社会阶层结构变化及趋势研究	胡建国	北京工业大学人文社科学院	专著、研究报告	2019.06
基于手机大数据的社会心态研究	陈华珊	中国社会科学院社会发展战略研究院	研究报告、电脑软件	2018.12
虚拟社会结构研究	李　宇	国家行政学院	研究报告	2018.12
我国城乡居民的环保参与及其有效动员问题研究	张　萍	中央财经大学社会发展学院	论文（集）、研究报告	2018.12
我国农村失独家庭的养老保障及社会支持研究	赵仲杰	北京建筑大学	论文（集）、研究报告	2019.12
基于公共服务视角的农村社区老年抑郁干预研究	屈智勇	北京师范大学社会发展与公共政策学院	论文（集）、研究报告	2019.12
贫困退出机制的评估研究	张　琦	北京师范大学经济与资源管理研究院	专著、研究报告	2018.03
中国股票市场稳定发展的社会机制研究	杨　典	中国社会科学院社会学研究所	专著	2018.12
现代化进程中的妥协与社会矛盾研究	吴忠民	中共中央党校科学社会主义教研部	研究报告	2018.06
儿童期留守经历对其成人初期生活质量影响的长期追踪研究	王晓华	北京师范大学社会发展与公共政策学院	论文（集）、研究报告	2020.10
社会工作介入家庭暴力综融性服务模式研究	刘　梦	中华女子学院	专著、研究报告	2019.06
超大城市生人社会的熟人社区建设研究	李　敏	中华女子学院	专著、研究报告	2018.12
就地城镇化背景下的农转居社区发展与基层治理研究	吴　莹	中国社会科学院社会发展战略研究院	研究报告	2018.12
社区养老服务“医养护”一体化路径研究	汪连新	中华女子学院	研究报告	2019.06

青年项目

项目名称	负责人	工作单位	预期成果	完成时间
梁漱溟的乡村治理思想及其在乡土社会秩序重建中的应用研究	魏文一	首都经济贸易大学劳动经济学院	研究报告	2019.07

续表

项目名称	负责人	工作单位	预期成果	完成时间
现代性视阈中的马克思与齐美尔货币理论比较研究及其当代社会意义研究	李凌静	中国社会科学院中国社会科学杂志社	专著、论文（集）	2020.12
乡村治理秩序的历史沿革与重建路径研究	潘建雷	中共北京市委党校	专著	2019.12
旧城改造与城市基层社会治理研究	施芸卿	中国社会科学院社会学研究所	研究报告	2019.06
后单位社区安全危机及其治理创新研究	周延东	中国人民公安大学治安学院	论文（集）、研究报告	2019.07
劳动者平衡工作与生活的互动过程及策略研究	张　帆	中国社会科学院社会发展战略研究院	研究报告、其他	2018.06
网络社会治理创新中的“政府—民众网络沟通制度”研究	陈　氚	中共中央党校科学社会主义教研部	研究报告	2018.06
机关事业单位职业年金制度完善路径研究	龙玉其	首都师范大学管理学院	研究报告	2018.12
社会性别视角下妇女组织参与社会治理的对策研究	王晓莉	中共中央党校科学社会主义教研部	研究报告	2018.12
医疗费用增长与社会医疗保险可持续性研究	刘　凯	中国人民大学劳动人事学院	论文（集）	2018.06
经济新常态下劳动力市场监测指标体系与实现路径研究	王　阳	国家发展和改革委员会社会发展研究所	专著、研究报告	2018.12
我国网络借贷的地方治理模式研究	向静林	中国社会科学院社会学研究所	专著、研究报告	2019.06
村庄公共物品供给制度的合法性机制研究	温莹莹	中国青年政治学院青少年工作系	论文（集）	2019.12
多元文化视角下群际信任建立的双路径模型研究	赵　娜	中央财经大学社会发展学院心理系	研究报告	2019.12
海外人才回流意愿影响因素研究	田　帆	国家发展和改革委员会社会发展研究所	专著、研究报告	2019.06
社会生态视角下流动人口动态社会融入的心理机制研究	陈咏媛	中国社会科学院社会发展战略研究院	研究报告	2019.06
地权分置视野下的土地关系新构造与当代中国代耕现象研究	黄志辉	中央民族大学	论文（集）、研究报告	2018.12
互联网对公益组织的变革性影响研究	刘秀秀	中共北京市委党校	论文（集）	2019.12
创新社会治理视阈下的困境儿童社会保护制度研究	陈　静	清华大学公共管理学院	专著、论文（集）	2020.06

十、人口学

重点项目

项目名称	负责人	工作单位	预期成果	完成时间
提高户籍人口城镇化率的对策研究	冯　虹	北京工业大学	研究报告、专著	2018.12

一般项目

项目名称	负责人	工作单位	预期成果	完成时间
中国人口负增长研究	陶　涛	中国人民大学社会与人口学院	研究报告	2021.09

续表

项目名称	负责人	工作单位	预期成果	完成时间
边境地区人口迁移、流动特征及其人口结构变动的研究	蔡果兰	中央民族大学理学院	论文（集）、研究报告	2019. 09
中国社会经济转型时期的人口健康水平、预测及风险对策研究	张　蕾	北京大学人口研究所	研究报告	2018. 12
供求协同演化视角的老龄化、生育政策调整对中国房地产业的作用机制和效应研究	易成栋	中央财经大学管理科学工程学院	论文（集）、研究报告	2018. 12
新型城镇化背景下流动人口的社会融合研究	王玉君	中国人民大学社会与人口学院	论文（集）	2019. 09
失独人群心理互助模式研究	刘天俐	北京大学人口研究所	研究报告	2019. 12

青年项目

项目名称	负责人	工作单位	预期成果	完成时间
“全面两孩”政策实施后妇女生育水平及其决定因素研究	靳永爱	中国人民大学社会与人口学院	研究报告	2019. 09
老年人健康状况动态演变研究	封　婷	中国社会科学院人口与劳动经济研究所	研究报告	2019. 06
基于劳动者个人选择和养老金激励机制的弹性退休制度研究	郝　佳	中央财经大学保险学院劳动与社会保障系	专著、研究报告	2019. 12
基于空间视角的流动人口社会融合研究	陈宇琳	清华大学建筑学院	研究报告	2018. 12
生命历程视角下的老年迁移流动研究	吕利丹	中国人民大学	论文（集）、研究报告	2018. 12

十一、民族问题研究

重点项目

项目名称	负责人	工作单位	预期成果	完成时间
中国少数民族传统基层社会治理体系与当代少数民族乡村社会治理体制机制创新研究	贺金瑞	中央民族大学哲学与宗教学院	论文（集）、研究报告	2019. 06
中国特色民族团结理论与实践研究	青　觉	中央民族大学	论文（集）、研究报告	2018. 12
陆路边境地区构建“口岸文化“研究	张丽君	中央民族大学经济学院	专著、研究报告	2019. 03

一般项目

项目名称	负责人	工作单位	预期成果	完成时间
多民族国家精神共同体建构与中华民族精神共同体研究	马俊毅	中国社会科学院民族学与人类学研究所	专著	2020. 03
“一带一路”建设与我国西部边疆民族地区社会稳定研究	靳　薇	中共中央党校科学社会主义教研部	专著、研究报告	2019. 06
“精英阶层”与现阶段我国边疆民族地区稳定研究	罗惠翾	中央民族大学民族学与社会学学院	研究报告	2018. 12

续表

项目名称	负责人	工作单位	预期成果	完成时间
西藏档案馆藏蒙古文档案研究	乌云毕力格	中国人民大学国学院	专著、其他	2019.09
东洋文库所藏镶白旗蒙古都统衙门档案译注与研究	哈斯巴根	北京市社会科学院	专著	2019.12
基于多语种档案的尼泊尔与西藏近代交往关系研究	徐　亮	北京第二外国语学院国际关系学院	专著	2020.12
集中连片特困仡佬族地区旅游精准扶贫、精准脱贫研究	李劲松	中央民族大学民族学与社会学学院	研究报告	2019.06
比较视野下的独立公投与民族问题研究	王　军	中央民族大学	专著	2019.06
法国多元文化主义的当代困境及其治理研究	张金岭	中国社会科学院欧洲研究所	研究报告	2019.12
新型城镇化背景下新疆籍少数民族流动人口就业研究	黄　锐	中央民族大学	论文（集）、研究报告	2018.12
民族地区农牧民就地（就近）城镇化机理及制度保障研究	刘云喜	中央民族大学经济学院	专著	2019.12

青年项目

项目名称	负责人	工作单位	预期成果	完成时间
清代北京满文碑刻史料翻译整理与北京多民族共同体研究	关笑晶	北京市社会科学院	工具书、论文（集）	2018.12
比较视野中的民族特色建筑保护与改造研究	李　耕	中国社会科学院民族学与人类学研究所	论文（集）、研究报告	2018.07
欧洲“难民危机”与民粹主义问题研究	徐　刚	中国社会科学院俄罗斯东欧中亚研究所	专著、研究报告	2019.08
交往交流交融视角下南阳聚居维吾尔族流动人口研究	孙　嫱	中国社会科学院民族学与人类学研究所	研究报告、其他	2019.06
西部贫困地区少数民族农民工返乡创业培植研究	赵　迪	农业部管理干部学院	专著、研究报告	2017.10

十二、国际问题研究

重点项目

项目名称	负责人	工作单位	预期成果	完成时间
“一带一路”与世界经济体系构建研究	赵江林	中国社会科学院亚太与全球战略研究院	专著	2018.06
我国参与国际气候谈判角色定位的动态分析与谈判策略研究	王　谋	中国社会科学院城市发展与环境研究所	研究报告、其他	2019.12

一般项目

项目名称	负责人	工作单位	预期成果	完成时间
国际经贸规则演变与我国自由贸易区战略实施研究	李　杨	对外经济贸易大学	研究报告	2018.12

续表

项目名称	负责人	工作单位	预期成果	完成时间
在华外资联盟合作与我国产业安全研究	周丽群	首都经济贸易大学马克思主义学院	论文（集）、研究报告	2019.06
中美共推全球经济治理体系变革的挑战及路径研究	陈建奇	中共中央党校国际战略研究院	专著、研究报告	2018.03
全球价值链视角下提升中国制造业海外投资效率研究	姚战琪	中国社会科学院财经战略研究院	论文（集）、研究报告	2018.12
"一带一路"沿线国家税收政策比较研究	赵书博	首都经济贸易大学财政税务学院	研究报告	2018.06
国际数字贸易新规则的内容特征与演进规律探究及中国的应对研究	周念利	对外经济贸易大学	论文（集）	2018.12
知识产权保护的全球治理结构研究	熊　洁	中共中央党校国际战略研究院	专著	2018.12
"一带一路"战略下改进领事服务研究	夏莉萍	外交学院	专著、研究报告	2019.12
新型大国协调视阈下 G7 与 G20 比较研究	徐　凡	对外经济贸易大学	专著、研究报告	2019.02
多元主体共同参与中国对非援助机制研究	徐秀丽	中国农业大学人文与发展学院发展管理系	专著、研究报告	2018.12
大数据时代中国参与网络空间全球治理方略研究	檀有志	对外经济贸易大学国际关系学院	研究报告	2019.06
全球治理视角下的网络安全研究	王孔祥	国际关系学院法律系	专著、其他	2019.07
美国"亚太再平衡"战略对中国地缘政治的影响及其应对研究	孙西辉	中国社会科学院亚太与全球战略研究院	研究报告	2018.12
东南亚地区"一带一路"重大工程项目政治风险预警机制研究	储　殷	国际关系学院公共管理系	研究报告	2019.02
好莱坞电影意识形态输出运行机制与美国国际文化战略研究	刘恩东	国家行政学院教务部	研究报告	2019.06
气候变化与亚太水资源安全治理研究	李志斐	中国社会科学院亚太与全球战略研究院	专著	2019.12
"后危机时代"欧盟的发展前景及其对中欧关系的影响研究	赵　柯	中共中央党校国际战略研究院	专著、研究报告	2018.12
当代俄罗斯抗议运动研究	曲延明	中央编译局	专著	2019.11
古巴社会主义模式"更新"研究	杨建民	中国社会科学院拉丁美洲研究所	专著、研究报告	2019.12
德国在欧盟地位和作用的变化及中国对欧政策研究	杨解朴	中国社会科学院欧洲研究所	专著、研究报告	2019.06
欧洲养老金制度改革及其对我国的借鉴意义研究	彭姝祎	中国社会科学院欧洲研究所	专著、研究报告	2018.06
英国对华决策新发展及其对中英关系的影响研究	王展鹏	北京外国语大学英语学院	专著、研究报告	2019.12

青年项目

项目名称	负责人	工作单位	预期成果	完成时间
TPP 对亚太价值链和中国参与亚太价值链分工的双重影响评估研究	苏庆义	中国社会科学院世界经济与政治研究所	研究报告	2019.06

续表

项目名称	负责人	工作单位	预期成果	完成时间
TPP协议达成对世界农产品贸易格局的影响及我国的应对策略研究	何　敏	外交学院国际经济学院	研究报告	2018.06
国际投资规则的演变态势、影响及应对研究	文　洋	中共中央党校国际战略研究院	专著、研究报告	2019.03
我国社会组织参与国际非政府组织活动路径研究	周鑫宇	北京外国语大学国际关系学院	专著、研究报告	2018.03
南海安全合作机制研究	李忠林	北京大学国际关系学院	专著、研究报告	2019.06
中美亚太“主导权”竞争及其影响研究	凌胜利	外交学院国际关系研究所	专著	2019.06
美国对台湾民进党的影响与中国大陆的对策研究	钟厚涛	中国社会科学院台湾研究所	专著、研究报告	2018.06
“一带一路”背景下中国与一体化组织的外交政策研究	贺之杲	中国社会科学院欧洲研究所	专著	2019.06
亚投行与现有多边开发机构的竞争性与互补性研究	刘　玮	中国社会科学院世界经济与政治研究所	研究报告	2018.12
国际难民制度研究	杨靖旼	中央编译局	专著	2019.12
中国与非洲国家建立合作共赢利益共同体研究	徐晏卓	中国社会科学院世界经济与政治研究所	专著、论文（集）	2019.06

十三、中国历史

重点项目

项目名称	负责人	工作单位	预期成果	完成时间
清末民国时期的中国历史教科书与中华民族认同研究	李　帆	北京师范大学历史学院	专著	2019.12

一般项目

项目名称	负责人	工作单位	预期成果	完成时间
晚唐敦煌文士张球与归义军史研究	杨宝玉	中国社会科学院历史研究所	专著	2020.12
清代地方道制研究	周勇进	中国社会科学院中国地方志指导小组办公室	专著	2019.12
清代驻京呼图克图制度研究	张子新	中央民族大学期刊社	专著	2020.12
纪日序事：中古历日社会文化意义探研	赵　贞	北京师范大学历史学院	专著、论文（集）	2019.12
近代日本对南海诸岛的非法侵占及战后中国的接收研究	李　理	中国社会科学院近代史研究所	专著	2019.12
1949年以来台湾问题中的日本因素研究	修春萍	中国社会科学院台湾研究所	论文（集）、研究报告	2018.11
战时中英关系史新探（1941—1945）	张俊义	中国社会科学院近代史研究所	专著	2020.12
晚清日本人来华游记与中国认识研究	李长莉	中国社会科学院近代史研究所	专著	2019.12

青年项目

项目名称	负责人	工作单位	预期成果	完成时间
敦煌吐鲁番道教文献综合研究	郜同麟	中国社会科学院文学研究所	专著	2019.12
“书”类文献先秦流传研究	程　浩	清华大学人文学院	专著	2019.12
清代地方行政的制度变迁与空间结构研究	胡　恒	中国人民大学历史学院清史研究所	专著	2020.06
五代宋初“军”政区演化进程研究	郎　洁	北京林业大学	专著	2019.03
入华胡人与唐代马政研究	王炳文	清华大学人文学院中文系	研究报告	2019.07
“丝绸之路”与女真政治文明研究	孙　昊	中国社会科学院历史研究所	专著	2019.05
汉唐历史文献的史料批判研究	孙正军	首都师范大学历史学院	专著	2019.12
秦汉遣策的礼仪与信仰研究	田　天	首都师范大学历史学院	论文（集）	2019.07
长沙走马楼三国孙吴简牍官文书整理与研究	徐　畅	北京师范大学历史学院	专著	2019.12
嘉禾吏民田家莂研究	凌文超	中国社会科学院历史研究所	专著	2019.12
清代中期长江中游流通与市场整合研究	赵伟洪	中国社会科学院经济研究所	专著	2019.07
督练公所与清末军事改革研究	彭贺超	北京大学历史学系博士后流动工作站	专著	2018.12
吐蕃赞普王权研究	杨毛措	中央民族大学藏学研究院	专著	2019.12

十四、世界历史

重点项目

项目名称	负责人	工作单位	预期成果	完成时间
德国联邦议会与“记忆文化”建构研究（1990—2015）	孟　虹	中国人民大学	专著	2019.06

一般项目

项目名称	负责人	工作单位	预期成果	完成时间
中国世界史书写与话语变迁研究	曹小文	首都师范大学历史学院	专著	2019.06
斯特拉波思想与观念研究	武晓阳	北京师范大学历史学院	专著	2020.04
亚述帝国崛起与文化扩张研究	贾　妍	北京大学艺术学院	专著	2019.09
日本明治前期立宪史研究	张允起	北京大学政府管理学院	专著	2018.12
17世纪英国社会舆论与政治制度发展演进研究	张　炜	中国社会科学院世界历史研究所	专著	2019.12

青年项目

项目名称	负责人	工作单位	预期成果	完成时间
以安敦尼王朝为考查重点的帝国罗马知识精英研究	倪滕达	北京师范大学历史学院	专著	2020.12
赴日华人海商与江户时代日本对华观研究	郭　阳	中国社会科学院近代史研究所	专著	2019.12

续表

项目名称	负责人	工作单位	预期成果	完成时间
明治时期日本军费研究	崔金柱	首都师范大学历史学院	专著	2019. 12
第二次世界大战结束以来的日本领土问题研究	李若愚	中国社会科学院日本研究所	专著	2019. 11
俄波关系中的“乌克兰问题”研究（1654—1954）	刘国菊	中国社会科学院世界历史研究所	专著、研究报告	2018. 06
联邦德国对民主德国的经济政策研究（1949—1990）	王　超	中国社会科学院世界历史研究所	专著	2019. 12

十五、考古学

重点项目

项目名称	负责人	工作单位	预期成果	完成时间
偃师商城遗址宫城区的发掘和研究	谷　飞	中国社会科学院考古研究所	专著、研究报告	2020. 12

一般项目

项目名称	负责人	工作单位	预期成果	完成时间
殷墟妇好墓出土玉器综合研究	杜金鹏	中国社会科学院考古研究所	研究报告	2017. 12
先秦两汉都城礼制文明研究	高崇文	北京大学考古文博学院	专著	2019. 12
关中地区西周社会的考古学观察	马　赛	中央民族大学民族学与社会学学院	研究报告	2020. 03
丝绸之路中道城镇与路网研究	陈　凌	北京大学考古文博学院	专著	2019. 12
北魏丧葬中民族融合因素的考古学解读	刘连香	中央民族大学民族学与社会学学院	专著	2019. 12
东北亚古代铁器传播的技术观察	陈建立	北京大学考古文博学院	论文（集）、研究报告	2019. 05

青年项目

项目名称	负责人	工作单位	预期成果	完成时间
旧石器时代旧大陆东西方人类技术比较研究	陈宥成	首都师范大学历史学院	研究报告	2019. 12
北京延庆西屯墓地发掘研究报告	丁利娜	北京市文物局（北京市文物研究所）	研究报告	2019. 06
田螺山河姆渡文化遗址动物资源获取模式的综合研究	张　颖	北京大学考古文博学院	研究报告	2019. 03
9—15 世纪斯瓦西里地区考古学文化研究	丁　雨	北京师范大学历史学院	论文（集）、研究报告	2019. 09
稳定同位素所见郑洛地区 4000BP—3500BP 先民食谱与家畜饲养方式的特点研究	陈相龙	中国社会科学院考古研究所	研究报告、其他	2019. 12
中原地区夏至早商时期动物考古学研究	尤　悦	首都师范大学历史学院	研究报告	2020. 07

十六、宗教学

重点项目

项目名称	负责人	工作单位	预期成果	完成时间
“一带一路”沿线东南亚国家的宗教治理经验及管理模式研究	郑筱筠	中国社会科学院世界宗教研究所	专著	2019.12
中国本土宗教与外来宗教关系研究	李四龙	北京大学哲学系	专著、工具书	2020.12
莲花戒佛学著作整理及研究	周　拉	中央民族大学藏学研究院	专著、其他	2020.11

一般项目

项目名称	负责人	工作单位	预期成果	完成时间
“一带一路”背景下的中国特色宗教理论建构与政策应对研究	蒲长春	中共中央党校科学社会主义教研部	研究报告	2019.12
百年《通报》的中国宗教研究	张　靖	中国人民大学汉语国际推广研究所	译著、论文（集）	2021.09
辽金石刻经幢陀罗尼文字资料整理与研究	张明悟	中国科学院大学	专著、论文（集）	2019.12
东正教灵修传统研究	张百春	北京师范大学哲学学院	专著	2019.09
道教内丹学的阴阳论研究	戈国龙	中国社会科学院世界宗教研究所	专著	2019.10

青年项目

项目名称	负责人	工作单位	预期成果	完成时间
北魏拓跋氏的民族信仰与文化认同研究	张宏斌	中国社会科学院世界宗教研究所	专著	2018.12
中古时期佛教在丝绸之路南道上的传播与图像呈现研究	陈粟裕	中国社会科学院世界宗教研究所	专著	2019.12
东南亚华人基督教社团的发展转型及对新时期中国—东盟公共外交的影响探究	张　鹏	中央财经大学	专著、研究报告	2018.12
明末清初回儒舍起灵（蕴善）汉译作品研究	沈一鸣	北京大学	专著	2019.12
转型期中国宗教场所负责人的政治态度研究	钟智锋	中国人民大学哲学院	专著	2019.06

十七、中国文学

重点项目

项目名称	负责人	工作单位	预期成果	完成时间
儒家早期文学价值观研究	夏　静	首都师范大学文学院	专著	2020.12
莫言家世考证	程光炜	中国人民大学文学院	专著	2021.09

一般项目

项目名称	负责人	工作单位	预期成果	完成时间
马克思恩格斯与比较文学和世界文学研究	高旭东	中国人民大学文学院	专著、研究报告	2019.12
汉魏两晋乐府曲名研究	许继起	中国社会科学院文学研究所	专著	2018.12
魏晋南北朝至唐代诗歌词语演变研究	谢思炜	清华大学人文学院	论文（集）	2020.12
日本内阁文库藏室町时代抄物写本《三体诗幻云抄》与唐宋诗的辑佚、校勘研究	刘　玲	北京师范大学外国语言文学学院	研究报告、论文（集）	2020.12
二十世纪五十年代以来北美地区中国古代小说研究	邹　颖	中国人民大学文学院	专著	2021.09
教育视阈下民国诗歌史料的整理与研究	孙晓娅	首都师范大学中国诗歌研究中心	专著、工具书	2019.06
胡适英文散佚文献的考证、整理、翻译与研究	席加兵	北京语言大学	专著、论文（集）	2019.03
鲁迅与中国传统“文章”的创造性转化研究	刘春勇	中国传媒大学	专著	2019.08
“满映”殖民主义电影形态与装置的批判研究	逄增玉	中国传媒大学	论文（集）	2019.12
中国当代文艺实践中的人民性研究	张　宏	中国传媒大学	专著	2019.06
中华文化与华语电影美学关系研究	陈　阳	中国人民大学文学院	专著	2019.09
中国朝鲜族文学编年	吴相顺	中央民族大学朝鲜语言文学系	专著	2020.06
西部民族地区传统歌会研究	朱　刚	中国社会科学院民族文学研究所	专著	2019.06

青年项目

项目名称	负责人	工作单位	预期成果	完成时间
黄药眠年谱整理及其文艺思想研究	李圣传	首都师范大学	专著	2019.06
《诗经》歌唱研究	李　辉	首都师范大学中国诗歌研究中心	专著	2019.12
宋代诗学中的诗体病忌观念研究	刘　靓	北京大学中国语言文学系	专著	2019.06
物质文化与清代咏物词研究	蔡　雯	首都师范大学文学院	专著	2019.10
互文性视角下中国现代作家创作与日本文学翻译研究（1898—1927）	崔　琦	华北电力大学	专著	2019.06
乡村儿童的文学教育及阅读推广研究	费冬梅	中国社会科学院文学研究所	专著	2018.12
维吾尔族民间达斯坦的口头诗学研究	吐孙阿依吐拉克	中国社会科学院民族文学研究所	研究报告	2019.06
新时期藏语作家群研究	增宝当周	中央民族大学藏学研究院	专著	2020.12
口头传统视阈下藏蒙《格萨（斯）尔》史诗音乐研究	姚　慧	中国社会科学院民族文学研究所	专著	2020.07

十八、外国文学

一般项目

项目名称	负责人	工作单位	预期成果	完成时间
西方马克思主义形式批评研究	孙　柏	中国人民大学文学院	专著	2019.12

续表

项目名称	负责人	工作单位	预期成果	完成时间
英国编史元小说的可能世界研究	梁晓晖	国际关系学院外语学院英文系	专著	2020.05
郭沫若翻译作品版本演变研究及语料库建设	张　勇	中国社会科学院郭沫若纪念馆	研究报告、电脑软件	2019.12
琉球、冲绳题材日本历史小说研究	关立丹	北京语言大学	专著	2021.03
《诗镜论》版本校注整理与研究	王满特嘎	中央民族大学蒙古语言文学系	其他	2019.08
东亚诗学交融语境中的和歌与歌论研究	祁晓明	对外经济贸易大学	专著	2021.02
阿列克谢耶维奇非虚构写作研究	张变革	北京第二外国语学院俄语系	专著、论文（集）	2019.12
巴赫金文论中的“外位性”思想研究	陈　涛	中华女子学院	专著、译著	2019.12
亨利·詹姆斯的艺术主题小说研究	代显梅	中国人民大学	专著	2019.09
空间视角下的当代爱尔兰小说研究	陈　丽	北京外国语大学英语学院	专著	2020.12
英国“左翼诗派”诗学研究	吴泽庆	中央民族大学	专著	2019.08
美国印第安文学批评中的民族主义问题研究	王建平	中国人民大学	专著	2019.12
英国殖民时期非洲豪萨语和斯瓦希里语本土文学嬗变研究（1900—1960）	孙晓萌	北京外国语大学亚非学院	专著	2020.06

青年项目

项目名称	负责人	工作单位	预期成果	完成时间
日本近代象征派文学的研究	解　璞	北京大学	专著	2020.09
中波文学关系研究	李怡楠	北京外国语大学欧洲语言文学学院	专著	2020.03

十九、语言学

重点项目

项目名称	负责人	工作单位	预期成果	完成时间
大数据背景下汉语语块数据库建设与应用研究	荀恩东	北京语言大学信息学院	论文（集）、电脑软件	2020.12
上古汉语复句研究	刘　利	北京师范大学文学院	专著	2019.09
语法、语义、韵律的互动研究	贾　媛	中国社会科学院语言研究所	专著、研究报告	2019.12
中国朝鲜语方言地图集	姜镕泽	中央民族大学	工具书、论文（集）	2020.09

一般项目

项目名称	负责人	工作单位	预期成果	完成时间
艾克敦译中国传统戏曲手稿整理和研究	管兴忠	北京语言大学	译著专著	2021.09
类型学视角下的云南方言语法研究	荣　晶	北京师范大学文学院	论文（集）、研究报告	2021.08
“一带一路”建设中的“语言消费”新问题及其对策研究	李　艳	首都师范大学文学院/北京语言产业研究中心	研究报告	2018.12

续表

项目名称	负责人	工作单位	预期成果	完成时间
"互联网+"移动端国际汉语碎片化教学理论与模式创新研究	谷 陵	中央民族大学国际教育学院	专著、论文（集）	2019.03
国际标准视野下汉语作为第二语言口语等级标准研究	孙晓明	中央民族大学国际教育学院	专著	2019.06
基于口语语料库的汉语儿童话语标记早期发展研究	邹立志	首都师范大学文学院	专著	2019.07
使用眼动追踪考察学龄前儿童语言发展研究	周 鹏	清华大学外国语言文学系	专著、论文（集）	2019.12
汉语母语者英语习得年龄的效应规律及其认知神经机制研究	薛 锦	北京第二外国语学院英语学院	专著	2019.12
中国英语教师专业能力测评研究	韩宝成	北京外国语大学中国外语教育研究中心	专著、论文（集）	2019.12
大学英语 SPOC 翻转课堂教学模式有效性探讨研究	王 娜	北京科技大学外国语学院大学英语系	专著	2019.12
大学生外圈英语听辨能力研究	许宏晨	外交学院英语系	专著、其他	2019.07
基于语料库的中国学术英语口语研究	孙凤兰	北京外国语大学	论文（集）、电脑软件	2019.10
汉语作为第二语言学习者汉语语法习得的言语加工策略研究	王瑞烽	北京语言大学	专著	2019.02
基于词汇类型学的 CSL 学习者空间量度范畴形容词的习得研究	苏向丽	北京语言大学	研究报告	2019.12
敦煌文献中的藏文咒语对音研究	李建强	中国人民大学国学院	专著	2019.12
《急就篇》整理与研究	史杰鹏	北京师范大学古籍与传统文化研究院	专著	2019.12
面向信息处理的汉语语素体系构建及应用研究	刘 扬	北京大学	专著、电脑软件	2019.06
语言接触视野下的中古汉语词汇音节形式选择机制研究	邱 冰	北京语言大学	研究报告	2020.12
中国境内汉藏语言的语音类型与音变共性研究	燕海雄	中国社会科学院民族学与人类学研究所	专著	2020.12
蒙古语连续语流中的音联研究	哈斯其木格	中国社会科学院民族学与人类学研究所	论文（集）、其他	2019.12
近代维吾尔语文献《巴布尔传》的语言研究	吾麦尔江·吾吉艾合麦	中央民族大学维吾尔语言文学系	专著	2018.12
中哈跨境哈萨克语名词术语研究	包拉什	中央民族大学哈萨克语言文学系	专著	2019.12
片马茶山语参考语法研究	李春风	北京华文学院	专著	2019.12
地理语言学视角下的广西左右江流域壮语方言研究	韦景云	中央民族大学少数民族语言文学系	专著、其他	2019.06
贵州清水江流域苗语调查研究	石德富	中央民族大学少数民族语言文学系	研究报告	2020.03
中外上市公司年报话语对资本市场的影响预测对比研究	王立非	对外经济贸易大学	专著	2019.06

青年项目

项目名称	负责人	工作单位	预期成果	完成时间
当代中文小说英译的海外评价与接受研究	王颖冲	北京外国语大学英语学院	专著	2019.08
第二语言学习者汉语粘合式述补结构习得研究	朱旻文	北京外国语大学中国语言文学学院	研究报告	2019.09
高校“海归”英语教师职业认同建构的叙事探究	孟　玲	北京大学	专著	2018.12
《王念孙古音学手稿》整理与研究	赵晓庆	中国社会科学院语言研究所	专著、论文（集）	2019.12
新出楚简与金文疑难问题研究	石小力	清华大学出土文献研究与保护中心	专著	2019.12
及物性视野下的汉语心理动词历时研究	王丽玲	首都师范大学文学院	专著	2020.06
指称化理论视角下的现代汉语“名＋动”定中结构研究	陆　萍	中华女子学院	专著、其他	2019.06
殷墟甲骨文形态研究与数据库建设	刘　影	首都师范大学文学院	专著、其他	2019.06

二十、新闻学

重点项目

项目名称	负责人	工作单位	预期成果	完成时间
新媒体生态下党报评论的国际传播与效果评估研究	卢新宁	人民日报社	专著、论文（集）	2018.12
主流媒体运用移动传播、推动媒体融合发展的现状、前景及其影响和对策研究	杜飞进	人民日报社	专著、研究报告	2019.06
中国出版人口述史研究及数据库建设	魏玉山	中国新闻出版研究院	研究报告、其他	2019.06
国外互联网治理的理念、模式及借鉴研究	王四新	中国传媒大学	研究报告	2018.12

一般项目

项目名称	负责人	工作单位	预期成果	完成时间
冷战时期两岸文宣研究（1949—1991）	向　芬	中国社会科学院新闻与传播研究所	专著	2020.12
清末民初日本在华报纸研究（1901—1921）	曹晶晶	北京师范大学	研究报告	2019.06
我国数据新闻的理念、实践及其人才培养模式研究	许向东	中国人民大学	专著、论文（集）	2018.12
舆情生态治理下的政务新媒体传播路径及效果研究	邹　煜	中国传媒大学	论文（集）、研究报告	2018.12
“互联网＋”时代传媒产业价值链重构与生态化转型研究	吴玉玲	北京工商大学艺术与传媒学院	论文（集）	2019.06
移动互联网时代传统媒体移动化转型路径及策略研究	官建文	人民网股份有限公司	研究报告	2018.12

续表

项目名称	负责人	工作单位	预期成果	完成时间
出版生态视野下数字阅读消极影响的消解路径研究	周　斌	北京印刷学院新闻出版学院编辑出版系	专著、研究报告	2019.12
学术著作出版机制建设研究	刘永红	人民出版社	论文（集）、研究报告	2018.06
中国话语电视节目在海外受众中的传播效果研究	刘燕南	中国传媒大学	专著、研究报告	2018.12
战后日本二战题材的纪录片研究	崔亚娟	北京联合大学	研究报告	2019.12
健全社会公共事件网络舆情监控、预警及治理机制研究	涂　艳	中央财经大学	论文（集）、研究报告	2018.12
当代日本对华舆论形成的结构和机制研究	周维宏	北京外国语大学日本学研究中心	专著、工具书	2018.12
基于大数据的中国大陆英文媒体“中国梦”对外传播效果及叙事策略研究	程　维	北京第二外国语学院	专著、研究报告	2019.12
媒介化公共外交的机制与运用策略研究	赵鸿燕	对外经济贸易大学	论文（集）	2019.07
新媒体时代证券市场舆论引导研究	刘瑾鸿	中央民族大学文学与新闻传播学院	专著	2019.07
性别议题的媒体表达与提升国际话语权研究	刘利群	中华女子学院	研究报告	2018.12
中国当代广告口述史（1979—2010）	祝　帅	北京大学新闻与传播学院	专著、其他	2018.12
基于大数据分析的社交网络用户身份构建研究	吕宇翔	清华大学新闻传播学院	研究报告	2018.06
移动传播的现状、前景及其影响和对策研究	黄楚新	中国社会科学院新闻与传播研究所	专著	2018.12
网络媒体伦理规范研究	阴卫芝	中国政法大学	专著	2019.12

青年项目

项目名称	负责人	工作单位	预期成果	完成时间
党报在移动智能终端上的传播效果研究	张梓轩	北京交通大学语言与传播学院	研究报告、其他	2019.09
传统媒体和新兴媒体融合发展中的版权授权机制研究	付继存	清华大学公共管理学院	研究报告	2018.12
争议性科技议题的公众参与科学传播研究	胥琳佳	对外经济贸易大学	研究报告	2018.06
中国语境下媒体参与构建和谐劳动关系的理念与路径研究	吴　麟	中国劳动关系学院文化传播学院	研究报告	2019.12
移动互联网时代青年网民的公共舆论事件参与研究	李先知	首都经济贸易大学文化与传播学院	研究报告、论文（集）	2019.06

二十一、图书馆、情报与文献学

重点项目

项目名称	负责人	工作单位	预期成果	完成时间
学术图书馆参与数字出版的角色和模式研究	刘兹恒	北京大学信息管理系	论文（集）	2019.06

一般项目

项目名称	负责人	工作单位	预期成果	完成时间
基于文献信息生产传播的数字出版与数字图书馆融合、互构研究	李德升	北京印刷学院新闻出版学院	研究报告、专著	2018.12
基于开放获取学术期刊的资源深度整合与揭示研究	赵华茗	中国科学院文献情报中心	论文（集）、电脑软件	2018.07
中美电子资源国家标准比较研究	肖　珑	北京大学图书馆	译著、论文（集）	2018.12
数字图书馆资源与服务绩效影响因素及评价体系研究	陈　凌	北京大学图书馆	论文（集）、研究报告	2019.12
晚清、民国时期地方志中图书馆史料的整理和研究	马春晖	北京工商大学图书馆	专著	2019.12
哈佛燕京图书馆藏善本方志舆图整理与研究	张英聘	中国社会科学院中国地方志指导小组办公室	其他	2018.12
“一带一路”沿线国家互联互通水平综合评价研究	王继民	北京大学信息管理系	论文（集）、研究报告	2018.06
创新驱动战略的情报保障研究	王延飞	北京大学信息管理系	专著、研究报告	2019.05
大数据环境下突发事件多源情报融合研究	李　兵	对外经济贸易大学	论文（集）	2019.12
基于SAO语义结构的专利技术演化与预测研究	孙　巍	中国农业科学院农业信息研究所	研究报告、电脑软件	2018.12
基于语义识别的引文分析理论、方法与应用研究	肖　明	北京师范大学政府管理学院	研究报告、论文（集）	2018.12
国内外主要学科分类体系的集成映射实证研究	苏　成	中国科学技术信息研究所	研究报告	2019.09
基于知识组织的科研项目评审专家发现研究	宋培彦	中国科学技术信息研究所	研究报告、电脑软件	2018.12
面向知识组织系统的新术语抽取研究	刘　伟	中国科学技术信息研究所	研究报告	2019.09
声像档案抢救“复杂性障碍”及信息保护机制与对策研究	张美芳	中国人民大学信息资源管理学院	论文（集）、研究报告	2019.06
中国文书及文书工作的近代转型研究	沈　蕾	北京联合大学	研究报告	2019.12

青年项目

项目名称	负责人	工作单位	预期成果	完成时间
“互联网+”时代公共数字文化工程的服务模式转变研究	温　泉	国家图书馆	研究报告	2019.04
公共图书馆线上线下服务融合研究	童忠勇	国家图书馆	研究报告	2018.06
社交媒体环境下公共档案资源知识聚合与服务研究	魏　扣	中国人民大学科学研究处	专著、论文（集）	2019.09
新型城镇化背景下农民工档案管理机制研究	马林青	中国人民大学信息资源管理学院	研究报告	2018.12

二十二、体育学

重点项目

项目名称	负责人	工作单位	预期成果	完成时间
2022冬奥会对我国雪上运动发展的影响研究	邱招义	北京体育大学	研究报告	2019.06

一般项目

项目名称	负责人	工作单位	预期成果	完成时间
中国体育企业竞争优势与竞争战略研究	肖淑红	北京体育大学	研究报告、论文（集）	2019.02
体育的社会贡献评价机制与应用研究	苗向军	北京体育大学	专著	2019.12
2022年冬奥会赛事风险管理研究	邹新娴	北京体育大学	研究报告	2019.02
新疆穆斯林女性体育参与的社会适应研究	乔凤杰	清华大学	研究报告	2018.12
全球视阈下适宜儿童全面发展的我国幼儿体育课程体系构建研究	董进霞	北京大学	专著、论文（集）	2021.09
我国青少年健康干预研究	马新东	清华大学	研究报告	2020.12
城市儿童户外体力活动空间“热点”分析及其建成环境影响因素研究	贺　刚	首都体育学院运动科学与健康学院	研究报告	2018.06
跨界民族共有传统体育文化的调查研究	韦晓康	中央民族大学体育学院	研究报告	2019.06
武术国际传播人才培养研究	张长念	首都体育学院武术与表演学院	研究报告、论文（集）	2019.06

青年项目

项目名称	负责人	工作单位	预期成果	完成时间
新健康老龄化视角下的老年体育服务利用研究	王富百慧	国家体育总局体育科学研究所	专著、研究报告	2019.03
近代体育图像史研究（1833—1949）	赵盛楠	北京体育大学	专著	2019.02
中国武术功法训练理论研究	张长思	北京师范大学	研究报告	2018.12

二十三、管理学

重点项目

项目名称	负责人	工作单位	预期成果	完成时间
技术驱动下的新能源汽车产业商业模式创新研究	刘颖琦	北京交通大学经济管理学院	专著、研究报告	2019.12
利用互联网信息技术提升农产品流通效率研究	吕建军	中国农业大学经济管理学院	论文（集）、研究报告	2019.06
特重大自然灾害后恢复重建机制建设研究	龚维斌	国家行政学院应急管理教研部	研究报告	2018.12

一般项目

项目名称	负责人	工作单位	预期成果	完成时间
碳排放视角下超大城市绿色低碳发展路径研究	任继勤	北京化工大学	专著、研究报告	2018. 12
推进中医药服务贸易发展路径与策略研究	侯胜田	北京中医药大学管理学院	研究报告、其他	2019. 09
中国制造业企业跨国并购后整合路径与战略互补机制研究	范黎波	对外经济贸易大学	论文（集）	2018. 12
社会资本、知识管理与科技型小微企业成长研究	陶秋燕	北京联合大学	论文（集）、研究报告	2019. 06
技术集成能力对复杂装备性能的影响研究	贺　俊	中国社会科学院工业经济研究所	论文（集）	2017. 12
公共服务购买模式与组织间管理控制的匹配性研究	何　晴	首都经济贸易大学财政税务学院	研究报告	2019. 06
碳权资产估值方法及其应用研究	梁美健	首都经济贸易大学财政税务学院	研究报告	2019. 06
研发费用所得税加计扣除政策对企业开发支出会计政策选择的影响及经济后果研究	刘永涛	首都经济贸易大学财政税务学院	论文（集）、研究报告	2018. 12
僵尸企业的僵化指数与市场退出机制研究	栾甫贵	首都经济贸易大学会计学院	论文（集）、研究报告	2018. 12
符号学视阈下中国传统文化元素的品牌呈现方式与传播策略研究	陈立彬	北京工商大学商学院	研究报告	2019. 06
新常态下兼顾雇佣双方利益的高绩效工作系统的结构及其作用机制研究	苗仁涛	首都经济贸易大学劳动经济学院	论文（集）、研究报告	2019. 06
“互联网+”背景下知识型员工绩效薪酬偏好影响创新行为的机理研究	李春玲	北京工商大学商学院	研究报告	2019. 06
赴港“自由行”旅游交往中的文化冲突与解决策略研究	杨丽琼	中国旅游研究院	专著、研究报告	2018. 06
网购食品安全监管体系研究	洪　岚	北京物资学院经济学院	论文（集）、研究报告	2018. 12
我国新能源产业“污染弊端”、“低端加工陷阱”治理政策研究	罗来军	中国人民大学经济学院	论文（集）、研究报告	2018. 12
基于大数据与可视化的我国城市雾霾成因分析研究	武　装	首都经济贸易大学信息学院	研究报告	2018. 12
基于大数据应用的地方政府治理模式创新研究	谭海波	清华大学公共管理学院	论文（集）、研究报告	2019. 07
新能源汽车政策评价研究	鞠雪楠	中央财经大学互联网经济研究院	论文（集）	2018. 12
应对危险化学品危害的城市居民风险沟通机制与实施路径研究	刘铁忠	北京理工大学管理与经济学院	研究报告	2018. 12
涉公服务采买过程中隐性风险的识别与治理研究	倪东生	北京物资学院	专著、研究报告	2019. 12
移动政务环境下基层政府（街道）城市服务质量提高机制研究	温新民	北京理工大学	论文（集）、研究报告	2018. 06
新型城镇化视野下的棚户区改造研究	孟延春	清华大学公共管理学院	专著、研究报告	2019. 05
基于区位—配置模型的京津冀地区医疗卫生设施布局优化研究	于涛方	清华大学建筑学院	专著、论文（集）	2019. 12

续表

项目名称	负责人	工作单位	预期成果	完成时间
京津冀区域生态位异质化作用下农业产业链空间协同效应与发展策略研究	赵桂慎	中国农业大学资源与环境学院	论文（集）	2019. 12
城市群产城融合视角下国家级城市新区空间布局优化机理与路径研究	周　霞	北京建筑大学	专著	2019. 06
创业、创新生态系统构建与城市“大众创业、万众创新”战略支持体系研究	刘彦平	中国社会科学院财经战略研究院	专著、研究报告	2018. 12
基于非对称信息视角的我国城市信用体系建设驱动关系分析与实现方法研究	徐　斌	中央财经大学	专著、论文（集）	2018. 12
供应链金融促进京津冀实体经济适应性发展的创新模式研究	何向军	首都经济贸易大学安全与环境工程学院	研究报告	2019. 06

青年项目

项目名称	负责人	工作单位	预期成果	完成时间
我国 PPP 模式 VfM 定量评价方法研究及应用	汪雯娟	首都经济贸易大学工商管理学院	研究报告	2018. 12
跨境游客往来便利化的制度性障碍分析及对策研究	张金山	北京联合大学旅游学院	研究报告	2018. 11
基于可持续供应链管理视角的我国食品安全共同治理研究	王　晶	北京工商大学商学院	研究报告	2019. 06
京津冀乳制品冷链物流系统优化研究	王　琛	北京农学院经济管理学院	专著、研究报告	2019. 12
区域秸秆全量化利用策略与激励机制研究	李　想	农业部农业生态与资源保护总站	论文（集）	2019. 05
我国参与国家管辖范围以外区域海洋遗传资源国际规则制定研究	郑苗壮	国家海洋局海洋发展战略研究所	研究报告、其他	2018. 06
养老、就业和家庭政策统筹协调机制的研究	蒙　克	清华大学公共管理学院	论文（集）、电脑软件	2018. 12
社会治理视阈下新中国农地制度沿革与变迁趋势研究	杨璐璐	中国矿业大学（北京）	论文（集）、研究报告	2017. 12
中国地方政府“参与性”财政支出行为实证研究	叶　静	对外经济贸易大学国际关系学院	专著	2019. 06
经济激励对贫困地区乡村教师吸引与保留的影响效应研究	姜金秋	首都经济贸易大学城市经济与公共管理学院	研究报告	2019. 06
公立医院和社会资本合作模式运行中面临的问题与对策研究	邓　勇	北京中医药大学人文学院法律系	研究报告	2018. 12
在线医疗服务对医疗服务体系的影响效应及引导机制研究	马骋宇	首都医科大学卫生管理与教育学院	论文（集）	2019. 12
纵向整合模式下基层卫生机构服务功能实现程度研究	袁莎莎	北京协和医学院	研究报告	2018. 12

（全国哲学社会科学规划办公室供稿）

教育部办公厅关于做好全国教育科学"十三五"规划 2016 年度课题组织申报工作的通知

教办厅函〔2016〕12 号

各省、自治区、直辖市教育厅（教委）、教育科学研究院（所）、教育科学规划领导小组办公室，新疆生产建设兵团教育局，中央军委训练管理部院校局、全军军事教育科学规划办公室，部属各高等学校，部内各司局、各直属单位：

为深入贯彻落实党的十八大和十八届三中、四中、五中全会精神以及《国家中长期教育改革和发展规划纲要（2010—2020 年）》，经全国教育科学规划领导小组批准，决定于 2016 年 2 月 25 日—4 月 25 日开展 2016 年度全国教育科学规划课题申报工作。本年度只设国家重大和重点招标课题指南（见附件 1），其他类别课题不设指南，由申请人自拟课题名称申报。同年度申请国家自然科学基金、国家社科基金、教育部人文社会科学及其他国家级科研项目的负责人不能申报全国教育科学规划课题。课题组织申报办法详见附件 2。

附件：

1. 2016 年度全国教育科学规划国家重大和重点招标课题指南

2. 全国教育科学"十三五"规划 2016 年度课题组织申报办法

教育部办公厅

2016 年 2 月 25 日

（全国教育科学规划领导小组办公室供稿）

2016 年度全国教育科学规划国家重大和重点招标课题指南

重大招标课题

1. 我国教育 2030 年发展目标及推进战略研究
2. 全面普及高中阶段教育保障机制与推进策略研究
3. 高等教育强国的内涵、标准、实现路径和监测指标研究
4. 中国与 OECD 教育发展主要指标及发展趋势比较研究
5. 我国教育治理体系和治理能力现代化战略研究

重点招标课题

1. 人才培养模式的国际经验及改革研究
2. 社会变迁进程中青少年价值观的发展与影响机制研究
3. 义务教育学校标准化建设研究
4. 艺术教育综合改革研究
5. 学前教育中长期发展目标及推进策略研究
6. 职业教育现代化的内涵、标准、实现路径和监测指标研究
7. 特殊教育中长期发展目标及推进策略研究
8. 民族地区教育发展战略研究
9. 加快推进民办教育可持续发展战略研究
10. 国家学历资历框架研究
11. 世界一流大学和一流学科建设评价体系与推进战略研究
12. 教师队伍建设中长期战略目标及政策研究
13. 我国与发达国家的教育信息化比较和推进战略研究
14. 健全教育投入长效机制研究
15. 中国新时期教育改革 30 年（"七五"至"十二五"）反思性研究

（全国教育科学规划领导小组办公室供稿）

全国教育科学“十三五”规划2016年度课题组织申报办法

一、申报教育科学规划课题的指导思想是，高举中国特色社会主义伟大旗帜，以邓小平理论、“三个代表”重要思想、科学发展观为指导，深入贯彻落实党的十八大和十八届三中、四中、五中全会精神，贯彻落实习近平总书记系列讲话精神，以《国家中长期教育改革和发展规划纲要（2010—2020年）》的重大理论和现实问题为主攻方向，践行五大发展理念，解放思想，实事求是，大力推进理论创新、制度创新和方法创新，发挥全国教育科学规划课题的示范引导作用，推动教育科学为教育事业发展服务、为人力资源强国建设服务。

二、申报基础研究课题要力求具有原创性、开拓性和较高的学术思想价值；申报应用研究课题要具有现实性、针对性和较强的决策参考价值，着力推出体现国家水准的研究成果。

三、国家重大和重点课题申请人须具有正高级专业技术职务或厅局级以上领导职务，能够担负起课题研究实际组织者和指导者的责任；其他类别课题申请人须具有副高级以上专业技术职务或博士学位，不具备的须由两名具有正高级专业技术职务的同行专家书面推荐。青年项目申请人和课题组成员的年龄均不超过35周岁（1981年4月25日之后出生）。课题组成员或推荐人须征得本人同意并签字确认，否则视为违规申报。申请人可以根据研究的实际需要，吸收境外研究人员作为课题组成员参与申请。在读的全日制研究生不能申请，具备申报条件的在职博士生（博士后）从所在工作单位申请。

四、课题承担单位必须符合以下条件：在相关领域具有较雄厚的学术资源和研究实力；设有科研管理的职能部门；能够提供开展研究工作的必要条件并承诺信誉保证。

五、本年度拟设国家重大和重点委托课题若干，对教育发展中出现的一些重大问题快速做出反应，为党和政府高层科学决策及时提供政策建议。委托课题的研究内容及课题承担者由全国教育科学规划领导小组领导确定。

六、本年度只设国家重大和重点招标课题指南，其他类别课题不设指南。申报重大和重点课题的，其名称须与指南保持一致，不得自行更改或添加副标题；需参加现场答辩，不参加答辩视为自动放弃。流标的重大和重点课题，可以通过委托形式进行研究。其他类别课题由申请人自拟课题名称，鼓励开展反映国家需要和国际趋势的前瞻性、创新性课题研究，不支持以编译著作、编写教材、编写丛书、编写工具书为直接目的的课题研究。自拟课题名称的表述应科学、严谨、规范、简明，一般不加副标题。

七、全国教育科学规划涉及14个学科。依照《申请书》列出的学科分类代码填写相应学科，跨学科课题根据“尽量靠近”原则选定一类学科进行申报。国防军事教育课题申报评审工作由全军军事教育科学规划办公室负责另行组织。

八、本年度全国教育科学规划课题继续实行限额申报，限额指标另行下达。各省级教育科学规划领导小组办公室、教育部直属高校和部内司局、直属单位要着力把关提高申报质量，适当控制申报数量，特别是要减少同类选题重复申报。

九、申报课题的资助额度为：国家社科基金教育学重大招标课题为30万~50万元、重点课题为35万元、一般课题为18万元，青年基金课题为18万元；教育部重点课题为3万元、教育部青年专项为2万元。申请人要根据《全国教育科学规划课题成果鉴定结题细则》和《国家社会科学基金项目经费管理办法》的要求，确定申报课题类别，并根据实际需要编制合理科学的经费预算。

十、全国教育科学规划课题的完成时限，国家重大、重点招标课题原则上要求在2年内完成；其他类别课题在1~3年完成，最迟在5年内完成。

十一、为避免一题多报、交叉申请和重复立项，确保申请人有足够的时间和精力从事课题研究，对课题申请作如下限定：（1）课题负责人同年度只能申报一个全国教育科学规划课题，且不能作为课题组成员参与全国教育科学规划课题的申请；课题组成员同年度最多参与两个全国教育科学规划课题申请。在研国家级项目的课题组成员最多参与一个全国教育科学规划项目申请。（2）在研的国家社科基金项目、国家自然科学基金项目、全国教育科学规划课题、教育部人文社会科学课题及其他国家级科研项目的负责人不能申请新的全国教育科学规划课题（结题证书标注日期在 2016 年 4 月 25 日之前的可以申请，需附证明）。（3）申请国家自然科学基金项目、国家社科基金项目、教育部人文社会科学课题及其他国家级科研项目的负责人同年度不能申请全国教育科学规划课题，其课题组成员也不能作为负责人以内容相同或相近选题申请全国教育科学规划课题。（4）国家重大课题投标者的要求与国家社科基金重大项目投标者的要求相同。（5）凡在内容上与在研或已结项的各级各类项目有较大关联的申请课题，须在《申请书》中详细说明所申请项目与已承担项目的联系和区别，否则视为重复申请；不得以内容基本相同或相近的同一成果申请多家基金项目结项。（6）凡以博士学位论文或博士后出站报告为基础申报全国教育科学规划课题，须在《申请书》中注明所申请项目与学位论文（出站报告）的联系和区别，申请鉴定结项时提交学位论文（出站报告）原件。（7）不得以已出版的内容基本相同的研究成果申请全国教育科学规划课题。（8）凡以全国教育科学规划课题名义发表阶段性成果或最终成果，不得同时标注多家基金项目资助字样。

十二、申请人应如实填写申请材料，并保证没有知识产权争议。凡存在弄虚作假、抄袭剽窃等行为的，一经发现查实，取消 3 年申报资格；如获立项即予撤项并通报批评。为保证申报评审的公正性和严肃性，评审会议召开前申报单位或个人不得以任何名义走访、咨询学科评审组专家或邀请学科评审组专家进行申报辅导。凡行贿评审专家者，一经查实将予通报批评；如获立项即予撤项，5 年内不得申报全国教育科学规划课题。凡在课题申报和评审中发现严重违规违纪行为的，除按规定进行处理外，均被列入不良科研信用记录。

十三、课题实行同行专家通讯评审初评和专家会议集中复评方式。中小学和幼儿园申请人申报课题，以及西部地区的课题申请人申报课题，实行单列单评，并给予一定比例的立项数量倾斜。

十四、课题负责人在项目执行期间要遵守相关承诺，履行约定义务，按期完成研究任务；获准立项的《全国教育科学规划课题申请书》视为具有约束力的资助合同文本。最终成果实行结题鉴定制度，鉴定等级予以公示。除特殊情况外，国家社科基金项目的最终研究成果须先鉴定、后出版，擅自出版者视为自行终止资助协议。

十五、全国教育科学规划课题申报采用三级审核管理制度。第一级为"申报者所在单位"（如学校、院系、科研院所等），第二级为"省部级管理部门"（含各省级教育规划办、教育部直属高校和直属单位），第三级为"全国教育科学规划领导小组办公室"（以下简称全规办）。各级管理机构要加强对课题申报工作的组织和指导，严格审核申报资格、前期研究成果的真实性、课题组的研究实力和必备条件等，签署明确意见。各级科研管理部门不得收取任何申报评审费用。全规办不直接受理个人申报。

十六、项目申报材料从全规办网站（http://onsgep.moe.edu.cn）下载。申请书文本须经所在单位审查盖章后，报送至省部级管理部门，最后由省部级管理部门审核盖章后报全规办。

十七、申请书文本要求统一用计算机填写、A3 纸双面印制、中缝装订。报送全规办的纸质材料包括：（1）审查合格的国家重大和重点招标课题《投标书》一式 6 份（原件 1 份，复印件 5 份）；其他类别课题《申请书》一式 2 份（原件 1 份，复印件 1 份），活页 5 份。（2）加盖公章的用统一表格制作的申报数据汇总表。同时报送上述材料的电子版到指定邮箱。

十八、申报时间为 2016 年 2 月 25 日起至 4 月 25 日止，逾期不予受理。办公室咨询电话：010—62003471，62003307；电子邮箱：qgb@moe.edu.cn；邮政编码：100088；地址：北京市海淀区北三环中路 46 号全国教育科学规划领导小组办公室。

（全国教育科学规划领导小组办公室供稿）

全国教育科学“十三五”规划2016年度课题立项结果（北京地区）

课题批准号	课题类别	课题名称	姓名	单位
WGA160001	重点委托	中国2030年教育现代化发展水平与发达国家（分类）教育发展水平的比较研究	马晓强	中国教育科学研究院
WGA160002	重点委托	2016—2030年经济社会发展变化对教育影响研究	胡鞍钢	清华大学
WGA160003	重点委托	2016—2030年人口变动情况及城乡、区域分布对教育供给的影响研究	高文书	中国社科院人口所
WGA160007	重点委托	学制和义务教育年限问题研究	孟繁华	首都师范大学
WGA160013	重点委托	教育法治的问题及建设研究	秦惠民	中国人民大学
WGA160014	重点委托	教育现代化理论研究	顾明远	北京师范大学
WGA160015	重点委托	当今世界教育的特征及发展趋势研究	周海涛	北京师范大学
VIA160001	国家重大	高等教育强国的内涵、标准、实现路径和监测指标研究	陈　浩	中国高等教育学会
ADA160004	国家重点	人才培养模式的国际经验及改革研究	翟小宁	中国人民大学附属中学
AEA160005	国家重点	社会变迁过程中青少年价值观的发展与影响机制研究	李祖超 鲁景超	中国地质大学（武汉）中国传媒大学
ALA160007	国家重点	艺术教育综合改革研究	郑　莉	首都师范大学
AHA160008	国家重点	学前教育中长期发展目标及推进策略研究	霍力岩	北京师范大学
AHA160010	国家重点	特殊教育中长期发展目标及推进策略研究	邓　猛	北京师范大学
AKA160011	国家重点	国家学历资历框架研究	王立生	教育部学位与研究生教育发展中心
AFA160013	国家重点	健全教育投入长效机制研究	王善迈	北京师范大学
BAA160018	国家一般	现象学教育学的溯源性探究	刘　洁	中国教育科学研究院
BMA160023	国家一般	民族地区职业教育利益相关者研究	吴冬梅	中央民族大学
BMA160026	国家一般	少数民族大学生创业支持体系研究	夏仕武	中央民族大学
BGA160030	国家一般	基于协同的京津冀高等教育布局结构研究	刘爱玲	北京师范大学
BFA160038	国家一般	我国研究型大学基本建设项目利用金融市场筹资模式与应用研究	黄文彬	中国人民大学
BFA160042	国家一般	基于微观追踪数据的收入分配与教育作用机制研究	邓　峰	北京理工大学
BBA160046	国家一般	情绪预测偏差与决策关系的发展特点及其机制研究	方　平	首都师范大学
BCA160050	国家一般	“互联网+”教师培训供给侧改革的实验研究	冯晓英	北京师范大学
BCA160056	国家一般	通过数字化阅读培养学生的数字素养研究	郭文革	北京大学
BJA160060	国家一般	新起点下职业院校协同管理机制与平台开发研究	邢　晖	国家教育行政学院

续表

课题批准号	课题类别	课题名称	姓名	单位
BJA160062	国家一般	高等职业院校大学生创新创业教育体系的内容与评价研究	张淑梅	北京财贸职业学院
BLA160067	国家一般	中国农村学校体育发展"精准扶持"研究	于素梅	中国教育科学研究院
BLA160070	国家一般	论体育教师专业发展——基于身体哲学视角	李笋南	北京师范大学
BLA160071	国家一般	基于体育健康大数据的学生体育教学安全与风险防控机制研究	李树旺	中国人民大学
BEA160077	国家一般	《四书》中的君子教育思想研究	王　啸	北京师范大学
BIA160119	国家一般	基于指导方式的博士培养质量研究	朱志勇	北京师范大学
BIA160120	国家一般	香港地区大学学术治理体系研究	李　曼	北京教育科学研究院
BIA160132	国家一般	中国研究生教育对经济增长的贡献率研究	黄海军	中国教育科学研究院
BEA160146	国家一般	普通中学选课走班存在的问题及对策研究	王春易	北京十一学校
BHA160150	国家一般	基于核心素养的小学"读整本书"课程实施与评价体系研究	李怀源	清华大学附属小学商务中心区实验小学
CDA160164	国家青年	新时期教育对外开放战略下的中小学国际理解教育研究	赵章靖	中国教育科学研究院
CGA160171	国家青年	基于管办评分离的高等教育评估体系发展研究	李明磊	北京理工大学
CGA160173	国家青年	京津冀高等教育协同发展中的政策风险评估及其控制对策	李　旭	北京教育科学研究院
CFA160175	国家青年	我国高校一流学科建设的财政支撑体系研究	罗建平	中国教育科学研究院
CFA160176	国家青年	乡村教师政策有效执行的保障体系研究	李廷洲	北京师范大学
CFA160180	国家青年	劳动力市场的技能需求及其对教育供给的启示	曹浩文	北京教育科学研究院
CCA160190	国家青年	小学生数字化写作能力提升及其影响因素研究	齐　媛	中国教育科学研究院
CLA160201	国家青年	儿童音乐剧在中小学音乐教学中的应用实践研究	张　婷	北京师范大学昌平附属学校
CEA160202	国家青年	青少年价值观学习的情感基础研究	王　平	中国青年政治学院
CHA160214	国家青年	中小学校长实践智慧的养成机制研究	刘永福	中国教育科学研究院
CHA160215	国家青年	小学语文主题教学新发展研究	林长山	清华大学附属小学
CIA160217	国家青年	农村第一代大学生学业发展特征及其影响因素研究	王　纾	中国教育科学研究院
CIA160219	国家青年	来华留学生就读经验研究	马佳妮	北京师范大学
CHA160231	国家青年	面向《中国制造 2025》的中学工业机器人课程开发	徐　乾	中国人民大学附属中学
DAA160233	教育部重点	互联网环境下中学校园暴力与欺凌的法律规制研究	尹　力	北京师范大学
DAA160235	教育部重点	自我与他者：陌生人社会中的道德教育研究	贾玉超	国家开放大学
DDA160237	教育部重点	中美日高校科研项目资助绩效第三方评价制度比较研究	李润华	北京联合大学
DOA160241	教育部重点	大学与欧洲近代早期的社会变革（1500—1800年）	孙　益	北京师范大学
DBA160253	教育部重点	流动儿童学习投入现状、产生机制及干预研究	刘在花	中国教育科学研究院
DBA160254	教育部重点	大学生宿舍人际关系特征、预警及干预研究	赵小红	中国教育科学研究院

续表

课题批准号	课题类别	课题名称	姓名	单位
DCA160259	教育部重点	基于大数据分析的研究生教育质量监控模型构建与实证研究	高玉建	教育部学位与研究生教育发展中心
DJA160268	教育部重点	中小学生职业体验课程开发与实施的研究	左　耘	北京国际职业教育学校
DLA160289	教育部重点	戏剧治疗应用于特殊教育学校康复训练的研究	林喜杰	北京市海淀区教育科学研究院
DLA160292	教育部重点	《思想品德》课程实施研究	王　磊	教育科学出版社
DHA160302	教育部重点	中小学学科教学与综合实践活动整合的研究	赵玉如	北京教育学院
DHA160307	教育部重点	高考改革背景下高中生生涯发展的实证研究	王乃弋	北京师范大学
DIA160316	教育部重点	高校来华留学生对中华文化的认同研究	申　莉	北京联合大学
DIA160320	教育部重点	地方普通本科院校学生在校体验研究	陈　萍	北京信息科技大学
DIA160328	教育部重点	我国残疾人高考政策优化路径研究	陆　莎	北京教育科学研究院
DIA160348	教育部重点	双一流背景下的研究生课程微观治理体系研究	胡莉芳	中国人民大学
DHA160351	教育部重点	基于核心素养发展的区域教研转型实践研究	罗　滨	北京市海淀区教师进修学校
DHA160356	教育部重点	基于STEAM理念的中学项目式教学研究	宓　奇	中国人民大学附属中学
DHA160361	教育部重点	科学与艺术有机整合的幼儿学习活动创新研究	陈晓芳	北京教育学院
DHA160365	教育部重点	学校转型背景下普通中学教师专业发展新方式的研究	赵继红	北京十一学校
DHA160374	教育部重点	马芯兰教学法在新课程改革中的继承与发展的研究	陈立华	北京市朝阳区实验小学
EMA160394	教育部青年	政策工具视域下西班牙少数民族双语教育政策文本分析及启示研究	王晋炜	北京外国语大学
EOA160395	教育部青年	澳大利亚国际教育发展历史与现状研究	陈蕴哲	中国青年政治学院
EFA160403	教育部青年	高校合同制教师权利及其保障研究	刘　建	中央财经大学
EIA160464	教育部青年	基于合作博弈的高校基金会联合筹款理论及应用研究	郭　力	北京航空航天大学
EHA160475	教育部青年	用学术研究成果提升高中生生物科学探究能力的实践研究	姚亭秀	北京市第八十中学
EHA160476	教育部青年	汉字思维对中学生文言阅读力影响探究	彭鹤立	中央民族大学附属中学

（全国教育科学规划领导小组办公室供稿）

2016年度全国艺术科学规划项目申报公告

经文化部和全国艺术科学规划领导小组批准，《2016年度全国艺术科学规划项目课题指南》（以下简称《课题指南》）现予发布，全国艺术科学规划领导小组办公室开始受理2016年度全国艺术科学规划项目申报。现将申报工作的有关事项公告如下：

一、2016年度全国艺术科学规划项目申报工作的指导思想是：高举中国特色社会主义伟大旗帜，全面贯彻党的十八大和十八届三中、四中、五中全会精神，以马克思列宁主义、毛泽东思想、邓小平理论、“三个代表”重要思想、科学发展观为指导，深入贯彻习近平总书记系列重要讲话精神特别是在文艺工作座谈会上的讲话精神和《中共中央关于繁荣发展社会主义文艺的意见》精神，紧紧围绕全面建成小康社会、全面深化改革、全面依法治国、全面从严治党的战略布局，坚持社会主义先进文化前进方向，全面贯彻“二为”方向和“双百”方针，坚持以人民为中心，坚持解放思想，实事求是，与时俱进，求真务实，坚持以重大现实问题为主攻方向，坚持基础研究与应用研究并重，努力构建艺术科学体系，为全面建成小康社会、实现中华民族伟大复兴中国梦提供强大文化力量。

二、申报2016年度全国艺术科学规划项目，要围绕党的十八届三中、四中、五中全会精神和习近平总书记系列重要讲话特别是在文艺工作座谈会上的讲话精神、《中共中央关于繁荣发展社会主义文艺的意见》精神，紧密联系“四个全面”战略布局下繁荣发展社会主义文艺，培育践行社会主义核心价值观，完善公共文化服务体系、文化产业体系、文化市场体系建设，构建中华优秀传统文化传承体系以及推动中华文化走出去的实践，以重大理论和现实问题为中心，坚持基础研究和应用对策研究相结合，推进、完善中国特色社会主义艺术科学体系建设，深化、拓展我国文化建设实践中的重大现实问题研究，着力推出代表国家水平的艺术科学研究成果。

三、全国艺术科学规划项目包括国家社会科学基金艺术学项目和文化部文化艺术研究项目。国家社会科学基金艺术学项目申请人须具备下列条件：遵守中华人民共和国宪法和法律；具有独立开展研究和组织开展研究的能力，能够承担实质性研究工作；具有副高级以上（含）专业技术职称（职务），或者具有博士学位。不具有副高级以上（含）专业技术职称（职务）或者博士学位的，可以申请青年项目，但必须有两名具有正高级专业技术职称（职务）的同行专家书面推荐。青年项目申请人和课题组成员的年龄均不超过35周岁（1981年3月15日后出生）。文化部文化艺术研究项目的申请资格参照以上要求。

国家社会科学基金艺术学重点项目的申请者，须是完成过省、部级以上同专业研究课题的负责人（需在申报中提供完成过的省、部级以上同专业研究课题的证明材料）；国家社会科学基金艺术学一般项目的申请者，须在与申报项目相关研究领域的重要期刊发表相关研究论文至少3篇或有主持完成的相关研究专著（须在申报材料中注明出版或发表的题目、时间及期刊或出版社名称等主要信息）。

申请人填报课题组成员或推荐人有关信息资料前，必须征得本人同意，否则视为违规申报。申请人可以根据研究的实际需要，吸收境外研究人员作为课题组成员参与申请。全日制研究生不能申请，具备申报条件的在职博士生（博士后）从所在工作单位申请。

文化部机关工作人员不能申请或者参与申请全国艺术科学规划项目。

四、全国艺术科学规划项目承担单位必须符合以下条件：在相关领域具有较雄厚的学术资源和研究实力；设有科研管理职能部门；能够提供开展研究的必要条件并承诺信誉保证。以兼职人员身份从所兼职单位申报全国艺术科学规划项目的，兼职单位须审核兼职人员正式聘用关系的真实性，承担项目管理职责并承担信誉保证。

五、《课题指南》条目分范围性条目和具体题目两类。范围性条目只规定研究范围和方向，申请人要据此自行设计具体题目，没有明确的研究对象和问题指向的申请不予受理和立项；依据具体题目申报的选题，应选择不同的研究角度、方法和侧重点，题目的文字表述可做适当修改。只要符合《课题指南》的指导思想和基本要求，各学科均鼓励申请人根据研究兴趣和学术积累申报自选课题（包括重点课题）。自选课题与按《课题指南》申报的选题在评审程序、评审标准、立项指标、资助强度等方面同样对待。无论是按《课题指南》拟定的选题还是自选课题，课题名称的表述应科学、严谨、规范、简明，一般不加副标题。

为进一步突出重点，针对我国艺术科学各门类学科理论体系建设中的薄弱环节、我国文化建设中亟待研究回答的重大理论与实践问题，《课题指南》确定了若干优先研究方向，为全国艺术科研机构、科研人员和社会各界有关人士提供研究参考，优先研究方向的申报课题一经获准立项，可根据研究工作的实际需求，适度放宽资助额度。

跨学科研究课题应根据主要研究内容按照“靠近优先”原则，选择一个主要的学科进行申报。

六、本年度全国艺术科学规划项目设置国家社会科学基金艺术学重点项目、一般项目、青年项目、西部项目（注：西部项目不专门申报，从西部地区研究人员申报的国家社会科学基金艺术学项目中评审产生）以及文化部文化艺术研究项目。国家社会科学基金艺术学项目面向全社会；文化部文化艺术研究项目原则上面向文化系统人员所申报的课题，同时定向吸收研究内容紧密围绕国家和地方文化艺术建设实际、亟须开展的决策咨询类课题，鼓励以专业艺术研究院所为依托，凝聚社会力量协同攻关。符合条件的申请人，可在填报项目类别时，同时选择国家社会科学基金艺术学项目和文化部文化艺术研究项目，但不能同时获得国家社会科学基金艺术学项目和文化部文化艺术研究项目立项。

七、全国艺术科学规划项目的完成时限，自批准立项之日起计算，基础理论研究一般为3~5年，应用对策研究一般为2~3年。

八、为确保申请人有足够的时间和精力从事课题研究，2016年度全国艺术科学规划项目申请作如下限定：（1）课题负责人同年度只能申报一个全国艺术科学规划项目，且不能作为课题组成员参与其他全国艺术科学规划项目的申请；课题组成员同年度最多参与两个全国艺术科学规划项目申请；在研国家级项目的课题组成员最多参与一个全国艺术科学规划项目申请。（2）在研的国家社会科学基金项目、国家自然科学基金项目、教育部人文社会科学研究项目、文化部文化艺术研究项目及其他国家级科研项目的负责人不能申请新的全国艺术科学规划项目（结项证书标注日期在2016年3月15日之前的可以申请）。（3）申请国家社会科学基金项目、国家自然科学基金项目及其他国家级科研项目的负责人同年度不能申请全国艺术科学规划项目，其课题组成员也不能作为负责人以内容相同或相近选题申请全国艺术科学规划项目。（4）申请教育部人文社会科学研究项目的负责人同年度不能申请全国艺术科学规划项目。（5）凡以在研或已结项的各级各类项目为基础申请全国艺术科学规划项目，须在申报时注明所申请项目与已承担项目的联系和区别，且不得以内容基本相同的同一成果申请多家基金项目结项。（6）凡以博士学位论文或博士后出站报告为基础申报全国艺术科学规划项目，须在申报材料中注明所申请项目与学位论文（出站报告）的联系和区别，申请鉴定结项时提交学位论文（出站报告）原件。（7）不得以已出版的内容基本相同的研究成果申请全国艺术科学规划项目。（8）凡以全国艺术科学规划项目名义发表阶段性成果或最终成果，不得同时标注多家基金项目资助字样。

九、2016年度全国艺术科学规划项目全面实行网上申报，不再接受纸质申请材料报送。请申请人登录全国艺术科学规划项目申报管理系统（系统路径为：文化部网站主页→在线办事→全国艺术科学规划项目申报管理系统；也可直接输入网址：http://119.255.27.41），按照有关说明注册账号并提交申报材料。

申请人要如实填写申报材料，保证申报内容的真实性且不涉及知识产权争议。凡发现弄虚作假等违规申报者，经查实后，取消3年内申报资格，如获立项即作撤销处理并通报批评。凡在全国艺术科学规划项目申报和评审中发现违规违纪行为的，除按规定进行处理外，均将列入不良科研信用记录。

十、所有申报项目将通过资格审查、同行专家通讯初评和终评等程序。资格审查和评审工作严格按照《全国艺术科学规划项目管理办法》及本公告的规定进行。同行专家通讯初评采用《活页》匿名方式，《活页》论证字数不超过4000字，不得出现申请人、课题组成员姓名及所在单位名称等有关信息，否则不予评审。项目评审坚持公平、公正原则，保证质量，宁缺毋滥。评审结果报全国艺术科学规划领导小组审批后公示。

十一、如课题获准立项，申请人填写立项通知书回执后，申报系统形成的《申报书》即成为有约束力的资助合同文本。项目负责人在项目执行期间要遵守相关承诺，履行约定义务，按期完成研究任务。项目研究的最终成果将实行匿名通讯鉴定制度。除特殊情况外，计划出版的成果须先鉴定后出版，违反规定擅自出版者视为自行终止资助协议；经批准同意出版的成果出版后须报送全国艺术科学规划领导小组办公室2套样书。

十二、2016年度全国艺术科学规划项目实行3级申报制度。各单位科研管理部门作为初级管理单位，要做好申报组织及申报材料的审核把关工作，根据本公告及有关规定严格审核《申报书》的所有栏目内容，特别是严格审核申报资格，前期成果的真实性，选题、课题设计与论证的科学性及可行性，课题组的研究实力和完成任务的必备条件等，签署明确意见，承担信誉保证。如违规申报，将予以申请人所在单位通报批评。

除北京市外的各省（区、市）艺术科学规划领导小组办公室或文化厅（局）艺术科研管理部门作为中级管理单位，受理本行政区划内的课题申报。中级管理单位要加强组织和指导，认真审核，严格把关，努力提高申报质量。要认真负责地做好账号管理、项目审核提交、名单报送等工作，确保网上申报按期完成。

全国艺术科学规划领导小组办公室委托文化部民族民间文艺发展中心承担在京单位的课题申报及各地

申报材料的受理及初审工作。全国艺术科学规划领导小组办公室不直接受理申报。

十三、课题申报相关文件材料，包括《2016年度全国艺术科学规划项目课题指南》《国家社会科学基金项目经费管理办法》《全国艺术科学规划项目管理办法》《全国艺术科学规划历年立项课题汇编》等，可在文化部网站或申报系统主页上查询、下载。

十四、申请人及所在单位网上申报和提交时间从2016年1月15日起至3月15日止，逾期系统关闭不予受理，申报单位完成本级资格审查及项目提交后，要同时将系统生成的本单位项目汇总表打印盖章后报送至中级管理单位（在京单位直接报送至文化部民族民间文艺发展中心）；中级管理单位网上受理和提交时间截至3月25日，中级管理单位完成本级资格审查及项目提交后，要同时将系统生成的本地区项目汇总表打印盖章后报送至文化部民族民间文艺发展中心。

文化部民族民间文艺发展中心地址：北京市东城区北河沿大街83号，邮政编码：100009

联系人：张帆　邱邑洪

电话：010－84019554

特此公告。

全国艺术科学规划领导小组办公室

2016年1月13日

（全国艺术科学规划领导小组办公室供稿）

2016年度全国艺术科学规划项目课题指南

《2016年度全国艺术科学规划项目课题指南》的指导思想是：高举中国特色社会主义伟大旗帜，全面贯彻党的十八大和十八届三中、四中、五中全会精神，以马克思列宁主义、毛泽东思想、邓小平理论、“三个代表”重要思想、科学发展观为指导，深入贯彻习近平总书记系列重要讲话精神特别是在文艺工作座谈会上的讲话精神和《中共中央关于繁荣发展社会主义文艺的意见》精神，紧紧围绕全面建成小康社会、全面深化改革、全面依法治国、全面从严治党的战略布局，坚持社会主义先进文化前进方向，全面贯彻“二为”方向和“双百”方针，坚持以人民为中心，坚持解放思想，实事求是，与时俱进，求真务实，坚持以重大现实问题为主攻方向，坚持基础研究与应用研究并重，努力构建艺术科学体系，为全面建成小康社会、实现中华民族伟大复兴中国梦提供强大文化力量。

申报2016年度全国艺术科学规划项目，要围绕党的十八届三中、四中、五中全会精神和习近平总书记系列重要讲话特别是在文艺工作座谈会上的讲话精神、《中共中央关于繁荣发展社会主义文艺的意见》精神，紧密联系“四个全面”战略布局下繁荣发展社会主义文艺，培育践行社会主义核心价值观，完善公共文化服务体系、文化产业体系、文化市场体系建设，构建中华优秀传统文化传承体系以及推动中华文化走出去的实践，以重大理论和现实问题为中心，坚持基础研究和应用对策研究相结合，推进、完善中国特色社会主义艺术科学体系建设，深化、拓展我国文化建设实践中的重大现实问题研究，着力推出代表国家水平的艺术科学研究成果。

为进一步突出重点，针对我国艺术科学各门类学科理论体系建设中的薄弱环节、我国文化建设中亟待研究回答的重大理论与实践问题，本《课题指南》确定了若干重点领域和优先研究方向（以＊标注），为全国艺术科研机构、科研人员和社会各界有关人士提供研究参考，具备相应学术积累、学术资源和研究实力的申请者可在相关的范围和方向下自行拟定题目，其中优先研究方向的申报课题一经获准立项，可根据研究工作的实际需求，适度放宽资助额度。基础研究要具有创新性和开拓性，应用研究要具有现实性、针对性和时效性；鼓励艺术科学体系建设重要领域、方向与我国文化建设重大现实问题研究的集体攻关项目，鼓励这些研究领域与方向中优势学术资源的整合；努力推动传统学科、新兴学科和交叉学科健康发展，力求居于学科前沿，避免低水平重复。除重要的基础研究外，鼓励以高水平的论文和研究报告作为最终研究成果进行申报。

为切实提高规划水平和研究水平，2016年度全国艺术科学规划项目的评审立项要与学科建设、队伍建设、基地建设、人才培养及科研结构调整、合理布局结合起来，加强协同攻关，加强整合创新。在选题上应注意处理好几个方面的关系：

1. 注意处理好总结历史、研究现实以及准确把握未来三者之间的关系，努力使研究项目体现出科学性、时代性与前瞻性。

2. 注意处理好理论和实践统一的关系，防止理论与实践脱节的倾向。

3. 注意处理好共性与个性的关系，既要认真开展对当前艺术学发展有普遍指导意义的课题研究，也要针对本学科领域和本地区存在的特殊问题，深入开展个案研究和实证性研究。

4. 在数量和质量上注意做到缩短战线，控制规模，注重立项课题的质量，杜绝低水平重复选题，切实提高全国艺术科学研究的整体水平。

5. 在研究方法上，提倡定性研究与定量研究、理论研究与实证研究相结合，实现研究方法的科学性、规范性和严谨性。

根据突出重点、兼顾一般、控制规模、提高质量的要求，本年度项目将对我国文化建设实践中的重大现实问题研究给予重点关注，推出一批有代表性和重要社会影响的应用对策研究项目，以充分发挥项目的决策咨询功能，更好地为社会主义文化建设大局服务。同时，对在学科建设方面具有填补空白意义的基础理论研究、民族民间艺术研究等集体攻关课题以及边远贫困地区和少数民族地区特别是西部地区艺术研究给予一定倾斜。

艺术基础理论研究

马克思主义艺术理论中国化研究*

习近平文艺工作座谈会讲话精神研究*

中华艺术精神研究

中国艺术哲学基本问题研究

中国当代艺术理论与批评重大问题研究*

中国传统艺术体系研究

中国现代艺术体系研究

20世纪中外艺术理论家及其思想研究

中国与西方艺术思想比较研究

中外民间艺术比较研究

中国艺术史理论与方法研究

断代、专题、区域艺术史研究

中国近现代艺术史研究

新中国成立以来艺术创作实践研究

新时期艺术学发展研究

中国艺术批评史研究

中国当代艺术批评现状与理论建构、价值取向研究

艺术学新兴学科与交叉学科研究

当代中国艺术的伦理问题研究

戏剧（含戏曲、话剧、歌剧、音乐剧、曲艺、木偶、皮影）研究

中国少数民族戏剧研究

戏剧作家作品研究

中国戏剧（戏曲、话剧、曲艺、木偶、皮影）艺术家研究

戏曲表演艺术研究

戏曲音乐理论研究

戏曲作曲研究

戏曲舞台美术研究

音乐剧研究

各剧种史论研究

20世纪戏曲学术史研究

中国话剧史论研究

中国戏剧批评史论研究

中国当代戏剧导演研究

中国当代戏剧舞台美术研究

戏曲移植改编研究*

“互联网+”与戏剧创作、传播研究*

戏剧资料数据库研究

地方戏曲与地域文化研究

戏曲文献文物研究

戏剧受众与文化影响研究

戏剧市场研究

戏剧产业研究

戏剧管理研究

戏剧管理体制深化改革研究*

地方曲种研究

曲艺创作与表演研究

民间曲艺发展对策研究

“互联网+”曲艺艺术传播研究

木偶戏、皮影戏史论研究

电影、广播电视及新媒体艺术研究

电影学、广播电视学的学科现状与前沿问题研究*

中国电影、电视剧、动画创作现状与传播方式研究*

中国影视动画作品中的核心价值观研究*

外国电影艺术创作及理论研究
中国电影发展专业史、专题史研究
中国电影艺术家研究
中外电影比较研究
中国电影史学研究
电影、电视剧批评的理论与方法研究
“互联网+”发展模式对电影创作及产业的影响研究
电影产业化语境下的知识产权研究
电影产业语境下的差异化市场体系研究
电影产业的跨界与融合研究
电影产业全面深化改革的方向与路径研究
中国影视、动漫、新媒体艺术与产业国际影响力研究
微电影现状与发展前景研究
当前电影观众心理研究
中外电影院线建设与影院运营模式比较研究
大数据对我国电视剧生产与传播的影响研究
中国纪录片发展战略研究
戏曲电影发展战略研究
当代中国电视娱乐节目的文化价值导向及传播研究
多屏融合背景下网络自制节目生产模型研究
媒介融合环境下的广播艺术文化发展研究
交互式新媒体艺术创作现状研究

音乐研究

音乐学的学科现状与前沿问题研究*
中国音乐断代史专题史研究
中国近现代音乐史研究
中国音乐史学史研究
中国音乐学术史研究
中国音乐美学史研究
区域音乐研究
音乐表演体系研究*
中国传统声乐唱法研究
传统音乐的传承与保护研究
现当代作曲技术理论研究
中国当代歌剧音乐创作研究
中国当代流行音乐创作的民族化研究
20世纪中国音乐家研究
中国当代音乐作品与作曲家研究
舞蹈音乐研究
电影音乐研究
音乐社会学研究
音乐生态研究
中国音乐文化产业发展及其价值导向研究*
音乐传播研究
音乐科技研究
西方音乐研究

舞蹈研究

中国舞蹈学科的基础理论研究*
舞蹈评论研究
中国舞蹈文化史研究
中国传统舞蹈文化研究
传统舞蹈资源在当代创作中的应用研究*
中国现当代舞蹈创作研究
中国当代舞剧创作研究
中国舞蹈艺术的表演体系研究
东方舞蹈文化研究
中外舞蹈比较研究
西方舞蹈史研究
西方当代舞蹈创作思潮研究
新媒体与舞蹈艺术研究*
舞蹈的产业与市场研究
歌舞表演艺术研究
中国杂技艺术研究

美术研究

美术创作理论与实践研究*
世界视野中的中国美术研究
中国美术学科的评价体系研究
中国区域性民族性民间美术体系研究
中国现实主义美术研究
中国美术史断代、专题研究
人民形象的塑造与20世纪中国美术研究*
中国古代书论画论研究
中国传统绘画色彩体系在当代的应用研究
中国绘画史断代、专题研究
中国传统绘画与壁画中的社会史研究
中国传统壁画的创新应用研究
中国雕塑史断代、专题研究
中国书法史断代、专题研究
现当代书法研究
摄影艺术研究
中外美术交流与比较研究
外国美术研究
中国当代美术批评研究

中国古代书画批评理论研究
西方现代美术批评理论研究
美术管理研究
美术传播研究
当代美术博物馆学研究
美术馆的公共教育功能及实施策略研究
数字化博物馆、美术馆、图书馆发展趋势研究
中国民间美术馆现状调查与研究
当代中国美术国际传播的战略规划研究
当代中国艺术品市场问题与对策研究
中国艺术品流散海外情况的调查与研究
中外艺术品市场政策法规比较研究*

设计艺术研究

中国设计思想及设计理论研究*
中国设计艺术史研究
丝绸之路的古代设计研究
中国古代器物文化及其当代价值研究
中国传统营造的文化价值研究
可持续发展与生态设计研究*
设计的文化属性研究
当代工业设计观念与方法研究
工业设计的文化价值研究
中国工业设计的理论与实践研究
城市公共空间环境设计的行为学研究
中国城市公共艺术规划与创新实践研究
基于地域文化特性的景观设计研究
传统村落民居的保护性设计研究
中国书籍装帧与插图创作研究
交互设计与用户体验的应用研究
3D动画技术的发展趋势研究
传统手工艺与当代设计的产业化研究
中国传统工艺美术产业的当代创新性转型研究
中国传统服装服饰的设计思想与方法研究
设计批评理论研究
工艺美术批评理论研究
中国设计产业竞争力研究
中外设计产业比较研究*

艺术文化综合研究

中国特色社会主义文化制度研究
国家文化政策体系研究*
国家文化管理体制改革与创新研究*
文化安全观与国家文化安全体系及其运行机制研究*
当代中国的边疆文化治理体系研究
传统艺术成果的知识产权问题研究
文化投入绩效评价研究
文化艺术赞助机制及政策研究
国有文化资产管理体制与运营方式研究
演艺机构（产品）综合效益与保障机制评价指标体系研究
公共文化服务“中国特色”研究
公共文化服务体系建设与政策设计研究
公共文化服务效能评价的理论与方法研究
公共文化服务与科技融合发展战略研究
贫困地区公共文化精准服务研究
“互联网+”时代公共图书馆服务体系发展战略研究
互联网线上线下融合的公共图书馆服务模式研究
公共文化机构法人治理结构理论与实践研究
国家非物质文化遗产保护类型研究
濒危非物质文化遗产抢救与保护研究
非物质文化遗产保护与传承的可持续发展研究
社区非物质文化遗产的保护规划与建设研究
新农村建设与传统村落文化的保护研究
中国传统艺术传承机制研究
台湾地区中华民族优秀传统文化传承研究
中国当代艺术市场研究
艺术产品的产权交易研究
我国大众文化消费研究
民营艺术表演团体现状调查与研究
“互联网+”传统文化产业链创新模式研究
丝绸之路文化产业带研究
区域特色文化产业发展研究
艺术品鉴证体系建构研究
网络文化对生活方式的影响研究
网络游戏文化输出长效调控研究
对外文化交流项目绩效评估研究
对外文化贸易研究
联合国教科文组织制定相关国际公约与法律研究
非物质文化遗产保护的海外经验和经典案例研究
世界各国文化法律、文化政策比较研究
世界文化思潮及文化热点问题研究
（加“*”的为优先研究方向）

全国艺术科学规划领导小组办公室
2016年1月13日

（全国艺术科学规划领导小组办公室供稿）

2016 年度国家社会科学基金艺术学重大项目招标公告

经文化部和全国艺术科学规划领导小组批准，2016 年度国家社会科学基金艺术学重大项目面向全国公开招标。现将有关事项公告如下：

一、招标单位

全国艺术科学规划领导小组办公室

二、招标对象

主要包括文化艺术研究领域重点研究机构、高等院校以及社科研究机构等。投标要以单位名义进行，多单位联合投标须确定一个责任单位。鼓励跨地区、跨单位联合投标，鼓励理论工作部门与实际工作部门合作开展研究。

三、招标工作总的要求

高举中国特色社会主义伟大旗帜，全面贯彻落实党的十八大和十八届三中、四中、五中全会精神，以邓小平理论、“三个代表”重要思想、科学发展观为指导，深入贯彻习近平总书记系列重要讲话精神，坚持解放思想、实事求是、与时俱进，大力推进理论创新，构建艺术科学创新体系，发挥国家社科基金示范引导作用，着力推出具有重大学术创新价值和文化传承意义的标志性研究成果，为全面建成小康社会、实现中华民族伟大复兴中国梦提供强大文化力量。

四、招标数量和资助强度

2016 年度重大项目共 15 个招标选题，每个招标选题原则上只确定 1 项中标课题。资助强度根据研究的实际需要确定，一般为每项 60 万～80 万元。

五、投标资格要求

（一）投标单位须具备下列条件：

1. 在文化艺术科研领域具有较强的科研力量和深厚的学术积累。

2. 设有专门负责科研管理工作的职能部门。

3. 能够为开展重大课题研究工作提供良好条件。

（二）投标课题组须具备下列条件：

1. 每个课题组可且只可设置 1 名首席专家。首席专家须具有中华人民共和国国籍，具有较高的政治素质；在文化艺术科研领域具有深厚的学术造诣和丰富的科研经验，社会责任感强，学风优良；具有正高级专业技术职务或厅局级以上（含）领导职务，能够承担实质性研究工作并担负科研组织指导职责。

2. 在研的国家社科基金重大项目、马克思主义理论研究和建设工程重大项目、教育部哲学社会科学重大攻关项目、国家出版基金项目及其他国家级重大科研项目的课题负责人，不能作为首席专家参加本次投标。申请教育部哲学社会科学重大攻关项目及其他国家级重大科研项目的首席专家同年度不能申请国家社科基金艺术学重大项目。

3. 首席专家只能投标一个项目，且不能作为子课题负责人或课题组成员参与本次投标的其他课题。子课题负责人只能参与一个投标课题，课题组成员最多参与两个投标课题。

4. 文化部机关工作人员不能申请或者参与申请国家社科基金艺术学重大项目。

六、投标课题要求

1. 投标课题组须按《招标公告》发布的招标选题投标，自选课题不予受理。投标课题组须按《2016 年度国家社会科学基金艺术学重大项目投标书》规定的内容和要求填写申报材料。《投标书》文本要简洁、规范、清晰，不加附件。

2. 投标课题要突出研究重点，体现有限目标，课题设计不宜过于宽泛，避免大而全，子课题数量一般不超过 5 个；大型文献典籍整理、丛书编纂等规模较大的课题，可根据实际需要设定子课题数量。

3. 投标课题组要熟知国内外相关领域研究前沿和动态，除必要的学术史梳理外，应着重对同类课题研究状况和他人研究成果做出分析评价，阐明投标选题的价值和意义。

4. 投标课题组成员须具备扎实的研究基础和丰富的相关前期研究成果，《投标书》要重点介绍首席专家近年来在相关研究领域的学术积累和学术贡献、同行评价和社会影响等方面情况。

5. 要树立鲜明的问题意识和创新意识，在框架设计、研究思路、主要内容、基本观点、研究方法等方面，体现创新的学术思想、独到的学术见解和可能取得的突破。

6. 项目完成时间根据研究工作的实际需要确定，

一般应在3~5年内完成，部分研究任务艰巨、规模较大、周期较长的课题可分期完成，完成时限不作统一规定。

7. 预期研究成果的规模和数量应科学合理，确保质量和学术水准，多出精品力作，避免重复出版；最终成果为大型文献典籍整理、多卷本专著、系列丛书等形式的，应注意编纂体例的科学性和统一性。

七、投标纪律要求

1. 投标单位和首席专家要加强审查把关，切实把好政治方向关和学术质量关。各地中级管理单位要从选题设计、课题论证、首席专家、前期研究成果、科研团队和投标单位等方面进行详细审查，合格者予以上报。

2. 要弘扬严谨求实、注重诚信的优良学风，自觉坚持公平竞争的原则，严格遵守国家社科基金项目管理规定。凡有弄虚作假、抄袭剽窃、违规违纪等行为的，一经查实，即取消参评资格；如获中标，一律撤项，首席专家5年内不得申报国家社科基金项目。

3. 拟定子课题负责人和课题组成员前必须征得本人同意，子课题负责人必须在《投标书》上签字，否则视为违规申报。如获中标，子课题负责人一般不得变更。

4. 投标课题组可提出2名以内建议回避评审专家，全国艺术科学规划领导小组办公室将根据评审工作的实际情况予以考虑。

八、申报程序和时间安排

1. 除北京市外的各省（区、市）艺术科学规划领导小组办公室或文化厅（局）艺术科研管理部门作为中级管理单位，受理并审核本行政区划内的投标课题申报并汇总、报送《2016年度国家社科基金艺术学重大项目投标材料汇总表》。全国艺术科学规划领导小组办公室委托文化部民族民间文艺发展中心承担在京单位的投标课题申报及各地申报材料的受理及分类汇总工作。全国艺术科学规划领导小组办公室不直接受理申报。

2.《招标公告》《投标书》等相关材料可登录文化部网站（http://www.mcprc.gov.cn）查阅、下载（路径：文化部网站主页→部内司局→文化科技司）。《投标书》一律用计算机填写、A3纸双面印制中缝装订，经投标单位审核盖章，由各地中级管理单位审核汇总后，于2016年3月15日前（以邮戳时间为准）统一报送至文化部民族民间文艺发展中心，逾期不予受理。

各地报送的材料包括：（1）审查合格的纸质《投标书》一式8份，其中1份原件（请在封面上标明）、7份复印件；（2）每项《投标书》的电子文本1份（请用WORD文件格式制作）；（3）投标材料汇总表1份（请严格按照表格样式用EXCEL文件格式制作）。《投标书》电子文本和汇总表电子表格请通过电子邮件发至全国艺术科学规划领导小组办公室邮箱（ysghb809@163.com）。

3. 全国艺术科学规划领导小组办公室对《投标书》进行资格审查，并组织专家对通过资格审查的投标课题进行评审，提出建议中标课题名单。

4. 建议中标课题名单经全国艺术科学规划领导小组审批后，在文化部及全国社科规划办网站上公示7天，对无异议者下达立项通知书。

文化部民族民间文艺发展中心地址：北京市东城区北河沿大街83号

邮政编码：100009

联系人：张帆 邱邑洪

电话：010-84019554

特此公告。

附件1：2016年度国家社会科学基金艺术学重大项目招标选题

附件2：2016年度国家社会科学基金艺术学重大项目投标书（略）

附件3：2016年度国家社会科学基金艺术学重大项目投标材料汇总表（略）

全国艺术科学规划领导小组办公室

2016年1月13日

（全国艺术科学规划领导小组办公室供稿）

2016 年度国家社会科学基金艺术学重大项目招标选题

1. 习近平文艺工作座谈会讲话精神研究
2. 中华美学与艺术精神的理论与实践研究
3. 戏曲剧本创作现状、问题及对策研究
4. 全球化语境下的中国电影创新发展与评价体系研究
5. 中国传统音乐表演体系研究
6. 中国社区与广场舞蹈研究
7. 当前中国美术创作重大问题研究
8. 中国设计思想及其当代实践研究
9. 基层综合性文化服务中心建设理论与实践研究
10. 我国文化艺术市场信用体系与管理模式研究
11. 文化产业的金融支持体系研究
12. 新农村建设与非物质文化遗产保护传承体系研究
13. “一带一路”战略中的新疆民族艺术与国家认同研究
14. 网络文艺发展研究
15. 海外智库中的中国文化形象研究

（全国艺术科学规划领导小组办公室供稿）

2016 年度国家社会科学基金艺术学重大项目（北京地区）

批准号	项目名称	责任单位	首席专家
16ZD01	习近平文艺工作座谈会讲话精神研究	中国艺术研究院	王列生
16ZD04	全球化语境下的中国电影创新发展与评价体系研究	北京电影学院	侯光明
16ZD07	基层综合性文化服务中心建设理论与实践研究	北京大学	高丙中
16ZD09	“一带一路”战略中的新疆民族艺术与国家认同研究	中央民族大学	王建民
16ZD10	海外智库中的中国文化形象研究	北京外国语大学	刘　琛

（全国艺术科学规划领导小组办公室供稿）

国家社会科学基金艺术学“十三五”规划 2016 年度项目（北京地区）

项目名称	负责人	项目负责人所在单位	批准号	项目类别	预期成果形式	计划完成时间
当前中国美术创作重大问题研究	丁　方	中国人民大学	16AF005	国家重点项目	专著、论文、研究报告	2019. 12
论明清画学“仿古”模式的思想根源与理论形态	蒋志琴	中国传媒大学	16BA011	国家一般项目	专著、论文	2018. 12
中国佛教文化和艺术中的慈悲精神研究	喻　静	中国艺术研究院	16BA013	国家一般项目	专著、论文	2019. 12

续表

项目名称	负责人	项目负责人所在单位	批准号	项目类别	预期成果形式	计划完成时间
百年文艺中的“家国”关系变迁——以“五四”至今的文艺为对象	卢燕娟	中国政法大学	16BA014	国家一般项目	专著、论文	2019. 12
韩世昌与梅兰芳昆曲剧目比较研究	田志平	中国戏曲学院	16BB030	国家一般项目	论文	2019. 12
电影产业化语境下的知识产权研究	赵玉忠	北京电影学院	16BC032	国家一般项目	研究报告	2019. 12
新疆民族电影文化史	李　彬	北京电影学院	16BC033	国家一般项目	论文、专著	2020. 12
媒介融合时代视听内容生产研究	张国涛	中国传媒大学	16BC045	国家一般项目	专著、研究报告、论文	2019. 12
当代中国电视娱乐节目的文化价值导向及传播研究	游　洁	中国传媒大学	16BC046	国家一般项目	专著、论文	2018. 12
音乐史学视阈下的中国电影音乐研究	蔡　梦	首都师范大学	16BD056	国家一般项目	专著	2019. 12
先秦编钟与西汉编钟比较研究	王友华	中国人民大学	16BD062	国家一般项目	专著	2019. 12
传统乐种律调理论及其实践基础研究——兼及古谱译解和曲调考证问题	李宏锋	中国艺术研究院	16BD063	国家一般项目	专著	2019. 12
20 世纪美国现代舞借鉴东方文化与自身艺术转型关系研究	毛　毳	北京舞蹈学院	16BE067	国家一般项目	专著	2018. 12
舞蹈语言的设计——当代舞蹈创作理论研究	胡晶莹	中国艺术研究院	16BE070	国家一般项目	专著	2019. 12
明降以来祭孔乐舞舞谱的整理与研究	车延芬	中央民族大学	16BE071	国家一般项目	论文、研究报告	2019. 12
17 世纪初叶的绘画新风——以万历王朝为中心的考察	孙明道	中国文学艺术界联合会	16BF089	国家一般项目	论文、专著	2020. 12
法国近现代美术研究	汪　瑞	中国艺术研究院	16BF090	国家一般项目	专著	2019. 12
天安门建筑群彩画艺术与国家形象设计研究	李　沙	北京建筑大学	16BG094	国家一般项目	专著	2019. 12
晚明文人张岱的日常生活与晚明物质文化研究	安宝江	北京印刷学院	16BG095	国家一般项目	研究报告	2019. 12
基于新生代非遗传承人群调研的中国传统工艺美术产业的当代创新性转型研究	陈岸瑛	清华大学	16BG106	国家一般项目	研究报告、论文	2018. 12
面向中国老龄社会需求的产品与服务创新设计方法研究	赵　超	清华大学	16BG107	国家一般项目	研究报告、论文、其他	2019. 12
20 世纪前期中国设计的“西化”倾向与民族化探索	王树良	中国人民大学	16BG119	国家一般项目	专著、论文	2019. 12
国家艺术基金发展研究	韩子勇	国家艺术基金管理中心	16BH128	国家一般项目	研究报告	2018. 12
世界各国文化法律、文化政策比较研究	魏晓阳	中国传媒大学	16BH138	国家一般项目	专著、研究报告、论文	2019. 12
“互联网+”传统文化产业链创新模式研究	许立勇	中国艺术科技研究所	16BH140	国家一般项目	研究报告、论文、其他	2018. 12

续表

项目名称	负责人	项目负责人所在单位	批准号	项目类别	预期成果形式	计划完成时间
俄罗斯当代新戏剧研究（1990—2010）	刘　溪	北京师范大学	16CB144	国家青年项目	专著、译著	2019. 12
近代留学生与早期中国电影的现代性构建（1905—1949）	姜　贞	首都师范大学科德学院	16CC151	国家青年项目	专著、论文	2020. 12
中国电影“IP”的改编叙事研究	姚　睿	中国电影艺术研究中心	16CC152	国家青年项目	专著	2018. 12
“互联网＋”时代的中国传统音乐文化传播模式研究	朱星辰	中国传媒大学	16CD157	国家青年项目	专著、论文、译著	2018. 12
尼德兰文艺复兴美术研究——以凡·艾克根特祭坛画为中心	张姗姗	清华大学	16CF162	国家青年项目	专著、论文	2018. 12
20 世纪前叶中日报刊连载漫画比较研究	徐　园	中国人民大学	16CF166	国家青年项目	专著、	2021. 12
基于非物质文化遗产保护的江南传统建筑营造技艺构成与类型研究	马全宝	北京建筑大学	16CG167	国家青年项目	专著、论文	2019. 12
中国当代设计史研究（1949—2010）	陶海鹰	北京印刷学院	16CG168	国家青年项目	专著、研究报告、论文	2019. 12
公共文化财政支出绩效评价研究	魏义方	国家发展和改革委员会宏观经济研究院	16CH174	国家青年项目	专著、论文、研究报告	2019. 12
互联网时代公共文化服务体系建设研究	刘京晶	中国传媒大学	16CH177	国家青年项目	论文、研究报告、专著	2018. 12
韩流背后的“举国体制”研究	孙佳山	中国艺术研究院	16CH178	国家青年项目	专著	2019. 12

（全国艺术科学规划领导小组办公室供稿）

文化部文化艺术研究“十三五”规划 2016 年度项目（北京地区）

项目名称	负责人	项目负责人所在单位	批准号	项目类别	预期成果形式	计划完成时间
清宫节令戏研究	薛晓金	北京戏曲艺术职业学院	16DB07	文化部文化艺术研究	专著	2019. 12
抗战时期戏剧翻译版本考录	王巨川	中国艺术研究院	16DB10	文化部文化艺术研究	专著	2019. 12
晚明戏曲生态研究	李志远	中国艺术研究院	16DB11	文化部文化艺术研究	专著	2019. 12
当代戏曲移植改编研究	柯　凡	中国艺术研究院	16DB12	文化部文化艺术研究	专著	2019. 12
排场戏与戏曲编创模式研究——以邕剧为例	陈建平	中国戏曲学院	16DB14	文化部文化艺术研究	专著	2019. 12

续表

项目名称	负责人	项目负责人所在单位	批准号	项目类别	预期成果形式	计划完成时间
《传奇汇考》整理与研究	王瑜瑜	中国艺术研究院	16DB16	文化部文化艺术研究	专著	2019. 12
视听媒体虚拟现实（VR）作品内容创作研究	郭艳民	中国传媒大学	16DC23	文化部文化艺术研究	专著、论文	2019. 12
基于大数据共享与分析的中国传统音乐资源元数据标准研究	孙　豪	文化部民族民间文艺发展中心	16DD35	文化部文化艺术研究	专著、研究报告	2019. 12
新媒体与舞蹈艺术研究	刘　春	中国艺术研究院	16DE36	文化部文化艺术研究	专著	2019. 12
中国画水论	林若熹	中国艺术研究院	16DF41	文化部文化艺术研究	专著	2019. 12
塔尔寺酥油花研究	张　欣	中国艺术研究院	16DF44	文化部文化艺术研究	专著、论文	2019. 12
当代文化视野下的草原丝绸之路艺术研究	张　鹏	中央美术学院	16DF45	文化部文化艺术研究	专著	2019. 12
中古时期敦煌佛教美术转型研究	郑　弌	中央美术学院	16DF52	文化部文化艺术研究	专著	2019. 12
中国白瓷工艺文化体系研究	王　焕	中国艺术研究院	16DG55	文化部文化艺术研究	专著	2019. 12
城市出行信息服务中的信息与交互设计研究	吴　琼	清华大学	16DG56	文化部文化艺术研究	论文、研究报告	2019. 12
非物质文化遗产保护的市场化、产业化研究与途径	赵玉春	中国艺术研究院	16DH65	文化部文化艺术研究	专著	2019. 12
传统艺术成果的知识产权保护路径选择与制度构建研究	申　坤	中国艺术研究院	16DH67	文化部文化艺术研究	专著	2019. 12
非物质文化遗产保护的海外经验和经典案例研究	葛玉清	中国艺术研究院	16DH68	文化部文化艺术研究	专著、研究报告	2019. 12
中国木版年画地域性色彩体系及中国人的地域色彩记忆	蒋　艳	中央美术学院	16DH74	文化部文化艺术研究	专著、研究报告、其他	2019. 12
国有文化资产管理体制与国有文化资本投资运营公司研究	管　理	国家艺术基金管理中心	16DH76	文化部文化艺术研究	研究报告	2019. 12
公共艺术介入城市社区文化建设研究	李　雷	中国艺术研究院	16DH77	文化部文化艺术研究	专著、论文	2019. 12

（全国艺术科学规划领导小组办公室供稿）

2016 年度教育部在京高校国家社会科学基金重大项目

序号	批准号	课题名称	首席专家	责任单位
1	16ZDA068	构建中国特色案例制度的综合系统研究	张　骐	北京大学

续表

序号	批准号	课题名称	首席专家	责任单位
2	16ZDA098	重读马克思：文本及其思想（十二卷本）	聂锦芳	北京大学
3	16ZDA144	前丝绸之路青铜文化的年代研究	吴小红	北京大学
4	16ZDA199	古代东方文学插图本史料集成及其研究	陈　明	北京大学
5	16ZDA075	信息法基础	龙卫球	北京航空航天大学
6	16ZDA011	促进科技与经济深度融合的体制机制研究	冯　华	北京交通大学
7	16ZDA025	中国特色和谐劳动关系的演进路径与机制构建研究	宋晓梧	北京师范大学
8	16ZDA026	中国经济下行阶段就业结构调整与防范失业战略研究	赖德胜	北京师范大学
9	16ZDA040	丝绸之路经济带框架下的中俄全面合作研究	李　兴	北京师范大学
10	16ZDA051	中国多区域投入产出数据库建设	王亚菲	北京师范大学
11	16ZDA164	20 世纪中国民间文学研究专门史	万建中	北京师范大学
12	16ZDA207	汉语复句历史演变研究及其语料库建设	刘　利	北京师范大学
13	16ZDA218	当代中国文化国际影响力的生成研究	黄会林	北京师范大学
14	16ZDA229	中国义务教育质量关键影响因素监测框架构建与验证研究	罗　良	北京师范大学
15	16ZDA230	中国传统文化教育资源的开发利用研究	徐　勇	北京师范大学
16	16ZDA233	基于全国调研数据的中国失独人群心理健康援助体系研究	王建平	北京师范大学
17	16ZDA202	中国古代方言学文献集成	华学诚	北京语言大学
18	16ZDA234	中医药文化助推中华优秀传统文化复兴研究	张其成	北京中医药大学
19	16ZDA033	中国消费金融的发展、风险与监管研究	吴卫星	对外经济贸易大学
20	16ZDA036	加快构建开放型经济新常态下的国际经贸新规则研究	洪俊杰	对外经济贸易大学
21	16ZDA008	基于大数据的中国宏观经济景气衡量方法研究	刘涛雄	清华大学
22	16ZDA009	中国各地 HDI 指数的编制和研究	杨永恒	清华大学
23	16ZDA059	大数据驱动下的政府治理能力建设研究	张小劲	清华大学
24	16ZDA060	我国刑法修正的理论模型与制度实践研究	张明楷	清华大学
25	16ZDA071	社会源危险废弃物环境责任界定与治理机制研究	李金惠	清华大学
26	16ZDA077	中国特色社会体制改革与社会治理创新研究	王　名	清华大学
27	16ZDA085	大数据时代计算社会科学的产生、现状与发展前景研究	李　强	清华大学
28	16ZDA114	清华简与儒家经典的形成发展研究	刘国忠	清华大学
29	16ZDA122	环境史及其对史学的创新研究	梅雪芹	清华大学

续表

序号	批准号	课题名称	首席专家	责任单位
30	16ZDA129	清代商税研究及其数据库建设（1644—1911）	倪玉平	清华大学
31	16ZDA027	现代治理框架中的中国财税体制研究	吕冰洋	中国人民大学
32	16ZDA029	面向国际趋同的国家统一会计制度优化路径研究	戴德明	中国人民大学
33	16ZDA052	巨灾保险的精算统计模型及其应用研究	孟生旺	中国人民大学
34	16ZDA106	黄老道家思想史	曹　峰	中国人民大学
35	16ZDA120	中世纪东亚都城制度研究——“华夏型”城市的历史变迁	牛润珍	中国人民大学
36	16ZDA158	历史文化村镇数字化保护的理论、方法和应用研究	冯惠玲	中国人民大学
37	16ZDA167	中国特色社会主义宗教理论体系研究	何虎生	中国人民大学
38	16ZDA170	多卷本《中国现代佛教史》（1912 年至今）	何建明	中国人民大学
39	16ZDA217	中俄媒体交流、战略传播与全球治理中制度性话语权的构建研究	赵永华	中国人民大学
40	16ZDA067	中国企业社会责任重大立法问题研究	赵旭东	中国政法大学
41	16ZDA095	世界主义思想研究	蔡　拓	中国政法大学
42	16ZDA005	供给侧结构性改革与发展新动力研究	严成樑	中央财经大学
43	16ZDA162	中国民俗学学科建设与理论创新研究	林继富	中央民族大学

（高校社科管理中心白晓供稿）

2016 年度教育部人文社会科学研究一般项目（北京地区）

序号	学校名称	学科门类	项目名称	项目类别	项目批准号	申请人
1	北京大学	语言学	大数据下语义知识资源的覆盖度和扩展性研究	青年基金项目	16YJC740050	卢达威
2	北京大学	外国文学	莱辛文论和戏剧中的市民教育	青年基金项目	16YJC752014	卢白羽
3	北京大学	教育学	实验室中的博士生学术成长过程研究	规划基金项目	16YJA880061	张存群
4	北京大学	教育学	全面质量观视野下博士教育质量监测评估及网络化保障体系构筑的理论与实证研究	青年基金项目	16YJC880012	高　耀
5	北京大学	教育学	专业学位硕士研究生培养质量及质量保障运行机制研究	青年基金项目	16YJC880033	李　敏
6	北京大学	交叉学科/综合研究	面向第二语言教学的汉语语体语法研究	规划基金项目	16YJAZH021	汲传波
7	北京大学	交叉学科/综合研究	北京非首都功能疏解中存量用地更新利用研究	青年基金项目	16YJCZH081	沈昊婧

续表

序号	学校名称	学科门类	项目名称	项目类别	项目批准号	申请人
8	北京大学	交叉学科/综合研究	基于不完全契约理论的 PPP 模式最优机制设计研究	青年基金项目	16YJCZH110	王治国
9	北京第二外国语学院	语言学	基于汉俄平行语料库的政治文献翻策略研究	青年基金项目	16YJC740045	刘　淼
10	北京电影学院	艺术学	港式喜剧的类型文化与认同政治——以“新艺城”为中心	青年基金项目	16YJC760066	叶　航
11	北京服装学院	艺术学	日本近现代工艺美术发展史	规划基金项目	16YJA760054	赵云川
12	北京工商大学	经济学	证券市场异常波动背景下价格限制类交易机制对市场质量的影响：基于效率与公平的视角	青年基金项目	16YJC790049	李梦雨
13	北京工商大学	管理学	互联网环境中食品安全多元监管体系构建研究	规划基金项目	16YJA630064	杨浩雄
14	北京工商大学	管理学	多重嵌入视角下企业生态创新行为的动因及后果研究	青年基金项目	16YJC630121	王　楠
15	北京工商大学	交叉学科/综合研究	低资源濒危语言的跨语言迁移学习自动识别研究	规划基金项目	16YJAZH072	于重重
16	北京工商大学	交叉学科/综合研究	税制变迁期中国纳税人遵从与社会情绪研究	青年基金项目	16YJCZH129	许　评
17	北京工业大学	教育学	基于“中国制造 2025”的工科博士生产学协同培养机制研究	青年基金项目	16YJC880110	郑　娟
18	北京航空航天大学	教育学	高校青年教师学术生产力对比研究——基于对“海归博士”与“本土博士”的对比	青年基金项目	16YJC880099	张　芳
19	北京化工大学	哲学	莱布尼茨科学符号理论及其价值研究	青年基金项目	16YJC720008	郭　菁
20	北京化工大学	外国文学	中西叙事诗学比较研究：以西方经典叙事学和中国明清叙事思想为对象	青年基金项目	16YJC752015	罗怀宇
21	北京化工大学	经济学	多尺度视角下的原油价格波动形成机制与市场风险度量研究	青年基金项目	16YJC790026	贺凯健
22	北京化工大学	经济学	均衡视角下网络购物市场不对称信息影响与市场解决方案的经济分析	青年基金项目	16YJC790143	张自然
23	北京建筑大学	历史学	近代德国城市运行机制和工程技术对中国城市化影响之研究	规划基金项目	16YJA770003	陈　雳
24	北京建筑大学	交叉学科/综合研究	自然态建造思想研究	规划基金项目	16YJAZH024	金秋野
25	北京交通大学	语言学	晚清传教士西学翻译与西方近代启蒙思想的译介	规划基金项目	16YJA740024	卢明玉
26	北京交通大学	语言学	二语学习者习得汉语体标记的微变化研究	青年基金项目	16YJC740039	李兰霞
27	北京交通大学	艺术学	基于信息技术的中国古代城市形态气候适应性研究	青年基金项目	16YJC760004	曾忠忠
28	北京交通大学	经济学	基于双重属性的文化产业安全问题研究	规划基金项目	16YJA790064	张　娜

续表

序号	学校名称	学科门类	项目名称	项目类别	项目批准号	申请人
29	北京交通大学	经济学	基于城镇化效率的中国交通运输结构优化研究	青年基金项目	16YJC790064	刘铁鹰
30	北京交通大学	经济学	大维度面板数据模型截面相关检验研究	青年基金项目	16YJC790074	卯光宇
31	北京交通大学	管理学	机构投资者、国企并购行为与并购绩效	规划基金项目	16YJA630079	周绍妮
32	北京交通大学	管理学	基于 IPO 询价阶段机构投资者报价数据的价格群聚问题研究	青年基金项目	16YJC630024	高升好
33	北京交通大学	新闻学与传播学	社会化媒体环境下的城市阶层互动与空间建构	青年基金项目	16YJC860001	陈静茜
34	北京交通大学	新闻学与传播学	社交媒体平台上的中国形象与国际传播策略研究：基于 Twitter 的大数据分析	青年基金项目	16YJC860003	李　冰
35	北京交通大学	统计学	非平稳时间序列多标度相关分析理论及其应用	青年基金项目	16YJC910007	赵晓军
36	北京科技大学	马克思主义/思想政治教育	当代中国互联网主流意识形态话语权建构研究	青年基金项目	16YJC710021	李江静
37	北京科技大学	语言学	融通中外的外宣翻译话语建构及其接受度调查	青年基金项目	16YJC740097	赵　晶
38	北京科技大学	语言学	翻译与创作的历时与共时研究：基于语言接触与语言演变的视角	青年基金项目	16YJC740098	赵秋荣
39	北京科技大学	艺术学	跨学科视野下的汉唐时期官员服饰文化研究	青年基金项目	16YJC760030	李　怡
40	北京科技大学	管理学	硬件开源的群体创新模型与影响因素研究	青年基金项目	16YJC630060	李英姿
41	北京理工大学	语言学	现代汉语方式范畴认知功能研究	青年基金项目	16YJC740022	韩　超
42	北京理工大学	外国文学	莎士比亚戏剧与早期现代英国教育变革	青年基金项目	16YJC752023	徐　嘉
43	北京理工大学	经济学	我国金融资源错配与供给侧结构失衡的内在联系与优化对策研究	青年基金项目	16YJC790054	梁　媛
44	北京理工大学	管理学	医疗服务供给侧的质量改进研究：主体、工具和评价	青年基金项目	16YJC630017	邓剑伟
45	北京联合大学	马克思主义/思想政治教育	海外“中国崩溃论”的应对问题研究	青年基金项目	16YJC710026	刘　佳
46	北京联合大学	艺术学	大城市濒危工艺美术传承与保护机制研究	规划基金项目	16YJA760044	谢崇桥
47	北京联合大学	管理学	组织宽容失败、心理安全与员工内创业意愿：基于人与情境交互的视角	规划基金项目	16YJA630080	朱晓妹
48	北京联合大学	图书馆、情报与文献学	以利用需求为导向的档案征集政策评价和设计	规划基金项目	16YJA870012	张　敏

续表

序号	学校名称	学科门类	项目名称	项目类别	项目批准号	申请人
49	北京联合大学	心理学	大学生情绪预警系统模型构建及其团体干预研究	自筹经费项目	16YJE190001	黄大庆
50	北京联合大学	交叉学科/综合研究	基于《内经》五行音乐论的歌唱疗法研究	规划基金项目	16YJAZH038	刘　欢
51	北京林业大学	哲学	古典博物学时期的自然经济思想	青年基金项目	16YJC720021	徐保军
52	北京林业大学	艺术学	面向户外生态环境责任行为的可持续性交互设计应用研究	规划基金项目	16YJA760015	李　健
53	北京林业大学	艺术学	2022 北京冬奥会视觉导向系统研究	规划基金项目	16YJA760037	王　瑾
54	北京林业大学	经济学	资源环境约束下中国木材产业全球价值链地位攀升研究	青年基金项目	16YJC790028	侯方淼
55	北京农学院	社会学	农村老年人医疗费用及护理照料分担方式研究：基于支持系统的视角	青年基金项目	16YJC840010	李　敏
56	北京师范大学	马克思主义/思想政治教育	教师誓词研究	规划基金项目	16YJA710007	方增泉
57	北京师范大学	马克思主义/思想政治教育	微公益时代的公民慈善及其实践模式研究	青年基金项目	16YJC710024	刘　丹
58	北京师范大学	语言学	中小学生英语阅读能力标准及测评体系研究	规划基金项目	16YJA740004	程晓堂
59	北京师范大学	语言学	基于语篇体裁类型的教育语篇知识结构研究	规划基金项目	16YJA740044	于　晖
60	北京师范大学	语言学	中西互镜：庄子哲学英译与诠释研究（1983—2015）	青年基金项目	16YJC740030	姜　莉
61	北京师范大学	语言学	面向语音教学的汉语普通话发音生理研究	青年基金项目	16YJC740065	汪高武
62	北京师范大学	历史学	近代中国时间观念再研究——以时间新名词新概念的形成和传播为中心	青年基金项目	16YJC770037	湛晓白
63	北京师范大学	经济学	资助对大学生发展的影响及机制研究	青年基金项目	16YJC790022	韩丽丽
64	北京师范大学	经济学	信息透明度与股价崩盘风险：公司治理与制度环境视角	青年基金项目	16YJC790037	江　婕
65	北京师范大学	法学	双重所有权在中国传统法中的运作以及对解决当代农村土地问题的价值	规划基金项目	16YJA820018	夏　扬
66	北京师范大学	法学	死刑案件裁判文书说理困境与出路研究	青年基金项目	16YJC820013	雷小政
67	北京师范大学	社会学	地方政府与中小化工企业在环境保护中的合作机制研究	自筹经费项目	16YJE840002	谭江华
68	北京师范大学	图书馆、情报与文献学	面向论文评审专家推荐的兴趣变化挖掘与回避机制生成的研究	青年基金项目	16YJC870006	靳　健

续表

序号	学校名称	学科门类	项目名称	项目类别	项目批准号	申请人
69	北京师范大学	教育学	高等学校质量年度报告发布制度研究	规划基金项目	16YJA880021	李 奇
70	北京师范大学	教育学	基于学科核心素养的高中生物学教学设计与教师培训改革实验研究	规划基金项目	16YJA880043	王 健
71	北京师范大学	教育学	积极心理学视野下的大学教师教学工作投入研究	青年基金项目	16YJC880048	刘 丽
72	北京师范大学	心理学	小学生家庭社会经济地位、父母教育卷入与学业成绩关系的纵向追踪研究	规划基金项目	16YJA190005	罗 良
73	北京师范大学	心理学	老年人的决策行为：认知老化和任务特征的共同作用	规划基金项目	16YJA190006	彭华茂
74	北京师范大学	心理学	小学生孝道信念养成的家庭影响机制追踪研究：家庭结构、父母孝道信念与父母教育卷入	青年基金项目	16YJC190007	郭筱琳
75	北京师范大学	心理学	免费教育政策背景下教师教育对职前教师职业认同的影响：基于追踪数据的研究	青年基金项目	16YJC190032	张晓辉
76	北京师范大学	体育科学	全国中学生有氧耐力测试评价标准的研制与应用	青年基金项目	16YJC890012	李佑发
77	北京外国语大学	宗教学	佛经《虎耳譬喻经》梵藏汉文献整理与研究	青年基金项目	16YJC730008	周利群
78	北京外国语大学	语言学	中东欧国家语言政策对我国非通用语人才规划的影响	青年基金项目	16YJC740014	董希骁
79	北京外国语大学	外国文学	当代俄罗斯“新戏剧”研究	规划基金项目	16YJA752011	潘月琴
80	北京外国语大学	历史学	近代日本对外侵略与右翼强硬势力的作用	规划基金项目	16YJA770009	邵建国
81	北京舞蹈学院	艺术学	舞台花鼓灯的文化传承与基因变异研究	规划基金项目	16YJA760029	潘 丽
82	北京物资学院	经济学	审计全覆盖背景下政府财务报告审计机制优化研究	自筹经费项目	16YJE790001	王美英
83	北京物资学院	管理学	网购生鲜食品质量安全多主体协同治理机制研究	规划基金项目	16YJA630053	王可山
84	北京物资学院	教育学	我国技能形成模式选择与制度构建研究	青年基金项目	16YJC880040	李玉珠
85	北京信息科技大学	管理学	股市不同阶段背景下内部人增持的主体、动机及经济效应研究	青年基金项目	16YJC630185	庄飞鹏
86	北京邮电大学	语言学	网络环境中高校英语学习者自我调控及其影响因素研究	青年基金项目	16YJC740099	郑春萍
87	北京邮电大学	管理学	多载体情境下 eWOM 对消费者的协同影响研究	规划基金项目	16YJA630063	闫 强
88	北京语言大学	语言学	“介引”类离合词及其语用接口研究	规划基金项目	16YJA740020	李春玲

续表

序号	学校名称	学科门类	项目名称	项目类别	项目批准号	申请人
89	北京语言大学	语言学	大数据背景下的词汇计量与常用词库建设	规划基金项目	16YJA740036	王治敏
90	北京语言大学	语言学	汉语第二语言学习者复合词词义识解及其制约因素研究	青年基金项目	16YJC740052	孟　凯
91	北京语言大学	语言学	汉语第二语言学习者语言社会化过程研究	青年基金项目	16YJC740074	闻　亭
92	北京语言大学	中国文学	先秦经典阐释与文体研究	青年基金项目	16YJC751006	侯文华
93	北京语言大学	交叉学科/综合研究	美国主流教育体系下的中国文化传播新模式研究	自筹经费项目	16YJEZH001	鲁宇征
94	北京中医药大学	语言学	晋唐文献涉医资料词汇研究	青年基金项目	16YJC740060	石　雨
95	北京中医药大学	教育学	中医院校护理专业本科生职业态度连续性干预模式研究	青年基金项目	16YJC880051	刘　宇
96	北京中医药大学	交叉学科/综合研究	针对特定人群的抑郁症早期识别系统研究	青年基金项目	16YJCZH134	杨秀岩
97	对外经济贸易大学	语言学	基于语料库的情感表达型交际的人际语用学研究	青年基金项目	16YJC740061	宋成方
98	对外经济贸易大学	经济学	社会基本医疗保险与商业补充医疗保险的不对称信息检验、福利后果与政策评估	规划基金项目	16YJA790072	祝　伟
99	对外经济贸易大学	经济学	金融素养、理财能力与消费者理财满意度研究	青年基金项目	16YJC790006	陈福中
100	对外经济贸易大学	管理学	中美两国公司债券信用价差影响因素比较研究	规划基金项目	16YJA630078	周荣喜
101	对外经济贸易大学	法学	中国视阈下的大众媒体、公共事件和法律制度供给研究(2003—2015)	青年基金项目	16YJC820050	张　欣
102	对外经济贸易大学	社会学	人口移出老龄化背景下我国农村失能老年人“居家扶助型”养老模式研究	规划基金项目	16YJA840004	荆　涛
103	对外经济贸易大学	新闻学与传播学	数据新闻在中国的本土化问题研究：现状、困境及路径选择	青年基金项目	16YJC860029	张淑玲
104	对外经济贸易大学	教育学	国际学生视域下北京留学教育形象研究	规划基金项目	16YJA880058	杨晓平
105	对外经济贸易大学	统计学	中国海外上市公司VIE结构的统计测度问题研究	青年基金项目	16YJC910006	许晓娟
106	对外经济贸易大学	国际问题研究	中国建设性参与地区热点问题解决中的调停外交研究	青年基金项目	16YJCGJW004	邱昌情
107	对外经济贸易大学	交叉学科/综合研究	风险投资和财政补贴在上市公司技术创新中的耦合机制研究	规划基金项目	16YJAZH016	贺炎林
108	对外经济贸易大学	交叉学科/综合研究	专利技术溢出与专利制度设计——基于中国专利数据的理论与实证研究	青年基金项目	16YJCZH042	李晨乐
109	对外经济贸易大学	交叉学科/综合研究	基因与环境的交互效应对复杂疾病的影响及稳健地识别分析与应用	青年基金项目	16YJCZH122	熊　巍

续表

序号	学校名称	学科门类	项目名称	项目类别	项目批准号	申请人
110	华北电力大学	经济学	中国碳配额交易机制情景模拟与福利效应测度	规划基金项目	16YJA790052	武群丽
111	清华大学	外国文学	亦新亦旧的中国莎士比亚：莎士比亚与中国文学传统的两种关系	青年基金项目	16YJC752013	刘　昊
112	清华大学	经济学	我国基建投资的宏观经济效应研究：理论、实证分析与政策含义	规划基金项目	16YJA790029	刘　庆
113	清华大学	经济学	中国企业海外专利运营与出口产品转换升级模式机制研究	青年基金项目	16YJC790014	邓兴华
114	清华大学	经济学	中间品进口、创新驱动与中国出口竞争力升级研究	青年基金项目	16YJC790114	许家云
115	清华大学	管理学	大型公共建筑突发事件中疏散人员的个体行为特征研究	青年基金项目	16YJC630052	李　楠
116	清华大学	法学	住宅建设用地使用权续期规则研究	青年基金项目	16YJC820004	陈越鹏
117	清华大学	国际问题研究	建设境外产业园区的模式与战略研究	规划基金项目	16YJAGJW002	唐晓阳
118	清华大学	交叉学科/综合研究	“医养结合”社区卫生服务包设计与支付—基于湖北省中重度失能老人的实证研究	青年基金项目	16YJCZH064	刘跃华
119	首都经济贸易大学	经济学	从经济结构变迁的视角看区域经济增长	青年基金项目	16YJC790035	黄宗晔
120	首都经济贸易大学	管理学	发审委员的IPO审核质量研究：驱动因素和经济后果	青年基金项目	16YJC630039	黄亮华
121	首都经济贸易大学	交叉学科/综合研究	财政分权与京津冀劳动力市场一体化研究	青年基金项目	16YJCZH092	王海南
122	首都师范大学	语言学	汉日时制构造的比较研究	规划基金项目	16YJA740029	孙　伟
123	首都师范大学	中国文学	分级阅读与儿童文学教育研究	规划基金项目	16YJA751022	王　蕾
124	首都师范大学	艺术学	舞蹈作品中的多元艺术类型研究	规划基金项目	16YJA760008	胡　伟
125	首都师范大学	艺术学	18—19世纪英国艺术中的中国图像研究	青年基金项目	16YJC760007	陈　璐
126	首都师范大学	艺术学	“互联网+”舞蹈艺术教育创新模式研究	自筹经费项目	16YJE760002	田培培
127	首都师范大学	经济学	京津冀协同发展背景下工业结构低碳转型和布局优化研究	青年基金项目	16YJC790056	蔺雪芹
128	首都师范大学	法学	多重身份背景下义务的冲突及其解决	青年基金项目	16YJC820032	汪　雄
129	首都师范大学	教育学	小学健康教育的实施效用和影响因素分析	青年基金项目	16YJC880011	傅　添
130	首都师范大学	教育学	基于关键指标分析的幼儿园教育质量评估指标体系建构	青年基金项目	16YJC880045	刘　昊
131	首都师范大学	教育学	“全面二孩”政策下我国超大城市学前教育需求分析：2018—2050	青年基金项目	16YJC880065	沙　莉

续表

序号	学校名称	学科门类	项目名称	项目类别	项目批准号	申请人
132	首都师范大学	教育学	学前教育质量监测的追踪研究	青年基金项目	16YJC880066	史　瑾
133	首都师范大学	教育学	科技创新视角下高校科研经费投入对经济增长的贡献研究	青年基金项目	16YJC880069	唐一鹏
134	首都师范大学	心理学	青少年的考试焦虑预警干预系统：基于个体—关系—微环境三维匹配模型示范性研究	规划基金项目	16YJA190008	肖　晶
135	首都师范大学	心理学	祖辈的侵入式教养对幼儿行为问题的影响：差别易感性假说的验证	青年基金项目	16YJC190023	邢淑芬
136	首都师范大学	交叉学科/综合研究	外来人口的社会—空间流动与空间正义研究—以北京为例	青年基金项目	16YJCZH060	刘　冉
137	首都医科大学	交叉学科/综合研究	抑郁与老年人轻度认知功能障碍的前瞻性研究	规划基金项目	16YJAZH034	李　耘
138	首都医科大学	交叉学科/综合研究	分级诊疗制度实施路径优化研究	规划基金项目	16YJAZH076	张　柠
139	中国传媒大学	经济学	新常态下短期经济波动对长期增长的影响机理与对策研究	规划基金项目	16YJA790010	池建宇
140	中国传媒大学	政治学	中国外层空间对外战略研究	规划基金项目	16YJA810003	仪名海
141	中国传媒大学	新闻学与传播学	中国电视体制创新的理念与路径研究	规划基金项目	16YJA860002	邓文卿
142	中国传媒大学	教育学	高校学生学习成果分层及影响因素研究	青年基金项目	16YJC880113	周廷勇
143	中国地质大学（北京）	法学	构成要件错误新论：研究维度反思与基础理论研究	青年基金项目	16YJC820001	柏浪涛
144	中国矿业大学（北京）	管理学	公民性视角下我国邻避冲突的生成逻辑、功能分析与治理转型	青年基金项目	16YJC630110	谭　爽
145	中国劳动关系学院	中国文学	燕京大学与中国现代文学的发生	规划基金项目	16YJA751020	王翠艳
146	中国劳动关系学院	法学	经济新常态背景下的用人单位规章制度：用工自主、企业秩序与劳动者保护	规划基金项目	16YJA820013	沈建峰
147	中国劳动关系学院	法学	退休再就业人员劳动权益保护问题研究	青年基金项目	16YJC820016	李　娜
148	中国农业大学	法学	法官、检察官员额制改革问题研究	青年基金项目	16YJC820035	瓮怡洁
149	中国农业大学	教育学	流动儿童和留守儿童健康及学业成绩的对比研究	青年基金项目	16YJC880107	赵启然
150	中国青年政治学院	法学	资本认缴制及交易安全研究	规划基金项目	16YJA820015	王建敏
151	中国青年政治学院	交叉学科/综合研究	我国学龄儿童健康公平的社会决定因素指标体系及可行能力建设	规划基金项目	16YJAZH079	周华珍
152	中国人民大学	历史学	国家与地方：晚清乡试中额研究	青年基金项目	16YJC770039	张瑞龙

续表

序号	学校名称	学科门类	项目名称	项目类别	项目批准号	申请人
153	中国人民大学	经济学	城镇化对家庭能源消费的影响——基于居民家庭调查数据的研究	规划基金项目	16YJA790049	魏　楚
154	中国人民大学	经济学	中央八项规定与在职消费归类操纵行为研究	规划基金项目	16YJA790059	叶康涛
155	中国人民大学	管理学	改革开放以来的中国农村土地制度变迁：中央—地方—农户三者互动关系研究	规划基金项目	16YJA630009	丰　雷
156	中国人民大学	教育学	“社会效率”观与美国公共学校改革	青年基金项目	16YJC880003	陈露茜
157	中国人民大学	交叉学科/综合研究	我国高校毕业生就业迁移模式与影响因素研究	青年基金项目	16YJCZH088	孙怡帆
158	中国人民公安大学	马克思主义/思想政治教育	印度社会主义运动研究：以印度共产党（马克思主义）为视角	青年基金项目	16YJC710057	禚明亮
159	中国人民公安大学	法学	建国以来宪法序言变迁中的宪法价值观演变	青年基金项目	16YJC820040	杨　蓉
160	中国人民公安大学	图书馆、情报与文献学	大数据环境下警务情报多源共享融合研究	规划基金项目	16YJA870013	周西平
161	中国音乐学院	艺术学	中蒙两国跨界语境中的蒙古佛教音乐比较研究	青年基金项目	16YJC760008	楚高娃
162	中国政法大学	艺术学	《纪录现代性体验：20 世纪初德国电影理论研究》	青年基金项目	16YJC760060	徐亚萍
163	中国政法大学	管理学	O2O 商业模式关键要素与支付意愿的多维度匹配性研究	规划基金项目	16YJA630012	葛建华
164	中国政法大学	法学	近代前期西班牙衰落与英国崛起的经济法解释	青年基金项目	16YJC820045	张　东
165	中华女子学院	法学	我国儿童暴力强制报告制度建构研究	青年基金项目	16YJC820018	李　莹
166	中央财经大学	语言学	十六世纪以来闽南方言韵母的历史演变研究	青年基金项目	16YJC740004	曾南逸
167	中央财经大学	经济学	税收激励对企业行为和绩效的影响：来自增值税转型的证据	青年基金项目	16YJC790086	申广军
168	中央财经大学	经济学	不同分权模式对地方政府税收激励的影响效应：基于省直管县改革的研究	青年基金项目	16YJC790104	王怡璞
169	中央财经大学	法学	法律道德主义的证立结构和实践研究	青年基金项目	16YJC820054	郑玉双
170	中央财经大学	心理学	流动儿童的累积风险对其身体适应负荷与心理健康的影响	青年基金项目	16YJC190017	孙铃
171	中央财经大学	交叉学科/综合研究	大数据驱动的动态健康量化管理和应用研究	青年基金项目	16YJCZH148	张　宁
172	中央民族大学	法学	巨灾风险证券化背景下巨灾债券法律规制研究	规划基金项目	16YJA820028	张长利

续表

序号	学校名称	学科门类	项目名称	项目类别	项目批准号	申请人
173	中央民族大学	交叉学科/综合研究	藏语句法和语义角色联合标注方法及自动分析技术研究	青年基金项目	16YJCZH076	邱莉榕

（高校社科管理中心白晓供稿）

2016年度教育部哲学社会科学研究重大攻关项目（北京地区）

立项批准号	项目名称	单位	首席专家
16JZD003	国外马克思主义哲学重大基础理论问题研究	北京大学	仰海峰
16JZD024	农地三权分置的实践研究	中国人民大学	刘守英
16JZD025	贫困治理效果评估机制研究	北京师范大学	张　琦
16JZD043	“互联网+”教育体系研究	北京师范大学	余胜泉
16JZD044	世界一流大学和一流学科建设评价体系与推进战略研究	北京理工大学	王战军
16JZD048	民办教育分类管理政策实施跟踪与评估研究	北京师范大学	周海涛

（高校社科管理中心白晓供稿）

2016年度教育部哲学社会科学研究后期资助项目（北京地区）

立项批准号	项目名称	单位	首席专家
16JHQ002	中和反腐论——探索中国特色的反腐败之道	中国人民大学	何家弘
16JHQ003	社会治理的经络——破解社会治理体系良性运行的奥秘	中国人民大学	张康之
16JHQ005	认知脑电对言词证据可信度评估的神经科学证据理论与实务	中国人民公安大学	刘洪广
16JHQ007	基于预期的前瞻性货币政策逻辑	中国人民大学	张成思
16JHQ011	互联网群体传播引发的社会问题研究	中国传媒大学	隋　岩
16JHQ020	行政调解法制与理论创新研究	中国人民大学	莫于川
16JHQ021	英国法的渊源研究	北京大学	李红海
16JHQ035	中国对外贸易动态演进与产品质量升级的收入分配效应研究	北京邮电大学	李宏兵
16JHQ043	景观视域与空间构境——新世纪十五年新诗发生现场及创作研究	首都师范大学	孙晓娅

（高校社科管理中心白晓供稿）

2016 年度北京市社会科学基金项目

序号	项目编号	项目名称	项目负责人	申报学科	项目级别	信誉保证单位	备注
1	16KDA001	改革开放以来中国价值观建设的历史回顾与现实展望	程美东	马列·科社·党建	重点项目	北京大学	
2	16KDA002	资本与世界历史：马克思资本概念三个维度及其张力	刘敬东	马列·科社·党建	重点项目	清华大学	
3	16KDAL003	对外开放与中国道路	杨　帆	马列·科社·党建	重点项目	中国政法大学	中特中心项目①
4	16KDAL004	从严治党经验研究	杨德山	马列·科社·党建	重点项目	中国人民大学	中特中心项目①
5	16KDA005	马克思资本理论中国化基本问题研究	彭宏伟	马列·科社·党建	重点项目	北京工业大学	
6	16KDA006	改革开放以来中国特色慈善事业发展的历史考察和基本经验研究	高冬梅	马列·科社·党建	重点项目	北京联合大学	
7	16KDA007	习近平总书记关于民主集中制重要论述和实践要求研究	王春玺	马列·科社·党建	重点项目	中央财经大学	
8	16KDA008	“通州事件”研究	陈志楣	马列·科社·党建	重点项目	中共北京市委党史研究室	
9	16KDB009	“互联网+”条件下思想政治教育话语权的实现路径研究	赵春丽	马列·科社·党建	一般项目	北京工商大学	
10	16KDB010	十八大以来我国系统反腐模式的形成与完善研究	杜治洲	马列·科社·党建	一般项目	北京航空航天大学	
11	16KDB011	习近平反贫困思想研究	马　冀	马列·科社·党建	一般项目	北京联合大学	
12	16KDB012	中国共产党爱国主义教育的历史进程与基本经验	温　静	马列·科社·党建	一般项目	北京师范大学	
13	16KDB013	马克思诠释西欧社会财产问题的逻辑与现时代	刘长军	马列·科社·党建	一般项目	北京市社会科学院	
14	16KDB014	京郊农村治理中基层党组织引领作用研究	王　欢	马列·科社·党建	一般项目	北京邮电大学	
15	16KDB015	大数据与网络意识形态安全研究	张　瑜	马列·科社·党建	一般项目	清华大学	
16	16KDB016	马克思恩格斯列宁论外交	袁南生	马列·科社·党建	一般项目	外交学院	
17	16KDB017	从《共产党宣言》到中国共产党新发展理念	李　明	马列·科社·党建	一般项目	中国农业大学	
18	16KDB018	国家治理现代化视域下农村集体经济组织建设研究	张　晖	马列·科社·党建	一般项目	中国农业大学	
19	16KDB019	习近平总书记群众观研究	于　昆	马列·科社·党建	一般项目	中国青年政治学院	

续表

序号	项目编号	项目名称	项目负责人	申报学科	项目级别	信誉保证单位	备注
20	16KDB020	"互联网+"条件下的北京市公安民警思想政治教育研究	刘　颖	马列·科社·党建	一般项目	中国人民公安大学	
21	16KDB021	党内法规清理制度研究	王建芹	马列·科社·党建	一般项目	中国政法大学	
22	16KDB022	加强和改进党对网络意识形态的领导研究	王　淼	马列·科社·党建	一般项目	中央财经大学	
23	16KDB023	北京市高校民族团结教育发展创新研究	吴月刚	马列·科社·党建	一般项目	中央民族大学	
24	16KDB024	马克思主义群众观中国化的历史经验研究	成林萍	马列·科社·党建	一般项目	首都经济贸易大学	
25	16KDC025	社会主义核心价值观认同的难点与对策研究	刘　莹	马列·科社·党建	青年项目	北京航空航天大学	
26	16KDC026	习近平生态文明建设思想与大学生生态价值观教育研究	朱冬香	马列·科社·党建	青年项目	北京化工大学	
27	16KDC027	十八大以来中国共产党巡视制度创新研究	王　峰	马列·科社·党建	青年项目	北京师范大学	
28	16KDC028	马克思主义幸福思想研究	赫　雪	马列·科社·党建	青年项目	北京外国语大学	
29	16KDC029	新中国成立初期中国共产党惩治腐败的历史与经验研究（1949—1956）	王欣媛	马列·科社·党建	青年项目	北京信息科技大学	
30	16KDC030	20世纪40年代加强和改进党的群团工作的历史经验及现代启示	李　蕉	马列·科社·党建	青年项目	清华大学	
31	16KDC031	"互联网+"条件下思想政治教育协同创新研究	李基礼	马列·科社·党建	青年项目	首都师范大学	
32	16KDC032	习近平青年观研究	崔保锋	马列·科社·党建	青年项目	中国青年政治学院	
33	16KDC033	习近平总书记关于命运共同体思想研究	白　洁	马列·科社·党建	青年项目	中国人民公安大学	
34	16KDC034	北京城市社区协商民主制度化研究	张　宁	马列·科社·党建	青年项目	中国人民公安大学	
35	16KDC035	传统戏曲艺术与民族精神的培育与弘扬	武晓立	马列·科社·党建	青年项目	中国戏曲学院	
36	16KDB036	习近平的社会主义协商民主思想研究	聂月岩	马列·科社·党建	一般项目	首都师范大学	市教委项目②
37	16ZDAL01	新时期物质文明与精神文明协调发展研究	白志刚	马列·科社·党建	重大项目	北京市社会科学院	
38	16ZDAL02	五大发展理念的科学内涵与实践逻辑研究	杨生平	马列·科社·党建	重大项目	首都师范大学	
39	16SRA001	北京社会治理体制创新研究	盛继洪	社会·人口学	重点项目	首都社会经济发展研究所	
40	16SRA002	北京街头流浪现象研究	刘　能	社会·人口学	重点项目	北京大学	

续表

序号	项目编号	项目名称	项目负责人	申报学科	项目级别	信誉保证单位	备注
41	16SRA003	北京市人群健康状况及死因谱变化趋势研究	韦再华	社会·人口学	重点项目	北京市疾病预防控制中心	
42	16SRA004	离婚家庭的抗逆力构建研究：针对父母与孩子的“交互干预”方案	田国秀	社会·人口学	重点项目	首都师范大学	
43	16SRB005	“封闭式居住区”内部道路的社会化改造研究	吴正旺	社会·人口学	一般项目	北方工业大学	
44	16SRB006	北京市失能老人长期照护需求及服务体系建设研究	丁　华	社会·人口学	一般项目	北京大学	
45	16SRB007	北京市城乡妇女二孩生育的社会支持系统研究	胡玉坤	社会·人口学	一般项目	北京大学	
46	16SRB008	基于北京非首都功能疏解下京津冀地区人口集聚趋势及影响因素空间分析	武继磊	社会·人口学	一般项目	北京大学	
47	16SRB009	北京市居住证积分落户政策研究	谢宝富	社会·人口学	一般项目	北京航空航天大学	
48	16SRB010	北京市长期护理社会保险基金平衡研究	胡乃军	社会·人口学	一般项目	北京科技大学	
49	16SRB011	农户可持续生计视角下环首都贫困带林下经济精准扶贫研究	鲁莎莎	社会·人口学	一般项目	北京林业大学	
50	16SRB012	北京孤独症儿童家庭需求与家庭支持体系研究	胡晓毅	社会·人口学	一般项目	北京师范大学	
51	16SRB013	北京村落传统文化与当代基层社会治理研究	鞠　熙	社会·人口学	一般项目	北京师范大学	
52	16SRB014	基于大数据的群体事件模型预测与动态预警研究	吕　鹏	社会·人口学	一般项目	清华大学	
53	16SRB015	公共服务均等化视角下的北京社区精神疾病患者家庭的社会支持体系构建研究	路孝琴	社会·人口学	一般项目	首都医科大学	
54	16SRB016	基于微干预社区实验的平台情绪凝聚与公众心理资本养成路径研究	曹　颖	社会·人口学	一般项目	中共北京市委党校	
55	16SRB017	北京农民工子弟学校学生亚文化与阶层再生产研究	高雪莲	社会·人口学	一般项目	中国农业大学	
56	16SRB018	京津冀地区人口流动机制及趋势研究	唐　杰	社会·人口学	一般项目	中国人民大学	
57	16SRB019	苏维埃革命中的政党与地方精英	应　星	社会·人口学	一般项目	中国政法大学	
58	16SRB020	网络化条件下北京市民社会心态表达研究	王建民	社会·人口学	一般项目	中央财经大学	
59	16SRB021	“互联网＋”环境下北京公共信息流动机制及协同获取模式研究	高　迎	社会·人口学	一般项目	首都经济贸易大学	

续表

序号	项目编号	项目名称	项目负责人	申报学科	项目级别	信誉保证单位	备注
60	16SRC022	北京市流动人口居留意愿的影响机制与效应研究	盛亦男	社会·人口学	青年项目	首都经济贸易大学	
61	16SRC023	基于社区背景下北京市失独者的表达性艺术治疗小组干预效果及机制	何　丽	社会·人口学	青年项目	北京联合大学	
62	16SRC024	京郊农村土地流转过程中的农民权益保障研究	张　璋	社会·人口学	青年项目	北京联合大学	
63	16SRC025	基于大数据的基本养老保险历史债务测算及其影响研究	邱玉慧	社会·人口学	青年项目	国际关系学院	
64	16SRC026	民国时期北京社会工作的发端与进展研究	孟亚男	社会·人口学	青年项目	华北电力大学	
65	16SRC027	北京市基层政府主导农地流转政策效应及其优化研究	尚旭东	社会·人口学	青年项目	农业部管理干部学院	
66	16SRC028	引入专业社会工作，加强新形势下企业工会工作	王晓慧	社会·人口学	青年项目	中国劳动关系学院	
67	16SRC029	北京市农业产业化龙头企业与不同阶层农户的利益联结机制研究	陈义媛	社会·人口学	青年项目	中国农业大学	
68	16SRC030	网络社会治理视域下的舆情危机管理机制研究	韩　娜	社会·人口学	青年项目	中国人民公安大学	
69	16SRC031	北京市妇女社会组织在精细化治理中的角色研究	王　颖	社会·人口学	青年项目	中华女子学院	
70	16SRC032	构筑首都“全面二孩”时代的女性权益综合保障体系	刘佳佳	社会·人口学	青年项目	对外经济贸易大学	
71	16SRB033	基于北京市失独家庭差异化养老需求的社会救助体系研究	龚钰淋	社会·人口学	一般项目	北京物资学院	市教委项目②
72	16FXA001	证券法修订实施视角下的创业创新法律保障机制研究	刘　轶	法学	重点项目	北京外国语大学	
73	16FXA002	互联网金融的监管与司法	王　铼	法学	重点项目	中国人民公安大学	
74	16FXAL003	共享发展：刑事司法公正研究	蒋　娜	法学	重点项目	北京师范大学	中特中心项目①
75	16FXA004	北京市立法转型及社会立法关键问题研究	许传玺	法学	特别委托项目	北京市社会科学院	
76	16FXA005	北京市土壤污染防治立法研究	罗　丽	法学	重点项目	北京理工大学	
77	16FXA006	非法证据排除规则实证研究	易延友	法学	重点项目	清华大学	
78	16FXA007	刑事速裁程序研究	李本森	法学	重点项目	中国政法大学	
79	16FXA008	明清时期权利救济问题研究	张德美	法学	重点项目	中国政法大学	
80	16FXB009	后劳教时代北京市社区矫正的进一步探索	郑丽萍	法学	一般项目	北京航空航天大学	
81	16FXB010	党规与法律的协调机制研究	郭世杰	法学	一般项目	北京理工大学	
82	16FXB011	低碳电力法律制度研究	杨春桃	法学	一般项目	北京青年政治学院	

续表

序号	项目编号	项目名称	项目负责人	申报学科	项目级别	信誉保证单位	备注
83	16FXB012	北京市企业贿赂犯罪现状与对策研究	周振杰	法学	一般项目	北京师范大学	
84	16FXB013	北京市轻微刑事犯罪速裁程序研究	王 洁	法学	一般项目	北京市社会科学院	
85	16FXB014	京津冀电子商务立法协同机制研究	吴长军	法学	一般项目	北京物资学院	
86	16FXB015	“一带一路”下保护海外利益的私营安保公司法律问题研究	谢海霞	法学	一般项目	首都经济贸易大学	
87	16FXB016	北京法院劳动法庭的设置及劳动审判程序的完善	姜 颖	法学	一般项目	中国劳动关系学院	
88	16FXB017	以审判为中心改革背景下的证据制度研究	孙 远	法学	一般项目	中国青年政治学院	
89	16FXB018	惩罚性赔偿规定适用问题研究与制度构建	马 强	法学	一般项目	中国人民大学	
90	16FXB019	北京地区少数民族流动人口管理与社会稳定问题研究	毛欣娟	法学	一般项目	中国人民公安大学	
91	16FXB020	慈善法时代北京市网络募捐法律规制研究	沈国琴	法学	一般项目	中国人民公安大学	
92	16FXB021	司法改革背景下的法律职业伦理研究	许身健	法学	一般项目	中国政法大学	
93	16FXB022	北京市司法机关践行司法问责机制创新研究	韩红兴	法学	一般项目	北方工业大学	
94	16FXC023	法治评估体系的本土化建构与应用研究	陈寒非	法学	青年项目	首都经济贸易大学	
95	16FXC024	供给侧结构性改革中的劳动法问题研究	阎 天	法学	青年项目	北京大学	
96	16FXC025	全球化背景下网络恐怖主义的刑事法规制及首都反恐对策研究	郭纹静	法学	青年项目	北京工商大学	
97	16FXC026	网络犯罪电子证据原理探析与规则构建	裴 炜	法学	青年项目	北京航空航天大学	
98	16FXC027	航空事故的行政调查与刑事司法的衔接机制研究	王海涛	法学	青年项目	北京航空航天大学	
99	16FXC028	刑法中的轻微犯罪制度研究——以北京市司法实务为视角	王 烁	法学	青年项目	北京化工大学	
100	16FXC029	北京市刑事证据保管制度研究——基于冤假错案防治的视角	郑 飞	法学	青年项目	北京交通大学	
101	16FXC030	民事诉讼调解立法修改研究	周建华	法学	青年项目	北京理工大学	
102	16FXC031	前科刑事法效应实证研究	劳佳琦	法学	青年项目	北京师范大学	
103	16FXC032	刑事责任与民事责任的转化关系探究	李会彬	法学	青年项目	北京市社会科学院	
104	16FXC033	京津冀协同发展与区域行政协议研究	陶品竹	法学	青年项目	北京市社会科学院	
105	16FXC034	刑事司法领域被遗忘权研究	郑 曦	法学	青年项目	北京外国语大学	

续表

序号	项目编号	项目名称	项目负责人	申报学科	项目级别	信誉保证单位	备注
106	16FXC035	北京市民事虚假诉讼类型化及规制研究	田海鑫	法学	青年项目	华北电力大学	
107	16FXC036	民事诉讼法与民法衔接理论研究	任　重	法学	青年项目	清华大学	
108	16FXC037	网约租车平台劳动关系认定问题研究	王天玉	法学	青年项目	清华大学	
109	16FXC038	北京集体经营性建设用地入市法律问题研究	肖　鹏	法学	青年项目	中国农业大学	
110	16FXC039	北京市毒情监测评估体系建设研究	张　黎	法学	青年项目	中国人民公安大学	
111	16FXC040	北京市离婚案件中的同性恋问题研究	郭晓飞	法学	青年项目	中国政法大学	
112	16FXC041	刑事速裁程序建构研究：基于北京等试点地的调研	倪　润	法学	青年项目	中国政法大学	
113	16FXC042	“一带一路”战略背景下境外投资的多元争端解决机制	余　丽	法学	青年项目	中国政法大学	
114	16FXC043	以证据重构为目的的审判中心改革研究	元　轶	法学	青年项目	中国政法大学	
115	16FXC044	知识产权诉讼特别程序研究——以北京地区知识产权审判实务为中心	刘君博	法学	青年项目	中央财经大学	
116	16FXC045	北京市新能源汽车产业政府补贴的法律规制与完善研究	冯　辉	法学	青年项目	对外经济贸易大学	
117	16FXC046	促进数字音乐产业发展的法律规制研究	张　娜	法学	青年项目	首都经济贸易大学	
118	16FXB047	京津冀一体化进程中经济刑法规范适用问题研究	王海桥	法学	一般项目	北方工业大学	市教委项目②
119	16FXB048	国企改革背景下公司集团法律制度研究	白慧林	法学	一般项目	北京工商大学	市教委项目②
120	16GLA001	政府、企业与社区：比较视角下的健康城市发展研究	解树江	管理学	重点项目	首都社会经济发展研究所	
121	16GLA002	一分为三的中国传统思维及其在管理学领域的应用研究	李　海	管理学	重点项目	北京师范大学	
122	16GLA003	基于新型城镇化的区域生态综合交通体系发展模式与机制研究	欧国立	管理学	重点项目	北京交通大学	
123	16GLAL004	北京推进供给侧结构性改革问题研究	丁守海	管理学	重点项目	中国人民大学	中特中心项目①
124	16GLAL005	北京城市副中心城市管理创新问题研究	丁　辉	管理学	重点项目	北京市科学技术研究院	中特中心项目①
125	16GLA006	京津冀一体化背景下的首都旅游法治环境塑造研究	孟凡哲	管理学	重点项目	北京第二外国语学院	
126	16GLA007	基于角色认同理论的虚拟社区主流价值的形成机制研究	程志超	管理学	重点项目	北京航空航天大学	

续表

序号	项目编号	项目名称	项目负责人	申报学科	项目级别	信誉保证单位	备注
127	16GLA008	基于多主体满意度的北京智慧城市建设和治理路径	杨一平	管理学	重点项目	首都经济贸易大学	
128	16GLB009	北京市新能源汽车商业模式设计与创新研究	纪雪洪	管理学	一般项目	北方工业大学	
129	16GLB010	北京市农村社区公共就业服务供给方式创新研究	周艳玲	管理学	一般项目	北京化工大学	
130	16GLB011	京津冀一体化流域治理 PPP 项目绩效评价研究	秦　颖	管理学	一般项目	北京建筑大学	
131	16GLB012	北京地区物流新兴业态的规制研究	卞文良	管理学	一般项目	北京交通大学	
132	16GLB013	京津冀城市群跨区域交通规划管理体制与协调机制研究	马　路	管理学	一般项目	北京交通大学	
133	16GLB014	社会资本视角下知识管理对科技型小微企业成长的影响机制研究	黄　艳	管理学	一般项目	北京联合大学	
134	16GLB015	北京市集成电路企业嵌入与重构创新生态系统的战略研究	程　鹏	管理学	一般项目	北京林业大学	
135	16GLB016	北京市现代社会组织体制建设与发育问题研究：以野生动物保护类社会组织为例	谢　屹	管理学	一般项目	北京林业大学	
136	16GLB017	北京市工作场所亲环境行为影响因素及其引导措施研究	张玉静	管理学	一般项目	北京林业大学	
137	16GLB018	北京志愿服务参与应急管理研究	高艳蓉	管理学	一般项目	北京青年政治学院	
138	16GLB019	北京市医疗资源管理模式与患者流优化的问题研究	仲崇文	管理学	一般项目	北京石油化工学院	
139	16GLB020	京津冀跨界危机应急指挥体系构建模式研究	李　辉	管理学	一般项目	北京市科学技术研究院	
140	16GLB021	北京市生产主导型食品供应链社会责任治理研究	陈　娟	管理学	一般项目	北京物资学院	
141	16GLB022	食品质量信息可追溯的经济性及其管控机制研究	金海水	管理学	一般项目	北京物资学院	
142	16GLB023	创业知识及其获取方式与创业阶段的动态匹配研究	姜　雨	管理学	一般项目	北京信息科技大学	
143	16GLB024	北京汽车共享服务市场规制及监管体系研究	吴丽花	管理学	一般项目	北京信息科技大学	
144	16GLB025	基于自组织理论的首都创新集群协同演化生态系统研究	郭卫东	管理学	一般项目	首都经济贸易大学	
145	16GLB026	北京特大型城市安全生产监管的预防预控体系研究	张丽娜	管理学	一般项目	首都师范大学	
146	16GLB027	北京市安全文化示范企业的共性特质及示范路径	张江石	管理学	一般项目	中国矿业大学（北京）	
147	16GLB028	冬奥会背景下北京冰雪体育旅游发展比较研究	黄　璜	管理学	一般项目	中国旅游研究院	

续表

序号	项目编号	项目名称	项目负责人	申报学科	项目级别	信誉保证单位	备注
148	16GLB029	北京历史街区旅游发展过程中的弱势群体社会支持研究	杨劲松	管理学	一般项目	中国旅游研究院	
149	16GLB030	京津冀协同发展背景下的北京农业科技创新问题研究	毛世平	管理学	一般项目	中国农业科学院农业经济与发展研究所	
150	16GLB031	北京市互联网金融企业社会责任及市场响应研究	刘凤军	管理学	一般项目	中国人民大学	
151	16GLB032	北京市社区公共文化服务政府购买研究	刘　星	管理学	一般项目	中国政法大学	
152	16GLB033	基于整体性治理视角的北京市预算绩效管理制度执行能力研究	曹堂哲	管理学	一般项目	中央财经大学	
153	16GLB034	节能减排视角下北京市保障性住房产业化发展对策研究	黄志烨	管理学	一般项目	中央财经大学	
154	16GLB035	北京市银行业员工服务创新的促发机制与提升策略研究——多层次和多路径的视角	王　震	管理学	一般项目	中央财经大学	
155	16GLB036	街区制下的北京城市空间治理模式创新与政策体系研究	温锋华	管理学	一般项目	中央财经大学	
156	16GLB037	基于能力簇建设的首都慈善组织发展路径与对策研究	李敬强	管理学	一般项目	北京物资学院	
157	16GLC038	北京市自然灾害综合防御分区策略研究	白鹏飞	管理学	青年项目	首都经济贸易大学	
158	16GLC039	北京车牌供给与交易机制构建仿真研究	陈　蕾	管理学	青年项目	首都经济贸易大学	
159	16GLC040	北京市医疗卫生体系公平性评估	刘　潇	管理学	青年项目	首都经济贸易大学	
160	16GLC041	北京市创新政策响应模式与驱动路径研究	李晨光	管理学	青年项目	北方工业大学	
161	16GLC042	文化产业视角下北京工业人文内涵研究	于　隽	管理学	青年项目	北方工业大学	
162	16GLC043	北京市慈善基金会财务健康状况评价与治理研究	刘　恋	管理学	青年项目	北京工商大学	
163	16GLC044	政府研发补贴对北京市科技企业创新绩效的影响及其优化路径研究	彭红星	管理学	青年项目	北京工商大学	
164	16GLC045	北京推动国有资产监管向“管资本”转变研究	粟立钟	管理学	青年项目	北京工商大学	
165	16GLC046	基于碳金融的京津冀产业升级对策研究	罗晓梅	管理学	青年项目	北京工业大学	
166	16GLC047	国际建筑废弃物管理政策的演变及对我国的启示	李亚帅	管理学	青年项目	北京航空航天大学	
167	16GLC048	绿色交通发展下大城市公共自行车推广策略与关键问题研究	林建新	管理学	青年项目	北京建筑大学	

续表

序号	项目编号	项目名称	项目负责人	申报学科	项目级别	信誉保证单位	备注
168	16GLC049	城市修补中街道景观协调性量化评价与设计方法研究	张　羽	管理学	青年项目	北京建筑大学	
169	16GLC050	突发事件下北京地铁关键岗位人因可靠性研究	陈明利	管理学	青年项目	北京交通大学	
170	16GLC051	北京市高校青年教师生涯适应力研究	郭　名	管理学	青年项目	北京交通大学	
171	16GLC052	北京市上市公司独立董事背景与研发投入研究	魏　炜	管理学	青年项目	北京交通大学	
172	16GLC053	基于消费者需求的北京市网络平台企业竞争战略研究	武　文	管理学	青年项目	北京交通大学	
173	16GLC054	高峰期通勤停车管理对策研究	肖玲玲	管理学	青年项目	北京交通大学	
174	16GLC055	北京众创平台组织运营机制研究	陈光华	管理学	青年项目	北京科技大学	
175	16GLC056	文化遗产地游客原真性感知对体验价值及行为意向的影响研究：以北京为例	肖轶楠	管理学	青年项目	北京联合大学	
176	16GLC057	智慧北京 PPP 项目风险管理研究	徐　静	管理学	青年项目	北京联合大学	
177	16GLC058	北京市科技创新政策体系框架构建与优化研究	陈　佳	管理学	青年项目	北京林业大学	
178	16GLC059	随机供需下的北京农林生物质能绿色供应链契约协调研究	樊　坤	管理学	青年项目	北京林业大学	
179	16GLC060	北京市保障房社区家庭调查及管理对策研究	张英杰	管理学	青年项目	北京林业大学	
180	16GLC061	基于“互联网＋”北京市农产品供应链系统创新及质量监管体系研究	申　强	管理学	青年项目	北京农学院	
181	16GLC062	危险化学品事故下人群疏散的安全范围和逃生路径研究	陈增强	管理学	青年项目	北京石油化工学院	
182	16GLC063	北京市城市居民低碳出行导控机制研究	卢密林	管理学	青年项目	北京石油化工学院	
183	16GLC064	“互联网＋物流”创新型产业模式变革研究	唐恒亮	管理学	青年项目	北京物资学院	
184	16GLC065	京津冀地区企业碳信息披露评价与监管研究	闫　甜	管理学	青年项目	北京物资学院	
185	16GLC066	北京市养老机构品牌竞争力评价与驱动模式研究	汪晓凡	管理学	青年项目	北京中医药大学	
186	16GLC067	多社会网络中的北京市科技创新引领要素研究	喇　磊	管理学	青年项目	对外经济贸易大学	
187	16GLC068	大数据视阈下北京大学生公共服务动机与就业倾向研究	葛蕾蕾	管理学	青年项目	国际关系学院	
188	16GLC069	北京地区重大基建项目监管问题与对策研究	许儒航	管理学	青年项目	华北电力大学	

续表

序号	项目编号	项目名称	项目负责人	申报学科	项目级别	信誉保证单位	备注
189	16GLC070	面向绿色能源消纳的能源互联网创新模式研究	张　硕	管理学	青年项目	华北电力大学	
190	16GLC071	北京城市历史街区的声景优化研究	刘爱利	管理学	青年项目	首都师范大学	
191	16GLC072	北京社区移动“互联网+”公共健康服务供给现状及创新发展策略研究	黄亚芳	管理学	青年项目	首都医科大学	
192	16GLC073	大数据驱动下的基于利益相关者理论的北京公共安全治理模式研究	杨　旎	管理学	青年项目	中共北京市委党校	
193	16GLC074	北京市生活垃圾收集模式评价与优选研究	张　华	管理学	青年项目	中国地质大学（北京）	
194	16GLC075	大众旅游时代京津冀自驾游的市场联动与非传统服务创新研究	李创新	管理学	青年项目	中国旅游研究院	
195	16GLC076	航班延误下的服务优化博弈研究	宋　岑	管理学	青年项目	中国石油大学（北京）	
196	16GLC077	京津冀一体化、社会网络融合与企业信用	陈运森	管理学	青年项目	中央财经大学	
197	16GLC078	北京网络租约车规制模式与策略研究	程絮森	管理学	青年项目	对外经济贸易大学	
198	16GLC079	工作场所不文明行为的冲突演化机制：基于压力交互模型的跨层次研究	毛畅果	管理学	青年项目	首都经济贸易大学	
199	16GLB080	科技社团服务北京科技服务业发展的新模式研究	闫邹先	管理学	一般项目	北京工业大学	市教委项目②
200	16GLB081	京津冀企业环境价值观的地区差异、影响因素及培育路径研究	王志亮	管理学	一般项目	北方工业大学	市教委项目②
201	16GLB082	北京居民服装绿色消费理念培养及教育途径研究	郭　燕	管理学	一般项目	北京服装学院	市教委项目②
202	16GLB083	政策工具对京津冀可再生能源技术创新能力的影响与评估研究	李　凡	管理学	一般项目	北京第二外国语学院	市教委项目②
203	16GLB084	“十三五”时期首都企业创新能力提升研究——基于创新网络的视角	崔海云	管理学	一般项目	北京物资学院	市教委项目②
204	16GLB085	后专营时代京津冀食盐供应安全保障机制研究	郝玉柱	管理学	一般项目	北京物资学院	市教委项目②
205	16GLB086	首都高校大学生创业质量实证研究与对策分析	季　靖	管理学	一般项目	北京物资学院	市教委项目②
206	16GLB087	北京市新兴产业促进政策有效性的影响因素分析——发展主义视角下的行业间比较	孙　喜	管理学	一般项目	首都经济贸易大学	市教委项目②

续表

序号	项目编号	项目名称	项目负责人	申报学科	项目级别	信誉保证单位	备注
207	16GLB088	京津冀协同发展的人才支撑体系构建研究	张祖明	管理学	一般项目	北京联合大学	市教委项目②
208	16GLB089	我国互联网金融供给侧结构性改革研究	生 蕾	管理学	一般项目	北京青年政治学院	市教委项目②
209	16JYA001	历史人类学视角下的新中国民办、代课教师的历史研究	胡 艳	教育学	重点项目	北京师范大学	
210	16JYA002	供给侧改革背景下北京高校毕业生就业结构与产业结构适应性研究	马永霞	教育学	重点项目	北京理工大学	
211	16JYB003	基于学习收获的有效大学活动研究	李庆丰	教育学	一般项目	北京工业大学	
212	16JYB004	0~6岁视力残疾儿童综合康复体系研究	张 琳	教育学	一般项目	北京联合大学	
213	16JYB005	北京市教育经费投入产出效率分析	李 昕	教育学	一般项目	北京师范大学	
214	16JYB006	民国时期北京民众教育馆研究	周慧梅	教育学	一般项目	北京师范大学	
215	16JYB007	中国近现代高校英语教育发展的文化路径及当代启示研究	赵海燕	教育学	一般项目	首都经济贸易大学	
216	16JYB008	北京市中小学学生学习兴趣现状研究	罗 峥	教育学	一般项目	首都师范大学	
217	16JYB009	北京市在校青少年生殖健康素质调查及干预研究	沈 洁	教育学	一般项目	首都医科大学	
218	16JYB010	北京市属医院医务人员人文医学教育模式及效果评价的研究	赵铁夫	教育学	一般项目	首都医科大学附属北京安贞医院	
219	16JYB011	社会分层视域下首都师生关系研究	任春荣	教育学	一般项目	中国教育科学研究院	
220	16JYB012	京津冀三类残疾儿童义务教育发展实证研究	赵小红	教育学	一般项目	中国教育科学研究院	
221	16JYC013	远程汉语教师特质调查及汉语MOOC课程设计对策研究	张润芝	教育学	青年项目	北京语言大学	
222	16JYC014	“互联网+”视域下基础教育集团治理绩效影响因素的实证研究——基于网络组织视角	王亚非	教育学	青年项目	北方工业大学	
223	16JYC015	“逃离北上广”：北京地区高校毕业生离京就业行为研究	马莉萍	教育学	青年项目	北京大学	
224	16JYC016	典型复杂工程问题在信息类专业创新性实践教学环节中的应用研究	郑 鲲	教育学	青年项目	北京工业大学	
225	16JYC017	“双一流”建设背景下研究生导学关系的研究	王文文	教育学	青年项目	北京航空航天大学	
226	16JYC018	北京高校学生慕课情感体验与学习有效性关系研究	丁 研	教育学	青年项目	北京交通大学	
227	16JYC019	融合教育背景下智力残疾儿童社区支持体系研究	陆 莎	教育学	青年项目	北京教育科学研究院	

续表

序号	项目编号	项目名称	项目负责人	申报学科	项目级别	信誉保证单位	备注
228	16JYC020	北京高校留学生教育提升策略研究	王　俊	教育学	青年项目	北京教育科学研究院	
229	16JYC021	北京市区级教育现代化督导评估研究	朱庆环	教育学	青年项目	北京教育科学研究院	
230	16JYC022	北京终身教育体系构建的路径与机制研究	殷丙山	教育学	青年项目	北京开放大学	
231	16JYC023	北京市青少年人机关系的互动对象特点对观点采择发展的影响	陈雨露	教育学	青年项目	北京联合大学	
232	16JYC024	互联网环境下北京市中学生社会适应的研究	金灿灿	教育学	青年项目	北京林业大学	
233	16JYC025	北京市义务教育阶段学区治理模式研究	高　莉	教育学	青年项目	北京师范大学	
234	16JYC026	“互联网+”战略下北京农村远程教育服务供给模式创新研究	陈　蕾	教育学	青年项目	北京市农林科学院	
235	16JYC027	首都地区家庭资本影响教育资源配置的模式及机制研究	范静波	教育学	青年项目	对外经济贸易大学	
236	16JYC028	从路径依赖看大学治理的制度困境与出路	朱贺玲	教育学	青年项目	清华大学	
237	16JYC029	基于专业能力发展的幼儿园教师分层培训目标体系的建构研究	黄　爽	教育学	青年项目	首都师范大学	
238	16JYC030	国际大都市高等教育竞争力比较研究	乔　鹤	教育学	青年项目	首都师范大学	
239	16JYC031	首都地区家庭背景对教育起点公平的影响机制研究	赵　峰	教育学	青年项目	对外经济贸易大学	
240	16JYB032	高校网络文化与思想政治教育工作品牌培育研究	吴付来	教育学	一般项目	中国人民大学	市教工委项目③
241	16JYB033	首都高校研究生思想政治理论课建设状况与对策研究	熊晓琳	教育学	一般项目	北京师范大学	市教工委项目③
242	16JYB034	高校学生思想政治教育话语体系创新研究	程基伟	教育学	一般项目	北京航空航天大学	市教工委项目③
243	16JYB035	高校辅导员队伍建设科学化研究	王显芳	教育学	一般项目	北京师范大学	市教工委项目③
244	16JYB036	长征精神及其对大学生思想政治教育的现实意义研究	张小锋	教育学	一般项目	对外经济贸易大学	市教工委项目③
245	16JYB037	基于 OBE 理念的大学生综合素质培养体系研究	姚念龙	教育学	一般项目	北京交通大学	市教工委项目③
246	16JYB038	基于协同视角的大学新生适应教育理论与实践研究	商云龙	教育学	一般项目	北京化工大学	市教工委项目③
247	16JYB039	社会主义核心价值观融入的首都大学生日常生活研究	黄　刚	教育学	一般项目	中央财经大学	市教工委项目③

续表

序号	项目编号	项目名称	项目负责人	申报学科	项目级别	信誉保证单位	备注
248	16JYB040	北京高校辅导员学业辅导工作能力研究	朱凌云	教育学	一般项目	中央财经大学	市教工委项目[③]
249	16JYB041	1949—1966年清华大学德育组织体系的形成研究	王　硕	教育学	一般项目	华北电力大学	市教工委项目[③]
250	16JYB042	首都高校校园安全事件致因机理与风险防控研究	安　宇	教育学	一般项目	中国矿业大学（北京）	市教工委项目[③]
251	16JYB043	高校思想政治理论课教师专业技术职务评聘体系研究	夏　丹	教育学	一般项目	中国传媒大学	市教工委项目[③]
252	16JYB044	中华优秀传统文化应对高校宗教渗透的机制研究	张德玉	教育学	一般项目	北京工商大学	市教工委项目[③]
253	16JYB045	数学核心素养的内涵构建与培育研究	曾小平	教育学	一般项目	首都师范大学	市教委项目[②]
254	16JYB046	北京市理科中考改革导向的前瞻性研究	邢红军	教育学	一般项目	首都师范大学	市教委项目[②]
255	16JYB047	北京市中小学生国际理解核心素养及发展策略研究	王远美	教育学	一般项目	北京教育学院	市教委项目[②]
256	16JYB048	高职生创业素质模型研究——基于北京市的调查数据	李　琦	教育学	一般项目	北京劳动保障职业学院	市教委项目[②]
257	16LJB001	北京市建设全国科技创新中心的形成机理研究	张淑梅	理论经济	一般项目	北京财贸职业学院	
258	16LJB002	北京市科技资源错配与创新系统效率提升问题研究	马建峰	理论经济	一般项目	北京科技大学	
259	16LJB003	全要素生产率增长视角的供给侧结构性改革策略研究	钟惠波	理论经济	一般项目	北京理工大学	
260	16LJB004	北京休闲农业土地流转价格形成机制研究	桂　琳	理论经济	一般项目	北京农学院	
261	16LJB005	中国股市异常波动的动态博弈建模：基于大数据实证	周　平	理论经济	一般项目	北京信息科技大学	
262	16LJB006	金融周期、金融波动与宏观政策应对	马　勇	理论经济	一般项目	中国人民大学	
263	16LJC007	海上丝绸之路沿线亚洲地区金融稳定与脆弱研究	张若希	理论经济	青年项目	首都经济贸易大学	
264	16LJC008	北京市农村土地使用权流转机制设计	张雪峰	理论经济	青年项目	北方工业大学	
265	16LJC009	京津冀生态文明协同建设中区域生态补偿总值量化方法研究	巩前文	理论经济	青年项目	北京林业大学	
266	16LJC010	互联网促进北京农村一、二、三产融合的模式创新与提升策略研究	冯　献	理论经济	青年项目	北京市农林科学院	
267	16LJC011	北京科技创新系统效率研究	尹伟华	理论经济	青年项目	国家信息中心	
268	16LJC012	“一带一路”背景下中国海外投资风险防范机制研究	李　锋	理论经济	青年项目	外交学院	

续表

序号	项目编号	项目名称	项目负责人	申报学科	项目级别	信誉保证单位	备注
269	16LJC013	耦合水资源调度和虚拟水核算的北京市水资源利用战略研究	邵　玲	理论经济	青年项目	中国地质大学（北京）	
270	16LSA001	清代国家与京畿区域互动研究	刘仲华	历史学	重点项目	北京市社会科学院	
271	16LSA002	北京地区窖藏文物的考古发现与研究	后晓荣	历史学	重点项目	首都师范大学	
272	16LSA003	殊方异俗外来风：全球史视野下中古丝绸之路多元文明互动	王永平	历史学	重点项目	首都师范大学	
273	16LSB004	香山静宜园历史文献研究	傅　凡	历史学	一般项目	北方工业大学	
274	16LSB005	日本侵华战争遗孤口述历史资料与研究	梁云祥	历史学	一般项目	北京大学	
275	16LSB006	侯仁之学术档案整理与研究	唐晓峰	历史学	一般项目	北京大学	
276	16LSB007	秦汉廉政制度及其对当下的启示研究	吕红梅	历史学	一般项目	北京联合大学	
277	16LSB008	近代以来永定河流域生态环境变迁研究	张连伟	历史学	一般项目	北京林业大学	
278	16LSB009	明初京畿地区的山西移民研究	王绍欣	历史学	一般项目	北京青年政治学院	
279	16LSB010	“北京城市居住建设开发”口述史及研究	陈　玲	历史学	一般项目	北京市地方志办公室	
280	16LSB011	北京市文物局图书资料中心藏珍稀碑帖整理和研究	韩建识	历史学	一般项目	北京市文物局	
281	16LSB012	散见光绪时期宫廷医案的整理与研究	杨东方	历史学	一般项目	北京中医药大学	
282	16LSB013	清代《隋书·经籍志》研究史	陈晓华	历史学	一般项目	首都师范大学	
283	16LSB014	北京地区碑拓资料整理与研究	袁碧荣	历史学	一般项目	首都图书馆	
284	16LSB015	文化线路遗产视野下的京西古道：价值、保护与利用新探索	雷虹霁	历史学	一般项目	中央民族大学	
285	16LSB016	二十世纪前期北京婚姻家庭变革研究（1900—1936）	张晨怡	历史学	一般项目	中央民族大学	
286	16LSC017	基于北京城市文化景观视野下的西山园林综合研究	李　江	历史学	青年项目	北京工业大学	
287	16LSC018	京津两地近代公园历史与文化景观活化再生利用研究	孙　媛	历史学	青年项目	北京交通大学	
288	16LSC019	元初大都“文统”儒士集团研究	刘成群	历史学	青年项目	北京邮电大学	
289	16LSC020	先秦两汉竹书形制及相关问题研究	贾连翔	历史学	青年项目	清华大学	
290	16LSC021	基督教与晚清北京社会（1861—1911）	王　静	历史学	青年项目	中国政法大学	
291	16LSB022	络病古籍中通络方剂的数据挖掘	王文娟	历史学	一般项目	首都医科大学	市教委项目②

续表

序号	项目编号	项目名称	项目负责人	申报学科	项目级别	信誉保证单位	备注
292	16WXA001	当代西方文论前沿论题研究	胡继华	文学	重点项目	北京第二外国语学院	
293	16WXA002	英美近现代旅行文学中的北京形象研究	田俊武	文学	重点项目	北京航空航天大学	
294	16WXB003	域外的北京宫廷叙事研究	黄丽娟	文学	一般项目	北京外国语大学	
295	16WXB004	清代北京皇家园林雅集文学文化意蕴研究	吴　蔚	文学	一般项目	北京联合大学	
296	16WXB005	中国散文评点史研究	李小龙	文学	一般项目	北京师范大学	
297	16WXB006	北京都市空间与新民俗研究	许苗苗	文学	一般项目	北京市社会科学院	
298	16WXB007	新世纪北京书写的“文学地理学”：以北岛、阎连科、徐则臣为考察对象	赵冬梅	文学	一般项目	北京语言大学	
299	16WXB008	法国当代小说视觉叙事思想发展史研究	孙圣英	文学	一般项目	国际关系学院	
300	16WXB009	民族与理学视阈下的元代文学性情论略	何　跞	文学	一般项目	清华大学	
301	16WXB010	鲁迅作品注释历史及其理论问题研究	王家平	文学	一般项目	首都师范大学	
302	16WXB011	20 世纪俄语生态文学研究	于明清	文学	一般项目	首都师范大学	
303	16WXB012	二十世纪中国文学中法律叙事的内在矛盾研究	董　燕	文学	一般项目	中国政法大学	
304	16WXB013	汉魏六朝宴饮文化研究	王玉霞	文学	一般项目	北京青年政治学院	
305	16WXB014	以明清制艺为论赋的中国古代文赋研究	吴伟凡	文学	一般项目	首都经济贸易大学	
306	16WXC015	对立与补充：巴特勒与达尔文作品中进化论思想范式构建	苏明鸣	文学	青年项目	首都经济贸易大学	
307	16WXC016	新世纪诗歌“日常生活书写”研究	冯　雷	文学	青年项目	北方工业大学	
308	16WXC017	郑玄《周易注》辑佚史研究	朱天助	文学	青年项目	北京大学	
309	16WXC018	北京中法大学（1920—1950）对法国文学的译介和研究	鲍叶宁	文学	青年项目	北京第二外国语学院	
310	16WXC019	《热河日记》中的清代京畿文化研究	陈冰冰	文学	青年项目	北京第二外国语学院	
311	16WXC020	阿里斯托芬全集翻译与研究	黄薇薇	文学	青年项目	北京第二外国语学院	
312	16WXC021	龚自珍与清代京师文化	杨　柳	文学	青年项目	北京联合大学	
313	16WXC022	德富苏峰译介西方文艺思想对明治日本以及清末中国留日知识分子的影响	曲　莉	文学	青年项目	北京外国语大学	
314	16WXC023	布拉格·纽约·北京：卡夫卡的城市空间书写研究	王彦会	文学	青年项目	北京外国语大学	

续表

序号	项目编号	项目名称	项目负责人	申报学科	项目级别	信誉保证单位	备注
315	16WXC024	华美协进社与“京派”文学	陈　倩	文学	青年项目	中国人民大学	
316	16XCA001	网络视频社会责任失当成因及传播正能量引导机制研究	王长潇	新闻·传播学	重点项目	北京师范大学	
317	16XCA002	众媒时代的北京城市形象对外传播策略研究	陈红玉	新闻·传播学	重点项目	北京市社会科学院	
318	16XCA003	京津冀新生代农民工对社交媒体的使用及其社会认同研究	王锡苓	新闻·传播学	重点项目	中国传媒大学	
319	16XCB004	基于生态文明建设的中国环境传播研究	范松楠	新闻·传播学	一般项目	北京城市学院	
320	16XCB005	北京市高端智库“一带一路”区域研究文献保障研究	朱本军	新闻·传播学	一般项目	北京大学	
321	16XCB006	大数据环境下高校图书馆服务创新技术研究	叶春蕾	新闻·传播学	一般项目	北京农学院	
322	16XCB007	日本动漫在中国大陆的网络传播研究	刘　斌	新闻·传播学	一般项目	北京师范大学	
323	16XCB008	北京地区高校图书馆联盟共享机制研究	王　茜	新闻·传播学	一般项目	北京邮电大学	
324	16XCB009	俄罗斯媒体视角下北京城市形象研究	李锡奎	新闻·传播学	一般项目	对外经济贸易大学	
325	16XCB010	传媒创新创业的理论与实践研究	曾繁旭	新闻·传播学	一般项目	清华大学	
326	16XCB011	“一带一路”背景下中国国家形象在欧盟的传播策略研究	张　莉	新闻·传播学	一般项目	清华大学	
327	16XCB012	社交媒体使用对北京市青少年的负面影响及对策研究	杜　涛	新闻·传播学	一般项目	中国青年政治学院	
328	16XCB013	社会转型时期下社区传播的治理功能及其实现路径研究	罗自文	新闻·传播学	一般项目	中国青年政治学院	
329	16XCB014	北京企业网站国际化水平跨文化研究	史兴松	新闻·传播学	一般项目	对外经济贸易大学	
330	16XCC015	高校图书馆决策支持服务发展模式研究	李　峰	新闻·传播学	青年项目	北京大学	
331	16XCC016	北京市“两新组织”青年虚拟社群的网络动员规律研究	刘　凯	新闻·传播学	青年项目	北京交通大学	
332	16XCC017	微信场域中的网络舆论生态研究	李梦茹	新闻·传播学	青年项目	北京市科学技术研究院	
333	16XCC018	新媒体条件下北京非物质文化遗产传播研究	黄仲山	新闻·传播学	青年项目	北京市社会科学院	
334	16XCC019	“互联网+”时代的政府数据开放政策与应用创新研究	刘庆振	新闻·传播学	青年项目	北京信息科技大学	
335	16XCC020	受众参与框架下提升北京市政务新媒体影响力研究	顾　洁	新闻·传播学	青年项目	中国传媒大学	
336	16XCC021	面向智库决策支持的情报支撑体系研究——以首都反恐安全智库建设为例	陈成鑫	新闻·传播学	青年项目	中国人民公安大学	

续表

序号	项目编号	项目名称	项目负责人	申报学科	项目级别	信誉保证单位	备注
337	16XCC022	新媒体语境下“90后”网民群体的政治认同构建机制研究	侯月娟	新闻·传播学	青年项目	中国政法大学	
338	16XCC023	面向云计算环境北京数字图书馆信息资源安全共享保障体系研究	高　胜	新闻·传播学	青年项目	中央财经大学	
339	16XCC024	大数据背景下网络社区社会资本影响因素研究	崔　凯	新闻·传播学	青年项目	中国政法大学	
340	16YTA001	北京法海寺壁画岩彩与图像学研究	丁　方	艺术·体育学	重点项目	中国人民大学	
341	16YTA002	神经电影学理论模型建构及电影认知的脑成像实证研究	王宜文	艺术·体育学	重点项目	北京师范大学	
342	16YTA003	北京近现代美术史研究	王艳云	艺术·体育学	重点项目	北京印刷学院	
343	16YTA004	北京京西古道村落文化遗存现状与保护对策研究	韩振刚	艺术·体育学	重点项目	首都师范大学	
344	16YTB005	2022年冬奥会对北京市青少年群体的综合影响研究	阳煜华	艺术·体育学	一般项目	北京化工大学	
345	16YTB006	首都高校体育教育对大学生就业能力影响研究	林立文	艺术·体育学	一般项目	北京交通大学	
346	16YTB007	北京市墓园设计模式演替策略与人地关系预景	孟　彤	艺术·体育学	一般项目	北京交通大学	
347	16YTB008	北京市公共空间新媒体应用研究	王丽君	艺术·体育学	一般项目	北京交通大学	
348	16YTB009	普米族文化艺术形态保护及文创设计产业研究	王东声	艺术·体育学	一般项目	北京理工大学	
349	16YTB010	北京城市开放社区公共空间艺术营造研究	公　伟	艺术·体育学	一般项目	北京林业大学	
350	16YTB011	北京古树名木的数字化展示与公共服务创新研究	韩静华	艺术·体育学	一般项目	北京林业大学	
351	16YTB012	太极舞蹈理论与实践研究	于晓雪	艺术·体育学	一般项目	北京舞蹈学院	
352	16YTB013	中国近现代文艺类书籍插图艺术历程研究（1900—1949）	安宝江	艺术·体育学	一般项目	北京印刷学院	
353	16YTB014	互联网时代的交互式微电影创作与传播研究	贾云鹏	艺术·体育学	一般项目	北京邮电大学	
354	16YTB015	京城二十四节气的色彩设计与数字化应用平台研究	李　霞	艺术·体育学	一般项目	北京邮电大学	
355	16YTB016	“京派”工笔画研究	汪港清	艺术·体育学	一般项目	首都师范大学	
356	16YTB017	京津冀高校健美操赛事协同创新发展研究	王　美	艺术·体育学	一般项目	首都体育学院	
357	16YTB018	多维环境下中学生体质健康促进模式研究	周志雄	艺术·体育学	一般项目	首都体育学院	
358	16YTB019	价值论视阈中的电视剧艺术发展论	彭文祥	艺术·体育学	一般项目	中国传媒大学	
359	16YTB020	京津画派的画学思想及其传播研究	邵　军	艺术·体育学	一般项目	中国传媒大学	

续表

序号	项目编号	项目名称	项目负责人	申报学科	项目级别	信誉保证单位	备注
360	16YTB021	1939—1945 年中国国防电影与抗战电影研究	袁庆丰	艺术·体育学	一般项目	中国传媒大学	
361	16YTB022	网络自制节目的价值生态问题研究	顾亚奇	艺术·体育学	一般项目	中国人民大学	
362	16YTB023	戏曲润腔与视唱装饰技巧的比较研究	孙晓洁	艺术·体育学	一般项目	中国戏曲学院	
363	16YTB024	异域想象与视觉呈现——明清与李氏朝鲜交涉中的美术交流与图像制造	于　帆	艺术·体育学	一般项目	中央美术学院	
364	16YTC025	中国管弦乐创作与传播研究	夏侯晓昱	艺术·体育学	青年项目	中国音乐学院	
365	16YTC026	民国时期教育电影传播与接受研究	李九如	艺术·体育学	青年项目	北京电影学院	
366	16YTC027	雕刻类非物质文化遗产的虚拟展示研究	王晓慧	艺术·体育学	青年项目	北京科技大学	
367	16YTC028	北京—张家口冬奥会对京冀区域经济影响预测与评价研究	杨　洁	艺术·体育学	青年项目	北京联合大学	
368	16YTC029	重彩壁画在北京城市环境公共艺术建设中的创新应用研究	房钰栋	艺术·体育学	青年项目	北京林业大学	
369	16YTC030	俄罗斯当代实验戏剧发展研究及其启示	刘　溪	艺术·体育学	青年项目	北京师范大学	
370	16YTC031	首都高校与普通学校音乐教育资源优化配置与整合研究	肖　艳	艺术·体育学	青年项目	北京师范大学	
371	16YTC032	京味产品设计创新与文化弘扬研究	巫　建	艺术·体育学	青年项目	北京印刷学院	
372	16YTC033	面向儿童的非物质文化遗产数字化交互体验研究	吕　菲	艺术·体育学	青年项目	北京邮电大学	
373	16YTC034	IP 转化与中国电影的系列化策略研究	梁君健	艺术·体育学	青年项目	清华大学	
374	16YTC035	互联网语境下的中国 IP 电影受众研究	杨　慧	艺术·体育学	青年项目	首都师范大学	
375	16YTC036	新形势下体育解说员的危机管理与品牌塑造研究	陈岐岳	艺术·体育学	青年项目	首都体育学院	
376	16YTC037	首都幼儿体力活动环境的实证研究	贺　刚	艺术·体育学	青年项目	首都体育学院	
377	16YTC038	智障青少年体育锻炼行为影响因素的质化研究	王　超	艺术·体育学	青年项目	首都体育学院	
378	16YTC039	清代宫廷昆腔承应戏曲牌音乐研究	任　宏	艺术·体育学	青年项目	中国戏曲学院	
379	16YTB040	3D 打印技术在髹漆脱胎工艺中的应用研究	王大虎	艺术·体育学	一般项目	北京工业大学	市教委项目[②]
380	16YTB041	基于大数据应用的北京市影视作品影响力评估研究	祝金甫	艺术·体育学	一般项目	北京工商大学	市教委项目[②]
381	16YTB042	清代时期中西室内设计文化的交融与影响	李瑞君	艺术·体育学	一般项目	北京服装学院	市教委项目[②]

续表

序号	项目编号	项目名称	项目负责人	申报学科	项目级别	信誉保证单位	备注
382	16YTB043	唐教坊曲调音乐文学形态研究	韩　宁	艺术·体育学	一般项目	首都师范大学	市教委项目②
383	16YTB044	“一带一路”相关区域传统音乐形态系列研究	张玉臻	艺术·体育学	一般项目	首都师范大学	市教委项目②
384	16YTB045	首都昆曲发展与昆曲教育研究	朱俊玲	艺术·体育学	一般项目	中国戏曲学院	市教委项目②
385	16YTB046	北京中小学电影素养教育的课程体系研究	刘　军	艺术·体育学	一般项目	北京电影学院	市教委项目②
386	16YJA001	面向大数据的网络经济学分析理论与方法研究——以京津冀地区熵控经济网络为例	曹怀虎	应用经济	重点项目	中央财经大学	
387	16YJA002	“一带一路”视角下的欧亚金融史研究	祁敬宇	应用经济	重点项目	首都经济贸易大学	
388	16YJA003	创新驱动北京产业升级与空间格局优化研究	李国平	应用经济	重点项目	北京大学	
389	16YJAL004	发展高层次开放型经济和深度融入世界经济研究	赵春明	应用经济	重点项目	北京师范大学	中特中心项目①
390	16YJA005	地方财政转移支付视角下北京食用农产品外埠生产基地（河北）建设研究	周清杰	应用经济	重点项目	北京工商大学	
391	16YJA006	京津冀人才国际化协同发展机制与实现路径研究	徐　芳	应用经济	重点项目	首都经济贸易大学	
392	16YJA007	北京自产蔬菜流通渠道优化及其电子商务发展模式	张领先	应用经济	重点项目	中国农业大学	
393	16YJA008	“互联网+”背景下小微企业供应链多源融资模式与决策优化研究：以北京为例	晏妮娜	应用经济	重点项目	中央财经大学	
394	16YJB009	面向京津冀城市群消费的城郊农民创业驱动因素与培育体系研究	薛永基	应用经济	一般项目	北京林业大学	
395	16YJB010	北京“跨境投资”企业的外汇风险敞口测度、对冲动因与效果评价研究	赵　峰	应用经济	一般项目	北京工商大学	
396	16YJB011	京津冀高耗能产业技术创新、节能效率、减排效率协同发展机制研究	吴卫红	应用经济	一般项目	北京化工大学	
397	16YJB012	国际建筑市场开放度与我国建筑企业“走出去”驱动机制研究	邓世专	应用经济	一般项目	北京建筑大学	
398	16YJB013	京津冀协调视阈下首都机场空港都市区空间优化研究	吕小勇	应用经济	一般项目	北京建筑大学	
399	16YJB014	北京市“营改增”减税效应和分工效应研究	李远慧	应用经济	一般项目	北京交通大学	
400	16YJB015	基于企业碳绩效评价的京津冀区域碳补偿机制及路径研究	陈　华	应用经济	一般项目	北京联合大学	

续表

序号	项目编号	项目名称	项目负责人	申报学科	项目级别	信誉保证单位	备注
401	16YJB016	互联网环境下京津冀地区普惠金融发展与减贫效应研究	傅巧灵	应用经济	一般项目	北京联合大学	
402	16YJB017	基于要素错配视角的北京市城乡收入差距演变及对策研究	夏　龙	应用经济	一般项目	北京农学院	
403	16YJB018	北京市财税激励、智力资本增值能力与企业技术创新	申嫦娥	应用经济	一般项目	北京师范大学	
404	16YJB019	科技服务业支撑北京“高精尖”产业体系建设研究	邓丽姝	应用经济	一般项目	北京市社会科学院	
405	16YJB020	供给侧改革视域下加快疏解非首都功能研究	王德利	应用经济	一般项目	北京市社会科学院	
406	16YJB021	大数据环境下个人数据资源流通研究	王　忠	应用经济	一般项目	北京市社会科学院	
407	16YJB022	基于互联网公开数据的北京网络文化产业发展研究	赵继敏	应用经济	一般项目	北京市社会科学院	
408	16YJB023	京津冀协同发展中北京服务外包产业升级的路径选择	蔡彤娟	应用经济	一般项目	对外经济贸易大学	
409	16YJB024	扩大消费需求背景下北京市家庭消费信贷的适度规模和经济后果研究	何丽芬	应用经济	一般项目	对外经济贸易大学	
410	16YJB025	北京企业对外投资发展与全球公司构建策略研究	蓝庆新	应用经济	一般项目	对外经济贸易大学	
411	16YJB026	养老保障制度对北京居民收入差距的调节作用研究	王亚柯	应用经济	一般项目	对外经济贸易大学	
412	16YJB027	北京市清洁能源价格形成机制及财税政策研究	袁家海	应用经济	一般项目	华北电力大学	
413	16YJB028	北京市跨年度预算平衡机制与实现路径研究	李红霞	应用经济	一般项目	首都经济贸易大学	
414	16YJB029	地区公平视角下城镇职工基本养老保险全国统筹研究	王雅婷	应用经济	一般项目	首都经济贸易大学	
415	16YJB030	基于京津冀新功能定位的产业转移升级、空间分布与协同发展研究	周　伟	应用经济	一般项目	首都经济贸易大学	
416	16YJB031	基于动态CGE模型的北京市新能源汽车消费激励政策设计与模拟研究	葛建平	应用经济	一般项目	中国地质大学(北京)	
417	16YJB032	北京市科技金融发展战略研究	张明喜	应用经济	一般项目	中国科学技术发展战略研究院	
418	16YJB033	基于MRIO模型的产业分工、贸易结构对京津冀污染排放的影响及对策研究	庞　军	应用经济	一般项目	中国人民大学	
419	16YJB034	京津冀协同发展背景下的公租房跨区域空间流动研究	张跃松	应用经济	一般项目	中国人民大学	
420	16YJB035	北京市城镇与农村居民基本医疗保障的经济与健康绩效研究	陈　华	应用经济	一般项目	中央财经大学	

续表

序号	项目编号	项目名称	项目负责人	申报学科	项目级别	信誉保证单位	备注
421	16YJB036	大数据驱动的商业银行小微信贷策略：基于北京市企业集群视角	陈暮紫	应用经济	一般项目	中央财经大学	
422	16YJB037	京津冀金融集聚与产业结构升级协同发展研究	肖文东	应用经济	一般项目	北京联合大学	
423	16YJC038	供给侧改革下减税对北京市企业创新的激励效应分析	陈远燕	应用经济	青年项目	首都经济贸易大学	
424	16YJC039	基于环境会计视角的北京市企业环境成本评价与控制对策研究	武剑锋	应用经济	青年项目	北京第二外国语学院	
425	16YJC040	北京在我国天使投资发展中的地位与作用研究	熊　文	应用经济	青年项目	北京工商大学	
426	16YJC041	供给侧改革下北京市国有企业资本投向与效率研究	赵　静	应用经济	青年项目	北京工商大学	
427	16YJC042	“互联网＋”再生资源回收模式及运行机制研究	刘婷婷	应用经济	青年项目	北京工业大学	
428	16YJC043	北京科技金融的融合机制和优化发展对策研究	张品一	应用经济	青年项目	北京工业大学	
429	16YJC044	京津冀旅游一体化下北京旅游发展定位与路径研究	赵慧娟	应用经济	青年项目	北京经济管理职业学院	
430	16YJC045	北京市科技金融网络协同对企业创新绩效影响机制的研究	刘　微	应用经济	青年项目	北京联合大学	
431	16YJC046	北京市知识产权质押贷款网络信任机制与政策支持路径研究	严鸿雁	应用经济	青年项目	北京联合大学	
432	16YJC047	资源环境约束下京津冀地区协同一体化的策略研究	于　畅	应用经济	青年项目	北京林业大学	
433	16YJC048	北京农村金融创新支持农业科技创新路径研究	白艳娟	应用经济	青年项目	北京农学院	
434	16YJC049	国际视域下北京高新企业竞争基因测评及进化路径研究	赵欣娜	应用经济	青年项目	北京石油化工学院	
435	16YJC050	京津冀物流一体化发展统计测度与评价研究	郭　茜	应用经济	青年项目	北京物资学院	
436	16YJC051	北京市最低工资标准调整机制优化研究	林　原	应用经济	青年项目	北京物资学院	
437	16YJC052	京津冀基本公共服务均等化对北京市人口规模和人力资本水平的影响	王建国	应用经济	青年项目	北京信息科技大学	
438	16YJC053	京津冀基础设施一体化与金融支持协调发展及政策研究	杨　慧	应用经济	青年项目	北京信息科技大学	
439	16YJC054	北京市文化创意产业发展模式与经济效应研究	常晓红	应用经济	青年项目	北京印刷学院	
440	16YJC055	北京企业双向投资、创新能力积累与生存时间研究	李宏兵	应用经济	青年项目	北京邮电大学	

续表

序号	项目编号	项目名称	项目负责人	申报学科	项目级别	信誉保证单位	备注
441	16YJC056	环境约束下北京市经济增长要素配置效率与优化方案研究	孙皓	应用经济	青年项目	北京邮电大学	
442	16YJC057	城镇化进程中北京市家庭能源消费碳足迹演化机理研究	郭琳	应用经济	青年项目	对外经济贸易大学	
443	16YJC058	跨境电子商务助推北京市外贸企业转型升级的机制和路径研究	李亮	应用经济	青年项目	对外经济贸易大学	
444	16YJC059	全球价值链视角下北京市企业“走出去”发展战略研究	刘斌	应用经济	青年项目	对外经济贸易大学	
445	16YJC060	北京新三板市场在股票注册制下的发展战略研究	邵新建	应用经济	青年项目	对外经济贸易大学	
446	16YJC061	大数据背景下北京市环境治理模式创新与政策实施效果研究	史亚东	应用经济	青年项目	国际关系学院	
447	16YJC062	经济新常态及碳约束下京津冀地区新能源与燃煤发电协同发展研究	郭晓鹏	应用经济	青年项目	华北电力大学	
448	16YJC063	基于多目标群体利益北京公立医院技术服务及医事服务费定价决策及建模研究	李亚斌	应用经济	青年项目	华北电力大学	
449	16YJC064	北京市居民用电消费行为分析及可调节负荷优化机制研究	刘金朋	应用经济	青年项目	华北电力大学	
450	16YJC065	北京市住房对家庭资产配置及财富分配的影响研究	赵大萍	应用经济	青年项目	首都经济贸易大学	
451	16YJC066	北京市农民工群体的代际收入分化研究	蔡海龙	应用经济	青年项目	中国农业大学	
452	16YJC067	基于创新驱动的北京就业增长路径研究	吴翌琳	应用经济	青年项目	中国人民大学	
453	16YJC068	京津冀区域能源消费结构优化和节能政策对经济、环境的影响研究	段玉婉	应用经济	青年项目	中央财经大学	
454	16YJC069	基于产业关联与溢出视角的京津冀产业对接研究	杨晓兰	应用经济	青年项目	中央财经大学	
455	16YJC070	北京市城镇职工基本医疗保险筹资比例与支付方式研究	郑莉莉	应用经济	青年项目	中央财经大学	
456	16YJB071	多合作主体下北京市基础设施PPP项目最优资本结构设计	马若微	应用经济	一般项目	北京工商大学	市教委项目②
457	16YJB072	省域期货生态环境效率评价与优化研究——基于京、沪、浙等地的比较	刘晓雪	应用经济	一般项目	北京工商大学	市教委项目②
458	16YJB073	夹层资本的期权契约与国有企业混合所有制改革的市场化机制	张学平	应用经济	一般项目	首都经济贸易大学	市教委项目②
459	16YYA001	“一带一路”沿线国家的汉语传播与中国文化影响模式研究	于小植	语言学	重点项目	北京语言大学	

续表

序号	项目编号	项目名称	项目负责人	申报学科	项目级别	信誉保证单位	备注
460	16YYA002	汉语体貌、时制与情态范畴的互动研究	陈前瑞	语言学	重点项目	中国人民大学	
461	16YYA003	汉语古诗英译策略体系研究	文　军	语言学	重点项目	北京航空航天大学	
462	16YYA004	明清民国三代北京地区方志中方音研究	徐朝东	语言学	重点项目	北京语言大学	
463	16YYA005	北京与纽约街面广告视觉效果特色研究：基于转喻和隐喻眼动实证	陈香兰	语言学	重点项目	对外经济贸易大学	
464	16YYA006	汉语口语产生中句法编码和韵律编码的认知神经机制	张清芳	语言学	重点项目	中国人民大学	
465	16YYB007	跨文化背景下的西方汉英词典中国文化传播策略研究	李　翔	语言学	一般项目	北方工业大学	
466	16YYB008	北京话押韵系统及元音音位的认知研究	王韫佳	语言学	一般项目	北京大学	
467	16YYB009	情景感知技术在小语种语言学习中的实证研究	田　嵩	语言学	一般项目	北京第二外国语学院	
468	16YYB010	第二语言学习者语音感知能力的发展	王红斌	语言学	一般项目	北京第二外国语学院	
469	16YYB011	词语搭配理论框架下的党政文献英译搭配冲突问题与对策研究	唐义均	语言学	一般项目	北京工商大学	
470	16YYB012	基于语料库的英、汉情态隐喻构式对比研究	胡　坚	语言学	一般项目	北京航空航天大学	
471	16YYB013	儿童空间范畴表达发展的跨语言研究	贾红霞	语言学	一般项目	北京开放大学	
472	16YYB014	语域理论视阈下的儒家典籍核心概念词英译研究	高生文	语言学	一般项目	北京科技大学	
473	16YYB015	英汉语功能句法分析之计算机模式研究	何　伟	语言学	一般项目	北京科技大学	
474	16YYB016	基于北京招考改革新方案的高考英语听说测试设计与效度论证	罗凯洲	语言学	一般项目	北京外国语大学	
475	16YYB017	翻译难度测量与分级研究	孙三军	语言学	一般项目	北京外国语大学	
476	16YYB018	政务交流语言的民间适用性研究	熊文新	语言学	一般项目	北京外国语大学	
477	16YYB019	面向美国汉语学习者的京味文学分级与分级标准研究	朱　勇	语言学	一般项目	北京外国语大学	
478	16YYB020	构式语法视角下的汉语比喻结构研究	李胜梅	语言学	一般项目	北京语言大学	
479	16YYB021	莫言与余华小说的计量风格分析与比较	刘　颖	语言学	一般项目	清华大学	
480	16YYB022	《清末民初北京话口语词词典》之编撰	张美兰	语言学	一般项目	清华大学	

续表

序号	项目编号	项目名称	项目负责人	申报学科	项目级别	信誉保证单位	备注
481	16YYB023	语体理论观照下的汉语词汇衍生研究	李　瑞	语言学	一般项目	首都师范大学	
482	16YYB024	亲属词空间隐喻表征的效应与机制研究	张积家	语言学	一般项目	中国人民大学	
483	16YYB025	基于语篇的英汉概念意义对比研究	柴同文	语言学	一般项目	中国石油大学（北京）	
484	16YYC026	语义地图及语言接触视角下的汉语时体态研究	范晓蕾	语言学	青年项目	北京大学	
485	16YYC027	基于语料库的德国主流报刊中的北京形象研究	郎　曼	语言学	青年项目	北京第二外国语学院	
486	16YYC028	国际汉语教学词汇五维分级指标体系及分级词库建设研究	宋　飞	语言学	青年项目	北京第二外国语学院	
487	16YYC029	民国时期京味文学作品外译研究	乔澄澈	语言学	青年项目	北京交通大学	
488	16YYC030	先秦语言文字思想研究	凌丽君	语言学	青年项目	北京师范大学	
489	16YYC031	对话的认知—功能模型研究	王德亮	语言学	青年项目	北京师范大学	
490	16YYC032	北京老年群体汉语句法加工能力衰退机制研究	柳鑫淼	语言学	青年项目	北京外国语大学	
491	16YYC033	谁的声音？——翻译叙事中的译者声音比较研究	张群星	语言学	青年项目	北京信息科技大学	
492	16YYC034	明两种北京音系韵书的校勘与整理	梁慧婧	语言学	青年项目	北京语言大学	
493	16YYC035	基于概念整合理论的汉语双音心理动词词汇化研究	孙小晶	语言学	青年项目	北京语言大学	
494	16YYC036	近60年涉京报道中本土化英语的多维变迁：基于语料库的历时研究	吉　洁	语言学	青年项目	外交学院	
495	16YYC037	清车王府藏曲本词汇研究	杨　贺	语言学	青年项目	中国人民大学	
496	16YYC038	戏曲文本译介模式研究	苏　凤	语言学	青年项目	中国戏曲学院	
497	16YYC039	基于语料库的德汉立法语篇研究	高　莉	语言学	青年项目	中国政法大学	
498	16YYC040	基于触控输入交互系统的汉字认知研究	陈　喆	语言学	青年项目	北京航空航天大学	
499	16YYB041	跨文化理解与言语行为的汉日对比研究	王　晓	语言学	一般项目	北京第二外国语学院	市教委项目②
500	16YYB042	北京外宣翻译生态研究	李淑琴	语言学	一般项目	北京信息科技大学	市教委项目②
501	16ZXA001	易学思想与儒释道文化融合	张　涛	哲学	重点项目	北京师范大学	
502	16ZXA002	自我、他者与世界	张曙光	哲学	重点项目	北京师范大学	
503	16ZXA003	北京居民社会包容现状及伦理分析	鄯爱红	哲学	重点项目	中共北京市委党校	
504	16ZXB004	建筑遗产保护中的伦理问题研究	王　兵	哲学	一般项目	北京建筑大学	

续表

序号	项目编号	项目名称	项目负责人	申报学科	项目级别	信誉保证单位	备注
505	16ZXB005	微观政治视域中的公众参与科技治理研究	江 洋	哲学	一般项目	北京理工大学	
506	16ZXB006	1990年以来西方儒学研究的新进展及理论回应	韩振华	哲学	一般项目	北京外国语大学	
507	16ZXB007	黑格尔法哲学中的自由困境	陈 浩	哲学	一般项目	清华大学	
508	16ZXB008	北京名人故居审美文化研究	杜寒风	哲学	一般项目	中国传媒大学	
509	16ZXB009	荀子“整体性的人”研究	李记芬	哲学	一般项目	中国人民大学	
510	16ZXB010	宣颖《南华经解》校释与研究	刘 黛	哲学	一般项目	中国政法大学	
511	16ZXB011	北京藏传佛教寺院的历史地位研究	完麻加	哲学	一般项目	中央民族大学	
512	16ZXC012	《判断力批判》与费希特哲学	周黄正蜜	哲学	青年项目	北京师范大学	
513	16ZXC013	当代分析哲学中的规范性问题研究	王彬彬	哲学	青年项目	北京物资学院	
514	16ZXC014	北京市践行社会主义核心价值观实践研究	吕红霞	哲学	青年项目	对外经济贸易大学	
515	16ZXC015	霍布斯自由理论及其当代共和主义批评	贾沛韬	哲学	青年项目	清华大学	
516	16ZXC016	西学东渐与“利玛窦与外国传教士墓地”碑文研究	陈欣雨	哲学	青年项目	中共北京市委党校	
517	16ZXB017	生态文明视域下的国民道德观念及行为规范构建	李丽娜	哲学	一般项目	首都经济贸易大学	市教委项目②
518	16ZGA001	京津冀协同治理模式与包容性政策建构研究	臧雷振	政治学·国际问题研究	重点项目	北京大学	
519	16ZGA002	中国周边外交的中小国家因素	方长平	政治学·国际问题研究	重点项目	中国人民大学	
520	16ZGB003	政府购买服务背景下首都社会组织培育协同机制构建与推进策略研究	李长文	政治学·国际问题研究	一般项目	北京社会管理职业学院	
521	16ZGB004	北京市食品药品安全协同治理的现代化路径研究	杨华锋	政治学·国际问题研究	一般项目	国际关系学院	
522	16ZGB005	大数据时代网络舆论引导机制及效果研究	孟天广	政治学·国际问题研究	一般项目	清华大学	
523	16ZGB006	2030年可持续发展议程背景下的东亚地区粮食安全治理与中国责任研究	崔海宁	政治学·国际问题研究	一般项目	外交学院	
524	16ZGB007	俄罗斯政治精英影响下的中俄伙伴关系研究	刘 莹	政治学·国际问题研究	一般项目	外交学院	
525	16ZGB008	“一带一路”下中国能源合作新战略：打造能源合作共同体	闫世刚	政治学·国际问题研究	一般项目	外交学院	
526	16ZGB009	巴西政局走向与中国投资利益保护	崔守军	政治学·国际问题研究	一般项目	中国人民大学	
527	16ZGB010	北京构建国际化大都市进程中的外籍流动人口社会融入问题研究	陆 晶	政治学·国际问题研究	一般项目	中国人民公安大学	

续表

序号	项目编号	项目名称	项目负责人	申报学科	项目级别	信誉保证单位	备注
528	16ZGB011	“一带一路”框架下中国企业在中亚防恐和安全维护的对策研究	张　杰	政治学·国际问题研究	一般项目	中国人民公安大学	
529	16ZGB012	本土私营安保公司与我国海外利益保护研究	刘建伟	政治学·国际问题研究	一般项目	中央财经大学	
530	16ZGC013	我国两岸三地大学生政治信任状况比较研究	李砚忠	政治学·国际问题研究	青年项目	北京城市学院	
531	16ZGC014	墨西哥城城市化中的问题、经验及对北京的启示研究	丁波文	政治学·国际问题研究	青年项目	北京第二外国语学院	
532	16ZGC015	互联网时代国际恐怖组织攻击首都城市的策略及北京应对路径研究	肖　洋	政治学·国际问题研究	青年项目	北京第二外国语学院	
533	16ZGC016	北京市行政—立法关系研究	陈文博	政治学·国际问题研究	青年项目	北京航空航天大学	
534	16ZGC017	对法国福利国家理论和制度的政治学研究	于　蓓	政治学·国际问题研究	青年项目	外交学院	
535	16ZGC018	首都博物馆事业文化治理路径研究	龚文婧	政治学·国际问题研究	青年项目	中共北京市委党校	
536	16ZGC019	后置管理时代效率与安全并重的行政审批制度改革研究	黄伯平	政治学·国际问题研究	青年项目	中共北京市委党校	
537	16ZGC020	在媒体融合发展中提升主流意识形态传播有效性研究	张文君	政治学·国际问题研究	青年项目	中共北京市委党校	
538	16ZGC021	北京市社会组织供给养老服务的模式创新与制度保障研究	李杏果	政治学·国际问题研究	青年项目	中国劳动关系学院	
539	16ZGC022	阻断暴恐势力内外勾连的北京出入境防控措施研究	杨春霞	政治学·国际问题研究	青年项目	中国人民公安大学	

注：①北京市中国特色社会主义理论体系研究中心重点项目。
②北京市教育委员会社科计划重点项目。
③北京市委教育工作委员会首都大学生思想政治教育战略、重点课题。

（北京市哲学社会科学规划办公室供稿）

2016年度北京市社会科学基金研究基地项目

序号	项目编号	项目名称	项目负责人	申报学科	项目级别	信誉保证单位	备注
1	16JDFXB001	高校创新科技成果市场化的模式研究	陈　巍	法学	一般项目	北京航空航天大学	
2	16JDFXB002	转型背景下的北京科技创新中心建设现状、问题与对策研究	谭华霖	法学	一般项目	北京航空航天大学	
3	16JDFXC003	京郊历史文化保护区整体性保护法律制度研究	石　磊	法学	青年项目	北京建筑大学	

续表

序号	项目编号	项目名称	项目负责人	申报学科	项目级别	信誉保证单位	备注
4	16JDFXA004	京津冀协调发展的立法保障研究	崔英楠	法学	重点项目	北京联合大学	
5	16JDFXB005	北京市涉外法律服务体系研究	王　佳	法学	一般项目	外交学院	
6	16JDFXB006	共享经济的法律规制与保障研究	林　华	法学	一般项目	中国政法大学	
7	16JDFXB007	中国法治政府年度发展报告2016	马怀德	法学	一般项目	中国政法大学	
8	16JDGLA001	基于共享经济的首都在线短租住宿业发展战略及政策研究	谷慧敏	管理学	重点项目	北京第二外国语学院	
9	16JDGLB002	京津冀民宿业发展与农村剩余劳动力就地转移的良性互动机制与政策研究	李朋波	管理学	一般项目	北京第二外国语学院	
10	16JDGLC003	京津冀负面遗产保护体系建构与旅游活化管理研究	王金伟	管理学	青年项目	北京第二外国语学院	
11	16JDGLA004	云制造环境下北京现代制造业服务资源管理决策研究	禹海波	管理学	重点项目	北京工业大学	
12	16JDGLC005	新常态下北京现代制造业高精尖化的金融支持研究	王　超	管理学	青年项目	北京工业大学	
13	16JDGLB006	基于消费体验的北京进口跨境电商经营模式创新研究	王　滢	管理学	一般项目	北京工商大学	
14	16JDGLB007	京津冀跨界环境风险识别与协同治理研究	刘承水	管理学	一般项目	北京城市学院	
15	16JDGLB008	北京市城乡接合部环境问题综合治理研究	王　强	管理学	一般项目	北京城市学院	
16	16JDGLB009	基于分级管理的高校专利实施路径优化研究	金燕华	管理学	一般项目	北京化工大学	
17	16JDGLA010	基于大数据智能分析的京津冀一体化下北京市物流建设研究	张真继	管理学	重点项目	北京交通大学	
18	16JDGLB011	京津冀一体化背景下北京市物流系统评价与政策设计	张菊亮	管理学	一般项目	北京交通大学	
19	16JDGLB012	北京冬奥会食品冷链物流安全管理研究	兰洪杰	管理学	一般项目	北京交通大学	
20	16JDGLB013	北京市低碳发展的路径设计和政策建模研究	王　科	管理学	一般项目	北京理工大学	
21	16JDGLC014	北京城市副中心绿色开敞空间优化与政策保障研究	王　娟	管理学	青年项目	北京联合大学	
22	16JDGLB015	北京市“一村一品”政策评价与优化研究	徐广才	管理学	一般项目	北京农学院	
23	16JDGLA016	非首都功能疏解背景下的北京物流系统重构研究	邬　跃	管理学	重点项目	北京物资学院	
24	16JDGLB017	基于大数据的城市智能配送网络优化研究	赵　琨	管理学	一般项目	北京物资学院	
25	16JDGLC018	基于新鲜度的食品冷链物流网络可靠性研究	安久意	管理学	青年项目	北京物资学院	

续表

序号	项目编号	项目名称	项目负责人	申报学科	项目级别	信誉保证单位	备注
26	16JDGLB019	北京市低碳供应链库存利益协调研究	李群霞	管理学	一般项目	北京科技大学	
27	16JDGLB020	基于公路港的低碳物流联盟竞合机制研究	杨建华	管理学	一般项目	北京科技大学	
28	16JDGLA021	北京市垃圾处理中政府与企业协同治理研究	吕维霞	管理学	重点项目	对外经济贸易大学	
29	16JDGLB022	北京上市公司连锁董事网、企业能力与国际化绩效	王分棉	管理学	一般项目	对外经济贸易大学	
30	16JDGLB023	基于FIT与RPS作用下北京市绿色能源电源结构优化模型研究	闫庆友	管理学	一般项目	华北电力大学	
31	16JDGLB024	京津冀协同发展中的能源互联网建设政策支持系统研究	夏　珑	管理学	一般项目	华北电力大学	
32	16JDGLB025	京津冀应急环保产业链整合模式研究：基于绿色创业的视角	曾建国	管理学	一般项目	清华大学	
33	16JDGLB026	北京社交媒体风险放大与舆论引导研究	卢　嘉	管理学	一般项目	清华大学	
34	16JDGLA027	医药分开背景下医院药事服务成本与用药安全研究	王　晨	管理学	重点项目	首都医科大学	
35	16JDGLA028	京津冀一体化主动医疗服务模式研究	倪　鑫	管理学	重点项目	首都医科大学	
36	16JDGLA029	医务人员压力管理与情绪调节心理健康促进技术与模式研究	张曼华	管理学	重点项目	首都医科大学	
37	16JDGLA030	北京高新技术产业制造服务化的转型机制研究——基于商业模式创新视角	张　健	管理学	重点项目	北京信息科技大学	
38	16JDGLB031	基于知识管理的北京知识产权证券化运营研究	任丽明	管理学	一般项目	北京信息科技大学	
39	16JDGLC032	基于供应链网络结构视角的粘滞知识转移体制研究	颜　瑞	管理学	青年项目	北京信息科技大学	
40	16JDGLB033	2016北京市哲学社会科学研究基地建设报告集	葛新权	管理学	一般项目	北京信息科技大学	
41	16JDGLB034	北京服饰类“老字号”营销创新策略研究	白玉苓	管理学	一般项目	北京服装学院	
42	16JDGLB035	北京市电商网店与实体店的融合发展对策研究	何　毅	管理学	一般项目	中央财经大学	
43	16JDGLA036	首都轨道交通安全反恐管理体制研究	冯　威	管理学	重点项目	中国人民公安大学	
44	16JDGLB037	反恐视角下的首都机场安全风险分析与新安检模式构建	李丽华	管理学	一般项目	中国人民公安大学	
45	16JDGLB038	国家治理现代化背景下我国公共部门危机学习的诱发因素及过程机理研究	张美莲	管理学	一般项目	清华大学	

续表

序号	项目编号	项目名称	项目负责人	申报学科	项目级别	信誉保证单位	备注
46	16JDGLB039	“一带一路”背景下北京服装品牌发展战略研究	宁　俊	管理学	一般项目	北京服装学院	
47	16JDJYA001	学科整合视角下的STEM教育国际比较及对策研究	高　威	教育学	重点项目	北京工业大学	
48	16JDJYC002	素质教育视野下高校工程技术人才培养创新研究——基于工程教育认证框架分析	刘立霞	教育学	青年项目	北京工业大学	
49	16JDJYA003	基于高端创新平台的博士生知识生产模式及促进机制研究	马永红	教育学	重点项目	北京航空航天大学	
50	16JDJYB004	京台两地应用型大学通识教育比较研究	常百灵	教育学	一般项目	北京联合大学	
51	16JDJYB005	同伴对流动儿童和本地儿童学业发展的影响	刘泽云	教育学	一般项目	北京师范大学	
52	16JDJYB006	政府教育财政努力程度研究	孙志军	教育学	一般项目	北京师范大学	
53	16JDJYA007	京津冀中小学教师效能的内在机制和提升路径研究	王晶莹	教育学	重点项目	首都师范大学	
54	16JDJYB008	中国传统教师文化的历史变迁与当代价值研究	杜　钢	教育学	一般项目	首都师范大学	
55	16JDJYB009	北京市义务教育阶段择校治理改革研究	何　颖	教育学	一般项目	首都师范大学	
56	16JDJYB010	京津冀高等教育发展研究报告2017	于晓敏	教育学	一般项目	北京航空航天大学	
57	16JDLSB001	北京运河文化带构建路径及保护机制研究	朱永杰	历史学	一般项目	北京联合大学	
58	16JDLSC002	辽金时期京津冀地区佛教寺院发展与分布	李若水	历史学	青年项目	北京联合大学	
59	16JDLSB003	北京中医药文化旅游资源的历史挖掘与利用研究	张其成	历史学	一般项目	北京中医药大学	
60	16JDLSB004	畅春园与康乾时期北京园林建设研究	阚红柳	历史学	一般项目	中国人民大学	
61	16JDLSB005	明清以来通州文献研究综述	陈喜波	历史学	一般项目	北京物资学院	特别委托
62	16JDLSB006	运河文化对通州地域文化的影响	张宝秀	历史学	一般项目	北京联合大学	特别委托
63	16JDLSB007	北京学研究报告2017：北京东部运河、北部长城、西部西山三个文化带综合研究	张景秋	历史学	一般项目	北京联合大学	
64	16JDKDB001	社会主义核心价值观与西方“普世价值”区别研究	李　健	马列·科社·党建	一般项目	北京大学	
65	16JDKDB002	马克思主义经济思想中国化研究（1919—1949）	聂志红	马列·科社·党建	一般项目	北京大学	
66	16JDKDB003	中国共产党的生态文明思想与美丽中国梦的实现路径研究	李富君	马列·科社·党建	一般项目	北京航空航天大学	
67	16JDKDB004	新媒体环境下大学生网络舆情引导机制研究	陈树文	马列·科社·党建	一般项目	北京交通大学	

续表

序号	项目编号	项目名称	项目负责人	申报学科	项目级别	信誉保证单位	备注
68	16JDKDB005	新媒体语境下大学生思想政治教育话语体系建构研究	吴　琼	马列·科社·党建	一般项目	北京交通大学	
69	16JDKDB006	中国共产党人民主体思想研究	杨　蔚	马列·科社·党建	一般项目	北京交通大学	
70	16JDKDA007	首都政治生态与协商民主互动研究	孙照红	马列·科社·党建	重点项目	北京市社会科学院	
71	16JDKDB008	全球化进程中的古巴革命研究	张登文	马列·科社·党建	一般项目	北京市社会科学院	
72	16JDKDB009	新常态下首都“两新”组织党建工作创新研究——以北京朝阳区 CBD 为例	李明伟	马列·科社·党建	一般项目	中共北京市委党校	
73	16JDKDB010	中国共产党社会治理思想与实践研究（1949—1965 年）——以北京地区为中心的考察	宋学勤	马列·科社·党建	一般项目	中国人民大学	
74	16JDKDC011	培育和践行社会主义核心价值观的路径研究——中国传统文化资源和世界文明经验的启示	张苗苗	马列·科社·党建	青年项目	中国人民大学	
75	16JDKDC012	生态学马克思主义视域下的资本主义批判	张晓萌	马列·科社·党建	青年项目	中国人民大学	
76	16JDKDC013	微信公众号理论多形态传播问题研究	陈小强	马列·科社·党建	青年项目	中共北京市委干部理论教育讲师团	
77	16JDSRB001	首都网络社会风险与治理研究	鞠春彦	社会·人口学	一般项目	北京工业大学	
78	16JDSRB002	社会治理视阈下随迁子女双向融入的困境与对策研究	魏　爽	社会·人口学	一般项目	北京工业大学	
79	16JDSRC003	北京老旧街区与城中村流动人口社区形态及治理的对比研究	李阿琳	社会·人口学	青年项目	北京工业大学	
80	16JDSRC004	北京市老年人认知功能下降的社区干预研究	薛伟玲	社会·人口学	青年项目	中共北京市委党校	
81	16JDSRA005	老年自助群体互助养老模式研究	隋玉杰	社会·人口学	重点项目	中国人民大学	
82	16JDSRA006	北京市老年人长期照料保险制度研究	杨菊华	社会·人口学	重点项目	中国人民大学	
83	16JDSRB007	政府购买社会组织公共服务相关问题研究	祝玉红	社会·人口学	一般项目	中国人民大学	
84	16JDSRC008	基于三维资本视角的北京市大兴区失地农民非农就业扶助机制研究	贾　辉	社会·人口学	青年项目	北京石油化工学院	
85	16JDSRB009	健康管理与康复技术相结合的慢性病干预策略研究	赵润栓	社会·人口学	一般项目	北京健康城市建设促进会	
86	16JDWXB001	新北京第三代作家的心灵史研究	杨　志	文学	一般项目	北京师范大学	
87	16JDWXC002	清末民初“笔说”《聊斋》系列京味小说整理与研究	王金花	文学	青年项目	北京语言大学	

续表

序号	项目编号	项目名称	项目负责人	申报学科	项目级别	信誉保证单位	备注
88	16JDWXB003	北京文化发展报告（2015—2016）	沈湘平	文学	一般项目	北京师范大学	
89	16JDXCB001	北京城市“微形象”对外传播研究	李星儒	新闻·传播学	一般项目	北京第二外国语学院	
90	16JDXCC002	北京传统艺术在拉美传播策略研究	贾　静	新闻·传播学	青年项目	北京第二外国语学院	
91	16JDXCC003	“一带一路”背景下北京主题图书在俄罗斯出版情况调查研究	刘　淼	新闻·传播学	青年项目	北京第二外国语学院	
92	16JDXCB004	北京影视产业国际传播竞争战略研究	宫玉选	新闻·传播学	一般项目	北京外国语大学	
93	16JDXCB005	新媒体时代北京冬奥会的城市形象对外传播策略研究	王士宇	新闻·传播学	一般项目	北京外国语大学	
94	16JDXCB006	重要国有传媒企业特殊管理股制度研究	张书勤	新闻·传播学	一般项目	北京印刷学院	
95	16JDXCC007	人工智能辅助阅读策略研究	严志永	新闻·传播学	青年项目	北京印刷学院	
96	16JDXCA008	京津冀融媒体协同发展的现状、问题、对策研究	石　峰	新闻·传播学	重点项目	北京师范大学	
97	16JDXCA009	首都数字化背景下的广告伦理研究	康　谨	新闻·传播学	重点项目	中国传媒大学	
98	16JDXCA010	大数据背景下北京市视频内容全媒体评估研究	王　薇	新闻·传播学	重点项目	中国传媒大学	
99	16JDXCB011	媒介生态视野中的首都艺术影院发展策略研究	潘可武	新闻·传播学	一般项目	中国传媒大学	
100	16JDXCB012	《经济学人》报道中的北京城市形象	郭之恩	新闻·传播学	一般项目	北京语言大学	
101	16JDXCB013	出版产业发展现状及趋势研究 2016	王彦祥	新闻·传播学	一般项目	北京印刷学院	
102	16JDYTA001	中国古典舞剧目库建设之创作研究	庞　丹	艺术·体育学	重点项目	北京舞蹈学院	
103	16JDYTA002	中国民族民间舞民乐伴奏历史追溯及乐舞表演形式探究	黄奕华	艺术·体育学	重点项目	北京舞蹈学院	
104	16JDYTB003	民间舞蹈文化变迁研究	贾安林	艺术·体育学	一般项目	北京舞蹈学院	
105	16JDYTB004	当代维吾尔族创作主体的舞蹈文化认同研究	闫　晶	艺术·体育学	一般项目	北京舞蹈学院	
106	16JDYTB005	电视剧中“北京人”形象与人文精神传播	方兆力	艺术·体育学	青年项目	北京电影学院	
107	16JDYTA006	北京城市纪录片研究	孙红云	艺术·体育学	重点项目	北京电影学院	
108	16JDYTB007	北京冬奥语境下大众冰雪运动参与现状与影响因素的实证研究	马江涛	艺术·体育学	一般项目	中国人民大学	
109	16JDYTB008	吟咏艺术大师梅兰芳的诗词汇编及“梅边文人”研究	谷曙光	艺术·体育学	一般项目	中国人民大学	
110	16JDYTB009	京津冀校园足球联赛协同运行和创新机制的研究	朱永国	艺术·体育学	一般项目	首都体育学院	

续表

序号	项目编号	项目名称	项目负责人	申报学科	项目级别	信誉保证单位	备注
111	16JDYTB010	格斗类体育赛事运动员人身伤害风险管理研究	叶　伟	艺术·体育学	一般项目	首都体育学院	自筹
112	16JDYTB011	“新常态”视域下京津冀中小学校园篮球赛事协同创新发展研究	高　瞻	艺术·体育学	一般项目	首都体育学院	
113	16JDYTA012	京畿汉族民间宗教宣卷音乐文化的考察与研究	郭　威	艺术·体育学	重点项目	中国音乐学院	
114	16JDYTB013	金中都与元大都外来音乐文化研究	李宏锋	艺术·体育学	一般项目	中国音乐学院	
115	16JDYTB014	音乐学家冯文慈研究	陈荃有	艺术·体育学	一般项目	中国音乐学院	
116	16JDYTA015	历史的镜像：民国报刊中的戏曲评论与批评	吴新苗	艺术·体育学	重点项目	中国戏曲学院	
117	16JDYTA016	梅派唱腔的音视频与电脑辅助教学研究	张　晶	艺术·体育学	重点项目	中国戏曲学院	
118	16JDYTA017	北部长城文化带保护利用研究	刘新鑫	艺术·体育学	重点项目	北京国际城市发展研究院	
119	16JDLJB001	新常态下人力资本对经济发展的贡献机制研究	秦雪征	理论经济	一般项目	北京大学	
120	16JDYJA001	促进首都文化贸易的投融资支持研究	丁志杰	应用经济	重点项目	北京第二外国语学院	
121	16JDYJB002	完片担保促进首都电影产业发展的路径研究	马宜斐	应用经济	一般项目	北京第二外国语学院	
122	16JDYJB003	京津冀一体化社会保障问题研究	朱南军	应用经济	一般项目	北京大学	
123	16JDYJB004	公私合作（PPP）模式下企业创新研究——基于多任务捆绑的理论探讨和北京市 PPP 项目案例分析	袁　诚	应用经济	一般项目	北京大学	
124	16JDYJB005	首都流通业对城乡居民消费的影响研究	李　丽	应用经济	一般项目	北京工商大学	
125	16JDYJB006	北京零售企业营销中的社交媒体应用研究	田倄然	应用经济	一般项目	北京工商大学	
126	16JDYJA007	“三维资本”视角下促进在京行业特色高校贫困大学生就业的精准帮扶机制研究	曹国永	应用经济	重点项目	北京交通大学	
127	16JDYJA008	北京地铁错峰票价对通勤者出行选择行为的影响研究	王雅璨	应用经济	重点项目	北京交通大学	
128	16JDYJB009	北京市政府搬迁对城市交通的影响研究	陈佩虹	应用经济	一般项目	北京交通大学	
129	16JDYJB010	新的税收分享机制下北京产业结构与地方财力关系研究	贾晓俊	应用经济	一般项目	北京交通大学	
130	16JDYJB011	京津冀一体化背景下北京产业转移与发展研究	张　娜	应用经济	一般项目	北京交通大学	

续表

序号	项目编号	项目名称	项目负责人	申报学科	项目级别	信誉保证单位	备注
131	16JDYJB012	人口老龄化背景下北京市养老服务产业发展创新模式研究	彭兆祺	应用经济	一般项目	北京交通大学	
132	16JDYJA013	基于可持续发展理念的北京大中型制造企业内部服务与服务绩效研究	刘平青	应用经济	重点项目	北京理工大学	
133	16JDYJC014	北京新能源汽车鼓励消费政策及其效果评估	吕　鑫	应用经济	青年项目	北京理工大学	
134	16JDYJA015	台湾休闲农业的基本经验对北京休闲农业升级的启示	白云伟	应用经济	重点项目	北京联合大学	
135	16JDYJB016	北京农业众筹风险防范机制研究	李　华	应用经济	一般项目	北京农学院	
136	16JDYJB017	北京农民合作社人力资源评价与建设研究	李瑞芬	应用经济	一般项目	北京农学院	
137	16JDYJA018	京津冀区域发展指数研究	夏沁芳	应用经济	重点项目	北京市统计局、国家统计局北京调查总队	
138	16JDYJA019	北京市高端服务业空间布局形成机理与优化调控研究	谢天成	应用经济	重点项目	中共北京市委党校	
139	16JDYJA020	北京制造业与科技服务业融合发展路径研究	李　中	应用经济	重点项目	中共北京市委党校	
140	16JDYJB021	北京文化创意产业集群内的网络结构问题研究	王兆宇	应用经济	一般项目	中共北京市委党校	
141	16JDYJC022	促进文化产业数字化发展的财税政策研究	胥力伟	应用经济	青年项目	北京印刷学院	
142	16JDYJC023	北京中考录取改革与教育公平研究	朱　敏	应用经济	青年项目	北京师范大学	
143	16JDYJA024	京津冀金融资源供给与产业结构转型升级的机制及路径研究	王曼怡	应用经济	重点项目	首都经济贸易大学	
144	16JDYJB025	京津冀区域差异与地区一体化政策研究	李青淼	应用经济	一般项目	首都经济贸易大学	
145	16JDYJB026	首都新定位下 CBD 高端产业国际化发展研究	高杰英	应用经济	一般项目	首都经济贸易大学	
146	16JDYJB027	以 CBD 功能建设推进京津冀区域金融合作的机制与路径研究	李丰杉	应用经济	一般项目	首都经济贸易大学	
147	16JDYJB028	“国际 ISO 标准化”视野下京津冀协同建设世界级优质养老产业研究	刘经纬	应用经济	一般项目	首都经济贸易大学	
148	16JDYJB029	北京企业“走出去”的社会责任风险及尽责管理研究——基于 ISO26000 的视角	李　丽	应用经济	一般项目	对外经济贸易大学	
149	16JDYJB030	北京企业对外直接投资对创新能力的溢出效应研究	汪　洋	应用经济	一般项目	对外经济贸易大学	
150	16JDYJB031	京津冀地区节能减排政策协同效应研究	赵新刚	应用经济	一般项目	华北电力大学	

续表

序号	项目编号	项目名称	项目负责人	申报学科	项目级别	信誉保证单位	备注
151	16JDYJB032	产业转移视角下京津冀协同碳减排机制研究	赵剑锋	应用经济	一般项目	北京石油化工学院	
152	16JDYJA033	协同发展背景下京津冀生态涵养区发展思路研究	张晓冰	应用经济	重点项目	北京健康城市建设促进会	
153	16JDYJA034	北京市水生态环境保护与发展路径研究	马东春	应用经济	重点项目	北京健康城市建设促进会	
154	16JDYJB035	基于环境责任的北京品牌服装企业旧衣自主回收及再利用模式研究	郝淑丽	应用经济	一般项目	北京服装学院	
155	16JDYJB036	基于大数据的北京城市交通运行绩效与拥堵治理对策研究	刘　航	应用经济	一般项目	中央财经大学	
156	16JDYJB037	网约车冲击下北京市出租车行业转型对策研究	赵　杨	应用经济	一般项目	中央财经大学	
157	16JDYJB038	互联网经济对北京市中长期增长潜力的影响及对策研究	伏　霖	应用经济	一般项目	中央财经大学	
158	16JDYJC039	支撑京津冀生态环境保护协同发展的生态系统服务付费机制研究	许寅硕	应用经济	青年项目	中央财经大学	
159	16JDYJB040	首都发展研究报告 2017——京津冀协同发展新形势与新进展	叶堂林	应用经济	一般项目	首都经济贸易大学	
160	16JDYJB041	中国企业海外发展动态与路径研究	林汉川	应用经济	一般项目	对外经贸大学	
161	16JDYJB042	首都对外文化贸易实践与创新研究	李嘉珊	应用经济	一般项目	北京第二外国语学院	
162	16JDYJB043	产业安全研究——理论、方法与实证	卜　伟	应用经济	一般项目	北京交通大学	
163	16JDYJB044	京津冀清洁能源发电协调发展的运营机制与政策分析模型研究	谭忠富	应用经济	一般项目	华北电力大学	
164	16JDYJB045	北京农业三率测算指标体系构建与应用研究	何忠伟	应用经济	一般项目	北京农学院	
165	16JDYJB046	互联网金融治理：规范、创新与发展	欧阳日辉	应用经济	一般项目	中央财经大学	
166	16JDYJB047	京津冀一体化公共服务政策供给机制创新研究	杨耀淇	应用经济	一般项目	北京大学	
167	16JDYJB048	时空经济视角的中国城市交通服务质量评价研究	李红昌	应用经济	一般项目	北京交通大学	
168	16JDYYA001	首都舆情监控中汉语新词发现及其情感分析研究	李　峰	语言学	重点项目	北京航空航天大学	
169	16JDYYB002	基于深度神经网络的统计机器翻译研究	巢文涵	语言学	一般项目	北京航空航天大学	
170	16JDZXB001	首都大学生宗教信仰现状调查与对策研究	刘福军	哲学	一般项目	北京联合大学	

续表

序号	项目编号	项目名称	项目负责人	申报学科	项目级别	信誉保证单位	备注
171	16JDZXB002	基于数据挖掘方法研究民国时期“京城四大名医”温病伤阴临证经验和中医文化传承	王 彤	哲学	一般项目	北京中医药大学	
172	16JDZGB001	国际化进程中的北京市民间外交研究	苏淑民	政治学·国际问题研究	一般项目	北京第二外国语学院	
173	16JDZGB002	人大预算监督机制创新的北京实践研究	王维国	政治学·国际问题研究	一般项目	北京联合大学	
174	16JDZGA003	首都政治中心区潜在恐怖分子识别与预控研究	孙永生	政治学·国际问题研究	重点项目	中国人民公安大学	

（北京市哲学社会科学规划办公室供稿）

北京市教育委员会2017年度社科计划重点项目批准立项项目

项目编号	项目名称	承担单位	负责人	研究类别	成果形式	完成时间
SZ201710005001	3D打印技术在髹漆脱胎工艺中的应用研究	北京工业大学	王大虎	应用研究	论文、作品集	2019.09
SZ201710005002	科技社团服务北京科技服务业发展的新模式研究	北京工业大学	闫邹先	应用研究	研究报告	2018.12
SZ201710009003	京津冀企业环境价值观的地区差异、影响因素及培育路径研究	北方工业大学	王志亮	应用研究	专著	2019.12
SZ201710009004	京津冀一体化进程中经济刑法规范适用问题研究	北方工业大学	王海桥	综合研究	研究报告	2019.12
SZ201710011005	基于大数据应用的北京市影视作品影响力评估研究	北京工商大学	祝金甫	应用研究	研究报告	2019.12
SZ201710011006	多合作主体下北京市基础设施PPP项目最优资本结构设计	北京工商大学	马若微	应用研究	研究报告	2019.12
SZ201710011007	省域期货生态环境效率评价与优化研究——基于京、沪、浙等地的比较	北京工商大学	刘晓雪	应用研究	研究报告	2019.12
SZ201710011008	国企改革背景下公司集团法律制度研究	北京工商大学	白慧林	应用研究	专著	2019.12
SZ201710012009	北京居民服装绿色消费理念培养及教育途径研究	北京服装学院	郭 燕	应用研究	研究报告	2019.06
SZ201710012010	清代时期中西室内设计文化的交融与影响	北京服装学院	李瑞君	基础研究	专著	2019.09
SZ201710025011	络病古籍中通络方剂的数据挖掘	首都医科大学	王文娟	基础研究	研究报告	2019.12
SZ201710028012	唐教坊曲调音乐文学形态研究	首都师范大学	韩 宁	基础研究	论文集	2019.12
SZ201710028013	“一带一路”相关区域传统音乐形态系列研究	首都师范大学	张玉臻	基础研究	论文集	2019.06

续表

项目编号	项目名称	承担单位	负责人	研究类别	成果形式	完成时间
SZ201710028014	数学核心素养的内涵构建与培育研究	首都师范大学	曾小平	基础研究	论文集	2019.12
SZ201710028015	北京市理科中考改革导向的前瞻性研究	首都师范大学	邢红军	综合研究	论文集	2019.12
SZ201710028016	习近平的社会主义协商民主思想研究	首都师范大学	聂月岩	综合研究	专著	2018.12
SZ201710031017	政策工具对京津冀可再生能源技术创新能力的影响与评估研究	北京第二外国语学院	李　凡	应用研究	研究报告	2018.12
SZ201710031018	跨文化理解与言语行为的汉日对比研究	北京第二外国语学院	王　晓	基础研究	专著	2019.12
SZ201710037019	“十三五”时期首都企业创新能力提升研究——基于创新网络的视角	北京物资学院	崔海云	基础研究	研究报告、论文	2019.12
SZ201710037020	后专营时代京津冀食盐供应安全保障机制研究	北京物资学院	郝玉柱	应用研究	论文集	2019.09
SZ201710037021	首都高校大学生创业质量实证研究与对策分析	北京物资学院	季　靖	应用研究	专著	2018.12
SZ201710037022	基于北京市失独家庭差异化养老需求的社会救助体系研究	北京物资学院	龚钰淋	基础研究	研究报告	2019.12
SZ201710038023	北京市新兴产业促进政策有效性的影响因素分析——发展主义视角下的行业间比较	首都经济贸易大学	孙　喜	应用研究	研究报告	2019.12
SZ201710038024	夹层资本的期权契约与国有企业混合所有制改革的市场化机制	首都经济贸易大学	张学平	应用研究	研究报告	2019.12
SZ201710038025	生态文明视域下的国民道德观念及行为规范构建	首都经济贸易大学	李丽娜	应用研究	专著	2019.12
SZ201710049026	首都昆曲发展与昆曲教育研究	中国戏曲学院	朱俊玲	基础研究	专著	2019.12
SZ201710050027	北京中小学电影素养教育的课程体系研究	北京电影学院	刘　军	应用研究	研究报告、专著	2019.12
SZ201711232028	北京外宣翻译生态研究	北京信息科技大学	李淑琴	应用研究	研究报告	2018.12
SZ201711417029	京津冀协同发展的人才支撑体系构建研究	北京联合大学	张祖明	应用研究	研究报告	2019.12
SZ201711626030	我国互联网金融供给侧结构性改革研究	北京青年政治学院	生　蕾	应用研究	研究报告	2018.12
SZ201750061031	北京市中小学生国际理解核心素养及发展策略研究	北京教育学院	王远美	综合研究	研究报告、论文集	2018.11
SZ201714075032	高职生创业素质模型研究——基于北京市的调查数据	北京劳动保障职业学院	李　琦	应用研究	研究报告	2019.06

* 北京市教育委员会 2016 年评出的 2017 年度社会科学计划批准立项重点项目。

（北京市教育委员会科学技术与研究生工作处供稿）

北京市教育委员会2017年度社科计划一般项目批准立项项目

项目编号	项目名称	承担单位	研究类别	负责人	成果形式	完成时间
SM201710005001	北京市竞争性国企混合所有制改革推进实施策略研究	北京工业大学	应用研究	钱　婷	研究报告、论文	2019.12
SM201710005002	北京市居民光伏发电激励政策影响及利益分配模式研究	北京工业大学	应用理论研究	嵇　灵	研究报告、论文	2019.12
SM201710005003	北京制造业中小企业文化创新与技术创新研究	北京工业大学	应用理论研究	丁潇君	研究报告、论文	2019.12
SM201710005004	北京经济环境脱钩发展的驱动因素及政策治理机制研究——以PM2.5污染为例	北京工业大学	应用研究	邬　龙	论文	2019.12
SM201710005005	京津冀协同发展的人才需求与首都高校卓越工程师培养对策研究	北京工业大学	应用研究	郑　娟	研究报告、论文	2019.12
SM201710005006	通识性工程教育理念诠释及实现路径研究——以工程教育认证为介体的实证分析	北京工业大学	应用理论研究	刘立霞	研究报告、论文	2019.12
SM201710005007	北京市基层社区协商共治中的关系重构研究	北京工业大学	基础研究	韩秀记	研究报告、论文	2019.12
SM201710005008	北京市学校体育与群众体育互动机制研究	北京工业大学	应用理论研究	范莉莉	研究报告、论文	2019.12
SM201710005009	近代日本知识分子与侵华细想理论	北京工业大学	基础研究	刁　榴	论文	2019.12
SM201710005010	基于Content-based Instruction（CBI）理论的大学生跨文化交际能力提升研究	北京工业大学	基础研究	刘晓燕	研究报告	2019.12
SM201710005011	功能主义视角下城市形象和外宣翻译研究	北京工业大学	基础研究	李红霞	论文	2019.12
SM201710005012	运用传统文化遗产催化古镇文化复兴与活化研究	北京工业大学	应用研究	石大伟	论文、展览、传播	2019.12
SM201710005013	我国当代都市大型集中居住区的功能复合型街区化改造设计研究——以北京天通苑居住区为例	北京工业大学	应用研究	于立晗	论文	2019.12
SM201710005014	3D打印在艺术设计教学中应用与研究	北京工业大学	应用研究	王文毅	研究报告、论文	2019.12
SM201710009001	艺术设计专业方向理论基础与实践环节的交互式教学模式研究	北方工业大学	基础研究	沈　莹	论文	2019.12
SM201710009002	美国在中国的舆论形象研究（1945—1946年）	北方工业大学	基础研究	周守高	专著	2019.12
SM201710009003	大学英语词汇智能应用开发与教学应用研究	北方工业大学	应用研究	李现云	论文	2019.12

续表

项目编号	项目名称	承担单位	研究类别	负责人	成果形式	完成时间
SM201710009004	"一带一路"地区汉语国际教育规划研究	北方工业大学	基础研究	李 燕	论文	2019. 12
SM201710009005	成本补偿视角的高校财政教育经费配置机制研究——基于北京市属高校的实证分析	北方工业大学	应用理论研究	于国旺	论文	2019. 12
SM201710009006	区域知识结构与能力的测度与评估方法及其应用——以京津冀为例	北方工业大学	调查与对策研究	蒋贵凰	论文	2019. 12
SM201710011001	新形势下北京市属媒体经济信息传播面临的挑战及应对策略研究	北京工商大学	调查与对策研究	蔡海龙	研究报告、论文	2018. 12
SM201710011002	视觉认知视阈下的网络视频发展趋势研究	北京工商大学	应用研究	许 莉	研究报告	2018. 12
SM201710011003	"互联网＋"视阈下的北京老字号品牌海外传播策略研究	北京工商大学	应用研究	公克迪	论文、研究报告	2018. 12
SM201710011004	京津冀风险投资发展空间交互影响研究	北京工商大学	应用理论研究	熊 文	研究报告	2018. 12
SM201710011005	校园伤害案件中学校侵权责任的认定与承担：裁判规则的实证研究	北京工商大学	应用理论研究	侯雪梅	论文	2018. 12
SM201710011006	网络参政对北京市政协民主监督职能的优化	北京工商大学	应用理论研究	张宏伟	论文	2018. 12
SM201710011007	北京市啦啦操运动推广与校园文化互动效应的研究	北京工商大学	基础研究	武 博	专著	2018. 12
SM201710011008	首都新三板挂牌企业融资能力实证研究	北京工商大学	应用研究	曹 刚	研究报告	2018. 12
SM201710011009	王尔德对 20 世纪 20—30 年代中国文学的影响研究	北京工商大学	基础研究	关 涛	论文	2018. 12
SM201710012001	基于跨文化的中国元素服装感知体系建立与感官评价研究	北京服装学院	应用理论研究	江 影	研究报告、论文	2017. 12
SM201710012002	基于综合财务指数的服装业财务危机动态预警研究	北京服装学院	应用理论研究	邵争艳	论文、研究报告	2018. 12
SM201710012003	服装企业模式创新的动力机制研究	北京服装学院	应用理论研究	李成钢	研究报告、论文	2017. 12
SM201710015001	基于自组织理论的北京文化产业政策研究	北京印刷学院	应用研究	何志勇	著作、论文、研究报告	2018. 12
SM201710015002	在首都高校教育中绘画艺术学科的数字信息化发展趋势研究	北京印刷学院	调查与对策研究	梁晓宁	研究报告、论文	2018. 12
SM201710015003	基于语料库的英汉虚拟位移比较研究	北京印刷学院	基础研究	史利红	著作、论文、研究报告	2018. 12
SM201710015004	我国音乐 IP 产业链结构与版权转化研究	北京印刷学院	应用研究	崔恒勇	著作、论文、研究报告	2018. 12
SM201710016001	全球价值链背景下我国建筑服务业升级研究	北京建筑大学	应用研究	邓世专	专著、研究报告、论文	2018. 12
SM201710016002	京津冀一体化背景下北京市边缘区人居环境优化策略研究	北京建筑大学	应用研究	荣玥芳	研究报告	2018. 12
SM201710017001	网络视域下北京高新企业竞争基因测评研究	北京石油化工学院	基础研究	赵欣娜	论文	2018. 12

续表

项目编号	项目名称	承担单位	研究类别	负责人	成果形式	完成时间
SM201710017002	中国英语学习者对高频非习语程式语的习得范式研究	北京石油化工学院	基础研究	王　超	论文	2018.12
SM201710017003	高校民防教育体系及大学生民防志愿者组织模式和运行机制研究	北京石油化工学院	调查与对策研究	袁志国	论文	2018.12
SM201710020001	京津冀现代农业协同机制研究	北京农学院	应用研究	肖红波	论文	2019.12
SM201710020002	基于产业融合视角的北京都市休闲林业发展模式与路径研究	北京农学院	应用研究	黄映晖	专著	2019.12
SM201710020003	都市农村休闲体育发展研究	北京农学院	基础研究	宋　洁	论文	2019.12
SM201710020004	跨学科视角下都市农业学科主题演化研究	北京农学院	应用研究	叶春蕾	专著、学术论文	2019.12
SM201710025001	目标取向下的医务人员职业紧张及有效心理应对策略研究	首都医科大学	应用研究	于丽玲	研究报告	2019.12
SM201710025002	解放战争时期中国共产党的医疗卫生工作研究	首都医科大学	基础研究	陈　莹	论文	2019.12
SM201710025003	食品侵权民事连带责任研究	首都医科大学	应用研究	郭飞飞	研究报告	2019.12
SM201710025004	老龄化背景下安宁疗护现状及发展对策研究	首都医科大学	调查与对策研究	徐奕旻	研究报告	2019.12
SM201710028001	帝都与社会革命：俄国文学中的圣彼得堡形象及其空间正义危机	首都师范大学	基础研究	刘胤逵	专著	2019.12
SM201710028002	现代女作家的北京书写和文化身份建构	首都师范大学	基础研究	黄　华	专著	2019.12
SM201710028003	北京市特殊教育学校学生的心理健康教育与抗逆力培育研究	首都师范大学	应用研究	王　玥	研究报告、论文	2018.12
SM201710028004	中学卓越教师实践能力及其生成机制研究	首都师范大学	基础研究	胡　欣	研究报告、论文	2018.12
SM201710028005	京津冀地区公示语英译的问题分析及策略	首都师范大学	应用理论研究	肖国光	研究报告	2019.12
SM201710028006	20世纪初中日象征主义诗歌的比较研究	首都师范大学	基础研究	金雪梅	论文	2019.12
SM201710028007	基于个人与社会关系问题的“关系思维”方法论反思与唯物史观研究	首都师范大学	基础研究	王洪波	论文	2019.12
SM201710028008	北京城市社区应急能力现状评估与改进研究	首都师范大学	应用研究	张丽娜	研究报告	2018.12
SM201710028009	农民参与土地整治的组织化实现路径研究	首都师范大学	应用研究	石　峡	论文	2019.12
SM201710028010	北京市小学舞蹈课程教材研究——学生使用教材建设	首都师范大学	应用研究	田培培	论文	2019.12
SM201710028011	声景设计与声景音乐——“人文北京”的听觉语境	首都师范大学	应用理论研究	邓志勇	研究报告	2018.12
SM201710028012	基于互联网思维的创意产品设计及信息化传播方式研究	首都师范大学	应用理论研究	王　佳	论文	2018.12
SM201710028013	普惠性幼儿园教育质量现状、问题及提升策略研究	首都师范大学	调查与对策研究	史　瑾	论文	2019.12

续表

项目编号	项目名称	承担单位	研究类别	负责人	成果形式	完成时间
SM201710028014	基于动态系统理论的外国学生汉语词汇能力发展研究	首都师范大学	应用研究	吴继峰	论文	2019. 12
SM201710028015	基于动态信息建构视角下的显性语法教学模式研究及应用	首都师范大学	应用理论研究	毕罗莎	研究报告、论文	2019. 12
SM201710029001	2022 北京冬奥会促进首都市民冰雪运动参与的研究	首都体育学院	调查与对策研究	张　洋	研究报告	2018. 12
SM201710029002	奥运与中国公民教育	首都体育学院	应用理论研究	班秀萍	专著	2018. 12
SM201710029003	"碎片化"与"暗流性"背景下媒介素养与教育——首都大学生新媒体使用现状及对策研究	首都体育学院	应用研究	陈岐岳	研究报告、论文	2018. 12
SM201710029004	传统体育养生文化与我国养老服务业的融合模式研究	首都体育学院	应用理论研究	杨　静	研究报告	2018. 12
SM201710029005	北京地区传统武术发展现状及其影响因素的研究	首都体育学院	调查与对策研究	朱建亮	研究报告、论文	2018. 12
SM201710031001	基于数据库的汉语字词关系研究及教学应用	北京第二外国语学院	基础研究	韩秀娟	论文	2019. 12
SM201710031002	北京双语幼儿园英语浸入式教学模式下儿童身份认同研究	北京第二外国语学院	基础研究	高　峰	研究报告、论文	2019. 12
SM201710031003	冯内古特小说中的生态思想研究	北京第二外国语学院	基础研究	李素杰	专著	2019. 12
SM201710031004	中日韩旅游发展战略与未来合作潜力研究	北京第二外国语学院	基础研究	李成浩	专著	2019. 12
SM201710031005	中国古代王朝对都城外国人的管理规制研究	北京第二外国语学院	基础研究	申险峰	专著	2018. 12
SM201710031006	艺术节与城市功能的互动发展研究：以北京市为例	北京第二外国语学院	应用研究	刘　畅	研究报告	2018. 12
SM201710037001	基于政府治理视角的北京危化品供应链全闭环监控体系研究	北京物资学院	应用研究	吴　非	论文集	2018. 12
SM201710037002	基于大数据的城市智能配送网络优化研究	北京物资学院	应用理论研究	赵　琨	研究报告	2018. 12
SM201710037003	北京市生鲜电商配送模式创新与选择研究	北京物资学院	应用理论研究	徐广姝	论文	2018. 06
SM201710037004	基于社保权益记录的北京居民信用体系制度研究	北京物资学院	应用理论研究	闫　俊	研究报告	2018. 12
SM201710037005	京津冀流通产业就业结构演化与就业效应研究	北京物资学院	应用研究	林　原	研究报告、论文	2019. 12
SM201710037006	京津冀物流一体化发展进程评价统计研究	北京物资学院	应用研究	郭　茜	研究报告、论文	2018. 12
SM201710037007	基于权责发生制的政府综合财务报告研究	北京物资学院	应用研究	王美英	论文	2017. 12
SM201710038001	京津冀节能减排计量大数据分析与应用研究	首都经济贸易大学	应用理论研究	曹　娜	研究报告、论文	2018. 12
SM201710038002	北京市社区软法治理机制实证研究	首都经济贸易大学	调查与对策研究	陈寒非	研究报告	2018. 12

续表

项目编号	项目名称	承担单位	研究类别	负责人	成果形式	完成时间
SM201710038003	京津冀一体化背景下社会网络关系在企业创新发展中的影响研究	首都经济贸易大学	应用研究	林慧婷	论文	2018. 12
SM201710038004	首都圈流动人口空间格局变动及对未来人口分布的影响	首都经济贸易大学	应用研究	刘爱华	研究报告	2017. 12
SM201710038005	美国自然文学中的女性作家作品研究	首都经济贸易大学	基础研究	石海毓	研究报告、论文	2018. 12
SM201710038006	北京市分享经济政府监管研究－以互联网租约车监管为例	首都经济贸易大学	应用研究	宋心然	研究报告	2018. 12
SM201710038007	不同剂量高强度间歇运动对北京市青少年体质健康促进的效果研究	首都经济贸易大学	应用研究	孙　杨	论文	2018. 12
SM201710038008	北京市国有资本收益分享机制实施效果研究	首都经济贸易大学	应用研究	王茂林	论文	2018. 12
SM201710038009	人口流动背景下的京津冀地区公共教育支出研究	首都经济贸易大学	应用研究	王晓霞	研究报告	2018. 12
SM201710038010	城市更新视角下的北京工业用地空间优化模型建构	首都经济贸易大学	基础研究	闫　觅	论文	2019. 1
SM201710038011	基于民生满意度调查的北京市民生指数编制与民生诉求研究	首都经济贸易大学	应用研究	姚丽芳	研究报告、论文	2018. 12
SM201710038012	北京市对区的政府间转移支付研究	首都经济贸易大学	应用研究	张立彦	研究报告、论文	2018. 12
SM201710038013	京津冀协同发展的创新网络及创新社群研究	首都经济贸易大学	应用研究	周　芳	研究报告	2018. 12
SM201710049001	中国戏曲英译本的考察与研究	中国戏曲学院	基础研究	覃爱东	论文、其他	2019. 12
SM201710049002	戏曲舞台监督研究与实践	中国戏曲学院	基础研究	王诗萌	论文	2019. 12
SM201710049003	戏曲文本译介主体和译介策略研究	中国戏曲学院	基础研究	苏　凤	专著	2019. 12
SM201710049004	中国戏曲学院新世纪（2000—2015年）新创优秀戏曲剧目研究	中国戏曲学院	基础研究	赵锡淮	专著	2019. 12
SM201710049005	富连成科班老生行当教学剧目研究	中国戏曲学院	基础研究	高潇倩	论文	2019. 12
SM201710050001	“南京十年”时期中国电影教育实践研究	北京电影学院	基础研究	李九如	专著	2019. 12
SM201710050002	互联网时代的内地导演创作研究	北京电影学院	基础研究	叶　航	论文	2019. 12
SM201710050003	互联网时代视听新媒体学科建设与发展研究	北京电影学院	应用理论研究	宿志刚	专著	2019. 12
SM201710050004	中美大学电影实践教学比较研究	北京电影学院	应用研究	向　往	专著	2019. 12
SM201710050005	新媒体环境下动漫造型基础研究	北京电影学院	基础研究	陈静晗	专著	2019. 12
SM201710050006	从互联网到虚拟现实——新媒体（影像）叙事与传播研究	北京电影学院	应用研究	洪　帆	专著	2018. 12
SM201710051001	敦煌舞教学传承与发展研究	北京舞蹈学院	应用研究	史　敏	研究报告、教材	2018. 12
SM201710051002	普及型舞蹈教育专业方向核心课程研究	北京舞蹈学院	应用研究	张　旭	研究报告	2017. 12
SM201710051003	“中国本土养生舞蹈”与“国外舞蹈治疗”发展趋势比较研究	北京舞蹈学院	应用理论研究	李北达	研究报告	2018. 12

续表

项目编号	项目名称	承担单位	研究类别	负责人	成果形式	完成时间
SM201710051004	中国传统美学视阈中的中国古典舞	北京舞蹈学院	应用理论研究	欧少琳	研究报告、论文	2018.12
SM201710051005	舞蹈学术研究趋势及热点变迁	北京舞蹈学院	基础研究	黄际影	研究报告	2018.12
SM201711232001	开放条件下北京市金融安全问题研究	北京信息科技大学	应用研究	王立荣	论文、研究报告	2018.12
SM201711232002	基于“绿色北京”视角的环境审计模式创新研究	北京信息科技大学	应用研究	李　洁	论文、研究报告	2018.12
SM201711232003	创业网络、创业学习、新创企业成长关系研究	北京信息科技大学	应用研究	姜　雨	论文	2018.12
SM201711232004	复杂金融生态下的互联网金融审计体系构建研究	北京信息科技大学	应用理论研究	梁力军	专著、论文	2018.12
SM201711232005	北京市属高校治理中的社会参与体系研究	北京信息科技大学	应用研究	刘永林	研究报告、论文	2018.12
SM201711232006	网络热点事件中的话语价值构建研究	北京信息科技大学	应用研究	奚冬梅	论文、专著、报告	2018.12
SM201711232007	艾丽斯·默多克小说中柏拉图思想与精神分析理论的相关性研究	北京信息科技大学	基础研究	李　莹	论文、研究报告	2018.12
SM201711232008	马克思的生活理论及其当代意义	北京信息科技大学	基础研究	王智勇	论文	2018.12
SM201711417001	供给侧改革下北京地区青年集群创业模式及保障措施研究	北京联合大学	应用研究	彭莹莹	研究报告、论文	2018.12
SM201711417002	分享经济模式下用户信任机制的构建研究	北京联合大学	应用研究	李立威	研究报告、论文	2018.12
SM201711417003	北京市产业互联背景下营改增对企业行为及业绩影响的研究	北京联合大学	应用研究	索玲玲	研究报告、论文	2018.12
SM201711417004	新时期人民政协提案工作制度研究——以北京市为例	北京联合大学	应用理论研究	林宏彬	论文、研究报告	2018.12
SM201711417005	北京四合院传统建筑艺术的数字化体验与创意衍生品设计研究	北京联合大学	应用研究	李　鑫	论文、研究报告	2018.12
SM201711417006	北京市融合教育实施模式的研究	北京联合大学	应用研究	孙　颖	研究报告、标准	2018.12
SM201711417007	滑雪登山项目制胜规律研究	北京联合大学	应用理论研究	王法涛	研究报告、论文	2018.12
SM201711417008	真实营销：服装品牌的艺术化现象研究——以北京地区为例	北京联合大学	应用理论研究	白玉力	研究报告、论文	2019.12
SM201711417009	职业教育中校企合作动力体系的研究	北京联合大学	应用理论研究	鞠慧敏	论文	2018.12
SM201711626001	青少年绿色消费行为形成机理及推进策略研究	北京青年政治学院	应用研究	马智萍	论文、研究报告	2018.12
SM201711626002	社会工作督导理论及实务探究	北京青年政治学院	应用理论研究	赵　静	专著	2018.12
SM201711626003	北京市居家养老有效供给模式研究	北京青年政治学院	应用研究	于泽浩	论文、研究报告	2018.12
SM201711626004	高校网络意识形态建设工作研究	北京青年政治学院	应用理论研究	孙海亮	论文	2018.12

续表

项目编号	项目名称	承担单位	研究类别	负责人	成果形式	完成时间
SM201711626005	第二语言习得与跨文化交际研究	北京青年政治学院	应用理论研究	马　红	论文、研究报告	2018.12
SM201751638001	高端技术技能人才贯通培养基础阶段的语文素养提升研究	北京财贸职业学院	应用研究	吴明靖	研究报告、教材	2018.12
SM201751638002	建构高职院校实习期大学生思想政治教育模式的研究	北京财贸职业学院	应用研究	李宏芳	专著、论文	2018.12
SM201751638003	微时代高等职业院校主体性德育模式研究	北京财贸职业学院	应用理论研究	张　洁	研究报告、论文	2017.12
SM201751638004	基于北京地区人群职业体能需求下的高职体育课程改革研究	北京财贸职业学院	应用研究	叶　玲	研究报告	2017.12
SM201751638005	京津冀协同发展下的城市群金融密度时空差异分析	北京财贸职业学院	应用研究	刘淑娥	研究报告	2018.12
SM201710858001	高职院校国际化人才培养的策略研究	北京电子科技职业学院	调查与对策研究	赵占香	论文、研究报告	2018.12
SM201710858002	高职院校科研项目质量标准研究	北京电子科技职业学院	应用研究	杨彦如	论文、研究报告	2018.12
SM201710853001	北京高职教师企业实践成果转化模式研究	北京工业职业技术学院	应用研究	赵俊梅	论文	2018.12
SM201712448001	京津冀协同发展条件下农村金融发展研究	北京农业职业学院	应用研究	李艳芳	研究报告	2018.12
SM201712448002	基于大数据背景下生鲜农产品电子商务物流模式探讨——以 B2C 型为例	北京农业职业学院	调查与对策研究	张天琪	研究报告、论文	2018.12
SM201750061001	培养中学生英语持续学习能力的研究	北京教育学院	基础研究	李宝荣	论文	2017.12
SM201750061002	基于中小学生体育核心素养的体操内容体系构建	北京教育学院	应用理论研究	李　健	专著、研究报告、工具书、论文	2018.12
SM201750061003	新课程背景下中小学图书馆课程的开发与实践	北京教育学院	应用研究	邢素丽	论文	2017.12
SM201751160001	开放大学创客人才培养模式研究	北京开放大学	应用理论研究	董黎明	研究报告、论文	2019.12
SM201751160002	京津冀终身教育协同发展的规划与推进策略研究	北京开放大学	应用研究	沈玉宝	论文	2019.12
SM201751160003	互联网时代成人学生终身学习能力的培养模式研究	北京开放大学	调查与对策研究	白晓晶	研究报告、论文	2018.09
SM201714075001	北京地区高等职业院校教学工作诊断与改进机制研究	北京劳动保障职业学院	应用研究	姜　宏	研究报告、论文	2017.12
SM201714073001	基于大数据的企业商务智能决策分析方法研究	北京经济管理职业学院	应用研究	陈红军	研究报告、论文	2018.12
SM201714073002	京津冀高校图书馆协同发展研究	北京经济管理职业学院	应用研究	王　军	研究报告、论文	2018.12
SM201714019001	情报主导警务视角下电信网络诈骗犯罪的防控研究	北京警察学院	调查与对策研究	李雪琛	研究报告、论文	2018.12
SM201714019002	京津冀跨省市常态化警务协作机制研究	北京警察学院	调查与对策研究	李　宁	研究报告、论文	2018.12

续表

项目编号	项目名称	承担单位	研究类别	负责人	成果形式	完成时间
SM201714019003	构建我国公安机关行政应诉官制度研究	北京警察学院	应用研究	黄悦波	研究报告、论文	2018.12

＊北京市教育委员会 2016 年评出的 2017 年度社会科学计划批准立项一般项目。

（北京市教育委员会科学技术与研究生工作处供稿）

2016 年度北京市调查研究重点课题

题目	主持人	预期成果
一、市级领导调研课题		
行政运行方式与人大工作关系研究	杜德印	研究报告
关于加强政协民主监督工作的调研	吉林、赵文芝	研究报告
关于重大拆迁任务中群众工作方法的研究	姜志刚	研究报告
北京市危险废弃物污染防治地方立法问题研究	牛有成	研究报告
社会法立法问题研究	柳纪纲	研究报告
关于律师法贯彻实施情况的调研报告	刘　伟	研究报告
关于北京市控制吸烟条例实施情况的调研	孙康林	研究报告
政法干警诚信体系研究	张延昆	研究报告
特大城市反恐防恐体系建设研究	王小洪	研究报告
市属国有企业推动首都构建“高精尖”经济结构路径研究	隋振江	研究报告
中小学生增值性评价体系研究	苟仲文	研究报告
关于优化完善医疗服务体系有效实施分级诊疗的调研	陈　平	研究报告
关于应对全面两孩政策实施相关问题的调研	陈　平　李长友	研究报告
关于京津冀协同发展中产业对接配套政策的调研	王永庆　闫仲秋	研究报告
关于推进北京市服务业扩大开放综合试点若干问题的调研	王永庆　闫仲秋	研究报告
关于北京知识产权服务业高端化发展的调研	闫仲秋	研究报告
关于加强城市管理优化提升首都核心功能的调研	李长友	研究报告
关于通过行政诉讼案件看政府法治建设的调研	李长友	研究报告
关于少数民族低收入村户帮扶解困的调研	李长友	研究报告
二、各民主党派市委主委调研课题		
因地制宜建设特色小镇，推动北京科学发展	民革市委主委傅惠民	研究报告
乡村发展生态服务型产业亟待破解的政策机制问题	民盟市委主委葛剑平	研究报告
加快供给侧结构性改革 增强实体经济发展活力	民建北京市委主委王永庆	研究报告
京津冀传统文化资源共享、共管机制研究	民进市委主委庞丽娟	研究报告
北京市域河流水质污染治理研究	农工北京市委主委于文明	研究报告
北京城乡一体化居民医疗保障制度研究	农工北京市委主委于文明	研究报告

续表

题目	主持人	预期成果
京津冀产业技术协同创新发展合作模式研究	致公党北京市委主委李昭玲	研究报告
首都重大决策社会稳定风险评估机制的调研	九三学社市委主委马大龙	研究报告
构建京台两地青年共同创业创新良好环境的对策研究	台盟北京市委主委蔡国雄	研究报告
三、部委办、各区调研课题		
关于提高机关党组织履职能力研究	夏尚武	研究报告
京津冀教育协同发展研究平台建设及项目实施	线联平	研究报告
北京中小学党建工作状况及有效途径研究	张　雪	研究报告
国外教育督导经验借鉴研究	张　雪	研究报告
非首都功能疏解过程中职工权益维护研究	徐家谌	研究报告
新产业、新领域和新群体工会组织、工会工作覆盖问题研究	徐　岩	研究报告
关于完善妇女群众矛盾多元调解体系的研究	常红岩	研究报告
本市推进供给侧结构性改革路径研究	卢　彦	研究报告
北京建筑业发展对环境影响的评价和对策研究	徐贱云	研究报告
京津冀协同发展背景下北京房地产市场发展战略研究	徐贱云	研究报告
首都重大活动城市环境和运行保障分级分类研究	孙新军	研究报告
发挥首都城市管理综合协调职能作用研究	宋连娣	研究报告
优化服务业开放发展环境研究	闫立刚	研究报告
北京“单一窗口”建设规划设想及工作制度体系研究	许　康	研究报告
加强党的领导和完善公司治理有机统一实现路径研究	林抚生	研究报告
首都检察专业化建设相关问题研究	敬大力	研究报告
禁限类产业转移和新兴产业发展对北京市就业形势影响研究	徐　熙	研究报告
关于供给侧结构性改革背景下的财政政策研究	李颖津	研究报告
本市医改政策落实情况及对策研究	吴素芳	研究报告
推进政府重大工程建设体制机制研究	吴素芳	研究报告
京市城市地下资源环境三维模型建设的探索与实践	魏成林	研究报告
关于强化以改善环境质量为核心的生态文明建设考核评价、督查问责机制研究	陈　添	研究报告
个人所得税改革方案及征管条件研究	杨志强	研究报告
关于落实党风廉政建设主体责任的思考与实践	刘江平	研究报告
加强企业信用信息高效采集、有效整合和充分应用深入推进信用体系建设	陈　永	研究报告
地方标准在供给侧改革中的作用与策略研究	赵长山	研究报告
关于如何发挥好专职安全员在“京冀”共建项目安全生产检查工作中的作用的调研	张树森	研究报告
推动首都新闻出版广电产业“走出去”政策措施研究	杨培丽	研究报告
云空间版权状况及行政监管研究（含 APP 端）	王野霏	研究报告
引导扶持新闻出版广电“精品力作”创作若干政策研究	王　志	研究报告
关于历史文化带整体保护利用的思考——以长城文化带为调研对象	舒小峰	研究报告

续表

题目	主持人	预期成果
北京市人口动态监测体系研究	王文杰	研究报告
北京市服务业扩大开放综合试点六大领域监测体系研究	邢志宏	研究报告
北京市企业“走出去”知识产权的现状分析及对策研究	汪　洪	研究报告
北京农业供给侧结构改革调研	吴宝新	研究报告
关于依托平房区和老旧小区物业管理，构建“大城管”	张家明	研究报告
关于探索历史文化街区邮寄更新路径的研究	李先忠	研究报告
关于推进西城区发展转型和管理转型的实践与思考	卢映川	研究报告
关于西城历史文化名城整体保护的实践与思考	王少峰	研究报告
河西地区整体产业发展研究	杨艺文	研究报告
区域发展潜力评价研究	冀　岩	研究报告
关于深入推进全面从严治党，营造石景山区风清气正政治生态的思路与对策研究	牛青山	研究报告
关于加快推进城乡接合部地区改造，建设和谐宜居城市的调研	夏林茂	研究报告
关于推进“多规合一”工作的策略研究	张贵林	研究报告
关于房山区加快推进国家新型城镇化综合试点工作的实践与思考	曾赞荣	研究报告
关于提升市行政副中心城市管理水平的研究	杨　斌	研究报告
全面推进生态环境建设，打造师行政副中心绿色基底	岳　鹏	研究报告
京津冀协调发展背景下怀柔实现创新发展的路径选择	齐　静	研究报告
坚持创新发展战略加快怀柔科学城建设	常　卫	研究报告
关于密云乡村旅游发展的实践与思考	汪先永	研究报告
关于提升密云区城市精细化管理水平的研究	潘临珠	研究报告
关于强化基层党组织政治引领功能的调查与思考	李志军	研究报告
关于构建“高精尖”绿色产业体系的对策研究	穆　鹏	研究报告

（北京市委研究室供稿）

2016 年度北京市人大常委会调查研究课题

2016 年度北京市人大常委会主任、副主任重点调研课题

序号	题目	主持人	责任部门	负责人
1	行政运行方式与人大工作关系研究	杜德印	研究室	黄石松
2★	北京市危险废弃物污染防治地方立法问题研究	牛有成	城建环保办	郭普金
3	社会法立法问题研究	柳纪纲	法制办	李小娟
4	关于《北京市控制吸烟条例》实施情况的调研	孙康林	教科文卫体办	孙世超
5	关于《中华人民共和国律师法》贯彻实施情况的调研	刘　伟	内务司法办	刘维林

2016年度北京市人大专门委员会及常委会工作机构调研课题

序号	题目	申报部门	负责人	联系人
1	移动办公在市人大常委会机关的应用研究	办公厅	向建华	彭　泉
2	关于劳动争议纠纷信访问题的调研	办公厅	董立柱	姚燕晖
3	修改《北京市制定地方性法规条例》若干问题研究	法制办	邹维萍	向　非
4	关于本市残疾人就业情况的调研报告	内司办	袁　芳	尹爱娟
5	关于完善计划和预决算初审会议的调研报告	财经办	路海滨	盛华东
6	关于加强我市经济工作监督的调查研究	财经办	杨文胜	赵中青
7	关于加强和改进国有资本经营预算审查监督的研究	财经办	陈京朴	徐　宁
8	北京市农林科技创新情况调研	农村办	潘爱兵	赵家如
9	北京市农村土地承包情况调研	农村办	杨武林	周世恭
10	关于海外侨胞在京权益保护与相关立法工作情况的调研	民宗侨办	吴宝华	朴春植
11	人大调研工作与发挥人民代表大会制度优势关系研究	研究室	李正斌	任佩文
12	运用新媒体创新人大宣传工作研究	研究室	李正斌	穆晓玲
13	质询、特定问题调查研究	研究室	田洪俊	龚　波
14	代表建议定性分类办理工作机制研究	代联室	闫明新	黄玉清

2016年度北京市人大常委会重点调研课题

序号	题目	责任部门	负责人
1	关于人大常委会行使质询权的程序研究	办公厅	李福祥
2★	北京市行政程序条例立法研究	法制办	李小娟
3★	实施消费者权益保障法办法立项论证调研	财经委	王　琪
4	关于《北京市专利保护和促进条例》贯彻实施情况的调研	教科文卫体办	孙世超
5	污水收集管网规划、建设和管理情况研究	农村办	安　钢
6	新形势下本市城市民族工作情况的调研	民宗侨办	黄　强
7	关于做好区、乡镇人大换届选举工作的调研	人事室	张　越

★号题目为法规立项论证项目。

（北京市人大常委会研究室王柏林供稿）

2016 年度北京市社会科学界联合会立项课题

2016 年度决策咨询课题

序号	项目编号	项目名称	首席专家	所在单位	预期成果形式
1	2016SKLJZ001	京津冀协同发展背景下《北京市主体功能区规划》调整修改研究	李国平	北京大学	研究报告
2	2016SKLJZ002	京津冀生态涵养区生态补偿机制研究——以张家口为例	祝尔娟	首都经济贸易大学	研究报告
3	2016SKLJZ003	北京改革蓝皮书（2015）	周立云	北京市委研究室（市委改革办）	研究报告
4	2016SKLJZ004	首都智库开放实验室建设方案研究	薛　领	北京大学	研究报告
5	2016SKLJZ005	加强对党政一把手监督的途径方法研究	王春玺	中央财经大学	研究报告
6	2016SKLJZ006	社会主义核心价值观建设融入超大型城市治理研究	孙　英	中央民族大学	研究报告
7	2016SKLJZ007	北京市属国有文化企业完善法人治理结构研究	张　力	北京交通大学	研究报告
8	2016SKLJZ008	网络出版精品发掘、推介及版权转化机制研究	丛立先	北京外国语大学	研究报告
9	2016SKLJZ009	网络出版管理、服务现状及政策建议研究	刘燕南	中国传媒大学	研究报告
10	2016SKLJZ010	北京市政务新媒体传播工作研究	谭云明	中央财经大学	研究报告
11	2016SKLJZ011	加强内宣外宣统筹协调体制机制研究	范　红	清华大学	专著
12	2016SKLJZ012	网络生态及其治理研究	熊光清	对外经济贸易大学	研究报告
13	2016SKLJZ013	互联网纠纷人民调解、行政调解与司法调解协同机制研究	冯　辉	对外经济贸易大学	研究报告
14	2016SKLJZ014	首都非公有制经济发展政策环境专题研究	柳学信	首都经济贸易大学	研究报告
15	2016SKLJZ015	疏解北京非首都功能配套政策研究	孙久文	中国人民大学	研究报告
16	2016SKLJZ016	落实首都城市战略定位的财税政策研究	童　伟	中央财经大学	研究报告
17	2016SKLJZ017	京津冀大气污染联防联控机制创新研究	陆小成	北京市社会科学院	研究报告
18	2016SKLJZ018	京津冀区域医疗联合体建设研究	吴冬梅	首都企业改革与发展研究会	研究报告
19	2016SKLJZ019	京津冀与长三角、珠三角地区产业协作比较研究	安树伟	首都经济贸易大学	研究报告
20	2016SKLJZ020	京津冀金融市场一体化研究	黄晓薇	对外经济贸易大学	研究报告
21	2016SKLJZ021	北京对口帮扶河北贫困地区发展的机制研究	张　强	北京市城市经济学会	研究报告

续表

序号	项目编号	项目名称	首席专家	所在单位	预期成果形式
22	2016SKLJZ022	2022年冬奥会促进京张冰雪体育产业发展研究	吴承忠	对外经济贸易大学	研究报告
23	2016SKLJZ023	“互联网+”战略下北京产业转型升级研究	苏 治	中央财经大学	研究报告
24	2016SKLJZ024	北京城六区人口调控的思路和对策研究	赵秀池	首都经济贸易大学	研究报告
25	2016SKLJZ025	社会组织参与北京市社会治理的现状与对策研究	赵孟营	北京师范大学	研究报告
26	2016SKLJZ026	北京市属国有企业改革面临的困难及解决路径研究	戚聿东	首都经济贸易大学	研究报告
27	2016SKLJZ027	京沪深杭智慧城市建设比较研究	安小米	中国人民大学	研究报告
28	2016SKLJZ028	基于大数据的北京城市管理创新研究	田茂再	中国人民大学	研究报告
29	2016SKLJZ029	北京市建设国际一流和谐宜居之都指标体系研究	黄江松	北京市决策学学会	研究报告
30	2016SKLJZ030	北京市社会组织化问题研究	赵孟营	北京师范大学	研究报告
31	2016SKLJZ031	党管媒体与依法管网相结合研究	段 鹏	中国传媒大学	研究报告
32	2016SKLJZ032	行政运行方式与人大工作关系研究	杨光斌	中国人民大学	研究报告
33	2016SKLJZ033	戏曲流派创新研究	傅秋爽	北京市社会科学院	研究报告
34	2016SKLJZ034	首都外宣工作在全国对外宣传工作中的功能定位研究	于运全	中国外文局	研究报告

（北京市社会科学界联合会科研工作部供稿）

2016年度北京自然科学界与社会科学界两界联席会议协同创新研究基地支持课题项目

序号	项目名称	负责人	所在基地或单位
1	大数据背景下京津冀“旅游一体化”线上线下政府品牌营销策略研究	朱 伟	北京旅游信息化研究基地
2	京津冀一体化下城市机动车限制政策的协调研究	周耀东	北京人文交通、科技交通、绿色交通研究基地
3	北京市互联网餐饮领域食品安全问题及其治理研究	孙永波	北京食品安全研究基地
4	复杂系统视角下的特大城市运行管理建模仿真研究	张 军	中国特色世界城市研究协同创新基地
5	京津冀经济利益驱动型食品掺假风险防控机制研究	王守伟	北京食品学会

2016年度青年社科人才资助项目

序号	项目名称	负责人
1	经济转型背景下中国金融监管体制调整研究	杜远航
2	我国博士生输出、回流及其影响：20世纪80年代以来的考察	沈文钦
3	习近平对中国特色社会主义政治经济学的发展	蔡万焕
4	网络化条件下北京市民社会心态表达研究	王建民
5	北京创新创业者发展需求与流动机制研究	吴 军
6	众媒时代视阈下北京对外形象传播路径探究	周 敏

续表

序号	项目名称	负责人
7	微时代的意识形态认同研究	沈江平
8	市行政副中心打造跨区域的国家生态文明建设示范区可行性研究	李　劲
9	首都人口有序疏解研究——基于产业链复杂度视角	姜鹏飞
10	政府绿色采购促进首都企业绿色技术创新研究	侯方淼
11	城市交通污染排放机理及节能减排优化方法研究	杨艳妮
12	北京轨道交通网络化运营安全风险管理研究	陈明利
13	技术创新推动京津冀产业协同升级的对策研究	陈福中
14	京津冀一体化基本公共服务存量差异动态研究	李林君
15	中国“城市病”测度、区域比较及决策模拟系统构建	宋　涛
16	促进京津冀协同发展的财税政策研究	马光荣
17	跨区域协同下北京产业升级与低碳发展研究	夏晓华

（北京市社会科学界联合会学术活动部供稿）

2016年度北京市中国特色社会主义理论体系研究中心立项课题

序号	项目名称	负责人	工作单位	项目类别
1	五大发展理念的科学内涵与实践逻辑研究	杨生平	首都师范大学	重大项目
2	新时期物质文明与精神文明协调发展研究	白志刚	北京市社会科学院	重大项目
3	发展高层次开放型经济和深度融入世界经济研究	赵春明	北京师范大学	重点项目
4	对外开放与中国道路	杨　帆	中国政法大学	重点项目
5	共享发展：刑事司法公正研究	蒋　娜	北京师范大学	重点项目
6	北京推进供给侧结构性改革问题研究	丁守海	中国人民大学	重点项目
7	北京城市副中心城市管理创新问题研究	丁　辉	北京市科学技术研究院	重点项目
8	从严治党经验研究	杨德山	中国人民大学	重点项目
9	西方智库对“中国道路”解读的跟踪研究	刘　杉	武汉大学	重点项目
10	《资本论》及其手稿中的自然观研究	李　娟	中央财经大学	一般项目
11	改革开放以来党协调区域经济发展的经验研究	肖　翔	中央财经大学	一般项目
12	社会主义核心价值观与首都文化软实力建设研究	邵士庆	中央民族大学	一般项目
13	北京市多层次养老服务体系建设研究	鄢圣文	北京市社会科学院	一般项目

注：第1—8项课题列入北京市社会科学基金项目。

（北京市中国特色社会主义理论体系研究中心供稿）

部分高校及科研单位承担国家或省部级人文社会科学研究项目及院校级社会科学研究项目

北京大学

2016 年度承担国家级、省部级社会科学研究项目

序号	项目名称	负责人	承担部门	项目分类、类别	预期成果形式	计划完成时间
1	构建中国特色案例制度的综合系统研究	张　骐	法学院	国家社会科学基金、重大项目	专著	2020.12
2	重读马克思：文本及其思想（十二卷本）	聂锦芳	哲学系	国家社会科学基金、重大项目	专著	2018.09
3	前丝绸之路青铜文化的年代研究	吴小红	考古文博学院	国家社会科学基金、重大项目	论文集、研究报告、数据库	2021.12
4	古代东方文学插图本史料集成及其研究	陈　明	外国语学院	国家社会科学基金、重大项目	专著、资料集	2021.12
5	十八大以来党中央治国理政方略与外交新战略研究	王逸舟	国际关系学院	国家社会科学基金、治国理政专项	专著、研究报告	2017.12
6	十八大以来党中央治国理政的政治思想研究	燕继荣	政府管理学院	国家社会科学基金、治国理政专项	专著	2017.12
7	供给侧自生创新需求与全要素生产率提升研究	余淼杰	国家发展研究院	国家社会科学基金、重点项目	专著、论文集	2021.08
8	海绵城市建设的风险评估与管理机制研究	于鸿君	光华管理学院	国家社会科学基金、重点项目	论文集、研究报告	2019.12
9	日本东亚同文书院对华经济调查研究	周建波	经济学院	国家社会科学基金、重点项目	专著	2021.06
10	学术图书馆参与数字出版的角色和模式研究	刘兹恒	信息管理系	国家社会科学基金、重点项目	专著	2019.12
11	中国本土宗教与外来宗教关系研究	李四龙	哲学系	国家社会科学基金、重点项目	专著	2020.12
12	国外马克思主义哲学基础理论问题研究	仰海峰	哲学系	国家社会科学基金、重点项目	其他、研究报告	2019.06
13	实证视角下中国刑罚执行制度完善研究	赵国玲	法学院	国家社会科学基金、一般项目	论文集、研究报告	2018.12
14	国际投资协定例外条款的法律问题研究	张智勇	法学院	国家社会科学基金、一般项目	研究报告	2019.04
15	先秦两汉都城礼制文明研究	高崇文	考古文博学院	国家社会科学基金、一般项目	专著	2018.12
16	丝绸之路中道城镇与路网研究	陈　凌	考古文博学院	国家社会科学基金一般项目	论文集	2018.12
17	东北亚古代铁器传播的技术观察	陈建立	考古文博学院	国家社会科学基金一般项目	译著、研究报告	2019.12

续表

序号	项目名称	负责人	承担部门	项目分类、类别	预期成果形式	计划完成时间
18	中国社会经济转型时期的人口健康水平、预测及风险对策研究	张　蕾	人口所	国家社会科学基金一般项目	论文集、研究报告	2018. 12
19	失独人群心理互助模式研究	刘天俐	人口所	国家社会科学基金一般项目	研究报告	2019. 03
20	20 世纪前期中国社会学实践的演变机制研究	田　耕	社会学系	国家社会科学基金一般项目	论文集、研究报告	2019. 05
21	亚述帝国崛起与文化扩张研究	贾　妍	历史系	国家社会科学基金一般项目	专著	2019. 12
22	日本明治前期立宪史研究	张允起	历史系	国家社会科学基金、一般项目	专著	2019. 12
23	中美电子资源国家标准比较研究	肖　珑	信息管理系	国家社会科学基金、一般项目	专著	2018. 12
24	数字图书馆资源与服务绩效影响因素及评价体系研究	陈　凌	信息管理系	国家社会科学基金、一般项目	专著	2020. 12
25	“一带一路”沿线国家互联互通水平综合评价研究	王继民	信息管理系	国家社会科学基金、一般项目	研究报告	2018. 12
26	创新驱动战略的情报保障研究	王延飞	信息管理系	国家社会科学基金、一般项目	研究报告	2019. 12
27	全球视阈下适宜儿童全面发展的我国幼儿体育课程体系构建研究	董进霞	体育教研部	国家社会科学基金、一般项目	专著、译著	2019. 06
28	中国当代广告口述史（1979—2010）	祝　帅	新闻与传播学院	国家社会科学基金、一般项目	专著、论文集	2021. 09
29	面向信息处理的汉语语素体系构建及应用研究	刘　扬	信息学院	国家社会科学基金、一般项目	译著、论文集	2018. 12
30	新媒体条件下中国公民政治价值观实证调查研究	沈明明	政府管理学院	国家社会科学基金、一般项目	论文集、研究报告	2019. 12
31	网络空间中的言论自由与法律规制研究	李佳伦	法学院	国家社会科学基金、青年项目	专著	2020. 09
32	民法典编纂背景下夫妻财产制研究	贺　剑	法学院	国家社会科学基金、青年项目	专著	2018. 12
33	南海安全合作机制研究	李忠林	国际关系学院	国家社会科学基金、青年项目	专著	2019. 12
34	马克思不平等、消费不足和经济危机理论的现代化研究	贺大兴	马克思主义学院	国家社会科学基金、青年项目	专著、其他	2018. 12
35	供给侧结构性改革下中国收入分配结构调整与资源配置效率改善研究	许　明	经济学院	国家社会科学基金、青年项目	论文集	2019. 06
36	“资本—技能互补”视角下驱动力转换的内生路径与政策保障体系研究	马红旗	经济学院	国家社会科学基金、青年项目	论文集、研究报告	2018. 06
37	比较优势演变作用下我国产业参与国际分工及价值链地位提升研究	姚　博	国家发展研究院	国家社会科学基金、青年项目	专著、研究报告	2019. 05

续表

序号	项目名称	负责人	承担部门	项目分类、类别	预期成果形式	计划完成时间
38	央地关系视角下的新兴金融业态监管体制研究	郭　峰	国家发展研究院	国家社会科学基金、青年项目	专著、电脑软件	2019.05
39	田螺山河姆渡文化遗址动物资源获取模式的综合研究	张　颖	考古文博学院	国家社会科学基金、青年项目	专著	2019.03
40	生命历程视角下的老年迁移流动研究	吕利丹	人口所	国家社会科学基金、青年项目	专著	2019.09
41	日本近代象征派文学的研究	解　璞	外国语学院	国家社会科学基金、青年项目	专著、论文集	2019.08
42	高校“海归”英语教师职业认同建构的叙事探究	孟　玲	外国语学院	国家社会科学基金、青年项目	论文集、专著	2019.12
43	明末清初回儒舍起灵（蕴善）汉译作品研究	沈一鸣	外国语学院	国家社会科学基金、青年项目	专著、工具书	2020.12
44	督练公所与清末军事改革研究	彭贺超	历史系	国家社会科学基金、青年项目	专著	2018.12
45	宋代诗学中的诗体病忌观念研究	刘　靓	中文系	国家社会科学基金、青年项目	论文集、研究报告	2018.06
46	“医学化”理论及其对中国当代医学困境的哲学阐释	唐文佩	医学部公共教学部	国家社会科学基金、青年项目	专著	2019.06
47	儒家女性伦理研究	王　堃	哲学系	国家社会科学基金、青年项目	专著、论文集	2019.08
48	国家权力与城市社区治理	王　迪	社会学系	国家社会科学基金后期资助项目	专著	2017.06
49	中美医学交流史	张大庆	历史系	国家社会科学基金后期资助项目	专著	2016.12
50	身体、不死与神秘主义	李维建	哲学系	国家社会科学基金后期资助项目	专著	2017.06
51	基于严格语音对应的苗瑶语历史比较研究	汪　锋	中文系	国家社会科学基金后期资助项目	专著	2017.06
52	北京街头流浪现象研究	刘　能	社会学系	北京市社会科学基金、重点项目	研究报告	2019.10
53	京津冀协同治理模式与包容性政策建构研究	臧雷振	政府管理学院	北京市社会科学基金、重点项目	论文集	2018.06
54	北京市失能老人长期照护需求及服务体系建设研究	丁　华	社会科学调查中心	北京市社会科学基金、一般项目	研究报告	2017.12
55	北京市城乡妇女二孩生育的社会支持系统研究	胡玉坤	人口所	北京市社会科学基金、一般项目	研究报告	2018.06
56	基于北京非首都功能疏解下京津冀地区人口集聚趋势及影响因素空间分析	武继磊	人口所	北京市社会科学基金、一般项目	研究报告	2017.06
57	日本侵华战争遗孤口述历史资料与研究	梁云祥	历史系	北京市社会科学基金、一般项目	口述历史资料和论文集	2019.06
58	侯仁之学术档案整理与研究	唐晓峰	历史系	北京市社会科学基金、一般项目	论文集	2018.06

续表

序号	项目名称	负责人	承担部门	项目分类、类别	预期成果形式	计划完成时间
59	北京市高端智库“一带一路”区域研究文献保障研究	朱本军	图书馆	北京市社会科学基金、一般项目	研究报告	2018.12
60	北京话押韵系统及元音音位的认知研究	王韫佳	中文系	北京市社会科学基金、一般项目	论文集	2019.06
61	供给侧结构性改革中的劳动法问题研究	阎　天	法学院	北京市社会科学基金、青年项目	研究报告	2019.06
62	“逃离北上广”：北京地区高校毕业生离京就业行为研究	马莉萍	教育学院	北京市社会科学基金、青年项目	研究报告	2018.06
63	郑玄《周易注》辑佚史研究	朱天助	哲学系	北京市社会科学基金、青年项目	专著	2019.12
64	高校图书馆决策支持服务发展模式研究	李　峰	图书馆	北京市社会科学基金、青年项目	论文集	2018.06
65	语义地图及语言接触视角下的汉语时体态研究	范晓蕾	中文系	北京市社会科学基金、青年项目	研究报告	2020.12
66	基于游戏化学习的教育教学实践研究	尚俊杰	教育学院	北京市教育科学、规划项目	专著	2018.06
67	国外马克思主义哲学重大基础理论问题研究	仰海峰	哲学系	教育部哲学社会科学研究、重大攻关项目	专著	2019.12
68	大数据下语义知识资源的覆盖度和扩展性研究	卢达威	中文系	教育部人文社会科学研究、一般项目	论文、软件系统	2019.12
69	莱辛文论和戏剧中的市民教育	卢白羽	外语学院	教育部人文社会科学研究、一般项目	著作、论文	2019.12
70	全面质量观视野下博士教育质量监测评估及网络化保障体系构筑的理论与实证研究	高　耀	教育学院	教育部人文社会科学研究、一般项目	论文、咨询报告	2019.12
71	专业学位硕士研究生培养质量及质量保障运行机制研究	李　敏	教育学院	教育部人文社会科学研究、一般项目	论文、咨询报告	2019.12
72	实验室中的博士生学术成长过程研究	张存群	发展规划部	教育部人文社会科学研究、一般项目	著作、论文、咨询报告	2019.12
73	面向第二语言教学的汉语语体语法研究	汲传波	对外汉语教育学院	教育部人文社会科学研究、一般项目	著作	2019.12
74	北京非首都功能疏解中存量用地更新利用研究	沈昊婧	城市与环境学院	教育部人文社会科学研究、一般项目	论文、研究报告	2019.12
75	基于不完全契约理论的PPP模式最优机制设计研究	王治国	光华管理学院	教育部人文社会科学研究、一般项目	著作、论文、咨询报告	2019.12
76	协调发展研究	孙代尧	马克思主义学院	教育部人文社会科学研究、专项项目	论文	2019.12
77	习近平总书记系列重要讲话精神研究	郭建宁	马克思主义学院	教育部人文社会科学研究、专项项目	论文	2019.12
78	习近平总书记系列重要讲话精神研究	王浦劬	政府管理学院	教育部人文社会科学研究、专项项目	论文	2019.12
79	习近平总书记系列重要讲话精神研究	陈占安	中国特色社会主义理论体系研究中心	教育部人文社会科学研究、专项项目	论文	2019.12

续表

序号	项目名称	负责人	承担部门	项目分类、类别	预期成果形式	计划完成时间
80	习近平总书记系列重要讲话精神研究	任　青	中国特色社会主义理论体系研究中心	教育部人文社会科学研究、专项项目	论文	2019. 12
81	习近平总书记系列重要讲话精神研究	张　剑	中国特色社会主义理论体系研究中心	教育部人文社会科学研究、专项项目	论文	2019. 12
82	英国法的渊源研究	李红海	法学院	教育部哲学社会科学研究、后期资助项目	著作	2019. 12
83	思想政治理论课专题式教学设计与实践	魏　波	马克思主义学院	教育部哲学社会科学研究、示范马院和团队项目	论文、研究报告	2019. 12
84	中国中古史籍与史料的整理与研究	陈　爽	中国古代史研究中心	教育部人文社会科学研究、重点研究基地重大项目	专著	2020. 07
85	旅顺博物馆藏新疆出土汉文文书整理与研究	孟宪实	中国古代史研究中心	教育部人文社会科学研究、重点研究基地重大项目	专著	2020. 07
86	丝绸之路上的西域佛寺形制布局及演变研究	李　肖	中国古代史研究中心	教育部人文社会科学研究、重点研究基地重大项目	专著	2020. 07
87	中国历代人物传记资料库的改进与应用	赵冬梅	中国古代史研究中心	教育部人文社会科学研究、重点研究基地重大项目	数据库、论文	2020. 07
88	中国与南亚的文学与文化交流研究	陈　明	东方文学研究中心	教育部人文社会科学研究、重点研究基地重大项目	专著	2020. 12
89	"一带一路"上的东方文学经典作品的翻译与研究	唐孟生	东方文学研究中心	教育部人文社会科学研究、重点研究基地重大项目	译著、论文	2020. 06
90	中外官员选拔及经济绩效比较研究	姚　洋	中国经济研究中心	教育部人文社会科学研究、重点研究基地重大项目	专著	2020. 12
91	健康人力资本与健康中国建设	李　玲	中国经济研究中心	教育部人文社会科学研究、重点研究基地重大项目	专著、论文、研究报告	2019. 12
92	新常态下中国企业转型升级战略研究	马　浩	中国经济研究中心	教育部人文社会科学研究、重点研究基地重大项目	专著、论文、研究报告	2019. 07
93	推进"万众创新"的机制设计与政策建议	汪　浩	中国经济研究中心	教育部人文社会科学研究、重点研究基地重大项目	论文、研究报告	2020. 12
94	中国特色依宪治国和法治政府建设研究	姜明安	宪法与行政法研究中心	教育部人文社会科学研究、重点研究基地重大项目	专著	2020. 10
95	协商民主与国家治理现代化研究	高全喜	宪法与行政法研究中心	教育部人文社会科学研究、重点研究基地重大项目	专著	2020. 10

续表

序号	项目名称	负责人	承担部门	项目分类、类别	预期成果形式	计划完成时间
96	公法争议与公法救济研究	湛中乐	宪法与行政法研究中心	教育部人文社会科学研究、重点研究基地重大项目	专著	2020.10
97	中华非物质遗产与“中华美学精神”	周　默	美学与美育研究中心	教育部人文社会科学研究、重点研究基地重大项目	专著	2019.12
98	北京大学美学传统与“中华美学精神”	董志强	美学与美育研究中心	教育部人文社会科学研究、重点研究基地重大项目	专著	2019.12
99	技术与文明：由玉器手工业探索中国史前文明形成的基础	刘　斌	中国考古学研究中心	教育部人文社会科学研究、重点研究基地重大项目	专著	2020.12
100	汉唐西域城市与文明考古研究	陈　凌	中国考古学研究中心	教育部人文社会科学研究、重点研究基地重大项目	专著	2020.12
101	宋元时期民间信仰的考古学观察——以晋东南的遗迹遗物为中心	杭　侃	中国考古学研究中心	教育部人文社会科学研究、重点研究基地重大项目	研究报告	2020.12
102	经济新常态背景下的教育与经济增长	闵维方	教育经济研究所	教育部人文社会科学研究、重点研究基地重大项目	专著	2020.06
103	经济新常态下的教育与劳动力市场的相互作用研究	岳昌君	教育经济研究所	教育部人文社会科学研究、重点研究基地重大项目	专著	2020.06
104	经济新常态下的教育扶贫与教育公平研究	赵国栋	教育经济研究所	教育部人文社会科学研究、重点研究基地重大项目	专著	2020.12
105	经济新常态下的教育财政研究	陈晓宇	教育经济研究所	教育部人文社会科学研究、重点研究基地重大项目	论文专著、政策报告	2020.06
106	经济新常态下高校人才培养模式改革与人力资本生产研究	郭建如	教育经济研究所	教育部人文社会科学研究、重点研究基地重大项目	专著	2020.12
107	规范性研究——当代西方哲学中的自然主义与反自然主义之争	韩林合	外国哲学研究所	教育部人文社会科学研究、重点研究基地重大项目	专著	2020.12
108	习近平治国理政思想与中国特色社会主义	郭建宁	中国特色社会主义理论体系研究中心	教育部人文社会科学研究、重点研究基地重大项目	专著	2020.12
109	马克思经典文本研究及其当代价值	聂锦芳	中国特色社会主义理论体系研究中心	教育部人文社会科学研究、重点研究基地重大项目	专著	2020.12
110	十月革命、列宁主义与中国道路	王　东	中国特色社会主义理论体系研究中心	教育部人文社会科学研究、重点研究基地重大项目	专著	2020.12
111	高校马克思主义学科建设与思想政治课教育教学改革	宇文利	中国特色社会主义理论体系研究中心	教育部人文社会科学研究、重点研究基地重大项目	专著	2020.12

续表

序号	项目名称	负责人	承担部门	项目分类、类别	预期成果形式	计划完成时间
112	日本东京大学、庆应大学所藏汉籍善本选刊	杨　忠	中国古文献研究中心	教育部人文社会科学研究、重点研究基地重大项目	专著	2020. 12
113	《全宋诗》失收诗人诗作及专卷汇编	王　岚	中国古文献研究中心	教育部人文社会科学研究、重点研究基地重大项目	古籍整理	2020. 12
114	明代伦理与文学关系研究	廖可斌	中国古文献研究中心	教育部人文社会科学研究、重点研究基地重大项目	专著	2020. 12
115	社会治理与公共服务研究	沈明明	国家治理研究院	教育部人文社会科学研究、重点研究基地重大项目	专著、数据库、研究报告	2020. 12
116	国家治理经验评估研究	燕继荣	国家治理研究院	教育部人文社会科学研究、重点研究基地重大项目	专著	2020. 06
117	作为发展要素的互联网资本研究	邱泽奇	中国社会与发展研究中心	教育部人文社会科学研究、重点研究基地重大项目	专著	2020. 12
118	城市场所性和城市化的多样道路	朱晓阳	中国社会与发展研究中心	教育部人文社会科学研究、重点研究基地重大项目	专著、论文集	2020. 12
119	阻断贫困再生产：儿童贫困后效、实验干预与政策反思	方　文	中国社会与发展研究中心	教育部人文社会科学研究、重点研究基地重大项目	专著	2020. 12
120	实现人口经济社会健康老龄化的对策研究	陆杰华	中国社会与发展研究中心	教育部人文社会科学研究、重点研究基地重大项目	专著	2020. 12
121	发展中的社会治理：理念，知识与方法	张　静	中国社会与发展研究中心	教育部人文社会科学研究、重点研究基地重大项目	论文集	2020. 12

（北京大学社会科学部供稿）

中国人民大学

2016 年度承担国家级、省部级社会科学研究项目

序号	项目名称	负责人	承担部门	项目分类、类别	预期成果形式	计划完成时间
1	后乡土中国	陆益龙	社会与人口学院	国家社会科学基金项目国家哲学社会科学成果文库	专著、论文	2017. 12
2	金融分析的制度范式——制度金融学导论	张　杰	财政金融学院	国家社会科学基金项目国家哲学社会科学成果文库	专著、论文	2017. 12
3	社会偏好理论与社会合作机制研究（成果文库）	周业安	经济学院	国家社会科学基金项目国家哲学社会科学成果文库	专著、论文	2017. 12

续表

序号	项目名称	负责人	承担部门	项目分类、类别	预期成果形式	计划完成时间
4	巨灾保险的精算统计模型及其应用研究	孟生旺	统计学院	国家社会科学基金项目、重大项目	专著、论文	2021. 12
5	高校领域哲学社会科学成果评价体系和奖励制度研究	靳　诺	学校办公室	国家社会科学基金项目、重大项目	专著、论文	2017. 12
6	中俄媒体交流、战略传播与全球治理中制度性话语权的构建研究	赵永华	新闻学院	国家社会科学基金项目、重大项目	专著、论文	2020. 12
7	多卷本《中国现代佛教史》(1912年至今)	何建明	哲学院	国家社会科学基金项目、重大项目	专著、论文	2021. 09
8	中国特色社会主义宗教理论体系研究（国家社科基金）	何虎生	马克思主义学院	国家社会科学基金项目、重大项目	专著、论文	2019. 12
9	历史文化村镇数字化保护的理论、方法和应用研究	冯惠玲	信息资源管理学院	国家社会科学基金项目、重大项目	专著、论文	2019. 12
10	中世纪东亚都城制度研究——“华夏型”城市的历史变迁	牛润珍	历史学院	国家社会科学基金项目、重大项目	专著、论文	2021. 12
11	黄老道家思想史	曹　峰	哲学院	国家社会科学基金项目、重大项目	专著、论文	2021. 12
12	面向国际趋同的国家统一会计制度优化路径研究	戴德明	商学院	国家社会科学基金项目、重大项目	专著、论文	2021. 12
13	现代治理框架中的中国财税体制研究	吕冰洋	财政金融学院	国家社会科学基金项目、重大项目	专著、论文	2021. 09
14	段正元全集	韩　星	国学院	国家社会科学基金项目、重大项目	专著、论文	2016. 12
15	以建设“公正社会”为导向的全面深化改革研究	杨光斌	国际关系学院	国家社会科学基金项目、重大项目	专著、论文	2017. 12
16	中国经济绿色发展的理论内涵、实现路径与政策创新	石敏俊	经济学院	国家社会科学基金项目、重大项目	专著、论文	2017. 12
17	全面两孩生育政策的实施效应研究	陈　卫	社会与人口学院	国家社会科学基金项目、重大项目	专著、论文	2017. 12
18	实施精准扶贫、精准脱贫的机制与政策研究	汪三贵	农业与农村发展学院	国家社会科学基金项目、重大项目	专著、论文	2017. 12
19	健康中国建设中的国民健康促进与健康服务策略研究	周晓英	信息资源管理学院	国家社会科学基金项目、重点项目	专著、论文	2021. 12
20	我国数字档案馆建设战略研究——基于生态系统的视角	刘越男	信息资源管理学院	国家社会科学基金项目、重点项目	专著、论文	2021. 12
21	政治哲学视域中的治国理政之道	张文喜	哲学院	国家社会科学基金项目、重点项目	专著、论文	2018. 12
22	十八大以来党中央治国理政的文化思想研究	贺耀敏	经济学院	国家社会科学基金项目、重点项目	专著、论文	2017. 12
23	适应经济新常态的本土发展型社会福利理论与制度建设研究	李迎生	社会与人口学院	国家社会科学基金项目、重点项目	专著、论文	2018. 12

续表

序号	项目名称	负责人	承担部门	项目分类、类别	预期成果形式	计划完成时间
24	国内贸易活动的基础理论与方法创新研究	王晓东	商学院	国家社会科学基金项目、重点项目	专著、论文	2019.12
25	马克思主义伦理思想史	张　霄	哲学院	国家社会科学基金项目、重点项目	专著、论文	2018.12
26	党的建设基本理论研究	杨德山	马克思主义学院	国家社会科学基金项目、重点项目	专著、论文	2020.12
27	德国联邦议会与“记忆文化”建构研究（1990—2015）	孟　虹	外国语学院	国家社会科学基金项目、重点项目	专著、论文	2019.06
28	中国引领国际经贸规则研究	韩立余	法学院	国家社会科学基金项目、重点项目	专著、论文	2019.09
29	现代社会技术化问题研究	王伯鲁	哲学院	国家社会科学基金项目、重点项目	专著、论文	2019.12
30	莫言家世考证	程光炜	文学院	国家社会科学基金项目、重点项目	专著、论文	2021.09
31	百年《通报》的中国宗教研究	张　靖	文学院	国家社会科学基金项目、一般项目	专著、论文	2021.09
32	美国印第安文学批评中的民族主义问题研究	王建平	外国语学院	国家社会科学基金项目、一般项目	专著、论文	2019.12
33	中华文化与华语电影美学关系研究	陈　阳	文学院	国家社会科学基金项目、一般项目	专著、论文	2019.09
34	二十世纪五十年代以来北美地区中国古代小说研究	邹　颖	文学院	国家社会科学基金项目、一般项目	专著、论文	2021.09
35	马克思恩格斯与比较文学和世界文学研究	高旭东	文学院	国家社会科学基金项目、一般项目	专著、论文	2019.12
36	新型城镇化背景下流动人口的社会融合研究	王玉君	社会与人口学院	国家社会科学基金项目、一般项目	专著、论文	2019.09
37	西藏档案馆藏蒙古文档案研究	孛尔只斤乌云毕力格	国学院	国家社会科学基金项目、一般项目	专著、论文	2019.09
38	民事诉讼重复起诉规制问题研究	许尚豪	法学院	国家社会科学基金项目、一般项目	专著、论文	2019.12
39	完善国家统一法律职业资格制度研究	丁相顺	法学院	国家社会科学基金项目、一般项目	专著、论文	2018.09
40	中国地方政府创新的路径与机制研究	杨宏山	公共管理学院	国家社会科学基金项目、一般项目	专著、论文	2019.12
41	地方立法中的公民参与机制研究	孙　龙	国际关系学院	国家社会科学基金项目、一般项目	专著、论文	2019.09
42	玉米“三量齐增”与供给侧结构性改革政策研究	郑　适	农业与农村发展学院	国家社会科学基金项目、一般项目	专著、论文	2019.06
43	市场结构、企业进入和非平衡增长中的产业结构升级研究	于　泽	经济学院	国家社会科学基金项目、一般项目	专著、论文	2019.06
44	中共党史学学科发展史研究	耿化敏	马克思主义学院	国家社会科学基金项目、一般项目	专著、论文	2019.10

续表

序号	项目名称	负责人	承担部门	项目分类、类别	预期成果形式	计划完成时间
45	大数据时代电子文件的证据规则与管理法制建设研究	刘品新	法学院	国家社会科学基金项目、一般项目	专著、论文	2020.09
46	我国农民工贫困识别及精准扶贫策略研究	孙咏梅	经济学院	国家社会科学基金项目、一般项目	专著、论文	2019.09
47	当代文化哲学的基本理论模式研究	欧阳谦	哲学院	国家社会科学基金项目、一般项目	专著、论文	2018.12
48	声像档案抢救“复杂性障碍”及信息保护机制与对策研究	张美芳	信息资源管理学院	国家社会科学基金项目、一般项目	专著、论文	2019.06
49	我国新能源产业“污染弊端”、“低端加工陷阱”治理政策研究	罗来军	经济学院	国家社会科学基金项目、一般项目	专著、论文	2018.12
50	我国数据新闻的理念、实践及其人才培养模式研究	许向东	新闻学院	国家社会科学基金项目、一般项目	专著、论文	2018.12
51	敦煌文献中的藏文咒语对音研究	李建强	国学院	国家社会科学基金项目、一般项目	专著、论文	2019.12
52	郭象哲学的美学意蕴研究	余开亮	哲学院	国家社会科学基金项目、一般项目	专著、论文	2020.12
53	中国人口负增长研究	陶　涛	社会与人口学院	国家社会科学基金项目、一般项目	专著、论文	2021.09
54	亨利·詹姆斯的艺术主题小说研究	代显梅	外国语学院	国家社会科学基金项目、一般项目	专著、论文	2019.09
55	西方马克思主义形式批评研究	孙　柏	文学院	国家社会科学基金项目、一般项目	专著、论文	2019.12
56	当前地市级官员晋升的超区域比较研究	乔　梁	国际关系学院	国家社会科学基金项目青年项目	专著、论文	2020.05
57	新型城镇化背景下农民工档案管理机制研究	马林青	信息资源管理学院	国家社会科学基金项目、青年项目	专著、论文	2018.12
58	延迟退休对我国劳动力市场的影响及其作用机制研究	刘晓光	国家发展与战略研究院	国家社会科学基金项目、青年项目	专著、论文	2019.09
59	清代地方行政的制度变迁与空间结构研究	胡　恒	历史学院	国家社会科学基金项目、青年项目	专著、论文	2020.06
60	基于空间计量经济模型的我国城市环境监管策略互动机制及监管不力对策研究	马　本	国家发展与战略研究院	国家社会科学基金项目、青年项目	专著、论文	2018.12
61	医疗费用增长与社会医疗保险可持续性研究	刘　凯	劳动人事学院	国家社会科学基金项目、青年项目	专著、论文	2018.06
62	以核心价值观构建当代中国人的精神世界研究	张苗苗	马克思主义学院	国家社会科学基金项目、青年项目	专著、论文	2019.09
63	“全面两孩”政策实施后妇女生育水平及其决定因素研究	靳永爱	社会与人口学院	国家社会科学基金项目、青年项目	专著、论文	2019.09

续表

序号	项目名称	负责人	承担部门	项目分类、类别	预期成果形式	计划完成时间
64	皮科·米兰多拉的主体性与自由理论研究	吴功青	哲学院	国家社会科学基金项目、青年项目	专著、论文	2019.09
65	《资本论》及其当代价值研究	庄忠正	马克思主义学院	国家社会科学基金项目、青年项目	专著、论文	2019.12
66	社交媒体环境下公共档案资源知识聚合与服务研究	魏　扣	科研处	国家社会科学基金项目、青年项目	专著、论文	2019.09
67	转型期中国宗教场所负责人的政治态度研究	钟智锋	哲学院	国家社会科学基金项目、青年项目	专著、论文	2019.06
68	网络交易关系的民法调整	杨立新	法学院	国家社会科学基金项目、后期资助项目	专著、论文	2018.10
69	近代中国的工业发展：与日本比较	关　权	经济学院	国家社会科学基金项目、后期资助项目	专著、论文	2018.10
70	技术决定国家地位	王　珏	经济学院	国家社会科学基金项目、后期资助项目	专著、论文	2018.10
71	陌生的近邻——东方管理哲学初探	李　萍	哲学院	国家社会科学基金项目、后期资助项目	专著、论文	2018.10
72	平等理论的谱系	李　石	国际关系学院	国家社会科学基金项目、后期资助项目	专著、论文	2018.10
73	重新发现海德格尔、列维纳斯与中国哲学	马　琳	哲学院	国家社会科学基金项目、后期资助项目	专著、论文	2018.10
74	经济与政治研究	张成思	财政金融学院	国家社会科学基金项目、中华学术外译项目	专著、论文	2019.01
75	基于体育健康大数据的学生体育教学安全与风险防控机制研究	李树旺	体育部	全国教育科学规划、国家一般项目	专著、论文	2019.12
76	我国研究型大学基本建设项目利用金融市场筹资模式与应用研究	黄文彬	财政金融学院	全国教育科学规划、国家一般项目	专著、论文	2019.12
77	教育法治的问题及建设研究	秦惠民	教育学院	全国教育科学规划、国家重点项目	专著、论文	2016.04
78	双一流背景下的研究生课程微观治理体系研究	胡莉芳	教育学院	全国教育科学规划、教育部重点项目	专著、论文	2018.12
79	20世纪前叶中日报刊连载漫画比较研究	徐　园	外国语学院	全国艺术科学规划项目、青年项目	专著	2021.09
80	20世纪前期中国设计的“西化”倾向与民族化探索	王树良	新闻学院	全国艺术科学规划项目、一般项目	专著论文	2019.03

续表

序号	项目名称	负责人	承担部门	项目分类、类别	预期成果形式	计划完成时间
81	先秦编钟与西汉编钟比较研究	王友华	国际学院	全国艺术科学规划项目、一般项目	专著	2019. 06
82	当前中国美术创作重大问题研究	丁　方	艺术学院	全国艺术科学规划项目、重点项目	专著、论文、研究报告	2019. 12
83	食品安全消费者行为与风险交流策略研究	曾寅初	农业与农村发展学院	国家自然科学基金项目、重点项目	专著、论文	2021. 12
84	地方治理体系与治理能力的影响因素、改革路径与治理效果	杨开峰	公共管理学院	国家自然科学基金项目、重点项目	专著、论文	2021. 12
85	居民能源需求管理	魏　楚	经济学院	国家自然科学基金项目、优秀青年科学基金项目	专著、论文	2019. 12
86	公司理财与资本市场	许年行	商学院	国家自然科学基金项目、优秀青年科学基金项目	专著、论文	2019. 12
87	大数据开放与治理中的隐私保护关键技术研究	孟小峰	信息学院	国家自然科学基金项目、重大研究计划重点支持项目	专著、论文	2020. 12
88	结构经验方法在宏观领域的应用——以资源配置效率和产能利用分析为例	尹　恒	国家发展与战略研究院	国家自然科学基金项目、面上项目	专著、论文	2020. 12
89	城镇化演进中的城乡住房融合研究：机理剖析、分析框架与现实路径	吕　萍	公共管理学院	国家自然科学基金项目、面上项目	专著、论文	2020. 12
90	农地流转合约选择的机制分析及其对农业生产效率的影响研究	仇焕广	农业与农村发展学院	国家自然科学基金项目、面上项目	专著、论文	2020. 12
91	我国政府粮食储备的规模优化与政策评价——基于理性预期假设的模型构建、水平测算与福利估计	唐　忠	农业与农村发展学院	国家自然科学基金项目、面上项目	专著、论文	2020. 12
92	分权改革对地方森林治理变迁的影响研究	刘金龙	农业与农村发展学院	国家自然科学基金项目、面上项目	专著、论文	2020. 12
93	"普二新政"下家庭友好政策与女性家庭—工作平衡关系研究	杨菊华	社会与人口学院	国家自然科学基金项目、面上项目	专著、论文	2020. 12
94	中国农村土地制度变迁中的正式规则：制定、实施及演进——基于行为经济学的理论建模与实证检验	丰　雷	公共管理学院	国家自然科学基金项目、面上项目	专著、论文	2020. 12
95	利率变动、贷款歧视与房贷风险	况伟大	商学院	国家自然科学基金项目、面上项目	专著、论文	2020. 12

续表

序号	项目名称	负责人	承担部门	项目分类、类别	预期成果形式	计划完成时间
96	连片特困地区农户在风险与多维贫困下的动态生计决策研究——基于行为经济学视角	尤　婧	农业与农村发展学院	国家自然科学基金项目、面上项目	专著、论文	2020.12
97	促进居民消费和优化消费环境的"助推"机制研究	王湘红	经济学院	国家自然科学基金项目、面上项目	专著、论文	2020.12
98	中国债券信用评级偏倚：监管竞争—信誉成本内生化模型与福利损失分析	石晓军	财政金融学院	国家自然科学基金项目、面上项目	专著、论文	2020.12
99	贸易壁垒与中国企业参与全球价值链问题研究	王孝松	经济学院	国家自然科学基金项目、面上项目	专著、论文	2020.12
100	基于中国实践的财政分权理论	贾俊雪	财政金融学院	国家自然科学基金项目、面上项目	专著、论文	2020.12
101	政府间税收分成对地方政府行为和经济增长的影响研究	吕冰洋	财政金融学院	国家自然科学基金项目、面上项目	专著、论文	2020.12
102	全球产业链视角下中国能源与资源耦合的价值核算、动态演化及其政策研究	夏晓华	经济学院	国家自然科学基金项目、面上项目	专著、论文	2020.12
103	服务型领导对企业和员工结果的跨层影响机制研究	仲理峰	商学院	国家自然科学基金项目、面上项目	专著、论文	2020.12
104	可持续供应链的战略匹配机制：环境、企业、个人跨层研究	于亢亢	农业与农村发展学院	国家自然科学基金项目、面上项目	专著、论文	2020.12
105	创始团队稳定性对家族企业传承的影响研究：经济后果与影响机理	张　敏	商学院	国家自然科学基金项目、面上项目	专著、论文	2020.12
106	青少年跨群体友谊对群际态度的影响及作用机制研究	陈晓晨	心理学系	国家自然科学基金项目、青年科学基金项目	专著、论文	2019.12
107	农户秸秆处置行为及激励政策研究——以东北玉米生产为例	田晓晖	农业与农村发展学院	国家自然科学基金项目、青年科学基金项目	专著、论文	2019.12
108	非对称信息及协同效应下温室气体减排的最优政策选项	张晓兵	经济学院	国家自然科学基金项目、青年科学基金项目	专著、论文	2019.12
109	社会身份认知对流动人口的经济影响及其政策应用	孙文凯	经济学院	国家自然科学基金项目、青年科学基金项目	专著、论文	2019.12
110	纵向失衡与地方政府的无效率——基于中国市县的实证研究	张　静	财政金融学院	国家自然科学基金项目、青年科学基金项目	专著、论文	2019.12
111	组织间网络的制度嵌入：对中国连锁董事网形成、结构与影响的历时性分析	葛建华	商学院	国家自然科学基金项目、青年科学基金项目	专著、论文	2019.12

续表

序号	项目名称	负责人	承担部门	项目分类、类别	预期成果形式	计划完成时间
112	生态系统生产总值核算的理论论证	高敏雪	统计学院	国家重点研发计划子课题	专著、论文	2020.12
113	半干旱荒漠区治沙产业化技术体系优化集成	石敏俊	经济学院	国家重点研发计划子课题	专著、论文	2020.12
114	2016年大数据驱动的管理与决策研究学术研讨会	毛基业	商学院	国家自然科学基金项目、国际合作与交流项目	专著、论文	2016.12
115	行为视角下支持可持续发展的中国农村金融管理研究	严金明	公共管理学院	国家自然科学基金项目、国际合作与交流项目	专著、论文	2019.12
116	多元极值理论及其在金融、保险、风险管理领域的应用	唐启鹤	财政金融学院	国家自然科学基金项目、海外及港澳学者合作研究基金	专著、论文	2018.12
117	中国企业管理案例与质性研究	叶康涛	商学院	国家自然科学基金项目应急管理项目	专著、论文	2016.12
118	我国发展规划实施评估的理论方法与对策研究："十三五"规划实施分阶段监测评估及总结评估方案设计	刘　瑞	经济学院	国家自然科学基金项目、应急管理项目	专著、论文	2017.11
119	自然科学基金委管理科学部网站与数据库安全维护	王卫东	社会与人口学院	国家自然科学基金项目、应急管理项目	专著、论文	2017.12
120	网络舆情传播的"情绪感染—演变"机制与社会影响的临界点研究	张洪忠	新闻学院	教育部人文社会科学研究、基地重大项目	专著、论文	2020.12
121	科学社会主义原理和方法论研究	辛向阳	马克思主义学院	教育部人文社会科学研究、基地重大项目	专著、论文	2020.06
122	乡村社会重建与治理创新研究	赵旭东	社会与人口学院	教育部人文社会科学研究、基地重大项目	专著、论文	2020.12
123	社会主义核心价值观社会认同伦理研究	江　畅	哲学院	教育部人文社会科学研究、基地重大项目	专著、论文	2018.12
124	中国民间流传佛教仪式文献整理与研究	侯　冲	哲学院	教育部人文社会科学研究、基地重大项目	专著、论文	2020.10
125	中国家事法改革研究	郭明瑞	法学院	教育部人文社会科学研究、基地重大项目	专著、论文	2020.12
126	中国侵权责任法改革研究	王　竹	法学院	教育部人文社会科学研究、基地重大项目	专著、论文	2020.12

续表

序号	项目名称	负责人	承担部门	项目分类、类别	预期成果形式	计划完成时间
127	《满文原档》翻译与研究	赵志强	历史学院	教育部人文社会科学研究、基地重大项目	专著、论文	2020.12
128	中国特色社会主义理论创新研究：基于理论史（学说史）视角的描述和分析	杨德山	马克思主义学院	教育部人文社会科学研究、基地重大项目	专著、论文	2020.12
129	改革开放与中国特色社会主义实践创新经验研究	秦　宣	马克思主义学院	教育部人文社会科学研究、基地重大项目	专著、论文	2020.12
130	创造新时期对外开放的新格局："一带一路"战略与小康社会建设研究	陈甬军	商学院	教育部人文社会科学研究、基地重大项目	专著、论文	2020.08
131	基于大数据的精准医学生物统计分析方法及其应用研究	许王莉	统计学院	教育部人文社会科学研究、基地重大项目	专著、论文	2020.12
132	基于大数据的精算统计模型与风险管理问题研究	孟生旺	统计学院	教育部人文社会科学研究、基地重大项目	专著、论文	2020.12
133	中国刑法惩治国际核心罪行立法研究	朱文奇	法学院	教育部人文社会科学研究、基地重大项目	专著、论文	2020.11
134	犯罪参与基本问题研究	刘明祥	法学院	教育部人文社会科学研究、基地重大项目	专著、论文	2018.12
135	国际反恐新常态及其治理对策	田宏杰	法学院	教育部人文社会科学研究、基地重大项目	专著、论文	2019.06
136	罪犯权利保障实证研究	李奋飞	法学院	教育部人文社会科学研究、基地重大项目	专著、论文	2019.12
137	社会关系网络视域下的舆情演化的类型、突变点及其特异性研究	胡百精	新闻学院	教育部人文社会科学研究、基地重大项目	专著、论文	2020.12
138	网络舆情的国家治理范式创新：社会安全态势感知、识别与预警机制研究	周　勇	新闻学院	教育部人文社会科学研究、基地重大项目	专著、论文	2020.12
139	新型城市化中的社会矛盾与治理创新研究	郭星华	社会与人口学院	教育部人文社会科学研究、基地重大项目	专著、论文	2020.07
140	中国家庭转变研究	宋　健	社会与人口学院	教育部人文社会科学研究、基地重大项目	专著、论文	2020.06

续表

序号	项目名称	负责人	承担部门	项目分类、类别	预期成果形式	计划完成时间
141	中国农村土地权属制度改革研究	高圣平	法学院	教育部人文社会科学研究、基地重大项目	专著、论文	2019. 09
142	面向全面小康社会的老年长期照料体系研究	杜　鹏	社会与人口学院	教育部人文社会科学研究、基地重大项目	专著、论文	2019. 08
143	社会治理的伦理重构——谋求复杂性和不确定性条件下的善治	张康之	公共管理学院	教育部人文社会科学研究、基地重大项目	专著、论文	2019. 12
144	供给侧结构性改革与财政收入体系建设	吕冰洋	财政金融学院	教育部人文社会科学研究、基地重大项目	专著、论文	2020. 12
145	基于微观基础的宏观金融政策研究	张成思	财政金融学院	教育部人文社会科学研究、基地重大项目	专著、论文	2020. 12
146	供给侧改革背景下的金融结构优化问题	何　青	财政金融学院	教育部人文社会科学研究、基地重大项目	专著、论文	2020. 12
147	我国学校人权教育研究	叶传星	法学院	教育部人文社会科学研究、基地重大项目－国家人权教育与培训基地项目	专著、论文	2018. 08
148	国家与地方：晚清乡试中额研究	张瑞龙	历史学院	教育部人文社会科学研究、青年项目	专著、论文	2019. 12
149	“社会效率”观与美国公共学校改革	陈露茜	教育学院	教育部人文社会科学研究、青年项目	专著、论文	2019. 12
150	我国高校毕业生就业迁移模式与影响因素研究	孙怡帆	统计学院	教育部人文社会科学研究、青年项目	专著、论文	2019. 12
151	高校学生政治认同相关问题	宋大我	学生处	教育部人文社会科学研究、思想政治工作项目	专著、论文	2017. 04
152	“互联网＋”条件下提升大学生马克思主义理论教育实效性问题研究	布　超	体育部	教育部人文社会科学研究、思想政治工作项目	专著、论文	2019. 12
153	《普通高等学校大学生心理健康教育指导纲要》编制研究	俞国良	教育学院	教育部人文社会科学研究、委托项目	专著、论文	2017. 09
154	农地三权分置的实践研究	刘守英	经济学院	教育部人文社会科学研究、重大课题攻关项目	专著、论文	2019. 12
155	习近平对中国特色社会主义的新发展研究	秦　宣	马克思主义学院	教育部人文社会科学研究、专项任务项目	专著、论文	2017. 03

续表

序号	项目名称	负责人	承担部门	项目分类、类别	预期成果形式	计划完成时间
156	习近平总书记新闻宣传舆论工作系列重要讲话研究	郑保卫	新闻学院	教育部人文社会科学研究、专项任务项目	专著、论文	2016.03
157	习近平治国理政哲学思想研究	郝立新	马克思主义学院	教育部人文社会科学研究、专项任务项目	专著、论文	2017.03
158	"马工程"精彩一课	葛晨虹	哲学院	教育部人文社会科学研究、专项任务项目	专著、论文	2016.04
159	"马工程"精彩一课	韩大元	法学院	教育部人文社会科学研究、专项任务项目	专著、论文	2016.04
160	"马工程"精彩一课	朱景文	法学院	教育部人文社会科学研究、专项任务项目	专著、论文	2016.04
161	"马工程"精彩一课	邱海平	经济学院	教育部人文社会科学研究、专项任务项目	专著、论文	2016.04
162	城镇化对家庭能源消费的影响——基于居民家庭调查数据的研究	魏　楚	经济学院	教育部人文社会科学研究、规划项目	专著、论文	2019.12
163	中央八项规定与在职消费归类操纵行为研究	叶康涛	商学院	教育部人文社会科学研究、规划项目	专著、论文	2019.12
164	改革开放以来的中国农村土地制度变迁：中央—地方—农户三者互动关系研究	丰　雷	公共管理学院	教育部人文社会科学研究、规划项目	专著、论文	2019.12
165	行政调解法制与理论创新研究	莫于川	法学院	教育部人文社会科学研究、后期资助项目	专著、论文	2019.12
166	基于预期的前瞻性货币政策逻辑	张成思	财政金融学院	教育部人文社会科学研究、后期资助项目	专著、论文	2019.12
167	社会治理的经络——破解社会治理体系良性运行的奥秘	张康之	公共管理学院	教育部人文社会科学研究、后期资助项目	专著、论文	2019.12
168	中和反腐论——探索中国特色的反腐败道路	何家弘	法学院	教育部人文社会科学研究、后期资助项目	专著、论文	2019.12
169	中小学各阶段心理健康教育教师工作指南	俞国良	教育学院	教育部其他司局、委托项目	专著、论文	2018.10
170	清车王府藏曲本词汇研究	杨　贺	文学院	北京市社会科学基金项目、青年项目	专著、论文	2019.06
171	华美协进社与"京派"文学	陈　倩	文学院	北京市社会科学基金项目、青年项目	专著、论文	2019.06

续表

序号	项目名称	负责人	承担部门	项目分类、类别	预期成果形式	计划完成时间
172	基于创新驱动的北京就业增长路径研究	吴翌琳	统计学院	北京市社会科学基金项目、青年项目	专著、论文	2018.06
173	生态学马克思主义视域下的资本主义批判	张晓萌	马克思主义学院	北京市社会科学基金研究基地项目、青年项目	专著、论文	2019.06
174	培育和践行社会主义核心价值观的路径研究——中国传统文化资源和世界文明经验的启示	张苗苗	马克思主义学院	北京市社会科学基金研究基地项目、青年项目	专著、论文	2018.06
175	政府购买社会组织公共服务相关问题研究	祝玉红	社会与人口学院	北京市社会科学基金研究基地项目、一般项目	专著、论文	2018.06
176	中国共产党社会治理思想与实践研究（1949—1965年）——以北京地区为中心的考察	宋学勤	马克思主义学院	北京市社会科学基金研究基地项目、一般项目	专著、论文	2018.12
177	北京冬奥语境下大众冰雪运动参与现状与影响因素的实证研究	马江涛	体育部	北京市社会科学基金研究基地项目、一般项目	专著、论文	2017.09
178	吟咏艺术大师梅兰芳的诗词汇编及“梅边文人”研究	谷曙光	国学院	北京市社会科学基金研究基地项目、一般项目	专著、论文	2018.12
179	畅春园与康乾时期北京园林建设研究	阚红柳	清史所	北京市社会科学基金研究基地项目、一般项目	专著、论文	2019.12
180	北京市老年人长期照料保险制度研究	杨菊华	社会与人口学院	北京市社会科学基金研究基地项目、重点项目	专著、论文	2017.06
181	老年自助群体互助养老模式研究	隋玉杰	社会与人口学院	北京市社会科学基金研究基地项目、重点项目	专著、论文	2018.12
182	惩罚性赔偿规定适用问题研究与制度构建	马　强	商学院	北京市社会科学基金项目、一般项目	专著、论文	2018.06
183	京津冀地区人口流动机制及趋势研究	唐　杰	公共管理学院	北京市社会科学基金项目、一般项目	专著、论文	2017.12
184	亲属词空间隐喻表征的效应与机制研究	张积家	心理学系	北京市社会科学基金项目、一般项目	专著、论文	2018.12
185	巴西政局走向与中国投资利益保护	崔守军	国际关系学院	北京市社会科学基金项目、一般项目	专著、论文	2018.06
186	网络自制节目的价值生态问题研究	顾亚奇	艺术学院	北京市社会科学基金项目、一般项目	专著、论文	2018.06
187	金融周期、金融波动与宏观政策应对	马　勇	财政金融学院	北京市社会科学基金项目、一般项目	专著、论文	2017.12

续表

序号	项目名称	负责人	承担部门	项目分类、类别	预期成果形式	计划完成时间
188	荀子"整体性的人"研究	李记芬	国学院	北京市社会科学基金项目、一般项目	专著、论文	2018.12
189	北京市互联网金融企业社会责任及市场响应研究	刘凤军	商学院	北京市社会科学基金项目、一般项目	专著、论文	2018.06
190	基于MRIO模型的产业分工、贸易结构对京津冀污染排放的影响及对策研究	庞　军	环境学院	北京市社会科学基金项目、一般项目	专著、论文	2017.12
191	京津冀协同发展背景下的公租房跨区域空间流动研究	张跃松	公共管理学院	北京市社会科学基金项目、一般项目	专著、论文	2019.06
192	汉语口语产生中句法编码和韵律编码的认知神经机制	张清芳	心理学系	北京市社会科学基金项目、重点项目	专著、论文	2018.06
193	中国周边外交的中小国家因素	方长平	国际关系学院	北京市社会科学基金项目、重点项目	专著、论文	2018.06
194	北京市公共危机风险交流信息的有效性评估研究：以三次流感大流行为例	钟　玮	公共管理学院	北京市自然科学基金、面上项目	专著、论文	2018.12
195	面向APT攻击的证据模型取证分析方法	徐　菲	法学院	北京市自然科学基金、预探索项目	专著、论文	2017.12
196	京津冀产业分工协作与产业转移的政策研究	文余源	经济学院	北京市科学技术委员会其他项目	专著、论文	2017.07
197	高校中青年教师教学水平及学术创新能力提升机制研究	田宏杰	法学院	北京市教育科学规划优先关注课题	专著、论文	2019.12
198	2016—科学研究与研究生培养共建项目—科研基地（社会建设研究基地）	翟振武	社会与人口学院	北京市教委共建项目	专著、论文	2016.12
199	2016—科学研究与研究生培养共建项目—科研基地（马克思主义研究基地）	郝立新	马克思主义学院	北京市教委共建项目	专著、论文	2016.12
200	2016—科学研究与研究生培养共建项目—科研基地（人文北京研究基地）	冯惠玲	信息资源管理学院	北京市教委共建项目	专著、论文	2016.12
201	大众体育参与促进北京经济社会发展的对策研究	李树旺	体育部	北京市教委共建项目	专著、论文	2016.12
202	北京市政府购买社会组织服务研究	魏　娜	公共管理学院	北京市教委共建项目	专著、论文	2016.12
203	从生命历程视角探讨留守经历对农二代大学生健康发展的影响研究	和　红	社会与人口学院	北京市教委共建项目	专著、论文	2016.12
204	北京市人口变动与代际经济核算研究	周祝平	社会与人口学院	北京市教委共建项目	专著、论文	2016.12

2016年度校级社会科学研究项目

序号	项目名称	负责人	承担部门	项目分类、类别	预期成果形式	计划完成日期
1	提高户籍人口城镇化率系统解决方案研究	叶裕民	公共管理学院	重大规划项目	专著	2018.12
2	东京审判之法理研究	朱文奇	法学院	重大规划项目	专著	2021.05
3	西方后现代主义小说总论	陈世丹	外国语学院	重大规划项目	专著	2019.12
4	中国近现代科学转型的历史轨迹与哲学反思	刘大椿	哲学院	重大规划项目	专著、论文	2019.12
5	《华裔学志》(MonumentaSerica)与"基督教中国化"译介与研究系列	LEEB LEOPOLD	文学院	重大规划项目	译著	2019.06
6	国际汉学期刊《通报》(T'oungPao)百年经典文萃选编与研究	孙　毅	文学院	重大规划项目	译著、研究报告	2019.03
7	农村与区域发展比较研究	温铁军	农业与农村发展学院	重大规划项目	专著	2019.04
8	大国崛起的经济政策史和经济政策思想史研究	贾根良	经济学院	重大规划项目	专著、论文、译著	2020.06
9	重构合法性理论	杨光斌	国际关系学院	重大规划项目	专著、论文	2019.03
10	国际关系与政治学博弈论及大数据方法研究	保建云	国际关系学院	重大规划项目	专著、研究报告	2021.12
11	中国改革开放40年历史进程和基本经验研究	秦　宣	马克思主义学院	重大规划项目	专著、论文、研究报告	2018.12
12	环境保护价格机制：中国新历史时期的理论及实践	马　中	环境学院	重大规划项目	专著、论文	2018.12
13	影响我国企业诞生因素的经济学分析	赵　忠	劳动人事学院	重大项目	论文	2018.12
14	媒体国际协作与全球治理中共同话语空间构建："中俄媒体交流年"战略、实施与绩效研究	赵永华	新闻学院	重大项目	论文、研究报告	2018.12
15	法学方法与史学方法贯通论	张世明	法学院	重大项目	专著	2018.12
16	中国医学溯源考	CHOYONGJUN	历史学院	重大项目	专著	2018.12
17	社会资本对生态补偿绩效的影响机制研究	曾贤刚	环境学院	重大项目	专著、论文、研究报告	2016.12
18	分级诊疗框架下的医疗机构及医生绩效体系再造研究——以厦门为例	王虎峰	公共管理学院	重大项目	论文、研究报告、资政报告	2017.12
19	中国古代诗词悲剧意识研究	冷成金	文学院	重大项目	专著、论文	2018.12
20	东亚侵权法示范法研究报告	杨立新	法学院	重大项目	论文、研究报告	2018.12
21	多个大股东与公司财务行为	姜付秀	商学院	重大项目	论文	2016.12

（中国人民大学科研处关晓斌供稿）

清华大学

2016 年度承担国家级、省部级社会科学研究项目

序号	项目名称	负责人	项目分类、类别
1	中国特色社会体制改革与社会治理创新	王　名	国家社会科学基金、重大项目
2	环境史及其对史学的创新研究	梅雪芹	国家社会科学基金、重大项目
3	社会源危险废弃物环境责任界定与治理机制研究	李金惠	国家社会科学基金、重大项目
4	中国各地 HDI 指数的编制和研究	杨永恒	国家社会科学基金、重大项目
5	清华简与儒家经典的形成发展研究	刘国忠	国家社会科学基金、重大项目
6	清代商税研究及其数据库建设（1644—1911）	倪玉平	国家社会科学基金、重大项目
7	大数据驱动下的政府治理能力建设研究	张小劲	国家社会科学基金、重大项目
8	大数据时代计算社会科学的产生、现状与发展前景研究	李　强	国家社会科学基金、重大项目
9	基于大数据的中国宏观经济景气衡量方法研究	刘涛雄	国家社会科学基金、重大项目
10	我国刑法修正的理论模型与制度实践研究	张明楷	国家社会科学基金、重大项目
11	中国特色社会主义政治经济学探索	蔡继明	国家社会科学基金、重大项目
12	比较文明视野下的中国文明特色	张国刚	国家社会科学基金、委托项目
13	京津冀协同发展过程中重大决策社会稳定风险评估的研究	彭宗超	国家社会科学基金、委托项目
14	柏拉图《蒂迈欧篇》翻译与研究	宋继杰	国家社会科学基金、年度项目
15	互助养老研究	景　军	国家社会科学基金、年度项目
16	网络版权内容过滤措施研究	崔国斌	国家社会科学基金、年度项目
17	复合功能型环境税的法律构造研究	何锦前	国家社会科学基金、年度项目
18	完善我国城市地下空间利用的法律研究	汪　洋	国家社会科学基金、年度项目
19	政府支持农民合作社发展的效能边界与支持方式优化研究	许建明	国家社会科学基金、年度项目
20	基于人口迁移网络的城市人口预测及城市化格局优化研究	劳　昕	国家社会科学基金、年度项目
21	基于大数据应用的地方政府治理模式创新研究	谭海波	国家社会科学基金、年度项目
22	新型城镇化视野下的棚户区改造研究	孟延春	国家社会科学基金、年度项目
23	创新社会治理视阈下的困境儿童社会保护制度研究	陈　静	国家社会科学基金、年度项目
24	传统媒体和新兴媒体融合发展中的版权授权机制研究	付继存	国家社会科学基金、年度项目
25	养老、就业和家庭政策统筹协调机制的研究	蒙　克	国家社会科学基金、年度项目
26	基于区位—配置模型的京津冀地区医疗卫生设施布局优化研究	于涛方	国家社会科学基金、年度项目
27	基于空间视角的流动人口社会融合研究	陈宇琳	国家社会科学基金、年度项目
28	先秦秦汉“性”字词义及其与人性论关系研究	方朝晖	国家社会科学基金、年度项目
29	魏晋南北朝至唐代诗歌词语演变研究	谢思炜	国家社会科学基金、年度项目
30	“书”类文献先秦流传研究	程　浩	国家社会科学基金、年度项目
31	入华胡人与唐代马政研究	王炳文	国家社会科学基金、年度项目
32	新出楚简与金文疑难问题研究	石小力	国家社会科学基金、年度项目
33	从当代世界经济体系的新变化透视“一带一路”的历史定位研究	王生升	国家社会科学基金、年度项目
34	新疆穆斯林女性体育参与的社会适应研究	乔凤杰	国家社会科学基金、年度项目
35	我国青少年健康干预研究	马新东	国家社会科学基金、年度项目

续表

序号	项目名称	负责人	项目分类、类别
36	使用眼动追踪考察学龄前儿童语言发展研究	周　鹏	国家社会科学基金、年度项目
37	基于大数据分析的社交网络用户身份构建研究	吕宇翔	国家社会科学基金、年度项目
38	银色经济视角下的养老服务	杨燕绥	国家社会科学基金后期资助项目
39	说明、定律与因果	王　巍	国家社会科学基金中华学术外译项目
40	中国财产法：原理、政策与实践	申卫星	国家社会科学基金中华学术外译项目
41	十八大以来党中央治国理政理论创新研究	肖贵清	国家社会科学基金十八大以来党中央治国理政新理念新思想新战略研究专项工程项目
42	十八大以来党中央反腐倡廉的新理念新思想新战略研究	张小劲	国家社会科学基金十八大以来党中央治国理政新理念新思想新战略研究专项工程项目
43	面向中国老龄社会需求的产品与服务创新设计方法研究	赵　超	国家社会科学基金艺术学项目
44	基于新生代非遗传承人群调研的中国传统工艺美术产业的当代创新性转型研究	陈岸瑛	国家社会科学基金艺术学项目
45	尼德兰文艺复兴美术研究——以凡·艾克根特祭坛画为中心	张姗姗	国家社会科学基金艺术学项目
46	乡土中国行——四川藏羌地域建筑艺术保护及传承	王　毅	国家艺术基金项目
47	《互联网＋京剧》大数据建设与推广	王朝坤	国家艺术基金项目
48	列奥纳多·达·芬奇——历史与未来的对话	杨冬江	国家艺术基金项目
49	魅力凉山	王　巍	国家艺术基金项目
50	雕塑《大地之子》	董书兵	国家艺术基金项目
51	神农计划	罗　幻	国家艺术基金项目
52	社会主义核心价值观融入思想政治理论课教学研究	肖贵清	教育部人文社会科学、重点研究基地项目
53	全球价值链背景下的中国创新驱动发展	杨德林	教育部人文社会科学、重点研究基地项目
54	中国跨国公司走出去与创新驱动发展	金占明	教育部人文社会科学、重点研究基地项目
55	移动互联网时代的顾客洞察与市场营销	陈煜波	教育部人文社会科学、重点研究基地项目
56	中间品进口、创新驱动与中国出口竞争力升级研究	许家云	教育部人文社会科学研究、一般项目
57	中国企业海外专利运营与出口产品转换升级模式机制研究	邓兴华	教育部人文社会科学研究、一般项目
58	“医养结合”社区卫生服务包设计与支付—基于湖北省中重度失能老人的实证研究	刘跃华	教育部人文社会科学研究、一般项目
59	基于“中国制造 2025”创新网络的工程科技人才培养机制与路径研究	周　源	教育部人文社会科学研究、一般项目
60	大型公共建筑突发事件中疏散人员的个体行为特征研究	李　楠	教育部人文社会科学研究、一般项目
61	我国基建投资的宏观经济效应研究：理论、实证分析与政策含义	刘　庆	教育部人文社会科学研究、一般项目

续表

序号	项目名称	负责人	项目分类、类别
62	建设境外产业园区的模式与战略研究	唐晓阳	教育部人文社会科学研究、一般项目
63	住宅建设用地使用权续期规则研究	陈越鹏	教育部人文社会科学研究、一般项目
64	亦新亦旧的中国莎士比亚：莎士比亚与中国文学传统的两种关系	刘　昊	教育部人文社会科学研究、专项任务项目
65	创新发展研究	覃　川	教育部人文社会科学研究、专项任务项目
66	史学视角下我国各地方少数民族传统体育运动会开展状况研究	冯宏鹏	国家体育总局课题
67	民法典编撰中的宪法问题研究	林来梵	司法部项目
68	新范式下的民事诉讼标的理论研究	陈杭平	司法部项目
69	新型不正当竞争行为的去道德化规制——以法心理学为视角	蒋　舸	司法部项目
70	非法证据排除规则实证研究	易延友	北京市社会科学基金项目
71	大数据与网络意识形态安全研究	张　瑜	北京市社会科学基金项目
72	基于大数据的群体事件模型预测与动态预警研究	吕　鹏	北京市社会科学基金项目
73	民族与理学视阈下的元代文学性情论略	何　跞	北京市社会科学基金项目
74	传媒创新创业的理论与实践研究	曾繁旭	北京市社会科学基金项目
75	“一带一路”背景下中国国家形象在欧盟的传播策略研究	张　莉	北京市社会科学基金项目
76	莫言与余华小说的计量风格分析与比较	刘　颖	北京市社会科学基金项目
77	《清末民初北京话口语词词典》之编撰	张美兰	北京市社会科学基金项目
78	黑格尔法哲学中的自由困境	陈　浩	北京市社会科学基金项目
79	大数据时代网络舆论引导机制及效果研究	孟天广	北京市社会科学基金项目
80	20 世纪 40 年代加强和改进党的群团工作的历史经验及现代启示	李　蕉	北京市社会科学基金项目
81	民事诉讼法与民法衔接理论研究	任　重	北京市社会科学基金项目
82	网约租车平台劳动关系认定问题研究	王天玉	北京市社会科学基金项目
83	从路径依赖看大学治理的制度困境与出路	朱贺玲	北京市社会科学基金项目
84	先秦两汉竹书形制及相关问题研究	贾连翔	北京市社会科学基金项目
85	IP 转化与中国电影的系列化策略研究	梁君健	北京市社会科学基金项目
86	霍布斯自由理论及其当代共和主义批评	贾沛韬	北京市社会科学基金项目
87	京津冀应急环保产业链整合模式研究：基于绿色创业的视角	曾建国（彭宗超）	北京市社会科学基金、研究基地项目
88	北京社交媒体风险放大与舆论引导研究	卢　嘉	北京市社会科学基金、研究基地项目
89	国家治理现代化背景下我国公共部门危机学习的诱发因素及过程机理研究	张美莲	北京市社会科学基金、研究基地项目

（清华大学文科建设处刘金梅供稿）

北京师范大学

2016 年度承担国家级、省部级社会科学研究项目

序号	项目名称	负责人	承担部门	项目分类、类别	预期成果形式	计划完成时间
1	提升理论话语权与构建中国理论话语体系	刘川生	校办	国家社会科学基金、马克思主义理论研究和建设工程重大项目		2017.10
2	中国经济下行阶段就业结构调整与防范失业战略研究	赖德胜	经济与工商管理学院	国家社会科学基金、重大项目	研究报告	2019.11
3	丝绸之路经济带框架下的中俄全面合作研究	李　兴	政府管理学院	国家社会科学基金、重大项目	专著、论文集	2019.11
4	中国多区域投入产出数据库建设	王亚菲	统计学院	国家社会科学基金、重大项目	研究报告、论文集	2019.11
5	20 世纪中国民间文学研究专门史	万建中	文学院	国家社会科学基金、重大项目	专著	2019.11
6	汉语复句历史演变研究及其语料库建设	刘　利	文学院	国家社会科学基金、重大项目	专著、论文集、数据库	2019.11
7	当代中国文化国际影响力的生成研究	黄会林	中国文化国际传播研究院	国家社会科学基金、重大项目	专著	2019.11
8	中国义务教育质量关键影响因素监测框架构建与验证研究	罗　良	中国基础教育质量监测协同创新中心	国家社会科学基金、重大项目	专著、研究报告、电脑软件	2019.11
9	中国传统文化教育资源的开发利用研究	徐　勇	教育学部	国家社会科学基金、重大项目	专著、论文集	2019.11
10	基于全国调研数据的中国失独人群心理健康援助体系研究	王建平	心理学院	国家社会科学基金、重大项目	论文集、研究报告、资料集	2019.11
11	精准扶贫精准脱贫机制、路径和创新模式研究	张　琦	经济与资源管理研究院	国家社会科学基金、重点项目	专著	2019.12
12	转型期中国伦理基础变迁及其重建研究	晏　辉	哲学学院	国家社会科学基金、重点项目	专著	2019.05
13	新的历史条件下马克思政治经济学的建构研究	李　翀	经济与工商管理学院	国家社会科学基金、重点项目	专著	2019.06
14	非公经济组织腐败犯罪统计调查与合作预防模式研究	张远煌	刑事法律科学研究院	国家社会科学基金、重点项目	专著、研究报告	2019.03
15	我国政府购买公共服务制度实践中的正社关系研究	张汝立	中国社会管理研究院	国家社会科学基金、重点项目	专著、研究报告	2019.06
16	清末民国时期的中国历史教科书与中华民族认同研究	李　帆	历史学院	国家社会科学基金、重点项目	专著	2019.12
17	上古汉语复句研究	刘　利	文学院	国家社会科学基金、重点项目	专著	2019.09
18	清末民初日本在华中文报纸研究（1901—1920）	曹晶晶	新闻传播学院	国家社会科学基金、一般项目	研究报告	2019.06
19	中国经学解释的思想与方法研究	姜海军	历史学院	国家社会科学基金、一般项目	专著	2018.06
20	亚里士多德《论灵魂》译注和研究	田书峰	哲学学院	国家社会科学基金、一般项目	译著、论文集	2019.05

续表

序号	项目名称	负责人	承担部门	项目分类、类别	预期成果形式	计划完成时间
21	协同推进新型工业化、信息化、城镇化、农业现代化和绿色化的政策研究	张平淡	经济与工商管理学院	国家社会科学基金、一般项目	研究报告	2018.09
22	信任水平对中国外贸出口的影响及对策研究	曲如晓	经济与工商管理学院	国家社会科学基金、一般项目	研究报告	2018.03
23	特赦制度化、法制化问题研究	阴建峰	刑事法律科学研究院	国家社会科学基金、一般项目	专著、研究报告	2019.06
24	国际法视阈下的“主权宣示”行为及其对领土争端解决的意义研究	李　毅	政府管理学院	国家社会科学基金、一般项目	专著	2018.10
25	基于公共服务视角的农村社区老年抑郁干预研究	屈智勇	社会发展与公共政策研究所	国家社会科学基金、一般项目	论文集、研究报告	2019.12
26	儿童期留守经历对其成人初期生活质量影响的长期追踪研究	王晓华	社会发展与公共政策研究院	国家社会科学基金、一般项目	论文集、研究报告	2020.10
27	纪日序事：中古历日社会文化意义探研	赵　贞	历史学院	国家社会科学基金、一般项目	专著、论文集	2019.12
28	斯特拉波思想与观念研究	武晓阳	历史学院	国家社会科学基金、一般项目	专著	2020.04
29	东正教灵修传统研究	张百春	哲学学院	国家社会科学基金、一般项目	专著	2019.09
30	日本内阁文库藏室町时代抄物写本《三体诗幻云抄》与唐宋诗的辑佚、校勘研究	刘　玲	外国语言文学学院	国家社会科学基金、一般项目	研究报告、论文集	2020.12
31	类型学视角下的云南方言语法研究	荣　晶	文学院	国家社会科学基金、一般项目	论文集、研究报告	2021.08
32	《急就篇》整理与研究	史杰鹏	古籍与传统文化研究院	国家社会科学基金、一般项目	专著	2019.12
33	基于语义识别的引文分析理论、方法与应用研究	肖　明	政府管理学院	国家社会科学基金、一般项目	研究报告、论文集	2018.12
34	先秦两汉占丹辞研究	田胜利	文学院	国家社会科学基金、一般项目	专著	2018.12
35	俄罗斯当代新戏剧研究（1990—2010）	刘　溪	外国语言文学学院	国家社科基金艺术学项目、青年项目	专著、译著	2019.08
36	基于农户福利、公司成本和政府补贴效率的指数农业保险与损失补偿型农业保险比较研究	叶　涛	地表过程与资源生态实验室	国家社会科学基金、青年项目	论文集、研究报告	2018.12
37	社会生态视角下流动人口动态社会融入的心理机制研究	陈咏媛	心理学院	国家社会科学基金、青年项目	研究报告	2019.06
38	长沙走马楼三国孙吴简牍官文书整理与研究	徐　畅	古籍与传统文化研究院	国家社会科学基金、青年项目	专著	2019.12
39	以安敦尼王朝为考查重点的帝国罗马知识精英研究	倪滕达	历史学院	国家社会科学基金、青年项目	专著	2020.12
40	9—15世纪斯瓦西里地区考古学文化研究	丁　雨	历史学院	国家社会科学基金、青年项目	论文集、研究报告	2019.09

续表

序号	项目名称	负责人	承担部门	项目分类、类别	预期成果形式	计划完成时间
41	乡村儿童的文学教育及阅读推广研究	费冬梅	文学院	国家社会科学基金、青年项目	专著	2018.12
42	中国武术功法训练理论研究	张长思	体育与运动学院	国家社会科学基金、青年项目	研究报告	2018.12
43	十八大以来党中央治国理政的经济思想研究	白暴力	经济与工商管理学院	国家社会科学基金十八大以来党中央治国理政新理念新思想新战略研究专项工程	专著、研究报告	2018.07
44	习近平社会治理思想研究	魏礼群	社会学院	国家社会科学基金十八大以来党中央治国理政新理念新思想新战略研究专项工程	专著、研究报告	2018.07
45	习近平治国理政的政治生态思想研究	冯留建	马克思主义学院	国家社会科学基金十八大以来党中央治国理政新理念新思想新战略研究专项工程	论文、研究报告	2018.07
46	法国刑法总论	孙　平	刑事法律科学研究院	国家社会科学基金后期资助项目	专著	2019.09
47	《诗经》学在元代的经学转向研究	曹继华	新闻传播学院	国家社会科学基金后期资助项目	专著	2019.09
48	教育现代化理论研究	顾明远	教育学部	国家社会科学基金“十三五”规划教育学重点委托项目	专著	2016.04
49	当今世界教育的特征及发展趋势研究	周海涛	教育学部	国家社会科学基金“十三五”规划教育学重点委托项目	专著	2016.04
50	学前教育中长期发展目标及推进策略研究	霍力岩	教育学部	国家社会科学基金“十三五”规划国家重点课题	专著、论文	2019.12
51	特殊教育中长期发展目标及推进策略研究	邓　猛	教育学部	国家社会科学基金“十三五”规划国家重点课题	专著、论文	2019.12
52	健全教育投入长效机制研究	王善迈	经济与工商管理学院	国家社会科学基金“十三五”规划国家重点课题	专著、论文	2019.12
53	“互联网+”教师培训供给侧改革的实验研 究	冯晓英	教育学部	国家社会科学基金“十三五”规划教育学一般项目	专著、论文	2019.12
54	基于协同的京津冀高等教育布局结构研究	刘爱玲	教育学部	国家社会科学基金“十三五”规划教育学一般项目	专著、论文	2019.12
55	《四书》中的君子教育思想研究	王　啸	教育学部	国家社会科学基金“十三五”规划教育学一般项目	专著、论文	2019.12
56	基于指导方式的博士培养质量研究	朱志勇	教育学部	国家社会科学基金“十三五”规划教育学一般项目	专著、论文	2019.12
57	乡村教师政策有效执行的保障体系研究	李廷洲	教育学部	国家社会科学基金“十三五”规划教育学青年项目	专著、论文	2019.12
58	来华留学生就读经验研究	马佳妮	社会发展与公共政策学院	国家社会科学基金“十三五”规划教育学青年项目	专著、论文	2019.12
59	社会主义核心价值观的理论内涵与实践逻辑研究	王　葎	哲学学院	教育部重点研究基地，重大项目	论文、专著	2020.12
60	中国高校海外办学战略研究	王　璐	教育学部	教育部重点研究基地、重大项目论文、研究报告、咨询报告	论文、研究报告、咨询报告	2020.12

续表

序号	项目名称	负责人	承担部门	项目分类、类别	预期成果形式	计划完成时间
61	国际教育援助发展态势与中国的战略选择研究	谷贤林	教育学部	教育部重点研究基地、重大项目	研究报告、论文	2019.12
62	核心素养与高中生发展指导：现状、干预效果及其机制	方晓义	心理学院	教育部重点研究基地、重大项目	咨询报告、工作方案、数据库、研究论文	2020.12
63	中小学生核心素养的发展与评价	林崇德	心理学院	教育部重点研究基地、重大项目	咨询报告、著作	2020.12
64	儿童青少年社会性能力的发展与促进	寇 彧	心理学院	教育部重点研究基地、重大项目	学术论文、咨询报告	2020.12
65	社会主义核心价值观建设与中国传统价值观的转化与创新研究	李祥俊	哲学学院	教育部重点研究基地、重大项目	论文、专著	2019.12
66	当代中国价值观现状实证研究	沈湘平	哲学学院	教育部重点研究基地、重大项目	年度报告、调查报告	2019.12
67	中国古代历史教育与文化传承	汪高鑫	历史学院	教育部重点研究基地、重大项目	论文、著作	2020.06
68	俄罗斯文化精神与俄罗斯诗学	王志耕	南开大学	教育部重点研究基地、重大项目	论文、译文、著作、译著	2020.12
69	中国文化精神的文学表征研究	李春青	文学院	教育部重点研究基地、重大项目	论文、丛书	2020.12
70	中国当代大众文化形态、成因、演变及评价的诗学研究	张 柠	文学院	教育部重点研究基地、重大项目	论文、丛书	2020.12
71	文化诗学视域下的21世纪西方文论思潮研究	汪民安	首都师范大学	教育部重点研究基地、重大项目	论文、专著	2020.12
72	跨文化理论与方法论	金丝燕	法国阿尔多瓦大学	教育部重点研究基地、重大项目	学术资源、专家智库、著作	2020.12
73	小学生和初中生发展指导及其效果的研究	聂衍刚	广州大学	教育部重点研究基地、重大项目	教材、论文集	2019.12
74	大学生学业与职业指导体系研究	乔志宏 宁小华	心理学院	教育部哲学社会科学研究、重大委托项目	专著、研究报告	2017.12
75	贫困治理效果评估机制研究	张 琦	经济与资源管理研究院	教育部哲学社会科学研究、重大课题攻关项目	专著、研究报告	2019.11
76	“互联网+”教育体系研究	余胜泉	教育学部	教育部哲学社会科学研究、重大课题攻关项目	专著、论文	2019.11
77	民办教育分类管理政策实施跟踪与评估研究	周海涛	教育学部	教育部哲学社会科学研究、重大课题攻关项目	专著、研究报告	2019.11
78	地方政府与中小化工企业在环境保护中的合作机制	谭江华	社会学院	教育部人文社会科学研究、自筹经费项目	论文、咨询报告	2019.07
79	大学生职业技能测评工具的开发	骆 方	心理学院	教育部人文社会科学研究、专项委托一般项目		2017.12
80	习近平总书记系列重要讲话精神研究专项任务项目	赵秉志	刑事法律科学研究院	教育部人文社会科学研究、专项委托一般项目	论文	2017.03
81	习近平总书记系列重要讲话精神研究专项任务项目	吴向东	哲学学院	教育部人文社会科学研究、专项委托一般项目	论文	2017.03

续表

序号	项目名称	负责人	承担部门	项目分类、类别	预期成果形式	计划完成时间
82	习近平总书记系列重要讲话精神研究专项任务项目	杨　耕	哲学学院	教育部人文社会科学研究、专项委托一般项目	论文	2017.03
83	微公益时代的公民慈善及其实践模式研究	刘　丹	哲学学院	教育部人文社会科学研究、青年基金项目	著作、论文	2019.07
84	中西互镜：庄子哲学英译与诠释研究	姜　莉	外国语言文学学院	教育部人文社会科学研究、青年基金项目	著作	2019.07
85	面向语音教学的汉语普通话发音生理研究	汪高武	文学院	教育部人文社会科学研究、青年基金项目	论文、电子出版物	2019.07
86	近代中国时间观念再研究——以时间新名词新概念的形成和传播为中心	湛晓白	历史学院	教育部人文社会科学研究、青年基金项目	论文、咨询报告	2019.07
87	资助对大学生发展的影响及机制研究	韩丽丽	辅导员基地	教育部人文社会科学研究、青年基金项目	论文、咨询报告	2019.07
88	信息透明度与股价崩盘风险：公司治理与制度环境	江　婕	经济与工商管理学院	教育部人文社会科学研究、青年基金项目	著作、论文	2019.07
89	死刑案件裁判文书说理困境与出路研究	雷小政	刑事法律科学研究院	教育部人文社会科学研究、青年基金项目	论文、咨询报告	2019.07
90	面向论文评审专家推荐的兴趣变化挖掘与回避机制生成的研究	靳　健	政府管理学院	教育部人文社会科学研究、青年基金项目	著作、论文、专利	2019.07
91	积极心理学视野下的大学教师教学工作投入研究	刘　丽	经济与工商管理学院	教育部人文社会科学研究、青年基金项目	论文、咨询报告	2019.07
92	小学生孝道信念养成的家庭影响机制追踪研究：家庭结构、父母孝道信念与父母教育卷入	郭筱琳	中国基础教育质量检测协同创新中心	教育部人文社会科学研究、青年基金项目	论文	2019.07
93	免费教育政策背景下教师教育对职前教师职业认同 的影响：基于追踪数据的研究	张晓辉	心理学院	教育部人文社会科学研究、青年基金项目	论文、咨询报告	2019.07
94	全国中学生有氧耐力测试评价标准的研制与应用	李佑发	中国基础教育质量检测协同创新中心	教育部人文社会科学研究、青年基金项目	论文、咨询报告	2019.07
95	教师誓词研究	方增泉	组织部	教育部人文社会科学研究、规划基金项目	结题报告	2019.07
96	中小学生英语阅读能力标准及测评体系研究	程晓堂	外国语言文学学院	教育部人文社会科学研究、规划基金项目	论文、咨询报告	2019.07
97	基于语篇体裁类型的教育语篇知识结构研究	于　晖	外国语言文学学院	教育部人文社会科学研究、规划基金项目	论文	2019.07
98	双重所有权在中国传统法中的运作以及对解决当代 农村土地问题的价值	夏　扬	法学院	教育部人文社会科学研究、规划基金项目	论文	2019.07
99	高等学校质量年度报告发布制度研究	李　奇	教育学部	教育部人文社会科学研究、规划基金项目	论文、咨询报告	2019.07

续表

序号	项目名称	负责人	承担部门	项目分类、类别	预期成果形式	计划完成时间
100	基于学科核心素养的高中生物学教学设计与教师培 训改革实验研究	王　健	生命科学学院	教育部人文社会科学研究、规划基金项目		2019.07
101	小学生家庭社会经济地位、父母教育卷入与学业成绩关系的纵向追踪研究	罗　良	中国基础教育质量检测协同创新中心	教育部人文社会科学研究、规划基金项目	论文、咨询报告	2019.07
102	老年人的决策行为：认知老化和任务特征的共同作	彭华茂	心理学院	教育部人文社会科学研究、规划基金项目	论文	2019.07
103	互联网环境下中学校园暴力与欺凌的法律 规制研究	尹　力	教育学部	全国教育科学“十三五”规划教育部、重点项目	专著或论文	2019.12
104	大学与欧洲近代早期的社会变革（1500—1800年）	孙　益	教育学部	全国教育科学“十三五”规划教育部、重点项目	专著或论文	2019.12
105	高考改革背景下高中生生涯发展的实证研究	王乃弋	教育学部	全国教育科学“十三五”规划教育部、重点项目	专著或论文	2019.12
106	社会变迁过程中青少年未来取向发展的研究	张玲玲	中国基础教育质量监测协同创新中心	全国教育科学“十三五”规划教育部、重点项目	专著或论文	2019.12
107	中国近百年外国转译著作的资料整理与研究	王志松	外国语言文学学院	北京市社会科学基金、重大项目	专著	2018.12
108	北京饮食文化发展史	万建中	文学院	北京市社会科学基金、重大项目	专著	2018.10
109	历史人类学视角下的新中国民办、代课教师的历史研究	胡　艳	教育学部	北京市社会科学基金、重点项目	研究报告	2018.12
110	一分为三的中国传统思维及其在管理学领域的应用研究	李　海	经济与工商管理学院	北京市社会科学基金、重点项目	专著/论文集	2018.12
111	易学思想与儒释道文化融合	张　涛	中国易学文化研究院	北京市社会科学基金、重点项目	专著	2018.10
112	自我、他者与世界	张曙光	哲学学院	北京市社会科学基金、重点项目	专著	2018.12
113	网络视频社会责任失当成因及传播正能量引导机制研究	王长潇	新闻传播学院	北京市社会科学基金、重点项目	专著	2017.12
114	神经电影学理论模型建构及电影认知的脑成像实证研究	王宜文	艺术与传媒学院	北京市社会科学基金、重点项目	论文集	2019.06
115	京津冀融媒体协同发展的现状、问题、对策研究	石　峰	北京文化发展研究基地	北京市社会科学基金、重点项目	研究报告	2017.12
116	中国共产党爱国主义教育的历史进程与基本经验	温　静	马克思主义学院	北京市社会科学基金、一般项目	专著	2019.06
117	北京孤独症儿童家庭需求与家庭支持体系研究	胡晓毅	教育学部	北京市社会科学基金、一般项目	研究报告	2018.09
118	北京村落传统文化与当代基层社会治理研究	鞠　熙	文学院	北京市社会科学基金、一般项目	专著	2019.07
119	北京市企业贿赂犯罪现状与对策研究	周振杰	刑事法律科学研究院	北京市社会科学基金、一般项目	专著	2017.06

续表

序号	项目名称	负责人	承担部门	项目分类、类别	预期成果形式	计划完成时间
120	北京市教育经费投入产出效率分析	李　昕	统计学院	北京市社会科学基金、一般项目	研究报告	2017.12
121	民国时期北京民众教育馆研究	周慧梅	教育学部	北京市社会科学基金、一般项目	研究报告	2019.06
122	中国散文评点史研究	李小龙	文学院	北京市社会科学基金、一般项目	专著	2018.12
123	日本动漫在中国大陆的网络传播研究	刘　斌	新闻传播学院	北京市社会科学基金、一般项目	研究报告	2017.08
124	北京市财税激励、智力资本增值能力与企业技术创新	申嫦娥	经济与工商管理学院	北京市社会科学基金、一般项目	研究报告	2019.12
125	十八大以来中国共产党巡视制度创新研究	王　峰	马克思主义学院	北京市社会科学基金、一般项目	研究报告	2018.06
126	新北京第三代作家的心灵史研究	杨　志	文化发展研究院	北京市社会科学基金研究基地项目（一般项目）	专著	2018.06
127	同伴对流动儿童和本地儿童学业发展的影响	刘泽云	教育学部	北京市社会科学基金研究基地项目（一般项目）	研究报告	2018.06
128	政府教育财政努力程度研究	孙志军	中国基础教育质量监测协同创新中心	北京市社会科学基金研究基地项目（一般项目）	研究报告	2018.06
129	北京文化发展报告（2015—2016）	沈湘平	教育学部	北京市社会科学基金研究基地项目（一般项目）	专著	2016.12
130	北京中考录取改革与教育公平研究	朱　敏	教育学部	北京市社会科学基金研究基地项目（青年项目）	研究报告	2018.06
131	前科刑事法效应实证研究	劳佳琦	教育学部	北京市社会科学基金、青年项目	研究报告	2018.06
132	北京市义务教育阶段学区治理模式研究	高　莉	教育学部	北京市社会科学基金、青年项目	研究报告	2018.06
133	俄罗斯当代实验戏剧发展研究及其启示	刘　溪	教育学部	北京市社会科学基金、青年项目	研究报告	2018.06
134	首都高校与普通学校音乐教育资源优化配置与整合研究	肖　艳	教育学部	北京市社会科学基金、青年项目	研究报告	2018.06
135	先秦语言文字思想研究	凌丽君	心理学院	北京市社会科学基金、青年项目	论文集	2019.06
136	对话的认知—功能模型研究	王德亮	体育与运动学院	北京市社会科学基金、青年项目	专著	2019.12
137	《判断力批判》与费希特哲学	周黄正蜜	教育学部	北京市社会科学基金、青年项目	研究报告	2017.12
138	中小学“校长—教师”管理沟通对教师专业发展的影响研究	姚计海	教育学部	北京市教育科学“十三五”规划年度项目、重点课题	研究报告	2018.03
139	基础教育名校办分校背景下分校领导团队效能提升研究：异质性整合视角	王文周	教育学部	北京市教育科学“十三五”规划年度项目、重点课题	研究报告	2018.03
140	城市家庭父亲教育参与的现状及其对幼儿社会适应的影响	李晓巍	教育学部	北京市教育科学“十三五”规划年度项目、重点课题	研究报告	2018.12

续表

序号	项目名称	负责人	承担部门	项目分类、类别	预期成果形式	计划完成时间
141	大数据时代动漫亚文化对青少年价值观影响研究	刘　斌	文学院	北京市教育科学“十三五”规划年度项目、重点课题	研究报告	2019.08
142	STEM 教育视角下中小学科学教学模式创新实践研究	李艳燕	教育学部	北京市教育科学“十三五”规划年度项目、重点课题	调查报告、学术论文	2020.04
143	基于学习进阶的北京高中生学业水平考试等级评定模型研究—以科学课程为例	罗　莹	物理学系	北京市教育科学“十三五”规划年度项目、重点课题	研究报告	2019.06
144	交互课堂环境下“深度课堂”评价模型建构及其区域信息化融合发展研究	李玉顺	教育学部	北京市教育科学“十三五”规划年度项目、重点课题	研究报告、论文	2019.04
145	基于自然体验学习的可持续发展教育课程资源的研究与开发	黄　宇	教育学部	北京市教育科学“十三五”规划年度项目、重点课题	研究报告	2019.09
146	学生核心素养培育与基础教育课程教学改革研究	阚　维	教育学部	北京市教育科学“十三五”规划年度项目、优先关注课题	研究报告	2019.03
147	深化教育综合改革背景下教师专业素养提升策略研究	林　静	中国基础教育质量监测协同创新中心	北京市教育科学“十三五”规划年度项目、优先关注课题	研究报告	2019.02
148	班级生态系统对中学生学业投入的影响研究	张云运	中国基础教育质量监测协同创新中心	北京市教育科学“十三五”规划年度项目、青年专项课题	研究报告	2019.06
149	高中生生涯发展影响因素的追踪研究	王乃弋	教育学部	北京市教育科学“十三五”规划年度项目、青年专项课题	研究报告、论文	2019.06
150	增强现实游戏在自闭症儿童生活技能习得的应用及影响研究	蔡　苏	教育学部	北京市教育科学“十三五”规划年度项目、青年专项课题	研究报告	2019.09
151	人口较少民族聚居区双语教育改革发展研究	巴战龙	社会学院	国家民委民族问题研究、一般项目	研究报告	2017.06
152	民族地区财政分权、转移支付与共享发展研究	王华春	政府管理学院	国家民委民族问题研究、一般项目	研究报告	2017.06
153	信息化条件下的跨文化学校合作与民族地区公民教育模式创新实践研究	杜　亮	教育学部	国家民委民族问题研究、委托项目	研究报告	2017.12
154	信息化条件下的跨文化学校合作与民族地区公民教育模式创新实践研究	杜　亮	教育学部	国家民委民族问题研究，委托项目	研究报告	2017.12
155	二元视角下附条件不起诉制度研究	何　挺	刑事法律科学研究院	司法部中青年课题	论文	2018.12
156	加快推进中国对外经济发展方式转变研究（英文版）	李　翀	经济与工商管理学院	国家社会科学基金中华学术外译项目	译著	2019.08
157	普及背景下我国公办性质幼儿园发展现状与顶层政策设计研究	庞丽娟	中国教育政策研究院	中宣部文化名家暨“四个一批”人才项目自主项目	研究报告、论文、政策建议	2021.04
158	“一带一路”古文明研究	杨共乐	历史学院	中宣部文化名家暨“四个一批”人才项目自主项目	研究报告、论文、政策建议	2020.02

续表

序号	项目名称	负责人	承担部门	项目分类、类别	预期成果形式	计划完成时间
159	内地与香港学联学生会组织交流模式研究	谷贤林	教育学部	团中央全国学校共青团研究课题战略课题	研究报告、调查报告、论文	2018. 06
160	思想政治理论课教师队伍教学能力建设研究	熊晓琳	马克思主义学院	教育部社科司 2016 年度高校示范马克思主义学院和优秀教学科研团队建设项目	专著、论文等	2019. 07

2016 年度校级青年基金项目

序号	项目名称	负责人	承担部门	计划完成时间
1	石刻史料与唐代京畿地域社会研究	徐　畅	古籍与传统文化研究院	2018
2	民办学校分类管理政策效果与风险防范研究	景安磊	教育学部—中国教育政策研究院	2018
3	基于网络舆情监测的教育决策支持系统研究	杨小敏	教育学部—中国教育政策研究院	2018
4	高中职业生涯教育研究	杨玉春	教育学部—中国教育政策研究院	2018
5	公共财政、地方治理与房地产市场	陈济冬	经济与工商管理学院	2018
6	住房公积金的收入分配效应研究	万海远	经济与工商管理学院	2018
7	错位专利引用与专利质量研究	曹思未	经济与工商管理学院	2018
8	中国现今金融发展与收入分配关系的研究	张瑞新	经济与工商管理学院	2018
9	教育、社会网络与就业机会	朱　敏	经济与工商管理学院	2018
10	当代金融市场的发展与革新：基于高频大数据的研究	李　堃	经济与工商管理学院	2018
11	中国环境库兹涅茨曲线的估计	刘　盼	经济与工商管理学院	2018
12	近代英国的全科医生与医疗改革研究（1815—1914）	王广坤	历史学院	2018
13	河南栾川旧石器时代晚期龙泉洞遗址动物考古研究	朱　敏	历史学院	2018
14	从共同体到市民社会	田毅松	马克思主义学院	2018
15	中国社会工作职业化发展中专业能力的建设	王晔安	社会发展与公共政策学院	2018
16	差序格局、圈子现象与社群社会资本的本土化研究	尉建文	中国社会管理研究院/社会学院	2018
17	项目制的社会学研究	焦长权	中国社会管理研究院/社会学院	2018
18	促进注意力困难小学生脑执行功能的运动干预研究	胡　惕	体育与运动学院	2018
19	半参数回归模型下独立性检验的理论和应用研究	牛翠珍	统计学院	2018
20	中国国民教育账户的编制和应用研究	唐　军	统计学院	2018
21	多元非参数回归曲线比较的理论方法和应用	郭　旭	统计学院	2018
22	高维复杂结构数据分析	赵俊龙	统计学院	2018
23	移动阅读行为对纸媒传播生态的再建构	何其聪	文化创新与传播研究院	2018
24	社会主义核心价值观的基础性建构——以家教门风的价值转化为支点	曾媛媛	文化创新与传播研究院	2018
25	以伦理舆情测评促进精神文明建设的有效机制研究	张佰明	文化创新与传播研究院	2018
26	北京师范大学青年教师基金项目	李海峰	文化创新与传播研究院	2018

续表

序号	项目名称	负责人	承担部门	计划完成时间
27	北京口传语言文化资源的调查与研究	张维佳	文学院	2018
28	农村中小学寄宿生学校适应的影响机制研究	李　勉	中国基础教育质量监测协同创新中心	2018
29	Y 代人群单元式办公的“交互品质”评估模型	刘　伟	心理学院	2018
30	协商与公民培养的实证研究	王　蕊	新闻传播学院	2018
31	网络空间国际规则制定研究：相关理论与主张及中国策略	徐敬宏	新闻传播学院	2018
32	中国音乐的传承与发展	胡　帅	艺术与传媒学院	2018
33	展览场所与观看方式设计研究	邱爱艳	艺术与传媒学院	2018
34	跨界新媒体音乐会的研究与实践	沈　冰	艺术与传媒学院	2018
35	社交媒体信息传播效果评估与影响因素研究	张　伦	艺术与传媒学院	2018
36	黔东南少数民族影像志	胡　伟	艺术与传媒学院	2018
37	金砖国家和中国参与全球治理研究	王　磊	政府管理学院	2018
38	进城落户农民“三权”自愿有偿退出机制研究	郑雄飞	政府管理学院	2018
39	哲学视野中的生存焦虑问题研究	沈湘平	哲学学院	2018

（北京师范大学社科处刘娜供稿）

中央民族大学

2016 年度承担国家级、省部级等社会科学研究项目

序号	项目名称	负责人	承担部门	项目分类、类别	预期成果形式	计划完成时间
1	中国民俗学学科建设与理论创新研究	林继富	文学与新闻传播学院	国家社会科学基金、重大项目	著作	2021. 12
2	“一带一路”战略中的新疆民族艺术与国家认同研究	王建民	民族学与社会学学院	国家社会科学基金、重大项目	著作	2020. 12
3	中国少数民族传统基层社会治理体系与当代少数民族乡村社会治理体制机制创新研究	贺金瑞	哲学与宗教学学院	国家社会科学基金、重点项目	论文	2019. 10
4	中国特色民族团结理论与实践研究	青　觉	中国民族理论与民族政策研究院	国家社会科学基金、重点项目	论文	2018. 12
5	陆路边境地区构建“口岸文化”研究	张丽君	经济学院	国家社会科学基金、重点项目	著作	2019. 03
6	朝鲜语方言地图集	姜镕泽	朝鲜语言文学系	国家社会科学基金、重点项目	研究报告	2019. 12
7	古代突厥文文献集解	张铁山	中国少数民族语言研究院	国家社会科学基金、重点项目	著作	2019. 11
8	莲花戒佛学著作整理及研究	周　拉	藏学研究院	国家社会科学基金、重点项目	著作	2020. 11

续表

序号	项目名称	负责人	承担部门	项目分类、类别	预期成果形式	计划完成时间
9	中国共产党纪律检查领导体制改革问题研究	颜杰峰	马克思主义学院	国家社会科学基金、一般项目	研究报告	2019.10
10	公司资本制度改革实效评估与再改革研究	陈群峰	法学院	国家社会科学基金、一般项目	著作	2019.08
11	多维贫困视角下金融扶贫机制与模式研究	郭利华	经济学院	国家社会科学基金、一般项目	研究报告	2018.06
12	关中地区西周社会的考古学观察	马　赛	民族学与社会学学院	国家社会科学基金、一般项目	研究报告	2020.03
13	北魏丧葬中民族融合因素的考古学解读	刘连香	民族学与社会学学院	国家社会科学基金、一般项目	著作	2019.12
14	社会主义核心价值观与国家治理现代化内在逻辑研究	孙　英	马克思主义学院	国家社会科学基金、一般项目	研究报告	2019.06
15	“精英阶层”与现阶段我国边疆民族地区稳定研究	罗惠翾	民族学与社会学学院	国家社会科学基金、一般项目	研究报告	2018.12
16	集中连片特困仡佬族地区旅游精准扶贫、精准脱贫研究	李劲松	民族学与社会学学院	国家社会科学基金、一般项目	研究报告	2019.06
17	比较视野下的独立公投与民族问题研究	王　军	中国民族理论与民族政策研究院	国家社会科学基金、一般项目	著作	2018.09
18	新型城镇化背景下新疆籍少数民族流动人口就业研究	黄　锐	管理学院	国家社会科学基金、一般项目	论文	2018.12
19	民族地区农牧民就地（就近）城镇化机理及制度保障研究	刘云喜	经济学院	国家社会科学基金、一般项目	著作	2019.12
20	边境地区人口迁移、流动特征及其人口结构变动的研究	蔡果兰	理学院	国家社会科学基金、一般项目	研究报告	2019.09
21	跨界民族共有传统体育文化的调查研究	韦晓康	体育学院	国家社会科学基金、一般项目	研究报告	2019.12
22	《诗镜论》版本校注整理与研究	王满特嘎	蒙古语言文学系	国家社会科学基金、一般项目	其他	2019.08
23	英国“左翼诗派”诗学研究	吴泽庆	外国语学院	国家社会科学基金、一般项目	著作	2019.08
24	新媒体时代证券市场舆论引导研究	刘瑾鸿	文学与新闻传播学院	国家社会科学基金、一般项目	著作	2019.06
25	“互联网＋”移动端国际汉语碎片化教学理论与模式创新研究	谷　陵	国际教育学院	国家社会科学基金、一般项目	著作	2019.06
26	国际标准视野下汉语作为第二语言口语等级标准研究	孙晓明	国际教育学院	国家社会科学基金、一般项目	著作	2019.06
27	近代维吾尔语文献《巴布尔传》的语言研究	吾麦尔江·吾吉艾合麦提	维吾尔语言文学系	国家社会科学基金、一般项目	著作	2018.12
28	中哈跨境哈萨克语名词术语研究	包拉什	哈萨克语言文学系	国家社会科学基金、一般项目	著作	2019.12

续表

序号	项目名称	负责人	承担部门	项目分类、类别	预期成果形式	计划完成时间
29	地理语言学视角下的广西左右江流域壮语方言研究	韦景云	少数民族语言文学系	国家社会科学基金、一般项目	著作	2019. 12
30	贵州清水江流域苗语调查研究	石德富	少数民族语言文学系	国家社会科学基金、一般项目	研究报告	2020. 03
31	清代驻京呼图克图制度研究	张子新	期刊社	国家社会科学基金、一般项目	著作	2020. 12
32	中国朝鲜族文学编年	吴相顺	朝鲜语言文学系	国家社会科学基金、一般项目	著作	2020. 06
33	民族地区新社会阶层政治参与研究	管前程	马克思主义学院	国家社会科学基金、一般项目	著作	2018. 12
34	民族地区职业教育利益相关者研究	吴冬梅	教育学院	国家社会科学基金、一般项目	著作	2019. 12
35	少数民族大学生创业支持体系研究	夏仕武	教育学院	国家社会科学基金、一般项目	著作	2019. 4
36	明降以来祭孔乐舞舞谱的整理与研究	车延芬	舞蹈学院	国家社会科学基金、一般项目	研究报告	2019. 12
37	法治“德礼”重建与“礼法合治”传统治理资源的创造性发展研究	范依畴	法学院	国家社会科学基金、青年项目	研究报告	2019. 06
38	大数据交易信息安全的刑法保护研究	田　刚	法学院	国家社会科学基金、青年项目	研究报告	2018. 06
39	审判中心主义视角下刑事涉案财物处理机制研究	李　扬	法学院	国家社会科学基金、青年项目	著作	2018. 08
40	宗教极端主义思潮影响下某些大学生群体思想状态及其解决办法研究	李松洁	理学院	国家社会科学基金、青年项目	论文	2018. 09
41	地权分置视野下的土地关系新构造与当代中国代耕现象研究	黄志辉	民族学与社会学学院	国家社会科学基金、青年项目	研究报告	2018. 12
42	收入差距的代际传递机制及在民族地区的实证研究	苏宇楠	理学院	国家社会科学基金、青年项目	研究报告	2019. 12
43	吐蕃赞普王权研究	杨毛措	藏学研究院	国家社会科学基金、青年项目	著作	2019. 12
44	新时期藏语作家群研究	增宝当周	藏学研究院	国家社会科学基金、青年项目	著作	2020. 12
45	城市民族社区治理能力评估和提升路径研究	车　峰	管理学院	国家社会科学基金、青年项目	研究报告	2018. 12
46	共有制度基础理论研究	唐　勇	法学院	国家社会科学基金、后期资助项目	著作	2017. 10
47	满族经济史	杨思远	经济学院	国家社会科学基金、后期资助项目	著作	2017. 12
48	《大唐西域记》藏译文研究	岗　措	藏学研究院	国家社会科学基金、后期资助项目	著作	2018. 12

续表

序号	项目名称	负责人	承担部门	项目分类、类别	预期成果形式	计划完成时间
49	当代展演类西江苗族服饰设计的意义、想象与建构	周　莹	美术学院	国家社会科学基金、后期资助项目	著作	2017.12
50	明清通俗小说婚姻叙事研究	叶楚炎	文学与新闻传播学院	国家社会科学基金、后期资助项目	著作	2017.10
51	清江流域土家族人生仪礼歌唱传统研究	王　丹	中国少数民族研究中心	国家社会科学基金、后期资助项目	著作	2017.12
52	《中国绘画史》（韩文版）	金青龙	朝鲜语言文学系	国家社会科学基金、中华学术外译项目	著作权	2019.09
53	区域共同文化与中华民族文化认同	麻国庆	民族学与社会学学院	中宣部“四个一批”、人才项目	著作	2019.05
54	西部少数民族中青年高级美术创作与设计人才研修班	殷会利	美术学院	国家艺术基金、艺术人才培养项目	其他	2017.12
55	《城市山林Ⅱ》雕塑创作	刘向华	美术学院	国家艺术基金、一般项目	艺术成果	2017.08
56	《中华民族》中国画	朴春子	美术学院	国家艺术基金、一般项目	艺术成果	2018.12
57	北京藏传佛教寺院的历史地位研究	完麻加	藏学研究院	北京市社会科学基金、青年项目	论文	2017.12
58	文化线路遗产视野下的京西古道：价值、保护与利用新探索	雷虹霁	历史文化学院	北京市社会科学基金、青年项目	研究报告	2017.12
59	二十世纪前期北京婚姻家庭变革研究（1900—1936）	张晨怡	历史文化学院	北京市社会科学基金、青年项目	著作	2018.06
60	北京市高校民族团结教育发展创新研究	吴月刚	中国民族理论与民族政策研究院	北京市社会科学基金、青年项目	研究报告	2017.06
61	2016年市科委依法行政制度规范化建设工作任务	张步峰	法学院	北京市科委、委托项目	研究报告	2017.07
62	少数民族地区综合社会调查数据库建设关键问题	包智明	世界民族学人类学研究中心	教育部人文社会科学研究、基地重大项目	其他	2020.08
63	中国西部民族地区宗教舆情与监测研究	苏发祥	民族学与社会学学院	教育部人文社会科学研究、基地重大项目	研究报告	2020.07
64	少数民族文化传承发展与中华文化建设研究	田　艳	法学院	教育部人文社会科学研究、基地重大项目	研究报告	2019.12
65	少数民族人口流动视域下城市民族工作研究	乌小花	中国民族理论与民族政策研究院	教育部人文社会科学研究、基地重大项目	论文	2020.12
66	藏语句法和语义角色联合标注方法及自动分析技术	邱莉榕	信息工程学院	教育部人文社会科学研究、一般项目	论文	2018.12

续表

序号	项目名称	负责人	承担部门	项目分类、类别	预期成果形式	计划完成时间
67	巨灾风险证券化背景下巨灾债券法律规制研究	张长利	法学院	教育部人文社会科学研究、一般项目	著作	2018.12
68	义务教育阶段民族团结教育师资状况调查	青　觉	中国民族理论与民族政策研究院	教育部、民族教育发展中心项目	语音资料	2017.05
69	习近平总书记系列重要讲话精神研究专项任务项目	杨圣敏	少数民族事业发展协同创新中心	教育部、委托项目	论文	2017.03
70	作曲教学与民族文化传承	刘洋洋	音乐学院	教育部、留学人员科研启动基金项目	研究报告	2019.12
71	民族语言调查项目管理	宋　敏	理学院	教育部、民族语言调查项目	调查资料	2017.12
72	语言方言文化调查项目四管理	李锦芳	少数民族语言文学系	教育部、民族语言调查项目	调查资料	2018.12
73	民族语言调查·新疆鄯善维吾尔语中心方言鄯善土语	艾尔肯．阿热孜	维吾尔语言文学系	教育部、民族语言调查项目	调查资料	2016.06
74	民族语言调查·甘肃肃南西部裕固语大河方言	苗东霞	中国少数民族语言文学学院	教育部、民族语言调查项目	调查资料	2018.12
75	民族语言调查·云南丘北壮语北部方言丘北土语	韦景云	少数民族语言文学系	教育部、民族语言调查项目	调查资料	2016.12
76	民族语言调查·内蒙古额尔古纳俄罗斯语	白　萍	外国语学院	教育部、民族语言调查项目	调查资料	2019.06
77	民族语言调查·新疆墨玉维吾尔语和田方言墨玉土语	力提甫托乎提	维吾尔语言文学系	教育部、民族语言调查项目	调查资料	2016.12
78	民族语言调查·新疆塔塔尔语	王远新	少数民族语言文学系	教育部、民族语言调查项目	调查资料	2018.12
79	民族语言调查·湖南保靖土家语北部方言	田　静	少数民族语言文学系	教育部、民族语言调查项目	调查资料	2017.09
80	民族语言调查·贵州龙里布依语第二土语	周国炎	少数民族语言文学系	教育部、民族语言调查项目	调查资料	2017.05
81	民族语言调查·新疆艾努语	阿不都热西提．亚库甫	中国少数民族语言文学学院	教育部、民族语言调查项目	调查资料	2017.12
82	民族语言调查·辽宁沈阳朝鲜语西北方言平安道话	严成浩	朝鲜语言文学系	教育部、民族语言调查项目	调查资料	2016.12
83	民族语言调查·广西田林壮语北部方言桂边土语	李锦芳	少数民族语言文学系	教育部、民族语言调查项目	调查资料	2016.12
84	民族语言调查·内蒙古莫力达瓦达斡尔语布特哈方言	丁石庆	少数民族语言文学系	教育部、民族语言调查项目	调查资料	2016.12
85	民族语言调查·新疆特克斯柯尔克孜语	托汗．依萨克	哈萨克语言文学系	教育部、民族语言调查项目	调查资料	2016.12
86	民族语言调查·贵州凯里苗语黔东方言北部土语	石德富	少数民族语言文学系	教育部、民族语言调查项目	调查资料	2016.12
87	民族语言调查·甘肃天祝土族语天祝土语	韩国君	蒙古语言文学系	教育部、民族语言调查项目	调查资料	2016.12

续表

序号	项目名称	负责人	承担部门	项目分类、类别	预期成果形式	计划完成时间
88	民族语言调查·台湾台东阿美语	杨　梅	少数民族语言文学系	教育部、民族语言调查项目	调查资料	2016.12
89	民族语言调查·四川甘洛彝语北部次方言田坝土语	木乃热哈	少数民族语言文学系	教育部、民族语言调查项目	调查资料	2016.12
90	民族语言调查·内蒙古苏尼特左旗蒙古语内蒙古方言苏尼特土语	包玉柱	期刊社	教育部、民族语言调查项目	调查资料	2016.12
91	中国语言资源保护工程 民族语言调查·内蒙古乌审蒙古语内蒙古方言鄂尔多斯土语	包满亮	蒙古语言文学系	教育部、民族语言调查项目	调查资料	2016.12
92	民族语言调查·新疆察布查尔哈萨克语西南方言	张定京	哈萨克语言文学系	教育部、民族语言调查项目	调查资料	2016.12
93	民族语言调查·黑龙江哈尔滨朝鲜语东南方言庆尚道话	金青龙	朝鲜语言文学系	教育部、民族语言调查项目	调查资料	2017.04
94	民族语言调查·云南昆明彝语东南部方言撒梅话	黄建明	中国少数民族语言研究院	教育部、民族语言调查项目	调查资料	2016.12
95	民族语言调查·撒拉语新疆伊宁方言（二期）	米娜瓦尔	维吾尔语言文学系	教育部、民族语言调查项目	调查资料	2016.12
96	语言方言文化调查·内蒙古鄂温克族自治旗鄂温克语	汪立珍	少数民族语言文学系	教育部、民族语言调查项目	调查资料	2018.07
97	语言方言文化调查·新疆吐鲁番维吾尔语	艾尔肯．阿热孜	维吾尔语言文学系	教育部、民族语言调查项目	调查资料	2018.07
98	语言方言文化调查·四川普格彝话	刘正发	少数民族语言文学系	教育部、民族语言调查项目	调查资料	2018.07
99	语言方言文化调查·西藏拉萨藏语	才旺拉姆	藏学研究院	教育部、民族语言调查项目	调查资料	2018.07
100	语言方言文化调查·广西西林壮语	李锦芳	少数民族语言文学系	教育部、民族语言调查项目	调查资料	2019.12
101	新疆在京少数民族流动人口语言生活需求调查研究	艾尔肯．阿热孜	维吾尔语言文学系	教育部、国家语委项目	研究报告	2017.06
102	“一带一路”国家本土中文师资样板数据库构建研究：以缅甸为例	娄开阳	国际教育学院	教育部、国家语委项目	研究报告	2018.09
103	习近平同志民族工作思想研究	乌小花	中国民族理论与民族政策研究院	国家民委、民族问题研究项目	研究报告	2017.12
104	近期涉及民族因素的网络舆情分析	严　庆	中国民族理论与民族政策研究院	国家民委、民族问题研究项目	研究报告	2017.12
105	2016年世界民族问题跟踪研究	王晴锋	世界民族学人类学研究中心	国家民委、民族问题研究项目	研究报告	2017.08
106	“非西藏生源定向西藏就业”专项计划实施情况调研	李曦辉	发展规划处	国家民委、民族问题研究项目	论文	2017.08
107	全国民族团结进步模范表彰工作改进研究	张泽涛	法学院	国家民委、民族问题研究项目	论文	2017.08

续表

序号	项目名称	负责人	承担部门	项目分类、类别	预期成果形式	计划完成时间
108	少数民族特色村寨（镇）之“特色”挖掘与旅游活化利用研究	徐永志	历史文化学院	国家民委、民族问题研究项目	论文	2017.06
109	系统论视野下的民族交往交流交融方式探析	王　伟	科研处	国家民委、民族问题研究项目	论文	2017.06
110	城市人口流动中对特定民族歧视性做法的治理对策研究	王云芳	中国民族理论与民族政策研究院	国家民委、民族问题研究项目	研究报告	2016.06
111	多元纠纷解决视野下的回族习惯法研究	梁利华	团委	国家民委、民族问题研究项目	论文	2017.05
112	民族地区特色产业发展的金融支持方式研究	侯超惠	经济学院	国家民委、民族问题研究项目	研究报告	2017.06
113	非洲国家特色民族治理模式研究	施　琳	民族学与社会学学院	国家民委、民族问题研究项目	研究报告	2017.06
114	社会主义核心价值观与中华民族共同体研究	邵士庆	马克思主义学院	国家民委、民族问题研究项目	研究报告	2017.06
115	“一带一路”背景下防范与遏制宗教极端主义国际合作机制研究	宫玉涛	马克思主义学院	国家民委、民族问题研究项目	研究报告	2017.06
116	反民族歧视的国际比较研究	陆平辉	法学院	国家民委、民族问题研究项目	研究报告	2017.01
117	我国边民跨境婚姻家庭困境与解决机制研究	雷明光	法学院	国家民委、民族问题研究项目	研究报告	2016.06
118	新媒体与和谐民族关系建设	岳广鹏	文学与新闻传播学院	国家民委、民族问题研究项目	研究报告	2017.03
119	推进民族事务法制化路径研究	姜　红	博士后科研管理	国家民委、民族问题研究项目	论文	2017.12
120	“一带一路”与民族发展研究	麻国庆	民族学与社会学学院	国家民委、创新团队项目	研究报告	2019.10
121	民族地区宗教管理经验的调查与分析	杨圣敏	少数民族事业发展协同创新中心	国家民委、委托项目	研究报告	2017.12
122	教育帮扶：云南“直过民族”劳动者素质提升研究：少数民族双语教育研究	苏德毕力格	教育学院	国家民委、委托项目	研究报告	2017.06
123	政治环境与中亚新疆籍少数民族华侨华人生存状况研究	丁　宏	少数民族事业发展协同创新中心	国家民委、委托项目	研究报告	2017.12
124	涉侨事务协助指南	刘玉屏	国际教育学院	国家民委、委托项目	其他	2017.05
125	走进中国少数民族特色村寨·白族篇	苍　铭	历史文化学院	国家民委、委托项目	著作	2018.12
126	走进少数民族特色村寨．土家族篇	赵　桅	历史文化学院	国家民委、委托项目	著作	2018.09

续表

序号	项目名称	负责人	承担部门	项目分类、类别	预期成果形式	计划完成时间
127	中国少数民族特需商品传统生产工艺与技术保护工程第十期民族药成药目录上	张丽君	经济学院	国家民委、委托项目	著作	2017.09
128	特殊地区和特殊群体减贫政策研究	乌小花	中国民族理论与民族政策研究院	国务院扶贫办、委托项目	研究报告	2016.11
129	审判中心主义视角下刑事涉案财物处理机制研究	张泽涛	法学院	司法部、部级项目	著作	2018.12
130	恐怖主义犯罪司法认定问题研究	韩　铁	法学院	司法部、部级项目	论文	2018.06
131	大数据视阈下金融信息安全的刑法保护体系重构	田　刚	法学院	司法部、部级项目	著作	2018.08
132	藏族“偿债宴”习惯法对我国个人破产立法的启示	陈徐奉	法学院	司法部、部级项目	论文	2018.09
133	慈善组织交易行为规制研究——一个类型学的视角	李　健	管理学院	民政部、理论研究部级项目	研究报告	2016.10
134	我国网络社团的认定与监管创新研究	车　峰	管理学院	民政部、理论研究部级项目	研究报告	2016.10
135	我与周边国家跨界民族问题的历史脉络、现实影响及我对策建议	麻国庆	民族学与社会学学院	外交部、委托项目	研究报告	2016.11
136	《四镇三关志》校注	彭　勇	历史文化学院	全国古籍整理、出版项目	著作	2017.02
137	残疾人长期护理保险研究	郑文换	民族学与社会学学院	中国残疾人联合会、委托项目	研究报告	2016.12

2016年度校级社会科学研究项目

序号	项目名称	负责人	承担部门	项目分类、类别	预期成果形式	计划完成时间
1	社会学学术工作坊	良警宇	民族学与社会学学院	国家基金预研学术工作坊项目	国家级项目	2016.12
2	考古学学术工作坊	刘连香	民族学与社会学学院	国家基金预研学术工作坊项目	国家级项目	2016.12
3	体质人类学与生物考古学工作坊（中国北方古代人类体质与健康研究）	李海军	民族学与社会学学院	国家基金预研学术工作坊项目	国家级项目	2016.12
4	都市人类学学术工作坊	杨青青	民族学与社会学学院	国家基金预研学术工作坊项目	国家级项目	2016.12
5	出土文献与民族史研究	张铭心	民族学与社会学学院	国家基金预研学术工作坊项目	国家级项目	2016.12
6	新世纪以来民族学应用研究的成就与困境	贾仲益	民族学与社会学学院	国家基金预研学术工作坊项目	国家级项目	2016.12
7	古彝文史诗研究工作坊	朱崇先	少数民族语言文学系	国家基金预研学术工作坊项目	国家级项目	2016.12

续表

序号	项目名称	负责人	承担部门	项目分类、类别	预期成果形式	计划完成时间
8	人口较少民族口头文学资料抢救整理与研究	汪立珍	少数民族语言文学系	国家基金预研学术工作坊项目	国家级项目	2016.12
9	彝族毕摩文化资源的开发利用与保护问题	木乃热哈	少数民族语言文学系	国家基金预研学术工作坊项目	国家级项目	2016.12
10	蒙古语言研究工作坊	包满亮	蒙古语言文学系	国家基金预研学术工作坊项目	国家级项目	2016.12
11	蒙古文学研究工作坊	王满特嘎	蒙古语言文学系	国家基金预研学术工作坊项目	国家级项目	2016.12
12	面向连续语音识别的韵律模型——维、汉口语对比	王蓓	中国少数民族语言研究院	国家基金预研学术工作坊项目	国家级项目	2016.12
13	民族古籍文献研究学术工作坊	张铁山	中国少数民族语言研究院	国家基金预研学术工作坊项目	国家级项目	2016.12
14	地理语言学学术工作坊	罗自群	中国少数民族语言研究院	国家基金预研学术工作坊项目	国家级项目	2016.12
15	藏传佛教学术工作坊	周　拉	藏学研究院	国家基金预研学术工作坊项目	国家级项目	2016.12
16	藏文文献研究工作坊	干木滚	藏学研究院	国家基金预研学术工作坊项目	国家级项目	2016.12
17	藏族当代文学学术工作坊	扎　巴	藏学研究院	国家基金预研学术工作坊项目	国家级项目	2016.12
18	藏族历史研究工作坊	曾国庆	藏学研究院	国家基金预研学术工作坊项目	国家级项目	2016.12
19	学术“双周讨论会”	张丽君	经济学院	国家基金预研学术工作坊项目	国家级项目	2016.12
20	发展金融研究工作坊	郭利华	经济学院	国家基金预研学术工作坊项目	国家级项目	2016.12
21	民族文化产业工作坊	罗　莉	经济学院	国家基金预研学术工作坊项目	国家级项目	2016.12
22	民族地区农（牧）民城镇化研究	刘云喜	经济学院	国家基金预研学术工作坊项目	国家级项目	2016.12
23	民族地区政府管理学术工作坊	李俊清	管理学院	国家基金预研学术工作坊项目	国家级项目	2016.12
24	民族地区旅游管理学术工作坊	王亚欣	管理学院	国家基金预研学术工作坊项目	国家级项目	2016.12
25	民族地区工商管理学术工作坊	胥悦红	管理学院	国家基金预研学术工作坊项目	国家级项目	2016.12
26	民族地区公共治理学术工作坊	陈旭清	管理学院	国家基金预研学术工作坊项目	国家级项目	2016.12
27	中国资本市场财务和与会计学研究工作坊	李书峰	管理学院	国家基金预研学术工作坊项目	国家级项目	2016.12
28	“一带一路”研究工作坊	李曦辉	管理学院	国家基金预研学术工作坊项目	国家级项目	2016.12
29	中国当代社会转型与法律调整	韩　铁	法学院	国家基金预研学术工作坊项目	国家级项目	2016.12

续表

序号	项目名称	负责人	承担部门	项目分类、类别	预期成果形式	计划完成时间
30	新常态下的国内外纠纷解决机制研究	张泽涛	法学院	国家基金预研学术工作坊项目	国家级项目	2016. 12
31	民族政治问题研究工作坊	青　觉	中国民族理论与民族政策研究院	国家基金预研学术工作坊项目	国家级项目	2016. 12
32	民族理论与民族政策创新研究工作坊	乌小花	中国民族理论与民族政策研究院	国家基金预研学术工作坊项目	国家级项目	2016. 12
33	"一带一路"国家战略与文化领导权和文化认同研究学术工作坊	孙　英	马克思主义学院	国家基金预研学术工作坊项目	国家级项目	2016. 12
34	马克思主义基本原理学术工作坊	邵士庆	马克思主义学院	国家基金预研学术工作坊项目	国家级项目	2016. 12
35	马克思主义中国化学术工作坊	王金磊	马克思主义学院	国家基金预研学术工作坊项目	国家级项目	2016. 12
36	党史党建学术工作坊	孟凡东	马克思主义学院	国家基金预研学术工作坊项目	国家级项目	2016. 12
37	汉语言文字学学术工作坊	卢小群	文学与新闻传播学院	国家基金预研学术工作坊项目	国家级项目	2016. 12
38	当代媒介环境下的社会经济发展与文化创新研究	张　志	文学与新闻传播学院	国家基金预研学术工作坊项目	国家级项目	2016. 12
39	中国现当代文学学术工作坊	杨天舒	文学与新闻传播学院	国家基金预研学术工作坊项目	国家级项目	2016. 12
40	宗教生态视野中的维吾尔族宗教信仰的流变模式研究——以喀拉汗王朝为例	张　咏	哲学与宗教学学院	国家基金预研学术工作坊项目	国家级项目	2016. 12
41	宗教伦理学学术工作坊	王文东	哲学与宗教学学院	国家基金预研学术工作坊项目	国家级项目	2016. 12
42	藏传佛教前弘期"顿渐之诤"研究	孙悟湖	哲学与宗教学学院	国家基金预研学术工作坊项目	国家级项目	2016. 12
43	马克思主义哲学民族性及其当代建构	贺金瑞	哲学与宗教学学院	国家基金预研学术工作坊项目	国家级项目	2016. 12
44	中国近现代前沿问题研究	徐永志	历史文化学院	国家基金预研学术工作坊项目	国家级项目	2016. 12
45	"中国民族历史研究与文献整理"工作坊	彭　勇	历史文化学院	国家基金预研学术工作坊项目	国家级项目	2016. 12
46	西南民族历史与文化研究工作坊	苍　铭	历史文化学院	国家基金预研学术工作坊项目	国家级项目	2016. 12
47	略论冷战时期中国与周边国家关系中的大国因素	章毅君	历史文化学院	国家基金预研学术工作坊项目	国家级项目	2016. 12
48	教育学学术工作坊	苏　德	教育学院	国家基金预研学术工作坊项目	国家级项目	2016. 12
49	少数民族教育心理学术工作坊	常永才	教育学院	国家基金预研学术工作坊项目	国家级项目	2016. 12

续表

序号	项目名称	负责人	承担部门	项目分类、类别	预期成果形式	计划完成时间
50	区域和国别研究工作坊	张　娜	外国语学院	国家基金预研学术工作坊项目	国家级项目	2016. 12
51	外国文学工作坊	吴泽庆	外国语学院	国家基金预研学术工作坊项目	国家级项目	2016. 12
52	翻译研究工作坊	马士奎	外国语学院	国家基金预研学术工作坊项目	国家级项目	2016. 12
53	语言学工作坊	金成兰	外国语学院	国家基金预研学术工作坊项目	国家级项目	2016. 12
54	非英语专业研究生英语教学改革研究与实践工作坊	王如利	外国语学院	国家基金预研学术工作坊项目	国家级项目	2016. 12
55	中国民族民间舞蹈道具研究工作坊	杨　敏	舞蹈学院	国家基金预研学术工作坊项目	国家级项目	2016. 12
56	民族舞蹈技巧的传承与运用研究	马云霞	舞蹈学院	国家基金预研学术工作坊项目	国家级项目	2016. 12
57	中国古典舞基础训练民族性之探索工作坊	杨　希	舞蹈学院	国家基金预研学术工作坊项目	国家级项目	2016. 12
58	中国蒙古族舞蹈口述史	车延芬	舞蹈学院	国家基金预研学术工作坊项目	国家级项目	2016. 12
59	中国少数民族风格音乐作品创作与研究	陈昌宁	音乐学院	国家基金预研学术工作坊项目	国家级项目	2016. 12
60	中国少数民族民歌演唱技法及其理论研究	柯　琳	音乐学院	国家基金预研学术工作坊项目	国家级项目	2016. 12
61	少数民族大学生体质研究学术坊	侯会生	体育学院	国家基金预研学术工作坊项目	国家级项目	2016. 12
62	兴安岭森林少数民族游猎文化与生态保护研究	方　征	体育学院	国家基金预研学术工作坊项目	国家级项目	2016. 12
63	动作技能学习理论研究与体育教学原理构建学术工作坊	张凤民	体育学院	国家基金预研学术工作坊项目	国家级项目	2016. 12
64	汉语国际教育国家基金预研学术工作坊	吴应辉	国际教育学院	国家基金预研学术工作坊项目	国家级项目	2016. 12
65	国际汉语教学“三教”问题研究	刘玉屏	国际教育学院	国家基金预研学术工作坊项目	国家级项目	2016. 12
66	民族地区干部及专业人才培训研究	朴承权	继续教育学院	国家基金预研学术工作坊项目	国家级项目	2016. 12
67	中国预科教育政策与实践研究学术工作坊	姚显志	预科教育学院	国家基金预研学术工作坊项目	国家级项目	2016. 12
68	精准扶贫研究工作坊	王　洁	预科教育学院	国家基金预研学术工作坊项目	国家级项目	2016. 12
69	第二语言（汉语）习得理论与应用研究——不同文化背景对汉语作为第二语言习得的影响	徐　健	预科教育学院	国家基金预研学术工作坊项目	国家级项目	2016. 12
70	少数民族预科英语教学现状与对策研究工作坊	曹红梅	预科教育学院	国家基金预研学术工作坊项目	国家级项目	2016. 12

续表

序号	项目名称	负责人	承担部门	项目分类、类别	预期成果形式	计划完成时间
71	世界民族研究工作坊	张海洋	世界民族学与人类学研究中心	国家基金预研学术工作坊项目	国家级项目	2016.12
72	社会人类学研究工作坊	包智明	世界民族学与人类学研究中心	国家基金预研学术工作坊项目	国家级项目	2016.12
73	藏传佛教宁玛派密修殿的存在形式及其社会功能研究	完麻加	藏学研究院	青年教师短期科研项目	论文	2016.12
74	少数民族地区人民陪审员制度研究	王一超	法学院	青年教师短期科研项目	论文	2016.12
75	立法法修改与新时期民族立法的发展问题研究	郑　毅	法学院	青年教师短期科研项目	论文	2016.12
76	公共政策终结中的过程性风险研究	曲纵翔	管理学院	青年教师短期科研项目	论文、研究报告	2016.12
77	哈萨克民间艺人哈孜木演唱文本研究	努尔巴汗·卡力列汗	哈萨克语言文学系	青年教师短期科研项目	研究报告	2016.12
78	广西中越边境村规民约研究	梁　琛	哈萨克语言文学系	青年教师短期科研项目	汇编、调查报告	2016.12
79	少数民族本科生学习成果的“增值性评价”研究	白　华	教育学院	青年教师短期科研项目	研究报告	2016.12
80	民族地区农村双语教师职后培训模式探究	林　玲	教育学院	青年教师短期科研项目	论文、研究报告	2016.12
81	“互联网+”战略下少数民族特需商品创新发展研究	王润球	经济学院	青年教师短期科研项目	论文、调研报告	2016.12
82	“一带一路”战略条件下的民族地区沿边口岸经济差异化发展研究	王　博	经济学院	青年教师短期科研项目	研究报告	2016.12
83	社会史视野下的北京回族研究	丁慧倩	历史文化学院	青年教师短期科研项目	研究报告	2016.12
84	史籍与传说：唐蕃和亲的历史解读	蒋爱花	历史文化学院	青年教师短期科研项目	学术论文	2016.12
85	奥托·鲍威尔社会主义思想研究	张亮亮	马克思主义学院	青年教师短期科研项目	论文、研究报告	2016.12
86	胡仁·乌力格尔神仙形象研究	好比斯嘎拉图	蒙古语言文学系	青年教师短期科研项目	研究报告	2016.12
87	藏文文著《回遮蒙古之历史》文本翻译及注释	哈斯朝鲁	蒙古语言文学系	青年教师短期科研项目	研究报告	2016.12
88	京津冀城乡居民基本医疗保障一体化之北京政策机制研究	杨　慧	民族学与社会学学院	青年教师短期科研项目	研究报告	2016.12
89	中国考古遗址人群牙齿健康状况研究	李海军	民族学与社会学学院	青年教师短期科研项目	论文	2016.12
90	少数民族流动人口精英群体的社会功能探究	杨青青	民族学与社会学学院	青年教师短期科研项目	研究报告	2016.12

续表

序号	项目名称	负责人	承担部门	项目分类、类别	预期成果形式	计划完成时间
91	民族院校深化改革与协同创新中心建设研究	马　欣	少数民族事业发展协同创新中心	青年教师短期科研项目	研究报告	2016. 12
92	北京市哈萨克族人口的移民倾向研究	马衣努·沙那提别克	少数民族事业发展协同创新中心	青年教师短期科研项目	论文、研究报告	2016. 12
93	冷战时期的乌托邦与反乌托邦叙事研究	赵柔柔	少数民族语言文学系	青年教师短期科研项目	专著	2016. 12
94	白族民间传说“柏洁夫人”的缘起与改编	杨喻清	少数民族语言文学系	青年教师短期科研项目	专著、论文	2016. 12
95	家族视角下的巴勒斯坦社会研究	赵　萱	世界民族学人类学研究中心	青年教师短期科研项目	研究报告、论文	2016. 12
96	中央民族大学图书馆藏云南少数民族图册版本考	黄金东	图书馆	青年教师短期科研项目	论文	2016. 12
97	中央民族大学图书馆俄文图书回溯建库研究	黄海华	图书馆	青年教师短期科研项目	论文	2016. 12
98	基于自建语料库的少数民族大学生英语写作能力认知诊断研究	胥　云	外国语学院	青年教师短期科研项目	论文	2016. 12
99	英汉汉英方言翻译特征的比较研究	姜　静	外国语学院	青年教师短期科研项目	论文集	2016. 12
100	吐鲁番发现的察哈台文书信研究	努润古丽马木提	维吾尔语言文学系	青年教师短期科研项目	论文	2016. 12
101	少数民族非物质文化遗产保护与传承之新媒体路径研究	范小青	文学与新闻传播学院	青年教师短期科研项目	论文	2016. 12
102	《儒林外史》原型人物研究	叶楚炎	文学与新闻传播学院	青年教师短期科研项目	论文	2016. 12
103	舞蹈作品的理论分析与批评研究	刘　柳	舞蹈学院	青年教师短期科研项目	著作	2016. 12
104	中国古典舞课钢琴伴奏音乐研究	刘晶红	舞蹈学院	青年教师短期科研项目	著作	2016. 12
105	少数民族地区多元纠纷解决机制研究——以宁夏同心、新疆昌吉地区为例	梁利华	法学院	青年教师短期科研项目	论文	2016. 12
106	网络新媒体环境下少数民族大学生舆论引导机制研究	贾玲玲	信息化建设管理处	青年教师短期科研项目	论文、报告	2016. 12
107	同一性视阈下音乐符号和文学符号的对比研究	王　婷	音乐学院	青年教师短期科研项目	论文	2016. 12
108	三语习得视域下新疆“民考民”预科生英语学习研究	乔　翔	预科教育学院	青年教师短期科研项目	论文、调查报告	2016. 12
109	美国犹太文学忧患意识研究	高迪迪	预科教育学院	青年教师短期科研项目	论文	2016. 12
110	马克思哲学与形而上学问题研究	刘　梅	哲学与宗教学学院	青年教师短期科研项目	专著	2016. 12

续表

序号	项目名称	负责人	承担部门	项目分类、类别	预期成果形式	计划完成时间
111	“族裔民族主义”背景下香港青少年的国家认同建构研究	王云芳	中国民族理论与民族政策研究院	青年教师短期科研项目	研究报告	2016.12
112	俄罗斯民族团结进步的治理机制与经验研究	程春华	中国民族理论与民族政策研究院	青年教师短期科研项目	研究报告	2016.12
113	东盟对区域内暴力性民族冲突治理研究	王　伟	科研处	青年教师短期科研项目	论文	2016.12
114	方块壮字与喃字同形字对比研究	何思源	少数民族语言文学院	青年教师短期科研项目	专著	2016.12
115	多维贫困视角下民族地区的精准扶贫问题研究	吴本健	经济学院	青年教师短期科研项目	论文	2016.12
116	多民族国家法律体系的统一性与多样性——以清代蒙古罚牲刑为例	文　晖	少数民族事业发展协同创新中心	博士文库出版资助项目	著作	2016.12
117	中国的“世界文学”观念与实践研究（1895—1949）	张　珂	外国语学院	博士文库出版资助项目	著作	2016.12
118	开式动作技能练习组织方式的理论与实验研究	张凤民	体育学院	博士文库出版资助项目	著作	2016.12
119	电视媒体对维吾尔观众的影响力现状与提升路径研究	王　斌	文学与新闻传播学院	博士文库出版资助项目	著作	2016.12
120	湘西宗教文化源流研究	胡文会	美术学院	博士文库出版资助项目	著作	2016.12
121	胡仁·乌力格尔生成研究	好比斯嘎拉图	蒙古语言文学系	博士文库出版资助项目	著作	2016.12
122	20世纪英语世界的反乌托邦研究	赵柔柔	少数民族语言文学系	博士文库出版资助项目	著作	2016.12

（中央民族大学科研处供稿）

中国政法大学

2016年度承担国家级、省部级社会科学研究项目

序号	项目名称	负责人	承担部门	项目分类、类别	预期成果形式	计划完成时间
1	中国企业社会责任立法重大问题研究	赵旭东	民商经济法学院	国家社会科学基金、重大项目	专著、研究报告	2019.12
2	世界主义思想研究	蔡　拓	全球化与全球问题研究所	国家社会科学基金、重大项目	专著	2021.12
3	网络媒体伦理规范研究	阴卫芝	光明新闻传播学院	国家社会科学基金、一般项目	专著	2019.12
4	治国理政的中国哲学智慧研究	林存光	政治与公共管理学院	国家社会科学基金、一般项目	专著	2019.12
5	能源效率推进法律机制研究	于文轩	民商经济法学院	国家社会科学基金、一般项目	研究报告	2019.06

续表

序号	项目名称	负责人	承担部门	项目分类、类别	预期成果形式	计划完成时间
6	经济法定位与经济法责任属性和类型研究	赵红梅	民商经济法学院	国家社会科学基金、一般项目	专著	2020.12
7	德国民法术语在中国的继受与发展	王　强	外国语学院	国家社会科学基金、一般项目	专著、论文集	2019.05
8	政府规范生命科学研究活动的行政法治问题	赵　鹏	法治政府研究院	国家社会科学基金、一般项目	论文集、研究报告	2018.06
9	美国宪法在中国的翻译与传播研究	胡晓进	法学教育研究与评估中心	国家社会科学基金、一般项目	专著、论文集	2020.06
10	县域法治与县域善治	杨玉圣	法学院	国家社会科学基金、一般项目	研究报告	2019.06
11	爱国主义理论研究	黄　璇	政治与公共管理学院	国家社会科学基金、青年项目	专著	2019.07
12	互联网市场价格违法行为规制研究	张钦昱	民商经济法学院	国家社会科学基金、青年项目	专著、其他	2018.06
13	纯粹法理论的实践性问题研究	王银宏	法律史学研究院	国家社会科学基金、青年项目	专著	2019.12
14	近代中国传统经济思想现代化研究：以民生经济学为例（1840—1949）	熊金武	商学院	国家社会科学基金、后期资助项目	专著	2019.09
15	外商直接投资产业控制力研究	李　泳	商学院	国家社会科学基金、后期资助项目	专著	2016.12
16	证券监管法论	李东方	民商经济法学院	国家社会科学基金、后期资助项目	专著	2016.12
17	百年文艺中的“家国”关系变迁——以“五四”至今的文艺为对象	卢燕娟	人文学院	国家社会科学基金、艺术学项目	专著、论文	2019.07
18	治官之法：中国传统行政法律与国家治理	林　乾	法律史学研究院	教育部人文社会科学研究、重点研究基地重大项目	专著	2020.12
19	外儒内法，霸王二道：中国传统刑事法律与社会控制	刘广安	法律史学研究院	教育部人文社会科学研究、重点研究基地重大项目	专著、建议书	2020.12
20	义理与法理：中国传统法理及其当代价值	张中秋	法律史学研究院	教育部人文社会科学研究、重点研究基地重大项目	专著、建议书或咨询报告	2020.12
21	宪法“人权条款”实施状况研究	李树忠	人权研究院（学校办公室）	教育部人文社会科学研究、重点研究基地重大项目	研究报告	2019.09
22	O2O 商业模式关键要素与支付意愿的多维度匹配性研究	葛建华	商学院	教育部人文社会科学研究、规划项目	著作	2019.07
23	纪录现代性体验：20 世纪初德国电影理论研究	徐亚萍	光明新闻传播学院	教育部人文社会科学研究、青年项目	期刊、论文集、译著	2019.07
24	近代前期西班牙衰落与英国崛起的经济法解释	张　东	民商经济法学院	教育部人文社会科学研究、青年项目	著作、论文	2019.07

续表

序号	项目名称	负责人	承担部门	项目分类、类别	预期成果形式	计划完成时间
25	近代中国历史漫画与提升高校思想政治理论教育教学效果研究	孔祥宇	马克思主义学院	教育部人文社会科学研究、专项任务项目	著作、论文	2018.07
26	高校思想政治理论课 CMPCL 教学法研究	赵卯生	马克思主义学院	教育部人文社会科学研究、专项任务项目	论文、教学模式	2017.12
27	港澳居民在内地的权利义务及其要求的“国民待遇”问题研究	焦洪昌	法学院	教育部特别委托项目	总报告、分报告	2018.06
28	《中小学校长法治培训大纲》及《中小学法治教育教师培训大纲》研究	王敬波	法治政府研究院	教育部委托项目	《中小学校长法治培训大纲(草案)》《中小学法治教育教师培训大纲草案》以及起草说明	2016.06
29	教育案例库建设	王敬波	法治政府研究院	教育部委托项目	教育案例库	2018.04
30	宋辽金元石刻法律文献集释	李雪梅	法律古籍整理研究所	教育部全国高等院校古籍整理研究项目	专著	2018.08
31	对外开放与中国道路	杨　帆	商学院	北京市社会科学基金、重点项目	专著	2017.07
32	刑事速裁程序研究	李本森	诉讼法学研究院	北京市社会科学基金、重点项目	专著	2017.12
33	明清时期权利救济问题研究	张德美	法律史学研究院	北京市社会科学基金、重点项目	专著	2019.07
34	党内法规清理制度研究	王建芹	法学院	北京市社会科学基金、一般项目	研究报告	2017.12
35	苏维埃革命中的政党与地方精英	应　星	社会学院	北京市社会科学基金、一般项目	论文集	2019.06
36	司法改革背景下的法律职业伦理研究	许身健	法学院	北京市社会科学基金、一般项目	专著	2019.06
37	北京市社区公共文化服务政府购买研究	刘　星	政治与公共管理学院	北京市社会科学基金、一般项目	研究报告	2018.06
38	二十世纪中国文学中法律叙事的内在矛盾研究	董　燕	人文学院	北京市社会科学基金、一般项目	专著	2019.06
39	宣颖《南华经解》校释与研究	刘　黛	人文学院	北京市社会科学基金、一般项目	专著	2019.07
40	北京市离婚案件中的同性恋问题研究	郭晓飞	法学院	北京市社会科学基金、青年项目	研究报告	2018.06
41	刑事速裁程序建构研究：基于北京等试点地的调研	倪　润	诉讼法学研究院	北京市社会科学基金、青年项目	专著	2017.10
42	“一带一路”战略背景下境外投资的多元争端解决机制	余　丽	国际法学院	北京市社会科学基金、青年项目	研究报告	2018.06

续表

序号	项目名称	负责人	承担部门	项目分类、类别	预期成果形式	计划完成时间
43	以证据重构为目的的审判中心改革研究	元 轶	比较法学研究院	北京市社会科学基金、青年项目	专著	2018.12
44	基督教与晚清北京社会（1861—1911）	王 静	人文学院	北京市社会科学基金、青年项目	专著	2018.06
45	新媒体语境下“90后”网民群体的政治认同构建机制研究	侯月娟	光明新闻传播学院	北京市社会科学基金、青年项目	研究报告	2018.06
46	大数据背景下网络社区社会资本影响因素研究	崔 凯	光明新闻传播学院	北京市社会科学基金、青年项目	专著、论文	2018.12
47	基于语料库的德汉立法语篇研究	高 莉	外国语学院	北京市社会科学基金、青年项目	研究报告	2019.06
48	共享经济的法律规制与保障研究	林 华	法治政府研究院	北京市社会科学基金、一般项目	研究报告	2018.06
49	中国法治政府年度发展报告2016	马怀德	法治政府研究院	北京市社会科学基金、一般项目	研究报告	2017.01
50	再审制度与审级制度衔接研究	杨秀清	民商经济法学院	司法部国家法治与法学理论研究项目、一般课题	专著	2018.12
51	我国不动产役权制度构建研究	李永军	民商经济法学院	司法部国家法治与法学理论研究项目、一般课题	专著	2018.10
52	互联网金融平台市场退出之法律规制研究	张钦昱	民商经济法学院	司法部国家法治与法学理论研究项目、中青年课题	研究报告	2018.09
53	“一带一路”背景下我国境外投资的多元争端解决机制研究	余 丽	国际法学院	司法部国家法治与法学理论研究项目、中青年课题	研究报告	2018.08
54	新中国初期北京市的基层社会治理法治化研究（1949—1956）	黄 东	马克思主义学院	司法部国家法治与法学理论研究项目、专项任务	论文	2018.07

（中国政法大学科研处魏雯、曲欣供稿）

2016年度重要横向课题（省部级单位委托研究项目）

序号	项目名称	负责人	承担部门	项目分类、类别	预期成果形式	计划完成时间
1	司法规律研究	卞建林	诉讼法学研究院	中共中央政法委员会项目	研究报告	2017.01
2	绿色政府采购法律制度比较研究	曾 涛	国际法学院	外交部项目	研究报告	2017.04
3	国外法官职级与薪酬	樊崇义	诉讼法学研究院	最高人民法院项目	研究报告	2016.12
4	南京环境紧急状况责任下的财务保证问题研究	郭红岩	国际法学院	国家海洋局项目	研究报告	2017.12

续表

序号	项目名称	负责人	承担部门	项目分类、类别	预期成果形式	计划完成时间
5	司法鉴定质量评查实施方案研究	郭兆明	证据科学研究院	司法部项目	研究报告	2017. 07
6	起草《土壤污染治理与修复工程追责办法》	胡　静	民商经济法学院	环境保护部项目	研究报告	2018. 05
7	环保行政命令的梳理与完善	胡　静	民商经济法学院	环境保护部项目	研究报告	2017. 03
8	德国刑事法律咨询项目	黄　河	比较法学研究院	公安部项目	研究报告	2018. 12
9	国际法在中国法治体系中的作用	黄　进	国际法学院	外交部项目	研究报告	2017. 12
10	国际体育仲裁院案例研究	姜丽丽	仲裁研究院	国家体育总局项目	研究报告	2017. 09
11	农业法制建设与政策调研——天然橡胶资源保护立法研究	解志勇	法学院、发展规划与学科建设处	农业部项目	研究报告	2016. 12
12	《关于法治人社的实践难题研究》论证研究	金英杰	民商经济法学院	人力资源和社会保障部项目	研究报告	2016. 08
13	TTP 投资规则及我国应对策略研究	孔庆江	国际法学院	国家发展和改革委员会项目	研究报告	2017. 03
14	地理标志发展国际新趋势与我国谈判策略选择	寇　丽	政法论坛编辑部	国家工商行政管理总局项目	研究报告	2016. 12
15	完善社会抚养费征收管理制度研究	郎佩娟	法学院	国家卫生和计划生育委员会项目	研究报告	2016. 12
16	国外刑事案件快速处理程序机制研究	李本森	诉讼法学研究院	中共中央政法委员会项目	著作	2016. 12
17	海洋遗传资源知识产权相关问题研究	李俊红	人事处	国家海洋局项目	研究报告	2016. 02
18	林业生态用地审批法律制度研究	李明霞	政治与公共管理学院	国家林业局项目	研究报告	2017. 03
19	《民族乡行政工作条例》立法后评估	李　鸣	法律史学研究院	国家民族事务委员会项目	研究报告	2017. 08
20	新常态下完善价格法律法规体系研究	李曙光	民商经济法学院	国家发展和改革委员会项目	研究报告	2017. 06
21	中外法学教育比较研究与中国法学教育改革	李树忠	法学教育研究与评估中心	中共中央政法委员会项目	研究报告	2016. 12
22	矿产资源管理法律法规适用的重点难点问题研究	李显冬	民商经济法学院	国土资源部项目	研究报告	2016. 12
23	地理标志与商标保护的制度研究	李祖明	民商经济法学院	国家工商行政管理总局项目	研究报告	2016. 06
24	国家发展与基层司法文明	栗　峥	诉讼法学研究院	中共中央组织部项目	研究报告	2019. 02
25	《禁止传销条例》修订相关问题研究	林鸿潮	法治政府研究院	国家工商行政管理总局项目	研究报告	2017. 04

续表

序号	项目名称	负责人	承担部门	项目分类、类别	预期成果形式	计划完成时间
26	行政复议、行政应诉案例选编	林 华	法治政府研究院	工业和信息化部项目	研究报告	2016.12
27	完善国有资本经营预算制度研究	刘纪鹏	资本金融研究院	国务院国有资产监督管理委员会项目	研究报告	2016.12
28	药师法立法框架及主要问题研究	刘 鑫	证据科学研究院	国家卫生和计划生育委员会项目	研究报告	2016.10
29	新形势下街道办事处职能重新定位与履职方式创新研究	潘小娟	政治与公共管理学院	民政部项目	研究报告	2016.06
30	TPP国有企业负面清单有关问题研究	祁 欢	国际法学院	国务院国有资产监督管理委员会项目	研究报告	2016.12
31	关税立法国际比较研究	施正文	民商经济法学院	财政部项目	论文或者专著	2017.07
32	竞争政策法制化研究	时建中	民商经济法学院	国家发展和改革委员会项目	研究报告	2017.01
33	打破地区封锁相关法规实施状况评估	时建中	民商经济法学院	商务部项目	研究报告	2016.11
34	域外政府机构等特殊主体执行制度研究（欧洲执行机构实践）	谭秋桂	诉讼法学研究院	最高人民法院项目	著作	2016.12
35	国家管辖外海域环境影响评价定义、类型和阈值研究	王灿发	民商经济法学院	国家海洋局项目	研究报告	2017.02
36	对2016年度环境保护法实施情况进行评估	王灿发	民商经济法学院	环境保护部项目	研究报告	2017.05
37	渔业资源和生态保护制度及相关法律关系研究	王灿发	民商经济法学院	农业部项目	研究报告	2016.12
38	海洋依法行政考核评价指标体系研究	王敬波	法治政府研究院	国家海洋局项目	研究报告	2017.03
39	国家铁路局权力清单、责任清单及监管手段拓展研究	王敬波	法治政府研究院	国家铁路总局	研究报告	2017.06
40	领导干部学法用法要点汇编	王敬波	法治政府研究院	国家新闻出版广电总局项目	研究报告	2017.07
41	法治邮政指标评审	王敬波	法治政府研究院	国家邮政局项目	研究报告	2019.08
42	转基因信息公开法律制度研究	王敬波	法治政府研究院	农业部项目	研究报告	2016.12
43	研究起草《外国机构在中国境内提供金融信息服务管理规定实施细则》	王卫国	民商经济法学院	国家互联网信息办公室项目	研究报告	2016.04
44	自然资源管理法律体系研究	王卫国	民商经济法学院	国土资源部项目	研究报告	2016.06
45	《长城保护条例》修订问题研究和专家建议稿项目	王 涌	民商经济法学院	国家文物局项目	研究报告	2017.03
46	北京市养老服务体系建设研究	王玉梅	民商经济法学院	北京市人大常委会项目	研究报告	2016.12

续表

序号	项目名称	负责人	承担部门	项目分类、类别	预期成果形式	计划完成时间
47	缺陷产品召回与产品质量安全相关法律关系研究	吴景明	民商经济法学院	国家质量监督检验检疫总局项目	研究报告	2017.01
48	企业法律顾问制度与公司律师制度比较	肖富荣	商学院	国务院国有资产监督管理委员会项目	研究报告	2016.08
49	我国海洋污染损害赔偿制度研究	肖建华	诉讼法学研究院	国家海洋局项目	研究报告	2017.05
50	提高国家治理能力目标下的现代民政事业评价指标体系研究	徐　爽	人权研究院	民政部项目	研究报告	2016.08
51	安全生产行政执法责任研究	薛刚凌	法学院	国家安全生产监督管理总局项目	研究报告	2016.12
52	法律视角下完善安全生产综合监管体制机制重点问题研究	薛刚凌	法学院	国家安全生产监督管理总局项目	研究报告	2016.12
53	海洋行政执法与刑事司法衔接研究	薛刚凌	法学院	国家海洋局项目	研究报告	2017.04
54	电子招标投标制度落实情况评估	薛克鹏	民商经济法学院	国家发展和改革委员会	研究报告	2016.12
55	新兴国家南极政策比较研究	杨　昊	全球化与全球问题研究所	国家海洋局项目	论文	2017.12
56	规范媒体对案件的报道课题研究	姚泽金	光明新闻传播学院	中共中央政法委员会项目	研究报告	2016.08
57	《北京市行政程序条例》再论证	应松年	法治政府研究院	北京市人大常委会项目	研究报告	2016.11
58	食品药品安全数据造假行为的刑法制裁体系研究	于　冲	刑事司法学院	国家食品药品监督管理总局项目	研究报告	2016.12
59	涉兴奋剂犯罪的刑法制裁体系研究	于　冲	刑事司法学院	国家体育总局项目	研究报告	2017.12
60	司法体制改革项目第三方评估	张保生	证据科学研究院	中共中央政法委员会项目	研究报告	2016.05
61	民办非企业单位清算和剩余财产处理问题研究	张　玲	国际法学院	民政部项目	研究报告	2016.12
62	首都民意研究	张　森	光明新闻传播学院	北京市人大常委会项目	研究报告	2016.12
63	《消除一切形式种族歧视国际公约》翻译及比较研究	张　伟	人权研究院	国家民族事务委员会项目	研究报告	2016.11
64	《2015 年国别人权报告》翻译	张　伟	人权研究院	中共中央宣传部项目	研究报告	2016.12
65	黑名单制度立法研究	赵旭东	民商经济法学院	国家工商行政管理总局项目	研究报告	2016.11
66	商法通则立法课题研究	赵旭东	民商经济法学院	国家工商行政管理总局项目	研究报告	2017.04
67	涉民族因素热点事件网络传播预警机制研究	郑满宁	光明新闻传播学院	国家民族事务委员会项目	研究报告	2017.06

2016 年度校级社会科学研究项目

序号	项目名称	负责人	承担部门	项目分类、类别	预期成果形式	计划完成时间
1	我国生态文明与法治文明关系研究	张陆庆	法学院	专项项目	论文、研究报告	2018.04
2	“标准”在国家治理体系中的地位与作用研究	柳经纬	比较法学研究院	专项项目	论文、研究报告	2018.04
3	“一带一路”战略的金融法治合作机制研究	张西峰	国际法学院	专项项目	论文、研究报告	2018.04
4	北京市基层法官职业保障问题研究	商　磊	政治与公共管理学院	专项项目	论文、研究报告	2018.04
5	编纂民法典物权编的知识渊源研究	田士永	法学教育研究与评估中心	专项项目	论文、研究报告	2018.04
6	党内法规同国家法律的衔接与协调研究	徐　爽	人权研究院	专项项目	论文	2018.04
7	电商价格违法行为规制研究	张钦昱	民商经济法学院	专项项目	论文、研究报告	2018.04
8	法制新闻报道的规范化及法律问题研究	姚广宜	光明新闻传播学院	专项项目	论文、研究报告	2018.04
9	满族王公与清末预备立宪研究	周增光	马克思主义学院	专项项目	论文、研究报告	2018.04
10	民法总则制定中的商事主体立法研究	李建伟	民商经济法学院	专项项目	论文、研究报告	2018.04
11	中欧关税立法比较与借鉴研究	翁武耀	民商经济法学院	专项项目	论文	2018.04
12	破解“中等收入陷阱”的法治保障研究	黎　安	社会学院	专项项目	著作、论文、研究报告	2018.04
13	破题农村土地流转制度之“典权入典”研究	李显冬	民商经济法学院	专项项目	论文、研究报告	2018.04
14	网络安全刑事立法体系的整体建构研究	于　冲	刑事司法学院	专项项目	论文	2018.04
15	我国法学教育课程体系改革研究	刘坤轮	法学教育研究与评估中心	专项项目	论文、研究报告	2018.04
16	新中国初期北京市的法律普及、运行与社会治理研究（1949—1956）	黄　东	马克思主义学院	专项项目	论文	2018.04
17	刑事诉讼中认罪认罚从宽制度研究	王贞会	诉讼法学研究院	专项项目	论文、研究报告	2018.04
18	以审判为中心的侦查工作问题研究	张　方	刑事司法学院	专项项目	论文、研究报告	2018.04
19	运用法律手段维护涉外利益研究	余　丽	国际法学院	专项项目	论文、研究报告	2018.04
20	中国民法典制定中的商事法律规范立法研究	赵旭东	民商经济法学院	专项项目	论文、研究报告	2018.04
21	张彭春：世界人权体系的主要设计师	孙平华	外国语学院	规划项目	专著、论文	2019.04

续表

序号	项目名称	负责人	承担部门	项目分类、类别	预期成果形式	计划完成时间
22	民法典适用范围条款与冲突规范关系之重定位	薛　童	国际法学院	规划项目	论文、研究报告	2019. 04
23	对传统社会融合理论的批判与探讨	刘　娜	社会学院	规划项目	论文	2019. 04
24	新中国初期北京市基层社会治理研究及其启示（1949—1956）	黄　东	马克思主义学院	规划项目	论文	2019. 04
25	重大突发事件社会舆情演化规律及应对策略研究	姚广宜	光明新闻传播学院	规划项目	论文、研究报告	2019. 04
26	"一带一路"战略背景下中国南亚外交关系研究	李群英	政治与公共管理学院	规划项目	论文	2019. 04
27	中外报纸发行体制改革比较研究	王永亮	光明新闻传播学院	规划项目	论文、研究报告	2019. 04
28	鉴定意见的科学性评价研究	张凤芹	证据科学研究院	规划项目	论文	2019. 04
29	清末民初政治制度改革失败原因的研究	陈忠云	政治与公共管理学院	规划项目	专著、论文	2019. 04
30	中国对境外非政府组织来华活动监管立法研究	刘　力	国际法学院	规划项目	论文、研究报告	2019. 04
31	走神及其与元认知的关系研究	刘兆敏	社会学院	规划项目	论文	2019. 04
32	刑事 DNA 鉴定意见证据的审查评估体系研究	鲁　涤	证据科学研究院	规划项目	专著、论文	2019. 04
33	《最高人民法院关于审理环境侵权责任纠纷案件适用法律若干问题的解释》的不足及其完善	侯佳儒	民商经济法学院	规划项目	论文、研究报告	2019. 04
34	俄罗斯刑事特别程序构造的中国化移植研究	元　轶	比较法学研究院	规划项目	论文	2019. 04
35	中国一带一路战略的路径研究——以日本的经验教训为案例	刘　星	政治与公共管理学院	规划项目	专著、论文	2019. 04
36	有限责任公司股东利润分配请求权法律问题研究	李美云	民商经济法学院	规划项目	论文、研究报告	2019. 04
37	文化遗产的公法体系研究	刘红婴	法学院	规划项目	论文、研究报告	2019. 04
38	司法裁决证立问题研究	王　洪	人文学院	规划项目	专著、论文	2019. 04
39	国际投资涉税仲裁与间接征收	兰　兰	国际法学院	规划项目	论文	2019. 04
40	"不想腐"的心理机制与实现路径研究	马　皑	社会学院	规划项目	专著、论文	2019. 04
41	卢卡奇电影理论研究	徐亚萍	光明新闻传播学院	青年项目	论文	2019. 04

续表

序号	项目名称	负责人	承担部门	项目分类、类别	预期成果形式	计划完成时间
42	出土秦汉魏晋经济史料的基础研究	石　洋	法律古籍整理研究所	青年项目	论文	2019.04
43	网络舆情与网络社会治理研究	郑满宁	光明新闻传播学院	青年项目	论文、研究报告	2019.04
44	人权司法保障视角下的“公诉事实同一性”机能性概念研究	倪　润	诉讼法学研究院	青年项目	论文、研究报告	2019.04
45	破产企业的环境责任研究	张钦昱	民商经济法学院	青年项目	论文、研究报告	2019.04
46	大城市郊区土地增值收益分配机制实证研究：基于北京、上海、成都的比较分析	熊金武	商学院	青年项目	专著、论文	2019.04
47	涉罪未成年人监护缺失问题与司法对策研究	王贞会	诉讼法学研究院	青年项目	论文、研究报告	2019.04
48	食品安全犯罪的惩治与预防问题研究	于　冲	刑事司法学院	青年项目	论文	2019.04
49	未成年人校园欺凌现象及其预防	黄　河	比较法学研究院	青年项目	论文	2019.04
50	写作即斗争——伊什梅尔·里德的文化批评思想研究	蔺玉清	外国语学院	青年项目	专著、论文	2019.04
51	基于纳米复合材料的安全型指纹显现试剂的制备与性能调控	王元凤	证据科学研究院	规划项目	论文	2019.05
52	数字环境下著作权限制制度与我国著作权法修改	张　今	民商经济法学院	规划项目	论文	2019.05
53	“一带一路”建设中的北京城市外交研究	卫　灵	马克思主义学院	规划项目	论文	2019.05
54	基于ICF的我国残疾评定体系建模研究	杨天潼	证据科学研究院	规划项目	论文	2019.05
55	中央苏区革命中的政党、社会与地方精英	应　星	社会学院	规划项目	论文	2019.05
56	海峡两岸民商事判决相互认可与执行障碍消减之司法互助机制构建与展望	冯　霞	国际法学院	规划项目	论文	2019.05
57	东亚货币金融合作与TPP的中国对策研究	张毅来	商学院	规划项目	论文	2019.05
58	俄罗斯规制行政垄断制度之借鉴	刘继峰	民商经济法学院	规划项目	论文	2019.05
59	税法中溯及既往现象的成因、危害与规制	翟继光	民商经济法学院	规划项目	论文	2019.05
60	人力资本、社会资本对大学生就业质量的影响：基于机器学习的多层次数据挖掘方法	王　霆	商学院	规划项目	论文	2019.05

续表

序号	项目名称	负责人	承担部门	项目分类、类别	预期成果形式	计划完成时间
61	立法研究模式下的法律行为分析	迟　颖	比较法学研究院	规划项目	论文	2019.05
62	刑事法律援助的立法完善与司法、行政保障研究	顾永忠	诉讼法学研究院	规划项目	论文	2019.05
63	网络文本的情感识别与心理分析	李　激	科学技术教学部	规划项目	论文	2019.05
64	中美新型大国关系的战略文化基础研究	李晓燕	政治与公共管理学院	规划项目	论文	2019.05
65	多元纠纷解决机制的中国传统与现代重构	张德美	法律史学研究院	规划项目	论文	2019.05
66	亚太多重自贸区框架下中美日对东盟 FDI 的竞争与效应研究	金仁淑	商学院	规划项目	论文	2019.05
67	党和政府培育工人的主人翁精神的历程、经验与后果研究（1948—1958）	游正林	社会学院	规划项目	论文	2019.05
68	二人台牌子曲的研究与创新	张瑞丁	人文学院	规划项目	论文	2019.05
69	中国特色亲属法的哲学基础研究	金　眉	民商经济法学院	规划项目	论文	2019.05
70	互联网金融的风险防控与多元化监管模式研究	李爱君	互联网金融法律研究院	规划项目	论文	2019.05
71	我国关联企业破产法律体系之建构	葛平亮	民商经济法学院	青年项目	专著或论文	2018.05
72	新媒体视域下网民政治认同的发展规律与引导机制研究	侯月娟	光明新闻传播学院	青年项目	专著或论文	2018.05
73	以四通道 multifocal VEP 技术为核心的法医学视野检测模式研究	项　剑	证据科学研究院	青年项目	专著或论文	2018.05
74	德意志公法文化中的宪法审查制度研究	王银宏	法律史学研究院	青年项目	专著或论文	2018.05
75	“一带一路”建设的国际投资法制保障研究	丁　夏	国际法学院	青年项目	专著或论文	2018.05
76	《庄子》语言哲学文段精诠与研究	刘　黛	人文学院	青年项目	专著或论文	2018.05
77	基于热电微流控芯片的酶联免疫吸附测定（ELISA）的数学模型与数值模拟研究	石丽伟	科学技术教学部	青年项目	专著或论文	2018.05
78	大数据背景下新闻客户端对传统媒体影响研究	崔　凯	光明新闻传播学院	青年项目	专著或论文	2018.05
79	我国证券法执行机制的实证分析	徐文鸣	法和经济学研究中心	青年项目	专著或论文	2018.05
80	生态文明视野下保护地立法的体系化建构	马　允	法学院	青年项目	专著或论文	2018.05

续表

序号	项目名称	负责人	承担部门	项目分类、类别	预期成果形式	计划完成时间
81	国际条约保留制度的新发展研究：联合国《对条约的保留实践指南》	唐　雅	国际法学院	青年项目	专著或论文	2018.05
82	当代西方爱国主义理论跟踪研究	黄　璇	政治与公共管理学院	青年项目	专著或论文	2018.05
83	中意物权法比较研究	翟远见	比较法学研究院	青年项目	专著或论文	2018.05
84	法国判例功能研究	朱明哲	比较法学研究院	青年项目	专著或论文	2018.05
85	基于拉曼光谱及其成像技术的朱墨时序研究	连园园	证据科学研究院	青年项目	专著或论文	2018.05
86	鉴定意见的主观偏向性问题研究	李　冰	证据科学研究院	青年项目	专著或论文	2018.05
87	审判中心主义背景下的刑事证据排除规则研究	吴洪淇	证据科学研究院	青年项目	专著或者论文	2018.05
88	传播学研究的书写、记忆与表征	滕　乐	光明新闻传播学院	青年项目	专著或论文	2018.05
89	近代汉语法律文书语言研究	张　文	人文学院	青年项目	专著或论文	2018.05
90	交叉询问在法庭审判中的运用	汪诸豪	证据科学研究院	青年项目	专著或论文	2018.05
91	大数据的运用与法律问题研究	李爱君	互联网金融法律研究院	专项项目	专著或论文或研究报告	2017.04

（中国政法大学科研处韩冰供稿）

中央财经大学

2016年度承担国家级、省部级社会科学研究项目

序号	项目名称	负责人	承担部门	项目类别、分类	预期成果形式	计划完成时间
1	北京市义务教育财政资源配置优化：现实逻辑和框架设计	赵国钦	财经研究院	北京市教育科学规划、青年专项项目	文章	2017.12
2	基于大数据的北京城市交通运行绩效与拥堵治理对策研究	刘　航	中国互联网经济研究院	北京市社会科学基金、基地项目	研究或咨询报告	2017.12
3	北京市电商网店与实体店的融合发展	何　毅	中国互联网经济研究院	北京市社会科学基金、基地项目	研究或咨询报告	2018.06
4	支持京津冀生态环境保护协同发展的生态系统服务付费机制研究	许寅硕	财经研究院	北京市社会科学基金、基地项目	论文集	2018.06
5	互联网经济对北京市中长期增长潜力的影响及对策研究	伏　霖	经济学院	北京市社会科学基金、基地项目	研究或咨询报告	2018.06

续表

序号	项目名称	负责人	承担部门	项目类别、分类	预期成果形式	计划完成时间
6	网约车冲击下北京市出租车行业转型对策研究	赵　杨	中国互联网经济研究院	北京市社会科学基金、基地项目	研究报告	2018.12
7	京津冀一体化、社会网络融合与企业信用	陈运森	会计学院	北京市社会科学基金、青年项目	专著	2017.12
8	知识产权诉讼特别程序研究——以北京地区知识产权审判实务为中心	刘君博	法学院	北京市社会科学基金、青年项目	研究或咨询报告	2018.06
9	基于产业关联与溢出视角的京津冀产业对接研究	杨晓兰	经济学院	北京市社会科学基金、青年项目	研究或咨询报告	2018.06
10	京津冀区域能源消费结构优化和节能政策对经济、环境的影响研究	段玉婉	国际经济与贸易学院	北京市社会科学基金、青年项目	论文集	2018.12
11	面向云计算环境北京数字图书馆信息资源安全共享保障体系研究	高　胜	信息学院	北京市社会科学基金、青年项目	研究或咨询报告	2018.12
12	北京市城镇职工基本医疗保险筹资比例与支付方式研究	郑莉莉	保险学院	北京市社会科学基金、青年项目	论文	2019.12
13	加强和改进党对网络意识形态的领导研究	王　淼	马克思主义学院	北京市社会科学基金、一般项目	研究或咨询报告	2018.03
14	北京市城乡居民基本医疗保障的经济与健康绩效研究	陈　华	保险学院	北京市社会科学基金、一般项目	论文集	2018.06
15	本土私营安保公司与我国海外利益保护研究	刘建伟	国防经济与管理研究院	北京市社会科学基金、一般项目	文章	2018.06
16	网络化条件下北京市民社会心态表达研究	王建民	社会与心理学院	北京市社会科学基金、一般项目	研究或咨询报告	2018.06
17	街区制下的北京城市空间治理模式创新与政策体系研究	温锋华	政府管理学院	北京市社会科学基金、一般项目	研究或咨询报告	2018.06
18	基于整体性治理视角的北京市预算绩效管理制度执行能力研究	曹堂哲	政府管理学院	北京市社会科学基金、一般项目	论文集	2018.08
19	北京市银行业员工服务创新的促发机制与提升策略研究——多层次和多路径的视角	王　震	商学院、MBA教育中心	北京市社会科学基金、一般项目	论文	2018.11
20	大数据驱动的商业银行小微信贷策略：基于北京市企业集群视角	陈暮紫	管理科学与工程学院	北京市社会科学基金、一般项目	研究或咨询报告	2019.06
21	节能减排视角下北京市保障性住房产业化发展对策研究	黄志烨	管理科学与工程学院	北京市社会科学基金、一般项目	论文	2019.06
22	习近平总书记关于民主集中制重要论述和实践要求研究	王春玺	马克思主义学院	北京市社会科学基金、重点项目	论文	2018.10
23	“互联网+”背景下小微企业供应链多源融资模式与决策优化研究：以北京为例	晏妮娜	商学院、MBA教育中心	北京市社会科学基金、重点项目	研究或咨询报告	2019.06

续表

序号	项目名称	负责人	承担部门	项目类别、分类	预期成果形式	计划完成时间
24	互联网金融治理：规范、创新与发展	欧阳日辉	中国发展和改革研究院	北京市社科基金、基地年度报告专项项目	论文集	2019.08
25	低碳经济环境下3PL的供应链整合：作用机制及影响结果	刘晓红	商学院、MBA教育中心	北京市自然科学基金、面上项目	论文集	2019.06
26	战略高技术专家负责制研究	智　强	政府管理学院	国家863计划、军口项目	论文集	2019.09
27	财局与政局：中国的政治经济关系研究	林光彬	中国精算研究院	国家社会科学基金、后期资助项目	专著	2017.12
28	中国创新驱动发展路径研究	高　伟	经济学院	国家社会科学基金、后期资助项目	论文集	2018.08
29	中国固体矿产资源会计规范问题研究	魏　紫	会计学院	国家社会科学基金、后期资助项目	论文集	2018.12
30	环境公共治理多主体协同模式研究	周县华	中国精算研究院	国家社会科学基金、后期资助项目	论文集	2018.12
31	中国共产党的网络意识形态领导权研究	刘亚琼	马克思主义学院	国家社会科学基金、青年项目	专著	2017.12
32	基于劳动者个人选择和养老金激励机制的弹性退休制度研究	郝　佳	保险学院	国家社会科学基金、青年项目	专著	2018.12
33	防范地方政府债务风险的跨期预算平衡机制构建研究	卢　真	财政税务学院	国家社会科学基金、青年项目	研究或咨询报告	2018.12
34	“一带一路”战略下中国低端制造业产能输出可行性研究	马光明	国际经济与贸易学院	国家社会科学基金、青年项目	论文集	2018.12
35	多元文化视角下群际信任建立的双路径模型	赵　娜	社会与心理学院	国家社会科学基金、青年项目	论文集	2018.12
36	东南亚华人基督教社团的发展转型及对新时期中国—东盟公共外交的影响探究	张　鹏	政府管理学院	国家社会科学基金、青年项目	研究或咨询报告	2019.06
37	中国居民消费结构转变对经济波动的影响研究	俞　剑	经济学院	国家社会科学基金、青年项目	论文	2019.12
38	知识产权制度对高校教师科研行为的影响研究	刘　燕	法学院	国家社会科学基金、一般项目	专著	2017.12
39	新能源汽车政策评价研究	鞠雪楠	中国互联网经济研究院	国家社会科学基金、一般项目	论文集	2018.12
40	既判力在我国制度化问题研究	林剑锋	法学院	国家社会科学基金、一般项目	专著	2018.12
41	人民币汇率市场化背景下资本项目开放问题研究	欧阳远芬	中国公共财政与政策研究院	国家社会科学基金、一般项目	专著	2018.12
42	跨域合作治理中的府际关系研究	邢　华	政府管理学院	国家社会科学基金、一般项目	论文集	2018.12

续表

序号	项目名称	负责人	承担部门	项目类别、分类	预期成果形式	计划完成时间
43	我国城乡居民的环保参与及其有效动员问题研究	张　萍	社会与心理学院	国家社会科学基金、一般项目	专著	2018.12
44	基于非对称信息视角的我国城市信用体系建设驱动关系分析与实现方法研究	徐　斌	会计学院	国家社会科学基金、一般项目	专著	2019.06
45	健全社会公共事件网络舆情监控、预警及治理机制研究	涂　艳	信息学院	国家社会科学基金、一般项目	论文集	2019.07
46	新常态下我国经济发展动力转换研究	严成樑	经济学院	国家社会科学基金、一般项目	论文集	2019.08
47	基于 Lee—Carter 模型的企业职工基本养老保险的财政风险预警指标研究	杨再贵	中国精算研究院	国家社会科学基金、一般项目	论文	2019.12
48	供求协同演化视角的老龄化、生育政策调整对中国房地产业的作用机制和效应研究	易成栋	管理科学与工程学院	国家社会科学基金、一般项目	专著	2019.12
49	人口老龄化背景下中国基本养老保险制度的财政风险研究	徐景峰	中国精算研究院	国家社会科学基金、一般项目	论文	2020.12
50	《日本右翼历史观批判研究》（英文版）	胡　婉	外国语学院	国家社会科学基金、中华外译项目	研究或咨询报告	2017.12
51	“互联网+”推动经济转型机理与对策研究	苏　治	统计与数学学院、数学教学部	国家社会科学基金、重大项目	研究或咨询报告	2018.03
52	供给侧结构性改革与发展新动力研究	严成樑	经济学院	国家社会科学基金、重大项目	研究或咨询报告	2020.12
53	基于总量与强度双控的水资源治理转型与市场化机制研究	赵景华	政府管理学院	国家社会科学基金、重大项目	专著	2020.12
54	社会治理背景下的心理建设研究	辛自强	社会与心理学院	国家社会科学基金、重点项目	研究或咨询报告	2016.06
55	动力系统与控制论中代数、几何和概率方面相关问题研习班	梁　超	应用数学学院	国家自然科学基金、国际（地区）合作与交流项目	论文	2019.12
56	工业信息物理融合系统安全理论与关键技术	朱建明	信息学院	国家自然科学基金、联合基金项目	论文	2020.12
57	噪音还是信息？——基于关注度和社交网络理论对股票论坛的研究	黄瑜琴	金融学院	国家自然科学基金、面上项目	研究或咨询报告	2017.12
58	我国农村基本养老保险制度对老年健康福利的政策绩效和作用机制研究	刘　宏	中国经济与管理研究院	国家自然科学基金、面上项目	论文	2019.12
59	财富冲击、个体财产权与家庭经济行为	刘　靖	经济学院	国家自然科学基金、面上项目	论文	2019.12

续表

序号	项目名称	负责人	承担部门	项目类别、分类	预期成果形式	计划完成时间
60	基于行为风险的缴费确定型养老计划投资决策研究	伍慧玲	中国精算研究院	国家自然科学基金、面上项目	论文	2019. 12
61	家庭随迁和健康认知对农民工饮食消费与营养健康的影响研究	张彩萍	经济学院	国家自然科学基金、面上项目	文章	2019. 12
62	预算管理程序公平：决定因素与影响后果	孙　健	会计学院	国家自然科学基金、面上项目	论文	2020. 12
63	审计师群体研究：介于审计组织与审计师个体的中间形态	曹　强	会计学院	国家自然科学基金、面上项目	论文	2020. 12
64	高波动率资本市场与银行体系间多层、立体风险传导网络研究	陈暮紫	管理科学与工程学院	国家自然科学基金、面上项目	论文	2020. 12
65	人口政策、社会网络与个体创业、储蓄和投资行为分析	吴晓瑜	中国公共财政与政策研究院	国家自然科学基金、面上项目	论文	2020. 12
66	考虑行为因素的多元耦合商品资产定价模型研究	尹力博	金融学院	国家自然科学基金、面上项目	论文集	2020. 12
67	面向个性化需求的轨迹隐私保护及评估机制研究	高　胜	信息学院	国家自然科学基金、青年科学基金项目	文章	2016. 12
68	市场情绪与资产价格行为：基于经理人情绪指标构建的研究	姜富伟	金融学院	国家自然科学基金、青年科学基金项目	论文集	2017. 12
69	基于图的特征选择学习算法及其在 P2P 借贷信用风险评估中的应用研究	崔丽欣	信息学院	国家自然科学基金、青年科学基金项目	研究或咨询报告	2018. 12
70	中国工业用地演化及其区域效应	黄志基	政府管理学院	国家自然科学基金、青年科学基金项目	论文集	2018. 12
71	中国公共政策议程的动力学研究——基于“信息—注意力”动态系统模型的理论与实证	范世炜	政府管理学院	国家自然科学基金、青年科学基金项目	论文	2019. 12
72	汇率变动与出口企业产品升级——基于中国微观企业数据的视角	王雅琦	金融学院	国家自然科学基金、青年科学基金项目	研究或咨询报告	2019. 12
73	国企市场化改革与企业创新	江轩宇	会计学院	国家自然科学基金、青年科学基金项目	论文集	2019. 12
74	先验信息、社会网络与互动过程：行为视角的医患关系研究	李海明	政府管理学院	国家自然科学基金、青年科学基金项目	论文集	2019. 12

续表

序号	项目名称	负责人	承担部门	项目类别、分类	预期成果形式	计划完成时间
75	基于动态演化分析的水文序列一致性检验方法研究	林　木	应用数学学院	国家自然科学基金、青年科学基金项目	论文集	2019.12
76	行为准则与契约双方联合利益假设下的最优保险问题	刘芳达	中国精算研究院	国家自然科学基金、青年科学基金项目	论文	2019.12
77	你担心丢脸吗？一个对社会映像的实验研究	毛　磊	保险学院	国家自然科学基金、青年科学基金项目	研究或咨询报告	2019.12
78	含网络结构的离散选择模型：理论及应用研究	潘　蕊	应用数学学院	国家自然科学基金、青年科学基金项目	研究或咨询报告	2019.12
79	税收激励与企业行为和绩效——来自中国增值税转型的证据	申广军	经济学院	国家自然科学基金、青年科学基金项目	论文	2019.12
80	基于低水平饱和及对称饱和设计筛选的序贯全局灵敏度分析	王晓迪	统计与数学学院、数学教学部	国家自然科学基金、青年科学基金项目	研究或咨询报告	2019.12
81	财政收入集权、企业实际税负与地方政府税收治理：基于所得税分享改革的研究	王怡璞	税务学院	国家自然科学基金、青年科学基金项目	文章	2019.12
82	产业政策对我国制造业“僵尸企业”的影响研究	杨龙见	税务学院	国家自然科学基金、青年科学基金项目	论文	2019.12
83	多粒度动态的服务推荐模型与算法研究	张艳梅	信息学院	国家自然科学基金、青年科学基金项目	研究或咨询报告	2019.12
84	异质性企业框架下的节能减排、行业竞争力与国际贸易	周默涵	国际经济与贸易学院	国家自然科学基金、青年科学基金项目	论文	2019.12
85	资本管制、宏观审慎监管与国际资本流动管理——基于双重金融市场不完备性视角	荀　琴	金融学院	国家自然科学基金、青年科学基金项目	论文	2020.12
86	新常态下非线性财政货币政策的产业效应研究	鄢莉莉	金融学院	国家自然科学基金、青年科学基金项目	论文集	2020.12
87	国家重点研发计划绩效评价：理论框架与实证研究	张　剑	政府管理学院	国家自然科学基金、青年科学基金项目	论文	2020.12
88	国家自然科学基金委员会工作人员问责管理办法研究	吴　韬	法学院	国家自然科学基金、应急管理项目	研究或咨询报告	2019.12
89	大数据驱动的O2O即时物流管理与决策研究	代宏砚	商学院、MBA教育中心	国家自然科学基金、重大研究计划项目	论文	2019.12

续表

序号	项目名称	负责人	承担部门	项目类别、分类	预期成果形式	计划完成时间
90	带切换的随机偏微分方程的强解与强 Feller 性之研究	张少钦	应用数学学院	国家自然科学基金、专项基金项目	论文	2019.12
91	法律视角下高校学术腐败行为的防治研究	彭现堂	国际经济与贸易学院	教育部人文社会科学研究、教育廉政理论研究专项	研究或咨询报告	2019.06
92	法律道德主义的证立结构和实践研究	郑玉双	法学院	教育部人文社会科学研究、青年基金项目	论文	2018.08
93	大数据驱动的动态健康量化管理和应用研究	张　宁	中国精算研究院	教育部人文社会科学研究、青年基金项目	研究或咨询报告	2018.12
94	不同分权模式对地方政府税收激励的影响效应：基于省直管县改革的研究	王怡璞	税务学院	教育部人文社会科学研究、青年基金项目	研究或咨询报告	2020.06
95	流动儿童的累积风险对其身体适应负荷与心理健康的影响	孙　铃	社会与心理学院	教育部人文社会科学研究、青年基金项目	论文	2020.08
96	十六世纪以来闽南方言韵母的历史演变研究	曾南逸	文化与传媒学院	教育部人文社会科学研究、青年基金项目	研究或咨询报告	2020.08
97	税收激励对企业行为和绩效的影响：来自增值税转型的证据	申广军	经济学院	教育部人文社会科学研究、青年基金项目	专著	2020.12
98	大数据背景下我国保险需求影响因素研究	池义春	中国精算研究院	教育部人文社会科学研究、重点研究基地重大项目	论文	2018.12
99	数据时代商业保险服务健康保障体系的机制与智能路径研究	李晓琳	中国精算研究院	教育部人文社会科学研究、重点研究基地重大项目	论文	2018.12
100	大数据背景下的风险量化与保险业发展指数体系研究	陈建成	中国精算研究院	教育部人文社会科学研究、重点研究基地重大项目	研究或咨询报告	2019.06
101	基于大数据的中国社会保险财务预警指标研究	杨再贵	中国精算研究院	教育部人文社会科学研究、重点研究基地重大项目	研究或咨询报告	2019.06
102	高校合同制教师权利及其保障研究	刘　建	行政机关	全国教育科学规划、教育部青年项目	研究或咨询报告	2018.12
103	高校协同创新对其学术产出影响机制的实证研究	洪　煜	高教研究所	全国教育科学规划、教育部青年项目	研究或咨询报告	2019.06
104	社会主义核心价值观融入首都大学生日常生活研究	黄　刚	马克思主义学院	首都大学生思想政治课题、重点课题	论文	2017.12

续表

序号	项目名称	负责人	承担部门	项目类别、分类	预期成果形式	计划完成时间
105	北京高校辅导员学业辅导工作能力研究	朱凌云	行政机关	首都大学生思想政治课题、重点课题	专著	2018.12

（中央财经大学科研处供稿）

对外经济贸易大学

2016 年度承担国家级、省部级社会科学研究项目

序号	项目名称	负责人	承担部门	项目分类、类别	预期成果形式	计划完成时间
1	中国消费金融的发展、风险与监管研究	吴卫星	金融学院	国家社会科学基金、重大项目	论文、研究报告	2019.06
2	加快构建开放型经济新常态下的国际经贸新规则研究	洪俊杰	国际经济贸易学院	国家社会科学基金、重大项目	论文、研究报告	2019.12
3	基于收入和财产视角下的社会保障再分配效应研究	王亚柯	保险学院	国家社会科学基金、重点项目	论文	2019.06
4	我国网络社会治理能力建设研究	熊光清	国际关系学院	国家社会科学基金、重点项目	论文	2019.06
5	中外上市公司年报话语对资本市场的影响预测对比研究	王立非	英语学院	国家社会科学基金、一般项目	著作	2019.06
6	东亚诗学交融语境中的和歌与歌论研究	祁晓明	中国语言文学学院	国家社会科学基金、一般项目	著作	2021.02
7	美国对华 337 调查案例及对策研究	孙　娜	中国世界贸易组织研究院	国家社会科学基金、一般项目	论文、研究报告	2018.12
8	全球价值链重构视角下我国外贸增速下滑问题研究	李计广	国际经济研究院	国家社会科学基金、一般项目	论文	2019.06
9	国际经贸规则演变与我国自由贸易区战略实施研究	李　杨	中国世界贸易组织研究院	国家社会科学基金、一般项目	研究报告	2018.12
10	大数据环境下突发事件多源情报融合研究	李　兵	信息学院	国家社会科学基金、一般项目	论文	2019.12
11	中国制造业企业跨国并购后整合路径与战略互补机制研究	范黎波	公共管理学院	国家社会科学基金、一般项目	论文	2018.12
12	国际数字贸易新规则的内容特征与演进规律探究及中国的应对研究	周念利	中国世界贸易组织研究院	国家社会科学基金、一般项目	论文	2018.12
13	媒介化公共外交的机制与运用策略研究	赵鸿燕	国际关系学院	国家社会科学基金、一般项目	论文	2019.07
14	新型大国协调视阈下 G7 与 G20 比较研究	徐　凡	英语学院	国家社会科学基金、一般项目	著作　研究报告	2019.02
15	大数据背景下地区主要经济统计指标预测预判方法体系研究	唐晓彬	统计学院	国家社会科学基金、一般项目	研究报告	2019.09
16	大数据时代中国参与网络空间全球治理方略研究	檀有志	国际关系学院	国家社会科学基金、一般项目	研究报告	2019.06

续表

序号	项目名称	负责人	承担部门	项目分类、类别	预期成果形式	计划完成时间
17	创新创业人才培养视阈中高校学生综合素质评价机制创新研究	王宇航	英语学院	国家社会科学基金、青年项目	著作　研究报告	2019.06
18	中国地方政府“参与性”财政支出行为实证研究	叶　静	国际关系学院	国家社会科学基金、青年项目	著作	2019.06
19	新常态下创新驱动发展的统计研究	刘思明	统计学院	国家社会科学基金、青年项目	研究报告	2018.12
20	争议性科技议题的公众参与科学传播研究	胥琳佳	中国语言文学学院	国家社会科学基金、青年项目	研究报告	2018.06
21	我国经济安全底线设定及实施策略研究	戴　臻	中国世界贸易组织研究院	国家社会科学基金、青年项目	研究报告	2018.12
22	中国抗战在世界反法西斯战争中的历史地位	冯捷蕴	英语学院	国家社会科学基金、中华学术外译项目	著作	2018.12
23	国际贸易统计学	贾怀勤	离退休工作处	国家社会科学基金、后期资助项目	著作	2016.11
24	中国区域间市场整合研究：微观机制与外部效应	行伟波	国际经济贸易学院	国家自然科学基金、面上项目	论文	2020.12
25	魅力领导的两面性——组织中公权与私权魅力领导的追踪研究	刘小禹	国际商学院	国家自然科学基金、面上项目	论文	2020.12
26	基于行业异质多样性的多层次纵向外资技术溢出研究	李　瑜	国际商学院	国家自然科学基金、面上项目	论文	2020.12
27	企业电子商务供应链与环境的交互影响——基于博弈模型的研究	邵　婧	国际商学院	国家自然科学基金、面上项目	论文、研究报告	2020.12
28	中国出口企业的海外专利与其出口之间的关系及作用机制	荆　然	国际经济贸易学院	国家自然科学基金、面上项目	论文、数据库	2020.12
29	银行微观激励、内生交易对手方风险与我国场外信用衍生品市场的中央清算机制研究	郭桂霞	国际经济研究院	国家自然科学基金、面上项目	论文、研究报告	2020.12
30	几类相依风险模型下的资产定价与随机控制问题研究	唐　丹	国际经济贸易学院	国家自然科学基金、面上项目	论文	2020.12
31	追溯中国在全球生产网络中的碳排放：基于微观数据改进的IO表与GEM模型	裴建锁	国际经济贸易学院	国家自然科学基金、面上项目	论文、研究报告	2020.12
32	促进性进言、抑制性进言与团队创造力：基于创造力辩证模型的全景式研究	魏　昕	国际商学院	国家自然科学基金、面上项目	论文	2020.12
33	中国上市公司学者董事的聘请动因、影响机制及其经济后果研究	王分棉	国际商学院	国家自然科学基金、青年项目	论文	2019.12

续表

序号	项目名称	负责人	承担部门	项目分类、类别	预期成果形式	计划完成时间
34	中国房地产市场分化的成因及其与地方政府举债行为的联动效应研究	卞　洋	金融学院	国家自然科学基金、青年项目	论文	2019.12
35	带终止事件和类型缺失的多类型复发事件数据统计分析	叶　鹏	统计学院	国家自然科学基金、青年项目	论文	2019.12
36	金融超高频数据下的日内跳跃风险检验与建模	余　超	统计学院	国家自然科学基金、青年项目	论文	2019.12
37	基于生产要素维度扩展的技术变化对产业结构演进的影响研究	陈福中	国际经济贸易学院	国家自然科学基金、青年项目	论文	2019.12
38	基于广义SICA惩罚函数的高维数据参数估计与变量选取研究	秦　磊	统计学院	国家自然科学基金、青年项目	论文	2019.12
39	中国人口城镇化进程中的家庭消费碳足迹演化机理研究	郭　琳	国际经济贸易学院	国家自然科学基金、青年项目	论文	2019.12
40	企业领导者如何带领企业应对变化：动态战略领导行为及其影响探索	黄鸣鹏	国际商学院	国家自然科学基金、青年项目	论文、研究报告	2019.12
41	社交媒体环境下的目标消费者识别研究：基于人际连结视角	龚诗阳	国际商学院	国家自然科学基金、青年项目	论文、研究报告	2019.12
42	跨社交网络大数据下的用户建模研究	路冬媛	信息学院	国家自然科学基金、青年项目	论文	2019.12
43	董事责任险与独立董事履职研究	TianxiaYang、祝继高	国际商学院	国家自然科学基金、海外及港澳学者合作研究基金	论文	2018.12
44	临近界随机环境中随机游动的若干极限性质	周　珂	统计学院	国家自然科学基金、专项基金项目/数学天元基金	论文	2017.12
45	我国企业员工外派成功的影响因素研究：系统多维视角	牛雄鹰	国际商学院	国家自然科学基金、应急项目	论文	2018.12
46	推动我国产业向全球价值链高端跃升的路径与政策研究	林桂军	全球价值链研究院	国家自然科学基金、应急项目（智库研究）	论文、著作、研究报告	2017.09
47	国际学生视域下北京留学教育形象研究	杨晓平	校长办公室	教育部人文社会科学研究、规划项目	著作	2018.12
48	中美两国公司债券信用价差影响因素比较研究	周荣喜	金融学院	教育部人文社会科学研究、规划项目	论文、研究报告	2019.06
49	人口移出老龄化背景下我国农村失能老年人“居家扶助型”养老模式研究	荆　涛	保险学院	教育部人文社会科学研究、规划项目	论文	2018.12
50	社会基本医疗保险与商业补充医疗保险的不对称信息检验、福利后果与政策评估	祝　伟	保险学院	教育部人文社会科学研究、规划项目	论文	2019.12

续表

序号	项目名称	负责人	承担部门	项目分类、类别	预期成果形式	计划完成时间
51	风险投资和财政补贴在上市公司技术创新中的耦合机制研究	贺炎林	金融学院	教育部人文社会科学研究、规划项目	论文	2019.06
52	中国海外上市公司 VIE 结构的统计测度问题研究	许晓娟	国际商学院	教育部人文社会科学研究、青年项目	论文、研究报告	2018.12
53	专利技术溢出与专利制度设计——基于中国专利数据的理论与实证研究	李晨乐	英语学院	教育部人文社会科学研究、青年项目	论文、研究报告	2018.12
54	中国建设性参与地区热点问题解决中的调停外交研究	邱昌情	国际关系学院	教育部人文社会科学研究、青年项目	论文	2019.03
55	基于语料库的情感表达型交际的人际语用学研究	宋成方	英语学院	教育部人文社会科学研究、青年项目	论文	2019.12
56	中国视阈下的大众媒体、公共事件和法律制度供给研究(2003—2015)	张　欣	法学院	教育部人文社会科学研究、青年项目	著作、论文	2018.09
57	数据新闻在中国的本土化问题研究：现状、困境及路径选择	张淑玲	英语学院	教育部人文社会科学研究、青年项目	著作、论文	2018.12
58	金融素养、理财能力与消费者理财满意度研究	陈福中	国际经济贸易学院	教育部人文社会科学研究、青年项目	论文	2019.07
59	基因与环境的交互效应对复杂疾病的影响及稳健地识别分析与应用	熊　巍	统计学院	教育部人文社会科学研究、青年项目	论文	2018.12
60	诸边经贸谈判进展及影响研究	张建平	中国世界贸易组织研究院	教育部人文社会科学研究、重点研究基地重大项目	论文、研究报告	2019.12
61	全球价值链与全球贸易、投资自由化的互动关系研究	赵忠秀	国际经济贸易学院	教育部人文社会科学研究、重点研究基地重大项目	研究报告	2019.12
62	全球“规制协调”的经济与福利影响研究	崔　凡	国际经济贸易学院	教育部人文社会科学研究、重点研究基地重大项目	论文、研究报告	2019.12
63	多边贸易体制 70 年发展历程回顾与思考	屠新泉	中国世界贸易组织研究院	教育部人文社会科学研究、重点研究基地重大项目	论文、研究报告	2019.12
64	推进中外人文交流合作研究——中埃人文合作交流	丁　隆	外语学院	教育部人文社会科学研究、专项委托项目	研究报告	2018.12
65	竞争法中滥用相对优势地位研究	陈丹舟	法学院	司法部国家法治与法学理论研究项目、一般课题	论文、研究报告	2018.08
66	新能源汽车产业政府补贴的法律规制与完善研究	冯　辉	法学院	司法部国家法治与法学理论研究项目、中青年课题	论文、研究报告	2018.08

续表

序号	项目名称	负责人	承担部门	项目分类、类别	预期成果形式	计划完成时间
67	判决书中非理性因素的运用与限制	杨　贝	法学院	司法部国家法治与法学理论研究项目、中青年课题	论文、研究报告	2018.10
68	社会保险法修订的重点和难点问题研究	娄　宇	保险学院	司法部国家法治与法学理论研究项目、中青年课题	论文、研究报告	2018.10
69	北京市垃圾处理中政府与企业协同治理研究	吕维霞	公共管理学院	北京市社会科学基金、重点项目	研究报告	2019.06
70	北京与纽约街面广告视觉效果特色研究：基于转喻和隐喻眼动实证	陈香兰	英语学院	北京市社会科学基金、重点项目	著作	2019.06
71	北京上市公司连锁董事网、企业能力与国际化绩效	王分棉	国际商学院	北京市社会科学基金、一般项目	论文	2018.12
72	养老保障制度对北京居民收入差距的调节作用研究	王亚柯	保险学院	北京市社会科学基金、一般项目	研究报告	2018.06
73	北京企业网站国际化水平跨文化研究	史兴松	英语学院	北京市社会科学基金、一般项目	论文	2019.06
74	北京企业“走出去”的社会责任风险及尽责管理研究——基于ISO26000的视角	李　丽	国际经济研究院	北京市社会科学基金、一般项目	研究报告	2018.06
75	俄罗斯媒体视角下北京城市形象研究	李锡奎	外语学院	北京市社会科学基金、一般项目	研究报告	2018.12
76	扩大消费需求背景下北京市家庭消费信贷的适度规模和经济后果研究	何丽芬	金融学院	北京市社会科学基金、一般项目	研究报告	2018.12
77	北京企业对外直接投资对创新能力的溢出效应研究	汪　洋	国际商学院	北京市社会科学基金、一般项目	研究报告	2018.12
78	长征精神及其对大学生思想政治教育的现实意义研究	张小锋	思想政治理论课教学科研部	北京市社会科学基金、一般项目	论文、研究报告	2017.12
79	北京企业对外投资发展与全球公司构建策略研究	蓝庆新	国际经济研究院	北京市社会科学基金、一般项目	研究报告	2017.12
80	京津冀协同发展中北京服务外包产业升级的路径选择	蔡彤娟	国际经济研究院	北京市社会科学基金、一般项目	研究报告	2018.06
81	北京市新能源汽车产业政府补贴的法律规制与完善研究	冯　辉	法学院	北京市社会科学基金、青年项目	研究报告	2017.12
82	北京市践行社会主义核心价值观实践研究	吕红霞	思想政治理论课教学科研部	北京市社会科学基金、青年项目	著作	2019.06
83	构筑首都“全面二孩”时代的女性权益综合保障体系	刘佳佳	英语学院	北京市社会科学基金、青年项目	论文	2017.12
84	全球价值链视角下北京市企业“走出去”发展战略研究	刘　斌	中国世界贸易组织研究院	北京市社会科学基金、青年项目	论文	2018.06
85	跨境电子商务助推北京市外贸企业转型升级的机制和路径研究	李　亮	信息学院	北京市社会科学基金、青年项目	论文	2018.06

续表

序号	项目名称	负责人	承担部门	项目分类、类别	预期成果形式	计划完成时间
86	北京新三板市场在股票注册制下的发展战略研究	邵新建	国际经济贸易学院	北京市社会科学基金、青年项目	论文	2018.06
87	首都地区家庭资本影响教育资源配置的模式及机制研究	范静波	公共管理学院	北京市社会科学基金、青年项目	研究报告	2018.12
88	首都地区家庭背景对教育起点公平的影响机制研究	赵　峰	公共管理学院	北京市社会科学基金、青年项目	研究报告	2017.12
89	城镇化进程中北京市家庭能源消费碳足迹演化机理研究	郭　琳	国际经济贸易学院	北京市社会科学基金、青年项目	论文	2018.06
90	多社会网络中的北京市科技创新引领要素研究	喇　磊	信息学院	北京市社会科学基金、青年项目	研究报告	2018.06
91	北京网络租约车规制模式与策略研究	程絜森	信息学院	北京市社会科学基金、青年项目	研究报告	2018.06
92	中国企业海外发展动态与路径研究	林汉川	国际商学院	北京市社会科学基金、重点研究基地年度报告一般项目	论文、研究报告	2018.12
93	中国企业海外发展报告 2016	林汉川	国际商学院	北京市社会科学基金、重点研究基地年度报告出版资助项目	著作	2017.12
94	大规模成分数据的分类算法及其应用研究	秦　磊	统计学院	北京市自然科学基金、青年项目	论文	2017.12
95	互联网背景下社会化媒体对首都旅游品牌影响研究	华　迎	信息学院	北京市自然科学基金、预探索项目	论文	2017.06

2016 年度校级社会科学研究项目

序号	项目名称	负责人	承担部门	项目分类、类别	预期成果形式	计划完成时间
1	新常态背景下的财税政策作用机制研究	李　明	国际经济贸易学院	学术创新团队	论文、专著	2018.12
2	“可持续发展视角下的气候变化治理与能源政策创新：国际经验与中国对策研究”学术创新团队	王　波	国际关系学院	学术创新团队	论文、专著	2018.12
3	海外研发网络构建与技术创新团队	吴剑峰	国际商学院	学术创新团队	论文、专著	2018.12
4	宏观经济政策与公司财务决策	孙艳梅	金融学院	学术创新团队	论文、专著	2018.12
5	“一带一路”视角下中国 FTA 网络构建研究团队	庄　芮	国际经济研究院	学术创新团队	论文、专著	2018.12
6	全球价值链与我国产业升级研究	祝坤福	全球价值链研究院	学术创新团队	论文、专著	2018.12
7	明代主流诗学范畴的发展演变及其对日本汉文诗话的影响	王明辉	中国语言文学学院	一般项目	论文	2018.12

续表

序号	项目名称	负责人	承担部门	项目分类、类别	预期成果形式	计划完成时间
8	我国高校财务风险管理研究	王振华	财务处	一般项目	论文	2018.12
9	语义网络视阈下的同声传译认知模型研究	王　淳	英语学院	一般项目	论文	2018.12
10	大数据背景下中国互联网用户关于信息消费的媒介素养及伦理研究	付　涛	英语学院	一般项目	论文	2018.12
11	机关事业单位养老保险制度改革：优化职业年金制度的路径研究	吕惠娟	保险学院	一般项目	论文	2018.12
12	基于当代中国农村内生产权制度变迁的收入分配研究	刘江宁	思想政治理论课教学科研部	一般项目	论文	2018.12
13	转基因作物侵权责任研究	刘　丽	英语学院	一般项目	论文	2018.12
14	中国非政府组织参与“一带一路”建设的战略与对策研究	辛传海	公共管理学院	一般项目	论文	2018.12
15	均值—方差联合建模的理论与应用研究	陈　茜	保险学院	一般项目	论文	2018.12
16	开放式运动项目中行为程序干扰对运动员竞技表现影响的实证研究	陈　麒	体育部	一般项目	论文	2018.12
17	互联网+时代网约车的法律监管研究	周丽霞	英语学院	一般项目	论文	2018.12
18	伍尔夫作品中的城市书写	郑佰青	英语学院	一般项目	论文	2018.12
19	高校高层次人才引进及管理优化探究	秦东方	人力资源处	一般项目	论文	2018.12
20	过渡时期理论视角下的越南社会主义定向市场经济理论研究	聂　槟	外语学院	一般项目	论文	2018.12
21	高校青年教师薪酬与心理契约相关性研究	高一琼	人力资源处	一般项目	论文	2018.12
22	高校编制外用工法律风险与对策研究	高　玲	人力资源处	一般项目	论文	2018.12
23	雇员股票期权激励效应及费用化问题研究	王兴春	国际经济贸易学院	青年项目	论文	2018.12
24	全球化视阈下的伊斯兰金融研究	邓苏宁	外语学院	青年项目	论文	2018.12
25	中国企业应对外商直接投资的新型战略及投资预警的量化	包　歌	国际经济贸易学院	青年项目	论文	2018.12
26	一类条件GW树及相关聚合过程	毕洪伟	保险学院	青年项目	论文	2018.12
27	允许转移支付条件下的机制设计与实施：理论与应用	孙一飞	国际经济贸易学院	青年项目	论文	2018.12

续表

序号	项目名称	负责人	承担部门	项目分类、类别	预期成果形式	计划完成时间
28	铁路客运公益性定价机制研究	宋 琛	金融学院	青年项目	论文	2018. 12
29	投入产出闭模型及应用	陈全润	统计学院	青年项目	论文	2018. 12
30	未来互联网下的视频用户行为预测研究	屈启兴	信息学院	青年项目	论文	2018. 12
31	财政分权、产业结构调整与经济周期波动—基于劳动力市场新视角	赵旭杰	国际经济贸易学院	青年项目	论文	2018. 12
32	“一带一路”视域下中伊艺术交流研究	姜 楠	外语学院	青年项目	论文	2018. 12
33	1800 年前后的知识秩序与对人的诗学建构	贾涵斐	外语学院	青年项目	论文	2018. 12
34	高校思想政治理论课教学五大发展理念“三进”问题研究	高 蕾	思想政治理论课教学科研部	青年项目	论文	2018. 12
35	船舶大气污染法律研究	董冰莹	法学院	新进青年教师科研启动项目	论文	2018. 12
36	全球视野下的中国刑法前置化领域与正当性研究	冀 莹	法学院	新进青年教师科研启动项目	论文	2018. 12
37	审级建构视野中的司法统一	卢 佩	法学院	新进青年教师科研启动项目	论文	2018. 12
38	英语学位论文的对比文体分析研究	靳光洒	英语学院	新进青年教师科研启动项目	论文	2018. 12
39	早期汉语儿童功能范畴的获得	彭鹭鹭	英语学院	新进青年教师科研启动项目	论文	2018. 12
40	我国当前汉英双语播音主持相关专业招生与就业现状分析	张墨飞	英语学院	新进青年教师科研启动项目	论文	2018. 12
41	鲁迅作品在法国译介方式的特点与演变	郭彦娜	外语学院	新进青年教师科研启动项目	论文	2018. 12
42	莫里斯·巴雷斯笔下的基督教和异教	靳风华	外语学院	新进青年教师科研启动项目	论文	2018. 12
43	制图理论视角下意汉副词的句法位置分布研究	吴 菡	外语学院	新进青年教师科研启动项目	论文	2018. 12
44	中美安全竞争与东南亚国家的战略选择	刘若楠	国际关系学院	新进青年教师科研启动项目	论文	2018. 12
45	全球性霸权和平转移的可能性分析	乔 亮	国际关系学院	新进青年教师科研启动项目	论文	2018. 12
46	西方马克思主义科技伦理思想研究	黄传根	思想政治理论课教学科研部	新进青年教师科研启动项目	论文	2018. 12
47	思想政治教育视域下民国时期公民教育思想研究——基于教育界人士的考察	于玲玲	思想政治理论课教学科研部	新进青年教师科研启动项目	论文	2018. 12

续表

序号	项目名称	负责人	承担部门	项目分类、类别	预期成果形式	计划完成时间
48	教育投资与人力资本升级	卢福永	教育与开放经济研究中心	新进青年教师科研启动项目	论文	2018. 12
49	中国高校独立学院的定位、转型与发展问题研究	原　珂	教育与开放经济研究中心	新进青年教师科研启动项目	论文	2018. 12
50	全球化生产背景下的国际关系与经贸合作	杜映昕	中国世界贸易组织研究院	新进青年教师科研启动项目	论文	2018. 12
51	弱标签分类问题研究	汪　波	信息学院	新进青年教师科研启动项目	论文	2018. 12
52	新媒介与青少年发展研究	胥琳佳	中国语言文学学院	新进青年教师科研启动项目	论文	2018. 12
53	几类随机过程的性质及其在金融衍生品中的应用	徐光利	统计学院	新进青年教师科研启动项目	论文	2018. 12
54	房地产价格对微观企业行为影响研究	钟　腾	金融学院	新进青年教师科研启动项目	论文	2018. 12
55	社会经济地位与健康的关系及机制研究	周　钦	公共管理学院	新进青年教师科研启动项目	论文	2018. 12
56	资本项目开放与经济增长非线性关系研究—基于政府清廉视角	席　丹	金融学院	重点研究基地专项	论文	2018. 12
57	基于半参数变系数回归的投资区位选择——模型及应用	丁　岚	离退休工作处	离退休教师专项课题	专著	2018. 12
58	非洲工业化与中非产能合作战略研究	赵京霞	离退休工作处	离退休教师专项课题	专著	2018. 12
59	非法集资案例选辑	丁建臣	金融学院	学术著作出版资助	专著	2018. 12
60	尼·亚·丹尼列夫斯基之文化思想研究	孙　芳	外语学院	学术著作出版资助	专著	2018. 12
61	英美总裁风险认知话语对企业绩效的预测建模研究	李　琳	英语学院	学术著作出版资助	专著	2018. 12
62	税收、居民收入差距及收入分配动态均衡	崔景华	公共管理学院	学术著作出版资助	专著	2018. 12
63	澳大利亚的中等强国外交	崔　越	继续教育学院	学术著作出版资助	专著	2018. 12
64	刑事诉讼法视野中的犯罪构成要件研究	赖早兴	法学院	学术著作出版资助	专著	2018. 12
65	葡语国家发展报告（2015—2016）	刘金兰	国际学院	学术著作出版资助	专著	2018. 12
66	出航——玛丽·麦卡锡的女性成长小说研究	李贺青	英语学院	学术著作出版资助	专著	2018. 12
67	俄语语篇理论及其应用研究	李锡奎	外语学院	学术著作出版资助	专著	2018. 12
68	日本的文化行政与创意城市研究	赵　敬	外语学院	学术著作出版资助	专著	2018. 12
69	面向策略性消费者的供应链决策研究	丁　鼎	国际经济贸易学院	杰出青年学者培育计划	论文	2017. 12
70	基金与券商关系研究	江　萍	国际经济贸易学院	杰出青年学者培育计划	论文	2017. 12

续表

序号	项目名称	负责人	承担部门	项目分类、类别	预期成果形式	计划完成时间
71	董事责任险与独立董事履行监督职能研究	祝继高	国际商学院	杰出青年学者培育计划	论文	2017. 12
72	从微观交易行为研究中国资本市场的调控机制	边江泽	金融学院	杰出青年学者培育计划	论文	2017. 12
73	国际数字贸易规则发展新趋向及中国的应对	周念利	中国世界贸易组织研究院	杰出青年学者培育计划	论文	2017. 12
74	世界范围内青年运动新趋势研究——对中东北非骚扰、欧美占领运动和港台学生运动的分析	廉　思	公共管理学院	杰出青年学者培育计划	论文	2017. 12
75	信仰的力量：传统宗教与村庄治理	郭云南	国际经济贸易学院	优秀青年学者培育计划	论文	2017. 12
76	政策视角下的全球价值链量化研究	余心玎	国际经济贸易学院	优秀青年学者培育计划	论文	2017. 12
77	员工进言、团队过程与创新	魏　昕	国际商学院	优秀青年学者培育计划	论文	2017. 12
78	市值管理与公司财务政策	胡聪慧	国际商学院	优秀青年学者培育计划	论文	2017. 12
79	宏观审慎框架下的金融风险管理研究	谢尚宇	金融学院	优秀青年学者培育计划	论文	2017. 12
80	“一带一路”战略视角下中国海外利益拓展与公共外交建设研究	檀有志	国际关系学院	优秀青年学者培育计划	论文	2017. 12
81	“大数据”下的团队管理理论与实践	于晓丹	信息学院	优秀青年学者培育计划	论文	2017. 12
82	制造业服务化与价值链升级：基于行业与微观企业层面的分析	刘　斌	中国世界贸易组织研究院	优秀青年学者培育计划	论文	2017. 12
83	大数据中高维数据分析创新理论与实践	薛　原	统计学院	优秀青年学者培育计划	论文	2017. 12

（对外经济贸易大学科研处供稿）

中国传媒大学

2016 年度承担国家级、省部级社会科学研究项目

序号	项目名称	负责人	承担部门	项目分类、类别	预期成果形式	计划完成时间
1	中国语言文字事业年鉴(2016 年)	段　鹏	艺术学部—戏剧影视学院	教育部人文社会科学研究项目	著作	2018. 12
2	“一带一路”战略背景下中亚语言文化状况调查研究	邢　欣	文法学部—对外汉语教育学院（留学生院）	国家社会科学基金项目	专著	2019. 11

续表

序号	项目名称	负责人	承担部门	项目分类、类别	预期成果形式	计划完成时间
3	中国主流媒体融合创新研究	段　鹏	艺术学部—戏剧影视学院	教育部人文社会科学研究项目	专著	2018 . 09
4	油画《帕米尔春晓》	金　妹	艺术学部—戏剧影视学院	国家艺术基金项目	创作	2018. 12
5	政务新媒体语言使用状况监测与研究	段　鹏	艺术学部—戏剧影视学院	教育部人文社会科学研究项目	研究报告	2016. 12
6	文化领域供给侧问题研究	范　周	经管学部—文化发展研究院	国家社会科学基金项目	研究报告	2018. 06
7	京津冀文化产业协同发展规划	范　周	经管学部—文化发展研究院	文化部项目	研究报告	2016. 12
8	中国戏剧史 中国剧场史（英文版）	李佐文	外国语学院	国家社会科学基金项目	译著	2019. 09
9	建设首都国际交往中心的文化贸易途径研究	李怀亮	文法学部—文学院	北京市社会科学基金项目	研究报告、论文集、成果要报	2016. 09
10	十八大以来教育系统反腐倡廉的传播效果评估与传播策略创新研究	赵　晖	党委校长办公室	教育部人文社会科学研究项目	专著	2018. 09
11	高校学生学习成果分层及影响因素研究	周廷勇	经管学部—经济与管理学院	教育部人文社会科学研究项目	专著	2019. 07
12	中国电视体制创新的理念与路径研究	邓文卿	文科科研处	教育部人文社会科学研究项目	论文集	2019. 06
13	中国外层空间对外战略研究	仪名海	文法学部—政治与法律学院	教育部人文社会科学研究项目	专著	2019. 09
14	新常态下短期经济波动对长期增长的影响机理与对策研究	池建宇	经管学部—经济与管理学院	教育部人文社会科学研究项目	专著	2019. 09
15	基于《梅益工作日记》的新中国广播电视发展史研究	袁　军	校领导	国家新闻出版广电总局项目	研究报告	2017. 10
16	推进融合发展、打造新型主流媒体研究	庞　亮	发展战略规划处	国家新闻出版广电总局项目	研究报告	2017. 10
17	娱乐类节目的内容引导与跨屏传播管理研究	卜彦芳	经管学部—经济与管理学院	国家新闻出版广电总局项目	研究报告	2017. 10
18	“互联网 +”时代广电媒体公共文化服务供给创新研究	高慧军	经管学部—经济与管理学院	国家新闻出版广电总局项目	研究报告	2017. 10
19	媒介融合背景下城市广电媒体改革发展研究	王晓红	新闻传播学部—电视与新闻学院	国家新闻出版广电总局项目	研究报告	2017. 10
20	基于大数据的电影项目风险评估与风险控制研究	司　若	艺术学部—戏剧影视学院	国家新闻出版广电总局项目	研究报告	2017. 10
21	媒介生态视野中的首都艺术影院发展策略研究	潘可武	学报	北京市社会科学基金项目	研究报告	2017. 12

续表

序号	项目名称	负责人	承担部门	项目分类、类别	预期成果形式	计划完成时间
22	受众参与框架下提升北京市政务新媒体影响力研究	顾　洁	新闻传播学部—电视与新闻学院	北京市社会科学基金项目	论文集	2019.09
23	北京名人故居审美文化研究	杜寒风	文法学部—文学院	北京市社会科学基金项目	专著	2019.09
24	1936—1945年中国国防电影与抗战电影研究	袁庆丰	经管学部—经济与管理学院	北京市社会科学基金项目	专著	2019.09
25	京津画派的画学思想及其传播研究	邵　军	艺术学部—戏剧影视学院	北京市社会科学基金项目	专著	2019.09
26	价值论视阈中的电视剧艺术发展论	彭文祥	艺术学部—艺术研究院	北京市社会科学基金项目	专著	2019.09
27	京津冀新生代农民工对社交媒体的使用及其社会认同研究	王锡苓	新闻传播学部—电视与新闻学院	北京市社会科学基金项目	研究报告	2019.09
28	视听媒体虚拟现实（VR）作品内容创作研究	郭艳民	新闻传播学部—电视与新闻学院	文化部项目	专著	2018.08
29	论明清画学“仿古”模式的思想根源与理论形态	蒋志琴	艺术学部—艺术研究院	国家社会科学基金项目	研究报告	2018.12
30	互联网+时代的中国传统音乐文化传播模式研究	朱星辰	艺术学部—音乐与录音艺术学院	国家社会科学基金项目	研究报告	2018.12
31	世界各国文化法律、文化政策比较研究	魏晓阳	经管学部—文化发展研究院	国家社会科学基金项目	研究报告	2019.12
32	当代中国电视娱乐节目的文化价值导向及传播研究	游　洁	艺术学部—戏剧影视学院	国家社会科学基金项目	研究报告	2018.12
33	互联网时代公共文化服务体系建设研究	刘京晶	经管学部—文化发展研究院	国家社会科学基金项目	研究报告	2018.12
34	媒介融合时代视听内容生产研究	张国涛	学报	国家社会科学基金项目	研究报告	2019.12
35	中国画《山高水长》	李　宽	艺术学部—戏剧影视学院	国家艺术基金项目	创作	2018.12
36	两岸艺术设计与管理高端人才培训班	范　周	经管学部—文化发展研究院	国家艺术基金项目	研究报告	2017.12
37	互联网群体传播引发的社会问题研究	隋　岩	文科科研处	教育部人文社会科学研究项目	专著	2018.09
38	社会变迁过程中青少年价值观的发展与影响机制研究	鲁景超	播音主持艺术学院	国家社会科学基金项目	研究报告	2019.12
39	国民听书率研究	蔡　翔	出版社	国家语委项目	研究报告、论文	2016.12
40	民族语言调查·西藏察隅达让语	赵　雪	文法学部—文学院	国家语委项目	专著	2017.12
41	民族语言调查·西藏墨脱仓洛语	李大勤	文法学部—文学院	国家语委项目	著作	2017.12

续表

序号	项目名称	负责人	承担部门	项目分类、类别	预期成果形式	计划完成时间
42	民族语言调查·西藏察隅松林语	李佐文	外国语学院	国家语委项目	专著	2017.12
43	舆情生态治理下的政务新媒体传播路径及效果研究	邹　煜	国家语言资源监测与研究有声媒体中心	国家社会科学基金项目	专著	2019.06
44	国外互联网治理的理念模式及借鉴研究	王四新	文法学部—政治与法律学院	国家社会科学基金项目	专著	2019.06
45	中国当代文艺实践中的人民性研究	张　宏	文法学部—文学院	国家社会科学基金项目	专著	2019.06
46	“满映”殖民主义电影形态与装置的批判研究	逄增玉	文法学部—对外汉语教育学院（留学生院）	国家社会科学基金项目	专著	2019.06
47	鲁迅与中国传统“文章”的创造性转化研究	刘春勇	文法学部—文学院	国家社会科学基金项目	专著	2019.06
48	中国华语电视节目在海外受众中的传播效果研究	刘燕南	新闻传播学部—传播研究院	国家社会科学基金项目	专著	2019.06
49	热点话题动态捕捉与趋势预测研究——与语言文字舆情为例	程南昌	国家语言资源监测与研究有声媒体中心	国家语委项目	研究报告	2016.12
50	党管媒体与依法管网相结合研究	段　鹏	艺术学部—戏剧影视学院	北京市社会科学基金项目	研究报告	2016.11
51	当代世界民族自治问题研究	杨　勉	文法学部—政治与法律学院	国家民委项目	研究报告	2017.06
52	习近平总书记系列重要讲话精神研究专项任务	胡正荣	国家传播创新研究中心	教育部人文社会科学研究项目	系列论文	2017.03
53	新媒体环境下的重大突发事件舆论引导研究	高晓虹	新闻传播学部—电视与新闻学院	国家社会科学基金项目	研究报告	2017.06
54	符号中国英文版	隋　岩	文科科研处	国家社会科学基金项目	专著	2018.12
55	影视文化论稿（英文版）	金海娜	外国语学院	国家社会科学基金项目	著作	2018.12

（中国传媒大学文科科研处供稿）

中国农业大学

2016 年度承担国家级、省部级社会科学研究项目

序号	项目名称	负责人	承担部门	项目分类、类别	预期成果形式	计划完成时间
1	“资本—技能互补”视角下驱动力转换的内生路径与政策保障体系研究	马红旗	经济管理学院	国家社会科学基金项目	论文集、研究报告	2018.12

续表

序号	项目名称	负责人	承担部门	项目分类、类别	预期成果形式	计划完成时间
2	西方发展援助与中国发展援助的战略政策对比分析	李小云	人文与发展学院	国家社会科学基金项目	总报告、专著、专题报告、论文、政策建议、政策要报	2019.10
3	京津冀区域生态位异质化作用下农业产业链空间协同效应与发展策略研究	赵桂慎	资源与环境学院	国家社会科学基金项目	论文集	2019.12
4	多元主体共同参与中国对非援助机制研究	徐秀丽	人文与发展学院	国家社会科学基金项目	论文集	2018.12
5	利用互联网信息技术提升农产品流通效率研究	吕建军	经济管理学院	国家社会科学基金项目	论文集、研究报告	2019.06
6	农户环境行为对农业面源污染的影响及防控策略研究	王瑞梅	经济管理学院	国家社会科学基金项目	专著、研究报告	2019.07
7	全面依法治国背景下学校法治教育中的社会参与机制研究	车 雷	马克思主义学院	教育部人文社会科学研究项目	论文、研究报告	2018.09
8	法官、检察官员额制改革问题研究	瓮怡洁	人文与发展学院	教育部人文社会科学研究项目	研究报告	2019.09
9	流动儿童和留守儿童健康及学业成绩的对比研究	赵启然	经济管理学院	教育部人文社会科学研究项目	研究报告	2018.12
10	马克思主义共同富裕思想在中国的运用与发展研究	王 琳	马克思主义学院	教育部人文社会科学研究项目	研究报告、论文	2018.09
11	国家治理现代化视域下农村集体经济组织建设研究	张 晖	马克思主义学院	北京市社会科学基金项目	研究报告	2018.06
12	北京农民工子弟学校学生亚文化与阶层再生产研究	高雪莲	人文与发展学院	北京市社会科学基金项目	研究报告	2019.06
13	北京市农业产业化龙头企业与不同阶层农户的利益联结机制研究	陈义媛	人文与发展学院	北京市社会科学基金项目	研究报告	2018.06
14	北京市农民工群体的代际收入分化研究	蔡海龙	经济管理学院	北京市社会科学基金项目	研究报告	2018.12
15	从《共产党宣言》到中国共产党新发展理念	李 明	马克思主义学院	北京市社会科学基金项目	专著	2018.06
16	北京自产蔬菜流通渠道优化及其电子商务发展模式	张领先	信息与电气工程学院	北京市社会科学基金项目	研究报告	2018.12
17	北京集体经营性建设用地入市法律问题研究	肖 鹏	人文与发展学院	北京市社会科学基金项目	研究报告	2018.06
18	多种形式农业适度规模经营及其支持政策研究	蔡海龙	经济管理学院	农业部软科学项目	研究报告	2016.12
19	我国农业供给侧结构性改革问题研究	赵 霞	经济管理学院	农业部软科学项目	研究报告	2016.12
20	产业链视角下的糖料产业发展问题研究	司 伟	经济管理学院	农业部软科学项目	研究报告	2016.12

续表

序号	项目名称	负责人	承担部门	项目分类、类别	预期成果形式	计划完成时间
21	我国棉花收入保险制度研究——基于新疆棉区的调查实证	杨汭华	经济管理学院	农业部软科学项目	研究报告	2016.12
22	"农村义务教育学生营养改善计划"的政策工具选择及机制研究	赵启然	经济管理学院	国家自然科学基金项目	研究报告	2019.12
23	基于供给侧改革的畜禽产业链增值的创新机制与模式研究	卢凤君	经济管理学院	国家自然科学基金项目	研究报告	2020.12
24	社会网络视角下的家庭金融行为研究	黄纯纯	经济管理学院	国家自然科学基金项目	研究报告	2019.12
25	多元信息传递视角下互联网金融对缓解农户信贷约束的影响及对策优化	何　婧	经济管理学院	国家自然科学基金项目	研究报告	2019.12

（中国农业大学科学技术发展研究院乌日汉供稿）

中国地质大学（北京）

2016年度承担国家级、省部级社会科学研究项目

序号	项目名称	负责人	承担部门	项目分类、类别	预期成果形式	计划完成时间
1	社会主义核心价值观教育融入"思想道德修养与法律基础"课教学的探索与实践	李玉萍	思政学院	北京市教工委首都大学生思想政治教育研究课题	著作	2018.04
2	京津冀水资源管理跨区域机制研究	王　玲	文管学院	北京市委组织部项目	著作	2017.09

2016年度校级社会科学研究项目（横向）

序号	项目名称	负责人	承担部门	项目分类、类别	预期成果形式	计划完成时间
1	大学英语教学中培养学生批判性思维能力的探索	刘　伟	外语学院	其他横向项目	著作	2017.11
2	基于移动端的大学英语教学	肖　楠	外语学院	其他横向项目	著作	2016.12
3	大学英语课堂中"互动中的叙事"研究	张庆华	外语学院	国有企业委托项目	著作	2018.03
4	英语新闻视听自适应学习系统建设	张焕香	外语学院	其他横向项目	著作	2017.01
5	基于网络环境下的大学英语自主学习教学实验研究	范　洪	外语学院	其他横向项目	著作	2016.11
6	民主党派内部监督体制与机制建设	刘海燕	思政学院	地方政府委托项目	著作	2016.12
7	2016年北京民进会员思想状况调研报告	刘海燕	思政学院	其他横向项目	著作	2016.12

续表

序号	项目名称	负责人	承担部门	项目分类、类别	预期成果形式	计划完成时间
8	2016年全国学生定向锦标赛技术保障	陈津梁	体育课部	其他省市科技项目	著作	2017.12
9	资源型地区转型发展理论与实践研究	吴三忙	文管学院	其他横向项目	著作	2018.12
10	四川螺髻山省级地质公园揭碑开园建设实施方案编制	徐柯健	文管学院	其他横向项目	研究报告	2017.09
11	资源型城市资源环境承载力动态评价方法	李华姣	文管学院	实验室委托项目	研究报告	2017.03
12	矿产资源勘查开发利用统计监测指标体系研究及数据整理	赵连荣	文管学院	其他横向项目	研究报告	2017.04
13	贫困地区矿产资源开发收益分配政策研究	崔　巍	文管学院	民营企业委托项目	研究报告	2016.06

2016年度中央高校基本科研业务费优秀导师基金项目

序号	项目名称	负责人	承担部门	预期成果形式	计划完成时间
1	中国产业碳排放的空间分布：基于多区域投入产出模型的研究	葛建平	文管学院	论文、报告	2017.10
2	中国电力行业区域碳排放绩效的空间相关性研究	雷涯邻	文管学院	论文、报告	2017.10
3	全球价值链视角下我国虚拟水进出口与对策研究	雷涯邻	文管学院	论文、报告	2017.10
4	中国能源消费碳排放的影响路径分析	雷涯邻	文管学院	论文、报告	2017.10
5	外商直接投资溢出及其区域金融市场发展程度的门槛效应研究	刘慧芳	文管学院	论文、报告	2017.11
6	我国水资源优化配置与经济发展动态模拟研究	沙景华	文管学院	论文、报告	2017.10
7	我国能源矿产资源供应风险治理动态模拟研究	沙景华	文管学院	论文、报告	2017.10
8	铁矿石及钢铁制品国际贸易格局演化研究	安海忠	文管学院	论文、报告	2017.10
9	基于计算金融实验的中国燃料油期货市场监管策略研究	安海忠	文管学院	论文、报告	2017.10
10	基于MRIO的全球能源流动网络研究	安海忠	文管学院	论文、报告	2017.09

[中国地质大学（北京）科技处供稿]

北京科技大学

2016年度承担国家级、省部级社会科学研究项目

序号	项目名称	负责人	承担部门	项目分类、类别	预期成果形式	计划完成时间
1	有效辩护研究	张佳华	文法学院	国家社会科学基金、后期资助项目	专著	2017.10

续表

序号	项目名称	负责人	承担部门	项目分类、类别	预期成果形式	计划完成时间
2	大学英语 SPOC 翻转课堂教学模式有效性探讨研究	王　娜	外国语学院	国家社会科学基金、青年项目	专著	2019. 12
3	马克思恩格斯对错误社会思潮的分析批判及其当代价值研究	李晓光	马克思主义学院	国家社会科学基金、一般项目	专著	2019. 12
4	当代中国互联网主流意识形态话语权建构研究	李江静	马克思主义学院	教育部人文社会科学研究、规划项目	论文	2019. 03
5	硬件开源的群体创新模型与影响因素研究	李英姿	东凌经济管理学院	教育部人文社会科学研究、规划项目	论文	2018. 12
6	跨科学视野下的汉唐时期官员服饰文化研究	李　怡	文法学院	教育部人文社会科学研究、规划项目	论文、咨询报告	2018. 12
7	融通中外的外宣翻译话语建构及其接受度调查	赵　晶	外国语学院	教育部人文社会科学研究、规划项目	著作、论文	2019. 12
8	翻译与创作的历时与共时研究：基于语言接触与语言演变的视角	赵秋荣	外国语学院	教育部人文社会科学研究、规划项目	论文	2019. 09
9	高校思想政治理论课实践教学方法改革与模式创新	彭庆红	马克思主义学院	教育部人文社会科学研究、规划项目	论文	2015. 12
10	社会热点问题月度解析	权良柱	党政部门	教育部人文社会科学研究、规划项目（高校示范马克思主义学院和优秀教学科研团队建设项目）	论文、研究报告	2019. 06
11	冶金行业卓越工程师培养通用标准及指标体系研究	薛庆国	钢铁冶金新技术国家重点实验室	教育部人文社会科学研究、专项任务项目（工程科技人才培养研究）	论文、咨询报告	2018. 06
12	高校“形势与政策”课程立体化教学模式探析	于成文	党政部门	教育部人文社会科学研究、规划项目（高校示范马克思主义学院和优秀教学科研团队建设项目）	咨询报告、论文	2018. 03
13	高校师生关注的理论热点研究	魏　佳	马克思主义学院	教育部人文社会科学研究专项任务项目（中国特色社会主义理论体系研究）	咨询报告	2017. 12
14	“禾欣夏令营”大学生实践育人平台	王　靖	机械工程学院	教育部思政司高校辅导员工作、精品项目	论文	2018. 12
15	高校思政课实践教学改革与模式创新	彭庆红	马克思主义学院	教育部高校思政课教学方法改革项目“择优推广计划”	论文	2016. 12

续表

序号	项目名称	负责人	承担部门	项目分类、类别	预期成果形式	计划完成时间
16	2014全国学生资助工作绩效考评	曲绍卫	文法学院	教育部全国学生资助管中心、委托项目	研究报告	2017.06
17	北京科技大学“星辰大海”网络思政工作室	刘 冰	东凌经济管理学院	教育部思政司高校辅导员工作、精品项目	论文、研究报告	2016.12
18	北京市长期护理社会保险基金平衡研究	胡乃军	文法学院	北京市社会科学基金项目	研究报告	2017.12
19	北京市科技资源错配与创新系统效率提升问题研究	马建峰	东凌经济管理学院	北京市社会科学基金项目	研究报告	2018.06
20	雕刻类非物质文化遗产的虚拟展示研究	王晓慧	机械工程学院	北京市社会科学基金项目	研究报告	2017.12
21	语域理论视阈下的儒家典籍核心概念词英译研究	高生文	党政部门	北京市社会科学基金项目	专著	2019.06
22	英汉语功能句法分析之计算机模式研究	何 伟	外国语学院	北京市社会科学基金项目	论文	2019.06
23	北京众创平台组织运营机制研究	陈光华	东凌经济管理学院	北京市社会科学基金项目	研究报告	2017.12
24	基于公路港的低碳物流联盟竞合机制研究	杨建华	东凌经济管理学院	北京市社会科学基金、研究基地项目	研究报告	2017.12
25	北京市低碳供应链库存利益协调研究	李群霞	东凌经济管理学院	北京市社会科学基金、研究基地项目	研究报告、论文集	2018.06
26	矿物冶金与材料学报（英文版）期刊国际影响力提升计划	佟建国	党政部门	中国科协委托项目	论文	2016.12
27	古代铜冶金渣的科技信息提取方法	李延祥	冶金与生态工程学院	国家文物局文物保护行业标准制修订项目	制定标准	2018.12
28	文化遗产保护和公共文化服务科技创新专项建议凝练	潜 伟	冶金与生态工程学院	国家文物局委托项目	研究报告	2017.04
29	思想理论动态转报编报	彭庆红	马克思主义学院	北京市教工委委托项目	专报	2016.12
30	《2015年国外技术性贸易措施对我国出口企业影响调查》抽样分析方法	胡 波	东凌经济管理学院	国家WTO.SPS通报咨询中心委托项目	调查报告	2017.07
31	发展对象集中教育内容建设	孙景宏	党政部门	北京市教工委委托项目	研究报告	2016.05
32	“高参小”推进资源共享模式研究——以体育教育为例	钱娅艳	体育部	北京市教育科学规划项目	研究报告	2016.12

续表

序号	项目名称	负责人	承担部门	项目分类、类别	预期成果形式	计划完成时间
33	大学生党员述责测评网络系统	孙景宏	党政部门	北京市教工委委托项目	研究报告	2017.07
34	京津冀区域土地综合承载力评价研究	刘祥东	东凌经济管理学院	北京市委组织部委托项目	研究报告	2017.12
35	新媒体背景下高校突发公共事件舆情应对研究	沈　崴	党政部门	北京市教工委委托项目	论文、研究报告	2017.10

2016年度校级社会科学研究项目

序号	项目名称	负责人	承担部门	项目分类、类别	预期成果形式	计划完成时间
1	“厕所革命”下北京市厕所新技术和城市粪便处理模式调研	程世昆	能源与环境工程学院	北京市教工委北京高校青年教师社会调研项目	研究报告	2016.10
2	北京市工科类研究生人文知识需求及文化能力调查	皇甫伟	计算机与通信工程学院	北京市教工委北京高校青年教师社会调研项目	研究报告	2016.10
3	北京高校大学生入党前集中培训的针对性和实效性研究	孙景宏	党政部门	北京高校党建研究会课题	研究报告	2016.12
4	教育部审计信息交互应用平台	孙亚东	党政部门	教育部财务司委托项目	交互平台	2017.12
5	上市公司年报风险信息披露研究	张曾莲	东凌经济管理学院	北京市社会科学理论著作2016年上半年资助著作	著作	2016.12
6	个体生涯规划“五行论”的理论研究与实践	李鑫磊	机械工程学院	北京市教工委首都大学生思想政治教育一般、支持项目	论文、调研报告	2016.05
7	“同行的力量”新生教育工作室	杨明明	计算机与通信工程学院	北京市教工委首都大学生思想政治教育一般、支持项目	调研报告	2018.06
8	U涯辅导员工作室	栗时锋	化学与生物工程学院	北京市教工委首都大学生思想政治教育一般、支持项目	研究报告	2018.06
9	“从0到1”创新创业工作室	邓张升	东凌经济管理学院	北京市教工委首都大学生思想政治教育一般、支持项目	咨询报告	2018.06
10	学业帮棒堂—学业辅导工作室	张林虎	数理学院	北京市教工委首都大学生思想政治教育一般、支持项目	研究报告	2018.06
11	望江挑花技艺传承研究	章梅芳	冶金与生态工程学院	柒牌非物质文化遗产研究与保护基金项目、一般项目	论文、研究报告、实物	2018.06

续表

序号	项目名称	负责人	承担部门	项目分类、类别	预期成果形式	计划完成时间
12	陈国良学术成长资料采集	王艳丽	新金属材料国家重点实验室	老科学家学术成长资料采集工程领导小组、委托项目	研究报告	2018.06
13	葛昌纯学术成长资料采集	潜　伟	冶金与生态工程学院	老科学家学术成长资料采集工程领导小组、委托项目	研究报告	2018.06
14	胡正寰学术成长资料采集	章梅芳	冶金与生态工程学院	老科学家学术成长资料采集工程领导小组、委托项目	研究报告	2018.06
15	“两学一做”专题精品党课、微动漫制作	孙景宏	党政部门	北京市教工委组织处、委托项目	精品党课、微动漫作品	2017.12
16	宣传落实《北京市实施〈工会法〉办法》，推动学校非事业编制人员加入工会组织和开展工会工作的研究	张　娟	党政部门	校工会研究课题	论文	2016.12
17	提高教职工的积极率水平研究	杜学敏	党政部门	校工会研究课题	研究报告	2016.12
18	高校教职工廉政文化建设路径探析	李　洁	党政部门	校工会研究课题	研究报告	2016.12
19	土木学院工会组织文体活动的创新与实践	欧盛南	土木与环境工程学院	校工会研究课题	论文	2016.12
20	利用“互联网+”创新工会工作方式方法的研究	魏清阳	自动化学院	校工会研究课题	研究报告	2016.12
21	京卡互助卡二次报销对职工公费医疗的影响分析	果建竹	党政部门	校工会研究课题	研究报告	2016.12
22	北京科技大学教职工状况调查问卷	贾水库	党政部门	校工会研究课题	论文	2016.12
23	利用大科学试验装置的学科交叉性助力教师成长研究	王庆梅	国家材料服役安全科学中心（筹）	校工会研究课题	研究报告	2016.12
24	多元用工环境下的高校工会维权机制建设研究	苏　靖	党政部门	校工会研究课题	研究报告	2016.12
25	我校非在编人员入会状况调研及对策（子课题）	苏　靖	党政部门	校工会研究课题	研究报告	2016.12
26	推动非事业编人员入会及开展工会工作的研究（子课题）	艾茹	后勤服务集团	校工会研究课题	论文	2016.12
27	高校青年女教师职业发展路径及生活状况调查	王　捷	新材料技术研究院	校工会研究课题	研究报告	2016.12
28	高校非事业编制人员入会认知与提升职工归属感的双向分析研究	鞠　洋	党政部门	校工会研究课题	研究报告	2016.12
29	结合“家职工之家”和“教职工小家”实体化建设的理论与事件，探讨分析教职工对工会服务的新需求	刘明珠	东凌经济管理学院	校工会研究课题	论文	2016.12

续表

序号	项目名称	负责人	承担部门	项目分类、类别	预期成果形式	计划完成时间
30	我校辅导员的发展现状研究	潘红涛	马克思主义学院	校工会研究课题	研究报告	2016. 12
31	高校图书馆青年馆员职业发展的问题及对策研究	李国俊	图书馆	校工会研究课题	研究报告	2016. 12
32	高校青年教师思想动态调查研究—以北京科技大学为例	赵智杰	党政部门	校工会研究课题	研究报告	2016. 12
33	新形势下基层工会如何更好地挖掘青年教师的发展潜能的研究	李江昀	自动化学院	校工会研究课题	研究报告	2016. 12
34	重提为祖国健康工作五十年，鼓励教职工积极参与集体运动项目	王　宏	自动化学院	校工会研究课题	研究报告	2016. 12
35	基于工作室形式的“教职工之家”功能建设研究	王小宁	高等工程师学院	校工会研究课题	研究报告	2016. 12
36	北京高校大学生政治信仰现状与培育路径研究	鲁春霞	马克思主义学院	北京市思想政治工作研究会、基层研究课题	调研报告	2016. 12
37	社会组织承接政府转移职能研究	唐德龙	文法学院	民政部政策研究中心、委托项目	研究报告	2016. 08

（北京科技大学科学研究与发展部李静供稿）

北京交通大学

2016 年度承担国家级、省部级社会科学研究项目

序号	项目名称	负责人	承担部门	项目分类、类别	预期成果形式	计划完成时间
1	促进科技与经济深度融合的体制机制研究	冯　华	经济管理学院	国家社会科学基金、重大项目	研究报告、专著	2020. 12
2	科技服务业促进创新创业的功能、机理及有效供给研究	冯　华	经济管理学院	国家社会科学基金、重点项目	研究报告、论文集	2018. 12
3	技术驱动下的新能源汽车产业商业模式创新研究	刘颖琦	经济管理学院	国家社会科学基金、重点项目	专著、研究报告	2019. 12
4	马克思—恩格斯思想关系的文本学研究	刘秀萍	马克思主义学院	国家社会科学基金、一般项目	专著、研究报告	2021. 02
5	非主流宏观动态学视角的收入分配、内生需求与供给侧协同研究	刘　盾	经济管理学院	国家社会科学基金、青年项目	专著、论文	2018. 12
6	参与刑讯人员民事侵权责任问题研究	郭　烁	法学院	国家社会科学基金、青年项目	研究报告	2019. 05
7	党报在移动智能终端上的传播效果研究	张梓轩	语言与传播学院	国家社会科学基金、青年项目	专著、论文	2021. 09
8	晚清传教士西学翻译与西方近代启蒙思想的译介	卢明玉	语言与传播学院	教育部人文社会科学研究、规划项目	论文、汇编、研究报告	2018. 12
9	基于双重属性的文化产业安全问题研究	张　娜	经济管理学院	教育部人文社会科学研究、规划项目	咨询报告	2018. 06

续表

序号	项目名称	负责人	承担部门	项目分类、类别	预期成果形式	计划完成时间
10	机构投资者、国企并购行为与并购绩效	周绍妮	经济管理学院	教育部人文社会科学研究、规划项目	论文、咨询报告	2019.12
11	二语学习者习得汉语体标记的微变化研究	李兰霞	语言与传播学院	教育部人文社会科学研究、青年项目	论文、咨询报告	2018.12
12	基于信息技术的中国古代城市形态气候适应性研究	曾忠忠	建筑与艺术学院	教育部人文社会科学研究、青年项目	著作、论文、咨询报告、电子出版物	2018.12
13	基于城镇化效率的中国交通运输结构优化研究	刘铁鹰	经济管理学院	教育部人文社会科学研究、青年项目	论文、咨询报告	2018.12
14	大维度面板数据模型截面相关检验研究	卯光宇	经济管理学院	教育部人文社会科学研究、青年项目	论文	2018.12
15	基于IPO询价阶段机构投资者报价数据的价格群聚问题研究	高升好	经济管理学院	教育部人文社会科学研究、青年项目	论文	2019.06
16	社交媒体平台上的中国形象与国际传播策略研究：基于Twitter的大数据分析	李　冰	语言与传播学院	教育部人文社会科学研究、青年项目	论文、咨询报告	2018.12
17	社会化媒体环境下的城市阶层互动与空间建构	陈静茜	语言与传播学院	教育部人文社会科学研究、青年项目	论文、研究报告	2018.12
18	非平稳时间序列多标度相关分析理论及其应用	赵晓军	经济管理学院	教育部人文社会科学研究、青年项目	论文	2018.12
19	北京地区物流新兴业态的规制研究	卞文良	经济管理学院	北京市社会科学基金、一般项目	研究报告	2018.12
20	京津冀城市群跨区域交通规划管理体制与协调机制研究	马　路	交通运输学院	北京市社会科学基金、一般项目	研究报告	2018.06
21	首都高校体育教育对大学生就业能力影响研究	林立文	体育部	北京市社会科学基金、一般项目	研究报告	2018.06
22	北京市墓园设计模式演替策略与人地关系预景	孟　彤	建筑与艺术学院	北京市社会科学基金、一般项目	研究报告	2019.06
23	北京市公共空间新媒体应用研究	王丽君	建筑与艺术学院	北京市社会科学基金、一般项目	研究报告	2018.12
24	北京市“营改增”减税效应和分工效应研究	李远慧	经济管理学院	北京市社会科学基金、一般项目	研究报告	2018.12
25	北京市刑事证据保管制度研究——基于冤假错案防治的视角	郑　飞	法学院	北京市社会科学基金、青年项目	论文集	2018.06
26	突发事件下北京地铁关键岗位人因可靠性研究	陈明利	经济管理学院	北京市社会科学基金、青年项目	研究报告	2017.12
27	北京市高校青年教师生涯适应力研究	郭　名	经济管理学院	北京市社会科学基金、青年项目	研究报告	2018.06
28	北京市上市公司独立董事背景与研发投入研究	魏　炜	经济管理学院	北京市社会科学基金、青年项目	研究报告	2018.06
29	基于消费者需求的北京市网络平台企业竞争战略研究	武　文	经济管理学院	北京市社会科学基金、青年项目	论文集	2017.05

续表

序号	项目名称	负责人	承担部门	项目分类、类别	预期成果形式	计划完成时间
30	高峰期通勤停车管理对策研究	肖玲玲	经济管理学院	北京市社会科学基金、青年项目	论文集	2018.06
31	北京高校学生慕课情感体验与学习有效性关系研究	丁　研	语言与传播学院	北京市社会科学基金、青年项目	研究报告	2018.06
32	京津两地近代公园历史与文化景观活化再生利用研究	孙　媛	建筑与艺术学院	北京市社会科学基金、青年项目	论文集	2018.06
33	北京市“两新组织”青年虚拟社群的网络动员规律研究	刘　凯	语言与传播学院	北京市社会科学基金、青年项目	研究报告	2018.03
34	民国时期京味文学作品外译研究	乔澄澈	语言与传播学院	北京市社会科学基金、青年项目	论文集	2019.06
35	基于大数据智能分析的京津冀一体化下北京市物流建设研究	张真继	经济管理学院	北京市社会科学基金、基地项目	研究报告	2018.06
36	京津冀一体化背景下北京市物流系统评价与政策设计	张菊亮	经济管理学院	北京市社会科学基金、基地项目	研究报告	2018.06
37	“三维资本”视角下促进在京行业特色高校贫困大学生就业的精准帮扶机制研究	曹国永	经济管理学院	北京市社会科学基金、基地项目	研究报告	2018.12
38	北京地铁错峰票价对通勤者出行选择行为的影响研究	王雅璨	经济管理学院	北京市社会科学基金、基地项目	论文集	2018.06
39	北京冬奥会食品冷链物流安全管理研究	兰洪杰	经济管理学院	北京市社会科学基金、基地项目	研究报告	2018.06
40	北京市政府搬迁对城市交通的影响研究	陈佩虹	经济管理学院	北京市社会科学基金、基地项目	研究报告	2018.06
41	新的税收分享机制下北京产业结构与地方财力关系研究	贾晓俊	经济管理学院	北京市社会科学基金、基地项目	研究报告	2018.06
42	京津冀一体化背景下北京产业转移与发展研究	张　娜	经济管理学院	北京市社会科学基金、基地项目	研究报告	2018.06
43	人口老龄化背景下北京市养老服务产业发展创新模式研究	彭兆祺	经济管理学院	北京市社会科学基金、基地项目	研究报告	2018.06
44	新媒体环境下大学生网络舆情引导机制研究	陈树文	马克思主义学院	北京市社会科学基金、基地项目	论文集	2018.06
45	新媒体语境下大学生思想政治教育话语体系建构研究	吴　琼	马克思主义学院	北京市社会科学基金、基地项目	论文集	2018.06
46	中国共产党人民主体思想研究	杨　蔚	马克思主义学院	北京市社会科学基金、基地项目	论文集	2018.06
47	域外社会企业发展与社会企业政策研究	张保华	法学院	北京市社工委政府购买社会组织项目、决策研究类项目	研究报告	2017.09
48	北京市法治社会建设研究	陈力铭	法学院	北京市社工委政府购买社会组织项目、决策研究类项目	研究报告	2017.11

2016年度校级社会科学研究项目

序号	项目名称	申请人	学院	项目类别	最终成果形式	计划完成时间
1	网络社会发展规律及演化趋势研究	夏梅梅	经济管理学院	重大培育项目	论文和课题	2019. 12
2	宜居生态城市群发展模式研究	祝明建	建筑与艺术学院	重大培育项目	论文和课题	2019. 12
3	新媒体时代中国影视作品基于文化自觉的国际传播研究	赵艳明	语言与传播学院	青年学术创新团队项目	论文和课题	2020. 06
4	两岸电影融合现状与未来机遇：导演与演员合作的社会网络分析	刘晓燕	语言与传播学院	自由探索项目	论文和课题	2018. 05
5	老舍《茶馆》的西班牙语版本翻译	王珍娜	语言与传播学院	自由探索项目	论文和课题	2018. 02
6	基于前景理论的通勤行为建模与均衡分析	肖玲玲	经济管理学院	自由探索项目	论文和课题	2017. 12
7	文化产业背景下本土设计生态的文化自觉性调查研究	耿　涵	建筑与艺术学院	自由探索项目	论文和课题	2018. 02
8	关于“翻转课堂”教学模式在高校体育教学中的探索与应用研究	周艳茹	体育部	自由探索项目	论文和课题	2018. 03
9	网球运动对大学生体质健康测试身体素质及身体机能指标影响的研究	刘南楠	体育部	自由探索项目	论文和课题	2018. 01
10	基于计算机辅助翻译（CAT）技术探析城市轨道交通汉葡术语库的建立	王程序	语言与传播学院	自由探索项目	论文和课题	2018. 02
11	参与刑讯人员民事侵权责任问题研究	郭　烁	法学院	自由探索项目	论文和课题	2018. 12
12	中国传统城市形态的气候适应性研究	曾忠忠	建筑与艺术学院	自由探索项目	论文和课题	2017. 12
13	资源枯竭型中小城市工业区与城区“城市缝合”理论与实证研究——以火车站区域为例	胡映东	建筑与艺术学院	自由探索项目	论文和课题	2018. 06
14	理工类高校人文社会科学成果分类研究	吴　静	校内其他部门	自由探索项目	研究报告	2018. 12
15	“一带一路”综合发展指数研究	赵晓军	经济管理学院	专题项目	专著、论文、专家建议	2018. 08
16	“一带一路”背景下的交通与区域城市发展整合体系研究	张　纯	建筑与艺术学院	专题项目	专著、论文、专家建议	2018. 12
17	“一带一路”沿线国家法律制度研究	李巍涛	法学院	专题项目	专著、论文、专家建议	2019. 02
18	“一带一路”基础设施建设和产能合作研究	段建强	经济管理学院	专题项目	专著、论文、专家建议	2018. 12

续表

序号	项目名称	申请人	学院	项目类别	最终成果形式	计划完成时间
19	一带一路”战略下“走出去”产业选择与投资模式研究	祁继鹏	经济管理学院	专题项目	专著、论文、专家建议	2018.12
20	“一带一路”战略背景下中国国家形象传播及中国国际话语体系的建构与重构研究	黄彪文	语言与传播学院	专题项目	专著、论文、专家建议	2018.11
21	“一带一路”背景下中国高铁产业“走出去”战略研究	荆竹翠	经济管理学院	专题项目	专著、论文、专家建议	2018.12
22	“一带一路”中国再全球化治理体系的文化参与度、自贸参与度研究	卢　强	语言与传播学院	专题项目	专著、论文、专家建议	2018.12
23	“一带一路”物流服务体系建设研究	郑　凯	经济管理学院	专题项目	专著、论文、专家建议	2018.12
24	“一带一路”战略背景下中国国际话语体系建构研究	闫长丽	马克思主义学院	专题项目	专著、论文、专家建议	2018.12
25	“一带一路”建设背景下的意识形态问题研究	安　娜	马克思主义学院	专题项目	专著、论文、专家建议	2017.10
26	“一带一路 ”跨文化管理研究	刘晓芳	校内其他部门	专题项目	专著、论文、专家建议	2018.12
27	“互联网 +”背景下移动智能新媒体使用研究	苏林森	语言与传播学院	预立项	论文	2016.11
28	论作为“超羁押手段”的指定居所监视居住制度	郭　烁	法学院	预立项	论文	2016.11
29	以网民素养和需要为根基的社会主义核心价值观认同研究	赵　伟	马克思主义学院	人才基金	论文或课题	2018.04
30	新媒体时代下集体行动研究	刘晓燕	语言与传播学院	人才基金	论文或课题	2019.03
31	生态话语分析认知模式的建构与应用	庞玉厚	语言与传播学院	人才基金	论文或课题	2018.04
32	学习者的个体差异对二语词汇加工的影响研究	赵　婷	语言与传播学院	人才基金	论文或课题	2018.12
33	大历史与小历史：晋东乡土聚落与建筑变迁研究	潘　曦	建筑与艺术学院	人才基金	论文或课题	2018.08
34	基于GIS水文分析的山西传统村镇人居智慧研究	郭华瞻	建筑与艺术学院	人才基金	论文或课题	2018.09
35	数据驱动管理对制造业运营绩效的影响	杨叶飞	经济管理学院	人才基金	论文或课题	2019.01
36	可持续性能导向的近零能耗养老住宅整合设计方法研究	李珺杰	建筑与艺术学院	人才基金	论文或课题	2018.10
37	基于时空特性的高速铁路网络的经济空间溢出效应研究	焦敬娟	经济管理学院	人才基金	论文或课题	2018.09
38	电商假冒伪劣现象的经济学分析和打假技术的影响	张　雄	经济管理学院	人才基金	论文或课题	2018.08

续表

序号	项目名称	申请人	学院	项目类别	最终成果形式	计划完成时间
39	文化景观的活化及利用——京津两地近代公园的保护规划及开发策略研究	孙 媛	建筑与艺术学院	人才基金	论文或课题	2019.01

（北京交通大学社科处李敏供稿）

首都师范大学

2016 年度承担国家级、省部级等社会科学研究项目

序号	项目名称	负责人	承担部门	项目分类、类别	预期成果形式	计划完成时间
1	历代唐诗选本整理与研究	詹福瑞	文学院	国家社会科学基金、重大项目	专著、数据库、资料集	2021.12
2	中国童蒙文化史研究	金滢坤	历史学院	国家社会科学基金、重大项目	专著、其他	2021.12
3	儒家早期文学价值观研究	夏 静	文学院	国家社会科学基金、重点项目	专著	2020.12
4	学制和义务教育年限问题研究	孟繁华	教育学院	国家社会科学基金、重点项目	研究报告	2016.04
5	艺术教育综合改革研究	郑 莉	音乐学院	国家社会科学基金、重点项目	专著、论文集	2018.10
6	基于口语语料库的汉语儿童话语标记早期发展研究	邹立志	文学院	国家社会科学基金、一般项目	专著	2019.07
7	“一带一路”建设中的“语言消费”新问题及其对策研究	李 艳	文学院	国家社会科学基金、一般项目	研究报告	2018.12
8	教育视阈下民国诗歌史料的整理与研究	孙晓娅	文学院	国家社会科学基金、一般项目	专著、工具书	2019.06
9	中国世界史书写与话语变迁研究	曹小文	历史学院	国家社会科学基金、一般项目	专著	2019.06
10	情绪预测偏差与决策关系的发展特点及其机制	方 平	教育学院	国家社会科学基金、一般项目	专著、研究报告、研究论文	2019.10
11	音乐史学视阈下的中国电影音乐研究	蔡 梦	音乐学院	国家社会科学基金、一般项目	专著	2019.12
12	黄药眠年谱整理及其文艺思想研究	李圣传	文学院	国家社会科学基金、青年项目	专著	2019.06
13	《诗经》歌唱研究	李 辉	文学院	国家社会科学基金、青年项目	专著	2019.12
14	及物性视野下的汉语心理动词历时研究	王丽玲	文学院	国家社会科学基金、青年项目	专著	2020.06
15	殷墟甲骨文形态研究与数据库建设	刘 影	文学院	国家社会科学基金、青年项目	专著、其他	2019.06
16	物质文化与清代咏物词研究	蔡 雯	文学院	国家社会科学基金、青年项目	专著	2019.10

续表

序号	项目名称	负责人	承担部门	项目分类、类别	预期成果形式	计划完成时间
17	秦汉遣策的礼仪与信仰研究	田　天	历史学院	国家社会科学基金、青年项目	论文集	2019.07
18	旧石器时代旧大陆东西方人类技术比较研究	陈宥成	历史学院	国家社会科学基金、青年项目	研究报告	2019.12
19	明治时期日本军费研究	崔金柱	历史学院	国家社会科学基金、青年项目	专著	2019.12
20	汉唐历史文献的史料批判研究	孙正军	历史学院	国家社会科学基金、青年项目	专著	2019.12
21	中原地区夏至早商时期动物考古学研究	尤　悦	历史学院	国家社会科学基金、青年项目	研究报告	2020.07
22	运用乡规民约推动农村社会协同共治研究	黄　晗	政法学院	国家社会科学基金、青年项目	研究报告	2019.06
23	历史唯物主义的文化批判思想研究	秦慧源	马克思主义学院	国家社会科学基金、青年项目	专著	2019.08
24	机关事业单位职业年金制度完善路径研究	龙玉其	管理学院	国家社会科学基金、青年项目	研究报告	2018.12
25	新中国成立以来中国共产党学习观研究	祝志男	马克思主义学院	国家社会科学基金、后期资助项目	专著	2017.05
26	学生心理健康评估与预警体系研究	方　平	教育学院	教育部人文社会科学研究、重点研究基地重大项目	研究报告、调查报告	2020.12
27	日本汉诗汇编与研究	李均洋	外国语学院	教育部人文社会科学研究、重点研究基地重大项目	专著	2020.12
28	景观视域与空间构境——新世纪十五年新诗发生现场及创作研究	孙晓娅	文学院	教育部人文社会科学研究、后期资助项目	著作	2018.01
29	多重身份背景下义务的冲突及其解决	汪　雄	政法学院	教育部人文社会科学研究、一般项目	著作	2019.07
30	科技创新视角下高校科研经费投入对经济增长的贡献研究	唐一鹏	教育学院	教育部人文社会科学研究、一般项目	论文	2018.12
31	青少年的考试焦虑预警干预系统：基于个体—关系—微环境三维匹配模型示范性研究	肖　晶	教育学院	教育部人文社会科学研究、一般项目	论文、考试焦虑培训与指南	2019.07
32	祖辈的侵入式教养对幼儿行为问题的影响：差别易感性假说的验证	邢淑芬	教育学院	教育部人文社会科学研究、一般项目	论文	2018.12
33	汉日时制构造的比较研究	孙　伟	外国语学院	教育部人文社会科学研究、一般项目	著作	2019.05
34	“互联网+”舞蹈艺术教育创新模式研究	田培培	音乐学院	教育部人文社会科学研究、一般项目	著作、论文、网络课程	2018.03

续表

序号	项目名称	负责人	承担部门	项目分类、类别	预期成果形式	计划完成时间
35	舞蹈作品中的多元艺术类型研究	胡 伟	音乐学院	教育部人文社会科学研究、一般项目	著作	2018.06
36	18—19 世纪英国艺术中的中国图像研究	陈 璐	美术学院	教育部人文社会科学研究、一般项目	著作、论文	2019.09
37	外来人口的社会—空间流动与空间正义研究——以北京为例	刘 冉	资源环境与旅游学院	教育部人文社会科学研究、一般项目	论文	2019.06
38	京津冀协同发展背景下工业结构低碳转型和布局优化研究	蔺雪芹	资源环境与旅游学院	教育部人文社会科学研究、一般项目	论文	2019.07
39	小学健康教育的实施效用和影响因素分析	傅 添	初等教育学院	教育部人文社会科学研究、一般项目	著作、论文	2019.07
40	分级阅读与儿童文学教育研究	王 蕾	初等教育学院	教育部人文社会科学研究、一般项目	咨询报告	2019.01
41	“全面二孩”政策下我国超大城市学前教育需求分析：2018—2050	沙 莉	学前教育学院	教育部人文社会科学研究、一般项目	论文	2019.06
42	基于关键指标分析的幼儿园教育质量评估指标体系建构	刘 昊	学前教育学院	教育部人文社会科学研究、一般项目	论文、咨询报告	2019.06
43	学前教育质量监测的追踪研究	史 瑾	学前教育学院	教育部人文社会科学研究、一般项目	论文	2019.06
44	国际化背景下大学生思想政治理论教育教学研究	李慧琳	马克思主义学院	教育部中国特色社会主义研究专项项目	论文	2017.12
45	宋代乐府诗整理	郭 丽	文学院	教育部高校古籍整理研究项目	资料汇编	2018.12
46	诗骚体式研究资料选编	马自力	文学院	教育部高校古籍整理研究项目	文献整理、选编	2018.12
48	卓越小学教育教师培养评价指标体系与实施办法研究	王智秋	初等教育学院	教育部教师工作司项目	研究报告	2017.03
49	香港中学历史课堂观察项目	杨朝晖	首都基础教育发展研究院	教育部其他项目	研究报告	2017.08
50	通过儿童观众测试辅助制定儿童节目标准、评估节目效果	王异芳	教育学院	国家新闻出版广电总局、重大项目	论文、报告	2017.09
51	中华诗词新韵研究	冯 蒸	文学院	国家语委、重大项目	专著	2019.09
52	西方国家意识形态管理研究	赵 亮	马克思主义学院	国家新闻出版广电总局、重点项目	调研报告、研究论文	2016.12
53	少数民族电影文化生产与传播现状研究	胡谱忠	文学院	国家民委、一般项目	研究报告	2017.06
54	民族语言调查·云南维西纳西语玛丽玛萨话	李子鹤	文学院	国家语委、一般项目	调查报告	2017.12

续表

序号	项目名称	负责人	承担部门	项目分类、类别	预期成果形式	计划完成时间
55	0～3 岁儿童发展标准研究计划的制定	卢　珊	教育学院	国家卫计委、一般项目	政策建议	2017.12
56	北京地区窖藏文物的考古发现与研究（市社科）	后晓荣	历史学院	北京市社会科学基金、重点项目	专著	2018.07
57	殊方异俗外来风：全球史视野下中古丝绸之路多元文明互动	王永平	历史学院	北京市社会科学基金、重点项目	论文集	2019.06
58	离婚家庭的抗逆力构建研究：针对父母与孩子的“交互干预”方案	田国秀	政法学院	北京市社会科学基金、重点项目	论文集	2018.06
59	北京京西古道村落文化遗存现状与保护对策研究	韩振刚	美术学院	北京市社会科学基金、重点项目	研究报告	2018.06
60	京津冀中小学教师效能的内在机制和提升路径研究	王晶莹	物理系	北京市社会科学基金、重点项目	研究报告	2018.12
61	鲁迅作品注释历史及其理论问题研究	王家平	文学院	北京市社会科学基金、一般项目	专著	2019.06
62	清代《隋书·经籍志》研究史	陈晓华	历史学院	北京市社会科学基金、一般项目	研究报告	2018.06
63	北京市义务教育阶段择校治理改革研究	何　颖	教育学院	北京市社会科学基金、一般项目	研究报告	2019.06
64	中国传统教师文化的历史变迁与当代价值研究	杜　钢	教育学院	北京市社会科学基金、一般项目	专著	2019.06
65	北京市中小学学生学习兴趣现状研究	罗　峥	教育学院	北京市社会科学基金、一般项目	研究报告	2019.06
66	20 世纪俄语生态文学研究	于明清	外国语学院	北京市社会科学基金、一般项目	专著	2019.06
67	北京特大型城市安全生产监管的预防预控体系研究	张丽娜	管理学院	北京市社会科学基金、一般项目	论文集	2018.06
68	“京派”工笔画研究	汪港清	美术学院	北京市社会科学基金、一般项目	研究报告	2019.06
69	语体理论观照下的汉语词汇衍生研究	李　瑞	国际文化学院	北京市社会科学基金、一般项目	专著	2019.12
70	互联网语境下的中国 IP 电影受众研究	杨　慧	文学院	北京市社会科学基金、青年项目	专著	2018.06
71	国际大都市高等教育竞争力比较研究	乔　鹤	教育学院	北京市社会科学基金、青年项目	研究报告	2018.06
72	“互联网+”条件下思想政治教育协同创新研究	李基礼	马克思主义学院	北京市社会科学基金、青年项目	论文集	2019.06
73	北京城市历史街区的声景优化研究	刘爱利	资源环境与旅游学院	北京市社会科学基金、青年项目	研究报告	2018.06
74	基于专业能力发展的幼儿园教师分层培训目标体系的建构研究	黄　爽	学前教育学院	北京市社会科学基金、青年项目	研究报告	2018.12

续表

序号	项目名称	负责人	承担部门	项目分类、类别	预期成果形式	计划完成时间
75	里耶秦简编年考证（第一卷）	蔡万进	历史学院	北京市社会科学基金、一般项目	专著	2018.06
76	北京市学习型学校组织建设研究——基于北京市中小学的面板数据分析	荣利颖	教育学院	北京市社会科学基金、一般项目	研究报告	2017.12
77	北京市残疾人精准脱贫的路径与政策研究	廖　娟	管理学院	北京市社会科学基金、一般项目	研究报告	2018.12
78	北京艺术品市场发展战略研究	陶　宇	美术学院	北京市社会科学基金、一般项目	研究报告	2018.12
79	北京传媒产业生产创新研究	郭　嘉	文学院	北京市教委科研计划、一般项目	专著	2017.12
80	先秦至汉代西北地区的黄金技术与文化交流	员雅丽	历史学院	北京市教委科研计划、一般项目	专著	2018.12
81	古希腊老人生存状态研究	赵山花	历史学院	北京市教委科研计划、一般项目	论文	2017.12
82	特大城市基础教育发展与治理的特征研究	刘　帆	教育学院	北京市教委科研计划、一般项目	研究报告	2017.12
83	北京市义务教育阶段家长对择校治理的态度与回应研究	何　颖	教育学院	北京市教委科研计划、一般项目	研究报告、论文	2017.12
84	20世纪瑞士经典德语作家小说专题	安　尼	外国语学院	北京市教委科研计划、一般项目	论文	2018.12
85	首都高校英语专业硕士生思辨倾向现状研究	张　莎	外国语学院	北京市教委科研计划、一般项目	论文	2018.12
86	A.S.拜厄特的科技叙事研究	陈姝波	外国语学院	北京市教委科研计划、一般项目	论文	2018.12
87	现代新儒家的境界论思想研究	陶　悦	马克思主义学院	北京市教委科研计划、一般项目	论文	2017.12
88	小学生心理需要满足的现状及其对家庭教育和学校教育的启示	张　俊	初等教育学院	北京市教委科研计划、一般项目	论文	2017.12
89	北京市中小学课堂学习环境测评及其影响因素研究	王晶莹	物理系	北京市教委科研计划、一般项目	论文、研究报告	2017.12
90	基于“手段—目的链”理论的京郊休闲旅游产业创新与休闲旅游消费心理研究	姜　珊	资源环境与旅游学院	北京市教委科研计划、一般项目	研究报告、论文	2018.12
91	面向海外教学的汉语基础句型表达功能分布研究	马思宇	国际文化学院	北京市教委科研计划、一般项目	论文	2018.12
92	进化论与鲁迅人道主义思想的危机	符　鹏	文化研究院	北京市教委科研计划、一般项目	论文	2017.12
93	北京市中小学学校治理：过程、结构及对策研究	杨　光	首都基础教育发展研究院	北京市教委科研计划、一般项目	研究报告	2018.12
94	教科书研究方法的理论建构与实际应用	王攀峰	教育学院	北京市教育科学规划、重点项目	专著、研究报告	2019.07

续表

序号	项目名称	负责人	承担部门	项目分类、类别	预期成果形式	计划完成时间
95	基于游戏化教育的设计创意思维培养研究	王　佳	美术学院	北京市教育科学规划、青年项目	论文、研究报告	2018.12
96	北京市学前教育质量监测指标体系开发与应用	史　瑾	学前教育学院	北京市教育科学规划、青年项目	论文、研究报告	2019.06
97	新中国初期社会价值共识研究	赵　亮	马克思主义学院	北京市教工委项目	课件	2016.12
98	近代中国封建与半封建问题研究	黄延敏	马克思主义学院	北京市教工委项目	课件	2016.12
99	公立医院法律制度研究	李　昕	政法学院	北京市卫计委项目	报告、建议	2017.08

2016 年度校级内涵发展—京津冀一体化项目

序号	项目名称	负责人	承担部门	预期成果形式	计划完成时间
1	京津冀地区方言地图集	史金生	文学院	地图集	2018.06
2	京津冀城市群文化建设与传统文化资源可持续、协同发展研究	包晓光	文学院	研究报告、论文、著作	2018.06
3	京津冀非物质文化遗产保护现状调查	郗志群	历史学院	调研报告	2018.06
4	京津冀一体化建设下流动人口就业与经济发展研究	明　艳	政法学院	研究论文	2016.06
5	廊坊建立北京养老服务基地可行性暨京津冀养老服务业一体化建设研究	蔡　鑫	政法学院	研究报告、论文	2018.06
6	京津冀政务“互联网＋”水平差异测度及协同发展策略研究	荣毅虹	管理学院	研究报告、论文	2018.06
7	京津冀一体化下产业集聚与大气污染关系研究	白艳萍	管理学院	研究报告	2018.06
8	京津冀文化视野中的京西古道村落遗存保护研究	韩振刚	美术学院	研究报告	2018.06
9	京津冀学前教育协同发展的需求与模式研究	毕海燕	学前教育学院	研究报告、调查报告	2018.06
10	京津冀城市群产业分工研究	卢明华	资源环境与旅游学院	研究报告、论文	2018.06

（首都师范大学社科处李葸供稿）

首都经济贸易大学

2016 年度承担国家级、省部级社会科学研究项目

序号	项目名称	负责人	承担部门	项目分类、类别	预期成果形式	计划完成时间
1	加快我国从商品出口大国迈向流通企业“走出去”强国战略转变及实现路径研究	祝合良	经济学院	国家社会科学基金、重点项目	专著	2019.06
2	中国消费金融发展、风险与监管研究	尹志超	金融学院	国家社会科学基金、重点项目	专著、论文集	2020.12

续表

序号	项目名称	负责人	承担部门	项目分类、类别	预期成果形式	计划完成时间
3	在华外资联盟合作与我国产业安全研究	周丽群	马克思主义学院	国家社会科学基金、一般项目	论文集、研究报告	2019.06
4	研发费用所得税加计扣除政策对企业开发支出会计政策选择的影响及经济后果	刘永涛	财政税务学院	国家社会科学基金、一般项目	论文集、研究报告	2018.12
5	复合功能型环境税的法律构造研究	何锦前	法学院	国家社会科学基金、一般项目	专著	2018.12
6	新常态下兼顾雇佣双方利益的高绩效工作系统的结果及其作用机制的追踪研究	苗仁涛	劳动经济学院	国家社会科学基金、一般项目	论文集、研究报告	2019.06
7	基于现代演化经济学的“中国经验”及其可持续性问题研究	刘业进	城市经济与公共管理学院	国家社会科学基金、一般项目	专著	2020.07
8	中国劳动力市场供给扭曲与结构性改革研究	任 韬	统计学院	国家社会科学基金、一般项目	研究报告	2019.06
9	“一带一路”沿线国家税收政策比较研究	赵书博	财政税务学院	国家社会科学基金、一般项目	研究报告	2018.06
10	“巴黎协定”对中国低碳发展的法律和政策影响及对策研究	郭锦鹏	文化与传播学院	国家社会科学基金、一般项目	专著	2019.07
11	僵尸企业的僵化指数与市场退出机制研究	栾甫贵	会计学院	国家社会科学基金、一般项目	论文集、研究报告	2018.12
12	供应链金融促进京津冀实体经济适应性发展的创新模式研究	何向军	安全与环境工程学院	国家社会科学基金、一般项目	研究报告	2019.06
13	基于大数据与可视化的我国城市雾霾成因分析研究	武 装	信息学院	国家社会科学基金、一般项目	研究报告	2018.12
14	共享改革发展成果的理论、测度方法与实现路径研究	阮 敬	统计学院	国家社会科学基金、一般项目	专著	2019.06
15	基于异质性半参数面板模型的精准扶贫效果的测度研究与应用	刘 强	统计学院	国家社会科学基金、一般项目	研究报告	2019.06
16	公共服务购买模式与组织间管理控制的匹配性研究	何 晴	财政税务学院	国家社会科学基金、一般项目	研究报告	2019.06
17	碳权资产估值方法及其应用研究	梁美健	财政税务学院	国家社会科学基金、一般项目	研究报告	2019.06
18	基于代际效应的提振效应的工业4.0对中国制造业发展质量的影响机理研究	李春梅	经济学院	国家社会科学基金、青年项目	研究报告	2018.12
19	我国PPP模式VfM定量评价方法研究及应用	汪雯娟	工商管理学院	国家社会科学基金、青年项目	研究报告	2018.12
20	刑事对物之诉研究	高 洁	法学院	国家社会科学基金、青年项目	专著	2019.06

续表

序号	项目名称	负责人	承担部门	项目分类、类别	预期成果形式	计划完成时间
21	人口老龄化背景下人力资本影响贸易模式的作用机制研究	黄　灿	经济学院	国家社会科学基金、青年项目	专著	2018.12
22	唯物史观中的社会心理范畴相关前沿问题研究	李厚羿	马克思主义学院	国家社会科学基金、青年项目	专著、其他	2019.06
23	新形势下个人生活信息的法律保护研究	陶　盈	法学院	国家社会科学基金、青年项目	研究报告	2019.06
24	新SDP框架下人民币参与国际货币博弈与全球资产配置问题研究	赵　然	金融学院	国家社会科学基金、青年项目	研究报告	2019.06
25	梁漱溟的乡村治理思想及其在乡土社会秩序重建中的应用研究	魏文一	劳动经济学院	国家社会科学基金、青年项目	研究报告	2019.07
26	移动互联网时代青年网民的公共舆论事件参与研究	李先知	文化与传播学院	国家社会科学基金、青年项目	论文集、研究报告	2019.06
27	经济激励对贫困地区乡村教师吸引与保留的影响机制研究	姜金秋	城市经济与公共管理学院	国家社会科学基金、青年项目	研究报告	2019.06
28	供给侧价格粘性与货币政策传导机制阻滞研究	李　雪	金融学院	国家社会科学基金、青年项目	研究报告	2019.06
29	新环境保护法下企业环境责任与财务绩效关系研究	刘剑蕾	金融学院	国家社会科学基金、青年项目	研究报告	2019.06
30	新常态下我国经济增长转型与结构变迁研究	陆明涛	经济学院	国家社会科学基金、青年项目	研究报告	2018.12
31	财政分权与京津冀劳动力市场一体化研究	王海南	财政税务学院	教育部人文社会科学研究、青年项目	研究报告	2019.06
32	发审委员的IPO审核质量研究：驱动因素和经济后果	黄亮华	会计学院	教育部人文社会科学研究、青年项目	著作、论文	2019.09
33	从经济结构变迁的视角看区域经济增长	黄宗晔	国际经济管理学院	教育部人文社会科学研究、青年项目	论文	2018.12
34	京津冀金融资源供给与产业结构转型升级的机制与路径	王曼怡	金融学院	北京市社会科学基金、重点项目	研究报告	2019.07
35	京津冀人才国际化协同发展机制与实现路径研究	徐　芳	劳动经济学院	北京市社会科学基金、重点项目	研究报告	2018.06
36	基于多主体满意度的北京智慧城市建设和治理路径	杨一平	信息学院	北京市社会科学基金、重点项目	研究报告、论文集	2017.12
37	“一带一路”视角下的欧亚金融史研究	祁敬宇	金融学院	北京市社会科学基金、重点项目	研究报告	2018.12
38	“国际ISO标准化”视野下京津冀协同建设世界级优质养老产业研究	刘经纬	信息学院	北京市社会科学基金、一般项目	研究报告、论文集	2018.12
39	京津冀区域差异与地区一体化政策研究	李青淼	城市经济与公共管理学院	北京市社会科学基金、一般项目	研究报告	2019.06

续表

序号	项目名称	负责人	承担部门	项目分类、类别	预期成果形式	计划完成时间
40	以明清制艺为论赋的中国古代文赋研究	吴伟凡	文化与传播学院	北京市社会科学基金、一般项目	专著	2018. 12
41	“互联网+”环境下北京公共信息流动机制及协同获取模式研究	高　迎	信息学院	北京市社会科学基金、一般项目	研究报告	2019. 06
42	基于自组织理论的首都创新集群协同演化生态系统研究	郭卫东	工商管理学院	北京市社会科学基金、一般项目	研究报告	2018. 12
43	“一带一路”下保护海外利益的私营安保公司法律问题研究	谢海霞	法学院	北京市社会科学基金、一般项目	研究报告	2018. 12
44	基于京津冀新功能定位的产业转移升级、空间分布与协同发展研究	周　伟	城市经济与公共管理学院	北京市社会科学基金、一般项目	专著	2018. 06
45	北京市跨年度预算平衡机制与实现路径研究	李红霞	财政税务学院	北京市社会科学基金、一般项目	研究报告	2018. 06
46	地区公平视角下城镇职工基本养老保险全国统筹研究	王雅婷	金融学院	北京市社会科学基金、一般项目	研究报告	2018. 06
47	中国近现代高校英语教育发展的文化路径及当代启示研究	赵海燕	外语学院	北京市社会科学基金、一般项目	专著	2018. 06
48	马克思主义群众观中国化的历史经验研究	成林萍	马克思主义学院	北京市社会科学基金、一般项目	研究报告	2019. 06
49	以CBD功能建设推进京津冀区域金融合作的机制与路径研究	李丰杉	金融学院	北京市社会科学基金、一般项目	研究报告	2019. 07
50	首都新定位下CBD高端产业国际化发展研究	高杰英	金融学院	北京市社会科学基金、一般项目	研究报告	2019. 07
51	首都发展研究报告2017——京津冀协同发展新形势与新进展	叶堂林	城市经济与公共管理学院	北京市社会科学基金、一般项目	研究报告	2017. 06
52	工作场所不文明行为的冲突演化机制：基于压力交互模型的跨层次研究	毛畅果	劳动经济学院	北京市社会科学基金、青年项目	论文集	2019. 06
53	北京市自然灾害综合防御分区策略研究	白鹏飞	安全与环境工程学院	北京市社会科学基金、青年项目	研究报告	2018. 06
54	北京车牌供给与交易机制构建仿真研究	陈　蕾	财政税务学院	北京市社会科学基金、青年项目	论文集	2018. 06
55	北京市医疗卫生体系公平性评估	刘　潇	劳动经济学院	北京市社会科学基金、青年项目	研究报告	2018. 06
56	法治评估体系的本土化建构与应用研究	陈寒非	法学院	北京市社会科学基金、青年项目	专著	2018. 06
57	供给侧改革下减税对北京市企业创新的激励效应分析	陈远燕	财政税务学院	北京市社会科学基金、青年项目	研究报告	2018. 06

续表

序号	项目名称	负责人	承担部门	项目分类、类别	预期成果形式	计划完成时间
58	北京市住房对家庭资产配置及财富分配的影响研究	赵大萍	金融学院	北京市社会科学基金、青年项目	研究报告	2018. 06
59	北京市流动人口居住意愿的影响机制与效应研究	盛亦男	劳动经济学院	北京市社会科学基金、青年项目	研究报告	2018. 05
60	对立与补充：巴特勒与达尔文作品中进化论思想范式建构	苏明鸣	外语学院	北京市社会科学基金、青年项目	专著	2018. 12
61	海上丝绸之路沿线亚洲地区金融稳定与脆弱研究	张若希	金融学院	北京市社会科学基金、青年项目	专著	2019. 06
62	促进数字音乐产业发展的法律规制研究	张　娜	法学院	北京市社会科学基金、青年项目	研究报告	2019. 06
63	全国人大常委会法规备案审查制度的实证研究	张　鹏	法学院	司法部国家法治与法学理论研究、专项任务课题	研究报告	2018. 09
64	农村软法治理问题实证研究	陈寒非	法学院	司法部国家法治与法学理论研究、中青年课题	论文	2018. 09
65	国际合作反避税形势下我国一般反避税规则重构研究	贺　燕	法学院	司法部国家法治与法学理论研究、中青年课题	论文	2018. 08
66	企业风险管理相关管理会计工具应用研究	马元驹	会计学院	财政部第二批管理会计专项课题	研究报告	2017. 10
67	我国企业碳排放会计体系研究	崔也光	会计学院	中国清洁发展机制基金、赠款项目	研究报告	2017. 12
68	保险业提升普惠性的路径创新研究	张欲晓	金融学院	中国保监会部级研究、一般课题	研究报告	2017. 09
69	南海仲裁案后续影响的法律和政治应对问题研究	郭锦鹏	文化与传播学院	中国法学会部级法学研究、一般课题	研究报告	2017. 11
70	“能人治村”及其法律规制研究	陈寒非	法学院	中国法学会部级法学研究、一般课题	研究报告	2017. 11
71	社会工作介入反家庭暴力研究	冯　浩	城市经济与公共管理学院	民政部“社会工作和志愿服务研究”部级课题	研究报告	2016. 12
72	慈善组织税收优惠政策研究	王海南	财政税务学院	民政部“中国社会组织建设与管理”理论研究部级课题	研究报告	2016. 10

2016 年度校级社会科学研究项目

序号	项目名称	负责人	承担部门	项目分类、类别	预期成果形式	计划完成时间
1	北京市共有产权住房多元化发展模式研究	徐　虹	城市经济与公共管理学院	规划项目	研究报告	2016. 12

续表

序号	项目名称	负责人	承担部门	项目分类、类别	预期成果形式	计划完成时间
2	人力资源管理部门变革管理职能角色对组织柔性以及组织绩效的影响研究	张　勃	工商管理学院	规划项目	论文	2016. 12
3	北京市企业绿色采购的三维制度因应研究：由“知而不行”到“行有所成”	张松波	工商管理学院	规划项目	研究报告、论文	2016. 12
4	基于大型中介语语料库的留学生汉语书面嵌偶单音词习得与教学对策研究	许晓华	国际学院	规划项目	研究报告、论文	2016. 12
5	北京创新驱动新动力生成机理及实现路径研究	封　岩	经济学院	规划项目	研究报告	2016. 12
6	我国自贸区建设与发展问题研究	燕秋梅	经济学院	规划项目	研究报告	2016. 12
7	中国特色新型工业化道路研究	张晓萍	马克思主义学院	规划项目	研究报告	2016. 12
8	塞缪尔·巴特勒 Erewhon 进化论视角解读与翻译	苏明鸣	外语学院	规划项目	译著	2016. 12
9	生态视域下公示语翻译管理研究	张春玲	外语学院	规划项目	论文	2016. 12
10	智能控制及其在智能家居系统中的应用研究	刘经纬	信息学院	规划项目	专著、论文、计算机软件	2016. 12
11	新型生物法烟气脱硝工艺的基础研究	丁　爽	安全与环境工程学院	青年项目	论文	2016. 12
12	普惠金融体系财税支持政策优化研究	王海南	财政税务学院	青年项目	论文	2016. 12
13	基于协同发展视角下的京津冀产业用地优化与调控技术研究	王建强	城市经济与公共管理学院	青年项目	研究报告	2016. 12
14	城镇化过程中存量建设用地再开发模式及管控机制研究	张　扬	城市经济与公共管理学院	青年项目	研究报告	2016. 12
15	商品组合中呈现的多样性对消费者评价及购买行为的影响	王　夏	工商管理学院	青年项目	论文	2016. 12
16	中国传统文化对企业绩效影响的案例研究	任梦杰	会计学院	青年项目	研究报告	2016. 12
17	企业绿色行为驱动机制及绩效影响研究	李　溪	经济学院	青年项目	研究报告	2016. 12
18	北京市基本养老保险转移接续路径研究	刘　潇	劳动经济学院	青年项目	研究报告	2016. 12
19	克拉申二语习得理论在信息化教学模式中的应用研究	方俊青	外语学院	青年项目	论文	2016. 12
20	英语课堂中国际化人才培养的协同效应研究	罗晓萌	外语学院	青年项目	论文	2016. 12

序号	项目名称	负责人	承担部门	项目分类、类别	预期成果形式	计划完成时间
21	中国企业文化海外传播模式与路径研究	喻咏阳	外语学院	青年项目	论文	2016. 12
22	企业项目管控能力的战略资源属性研究	曹　娜	信息学院	青年项目	论文	2016. 12
23	中文链接数据构建关键技术研究	王　汀	信息学院	青年项目	专著、论文、计算机软件、其他	2016. 12

（首都经济贸易大学科研处文玮供稿）

北京工商大学

2016 年度承担国家级、省部级等社会科学研究项目

序号	项目名称	项目负责人	承担部门	项目分类、类别	预期成果形式	计划完成日期
1	国有企业分类改革的理论逻辑与实施路径研究	徐丹丹	经济学院	国家社会科学基金、重点项目	研究报告	2019. 12
2	农消对接型特色农产品流通机制研究	卢　奇	文实中心	国家社会科学基金、一般项目	研究报告	2019. 12
3	“互联网 +”时代传媒产业价值链重构与生态化转型研究	吴玉玲	艺传学院	国家社会科学基金、一般项目	研究报告	2019. 12
4	晚清、民国时期地方志中图书馆史料的整理和研究	马春晖	图书馆	国家社会科学基金、一般项目	研究报告	2019. 12
5	“互联网 +”背景下知识型员工绩效薪酬偏好影响创新行为的机理研究	李春玲	商学院	国家社会科学基金、一般项目	研究报告	2019. 12
6	符号学视阈下中国传统文化元素的品牌呈现方式与传播策略研究	陈立彬	商学院	国家社会科学基金、一般项目	研究报告	2019. 12
7	基于可持续供应链管理视角的我国食品安全共同治理研究	王　晶	商学院	国家社会科学基金、青年项目	研究报告	2019. 12
8	分析师跟踪与资本结构调整速度研究	于上尧	商学院	国家自然科学基金、青年科学基金项目	论文	2019. 12
9	企业网络创新社区中用户在线参与创新行为影响因素及用户间互动作用机制研究	王　楠	商学院	国家自然科学基金、青年科学基金项目	论文	2019. 12
10	高管团队的权力分布及其经济后果研究	毛新述	商学院	国家自然科学基金、面上项目	论文	2019. 12
11	基于群体行为的交通拥堵治理政策效用研究	杨浩雄	商学院	国家自然科学基金、面上项目	论文	2019. 12
12	证券市场异常波动背景下价格限制类交易机制对市场质量的影响：基于效率与公平的视角	李梦雨	经济学院	教育部青年基金项目	研究报告	2019. 12

续表

序号	项目名称	项目负责人	承担部门	项目分类、类别	预期成果形式	计划完成日期
13	互联网环境中食品安全多元监管体系构建研究	杨浩雄	商学院	教育部规划基金项目	研究报告	2019.12
14	多重嵌入视角下企业生态创新行为的动因及后果	王 楠	商学院	教育部青年基金项目	研究报告	2019.12
15	低资源濒危语言的跨语言迁移学习自动识别研究	于重重	计算机学院	教育部规划基金项目	研究报告	2019.12
16	税制变迁期中国纳税人遵从与社会情绪研究	许 评	经济学院	教育部青年基金项目	研究报告	2019.12
17	高校思想政治理论课在应对宗教渗透中的作用发挥机制研究	姚洪越	法学院/马克思主义学院	教育部高校思想政治工作专项项目	研究报告	2019.12
18	“互联网+”条件下思想政治教育话语权的实现路径研究	赵春丽	法学院/马克思主义学院	北京市社会科学基金、一般项目	研究报告	2019.12
19	全球化背景下网络恐怖主义的刑事法规制及首都反恐对策研究	郭纹静	法学院/马克思主义学院	北京市社会科学基金、青年项目	研究报告	2019.12
20	北京市慈善基金会财务健康状况评价与治理研究	刘 恋	商学院	北京市社会科学基金、青年项目	研究报告	2019.12
21	北京推动国有资产监管向“管资本”转变研究	粟立钟	商学院	北京市社会科学基金、青年项目	研究报告	2019.12
22	政府研发补贴对北京市科技企业创新绩效的影响及其优化路径研究	彭红星	商学院	北京市社会科学基金、青年项目	研究报告	2019.12
23	地方财政转移支付视角下北京食用农产品外埠生产基地（河北）建设研究	周清杰	经济学院	北京市社会科学基金、重点项目	研究报告	2019.12
24	北京“跨境投资”企业的外汇风险敞口测度、对冲动因与效果评价研究	赵 峰	经济学院	北京市社会科学基金、一般项目	研究报告	2019.12
25	北京在我国天使投资发展中的地位与作用研究	熊 文	经济学院	北京市社会科学基金、青年项目	研究报告	2019.12
26	供给侧改革下北京市国有企业资本投向与效率研究	赵 静	商学院	北京市社会科学基金、青年项目	研究报告	2019.12
27	词语搭配理论框架下的党政文献英译搭配冲突问题与对策研究	唐义均	外国语学院	北京市社会科学基金、一般项目	研究报告	2019.12
28	基于消费体验的北京进口跨境电商经营模式创新研究	王 滢	经济学院	北京市社会科学基金、一般项目	研究报告	2019.12
29	首都流通业对城乡居民消费的影响研究	李 丽	经济学院	北京市社会科学基金、一般项目	研究报告	2019.12
30	北京零售企业营销中的社交媒体应用研究	田翛然	商学院	北京市社会科学基金、一般项目	研究报告	2019.12

续表

序号	项目名称	项目负责人	承担部门	项目分类、类别	预期成果形式	计划完成日期
31	国企改革背景下公司集团法律制度研究	白慧林	法学院	北京市教委社科计划、重点项目	研究报告	2019.12
32	大数据应用条件下北京影视作品影响力评估研究	祝金甫	经济学院	北京市教委社科计划、重点项目	研究报告	2019.12
33	多合作主体下北京市基础设施PPP项目最优资本结构设计	马若微	经济学院	北京市教委社科计划、重点项目	研究报告	2019.12
34	省域期货生态环境效率评价与优化研究——基于京、沪、浙等地的比较	刘晓雪	经济学院	北京市教委社科计划、重点项目	研究报告	2019.12
35	新形势下北京市属媒体经济信息传播面临的挑战及应对策略研究	蔡海龙	艺术与传媒学院	北京市教委社科计划、一般项目	研究报告	2018.12
36	视觉认知视阈下的网络视频发展趋势研究	许　莉	艺术与传媒学院	北京市教委社科计划、一般项目	研究报告	2018.12
37	“互联网+”视阈下的北京老字号品牌海外传播策略研究	公克迪	艺术与传媒学院	北京市教委社科计划、一般项目	研究报告	2018.12
38	京津冀风险投资发展空间交互影响研究	熊　文	经济学院	北京市教委社科计划、一般项目	研究报告	2018.12
39	校园伤害案件中学校侵权责任的认定与承担：裁判规则的实证研究	侯雪梅	法学院	北京市教委社科计划、一般项目	研究报告	2018.12
40	网络参政对北京市政协民主监督职能的优化	张宏伟	法学院	北京市教委社科计划、一般项目	研究报告	2018.12
41	北京市啦啦操运动推广与校园文化互动效应的研究	武　博	经济学院	北京市教委社科计划、一般项目	研究报告	2018.12
42	首都新三板挂牌企业融资能力实证研究	曹　刚	经济学院	北京市教委社科计划、一般项目	研究报告	2018.12
43	王尔德对20世纪20—30年代中国文学的影响研究	关　涛	外国语学院	北京市教委社科计划、一般项目	研究报告	2018.12
44	高校院所实验试剂需求和管理研究	王国顺	商学院	科技部、年度公开招标项目	研究报告	2019.12
45	政府固定资产折旧年限问题研究	陈　轲	商学院	财政部、年度公开招标项目	研究报告	2020.12
46	我国法官责任制度研究	王迎龙	法学院	北京市委组织部、青年骨干个人项目	研究报告	2019.12

2016年度校级社会科学研究项目

序号	项目名称	项目负责人	承担部门	项目分类、类别	预期成果形式	计划完成时间
1	工匠精神在高校设计教育中的价值及其培养模式研究	丁　珊	艺术与传媒学院	人文社科类青年教师科研启动基金项目	论文	2018

续表

序号	项目名称	项目负责人	承担部门	项目分类、类别	预期成果形式	计划完成时间
2	证券市场异常波动背景下价格限制类交易机制研究	李梦雨	经济学院	人文社科类青年教师科研启动基金项目	论文	2018
3	中国古代小说日常物象描写研究	刘紫云	艺术与传媒学院	人文社科类青年教师科研启动基金项目	论文	2018
4	内部控制、财务治理和公司战略	鲁　昱	商学院	人文社科类青年教师科研启动基金项目	论文	2018
5	普通高等院校舞蹈创作研究	饶莉娜	体育与艺术教学部	人文社科类青年教师科研启动基金项目	论文	2018
6	税收激励对企业跨区域并购的影响及经济后果研究	史国英	商学院	人文社科类青年教师科研启动基金项目	论文	2018
7	视频媒体产业融合成长的创新模式研究	孙铭欣	艺术与传媒学院	人文社科类青年教师科研启动基金项目	论文	2018
8	管理时尚推动零售企业管理变革的研究	孙笑然	商学院	人文社科类青年教师科研启动基金项目	论文	2018
9	克拉申可理解性输入理论与大学英语新闻听力教学	汤惠敏	外国语学院	人文社科类青年教师科研启动基金项目	论文	2018
10	自媒体空间的意识形态建设研究	杨春花	法学院/马克思主义学院	人文社科类青年教师科研启动基金项目	论文	2018
11	北京工笔画家任率英个案研究	尤明辉	艺术与传媒学院	人文社科类青年教师科研启动基金项目	论文	2018
12	文化产业领域的法律问题及研究	周静怡	法学院/马克思主义学院	人文社科类青年教师科研启动基金项目	论文	2018
13	城乡居民大病保险政策评估与制度优化研究	宋占军	经济学院	社科类两科基金培育项目	论文	2018
14	基于可持续供应链管理视角的我国食品安全共同治理研究	王　晶	商学院	社科类两科基金培育项目	论文	2018
15	京津冀低碳协同发展背景下碳减排政策的最优决策研究	樊鹏英	经济学院	社科类两科基金培育项目	论文	2018
16	国有资产监管向“管资本”转变的实现路径研究	粟立钟	商学院	社科类两科基金培育项目	论文	2018
17	基于创新价值链的可持续性开放式创新形成机理与绩效评价	高俊光	商学院	社科类两科基金培育项目	论文	2018

续表

序号	项目名称	项目负责人	承担部门	项目分类、类别	预期成果形式	计划完成时间
18	供给侧改革下的国有企业投资行为及其政策研究	赵　静	商学院	社科类两科基金培育项目	论文	2018
19	社会主义协商民主视阈下的参政党民主监督研究	张宏伟	法学院/马克思主义学院	社科类两科基金培育项目	论文	2018
20	中国近代民法典编纂中的民事习惯（1901—1949）及其当代启示	邹亚莎	法学院/马克思主义学院	社科类两科基金培育项目	论文	2018
21	中国界画探微	李家田	艺术与传媒学院	人文社科类学术专著出版资助项目	专著	2018
22	中国跨国企业 FDI 模式选择及其效应研究	杨　阳	商学院	人文社科类学术专著出版资助项目	专著	2018
23	东北萨满造物艺术及其应用研究	张　帆	艺术与传媒学院	人文社科类学术专著出版资助项目	专著	2018
24	词语搭配理论与党政文献英译策略	唐义均	外语学院	人文社科类学术专著出版资助项目	专著	2018
25	“互联网+”背景下中国流通产业价值链模块重构升级研究	梁　鹏	经济学院	首都流通业研究基地 2016 年度项目	论文	2018
26	“互联网+”背景下北京市流通业营商环境研究	易　芳	经济学院	首都流通业研究基地 2016 年度项目	论文	2018
27	供港生鲜内销体系运行机理研究	周清杰	经济学院	首都流通业研究基地 2016 年度项目	论文	2018
28	“互联网+”背景下首都流通业企业内部控制效率研究	鲁　昱	商学院	首都流通业研究基地 2016 年度项目	论文	2018
29	“互联网+”情境下在线品牌社区中互惠规范对顾客参与创新的影响研究	李艳华	商学院	首都流通业研究基地 2016 年度项目	论文	2018
30	“互联网+”背景下，首都零售企业涉足金融业务的商业模式研究	高祥宝	文科实践中心	首都流通业研究基地 2016 年度项目	论文	2018
31	互联网环境下，北京市外迁批发市场的品牌传播问题研究	徐小娟	艺术与传媒学院	首都流通业研究基地 2016 年度项目	论文	2018

（北京工商大学科学技术处王葳供稿）

北京工业大学

2016 年度承担国家级、省部级等社会科学研究项目

序号	项目名称	负责人	承担部门	项目分类、类别	成果形式	计划完成日期
1	共生视角下的院士科学合作网络结构与演化趋势研究：以中美两国科学院院士为例	刘俊婉	经管学院	国家自然科学基金、青年科学基金项目	研究报告	2019. 12
2	基于投资者交互作用的股市异常波动形成机理研究	王　超	经管学院	国家自然科学基金、青年科学基金项目	研究报告	2019. 12

续表

序号	项目名称	负责人	承担部门	项目分类、类别	成果形式	计划完成日期
3	新常态下基于进化算法的金融产业结构多目标优化研究	高 扬	经管学院	国家自然科学基金、青年科学基金项目	研究报告	2019.12
4	中国共产党协商民主思想发展史	丁 云	马克思主义学院	国家社会科学基金项目	专著	2017.12
5	新时期中国社会阶层结构变化及趋势研究	胡建国	人文学院	国家社会科学基金项目	研究报告	2019.12
6	“正仓院”藏唐代乐器的设计工艺及当代价值	贾荣建	艺术设计学院	国家社会科学基金项目	研究报告	2017.12
7	电力光纤到户关键技术研究与示范	迟远英	经管学院	科技部国家重点研发计划子课题	研究报告、论文	2019.06
8	“三位一体”、“三创融合”创新创业训练体系及示范（高校大学生创新创业能力模型建构与评价研究）	王秀彦	经管学院	科技部政策引导类	研究报告、论文	2017.08
9	能源互联网多元主体交易模式及多市场协调机制研究	王世成	经管学院	国家部委项目博士后科学基金	研究报告、论文	2018.06
10	废弃食用油生物燃料化：餐饮企业参与意愿及激励机制研究	刘婷婷	循环经济研究院	北京市基金青年科学基金	研究报告、论文	2017.12
11	基于SAO语义挖掘的新兴技术识别研究	李 欣	经管学院	北京市基金青年科学基金	研究报告、论文	2017.12
12	科技创新服务能力建设—协同创新中心—北京地区高校中国特色社会主义理论研究协同创新中心建设	沈千帆	马克思主义学院	北京市教委项目科技创新平台	研究报告、论文	2016.12
13	科技创新服务能力建设—科研基地—哲社基地——北京社会管理研究基地（市级）	冯 虹	人文学院	北京市教委项目科技创新平台	研究报告、论文	2016.12
14	科技创新服务能力建设—协同创新中心—首都社会建设与社会管理协同创新中心（2011协同创新中心）（市级）	冯 虹	人文学院	北京市教委项目科技创新平台	研究报告、论文	2016.12
15	科技创新服务能力建设—科研基地—哲社基地—首都工程教育发展研究基地（市级）	沈千帆	高等教育研究所	北京市教委项目科技创新平台	研究报告、论文	2016.12
16	科研基地建设—科技创新平台——北京高校特色教育资源库建设项目（艺术设计教育专题）（市级）	贾荣建	艺术设计学院	北京市教委项目科技创新平台	研究报告、论文	2016.12
17	科技创新服务能力建设——北京市教委系统政府采购出价及相关制度研究	谢桂生	机关党委	北京市教委项目科技创新平台	研究报告、论文	2016.12

续表

序号	项目名称	负责人	承担部门	项目分类、类别	成果形式	计划完成日期
18	大数据时代北京文化创意产业知识产权保护研究	孙玉荣	人文学院	北京市社会科学基金项目	研究报告、论文	2018. 01
19	北京市战略性新兴产业的资本配置效率研究	刘亭立	经管学院	北京市社会科学基金项目	研究报告、论文	2017. 12
20	以学生职业发展能力为导向的工程硕士质量评价标准的研究与实践	李　娟	经管学院	北京市社会科学基金项目	研究报告、论文	2018. 01
21	基于物质流分析的北京市物质代谢趋势及减物质化措施研究	戴铁军	循环经济研究院	北京市社会科学基金项目	研究报告、论文	2018. 01
22	京津冀协同发展进程下北京市金融开放结构动态多目标优化研究	高　扬	经管学院	北京市博士后工作经费资助项目	研究报告、论文	2017. 07
23	北京 120/999 院前医疗急救联合指挥调度平台路径优化研究	王　超	经管学院	北京市博士后工作经费资助项目	研究报告、论文	2017. 04
24	基于数据挖掘的居民智能能量管理优化研究	嵇　灵	经管学院	北京市博士后工作经费资助项目	研究报告、论文	2017. 06
25	在京农民工失范行为与社会管理机制创新研究	李国正	经管学院	北京市社会科学基金项目	研究报告	2017. 12
26	创建海外工业园区—北京现代制造业“走出去”新模式研究	姜　伟	经管学院	北京市社会科学基金项目	研究报告	2017. 12
27	北京城市公益传播体系构建研究	李晨宇	人文学院	北京市社会科学基金项目	研究报告、论文	2017. 10
28	首都高校卓越工程师计划的效果评估、影响因素分析与对策建议研究	郑　娟	高等教育研究所	北京市社会科学基金项目	研究报告、论文	2017. 12
29	审美现代性视域下的中国流行音乐研究	杨　华	人文学院	北京市社会科学基金项目	研究报告	2017. 12
30	科技创新活动中的师生合作模式及其合作绩效研究	刘俊婉	经管学院	北京市社会科学基金项目	研究报告	2017. 12
31	北京市服务型社会治理模式研究	杨　荣	人文学院	北京市社会科学基金项目	研究报告	2017. 06
32	北京中产阶层发展状况研究	赵卫华	人文学院	北京市社会科学基金项目	研究报告	2018. 12
33	要素异质性视角下京津冀现代制造产业转移路径研究	何喜军	经管学院	北京市社科基金项目	论文	2018. 12
34	北京科技服务业自主创新体系国际化的影响因素与应对策略研究	朱相宇	经管学院	北京市社会科学基金项目	研究报告	2017. 06
35	新能源产业政策与贸易政策的匹配性研究	刘会政	经管学院	北京市社会科学基金项目	研究报告	2017. 06

续表

序号	项目名称	负责人	承担部门	项目分类、类别	成果形式	计划完成日期
36	产业链协同视域的京津冀地区制造业产业优化研究	张永安	经管学院	北京市社会科学基金项目	研究报告	2017.12
37	超大城市流动人口住房获得与社会融合研究	李君甫	人文学院	北京市社科基金项目	论文	2017.12
38	首都农民工社会管理机制创新研究	冯　虹	人文学院	北京市社会科学基金项目	研究报告	2018.08
39	首都高校工科教师专业化发展绩效评价体系构建研究	范　明	高等教育研究所	北京市社会科学基金项目	研究报告	2017.12
40	基于考古学的博物馆建设方法研究	李　涛	艺术设计学院	北京市委组织部优秀人才培养计划	博物馆建设项目	2018.09
41	首都高校青年教师工作意义的内涵、影响因素与影响效果	宋　萌	经管学院	北京市委组织部优秀人才培养计划	结题报告、论文	2018.12
42	“地沟油”能源化的影响因素及激励机制研究	刘婷婷	循环经济研究院	北京市委组织部优秀人才培养计划	研究报告	2019.04
43	基于临床仿真模型（CSTE）的教师全纳胜任力发展研究	高　威	高等教育研究所	北京市教育科学规划项目	研究报告	2019.06
44	应用型本科高端技术技能人才贯通培养模式研究	鲍叶静	实验学院	北京市教育科学规划项目	研究报告	2019.12

（北京工业大学科发院人文处张爱民供稿）

北京林业大学

2016 年度承担国家级、省部级等社会科学研究项目

序号	项目名称	负责人	承担部门	项目分类、类别	预期成果形式	计划完成时间
1	五代宋初“军”政区演化进程研究	郎　洁	人文学院	国家社会科学基金青年项目	著作	2019.07
2	内蒙古干旱荒漠区特色沙生植物的开发潜力研究	曹世雄	经济管理学院	国家重点研发计划	论文	2020.06
3	城市家庭对地方公共品的异质性偏好识别与应用研究	张英杰	经济管理学院	国家自然科学基金项目	论文	2019.12
4	经济全球化对森林转型的影响研究：以发展中国家为例	李凌超	经济管理学院	国家自然科学基金项目	论文	2019.12
5	红壤区典型退化森林土壤—植被系统的恢复机理	曹世雄	经济管理学院	国家自然科学基金项目	论文	2017.12
6	近代以来永定河流域生态环境变迁研究	张连伟	人文学院	北京市社会科学基金、一般项目	研究报告	2019.06
7	北京市科技创新政策体系框架构建与优化研究	陈　佳	人文学院	北京市社会科学基金、青年项目	研究报告	2018.06
8	互联网环境下北京市中学生社会适应研究	金灿灿	人文学院	北京市社会科学基金、青年项目	研究报告	2018.06
9	京津冀生态文明协同建设中区域生态补偿总值量化方法研究	巩前文	马克思主义学院	北京市社会科学基金项目	研究报告	2018.06

续表

序号	项目名称	负责人	承担部门	项目分类、类别	预期成果形式	计划完成时间
10	北京市保障房社区家庭调查及管理对策研究	张英杰	经济管理学院	北京市社会科学基金项目	研究报告	2018.06
11	农户可持续生计视角下环首都贫困带林下经济精准扶贫研究	鲁莎莎	经济管理学院	北京市社会科学基金项目	研究报告	2018.06
12	北京市集成电路企业嵌入与重构创新生态系统的战略研究	程　鹏	经济管理学院	北京市社会科学基金项目	研究报告	2018.06
13	北京市工作场所亲环境行为影响因素及其引导措施研究	张玉静	经济管理学院	北京市社会科学基金项目	论文	2019.06
14	资源环境约束下京津冀地区协同一体化的策略研究	于　畅	经济管理学院	北京市社会科学基金项目	研究报告	2018.06
15	面向京津冀城市群消费的城郊农民创业驱动因素与培育体系研究	薛永基	经济管理学院	北京市社会科学基金项目	研究报告	2018.06
16	随机供需下的北京农林生物质能绿色供应链契约协调研究	樊　坤	经济管理学院	北京市社会科学基金项目	研究报告	2018.06
17	北京市现代社会组织体系建设与发育问题研究	谢　屹	经济管理学院	北京市社会科学基金项目	研究报告	2017.06
18	北京城市开放社区公共空间艺术营造研究	公　伟	艺术设计学院	北京市社会科学基金、一般项目	研究报告	2018.06
19	北京古树名木的数字化展示与公共服务创新研究	韩静华	艺术设计学院	北京市社会科学基金、一般项目	研究报告	2018.06
20	重彩壁画在北京城市环境公共艺术建设中的创新应用研究	房钰栋	艺术设计学院	北京市社会科学基金、青年项目	研究报告	2018.06
21	创作出版《中国北方常见园林绿化植物》丛书及数字内容	韩静华	艺术设计学院	北京市科技计划项目	图书	2016.12
22	北京城乡一体化进程中林权交易运行机制研究	安　欣	经济管理学院	北京市优秀人才培养资助项目	研究报告	2017.12
23	“马克思主义基本原理概论”课程中班专题教学改革探索	徐保军	马克思主义学院	北京市教委委托课题	课题报告、论文	2018.12
24	古典博物学时期的自然经济思想	徐保军	马克思主义学院	教育部人文社科研究项目	著作、论文	2018.12
25	2022北京冬奥会视觉导向系统研究	王　瑾	大学艺术设计学院	教育部人文社会科学研究、规划项目	论文、研究报告、设计方案	2019.03
26	面向户外生态环境责任行为的可持续性交互设计应用研究	李　健	艺术设计学院	教育部人文社会科学研究、规划项目	论文、设计原型、设计报告	2018.07
27	资源环境约束下中国木材产业全球价值链地位攀升研究	侯方淼	经济管理学院	教育部人文社科研究项目	研究报告	2018.06

续表

序号	项目名称	负责人	承担部门	项目分类、类别	预期成果形式	计划完成时间
28	国有林业局森林可持续经营评价指标 BI 系统构建	张莉莉	经济管理学院	国家林业局重点项目	研究报告	2017.12
29	国有林业局森林可持续经营管理决策信息平台建设	王武魁	经济管理学院	国家林业局重点项目	软件系统	2017.12
30	中国省域生态文明建设评价完善研究	严　耕	人文学院	国家林业局林业软科学研究项目	著作	2016.12
31	我国林下经济发展对农民增收的作用研究	侯方淼	经济管理学院	国家林业局林业软科学研究项目	研究报告	2017.12
32	我国自然保护区绿色经济制度研究	刘　霞	马克思主义学院	国家林业局林业软科学研究项目	研究报告、论文	2017.12
33	林业及相关产业产品分类目录	胡明形	经济管理学院	国家林业局林业标准制修订项目	论文	2016.12
34	林业行政许可审批规范	宋维明	经济管理学院	国家林业局林业标准制修订项目	行政许可审批规范	2017.12
35	森林认证产品社会认可度跟踪研究和市场培育策略建议	李红勋	经济管理学院	国家林业局森林认证项目	研究报告	2018.12
36	中国森林认证体系（CFCC）市场推广策略研究	温亚利	经济管理学院	国家林业局森林认证项目	课题报告、论文	2018.12
37	林业行政许可标准化研究	李媛辉	人文学院	国家林业局业务委托项目	研究报告	2017.12
38	涉林公益行政诉讼应对机制研究	李媛辉	人文学院	国家林业局业务委托项目	研究报告	2017.12
39	国务院及涉林部门政策性文件清理成果汇总分析	李媛辉	人文学院	国家林业局业务委托项目	研究报告	2017.09
40	生态环境损害赔偿制度法律框架和案例整理分析研行政许可类林业行政诉讼复议案例研究	李媛辉	人文学院	国家林业局业务委托项目	研究报告	2017.08
41	行政许可类林业行政诉讼复议案例研究	李媛辉	人文学院	国家林业局业务委托项目	研究报告	2017.12
42	《林业有害生物检疫执法案例评析》编写	李媛辉	人文学院	国家林业局业务委托项目	研究报告	2017.12
43	国有林场国际交流与合作	韦贵红	人文学院	国家林业局业务委托项目	研究报告	2017.12
44	《国有林场条例》征求意见	韦贵红	人文学院	国家林业局业务委托项目	研究报告	2017.12
45	林业“七五”普法规划及普法重点问题研究	戴秀丽	马克思主义学院	国家林业局业务委托项目	研究报告	2017.12
46	荒漠化监测项目、森林资源管理与检查项目（项目绩效评价）	王富炜	经济管理学院	国家林业局业务委托项目	论文	2017.12
47	森林资源清查与动态监测项目（项目绩效评价）	秦　涛	经济管理学院	国家林业局业务委托项目	研究报告	2017.12

续表

序号	项目名称	负责人	承担部门	项目分类、类别	预期成果形式	计划完成时间
48	林业科技成果国家级项目推广项目（项目绩效评价）	秦　涛	经济管理学院	国家林业局业务委托项目	研究报告	2017.12
49	森林防火专项经费项目（项目绩效评价）2016	潘焕学	经济管理学院	国家林业局业务委托项目	研究报告	2017.12
50	野生动物疫病监测和预警系统维护项目（项目绩效评价）	潘焕学	经济管理学院	国家林业局业务委托项目	研究报告	2017.12
51	林业有害生物防治管理与预测预报补助经费项目、森林公安管理经费项目（项目绩效评价）	田治威	经济管理学院	国家林业局业务委托项目	研究报告	2017.12
52	林业规划生态环境效益评价指标体系	程宝栋	经济管理学院	国家林业局业务委托项目	行业标准	2017.12
53	野生动物驯养繁殖分级分类管理及服务指南、细则示范	陈文汇	经济管理学院	国家林业局业务委托项目	研究报告、论文	2017.12
54	森林资源清查与动态监测	张大红	经济管理学院	国家林业局业务委托项目	研究报告	2017.12
55	社会经济发展对野生动物栖息地影响及评价	温亚利	经济管理学院	国家林业局业务委托项目	研究报告、论文	2017.12
56	集体林权制度改革监测：集体林权流转专题之社会资本经营林业情况研究	温亚利	经济管理学院	国家林业局业务委托项目	调研报告	2017.05
57	蒙特利尔项目——林业就业与社会保障指标研究	姜雪梅	经济管理学院	国家林业局业务委托项目	研究报告	2016.12
58	野生动物保护国际事务参与与应对政策调研	谢　屹	经济管理学院	国家林业局业务委托项目	研究报告	2017.12
59	国有林场 改革对职工生计的影响	姜雪梅	经济管理学院	国家林业局业务委托项目	研究报告	2017.03
60	国有林场森林经营技术调查问卷分析汇编手册	陈文汇	经济管理学院	国家林业局业务委托项目	调查分析报告	2017.12
61	生态安全（林业）指数三试预调查	张大红	经济管理学院	国家林业局业务委托项目	研究报告	2016.12
62	我国林业 PPP 管理体系研究	方少勇	经济管理学院	国家林业局业务委托项目	研究报告	2017.09
63	2016 年国内外木材供需及树种结构分析	程宝栋	经济管理学院	国家林业局业务委托项目	研究报告	2017.10
64	中国林业供给侧结构性改革政策研究	程宝栋	经济管理学院	国家林业局业务委托项目	研究报告	2017.11
65	农村土地承包经营纠纷调解仲裁工作考评	巩前文	马克思主义学院	农业部农村合作经济经营管理总站	研究报告	2017.06
66	农垦国有农用地有偿使用制度研究	巩前文	马克思主义学院	农业部科研项目	研究报告	2016.12
67	辽宁、河北半牧区草原补奖机制政策效益研究	张立中	经济管理学院	农业部科研项目	研究报告	2016.12
68	以购买服务为主的森林资源管护新机制研究	陈建成	经济管理学院	国家发改委科研项目	研究报告	2016.12

2016 年度校级社会科学研究项目

序号	项目名称	负责人	承担部门	项目分类、类别	预期成果形式	计划完成时间
1	环境权研究	杨朝霞	人文学院	重大科研成果培育项目	论文、著作	2018. 12
2	心理健康在青少年和老年人中的测评与应用	杨智辉	人文学院	重大科研成果培育项目	研究报告	2018. 12
3	生态心理疗法的模式构建与应用	金灿灿	人文学院	青年教师科学研究中长期项目	论文	2019. 12
4	绿色发展理念及绿色经济建设研究	张秀芹	马克思主义学院	重大科研成果培育项目		2019. 01
5	美丽中国建设的目标、内容与制度研究	高兴武	马克思主义学院	重大科研成果培育项目	论文	2018. 12
6	五大发展理念思想渊源及理论内涵研究	仲亚东	马克思主义学院	青年教师科学研究中长期项目	专著、论文等	2020. 12
7	基于数字全息影像技术的花卉植物生态可视化应用研究	蔡东娜	艺术设计学院	科技创新计划项目、交叉创新科学研究试点专项	论文、作品、软件著作权、实物、展览	2018. 12
8	失落空间的再生——城市更新背景下的可持续设计研究	姚 璐	艺术设计学院	科技创新计划项目、新进教师科研启动基金项目	论文、作品	2018. 10
9	新疆林果业灾害风险区划与保险费率厘定研究	陈国荣	经济管理学院	科技创新计划项目	研究报告	2018. 10
10	中国林业金融与森林保险问题研究	秦 涛	经济管理学院	重大科研成果培育项目	著作	2018. 12
11	基于社会生态动态过程的林农创业复杂系统仿真模拟研究	薛永基	经济管理学院	科技创新计划项目	研究报告	2018. 12
12	基于生态文明建设的森林资源核算与资产化研究	张 兰	经济管理学院	青年教师科学研究中长期项目	研究报告	2020. 12
13	森林认证对我国森林转型的影响研究	程宝栋	经济管理学院	热点追踪项目	研究报告	2017. 12
14	基于国家公园体制建设多重目标的利益相关者研究	杜德斌	经济管理学院	热点追踪项目	报告、论文	2017. 12
15	自然资源资产绩效审计研究	张 岩	经济管理学院	热点追踪项目	发表论文、构建指标体系	2018. 04
16	“两山”论断的理论解析与实践模式研究	陈建成	经济管理学院	热点追踪项目	研究报告	2017. 12

（北京林业大学科技处张力供稿）

首都体育学院

2016 年度承担国家级、省部级社会科学研究项目

序号	项目名称	负责人	承担部门	项目分类、类别	预期成果形式	计划完成时间
1	城市儿童户外体力活动空间“热点”分析及其建成环境影响因素研究	贺 刚	运动科学与健康学院	国家社会科学基金、一般项目	研究报告	2018. 06

续表

序号	项目名称	负责人	承担部门	项目分类、类别	预期成果形式	计划完成时间
2	武术国际传播人才培养研究	张长念	武术与表演学院	国家社会科学基金、青年项目	研究报告	2019. 06
3	TGFβ 信号通路在 FBN1 基因突变导致马凡综合征骨骼肌萎缩中的作用机制研究	吴　剑	运动科学与健康学院	国家自然科学基金、青年项目	论文	2019. 12
4	科技创新服务能力建设—科技成果转化—提升计划项目—北京市市民体育健身组织、健身参与和需求现状研究（市级）	王凯珍	休闲与社会体育学院	北京市教委、提升计划项目	论文、研究报告	2019. 12
5	北京申办东奥会背景下首都体育旅游产业拓展与践行路径研究	陈　亮	管理与传播学院	北京市教委社科重点项目	研究报告	2018. 12
6	京津冀高校健美操赛事协同创新发展研究	王　美	武术与表演学院	北京市社会科学基金、一般项目	研究报告	2018. 06
7	多维环境下中学生体质健康促进模式研究	周志雄	体育教育训练学院	北京市社会科学基金、一般项目	研究报告	2018. 06
8	新形势下体育解说员的危机管理与品牌塑造研究	陈岐岳	管理与传播学院	北京市社会科学基金、青年项目	研究报告	2018. 06
9	首都幼儿体力活动环境的实证研究	贺　刚	运动科学与健康学院	北京市社会科学基金、青年项目	研究报告	2018. 06
10	智障青少年体育锻炼行为影响因素的质化研究	王　超	运动科学与健康学院	北京市社会科学基金、青年项目	研究报告	2018. 06
11	京津冀校园足球联赛协同运行和创新机制的研究	朱永国	体育教育训练学院	北京市社会科学基金、研究基地一般项目	研究报告	2019. 12
12	格斗类体育赛事运动员人身伤害风险管理研究	叶　伟	体育教育训练学院	北京市社会科学基金、研究基地一般项目	研究报告	2018. 06
13	“新常态”视域下京津冀中小学校园篮球赛事协同创新发展研究	高　瞻	武术与表演学院	北京市社会科学基金、研究基地一般项目	研究报告	2018. 06
14	国外体育人文社会科学优秀研究成果译介——《体育与训练心理学基础》	谢　军	休闲与社会体育学院	国家体育总局体育哲学社会科学研究、一般项目	译著	2017. 10
15	京津冀体育文化创意产业协同发展研究	王　静	管理与传播学院	国家体育总局体育哲学社会科学研究、一般项目	研究报告	2017. 10
16	少数民族武术对外传播路径与形式创新研究	丁传伟	武术与表演学院	国家民委民族问题研究、一般项目	研究报告	2017. 06
17	国家手球队运动员体能训练与服务保障	尹　军	体育教育训练学院	国家体育总局科技服务工作	研究报告	2016. 12
18	竞走项目国家队备战里约奥运会 2016 年技战术监控科技服务	李厚林	体育教育训练学院	国家体育总局科技服务工作	研究报告	2016. 12

续表

序号	项目名称	负责人	承担部门	项目分类、类别	预期成果形式	计划完成时间
19	女子铅球项目备战2016奥运会综合科技攻关与科技服务（2016）	李建臣	体育教育训练学院	国家体育总局科技服务工作	研究报告	2016.12
20	备战里约奥运会国家女子沙滩排球队重点队员体能训练综合研究（2016年度）	潘迎旭	体育教育训练学院	国家体育总局科技服务工作	研究报告	2016.12
21	国家艺术体操队备战2016年巴西奥运会成套动作技术诊断与分析	高 扬	武术与表演学院	国家体育总局科技服务工作	研究报告	2016.12
22	2016年里约奥运会重点击剑运动员综合体能训练服务保障及个体化的体能训练研究	周龙峰	体育教育训练学院	国家体育总局科技服务工作	研究报告	2016.12
23	促进飞碟射击运动员比赛高水平稳定发挥的心理服务研究	李四化	运动科学与健康学院	国家体育总局科技服务工作	研究报告	2016.02

（首都体育学院科研处供稿）

外交学院

2016年度承担国家级、省部级社会科学研究项目

序号	项目名称	负责人	承担部门	项目分类、类别	预期成果形式	计划完成时间
1	中国传统文化、中国外交战略与中国外交话语体系构建	孙吉胜	英语系	国家社会科学基金项目、专项工程项目	专著	2018.07
2	TPP协议达成对世界农产品贸易格局的影响及我国的应对策略研究	何 敏	国际经济学院	国家社会科学基金项目、一般项目	研究报告	2018.06
3	中美亚太“主导权”竞争及其影响研究	凌胜利	国际关系研究所	国家社会科学基金项目、青年项目	专著	2019.06
4	大学生外圈英语听辨能力研究	许宏晨	英语系	国家社会科学基金项目、一般项目	专著	2019.07
5	“一带一路”战略下改进领事服务研究	夏莉萍	外交学与外事管理系	国家社会科学基金项目、一般项目	专著	2019.12
6	北京市涉外法律服务体系研究	王 佳	国际法系/国际法研究所	北京市社会科学基金、一般项目	研究报告	2017.12
7	对法国福利国家理论和制度的政治学研究	于 蓓	外语系	北京市社会科学基金、青年项目	专著	2019.08
8	近六十年涉京报道中本土化英语的多维变迁：基于语料库的历时研究	吉 洁	英语系	北京市社会科学基金、青年项目	论文	2018.12
9	“一带一路”背景下中国海外投资风险防范机制研究	李 锋	国际经济学院	北京市社会科学基金、青年项目	研究报告	2018.06

续表

序号	项目名称	负责人	承担部门	项目分类、类别	预期成果形式	计划完成时间
10	"一带一路"下中国能源合作新战略：打造能源合作共同体	闫世刚	国际经济学院	北京市社会科学基金、一般项目	专著	2018.12
11	俄罗斯政治精英影响下的中俄伙伴关系研究	刘　莹	国际关系研究所	北京市社会科学基金、一般项目	论文	2018.06
12	2030年可持续发展议程背景下的东亚地区粮食安全治理与中国责任研究	崔海宁	亚洲研究所	北京市社会科学基金、一般项目	论文	2018.06
13	马克思、恩格斯、列宁论外交	袁南生	院办	北京市社会科学基金、一般项目	专著	2019.06

2016年度中央高校基本科研业务费专项资金项目

序号	项目名称	负责人	承担部门	预期成果形式	计划完成时间
1	青年马克思视野中的国家观和历史唯物主义的建立——青年马克思与黑格尔政治哲学之比较	孙铁根	基础教学部	论文	2017.12
2	中国战略文化的演化机制研究	贾子方	国际关系研究所	论文	2017.11
3	中华思想文化术语在法国的译介、传播及译者翻译策略的演变	乐　旻	外语系	专著	2017.11
4	FEA模式下的中国—中东欧国家农业发展模式研究	佟　巍	科研处	论文	2017.12
5	可再生能源政策发展的基层动力：美国经验与中国借鉴	马　妍	研究生部	论文	2017.11
6	"一带一路"背景下的中俄能源合作面临的机遇、挑战与对策	柴　茁	科研处	论文	2017.12
7	领土争端解决中的有效控制规则研究	宋　岩	国际法系/国际法研究所	论文	2017.12
8	一带一路建设、中国对外直接投资与技术溢出——基于DEA－Tobit模型和随机前沿模型的实证研究	付韶军	国际经济学院	论文	2017.10
9	多利益攸关方治理话语与美国在全球互联网治理中的权力维护	尉洪池	英语系	论文	2017.10
10	日遗化学武器与中国谈判战略研究	高望来	国际关系研究所	论文	2018.01
11	弱势群体人权保护的国际标准研究	张爱宁	国际法系/国际法研究所	专著	2018.12
12	央企海外传播的现状与策略研究	冉继军	英语系	研究或咨询报告	2018.12
13	中国外交的新理论与新实践研究	王春英	外交学与外事管理系	专著	2018.12
14	中立国参与欧盟共同外交与安全政策：动因、过程与影响	赵怀普	国际关系研究所	专著	2018.12
15	日本21世纪安全保障战略	周永生	国际关系研究所	专著	2018.12

续表

序号	项目名称	负责人	承担部门	预期成果形式	计划完成时间
16	高级外交翻译人才语言能力培养与评测体系研究	石　毅	英语系	专著	2018. 12
17	中俄美三角关系与当代国际秩序构建研究	高　飞	外交学与外事管理系	专著	2018. 12
18	国际犯罪中主观故意的认定与证明	焦　阳	国际法系/国际法研究所	论文	2017. 06
19	全球治理前沿问题研究	高　飞	外交学与外事管理系	研究或咨询报告	2017. 06
20	以公私合作推动新公共外交的案例研究	郦　莉	中国外交理论研究中心	论文	2018. 06
21	日本报纸中的北京形象研究	张玉玲	外语系	论文	2018. 06
22	中俄外交转型与战略协作伙伴关系研究	刘　莹	国际关系研究所	论文	2018. 06
23	法国社会党对华政策的发展与演变	侯琦斌	外语系	研究或咨询报告	2017. 06
24	媒介融合背景下我国传媒道德发展状况研究	钟媛媛	基础教学部	论文	2017. 07
25	高校英语教育中“中国文化缺失”现状研究	黄文红	英语系	研究或咨询报告	2018. 06
26	国际机制的中国供给研究	雷建锋	外交学与外事管理系	专著	2018. 06
27	“一带一路”背景下政治风险对我国海外投资的影响及对策	李　锋	国际经济学院	论文	2017. 05
28	德勒兹小民族文学视域下的印度当代英语小说研究	尹　晶	英语系	论文	2018. 06
29	外事干部培训体系建设与模式创新	李　慧	研究生部	论文	2018. 05
30	大数据时代的公共外交与中国软实力建设	陈雪飞	外交学与外事管理系	论文	2017. 08
31	文化与外交：中国对外社会文化交往研究	杨　悦	英语系	论文	2017. 08
32	“一带一路”沿线国家安全风险评估：方法与指数	曲　博	国际关系研究所	论文	2017. 08
33	世界经济秩序与中国经济外交	竺彩华	国际经济学院	论文	2017. 08
34	全球治理视野中的国际法治与中国作用	许军珂	国际法系/国际法研究所	论文	2017. 08
35	国家特色重点学科建设研究	王　帆	国际关系研究所	论文	2017. 08
36	中国古代外交史纲	袁南生	院办	论文	2017. 08
37	忠诚、使命、奉献——中国外交人核心价值观研究	袁南生	院办	编著或教材	2017. 08

（外交学院科研处供稿）

国家行政学院

2016年度承担国家级社会科学研究项目

序号	项目名称	负责人	承担部门	项目分类、类别	预期成果形式	计划完成时间
1	十八大以来党中央治国理政的政治思想研究	范　文	国家行政学院	国家社会科学基金、专项工程项目	专著、研究报告	2018. 07
2	十八大以来党中央治国理政的社会建设思想研究	龚维斌	国家行政学院	国家社会科学基金、专项工程项目	研究报告	2018. 07
3	完善中国县处级党政领导干部考核评价体系和奖惩机制研究	胡月星	国家行政学院	国家社会科学基金、重点项目	专著、研究报告	2018. 12
4	特重大自然灾害后恢复重建机制建设研究	龚维斌	国家行政学院	国家社会科学基金、重点项目	研究报告	2018. 12
5	好莱坞电影意识形态输出运行机制与美国国际文化战略研究	刘恩东	国家行政学院	国家社会科学基金、一般项目	研究报告	2019. 06
6	虚拟社会结构研究	李　宇	国家行政学院	国家社会科学基金、一般项目	研究报告	2018. 12
7	非均衡概念漂移网络舆情大数据流挖掘模型、算法与评价机制研究	翟　云	国家行政学院	国家自然科学基金、面上项目	研究报告	2020. 12

2016年度院级科学研究项目

序号	项目名称	负责人	项目分类、类别	预期成果形式	计划完成时间
1	当代中国马克思主义政治经济学：再生产理论与中国宏观经济学研究	王　健	重点课题	研究报告、论文（权威、核心）	已结项
2	转变经济发展方式与创新驱动研究	樊继达	重点课题	研究报告、论文（权威、核心）	已结项
3	网络环境下的国家战略研究	丁　艺	重点课题	研究报告、论文（权威、核心）	已结项
4	协商民主制度落实与国家政治治理现代化研究	宋雄伟	重点课题	研究报告、论文（权威、核心）	已结项
5	“互联网+”与政府法律监管制度研究——以互联网分享经济政府监管为例	张效羽	重点课题	研究报告、论文（权威、核心）	已结项
6	建立更加公平更可持续的社会保障制度研究	李志明	重点课题	研究报告、论文（权威、核心）	已结项
7	完善我国人口发展战略研究	韩　玥	重点课题	研究报告、论文（权威、核心）	已结项
8	互联网时代金融风险防范与金融监管的体系研究	王　茹	一般课题	研究报告、论文（核心）	已结项
9	中国崛起与参与全球治理研究	于　军	一般课题	教学案例、论文（核心）	已结项
10	推动简政放权的法律立改废研究	任　进	一般课题	研究报告、论文（核心）	已结项

续表

序号	项目名称	负责人	项目分类、类别	预期成果形式	计划完成时间
11	互联网时代社会治理创新研究	李 宇	一般课题	教学案例、论文（核心）	已结项
12	“互联网+”与政府治理创新研究	何 哲	重点委托课题	研究报告、论文（权威、核心）	已结项
13	中国经济新常态下的供给侧改革研究	冯俏彬	一般委托课题	研究报告、论文（核心）	已结项
14	新形势下公务员履职尽责的动力与激励机制研究	胡月星	一般委托课题	研究报告、论文（核心）	已结项

（国家行政学院科研部刘斌供稿）

中国青年政治学院

2016 年度承担国家级、省部级社会科学研究项目

序号	项目名称	负责人	承担部门	项目分类、类别	预期成果形式	计划完成日期
1	户籍与地区双重差异视角下的居民最优养老保险选择研究	杨 娟	经济管理学院	国家自然科学基金、青年科学基金项目	研究报告	2019.12
2	社会变迁中财税法治规范生成机制研究	汤洁茵	法学院	国家社会科学基金、一般项目	专著	2019.06
3	标准必要专利反垄断规制研究	谭 袁	法学院	国家社会科学基金、青年项目	专著	2018.12
4	村庄公共物品供给制度的合法性机制研究	温莹莹	青少年工作系	国家社会科学基金、青年项目	论文集	2019.12
5	信息技术革命与当代认识论研究	肖 峰	中国马克思主义学院	北京市社会科学基金、重大课题	专著	2018.01
6	社会转型时期下社区传播的治理功能及其实现路径研究	罗自文	新闻传播学院	北京市社会科学基金、一般项目	专著	2019.06
7	社交媒体使用对北京市青少年的负面影响及对策研究	杜 涛	新闻传播学院	北京市社会科学基金、一般项目	研究报告、论文集	2018.12
8	以审判为中心改革背景下的证据制度研究	孙 远	法学院	北京市社会科学基金、一般项目	专著	2019.06
9	习近平总书记群众观研究	于 昆	中国马克思主义学院	北京市社会科学基金、一般项目	研究报告	2018.06
10	习近平青年观研究	崔保锋	科研处	北京市社会科学基金、青年项目	研究报告	2018.12
11	澳大利亚国际教育发展历史与现状	陈蕴哲	公共管理系	全国教育科学规划项目、青年专项	专著	2018.05
12	政法类院校思想政治理论课建设研究	李 伟	中国马克思主义学院	教育部高校示范马克思主义学院和优秀教学科研团队建设项目、重点选题		2019.07

续表

序号	项目名称	负责人	承担部门	项目分类、类别	预期成果形式	计划完成日期
13	共享发展研究	于　昆	中国马克思主义学院	教育部人文社会科学研究、一般项目专项任务项目（中国特色社会主义理论体系研究）	专著	2018.07
14	我国学龄儿童健康公平的社会决定因素指标体系及可行能力建设	周华珍	图书馆	教育部人文社会科学研究、一般项目规划基金项目	论文、研究报告、数据库	2019.07
15	资本认缴制及交易安全研究	王建敏	学报编辑部	教育部人文社会科学研究、一般项目规划基金项目	研究报告	2019.07
16	环境风险预防中的检察职能发挥	姜文秀	法学院	最高人民检察院检察理论研究课题、一般课题	论文、研究报告	2017.12
17	保险消费者保护制度中德比较研究	陈　鑫	法学院	中国保监会部级研究课题、重点课题		2017.09
18	我国校园欺凌防治立法研究	刘向宁	学报编辑部	中国法学会部级法学研究课题、自选课题	论文	2019.12
19	我国民法典中决议行为与合同行为的区分	王　雷	法学院	中国法学会部级法学研究课题、自选课题	论文	2018.12
20	二孩政策下生育服务的行政法保障	伏创宇	法学院	中国法学会部级法学研究课题、一般课题	论文	2018.12
21	马克思主义青年观中国化最新成果研究——以习近平青年观为对象	崔保锋	科研处	中央编译局申请委托项目、常规科研委托项目一般项目	研究报告	2018.06
22	社会组织中党员的发展与教育问题研究	张晓东	外国语言文学系	民政部中国社会组织建设与管理理论研究部级课题		2016.10
23	中国梦的实现路径与动力源泉研究	史为磊	中国马克思主义学院	中央编译局申请委托项目、常规科研委托项目一般项目	研究报告、论文	2018.06
24	社会主义文化强国理念与实践研究	秦国伟	中国马克思主义学院	中央编译局申请委托项目、常规科研委托项目一般项目	论文	2018.06
25	新媒体对马克思主义传播的挑战与机遇	于　昆	中国马克思主义学院	中央编译局申请委托项目、智库年度委托项目一般项目	论文	2018.06
26	马克思主义在当代中国大学生群体中传播的影响力研究	李　伟	中国马克思主义学院	中央编译局申请委托项目、智库年度委托项目一般项目	论文	2018.06

2016 年度校级社会科学研究项目

序号	项目名称	负责人	承担部门	项目分类	预期成果形式	计划完成日期
1	“中国青年就业”蓝皮书之一：北京大学生就业与创业调研报告	黄敬宝	经济管理学院	蓝皮书科研支持计划	专著	2019. 12
2	青少年社会工作发展蓝皮书	陈树强	社会工作学院	蓝皮书科研支持计划	专著	2019. 12
3	“一带一路”国别研究	陈蕴哲	公共管理系	留学归国人才科研支持计划	论文	2019. 12
4	媒介伦理视野下的网络新闻媒体实践——以 ProPublica 为例	李青藜	新闻传播学院	学术创新支持计划	论文	2016. 12
5	我国未成年人犯罪记录查询制度研究 222	王　新	研究生处	学术创新支持计划	论文	2017. 12
6	舞蹈瑜伽对改善身体形态的研究	庞　丁	体育教学中心	学术创新支持计划	论文	2016. 12
7	大数据时代数据分析模型研究	马竹青	计算机教学与应用中心	学术创新支持计划	论文	2016. 12
8	美国黑人大学生种族认同与身心健康的关系及其启示	郑　颖	外国语言文学系、外语教学研究中心	学术创新支持计划	论文	2016. 12
9	公共场所英汉双语广告牌的应用与文化影响研究	张　捷	外国语言文学系、外语教学研究中心	学术创新支持计划	论文	2016. 12
10	英语听说课程的“微化”与“翻转”	杨迎兵	外国语言文学系、外语教学研究中心	学术创新支持计划	论文	2016. 12
11	英语媒介素养与英语成绩的关系研究	杨小凤	外国语言文学系、外语教学研究中心	学术创新支持计划	论文	2016. 12
12	美国青少年科幻小说研究	杨　春	外国语言文学系、外语教学研究中心	学术创新支持计划	论文	2016. 12
13	欧盟“反思教育”中的外语教育框架与评价模式	刘旭亮	外国语言文学系、外语教学研究中心	学术创新支持计划	论文	2016. 12
14	任务难度对第二语言流利度的影响	高海龙	外国语言文学系、外语教学研究中心	学术创新支持计划	论文	2016. 12
15	斯图亚特·霍尔的青年文化理论再探讨	孟登迎	中国语言文学系、文化基础部	学术创新支持计划	论文	2016. 12
16	西汉武帝时期“文化建设”问题研究	刘国民	中国语言文学系、文化基础部	学术创新支持计划	论文	2016. 12

续表

序号	项目名称	负责人	承担部门	项目分类	预期成果形式	计划完成日期
17	诗与圣：杜甫的心灵世界研究	李　俊	中国语言文学系、文化基础部	学术创新支持计划	论文	2016.12
18	《儒林外史》有关疑难问题考论	井玉贵	中国语言文学系、文化基础部	学术创新支持计划	论文	2016.12
19	心理访谈类节目生存策略探析	苏　媛	新闻传播学院	学术创新支持计划	论文	2016.12
20	自媒体空间的反话语与青年政治认同引导研究	漆亚林	新闻传播学院	学术创新支持计划	论文	2016.12
21	新文学中鲁迅、吴虞等对于道家、道教文化的态度	刘继业	新闻传播学院	学术创新支持计划	论文	2016.12
22	两个舆论场“公立医院改革”的议题呈现比较分析	何　晶	新闻传播学院	学术创新支持计划	论文	2016.12
23	多维视角下的政治传播系统研究	杜　涛	新闻传播学院	学术创新支持计划	论文	2016.12
24	持续趋同背景下我国财务会计概念框架研究	刘泉军	经济管理学院	学术创新支持计划	论文	2016.12
25	多属性方法在投资决策中的应用	杜玉琴	经济管理学院	学术创新支持计划	论文	2016.12
26	新生育政策背景下生育保障法律制度的完善	周宝妹	法学院	学术创新支持计划	论文	2016.12
27	审判中心主义视角下刑事证明标准层次性理论之适用问题研究	孙　远	法学院	学术创新支持计划	论文	2016.12
28	认罪认罚处理机制研究	李卫红	法学院	学术创新支持计划	论文	2016.12
29	刑法不法归责的整体构造研究	何庆仁	法学院	学术创新支持计划	论文	2016.12
30	人口政策调整下生育服务的行政法研究	伏创宇	法学院	学术创新支持计划	论文	2016.12
31	“互联网 +”时代大学生创业教育学习地图体系研究	徐　明	社会工作学院	学术创新支持计划	论文	2016.12
32	新生代农民工市民化路径研究——基于市民化能力的分析	吴丽丽	社会工作学院	学术创新支持计划	论文	2016.12
33	社会科学的措辞：社会工作专业产生机理的批判研究	孙立亚	社会工作学院	学术创新支持计划	论文	2016.12
34	社会工作介入灾后社区重建本土模式研究	马玉娜	社会工作学院	学术创新支持计划	论文	2016.12
35	群体性女生暴力的过程及其发生机制研究	宋雁慧	青少年工作系	学术创新支持计划	论文	2016.12
36	自生秩序理论研究	尚新力	中国马克思主义学院、研究中心	学术创新支持计划	论文	2016.12

续表

序号	项目名称	负责人	承担部门	项目分类	预期成果形式	计划完成日期
37	双重态度视角下大学生对社会主义核心价值观的认同研究	赵　雷	青少年研究院	青年教师学术创新支持计划	论文	2018. 12
38	美国排华运动的大众文化话语政治研究	杨　博	外国语言文学系、外语教学研究中心	青年教师学术创新支持计划	论文	2018. 12
39	从目的论视角探讨中国青年流行语的英译	管　宇	外国语言文学系、外语教学研究中心	青年教师学术创新支持计划	论文	2018. 12
40	中国青年对间隔年的认知与意愿研究	丁潇潇	外国语言文学系、外语教学研究中心	青年教师学术创新支持计划	论文	2018. 12
41	论《周易》卦爻辞中的诚信观	孙亚丽	中国语言文学系、文化基础部	青年教师学术创新支持计划	论文	2018. 12
42	事件结构视角下的汉语动结式分析及其习得研究	冯丽娟	中国语言文学系、文化基础部	青年教师学术创新支持计划	论文	2018. 12
43	慈善组织信息公开：国际经验与发展路径	周　悦	公共管理系	青年教师学术创新支持计划	论文	2018. 12
44	国际大型体育赛事与北京城市形象研究	张薇薇	新闻传播学院	青年教师学术创新支持计划	论文	2018. 12
45	基于数字技术的奇观影像美学谱系研究	黄媛媛	新闻传播学院	青年教师学术创新支持计划	论文	2018. 12
46	大数据背景下抽样调查若干问题研究	张　喆	经济管理学院	青年教师学术创新支持计划	论文	2018. 12
47	卢梭的人民主权理论研究：以法权结构为中心	张国旺	法学院	青年教师学术创新支持计划	论文	2018. 12
48	中国股票发行注册制改革问题研究	谭　袁	法学院	青年教师学术创新支持计划	论文	2018. 12
49	攻击性紧急避险的体系再定位研究	方　军	法学院	青年教师学术创新支持计划	论文	2018. 12
50	城市社会养老公共政策的困境成因与创新研究	王　莹	社会工作学院	青年教师学术创新支持计划	论文	2018. 12
51	道德情感与价值教育的互动关系研究	王　平	青少年工作系	青年教师学术创新支持计划	论文	2018. 12
52	国外毛泽东思想研究评述——以伦敦大学亚非学院为例	孙　帅	中国马克思主义学院、研究中心	青年教师学术创新支持计划	论文	2018. 12
53	我国中等收入阶层培育和壮大的路径研究	史为磊	中国马克思主义学院、研究中心	青年教师学术创新支持计划	论文	2018. 12
54	“健康的社会决定因素”对青少年烟草使用的影响及应对建议	周华珍	图书馆、青少年研究信息资料中心	特别委托项目	研究报告	2016. 08

续表

序号	项目名称	负责人	承担部门	项目分类	预期成果形式	计划完成日期
55	当代青年状况及对策专题调研	门金玲	法学院	特别委托项目	研究报告	2016. 08
56	当代青年状况及对策专题调研方案	程　捷	法学院	特别委托项目	研究报告	2016. 08
57	青年社会融入与社会参与	周晓春	社会工作学院	特别委托项目	研究报告	2016. 08
58	当代青年社会保障状况及对策研究	徐　明	社会工作学院	特别委托项目	研究报告	2016. 08
59	当代青年调研（青年就业创业）	黄敬宝	经济管理学院	特别委托项目	研究报告	2016. 08
60	高校科研管理制度对出版物的认定	刘晓春	法学院	一般委托项目	研究报告	2017. 12
61	大学生党建与思想政治教育	胡　伟	学生工作部、武装部、学生处	一般委托项目	研究报告	2017. 12
62	全国团属院校现状与发展	黄建云	公共管理系	一般委托项目	研究报告	2017. 12
63	深化高校科研经费使用改革的对策性研究：实证分析与管理创新	张晓曦	科研处	行政教辅项目	研究报告	2016. 12
64	高校校友工作部门使用新媒体开展工作的实证研究——以北京市为例	陈学渊	学生工作部、武装部、学生处	行政教辅项目	研究报告	2016. 12

（中国青年政治学院科研处供稿）

中国劳动关系学院

2016 年度承担国家级、省部级等社会科学研究项目

序号	项目名称	负责人	项目分类、类别	预期成果形式	计划完成时间
1	中国语境下媒体参与构建和谐劳动关系的理念与路径研究	吴　麟	国家社会科学基金、青年项目	论文	2019. 12
2	北京法院劳动法庭的设置及劳动审判程序的完善	姜　颖	北京市社会科学基金、一般项目	论文	2019. 12
3	引入专业社会工作，加强新形势下企业工会工作	王晓慧	北京市社会科学基金、青年项目	论文	2019. 12
4	北京市社会组织供给养老服务的模式创新与制度保障研究	李杏果	北京市社会科学基金、青年项目	论文	2019. 12
5	燕京大学与中国现代文学的发生	王翠艳	教育部人文社会科学研究、一般项目规划基金项目	论文	2019. 12
6	经济新常态背景下的用人单位规章制度：用工自主、企业秩序和劳动者保护	沈建峰	教育部人文社会科学研究、一般项目规划基金项目	论文	2019. 12
7	退休再就业人员劳动权益保护问题研究	李　娜	教育部人文社会科学研究、一般项目青年基金项目	论文	2019. 12
8	基于全人教育的大学生精神重塑和行为改进路径研究	李淑玲	首都大学生思想政治教育课题、一般项目	论文	2019. 12

续表

序号	项目名称	负责人	项目分类、类别	预期成果形式	计划完成时间
9	当前社会思潮对首都大学生党员的影响状况研究	孙瀚乐	首都大学生思想政治教育课题、支持项目	论文	2019.12
10	新生适应过程的干预方法探索	韩　真	首都大学生思想政治教育课题、支持项目	论文	2019.12
11	基于微信平台的思想政治教育信息可视化的研究	赵　莹	首都大学生思想政治教育课题、支持项目	论文	2019.12

（中国劳动关系学院科研处陈邓海供稿）

中国社会科学院

2016年度承担部分国家社会科学基金项目

序号	项目批准号	项目名称	项目类别	负责人	承担单位
1	16ZDA002	中国特色社会主义政治经济学探索	重大项目	王立胜	经济所
2	16ZDA079	中国社会质量基础数据库建设	重大项目	陈光金	社会学所
3	16ZDA090	人口统计调查的国际前沿理论及其在中国的应用	重大项目	王广州	人口所
4	16ZDA112	生态学范式争论的哲学研究	重大项目	肖显静	哲学所
5	16ZDA117	中国国家图书馆所藏中文古地图的整理与研究	重大项目	成一农	历史所
6	16ZDA160	中国少数民族口头传统专题数据库建设：口头传统元数据标准建设	重大项目	巴莫曲布嫫	民文所
7	16ZDA168	“一带一路”战略实施中的宗教风险研究	重大项目	郑筱筠	宗教所
8	16ZDA169	中国宗教研究数据库建设（1850—1949）	重大项目	李建欣	宗教所
9	16ZDA231	社会心理建设：社会治理的心理学路径	重大项目	王俊秀	社会学所
10	16AFX004	法律理学研究	重点项目	胡水君	法学所
11	16AGJ003	“一带一路”与世界经济体系构建研究	重点项目	赵江林	亚太院
12	16AGJ011	我国参与国际气候谈判角色定位的动态分析与谈判策略研究	重点项目	王　谋	城环所
13	16AJY011	“互联网+”背景下的中国制造业转型升级研究	重点项目	李晓华	工经所
14	16AJY012	城镇化进程中农户土地退出及其实现机制研究	重点项目	刘同山	农发所
15	16AJY014	劳动力转移、土地流转对我国农业生产和农民收入的影响研究	重点项目	杜　鑫	农发所
16	16AKG002	偃师商城遗址宫城区的发掘和研究	重点项目	谷　飞	考古所
17	16ASH002	大规模棚户区改造与新型社区共同体建设研究	重点项目	李国庆	城环所
18	16AYY016	语法、语义、韵律的互动研究	重点项目	贾　媛	语言所
19	16AZD005	信息网络技术驱动中国制造业转型路径研究	重点项目	王　钦	工经所
20	16AZJ001	“一带一路”沿线东南亚国家的宗教治理经验及管理模式研究	重点项目	郑筱筠	宗教所
21	16BDJ018	新中国成立以来党维护国家海洋权益的历史经验研究	一般项目	王巧荣	当代所
22	16BDJ026	全面从严治党背景下地方领导班子换届选举中“贿选”规避研究	一般项目	姜卫平	办公厅
23	16BFX070	认罪认罚处理机制研究	一般项目	祁建建	法学所

续表

序号	项目批准号	项目名称	项目类别	负责人	承担单位
24	16BFX121	患者隐私权法律保护研究	一般项目	龚赛红	研究生院
25	16BFX163	融资类信托系统性风险法律治理研究	一般项目	赵　磊	杂志社
26	16BGJ010	全球价值链视角下提升中国制造业海外投资效率研究	一般项目	姚战琪	财经院
27	16BGJ038	美国“亚太再平衡”战略对中国地缘政治的影响及其应对研究	一般项目	孙西辉	亚太院
28	16BGJ057	气候变化与亚太水资源安全治理研究	一般项目	李志斐	亚太院
29	16BGJ061	古巴社会主义模式“更新”研究	一般项目	杨建民	拉美所
30	16BGJ064	德国在欧盟地位和作用的变化及中国对欧政策研究	一般项目	杨解朴	欧洲所
31	16BGJ067	欧洲养老金制度改革及其对我国的借鉴意义研究	一般项目	彭姝祎	欧洲所
32	16BGL040	技术集成能力对复杂装备性能的影响研究	一般项目	贺　俊	工经所
33	16BGL209	创业、创新生态系统构建与城市“大众创业、万众创新”战略支持体系研究	一般项目	刘彦平	财经院
34	16BJY046	新型城镇化投融资模式创新及政策研究	一般项目	禹　湘	城环所
35	16BJY090	互联网驱动的产业融合：测度、形成机理与政策监管研究	一般项目	黄　浩	财经院
36	16BJY150	我国科学技术的财政投入研究	一般项目	陈文学	人事局
37	16BJY183	大数据时代中国金融供给侧结构性改革理论与对策研究	一般项目	史晓琳	文献出版社
38	16BKG003	殷墟妇好墓出土玉器综合研究	一般项目	杜金鹏	考古所
39	16BKS079	俄罗斯新社会主义思想研究	一般项目	陈爱茹	马研院
40	16BKS082	南欧激进左翼政党新发展及其对社会主义运动的影响研究	一般项目	于海青	马研院
41	16BKS103	引导青年理性爱国与实现中国梦研究	一般项目	王永浩	马研院
42	16BMZ001	多民族国家精神共同体建构与中华民族精神共同体研究	一般项目	马俊毅	民族所
43	16BMZ096	法国多元文化主义的当代困境及其治理研究	一般项目	张金岭	欧洲所
44	16BSH013	基于手机大数据的社会心态研究	一般项目	陈华珊	社发院
45	16BSH075	中国股票市场稳定发展的社会机制研究	一般项目	杨　典	社会学所
46	16BSH124	就地城镇化背景下的农转居社区发展与基层治理研究	一般项目	吴　莹	社发院
47	16BSS043	17世纪英国社会舆论与政治制度发展演进研究	一般项目	张　炜	世历所
48	16BTQ035	哈佛燕京图书馆藏善本方志舆图整理与研究	一般项目	张英聘	地方志
49	16BWW018	郭沫若翻译作品版本演变研究及语料库建设	一般项目	张　勇	郭沫若纪念馆
50	16BXW010	冷战时期两岸文宣研究（1949—1991）	一般项目	向　芬	新闻所
51	16BXW091	移动传播的现状、前景及其影响和对策研究	一般项目	黄楚新	新闻所
52	16BYY145	中国境内汉藏语言的语音类型与音变共性研究	一般项目	燕海雄	民族所
53	16BYY155	蒙古语连续语流中的音联研究	一般项目	哈斯其木格	民族所
54	16BZJ036	道教内丹学的阴阳论研究	一般项目	戈国龙	宗教所

续表

序号	项目批准号	项目名称	项目类别	负责人	承担单位
55	16BZS007	晚唐敦煌文士张球与归义军史研究	一般项目	杨宝玉	历史所
56	16BZS053	清代地方道制研究	一般项目	周勇进	地方志
57	16BZS069	近代日本对南海诸岛的非法侵占及战后中国的接收研究	一般项目	李 理	近代史所
58	16BZS079	1949 年以来台湾问题中的日本因素研究	一般项目	修春萍	台湾所
59	16BZS081	战时中英关系史新探（1941—1945）	一般项目	张俊义	近代史所
60	16BZS086	晚清日本人来华游记与中国认识研究	一般项目	李长莉	近代史所
61	16BZW045	汉魏两晋乐府曲名研究	一般项目	许继起	文学所
62	16BZW186	西部民族地区传统歌会研究	一般项目	朱 刚	民文所
63	16BZX019	阿多诺“否定的辩证法”新探	一般项目	陈慧平	马研院
64	16BZX031	绿色发展视野中的生态文明智库建设和评价研究	一般项目	杨发庭	评价中心
65	16BZX079	逻辑基础问题研究	一般项目	刘新文	哲学所
66	16CGJ001	TPP 对亚太价值链和中国参与亚太价值链分工的双重影响评估研究	青年项目	苏庆义	世经政所
67	16CGJ015	美国对台湾民进党的影响与中国大陆的对策研究	青年项目	钟厚涛	台湾所
68	16CGJ017	“一带一路”背景下中国与一体化组织的外交政策研究	青年项目	贺之杲	欧洲所
69	16CGJ022	亚投行与现有多边开发机构的竞争性与互补性研究	青年项目	刘 玮	世经政所
70	16CGJ025	中国与非洲国家建立合作共赢利益共同体研究	青年项目	徐晏卓	世经政所
71	16CJL003	国家治理与现代税收制度构建研究	青年项目	张景华	财经院
72	16CJL017	大众创业对中国经济发展的影响研究	青年项目	朱承亮	数技经所
73	16CJL022	新常态下我国经济增长转型与结构变迁研究	青年项目	陆明涛	金融所
74	16CJL031	排放权力与巴黎气候大会之后的中国气候战略研究	青年项目	谢来辉	亚太院
75	16CJL034	新能源产业技术效率、环境效应与定价机制研究	青年项目	陈星星	数技经所
76	16CJY013	信息通信技术进步对中国劳动力市场的影响研究	青年项目	李雅楠	人口所
77	16CJY015	优化人力资本配置研究	青年项目	周灵灵	人口所
78	16CJY019	中国城市行政管理体制改革研究	青年项目	王 垚	边疆所
79	16CJY036	行政审批改革与产能过剩的制度成因研究	青年项目	刘 诚	财经院
80	16CJY049	农业支持政策对新型农业经营主体种粮行为的影响研究	青年项目	张瑞娟	农发所
81	16CKG018	稳定同位素所见郑洛地区 4000BP—3500BP 先民食谱与家畜饲养方式的特点研究	青年项目	陈相龙	考古所
82	16CMZ018	比较视野中的民族特色建筑保护与改造研究	青年项目	李 耕	民族所
83	16CMZ027	欧洲“难民危机”与民粹主义问题研究	青年项目	徐 刚	俄欧亚所
84	16CMZ030	交往交流交融视角下南阳聚居维吾尔族流动人口研究	青年项目	孙 嫱	民族所
85	16CRK013	老年人健康状况动态演变研究	青年项目	封 婷	人口所
86	16CSH003	现代性视阈中的马克思与齐美尔货币理论比较研究及其当代社会意义研究	青年项目	李凌静	杂志社

续表

序号	项目批准号	项目名称	项目类别	负责人	承担单位
87	16CSH007	旧城改造与城市基层社会治理研究	青年项目	施芸卿	社会学所
88	16CSH012	劳动者平衡工作与生活的互动过程及策略研究	青年项目	张　帆	社发院
89	16CSH037	我国网络借贷的地方治理模式研究	青年项目	向静林	社会学所
90	16CSH045	社会生态视角下流动人口动态社会融入的心理机制研究	青年项目	陈咏媛	社发院
91	16CSS015	赴日华人海商与江户时代日本对华观研究	青年项目	郭　阳	近代史所
92	16CSS018	第二次世界大战结束以来的日本领土问题研究	青年项目	李若愚	日本所
93	16CSS024	俄波关系中的“乌克兰问题”研究（1654—1954）	青年项目	刘国菊	世历所
94	16CSS029	联邦德国对民主德国的经济政策研究（1949—1990）	青年项目	王　超	世历所
95	16CYY030	《王念孙古音学手稿》整理与研究	青年项目	赵晓庆	语言所
96	16CZJ002	北魏拓跋氏的民族信仰与文化认同研究	青年项目	张宏斌	宗教所
97	16CZJ011	中古时期佛教在丝绸之路南道上的传播与图像呈现研究	青年项目	陈粟裕	宗教所
98	16CZS005	敦煌吐鲁番道教文献综合研究	青年项目	郜同麟	文学所
99	16CZS032	丝绸之路与女真政治文明研究	青年项目	孙　昊	历史所
100	16CZS040	嘉禾吏民田家莂研究	青年项目	凌文超	历史所
101	16CZS042	清代中期长江中游流通与市场整合研究	青年项目	赵伟洪	经济所
102	16CZW002	黄药眠年谱整理及其文艺思想研究	青年项目	李圣传	文学所
103	16CZW050	乡村儿童的文学教育及阅读推广研究	青年项目	费冬梅	文学所
104	16CZW065	维吾尔族民间达斯坦的口头诗学研究	青年项目	吐孙阿依吐拉克	民文所
105	16CZW068	口头传统视阈下藏蒙《格萨（斯）尔》史诗音乐研究	青年项目	姚　慧	民文所
106	16CZX004	《1857—1858 年经济学手稿》哲学思想研究	青年项目	杨洪源	哲学所
107	16FJL020	中国财政分权与经济增长研究（1949—1965）	后期资助项目	姜长青	经济所
108	16FKS001	马克思主义中国化的思想逻辑	后期资助项目	金民卿	马研院
109	16FYY009	功能语言学视野下的现代汉语传信范畴研究	后期资助项目	乐　耀	语言所
110	16FZJ009	非洲伊斯兰教史	后期资助项目	李维建	宗教所
111	16FZS010	唐与外部世界管窥	后期资助项目	李锦绣	历史所
112	16FZS036	早期中国近代史研究中的蒋廷黻及其学派	后期资助项目	尹媛萍	近代史所
113	16FZS041	从中立到到参战：中国外交与第一次世界大战	后期资助项目	侯中军	近代史所
114	16FZW008	《汉书》文本的形成及其早期传播	后期资助项目	陈　君	文学所
115	16FZX003	早期儒家的“为己之学”	后期资助项目	匡　钊	杂志社
116	16FZX015	对现代社会的复杂性理解：马克思与韦伯比较研究	后期资助项目	郑　飞	杂志社
117	16KMZ022	西夏经济文书研究	成果文库	史金波	民族所
118	16KSH021	时空社会学：拓展与创新	成果文库	景天魁	社会学所
119	16KYY043	鄂温克语动词形态论	成果文库	朝　克	民文所

续表

序号	项目批准号	项目名称	项目类别	负责人	承担单位
120	16KZS028	域外资源与晚清语言运动：以圣经中译本为中心	成果文库	赵晓阳	近代史所
121	16KZS030	清代学者象传校补	成果文库	陈祖武	历史所
122	16KZX005	可能世界的名字	成果文库	刘新文	哲学所

2016 年度研究所创新工程研究项目

序号	承担单位	项目名称	主持人
1	哲学所	马克思主义政治哲学与中国政治生态学建构	毕芙蓉
2	哲学所	多元文化语境中的东方哲学	成建华
3	哲学所	纯逻辑与应用逻辑研究	杜国平
4	哲学所	生态文明视野中的生态学科技哲学研究与实践	肖显静
5	文学所	“创新能力”与中国当代文艺	李洁非
6	文学所	中国文学的多元经验与现代形态研究	董炳月
7	文学所	网络文学现状调查与价值导向研究	陈定家
8	文学所	本土经验与空间互动	赵稀方
9	文学所	“中国大文学”的当代建构	李建军
10	文学所	当代马克思主义文学理论与文学批评研究	丁国旗
11	文学所	元明清戏曲小说及说唱文学研究	李 玫
12	文学所	隋唐文艺思想与唐宋文学转型	吴光兴
13	文学所	文化理论与文学理论：西方与中国	金惠敏
14	文学所	全球化视野下的中西美学比较研究	高建平
15	文学所	中国文学事业与文化战略研究	刘方喜
16	语言所	汉语口语跨方言调查与理论分析	刘丹青
17	边疆所	东北与北部边疆历史及其与周边国际环境研究	阿拉腾奥其尔
18	边疆所	西藏问题和民国时期藏区治理研究	孙宏年
19	边疆所	当代中国边疆治理体系与治理能力现代化问题研究	邢广程
20	边疆所	民国时期中国海疆治理研究	李国强
21	近代史所	清末中美关系专题研究（1895—1912）	崔志海
22	近代史所	清政府治理与开发台湾政策措施研究	李细珠
23	近代史所	晚清中国在西方形象的演变	李学通
24	近代史所	近代来华日本人游记与中国认识	李长莉
25	近代史所	中国近代史档案馆藏档案整理与研究（一）	金以林
26	近代史所	中国近代史名词研究	汪朝光
27	近代史所	日台关系史研究	王 键
28	近代史所	新民主主义革命思想在解放战争时期的丰富与发展	于化民
29	近代史所	中国共产党的“中华民族”之观念研究	郑大发
30	世界历史所	20 世纪欧美环境治理的历史考察	高国荣
31	世界历史所	跨学科研究室学科建设项目	姜 南

续表

序号	承担单位	项目名称	主持人
32	世界历史所	当代埃及社会结构、社会流动与社会稳定研究	毕健康
33	世界历史所	多元视角下的古代制度研究	刘　健
34	世界历史所	俄罗斯东欧中亚历史前沿问题研究	王晓菊
35	世界历史所	新世纪以来西方史学理论前沿问题研究	吴　英
36	世界历史所	近代以来的日本选举政治研究	张跃斌
37	世界历史所	20 世纪墨西哥“三农问题”的历史考察	王文仙
38	世界历史所	战后英国英属撒哈拉以南非洲政策研究	杭　聪
39	世界历史所	国家理论与韩国的政治现代化进程研究	许　亮
40	世界历史所	时间史研究	俞金尧
41	世界历史所	古代两河流域的社会公正思想研究	国洪更
42	考古所	临淄齐故城冶铸遗址调查研究	白云翔
43	考古所	玛雅文明中心——科潘遗址考古及中美洲文明研究	李新伟
44	考古所	华南地区史前考古学文化谱系研究	傅宪国
45	考古所	黄淮中下游地区史前城址与聚落的考古发掘与研究	梁中合
46	考古所	辽宁长海县洪子东遗址发掘报告整理	贾笑冰
47	考古所	西北地区史前聚落调查和发掘	李新伟
48	考古所	成都平原北东区域史前考古调查	叶茂林
49	考古所	新砦聚落研究	赵春青
50	考古所	黄河中游地区旧石器时代向新石器时代过渡的考古学研究	王小庆
51	考古所	长江中游地区史前城址的发掘与研究	黄卫东 彭小军
52	考古所	二里头遗址考古勘探、发掘与研究	许　宏
53	考古所	丰镐·周原遗址考古勘探与发掘	徐良高
54	考古所	偃师商城遗址资料整理与报告编写	谷　飞
55	考古所	殷墟综合研究	唐际根
56	考古所	北京琉璃河城址考古勘探	印　群
57	考古所	苏州木渎古城项目	唐锦琼
58	考古所	巴蜀符号研究	严志斌
59	考古所	辽代上京宫城南门及其相关遗存的保护性发掘	董新林
60	考古所	2016 年大明宫中央官署区第四次考古发掘	龚国强
61	考古所	洛阳汉魏城队 2016 年工作计划	钱国祥
62	考古所	汉长安城遗址考古发掘与研究	刘振东
63	考古所	西安秦汉上林苑的考古与研究	刘　瑞
64	考古所	秦汉时期西南夷地区考古发掘与研究	杨　勇
65	考古所	邺城遗址考古发掘与研究	何利群
66	考古所	扬州蜀岗古代城址 2016 年发掘整理计划	汪　勃
67	考古所	北朝石窟寺调查与研究	李裕群

续表

序号	承担单位	项目名称	主持人
68	考古所	新疆博尔塔拉河流域青铜文化的发现与研究	丛德新
69	考古所	北庭古城综合考古研究	巫新华
70	考古所	蒙古族源考古研究	刘国祥
71	考古所	莫什哈墓地及其周边地区的考古学研究	郭　物
72	考古所	柴达木盆地周缘前吐蕃和吐蕃时期遗址调查及《西藏阿里故如甲木墓地和曲踏墓地发掘报告》整理	仝　涛
73	考古所	古文字研究	冯　时
74	考古所	重要遗址考古发掘资料与口述考古史	巩　文
75	考古所	文物及档案的整理及标准化建设	辛爱罡
76	考古所	中国农业的起源和早期发展	赵志军
77	考古所	数字考古实践与研究	刘建国
78	考古所	碳十四年代学和古人类食物状况研究	张雪莲
79	考古所	现代分析测试技术在考古学研究中的应用	赵春燕
80	考古所	考古遗址古环境重建及人地关系研究	齐乌云
81	考古所	甘青地区铜石并用时代—青铜时代的生态环境、木材利用——应用木炭分析方法	王树芝
82	考古所	青铜器范铸工艺的技术演进	刘　煜
83	考古所	出土金属文物的腐蚀病害及其保护处理技术研究	梁宏刚
84	考古所	实验室考古创新研究	李存信
85	考古所	文物修复技术研究	王浩天
86	考古所	中国文化遗产纺织考古科学体系创新研究	王亚蓉
87	考古所	考古基地建设	李　港
88	考古所	泥河湾盆地旧石器考古学研究	周振宇
89	考古所	陶寺遗址发掘与研究	何　驽
90	考古所	中亚都市考古发掘与研究	王　巍
91	考古所	古 DNA 技术的应用和人骨的综合研究	王明辉
			张　君、赵　欣
92	考古所	中原与边疆：动物考古学比较研究	袁　靖
			李志鹏
			吕　鹏
93	考古所	考古遗产空间资源结构性维系及价值挖掘研究	王学荣
94	考古所	文化遗产科学体系创新研究	杜金鹏
95	考古所	洛阳唐城遗址的考古发掘与研究	石自社
96	考古所	洛阳盆地中东部调查报告项目	陈星灿
			许　宏
			陈国梁
97	法学研究所	中国特色社会主义法治理论与法治社会建设若干问题研究	贺海仁
98	法学研究所	中华法文化精华的传承与借鉴研究	张　生
99	国际法所	借鉴经社文权利保障国际经验促进小康社会建设	赵建文

续表

序号	承担单位	项目名称	主持人
100	国际法所	“一带一路”战略法治华问题研究	刘敬东
101	民族所	中国民族理论重大问题调查研究	王延中
102	民族所	马克思主义与中国特色民族理论与政策创新研究	陈建樾
103	民族所	民族学视野中的“一带一路”国家：民族与民族问题治理研究	刘　泓
104	民族所	民族地区农村全面脱贫和小康社会建设研究	丁　赛
105	民族所	民族地区资源博弈与社会－生态互动关系研究	管彦波
106	民族所	丝绸之路经济带建设与新疆社会发展研究	曾少聪
107	民族所	多民族国家的社会治理	张继焦
108	民族所	中国少数民族混合语纪录与研究	李云兵
109	民族所	阿尔泰语系语言实验研究	呼　和
110	民族所	新媒体与少数民族传统文字发展调查研究	曹道巴特尔
111	民族所	新时期中国少数民族语言适应与语言发展战略研究	王　锋
112	民族所	西藏及四省藏区社会稳定与发展问题调查研究	秦永章
113	民族所	文化生态视野下的非物质文化遗产保护研究	刘正爱
114	民族所	21 世纪中国少数民族发展系列影像志之二——都柳江流域社会发展与民族村寨文化重构影像志	庞　涛
115	民族所	历史上各民族交流交往交融与中华民族共同体形成研究	彭丰文
116	民族所	中国历史上的民族互动与多重认同	方素梅
117	民族所	中国民族语言句法类型学系列专题研究	黄成龙
118	民族所	民俗学的新趋势	尹虎彬
119	社会学所	社会理论与社会主义	张旅平
120	社会学所	社会群体分化与城市社会治理：大学生群体、中等收入群体和企业主群体研究	李春玲
121	社会学所	新型城镇化背景下的家庭流动及其政策研究	吴小英
122	社会学所	社会政策与基层社会治理现代化	王春光
123	社会学所	社会心态的测量和指标体系	王俊秀
124	社会学所	农村公共事务治理研究	王晓毅
125	新闻与传播研究所	互联网治理与新媒体发展研究	殷　乐
126	新闻与传播研究所	中国特色传播与社会发展研究	卜　卫
127	新闻与传播研究所	基于全球经验的传播理论研究	姜　飞
128	新闻与传播研究所	国内外媒体融合机制研究	孟　威
129	新闻与传播研究所	中国特色的新闻传播理论研究	宋小卫
130	政治学所	政治发展与民主建设	周少来
131	政治学所	政治发展与地方政府治理现代化研究	周庆智
132	政治学所	基础治理与民主建设研究	赵秀玲

续表

序号	承担单位	项目名称	主持人
133	政治学所	行政管理体制机制改革与政府绩效评估研究	贠　杰
134	政治学所	党的建设与反腐倡廉	房　宁
135	马研院	马克思主义话语体系梳理研究	侯为民
136	马研院	马克思主义中国化思想通史研究	金民卿
137	马研院	中国特色社会主义思想史研究——2002—2012 年	贺新元
138	马研院	马克思主义无神论与党的意识形态工作	龚　云
139	马研院	美国经济金融战争与世界经济解体战略	杨　斌
140	马研院	时代、世界格局与我国发展研究	栾文莲
141	马研院	欧美国家和地区的社会主义研究	吕薇洲
142	马研院	亚非拉国家和地区的社会主义研究	潘金娥
143	马研院	国外马克思主义研究思想发展史	冯颜利
144	马研院	金融危机以来国外左翼思想理论前沿、重点、热点问题研究	李瑞琴
145	马研院	阶级和阶层的马克思主义分析	程恩富
146	经济所	经济思想的知识社会想与知识经济学研究	杨春学
147	经济所	落实五大发展理念研究——以健康保障与“互联网+”为重点	朱恒鹏
148	工业经济研究所	中国工业绿色发展研究	杨丹辉
149	工业经济研究所	我国能源领域重大问题研究	史　丹
150	工业经济研究所	新工业革命条件下的中国产业布局发展趋势研究	李晓华
151	工业经济研究所	新常态下传统企业转型升级跟踪研究	王　钦
152	工业经济研究所	国有企业公司治理：国外经验与中国实践	余　菁
153	工业经济研究所	新时期中国创新创业政策研究	黄群慧
154	农发所	绿色农业生态补偿政策体系研究	于法稳
155	农发所	农村基层组织政经分离与产权制度研究	谭秋成
156	农发所	农村融资担保体系研究	冯兴元
157	农发所	农村土地流转效率与规模经营研究	任常青
158	农发所	农村宅基地制度改革研究	崔红志
159	农发所	农民工返乡行为与政策研究	朱　钢
160	农发所	农业供给侧结构性改革与支持政策研究	李国祥
161	农发所	农业转型增效与粮食安全	刘长全
162	农发所	我国农村精准扶贫政策有效性评价	吴国宝
163	财经院	中国服务贸易促进体系研究	赵　瑾
164	财经院	创新和完善宏观调控方式与风险防控研究	汪红驹
165	财经院	“十三五”时期扩大消费问题研究	依绍华

续表

序号	承担单位	项目名称	主持人
166	财经院	“十三五”时期中国开放型经济新体制研究	夏先良
167	财经院	迈向现代服务业强国：约束条件、时序选择和实现路径	夏杰长
168	财经院	新型城镇化与房地产发展	倪鹏飞
169	财经院	“十三五”时期创新与发展战略研究	钟春平
170	财经院	与国家级学术型财经智库相匹配的期刊建设	杨志勇
171	金融所	跨市场金融风险发展与监管对策	曾　刚
172	金融所	人民币离岸市场建设与人民币国际化	程　炼
173	人口所	中等收入阶段劳动力市场的结构变迁	都　阳
174	人口所	人力资本测量、积累与提升	高文书
175	城环所	城市公共文化与知识服务研究	李红玉
176	城环所	城市雾霾治理的政策机制与国内外经验研究	罗　勇
177	城环所	国家发展格局优化视角下的城市经济转型升级研究	刘治彦
178	城环所	基本公共服务均等化与农业转移人口市民化研究	单菁菁
179	城环所	生态文明发展范式下城市绿色低碳发展的重点与难点研究	庄贵阳
180	城环所	统筹城乡住房保障研究	李景国
181	城环所	新时期城市与区域治理若干问题研究	宋迎昌
182	城环所	中国落实联合国2030年可持续发展议程的战略和对策研究	陈　迎
183	城环所	国家资产负债表研究	张晓晶
184	俄欧亚所	中俄地区合作研究	程亦军
185	俄欧亚所	新时期俄罗斯外交战略研究	柳丰华
186	俄欧亚所	丝路经济背景下中亚国家的发展形势及其国际之需研究	吴宏伟
187	俄欧亚所	中东欧与国际秩序的演进	朱晓中
188	俄欧亚所	影响当今俄罗斯社会发展的历史问题的争论	张盛发
189	俄欧亚所	欧亚地区战略形势研究	薛福岐
190	俄欧亚所	中白关系史研究	郑　羽
191	世经政所	“一带一路”与中国的外交应对	邵　峰
192	世经政所	能源转型的国际比较研究	徐小杰
193	世经政所	中国参与联合国2015年后发展议程研究	李　毅

2016 年度国情调研项目

序号	项目类别	承担单位	项目名称	主持人
1	重大	法学所	地方法治研究	李　林
2	重大	民族所	民族地区全面建成小康社会难点问题综合调查	王延中
3	重大	人口所	共享式发展与收入分配差距调研	张车伟
4	重大	工经所	国有企业深化改革与创新调研	黄群慧
5	重大	工经所	工业去产能与传统制造业创新与升级——以煤炭、钢铁、轻工业为例	史　丹
6	重大	社会学所	中国西部农村基础教育现状研究	孙壮志

续表

序号	项目类别	承担单位	项目名称	主持人
7	重大	城环所	新型城镇化背景下智慧城市建设调研	李春华
8	重大	数技经所	科技体制改革和科技政策调研	王宏伟
9	重大	社会学所	社会基层治理调研	陈光金
10	重大	马研院	倡导社会主义核心价值观与培育良好社会风尚	樊建新
11	重大	世经政所	中国海外利益保护调研	张 明
12	院基地	人口所	内蒙古创业带动就业模式调研	钱 伟
13	院基地	边疆所	黑龙江省延边口岸城市对俄贸易调研	邢广程
14	院基地	历史所	“唐蕃古道”申报世界文化遗产前期调查与研究	王震中
15	院基地	社会学所	宁夏中南部地区生态移民社会适应与后续产业发展研究	赵克斌
16	院基地	民族所	西藏全面建成小康社会及相关重大现实问题研究	王剑峰
17	院基地	农发所	河南省稳定和完善农村基本经营制度调研	李人庆
18	院基地	数技经所	湖南省湘江流域绿色发展现状与对策研究	李 平
19	院基地	城环所	智慧城市建设与城市转型发展	盛广耀
20	院基地	马研院	宁波建设高水平全面小康社会目标下的村级集体经济发展调查研究	邓纯东
21	院基地	经济所	厦门企业降成本与创新激励	王宏淼
22	考察	机关党委	供给侧改革与社会风险控制——以吉林省为例	孙伟平
23	考察	机关党委	长征路上的革命老区调研——纪念长征胜利80周年	崔建民
24	考察	机关党委	我国教育资源按性别配置情况及其原因考察	闫 坤
25	考察	机关纪委	十八大以来基层党风廉政建设考察	王晓霞
26	考察	驻院纪检组	部分地区和部门运用监督执纪“四种形态”的实践与探索	胡乐生
27	考察	图书馆	新形势下的图书馆转型与发展	王 岚
28	考察	杂志社	新媒体与学术传播	余新华
29	考察	财计局	“哲学社会科学领域财政科研项目资金管理现状及改革研究”	曲永义
30	所基地	民文所	巴林右旗蒙古族非物质文化遗产现状调查·2016	斯钦巴图
31	所基地	民文所	柯尔克孜族口头史诗传统与变迁——对阿合奇县及周边地区《玛纳斯》史诗传统及柯尔克孜族非物质文化遗产的调查	阿地里·居玛吐尔地
32	所基地	考古所	中国传统丝织业传统工艺的传承调研	王 巍
33	所基地	历史所	商於古道文化景观中历史元素的利用	卜宪群
34	所基地	近代史所	山东抗日根据地历史文化资源调研	高士华
35	所基地	近代史所	河北省涞源县社会历史文化资源调查	杜继东
36	所基地	世历所	现代化进程中传统文化、现代文化的基本状况——对甘肃文县的调研	王晓菊
37	所基地	边疆所	三沙市人口结构调研	李国强
38	所基地	哲学所	马克思主义哲学中国化研究——对天津静海县的调研	王立民
39	所基地	宗教所	孟中印缅经济带之宗教文化交流研究	郑筱筠
40	所基地	马研院	中华优秀传统文化在绩溪的保护、传承和弘扬	张小平 陈建波
41	所基地	马研院	新型社会组织健康发展状况调研系列之三——枢纽型社会组织在地方经济社会运行中的作用	余 斌

续表

序号	项目类别	承担单位	项目名称	主持人
42	所基地	经济所	保定农村农业现代化情况典型调查数据	隋福民
43	所基地	经济所	无锡“农民转居民”家庭经济情况典型调查数据库	赵学军
44	所基地	工经所	浙江省开化县绿色发展经验考察	黄速建
45	所基地	工经所	营口老边区汽保工业园区发展调研	刘戒骄
46	所基地	农发所	农村电商平台发展情况案例调查	党国英
47	所基地	财经院	三农互联网金融在偏远农村地区发展状况调研	李勇坚
48	所基地	财经院	木兰县农产品电子商务发展策略及效果研究	依绍华
49	所基地	金融所	互联网创新与农村普惠金融	曾　刚
50	所基地	金融所	山东乳山金融生态环境状况考察	杨　涛
51	所基地	数技经所	“鄂温克民族生活方式传承与新牧区建设示范区”调研	李　青
52	所基地	数技经所	城市基层社区治理调研（全福街道基地）	李　群
53	所基地	人口所	我国养老服务体系与政策研究——四川省成都市郫县调研	王　桥
54	所基地	人口所	海宁制造业企业微观调查	都　阳
55	所基地	城环所	东四街道公共文化服务调研	孟雨岩
56	所基地	城环所	典型城市碳排放总量控制政策案例调研	朱守先
57	所基地	法学所	浙江法院阳光司法指数	田　禾
58	所基地	法学所	用法治思维和法治方法化解纠纷	陈　甦
59	所基地	国际法所	泸水县工业园区发展的法律问题	黄　晋
60	所基地	政治学所	试析人大代表在社会治理中的作用	韩　旭
61	所基地	政治学所	云南省开远市城乡统筹发展状况与政府职能研究	贠　杰
62	所基地	民族所	科尔沁左翼中旗蒙古族萨满文化传承保护现状调查	色　音
63	所基地	民族所	宁夏永宁县闽宁镇精准扶贫实施与成效评估	丁　赛
64	所基地	社会学所	医养结合的社区实践	夏传玲
65	所基地	社会学所	江苏太仓市基层社区创新社会治理调研	刁鹏飞
66	所基地	社发院	民族文化产业与扶贫组织调查	沈　红
67	所基地	社发院	社区治理和服务创新试验区发展调研	李汉林
68	所基地	新闻所	新常态下乡村生态与文化复兴的传播学研究	赵天晓 卜　卫
69	所基地	世经政所	“一带一路”战略下的中国对外开放新格局研究——以胶州为例	陈国平
70	所基地	欧洲所	城市化进程中绿色发展的国际比较研究	黄　平
71	所基地	欧洲所	“一带一路”战略下的中欧科技创新合作	张　敏
72	所基地	西亚非所	连云港与“一带一路”核心区与先导区研究	唐志超
73	所基地	拉美所	广东与拉美地区重点产业对接研究	柴　瑜
74	所基地	亚太院	从中医药产业的发展历程看“一带一路”中的文化传播	郭立军
75	所基地	图书馆	武城县城镇化推进中农村历史文化资源保护性挖掘调研	王玉巧
76	所基地	图书馆	“一路一带”战略与敦煌市图书馆的功能与定位	蒋　颖
77	所基地	研究生院	乡村治理体系与治理能力建设研究——对四川省雅安市荥经县天凤乡追踪调研	董礼胜

续表

序号	项目类别	承担单位	项目名称	主持人
78	所基地	研究生院	广西柳州市汽车城企业人力资源发展状况调查	任朝旺
79	所基地	情报院	基层社会治安防控体系建设调研	姜　辉
80	所基地	情报院	国家治理现代化视野下的基层社区治理的创新实践	张树华

（中国社会科学院办公厅刘玉杰供稿）

国务院发展研究中心

2016 年度承担国家级、省部级社会科学研究项目

序号	项目名称	负责人	承担部门	项目分类、类别	预期成果形式	计划完成时间
1	“十三五”规划实施分阶段监测评估及总结评估方案设计	李善同	发展战略和区域经济研究部	国家自然科学基金、应急管理项目	论文、研究报告	2017.12
2	创新经济体内生发展机制的理论与经验研究	程　郁	农村经济研究部	国家自然科学基金、面上项目	论文、研究报告	2017.12
3	社区养老整合发展模式研究	王伟进	公共管理与人力资源研究所	国家社会科学基金、青年项目	论文、研究报告	2017.12
4	经济转型时期中国的区域间产业转移：观察、机制与对策	刘云中	发展战略和区域经济研究部	国家自然科学基金、面上项目	论文、研究报告	2018.12
5	2040 中国工程科技的需求预测总体研究	吕　薇	创新经济研究部	国家自然科学基金、应急管理项目	论文、研究报告	2018.12
6	金融干预下的城镇化：机制、影响与对策	卓　贤	发展战略和区域经济研究部	国家自然科学基金、面上项目	论文、研究报告	2019.12

（国务院发展研究中心办公厅科研处郭巍供稿）

中国宏观经济研究院（原国家发展和改革委员会宏观经济研究院）

2016 年度院级重点课题

序号	课题名称	负责人	承担部门	预期成果形式	计划完成时间
1	“三去”条件下系统性金融风险防范研究	李世刚、曹玉瑾	经济研究所	研究报告	2016.12
2	新常态下促进居民收入增长与经济发展同步的政策研究	杜飞轮、肖　潇	经济研究所	研究报告	2016.12
3	国际产能合作的思路、重点及对策研究	吴涧生、曲凤杰	对外经济研究所	研究报告	2016.12
4	我国应对 TPP 的策略研究	毕吉耀、张哲人	对外经济研究所	研究报告	2016.12
5	促进经济中高速增长研究——路径、重点与政策	张长春、郑　征	投资研究所	研究报告	2016.12
6	新时期产业政策的理论创新和我国产业政策转型研究	黄汉权、王云平	产业经济与技术经济研究所	研究报告	2016.12
7	推动产业迈向中高端的技术创新政策研究	曾智泽、杨　威	产业经济与技术经济研究所	研究报告	2016.12

续表

序号	课题名称	负责人	承担部门	预期成果形式	计划完成时间
8	长江经济带生态优先绿色发展路径研究	刘　通、李　忠	国土开发与地区经济研究所	研究报告	2016. 12
9	农民工群体差别化落户政策及实施方案研究	欧阳慧、刘保奎	国土开发与地区经济研究所	研究报告	2016. 12
10	建立健全支撑“一带一路”建设的我国国际援助和开发合作体系研究	史育龙	国土开发与地区经济研究所	研究报告	2016. 12
11	社会治理现代化研究	杨宜勇、邢　伟	社会发展研究所	研究报告	2016. 12
12	加快提高户籍人口城镇化率问题研究	顾　严、李　爽	社会发展研究所	研究报告	2016. 12
13	“十三五”时期防范重大市场风险对策思路研究	刘志成等	市场与价格研究所	研究报告	2016. 12
14	输配电价格新机制研究	杨　娟	市场与价格研究所	研究报告	2016. 12
15	推动能源生产和消费革命的实施途径研究	韩文科、高世宪	能源研究所	研究报告	2016. 12
16	我国能源供需两侧结构性改革研究	王仲颖、张有生	能源研究所	研究报告	2016. 12
17	我国多式联运系统建设与发展研究	樊一江、汪　鸣	综合运输研究所	研究报告	2016. 12
18	我国城市地下空间综合开发研究	吴文化	综合运输研究所	研究报告	2016. 12
19	我国中长期客货运输发展趋势和措施研究	李连成	综合运输研究所	研究报告	2016. 12
20	构建有效保护产权的体制机制研究	银温泉、刘现伟	经济体制与管理研究所	研究报告	2016. 12
21	事业单位改革对生活性服务业的影响及措施研究	汪　海	经济体制与管理研究所	研究报告	2016. 12
22	破除改革顶层设计与实际落地之间的梗阻研究	张林山、孙凤仪	经济体制与管理研究所	研究报告	2016. 12

（中国宏观经济研究院丁刚供稿）

北京市委党校

2016 年度承担国家级、省部级社会科学研究项目

序号	项目名称	负责人	承担部门	项目分类、类别	预期成果形式	计划完成时间
1	《资本论》语境中马克思的社会公正观及其当代价值研究	童　萍	哲学教研部	国家社会科学基金、一般项目	专著	2019. 12
2	我国生态文明建设中的公众参与机制研究	李　劲	哲学教研部	国家社会科学基金、一般项目	专著	2019. 12
3	中华比较哲学史论	张耀南	哲学教研部	国家社会科学基金、一般项目	专著	2021. 06
4	组织失范情况下党员教育管理研究	张玉宝	党史教研部	国家社会科学基金、青年项目	研究报告	2018. 06
5	新形势下提高我国基层干部民主协商素养的对策研究	杨守涛	工商管理（领导科学）教研部	国家社会科学基金、青年项目	专著	2018. 06

续表

序号	项目名称	负责人	承担部门	项目分类、类别	预期成果形式	计划完成时间
6	转型期我国地方政府创新扩散机制研究	余　茜	校刊编辑部	国家社会科学基金、青年项目	专著	2019.12
7	乡村治理秩序的历史沿革与重建路径研究	潘建雷	社会学教研部	国家社会科学基金、青年项目	专著	2019.12
8	互联网对公益组织的变革性影响研究	刘秀秀	校刊编辑部	国家社会科学基金、青年项目	论文集	2019.12
9	北京居民社会包容现状及伦理分析	鄯爱红	工商管理（领导科学）教研部	北京市社会科学基金、重点项目	研究报告	2018.12
10	北京制造业与科技服务业融合发展路径研究	李　中	北京市高端服务业发展研究基地	北京市社会科学基金研究基地、重点项目	研究报告	2018.06
11	北京市高端服务业空间布局形成机理与优化调控研究	谢天成	北京市高端服务业发展研究基地	北京市社会科学基金研究基地、重点项目	专著	2018.12
12	北京文化创意产业集群内的网络结构问题研究	王兆宇	北京市高端服务业发展研究基地	北京市社会科学基金研究基地、一般项目	研究报告	2018.12
13	新常态下首都“两新”组织党建工作创新研究——以北京朝阳区 CBD 为例	李明伟	北京党建研究基地	北京市社会科学基金研究基地、一般项目	研究报告	2019.06
14	基于微干预社区实验的平台情绪凝聚与公众心理资本养成路径研究	曹　颖	工商管理（领导科学）教研部	北京市社会科学基金、一般项目	研究报告	2018.12
15	北京市老年人认知功能下降的社区干预研究	薛伟玲	北京人口与社会发展研究中心	北京市社会科学基金、研究基地青年项目	研究报告	2019.06
16	大数据驱动下的基于利益相关者理论的北京公共安全治理模式研究	杨　旎	公共管理教研部	北京市社会科学基金、青年项目	研究报告	2018.06
17	后置管理时代效率与安全并重的行政审批制度改革研究	黄伯平	公共管理教研部	北京市社会科学基金、青年项目	研究报告	2018.12
18	首都博物馆事业文化治理路径研究	龚文婧	政治学教研部	北京市社会科学基金、青年项目	研究报告	2019.12
19	在媒体融合发展中提升主流意识形态传播有效性研究	张文君	政治学教研部	北京市社会科学基金、青年项目	研究报告	2018.12
20	西学东渐与“利玛窦与外国传教士墓地”碑文研究	陈欣雨	哲学教研部	北京市社会科学基金、青年项目	专著	2018.12
21	新常态下加快现代服务业发展的路径研究	朱晓青	经济学教研部	全国党校系统重点课题	论文、内参或研究报告	2017.05
22	全面从严治党视域下北京市党员再组织化研究	张玉宝	党史党建教研部	全国党校系统重点课题	内参或研究报告	2017.06
23	美式民主输出与输入国的政治困境	龚文婧	政治学教研部	全国党校系统重点课题	内参或研究报告	2019.06

2016 年度校院级社会科学研究项目

序号	项目名称	负责人	承担部门	项目分类、类别	预期成果形式	计划完成时间
1	新型城镇化战略下推进城乡基本公共服务均等化研究	何　军	政治学教研部	重点项目	调研报告	2017. 12
2	大数据时代的城管执法体制改革研究	吕廷君	图书馆	重点项目	调研报告	2017. 12
3	市行政副中心打造跨区域的国家生态文明建设示范区可行性研究	李　劲	哲学教研部	青年项目	调研报告	2017. 12
4	落实首都功能视角下优化提升北京生产性服务业研究	王兆宇	经济学教研部	青年项目	调研报告	2017. 12
5	首都博物馆事业文化治理可行路径研究	龚文婧	政治学教研部	青年项目	调研报告	2017. 12
6	北京市乡镇党政领导干部职业发展影响因素及成长规律研究	江　文	公共管理教研部	青年项目	调研报告	2017. 12
7	历史文化名城的保护、建设与开发的哲学思考	顾伟伟	校刊编辑部	青年项目	调研报告	2017. 12
8	“技术—组织”视角下政务微博的应急动员机制研究	刘秀秀	校刊编辑部	青年项目	调研报告	2017. 12
9	整体性视阈中的价值主体性原则	张　军	哲学教研部	学科建设项目	论文	2017. 12
10	北宋礼治思想研究	张凯作	哲学教研部	学科建设项目	论文	2017. 12
11	京津冀城市群新型城镇化发展路径研究	谢天成	经济学教研部	学科建设项目	论文	2017. 12
12	优化生态文明建设指标体系与考核评价机制研究	衣光春	经济学教研部	学科建设项目	论文	2017. 12
13	我国制造业服务化的发展模式与路径	李　中	工商管理（领导科学）教研部	学科建设项目	论文	2017. 12
14	北京市海淀区人民代表大会专题座谈会研究	金英君	政治学教研部	学科建设项目	论文	2017. 12
15	人民团体参与社会主义协商民主的路径研究	孙　爽	政治学教研部	学科建设项目	论文	2017. 12
16	北京市基层党组织建设的新发展——北京市顺义区社区党建的创新与实践	李明伟	党史党建教研部	学科建设项目	论文	2017. 12
17	中国共产党党章重点问题研究	李　娜	党史党建教研部	学科建设项目	论文	2017. 12
18	“十三五”时期北京市智慧社区建设创新发展研究	梁　丽	公共管理教研部	学科建设项目	论文	2017. 12
19	应急管理概论	杨　青	公共管理教研部	学科建设项目	论文	2017. 12
20	领导干部心理培训开发模式研究	曹　颖	公共管理教研部	学科建设项目	论文	2017. 12

续表

序号	项目名称	负责人	承担部门	项目分类、类别	预期成果形式	计划完成时间
21	新时期乡镇干部的工作价值观研究	曾 荣	工商管理（领导科学）教研部	学科建设项目	论文	2017.12
22	京津冀协同发展的法治保障	周悦丽	法学教研部	学科建设项目	论文	2017.12
23	党对依法治国的领导	季桥龙	法学教研部	学科建设项目	论文	2017.12
24	城市基层社会组织体系建设研究	洪小良	社会学教研部	学科建设项目	论文	2017.12
25	公平正义与民生事业建设	胡玉萍	社会学教研部	学科建设项目	论文	2017.12
26	奥运中餐菜单的英译综述	姜志伟	外语教研部	学科建设项目	论文	2017.12
27	地方政府在城市国际语言环境建设中的作用研究	刘 敏	外语教研部	学科建设项目	论文	2017.12

（北京市委党校供稿）

北京市社会科学院

2016 年度承担国家级、省部级社会科学研究项目

序号	项目名称	负责人	项目分类、类别	预期成果形式	计划完成时间
1	阶层分化背景下的城市社区治理现代化研究	李晓壮	国家社会科学基金、一般项目	研究报告	2019.06
2	新常态下京津冀山区生态经济发展空间格局、协同效应及发展模式研究	穆松林	国家社会科学基金、一般项目	研究报告	2019.09
3	东洋文库所藏镶白旗蒙古都统衙门档案译注与研究	哈斯巴根	国家社会科学基金、一般项目	专著	2019.12
4	清代北京满文碑刻史料翻译整理与北京多民族共同体研究	关笑晶	国家社会科学基金、青年项目	工具书＋其他	2018.12
5	以法治思维与方式推进互联网治理研究	于雯雯	国家社会科学基金、青年项目	研究报告	2018.12
6	清代前期北京粮食市场研究	邓亦兵	国家社会科学基金、后期资助项目	专著	2018.03
7	“一带一路”战略下法律供给机制研究	许传玺	国家社会科学基金、重大项目	专著	2018.12
8	人口外流对农村社区发展的影响机理研究：以京津冀典型县域为例	方 方	国家自然科学基金、青年项目	系列论文	2019.12
9	众媒时代的北京城市形象对外传播策略研究	陈红玉	北京市社会科学基金、重点项目	研究报告	2018.12
10	马克思诠释西欧社会财产问题的逻辑与现时代	刘长军	北京市社会科学基金、一般项目	研究报告	2018.10
11	北京市轻微刑事犯罪速裁程序研究	王 洁	北京市社会科学基金、一般项目	研究报告	2017.12
12	北京都市空间与新民俗研究	许苗苗	北京市社会科学基金、一般项目	论文集	2018.06

续表

序号	项目名称	负责人	项目分类、类别	预期成果形式	计划完成时间
13	科技服务业支撑北京“高精尖”产业体系建设研究	邓丽姝	北京市社会科学基金、一般项目	研究报告	2017.12
14	供给侧改革视域下加快疏解非首都功能研究	王德利	北京市社会科学基金、一般项目	研究报告	2018.06
15	大数据环境下个人数据资源流通研究	王　忠	北京市社会科学基金、一般项目	研究报告	2018.12
16	基于互联网公开数据的北京网络文化产业发展研究	赵继敏	北京市社会科学基金、一般项目	研究报告	2018.06
17	北京市立法转型及社会立法关键问题研究	许传玺	北京市社会科学基金、特别委托项目	研究报告	2017.12
18	刑事责任与民事责任的转化关系探究	李会彬	北京市社会科学基金、青年项目	研究报告	2018.06
19	京津冀协同发展与区域行政协议研究	陶品竹	北京市社会科学基金、青年项目	研究报告	2018.06
20	新媒体条件下北京非物质文化遗产传播研究	黄仲山	北京市社会科学基金、青年项目	研究报告	2018.06
21	首都政治生态与协商民主互动研究	孙照红	北京市社会科学基金研究基地、重点项目	论文集	2018.06
22	全球化进程中的古巴革命研究	张登文	北京市社会科学基金研究基地、一般项目	专著	2019.12

2016年度院级社会科学研究项目

序号	课题名称	负责人	承担部门	项目类别	预期成果形式	计划完成时间
1	新发展理念指导下首都立法转型研究	陶品竹	法学所	重点项目	研究报告	2016.12
2	“互联网＋”与北京文化创新研究	赵继敏	城市所	重点项目	研究报告	2016.12
3	京津冀文化协同发展战略思路与实践路径研究	黄仲山	文化所	重点项目	专著	2016.12
4	北京市养老服务体系模式研究	鄢圣文	管理所	重点项目	专著	2016.12
5	“一带一路”背景下的北京国际交往中心建设研究	刘　波	外国所	重点项目	专著	2016.12
6	北京市行政副中心公共服务建设及运营管理研究	施昌奎	管理所	重点项目	专著	2016.12
7	桑干河—永定河流域历史文化资源整合利用研究	吴文涛	历史所	重点项目	研究报告	2016.12
8	“长城、西山、大运河”三大文化带历史价值研究	王建伟	历史所	重点项目	专著	2016.12
9	“一带一路”法律需求研究	许传玺	院办	重点项目	研究报告	2016.12
10	中国当代邪教问题治理深化研究	郑永华	历史所	重点项目	研究报告	2016.12

续表

序号	课题名称	负责人	承担部门	项目类别	预期成果形式	计划完成时间
11	新媒体发展与管理研究	刘　瑾	文化所	重点项目	研究报告	2016.12
12	“日常生活”视角下的北京乡村文化传承研究——以北京一个乡村为例	任　超	市情调研中心	青年项目	动态综述、研究报告、论文	2016.12
13	“可持续城市”及其预警体系研究	何　砚	经济所	青年项目	动态综述、研究报告、论文	2016.12
14	全球化语境下的北京文化发展战略问题研究	张　凯	文化所	青年项目	动态综述、研究报告、论文	2016.12
15	先秦时期燕地文献与考古学综合研究	陈光鑫	历史所	青年项目	动态综述、研究报告、论文	2016.12
16	滨海地区县域土地生态功能分区及空间管控机制研究——以江苏省大丰市为例	倪维秋	城市所	青年项目	动态综述、研究报告、论文	2016.12
17	晚清民国北京（北平）城区划分研究	李　诚	历史所	青年项目	动态综述、研究报告、论文	2016.12
18	社会主义核心价值观与中国当代社会治理	杨巧蓉	科社所	青年项目	动态综述、研究报告、论文	2016.12
19	专利许可的反垄断审查	刘自钦	法学所	青年项目	动态综述、研究报告、论文	2016.12
20	北京市突发事件应急队伍与装备建设研究	李会彬	综治所	青年项目	动态综述、研究报告、论文	2016.12
21	抗战时期边疆民族教育人类学调查之研究	陈学金	社会学所	青年项目	动态综述、研究报告、论文	2016.12
22	北京临空经济研究	孙　莉	经济所	青年项目	动态综述、研究报告、论文	2016.12
23	国际大都市的能源安全保障：北京与纽约之比较	戚　凯	外国所	青年项目	动态综述、研究报告、论文	2016.12
24	北京产业关联网络的拓扑特征研究	李　茂	市情调研中心	青年项目	动态综述、研究报告、论文	2016.12
25	供给侧改革视域下旅游业市场主体创新研究——以北京市为例	赵雅萍	市情调研中心	青年项目	动态综述、研究报告、论文	2016.12
26	公用事业财政补贴研究	李志斌	管理所	一般项目	系列论文	2016.12
27	适应气候变化下的首都城市管理研究	吴向阳	管理所	一般项目	系列论文	2016.12
28	京津冀协同发展下的食品安全标准化研究	门玉峰	管理所	一般项目	系列论文	2016.12
29	交易区理论视域下京津冀科技协同创新研究	董丽丽	管理所	一般项目	系列论文	2016.12
30	平台思想：构建基业长青的企业格局	李江涛	管理所	一般项目	系列论文	2016.12
31	面向京津冀协同发展的北京区域交通发展策略	庞世辉	管理所	一般项目	系列论文	2016.12

续表

序号	课题名称	负责人	承担部门	项目类别	预期成果形式	计划完成时间
32	京津冀协同发展绩效评价体系研究	毕　娟	管理所	一般项目	系列论文	2016. 12
33	北京市就业专项资金对就业促进政策作用效果评估	鄢圣文	管理所	一般项目	系列论文	2016. 12
34	北京市科技、文化与经济绩效的实证研究	罗　植	管理所	一般项目	系列论文	2016. 12
35	京津冀区域发展状态评估——基于五大发展理念视角	王　婧	管理所	一般项目	系列论文	2016. 12
36	京津冀公共服务均衡发展研究	施昌奎	管理所	一般项目	系列论文	2016. 12
37	社区改造中的社会参与：以模式口村为例	李伟东	社会学所	一般项目	系列论文	2016. 12
38	城镇农民工调研	韩嘉玲	社会学所	一般项目	系列论文	2016. 12
39	基于人口社会结构的城市治理问题研究	李　洋	社会学所	一般项目	系列论文	2016. 12
40	北京流动人口住房分层研究	李晓壮	社会学所	一般项目	系列论文	2016. 12
41	城乡一体化与社会治理研究	包路芳	社会学所	一般项目	系列论文	2016. 12
42	共享发展的实现路径研究	江树革	社会学所	一般项目	系列论文	2016. 12
43	情感劳动理论研究	马　丹	社会学所	一般项目	系列论文	2016. 12
44	新媒体语境下社区养老服务发展研究	李金娟	社会学所	一般项目	系列论文	2016. 12
45	社区治理与城市文明	曹婷婷	社会学所	一般项目	系列论文	2016. 12
46	社会治理的分析框架及运用研究	汪琳岚	社会学所	一般项目	系列论文	2016. 12
47	新时期从严治党的新战略、新理念、新举措研究	杨　奎	科社所	一般项目	系列论文	2016. 12
48	首都市民价值取向的现状与发展趋势研究	刘　蕾	科社所	一般项目	系列论文	2016. 12
49	新常态下意识形态安全与首善之区建设	尤国珍	科社所	一般项目	系列论文	2016. 12
50	党内民主与人民民主互动关系研究	刘冀瑗	科社所	一般项目	系列论文	2016. 12
51	政党协商：价值、困境和完善路径	孙照红	科社所	一般项目	系列论文	2016. 12
52	新媒体视阈下社会主义核心价值观的建设研究	陈界亭	科社所	一般项目	系列论文	2016. 12
53	基层协商民主发展研究	张洪武	科社所	一般项目	系列论文	2016. 12
54	首都精神文明建设新方式新方法研究	向　征	科社所	一般项目	系列论文	2016. 12
55	北京西北地区北沙河水系生态用水来源研究	丁　军	经济所	一般项目	系列论文	2016. 12
56	北京城乡经济协调发展研究	王朝华	经济所	一般项目	系列论文	2016. 12

续表

序号	课题名称	负责人	承担部门	项目类别	预期成果形式	计划完成时间
57	北京市体育产业融合发展研究	年　炜	经济所	一般项目	系列论文	2016. 12
58	疏解非首都功能视野下的北京人口调控研究	王德利	经济所	一般项目	系列论文	2016. 12
59	京津冀一体化下的首都节水农业发展问题研究	魏　巍	经济所	一般项目	系列论文	2016. 12
60	北京公共文化服务领域 PPP 模式应用研究	杨　松	经济所	一般项目	系列论文	2016. 12
61	新常态下北京生产性服务业优化提升战略研究	邓丽姝	经济所	一般项目	系列论文	2016. 12
62	2022 年冬奥会对京张地区协同发展的影响	杨维凤	经济所	一般项目	系列论文	2016. 12
63	人口要素流动及其对农村经济增长的影响	方　方	经济所	一般项目	系列论文	2016. 12
64	北京推进供给侧改革形成绿色产业体系研究	刘　薇	经济所	一般项目	系列论文	2016. 12
65	大数据商业模式演化研究	王　忠	经济所	一般项目	系列论文	2016. 12
66	文化产业现状与对策研究	景俊美	经济所	一般项目	系列论文	2016. 12
67	梅兰芳和中国京剧的发展	陈清茹	历史所	一般项目	系列论文	2016. 12
68	金中都城市专题研究	吴文涛	历史所	一般项目	系列论文	2016. 12
69	秦汉燕赵文化比较研究	靳　宝	历史所	一般项目	系列论文	2016. 12
70	制度、城市与社会：清代北京历史文化研究	刘仲华	历史所	一般项目	系列论文	2016. 12
71	北京宗教文化研究	郑永华	历史所	一般项目	系列论文	2016. 12
72	习近平用典“笃行篇”之历史解读	赵雅丽	历史所	一般项目	系列论文	2016. 12
73	戏剧家韩补庵先生的生平事迹与文化贡献	孙冬虎	历史所	一般项目	系列论文	2016. 12
74	元代大都城市文化研究	王　岗	历史所	一般项目	系列论文	2016. 12
75	近代北京城市人口问题研究	王建伟	历史所	一般项目	系列论文	2016. 12
76	“燕京八绝”新论	章永俊	历史所	一般项目	系列论文	2016. 12
77	当代剧场系列研究	高　音	文化所	一般项目	系列论文	2016. 12
78	“互联网 +”与北京创意城市建设	陈红玉	文化所	一般项目	系列论文	2016. 12
79	殖民地文艺研究	陈玲玲	文化所	一般项目	系列论文	2016. 12
80	跨文化语境下的新媒体文学发展	许苗苗	文化所	一般项目	系列论文	2016. 12
81	文化多样性与城市文化研究	李建盛	文化所	一般项目	系列论文	2016. 12
82	清末民初文学与思想中的历史观	季剑青	文化所	一般项目	系列论文	2016. 12
83	当代美学新概念及其对文艺的影响	杨　震	文化所	一般项目	系列论文	2016. 12

续表

序号	课题名称	负责人	承担部门	项目类别	预期成果形式	计划完成时间
84	城市文化与融合发展	陈　镭	文化所	一般项目	系列论文	2016. 12
85	北京历史文化街区保护的创新模式研究	黄仲山	文化所	一般项目	系列论文	2016. 12
86	北京全国文化中心建设的发展战略	晏　晨	文化所	一般项目	系列论文	2016. 12
87	创意城市的理论与实践	王林生	文化所	一般项目	系列论文	2016. 12
88	古希腊、罗马时期的政治哲学思想研究	王双洪	哲学所	一般项目	系列论文	2016. 12
89	激活和开发地方传统国学资源	刘伟见	哲学所	一般项目	系列论文	2016. 12
90	中国明清时期思想与日本江户时期思想的比较研究	王　杰	哲学所	一般项目	系列论文	2016. 12
91	社会心态与信用文化研究	刘　东	哲学所	一般项目	系列论文	2016. 12
92	胡塞尔与梅洛——庞蒂对于“时间”问题的现象学研究	李婉莉	哲学所	一般项目	系列论文	2016. 12
93	基于亚里士多德《灵魂论》与荀子《解蔽篇》的比较哲学研究	孙　伟	哲学所	一般项目	系列论文	2016. 12
94	科学问题的哲学批判	程倩春	哲学所	一般项目	系列论文	2016. 12
95	希腊哲学研究	王玉峰	哲学所	一般项目	系列论文	2016. 12
96	“文化 +” 视域下的文化产品供给创新研究	赵玉宏	传媒所	一般项目	系列论文	2016. 12
97	中国省域文化产业竞争力研究	郭万超	传媒所	一般项目	系列论文	2016. 12
98	新型城镇化背景下城市养老模式探析	刘嫒君	城编	一般项目	系列论文	2016. 12
99	城市管理研究索引	詹依文	城编	一般项目	系列论文	2016. 12
100	新型城市化视野中的城市流动人口教育公平与空间分异	李小敏	城编	一般项目	系列论文	2016. 12
101	乡城人口流动对农村人口的影响研究	赵　勇	城编	一般项目	系列论文	2016. 12
102	大数据时代下的城市管理	翁姗姗	城编	一般项目	系列论文	2016. 12
103	有关“民族”定义的建构与解构——以安德森《想象的共同体：民族主义的起源与散布》为中心	王鸿莉	满学所	一般项目	系列论文	2016. 12
104	北京佛教寺庙满文碑研究	关笑晶	满学所	一般项目	系列论文	2016. 12
105	满语中的上古汉语借词层研究	戴光宇	满学所	一般项目	系列论文	2016. 12
106	民国时期满蒙文词典二种	晓　春	满学所	一般项目	系列论文	2016. 12
107	佟佳氏典型家族与清初政治	常越男	满学所	一般项目	系列论文	2016. 12

续表

序号	课题名称	负责人	承担部门	项目类别	预期成果形式	计划完成时间
108	辛亥革命后北京旗人家族命运研究——以赫舍里氏家族为例	杨　原	满学所	一般项目	系列论文	2016.12
109	新近发现的档案文献与清初蒙古史研究	哈斯巴根	满学所	一般项目	系列论文	2016.12
110	供给侧改革与北京文化创意产业结构优化研究	田　蕾	市情调研中心	一般项目	系列论文	2016.12
111	美学与城市文化建设理论研究	贾　澎	市情调研中心	一般项目	系列论文	2016.12
112	北京资本存量估算研究	刘小敏	市情调研中心	一般项目	系列论文	2016.12
113	城市低碳发展与生态环境治理研究	陆小成	市情调研中心	一般项目	系列论文	2016.12
114	私募投资基金与非法集资犯罪的法律边界	常秀娇	法学所	一般项目	系列论文	2016.12
115	农村宅基地集约利用的法权构造	罗瑞芳	法学所	一般项目	系列论文	2016.12
116	网络环境下版权许可制度研究	于雯雯	法学所	一般项目	系列论文	2016.12
117	轻微刑事犯罪治理难题与对策研究	王　洁	法学所	一般项目	系列论文	2016.12
118	区域行政协议的法律问题研究	陶品竹	法学所	一般项目	系列论文	2016.12
119	质量提升视角下专利制度改革研究	刘　蕾	法学所	一般项目	系列论文	2016.12
120	担保法总则的内容建构研究	王伟伟	法学所	一般项目	系列论文	2016.12
121	现代行政法治的新趋势研究	成协中	法学所	一般项目	系列论文	2016.12
122	我国宪法上的农村集体经济经营体制	张真理	法学所	一般项目	系列论文	2016.12
123	京津冀协同发展中的涉稳问题研究	马晓燕	综治所	一般项目	系列论文	2016.12
124	大数据背景下的社会治理创新研究	于丽娜	综治所	一般项目	系列论文	2016.12
125	法院人员分类管理改革研究	杨锦炎	综治所	一般项目	系列论文	2016.12
126	法治保障的若干问题研究	左袖阳	综治所	一般项目	系列论文	2016.12
127	北京市基层社会治理创新研究	殷星辰	综治所	一般项目	系列论文	2016.12
128	社区安全与社区应急管理	袁振龙	综治所	一般项目	系列论文	2016.12
129	社区感理论的发展与北京社区感指数的测量、应用	宋　梅	城市所	一般项目	系列论文	2016.12
130	北京新型城镇化与“村庄”转型研究	张佰瑞	城市所	一般项目	系列论文	2016.12
131	北京城市管理领域的城乡统筹研究——以城乡接合部为例	柴浩放	城市所	一般项目	系列论文	2016.12

续表

序号	课题名称	负责人	承担部门	项目类别	预期成果形式	计划完成时间
132	北京市城市化进程与水资源综合利用研究	杨　波	城市所	一般项目	系列论文	2016. 12
133	北京科技创新与文化创新融合发展研究	赵继敏	城市所	一般项目	系列论文	2016. 12
134	北京城市综合管理研究	冯　刚	城市所	一般项目	系列论文	2016. 12
135	绿色社区生态文明建设研究	赵　清	城市所	一般项目	系列论文	2016. 12
136	提高北京城市地位的战略研究	齐　心	城市所	一般项目	系列论文	2016. 12
137	北京城市副中心城市管理创新研究	谭日辉	城市所	一般项目	系列论文	2016. 12
138	作为国际大都会城市东京的发展建设与城市特色的研究	张　暄	外国所	一般项目	系列论文	2016. 12
139	数字信息时代的城市文化与传播研究	张　力	外国所	一般项目	系列论文	2016. 12
140	给暴力设置伦理的边界：人道主义干预问题研究	刘　波	外国所	一般项目	系列论文	2016. 12
141	城市功能及其转型的国际经验研究	张　丽	外国所	一般项目	系列论文	2016. 12
142	现代职业教育体系建设的路径研究	赵苏阳	外国所	一般项目	系列论文	2016. 12
143	政府采购既补偿交易支持北京太阳能发电产业发展	孙天法	其他	一般项目	系列论文	2016. 12
144	个人收入分配制度的法制化研究	万　川	综治所	一般项目	系列论文	2016. 12
145	互联网与媒体融合研究	刘　瑾	文化所	一般项目	系列论文	2016. 12
146	公租房社区治理研究	于燕燕	城市所	一般项目	系列论文	2016. 12
147	金融创新视野下的刑法分则适用问题研究	张　苏	综治所	一般项目	系列论文	2016. 12
148	北京文化融合与创新	傅秋爽	文化所	一般项目	系列论文	2016. 12
149	马克思诠释西欧社会财产问题的逻辑与现时代	刘长军	科社所	一般项目	系列论文	2016. 12
150	经济全球化、新自由主义与古巴的社会主义探索	张登文	科社所	一般项目	系列论文	2016. 12
151	京津冀协同发展进程中的北京新城优化发展研究	袁　蕾	城市所	一般项目	系列论文	2016. 12
152	北京法治发展报告（2016—2017）	许传玺	院办	皮书项目	系列论文	2016. 12
153	北京社会发展报告（2016—2017）	李伟东	社会学所	皮书项目	系列论文	2016. 12
154	中国区域经济发展报告（2016—2017）	赵　弘	院办	皮书项目	系列论文	2016. 12
155	北京经济发展报告（2016—2017）	杨　松	经济所	皮书项目	系列论文	2016. 12

续表

序号	课题名称	负责人	承担部门	项目类别	预期成果形式	计划完成时间
156	北京公共服务发展报告2016—2017	施昌奎	管理所	皮书项目	系列论文	2016. 12
157	北京文化发展报告（2016—2017）	李建盛	文化所	皮书项目	系列论文	2016. 12
158	满学论丛	赵志强	满学所	皮书项目	系列论文	2016. 12
159	马克思主义中国化研究论丛	杨　奎	科社所	皮书项目	系列论文	2016. 12
160	中外人文精神研究	程倩春	哲学所	皮书项目	系列论文	2016. 12
161	文化创意产业与新媒体论丛	郭万超	传媒所	皮书项目	系列论文	2016. 12
162	北京史学2016	王　岗	历史所	皮书项目	系列论文	2016. 12
163	外国问题研究论丛（第五辑）	刘　波	外国所	皮书项目	系列论文	2016. 12
164	中国社区发展报告（2016—2017）	于燕燕	城市所	皮书项目	系列论文	2016. 12
165	北京社会治理发展报告（2016—2017）	殷星辰	综治所	皮书项目	系列论文	2016. 12

（北京市社会科学院科研处供稿）

北京市档案局

2016 年度承担国家级、省部级社会科学研究项目

序号	项目名称	项目负责人	承担部门	项目分类、类别	预期成果形式	计划完成时间
1	新形势下档案人才队伍建设策略研究	吕和顺、徐玉伟	北京市档案局	国家档案局	研究报告、论文	2016. 11
2	国家综合档案馆馆藏档案信息资源共享模式研究	李　军	北京市朝阳区档案局	国家档案局	研究报告	2016. 11
3	数字档案信息容灾备份策略研究	刘　念	北京易迅科技有限公司	国家档案局	研究报告	2016. 03

2016 年度北京市档案局社会科学研究项目

序号	项目名称	负责人	承担单位	预期成果形式	计划完成时间
1	新形势下档案人才队伍建设策略研究	吕和顺、徐玉伟	北京市档案局（馆）	研究报告、论文、	2016. 11
2	国家综合档案馆馆藏档案信息资源共享模式研究	李　军	北京市朝阳区档案局	研究报告	2016. 11
3	档案有偿征集工作研究	马　魁	北京市平谷区档案局	研究报告	2016. 11
4	新时期档案馆用户利用需求研究	芦晓竹	北京市昌平区档案局	研究报告	2016. 11
5	区县机关档案整理业务外包管理研究	张学玲	北京市大兴区档案局	研究报告	2016. 11
6	建筑企业集团档案管理多元化模式研究	张晋勋	北京城建集团有限责任公司	研究报告	2015. 12

续表

序号	项目名称	负责人	承担单位	预期成果形式	计划完成时间
7	智能档案管理系统的开发研究	李奎涛、刘月宗	北京东港嘉华安全信息技术有限公司 中国人寿财产保险股份有限公司 中国人民大学信息资源管理学院	研究报告、论文	2016. 11
8	北京市档案文化资源深度开发途径与模式研究	朱建邦	北京联合大学应用文理学院	研究报告、论文	2016. 11
9	数字档案信息容灾备份策略研究	刘　念	北京易迅科技有限公司	研究报告、论文	2016. 03

（北京市档案局科教处胡晓燕供稿）

北京市委讲师团

2016 年度承担国家级、省部级社会科学研究项目

项目名称	负责人	承担部门	项目分类、类别	预期成果形式	计划完成时间
微信公众号理论多形态传播问题研究	陈小强	研究室	北京市社会科学基金研究基地、青年项目	研究报告	2018. 06

（北京市委讲师团刘小丰供稿）

·获奖成果·

概　述

本栏目记述北京市优秀调查研究成果奖名单；记述北京地区部分高校、科研单位获国家、省部级人文社会科学研究成果奖获奖情况，以及获特等奖、一等奖成果简介。获奖成果的记述，包括成果名称、主要作者、奖项名称、颁奖单位、成果形式、获奖等级等内容。这些信息反映出北京地区社会科学研究领域的最新成果和理论贡献。

北京市优秀调查研究成果奖名单（2014—2015 年度）

序号	课题名称	主要作者	奖项名称	颁奖单位	成果形式	获奖等级
1	当前首都社区服务状况的调研报告	王　强、徐　舟、朱　峰、宋　珊	第十二届全市优秀调研成果奖	中共北京市委、北京市人民政府	调研报告	一等奖
2	关于改进我市预算管理制度的调研报告	王　琪、袁永宏	第十二届全市优秀调研成果奖	中共北京市委、北京市人民政府	调研报告	一等奖
3	抢抓机遇，提升优势，支持北京现代保险服务业加快发展	李春荣、程　强	第十二届全市优秀调研成果奖	中共北京市委、北京市人民政府	调研报告	一等奖
4	关于北京市地下水资源保护与利用的调研报告	程　静、张　彤	第十二届全市优秀调研成果奖	中共北京市委、北京市人民政府	调研报告	一等奖
5	北京市“小官大贪”问题调研报告	王贵平、倪紫剑、杨　杰、李　柏、于　淼、李　丽	第十二届全市优秀调研成果奖	中共北京市委、北京市人民政府	调研报告	一等奖

续表

序号	课题名称	主要作者	奖项名称	颁奖单位	成果形式	获奖等级
6	领导干部"为官不为"问题的调查与研究	张　革、张建春、王　风、章建伟、赵立军、檀雪菲、黄　丹、王　丹、张　斌、胡运炽、梁朱红、符建平	第十二届全市优秀调研成果奖	中共北京市委、北京市人民政府	调研报告	一等奖
7	促进北京城市精明增长的思路和路径研究	卢　彦、林恩全、王敏俊、孟　义、陈　思、谭玥琳	第十二届全市优秀调研成果奖	中共北京市委、北京市人民政府	调研报告	一等奖
8	京津冀协同创新背景下首都高端产业发展研究	张伯旭、唐建国、叶　强、李　辉、刘　颖、文　芳、王　昊、张体伟、韩　力、高　丹	第十二届全市优秀调研成果奖	中共北京市委、北京市人民政府	调研报告	一等奖
9	首都交通运行规律及治理决策研究	周正宇	第十二届全市优秀调研成果奖	中共北京市委、北京市人民政府	调研报告	一等奖
10	关于进一步加强视频警务建设的调研报告	张卫华、孙威毅、张小辉、韩维勇、郑灯康、杨淑玉	第十二届全市优秀调研成果奖	中共北京市委、北京市人民政府	调研报告	一等奖
11	北京城市管理体制问题及对策研究	李万钧、杨宝山、俞金铭、王　伟、任国锋、高小龙、万婷婷	第十二届全市优秀调研成果奖	中共北京市委、北京市人民政府	调研报告	一等奖
12	基于市场决定性作用的财政支出责任研究	李颖津、张宏宇、丁　霞、裴　赓	第十二届全市优秀调研成果奖	中共北京市委、北京市人民政府	调研报告	一等奖
13	北京市积极就业政策梳理和实施效果评估	张欣庆、刘小军、周立今、武玉宁、段　莉、费　平、赵金望	第十二届全市优秀调研成果奖	中共北京市委、北京市人民政府	调研报告	一等奖
14	京津冀大气污染防治政策执行审计研究	吴素芳、王乐丽、姜雪萍	第十二届全市优秀调研成果奖	中共北京市委、北京市人民政府	调研报告	一等奖
15	京津冀协同发展税收问题研究	杨志强、常海龙、姜立洋、郭丹旻	第十二届全市优秀调研成果奖	中共北京市委、北京市人民政府	调研报告	一等奖
16	东城区深化城市管理体制改革 理顺区街体制研究	张家明、郝留亮、郭海儒、王庆凯	第十二届全市优秀调研成果奖	中共北京市委、北京市人民政府	调研报告	一等奖
17	朝阳区城乡结合部分类治理研究	吴桂英、陈庆华、刘亚晖、高兴武、李宏平、张　帆、赵　俊、张新媛	第十二届全市优秀调研成果奖	中共北京市委、北京市人民政府	调研报告	一等奖

续表

序号	课题名称	主要作者	奖项名称	颁奖单位	成果形式	获奖等级
18	优化首都人口分布的五点建议	尹德挺、史　毅、卢镱逢、闫　萍	第十二届全市优秀调研成果奖	中共北京市委、北京市人民政府	调研报告	一等奖
19	首都新型城镇化进程中的农民土地权益保障研究	贾　康	第十二届全市优秀调研成果奖	中共北京市委、北京市人民政府	调研报告	一等奖
20	北京市老旧社区养老问题研究	康　越	第十二届全市优秀调研成果奖	中共北京市委、北京市人民政府	调研报告	一等奖
21	关于按照新的理念搞好轨道交通规划建设的调研	胡雪峰、金旭毅、乔智玮、胡晓丹	第十二届全市优秀调研成果奖	中共北京市委、北京市人民政府	调研报告	二等奖
22	关于市委第四次人大工作会议的调研报告	黄石松、李正斌、任佩文、刘　军、马　超	第十二届全市优秀调研成果奖	中共北京市委、北京市人民政府	调研报告	二等奖
23	北京农村集体资产经营模式研究	于鸷隆、韩振华、李　宇	第十二届全市优秀调研成果奖	中共北京市委、北京市人民政府	调研报告	二等奖
24	有序疏解北京非首都功能系列研究	李春荣、牛振华、贺　飞、宋伟琦、杨绪福	第十二届全市优秀调研成果奖	中共北京市委、北京市人民政府	调研报告	二等奖
25	关于调整疏解北京非首都功能若干问题的调研报告	吴　杰、张金刚、范和香	第十二届全市优秀调研成果奖	中共北京市委、北京市人民政府	调研报告	二等奖
26	应对西方“看不见的宣传”专题研究报告	赵卫东、谭一鸣、习　伟、林　燕、张　芃	第十二届全市优秀调研成果奖	中共北京市委、北京市人民政府	调研报告	二等奖
27	党外干部素质能力评价体系研究	周开让、杨岳凌	第十二届全市优秀调研成果奖	中共北京市委、北京市人民政府	调研报告	二等奖
28	京津冀协同发展背景下首都流动人口规模调控研究	闫满成、徐建民、丁　杰	第十二届全市优秀调研成果奖	中共北京市委、北京市人民政府	调研报告	二等奖
29	关于规范和改进本市证照管理工作的调研及思考	左铭飞、付广增、刘轩伯	第十二届全市优秀调研成果奖	中共北京市委、北京市人民政府	调研报告	二等奖
30	北京城市社区居民自治问题调研报告	张　坚、岳金柱、李筱婧	第十二届全市优秀调研成果奖	中共北京市委、北京市人民政府	调研报告	二等奖
31	北京市“十三五”教育规划前期研究与编制	线联平、李　政、高　兵、雷　虹、杨小敏、尹玉玲、刘继青、汤术峰	第十二届全市优秀调研成果奖	中共北京市委、北京市人民政府	调研报告	二等奖

续表

序号	课题名称	主要作者	奖项名称	颁奖单位	成果形式	获奖等级
32	北京市交通运输系统生产一线职工劳动经济权益调研报告	刘进良、刘军胜、唐　军、安　京、李　刚、杨艳玲、肖婷婷、梁剑松、李鹏宇、邓　晓、李　爽、毛文琰、乔宗鑫	第十二届全市优秀调研成果奖	中共北京市委、北京市人民政府	调研报告	二等奖
33	北京市"十三五"规划纲要指标体系设计与测算	刘印春、王颖捷、林恩全、林明金、宋世胜、刘岚芳、崔向华、孟　义、陈　思、崔　岩、杨永恒	第十二届全市优秀调研成果奖	中共北京市委、北京市人民政府	调研报告	二等奖
34	关于北京市划定生态红线和城市开发边界的调研报告	黄　艳、王　飞、胡　波、何　永、徐勤政、张聪达、赵　霆、王　姗、刘　强	第十二届全市优秀调研成果奖	中共北京市委、北京市人民政府	调研报告	二等奖
35	构建高精尖产业体系研究	张伯旭、樊　健、姜广智、仝海威、杨靖国、吴东升、李　伟、蒋玲玲、单德芳、方小玉、张　杰	第十二届全市优秀调研成果奖	中共北京市委、北京市人民政府	调研报告	二等奖
36	北京农村地区燃煤情况调研及减量化技术方案研究示范	叶建东、章永洁、蒋建云、张　帆、陈国伟	第十二届全市优秀调研成果奖	中共北京市委、北京市人民政府	调研报告	二等奖
37	北京市建设工程质量管理条例制定相关问题研究	徐贱云、王承军、王　鑫、王永青、刘文举	第十二届全市优秀调研成果奖	中共北京市委、北京市人民政府	调研报告	二等奖
38	"互联网"与北京商务融合发展研究	闫立刚、王先勇、崔　玮、吴中南、沈晓军	第十二届全市优秀调研成果奖	中共北京市委、北京市人民政府	调研报告	二等奖
39	北京市大学生创业政策措施研究	张祖德、卢　林、陈永强、丁志新、古尊师、王佳林、刘璟卫	第十二届全市优秀调研成果奖	中共北京市委、北京市人民政府	调研报告	二等奖
40	北京市燃气建设工程安全生产管理调查工作的评估报告	张树森、魏丽萍、刘　毅	第十二届全市优秀调研成果奖	中共北京市委、北京市人民政府	调研报告	二等奖

续表

序号	课题名称	主要作者	奖项名称	颁奖单位	成果形式	获奖等级
41	京津冀协同发展统计监测指标体系研究及实证分析	王文杰、夏沁芳、庞江倩、李晓敏、楚文杰、张铭睿	第十二届全市优秀调研成果奖	中共北京市委、北京市人民政府	调研报告	二等奖
42	西城区提升城市精细化管理水平的实践与思考	王少峰、庞成立、汝连荣、王宏宾、冯　刚、马晓燕	第十二届全市优秀调研成果奖	中共北京市委、北京市人民政府	调研报告	二等奖
43	海淀区并购市场发展情况及引导政策研究	崔述强、唐　颖、刘建民、冯　汀、杨　琴	第十二届全市优秀调研成果奖	中共北京市委、北京市人民政府	调研报告	二等奖
44	关于提升市行政副中心基础设施建设和管理水平的研究	杨　斌、曾祥正、童　露、武紫阳	第十二届全市优秀调研成果奖	中共北京市委、北京市人民政府	调研报告	二等奖
45	顺义区关于运用村规民约促进农村社会协同共治的	王　刚、袁日晨、田吉方、马　征	第十二届全市优秀调研成果奖	中共北京市委、北京市人民政府	调研报告	二等奖
46	“十三五”时期维护首都公共安全对策研究	盛继洪、郑红君、黄江松、冒小飞、朱　峰、张　燕、鹿春江	第十二届全市优秀调研成果奖	中共北京市委、北京市人民政府	调研报告	二等奖
47	北京特大城市人口治理的现状、原因及其对策研究	谭日辉	第十二届全市优秀调研成果奖	中共北京市委、北京市人民政府	调研报告	二等奖
48	北京市地面公交和轨道交通适应性发展研究	欧国立	第十二届全市优秀调研成果奖	中共北京市委、北京市人民政府	调研报告	二等奖
49	北京城乡一体化居民医疗保障制度研究	王红漫	第十二届全市优秀调研成果奖	中共北京市委、北京市人民政府	调研报告	二等奖
50	北京新型农民合作社联合社运行机制研究	李瑞芬、牛　霞、杨　敏、王艳霞、王兴玉、李占雪、许宇博、程杰鑫	第十二届全市优秀调研成果奖	中共北京市委、北京市人民政府	调研报告	二等奖
51	北京市住房租赁地方立法问题研究	李　男	第十二届全市优秀调研成果奖	中共北京市委、北京市人民政府	调研报告	优秀奖
52	关于加强北京市传统村落保护的调研报告	吴世民、张　勃、李大治	第十二届全市优秀调研成果奖	中共北京市委、北京市人民政府	调研报告	优秀奖
53	关于加强预防腐败信息共享和应用研究	王海平、倪紫剑、杨　杰、李　柏、于　淼	第十二届全市优秀调研成果奖	中共北京市委、北京市人民政府	调研报告	优秀奖
54	改进完善符合首都特点的干部考核评价体系研究报告	张志伟、李　明、端木婕、刘玉铭、王子兵、李　根、张　斌	第十二届全市优秀调研成果奖	中共北京市委、北京市人民政府	调研报告	优秀奖

续表

序号	课题名称	主要作者	奖项名称	颁奖单位	成果形式	获奖等级
55	新提任领导干部有关事项公开制度研究	闫　成、吴松元、袁海鹏、田　涛、王　昕、张从发、张继元、谭志坚	第十二届全市优秀调研成果奖	中共北京市委、北京市人民政府	调研报告	优秀奖
56	环首都现代农业带发展建设专题调研	唐晓青、陈章良、龚元石	第十二届全市优秀调研成果奖	中共北京市委、北京市人民政府	调研报告	优秀奖
57	关于加快推进首都社会治安综合治理信息化建设的调研报告	闫满成、刘　军、高　燕、陈昱良	第十二届全市优秀调研成果奖	中共北京市委、北京市人民政府	调研报告	优秀奖
58	关于深化第三方力量参与涉法涉诉信访化解工作机制的调研报告	刘大为、李中水、谢　超、牛晓锐、田奕彤	第十二届全市优秀调研成果奖	中共北京市委、北京市人民政府	调研报告	优秀奖
59	对区县街道城市管理体制改革及行政执法工作的研究	刘云广、腾安英、马　莘、耿　育、余晓璞	第十二届全市优秀调研成果奖	中共北京市委、北京市人民政府	调研报告	优秀奖
60	北京市社区工作者队伍现状及发展问题调研报告	刘占山、刘　霖	第十二届全市优秀调研成果奖	中共北京市委、北京市人民政府	调研报告	优秀奖
61	着力建设政治强业务精作风硬服务好的机关党员干部队伍	夏尚武、杨公鼎、徐　斌、林伟华、符孟侠、高聚文、李正生	第十二届全市优秀调研成果奖	中共北京市委、北京市人民政府	调研报告	优秀奖
62	北京高校马克思主义理论学科与思想政治理论课建设发展报告（2014）	张　雪、艾四林、吴潜涛	第十二届全市优秀调研成果奖	中共北京市委、北京市人民政府	调研报告	优秀奖
63	关于调整疏解不符合首都功能定位的产业研究	刘印春、林恩全、王敏俊、孟　义、陈　思、谭玥琳	第十二届全市优秀调研成果奖	中共北京市委、北京市人民政府	调研报告	优秀奖
64	北京沟域经济发展模式研究	王建中、夏胜银	第十二届全市优秀调研成果奖	中共北京市委、北京市人民政府	调研报告	优秀奖
65	非首都功能疏解过程中调整退出企业劳动关系调研报告	王玉英、冯丽君、许金华、雷　雪、许莹莹、王晶晶	第十二届全市优秀调研成果奖	中共北京市委、北京市人民政府	调研报告	优秀奖
66	创业青年群体研究报告	杨立宪、刘平青、张　楠、郁中华	第十二届全市优秀调研成果奖	中共北京市委、北京市人民政府	调研报告	优秀奖
67	“单独二孩”政策对女性权益影响研究	马兰霞、张　琪	第十二届全市优秀调研成果奖	中共北京市委、北京市人民政府	调研报告	优秀奖
68	科技创新政策促进不同发展阶段企业成长的效果评价及措施研究	汤　健、伊　彤、杨　洋、李宪振、施辉阳、侯　亮、王龄枞、吴志萍	第十二届全市优秀调研成果奖	中共北京市委、北京市人民政府	调研报告	优秀奖

续表

序号	课题名称	主要作者	奖项名称	颁奖单位	成果形式	获奖等级
69	关于本市村级组织负责人经济责任审计情况的调研	吴素芳、张祝华、张　磊、牛争芳	第十二届全市优秀调研成果奖	中共北京市委、北京市人民政府	调研报告	优秀奖
70	北京市中心城区通风廊道系统构建研究	王　飞、沈金箴、贺　健、何　永、赵　霆、欧阳文锐、杜立群、刘　洋、王雅捷、朱　洁、赵　丹、袁晓芳、欧阳渊	第十二届全市优秀调研成果奖	中共北京市委、北京市人民政府	调研报告	优秀奖
71	北京市公共交通票制票价改革必要性研究	陈燕凌、许　焱、徐晓燕	第十二届全市优秀调研成果奖	中共北京市委、北京市人民政府	调研报告	优秀奖
72	北京市“十三五”时期住房保障发展规划前期研究	邹劲松、郑　伟、姚长飞、刘光祖、李晓鹏、彭　萍	第十二届全市优秀调研成果奖	中共北京市委、北京市人民政府	调研报告	优秀奖
73	京津冀协同发展视角下的口岸一体化发展研究	魏登范、刘梅英、崔　丽	第十二届全市优秀调研成果奖	中共北京市委、北京市人民政府	调研报告	优秀奖
74	深化北京市国有资产监管体制改革发展研究	林抚生、贺　昂、杨　军、刘　坤	第十二届全市优秀调研成果奖	中共北京市委、北京市人民政府	调研报告	优秀奖
75	北京市行政副中心规划建设时期城市管理提前介入机制研究	柴文忠、堵锡忠、武　斌、吕　健、何　晶	第十二届全市优秀调研成果奖	中共北京市委、北京市人民政府	调研报告	优秀奖
76	国外典型都市圈建设比较研究	赵会民、敬　瑞、贾文杰、石　鑫、冯新凯	第十二届全市优秀调研成果奖	中共北京市委北京市人民政府	调研报告	优秀奖
77	关于刑事案件速裁程序的适用研究	孙　力、温小洁	第十二届全市优秀调研成果奖	中共北京市委、北京市人民政府	调研报告	优秀奖
78	审理综艺节目著作权案件的调查研究	王明达、亓　蕾	第十二届全市优秀调研成果奖	中共北京市委、北京市人民政府	调研报告	优秀奖
79	跨行政区划检察院改革调研报告	甄　贞、闫俊瑛、梁景明、孙利国、王志民、宋　杨	第十二届全市优秀调研成果奖	中共北京市委、北京市人民政府	调研报告	优秀奖
80	关于进一步完善我市社区矫正制度的思考	于泓源、康志龙、马　腾	第十二届全市优秀调研成果奖	中共北京市委、北京市人民政府	调研报告	优秀奖
81	北京市农村集体经营性建设用地入市制度研究	魏成林、丁　晓、关爱军、芦亚静、景文成、张洪克、陈扬众	第十二届全市优秀调研成果奖	中共北京市委、北京市人民政府	调研报告	优秀奖

续表

序号	课题名称	主要作者	奖项名称	颁奖单位	成果形式	获奖等级
82	关于完善本市环保监管网络 提高基层环保监管能力的调查研究	陈　添、张　峰、金　辉	第十二届全市优秀调研成果奖	中共北京市委、北京市人民政府	调研报告	优秀奖
83	北京建设文化创新城市专题研究	陈　冬、常　林、徐轶尊、王　昭、谢　进	第十二届全市优秀调研成果奖	中共北京市委、北京市人民政府	调研报告	优秀奖
84	完善中关村示范区高新技术企业税收政策研究	杨志强、王京秋、施　宏、牛泽厚、石剑虹、李云峰	第十二届全市优秀调研成果奖	中共北京市委、北京市人民政府	调研报告	优秀奖
85	北京市关于落实“先照后证”有关工作的调研报告	陈　永、秦世杰	第十二届全市优秀调研成果奖	中共北京市委、北京市人民政府	调研报告	优秀奖
86	关于培育团体标准促进产业融合发展的调研报告	赵长山、姚　娉、赖　东、陶　岚、钟锌章、李　上	第十二届全市优秀调研成果奖	中共北京市委、北京市人民政府	调研报告	优秀奖
87	推进北京市广播影视体制机制创新研究	李春良、刘志远、杨培丽、石鸿印、单志忠、陈乐天、张冬林、余维杰、罗晓军、景　兵、秦新春、邢树森、黄铁军、石群峰、邓忠猛、孙　玥、汤军磊	第十二届全市优秀调研成果奖	中共北京市委、北京市人民政府	调研报告	优秀奖
88	“国际一流的和谐宜居之都”监测评价指标体系研究	魏小真、赵桂林、郑冬华、周　琼、景柳青、郑瑞芳、魏英丽、王钧豪	第十二届全市优秀调研成果奖	中共北京市委、北京市人民政府	调研报告	优秀奖
89	关于首都园林绿化深化改革问题研究	邓乃平、王　军	第十二届全市优秀调研成果奖	中共北京市委、北京市人民政府	调研报告	优秀奖
90	本市自产农产品销售问题研究和对策	陶志强、阚睿斌、李文海	第十二届全市优秀调研成果奖	中共北京市委、北京市人民政府	调研报告	优秀奖
91	“十三五”时期首都多层次资本市场发展战略研究	张幼林、王卉彤、李诗洋、彭　蓉、缑琛洋、苏　诚、韦雪蕊、彭雯斐、梁　霄、彭　浩、荣　浩、秦　海	第十二届全市优秀调研成果奖	中共北京市委、北京市人民政府	调研报告	优秀奖
92	北京市知识产权（专利）转化运用问题研究和对策建议	汪　洪、王淑贤、张飞虎、杨　颖	第十二届全市优秀调研成果奖	中共北京市委、北京市人民政府	调研报告	优秀奖
93	北京城市环境治理的市场化运作模式研究	王　灏、孙少林、崔　萍	第十二届全市优秀调研成果奖	中共北京市委、北京市人民政府	调研报告	优秀奖

续表

序号	课题名称	主要作者	奖项名称	颁奖单位	成果形式	获奖等级
94	石景山城市管理体制改革试点区建设的实践与探索	牛青山、迟志禹、唐　鑫、李月萍、张德俊、田丽媛、任成文、李晓壮	第十二届全市优秀调研成果奖	中共北京市委、北京市人民政府	调研报告	优秀奖
95	关于新常态下推动房山转型发展的实践与思考	刘　伟、宋春福、王建星、唐　成、杨仲朋	第十二届全市优秀调研成果奖	中共北京市委、北京市人民政府	调研报告	优秀奖
96	关于大兴区和开发区产业转型升级的研究	李长友、杨春光、左乐恩、宋文全	第十二届全市优秀调研成果奖	中共北京市委、北京市人民政府	调研报告	优秀奖
97	关于实现生态资源优势向经济发展优势转变的实践与思考	齐　静、宋德春、董少波、杜金喆	第十二届全市优秀调研成果奖	中共北京市委、北京市人民政府	调研报告	优秀奖
98	加强基层党组织建设提高社会治理水平的研究	汪先永	第十二届全市优秀调研成果奖	中共北京市委、北京市人民政府	调研报告	优秀奖
99	延庆区新型城镇化发展调研报告	李志军、吴利华、徐晓明、刘远超	第十二届全市优秀调研成果奖	中共北京市委、北京市人民政府	调研报告	优秀奖
100	首都流动人口聚居区：新社会生态与社会治理创新	王雪梅、原晓晓	第十二届全市优秀调研成果奖	中共北京市委、北京市人民政府	调研报告	优秀奖

（北京市委研究室供稿）

部分高校、科研单位获国家或省部级人文社会科学研究成果奖

北京大学

序号	成果名称	主要作者	奖项名称	颁奖单位	成果形式	获奖等级
1	*Effects of a vocabulary acquisition and assessment system on students' performance in a blended learning class for English subject*	贾积有、陈宇灏、丁竹卉、阮美贤	第五届全国教育科学研究优秀成果奖	教育部	论文	一等奖
2	知识商品化及其对高等教育公共性的侵蚀	蒋　凯	第五届全国教育科学研究优秀成果奖	教育部	论文	二等奖
3	未完成的转型：高等教育影响力与学生发展	鲍　威	第五届全国教育科学研究优秀成果奖	教育部	著作	三等奖
4	高校毕业生基层就业：从中央政策到地方政策	马莉萍、刘彦林	第五届全国教育科学研究优秀成果奖	教育部	论文	三等奖

续表

序号	成果名称	主要作者	奖项名称	颁奖单位	成果形式	获奖等级
5	理性的视角：走出高等教育“适应论”的历史误区	展立新、陈学飞	第五届全国教育科学研究优秀成果奖	教育部	论文	三等奖

特等奖、一等奖成果简介

Effects of a vocabulary acquisition and assessment system on students' performance in a blended learning class for English subject（论文）

北京大学　贾积有等

Computer and Education　2012 年 2 月

论文 2012 年 2 月发表于具有 40 年历史的国际教育研究类权威期刊 *Computer and Education*。它介绍了智能英语教学系统 CSIEC 的功能及其在某初中一个学期的整合实验。实验班和对比班数据分析显示，该系统在常态教学中的应用即混合式教学可有效提高学生成绩；学生调查问卷和访谈表明，这种混合式教学可改进词汇学习、提高学习兴趣。该文的主要创新和学术价值在于：应用准实验方法得出的结论—智能网络教学系统支撑下的混合式中学英语学习对于学生和教师的正面影响，为我国“信息技术与课程高度整合”这一政策导向提供了实证范例；设计的智能英语学习系统，可以提供个性化和层次化等教学策略，充分体现以教师为主导、以学生为主体的教育思想，为“信息技术与课程高度整合”这一政策的具体实施提供了一种简单可行的方法手段。该文被 SSCI/SCI 等国际权威期刊它引多次。引用该文的一篇元分析论文发表于 *Educational Research Review*，它分析了从 2463 篇相关论文中提取的 47 篇方法规范、结果可信的论文，包括该文。可见该文研究成果得到国际同行肯定，为全球教育科学研究做出了贡献。该论文得到了已结题的国家社科基金项目（10BYY036）和教育部新世纪优秀人才支持计划（NCET－10－0179）的资助。

贾积有，男，1969 年生于河南省获嘉县。北京大学理学学士、教育学硕士，德国奥格斯堡大学哲学博士。北京大学教育信息化国际研究中心负责人、教授、博士生导师，教育部“新世纪优秀人才支持计划”资助人员。研究领域：教育技术学、人工智能教育应用、计算机辅助语言教学等。主持国家社科基金等多项国内外科研项目。在 SCI/SSCI 期刊发表论文多篇。独著或者编著相关研究的德文专著一本、英文专著三本、中文专著一本，受邀撰写英文《教育技术大百科全书》条目。多次获得国内外学术会议和省部级奖励。学术兼职包括全国数字化校园建设专家和国际会议主席等。论文其他作者还包括硕士研究生陈宇灏、丁竹卉和广东江门景贤学校教师阮美贤。

（北京大学社科部供稿）

中国人民大学

序号	成果名称	成果形式	主要作者	奖项名称	颁奖单位	获奖等级
1	中国研究生教育的规模结构与经济增长	著作类	李立国、黄海军	第五届全国教育科学研究优秀成果奖	教育部	二等奖
2	随迁子女教育政策复杂性研究	论文类	刘　谦、生龙曲珍	第五届全国教育科学研究优秀成果奖	教育部	二等奖
3	公共性视域下的现代大学治理	论文类	胡莉芳	第五届全国教育科学研究优秀成果奖	教育部	三等奖
4	进城务工人员随迁子女教育公平问题的分配正义与关系正义之考察	论文类	罗　云、钟景迅、曾荣光	第五届全国教育科学研究优秀成果奖	教育部	三等奖

续表

序号	成果名称	成果形式	主要作者	奖项名称	颁奖单位	获奖等级
5	Peer Effects in Microenvironments: The Benefits of Homogeneous Classroom Groups	论文	陆方文、Michael Anderson	第五届全国教育科学研究优秀成果奖	教育部	三等奖
6	中国社会核心价值观的变迁	论文	邱　吉	第五届全国教育科学研究优秀成果奖	教育部	三等奖

（中国人民大学科研处张玉洁供稿）

清华大学

序号	成果名称	主要作者	奖项名称	颁奖单位	成果形式	获奖等级
1	我国研究生教育结构调整问题研究	袁本涛、王传毅、王顶明、李锋亮、文　雯、赵　琳	第五届全国教育科学研究优秀成果奖	教育部	著作类	一等奖
2	解码 MOOC：大规模在线开放课程的教育学考察	李曼丽、张　羽、叶富贵	第五届全国教育科学研究优秀成果奖	教育部	著作类	二等奖
3	西方教育史学百年史论	史静寰、周　采、延建林、郑　崧、傅　林、赵　萍	第五届全国教育科学研究优秀成果奖	教育部	著作类	二等奖
4	Can distance education increase educational equality? evidence from the expansion of Chinese higher education	李锋亮、张少刚、周孟颖、范宝龙	第五届全国教育科学研究优秀成果奖	教育部	论文类	三等奖

（清华大学文科建设处刘金梅供稿）

北京师范大学

序号	成果名称	主要作者	奖项名称	颁奖单位	成果形式	获奖等级
1	认知发展心理学	陈英和	第五届全国教育科学优秀成果奖	教育部	著作类	一等奖
2	“后 4% 时代”的教育经费应该投向何处？——基于跨国数据的实证研究	胡咏梅、唐一鹏	第五届全国教育科学优秀成果奖	教育部	论文类	一等奖
3	中国学生发展核心素养研究报告	林崇德、莫　雷、张文新、赵国祥、李　红、刘　霞	第五届全国教育科学优秀成果奖	教育部	研究报告类	一等奖
4	外国教育史教程（第三版）	吴式颖、李明德、张斌贤、单中惠、王保星、杨汉麟	第五届全国教育科学优秀成果奖	教育部	著作类	一等奖
5	积极稳妥地推进高等学校考试招生制度改革	钟秉林、杜瑞军、方　芳	第五届全国教育科学优秀成果奖	教育部	论文类	一等奖
6	比较教育（第五版）	顾明远、朱旭东、刘宝存、吴雪萍、徐小洲、张东娇	第五届全国教育科学优秀成果奖	教育部	著作类	二等奖

续表

序号	成果名称	主要作者	奖项名称	颁奖单位	成果形式	获奖等级
7	通过学校自身的内涵发展促进“教育结果公平”的创新举措	何克抗、余胜泉、吴　娟、马　宁、陈　玲、赵兴龙	第五届全国教育科学优秀成果奖	教育部	论文类	二等奖
8	社会同情与公民形成	石中英	第五届全国教育科学优秀成果奖	教育部	论文类	二等奖
9	近十年我国教师教育政策的调整及未来发展趋势	檀慧玲、王晶晶	第五届全国教育科学优秀成果奖	教育部	论文类	二等奖
10	我国中小学生学业质量标准体系研究论证报告	辛　涛、刘　霞、姜　宇	第五届全国教育科学优秀成果奖	教育部	研究报告类	二等奖
11	John Dewey，Liang Shuming and China's Education Reform：Cultivating Individuality	张华军	第五届全国教育科学优秀成果奖	教育部	著作类	二等奖
12	学校德育问题诊断研究：框架、流程与实务	班建武	第五届全国教育科学优秀成果奖	教育部	著作类	三等奖
13	基础教育质量监测工具研发	边玉芳、梁丽婵	第五届全国教育科学优秀成果奖	教育部	著作类	三等奖
14	智慧教育的三重境界：从环境、模式到体制	黄荣怀	第五届全国教育科学优秀成果奖	教育部	论文类	三等奖
15	中国教育发展指数	刘复兴、薛二勇、谢　祥、董宏建、莫雷钰、檀慧玲	第五届全国教育科学优秀成果奖	教育部	著作类	三等奖
16	Quality assessment of undergraduate education in China：impact on different universities	刘水云	第五届全国教育科学优秀成果奖	教育部	论文类	三等奖
17	高等教育质量保证体系的国际比较研究	马健生、孙　珂、陈　玥、饶燕婷、刘　茜、陈志强	第五届全国教育科学优秀成果奖	教育部	著作类	三等奖
18	中国教育现代化运动中的中国化与美国化、欧洲化之争	孙邦华	第五届全国教育科学优秀成果奖	教育部	论文类	三等奖
19	价值理性与工具理性的抉择——联合国教科文组织教育政策的话语演变	滕　珺	第五届全国教育科学优秀成果奖	教育部	论文类	三等奖
20	关于我国现代教育发展阶段问题的探讨	王本陆	第五届全国教育科学优秀成果奖	教育部	论文类	三等奖
21	中学理科课程标准国际比较与比较（化学卷）	王　磊、黄鸣春、姜言霞、王维臻、张荣慧、张莉娜	第五届全国教育科学优秀成果奖	教育部	著作类	三等奖
22	在“新常态”下进一步完善财政教育投入稳定增长的长效机制	王善迈、吕东伟	第五届全国教育科学优秀成果奖	教育部	研究报告类	三等奖
23	社会心理学	章志光、寇　彧、金盛华、杨宜音、刘　力、魏运华	第五届全国教育科学优秀成果奖	教育部	著作类	三等奖
24	财政分权与公共教育：教育财政的政治经济学研究	郑　磊	第五届全国教育科学优秀成果奖	教育部	著作类	三等奖

续表

序号	成果名称	主要作者	奖项名称	颁奖单位	成果形式	获奖等级
25	中国民办教育发展报告 2012	周海涛、钟秉林、景安磊、刘 侠、史少杰	第五届全国教育科学优秀成果奖	教育部	著作类	三等奖
26	“新国民”的想象：民国时期民众学校研究	周慧梅	第五届全国教育科学优秀成果奖	教育部	著作类	三等奖
27	论教师专业发展的理论模型建构	朱旭东	第五届全国教育科学优秀成果奖	教育部	论文类	三等奖

特等奖、一等奖成果简介

《认知发展心理学》（著作）

北京师范大学　陈英和

北京师范大学出版社　2013 年 11 月出版

本书是作者多年来在认知发展领域研究成果的积累及分析总结。作者对认知发展领域的重要基本理论做了系统梳理与总结分析，并引用了不同子领域的最新研究成果，全面系统地阐述了关于儿童认知发展的理论，并介绍分析了有关的研究思路、研究方法和研究成果。并且，作者提出了关于儿童认知发展的新理论观点，对传统皮亚杰认知发展理论与现代认知心理学理论做出了新的解读和分析，其观点具理论创新成分；作者回应了认知发展领域的一些理论难题，对遗传与环境的作用、认知发展的稳定性与可变性、认知发展的阶段性等问题提出了很深入的思考；并给一些重要的概念注入了新的内涵，对“认知发展”“自然认知”“社会认知”等重要概念及其相互关系做出了新解释和界定。这些都是认知发展领域的重要学术成果，是研究和评价皮亚杰和现代认知发展理论的重要参考，是对儿童认知发展理论的积极探索，具有较高的学术价值。出版后受到了学术界、教育界的广泛好评与欢迎。本书是国内最早且唯一专注于个体认知发展主题的学术专著，并且作者结合多年在该领域的研究经验，以实证材料为依据进行理论分析，提出了一些新的理论观点，在学术界被广泛认可，为该领域研究者们提供了很好的学术资源。几年来，已经被广泛引用。在实践上，本书也具有很高的社会效益。本书中重点介绍了不同认知能力的发展特点、影响因素以及干预手段，注意理论联系实际，这些对中小学教师的教育教学具有很大的指导意义；同时，本书在撰写中引用了较多的实证研究，并且作者提出了很多新的研究思路，这些都对心理学工作者的研究工作具有较大的启发意义；由于该书具有概念准确、内容系统、充分反映学科前沿的特点，在高校心理学研究生和本科生的教学中受到了极大的欢迎，是发展心理学以及认知发展心理学课程的必备教材或核心参考书，在为学生迅速了解领域前沿研究方法以及研究成果、提升学生的科研素养等方面提供了很大的帮助，该书的社会反映非常好，一直供不应求。

陈英和，北京师范大学心理学院发展心理研究所，教授，博士生导师。研究方向：发展与教育心理学，具体为儿童认知发展。近些年的研究兴趣：儿童认知策略、工作记忆、元认知、数认知、表征、推理以及儿童情绪和心理理论（TOM）等。社会工作：教育部人文社会科学重点研究基地北师大发展研究所副主任；中国心理学会理事、学术工作委员会委员；中国心理学会教育心理学专业委员会主任；北京师范大学学位委员会委员；北京师范大学心理学院学位分会主席；*Journal of Pacific Rim Psychology*、《心理发展与教育》副主编；《心理科学》《心理与行为研究》《北京师范大学学报》（社科版）、《华南师范大学学报》《心理技术与应用》编委；中国人民大学学术期刊复印资料《心理学卷》编委及执行编委；中国儿童中心学术委员会委员。

《“后 4% 时代”的教育经费应该投向何处？——基于跨国数据的实证研究》（论文）

北京师范大学　胡咏梅、唐一鹏

北京师范大学学报（社会科学版）　2014 年 10 月

本文在教育研究领域，采用跨国数据构建计量模型，从教育数量与质量、不同阶段教育年限、不同阶段经费投入等方面来考察教育与经济增长关系的文章并不多见。因此，文章在研究思路、数据整合、对策建议等方面均有所创新，并具有较高的学术价值。

(1) 打破4%的惯性思维，着力探讨教育财政的投入方向与配置结构问题。对于教育经费占GDP的合理性问题一直受到学者们关注，但是大部分学者都将焦点放在具体的比例上，试图提出一个更高的数值来代替4%作为今后的教育财政投入目标。诚如老一辈教育经济学者王善迈先生所指出的那样，教育经费占比是一个"事后"的数据，不适宜拿来做事前的准则，应该跳出比例的框框，建立公共教育财政投入增长的长效机制。文章便是沿着这一思路进行的有益探索，摒弃了关注比例的传统做法，进而聚焦公共教育财政预算的投入方向与配置结构问题。(2) 整合国际教育数据，构建跨国计量模型。采用跨国数据进行实证分析早已有之，但是大部分研究在国际各类数据库的挖掘和整合上仍存在不足。现有研究多采用联合国教科文组织和OECD等国际组织公布的官方数据，而在这些官方数据中，有关中国的数据常常处于缺失状态，对开展跨国实证研究造成了障碍。文章综合利用了包括PISA官方的教育测量数据、美国经济学家Barro和Lee开发的世界各国各级受教育年限和教育参与率数据，以及美国经济学家Hanushek和德国经济学家Woessman合作开发的世界主要国家教育质量数据等各类数据，并将这些数据整合在经济增长框架之下，用于验证教育对经济增长的影响效应，推动了相关数据在教育研究领域的运用。(3) 测算精英人才对经济增长的影响效应，明确提出建立"英才教育基金"。文章将各国优等生比例作为自变量放入模型，结果发现该变量对人均GDP的提升具有极其显著的影响效应，而且优等生比例提高1%会使人均GDP提高3倍。这表明杰出人才在国家经济发展中起着举足轻重的作用，此效应是其他教育指标的上百倍。根据该结果，并结合我国当下热议的"英才教育"问题，文章认为，应该在注重基础教育均衡发展的同时，兼顾对于英才少年的培养。建议教育财政性经费中建立"英才教育基金"，给予天赋高的学生以特殊的人才培养机制，为我国未来科技和经济的快速发展提供充足的精英后备人才。环顾世界主要发达国家，基本上都有选拔和培养英才少年的特别学校，有些国家还颁布了天才儿童法案 ，从立法上确保科技创新人才的培养制度。我国曾经也有过类似"少年班"的现象，但后来渐渐式微。"钱学森之问"警醒我国教育决策者，必须在教育顶层设计中适当兼顾英才教育，创设有利于培养拔尖创新人才的机制，并且在教育财政经费上予以充足的保障。文章刊登在《北京师范大学学报》(社会科学版) 上，随后被《新华文摘》《人大复印资料》等重要刊物全文转载，产生了非常大的社会影响。

胡咏梅，教授，博士生导师，新世纪优秀人才，教育经济研究所副所长。研究领域：教育生产函数、学校效率评估、教育政策或项目评估、高等教育财政投资等。社会工作：中国教育经济学会常务理事；中国基础教育质量监测协同创新中心教育统计、测量与评价学科建设专家工作委员会委员；《教育经济评论》副主编。

《中国学生发展核心素养研究报告》(研究报告)

北京师范大学　林崇德、莫雷、
张文新、赵国祥、李红、刘霞
教育部　2014年8月

该研究报告是我国基础教育改革领域关于核心素养研究工作的重大突破，顺利通过由教育部原副部长王湛同志主持的教育部基础教育课程教材专家工作委员会的审议，得到50余位评审专家的高度评价。有四个创新点：首先，第一次通过实证研究的证据支持把党和国家关于学生德智体美全面发展的方针要求具体化、细化，使中华优秀文化中"修身成德"的精神率先在学生素养中得到体现。其次，突出强调科学性，根据学生身心发展规律把党的教育方针具体化、细化。以往对核心素养的研究主要采用文献分析法，缺乏来自实证量化数据的支撑，并且相对忽视儿童的身心成长规律和发展需求。本成果根据学生身心发展规律，采用科学的手段和方法，进行核心素养指标的遴选与界定，确保每一个指标的严谨性与科学性。第三，充分反映时代性，把面向未来作为中国学生发展核心素养的主要导向。当今时代，科技进步日新月异，知识经济迅猛发展，全球化、信息化步伐明显加快。本成果在体系建构上充分反映新时期经济社会发展对人才培养的新要求，重点强调能够反映时代精神、体现素质教育理念的素养，全面体现先进的教育思想和教育理念，确保能与时俱进、具有前瞻性。第四，高度重视民族性，把中华优秀传统文化作为中国学生发展核心素养体系的精神内核。中华文明源远流长，在丰富的传统文化思想以及独具特色的传统教育体系中蕴含了诸多对人才培养和教育的思考。中国学生发展核心素养体系不仅强调与时代特点紧密相关的指标，还特别强调中华优秀传统文化的继承、发展与创新，把核心素养研究充分植根于本民族的文化历史土壤之中。该成果自提出后，得到全社会各方面的广泛关注，教育部通过中国教育学会54个分支机构，在全国范围内进行公开意见征询及广泛学习研讨，来自全国34个省市自治区的上万所学校的中小学校长、骨干教师等参与了学习培训，推动和引领教师教学由“学科本位”向“学生发展本位”变革。此外，该成果提出后，国内新闻媒体也进行了广泛的报道和宣传，《人民教育》《中国教育报》《中国教育学刊》《基础教育参考》《教育家》《中国教师》等报纸期刊及新闻媒体进行了广泛报道，成为当前中国素质教育改革的最热点话题之一。该成果先后向教育部提交8份政策咨询报告，这些咨询报告均被教育部采纳，为落实立德树人工程、深化基础教育改革提供了重要咨询建议。

林崇德，男，教授，博士生导师。研究方向：认知发展；学科能力发展。社会工作：中国心理学会理事长；中国教育学会常务理事兼学生委员会副主任；亚洲太平洋地区健康心理学会第一副主席；《心理学报》副主编；《心理发展与教育》主编；教育部中小学心理健康教育专家指导委员会主任；国务院学位委员会学科评议组成员等。

《外国教育史教程（第三版）》（著作）

北京师范大学　吴式颖、李明德、张斌贤、单中惠、王保星、杨汉麟

人民教育出版社　2015年出版

第三编现代教育史，共10章，叙述和分析19世纪末、20世纪初以来欧美主要国家、日本、苏联和俄罗斯以及第三世界国家的教育演变，探讨19世纪末、20世纪初至20世纪中后期欧美国家相继出现的重要教育思潮、教育实验以及蒙台梭利、杜威等著名教育家的教育理论，研究马卡连柯、赞可夫、苏霍姆林斯基、巴班斯基等原苏联教育家的教育思想。参与本书编写的各位作者都各有专长，在不同的领域和问题上都有独到的学术积累和丰富的教学经验。本书编写充分发挥各位作者的学术专长，使各个部分的内容都基于作者较为扎实的研究和教学工作基础上，因而，不仅使各部分内容史料丰富扎实，言之有据，而且及时反映相关研究的进展，从而不断更新教材内容。本书上讫史前社会，下至20世纪末、21世纪初，内容涉及亚洲、欧洲、非洲、美洲等世界数十个国家，较为全面和完整地反映了国外教育发展的全貌，为学生系统了解世界主要国家和地区教育的演变、形成国际视野奠定扎实的基础。本书所具有的内容的系统性和完整性，是国内同类教材中不多见的。教材内容的完整不仅有利于学生系统掌握本学科的知识体系，拓展视野，也有利于教师在教学过程中根据具体条件进行调整和发挥。国内的外国教育史教材长期受苏联的影响，机械照搬社会发展史的阶段分期。本书力求在充分借鉴史学研究成果的基础上，反映各位作者多年的学术积累，力求反映教育发展的特殊性以及教育发展与社会、政治、经济、文化变迁等相互关系的差异性，避免简单套用宏观社会发展理论，以宏观社会理论裁剪教育史。其次，避免以往同类教材将外国教育史理解成为各国教育演变的简单相加，力求反映不同时期、不同地区和不同国家教育演变之间的相互影响、交流，以求深入挖掘教育历史变迁的内在逻辑。本书从酝酿至今，前后20余年，凝聚了三代外国教育史学者的心血和智慧。尽管自初版以来，一直受到师生欢迎，但为不断适应高校教育学本科专业人才培养改革的需要，根据教师和学生的要求，期间进行了两次较大的修订。第二版的修订侧重于篇幅的压缩和内容的精炼，以反映高校课时压缩的现状。第三版的修订则不仅对教材内容做进一步提炼，对文字进行加工，更主要的是，根据近年来外国教育史和相关学科的研究进展，较大幅度地更新了第三编现代教育史的内容。为适应新一代学生的认知特点，在结构、形式等方面做了大量调整、更新，以加强教材的可读性。一部教材不断反复打磨，精益求精，这在同类教材中也是不多见的。由于该著作在作者队伍、编写指导思想、内容体例等方面所具有的特色，多年来，本书一直被诸多高校作为外国教育史课程所使用的主要教材。是迄今为止国内发行量最大、使用范围最为广泛的同类教材。

吴式颖，女，原北京师范大学教育系外国教育史专业教授、博士生导师。参与编写的著作或教材有《外国古代教育史》《外国教育史简编》《外国教育通史》第四和六卷、《外国教育家评传》第三卷、《外国近代教育史》（副主编）、《外国现代教育史》（主编）、《中外教育比较史纲》（近代卷分卷主编之一）、《外国教育史教程》（主编）、《外国教育思想通史》（总主编之一）。2006年著有《俄国教育史》。参与《中国大百科全书》（教育卷）、《教育大辞典》《世界百科名著大辞典》《世界教育名著通览》等工具

书、参考书的编写并有多部译著（合译）。具有代表性的学术论文有《拉夏洛泰及其〈论国民教育〉》《克鲁普斯卡娅及其教育思想简论》《苏联当代教育理论中的教学过程问题》《从苏联当代教育的发展谈到瓦·亚·苏霍姆林斯基》等。其中主编的《外国教育史教程》是王天一等主编的《外国教育史》（上、下册）以后最权威的外国教育史教材。曾被定为普通高等教育"九五"国家级重点教材。本书荣获教育部颁发的全国普通高等学校优秀教材一等奖。

《积极稳妥地推进高等学校考试招生制度改革》（论文）

北京师范大学　钟秉林、杜瑞军、方芳

《高等教育研究》并被《新华文摘》全文转载；

2012 年第 9 期，2013 年第 3 期

（《新华文摘》转载）

该论文面向我国高等教育资源配置中的重大现实问题，对我国现行高考招生制度进行了全方位、多角度的分析与反思，既有对高考招生制度改革必要性的阐释，也有对高考招生制度改革复杂性和艰巨性的分析，而且从改革政策实施的角度提出了具有操作性的政策和对策建议，涉及政府、社会、高等学校与中小学校的综合改革，具有重要的决策咨询价值，并且推进了相关理论研究的深化。该论文是作者主持的国家自然科学基金重点项目"中国教育资源配置理论与重大现实问题研究"的阶段性研究成果，在研究过程中，运用了文本分析和问卷调查法。为保证研究结论的科学性，在后续研究中还将与有关数据公司合作，采取实验法、大数据技术等进行数据挖掘、整理和分析。对高考招生制度改革综合试点工作的进展和社会舆情进行动态、系统跟踪。论文作者尝试将教育理论研究与教育改革发展重大现实问题研究相结合，将学术研究与政策咨询相结合，将学术论文发表与国家级重大研究项目申报与实施相结合，将个体性研究与发挥团队作用相结合，在改善教育科学研究与效率，提高教育科学研究针对性和实效性等方面做出了探索。高考综合改革是我国高等教育资源配置中的关键问题之一。高考招生制度改革涉及教育思想观念更新、考试评价理论探索、教育决策与政策评价等重大理论问题。本论文在基础理论研究方面体现了独立性、原创性和前沿性。并在后续研究工作中通过国内外比较研究，多学科多部门联合攻关研究，不断深化对考试科学、教育公平理论、政策评估理论的研究，在研究方法、研究范式等方面进行创新，把相关理论研究提升到一个新的层次。该研究成果着眼于服务国家教育决策，强调研究的针对性和实效性。在夯实基础理论研究的基础上，注重基于证据的决策咨询研究。在此基础上成功申报教育部哲学社会科学重大课题攻关项目《高考改革试点方案跟踪与评估研究》，论文作者和课题组成员参与了教育部和国家教育咨询委员的高考综合改革试点督察和专题调研活动，向教育部提交了相关督查报告和专题调研报告，得到采纳。

钟秉林，男，北京师范大学教育学部教授，博士生导师，中国教育学会会长，原北京师范大学校长。清华大学兼职教授，英国卡迪夫大学名誉研究员。担任第五届国务院学位委员会委员，国务院学位委员会机械学科评议组成员，中国教育国际交流协会副会长，中国高等教育学会常务理事，中国振动工程学会理事，中国机械工程学会理事，《振动工程学报》《机械工程学报》*Neural Computing and Applications*（英国）杂志编委等职。享受政府特殊津贴。

（北京师范大学社科处刘娜供稿）

中央民族大学

序号	成果名称	主要作者	奖项名称	颁奖单位	成果形式	获奖等级
1	内地西藏班教学模式与成效调查研究	许丽英	第五届全国教育科学研究优秀成果奖	教育部	著作	三等奖
2	抓住实现民族地区跨越式发展的"金融着力点"	侯超惠	国家民委社会科学成果奖（调研报告奖）	国家民委	调研报告	一等奖
3	如何改变区域性的趋势性贫困——从怀化看集中连片贫困地区精准扶贫政策的精准化及政策建议	邹吉忠	国家民委社会科学成果奖（调研报告奖）	国家民委	调研报告	三等奖

续表

序号	成果名称	主要作者	奖项名称	颁奖单位	成果形式	获奖等级
4	民族地区基础教育数学与理科课程现状与发展研究报告	何　伟	国家民委社会科学成果奖（调研报告奖）	国家民委	调研报告	二等奖
5	全国藏文媒体人才需求调研报告	赵丽芳	国家民委社会科学成果奖（调研报告奖）	国家民委	调研报告	三等奖
6	青海藏区藏汉双语教学及其现状调查	祁进玉	国家民委社会科学成果奖（调研报告奖）	国家民委	调研报告	三等奖

（中央民族大学科研处供稿）

中央财经大学

序号	成果名称	主要作者	奖项名称	颁奖单位	成果形式	获奖等级
1	心理学研究方法	辛自强	第五届全国教育科学研究优秀成果奖	教育部	专著	三等奖
2	谁更可能被自主招生录取——兼论建立高校自主招生多元评价指标体系	尹　银、周俊山、陆俊杰	第五届全国教育科学研究优秀成果奖	教育部	论文	三等奖

（中央财经大学科研处供稿）

对外经济贸易大学

序号	成果名称	主要作者	奖项名称	颁奖单位	获奖等级
1	现代职业教育体系建设与提高对外开放水平的关系研究	史　薇、曲一帆、周禹彤、孔　坤	第五届全国教育科学研究优秀成果奖	教育部	二等奖
2	我国高校“非升即走”制度的合法性反思	娄　宇	第五届全国教育科学研究优秀成果奖	教育部	二等奖

（对外经济贸易大学科研处供稿）

中国传媒大学

序号	成果名称	主要作者	奖项名称	颁奖单位	成果形式	获奖等级
1	高校特色专业培育的理论与实践	王保华	第五届全国教育科学研究优秀成果奖	教育部	专著	二等奖
2	高校学生发展影响因素的探索新研究	周廷勇	第五届全国教育科学研究优秀成果奖	教育部	论文	三等奖

（中国传媒大学文科科研处供稿）

北京交通大学

成果名称	主要作者	奖项名称	颁奖单位	成果形式	获奖等级
北京市地面交通和轨道交通适应性发展研究	欧国立	北京市第十二届优秀调查研究成果奖	中共北京市委、北京市人民政府	研究报告	二等奖

（北京交通大学社科处李敏供稿）

首都师范大学

序号	成果名称	主要作者	奖项名称	颁奖单位	成果形式	获奖等级
1	新中国中小学教科书图文史（六卷）	石　鸥、吴小鸥、张增田、赵长林、张景斌、李　祖	第五届全国教育科学研究优秀成果	教育部	著作	一等奖
2	科学探究论	王晶莹	第五届全国教育科学研究优秀成果	教育部	著作	二等奖
3	复归与重构——当代美国道德教育理论与实践的变革	朱晓宏	第五届全国教育科学研究优秀成果	教育部	著作	三等奖
4	我国高等教育体制改革为何成效不足	王寰安	第五届全国教育科学研究优秀成果	教育部	论文	三等奖
5	世界主要国家和地区学前教育法律研究及启示	沙　莉	第五届全国教育科学研究优秀成果	教育部	著作	三等奖
6	预期收入、风险与教育选择——来自北京六所高校的经验证据	廖　娟、Joop Hartog、丁小浩	第五届全国教育科学研究优秀成果	教育部	论文	三等奖

特等奖、一等奖成果简介

《新中国中小学教科书图文史》（文卷）（著作）

首都师范大学　石鸥　吴小鸥　张增田

赵长林　张景斌　李祖

广东教育出版社　2015 年出版

《新中国中小学教科书图文史》由语文、数学、外语、文科综合、理科综合、音体美教科书六大卷组成，获第五届全国教育科学研究优秀成果奖一等奖、第六届中华优秀读物奖。该书体系完整、结构严谨、资料翔实，图文并茂，基于实物的大量的教科书图片，记录着新中国教科书直接、鲜活、详细的发展历程，展现了 1949 年至今，新中国教科书的发展脉络。该书是教科书研究的重大突破，不仅标志着我国教科书研究又上了新的台阶，同时也标志着我国课程教学论的探索有了新的拓展。

该书主编石鸥现为首都师范大学教育学院特聘教授，兼任教育部基础教育课程教材专家工作委员会委员，全国教育文物研究会理事长，中国教育学会学术委员会委员，全国教学论专业委员会副主任委员，教育部教育类专业教学指导委员会委员，享受国务院政府特殊津贴专家，国家级教学名师。近年来，石鸥教授及其团队的教科书系列研究成果引起了较大的学术反响，在全国处于领先水平。主要代表作有《新中国中小学教科书图文史》（六卷本）、《中国近现代教科书史》（上、下册，北京市第十三届哲学社会科学成果奖一等奖，第七届高等学校科学研究成果奖二等奖）、《百年中国教科书图说》（两卷本）等。

（首都师范大学社科处李葸供稿）

北京林业大学

成果名称	主要作者	奖项名称	颁奖单位	成果形式	获奖等级
青年菜君：作茧化蝶之路	刘雯雯、廖柏喻、李小勇	全国百篇优秀管理案例	全国工商管理专业学位研究生教育指导委员会	案例	一等奖

特等奖、一等奖成果简介

《青年菜君：作茧化蝶之路》（案例）

北京林业大学　刘雯雯、廖柏喻、李小勇

“全国百篇优秀管理案例”评选活动由全国工商管理专业学位研究生教育指导委员会主办、中国管理案例共享中心承办，评选过程包括匿名函审和专家委员会评审两个阶段。评选出的优秀案例将收入中国管理案例共享中心案例库，并择优推荐给加拿大毅伟商学院案例库在全球英文发行。2012 年教育部公布“第三轮学科评估指标体系”，将“全国百篇优秀管理案例”正式列入评估标准（C5 项），“优秀管理案例”是国家一级学科评估指标中“工商管理”学科的唯一特色指标，也是 MBA 建设的重要内容之一。刘雯雯等老师积极深入企业实践之中，致力于开发原创性、本土化、高水平的管理案例，重视教学过程中理论与实践的有机结合，强调人才培养中知识与能力的同步提高，并形成了“在情景中讨论，在讨论中创新，在创新中提升”的 MBA 课堂教学理念。

刘雯雯，女，山东济南人，1981 年 6 月出生，副教授，管理学博士。研究方向：战略管理、组织管理与变革、战略咨询。

（北京林业大学科技处张力供稿）

中国社会科学院

第九届（2016 年）中国社会科学院优秀科研成果奖获奖成果一览表

序号	成果名称	主要作者	成果形式	获奖等级
1	奢华之色——宋元明金银器研究	扬之水、（赵永晖）	专著	一等奖
2	塞万提斯学术史研究	陈众议	专著	一等奖
3	东方哲学史（5 卷）	徐远和、李甦平、周贵华、孙　晶主编	专著	一等奖
4	中华民国史（36 册）	李新等	专著	一等奖
5	世界历史（39 册）	世界历史研究所	专著	一等奖
6	中国近代经济史（1927－1937）（上、中、下）	刘克祥、吴太昌	专著	一等奖
7	刘易斯转折点与公共政策方向的转变	蔡　昉	论文	一等奖
8	中华人民共和国史稿（5 卷）	当代中国研究所	专著	一等奖
9	清代诗学史（第一卷）	蒋　寅	专著	二等奖
10	蝴蝶与蚩尤——苗族神话的新建构及反思	吴晓东	论文	二等奖
11	论元的分布与选择——语法中的显著性和局部性	胡建华	论文	二等奖
12	马克思主义哲学形态的演变（上、下卷）	吴元梁主编	专著	二等奖
13	中国南传佛教研究	郑筱筠	专著	二等奖
14	汉魏洛阳故城南郊礼制建筑遗址 1962－1992 年考古发掘报告	考古所	专著	二等奖
15	战国秦汉时期云贵高原考古学文化研究	杨　勇	专著	二等奖
16	中国社会科学院历史研究所藏甲骨集（3 卷）	宋镇豪、赵　鹏、马季凡编著、历史所编	专著	二等奖
17	元典章（4 册）	陈高华等点校	古籍整理	二等奖
18	台湾史稿（上、下卷）	张海鹏、陶文钊主编	专著	二等奖
19	从地名演变看中国南海疆域的形成历史	李国强	论文	二等奖
20	新中国经济学史纲（1949—2011）	张卓元等	专著	二等奖
21	中国的工业大国国情与工业强国战略	黄群慧	论文	二等奖
22	中国区域协调发展研究	魏后凯等	专著	二等奖
23	工业和服务外包对中国工业生产率的影响	姚战琪	论文	二等奖

续表

序号	成果名称	主要作者	成果形式	获奖等级
24	中国住户生产核算的方法论体系	李金华等	专著	二等奖
25	低碳城市：经济学方法、应用与案例研究	潘家华、庄贵阳、朱守先等	专著	二等奖
26	中国实质刑法观批判	邓子滨	专著	二等奖
27	历代珍稀司法文献（15 册，整理标点本）	杨一凡主编	古籍整理	二等奖
28	中国原始信仰研究	孟慧英	专著	二等奖
29	当代中国民生	李培林等	专著	二等奖
30	中国出口的收入和价格弹性	姚枝仲、田　丰、苏庆义	论文	二等奖
31	网络环境下图书情报学科与实践的发展趋势	黄长著等	专著	三等奖
32	苏非之道——伊斯兰教神秘主义研究	周燮藩等	专著	三等奖
33	黑格尔全集（第 17 卷）	梁志学、李理译	译著	三等奖
34	新疆史前晚期社会的考古学研究	郭　物	专著	三等奖
35	殷墟小屯村中村南甲骨（上、下册）	考古研究所	专著	三等奖
36	New Archaeobotanic Data for the Study of Origins of the Agriculture in China（中国农业起源研究的植物考古新资料）	赵志军	论文	三等奖
37	伊洛地区裴李岗至二里头文化时期复杂社会的演变——地理信息系统基础上的人口和农业可耕地分析	乔　玉	论文	三等奖
38	终极之典：中古丧葬制度研究（上、下卷）	吴丽娱	专著	三等奖
39	论商代复合制国家结构	王震中	论文	三等奖
40	金元北方云门宗初探	刘　晓	论文	三等奖
41	从出土秦汉律看中国古代的“礼”、“法”观念及其法律体现——中国古代法律之儒家化说商兑	杨振红	论文	三等奖
42	中法教育合作事业研究（1912—1949）	葛夫平	专著	三等奖
43	地方督抚与清末新政——晚清权力格局再研究	李细珠	专著	三等奖
44	千年忧思——古代思想家政治家治乱兴衰思想论纲	周溯源	专著	三等奖
45	俄总领事与清津海关道——从刻本史料看同治年间地方层面的中俄交涉	陈开科	论文	三等奖
46	美国政府与中日甲午战争	崔志海	论文	三等奖
47	BritishViews on China At a Special Time（1790—1820）［一个特殊时期的英人评华（1790—1820）］	张顺洪	专著	三等奖
48	公地制度中的平等精神	赵文洪	论文	三等奖
49	中华人民共和国经济史（1953—1957）（上、下）	董志凯、武　力	专著	三等奖
50	中国经济增长前沿 II——转向结构均衡增长的理论和政策研究	张　平、刘霞辉、王宏淼	专著	三等奖
51	国家特定优势：国际投资理论的补充解释	裴长洪、郑　文	论文	三等奖
52	十八世纪徽商典铺的经营管理与典当制度——以休宁茗洲吴氏典铺为中心	封越健	论文	三等奖

续表

序号	成果名称	主要作者	成果形式	获奖等级
53	再论中国私营银行业的社会主义改造——基于产权变革视角的考察	赵学军	论文	三等奖
54	对中国经济所有制结构现状的一种定量估算	杨新铭、杨春学	论文	三等奖
55	中国能源利用效率问题研究	史　丹	专著	三等奖
56	中国废弃物温室气体排放及其峰值测算	渠慎宁、杨丹辉	论文	三等奖
57	农村政治参与的行为逻辑	中国社会科学院农村发展研究所课题组	论文	三等奖
58	Rental Markets for Cultivated Land and Agricultural Investments in China（中国农地流转市场的发展及其对农户投资的影响）		论文	三等奖
59	中国公共财政建设指标体系研究	高培勇、张　斌、王　宁	专著	三等奖
60	城市化进程中低收入居民住区发展模式探索——中国辽宁棚户区改造的经验	倪鹏飞、本吉·奥拉仁·奥因卡、陈　飞等	研究报告	三等奖
61	中国货币政策调控工具的操作机理：2001—2010	王国刚	论文	三等奖
62	历史演进、制度变迁与效率考量——中国证券市场的近代化之路	尹振涛	专著	三等奖
63	二十一世纪中国经济周期平稳化现象研究	殷剑锋	论文	三等奖
64	中国工业绿色转型研究	中国社会科学院工业经济研究所课题组	论文	三等奖
65	二元结构下的投资膨胀及要素驱动——收入分配视角的机制分析与实证	蔡跃洲	专著	三等奖
66	到底能生多少孩子？——中国人的政策生育潜力估计	王广州、张丽萍	论文	三等奖
67	寻找阿基米德的“杠杆”——“出生季度”是个弱工具变量吗？	吴要武	论文	三等奖
68	基于六普、五普的城镇化人口统计数据修补	李恩平	论文	三等奖
69	体系前研究到体系后研究的范式转型	陈　甦	论文	三等奖
70	中国宪法三十年（1982—2012）（3卷）	李　林、莫纪宏主编	专著	三等奖
71	法官裁量对结果选择的实现之认知	沈　涓	论文	三等奖
72	自由·权威·多元——东亚政治发展研究报告	房　宁等	专著	三等奖
73	对中国中央集权现实重要性的再认识	孙彩红、余　斌	论文	三等奖
74	族际政治：20世纪的理论与实践	王建娥	专著	三等奖
75	20世纪的中国民族问题	王希恩	专著	三等奖
76	民族地理学	管彦波	专著	三等奖
77	羌语的施事者及其相关标记	黄成龙	论文	三等奖
78	时空社会学：理论和方法	景天魁等	专著	三等奖
79	市场抑或非市场：中国收入不平等成因实证分析	陈光金	论文	三等奖
80	中国传播学30年（1978—2008）	王怡红、胡翼青主编	专著	三等奖
81	“八卦新闻”之流变及传播解析	殷　乐	论文	三等奖
82	社会变迁过程中的结构紧张	李汉林、魏钦恭、张　彦	论文	三等奖
83	国际经济研究中的多边分析方法与应用——理论、方法、实例	黄　薇、郑海涛、任若恩	专著	三等奖

续表

序号	成果名称	主要作者	成果形式	获奖等级
84	暴力的限度——战争法的国际政治分析	徐　进	专著	三等奖
85	How Large are the Impacts of Carbon Motivated Border Tax Adjustments?（碳边界调节措施的影响分析）	东　艳、John Whalley	论文	三等奖
86	俄罗斯经济外交：理论与实践	李中海	专著	三等奖
87	观念与制度：苏联解体后的俄罗斯国家治理（1991—2010）	庞大鹏	专著	三等奖
88	国家利益和意识形态在欧洲议会中的博弈——欧洲议会党团凝聚力研究	张　磊	论文	三等奖
89	国家转型视角下的欧洲民族国家研究	田德文	论文	三等奖
90	拉美国家社会转型期的困惑	苏振兴主编	专著	三等奖
91	拉美地区落入"中等收入陷阱"的考察：全要素生产率的分析框架	齐传钧、郑秉文	论文	三等奖
92	市场扩展与崛起国对外战略	高　程	论文	三等奖
93	东盟40年：区域经济合作的动力机制（1967—2007）	王玉主	专著	三等奖
94	跨太平洋伙伴关系协议（TPP）的成本收益分析：中国的视角	沈铭辉	论文	三等奖
95	跨越制度边界的互动：国际制度与非成员国关系研究	王　玮	专著	三等奖
96	"中等收入陷阱"与中国发展道路——基于国际经验教训的视角	郑秉文	论文	三等奖
97	美国对华政策中的涉疆问题	顾国良、刘卫东、李　枏	专著	三等奖
98	金融危机下的日本金融政策：困境与挑战	刘　瑞	专著	三等奖
99	试析日本人的历史认识问题形成原因	张建立	论文	三等奖
100	国有企业改革发展研究：以中国海洋石油总公司为例	胡乐明、宋云中等主编	研究报告	三等奖
101	马克思主义若干重大问题研究	靳辉明、李崇富主编	专著	三等奖
102	马克思的意识形态批判与当代中国	侯惠勤	专著	三等奖
103	忧患百姓忧患党——毛泽东关于党不变质思想探寻	李慎明	专著	三等奖
104	土地制度变动与中国乡村社会变革——以新中国成立初期土改运动为中心的考察	王瑞芳	专著	三等奖
105	论当代资本主义的阶级问题	姜　辉	论文	三等奖
106	哈佛看中国（3卷）	张冠梓主编	学术普及读物	三等奖

特等奖、一等奖成果简介

《中华人民共和国史稿》（5卷）（专著）

中国社会科学院　当代中国研究所著

人民出版社　2012年出版

中国社会科学院当代中国研究所著，邓力群为主编，副主编先后有马洪、安平生、李力安、有林、田居俭、张启华、程中原、张星星、李捷。参加编写的作者有（以姓氏笔画为序）于剑波、马英民、王善中、田居俭、田波、刘志男、刘国新、孙学文、李丹慧、李正华、李永田、李建斌、李格、杜蒲、杨德明、张启华、张星星、陈立旭、陈东林、范守信、金隆德、周鸿、段若非、夏杏珍、徐尚定、康文斌、董志凯、蒋仲辉、程大方、程中原。序卷主编为田居俭，第一卷主编为刘国新，第二卷主编为张启华，第三卷主编为程中原，第四卷主编为张星星。

《中华人民共和国史稿》为专著，共五卷，于2012年9月由人民出版社、当代中国出版社出版。该书忠实记录和深刻总结了从1949年10月中华人民共和国成立到1984年10月中国共产党十二届三中全会通过《关于经济体制改革的决定》的发展历程和宝贵经验。首先，该书是第一部经中央审定、批准出版的中华人民共和国史著作。该书由当代中国研究所20年潜心研究、认真编写、反复修改，经过中央和国家机关30个部委三度审阅全文，在重大问题的把握、历史线索的勾勒、重要事件的记述、经验教训的总结等方面具有较高的权威性，主要观点准确，历史资料可靠。其次，该书是中华人民共和国史学科发展和成熟的标志性成果。中华人民共和国史研究是在改革开放新时期诞生的一门新兴的历史学科，经过国史工作者和其他相关学者的共同努力，国史研究取得了比较显著的成果，学科体系建设渐趋成熟。该书在国史的研究对象、研究范围、编纂体例和编写方法等方面，都作出了创新性的探索，成为国史学科走向成熟的重要标志。同时，该书是学习马克思主义中国化创新成果和培育社会主义核心观的生动教材。该书在力求准确记述新中国发展历程的同时，注重加强对中国特殊国情、发展道路和历史经验的理论分析，有助于推进对国史、国情的宣传教育，深化对共产党执政规律、社会主义建设规律和人类社会发展规律的认识，增强坚持中国特色社会主义的信念和信心，为丰富和发展中国特色社会主义提供历史借鉴。

新华社发布通稿认为："该书的出版发行，对于发挥国史研究以史鉴今、资政育人作用，对于帮助人们系统学习新中国的历史，了解新中国的发展历程，深刻认识党领导人民进行社会主义革命、建设、改革的辉煌成就和历史经验，坚定中国特色社会主义理想信念，具有重要意义。"

该书出版后，全国各主流媒体均予以转发。中央文献研究室主任冷溶、中央党史研究室主任欧阳淞、中国社会科学院院长（时任常务副院长）王伟光、当代中国研究所原所长李力安和中国社会科学院原副院长李捷、朱佳木等在《人民日报》《光明日报》等报刊上撰文，对本书出版给予了高度评价。学术界也发表多篇评介文章。

《奢华之色——宋元明金银器研究》（专著）

中国社会科学院文学所　杨之水、（赵永晖）

中华书局　2010年出版

扬之水（赵永晖）中国社会科学院文学所研究员，从事名物学研究。曾任古典文献室主任，享受国务院政府特殊津贴。著有《棔柿楼集》（十卷）（卷一《诗经名物新证》、卷二《唐宋家具寻微》、卷三《香识》、卷四《宋代花瓶》、卷五《从孩儿诗到百子图》、卷六《两宋茶事》、卷七《物中看画》、卷八《藏身于物的风俗故事》、卷九《曾有西风半点香：敦煌艺术名物丛考》、卷十《桑奇三塔：西天佛国的世俗情味》）。

《奢华之色——宋元明金银器研究》为专著，于2010年4月由中华书局出版。该书共3卷，45万字，图1000余幅，以考古材料为基础，证以诗词歌赋、历史文献并各类古代图像资料，以解决金银器皿与金银首饰的名称与用途以及造型纹饰之来源的诸般问题。首次用名物学方法研究金银器，即以考古发现的实物为研究对象，从单个的小件入手，在文献与图像及实物的契合处考订它在当日的名称，继而推源溯流，解析造型与纹样的各个元素，从中发现继承和演变的轨迹，特别是设计构思的来源。讨论所及之一器一物，是中国古代设计史中具体而微的实例，也是时代风尚的细节构成；是艺术语汇，也是与小说、绘画、瓷器、漆器等工艺品共同构成的时代叙事；是金银器研究的一种尝试，也是使已经脱离了生存环境的"物"重新返回（至少是稍稍贴近）"诗"和"史"的一种尝试。

该书的贡献和价值在于推动了金银器研究定名问题（造型、纹饰、制作工艺）的解决。学者蒋寅认为："这套书虽无专史之名，却有专史之实，不仅每卷自具系统性，三卷之间也内在联系紧密，全面展现了中国古代文化成熟时期金银首饰、器皿美学和工艺的历史。""《奢华之色》三卷考究金银器物，首先都以古籍载记为据，再证以实物。而所援据的文献，又不局限于宋元以来的日用类书、营造、博古类书籍，还有大量的诗词、戏曲、小说文本，堪称融考古与文学研究为一体。虽名为金银器皿研究，却随处见出文学研究者的功底，一些器物考证的结论也为我们理解文学作品和文学史提供了饶有趣味的说明。"（蒋寅《读〈奢华之色〉札记》）

《塞万提斯学术史研究》（专著）

中国社会科学院外国文学研究所　陈众议

译林出版社　2011 年出版

陈众议 1957 年 10 月生于浙江省绍兴市，文学博士，现任中国社会科学院外国文学研究所所长、研究员，主要研究方向为西班牙语文学和文艺学。主要著作有《西班牙文学“黄金世纪”研究》《塞万提斯学术史研究》等。

《塞万提斯学术史研究》为专著，于 2011 年 4 月由译林出版社出版，该书是我国塞万提斯研究的最新成果，也是对一个时期以来的学术碎片化的一次纠正。该书无论是立场还是方法，都坚持了“二为”方向和“双百”方针，即通过塞万提斯及其作品的经典化过程探究文学与时代、继承与创新等一系列关系问题，提出了经典对于民族认同、文化自信等价值要素的重要作用，富有理论创新价值和现实意义。

该书尽可能通过“竭泽而渔”式的梳理，在四百多年来浩如烟海的塞万提斯研究史料中归纳提炼出最有代表性的观点和方法，分析比较了中外研究人员在历史文化语境和话语方式、立场等方面的异同，总结了中国学者的研究特点和已有成果，并有所发现，有所前进，对我国当下的文学批评和创作或有借鉴意义的相关方面提出了自己的看法。

该书堪称代表了当今中国塞万提斯研究的最高水平，是中国在外国文学研究领域具有突破意义的最新重要成果，曾获得第三届中国出版政府奖提名奖。

《东方哲学史》（5 卷）（专著）

中国社会科学院哲学研究所　陈远和、李甦平、周贵华、孙晶主编

人民出版社　2010 年出版

徐远和（1942—2002）1942 年 12 月生，江苏省如皋市人，中国社会科学院哲学研究所研究员，主要学术专长是中国哲学史，代表作有《理学与元化社会》。

《东方哲学史》（5 卷）为专著，于 2010 年 12 月由人民出版社出版。该书由中国社会科学院哲学研究所徐远和、李甦平、周贵华、孙晶主编，全国近四十位东方哲学学者参与写作，共分上古、中古、近古、近代、现代五卷，近 300 万字。该书具有如下特点。

第一，系统性与完整性。第一次真正涵盖了三大文化区域，即西亚北非伊斯兰文化区域、南亚文化区域与东亚文化区域，全面反映了整个东方文化区域从古至今近五千年的哲学发展史。

第二，创新性。突破了以往东方哲学研究的国别叙述模式，统一地分为上古、中古、近古、近代、现代五大时期予以叙述。以三大文化区域的哲学发展为核心，既注意到各大区域哲学自身的特色，又兼顾了彼此间的共同发展规律，具有鲜明的特色与重要的创新价值。

第三，开拓性。该书规模大、完整性强，而且填补了世界东方哲学研究领域很多研究空白。一些国家的哲学史第一次得到了系统表述，如越南哲学史等，而在国别的哲学史中填补空白的研究更是比比皆是，如在中国现代哲学中就立有“现代新佛学”一章，这在中国哲学史中还是第一次。

第四，前沿性。该书的作者团队集中了全国从事东方哲学研究最有实力的一批学者，反映了 21 世纪我国东方哲学研究的最高水平，书中的相当一部分内容属于前沿研究成果。

《东方哲学史》获得了第三届中国出版政府奖图书奖提名奖，《人民日报》《光明日报》等媒体对该书均作了报道。

《中华民国史》（36 册）（专著）

中国社会科学院近代史研究所　李　新

中华书局　2011 年出版

李新（1918—2004）生于四川省荣昌县（今重庆市荣昌区）。1934 年入川东师范学校，1938 年入延安陕北公学，亲历抗日战争和解放战争年代。新中国成立后，参与筹建中国人民大学，并任中国人民大学党委副书记。1962 年任中国科学院（现中国社会科学院）近代史研究所研究员，1978 年任近代史研究所副所长，1980 年任中央党史研究室副主任。领导创建了中华民国史学科，主持编撰《中华民国史》（36 册），是中华民国史学科的奠基性和代表性研究成果，深受海内外学界的关注和好评；还主持编撰了《中国新民主主义革命通史》（共 12 卷），是中国革命史研究领域的代表性成果。

《中华民国史》是专著，于 2011 年 8 月由中华书局出版。该书包括《中华民国史》（12 卷 16 册，800 万字，全面论述民国时期的历史）、《中华民国史人物传》（8 卷，500 万字，为民国年间有代表性的人物

近千人立传)、《中华民国史大事记》(12 卷，800 万字，逐日记述民国年间发生的历史大事)，共 36 册 2100 万字，由中国社会科学院近代史研究所民国史研究室主持编纂，李新担任总编。

该书以马克思主义唯物史观为指导，秉承实事求是的原则，充分占有史料，如实记叙历史，评价公允平实，文字清新可读。在撰写的过程中，对于史料运用、论述方式、评价标准等，既在过去研究的基础上有坚持、有继承，又在新时代的环境中有变化、有创新。其突出特点为：第一，论述内容广泛深入，建立了较为完整的民国史研究体系；第二，具有较高的学术水平，对民国史上的重要问题、事件和人物，都有比较深入、求实的分析阐释；第三，评价较为平实客观，改变了以往主观片面评价的不足；第四，史料全面丰富，综合运用档案、文献、报刊、日记、回忆录等，其中不乏珍稀档案文献资料，以及现藏于中国台湾地区和国外各档案馆、图书馆的史料。

民国史学科是中国历史学的新兴学科门类，而该套书则被公认是民国史学科的奠基作和代表作，受到了海内外各界的广泛关注和好评。在民国史研究、近代史研究和中国史学发展史上都占有重要地位。

该套书出版后，新华社发表了通稿，《人民日报》《中国青年报》《法制日报》《新闻出版报》《中华读书报》《南方日报》《南方都市报》《南方周末》等，中国香港《大公报》《文汇报》《星岛日报》和台湾《联合报》《中国时报》《旺报》，以及日本时事社、韩国《朝鲜日报》、新加坡《联合早报》等均对此书作了专题报道。

《世界历史》(39 册)(专著)

中国社会科学院　世界历史研究所

江西人民出版社　2012 年出版

中国社会科学院世界历史研究所是以研究世界近、现代历史为主，同时开展对世界古代和中世纪历史的研究，在国别史研究的基础上进行跨时代、跨国别、跨地区的专题研究，探讨和阐述人类社会发展的规律的研究机构。《世界历史》(39 册) 课题组由中国社会科学院世界历史所、历史所、近代史所等有关研究所和国内大专院校的 140 余位专家学者组成。世界历史学界的著名专家齐世荣、何芳川、刘家和、庞卓恒先生为该项课题的顾问组成员。总编委会由世界历史研究所不同研究领域和方向的 14 名研究员组成，其中世界历史研究所时任所长武寅任总编委会主任，于沛、吴恩远、周荣耀任总编委会副主任，总编委会成员同时兼任各卷(册)负责人。

《世界历史》(39 册) 为专著，于 2012 年 8 月由江西人民出版社出版。该书由理论与方法、经济发展、政治制度、民族与宗教、战争与和平、国际关系、思想文化、中国与世界共 8 卷 39 册组成，约 1500 万字。课题组以马克思主义唯物史观为理论指导，通过对复杂的世界历史进程的研究，科学地回答了人类历史发展中的一系列重大理论问题，揭示了人类历史发展的一般规律和特殊规律，以及不可逆转的进步趋势。

该书的理论创新点主要表现在以下四个方面。一是在对当代中国和世界一系列复杂问题的思考的基础上，牢记社会责任和使命，回答时代提出的重大问题，努力做到历史感与现实感的结合，使该书体现出鲜明的时代精神。二是采取专题与编年相结合的撰写体例，强调以时间为纵线，点面结合；既有一定的时空涵盖面，又有重点专题上的学术深度，使该书的历史视野更加开阔。三是中国史是世界历史不可或缺的组成部分，"中国与世界"在该书中独立成卷，重点探讨中国与世界文明的碰撞、交融及互动。四是该书开拓了许多新的研究领域，传统的史学方法已显不足。作为对传统史学方法的补充和完善，课题组汲取哲学社会科学相关学科的理论和方法以及比较方法等，在史学方法创新上，进行了积极的探索。

该书是改革开放以来，我国世界通史性研究的标志性成果，反映了我国世界通史研究的最新进展和所达到的最高水平，是我国几代世界史学者的心血结晶。

该书问世后，受到学术界和社会各界广泛关注和好评。2013 年获第三届中国出版政府奖图书奖提名奖和第 27 届华东地区优秀哲学社会科学图书评选一等奖。

《中国近代经济史(1927～1937)》(上、中、下)(专著)

中国社会科学院经济研究所　刘克祥、吴太昌

人民出版社　2010 年出版

刘克祥 1938 年 7 月生，湖南省娄底市人。研究员，硕士，任职于中国社会科学院经济研究所。主要研究方向为近代农业和农村经济，代表作有《中国永

佃制度研究》。

《中国近代经济史（1927—1937）》（上、中、下）为专著，2010 年 5 月由人民出版社出版。该书全面考察和探讨 1927—1937 年，即国民党政府成立最初 10 年间中国经济的发展、变化及其规律、特点，分别从新式工矿业、农业和农村经济、城乡手工业、交通运输和邮电通信业、对外贸易、商业和市场、金融业、财政以及革命根据地经济等方面，论述近代中国经济的发展历程，并总结出若干带有规律性的认识。全书约 178 万字。

20 世纪 30 年代，西方列强的危机转嫁导致中国工业衰退，农村破产，民族资本主义未老先衰。日本帝国主义空前疯狂的武装侵略和东北的沦陷，更使整个民族面临灭顶之灾。在民族危难关头，中国共产党发动武装起义，开展土地革命，废除封建土地所有制，建立崭新的政治和经济制度。含有社会主义因素的新民主主义经济，虽然刚刚萌发，又处于蒋介石重兵"围剿"和残酷的战争环境中，但有着顽强的生命力，逐渐恢复和发展了苏区经济，有力地支持了反"围剿"战争，壮大了工农政权，危难的中国现出了新的曙光。所有这些，从正反两个方面证明：在半封建半殖民地和殖民地中国，西方式的资本主义道路根本走不通，只有社会主义才能救中国。该书以详尽的史料和细腻的手法，叙述和再现了这段历史，不但坚定了我们对这一历史选择的信念，而且为我国当前的社会主义改革、为中国特色社会主义的新型工业化建设，提供了有益的经验和启示。

该书获得学界的广泛好评并产生了积极的社会影响。曾获 2012 年第四届郭沫若中国历史学奖二等奖，入选人民出版社"人民文库"和"中国文库"，并多次再版。

《刘易斯转折点与公共政策方向的转变》（论文）

中国社会科学院　蔡昉

《中国社会科学》　2010 年第 6 期

蔡昉 1956 年 9 月生，江西萍乡人，研究员，毕业于中国社会科学院研究生院，获经济学博士学位。现任中国社会科学院副院长、第十二届全国人民代表大会常务委员会委员、农业与农村委员会委员。主要研究领域有中国经济改革、经济增长、就业与劳动力迁移、收入分配和贫困等。著有《破解中国经济发展之谜》《超越人口红利》《从人口红利到改革红利》等，主编年度系列《中国人口与劳动问题报告》（人口与劳动绿皮书）。其中，《超越人口红利》获得第三届中国出版政府奖图书奖。

《刘易斯转折点与公共政策方向的转变》是论文，发表于《中国社会科学》2010 年第 6 期。

改革开放以来，农村劳动力的大规模转移和城镇就业的持续扩大，使城乡居民从就业收入的增长中分享了经济高速增长的成果。与此同时，由于社会发展相对滞后于经济发展，对普通劳动者和家庭的社会保护机制尚不健全。

随着刘易斯转折点的到来，一方面，居民大大提高了对更加充分、均等的社会保护制度的需求；另一方面，一直以来政府推动经济增长的激励，正在转变为提供更多、更好、更均等的公共服务，进而加强对城乡居民社会保护的激励。该文从劳动立法、劳动力市场制度建设、社会保障体系的包容性以及户籍制度改革等角度进行的经验分析，验证了政府特别是地方政府对刘易斯转折点到来的政策反应。

在对未来一段时期公共政策走向进行预测，并概括关于公共政策乃至政府职能重点向社会保护转变的若干特征性事实的基础上，作者给出了提高地方财政能力等相应配套改革的政策建议。

该文论证了在出现劳动力短缺现象的刘易斯转折点到来之后，激励中央和地方政府促进经济增长的动机，将相应地转变为提供更好的公共服务，进而提高社会保护水平和均等化程度的动机。该文认为，以提供适度社会保护为主要内容的蒂布特式激励，可以使地方政府回归到公共服务这个政府职能本质上面，超脱传统的以推动经济增长为主要任务的发展型职能。这一观点具有重要的前瞻性，对于认识当前转变经济发展方式、去剩余产能、城镇化进程中政府的作用具有重要的理论和现实意义。

（中国社会科学院科研局供稿、办公厅编辑）

中国宏观经济研究院（原国家发展和改革委员会宏观经济研究院）

序号	成果名称	奖项名称	主要作者	承担单位	成果形式	获奖等级
1	“十三五”时期经济社会发展总体思路研究	2015年度国家发展和改革委员会优秀研究成果奖	陈东琪等	宏观经济研究院等	研究报告	一等奖
2	21世纪海上丝绸之路战略研究	2015年度国家发展和改革委员会优秀研究成果奖	王一鸣等	宏观经济研究院	研究报告	二等奖
3	促进重大技术发展的思路与政策研究	2015年度国家发展和改革委员会优秀研究成果奖	王昌林等	产业经济与技术经济研究所	研究报告	二等奖
4	地区间建立横向生态补偿制度研究	2015年度国家发展和改革委员会优秀研究成果奖	贾若祥等	国土开发与地区经济研究所	研究报告	三等奖
5	“十三五”时期经济社会发展的主要风险和应对机制研究	2015年度国家发展和改革委员会优秀研究成果奖	马晓河等	宏观经济研究院	研究报告	三等奖
6	促进混合所有制经济发展研究	2015年度国家发展和改革委员会优秀研究成果奖	臧跃茹等	市场与价格研究所经济研究所	研究报告	三等奖
7	深化财税体制改革研究	2015年度国家发展和改革委员会优秀研究成果奖	王　蕴等	经济研究所	研究报告	三等奖

（中国宏观经济研究院丁刚供稿）

北京市档案局

序号	成果名称	主要作者	奖项名称	颁奖单位	成果形式	获奖等级
1	电子文件元数据分类与方案设计对策研究	陶水龙、王　贞、王　立、田　雷等	国家档案局优秀科技成果奖	国家档案局	研究报告、规范性文件	二等奖
2	音视频档案质量检测系统的研发与应用	陈　锐、王利军、郑伟华、陈　实等	国家档案局优秀科技成果奖	国家档案局	研究报告、智能化系统	三等奖
3	诉讼档案生命周期智能信息管理系统研发与应用	陈　锐、王利军、郑伟华、陈　实等	国家档案局优秀科技成果奖	国家档案局	研究报告、智能化系统	三等奖

（北京市档案局科教处胡晓燕供稿）

北京市社会科学院

成果名称	主要作者	奖项名称	颁奖单位	成果形式	获奖等级
北京特大城市人口治理的现状、原因及其对策研究	谭日辉	北京市2014—2015年度优秀调研成果奖	北京市政府	研究报告	二等奖

（北京市社会科学院科研处供稿）

北京市委党校

序号	成果名称	主要作者	奖项名称	颁奖单位	成果形式	获奖等级
1	优化首都人口分布的五点建议	尹德挺	北京市第十二届优秀调研成果奖	中共北京市委、北京市人民政府	调研报告	一等奖
2	首都流动人口聚居区：新社会生态与社会治理创新	王雪梅	北京市第十二届优秀调研成果奖	中共北京市委、北京市人民政府	调研报告	优秀奖
3	北京人口规模调控决策研究	尹德挺	全国党校第十一届优秀决策咨询奖	中央党校	调研报告	一等奖
4	我国马克思主义哲学史研究范式的嬗变	顾伟伟	全国党校第十一届优秀科研成果奖	中央党校	论文	二等奖
5	经济发展、城市化与人口空间分布	尹德挺	全国党校第十一届优秀科研成果奖	中央党校	论文	二等奖
6	合作社：乡村工业的可能模式——费孝通《江村经济》的实质主题，	潘建雷	全国党校第十一届优秀科研成果奖	中央党校	论文	二等奖
7	全面从严治党的思考	刘汉峰	全国党校第十一届优秀科研成果奖	中央党校	论文	三等奖

特等奖、一等奖成果简介

《优化首都人口分布的五点建议》（调研报告）

北京市委党校　尹德挺

首都人口疏解不单是人口规模的调控，更重要的是在京津冀协同发展的视角下实现人口结构和空间布局的优化。本课题组基于最新的人口普查数据、经济普查数据以及历年统计年鉴数据，根据北京与东京都市圈区域面积的相近性、北京与多伦多大都市区城市规划垂直管理模式的相似性特征，对三者距离城市中心50千米圈层以内的人口分布演变规律进行了比较研究。结果发现，国际成熟城市的人口空间布局特征对北京人口分布的优化路径具有重要参考价值，即北京市的人口分布亟待由“单峰型”向“双峰型”转变；严控10千米圈层以内的人口规模；在30千米圈层附近增设生态缓冲区，加快30千米圈层以外卫星城的建设，提升向外疏解的交通便捷性；把握好50年的城市人口空间演变周期，不可操之过急。

此报告获得中央政治局委员、北京市委书记郭金龙同志的肯定性批示及原北京市市长王安顺同志的肯定性批示。从以上两份批示来看，此份研究报告有可能会对北京市相关部门的实际工作，特别是“十三五”规划的制定和实施产生一定程度的影响。

《北京人口规模调控决策研究》（调研报告）

北京市委党校　尹德挺

首都人口过度聚集是一个亟待破解的世界性难题。基于人口普查、经济普查及统计年鉴等多源数据，本报告以首都北京市为例，在理论与实践相结合的层面上，探讨了超大城市人口疏解的困境、原因、认识误区、风险挑战及应对思路。本报告包括五大部分：第一，探讨了首都人口疏解的宏观背景、历史演进及其现状特征，并指出北京市正面临着“人口规模困局”、“人口分布困局”和“人口活力困局”，其原因可能在于相关部门尚未充分把握集经济、社会、管理于一体的人口系统思维，尚未充分明晰人口影响因素之间的层级关系；第二，从导致首都人口疏解困局的三大因素着手，依次基于经济发展、公共服务以及城市治理这三个方面，分析了北京市人口疏解所面临的主要问题；第三，基于人口学、经济学等学科方法、分不同假设方案，对北京市人口预测和人口承载力进行了探讨，以便于对北京市人口疏解后的未来走势进行识别和研判；第四，针对国内面临的人口疏解困局，从定性和定量两个方面探讨了国内外人口管理和人口疏解的有效经验；第五，在综合以上若干信息的基础之上，指出了导致超大城市人口疏解困局的三种效应、四个认识误区以及事前、事中和事后的疏解风险，并提出了政策建议。

本报告转化出的若干篇分研究报告获得多位领导肯定性批示，批示的领导有：中央政治局委员、北京市委书记郭金龙同志；原北京市委副书记、北京市市长王安顺同志；原北京市常务副市长李士祥同志。

尹德挺，男，湖南沅陵人，1978 生。2006 年博士毕业于北京大学人口研究所。现为中共北京市委党校（北京行政学院）社会学教研部副主任、教授，北京市人口研究所副所长。研究方向为京津冀协同发展、流动人口管理、老年人口健康及人口学量化方法。在《中国人口科学》、《人口研究》、《北京日报》（理论周刊）等发表论文 100 余篇，荣获省部级科研奖励 9 项，其中，由北京市人民政府颁发的科研一等奖 1 项、二等奖 2 项，由中央党校颁发的决策咨询奖一等奖 1 项，科研奖二等奖 1 项。主持国家社科基金青年项目、北京市社科基金重点项目、北京市社科联重点课题、全国党校系统重点调研课题以及北京市发改委重点课题等科研项目 20 余项。7 篇决策咨询报告获中央及省部级领导的肯定性批示。

（北京市委党校供稿）

北京市委党史研究室

序号	成果名称	主要作者	奖项名称	颁奖单位	成果形式	获奖等级
1	中共旅日早期党员与日本关系述论	周　进	全国党史部门党史优秀成果奖	中央党史研究室	论文	一等奖
2	试论抗战时期中共北平情报工作的特点	刘　岳	全国党史部门党史优秀成果奖	中央党史研究室	论文	一等奖
3	从改革的顶层设计看邓小平与干部离退休制度建立	陈志楣 李自华	全国党史部门党史优秀成果奖	中央党史研究室	论文	二等奖
4	七大前后毛泽东如何破除山头主义	王钦双	全国党史部门党史优秀成果奖	中央党史研究室	论文	二等奖
5	近三十年北京城市总体规划发展脉络和思考	苏　峰	全国党史部门党史优秀成果奖	中央党史研究室	论文	三等奖
6	中共北方区委历史	本书编写组	全国党史部门党史优秀成果奖	中央党史研究室	著作类	一等奖
7	北京市抗日战争时期人口伤亡和财产损失	北京市委党史研究室	全国党史部门党史优秀成果奖	中央党史研究室	著作类	一等奖
8	沦陷时期的北平社会	谢荫明	全国党史部门党史优秀成果奖	中央党史研究室	著作类	一等奖
9	中国共产党保持组织纯洁性的历史经验与对策研究报告	北京市委党史研究室课题组	全国党史部门党史优秀成果奖	中央党史研究室	资政成果类	二等奖
10	学习贯彻习近平总书记视察北京讲话精神系列资政文章	北京市委党史研究室	全国党史部门党史优秀成果奖	中央党史研究室	资政成果类	三等奖
11	北京 90 年统战工作的历史沿革及启示	北京市委党史研究室等	全国党史部门党史优秀成果奖	中央党史研究室	资政成果类	三等奖
12	北京商业业态的发展历程及其变迁	田　侠	全国党史部门党史优秀成果奖	中央党史研究室	资政成果类	三等奖

续表

序号	成果名称	主要作者	奖项名称	颁奖单位	成果形式	获奖等级
13	寻找英雄——小淘气长征记	北京市委党史研究室等	全国党史部门党史优秀成果奖	中央党史研究室	影视音像作品类	二等奖
14	京华英雄	北京市委党史研究室等	全国党史部门党史优秀成果奖	中央党史研究室	影视音像作品类	三等奖

（北京市委党史研究室科研处供稿）

·学术活动·

概　述

本栏目记述2016年度北京地区哲学社会科学各大学科的重要学术活动简况，包括国内和国际的理论研讨会、纪念座谈会、学术年会、学术论坛、学术报告会、学术讲座以及调查研究、社科普及活动等学术活动。简介包括活动主题、主办协办单位、参与单位、主要出席人士、主要观点、主要成果等内容。

马克思主义　科学社会主义

马克思主义政治经济学研讨会　1月13日，中国社会科学院"马克思主义政治经济学研讨会"在北京召开。会议由中国社会科学院马克思主义研究学部主办，中国社会科学院当代中国研究所、《中国社会科学》哲学社会科学部、经济研究所政治经济学研究室、世界经济与政治研究所马克思主义世界政治经济理论研究室共同承办。中国社会科学院的专家学者约70人出席会议。会议研讨的主题是：学习贯彻习近平总书记关于马克思主义政治经济学的重要讲话、促进中国社会科学院关于马克思主义政治经济学的理论问题研究、促进以马列主义及其中国化经济理论为指导的经济改革与发展的现实问题研究。

中国社会科学院马克思主义研究学部主任程恩富教授、中国社会科学院原党组成员何秉孟研究员、中国社会科学院当代中国研究所常务副所长武力研究员、《中国社会科学》哲学社会科学部副主任许建康研究员、中国社会科学院经济研究所政治经济学研究室主任、《资本论》研究中心主任裴小革研究员、中国社会科学院经济研究所左大培研究员等在会上发言。

（中国社会科学院办公厅刘玉杰编辑、供稿）

《当代中国价值观研究》创刊号首发式暨社会主义核心价值观理论研讨会　4月9日上午，《当代中国价值观研究》创刊号首发式暨社会主义核心价值观理论研讨会在北京师范大学京师大厦举行，教育部社科司张东刚司长和北京师范大学副校长陈光巨出席会议，来自中国社会科学院、中央党校，以及北京大学、中国人民大学、北京师范大学、吉林大学、南开大学、复旦大学、南京大学等全国高校理论界专家学者60余人参加了此次首发式与研讨会。

《当代中国价值观研究》2015年6月经国家新闻出版广电总局批准，由教育部主管、北京师范大学主办，北京师范大学社会主义核心价值观协同创新中心、教育部文科重点研究基地价值与文化研究中心、哲学学院、出版集团共同承办，是国内首家以当代中国社会价值观为主要内容的专业学术期刊（双月刊），2016年2月正式创刊。张东刚教授和陈光巨教授共同为《当代中国价值观研究》揭牌，杂志编委会主任杨耕教授主持了揭牌仪式。张东刚和陈光巨对《当代中国价值观研究》的创刊表示热烈的祝贺，对杂志的发展提出殷切希望。张东刚结合"2011计划"就推动社会主义核心价值观协同创新中心建设提出了"四点"明确要求：一是夯实基础理论研究这个根基；二是抓住体制机制创新这个关键；三是树立明确的问题意识导向；四是抓好人才队伍建设这个根本。希望北京师范大学协同创新中心发挥价值哲学研究的传统优势，在推进社会主义核心价值观理论研究和实践创新中发挥更好的作用。北京师范大学哲学学院院长、价值与文化研究中心主任、《当代中国价值观研究》主编吴向东教授介绍了杂志的基本情况。他指出，杂志的办刊宗旨是围绕当代中国文化和社会主义核心价值观建设的重大问题，深化研究价值观基础理论，探索当代中国价值观的发展规律与演进趋势，总结提炼核心价值观建设的实践经验；传承创新中华优秀传统文化，推动当代世界文明对话，为培育和践行社会主义核心价值观，实现中华文化的伟大复兴贡献力量。

（北京师范大学社会科学处刘娜供稿）

第五届全国高校马克思主义学院院长论坛 4月28日，第五届全国高校马克思主义学院院长论坛在北京举办。论坛由北京大学马克思主义学院发起，来自全国高校马克思主义学院的院长及专家学者、师生代表150余人参加论坛。此次论坛主题为“马克思主义理论学科：发展现状与前景展望”。主旨报告环节，来自北京大学、武汉大学、复旦大学、山东大学等高校的12位学者分别就马克思主义理论一级学科下设的六个二级学科——马克思主义基本原理、马克思主义发展史、马克思主义中国化、国外马克思主义、思想政治教育、中国近代史基本问题的年度发展与未来展望作了报告，围绕习近平总书记系列讲话精神和《关于进一步加强和改进新形势下高校宣传思想工作的意见》，探讨马克思主义理论学科的发展及前景。大会交流阶段，北京大学马克思主义学院教授孙蚌珠介绍了《马克思主义理论学科学术发展报告2015》的编写情况。在闭幕报告中，教育部社会科学委员会副主任、北京大学中国道路与中国化马克思主义协同创新中心主任顾海良就马克思主义理论学科发展的新形势、新要求、新任务发表见解，对马克思主义理论学科的发展状况、成功经验、机遇挑战、方向前景等作了概要介绍。

（北京大学社科部供稿）

2016年全国马克思主义基本原理学术研讨会 5月14—15日，由中国社会科学院马克思主义研究院与北京高校中国特色社会主义理论研究协同创新中心（中国政法大学）主办的2016年全国马克思主义基本原理学术研讨会在北京举行。中国社科院马克思主义研究院党委书记、院长邓纯东，中国政法大学党委副书记、纪委书记胡明出席会议。

来自中国社会科学院、北京大学、清华大学、中国人民大学、中国政法大学、中国青年政治学院等单位的20多位专家学者作了大会主题发言。全国70多所高等院校和科研院所的90多名专家学者参加会议。会议研讨的主要问题有“互联网+”时代马克思主义基础理论研究面临的问题与挑战、“互联网+”时代马克思主义基本原理学科建设问题探讨、“互联网+”时代马克思主义基本原理及其应用研究等。

（中国社会科学院办公厅刘玉杰编辑、供稿）

理论与实践：马克思主义在中国学术论坛 5月22日，清华大学第449期博士生学术论坛“理论与实践：马克思主义在中国”在延庆三堡学术基地举行。本次学术论坛由清华大学研究生院主办，研究生会协办，马克思主义学院承办。入选此次论坛的研究生论文涉及当前马克思主义理论研究的主要领域。清华大学马克思主义学院副院长肖贵清、院党委副书记朱安东出席并讲话。马克思主义学院师生40余人参加此次论坛。本次博士生学术论坛共收到28篇论坛投稿，其中10名研究生进行论文宣讲，18名研究生选择论文张贴。根据论坛评分规则，专家组对宣讲论文进行评分共评出6篇优秀论文。马克思主义学院博士生学术论坛已经连续开办多年，始终坚持以马克思主义理论为指导，紧紧围绕我国深化改革和社会发展等一系列重大理论与现实问题组织研究生同学撰写学术研究论文，论坛主题体现马克思主义理论学科的时代性和学术性。

（清华大学文科建设处刘金梅供稿）

首都当代中国马克思主义论坛·2016 6月8日上午，首都当代中国马克思主义论坛·2016在中国人民大学举行。论坛由北京市委宣传部、北京市中国特色社会主义理论体系研究中心、北京市社科联、北京大学、清华大学、中国人民大学、北京师范大学、《北京日报》、宣讲家网等单位共同主办，围绕十八大以来以习近平同志为总书记的党中央治国理政新理念新思想新战略进行了深入研讨。中国人民大学党委书记靳诺致辞，北京市委常委、宣传部部长、市中国特色社会主义理论体系研究中心主任李伟作主旨发言，北京市社科联主席沈宝昌主持论坛开幕式。

中国人民大学陈先达教授、中国人民大学校长刘伟教授、中央党校副教育长兼科研部主任韩庆祥教授、北京师范大学党委书记刘川生教授、中国人民大学国家发展与战略研究院副院长杨光斌教授、清华大学马克思主义学院副院长肖贵清教授、北京大学马克思主义学院执行院长孙熙国教授、北京日报报业集团党组书记、社长傅华同志分别作了主题发言，围绕当代哲学社会科学工作者的使命、习近平治国理政思想的时代背景、全面深化改革、全面从严治党、寻找可治理的民主模式、当前中国文化发展面临问题及应对、五大发展理念引领全面建成小康社会、发挥平台优势传播中国学问等主题进行了交流研讨。北京市委宣传部副部长、市中国特色社会主义理论体系研究中心常务副主任赵卫东和中国人民大学校长助理、马克思主义学院院长郝立新分别主持了两个阶段主题发言。

论坛开幕式上，李伟向北京市中国特色社会主义理论体系研究中心特约研究员代表颁发了聘书。

首都当代中国马克思主义论坛是已连续举办十年的马克思主义中国化论坛的升级版，为发展21世纪马克思主义、当代中国马克思主义提供了理论交流和学术研讨的新平台。中宣部理论局、北京市委宣传部有关领导，北京大学、清华大学、中国人民大学、北京师范大学等高校和社科研究单位的专家学者，部分在京全国中国特色社会主义理论体系研究中心代表和部分地区社科联代表，论坛征文作者代表以及新闻媒体记者共120余人出席论坛。

（北京市中国特色社会主义理论体系研究中心供稿）

国际视野与历史视域下的中国特色社会主义院长论坛 6月15日，由北京市社会科学院主办，科社所承办的院长论坛“国际视野与历史视域下的中国特色社会主义”在北京市社科院多功能会议厅召开。本次论坛的主讲专家为中国人民大学马克思主义学院党委书记杨凤城教授。本次论坛由杨奎副院长主持，全院科研人员参加了学习活动。杨凤城围绕“国际视野与历史视域下的中国特色社会主义”的主题从“世界革命”到为世界所关注，中国特色社会主义的传承、奠基、开创与发展，传统社会主义模式与现代世界坐标下的中国特色社会主义三个方面进行了深入阐述。论坛主持人杨奎副院长对杨凤城教授的报告给予了高度的评价，认为此次论坛在纪念中国共产党建党95周年、深入开展社科院“两学一做”活动之际举办，具有重要的理论与现实意义。他号召全院科研人员要认真学习和领会习近平总书记“5·17讲话”（“在哲学社会科学工作座谈会上的讲话”）精神，牢固树立立时代之潮头、通古今之变化，发时代之声的使命意识；将坚持马克思主义为指导，转化为清醒的理论自觉、坚定的政治信念和科学的思维方法的责任意识；注重继承性与民族性相统一、原创性与时代性相统一、系统性与专业性相统一的创新意识培养；秉承“由论入史、由史立论”的技术路线，用优质的研究成果为繁荣首都哲学社会科学，建设新型智库做出应有的贡献。

（北京市社科院科研处供稿）

首届马克思主义与传统文化高层论坛 9月24日，北京交通大学举办中国马克思主义与文化发展研究院成立大会暨首届马克思主义与传统文化高层论坛。中央马克思主义理论研究和建设工程咨询委员会主任、中国马克思主义与文化发展研究院院长徐光春和北京交通大学党委书记、中国马克思主义与文化发展研究院常务院长曹国永共同为研究院揭牌。

教育部社会科学司副巡视员陈矛、北京市委教育工委副书记郑登文、北京市社会科学界联合会党组书记韩凯、中华黄帝故里建设促进会会长岳文海在大会上致辞。徐光春作了题为《马克思主义的中国化与中华传统文化的时代化》主题报告；北京大学原副校长、著名马克思主义理论和党史研究专家梁柱作了《旗帜鲜明地坚持马克思主义指导地位》的报告；清华大学马克思主义学院院长、马克思主义理论研究和建设工程首席专家艾四林教授作了《发展哲学社会科学必须坚持马克思主义指导》的报告；中华孔子学会会长、中国孔子基金会学术委员会主任、北京大学王中江教授作了《传统文化中的儒家精神》的报告；中国社会科学院马克思主义研究院马克思主义发展研究部主任辛向阳研究员作了《弘扬传统文化应当坚持马克思主义立场观点和方法》的报告。

中国马克思主义与文化发展研究院将汇聚国内相关领域知名专家对中国化马克思主义和中华优秀传统文化进行协同研究，共同构建中国化马克思主义与中华优秀传统文化方面的协同创新研究中心和高层智库平台。

（北京交通大学社科处李敏供稿）

“四个全面”与中国特色社会主义发展道路学术研讨会　10月21—22日，为了深入学习贯彻习近平总书记关于“四个全面”战备布局的重要论述，推进21世纪马克思主义理论研究，北京工业大学召开“四个全面”与中国特色社会主义发展道路学术研讨会。研讨会由北京高校中国特色社会主义理论研究协同创新中心（北京工业大学）主办，北京工业大学马克思主义学院承办。

中共中央编译局副局长季正聚，中共中央文献研究室原副秘书长兼办公室主任高屹，中共北京市委党校常务副校长王民忠，教育部思想政治理论课教学指导委员会毛泽东思想和中国特色社会主义理论体系概论分委员会副主任委员、中国人民大学教授秦宣，首都经济贸易大学党委书记冯培，北京市委教育工委宣教处处长王达品，北京工业大学党委副书记沈千帆、李四平以及来自京津冀地区的140余名专家学者和各协同单位的师生齐聚一堂，围绕“四个全面”战略布局在中国特色社会主义事业中的重要意义、推进路径及其如何融入思想政治理论课教学，进行了深入探讨。

本次研讨会采取主题报告、专题研讨和观点交流相结合的形式进行，先后有20余位专家学者和各协同单位的思想政治理论课教师在分组讨论中进行发言。在研讨中，专家学者和思想政治理论课教师们解放思想，大胆探索，结合各自的研究方向和最新的研究成果，围绕“四个全面”战略布局提出的时代背景、理论逻辑、科学内涵、实施条件等展开深入细致地交流与探讨，在很多方面达成了共识，加深了对“四个全面”战略布局的认识。

大会前召开了北京高校中国特色社会主义理论研究协同创新中心（北京工业大学）学术委员会会议暨工作推进会。会议审议了中心的总体发展规划和年度计划、科研立项情况，对中心和各协同单位的工作进行了认真梳理和汇报交流。

（北京工业大学科发院人文处张爱民供稿）

第七届世界社会主义论坛　10月21日，由中国社会科学院主办的第七届世界社会主义论坛在北京开幕。

中国社会科学院院长、学部主席团主席王伟光，全国人大内务司法副主任委员、中国社会科学院原副院长、世界社会主义研究中心主任李慎明，巴西圣保罗州立大学政治和经济系教授阿基纳尔多·多斯·桑托斯，中央马克思主义理论研究和建设工程咨询委员会主任徐光春，德国政治家、原民主德国统一社会党总书记埃贡·克伦茨，中国社会科学院原副院长朱佳木，尼共（毛主义）高级领导人纳拉扬·施雷斯塔，中国人民解放军国防大学原政治委员、上将赵可铭，北京大学党委常务副书记、纪委书记于鸿君，中国人民解放军国防大学原副政委李殿仁，中央文献研究室原主任滕文生，中国人民大学党委书记、教授靳诺等出席开幕式并作大会发言，中组部原部长张全景作书面发言。

论坛的主题是“创新21世纪马克思主义”。来自亚、非、拉和欧美等地的左翼学者、其他社会主义国家的学者和16个共产党组织的学者，共计36个国家的近百位外宾和200位国内学者参会了论坛，论坛结合世界政治经济格局和中国特色社会主义的最新发展，探讨创新21世纪马克思主义的理论与实践问题。

（中国社会科学院办公厅刘玉杰编辑、供稿）

消除贫困与实现全面小康的中国道路国际学术研讨会　10月22—23日，由北京大学马克思主义学院、北京大学中国道路与中国化马克思主义协同创新中心、北京大学中国特色社会主义理论大众化与国际传播协同创新中心、北京大学中国特色社会主义政治经济学研究中心（院）联合举办的消除贫困与实现全面小康的中国道路小型高层国际学术研讨会在北京大学马克思主义学院举行。来自美国、英国、加拿大、俄罗斯、奥地利等国家的12名国际学者和来自北京大学、中共中央党校、中国社会科学院、武汉大学等单位的15位中国学者参加会议并发言。参会专家学者结合“十三五”规划制定的全面建成小康社会的奋斗目标以及中国政府近些年来在扶贫减困工作方面的做法、措施、成效和任务进行了讨论。

（北京大学社科部供稿）

2016学术前沿论坛　10月29日，由北京市社会科学界联合会和北京师范大学联合主办的2016学术前沿论坛在北京师范大学举行。本届论坛主题为“中国梦：协调发展与全面建成小康社会”。北京师范大学党委书记刘川生、北京市社科联主席沈宝昌、北京市委宣传部副部长韩昱、北京市社科联党组书记韩凯、北京师范大学副校长周作宇以及各学会代表出席论坛，来自国内各高校的专家学者300余人参加了会议。

刘川生在致辞中指出，本届论坛是贯彻落实十八届六中全会精神的一次学术盛会。全面建成小康社会，需要在研究各领域发展的内在联系上下功夫，在探索补齐发展短板的理论路径上下功夫，在提出促进协调发展的政策建议上下功夫。哲学社会科学工作者应该充分发扬长征精神，充分发挥“思想库”“智囊团”作用，抓重点、谋长远、献良策。

沈宝昌在致辞指出，首都哲学社会科学工作者在理论创造、学术繁荣方面有了更加强大的动力和广阔空间，更要努力做真学问、做好学问、做大学问，坚持传播主旋律，弘扬正能量，在实现中华民族伟大复兴中国梦的新的长征路上做出应有贡献。

韩昱指出，北京是哲学社会科学研究与交流的重要阵地，要坚持以首善标准、把握方向、抓住重点、健全机制、加强服务。希望通过论坛研讨，加深对五位一体总体布局和四个全面战略布局的理解，形成共识、共同推动、协调发展。

论坛邀请了经济、文化、心理、历史制度、绿色能源、城乡规划等不同学科领域的专家学者做了精彩报告，围绕全面建成小康社会的总目标，破难释疑、集智聚力，为中国梦的实现倾力贡献首都社科学界的智慧与力量。中国人民大学经济学院刘元春教授作了《如何科学看待中国经济转型中的有关问题》报告、北京大学哲学系陈少峰教授作了《小康社会的文化与文化产业》的报告、北京师范大学心理学院金盛华教授作了主题为《找回中国人丢失的幸福感》的报告、教育部高等学校社会科学发展研究中心主任王炳林教授作了《协调发展的历史经验》报告、清华大学核能与新能源技术研究院能源系统分析研究室主任张希良教授作了《绿色低碳发展转型的管理问题》报告、北京师范大学资源学院刘彦随教授作了《中国城乡协调发展：挑战与出路》报告。

学术前沿论坛自2001年创办，以“立足学术前沿，把握时代脉搏，聚焦民生国是，探讨发展思路”为主旨，以北京雄厚的智力资源和优质的学术资源为依托，先后围绕“小康社会”“和谐社会”“科学发展”“中国梦”等时代主题，举办了15届主论坛、330余场学会专场活动，已成为首都哲学社会科学界展示最新研究成果、推动学术创新的年度盛会和促进首都哲学社会科学繁荣发展的重要学术平台。

（北京市社科联学术活动部供稿）

构建中国特色社会主义政治经济学理论体系学术研讨会　11月5日，由中国人民大学经济学院举办的构建中国特色社会主义政治经济学理论体系学术研讨会召开。中国人民大学校长刘伟、中国特色社会主义经济建设协同创新中心主任逄锦聚，以及来自中国社会科学院、中国人民大学、南开大学、四川大学、吉林财经大学、辽宁大学、西北大学等院校的专家学者参加此次研讨会。中国人民大学经济学院院长张宇主持研讨会。研讨会期间各位专家学者就相关问题进行了深入讨论，各抒己见，集思广益，不断碰撞出思想的火花，达成了诸多共识，对构建中国特色社会主义政治经济学理论体系进行了探索。

（中国人民大学科研处关晓斌供稿）

马克思主义的世界传播高端论坛　11月9日，中国传媒大学举办马克思主义的世界传播高端论坛，此次论坛是中央编译局马克思主义传播研究基地成立后主办的首次论坛，旨在研究马克思主义的世界传播经验，总结马克思主义的世界创新规律，把握马克思主义国际发展的方向，推进马克思主义的中国化、时代化、大众化。

本次论坛共由三部分组成，上午主论坛由中共中央编译局办公厅副主任兼高端智库办公室副主任胡长栓和中国传媒大学马克思主义学院院长张付教授共同主持。共有来自德国、中央编译局、中国社会科学院、中国人民大学以及中国传媒大学的六名专家和学者进行了主旨发言。

下午两场分论坛分别由中国传媒大学马克思主义学院副院长刘东建教授和中国地质大学马克思主义学院副院长申健教授主持。山西财经大学王劲民教授、北京林业大学张秀芹教授、中国延安干部学院薛琳副教授、北京外国语大学尚会永副教授、中国社科院哲学所毕芙蓉研究员、中国传媒大学姚旭副教授和杨倩副教授分别从话语体系的角度、历史的角度、中国企业发展的角度以及国内外传播的角度阐释了自己关于马克思主义大众化与传播的认识与研究，引发了在场专家与学者的思考。

最后，张付教授作了总结讲话，她希望马克思主义传播的研究队伍能够不断扩大，马克思主义传播研究基地能够发挥应有作用，搭建好平台、选好主题、请好嘉宾，真正成为中国马克思主义传播研究的孵化器，讲好中国故事，传播好中国化的马克思主义。

（中国传媒大学文科科研处供稿）

学习党的十八届六中全会精神理论研讨会　为深入学习和领会党的十八届六中全会精神，推进中国特色社会主义理论研究，11 月 11—12 日，北京市马克思主义理论研究与传播基地举办了学习党的十八届六中全会精神理论研讨会。与会专家有全国政协委员、中央党史研究室原副主任李忠杰、北京市马克思主义理论研究与传播基地（简称马研基地）负责人谭维克研究员、马研基地顾问北京大学闫志民教授、中国社会科学院党校副校长夏春涛研究员、中央党校马克思主义学院执行院长刘海涛教授、空军反腐倡廉建设研究中心副主任王寿林教授、北京市委党校校委委员袁吉富教授。会议由北京市社会科学院副院长、马研基地秘书长杨奎研究员主持，马研基地相关同志参加会议。与会专家学者紧紧围绕党的十八届六中全会精神开展研讨。最后，马研基地负责人谭维克首先感谢各位专家学者的精彩发言，同时指出，领导我们事业的核心力量是中国共产党，指导我们的思想理论基础是马克思主义。全党同志必须把对马克思主义信仰，对社会主义的信念统一到正确的指导思想上来，不断推进马克思主义中国化。下一步，马研基地要搭建好平台，紧紧围绕党的十八届六中全会关于全面从严治党的新要求、新思路、新举措开展理论与实践的研究，多出、快出、出好高质量的研究成果，为推动马克思主义理论研究与传播做出新的贡献。

（北京市社科院科研处供稿）

社会主义 500 年研讨会　12 月 3 日，由北京市社会科学院科学社会主义研究所、北京市科学社会主义学会联合举办的社会主义 500 年研讨会在北京市社科院会议室召开。研讨会由北京市社会科学院副院长杨奎研究员主持，北京大学闫志民教授发表主旨演讲。来自中国社会科学院、北京大学、中国人民大学、中国青年政治学院、对外经济贸易大学、华北电力大学、首都师范大学、北京市委党校、黑龙江省委党校、内蒙古自治区党校、山西省委党校等单位的 40 余位专家学者出席会议，科社所全体科研人员参会。杨奎副院长首先介绍了科社所的主要研究方向、研究成果，以及与北京科学社会主义学会的密切关系，然后阐述了社会主义 500 年研讨会选题的重要意义。本次研讨会分为主旨报告和自由讨论两个环节。闫志民教授围绕“社会主义 500 年”的主题进行主旨发言，介绍了关于社会主义 500 年的研究成果。在自由讨论阶段，与会专家围绕科学社会主义的方法论、国家利益与意识形态的关系、社会主义的本质、中华民族伟大复兴与社会主义的关系等问题进行讨论。

（北京市社科院科研处供稿）

都市马克思主义全国学术研讨会　12 月 24 日，由首都师范大学、《哲学动态》编辑部、北京建筑大学主办，首都师范大学出版社、首都师范大学政法学院、北京建筑大学马克思主义学院承办的都市马克思主义全国学术研讨会在首都师范大学国际文化大厦举行。

首都师范大学党委副书记徐志宏、北京市哲学社会科学规划办公室主任崔新建、中国社科院哲学研究所副所长、《哲学动态》主编崔唯航、北京建筑大学党委副书记张启鸿、首都师范大学政法学院副院长吴高臣分别在开幕式上致辞。南京大学马克思主义学院胡大平教授和《哲学动态》编辑部强乃社副编审在闭幕式上做大会总结。开幕式由首都师范大学出版社总编杨生平教授主持，闭幕式由南京大学哲学系刘怀玉教授主持。

来自中国社会科学院、上海社会科学院、中央党校、北京市委党校、北京大学、清华大学、中国人民大学、北京师范大学、首都师范大学、南京大学、北京建筑大学等科研院所和高校以及光明日报、《马克思主义与现实》和《世界哲学》等期刊编辑和媒体记者 60 余人出席本次研讨会。会议围绕“都市马克思主义”“城市、空间研究与当代中国马克思主义发展”“都市马克思主义的现状”“都市马克思主义的展望”等议题展开了跨学科、多视角的讨论与交流。

学者们从不同的研究方向聚焦于国外都市马克思主义已有的研究成果和中国城市发展的现实，站在马克思主义的立场，以马克思主义的视角对中西古今城市问题进行比较剖析，对当今中国城市问题的产生原因及其对策进行了深入的分析与探讨。本次研讨会对于在新的历史条件下，如何处理我国目前出现的城市问题，避开城市病，如何立足现实、面向未来，如何聆听时代的声音，回应时代的呼唤，如何构建中国特色的“都市马克思主义”理论体系，将起到积极的推动作用。

（首都师范大学社科处李葸供稿）

哲学（含自然辩证法、逻辑学、伦理学、美学）

哲学与社会发展论坛·2015　由中共中央党校哲

学教研部、中共中央党校社会发展研究中心和中国马克思主义研究基金会共同主办的“哲学与社会发展论坛·2015”日前在北京召开。会议主题是“哲学话语体系：现实逻辑与中国问题”。中国马克思主义研究基金会副理事长、中央党校原教育长郝时晋出席论坛并讲话，中央党校副教育长兼哲学部主任韩庆祥致辞，哲学教研部副主任董振华主持会议并作会议总结。中国马克思主义研究基金会秘书长张琳教授出席研讨会。北京大学丰子义教授、郭建宁教授，北京师范大学张曙光教授，清华大学邹广文教授，中央编译局杨金海教授，以及中央党校侯才、阮青、杨玉成、王晓林、邓莉等10余位专家学者发言，来自中央党校、清华大学、北京大学、北京师范大学、中央编译局、中国马克思主义研究基金会以及全国党校系统70余人参加会议。

与会专家围绕哲学话语权建构的时代背景、哲学在话语权建构中存在的困境、中国发展需要怎样的哲学话语权、在全球化背景下中国如何与世界对话等论题进行了深入研讨。专家们指出，直面问题并解决问题就是最能坚持和发展马克思主义的路径。哲学研究需要具有敢于直面现实问题的理论勇气，只有抓住问题本身，哲学才能够真正地成为时代的精华，并在话语权的建构中发挥应有的重要作用。如果无视现实问题，就等于自动放弃了话语权。在全面深化改革的伟大实践中，在全面建成小康社会的决胜阶段中，哲学理应在学术研究、精神建设、思想引领等方面发挥重要作用。

与会专家指出，当前我国的哲学研究，是“经典文本”研究有余而“现实逻辑”研究不足，并由此失去了一定的话语权。哲学的创新发展，是在研读“经典文本”与揭示“现实逻辑”的互动中逐步实现的。唯有面向现实逻辑和中国问题来建构起哲学话语体系，哲学研究才能够达到时代发展与历史实践所要求的水平，并拥有自己的话语权。

（参见《光明日报》2016年1月10日第6版）

首都理论界学习贯彻习近平总书记哲学社会科学工作座谈会重要讲话精神座谈会　5月20日下午，北京市委宣传部、北京市中国特色社会主义理论体系研究中心、北京市社会科学界联合会共同举办首都理论界学习贯彻习近平总书记哲学社会科学工作座谈会重要讲话精神座谈会。北京市社会科学界联合会主席沈宝昌出席会议并讲话。北京市委宣传部副部长赵卫东主持会议。

教育部社会科学委员会副主任顾海良、中国政法大学党委副书记胡明、中国人民大学经济学院院长张宇、中国人民大学重阳金融研究院王文、北京市委党校常务副校长王民忠、北京市社会科学院院长王学勤、北京市社会科学界联合会党组书记韩凯、北京市哲学社会科学规划办主任崔新建等在座谈会上发言，首都理论界有关专家学者，各区县委、工委宣传部门有关负责人，市属社科理论单位代表，市社科类社会组织代表和媒体记者等近百人参加了座谈会。

与会者一致认为，习近平总书记在哲学社会科学工作座谈会上发表的重要讲话，深刻阐述哲学社会科学的历史地位和时代价值，科学分析我国哲学社会科学工作面临的新形势新任务，就结合中国特色社会主义伟大实践、加快构建中国特色哲学社会科学作出全面部署，为繁荣发展我国哲学社会科学事业提供了思想指南和实践动力。大家表示，讲话充分体现了党中央对哲学社会科学工作的关心厚爱和殷切期待，充分体现了我们党高度的理论自觉和文化自信，一定要按照习近平总书记的要求，肩负起哲学社会科学工作者的神圣使命。

沈宝昌在讲话中指出，首都广大哲学社会科学工作者要“立时代之潮头，通古今之变化，发思想之先声”，努力成为先进思想的倡导者，坚持马克思主义指导地位，不断坚持和发展中国特色社会主义；要努力成为学术研究的开拓者，坚持继承性、民族性，原创性、时代性，系统性、专业性的要求，加快构建中国特色哲学社会科学；要努力成为社会风尚的引领者，坚持做人做事做学问相统一，在为祖国、为人民立德立言中成就自我、实现价值；要努力成为党执政的坚定支持者，坚决拥护党的领导，积极服务党的领导，用高质量研究成果推动国家和北京发展。

（北京市中国特色社会主义理论体系研究中心供稿）

第八届全国政策咨询系统干部研修班（2016）　10月28日，由国务院发展研究中心主办、为期五天的第八届全国政策咨询系统干部研修班（2016）在京圆满结束。研修班以深入学习贯彻习近平总书记在哲学社会科学工作座谈会上的讲话精神为核心，让学员通过加强政策理论学习，坚定政策方向，为研究工作打下坚实基础。

多位业界知名专家学者从不同角度作专题报告。

中央马克思主义理论研究和建设工程咨询委员会主任徐光春以“坚持和发展中国特色社会主义必须高度重视哲学社会科学”为题，从理论的角度解读习近平总书记讲话。北京大学教授林毅夫从经济学的视角，结合构建中国特色经济学理论，阐述了新结构经济学新在何处。而新加坡国立大学东亚研究所所长郑永年则从知识供给的层面，对中国社会科学现状进行讨论。国务院发展研究中心公共管理与人力资源研究所所长贡森与学员们分享了关于构建中国特色社会建设理论体系的思考。来自全国各省区市人民政府发展研究中心的100多位研究人员参与了本次研修课程。

国务院发展研究中心副主任张来明在致欢迎辞时说，讲学习，在智库工作的同志应该走在前面。因为我们承担着为党和政府提供决策咨询的重要职责。国务院发展研究中心强调要把学习作为提高工作质量和水平的前提和基础，并采取了各种措施来推动全体工作人员的学习。同时，我们也希望有效整合国内外智库资源，为全国政策咨询系统的研究人员搭建全系统交流学习的平台，共同学习、共同提高。

在五天时间里，国务院发展研究中心宏观经济研究部副部长陈昌盛、清华大学理学院教授白峰杉、北京师范大学社会发展与公共政策学院原院长张秀兰、腾讯研究院产业经济中心主任李刚等，分别从大数据在宏观经济中的应用、理解大数据和大数据在社会建设研究和实践中的应用、移动互联网产业发展研究现状和趋势等角度作专题报告。“从全球范围来看，用大数据推动经济发展、完善社会治理、提升政府服务和监管能力正在成为趋势，很多国家都相继推出了实施大数据的文件。去年国务院印发《促进大数据发展行动纲要》，国务院发展研究中心的大数据工作已作为重要战略在此前启动。”陈昌盛表示，大数据在经济领域快速崛起中已经有很多应用，比如商业选址、智慧城市人口流动管理、交通规划等。

学员们表示，通过此次研修学习，了解最新的国情世情，把握时代脉搏，对加强构建中国特色哲学社会科学理论体系有了新的认识，为知识体系和理论研究夯实了基础，对中国知识分子的担当精神和责任意识有了进一步认识。同时，通过参观和学习新技能、新知识，对大数据的理解和运用也有了新的认识。

（国务院发展研究中心办公厅科研处郭巍供稿）

昆玉河畔哲学学术论坛　11月5日上午，昆玉河畔哲学学术论坛在北京裕龙国际酒店开幕。本次论坛由首都师范大学政法学院哲学系主办，《哲学研究》《世界哲学》《中国哲学史》编辑部协办。来自中国社会科学院、北京大学、清华大学、中国人民大学、北京师范大学、上海交通大学、华东师范大学、南京大学、中山大学、河北大学等高校的近百名学者与会，本次会议的主题是“哲学地图：哲学研究的核心与前沿”。“哲学地图（Mapping the Philosophy）”亦即勾勒哲学问题的分布、进展与前沿，勘探哲学研究的广阔程度、深入程度与趋势、热点。

围绕着本次大会的主题，演讲嘉宾分别从不同的角度做出了精彩的发言。在大会发言的上半场，赵敦华教授首先认为应该理性地建立中国文化自信。李存山研究员认为中国哲学和文化的优秀传统需要传承和弘扬。高宣扬教授认为我们身处的哲学地图在不断变化，只有跟随时代的发展，才能把握哲学研究的核心与前沿。陈嘉映教授认为哲学不再能以“一以贯之”的姿态存在，而是应该在自身能够贯穿的领域去与其他领域对话。江怡教授认为当下我们应当重视哲学的方法而非某个特殊的研究对象。

在下半场的发言中，白奚教授从黄老道家对《老子》的发展完全可以梳理出中国自己的诠释学。聂锦芳教授指出我们不能停留在马克思的时代，而是应该沿着马克思的研究方向，推进这一理论。单继刚研究员指出由私有制而导致的因果善恶不相应现象是社会进步所需要扬弃的东西。最后，陈立新教授受认为哲学应该“不忘初心”，应该回到大地，回归生活。

总结结束后，来自《世界哲学》的陈德中对本次大会进行了总结。他指出哲学地图包括“空间地图”“观念地图”，更应该包括“问题地图”。“哲学地图”这一主题是《世界哲学》和首都师范大学哲学系共同商议而得出的，并在这次大会中得到了完满的体现。

（首都师范大学社科处李葸供稿）

第七届全国农林高校哲学社会科学发展论坛　11月25日，由全国农林高校社科管理协作组主办、中国农业大学承办的第七届全国农林高校哲学社会科学发展论坛在北京举行。以习近平总书记哲学社会科学工作重要讲话精神为指导，探讨如何发挥农林高校优势，服务农村经济社会发展转型，推动农林领域哲学社会科学繁荣发展，成为与会有关部门和高校代表热议的主题。

中国农业大学党委书记姜沛民在本届论坛致辞中回顾，这一论坛举办以来，为农林高校哲学社会科学新局面、新进展、新贡献的取得发挥了重要作用。习近平总书记讲话为高校哲学社会科学繁荣发展提出了行动纲领，本届论坛主题表明农林高校教哲学社会科学的责任和担当。希望以本次论坛为新的起点，加深农林高校在哲学社会科学领域的交流与合作，为国家全面建成小康社会目标的实现、精准扶贫战略的实施、“三农”问题的解决贡献力量。

论坛主报告由4个专题组成：全国政协常委陈锡文“关于农业供给侧结构性改革的若干问题”报告围绕农产品生产、国际贸易和农村基本制度三方面展开。教育部社科司副司长徐青森的报告以“发挥农林高校优势，加快构建中国特色哲学社会科学”为主题，分析了高校在构建中国特色哲学社会科学，推进学术话语体系创新中的主要任务。农业部经济研究中心主任宋洪远围绕“农业现代化”主题，阐述其“历史的任务”和“现实的要求”两重背景，由此进一步分析农业现代化粮食安全、食品安全、生态安全、产业安全四个方向和目标等，经管学院教授郭沛在专题报告在对照国际经验基础上剖析了中国的农业农村发展的背景变化。

当日下午，与会人员分组围绕农业供给侧改革、全面建成小康社会背景下的农村发展管理、农村基层党建问题研究、涉农高校哲学社会科学科研管理4个主题进行了分组讨论和报告。

本届论坛共收到以上4个主题的114篇论文，经过聘请相关领域专家的综合评议，西北农林科技大学胡华平“价格预期、波动风险与我国生猪供给反应—基于APARCH模型族的FIML实证分析”，中国农业大学马英辉“价格支持政策对化肥施用量的影响”等10篇论文，“农业物联网运营模式下的蔬菜质量安全管控机制研究”等24篇论文，“基于SE－SBM模型的生猪规模养殖环境效率分析——湖南与全国的比较”等40篇论文，分别被评为一、二、三等奖。

闭幕式上，各分论坛代表分别作了精彩的发言，汇报了分论坛的讨论情况。中国农业大学向下一届承办单位长江大学举行了承办工作交接仪式。

中国农业大学副校长李召虎主持开幕式，西北农林大学副校长钱永华主持闭幕式。中国农业大学副校长辛贤、华中农业大学副校长姚江林、山西农业大学副校长李宏全、河北科技师范学院副校长杨越冬等出席论坛，38所高校的170多位代表参加论坛研讨。

（中国农业大学科学技术发展研究院乌日汉供稿）

政治学（含思想政治工作、党建、统战）

民主的亚洲经验研讨会 1月8日，由中国社会科学院政治学研究所主办的民主的亚洲经验研讨会在北京召开。来自国内的近40位专家学者参加会议。会议的主题是亚洲各国与地区民主发展的历史进程、亚洲各国与地区工业化和民主化的关系、亚洲政治发展与民主建设的规律和经验、亚洲民主发展的经验与中国民主建设。

中央党校政法教研部教授李良栋、中国社会科学院马克思主义研究院马克思主义发展部主任辛向阳、中国社会科学院政治学研究所所长房宁、华东政法大学科学研究院副研究员汪仕凯、中国社会科学院政治学研究所政治理论研究室主任周少来等在会上发言。

（中国社会科学院办公厅刘玉杰编辑、供稿）

两岸政策观察论坛 3月8日，中国社会科学院台湾研究所与两岸关系和平发展协同创新中心联合举办2016年第三次两岸政策观察论坛。论坛邀请日本东京大学东洋文化研究所教授松田康博、东京外国语大学副教授小笠原欣幸、早稻田大学台湾研究所助理教授黄伟修参加。会议研讨的主要问题有2016年台湾两项选举与展望、马英九的大陆政策决策过程运作与蔡英文的挑战、民进党的对外关系展望等。

中国社会科学院台湾研究所所长、两岸关系和平发展协同创新中心副理事长兼重大理论创新平台主任周志怀研究员主持论坛。中国社会科学院台湾研究所副所长朱卫东、张冠华等30余人参加会议。

（中国社会科学院办公厅刘玉杰编辑、供稿）

非洲政党政治：回顾、反思与前瞻报告会 3月22日，由中国社会科学院西亚非洲研究所和中国亚非学会联合举办的“非洲政党政治：回顾、反思与前瞻”报告会在中国社会科学院西亚非洲研究所举行。中共中央对外联络部非洲局局长钟伟云做主旨演讲。来自在京的非洲研究机构的学者和新闻媒体等各界人士100多人参加会议。报告会由中国社会科学院西亚非洲研究所所长杨光研究员主持。中国社会科学院西亚非洲研究所党委书记王正研究员、副所长张宏明研究员也出席了报告会。

演讲主要内容有非洲政党力量的格局、政党和民族的关系、政党和国家权力的关系、政党和国家发展的关系、政党和金钱的关系、政党和领袖的关系。

（中国社会科学院办公厅刘玉杰编辑、供稿）

传播研究：困境与突破学术讲座　4 月 18 日上午，中国传媒大学副校长、博士生导师胡正荣教授走进硕士生课堂，在综合实验楼为本校 2015 级近 800 名文科硕士研究生举办了一场题为《传播研究：困境与突破》的学术讲座。

胡正荣教授从传播及其环境的变化、社会科学研究的困境和传播研究的困境与突破三个大方面，结合习近平总书记年初对传媒业的讲话精神及国家近期相关文件，以《疯狂动物城》《功夫熊猫 3》等新鲜事例，为同学们讲述了现代传播业发展的现实，勾勒出了未来发展图景，以及遇到的研究困境，指出目前国内传播研究较为单一等问题。胡正荣教授向同学们推荐了《众媒时代》《零边际成本社会》等著作。之后，胡正荣教授与聆听讲座的老师和同学们进行了互动，解答了同学们关于此次讲座中的问题以及同学们关心的就业等问题。

此次讲座是中国传媒大学 2015 级文科研究生思想政治理论课“马克思主义与社会科学方法论”的最后一讲，是马克思主义学院为了贯彻教育部提出的校领导和专家进课堂给学生上思想政治理论课的指示而专门设置的。马克思主义学院院长张付教授主持了此次讲座，马克思主义学院部分教师也聆听了此次讲座。

（中国传媒大学文科科研处供稿）

第三届政党与青年国际研讨会　4 月 28 日，由共青团中央中国特色社会主义理论体系研究中心、中国青年政治学院中国马克思主义学院和德国罗莎·卢森堡基金会联合主办的第三届政党与青年国际学术研讨会在中国青年政治学院召开。

来自德国罗莎·卢森堡基金会柏林总部、中央党校、中国人民公安大学、外交学院、中央财经大学、北京语言大学、北京外国语大学、中国石油大学、北京信息科技大学，以及中国青年政治学院马克思主义学院、教育培训学院、公共管理系等单位的 40 余位专家学者出席会议，围绕“青年政治教育”的相关议题进行了探讨。

（中国青年政治学院科研处供稿）

第五届中欧政党高层论坛　5 月 18 日，由中共中央对外联络部主办的第五届中欧政党高层论坛在北京闭幕。参加论坛的中欧代表围绕“同改革、共发展：中欧合作新未来”的主题，就“绿色发展：中欧合作新机遇”和“开放发展：‘一带一路’助推中欧合作共赢”两个议题进行深入研讨。会议认为，中欧关系在新时期应实现新发展。绿色转型、“一带一路”将为中欧合作带来新机遇。

中共中央对外联络部部长宋涛表示，“十三五”规划提出的五大发展理念顺应了和平、发展、合作、开放的时代潮流，汲取了各国包括欧洲发展的经验，与欧洲各国的发展理念有许多契合之处。特别是绿色发展和开放发展，为实现中欧发展战略对接、深化中欧合作创造了新契机。

中央政策研究室办公室主任张季表示，欧洲既是新能源发展的起源地，也是全球低碳经济的先行者，节能环保、低碳交通、新兴技术、新能源、新材料等方面将是中欧未来最有潜力的合作发展领域。

“鹿特丹作为欧洲港口城市，见证了欧中几十年来快速增长的双边合作”，荷兰自民党前主席、前司法与安全大臣、鹿特丹市前市长奥普斯特尔滕介绍，荷兰计划开展 5 个海上风力发电厂建设，以完成可再生能源发展目标。中国在风力发电产业具有领先优势，中国参与荷兰风电产业发展将为荷兰带来更多竞争力和创造力。

中国在能源领域的绿色发展方面取得了很大成就，主要体现为能源节约、发展新能源和可再生能源以及减少温室气体排放。意大利前总理、欧洲进步研究基金会主席达莱马在接受本报记者采访时说：“绿色发展将成为中欧合作新的增长点。我赞赏中国为全球气候变化做出的贡献以及为转变发展方式和减少污染做出的努力。”

“一带一路”倡议提出以来，获得沿线很多国家的积极响应，其中包括不少欧洲国家。“一带一路”倡议连通起亚太和欧洲两大经济圈，深入挖掘亚欧大陆的巨大发展潜力。论坛期间，与会的欧方代表都表示看好“一带一路”为中欧合作开辟的广阔前景。

希腊是中国与欧盟贸易往来以及对欧投资的门户。希腊左联党政治局委员、国际书记扬尼斯·布尔诺斯表示，“一带一路”倡议得到了希腊全方位热情的支持，将促进整个欧亚大陆的发展。葡萄牙社会党副总书记安娜·卡塔里娜·门德斯认为，该倡议除了加强国家之间的务实合作、推动经济增长以外，也将增进不同文化的交流互鉴，推动各国共同协作发展。

当前，中欧增长伙伴关系，集中体现为中欧通过发展战略对接，相互提供发展机遇，共同实现发展进步。当务之急，是实现“一带一路”倡议同欧洲发展战略、中国国际产能合作同欧洲投资计划、中国—中东欧合作同中欧整体合作这三大战略对接。

“保加利亚等国已经参与了中国与中东欧国家的‘16+1’合作倡议，在‘一带一路’倡议与欧盟—中国互联互通的新平台协同中，可以看到更多新的机遇。”保加利亚国民议会副议长、社会党副主席斯托伊洛夫说。欧洲社会党主席、保加利亚前总理斯塔尼舍夫在接受本报记者采访时表示，欧洲已经建立的“欧洲战略投资规划”可以与“一带一路”倡议形成合力。欧中可以在交通基础设施、能源、数字基础设施建设等领域加强合作。

（参见《人民日报》2016年5月19日第10版）

专家研讨十八大以来党中央治国理政新理念新思想新战略　日前，中国人民大学国家发展与战略研究院举办学术座谈会，对十八大以来以习近平同志为总书记的党中央治国理政新理念新思想新战略进行研讨。

中国人民大学国际关系学院教授李景治就“从严治理干部队伍”指出，对干部队伍的整治基于三个出发点：提高干部素质、改善干部形象、巩固执政合法性；保证政令畅通、政策有效执行；提升干部治理水平与治理能力。为实现上述目标，党的十八大以来，中央出台了一系列政策：重拳反腐，下大力度、持续坚持；巡视工作，将其规范化、制度化并且实现全覆盖；规范干部行为作风，通过“八项规定”、《中国共产党廉洁自律准则》进行约束和引导；加强民主监督，包括纪委派驻全覆盖、健全党组建设、利用网络监督；加强教育和正面引导。

国家行政学院教授许耀桐从理论来源、构成和特点等方面系统阐释了习近平治国理政的丰富内涵。他认为习近平治国理政思想将马克思主义、中国传统与西方文化融会贯通，具体包括三方面：治国理政（国家治理体系与治理能力现代化）、“四个全面”战略布局、致力于七大建设的整体推进（“五位一体”以及党的建设、国防军队建设）。由此凸显出三个执政特征：全面性、抓重点、狠抓落实。

中国人民大学马克思主义学院教授秦宣从理论构建的角度对习近平治国理政思想进行分析，指出要想全面、准确地研究阐释习近平治国理政思想，有五个核心的影响因子必须考虑：执政理念，特别是政治立场；指导思想，需要进一步思考如何处理“马、中、西”的关系、不同阶段指导思想间的连续性问题；执政目标，目前已经形成从小康社会、中华民族伟大复兴到共产主义系统的执政目标体系；制度安排，完善了从根本制度、基本制度和体制机制的制度系统建设；实现路径，从“四个全面”战略布局、全面深化改革到城镇化、科技创新等，形成从宏观到微观的中国道路的实现路径。

中共中央党校哲学教研部教授乔清举从马克思主义基本原理出发，结合中国传统文化阐释了对习近平治国理政思想的理解。他指出，习近平治国理政思想的重要创新之一就是将马克思主义的“两个决定”（生产力决定生产关系、经济基础决定上层建筑）的历史必然性与价值合理性辩证地统一起来，在解决人民日益增长的物质文化需求同落后的生产力发展水平这一基本矛盾同时，关注公平，保障实现过程的和谐完成。

中国人民大学政治学系教授杨光斌指出，哲学观、战略观与执政能力等是观察习近平治国理政思想的主要视角。国家治理现代化思想是一个包括认识论、方法论、价值论、制度论和目的论的系统的理论体系。从认识论上看，国家治理体系通过适应性和包容性传承着中华文明；改革作为方法论，既要强调其必要性，也要看到其复杂性，因而要有技术、有策略地推行改革；就价值论而言，国家治理现代化的内在价值指向公正，特别是通过制度安排实现社会的公平正义；制度论方面，强调制度体系和治理能力的统一性，并且将民主集中制作为制度体系转化为治理能力的中介机制；国家治理现代化的目标是打造有生命力、有竞争力的中国模式，实现中华民族伟大复兴的中国梦。

（参见《光明日报》2016年5月19日第16版）

学习贯彻习近平总书记重要指示精神　建设党建高端智库座谈会　5月26日，全国党建研究会在京召开“学习贯彻习近平总书记重要指示精神　建设党建高端智库”座谈会。

与会同志认为，全国党建研究会成立25年来，始终坚持正确政治方向，深入研究党的建设重大理论和实际问题，取得了许多重要研究成果，受到党中央和中央有关部门的重视和肯定，对加强党的建设起到了积极作用。

与会同志提出，建设党建高端智库，要按照习近平总书记重要指示精神和党中央关于中国特色新型智库建设的要求，牢牢把握正确政治方向，坚持马克思主义指导地位；聚焦党建研究，体现高端特色；整合各方面资源，培养和凝聚一大批优秀党建研究人才；健全完善管理制度和运行机制，充分调动激发广大党建研究工作者的积极性创造性；抓紧制定党建高端智库建设规划，进一步明确研究会的发展思路和措施。大家谈到，建设党建高端智库，要按照习近平总书记的要求，以高度的责任感和使命感，开拓创新、扎实推进，使党建高端智库在推进党的建设和党领导的伟大事业中发挥应有作用。

（参见《人民日报》2016年5月27日第6版）

陈云与全面从严治党——纪念中国共产党成立九十五周年学术研讨会　6月29日，为纪念中国共产党成立95周年，陈云思想生平研究会在京举办了“陈云与全面从严治党——纪念中国共产党成立九十五周年”学术研讨会。

与会专家学者深入学习习近平总书记系列重要讲话，特别是在纪念陈云同志诞辰110周年座谈会上的重要讲话精神，围绕陈云同志关于从严治党的重要论述和思想，进行了研讨。大家认为，党的十八大以来，以习近平同志为总书记的党中央创新发展马克思主义党建学说，把全面从严治党纳入“四个全面”战略布局，坚定不移推进全面从严治党、依规治党，党的建设开创新局面，党风政风呈现新气象。与会者指出，陈云同志是具有丰富治党经验的老一辈无产阶级革命家，在革命、建设和改革各个时期为党的建设做了大量开创性的卓有成效的工作。我们要从陈云同志丰富、深刻的党建思想中汲取营养，扎扎实实推进全面从严治党，把党的建设新的伟大工程不断推向前进。大家表示，全面从严治党没有完成时，作为党的理论工作者和研究学者，要着眼于党和国家工作大局，深入学习研究包括陈云同志在内的老一辈无产阶级革命家管党治党的思想，拿出更多高质量的研究成果，为党的思想理论建设，为实现“两个一百年”奋斗目标、实现中华民族伟大复兴的中国梦，做出应有贡献。

来自中央国家机关和全国各地的近百位领导和专家学者出席了研讨会。

（中央文献研究室科研管理部胡昌勇供稿）

纪念中国共产党建党95周年学术研讨会　7月1日，由中国社会科学杂志社主办的纪念中国共产党建党95周年学术研讨会在北京举行。来自国内的马克思主义、哲学、史学和政治学等学科的相关专家学者，尤其是党史国史领域的专家学者参加会议。会议的主题是“中国共产党与中国道路”。中国社会科学院副院长、党组成员，中国社会科学杂志社总编辑张江出席开幕式并讲话。

中共中央党史研究室原副主任石仲泉、中共中央党史研究室第一研究部主任蒋建农、中共中央党校科社教研部副主任吴忠民、中共中央党校中共党史教研部一室主任卢毅、华南师范大学政治与行政学院院长陈金龙、中共中央党校中共党史教研部主任谢春涛等发言，发言的主要内容是伟大的红军长征与长征精神、中国道路与现代化内生动力、中国特色政治经济学、中国共产党与中国道路的开创和拓展、中国道路的“世界历史”意义、中国国家治理复合体系的形成历史与合力优势、十月革命与中共早期革命话语的建构等。

来自中国社会科学院、中共中央党校、中共中央党史研究室、国防大学、北京大学、中国人民大学、华南师范大学、河北师范大学、吉林大学、中共上海市委党校、江西师范大学、天津师范大学、华东政法大学等高校和科研机构的专家学者参加会议。

（中国社会科学院办公厅刘玉杰编辑、供稿）

非公党建模式与非公党建发展研讨会　8月10日，中央党校党建教研部和民生智库联合举办的“非公党建模式与非公党建发展研讨会”在北京举行。与会专家学者围绕“推进非公有制企业党建创新、发挥好非公有制企业党组织的作用”这一主题展开了研讨。

与会者认为，当前，非公有制企业党建工作的重点是习近平同志提出的抓好“两个覆盖”（抓好党组织覆盖和党的工作覆盖）、发挥好非公有制企业党组织的“两个作用”（在职工群众中发挥政治核心作用，在企业发展中发挥政治引领作用）、加强“两支队伍”建设（加强党组织书记和党建工作指导员队伍建设）。

与会者深入研讨了河南鑫山公司等非公有制企业党建的典型案例，认为坚持和完善基本经济制度、鼓励支持引导非公有制经济发展，关键在党。各级党委应切实加强对非公有制企业党建工作的领导，明确责任、健全机构、配强力量，为非公有制企业开展党建工作创造有利条件。需要注意的是，开展非公有制企业党建工作，不能采取一个模式，应注重分类指导、模式创新，增强工作的针对性和实效性。

（参见《人民日报》2016年8月11日第7版）

第三届大江论坛——两岸关系和平发展精英论坛 9月26日，由台湾民主自治同盟中央委员会主办的第三届“大江论坛”——两岸关系和平发展精英论坛26日在北京台湾会馆开幕。岛内政、经、产、学等领域代表性人士和青年团体代表200余人与会，围绕“深化两岸民间交流，助推两岸关系和平发展”积极建言献策。

全国政协副主席、台盟中央主席林文漪宣布论坛开幕。

台盟中央常务副主席黄志贤致辞说，当前，两岸关系形势复杂，需要两岸同胞增进了解，深入探讨、积极思考，为维护两岸关系和平发展多提宝贵意见。无论岛内局势怎么变化，都不能隔断“两岸一家亲，血浓于水”的乡情和亲情。

国务院台湾事务办公室副主任龙明彪表示，两岸关系越复杂，越需要两岸民间加强交流，展现维护两岸关系和平发展的坚定意志和强大力量。两岸民间各领域的交流非但不能断、不能停、不能减，而且还要持续加强、扩大和深化。

（参见《人民日报》2016年9月27日第9版）

马克思主义政治学论坛（2016） 10月22日，由中国社会科学院政治学研究所主办的马克思主义政治学论坛（2016）在北京举行。来自中国社会科学院、北京大学、清华大学、中国人民大学、武汉大学等科研机构、知名高校的50余名专家学者参加会议。

论坛的主题是“马克思主义政治学在当代中国的运用与发展”，研讨的主要问题有马克思主义政治学的基本原理与方法论、马克思主义政治学与中国政治发展、习近平“5·17”讲话对马克思主义政治学发展的指导意义、马克思主义政治学与“四个全面”战略布局等。

（中国社会科学院办公厅刘玉杰编辑、供稿）

国家行政学院第三届科学报告会 10月24日上午，国家行政学院第三届科学报告会在京拉开了帷幕。围绕“十八大以来党中央治国理政新理念新思想新战略及政治学前沿问题”，政治学教研部举办了科学报告会的首场学术活动。

国家行政学院党委委员、副院长杨克勤出席研讨会并讲话，来自国家行政学院、中央编译局、北京师范大学、中国政法大学和人民网等单位的专家学者共50多人参加了会议。

杨克勤在讲话中强调，马克思主义理论的本质特征是实践性，深入学习把握党中央治国理政新理念新思想新战略，最终必须贯彻到实践中。一是要把深入学习党中央治国理政新理念新思想新战略与全面深入学习贯彻习近平总书记系列重要讲话精神结合起来，提高运用科学理论改造主观世界和客观世界的能力，增强政治意识、大局意识、核心意识、看齐意识，始终在思想上政治上行动上同党中央保持高度一致。二是要把深入学习党中央治国理政新理念新思想新战略与目前正在深入开展的“两学一做”学习教育结合起来，加强理论研究，形成有分量的研究成果，多形式、多渠道宣传新理念新思想新战略。三是要树立良好学风，强化问题导向，注重学以致用，扎实推动党中央治国理政新理念新思想新战略进教材、进课堂，用新理念新思想新战略武装头脑、指导实践，培养和造就高素质的公务员队伍，推动国家行政学院教学、科研、咨询和新型智库建设工作不断取得新的更大的成绩。

研讨会上，国家行政学院政治学教研部主任范文教授、北京师范大学李涛教授、国家行政学院政治学教研部徐鸿武教授、中央编译局杨金海教授、国家行政学院政治学教研部副主任孙晓莉教授、中国政法大学李凯林教授、国家行政学院政治学教研部胡月星教授、刘志伟教授等先后作了发言。其他与会专家学者做了交流互动。

最后，范文作了会议总结。国家行政学院教务部主任丁文锋教授、科研部主任樊秀萍研究员、副主任焦利研究员、决策咨询部副主任丁元竹研究员也参加了会议。会议由政治学教研部副主任于军教授主持。

10月24日下午，围绕“党中央治国理政新思想新理念新战略与中国特色社会主义理论及实践的创新”主题，国家行政学院中国特色社会主义理论体系研究中心举办学术论坛，来自国家行政学院、北京大学、中国社会科学院、四川行政学院、长沙行政学院、赤峰行政学院、丽江行政学院等单位的专家学者共30多人参加了本次活动。

研讨会上，北京大学教授、国家社科基金评审组专家阎志民，北京大学教授、中国人学学会名誉会长陈志尚，中国社会科学院研究员，当代中国研究中心副所长（正局级）罗文东，国家行政学院法学教研部教授魏宏、培训中心处长董明发和政治学教研部教授许耀桐、邱霈恩、路杰分别以“党中央提出治国理政新思想新理念新战略的大背景”“社会主义初级阶段的信仰问题与马克思主义在当代面临的挑战”“总结历史，开辟未来”“以宪治国与理论创新”“依靠学习，走向未来”“治国理政新思想新理念新战略的内在联系”“中国特色社会主义道路是中国共产党智慧的集中体现”“中国特色社会主义与科学技术革命之间的关系”“从历史维度看中国话语体系建设”为题进行发言，并同与会的其他学者、学生进行了互动交流。

最后，政治学教研部主任范文教授总结发言，他指出，本次分论坛有三个突出特点：一是主题鲜明，意义重要；二是参与热烈，专家云集；三是成果丰硕，影响广泛。论坛由国家行政学院中国特色社会主义理论体系研究中心秘书长李拓教授主持。科研部主任樊秀萍研究员、副主任焦利研究员参加了论坛。

（国家行政学院科研部刘斌供稿）

两岸和平发展论坛　11 月 3 日，由两岸 20 家民间团体共同主办的两岸和平发展论坛在北京闭幕。

为期一天半的论坛，来自海峡两岸 200 多位各界人士分为政治、经济、文化、社会、青年五个小组进行了专题研讨。闭幕式上，严安林、韦伯韬、谢大宁、陈斌华、许淑华分别报告了各组的研讨情况。

政治组介绍，与会两岸人士认为，要高度重视政治互信在发展两岸关系中的重要作用。两岸政治互信的基础就是“九二共识”。民进党上台后，不承认“九二共识”导致当前两岸僵局。与会人士建议，两岸应共同珍惜、维护来之不易的“九二共识”，国共两党应先巩固政治互信，在两岸协商对话机制停摆情况下，更应持续推动民间交流。经济组介绍，与会两岸人士认为，在全球经济增长持续低迷的环境下，两岸同样面临经济成长趋缓等挑战。新经济可以为两岸发展提供新动能，扩大新空间。两岸应加强“一带一路”建设合作，在产业对接、基础设施互联互通等领域寻求合作。文化组、社会组、青年组介绍，与会两岸人士认为，两岸应共同肩负保护和传承非物质文化遗产的责任。与会人士高度肯定两岸加强社会交流的重要意义，认为两岸关系越是复杂，越需要民间加强交流。两岸尤其应加强青年交流，通过交流扩大台湾青年的视野，强化两岸命运共同体意识。

闭幕式随后发布了 40 多项 2017 年两岸交流项目信息。

（参见《人民日报》2016 年 11 月 3 日第 6 版）

第四届孙中山与宋庆龄研讨会　第四届孙中山与宋庆龄研讨会近日在北京举办。由中国宋庆龄基金会、台湾中山学术文化基金会共同主办的研讨会，已连续举办 4 年。今年适逢孙中山先生诞辰 150 周年，研讨会以“孙中山思想：历史、现实、未来”为主题，并首次在宋庆龄故居举办。

来自海峡两岸的近百位学者，聚集在宋庆龄故居的大客厅中。中国宋庆龄基金会常务副主席齐鸣秋致辞时表示，在宋庆龄故居举办研讨会，是对孙中山、宋庆龄两位伟人最好的纪念，也是两岸历史文化学术的一件盛事。

10 位两岸青年学者发表论文，10 位两岸学者现场点评，共同聚焦孙中山先生的法治、监察、福利、民生等方面的思想，回溯孙中山学医从医、北上、赴台等方面的史实，探讨两岸孙中山研究在大陆和台湾的现状与趋势。

中山大学博士生张建宇介绍了广州地区孙中山研究取得的进展，随后登台的台湾大学博士生黄玫瑄却遗憾地指出，孙中山研究在台湾曾经是“显学”，近年来却由热转冷；而孙中山研究在大陆，则渐渐变热。

黄玫瑄说，“在台湾，过去中山研究有补助、有奖励；现在通过评鉴制度，研究中山思想的论文甚至上不了正面表列的杂志，补助也都没有了。”台湾各主要大专院校从事孙中山研究的学者和研究生，都已相当稀少。

元智大学教授刘阿荣是研究中山思想多年的台湾学者，被戏称既“躬逢其盛”又“躬逢其衰”。刘阿荣受访时表示，孙中山思想是两岸能够共同接受的重要思想。台湾政党轮替后，执政当局尽量不提孙中山思想，但也不敢把它改掉，只是尽量淡化。他认为，不用过于悲观。因为谁能对社会、对人民生活有帮助，谁就受到人民的支持，谁就可以持续。

中山大学教授赵立彬则表示，学术研究向来是热未必做得好，冷未必做得不好。关键是研究有没有价值。而从目前两岸现状看，答案是肯定的。赵立彬直指，孙中山思想不管是对大陆还是对台湾来说，都有长期的研究价值。

鉴于孙中山研究在两岸此消彼长的变化，不少学者表示，两岸可互为补充，加强互动，不但有助于学术研究获得丰硕成果，也有助于增进彼此了解，厚植两岸和平发展的利基。

齐鸣秋说，孙中山和宋庆龄的精神和思想，是两岸中华儿女共有的精神财富，是两岸共同追溯历史、面向未来的"最大公约数"。他强调，希望两岸携手同行，为实现孙中山先生100多年前提出的中华民族与世界各国"并驾齐驱，驰骋于地球之上"的宏伟目标努力奋斗。

（参见《人民日报》2016年11月3日第6版）

中国领导力论坛 11月26日，国家行政学院中国领导科学研究中心在京举办国家行政学院第三届科学报告会领导科学分论坛暨中国领导力论坛。来自中央国家机关、中央党校、北京大学、全国行政学院系统和领导力培训机构的百余名专家学者参加此次论坛，院党委委员、副院长杨克勤出席论坛并致辞。

杨克勤在致辞中强调，党的十八届六中全会以"全面从严治党"为主题，把"全面"作为管党治党的出发点，把"从严"作为管党治党的落脚点，关键抓住"全面"，重点抓住"从严"，这体现了我们党对执政规律的深刻认识和主动把握，体现了我们党高度的政治自觉和强烈的使命担当。党的十八届六中全会精神必然为"中国化领导力"研究指明方向、丰富内容、增强动力。

杨克勤指出，"中国化领导力"研究最根本的政治方向就是坚持党的领导，这要求我们必须自觉维护以习近平同志为核心的党中央权威，自觉在思想上政治上行动上与党中央保持高度一致。同时，必须按照《准则》和《条例》要求研究怎样是好干部、怎样成长为好干部、怎样把好干部用起来。

杨克勤强调，"中国化领导力"研究要重点围绕统筹推进"五位一体"总体布局的领导力和协调推进"四个全面"战略布局的领导力进行探讨。领导干部的成长和领导力的提升离不开良好的政治生态，"中国化领导力"必须研究如何加强和规范党内政治生活，如何净化和建设政治生态。

中央党校副秘书长、研究室主任冯秋婷教授，北京大学国家发展研究院陈春花教授，中国人事科学院原院长吴江教授以及来自国家行政学院、地方行政学院、普通高校和领导力培训机构近20位知名专家围绕"新形势·新理念·新领导力"从不同角度进行了理论探讨和学术交流。国家行政学院中国领导科学研究中心主任刘峰教授在总结中指出，"中国化领导力"要高度自觉地学习和研究中国共产党的强大领导力，要学习和研究习近平总书记的强大领导力，同时还要研究政府、企业和社会方方面面领导力的提升，因此需要各个领域的专家学者进行学术交流，相互取长补短。

（国家行政学院科研部刘斌供稿）

经济学

第二十届（2016年度）中国资本市场论坛 1月8—9日，第二十届（2016年度）中国资本市场论坛在中国人民大学举行，本届论坛主题是"中国资本市场：风险与监管"。其中，1月8日于国学馆会议中心召开"论坛夜话：二十周年回顾与两岸三地五大高校金融尖峰对话"论坛，1月9日于逸夫会议中心召开大会开幕式与主题演讲。论坛由中国人民大学金融与证券研究所（FSI）和《中国证券报》、华融证券股份有限公司主办，中国人民大学财政金融学院、商学院等协办，教育部社科司特别支持。吴晓求所长发布《股市危机：逻辑结构、多因素分析与政策建议》主题报告。为期一天半的资本市场论坛吸引了近700人参会，本次论坛达成了一些重要共识，包括构建防范和应对危机的有效机制，是未来中国金融改革和资本市场发展所必须研究的重要问题。资本市场发展是人民币国际化的重要支撑，完善中国资本市场的制度架构、政策措施和规则体系是发展我国资本市场，构建大国金融体系的必由之路。

（中国人民大学科研处关晓斌供稿）

2016大健康产业发展论坛 1月10日，由人民日报社、民生周刊杂志社携手中国医疗健康产业发展策略联盟举办的"2016大健康产业发展论坛"在京举行。全国政协原副主席白立忱宣布论坛开幕。人民日报社副社长张建星、中国医师协会会长张雁灵在论坛致辞。

健康是人类永恒的主题，也是社会进步的重要标志。本届论坛从医改政策、社会需求、科技发展、资本关注、品牌建设等维度分析中国大健康产业的内涵及外延影响，论述资本、保险、养老、新医学、移动医疗等产业领域的前延后伸、高位嫁接，致力推动大健康产业各领域间相互融合、跨越发展，共同探讨该领域创新发展的思路与方法。

（参见《人民日报》2016年1月11日第9版）

政府和社会资本合作（PPP）立法国际学术研讨会 1月12日，由中央财经大学中国财政发展协同创新中心、中国公共采购与PPP法律研究所、法学院、财政学院主办，北京中伦（上海）律师事务所、国家社科基金“PPP立法研究”重大项目课题组协办的政府和社会资本合作（PPP）立法国际学术研讨会在中央财经大学举行。来自意大利都灵大学，财政部条法司、国库司、PPP促进中心，国家发改委PPP促进中心，建设部政策研究中心，北京市发改委，国务院发展研究中心，财政部财政科学研究所，中科院大学，四川大学，南开大学，东南大学，复旦大学，北京中伦律师事务所、上海济邦咨询、国浩律师事务所等七十余名专家学者参加了本次研讨会。与会专家从PPP立法的理论视角、国际视角、中国历史实践视角等多个维度聚焦当前我国PPP立法实践的重大问题，同时围绕PPP的法律概念、典型形态，PPP与特许经营的关系、PPP法中的公共合同授予问题等多难点问题进行了分析和探讨，取得了预期的效果。近年来，中国PPP模式的爆发性发展对PPP立法提出了急迫需求，国家主管部门相应加快了有关PPP的立法工作。中央财经大学依托国家社科基金项目“PPP立法研究”，举办此次专题研讨会，以为我国PPP法律政策和实践的发展做出贡献。

（中央财经大学科研处供稿）

第四届金砖国家财经论坛 1月12日，由经济日报社主办、中国经济网承办的第四届金砖国家财经论坛在北京举行。来自国新办、财政部、商务部、金砖国家新开发银行等机构官员以及金砖国家政商界知名人士和专家学者200余人与会。

与会者围绕本届论坛“金砖新视野：共生共荣融合发展”的主题进行了充分交流，就新格局下的金砖国家合作，金砖国家新开发银行建设以及如何降低合作成本、提升项目对接等话题提出了丰富的建议和展望。

（参见《人民日报》2016年1月13日第3版）

地方公共资源交易平台建设及政府债务管理学术研讨会 1月16日，由中央财经大学中财—鹏元地方财政投融资研究所、财政学院、财政发展协同创新中心共同举办的地方公共资源交易平台建设及政府债务管理学术研讨会在中央财经大学举行。来自国务院发展研究中心资源与环境研究所、财政部财政科学研究所、北京环境交易所、君丰泰富（北京）投资管理有限公司、鹏元资信评估有限公司以及中央财经大学部分师生参加了本次研讨会。与会专家就公共资源交易平台建设及地方政府债务管理问题进行了热烈讨论。认为：目前地方政府债务量依然较大，地级政府和省级政府的企业债存量也不容忽视，在国家发布43号文后，控制地方政府债务问题就变得更为重要；构建现代地方公共资源交易市场体系，要厘清地方公共资源交易的几个关系，以互联网思维构建地方政府公共资源交易平台，以及推动资源革命，深化地方公共资源交易市场体系改革；构建公共资源交易平台，要做到发挥市场在资源配置中的决定性作用和更好发挥政府作用。

（中央财经大学科研处供稿）

TPP协定的内容、我国现存差距及影响专家评估会 1月17日，TPP协定的内容、我国现存差距及影响专家评估会在对外经济贸易大学举办。对外经济贸易大学副校长林桂军、科研处处长王强出席会议。中国社会科学院经济研究所裴长洪教授、国务院发展研究中心对外经济研究部赵晋平教授、商务部国际贸易经济合作研究院李刚教授、商务部国际贸易关系司李森等多位专家学者受邀参会，并围绕我校TPP研究团队的最新成果进行了研讨和点评。

林桂军主持会议并致开幕词。随后，对外经济贸易大学TPP研究团队的屠新泉教授、王健教授等20余位专家学者逐一发言，就各自在TPP领域的研究成果进行了报告。内容涉及投资规则、原产地规则和程序、海关程序与贸易便利化、电子商务等诸多方面，实现了对TPP条款全文（及附件）核心内容的全面覆盖，对TPP的潜在影响、应对策略及可借鉴之处等关键问题进行了全面深入的梳理、解读和分析。

（对外经济贸易大学科研处供稿）

全球价值链推动世界经济发展和共同繁荣研讨会 3月17—18日，由对外经济贸易大学与中国发展研究基金会（CDRF）共同主办、Bill & Melinda Gates基金会协办、对外经济贸易大学全球价值链研究院承办的主题为“全球价值链推动世界经济发展和共同繁荣”的《全球价值链发展报告2016》工作论文研讨会在北京钓鱼台大酒店顺利举办。

研讨会由对外经济贸易大学全球价值链研究院海外院长王直主持。对外经济贸易大学副校长、全球价值链研究院中方院长赵忠秀教授致开幕辞。研讨会就《全球价值链发展报告2016》中的14篇工作论文进行了汇报和讨论，内容涉及基于国际投入产出技术的全球价值链测度方法的改进、全球价值链视角下中等收入陷阱的跨越以及服务环节的增值、贸易一体化协定与全球价值链的互动关系等。

（对外经济贸易大学科研处供稿）

产业组织与竞争政策2016年研讨会 3月19日，由对外经济贸易大学主办的产业组织与竞争政策2016年研讨会在对外经济贸易大学召开。此次研讨会聚集了国内外相关领域的著名专家学者、业界及政府部门工作人员。与会专家有来自东北大学（美国）的John Kwoka教授、威斯康星大学密尔沃基分校（美国）的John S. Heywood教授、科罗拉多大学（美国）的Yongmin Chen教授、香港科技大学的Xinyu Hua教授、中国人民大学叶光亮教授和吴汉洪教授、北京大学的吴泽南博士、对外经济贸易大学法学院黄勇教授、安杰律师事务所的詹昊律师和宋迎律师、国家发改委反垄断局的李青副局长和王火旺处长等。

对外经济贸易大学副校长赵忠秀致欢迎辞。研讨会由三个学术专场讨论和一个专家政策论坛组成。专场讨论侧重于产业组织领域的最新理论和应用发展，专家论坛重点探讨了“中国竞争政策的制定及实施”。与会嘉宾对相关的学术理论及竞争政策在中国的实施案例等问题进行了热烈讨论，参会人员积极分享了各自的最新研究成果，并对相关议题交换了看法和观点。

（对外经济贸易大学科研处供稿）

中国发展高层论坛2016年年会 3月19—21日，由国务院发展研究中心与中国发展研究基金会主办的中国发展高层论坛2016年年会在北京钓鱼台国宾馆举行，本届论坛的主题为“新五年规划时期的中国”。开幕式由中国发展研究基金会理事长、国务院发展研究中心原主任王梦奎主持。中共中央政治局常委、国务院副总理张高丽出席并发表主旨演讲，他指出过去五年是中国发展不平凡的五年，我们圆满完成“十二五”规划主要目标任务，取得了举世瞩目的发展成就。以习近平同志为总书记的中共中央提出创新、协调、绿色、开放、共享的新发展理念，这是“十三五”乃至更长时期中国发展思路、发展方向、发展着力点的集中体现。3月21日下午，国务院总理李克强在人民大会堂会见来华出席中国发展高层论坛2016年年会的境外代表并同他们座谈。与会外方代表表示，通过参加本届论坛，对中国经济的发展前景，以及中国致力于深化改革、推动经济转型升级的坚定决心有了更加深刻的认识。相信中国经济中高速增长将对世界经济增长产生重要影响，愿不断深化对华合作，在各自领域为中国发展提供支持与协助。

中国发展高层论坛是每年3月“两会”后的首个国家级大型国际论坛，旨在“与世界对话，谋共同发展”，是中国政府高层领导、全球商界领袖、国际组织和中外学者之间重要的对话平台。中国发展高层论坛自2000年创办以来，为推动中外发展政策交流与国际合作做出了积极贡献。

（国务院发展研究中心办公厅科研处郭巍供稿）

G20与全球金融稳定国际研讨会 3月22日，由中央财经大学金融学院全球金融治理协同创新中心主办，中央财经大学金融学院国际金融研究中心、第一财经研究院和布雷顿森林体系重建委员会等多家机构联合举办的G20与全球金融稳定国际研讨会在中央财经大学学术会堂举行。来自法国、美国、韩国、日本、印度尼西亚及中国（含香港地区）的20余位重量级演讲嘉宾出席了本次论坛。本次研讨会将主要围绕四个主题进行。第一，在美联储生息预期下，各主要经济体之间应如何积极展开宏观经济政策协调，避免各行其是的政策选择以及由此引起的冲突和矛盾；第二，如何继续推进2011年法国峰会首次提出的全球金融架构改革，共同创建一个有助于全球金融长期稳定和公平合理的国际金融体系；第三，国际资本流动长期以来一直是新兴市场经济体和全球金融动荡的根源之一，如何对其加强管理，特别是采取全球联合行动；第四，如何对G20政策对话机制本身进行改革和创新，提升其合法性与执行力，进而更好地提升其在全球金融稳定方面的效率和作用。当今全球经济正处于深度调整过程中，美联储货币政策备受关注、日本和欧盟负利率、新兴市场资本外流、国际大宗商品价格暴跌等问题都对全球经济复苏提出挑战。本次研讨会将深入探讨这些问题和挑战，为即将召开的G20

中国峰会提供学术支持，具有非常重要的意义。

（中央财经大学科研处供稿）

第三届中国劳动经济学者论坛　3月26日，第三届中国劳动经济学者论坛在北京大学经济学院举行。论坛由北京大学经济学院主办、经济科学杂志社协办。来自北京大学、清华大学、中国人民大学、北京师范大学等院校的10余位劳动经济学领域的中青年学者在论坛中报告了他们的最新研究成果，来自国内高校、新闻媒体、企业界的60余位嘉宾参会。在论坛的开幕式上，北京大学经济学院副院长张辉教授和北京大学校长助理、《经济科学》杂志主编黄桂田教授分别代表主办方与协办方致开幕辞。与会学者就人力资本投资、卫生经济、农村劳动力转移、经济创新、工资差异、家庭金融与消费等问题分别进行了讨论。

（北京大学社科部供稿）

中国政治经济学发展报告（2015）发布会　3月26日，由中国人民大学经济学院主办，中国特色社会主义经济建设协同创新中心和《政治经济学评论》编辑部协办的中国政治经济学发展报告（2015年）发布会在中国人民大学国学馆报告厅举办。中国人民大学经济学院院长、《政治经济学评论》主编张宇出席并致辞。中国人民大学《资本论》教学与研究中心主任邱海平介绍了中国政治经济学年度发展报告的概况。《中国政治经济学发展报告报告（2015）》共分为六部分，包括政治经济学基本理论研究的新进展、中国特色社会主义政治经济学研究的新进展、“十三五规划”和五大发展理念的政治经济学研究、世界经济格局新变化的政治经济学研究、当代资本主义研究的新进展、国外马克思主义政治经济学研究的新进展等。

（中国人民大学科研处关晓斌供稿）

货币金融圆桌会议 · 2016春　3月26日，由中国人民大学国际货币研究所（IMI）主办的“货币金融圆桌会议 · 2016春”在中国人民大学举行。会议围绕“供给侧结构性改革的金融支持”这一热点议题展开深入探讨。上海黄金交易所理事长焦瑾璞，中国金融四十人论坛高级研究员、国家外汇管理局国际收支司原司长管涛等来自金融监管部门的高层管理者、金融理论与实业界专家学者出席会议并发表演讲。会议由IMI副所长涂永红主持。郭庆旺院长首先致开场辞。焦瑾璞理事长在主题演讲中谈到供给侧改革的四个主要内容，分别是：减税、降低成本、鼓励创新和促进劳动力市场的灵活性。管涛博士以“增加和完善金融供给是整体供给侧改革的关键环节”为题发表主题演讲。

（中国人民大学科研处关晓斌供稿）

2016年首届院长论坛　4月6日下午，首届院长论坛在北京市社科院二层报告厅举办。论坛邀请阿里巴巴研究院副院长宋斐，就“互联网+”议题向与会人员做主题报告。北京市社科院党组书记、院长王学勤主持此次论坛。宋斐的主题报告主要分为三个部分，分别就阿里巴巴的经营情况、三万亿与全球新经济、新经济十大议题研究展开了讨论。为了活跃论坛的气氛，论坛以三段视频作为开始，视频以活泼、生动而又形象的方式介绍了大数据、云计算和农村电商模式，短小精悍，信息量大，使得广大听众对报告内容有了一个初步的了解和认识。在主题报告第一阶段，宋斐介绍了阿里巴巴的发展历程和经营模式。随后，宋斐以“从三万亿看新经济发展”作为切入点，对新时代下的电商经营模式、治理理念和文化建设进行了论述。关于“新经济的十大议题”，宋斐认为这十大议题分别是新基础设施、新要素、新结构、新商业模式、新组织模式、平台经济、自由连接体、微金融、跨境经济和网络化治理。在交流互动环节，宋斐解答了北京市社科院学者的提问，就互联网与低碳城市建设、电商行业未来发展趋势等问题展开了积极、有效的交流。论坛会后，宋斐一行与市情中心的科研人员就下一步深入合作方向和内容进行了深入交流。

（北京市社科院科研处供稿）

第三届UIBE国际政治经济高端论坛　4月16日，由对外经济贸易大学国际关系学院主办的第三届UIBE国际政治经济高端论坛在对外经济贸易大学举办，论坛主题是“中国如何引领国际合作”。

国务院侨务办公室主任裘援平、对外经济贸易大学副校长林桂军致开幕词。论坛分上、下两场，上半场的中心议题是“中国如何引领国际合作：理论建构”，下半场的中心议题是“国际合作中的中国角色：引领抑或参与?”。来自北京大学、国防大学、国际关系学院、吉林大学、南开大学、清华大学、外交学院、中共中央党校、中国人民大学、中国社会科学院、中国政法大学等国内著名高校及科研院所的专家学者进行了讨论和交流。

（对外经济贸易大学科研处供稿）

品牌强国之路高峰论坛 4月22日，对外经济贸易大学主办、中国奢侈品研究中心和中国消费经济研究院承办的品牌强国之路高峰论坛暨《中国奢侈品消费者行为报告（2015）》发布会举行。论坛的主旨是在国家“2025中国制造”的大背景下，通过研讨中国消费者的高端品牌消费行为规律和趋势，为国家和企业提供来自产、学、研各个领域的专家学者和高级经理人的独到见解。

《中国奢侈品消费者行为报告（2015）》由七部分组成：第一部分是中国奢侈品消费市场现状分析；第二部分是研究方案设计；第三部分是2014年和2015年奢侈品消费者行为指标的对比研究，并总结中国式奢侈品消费和中国人理解的奢侈品消费的特点；第四部分揭示中国消费者奢侈品购买决策特征的一般性和特殊性，提炼出中国奢侈品消费者购买决策特征的十五大因素；第五部分是基于中国传统文化价值观导向的中国奢侈品消费者族群分析；第六部分展示新常态下的奢侈品市场发展以及奢侈品行业与互联网科技的关系；第七部分是中国奢侈品牌市场未来展望。

（对外经济贸易大学科研处供稿）

第四届金融与计算论坛 4月23—24日，由中央财经大学统计与数学学院主办，中国科学院计算机网络信息中心、中国科学院大学、北京并行科技股份有限公司协办的第四届金融与计算论坛在中国科学院大学国际会议中心召开。来自中央财经大学、中国社会科学院数量经济与技术经济研究所、中国科学院计算机网络信息中心、中国科学院大学、中国人民大学、上海交通大学、同济大学、上海对外经贸大学、广东工业大学、天津财经大学、上海金融学院、北京并行科技股份有限公司、北京盈赛富投资管理有限公司、北京超算科技公司、恒丰银行、农业银行等单位的50余名代表参加了本次论坛。十余位来自学界和业界的代表分别作了主题报告，内容包括：股票期权市场波动预测、股票市场拐点预测模型、期权定价算法、面向金融计算的高性能云计算服务、金融模型评价准则、资本市场与宏观经济的关系、互联网金融计算、高维协方差矩阵建模、稳健投资组合并行算法等。与会者表示，本次论坛为不同领域的代表提供了一个难得的交流和学习机会，使大家对金融问题、金融大数据、金融模型、金融计算、并行算法等问题有了更清晰的认识和理解。

（中央财经大学科研处供稿）

支付清算理论与政策高层论坛 5月13日，《中国支付清算发展报告（2016）》发布暨支付清算理论与政策高层论坛在北京举行。论坛由国家金融与发展实验室和中国社会科学院金融研究所共同主办，中国支付清算协会作为支持单位，Visa公司和中国银联大力协办，北京CBD国际金融研究院、上海现代支付与互联网金融研究中心参与承办。

中国社会科学院金融研究所支付清算研究中心（即国家金融与发展实验室支付清算研究中心）发布了新的年度研究报告。来自监管部门、行业协会、支付清算组织和机构的各方专家，就当前支付清算领域的热点问题进行了演讲和讨论。

《中国支付清算发展报告（2016）》从中国和全球两个维度，从理论、实践与政策多个视角，对于支付清算领域相关问题，进行“点”“面”结合的研究。总报告全面分析了我国支付清算体系的发展历程、现状特点、存在问题及趋势，考察了支付清算运行与宏观经济变量、区域经济金融发展、金融稳定与金融风险、货币政策的内在关联等。专题报告跟踪分析了国内外支付清算体系的发展状况、热点与难点，系统梳理了近年来以支付经济学为主线的学术文献等。

（中国社会科学院办公厅刘玉杰编辑、供稿）

2016中国CIO论坛（第四届） 5月29日，由中国人民大学信息资源管理学院主办、中国人民大学CIO研究中心协办的“助力平台经济大布局——2016中国CIO论坛（第四届）”在中国人民大学信息楼举行。论坛上吸引了来自平安集团、同程旅游、国药集团、业之峰、易华录、中钢集团、中煤能源集团、首都航天机械公司、国机重工、诺华制药、玖道科技、金蝶软件、正益移动等众多国内外企业家和CIO们现身演讲，信息资源管理学院院长、中国人民大学CIO研究中心主任张斌、院长助理牛力、中国人民大学CIO研究中心副主任莫晓平等出席论坛。参加论坛的还有中国人民大学CIO研究中心部分研究员、有关企业高管和CIO以及中国人民大学相关院系师生。此次论坛以“助力平台经济大布局”为主题，在长达四个半小时的论坛中，与会代表就互联网时代的平台经济、共享经济进行了探讨和交流。

（中国人民大学科研处关晓斌供稿）

大类资产配置策略研讨会　5月29日，由中央财经大学金融学院、中国资产管理研究中心，北京基金小镇主办的大类资产配置策略研讨会在中央财经大学学术会堂召开，150余位来自海内外著名高校的专家学者、业界知名金融机构的代表出席。来自德克萨斯大学达拉斯分校金融学副教授赵锋，阳光保险资产管理公司高级投资经理白雪石，西南交通大学经济管理学院副教授、博士生导师谭滨，同安投资宏观量化研究员部哲分别进行了主题演讲。与会专家就：大类资产配置理论的演进与实践、风险预算在大类资产配置中的应用、黄金定价机制、数量化资产配置、大类资产配置在实际应用中存在的问题与解决方案等主题进行了深入探讨。经济新常态下投资单一资产获利的难度将大大提升，大类资产配置的需求将愈发凸显。在此背景下，大类资产配置策略研讨会的召开具有深刻的时代意义和现实价值。

（中央财经大学科研处供稿）

第三届中国人民大学世界经济论坛　6月5日，由中国人民大学经济学院主办、中国特色社会主义经济建设协同创新中心协办的第三届中国人民大学世界经济论坛在国学馆举行。此次论坛主题为“金融动荡中的世界经济”。中国人民大学党委副书记吴付来出席论坛并致辞。国务院发展研究中心副主任隆国强、中国社会科学院亚太与全球战略研究院院长李向阳、中国人民大学原副校长杜厚文、北京大学经济学院萧琛教授、南开大学国家经济战略研究院院长戴金平以及中国人民大学“一带一路”研究院副院长宋利芳、经济学院于春海教授和范志勇副教授分别作演讲。论坛开幕式由中国人民大学经济学院党委书记关雪凌主持。

（中国人民大学科研处关晓斌供稿）

第五届全国中央商务区发展研究高峰论坛　6月17日，第五届全国中央商务区发展研究高峰论坛在北京举行。此次论坛由京津冀协同发展联合创新中心、首都经济贸易大学科研处和首都经济贸易大学特大城市经济社会发展研究院联合主办，由北京市哲学社会科学CBD发展研究基地（以下简称“北京CBD发展研究基地”）承办。

本次论坛的主题为“中央商务区发展与治理”，会议分为上午大会论坛和下午圆桌论坛，共有十多位专家在论坛上做了精彩的发言，共同就供给侧改革与CBD发展、产业结构调整与CBD建设、CBD建设与区域治理、天津滨海CBD双创特区建设、郑州郑东CBD、北京CBD建设等主题进行热烈的交流与探讨。

与会专家指出，在城市定位和功能调整的大背景下，中央商务区要进一步强化基础设施的建设，包括交通设施、配套生活设施等。商务区应率先推进国际化，更好地进行功能聚焦。他们在分析我国特大城市新老区CBD发展中存在的问题时指出，新区和老区CBD应该协调发展：一要提升品质、转型升级，二要加强交流、优势互补，三要改善交通、合作共赢。

论坛还同时发布了北京CBD发展研究基地《北京市哲学社会科学CBD发展研究基地年度报告》、《中央商务区发展与治理论文集》等研究成果。

来自中国社会科学院、国务院发展研究中心、商务部、中国城市经济学会、北京市哲学社会科学规划办公室、中国人民大学、南开大学、北京工商大学、北京邮电大学、安徽科技学院、北京联合大学、北京CBD管委会、郑州郑东CBD管委会、西安CBD管委会等单位的有关领导和知名专家学者，首经贸部分师生、新闻媒体共计200多人出席了此次论坛。

（首都经济贸易大学科研处李琳供稿）

2016年中国地方政府资信评级学术研讨会　6月25日，由中财—鹏元地方财政投融资研究所、中央财经大学财政学院共同举办的中国地方政府资信评级学术研讨会在中央财经大学举行。来自国务院发展研究中心、中国社会科学院、国家行政学院、财政部科研所、中国行政管理学会、中国人民大学、复旦大学、东北财经大学、首都经济贸易大学、中南财经政法大学、中央财经大学和鹏元资信评估有限公司的专家学者参加了本次研讨会。财政部中国财政科学研究院陈新平研究员，中国行政管理学会副秘书长张定安研究员，国家行政学院冯俏彬教授，中国人民大学崔军教授，复旦大学杜莉教授，东北财经大学崔慧玉教授，首都经贸大学李红霞教授，国务院发展研究中心金融研究所郑醒尘研究员等专家与会。研讨会围绕制定完善的地方政府融资体制、中央对于地方政府债务的态度、政府绩效管理、政府绩效评估、地方政府资信评级、地方政府融资制度等问题专家们分别进行了主题发言。与会专家还指出当前地方政府债务研究所遇到的困境，主要包括：财政与金融数据的矛盾，中央与地方数据的矛盾，债务分类和认定的矛盾等。希望大家共同努力，建立更可靠的研究设计与更先进的研究工具。

（中央财经大学科研处供稿）

第十八届中国与世界经济（NBER－CCER）年会 6月22—25日，美国国家经济研究局（NBER）、北京大学国家发展研究院（NSD）联合举办的第十八届中国与世界经济年会在北京大学国家发展研究院举行。本届年会分为：贸易、环境Ⅰ、国际发展、宏观、健康、劳动Ⅰ、政治经济学Ⅰ、政治经济学Ⅱ、劳动Ⅱ以及环境Ⅱ八大专场。共有30位来自国内外的专家学者参加了此次会议，其中，北京大学国家发展研究院有国发院院长姚洋教授、副院长余淼杰教授、副院长徐晋涛教授等11位教授出席会议。来自Brown大学的Anna Aizer教授，来自Virginia Tech大学的Eric Bahel教授，来自Wellesley College的Courtney C. Coile教授，来自Standford的Mark Duggan教授，来自UC Davis的Robert Feenstra教授，来自UC Berkeley的Reed Walker教授以及来自哥伦比亚大学和亚洲开发银行的魏尚进教授等多位来自美国经济研究局的专家学者专程参加本次会议。这次会议，北大国发院老师积极参与，有10位老师在会上演讲。非本校演讲的嘉宾除了NBER各高校代表外，还有来自瑞士、加拿大及中国香港和台湾地区的多名学者。最后，来自亚洲开发银行的NBER代表魏尚进教授进行了总结致辞，祝贺会议的圆满成功，同时对来年的会议表示了深切的期待。

（北京大学社科部供稿）

第六届亚洲研究论坛 7月1日，由中国社会科学院亚洲研究中心主办，中国社会科学院世界经济与政治研究所承办的第六届亚洲研究论坛在北京举行。论坛的主题是“清迈协定的多边主义和亚洲合作”。

中国社会科学院副院长、党组成员李培林出席论坛并致辞。来自中国社会科学院、财政部、清华大学、北京师范大学、中国人民大学、中央财经大学、上海发展研究基金会、东盟与中日韩宏观经济研究办公室、亚洲开发银行、欧洲稳定机制、日本东京大学、日本一桥大学、泰国发展研究所、印度尼西亚大学、越南国家金融研究所等国内外知名研究机构和高校的专家学者参加了会议。

中国社科院世界经济与政治研究所研究员张斌、清华大学国家战略研究院研究员丁一凡、东盟与中日韩宏观经济研究办公室主任常军红、中央财经大学国际金融研究中心主任张礼卿在会上发言。对于如何加强亚洲主要国家间的互信，学者建议，通过加强对亚洲各经济体的监督，加强金融监管合作，建设完善的金融监控体系，来降低贷款国对资金安全的担忧。

还有学者表示，从人民币国际化的前景来看，未来人民币或有望成为亚洲地区的货币锚，成为推动亚洲金融一体化的有力工具。

（中国社会科学院办公厅刘玉杰编辑、供稿）

第十届中国经济增长与周期论坛 7月2—3日，第十届中国经济增长与周期论坛暨中国城市生活质量指数发布会在北京举行。本次论坛主题为“中国经济二次转型与防范外部冲击”，论坛由中国经济增长与周期研究中心、中国社会科学院经济研究所、首都经济贸易大学、中国经济实验研究院、经济研究杂志社、经济学动态杂志社、香港经济导报报社等单位联合主办。来自国家统计局、国家发改委、国务院研究发展中心、中国社会科学院、北京大学、中国人民大学、加州大学圣地亚哥分校、佛罗里达大学、北京师范大学、南京大学、厦门大学、上海财经大学以及其他国内外高校、科研机构等单位的近200多位专家学者参加。

专家、学者们就新经济背景下政府统计面临的挑战、宏观经济发展态势、供给侧改革的重点和难点、中国经济转型的国际经济环境等热点问题进行了深入的研讨。与会学者认为，金融危机后随着强刺激效应释放，中国经济逐步进入一个长期下行通道，中国经济要实现二次转型，可能要经历一段阵痛期。同时应当看到，经济下行有利于通过市场方式“三去”（去产能、去库存、去杠杆），也有助于推动供给侧结构性改革和宏观政策调整。

大会主题演讲之后，首都经济贸易大学中国经济实验研究院院长张连城教授发布了2016年城市生活质量指数。调查显示，2016年，全国35个城市生活质量主观满意度指数平均值为55.82，比2015年略有提高，处于满意区间。今年35个城市的主观满意度指数全部超过了满意和不满意的临界点50分。城市生活质量主观满意度指数的5个分指数平均值分别为：生活水平（60.44）、生活成本（39.74）、人力资本（62.20）、社会保障（60.66）、生活感受（56.05），与2015年相比，五个细分指数均有所提高。但其中的生活成本满意度分指数仍处于不满意区间。数据表明，当前我们仍面临着巨大的挑战：居高不下的生活成本、过快的生活节奏、不确定的房地产价格以及令人担忧的就业前景。在未来的经济与社会发展转型过程中，中央以及地方各级政府要继续致力于推进民生体系建设，稳定经济增长，实现居民生活质量的进一步提升。

（首都经济贸易大学科研处李琳供稿）

首届创业金融暑期学术研讨会　7月4—6日，由清华大学国家金融研究院创业金融与经济增长研究中心、香港理工大学可持续经济与创业金融中心（CESEF）、中国管理现代化研究会风险投资研究专业委员会联合主办，北京创业公社投资发展公司支持协办的首届创业金融暑期学术研讨会在清华大学五道口金融学院召开。金融学院常务副院长廖理、香港理工大学会计与金融学院院长郑振兴、中国管理现代化研究会风险投资研究专业委员会主任刘曼红与创业公社联合创始人李婧出席并致开幕词。创业公社创始人刘循序博士出席了开幕式。为期三天的创业金融暑期学术研讨会以相关领域的研究论文为主，旨在促进国内外顶级学术交流，推动学科发展。讨论主题包括：创业金融、科技创新、风险投资、私募股权投资、天使投资、财富管理、金融中介等。与会者围绕“创业金融与企业创新”这一主题，就企业创新研究、风险投资与私募股权研究及金融中介研究等学术前沿，特别是具有重要学术价值和实际应用意义的最新研究进展进行广泛交流和深入研讨。金融学院教授田轩、加州伯克利大学教授古斯塔沃·曼索（Gustavo Manso）、波士顿学院教授托马斯·谢姆努尔（Thomas Chemmanur）、华盛顿大学教授杰拉德·哈福德（Jarrad Harford）、香港理工大学可持续经济与创业金融中心署理主任陆海天等来自国际多所著名大学的创新金融领域的学术领袖和顶级学者及130多名来自全国多所知名高校教授、博士生、企业科研人员参加本次会议。

（清华大学文科建设处刘金梅供稿）

中以国际网商自贸区技术论坛　7月6—7日，中以国际自贸区技术论坛在对外经济贸易大学召开，论坛由对外经济贸易大学深圳研究院承办，论坛围绕国际网商自贸区相关技术展开讨论。以色列Integral公司CEO Orly Shera、中国区域负责人Sinai Nissenboim以及来自天津、南京、镇江、义乌、深圳等地网商虚拟产业园的相关代表参加了论坛。

电子商务模式的虚拟产业园是一种创新模式，利用“信星计划”及信用基础的框架，依据“安信保”信用和“电子商务企业”认定，通过宽松的政策环境、便利的方式和优质的信用服务，吸引外地网商“离岸注册”，形成虚拟的网商电子商务的虚拟产业园。虚拟园区将为城市创造没有土地资源消耗、没有污染排放、没有交通拥堵等的绿色GDP与财政收入，并为城市整体降低GDP单位能耗、单位排放提供支持。

（对外经济贸易大学科研处供稿）

第十六届中国青年经济学者论坛　7月9—10日，第十六届中国青年经济学者论坛在对外经济贸易大学召开。本次论坛由《经济研究》编辑部、对外经济贸易大学国际经济贸易学院、北京大学光华管理学院、武汉大学高级研究中心联合主办。中国社会科学院副院长蔡昉研究员，南京大学原党委书记洪银兴教授，中国社会科学院经济研究所所长、《经济研究》主编、论坛理事长裴长洪研究员，中国社会科学院经济研究所党委书记王立胜以及来自国内外100多所高校和科研机构的200多名经济学院的院长、教授、青年学者齐聚一堂，就当代中国马克思主义政治经济学及新常态下中国社会经济发展面临的现实问题进行探讨和交流。

中国青年经济学者论坛学术理事会（2015—2017）第二次全体会议上讨论通过“中国青年经济学家优秀论文奖（2016）”获奖名单，审议通过《第十六届中国青年经济学者论坛入选论文推荐进入〈经济研究〉审稿流程方案（草案）》，讨论《学术理事会章程（修订草案）》等事宜。

（对外经济贸易大学科研处供稿）

第一届中国金融科技大会　7月10日，第一届中国金融科技大会在北京召开，会议由清华大学五道口金融学院主办，华兴资本、天沨资本、清华五道口互联网金融实验室承办。会议邀请到学界、监管层、业界多位金融科技领域代表对金融科技的热点话题进行深入探讨，并对行业发展与监管制度建言献策。清华大学五道口金融学院理事长兼院长、国家金融研究院联席院长吴晓灵在题为《大数据的应用与金融业的发展》的主旨演讲中表示，创新要对金融规则有敬畏之心，互联网金融、金融科技等其本质是信息技术在金融领域的应用，互联网技术不会改变信用中介需要规范管理的规律，因而，对于信用中介需要有牌照的管理，对金融活动、资金中介、信用中介要有敬畏之心，必须纳入监管，按规则办事。需要通过严格执法和行业自律，确保大数据在产权清晰、权利保障有效的框架下发挥更大的价值。北京市金融工作局党组书记霍学文表示，区块链技术将低成本地解决金融活动中的信任问题，区块链将成为金融科技的底层技术，未来区块链可以运用在支付、征信领域，还可以用区块链技术推动交易场所的进一步开放共享与不可篡改，尤其是通过区块链技术把社会上的很多交易活动纳入规范监管的框架，让技术在规范的轨道上运行。论坛上，来自国内外众多互联网金融领军企业的负责人分享了经验。当天下午，“互联网消费金融：蓝海，还是红海?”“互联网保险：能否颠覆传统保险业?”“金融大数据：突破与局限?”“投资人眼中的金融科技发展趋势”“P2P 网络借贷：风险到底在哪里?”五场主题论坛相继举行，与会嘉宾们从不同层面进行深入探讨。

（清华大学文科建设处刘金梅供稿）

2016 高端制造业发展论坛　7 月 10 日上午，在北京工业大学国际学术交流中心召开了北京现代制造业发展研究基地 2016 高端制造业发展论坛。北京市哲学社会科学规划办崔新建主任、中国社科院工业经济研究所黄群慧所长、北京市知识产权局李钟副局长、北京工业大学刘建萍副校长、中国航空工业集团刘洪德教授、工信部装备司白华处长、中国工程院战略咨询中心延建林处长、北京信息科技大学葛新权教授、中国人民大学保建云教授、北京航空航天大学陈向东教授、基地首席专家黄鲁成教授、基地副主任唐中君研究员、北京工业大学经济与管理学院刘会政副院长等出席了这次会议，会议由北京工业大学经济与管理学院党委书记金峰主持。会议分为两阶段，第一阶段是北京现代制造业发展研究基地学术委员会和专家咨询委员会聘任仪式，第二阶段是北京现代制造业发展研究基地 2016 年高端制造业发展论坛报告会。

刘建萍首先对远道而来的专家学者表示了感谢，并介绍了北京现代制造业发展研究基地的发展历程和未来发展前景。刘会政宣读了北京现代制造业发展研究基地“学术委员会”和“专家咨询委员会”名单，并由黄鲁成颁发聘书。随后，唐中君副院长代表北京现代制造业发展研究基地对基地的工作思路进行了介绍。崔新建、黄群慧、黄鲁成分别向大会致辞。崔新建对北京现代制造业发展研究基地提出了三点要求和建议。黄群慧对更好的建设北京现代制造业发展研究基地提了四点宝贵建议。黄鲁成对北京现代制造业发展研究基地前四期的建设发展进行了回顾并介绍了基地新一期的学术研究重点，并表示基地全体成员将在北京市哲学社会科学规划办公室和北京工业大学的领导下，充分利用北京工业大学经管学院的各类资源，在全体专家的大力支持下，在老师和同学的共同努力下，力争将北京现代制造业发展研究基地建设成为北京高端制造业发展的重要智库。

最后，吴贵生教授、黄群慧研究员、蔺雷副研究员分别做了“制造业爬坡过坎—创新与升级”“以供给侧改革完善制造业创新生态”“丰满理想与骨干现实—中国企业的广义智能制造”的学术报告，并与现场的专家学者进行了交流讨论。

（北京工业大学科发院人文处张爱民供稿）

深化中印经贸投资合作专家研讨会　7 月 18 日，国务院发展研究中心国际合作局与学术委员会组织召开深化中印经贸投资合作专家研讨会，李伟主任出席会议并致辞，张来明副主任出席会议并作会议总结。会议围绕当前印度宏观经济形势、中印经贸关系新趋势、区域经济合作等议题展开讨论，来自中国社科院、中国现代国际关系研究院、复旦大学、中南财经政法大学、西华师范大学的专家参加会议并发言。学术委员会秘书长、国际合作局局长程国强主持会议，人事局局长张辉、办公厅副主任陶平生、国际合作局副局长蒋希蘅以及办公厅、国际局、外经部、企业所有关人员参加会议。

（国务院发展研究中心办公厅科研处郭巍供稿）

深化改革　创新驱动　发展新经济研讨会　7 月 19 日，由国家行政学院、国务院参事室共同举办的“深化改革　创新驱动　发展新经济”研讨会在京召开。国家行政学院常务副院长马建堂出席会议并作了题为“加快发展新经济 培育壮大新动能”的主旨演讲。

马建堂在演讲中表示，党的十八大以来，党中央、国务院高度重视新经济的发展。5 月 30 日，习近平总书记在全国科技创新大会上明确指出，一些重大颠覆性技术创新正在创造新产业、新业态，信息技术、生物技术、制造技术、新材料技术广泛渗透到几乎所有领域，大数据、云计算、移动互联网等新一代信息技术同机器人和智能制造技术相互融合步伐加快。李克强总理在今年《政府工作报告》中提出，当前中国发展正处于这样一个关键时期，必须培育壮大新动能，加快发展新经济。在经济发展新常态的背景下，如何通过深化改革、创新驱动，加快发展新经济是当前和今后一个时期的重大任务。马建堂围绕什么是新经济、当前中国新经济发展的态势、如何发展新经济三个方面进行阐述。

马建堂指出，新经济是指在经济全球化条件下，由新一轮科技革命和产业革命所催生的新产品、新服务、新产业、新业态、新模式等“五新”的综合。新经济的核心技术基础包含“互联网+”、大数据、云计算、物联网、智能化、传感感应技术等，新经济当前已经从技术变革层面拓展到企业运行、产业融合、社会生活、人类交往的各个维度，正在展现它推动产业融合、经济转型升级和社会变迁进步的巨大能量。他表示，发展新经济是正确引领“经济发展新常态”的必然选择，是“全面建成小康社会”的根本保障，是“供给侧结构性改革”的目标和任务，是实现“双中高”目标的必由之路。

马建堂指出，当前中国新经济发展现状和趋势，呈现以下几个方面的特点。一是新经济发展态势良好。上半年我国国民经济保持了总体平稳、稳中有进、稳中向好的发展态势。中国经济之所以能够面对复杂严峻的国内外环境，顶住下行的压力，实现6.7%的增长，很大程度上得益于新经济的异军突起。二是新经济显著改变中国经济的总体构成。新经济的发展，一方面改变着我国的需求结构和产业结构，消费贡献率进一步提升，服务业比重继续提高。三是新经济已经成为就业的主体。当前，新经济新业态支撑就业的能力超出预期，“互联网+”和电商等平台服务型企业对就业拉动作用明显。

马建堂强调，发展新经济要以供给侧结构性改革为主线，全面深化改革。一是要深化行政管理体制改革。进一步推进简政放权、放管结合和优化服务的改革，全面落实国务院关于深化行政审批制度改革的各项要求。二是要深化金融体制改革。深化金融业供给侧体制改革，创新银企合作模式，实现由银行主导的信贷模式向以直接融资为主的股权投资模式转型，增加金融供给主体，发展互联网金融等普惠性金融组织；加快构建多层次资本市场体系。三是深化科研管理体制改革。深化改革创新，形成充满活力的科技运行体制。要着力改革和创新科研经费使用和管理方式，让经费为人的创造性活动服务，而不是让人的创造性活动为经费服务，充分释放科研潜力。

马建堂强调，发展新经济要大力实施创新驱动发展战略，当前应重点抓好以下四个着力点：一是着力推进大众创业、万众创新。持续推进“双创”“众创”“众筹”“众扶”等新型创业模式，充分利用互联网、大数据和云计算等新技术搭建大众创业、万众创新的技术平台，为众创空间提供低成本、全方位和专业化服务，充分调动千万科技人员创新的智力活力。二是着力培育新经济增长点。培育新经济增长点，应着力加强技术创新、业态创新、商业模式创新、平台载体创新和制度创新，加快实现经济发展模式从要素驱动、投资驱动向知识和创新驱动转型。三是着力创造宽松高效的创新体制和政策环境。应构建有效激励人力资本投资和知识创新的产权制度，通过现代产权制度和知识产权保护，保障创新者的合法权益。四是强化企业创新主体地位。创新型企业是新经济的主体，必须深化改革，健全科技创新的市场导向机制，促使企业真正成为科技创新决策、研发投入、科研组织和成果转化的发展主体。

以色列驻华大使马腾、国家发改委副主任林念修、深圳市市长许勤、国务院参事室副主任赵冰（代国务院参事室主任王仲伟发言）、阿里巴巴集团资深总裁金建杭、合肥荣事达电子电器集团有限公司常务副总裁马睿出席会议并作主旨演讲。会议由国家行政学院副院长李季主持。

会议设两个分论坛，研讨主题分别为“当前我国新经济发展态势和全球趋势”和“进一步释放新经济活力的政策建议”。来自国家机关、科研院所、企事业单位和行政学院系统的专家学者近50人参加会议。

（国家行政学院科研部刘斌供稿）

北京现代制造业基地学术研讨会　8月29日，在北京工业大学经济管理学院召开了第10届中日汽车产业研讨会暨北京现代制造业基地学术研讨会，来自日本东京大学、京都大学、札幌大学、九州大学、日本城西大学、北京工业大学、北方工业大学等日本、法国、韩国和中国的专家学者70人出席了本次会议。

基地主任刘超教授首先对远道而来的专家学者表示了欢迎，并介绍了北京现代制造业发展研究基地的发展历程和未来发展前景，以及中国汽车产业现状和发展趋势，阐述了本次会议的重要意义。来自日本城西大学的上山邦雄教授也进行了开幕式致辞，对中日汽车产业研讨会的 10 年历程进行了介绍，并感谢北京工业大学经济管理学院给予本次会议的大力支持。

中国汽车工程学会副秘书长侯福深、北京汽车集团规划部副部长徐利民、日本汽车工业会北京代表处首席代表新野雅史、日本京都大学盐地洋教授、日本城西大学的上山邦雄教授、日本京都大学斯特凡·海姆助教授、丰田汽车代表垣谷幸介、基地主任刘超教授和北京工业大学经济与管理学院赵立祥教授做了发言。

学术研讨会分为两阶段：

第一阶段由中国汽车工业工程协会侯福深副秘书长、北京汽车集团规划部徐利民副部长和日本京都大学的盐地洋教授分别就《“中国制造 2025”节能与新能源汽车技术路线图》《中国汽车行业前瞻与思考》和《汽车产业零部件国产化的生命周期》做了学术报告，与会专家和学者开展了讨论。

第二阶段由丰田公司北京办事处的垣谷幸介先生、北京工业大学经管学院的赵立祥教授、京都大学的斯特凡·海姆助教授、北方工业大学的纪雪洪教授分别做了《中国乘用车售后服务市场的课题和对策——从厂商角度》《大城市交通拥堵缓解与碳减排双赢的碳户籍制度设计》《雪铁龙集团与东风汽车联盟的将来：生产、产品、利益战略和公司治理的角度》和《有关中国汽车产业创新发展的几点思考》的学术报告，现场的专家学者进行了讨论。

最后，赵立祥代表北京工业大学经济管理学院和基地对此次会议进行了总结和闭幕式致辞。会后，会议代表们参观了北京汽车股份有限公司。本次研讨会的举办，加深了会议代表们对中国汽车产业现状的认识，代表们的发言对中日汽车产业的可持续发展将发挥影响，同时也对北京现代制造业发展研究基地的建设和发展产生积极的推动作用。

（北京工业大学科发院人文处张爱民供稿）

“一带一路”沿线国家投资研讨会 9 月 6 日上午，为贯彻落实习近平总书记在推进“一带一路”建设工作座谈会上的重要讲话精神，“一带一路”沿线国家投资研讨会在北京市社会科学院召开，研讨会由“一带一路”沿线国家投资研究中心、北京市社会科学院外国所、北京国际经济研究中心联合主办。“一带一路”战略和愿景的实施，不仅将在很长时期内对我国的经济与社会发展产生极其巨大的作用，而且也将对“一带一路”沿线国家和地区的发展产生重要的影响。研讨会围绕如何对接“一带一路”战略、加强政策沟通、完善风险管控、推动企业“走出去”以及“一带一路”战略实施过程中的法律服务问题展开研讨。研讨会邀请到中巴经济走廊特使扎法尔先生、多米尼加驻中国贸易发展处首席代表吴玫瑰女士，以及汤铭新、吴长胜、邓绍勤、陆树林等多位外交部前驻外大使参与发言讨论，北京国际经济研究中心秘书长邹长峰研究员主持会议，北京市社会科学院副院长许传玺研究员作为主办方出席会议，许传玺从法律角度，指出“一带一路”对外投资急需更多的研究与指导，以减少以往出现的各种纠纷现象。扎法尔特使详细介绍了当前中巴经济合作的良好势头，以及巴方当地在法律、产权方面与中国当地的差异之处，提醒中资企业需要注意。随后，研讨会的企业家参会代表们围绕“‘一带一路’沿线国家投资”主题展开了探讨。会议结束前，与会代表就相关问题发表评论或向主宾提出问题。北京市社会科学院副所长刘波博士、副所长古佳，俄罗斯研究中心等相关学者一并出席了研讨会。

（北京市社科院科研处供稿）

第九届中国交通高层论坛 9 月 11 日，第九届中国交通高层论坛在北京交通大学召开。论坛由北京交通大学、中国系统工程学会、中国铁道学会、詹天佑科学技术发展基金会等联合主办，北京交通大学中国综合交通研究中心具体承办。交通运输部副部长戴东昌，科技部原秘书长、国务院参事石定寰，交通运输部总工程师周伟，国家发改委综合运输研究所原所长郭小碚，京沪高速铁路股份有限公司副总经理陈建东，美国加州州立理工大学土木工程系主任贾旭东，国务院发展中心对外经济部研究院罗雨泽，国务院参事张元芳，北京公安交通管理局原副局长段里仁，北京交通大学教授张国伍等领导与专家出席了开幕式。来自国内 10 所高校和近 20 家科研机构和交通行业的专家与学者近 300 人参加了会议。

戴东昌、周伟、郭小碚、罗雨泽、北京交通大学中国综合交通研究中心教授毛保华、贾旭东分别作了主题发言。下午的论坛分为三个议题："一带一路"倡议下的综合交通体系建设、我国高铁走出去策略、城市群发展与交通体系建设，分别由北京交通大学教授聂磊、关伟、闫学东主持。来自铁道行业的四大设计研究院，西南交通大学、同济大学、上海海事大学、长安大学、香港港铁学院、北京交通大学等高校的专家以及国家发改委综合运输所、交通运输部科学研究院的专家做了专题发言。

（北京交通大学社科处李敏供稿）

2016 北京洪堡论坛　9月17日，主题为"绿色经济、文化传承与工业4.0"的北京洪堡论坛在对外经济贸易大学顺利举行。来自中、德、日等国的150余名知名专家学者和政商界人士针对在中国经济放缓大背景下的绿色发展、低碳经济、创新改革等议题展开了充分深入的讨论。

对外经济贸易大学王稼琼校长在开幕式上致词。他表示，绿色经济为可持续发展提供保障，是人类未来的生活方式，发达国家应与发展中国家携手应对挑战。站在全球化的视野下，建设符合各国国情的绿色经济体系，实现制造业智能化。山东财经大学校长卓志，清华大学国情研究院院长胡鞍钢，宝马集团、政府事物副总裁贝克分别作报告。贝克为张忠和教授、薛进军教授颁发了北京洪堡论坛国际科学委员委任书。

论坛由德国洪堡基金会和对外经济贸易大学主办，北京洪堡论坛承办，宝马（中国）、北京祥龙（BXAM）、百度时代（BAIDU）、德国欧洲经济研究院（ZEW）、德国哈勒大学（MLU）、德国弗劳恩霍夫研究院（FhG）哈勒材料力学研究所（IMH）、上奥地利应用科学大学（FH－OOE）等协办。

（对外经济贸易大学科研处供稿）

2016 北京智慧旅游论坛　9月28日，由北京旅游学会、首都经济贸易大学主办的2016北京智慧旅游论坛在北京举办。论坛首先发布了《北京智慧旅游发展实践与研究—北京"智慧旅游"行动计划纲要（2012—2015）实践报告》。该书全面地反映了"十二五"期间北京市旅游发展委员会开展智慧旅游顶层设计、标准制定、行动计划方面的实践。随后，北京市旅游发展委员会公共服务处处长任江浩介绍了"十三五"北京智慧旅游行动计划（2017—2020），包括：以发展促转变，将从六个方面转变北京智慧旅游建设的推进思路。将制定"十三五"北京智慧旅游1＋1＋4规划体系，以政策、标准、示范等先导，提升整体服务水平，全面推进"十三五"北京智慧旅游建设。

全国人大财经委员会副主任辜胜阻教授进行了《十三五智慧城市与智慧旅游发展》主旨演讲。他指出，智慧旅游与智慧城市建设紧密相连，如今旅游已成为综合性产业，中国旅游业投资仅次于美国，"互联网＋旅游"势必引导脱贫致富。最后，辜胜阻指出目前智慧旅游发展存在的几个问题：缺乏顶层设计在基层创新基础上自下而上的改革，自上而下的推动；盲目追求市场占有率；旅游景区重管理轻服务；资金支持不足；缺乏展业开发和人才管理等。

此次论坛系首届以北京智慧旅游为主题的高峰论坛。论坛邀请了全国人大财经委员会、北京市旅游发展委员会、首都经济贸易大学、北京各区旅游发展委员会领导，旅游景区、酒店、旅行社、在线旅游企业、IT互联网企业、国内主流媒体参加，会议规模超过300人。论坛举办同时采用了在线直播方式，在场外通过电脑在线实时收看大会现场直播约3250人次，累计观看时长5545分钟。

本届论坛引入了一台服务型机器人，机器人电脑植入了首都经济贸易大学及北京旅游相关信息，为本届论坛增添了亮点，也吸引了很多嘉宾驻足观看、与机器人互动交流。

（首都经济贸易大学科研处李琳供稿）

全球贸易新常态与经济治理新框架研讨会　9月28日，全球贸易新常态与经济治理新框架研讨会在清华大学五道口金融学院举行。研讨会由清华大学五道口金融学院、国际经济研究中心与上海财经大学国际工商管理学院联合主办。研讨会就全球贸易新常态、全球经济治理新框架与中国开放新战略三大核心议题展开探讨。上海财经大学国际工商管理学院院长、清华大学国际经济研究中心主任鞠建东主持并发布"全球贸易新常态、经济治理新框架与中国开放新战略"课题组研究报告。随后北京大学国家发展研究院名誉院长、新结构经济学研究中心主任、世界银行前首席经济学家林毅夫在研讨会上进行主旨演讲，发表关于贸易新常态与新结构的见解。在研讨会的第二个环节，在鞠建东的主持下，林毅夫，对外经贸大学副校长林桂军，中国人民大学商学院学术委员会主任谷克鉴，南开大学研究生院副院长、中国APEC研究院院长盛斌，中国社会科学院世经政所所长助理宋泓以及清华大学五道口金融学院副院长、国家金融研究院副院长周皓进行圆桌讨论。

（清华大学文科建设处刘金梅供稿）

第二届亚洲 PPP 与治理论坛暨第三届公共采购国际论坛 10 月 13—14 日，由中央财经大学中国公共采购研究所、经济合作与发展组织（OECD）韩国政策中心和韩国立法研究院共同主办的第二届亚洲 PPP 与治理论坛暨第三届公共采购国际论坛在中央财经大学举行。来自中国、韩国、印度、越南、蒙古、马来西亚、孟加拉、菲律宾等亚洲国家以及法国等 OECD 成员国及相关国际组织专家和代表出席了会议。研讨会的主题为：“使成功的 PPP 助力亚洲国家的可持续发展：法律与治理”。与会代表就如何确定 PPP 优先项目并改善投资决策、如何建立 PPP 的制度框架、PPP 法律改革与治理转型、亚洲国家的 PPP 案例研究等问题展开讨论。中国经济发展已步入新常态，使供给管理模式得到全面运用具有重要的现实意义，应在宏观层面推进现代化，使市场在资源配置中发挥决定性作用。PPP 在中国的经济改革中起到了很大的作用，通过 PPP 模式引用社会资本有助于提供更好的公共产品与公共服务，在如今的形势下，如何继续创新 PPP 理论实践，如何完善 PPP 的法律政策非常值得探讨。本次 PPP 学术周搭建了很好的交流平台，要更好地发挥这个平台的作用。

（中央财经大学科研处供稿）

第三届经贸发展论坛 10 月 15 日，以首都经济贸易大学和美国克利夫兰州立大学合办孔子学院为平台并由两校联合主办的第三届经贸发展论坛在京举办。首经贸副校长徐芳、校长助理戚聿东，孔子学院理事会理事长严云泰，克利夫兰州立大学副校长辛迪·斯科卢贝，中航安盟财产保险有限公司总裁奥利维尔和首经贸的专家学者参加了论坛。

在大会主题演讲环节上，中外学者先后就自己关注的领域发表了学术演讲。克利夫兰州立大学金融系主任周海刚教授就上海证交所上市公司的股价进行了系统的聚集分析，发现市场开放程度越高，存在的利差越大，股票价格存在更多的不确定性。有趣的是由于文化原因，上交所的股票价格更倾向于停留在数字 8 而不是数字 4。克利夫兰州立大学特里·汤姆林森教授通过对发展中国家市场的调查研究，着重分析了发展中国家出口业务的专业化以及在其制度方面的建设。发展中国家不断探索专业化的贸易方式，以国际规则为导向，各种贸易方式交叉进行，新的贸易方式不断涌现。奥利维尔分析了中国保险业的现状及发展前景，并对中航安盟财产保险有限公司在保险行业的探索与发展及其运营现存的问题作了研究讨论。他同时指出，中国保险领域已经跻身领先国家之列，保险市场发展具有多样性并逐步改革，未来增长仍存在巨大的潜力。首经贸经济学院赵家章副教授就中美双边贸易提出了独到的见解。中美双方互为重要贸易伙伴，无论是双边贸易还是双边投资都有进一步提升的空间。尽管双方会出现贸易摩擦，但合作发展仍是中美经贸关系的基本面，检验两国关系的核心问题是信任。只有相互信任，才能带来贸易和投资的快速发展。

（首都经济贸易大学科研处李琳供稿）

中国数量经济学会 2016 年年会 10 月 15—16 日，中国数量经济学会 2016 年年会在中央财经大学召开。本届年会由中国数量经济学会与中央财经大学联合主办，中央财经大学统计与数学学院承办。全国各地高校、研究机构和企事业单位 600 余位专家、教授及博士研究生参加了本届年会。大会主旨报告阶段由中央财经大学王立勇教授主持。统计与数学学院的三位手拉手特聘教授、美国乔治华盛顿大学梁华教授、美国威斯康星大学张正军教授、美国佐治亚大学钟文瑄教授分别作了主旨报告。分组讨论阶段由参会会议代表分成 11 个小组进行讨论。讨论主题分别为：数量经济理论与方法，经济增长与宏观经济，金融和保险，资本市场，财政与税收，投资与贸易，区域经济与产业经济，环境与资源，大数据理论与方法，实验经济学及其他学科。名家论坛由来自北京大学、中国社科院、中央财经大学统计与数学学院、经济学院和金融学院的 6 位教授分别在 6 个分会场作了报告。随后的闭幕式上宣布了本届年会的优秀论文奖和学会突出贡献奖。中央财经大学统计与数学学院王会娟和统计与数学学院分别获得了优秀论文三等奖和学会突出贡献奖。

（中央财经大学科研处供稿）

结构转型与东亚经济增长学术研讨会 10 月 23 日，结构转型与东亚经济增长学术研讨会在中央财经大学学术会堂举行。来自韩国江原大学、日本岗山大学的学者以及中央财经大学经济学院30余名师生参加会议。研讨会共涉及七个议题，包括：国际投资、国际贸易与技术扩散、产业结构、决策理论、企业管理、劳动力市场和婚姻市场等多个领域。在分会场讨论中，来自韩国、日本和中央财经大学经济学院的学者们纷纷就上述议题进行了广泛、深入的讨论。在上午的会议讨论中，韩国江原大学的 Hyun – Hoon Lee 教授、日本冈山大学张星源教授以及中央财经大学经济学院张舰教授和俞剑博士分别就影响外国直接投资的政策因素、区域贸易一体化与国际技术扩散、企业劳动市场雇佣决策以及原油价格波动与企业投资行为等问题进行了深入阐述。在下午会议中，韩国江原大学 Jeong Kwang Hwa 博士、日本冈山大学 Takao Asano 教授以及中央财经大学经济学院孙昂博士和张川川博士分别就企业高管信息披露和企业价值、最优决策中模糊信念的更新和动态一致性、中国婚姻市场以及文化与经济之间关系等议题作了报告。中、日、韩三国高校国际学术研讨会由中央财经大学同韩国江原大学、日本冈山大学于2005年共同发起，第一次会议于同年11月在日本冈山大学举办。此后，会议采取三校轮流主办的方式于每年11月前后举行，中央财经大学目前已举办过四届。

（中央财经大学科研处供稿）

第四届中国国有企业改革与治理学术研讨会 10月23日，主题为“企业创新与制度环境”的第四届中国国有企业改革与治理学术研讨会在京举办。会议由中国企业管理研究会、首都经济贸易大学和安徽财经大学联合主办。会议系统梳理了制度环境与企业创新之间的关系，并对企业的创新动力、商业模式创新路径、公司治理机制完善等热点问题展开探讨。

在主题报告环节，中国社会科学院民营经济研究中心主任刘迎秋就《体制创新仍然是其他一切创新的首要前提》、对外经济贸易大学前任校长施建军做了题为《企业商业模式创新新进展》、天津财经大学副校长于立就《创新的三位一体论》、北京大学校长助理黄桂田就《企业创新：预期收益与成本控制的制度因素》、中国企业联合会研究中心主任缪荣就《当前企业制度环境的观察与思考》做了主题报告。

来自中国社会科学院工业经济研究所、中国社会科学院民营经济研究中心、国务院发展研究中心、新华社、中国企业联合会、北京大学、南京大学、中国人民大学、北京师范大学、南开大学、对外经贸大学、首都经济贸易大学、北京工商大学、北京科技大学、北京印刷学院、中央民族大学、安徽财经大学、天津财经大学、重庆工商大学、南京中医药大学、南京理工大学等50多所大学和研究机构的专家学者以及我校工商管理学院部分教师、博士生、硕士生等参加了本届研讨会。

（首都经济贸易大学科研处李琳供稿）

2016国家品牌盛典启动仪式暨高峰论坛 10月26日下午，中国传媒大学媒介与公共事务研究院、中央电视台广告经营管理中心联合主办的2016国家品牌盛典启动仪式暨高峰论坛在中传国际交流中心举行，中国传媒大学校长助理王志出席本次活动并致辞。

全国政协委员、国务院发展研究中心原副主任侯云春，中央电视台广告经营管理中心主任任学安，中国年度品牌组委会主任吴纲，中央电视台广告经营管理中心市场部副主任余贤君以及中国传媒大学媒介与公共事务研究院郭晓科、李文宁等出席本次活动，百余位来自中国政府、行业协会、优秀企业、公益组织、传媒业、学界及品牌机构等领域的管理者及优秀代表齐聚一堂，围绕中国品牌的发展进行了巅峰论道。

2016国家品牌盛典启动仪式暨高峰论坛以“绽放国家品牌力量”为主题，希望通过对国家品牌战略的深刻理解，绽放中国企业的品牌力量，助推中国品牌的成长与成熟，推动中国品牌在国际市场的影响力，此次高峰论坛立足国家政策、媒介传播和企业发展三个层面，围绕从中国企业到国家品牌、国家品牌绽放中国力量两个具体议题展开了讨论。

（中国传媒大学文科科研处供稿）

新三板发展论坛 10月26日，清华大学经济管理学院新三板发展系列论坛第一期“纳斯达克的机制与新三板分层走向”举办。新三板发展系列论坛是经管学院中国创业研究中心新三板实验室为推动新三板发展，促进中小企业创新发展和产业转型升级发起的系列活动。首期活动由学院中国创业研究中心主任、创新创业与战略系教授、学院党委书记高建主持。论坛分为两个部分进行，首先，中投圣泉投资管理企业的创始合伙人、美国纳斯达克前中国区主席潘小夏作“纳斯达克股票交易所交易结构初探”主题演讲。他通过在纳斯达克上市为公司塑造形象、提高市场流动性和吸引优质的投资者为切入点，对发行公司选择交易所需考虑的“定位、市场品质、机构支持、知名度、价值”五大要素进行了深度探讨。潘小夏还结合亚太地区上市公司的成功案例，讲解了创新型企业如何在纳斯达克上市。随后，北京新鼎荣辉资本管理有限公司创始人及董事长张驰就“分层后的新三板走向”进行了演讲。他从新三板的最新政策、投融资策略和资金三个方面对新三板的发展趋势和投资进行详解及价值分析，并对未来新三板资金热点和变化方向进行预测和展望。新三板发展系列论坛是由清华经管学院中国创业研究中心新三板实验室发起，旨在为有意愿了解新三板的创业者、企业家以及相关专业人士提供一个知识交流和经验共享的平台，让参与者亲身感受新三板的发展机遇。该论坛计划每两周举办一次。

（清华大学文科建设处刘金梅供稿）

2016 中国竞争政策论坛 10 月 27—28 日，由国务院反垄断委员会专家咨询组主办、对外经济贸易大学竞争法中心承办的 2016 中国竞争政策论坛在京举办，论坛以“供给侧结构性改革中竞争政策的实施”为主题。

对外经济贸易大学校长王稼琼，国家工商行政管理总局副局长王江平，国家发改委价格监督检查与反垄断局局长张汉东，商务部反垄断局局长吴振国出席论坛开幕式并致辞。国务院反垄断委员会专家咨询组召集人、国务院法制办前副主任张穹，国家工商行政管理总局反垄断与反不正当竞争执法局局长任爱荣，国家工商行政管理总局综合司司长袁喜禄，北京知识产权法院院长宿迟，美国司法部副部长 RenataHesse，美国联邦贸易委员会委员 MaureenOhlhausen，欧盟竞争总司 E 部主任 Paul Csiszar 等国内外嘉宾出席了论坛。开幕式由国务院反垄断委员会专家咨询组成员、对外经济贸易大学竞争法中心主任黄勇教授主持。

中国竞争政策论坛是国务院反垄断委员会专家咨询组主办的年度盛会，旨在“倡导中国竞争政策、实施反垄断法”。此次是对外经济贸易大学竞争法中心第三次承办中国竞争政策论坛，也是规模最大的一届，至此已连续举办五届。

（对外经济贸易大学科研处供稿）

服务国家发展大战略，开创学科建设新局面学术研讨会 10 月 29—30 日，由中国人民大学、南开大学和兰州大学主办，中国人民大学经济学院承办的第十五届全国区域经济学学科建设年会暨“服务国家发展大战略，开创学科建设新局面”学术研讨会在中国人民大学召开。来自全国人民代表大会常务委员会、国务院发展研究中心、中国科学院、北京大学、清华大学、中国人民大学、南开大学、兰州大学等政府、科研院所和高校的区域经济领域 200 多位专家、学者参加研讨会。中国人民大学校长刘伟致欢迎辞。29 日的主旨报告环节与会人员围绕新经济地理学前沿、区域经济学发展流派、京津冀协同发展战略、金融精准扶贫、区域发展战略环评以及大都市区建设等议题进行研讨。30 日的主旨报告环节与会学者围绕区域经济下的城镇化、“一带一路”建设的总体格局研究、演化经济地理实证研究及政策启示、区域经济结构演进的机理分析、京津冀区域经济一体化分析及思考和城市发展的绿色转型等议题进行探讨。围绕“服务国家发展大战略，开创学科建设新局面”这一主题，本次会议设立了八个分论坛，在分论坛上共有 80 余位学者进行了研究报告和研究成果展示。

（中国人民大学科研处关晓斌供稿）

2016 两岸互联网发展论坛 10 月 30 日，2016 两岸互联网发展论坛在北京举行。论坛以“共享两岸 + 平台，网聚健康新生活”为主题，两岸主管部门负责人和两岸互联网医疗健康业界精英，医养结合领域专家、学者、企业家等约 300 位嘉宾齐聚一堂，就“两岸互联网助力医养结合”与“大健康产业发展”等热点话题交流经验，共享智慧。

本次论坛由中国台湾网、中国互联网协会、全国台湾同胞投资企业联谊会、中国社区卫生协会、台北市电脑商业同业公会、台湾生策会、今日新闻共同主办。中国台湾网总经理兼总编辑刘晓辉在致辞中呼吁，让两岸一起为促进两岸医药健康产业的发展。提供更多的服务平台和服务支撑，助力两岸的医疗健康产业和专家为海峡两岸的人民提供更多元化的医疗健康服务。

（参见《人民日报 · 海外版》2016 年 10 月 3 日第 3 版）

金融区块链、金融网络安全与金融科技风险座谈会 10 月 31 日，由中国电子金融产业联盟、中国互联网协会互联网金融工作委员会主办、中央财经大学信息学院承办的《2016 中国金融科技发展报告》金融区块链、金融网络安全与金融科技风险座谈会在中央财经大学学院南路校区学术会堂举办。来自金融行业、互联网公司和科研单位的专家学者、工程技术人员

40余人参加了座谈会。座谈会讨论的主题为“金融区块链”和“金融网络安全与金融科技风险”。中国电子金融产业联盟、中国互联网协会互联网金融工作委员会秘书长江艾芸在致辞中简要介绍了互联网金融科技在我国的发展态势和互联网金融工作委员的工作任务。《2016中国金融科技发展报告》编委会表示，今后会重新梳理章节脉络、吸收专家意见，也希望企业代表能够积极地参与到报告的编写中来，提供案例支撑，完善报告内容。

（中央财经大学科研处供稿）

2016清华五道口全球金融论坛—北京峰会　11月5日，由清华大学五道口金融学院、阳光保险集团联合主办的“2016清华五道口全球金融论坛—北京峰会”召开。峰会以“中国网贷未来之路”为主题，邀请到监管层、业界以及学术界的专家学者，探讨了《网络借贷信息中介机构业务活动管理暂行办法》的出台对网贷行业的影响，分析了监管思路的考量因素与监管的国际经验，并探析了网贷行业未来发展之路。峰会由清华大学国家金融研究院阳光互联网金融创新研究中心、清华大学国家金融研究院互联网金融实验室承办。金融学院常务副院长廖理，党委副书记、副院长赵岑出席会议。本次会议由金融学院助理教授王正位主持。廖理在致辞中表示，今年8月银监会等四部委联合发布的《网络借贷信息中介机构业务活动管理暂行办法》是目前为止最为具体、最为严厉的监管办法，这对网贷平台产生非常大的影响和震动，在此监管办法下，网贷未来将如何发展成为很多网贷平台和互联网金融从业者关心的问题。在随后的主题演讲中，嘉宾们分享了行业经验并提出思考。四部委出台的《网络借贷信息中介机构业务活动管理暂行办法》对中国网贷行业到底产生什么影响？网贷未来之路在哪里？针对这些问题，峰会还举办了圆桌论坛。“2016清华五道口全球金融论坛—北京峰会”是清华五道口全球金融论坛的系列论坛之一。论坛在2014年和2015年已举办两届，数千名参会嘉宾，包括中国人民银行行长周小川、时任央行副行长刘士余、银监会副主席王兆星、保监会副主席周延礼等金融监管部门领导在内的近百位国内外政界、业界、学界嘉宾参会并演讲，在金融业界、学界及传媒界引起广泛关注。

（清华大学文科建设处刘金梅供稿）

第二届中国品牌论坛　11月8日，创新提升中国品牌价值，创新引领中国品牌成长。由人民日报社主办、以“创新与引领：迈向中高端”为主题的第二届中国品牌论坛今日在北京开幕。全国人大常委会副委员长严隽琪、人民日报社社长杨振武等出席开幕式并致辞。

严隽琪在致辞中说，做强做大中国品牌，是提升中国企业国际竞争力的必由之路，是加快供应侧结构升级的重要内涵。习近平总书记提出“推动中国制造向中国创造转变、中国速度向中国质量转变、中国产品向中国品牌转变”，是中国制造的行动纲领。实现三个转变，打造制造强国、品牌强国，是时代的要求。适应消费新需求，培育经济发展新动能，迫切需要发挥品牌的作用。当前，“一带一路”重大倡议，创新创业时代潮流，“互联网＋”行动计划，为中国品牌建设提供了发展机遇和政策利好。做强做大中国品牌，要充分遵循市场规律，以企业为主体；要提高企业自主创新能力，大力弘扬工匠精神；政府要做好服务引导，媒体要充分提供助力，发挥品牌的创新与引领作用，促进产业升级，培育经济发展新动能。

杨振武在致辞中表示，品牌是企业参与市场竞争的价值资源，是衡量国家整体经济实力的重要标志。今天的中国已经跃居世界第二大经济体、第一货物贸易大国和主要对外投资大国。伴随经济腾飞的步伐，中国也已成为品牌大国。从贴牌到创牌，从跟跑到领跑，竞相涌现的中国品牌犹如一张张闪亮的中国名片，叫响国际市场，也为世界产业版图注入新的活力。顺应全球发展大势，增强国际话语权，适应和引领新常态，推进供给侧结构性改革，需要中国品牌加快向中高端迈进。要紧握创新这把钥匙，要把好品质这道关口，要厚植文化这片沃壤，要善用媒体这个平台。

中宣部副部长庹震代表中宣部对论坛的举办表示热烈祝贺。他说，多年来，新闻媒体发挥了品牌宣传展示的窗口、桥梁和纽带作用，为中国品牌发展壮大提供了有力舆论支持，营造了良好舆论氛围。今后，一要讲好中国品牌故事，为世界打开一扇了解中国的窗口；二要大力弘扬工匠精神，在全社会营造践行工匠精神、注重科技创新的浓厚氛围；三要挖掘品牌文化价值，使中国品牌成为当代中国形象的闪亮名片。

国家工商总局副局长王江平，国家质检总局党组成员、标准委主任田世宏，全国人大财经委副主任委员辜胜阻先后致辞。人民日报社副社长张建星主持开幕式。

万达集团董事长王健林、中国华融董事长赖小民、格力电器董事长董明珠、京东集团董事长刘强东、360公司董事长周鸿祎和兰石、凯迪、江中、徐工等近百家知名企业负责人，以及中国民营经济研究会等单位的专家学者齐聚一堂，围绕提升中国品牌的国际影响力畅谈体会，分享心得，共谋良策。

（参见《人民日报》2016年11月9日第4版）

中国黄金工业发展回顾与前瞻研讨会 11月14日，由首都经济贸易大学中国黄金研究中心、北京黄金经济发展研究中心和中国财政经济出版社共同主办的中国黄金工业发展回顾与前瞻研讨会在北京举行。来自黄金矿业、珠宝企业、贵金属投资领域、新闻媒体的代表以及首经贸师生共计100余人参加了此次研讨会，同时共同见证了《问鼎：中国黄金工业发展评述》一书的首发式。

中国黄金集团公司副总经理孙连忠发表了对黄金工业发展与前景的看法。中国黄金协会副会长兼秘书长张永涛阐述了我国黄金税收政策发展的历程及变化，分析了我国黄金税收环境的变化及挑战，对未来税收政策变化提出展望。北京黄金经济发展研究中心副主任、专家委员会秘书长刘山恩总结了我国黄金工业发展的经验，指出黄金工业的发展是一个不断试错的过程，必须以国家战略的高度审视黄金工业的发展政策取向，发展路径的选择是黄金工业发展的决定性因素，而科技进步则是发展黄金生产力的第一要素。首都经济贸易大学中国黄金研究中心主任祝合良认为，从黄金的属性、黄金的地位和作用来看，黄金的价值巨大，发展我国的黄金工业不能从简单的经济角度、市场需求角度尤其是投资需求的角度和生态环境的角度来看，必须从黄金的价值和国家战略的角度来看。无论过去还是现在，黄金一直在充当执行国家意志的战略支柱和关键角色，是强权国家争夺国际货币主导权的重要支持力量。国际经验表明，黄金储备规模是影响货币国际主导性的重要因素。我国目前黄金储备只占世界黄金储备的5.5%，只占我国外汇储备的2.1%，远远不能满足人民币含金量的需要。

（首都经济贸易大学科研处李琳供稿）

丝绸之路经济带与欧亚经济联盟对接研讨会 11月16日，“中国社会科学论坛（2016）：丝绸之路经济带与欧亚经济联盟对接”在北京举行。此次论坛由中国社会科学院主办，中国社会科学院中国边疆研究所、国家领土主权与海洋权益协同创新中心承办。中国社会科学院副院长、党组成员蔡昉出席开幕式并致辞。

中国社会科学院国际合作局局长王镭主持开幕式，中国社会科学院中国边疆研究所所长邢广程在开幕式上致辞。来自中国、俄罗斯、德国、日本等国的专家学者参加会议。会议的主题是中俄关系与欧亚地缘政治经济态势、中国与中亚的区域经济合作、俄罗斯远东与中国东北地区的经济合作等。

俄罗斯科学院远东分院历史、考古与民族研究所所长，俄罗斯科学院通讯院士拉林、俄罗斯科学院远东研究所所长卢加宁、中国国际问题研究院欧亚研究所所长陈玉荣、新华社世界问题研究中心研究员盛世良等在会上发言。

（中国社会科学院办公厅刘玉杰编辑、供稿）

中国互动营销趋势论坛 11月22日，由中国传媒大学广告学院主办、《媒介》杂志承办的2016中国互动营销趋势论坛在北京国际会议中心举行。本次论坛邀请到了来自鲁花、蒙牛达能、微鲸科技、阿里妈妈、河南都市频道、凯络中国、国双科技等不同领域的一线互动营销实践者，畅谈营销的趋势动向、方法创新，揭示变化背后的核心逻辑。

中国传媒大学广告学院资深教授、中国广告博物馆馆长、《媒介》杂志总编黄升民在会上致辞，并发表演讲。

在题为“互动为先，营销有道”的圆桌讨论环节，鲁花集团首席品牌官初志恒、蒙牛达能乳制品有限公司公关传讯部总监左佳、微鲸科技公关总监武桓共同探讨了当下营销界的挑战、疑惑、难点以及未来趋势。

论坛同时有来自媒体平台、营销机构的嘉宾进行了观点分享。阿里妈妈品牌事业部总经理春娇发表了题为《全域营销，智变未来》的演讲。凯络媒体（中国）首席执行官侯静雯讲到，凯络十分重视数据的挖掘，从消费者洞察到，是凯络的优势所在。在数字链接未来的主题演讲环节，来自国双、昌荣传播、灵集科技、河南都市频道、AdTime、腾信等八位一线实战营销操刀者分享了观点，他们各自站在独特的专业领域与视角，为互动营销行业发展贡献思想与智慧。

（中国传媒大学文科科研处供稿）

不断演变的全球政治经济格局：融合还是割裂研讨会 11月22日，由中国社会科学院世界经济与政治研究所、第一财经研究院共同举办的“不断演变的全球政治经济格局：融合还是割裂?”研讨会在北京召开。中国社会科学院副院长、党组成员蔡昉在研讨会开始前就中国经济发表了主旨演讲。中国社会科学院世界经济与政治研究所所长张宇燕主持主旨演讲。来自中美等国的多位专家学者参加会议。会议的主题是全球政治经济格局、中国经济等。

国际货币基金组织第一副总裁大卫·利普顿、加州大学戴维斯分校经济系教授胡永泰、纽约大学教授伊恩·布雷默、中国人民大学重阳金融研究院研究员赵明昊等先后发言。会议还围绕全球经济格局演变、美元汇率、人民币汇率、美国总统政策等问题进行了讨论。来自中国社会科学院世界经济与政治研究所、欧洲研究所、拉丁美洲研究所、西亚非洲研究所、财经战略研究院、人口与劳动经济研究所、马克思主义研究院等单位的研究人员参加了会议。

（中国社会科学院办公厅刘玉杰编辑、供稿）

中国可持续供应链高层论坛 11月29日，为期两天的中欧可持续供应链高层论坛在北京举行。论坛由中国贸促会、欧盟亚洲转型项目、联合国环境署、国际贸易中心共同主办，中国贸促会研究院和京东集团联合承办，110余名相关领域的中外代表与会。论坛以纺织品行业的可持续供应链为切入点，就中欧贸易以及中欧绿色贸易的发展趋势展开探讨。

在论坛闭幕式上，联合国环境署与中国贸促会研究院联合发布了《中国纺织品可持续供应链行动方案》。根据该方案，将实施可持续标准体系建设、生产智能化、创新设计、绿色品牌建设四大工程，在纺织品供应链每个环节上加强对纺织品、纺织智能制造等标准的制定等，力争到2036年，我国纺织行业建成全球领先的技术体系和可持续生产标准体系。

（参见《人民日报》2016年11月30日第9版）

第一届中日财税体制比较国际研讨会 11月30日，由中央财经大学财政税务学院与日本关西大学经济学部联合举办的首届中日财税体制比较国际研讨会在中央财经大学举办。本次研讨会以近年来“中日财税热点问题”为研讨话题，邀请中国财政科学研究院、国家税务总局税收科学研究所等国内相关机构专家、学者，以及日本国驻华大使馆经济参赞等，通过开放式研讨形式，了解两国相关领域的最新研究动态，分享最新研究成果。日方专家主要就“日本中央、地方政府间财政关系”“R&D, Knowledge spillover and Productivity”“雁行经济发展模式与东亚—海外直接投资和工业化”等作了主题演讲。中方学者演讲主题涉及中国地方政府融资问题，中国国税、地税征管体制改革问题，中国企业重组税制与改革趋势，以及国际公共产品的税收供给研究等。此外，日本学者与财政税务学院年轻教师开展了座谈交流。双方学者研讨的话题涉及：日本的地方自治与行政区划问题、房产税的征管问题、政府购买服务的现状及相关做法、日本政府在农业领域的补贴政策及效果、部分税种在国税地税间的划分比例问题，以及日本加入TPP的预期等。研讨会期间，与会专家初步达成共识：日本专家将全面参与中国财政发展协同创新中心“一带一路”国别税收制度研究项目《日本税收制度研究报告》的撰写。该研究报告计划于明年年内出版，其中部分合作研究成果将转化为学术论文发表，以扩大学术影响力和带动力，引领国内更多学者从事日本财税相关问题研究。

（中央财经大学科研处供稿）

第四届金融风险高层论坛 12月1日，由首都经济贸易大学、中国社会科学院金融研究所主办，首经贸金融风险研究院、金融学院承办的第四届金融风险高层论坛暨《中国金融风险报告（2016）》蓝皮书发布会在京举行。作为中国金融风险研究领域的高层次学术交流活动，本次会议旨在聚焦我国金融风险热点问题，深度剖析金融风险的核心难点问题，以此促进首经贸金融学科发展，服务于国家智库建设。

首都经济贸易大学党委书记冯培、副校长徐芳，法国前财长、法国engie公司战略委员会主席、野村证券欧洲首席顾问Edmond Alphandéry，西南财经大学中国金融研究中心名誉主任、金融风险研究院学术委员会主任曾康霖，中国工商银行金融研究所所长、中国城市金融学会秘书长詹向阳，国务院发展研究中心金融研究所副主任吴庆等出席论坛。

首经贸金融学院院长尹志超指出，《中国金融风险报告（2016）》共分为两大部分，第一部分是考察中国宏微观层面金融风险的9篇研究报告，第二部分辑录了最近一年研究人员在国内外权威期刊公开发表的7篇高水平学术论文。从具体内容上看，研究报告从国际和国内两个视角探讨了中国宏微观层面的金融风险。其中，国际视角主要关注中国的国际资本流动风险、全球股票市场运行与风险、日元经验对新 SDR 框架下人民币国际化发展的启示、油价下行周期下的金融指标相关性、货币政策与金融市场主体风险等五个方面。国内主要揭示了中国大类资产配置风险、商业银行资产质量、中国股票市场及股权类衍生品市场风险和中国股权众筹风险及防范问题。

蓝皮书发布后，与会专家就自己关注的金融风险问题各抒己见。Edmond Alphandéry 指出，欧洲危机根源于欧元区成员国拥有各自金融政策的完全主权，并未结成真正意义上的联盟，并通过中国与日本经济数据的对比，论证日本流动性陷阱并非适用于中国。曾康霖从“债转股”角度考察特殊金融风险机制，认为在债转股的市场化选择中，其市场化定价应由金融资产管理公司与国有企业双方协商确定，市场化债转股的重大意义在于消化银行不良资产，降低企业利息负担。对外经济贸易大学教授邱兆祥重点探讨了防范金融风险的制度基础，提出实体经济的风险向金融领域传导一般会沿两条路径扩散与积累，一条是通过银行体系快速传导，另外一条是通过影子银行领域的刚性兑付积累，因此建议完善风险监测预警体系和应急机制，及时化解金融风险隐患。对外经济贸易大学金融学院院长吴卫星认为，在推进“一带一路”倡议中，国内银行发放贷款必须注意政治风险。他重点补充了关于金融风险的两点建议：一是关注资本流动，特别是跨境资本流动，守住我国外汇储备的底线；二是重点关注 P2P 金融风险，加强对 P2P 机构的监管。

整个蓝皮书发布会和金融风险高层论坛持续了四个小时，吸引了 20 多名国内外知名学者和业界专家的深度参与、学术争鸣和研讨，同时有来自人民网、央视网、凤凰网、新浪财经、搜狐财经等网络媒体和环球时报、每日经济新闻、中国证券报、上海证券报（驻北京）、证券时报等媒体代表对此次会议进行了全程报道。

（首都经济贸易大学科研处李琳供稿）

第六届北大经济国富论坛　12 月 3 日，第六届北大经济国富论坛在北京大学经济学院东旭学术报告厅举行。北大经济国富论坛是集聚学术界、产业界、政界于一体的思想阵地，是北京大学经济学院开展学术讨论的品牌论坛。此次论坛的主题为：“变革、协同、共赢：全球治理体系变革与中国经济”。论坛演讲嘉宾主要有：中国科学院地理科学与资源研究所所长助理刘卫东研究员，中国人民大学校长刘伟教授，中国投资有限责任公司副董事长、总经理屠光绍，中国社会科学院学部委员、国家金融与发展实验室理事长李扬。论坛由北京大学经济学院副院长张辉教授主持，来自政府、学界、产业界、媒体的代表，在校师生以及校友等 500 余人出席了论坛。北大经济学院院长孙祁祥教授作开幕致辞，她首先对与会嘉宾、学者及社会各界人士的莅临表示衷心感谢，随后根据论坛主题发表了“全球化逻辑与中国机遇”的演讲。刘卫东发表了题为“‘一带一路’：开启包容性全球化新时代”的主题演讲，刘伟发表了题为“新常态下中国经济增长及失衡与宏观调控政策的特殊性”的主题演讲，屠光绍发表了“跨境投资的全球趋势与中国所面临的挑战”主题演讲，李扬发表了“金融发展必须支持创新发展”的主题演讲。

（北京大学社科部供稿）

第十六届中国经济论坛　12 月 3 日，由人民日报社、工信部联合指导，《中国经济周刊》、工信部工业互联网产业联盟共同主办的第十六届中国经济论坛在京举行，400 多位政商学界人士就供给侧结构性改革、PPP（政府与社会资本合作）、金融业改革等核心话题展开了讨论。

论坛以“供给侧结构性改革与中国经济新动能”为主题。论坛同时发布了首份官方《中国 PPP 报告》，报告显示，财政部 3 年已累计发布 3 批 745 个 PPP 示范项目，总投资约 1.97 万亿元，涉及全国 34 个省市，3 批示范项目落地率分别达 79.2%、58.2% 和 38.8%。

十一届全国人大常委会副委员长周铁农、著名经济学家厉以宁、人民日报社副社长张建星、工信部副部长陈肇雄、全国政协副秘书长刘佳义等出席并致辞。

（参见《人民日报》2016 年 12 月 4 日第 4 版）

第 21 届中法经济研讨会　12 月 8 日，国务院发展研究中心、中国国际贸易促进委员会与法国法中委员会共同主办的第 21 届中法经济研讨会在北京召开。中法经济研讨会是中法两国间具有重要影响力的经济年会，始创于 1995 年。本届研讨会的主题是“中法共话创新与创业”，国研中心副主任隆国强、法国前总理拉法兰、法国驻华大使顾山、贸促会副会长尹宗华等出席会议并致辞。出席此次会议的还有施耐德电气集团、苏伊士环境集团、米奇林集团等法国大型企业高管。

隆国强表示，当前全球经济形势下，中法继续经贸合作对推进全球开放、包容、共赢、可持续发展具有重大意义。研讨会上，来自中法两国 300 多位政府官员、学者及企业家围绕创新与成果利用、创新与未来工业、创新与消费、创新与服务四大主题进行深入讨论。国研中心市场经济研究所所长王微、技术经济研究部副部长马名杰分别主持会议小组讨论，并在闭幕式上进行总结发言。

此次研讨会闭幕式也是第三届中法团队合作创新奖颁奖典礼。隆国强副主任、拉法兰先生、尹宗华副会长分别为获得“创新产品奖”“首创奖”“研发奖”的企业颁发奖杯，以鼓励和庆祝中法合作企业，尤其是中小企业在科技、工业、文化等领域的创新能力。

（国务院发展研究中心办公厅科研处郭巍供稿）

2016 年清华经管学院互联网产业创新高峰论坛　12 月 12 日，清华大学互联网产业研究院成立仪式暨 2016 年清华经管学院互联网产业创新高峰论坛在经管学院报告厅举行。中国科协党组副书记、副主席张勤，国家信息中心党委书记、常务副主任杜平，清华大学副校长、教育基金会理事长杨斌，中共中央宣传部原秘书长、中国政研会副会长官景辉等嘉宾出席并致辞。杨斌在致辞中表示，在“互联网 +”时代，互联网必须着眼于与传统产业的各个企业的主体，不同业务的价值链深入融合，并通过大数据实现价值链的优化整合，用创造性的思维开辟出可运营的商业模式，唤醒沉睡着的大量数据，冲破产业化发展瓶颈，延续传统行业的生命和活力。而这些，都是新成立清华大学互联网产业研究院要努力解决的问题。杨斌说，相信互联网产业研究必将为国家发展、产业转型，为一大批理论成果的产生做出属于清华的、积极的贡献。张勤在致辞中表示，“办好互联网产业研究院非常有意义。研究院的成立，对国家、人民、社会都非常重要，又恰好发挥了清华大学多学科综合载体的优势。大家齐聚清华园，共同以互联网产业发展作为研究对象，相信一定会做出巨大的成就。”他相信互联网产业研究院的建立将搭建一个平台，为研究人员和行业、企业之间建立桥梁。希望从这里出发，产生出在学界和业界具有重大影响力的研究成果，同时也推动这个领域的青年教师发展和人才培养。网信办信息化发展局局长徐愈，中国互联网信息中心主任李晓东，官景辉，清华大学科研院院长周羽、经管学院院长钱颖一，经管学院互联网协会理事长、研究院捐赠校友代表李兵等先后致辞。致辞后，周羽宣读了清华大学批准成立研究院批文以及互联网产业研究院院长名单和捐赠人名单。张勤、钱颖一、经管学院党委副书记朱岩上台进行互联网产业研究院的揭牌仪式。成立仪式由清华大学经济管理学院常务副院长白重恩主持。揭牌仪式后，作为产业研究院的首个落地项目，清华大学互联网产业研究院与青岛市市北区人民政府、青岛国际邮轮港管理局共同签署合作协议。政府部门领导，院系专家教授和企业界人士共计 300 余人参加研究院的成立仪式，并探讨“互联网 +”产业转型的机遇与挑战，携手寻求互联网创新驱动发展的有效途径，为新常态下的互联网 + 产业转型提供重要的智力支持。

（清华大学文科建设处刘金梅供稿）

中央财经大学—康奈尔大学系列研讨讲座　10 月 12—13 日，中央财经大学 - 康奈尔大学系列研讨讲座在中央财经大学举办。“数据管理技术在政策分析中的应用”小型主题研讨会中，康奈尔大学 Woodard 博士发表了“Data Management Approach in Policy Analysis: the case for government insurance program design”主题演讲，探讨了集成数据管理在政策分析中的应用技术，并以高分辨率土壤数据集成到联邦农作物保险政策为例进行了深入分析。寇恩惠老师讨论了小企业对增值税阈值和税率的反应，通过对年度税收调查数据的研究发现，小企业集群在增值税阀值之下，高附加值的企业不太可能主动注册为一般纳税人，企业倾向于在报告中隐藏其会计记录。葛岩老师基于月度数据，通过构建玉米价格波动的金融化驱动体系，利用 ARDL 模型遴选出玉米价格波动显著的金融化影响因素，最终得出期货市场、国际石油价格和人民币兑美元的汇率是影响玉米现货价格波动最显著力量的实证结果。在“Data Warehousing for Applications in Applied Economics Research”专场讲座中，Woodard 博士以翔实的论据、精湛的分析、生动的语言，大家分享了由他带领的研究团队在数据仓构建中的出色成果，现场展示了大数据管理技术以及如何高效便捷地应用于科研工作。该系列学术活动由中央财经大学国际合作处“邀请海外学术伙伴来校开展合作科研项目（编号为 HZKY20160005）”和“中央财经大学保险风险分析与决策创新引智培育基地项目”支持。

（中央财经大学科研处供稿）

第十五届 WTO 与中国学术年会 12 月 13 日，中国入世 15 周年之际，第十五届 WTO 与中国学术年会在对外经济贸易大学顺利举行。

对外经济贸易大学校长王稼琼出席年会并致欢迎辞。中国世界贸易组织研究会会长、中国首任驻 WTO 大使孙振宇，国际贸易与可持续发展中心总裁梅林德，中国世界贸易组织研究会副会长霍建国，WTO 上诉机构原主席张月姣，前 WTO 副总干事 Jesus Seade，前 USITC 首席经济学家 Robert Rogowsky，WTO 秘书处加入司代理司长 Maika Oshikawa，对外经济贸易大学中国 WTO 研究院院长屠新泉等众多专家学者与会，围绕美国大选、全球经济治理等热点问题发表观点。来自国际组织、政府机构、国内外科研院所的 200 多位专家学者出席了会议。

会议主要包括四项议题：中国在 WTO 和全球经济治理的角色转变、美国大选与世界贸易和 WTO 的未来、WTO 争端解决机制与中国的参与、多边与区域贸易自由化的前景和挑战。当天，还举行了《加入世界贸易组织和多边主义》中文版新书发布会。

（对外经济贸易大学科研处供稿）

金融市场与量化投资研讨会 12 月 17 日下午，由中央财经大学金融学院主办的“中财—蒂尔堡金融学博士项目研讨系列第一期——金融市场与量化投资研讨会”在中央财经大学学术会堂举行。中财—蒂尔堡金融学博士项目成员及国内外嘉宾共计 90 余人参加。中国人民大学汉青经济与金融高级研究院教授、量化投资研究中心主任、教育部青年长江学者李勇教授、中央财经大学金融学院副教授姜富伟、助理教授顾弦和陈锐、中国人民大学汉青经济与金融高级研究院助理教授吴轲分别就各自论文进行了演讲，主题分别为“贝叶斯资产配置：在经济约束条件存在下的长期投资”“在经济形势好和坏的时候都能预测股票市场”“公司债投资人对公司法律诉讼的反映”“外汇与债券市场期限结构”“基于熵的股票市场不对称性测度”；中国人民大学汉青经济与金融高级研究院助理教授童国士、中央财经大学中国金融发展研究院助理教授高昊宇、南开大学金融学院助理教授杨昊晰、中国人民大学汉青经济与金融高级研究院助理教授邓凯骅对论文进行了评论。“中财—蒂尔堡金融学博士项目”作为被教育部批准举办的全国唯一金融学中外合作办学博士项目，还将继续为师生们举办高质量的学术研讨会，提升学术水平和学术能力。

（中央财经大学科研处供稿）

2016—2017 中国经济年会 12 月 17 日，由中国国际经济交流中心和新华社国家高端智库联合主办的“2016—2017 中国经济年会”在京召开。本届年会以“围绕主线、着力攻坚、稳中求进、进中求好”为主题，学习解读中央经济工作会议精神，围绕深化供给侧结构性改革，推进“去产能、去库存、去杠杆、降成本、补短板”五大任务，以及发挥改革牵引作用，培育壮大增长新动能展开深入热烈讨论。政府有关部门领导、专家学者、企业家和智库代表约 300 人出席了会议。

会议认为，中央经济工作会议深入分析了当前国际国内经济形势，阐明了经济工作指导思想并部署了明年经济工作。2017 年是供给侧结构性改革的深化之年，要坚持稳中求进工作总基调，坚持以提高发展质量和效益为中心，把防控金融风险放到更加重要的位置。要更好发挥改革牵引作用，深入推进“三去一降一补”和农业供给侧结构性改革，着力振兴实体经济，研究建立符合国情、适应市场规律的房地产平稳健康发展长效机制；深化国企国资改革，加强产权保护，稳妥推进财税和金融体制改革。要深入实施创新驱动发展战略，促进新动能发展壮大，传统动能焕发生机。努力使我国经济稳中求进，进中求好。

（参见《人民日报》2016 年 12 月 18 日第 2 版）

“一带一路”沿线国家投资与软实力建设研讨会 12 月 20 日上午，“一带一路”沿线国家投资与软实力建设研讨会在北京市社科院召开，会议由北京国际经济研究中心、北京市社科院外国所、北京市社科院国际交流中心联合主办。会议邀请到了美国公谊服务委员会中东项目主任 Dalit Baum，中国国际问题研究基金会蔡维泉大使、中国驻墨西哥前大使汤铭新、中国驻澳大利亚前参赞吴荣和、中国驻意大利前参赞李德标等外交官，北京市社科院副院长许传玺研究员出席会议并讲话。参加会议的还有外国所副所长刘波博士、国际交流中心副主任韩忠亮研究员、北京国际经济研究中心邹长峰秘书长等。许传玺在讲话中指出加强法律研究是推进“一带一路”的重要组成部分，当前一些对外投资由于缺乏法律保障而出现意外困难，这些教训需要吸取。Dalit Baum 女士结合“一带一路”沿线国家巴勒斯坦、以色列的具体情况，认为中国对外投资要避开有争议的区域，确保有效投资。出席会议的前外交官们也就自己职业生涯中的经历感悟发表了讲话，提出了许多有益的建议。《国际商报》等媒体对会议进行了报道。“一带一路”及其相关研究是北京市社科院外国所学科建设的重点方向之一，其系列研讨会是外国所的重点研讨项目，迄今已举办多次，陆续邀请到了在京驻华使节、我驻外大使、学界专家参与。

（北京市社科院科研处供稿）

2016 应用微观金融学术研讨会　12 月 22 日，由首都经济贸易大学金融学院主办的 2016 应用微观金融学术研讨会在京举行。本次会议吸引了十多名国内外知名学者和业界专家的参与研讨。

会上，世界银行研究部首席经济学家徐立新发表题为“Hayek，local information，and the decentralization of state－owned enterprises”的报告，他指出哈耶克假说认为企业的距离与分权存在正相关关系；企业业绩的不确定性与通讯成本的扩大化使得上述正相关关系更大，并采用 1998－2007 年工业企业的年度调查数据研究国有企业分权的原因，数据包括销售额超过 500 万元的非国有企业以及所有国有企业。重点关注了本地信息在其中所产生的作用，为哈耶克假说提供了实证支持。

对外经济贸易大学周钦发言，题为“基于相对生活水平对中国居民主观福利影响的研究”。研究采用 2013 年“中国健康与养老追踪调查”数据，以 45 岁及以上中老年人及其家庭为调查对象，以亲戚、同学、同事、邻居/村里人、本县/市/区居民作为参照系的相对生活水平信息进行研究。结论表明：1. 相对收入水平对中国居民的主观福利感受具有显著影响，在控制内生性后收入的相对效应更加明显，同事和同学对个体主观福利的影响是最主要的；2. 财富的相对效应存在非对称性，相对生活水平较低带来的心理问题加重的程度大于相对生活水平较高引起的心理健康的上升幅度；3. 相比于高收入人群，低收入人群更可能受他人的影响；4. 采用第三方选定的参照系建立相对财富指标存在低估问题。

南开大学周广肃发表了题为“机会不均等与家庭金融资产投资”的主题演讲。他利用中国家庭追踪调查（CFPS）2010、2012 和 2014 年三年的调查数据，考察了机会不均等对于家庭风险金融资产投资的影响。结果表明：机会不均等显著增加了家庭投资风险金融资产的概率，并且提高了投资风险金融资产的比重，对家庭风险金融资产的正向影响主要集中于那些受制于机会不均等的群体，如农业户口、高教育、以及中等收入群体，对家庭金融资产投资影响的机制，主要在于其挤出了家庭对于人力资本的长期投资。

此外，清华大学刘津宇探讨了企业的地理位置对 IPO 的影响；山东大学经济研究院侯麟科发表了题为“券商竞争：业务能力还是政治能源？”的演讲；首都经济贸易大学金融学院院长尹志超就金融普惠、家庭贫困及脆弱性研究进行了分享。中国人民大学马光荣重点探讨了西部大开发对经济增长的效果。

（首都经济贸易大学科研处李琳供稿）

第五届中国工业发展论坛　12 月 26 日，由中国社会科学院主办、中国社会科学院工业经济研究所、中国社会科学院京津冀协同发展智库承办的中国社会科学院高端智库论坛——供给侧结构性改革与国际产能合作暨第五届中国工业发展论坛在北京召开。国内外政产学研及媒体界人士参加了论坛。

论坛开幕式由中国社会科学院工业经济研究所党委书记史丹主持。中国社会科学院副院长蔡昉出席论坛并致辞。

中国发展研究基金会副理事长、国务院发展研究中心原副主任刘世锦与中国社会科学院工业经济研究所所长黄群慧分别做了论坛主旨演讲。经济管理出版社社长张世贤正式发布了《中国工业发展报告（2016）》，中国社会科学院工业经济研究所产业布局研究室副主任叶振宇正式发布了《京津冀协同发展指数》。

论坛的主题是供给侧结构性改革、一带一路与国际产能合作、京津冀协同发展等。

国务院发展研究中心产业部部长赵昌文、工业与信息化部规划司司长李北光、韩国对外经济政策研究院北京代表处首席代表杨平燮、北京市经济与信息化委员会委员姜广智、中国社会科学院学部委员金碚、中国社会科学院经济研究所所长高培勇、中国社会科学院学部委员吕政、中国机械工业联合会专家委员会副主任蔡惟慈、中国社会科学院农村发展研究所所长魏后凯、国家发改委国土开发与地区经济研究所原所长肖金成、中国社会科学院经济研究所原所长裴长洪、中国社会科学院数量与技术经济研究所所长李平、天津财经大学副校长于立、河北经贸大学副校长武义青、天津社会科学院发展战略研究所所长梁建洪等分别就相关问题展开深入讨论。

（中国社会科学院办公厅刘玉杰编辑、供稿）

首届人民财经高峰论坛　12月27日，由人民网主办的首届人民财经高峰论坛在北京召开。各界人士汇聚一堂，围绕“中国经济新方位”的论坛主题展开深入研讨。

针对如何化解产能过剩和需求结构升级的矛盾、如何进一步挖掘经济增长的内生动力、如何有效防范金融风险等热点，人民财经高峰论坛设置了金融安全、“一带一路”、品牌创新等议题，为与会者提供了一个思想交流、观点激荡的平台。

人民日报社副社长张建星出席论坛并致辞。同日，由人民网主办的第十一届人民企业社会责任奖颁奖典礼在人民日报社举行，《2016年中国企业社会责任报告》同时发布。

（参见《人民日报》2016年12月28日第11版）

2016首都企业改革研究会年会　12月28日，由首都企业改革与发展研究会主办、首都经济贸易大学工商管理学院承办、首经贸MBA教育中心和企业治理与协同创新平台联合协办的首都企业改革与发展研究会2016年会暨学术研讨会在京举办，本次会议主题为“供给侧改革：共识、共享、共赢”。北京市社会科学界联合会学会管理部主任周志勇，首都经济贸易大学校长助理、研究会常务副会长戚聿东教授，北京2022冬奥会组委会财务和市场开发部部长朴学东，北京市丰收企业管理咨询公司董事长、研究会副会长陈慧湘等参会。

中国社会科学院工业经济研究所黄群慧研究员做了题为“供给侧改革的实质推进”的演讲，他指出，中央经济工作会议在2014年提出经济结构新常态的概念，2017年经济工作的核心是深入推进供给侧结构性改革。供给侧结构性改革的核心是创新。以往的经济结构中高端供给不足、低端供给过剩，现在是供给质量不够。通过改革来解决经济结构失衡的问题。推进供给侧结构性改革要处理好发挥市场机制与政府作用的关系：一是处理好深化长期结构性改革与解决短期供给侧问题的关系；二是处理好整体改革与推进单项任务推进的关系。

北京2022冬奥会组委会财务和市场开发部朴学东部长在演讲中表示，冬奥经济是一项不可小觑的经济。办好2022年北京冬奥会带来了京津冀协同发展战略机遇，同时，也推动了国际奥林匹克运动的发展，这将会带动3亿人“上冰雪”。2015—2016年，北京滑雪场税收同比增加了56%，2022冬奥会将带来十分可观的经济效益。对于冬奥市场开发而言，主要内容有赞助计划、特许计划、票务计划等。赞助奥运会的企业将会获得营销权和特许权等回报。

（首都经济贸易大学科研处李琳供稿）

第十一届中国雇主品牌论坛　12月31日，第十一届中国雇主品牌论坛在北京召开，论坛年度主题为“‘双创’时代的雇主品牌”。本届论坛由首都经济贸易大学中国雇主品牌研究中心与第十一届中国雇主品牌论坛组委会、国际人力资源管理协会、中国雇主品牌网联合主办，中国教育电视台、凤凰网、中国新闻网、搜狐网、新浪网、《人力资源》、风岐茶社等60多家媒体到会进行采访、报道和直播。

上午，人力资源和社会保障部职业杂志社社长、中国雇主品牌论坛发起人黄卫来代表主办方致辞，新华社知名主持人、《总裁读书会》主编赖冬阳，举贤网联合创始人、天津卫视《非你莫属》常驻人力资源专家刘佳，前阿里集团人力开发总监、360大学创始人、百度组织发展和人才开发高级经理朱晓南，分别就企业人格化IP与最佳雇主品牌塑造、共享时代中国猎头行业发展新趋势、互联网人才开发新趋势和雇主品牌价值做了新视角下的主题演讲。

下午，一体科技董事长、亚行专家组组长谭云博士，知名人才战略实践专家、举贤网CEO王尚峰，咖啡之翼连锁集团董事长、知名女企业家、天津卫视《非你莫属》最受欢迎女BOSS尹峰，全国工商联研究室主任、中国民营经济研究会副会长、研究员、博士林泽炎，首都经济贸易大学劳动经济学院院长、教授冯喜良，北京大学教授、十届全国政协教科文卫体委员会委员、国务院国资委国有企业原监事会主席解思忠，知名管理专家、中国第一位人才学博士、畅销书《轻管理：让管理很简单的真正秘密》《轻管理实操》等书作者丁雪峰分别就跨界投资的创新、政府猎头与区域人才高地建设、女企业家的领导力优势、就业关系管理也要与时俱进、灵活用工下的雇主品牌新战略、高层领导科学与轻管理等主题进行了精彩分享。

随后，论坛现场揭晓了“2016 年中国最佳雇主”“2016 年度中国杰出人力资源服务机构”“2016 年中国杰出经理人”“2016 年中国最关注员工发展企业家”“2016 年中国最具社会责任企业家”等中国雇主品牌年度评选榜单。

（首都经济贸易大学科研处李琳供稿）

社会学（含人口学）

中国劳动关系学院首届新年学术报告会　1 月 8 日上午，中国劳动关系学院首届新年学术报告会在北京校区召开。学校领导及相关职能部门负责人、各系（院）部教师、学生共 200 余人参加会议。报告会由科研处处长燕晓飞教授主持。

李德齐院长在致辞中提出科研及学术应讲求四性：第一是理性，即应有科学严谨的学术态度；第二是建设性，即科研要具有现实针对性，能够为现行政策提供可用依据，同时应把握和坚守应有的政治立场；第三是可受性，即能够用通俗易懂的学术语言解读受众不明白的问题；第四是创新性，即始终居于学术发展的最前沿，直面不断遇到的新情况和新问题，这也是大学核心竞争力所在。劳动关系系主任乔健副教授、工会学院吴建平副教授、法学系肖竹副教授以及公共管理系学生李飞龙分别作了主题报告，他们就迈向十三五时期的中国职工状况、地方工会如何参与地方治理、政府在应对群体性劳动争议中的角色与责任以及公共产品定价机制进行了精彩而深刻的阐述，并在随后与参会人员进行了热烈的经验交流。专题报告之后，进行了中国劳动关系学院第十三届优秀科研成果评奖以及 2015 年度研究生、本科生科研成果评奖的颁奖仪式。学院领导分别为获奖教师和学生颁奖。

（中国劳动关系学院科研处陈邓海供稿）

第九届中国残疾人事业发展论坛　1 月 16—17 日，第九届中国残疾人事业发展论坛在北京大学举办。论坛由中国残疾人联合会、北京大学、中国残疾人事业发展研究会主办，北京大学人口研究所、北京大学中国残疾人事业发展研究中心承办。国家有关部委领导，国内各地知名残疾人事业研究专家和学者等 300 多人参加了论坛。本次论坛以“残疾人与全面建成小康社会”为主题，重点围绕残疾人的基本民生保障和公共服务，研究探索在全面建成小康社会和全面深化改革的背景下，进一步推进中国特色残疾人事业发展的理念、思路、制度安排和实践方向，以及加快推进残疾人小康进程的路径与方法。北京大学校长林建华，中国残联主席张海迪，国务院扶贫办副主任洪天云，人力资源社会保障部副部长信长星等领导出席了本次论坛的开幕式并为研究会年度优秀论文颁奖。北京大学人口研究所常务副所长陈功、安徽省残联党组书记理事长张纯和、中国残联研究室副主任郭春宁分别就残疾人小康面临的困难、残疾儿童康复教育和加快残疾人小康进程的政策路径分别做了大会主题报告。此外，出席此次论坛的北京大学、中国人民大学、山东大学、吉林大学、南京大学、武汉理工大学、四川大学、复旦大学、长春大学和南京特殊师范教育学院的副校长就残疾人小康面临的困难与实现途径展开了高峰对话。

（北京大学社科部供稿）

劳动争议调解与裁审体制改革研讨会　1 月 23 日上午，“劳动争议调解与裁审体制改革”课题成果发布和研讨会在中国劳动关系学院办公楼召开。来自人力资源和社会保障部、国务院法制办、全国人大、中华全国总工会、中国社会法学会以及北京高校的 20 余名专家出席了会议。

党委书记届增国在会前与各位专家见面并进行了交流。李德齐院长出席研讨会并致辞，他代表学校对各位专家表示欢迎和感谢，并向与会专家介绍了本校的发展情况，希望研讨会取得圆满成功。2015 年上半年，受中华全国总工会法律工作部委托，以法学系主任姜颖教授为首席专家的课题组承担了“劳动争议调解与裁审体制改革”课题研究。课题组赴长三角、珠三角等劳动争议多发、高发区的多个城市进行了深入调研，最终形成 8 万余字的研究报告。研讨会上，姜颖教授介绍了课题研究的情况和主要成果，法学系沈建峰副教授、宋艳慧副教授，分别代表课题组就劳动争议调解和劳动争议裁审体制改革进行了汇报。与会专家围绕这两个主题积极发表意见，在充分肯定报告的基础上，提出了很多建设性意见，并展开了热烈讨论。《工人日报》1 月 26 日以“劳动争议调解与裁审”研讨会举办为题进行了报道。

（中国劳动关系学院科研处陈邓海供稿）

中国老年医疗服务体系建设研讨会　3 月 19 日上午，由国家行政学院、北京医院、清华大学共同主办的中国老年医疗服务体系建设研讨会在国家行政学院召开。国家行政学院常务副院长马建堂出席研讨会并致词，研讨会由国家行政学院副院长李季主持。

研讨会上，马建堂及中国科学院院士、北京医院院长曾益新，清华大学党委副书记邓卫，代表主办方先后致辞。

马建堂在致辞中表示，党中央国务院高度重视老龄人口的医疗、养老、健康问题。习近平总书记多次强调，“治政之要在于安民，安民之道在于察其疾苦。”在刚刚闭幕的全国“两会”上，代表委员也非常关注这一问题。国家“十三五”规划纲要也明确提出，“推动医疗卫生和养老服务相结合。”

马建堂指出，加强我国老年医疗服务体系建设意义重大，关系到全面建成小康社会总目标的实现，关系到传统中华文明的核心价值的充分体现，关系到我国经济转型升级和支撑相关产业的发展。从当前我国老年医疗服务所面临的需求看，现有的老年医疗服务体系仍存在不小的差距，供给总量和供给能力不足，医疗养老资源配置不当，老年人享受医疗服务“难”和“贵”，社会家庭负担过重。开展老年医疗服务体系建设，必须要有全社会的共同参与、协同治理，要努力打造为老年人医疗、健康、保健提供便捷服务的“淘宝网”，建设基于互联网的在线服务平台，“让信息多跑路，群众少跑腿”，“让老人不出门，服务找上门”。曾益新在致辞中指出，人口老龄化对我国既是机遇又是挑战，要树立全面的健康老龄化理念，构建完整的医养结合老年人服务体系，加强养老、医疗、护理、康复、临终关怀等各类老年医学专业人才特别是全科医生的培养。邓卫在致词中指出，老龄化问题事关社会、经济、行为、环境、遗传因素等诸多方面，老龄健康研究涉及自然科学、社会科学、人文科学的多个学科，需要开展跨学科跨领域研究，为这一现实问题的解决提供更全面的指导和更综合的政策建议。

本次研讨会是“中国老年医疗服务体系建设”课题研究成果的展示和进一步深入研讨。2015 年 6 月，国家行政学院联合北京医院、清华大学等有关单位的专家组成跨学科团队，开展“中国老年医疗服务体系建设”课题研究。经过几个月的努力，课题组圆满完成了研究任务，课题最终研究成果《中国老年医疗服务体系建设——问题与对策》一书由人民卫生出版社于 2016 年 3 月正式出版。

中央保健委会诊专家、卫生计生委国家老年医学中心、北京医院主任医师、国家行政学院公共治理研究中心兼职研究员、“中国老年医疗服务体系建设研究”课题组负责人齐海梅，介绍了课题的基本内容和课题组关注的几个重点问题。围绕如何加强和创新我国老年医疗服务体系建设，全国政协委员、中华医学会副会长金大鹏，清华大学公共管理学院教授孟庆国，中国老龄科学研究中心副主任党俊武，国家行政学院公共管理教研部副主任时和兴，北京市老年医院院长陈峥，北京医院主任医师李怡，共青团中央青年志愿者工作部副部长刘钢，国家行政学院政治学教研部教授邱霈恩，北京市政协委员、医养康（北京）健康管理有限公司董事长余立新，分别作了题为“健康老龄化与中国老年医疗服务体系建设”“大数据环境下老年医疗服务体系建设与创新”“健康中国建设面临人口老龄化挑战”“医养结合治理机制初探”“北京老年医疗服务现状与展望”“充分发挥中医在老年医疗服务中的作用”“志愿服务在中国老年医疗服务中的作用”“发挥政府作用，推动养老保障事业”“基于‘互联网＋’智慧社区居民医疗养老健康的创新与实践”的专题发言。人民卫生出版社总编辑杜贤发布介绍了《中国老年医疗服务体系建设——问题与对策》一书的有关情况。

研讨会由国家行政学院公共治理研究中心承办，来自国家行政学院、北京医院、清华大学有关部门负责同志，相关医院、行业协会、高校和科研机构专家学者、民营企业代表及媒体代表近 100 人出席了研讨会。

（国家行政学院科研部刘斌供稿）

创新社会治理　决胜全面小康研讨会　4 月 29 日，为深入贯彻和落实党的十八大和十八大以来历届中央全会精神，以及“十三五”规划纲要，《社会体制蓝皮书》发布会暨“创新社会治理 决胜全面小康”研讨会在北京师范大学举行。蓝皮书主编、国家行政学院社会治理研究中心主任龚维斌，社会科学文献出版社副总编辑蔡继辉、皮书分社社长邓泳红、编辑陈颖，中国行政体制改革研究会秘书长王满传，国家行政学院研究生院常务副院长朱国仁等出席。

龚维斌围绕本年度蓝皮书的研究重点、编写特点和撰写过程发表主题报告。他指出，《社会体制蓝皮书》是在魏礼群院长精心指导下，国家行政学院社会治理研究中心和北京师范大学中国社会管理研究院精诚合作的成果。这本蓝皮书是中国社会治理智库丛书的重要组成部分，已连续出版四本，《社会体制改革报告 No. 4（2016）》主要是对 2015 年社会体制改革情况进行回顾和总结，对 2016 年的改革走向进行分析，提出相关政策建议。国家行政学院社会治理研究中心张林江副教授介绍了总报告主要观点。2015 年我国社会体制改革在五大领域取得重要进展：一是以简政放权为突破口，理顺政府与社会关系；二是以民生改善为重点，着力调整社会利益关系；三是以理顺体制机制为核心，加强和创新基层社会治理；四是以培育社会多元主体为出发点，加速社会组织改革；五是以防范化解社会风险为重心，构建共建共享共治的公共安全体系。进一步推进社会体制改革应从四个方面着手：一是继续在社会事业改革中保障改善民生；二是继续在简政放权中推进社会治理体制创新；三是继续在激发社会活力中推进社会共治；四是继续在构建公共安全体系中防范和化解矛盾风险。蔡继辉在致辞中表示，《社会体制蓝皮书》是我们社重点打造的蓝皮书品牌之一，虽加入较晚，但发展很快。经过 4 年的编纂和出版，已经形成了独特的风格和体例，并在社会上产生较大的影响。他希望，通过这本蓝皮书的原创，还有各位专家的精彩发言，也通过媒体的传播和放大效应，真正把蓝皮书中的观点，把各个学者专业、深度、前瞻的研究成果扩散出去，真正对我们国家社会领域的决策，对于整个中国经济社会的发展起到积极的促进作用。王满传在致辞中表示，《社会体制蓝皮书》是中国行政体制改革研究会重点资助的品牌项目之一，努力使该书成为社会领域改革发展的重要参考书，发挥社会治理智库的智力支撑作用。他指出，今年是实现“十三五”规划的开局之年，当前全国各地、各界都在认真贯彻落实党中央决策部署，积极推进全面建成小康社会的伟大事业。全面建成小康包括经济建设、政治建设、文化建设、社会建设、生态文化建设等多方面的任务，而社会建设和社会治理则是这个全面建成小康社会的各方面任务中的重中之重，必须高度重视、认真对待。他希望，社会体制蓝皮书不断提高质量，进一步加强关注问题的敏锐性、前沿性，分析问题的独到性，解决问题的创新性，成为社会体制领域知名品牌。

《社会体制蓝皮书》是中国社会治理智库丛书品牌之一，由国家社会科学基金特别委托重大项目“中国社会管理创新研究信息库”、国家行政学院重大招标课题“城镇化进程中社会体制改革研究”、以及中国行政体制改革研究会行政改革基金资助，国家行政学院社会治理研究中心和北京师范大学中国社会管理研究院共同组织编写。龚维斌主编，赵秋雁副主编。全书由总报告、社会治理体制篇、基本公共服务篇、现代社会组织体制篇、公共安全与应急管理体制篇等五个部分构成。

（北京师范大学社会科学处刘娜供稿）

共青团志愿服务工作及组织管理运营论坛　5 月 13 日，由中国传媒大学区域经济研究院主办的共青团志愿服务工作及组织管理运营论坛在中国传媒大学举行。北京大学原校长周其凤院士、新华社国际新闻编辑部主任严文斌及共青团中央中国青年志愿者协会副秘书长黄英锋等嘉宾出席论坛，共青团昆明市委、昆明青年志愿者协会及昆明市青少年发展基金会等相关部门优秀干部参加论坛。论坛就志愿服务和青年团干的管理能力提升做了深入探讨，旨在推进和提高地方政府主办公益项目的服务能力和管理能力。

论坛开始前，中国传媒大学党委书记陈文申会见了周其凤院士，就当代青年人的自我发展作了深入交流。经济与管理学院院长张树庭、党委书记董克柱、区域经济研究院常务副院长谢伦灿，昆明团市委书记欧明峰及副书记黄斌出席了论坛开幕式。

此次论坛依托经济与管理学院及区域经济研究院学术资源，为地方政府共青团工作搭建良好的交流平台，中国传媒大学经济与管理学院教师也受邀参加论坛，并就论坛主题及所研究的领域作了相关发言，有力传播了该校经济与管理学院的学科特色与优势。论坛从文化先行的角度对当下政府管理工作进行新角度的阐述，与会代表与嘉宾进行了深入交流，对政府在组织公益活动及文化活动中扮演的角色有了新认识，同时提升了团干部的综合能力，积累了丰富案例和宝贵经验。

论坛还邀请共青团朝阳区委分享了该区志愿者活动及社区工作的相关成果，并与昆明共青团市委缔结了友好合作关系，双方表示今后加强多方面、多领域的交流合作活动，将共青团志愿者服务活动做实、做精。

（中国传媒大学文科科研处供稿）

中国社会治理 50 人论坛　5 月 22 日，由民政部、清华大学社会科学学院主办的中国社会治理 50 人论坛暨《社会政策研究》杂志创刊新闻发布会在清华大学主楼接待厅举行。社科学院院长李强、中国社会治理研究会会长蒋昆生出席并致辞。中国人民大学教授温铁军、中国社科院研究员张军伟、南开大学教授关新平、清华大学教授王名、上海交通大学教授陆铭、中央党校教授吴忠民和友成基金会理事长王平等200多位专家学者和学生代表参加此次活动。论坛由李强主持。本次论坛以"社会治理创新与发展"为主题。与会者结合各自的研究领域，以不同的理论视角作报告并进行讨论。

（清华大学文科建设处刘金梅供稿）

社会创新、责任与社会问题解决方案国际论坛 5月28日，由对外经济贸易大学公共管理学院主办的社会创新、责任与社会问题解决方案国际论坛在对外经济贸易大学顺利举行。此次论坛邀请美国乔治梅森大学教授 Hilton Root、韩国交易所 Koscom 公司常务监事 Noh HeeJin、北京大学光华管理学院教授王立彦等中外专家出席。

论坛由两个分论坛组成——政府在推动社会创新和可持续发展中的作用和市场如何通过社会创新促进社会可持续发展。与会专家围绕中国经济可持续发展、政府和社会资本力量相结合解决社会问题等话题进行交流，探讨了社会治理的创新模式、路径与前景，对国际实践社会治理创新模式与可持续发展具有重要意义。

（对外经济贸易大学科研处供稿）

转型时期中国社会公平正义理论研究暨青年学者论坛 5月31日，维护和实现社会公平正义，是社会主义的本质要求，是全面建成小康社会的重要内容。关注转型时期中国社会公平正义理论的研究是青年社会学者的时代责任，为此，《中国特色社会主义研究》杂志编辑部在北京举办转型时期中国社会公平正义理论研究暨青年学者论坛。来自中共中央党校、中国人民大学、中央财经大学、同济大学、北京科技大学等高校研究机构的青年学者围绕会议主题，从存量改革与社会合作、互联网时代的信息公平及其社会基础、犯罪地图公开：以信息公平保障安全生活、"有感发展"与社会公平——兼论社会公平感的社会心理机制及其提升路径、台湾公平正义的历史与现实、中国居民对社会公平的主观感知及其影响因素：基于2013年中国综合社会调查数据的分析、从"关系"运作看当前中国社会公平正义及其实现途径等方面进行了研讨交流，并对杂志加强选题策划，挖掘优质稿源，提升学术影响力，打造学术共同体提出意见和建议。

读者、作者是学术期刊赖以生存和发展的土壤。《中国特色社会主义研究》杂志坚持以人取文和以文取人相结合，保持好作者生态，培养适合本学术期刊选题的作者，保持期刊定位、风格和选题内容的延续性。事实上，现代学术期刊所具有的引领和规训、发现和评价、沟通和交流等功能，使得新人能够凭借学术场域中的"期刊符号资本"，获得学术共同体的承认，进而获得大学、研究所等现代学术体制的承认。有影响的"期刊承认"很容易转化为"学术共同体承认"。

（《中国特色社会主义研究》杂志社编辑部供稿）

中国省域生态文明评价指标体系构建与实证研究研讨会 6月18日，由北京林业大学人文学院主办的中国省域生态文明评价指标体系构建与实证研究研讨会在北京林业大学学研中心召开。到会主要学者：成金华、吴巧生、张欢、余国合、林震、严耕等参加交流研讨。

主要学术内容和学术观点：研讨会依托成金华教授主持的国家社科基金重大项目"我国资源环境问题的区域差异和生态文明指标体系研究"，就省域、市域（省会城市）和县域（湖北省）的生态文明评价做了一些研究成果分享。与会学者主要从国家主体功能区战略出发，重点突出了省域生态评价指标的区域差异特征，并结合中国地质大学的学科特色重点挖掘了资源－环境方面的指标评价，揭示出排放优化与生态文明建设具有高度相关性，认为排放优化是我国生态文明建设的突破口和当务之急。研讨会有40余人参会。

（北京林业大学科技处张力供稿）

第五届中国休闲体育·北京论坛 **6月25日**，第五届中国休闲体育·北京论坛在首都体育学院召开，本届论坛由休闲与社会体育学院承办。来自全国各地的35所院校和单位的120名代表参加了此次论坛。本次论坛的主题是"供给侧改革与休闲体育"。中国高等教学学会常务副理事长李鸿江、副秘书长赵立，国家体育总局冬季运动管理中心主任赵英刚、沈阳体育学院副校长李杰凯、吉林体育学院副校长王月华、首都体育学院副校长王凯珍、骆秉全出席论坛开幕式。

开幕式由休闲与社会体育学院院长董杰主持。开幕式上，王凯珍代表学校致欢迎辞，希望与会专家学者利用论坛平台加强交流，促进休闲体育专业发展，并预祝大会取得圆满成功。会前，我国著名休闲学专家马惠娣教授为本届论坛发来贺词。

本届“中国休闲体育·北京论坛”为全国兄弟院校提供了交流的平台，展现了首都体育学院师生风采，全方位展示了休闲体育研究的最新动态、专家学者的新观点和理念，有效推动了我国高校休闲体育专业的发展。

（首都体育学院科研处供稿）

实现可持续发展目标的社会治理与反腐败：中国—俄罗斯比较论坛　6月28—29日，由中国社会科学院中国廉政研究中心、中国社会科学院社会学研究所共同主办，联合国社会发展研究所协办的“实现可持续发展目标的社会治理与反腐败：中国—俄罗斯比较”论坛在北京举行。

中国社会科学院副院长、党组副书记、中国廉政研究中心理事长王京清，中央纪委委员、中国廉政研究中心首任理事长李秋芳，欧盟反欺诈办公室主任吉奥瓦尼·凯斯勒，俄罗斯总统国民经济和公共管理学院院长弗拉基米尔·玛乌，联合国社会发展研究所联合协调人尹益冲等出席论坛开幕式。

来自中国、俄罗斯、匈牙利、比利时等国的专家学者参加会议。会议研讨的主要问题有“廉政建设与社会治理”“法律、政策与腐败治理”“社会企业与政商关系”等。

（中国社会科学院办公厅刘玉杰编辑、供稿）

第六届中国社会治理论坛　7月17日，第六届中国社会治理论坛“创新社会治理，决胜全面小康”在北京师范大学举行。第十届全国人大常委会副委员长顾秀莲，第十一届全国政协副主席李金华、陈宗兴，北京师范大学党委书记刘川生，北京师范大学校长董奇，中国社会科学院副院长蔡昉等出席。来自中央机构编制委员会、国务院研究室、国家发展和改革委员会、国务院发展研究中心、民政部等10多个国家机关部委，北京、上海、广东等近20个省市区地方政府，中国社会保障学会、中国社会福利协会、中国行政体制改革研究会等30多家社会组织和企业，中国社会科学院、清华大学、北京大学、中国人民大学等30多家国内外高校和科研机构的代表参加会议。

国务院研究室原主任、北京师范大学中国社会管理研究院/社会学院院长魏礼群作主旨演讲。

论坛由北京师范大学中国社会管理研究院、中共北京市委社会工作委员会、中国社会工作联合会以及清华－布鲁金斯公共政策研究中心共同举办。

本次论坛还开设了五个分论坛，分别围绕新发展理念与创新社会治理、新型城镇化与创新基层社会治理、传承历史文化与中国现代社会治理、全面建成小康社会与推进社会治理精细化、大数据与社会治理现代化等主题展开研讨。

（中国社会科学院办公厅刘玉杰编辑、供稿）

中国农村改革与发展高层论坛　8月3日，中国社会科学院农村发展研究所、中国社会科学出版社在北京联合举行了《中国农村发展报告（2016）》发布会暨中国农村改革与发展高层论坛。中国社会科学院副院长、党组成员李培林出席并讲话。

《中国农村发展报告（2016）》由中国社会科学院农村发展研究所组织编撰。该书的主题是“聚焦农村全面建成小康社会”。该书由总报告和农村综合发展、农村经济发展、农村社会事业发展、农村生态环境、乡村治理与制度等5篇研究专题组成。总报告在总结“十二五”时期农村小康社会建设方面成就、经验和问题的基础上，提出了“十三五”时期农村小康社会建设的任务、思路和政策建议。总报告认为，在新时期，实现农村同步小康将面临五大严峻挑战：农民持续增收压力大；农村公共服务水平较低；农村生态环境恶化严重；农村基层民主政治建设有待加强；农村脱贫任务比较艰巨。

据中国社会科学院农村发展研究所测算，到2020年要实现农村同步小康目标，社会发展、政治民主和农村环境将是“短板”中的“短板”。尤其是农村居民文教娱乐消费支出比、参选村村民参选率、农业源化学需氧量排放量、农村人口平均受教育年限等7项指标差距很大，是实现农村同步小康的难点所在。

来自中国社会科学院、国务院发展研究中心、国家发改委、中国农业大学、中国农业科学院等机构的专家学者参加了会议。

（中国社会科学院办公厅刘玉杰供稿）

东亚社会经济发展与人口老龄化比较研究　9月14日，中国社会科学院人口与劳动经济研究所召开了第二十一届中日社会经济国际研讨会——东亚社会经济发展与人口老龄化比较研究。来自中日两国的科研机构、大学、政府管理部门、养老服务业的代表100余人参加研讨会。会议从人口学、经济学、社会学、社会保障、公共政策等学科领域进行讨论，以推动东亚地区人口科学、经济科学的发展；深入探讨社会经济发展与人口老龄化之间的关系，研究人口问题、经济问题在社会发展过程中的地位和作用，为政府决策提供参考依据，探求解决现存各种问题的途径与方法。

会议由中国社会科学院人口与劳动经济研究所教授高文书和日本久留米大学经济学部教授江藤彰彦主持。中国社会科学院人口与劳动经济研究所党委书记钱伟和久留米大学经济学部部长浅见良露学致开幕辞。嘉宾久留米大学校长永田见生、中国社会科学院世界经济与政治研究所副所长姚枝仲、东北师范大学人文学院院长赵继伦等分别致辞。

（中国社会科学院办公厅刘玉杰编辑、供稿）

工会·劳动关系学术沙龙　9月23日，中国劳动关系学院首场工会·劳动关系学术沙龙在北京校区办公楼举办。中国社会学会副会长、清华大学社会学系主任、博士生导师沈原教授以《劳工社会学与当代中国劳工问题》为主题作了演讲。此次沙龙由科研处主办，劳动关系系承办。劳动关系系副主任闻效仪副教授主持了沙龙，来自全校所有系（院、部）的30余位教师参加了首场沙龙。

沈原首先系统介绍了劳工社会学的主要理论线索，重点梳理了劳动过程、劳动力市场、工人阶级形成等理论。在此基础上，他指出，在全球化逆转和新技术扩展的背景下，当代中国劳工研究需要关注几个重大问题，如新生代农民工问题、不稳定工作问题以及服务业和性别劳动问题等。沈原提出，学术界需要拓展劳工社会学的理论眼界，与劳动关系、劳动经济学等学科之间相互交融、吸收养分，使劳工社会学在中国的发展更加成熟。讲座结束之际，沈原教授发出倡导，劳工社会学应当走出象牙塔，与社会对话，进行社会服务，积极介入和推进各种社会实验，成为维护职工权益、构建和谐劳动关系的重要力量。中国劳动关系学院教师们就白领工人和蓝领工人的分化、劳动关系与劳工社会学异同、新生代农民工的工会建设等话题与沈老师进行了交流及讨论。

（中国劳动关系学院科研处陈邓海供稿）

经济下行中的劳动关系规制与政府劳工政策国际研讨会　9月24日，经济下行中的劳动关系规制与政府劳工政策国际学术研讨会在北京举办。国家人力资源与社会保障部劳动关系司劳动合同管理处处长王永生和首都经济贸易大学党委书记冯培为会议致辞。

会议上半场，加拿大劳工部副部长安东尼·吉尔斯对加拿大目前的经济环境、用工状况和劳工关系现状进行了详细的介绍。中国经济体制改革研究会原会长宋晓梧对经济下行中的中国劳动关系作了总体判断，并对中国现阶段在经济新常态下资本投资运用的效率和收入分配是否公平等方面进行了阐述。中国人民大学劳动关系研究所所长常凯提出，研究劳工政策还是要注重国际比较，只有在比较中才能找出自己的不足和优势，同时对劳动成本因素进行了详细的分析。会议下半场，专家学者围绕国际研讨会的主题、结合三位专家做的主题报告，从理论和实际两个方面提出自己的见解。

来自首经贸和中国人民大学的100多名硕士、博士研究生参加了此次会议。

（首都经济贸易大学科研处李琳）

第二届中国养老服务业高层论坛　10月9日，由中国社会保障学会、中国红十字会总会事业发展中心、北京医院联合主办的“第二届中国养老服务业高层论坛”在北京人民大会堂举行，本次论坛的主题为“医养结合的实践与探索”。

全国人大常委会副委员长陈竺在开幕致辞中表示，我国已加速进入老龄化社会，加快养老服务业的健康发展，将成为我国妥善应对老龄化挑战、进一步扩大内需、促进就业、转变经济发展方式的重要举措，对稳增长、调结构、促改革、惠民生具有重要意义。

与会者认为，对每一个老年人而言，健康服务与医疗保障至关重要。要真正做好养老服务领域中的“医养结合”，还需要根据不同年龄、不同身体状况、选择不同养老方式的老年人的需求，设计个性化与普惠性相结合的医养融合行动方案。

（参见《人民日报》2016年10月10日第8版）

缓解因病致贫的筹融资机制研讨会　10月15日，国务院发展研究中心资源与环境政策研究所与北京师范大学中国医疗卫生政策研究院在国务院发展研究中心联合召开缓解因病致贫的筹融资机制研讨会。国务院发展研究中心王慧炯教授、李善同研究员、何建武副研究员以及来自国务院医改办、国家发展改革委、财政部、民政部、卫计委、人社部、国税总局、保监会、国家疾控中心、对外经贸大学、北京师范大学、陕西榆林市医疗救助部门、泰康人寿等单位的专家学者共 20 多人参加会议。大家从中国两个百年目标以及建设美丽中国和健康中国的战略高度，分析了实现 2020 年全面建成小康社会所面临的短板，认为解决因病致贫问题是全面建成小康社会的重中之重，同时也是实现健康中国战略的重要任务。而随着中国经济进入新常态，财政收入增长速度大幅放缓，社保和救助等民生财政支出面临越来越大的压力。在这一背景下，如何确保解决因病致贫问题的资金保障成为一个非常紧迫的问题。大家深入分析了农村因病致贫现状、大病医疗救济制度、烟草专项税的国际筹融资经验，针对这些现实问题，和基于证据的政策研究成果，提出了构建环境“因病致贫”的筹融资机制的方向，以及需要进一步深入研究的问题。高世楫所长与北京师范大学中国医疗卫生政策研究院执行院长张秀兰教授共同主持了研讨会。

（国务院发展研究中心办公厅科研处郭巍供稿）

健康中国与体育高峰论坛　10 月 21 日，健康中国与体育高峰论坛举行。论坛将“健康中国与体育”作为主题，邀请了教育部体育卫生与艺术教育司司长王登峰，国家体育总局竞技体育司副司长刘爱杰和首都体育学院校长钟秉枢分别作主题报告。论坛由首都体育学院副校长王凯珍主持。

王登峰作了题为“大健康背景下的学校体育改革与发展”的主题报告。认为“大健康”的目标是要提高全民体质，并关注每个个体的身心健康。竞技运动可以对全民健身起示范、引领作用。在此背景下重新定义了学校体育的三大目标：第一，通过将健康教育与体育教育的结合，提高学生体质健康水平；第二，使学生习得运动机能；第三，通过竞技运动培育学生健康人格，养成社会适应能力。

刘爱杰作了题为“运动健康供给侧不足及其对策——认知、现状及行动”的主题报告。认为运动健康供给侧不足主要表现在三个方面：第一，对健康的概念与认知存在误区；第二，运动健康从业人员不足；第三，对青少年运动健康的培养偏离了人的身心发展规律。运动健康供给侧的不足为体育产业的发展带来了市场，也为运动健康专业人士提供了更多的就业机会。此外，对运动人才的培养需从早期专项化转变为早期多样化。

钟秉枢作了题为“健康中国与体育魅力”的主题报告。认为目前国民体质的危机，素质教育的缺失，休闲时代的来临，健康中国的提出，都需要体育充分发挥其在增强体质、促进智力发育、培育社会适应性等方面独特的作用，“健康中国”期待体育魅力。

（首都体育学院科研处供稿）

人权领域的国际合作与中国视角　10 月 22—23 日，由中国社会科学院国际法研究所主办的人权领域的国际合作与中国视角国际研讨会在北京举行。来自中国社会科学院、北京大学、中国人民大学、复旦大学、南开大学、吉林大学、山东大学、中国政法大学、广州大学、华东理工大学、中南大学、香港中文大学、英国密德萨斯大学、荷兰乌特勒支大学、意大利罗马第三大学、意大利泰拉莫大学、南非大学，意大利国家研究委员会、荷兰社会研究院、瑞典隆德大学罗尔瓦伦堡人权与人道法研究所等国内外高校和研究机构的 50 余位专家学者参加了会议。

中国社会科学院国际法所所长陈泽宪研究员主持开幕式并致辞。中国社会科学院人权研究中心名誉主任、院荣誉学部委员刘海年研究员，英国密德萨斯大学威廉姆夏巴斯教授和瑞典隆德大学罗尔瓦伦堡人权与人道法研究所所长莫顿卡亚鲁姆教授分别作了开幕式致辞。

会议的主题是“人权领域的国际合作和中国视角”，研讨的主要问题有“人权观与人权事业”“联合国的人权机制”“国际条约及其实施机制”“发展与人权”“妇女、儿童、老年人与人权”“社会治理与人权”等。

闭幕式由中国社会科学院国际法研究所所长助理、院人权研究中心执行主任柳华文研究员主持，荷兰乌特勒支大学汤姆茨瓦特教授和国际法研究所所长陈泽宪研究员先后致辞。

（中国社会科学院办公厅刘玉杰编辑、供稿）

中国的收入不平等和社会政策：成就、挑战与前景研讨会　10 月 22 日，“中国的收入不平等和社会政策：成就、挑战与前景”研讨会在北京师范大学举办。会议由北京师范大学中国收入分配研究院和哥伦比亚大学社会工作学院联合主办，北京师范大学经济与工商管理学院、哥伦比亚大学全球中心，北京和哥伦比亚大学东亚研究所协办。来自北京师范大学，美国哥伦比亚大学、加州大学、世界银行、亚洲开发银行研究院、联合国儿童基金会、国家民政部、国家统计局、中国社会科学院、北京大学、中国人民大学、中央财经大学、中国农业大学、中国发展研究基金会等30多位专家学者受邀参与了本次会议。

研讨会由中国收入分配研究院执行院长、北京师范大学经济与工商管理学院李实教授主持开幕式。北京师范大学中国收入分配研究院院长宋晓梧致辞，他首先代表中国收入分配研究院对哥伦比亚大学的合作与支持表示感谢，对前来参与研讨会的学者和专家们表示热烈的欢迎。然后宋晓梧院长肯定了此次研讨会的意义，认为中国在收入分配和社会政策制定、执行方面确实面对着许多的难题，组织这次会议的目的就是召集国内外的专家学者一起来讨论当前面临的挑战，寻求解决的办法。宋晓梧希望通过研讨会，大家能够进行更深入的交流与合作，集思广益，共谋发展，为中国收入不平等和社会政策问题建言献策。哥伦比亚大学社会工作学院 Jeanette Takamura 院长在开幕致辞中对中国收入分配研究院的合作与支持表示了衷心的感谢，对此次收入分配与社会政策结合的研讨会形式给予了高度的赞赏和评价，并希望以后能够进一步加强合作，共同研究探讨中国的收入不平等和社会政策问题。民政部社会救助司司长刘喜堂和北京师范大学中国收入分配研究院副院长刘浩作了总结发言。刘喜堂表示此次研讨会将收入分配问题和社会政策问题结合起来开展的形式十分新颖，就在场的专家学者们提出的收入分配与政策问题表示深有感触，并就中国目前的社会救济制度与实施情况向在场的学者们作了一个详细的阐述，对专家们提出的困惑与问题作了详细的解答。李实对此次会议作了概括性的总结。李实对此次会议中哥伦比亚大学的支持与合作表示了衷心的感谢，并对将收入分配和社会政策问题相结合的研讨会形式表示了进一步合作的展望，从而让更多的专家学者们就收入分配和社会政策问题展开更加深入的讨论。

（北京师范大学社会科学处刘娜供稿）

《社会学研究》创刊30周年纪念研讨会　10月29日，《社会学研究》创刊30周年纪念研讨会在北京召开。来自中国社会科学院、北京大学、清华大学、中国人民大学、复旦大学、南京大学、浙江大学、南开大学等全国20多所高校和研究机构以及《中国社会科学》《新华文摘》《人大复印报刊资料》《社会》《社会学评论》等多家专业期刊的近百名代表参加了会议。

中国社会科学院副院长、学部委员李培林研究员，中国社会学会会长、清华大学社会科学院院长李强教授，中国社会学会副会长、吉林大学常务副校长邴正教授，中国社会科学院科研局局长马援，中国社会科学院国际局局长王镭，中国社会科学评价中心主任荆林波研究员，中国社会科学院社会发展战略研究院院长张翼研究员，中国社会科学杂志社副总编辑李新烽，《新华文摘》副社长刘仲翔等出席会议并致辞。研讨会由中国社会科学院社会学研究所党委书记孙壮志研究员主持。

研讨会的主题是“中国社会学发展回顾与前瞻”。北京大学社会学系谢立中教授、中国人民大学社会学系李路路教授、南京大学社会学院风笑天教授和中国社会科学院社会学研究所李炜研究员分别就《社会学研究》创刊30年来在推动社会学理论研究、经验研究、方法研究和社会调查与数据库建设等方面所作出的贡献进行回顾。中国知网相关部门负责人就《社会学研究》杂志的数字化传播和国际化水平进行了分析。

（中国社会科学院办公厅刘玉杰编辑、供稿）

社会发展、政策创新与公共治理转型学术研讨会　11月12—13日，社会发展、政策创新与公共治理转型学术研讨会在北京科技大学会议中心召开。来自国家行政学院、北京师范大学、中山大学、清华大学、中央民族大学、民政部政策研究中心、中央财经大学、首都师范大学、中国劳动关系学院等科研院所的专家学者，北京市东城区、北京市朝阳区、上海市徐汇区、江西省吉安市等地的地方党政领导，美国环保协会中国项目、中国扶贫基金会、北京方迪经济发展研究院、北京糖尿病防治协会、北京惠泽人公益发展中心、上海市绿色建筑协会等社会组织领导人和相关工作人员共60余人次参与了本次会议。与会人士就公共治理体制机制创新问题进行了探讨。与会学者和实务界人士分别开展了社会治理与政策创新、社会发展与治理转型、社会治理创新的地方经验和政府职能转变与社会组织发展四个专题的学术研讨。

（北京科技大学科学研究与发展部李静供稿）

当代中国社会治理专家报告会　11月14日，国家行政学院第三届科学报告会“当代中国社会治理专家报告会”分论坛在京举行。与会专家学者围绕当前社会治理的基本形势、特点、取得的进展、存在的问题进行了深入研讨，并对进一步加强和创新社会治理提出了一些具有建设性的对策建议。陈立副院长全程出席了论坛，认真听取了与会专家学者的发言。科研部主任樊秀萍参加了上午的研讨活动。

论坛分上、下午两个半场，邀请了来自中国社会科学院、中国人民大学、民政部政策研究中心、北京师范大学、北京工业大学、北京社工委、北京社科院的十余位专家学者，结合各自的调查研究和对社会治理形势的判断，进行了主题演讲。与会专家学者认为，党的十八大以来，以习近平同志为核心的党中央审时度势，不断提高民生福利和社会保障水平，全面加强和创新社会治理，社会建设取得了巨大成效。面对新形势下的新情况、新问题，我们应当抓住难得的历史机遇，不断深化社会体制改革，积极推进社会治理创新，及时调整社会结构，不断提升社会治理体系和治理能力的现代化水平。

会议由国家行政学院社会治理研究中心主任龚维斌教授主持。会上，全体与会人员、参会专家学者还进行了交流互动。来自院内外的 40 多名专家学者和部分在院研究生参加了论坛。

（国家行政学院科研部刘斌供稿）

社会创新：理论与实践的对话论坛　11 月 18 日上午，国家行政学院第三届科学报告会社会治理分论坛“社会创新：理论与实践的对话”，在国家行政学院举行，国家行政学院副院长陈立出席并讲话。

报告会由国家行政学院科研部、社会和文化教研部承办，由理论探讨杂志社、民政部公共治理和社会组织研究基地协办。国家行政学院社会和文化教研部主任祁述裕、国家行政学院科研部主任樊秀萍、中共重庆市南岸区委员会副书记王茂春、重庆市南岸区人民政府副区长叶自玫，以及重庆、深圳、上海、杭州、中山五地的政府和社会组织代表、部分外请知名专家、社会和文化教研部的教研人员在论坛上发言。论坛由国家行政学院社会和文化教研部副主任马庆钰教授主持。

国家行政学院社会和文化教研部教授和外请教授组成专家团队，分别对重庆、深圳、上海、杭州、中山等五地的前卫社会创新实践进行点评对话。重庆南岸区提供了基层政府机构与社区组织通过“三事分流”方法划分政社职责边界的方案；深圳透明和谐社区促进中心讲述了新闻媒体参与发展业主自治组织、“开拓社区自治”新道路的做法；中山市政法委交流了政府搭建平台“激发社会活力”的中山经验；杭州市政府分享了通过市场配置资源促进“社会公众参与”的创新体验；上海社会组织代表介绍了开启政府购买社会服务先河的“罗山市民会馆”实践历程。

与会专家学者对各地创新实践给予高度评价。大家认为：社会创新的方向指引是党的十八大提出的国家治理现代化战略目标，社会创新的实践依据是十八届三中全会全面深化改革中关于推进社会治理的部署要求，社会创新的现实意义是支持供给侧结构性改革、优化产业结构和提供新的经济增长动能，社会创新的关键支点是发展社会组织和社会力量、最大限度激发社会参与社会服务的潜能和活力。五地的创新实践可谓亮彩纷呈，各有特色，相互印证、相互启迪，在运用合理机制激发社会参与、促进政社合作、推动产业调整、优化社会治理等方面具有一定典型性和示范性。

来自地方政府、社会组织和院内外的专家学者，在院博士研究生，以及人民网、中国经济网、《光明日报》《学习时报》《中国党政干部论坛》《行政管理改革》《中国社会组织》等媒体记者共 40 余人参加了论坛。

（国家行政学院科研部刘斌供稿）

社会情绪与社会治理学术研讨会　11 月 19 日，由北京科技大学文法学院主办、中国人民大学法律社会学研究所协办、北京科技大学社会学系承办的社会情绪与社会管理论坛在北京科技大学召开。来自中国人民大学、华中师范大学、华东政法大学、清华大学、北京科技大学、北京工业大学、中央编译局、中国社会科学研究院、北京市社会科学研究院、新视野杂志社、中国社会科学报等 20 多所高校、科研院所和媒体的专家学者近百人与会研讨。论坛共设置了四个分论坛，分别为社会情绪与网络、社会情绪与法律、社会情绪与政治、社会情绪的理论探究。与会者从新闻传播、社会学、心理学、人类学、政治学、经济学、管理学、法学等多个学科角度切入研究议题，进行跨学科对话。与会学者从社会情绪研究（分类、测量以及社会情绪的社会性、文化性、历史性）、社会情绪治理的可能性及其限度两个大维度进行了梳理和总结，并提出在当前中国社会情境下，研究社会情绪的意义、问题意识以及研究方法等方面的问题。

（北京科技大学科学研究与发展部李静供稿）

中国保险行业的规范及创新发展论坛 11月20日，清华五道口金融家大讲堂保险专场在清华大学五道口金融学院举行。来自监管部门、行业机构和保险业界的嘉宾共同探讨全球化背景下中国保险行业的规范及创新发展问题，同时见证了清华大学国家金融研究院中国保险与养老金研究中心揭牌成立仪式。金融学院常务副院长廖理出席本次论坛并致辞。全国政协常委、中国保监会原副主席李克穆在发言中强调，保险创新首先要以服务国家供给侧结构性改革作为着力点，创新保险产品服务；其次要围绕完善社会民生保障，创新发展多层次养老保险服务以及多元化健康保险。第三，还要围绕国家治理能力和治理体系现代化，积极探索推进具有资质的保险公司开展各类养老、医疗保险经办服务，提升社会管理行为。中国保监会原副主席魏迎宁对互联网保险业务的监管提出要求。他表示，保监会一直很重视互联网保险的监管，互联网保险本质上还是属于保险，理应纳入监管。首先，互联网保险业务应由总公司集中运营、统一管理。其次第三方网络平台开展互联网保险业务，应当取得资格，纳入保险监管。第三要确保资金安全。中国保监会原副主席周延礼指出，推进保险业供给侧结构性改革，要抓住六个着力点：一要深化保险业供给侧结构性改革，优化产品供给、提高服务水平；二要深化保险监管供给侧结构性改革，尤其是第二代偿付能力制度建设；三要深化保险产品定价机制改革；四要深化保险资金运用市场化改革；五要深化保险市场准入退出机制；六要深化保险扶贫模式创新。随后来自保监会、保险资管协会和保险业界的嘉宾在“全球化背景下中国保险行业的创新发展”板块分别发表了演讲。本次活动由金融学院主办，新成立的中国保险与养老金研究中心承办，金融学院高管教育中心协办。本次活动由金融学院党委副书记、副院长、中国保险与养老金研究中心主任赵岑主持。

（清华大学文科建设处刘金梅供稿）

第六届中国劳动力市场发展论坛 11月24日，北京师范大学劳动力市场中心在京举行第六届中国劳动力市场发展论坛。本次论坛的主题是“性别平等化进程中的女性就业”，会上还同时发布了《2016中国劳动力市场发展报告》。来自国际劳工组织、国家发改委、人力资源和社会保障部、全国总工会、全国妇联、中国社会科学院、北京师范大学、北京大学、对外经济贸易大学等国家部委和高校的专家学者参会。

由北京师范大学劳动力市场中心组织撰写的《2016劳动力市场发展报告》，是该中心发布的第六本研究劳动力市场发展的报告。该报告认为，在促进性别平等的进程中，中国女性就业既面临着新的机遇，也面临着诸多的挑战与问题。本报告的主持人、北京师范大学劳动力市场研究中心主任、教育部特聘长江学者赖德胜教授认为，“性别红利”将成为下一阶段经济增长的重要推力。他指出，“性别红利”是指通过倡导性别平等，促进女性就业，提高女性劳动参与率和女性在工作中的技能，释放女性工作潜能从而推动经济增长。当前人口的教育结构也在发生变化，高等教育扩张使得受过高等教育的女性数量不断增加，甚至超过了男性。可以推断，中国下一阶段的经济发展，会给接受了高等教育的女性带来更多市场机会，吸引她们更多参与劳动力市场。基于此，本报告提出促进就业性别平等的六点政策建议：完善法律体系，尽快出台反就业歧视法；完善就业服务体系，为女性提供更多平等参与机会；加大财政金融政策扶持力度，促进女性创业就业；加强企业社会责任，营造男女平等就业的环境；提高社会服务水平，助推更多女性走向职场；加快用工观念转变，充分认识女性就业的优势。

（北京师范大学社会科学处刘娜供稿）

光环境设计研讨会 11月29日，光环境设计“融合·创新”研讨会暨艺术学部“光环境设计应用联合研究中心揭牌仪式”在中国传媒大学国际交流中心落幕。中国传媒大学副校长廖祥忠教授、北京建筑大学副校长张大玉教授、住房和城乡建设部城建司市政处处长严盛虎等领导出席论坛。

中国传媒大学艺术学部学部长段鹏教授致辞，艺术学部党委书记兼副学部长彭文祥教授主持开幕式。艺术学部副学部长伍建阳教授、中国电视艺术家协会副主席、艺术学部教授会主席李兴国教授出席并颁发聘书，艺术学部戏剧影视学院院长助理张宗伟教授及照明、光环境设计专业相关老师及学生也参加研讨。

研讨会上，张大玉、中国科学院心理所副所长陈雪峰、人民日报社文化事业中心原常务副主任文丰、瑞士南方应用技术大学教授马克·帕兰代拉、清华大学美术学院教授杜异、北京林业大学副教授李倞、中央美术学院建筑学院客座教授许宁、万达文旅集团光环境研究所所长解辉、生态城市与创意乡村国际设计机构负责人轰伟，以及中国传媒大学经管学部学部长范周教授（刘江红代）、艺术与科学研究中心主任戴志强教授、光环境设计应用研究中心主任张林参加论坛并发表主题演讲。

论坛从城市规划、文化产业、心理学、环境艺术等学科出发，结合美丽乡村、主题公园、宗教建筑等领域的建设需要，就光环境设计的融合创新问题进行了深入研讨，同时对光环境产业的现状、问题、发展趋势、机遇以及光环境设计人才的培养模式等内容进行了深度交流。

（中国传媒大学文科科研处供稿）

基层治理研讨会　12 月 2 日，清华大学法学院基层治理研讨会在清华大学明理楼举行。清华大学党委副书记史宗恺，法学院院长申卫星，法学院党委书记黎宏，学生部部长丛振涛，职业发展中心主任林成涛，公管学院教授于安，法学院副教授黄新华，国际教育办公室副主任廖莹，法学院党委副书记王钢，以及来自我国各地基层单位的近 30 名法学院校友参加此次研讨会。研讨会围绕落实精准扶贫、改善基层管理、分享选调经历三个议题进行分论坛讨论。与会者就诸多共同关心的问题进行深入探讨与交流。午休时间，与会嘉宾和校友们还参观了清华大学新落成并投入使用的苏世民学院。

（清华大学文科建设处刘金梅供稿）

低碳技术创新与京津冀协同发展研讨会　12 月 3 日，由北京市社科院市情调研中心、北京世界城市研究基地共同承办的低碳技术创新与京津冀协同发展研讨会在北京元辰鑫国际酒店举行。会议深入探讨低碳技术创新与京津冀协同发展的相关问题，为进一步推进京津冀协同发展贡献智慧和力量。来自北京化工大学、天津工业大学、天津商业大学、中国新闻出版研究院、北京市社科院等多家单位领导、专家学者参加了研讨会。由北京市社科院市情调研中心副主任陆小成主持，市情调研中心主任、北京世界城市研究基地秘书长唐鑫对研讨会进行学术点评。此外，其他参会者均从自身的学术背景、工作经历等角度进行了讨论。北京市社科院市情调研中心主任、北京世界城市研究基地秘书长唐鑫对本次会议进行了总结和点评。

（北京市社科院科研处供稿）

中哈促进产能合作、推动技能发展专家交流活动　12 月 13—14 日，中国职工对外交流中心举办中国工会“一带一路”人文交流——上合组织国家（中哈）职工交流暨“促进产能合作、推动技能发展”专家研讨会。哈萨克斯坦代表团团长罗日科夫，哈萨克斯坦驻华使馆代表阿西莫夫，我国全国总工会副主席、书记处书记、党组成员江广平，外交部欧亚司副司长刘彬出席开幕式并致辞。哈萨克斯坦相关部委领导、地方政府专家代表和工会骨干，我国发改委、人社部、教育部、工信部、全总等部委相关部门领导、部分企业及院校负责人参加会议。

中国劳动关系学院刘向兵校长、高等职业技术学院院长罗旭华受邀出席。刘向兵从一位教育领域的实践者、研究者的角度对中哈专家的发言进行了点评。刘向兵结合中国劳动关系学院正在推进的本科应用型人才培养、工会干部培训、劳模教育等人才培养工作，与嘉宾们分享了四点感受：一是在加快构建现代职业教育体系中强化多元办学、职业教育集团化、产教融合、工学结合等举措是十分必要的。二是希望职业教育、继续教育、普通教育的“立交桥”搭得更立体、更多元。三是为“求学圆梦行动”双手点赞，教育部与全国总工会联合推进的农民工学历与能力提升行动计划，是中国特色社会主义的工会制度、教育制度的充分体现，具有重要意义。四是当前教育由精英化教育逐步转向大众化教育，高技能人才大面积短缺，应联合政府、学校、社会、媒体多角度、多领域营造重视和鼓励职业教育的环境，使人们具有教育多元化选择。最后，刘向兵介绍了本校本科应用型人才培养、工会干部培训、劳模教育等人才培养工作的基本情况和发挥学科优势、研究劳动问题、弘扬劳动精神方面的工作进展，指出“一带一路”战略涉及技术、人才问题，也涉及劳动关系问题，期待与国内相关部委和哈方有关部门共同探讨，将科研成果转化为实践。罗旭华院长在主题报告中从师资队伍、专业设置、办学特色、办学成果四个方面介绍了高职学院“集课堂学习、实训、企业实习、就业四位一体化”的教学理念，以及“双语、双证、双师、双轨”的教学特色，重点介绍了产学研深度融合的嵌入式培养模式、工学深度结合模式的具体实施情况、校企合作办学经验和专硕联合培养的国际交流项目。罗旭华表示，本校高职学院愿为中哈两国相关领域内的技能合作与人才培养做出贡献。本次研讨会以“促进产能合作、推动技能发展”为主题，为中哈增进沟通了解，促进合作共赢搭建了平台。学校在研讨会上分享成功经验，传递学校声音，展示学校形象，为学校更好地参与国家“一带一路”战略行动计划奠定了坚实基础。

（中国劳动关系学院科研处陈邓海供稿）

农业风险与保险高端论坛　12月12日，中央财经大学111创新引智项目——农业风险与保险高端论坛在中央财经大学学术会堂召开。论坛由中国精算研究院主办，并邀请到了康奈尔大学应用经济管理系Calum Turvey教授、中国农科院张峭研究员、南开大学农业保险研究中心朱文君老师等国内外知名学者参加，中国精算研究院院长陈建成教授、中央财经大学保险学院院长李晓林教授、徐景峰教授、周县华副教授等出席了本次论坛。论坛分两个单元进行。上午论坛上，Calum Turvey、张峭和朱文君三位学者分别围绕农业风险与保险作学术报告。下午的专题研讨会上，参会学者进行了讨论。李晓林、徐景峰、张峭、王国军教授、张跃华教授、付红教授、Calum Turvey、孔荣教授先后发言，对我国农业风险与保险中的前沿问题发表了自己的观点。中央财经大学111创新引智项目由中央财经大学“保险风险量化分析与决策创新引智培育基地”资金资助。

（中央财经大学科研处供稿）

创业热点问题导向性论坛　12月18—19日下午，中央财经大学商学院主办的创业热点问题导向性论坛与2016年创业理论前沿文献导读学术会议在中央财经大学学术会堂召开。国内外创业领域顶尖学者共聚一堂，探讨当前创业研究的最新热点问题以及当前社会重大需求相关的研究议题。来自东南大学、同济大学、上海财经大学、华东师范大学的青年教师和博士生参加了本次会议。商学院院长兼MBA教育中心主任王瑞华教授在开幕辞中介绍了商学院在创业研究和创业教育方面的研究团队和教学成果，浙江大学管理学院创业研究所所长、教授、美国宾夕法尼亚布鲁斯堡大学管理学院终身教授斯晓夫、美国天主教大学著名创业管理教授Garry Bruton、英国剑桥中国创新研究院战略管理和领导力教授李华、清华大学经济管理学院教授雷家骕、商学院副院长林嵩教授分别从不同视角探讨了当前创业研究的热点问题，观点引起了与会师生的巨大反响。此外，Garry Bruton教授和斯晓夫教授分别从论文撰写和发表、前沿文献精读等不同方面进行了研讨和讲座。自2013年开始，商学院每年均举办创业研究和论文撰写的研讨会，迄今已是第四届。研讨会为创业领域的年轻学者创建了交流、合作的工作平台，充分提升了学院在相关领域的社会影响力。

（中央财经大学科研处供稿）

第六届中国社会科学院社会保障论坛　12月24日，第六届中国社会科学院社会保障论坛暨《中国养老金发展报告2016》发布式在北京召开。发布式的主题是“年金制度深化改革与道路抉择”。

中国社会科学院副院长李培林、中国社会保险学会会长、人力资源和社会保障部原副部长胡晓义、中国保险监督管理委员会原副主席周延礼分别致辞。开幕式由中国社会科学院世界社保研究中心主任郑秉文主持。

会议分企业年金改革专题、职业年金改革专题、生命周期基金专题和圆桌论坛：年金制度发展前景展望等四个议题。

会议发布了《中国养老金发展报告2016》。全书超过100万字，包括一个主报告和40个分报告，分年度发展篇、专题理论篇、政策建议篇、改革借鉴篇和域外动态篇等五个板块。

会议同时举行了中国社科院世界社保研究中心网站（2.0版）的上线仪式。

论坛由中国社会科学院世界社保研究中心、中国社会保险学会、中国保险学会联合主办，安邦养老保险股份有限公司协办。来自政界、学界、业界的200余人参加了论坛。

（中国社会科学院办公厅刘玉杰编辑、供稿）

法　学

中国法治与世界法治研讨会　1月9日，主题为“中国法治与世界法治”的中国政法大学博士研究生新年论坛在中国政法大学学院路校区举行。论坛由研究生院主办，《法大研究生》编辑部承办。来自北京大学、清华大学、中国政法大学、中央财经大学、吉林大学、武汉大学、中南财经政法大学、华东政法大学、中国社会科学院、中国社会科学杂志社等著名高校、科研机构和杂志社的30余名专家学者和博士研究生参加会议，并就论坛主题展开探讨。

北京大学法学院沈岿教授、中央财经大学法学院副院长高秦伟教授、中国社会科学院法学研究所研究员李洪雷教授、清华大学法学院劳东燕副教授、中国社会科学杂志社编辑刘鹏博士、中国政法大学研究生院院长李曙光教授、中国政法大学研究生院副院长解志勇教授、中国政法大学李居迁教授、霍政欣教授、柯华庆教授、施鹏鹏教授出席论坛。

论坛采取博士研究生发言、专家学者点评和自由讨论的形式展开，共分为四个单元，既有从法学理论上进行宏观演说，也有从部门法的角度加以微观剖析，专家学者就发言进行了点评。

（中国政法大学科研处郭丰琪供稿）

海外投资和法规研讨会　2月28日，由中国海外政经研究中心、中国社会科学院地区安全研究中心共同主办，中国海外控股集团承办的以"重塑世界发展新动力"为主题的研究成果发布会与海外投资环境和法规专家讨论会在北京召开。会上发布了《2015—2016中国周边安全形势报告》《2015—2016中国境外投资环境报告》和《2015—2016海外投资法规报告》等。

全国政协委员、中国社会科学院学部委员、中国社会科学院地区安全研究中心主任、中国海外政经研究中心学术委员会主任张蕴岭以及中国社会科学院地区安全研究中心副秘书长任晶晶、对外经济贸易大学国际经济研究院中国对外经济贸易研究室主任杨立强等在会上发言。

学者分析认为，总体来看，中国企业对外投资时还不是那么重视法规环境，特别是在对发展中经济体进行投资时尤其如此。中国企业无论是在发达地区还是发展中地区进行投资，都必须关注正在形成的新一代国际投资体制带来的影响。而对发展中地区投资较多的企业，除了关注一般意义上的法规框架，也要重视自身身份的转变，即作为投资者可能对发展中经济体产生的负面影响。

来自中国海外政经研究中心、中国社会科学院、北京大学、对外经济贸易大学等机构的学者参加会议，就相关问题进行了深入的探讨交流。

（中国社会科学院办公厅刘玉杰编辑、供稿）

工会法若干理论问题研究课题研讨会　2月29日，中华全国总工会法律工作部委托课题"工会法若干理论问题研究"研讨会在中国劳动关系学院召开。来自中华全国总工会、中国工运研究所、人力资源和社会保障部、北京大学、中国人民大学以及中国劳动关系学院课题组成员共20余人参加了研讨会。中国社会法学研究会副会长郭军出席会议并讲话，中国劳动关系学院院长李德齐教授致辞。研讨会由课题组负责人、工会学院院长杨冬梅教授主持。中华全国总工会原书记处书记郭军副会长详细介绍了委托课题研究的背景和目的，并对八个研究专题提出了具体的建议和思考。课题组成员刘元文教授、赵祖平教授、杨思斌教授、吴建平副教授、吕茵副教授、李文涛副教授分别就企业民主管理、协调劳动关系三方机制、工会劳动法律监督制度、工会筹备金问题、工会工作人员养老保险制度衔接问题、工会资产所有权等专题的研究情况和基本结论进行了介绍。与会专家先后对各个专题的研究成果进行了客观中肯的评价，对课题中所涉及工会法研究领域的一些热点、难点和焦点问题进行了认真探讨并提出了建设性的意见。杨冬梅教授做总结发言，感谢与会领导和专家提出的宝贵意见，希望课题组成员认真吸纳建议，进一步完善和提高课题研究水平。

（中国劳动关系学院科研处陈邓海供稿）

中华人民共和国物权法司法解释（一）专题研讨会　4月2—3日，由北京市物权法研究会与清华大学法学院主办、北京市盛廷律师事务所承办的《〈中华人民共和国物权法〉司法解释（一）》专题研讨会在清华大学法学院召开。研讨会上，主讲嘉宾中国法学会民法学研究会会长、中国人民大学常务副校长王利明，北京市物权法研究会会长、法学院教授崔建远，北京市物权法研究会副会长、法学院副院长申卫星和最高人民法院法官姜强，对《〈中华人民共和国物权法〉司法解释（一）》的全部条文逐条条分缕析，为《物权法司法解释（一）》的理解和适用进行解读。北京市法学会专职副会长杜石平、北京市物权法研究会有关领导以及来自全国各地的仲裁员、公证员、政府部门工作人员、高校教师、企业法律顾问、律师等法律实务界人士和高校学子一起参加了此次研讨会。

（清华大学文科建设处刘金梅供稿）

中法行政法高峰论坛　4月8日，中法行政法高峰论坛在北京举行。论坛由中国行政法学研究会主办，中国政法大学法学院、中国政法大学法治政府研究院承办。论坛邀请法国知名学者、波尔多大学名誉校长高德松教授与法国最高行政法院国务委员、波尔多上诉法院院长盖兰女士同与会实务界、理论界的专家学者围绕中法行政法前沿问题进行了热烈的探讨。来自全国人大法工委、最高人民法院、最高人民检察院、北京市政府法制办公室、国家行政学院等实务部门及北京大学、中国人民大学、中国政法大学、西南政法大学、西北政法大学、中南财经政法大学、山东大学、广州大学及中国社会科学院等40余位专家学者出席论坛并参与研讨。

开幕式由中国行政法学研究会会长、中国政法大学副校长马怀德教授主持，中国行政法学研究会名誉会长、中国政法大学终身教授应松年教授与波尔多大学名誉校长高德松教授分别致辞。应松年在致辞中指出，作为行政法母国，法国行政法一直是国内学界与实务界重点关注的领域，本次论坛是了解法国行政法近些年新发展的平台。高德松在致辞中表示，从法国宪法委员会、欧洲人权机构对行政诉讼制度的影响、行政诉讼在主观诉讼方面的发展三方面探讨了法国行政诉讼近30年的演进与变革。

（中国政法大学科研处郭丰琪供稿）

第十一届首都法学家论坛　4月9日，由北京市法学会与中国社会科学院法学研究所联合主办的第十一届“首都法学家论坛”在京召开。论坛以“习近平全面推进依法治国新理念、新思想、新战略”为主题，旨在深入学习领会习近平总书记关于法治建设的重要讲话精神，深入推进中国特色社会主义法治理论体系形成，弘扬法治精神，在全社会营造尊法、学法、用法、守法的良好氛围。首都法学家论坛作为北京市法学会主办的高端学术研讨活动，已连续举办10届。每届论坛围绕当年首都经济社会发展中的重大问题设定主题，邀请法学、法律界知名专家学者开展研讨，形成了一批优秀研究成果。

（参见《人民日报》2016年4月10日第20版）

中国法学会商法学研究会2016年年会　5月7—8日，中国法学会商法学研究会2016年年会暨第四次会员大会在对外经济贸易大学召开，本届年会由对外经济贸易大学法学院承办，主题为“商法的国际化与中国经验”。中国法学会副会长张文显、对外经济贸易大学原党委书记王玲、中国政法大学终身教授江平、最高人民检察院副检察长姜建初、最高人民法院审判委员会专职委员杜万华等出席开幕式。

来自全国教学科研单位、国家机关和实务部门的440余名会员和代表参会，共提交论文140余篇。会议着重研讨：民法典编纂与商事立法独立性、部门商事法的具体法制建设、国际化的商法和金融法治等学术话题。大会闭幕式宣布并颁发了中国法学会商法学研究会2016年年会“中青年优秀论文奖”，共12人获奖。

（对外经济贸易大学科研处供稿）

亚洲法律学会第十三届年会　5月19—20日，亚洲法律学会（Asian Law Institute，ASLI）第十三届年度会议在北京大学法学院举办。来自亚洲及欧美22个国家和地区的120余位高校学者、法律专家、法律实务从业者共聚燕园，探讨亚洲法学研究、法学教育领域的相关问题。本届法律年会的主题为“法律全球化下的亚洲视角”。全国政协原副主席、北京大学法学院教授罗豪才，最高人民法院副院长江必新，北京大学常务副校长吴志攀，亚洲法律学会理事会主席、香港大学法学院院长Michael Hor，亚洲法律学会主任、新加坡国立大学法学院副教授Gary Bell，北京大学法学院院长张守文出席开幕式。大会第一天，江必新作为特邀嘉宾，以“行政诉讼在推进国家治理现代化中的作用”为主题发表主旨演讲。大会第二天，知名法学家朱苏力教授作了题为“中国法律人面对的新问题”的专题演讲。在两天的分组专题研讨中，与会学者围绕“企业、商业和私法”、“家庭法与女权”、“公法”、“国际法与全球化”、“全球化挑战下的法学教育和司法改革”、“人权与卫生法”、“银行、金融及保险服务”等议题展开热烈研讨，充分交流观点，增进了学术互动与了解。

（北京大学社科部供稿）

认罪认罚从宽制度中的律师研讨会　5月22日，中国刑事诉讼法学研究会刑事辩护专业委员会成立大会暨“认罪认罚从宽制度中的律师”研讨会在北京举行。来自中央政法机关、政法院校、研究机构、律师界和媒体的代表100余人参加了会议。中国政法大学、中国人民大学、北京大学、清华大学、北京师范大学、中国人民公安大学、中国青年政治学院、中央财经大学、西南政法大学、华东政法大学、四川大学、浙江大学、浙江工商大学、湖南师范大学、湖南大学、山东大学、南开大学、深圳大学、中国社会科学院法学研究所、四川省社会科学院法学研究所等政法院校、研究机构的60余名学者和律师界30余名代表参加会议。

中国刑事诉讼法学研究会副会长兼秘书长、刑事辩护专业委员会副主任顾永忠教授主持开幕式。中国刑事诉讼法学研究会会长卞建林教授、最高人民法院李少平副院长、最高人民检察院孙谦副检察长、中国法学会张苏军副会长、全国人大法工委刑法室主任王爱立等领导在开幕式上致辞。

会议研讨的主要问题有认罪认罚从宽制度的构建、审前程序认罪认罚从宽制度与律师、审判程序认罪认罚从宽制度与律师。

会议闭幕式由中国刑事诉讼法学研究会刑事辩护专业委员会副主任栾少湖主持。中国刑事诉讼法学研究会副会长、刑事辩护专业委员会主任王敏远研究员致闭幕词。

（中国社会科学院办公厅刘玉杰编辑、供稿）

中国法学创新讲坛　5月27日上午，由中国法学会和清华大学联合举办的第14期中国法学创新讲坛在清华大学法学院模拟法庭举行。论坛主题为“公正与真相：现代刑事诉讼的核心价值观”，由中国政法大学终身教授陈光中主讲，四川大学法学院教授龙宗智、最高人民法院副院长江必新协同主讲。中国法学会副会长、学术委员会主任张文显主持论坛并致辞。陈光中在演讲中提出，刑事诉讼核心价值即刑事诉讼对人民最基本需求的满足有两个方面，一是公正，二是真相。此外，效率也是刑事诉讼的重要价值。公正是法治的生命线，更是司法的灵魂。在追求诉讼公正的过程中，程序公正和实体公正既互相联系又各自独立，实践中应当坚持二者动态并重的理念。关于真相，他认为刑事诉讼应当走客观真实与法律真实相结合的中国特色诉讼真实观之路，即在公正程序的框架下尽力查明事实真相，努力达到客观真实。关于效率，他认为速决程序和认罪认罚从宽制度的试点都是效率价值的体现。当诉讼公正与诉讼效率发生冲突必须做出选择或者平衡时，一般应当坚持“公正第一，效率第二”的原则，效率的实现不能损害公正。但是公正优先不是绝对的，有时为了效率，难免需要在程序公正上做出必要的让步。公正是司法的灵魂，高效是司法的追求，权威要建立在司法公正之上。龙宗智和江必新从程序公正与实体公正、客观真实与法律真实、公正与效率等角度对陈光中的演讲进行了回应和补充。中国法学会研究部主任李仕春、法律信息部主任吕兴焕，清华大学法学院副院长申卫星，中国政法大学教授李本森，中国人民大学法学院教授付立庆等来自最高人民检察院、清华大学、中国人民大学、北京师范大学、中国政法大学、中国人民公安大学、北京交通大学等高校和实务部门的专家学者，以及在京各大高校师生共200余人参加论坛。

（清华大学文科建设处刘金梅供稿）

事实与证据：哲学与法学的对话国际研讨会　5月28—29日，国家“2011计划”司法文明协同创新中心联合华东师范大学哲学系、华东师范大学法学院，在华东师范大学共同举办“事实与证据：哲学与法学的对话”国际研讨会。会议以证据法学中的“事实与证据”这一基本问题为关注点展开法学与哲学的学术交流。来自中国、美国、挪威、澳大利亚、意大利、新加坡、瑞典等地近40位学者、专家进行了为期两天的主题发言与研讨，在“事实与证据”“事实与真实”“司法证明的哲学基础”等多个问题上形成了精彩的交锋。本次会议既是一次中国学者走向国际学术舞台的契机，又是一次以法学与哲学交叉学科视角下研究法学问题的研究视角创新。华东师范大学校党委书记童世骏教授，国家“2011计划”司法文明协同创新中心联席主任、中国政法大学证据科学研究院名誉院长张保生教授致辞，华东师范大学法学院名誉院长张志铭教授主持开幕式。

闭幕式上，希尔贝克教授、罗纳德·艾伦教授、张保生教授、童世骏教授对本次会议进行了回顾与总结，并对此次会议对法学与哲学领域的学术创作产生的灵感启发表达了美好期待。张保生教授做出两点呼吁，一方面，法学研究者需要深刻反思我国政法战线长期以来形成的传统哲学理念；而当这样做的时候，就要向哲学家们求教。另一方面，希望哲学家能够将法庭审判当作开展认识论研究的试验场；在此，哲学的“抽象”应当自下而上、而非高高在上。

（中国政法大学科研处郭丰琪供稿）

完善以宪法为核心的法律体系：理论创新与实践挑战学术研讨会　6月4日，由法学院和国家发展与战略研究院联合主办的“完善以宪法为核心的法律体系：理论创新与实践挑战”学术研讨会在中国人民大学举行。来自全国人大常委会、最高人民检察院、中国社会科学院、中共中央党校、中国人民大学、北京大学、北京师范大学、中国政法大学、中央民族大学、浙江大学、南京大学、美国康奈尔大学、中国法学会等研究机构与高校的百余位专家学者参加本次学术研讨会。本次学术研讨会共分为五个分会，分别就完善法律体系的基础理论、完善宪法核心地位的理论与问题、完善市场经济与社会治理法律制度、实现社会公正的法律体系保障与立法体制创新、完善民主政治与生态文明法律制度五大主题进行了研讨。

（中国人民大学科研处关晓斌供稿）

标准必要专利相关法律问题学术研讨会 6月4—5日，由中国社会科学院知识产权中心主办的“创新与竞争：标准必要专利相关法律问题”学术研讨会在北京举行。会议的主题是“标准必要专利相关法律问题”。来自政府机关、法院系统、高校和研究机构的专家学者以及实务工作者共50余人参加了会议。

会议的第一环节围绕“标准必要专利法律纠纷产生背景”主题进行研讨；第二环节围绕“标准必要专利法律纠纷中的焦点问题”展开。代表们围绕“标准必要专利相关法律纠纷中的基础法律问题”“有关标准必要专利的禁令救济问题”“标准必要专利许可使用费率的确定”“涉及标准必要专利的反垄断规制问题”等议题展开讨论。中国社会科学院知识产权中心李明德主任发表了闭幕词。

（中国社会科学院办公厅刘玉杰编辑、供稿）

聚焦刑民交叉案件诉讼理论与实务问题研讨会 6月9日，由“2011计划”司法文明协同创新中心主办，中国政法大学青年教师学术创新团队召集，民商经济法学院承办的刑民交叉案件诉讼理论与实务问题研讨会在北邮科技大厦召开。会议是以刑民交叉案件中的诉讼理论与实务问题为关注点展开的刑法与民法、刑诉与民诉上的学术与实践交流。会议邀请了来自国内各省市的40余位学者、实务界专家进行了深入细致的研讨。中国政法大学终身教授陈光中先生和民商经济法学院赵旭东教授在会上发表致辞。开幕式由中国政法大学宋朝武教授主持。

本次会议共分为三个主题单元。在由中国政法大学肖建华教授主持的第一个单元中，江苏省高级人民法院民二庭夏正芳庭长、中国人民大学姚辉教授、浙江省高级人民法院民二庭章恒筑庭长和中国人民大学肖建国教授分别就“刑民交织：一个说不清理还乱的话题”“民刑交叉案件中的合同效力”“破产程序中集资类犯罪刑民交叉的若干问题”和“责任聚合下民刑交叉案件的诉讼程序”等问题进行了主题发言。中国政法大学宋朝武教授、马更新教授、王涌教授、于飞教授，中国人民大学王欣新教授，大成律师事务所高级顾问范向阳律师，上海财经大学王福华教授，北京第三中级人民法院民二庭黄海涛副庭长等依次进行了评议。

（中国政法大学科研处郭丰琪供稿）

2016企业法治与TPP法律论坛 6月18—19日，由中国政法大学—蒙特利尔大学中加法律研究中心（以下简称“中加法律研究中心”）、中国政法大学国际法学院、蒙特利尔大学法学院以及中国人民大学民商事法律科学研究中心企业法治研究所联合主办的2016企业法治与TPP法律论坛在京召开。论坛以“企业法治与TPP”为主题，邀请了国内、加拿大及澳大利亚多位知名专家、学者及相关政府机构研究员莅临并发表主题演讲，此外，多位国内企业高管及代表到会参与讨论并交流。中加法律研究中心主任焦杰教授担任开幕式主持人，中国政法大学校长黄进教授及加拿大蒙特利尔大学副校长Guy Lefebvre教授先后在开幕式上致辞，表达了对各位参会嘉宾到来的热烈欢迎。

开幕式结束后，论坛进入研讨环节。本次论坛共设置了三个研讨议题，根据每个环节的议题安排了相应研究领域的嘉宾进行主题发言，并在每个议题最后设置了“讨论与交流”环节，由各位参会者就本议题发言嘉宾的发言内容进行点评与提问。

（中国政法大学科研处郭丰琪供稿）

涉外知识产权保护研讨会 6月28日，由中国政法大学全球化法律问题研究中心主办的涉外知识产权保护研讨会在北京知识产权法院顺利召开。北京知识产权法院党组书记、院长宿迟，全国妇联副主席、党组成员、副院长宋鱼水，审判管理办公室主任姜庶伟以及首创集团法律部总经理刘惠斌、腾讯集团、优酷土豆等公司的法律部负责人及多家律师事务所合伙人等近30人参加了研讨会。会议由中国政法大学全球化法律问题研究中心主任赵威主持。

与会人员围绕“知识产权的涉外保护”这个中心议题，结合北京知识产权法院在2015年整个年度以及2016年至今的收案量与结案量，就审理问题所出台的新举措以及实务中涉外知识产权所面临的困境及救济举措等问题进行了信息的分享与观点的探讨。特别就企业在跨国经营过程中所面临的知识产权风险的防范以及事后的权利的实现进行了讨论。

（中国政法大学科研处郭丰琪供稿）

第三届民主与法治学术交流研讨会　7 月 15—17 日，由北京市人大制度理论研究会秘书处与中共北京市委党校政治学教研部共同举办的第三届民主与法治学术交流研讨会在京举行，会议主题是：人民代表大会制度的地方实践创新。中国人大制度理论研究会副理事长、全国人大常委会法工委原副主任张春生出席开幕式并讲话。国内部分高校、科研院所和部分省市党校系统长期从事民主法治建设理论、人大制度研究的专家学者参加了研讨会。

（北京市人大常委会研究室王柏林供稿）

行政复议国际研讨会　7 月 21—22 日，行政复议国际研讨会在北京京仪大酒店召开。会议由中国行政法学研究会主办，中国政法大学法治政府研究院承办。此次研讨会是为了全面、深入了解实践及域外经验，为行政复议法的修改做好准备。来自英国、美国、日本的实务部门专家和行政法学者，中国法学会、中国政法大学、中国行政法学研究会，全国人大法工委、国务院法制办公室、最高人民法院、最高人民检察院以及北京、上海、陕西、浙江、黑龙江、山东等地负责行政复议工作的实务工作者，以及全国各地的行政法专家学者共 70 余人莅临会议。

7 月 21 日上午，开幕式由中国政法大学副校长、中国行政法学研究会会长马怀德教授主持，中国法学会副会长张文显教授，中国政法大学终身教授、中国行政法学研究会名誉会长应松年教授分别致辞。张文显指出，在全面推进依法治国、加快建设法治政府的关键节点，在中华人民共和国行政复议法即将启动修改程序之际，我国行政复议制度如何改革创新，如何与时俱进，就成了法治建设的重要问题。张文显希望与会的专家们，通过广泛的交流从中国实际出发，总结我国行政复议制度的成功经验，同时借鉴域外的经验，为修改出一部高水平、高质量，与法治国家和法治政府建设相适应的行政复议法做出贡献。应松年指出，本次会议邀请了英国、美国、日本行政法学界和实务部门的专家学者，这些国家的行政复议制度各有区别，并且近期都有新的变化、新的发展，为我国修改行政复议法提供了可资借鉴的经验。

（中国政法大学科研处郭丰琪供稿）

第四届大学生公益法国际学术研讨会　7 月 22 日，第四届大学生公益法国际学术研讨会在中国政法大学昌平校区举行。该研讨会以全球在校大学生为主体，来自哥伦比亚大学、华盛顿大学、金德尔全球法学院、惠蒂尔法学院、巴黎政治学院、康涅狄格学院、新南威尔士大学、悉尼科技大学等世界名校的大学生以及来自中国政法大学、北京大学、中国人民大学、北京外国语大学等国内名校的大学生参与了此次会议。来自美国的迪安 · 尚克尔教授、George Dent 教授，来自印度的 Sanjeev Sahni 教授以及中国政法大学外国语学院王强教授作为点评嘉宾参加了研讨会。会议全程工作语言为英语。中国政法大学副校长于志刚教授出席会议并致开幕辞。

开幕式上，于志刚对于公益、公益法教育提出了三点认识：一、公益塑造公心。从事公益事业不能以自我为中心，应由以自我为中心改变为以他人为中心，应以扶助弱者之心推动世界的公平公正。公心会改变我们看待世界的方式，一颗温柔之心足以推动世界向着我们所期待的方向发展；二、公心塑造公正。如果缺少一颗公心，那么法律人眼中的世界就难免有偏颇，处理案件与纠纷也就无法保证公正；三、公正保障公平。法律人在处理实际纠纷时，经常会受到各种因素的影响。部分因素是为了保护弱者、平息舆论或促进社会和谐。但“弱者”是一个不确定的概念。有时，司法同情、保护弱者恰恰是对公平最大的伤害。如何坚守公正、保障公平，是今天全球法律人亟须思考的问题。最后，他希望所有参加公益法研讨会的学生能够坚持公益、保持公心、坚守公正、保障公平，同时希望所有学生在研讨会上的成果不是基于文本分析，而是基于触摸社会之后得到的经验思考，做到知行合一。

（中国政法大学科研处郭丰琪供稿）

第一届互联网广告发展与法治论坛　8 月 23 日，由新治理智库联盟、北京理工大学网络法研究所、中国青年政治学院互联网法治研究中心等单位共同发起的互联网广告发展与法治论坛在中国青年政治学院举办。论坛主题为“互联网广告管理暂行办法”。来自清华大学法学院、国家行政学院、中国社会科学院、中国政法大学、北京理工大学法学院、百度公共政策研究院、新浪法律政策研究中心、阿里巴巴公司、京东集团、汽车之家、58 同城、搜狗公司及中国青年政治学院等学界和业界专家 20 余人参加了会议。会议由新治理智库联盟秘书长、社会科学院法学所助理研究员周辉博士主持，中国青年政治学院党委常委、副校长、中国青年政治学院及本校互联网法治研究中心主任林维教授致欢迎辞。经过产业界和专家学者的深入讨论，与会代表达成了共识，在互联网广告为代表的互联网监管领域，还有很多问题需要充分沟通和持续研究，有必要在理论界和实务界建立起定期调研、案例汇集、模式创新等长期的合作机制，与监管部门建立沟通渠道，促使学术积累与产业发展、互联网法治环境建设形成良性互动，共同向前推进。

（中国青年政治学院科研处供稿）

第二届京台法律实务专业研讨会 8月27日，第二届京台法律实务专业研讨会在北京举行。150多位来自京台两地法律实务界的代表围绕“台商台胞权益保护与京台法律实务合作”这一主题进行深入探讨。

中国法学会副会长张鸣起表示，台湾新执政当局不承认“九二共识”的核心意涵，使两岸关系和平发展面临新的考验。希望两岸法律界同仁能以高度的使命感和责任感，加强两岸关系的法制基础研究，携手合作，为两岸关系和平发展提供法学理论咨询。不论台湾政局如何变化，我们将一如既往地推进两岸法学交流，维护台商台胞权益。

国台办投诉协调局局长王刚在致辞时提出3点希望，即希望京台两地法律界同仁积极维护两岸关系和平发展的政治基础和法律基础；共同维护两岸同胞交流交往中的合法权益，运用法制思维、方式解决两岸经贸合作和人民往来中的权益保护问题；在此次研讨会基础上保持常态化的交流和合作。

台湾中华民族团结协会理事长夏瀛洲表示，台湾政党轮替后，新当局不承认“九二共识”的核心意涵，使得两岸司法合作面临考验，比如在南海、电信诈骗案上的合作都遇到问题。两岸要共同发挥中华民族的智慧，互利融合，振兴中华。

为更好地为台胞台商提供法律服务、培养更多服务两岸的法律人才，北京市台办台商投诉协调中心与北京市应用法学研究中心签署了《法律服务合作协议》，由中国政法大学与北京市涉台法律事务研究会共同举办的海峡两岸法律人才高级研修班举行了启动仪式。

此次研讨会由北京市台办、北京市法学会与台湾法曹协会共同主办。与会嘉宾还围绕“京台知识产权保护与法律合作”“京台投资保护与法律服务”“京台律师业务发展与交流”3个专题，从法律实施、操作、应用等实务层面进行了研讨。

（参见《人民日报·海外版》2016年7月12日第3版）

中法行政合同国际研讨会 9月8日，中法行政合同国际研讨会在北京召开。研讨会由中国政法大学法治政府研究院主办，邀请来自法国波尔多大学公法学教授、波尔多上诉行政法院法官、法国驻华大使馆法律参赞以及来自国内高校、律所、政府部门、法院的学者和实务工作者共同参加。主要参会嘉宾有波尔多大学公法学教授、孟德斯鸠中心主任奥利维耶·杜博斯，波尔多大学孟德斯鸠中心执行主任本亚明·佩尔蒂埃，波尔多大学公法学教授福德理奇·卢埃达、让－巴普提斯特·维拉，波尔多大学公法学副教授塞巴斯蒂安·马丁，波尔多上诉行政法院法官大卫·卡茨以及法国驻华大使馆法律参赞曼瓦灵等7位法国专家学者和中国政法大学副校长马怀德，终身教授应松年，北京大学姜明安教授，最高人民法院审判委员会委员、行政审判庭贺小荣庭长，财政部条法司周劲松副司长，北京市第四中级人民法院程琥副院长等30多位来自清华大学、北京大学、中国人民大学、中国政法大学等高校和最高人民法院、财政部、国务院法制办等司法部门和行政部门的专家学者。

研讨会开幕式由中国政法大学法治政府研究院院长王敬波教授主持。应松年、贺小荣与曼瓦灵分别致开幕辞。应松年希望以本次研讨会为契机，推动我国行政合同研究的发展；贺小荣提到了围绕行政合同的司法实践争议，期盼本次研讨会能为最高人民法院正在起草的司法解释提供参考；曼瓦灵则特别提到本次研讨会将在中法两国法律和司法交流中发挥积极作用。

（中国政法大学科研处郭丰琪供稿）

审判与执行疑难问题研讨会 9月9日，清华大学法学院与北京市怀柔区人民法院在怀柔联合举办审判与执行疑难问题研讨会。法学院党委书记黎宏与教授张明楷、余凌云、韩世远、梁上上、王洪亮、田思源等，怀柔区人民法院院长辛尚民，副院长崔建军、刘景文及各业务庭室的数十位法官参加研讨会，围绕民事、刑事、行政审判及执行领域中的九个疑难案例进行了深度研讨。法学院党委副书记、北京市怀柔区人民法院副院长程啸主持研讨会。本次研讨会所选的案例具有典型性、新颖性和疑难性，承办法官从案例中提炼出的各种问题点也极富争议且前沿。参与研讨的专家与法官们一致认为，这种在个案上的理论界与实务界的思想交流与观点碰撞，既解决实际问题又激发理论思考，彼此均很有收获。

（清华大学文科建设处刘金梅供稿）

第四届中国—欧洲法律论坛 10 月 15—16 日，由中国政法大学与中国法学会主办、中国政法大学比较法学研究院承办的第四届中国－欧洲法律论坛在中国政法大学学院路校区学术讲堂举行。论坛的主题是“创新风险防范机制，引领‘一带一路’法律合作”。

会议开幕式由全国人大常委、全国人大法律委员会副主任委员、中国法学会副会长张鸣起主持，全国政协常委、全国政协社会和法制委员会副主任、中国法学会党组书记、常务副会长陈冀平发表讲话，中国政法大学党委书记石亚军、西班牙驻华使馆内政参赞普列托、赫尔辛基大学法学院赖托、嘉理盖思律师事务所北京代表处合伙人陶睿哲致辞。

开幕式后举行了中国－欧洲法律研究中心、中国—欧洲法律培训基地的授牌仪式。研究中心和培训基地建立在中国政法大学，以促进中国与欧洲的法律合作、推动我国法学研究和法学交流向纵深发展、服务国家涉外法治人才的队伍建设、配合法律外交战略的全面推进、增强我国在国际法律事务中的话语权和影响为主要任务。其建立既有利于发挥中国政法大学在中欧法律研究领域的人才与资源优势，又能整合国内外理论与实务界中欧法律研究领域的相关力量。

在为期一天半的会议中，来自法国、丹麦、芬兰、波兰、德国、奥地利、意大利、西班牙、越南、中国等国的 80 余名专家学者就跨界交易中的法律风险、跨国民事诉讼程序原则、开放性数字化公平市场的法律规制、英国脱欧对中欧跨境贸易的影响等议题进行了深入的探讨和交流。与会代表纷纷表示，本次会议对解决共同关心的法律问题提供见解。

（中国政法大学科研处郭丰琪供稿）

文化法治发展与实践论坛 10 月 29 日，文化法治发展与实践论坛在中国传媒大学图书馆圆形报告厅和国际交流中心举办。论坛由中国传媒大学主办，文化部公共文化研究基地、中国传媒大学经管学部文化发展研究院以及泰和泰律师学院承办，北京知识产权研究会、泰和泰律师事务所协办，北京鼎元弘毅投资发展有限公司支持。论坛以“文化法治发展与实践”为主题，汇集了来自政府、高校、文化产业和法学领域的嘉宾，旨在探讨文化法治对于保障文化事业改革和推动文化产业发展的积极作用。

上午举行的主论坛由中国传媒大学经管学部党委副书记、文化发展研究院副院长卜希霆主持。中国传媒大学副校长廖祥忠在开幕致辞中表示，中国传媒大学经管学部、文化发展研究院在探索文化法治发展上做出了诸多的努力。全国人大教科文卫委员会文化室主任朱兵在致辞中提到，在整个文化法治工作中，首先需要解决的是文化立法问题。中国国家版权局版权管理司副司长段玉萍也针对文化版权问题展开了精彩的致辞。经管学部副学部长薛永斌和泰和泰律师事务所北京办公室执行合伙人沈志君两位代表共同完成了经管学部与泰和泰律师事务所的战略合作签约仪式。中国传媒大学文化发展研究院教授、文化部公共文化研究基地副主任魏晓阳与泰和泰律师事务所北京办公室执行合伙人沈志君联合发布了《公共文化法治报告》阶段性成果。

下午举行的分论坛分别以“文化产业法治发展与实践”和“公共文化法治发展与实践”为主题，来自互联网、出版界、动漫公司等文化产业和公共文化业界的诸多代表与法律界、高校共同探讨了如何加快文化立法，构建完备的法律规范体系，提高文化建设法制化水平，促进和保障文化事业及文化产业的大力发展。

（中国传媒大学文科科研处供稿）

中国社会科学论坛（2016 年 · 法治） 11 月 4—5 日，由中国社会科学院主办、中国社会科学院法学研究所承办的中国社会科学论坛（2016 年 · 法治）在北京举行。论坛的主题是“法制改革与法治发展：比较的视角”。来自德国、俄罗斯、澳大利亚、意大利、加拿大、荷兰、芬兰、丹麦、波兰、匈牙利、韩国、日本、墨西哥、巴西、秘鲁等 15 个国家的国际知名法学家以及来自中国法学会、最高人民法院、中国社会科学院、中国人民大学、中国政法大学、北京外国语大学、贵州民族大学、大连行政学院等研究机构和实务部门的 70 余位专家学者出席了论坛。

中国法学会党组成员兼副会长、学术委员会主任张文显教授，秘鲁宪法法院前院长、秘鲁天主教大学法学院塞萨尔 · 兰达教授，赫尔辛基大学法学院中国法与中国法律文化研究中心主任乌拉 · 柳库恩教授、中国社会科学院学部委员、法学研究所所长李林研究员先后致辞。

（中国社会科学院办公厅刘玉杰编辑、供稿）

中国民法典草案合同编不动产合同制度研讨会 11 月 10 日下午，由中国民法学研究会与北京市不动产法研究会联合主办、中央财经大学不动产法研究所承办的民法典合同编不动产合同制度研讨会在中央财经大学学术会堂举行。《财经法学》主编、中央财经大学法学院民法学科带头人陈华彬教授，最高人民法院国家赔偿办副主任陈现杰博士，不动产法研究会副会长、北京大学法学院常鹏翱教授，不动产法研究会副会长、中交建总承包分公司党委书记刘萍芳女士，不动产法研究会常务理事、中国人民大学法学院朱虎副教授，中国政法大学戴孟勇副教授，不动产法研究会常务理事、北京中建政研咨询公司总经理梁舰先生，北京市金融服务法研究会会长、中央财经大学法学院数位专家学者共20余人参加了本次研讨会。会议就未来我国民法典中不动产合同制度的建构、民法典合同编中是否应当独立规定不动产合同、不动产合同的类型等宏观问题进行了深入的研讨，对北京市不动产法研究会提出的“民法典合同编不动产合同草案”（试拟稿）中对“房屋买卖合同”“房屋租赁合同”以及“物业管理合同”的具体条文逐一进行了细致研究，明确了相关焦点问题，提出了详细的修改完善意见。在本次研讨会凝聚的共识和焦点问题的基础上，北京市不动产法研究会专家将进一步深入调研并修改完善条文草案，为下一步我国民法典合同编对不动产交易的规范奠定坚实的基础。

（中央财经大学科研处供稿）

消费者权益保护法项下惩罚性赔偿的理论与实践学术研讨会 11月11日，中国社会科学院法学研究所主办的消费者权益保护法项下惩罚性赔偿的理论与实践学术研讨会在北京举行。来自北京大学、北京航空航天大学、中国社会科学院法学研究所、北京市高级人民法院、北京市尚左律师事务所、中国欧盟商会等单位的学者专家共计20余人参加了会议。开幕式由中国社会科学院法学研究所邹海林研究员主持。中国社会科学院法学研究所、国际法研究所联合党委书记陈甦研究员和中国欧盟商会北京办公室总经理谢静岚分别致开幕词。研讨会分两个单元进行主题研讨。

第一单元研讨的主题是“消费者权益保护法项下惩罚性赔偿的制度逻辑”，由中国社会科学院法学研究所邹海林研究员主持。北京大学法学院刘凯湘教授、北京航空航天大学法学院龙卫球教授、中国社会科学院法学研究所朱广新研究员分别做主题发言。

第二单元研讨的主题是“消费者权益保护法项下惩罚性赔偿的实践问题”，由中国社会科学院法学研究所陈洁研究员主持。北京市高级人民法院邹治法官、北京市尚左律师事务所毛伟旗律师分别基于自身实务经验做主题发言。

（中国社会科学院办公厅刘玉杰编辑、供稿）

第四届公司法司法适用高端论坛 11月26日，第四届公司法司法适用高端论坛在北京隆重召开。本次论坛由中国法学会商法学研究会、最高人民法院民二庭、中国政法大学商法研究中心共同主办，主题为“破产法实施中的公司法适用”。来自全国高校、研究机构、最高人民法院以及全国各级法院等实务部门的120余名专家学者和实务工作者参加论坛。

最高人民法院审判委员会副部级专职委员杜万华，最高人民法院民二庭副庭长杨临萍，中国法学会研究部主任李仕春，中国政法大学副校长于志刚，中国法学会商法学研究会会长、中国政法大学商法研究中心主任赵旭东，中国法学会商法学研究会常务副会长、清华大学法学院教授朱慈蕴，中国法学会商法学研究会副会长、国家检察官学院教授石少侠等领导和专家学者出席开幕式。开幕式由中国法学会商法学研究会秘书长、中国政法大学民商经济法学院教授李建伟主持。

于志刚代表中国政法大学致辞，他高度肯定了中国政法大学以赵旭东教授为首的商法学科，指出在中国政法大学生态多样化的学科竞争式发展中，商法学科已经是成长为参天大树的学科之一。他代表学校对商法学科表示敬意，同时肯定了本次论坛主题的重要性，强调了目前经济调整新常态和供给侧改革大背景下将公司法和破产法适用相结合的适时性，并对本次会议的主题、与会的专家学者以及会议组织者表示了最大的敬意。

（中国政法大学科研处郭丰琪供稿）

民法学青年教师学术创新团队第四次学术研讨会 12月4日，由中国政法大学“民法学青年教师学术创新团队”主办的“从民法通则到民法典总则”系列学术活动第四次研讨会——“法律行为及代理制度的立法与解释”，在法大学院路校区成功召开。

此次研讨会邀请了来自全国高校、学术机构、实务机构代表共50余人参加，与会学者来自中国政法大学、北京大学、清华大学、中国人民大学、中央财经大学、北京航空航天大学、对外经贸大学、浙江大学、北京理工大学、华东政法大学、首都经贸大学、北京联合大学、北京化工大学、国家法官学院、外交学院、中国青年政治学院、华北电力大学，以及最高人民法院、中国社会科学杂志社等京内京外机构。

在民法所所长刘家安教授的主持下，民法学会副会长、民商经济法学院副院长李永军教授及创新团队主持人、科研处副处长于飞教授致辞欢迎了与会学者。随后，李永军教授做了“中国民法典草案中法律行为章评议”的基调报告。

随后，与会专家学者围绕法律行为的一般理论、意思表示瑕疵及其救济、法律行为的无效及特殊适用、代理法的基本问题、代理法中的责任等五个单元的主题作了主题报告。自由讨论阶段由中央财经大学法学院院长尹飞教授主持，与会学者就全天议题进行了讨论和互动。

（中国政法大学科研处郭丰琪供稿）

依法治国与法治评估理论研讨会（2016）　12 月 10 日，中国社会科学院法学研究所主办、中国社会科学院国家法治指数研究中心承办的依法治国与法治评估理论研讨会（2016）在北京召开。来自京内外的学界同仁、实务专家、媒体人士等参加会议。会议的主题是“加强法治评估、推动法治评估的理论发展”，研讨的主要问题有法治评估的方法、立法评估、政府法治评估、司法评估等。

会议共分为四个单元，分别为“实证研究、法治评估的理论探索”“实证研究、法治评估的方法创新”“法治政府建设与第三方评估”“科学立法、公正司法与第三方评估”。

会议开幕式由中国社会科学院法学所、国际法所联合党委书记陈甦主持，中国法学会副会长、党组成员兼学术委员会主任张文显教授，中国人民大学法学院资深教授朱景文，中国社会科学院学部委员、法学研究所所长李林研究员分别作开幕致辞。

（中国社会科学院办公厅刘玉杰编辑、供稿）

生态文明法律保障机制研讨会　12 月 10 日，由北京林业大学人文学院主办的生态文明法律保障机制研讨会在京召开。到会主要人员有北京林业大学人文学院法学系老师、中南林业科技大学以及南京森林警察学院的教师代表、还有来自北京和地方的多名生态法制实务方面的专家。此次主要学术内容和学术观点会议议题主要围绕林业类院校法学专业建设问题展开，专家学者提出，林业类院校的人才培养要服务于生态文明建设的大方向，在根据生源情况、就业目标等情况因地制宜确定培养计划同时，适当增加生态法学的内容。生态法学研究应当服务社会，加强理论研究与实务工作之间的联系与沟通。关于生态文明法律保障机制问题，专家学者主要从法律制度完善、林业行政执法体系建设、野生动物致害赔偿、林权登记流转等方面进行讨论。关于林权登记与流转，专家认为当前中央提出的农村土地“三权分置”的政策有助于解决林权登记与流转中存在的权利划分不清、登记类型混乱等问题，并有利于推动林地规模化流转和森林集约化经营。与会专家认为我国已经制定 80 多部林业法律法规，林业生态建设的法律保障体系已经基本建立，而森林法的修改是当下最为重要的立法任务，野生动物致害赔偿相关的制度依据也亟须制定。

（北京林业大学科技处张力供稿）

国际投资法的变化与国际投资仲裁的未来学术讲座　12 月 14 日下午，来自尼泊尔的国际法知名学者苏贝迪教授（Dr Surya P. Subedi）应邀来外交学院模拟法庭做了题为“国际投资法的变化与国际投资仲裁的未来（Change of International Investment Law and the Future of International Investment Arbitration）”的学术讲座。本次讲座由国际法系卢松教授主持。

苏贝迪教授任教于英国利兹大学，是国际法研究院（Insitut de Droit International）的正式院士，亚洲国际法学会发起人之一。他具有英格兰和威尔士的出庭律师身份，同时还是国际投资争端解决中心的仲裁员，WTO 争端解决机构的专家组成员，在国际投资争端解决实践方面有着丰富的经验。

苏贝迪教授从社会现实出发谈论了国际投资法的必要性。在国际投资协定的执行方面，之所以有必要以国际仲裁的方式来解决争议，是因为国内司法机制难以充分保障投资方利益。除了东道国政府对本国司法机构的影响外，国内司法程序的拖延也可能对投资方造成重大损害。

演讲结束后，外交学院的同学们就统一国际投资公约的前景、欧加综合性经济贸易协议中的仲裁上诉庭的建立、国际投资与国家安全等方面提出问题。苏贝迪教授对这些问题均做出了全面且深入的回答。

（外交学院科研处供稿）

第十届中国军事法治前沿论坛　12 月 17 日，军事法学界久负盛名的“中国军事法治前沿论坛”在中国政法大学研究生院隆重召开。本届论坛邀请了来自全国高校、学术机构、实务机构代表共70余人参加，与会学者来自中国政法大学、吉林大学、中央财经大学、中央军委法制局、国务院法制办、北京市法学会、解放军军事法院、军事科学院、国际关系学院、国防科技大学、南京政治学院、中国人民武装警察部队学院、空军指挥学院、西安政治学院、空军预警学院、武警警种学院、南京陆军指挥学院、红十字国际委员会等军内军外机构。

本次论坛由中国政法大学法学院、北京市法学会军事法研究会和中国政法大学军事法研究中心共同主办。结合我国国防与军队改革大局，本届论坛选取“改革强军战略与国防法的完善”为主题，力求通过与会专家学者的真知灼见，为国防法的修改和完善建言献策。

（中国政法大学科研处郭丰琪供稿）

2016中国税收与法律高峰论坛　12月18日，由中央财经大学财政税务学院、税收筹划与法律研究中心主办的2016中国税收与法律高峰论坛于中央财经大学学术会堂举行，来自全国各地的专家学者和实务界专家100余人参会，包括国务院发展研究中心、中国社会科学院、发改委、税务局、中国税务学会等相关部门的领导，以及北京大学、中国人民大学、中央财经大学、中国政法大学、北京理工大学、首都经贸大学、天津财经大学、山东财经大学、河北经贸大学、贵州财经大学、西北政法大学等学术机构的著名专家学者以及知名税务律师和税务师等。与会者就税收公平、税收优惠、电商征税、税收流失、房产税制度、跨境电商零售进口税收政策及其完善思路、网络交易现存税源的预测、中国的税务律师制度、纳税争议法律救济的程序问题、增值税改革的公平性问题、税收风险的分析方法以及风险分析和核实等问题进行了阐释和分析。论坛还发布了中央财经大学税收筹划与法律研究中心第三方独立研究成果——《电商税收流失测算与治理研究》报告，并接受多家媒体的现场采访。

（中央财经大学科研处供稿）

公法与经济社会发展2016年会　12月18日下午，公法与经济社会发展2016年会在中央财经大学学院南路校区学术会堂604会议室举行。年会由中央财经大学法学院、法治与发展研究中心、《财经法学》编辑部主办，中央财经大学公法学研究工作坊协办。来自国务院法制办公室、北京市人民政府法制办公室、国家行政学院、商务部国际贸易经济合作研究院、国家食药总局高级研修院、中国社会科学院、中国法学会、北京航空航天大学、北京师范大学、对外经济贸易大学、中国人民大学、中国政法大学、中国青年政治学院等高校和科研机构30余名校内外专家学者出席，近20名校内外本科生、研究生参会。年会以“数据共享与信息安全”和“中央与地方关系的规范化”为主题，围绕行政法、我国网络安全法、数据跨境流动安全评估框架构建、国务院《关于推进中央和地方财政事权和支出责任划分改革的指导意见》、网约车监管语境下的单一制与央地合作立法等问题召开讨论交流。我国公法学界需共同推动我国整体行政体制、立法体制等的健全。数据共享与信息安全问题，从公法学角度思考可能隐约对应着一种新的宪法观——不同于18、19世纪的自由宪法观与20世纪的经济宪法观、安全宪法观，但是根本的比例原则并未改变。在央地关系方面，我国实际仍处在所谓的“周秦之变”这一国家建构的动态之中，既有中央的统一领导，又出现了地方对中央的相对离心力，在推进央地关系改革时需要妥善处理好中央与地方之间的权力关系、责任关系。

（中央财经大学科研处供稿）

历史学（含中共历史、中外史、考古）

中国社会科学院考古学论坛　1月12日，中国社会科学院考古学论坛在北京举行。论坛上揭晓了“2015年中国考古新发现”（即“中国六大考古新发现”）。

这六项考古新发现是：中国社会科学院考古研究所与海南省博物馆（海南省文物考古研究所）联合发掘的海南东南部沿海地区新石器时代遗址，南京博物院发掘的江苏兴化、东台市蒋庄良渚文化遗址，陕西省考古研究院、中国社会科学院考古研究所和北京大学三家单位组成的周原考古队发掘的陕西宝鸡市周原遗址，江西省文物考古研究所与南昌市和新建区文博单位发掘的江西南昌市西汉海昏侯墓，中国社会科学院考古研究所洛阳汉魏城队发掘的汉魏洛阳城宫城太极殿遗址，国家文物局水下文化遗产保护中心和辽宁省文物考古研究所的辽宁“丹东一号”清代沉船遗址水下考古重点调查项目。

中国社会科学院考古学论坛，由中国社会科学院主办，中国社会科学院考古研究所、考古杂志社承办。该论坛是中国最新考古信息的交流平台、中国重大考古发现的展示平台、中国最新考古进展的学术讲台。

（中国社会科学院办公厅刘玉杰编辑、供稿）

考古高研论坛　1月22日，由中国社会科学院考古研究所主办，考古研究所科研处承办的高研论坛在北京举行。论坛由中国社会科学院考古研究所所长王巍、副所长白云翔主持。与会学者在会上介绍了最新的科研成果。

史前考古研究室研究员叶茂林探讨了齐家文化的草作农业与半农半牧的生业形态，并依据齐家文化的经济形态提出“草作农业”的假说。史前考古研究室副研究员贾笑冰展示了近年来在博尔塔拉河流域的最新发现，如遗址的调查试掘工作、岩画分布的调查成果等。夏商周考古研究室副研究员何毓灵介绍了近年来殷墟手工业布局研究的最新进展。边疆考古研究中心副研究员郭物就石峁城的西方外部世界及文化互动作了报告。所内其他科研人员也就各自领域提出问题和专业意见。

（中国社会科学院办公厅刘玉杰编辑、供稿）

2016年公共考古专题研讨会　2月23日，由中国社会科学院考古研究所公共考古中心、中国考古学会公共考古专业指导委员会主办的2016年度公共考古专题研讨会在北京举行。会议的主题是“考古新发现与考古学研究最新成果大众传播的有效路径”。

作为考古学的分支之一，公共考古学近年来取得了显著进展，大众对考古新发现的兴趣日趋浓厚，而越来越多的考古专家也走出学术“象牙塔”，把目光投向大众，各种公共考古活动进行得如火如荼、方兴未艾。

中国社会科学院考古研究所科研处处长、公共考古中心常务副主任刘国祥研究员表示，考古新发现与考古学研究的最新成果在面向大众传播的过程中，应确保时效性、准确性、科学性和严谨性。媒体对重要的考古新发现、会议及活动的及时准确报道，会有效扩大和提升考古学的社会影响，并将先进的学术方法和理念精准地呈现给读者和观众，这反过来也促进了考古学研究的长足发展。

中国社会科学院考古研究所研究员、中国考古学会公共考古专业指导委员会主任王仁湘、四川省文物考古研究院院长高大伦、复旦大学文物与博物馆学系教授高蒙河等在会上发言。

（中国社会科学院办公厅刘玉杰编辑、供稿）

2016年中国现代经济史学科研究动态及前沿问题研讨会　3月11日，中国社会科学院经济研究所、中南财经政法大学经济史研究中心、中国社会科学院当代中国研究所经济史研究室、中国社会科学院中国现代经济史研究中心、“马克思主义与中国经济发展道路”协同创新中心、中国经济史学会中国现代经济史专业委员会联合主办的“2016年中国现代经济史学科研究动态及前沿问题研讨会”在北京举行。来自有关高校、科研机构的60余位专家学者参加会议。

当代中国研究所副所长武力、中国社会科学院经济研究所党委书记王立胜指出，习近平总书记强调要不断开拓当代中国马克思主义政治经济学新境界，这将为经济史研究带来新的难得的发展机会。当前经济史的重要性越来越显现出来，系统的经济史研究，尤其是新中国经济史的研究，不仅能更好指导我国经济发展实践，对于中国马克思主义政治经济学的发展完善也是必不可少的。中国现代经济史是我们建立中国马克思主义政治经济学话语体系重要的学术基础，对学术界概括提炼“中国道路”“中国模式”不可或缺。中国社会科学院已经成立“当代中国马克思主义政治经济学智库”并设置在经济所，中国现代经济史作为重要的支撑学科，必将发挥重要的作用。中国经济史学会名誉会长董志凯研究员就2015年中国现代经济史研究的总体情况作了主题报告，指出2015年现代经济史研究具有以下特点：一是学科的重要性正在被广泛接受，受关注度提高。二是遇到的挑战空前尖锐、具体。三是选题与现实经济密切联系。四是研究结构产生了一些新的变化，研究对象有所拓宽。目前相关研究也存在经济史学科对学界的影响有限、历史经验分析与总结欠深入、对大数据的形成和使用关注不够等问题。中国社会科学院荣誉学部委员汪海波研究员等与会专家分别从我国对外投资研究、对外经济关系史研究、新中国工业经济史研究、国企改革研究等角度对2015年相关领域的研究概况和热点进行了总结，并就如何进一步开拓中国现代经济史研究新视角、更好地总结中国现代经济发展的经验教训，为经济社会建设提供启示和借鉴等问题进行了深入的讨论。研讨会由中国经济史学会副会长兼中国现代经济史专业委员会主任郑有贵主持。

（参见《光明日报》2016年3月23日第14版）

首届中欧建筑考古国际研讨会　5月13—15日，首届中欧建筑考古国际研讨会在北京大学举办。会议由北京大学考古文博学院、北京大学中国考古学研究中心和比利时鲁汶大学工学院、鲁汶大学雷蒙德·勒迈尔国际保护中心联合发起，与中国建筑设计研究院有限公司、成都博物院、故宫研究院古建筑研究所、清华大学建筑学院和中国社会科学院考古研究所等国内知名学术机构合办。会议筛选出来自中、比、德、法、意、奥、荷、美等国的数十名学者提交的论文进行现场发表，吸引了各界学者与相关从业人员500余人次到场参会。为期三天的主论坛分十一场演讲和讨论，跨越建筑史、考古学、艺术史、科技史、古典学和遗产保护等学科，发表论文37篇，充分展现了建筑考古学科的多元关注。四场青年论坛计发表论文32篇，体现了这一领域青年学者的关注焦点和研究水准。中国建筑设计院还举办分论坛一场，由鲁汶大学资深考古学家详细介绍了欧洲建筑考古学家对建筑遗址从发掘到保护、展示等各方面的系列成果。

（北京大学社科部供稿）

中国共产党与中国现代历史发展学术研讨会　6月5日，中国人民大学中国共产党历史与理论研究院、马克思主义学院及中国中共党史学会高校学科建设研究专业委员会联合举办“中国共产党与中国现代历史发展”学术研讨会。会议旨在以纪念中国共产党成立95周年暨中国人民大学中共党史专业设立60周年、马克思主义学院成立20周年为契机，进一步推广和交流关于中国共产党历史、中华人民共和国历史的最新研究成果，总结“中国近现代基本问题研究”学科建设的经验，探讨“中国近现代史纲要”课程的疑难问题与教学体会。全国人大常委会委员、中共党史学会会长、中共党史人物研究会会长、中共中央党史研究室原主任、中国人民大学中国共产党历史与理论研究院学术委员会主任欧阳淞，中国人民大学党委书记靳诺、党委副书记吴付来等出席会议。来自中央党校、北京大学、中国人民大学、北京师范大学、复旦大学、上海交通大学、武汉大学、南开大学、中山大学、厦门大学等众多高校、科研院所的专家学者参会研讨。

（中国人民大学科研处关晓斌供稿）

北京城市史学术论坛　6月8日下午，北京市社科院历史所与中国社科院近代史所联合举办北京城市史研究的理论、方法与视界学术论坛。论坛主题是研讨北京城市史、区域史研究领域的最新进展。来自社科院近代史所政治史研究室、民国史研究室、史学理论研究室、社会文化史研究室的五位同志以及历史所部分人员参加，王建伟副研究员主持。近代史所社会史研究室副主任唐仕春首先介绍了区域史研究领域的几个理论热点，如区域史、地方史与整体史的关系，区域如何重构，区域如何划分等。刘仲华副所长以自身研究的心路历程为例，指出区域史研究的意义在于弥补整体史研究的缺憾，其自下而上的研究视角更能呈现历史学研究的复杂性与真实性。来自文化所的季剑青与陈玲玲两位研究员从文学与历史的双重角度分享了各自的研究心得。郑永华研究员、章永俊研究员、靳宝副研究员分别围绕北京城市史研究中中央意识与地方意识、国家与社会、整体与局部等相互关系进行了阐释。他们各自发言虽然侧重点虽有不同，但表达了一个共识，即北京城市史研究必须兼顾多重维度、必须走出单一视角、必须呈现城市内部的丰富性甚至矛盾性。整个讨论持续三个小时。王建伟在总结发言中表示，本次论坛的举办是历史所加强与国内专业学术机构横向联系的重要环节，中国社科院近代史所作为国内近代史研究的国家级学术平台，对于相关领域的研究具有重要的导向作用。历史所今后将更多开展走出去的活动，主动应对新形势，将我们的成果更多的推向社会，进一步强化我院在北京城市史研究领域的重要地位。

（北京市社科院科研处供稿）

清朝建立与中国社会学术研讨会　6月17—19日，北京市社科院满学研究所主办的“清朝建立与中国社会”学术研讨会于北京召开，来自中国社科院、北京大学、中国人民大学、故宫博物院、中国第一历史档案馆等单位的50余名专家学者参加了此次会议。2016年是金国建立400周年，“清”改国号380周年，清代是我国传统政治模式在封建社会晚期发展达到巅峰的时期，其政治文化遗产经过民国一直影响到我们当代的社会生活。为促进满学、清史研究的发展，为反思历史、对话当下，我们特别召开此次研讨会。清朝的建立对中国社会有何重要影响，清朝建立之后的这400年的经验教训，于我们今天有何借鉴意义——这些都是值得我们反复思考、不断探讨的重要问题。本次研讨会共收到会议论文或摘要54篇，围绕着满洲崛起与东北亚政治格局、清代社会转变与王朝治道、清代重大历史事件与人物、满洲文化建设与文献记忆四个主题开展讨论。北京市社科院院长王学勤研究员在大会开幕式中指出："本次会议是满学界的一次盛会。习近平总书记在前不久召开的全国哲学社会科学座谈会上的重要讲话指出，'构建具有自身特质的学科体系、学术体系、话语体系，我国哲学社会科学才能形成自己的优势和特色。'满学研究通过几代学人的努力，现在已经发展成为一门国际性的学科。在满学领域，俄罗斯、日本、美国等国家的专家学者也取得了丰硕的成果。加强国内外满学界的交流与对话，对提高我们在该领域的话语权大有裨益。"本次会议的召开，有效促进了满学界的深入交流和坦诚对话，推动了满学研究在新的历史时期取得长足发展，具有重要的学术意义和现实意义，为提高我国文化软实力做出了应有的贡献。

（北京市社科院科研处供稿）

中俄思想史比较研究国际研讨会　6月24—27日，由首都师范大学文学院比较文学系、芝加哥大学斯拉夫语言文学系及电影与媒体研究系和克莱门森大学语言学系合办的中俄思想史比较研究国际研讨会在北京市海淀区紫玉饭店举行。来自美国、中国含台湾地区的学者、教授共50余人参加了此次盛会。

25日上午会议举行了庄重的开幕式。首都师范大学校长宫辉力、文学院院长马自力、芝加哥大学斯拉夫语言文学系罗伯特·博德副教授、克莱门森大学语言学杰夫·乐福教授分别代表各合办单位致辞。

围绕会议预定的主题，与会代表提交相关学术论文三十余篇，与会学者讨论涉及中俄思想研究中四个方面的问题。首先是俄国思想史内部的复杂问题；其次，俄国文学与思想史中的中国因素；第三，中国对俄罗斯文学和理论接受背后的思想史根源问题，也是争论最为激励的话题。

要特别提及的是，大会专门邀请天津外国语大学副校长、著名的俄语语言学专家王铭玉教授发表巴赫金思想之于语言符号的复杂性，长江学者、北京师范大学方维规教授发表《19世纪德国思想界关于中国愚昧落后形象之塑造的过程》，长江学者、首都师范大学左东岭教授发表关于中国古代文学思想史的阐释工作需要具备三种历史意识的报告，首都师范大学吴康茹副教授以欧仁－梅尔施奥·沃古埃为例讲述了19世纪俄国文学译介对19世纪末后自然主义时期法国文学的影响。这四份报告得到了中美的俄罗斯问题研究学者热烈回应，拓展了讨论俄罗斯思想史问题的视野和范围。

研讨会共举行了8场专题报告，其中第6、7场在芝加哥大学北京中心举行。在完成各项议题的讨论之后，27日上午举行了闭幕式。

（首都师范大学社科处李葸供稿）

第五届传统经济再评价暨农商社会/富民社会学术研讨会　6月25—26日，由首都师范大学历史学院、北京师范大学历史学院、中国史研究杂志社、云南大学中国经济史研究所、东北师范大学亚洲文明研究院联合主办的第五届中国传统经济再评价暨农商社会/富民社会学术研讨会在北京召开。来自国内外不同高校、科研和学术机构的39位专家学者从"理论探索""国家权力""地域行业"和"社会群体"等四个方面，就中国传统经济中的非经济因素，农商社会，富民社会，秦至清传统社会的性质等论题进行了深入的研讨。

会议开幕式由首都师范大学教育部"长江学者"李华瑞教授主持。首都师范大学校长宫辉力教授、云南大学校长林文勋教授、中国史研究杂志社彭卫主编、北京师范大学历史学院宁欣教授、东北师范大学亚洲文明研究院院长赵轶峰教授、首都师范大学历史学院院长郝春文教授等分别致辞，就本次会议的意义等作了重要说明。北京师范大学葛金芳教授对会议的缘起作了详细的解释。

会议闭幕式由云南大学校长林文勋主持、李华瑞、陈支平致会议闭幕词。葛金芳作会议总结，认为本次会议是把"富民社会"、"农商社会"嵌入到"中国传统经济再评价"的框架中进行的，将新视角与传统问题结合起来了，是一种新的会议召开模式。葛金芳指出与会专家学养深厚、视域开阔、讨论激烈，理论性探索与实证性研究各展风采，微观视角与宏观视域交相辉映，长时段探究与断代研究相交叉，专深研究与会议综述无一缺漏，会议成果显著。此外，还探究了会议上富有启发性的诸问题，如谈到国家力量在经济发展中的作用时，葛金芳针对此前两极化认识的倾向指出，双方各有所据，但论述时也一定要看到局部与整体，长期与短期的关系问题。此外，就本次会议启示及今后如何深入等问题也有深刻的总结。最后，由陈支平宣布了本次会议的重要决定，即由厦门大学承办下一届中国古代"农商社会/富民社会"研讨会。

（首都师范大学社科处李葸供稿）

中国共产党成立95周年座谈会暨学术研讨会 6月25日，北京市委党史研究室、前线杂志社、市社会科学界联合会、市中共党史学会联合举办北京市党史系统纪念中国共产党成立95周年座谈会暨学术研讨会，来自党史、党校、高校等系统的领导、专家共90余人参加。

座谈会上，解放军后勤指挥学院教授邵维正、中国社会科学院研究员朱成甲、《前线》杂志副主编汲传排、市社会科学界联合会党组副书记荣大力、周恩来侄女周秉德、李大钊孙女李乐群等专家学者、老同志，从不同的侧面、不同的角度回顾了中国共产党95年的奋斗历程和取得的丰功伟绩，缅怀老一辈无产阶级革命家的奋斗精神和高尚品德，抒发热爱党的真情实感。市委党史研究室主任李良作总结讲话，他指出，我们要永远铭记党领导全国各族人民艰苦奋斗的光辉历程，要充分认识首都北京在中共党史上的独特地位和重要作用，利用得天独厚的优势，研究好、宣传好北京党史，讲好党史故事，讲好北京故事。

研讨会上，专家学者就北京党组织对北方大革命的贡献、北京市产业结构演变、中国共产党治国理政能力建设、基层党组织建设、习近平治国理政思想等主题广泛交流，从不同角度开展学术探讨。此次研讨在观点上有一定创见，在资料挖掘上有新的成果，拓宽拓深了中共北京历史研究。研讨会收到论文、文章120余篇，此后将择优结集出版。

（北京市委党史研究室科研处供稿）

历史学视野下的中国考古学学术研讨会 8月20日，由中国社会科学院考古研究所、考古杂志社《考古学报》编辑部主办的“历史学视野下的中国考古学——纪念《考古学报》创刊八十周年学术研讨会”在北京召开。来自中国社会科学院考古研究所、中国社会科学院世界历史研究所、中国国家博物馆、北京大学、复旦大学、吉林大学、山东大学、中国文物报社、科学出版社等单位的专家学者和在京新闻媒体记者约80人参加会议。会议的主题是“回顾《考古学报》八十年的发展历程，展望未来学科的发展，为中国考古学的发展建言献策”。

研讨会由考古杂志社洪石社长主持。中国社会科学院考古研究所王巍所长致辞。《考古学报》冯时副主编在致辞中回顾了《考古学报》的创办及发展历程。研讨会进行了12场学术报告，就考古学和历史学的关系、考古学理论、国家和文明的概念、东西文化交流等问题进行了阐释。

（中国社会科学院办公厅刘玉杰编辑、供稿）

第六届近代中外关系史国际学术研讨会 8月20—21日，由中国社会科学院近代史研究所中外关系史研究室、美国20世纪中国史学会、上海大学文学院历史系中国史学科合办的第六届近代中外关系史国际学术研讨会在北京举行。来自中国、美国、日本、加拿大、澳大利亚、丹麦、新西兰、新加坡的百余位学者参加了会议。

会议开幕式由近代史研究所中外关系史研究室主任张俊义主持。中国社会科学院近代史研究所所长王建朗研究员、美国弗吉尼亚理工大学历史学系舒海澜教授、中山大学历史系主任吴义雄教授、中国台湾中研院近代史研究所朱浤源研究员分别致辞。

上海大学文学院历史系王栋教授、中山大学历史系吴义雄教授、湖南师范大学历史文化学院李育民教授、北京大学历史系臧运祜教授、南京大学历史学院张生教授作了大会报告。会议的主题是“世界历史进程中的中国：互动及其影响”，研讨的主要问题有近代中国的条约制度、国际法与国际秩序、民众外交与内政的互动、战时国际关系、中国与特定国家的外交关系、西方世界对中国的关注与反应等。

（中国社会科学院办公厅刘玉杰编辑、供稿）

纪念中共八大召开60周年学术座谈会 9月8日，中华人民共和国国史学会在北京主办了纪念中共八大召开60周年学术座谈会。国史学会会长、中国社会科学院原副院长朱佳木和国史学会副会长、国防大学原副政委李殿仁出席会议，国史学会副会长、中央党史研究室原副主任张启华到会并讲话。座谈会由国史学会副会长、中央文献研究室原常务副主任杨胜群主持。出席会议的还有在京的国史学会理事，以及有关研究院所和高等院校学者、研究生共60余人。

会议围绕八大的历史贡献和重要意义展开研讨。国史学会秘书长、中国社会科学院当代中国研究所副所长张星星作题为“中共八大与党的全国代表大会制”的发言；中央文献研究室第一编研部原副主任张素华作题为“毛泽东与《八大政治报告的决议》”的发言；中央文献研究室第三编研部副主任熊亮华作题为“党的八大对经济体制改革的探索”的发言；当代中国研究所政治史研究室主任李正华作题为“纪念党的八大增强四个自信”的发言；当代中国研究所文化史研究室主任欧阳雪梅作题为“略论‘团结一切可能团结的力量’思想”的发言。

（中国社会科学院办公厅刘玉杰编辑、供稿）

马克思主义史学理论论坛　9月9日，由中国社会科学院历史学部、马克思主义研究学部联合主办，中国社会科学院历史研究所承办的中国社会科学院第二届唯物史观与马克思主义史学理论论坛在北京举行。

中国社会科学院院长、党组书记、学部主席团主席王伟光在开幕式上作主旨报告。求是杂志社社长、中国史学会会长李捷致辞。中国社会科学院副院长、党组成员张江主持开幕式。

中国社会科学院学部委员、历史学部主任刘庆柱，中国社会科学院学部委员、马克思主义研究学部主任程恩富出席开幕式。北京大学马克思主义学院教授沙健孙、天津师范大学教授庞卓恒、北京师范大学历史学院教授瞿林东、北京大学教授梁柱等学者作大会发言。

来自中国社会科学院、北京大学、中国人民大学、北京师范大学等全国各地研究机构和高校的学者参加会议。会议的主题是唯物史观与20世纪中国史学方法、唯物史观视域下的历史虚无主义批判、马克思主义理论及其中国化研究、马克思主义社会形态理论的认识及当代意义等。

（中国社会科学院办公厅刘玉杰编辑、供稿）

第34届世界艺术史大会　9月16—20日，由国际艺术史学会、北京大学和中央美术学院主办的第34届世界艺术史大会在北京召开。教育部副部长、联合国教科文组织第37届大会主席郝平，北京大学校务委员会主任朱善璐，世界艺术史大会中方筹委会主任、中央美术学院教授邵大箴，国际艺术史学会主席 Ulrich Grossman 等出席开幕式并致辞。教育部国际合作与交流司司长许涛、文化部艺术司副司长周汉萍、国际艺术史学会学术秘书长 Thierry Dufrêne，国际艺术史学会行政秘书长 Peter J. Schneemann，中国美术馆馆长、中国美术家协会副主席吴为山，中国美术家协会分党组书记徐里，中国国家画院副院长张晓凌，中国国家博物馆副馆长谢小铨，中央美术学院党委副书记王少军，中国美术学院副院长杭间、高士明，世界艺术史大会中方筹委会秘书长、北京大学历史系教授朱青生等各界领导、专家，与来自全球43个国家和地区的450余名专家与学者一同出席了开幕式。与会嘉宾就全球化语境中的艺术史“术语”问题开展为期5天的讨论。世界艺术史大会是国际文化艺术界的重要会议，每四年召开一次，自1873年以来已经举办了33届，被称为文化艺术界的“奥林匹克”盛会。第34届世界艺术史大会是该学术大会第一次在亚洲和非西方国家举办。此次大会将是向世界展示当代中国文化发展成果、让世界通过艺术认识和了解中国的重要契机。

（北京大学社科部供稿）

中国世界古代史学会2016年年会　9月17—18日，由中国世界古代中世纪史研究会世界古代史专业委员会主办、中国人民大学历史学院承办的“中国世界古代史2016年会：古代世界的生成和生长”学术研讨会在人民大学逸夫会议中心举行。来自中国社会科学院、北京大学、清华大学、中国人民大学、北京师范大学、首都师范大学、复旦大学、南开大学、东北师范大学等数十所高校和科研机构的上百位世界古代史学者参加了会议。17日上午，大会开幕式在逸夫会议中心第一报告厅进行。17日下午至18日上午，来自全国各地的专家学者们围绕着增长与发展、生活与治理、交往与网络、记忆与认同四个分议题，对古代两河流域、古代埃及以及古代希腊和罗马文明介绍自己最新的研究成果，并展开讨论。此次会议共收到学术论文80余篇，创近年来世界古代史年会论文数量的新高，在论文的质量上也有很大的提升。会议的成功举办将有力推动人民大学世界史学科的建设与发展。

（中国人民大学科研处关晓斌供稿）

铭刻文献所见古代法律和社会学术研讨会　9月24—25日，由中国政法大学法律古籍整理研究所、中国法律史学会法律古籍整理专业委员会主办的铭刻文献所见古代法律和社会学术研讨会在京召开。来自中国社会科学院历史研究所、河北社会科学院、北京大学、中国人民大学、首都师范大学、中央民族大学、国家图书馆、复旦大学、华东政法大学、上海交通大学、兰州大学、西安碑林博物馆、香港中文大学、台湾朝阳科技大学、德国明斯特大学、日本九州大学、日本大谷大学等境内外高校和科研机构的40余位学者参加了此次会议。

在会议开幕式上，所长李雪梅教授向与会学者介绍了法律古籍整理研究所成立31年来在法律古籍整理以及在秦汉简牍、金石法律文献、唐宋律令研究等方面形成的学术传统和研究特色，并期望通过此次会议，促进历史学和法律史、法律文献研究者的沟通与合作，进而在铭刻法律文献整理研究上形成更强的学术合力。

（中国政法大学科研处郭丰琪供稿）

红军长征与中国共产党的伟大精神学术研讨会 9月27日，为纪念中国工农红军长征胜利80周年，由中共中央文献研究室、中国中共文献研究会联合举办的红军长征与中国共产党的伟大精神学术研讨会暨中国中共文献研究会2016年年会在京召开。来自全国各地的100多位专家学者参加研讨会。中央文献研究室主任冷溶作主旨发言，14位专家作大会发言。中央文献研究室副主任陈晋、陈扬勇分别主持会议。

冷溶在主旨发言中指出，80年前，中国共产党领导红军将士以无与伦比的英雄气概完成了震惊世界的长征，开创了中国革命的新局面，铸就了伟大的长征精神。这种从危机中、从艰苦卓绝中产生的伟大精神，可歌可泣、感天动地，具有超越时空的永恒价值，一直是激励我们不畏任何艰险，克服任何困难的精神动力。这是我们今天特别需要学习和发扬的。把革命先辈们在长征中形成的伟大精神继承好、发扬好，用来激励我们走好自己这一代的长征路，这是我们纪念长征胜利的真正意义所在。

冷溶指出，现在，我们已经迈上了实现中华民族伟大复兴中国梦的新征程。伟大时代呼唤伟大精神，伟大的事业需要伟大的精神，实现中国梦必须弘扬中国精神。习近平同志高度重视在实现中国梦的征程中发挥革命精神的激励作用。他指出：中国共产党的革命精神，是“几代中国共产党人流血牺牲凝聚而成的宝贵精神财富，体现了党的性质，代表了党的形象，是我们党在强敌面前勇夺胜利、在危难和困境面前化险为夷的强大武器，是我们党从弱到强、不断发展壮大的不竭源泉。”长征精神与我们党在革命岁月中形成的井冈山精神、延安精神、抗战精神、西柏坡精神，还有在社会主义建设时期产生的“两弹一星”精神、雷锋精神、焦裕禄精神，以及在新时期孕育的以改革创新为核心的时代精神，都蕴含着一脉相承的红色基因，集中体现了中国共产党的伟大精神，是中国精神中最为浓墨重彩的篇章，是激励我们为实现中华民族伟大复兴的中国梦而奋斗的强大精神动力。

冷溶指出，党的革命精神内涵非常丰富，伟大的长征精神是这座精神宝库中的璀璨明珠。习近平同志对长征精神有过许多重要论述，这些重要论述，是根据今天新的时代特点对长征精神做出的进一步深刻阐发，我们要深入学习领会。习近平同志指出：“推进中国特色社会主义事业的新长征要持续接力、长期进行，我们每代人都要走好自己的长征路。”现在，我们正处在全面建成小康社会的决胜阶段，进入实现中华民族伟大复兴中国梦的关键时期，这就是我们这代人要走的长征路。新长征路，前途光明，但道路并不平坦，充满着艰险，要准备进行具有许多新的历史特点的伟大斗争。只要我们紧密团结在以习近平同志为总书记的党中央周围，牢固树立政治意识、大局意识、核心意识、看齐意识，坚持用中国共产党的伟大精神凝聚起推动改革发展的强大正能量，就一定能够取得实现中国梦这个伟大新长征的胜利！

与会专家学者围绕“红军长征与中国共产党的伟大精神”这一主题进行了深入探讨。与会专家指出，长征是中国共产党走向成熟过程中，在思想、组织和精神上的一次重大历史飞跃，彰显了中国共产党的精神高地。长征精神，集中展示了中国共产党人坚如磐石的理想信念、百折不挠的英雄气概、敢于胜利的革命风范，是以爱国主义为核心的民族精神的生动体现，是中国共产党伟大精神的重要组成部分，始终是激励党和人民奋勇前行的强大精神力量。虽然红军长征已成历史，但长征精神是永存的。在不断推进中国特色社会主义事业的新长征途中，要传承好、弘扬好伟大的长征精神，坚持道路自信、理论自信、制度自信和文化自信，为实现中华民族伟大复兴的中国梦继续前进。

本次研讨会在130多篇应征论文中评选出60余篇参会，并特邀国内知名学者撰写10余篇论文参会。这些论文从红军长征的历史经过、重要意义、老一辈革命家与长征、长征精神及其现实意义等角度进行了广泛的研究和探讨。

（中央文献研究室科研管理部胡昌勇供稿）

差异与当下历史写作国际学术研讨会 10月14—16日，由中国人民大学历史学院青年学术团队主办的“写历史：实践中的反思”系列学术会议之二：差异与当下历史写作国际学术研讨会，在中国人民大学召开。来自中国社会科学院、中国国家博物馆、北京大学、清华大学、中国人民大学、中央民族大学、中央美术学院、首都师范大学、复旦大学、吉林大学、浙江大学、华东师范大学、中山大学、厦门大学、河南大学、重庆大学、西南科技大学、云南大学、苏州大学、香港大学、台湾“中央研究院”、台湾大学，英国剑桥大学、阿伯丁大学，美国芝加哥大学、博登大学、佛罗里达州立大学、迪堡大学、日本东京大学、荷兰莱顿大学、塞尔维亚贝尔格莱德大学、韩国庆熙大学等高校和研究机构的数十位学者，围绕“差异”问题进行了多学科、多方位的研讨。

（中国人民大学科研处关晓斌供稿）

首都理论界学习习近平总书记在纪念红军长征胜利80周年大会上重要讲话座谈会　10月27日上午，北京市委宣传部、北京市中国特色社会主义理论体系研究中心、北京市社会科学界联合会、北京市委党史研究室共同举办首都理论界学习习近平总书记在纪念红军长征胜利80周年大会上重要讲话座谈会。北京市委常委、宣传部部长李伟出席会议并发言。北京市委宣传部副部长韩昱主持会议。

中央党校原副校长李君如、中央党史研究室原副主任李忠杰、中国社科院当代中国研究所副所长武力、国防大学副教授刘波、北京市委党史研究室主任李良、北京日报报业集团党组书记傅华等在座谈会上发言，首都理论界有关专家学者，各区委、工委宣传部门有关负责人，市属社科理论单位负责人，市社科类社会组织代表和媒体记者等近百人参加了座谈会。

与会者一致认为，习近平总书记在纪念红军长征80周年大会上的重要讲话深切回望了长征苦难辉煌的光辉历程，总结了长征的伟大意义和精神内涵，深刻阐释了长征精神跨越时空的时代价值，为我们继续走好长征路指明了方向，提供了遵循。李伟在发言中指出，深入学习贯彻好总书记重要讲话，必须深刻理解总书记对长征深远历史意义和重大现实意义的重要论述，深刻理解总书记对长征精神丰富内涵的重要论述，深刻理解总书记对弘扬伟大长征精神、走好今天的长征路的重要论述，从红军鲜血染成的这条红标带上汲取意志和勇气，勇于承担走好今天长征路的历史使命。他要求全市思想文化战线的同志要按照中央精神和市委部署，紧密结合各自工作实际，把弘扬长征精神这条主线贯穿到理论武装、舆论引导、新闻宣传、文艺工作、思想政治工作等各个方面，围绕落实首都城市功能定位，推进京津冀协同发展，为建设国际一流的和谐宜居之都贡献力量。

（北京市中国特色社会主义理论体系研究中心供稿）

钓鱼岛属于中国新证考学术讲座　11月20日晚上，“清华读书讲座”第五讲在图书馆报告厅举行，清华大学社会科学学院国际关系学系教授刘江永为到场师生主讲“钓鱼岛属于中国新证考”。他用翔实的史料、精准的研究，以图文并茂的方式向大家讲述中日两国就钓鱼岛主权归属认知问题而产生的“恩怨录”，并与大家分享了30余年的研究收获，公布了“钓鱼岛属于中国”的众多史实证据。中日两国围绕钓鱼岛领土主权归属认知的争议由来已久，近些年更是频见报端，进入公众视野。讲座一开场，刘江永就明确地告诉大家“钓鱼岛属于中国”这一历史事实。随后，刘江永说明了新形势下研究钓鱼岛归属的重大意义，向大家详细缕析了有关钓鱼岛是中国固有领土的文献与证据，帮助听众了解钓鱼岛问题的真实情况。在讲座中，刘江永给大家展示了日本海军省的一些地图和文献等，证明了自1874年日本首次入侵台湾至1894年发动甲午战争这约20年间，日本官方已认定钓鱼岛列岛是中国台湾东北岛屿，即事实证明在中日两国围绕钓鱼岛列岛归属争议发生的“关键日期”之前，钓鱼岛列岛绝非“无主地”，而是中国固有领土，此外刘江永还出示了日本早年登岛偷猎者后代留下的历史证言，证明中国的钓鱼岛是日本明治政府通过甲午战争连同台湾一起夺走的，战后当然应归还给它的故乡中国。刘江永还回答了现场听众的问题。在回答一位留学生的提问“中日之间如何解决钓鱼岛问题”时，刘江永从宗旨、原则、路径、管控、文宣、教育、合作等7个方面给出自己的建议，为实现中日两国和东亚地区的共同安全、综合安全、合作安全和可持续安全，中日双方根据国际法，实事求是地处理好历史遗留下来的敏感问题，争取双赢，避免双输。讲座结束后，还进行一个简短的图书捐赠环节，刘江永向校图书馆捐赠他的新书《钓鱼岛列岛归属考：事实与法理》，图书馆副馆长范爱红代表图书馆向刘江永赠送了《清华大学图书馆百年图史》表示感谢。据悉，11月20日上午，由人民出版社出版的《钓鱼岛列岛归属考事实与法理》一书首发式在清华大学图书馆报告厅举行。

（清华大学文科建设处刘金梅供稿）

第二届中央财经大学经济史论坛　12月2—3日，第二届中央财经大学经济史论坛在中央财经大学学术会堂举行。此次论坛由中央财经大学经济学院、中国经济史学会及《中国经济史研究》编辑部主办。来自中国社会科学院、清华大学、北京大学、中国人民大学、复旦大学、武汉大学、南开大学、中央财经大学、中国政法大学、广西师范大学、河南大学、山东大学、河北大学、贵州财经大学等高校和科研院所专家学者近70人参加了本次论坛。山东大学陈争平教授、中央财经大学姚遂教授、北京大学萧国亮教授、清华大学龙登高教授、北京大学周建波教授、河南大学宋丙涛教授、广东外语外贸大学刘巍教授、山东大学孙圣民教授分别进行主题演讲。本次讨论会主题为“长期经济增长与金融创新”，与会专家围绕此主题分“量化历史”“货币”和“金融制度”三个分会场进行了参会论文的演讲与讨论。中国社科院经济所赵学军研究员、中国人民大学何平教授、中央财经大学经济学院伏霖向与会专家分别汇报了三个分会场的论文报告综述。此次论坛对于推动中国经济史学研究，凝聚和拓展中国经济史学话语体系具有积极作用。

（中央财经大学科研处供稿）

教育学　心理学

首届创新创业教育论坛　1月14日，中国传媒大学首届创新创业教育论坛在中传新国际交流中心举办。论坛由中国传媒大学主办，经济与管理学院承办。论坛由中国传媒大学教师们的创新创业教育主题演讲、创业校友圆桌会议和青年投资圆桌会议三部分组成。

论坛的开幕式上，中国传媒大学副校长胡正荣、经管学院及MBA学院院长张树庭，工信部工业文化发展中心韩强主任致辞。之后举行了，工业和信息化部授予中国传媒大学“大学生创新创业示范基地”的揭牌仪式。

开幕式后的主题演讲会上，MBA学院薛永斌书记、经管学院任锦鸾副院长、理工学部陈学惠副教授、新闻传播学部刘萍博士、文法学部季蕾博士、艺术学部税琳琳副教授、广告学院吴颖老师、经管学院昝廷全教授、王晓艳副教授、曾海波博士、窦毓磊博士和经管学院李珍晖副院长分别演讲。他们的演讲总结了中国传媒大学创新创业教育的成功探索与前进方向，将更好地指导大学生未来的创新创业实践。

论坛的青年投资圆桌会议由万众金服郭彬副总裁主持，邀请了巴基斯坦驻华大使Zamir Awan、海外学人中心主任肖振祥、韩国国民大学科技设计研究生院主任教授Young－Hwan Pan、中国传媒大学国际传媒教育学院院长罗青、天使投资人丁辰灵、熊猫传媒董事长申晨等嘉宾。他们围绕“如何架构创新创业教育与投资的桥梁”这一命题展开讨论。

中国传媒大学校友创业圆桌会议由社会服务办公室叶怀阳老师主持，南瓜姑娘CEO李洋、任推拉CEO邹博文、虎扑体育商务负责人王瑛、聚禾影业高级副总裁陈宏作为优秀校友代表，就“大学生需要什么样的创新创业教育”这一问题发表了自己的看法观点。

（中国传媒大学文科科研处供稿）

首届基础教育改革论坛　1月15日下午，首都师范大学和北京晨报联合举办的首届基础教育改革论坛暨2015年度京城百所特色校颁奖典礼在本校东校区举行。国家教育咨询委员会委员、中国教育学会常委会副会长戴家干，首都师范大学党委书记郑萼，党委副书记徐志宏，副校长孟繁华，北京市教委委员李奕，北京晨报社社长李凌云，北京晨报社总编辑谢星文，各区教委领导和京城百所中小学校长近300人出席论坛。

郑萼、戴家干致辞。李凌云、郑萼为各位教育专家、北京市及区县教委领导颁发“《北京晨报》社教育顾问”聘书。徐志宏、李凌云等为获得引领北京基础教育名校长、2015年度京城教育领军人物、引领京城教育品牌小学、京城教改创新领军小学等奖项的个人和学校代表颁奖。

孟繁华以“新世纪以来首都基础教育改革的三大模式”为题进行了主旨演讲。论坛还分小学、初中、民办三个组进行了分论坛讨论。

高层次的媒体智识平台，为首都师范大学的改革发展和首都经济社会发展做出更大贡献。

（首都师范大学社科处李葸供稿）

金融硕士全新教育教学模式讨论会　4月25日，清华大学经济管理学院举行金融硕士全新教育教学模式讨论会。清华大学党委书记陈旭，经管学院院长钱颖一、党委书记高建、副院长徐心参加讨论，并与担任学院金融硕士校友讲师方星海、方方、祁斌、郭宁宁、汪韧和高皓进行了交流。清华经管学院金融硕士项目于2014年秋季开设了“中国金融实务课堂1—中国机构化买方投资行业”课程，于2016年春季开设了“中国金融实务课堂2—中国金融卖方机构与金融前沿”课程，此课程向全校研究生开放。交流中，陈旭详细了解了课程设置的目的、授课对象及教学方式，并对“中国金融实务课堂”系列课程的教育教学模式给予肯定。陈旭对于校友们通过这种课程模式将自己在金融行业多年来的宝贵实践经验分享给学生表示感谢，也希望校友们能继续支持母校的教育教学等各项工作。钱颖一介绍了经管学院金融硕士“清华教师+清华校友”的课程模式，并就当前的经济金融形势与校友们进行交流。水木投资创始人方方代表课程核心组介绍了“中国金融实务课堂2”的开设历程，详细讲述了课程筹备期间校友对课程的大力支持。中国证监会副主席方星海对“中国金融实务课堂1”系列的教育教学模式表达了认同，表示目前包括金融监管机构在内的中国金融领域正处在大发展的机遇期，既了解中国市场和国情、又具有国际视野的高素质专业人才紧缺，希望清华大学能够多培养和输出这方面的人才。“中国金融实务课堂2—中国金融卖方机构与金融前沿”课程由经管学院金融硕士项目学术主任、金融系教授刘淳，金融系教授沈涛和校友方方作为核心课程组负责，讲师队伍由9位中国金融领域的校友组成。课程将金融行业的专业实操人员和监管人员引入课堂，注重向学生讲授实务知识。

（清华大学文科建设处刘金梅供稿）

华人应用心理学大会　4月25—27日，由北京师范大学心理学院主办的华人应用心理学大会在国家会议中心召开。开幕式由大会执行长、北京师范大学心理学院分党委书记乔志宏主持，大会主席、北京师范大学心理学院院长刘嘉教授及台湾辅仁大学心理学系刘兆明教授为大会致开幕辞。为了表彰张厚粲教授对于心理测量以及心理学教育的杰出贡献，大会特别为张厚粲颁发了“应用心理学终身成就奖”。

三天的时间，大会围绕着“植基于生活与社会需要的心理学”这一主题，以“促进应用心理学各专业领域的对话与合作，并经由理论与实务的融合，以应用心理学的知识贡献于社会”为宗旨，进行了充分的研讨和交流。大会包含了青少年心理健康、职业生涯发展、用户体验、临床与咨询心理学、人力资源管理与心理测评、职业心理健康6大领域的最新科研和实践成果。大会邀请了来自美国、加拿大、德国以及中国香港、澳门、台湾等国家和地区的91位专家，进行了主旨报告、专题报告、工作坊、论坛、口头报告，共计123场次，收录文章150篇，张贴44张海报，并评选出《阅读障碍儿童的形音捆绑缺陷及其脑神经机制》等5篇文章为优秀论文奖。

（北京师范大学社会科学处刘娜供稿）

改革创新与高校思政课教学质量提升研讨会　5月13日，由北京理工大学、北京科技大学、北京林业大学、北京中医药大学、中国地质大学（北京）五所高校马克思主义学院及《思想教育研究》编辑部共同主办的改革创新与高校思政课教学质量提升研讨会在京召开。北京市教工委宣教处王达品处长、刘冰同志及五所高校马克思主义学院领导、教师代表参加会议。北京林业大学马克思主义学院部分班子成员、学科负责人、教研室主任、青年教师代表等参加交流研讨。与会五所高校的马克思主义学院均为首批“北京高校思想政治理论课教育教学改革示范点”，研讨会上，各示范点结合改革创新及建设经验，聚焦高校思政课教学质量提升的主题展开了交流。北京林业大学马克思主义学院张秀芹副院长作了题为“学科建设与思政课教学质量提升”的交流报告，介绍了示范点建设重点和实施进展。

（北京林业大学科技处张力供稿）

北京2016教育督导与评价研讨会　6月2—3日，由国务院教育督导委员会办公室、北京市教育委员会与北京市人民政府教育督导室共同举办，北京工业大学高等教育研究所等单位协助承办的北京2016教育督导与评价研讨会在北京工业大学召开。研讨会的主题是“教育管办评分离与督导评价”。国家总督学、教育部副部长刘利民，北京市人民政府副市长王宁出席研讨会并致辞。国家教育咨询委员会委员、中国教育学会会长钟秉林，国务院教育督导委员会办公室副主任林仕梁，教育部教育发展战略研究中心主任张力，国家教育咨询委员会委员、中国教育学会常务副会长谈松华，原北京市教委主任线联平，北京市委教育工委副书记、市政府教育督导室主任唐立军，北京工业大学党委书记郑吉春等领导出席会议。来自全国各省、自治区、直辖市以及部分城市教育行政、教育督导等方面的相关领导、专家及学者，北京市教育行政、督导和研究机构的相关领导及研究人员，北京市政府特约教育督导人员、兼职督学及各区教委、教育督导室负责同志等200余人参加会议。

刘利民在致辞中指出，近年来教育部一直致力于教育管办评分离的顶层设计和制度建设，强调深化教育督导改革是转变教育管理方式的重大举措，要形成督政、督学、评估监测三位一体的教育督导体系，特别提出了要建立教育督导部门归口管理、专业机构提供服务、社会组织多方参与的专业化教育质量评估监测体系。他对北京市推进实施第三方机构开展教育评估监测工作表示充分肯定，希望积极探索开展相关工作，并为全国的改革工作提供有益借鉴和示范。

王宁在致辞中指出，自 1986 年北京市恢复教育督导制度以来，市委市政府始终把教育督导作为政府加强教育宏观管理的一支重要力量，不断强化教育督导职能。他要求下一阶段要把“创新、协调、绿色、开放、共享”发展理念融入渗透到首都教育改革发展各项工作当中，准确把握“十三五”开局之年面临的新形势、新任务、新要求，努力转变政府职能，积极推进管办评分离，不断强化教育督导，有效保障和推动首都教育事业科学发展。

唐立军代表主办方作了题为“创新体制机制 有效实施第三方教育评估监测”的主旨演讲。江苏、宁波、青岛、深圳、重庆、大连等地教育督导部门领导和部分第三方机构代表，钟秉林、谈松华、储朝晖等国内知名专家学者围绕“深入推进管办评分离，培育建立第三方教育评估监测机制”等主题进行了研讨和交流，达成了推进第三方教育评估监测是深化教育管办评分离，推进政府职能转变的重要举措共识。

此次研讨会中，北京、天津、河北三省市还签署了“教育督导协作机制框架协议”，以此加强三地教育督导全方位沟通与协商，建立务实合作、高效开放的区域教育督导体系和协作工作机制，推进教育督导工作交流与合作，提升区域教育督导协同发展水平，保障京津冀教育协同发展。

（北京工业大学科发院人文处张爱民供稿）

第三届中美体育研讨会　作为第七轮中美人文交流高层磋商的配套活动，第三届中美体育研讨会在首都体育学院举行，与会代表围绕“身体运动功能与表现”的主题，就体能训练理论与实践的前沿问题进行了深入研讨。

中美体育研讨会由国家体育总局和美国国务院体育联合办公室共同创办，旨在为两国体育界搭建高端对话平台，此前已在中、美两国成功举办了两届。

昨天的研讨会上，国家体育总局竞体司副司长刘爱杰作了题为“健康中国与中国运动健康产业供给侧结构性改革”的演讲。他表示，随着人们健身意识的觉醒，大众对科学健身知识的需求日益增长，但目前国内市场缺少这方面的好产品。为此，国家体育总局正在计划将专业运动队的训练体系和方法推广至普通健身人群，“特别是一些国家队的新理念，完全可以‘军转民’”。

刘爱杰介绍，中国奥委会从伦敦奥运周期起跟美国的一些体能训练机构合作，目前已有 20 多名外籍体能训练师轮流服务于中国各支国家队。“他们带来了先进的训练理念，运动员的伤病情况明显减少。今夏里约热内卢奥运会，中国奥运代表团将首次组建专门的体能训练团队随团赴巴西，更好地保障各队的训练和参赛。”

（参见《北京日报》2016 年 6 月 9 日第 8 版）

影视翻译教育与人才培养国际研讨会　6 月 10 日上午，影视翻译教育与人才培养国际研讨会在中国传媒大学召开。研讨会旨在交流影视翻译人才的教育和培养，通过中外译制专业人才之间的交流实现多元文化的发展。文化部中外文化交流中心影视处处长张辛，中国传媒大学副校长廖祥忠、外国语学院院长李佐文、党委书记李众、副院长金勇出席了此次会议。参加会议的还有中国电影资料馆、中国国际广播电台以及中国电影集团等单位的领导和代表。

张辛指出，作为“中外影视译制合作高级研修班”中的重要一环，此次研讨会通过与中外译制专业人才的交流与沟通，构建中国与世界对话的桥梁，实现多元文化的共通与发展。廖祥忠在致辞中表示，世界文化交流的优秀载体是影视剧译制作品，文化多元化的趋势对于影视译制学科建设和人才培养是一大契机。如何实现影视译制片的落地与推广是推动中外文化交流的重要环节。在研讨会上，外方嘉宾共同表达了对中国影视翻译教育的期待和对中外影视译制实务合作的展望。

本次研讨会由文化部、国家新闻出版广电总局联合举办，中国传媒大学外国语学院承办，北京大学新西兰中心和中国传媒大学中国传播能力建设协同创新中心协办，是第十九届上海国际电影节“中外影视译制合作高级研修班”的重要部分。此次会议邀请到蒙古、韩国、哈萨克斯坦、越南、印度、缅甸、俄罗斯、法国、加拿大、澳大利亚、白俄罗斯、爱尔兰、乌克兰、德国、美国、埃及、西班牙、巴西、墨西哥、哥伦比亚、秘鲁等国电影节、影视机构负责人、译制专家约 60 人，与中国传媒大学师生共同交流和讨论。

（中国传媒大学文科科研处供稿）

高校思想政治理论课教学研讨会　6月17日，北京高校思想政治理论课“专题式教学”研讨会召开。市委副书记、教育工委书记苟仲文出席并讲话。

本市制定了《关于全面加强北京高校马克思主义理论学习研究宣传的实施意见》，自去年开始，市委教育工委围绕思想政治理论课教学体系与内容改革，举办了一系列培训会和研讨会。此次举办北京高校思想政治理论课“专题式教学”研讨会，各高校的专家、教师围绕进一步推进思政课专题教学进行示范教学、专题报告和经验分享，旨在深入总结交流各高校的好经验、好做法，深化对思政课教学规律的认识和把握。据悉，市委教育工委将开展“中国特色社会主义50问”系列重大课题研究，该课题计划延续3至5年，每年拟设15至20项，今年为首次申报，首批共18个选题，其中13个选题来自习近平总书记在全国党校工作会议上的重要讲话精神，批准立项后每个项目将获10万元研究经费。

苟仲文说，专题式教学不求“大而全”，而在“专而精”，应该聚焦学生关注的重大问题，精心组织、拓展教学内容，增强教学的针对性实效性。他要求广大一线教师抓住机遇，乘势而上，沉下心来，深入研究教学内容与方法，提升教学能力与水平，切实把思政课教学效果提上来。

（参见《北京日报》2016年6月18日第1版）

2016国际传媒创新创业教育论坛　6月18—19日，由教育部国际交流与合作司批准，联合国项目事务署指导，中国传媒大学、天洋国际控股有限公司（超级蜂巢）主办，中国传媒大学国际传媒教育学院承办，中国高校创新创业教育联盟、ICUC国际数字融媒体创新基地协办的2016国际传媒创新创业教育论坛在中国传媒大学举办。作为论坛的重要成果，汇集25所国内外一流传媒类大学，50余家传媒创新企业和投资机构的“国际传媒创新创业联盟”正式成立。论坛旨在搭建传媒创新创业教育平台，开发创新创业课程体系，其立足于提升学生素质，贯穿创新创业与高校人才培养全过程，引导学生强化创新精神，培育创业意识，训练创造能力，激发学生独立思考精神，引导中国人才和项目走向国际市场。论坛共分为2016国际传媒创新创业教育论坛（主论坛），以及国际教育创新论坛、国际VR/AR/MR创新论坛、国际智能新媒体项目路演暨投资见面会、国际智能/新媒体创新考察、智能新媒体技术国际成果展五个分会场。

（中国传媒大学文科科研处供稿）

全国高校曲艺教育峰会　第二届全国高等院校曲艺教育峰会在京召开，与会专家围绕“曲艺学科专业建设”展开深入研讨，共同呼吁推进中国特色曲艺学科建设。

本届峰会主要就曲艺学科建设的目标和路径，曲艺生存现状和曲艺人才的社会需求和目标定位，曲艺教育现状、问题和对策，曲艺高等教育中的专业建设定位、人才培养目标等进行讨论，并向全国曲艺界和国家教育行政部门发出《关于加快推进中国特色曲艺学科建设的倡议书》。据悉，目前全国已有8所高等院校开展曲艺本科教育，8所高职院校开展曲艺大专教育，16所中专学校培养曲艺创作表演专门人才，20余所高校及科研机构开设了曲艺鉴赏相关课程或开展曲艺研究。

（参见《人民日报》2016年6月22日第12版）

2015—2016学年教学研讨会　6月24日，中国传媒大学马克思主义学院在中传国际交流中心召开2015—2016学年教学研讨会。研讨会特邀请到长江学者、中国传媒大学新闻传播学部学部长高晓虹，北京第二外国语学院马克思主义学院院长胡伟，中国传媒大学马克思主义学院院长张付、研究生院副院长舒笑梅出席。马克思主义学院全体教师围绕思想政治理论课课程教学改革的措施、经验和改进方向三个中心议题，分别以“专家讲”“督导评”“学生说”“教师谈”等板块展开研讨。马克思主义学院副院长刘东建和学院教学管理委员会副主任马成瑶分别主持了上午和下午的研讨活动。

在“专家讲”环节，高晓虹以微信互动的新颖形式拉开了讨论序幕，为研讨会做了“新时期新闻传播教育理念与方法创新——学生思想政治教育探索与实践”的主题演讲。在“学生说”环节中，七位来自全校不同专业、不同学历层次的学生代表分别谈及了他们学习思想政治理论课的心得体会。

最后，张付对本次教学研讨会做了总结讲话，指出马院的工作特点是“教学为王”，而思想政治理论课的最大特征是“理论在路上、实践也在路上”，学院的整体教学思路在更新，教学改革在加快，教学水平在提升，但时代的要求和学生的需求也在提升，思政课教师要坚持集体备课制度、坚持内容为王，形式服务于内容并达到完美统一、努力实现各层次教学资源平台全覆盖、学院9门课程实现联合攻关。张付鼓舞所有马院教师顽强地迎接挑战，要对思想政治理论课教学改革充满决心和信心。

（中国传媒大学文科科研处供稿）

卓越教师培养校长论坛 6月30日上午，首都师范大学举办首都师范大学卓越教师培养校长论坛暨教师教育合作共同体签约仪式，首都师范大学校长宫辉力教授、副校长孟繁华教授、首都师范大学教师教育合作共同体30所中学的校长和学校领导、该校部分教师和研究生出席了会议。会议由孟繁华主持。

会议伊始，首都师范大学与北京景山学校、北京市第三十五中学、北京市陈经纶中学、北方交通大学附属中学、北京市育英学校签署合作协议。宫辉力对附校共同体成立几年来所取得的成绩与社会影响给予充分肯定，并就“首都师范大学‘十三五’时期学科发展战略重点”做了专题报告，阐述了首都师范大学学科发展规划，特别是教师教育学科发展的规划与思考。

六所代表学校的校长就会议主题发表演讲。北京二中钮小桦校长做了有关“教师专业发展的思考”的演讲，对卓越教师的专业发展与培养重点提出了希冀。景山学校邱悦校长对卓越教师的培养提出了自己的看法。北京广渠门中学吴甡校长则从做一名好的老师首先要从做一个“好人”开始，阐述了“教师的质量决定教育的质量”。北京三十五中朱建民校长结合三十五中的办学思路，对中国基础教育的思考与创新谈了自己的看法，并提出了“教师第一”的观点。潞河中学徐华校长以“不忘初心，方得始终”为主题，从潞河中学发展历史透视了卓越教师的成长。首都师大附中沈杰校长阐述了成就教师就是成就教育、成就学生的观点。

首都师范大学教师教育合作共同体成立七年来，以培养卓越教师为愿景，共同培养了近千名全日制教育硕士，为基础教育领域输送了大量优秀教师，取得了令人瞩目的成就，合作共同体教师发展学校 从2009年的11所扩展到今天的30所。

（首都师范大学社科处李蒽供稿）

第二届庆龄论坛之两岸女校长对话会 7月10日，第二届“庆龄论坛之两岸女校长对话会”在宋庆龄故居举行。来自海峡两岸的中小学女校长和专家30余人在宋庆龄故居昔日的“大客厅”里，就“教育、女性、领导力”等议题进行讨论。

中国宋庆龄基金会副主席唐闻生在致辞中表示，基金会秉承宋庆龄先生“把最宝贵的东西给予儿童”的思想，以“示范性、实验性”精神，努力为少年儿童的培养做务实有效的工作。去年7月，首届论坛在故居举行，反响良好。今年我们再次搭建了两岸教育工作者的交流平台，期待大家继续相互间的交流与探讨。

台湾中小学女校长文教交流团团长王慧珠说，非常高兴有这样的机会与大陆的教育工作者进行交流。此行参观了北京十三中分校，对于其丰富的选修课内容印象深刻，启发很大。未来的教育要让学生掌握更全面的能力，这对两岸的教育工作者都提出了新的要求。

“宋庆龄教育思想的着眼点是‘珍视每个人’。”宋庆龄基金会研究中心顾问何大章说，宋庆龄讲教育孩子，首先是要让他们具备人类最重要的几种优秀品质，第一种就是爱。她强调早期教育，为此她做了很多工作，比如成立中国第一个少年宫、中国第一个妇幼保健院、新中国第一本少年刊物、中国第一个儿童剧院等。

来自台北的小学校长陈绿萍在会上发言，与大家分享了台湾中小学校生命教育的具体做法。她表示，生命教育能让生命活出新的色彩，帮助学生形成正面积极的人生观，培养关怀与服务生命的精神，树立安身立命的价值观，学会与人、环境和睦相处。

对话会还围绕两岸教育界共同关注的“宋庆龄教育思想的当代回应”“将传统文化教育融入学校文化之中”“女性领导者的工作艺术与风格”等议题展开讨论。

（参见《人民日报·海外版》2016年7月12日第3版）

第三十二届清华教育信息化论坛 9月28—29日，由清华大学教育研究院教育技术研究所主办的第三十二届清华教育信息化论坛在北京举行，来自全国80多所院校200余位代表出席论坛，包括教育领域专家、院校教学和信息化的领导，以及教学、信息化管理人员和教师。论坛的主题是“领会规划精神，深化院校混合教学改革”，论坛围绕国家“十三五”教育信息化政策规范与重点项目解读、在线教育发展及高校职校教育教学变革、混合课程与混合教学改革提升人才培养质量的探索、院校混合教学支撑环境的研究与实践等四个专题展开交流研讨。清华教育信息化论坛由清华大学教育研究院教育技术研究所 2002 年创办并延续至今。

（清华大学文科建设处刘金梅供稿）

2016 广播电视学学科建设学术研讨会　10 月 15 日，2016 广播电视学学科建设学术研讨会在中国传媒大学国际交流中心召开。来自中国人民大学、中国传媒大学、华中科技大学、中央人民广播电台、光明日报等高校和媒体的数十位专家学者，围绕赵玉明教授主持的教育部人文社科重点研究基地——中国传媒大学广播电视研究中心重大项目“广播电视学学科体系研究”终期成果《广播电视学学科体系建设研究》（中国广播影视出版社 2015 年版）进行了热烈讨论，并探讨了新媒体环境下广播电规学学科的定位及发展等前沿问题。

中国传媒大学副校长袁军教授为会议发来书面致辞。中国新闻史学会副会长、中国人民大学新闻学院王润泽教授代表新闻史学会致辞，提出中国学者应从中国新闻实践出发，从夯实史论研究的基础入手，建设具有中国特色的新闻理论体系。中国传媒大学新闻传播学部党委副书记刘自雄教授也认为，现阶段广播电视学学科建设中应强调基础研究，以平衡当前广播电视学术研究的浮躁氛围。

会议由中国传媒大学、中国新闻史学会主办，中国传媒大学新闻传播学部新闻学院、中国传媒大学文科科研处、现代传播杂志社、中国传媒大学广播电视研究中心、教育传媒研究杂志社承办。

（中国传媒大学文科科研处供稿）

2016 中国 EAP 与职业心理健康年度论坛　10 月 26 日，2016 中国 EAP 与职业心理健康年度论坛在北京师范大学召开。论坛以“幸福员工·积极组织·健康中国”为主题，汇聚全球心理学界、EAP 领域的资深学者，管理学界以及国内知名企业的相关负责人共同探讨了包括组织成功深层原因、积极组织干预方法、EAP 开展模式、员工幸福定义与提升等话题，希望以系统、生态的方式汇聚组织层面的力量，服务、推动企业的创新、转型与发展，实现员工与企业发展平衡性、包容性、可持续性的提升。论坛由国务院国资委宣传工作局指导、北京师范大学心理学院主办、易普斯咨询承办，论坛诚邀到国内外专家学者分享最新研究成果，以及国内大型企业负责人分享 EAP 和企业管理经验。来自中国移动、中国石化、国家电网等企事业单位的近 300 位嘉宾出席了论坛。

（北京师范大学社会科学处刘娜供稿）

多重选择——面向未来的艺术设计教育　11 月 1 日，清华大学美术学院建院 60 周年国内外院校长圆桌会议“多重选择——面向未来的艺术设计教育”在美术学院 B 区一层学院美术馆 2 号展厅举行。这天也是清华大学美术学院建院 60 周年纪念日。清华大学党委书记陈旭出席并致辞。意大利米兰理工大学副校长朱利亚诺·诺齐（NOCI GIULIANO）、英国皇家艺术学院校长保罗·汤普森（THOMPSON PAUL WARWICK）、美国芝加哥艺术学院院长爱丽莎坦尼（TENNY ELISSA）、日本东京艺术大学校长特命三田村有纯（MITAMURA ARISUMI）、日本武藏野美术大学校长长泽忠德（NAGASAWA TADANORI）、日本金泽美术工艺大学校长前田昌彦（MAEDA MASAHI-KO）、日本多摩美术大学校长建畠哲（TATEHATA AKIRA）、日本札幌市立大学校长莲见孝（HASUMI TAKASH）、韩国弘益大学校长金永焕（KIM YOUNG HWAN）、四川美院院长庞茂琨、湖北美术学院院长徐勇民、山东工艺美术学院院长潘鲁生、上海大学美术学院院长汪大伟、同济大学设计学院院长娄永琪、江南大学设计学院院长张凌浩、吉林艺术学院院长郭春方、武汉理工大学设计学院院长潘长学、中国美术学院副院长杭间、鲁迅美术学院副院长常树雄、广州美术学院副院长林蓝、武汉设计工程学院院长陈汉青等国内外艺术院校的 21 位院校长参加会议。清华大学美术学院院长鲁晓波主持会议。陈旭在致辞中指出，自 1999 年中央工艺美术学院加盟清华大学以来，有力地促进了清华文理工各学科的融合发展，清华大学的综合背景也为促进艺术与学科结合、学科交叉提供了平台、支撑和更多的可能性。希望此次出席嘉宾能结合国家、社会对设计人才的需求，围绕国家和世界未来人才战略需要，以更广阔的视野，对艺术与设计的学科发展进行深入讨论。随后，国内外院校长围绕大会主题“多重选择——面向未来的艺术设计教育”进行发言并展开讨论。院校长们对未来艺术设计教育这个主题阐发思考和展望，分享他们的经验，以及科技的发展给他们带来的挑战。不同国家就各国的发展状况做出不同选择。金永焕表示工业革命带动教育改革，探索工程、人文和商业之间的融合，现在社会更需要跨学科的设计专业，对技术和工程需要也越来越明显。保罗·汤普森看到的全球两大影响未来教育的趋势是政府的战略和成本效益，特命三田村有纯开设全球化办学项目，旨在开启探索艺术和社会之间关联的一扇新的大门。国内院校长们发言表示，高等艺术教育应该充分运用高等教育的良好资源，将艺术设计教育内涵注入时代的要求。从国家文化战略高度出发，从文化视野出发，要重视打造中国传统文化特色的现代设计艺术学科。未来的设计应当是引领人们生活方式的一种设计。艺术设计教育要与时俱进，改革创新，促进学科间的交叉融合，注重共创和分享，培养出能够把东方哲学的元素融入全球的趋势中去的人才。清华大学美术学院的前身是创建于1956年的中央工艺美术学院，是中国创办的第一所艺术设计类院校，1999年与清华大学合并。

（清华大学文科建设处刘金梅供稿）

青年教师科研能力培养学术研讨会　11月3—4日，为加强学院学术文化建设，提升青年教师科研能力，清华大学经济管理学院举办青年教师科研能力培养学术研讨会。国际知名学者维斯瓦纳特·文卡塔斯（Viswanath Venkatesh）受邀参加并作题为“写作与理论构建”的系列讲座。经管学院管理科学与工程系教授、副院长徐心和来自创新创业与战略系、领导力与组织管理系、管理科学与工程系等十余位青年教师参加研讨会。会议由徐心主持。文卡塔斯以“写作与理论构建”为主题，从对科学研究的概述、理论构建的基础知识、研究背景和时间因素在论文中的重要性、如何构建学术问题、如何进行期刊论文各个部分的撰写等方面展开讨论。文卡塔斯不仅从一个投稿人的角度分享了经验，而且从一个主编的角度对于如何应对评审意见给出了建议。在整个研讨会过程中，学院青年教师们结合自己的领域背景和正在构架的学术论文，在会上进行深入探讨。会后，文卡塔斯针对青年教师的具体研究提出建议。

（清华大学文科建设处刘金梅供稿）

全国基础教育学校治理创新论坛　11月18日，由首都师范大学、北京市教育学会联合主办，首都基础教育发展研究院、北京市教委基教一处承办的全国基础教育学校治理创新论坛在金龙潭大饭店召开。北京市教育学会副会长唐亦勤，首都师范大学校长宫辉力、副校长孟繁华出席了会议。来自北京大学、北京师范大学、华东师范大学等高校研究者和全国9个省市教育局教委领导近120人参加了会议。

宫辉力和唐亦勤分别致辞。首都师范大学劳凯声教授做了题为《教育治理的困境与超越》的主题发言。他认为治理与传统管理的区别在于：第一，传统管理的权力结构是以统一领导为基础的纵向型结构，更强调科层之间的命令与服从。第二，传统管理的管理主体是一元化的，而治理主体则是多元化的。第三，传统管理以支配为目的，更具确定性；而治理则以协调为目的，更具包容性、相互依赖性和互动性。第四，传统管理强调通过正式的制度作为管理依据；而治理更强调非正式的制度和主体间的持续的相互作用。

孟繁华做了题为“从管理到治理：转变教育发展范式”的主题发言。他认为教育治理至少包括以下特征：首先是治理主体多元化。其次是治理机制复合化。再次是治理手段多样化。最后是治理重视价值理性。治理的价值不仅要重视效率，更要强调公平正义，目的在于促进人的全面发展。

（首都师范大学社科处李葸供稿）

全国教育文物研究会学术年会（2016）　11月26日，全国教育文物研究会学术年会（2016）在首都师范大学举行。大会由全国教育文物研究会主办，首都师范大学教育学院、中国基础教育教科书研究与评价中心承办，来自清华大学、北京师范大学、陕西师范大学、海南师范大学、沈阳师范大学、湖南第一师范学院、包头师范学院、北京市教育科学研究院、中国科学院自然史所等多家单位参加本次会议。

首都师范大学校长宫辉力，中国教育科学研究院院长、教育部基础教育课程教材发展中心主任田慧生教授先后在开幕式上致辞。

开幕式后，全国教育文物研究会举行专题讨论会。

本届全国教育文物研究会学术年会，与会代表就《教育文物保护挖掘与整理倡议书》《中国教育文化博物馆建设倡议书》两份倡议书作了讨论，形成了文件草案，准备接下来提交有关部门审议。沈阳师范大学王雷教授、海南师范大学副校长李森教授、清华大学李运峰研究员、湖南第一师范学院艾建玲馆长、北京师范大学周慧梅副教授分别作了专题发言。陕西师范大学张弛研究员，就陕西师范大学筹建教育博物馆情况作了说明。内蒙古师范大学代钦教授、中国科学院自然科学史研究所博士研究生杨利娟围绕清末民国时期的教科书作了相关阐述。

（首都师范大学社科处李蒽供稿）

首届西部法治与法学教育高峰论坛　11 月 18—19 日，首届西部法治与法学教育高峰论坛暨“一带一路”战略与法治保障学术研讨会在中国人民大学举办。论坛由中国人民大学法学院倡议发起，并联合中央民族大学法学院、新疆财经大学法学院、青海民族大学法学院和西藏民族大学法学院共同举办。来自西北大学法学院、内蒙古大学法学院、重庆大学法学院、广西大学法学院、新疆大学法学院、新疆财经大学法学院、伊犁师范学院法学院、石河子大学法律系、青海民族大学法学院、西藏民族大学法学院、甘肃政法学院、宁夏大学政法学院、贵州大学法学院、贵州民族大学法学院、云南大学法学院、大理大学法学院等西部主要法学院校，以及中央民族大学法学院、对外经济贸易大学法学院、中央财经大学法学院、清华大学法学院、北京外国语大学法学院等东部高校法学院校的 50 余位专家学者参加论坛。论坛开幕式于 11 月 18 日上午在中国人民大学明德法学楼举行。中国人民大学党委书记靳诺，教育部社会科学司副司长徐青森，外交部条约法律司参赞郭晓梅，中国人民大学党委副书记、纪委书记吴付来出席开幕式并为西部法治与法学教育高峰论坛揭牌。

（中国人民大学科研处关晓斌供稿）

批判性思维教育研讨会　11 月 25 日，清华大学经济管理学院在舜德楼举办批判性思维教育研讨会。经管学院院长钱颖一、教务处副处长苏芃、新雅书院副院长阮东、教育研究院教授文雯、C 计划联合创始人郭兆凡分别以“批判性思维教育：国际视角下的清华经管学院实践”、“清华大学本科培养方案修订中批判性思维能力的培养”、“批判性思维的重要性和难度”、“从学生发展的理论和实践看本科生批判性思维的培养”、“如何通过批判性思维帮助大学生应对未来社会的挑战”为题作主题发言，与会师生就批判性思维教育中的一般性问题、经管学院 CTMR 课程建设等方面问题展开讨论。研讨会由经管学院副院长徐心主持。参加此次研讨会的还有经管学院党委副书记焦捷、本科学术主任朱玉杰、创新创业与战略系教授金勇军、领导力与组织管理系教授姜朋，中国青年政治学院教授谷振诣以及学院部分学生。

（清华大学文科建设处刘金梅供稿）

第四届海峡两岸及港澳地区教科书高峰论坛　11 月 26—27 日，第四届海峡两岸及港澳地区教科书高峰论坛在首都师范大学举行。大会由首都师范大学教育学院、中国基础教育教科书研究与评价中心承办，来自港澳台地区的嘉宾及中国教育科学研究院、北京市教育科学研究院、华东师范大学、海南师范大学、浙江工商大学、清华大学档案馆、沈阳师范大学、湖南第一师范学院青年毛泽东纪念馆、陕西师范大学等多家高校以及新华社、光明日报、中国教育报、湖南教育期刊社、教育测量与评价杂志社等新闻媒体单位共计 30 多家单位参加本次会议。

首都师范大学校长宫辉力代表首都师范大学致辞。他指出，首都师范大学在人才培养、学科建设、社会服务等方面取得了可喜的成绩，尤其是石鸥教授的教科书研究，在海峡两岸及港澳地区颇具影响。中国教育科学研究院院长、教育部基础教育课程教材发展中心主任田慧生教授致辞，田慧生指出，核心素养是当前教育科学研究的重要课题，联合国教科文和经合组织也发展了专门项目，经合组织与 G20 专家也汇集北京探讨核心素养问题。中国基础教育教科书研究与评价中心主任、首都师范大学特聘教授石鸥在致辞中指出，小课本大启蒙，教科书涉及到民族发展、孩子们的未来。

本届海峡两岸及港澳地区教科书高峰论坛历时一天半的时间，论坛的主题是“机遇与挑战：基础教育教科书的建设与发展”，与会的专家学者围绕目前教科书研究领域的诸多前沿热点问题进行交流和探讨。

（首都师范大学社科处李蒽供稿）

中国重点美术院校人才培养教学改革研讨会　12 月 3 日下午，“第七届千里之行——中国重点美术院校人才培养教学改革研讨会”在清华大学美术学院召开。研讨会主题为“中国重点美术院校跨学科人才培养模式的探索”。美术学院副院长张敢主持研讨会。中央美术学院设计学院院长宋协伟、中国美术学院副院长王赞、天津美术学院副院长郭振山、广州美术学院副院长林蓝、四川美术学院副院长张杰、湖北美术学院副院长许奋及各兄弟院校的领导、师生代表、媒体等 200 余人参加研讨会。参会院校代表介绍了本院校在跨学科培养方面的尝试、思路与做法。与会者就当代中国艺术教育、人才培养等方面的问题展开交流讨论。本次研讨会是“第七届千里之行——中国重点美术院校2016届毕业生优秀作品展”的活动之一。

(清华大学文科建设处刘金梅供稿)

2016首都教育论坛 12月8日，由首都师范大学、北京教育学会主办，首都师范大学教育学院、北京基础教育研究基地、首都教育发展协同创新中心联合承办的2016首都教育论坛在京举行。论坛主题为“聚焦中小学办学体制改革，推进现代学校制度建设”。来自国家教育发展研究中心、华东师范大学、香港教育大学、华中师范大学、北京教育科学研究院、清华大学、北京联合大学等高校和科研机构以及中小学的管理者约40多人与会。开幕式上，首都师范大学党委书记郑萼教授、北京市教育学会会长罗洁教授、北京市教委副主任李奕分别致辞，首都师范大学副校长、教育学院院长孟繁华主持开幕式。与会学者将围绕教育治理与我国教育体制改革、公私观念的演进与公立学校办学体制改革、《学校法》的制定与现代学校制度的建立、香港地区中小学办学体制改革的经验与挑战、区域教育发展与基础教育办学体制改革等议题展开讨论。

(首都师范大学社科处李葸供稿)

研究生教学能力提升研讨会 12月9—11日，由清华大学教育研究院主办的研究生教学能力提升项目会暨基础读写课程助教工作研讨会召开，来自教务处、研究生院以及全校不同院系的70余名师生参与会议。此次会议旨在让参会助教更加深入地理解教育教学，展现小班教学的阶段性成果；同时，通过研究生教学能力提升项目的推广，让更多教师及其课程能够借以培养师资人才。教育研究院李曼丽、钟周对研究生教学能力提升项目作详细介绍，与会师生进行热烈讨论，给予这个项目充分肯定，并对未来发展提出展望。在3天的会议中，师生们以小班教学新模式的实践与创新为主题，交流了混合式小班教学的经验与成果，并由助教代表进行了小班授课演示。在优秀师资有限与学生需求广阔的矛盾前提下，如何保证教学学术水平与学生个性发展的协调统一，是大学教改中亟须解决的难题。目前清华大学已有9门课程采取“大班授课、小班教学”这一新模式，它的不断创新与完善也必将为清华大学教学模式改革乃至其他大学的课程建设提供更多借鉴。

(清华大学文科建设处刘金梅供稿)

国际法研究与教学青年论坛 12月16日，外交学院国际法系在外交学院举办第一届国际法研究与教学青年论坛。论坛邀请了浙江工商大学国际法系主任宋杰教授担任主讲嘉宾，并特邀南京大学法学院张华副教授、国务院法制办公室国际司冯光副处长和北京工商大学国际法系主任颜苏副教授出席。论坛由国际法系主任许军珂教授主持，来自中国人民大学、西安交通大学、北京天驰君泰律师事务所、外交学院等单位的二十余位国际法青年教师、博士生、实务工作者参加了讨论。

宋杰从新时期国际法研究与教学的观念转变切入主题。他指出，在当前的时代背景下，我国的利益遍及全球，我们对国际法的研究和教学不能再持保守态度，而应该以开放的眼光看待“创造性介入”，应该主动地参与国际事务，并积极扩大管辖权。此后，宋杰以实例来说明他的国际法研究与教学理念。他指出了案例研究方法的应用，说明国际司法机构案例的重要作用，但也要利用法律区别技术寻找其中的确定的法理（established jurisprudence）。

(外交学院科研处供稿)

首届中国基础教育质量监测与评价学术年会 12月26—27日，由中国基础教育质量监测协同创新中心主办的首届中国基础教育质量监测与评价学术年会在北京师范大学举行。年会采用主会场和三个研究方向分会场的形式，邀请国内外相关领域51位专家就最新的研究进展进行了报告和交流。来自北京大学、华东师范大学、东北师范大学等30多所高校，及中国教科院、教育部考试中心、北京教科院、科大讯飞等科研机构的200多位学者，来自18个省市（自治区）教育质量监测相关部门的100多位管理者，以及来自全国中小学的30多位管理者参加了会议。学术年会主会场由中国基础教育质量监测协同创新中心常务副主任辛涛教授主持，北京师范大学校长董奇教授致辞。董奇指出，中国基础教育质量监测工作具有重要意义，关系着素质教育是否能够实现，关系着“中国梦”是否能够实现。确定基础教育质量监测标准，客观准确地描述教育发展是中国基础教育质量协同创新中心的重要工作也是教育质量监测研究领域的重要任务。董奇希望基础教育质量监测与评价学术年会能够每年召开，促进更多的研究人员参与教育质量监测工作，使监测工作能够像中考和高考一样，影响中国基础教育的发展。此次年会是基础教育质量监测与评价领域学者对本领域的理论和现实问题的集中探讨，引发了实践者对于新问题和新技术的关注，促进了理论界对于现实问题的反思，也促成了研究上的一些合作及实践和理论领域的结合。

（北京师范大学社会科学处刘娜供稿）

民族学　宗教学

宗教与人类命运共同体高层论坛　7 月 16 日，宗教与人类命运共同体高层论坛暨 2016 年中国宗教学会年会在北京召开，论坛由中国宗教学会、中国社会科学院世界宗教研究所主办。中国社会科学院院长、党组书记王伟光，全国政协文史和学习委员会副主任叶小文等出席开幕式。叶小文，中国宗教学会会长、中国社会科学院世界宗教研究所所长卓新平分别在开幕式致辞。开幕式由中国社会科学院世界宗教研究所党委书记曹中建主持。论坛的主题是“宗教与人类命运共同体”。来自全国各地的近百位专家学者参加会议。会议研讨的主要问题有宗教与人类命运共同体意识、宗教与文明对话、宗教对话与互鉴、宗教与中国特色社会主义、中华文明与传统宗教、宗教与“一带一路”建设等。

（中国社会科学院办公厅刘玉杰编辑、供稿）

中国社会科学论坛 2016 · 宗教学　8 月 31 日—9 月 1 日，由中国社会科学院世界宗教研究所、中国宗教学会主办的中国社会科学论坛（2016 · 宗教学）在北京举行。论坛的主题是“文明对话与人类命运共同体”。来自国家宗教事务局，以及中央统战部、中国社会科学院、北京市宗教事务局的领导出席论坛开幕式。中国社会科学院世界宗教研究所所长卓新平、美国杨百翰大学教授杜克文在开幕式上致辞。中国宗教学会常务副会长曹中建主持开幕式。

会议研讨的主要问题有宗教与文明对话、宗教与人类命运共同体、G20 与跨信仰对话、互联网宗教与全球治理。

中国社会科学院世界宗教研究所副所长郑筱筠、中央民族大学哲学与宗教学学院院长刘成有、欧洲教会联盟执行秘书长伊丽莎白 · 科塔诺维奇等在会上发了言。

中国社会科学院世界宗教研究所、国务院发展研究中心民族发展研究所、北京大学、中国人民大学、中央民族大学、上海社会科学院、四川大学等单位的中方学者，以及美国杨百翰大学、加拿大温尼伯大学、德国马普研究院社会人类学研究所、以色列佩雷斯学术中心等国外大学及研究机构的专家学者近 70 人参加论坛。

（中国社会科学院办公厅刘玉杰编辑、供稿）

第二届全国伊斯兰教学术研讨会　12 月 16—18 日，由中国宗教学会、中国中东学会共同举办的伊斯兰教与“一带一路”暨第二届全国伊斯兰教学术研讨会在北京举行。

会议开幕式由中国宗教学会副会长、中国社会科学院世界宗教研究所副所长郑筱筠主持。国家宗教事务局三司司长马劲，中国宗教学会常务副会长曹中建，中国中东学会副会长、上海国际问题研究院研究员李伟建等分别致辞。

参加会议的各界代表共有 130 余位。会议研讨的主要问题有伊斯兰教与“一带一路”战略、中国穆斯林与“一带一路”、中东局势与“一带一路”、丝绸之路上的伊斯兰教、中华文明与伊斯兰文明、“一带一路”沿线经济文化等。

闭幕式由中国宗教学会常务副会长曹中建主持。中国中东问题原特使吴思科，中国宗教学会会长、中国社会科学院世界宗教研究所所长卓新平，中国中东学会副会长、宁夏大学中国阿拉伯国家研究院院长李绍先，中国社会科学院世界宗教研究所党委书记赵文洪等做闭幕式致辞。

（中国社会科学院办公厅刘玉杰编辑、供稿）

禅宗文化现状与发展论坛　12 月 22 日，由中国社会科学院佛教研究中心主办，广东东华禅寺、佛教在线承办，北京福慧公益基金会支持的禅宗文化现状与发展论坛在中国社会科学院世界宗教研究所举行。

中国社会科学院世界宗教研究所原党委书记、中国宗教学会常务副会长曹中建，中国社会科学院学部委员、中国社会科学院佛教研究中心主任魏道儒教授，国家宗教事务局一司佛教处王蕾处长，中国佛教协会副秘书长桑吉扎西，中国社会科学院佛教研究中心副主任纪华传教授，中国社会科学院世界宗教研究所周广荣研究员，广东省禅宗文化研究基地冯胜平主任，广东省民族宗教研究院副院长罗贻乐，广东省社会科学院国学研究中心主任柯可教授 等30余位专家学者以及相关人员出席了论坛。

论坛以“禅宗文化的现状”为主线，围绕“中国禅宗文化的传承与发展”展开了讨论。

（中国社会科学院办公厅刘玉杰编辑、供稿）

首届中国本土宗教研究论坛 12月24日，由中国社会科学院道家与道教文化研究中心、中国社会科学院世界宗教研究所、中国宗教学会主办的首届中国本土宗教研究论坛在北京开幕。中国社会科学院世界宗教研究所党委书记赵文洪、中国社会科学院荣誉学部委员马西沙研究员、中南大学道学国际传播研究院教授吕锡琛、中国社会科学院道家与道教文化中心主任王卡、中国社会科学院世界宗教研究所研究员汪桂平等人分别在开幕式上致辞。

会议研讨的主要问题是“中国本土宗教研究的新问题与新方法”。论坛议程分为两个方面，分别为论文发表探讨阶段和中国本土宗教研究暨《中国本土宗教研究》创刊座谈会。

（中国社会科学院办公厅刘玉杰编辑、供稿）

城市科学

中国城市政策与管理新年论坛（2016） 1月10日，由京津冀协同发展联合创新中心与北京大学政府管理学院联合主办、首都发展研究院承办的中国城市政策与管理新年论坛（2016）在北京大学廖凯原楼召开。会议由北京大学秘书长、京津冀协同发展联合创新中心主任杨开忠教授主持。本届论坛的两大主题“新时期的城市发展”与“京津冀协同发展”。对话嘉宾分别对中央城市工作会议提出的一个规律（尊重城市发展规律）、五个统筹（统筹城市发展的结构、环节、动力、布局和主体）以及新时期中国城市发展的问题提出了自己的观点；就京津冀协同发展总体发展战略的思路、体制机制问题、北京在京津冀区域疏解非首都功能面临的问题、河北在推进京津冀协同发展过程中的现状与问题，以及利用大数据手段看京津冀协同发展的进展情况等方面发表了各自的见解。来自中央财经领导小组办公室、国务院京津冀协同发展领导小组办公室、中央编译局、京津冀三地协同办、北京市社科联、社科规划办、北京市委办公厅信息综合室、国务院发展研究中心、国家发改委宏观经济研究院、中国社科院、中国城市规划设计研究院，大学和科研院所的政府官员与学者，以及北京大学、南开大学、清华大学、首都经贸大学等京津冀协同发展联合创新中心协同单位代表和学生代表共100多人参加了论坛。

（北京大学社科部供稿）

构建中英环境科学与政策对话圆桌论坛 1月27日，国务院发展研究中心资源与环境政策研究所和国际合作局携手英国科学与创新全球网中国工作小组及英国生态学与水文学中心（CEH）在北京共同举办了主题为水安全治理的“构建中英环境科学与政策对话”圆桌论坛。国务院发展研究中心王一鸣副主任和英国驻华大使吴百纳（Barbara Woodward）女士出席会议并致辞。来自国务院发展研究中心、英国驻华大使馆、英国生态学与水文学中心、中国科学院、中国农业科学院、环境保护部、水利部和南京大学、中国农业大学、北京师范大学等机构的约50位专家学者出席会议。资源与环境政策研究所高世楫所长主持会议，谷树忠副所长主持会议并作报告，李维明、王海芹、赵建华、罗冬梅、卢书英，国际局吕紫剑处长等参加会议。

（国务院发展研究中心办公厅科研处郭巍供稿）

城市与土地公共政策评估暨政策效应研究所年会 3月6日，中央财经大学管理科学与工程学院政策效应研究所在中央财经大学学术会堂举行城市与土地公共政策评估暨政策效应研究所年会。来自国家部委、地方政府、高校、科研院所的专家和学者40多人参加了本次研讨会。中央财经大学管理科学与工程学院政策效应研究所于2011年成立，并由加拿大女王大学区域与城市规划学院原院长、国家友谊奖获得者梁鹤年教授担任所长。研究所定位于对中国的经济、土地、城市等领域公共政策的规划、分析与评估，已经与一些国家部委和研究机构以及国际组织展开多项合作并提供咨询，目前已形成政策分析方法、“城市人”理论和文化基因三个稳定的跨校协同研究团队。本次研讨会主题为“深化政策分析方法研究，提升城市与土地公共政策科学评价水平”。梁鹤年围绕其最近的研究成果作了主旨演讲。武汉大学城市设计学院的魏伟博士，国务院发展研究中心东方所杨晓东所长、卓杰博士和牛家儒博士，复旦大学刘建军教授、王辰博士，西北大学段汉明教授，国务院发展研究中心牛雄博士，中央财经大学王志锋教授，中国浦东干部学院宋蕾博士分别代表各自研究团队展示了研究成果，进行专题发言。

（中央财经大学科研处供稿）

贯彻中央城市工作会议精神，加强北京历史文化保护研讨会　3月25日，由北京市委办公厅信息综合室与北京市社会科学院传媒研究所、北京市文化创意产业研究中心共同举办的“贯彻中央城市工作会议精神，加强北京历史文化保护”研讨会举行。来自政府、学界、企业界等领导、专家共20多人参加。2016年12月召开的中央城市工作会议多处阐述了历史文化保护的重要性。特别提出要统筹改革、科技、文化三大动力，提高城市发展持续性。要保护弘扬中华优秀传统文化，延续城市历史文脉，保护好前人留下的文化遗产。北京市委书记郭金龙在学习贯彻中央经济工作会议、中央城市工作会议精神讲话中，也提到了保护好古都风貌和历史文化的问题。为贯彻以上会议精神，探索新形势下加强北京历史文化保护的新思路新方法，特举办此研讨会。中国艺术报社、中国文艺评论家协会、北京市委办公厅、光明日报文艺部、中国社会科学院、中央文化干部管理学院、北京市社会科学界联合会、北京市东城区东四街道办、北京市西城规划分局、西城区历史文化名城保护委员会、北京市海淀区文化发展促进中心、北京大栅栏投资有限责任公司专家学者出席了会议。

（北京市社科院科研处供稿）

推进实施环境保护法座谈会　4月7—8日，全国人大环资委在京召开“贯彻绿色发展理念，深入推进实施环境保护法”座谈会。座谈会上，全国人大环资委主任委员陆浩通报了全国人大环资委2015年主要工作情况和2016年工作重点。北京、江西、新疆等在大会上作了典型发言。北京市人大城建环保委员会主任委员郭普金介绍了北京市生态环境建设情况以及北京市人大常委会在大气污染防治、水污染防治和垃圾处理方面的工作经验和成效。全国31个省、区、市人大环资委负责同志参加了会议。全国人大常委会副委员长沈跃跃出席会议并讲话。

（北京市人大常委会研究室王柏林供稿）

未来城市：建造智能低碳社区国际研讨会　5月17日，由对外经济贸易大学国际低碳经济研究所主办的“未来城市：建造智能低碳社区”国际研讨会在对外经济贸易大学召开。会议特别邀请来自低碳经济、低碳建筑概念、标准和技术实现、未来城市方面的中英两国专家，共同探讨未来智能低碳社区的建设。

国际低碳经济研究所所长、对外经济贸易大学副校长赵忠秀为英国拉夫堡大学土木与建筑学院欧盟项目研究组负责人 Tarek Hassan 等21位专家颁发了聘任书。与会专家围绕“整合社区建筑、改善能源利用”“能源使用效率对人类活动的影响”“未来社区—美好生活”“智能低碳社区的PPP项目操作”“揭秘下一代生态设计的标准与技术”“从低碳校园到‘终身社区’”“胜利油田热电联供中心BIM能耗改造项目”等主题展开讨论。

（对外经济贸易大学科研处供稿）

城市与设计产业论坛　5月23日，城市与设计产业论坛在中国传媒大学图书馆圆形报告厅举行。论坛由海峡两岸文化创意产业高校研究联盟、中国传媒大学经管学部学术指导，中国传媒大学经管学部文化发展研究院主办。论坛以“城市与设计产业”为主题，邀请两岸四地知名专家学者围绕创意设计如何铸造城市品牌、促进城市发展，以及设计创新在国家战略及产业转型中的作用等论题展开为期一天的研讨。中国传媒大学副校长廖祥忠出席论坛并致开幕词。论坛由文化发展研究院教授吴学夫主持。

中国传媒大学经管学部部长、文化发展研究院院长范周，国家广告研究院院长、中国传媒大学学术委员会副主任丁俊杰，经管学部党委副书记、文化发展研究院副院长卜希霆、台湾国际学生创意设计大赛计划主持人、文化发展研究院博士生导师林磐耸，香港HSART&DESIGN 董事及设计总监韩秉华，澳门佳作有限公司创办人林子恩，台湾知名设计师陈彦廷，康师傅控股华北地区董事长张百清，文化发展研究院硕士生导师赵书波分别做了会议发言。

此后，亚洲大学讲座教授李新富、台湾国际学生创意设计大赛计划协同主持人廖伟民、厦门大学艺术学院副院长戚跃春就“台湾国际学生创意设计大赛暨泰达杯两岸青年创意设计大赛”进行了专题介绍。

（中国传媒大学文科科研处供稿）

就地就近城镇化论坛　6月13日，由中国社会科学院城市发展与环境研究所主办、中国社会科学院生态文明研究智库和《城市与环境研究》编辑部承办的就地就近城镇化论坛在北京召开。会议的主题是就地就近城镇化战略思路、就地就近城镇化地方经验。中国社会科学院城市发展与环境研究所所长潘家华出席会议并致辞。来自北京大学、国务院发展研究中心、中国人民大学、中国社会科学院城市发展与环境研究所等科研院所的专家学者参加了会议。

（中国社会科学院办公厅刘玉杰编辑、供稿）

2016交通与城市协同发展高峰论坛　6月30日，由国际中国规划学会主办，北京交通大学建筑与艺术学院和北京交通大学城市规划与设计研究院协办的第十届国际中国规划学会年会2016交通与城市协同发展高峰论坛在北京交通大学科学会堂召开。北京交通大学副校长刘军、国际中国规划学会主席曹新宇分别致欢迎词，北京交通大学建艺学院院长夏海山主持开幕仪式。高峰论坛在经济"新常态"背景下，探讨交通与城市协同发展话题。

本次高峰论坛学术演讲围绕城市交通建设与城市发展的关系展开，演讲包括国际经验和中国实践两个部分展开，由北京交通大学建筑与艺术学院韩林飞教授主持。在国际经验部分，南加州大学Sol Price公共政策学院副院长简·朱利亚诺教授、弗吉尼亚理工大学公共与国际事务学院院长安妮·哈德曼教授、世界银行中国局交通部门主任Binyam Reja等三位演讲者从美国全国尺度的货运交通发展、到华盛顿大都市圈交通与城市规划的协同，再到PPP在城市交通设施中的作用，以从全球到地方的视角探讨城市交通在带动城市群和大都市圈的积极作用。在中国实践部分，中国城市轨道交通协会秘书长宋敏华、同济大学副校长吴志强等两位演讲者分别就探讨轨道交通发展经验，以及中国城镇化历程与面临的机遇和挑战等进行深入探讨。下午还进行了IACP分论坛——青年学者学术论坛部分进行探讨如何在国际国内期刊上发表文章的主题讲座。

（北京交通大学社科处李敏供稿）

第三届新型城镇化与流动人口社会融合论坛　7月2日，国家卫生计生委流动人口司与北京大学国家发展研究院在北京大学朗润园万众楼联合举办第三届新型城镇化与流动人口社会融合论坛。论坛主要研讨"十三五"期间及未来10年中国的人口流动迁移及其社会经济影响。来自政府、高校和科研机构的近30位国内外专家学者在论坛上发言，与会专家和代表超过200人。在主论坛基础上，主办方分别以流动人口卫生计生政策与均等化服务、人口流动迁移及经济社会影响、流动人口健康与养老保障为主题举办了三场分论坛，就新型城镇化与流动人口社会融合问题展开深入讨论。北京大学国家发展研究院院长姚洋教授主持开幕式。北京大学副校长王杰致辞。国家卫生计生委副主任王培安出席会议并作主旨演讲。

（北京大学社科部供稿）

2016中国特大城市高端论坛　10月15日，2016中国特大城市高端论坛——从国家规划到城市治理在北京召开。本次高端论坛紧扣国家战略重大关切，特邀国家国民经济和社会发展规划、城市总体规划和治理等领域的政府官员和著名学者，共同为中国城市发展献计献策。论坛的举办得到了中国城市科学研究会、中国区域科学协会、国家发展和改革委员会宏观经济研究院、北京市社会科学界联合会、北京市哲学社会规划科学办公室的大力支持。

论坛上，国务院发展研究中心副主任王一鸣研究员，国际欧亚科学院院士、中国科学院地理科学与资源研究所毛汉英研究员，清华大学环境学院余刚教授分别就"新常态背景下的区域经济发展"、"京津冀协同发展中的区域政策保障"和"京津冀环境污染问题与综合治理思路"进行主题发言。国务院参事、原国家住房和城乡建设部副部长仇保兴教授，中国城市规划设计研究院总规划师张兵教授，北京大学建筑与景观设计学院院长、美国艺术与科学院院士俞孔坚教授，首都经济贸易大学原校长、特大城市研究院首席专家文魁教授分别就"超大城市卫星城建设的历史经验与教训""国家空间治理与空间规划体系""海绵城市和生态修复的理论与实践"和"北京城市发展的十大关系"进行主题演讲。

来自清华大学、北京大学、中国人民大学、北京师范大学、东北大学、中国社会科学院、中国科学院等十余所高校和科研机构的专家学者，国务院发展中心、国家住房和城乡建设部、国家发改委宏观经济研究院、北京市委办公厅综合信息室、北京市政协、北京市城管执法局等政府机构的嘉宾以及首经贸400余名师生参加了本次论坛。

（首都经济贸易大学科研处李琳供稿）

中国城市百人论坛2016年会青年论坛　10月16日，中国城市百人论坛2016年会青年论坛在北京举行。中国社会科学院副院长、党组成员李培林出席会议并致辞。来自中国社会科学院、北京大学、清华大学、复旦大学、中国人民大学、南京大学等科研院所和高校的专家学者参加会议。会议围绕“城市未来与中国发展”的主题，对未来城市形态与治理、城市视角的未来中国、新型城市化的未来等前瞻性问题进行了研讨。

清华大学建筑学院副研究员龙瀛、北京师范大学经济与资源管理研究院副教授赵峥、上海财经大学城市与区域科技学院副院长张学良、中国人民大学公共管理学院教授杨宏山、上海社会科学院城市与人口发展研究所副所长屠启宇等在会上发言。

会议还就我国新型城镇化过程中面临的城市住房市场、收入分配、区域经济、教育公平、户籍制度、人力资源等问题，进行了深入研讨。

（中国社会科学院办公厅刘玉杰编辑、供稿）

城市绿色发展研讨会　10 月 22 日，城市绿色发展研讨会，由北京工业大学循环经济研究院主办，在北京工业大学建国饭店举行。北京工业大学循环院及其他学院近 170 余名师生参加了此次研讨会。国务院发展研究中心周宏春研究员、中国国际工程咨询公司郭建强主任、东北大学冶金材料学院杜涛副院长等 8 位国内知名专家莅临指导。本次会议包含三大议题，通过头脑风暴与提问交流等方式，各位专家及现场听众就城市尺度下物质代谢方法研讨、城市减物质化发展路径研讨以及城市存量对代谢效率的影响等三方面进行了沟通交流。

（北京工业大学科发院人文处张爱民供稿）

2016 城市国际化论坛　11 月 11—12 日，由首都经济贸易大学、中共北京市委社会工作委员会共同主办的 2016 年城市国际化论坛在北京召开。

主题研讨第一阶段，北京市委社会工作委员会委员、市社会建设工作办公室卢建副巡视员，北京社会主义学院副院长、北京改革与发展研究会会长陈剑研究员，清华大学公共管理学院邓国胜教授分别就“创新服务管理机制，打造‘枢纽型’社会组织‘升级版’”“社会价值投资的含义及其意义”和“社区基金会——社区营造的新引擎”进行了主题发言。

主题研讨第二阶段，北京科技大学社会学系时立荣教授、首都经济贸易大学城市经济与公共管理学院徐君教授、中国社科院农村发展研究所冯兴元研究员分别就“社会企业的意义”“环境类社会企业的发展：国外经验及启示”和“中国城镇化进程中商会、协会与产业技术联盟的作用”进行了主题演讲。

来自清华大学、中国人民大学、北京师范大学等 15 所高校，中国科学院、中国社科院、中国建筑设计研究院等 6 家研究机构，国家卫生计生委、河北省委省政府等 8 家政府机关及下属机构以及亚太城市研究会、中国城市科学研究会等 7 家公共组织和企业单位的专家与学者共计 71 名注册代表和 90 名博士硕士研究生报名参加了本次论坛。

（首都经济贸易大学科研处李琳供稿）

第三届科学监管与监管科学论坛　12 月 8 日，第三届“科学监管与监管科学”论坛在北京召开。论坛以“合作治理与科学监管”为主题，涉及国家治理体系、城市管理体制、食品药品监管、“互联网 +”监管、环境治理等多个议题。

论坛由首都经济贸易大学联合中国市场监督管理学会联合主办，中国行政管理杂志社协办，首经贸城市经济与公共管理学院、首经贸工商行政与市场监管研究所、《中国市场监管研究》编辑部承办。来自国家行政学院、清华大学、北京大学、中国人民大学、南开大学等 20 余所研究机构的 50 余名专家学者，以及来自中国行政管理学会、中国市场监督管理学会、北京市城市管理综合行政执法局和工商系统的领导干部出席了研讨会。

在主旨报告和主题发言环节，清华大学教授蓝志勇，中国人民大学教授张康之，北京市城市管理综合行政执法局副局长王连峰，上海师范大学教授马英娟，国家行政学院教授杨小军，中国知网党政与金融知识管理公司副总经理李飞，国家行政学院教授邱霈恩，北京大学教授顾昕，中国人民大学教授涂永前，南开大学教授宋华琳，城市经济与公共管理学院院长张国山先后发言。报告主题紧抓学术前沿与现实热点，聚焦监管理论与实践，既有对国家治理变革和困境的研究，也有对市场监管具体问题的关注；既有丰富的一手数据资料分享、新鲜的政策要闻解读，也有系统的理论分析框架和新颖的理论阐释视角。报告人将宏观与微观、理论与实际、国内与国外相结合，充分体现了研究的针对性、实践性、科学性和前沿性。

（首都经济贸易大学科研处李琳供稿）

首届城市文化发展高峰论坛　12 月 18 日，由北京师范大学北京文化发展研究院主办的“都市与乡愁”——首届城市文化发展高峰论坛在北京师范大学英东学术会堂举行。北京师范大学副校长陈丽教授、北京市委社会工作委员会书记、北京市社会建设办公室主任宋贵伦、北京市社会科学规划办公室主任崔新建出席会议并致辞。来自中国社会科学院、清华大学、北京大学、北京师范大学、南京大学、南开大学以及美国犹他谷大学等科研机构的50多位专家与会。

陈丽指出：文化院整合北京文化资源和科研力量，聚焦文化发展中的热点、难点、重点问题，已经成为我国文化研究领域的重镇。目前，文化院放眼世界和中国文化发展新的大的格局，突出文化价值为中心，文化以人为本的理念，更加注重基础理论研究，现实对策研究、历史文化梳理和品牌活动开展，努力打造国内一流、世界知名的文化发展研究中心和高端智库。宋贵伦在致辞中强调，在研究中国文化时，应当投入更多的精力研究城市文化。城市文化和社会文化并列，应该成为我们城市发展和研究的着力点。崔新建在致辞中指出，都市人的乡愁应当与乡下人的都市梦是相关联的，相伴生的。他从这两个概念出发，对都市与乡愁的主题进行了系统而深刻的阐释。与会学者认为，城市化是中国现代化的必由之路，城市化进程总是激起人们浓浓的乡愁。公共性城市精神与私人化乡愁之间的现实张力，推动着人们在城市社会进步与留住传统文明之间寻求一种动态平衡，这已经成为时下都市文化建设的明线与都市人社会心理的伏线。

（北京师范大学社会科学处刘娜供稿）

绿色发展高端论坛　12月24日上午，“2016中国绿色发展指数报告发布会”暨绿色发展高端论坛在京开幕。本次活动由北京师范大学经济与资源管理研究院、西南财经大学发展研究院、国家统计局中国经济景气监测中心、北京基金小镇联合主办。论坛的主题为“新常态下绿色发展问题”。此次正式发布的《2016中国绿色发展指数报告——区域比较》，公布了我国30个省（区、市）和100个城市的绿色发展指数排名，以及2010—2015年中国绿色发展指数纵向比较情况，并继续推出各地区的“绿色体检表”、城市绿色发展公众满意度问卷调查等内容。发布会及主题论坛由该报告执行负责人北京师范大学经济与资源管理研究院韩晶教授主持，报告总负责人、北京师范大学经济与资源管理研究院院长关成华教授发布了《2016中国绿色发展指数报告》的最新研究成果。与会专家学者围绕“新常态下绿色发展问题”，就绿色理念的应用和实践等议题展开了深入探讨。

本次活动由北京师范大学经济与资源管理研究院、西南财经大学发展研究院、国家统计局中国经济景气监测中心、北京基金小镇联合主办。“中国绿色发展指数”系列报告自2010年开始发布，此次发布的报告为第七本。北京师范大学党委宣传部、经济与资源管理研究院的有关负责人，以及来自国家工信部、环保部、国务院发展研究中心、国家统计局等政府部门及中国社科院、中国人民大学、对外经贸大学等研究机构的专家学者。

（北京师范大学社会科学处刘娜供稿）

语言学　文学

语法化研究高层论坛　1月9—10日，由首都师范大学文学院主办的语法化研究高层论坛暨“中国境内语言语法化词库建设”学术研讨会在裕龙大酒店举行。周建设副校长，著名语言学家江蓝生、沈家煊、刘丹青、崔希亮、吴福祥，以及来自中国社会科学院、北京大学、浙江大学、中国人民大学、北京语言大学、中央民族大学、华中师范大学、湖南师范大学、上海师范大学、广西大学等20余所国内高等院校及科研院所的专家学者、学生150余人参加了研讨会。

会上30余位专家报告了自己的最新研究成果，报告涉及语法化的范围、功能语法化和结构语法化、超词汇单位的语法化、语法化中的语音形式变化、语义功能概括、重复发生的语法化、语法化与词汇化的关系、语法化的词汇源头、未被确认和揭示的语义语法范畴、语法化路径描写、内部促动与接触引发的语法化等多个方面。参会专家就报告内容进行了讨论。

此次大会标志着国家社会科学基金重大项目“中国境内语言语法化词库建设”正式启动。

（首都师范大学社科处李葱供稿）

中国传统文化现代转型与中华民族伟大复兴学术研讨会　为深入学习习近平总书记关于传统文化的重要讲话精神，系统总结中国共产党在推进传统文化现代转型中的历史经验，加强北京市科研基地——中国共产党与中国文化建设创新研究平台以及北京高校中国特色社会主义理论研究协同创新中心建设，首都师范大学马克思主义学院、中国近现代思想文化研究所主办的中国传统文化现代转型与中华民族伟大复兴学术研讨会在北京召开。

国务院参事室中国国学研究与交流中心、中共党史研究室、中国社科院近代史研究所、中国社科院当代中国研究所、清华大学、中国人民大学、中央财经大学、中国人民武装警察学院、山东师范大学、湖北大学、青岛大学、首都师范大学等高校和科研机构的近50位专家学者参加学术研讨会。中国戏剧出版社、中国大百科全书出版社、中国社会科学报等领导和专家也出席了此次学术研讨会。

党委副书记徐志宏出席研讨会开幕式并致辞。会议紧紧围绕“中国传统文化现代转型与中华民族伟大复兴”这一主题，进行了讨论。与会专家学者认为，本次研讨会的举办，对深化传统文化现代转型研究，实现中华民族伟大复兴具有重要的学术价值和现实意义。

（首都师范大学社科处李葸供稿）

青年鲁迅研究论坛　4月16日，纪念鲁迅逝世80周年青年鲁迅研究论坛在中国传媒大学44号楼举行。来自北京大学、北京师范大学、中国社科院、首都师范大学、山东师范大学等北京及周边地区20多家高校和研究机构的约35位专家学者出席了这次青年论坛，话剧《大先生》编剧李静也应邀出席了此次论坛。

论坛分为青年鲁迅研究中存在的问题与困惑、话剧《大先生》中的鲁迅形象塑造、《文章在兹》新书研讨三个专场进行专题讨论。开幕式由青年学者刘春勇主持。文法学部部长李怀亮教授致欢迎辞，并简单介绍了中国传媒大学文法学部的学科建设情况。

第一专场由首都师范大学王家平教授主持，集中讨论了当前青年鲁迅研究中存在的问题与困惑，山东师范大学的贾振勇、中国传媒大学的刘春勇、山东艺术学院的崔云伟、鲁迅博物馆的陈洁、中华女子学院的张永辉、中国国家画院的赵寻、山东社科院的曹振华等学者，分别就当前鲁迅研究中出现的问题及解决的方法进行了专题发言。第二专场由北京大学教授高远东主持，集中探讨了话剧《大先生》中的鲁迅形象塑造等问题。《大先生》编剧李静、山东师大的顾广梅、中国鲁迅基金会的荣挺进、中国传媒大学的刘春勇等就相关问题发表了各自的意见。第三专场由贾振勇教授主持，围绕刘春勇的鲁迅研究新著《文章在兹》做了研讨，北京第二外国语学院的李林荣、山东师大的顾广梅、首都师大的孟庆澍、北京邮电大学的宋声泉、中国现代文学馆的易晖、北京师范大学的费冬梅、中国国家画院的赵寻、鲁迅博物馆的陈洁、温州大学的孙良好等学者进行了讨论。

中国传媒大学研究生院院长张鸿声教授致闭幕词，并对论坛做了简短的总结。除参会的专家学者外，还有现当代文学专业的硕士研究生、在职班的进修生、中文系和语言系的本科生等近40人列席了研讨会。

（中国传媒大学文科科研处供稿）

语言服务高峰论坛　4月23日，由对外经济贸易大学英语学院主办、国际语言服务与管理研究所承办的《中国企业“走出去”语言服务蓝皮书》发布会暨语言服务高峰论坛在对外经济贸易大学举行。来自国内50多所高校专家学者、国内外100多家语言服务企业代表以及中国标准化界权威代表400余人出席了发布会与高峰论坛。

《中国企业“走出去”语言服务蓝皮书》是中国企业“走出去”协同创新中心的研究成果。研究团队耗时近一年，对21个省市、10余个行业、213家企业和事业单位进行问卷调查，对企业在“走出去”过程中对语言服务的需求现状和发展趋势进行了详尽调研；研究团队收集国内外数十份报告，构建各种分析模型，从语言服务视角为中国企业“走出去”、中国语言服务企业“走出去”、中国标准“走出去”进行战略分析并提供实施建议。

（对外经济贸易大学科研处供稿）

清华大学第439期博士生学术论坛　4月23—24日，第439期博士生学术论坛暨2016年清华大学人文学院博士生学术论坛在延庆三堡学术基地举办。论坛以“格物致知·以文化人”为主题，以“自由思想·独立精神”为指导，通过跨学科交叉论坛、分论坛宣讲、讨论和互评等方式，引导广大研究生同学积极进行学术交流。长江学者特聘教授、比较文学与文化研究中心主任王宁，中文系教授张美兰，历史系副教授黄振萍，哲学系高海波，学院党委副书记解峰和研工组组长孙晶等90余名师生到会参加。开幕式后，王宁作题为“今日人文学科的功能与作用”的特邀报告。王宁提出探讨全球化时代人文学科的作用，是当代人文学科研究的一个重要理论课题，意义十分重大。作为中国的人文学者，我们不仅要在国际中国研究领域掌握话语权，同时也要在一些具有普世意义的基本理论话题的研究方面争得话语权，为全球人文学科的建设做出自己的贡献。参会师生在文史哲外学科交叉分论坛上，围绕“人文外交在今天的作用与效果”“19 世纪末 20 世纪初，中西文化交融对语言和文学的影响”“论传统中国的‘文以载道’”等论题展开讨论。与会博士生按专业分别发表学术报告并最终评选出 12 篇优秀报告。

（清华大学文科建设处刘金梅供稿）

外国文学与文化前沿话语高层论坛　5 月 7 日，由北京科技大学外国语学院主办的“碰撞与交流：外国文学与文化前沿话语高层论坛”在北京科技大学举行，首都部分高校的师生约 150 余人参加了本次论坛。来自北京外国语大学、华中师范大学、中国社会科学院、北京大学、清华大学、中国人民解放军外国语学院、首都师范大学、中国人民大学等八所高校的知名学者出席会议并发言，分别从文学伦理学批评的基本理论及主要观点、文学研究与国家意识的关系、新文化语境下的研究和创新以及当代改写理论的发展及走向等方面做主题报告。

（北京科技大学科学研究与发展部李静供稿）

强制阐释论的提出与影响学术研讨会　5 月 17 日，中国社会科学院马克思主义文艺理论论坛之“批评的理论与理论的批评——强制阐释论的提出与影响”学术研讨会在北京举行。全国各地的中青年学者 20 多人参加了会议。中国社会科学院副院长、“强制阐释论”提出者张江教授出席会议开幕式，他指出自己之所以提出“强制阐释论”是基于中国文艺理论体系的重建，“说中国话”是他对自己的要求，也是他对中青年学者们的厚望。

一年多以来，文学理论界围绕张江于 2014 年提出的“强制阐释论”，展开了广泛而深入的学术讨论。回眸总结“强制阐释论”这一理论的关注点，大致包括：如何辨识当代西方文论、它对中国文艺实践的有效性如何、在西方文论的强势话语下中国文艺理论建设的方向和道路何在。

中国社会科学院研究员、马克思主义文论与文学批评研究室主任丁国旗、广东外语外贸大学中国语言文化学院教授何光顺、安庆师范大学文学院副教授江飞、华中师范大学文学院副教授王庆卫、南京大学艺术研究院副教授周计武、江汉大学人文学院教授庄桂成等参加会议并发言。

（中国社会科学院办公厅刘玉杰编辑、供稿）

全国第二十届苏轼国际学术研讨会　6 月 11—12 日，由中国人民大学文学院和中国苏轼研究学会主办、四川眉山市三苏研究会协办的全国第二十届苏轼国际学术研讨会在中国人民大学举办。11 日上午，研讨会在逸夫会堂开幕。来自中国社会科学院、北京大学、中国人民大学、复旦大学、四川大学、武汉大学、中山大学、美国圣·劳伦斯大学、日本大阪大学、韩国檀国大学等国内外高校的专家学者以及各地苏轼研究学会成员共 150 余人参加了会议。中国人民大学常务副校长王利明出席开幕式并致辞。大会分别设两场学术报告与四场小组讨论，与会人员围绕四个主题展开广泛而深入的探讨。6 月 12 日下午大会闭幕式举行，《文学评论》编辑部副编审王秀臣主持开幕式。各小组代表都对小组现场讨论情况作了总结发言，中国苏轼研究学会副秘书长刘清泉作大会学术总结。中国苏轼研究学会会长周裕锴致闭幕词。

（中国人民大学科研处关晓斌供稿）

语言认知名家论坛　6 月 18—19 日，语言认知名家论坛暨商务眼动实证研讨会在对外经济贸易大学召开，来自海内外 30 多所高校对语言研究采用眼动技术感兴趣的专家学者参加了会议。对外经济贸易大学原校长施建军、北京外国语大学校长助理王文斌、天津师范大学教育科学学院院长白学军共同为眼动实验室揭牌。

商务语言认知实证是学校跨学科的全新研究探索，包括商务、语言、认知、心理和实验等多学科交叉的研究领域，既体现学校特色研究的发展，也与国际前沿研究接轨，是对外经济贸易大学语言学发展的创新点。

（对外经济贸易大学科研处供稿）

柳青百年诞辰纪念座谈会　6 月 29 日，今年是著名作家柳青百年诞辰，这位现实主义作家给我们留下了一部未完成的《创业史》和远未终结的纪念与探讨。2014 年 10 月 15 日，习近平总书记在文艺工作座谈会上发表重要讲话，对柳青“深入到农民群众中去，同农民群众打成一片”给予高度评价。如何深入生活、扎根人民，从生活走向艺术，让艺术回归生活，是作家柳青给后来者提出的重要课题。

柳青百年诞辰纪念座谈会在京举行。中国作协主席铁凝出席座谈会并讲话。中国作协党组书记、副主席钱小芊主持座谈会。中共陕西省委常委、宣传部部长梁桂，以及贾平凹、陈彦、段建军等近20位专家学者、柳青家人及鲁迅文学院第29届高研班学员与会。

铁凝在《和人民一道前进》为题的讲话中谈道，柳青的《创业史》是中国文学永在的高峰。柳青是一个真正的人民作家，他毕生的创作和实践，都在有力地回答“为了谁、依靠谁、我是谁”的问题。柳青那一代作家是第一代站在农民之中的作家，他们在社会前进的高度上揭示人民的劳作和奋斗所具有的实践品格和美学价值。这是新的、以人民为中心的文学，在中国文学的漫长历史上，这是具有崭新而持久的现代性意义的光荣创举。

铁凝说，从《咬透铁锹》《种谷记》到《铜墙铁壁》再到《创业史》，柳青为中国文学留下了一份丰厚的遗产。他的那些关于生活、关于写作的经验之谈至今熠熠生辉。柳青留给我们的，是宏大的、人民的史诗，同时他还留下了一条道路、一种精神，他对中国当代文学的发展产生了深刻的影响。纪念和缅怀柳青，将推动我们更加深刻地理解习近平总书记的重要讲话精神。和人民一道前进，这就是柳青的精神和道路，也是新的时代对广大中国作家发出的热切召唤，让我们深入生活、扎根人民，在人民创造历史的伟大实践中迎来中国文学的更大繁荣发展。

钱小芊表示，在中国当代文学史上，作家柳青是一面旗帜。柳青的一生，是满怀对国家民族的责任感投身火热生活和革命实践的一生，是与人民群众同呼吸共命运的一生。我们今天纪念柳青同志，就是要深入学习和弘扬柳青精神，与人民同行、与时代同行。今年，中国作协将举行第九次全国代表大会，这次大会将进一步深入学习贯彻习近平总书记在文艺工作座谈会的重要讲话，高举讲话的旗帜，团结广大作家和文学工作者，推动中国特色社会主义文学事业繁荣发展。

（参见《光明日报》2016年6月30日第9版）

文学与文化：传统与现代中澳学生论坛　7月4—5日，由中国社会科学院与澳大利亚人文科学院联合主办的“文学与文化：传统与现代”中澳学术论坛在北京举行。论坛由中国社会科学院国际合作局与文学研究所联合承办。国际合作局副局长周云帆、文学研究所所长陆建德、文学研究所党委书记刘跃进出席会议。来自中国社会科学院文学研究所的专家学者，与来自澳大利亚昆士兰大学、悉尼大学、纽卡斯尔大学、拉筹伯大学和新南威尔士大学的学者参加会议。会议研讨的主要问题有古典文学及其现代意义、文学的现代转型：19世纪晚期到20世纪初期、文学与当代生活：中西方当代美学与哲学等。来自中国社会科学院文学研究所、外国文学研究所的科研人员以及《光明日报》《中国社会科学报》等单位的新闻媒体工作者共计50余人参加了论坛。

（中国社会科学院办公厅刘玉杰编辑、供稿）

新时期诗歌美学研讨会　近日，由北京大学中国诗歌研究院、中国诗歌学会、浙江日报报业集团北京分社联合主办的“新时期诗歌美学——《用我的诗爱你》研讨会”在北京大学举办，十几位学者、诗人与会。

研讨会由北京大学中国诗歌研究院执行院长陈晓明主持。北京大学中国诗歌研究院院长谢冕认为，《用我的诗爱你》表现的是人间真善美，表现的是诗歌、诗人与现实社会唇齿相依的关系。中国作家协会副主席吉狄马加表示，浙江浦江“2·16”事件引发的诗歌创作热潮，不是偶然的现象，通过三个走失儿童，使我们发现，诗与这块土壤和这里的人民，从来是那么亲近。中国诗歌学会会长黄怒波认为这次诗歌现象完全符合当下诗歌美学要求，这种要求是经过三千多年时光砥砺的中国诗歌美学的魂魄。

（参见《光明日报》2016年7月4日第13版）

诗歌翻译论坛　以“黄金在天上舞蹈，命令我歌唱——诗歌的语言、翻译和可能性”为主题的鲁迅文学院学术论坛近期在京举行。中国作协副主席、鲁迅文学院院长、诗人吉狄马加，以及十多位诗人、翻译家、评论家与会研讨。大家围绕诗歌翻译的价值、诗歌翻译的可能性，以及译作对诗歌创作的影响等话题展开讨论。

吉狄马加谈到，中国新诗的发展既继承了中国古典诗歌传统，也不断借鉴从外国翻译过来的诗作。我们对外国诗歌的翻译一直进行着，这些翻译作品在某种意义上已经成为我们文学的重要组成部分。回顾中国新诗百年史，诗歌翻译的作用不可忽视，诗歌翻译家的贡献需要强调。通过诗歌翻译，我们深入了解了其他国家的文化精神，抵达不同民族人民的心灵，并借此不断刷新了我们的诗歌观念和语言。当下，中外文学交流越来越广泛、密切，诗歌翻译越来越系统、全面，这将有利于促进中国诗歌的繁荣发展。在这个过程中，希望翻译家们能够静下心来，提高翻译的准确性和文本呈现的诗意性。

（参见《光明日报》2016 年 7 月 4 日第 13 版）

关于国际满洲学资料现状与研究学术研讨会 8 月 17 日，北京市社会科学院满学研究所与韩国高丽大学民族文化研究院满洲学中心在京共同举办了关于国际满洲学资料现状与研究学术研讨会。自 2011 年满学研究所与韩国高丽大学民族文化研究院签订了学术交流协议以来，双方在满学研究方面进行了持续的学术交流。此次研讨会，满学所常越男副所长与高丽大学满洲学中心金裕范所长教授分别做了《北京市社会科学院满学研究所满学研究成果》《高丽大学满洲学中心研究成果》的报告。双方主要从满学研究的意义、研究目标和内容、本部门学科建设、论著出版、国际交流、网络建设、资料的搜集整理、学习讲读班的开设等方面，相互介绍了近期的满学研究成果。研讨会上，满学所赵志强研究员做了《〈无圈点档〉及其抄本与译本》的报告，对满文《无圈点档》的形成、版本及抄录和翻译情况做了详细介绍，提出重新译注《无圈点档》，为研究清入关前的历史提供可靠的史料势在必行。韩国尚志大学崔东权教授的《〈西厢记〉韩国藏本介绍》的报告，对满汉《西厢记》6 种藏本的版本，包括汉语词汇满文转写的差异、满汉合璧的差异、注释特点和翻译形式进行了分析。满学所助理研究员关笑晶《清代北京寺庙满文碑刻初探》的报告，对北京的满文碑刻的数量、分布、所在寺庙性质、使用人群及语言功能等方面进行了解读。此外，参会的专家学者，就各自的研究领域，进行了相关问题的讨论，对中韩两国目前满学研究的状况进行了交流，互赠研究成果。

（北京市社科院科研处供稿）

文学·思想·中日关系国际学术研讨会 10 月 14 日，“文学·思想·中日关系”国际学术研讨会在北京召开。研讨会由中国社会科学院与日本学术振兴会共同举办。会议开幕式由中国社会科学院文学研究所研究员赵京华主持。 来自中日两国的多位专家学者探讨了中日关系的历史、现状和未来，文学、思想中的中国和日本，中日文化交流中的鲁迅等议题。

会议研讨的主要问题有中日之间的诸问题、文学思想间的日本与中国、中日文化交流中的鲁迅。中国社会科学院日本研究所研究员李薇，日本菲利斯女学院大学教授岛村辉，日本早稻田大学教授、文艺评论家高桥敏夫，中国社会科学院外国文学研究所研究员许金龙等分别在会上发言。

（中国社会科学院办公厅刘玉杰编辑、供稿）

2016 年语言文化比较学术研讨会 10 月 15 日，由首都师范大学外国语学院、日语系、日本文化研究中心及语言文化学会主办的“2016 语言文化比较学术研讨会”，在首都师范大学召开。来自全国 30 余所高校的师生及日本广岛大学、成城大学等日本高校及研究机构的代表出席了会议。首都师范大学宫辉力校长、外国语学院封一函院长、日语系孔繁志主任、日本文化研究中心李均洋主任，广岛大学佐藤利行理事副校长等出席了会议。

宫辉力在致辞中指出，中日是搬不走的近邻，语言文化交流、特别是以汉字为媒介的文化交流源远流长，从而形成了中日两国乃至东亚各国共通的语言文化财富。随着互联网的发展，中国的日语教育和日本的中国语教育，以及中日语言文化交流，越来越便捷，这为两国人民尤其是青少年学生的互相了解、增进共识和友谊，架起了坚实的语言文化之桥。

这次研讨会邀请到多位来自日本高校和国内高校的资深日语专家作主旨发言，还组织了多个分论坛供日语界学者们做学术研讨和交流。与会代表从比较语言文化的角度，就中日语言文化教育及语言文化交流进行了探讨。会议收到 70 余篇论文，优秀论文将刊载在《语言文化学刊》2017 年号上。

（首都师范大学社科处李葸供稿）

第七届中国语言经济学论坛 10 月 22 日，“第七届中国语言经济学论坛·第二届中国语言产业论坛”在紫玉饭店举行。国家语委和北京市语委的领导、来自 26 所高校的学者、语言企业代表及媒体记者近 70 人参加了本届论坛。论坛由首都师范大学北京语言产业研究中心与山东大学语言经济学研究中心联合举办。

开幕式上，教育部语信司司长田立新指出今年是“十三五”开局的第一年，我们要深刻认识到语言文字事业所面临的机遇和挑战，努力提升语言服务国家的能力。语言文字是文化资源也是经济资源，我们要加强对语言资源的统筹协调，创新语言服务方式，增强语言经济意识，支持语言产业发展，推动新的经济增长点。国家语委科研规划将在今后工作中对这一领域的研究提供大力支持。

北京市语言文字工作委员会办公室主任贺宏志在致辞中指出，语言是助推世界文明的力量，它不仅是教育问题，也是政治问题、经济问题，同时也是国家的战略问题和安全问题。今天论坛所聚焦的语言经济学和语言产业的问题为表现语言力量提供了手段。

开幕式后由五位专家作大会主题报告。山东大学经济研究院院长黄少安教授的报告题目为《反殖民主义与语言通用度变化》。北京语言大学党委书记李宇明教授的报告题目为《语言规划与经济规划的照应关系》。武汉大学中国语情与社会发展研究中心主任赵世举教授的报告题目为《也谈作为人力资本的语言资本及其效用》。加拿大渥太华大学教授 Gilles Grenier 的报告题目为：Economic Issues Related to Language in Canada。"科大讯飞"教育事业部总监汪张龙先生的报告题目为《人工智能及其在语言产业中的应用》。

小组报告环节中，20 余位学者围绕语言产业的概念及边界、语言资源的经济功能、语言政策语言规划与语言经济、"一带一路"中语言战略和语言服务等问题作小组发言，与会学者参与了讨论。

（首都师范大学社科处李蒽供稿）

自然写作与环境伦理学术研讨会　10 月 28—30 日，由中国社会科学院文学研究所、泉州师范学院共同主办的"自然写作与环境伦理"海峡两岸学术研讨会先后在北京、泉州召开。来自海峡两岸以及韩国、马来西亚、美国的 90 余位专家学者参加会议。

会议的主题是"自然写作与环境伦理"，旨在呼应中央在十八大报告中提出的"建设美丽中国"重大战略思想。会议研讨的主要问题有两岸文学和影像的自然生态书写、两岸城乡自然生态问题、人与自然关系的历史和哲学研究、全球化背景下的环境伦理问题、自然生态文学和影像的交流推广等。

（中国社会科学院办公厅刘玉杰编辑、供稿）

第三届中法语言政策与规划国际研讨会　日前，第三届中法语言政策与规划国际研讨会在京召开。会议期间，双方签署了中法两国《关于语言政策交流合作协议》，并举办了第二届中法语言政策与规划国际研讨会成果发布会。会议主题为"语言发展与文化多样性"。

在为期两天的研讨会分论坛中，专家学者们围绕"语言政策与规划""法语教育与汉语教育""语言保护与文化多样性"和"语言服务与语言传播"四个主题进行深入研讨。同时，还在首都博物馆举办为期一周的"中法语言文化交流与合作"成果展，通过文字、图片、实物、多媒体资料和生动实景，解读两国语言政策与规划发展、展示两国语言保护措施及文化多样性。

教育部副部长、国家语委主任杜占元谈到，中国全面重视语言文字工作，促进语言文字应用法制化规范化标准化信息化，走出了一条有中国特色的语言文字事业发展之路。近年来，在中法双方共同努力下，两国人文交流更加全面、深入和成熟。

此次研讨会由中国教育部、国家语言文字工作委员会、国家外国专家局、中国联合国教科文组织全国委员会、法国驻华使馆、法国文化部、外交部、教育部、法国对外文化教育局联合主办，北京语言大学承办。

（参见《人民日报》2016 年 11 月 2 日第 2 版）

第五届世界汉学大会　11 月 11 日，由孔子学院总部、国家汉办和中国人民大学共同主办的第五届世界汉学大会在中国人民大学开幕，近百名中外学者共聚一堂，围绕"比较视野下的汉学：传统与革新（Sinologies in A Comparative Context：Tradition and Innovation）"主题展开对话交流。中国人民大学党委书记、校务委员会主任靳诺，孔子学院总部副总干事、国家汉办副主任静炜，中日韩三国合作秘书处秘书长、前驻外大使杨厚兰等出席开幕式。来自中国人民大学、北京大学、清华大学、北京师范大学、北京外国语大学、北京语言大学、中央民族大学、同济大学、华东师范大学、上海师范大学、中山大学、香港中文大学、香港城市大学、澳门圣若瑟大学、台湾清华大学、台湾辅仁大学，美国普林斯顿大学、耶鲁大学、芝加哥大学，英国牛津大学、格拉斯哥大学、伦敦大学，荷兰莱顿大学，意大利罗马大学，奥地利维也纳大学，瑞士巴塞尔大学，爱尔兰都柏林大学，土耳其安卡拉大学，澳大利亚新南威尔士大学，韩国首尔大学、延世大学，日本筑波大学，中国社会科学院、孔子学院总部等国内外院校和机构的专家学者参加开幕式。

（中国人民大学科研处关晓斌供稿）

"一带一路"背景下翻译研究与教学学术论坛　12

月10日，中国传媒大学举办“一带一路”背景下的翻译研究与教学学术论坛。中国传媒大学党委副书记兼纪委书记赵晖出席开幕式并致辞，外国语学院副院长金勇、李烨辉先后主持论坛开幕式及主题发言环节。

《人民日报》海外版记者部主任严冰、外交部翻译司副司长戴庆利、中国外文局总编室主任黄卫、新华社译名室主任李学军、北京大学外国语学院博士生导师刘树森教授、北京第二外国语学院高级翻译学院院长程维，中国传媒大学外国语学院院长李佐文、党委书记李众及中国传媒大学部分学部、直属学院近200名师生参加了此次学术论坛。

中国传媒大学党委副书记兼纪委书记赵晖出席开幕式并致辞，她向与会领导和嘉宾介绍了学校近期工作的总体情况，回顾了近几年外国语学院在学科建设方面的发展和成绩。开幕式上，李佐文就“一带一路”背景下翻译研究与教学学术的紧密联系发表了自己的见解。

在主题发言环节，各位专家学者以“一带一路”和翻译为主题切入，发表了真知灼见。严冰结合政治、文化和自己发展经历畅谈翻译理论及工作；戴庆利从工作要求、工作情况、翻译技巧、工作感受等方面阐述了对翻译教学和人才培养的见解；黄卫从实际案例和时代要求两个方面谈翻译能力、新理念、新方案；李学军提出，翻译从古至今都是个非常重要的职业，翻译工作需要具备良好的中华文化素养以及全方位的知识面。

本次学术论坛设新闻翻译、影视翻译、翻译与跨文化传播三个分论坛，12月10日下午，分论坛在2号楼同时举行。李学军、麻争旗、程维分别担任主持人兼点评专家。来自中国日报报社、北京交通大学、首都师范大学、中国传媒大学的多名专业教师、学者结合本次论坛主题做发言。

（中国传媒大学文科科研处供稿）

第三届人文社会科学翻译高层论坛　12月11日上午，由首都师范大学外国语学院主办的第三届人文社会科学翻译高层论坛在首都师范大学召开。首都师范大学党委书记郑萼、外国语学院党委书记朱平平、副院长赵秦岭和肖国光出席了本次会议。参加本次论坛的有校内外专家、学者、教师、译界人士和研究生近百人。本次论坛由北京市高校英语类专业群协办。研讨会由外国语学院院长封一函教授主持。

与会专家们从不同的研究视角切入，围绕人文社会科学翻译这一中心议题深入研讨。出席本届高层论坛的国内人文社科翻译学界的专家北京外国语大学副校长孙有中教授，中国外文局原副局长、中国翻译协会副会长黄友义译审，清华大学外文系、广东外语外贸大学云山学者罗选民教授，中山大学外语学院区鉷教授，中国外文局外文出版社原总编辑徐明强译审，南开大学外语学院王宏印教授，上海外国语大学英语学院院长查明建教授，北京外国语大学英语学院院长张剑教授，中央编译局童孝华译审，中国艺术研究院昆曲艺术家刘静研究员、首都师范大学国际文化学院专家莫大伟（David Moser）博士、外国语学院俄语系刘文飞教授、英语系封一函教授、日语系李均洋教授、法语系李军教授等专家学者分别作了主旨演讲。

（首都师范大学社科处李蒽供稿）

学科转型发展与文化文学研究论坛　12月13日下午，学科转型与文化文学研究论坛在北京市社科院六层会议室成功举办，党组书记、院长王学勤致辞并全程参与论坛，参会人员为北京市社科文化研究所和湖南社会科学院文学研究所全体研究人员。论坛分为上、下两个半场，分别由北京市社科院文化所李建盛所长和湖南省社科院文学所卓今所长主持。论坛围绕学科转型发展、文化文学研究两大主题展开。王学勤在总结中高度赞扬此次论坛的成功举办，他认为这样学术交流和对话非常好，研讨学科发展、探讨学术研究，互通信息，交流经验，相互学习；文化、文学的转型与学科发展的转型两者是连贯的范畴，但中间也有区分，需要人文研究学者继续探索；这次论坛体现了在座专家学者事业的追求、责任的担当以及价值的选择。

（北京市社科院科研处供稿）

文化　艺术（含民俗）

2016第十三届中国文化产业新年论坛　1月9日，2016第十三届中国文化产业新年论坛在北京大学落下帷幕。本届论坛以“中国精神与文化创新”为主题，由北京大学发起，北京大学文化产业研究院、国家文化产业创新与发展研究基地、中共北京市海淀区宣传部、北京市海淀区文化发展促进中心协同承办。除主论坛外，本届论坛还专设“三山五园的文艺创作与文化传播”主题对话会，以及四场专题发表会，分别围绕产业政策与战略策略、文化创新与版权产业、区域发展与文化旅游、产业融合与科技创新展开。来自中国的北京、上海、台湾以及韩国等多个地区高校、研究机构、政府机关的嘉宾参与了本次论坛多项议程。北京大学文化产业研究院院长叶朗、副院长陈少峰，新闻与传播学院副院长陈刚，清华大学新闻与传播学院副院长尹鸿等嘉宾发表演讲。

（北京大学社科部供稿）

新形势下我国体育赛事创新发展论坛　1月23—24日，由首都师范大学科研处主办，北京市体育赛事管理与营销研究基地、首都师范大学管理与传播学院共同承办的新形势下我国体育赛事创新发展论坛在首都师范大学实验楼召开。

北京市哲学社科规划办张庆玺副主任、北京市哲学社科规划办基地处刘峰杰专家出席论坛，钟秉枢校长从国外发来贺词，张庆玺和学校副校长、北京市体育赛事管理与营销研究基地主任骆秉全教授分别作了讲话，学校科研处副处长、北京市体育赛事管理与营销研究基地副主任王庆伟教授、管理与传播学院院长李林教授、党总支书记何玲出席了开幕式。

此次论坛得到了河北省承德市体育局、邯郸市体育局和南阳市体育局等地方体育局以及一些体育公司人员的积极参与。论坛以“求真·创新·精彩”为主题，汇聚政府、企业和高校三方专家的智慧，就新形势下我国体育赛事创新发展展开了讨论。

（首都体育学院科研处供稿）

高平神农炎帝文化学术研讨会　1月23—24日，山西高平神农炎帝文化学术研讨会在北京召开。第九届、十届全国人大常委会副委员长、中华炎黄文化研究会会长许嘉璐出席会议并讲话。山西省委常委、宣传部部长胡苏平，中国社会科学院原副院长武寅出席开幕式。中国社会科学院学部委员刘庆柱在大会上作了题为“农业——仰韶文化、神农氏与高平”的主旨演讲。

来自中国社会科学院、中国农业博物馆、国家图书馆、中国人民大学、北京师范大学、厦门大学、山西省社会科学院、山西省考古研究所、河南省社会科学院，以及台湾师范大学、辅仁大学、台南大学等高校和科研机构的百余名专家学者参加了研讨会。

研讨会的主题是“传承神农炎帝文化、增进中华民族认同”。会议旨在通过对高平炎帝文化的内涵、优势和文化资源进行研讨，弘扬和传承中华民族传统文化中的炎帝精神，增进海峡两岸及全球华人的文化认同，激发和提升中华民族的凝聚力和向心力。

研讨会由中华炎黄文化研究会、山西省委宣传部、山西省文化厅、晋城市委市政府、北京师范大学人文宗教高等研究院、台湾海峡两岸神农炎帝文化交流协会共同主办。

（中国社会科学院办公厅刘玉杰编辑、供稿）

尧舜禹文化与当代社会核心价值研讨会　3月19日，尧舜禹文化与当代社会核心价值研讨会在北京举行。中央宣传部副部长王世明作讲话。河南省原省委书记、中央马克思主义理论研究和建设工程咨询委员会主任徐光春，全国人大教科文卫委副主任、民盟中央副主席张平出席研讨会。山西省委常委、宣传部长胡苏平致辞，运城市委书记王宇燕主持研讨会，运城市委副书记、市长王清宪作主旨发言。

会议期间，《光明日报》总编辑何东平、中国伦理学会会长万俊人、中国先秦史学会原会长李学勤等来自中国社会科学院、中央政策研究室、清华大学、北京大学、北京师范大学、中央党校、中国先秦史学会等单位的40余名专家学者参加会议。会议研讨的主要问题有“‘古中国‘与山西晋南”“尧舜禹文化的内涵及其流变”“尧舜禹与齐家治国平天下”“尧舜禹与‘公天下、利民生’”“尧舜禹文化与社会主义核心价值观文化基因”“尧舜禹时期治国思想的现实意义”“尧舜禹与当今德孝文化实践”等。

会议认为，尧舜禹所倡导的以德治国、孝老爱亲、和家睦邻、勤政爱民、奉献社会、家国情怀等道德理念，对于当代社会仍然有着极其重要的现实意义。尧舜禹文化是中华文化的源头，蕴含着丰富的道德思想资源，闪烁着讲仁爱、重民本、守诚信、崇正义、尚和合、求大同的时代价值，研究和发掘尧舜禹文化中包含的“德、孝、公、廉、敬、忠”等道德文化基因已成为当今涵养社会主义核心价值观的迫切需要。

研讨会由山西省委宣传部、光明日报社、中国先秦史学会、中国伦理学会主办，运城市委、市政府和运城市盐湖区委、区政府承办。

（中国社会科学院办公厅刘玉杰编辑、供稿）

首届“司法文明与法治文化”高端论坛　4月16日上午，首届司法文明与法治文化高端论坛暨“文学·语言·法治”学术研讨会在中国政法大学学院路校区举行。论坛由国家“2011计划”司法文明协同创新中心、中国政法大学人文学院主办。国家“2011计划”司法文明协同创新中心联席主任张保生教授，中国政法大学终身教授李德顺，北京大学法学院教授朱苏力出席了本次论坛。来自北京地区法院、检察院及多家高校的专家、学者与会。开幕式由中国政法大学人文学院中文教研室主任董燕主持。

张保生在致辞中指出，我国在2010年建成了具有中国特色的社会主义法律体系，但这只是表明法律体系的形成实现了立法工作的阶段性目标，司法文明建设还有很长的路要走，需要持续推进。他介绍，在定量化测量法治的WJP（the World Justice Project，世界正义工程）中，司法占据了9个一级指数中的3个，由此可见，司法在法治体系中占据重要性地位，司法文明是法治文化的重要组成部分。随后，他简要阐释了司法文明的内涵和外延。结合本次论坛的主题，他强调，在司法的语言应用上，修辞学、叙事理论和证据裁判是难点所在，他倡导学界、业界在攻克此项难题的工作上致力合作。

李德顺在主题发言时表示，司法文明是法律实践当中的法治文化，同时还囊括了思想、语言和话语表达中的法律文化。他指出，从哲学的角度看，在构建新时代的法治文化中，语言是第一载体。法律不应仅仅被当作治国的方法与手段，它更应成为民众共同的社会生活方式。以人本主义为出发点，他解释了中西双方对于“正义”理解的异同，启示业界同仁应尽量规避“重运用、轻规则”的做事方式与缺乏自我反思、约束的道德强权主义。

（中国政法大学科研处郭丰琪供稿）

第八届中国文化软实力研究高层论坛　中国文化软实力研究中心、人民日报社理论部、光明日报社理论部、中国社会科学报、经济日报社理论评论部联合主办的“第八届中国文化软实力研究高层论坛暨《文化软实力》创刊座谈会”在北京举行，与会专家学者围绕“把握正确导向、打造高端平台”这一主题进行了研讨。

与会者认为，以社会主义核心价值观为灵魂、以中华优秀传统文化为根脉的文化软实力，是实现“两个一百年”奋斗目标和中华民族伟大复兴中国梦的重要精神支撑。深化文化软实力研究是马克思主义理论研究和建设工程的重要组成部分，对增强我们的道路自信、理论自信、制度自信、文化自信，提高我国文化软实力和国际竞争力具有重要意义。深化文化软实力研究，应坚持马克思主义指导地位，牢牢把握正确导向。以《文化软实力》为代表的学术期刊，应紧密围绕如何认识、建设和运用文化软实力，不断深化对文化软实力概念、内涵、地位、作用和建设途径的研究，将我国文化软实力讲深、讲透、讲实、讲精彩，打造文化交流传播、学术话语体系建构的高端平台和有效载体。

（参见《人民日报》2016年4月25日第14版）

艺术与传媒高端论坛　4月27日，由中国传媒大学主办，中国传媒大学艺术学部、北京大学艺术学院、《光明日报》文艺部、现代传播杂志社、中国文艺评论基地联合承办的第二届“艺术与传媒”高端论坛在中传国际交流中心召开。原中国文联副主席、中国文艺评论家协会主席、国务院学位委员会艺术学学科评议召集人、中央文史研究馆馆员仲呈祥，中国文联理论研究室主任、中国文联文艺评论中心主任、中国文艺评论家协会副主席兼秘书长庞井君，《光明日报》文艺部主任彭程，中国传媒大学副校长兼艺术学部学部长廖祥忠，《光明日报》文艺部副主任李宏伟、李春利，北京大学艺术学院副院长陈旭光，中国传媒大学艺术学部副学部长伍建阳、贾秀清、周涌、李俊梅，以及中国文联文艺评论中心研究处、中国传媒大学、北京大学的专家学者、师生等近200人参加论坛。论坛由中国传媒大学艺术学部党委书记兼副学部长彭文祥主持。

开幕式上，廖祥忠、庞井君、陈旭光、彭程先后致辞。他们指出，在学界、业界贯彻落实习近平总书记在文艺工作座谈会上的重要讲话精神和《中共中央关于繁荣发展社会主义文艺的意见》的时代背景下，“价值论”议题具有重要的现实意义和理论价值；第二届“艺术与传媒”高端论坛聚焦“影视剧作品的评价标准”的主题，从大处着眼、小处入手，既介入当前影视剧艺术生产前沿，又对影视剧艺术创作经验作学理上的探讨、总结和反思，体现了专家学者们的学术敏感和责任担当，同时，也期待专家学者们的脑力激荡和智慧迸发；在形式上，论坛依托承办单位的人才、学科、智力、阵地等特色和优势，又强强联合，并在议程设置上强化理论探寻与实践总结的有机结合，这对“中国文艺评论基地”的建设和发展来说也是一种有益的推进。

（中国传媒大学文科科研处供稿）

文化影像志的研究和传播学术研讨会　5月14日，由中国影视人类学学会、文化部民族民间文艺发展中心、北京电影学院联合主办的文化影像志的研究和传播学术研讨会暨中国民族文化影像传承研究中心成立大会在北京召开。来自人类学、电影学、纪录片研究等多学科的专家学者参加会议。会议的主题是“文化的研究与文化的影像表达”。文化部民族民间文艺发展中心依托北京电影学院的资源和技术成立中国民族文化影像传承研究中心，旨在团结人类学界、纪录片界以及电影学界的多方学者，共同推动文化影像志的研究和传播进一步向前发展。

会议分为影像传承研究中心成立仪式、《喜马拉雅山地民族影像志》系列影片放映及探讨、《中国节日影像志》作品放映及探讨、专题发言及总结四个单元。

（中国社会科学院办公厅刘玉杰编辑、供稿）

文化文物单位发掘文化资源、开发文化创意产品研讨会　5月18日，也是一年一度的博物馆日，文化部公共文化研究基地——首都师范大学文化研究院与国家行政学院文化政策与管理研究中心联合举办“文化文物单位发掘文化资源、开发文化创意产品”研讨会。民进中央副主席、北京市人大常委会副主任、首都师范大学文化研究院院长刘新成教授出席会议并致辞。首都师范大学副校长、文化研究院常务副院长邱运华教授主持会议。首都师范大学文化研究院常务副院长、首席专家陶东风教授出席会议。

此次会议旨在学习李克强总理主持召开的国务院常务会议以及《关于深入发掘优秀文化资源推动文化创意产品开发的若干意见》（以下简称《若干意见》）精神，对文化文物单位发掘文化资源、开发文化创意产品的方式方法、体制机制问题进行探讨。

参与会议发言的既有文化领域的专家学者，也有参与《若干意见》起草的政府官员，还有国家博物馆、国家图书馆等文化单位和企业代表。借助研讨会这个多方平台，与会嘉宾畅所欲言，沟通彼此需求，产生了很多真知灼见。

国家行政学院文化政策与管理研究中心主任祁述裕教授、文化部公共文化司白雪华副司长、中国传媒大学文化发展研究院院长范周教授、北京文化局副局长、北京大学中文系张颐武教授、国家博物馆李六三副馆长等国家文物局、中国文物交流中心、国家图书馆、观复博物馆、东道设计公司等与会代表进行了发言。

（首都师范大学社科处李葱供稿）

首届中法文化论坛　5月26日，首届中法文化论坛26日在人民大会堂开幕。国家主席习近平和法国总统奥朗德分别致贺信。

习近平在贺信中向论坛的举办表示祝贺，祝论坛取得圆满成功。

习近平指出，中法两国都是拥有悠久文明历史和深厚文化底蕴的国家。中法虽然远隔万里，但两国独具特色和丰富多彩的文化使两国人民相互吸引，对彼此文化精华由衷欣赏。中法文化相互交流、相互促进，不仅为推动两国人民友好往来注入强劲动力，也为促进东西方文化交流互鉴和世界文明多样性发挥了重要作用。

习近平强调，首届中法文化论坛以“‘一带一路’：文明的对话与融合”为主题，传承丝路精神，有利于深化中法文化交流。希望中法文化论坛能够成为促进中法两国人民心灵相通、借鉴对方文化优长的一个重要平台，共同谱写中法文化交流合作新篇章。

奥朗德在贺信中表示，法中关系在各个领域不断巩固与丰富，文化在两国关系中始终占据特殊地位，应鼓励双方加强文化交流，增进相互理解，扩大共同利益。此次论坛体现了中方对法国文化及两国交流的重视，法方全力支持举办此次论坛。

国务院副总理刘延东出席开幕式并致辞。她表示，中法两国文化源远流长，近年来人文交流领域不断拓展，内涵日益丰富，希望两国抓住共建“一带一路”的难得机遇，不断深化人文交流，为建设更加紧密持久的中法全面战略伙伴关系增添新动力。

全国人大常委会副委员长陈竺，法国前总理拉法兰、政府与议会关系国务秘书勒甘等出席开幕式。

首届中法文化论坛为期3天，来自两国文化、艺术、经济、教育界人士参加相关活动。

（参见《人民日报》2016年5月27日第1版）

中美文化交流——兼论英汉互译技巧讲座　6月20日下午，中国地质大学（北京）外国语学院举办尹晓煌教授专题讲座“中美文化交流——兼论英汉互译技巧”在学校教五楼523教室进行。尹晓煌为美国哈佛大学博士，美国西方学院（Occidental College）校长顾问，系主任和终身教授，南京大学长江讲座教授，密歇根州立大学特聘教授，富布莱特（Fulbright）杰出讲座教授等职。中国地质大学（北京）外国语学院的老师，研究生和部分本科生参加了本次讲座。

本次讲座以“中美文化交流——兼论英汉互译技巧”为主题，尹教授就关于中美文化交流中的一系列问题为师生做了详细的解说。讲座内容主要围绕着开创、进步、多元与繁荣的交流发展展开，旨在通过阐述中美交流的发展历程，对中美文化交流过程中取得的进步和出现的问题进行分析探讨。在这条主线中，穿插着英汉互译存在的问题以及取得的进步。讲座的最后一个环节，尹教授一一回答了老师和同学们提出的问题。外国语学院副院长张焕香教授做了总结发言，并代表院领导对尹晓煌教授表示真挚的感谢。

［中国地质大学（北京）科技处供稿］

文化经济创新论坛　6月25日，由中国传媒大学主办，中国传媒大学经管学部承办的文化经济创新论坛在综合实验楼举行。论坛以“创新驱动·产业转型·价值重塑”为主题，汇集了来自政府、高校和文化企业的诸多知名专家，旨在探讨创新发展理念引导下文化经济转型与超越的战略路径。

中国传媒大学经管学部党委副书记、文化发展研究院副院长卜希霆主持《“互联网+”与文化发展研究》《文化发展学术文丛》系列丛书发布仪式。知识产权出版社副社长张曦为《“互联网+”与文化发展研究》系列丛书发布仪式致辞。社会科学文献出版社社长谢寿光为《文化发展学术文丛》发布仪式致辞。经管学部副学部长薛永斌主持经管学部战略合作签约仪式。

主题论坛由中国传媒大学经管学部学部长、文化发展研究院院长范周教授主持。论坛中，央视体育频道总监江和平发表了题为《体育的价值重塑和产业升级》的主旨演讲。北京开心麻花娱乐文化传媒股份有限公司创始人兼艺术总监张晨发表题为《从开心麻花演艺实践看文化企业创新与转型》的主旨演讲。北人集团公司副总、北人亦创智能机器人创新园副总薛克新发表了《结构转型 开放共享融合创新 领跑高精尖》的主题演讲。炫唐文化发展（天津）有限公司董事长张威（唐家三少）发表题为《网络文学与我的梦想》的主题演讲。主旨演讲结束后，经管部学部党委书记董克柱为唐家三少、张晨和薛克新颁发了实践导师聘书，希望大家为经管学部的学生提供宝贵的实践指导。

（中国传媒大学文科科研处供稿）

社会力量：公共文化的创新活力论坛　7月3日，由中国传媒大学主办，中国传媒大学经管学部文化发展研究院文化部公共文化研究基地承办、经管学部公共管理系协办的“社会力量：公共文化的创新活力论坛”在中传国际交流中心举行。

论坛由中国传媒大学经管学部党委副书记、文化发展研究院副院长、文化部公共文化研究基地主任卜希霆主持。

文化部公共文化司副司长陈向红提出，现代公共文化建设是实现小康社会的重要举措，是“十三五”时期重要的战略任务。中国传媒大学经管学部学部长、文化发展研究院院长范周教授提出，中国传媒大学公共文化研究基地侧重社会化研究，将对公共文化服务体系的建设进行系统化的探索。在主旨发言环节中，国家行政学院社会和文化教研部主任祁述裕认为，推动文化文物单位开发文创产品是更好履行职能的需要。范周认为，在推进公共文化服务社会化的过程中，要厘清公共文化服务社会化与政府、公共文化服务社会化的放手发动与放松管理、公共文化服务社会化与第三方三个方面的关系。上海图书馆副馆长刘炜提出，我国文化发展坚持人民主体，公共文化管理应自下而上，使跨界合作成为主要特点。西南大学公共文化研究基地副主任孙道进在演讲中以重庆市为例，对公共文化服务的社会化道路和社会化过程中存在的问题分享了他的观点。日本白鸥大学教授青崎智行在演讲中提出2010年日本启动“酷日本”政策。中央文化干部管理学院科研处处长卢娟在演讲中提到，社会组织可以弥补政府和企业在社会管理中的不足，随着公共文化服务的发展，社会类文化组织的作用会越来越明显。

随后，中国传媒大学经管学部公共文化研究基地副主任、文化发展研究院教授、博导魏晓阳代表课题组发布了中国传媒大学“公共文化社会化研究现状”阶段性成果。

（中国传媒大学文科科研处供稿）

第十二届神学与人文学暑期国际研讨会　7月11—14日，由中国人民大学文学院与中国人民大学基督教文化研究所主办、北京语言大学世界宗教研究中心与香港汉语基督教文化研究所协办的第十二届神学与人文学暑期国际研讨班在北京举办。研讨会主题为“普遍主义再思考”（Rethinking Universalism），来自以色列特拉维夫大学、英国格拉斯哥大学、美国弗吉尼亚大学、普林斯顿神学研究中心、荷兰博睿出版社、北京师范大学、北京语言大学的 8 位专家发表主题演讲，并与来自全国 27 所高校的 30 余名青年教师就“普遍主义与多元化思潮”之间的张力展开学术讨论与对话。本届研讨会包括 8 场学术讲座，8 场青年学者论坛，中外学者共提交学术论文 38 篇。会议期间，主办方组织与会学者参观了周口店遗址博物馆、房山十字寺，并举行了 2 场电影观摩研讨活动。

（中国人民大学科研处关晓斌供稿）

中国易学文化研究院建院三周年学术研讨会　北京师范大学中国易学文化研究院建院三周年学术研讨会近日在京举行。来自多所高校与学术机构的 30 余位学者及各界人士出席研讨会。

与会学者指出，《周易》是群经之首、大道之源，易学思想是中国传统思想文化的主潮、主旋律，要将易学文化研究置于国家战略的高度去认识，要把易学文化与当代经济社会发展、精神文明建设、生态文明建设，与中华民族伟大复兴的中国梦联系起来、融会贯通。

会上，张涛院长回顾了建院三年来在教学和人才培养、科学研究、文化传承创新、社会服务及对外交流合作等方面取得的成就，邓瑞全副院长介绍了北师大易学研究院未来的主要工作任务和发展方向，希望继续得到学术界及社会各界的广泛支持。与会学者充分肯定了北师大中国易学文化研究院三年来的建设成就和未来的发展规划，认为它作为国内易学研究的重镇，理应协同国内外其他学术力量，更好地担负起赓续传统、弘扬易学、复兴国学的历史重任，为进一步实现中华优秀传统文化的创造性转化和创新性发展做出更大努力。研讨会还注意到易学文化、易学智慧与现代教育、现代科技、现代生活之间的密切关联。会上的“互联网时代的国学教育初探”“易学与人工智能机器人”两个专题报告，使人耳目一新、深受启发。

（参见《光明日报》2016 年 7 月 11 日第 16 版）

国际儒学论坛　国际儒学联合会、中国社会科学院学部、中国人民外交学会、北京外国语大学共同举办的“国际儒学论坛——亚洲文明交流互鉴北京国际学术研讨会”近日在北京举行。与会专家学者就如何促进亚洲不同文明间的交流互鉴，推动世界和平、发展、进步进行了研讨。

与会者指出，在长期的历史发展中，亚洲各地区分别形成了具有本地区特色和优势的文明，为世界文明发展和人类社会进步做出了不可磨灭的贡献。亚洲文明大致分为东亚、东南亚、南亚、西亚和中亚 5 个文明圈。这些文明圈从来都是相互交流、相互学习、相互会通、相互借鉴、相互影响的，始终都是“你中有我、我中有你”、求同存异、相辅相成的。不同国家和地区的文明之间进行交流互鉴，是一件常做常新的事，开展这种交流互鉴的动力与活力是永远不会枯竭的。新的历史条件下，我们应加强对亚洲文明、亚洲价值、东方智慧的研究与运用，不断产生丰硕的学术成果，为促进“一带一路”建设服务，为促进各国各地区共同发展、共同繁荣服务。

（参见《人民日报》2017 年 7 月 25 日第 16 版）

第六届北京（国际）藏学研讨会　8 月 2 日，由中国西藏文化保护发展协会、中国藏学研究中心和西藏自治区社会科学院共同举办的第六届北京（国际）藏学研讨会在北京中国藏学研究中心开幕。

本届研讨会为期 3 天，共计 325 位代表出席，其中国内代表 216 人，海外代表 109 人，目前共收到论文 416 篇，最后选定 308 篇。研讨会将按照“一带一路”与面向南亚开放重要通道建设组、社会转型与变迁组等 19 个专题开展小组研讨，秉持“传承文化、服务社会”的办会理念，深度开展国内外学术交流，充分展示藏学研究最新成果，进一步探讨藏学发展规律。

研讨会期间，还将安排参观活佛转世专题展览、民族志纪实专题电影《凡尘净土》观摩会、明清时期北京及蒙古族地区涉藏文献展览、藏学图书展览、藏文化产品展览等活动。

开幕会上，中国藏学研究中心研究员廉湘民、四川大学中国藏学研究中心讲座教授巴桑旺堆、奥地利科学院教授斯坦因凯勒、联合国经济发展合作项目首席顾问赖尚龙等 10 余位国内外知名学者作大会发言，围绕“一带一路”建设对西藏可持续发展问题、梵文贝叶经研究、藏传佛教经典研究、活佛转世制度研究、藏区生态文明建设等领域做了交流。

中国藏学研究中心负责人介绍，本届研讨会研讨领域广泛，成果多，整体水平高，创新特色浓，对今后藏学研究和藏学事业发展具有重要意义。

（参见《人民日报》2016 年 8 月 3 日第 9 版）

2016国家文化产业创新实验区高端峰会 9月6日下午，2016国家文化产业创新实验区高端峰会主论坛在奥林匹克塔举行。峰会在国家文化产业创新实验区建设工作协调小组的指导和中国文化产业协会的支持下，由中国传媒大学和北京CBD商务节组委会共同主办，中国传媒大学经管学部文化发展研究院、北京朝阳国家文化产业创新实验区企业信用促进会、北京市朝阳区对外文化交流协会承办。文化部、北京市有关领导，以及来自北京、上海等15个省市的相关部门负责人和知名专家学者，重点文化企业和行业组织代表等100余人参加了活动。主论坛由北京市朝阳区委常委、宣传部部长刘军胜主持，北京市委常委、宣传部部长李伟，文化部党组成员、部长助理于群，中国传媒大学党委书记陈文申，北京市朝阳区委书记吴桂英等嘉宾先后致辞。

北京大学文化产业研究院常务副院长、北京峰火文创中心主任陈少峰从互联网+未来产业企业核心（跨界）、融资与政策转型、四创基地等八个视角阐述了区域（朝阳）文化产业创新；万达文化产业集团高级副总裁胡章鸿就“万达的转型与创新”为主题为大家介绍了万达的四次转型的关键时机、内在动因以及转型与创新的具体实践；凤凰网总裁兼一点资讯CEO李亚以“改写移动阅读未来——当文化创意产业遇到人工智能”为题讲述了“一点资讯”如何利用创新技术颠覆移动阅读体验，重新定义移动阅读；乐视控股集团高级副总裁阿不力克木·阿不力米提先生与大家分享了乐视如何利用技术、模式和跨界推动创新，以及其生态创新的重构价值、共享价值和全球化三个特征；真格基金创始人王强用具体案例和大家分享了真格基金如何打破思想局限，选择文创产业的投资的标准。腾讯集团文化产业办公室主任赵治讲述了网络文化产业的创新，跨界融合和协同效应；BOP创意产业咨询公司中国区总裁康岚·罗彻（英籍）从受众发展、商业盈利、内容运作、设计实践四方面分析了中英两国博物馆剧院合作机遇。

9日，国家文化产业创新实验区高端峰会专题论坛在中国传媒大学中传国际交流中心举行。本次专题论坛以“文化+时代：创新驱动经济发展”为主题，来自政府的领导嘉宾、全国各高校的文化产业学者、艺术研究机构的专家和权威期刊的主编近200人汇聚中国传媒大学，共同探讨国家创新背景下寻找经济新动力，发现新市场机遇的战略路径。

上午，峰会专题论坛主旨发言环节由深圳大学副校长、创业学院院长、文化产业研究院院长李凤亮主持。北京市朝阳区委常委、宣传部长刘军胜，全国人大教科文卫委员会文化室主任朱兵，中国动漫集团董事长兼总经理庹祖海，中国传媒大学经管学部学部长、文化发展研究院院长范周等嘉宾先后发言。

下午的会场设三个分论坛，来自全国文化产业研究领域的近40名学者围绕文化创新的战略路径、文化创新与产业融合发展及文化创新与区域协同发展进行深入探讨。当晚，作为峰会重要板块化“经济之夜·学术沙龙”举行，来自30余家权威期刊负责人与专家学者观点交汇、思想碰撞，分享交流。

（中国传媒大学文科科研处供稿）

2016鲁迅文化论坛暨国际学术研讨会 9月23日上午，由鲁迅文化基金会、中国社会科学院文学研究所、中国人民大学文学院、中国传媒大学文法学部、中国鲁迅研究会、国际鲁迅研究会、光明网联合主办的2016鲁迅文化论坛在全国政协礼堂开幕。文学院院长孙郁教授、副院长陈奇佳教授应邀出席并发言。23—24日，2016鲁迅文化论坛暨国际学术研讨会之中国人民大学分论坛“鲁迅：在传统与世界之间”在中国人民大学艺术学院音乐厅举行。六场讨论中，与会学者们分别针对鲁迅的思想传统、鲁迅的文学世界、鲁迅的世界传播与鲁迅周边四个主题，对于鲁迅的作品意涵、思想脉络与现实传播等问题进行了深入讨论。来自日本、韩国、印度、越南、奥地利、澳大利亚、马来西亚、中国港澳台等国家和地区以及中国大陆的鲁迅研究者们都从各自的视角，对鲁迅及其影响分享了自己的见解。

（中国人民大学科研处关晓斌供稿）

后鲁迅时代及其未来学术研讨会 9月25日，纪念鲁迅诞辰135周年逝世80周年暨2016鲁迅文化论坛系列活动第三场—后鲁迅时代及其未来学术研讨会在中国传媒大学新国际交流中心开幕。开幕式由中国传媒大学研究生院院长张鸿声教授主持。鲁迅长孙、鲁迅文化基金会秘书长周令飞呼吁“做有谱的工作，行有谱的文章”，提出对鲁迅的解读和研究要走普及的方向。

海内外、老中青三代学者畅所欲言，研讨现代与传统之间、学问与世俗之间、文本与政治之间、后鲁迅时代及其未来等议题。

2016鲁迅文化论坛暨国际学术研讨会是国内外

鲁迅研究的一次盛会。来自10多个国家和地区的100来位老中青三代学者出席了此次会议。论坛由鲁迅文化基金会联合中国社会科学院文学研究所、中国人民大学文学院、中国传媒大学文法学部、中国鲁迅研究会、国际鲁迅研究会、光明网六家单位主办，以“在过去与未来之间”为总主题，在传统与未来、思考和实践之间，回顾鲁迅的历史影响，展望鲁迅的未来意义。

（中国传媒大学文科科研处供稿）

中韩人文学论坛　11月4日，由中国社会科学院与韩国研究财团共同举办、中国社会科学院国际合作局和哲学研究所承办的第二届中韩人文学论坛在北京开幕。论坛的主题是“中韩人文传统和现代化”。中国社会科学院副院长王京清，韩国研究财团人文社会研究本部长徐泰烈出席了开幕式并分别致辞。

中国社会科学院哲学研究所所长谢地坤、韩国西江大学金槿教授作了大会发言。会议设立文学领域的研讨专题、历史学的研讨专题、哲学领域的研讨专题、语言教育文化领域的专题讨论四个分论坛。来自文学、历史学、哲学、语言教育文化领域的中韩两国百余位专家学者参加了大会。

（中国社会科学院办公厅刘玉杰编辑、供稿）

第三届音乐产业高端论坛　11月8日，在国家新闻出版广电总局指导下，由中国传媒大学主办，中国传媒大学艺术学部音乐与录音艺术学院、中国音像与数字出版协会音乐产业促进工作委员会、中国移动咪咕音乐有限公司联合承办的2016第三届音乐产业高端论坛在中国传媒大学国际交流中心举行。论坛推出了《2016音乐产业发展报告》（总报告），在总结过去一年音乐产业发展概况和主要数据信息的基础上，分析了音乐产业的热点问题和行业发展趋势。

中国传媒大学校长胡正荣致开幕词。四川省委宣传部副部长李晓骏、中国传媒大学副校长廖祥忠、中国文联副主席兼中国传媒大学艺术学部音乐与录音艺术学院院长徐沛东、国家新闻出版广电总局出版管理司副司长许正明、四川新闻出版广电局副局长李晓杰、四川省文化厅副厅长彭翊、中国音像与数字出版协会常务副理事长王炬、中国音像与数字出版协会音乐产业促进会主任委员汪京京、中国传媒大学艺术学部党委书记兼副学部长彭文祥等出席本次开幕式。

本次论坛还就音乐产业园区生态发展、音乐产业人才的需求与培养、探究数字时代全球音乐产业的产值增长、中国流行电音的发展和模式创新、音乐产业的跨界融合、电视、网综音乐节目的发展现状与趋势、全媒体视域下的音乐版权发展新业态、“P内容、商业模式及资本的互动与共荣等8个板块进行了专题研讨。

（中国传媒大学文科科研处供稿）

历史与田野——中国礼俗仪式音乐学术研讨会　10月14—17日，“历史与田野——中国礼俗仪式音乐学术研讨会”在首都师范大学举行。会议由中国艺术研究院音乐研究所、中国音乐家协会理论委员会、首都师范大学音乐学院、北京民族音乐研究与传播基地、《中国音乐学》杂志社五家单位联合主办，近百位来自台湾清华大学（新竹）、香港中文大学、中央音乐学院、中国音乐学院、中国艺术研究院、中央民族大学、天津音乐学院、沈阳音乐学院等国内高校、科研院所人文及音乐研究领域卓有成就的一线学者参加了会议。会议规格、学术层次与报告水准之高，堪称近年我国音乐学术研究的一次盛会。

会议由中国艺术研究院音乐研究所项阳所长与首都师范大学音乐学院蔡梦院长共同主持，首都师范大学周建设副校长、中国艺术研究院常务副院长吕品田教授、中国音乐家协会副主席赵塔里木教授先后致辞。

两天的会议共划分出七个单元，分别设置了主题发言、专题报告与汇总评议等环节，内容涵盖宗教音乐、区域社会音乐、少数民族礼俗仪式音乐、文化生态等诸多论题。首都师范大学音乐学院孟维平教授、青年教师蒋聪博士和邓志勇博士分别向大会提交学术论文并作专题报告，展示了音乐学院在礼俗仪式音乐学术研究方面的成就。

（首都师范大学社科处李葸供稿）

“一带一路”国家大使体育论坛　11月17日上午，由外交学院体育对外交流研究中心、中国外交理论研究中心以及首都体育学院国际教育学院联合主办的“‘一带一路’国家大使体育论坛暨2022冬奥中国——奥地利体育交流与合作”在京举办。活动出席人员有：奥地利国家奥委会主席卡尔·施多斯（Mr. Karl Stoss）、奥地利驻华大使艾琳娜（H. E. Ms. Irene Giner - Reichl）、奥地利奥委会副主席及奥地利滑雪协会主席彼得·施罗克斯纳德尔（Mr. Peter Schröcksnadel）、奥地利滑雪协会秘书长克劳斯·莱斯特纳（Mr. Klaus Leistner）、奥地利驻华商务参赞郭励之（Mr. Martin Glatz）、奥地利驻华文化参赞欧诺德（Mr. Arnold Obermayr）、奥地利 AST 公司总裁钟帅；首都体育学院校长钟秉枢教授、国家体育总局外联司副司长魏代顺、2022 北京冬奥组委顾问赵兴刚、北京市体育局副局长杨海滨、首都体育学院奥林匹克研究中心主任裴东光教授、外交学院体育对外交流研究中心主任周庆杰教授以及首都体育学院和外交学院师生等。

与会人员就中国与奥地利两国体育交往以及 2022 北京冬奥等相关话题进行了深入研讨。活动旨在打造“一带一路”国家战略背景下的体育交往平台，以增进我国和沿线国家的体育人文交流和文明互鉴，促进彼此之间的了解和友谊，深化合作领域，助力 2022 北京冬奥及高校体育国际化发展。

（外交学院科研处供稿）

相遇与互鉴：利玛窦与中西文化交流国际学术研讨会 11 月 18 日，北京行政学院学报编辑部联合北京外国语大学国际中国文化研究院在京共同举办了“相遇与互鉴：利玛窦与中西文化交流”国际学术研讨会。来自亚洲、欧洲、美洲 15 个国家和地区的 120 余位专家、学者参加了研讨会。

开幕式上，副校长韩久根指出，此次会议对中西方学者共同探究最新文化成果，推进中西方文化互鉴方面的学术研究与合作，具有很强的时代意义。北京外国语大学国际中国文化研究院院长梁燕代表北京外国语大学副校长贾文键致辞。美国宾夕法尼亚州立大学历史学系著名历史学家夏伯嘉教授作为学者代表，在开幕式上作了发言。开幕式由校委委员袁吉富主持，校委委员刘红雷出席了开幕式。

在为期两天的时间里，国内外学者就相遇与互鉴中，中西方文化交流的学术问题和最新研究成果做了深入的研究与探讨，就利玛窦、汤若望、南怀仁、利类思、殷铎泽、黄嘉略等历史人物在文化互鉴中的贡献等十二个议题进行了充分的交流。

（北京市委党校供稿）

2016 京津冀武术节事协同创新发展高层论坛 11 月 18—20 日，2016“京津冀”武术节事协同创新发展高层论坛在首都体育学院举办。论坛由首都体育学院主办，首都体育学院武术与表演学院、北京市体育赛事管理与营销研究基地、京津冀体育健身休闲发展协同创新中心承办。首都体育学院副校长骆秉全教授，北京体育大学、北京师范大学、天津体育学院、河北体育学院等高校的领导，武术与表演学院师生及研究生 80 余人参加论坛。论坛共有三个主题：“京津冀”武术节事协同创新发展高层论坛、“京津冀”武术人才培养研讨会、“京津冀”武术协同发展论文报告会。

（首都体育学院科研处供稿）

第六届两岸竞争力论坛 11 月 20—21 日，在此间举行的第六届两岸竞争力论坛，着眼密切两岸交流交往、合作提升两岸竞争力，展开两岸智库对话。这是该论坛首次在北京举办，主题为“携手提升中华文化竞争力，共圆中华民族伟大复兴梦”。

据了解，本届论坛的大陆主办单位包括中智科学技术评价研究中心、中国文化研究会、中国区域经济学会、中国社会科学院社会科学文献出版社、北京大学台湾研究院与福建师范大学等，台湾主办单位为台湾竞争力论坛学会、旺旺中时媒体集团。

中智科学技术评价研究中心理事长李闽榕表示，中华文化认同是两岸必须巩固和增强的最基本、最深厚的认同。提升文化竞争力，实现中华文化伟大复兴，是两岸人民的共同责任。

台湾竞争力论坛学会理事长庞建国表示，以中华文化作为基底的中国模式的开展，追求中华民族伟大复兴的中国梦，应可超越文明冲突的困境，开辟出人类社会和谐发展的之路。中华民族应在既有基础上往前迈进，迈向中华文化伟大复兴。

台湾《旺报》社长黄清龙表示，中华文化复兴是在提升中国文化影响力和感召力、主动进入多元文化和世界文明语境的过程中，创新性地阐释中国文化的基本价值。我们应以中国模式和中国道路对世界历史文明的贡献为理论出发点，以重新发现中国文化的原创性动力为基础，涵融和塑造新的世界文化走向和文明格局。

中国社科院台湾研究所研究员王建民表示，提升中华文化软实力，扩大中华文化的国际影响力，提高中华文化的竞争力，需要持续努力，需要有坚定的信心，需要有文化自信和道路自信。

以推动两岸智库对话、合作为宗旨的两岸竞争力论坛创办于 2010 年，此前已分别在大陆和台湾成功举办了 5 届。

（参见《人民日报·海外版》2016 年 11 月 23 日第 3 版）

首届京津冀游泳运动发展论坛　12月16日，首届京津冀游泳运动发展论坛在首都体育学院召开。国家体育总局游泳运动管理中心主任王路生、社会发展部部长江斌波、副部长张梅、游泳世界冠军韩雪全程参加了论坛。首都体育学院副校长骆秉全代表主办方致开幕辞，并对我国体育产业发展趋势作了简要介绍。

首都体育学院科研处副处长王庆伟教授、京津冀三地游泳协会领导、北京市游泳协会副秘书长白钢、天津游泳运动管理中心娄向宇主任、河北游泳运动管理中心代表李超、国家游泳中心有限责任公司（水立方）副总经理李云峰依次进行了报告。与会领导对于本次京津冀游泳运动发展论坛给予了高度评价，对推动京津冀体育产业具有重要意义。

本次论坛由北京市游泳协会、天津市游泳协会和河北省游泳协会主办，首都体育学院北京市体育赛事管理与营销研究基地、京津冀体育健身休闲发展协同创新中心和首都体育学院管理与传播学院联合承办，并得到中国游泳协会、北京市哲学社会科学规划办公室的大力支持。

（首都体育学院科研处供稿）

2016中国古书画鉴定修复与保护国际高峰论坛　12月17—19日，由中国人民大学信息资源管理学院主办，中国人民大学文献书画保护与鉴定研究中心承办，中国台湾云林科技大学文化资产维护系协办的“世界因遗产而璀璨——2016中国古书画鉴定修复与保护国际高峰论坛”举行。17日下午，论坛开幕式在中国人民大学世纪馆北大厅举行。中国人民大学校长刘伟、国家档案局中央档案馆副局（馆）长付华、光明日报副总编刘伟和国家文物局原副局长张柏出席开幕式，文博界、收藏界、书画界、档案界、鉴定界和修复界的专家与嘉宾参加此次文化盛宴。中国人民大学信息资源管理学院院长、中国人民大学文献书画保护与鉴定研究中心主任张斌主持开幕式。

（中国人民大学科研处关晓斌供稿）

管理学（含人才学、信息学）

2016第二届政府规制与治理论坛　1月15日，由对外经济贸易大学跨国公司研究中心、公共管理学院共同主办的2016第二届政府规制与治理论坛在对外经济贸易大学举行，论坛的主题是“全球经济治理与中国选择”。

对外经济贸易大学副校长林桂军、中国国际经济交流中心信息部副部长王晓红、北京大学国际经营管理研究所常务副所长武常岐、中国人民大学国际关系学院副院长金灿荣、前中国通用技术咨询有限公司董事长刘德冰、国务院发展研究中心研究员兼管理世界杂志社总编辑李志军、《光明日报》理论部经济学版主编张雁、《北京师范大学学报》编辑部编审孟大虎等多位专家学者应邀出席本次论坛。论坛由对外经济贸易大学公共管理学院院长范黎波主持。

论坛上，业界专家、学者共同探讨了我国如何适应全球经济治理体系变革的要求，政府如何对传统治理机制进行优化等“十三五”期间必须面对和解决的重大问题，以期推进以经济转型为导向的全球经济治理改革、促进中国经济的可持续发展。

（对外经济贸易大学科研处供稿）

第四届中欧应急管理项目高层工作坊　1月18—19日，由国家行政学院应急管理培训中心（中欧应急管理学院）主办，中国应急管理学会承办，国家行政学院应急管理案例研究中心协办的第四届中欧应急管理项目高层工作坊在国家行政学院举行。本次工作坊主题为“中欧重特大安全事故案例研讨分享”，来自欧盟委员会、中欧应急管理项目欧方联合体有关官员和专家、国内安全生产应急管理专家、企业代表以及学院教研人员100余人出席会议，共同分享安全事故防范与处置的经验教训，探讨未来工作改进与规划，就重特大安全事故防范的顶层设计、建设目标、主要任务、实施计划、政策保障等开展研讨交流。

开幕式上，国务院应急办巡视员兼副主任刘建波、国家行政学院应急管理培训中心主任龚维斌，国家安全生产应急救援指挥中心副书记张平远，法国民事保护与危机管理局国际关系总协调人、中欧应急管理合作项目执行主任菲利普·拿丁以及欧盟委员会人道主义援助与危机应对总署代表、高级行政主管伊夫·杜尚出席了开幕式并分别致辞。国家行政学院应急管理培训中心副主任刘钊主持开幕式。

刘建波在开幕式上致辞中指出，当今世界，应急管理已经成为各国政府面临的共同课题，加强应急管理领域的国际合作已成为重要的趋势，中欧应急管理合作项目正是在这一大背景下的重大举措。安全生产是应急管理工作的重点工作。近日，习近平主席在中共中央政治局常委会会议上发表重要讲话，对于全面加强安全生产工作提出明确的要求，强调血的教训警示我们，公共安全绝非小事，必须坚持安全发展，扎实落实安全生产责任制，堵塞各类安全漏洞，坚决遏制重特大事故频发的势头，确保人民群众生命财产安全。国务院总理李克强也指出，当前安全生产形势已然严峻，务必高度重视，警钟长鸣。1月6日，国务院专门召开全国安全生产电视电话会议，也对这项工作作出了具体的部署，这两天的高层工作坊举办得非常及时，非常必要，是一次重要的交流研讨活动。

龚维斌在致辞中指出，国家行政学院应急管理培训中心一直致力于将应急管理国际合作及交流的资源与成果推广到各级政府与社会各界，承担的中欧应急管理国际合作项目是中国政府和欧盟委员会签署的政府间国际合作项目，是中欧双方加强政府应急管理领域长期合作的重大举措，项目自签署到实施受到了中欧双方领导人的高度关注。中欧应急管理高层工作坊自创建以来已经连续举办三届，让中欧双方在应急管理主题下找到更多共同点，加强了双方在操作和战略层面的沟通与合作，为中欧双方加强理解和信任开启应急管理的合作新里程奠定了坚实的基础。他就此届工作坊提出两点建议，一是聚焦议题，瞄准应急管理领域的重点环节和薄弱环节，共享经验，反思教训，达成共识，创新前行。二是着眼长久，发展伙伴关系，在借鉴学习的基础上发出中国好声音，共同从容应对世界的危机。希望与会的各领域专家学者紧紧围绕本次论坛，结合自身实践，集思广益，畅所欲言，为推动应急管理工作创新发展，全面提升安全生产水平做出应有的贡献。

张平远在致辞中表示，中欧应急管理合作项目搭建了欧盟—中国应急管理合作与交流制度化平台，创建了中欧应急管理国际合作项目高层工作坊。今年工作坊以重特大事故案例为主题，深度分析生产安全事故的原因和规律，汲取事故教训，推动安全生产工作。加强中欧在安全生产管理的国际交流与合作，为我们互相学习借鉴先进的应急理念、应急技术和救援经验，提高工作水平提供了良好的契机。

菲利普·拿丁在致辞中表示，虽然欧洲国家在应急管理方面已经取得了一些进展，但做得还是远远不够。每年欧洲也会发生20多起重特大安全生产事故，因此，加强应急管理国际合作十分必要。同时，欧盟也非常重视应急管理有关研究工具和科学技术的开发。这次工作坊创造条件使中欧双方专业人员汇聚一堂，机会难得，愿与大家分享欧盟的经验与教训。

伊夫·杜尚在致辞中指出，我们现在从事的应急管理工作具有重要的政治意义。中国的“十三五”规划要点和欧盟的2020战略中均强调了安全生产和有关重特大灾害减灾援灾方面工作的重要性。中欧双方加强交流合作、资源共享、经济互惠对社会发展十分重要。双方都需要通过快速有效的应急管理来遏制重特大事故发生的频率，保证社会安定，造福全人类。

在接下来两天的会期里，中欧双方代表选取“天津爆炸事故 Vs 法国图卢兹爆炸事故”以及“东方之星长江沉船事件 Vs 意大利哥斯达和谐号沉船事故”这两组经典案例，围绕安全生产风险管理、立法演变与创新、应急预案编制优化，安全生产管理的科学方法与技术研究，以及重大航运事故的预防、准备及应对、重大安全事故的后危机管理等关键要素，开展研讨，分享安全事故防范与处置的经验教训，激发思路，共谋良策。

（国家行政学院科研部刘斌供稿）

中英公共部门创新研讨会　2月27日，由清华大学公共管理学院与牛津大学布拉瓦尼克政府管理学院联合主办的中英公共部门创新研讨会（China-UK Joint Workshop on Public Sector Innovation）在清华大学公管学院召开。开幕式由公管学院副院长孟波主持，公管学院院长薛澜教授、英国牛津大学布拉瓦尼克政府管理学院院长恩盖尔·伍兹（Ngaire Woods）教授及英国驻华使馆公使衔参赞科林·克鲁克斯（Colin Crooks）分别致开幕词。公管学院副院长杨永恒教授、中国人民大学公共管理学院院长杨开峰教授、牛津大学布拉瓦尼克政府管理学院院长恩盖尔-伍兹（Ngaire Woods）教授和北京大学政府管理学院党委书记周志忍教授先后主持了公共部门改革、行政体系改革、公共服务绩效评估和公共服务供给模式等四个分论坛。中编办监督检查司司长田玉萍、香港城市大学商学院院长严厚民教授、北京大学社会与人类学系客座教授戴维-凯利（David Kelly）、北京建设控股集团副总经理张旭东出席本次研讨会并进行点评。英国驻华使馆一等秘书斯蒂芬·柯克纳（Stefan Kirchner）、项目官员陶丽娜及牛津大学布拉瓦尼克政府管理学院东盟项目负责人 Yoon Yeajin 等出席了本次研讨会。本次研讨会是清华大学公共管理学院和牛津大学布拉瓦尼克政府管理学院开展的系列学术交流活动之一，旨在搭建中英双方学界和政界的共同交流平台，共同探讨公共部门改革和创新中的问题，促进公共部门理论成果和创新实践的分享。

（清华大学文科建设处刘金梅供稿）

全球互联网发展与治理论坛　5 月 16 日晚，清华大学经济管理学院互联网发展与治理研究中心（CIDG）举办全球互联网发展与治理论坛。论坛是 CIDG 成立以来首次学术讲座活动。互联网名称与数字地址分配机构（ICANN）前总裁兼首席执行官、美国国家网络安全中心创始主任罗德·贝克斯特朗姆（Rod Beckstrom）和中国互联网络信息中心（CNNIC）主任李晓东作为论坛受邀嘉宾出席。论坛由经管学院副院长、互联网发展与治理研究中心主任陈煜波主持。论坛第一部分由罗德·贝克斯特朗姆（Rod Beckstrom）作《网络价值的经济模型与网络安全》主题演讲。贝克斯特朗姆详细介绍如何定量评估网络和网络服务的价值，并以社交网络为例介绍网络安全领域著名的经济学模型“贝克斯特朗姆（Beckstrom）定律”，以及如何将该定律应用到网络价值评估及网络安全评估等领域。论坛第二部分是圆桌讨论。两位嘉宾首先分享他们在不同机构工作的经历和专业认识。之后嘉宾围绕“关于互联网的全球治理”“关于互联网的发展与政府监管”“关于数据合作和隐私保护”三个有关全球互联网发展与治理的重要问题阐述各自的认识与观点。最后，现场观众围绕大数据预测、网络安全治理、互联网企业的社会责任等问题与嘉宾进行交流。

（清华大学文科建设处刘金梅供稿）

大统计与数据科学联合会议　5 月 27—29 日，大统计与数据科学联合会议在中国人民大学举办。本次会议联合第七届中国人民大学国际统计论坛、第九届中国 R 语言会议、2016 百分点数据与价值国际论坛共同举办，旨在联系国内外学者、搭建统计学界高层次平台，为数据分析领域的爱好者和实践者提供自由交流的分享平台，关注统计学在生产实践中的应用。中国人民大学副校长查显友出席会议并致辞。来自美国、日本、荷兰等国家的高校和中国人民大学、北京大学、清华大学以及中国香港地区的高校的专家学者，以及社会各界统计学精英 2000 余人参加会议，会议议题广泛，内容涵盖机器学习、经济金融、分享管理、人工智能等各个领域，涉及与数据分析相关的理论研究和实际应用，尤其重视源于大数据相关产业实际问题的研究。

（中国人民大学科研处关晓斌供稿）

2016 学术前沿论坛·档案与北京历史文化研究　6 月 14 日，在北京档案馆第一会议室举办，程勇同志出席并讲话，马素萍同志主持。论坛由北京市社科联资助、市档案局（馆）主办、市档案学会档案资源开发利用学术委员会承办，既是今年市社科联学术前沿论坛的系列活动之一，也是第八届“档案馆日”系列活动之一。论坛邀请了中国人民大学原常务副校长、博士生导师冯惠玲教授，北京市水务局副巡视员、教授级高级工程师杨进怀，北京联合大学应用文理学院讲师李扬博士到会演讲，专家们先后围绕北京记忆：档案与文化资源的数字再现、档案与北京水文化、新中国建筑文化与城市景观再造——以 1950 年代的北京为例三个题目进行了精彩的学术演讲。程勇在讲话中指出，三位专家的演讲内容既有关联又非常有意义。他要求市档案学会在新的形势下继续发挥好联结纽带作用，进一步提升服务大局的能力、社会影响力和自身的生机活力，档案部门要创新档案信息资源的整合和开发利用工作，市档案局（馆）要和相关部门共同构建相对完备的信息资源体系，深度挖掘信息资源价值，为首都经济社会发展提供优质的信息资源支撑。来自 16 个区的有关主管领导和工作人员、市档案学会档案资源开发利用学术委员会委员以及局（馆）相关处室人员共 80 余人参加了会议。

（北京市档案局科教处胡晓燕供稿）

2016 年突发事件典型案例分析会　6 月 24 日，由综治研究所和北京市应急办共同举办的 2016 年突发事件典型案例分析会在北京社科院召开。北京市应急办张浩处长、市市政市容委王波处长、市水务局、市环保局、市气象局、市公安局消防局、西城区政府、朝阳区政府、海淀区政府、昌平区政府、平谷区政府以及综治研究所等单位的领导同志参加了会议。会议总结了由综治研究所承接编制的《2015 年北京市应急管理工作报告》的基本内容、主要成果、主要经验等情况。随后各有关单位发布了 2015 年突发事件典型案例的分析材料，介绍了“6·30”丰台区大红门木材厂库房火灾处置等 4 个突发事件处置的典型案例，分享了处置经验及处置体会。会议还布置了 2016 年突发事件典型案例的收集与汇总工作的具体安排，要求各单位密切配合，大力支持，为 2016 年北京市应急管理工作报告的编撰工作奠定基础。综治研究所殷星辰研究员、袁振龙所长在会上以专家学者的身份进行了发言。自 2013 年开始，综治研究所与北京市应急办建立了科研合作机制，承办了该单位交办的多个应急管理课题。研究成果得到了市应急办及市委市政府相关领导的充分肯定。

（北京市社科院科研处供稿）

践行五大发展理念与领导力建设研讨会　6月29日，在中国共产党建党95周年前夕，国家行政学院中国领导科学研究中心和北京行政学院、北京领导科学研究会在北京行政学院联合召开践行五大发展理念与领导力建设研讨会。

院党委委员、副院长杨克勤出席研讨会并作主旨演讲，北京行政学院常务副院长、中国领导科学研究会副会长王民忠致辞，来自全国行政学院系统、相关国家部委和部分高校的专家学者、主流媒体人士以及北京行政学院部分在院学员200多人参加了会议。杨克勤首先代表国家行政学院对本次研讨会的召开表示诚挚祝贺。杨克勤说，党的十八届五中全会提出的“创新、协调、绿色、开放、共享”五大发展理念，凝聚了全党智慧，反映了人民意志，集中体现了党对新的发展阶段基本特征的准确把握，科学回答了新形势下“我们要实现什么样的发展、如何实现发展”的重大问题，是我国经济社会发展必须长期坚持的指导方针。学习贯彻新发展理念，把践行新发展理念变成全党的意志行动，加强和改善党对经济社会发展的领导，开辟发展新境界，各级领导干部的思想素质和领导水平是关键所在。

杨克勤强调，习近平总书记在省部级主要领导干部学习贯彻党的十八届五中全会精神研讨班上的重要讲话中指出，贯彻落实党的十八届五中全会精神要聚焦发力，首先必须下功夫领会好、领会透。习近平总书记的重要讲话不仅对领导干部学习贯彻五大发展理念明确了目标任务，而且对领导力建设提出了新的更高要求。新发展理念的提出丰富了马克思主义的发展观，要使理念真正成为全党全社会的思想行动指南，把新发展理念真正落到实处，不断提高各级领导干部的领导力水平则成为迫切任务。创新发展着重是解决发展动力机制问题，协调发展着重解决平衡发展的问题，绿色发展着重解决可持续发展问题。开放发展着重解决利用好国际国内两个市场两种资源问题，共享发展着重解决社会公平正义问题。

杨克勤指出，深入学习五大发展理念，积极践行新发展理念，我们肩负着重要责任使命。对于行政学院而言，要把提升领导力作为加强领导干部队伍建设的重要任务，把领导力建设贯穿于行政学院教学、科研、咨询工作的全过程。

一是深入学习五大发展理念，致力于理论联系实际。发展理念是发展行动的先导，是发展思路、发展方向、发展着力点的集中体现。在教学培训等工作中要深入学习贯彻五大发展理念，不断加深理解，深化认识。要教育引导学员切实增强政治意识、大局意识、核心意识、看齐意识，坚持理论联系实际，努力提高执行力，把五大发展理念及其创新成果转化为谋划发展的具体思路，转化为落实发展任务的工作举措，转化为推动科学发展的实际成效。同时，把践行五大发展理念与提升行政学院能力建设结合起来。

二是牢固树立发展意识，致力于探索创新。五大发展理念的关键是发展，要提高党领导发展的能力和水平，推进国家治理体系和治理能力现代化。首先要认清发展形势，找准发展定位，把握好发展环境的基本特征，善于观察当前经济社会形势面临的发展环境、发展条件、发展着力点所呈现的趋势特点。为此，在发展理念与领导力的结合点上，围绕践行新发展理念存在的突出问题和对领导力建设提出的迫切要求，研究探索提升领导力的思路途径，在领导力提升上更好体现发展理念。

三是聚焦领导力，致力于扩大影响力。围绕提升领导力水平，打造高素质的具有国际视野的公务员队伍，是当今世界公务员教育培训的重点。在瑞典、波兰等国家，领导力、变革管理、决策力以及高效执行力已成为最受高级公务员重视和欢迎的课程，瑞典特别关注培养领导力。更高水平的对外开放，要求我们应当研究中国公务员领导力与国际公务员领导力发展水平之间的差异特点，结合五大发展理念的学习研讨，探索开发适合参与全球经济治理需要的具有中国特色的领导力培训课程体系，使中国公务员领导力培训成为提升行政学院整体培训水平、扩大国际影响力的重要途径。

四是加强合作交流，致力于共同提升中国领导力建设水平。这次研讨会大家围绕五大发展理念和领导力建设话题，相互交流，积极探索，共同提高，是一次很好的学习交流机会。国家行政学院中国领导科学研究中心近年来以高度的政治责任感和自觉性相继完成了《领导科学与领导艺术》《做政治的明白人》和《五大发展理念案例选编》等国家干部教育培训教材编写任务，受到党政培训机构领导的肯定和好评。研究领导科学、提升领导力培训水平，不仅国家行政学院、北京行政学院要参与，还需要各级行政学院、公务员培训机构以及社会力量的参与、支持和积极配合。希望以本次研讨会为契机，推动领导科学研究和应用领域的合作交流更加深入。

研讨会分为四大主题，分别是新发展理念与领导环境：机遇与挑战、新发展理念与思维方式：变革与创新、新发展理念与领导者：素质与能力、新发展理念与领导方式：行为与评价。来自中央国家机关、地方行政学院和高校的20名专家学者围绕以上主题作了交流发言，提出了一些很有价值的观点。

国家行政学院中国领导科学研究中心主任刘峰教授在会议总结发言中提出，作为行政学院系统的理论工作者，应自觉践行五大发展理念，为构建中国特色的领导科学，为干部培训事业努力拼搏，做出自己更大的贡献！

（国家行政学院科研部刘斌供稿）

第四届国际文化管理年会　7月16日，由对外经济贸易大学和北京联合大学联合主办的第四届国际文化管理年会暨中国文化创意产业研究会高峰论坛在对外经济贸易大学举行。至此，国际文化管理年会已举办三届。围绕“‘一带一路’倡议下的国际文化投资与合作”这一中心议题，来自清华大学国家文化产业研究中心主任熊澄宇，中国人民大学教授、中国文化创意产业研究会会长金元浦，《经济日报》内参部主任孙世芳，美国俄亥俄州立大学 Margaret J. Wyszomirski 教授，美国芝加哥大学 Laurence Rothfield 教授等世界各地的百余位文化管理界的官员、学者、企业家等参与会议并作发言。

（对外经济贸易大学科研处供稿）

第六届中国社会治理论坛　7月17日，第六届中国社会治理论坛在北京师范大学举行。本届论坛由北京师范大学中国社会管理研究院联合北京市委社会工作委员会、中国社会工作联合会、清华—布鲁金斯公共政策研究中心举办。论坛以“创新社会治理 决胜全面小康”为主题，集中研讨社会治理的理论和实践问题。

第十届全国人大常委会副委员长顾秀莲，第十一届全国政协副主席李金华、陈宗兴，国务院研究室原主任魏礼群，北京师范大学党委书记刘川生，校长董奇，中国社会科学院副院长蔡昉，全国人大常委会委员、中国社会保障学会会长郑功成，中共中央政策研究室原副主任郑科扬，上海市高级人民法院党组书记、院长崔亚东，中华全国总工会书记处书记、党组成员赵世洪，国务院应急管理专家组组长闪淳昌，北京市委社会工作委员会书记宋贵伦、中国社会工作联合会副会长何建民，清华—布鲁金斯公共政策研究中心主任齐晔等出席。李金华、刘川生、何建民分别致辞。李金华在致辞中指出，全面建成小康社会是中国人民梦寐以求的夙愿，是实现中华民族伟大复兴中国梦的重要里程碑。党的十八大明确提出“到2020年实现全面建成小康社会宏伟目标”。从全面建“设”到全面建“成”，一字之差彰显的是党对小康社会必将建成的决心，但也是一项巨大的挑战，特别是城乡差距较大等短板对党的各项工作提出了更高的要求。魏礼群发表题为《提高社会治理水平 决胜全面小康社会》的主旨演讲。魏礼群指出，加强和创新社会治理，全面推进社会建设，是实现全面建成小康社会目标的重要任务和内在要求。总体看来，全面建成小康社会之时的中国社会治理及其社会状态，将会呈现以下七个方面“更加显著”的建设成效特征：“和谐社会”建设成效更加显著，“平安社会”建设成效更加显著，“信用社会”建设成效更加显著，“法治社会”建设成效更加显著，“健康社会”建设成效更加显著，“幸福社会”建设成效更加显著，社会治理现代化建设成效更加显著，并分别阐述了七个社会建设成效更加显著的基本内涵。总之，到2020年全面建成小康社会之时，我国社会结构、社会形态将呈现更大的进步，社会治理科学化、精细化、现代化将有明显提升，社会建设和社会文明将达到更高的水平，并进一步探索出一条符合我国国情、体现时代要求、顺应人民期待的中国特色社会治理之路。

（北京师范大学社会科学处刘娜供稿）

新型网络传销——微传销预防与监管学术研讨会　7月24日，资本金融研究院在中国政法大学学院路校区科研楼B209会议室召开了“新型网络传销——微传销预防与监管”学术研讨会，来自国家工商总局、公安部、最高人民法院、最高人民检察院、中国人民银行、中国广告协会法律咨询委员会、北京市工商局、海淀区金融办、西城区检察院、西城区公安局、中国人民大学法学院、中国政法大民商经济法学院、中国政法大学刑事司法学院、中国政法大学资本金融研究院等部门的专家学者以及民间反传销专家、传销受害人等近50余人参加此次学术研讨会。研讨会由中国政法大学资本金融研究院武长海副教授主持。

会上，新型网络传销涉及的监管部门专家主要围绕监管问题，如监管部门目前存在的监管困境与优化监管的路径等进行了讨论；司法部门的专家主要围绕新型网络传销的定罪与量刑问题行了讨论；高校专家学者主要就相关立法问题以及证据问题进行了探讨；民间反传销人士以及传销受害人的现身说法则增强了人们理解反传销的监管难度以及传销的危害性意识。

（中国政法大学科研处郭丰琪供稿）

2016（第十一届）中国电子政务论坛 7月30日，由国家行政学院和国家信息中心共同举办的2016（第十一届）中国电子政务论坛在国家行政学院隆重召开。本届论坛的主题是："互联网+政务服务"。来自中央和国家机关、地方政府、地方行政学院、有关科研单位和企业负责信息化工作的300多位代表参加了论坛。

国家行政学院常务副院长马建堂、副院长李季，联合国副秘书长吴红波，中央网信办副主任庄荣文，工业和信息化部原副部长杨学山，中国工程院院士倪光南，国家信息化专家咨询委员会常务副主任周宏仁，国家信息中心副主任周民，中央网信办信息化发展局副局长张望等出席论坛开幕式。

开幕式由李季主持，马建堂在开幕式上致辞指出，推进电子政务建设重点要抓好以下四个方面的工作：第一、转变工作理念，贯彻以人民为中心的电子政务发展思路。第二、创新服务模式，提升基于互联网的在线公共服务水平。第三、开放数据资源，推动大数据助力国家治理能力现代化。第四、完善保障措施，建设安全可靠的政务服务保障体系。

吴红波、庄荣文、周民在开幕式上致辞，杨学山、倪光南、周宏仁、张望做了主题报告。

在为期一天的会议上，共有40多位领导和专家学者围绕"互联网+政务服务"的主题，分别就"互联网+"时代的政府管理创新、网上政务服务平台建设、政府数据开放、"十三五"时期电子政务发展等多个议题进行了专题研讨和案例介绍。《2016联合国电子政务调查报告（中文版）》、《中国电子政务发展报告（2015—2016）》（蓝皮书）、《2016中国城市电子政务发展水平调查报告》在论坛上同时对外发布。

（国家行政学院科研部刘斌供稿）

纪念第十三届国际档案大会20周年座谈会 8月30日，北京市档案学会与中国档案学会老专家委员会联合召开纪念第十三届国际档案大会举行20周年座谈会，市档案学会常务副理事长陶水龙主持会议，中国档案学会理事长段东升出席并讲话。为纪念1996年9月在中国北京成功举办第十三届国际档案大会（以下简称"13大"），进一步坚定中国档案界与国际档案界的交流与合作，推动中国特色社会主义档案事业不断发展，并与今年9月在韩国首尔举行的第18届国际档案大会相呼应，北京市档案学会与中国档案学会老专家委员会联合召开了这次座谈会。段东升在讲话中指出"13大"的很多成果对今后的档案工作依然具有指导意义，"13大"的遗产需要继承和发扬，尤其是现在面临部分档案工作者职业道德滑坡的风险，我们更应该加强档案工作者职业道德教育，强调档案工作者的基本行为准则；陶水龙在致辞中简要回顾了"13大"的历史盛况，重温了"13大"对我国档案界的重大现实意义和深远历史意义；国家档案局原副局长、中央档案馆原副馆长、时任"13大"组委会秘书长刘国能作了题为《20年后的回顾与思考》的报告；《中国档案报》原总编辑郭海缨在回顾了"13大"召开期间的新闻宣传工作情况；北京市档案局（馆）原副局（馆）长、时任"13大"组委会北京市工作部成员包金春讲述了北京市协办"13大"的有关工作概况；《中国档案报》首任总编辑、时任"13大"组委会学术规划部主任、"13大"主报告人、中国档案学会老专家委员会主任王德俊作了题为"忆'13大'三四事"的报告；北京市档案局法规处处长、市档案学会基础理论委员会主任李海英在发言中重点回顾了"13大"第三次全体会议的主报告《1898年荷兰手册出版以来档案理论与实践的相互影响》［加拿大学者T·库克（Terry Cook）主讲］；北京市档案局监督指导一处处长、市档案学会理事马忠魁在回顾了"13大"有力地推动了北京市档案工作取得突破性进展，并为市档案事业的科学发展奠定了良好基础；北京市档案馆史料编研处副处长、市档案学会副秘书长、时任"13大"大会志愿者方立霏作了题为"光辉岁月、档案留芳"的报告。此次座谈会由北京市档案学会档案学基础理论与业务建设学术委员会承办。

（北京市档案局科教处胡晓燕供稿）

大数据时代的机遇与挑战高峰论坛 9月18日，由中国传媒大学与美国 SAGE（世哲）出版公司联合举办，*Global Media and China* 英文期刊编辑部、移动互联与社会化媒体研究中心承办的 *Global Media and China* 英文期刊首发仪式暨大数据时代的机遇与挑战高峰论坛在中国传媒大学举行。美国 SAGE（世哲）出版公司亚太区总裁 Paul Evans、中国传媒大学副校长廖祥忠教授共同为期刊第一卷第一期揭幕。*Global Media and China* 联合执行主编段鹏教授主持首发仪式。

中国传媒大学副校长廖祥忠教授代表中国传媒大学致辞，他对 *Global Media and China*（《全球媒体与中国》）的首发和高峰论坛的召开表示祝贺。指出，英文期刊的出版既是中国传媒大学的历史性选择，也是国家和世界的需要。美国 SAGE（世哲）出版公司亚太区总裁 Paul Evans 指出，*Global Media and China* 作为一本全英文的国际学术开放获取期刊，能够使读者有效的接触期刊，促进信息的广泛传播与交流，并有利于期刊的未来发展。

在随后举行的大数据时代的机遇与挑战高峰论坛上，香港中文大学新闻与传播学院院长冯应谦教授，清华大学新闻与传播学院金兼斌教授，上海交通大学媒体与设计学院院长李本乾教授，中国传媒大学调查统计研究所所长沈浩教授，人民网舆情监测室常务副秘书长单学刚研究员，国家大数据专业委员会秘书长彭铁元研究员，期刊总编辑助理、中国传媒大学张磊教授，龙源期刊网汤杨副总裁，中文产业控股集团郭陆庄董事长，汤森路透知识产权与科技事业部和研究咨询部张志辉博士等十余位来自国内外大数据学术及业内领域的专家学者，围绕“舆情研究——大数据时代的机遇与挑战”这一会议主题，从优质用户生产内容的社会性再生产可能性、大数据时代的新闻传播全网传播模式研究、大数据时代的数据价值与可视化传播等方面进行了具体的阐述。

（中国传媒大学文科科研处供稿）

2016 年北京市档案专业高级研修班　9 月 27—29 日，档案干部教育中心举办了档案专业高级研修班。研修的主题是“数字时代的档案信息管理与开发利用”。参加这期研修班的有市和各区档案局（馆）、市属单位档案部门的业务骨干、中高级专业技术人员共 90 余人。培训前，组织了征文活动，收到论文 32 篇。中国人民大学教授冯惠玲、国家档案局科研所所长蔡学美、北京大学教授张浩达、市档案局（馆）副处长崔伟分别讲授了档案工作数字转型战略与路径、档案信息化建设历程回顾和发展思考、新兴时代的档案信息：数字管理 + 视觉传播、北京数字档案馆建设与思考等课程。有 8 位论文作者就相关问题作了研讨交流。

（北京市档案局科教处胡晓燕供稿）

公共突发事件的应急与危机管理学术讲座　10 月 12 日，由北京林业大学人文学院主办的公共突发事件的应急与危机管理，讲座在北京林业大学召开。到会主要人员有清华大学公共管理学院彭宗超教授，北京林业大学人文学院 MPA 教师代表、2016 级 MPA 专业硕士学生、人文学院科学硕士部分学生。

彭宗超首先以天津港 8.12 特大事故为例进行案例分析与情景模拟，得出真正危机的三种事态，并从三种事态中分析出真正公共危机的含义和特点，进而分析中国突发事件的几种危机形态。接着从不同管理的概念关系、危机管理的内涵界定、卓越危机管理的要求三方面分析了如何实现卓越危机管理。最后从预防与准备、监测与预警、处置与救援、恢复与重建四方面分析了危机管理的过程要求。彭宗超的讲座结合一些热点案例分析了公共突发事件的应急与危机管理。

（北京林业大学科技处张力供稿）

首届中外合作互联网治理论坛　10 月 22 日，首届中外合作互联网治理论坛在北京举办。论坛的主题是“全球视野，中国实践”。

论坛由中国社会科学院新闻与传播研究所和北京师范大学新闻传播学院主办。来自中国、法国、美国、加拿大、日本等国大学和研究机构的 20 余位专家学者参加会议。会议从学术研究的角度探讨了全球互联网治理的相关问题。

中国社会科学院副院长李培林、北京师范大学校长董奇、中国网络空间研究院副院长侯云灏出席论坛并致辞。论坛由中国社会科学院新闻与传播研究所党委书记、副所长赵天晓主持。

中国社会科学院新闻与传播研究所所长唐绪军研究员作了题为“互联网治理的‘中国方案’”的主旨发言。北京师范大学新闻传播学院执行院长喻国明教授作了题为“互联网治理的有效性前提与操作关键”的发言。法国巴黎第九大学埃里克·布劳萨教授作了题为“合法性在机构间设计与竞争中的作用：以互联网治理为例”的发言。美国宾夕法尼亚大学芒罗·普赖斯教授提供了视频发言，题目是“比较视野中的互联网治理研究”。

除主旨发言外，论坛分为四个议题：中国互联网治理的实践与思考，全球互联网治理的政策、法规与模式，互联网治理的发展与态势以及互联网治理的多面向讨论。

（中国社会科学院办公厅刘玉杰编辑、供稿）

美国水环境管理的经验和教训及其对中国的启示研讨会 11月8日，由北京林业大学人文学院主办的美国水环境管理的经验和教训及其对中国的启示研讨会在京召开。到会主要人员有美国加利福尼亚州洛杉矶地区水质控制委员会工程师开根森教授、林震院长、中国政法大学于文轩教授、环保部和国家海洋局政府相关部门领导、以及众多校内外专家、学者、政府官员和非政府组织负责人。此次主要学术内容和学术观点研讨会主要以美国1972年清洁水法的运行机制为切入点，深入探讨了美国水环境治理的经验与教训及其对中国的启示。美国水环境管理最大的教训和经验在于，地方政府主导水环境治理收效甚微，由中央政府制定统一的行业标准才得以治理。美国水环境治理的成功经验在于，先进行“一刀切”（实施全国性技术标准，淘汰20%最差的企业），转而进行“精细控制”（实施严格的行业标准）。研讨会从中美立法传统、中国环境标准控制中存在的单因子评价法、“市场”在水环境管理中的作用、市场调节和政府规制手段在水环境管理中的综合运用、我国“保姆式环境监管”机制的弊端、立法的事前环境影响评估以及我国环境保护的垂直监管体制等问题，进行了交流和探讨。

（北京林业大学科技处张力供稿）

第二届中国资产管理学界＆业界研讨会 11月12日，由中央财经大学金融学院、中国资产管理研究中心主办的“第二届中国资产管理学界＆业界研讨会——市场情绪测度与趋势判断”在中央财经大学召开。100余位海内外著名高校专家学者和业界知名金融机构代表出席研讨会。北京大学光华管理学院刘玉珍教授，中国资产管理研究中心2016届毕业生解昕，上海期货交易所首席金融工程专家张惠岩老师，浙江大学经济学院金融系副主任杨晓兰教授，荣石投资合伙人、副总裁袁义先生、中央财经大学金融学院姜富伟副教授、银河证券金融工程分析师朱人木先生、中央财经大学金融学院黄瑜琴副教授和武汉大学经济与管理学院金融系李斌副教授分别作了主题演讲，内容包括投资者情绪测度与中国股票收益率预测、从衍生品市场看大宗商品市场情绪和趋势、网络论坛投资者恐慌情绪与股价崩盘、中国特色另类阿尔法、管理者情绪与股票收益率、基于公募基金仓位测算的市场择时研究、投资者股吧位置与股票收益率、趋势交易策略在中国期货市场上的应用。情绪是金融学理论界与业界的重要指标，将西方关于情绪的文献与业界研究应用于中国市场，还需要根据中国市场作更深入的理解与调整。业界与学界需要一起通过对中国市场更脚踏实地的研究推动中国资本市场的发展。

（中央财经大学科研处供稿）

《北京档案史料》创办30周年座谈会 档案与首都城市发展暨《北京档案史料》创办30周年座谈会在北京档案馆一会议室召开，程勇同志出席并讲话，马素萍同志主持。来自北京大学、中国人民大学、中国社会科学院、北京市社会科学院、首都师范大学、北京联合大学、中国第一历史档案馆、中国档案报报社、中国档案杂志社等单位的专家学者以及《北京档案史料》的老编辑代表等参加了会议。会上，《北京档案史料》副主编梅佳汇报了《北京档案史料》创办30年来开发档案资源、服务首都城市发展的情况。与会嘉宾对《北京档案史料》创刊30周年表示祝贺，对档案与历史研究的紧密关系、市档案馆的史料编研工作所发挥的重要作用等予以了高度评价，并对多形式、多途径开发档案资源以及档案整理编目、查阅利用、国外征集、数字资源建设等方面提出了建议。程勇同志在讲话中表示，希望借助此次会议，加强档案部门与学术研究机构及社会各界的交流与合作，在档案编研开发、史料出版、利用档案史料为首都城市发展和城市管理服务等方面取得新的成果。

（北京市档案局科教处胡晓燕供稿）

2016年应急管理国际论坛 11月19日，由国家行政学院、公安部、民政部、国家卫计委、国资委和国家安全监管总局主办、中国应急管理学会承办的2016年应急管理国际论坛在京召开。国家行政学院党委副书记、常务副院长马建堂在开幕式上作了“全面推进风险治理、主动防范突发事件”的主题演讲。全国人大常委会委员、中国应急管理学会会长洪毅主持开幕式，国家安全监管总局副局长、国家安全生产应急救援指挥中心主任孙华山、国务院应急管理办公室主任李晓东等领导及有关国家和国际组织的近150位政府官员、专家学者和应急管理工作者出席了论坛。

马建堂指出，中国政府高度重视灾害风险治理工作，提出了常态减灾和非常态救灾相统一、从减少灾害损失向减轻灾害风险转变的灾害管理理念，积极构建安全风险分级管控和隐患排查治理双重预防的工作机制；各级地方政府根据国务院统一部署，积极探索城乡风险点、危险源的普查工作，提高对各种灾害风险的准确辨识、超前研判、动态监测、实时预警能力，推进风险防控工作制度化、科学化、精细化，不断提高灾害风险治理的水平。

马建堂就全面加强风险治理，有效应对各种突发事件，提出了五点倡议：第一，加强灾害风险规律研究；第二，加强各方力量参与；第三，加强新技术应用；第四，加强基层风险治理；第五，加强区域间和国际间合作。

国务院国有资产监督管理委员会副秘书长周渝波、法国公民保护与危机应对总局局长、中欧应急管理合作项目主任劳伦特·普雷沃斯特和欧盟驻华代表团副团长克里斯托弗·伍德等嘉宾出席了论坛并分别致辞。来自联合国、欧盟委员会、德国和中国的应急管理专家学者分别作了主题演讲。

本次论坛的主题是“全球风险治理：创新与合作”。与会代表围绕城市风险治理与应急管理实践探索、风险治理中社会参与的模式与路径、应急管理跨界治理、区域合作的探索与创新、治理中的科技支撑与应急产业服务、“一带一路”战略与全球风险治理创新以及新形势下的风险治理模式与创新问题研究等议题进行了广泛交流和深入研讨，为全面加强风险治理、提升突发事件应对能力提供了许多有益的建议。本次论坛的成功举办，对于增强全社会的应急管理意识，深化应急管理理论研究，增进应急管理领域的交流合作，将产生积极的影响。

（国家行政学院科研部刘斌供稿）

2016年北京市政治学行政学学会年会　11月19日，2016年北京市政治学行政学学会年会暨“治国理政新理念新思想新战略与政治学行政学前沿问题研究”学术研讨会在北京行政学院召开。研讨会由北京市政治学行政学学会主办，北京行政学院具体承办。来自国家行政学院、中央党校、国家发展改革委、清华大学、北京大学、北京师范大学等高校及外省市130多位专家学者参加了此次会议。北京行政学院副院长吴兵致开幕辞，北京市政治学行政学学会会长范文主持，国家行政学院常务副院长马建堂出席并作重要讲话。马建堂在讲话中指出，首先，要深入学习以习近平同志为核心的党中央治国理政新理念新思想新战略。其次，要不断推进中国特色社会主义理论体系创新，对十八大以来的理论贡献进行科学梳理和概括。再次，要发挥好高端智库作用，不断为实现中国共产党新的伟大奋斗目标提供理论支撑和基本遵循。最后，要加强学会自身建设，为中国特色、中国风格、中国气派的哲学社会科学发展做出贡献。在为期一天的研讨会中，一共有11位专家学者进行了主旨发言，数十名学者分别在政治学分论坛和行政学分论坛发言。

（北京市委党校供稿）

第七届中国电子文件管理论坛　11月19—20日，由中国人民大学电子文件管理研究中心、电子文件管理推进联盟联合主办的第七届中国电子文件管理论坛在国学馆报告厅举行。论坛的主题为“电子文件管理十年：回顾与展望”，旨在回顾“十二五”的基础上总结经验，分析形势；在展望“十三五”的发展中谋划布局，描绘未来。中国工程院院士倪光南、国家档案局副局长付华、国家电子文件管理部际联席会议办公室副局长于传斌、工信部信息化和软件服务司副司长高林等领导和专家参加会议并致辞，来自中央和地方党政机关机关、企事业单位、档案局馆、高等院校和软件厂商的280多位代表参加了论坛。19日上午，举行开幕式。中国人民大学校务委员会副主任、学术委员会委员、电子文件管理中心主任冯惠玲对会议主题进行了阐释。开幕式结束后，论坛进入报告阶段。在为期两天的论坛中，会议发言人从政策发展、理论研究、标准建设、实践探索等角度回顾了国内外电子文件管理的历程，并对中国电子文件的未来进行了展望。

（中国人民大学科研处关晓斌供稿）

第十届北京安全文化论坛　11月24日，由北京市安全监管局主办，首都经济贸易大学、北京市安全文化促进会、北京市职业病防治联合会、北京市安全生产青年人才促进会共同协办的第十届北京安全文化论坛在北京举办。论坛以“创新协同安全发展”为主题，众多来自安全生产领域专家、政府官员及企业代表围绕公共安全大数据、隐患排查治理体系运用、职业危害防护、企业安全培训与管理等方面内容进行深入探讨。

国家安全生产监督管理总局人事司监察专员杨占科，国家安全监管总局宣教中心主任何国家，国家安全监管总局中国安全生产科学研究院院长张兴凯，北京市安全生产监督管理局党组书记张树森，中国建筑一局有限公司董事长罗世威，河北省安全监管局应急救援指挥中心主任李力斌，首都经济贸易大学副校长孙昊哲以及中建一局副总经理张晓葵等出席了本次大会的开幕式。

业界内知名的专家、学者、研究人员及长期从事安全生产管理的人员，围绕安全生产重点、难点、热点问题，同大家一起分享他们的研究成果，研讨和交流安全生产工作。首都经济贸易大学吕淑然教授、陈大伟教授分别以“京津冀一体化下安全生产协同工作中存在的矛盾及问题”和“体验＋实训的安全教育培训模式创新”为主题进行汇报。

（首都经济贸易大学科研处李琳供稿）

第十六次全国中青年统计科学研讨会　11月26日，由中国统计学会和《统计研究》杂志社联合主办，对外经济贸易大学统计学院、大数据与风险管理研究中心联合承办的第十六次全国中青年统计科学研讨会在对外经济贸易大学拉开帷幕。对外经济贸易大学校长王稼琼，国家统计局党组成员、总统计师、中国统计学会副会长鲜祖德，国家统计局统计科学研究所所长、中国统计学会秘书长万东华等出席开幕式。开幕式由中国统计学会副会长李强主持。

此次研讨会的主题为“新经济与统计创新”，共有104篇论文经推荐参加会议。会议结合当前统计工作的形势和任务，从理论角度践行新的发展理念，是一次深化统计改革创新、提高统计数据质量、为国家宏观管理和科学决策建言献策的重要研讨会。

（对外经济贸易大学科研处供稿）

2016管理决策与效率评价研讨会　11月26日，由北京师范大学政府管理学院、江西师范大学管理决策评价研究中心、中国企业管理研究会等单位联合举办的2016管理决策与效率评价研讨会暨《2016中国地方政府效率研究报告》发布会在北京师范大学举行。来自国务院研究室、中国社会科学院、北京师范大学、江西师范大学、商务部研究院等单位的40多位专家学者，从理论和学术的角度进行了研讨。

与会专家认为，课题组通过问卷调查和统计数据的挖掘，运用开发的包括4个一级指标、37个二级指标在内的政府效率测度指数，在对31个省、自治区、直辖市的政府效率进行测度的基础上，首次测度了292个地级市政府效率，发布了地级市政府效率排行榜，呈现出了5个新亮点：首次问卷居民对地方政府效率满意度，使研究成果贴近现实、更接地气。进一步完善政府效率测度指标体系，提升地方政府效率指数版本，使测度结果更科学；大幅拓展地方政府效率研究样本，首次测度全国所有设区地级市政府效率；更新测度指标数据，提高地方政府效率研究的时效性及权威性；强化智库角色，体现智库色彩。

（北京师范大学社会科学处刘娜供稿）

中巴经济走廊与科技合作国际研讨会　11月30日，由北京工商大学主办的“中巴经济走廊与科技合作国际研讨会”暨“巴基斯坦科技与经济研究中心”成立大会在北京工商大学召开。北京工商大学党委书记谭向勇，中国科学技术协会国际联络部副部长王庆林，巴基斯坦驻华大使馆参赞松赞·阿巴斯，巴基斯坦Quaid－e－Awam工程科技大学教师卡西夫·侯赛因·曼吉。国家发展改革委员会国际合作中心副主任刘建兴，中国人民大学中国经济改革与发展研究院副院长陈甬军，北京工商大学国际交流与合作处处长刘影，经济学院党委书记张正平，科技处处长张晓堂等150余人参加会议。会议研讨了北京工商大学将积极创造条件，支持巴基斯坦科技与经济研究中心的建设和发展，发挥学校所提供的跨学科，跨领域的软硬件条件，通过一系列优势互补、互利双赢、务实的合作，为“一带一路”提供强有力的科技与经济的咨询、交流与服务，促进中巴两国技术转移，促进民间科技交流，更好地推动两国创新型和开放型经济发展，建设中巴科技、经济、教育等多领域合作的美好未来。

（北京工商大学科学技术处王葳供稿）

经济社会转型中的公共治理研讨会　12月3日，“2016年中国社会科学论坛——经济社会转型中的公共治理”在北京召开。论坛由中国社会科学院学部主席团主办，中国社会科学院经济研究所、中国社会科学院公共政策研究中心承办。国内外政产学研及媒体界多名嘉宾参与了论坛。

中国社会科学院副院长蔡昉教授出席此次论坛并作主旨发言，中国社会科学院经济研究所所长裴长洪出席论坛并致辞。论坛由中国社会科学院公共政策研究中心主任朱恒鹏、副主任王震及副主任杜创主持。

论坛围绕“公共治理”主题，设置了五个单元。第一单元集中讨论“公共财政暨政府职能转型”方面的理论与实践。北京大学光华管理学院教授周黎安、芝加哥大学社会学系终身教授赵鼎新等进行主题演讲。第二单元“互联网 + 对公共治理转型的启示与挑战”，中央党校当代世界社会主义教研室主任郭强、中国社会科学院公共政策研究中心副主任杜创等进行主题发言。第三单元“城镇化和社会治理转型”，中国社会科学院副院长蔡昉教授、日内瓦国际与发展研究院教授 Jean - Louis Arcand、中国社会科学院经济研究所党委书记王立胜等发表演讲。第四单元的议题为“中国社会保障体制改革”。人力资源和社会保障部医疗保险司司长陈金甫、中国社会科学院公共政策研究中心主任朱恒鹏发了言。

第五单元以“事业单位改革与非营利组织发展”为主题。台湾私立医疗院所协会秘书长吴明彦、中国社会科学院公共政策研究中心副主任王震等进行主题演讲。

（中国社会科学院办公厅刘玉杰编辑、供稿）

北京中青年社科理论人才百人工程学者论坛　12 月 11 日上午，由北京市委宣传部、市社科联、市社科规划办主办，首都师范大学承办的第十届北京中青年社科理论人才“百人工程”学者论坛在首都师范大学举行，论坛主题为“文化自信与中国梦”。市委宣传部副部长韩昱，市社科联党组书记、常务副主席韩凯，市哲学社会科学规划办公室主任崔新建，市社科联副主席李翠玲、首师大党委书记郑萼等领导出席论坛。来自北京大学、清华大学、中国人民大学、北京师范大学、对外经济贸易大学、首都经济贸易大学、北京青年政治学院以及首都师范大学领导、专家学者和师生代表 100 余人参加会议。

韩昱指出，培养中青年优秀社科理论人才事关党的事业发展，是繁荣发展哲学社会科学事业的战略任务。北京市中青年社科理论人才“百人工程”实施已经 20 多年，已经培养了 500 多位学者，受到了广大中青年与社科理论工作者的热烈欢迎，得到了首都高校、科研机构的积极响应，造就了一大批人才，涌现了一大批的研究成果，产生了良好的社会反响。本次论坛主题是文化自信与中国梦，文化自信承载着中国梦，坚定文化自信，才能推动文化繁荣发展，才能为当代中国发展引路，为实现“两个一百年”的奋斗目标和中华民族伟大复兴的中国梦提供不懈的精神动力和强大文化保障。

郑萼指出，“百人工程”学者论坛聚焦文化自信与中国梦很有意义。中国梦是以习近平同志为核心的党中央提出的重大战略思想，是全党、全国各族人民共同奋斗的目标。文化自信是更基础、更广泛、更深厚的自信，是更基本、更深沉、更持久的力量。文运同国运相牵，文脉同国脉相连，实现中华民族的伟大复兴，要善于从中华文化保护中萃取精华、汲取能量，保持对自身文化理想、文化价值的高度自信，保持对自身文化生命力、创造力的高度信心。围绕“文化自信与中国梦”这一主题，亟须广大理论工作者以强有力的使命担当，直面重大理论和现实问题，开展研究。她希望各位专家学者各抒已见，深入研讨，碰撞思想的火花，交流研究心得，共同助力首都哲学社会科学的繁荣发展。

北京大学马克思主义学院郭建宁教授，清华大学新闻传播学院党委书记胡钰教授，中国人民大学马克思主义学院张云飞教授，北京师范大学马克思主义学院分党委副书记赵朝峰教授，对外经济贸易大学国际关系学院副院长熊光清教授，首都经济贸易大学文化与传播学院院长石刚教授，北京青年政治学院文法系副主任张靖华副教授，以及首都师范大学马克思主义学院副院长黄延敏教授，从文化自信与中国梦的内涵、文化自信与中国梦的重要意义、文化自信与中国梦的关系、文化自信与中国梦的实现路径等多个层面对“文化自信与中国梦”这一主题进行了深入的解读和阐释。　（北京市社科联学术活动部供稿）

中国高校博物馆馆长论坛　12 月 15 日，由北京市教育委员会、北京市文物局、北京博物馆学会、中国传媒大学主办，北京高校博物馆专业委员会、中国传媒博物馆承办的第二届中国高校博物馆馆长论坛暨高校博物馆移动客户端（APP）启动仪式在中国传媒大学中传国际交流中心举行。论坛以中央“让文物活起来”的指导思想，秉承“团结、奉献、创新、协作”的精神，以“蜕变：互联网 + 时代高校博物馆”为议题就互联网时代 + 时代高校博物馆建设、运行和发展问题进行专题交流和研讨。会上还发布了中国首款高校博物馆客户端——高校博物馆 APP。

北京市教育委员会副主任叶茂林，北京市文物局副局长于平，中国传媒大学党委书记陈文申、副校长廖祥忠，北京博物馆学会秘书长崔学谙，长江文明馆吴宏堂，四川省文物考古研究院院长高大伦，成都武侯祠博物馆副馆长卫永锋、清华大学清控人居集团有限公司党委书记吴晞、联合参谋部通信兵陈列馆馆长汤玉英、中国高校博物馆专委会秘书长、湖北高校博物馆专委会主任委员倪婉、上海钱学森图书馆党委副书记高延坤、中华航天博物馆馆长陈青以及来自北京、上海、广东、陕西、湖北等全国九个省市近40所知名高校博物馆馆长近100人参加此次论坛。

全天论坛主旨演讲阶段，长江文明馆吴宏堂馆长、四川文物考古研究院高大伦院长、清华大学清控人居集团有限公司党委书记、北京汽车博物馆副馆长吴婧、成都武侯祠博物馆副馆长卫永锋、北京百年世界老电话博物馆馆长车志红、武汉大学万林博物馆副馆长倪婉、中国传媒博物馆馆长潘力、西北农林科技大学博览园副主任魏永平、清华大学艺术博物馆办公室主任张珺、广东中医院博物馆馆长蓝绍清、中国人民大学家属博物馆副馆长张丁、华中农业大学博物馆馆长姜昊、北京服装学院民族服饰博物馆馆长贺阳、武汉音乐学院湖北音乐博物馆馆长孙晓辉、北京林业大学博物馆副馆长张勇、万达信息文化事业部行业总监孙一菲等16位专家学者就各自领域的特色专长做专题发言，特别就高校博物馆界重点、难点和热点问题进行探讨的研讨。

（中国传媒大学文科科研处供稿）

中国人才发展高峰论坛 12月17日，2017（第十三届）中国人力资源管理新年报告会暨中国人才发展高峰论坛在中国人民大学开幕。报告会为期两天，由中国人民大学劳动人事学院和北京市人才工作领导小组办公室共同主办，北京东方慧博人力资源顾问股份有限公司协办。来自政界、学界和企业界的嘉宾1000余人齐聚一堂，围绕“人与组织关系的重塑”这一主题，切磋互动。同时，超过56000人次在线观看了本次活动的网络直播。中国人民大学党委常务副书记张建明、北京市委组织部副部长李世新出席报告会开幕式并致辞。中国人力资源新年报告会暨中国人才发展高峰论坛是一年一度的人力资源管理领域盛会，自2005年1月创办以来今年已是第十三届。

（中国人民大学科研处关晓斌供稿）

网站履行主体责任高峰论坛 12月27日上午，由中国互联网发展基金会、中国传媒大学共同主办的网站履行主体责任高峰论坛在中国传媒大学召开。中国互联网发展基金会、中国传媒大学、各主流新闻网站、商业网站负责人，业内专家学者和青年学生代表共300余人参加论坛。

论坛以“履行主体责任、传播正能量、共筑同心圆”为主题，旨在倡导网站深入学习贯彻习近平总书记在网络安全和信息化工作座谈会上的重要讲话精神，切实履行网站主体责任、社会责任，积极传播正能量，努力营造天朗气清的网络空间。

中国互联网发展基金会理事长马利在致辞中对论坛的筹备组织工作和专业化的呈现方式表示肯定。中国传媒大学党委书记陈文申在致辞中表示，强化网站主体责任，探讨和分享落实网站主体责任的途径、方法和经验，对促进互联网健康发展、建设风清气正的网络生态具有极为重要的现实意义。

论坛上，中国传媒大学校长胡正荣分别从前瞻未来，调整专业培养方案、扎根深土，培育优秀拔尖人才、协同创新，加强网信科研攻关、注重辐射，探索校园网媒管理四个角度分享了中国传媒大学在履行“立德树人”主体责任，为包括网络媒体在内的中国传播行业提供优秀人才，贡献智力成果所做出的积极探索。

中国网络空间研究院副院长李欲晓、中国社会科学院法学研究所研究员周汉华、中国传媒大学网络法与知识产权研究会中心主任王四新分别从树立主体责任意识，共同治理网络空间、信息内容网站主体责任的法律定位、强化网站主体责任正当时等方面提出了富有针对性、建设性的意见建议。

（中国传媒大学文科科研处供稿）

综合（含新闻、国际关系、其他）

第三届中印思想库对话会 1月8—9日，由外交学院外交学系、学院战略与和平研究中心与印度观察家研究基金会（Indian Observer Research Foundation – ORF）共同举办的题为“中印合作的新路径：‘一带一路’维度下的战略性对接”对话会议在外交学院举行。会议有来自中国外交部亚洲司、前中国驻印度大使、中国国际问题研究院、中国现代国际关系研究院、中国社科院亚太与全球战略研究院等机构的学者，以及外交学院部分教师与会。来自印度方面的与会者有印度驻华使馆官员、前印度驻外大使、以及ORF的研究人员。

会议主要分为五个部分展开。外交学系主任唐晓教授主持第一部分“国际关系的转型”。接下来，Samir Saran主持第二阶段的会议——“跨区域合作的战略性倡议：中印双方的视角”。韩锋研究员主持第三阶段会议——“中印之间怎么合作和深化双边关系”。第四阶段由Viswanathan大使主持，讨论的主题是“中印视角下的气候变化和可持续发展”。第五阶段由胡仕胜主持，前中国驻印度使馆参赞邓俊秉认为紧密发展伙伴关系是战略伙伴核心内涵。

中印学者相互之间不回避问题，围绕着相互关切的议题进行了直接而坦率的交流讨论。双方表达了对未来中印关系发展的期待，也希望继续推动对话会议的发展从而为中印两国的交流与合作做出贡献。

（外交学院科研处供稿）

“一带一路”建设研讨会　日前，在光明日报社、中华工商时报社参与支持下，“‘一带一路’战略引领构建改革开放新格局研讨会”在北京召开。出席研讨会的有中央党校、国家发改委等单位的专家学者，以及来自印度、俄罗斯、泰国、柬埔寨、印尼等国家的官员、企业家代表。

如何融入“一带一路”战略，是与会者探讨的焦点话题。专家们认为，以经贸合作为重点，以人文交流为纽带，以互利共赢为目标，提高用好国际国内两个市场、两种资源的能力，“一带一路”沿线国家将在政治、经贸、人文等领域的合作再上新台阶。

三晋文化研究会副会长贾克勤认为，要积极发挥文化的桥梁作用和引领作用，加强与各国、各领域、各阶层、各宗教信仰的交流交往。

山东工商学院党委书记刘新生认为，要促进中国与沿线各国教育合作和科技协同创新，设立高层次国际化人才培养计划，加快推进“一带一路”沿线国家来华留学生教育，为中资企业培养推进“一带一路”建设需要的高层次国际化人才。

（参见《光明日报》2016年1月12日第4版）

《走近中国》研讨会　在《走近中国》栏目开播1周年之际，由中央电视台主办的《走近中国——探索国际传播新思维》研讨会在京举行。十八届中央委员、中国国际交流协会副会长叶小文，国务院新闻办副主任郭卫民，原中国驻法国大使吴建民等与会。人民日报社编委、海外版总编辑王树成应邀出席并发表演讲。

研讨会上，中国主流媒体和相关部门的专家就如何以改革创新精神做好新形势下的国际传播工作，加强国际传播针对性，增进中国与世界的相互理解与沟通进行了广泛、深入的交流。王树成总编辑在发言中指出，外宣工作要进一步强化“战略传播”思维，进一步提高“讲好中国故事”的能力，并借当今世界传媒格局调整重组之际，加快传统媒体与新兴媒体的融合发展，实现弯道超车，努力提升统筹国内国外两个大局、主动设置议题和策划报道能力和水平，让更多的西方主流社会读懂、了解中国，客观认识中国，为中国的和平崛起营造良好的国际舆论氛围。

（参见《人民日报·海外版》2016年1月29日第4版）

学习习近平总书记关于新闻舆论工作重要讲话精神座谈会　3月3日上午，北京市委讲师团宣讲家网组织召开学习习近平总书记关于新闻舆论工作重要讲话精神座谈会。市委讲师团团长、宣讲家网总编辑贺亚兰出席座谈会并讲话。网络宣传处处长、宣讲家网总编室主任胡俊卿主持座谈会。与会人员集体学习习近平总书记重要讲话后，中央电视台《新闻联播》栏目制片人、高级编辑杨金月等9名专家，围绕学习习近平总书记重要讲话的认识、加强和改进党的新闻舆论工作的建议、新闻媒体如何将学习宣传贯彻习近平总书记重要讲话精神引向深入、营造浓厚的舆论氛围等主题作交流发言。市委讲师团相关处室负责人，宣讲家网相关部门负责人参加座谈会。

（北京市委讲师团陈小强供稿）

非洲形势与中非关系报告会　3月8日，由中国社会科学院西亚非洲研究所和中国亚非学会联合举办的非洲形势与中非关系报告会在中国社会科学院举行。会议邀请中国外交部非洲司林松添司长作主旨演讲。来自在京非洲研究机构的学者和新闻媒体、涉非企业等各界人士100多人参加会议。报告会由西亚非洲研究所所长杨光研究员主持。

林松添司长讲了对非洲发展和中非关系，还讲了中非合作论坛约翰内斯堡峰会的有关内容，回答了与会学者们提出的关于中非合作、投资环境、地区形势与安全等方面 问题。

（中国社会科学院办公厅刘玉杰编辑、供稿）

第三届中国与东亚国际学术研讨会 3月12—13日，中国政法大学政治与公共管理学院、中国政法大学东亚国际问题研究中心在昌平校区举办了以“后冷战时期东亚国际关系与秩序：变化与未来”为主题的第三届中国与东亚国际学术研讨会。来自日本、韩国、美国、俄罗斯、新西兰12位学者和来自北京大学、中国人民大学、清华大学、吉林大学、国防大学、外交学院以及中国社会科学院、军事科学院等20多所高校和研究机构的专家学者60余人参加了会议。外交部亚洲司姚文参赞、中国前驻英大使马振岗、前驻越南大使李家忠出席了会议。

中国政法大学校长黄进在开幕致辞中表示，东亚国际关系正在发生深刻的变化，传统安全领域出现的一些不稳定因素和经济贸易领域的新动向也对地区的和平与繁荣带来了新的不确定性。中国愈发重视对国际关系和国际秩序的参与，提出了一些新的战略和思路，对待这些问题需要更多的政治智慧、责任感和使命感，这也是本次会议的意义所在。中国社会科学院原副院长武寅、外交部亚洲司姚文参赞、研讨会协办单位北京日本文化中心吉川竹二主任、政管学院杨阳院长先后致辞。

本次研讨会是继2011年、2013年之后政治与公共管理学院主办的又一次有关国际问题的大型学术研讨会，对提升中国政法大学国际关系研究的水平、提高中国政法大学在国内外国际关系研究界的学术影响起到了良好的推动作用。

（中国政法大学科研处郭丰琪供稿）

中韩关系的现在与未来讲座 4月5日，现任韩国驻华公使朴俊勇先生应邀到访外交学院沙河校区作题为“中韩关系的现在与未来”的主题讲座。

朴俊勇公使是首个在中国进修的韩国外交官。此次讲座，他主要就五个方面对中韩关系进行了阐述。第一部分：韩中建交的始末，包括建交背景、建交联合公报的发表及内容、韩国媒体对韩中建交的反应等；第二部分：韩中建交以来，两国关系的阶段性发展，从1992年两国建立友好合作关系到2013年两国同意推进充实战略合作伙伴关系的内涵；第三部分：韩中关系的现状，包括从经热政冷到经热政热的发展、两国各领域交流的情况以及2015年到2016年两国之间主要的外交事件。第四部分：韩中关系迅速发展的背景，包括有利客观条件、对于半岛问题的共识、美国对韩中关系的态度、地区与国际合作需求增加；第五部分：韩中关系的新飞跃之路，包括持续互信与衔接、经济关系新阶段、民间交流压舱石作用、管理潜在挑战。外交学院苏浩教授最后做了总结，表达了对未来中韩关系的希望和信心。

（外交学院科研处供稿）

新媒体理论宣传工作座谈会 4月15日上午，市委讲师团宣讲家网组织召开新媒体理论宣传工作座谈会。市委讲师团团长、宣讲家网总编辑贺亚兰主持座谈会。市委宣传部理论处处长张际出席并讲话。北京师范大学党委宣传部部长刘长旭等15名在京高校党委宣传部部长、学院党委书记，围绕新形势下如何创新党的理论宣传工作、如何用好“两微一端”做好网络理论宣传工作、做好新媒体理论宣传的建议等主题进行深入交流。市委讲师团相关处室负责人、宣讲家网相关部门负责人参加座谈会。

（北京市委讲师团陈小强供稿）

中国网络视频年度高峰论坛 4月21日，由中国传媒大学中国网络视频研究中心和五大视频网站联合主办、新闻传播学部承办的中国网络视频年度高峰论坛暨首届颁奖典礼在中传国际交流中心举行。

本次高峰论坛是我国最具影响力的视频网站首次携手的年度论坛，也是我国视听新媒体领域第一个学院奖。此次颁奖典礼共设立并颁发了“年度节目”“年度人物”等四大领域的十个奖项。中央网信办网络社会工作局主要负责人，中国传媒大学党委书记陈文申、副校长廖祥忠，爱奇艺创始人兼CEO龚宇，合一集团董事长兼CEO古永锵，腾讯公司副总裁孙忠怀，乐视联合创始人兼副董事长刘弘等业界领军人物出席会议。

陈文申书记在致辞中表示，作为传媒人才培养重镇的中国传媒大学，需要围绕信息传播领域的新格局、新业态、新发展，不断调整传媒教育的内容和方式。以学术立场观察行业动态，以前瞻思维服务社会需求，为国家互联网信息工作提供战略支持、研究支持和人才支持。他希望会议成为中国视频新媒体行业交流的重要盛会。

颁奖礼之后，中国网络视频研究中心主任钟大年教授发布了《中国网络视频年度案例研究》（2016）。该报告精选了2015年度十大网络视频案例，进行深度剖析。它不仅是对年度热点的全面梳理，更是对网络视听新媒体与传统媒体相融合的大视频时代的深度解读。这是中国传媒大学网络视频研究中心继《中国网络视频年度案例研究》（2015）后推出的又一项年度学术成果。

（中国传媒大学文科科研处供稿）

“一带一路”与青年外交学术研讨会　4月22日，中国青年政治学院主办的“一带一路”与青年外交学术研讨会在图书馆举行。来自中共中央对外联络部、外交部、海内外大学研究机构、媒体等领域的知名专家学者60余人参加了此次研讨会。会上，专家们围绕“一带一路”国家倡议和青年公共外交，以及中国青年政治学院智库建设等议题提出了自己的观点。

（中国青年政治学院科研处供稿）

首届中日韩公共外交论坛　“首届中日韩公共外交论坛暨2016年中日韩合作国际论坛”在京举行。论坛由中国公共外交协会会长李肇星主持。外交部副部长张业遂出席论坛开幕式并致辞。

张业遂在致辞中表示，中日韩是亚洲重要国家和世界主要经济体。三国地缘相近，优势互补，近年来经济合作逐步深化，人文交流更加密切。中日韩合作是东亚合作的重要组成部分，为维护东亚和平稳定，促进地区发展做出了积极贡献。

（参见《人民日报》2016年4月30日第5版）

大数据时代的公共外交与中国软实力建设研讨会　5月13日，外交学院外交学与外事管理系主办、公共外交研究中心承办的大数据时代的公共外交与中国软实力建设研讨会在外交学院召开。数十位来自北京大学、中国人民大学、北京师范大学、上海美国问题研究所、重庆大学等机构的专家学者及外交部官员就“大数据时代与外交转型”、“大数据时代公共外交的实践与经验”和“大数据时代中国软实力的建设”等议题进行了讨论和交流。

外交学院党委书记袁南生大使结合外交生涯中应对韩亚航空客机旧金山失事等案例，指出新媒体平台的信息传播能够增加公共外交的针对性和有效性，并提升危机预防和管控能力，进而强调了利用大数据增强公共外交影响力的价值和意义。

外交部公共外交办公室王晓峰处长介绍了外交部在公共外交领域的实践经验。他表示，重视大数据的采集、分析和应用是信息时代公共外交实践的必然要求。作为我国第一个开通微博、微信等新媒体账户的部委，外交部秉承“融通中外”的理念，积极利用数字技术面向国内外公众介绍中国的外交政策、价值和理念。

（外交学院科研处供稿）

核不扩散与世界和平学术交流会　5月26日，外交学院中国外交理论研究中心就“核不扩散与世界和平”与来自美国约翰·霍普金斯大学史蒂文·戴维（Steven David）教授进行学术交流。戴维教授就“当前国际关系概述：趋和因素与趋战因素”做主题发言，梳理了当前国际关系中的趋和因素与趋战因素，分别列出现实主义者的理据与自由主义者的看法。戴维教授认为，战争不是必然的，和平也不是必然的；在当前的国际环境中，中美双方存在广阔的合作空间，共同促进世界和平。随后，与会师生与戴维教授就核不扩散问题、民主和平论、美国选举、国际关系学科教学等议题进行了热烈的讨论。

（外交学院科研处供稿）

2016年大选与美国内外政策学术研讨会　5月27日，由中国社会科学院美国研究所主办的《美国研究报告（2016）》（《美国蓝皮书》）发布式暨“2016年大选与美国内外政策”学术研讨会在北京举行。来自中国社会科学院美国研究所、中国国际问题研究院、清华大学国家战略研究院、复旦大学美国研究中心、北京外国语大学、中国科学技术信息研究所、军事科学院等多家单位的近百位学者参加会议。前国务委员戴秉国出席了会议。中国社会科学院副院长李培林、社科文献出版社社长谢寿光出席会议并致辞。

会议研讨的主要问题有“2016年美国总统选举”“中美关系”“2015年的美国内政外交”　“美国的社会文化与科技发展”。

在举办研讨会的同时，美国研究所联合中国社科出版社、社科文献出版社举行了《美国研究报告（2016）》（《美国蓝皮书》）及《21世纪的美国与世界》两部新书的发布式。

（中国社会科学院办公厅刘玉杰编辑、供稿）

2016中美大学智库论坛　6月5—7日，由北京大学、斯坦福大学共同主办，北京大学中美人文交流研究基地和北京大学斯坦福中心联合承办的2016中美大学智库论坛在北京大学国际关系学院和北京大学斯坦福中心举行。本次论坛是为了落实国家主席习近平去年9月到美国进行国事访问时，双方达成的对未来人文交流层面长期投资的共识而举办的，是第七轮中美人文交流高层磋商机制的重要配套活动之一。本次论坛以“全球政治新秩序：中美合作的视角”为主题，专家学者汇聚北京大学，聚焦当下的中美关系，围绕全球政治经济的热点问题，讨论新形势下如何促进中美合作、建立国际政治新秩序。出席此次论坛的专家学者来自中美两国学术界、政界、商界等社会各界。中国外交部外交政策咨询委员会委员、前驻法大使吴建民与耶鲁大学杰克逊全球事务研究所、美国前常务副国务卿约翰·内格罗蓬特共同发表主旨演讲。此次论坛是中美两国之间的一次重量级会议，与会学者发言积极、坦诚，互动热烈、务实，在深入探讨两国间存在各种问题和挑战的基础上提出了不少应对挑战、改善关系的中肯建议。

（北京大学社科部供稿）

讲好中国故事　做好桥梁纽带研讨会　6月15日，在即将迎来中国共产党成立95周年之际，人民日报社在京举办“讲好中国故事 做好桥梁纽带”研讨会，深入贯彻落实习近平总书记对人民日报海外版重要指示精神，研讨人民日报海外版未来发展，展望我国外宣事业新局面。人民日报社社长杨振武出席会议并发表讲话，中共中央宣传部副部长、国务院新闻办公室副主任崔玉英出席会议并致辞。人民日报社编委、人民日报海外版总编辑王树成主持会议。

杨振武在讲话时说，去年5月4日，习近平总书记就人民日报海外版创刊30周年做出重要指示：这充分体现了以习近平同志为总书记的党中央对人民日报、人民日报海外版的高度重视和亲切关怀。一年来，我们牢记总书记殷殷重托，牢记肩负的职责使命，着重围绕“讲好中国故事、做好桥梁纽带”进行大胆探索，大力创新报道形式，着力推进融合发展，努力拓展海外合作，人民日报海外版新闻报道吸引力感染力明显增强，国际传播力影响力大幅提升，各方面工作都取得了显著成绩：积极扩版增容，连接中外、沟通世界的舞台更大；主动设置议题，“讲好中国故事”的声音更响；推动融合发展，对外传播的效果更好；拓展海外合作，在海外华文媒体中的影响更广。他就深入贯彻落实习近平总书记重要指示和重要讲话精神提出四点意见：一是始终牢记职责使命，二是用心讲好中国故事，三是不断创新表达方式，四是重视发挥技术引领。

崔玉英在致辞时对研讨会的举办表示祝贺。她说，深入贯彻落实习近平总书记重要讲话和重要指示精神，是新闻舆论战线的长期任务，对于外宣工作来说，一个重要方面就是讲好中国故事、传播好中国声音。为此，她提出三点希望：一是加强议题设置，二是创新表达方式，三是形成外宣合力。王树成表示，人民日报海外版将继续探索，锐意创新，努力实现新突破、新进展，为世界正确认识中国、中国全面融入世界营造更好的国际舆论氛围。

国家互联网信息办公室副主任任贤良，全国政协文史和学习委员会副主任叶小文，新华社副总编辑周宗敏，国务院侨务办公室副主任谭天星，中国侨联副主席康晓萍，欧洲时报社社长张晓贝，清华大学国情研究院院长胡鞍钢。中国人民大学国际事务研究所所长王义桅作了发言。《光明日报》总编辑杜飞进，经济日报社长徐如俊，中央人民广播电台台长阎晓明、中信集团原董事长孔丹等出席。

出席研讨会的还有全国政协委员、人民日报海外版原总编辑张德修，人民日报社编委、秘书长王一彪，中央和国家有关部门负责同志，地方外宣部门负责同志、专家学者、海内外读者代表等。

（参见《人民日报》2016年6月16日第4版）

第三届中美媒体论坛　6月18日，由北京大学、美国夏威夷大学、北京《环球时报》公益基金会共同举办的第三届中美媒体论坛在北京大学燕京学堂报告厅举行。论坛聚焦中美媒体对话，剖析政治、经济、外交三大话题，是巩固中美之间人文交流的重要活动之一。北京大学新闻与传播学院副院长俞虹、副院长吴靖，美国卡内基国际和平基金会副会长包道格（Douglas H. Paal），美中贸易全国委员会前主席柯白博士（Robert A. Kapp），美国卡特中心中国项目部主任刘亚伟，来自北京大学、中国人民大学、美国夏威夷大学等机构的学者专家，以及新华社、《人民日报》、中央电视台、《中国日报》《纽约时报》《金融时报》路透社等媒体的负责人参加了论坛。

（北京大学社会科学部供稿）

全球化时代的传播媒介政府治理国际学术论坛　6月18日，由中国传媒大学新闻传播学部与美国国家传播学会联合举办的全球化时代的传播、媒介与政府治理国际学术论坛在中国传媒大学举行。来自中国、美国、芬兰、巴基斯坦、中国澳门、中国台湾等国家和地区的高校百余名学者围绕新媒体环境下管理机构如何与时俱进、加深合作，实际有效地应对传播中的压力与挑战进行了深入探讨与交流，论坛为期两天。

中国传媒大学副校长胡正荣、美国全美传播学会副主席 Stephen Hartnett 为开幕式致辞。国家新闻出版广电总局宣传管理司司长高长力，国际广播电台编委、国际在线总裁兼总编辑范建平，全美传播学会学术总监 Trevor Parry - Giles，中国记协国内部主任殷陆君，全美传播学会国际合作委员会联席主席 Qingwen Dong 等分别进行主题发言。教育部新闻传播学类专业教学指导委员会委员们也出席了此次会议。

研讨会围绕"全球化时代的传播、媒介与政府治理"这一主题，共开设八个主题论坛和两个研究生论坛。议题包括：网络社会与政府治理，全球化时代的战略传播；社交媒体和公共关系，全球危机时代的公共卫生传播，中美两国在应对恐怖主义中的困境与策略等。

胡正荣在致辞中指出，在如今的媒介环境中，媒体和政府治理已经成为全球共同关注的一个热门话题。Stephen Hartnett 在致辞中表示，相信此次会议一定能够为中美学者提供一个良好的平台，相互学习，加深国际间的友谊、合作与互信，为全球化时代积极应对跨文化传播中的压力与挑战提供支持，达到双赢的局面。高长力发表了题为"中国电视应该如何讲好中国故事"的主题演讲，从"讲好中国故事"的角度出发，讲述了全球传播时代"中国梦"的创新传播途径。Trevor Parry - Giles、Qingwen Dong 等国际学者表达了对于未来多边国际合作的期待。

（中国传媒大学文科科研处供稿）

新媒体发展研讨会　6 月 21 日，《中国新媒体发展报告（2016）》发布暨新媒体发展研讨会在北京举行。会议由中国社会科学院新闻与传播研究所和社会科学文献出版社联合举办。中国社会科学院副院长、党组成员李培林，中央网信办网络新闻信息传播局副局长陈云峰，社会科学文献出版社社长谢寿光出席会议并致辞。中国社会科学院新闻与传播研究所党委书记、副所长赵天晓主持发布会。会议的主题是"新契机·新挑战·新实践"。

《中国新媒体发展报告》主编、中国社会科学院新闻与传播研究所所长唐绪军介绍了 2016 年度新媒体蓝皮书的主要内容。

蓝皮书指出，2015 年国家"互联网 +"行动计划的政策推动，为中国媒体的融合发展注入了新的动力。传统媒体与新兴媒体优势互补"一体化"发展，通过新技术、新理念、新形态、新模式推动媒体深度融合，并促进产业活力的焕发。移动社交网络应用普及，大数据拓展加速，以云计算、H5 等新技术为创新点的新闻客户端表现更具个性化，跨行业合作创造新机遇，"中央厨房"、多端互动成为热点。

蓝皮书对新媒体行业未来发展提出十大展望：一是"互联网 +"效应持续显现，将成为全产业发展经济驱动因素；二是移动互联领域成为新媒体发展主战场，移动化发展热潮不减；三是媒体融合发展成为行业自觉；四是新的媒体生态圈和媒体生态系统逐步成形；五是视频直播、微视频、移动视频进入赢利阶段，移动广告成为新的发力点；六是智能技术向跨行业渗透，逐步进入相对理性发展时期；七是网络文化产业发展进一步推进，提质增效是重点；八是微政务精细化发展，网络舆论影响政府决策和中国政治进程；九是自媒体"变现"热潮涌现；十是新媒体资本市场合作与竞争并存。

2016 年度新媒体蓝皮书分为总报告、热点篇、调查篇、传播篇和产业篇五个部分，着重于三大主题："互联网 +"、网络安全与创新应用。

中央网信办、中央国际广播电台、中国社会科学网、中国人民大学、清华大学、北京大学等单位的专家学者百余人出席发布会和研讨会。

（中国社会科学院办公厅刘玉杰编辑、供稿）

第三届中非媒体合作论坛　6 月 21 日，由中国国家新闻出版广电总局和非洲广播联盟共同主办的第三届中非媒体合作论坛在北京举行。来自 44 个非洲国家的政府部长和非洲联盟委员会、非洲广播联盟以及中非广播影视媒体机构的代表参加了此次论坛和相关活动。

论坛期间，中非双方共签署了 15 项合作成果文件。与会双方代表还就"中非广播影视政策交流""媒体合作与能力建设""广播电视数字化和新媒体发展"等议题进行深入研讨和广泛交流。

此次论坛审议通过并发表了《第三届中非媒体合作论坛共同声明》。该声明中还就南海问题做出表态，强调维护南海和平与安宁对促进世界和平、稳定与发展至关重要，非洲国家强烈呼吁有关各方根据双边协议和地区有关共识，通过友好磋商和谈判，和平解决领土和海洋争议问题。

（参见《人民日报》2016 年 6 月 22 日第 12 版）

十八大以来的中国特色大国外交理论与实践创新学术研讨会 6月23日，外交学院中国外交理论研究中心主办的十八大以来的中国特色大国外交理论与实践创新学术研讨会在外交学院举行。来自北京大学、清华大学、国防大学、北京师范大学、天津师范大学、对外经贸大学、外交学院、中国社会科学院、新华社世界问题研究中心等高校和科研院所的专家学者参加了研讨会。

会议第一阶段议程是“具有中国特色与普遍意义的中国外交理论构建”，由王帆副院长主持。与会学者围绕中国外交的大国特色、大国定位和精神内涵等问题展开研讨，认为十八大以来的中国特色大国外交在理论上产生、形成了一系列重要突破和创新。第二阶段议程是“十八大以来的中国外交实践创新”，由孙吉胜副院长主持。与会学者分别从战略设计、文化传承、领事保护、外交体制以及外交的共性和个性等角度，对十八大以来中国外交在实践层面的创新进行了阐释和分析。秦亚青院长最后对会议进行了总结。

（外交学院科研处供稿）

东亚安全论坛 6月27日—7月1日，外交学院外交学与外事管理系和战略与和平研究中心共同举办了2016年度东亚安全论坛。主题为“权力的聚合：地缘政治安全与经济稳定”。论坛由外交学院战略与和平研究中心主任苏浩教授及澳大利亚邦德大学（Bond University）副教授Dr Jonathan H. Ping共同主持，外交学与外事管理系主任唐晓教授出席开幕式并致欢迎辞。

此次国际学术研讨会主要围绕“东亚安全问题”，分别就文明价值与文明政治的建构、美国政治与中美关系、国际经济秩序与中国的地位、南中国海问题与中国国家安全、中美关系与对国际秩序的影响、大国关系与中东地区秩序的建构和亚太多边安全与中国作用等多个议题进行了发言陈述。

经过十多年的历史积淀，东亚安全论坛已成为海内外相关领域专家学者探讨地区和平与发展问题的机制化学术交流平台。

（外交学院科研处供稿）

不干涉内政原则与建设性介入学术研讨会 7月4日，不干涉内政原则与建设性介入学术研讨会在外交学院召开。来自中国人民大学、清华大学、对外经济贸易大学、中央财经大学、中国社会科学院、中国国际问题研究院及外交学院的专家与会，外交学院中国外交理论研究中心主任王春英教授主持会议。

会议第一节主题为“不干涉内政原则的新发展”，由清华大学孙学峰教授主持。会议第二节主题为“建设性介入与中国外交”，由中国国际问题研究院陈须隆研究员主持。学者们讨论了不干涉原则与主权概念的关系以及协商介入与创造性介入、建设性介入的区别与联系。在自由讨论阶段，与会专家围绕区域介入与区域依托、传统安全与非传统安全等问题展开了讨论。最后，中国人民大学金灿荣教授作会议总结指出，理论工作者的工作重点是要给中国未来要实施的战略提供理论合法性与政策建议，其中，干预与介入问题是重要议题。（外交学院科研处供稿）

见证历史：南海生态尊严与安全研讨会 7月12日，由中国城市经济学会、中国社会科学院城市发展与环境研究所、中国社会科学院生态文明研究智库共同举办的“见证历史：南海生态尊严与安全”研讨会在北京举行。来自中国社会科学院城市发展与环境研究所、中国社会科学院亚太与全球战略研究院、国家发改委、外交部中国国际问题研究院、中国社会科学院边疆研究所、中国人民解放军后勤学院、中国城市经济学会、中国社科院生态文明研究智库等单位的近40名专家学者出席了会议。

与会专家纷纷为捍卫国家主权与民族尊严、维护南海地区的和平稳定发展建言献策，并形成以下共识：第一，大量中外历史文献和考古发现证明，中国最早发现、命名南沙群岛，最早并持续对南沙群岛行使主权管辖，南海诸岛自古以来就是中国的固有领土，神圣不容置疑，对此我们有充分的历史和法理依据，国际社会也长期予以承认。越来越多的国家公开表态支持中国在南海问题上的立场，充分证明了公道自在人心。

第二，南海问题包含领土主权争议和海洋权益争议，而中国已于2006年根据《联合国海洋法公约》做出排除性声明，将涉及海洋划界等方面的争议排除在《公约》规定的第三方争端解决程序之外。即南海问题不在国际仲裁庭管辖范围之内，所谓南海仲裁案是由菲律宾政府单方面挑起、美国政府幕后操纵的一出反华闹剧，是严重违反《南海各方行为宣言》的背信弃义行为，对此中国坚决不接受、不参与、不承认。

第三，中国政府一向强调，坚持同直接当事国在尊重历史事实的基础上，根据国际法，通过对话管控争议，通过谈判协商和平解决争议，积极探索通过合作实现互利共赢，这是南海和平发展的根本途径。近年来南海问题的日趋升级，是以美国为首的一些大国或地区集团出于各自不同目的，染指南海地区事务，妄图使南海地区问题“国际化”，这严重影响了地区稳定与安全。与会专家建议，南海相关各方应发挥共生智慧、寻求共同利益、维护世界和平。

（中国社会科学院办公厅刘玉杰编辑、供稿）

习近平治国理政新思想新实践与西非前沿问题学术研讨会　7月13日，中国社会科学院西亚非洲研究所“以习近平同志为总书记的党中央治国理政新思想新实践与西亚非洲发展问题”课题组与《西亚非洲》编辑部共同主办了习近平治国理政新思想新实践与西亚非洲前沿问题学术研讨会。来自外交部、中央党校、北京大学、中国人民大学、上海外国语大学、浙江师范大学、上海国际问题研究院、宁夏大学、云南大学、南京大学、西北大学、复旦大学、中国现代国际关系研究院，以及中国社会科学院的专家学者共计40余人出席了会议。

中国社会科学院西亚非洲研究所党委书记、副所长王正研究员在开幕式发言。会议研讨的主要问题有以习近平同志为总书记的党中央治国理政新理念新思想新战略与中东非洲社会发展及国际关系理论和实践的契合性、《西亚非洲》期刊选题。中国社会科学院西亚非洲研究所所长、《西亚非洲》主编杨光研究员作总结发言。

（中国社会科学院办公厅刘玉杰编辑、供稿）

中国—中东欧国家合作学术成果报告会　7月22日，由中国社会科学院“16+1”智库交流与合作网络与欧洲研究所联合主办的“推动国际产能合作和‘一带一路’建设背景下的中国—中东欧国家合作”学术成果报告会在北京举行。会议是由外交部“中国—中东欧国家关系研究基金”资助的中东欧国家智库学者研讨班的系列活动之一。波兰亚洲研究中心主席Radostaw Pyffel与阿尔巴尼亚地拉那大学教授Ledjon Shahini分别主持了上下午的会议。来自中东欧16国的智库代表，中国社会科学院、中国国际问题研究院、清华大学、上海经贸大学等专家学者共40余人参加会议。

会议共分为四个讨论板块，“一带一路”背景下“16+1合作”的进展与发展前景、欧盟多瑙河战略与“16+1合作”、欧盟波罗的海战略与“16+1合作”、东南欧与中国产能合作的潜力与挑战。来自中东欧国家的智库代表分别介绍了各自国家“一带一路”建设的实施情况以及“16+1合作”框架下各国所面临的机遇和挑战，并表示希望充分利用“16+1合作”平台推动两国在基建、交通、能源、经贸、科技、教育等领域的务实合作。

与会者还就中东欧国家的贸易状况及比较优势、中小企业的角色、巴尔干国家的身份认同等问题进行了探讨。

（中国社会科学院办公厅刘玉杰编辑、供稿）

世界中的日本与中日关系国际学术研讨会　8月27日，由中国社会科学院主办、日本研究所承办的中国社会科学论坛：“世界中的日本与中日关系”国际学术研讨会在北京举行。

会议研讨的主要问题有日本国内形势与发展走向、日本对外战略与政策态势、中日关系的开放性机遇与挑战。

出席会议的代表有中日双方的高级官员以及知名学者、专家。中国中日关系史研究专家、中国社会科学院前副院长武寅、以“中国通”著称的日本驻华大使横井裕出席开幕式并做基调报告。

出席会议的中方正式代表来自中国社会科学院、国务院发展研究中心、军事科学院、北京大学、中国人民大学、复旦大学、吉林大学、南开大学、中国海洋大学、中国国际问题研究院、中国现代国际关系研究院、上海国际问题研究院等单位，日方正式代表来自东京大学、庆应大学、法政大学、上智大学、政策研究大学院大学、横滨市立大学、防卫省防卫研究所、日本综合研究所、双日综合研究所、朝日新闻社等。中日双方的有关政府机构代表及学术单位的专家、学者列席了会议。

（中国社会科学院办公厅刘玉杰编辑、供稿）

日本海洋战略与政策分析——以当前海洋热点为中心学术研讨会　10月8日，“日本海洋战略与政策分析——以当前海洋热点为中心”学术研讨会在中国社会科学院日本研究所举行。会议由中国社会科学院日本研究所中日关系研究中心和“日本海洋战略研究创新项目”主办。中国社会科学院日本研究所副所长、中日关系研究中心主任王晓峰主持会议。来自中国社会科学院、中国现代国际关系研究院、中国人民大学、中国海洋大学、中国社会科学院海洋法与海洋事务研究中心的专家学者参加会议。

会议研讨的主要问题有日本海洋战略、中日关系、当前海洋热点等。

（中国社会科学院办公厅刘玉杰编辑、供稿）

全球视角下的“一带一路”国际研讨会　10月10—11日，由中国社会科学院国家全球战略智库、北京外国语大学、中国社会科学院亚太与全球战略研究院联合主办的全球视角下的“一带一路”国际研讨会”在北京召开。中国社会科学院副院长、党组成员，国家全球战略智库理事长蔡昉出席会议并致辞。

来自俄罗斯、埃及、巴基斯坦、美国、马来西亚、土耳其、新加坡、印度等20多个国家的代表参加会议。会议研讨的主题是“一带一路”建设面临的全球形势与新挑战、“一带一路”建设与多领域合作“一带一路”、基于国际视角推进“一带一路”的对策建议。与会学者认为，“一带一路”倡议提出三年以来，中国始终以共商、共建、共享为原则，以和平合作、开放包容、互学互鉴、互利共赢的丝绸之路精神为指引，在与沿线国家的合作中取得了丰硕成果。

中国现代国际关系研究院研究员林利民、中国社会科学院西亚非洲研究所所长杨光、美国约翰·霍普金斯大学赖肖尔东亚研究中心主任考尔德、国际关系学院院长陶坚、印度尼赫鲁大学中国和东南亚研究中心教授狄伯杰、马来亚大学中国研究所副所长饶兆斌、福建省社科院亚太经济研究所所长全毅、清华大学国际关系学系教授吴大辉等在会上发言。

（中国社会科学院办公厅刘玉杰编辑、供稿）

软实力论坛　10月18日，主题为“与世界对话”的2016年凤凰国际论坛在北京开幕。中国外交理论与实践协同创新中心作为学术支持单位，支持举办了开幕式后的首场分论坛——“软实力论坛：中国外交理念与海外社会形象”。外交学院参与了论坛的主要筹备工作。

论坛由外交学院姚遥副教授主持，中联部原副部长艾平、商务部原副部长魏建国、奥运冠军邓亚萍、欧美同学会副会长王辉耀、中国前驻坦桑尼亚大使张宏喜、北京大学教授韩毓海、清华大学教授刘江永和中国社科院研究员赵汀阳等八位中国各界的权威专家参与讨论，从“道”和“术”两方面深入探讨了“应传播什么样的中国形象”以及“如何传播中国形象”。

与会专家认为，在当今“新全球化”的背景下，发展中国家如何完成维护独立、实现发展的历史使命，中国比发达国家有着更符合他们需要的软实力，有着基于实践检验的鲜活事例，具有自己的独特优势。中国应结合传统优势，继续保持开放心态，运用好中国的软实力资源，成为全球治理改革的积极参与者和引领者。

（外交学院科研处供稿）

两界高峰论坛　10月19日，2016北京自然科学界和社会科学界联席会议高峰论坛在北京社科活动中心举行。论坛由市社科联党组书记、常务副主席韩凯主持，市科协党组书记、常务副主席马林代表主办单位致辞。两界联席会议顾问田雪原、雷家骕、邹昭晞、张明国以及来自首都自然科学界和社会科学界的相关专家学者、社团代表80余人参加论坛，市社科联党组副书记、副主席荣大力，副主席李翠玲，副巡视员王彦京，市科协党组成员、副主席田文，市社科联、市科协相关部门同志出席了论坛。

论坛以“创新发展的路径与突破口：建设全国科技创新中心与京津冀协同发展战略”为主题，中国社会科学院学部委员、国务院学位委员会学科组成员田雪原；北京科学学研究中心主任、科技政策模拟与决策支撑北京市重点实验室主任张士运；北京市知识产权局巡视员王淑贤；北京师范大学校务委员会副主任、北京师范大学经济与资源管理研究院院长关成华；中国社会科学院金融研究所研究员、中国社会科学院金融政策研究中心副主任徐义国；北京航空航天大学自动化科学与电气工程学院副院长、全国青联常委兼科学技术界别副主任段海滨等6位专家学者围绕科技创新中心建设与京津冀协同发展、知识产权管理在科技体制创新中的重要性、青年科技人才成长等发表了主题演讲。

十几年来两界高峰论坛已经发展成为首都智库品牌。

（北京市社科联学术活动部供稿）

权力再分配：中美之间的竞争与合作　10月19日，中国社会科学院美国研究所举行题为“权力再分配：中美之间的竞争与合作”的学术研讨会。来自国际战略学会、中国人民大学、北京语言大学、中央财经大学、中国国际问题研究院、现代国际关系研究院、商务部国际贸易经济合作研究院、中国社会科学院美国研究所的专家学者参加会议。会议研讨的主要问题有权力转移理论、中美之间力量对比的变化、中美在军事、经济以及气候变化等领域的竞争与合作、两国软实力的消长等。

（中国社会科学院办公厅刘玉杰编辑、供稿）

G20 杭州峰会与全球治理新思考研讨会　10 月 20 日，由中国外交理论与实践协同创新中心（以下简称"协同中心"）主办、外交学院中国外交理论研究中心（以下简称"外交中心"）承办的 G20 杭州峰会与全球治理新思考研讨会在外交学院举办。来自中国人民大学、浙江大学、中央财经大学、中国国际问题研究院、中国国际经济交流中心、中国社会科学院、外交学院等高校和研究机构的专家学者出席会议，围绕 G20 杭州峰会对中国参与全球治理的意义、提升全球治理能力的创新方案两个议题展开研讨。

第一议题"G20 杭州峰会对中国参与全球治理的意义"由外交学院副院长王帆教授主持。与会学者认为，G20 杭州峰会是中国更加积极参与全球治理的标志性事件，也为中国进一步参与国际规则制定、提高国际话语权提供了新的历史契机。第二议题"提升全球治理能力的创新方案"由外交中心主任王春英教授主持。与会学者分别从金融治理、贸易治理、角色转型和微观机制四个方面提出了创新方案。

在总结发言中，外交中心姚遥副教授表示，"己欲立而立人、己欲达而达人"是中华文化的核心思想，也是中国长久以来一以贯之的外交之道，更将成为中国下阶段引领全球治理时所不同于传统大国的价值基础。

（外交学院科研处供稿）

第六届中国拉美研究青年论坛　10 月 20—21 日，"中国、美国与拉美：新行为体和变化中的关系暨第六届中国拉美研究青年论坛"在中国人民大学国际关系学院举行。会议由中国人民大学国际关系学院、国家安全研究院、拉丁美洲研究中心，中国拉丁美洲学会，中国拉丁美洲史研究会，以及匹兹堡大学和墨西哥国立自治大学联合主办。来自美国匹兹堡大学、加州大学伯克利分校、布朗大学、南加州大学、墨西哥国立自治大学、巴西坎皮纳斯州立大学、中国社科院、中国现代国际关系学院、上海国际问题研究院、中央编译局、北京大学、清华大学、南开大学、北京外国语大学、中国政法大学、外交学院、中央民族大学、西南科大、浙江外国语学院、安徽大学、四川外国语大学、河北师大、中山大学、暨南大学等单位的 80 多位中外专家学者参加了会议。

（中国人民大学科研处关晓斌供稿）

第三届北阁对话年会　10 月 21—23 日，北京大学"北阁对话"第三届年会召开。"北阁对话"由北京大学国际战略研究院主办，邀请具有深厚学术修养、丰富政治经验和长远战略眼光的国内外有识之士，共同探讨国际战略形势与中国在世界事务中的作用。年会邀请了澳大利亚原总理陆克文、美国哈佛大学教授约瑟夫·奈、美国原常务副国务卿约翰·内格罗蓬特、俄罗斯国际事务理事会主任安德烈·科尔图诺夫、英国原外交大臣大卫·米利班德、印度原国家安全顾问希夫尚卡尔·梅农、埃及原外长纳比尔·法赫米、印度尼西亚原外长马尔迪·纳塔勒加瓦、新加坡原外长杨荣文、日本原外交大臣川口顺子、韩国原外长金星焕、法国国际关系研究所所长蒂埃里·德·蒙布利亚尔、德国国际和安全事务研究所执行主席沃尔特·佩尔特斯，13 位外国嘉宾。原国务委员、北京大学国际战略研究院名誉院长戴秉国，国务院原侨办副主任何亚非，北京大学国际战略研究院院长王缉思，副院长袁明、于铁军，执行副院长关贵海，北京大学国际关系学院院长贾庆国、副院长王逸舟和张海滨教授等参会。今年"北阁对话"的主题是"全球治理：国际机制作用的强化与改革"。本次会议包括一天半的闭门研讨、半天的公开论坛以及两场演讲会。

（北京大学社科部供稿）

第六届全国广播学术研讨会　11 月 5—6 日，第六届全国广播学术研讨会在中国传媒大学国际交流中心举行，来自全国各地的 50 多家广电媒体及新闻院系代表近 200 人参加了会议。中国广播电影电视社会组织联合会会长，原广电总局副局长张海涛，中央人民广播电台台长阎晓明，中国传媒大学党委书记陈文申分别代表联合主办方致辞，研讨会开幕式由我校新闻学院院长刘昶教授主持。

研讨会共设七个分论坛：广播史研究、民族广播传播策略研究、媒体融合时代的少儿广播发展、融媒体背景下的广播声音制作、广播理论创新与学科建设、广播新型主流媒体转型策略和运营模式研究、广播内容传播方式创新研究。来自全国各地的专家代表在分论坛中一起探讨广播学术的发展和未来。《中国广播》杂志编委会也在本届论坛期间举行了换届仪式。

阎晓明提出，实践和理论证明广播有着广阔的发展前景，广播从业者一定要树立坚强的广播自信，把广播事业发扬光大。陈文申指出，传媒事业是一项“苟日新，日日新，又日新”的事业。中国广播电影电视社会组织联合会副会长，原中央电视台台长胡占凡在主旨发言时，聚焦当下广播发展的迅猛趋势，对广播媒体创新提出了自己的认识，建议广播界同仁应该看清楚广播传播的大趋势，建立起创新思维的新模式。中国广播电影电视社会组织联合会副会长，原中央人民广播电台台长王求认为，在变革当前，广播始终不能忘记自己的主流媒体身份。

中国传媒大学新闻学院副院长丁迈主持论坛闭幕式。广播学研究专家，中国传媒大学副校长袁军教授致闭幕词。中国传媒大学传播研究院院长雷跃捷，暨南大学新闻与传播学院副院长张晋升，北京人民广播电台总编辑王秋，上海广播电视台东方广播中心主任孙向彤，中央人民广播电台《难忘中国之声》工作室负责人武俊山等在闭幕式上分别从交通广播、广播剧、广播内容生产、音频产品特点、广播与历史的关系等方面阐释了自己的认识。

（中国传媒大学文科科研处供稿）

第六届中国青年学术论坛　11 月 5—6 日，由中国青年政治学院主办的第六届中国青年学术论坛暨“新媒体新青年：政治参与和社会发展”学术论坛在京举行。来自北京大学、清华大学、中国人民大学、中国传媒大学、复旦大学、厦门大学、中国社会科学院以及美国密苏里新闻学院、台湾世新大学等高校的百余名专家学者参加论坛。

本校青少年研究院名誉院长陆士桢教授、人民大学新闻传播学院陈力丹教授、苏州大学凤凰传媒学院马中红教授、台湾世新大学林承宇助理教授、以色列巴伊大学约瑟（YOSSI）教授分别以青年网络政治参与、国际政治话语传播、大数据与青年文化传播、西方青年政治参与、新媒体创业以及健康行为调查与政策制定为主题进行发言。

本届论坛设有青年传播、政治传播、健康传播三个分论坛，依次聚焦新媒介与青年发展、政治传播与政治参与、青年与健康三个研究领域，对新媒体与政治、新媒体与商业营销和新媒体与政治参与等具新兴问题进行探讨。来自学术界、政府部门、社会组织、媒体机构及其他青年研究的专家学者们共同从理论与实践、学术与业务的不同维度展开跨领域、跨部门、跨学科的多元对话。政治传播分论坛还设立了研究生专场。

论坛还举办了学术期刊编辑专场讨论。来自《青年研究》《中国广播电视学刊》《中国青年研究》《中国青年社会科学》《新闻写作》和《现代出版》等高质量学刊编辑参与讨论，共享学术成果。

（中国青年政治学院科研处供稿）

2016 中韩传媒产业论坛　11 月 12—13 日，“中韩传媒产业论坛 2016 Sino - Korean Media Industry Forum”在中国传媒大学圆形报告厅举行，胡正荣校长出席论坛开幕式并致辞，艺术学部副学部长伍建阳教授主持论坛。

中韩传媒产业论坛是中国教育部与韩国文化体育观光部作为指导单位并发起，中国传媒大学与韩国艺术综合大学主办、驻华韩国文化院与韩国文化产业振兴院共同协办、该艺术学部与北京国传星徽文化有限公司共同承办的中韩高端文化交流论坛，韩国驻华大使馆与韩国著作权委员会是本次活动的后援单位。

韩国艺术综合大学校长金奉烈、韩国驻华大使馆公使参赞兼文化院院长韩在爀、韩国文化产业振兴院首席代表金纪宪等受邀参加论坛。中国传媒大学协同创新中心主任金德龙、艺术学部戏剧影视学院副院长关玲、艺术学部教授苗棣、清华大学教授尹鸿等业界专家同时应邀出席本次论坛，艺术学部和韩国综合艺术大学的师生们也积极参加了为期两天的论坛主题研讨。

论坛就媒体 3.0 时代、传媒产业的迭代、融合，中韩文化交往、传媒教育等领域问题进行了广泛交流，同时就目前中韩传媒产业发展的现实状况、问题、发展趋势、机遇以及传媒人才培养模式等领域进行了研讨。

（中国传媒大学文科科研处供稿）

日本政治与社会文化国际学术研讨会　12 月 4 日，中国社会科学院日本研究所在北京召开日本政治与社会文化国际学术研讨会。来自中国社会科学院、北京大学、北京外国语大学、首都经贸大学、南开大学、天津市社会科学院、洛阳外国语学院、日本上智大学、一桥大学、政策研究大学院大学、后藤·安田纪念东京都市研究所、日本综合研究所、国际战略研究所等研究机构以及朝日新闻社、日本经济新闻社的专家学者参加会议。会议研讨的主要问题有日本社会结构与阶层、日本社会思潮与运动、日本政治过程与决策、日本行政制度与改革等。

（中国社会科学院办公厅刘玉杰编辑、供稿）

第八届俄罗斯东欧中亚与世界高层论坛　12月8日，由中国社会科学院俄罗斯东欧中亚研究所和中国俄罗斯东欧中亚学会主办的“第八届俄罗斯东欧中亚与世界高层论坛（2016）”在北京和敬府宾馆举行。来自中国社会科学院俄罗斯东欧中亚研究所、中国外交部欧亚司、商务部研究院、国务院发展研究中心欧亚社会发展研究所、中国现代国际关系学院俄罗斯研究所、中国国际问题研究院欧亚所、中国现代国际关系学院、中央编译局世界发展战略研究部、全国政协外委会、中国人民争取和平与裁军协会、中国国际战略学会、复旦大学、上海大学社会发展研究院、辽宁大学、中央财经大学俄罗斯中心、中国人民大学、圣彼得堡国立大学俄罗斯研究中心、黑龙江大学俄罗斯研究院、黑龙江省社会科学院俄罗斯研究所、黑龙江大学俄罗斯研究中心、北京外国语大学、北京外国语大学俄语学院、北京师范大学世界现代史中心、辽宁大学国际关系学院、空军指挥学院、南京大学俄罗斯学研究中心、中国社会科学院社会学所、中国社会科学院信息情报研究院、中国社会科学院外国文学研究所、中国军事科学学会、中央民族大学外国语学院等北京和京外的研究机构、大学和政府部门的专家学者100多人参加会议。

中国社会科学院俄罗斯东欧中亚研究所党委书记李进峰主持开幕式。中国社会科学院俄罗斯东欧中亚研究所所长、中国俄罗斯东欧中亚学会会长李永全致辞。中国外交部欧亚司司长桂从友作“2016年俄罗斯东欧中亚形势”的主旨报告。

会议研讨的主要议题有2016年欧亚地区战略态势、“2016年俄罗斯政治、经济与外交形势”、2016年俄罗斯东欧中亚前沿问题。

（中国社会科学院办公厅刘玉杰编辑、供稿）

第二届中国传播论坛　12月9日，第二届媒介融合变革时代的电视发展学术论坛在中传国际交流中心召开。论坛由教育部人文社科重点研究基地——中国传媒大学国家传播创新研究中心（原广播电视研究中心）主办，华东师范大学传播学院、浙江大学传媒与国际文化学院和上海师范大学人文与传播学院联合协办。来自业界和学界的50余位专家学者，就媒介融合背景下电视政策、产业、文化和理论的创新等议题，进行了研讨。

开幕式上，胡正荣校长指出，此次论坛的召开有助于从不同角度思考，媒介融合时代电视如何创新发展这一重要议题，中国传媒大学作为广电研究的旗手，更应担当此任。

协同创新中心主任金德龙在致辞中肯定了这次论坛的及时性和重要性，认为各界应广泛关注传统媒体如何在变革时代找到创新发展之路。文科科研处处长隋岩肯定了教育部人文社科重点研究基地——中国传媒大学国家传播创新研究中心，主办此次论坛的前沿性和我校在该领域的传统优势，并从产业和技术发展的角度，分析了电视创新的路径。

第一场主题发言由金德龙主持，聚焦于业界与学界对话。第二场主题发言由国家传播创新研究中心张磊研究员主持，关注电视研究如何提升理论水平。下午，四场平行专场分别聚焦于电视产业的危机与转型，电视的文本与受众，以及电视微观创新的多样性等问题。值得关注的是，本次会议特别设计了“全球南方的电视”英文专场，来自中国的学者和加拿大、委内瑞拉、加纳、巴基斯坦、赞比亚、埃塞俄比亚等国的留学生，详细介绍和分析了各自国家的电视发展史，以及与中国在基础设施和内容交易等方面的关系，丰富了电视研究的国际视野。

（中国传媒大学文科科研处供稿）

第十八届北大光华新年论坛　12月10日，第十八届北大光华新年论坛在北京大学举行。本届论坛的主题为“全球变局 中国策略”，汇聚时代人物，共议变化中的国际政治经济格局给中国带来的挑战和机遇。北京大学校长林建华出席开幕论坛并致辞。北京大学光华管理学院名誉院长厉以宁，中国外交部前副部长、北京大学燕京学堂特聘教授何亚非，美国驻北京大使馆使团副团长阮大为，哈佛大学杰出服务教授、哈佛大学文理学院前院长柯伟林等作为发言嘉宾分享了他们的真知灼见。北大光华管理学院院长蔡洪滨、副院长金李、副院长李其分别主持了开幕论坛不同环节的讨论。开幕论坛和四场分论坛近60位发言嘉宾，从政治、经济、金融、教育、科技、体育等不同角度，全面解读全球化走向，深度把脉中国经济发展态势，共同建言中国策略。

（北京大学社科部供稿）

新媒体的社会影响与挑战学术研讨会 12月12—13日，新媒体的社会影响与挑战学术研讨会在北京金龙潭酒店举行。研讨会由首都师范大学文学院主办、美国太平洋大学太平洋学院与《现代传播》杂志社协办。开幕式由文学院副院长洪波教授主持。

首都师范大学宫辉力校长致辞表示，本次会议立足新媒体对社会的影响，具有重要的理论意义和现实意义，将深化学界对新媒体的认知。本次会议也是深化教学改革、建设综合性师范大学、加深国际交流的一部分。文学院院长马自力教授在致辞中表示，将依托文学院雄厚的人文研究背景和丰富完整的学科体系，为新媒体时代的传播学教育与研究提供良好的跨学科背景，着力为北京市传媒创意产业培养具有深厚文化底蕴的、较高层次的应用型人才。美国太平洋大学传播系主任董庆文教授在致辞中表示，将继续加强同首都师范大学的交流合作。

美国纽约州立布法罗大学传播系教授，哈佛大学费正清中国研究中心研究员洪浚浩，中国人民大学教授陈力丹、清华大学新闻与传播学院教授尹鸿，中国人民大学教授金元浦、北京大学教授张颐武、中国传媒大学教授、《现代传播》杂志主编胡智锋，中国传媒大学教授赵子忠、河北大学教授白贵、北京大学教授陆地、首都师范大学文化研究院常务副院长陶东风教授、南开大学教授周志强等传播学界知名专家先后作了大会主题发言。

研讨会还举办了新媒体条件下国家治理的机遇与挑战、新媒体与影视艺术发展、文化产业与媒体变革、新媒体条件下的青年文化、新媒体传播的伦理与规范5个相关分论坛，来自国内外传播学、文化研究领域的60多名学者参加了研讨。

（首都师范大学社科处李葸供稿）

中国—中东欧国家智库研讨会 12月15日，中国—中东欧国家智库研讨会暨中国—中东欧国家人文交流年闭幕仪式在中国社会科学院社科会堂举行。会议由中国社会科学院和中国—中东欧国家合作秘书处联合主办，中国社会科学院欧洲研究所和“16+1”智库交流与合作网络承办。中国社会科学院副院长、“16+1”智库网络常务副理事长蔡昉出席会议并致欢迎词。外交部部长助理、中国—中东欧国家合作秘书处秘书长刘海星，塞尔维亚第一副总理兼外长伊维察·达契奇作主旨演讲。中国社会科学院欧洲研究所所长、“16+1”智库交流与合作网络秘书长黄平主持会议。

外交部欧洲司司长、中国—中东欧国家合作秘书处执行秘书长陈旭、匈牙利驻华大使齐丽、马其顿外交部地缘战略和外交政策研究所所长麦莫迪大使、北京外国语大学校长彭龙等分别就中国与中东欧国家人文交流问题发表了演讲。

会议期间举行了中国—中东欧人文交流新书发布会，发布了《中国—中东欧国家合作与“一带一路”倡议》（英文版）、《中国—中东欧国家合作的利益攸关者》（英文版）、《欧洲和“一带一路”倡议：回应与风险》（英文版）、《中国—中东欧经贸合作进展报告（2016）》、《中国与捷克的战略伙伴关系：现状、前景、问题及对策》五部国家智库报告。

15日下午，中国和中东欧国家智库专题研讨会暨“16+1”智库网络理事会年会在中国社会科学院欧洲研究所举办。来自16国的智库学者、政府代表以及中方智库代表等60余人参加会议。会议的主题是“推动’16+1合作’服务于中欧合作”“提升’16+1合作’框架下的经贸合作水平”“发挥智库对于’16+1合作’的推动作用”等。外交部“中国—中东欧国家合作”事务特别代表霍玉珍和罗马尼亚驻华大使多鲁·科斯泰亚作了主题演讲。

中央和国务院各部委代表、中东欧国家驻华使节、中国和中东欧国家知名智库学者、“16+1合作”智库网络理事单位代表、地方政府代表、部分企业代表、国内主流媒体代表等近300人参加了活动。

（中国社会科学院办公厅刘玉杰编辑、供稿）

中东形势与中国的中东外交学术研讨会 12月16日，《中东黄皮书·中东发展报告2015—2016：“一带一路”建设与中东》暨“中东形势与中国的中东外交”学术研讨会在中国社会科学院西亚非洲研究所举行。

会议由中国社会科学院西亚非洲研究所《中东黄皮书》编委会、“中东热点问题研究与中国应对之策研究”创新项目组和《西亚非洲》编辑部联合举办。来自中国社会科学院、中国现代国际关系研究院、上海国际问题研究院、宁夏社会科学院、上海外国语大学、北京第二外国语学院、西北大学、宁夏大学、内蒙古民族大学、西北政法大学以及新闻界等单位的40余位国内中东学界的专家学者参加会议。

《中东黄皮书》发布会由中国社会科学院西亚非洲研究所所长杨光主持。

出席《中东黄皮书》发布会的有社会科学文献出版社杨群总编辑，中国中东学会会副会长、北京第二外国语学院原校长周烈教授，中国中东学会会副会长、宁夏大学中国阿拉伯研究院院长李绍先教授等。

“中东形势与中国的中东外交”学术研讨会围绕当前中东局势的特点及走向、大国对中东政策的调整及影响、反恐战争与中东格局的新变化和中国中东外交的机遇和挑战等议题展开研讨。

北京第二外国语学院原校长周烈教授作大会总结发言。

（中国社会科学院办公厅刘玉杰编辑、供稿）

北京市社科联社科普及部2016年工作一览　2016年初以来，社科普及部坚持“三贴近”原则，按照“创新思路+规范管理”的总体思路，各项工作有序推进并取得较好成效。

1. 新媒体内容建设稳步推进　人文之光网于2月22日正式上线。上线以来，共发布文章1000余篇，制作焦点图119个、社科图表21个，原创文章（253篇）占所有发布文章的31.5%。在发展中，坚持导向正确，服务于社科普及工作需要，完成社科普及有关的宣传任务；做好选题策划，弘扬正能量，策划了“学习时间”“十三五”“红旗漫卷西风——纪念红军长征胜利80周年”等系列专题；用好专家资源，讲好中国故事和北京故事，推出了“丝路文化”“海洋文化”“圆明园”“京津冀”等专栏；加强内容规范与制度化建设，形成了集选题策划、内容审核、绩效考核、安全预警于一体的一整套制度流程。网页浏览量和访客数稳步提升。社科普及微信公众号“京社科”全年发布文章1000余篇，文章可读性不断增强，单篇阅读量最高达3000余人次，线上线下活动有序互动。

2. 北京社会科学普及周内容不断丰富　以“在超大型城市治理中融入社会主义核心价值观”为主题，紧扣“十三五”规划、超大型城市治理、纪念长征胜利80周年等社会热点。举办了在超大型城市治理中融入社会主义核心价值观之专家谈、品读经典，我谈社会主义核心价值观主题读书活动、在超大型城市治理中融入社会主义核心价值观之百姓说、长征精神主题讲座《长征中的人和事》等活动。推出了北京市“十三五”规划主题展、纪念长征胜利80周年主题展、“旗帜——马克思主义中国化的光辉历程”主题展、家风主题展、16区社科普及成果等展览；还有社科专家面对面咨询、丰富的社科知识猜谜、扫码赠书、云借阅等活动。精心策划制作了社科普及动漫宣传片，开幕式上，社科普及动漫形象“社科小普”一经推出，赢得满堂喝彩。

3. 人文之光社会科学知识竞赛影响力持续扩大　2016“人文之光”社会科学知识竞赛，借助人文之光网、京社科微信公众号、北京青年报微信公众号、北青29家社区报微信公众号等多个渠道展开全市范围内的线上初赛，活动一经上线便在网络上取得了非常高的转发量，短时间内吸引了1100个社区、近1.5万市民参与，近7000人获得奖品。

4. 品牌工作项目创新举办　结合市民群众需求，不断完善周末社区大讲堂课件，增加了十三五规划、五大发展理念、党章党规、长征精神、古都历史文化系列讲座等方面的知识讲座，已举办讲座400余场。社科普及系列讲座进一步规范。严格讲座资助的原则和标准，并与所属社会组织签订了《社科普及系列讲座资助项目协议书》，对19家所属社会组织申报的151场讲座予以资助。社科普及基地工作有序开展。2016年共资助9个社科普及基地开展讲座100场，拨款15万元。“党史讲堂”紧扣形势热点开讲。中央党史研究室二部副主任张士义在海淀区花园路街道作了”学习党章党规、增强党性修养”的报告；中央党史研究室原巡视员、研究员姚金果在西城区大观园作了“长征中的人和事”的报告；中国中共党史学会副会长、中央党史研究室原副主任高永中作题为“认真学习贯彻党的十八届六中全会精神，坚决同以习近平同志为核心的党中央保持高度一致”的报告。“社科普及进基层活动”结合需求积极开展。先后走进石景山老山东里社区、通州区永顺小学，为社区百姓、小学生们送去《中国文化亮点通俗读本》等社科普及通俗读物，并组织社科专家开展了《微信时代的家庭教育》等知识讲座。而北京古老历史文化系列讲座已是东城区第一图馆的品牌活动，如今已结伴随读者走过了13个春秋，社会知名度和影响力有了很大提升。

5. 出版了科普读物《我来聊社会主义核心价值

观“热词”》在组织社会主义核心价值观普及讲堂的基础上，精选其中24篇讲稿，采取分篇结构集结成册，完成了《我来聊社会主义核心价值观“热词”》。

6. 科普立法调研积极开展　2016年年初，成立了由市人大、市政府法制办、市科委、市委宣传部等单位相关部门同志组成的“北京市加强社科普及立法调研组”，召开了社科普及立法调研组第一次会议，组织调研组赴广东省、河北省、天津市开展了社科普及立法调研，形成了《北京市加强社科普及立法调研报告》。

（北京市社科联科普部供稿）

·机　　构·

概　　述

本栏目记述了 2016 年 3 个新建立的北京市哲学社会科学研究基地，8 所高校、1 所科研单位的新增机构、补充机构及领导成员变更情况。

2016 年新建立的北京市哲学社会科学研究基地

北京科技创新中心研究基地

北京科技创新中心研究基地是依托北京航空航天大学建立的北京市哲学社会科学研究基地。2016 年 1 月 27 日经北京市哲学社会科学规划办公室和北京市教育委员会联合批准成立。研究基地主要研究领域包括：转型时期的北京科技创新政策体系研究；科技创新与成果转化机制研究；科技创新创业人才引育及评价研究。主要研究任务是围绕转型时期科技创新政策体系构建，综合运用历史的方法、比较的方法等，加强科技创新政策环境研究，探索科技创新内在规律和辐射机制，梳理国际主要科技创新中心的发展历程，坚持国际化视野，研究促进科技成果转移转化和高科技产业化政策以及科技创新的法治环境保障等问题；围绕制约科技与经济融合发展的机制设计问题，强化案例研究，分析科技创新要素及指标构建、产学研协同创新机制以及科技资源开放共享机制等问题，从而助力于产业与技术互动发展，激活社会生产力；围绕激活创新主体活力、发挥创新人才能动性方面，主要研究创新人才发展和队伍建设规律、国际引智和本土化人才培养规律以及创新人才培育和教育等问题，为北京建设全国科技创新中心提供人才保障和智力支撑。

基地未来将以切实服务首都重大需求为牵引，把握国际高端学术前沿，培养高水平学术创新团队，产出具有重大国内国际影响力的研究思想和科研成果。在科技创新政策与法律研究领域，力争建设成为首都第一、国内外知名的重点研究基地。

基地负责人：龙卫球

基地首席专家：张军

电话：82316790

传真：82316790

地址：北京市海淀区学院路 37 号北京航空航天大学法学院

邮编：100191

语言战略与政策研究基地

语言战略与政策研究基地是依托北京航空航天大

学建立的北京市哲学社会科学研究基地。2016年4月14日经北京市哲学社会科学规划办公室和北京市教育委员会联合批准成立。基地的主要研究领域包括：支持信息技术的语言理论与多语言信息处理；基于语言的安全决策；语言教育战略规划。总的建设思路是着眼总体安全观视域下的语言战略和政策，以政治安全、文化安全、舆论安全、教育安全等非传统安全领域的语言问题和语言信息化技术为对象，以总体首都安全体系的构建需求为取向，以互为支撑的语言理论研究与语言技术开发、基于语言的安全对策分析和语言教育的政策规划为研究重点，以提供安全咨询、服务战略决策和引领社会语言生活为目标，聚焦学科交叉和技术应用，着力打造现实性与前瞻性兼具、世界眼光与中国特色相融的新型语言智库。

基地负责人：向明友

基地首席专家：房建成

电话：82316231

传真：82316231

地址：北京市海淀区学院路37号北京航空航天大学外国语学院

邮编：100191

北京政治文明建设研究基地

北京政治文明建设研究基地是依托北京联合大学建立的北京市哲学社会科学研究基地。2016年6月13日经北京市哲学社会科学规划办公室和北京市教育委员会联合批准成立。基地的主要研究领域包括：人大制度、协商民主和社会治理三个方面。基地将从基础理论和对策研究两个方面切入，深入研究政治文明建设中的重大问题。围绕人大制度、协商民主、社会治理等方面的体制机制、方式方法的理论创新和问题对策开展研究，推进我国的政治文明理论与实践研究，为实现国家治理现代化献计献策。基地的建设目标是通过将学术研究、人才培养和社会服务有机结合，把基地打造成聚拢人才、科研攻关、学术交流、协同创新的开放性研究平台，力争在人大制度、人民政协理论与实践、社会治理等领域取得具有重大影响力的成果，将基地打造成为国内知名的政治文明研究“智库”，为政府部门和社会提供强有力的智力支持、决策参考和咨询服务。

基地负责人：韩宪洲

首席专家：徐永利

电话：64900931

传真：64900931

地址：北京市朝阳区北四环东路97号

邮编：100101

（北京市哲学社会科学规划办公室供稿）

已刊机构补充介绍和领导成员变更情况

中国人民大学

国家人权教育与培训基地

中国人民大学人权研究与教育中心成立于1991年10月，是中国大学中最早建立的人权机构，并于1996年被收录于世界人权研究与培训机构名录，2014年5月，被批准为“教育部国家人权教育与培训基地”。现任主任为韩大元教授。中心作为人权研究的中心机构，旨在为提升人权意识、实现人权目标做出贡献，为国家人权法律法规制定提供建议。中心由来自中国人民大学的5个学院以及11个科研机构的40多位研究人员组成，与国际人权领域的10多位专家建立了合作关系。中心在人权研究、教育和社会服务方面取得了丰硕成果，并承办了中国人权研究会主办的《人权》杂志。

北京高校思想政治理论课高精尖创新中心

北京高校思想政治理论课高精尖创新中心（以下简称为“中心”）成立于2015年，是首批获得北京市教委认证的13所创新中心之一。中心由中国人民大学牵头，联合中央党校、中央编译局、中共中央党史研究室首都师范大学、首都经济贸易大学等研究机构、高等院校，开展协同合作，致力于建设成为巩固马克思主义指导地位的新型高端智库、思想政治理论课的共建共享平台、马克思主义理论教学和研究的优秀人才高地。校内主要由马克思主义学院、出版社、书报资料中心共建。中心主任为吴付来教授，中心学术委员会主任为陈先达教授。

中心以“立足北京、服务北京”为理念，将通过与国内重要科研机构、知名专家的共同协作，开展文献研究、学科研究、课程研究，出版相关学术刊物，建成并逐步完善相关文献资料库，推出各学科前沿领域的创新成果，并促进科研成果向教学成果转化，建立教师教学成果交流平台，汇集和评选思想政治理论课教育教学改革实践经验和优秀研究成果；中心将发挥北京高校在思想政治理论课教育教学上的人才优势、资源优势，发挥新技术在大学生思想政治教育中的重要作用，建设系统完整的马克思主义理论研究和文献支撑平台、丰富优质的思想政治理论课教学资源共享平台、高效便捷的思想政治理论课数字化教学平台、科学权威的大学生思想政治教育质量评估平台、及时全面的大学生思想动态调查分析平台，全面提升思想政治理论课教育教学的针对性、实效性，为北京和全国的高校思想政治理论课教学提供多层次、全方位、立体化服务；中心将通过马克思主义理论素养提升计划、博士生及博士后人员联合培养计划、青年教师教学与科研能力提升计划、领军人才培养计划和国际拓展计划、国外学者引进计划、宣传理论部门工作者培训计划，培养一批具有较高马克思主义理论素养的专业人才，服务于北京和全国的思想政治理论建设。

（中国人民大学科研处关晓斌供稿）

中央民族大学

校领导成员变更情况

2016 年 11 月 29 日经中共国家民委党组研究，并经中共北京市委同意：

张京泽同志兼任中央民族大学党委书记。

鄂义太同志因到任职年龄界限，不再担任中央民族大学党委书记、党委常委、党委委员职务。

2016 年新增机构

中国少数民族语言研究院

中国少数民族语言研究院成立于 2016 年 6 月。主要职能：负责开展我国少数民族语言本体研究、语言功能研究、跨境语言研究、双语学研究、语言政策与理论研究、语言保护和语言档案化研究，推进少数民族语文古籍整理研究，为国家制定少数民族语言政策提供咨询，更好地为社会服务。

研究院负责人：阿布都热西提·亚库甫

中国少数民族研究中心

中国少数民族研究中心于 2016 年 11 月进行了机构调整。主要职能：按照教育部和国家民委共建高等学校人文社会科学重点基地的要求，紧紧围绕民族领域重大理论与现实问题开展学术研究、政策分析、舆论引导和人才培养，重点围绕少数民族经济、少数民族艺术、边疆与民族史研究、台湾少数民族和非物质文化遗产等方面开展研究。

中心常务主任：刘湘辉

中央民族大学宗教研究院

中央民族大学宗教研究院成立 2016 年 11 月。主要职能：依托哲学与宗教学学院开展中国宗教理论、藏传佛教、基督教中国化和中国伊斯兰教等方面的研究，探讨宗教在民族地区经济社会发展、和谐民族关系中的积极作用，为国家宗教问题决策提供学术咨询等。

研究院负责人：游斌

中央民族大学中俄能源研究院

中央民族大学中俄能源研究院成立 2016 年 11 月。主要职能：依托经济学院主要开展中俄能源战略与政策、中国民族地区能源开发与利用、民族地区可持续发展等方面的研究，以及与中俄能源研究相关学术机构开展高水平协同创新研究。

研究院负责人：解树江

中央民族大学生物成像与系统生物学研究中心

中央民族大学生物成像与系统生物学研究中心成立于 2016 年 12 月。主要职能：重点开展代谢组学、蛋白质组学、化学生物学和质谱成像新技术与方法等前沿领域的研究，注重系统生物学与生物成像方法的相结合，发展新技术、新方法并推进在疾病生物标志物、药物研发、细胞分析、植物学及其生态环境监测等重要领域中的应用研究。

研究院负责人：再帕尔·阿不力孜

（中央民族大学科研处供稿）

中国政法大学

国家“2011 计划”司法文明协同创新中心

司法文明协同创新中心，成立于 2012 年 7 月，由中国政法大学为牵头，吉林大学、武汉大学、浙江大学参与共建，是首批获得教育部、财政部认定的国家“2011 计划”协同创新中心。

中心以机制体制改革为核心，通过深化机制体制改革，加强与国内外大学、科研机构和司法实务部门的深度合作，全面提升法治与司法文明领域的科学研究、学科建设、人才培养“三位一体”的创新能力；以服务国家司法文明建设重大需求、推进中华民族跻身世界司法文明先进行列为目标，努力把中心建设成为党和国家在司法改革和法治建设领域的核心智库之一。中心确立了“五大任务”：一是理论创新，探索科学的司法理论；二是制度创新，建构先进的司法制度；三是实践创新，促进公正的司法运作；四是教育创新，造就卓越的司法精英；五是文化创新，培育理性的司法文化。

中心现有人员333人（全职人员174人，兼职人员159人），其中教授205人。中心汇聚了一批人才，其中有中工程院院士2人，中央马克思主义理论研究和建设工程咨询委员会委员1人，全国哲学社会科学研究专家咨询委员会委员1人，国家“万人计划”哲学社会科学领军人才2人，国家“万人计划”青年拔尖人才3人，教育部“长江学者”特聘教授5人、长江青年学者3人，全国十大杰出青年法学家14人。张文显教授因其在法学研究的杰出成就获得第二届“李步云法学奖”。中心学术委员会委员、美国西北大学艾伦教授荣获2014年中国政府“友谊奖”。

中心理事会是中心的最高决策机构，著名法学家张文显教授担任理事会理事长。中心的最高学术机构是学术委员会，著名法学家陈光中先生担任学术委员会主席。中心实行联席主任负责制，设立联席主任会议制度和轮值主任的管理体制。中心建立了12个创新研究团队，实行人员进团队、任务进团队、以团队为考核单位的运行机制。中心在协同高校设有办公室，组成联合秘书处，负责中心的日常事务。

中心设立以来，在国内依托法学院校、人民法院、人民检察院设立了7个地区基地、10个法院实验基地和10个检察院实验基地；在国外与著名大学、研究机构合作设立了10个海外研究中心。通过这些基地和研究中心，广泛汇聚资源，开展协同创新，有效推进了中心的各项工作，取得了很好的效果。

中心成立以来，在司法文明和中国特色社会主义法治理论研究方面取得突出成果。据不完全统计，共出版著作（含译著、教材）315部，发表论文2340篇，提供咨询报告103篇，科研成果获各种奖励79项（其中第十二届北京市社科优秀成果特等奖1项、省部级社科优秀成果一等奖5项）。中心成功开发了“司法文明指数”，调查问卷范围付噶了31个省直辖市自治区；建成了国内首家“法庭科学博物馆”。中心研究人员提供的咨询报告多篇获得党和国家领导人的批示。中心三位教授应邀为中央政治局集体学习做专题讲解。

（司法文明协同创新中心网站：http：//www.cicjc.com.cn/zh）

国家“2011计划”国家领土主权与海洋权益协同创新中心

国家领土主权与海洋权益协同创新中心由武汉大学牵头、复旦大学、中国政法大学、外交学院、郑州大学、中国社会科学院中国边疆史地研究中心、水利部国际经济技术合作交流中心等单位参与组建，于2012年9月正式组建，是获得国家“2011计划”第二批认定的24个协同创新中心之一。

中心本着服务国家重大急需的宗旨，按照“需求导向、实体架构、专兼结合、开放运行、深度融合、创新引领”的原则，瞄准维护国家领土主权、保障和拓展国家海洋权益亟待解决的重大问题，以深化机制体制改革为核心，以重大任务为牵引，开展三位一体的协同创新，提出具有重要决策参考价值的咨询报告，形成学术上有重大突破、理论上有重大创新的研究成果，造就具有国际视野的复合型人才，催生领土海洋学科并带动相关学科发展，将中心建成集科学研究、决策咨询、人才培养、公共外交为一体的国家战略平台、世界一流智库。

中心将依托历史基础、法律依据、技术保障三大支撑，研究“陆地领土主权和权益维护”“岛礁主权维护”“海洋权益维护和拓展”“极地权益保障和拓展”四大核心问题，为国家制定近期和长远的陆海联动的领土海洋政策，系统解决紧迫现实与重大战略问题，提供决策咨询、理论支撑、人才保障。组建以来，中心有效对接部委，依托一流平台，集成优势学科，汇聚高端学者，集中了本领域的创新要素，初步建成了领土主权与海洋权益国家战略平台。协同中心扬弃和发展武汉大学的已有经验，在较短时间内建立起一套有利于协同创新的体制与高效的日常运行机制，在资源汇聚整合、服务国家决策、科学研究、人才培养、国际交流等方面狠下功夫，规划、启动和实施了一批重大计划和项目，取得了显著的协同创新成效。

北京高校中国特色社会主义理论研究协同创新中心（中国政法大学）简介

经北京市教工委批准，由中国政法大学牵头，协同中国社会科学院马克思主义研究院、南开大学、河北大学、中国人民公安大学、北京工商大学共同组建，以“马克思主义与全面依法治国”为建设领域的“北京高校中国特色社会主义理论研究协同创新中心（中国政法大学）”于 2016 年 6 月正式挂牌成立。本协同创新中心紧紧围绕“一个中心、三个维度、九大平台”的总布局，以促进马克思主义理论与全面依法治国战略的有机结合为中心任务，以逻辑之维、历史之维、现实之维为研究线索，打造学科建设、科学研究、队伍建设、人才培养、思政教学、智库咨询、国际交流、宣教传播、文献中心九大平台，汇聚京津冀地区乃至国外各种相关优势学术资源，建成国内一流、国际知名的协同创新体。

中心的宗旨：推进马克思主义基础理论研究综合创新，巩固马克思主义在哲学社会科学中的指导地位；打造法科特色型马克思主义理论学科基地，建设具有中国气派的马克思主义法治理论体系；构建法科特色型人才培养和成果转化体系，服务全面依法治国战略和京津冀地区社会发展。

中心的重点任务是：开展学术队伍建设，形成优秀人才的聚集高地；积极开展学术交流，扩大学科影响力；打造马克思主义卓越法治人才培养模式，满足全面依法治国战略对高水平马克思主义法治人才的需要；围绕马克思主义与全面依法治国战略，开展学科建设和科学研究；开展宣教社会服务活动；建设以“马克思主义与全面依法治国战略”为主题的文献资料中心。

（中国政法大学科研处杜彩云供稿）

2016 年新成立新型研究机构

1. 中国政法大学制度学研究院

11 月 16 日，我校批准成立中国政法大学制度学研究院，首任院长李树忠教授。

研究院性质：是由中国政法大学设立的集科学研究、社会服务、人才培养和学科建设为一体的新型在编研究机构，与中国领导科学研究会、北京德法兴政教育咨询有限公司共同建设，不设行政级别。

建设目标：遵照习近平总书记关于制度建设的系列重要讲话精神，紧紧围绕“五位一体”、“四个全面”的制度建设布局以及“十三五”全面建成小康社会的制度目标规划，开展系统的制度学理论研究、制度创新研究、实践应用研究，为经济社会发展提供理论支撑，为党和国家重大决策提供科学性制度咨询建议，成为国家治理的顶尖制度学研究基地，为实现“两个一百年”奋斗目标、中华民族伟大复兴中国梦发挥高端智库功能，为法治中国建设培养一批国家急需的高端制度学人才。

建设任务：（1）社会服务 研究院将以国家制度创新为导向，以推进国家治理体系和国家治理能力现代化中的制度建设问题为重点，开展决策咨询、提供立法建议，发挥一流智库作用；为共建单位和社会各界，提供咨询、培训等服务。（2）科学研究 研究院汇聚整合国内外学术资源，以问题为导向，以学术为基础，重点开展下列理论研究，形成兼顾政策效果、决策价值和学术品格的研究报告和学术论著。（3）学科建设 研究院依托法学院宪法与行政法学科，在宪法学下设置“制度学研究”方向，作为学科建设支撑点，按照跨学科发展思路进行培育；条件成熟时按照学校相关规定，申请设立制度学学科。（4）人才培养 承担制度学硕士研究生和博士研究生培养任务；承担各类院校（党校、行政学院、高等院校）制度学师资培训以及公职律师、企业律师的培训任务；加强图书资料和网络信息建设，建立制度学出版基地，提供制度学文献查询和数据服务。

2. 中国政法大学绿色发展战略研究院

7 月 18 日，我校批准成立中国政法大学绿色发展战略研究院，首任院长侯佳儒教授。

研究院性质：是由中国政法大学设立的集科学研究、人才培养、学科建设和社会服务为一体的新型在编研究机构，与民革河南省委、国际投资促进会、深圳市创意谷投资有限公司共同建设，不设行政级别。

建设目标：紧紧围绕我国绿色发展战略实施过程中的重大问题、前沿问题和疑难问题，突出绿色发展战略实施过程中的法律与制度创新问题，充分整合校内各学科研究资源，积极拓展和利用校外、社会资源，在第一个 4 年建设周期内，在科学研究、人才培养、学科建设、咨询服务、体制创新等方面取得突破性进展，将绿色发展战略研究院打造成国内经济领域、环保领域的高端人才培养基地，成为国内有影响力的智库型研究机构。在第二个 4 年建设周期内，将研究院建设成国内顶尖、国际有影响力的高端人才培养基地和高端智库型研究机构。

建设任务：（1）社会服务 研究院将以国家绿色

发展战略实施过程中的制度创新问题为研究重点，为国家提供立法建议和决策咨询，发挥一流智库作用。研究院将为共建单位和其他单位，提供咨询、培训等服务。（2）科学研究 研究院汇聚国内学术资源，以问题为导向，以学术为基础，以课题为形式，重点加强绿色环境、绿色经济、绿色金融、绿色商业、绿色科技、绿色文化、精准扶贫、创意经济、海外援助等领域的战略与法治研究，积极加强参政议政，形成兼顾政策效果、立法价值和学术品格的研究报告和学术论著。（3）学科建设 研究院在民商经济法学院下设置“商事贸易与环境法律方向”，作为学科建设支撑点，按照跨学科发展思路进行培育；条件成熟时按照学校相关规定，申请设立环境与商事法律交叉学科。（4）人才培养 开展绿色发展高等教育体系建设，将绿色发展理念融入到高等教育学科建设中。加强图书资料和信息网络建设，使本学科领域研究资料的拥有量居于全国同学科的前列。

（中国政法大学科研处满学惠供稿）

对外经济贸易大学

校领导成员变更情况

2016 年 8 月 31 日，对外经济贸易大学召开教师干部大会，宣布教育部党组关于对外经济贸易大学党政主要负责同志职务任免的决定，蒋庆哲担任对外经济贸易大学党委书记，王稼琼担任对外经济贸易大学校长。

（对外经济贸易大学科研处供稿）

首都师范大学

2016 年新增机构

首都师范大学美育研究中心

为全面落实教育部《关于全面加强和改进学校美育工作的意见》的精神，进一步明确“十三五”时期学校美育工作的目标和任务，积极推进美育教学与实践，首都师范大学美育研究中心于 2016 年 11 月 26 日正式成立。美育研究中心是我校独立设置的正处级教学与科研组织机构，中心主要负责制定和落实学校美育研究教育与研究发展规划，整合校内外优质资源，组织实施学校美育教育，组织力量开展美育学术研究，承担相关社会服务与咨询工作。

中心师资队伍强大、科研力量雄厚，中心设有专家委员会，并在首都师范大学美育指导委员会的指导下开展工作。

中心以立德树人为根本，立足学校教育教学综合改革与人才培养的具体目标，把培育和践行社会主义核心价值观、传承和弘扬中华优秀传统文化融入美育全过程，努力培养眼界开阔、情趣高雅、文化自信、富有民族情怀和创新精神的全面发展的高素质人才。中心根据大学生、特别是师范生素质培养与提升的要求，全面加强和不断完善适应学校人才培养需要的美育工作体系。力求通过政策支持、项目引导、集中建设的方式，稳步推进美育教学、科研与社会服务机制及其工作平台建设，在人才培养、科学研究与社会服务领域形成一系列特色化成果。为培养学识与道德共进、情感与教育交融、责任与情怀起飞、眼界与境界通行的优秀人才做出贡献。

研究中心主任：王德胜

首都师范大学中国语言智能研究基地

中国语言智能研究中心是国家语言文字工作委员会依托首都师范大学于 2016 年 8 月 23 日设立的全国第三个科研基地。基地以打造“语言智能全国第一研究高地”为目标，紧紧围绕国家教育资源均衡化发展和国家“双创”战略，以语言认知与计算、模式识别及数据可视化为主要研究方向，构建语言大数据资源，研究语言理解与生成，努力攻克复杂文字、连续语音、动态图像数据的识别、分析与合成等关键技术难题，开发自适应学习智能系统、语音交互平台、托媒体信息搜索引擎等先进应用产品。

2016 年 6 月，获批成立语言智能二级学科博士点；

2016 年 10 月，成立中国人工智能学会语言智能专业委员会。

2016 年 11 月 9 日，召开语言智能博士点学科建设研讨会

基地承担了 2 项国家社会科学基金重大项目、1 项国家语委重大项目和 1 项北京成像技术高精尖创新项目。

在语言智能理论指导下，研究基地研发一批创新性的产品，包括学生规范化写字练习系统、英语智能评测系统、汉语智能写作系统、华裔作文批改系统、英语智能学习系统、语文智能学习系统等，产生了巨大的社会效益。

基地负责人：周建设

首都师范大学北京语言智能研究基地

为深入贯彻党的十八大和十八届三中、四中、五中全会精神，促进北京社会科学界和自然科学界深层次的合作、交流与融合，推动北京全国文化中心、全国科技创新中心建设，2016 年两届工作会议研究决定在首都师范大学设立北京市社会科学与自然科学系统创新研究基地－北京语言智能研究基地，以期更好地推动人文科学和自然科学深度融合，打造全市科技创新高水平研究平台，以语言智能、模式识别及数据可视化为主要研究方向，构建语言大数据资源，研发语言认知计算技术，提升语言智能研究水平，推动研究智能化和均衡化发展。

基地负责人：周建设

首都师范大学北京青少年社会工作研究院

首都师范大学北京青少年社会工作研究院是以首都师范大学少年司法社会工作研究与服务中心（以下简称“中心”）为背景成立的。中心成立六年来，以青少年司法社会工作的理论、技术、政策为主要研究方向，以具有严重不良行为或违法犯罪行为的青少年为主要服务对象，对北京市青少年司法社会工作的体系化、专业化推进做出了重要贡献。

鉴于社会发展的需求以及“中心”已经形成的优势和特色，为了进一步推动北京市青少年社会工作的整体健康发展，北京市社工委、社会建设办与首都师范大学决定在“中心”基础上联合成立“北京市青少年社会工作研究院”。

机构负责人：周建设

京津冀教育协同发展研究院

为落实京津冀协同发展的国家战略，发挥我校在京津冀区域教育科研与社会服务方面的先发优势和特色，协同在京教育科研实力突出的高校与科研院所，经 2016 年第 15 次校长办公会讨论，决定由首都师范大学牵头，协同天津师范大学，河北大学、河北师范大学等京津冀地区学术力量，成立京津冀教育协同发展研究院。京津冀教育协同发展研究院将定位于京津冀教育改革与发展决策智库，以解决京津冀协同发展过程中的教育问题为导向，以推进京津冀区域的教育质量、教育公平和教育创新为宗旨，服务京津冀协同发展进程中的教育发展，完善和创新京津冀区域教育治理结构和发展模式，构建高效畅通的教育协同机制，为京津冀地区实现区域教育的优质均衡贡献力量。

京津冀教育协同发展研究院挂靠首都师范大学教育学院，负责人：宫辉力。

首都师范大学家庭教育研究中心

为进一步整合学校现有家庭教育研究资源，加强研究，建设实践基地，服务社会，传承家庭教育文化精华，创新家庭教育理念和方法，经 2016 年第 18 次校长办公会与研究，决定成立首都师范大学家庭教育研究中心。

首都师范大学家庭教育研究中心挂靠教育学院，负责人：康丽颖。

首都师范大学文学地理学研究中心

为推进学习交叉学科建设，扩大我校文学地理学研究在业界的学术影响力，经 2016 年第 32 次校长办公室会议研究，决定成立首都师范大学文学地理学研究中心。首都师范大学文学地理学研究中心挂靠文学院，中心负责人由陶礼天教授担任。

首都师范大学音乐舞蹈教育与创作发展中心

为进一步整合学校现有音乐学、舞蹈学学科力量，集合校内外音乐舞蹈领域专家学者，构建音乐学院音乐舞蹈教育与创作发展平台，扩大我校音乐舞蹈学科的社会影响力，经 2016 年第 32 次校长办公会议研究，决定成立首都师范大学音乐舞蹈教育与创作发展中心。

首都师范大学音乐舞蹈教育与创作发展中心挂靠音乐学院，中心负责人由蔡梦教授担任。

首都师范大学艺术发展研究中心

为研究、继承和传播文化艺术精髓，促进民族艺术文化发展，打造高端艺术研究，创作交流与培训的社会服务品牌，经 2016 年第 27 次校长办公会议研究，决定成立首都师范大学艺术发展研究中心。

首都师范大学艺术发展研究中心挂靠继续教育学院，中心办公室主任由继续教育学院院长兼任。

首都师范大学社会文化史研究中心

为进一步提升学校在社会文化史研究领域中的学术影响力和品牌效应，推动学校成为国内社会文化史研究重镇，为学校中国史特色研究方向做出贡献，经 2016 年第 14 次校长办公会议研究，决定成立首都师范大学社会文化史研究中心。首都师范大学社会文化史研究中心挂靠历史学院，中心主任由梁景和教授担任。

（首都师范大学社科处李葱供稿）

首都经济贸易大学

校领导成员、机构变更情况

冯培同志任中共首都经济贸易大学委员会书记

2016 年 7 月 11 日，首都经济贸易大学在博学楼报告厅举行干部宣布会，宣布北京市委关于首都经济贸易大学党委书记职务任免的决定，免去柯文进同志首都经济贸易大学委员会书记职务，调北京市政协工作，冯培同志任中共首都经济贸易大学委员会书记。

付志峰出任首都经济贸易大学校长

2016年12月16日，首都经济贸易大学在博学楼报告厅举行干部大会，宣布北京市委、市政府关于付志峰同志任职的通知，付志峰同志任首都经济贸易大学校长。

撤销外语系，成立外国语学院

2016年5月4日，经中共首都经济贸易大学委员会第161次党委常委会讨论通过，决定撤销外语系，成立外国语学院。

（首都经济贸易大学科研处李艳杰供稿）

北京工业大学

经济与管理学院

北京工业大学经济与管理学院成立于1997年。目前学院学科包括管理学、经济学两大门类，设有管理科学与工程学科部、应用经济学科部、工商管理学科部及北京经济社会发展研究院、北京工业大学知识产权研究中心、中国经济转型研究中心、能源政策研究中心等研究机构，还设有北京现代制造业发展研究基地、技术与研发管理实验室、商务智能实验室、企业管理模拟与仿真实验室、电子商务实验室、MBA实验基地和研究生创新基地等实验设施。

学院现有应用经济学和管理科学与工程两个一级学科博士学位授权点与工商管理一级学科硕士学位授权点，工商管理硕士（MBA）、公共管理硕士（MPA）专业学位授权点及工业工程、物流工程和项目管理三个工程硕士领域，设有管理科学与工程博士后流动站。

主要行政负责人：刘超

联系电话：67392164

电子邮箱：txw@ bjut. edu. cn

人文社会科学学院

北京工业大学人文社会科学学院成立于2000年，现有专职教学科研人员59人，下设社会学学科部、广告学系、法律系、大学生文化素质教育中心等教学单位，社会学学科为人文社会科学学院的主干学科，2008年成为北京市重点建设学科，2011年获批社会学一级学科硕士学位授权，下设应用社会学、社会工作与社会政策以及社会建设与社会管理3个学科方向；2014年获批社会工作专业硕士学位授权点，2015年招收首届专业硕士研究生，下设社区工作与服务、社会服务管理、企业社会工作和知识产权4个学科方向。现有硕士生导师44人，博士生导师1人，均具有博士学位和高级专业技术职称。除硕士研究生外，人文社会科学学院还挂靠管理科学与工程学科招收社会管理方向的博士研究生。

人文社会科学学院设有社会学研究所、人力资源研究中心、现代广告研究中心、文化创意产业研究所、文学研究所等科研机构，并与中共北京市委社会工作委员会、北京市信访办等政府机构共建了北京社会建设研究院、当代中国信访与社会治理研究中心、首都文化创意产业研究中心、北京市残疾人社会组织研究中心等政学研用一体化的研究机构。2012年和2013年分别获批北京市哲学社会科学研究基地和首都社会建设与社会管理协同创新中心（2011协同创新计划）。

主要研究方向为：社会学理论与方法、城乡社会学、劳动社会学、发展社会学、社会工作与社会政策、社会建设与社会管理，文化创意产业理论与实践、传播学、广告学理论与实践，法学，大学生文化素质教育，对外汉语教学等。

主要行政负责人：唐军

联系电话：67396819

电子邮箱：tangjun@ bjut. edu. cn

马克思主义学院

北京工业大学马克思主义学院成立于2011年3月，下设马克思主义原理、中国特色社会主义、中国近现代史、德育和自然辩证法等五个教研室和一个行政办公室。学院现任院长李东松，副院长丁云。马克思主义学院与人文社会科学学院同属人文学院分党委，杨茹任党委书记，姚爱华任党委副书记。马克思主义学院承担了全校思想政治理论课教育教学、科学研究、马克思主义理论学科建设及研究生培养任务。截至2016年年底，马克思主义学院（校本部）共有教职工38人，其中专职教师35人。专职教师中教授6人，副教授18人，具有博士学位的教师20人，占全体教师的51.4%。教师中现有全国高校优秀思想政治理论课教师、北京市教学名师1人，入选北京市培养新世纪社科理论人才百人工程、“北京市宣传文化系统‘四个一批’人才”1人，北京市优秀思想政治工作者2人，北京市中青年骨干教师5人，校级教学名师2人，5名青年教师入选北京工业大学“日新人才”计划，其中2名教师入选北京市属高校青年拔尖人才，2名教师入选北京市属高校青年英才计划。2名教师获得“‘我爱我师’我心目中最喜爱的老师”称号，1人获得“立德树人榜样提名奖”，4人获得“北京工业大学优秀教师”称号。4名教师入选北京市属高校思想政治理论课中青年教师择优资助计划。2016年度有1名教师入选北京高校思想政治理论课特聘教授，1名教师入选北京高校思想政治理论课特级教师，1名教师入选北京高校思想政治理论课教师“扬帆资助计划”。

主要行政负责人：李东松

联系电话：67392817

单位地址和邮政编码：北京市朝阳区平乐园100号　100124

艺术设计学院

北京工业大学艺术设计学院创建于1958年，曾培养了数十位国家级工艺美术大师和大量艺术设计人才，现有编内在岗教职工191人，专业教师134人，其中教授11人，副教授37人，具有硕士以上学位教师90余人，优秀的教师团队来自著名的高校和企业，屡次在国内外艺术和设计活动中获得丰富奖项，并承担了大量服务首都文化与经济建设的重要项目与课题，为设计学科发展构筑了宽广的科研与学术平台。学院还聘请了日本著名设计大师黑川雅之先生、美国艺术中心设计学院工业设计研究生部主任 Andy Ogden教授、日本建筑设计大师限研吾教授、日本建筑结构大师新谷真人教授、日本七宝烧技艺的领航人高桥通子女士、德国斯图加特国立美院原院长雷曼教授、德国宝马汽车公司高级设计师乔治先生等国际知名专家、学者担任客座教授。

学院现有设计学一级学科硕士点，同时还招收艺术硕士和工业设计工程两个专业学位硕士研究生。学院下设7个系（工业设计系、环境艺术设计系、服装设计系、视觉传达设计系、数字媒体艺术设计系、工艺美术系、美术系）。目前本科专业设有动画、产品设计、视觉传达设计、服装与服饰设计、环境设计、工艺美术、绘画。

学院追求传承、创新、人文关怀的学术精神，营造了开明、活跃、思辨的学习氛围，学院的图书馆、专业工作室、“博物馆展陈与空间实现北京市重点实验室”、金属、木工、陶瓷、雕塑、丝网印刷、服装、染织、摄影、动剪、漆艺、首饰等十几个实验室为学生提供了理论与实践系统学习的场所；“工艺美术馆”使学生更直接地感悟中国传统设计文化；“视觉艺术馆”和“学生展厅”更是学生了解当今艺术设计动向和自我专业才能展现的空间。

主要负责人：林志远

联系电话：67392550

单位地址和邮政编码：北京市朝阳区平乐园100号　100124

外国语学院

北京工业大学外国语学院成立于2003年3月，学院的建立实现了北京工业大学从理工型大学向综合型大学发展的转变。下设教学部门：英语系、东亚语系、大学英语教学部、研究生公共英语教学部，拥有外国语言文学一级学科，下设英语语言文学、商务外语、日本文化三个研究方向。本科专业下设英语、日语商务方向。具有英、日、韩、法、俄等多语种，承担着全校博士生、硕士生和本科生等各类学生的外语课程。学院教职工9712人，其中教师85人、教授2人、副教授28人、讲师50人、助教2人。具有博士、硕士学位教师占教师总人数的75%。在读本科生200人左右，研究生30名左右。

学院依托于学校多年工科办学历史传承和良好教学条件，在学科建设和教学特色上坚持文理结合、文工相辅的办学思想，坚持复合型人才培养模式，不仅注重学生语言、外贸知识、世界国际商务通则与规范等专业知识的输入，还加强相关人文学科知识和经济、管理等跨学科知识的拓展；在强调基本贸易实务操作技能掌握的同时，更侧重于学生扎实的语言基本功和语言翻译技巧的培养、训练和提高，通过境外留学项目、学术交流活动积极开拓学生的国际化视野，努力为首都培养出更多的具有较强外语技能、扎实的专业知识基础、独立思考能力和开拓创新能力的复合型人才。

主要负责人：何岑成

联系电话：673922687

单位地址和邮政编码：北京市朝阳区平乐园100号　100124

高等教育研究所

北京工业大学高等教育研究所成立于2006年6月，是一个集教育科学研究、教育政策咨询、高教研究与管理、教育学术交流为一体的高等教育科学研究机构。2007年首批招生高等教育学硕士研究生10人，现在读硕士生40人，毕业50人。2008年，“高等教育学”二级学科成为北京市重点建设学科，2011年获批教育学一级学科硕士学位授权。2014年，获批“教育硕士”专业授权。高等教育研究所现有硕士生导师21人，其中，兼职导师16人；专任教师6人，其中具有博士学位的6人，有高级专业技术职称的5人。

近年来，高教所承担国家社科基金、全国教育科学规划、教育部人文社科项目、教育部科技委重大战略研究课题、北京市教育科学规划、北京市哲社课题等各级各类项目近60余项，发表论文160余篇，向教育部科技委、北京市教委提供专家建议、调研报告近20份。2008年、2011年、2014年分别获中国高教学会第二届、第三届、第四届全国优秀高等教育研究机构荣誉称号。2011年、2014年分别获北京市高教学会优秀教育研究机构荣誉称号。科研成果获国家级、省部级以及中国高等教育学会等各类奖励20余项。每年举办和承办国际、国内学术会议1－2次。

主要研究方向为：高等教育与大学管理、高等工程教育、学生事务管理、大学教学论、现代教育技术。

主要行政负责人：李悦

联系电话：67392084

单位地址和邮政编码：北京市朝阳区平乐园100号　100124

实验学院

2013年7月5日，在通州区委及区政府、北京工业大学的领导下，通州区委社会工委（区社会办）与北京工业大学实验学院合作成立“通州区社会建设研究指导中心”。中心的主要职能有：开展社会建设调查研究，为通州区提供社会建设相关的决策咨询与智力支持，建设通州区社会建设数据库。

按照打造通州区社会建设与社会治理智库的发展思路，中心成立以来，先后完成通州区委研究室、区社会办、区妇联委托的社会建设社会治理调查研究课题17项，在通州区产生了良好的社会影响，已经发展成为通州区社会建设与社会治理的重要智库。

实验学院下设文法系法学教研室、经济管理系国际贸易教研室、经济管理系工商管理教研室、信息管理系会计教研室、信息管理系信息管理教研室、基础课部政治教研室、基础课部外语教研室、基础课部体育教研室等8个科研（教研）机构。

主要研究方向：社会建设研究、社会治理研究、产业研究、城市管理、文化创意产业研究、原创艺术产业研究

主要行政负责人：王普

联系电话与联系人：李龠然，010－52334019

单位地址和邮编：北京市通州区潞苑南大街1045号，101101

循环经济研究院

北京工业大学循环经济研究院是致力于循环经济与绿色发展研究的跨学科研究机构，成立于2005年4月。依托学校理工经管人文多学科优势，建有一支跨学科的、实力雄厚的专兼职研究队伍。现承担国家自然科学基金、国家社会科学基金以及国家发展与改革委、科技部、教育部、北京市等部门委托课题数十项；与政府相关主管部门、循环经济行业建立了广泛联系，成为国家和北京市绿色发展与循环经济领域重要战略研究智库之一。循环经济院的发展定位是建设成为在国内外有相当影响力的、具有一流研究水平的循环经济研究机构，建成促进北京工业大学多学科交叉、融入北京的重要基地和新兴学科增长亮点，培养具有战略眼光和研究能力的多学科交叉高层次人才。

主要行政负责人：左铁镛

联系电话：010－67396234

单位地址和邮编：北京市朝阳区平乐园100号北京工业大学人文楼，100124

电子信箱（科研处或办公室）：liyanmei@bjut.edu.cn

体育教学部

北京工业大学体育教学部成立于1990年（前身为体育教研室），为北京工业大学直属处级教学行政部门。体育部现有教职工38人（教师35人，教辅人员2人，行政管理1人）：教师中有教授3人、副教授16人、讲师17人、助教2人，已具有高级职称教师的人数比例达到50%，为本科生上课的高级职称教师比例高，所有教授、副教授都参与到一线教学当中。现有硕士生导师1人，国际级裁判1人，国家级裁判5人，一级裁判25人，博士1人，硕士及具备硕士学位的24人。

主要研究方向为：大学生体育教学、高水平运动员培养等。

主要行政负责人：黄韬

联系电话：67392291

单位地址和邮政编码：北京市朝阳区平乐园100号，100124。

北京工业大学学术团体

全国管理科学与工程学会

2002 年起，在李京文院士的倡议下，由我校经管学院牵头，全国近百所拥有管理科学与工程学科的院校以“中国管理科学与工程论坛”为平台开展了大量学术活动，先后举办了 6 届管理科学与工程论坛，成为管理科学与工程学科建设、人才培养和学术研究的良好平台。2007 年初，又倡议在“中国管理科学与工程论坛”基础上，成立国家一级学会“管理科学与工程学会”，这项倡议受到了近百所院校学者的积极响应，而尤为重要的是得到了民政部和教育部的大力支持和帮助。2009 年教育部同意作为主管方管理和指导“管理科学与工程学会”的工作，而民政部亦发函同意筹备成立“管理科学与工程学会”。2009 年 6 月 27 日在北京工业大学正式召开了学会的成立大会。全国开设有管理科学与工程专业硕、博士点的 172 所高校中有 156 所高校各委派一名官方代表，作为单位会员参加了成立大会，并完成了所有选举程序。李京文院士以 100% 的得票率当选为学会第一任理事长，并一致同意将学会的秘书处放在我校。2010 年 6 月 23 日，国家民政部正式发文同意和认可该学会的成立。

全国管理科学与工程学会秘书处承担着学会的日常管理和联系工作，负责每年年会的召集工作，负责与国务院管理科学与工程学科评议组以及国家教育部管理科学与工程学科教学指导小组的沟通工作，同时也承担了学会期刊的申报工作，是我国管理科学与工程学科建设和科研工作的协调、指导和交流中心。该秘书处的设立极大地提升了我校在该学科的地位，也表明了国内专家学者对我院在该学科上所取得的成绩的认同。

北京工业大学高等教育学会

北京工业大学高等教育学会是在北京工业大学党委和行政领导下从事高等教育科学研究的群众性学术团体，是中国高等教育学会的团体会员。秘书处设在高教所，负责出版、发行内部学术刊物《教育研究通讯》（季刊）。北京工业大学高等教育学会是全国第一个地方高校高等教育学会。

学会宗旨：以马列主义、毛泽东思想、邓小平理论和“三个代表”重要思想为指导，发扬理论联系实际的学风，团结组织全校师生员工，开展高等教育的理论与实际问题的研究，探索高等教育规律，总结工作经验，推广研究成果，介绍国内外高教改革动态，以促进学校的深入改革与健康发展，全面提高教育质量和办学效益。

（北京工业大学科发院人文处张爱民供稿）

北京林业大学

北京林业大学马克思主义学院

北京林业大学马克思主义学院成立于 2016 年 1 月，其前身为 1953 年成立的北京林业大学政治课教研组。学院主要承担全校本科生及研究生的思想政治理论课教学工作，以及马克思主义理论与相关专业人才培养、学科建设、科学研究、社会服务等任务。

学院拥有一支年龄学历结构合理、教学水平高、科研能力强的师资队伍。学院现有教职工 37 人，其中教授 6 人、副教授 22 人，讲师 9 人。45 岁以下专职教师全部具有博士学位。

院长：张闯

党总支书记：赵海燕

（北京林业大学科技处张力供稿）

中国宏观经济研究院

（原国家发展和改革委员会宏观经济研究院）

2016 年 12 月 4 日，“2016 国宏宏观经济论坛：深化供给侧结构性改革”暨第二十二次全国发展改革系统研究院（所）长会议在京召开。国家发展改革委副主任宁吉喆代表国家发改委和徐绍史主任出席并为国家高端智库——中国宏观经济研究院揭牌。全国哲学社会科学规划办公室副主任操晓理到会祝贺。

经中央编办批准，国家发展和改革委员会宏观经济研究院正式更名为中国宏观经济研究院。

（中国宏观经济研究院丁刚供稿）

·大 事 记·

2016年

1月

5日 全国宣传部长会议在京召开，中共中央政治局常委、中央书记处书记刘云山出席并讲话，强调要充分认识协调推进“四个全面”战略布局、决胜全面建成小康社会对宣传思想工作的新要求，牢牢把握“两个巩固”的根本任务，以强烈的责任担当做好工作，为“十三五”时期开好局起好步提供有力思想舆论支持。

刘云山指出，按照党中央部署推进宣传思想工作，重要的是坚持正确政治方向，把握工作规律，弘扬改革创新精神。要高举党的旗帜，强化看齐意识，在思想上政治上行动上同以习近平同志为总书记的党中央保持高度一致，严守党的政治纪律和政治规矩，紧紧围绕大局开展工作。要统筹建设和管理，统筹理论和舆论，统筹内宣和外宣，统筹网上和网下，统筹时、度、效，提高工作科学化水平。要坚持创新为要，大力推进宣传思想工作理念创新、内容创新、手段创新，更好以创新增活力。

刘云山强调，各级党委要坚持党管宣传、党管媒体，加强宣传思想战线党的建设、领导班子建设和干部队伍建设；认真落实党委意识形态工作责任制，严肃追责问责，推动宣传思想工作强起来。

中共中央政治局委员、中宣部部长刘奇葆主持会议并作工作部署，强调要把牢方向导向，加强战略谋划，坚持创新发展，聚焦短板发力，主动担当作为。要着眼统一思想、指导实践，坚持不懈用马克思主义中国化最新成果武装全党、教育人民；着眼维护国家政治安全，高度重视做好意识形态工作；着眼为全面建成小康社会提供有力舆论支持，增强主流媒体的传播力公信力影响力；着眼提高国民素质和社会文明程度，推动社会主义核心价值观更加深入人心；着眼繁荣发展社会主义文艺，推出更多无愧于时代的优秀作品；着眼实现“两个效益”相统一，加快文化改革发展；着眼讲好中国故事、传播好中国声音，加强国际传播能力建设，提升国家文化软实力。

中共中央政治局委员、国务院副总理刘延东出席会议。

（摘自《北京日报》2016年1月6日第1版）

5—6日 全国城市民族工作会议在京召开。中共中央政治局常委、全国政协主席俞正声做出批示。

俞正声在批示中指出，做好城市民族工作，是加强和改进新形势下民族工作和城市工作的重要内容。要全面贯彻中央民族工作会议和中央城市工作会议精神，坚持中国特色解决民族问题的正确道路，依法管理城市民族事务，以保障各民族合法权益为核心，以做好少数民族流动人口服务管理为重点，以推动建立相互嵌入的社会结构和社区环境为抓手，推进城市民族工作制度化、规范化、精细化，让城市更好接纳少数民族群众、让少数民族群众更好融入城市，切实加强各民族交往交流交融。各级党委和政府要高度重视城市民族工作，加强和改进领导，健全体制机制和工作格局，为推动中华民族一家亲、同心共筑中国梦做出新的贡献。

中共中央政治局委员、国务院副总理刘延东出席会议并讲话。她强调，要紧紧围绕“四个全面”战略布局，认真贯彻落实党中央、国务院决策部署，按照俞正声主席批示要求，科学谋划、系统推进城市民族工作，为实现全面建成小康社会和中华民族伟大复兴中国梦做出积极贡献。

刘延东强调，进一步做好城市民族工作事关民族工作和城市工作两个大局，事关党和国家事业发展全局。要发挥城市引领带动作用，实现各民族群众共享发展、同步小康。搞好流入地和流出地“两头”对接，加强少数民族流动人口服务管理。创新方式载体，推动民族团结进步宣传教育和创建活动向纵深发展。强化社区建设，建立相互嵌入式的社会结构和社区环境。同时要依法处置涉及民族宗教因素的矛盾纠纷，加强城市公共安全防范等工作。要加强党对城市民族工作的领导，完善领导和工作机制，加强城市民族干部队伍建设，广泛动员全社会力量共同参与，努力开创我国城市民族工作新局面。

（摘自《北京日报》2016 年 1 月 7 日第 2 版）

6 日　全国政协常委、中国广播电影电视社会组织联合会党组书记、会长张海涛，联合会副会长雷元亮一行四人来到中国传媒大学，对中国高校影视学会进行专门调研。会前，中国传媒大学党委书记陈文申、副校长廖祥忠与联合会领导进行了亲切会见。

中国高校影视学会会长、中国传媒大学胡智锋教授就学会的发展沿革、活动与成果、贡献与经验进行了全面汇报。胡智锋认为，学会成立 32 年来，在不断探索中形成了较为成熟的活动模式，面向社会、行业和高校提出了三个“倡议”，推动学会自身实现了三个“跨越”，为繁荣中国影视教育做出了不可替代的贡献。

张海涛在讲话中对中国高校影视学会给予了高度肯定和评价，认为中国高校影视学会在 32 年的发展中取得了丰硕成果，形成了较为成熟的运作模式，找到了办好学会的三点规律和经验，即“与时俱进，服务意识强，管理很规范”，他还就影视学会的下一步工作做出重要指示。

（中国传媒大学文科科研处供稿）

8 日　2015 年度中国十大传媒法事例发布会暨学术研讨会在中国传媒大学文法学部举行。此次活动由本校媒体法规政策研究中心、北京市律师协会传媒新闻出版法律专业委员会与北京安寻网络科技有限公司主办。

中国传媒大学媒体法规政策研究中心主任李丹林教授首先公布了 2015 年度中国十大传媒法事例。这十大事例由来自各大著名高校、科研机构、行政主管部门、司法机关以及媒体的传媒法专家学者及资深实务界人士组成的评审委员会评出。

在学术研讨会上，文法学部学部长李怀亮教授、北京市律师协会副会长张峥、北京安寻网络科技有限公司 CEO 石松分别致辞，对本次评选活动对于推动中国传媒法治进程的重要价值给予了高度评价。来自朝阳区人民法院、北京市律师协会、中国记协、中央人民广播电台、中国版权保护中心、英特尔中国有限公司、北京安寻网络科技有限公司、中国社科院法学所、中国人民大学、清华大学、山东大学、中国传媒大学、首都经济贸易大学等 10 余家单位的 20 余名专家学者，围绕这十大事例进行了点评和讨论。北京市律师协会传媒与新闻出版法律专业委员会名誉主任任丽颖和山东大学哲学与社会发展学院副院长宋全成教授主持了研讨会。

（中国传媒大学文科科研处供稿）

10 日　“第二届分享责任年会——‘一带一路’与海外企业社会责任”在京举行。中国社会科学院经济学部主任、企业社会责任研究中心理事长、原副院长李扬出席会议。会上发布了《中国企业社会责任报告（2015）》。

《中国企业社会责任报告（2015）》指出，2015 年中国企业社会责任报告数量持续增加，达到 1703 份，上市公司、国有企业是报告发布的主力军。中国社会科学院经济学部企业社会责任研究中心编制的《中国企业社会责任报告编写指南 3.0》是企业参考最多的编写指南，共有 263 家企业参考该指南编制报告。

会上还启动了“‘一带一路’与海外企业社会责任研究”课题。在“一带一路”倡议背景下，越来越多的中资企业走向世界，国际国内对企业运营过程中的海外履责愈加重视。受国家发改委政策研究室委托，中国社会科学院经济学部企业社会责任研究中心启动该课题，继续深入开展“一带一路”与海外企业社会责任研究。

会议由中国社会科学院经济学部企业社会责任研究中心主办、中星责任云（北京）管理顾问有限公司承办。来自政府部门、科研机构、企业等单位的 100 余人出席会议。

（中国社会科学院办公厅刘玉杰编辑、供稿）

16 日　以“社会学与全面建设小康社会”为主题的京津冀社会学界学习贯彻“十八届五中全会精神”座谈会在北京市社会科学院 2 楼学术报告厅举行。座谈会由中国社会学会主办、北京市社会科学院社会学所承办。中国社会科学院副院长李培林、中国社会学会会长李强、中国人民大学副校长洪大用、南开大学社会建设与管理研究院院长关信平、河北省社会科学院副院长杨思远等知名专家学者出席座谈会并发言。座谈会由市社科院党组成员、副院长许传玺代表承办方致辞。座谈会分为两个阶段：第一阶段为专题发言，由中国社会学会秘书长谢寿光主持并点评；座谈会第二阶段主要为自由讨论，由市社科院社会学所副所长李伟东主持。来自中国社会科学院、北京大学、清华大学、中国人民大学、中央党校、国家行政学院、北京理工大学、南开大学、南京大学、中山大学、中国传媒大学、对外经济贸易大学、中央民族大学、北京工业大学、中南大学、华南师范大学、北京市社会科学院、北京市委党校、天津市社科院、河北省社科院及全国妇联等教学科研单位的共100余名研究人员参加了此次座谈。此次座谈，发言的专家学者与大家共同分享了他们就该主题的最新研究成果，这些理论、观点的碰撞与交流是对十八届五中全会理论的积极思考与探索，同时也为协调经济社会均衡发展、全面建设小康社会提供了有益思路。

（北京市社科院科研处供稿）

同日　适逢被誉为“中国农村改革之父”的杜润生先生辞世百日，中国社会科学院农村发展研究所在北京举办“学习杜润生改革思想 全面深化农村改革”座谈会。中国社会科学院副院长、党组成员蔡昉出席会议并致辞。全国政协经济委员会副主任、中华全国工商业联合会副主席林毅夫等出席会议并作主题发言。

中国社会科学院农村发展研究所所长魏后凯主持会议。出席会议的还有中国社会科学院学部委员、农村发展研究所原所长张晓山，中国社会科学院农村发展研究所原所长李周，农业部农村经济研究中心主任宋洪远，农业部产业政策与法规司副司长赵长保，中国社会科学院农村发展研究所副所长黄超峰，北京市农林科学院院长李成贵，贵州省委政策研究室副主任罗凌，浙江省湖州市政协副主席沈琪芳。

作为我国20世纪80年代一系列农村改革重大决策的推动者和参与者，杜润生对30多年来中国农村改革与发展做出了杰出贡献，深受社会各界敬仰。与会专家学者回忆了与杜润生交往的经历，深切缅怀他的学术品格、治学精神及其为中国农村改革做出的重要贡献，并从杜老的改革思想出发，深入探讨了当今中国全面深化农村改革的路径。来自中农办、国务院研究室、农业部、中国扶贫基金会、中国社会科学院、北京大学、清华大学、中国人民大学等10余个单位的40多位专家学者参加了会议。

（中国社会科学院办公厅刘玉杰编辑、供稿）

17—23日　以吉米达娃·斯韦特兰娜·叶甫盖尼耶夫娜副教授为团长的俄罗斯劳动与社会关系学院学员代表团一行15人到中国劳动关系学院进行了为期一周的友好访问，此次来访的代表团成员均为在该校学习的俄罗斯行业及区域的工会组织领导人。吴万雄副院长代表学校热情接待了俄方代表团并与代表团进行了会晤。

访问期间，俄方代表团参观了校史馆与图书馆，与中国劳动关系学院工会学院的教师进行了座谈，就中俄两国的工会组织、工会相关工作进行了深入交流。工会学院叶鹏飞副教授就我国农民工权益保障问题为俄方代表团举办了专题讲座，俄方代表团成员以工会工作宣传及医疗社工为主题，为中国劳动关系学院工会学院的学生举办了专题讲座。海淀区总工会李国祥主席及区总其他领导还应邀专程来中国劳动关系学院，就我国基层工会工作、职工服务保障等问题与俄方代表团进行了座谈交流。在北京市总工会的协助下，代表团还访问了北京职工服务中心、中关村国家自主创新展示区，并赴北汽集团进行了参观，与企业工会进行了交流。

（中国劳动关系学院科研处陈邓海供稿）

23日　北京市政协十二届四次会议举行了“坚持创新发展理念 着力提高发展质量和效益”和“坚持共享发展理念 着力增进城乡居民福祉”两个专题座谈会。中共北京市委副书记、市长王安顺，市政协主席吉林等市领导与数百名政协委员座谈。

座谈会气氛热烈，委员们发言直奔主题，围绕深化北京市国企改革、促进创新创业服务业发展、大力发展智能制造、用创新理念推进城市精细化管理等方面，为北京经济社会发展踊跃建真言、献良策。

王安顺认真听取委员发言。他说，创新发展摆在国家发展全局的核心位置。在现阶段，坚持创新理念对北京进一步落实首都城市战略定位，有序疏解非首都功能，实现发展动力转换，解决空气污染、交通拥堵等问题都具有重要的指导意义。

王安顺说，当前和今后一个时期，我们将大力支持基础研究和应用研究，强化企业创新主体地位和主导作用，鼓励产学研用融合创新；加快吸引汇聚高端创新人才，着力创新外籍人才服务管理，营造健康的创新人才成长环境，在全社会营造勇于创新、宽容失败的良好氛围；努力在完善协同创新机制、完善创新政策、完善创新创业生态系统上取得新突破，打破体制机制障碍，加快构建京津冀协同创新共同体；全力推动服务业提质增效升级，全力推动制造业智能精细发展，大力实施“互联网+”行动，加快构建“高精尖”经济结构。

王安顺还就委员关注的空气治理等热点难点问题进行回应。他说我们将坚定不移地做好大气污染、水污染等环境治理工作，坚持创新发展理念，综合研究破解之策，继续加大治理力度，为实现天蓝、水清、地绿，为建设国际一流的和谐宜居之都持续努力。

中共北京市委常委、常务副市长李士祥等市领导出席了“坚持共享发展理念 着力增进城乡居民福祉”专题座谈会。

市领导程红、林克庆、隋振江、王宁、洪峰、夏占义、沈宝昌、唐晓青、赵文芝、傅惠民、葛剑平、王永庆、马大龙、蔡国雄、闫仲秋，市政府秘书长李伟、市政协秘书长周毓秋出席座谈会。

（摘自《北京日报》2016年1月24日第2版）

27日　北京市中国特色社会主义理论研究中心在西城区马克思主义经典著作学习交流基地举办“河岸茶座”，邀请中国人民大学经济学院院长张宇教授、北京师范大学经济和工商管理学院沈越教授、国务院发展研究中心资源与环境政策研究所副所长李佐军研究员、中国社会科学院世界经济与政治研究所田丰研究员、中国社会科学院拉美研究所齐传钧副研究员、人民日报理论部欧阳辉等，就“中等收入陷阱”话题进行了深入详细的探讨。市社科联党组书记、常务副主席、中特中心常务副主任韩凯，市中特中心秘书长、办公室主任李翠玲等参加。

（北京市中国特色社会主义理论体系研究中心供稿）

31日　根据中央巡视工作领导小组的部署，中央第一巡视组向中国社会科学院党组反馈专项巡视情况。中央巡视工作领导小组成员、办公室主任黎晓宏向中国社会科学院党组书记、院长王伟光传达了习近平总书记关于巡视工作的重要讲话精神，中央第一巡视组组长王怀臣，副组长彭文耀、赵春光、黄建平反馈了专项巡视情况。王怀臣代表中央巡视组向中国社会科学院党组领导班子进行了反馈，黎晓宏对巡视整改工作提出要求，王伟光主持会议并讲话。

中央第一巡视组有关成员出席反馈会；中国社会科学院党组成员、院长助理、副秘书长，院属各单位副局级以上党员干部、正处长党员干部、在职正高级职称党员和离退休同志代表等参加会议。

（中国社会科学院办公厅刘玉杰供稿）

2月

3日　中国国际战略学会2015年年会在京举行。中央军委联合参谋部副参谋长兼中国国际战略学会会长孙建国出席年会，并作题为“迈向世界舞台中心实现民族伟大复兴的恢宏步伐”报告。180余名从事战略安全研究和外交工作的军地领导、有关部门代表和专家学者出席了年会。

中国国际战略学会是全国性战略安全问题智库，目前与全球50多个国家的100多个战略安全研究机构保持学术交流关系。

（摘自《人民日报》2016年2月4日第22版）

4日　中国社会科学院院长、党组书记王伟光在中国社会科学院会见印度新任驻华大使维杰·顾楷杰一行。双方就首届中印智库论坛等事宜深入交换了意见。此前，在李克强总理的见证下，中国社会科学院与印度外交部签订了关于举办中印智库论坛的谅解备忘录，这是中印两国加强友好交流，特别是加强智库和人文社会科学交流的重要战略举措。中国社会科学院对双方拟于年内在印度共同举办的首届中印智库论坛高度重视，并为此做了充分准备，届时将邀请中方高层领导和顶级学者出席论坛。顾楷杰表示，双方共同举办这样高级别的智库论坛，必将对推动双边关系发展发挥重要的作用。印方期待不久之后中国智库代表团对印度的访问。中国社会科学院亚太与全球战略研究院院长李向阳，国际合作局局长王镭以及印度驻华使馆官员参加了会见。

（中国社会科学院办公厅刘玉杰供稿）

21日　记者从北京市规划委获悉：经过两年的努力，北京基本完成了全市域生态红线和城市增长边界划定工作。未来将通过严格执行相关规划，彻底遏制城市“摊大饼”无序蔓延的状况。

北京市规划委副主任王飞在“习总书记视察北京讲话两周年来北京市新举措新变化新成果”发布会上介绍，为贯彻落实总书记关于“优化城乡空间布局’的指示要求，建立全域空间管控体系，北京市将市域空间划分为生态红线区、集中建设区和限制建设区，基本完成了全市域生态红线和城市增长边界划定工作。

生态红线区面积约占市域面积的70%以上。与此同时，北京结合市域环境容量以及功能疏解、减量

发展的目标，将中心城、新城、镇中心区、独立城镇组团、重点功能区划为集中建设区，其面积约为市域面积的16%。在集中建设区外划定城市增长刚性边界，城镇建设项目选址建设均应控制在城市增长边界以内，坚决遏制城市“摊大饼”式发展。

（摘自《人民日报》2016年2月22日第2版）

24日　中国老龄科学研究中心和社会科学文献出版社联合发布《中国老年宜居环境发展报告(2015)》。报告认为，我国老年宜居环境建设仍处于初步阶段，老年宜居公共政策支持体系尚待完善，老年宜居环境建设区域发展失衡，老年宜居项目偏离市场需求，适老性公共环境远未形成。

统计数据显示，2014年末，中国60周岁及以上人口达到2.12亿人，占总人口的15.5%。到2050年，我国老年人口将达到4.83亿，占总人口的34.1%，届时每三个人中就有一个老年人。“老年宜居环境是顺应人口老龄化形势的新理念，老年宜居环境建设关系全体公民老年期的生活质量。”中国老龄科学研究中心主任王深远说。

报告指出，我国社区老年宜居水平亟待提升，要通过政策创制和政策配套协作，开展公共环境适老性建设，构建老年宜居环境标准体系等措施，推进老年宜居环境建设。

（摘自《人民日报》2016年2月25日第6版）

同日　北京市委常委会召开会议，学习贯彻习近平总书记在党的新闻舆论工作座谈会上的重要讲话，研究京津冀协同发展、固定资产投资、党风廉政建设等事项。市委书记郭金龙主持会议。

会议强调，习近平总书记的重要讲话论述深刻、内涵丰富，是关于宣传思想工作的又一篇纲领性文件。讲话深刻阐明了党的新闻舆论工作的历史地位、重大作用、职责使命、目标任务和原则要求，通篇贯穿着辩证唯物主义和历史唯物主义的世界观和方法论，贯穿着坚定的党性原则，与我们党长期形成的新闻思想一脉相承又与时俱进，丰富和发展了马克思主义新闻理论，进一步升华了我们党对新闻舆论工作规律的认识，为做好新形势下党的新闻舆论工作、宣传文化工作、意识形态工作坚定了主心骨，提供了根本遵循，具有重大而深远的意义。我们要牢固树立政治意识、大局意识、核心意识、看齐意识、首善意识，始终坚持正确的政治方向，加强学习、深入领会、全面贯彻，把思想认识统一到讲话精神上来，更好地指导和推动全市新闻舆论工作实践。

会议强调，首都新闻舆论工作处在意识形态斗争最前沿，要联系实际抓好讲话精神的贯彻落实，做到主旋律响亮、时度效精准、主阵地巩固、把关人可靠，牢牢掌握新闻舆论领导权和主导权。全市各级党委要自觉承担起政治责任和领导责任，主动谋划新闻舆论工作。要把党性原则体现到新闻舆论工作的方方面面，始终坚持党管宣传、党管意识形态、党管媒体不动摇。领导干部要增强同媒体打交道的能力，尊重传播规律，善于运用媒体。要把好方向、守好阵地、管好队伍，确保首都意识形态和文化安全。

会议研究了《北京市推进京津冀协同发展2016年重点项目》，要求，全面落实《京津冀协同发展规划纲要》、京津冀“十三五”规划及本市系列实施文件要求，在实践中进一步提高认识，加强政策研究，继续深化改革，努力在融入京津冀协同发展中取得更大进展。

（摘自《北京日报》2016年2月25日第1版）

24—25日　全国党史研究室主任会议在北京召开。会议的主要任务是全面贯彻党的十八大和十八届三中、四中、五中全会精神，深入学习贯彻习近平总书记系列重要讲话精神，牢固树立和贯彻落实五大发展理念，总结2015年工作，部署2016年任务。传达学习中央领导同志关于做好2016年党史工作的重要讲话。中央党史研究室主任曲青山在会上作工作报告。会上，密云区党史工作办公室获得“全国党史系统先进集体”荣誉称号，市委党史研究室刘岳同志获得“全国党史部门先进个人”荣誉称号。

（北京市委党史研究室科研处供稿）

25日　两年前的今天，习近平总书记视察北京，并在次日发表重要讲话。两年来，全市上下深入学习、认真贯彻总书记重要讲话精神，积极推动各项工作。两年后的昨天，市委书记郭金龙用一整天时间到海淀区调查研究。他强调，抓好总书记重要讲话精神和《京津冀协同发展规划纲要》的深入学习贯彻，始终是全市工作的主线。要持续把学习贯彻总书记视察北京重要讲话精神引向深入。市委副书记、市长王安顺一同调研。

海淀是全市的经济大区、科技大区、文化大区、人口大区。北京的“四个中心”城市战略定位在海淀都能找到契合点、落脚点。昨天，郭金龙深入海淀区拆迁腾退现场、高科技企业，就深入贯彻党的十八届五中全会和总书记视察北京重要讲话精神，加快疏解非首都功能，实施创新驱动发展战略，落实首都城市战略定位调查研究。

市领导陈刚、苟仲文、张工、隋振江一同调研。

（摘自《北京日报》2016 年 2 月 26 日第 1 版）

26 日　贯彻落实古田全军政治工作会议精神工作推进会在京召开，总结分析全军贯彻落实工作形势，研究部署进一步做好“下篇文章”的意见措施。中共中央政治局委员、中央军委副主席范长龙，中共中央政治局委员、中央军委副主席许其亮出席会议并讲话。

中央军委委员常万全、房峰辉、赵克石、张又侠、吴胜利、马晓天、魏凤和出席会议，中央军委委员张阳对一年多来贯彻落实古田全军政工会精神情况作总结。

范长龙指出，习主席亲自提议在古田召开全军政工会并发表重要讲话，把新形势下政治建军的理论和实践推进到一个新阶段，充分体现了军队最高统帅对新形势下政治建军的战略设计。贯彻新形势下政治建军要求，就是要坚持党对军队的绝对领导，增强政治意识、大局意识、核心意识、看齐意识，坚决听从党中央、中央军委和习主席指挥。要深入开展党史军史和优良传统教育，把我军性质、宗旨和本色保持好。要保持高压态势，强化党委的主体责任和纪委的监督责任，发挥纪检、巡视、审计等职能部门作用，把从严执纪压力向基层传导，纯正军队政治生态，努力实现部队作风根本好转。

许其亮指出，习主席始终把政治建军摆在首位，无论谋划军队建设改革，还是指导军事斗争实践，第一位的都是强调政治建设。我们要从看齐追随的高度把政治建军牢牢抓在手上，坚定不移沿着习主席开辟的新形势下政治建军道路走下去。要把贯彻古田全军政工会精神作为长期战略任务，锲而不舍年复一年紧抓不放。要把习主席系列重要讲话精神作为旗帜在强军征程中始终高举，以强烈的政治担当、历史担当抓好学习宣传贯彻，在改造学习中推动学习落地，坚决维护和贯彻军委主席负责制，坚定自觉地向党看齐。要围绕改革、强军、打赢发挥政治工作生命线作用。坚持思想先行，强固组织优势，扭住人这个核心要素，坚定不移深化整顿，站在政治高度全面彻底肃清郭伯雄、徐才厚案件流毒影响，塑造绿水青山的政治生态。

（摘自《人民日报》2016 年 2 月 27 日第 2 版）

同日　纪念方毅同志诞辰 100 周年座谈会在京举行。中共中央政治局常委、全国政协主席俞正声出席座谈会，并在会前会见了方毅同志亲属。

方毅同志是中国共产党第八届、九届中央委员会候补委员，第十届、十一届、十二届中央委员，第十一届中央政治局委员、书记处书记，第十二届中央政治局委员，国务院原副总理，第七届全国政协副主席。

中共中央政治局委员、国务院副总理刘延东在座谈会上缅怀了方毅同志的光辉一生和卓越贡献，强调要学习他坚守信仰、矢志不渝的崇高追求，严谨务实、勇于开拓的工作作风，崇尚知识、尊重人才的优秀品质，清正廉洁、克勤克俭的高风亮节，为实现中华民族伟大复兴的中国梦做出更大贡献。

全国政协副主席兼秘书长张庆黎主持座谈会。全国政协副主席、科技部部长万钢等出席座谈会并发言。

（摘自《人民日报》2016 年 2 月 27 日第 1 版）

3 月

1 日　日前，21 世纪教育研究院公布了对直属高校 2015 年信息公开情况的第三方评价。报告显示，75 所直属高校信息公开整体合规水平大幅提升，综合评价平均得分 86.64。与 2014 年情况相同的是，年报内容完备性方面得分率最低的一级指标仍是“对信息公开的评议情况”（86.67%），说明直属高校信息公开年报内容弱项仍在“评议情况”，尤其是“社会公众对学校信息公开工作进行评价的情况”（68.00%）。

2014 年，教育部发布《高等学校信息公开事项清单》，要求全国各高校建立即时公开制度，于每年 10 月底前向社会公布上一学年信息公开工作年度报告，并要求部属高校于当年 10 月底前在学校门户网站开设信息公开专栏，统一公布清单各项内容。

（摘自《光明日报》2016 年 3 月 1 日第 13 版）

6 日　国家行政学院党委委员、常务副院长马建堂出席国家行政学院主办的“供给侧结构性改革”座谈会并讲话。国务院发展研究中心副主任王一鸣，工业和信息化部副部长辛国斌，中国社会科学院荣誉学部委员张卓元，人民出版社副社长、新华文摘杂志社社长李春生，中国财政科学研究院院长刘尚希，浙江省农业和农村工作小组办公室副主任、省扶贫办常务副主任邵峰，中国经济体制改革研究会副会长孔泾源等领导和专家围绕“供给侧结构性改革”主题先后作了发言。学院经济学教研部主任张占斌主持座谈会。

马建堂在总结讲话中指出，举办此次座谈会，旨在学习领会和贯彻落实习近平总书记关于供给侧结构性改革重要讲话精神，研讨供给侧结构性改革的关键、核心和实质以及如何推动结构性改革等问题。

马建堂认为，供给侧结构性改革关键是要解决生产要素的合理配置问题，核心就是要使市场在资源配置中起决定性作用，关键是三个方面的改革：一是国有企业改革，解决“生产不能停、人不能走、企业不能死”的问题；二是价格的市场化改革，真正由市场价格来引导生产要素和资源的流动和配置；三是政府自身改革，通过简政放权、减少管制，更好发挥政府作用。

马建堂还结合上世纪末国企三年脱困的实践，从去产能、减人增效和再就业、债权转股权、破产等角度谈了三点体会：一是去过剩产能要和国有企业改革结合起来；二是既敢于减人，更要善于推动再就业；三是解决企业困难，要有“撒手锏”。

学院办公厅、决策咨询部、经济学教研部、发展战略与公共政策研究中心负责同志，经济学教研部教师、在院博士后、博士生及访学教师等参加座谈会。

（国家行政学院科研部刘斌供稿）

8日　中国社会科学院院长、中国地方志指导小组（以下简称中指组）组长王伟光，中国社会科学院副院长、中指组常务副组长李培林，到国家方志馆检查指导工作并召开座谈会，看望中国地方志指导小组办公室（以下简称中指办）、方志出版社全体人员。中指组副秘书长兼办公室副主任冀祥德等陪同看望。

王伟光在讲话中指出，中国社会科学院党组对中指办的整改工作非常满意。2016年要高度重视《全国地方志事业发展规划纲要（2015—2020年）》的贯彻落实工作，不断开创全国地方志事业发展的新局面。李培林对中指办的整改工作给予高度肯定，并就《汶川特大地震抗震救灾志》的出版、首批中国名镇志的出版、首届全国名镇论坛的举办、加强地方志工作调研等工作提出明确要求。

（中国社会科学院办公厅刘玉杰供稿）

9日　中国社会科学院副院长李培林在中国社会科学院会见塔吉克斯坦科学院院长法赫德·拉希米一行，双方就两院之间的交流与合作交换了意见。

希望能够在考古、共建丝绸之路经济带等方面的项目开展深入交流。

来访的外宾还有塔吉克斯坦科学院物理和技术研究所所长穆米诺夫·希克马特、塔吉克斯坦科学院物理和技术研究所学者恰沃希尔拉·穆扎法里等。中国社会科学院国际合作局局长王镭、俄罗斯东欧中亚研究所所长李永全、社会学研究所党委书记孙壮志等陪同会见。

（中国社会科学院办公厅刘玉杰供稿）

10日　北京市中国特色社会主义理论研究中心在北京市社科联五层开放空间举办“河岸茶座”，邀请中央党史研究室第二研究部原主任郑谦研究员、当代中国研究所第三研究部原主任刘国新研究员、空军政治部中国空军杂志原主编张聿温研究员、中国人民大学马克思主义学院辛逸教授，围绕“文化大革命发生五十年，结束四十年”梳理了中央对“文革”的评价、当前舆论的错误倾向和存在的风险点、舆论引导的对策等问题。市社科联主席沈宝昌，市委宣传部副部长、市中特中心常务副主任赵卫东，市社科联党组书记、常务副主席、中特中心常务副主任韩凯，市中特中心秘书长、办公室主任李翠玲，市委宣传部理论处处长张际等参加座谈。

（北京市中国特色社会主义理论体系研究中心供稿）

15日　中国画画家、艺术教育家、中国文联副主席、中央文史馆副馆长、清华大学美术学院名誉院长、清华大学艺术博物馆馆长冯远法国文学与艺术骑士勋位授予仪式在法国大使馆举行。法国驻华大使顾山向他授予了法国文学与艺术骑士勋章。清华大学校务委员会副主任谢维和、美院院长鲁晓波、副院长曾成钢、艺术博物馆常务副馆长杜鹏飞等校内嘉宾、文化艺术界人士百余人出席了仪式。授勋仪式由法国驻华大使顾山先生亲自主持，大使先生详细回顾了冯远先生的人生历程，高度评价了他所取得的艺术成就，特别提到冯远先生在法国的艺术经历，以及他在中国美术馆馆长任上为促进中法文化交流所作出的杰出贡献。冯远特别谈到了他任中国美术馆馆长时与奥赛馆长合作。冯远指出法兰西民族和中华民族是两个智慧进取、文化历史悠久的民族，他们在各自的文化历史进程中为世界人类文明做出了重要贡献，他们相互尊重、彼此欣赏，并通过文化交流合作互相学习共同发展。

（清华大学文科建设处刘金梅供稿）

16日　由中国开发性金融促进会与中国民营经济国际合作商会共同主办的“2016（第三届）中国境外中资企业年会”在北京钓鱼台国宾馆举办，全国政协副主席陈元出席会议并作重要讲话。对外经济贸易大学中国企业"走出去"协同创新中心与中国民营经济国际合作商会合作撰写的《中国民营企业国际合作蓝皮书2014—2015》在会上正式发布。

《中国民营企业国际合作蓝皮书2014－2015》，是中国企业"走出去"协同创新中心2015年度科研项目成果，由中国企业"走出去"协同创新中心与协同单位中国民营经济国际合作商会共同组织编写，对外经济贸易大学副校长林桂军、副校长赵忠秀与商会会长郑跃文共同担任该书编委会主任，林桂军与王燕国副会长为该书主编。蓝皮书概括了中国民营企业在境外开拓所涉及的贸易、投资、热点专题以及典型案例分析等专论30余篇，附录收集了近年来中央有关支持、引导民企境外发展的政策法规性文件，年度民企国际合作大事记和中国民企百强名单。该书已由人民出版社正式出版发行。

（对外经济贸易大学科研处供稿）

同日　丝路规划研究中心成立大会在京举行。全国政协副主席陈元出席并讲话。

据了解，丝路规划研究中心是经民政部批准设立的服务"一带一路"建设的专业化高端智库。中心由全国政协办公厅作为业务主管单位，由国家开发银行、清华大学、丝路基金、中国开发性金融促进会、中国金融四十人论坛联合发起。

陈元强调，丝路规划研究中心是为服务"一带一路"建设而发起成立的中国特色新型智库，致力于开展国家、区域和行业规划研究，发挥战略研究、政策建言、人才培养、舆论引导、公共外交等功能，为相关方面提供智力服务，推动"一带一路"建设向纵深发展。下一步，中心要做好精品规划，完善机制建设，夯实发展基础，努力打造具有较大影响力和国际知名度的高端智库。

（摘自《人民日报》2016年3月18日第8版）

同日　对外经济贸易大学和中国世界贸易组织研究会共同举办了世界贸易组织副总干事大卫·沙克（David Shark）阁下的报告会。

大卫·沙克在对外经济贸易大学做了题为"世界贸易组织展望"的主题演讲。大卫·沙克赞扬了中国入世近15年所做出的成就，认为中国的入世对于中国以及世界贸易组织都具有重大意义。他演讲的主要内容包括世界贸易组织功能和运行、内罗毕贸易部长会议所取得的谈判成果、世界贸易组织未来发展面临的挑战等。大卫·沙克用了40余分钟与学校师生互动，详细回答了所有问题。

本次活动由中国世界贸易组织研究会和对外经济贸易大学共同主办。对外经济贸易大学原校长施建军出席活动并致辞，中国世界贸易组织研究会会长孙振宇、商务部世贸司司长任鸿斌、对外经济贸易大学副校长赵忠秀等出席活动。

（对外经济贸易大学科研处供稿）

18日　由北京师范大学陈丽教授主持的国家社会科学基金教育学重点课题"教育信息化与大型开放式网络课程（MOOCs）战略研究"课题组发布了《中国MOOCs建设与发展白皮书》。白皮书在对国内41所高校、14个MOOCs平台、1388门课程和22985名学习者深入调研的基础上，从MOOCs平台、学习者、MOOCs课程、课程设计模式、教学交互、学习评价、学习支持、课程证书与学分制度等角度全面、深度地展示了目前我国MOOCs发展现状，并总结梳理出了中国MOOCs建设与发展的十大特征与面临的八大挑战。近几年来，随着MOOCs的兴起与在全球范围内广泛传播，我国相关研究与实践也深入推进，尤其是高等教育领域的MOOCs实践丰富、形式多元。"教育信息化与大型开放式网络课程（MOOCs）战略研究"课题团队从教与学角度对国内MOOCs的调研研究，填补了国内MOOCs实践研究的空白，其研究成果将对国内MOOCs实践产生重要影响。

（北京师范大学社会科学处刘娜供稿）

19日　国务院发展研究中心（DRC）主任李伟和经济合作与发展组织（OECD）秘书长安赫·古里亚在北京钓鱼台国宾馆共同签署联合声明，正式启动"中国转型升级背景下的绿色增长"联合项目。该项目将就如何实现促进工业转型和绿色增长协调发展方面提出政策建议。包括4个方面的研究：监测中国绿色增长进展；重化工行业转型升级；新技术对绿色增长的推动作用；促进绿色增长的政策措施和体制机制改革。该项目的主要发现和政策建议将由DRC和OECD在2017中国发展高层论坛上联合发布。

（国务院发展研究中心办公厅科研处郭巍供稿）

21日　清华大学美术学院教授韩敬伟、刘孔喜荣获东方艺术骑士勋章，授勋仪式在北京和平之旅文化交流中心举行，此勋章由国际和平艺术家联盟推荐，比利时国家议会授权欧洲中国文化教育基金会颁发。比利时国会议员Filip Dewinter介绍了骑士勋章的历史渊源及中比友好文化交流活动，比利时国会议员Anke Van Dermeersch和欧洲议会议员Bruno Gollnisch

分别为中国艺术家刘孔喜、韩敬伟颁发东方艺术骑士勋章，以表彰他们在促进东西方文化交流方面做出的杰出贡献。主要参会嘉宾还包括比利时驻韩国前大使魏崇明（Victor Wei）及夫人阮丽明（Lee Mine Yuan），欧洲中国文化教育基金会高级法律顾问 Francis Van Mechelen、Guy Van Der Steichel，比利时 BTTC 贸易股份公司总裁 Robert Lammen 等。

（清华大学文科建设处刘金梅供稿）

22 日　尼泊尔总理卡德加·普拉萨德·夏尔马·奥利访问中国人民大学，出席中尼“一带一路”智库对话，发表题为“共建‘一带一路’，共创美好未来”的演讲。校长刘伟致欢迎辞，副校长伊志宏主持。中国驻尼泊尔大使吴春太及夫人、外交部亚洲司副司长侯艳琪等出席交流会。此次活动是奥利总理上任后首次访华行程的首场公开活动，也是奥利总理此行唯一的一场高校活动。

（中国人民大学科研处李素萍供稿）

4月

6 日　京津冀知识产权发展联盟在北京正式成立。该联盟旨在解决企业发展过程中遇到的知识产权相关问题和困难，提升京津冀三地企业在国内外市场的核心竞争力，为本地区企业“走出去”战略保驾护航。

京津冀知识产权发展联盟是在河北省、北京市和天津市知识产权局倡议指导下，由河北省知识产权研究会、首都知识产权服务业协会和天津科学研究所共同发起。联盟吸引了大批三地创新型企业和知识产权服务机构参与，120 家创新型企业和 30 家知识产权服务机构成为首批会员单位。

据北京市知识产权局负责人介绍，从总量上看，截至 2013 年底，北京、天津、河北三地用不到 3% 的国土面积创造了 10.9% 的国内生产总值，汇集了 29.9% 的有效专利量和 46% 的有效发明专利。此外，京津冀地区专利的技术含量和专利密度明显高于全国平均水平。然而，丰富的创新资源并未真正实现有效流动和互补，三地之间尚未形成产业、企业、服务资源等有效流动与对接的机制。联盟的成立将促进三地创新要素充分流动，为加快创新要素聚集、助推产业合理布局提供有效路径。天津和河北两地相关负责人也表示，联盟成立后给津冀两地带来机遇，将推动北京专利在天津河北两地转化。

联盟成立后，将着重进行宣传推广，开展知识产权风险防范培训和重点企业帮扶活动。联盟将依托京津冀丰富的专家资源，定期面向京津冀三地企业开展知识产权风险防范培训，培训内容主要围绕与我国商务往来密切的国家和地区的商业、政策、法律环境等方面的知识产权风险。对有较大行业影响力、“走出去”过程中遇到困难的成员企业，联盟将进行“一对一”专业帮扶，组织相关领域专家和知识产权专业人员与企业对接，提供专家指导和具体解决方案，支持京津冀企业的国际化发展。

（摘自《人民日报》2016 年 4 月 7 日第 4 版）

7 日　教育部发布《中国高等教育质量报告》（以下简称《报告》），这是我国首次发布高等教育质量报告，同时，也是世界上首次发布高等教育质量的“国家报告”。

质量报告由 4 本报告组成，1 本总报告《中国高等教育质量报告》和 3 本专题报告《中国工程教育质量报告》《全国新建本科院校教学质量监测报告》《新型大学新成就——百所新建院校合格评估绩效报告》。

报告对中国高等教育取得的成就给予积极肯定，同时直面中国高等教育存在的问题，力图为今后中国高等教育提高质量提供重要依据。

《报告》显示，新世纪以来，中国高等教育实现跨越式发展，2015 年在校生规模达 3700 万人，位居世界第一；各类高校 2852 所，位居世界第二；毛入学率 40%，高于全球平均水平。高等教育发展与国民经济发展基本同步，并适度超前。2000 年以来，为适应地方经济发展，中国主动调整高等教育布局结构，与区域经济社会发展步调保持协调。新建院校助推中国高等教育大转型，占据“半壁江山”，与产业结构对接更加紧密。

《报告》反映，中国高等教育对国际上普遍形成的“以学生为中心”“成果导向教育”“培养质量文化”等先进理念没有应有重视。现实中高校仍普遍以教师为中心进行知识传授，学生的个性化多样化需求被压抑，创新创业空间被挤占。同时，在全球推行的“高等教育学习成果评估”“全球大学多维排名”等国际质量监测评估项目在我国没有得到应有重视。

（摘自《人民日报》2016 年 4 月 8 日第 4 版）

8 日　北京市人民代表大会制度理论研究会召开第四次理事大会。会议审议通过了研究会常务理事会工作报告和监事会工作报告，公布了 2016 年度立项课题情况，增选市人大常委会秘书长张清为研究会副会长，补选市人大常委会原委员、市人大财经委原副主任委员赵巨鹏为监事长，增补朝阳区人大常委会主任陈宏志为常务理事。市人大常委会主任杜德印出席会议并讲话。杜德印指出，研究会紧紧围绕人民代表大会制度在首都的实践开展理论研究，抓住了人大制度实践进程中的关键问题，增强了人大制度理论研究的实效性和针对性，形成的高质量成果为人大及其常委会履职提供了理论参考和智力支持。研究会的活动方式和工作形式也在不断创新，理论研究逐步深入，成为加强和改进人大工作的重要组成部分。希望研究会紧密结合首都实际，加强对发挥人民代表大会制度优势和作用问题的研究，进一步增强研究工作的活力和成效。

（北京市人大常委会研究室王柏林供稿）

同日　京津冀“经济学学科协同创新联盟”成立大会在北京工商大学召开。大会由北京工商大学承办，天津商业大学、河北经贸大学协办。

北京工商大学校长、中国工程院院士孙宝国，副校长李朝鲜，国家发展与改革委员会宏观研究院副院长马晓河，原国务院发展研究中心宏观经济部部长米建国，中国区域科学协会理事长、中国人民大学区域与城市经济研究所所长孙久文，河北经贸大学副校长武建奇、金融学院院长王重润、党委书记李春亭，天津商业大学经济学院院长刘小军等参加，到会人员100余人。北京工商大学、天津商业大学、河北经贸大学“经济学学科协同创新联盟”旨在协同三校经济学学科资源，通过建立科学研究、人才培养、师资队伍、学术交流等方面的对接机制，开创京津冀经济学协同研究新局面，合作研究京津冀协同发展中的重大经济理论与政策问题，探索创新高层次经济学人才培养模式，合作培养服务京津冀协同发展的高端经管专业人才，形成师资队伍交流互放新机制，增强服务京津冀经济社会发展能力，为京津冀协同发展提供人才和智力支持。

（北京工商大学科学技术处王葳供稿）

13日　北京市中共党史学会和中国人民大学中共历史与理论研究院在中国人民大学逸夫会议中心联合举办首届“北京地区研究生中共党史优秀论文奖”颁奖大会。本次活动共征集来自中共中央党校、中国人民大学、北京师范大学等高校论文44篇，评选出优秀论文12篇，其中一等奖2篇，二等奖4篇，三等奖6篇。

（北京市委党史研究室科研处供稿）

15日　中共中央政治局常委、国务院总理李克强来到北京大学考察工作。中共中央政治局委员、国务院副总理刘延东，中共中央政治局委员、北京市委书记郭金龙，中共中央书记处书记、国务院秘书长杨晶，国务院副秘书长肖捷，教育部党组书记、部长袁贵仁，北京市委副书记、市长王安顺，北京大学党委书记朱善璐、校长林建华陪同考察。李克强总理一行考察了国家发展研究院、经济学院、法学院、数学科学学院，了解北京大学的基础学科发展和人才培养成果。下午5点，李克强总理一行来到北京大学英杰交流中心阳光大厅，主持召开高等教育改革创新座谈会。国务院副总理刘延东主持会议。国家相关部委负责人、中管高校党政负责人、部属高校主要负责人、市属高校负责人代表和民办高校代表、北京大学教师代表等参加了座谈会。

（北京大学社科部供稿）

同日　中国社会科学院学习贯彻习近平总书记在党的新闻舆论工作座谈会上的重要讲话精神编辑人员学习班总结大会在北京举行。中国社会科学院副院长、党组成员李培林出席总结大会并讲话。李培林指出，2月19日，习近平总书记在党的新闻舆论工作座谈会上发表了重要讲话，从党和国家事业发展全局的高度，科学回答了新闻舆论工作一系列带有根本性、战略性的重大问题，提出了一系列新思想、新观点和新要求，深化了对党的新闻舆论工作规律的认识，丰富和发展了马克思主义新闻理论，是新形势下做好党的新闻舆论工作的纲领性文献。李培林强调，要深入领会习总书记关于党的新闻舆论工作的职责和使命的48字要求，即“高举旗帜、引领导向，围绕中心、服务大局，团结人民、鼓舞士气，成风化人、凝心聚力，澄清谬误、明辨是非，连接中外、沟通世界”。将总书记讲话精神特别是48字要求切实落实到办刊工作中。

（中国社会科学院办公厅刘玉杰供稿）

17日　中国扶贫志愿服务促进会成立大会和第一届会员代表大会在北京召开。来自中国电信集团、中国慈善总会等75家单位和社会各界的会员代表参加了会议。会议选举产生了促进会的领导机构。

国务院扶贫办主任、中国扶贫志愿服务促进会会长刘永富对促进会的工作提出了三点要求。一是生逢其时，有所作为。精准脱贫方略提出后，中国的扶贫攻坚进入了崭新的阶段，扶贫工作大有可为。二是突出重点，尽力而为。要围绕社会扶贫的宣传、动员、服务、促进和建立社会扶贫网的工作目标，有重点地开展工作。三是规范操作，阳光作为。要坚持党的领导，遵守国家法律法规，按照社团的规则办事，坚持扶贫攻坚的正确方向，保持脱贫向善的基本特性。

（摘自《人民日报》2016年4月18日第12版）

22日　中共中央总书记、国家主席、中央军委主席习近平致信祝贺清华大学建校105周年，向全体师生员工和广大校友致以热烈的祝贺和诚挚的问候。

习近平在贺信中指出，清华大学是我国高等教育的一面旗帜。105年来，清华大学秉承自强不息、厚德载物的校训，开创了中西融汇、古今贯通、文理渗透的办学风格，形成了爱国奉献、追求卓越的精神和又红又专、全面发展的培养特色，培养了大批学术大师、兴业英才、治国人才，为国家、为民族做出了重要贡献。

习近平强调，办好高等教育，事关国家发展、事关民族未来。我国高等教育要紧紧围绕实现“两个一百年”奋斗目标、实现中华民族伟大复兴的中国梦，源源不断培养大批德才兼备的优秀人才。站在新的起点上，清华大学要坚持正确方向、坚持立德树人、坚持服务国家、坚持改革创新，面向世界、勇于进取，树立自信、保持特色，广育祖国和人民需要的各类人才，深度参与创新驱动发展战略实施，努力在创建世界一流大学方面走在前列，为国家发展、人民幸福、人类文明进步做出新的更大的贡献。

清华大学的前身是始建于1911年的清华学堂，1912年更名为清华学校，1928年更名为国立清华大学，是我国人才培养和科学技术研究的重要基地之一，为国家培养出大批优秀人才，取得了一大批先进科技成果和优秀人文社会科学成果。

（摘自《人民日报》2016年4月23日第1版）

24日　“纪念清华经济学系建系90周年”活动在清华大学经济管理学院舜德楼418举行。经管学院院长钱颖一，党委书记高建，副院长、弗里曼讲席教授、经济系系主任白重恩，经济系第一任系主任董新保，经济系第二任系主任李子奈，弗里曼讲席教授李稻葵（经1980），经济系副系主任钟笑寒（经本1989/经硕1994/经博1995）教授，校友金荦（中国人民银行反洗钱局局长、研究员，经本1987/经博1998）、宋长城（新加坡国立大学经济系助理教授，经本2002）、王济武（启迪控股股份有限公司董事长，经本1988/MBA1997）、张琼（中国人民大学公共管理学院副教授，经硕2005/经博2007）以及《孤帆远影：陈岱孙的1900—1952》的作者刘昀等参加活动。活动由高建主持。校友们回到母校感慨颇多，他们回忆了在经管学院以及毕业后的经历，表达了对学院未来发展的期许。今年是建院32周年，建系90周年，师生校友将继续努力，把学院和经济系办得更好。本次活动由经管学院和经济系共同主办，学院党委副书记、创新创业与战略系焦捷，经济系施新政、杨思群等与几十名校友参加了座谈。

（清华大学文科建设处刘金梅供稿）

同日　“创造理想——清华大学美术学院教师学术作品展（造型）”在美术学院开幕。本着“推人才”“推精品”“推典范”的目标，以“创造理想”为主题，本次展览汇集了来自学院美术学科4个系室，59位教师近两年创作的新品佳作，展示出美术学院教师在教学、研究、实践中创作的思考和探索。清华大学党委副书记邓卫，校务委员会原副主任王明旨，中国美术馆副馆长胡伟，《美术》杂志主编、本次展览联合策展人、展览评审委员会副主席尚辉，中国人民大学艺术学院院长丁方，中国艺术研究院美术研究所所长牛克诚，清华大学美院院长、本次展览执行主席鲁晓波，院党委书记李功强，中国美术家协会副主席、美院副院长曾成钢，院学术委员会副主任、本次展览的联合策展人、展览评审委员会执行主席、副院长张敢等，美院师生、社会各界人士近百人参加了开幕式。尚辉在致辞中说，此次清华大学美术学院“创造·理想”教师学术作品展是全体美术学科老师的集体亮相，给美术界一个了解学院造型艺术整体面貌的机会。这样开放性的展览同样具有学术价值，为学院梳理教学文脉提供了很好的案例，同样也为教师作品之间的交流与成长开辟了新的可能性。张敢代表展览评审委员会宣布了本届展览的评奖结果。共有10件作品获得本次教师学术作品展“清华大学视觉艺术奖”。开幕式现场还举行了颁奖仪式。

（清华大学文科建设处刘金梅供稿）

25日　在华进行正式访问的波兰共和国外交部部长维托尔德·瓦什奇科夫斯基专程到访中国社会科学院并发表演讲。中国社会科学院院长、党组书记王伟光会见了维托尔德·瓦什奇科夫斯基部长。

会见结束后，维托尔德·瓦什奇科夫斯基在中国社会科学院发表了题为“‘一带一路’与欧洲在何处相遇：波兰眼中的欧洲与中国”的演讲。

中国—中东欧国家智库交流与合作网络秘书长、中国社会科学院欧洲研究所所长黄平主持演讲会。中国社会科学院学部委员、国际学部副主任周弘致欢迎词。波兰驻华大使林誉平等波方贵宾、欧洲国家驻华使节、欧洲智库等外方代表，中国外交部、外文局、国务院发展研究中心、中国人民大学、北京大学、清华大学、北京外国语大学、北京第二外国语大学、中国社会科学院欧洲研究所、世界经济与政治研究所、俄罗斯东欧中亚研究所、世界历史研究所、新华社世界问题研究中心、中欧文化高峰论坛秘书处等机构的中方代表，共百余人参加演讲会。

（中国社会科学院办公厅刘玉杰供稿）

同日　由亚洲—太平洋广播联盟主办、中国中央人民广播电台承办的第十二届2016亚洲广播大会在北京召开，大会以“共话广播”为主题，探讨在广播业变革势头加速之时，电台如何寻找提升内容、吸引受众的新路径。中国国家新闻出版广电总局局长蔡赴朝、中国中央人民广播电台台长阎晓明、亚广联秘书长贾瓦德·孟塔基等出席并讲话。

据介绍，中国广播电视机构自20世纪70年代正式加入亚广联以来，与该组织交流密切，并通过该多边平台与国际广播界同仁促合作、求共赢，为世界广播的丰富和发展做出了积极贡献。中国国家新闻出版广电总局将进一步优化政策环境，提高服务水平，更好地促进中国广播电视媒体加强国际合作，以更开放包容的姿态与国际同行共享改革发展的新理念，实现共赢多赢。

据了解，大会创办于2005年，每年举行一次，是亚太地区广播业最重要的专业会议之一。主办机构亚广联成立于1964年，总部设在马来西亚吉隆坡。现有近70个国家和地区的270多个成员机构。

（摘自《人民日报》2016年4月26日第15版）

26日　近日，《中华人民共和国文化部2015年文化发展统计公报》正式发行。该公报分为机构和人员、艺术创作演出、公共文化服务体系、文化市场、文化产业与文化科技、文化遗产保护、对外和对港澳台文化交流、文化资金投入等8个章节。数据显示，2015年全国文化事业费682.97亿元，增长17.1%，占国家财政总支出比重为0.39%，比重比上年提高0.01个百分点；全国人均文化事业费49.68元，增长16.5%。

该公报显示，截至2015年末，全国文化系统所属及管理的文化单位共有29.91万个，比上年末增加1.18万个；从业人员229.44万人，增加25.42万人。艺术表演团体10787个，比上年末增加2018个；国内观众9.58亿人次，增长5.3%。公共图书馆3139个，比上年末增加22个。文物机构8676个，比上年末增加255个。

（摘自《人民日报》2016年4月26日第15版）

同日　北京大学与河南大学共建黄河文明协同创新中心签约仪式在北京大学英杰交流中心星光厅举行。北京大学副校长高松，北京大学校长助理、社会科学部部长王博，教育部社会科学司司长张东刚，河南省副省长张广智，河南大学党委书记关爱和，河南大学校长娄源功以及其他协同单位的领导和相关领域的专家学者出席了会议。黄河文明协同创新中心由河南大学牵头，北京大学、中国社会科学院、黄河水利委员会、河南省社会科学院等18家单位协同共建。其宗旨为：按照“国家急需，世界一流，制度先进，贡献重大”的总体要求，大力推动黄河文明传承与转型领域科研、人才、学科“三位一体”协同创新能力的提升，形成该领域国际著名的学术中心，服务于国家重大战略需求。

（北京大学社科部供稿）

同日　纪念荣毅仁同志诞辰100周年座谈会在北京人民大会堂举行。中共中央政治局常委、全国人大常委会委员长张德江出席并讲话。会前，张德江会见了荣毅仁同志亲属。

荣毅仁同志曾任国家副主席，第六、七届全国人大常委会副委员长，第五届全国政协副主席，全国工商联主席，中国国际信托投资公司董事长。

张德江在讲话中全面回顾了荣毅仁同志的生平业绩和卓越贡献。他说，荣毅仁同志是伟大的爱国主义、共产主义战士，为国家强盛、民族振兴、人民幸福做出了重要贡献；是中国现代民族工商业者的杰出代表，工商联的杰出领导人，赢得了全国工商界的尊重和信赖；是改革开放的先锋人物，中国国际信托投资公司的创始人，为社会主义现代化建设做出了卓越贡献；是杰出的社会活动家，卓越的国家领导人，为建立中国特色社会主义法律体系、坚持和完善人民代表大会制度，为坚持和完善中国共产党领导的多党合作和政治协商制度、巩固和发展爱国统一战线，为振兴中华、祖国统一做出了杰出贡献。

张德江强调，荣毅仁同志的人生经历和杰出成就，生动印证了统一战线是中国共产党夺取革命建设改革事业胜利的重要法宝，生动印证了改革开放是党和人民事业大踏步赶上时代的重要法宝，生动印证了我国社会主义基本经济制度的巨大优越性和强大生命力。

（摘自《北京日报》2016年4月27日第2版）

同日　中央政治局委员、北京市委书记郭金龙一行来到首都经济贸易大学调研，并在师生座谈会上发表重要讲话。

郭金龙先后走访了学校城市运行与应急管理实验中心和学生创客社区，观看了城市应急仿真模型系统，详细了解学校运用大数据技术，在京津冀协同发展等方面的研究成果，并与我校师生深入交流。

在师生座谈会上，郭金龙与100多名师生代表亲切座谈，勉励青年学子，胸怀远大理想，注重修德明理，练就过硬本领，矢志艰苦奋斗，勇做走在时代前列的奋进者、开拓者、奉献者，努力在实现中国梦的伟大实践中创造自己的精彩人生。

陪同调研的北京市领导有市委常委、教工委书记苟仲文，市委常委、秘书长、副市长张工，副市长王宁以及北京市有关部门负责同志。首都经济贸易大学党委书记柯文进、校长王稼琼等校领导全程陪同。

（首都经济贸易大学科研处李艳杰供稿）

29日　在北京大学建校118周年即将到来之际，北京大学南南合作与发展学院（简称“南南学院”）揭牌成立仪式在北京大学国家发展研究院朗润园举行。南南学院的成立，为北大院系建设及南南合作与发展掀开了新的篇章。揭牌成立仪式由北京大学副校长李岩松主持，商务部副部长张向晨，北京大学党委书记朱善璐，联合国驻华系统协调员兼开发计划署驻华总代表诺德厚（Alain Noudehou），非洲国家驻华使团长、马达加斯加共和国驻华大使维克托·希科尼纳（Victor Sikonina），财政部与教育部代表，以及多位驻华使节代表和北大师生代表出席了此次仪式。南南学院院长、北京大学国家发展研究院的联合创始人与名誉院长林毅夫教授在会上作了发言。

（北京大学社科部供稿）

29—5月1日　日本外相岸田文雄应中国外长王毅邀请正式访华。4月29日下午，首站访问首都师范大学，随行官员包括日本副外相木原诚二、驻华大使馆公使伊藤康一等。首都师范大学校长宫辉力，日本广岛大学校长越智光夫、副校长佐藤利行，国际文化学院党总支书记韩梅、院长刘晓天及广岛大学北京研究中心常务副主任李均洋陪同会谈。

宫辉力介绍了首都师范大学学术发展、学科优势、国际交流以及与广岛大学合作的师生交流项目等。佐藤利行介绍了广岛大学国际化校园建设及广岛大学北京研究中心的情况。岸田文雄说，广岛是他的家乡，广岛大学能够与这样优秀的中国高校开展合作，他感到很高兴。

随后，外相一行视察了广岛大学北京研究中心，并与曾赴日留学的首都师范大学学生和在本校学习的日本留学生进行了座谈。岸田文雄希望两国青年不断加强友好交流，为双边关系发展做出共同努力。

（首都师范大学社科处李葸供稿）

5月

5日　团中央举办“当代中国马克思主义与青年发展”论坛暨共青团中央中国特色社会主义理论体系研究中心成立座谈会。中心日常工作机构设置在中国青年政治学院，人员由团中央宣传部理论宣传处和中国青年政治学院马克思主义学院相关人员组成。中国青年政治学院校党委书记倪邦文担任中心执行委员会主任，团中央宣传部副部长孟春、中国青年政治学院党委常委、副校长陆玉林担任副主任。

（中国青年政治学院科研处供稿）

6日　我国2016年普通高等教育招生计划继续向中西部倾斜，其中，支援中西部地区招生协作计划安排21万人，其中本科14万人，由北京、天津、江苏等14个省（市）的公办普通高校承担，面向河南、广西、贵州、甘肃等10个中西部省（区）招生；国家贫困地区定向招生专项计划安排6万人，由中央部门和地方“211工程”学校为主的本科一批招生高校承担。

日前，教育部、国家发展改革委联合下发通知，要求做好2016年普通高等教育招生计划编制和管理工作。

通知要求，促进高等教育区域和城乡入学机会公平。除了上述计划，地方重点高校招收农村学生专项计划由各省（区、市）在本科一批招生的本地省属高校承担，招生计划原则上不少于有关高校本科一批招生规模的3%；重点高校农村学生单独招生计划由教育部直属高校和其他自主招生试点高校承担，招生计划不低于有关高校年度本科招生规模的2%。

（摘自《人民日报》2016年5月6日第12版）

同日　北京高校中国特色社会主义理论研究协同创新中心授牌仪式在京举行，北京大学等11所北京高校中国特色社会主义理论研究协同创新中心正式成立。授牌仪式上，北京市委副书记苟仲文出席并讲话。光明日报社总编辑杜飞进、教育部社科司司长张东刚、北京日报社社长傅华分别致辞。北京市委宣传部、北京市财政局、北京市委教育工委、北京市教委等单位领导，11 所协同创新中心所在高校领导、协同单位负责人，60 所北京高校思想政治理论课负责人以及新闻媒体和高校师生代表 200 余人参会。北京市委教育工委、市教委和市财政局联合制定了《北京高校中国特色社会主义理论研究协同创新中心项目管理办法（试行）》。

（北京大学社科部供稿）

13 日　国家数字方志馆揭牌暨“方志中国”展览开展仪式在国家方志馆举行。中国社会科学院院长、中国地方志指导小组组长王伟光出席会议并讲话。中国地方志指导小组副秘书长兼办公室副主任冀祥德，中国社会科学院科研局局长马援，中国地方志指导小组原秘书长兼办公室主任秦其明，中国地方志指导小组办公室原党组书记田嘉，中国地方志指导小组办公室副主任刘玉宏、邱新立等领导出席会议。

来自全国各省、自治区、直辖市和副省级城市地方志工作机构的嘉宾代表致贺词。

（中国社会科学院办公厅刘玉杰供稿）

14 日　中国红色文化研究会、中国政治学会科学发展与政治和谐专业委员会在京举办马克思主义新闻观研究成果报告会。中宣部研究室原主任刘祖禹，社科院世界社会主义研究中心主任尹韵公，清华大学校务委员会委员、国际传播研究中心主任李希光，环球时报副总编辑赵强，清华大学新闻与传播学院教授、《马克思主义新闻观》课程主讲教师胡钰作主旨发言。报告会由中国红色文化研究会会长刘润为主持。

会议认为，习近平总书记在党的新闻舆论工作座谈会上的重要讲话，从党和国家全局的高度，着眼实现中华民族伟大复兴中国梦的宏伟目标，深刻阐述了新闻舆论工作的重要意义、政治方向、基本遵循、创新思路、党的领导、队伍建设等一系列重大问题，是对马克思主义新闻理论的重要发展，是我们在新的国际国内形势下做好新闻舆论工作的根本指针。我们必须结合学习马克思主义新闻理论的经典著作，结合新闻舆论工作的实际，结合新闻舆论战线的新动向、新特点和新要求，深刻领会、扎实贯彻《讲话》精神。

（摘自《光明日报》2016 年 5 月 16 日第 9 版）

15 日　今天，是国际家庭日，由中国关心下一代工作委员会事业发展中心联合中国下一代教育基金会等单位共同发起的首届“中国家长节”在京启动。该活动旨在倡导科学的家庭教育理念，唤醒父母的角色意识，呼吁全社会关心下一代成长。活动由“寻找最美家风”“家校社共育与家长教育国际论坛”“亲子嘉年华”，以及为家长提供网络家庭教育课程等内容组成，其间还将举办首届中国家长教育“金推手奖”评选活动。

（摘自《人民日报》2016 年 5 月 16 日第 12 版）

17 日　北京市人大常委会主任杜德印带队到房山区窦店村调研本市少数民族乡村经济社会发展情况，并召开座谈会。调研组实地了解少数民族群众生产生活的基本情况，听取了窦店村和房山区相关情况的汇报。杜德印指出，在市政府的领导下，“十二五”期间本市民族乡村经济社会发展取得了长足进步。窦店村利用自身资源，发挥自身优势，审时度势、奋发开拓，树立了各民族共同团结进步、共同繁荣发展的一面旗帜。要牢固树立新发展理念，坚持解放思想、改革创新；要认真总结和推广窦店村取得的经验，选好配强民族村两委班子带头人；要切实维护农民的土地权益，因地制宜地完善和实施好差别化政策支持，精准帮扶低收入村、户，进一步促进本市民族乡村经济社会协调可持续发展。市人大常委会副主任李昭玲、孙康林、刘伟，市政府副市长王宁，市人大常委会秘书长张清等一同调研。

（北京市人大常委会研究室王柏林供稿）

同日　中华全国新闻工作者协会在北京举办港澳台记者沙龙活动，邀请专家以“‘九二共识’与两岸关系和平发展的关系”为主题与港澳台媒体驻京记者和内地记者进行交流。

北京大学台湾研究院院长李义虎、社科院台湾研究所副所长张冠华、全国台湾研究会原副秘书长杨立宪出席了活动。专家们一一回答了记者们关于“九二共识”、未来两岸关系走向、“台独”等问题。专家们表示，目前两岸关系正处于重要节点。如果台湾新当选领导人不承认“九二共识”的历史事实，不认同其核心意涵，两岸关系必将受到严重影响。只有承认“九二共识”的历史事实，认同其核心意涵，两岸才可以交往，才可以良性互动，两岸关系才能持续地向前发展。

港澳台近 20 家媒体驻京记者应邀参加活动并进行了积极交流。

（摘自《人民日报》2016 年 5 月 18 日第 6 版）

18 日　中共中央总书记、国家主席、中央军委主席习近平近日对党和国家功勋荣誉表彰工作作出重要指示强调，要充分发挥党和国家功勋荣誉表彰的精神引领、典型示范作用，推动全社会形成见贤思齐、崇尚英雄、争做先锋的良好氛围。

党和国家功勋荣誉表彰工作委员会第一次全体会议在京召开。中共中央政治局常委、党和国家功勋荣誉表彰工作委员会主任刘云山主持会议并讲话。刘云山在讲话中指出，做好党和国家功勋荣誉表彰工作，要认真贯彻习近平总书记重要指示精神，贯彻党中央决策部署，充分准确体现党中央意图，确保工作的正确方向。要抓紧制定出台配套政策法规，明确功勋荣誉表彰的类别设置、评选条件、奖励颁授等方面的工作规范和程序，做到有法可依、有章可循。

中共中央政治局委员、党和国家功勋荣誉表彰工作委员会副主任栗战书传达了习近平的重要指示精神。

会议审议通过了《党和国家功勋荣誉表彰工作委员会工作规则》《党和国家功勋荣誉表彰工作委员会办公室工作细则》《党和国家功勋荣誉表彰工作委员会重点任务分工方案》。

党和国家功勋荣誉表彰工作委员会副主任杨晶、王晨、杨洁篪、张庆黎、张阳出席会议。

（摘自《人民日报》2016 年 5 月 19 日第 1 版）

19 日　首届世界旅游发展大会通过成果文件《北京宣言》。宣言紧扣旅游促进发展与和平这一主题，以促进旅游业可持续发展、有效落实联合国《2030 年可持续发展议程》为主线，阐述各方共识和主张。

据介绍，本次大会成果文件由国家旅游局和联合国世界旅游组织共同起草，并根据与会各方意见进行了修改完善。

联合国世界旅游组织秘书长塔勒布·瑞法依表示，旅游业是增长最快的社会经济领域之一，目前占全球 GDP 总量约 10%，就业的 1/11 和全球贸易的 6%。旅游业能够激发经济增长活力、促进就业、吸引投资、提升当地人民生活质量、鼓励创业。鉴于旅游成为可持续发展的重要手段，《北京宣言》的通过恰逢其时。

（摘自《人民日报》2016 年 5 月 20 日第 2 版）

同日　劳动经济学会成立大会日前在京举行，会议通过了学会章程，选举中国社科院原副院长高全立为会长，中国社科院人口与劳动经济研究所所长张车伟、浙江大学公共政策研究院院长姚先国、北京师范大学经济与工商管理学院院长赖德胜等 21 人为副会长。劳动经济学会是经民政部批准，由中国社科院主管的我国首个劳动经济领域的全国性学术团队。学会将紧密联系中国实际，组织和推动劳动经济理论与实际问题的研究和教学，发展劳动经济学学术事业，为我国社会经济发展服务。

（摘自《光明日报》2016 年 5 月 19 日第 7 版）

20 日　第四届中国（北京）国际服务贸易交易会暨 2016 北京国际旅游博览会在京开幕。本届旅博会吸引了来自 81 个国家和地区、国内 24 个省自治区市的近千家旅游机构、旅游企业和特邀买家参展。

创新科技在旅游领域的应用推广，是本届展会的一大亮点。在 VR 旅游推广体验区，北京最古老的世界文化遗产地以崭新的科技手法展现给在场观众，让人足不出户就可以先期领略绝妙的美景。机器人导游不仅做讲解、讲故事，还与现场观众玩起了互动。

北京国际旅游博览会创办于 2004 年，由北京市旅游发展委员会主办。

（摘自《人民日报·海外版》2016 年 5 月 21 日第 2 版）

23 日　由中国政法大学主办的《新环境保护法实施情况评估报告》发布会暨实施效果研讨会于海淀区举行。全国政协社会和法制委员会副主任吕忠梅、中国政法大学副校长时建中、中国人民大学马中教授、北京大学法学院汪劲教授、北京理工大学法学院罗丽教授、最高人民法院中国应用法学研究所主任韩德强、环境保护部环境监察局孙振世处长、环境保护部宣教司冯俊玲调研员等出席此次会议。

时建中发表致辞。他首先讲述了中国政法大学以及中国政法大学环境法研究的历史。中国政法大学在历史上与北京大学、清华大学有着深厚的渊源，中国政法大学环境法研究较早开展，在发展过程中受到了北大、清华等兄弟院校的大力支持，并且研究的不断深入发展和王灿发教授的努力密不可分。王灿发在学术研究、教书育人、社会服务上也取得了极大的成就，曾被美国《时代》杂志评为 45 名“世界环境英雄”之一。今天环境保护法实施评估报告会能够由环境法学研究所主办并迎来众多嘉宾出席，他代表学校表示由衷的感谢。

中国政法大学环境资源法研究所所长王灿发教授随后介绍了评估的背景和结论。他表示此次评估是为了总结新环保法在实施中的教训，并向国家有关机构和部门提出如何完善实施中的建议。评估得出的结论包括，广泛的宣传、相关配套规定和标准出台、规范经营的意识提高使得新环保法在群众基础、政策制度、运行企业三方面的实施和推进有着良好的发展，严格执法、严厉追责，在促进了污染治理的同时也初步恢复环境法治秩序。针对实施过程中出现的问题，该评估对配套立法、执法机制、问责制度、公众监督提出了相关建议。

（中国政法大学科研处郭丰琪供稿）

24 日　由中国社会科学院监制并撰稿、集结全国众多史学和文博工作者智慧的五卷本《中国通史》面世。作为一本大众化通史，该书对广大读者接受科学的历史知识，从历代治乱兴衰的

经验教训和统一的多民族国家的辉煌文明中，科学地认识中国历史发展的独特道路具有重要的价值。中国社会科学院院长王伟光为五卷本《中国通史》作序。

（中国社会科学院办公厅刘玉杰供稿）

25 日　著名作家、翻译家、中国社会科学院荣誉学部委员、外国文学研究所研究员杨绛在北京逝世，享年 105 岁。

杨绛，本名杨季康，1911 年 7 月出生于北京，江苏无锡人，是著名文学研究家和作家钱锺书先生的夫人。1932 年毕业于苏州东吴大学，获文学学士学位，当年考入清华大学研究生院，为外国语言文学研究生。1935 年与钱锺书同赴英国、法国留学。1938 年秋回国，曾任上海震旦女子文理学院外语系教授、清华大学外语系教授。1949 年后，调任中国社会科学院外国文学研究所研究员。

杨绛先生一生中翻译和创作了大量作品，为我国文学事业做出了巨大贡献。其代表作品有：剧本《弄真成假》、《称心如意》、《风絮》等；小说《洗澡》、《洗澡之后》等；论集《春泥集》等；散文集《将饮茶》《干校六记》《我们仨》等；译作《堂吉诃德》《吉尔·布拉斯》《小癞子》《斐多》等。杨绛通晓英语、法语、西班牙语，由她翻译的《堂吉诃德》被公认为最优秀的翻译佳作。

（中国社会科学院办公厅刘玉杰供稿）

同日　北京市社科院召开全院大会，认真传达学习习总书记在哲学社会科学工作座谈会上的讲话精神。北京市社科院综治所所长袁振龙、传媒所所长郭万超、市情中心助理研究员李茂相继发言，交流了自己学习习总书记讲话的感受和体会。会议由院党组成员、副院长周航主持。习近平总书记指出，哲学社会科学是人们认识世界、改造世界的重要工具，是推动历史发展和社会进步的重要力量，其发展水平反映了一个民族的思维能力、精神品格、文明素质，体现了一个国家的综合国力和国际竞争力。一个没有发达的自然科学的国家不可能走在世界前列，一个没有繁荣的哲学社会科学的国家也不可能走在世界前列。坚持和发展中国特色社会主义，哲学社会科学具有不可替代的重要地位，哲学社会科学工作者具有不可替代的重要作用。会议强调，习近平总书记在哲学社会科学工作座谈会上的重要讲话，分量厚重、意义深远，既是指导哲学社会科学工作的纲领性文献，又对做好宣传思想工作和意识形态工作有着极为重要的指导意义。我们一定要按照习近平总书记的要求，深刻把握新形势下我国哲学社会科学的地位与任务，紧紧围绕事关国家和首都改革发展的重大理论和现实问题，聚焦京津冀协同发展、特大型城市治理等问题加强社科研究，抓好新型智库建设，为促进首都改革发展提供强有力的决策咨询。

（北京市社科院科研处供稿）

同日　“‘京津冀体育健身休闲发展协同创新中心’启动暨工作联席会”在首都体育学院举行。国家体育总局党组成员、局长助理李颖川出席活动。

首都体育学院党委书记赵文、北京市教育委员会党委委员黄侃、天津体育学院院长姚家新、河北体育学院校长张绰庵、承德市人民政府副市长薛寒分别致辞。中心理事长、首都体育学院校长钟秉枢介绍中心发展概况，副理事长王凯珍宣读了“京津冀体育健身休闲发展协同创新中心共同宣言”，国家体育总局群体司司长刘国永、科教司副司长陈志宇、北京市体育局副巡视员卢宏泽等领导为各理事单位授牌，并举行了京津冀高校教学联盟签约仪式。

中心邀请了北京市发改委京津冀协同发展综合处处长吕永忠和北京市经济社会发展政策研究基地执行主任、京津冀大数据研究中心主任、首都经济贸易大学教授祝尔娟分别做了大会主报告。“京津冀体育健身休闲发展协同创新中心”于 2015 年 10 月 9 日正式获得北京市教委批复成立，汇集了高校、政府、企业三方资源，旨在探索与建立京津冀健身休闲人才培养与健身休闲发展的协同创新机制与模式。

本次大会由北京市教育委员会主办，首都体育学院和“京津冀体育健身休闲发展协同创新中心”共同承办，大会以“协作 共赢 绿色健康”为主题，来自京津冀三地政、产、学、研领域的 130 余名代表参会。

（首都体育学院科研处供稿）

26 日　记者从文化部举行的新闻发布会上了解到：899 部第五批《国家珍贵古籍名录》和 14 家

“全国古籍重点保护单位”日前公布。

这批入选的古籍均是从一、二级古籍内选定的具有重要历史、思想和文化价值的珍贵古籍，其中收录了13457片甲骨文，简帛文献13种，28种南北朝到五代时期敦煌遗书、60种宋元善本和拓本、652种明清善本拓本及舆图；收录了131部少数民族文字古籍珍品和14种外文古籍。国家图书馆副馆长、国家古籍保护中心副主任张志清表示，第五批《国家珍贵古籍名录》具有以下几个特点：一是名录申报范围扩大，如香港地区首次申报《国家珍贵古籍名录》；二是汉文古籍中不乏珍品；三是珍贵的民族文献典籍数量日益增多，本批西藏自治区有100余家古籍收藏单位申报了400余部古籍，成为第五批《国家珍贵古籍名录》的一大亮点。据悉，6月至8月，将在国家图书馆举办“国家珍贵古籍特展”，主要展示5批《国家珍贵古籍名录》中收录的珍贵古籍。

（摘自《人民日报》2016年5月27日第12版）

27日　全国政协常委、中国中共党史学会常务副会长、中央党史研究室原副主任龙新民赴北京西山无名英雄纪念广场调研，市委党史研究室主任李良、市园林绿化局巡视员甘敬等陪同。刘光典烈士的儿子刘玉平深情回顾新中国成立前后海峡对岸发生的那段少为人知的悲壮历史。龙新民认真聆听讲解，不时追问有关历史细节。在场人员瞻仰在台湾牺牲的英雄塑像，观看隐蔽战线战斗场景浮雕和纪念碑铭，深受感动和鼓舞，表示要向无名英雄学习，争做一名优秀的中国共产党党员。

（北京市委党史研究室科研处供稿）

27—28日　由中国教育部和日本株式会社电通主办，中国传媒大学承办的“电通·中国广告教育合作项目”20周年纪念活动在中国传媒大学举办。活动包括“电通·中国广告教育合作项目”20周年展和“电通·中国广告教育合作项目”20周年国际论坛两部分。中国教育部、日本株式会社电通、国家工商行政管理总局广告司、日本驻华大使馆、中国传媒大学、外交部亚洲司、行业协会等中日领导和嘉宾，以及近百名来自全国高校广告传播专业的骨干教师出席了此次活动。

（中国传媒大学文科科研处供稿）

28日　第四届中国（北京）国际服务贸易交易会（简称“京交会”）在北京国际会议中心正式拉开帷幕，“全球服务贸易峰会”同时举办，中共中央政治局委员、北京市委书记郭金龙出席峰会并发表主旨演讲。

在世界经济深度调整、货物贸易进出口下降的情况下，我国服务业2015年进出口规模再创历史新高，达7130亿美元，今年一季度持续向好，带动外贸结构转型升级；首都北京成为全国首个服务业扩大开放综合试点城市。“中国服务”国际竞争力不断增强，服务贸易正成为我国供给侧结构性改革的重要牵引力量。

本届京交会突出“开放、创新、融合”的理念，紧紧围绕服务“一带一路”、京津冀协同发展等，聚焦科学技术、互联网和信息、文化教育、金融、商务和旅游、健康医疗六大重点领域，举办6场国际论坛和8场行业大会，推出106场洽谈交易活动。全球领先的服务企业将全方位展示最新技术和商业模式，其中“中美智慧创新论坛”，邀请硅谷市长代表团以及中美企业家代表，就信息化时代数字内容企业面临的融资机遇，同与会者进行深度对话；“体育服务大会”，将为2022年冬奥会全球体育服务商创造合作商机。

本届京交会为期5天，由商务部和北京市政府共同主办。

（摘自《人民日报》2016年5月29日第2版）

30日　首届“发展中国家金融领袖培训”项目在清华大学五道口金融学院举行，来自尼日利亚、南非、巴西、塔吉克斯坦、缅甸等19个发展中国家的高级别财经官员参与课程学习。清华大学党委副书记邓卫、南南合作金融中心主席蔡鄂生、清华大学五道口金融学院院长兼理事长吴晓灵先后致辞。邓卫表示，在经济全球化背景下，中国在解决自身可持续发展问题的同时，希望通过深化合作推进与世界各国共同发展，推动世界经济实现平衡、可持续的发展。中国一直致力于推动区域经济合作，深化同新兴市场国家和发展中国家的务实合作。在此背景下，举行此次“发展中国家金融领袖培训”具有重要意义。蔡鄂生表示，在中国“一带一路”倡议及联合国推动2030年可持续发展的背景下，本次培训旨在通过分享中国金融改革的过程与成果，探索各国符合自身特点的发展路径，以期实现各国人民共同发展。吴晓灵说，在战后数十年来的历史发展中，争取实现世界和平、实现平等合作的目标被越来越多的人所认同。各个国家，特别是发展中国家的经济发展问题，已经关系到世界经济的稳定发展，并且引起了全球性的关注。发展和扩大南南金融合作是增强集体自给能力的有效途径，是改善国际经济环境的积极力量。开学典礼由南南合作金融中心总干事吴忠主持。在七天的培训中，学员们将实地走进中国人民银行、国家开发银行、亚洲基础设施投资银行等访问交流，并前往中国中车集团参观学习。本次培训由南南合作金融中心和五道口金融学院共同举办。项目旨在促进南—南国家间的政策协调与沟通，为推进经济结构调整、应对经济金融风险等做好国际协调的制度准备。开学典礼结束后，吴晓灵作了题为《中国金融改革》的第一讲，介绍了中国金融体系和蓬勃兴起的普惠金融。加纳财政部综合事务司副司长本杰明·博茨威（Benjamin Tettey Botchway），纳米比亚财政部副部长纳坦格·伊赛德（Natangue Ithete），中国信托商业银行股份有限公司北京代表处首席代表杜台莉，孟加拉银行首席经济学家毕鲁·保罗（Biru Paksha Paul）在课堂上先后发言，与吴晓灵等进行深入交流。南南合作金融中心是2014年4月在香港注册成立的非营利性国际组织，是在联合国可持续发展议程框架下专门为南南合作提供经验、知识、技术、产能和资金支持的综合性平台。中心旨在促进发展中国家的政府、企业与国际发展组织、援助机构开展务实合作，为南南合作项目提供整体解决方案，以此帮助南南国家推进工业化并实现可持续发展。

（清华大学文科建设处刘金梅供稿）

31日　中国劳动关系学院召开领导干部会议，宣布中华全国总工会党组关于对学院院长进行调整的决定。

全总组织部部长张茂华同志宣读了全总党组关于李德齐、刘向兵同志职务任免的决定，任命刘向兵同志为中国劳动关系学院院长，李德齐同志由于年龄原因不再担任中国劳动关系学院院长职务。

（中国劳动关系学院科研处陈邓海供稿）

6月

1日　“北京党史”微信公众号上线运行。“北京党史”微信公众号是市委党史研究室的官方微信公众平台，立足北京，面向全国，发布党史工作信息，推广党史研究宣传成果，正本清源，以史为鉴，传播正能量，弘扬主旋律。

（北京市委党史研究室科研处供稿）

7日　首都师范大学协同天津师范大学、河北大学、河北师范大学等京津冀三地高校、科研机构，中小学校和政府部门在首都师范大学国际文化大厦学术报告厅举行了“京津冀教育协同发展研究院”成立仪式并召开“协同—联动—共享：高校支持附属学校建设机制创新”专题论坛。

会上首先举行了“京津冀教育协同发展研究院”成立揭牌仪式。首都师范大学宫辉力校长宣读京津冀教育协同发展研究院成立决议并介绍了研究院概况。京津冀教育协同发展研究院顾问委员会主任委员顾明远先生，北京市教工委副书记、河北省教工委副书记、河北省教育厅副厅长韩俊兰，首都师范大学郑萼书记，天津师范大学梁福成副校长，河北大学杨学新副校长，河北师范大学刘敬泽副校长，北京教育科学研究院方中雄院长，北京教育学院何劲松院长出席研究院成立仪式并致辞。成立仪式由首都师范大学孟繁华副校长主持。京津冀教育协同发展研究院将定位于京津冀教育改革与发展决策智库，以解决京津冀协同发展过程中的教育问题为导向，以推进京津冀区域的教育质量、教育公平和教育创新为宗旨，服务京津冀协同发展进程中的教育发展，完善和创新京津冀区域教育治理结构和发展模式，构建高效畅通的教育协同机制，为京津冀地区实现区域教育的优质均衡贡献力量。大会最后，北京市教委基教一处张凤华处长对京津冀区域内教育协同发展、高校支持附属学校建设等相关工作进展进行了总结并对进一步构建高效畅通的教育协同机制表达了期待。

（首都师范大学社科处李葱供稿）

同日　北京市人民政协理论与实践研究会第四次理论恳谈会召开，市政协主席吉林主持会议。

会上，韩凯、吴克瑞、赵小卫、黄庭满等委员、专家围绕“政协委员如何更好地联系群众”主题深入座谈交流，从建立健全委员联系群众体制机制、搭建新媒体联系平台、提升委员联系群众意识能力、发挥界别优势联系各界群众等方面提出意见建议。

吉林讲话说，市政协是统一战线组织，我们要充分认识人民政协密切联系群众、联系社会，以扩大公民有序政治参与的重要性；要运用先进的移动互联技术，发挥好“委员听民意”、“政协e事厅”、移动议政平台等新媒体平台的重要作用，探索新形势下政协联系群众的新渠道；要深入研究提升政协联系群众工作组织化程度的途径，完善体制机制，推进委员履职与联系群众相结合；要探索委员联系基层群众的方式方法，促进委员切实增强群众观念和服务意识，深入界别群众，深入基层群众。

市政协副主席闫仲秋、李长友，秘书长周毓秋出席。

（摘自《北京日报》2016年6月8日第1版）

同日　第二届中美气候智慧型/低碳城市峰会在京开幕。北京市委副书记、市长王安顺，国家发改委副主任张勇出席开幕式并致辞。

王安顺在致辞中欢迎中美两国的市长和嘉宾齐聚北京，共商绿色低碳发展。他说，北京积极贯彻落实中国政府应对气候变化的行动目标，一直致力于绿色发展、低碳发展、循环发展，大力实施清洁空气行动计划。我们将深入践行“创新、协调、绿色、开放、共享”的发展理念，加快推进供给侧结构性改革，继续优化能源结构，提高清洁能源比重和重点领域能效水平，严格控制能源消耗、碳排放总量和强度，确保实现二氧化碳排放在2020年左右达峰的目标。

张勇致辞说，中美两国作为最大的发展中国家和最大的发达国家，需要履行好各自应尽的国际责任，为应对全球气候变化做出积极贡献。两国合作潜力巨大，希望双方在低碳城市建设、碳排放交易、财政和金融政策方面深入交流合作，使城市更宜居、更可持续，为保护人类共同家园做出更大贡献。

峰会是落实《中美元首气候变化联合声明》的重要举措，首届峰会去年在洛杉矶举行。开幕式上，中美两国城市政府部门、研究机构、企业等共同签署20多项协议，其中北京与兰州签署《北京—兰州低碳城市发展合作协议》。

北京市委常委、常务副市长李士祥主持开幕式，美国能源部副部长舍伍德·兰德尔、美国凤凰城市长格雷格·史坦顿分别致辞。

（摘自《北京日报》2016年6月8日第1版）

8日　第十一届北京端午诗会在北京国子监举行。这次诗会由中华诗词研究院和北京诗词学会主办，孔庙和国子监博物馆协办。

国务院参事室原副主任陈鹤良，中央文史研究馆馆员白少帆，中华诗词学会名誉会长、《中华诗词》主编郑伯农，中华诗词研究院副院长杨志新，中华诗词研究院顾问梁东等嘉宾及诗友100余人出席。

中华诗词学会顾问、北京诗词学会会长张桂兴主持会议。中华诗词学会名誉会长、《中华诗词》主编郑伯农讲话，中华诗词研究院副院长杨志新致辞。

郑伯农表示，端午诗会旨在弘扬优秀传统诗词文化，纪念伟大的爱国诗人屈原，丰富人们的精神文化生活。举办11年来，端午诗会已成为诗人的一个节日。杨志新说，举办端午诗会，弘扬传统文化，唱响主旋律，传递正能量，很有意义，今后我们要办得更大更好。

北京诗词学会常务副会长、《北京诗苑》主编李增山介绍了第十一届北京端午诗会征稿和评选情况。这次诗会共收到全国20个省市428名作者、1027篇。经过初评、终评，评出最佳作品1篇、佳作作品2篇、优秀作品6篇、入围作品30篇。作品全部以展板形式展出。

著名朗诵艺术家殷之光、李军，表演艺术家杜宁林分别朗诵了习近平总书记《念奴娇·追思焦裕禄》，舒婷《祖国啊，我亲爱的祖国》和评出的《贺新郎·龙舟竞渡》《咏一带一路》《老兵祭奠烈士有感》《清明节观天安门升旗》等作品。老兵艺术团吟唱了屈原的《橘颂》，芳草地国际学校学生吟诵了《弟子规》和此次诗会部分优秀作品。安立军休所老兵京剧队演唱了《江姐》选段和《红梅赞》诗朗诵。五龙亭朗诵艺术团演出《正气歌》等节目。

下午，杨志新主持召开了“诗词创作中的家国情怀研讨会”。星汉、林峰、赵焱森、赵永生、李增山等同志从家国情怀、乡土情结、文化基因、爱国精神等方面，分别发言，使诗词的文艺性和人民性融为一体，在讴歌时代和服务人民中发挥作用。

（北京诗词学会陆奇供稿）

13日　“残奥之光——从海德堡到北京”展览在北京市档案馆正式推出。该展览是今年“馆日”活动的一项重要内容，由北京市档案局（馆）、德国海德堡市档案馆、北京市残疾人联合会与北京奥运城市发展促进中心首次携手合作共同举办。展览分为精彩残奥、精神之美、共享阳光、放飞梦想四个部分，通过153张图片展示了残奥精神跨越欧亚大陆，从海德堡到北京一脉传承，并与中国传统文化融合发展的历程；诠释了残疾人追求平等、渴望融合、自强不息的精神。

该展览作为中德档案领域合作的重要成果和中德文化交流项目，将于7月底赴海德堡展出。

来自北京市残疾人射箭队和乒乓球队的运动员、市残疾人书画会的会员以及社会各界观众代表参加了展览开幕仪式并参观展览。6月13日活动当天，共计有1000余名观众参观了展览。

（北京市档案局科教处胡晓燕供稿）

同日　赵弘副院长主编的《中国区域经济发展报告（2015—2016）》发布暨学术研讨会在市社科院六

层会议室进行。赵弘、社会科学文献出版社副总编蔡继辉、社会科学文献出版社编辑周映希、中国人民大学孙久文教授等、参加了发布会。区域蓝皮书副主编王德利主持了会议。蔡继辉对《中国区域经济发展报告（2015—2016）》的编撰给予了肯定，认为区域蓝皮书对中国区域经济发展总体状况进行了科学评价分析。赵弘介绍了《中国区域经济发展报告（2015—2016）》的编撰情况，发布了2015—2016年中国区域经济发展走势评析与展望的主要内容，另外还发布了京津冀公共服务和创新的有关内容。孙久文、李曦文分别对区域蓝皮书进行了点评。

（北京市社科院科研处供稿）

14日　中国人民大学与北京理工大学签署战略合作协议。双方将着眼于深度融合，在协同育人、协同创新、队伍交流、文化建设等方面开展战略合作，着力提升两校综合实力，提高两校人才培养质量，服务中国高等教育发展。中国人民大学领导靳诺、刘伟、张建明、查显友、吴付来、洪大用，北京理工大学领导赵长禄、胡海岩、杨宾、王晓锋、杨志宏、陈杰、方岱宁等出席签约仪式。

（中国人民大学科研处李素萍供稿）

19日　2016年北京党史宣传月启动仪式暨“学党史、感党恩、跟党走”房山区纪念中国共产党成立95周年庆祝活动，在《没有共产党就没有新中国》词曲创作地——房山区霞云岭乡堂上村党旗广场举行。房山区委书记曾赞荣致辞，中央党史研究室宣教局局长任贵祥宣布北京党史宣传月启动，市委党史研究室主任李良、市委组织部副部长张革讲话，市委党史研究室副主任李明圣主持，房山区委常委，市、区级党史部门负责人，房山区干部群众共计2500余人参加。

（北京市委党史研究室科研处供稿）

20日　由北京市社会科学院和社科文献出版社共同举办的《北京经济发展报告》（2015—2016）蓝皮书新闻发布会暨学术研讨会在本院召开。研讨会由赵弘副院长主持。原首都经贸大学校长文魁教授、市委研究室原巡视员赵毅研究员作为特邀点评专家出席了会议。文献出版社副总编辑蔡继辉、皮书分社社长邓泳红、出版社编辑等，本院各皮书主编李建盛、施昌奎、袁振龙、张真理，科研处处长王燕梅等参加了会议。会议以“适应、把握和引领经济发展新常态”为主题，发布了《北京蓝皮书：北京经济发展报告》（2015—2016）的主要内容和核心观点。蔡继辉介绍了北京经济蓝皮书的编纂出版情况，对经济蓝皮书近年来所取得的成绩给予了充分的肯定。经济所副所长杨松作为经济蓝皮书的主编，介绍了蓝皮书的主要观点。赵弘在总结讲话中，对经济蓝皮书的研究方向和努力进取给予了肯定，并希望继续加强对北京经济社会发展中的热点问题的应用研究，如，城市可持续发展问题、首都城市战略定位、城市群问题、市郊铁路交通问题等。

（北京市社科院科研处供稿）

23日　国际著名材料物理学家、科学技术史家和教育家柯俊院士百岁华诞座谈会在北京科技大学隆重举行。全国政协副主席、农工党中央常务副主席刘晓峰，原冶金工业部副部长、中国工程院院士殷瑞钰，原冶金工业部副部长、中国工程院院士翁宇庆等领导，及教育部、工信部、中科院中国社科院、国家文物局、故宫博物院等各界代表约200余人出席座谈会。座谈会由校党委书记武贵龙主持。全国人大常委会原副委员长路甬祥、全国政协原副主席徐匡迪等分别题词祝贺，中国科学院院长白春礼发来贺信。

会上举行了“柯俊科技教育基金”成立揭牌仪式。“柯俊科技教育基金”旨在奖励国内外在材料、科学技术史领域突出贡献的优秀学者，为推动我国材料和科技史学科发展，培养拔尖创新人才贡献力量。

（北京科技大学科学研究与发展部李静供稿）

同日　北京市离退休干部纪念中国共产党成立95周年暨“两学一做”学习教育座谈会召开。市委副书记苟仲文讲话。

座谈会上，8位离退休干部代表发言，回顾革命历程，抒发爱党情怀，畅谈参加“两学一做”学习教育、为党和人民事业增添正能量的做法和体会。

苟仲文指出，广大离退休干部是党和国家的宝贵财富，老干部工作是党的建设的特色，在党的工作全局中具有特殊重要的地位。我们要结合离退休干部党员实际，突出特色，扎实开展好“两学一做”学习教育，既要完成好规定动作，又要创新富有老干部特色的自选动作；要努力通过“两学一做”学习教育解决突出问题，带着问题深入学，针对问题认真改，切实加强基层党组织建设；要把学习教育与中心工作紧密结合，更加注重思想政治引导，更加注重搭建离退休干部发挥作用的平台载体，更加注重宣传老同志的先进事迹，引导广大离退休干部更好地为党的事业增添正能量。

（摘自《北京日报》2016年6月24日第1版）

24日　中国—东盟思想库网络（下简称NACT）

"中国与东盟：深化战略合作伙伴关系——纪念中国—东盟对话伙伴关系25周年"工作组会议在北京钓鱼台大酒店召开。会议由外交学院亚洲研究所主办，来自东盟国家以及中国社会科学院、现代国际关系研究院、北京大学、清华大学、南京大学、外交学院等科研单位和高校的学者代表，共40余人参加了会议。秦亚青院长出席会议并致辞。

与会代表围绕中国与东盟关系总体回顾、从信心建设到共同安全、一带一路经济合作的新进展及社会文化交流等四个议题进行了深入探讨，取得了良好的效果。

NACT于2014年在北京正式启动，外交学院亚洲研究所是外交部指定的"NACT中国"国家协调员单位。"中国与东盟：深化战略合作伙伴关系——纪念中国—东盟对话伙伴关系25周年"联合研究工作组是NACT启动后建立的第一个工作组，恰逢中国—东盟对话伙伴关系25周年，工作组的设立意义重大。

（外交学院科研处供稿）

同日　北京市国际税收研究会接待香港税务学会到访。本会领导及北京市地方税务局相关处室负责人共同接待了香港税务学会访京团，座谈了解北京市经济社会发展情况，更好地推动两地业界交流合作，同时对两地共同关心的问题进行交流。

（北京市国际税收研究会唐乃清供稿）

25日　在中国国家主席习近平和俄罗斯总统普京的见证下，中国社会科学院院长王伟光与俄罗斯国际事务委员会会长科尔杜诺夫签署了双方在智库领域开展全面合作的协议。

双方商定，将就共同关心的问题举行经常性的工作会晤，并共同举办论坛、研讨会和圆桌会议等交流活动；同时，在国际问题研究的计划和框架下，双方将积极促进中俄其他科研机构与智库之间的合作，并共同参与区域性和国际科研活动。

协议还指出，中俄合作是当代世界秩序的重要构成，也是维护地区和国际形势稳定的必要条件。双方将积极围绕深化中俄双边关系、加强中俄在全球和地区性重大问题上的沟通与协调、促进"一带一路"建设和欧亚经济联盟建设的对接合作等议题开展全方位和多种形式的研讨和交流。

（中国社会科学院办公厅刘玉杰供稿）

同日　在京举办的文化经济创新论坛上，中国传媒大学经管学部与校外15家单位签署了战略合作协议，签约金额高达人民币2277万元。

15家签约单位包括：中国邮政广告有限责任公司、北京市朝阳区文化委员会、杭州市委宣传部、世欣东方（北京）文化集团有限公司、华电国际电力股份有限公司宁夏分公司、国家文化产业创新实验区、大连金普新区管理委员会、北京市丰台区南苑村、乐驰文化旅游投资有限公司、北京永信国际投资（集团）有限公司、尚8文化集团、神华准能集团有限公司、辽宁社会科学院文化发展战略研究中心、江苏汝康食品商贸有限公司、中国动漫产学研联盟等。中国传媒大学经管学部与签约单位将在智库建设、文化规划、信息咨询、人才培养等方面展开全方位合作。

（中国传媒大学文科科研处供稿）

同日　北京市全市党史办主任会议在北京会议中心召开。会议传达学习中央领导同志重要讲话和全国党史研究室主任会议精神，回顾总结2015年北京市党史工作，研究部署2016年工作任务，并印发《2016年北京市党史工作要点》《北京市2016—2020年党史工作规划（征求意见稿）》。市委党史研究室主任李良出席会议并讲话。市委、市政府各部委办局，各区委，各直属企事业单位、高等院校主管领导和党史部门负责人，党史学界专家学者共130余人参加会议。

（北京市委党史研究室科研处供稿）

28日　中国社会科学院在北京举行庆祝中国共产党成立95周年大会。中国社会科学院院长、党组书记王伟光，副院长、党组副书记王京清，副院长、党组成员张江、李培林，中央纪委驻院纪检组组长、党组成员张英伟等出席会议。王伟光发表讲话。王京清主持会议。张江宣读《中国社会科学院关于表彰优秀共产党员、优秀党务工作者和先进基层党组织的决定》。

会上，院党组成员为受表彰的优秀共产党员、优秀党务工作者和先进基层党组织负责人颁奖。中国社会科学院工业经济研究所、语言研究所、世界经济与政治研究所、社会学研究所、中央纪委驻院纪检组等单位的代表就党的建设工作经验做了大会交流。

参加此次大会的有中国社会科学院副秘书长；原院领导；院党的十八大代表、第十二届全国人大代表和全国政协委员；院学部委员、荣誉学部委员；离退休老党员特邀代表；院属各单位所局级领导干部、研究室和职能处室负责人、党支部书记，受表彰的优秀共产党员、优秀党务工作者、先进基层党组织负责人；院民主党派基层组织负责人和无党派人士特邀代表；以及院工会委员，院青年中心理事、团委委员，院妇工委委员等来自工青妇组织方面的代表。

（中国社会科学院办公厅刘玉杰供稿）

30日　北京市中国特色社会主义理论研究中心在北京市社科联五层开放空间举办河岸茶座，邀请北京外国语大学党委宣传部部长陈海燕、对外经济贸易大学党委宣传部部长张小锋、清华大学党委宣传部副部长覃川、中国人民大学马克思主义学院副院长侯衍社、北京理工大学党委宣传部副部长肖坤、中国政法大学党委宣传部副部长何苗，围绕“新形势下的高校意识形态工作”进行了深入探讨，梳理了中国特色社会主义理论创新、坚持马克思主义指导地位、完善意识形态工作机制等方面问题。市社科联主席沈宝昌，市社科联党组书记、常务副主席、市中特中心常务副主任韩凯，市社科联副主席、市中特中心副主任、秘书长、办公室主任李翠玲，市委教育工委宣教处处长王达品等参加座谈。

（北京市中国特色社会主义理论体系研究中心供稿）

6月　北京市委党史研究室组织编写的《中国共产党北京历史大事记（2013—2015）》一书，由中共党史出版社出版发行。全书共计约16万字，重点收录了2013年1月1日至2015年12月31日，党和国家领导人在北京的重大调研活动；市委市政府的重要决策部署，以及首都党政军重大活动；市委市政府主要领导开展的调研活动；市委、市人大、市政府、市政协重要会议；市委市政府及其工作部门出台的重要文件；全市经济社会发展中具有首发或典型意义的活动或事例；反映全市经济社会发展的相关数据等。

（北京市委党史研究室科研处供稿）

7月

1日　外交学院亚洲研究所主办的东亚思想库网络（NEAT）“迈向东亚经济共同体2020”工作组会议在北京召开。来自东盟10国以及中日韩的33名专家学者参加了本次会议。秦亚青院长出席会议并在开幕式上致辞。秦亚青指出，建立东亚经济共同体对于东亚各国意义重大。东亚各国应在珍惜多年来东亚地区经济一体化进展和成就的基础上，扩大共识，推动东亚经济合作向前发展。与会代表在会议期间围绕“地区经济一体化与东亚经济共同体的重要性”、“东亚经济共同体2020目标：机遇与挑战”和“如何通过10+3合作推动东亚经济共同体”三大议题展开了充分而深入的讨论和交流。针对如何推进实现东亚经济共同体2020年目标，与会代表提出了很多建设性的政策建议。

（外交学院科研处供稿）

6日　中国劳动关系学院与北京市海淀区劳动人事争议仲裁院“产学研合作基地”共建签约仪式在北京校区举行，刘玉方副院长出席并代表校方签署协议。签约仪式之后，刘玉芳与教务处相关负责人、法学系负责人、教师代表一起与海淀区人力资源和社会保障局许爱民副局长、海淀区劳动人事争议仲裁院王春泽院长等进行了座谈交流。按照共建协议，中国劳动关系学院将与海淀区劳动人事争议仲裁院在育人就业、能力提升、学术科研等三方面展开深入合作。同时，海淀区人力资源和社会保障局还会在社会保障、劳动监察等多领域与本校开展多种形式的共建活动。

（中国劳动关系学院科研处陈邓海供稿）

12日　人民日报社与清华大学共建清华大学新闻与传播学院工作委员会会议在清华大学工字厅东厅举行。人民日报社副总编辑、共建委员会人民日报方主任吕岩松，清华大学党委副书记、共建委员会清华大学方主任邓卫，全国人大教科文卫委员会主任、清华大学新闻与传播学院院长柳斌杰出席会议并讲话。新闻与传播学院党委书记胡钰主持会议。会上，新闻与传播学院常务副院长陈昌凤、人民日报社研究部主任崔世鑫代表共建双方传达了中宣部、教育部在郑州召开的共建工作推进会会议精神，共建工作推进情况。双方就共建课程、共建人才队伍、共建研究智库、范敬宜新闻教育奖评选等工作进行了研究讨论，对下一阶段共建工作提出可操作化建议。会前，吕岩松一行参观了清华大学校史馆和新闻学院。

（清华大学文科建设处刘金梅供稿）

同日　中国绿色产业系列指数首次在北京发布。发布会由中央财经大学经济学院院长李涛教授主持。中央财经大学绿色经济与区域转型研究中心主任、经济学院刘轶芳副教授代表发布2016中国绿色产业系列报告，并发布了中国绿色产业景气指数、中国绿色经理人指数；中央财经大学绿色经济与区域转型研究中心副主任、财经研究院陈波博士做了2016中国碳市场信心指数报告，并发布了中国碳市场信心指数。国家应对气候战略研究和国际合作中心副主任马爱民先生、中节能中咨环境投资管理有限公司副总李云生先生、清华大学核能与新能源技术研究院教授韦志洪先生、环保产业协会秘书长 易斌先生、国务院发展研究中心资源与环境政策研究所研究员程会强先生对报告进行了点评。中国绿色经理人指数（Green Manager Index，简称GMI）将以季度为周期持续发布，为行业发展提供风向标。绿色产业经理人指数从订单、存货、业务、配送、雇员等五个方面针对绿色制造业、非制造业分别构建了综合指标体系，其结果将有助于详细分析绿色产业发展走势及其成因，为绿色产业政策调控、企业经营指导提供参考依据。绿色产业景气指数系列报告的研发在国内尚属首次，对我国绿色产业的检测评估、绿色产业的政策参考都具有里程碑式的意义。

（中央财经大学科研处供稿）

同日　李健吾先生诞辰110周年暨《李健吾文集》出版研讨会在中国社会科学院外国文学研究所举行。研讨会由中国社会科学院外国文学研究所和山西出版传媒集团北岳文艺出版社共同举办。中国社会科学院外国文学研究所所长陈众议、北岳文艺出版社的有关领导、作家韩山石、李健吾先生的后人、翻译家汝龙后人、李健吾先生的学生等出席了研讨会。

《李健吾文集》的出版前后经历30多年，终于在李健吾先生诞辰110周年之际与广大读者见面。《李健吾文集》共11卷，收录了李健吾各种文体作品550余万字，其中1至4卷为戏剧卷，第5卷为小说卷，第6卷为散文卷，第7卷至第11卷为文论卷。文集由李健吾先生的后人整理而成，其中很多文章都未曾公开发表，具有十分重要的史料价值与研究价值。

（中国社会科学院办公厅刘玉杰编辑、供稿）

15日　纪念周巍峙同志诞辰100周年座谈会7月在京举行。中共中央政治局委员、中央书记处书记、中宣部部长刘奇葆出席座谈会并讲话。中国文联主席孙家正出席。

周巍峙同志是我国著名音乐家、编辑家、文艺评论家，是杰出的艺术教育和管理工作者，为我国文艺事业发展做出了突出贡献。

刘奇葆指出，周巍峙同志崇高的思想品格、优秀的艺术作品和丰富的文艺实践，为我们留下了一笔弥足珍贵的精神财富。今天纪念周巍峙同志，要学习他勇当文艺“领头雁”，一心热爱党、一生跟党走，始终坚定理想信念、投身进步事业的精神追求。要学习他甘做人民“小学生”，始终眼睛向下、虚心向群众学习，坚持为人民创作、为人民放歌的赤子情怀。要学习他甘为文坛“孺子牛”，辛勤耕耘、埋头苦干、奉献担当、功成不必在我的高尚品格。要学习他甘当文艺工作者的“打杂工”，为官没有官架子、从艺不摆老资格，虚怀若谷、平易近人、甘为人梯的崇高风范。

（摘自《人民日报·海外版》2016年7月16日第4版）

18日　2016年台湾工会青年夏令营开营仪式在中国劳动关系学院举行。中华全国总工会副主席、书记处书记、中国职工对外交流中心副会长江广平，中华全国总工会港澳台工作领导小组办公室主任彭勇、副主任刘洪，中国劳动关系学院校长刘向兵、党委副书记成国一、副校长吴万雄出席活动。

中华全国总工会副主席、书记处书记、中国职工交流中心副会长江广平在开营仪式上致辞并授旗，夏令营成员、部分全总青年干部、学生代表参加两岸工会青年干部交流座谈会。座谈会上，中华全国总工会港澳台工作领导小组办公室主任彭勇介绍全国总工会工作概况，中国劳动关系学院团委书记战帅介绍了学校青年工作，外事办常爽老师介绍了本校与台湾高校互动往来情况。本届夏令营是第七次举办，中华两岸劳动关系发展协会、海峡两岸劳工发展交流协会、两岸劳工事务交流委员会、产业总工会、台湾总工会组织的台湾工会青年及在校青年学生50人及中国劳动关系学院31名青年学生参加。

（中国劳动关系学院科研处陈邓海供稿）

同日　“京津冀金融研究联盟”成立仪式暨“京津冀金融普惠报告发布会”在北京举行。会议由首都经济贸易大学金融学院主办，诺信金融集团研究院、中国家庭金融调查与研究中心协办。

成立仪式上，北京市金融工作局副局长张幼林、首都经济贸易大学副校长王传生为“京津冀金融研究联盟”揭牌。首都经济贸易大学金融学院院长尹志超教授代表京津冀金融研究联盟成员发出如下倡议：构建开放式研究平台，开展金融协同研究；聚焦京津冀金融协同发展，共同服务社会；推进金融人才培养校际合作，加强教师、学生、教学资源交流。

会议同时，首都经济贸易大学金融学院和中国家庭金融调查与研究中心联合发布《京津冀金融普惠报告》。报告显示：京津冀金融普惠发展不平衡，发展水平差距巨大，金融普惠显著缩小京津冀家庭财富差距、家庭收入差距、家庭消费差距，显著减少京津冀家庭贫困，显著降低京津冀家庭失业，促进京津冀家庭创业。

报告最后为京津冀金融普惠提出了三点政策建

议：第一，普及金融知识释放家庭金融需求。京津冀地区，金融知识提升1个单位，家庭金融普惠概率将上升26．5%。第二，增加金融服务提升金融普惠供给。京津冀地区，社区附近金融机构数量增加1%，京津冀金融普惠将提高1%的概率。第三，推行金融普惠鼓励家庭创业。可通过增设ATM终端和金融网点、鼓励金融创新提高金融资源可得性、降低信贷门槛倾斜创业信贷、重视创业教育加大创业投资等途径鼓励家庭创业。

京津冀10家高校发起“京津冀金融研究联盟”，旨在响应推进京津冀协同发展的国家战略要求，本着“优势互补、重点推进、互利共赢”的原则，协同京津冀高校金融学科与专业优势、教学与科研优势、平台与校友优势，建立学科、专业、科研、人才、资源对接机制，开创京津冀金融协同研究新局面。“京津冀金融研究联盟”10家联盟高校分别为：中国人民大学、对外经济贸易大学、中央财经大学、北京工商大学、北京联合大学、天津财经大学、河北大学、河北经贸大学、河北金融学院、首都经济贸易大学。

（首都经济贸易大学科研处李琳供稿）

19日　为实现高水平规划建设北京城市副中心，北京市规划委、通州区政府已经启动共同组织开展国际方案征集工作。继上周末本市召开北京城市副中心详细规划和城市设计方案征集动员会之后，各应征人和专家又被邀请参与召开的座谈会，碰撞灵感和火花。市委常委、副市长陈刚出席会议并讲话。

今年6月，本市启动了北京城市副中心详细规划和城市设计方案征集。此次方案征集工作共向全球50家优秀设计团队发出了意向邀请，最终确定了全球规划设计行业顶尖的、来自9个国家和地区的12个联合设计团队，共26家单位参加此次北京城市副中心城市设计工作。经过为期两天的踏勘，应征人和专家带着不少建议，来到了座谈会上。

3天的时间，让每个参与征集的团队从“热身”进入了创作状态，一位专家虽然在今天凌晨4时才赶到北京，但在发言时仍旧神采奕奕。与会专家和应征人分别对可持续发展、生态、社会经济、历史文化和城市景观等多方面提出了建议。

陈刚表示，建设北京城市副中心是千年大计、国家大事。对于应征人来说，参与其中是使命也是事业。对北京城市副中心进行设计，并非设计一个生态城、一个场馆，通州要做成新型城镇化示范区、国际一流和谐宜居之都示范区，提升人的归属感、幸福感，给未来的人留下一份宝贵遗产。

（摘自《北京日报》2016年7月20日第2版）

同日　北京市社科院与社科文献出版社在社科文献出版社市社科院蓝厅举行了“学术资源建设基地”签约揭牌仪式。社会科学文献出版社社长谢寿光、总编辑杨群、副总编辑蔡继辉、皮书分社社长邓泳红等出席了签约仪式。市社科院院党组书记、院长王学勤，副院长许传玺、赵弘，北京公共管理蓝皮书主编、管理所所长施昌奎，科研处处长王燕梅等同志出席了签约仪式。签约仪式由社科文献出版社总编辑杨群同志主持。

（北京市社科院科研处供稿）

25日　国务院发展研究中心市场经济研究所王微所长主持召开“中国与所在国发展经验分享会”，邀请正在北京参加“2016年中国发展基本经验及案例研修班”的发展中国家学员、中心研究人员参加，就各国发展情况、政策实践、在中国学习和考察的感受、对中国最感兴趣的政策领域、中心今后完善研修班课程安排的建议等内容进行交流和讨论。

受国务院及有关部门委托，发展研究中心已经连续10余年承办“中国发展基本经验及案例研修班”，为发展中国家培训了数百名中高层政府官员，对传播中国发展经验、增进中国与发展中国家相互了解与合作发挥了重要作用。2016年研修班共有36名学员，来自阿塞拜疆、尼泊尔、巴基斯坦、伊朗、埃塞俄比亚、加纳、肯尼亚、马拉维、乌干达、马其顿、洪都拉斯、巴拿马、特立尼达和多巴哥、委内瑞拉等14个国家，均为各国政府负责经济事务管理和政策的司局级官员。

（国务院发展研究中心办公厅科研处郭巍供稿）

29日　二十国集团智库（T20）会议在北京开幕。在为期两天的时间里，来自世界20多个国家的百家顶级智库代表、部分政要、联合国开发计划署、经济合作与发展组织等国际组织的500多位嘉宾，以及50余家中外媒体参加会议，为今年9月4日在中国杭州举行的G20峰会预热。这是中国T20的第十场也是最后一场盛会，是有史以来规模最大的T20会议，也是中国人民大学继2015年12月14日至15日主办T20启动会后再次具体负责组织T20会议。至此，中国人民大学成为目前唯一一家为2016年G20峰会做出直接智库贡献的中国高校。中国人民大学副校长吴晓球出席开幕式并作主旨演讲。

（中国人民大学科研处关晓斌供稿）

同日　北京市档案局与天津市档案局、河北省档案局召开京津冀协同发展建设项目档案工作联席会，并组织调研京张铁路工程建设项目档案工作，国家档案局经科司到场指导。联席会上，马素萍希望三地档案局业务指导处加强沟通，共商大计，共同推进京津冀协同发展建设项目档案工作。三地档案局业务指导处负责同志交流了本地区所承担的协同发展建设项目档案工作业务指导的做法和体会，剖析了工作中的难点问题，研讨了解决对策，提出了下一步联合监管的机制和方式方法，并达成了共识。现场调研中，调研组听取了京张铁路工程项目建设概况和建设单位及设计、施工、监理等参建单位档案工作进展情况。国家档案局经科司副司长王燕民同志在讲话中指出：京津冀协同发展是国家战略，三地档案局及时联合印发《关于做好京津冀协同发展建设项目档案工作意见》，建立定期召开联席会等工作机制，对抓好京津冀协同发展建设项目档案工作具有重要意义，希望三地档案局再接再厉，迎难而上，勇于破解难题，确保该部分项目档案齐全、完整、系统；京张铁路有着厚重的文化底蕴，在新形势、新要求下，工程建设各有关单位要以“建精品工程、创一流档案工作”为目标，认真执行档案工作相关文件标准，制定符合项目建设特色的档案工作制度和归档范围，特别要强化声像档案的管理，完整记录工程建设的历程，体现京张铁路的特点。

（北京市档案局科教处胡晓燕供稿）

8月

10日　全国首个文化企业信用促进会——北京市朝阳区文创实验区企业信用促进会，在国家文化产业创新实验区成立。今后该促进会将对国家文创实验区范围内的文创企业组织信用评级，具备一定级别的企业可优先享受银行、担保类机构便利快捷优惠的融资担保服务，破解文化企业融资难题，同时享受到政府的政策性支持。

截至2016年6月底，在朝阳区国家文创实验区登记注册的文化企业（单位）已达30408家，2016年上半年，实验区新增注册资本1亿元以上企业32家，注册资本合计80.11亿元。该促进会的成立，填补了国内文化创意产业领域信用评价组织的空白，是国家文创实验区创新服务发展模式、搭建文化金融公共服务平台而做出的重要探索。“文化企业累积信用度越高，就能够在平台上享受越优质的一揽子融资服务，政府的政策性引导资金也会予以倾斜支持。”朝阳区委宣传部副部长丰春秋说。

（摘自《人民日报》2016年8月11日第12版）

12日　中国社会科学院副院长蔡昉会见了到访中国社会科学院的越南社科院院长阮光舜一行。双方就中国经济发展方式转变、国有企业改革等问题进行了深入交流，并对两院今后的进一步科研合作表达了强烈意愿。双方还就中国国有企业改革的相关问题进行了研讨。

中国社科院亚太与全球战略院院长李向阳、国际合作局局长王镭等和越南社科院国际合作局局长阮青河、欧洲研究所所长阮安河等参加会见。

（中国社会科学院办公厅刘玉杰供稿）

14日　记者从中国图书进出口总公司获悉：8月24—28日，第二十三届北京国际图书博览会和第十四届北京国际图书节将在中国国际展览中心新馆（顺义）同时、同地举办。

本届图博会继续由国家新闻出版广电总局、北京市人民政府等主办，中国图书进出口（集团）总公司承办，中东欧16国将联合担任主宾国。

本届图博会共设置6个展馆，较去年增加1个展馆，展览总面积达到78600平方米，较去年增长19%，吸引中外展商2407家，展出中外最新出版物近30万种。

在全球出版业持续萎缩的背景下，北京图博会国际展商仍然保持逆势上扬。截至目前，共有1379家海外展商报名参展。其中，全球出版业10强中有9家在图博会设立展台，全球出版业50强中有30家在图博会设立展台。

从参展国家来看，本届图博会参展的国家和地区达到86个，比去年增加4个。在美、英、法、德、日等发达国家和地区持续参展的基础上，“一带一路”沿线国家的参展热情持续高涨，共有印度尼西亚、越南、匈牙利、捷克、克罗地亚等35个国家参展，占沿线国家总数的53%。其中，印度尼西亚首度设立国家展台。

今年是中宣部、新闻出版广电总局等部门倡导和开展全民阅读10周年，图博会将继续拓展全民阅读功能，举办多种形式的作家交流活动。

（摘自《人民日报》2014年8月15日第13版）

20—22日　2016中国农林经济管理学术年会（Chinese Conference on Agricultural Forestry Economics and Management，CAFEM）在中国人民大学举办。年

会由国务院学位委员会农林经济管理学科评议组、教育部高等学校农业经济管理类专业教学指导委员会、中国农业经济学会青年工作委员会联合主办，中国人民大学农业与农村发展学院和北京农业经济学会联合承办，本次会议是该年会更名后首次举办。中国人民大学校长刘伟，中国人民大学农经系78级本科校友、全国政协经济委员会副主任、中央农村工作领导小组原副组长、办公室原主任、中国人民大学农业与农村发展学院名誉院长陈锡文，中国人民大学经济系78级本科校友、全国政协民族宗教委员会副主任、国务院参事、国家发改委原副主任杜鹰等嘉宾出席年会，农业经济学界知名教授钟甫宁、何秀荣、温铁军、罗必良等来自国内外近百所高校和科研单位农林经济管理领域的学者400多人参加本届年会。

（中国人民大学科研处关晓斌供稿）

22—26日　第十六届世界比较教育大会在北京师范大学举行，本届大会的主题为“教育中的辩证法：比较的视角”。教育部部长陈宝生，北师大党委书记、校务委员会主任刘川生，世界比较教育学会联合会会长、美国加州大学洛杉矶分校教授卡洛斯·阿尔贝托·托雷斯，中国教育学会名誉会长、北师大资深教授顾明远出席并致辞。北京师范大学校长董奇主持开幕式。

（北京师范大学社会科学处刘娜供稿）

23日　为在高校思想政治理论课中贯彻落实习近平总书记在庆祝中国共产党成立95周年大会上的重要讲话精神，教育部“毛泽东思想和中国特色社会主义理论体系概论”（以下简称“概论”）分教学指导委员会与“中国近现代史纲要”（以下简称“纲要”）分教学指导委员会联合在北京大学召开了高校思想政治理论课贯彻落实习近平总书记“七一”重要讲话精神高层学术研讨会。来自全国70多所高校的近120名专家、学者与会。大会开幕式由北京大学马克思主义学院执行院长孙熙国教授主持。学院党委书记孙蚌珠教授代表会议主办方北京大学马克思主义学院在开幕式上发言。教育部社科司副司长徐艳国致辞。教育部思想政治理论课教学指导委员会主任、北京大学中国道路与中国化马克思主义协同创新研究中心主任顾海良教授致辞。

（北京大学社科部供稿）

24日　北京市中国特色社会主义理论研究中心在北京市社科联五层开放空间举办河岸茶座，邀请中央社会主义学院原副院长张峰教授，北京大学政府管理学院常务副院长燕继荣教授，九三学社北京市委副主委、北京市政协副秘书长方炎，市政协副秘书长、研究室主任陈煦，市人民政府法制办原党组书记、市政协委员周继东、朝阳区政协原主席、市政协委员辛燕琴，围绕“协商民主的理论与实践”进行深入的探讨，梳理了中国特色社会主义协商民主理论创新、坚持中国共产党的领导地位、完善协商民主工作机制等方面问题。市委宣传部副部长、市中特中心常务副主任韩昱，市社科联党组书记、常务副主席、市中特中心常务副主任韩凯，市社科联副主席、市中特中心副主任、秘书长、办公室主任李翠玲，市委宣传部理论处处长张际，市中特中心办公室副主任许星及办公室工作人员参加座谈。

（北京市中国特色社会主义理论体系研究中心供稿）

26日　中国文联主席、中华文明历史题材美术创作工程组委会总顾问孙家正，中国文联党组书记、副主席、工程组委会主任赵实，中国文联党组成员、副主席左中一，中国美协分党组书记、秘书长徐里等来到清华大学，看望清华大学美术学院部分艺术家，观摩中华文明历史题材美术创作工程的相关作品，并与艺术家们进行深入的交流。在观摩中，孙家正一行还和艺术家们进行了面对面的交流。孙家正对艺术家的艰辛创作表示感谢，赞扬了艺术家精益求精的创作精神。他强调了历史的、人民的、艺术的、美学的重大历史题材作品应有的创作标准，并就深化作品的历史品格和艺术表现力提出了指导性意见。中华文明历史题材美术创作工程由中宣部批准，财政部、中国文联、文化部联合主办，中国美协承办。工程历时5年，用绘画、雕塑等艺术形式再现煌煌五千年的中华文明，呈现一批重大历史事件，塑造一批杰出历史人物，展示中华科技文化成果，描绘历代社会风情图卷。工程中150个题材的165件作品由近300位艺术家创作，现处于创作收官的重要阶段。工程作品将于9月10日前汇集到中国国家博物馆进行评审验收，预计11月中旬在京展出，明年起在国家博物馆长期展陈。

（清华大学文科建设处刘金梅供稿）

29日　教育部与北京、上海、江苏、福建、山东、重庆、四川、甘肃等8省（市）签署学校美育改革发展备忘录，旨在推动中央部门和地方政府构建协同推进的学校美育改革发展工作机制。另据了解，2005—2015年，全国基础教育阶段美育教师数量由43.47万人增加到66.4万人，增幅达53%。

教育部将对8省（市）在学校美育综合改革、美育教育教学改革、美育教研科研、美育国际交流与合作，以及西部地区农村学校艺术教育实验县建设和乡村美育教师培训等方面予以支持和倾斜。8省（市）进一步明确了本省学校美育改革发展目标以及推进学校美育综合改革的时间表和路线图。

当前，我国已在31个省（区、市）建立126个农村学校艺术教育实验县，确定了102个全国中小学生艺术素质测评实验区。据统计，美育教师占教师总数的比例由5.2%增加到6.1%，普通高校形成了一支比较稳定的公共艺术教育的师资队伍。近3年，近80%的被调查学生在中小学阶段接受了正规的艺术课堂教学，62%的学生参与了学校的艺术社团或兴趣小组，33%的学生掌握了一定的艺术技能。

（摘自《人民日报》2016年8月30日第12版）

30—31日　教育部高等学校政治学类专业教学指导委员会2016年年会暨高校政治学类专业院系负责人联席会在北京大学举办。此次会议由教指委主办，北京大学、中国人民大学、清华大学、中国政法大学、北京师范大学5所高校联合承办，会议主题为学习贯彻习近平总书记在哲学社会科学工作座谈会上的重要讲话精神，以进一步深化政治学类专业教育教学改革，提高人才培养质量。来自全国近90所开设政治学类专业的高校和相关出版机构的100余名专家学者参会。教育部高等教育司副司长刘贵芹，北京大学校长助理王博，北京大学国家治理研究院院长王浦劬，南开大学副校长朱光磊，北京大学政府管理学院院长俞可平，北京大学国际关系学院院长贾庆国等出席活动。

（北京大学社科部供稿）

9月

6日　北京市政协主席吉林看望参加2016年暑期读书班的首都民族宗教界代表人士，并与中国伊斯兰教协会会长陈广元等座谈。

吉林感谢民族宗教界人士积极参与政协的各项协商议政活动，为首都发展稳定发挥了重要作用。他说，政协的民族和宗教工作充分体现统一战线性质，要在民族宗教界人士共同努力下，在富有特色的基础上，更加富有成效。今年是北京市落实首都城市战略定位、加快建设国际一流的和谐宜居之都的关键之年，在坚定不移地“瘦身健体”、疏解功能谋发展的形势下，市政协要加快推进政协工作的制度化、规范化、程序化，向创新要发展，不断拓宽统一战线领域，凝聚各方力量，为全力推动城市更高水平、更可持续发展献计献策。希望首都民族宗教界人士继续发挥优势，为政协工作添彩增色，着力营造民族团结、宗教和睦、社会和谐稳定的首都发展环境。

首都民族宗教界代表人士认为，市政协始终密切联系和广泛团结民族宗教界人士，暑期读书班更是为大家创造了难得的交流和学习机会。他们表示，今后将继续引导和带领广大信教群众，巩固民族团结，为首都各项事业发展贡献积极力量。

市政协副主席赵文芝、蔡国雄、李长友，秘书长周毓秋参加。

（摘自《北京日报》2016年9月7日第1版）

8日　第32个教师节即将到来。北京市委书记郭金龙与首都优秀教师代表座谈，听取大家对首都教育工作的意见建议。他勉励广大教师，胸怀大局、志存高远、不忘初心、潜心育人，不断提高教育教学质量，努力成为学生爱戴、家长放心、人民满意的好教师，为首都建设和发展做出新的更大贡献。市委副书记、市长王安顺主持座谈会。

北京大学艺术学院院长、教授王一川，北京工业大学马克思主义学院教授艾国，北京市昌平职业学校高级教师郑艳秋，北京师范大学附属实验中学校长、高级教师蔡晓东，延庆区第二中学高级教师田成清，朝阳区白家庄小学校长、特级教师祖雪媛，北京市第一幼儿园园长、高级教师刘金玉共7位优秀教师代表在座谈会上发言，围绕推进首都教育综合改革、努力办好人民满意教育的主题，交流各自工作经验和认识，提出建设性意见建议。

市领导张工、孙康林、王宁、陈平，市政府秘书长李伟参加。

（摘自《北京日报》2016年9月9日第1版）

同日　由中国大百科全书出版社、北京大学出版社和商务印书馆合力承担的中法合作“跨文化研究”丛书，首批推出，并由北京师范大学举办新书发布会。

“跨文化研究”丛书是教育部人文社科重点研究基地重大项目成果，共15册，首批出版的著作有：乐黛云《跨文化方法论初探》、［法］汪德迈《中国思想文化研究》与《中国思想的两种理性：占卜与表意》，［法］金丝燕《文化转场：中国与他者》与《佛经汉译之路》、程正民《跨文化研究与巴赫金诗学》、董晓萍《跨文化民间文艺学》、［法］劳格文

《华南民俗志》。这套著作面对根据对20世纪以来全球文化格局变迁的研究，在分析世界各国高校跨文化研究各分支已有成果的基础上，探索各文化之间的联系、对抗、相关和交流的可能性，提倡主体文化自信与人类优秀人文文化共享的自觉性。

北京师范大学国际交流处、法国驻华大使馆文化教育处和北京师范大学研究生院有关负责人出席会议。北师大中国民间文化研究所所长董晓萍教授主持会议。北师大民俗典籍中心主任李国英教授代表主办单位讲话。中法作者代表，法国著名汉学家汪德迈、新一代汉学家金丝燕、北师大资深教授王宁先生、中俄比较文艺学家程正民教授和民俗学家董晓萍教授等与会。来自北京师范大学、北京大学、清华大学、吉林大学、东北师范大学和湖南大学等京内外高校学者60余人参加了会议。

（北京师范大学社会科学处刘娜供稿）

10日　北京师范大学郎平体育文化与政策研究中心在英东学术会堂举办“女排精神与女排之路：中国体育事业的开拓与创新高端论坛”。教育部体卫艺司司长王登峰，中国女排主教练、北师大杰出校友、郎平体育文化与政策研究中心主任郎平，北京体育大学校长迟建，首都体育学院校长钟秉枢，北师大党委书记刘川生，党委副书记刘利，副校长张凯等出席论坛。论坛由北师大校长董奇主持。

（北京师范大学社会科学处刘娜供稿）

13日　2016年海外中国文化中心合作伙伴文化官员访华团启动仪式在首都师范大学举行。文化部外联局副局长李健钢、中外文化交流中心主任于芃、外联局文化中心管理处处长崔英兰，北京市国际教育交流中心汉语推广部部长白阳以及来自14个国家的15位文化官员代表，首都师范大学校长宫辉力、国际文化学院院长刘晓天、党总支书记韩梅出席启动仪式。

宫辉力首先致辞，代表首都师范大学向来自各国的官员朋友们表示热烈欢迎，并简要介绍了该校的历史、现状及访华团的安排等。此次文化官员一行中有不少担任教育部门主管，他希望通过此次活动，能与各位官员所在国高校开展学术及文化交流。

随后，李健钢致辞，他表示海外中国文化中心是促进中国与世界各国文化交流、增进相互了解和友谊的平台，也是一座桥梁。他希望文化中心在展示中国文化的同时，也积极向中国介绍驻在国文化艺术，努力成为一个共享的平台。

最后，法国文化部艺术总监 Jacques GIES 代表来访官员讲话，他认为文化中心的活力在巴黎这个文化之都也依然显得功效卓著，而且还不断向其他城市蔓延，正在通过大量的展览、音乐会、舞台演出、会议论坛、讲座等形式，持续增进法中关系。

（首都师范大学社科处李蒽供稿）

20日　北京大学人文社会科学研究院揭牌仪式在英杰交流中心阳光大厅举行。来自全国政协、教育部、兄弟院校、科研院所和北京大学等单位的领导和嘉宾，同中外学者代表一起参加了本次揭牌仪式。北京大学人文社会科学研究院院长邓小南教授在致辞中详细阐述了“涵育学术，激活思想”的基本宗旨，并提出了未来的学术规划、学术构想。全国政协副主席韩启德、教育部社会科学司副司长徐青森、北京大学校长林建华分别讲话，中国人民大学校长刘伟和浙江大学副校长罗卫东代表兄弟院校嘉宾讲话。在揭牌仪式的最后，北京大学常务副校长吴志攀、铁汉生态环境股份有限公司董事长刘水校友，为北大人文社会科学研究院发展基金签署捐赠协议。

（北京大学社科部供稿）

20—22日，2016秋季森林生态系统国际研讨会在北京林业大学召开。来自加拿大、美国、芬兰、西班牙、南非等9个国家的80多名代表参加了本次学术研讨会。会议围绕森林生态系统研究、可持续性森林经营管理、外来物种入侵、全球气候变化等林业热点研究领域展开了研讨。

（北京林业大学科技处张力供稿）

23日　由中国社会科学院当代中国研究所和中华人民共和国国史学会共同主办的第十六届国史学术年会在北京开幕。会议的主题是“中国改革开放的历史经验”。中国社会科学院原副院长、当代所原所长、国史学会会长朱佳木作题为“在应对历史虚无主义思潮的挑战中推动中国当代史研究的理论创新和话语体系建设”的讲话。国防大学原副政委、国史学会副会长李殿仁，当代所副所长武力、罗文东等出席开幕式。开幕式由当代所副所长、国史学会秘书长张星星主持。来自全国各高等院校、科研机构的60多名入选论文和特邀论文作者等出席开幕式。

（中国社会科学院办公厅刘玉杰编辑、供稿）

同日　二十国集团反腐败追逃追赃研究中心在北京师范大学设立。中共中央书记处书记、中央纪委副书记赵洪祝出席研究中心揭牌仪式。中央纪委、外交部、监察部、教育部负责同志，中央反腐败协调小组国际追逃追赃工作办公室成员单位负责同志，二十国集团成员国驻华使馆官员及相关国际组织驻华高级代表，北师大校长董奇，副校长郝芳华、周作宇、陈丽等参加仪式。

（北京师范大学社会科学处刘娜供稿）

27 日　中国传媒大学在实验教学楼400 人报告厅召开了全校干部教师大会。王立英同志代表教育部党组宣布了任命胡正荣同志为中国传媒大学校长的决定。

教育部人事司吕杰同志，北京市委教育工委陈江华同志出席了会议。学校领导班子成员，近5 年来退出领导岗位的校领导，中层干部，教授代表，教代会代表，市级以上党代会代表、人大代表、政协委员，离退休教职工代表等参加了会议。校党委陈文申书记主持会议。

（中国传媒大学文科科研处供稿）

29 日　北京高校思想政治理论课建设专题会暨“名家领读经典”活动启动仪式在北京大学办公楼礼堂举行。北京市委副书记、教育工委书记苟仲文，教育部社科司副司长徐艳国，北京市委宣传部副部长韩昱，人民网副总编辑刘红，北京市委教育工委常务副书记张雪、副书记郑登文，北京市教委副主任叶茂林，北京大学副校长高松，“名家领读经典”授课专家，北京市各高校主管思想政治理论课工作的校领导、马克思主义学院院长（思政部主任）和2016 年新入职思想政治理论课教师，以及北京大学、清华大学、中国人民大学、北京师范大学、北京科技大学、北京交通大学、中国地质大学（北京）、北京林业大学等8 所高校“名家领读经典”市级思政课本校班主任和大学生代表共计600 余人参加了活动。

（北京大学社科部供稿）

30 日　白俄罗斯共和国总统亚历山大·格里戈里耶维奇·卢卡申科到访北京大学，抵校后前往英杰交流中心发表演讲，并与青年学生开展交流活动。白俄罗斯第一副总理马秋舍夫斯基·瓦西利及白俄罗斯各部部长、中国驻白俄罗斯大使崔启明等陪同到访。北京大学校务委员会主任、党委书记朱善璐，副校长李岩松，外国语学院院长宁琦、国际战略研究院执行副院长关贵海在英杰交流中心会见了来宾，朱善璐对卢卡申科一行表示热烈欢迎。卢卡申科回顾了自己与习近平主席的友谊，并称赞北京大学是高水平培养人才的基地。他提道，这是他第九次来到中国，在白中建交的25 年里，白中两国始终保持友好合作的关系，中国的经济技术取得了卓越的成就，白俄罗斯应该学习中国道路。

（北京大学社科部供稿）

10月

11 日　中国—欧盟国家教育部长会议和第四届中国—中东欧国家教育政策对话在京举行，议题包括拓宽校企合作渠道，培养学生创新创业就业能力；提高教育质量水平，服务中欧社会经济持续发展；推动中欧学分互认，促进中欧学生双向平衡流动；加强学校体育交流，发掘中欧教育交流合作亮点等。目前，我国已与欧盟机构以及欧盟28 个成员国建立了稳定的教育交流与合作关系，并与法、德、意、荷、葡等19 个欧盟成员国签署了高等教育学历学位互认协议，中欧教育交流与合作呈现出良好的发展局面。截至2015 年底，我国在欧盟国家留学人员总数为303451 人，占出国留学人员总数的24%，比2014 年增长了7.5%。2015 年当年前往欧盟国家留学人员总数为123018 人，占当年出国留学人员总数的23%，比2014 年增长了29%。其中，国家公派留学人员7961 人，占当年公派人员总数的37.7%，比2014 年增长了21%。

近年来，欧盟来华留学人员规模不断扩大。2015 年全年，欧盟成员国来华留学人员总数为45125 人，与2014 年基本持平，占2015 年全年来华留学生总数的11.3%。其中3027 人获得中国政府奖学金资助，比2014 年增长了12%。

（摘自《人民日报》2016 年10 月12 日第20 版）

同日　北京市学校中华传统文化促进会成立大会暨第一次会员大会、第一次理事会在中国戏曲学院召开。中国青年政治学院当选为北京市学校中华传统文化促进会理事单位，张跣教授当选为促进会常务理事。

（中国青年政治学院科研处供稿）

11—14 日　国家档案局局长李明华率领档案行政执法检查组对北京市2011 年以来贯彻实施《中华人民共和国档案法》情况进行执法检查，市委常委、秘书长、副市长张工出席。检查组听取了市档案局关于北京市档案行政执法工作情况汇报，并在市档案局局长程勇和副局长马素萍、李立军、陶水龙等局领导的陪同下先后到市档案局（馆）、市统计局、昌平区沙河镇社保所、北京未来科技城发展集团、昌平区档案局（馆）和北汽集团6 家单位，对档案事业纳入国家经济和社会发展规划、档案部门行政执法主体资格和履行法定职能、档案安全管理、档案开放和提供利用等情况进行了全面检查，提出了意见和建议。

张工同志代表北京市委、市政府指出，国家档案局这次行政执法检查为北京市进一步做好档案工作提供了契机，全市各级档案部门要深入落实各项整改措施，力争使北京市的档案工作水平再上一个新台阶。

（北京市档案局科教处胡晓燕供稿）

12 日　应中华全国总工会邀请，埃塞俄比亚工会总联合会（以下简称埃工联）主席卡萨罕·阿莫努率领代表团一行 4 人到中国劳动关系学院参观访问。吴万雄副校长接待了代表团一行，工会干部培训学院和工会学院相关负责人参加会谈交流。

（中国劳动关系学院科研处陈邓海供稿）

14 日　中国社会科学院政治学研究所在北京举办“十八大以来我国社会主义民主政治建设的新探索——以习近平为总书记的党中央治国理政新思想新实践”学术研讨会。会议围绕十八大以来社会主义协商民主、民族地区治理、基层治理、其他重点改革领域的新发展，以及治国理政面临的难点问题等议题进行了深入研讨。

中国社会科学院政治学研究所所长房宁、党委书记赵岳红，中央统战部原副秘书长张献生，中国社会科学院经济研究所党委书记王立胜出席会议。新疆、上海、乐清、深圳等地方的基层一线工作者 50 余人参加会议。

（中国社会科学院办公厅刘玉杰编辑、供稿）

15 日　由中央财经大学 PPP 法律与治理研究院（筹）和中国科学院大学 PPP 研究中心联合主办、中国对外承包工程商会协办的“一带一路”国家 PPP 法律政策专题报告会在中央财经大学成功举办。菲律宾 PPP 中心项目监管处处长 Jeffrey Manalo、孟加拉国总理办公室 PPP 主任 Ashiqur Rahman、蒙古 PPP 发展中心执行主任 Bechbat Sodnom 分别围绕所在国 PPP 模式发展的情况及经验作了专题报告。Jeffrey Manalo 介绍了菲律宾 PPP 项目的特点，特别是为解决设施建设的缺口，PPP 对私营部门资金和专业知识的引入的典型做法。Ashiqur Rahman 对孟加拉国包括 PPP 项目采购、合同签订、施工、运营等在内的 PPP 项目的批准情况作了总体介绍，详细说明了各类 PPP 项目如交通、住房等所处阶段及时间规划，并对典型的“达卡城市长穆罕默德哈尼夫立交桥案例”从规划、技术、地下设施、对周边环境影响等角度作了重点介绍。Bechbat Sodnom 主要从 PPP 和法律框架以及特许经营项目清单和当前 PPP 两个角度展开了论述，同时还介绍了本国相关 PPP 项目案例和 PPP 机构的建立历程。法国财政部 Frederic Bobay 还结合法国的 PPP 发展情况就 PPP 方面的重点问题与大家进行了探讨。现场观众与专家们就 PPP 项目的合同争议解决方式、国有企业在 PPP 项目所处的角色和 PPP 项目监管及协调等问题进行了深入交流。

（中央财经大学科研处供稿）

同日　全国人大常委、民进中央副主席、首都师范大学文明区划研究中心主任刘新成教授和首都师范大学校长宫辉力教授在国际文化大厦亲切会见国际东南欧学协会主席、保加利亚科学院巴尔干学及色雷斯研究所所长亚历山大·科斯托夫教授、斯洛文尼亚欧洲－地中海高等研究中心科学研究院院长罗多·彼查得教授、马其顿科普里圣西里尔与默多狄大学“查士丁尼一世”法律学院政治科学系主任及马其顿共和国总统内阁顾问佐拉·伊列夫斯基博士等一行，并分别代表中心和学校与对方签署了一系列校际与研究中心之间的框架合作协议。该系列合作协议的签署标志着首都师范大学与巴尔干国家高校和科学研究机构的合作又迈上了一个新台阶。

首都师范大学文明区划研究中心作为教育部国别和区域研究基地，自去年成功实现聚焦巴尔干地区国别研究的战略转向之后，积极贯彻教育部文件精神，在学校的大力支持下不断拓展对外合作与交流。目前，中心已与巴尔干地区五个国家七家单位签署了合作协议。这些协议的签署必将在加强中国与巴尔干国家之间的相互了解，确立双方在文化教育等方面的友好合作关系，促进双方的学术交流和人才培养，落实“一带一路”发展战略等方面起到重要的推进作用。

（首都师范大学社科处李葸供稿）

16 日　首都经济贸易大学举行建校 60 周年纪念大会。

北京市教育委员会主任刘宇辉，北京市财政局局长李颖津，北京市审计局局长吴素芳，中央财经大学校长王广谦等 51 所国内高校的领导，澳大利亚迪肯大学校长简·登霍兰德等 9 所国外高校领导，丰台区政府和共建单位的主要领导，全体首经贸校领导，学校老领导、老教师和 4000 余名各届校友到场，共同庆祝母校甲子华诞，见证母校新的起航。国内外近百所高校发来了贺信、贺电。

为彰显精神，弘扬学术，凝聚力量，促进发展，学校于 10 月 15—16 日在校内举行系列纪念活动，包括特大城市发展论坛、校庆嘉年华、国际文化节、各学院纪念活动等。人民日报、北京电视台等近30家媒体聚焦首经贸，多角度、全方位的报道了学校发展成果及系列纪念活动。

（首都经济贸易大学科研处李艳杰供稿）

17日　应中华全国总工会邀请，老挝工会联合会（以下简称老挝工联）副主席冯诺本坦·阿里女士率领代表团一行30人到中国劳动关系学院参观访问。学校副校长吴万雄接待了代表团，工会干部培训学院和工会学院相关负责人参加了会谈交流。吴万雄副校长对老挝工联代表团的到访表示热烈欢迎，简要介绍了学校的发展历史和教育教学现状。工会干部培训学院党总支副书记李冰彬从工会干部培训规模、培训内容、培训对象等方面介绍了学校开展培训工作的情况。工会学院副院长叶鹏飞副教授向代表团介绍了中国工会总体概况和主要工作。冯诺本坦·阿里副主席感谢我校的热情接待，并表示中国劳动关系学院工会干部培训的教学模式和培训机制对他们很有借鉴意义。双方还就工会干部培训方面的其他情况进行了深入交流。

（中国劳动关系学院科研处陈邓海供稿）

21日　中共中央政治局原常委、国务院原总理、清华大学经济管理学院首任院长、学院顾问委员会名誉主席朱镕基在钓鱼台国宾馆会见参加清华大学经济管理学院顾问委员会2016年会议的顾问委员。朱镕基夫人劳安，中共中央政治局委员、国务院副总理刘延东，中共中央政治局委员、国务院副总理马凯，全国政协副主席陈元一同会见。参加会见的有清华大学经济管理学院顾问委员会新任主席、布雷耶投资公司（Breyer Capital）创始人兼首席执行官吉姆·布雷耶（Jim Breyer），保尔森基金会主席、美国前财政部长、高盛集团前董事长兼首席执行官亨利·保尔森（Henry M. Paulson，Jr.），凯雷投资集团联合创始人兼联席首席执行官大卫·鲁宾斯坦（David M. Rubenstein），巴理克黄金公司董事长、华盛顿布鲁金斯研究院理事会联席主席约翰·桑顿（John L. Thornton）等20位顾问委员会海外委员，以及常振明、马云、马化腾等中国企业家委员。今年的会议是自清华大学经济管理学院顾问委员会2000年成立以来的第17次年度会议。在一个多小时的会见中，朱镕基认真听取了多位委员的发言。朱镕基在会见时说，“我看到清华经管学院顾问委员会发展到今天这个规模，感到十分高兴。我特别向其中的海外顾问委员表示感谢。你们为清华大学做出很大的贡献，我对此表示衷心的敬意和谢意。”吉姆·布雷耶（Jim Breyer）在发言中说，过去两天经管学院举办了很多好的活动，顾问委员们看到了学院师生的创新和活力，收获很多。今年首次参会的通用汽车公司首席执行官玛丽·博拉（Mary Barra）在发言中说，让她印象深刻的是清华经管学院的实力，生源好、师资强、教学项目好，学院也有着良好的声誉。她相信清华经管学院一定能够善于抓住自己面前的机会，保持自己领先的地位。哈佛商学院院长尼廷·诺里亚（Nitin Nohria）在发言中说，在哈佛商学院和清华经管学院的合作中，一开始清华经管学院使用哈佛商学院的案例，现在哈佛商学院也在用清华经管学院写的案例，并且通过哈佛商学院把清华经管学院写的案例介绍给其他的商学院。特别值得高兴的是，现在这些案例当中有一些是新公司的案例，比如说基于互联网的企业、新兴技术公司，通过这些案例的学习，大家也能够了解到在中国发生的新鲜事情。今年的新任委员、纽约大学斯特恩商学院教授、2001年诺贝尔经济学奖获得者迈克尔·斯宾塞（A. Michael Spence）在发言中提到，“昨天下午我有机会和学院经济、金融和会计领域的青年老师进行了一次座谈，给我留下深刻印象的不仅是他们在各自的领域良好的专业性，还有他们对这所大学和国家所给予的机遇和未来的发展感到非常兴奋，我觉得这一点对于清华和中国的未来的来说都是好的预示。”会见后，朱镕基、刘延东、马凯、陈元与参加经管学院顾问委员会2016年会议的顾问委员们合影留念。教育部部长陈宝生、财政部部长楼继伟、银监会原主席刘明康、国务院副秘书长江小涓，清华大学校长邱勇、校党委书记陈旭、原校长王大中、原校长顾秉林、副校长杨斌以及经管学院负责人等陪同会见。

（清华大学文科建设处刘金梅供稿）

同日　首都体育学院建校60周年庆祝大会隆重举行，各界领导嘉宾、数千名海内外校友、师生员工聚首校园。

首都体育学院曾培养出陶璐娜、杨凌、刘晓彤等多名奥运冠军。国家体育总局党组成员、局长助理、首都体育学院原院长、77级校友李颖川，北京奥运城市发展促进会副会长蒋效愚，国家体育总局科教司司长张小宁，北京市委教育工委常务副书记张雪，北京市体育局局长孙学才，中国残疾人联合会体育部部长、校友赵素京，北京体育大学校长池建等兄弟院校领导，合作单位领导等到会共贺首体院六十华诞。庆祝大会由首体院党委书记赵文主持。

（首都体育学院科研处供稿）

同日　北京科技大学依托外国语学院成立“当代语言科学研究中心”和“世界语言与文化研究中心”，加之已有的功能语言学研究中心，以此形成外语学科发展的新布局。其中，当代语言科学研究方向具有对接国家重要需求、学科交叉、前沿性三个特点，将是北京科技大学外语学科发展新的增长点。两个中心的成立是国际交流的需要、学院进步发展的需要，也是学院落实学校精品文科战略发展规划的需要。中心以“立足校情，瞄准前沿，国际合作，成果导向”为宗旨，定位于成为纯粹的学术研究机构与平台，将凝聚一大批国内外人才，致力于语言科学与世界文化研究。

（北京科技大学科学研究与发展部供稿）

26—27 日　全国师范大学国有资产管理研究会年会在首都师范大学召开。宫辉力校长出席大会并讲话。来自全国十七所师范大学的国有资产管理职能部门负责人和相关工作人员参加了会议。会议由首都师范大学国有资产管理处处长颜忠诚主持。

宫辉力校长发表致辞。大会围绕新形势下国有资产管理改革与高校创新发展，国有资产管理信息化建设，国有资产管理队伍建设，高校政府采购规范化经验与启示，高校公用房屋配置管理，大型仪器设备共享平台建设与管理等内容进行深入的研讨和交流。

华东师范大学国有资产管理处处长嵇渭萍、湖南师范大学资产与实验室管理处副处长向坚持、东北师范大学资产管理处处长刘晓龙、云南师范大学资产管理处处长李永明分别作了题为《规范国有资产管理行为，提升国有资产管理效能》、《大型仪器设备管理及开放共享工作》、《实验室安全和资产管理信息化》、《高校国有资产出租出借监管现状、存在问题及对策探讨》的专题报告。首都师范大学国有资产管理处处长颜忠诚结合学校相关工作经验，以《供应商、服务商遴选和国有资产管理改革》为题作了大会交流发言。

大会还讨论并通过了《全国师范大学国有资产管理研究会章程》，选举产生了新一届管理组织机构，首都师范大学被选为常务理事兼秘书长单位。

（首都师范大学社科处李蒽供稿）

27 日　德国五金工会执委会全职委员、常务副主席莱姆·沃夫冈（Lemb Woflgang）一行 9 人在中华全国总工会国际部徐恩毅副部长陪同下访问中国劳动关系学院。刘向兵校长、吴万雄副校长和相关部门负责人在贵宾室会见了德国客人并举行会谈。莱姆·沃夫冈常务副主席一行是应中华全国总工会邀请来华访问，并专程到中国劳动关系学院考察交流。

莱姆·沃夫冈副主席在北京校区阶一教室为该校师生做了题为“经济结构转型中工会的角色、产业政策构建中工会的积极作用”的主题报告。报告会由劳动关系系主任乔键副教授主持。莱姆·沃夫冈先生在报告中，介绍了德国五金工会在德国经济结构转型中发挥的历史作用，尤其在 2008 年金融危机之后，通过坚持和恢复制造业重要性的工业价值理念、建立劳资政三方战略联盟，从国家政策、地方政策，以致欧盟政策层面提出具体方案，对经济政策施加影响，从产业政策源头维护工人权益。他强调企业职工代表和共决制度的重要性，并指出工会要致力于两方面的工作，一是保障良好的就业岗位，二是要有训练有素的工人队伍。

（中国劳动关系学院科研处陈邓海供稿）

同日　首都理论界学习习近平总书记在纪念红军长征胜利 80 周年大会上重要讲话座谈会召开。北京市委宣传部副部长韩昱主持会议。市委常委、宣传部部长李伟出席会议并讲话。中央党校原副校长、研究员李君如，中央党史研究室原副主任、研究员李忠杰，中国社科院当代中国研究所副所长、研究员武力，国防大学副教授、大校刘波，市委党史研究室主任李良，北京日报报业集团党组书记、社长傅华，从红军长征与民族复兴、长征中的军民鱼水情、共产党人的理想信念等角度，作了主题发言。座谈会由市委宣传部、市委党史研究室和市社会科学界联合会共同举办，来自首都理论界著名党史专家、市委各工委以及市社科部门的负责人、各区委宣传部长 80 余人参加会议。

（北京市委党史研究室科研处供稿）

同日　清华大学法学院顾问委员会 2016 年度会议在清华大学举行。顾问委员会主任、原最高人民检察院检察长贾春旺出席并主持会议。出席会议的顾问委员会委员有：中国投资有限责任公司原总经理、全国社会保障基金理事会原党组成员、副理事长高西庆，第九届、十届全国政协港澳台侨委员会副主任、原中国贸促会、中国国际商会会长俞晓松，政协北京市第九届委员会副主席、国务院发展研究中心港澳研究所名誉所长朱育诚，中国互联网协会副理事长、原国家知识产权局局长高卢麟，原最高人民检察院检察委员会专职委员、大检察官、全国人大内务司法委员会原委员戴玉忠。周大福慈善基金会秘书长陈美华代表香港新世界发展有限公司主席郑家纯列席会议。清华大学校长邱勇出席会议并讲话。文科处处长孟庆国、法学院院长申卫星、党委书记黎宏、法学院院领导班子成员以及教师代表十余人参加会议。首先，申卫星向顾问委员会简要报告了本届院领导班子上任以来对内、对外开展的一系列工作。接着，申卫星总结了“十二五”期间法学院的工作，并向各位顾问委员汇报了未来学院发展的定位与思路以及“十三五”期间在师资队伍建设、教育教学改革与人才培养、科学研究与交叉平台建设、国际合作与资源开发等方面的规划和部署，希望各位委员给予指导、帮助和支持。在听取申卫星的汇报后。委员们认为，清华法学教育在国家法治建设尤其是全面推进依法治国的发展战略中要发挥更大、更积极、更有影响的作用；法学院的研究工作要努力适应国家发展的形势和要求，一定要把科研跟当前国家的重大性、战略性与前沿性问题紧密结合起来，以优秀的研究成果奉献社会，报效国家。同时，法学院要大力培养国际型高端法律人才，特别是尖端国际法律人才，培养的人才今后在国际舞台上要能发挥重要作用，有助于我国在国际交往中争取话语权，为中国参与国际社会治理提供智力支持；法学院应当进一步增强师资力量，扩大招生规模，学校要对法学院增加教育投入，特别是在经费和基础建设方面为法学院提供支持和帮助。法学院的教师代表也分别就人事制度改革、学科突破、人才培养等问题发表自己的看法。邱勇听了大家的发言后表示，法学院经过20年的发展取得了很大成绩，特别是在国际化方面走在了前列，对法学院的未来发展充满信心。法学院在未来要进一步提高学术水平，提升师资队伍质量，学校会提供强有力的支持。他还对会议中提出的国际化办学、人才培养、特色课程等问题一一进行回应。最后，邱勇指出，法学院的发展现在到了一个关键时期，在这个关键时期需要进一步明确清华大学法学院的定位和目标，并团结一心坚定不移地为之努力。贾春旺作会议总结讲话。他高度肯定了法学院的办学成绩和院领导班子所付出的努力，同时强调法学院在学科布局和人才培养上既要全面又要突出重点。法学院在发展中，无论从教师到学生都不能离开“质”和“量”，没有一定数量不行，但更应当重视“质”，要突出重点。

（清华大学文科建设处刘金梅供稿）

29—30日　首届京津冀晋蒙青年环保公益创业大赛总决赛暨闭幕式在北京林业大学举行。本次创业大赛作为京津冀晋蒙青少年增绿减霾共同行动的重要载体，将生态环保与公益创业有机结合，致力于带动更多青少年投身生态环保领域创新创业实践，推动生产生活方式绿色化，助力绿色发展和生态文明建设。

（北京林业大学科技处张力供稿）

30日　由北京市法学会教育法学研究会主办，首都师范大学承办的北京市法学会教育法学研究会换届大会暨2016年年会在首都师范大学召开。来自本市各高校、科研院所和实践部门的近200名专家参加了会议。

研究会常务副会长、首都师范大学政法学院法律系主任李昕教授代表第一届理事会，对过去五年理事会的工作情况做了工作报告并向大会介绍了换届工作情况。会员代表大会随后通过了《北京市法学会教育法学研究会第二届会员代表大会选举办法》。并宣布了学会新一届领导班子。

中国行政法学研究会会长、中国政法大学副校长马怀德；教育部政策研究与法制建设司司长孙霄兵；全国人大教育科学文化卫生委员会教育室主任叶齐炼；最高人民法院行政审判庭原庭长赵大光以及中国人民公安大学教授王大伟先后围绕“从精简教育审批到落实学校法人制度”“教育法治的现状和发展”“教育法治建设——人大代表的关注”“教育行政司法救济”“校园安全的保障与方案”五个主题发表演讲，从不同侧面为教育法治贡献智识。

北京市法学会教育法学研究会2016年年会以公法与私法的对话为方法论，聚焦教育法治，围绕“公法与私法对话的理念与方法”“学校法人制度的完善”两个主题进行了深入热烈的讨论与交流。知名专家与多位中青年学者分别发言，从不同学科、不同维度对教育改革发展和法治建设提出了全新的思考、回应了社会的需求。

（首都师范大学社科处李蒽供稿）

31日　北京市第十四届人大常委会第三十次会议10月31日决定，接受王安顺因工作变动辞去北京市人民政府市长职务的请求，任命蔡奇为北京市人民政府副市长、代理市长。

（摘自《人民日报》2016年11月1日第4版）

11月

1日　中共中央政治局委员、北京市委书记郭金龙，北京市政协主席吉林与出席京津冀政协主席联席会议第二次会议的天津市政协主席臧献甫、河北省政协主席付志方座谈。

臧献甫说，京津冀协同发展进入深入融合发展的新阶段。在协同发展过程中，北京市在各个方面取得了显著成绩，为我们提供了很多可资借鉴的好经验。天津市将坚定贯彻落实协同发展国家战略，牢固树立"一盘棋"意识，摆正定位促协调，努力在更多领域与北京、河北加强合作，共同在协同发展中取得更大进步。

付志方说，在三地政协的共同推动下，我们自去年建立起了京津冀政协主席联席会议机制。希望通过这一平台，充分发挥政协在推动京津冀协同发展中的特殊优势和作用，促进各界人士充分沟通交流，在深入调查研究的基础上为党委、政府建言献策，为京津冀协同发展国家战略的贯彻落实尽一份力。

郭金龙说，京津冀协同发展是习近平总书记亲自部署和推动实施的重大国家战略。此次会议围绕京津冀全面创新改革协商议政，抓住了协同发展的关键。希望大家发挥政协优势，为打造京津冀协同创新共同体、为建设创新型国家和世界科技强国贡献更多智慧和力量。

郭金龙指出，实施创新驱动战略，主力要出征，地方须支前。北京创新资源丰富，智力资源密集，我们要将支持国家实验室建设和国家重大科技专项研究、打造三大科技城、做大做强中关村示范区、推进京津冀协同创新共同体建设作为重要抓手。在协同创新共同体建设中，不断完善政策和服务一体的合作机制，实现创新链条与产业链条贯通连接，整合科技园区、产业基地等创新实体，形成具有全球竞争力的区域创新体系。

三地领导张工、赵文芝、傅惠民、闫仲秋、陈永川、段惠军，北京市政协秘书长周毓秋、天津市政协秘书长李金亮参加。

（摘自《北京日报》2016 年 11 月 2 日第 1 版）

同日　第二轮中日企业家和前高官对话在北京举行。双方围绕中日经济形势，经贸关系现状及展望，贸易、投资与金融合作，先进制造业和服务业创新，基础设施、能源资源与环境保护等议题展开了深入交流。

中方代表指出，中日双方应着眼两国和平合作的正确方向。双方经济界要加强交流，推动民意改善，加深了解与认知，寻求合作商机。希望利用好中日"二轨"平台渠道，为中日关系改善不断注入新动力。

日方代表表示，日中是一衣带水的邻国和重要经贸合作伙伴，两国企业家深入开展交流，有助于推动日中关系稳定改善。新形势下，双方应加强经贸领域，特别是在先进制造业服务业创新、基础设施和环保等方面的务实合作。这将为推动两国关系改善发挥重要作用，也符合地区和国际社会的普遍期待。

中日企业家和前高官对话由中国国际经济交流中心和日本经济团体联合会联合举办，旨在搭建两国工商界思想交流和观点展示的平台，为推动两国经贸合作，改善双边关系发挥积极作用。

2015 年 11 月，双方在东京举办了首轮对话。

（摘自《人民日报》2016 年 11 月 2 日第 21 版）

同日　清华大学美术学院（原中央工艺美术学院）建院 60 周年纪念大会在大礼堂举行。清华大学校长邱勇，党委书记陈旭，中国文联副主席、中央文史馆副馆长、中国美协副主席、清华大学美术学院名誉院长冯远，校务委员会副主任谢维和，原副校长、美术学院原院长、中国美协顾问王明旨，国内外兄弟院校代表，清华大学美术学院离退休教师代表，校友，在职教师、在校生代表等近 1000 人出席。大会由美术学院党委书记李功强主持。邱勇在致辞时指出，作为清华大学美术学院前身的中央工艺美术学院从成立之初就树立了为国家经济文化建设服务、为人民的"衣食住行"艺术化服务的办学理念，先后完成了人民大会堂、中国革命和历史博物馆的室内装饰设计与首都国际机场、北京地铁站台的壁画设计等工作，汇集了张光宇、庞薰琹、雷圭元、祝大年、张仃、吴冠中等学贯中西的名师大家，为新中国培养了数以千计的优秀人才，推动中国艺术设计教育从垦荒走向繁荣，并使艺术设计成为当今社会创新驱动的一支重要力量。1999 年并入清华后，在秉承原有办学优势及学术传统的基础上开启了新的篇章。当前，清华大学正在向"更国际、更创新、更人文"的目标迈进，艺术教育是人文教育的重要组成部分，在激发创意创新和塑造健全人格方面具有不可或缺的作用。面向未来，邱勇对美院师生提出三点期待：一是继承发扬老一辈艺术家的光荣传统，探索符合自身特点的艺术发展理念。既要扎根民族民间文化土壤，也要学习国外优秀艺术经验；既要脚踩坚实的大地，也要放飞想象的翅膀，创造出思想性、艺术性有机统一的优秀作品。二是始终坚持育人为本的思想。努力培养具

有扎实的基本功、卓越的创造力和崇高社会理想的杰出人才，使清华大学美术学院的优秀传统和精湛技艺薪火相传。三是进一步推动文理渗透。在人文精神和科学精神的结合中培养健全人格，在交叉融合中启迪思想、拓展学术空间。原中央工艺美术学院院长常沙娜回顾了学院初创阶段的故事和发展历程，缅怀了学院创办者和前辈大师，并引用了学院创建者之一庞薰琹先生的诗作《光华路》，鼓励清华大学美术学院的老师和同学们奋发向前。1965 届校友刘绍荟谈到，中央工艺美术学院一代代恩师的人格魅力和艺术品格深深影响着学生，受益于大综合、大美术教育的理念精神，很多学生树立了一生的艺术追求目标和方向。从中央工艺美院到清华大学美术学院，走过了辉煌的 60 年，如今美院设计、美术和艺术学理论三大学科板块令人刮目相看，作为校友倍感振奋、衷心祝愿母校更加辉煌。英国皇家艺术学院院长保罗·汤姆逊（Paul Thompson）作为兄弟院校代表发言。英国皇家艺术学院与清华美院有着悠久的合作关系，特别是近年来两所院校强强联合，共同开展了多项教学和研究项目，师生往来交流频繁。未来两所院校还将致力于人类文明、艺术的发展和传承，致力于东西方文化的交融和高素质国际人才的培养。会后，所有与会嘉宾、校友在大礼堂外拍摄无人机合影留念。

（清华大学文科建设处刘金梅供稿）

3 日　北京大学国际关系学院建院 20 周年暨建系 56 周年庆祝大会在学院秋林报告厅顺利举行。前国务委员、北京大学国际战略研究院名誉院长戴秉国，全国政协外事委员会副主任、前文化部部长蔡武，意大利前总理、法国巴黎政治大学巴黎国际事务学院院长恩里克·莱塔，蒙古国前总理阿马尔扎尔嘎勒·林钦尼亚木，国务院台湾事务办公室副主任李亚飞，中央外办前副主任、察哈尔学会国际咨询委员会主席吕凤鼎，北京大学国际政治系原党总支书记、北京市委统战部原部长沈仁道，全国工商联第十届副主席、北京大学国际关系学院院友会常务副会长沈建国，北京大学党委书记朱善璐，以及来自全国政协、教育部、兄弟院校和北京大学的领导、嘉宾、中外学者以及历届院友代表共同参加庆祝大会。

（北京大学社科部供稿）

同日　韩国劳动研究院院长房河男、高级研究员裴圭植、外事办助理殷享志一行三人访问了中国劳动关系学院。中国劳动关系学院刘向兵校长、吴万雄副校长携劳动关系系主任乔健、副主任闻效仪、教师王潇、魏倩接待了韩国劳动研究院院长一行。会谈由劳动关系系乔健主任主持。

刘向兵校长致欢迎辞，对房河男院长一行的到访表示热烈欢迎。之后，双方互相介绍了本机构的发展状况和对外交流状况，并就如何加强今后的合作关系进行了全面深入的磋商。韩国劳动研究院（KLI）成立于 1988 年 8 月，是韩国唯一在劳动关系和就业领域的国家级研究院。其研究领域主要包括劳动关系、劳动保险、劳动法律等方面，与中国劳动关系学院研究领域紧密相连。

（中国劳动关系学院科研处陈邓海供稿）

4 日　中国劳动关系学院与海淀区人民法院举行实践基地协议签订仪式。刘向兵校长、刘玉方副校长、海淀区人民法院焦惠强院长、张弓副院长出席仪式。劳动争议庭马千里庭长和法学院师生代表参加了签约仪式。仪式由法学院院长姜颖教授主持。

（中国劳动关系学院科研处陈邓海供稿）

同日　中国劳动关系学院举办法学院办学三十周年暨特色法学建设与发展研讨会。中国法学会副会长、中国社会法学会会长张鸣起，国务院侨务办公室副主任郭军，中国青年政治学院常务副校长王新清，中华女子学院党委书记李明舜，中国社会法学会常务副会长林嘉，全国总工会社会联络部部长杨汉平，安徽省总工会副主席阮怀楼，中国劳动关系学院原校长李德齐出席研讨会；来自中国社会法学会的有关领导、北京地区高校法学院领导、实践导师等莅临大会。学校领导刘向兵、刘玉方、刘丽红、郭孝实出席研讨会并接待了有关领导，校友代表、职能部门负责人、师生代表共 100 余人参加了研讨会。

刘玉方副校长代表学校宣读了《中国劳动关系学院关于法学院更名的决定》。法学院院长姜颖教授全面回顾了法学院办学 30 年一路走来的心路历程；校友代表阮怀楼、孙海波在感恩母校培养的同时，表达了对母校深深的祝福；中国青年政治学院常务副校长王新清教授、中华女子学院党委书记李明舜、中国人民大学法学院分党委书记林嘉教授代表兄弟院校讲话，对中国劳动关系学院法学院办学 30 年表示热烈祝贺，全国总工会社会联络部杨汉平部长在致辞中深情回忆了自己在法学院任教师和在学校多年工作的经历，对法学院近年来在教学科研、人才培养方面取得的成绩给予了高度认可，也对法学院今后发展表达了美好祝愿！

（中国劳动关系学院科研处陈邓海供稿）

4—5 日　由中国社会学会网络社会学专业委员会、首都社会建设与社会管理协同创新中心、北京工业大学人文社会科学学院联合主办“中国社会学会网络社会学专业委员会会长会议暨学术研讨会”。本次会议对于推进网络社会学学科建设具有重要的意义，对于推进网络社会背景下的社会建设与社会治理具有重要的启示。

（北京工业大学科发院人文处张爱民供稿）

4—6 日　以“文明的和谐与共同繁荣——互信、合作、共享”为主题的第 13 届北京论坛召开。韩国高等教育财团事务总长朴仁国，北京市教育委员会副主任黄侃，北京大学党委书记、校务委员会主任朱善璐，北京大学国家发展研究院名誉院长林毅夫教授以及参加本届北京论坛的数百位学者出席论坛。朴仁国先生首先对本届北京论坛的成功举行表示祝贺，对为北京论坛做出重要贡献的组织者和志愿者表示感谢。黄侃在致辞中表示，作为举办单位之一，北京市教育委员会一直关注北京论坛的发展，并且见证了 13 年以来北京论坛的层次提升、影响力提高，以及其对高等教育事业做出的重要贡献。朱善璐在致辞中对与会嘉宾和来自世界各国 300 余名专家学者表示衷心的敬意和感谢。他说，今年的北京论坛是 13 年历史上重要的一次，它秉承了论坛的主旨，并且突出了时代主题——互信、合作、共享，这和杭州 G20 峰会的主题一致，同时以学术为特色。他表示，北京论坛虽然是一个学术性论坛，但也是开放性论坛，欢迎关注人类发展和未来走向的企业家以及其他领域人士参与。他指出，当今世界价值观多样，大学、学者、青年人应该对价值观的重建做出自己的努力，展望 20 周年，希望北京论坛能够用思想照亮人类未来发展的道路。

（北京大学社科部供稿）

5 日　在新华社建社 85 周年之际，中共中央总书记、国家主席、中央军委主席习近平发来贺信，代表党中央向新华社全体同志致以热烈的祝贺。

习近平在贺信中指出，新华社是我们党创办和领导的新闻舆论机构，是党的新闻舆论工作重镇。85 年来，新华社坚持党指引的方向，坚持党性原则，坚持政治家办社，与人民同呼吸、与时代共进步，宣传党的主张，反映群众呼声，为我们党团结带领全国各族人民不断取得革命、建设、改革重大胜利做出了重要贡献。

习近平强调，新形势下，新华社要不忘初心、继续前进，坚定不移跟党走，牢牢把握正确政治方向和舆论导向，传承红色基因，弘扬优良传统，锐意改革创新，加快融合发展，扩大对外交流，加快建设国际一流的新型世界性通讯社，更好地服务于党和国家工作大局，更好地服务于广大人民群众，不负党和人民重托。

上午，新华社建社 85 周年纪念大会在京举行。会上宣读了习近平的贺信，新华社老同志、职工和青年同志代表先后发言。

1931 年 11 月 7 日，新华社的前身红色中华通讯社在瑞金成立，1937 年 1 月在延安改名为新华社。1949 年新中国成立后，新华社成为国家通讯社。经过 85 年的发展，新华社现拥有 32 个国内分社和 180 个驻外分社，用户遍布全球 200 多个国家和地区。

（摘自《北京日报》2016 年 11 月 6 日第 1 版）

同日　为纪念中国社会法学研究会成立 10 周年并成立中国社会法学研究会劳动法分会，中国社会法学研究会在中国劳动关系学院召开“社会变迁与中国劳动法发展”研讨会。来自全国各地的 100 余位专家学者出席会议。刘向兵校长出席会议并致辞。经中国法学会批准，中国社会法学会会长和常务理事表决通过了中国社会法学会劳动法分会会长、副会长等人选，分会秘书处设置在劳动关系学院法学院。国务院侨办副主任、前中华全国总工会书记处书记、法律部部长郭军担任会长，中国劳动关系学院法学院院长姜颖教授担任常务副会长和秘书长。

（中国劳动关系学院科研处陈邓海供稿）

5—6 日　第十届东亚法哲学大会暨中国法理学研究会 2016 年年会在京召开。本次会议由中国法学会法理学研究会、国家“2011 计划”司法文明协同创新中心、东亚法哲学会和中国政法大学共同举办，主题为“全球化背景下的国家治理与制度建构”。

中央政法委副秘书长、中国法理学研究会会长徐显明，中国法学会副会长、吉林大学资深教授张文显，中国政法大学校长黄进，东亚法哲学会理事长、日本北海道大学名誉教授、浙江大学光华法学院特聘教授今井弘道，司法文明协同创新中心联席主席、中国政法大学教授张保生等出席开幕式并致辞。来自中国（含香港、台湾地区）、日本、韩国、奥地利、英国等国家和地区的 200 多位知名专家学者参加了本次会议。本次会议的开幕式由中国法学会副会长、中国社科院法学研究所所长、学部委员李林主持。

开幕式上，徐显明首先代表中国法理学研究会对大家表示欢迎，并指出法哲学家应该在价值选择上关

注世界问题，在道路选择上应该是自下而上与自上而下相结合。黄进指出，在法大的发展进程中，法理学经历了学科团队不断增强、学术问题不断清晰、学术水平不断提高的过程，形成了优秀的学术梯队。今井弘道教授回顾了东亚法哲学大会的历程以及东亚及日本法哲学的发展。张保生教授代表司法文明协同创新中心欢迎与会者的到来，希望本次大会为司法文明创新贡献智慧力量。张文显代表中国法学会向本次大会的召开表示祝贺，并充分肯定了本次会议主题的深刻、开放和现实性。他以法律全球化背景下的中国国家治理问题进行了深入的分析，期待与国内外同行的进一步交流，并预祝大会圆满成功。

（中国政法大学科研处郭丰琪供稿）

9日　中华全国新闻工作者协会第九届理事会第一次会议圆满完成各项议程于闭幕。张研农当选新一届中国记协主席，邵华泽、田聪明被推举为名誉主席。

会议审议通过了中国记协第八届理事会常务理事会的工作报告，讨论通过了《中华全国新闻工作者协会章程（修订草案）》，选举产生了中国记协理事会常务理事会，选举了主席、副主席，推举了名誉主席，任命了书记处书记。

胡孝汉、田进、周树春、张小国、牛一兵、孙继炼、傅华、陈颂清、张育新、莫高义、马合木提·买合苏提、刘成安等12位同志当选为中国记协副主席。

常务理事会任命胡孝汉、王冬梅、潘岗、张百新、季星星为书记处书记。

（摘自《北京日报》2016年11月10日第2版）

9—11日　北京党史工作座谈会在北京国谊宾馆召开。中央党史研究室三部主任张神根、二部原主任郑谦、宣教局副局长刘荣刚，北京大学教授关海庭，当代中国研究所研究员刘国新，北京市委组织部新闻中心主任路光，北京人民广播电台新闻台副台长张红力等专家学者及部分区党史部门负责人近50人参加。就如何迎接党的十九大和市十二次党代会召开、如何提高北京党史宣传月活动的实效、如何发挥党史在党员干部教育中的作用、如何深化北京党史研究、如何开展党史资政工作、如何办好《北京党史》期刊等问题展开讨论，并提出百余条意见建议。

（北京市委党史研究室科研处供稿）

11日　由中国人民大学和孔子学院总部、国家汉办共同主办的第五届世界汉学大会在学校开幕，近百名中外学者共聚一堂，围绕“比较视野下的汉学：传统与创新（Sinologies in Comparative Context：Tradition and Innovation）”这一主题，对于汉学的发展与中西文化交流展开了对话。中国人民大学党委书记靳诺，孔子学院总部副总干事、国家汉办副主任静炜，中日韩三国合作秘书处秘书长、前驻外大使杨厚兰，以及来自普林斯顿大学、耶鲁大学、芝加哥大学、牛津大学、格拉斯哥大学、伦敦大学，莱顿大学、罗马大学、维也纳大学、巴塞尔大学、都柏林大学、安卡拉大学、首尔大学、延世大学、筑波大学等国外高校的学者代表出席开幕式。中国人民大学副校长伊志宏主持开幕式。

（中国人民大学科研处李素萍供稿）

12日　由中国城郊经济研究会、中国社会科学院农村发展研究所主办，北京市农村经济研究中心、北京市城郊经济研究会承办的新发展理念与城郊经济转型学术年会暨中国城郊经济研究会第七届会员代表大会、北京市城郊经济研究会第七届会员大会在北京举行。会议的主题是“新发展理念与城郊经济转型”。

农业部总农艺师孙中华，中国城郊经济研究会第六届理事会会长、国务院发展研究中心农村部原部长徐小青，中国城郊经济研究会第六届理事会常务理事、中国人民大学教授刘守英，农业部产业政策与法规司副司长郭永田分别就有关问题作了发言。

会议举行中国城郊经济研究会第七届会员代表大会和中国城郊经济研究会七届一次理事会。会议表决通过了《中国城郊经济研究会第六届理事会工作报告》《中国城郊经济研究会第六届财务报告》和《中国城郊经济研究会章程》，选举产生了中国城郊经济研究会第七届理事会理事、常务理事、名誉会长、顾问、会长、副会长、秘书长。中国社会科学院农村发展研究所所长魏后凯当选中国城郊经济研究会第七届理事会会长；中国社会科学院农村发展研究所党委书记潘晨光等15人当选副会长。

会议举行北京市城郊经济研究会第七届会员大会、北京市城郊经济研究会七届一次理事会和七届一次监事会。

会议表决通过了《北京市城郊经济研究会第六届理事会工作报告》《北京市城郊经济研究会第六届财务工作报告》《北京市城郊经济研究会第六届监事会工作报告》和《北京市城郊经济研究会章程》，选举产生了北京市城郊经济研究会第七届理事会理事、常务理事、理事长、副理事长、秘书长以及监事、监事长。北京市农村经济研究中心主任郭光磊当选北京市城郊经济研究会第七届理事会理事长。

来自中国城郊经济研究会和北京城郊经济研究会的会员单位负责人、个人会员、有关专家学者，以及北京市农村经济研究中心的有关领导等 130 余人参加了会议。

（中国社会科学院办公厅刘玉杰编辑、供稿）

同日　举办了以“京津冀协同发展进程中的首都社会建设”为主题的北京市社会学学会 2016 年年会暨学术前沿论坛。本次论坛主题包含的“京津冀协同发展”和“首都社会建设”这两项内容对于区域社会发展及社会学学科建设有着重要意义。

（北京工业大学科发院人文处张爱民供稿）

16 日　北京师范大学副校长陈丽、心理学院分党委书记乔志宏等应邀参加中央国家机关工委在法制教育中心举办的心理与体质健康服务基地启用暨体验活动。中央国家机关工委各部门及 20 个部门机关党委负责同志和心理与体质相关院所的同志出席并参加了体验活动。会上举行了“北京师范大学心理学院教学实践基地”揭牌仪式，陈丽副校长与中央国家机关工委常务副书记李智勇同志一起为教学实践基地揭牌。

（北京师范大学社会科学处刘娜供稿）

19 日　2016 年中国劳动经济学会年会暨中国劳动科学年会在中国人民大学开幕。本次会议由中国劳动经济学会和中国人民大学主办，中国人民大学劳动人事学院承办，中国社会科学院人口与劳动经济研究所、北京师范大学经济与工商管理学院、首都经济贸易大学劳动经济学院、中国劳动关系学院科研处协办。会议为期两天，涵盖人力资源管理、劳动经济、社会保障、劳动关系和职业发展等五大主题，共设八个分论坛，旨在及时交流国内外最新的劳动科学研究和动态，以期理论与实践有机结合、政策法规与实际工作有效对接，推动我国劳动经济学科发展和创新，更好地服务国家和社会发展。来自国内外兄弟高校、科研院所、政府部门和有关企业的专家学者和博士生近 800 人参会。中国人民大学党委常务副书记张建明出席会议并致辞。

（中国人民大学科研处关晓斌供稿）

同日　“中国社会科学院研究生院国情调研与社会实践基地”“中国社会科学院马克思主义学院国情调研与社会实践基地”揭牌仪式在郭沫若纪念馆举行。

中国社会科学院院长、党组书记王伟光发表讲话并为基地揭牌。中国社会科学院研究生院党委书记张政文出席仪式。郭沫若纪念馆馆长赵笑洁主持仪式。

（中国社会科学院办公厅刘玉杰供稿）

24 日　越南驻华大使邓明魁阁下访问外交学院沙河校区并发表题为“越中关系—本地区和平、稳定与合作之重要因素”的演讲。秦亚青院长亲切会见邓大使一行并主持演讲。中国—东盟中心秘书长杨秀萍大使、老挝驻华大使万迪阁下、菲律宾驻华使馆临时代办戴鸳莹女士等东盟国家驻华使节出席演讲会。

秦院长在致辞中表示，中越两国是山水相连的近邻，两国人民之间的传统友谊源远流长。友好、和平、合作是双边关系的主流，符合双方利益。秦院长指出，越南是东盟中具有重要影响力的国家；中方愿与越方保持密切沟通和协调，共同推动东盟共同体建设，全面深化中国与东盟关系。杨秀萍大使在致辞中高度赞赏了外交学院在推进中国—东盟合作进程，特别是在中国—东盟智库合作及东盟留学生培养等方面做出的卓越贡献。邓明魁大使在演讲中用流利的中文全面回顾了中越关系的发展历程，展望了双边合作的美好前景。

（外交学院科研处供稿）

26 日　首都师范大学美育研究中心成立仪式在校实验楼报告厅举行。教育部体卫艺司副巡视员万丽君、北京市教委副主任叶茂林、北京市哲学社科规划办公室主任崔新建、北京市教委体卫艺处处长王军、北京市哲学社科规划办规划处处长肖士兵出席了成立仪式。首都师范大学党委书记郑萼、校长宫辉力、副校长周建设等领导参加了成立仪式，与来自政府部门、高校、研究机构及中小学的 80 多位代表参加了成立仪式。

（首都师范大学社科处李葱供稿）

27 日　中华人民共和国国史学会在北京举行纪念朱德同志诞辰 130 周年座谈会。

中央军委原副主席迟浩田上将，中央组织部原部长张全景，全国人大财经委副主任、解放军总后勤部原政委、刘少奇主席之子刘源上将和毛泽东主席女儿李敏，周恩来总理侄女周秉德，解放军装备学院原副院长、朱德同志外孙刘建少将，任弼时同志女儿任远征，陈云同志女儿陈伟华等多位老一辈党和国家领导人的后代出席会议。国史学会会长、中国社会科学院原副院长朱佳木主持会议。国史学会副会长、国防大学原副政委李殿仁中将出席会议并讲话。出席会议的还有国史学会副会长、中央党史研究室原副主任张启华，以及朱德同志亲属和身边工作人员，朱德家乡有关部门代表，中央机关、科研机构和部队的学者和研究生等60余人。

座谈会上，军事科学院战略与战争理论研究部原副部长齐德学、中央文献研究室第二编研部原副主任吴殿尧、中央党史研究室第一研究部原副主任李蓉、中央军委政治工作部宣传局编审崔向华、中国社会科学院当代中国研究所经济史研究室原主任陈东林、中国延安精神研究会发展组组长马晓文、四川省委党史研究室原主任张继禄和刘建等，先后以“朱德的伟大军事功绩”“朱德的生平特色”“朱德和红军长征精神”“试论朱德元帅光辉历程中的五大功绩”“朱德与新中国经济建设”“拿着笔杆 配合枪杆”“抛弃高官厚禄苦寻党组织”“从‘五心’精神谈朱老总的革命情操”为题发了言。

（中国社会科学院办公厅刘玉杰编辑、供稿）

30日　中国记协正式发布2016年中国新闻工作者援助项目援助名单和金额，3家中央主要新闻单位、8省（区、市）10家新闻单位的15名新闻工作者获得援助。这是中国记协连续第三年对因履行新闻工作职责殉职或伤残的新闻工作者进行援助。

中国记协今年6月向各省（区、市）和新疆生产建设兵团记协、中央主要新闻单位、中央军委政治工作部宣传局、全国性行业类媒体、各专业记协印发了《关于申报中国新闻工作者援助项目的通知》，共收到申报材料22份，经审核、公示，有15人符合援助条件。

解放军报社夜班编辑马越舟、云南日报报业集团春城晚报总编辑杜少凌2人为因公殉职，分别获30万元援助金；亚洲中心时报社记者张秀科、海南日报社记者宋国强、内蒙古铁道报社记者张琦、江夏电视台记者金良珠4人为重伤（病），分别获5万元援助金；中国国际广播电台记者范珣等9人为轻伤，分别获得1万元援助金。

中国新闻工作者援助项目系中国记协设立的公益性资助项目，对因公伤亡的新闻工作者及其家人进行抚慰，旨在保障我国新闻工作者依法从事采访报道活动，引导新闻工作者弘扬职业精神、恪守职业道德、承担社会责任，践行社会主义核心价值观，切实履行新闻工作者的崇高使命。

（摘自《人民日报》2016年12月1日第12版）

同日　北京大学教育学院联合北京大学招生办公室主办的“筑基工程”暨“北京大学教育大讲堂”启动仪式在英杰交流中心举行。“筑基工程”面向全国贫困地区和少数民族地区，充分发挥北京大学优质教育资源的优势和承载力，通过灵活的研修方式和网络教育平台，服务广大中学中青年骨干教师、教育管理人员和学生，提升上述地区的中学整体管理水平、教师教学能力与教育创新能力、学生学习能力与创新能力，并为中学教师、教育管理人员和学生提供持续的支持和帮助。启动仪式上，中国教育学会常务副会长兼秘书长杨念鲁，中国教师发展基金会原秘书长杨春茂，北京大学教育学院党委书记阎凤桥等分别在启动仪式上致辞，阐释并高度评价了“筑基工程”的宗旨、意义和内容。

（北京大学社科部供稿）

11月　《2016年北京社会建设分析报告》出版。该书是北京工业大学“北京社会建设分析报告”课题组2015～2016年的研究成果，全书分为六个部分：总报告、社会结构篇、公共服务篇、社会治理篇、地方社会建设篇和调查报告篇。本报告利用北京市政府和相关部门发布的数据和资料，结合课题组成员的调研和观察，全面分析了“十二五”时期和2015年北京社会建设所取得的主要成就，也分析了北京社会建设面临的挑战，并对未来的社会建设提出了相关建议。“十二五”时期，北京社会建设的体制机制进一步完善，形成了具有中国时代特色的首都社会建设模式，在社会结构、基本公共服务和社会治理等方面取得了显著的成就。人口增长趋于缓和、分布趋于分散，居民收入差距逐步缩小，城乡一体化进一步推进，就业结构不断优化；基本公共服务不断得到改善，教育、医疗、住房等基本公共服务趋于均等化，公共交通建设的步伐加快。当然，北京市社会建设还存在一些问题，如社会结构还需要进一步优化，基本公共服务的均等化还需要进一步加强，社会治理体制机制还需要进一步完善，社会建设的投入还需要大幅增加等。“十三五”时期，北京市社会建设还需要从以下几个方面着力：第一，深刻认识首都“城市病”的根源和首都社会建设面临的挑战；第二，加大社会建设的投入力度，提升基本公共服务；第三，调整基层社会管理幅度，提高社会治理的质量；第四，培育社会组织，发展社会建设主体；第五，加强社会建设的专业人才队伍建设，提高社会工作者的待遇。

（北京工业大学科发院人文处张爱民供稿）

12月

2日　中国社会科学院当代中国研究所与当代中国出版社共同举办的“坚定文化自信暨‘中华人民共和国史研究丛书’出版座谈会”在北京召开。会议的主题是“‘文化自信’和发展繁荣哲学社会科学”。会议研讨的主要问题有“如何研究和宣传中华人民共和国史”“批判历史虚无主义”“确立马克思主义学术话语权”等。

“中华人民共和国史研究丛书”共六卷，分别为《中华人民共和国政治史》《中华人民共和国经济史》《中华人民共和国文化史》《中华人民共和国社会史》《中华人民共和国外交史》《中华人民共和国史研究的理论与方法》。

参加座谈会的有中国社科院原副院长、中华人民共和国史学会会长朱佳木，《求是》杂志原总编、当代中国研究所原副所长有林，教育部社科中心主任王炳林，中共中央党史研究室宣教局长任贵祥，中国社会科学院经济研究所研究员、中国经济史学会名誉会长董志凯等40余名专家学者。

（中国社会科学院办公厅刘玉杰编辑、供稿）

2—3日　“治国理政新理念新思想新战略”理论研讨会暨全国行政学院系统政治学教研协作联席会2016年年会在国家行政学院召开。国家行政学院党委委员、副院长杨克勤出席会议并致辞，政治学教研部主任范文作会议总结。

杨克勤说，党的十八届六中全会明确了习近平总书记的领导核心地位，正式提出以习近平同志为核心的党中央。习近平总书记的领导核心地位是历史的选择、实践的选择、人民的选择。维护党中央的权威，维护习近平总书记的领导核心地位，就是维护党和国家的根本利益，这是全党义不容辞的政治责任，是每一名共产党员必须严格遵守的政治纪律和政治规矩。六中全会审议通过了《关于新形势下党内政治生活的若干准则》和修订的《中国共产党党内监督条例》，把党的建设伟大工程推向新境界。

杨克勤指出，本次会议的重要任务就是学习贯彻六中全会精神和习近平总书记系列重要讲话精神。首先要切实增强责任感和使命感，为党的事业建设提供先导性、基础性和战略性的支撑。做政治的明白人，高举党的旗帜，以党的意志为意志，以党的使命为使命。在教学培训方面，下大功夫把理论课讲好，把党性教育、公仆意识课讲好，真正做到入脑入心。传统课程要常讲常新、常讲常深，还要不断开发新的课程，创新教学方式方法。在科研方面，集中精力做好重点课题，围绕中心任务配置资源，分清轻重缓急。在咨询方面，认真领会把握党委和政府工作重点，切实提高建言资政质量。

杨克勤特别强调，行政学院系统的教师必须站稳立场，把好意识形态关。自觉增强政治敏锐性，在行政学院的讲台上不能出杂音噪音，对错误思潮要敢于发声亮剑。

来自全国43家副省级以上行政学院的80余名代表出席了本届年会。国家行政学院政治学教研部副主任于军、孙晓莉分别主持各阶段会议。

（国家行政学院科研部刘斌供稿）

4日　“2016国宏宏观经济论坛：深化供给侧结构性改革”暨第二十二次全国发展改革系统研究院（所）长会议在京召开。国家发展改革委副主任宁吉喆代表国家发改委和徐绍史主任出席并为国家高端智库——中国宏观经济研究院揭牌。全国哲学社会科学规划办公室副主任操晓理到会祝贺。

经中央编办批准，国家发展和改革委员会宏观经济研究院正式更名为中国宏观经济研究院（国家发展和改革委员会宏观经济研究院）。

（中国宏观经济研究院丁刚供稿）

同日　北京市司法局、北京市法学会、中国社会科学院法学研究所、中国社会科学院国际法研究所联合举办纪念第三个“国家宪法日”各项宣传宪法活动，旨在通过普法主管部门与科研单位、普法机构的紧密合作，进一步提升“12·4国家宪法日”宪法宣传活动的效果。此次国家宪法日活动的主题是“推进以宪法为核心的法治宣传教育”，共包含五项主要活动，分别为“北京市法学会宪法学研究会年会暨学术研讨会”“北京市法学会立法学研究会年会暨学术研讨会”“宪法咖啡屋‘国家宪法日’主题宣传活动”“法治宣传教育与普法新书发布会”“‘贯彻六中全会精神，维护党章宪法权威’”“国家宪法日主题报告会”。

（中国社会科学院办公厅刘玉杰编辑、供稿）

6日　对外经济贸易大学区域国别研究所葡语国家研究中心联合巴西中国亚太研究所、澳门国际研究所、巴中书友会等机构，在对外经济贸易大学举办“澳门特区在中国与葡萄牙、巴西交流中的作用”研讨会。会前，对外经济贸易大学王稼琼校长会见了前来参加此次会议的葡萄牙驻华大使若热·托雷斯·佩雷拉阁下，巴西中国亚太研究所所长赛维里诺·卡布拉尔教授，澳门国际研究所副所长若泽·罗博先生，以及来自巴西、葡萄牙和国内其他高校及研究机构的专家学者。

（对外经济贸易大学科研处供稿）

6—7 日　第六届钱端升法学研究成果奖颁奖大会暨第六届中国法治论坛在北京京仪大酒店隆重举行。教育部社科司副司长徐青森，钱端升法学研究成果奖励基金理事会理事长、中国政法大学校长黄进，国家发展改革委员会西部开发司巡视员欧晓理，外交部条法司司长徐宏，中南财经政法大学知识产权研究中心主任吴汉东，钱端升法学研究成果奖励委员会委员、西北政法大学校长贾宇，钱端升先生长子、国土资源部教授级高级工程师钱大都，钱端升法学研究成果奖观察员何建、高校社科评价中心主任李建平，钱端升法学研究成果奖励基金理事会副理事长、中国政法大学副校长冯世勇，钱端升法学研究成果奖励基金理事会副理事长、中国政法大学副校长马怀德，钱端升法学研究成果奖励基金理事会副理事长、中国政法大学党委副书记高浣月，钱端升法学研究成果奖励基金理事会秘书长、中国政法大学副校长时建中等出席大会。第六届钱端升法学研究成果奖的获奖代表，第六届中国法治论坛征文奖的获奖代表，光明日报、法制日报、中国教育报、人民网、新华网等媒体代表参加了大会。大会由马怀德主持。

（中国政法大学科研处王培供稿）

8 日　教育部民族教育司司长毛力提·满苏尔应邀来到首都师范大学良乡校区为新疆少数民族双语骨干教师培训班学员作题为“发挥双语教师作用　提高双语教学质量”的专题讲座。随后，毛力提司长一行与学员代表进行了调研座谈会。教育部民族教育司副司长郭岩、双语处副处长申春善陪同调研。首都师范大学校党委书记郑萼、副书记徐志宏及京疆学院全体工作人员参加了调研活动。

（首都师范大学社科处李蒽供稿）

9 日　首经贸与美国克利夫兰州立大学在京举行了共建中美金融研究中心合作协议签约暨揭牌仪式。北京市教育委员会国际合作与交流处处长潘芳芳出席签约仪式。克利夫兰州立大学副校长辛迪·斯科卢贝、首都经济贸易大学副校长徐芳出席签约仪式并为中美金融研究中心揭牌。签约暨揭牌仪式由首都经济贸易大学国际学院副院长朱红主持。

辛迪·斯科卢贝在致辞中首先回顾了克利夫兰州立大学和首都经济贸易大学愉快的合作历程，并指出两校共同建立中美金融研究中心将把双方的合作推向一个新的高度。徐芳在签约暨揭牌仪式上讲话。她指出，在过去的几年里，两校以共建孔子学院为发展平台，在校际高层互访、合作科研、教师讲学、共同举办学术论坛、教师学生交流等诸多方面开展了合作交流，并取得了显著成效克利夫兰州立大学金融系主任周海刚和首都经济贸易大学金融学院院长尹志超分别在签约暨揭牌仪式上发言。克利夫兰州立大学孔子学院美方院长徐岩、中方院长张旭红参加了会议。

（首都经济贸易大学科研处李艳杰供稿）

10 日　第四届百所高校“六·五”世界环境日主题活动总结表彰会在北京林业大学举行。会议表彰了全国青少年绿色长征优秀志愿者，为全国大学生绿色梦想共创计划比赛获奖者颁奖。绿色长征志愿者代表进行了交流分享，现场还进行了绿色长征成果展。

（北京林业大学科技处张力供稿）

10—11 日　由中国文化传媒集团主办，《艺术教育》杂志和北京大学艺术学院共同承办，北京大学艺术学科 100 周年暨艺术学院建院 20 周年系列活动“第十一届全国艺术院校院（校）长高峰论坛”在北京大学举行。来自全国 200 余家艺术院校、院系的院（校）长、专家、学者汇聚一堂，围绕“中国艺术学学科的发展和创新——北大艺术教育 100 年对话”和“艺术学学科建设如何适应人才培养机制”等议题，展开了深入讨论。论坛旨在深入贯彻落实党的十八届六中全会精神和习近平总书记系列重要讲话精神，发扬和增强艺术院校的改革创新意识，积极探索我国艺术教育发展的路径，为创新艺术人才培养模式、实现艺术教育的新跨越提供助力。

（北京大学社科部供稿）

13 日　北京大学在英杰交流中心阳光大厅隆重举行全校教师干部大会，宣布中共中央关于北京大学党委书记职务任免的决定。郝平同志任北京大学党委书记，朱善璐同志不再担任北京大学党委书记职务。中组部副部长周祖翼，教育部党组书记、部长陈宝生，北京市委常委、市委教育工委书记林克庆等领导，中组部干部三局、教育部人事司、市委教育工委有关负责同志出席了会议。

（北京大学社科部供稿）

15 日　中国高校年鉴发展与现状论坛暨纪念中国新编高校年鉴 30 年研讨会开幕式在北京大学百周年纪念讲堂举行。北京大学常务副校长吴志攀，北京地方志编纂委员会办公室党组书记、主任陈玲，北京市教育委员会副主任李奕，中国地方志指导小组办公室副主任刘玉宏，以及来自52所高校、8家地方志鉴办公室的代表参加了会议。李奕对高校年鉴的文化意义进行了深入阐释和解读。他指出，高校年鉴具有鲜明的时代印记和极高的文化价值，传承着高校的文化血脉和精神风骨，是高等学府成长发展历史的重要见证。他希望，北京高校在高校年鉴工作中发挥带头作用，不断通过完善创新来提升年鉴编纂质量，市教委也将进一步支持高校党史校史工作创新发展，为教育系统和北京市的年鉴工作作出更大贡献。

（北京大学社科部供稿）

15—16日　由经济学教研部主办的全国行政学院系统经济学科2016年年会在国家行政学院召开。陈立副院长出席会议，经济学教研部主任张占斌主持开幕式。

开幕式上，陈立围绕经济学研究的指导思想、研究对象与目的、研究思路与方向、研究数据来源发表讲话。陈立强调，开展经济学研究，必须高度重视并深入学习贯彻习近平总书记系列重要讲话，深刻领会讲话所蕴含的经济思想，要把学习贯彻习近平总书记系列重要讲话精神、学习贯彻十八届六中全会精神和全国高校思想政治工作会议精神与教学科研工作结合起来。陈立指出，经济学研究一定要坚持立足于经济社会发展的现实问题，始终以为百姓解忧、为百姓谋福利作为研究的根本目的；要坚持运用系统性的战略思维对经济问题进行全局研究和预判，深入问题本质。陈立提出，未来可以探索与相关部门联合建立数据共享系统，为经济学研究提供强有力支撑。

会上，围绕教学科研咨询三位一体、中国特色社会主义政治经济学、当前宏观经济形势、收入分配等议题，北京市行政学院经济学教研部副主任钟勇教授、天津行政学院教研部主任臧学英教授、山西省行政学院管理教研部主任赵建英教授、福建行政学院经济学教研部主任何福平教授、辽宁行政学院经济学教研部主任范思凯教授、山东经济学院经济学教研部刘泽教授、国家行政学院经济学教研部许正中教授、重庆行政学院经济学部主任何伟教授、广东行政学院经济学教研部主任周立彩教授、宁夏回族自治区行政学院经济管理教研部主任霍岩松教授、深圳行政学院经济学部教研室主任张岩鸿教授、湖北行政学院经济学教研部主任王能应教授、上海行政学院经济学部书记施春来教授、西安行政学院经济学部主任苏凤昌教授、国家行政学院经济学教研部时红秀教授作了交流发言。国家行政学院经济学部张孝德和张青教授主持研讨会并作精彩点评。

本次年会还邀请中国人民大学经济学院院长张宇教授和腾讯马斌副总裁分别就中国特色社会主义政治经济学和互联网经济等主题作了精彩学术报告。

全国各省级行政学院经济学部主任、副主任及骨干教师，国家行政学院经济学师资班学员及经济学部教师参加会议。

（国家行政学院科研部刘斌供稿）

17日　方汉奇新闻史学思想研讨会暨方汉奇从教65周年纪念大会在中国人民大学举行，大会由中国人民大学新闻学院、中国新闻史学会和北京大学新闻学研究会共同主办。中国人民大学荣誉一级教授方汉奇和常务副校长王利明出席会议，中国人民大学新闻学院执行院长郭庆光，中国新闻史学会会长、清华大学新闻与传播学院常务副院长陈昌凤，北京大学新闻学研究会会长、新闻与传播学院教授程曼丽，中国新闻史学会荣誉会长、中国传媒大学教授赵玉明，中国人民大学新闻学院副院长胡百精、周勇，党委副书记蒙彬、张辉锋等参加，北京大学、清华大学、中国传媒大学、上海交通大学、山东大学、华中科技大学、河北大学、湖南师范大学等兄弟院校80余名师生参加了会议。会议由新闻学院副院长杨保军主持。

（中国人民大学科研处关晓斌供稿）

同日　“责任经营　价值投资——中国创业百人论坛暨《中国创业蓝皮书（2015—2016）》发布会”在北京举行。会议由中国创业百人论坛主办，中国企业管理研究会创业投资与创业管理专业委员会等协办，中国社会科学院研究生院MBA教育中心、中国社会科学院经济学部企业社会责任研究中心共同指导。中国社会科学院副院长、党组成员蔡昉出席会议并作主旨演讲。论坛由中国社会科学院工业经济研究所所长黄群慧主持。

人力资源和社会保障部劳动科学研究所所长郑东亮、中国财政科学研究院副院长白景明等出席会议并发表演讲。中国创业百人论坛执行秘书长、中国社会科学院经济学部企业社会责任研究中心主任钟宏武介绍中国创业百人论坛发展状况，中国创业百人论坛秘书长、中国社会科学院研究生院MBA教育中心执行副主任赵卫星发布《中国创业蓝皮书（2015—2016）》。

会议的主题是“责任经营、价值投资”。会议倡议发起成立“中国创业百人论坛”，旨在建立一个政府领导、专家学者、创投行业领袖、知名企业家广泛参与的会议机制，打造促进中国创业发展的高端平台，通过持续举办研讨会、发布会等方式，为中国创业发展建言献策，为中国企业模式创新、投融资及产业发展凝聚新动力、推动中国创新创业更好发展，携手实现大众创业、万众创新。

（中国社会科学院办公厅刘玉杰编辑、供稿）

17—18 日　由中国社会科学院世界宗教研究所与中国宗教学会主办，《世界宗教研究》编辑部与英文季刊《中国宗教研究》（Studies in Chinese Religions）承办的首届“全球史视阈中的宗教研究”国际学术研讨会 在北京召开。

会议由中国社会科学院世界宗教研究所党委书记赵文洪研究员主持。全国人大常委、中国宗教学会会长、中国社会科学院世界宗教研究所所长卓新平研究员致开幕词。

来自国内外 30 多个研究机构、高校的 60 多位有关专家学者参加了会议。其中有中国社会科学院世界宗教研究所前副所长金泽研究员，中国社会科学院学部委员、世界宗教研究所魏道儒研究员，文物出版社前总编辑葛承雍，中国人民大学艺术学院院长丁方，中国人民大学佛教与宗教理论研究所所长张风雷教授，中山大学历史系系主任吴义雄教授，中央民族大学哲学与宗教学院院长刘成有教授，陕西师范大学宗教研究中心主任吕建福教授，上海外国语大学丝路研究所所长马丽蓉教授，北京外国语大学全球史研究院院长李雪涛教授，上海大学全球学研究中心主任郭长刚教授，中国人民大学哲学院副院长王宇洁教授，清华大学沈卫荣教授，中国人民大学文学院雷立柏教授，芬兰赫尔辛基大学研究员黄保罗等。

中国社会科学院世界宗教研究所郑筱筠副所长主持了研讨会闭幕式。

（中国社会科学院办公厅刘玉杰编辑、供稿）

17—18 日　行政规制与行政许可国际研讨会（International Conference on Administrative Regulation and Administrative Licensing）在北京召开。在一天半的会议议程中，12 位学者分别就规制的一般理论、具体领域的规制、行政许可三个议题作了精彩的报告，15 位学者有针对性地进行了评议，数十位学者参与了讨论。会议开幕式和闭幕式由中国政法大学副校长马怀德教授主持，中国政法大学终身教授应松年、英国牛津大学法学院教授保罗·克雷格分别在开幕式上致辞，美国美利坚大学法学院教授杰弗瑞·拉伯斯在闭幕式上致辞。本次研讨会由中国行政法学研究会和中国政法大学法治政府研究院主办，中国政法大学法学院协办。

参加会议的中方专家学者主要有中国政法大学终身教授应松年，中国政法大学副校长马怀德，中国政法大学教授刘莘、高家伟、王万华、刘飞、王青斌，北京大学法学院教授姜明安、湛中乐、沈岿，清华大学教授余凌云、于安，中国人民大学法学院教授莫于川、杨建顺，国家行政学院法学部教授杨伟东，中国社会科学院法学研究所研究员冯军、周汉华、李洪雷，中国公安大学法学院教授高文英，《中国法学》编辑吴雷，全国人大法工委行政法室韦武斌副主任、黄海华处长，国务院法制办政府法制协调司副处长袁雪石，观韬律师事务所律师吕立秋等 40 多位专家学者。

（中国政法大学科研处郭丰琪供稿）

22 日　国家行政学院第三届科学报告会总论坛在京举行。本届报告会的主题是“新理念 新思想 新战略——党的十八大以来治国理政理论和实践创新”。出席会议的学院领导有党委副书记、常务副院长马建堂，党委委员、副院长陈立、杨克勤、李季，特邀嘉宾有中央国家机关工委副书记（正部长级）陈存根、国务院发展研究中心副主任张军扩，陈立主持了报告会总论坛。

从 10 月 24 日至 11 月 26 日，历时 1 个月，国家行政学院科学报告会先后举办了 16 个分论坛，209 位国内外专家学者发言，取得了丰富的成果。在这次总论坛上，公共管理教研部副主任刘旭涛、经济学教研部副主任董小君、法学教研部副教授王静、政治学教研部主任范文、社会和文化教研部副主任马庆钰、社会和文化教研部教授刘东超、应急管理培训中心（中欧应急管理学院）主任龚维斌、国家战略研究中心秘书长何哲、生态文明研究中心主任张孝德、中国领导科学研究中心主任刘峰、国际事务与中国外交研究中心主任于军、应急管理案例研究中心主任钟开斌、科研部副主任焦利、社会和文化教研部副教授胡颖廉等各论坛负责人或代表作了汇报发言。

各部门负责人、全院教研人员和教职工代表，博士生、博士后 100 余人出席了总论坛。

（国家行政学院科研部刘斌供稿）

同日　由中国社会科学院考古研究所、中国考古学会、科学出版社、河南省文物局联合举办的“新中国考古从这里走出——纪念《辉县发掘报告》出版60周年学术座谈会”在科学出版社召开。来自中国社会科学院考古研究所、国家文物局、中国考古学会、北京大学、中央民族大学、首都师范大学、中国人民大学、河南省文物考古学会、洛阳市考古研究院、辉县市政府等单位的近30位考古专家参加会议。

会议由科学出版社文物考古分社社长闫向东主持。科学出版社总经理彭斌致欢迎词。中国社会科学院学部委员、考古研究所所长、中国考古学会理事长王巍研究员致辞。北京大学考古文博学院教授李伯谦，河南新乡市副市长、辉县市委书记王天兴，国家文物局考古处副处长王铮在会上发言。

会议的研讨环节由中国社会科学院考古研究所副所长陈星灿研究员主持。

《辉县发掘报告》不仅是中国社会科学院考古研究所在新中国成立之后编写的第一部大型田野报告，还是科学出版社建社以来出版的第一部田野考古发掘报告，同时也是新中国成立之后的第一部考古报告。它的出版，开创了田野考古发掘工作结束后的一定时期内就出版考古报告的先河，而这在日后的田野考古发掘工作中被不断地重申、强调和重视，并成为要求。在田野考古发掘工作结束后就要着手考古报告的整理和公布，及时出版，为下一步的考古学研究打下坚实的学科基础。

（中国社会科学院办公厅刘玉杰编辑、供稿）

同日　中国作协创联部、中国作协少数民族文学委员会、中国少数民族作家学会、民族文学杂志社在京联合举办首都少数民族文学界学习贯彻习总书记在中国文联十大、中国作协九大开幕式上的重要讲话精神座谈会。中国作协党组成员、副主席吉狄马加，中国作协少数民族文学委员会名誉主任玛拉沁夫及首都少数民族文学界40余位作家、评论家、学者参加座谈。

吉狄马加认为，习总书记在中国文联十大、中国作协九大开幕式上的重要讲话对于所有从事文学艺术工作的人都是一个极大的鼓舞，从全局和战略的高度深刻阐明了时代发展对文艺工作的最新要求。

与会的首都少数民族文学界代表纷纷发言，认为习总书记讲话有强大的感染力和穿透力，对全体作家、艺术家具有引领性和指导性。我国是一个多民族国家，少数民族文学艺术工作者担负着神圣的使命和责任，应认真学习贯彻讲话精神，树立文化自信，笔耕不辍，创作出无愧于时代和人民的优秀作品。

（摘自《人民日报》2016 年 12 月 24 日第 4 版）

23 日　国共两党在北京举行为期一天的对话交流活动，开启两党对话交流机制。这是双方适应新形势改进和创新两党交流平台的重要举措。本次活动重点就两党基层党际交流、两岸青年和基层交流与两岸民众权益保障三项议题开展对话交流。

双方回顾了国共两党共同推动两岸关系和平发展的历程，强调在两岸关系新形势下，要认真落实两党领导人会面达成的重要共识，积极发挥两党交流机制的作用，努力维护两岸关系和平发展、增进两岸同胞福祉。双方表示：

——继续坚持“九二共识”、反对“台独”的共同政治基础，加强交流互动，促进两岸各领域交流合作，努力维护两岸关系和平发展和台海和平稳定。

——深化两党基层党际交流。总结推广基层党际交流的成功经验，改进创新交流形式，拓宽领域、丰富内容，深入基层，注重实效。

——采取积极措施，为扩大两岸青年和基层民众交流提供更多便利条件。促进更多青年和基层民众成为两岸交流合作的参与者、受益者。

——建立两党青年组织联系沟通机制，促进两岸青年深入交流，增进了解和亲情。

——研究完善相关政策，为台湾青年来大陆学习、实习、就业、创业创造更多机会，提供更为有效协助。

——积极支持认同“九二共识”的台湾有关县市、乡镇和基层社团开展两岸交流合作，发挥两党交流平台作用，增进民众福祉。

——推动两岸农渔业、中小企业、旅游业等交流合作，为行销农渔产品及推广旅游产品等提供服务。

——改进强化国共两党维护两岸民众权益工作机制，加强中共中央台办与中国国民党大陆事务部的定期沟通交流，积极维护两岸投资者的正当权益，协助解决台资企业、陆资企业在生产经营中遇到的困难，维护两岸婚姻家庭的正当权益，妥善处理两岸同胞往来及工作、生活、学习中遇到的问题。

本次对话交流活动由中共中央台办主任张志军和中国国民党副主席陈镇湘共同主持。

（摘自《人民日报》2016 年 12 月 24 日第 4 版）

同日　中国人权研究会第四届全国理事会第一次会议在北京召开。

会议审议并通过《中国人权研究会第三届全国理事会工作报告》，审议并通过修改后的《中国人权研究会章程》，推举产生中国人权研究会第四届全国理事会理事、常务理事及领导机构。全国人大常委会副委员长向巴平措当选为中国人权研究会第四届全国理事会会长。

中国人权研究会第四届全国理事会全体理事、顾问及有关人员约200人参加会议。

会后，中宣部副部长、国务院新闻办公室主任蒋建国，中宣部副部长、国务院新闻办公室副主任崔玉英等与新当选的中国人权研究会第四届全国理事会理事进行了座谈。

（摘自《人民日报》2016年12月24日第6版）

27日　由中国社会科学院和国务院扶贫办联合编辑出版的《中国扶贫开发报告2016》（扶贫蓝皮书）新书发布会在北京举行。来自中国社会科学院、国务院扶贫办、中财办、中农办、国家发改委、财政部、国家民委、农业部、民政部等中央部门领导、相关地方政府代表、高校和科研机构专家代表以及国际机构、社会组织代表参加了发布会。

国务院扶贫开发领导小组专家咨询委员会主任范小建，中国社会科学院副院长、学部委员李培林，国务院扶贫办副主任陈志刚、社会科学文献出版社总编辑杨群出席会议并致辞。《中国扶贫开发报告(2016)》执行副主编吴国宝介绍总报告内容。会议由中国社会科学院农村发展研究所所长魏后凯主持。

扶贫蓝皮书2016，是中国社会科学院和国务院扶贫办联合发布的首本《中国扶贫开发报告》。由中国社会科学院、国务院扶贫办、相关部委、知名专家学者联合组成编委会，中国社会科学院李培林副院长和国务院扶贫办刘永富主任共同担任编委会主任；报告作者来自中国社会科学院、中国人民大学、北京师范大学、中国农业大学、中国发展研究基金会、武汉大学等全国多个科研单位和高校以及少数地方党委政府部门。

扶贫蓝皮书2016，由总报告、11个专题报告和7个典型的扶贫开发案例组成，聚焦中国扶贫经验和中国“十三五”扶贫开发面临的形势、挑战和政策。

（中国社会科学院办公厅刘玉杰编辑、供稿）

28日　中国社会科学院台湾史研究中心理事会换届会议在北京举行。中国社会科学院副院长、党组成员李培林担任第二届理事会理事长，中国社会科学院原副院长朱佳木担任第二届理事会顾问，中国社会科学院近代史研究所所长王建朗、原所长张海鹏担任第二届理事会副理事长，张海鹏同时担任台湾史研究中心主任。李培林、朱佳木出席会议并为与会理事颁发聘书。

会议分为理事会换届仪式、讨论理事会工作与台湾史研究方向两个阶段。王建朗致欢迎词。中国社会科学院近代史研究所党委书记周溯源，近代史研究所副所长、台湾史研究中心副主任金以林先后主持两个阶段的会议。

与会理事及专家学者代表就理事会工作与台湾史研究方向问题进行了讨论。与会者认为，台湾史研究具有很强的现实性，意义重大、前景广阔。为促进台湾史研究更加切实、有效，有与会者建议应进一步重视史料建设、加强人才培养、促进相关研究机构合作。也有学者建议要更加注重台湾史涉海问题、台湾抗战史等研究，注重研究的专业化、有效性和务实性，注重话语体系的建构等。

（中国社会科学院办公厅刘玉杰编辑、供稿）

同日　国家新闻出版广电总局发布了“首批新闻出版业科技与标准重点实验室名单”，北京师范大学新闻传播学院申报的“新闻出版大数据用户行为跟踪与分析实验室”获批成为国家新闻出版广电总局重点实验室。这一省部级跨领域综合性实验室，由北京师范大学新闻传播学院牵头，联合北京当当网信息技术有限公司、上海新华传媒连锁有限公司、北京中启智源数字信息技术有限责任公司、北京腾云天下科技有限公司（TalkingData）共同建设。

（北京师范大学社会科学处刘娜供稿）

29日　中国天主教第九次全国代表会议在北京闭幕。

会议系统总结了中国天主教第八次全国代表会议以来的工作，深入分析了当前和今后一个时期面临的形势和任务，研究部署了今后5年的主要工作；选举产生了以房兴耀主教为中国天主教爱国会主席、以马英林主教为中国天主教主教团主席的新一届领导班子，沈斌、詹思禄、方建平、雷世银、刘元龙、郭金才、黄炳章、舒南武、岳福生、孟青录、吴琳、李山、裴军民、杨晓亭、何泽清、施雪琴、杨永强等17人当选中国天主教爱国会、中国天主教主教团副主席。会议还选举产生了新一届委员会、常务委员会。

（摘自《人民日报》2016年12月30日第4版）

30日　由中国社会科学院牵头承建的国家哲学社会科学文献中心正式上线。中国社会科学院院长、党组书记王伟光，副院长、党组成员张江，军事科学院副院长何雷，以及中宣部、教育部、文化部、国家行政学院、求是杂志社、国家图书馆、北京大学等单位领导和专家学者出席上线仪式并共同见证了文献中心上线运行。张江就文献中心上线发表讲话。

新上线的国家哲学社会科学文献中心主要开设有资讯、资源、专题、服务四个栏目，资源包括中文、外文学术期刊 7000 多种，还有外文图书、古籍等四类，上线文献数据超过 1000 万条，与国内 60 多家社会科学研究机构网站导航链接，初步形成国家哲学社会科学学术期刊数据库，外文学术期刊数据库，中国社会科学院科研成果数据库等特色资源数据库。

（中国社会科学院办公厅刘玉杰供稿）

同日　G20 反腐败追逃追赃研究中心兼职研究员聘任仪式暨研讨会在北京师范大学举行。北师大党委书记程建平、副校长周作宇出席聘任仪式，中央反腐败协调小组国际追逃追赃办公室负责人暨中央纪委国际合作局局长刘建超、中央纪委国际合作局副局长蔡为应邀出席。来自中央纪委、最高人民法院、最高人民检察院、外交部、司法部、海关总署、中国人民银行、中国社会科学院、北京师范大学、中国人民大学、中国政法大学、北京外国语大学、外交学院、北京建筑工程大学、河南科技大学、京都律师事务所、山东诚公律师事务所的兼职研究员代表与会。

（北京师范大学社会科学处刘娜供稿）

2016 年　北京市国际税收研究会编辑出版的《国际税收参考》共出刊 13 期，总编 188 期，编辑国际税讯热点 25 篇，共刊登各类税讯 439 篇，约 31.2 万字。围绕 G20 峰会的涉税问题出专刊 1 期。各期刊物送达约 280 份，电子刊物发送 100 份。同时，完成 2016 年《分类目录》及合订本，并在北京地税内网发布。

（北京市国际税收研究会唐乃清供稿）

·附　　录·

概　述

本栏目记述2016年北京市社会科学理论著作出版基金资助情况，包括每部著作的推荐单位、著作名称、申请人、出版社等；记述北京地区17所院校和1所科研单位2016年人文社会科学研究基本情况统计，包括研究人员情况、课题研究情况和研究成果情况。

北京市社会科学理论著作出版基金资助情况一览表

2016年批准资助重点项目名单

序号	推荐单位	申报著作名称	出版社
1	中国人民大学	戴逸文集	中国人民大学出版社
2	北京出版集团有限责任公司	中国历史小丛书	北京出版集团有限责任公司
3	首都师范大学出版社	都市问题研究论丛	首都师范大学出版社

2016年上半年（总第48批）批准资助著作名单

（排名不分先后）

序号	推荐单位	著作名称	申请人	出版社
01	北京大学	东方文艺创作的他者化倾向	林丰民	北京大学出版社
02	北京大学	现当代俄罗斯语言学研究的流变与走向	宁　琦	北京大学出版社
03	中国传媒大学	中国现代文学外国城市形象研究	张鸿声	北京大学出版社
04	北京华文学院	国际汉语教学初级阶段语块构建研究	王文龙	北京大学出版社
05	北京外国语大学	计量文体学导论	施建军	北京大学出版社

续表

序号	推荐单位	著作名称	申请人	出版社
06	北京师范大学	美国死刑制度与案例解析	王秀梅	北京大学出版社
07	北京大学	东南亚宗教艺术研究	吴杰伟	北京大学出版社
08	中国人民大学	北京市旅游竞争力研究	王琪延	中国人民大学出版社
09	中国人民大学	行政调解法治论——以北京市行政调解制度创新为研究重点	莫于川	中国人民大学出版社
10	北京科技大学	上市公司年报风险信息披露研究	张曾莲	清华大学出版社
11	北京师范大学	多重证据法的运用与深化——中国音乐史学史证范式研究	肖　艳	北京师范大学出版社
12	北京建筑大学	全球价值链与中国工厂研究	邓世专	对外经贸大学出版社
13	对外经济贸易大学	公司发起人法律制度原理与案例	刘刚仿	对外经贸大学出版社
14	首都经济贸易大学	促进新能源产业发展的财税政策研究	丁　芸	首都经贸大学出版社
15	首都经济贸易大学	中国义务教育教师工资体系改革研究	姜金秋	首都经贸大学出版社
16	北京市社科院	当前文艺的价值确立与文化立场	景俊美	北京出版社
17	清华大学	发展规划编制：理论体系与实践创新	杨永恒	清华大学出版社
18	中国人民大学	人间正道是沧桑：世界社会主义五百年	顾海良	中国人民大学出版社
19	北京大学	铸魂：北大名家论社会主义核心价值观	党委宣传部	北京大学出版社

2016 年下半年（总第 49 批）批准资助著作名单

（排名不分先后）

序号	推荐单位	著作名称	申请人	出版社
01	北京大学	古代小说研究十大问题	刘勇强	北京大学出版社
02	中国政法大学	中西法律语言与文化对比研究	张法连	北京大学出版社
03	北京外国语大学	国家语言能力理论体系构建研究	文秋芳	北京大学出版社
04	北京大学	西班牙语习语研究	张慧玲	北京大学出版社
05	中国人民大学	宽严相济刑事政策的基本思想与制度建构	张小虎	北京大学出版社
06	北京大学	中国出口的赶超和技术进步	杨汝岱	北京大学出版社
07	中国传媒大学	非物质文化遗产展示与传播前沿	杨　红	清华大学出版社
08	中国人民大学	收入分配、政府支出与中国居民消费	方福前	中国人民大学出版社
09	中国人民大学	首都经济圈结构调整的国际比较	刘　瑞	中国人民大学出版社
10	中国人民大学	中国生态移民的理论与实践研究	孟向京	中国人民大学出版社
11	北京师范大学	大学生思想政治教育方法的理论与实践研究	董晓蕾	北京师范大学出版社
12	首都经济贸易大学	国有企业分类绩效评价体系的构建	闫华红	首都经贸大学出版社
13	首都师范大学	红楼梦诗性叙事研究	张平仁	首都师范大学出版社

（北京市社会科学理论著作出版基金办公室供稿）

北京地区社科研究单位(部分)2016年人文社会科学研究基本情况统计

北京大学2016年度人文社会科学研究基本情况统计表

学科门类	研究人员情况						课题研究情况				研究成果情况		
	合计	教授	副教授	讲师	助教	初级	合计	基础研究	应用研究	其他	出版著作	发表论文	获奖成果(省部级及以上)
	2063	1054	654	321	34	0	674	179	494	1	498	2847	36
管理学	99	37	35	26	1	0	47	7	40	0	37	376	2
马克思主义	44	26	11	6	1	0	21	7	14	0	13	180	1
哲学	97	58	32	4	3	0	10	7	3	0	16	87	3
逻辑学	6	4	2	0	0	0	0	0	0	0	0	13	0
宗教学	15	8	6	1	0	0	1	1	0	0	5	37	0
语言学	366	152	129	77	8	0	18	11	7	0	28	138	1
中国文学	120	85	29	6	0	0	13	10	3	0	43	222	3
外国文学	222	112	61	45	4	0	5	5	0	0	38	96	1
艺术学	33	21	11	1	0	0	18	9	9	0	32	116	0
历史学	137	99	24	14	0	0	12	5	7	0	55	165	2
考古学	60	41	18	1	0	0	43	7	35	1	16	114	0
经济学	248	121	88	37	2	0	135	22	113	0	25	222	3
政治学	110	56	37	17	0	0	44	11	33	0	8	57	2
法学	167	90	46	30	1	0	93	31	62	0	70	298	7
社会学	91	50	27	14	0	0	109	28	81	0	44	197	2
民族学	1	0	1	0	0	0	0	0	0	0	3	13	0
新闻学与传播学	26	13	11	2	0	0	34	7	27	0	11	145	2
图书、情报、文献学	60	33	14	5	8	0	24	3	21	0	20	126	0
教育学	45	19	18	7	1	0	43	8	35	0	33	240	7
统计学	11	5	4	2	0	0	0	0	0	0	0	0	0
心理学	23	12	8	3	0	0	0	0	0	0	0	0	0
体育学	82	12	42	23	5	0	4	0	4	0	1	5	0

说明：本表格中数字依照2016年度统计年报数据，获奖成果含第14届北京市奖

（北京大学社科部供稿）

中国人民大学2016年度人文社会科学研究基本情况统计表

学科门类	研究人员情况						课题研究情况				研究成果情况		
	合计	教授	副教授	讲师	助教	初级	合计	基础研究	应用研究	其他	出版著作	发表论文	获奖成果(省部级及以上)
	1795	563	665	517	49	1	4937	1504	3374	59	291	2909	9

续表

学科门类	研究人员情况						课题研究情况				研究成果情况		
	合计	教授	副教授	讲师	助教	初级	合计	基础研究	应用研究	其他	出版著作	发表论文	获奖成果（省部级及以上）
管理学	275	79	97	89	10	0	1091	152	933	6	39	353	0
马克思主义	33	15	9	8	1	0	156	98	58	0	9	136	1
哲学	88	42	28	16	2	0	198	137	61	0	12	177	0
逻辑学	0	0	0	0	0	0	0	0	0	0	0	0	0
宗教学	14	6	7	1	0	0	35	17	18	0	2	51	0
语言学	101	13	46	40	2	0	86	56	30	0	13	71	0
中国文学	84	29	28	26	1	0	116	77	39	0	19	107	0
外国文学	13	6	4	3	0	0	0	0	0	0	0	0	0
艺术学	43	2	21	20	0	0	44	31	13	0	20	85	0
历史学	98	37	34	27	0	0	190	118	72	0	18	129	0
考古学	14	3	3	8	0	0	59	29	30	0	4	20	0
经济学	405	157	153	90	5	0	1093	250	832	11	70	822	1
政治学	91	29	28	29	5	0	204	74	122	8	15	183	0
法学	150	56	55	37	2	0	440	171	269	0	27	233	3
社会学	70	23	33	10	3	1	442	63	374	5	5	114	1
民族学与文化学	0	0	0	0	0	0	3	0	3	0	1	5	0
新闻学与传播学	64	21	31	12	0	0	183	47	124	12	9	119	0
图书、情报、文献学	95	17	31	45	2	0	154	44	110	0	9	79	0
教育学	74	11	18	32	13	0	169	57	106	6	3	52	3
统计学	38	13	16	7	2	0	211	59	146	6	4	52	0
心理学	17	3	6	7	1	0	47	16	26	5	8	93	0
体育科学	28	1	17	10	0	0	16	8	8	0	4	28	0

（中国人民大学科研处供稿）

北京师范大学 2016 年度人文社会科学研究基本情况统计表

学科门类	研究人员情况						课题研究情况				研究成果情况		
	合计	教授	副教授	讲师	助教	初级	合计	基础研究	应用研究	其他	出版著作	发表论文	获奖成果（省部级及以上）
	1196	401	388	399	7	1	3911	2573	1323	15	414	2640	29
管理学	75	25	28	22	0	0	348	207	141	0	32	158	2
马克思主义	27	11	10	6	0	0	77	67	10	0	9	51	0
哲学	39	21	10	8	0	0	129	113	16	0	10	129	0
逻辑学	2	0	1	1	0	0	0	0	0	0	0	0	0
宗教学	3	2	1	0	0	0	3	3	0	0	0	0	0
语言学	113	33	41	38	1	0	102	69	33	0	31	162	1

续表

学科门类	研究人员情况						课题研究情况				研究成果情况		
	合计	教授	副教授	讲师	助教	初级	合计	基础研究	应用研究	其他	出版著作	发表论文	获奖成果（省部级及以上）
中国文学	64	29	19	16	0	0	150	125	25	0	37	182	0
外国文学	21	8	8	5	0	0	26	25	1	0	1	24	0
艺术学	79	24	18	36	1	0	131	90	41	0	34	239	0
历史学	66	26	17	23	0	0	150	132	18	0	31	151	0
考古学	3	1	0	2	0	0	9	8	0	1	0	12	0
经济学	91	28	22	40	0	1	310	185	125	0	32	170	1
政治学	20	9	5	6	0	0	44	36	8	0	9	26	0
法学	94	33	33	27	1	0	304	195	109	0	30	185	1
社会学	48	13	19	16	0	0	287	183	104	0	8	84	0
民族学	6	1	2	3	0	0	24	14	10	0	1	32	0
新闻学与传播学	20	8	4	8	0	0	35	22	12	1	8	30	0
图书、情报、文献学	17	3	9	5	0	0	25	16	9	0	1	75	0
教育学	248	67	87	93	1	0	1413	899	504	10	124	549	20
统计学	20	5	6	9	0	0	65	43	21	1	4	55	0
心理学	92	38	27	27	0	0	244	115	127	2	9	278	4
体育学	48	16	21	8	3	0	35	26	9	0	3	48	0

（北京师范大学社会科学处供稿）

中央民族大学2016年度人文社会科学研究基本情况统计表

学科门类	研究人员情况						课题研究情况				研究成果情况		
	合计	教授	副教授	讲师	助教	初级	合计	基础研究	应用研究	其他	出版著作	发表论文	获奖成果（省部级及以上）
	1088	213	290	501	49	35	744	426	318	0	183	1042	10
管理学	55	16	19	19	1	0	55	10	45	0	12	61	0
马克思主义	18	3	9	5	0	1	35	26	9	0	7	34	0
哲学	28	8	3	14	2	1	6	4	2	0	3	32	0
逻辑学	0	0	0	0	0	0	0	0	0	0	0	0	0
宗教学	5	3	1	1	0	0	18	14	4	0	2	23	0
语言学	156	27	37	80	8	4	141	107	34	0	33	115	0
中国文学	82	18	20	38	1	5	51	45	6	0	20	100	1
外国文学	43	5	10	23	3	2	5	5	0	0	4	5	0
艺术学	214	22	47	110	28	7	35	15	20	0	20	62	0
历史学	45	14	13	16	0	2	37	34	3	0	7	65	0
考古学	10	0	4	5	1	0	9	7	2	0	1	6	0
经济学	80	23	26	31	0	0	73	27	46	0	28	77	2
政治学	15	3	4	7	0	1	15	9	6	0	0	27	0

续表

学科门类	研究人员情况						课题研究情况				研究成果情况		
	合计	教授	副教授	讲师	助教	初级	合计	基础研究	应用研究	其他	出版著作	发表论文	获奖成果（省部级及以上）
法学	72	15	22	28	1	6	60	27	33	0	11	91	0
社会学	39	8	15	14	0	2	34	11	23	0	11	67	0
民族学	72	25	16	31	0	0	96	53	43	0	16	156	4
新闻学与传播学	29	5	9	14	0	1	9	2	7	0	2	28	1
图书、情报、文献学	38	2	9	26	1	0	6	4	2	0	2	7	0
教育学	41	8	10	21	0	2	42	25	17	0	3	67	1
统计学	15	3	5	6	1	0	15	1	14	0	0	12	1
心理学	0	0	0	0	0	0	0	0	0	0	0	0	0
体育学	31	5	11	12	2	1	2	0	2	0	1	7	0

（中央民族大学科研处供稿）

中国政法大学2016年度人文社会科学研究基本情况统计表

学科门类	研究人员情况						课题研究情况				研究成果情况		
	合计	教授	副教授	讲师	助教	初级	合计	基础研究	应用研究	其他	出版著作	发表论文	获奖成果（省部级及以上）
	975	303	425	230	5	12	2375	454	1846	75	187	1018	
管理学	54	12	22	20	0	0	108	16	92	0	9	43	
马克思主义	39	4	14	20	1	0	52	14	37	1	5	68	
哲学	34	10	16	7	0	1	35	23	11	1	7	52	
逻辑学	6	2	4				1	1	0				
宗教学	3	2		1			3	1	2			3	
语言学	78	14	41	20	1	2	67	15	52		10	40	
中国文学	14	3	7	4			14	6	8		5	16	
外国文学	18	2	4	10	1	1	5	1	4		3	12	
艺术学	8	2	3	3		0	11	2	9			8	
历史学	19	4	9	6			29	18	11		1	10	
考古学							1	1					
经济学	41	14	17	10			71	9	60	2	7	72	
政治学	52	23	20	8		1	86	24	57	5	10	52	
法学	488	193	209	80	0	6	1727	296	1369	62	121	522	3
社会学	19	5	9	5	0		35	8	26	1	2	33	
民族学													
新闻学与传播学	24	3	13	7		1	99	13	84	2	3	45	
图书、情报、文献学	13	4	2	7	0	0	2		2			12	

续表

学科门类	研究人员情况						课题研究情况				研究成果情况		
	合计	教授	副教授	讲师	助教	初级	合计	基础研究	应用研究	其他	出版著作	发表论文	获奖成果（省部级及以上）
教育学	15	1	5	8	1	0	16	2	14	0	1	19	
统计学	4		2	2		0	3	1	2			1	
心理学	12	3	9	0			9	3	5	1			
体育学	34	2	19	12	1		1	0	1		3	10	

（中国政法大学科研处谭义供稿）

中央财经大学2016年度人文社会科学研究基本情况统计表

学科门类	研究人员情况						课题研究情况				研究成果情况		
	合计	教授	副教授	讲师	助教	初级	合计	基础研究	应用研究	其他	出版著作	发表论文	获奖成果（省部级及以上）
	1179	305	450	361	52	11	1861	421	1440	0	127	1087	2
管理学	266	67	100	83	14	2	527	90	437	0	41	286	0
马克思主义	28	9	10	8	1	0	68	41	27	0	1	39	0
哲学	13	5	2	5	0	1	4	1	3	0	2	7	0
逻辑学	4	1	3	0	0	0	8	7	1	0	0	0	0
宗教学	0	0	0	0	0	0	2	1	1	0	0	0	0
语言学	57	7	25	22	2	1	12	5	7	0	8	15	0
中国文学	18	8	2	7	1	0	8	7	1	0	1	5	0
外国文学	15	2	6	7	0	0	3	3	0	0	6	31	0
艺术学	17	1	2	13	1	0	19	7	12	0	6	13	0
历史学	6	2	2	2	0	0	2	2	0	0	0	3	0
考古学	0	0	0	0	0	0	0	0	0	0	0	0	0
经济学	466	147	176	123	17	3	711	113	598	0	36	388	0
政治学	12	0	6	6	0	0	8	3	5	0	1	5	0
法学	74	17	36	18	3	0	158	49	109	0	12	77	0
社会学	29	11	11	5	2	0	73	14	59	0	1	30	1
民族学	0	0	0	0	0	0	1	1	0	0	0	1	0
新闻学与传播学	19	2	8	7	1	1	26	11	15	0	2	52	0
图书、情报、文献学	19	4	2	12	0	1	6	0	6	0	0	3	0
教育学	36	4	5	20	7	0	98	26	72	0	5	64	0
统计学	35	8	17	10	0	0	80	30	50	0	2	11	0
心理学	25	2	14	7	2	0	24	8	16	0	0	24	1
体育学	40	8	23	6	1	2	23	2	21	0	3	33	0

（中央财经大学科研处供稿）

对外经济贸易大学 2016 年度人文社会科学研究基本情况统计表

学科门类	研究人员情况						课题研究情况				研究成果情况		
	合计	教授	副教授	讲师	助教	初级	合计	基础研究	应用研究	其他	出版著作	发表论文	获奖成果（省部级及以上）
	1006	215	310	421	54	6	895	245	650	0	47	1310	7
管理学	219	46	67	88	15	3	262	69	193	0	7	333	0
马克思主义	46	6	8	22	10	0	21	13	8	0	3	74	0
哲学	1	0	1	0	0	0	0	0	0	0	0	0	0
逻辑学	0	0	0	0	0	0	0	0	0	0	0	0	0
宗教学	0	0	0	0	0	0	0	0	0	0	0	0	0
语言学	155	17	57	73	8	0	53	29	24	0	6	92	0
中国文学	18	2	12	4	0	0	14	13	1	0	3	38	0
外国文学	38	7	9	16	6	0	18	14	4	0	5	21	0
艺术学	5	0	1	3	1	0	0	0	0	0	0	5	0
历史学	0	0	0	0	0	0	0	0	0	0	0	0	0
考古学	0	0	0	0	0	0	0	0	0	0	0	0	0
经济学	316	94	106	113	3	0	349	46	303	0	12	454	4
政治学	37	7	9	19	2	0	26	14	12	0	6	45	0
法学	77	28	15	33	1	0	75	23	52	0	3	87	1
社会学	1	0	1	0	0	0	4	1	3	0	0	5	0
民族学	0	0	0	0	0	0	0	0	0	0	0	0	0
新闻学与传播学	6	0	1	5	0	0	15	6	9	0	0	20	0
图书、情报、文献学	29	1	4	20	1	3	3	0	3	0	0	1	0
教育学	10	1	1	6	2	0	16	1	15	0	2	69	2
统计学	23	5	7	11	0	0	34	13	21	0	0	46	0
心理学	0	0	0	0	0	0	0	0	0	0	0	0	0
体育学	25	1	11	8	5	0	5	3	2	0	0	20	0

（对外经济贸易大学科研处供稿）

中国传媒大学 2016 年度人文社会科学研究基本情况统计表

学科门类	研究人员情况						课题研究情况				研究成果情况		
	合计	教授	副教授	讲师	助教	初级	合计	基础研究	应用研究	其他	出版著作	发表论文	获奖成果（省部级及以上）
	1358	245	367	659	74	13	209	110	99		186	1313	
管理学	218	30	64	109	12	3	17	2	15		14	43	
马克思主义	15	6	4	4	1	0	6	4	2		1	8	
哲学	14	2	5	7	0	0	1	1	0		2	6	
逻辑学	1	0	0	1	0	0	1	0	1		0	0	

续表

学科门类	研究人员情况						课题研究情况				研究成果情况		
	合计	教授	副教授	讲师	助教	初级	合计	基础研究	应用研究	其他	出版著作	发表论文	获奖成果（省部级及以上）
宗教学	1	0	1	0		0	1	1	0		0	0	
语言学	168	23	43	91	11	0	11	3	8		30	57	
中国文学	48	7	28	13	0	0	11	5	6		10	102	
外国文学	18	1	5	11	1	0	10	7	3		6	16	
艺术学	399	84	80	205	27	3	25	15	10		59	463	
历史学	7	3	1	3	0	0	5	2	3		3	2	
考古学	0	0	0	0	0	0	0	0	0		0	0	
经济学	30	6	6	13	4	1	7	5	2		3	13	
政治学	14	5	3	6	0	0	4	3	1		2	35	
法学	19	2	4	12	0	1	1	1	0		3	15	
社会学	9	1	1	7	0	0	3	1	2		4	15	
民族学	2	1	0	1	0	0	1	1	0		0	3	
新闻学与传播学	334	70	107	137	16	4	80	48	32		42	497	
图书、情报、文献学	15	0	6	9	0	0	1	0	1		0	1	
教育学	33	2	8	20	2	1	15	5	10		5	34	
统计学	0	0	0	0	0	0	3	0	3		0	0	
心理学	1	0	0	1	0	0	1	1	0		0	0	
体育学	12	2	1	9	0	0	5	5	0		2	3	

（中国传媒大学文科科研处供稿）

中国农业大学 2016 年度人文社会科学研究基本情况统计表

学科门类	研究人员情况						课题研究情况				研究成果情况		
	合计	教授	副教授	讲师	助教	初级	合计	基础研究	应用研究	其他	出版著作	发表论文	获奖成果（省部级及以上）
	354	92	158	97	3	4		125	629	10	30	1098	
管理学	81	27	31	19	1	3		39	264	5	17	802	
马克思主义	15	3	9	3	0	0		22	12	0	1	1	
哲学	5	0	5	0	0	0		2	0	0	0	1	
逻辑学	0	0	0	0	0	0		0	0	0	0	1	
宗教学	0	0	0	0	0	0		0	0	0	0	0	
语言学	31	6	13	12	0	0		2	2	0	0	1	
中国文学	1	0	1	0	0	0		0	0	0	0	2	
外国文学	2	0	1	1	0	0		0	0	0	0	0	
艺术学	2	0	0	2	0	0		1	1	0	0	2	
历史学	3	1	2	0	0	0		4	1	0	0	5	

续表

学科门类	研究人员情况						课题研究情况				研究成果情况		
	合计	教授	副教授	讲师	助教	初级	合计	基础研究	应用研究	其他	出版著作	发表论文	获奖成果（省部级及以上）
考古学	0	0	0	0	0	0		0	0	0	0	1	
经济学	69	29	33	7	0	0		25	242	1	6	158	
政治学	1	0	1	0	0	0		0	0	0	1	15	
法学	18	3	10	5	0	0		2	20	0	0	15	
社会学	44	15	16	13	0	0		14	52	2	3	53	
民族学	1	0	0	0	0	0		0	1	0	0	1	
新闻学与传播学	17	0	10	7	0	0		2	8	0	0	4	
图书、情报、文献学	40	5	14	20	1	0		3	10	1	0	10	
教育学	7	1	2	3	0	1		8	13	1	2	22	
统计学	0	0	1	0	0	0		0	1	0	0	2	
心理学	1	0	1	0	0	0		0	0	0	0	0	
体育学	16	2	8	5	1	0		1	2	0	0	2	

（中国农业大学科学技术发展研究院乌日汉供稿）

中国地质大学（北京）2016 年度人文社会科学研究基本情况统计表

学科门类	研究人员情况						课题研究情况				研究成果情况		
	合计	教授	副教授	讲师	助教	初级	合计	基础研究	应用研究	其他	出版著作	发表论文	获奖成果（省部级及以上）
	207	17	78	96	12	4	109	17	92	0	4	36	0
管理学	47	8	20	18	1	0	42	4	38	0	0	2	0
马克思主义	13	2	6	5	0	0	12	3	9	0	0	11	0
哲学	5	1	3	1	0	0	0	0	0	0	0	0	0
逻辑学	0	0	0	0	0	0	0	0	0	0	0	0	0
宗教学	0	0	0	0	0	0	0	0	0	0	0	0	0
语言学	54	2	18	26	6	2	9	3	6	0	4	10	0
中国文学	3	0	1	1	1	0	1	0	1	0	0	0	0
外国文学	8	0	3	5	0	0	0	0	0	0	0	5	0
艺术学	0	0	0	0	0	0	0	0	0	0	0	0	0
历史学	0	0	0	0	0	0	0	0	0	0	0	0	0
考古学	0	0	0	0	0	0	0	0	0	0	0	0	0
经济学	21	1	9	11	0	0	30	1	29	0	0	3	0
政治学	1	0	0	1	0	0	0	0	0	0	0	0	0
法学	11	0	4	7	0	0	2	2	0	0	0	0	0
社会学	2	0	0	2	0	0	8	3	5	0	0	0	0
民族学	0	0	0	0	0	0	0	0	0	0	0	0	0

续表

学科门类	研究人员情况						课题研究情况				研究成果情况		
	合计	教授	副教授	讲师	助教	初级	合计	基础研究	应用研究	其他	出版著作	发表论文	获奖成果（省部级及以上）
新闻学与传播学	0	0	0	0	0	0	0	0	0	0	0	0	0
图书、情报、文献学	5	0	1	2	1	1	0	0	0	0	0	0	0
教育学	10	1	4	5	0	0	2	0	2	0	0	4	0
统计学	3	0	0	3	0	0	0	0	0	0	0	0	0
心理学	1	1	0	0	0	0	1	0	1	0	0	1	0
体育学	23	1	9	9	3	1	2	1	1	0	0	0	0

［中国地质大学（北京）科技处供稿］

北京科技大学2016年度人文社会科学研究基本情况统计表

学科门类	研究人员情况						课题研究情况				研究成果情况		
	合计	教授	副教授	讲师	助教	初级	合计	基础研究	应用研究	其他	出版著作	发表论文	获奖成果（省部级及以上）
	423	62	166	195	0	0	659	318	341	0	14	261	1
管理学	73	21	28	24	0	0	196	109	87	0	3	66	0
马克思主义	29	4	10	15	0	0	94	40	54	0	4	41	0
哲学	10	1	5	4	0	0	6	1	5	0	0	0	0
逻辑学	0	0	0	0	0	0	2	2	0	0	0	0	0
宗教学	0	0	0	0	0	0	0	0	0	0	0	0	0
语言学	80	4	27	49	0	0	34	33	1	0	0	0	0
中国文学	3	0	3	0	0	0	1	1	0	0	0	0	0
外国文学	19	1	8	10	0	0	9	9	0	0	4	57	0
艺术学	21	1	7	13	0	0	9	0	9	0	0	0	0
历史学	3	0	2	1	0	0	7	5	2	0	0	0	0
考古学	13	5	3	5	0	0	54	8	46	0	0	0	0
经济学	63	16	28	19	0	0	91	60	31	0	3	64	0
政治学	4	0	1	3	0	0	11	1	10	0	0	0	0
法学	22	3	10	9	0	0	43	9	34	0	0	22	0
社会学	10	2	4	4	0	0	36	8	28	0	0	0	0
民族学	0	0	0	0	0	0	0	0	0	0	0	0	0
新闻学与传播学	0	0	0	0	0	0	2	2	0	0	0	0	0
图书、情报、文献学	25	2	7	16	0	0	4	2	2	0	0	0	0
教育学	9	1	1	7	0	0	49	22	27	0	0	11	1
统计学	1	0	1	0	0	0	5	3	2	0	0	0	0
心理学	0	0	0	0	0	0	2	2	0	0	0	0	0

续表

学科门类	研究人员情况						课题研究情况				研究成果情况		
	合计	教授	副教授	讲师	助教	初级	合计	基础研究	应用研究	其他	出版著作	发表论文	获奖成果（省部级及以上）
体育学	38	1	21	16	0	0	4	1	3	0	0	0	0

（北京科技大学科学研究与发展部供稿）

北京交通大学 2016 年度人文社会科学研究基本情况统计表

学科门类	研究人员情况						课题研究情况				研究成果情况		
	合计	教授	副教授	讲师	助教	初级	合计	基础研究	应用研究	其他	出版著作	发表论文	获奖成果（省部级及以上）
	915	175	291	390	31	28	1374	682	690	2	42	306	4
管理学	326	84	101	118	12	11	451	159	291	1	15	72	1
马克思主义	31	10	9	9	1	2	40	24	16	0	0	39	1
哲学	13	4	5	1	3	0	13	10	3	0	0	4	0
逻辑学	0	0	0	0	0	0	0	0	0	0	0	0	0
宗教学	0	0	0	0	0	0	1	1	0	0	0	0	0
语言学	131	11	47	65	7	1	42	23	19	0	5	20	0
中国文学	3	0	2	0	1	0	4	4	0	0	0	1	0
外国文学	10	2	2	5	1	0	1	1	0	0	0	1	0
艺术学	69	10	19	39	1	0	140	80	60	0	4	56	0
历史学	3	1	2	0	0	0	3	1	2	0	3	9	0
考古学	0	0	0	0	0	0	3	1	2	0	0	0	0
经济学	129	28	45	54	0	2	437	220	217	0	4	48	2
政治学	19	4	9	6	0	0	19	15	4	0	0	0	0
法学	40	7	15	13	2	3	65	33	32	0	3	16	0
社会学	6	2	1	2	1	0	40	23	16	1	0	1	0
民族学	1	0	1	0	0	0	7	6	1	0	2	2	0
新闻学与传播学	18	2	3	12	0	1	37	29	8	0	6	22	0
图书、情报、文献学	46	2	10	31	0	3	2	2	0	0	0	2	0
教育学	16	4	4	6	1	1	50	37	13	0	0	6	0
统计学	7	2	1	3	1	0	5	3	2	0	0	2	0
心理学	10	0	2	6	0	2	8	5	3	0	0	5	0
体育学	37	2	13	20	0	2	6	5	1	0	0	0	0

（北京交通大学社会科学处李敏供稿）

首都师范大学2016年度人文社会科学研究基本情况统计表

学科门类	研究人员情况						课题研究情况				研究成果情况		
	合计	教授	副教授	讲师	助教	初级	合计	基础研究	应用研究	其他	出版著作	发表论文	获奖成果（省部级及以上）
	1050	162	406	445	28	9	1050	489	349	0	95	507	17
管理学	34	4	13	16	0	1	34	7	42	0	4	20	1
马克思主义	23	2	14	6	1	0	23	19	13	0	4	31	0
哲学	36	11	12	10	2	1	36	21	7	0	3	28	1
逻辑学	0	0	0	0	0	0	0	1	0	0	0	0	0
宗教学	1	0	0	1	0	0	1	1	1	0	0	0	0
语言学	207	13	70	123	1	0	207	52	17	0	6	43	1
中国文学	75	19	32	24	0	0	75	94	18	0	16	85	2
外国文学	52	10	9	31	2	0	52	18	1	0	0	7	0
艺术学	165	29	69	57	10	0	165	39	20	0	11	32	1
历史学	70	24	20	21	4	1	70	104	15	0	21	67	3
考古学	7	2	2	2	1	0	7	14	3	0	1	8	0
经济学	25	0	16	7	1	1	25	1	9	0	0	4	0
政治学	18	5	6	7	0	0	18	7	12	0	0	5	0
法学	27	3	12	12	0	0	27	9	9	0	2	12	0
社会学	16	2	9	4	0	1	16	5	20	0	4	3	0
民族学	0	0	0	0	0	0	0	1	0	0	0	0	0
新闻学与传播学	5	0	3	2	0	0	5	2	3	0	0	9	0
图书、情报、文献学	43	1	13	28	1	0	43	5	0	0	0	5	0
教育学	170	28	78	57	3	4	170	75	137	0	19	118	7
统计学	0	0	0	0	0	0	0	0	0	0	0	0	0
心理学	43	8	19	15	1	0	43	14	17	0	3	29	1
体育学	33	1	9	22	1	0	33	0	5	0	1	1	0

（首都师范大学社科处李葱供稿）

首都经济贸易大学2016年度人文社会科学研究基本情况统计表

学科门类	研究人员情况						课题研究情况				研究成果情况		
	合计	教授	副教授	讲师	助教	初级	合计	基础研究	应用研究	其他	出版著作	发表论文	获奖成果（省部级及以上）
	769	146	299	287	33	4	1417	221	1196	0	79	794	0
管理学	168	29	71	57	11	0	544	53	491	0	22	171	0
马克思主义	13	3	7	3	0	0	22	14	8	0	2	59	0
哲学	8	2	3	3	0	0	11	10	1	0	0	7	0
逻辑学	0	0	0	0	0	0	0	0	0	0	0	0	0

续表

学科门类	研究人员情况						课题研究情况				研究成果情况		
	合计	教授	副教授	讲师	助教	初级	合计	基础研究	应用研究	其他	出版著作	发表论文	获奖成果（省部级及以上）
宗教学	0	0	0	0	0	0	0	0	0	0	0	0	0
语言学	59	5	12	41	1	0	16	7	9	0	5	63	0
中国文学	16	1	8	7	0	0	18	15	3	0	1	36	0
外国文学	8	1	2	4	1	0	8	8	0	0	2	9	0
艺术学	5	0	1	4	0	0	0	0	0	0	0	5	0
历史学	1	0	0	1	0	0	2	2	0	0	0	5	0
考古学	0	0	0	0	0	0	0	0	0	0	0	1	0
经济学	288	73	127	81	4	3	516	49	467	0	30	275	0
政治学	4	2	1	1	0	0	3	1	2	0	0	1	0
法学	49	11	14	21	2	1	92	35	57	0	6	63	0
社会学	19	19	6	5	8	0	56	7	49	0	7	26	0
民族学	0	0	0	0	0	0	2	1	1	0	0	0	0
新闻学与传播学	25	4	10	9	2	0	27	8	19	0	1	11	0
图书、情报、文献学	24	1	11	7	5	0	4	0	4	0	0	3	0
教育学	27	1	6	17	3	0	34	4	30	0	0	33	0
统计学	28	5	11	11	1	0	50	3	47	0	1	9	0
心理学	0	0	0	0	0	0	0	0	0	0	0	0	0
体育学	27	2	10	12	3	0	12	4	8	0	2	17	0

（首都经济贸易大学科研处蔡万江供稿）

北京工商大学2016年度人文社会科学研究基本情况统计表

学科门类	研究人员情况						课题研究情况				研究成果情况		
	合计	教授	副教授	讲师	助教	初级	合计	基础研究	应用研究	其他	出版著作	发表论文	获奖成果（省部级及以上）
	598	70	228	250	45	5	610	76	534	0	42	636	0
管理学	128	19	43	53	13	0	235	17	218	0	8	181	0
马克思主义	18	1	10	5	2	0	10	5	5	0	2	28	0
哲学	8	2	3	3	0	0	2	1	1	0	0	0	0
逻辑学	0	0	0	0	0	0	0	0	0	0	0	0	0
宗教学	0	0	0	0	0	0	0	0	0	0	0	0	0
语言学	66	1	21	42	2	0	10	5	5	0	0	63	0
中国文学	10	0	7	3	0	0	4	3	1	0	0	9	0
外国文学	6	1	0	3	2	0	3	3	0	0	1	3	0
艺术学	57	1	14	35	6	1	35	4	31	0	5	45	0
历史学	0	0	0	0	0	0	0	0	0	0	0	2	0

续表

学科门类	研究人员情况						课题研究情况				研究成果情况		
	合计	教授	副教授	讲师	助教	初级	合计	基础研究	应用研究	其他	出版著作	发表论文	获奖成果（省部级及以上）
考古学	0	0	0	0	0	0	0	0	0	0	0	0	0
经济学	139	33	65	39	1	1	183	21	162	0	13	116	0
政治学	4	0	0	3	1	0	0	0	0	0	1	2	0
法学	54	6	24	19	3	2	53	6	47	0	7	43	0
社会学	0	0	0	0	0	0	2	0	2	0	0	0	0
民族学	0	0	0	0	0	0	1	1	0	0	0	2	0
新闻学与传播学	29	4	11	12	2	0	42	5	37	0	4	51	0
图书、情报、文献学	29	0	6	15	7	1	2	1	1	0	0	5	0
教育学	10	1	4	4	1	0	17	4	13	0	1	46	0
统计学	9	0	8	1	0	0	6	0	6	0	0	9	0
心理学	1	0	0	0	1	0	0	0	0	0	0	0	0
体育学	30	1	12	13	4	0	5	0	5	0	0	31	0

（北京工商大学科学技术处供稿）

北京林业大学2016年度人文社会科学研究基本情况统计表

学科门类	研究人员情况						课题研究情况				研究成果情况		
	合计	教授	副教授	讲师	助教	初级	合计	基础研究	应用研究	其他	出版著作	发表论文	获奖成果（省部级及以上）
管理学	78	15	45	18					7			3	
马克思主义	4		4					4					
哲学	9	2	6	1				2	3		2	4	
逻辑学	0												
宗教学	0												
语言学	0												
中国文学	0												
外国文学	0												
艺术学	51	5	28	18	1	0		1	7	0	0	1	0
历史学	0												
考古学	0												
经济学	39	10	21	8	0	0			1				
政治学	0												
法学	15	1	8	6					1		3	22	
社会学	0												
民族学	0												

续表

学科门类	研究人员情况						课题研究情况				研究成果情况		
	合计	教授	副教授	讲师	助教	初级	合计	基础研究	应用研究	其他	出版著作	发表论文	获奖成果（省部级及以上）
新闻学与传播学	0												
图书、情报、文献学	0												
教育学	0												
统计学	0												
心理学	17	3	10	4					6		8	28	
体育学	0												

（北京林业大学科技处张力供稿）

北京市委党校、北京行政学院 2016 年度社会科学队伍统计表

学科门类	按职称划分					按最后学历划分					按最后学位划分	
	小计	正高	副高	中级	初级	研究生	本科生	大专	中专	其他	博士	硕士
哲学	13	2	7	4	0	13	0	0	0	0	11	2
经济学	19	3	13	3	0	19	0	0	0	0	14	5
政治学	13	1	5	7	0	13	0	0	0	0	11	2
党史党建	13	2	6	5	0	13	0	0	0	0	9	4
公共管理	13	3	4	6	0	13	1	0	0	0	7	5
工商管理	8	1	3	4	0	8	0	0	0	0	7	1
法学	14	2	7	5	0	14	0	0	0	0	10	4
社会学	14	4	6	4	0	14	0	0	0	0	13	1
语言文学	8	1	4	3	0	6	2	0	0	0	2	5
历史学	1	1	0	0	0	1	0	0	0	0	0	1
图书、情报、文献学	12	0	2	6	4	9	7	0	0	0	0	10
计算机工程	14	1	2	7	4	8	4	0	0	0	0	9
其它学科	11	0	1	6	4	5	3	0	0	0	2	3

（北京市委党校、北京行政学院科研处供稿）

北京市社会科学院 2016 年度人文社会科学研究基本情况统计表

研究部门	研究人员情况						课题研究情况				研究成果情况		
	合计	研究员	副研究员	助理研究员	实习研究员	初级	合计	基础研究	应用研究	其他	出版著作	发表论文	获奖成果（省部级及以上）
	155	22	70	63			160	47	113		40	470	11
文化所	14	4	5	5			17	4	13		4	71	1
历史所	17	5	8	4			16	13	3		4	41	2
哲学所	9		6	3			9	9			3	21	2

续表

研究部门	研究人员情况						课题研究情况				研究成果情况		
	合计	研究员	副研究员	助理研究员	实习研究员	初级	合计	基础研究	应用研究	其他	出版著作	发表论文	获奖成果（省部级及以上）
经济所	16		10	6			15		15		3	77	1
科社所	11		6	5			13	13			1	36	
社会学所	12	2	3	7			12		12		2	22	
城市所	14	3	7	4			14		14		6	30	2
外国所	8		5	3			8		8		3	29	
满学所	8	1	3	4			8	8			2	11	2
管理所	12	1	6	5			14		14		5	32	
综治所	9	3	2	4			10		10		2	27	
市情调研中心	9		3	6			8		8		1	45	
法学所	13	2	5	6			13		13		3	18	1
传媒所	3	1	1	1			3		3		1	10	

（北京市社会科学院科研处供稿）

· 索　　引 ·

本索引采取主题索引，又称内容分析索引法编纂。主题词（标目）以《北京社会科学年鉴 2017》正文出现的文章作者名、文章名、著作名、学科名、科研课题名、获奖成果名、科研活动名、机构名为主。本年鉴包括文章体和条目体，故将文章体的检索与条目体的检索相互结合。

一、本索引基本按汉语拼音音序排列，汉字打头的标目，按首字的音序调依次排列，首字相同时，则以第二字排序，依次类推。以阿拉伯数字打头的主题词，排在最前面；以英文字母打头的主题词，列于其后。

二、除“大事记”外，年鉴的其它基本栏目均列入索引范围，以便检索使用。

三、本索引的文字部分为标目，标目之后的阿拉伯数字表示该标目所在的页码。

四、年鉴的目录文章名为索引标目或重要题目，用黑体字标明，其它标目用宋体字编排。

五、为反映索引栏目间的上下级关系，对于二级、三级等类目，采取在一级栏目下设置数字标号的编排形式，之后再按汉语拼音音序排列；为反映索引类目间社会科学学科结构、同一单位内容的完整性，采取相同内容合并，之后再按各个内容先后顺序排列。

阿拉伯数字

B

C

D

E

F

G

H

J

K

L

M

Q

S

T

W

X

（凡本书转载文章的作者请与本书编辑部联系领取稿费事宜，联系方式：sklwh@ vip. sina. com）